D1101991

CODE DE PROCÉDURE CIVILE
(en format de poche)

☐ **Veuillez m'expédier chaque année la nouvelle édition du CODE DE PROCÉDURE CIVILE (en format de poche).**

☐ **Faitez-moi parvenir par courriel des informations sur vos nouvelles publications et activités de formation.**

Courriel : _____

Nom : _____ N° de client : _____

Profession : ☐ Avocat　　☐ Notaire　　☐ Étudiant

☐ Autre, précisez : _____

Dénomination sociale : _____

Adresse : _____

Ville : _____

Province : _____ Code postal : _____

Téléphone : _____ Télécopieur : _____

Prière de remplir la fiche en entier.

2014-2015 - 18e édition

ÉDITIONS YVON BLAIS

75, RUE QUEEN,
BUREAU 4700
MONTRÉAL (QUÉBEC)
H3C 2N6

CODE DE
PROCÉDURE CIVILE

CODE OF
CIVIL PROCEDURE

2014–2015
18e édition

Textes réglementaires
et lois connexes

CODE DE PROCÉDURE CIVILE

CODE OF CIVIL PROCEDURE

2014–2015
18e édition

Textes réglementaires et lois connexes

Édition mise à jour sous la responsabilité de
Linda Domingue, responsable de publications

ÉDITIONS YVON BLAIS

Catalogage avant publication de Bibliothèque et Archives nationales du Québec et Bibliothèque et Archives Canada

Vedette principale au titre :

Code de procédure civile = Code of Civil Procedure
Comprend un index.
Texte en français et en anglais.
ISSN 1493-6534
ISBN 978-2-89635-972-1

1. Procédure civile - Québec (Province) - Codes. I. Titre: Code of Civil Procedure.

KEQ1104.5.A22   347.714'0502632   C00-300666-2F

Nous reconnaissons l'aide financière du gouvernement du Canada accordée par l'entremise du Fonds du livre du Canada (FLC) pour nos activités d'édition.

Dépôt légal: 3ᵉ trimestre 2014
Bibliothèque et Archives nationales du Québec
Bibliothèque et Archives Canada
ISBN: 978-2-89635-972-1

Imprimé aux États-Unis.

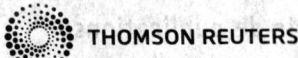

THOMSON REUTERS

Éditions Yvon Blais, une division de Thomson Reuters Canada Limitée

C.P. 180 Cowansville
(Québec) Canada
J2K 3H6

Service à la clientèle
Téléphone : 1-800-363-3047
Télécopieur : 450-263-9256
Site Internet : www.editionsyvonblais.com

Bibliothèque et Archives nationales du Québec and Library and Archives Canada cataloguing in publication

Main entry under title:

    Code de procédure civile = Code of Civil Procedure
    Includes indexes.
    Text in French and English.
    ISSN 1493-6534
    ISBN 978-2-89635-972-1

    1. Civil procedure - Québec (Province). I. Title: Code of Civil Procedure.

KEQ1104.5.A22   347.714'0502632   C00-300666-2E

We acknowledge the financial support of the Government of Canada through the Canada Book Fund (CBF) for our publishing activities.

Legal Deposit: 3rd trimester 2014
Bibliothèque et Archives nationales du Québec
Library and Archives Canada
ISBN: 978-2-89635-972-1

Printed in the United States.

THOMSON REUTERS

Éditions Yvon Blais, a division of Thomson Reuters Canada Limited

C.P. 180 Cowansville
(Québec) Canada
J2K 3H6

Customer Service:
Phone: 1-800-363-3047
Fax: 450-263-9256
www.editionsyvonblais.com

Note de l'éditeur

La présente édition n'a aucune sanction officielle. Pour appliquer et interpréter les lois et les règlements qui y sont contenus, il faut se reporter aux textes officiels.

Le *Code de procédure civile*, les textes réglementaires et les lois connexes sont à jour au 12 juin 2014.

Les trames grises indiquent les dispositions non en vigueur.

De plus, les références aux *Lois refondues du Québec* (L.R.Q.) et aux *Règlements refondus du Québec* (R.R.Q.) ont été remplacées par RLRQ lorqu'on fait référence à une loi ou à un règlement intégré au *Recueil des lois et règlements du Québec* qui contient les versions officielles.

Publisher's Note

The present edition has no official status. To apply and interpret the legislation and regulations contained herein, the reader should consult the official texts.

The *Code of Civil Procedure* and the legislation and regulations are up-to-date as of 12 June 2014.

The gray shaded text indicates provisions not in force.

The references to the *Revised Statutes of Québec* (R.S.Q.) and to the *Revised Regulations of Québec* (R.R.Q.) have also been replaced by CQLR when referring to the *Compilation of Québec Laws and Regulations* which contains the offi cial versions.

TABLE DES MATIÈRES

TABLE OF CONTENTS

TABLE DES MATIÈRES
TABLE OF CONTENTS

TABLE DES MATIÈRES

TABLE OF CONTENTS

CODE DE PROCÉDURE CIVILE

CODE OF CIVIL PROCEDURE

MODIFICATIONS

AMENDMENTS

CODE DE PROCÉDURE CIVILE, RLRQ, c. C-25
CODE OF CIVIL PROCEDURE, CQLR, c. C-25

Modifié par: / amended by:

(Renseignements donnés sans égard aux dates d'entrée en vigueur. / Information given without regard to the dates of coming into force.)

1978, c. 5;	1986, c. 95;	1993, c. 4;	2000, c. 44;
1978, c. 8;	1987, c. 44;	1993, c. 30;	2001, c. 25;
1978, c. 19;	1987, c. 48;	1993, c. 48;	2001, c. 32;
1979, c. 15;	1987, c. 57;	1993, c. 72;	2001, c. 26;
1979, c. 37;	1987, c. 63;	1994, c. 12;	2002, c. 6;
1979, c. 45;	1987, c. 85;	1994, c. 28;	2002, c. 7;
1979, c. 48;	1988, c. 17;	1995, c. 2;	2002, c. 54;
1979, c. 72;	1988, c. 21;	1995, c. 18;	2002, c. 75;
1980, c. 11;	1988, c. 51;	1995, c. 27;	2002, c. 45;
1980, c. 21;	1988, c. 56;	1995, c. 39;	2003, c. 19;
1981, c. 14;	1988, c. 84;	1995, c. 41;	2004, c. 5;
1982, c. 17;	1989, c. 6;	1996, c. 2;	2004, c. 3;
1982, c. 26;	1989, c. 41;	1996, c. 5;	2004, c. 14;
1982, c. 32;	1989, c. 52;	1996, c. 68;	2004, c. 17;
1982, c. 37;	1989, c. 54;	1997, c. 42;	2005, c. 44;
1982, c. 52;	1989, c. 55;	1997, c. 43;	2005, c. 26;
1982, c. 58;	1989, c. 57;	1997, c. 75;	2005, c. 34;
1983, c. 28;	1989, c. 62;	1998, c. 5;	2005, c. 15;
1983, c. 50;	1990, c. 4;	1998, c. 32;	2008, c. 20;
1984, c. 26;	1990, c. 18;	1998, c. 36;	2009, c. 12;
1984, c. 46;	1990, c. 29;	1998, c. 51;	2009, c. 52;
1984, c. 54;	1991, c. 20;	1999, c. 14;	2010, c. 7;
1985, c. 29;	1991, c. 62;	1999, c. 40;	2012, c. 20;
1986, c. 55;	1992, c. 21;	1999, c. 43;	2013, c. 26.
1986, c. 58;	1992, c. 57;	1999, c. 46;	
1986, c. 73;	1992, c. 63;	2000, c. 12;	
1986, c. 85;	1993, c. 1;	2000, c. 42;	

DISPOSITIONS TRANSITOIRES
(DEPUIS LE 1ER JANVIER 1994)

Loi modifiant le Code de procédure civile, **L.Q. 1994, c. 28.**

Art. 41: « Les dispositions de la présente loi, relatives à la communication des pièces et à leur production, ne s'appliquent pas aux instances en cours le 30 septembre 1995. »

Loi modifiant le Code de procédure civile et la Loi sur les cours municipales, **L.Q. 1995, c. 2.**

Art. 12: « [Les modifications apportées aux articles 26 et 494, al. 3, C.p.c.] s'appliquent aux causes pendantes en première instance le 16 mars 1995, mais non aux jugements déjà rendus à cette date et dont les délais d'appel ne sont pas expirés. »

Art. 13: « [La modification apportée à l'article 34 C.p.c. n'a] pas d'effet à l'égard des causes pendantes devant la Cour supérieure le 16 mars 1995. »

Art. 14: « [Les modifications apportées aux articles 503.1 à 503.3, 504.1 et 505 C.p.c.] ne s'appliquent pas aux causes inscrites en appel avant le 16 mars 1995. »

Loi facilitant le paiement des pensions alimentaires, **L.Q. 1995, c. 18.**

Art. 97: « Les dispositions de la présente loi s'appliquent aux situations juridiques dans lesquelles le percepteur des pensions alimentaires est chargé, en vertu des articles 659.1 et 659.2 du *Code de procédure civile*, de l'exécution forcée d'un jugement accordant une pension alimentaire sur les biens du débiteur, au fur et à mesure de la prise en charge de la perception de la pension par le ministre du Revenu. [...] »

Loi modifiant le Code de procédure civile et la Loi sur la Régie du logement, **L.Q. 1995, c. 39.**

Art. 21: « L'exécution forcée des jugements rendus conformément au livre VIII du Code de procédure civile avant le 1er septembre 1995 est poursuivie conformément aux dispositions du titre VIII du livre VIII de ce code, telles qu'elles se lisaient avant cette date, pourvu que, avant cette date, le créancier de ce jugement ait demandé la délivrance d'un bref d'exécution. [...] »

Loi modifiant le Code de procédure civile, la Loi sur la Régie du logement, la Loi sur les jurés et d'autres dispositions législatives, **L.Q. 1996, c. 5.**

Art. 79: « Les instances en cours le 31 décembre 1996 demeurent régies par la procédure ordinaire.

Cependant, une partie peut demander qu'une instance en cours le 1er janvier 1997 soit continuée suivant la procédure allégée par voie de déclaration. [...] »

Loi modifiant le Code civil du Québec et le Code de procédure civile relativement à la fixation des pensions alimentaires pour enfants, **L.Q. 1996, c. 68.**

Art. 3: « À l'exception du deuxième alinéa de l'article 825.13 du *Code de procédure civile*, édicté par l'article 2, [les articles 825.8 à 825.12, 825.13, al. 1, et 825.14 C.p.c.] ne sont pas applicables aux instances en cours. »

Loi instituant au Code de procédure civile la médiation préalable en matière familiale et modifiant d'autres dispositions de ce code, **L.Q. 1997, c. 42.**

Art. 19: « Les dispositions des articles 813.8, 814.3 à 814.14, 825.10 et 827.5 du *Code de procédure civile*, édictées par les articles 5, 7, 12 et 17, ne sont pas applicables aux instances en cours. »

Art. 24: « [La modification apportée à l'article 4 C.p.c.] a effet depuis le 1er janvier 1994. »

Loi portant réforme du Code de procédure civile, L.Q. 2002, c. 7.

Art. 174: « Les dispositions de l'article 3 n'ont pas d'effet à l'égard des causes pendantes en première instance le 1er janvier 2003, ni à l'égard des jugements déjà rendus à cette date et dont les délais d'appel ne sont pas expirés. »

Art. 175: « Les dispositions de l'article 4 s'appliquent aux causes pendantes en première instance le 1er janvier 2003 et aux jugements déjà rendus à cette date et dont les délais d'appel ne sont pas expirés. »

Art. 176: « Les dispositions de l'article 5 n'ont pas d'effet à l'égard des causes pendantes devant la Cour supérieure le 8 juin 2002. »

Art. 177: « Les dispositions des articles 953 à 955 de ce code introduits par l'article 148 n'ont pas d'effet à l'égard des causes pendantes devant la Cour du Québec le 1er janvier 2003. »

Art. 179: « Les demandes introduites avant le 1er janvier 2003 sont régies par la loi ancienne, sauf aux parties à convenir de procéder suivant les règles nouvelles. Celles-ci ne peuvent cependant exercer un tel choix dans les cas visés aux articles 174 à 177. »

Art. 180: « Le ministre doit, au plus tard le 1er avril 2006, faire au gouvernement un rapport sur la mise en oeuvre des délais de rigueur prévus à l'article 110.1 du *Code de procédure civile*, sur l'application des règles prévues aux articles 175.1 à 175.3 de ce code, sur les autres changements majeurs apportés par la présente réforme, ainsi que sur l'opportunité, le cas échéant, de proposer les modifications qu'il juge utiles.

Le ministre établit les indicateurs lui permettant d'évaluer les résultats de la mise en oeuvre des délais de rigueur et de l'application des règles visées au premier alinéa.

Ce rapport doit être déposé devant l'Assemblée nationale dans les quinze jours suivant sa présentation au gouvernement ou, si elle ne siège pas, dans les quinze jours de la reprise de ses travaux.

Dans l'année qui suit la date de ce dépôt, la commission compétente de l'Assemblée nationale procède à l'étude du rapport et elle entend à ce sujet les observations des personnes et organismes intéressés. » [2004, c. 14, a. 6].

Loi modifiant le Code de procédure civile et d'autres dispositions législatives, L.Q. 2005, c. 26.

Art. 4: « Les dispositions de la présente loi s'appliquent également à tout juge nommé à une cour municipale, à la Cour du Québec, à la Cour supérieure ou à la Cour d'appel avant le 17 juin 2005 à l'égard d'une cause ou d'une poursuite dont il était saisi au moment de sa nomination. »

Loi sur l'abolition de certains organismes publics et le transfert de responsabilités administratives, L.Q. 2005, c. 44.

Art. 57: « Dans tout règlement, à moins que le contexte n'indique un sens différent, une référence au curateur public est une référence au ministre du Revenu s'il s'agit d'administration provisoire de biens confiée à ce ministre en vertu de la présente loi. »

Loi sur le transfert de valeurs mobilières et l'obtention de titres intermédiés, L.Q. 2008, c. 20.

Art. 172: « Les dispositions de la présente loi ne sont pas applicables aux instances en cours le 1er janvier 2009. »

Art. 173: « Les hypothèques mobilières avec dépossession opérée par la maîtrise du créancier sur des valeurs mobilières ou des titres intermédiés visés par la présente loi ne peuvent être annulées ou déclarées inopposables aux tiers pour le motif que cette maîtrise, bien qu'obtenue de la manière prévue par les dispositions de cette loi, l'a été antérieurement au 1er janvier 2009. »

Art. 174: « Les hypothèques mobilières avec dépossession qui, antérieurement au 1er janvier 2009, sont devenues opposables aux tiers au moyen d'un mode de publicité que le droit nouveau résultant de la présente loi ne reconnaît pas conservent leur opposabilité initiale, pourvu qu'elles soient publiées dans l'année qui suit le 1er janvier 2009 conformément au droit en vigueur au moment de la publication.En l'absence de cette publication, la publicité initiale de ces hypothèques cesse d'avoir effet à l'expiration de cette année.

Aux seules fins visées au premier alinéa, les hypothèques publiées par inscription sur le registre des droits personnels et réels mobiliers seront dans tous les cas considérées être publiées conformément au droit en vigueur au moment de la publication. »

Art. 175: « Les dispositions de la présente loi sont applicables aux hypothèques visées par les articles 173 et 174, notamment quant à leur publicité ou quant au rang qu'elles ont entre elles ou par rapport à d'autres hypothèques portant sur les mêmes valeurs ou titres. »

Loi modifiant le Code de procédure civile pour prévenir l'utilisation abusive des tribunaux et favoriser le respect de la liberté d'expression et la participation des citoyens aux débats publics, L.Q. 2009, c. 12.

Art. 6: « Le caractère abusif des demandes en justice et des actes de procédure introduits avant l'entrée en vigueur de la présente loi est décidé suivant les règles nouvelles. Cependant, le deuxième alinéa de l'article 54.2 et l'article 54.6 du *Code de procédure civile* (L.R.Q., chapitre C-25), édictés par l'article 2 de la présente loi, ne s'appliquent qu'aux demandes introduites ou aux actes faits après le 4 juillet 2009. »

Art. 7: « Le ministre de la Justice doit, au plus tard le 1er octobre 2012, présenter au gouvernement un rapport sur la mise en oeuvre de la présente loi, notamment en ce qui a trait à l'utilisation par les tribunaux des mesures prévues aux articles 54.3 et 54.4 du *Code de procédure civile*.

Ce rapport est déposé à l'Assemblée nationale dans les 30 jours suivants, ou, si elle ne siège pas, dans les 30 jours de la reprise de ses travaux. La commission compétente de l'Assemblée nationale examine ce rapport. »

Loi favorisant l'accès à la justice en matière familiale, L.Q. 2012, c. 20.

Art. 54: « Les formulaires produits par les parties en matière de fixation de pensions alimentaires pour enfants dans une instance qui s'est terminée avant la date de l'entrée en vigueur de l'article 46 demeurent au dossier du greffe conformément à l'article 331.9 du *Code de procédure civile* (L.R.Q., chapitre C-25) tel qu'il se lisait avant sa modification par l'article 46. »

TRANSITIONAL PROVISIONS
(FROM JANUARY 1, 1994)

An Act to amend the Code of Civil Procedure, S.Q. **1994, c. 28.**

S. 41: "The provisions of this Act relating to the communication of exhibits and to the filing of exhibits do not apply to proceedings in progress on 30 September 1995."

An Act to amend the Code of Civil Procedure and the Act respecting municipal courts, **S.Q. 1995, c. 2.**

S. 12: "[The amendments to articles 26 and 494, par. 3, C.C.P.] apply to cases pending in first instance on 16 March 1995, but not to judgments already rendered on that date in respect of which the time for appeal is not expired."

S. 13: "[The amendment to article 34 C.C.P. has] no effect in respect of cases pending before the Superior Court on 16 March 1995."

S. 14: "[The amendments to articles 503.1 to 503.3, 504.1 and 505 C.C.P.] do not apply to cases inscribed for appeal before 16 March 1995."

An Act to facilitate the payment of support, S.Q. **1995, c. 18.**

S. 97: "The provisions of this Act apply to juridical situations in which the collector of support payments is charged, under articles 659.1 and 659.2 of the *Code of Civil Procedure*, with compulsory execution of a judgment awarding support against the debtor's property, as and when the Minister of Revenue takes charge of the collection of the support payments. [...]"

An Act to amend the Code of Civil Procedure and the Act respecting the Régie du logement, S.Q. **1995, c. 39.**

S. 21: "The compusory execution of judgments rendered in accordance with Book VIII of the *Code of Civil Procedure* before 1 September 1995 is governed by the provisions of Title VIII of Book VIII of the said Code, as they read before that date, provided that before that date, the creditor of the judgment has applied for the issue of a writ of execution. [...]"

An Act to amend the Code of Civil Procedure, the Act respecting the Régie du logement, the Jurors Act and other legislative provisions, S.Q. **1996, c. 5.**

S. 79: "Proceedings in progress on December 31, 1996, remain governed by the ordinary procedure.

However, a party may request that a proceeding in progress on 1 January 1997 be continued, by declaration, according to the simplified procedure. [...]"

An Act to amend the Civil Code of Québec and the Code of Civil Procedure as regards the determination of child supports payments, S.Q. **1996, c. 68.**

S. 3   "With the exception of the second paragraph of article 825.13 of the *Code of Civil Procedure* enacted by section 2, [articles 825.8 to 825.12, 825.13, par. 1, and 825.14 C.C.P.] are not applicable to proceedings in progress."

An Act to institute, under the Code of Civil Procedure, pre-hearing mediation in family law cases and to amend other provisions of the Code, S.Q. **1997, c. 42.**

TRANSITIONAL PROVISIONS

S.19: "The provisions of articles 813.8, 814.3 to 814.14, 825.10 and 827.5 of the *Code of Civil Procedure*, enacted by sections 5, 7, 12 and 17, do not apply to proceedings in progress."

S. 24: "[The amendment to article 4 C.C.P.] has effect from 1 January 1994."

An Act to reform the Code of Civil Procedure, S.Q. 2002, c. 7.

S. 174: "The provisions of section 3 have no effect in respect of cases in first instance pending on 1 January 2003 or judgments already rendered on that date even if the time for filing an appeal has not expired."

S. 175: "The provisions of section 4 apply to cases in first instance pending on 1 January 2003 and to judgments already rendered on that date even if the time for filing an appeal has not expired."

S. 176: "The provisions of section 5 have no effect in respect of cases pending before the Superior Court on 8 June 2002."

S. 177: "The provisions of articles 953 to 955 of the *Code of Civil Procedure* introduced by section 148 do not apply to cases pending before the Court of Québec on 1 January 2003."

S. 179: "Actions instituted before 1 January 2003 are governed by the former legislation, unless the parties agree to proceed under the new rules. However, such choice may not be exercised if the case falls within the scope of sections 174 to 177."

S. 180: "Not later than 1 April 2006, the Minister shall report to the Government on the implementation of the peremptory time limits prescribed by article 110.1 of the *Code of Civil Procedure*, on the application of the rules provided in articles 175.1 to 175.3 of the said Code, on the other major changes introduced by this reform and on the advisability of making such modifications as the Minister considers expedient.

The Minister shall determine the indicators that will measure the results of the implementation of the peremptory time limits and the application of the rules referred to in the first paragraph.

The report must be tabled in the National Assembly within 15 days after it is presented to the Government or, if the Assembly is not sitting, within 15 days of resumption.

In the year following the tabling of the report, the appropriate committee of the National Assembly shall examine the report and hear the representations of interested persons and bodies." [2004, c. 14, s. 6].

An Act to amend the Code of Civil Procedure and Other legislative provisions, S.Q. 2005, c. 26.

S. 4: "The provisions of this Act also apply to any judge appointed to a municipal court, the Court of Québec, the Superior Court or the Court of Appeal before 17 June 2005, as regards a case or proceedings of which the judge was seized at the time of the appointment."

An Act to abolish certain public bodies and transfer administrative responsibilities, S.Q. 2005, c. 44.

S. 57: "In any regulation, unless the context indicates otherwise, a reference to the Public Curator is a reference to the Minister of Revenue if the provisional administration of property is entrusted to that Minister under this Act."

An Act respecting the transfer of securities and the establishment of security entitlements, S.Q. 2008, c. 20.

S. 172: "The provisions of this Act are not applicable to proceedings pending on 1 January 2009."

S. 173: "Movable hypothecs with delivery effected by the creditor obtaining control of securities or security entitlements within the meaning of this Act may not be cancelled or declared unenforceable against third persons on the grounds that control of the securities or security entitlements, though obtained in the manner provided for by that Act, was obtained before 1 January 2009."

S. 174: "Movable hypothecs with delivery which became enforceable against third persons before 1 January 2009 after being published in a manner not recognized by the new provisions enacted by this Act retain their original enforceability provided they are published in the year that follows that date in accordance with the law in force at the time of publication. In the absence of such publication, the initial publication of those hypothecs ceases to have effect on the expiry of that year.

For the sole purposes of the first paragraph, hypothecs published by registration in the register of personal and movable real rights will in all cases be considered to be published in accordance with the law in force at the time of publication."

S. 175: "This Act applies to hypothecs referred to in sections 173 and 174, especially as regards their publication or their ranking among themselves or in relation to other hypothecs on the same securities or security entitlements."

An Act to amend the Code of Civil Procedure to prevent improper use of the courts and promote freedom of expression and citizen participation in public debate, S.Q. 2009, c. 12.

S. 6: "The improper nature of an action or pleading instituted or filed before the coming into force of this Act must be determined in accordance with the new rules. However, the second paragraph of article 54.2 and article 54.6 of the *Code of Civil Procedure* (R.S.Q., chapter C-25), enacted by section 2, apply only to actions instituted or pleadings filed after 4 July 2009."

S. 7: "Not later than 1 October 2012, the Minister of Justice must report to the Government on the carrying out of this Act, in particular with respect to the use made by the courts of the measures provided for in articles 54.3 and 54.4 of the *Code of Civil Procedure*.

The report is tabled in the National Assembly within the next 30 days or, if the Assembly is not sitting, within 30 days of resumption. The report is examined by the competent committee of the National Assembly."

An Act to promote access to justice in family matters, S.Q. 2012, c. 20.

S. 54: "The child support determination forms produced by the parties in a proceeding that ended before section 46 came into force are kept in the court records in accordance with article 331.9 of the *Code of Civil Procedure* (R.S.Q., chapter C-25) as it read before being amended by section 46."

TABLE DES MATIÈRES
CODE DE PROCÉDURE CIVILE

TABLE OF CONTENTS
CODE OF CIVIL PROCEDURE

TABLE DES MATIÈRES
CODE DE PROCÉDURE CIVILE

LIVRE I — DISPOSITIONS GÉNÉRALES

LIVRE II — PROCÉDURE ORDINAIRE EN PREMIÈRE INSTANCE

LIVRE V — PROCÉDURES SPÉCIALES

LIVRE VI — MATIÈRES NON CONTENTIEUSES

TABLE OF CONTENTS
CODE OF CIVIL PROCEDURE

BOOK I — GENERAL PROVISIONS

BOOK III — REMEDIES AGAINST JUDGMENTS

BOOK IV — EXECUTION OF JUDGMENTS

BOOK V — SPECIAL PROCEEDINGS

BOOK VI — NON-CONTENTIOUS MATTERS

BOOK VII — ARBITRATIONS

LIVRE I —
DISPOSITIONS GÉNÉRALES

TITRE I —
DISPOSITIONS INTRODUCTIVES

1. Nonobstant toute disposition contraire d'une loi générale ou spéciale, l'emprisonnement est supprimé en matière civile, sauf le cas d'outrage au tribunal.

[1965 (1ʳᵉ sess.), c. 80, a. 1 (*partie*); 1966, c. 21, a. 1].

2. Les règles de procédure édictées par ce code sont destinées à faire apparaître le droit et en assurer la sanction; et à moins d'une disposition contraire, l'inobservation de celles qui ne sont pas d'ordre public ne pourra affecter le sort d'une demande que s'il n'y a pas été remédié alors qu'il était possible de le faire. Ces dispositions doivent s'interpréter les unes par les autres et, autant que possible, de manière à faciliter la marche normale des procès, plutôt qu'à la retarder ou à y mettre fin prématurément.

[1965 (1ʳᵉ sess.), c. 80, a. 2].

3. Dans le cas de divergence entre les textes français et anglais de quelque disposition du présent code, le texte qui se rapproche le plus de la loi ancienne doit prévaloir, à moins que la disposition ne modifie la loi ancienne; en ce dernier cas, le texte qui exprime le mieux l'intention de l'article, dégagée d'après les règles ordinaires d'interprétation, doit prévaloir.

[1965 (1ʳᵉ sess.), c. 80, a. 3].

4. Dans le présent code, les expressions et termes suivants désignent:

    a) « affidavit »: une déclaration écrite appuyée du serment du décla-

BOOK I —
GENERAL PROVISIONS

TITLE I —
INTRODUCTORY PROVISIONS

1. Notwithstanding any contrary provision of any general law or special Act, imprisonment in civil matters is abolished, except in cases of contempt of court.

[1965 (1st sess.), c. 80, a. 1 (*part*); 1966, c. 21, s. 1].

2. The rules of procedure in this Code are intended to render effective the substantive law and to ensure that it is carried out; and failing a provision to the contrary, failure to observe the rules which are not of public order can only affect a proceeding if the defect has not been remedied when it was possible to do so. The provisions of this Code must be interpreted the one by the other, and, so far as possible, in such a way as to facilitate rather than to delay or to end prematurely the normal advancement of cases.

[1965 (1st sess.), c. 80, a. 2].

3. In the case of a difference between the French and English texts of any provision of this Code, the text most consistent with the former law must prevail, unless the provision changes the former law, in which case the text most consistent with the intention of the article in accordance with the ordinary rules of legal interpretation shall prevail.

[1965 (1st sess.), c. 80, a. 3].

4. In this Code,

    (a) "affidavit" means a written statement supported by the oath of the

rant, reçue et attestée par toute personne autorisée à cette fin par la loi;

b) « cause en état »: une cause dont l'instruction est terminée et qui a été prise en délibéré;

c) « greffe »: un secrétariat comprenant les services administratifs d'un ou de plusieurs tribunaux, assurant notamment la gestion de la délivrance des ordres des tribunaux et la conservation des archives;

d) « greffier »: un fonctionnaire du ministère de la Justice œuvrant dans un greffe et nommé à cette fin conformément à la loi, ainsi que toute autre personne nommée pour remplir cette charge auprès du tribunal auquel la disposition est applicable;

e) « greffier spécial »: le greffier ou le greffier adjoint nommé par arrêté du ministre de la Justice, avec l'assentiment du juge en chef du tribunal, afin d'exercer pour ce tribunal, en plus de leurs autres fonctions, les attributions rattachées à ce titre;

f) « juge »: selon le contexte, un juge exerçant en son bureau ou siégeant en salle d'audience;

g) « juge du procès »: un juge qui préside à l'instruction d'une cause;

h) « juge en chef »: le juge en chef, le juge en chef associé ou le juge en chef adjoint;

i) « serment »: une affirmation solennelle par une personne de la vérité d'un fait ou de son témoignage;

j) « tribunal »: une des cours de justice énumérées à l'article 22 ou un juge qui siège en salle d'audience.

De plus, la signification du mot « tribunal » utilisé dans le Code civil du Québec ou dans une loi particulière est déterminée par le présent code ou, le cas échéant, par la loi qui en contient une définition propre. Il peut désigner, selon le cas, la juridiction

deponent, received and attested by any person authorized for that purpose by law;

(b) "case ready for judgment" means a case in which the trial has been completed and which has been taken under advisement;

(c) "office of the court" means a secretariat comprising the administrative services of one or more courts, whose main functions are the management of the issue of court orders and the preservation of court records;

(d) "clerk" means a public servant of the Ministère de la Justice working in the office of a court and appointed for that purpose according to law, or any other person appointed to act in that capacity at the court to which the provision is applicable;

(e) "special clerk" means the clerk or the assistant clerk appointed by order of the Minister of Justice, with the consent of the chief justice or chief judge of the court, to exercise in that court, in addition to his other functions, the attributions attached to such capacity;

(f) "judge" means according to the context, a judge acting in chambers or presiding in a courtroom;

(g) "trial judge" means the judge presiding at the hearing of a case;

(h) "chief justice" or "chief judge" means the chief justice or judge, the senior associate chief justice or judge or the associate chief justice or judge;

(i) "oath" means a solemn affirmation by a person of the accuracy of a fact or the veracity of his testimony;

(j) "court" means one of the courts of justice enumerated in article 22 or a judge presiding in a courtroom.

Moreover, the meaning of the word "court" used in the Civil Code of Québec or in a special Act is determined by this Code or where the case arises, the Act itself where it contains its own definition thereof. It may designate, as the case may

ayant compétence en matière civile, un juge siégeant en salle d'audience ou exerçant en son bureau ou un greffier.

[1965 (1er sess.), c. 80, a. 4; 1975, c. 83, a. 1; 1977, c. 73, a. 1; 1979, c. 37, a. 1; 1983, c. 54, a. 14; 1986; c. 95, a. 61; 1989, c. 54, a. 130; 1992, c. 57, a. 171; 1997, c. 42, a. 1].

4.1. Les parties à une instance sont maîtres de leur dossier dans le respect des règles de procédure et des délais prévus au présent code et elles sont tenues de ne pas agir en vue de nuire à autrui ou d'une manière excessive ou déraisonnable, allant ainsi à l'encontre des exigences de la bonne foi.

Le tribunal veille au bon déroulement de l'instance et intervient pour en assurer la saine gestion.

[2002, c. 7, a. 1].

4.2. Dans toute instance, les parties doivent s'assurer que les actes de procédure choisis sont, eu égard aux coûts et au temps exigés, proportionnés à la nature et à la finalité de la demande et à la complexité du litige; le juge doit faire de même à l'égard des actes de procédure qu'il autorise ou ordonne.

[2002, c. 7, a. 1].

4.3. Les tribunaux et les juges peuvent, à l'exception des matières touchant l'état ou la capacité des personnes et de celles qui intéressent l'ordre public, tenter de concilier les parties qui y consentent. En matière familiale et de recouvrement des petites créances, il entre dans la mission du juge de favoriser la conciliation des parties.

[2002, c. 7, a. 1].

5. Il ne peut être prononcé sur une demande en justice sans que la partie contre laquelle elle est formée n'ait été entendue ou dûment appelée.

[1965 (1er sess.), c. 80, a. 5].

6. Sont jours non juridiques:

    a) les dimanches;

    b) les 1er et 2 janvier;

be, the competent jurisdiction in civil matters, a judge presiding in a courtroom or acting in chambers, or a clerk.

[1965 (1st sess.), c. 80, a. 4; 1975, c. 83, s. 1; 1977, c. 73, s. 1; 1979, c. 37, s. 1; 1983, c. 54, s. 14; 1986, c. 95, s. 61; 1989, c. 54, s. 130; 1992, c. 57, s. 171; 1997, c. 42, s. 1].

4.1. Subject to the rules of procedure and the time limits prescribed by this Code, the parties to a proceeding have control of their case and must refrain from acting with the intent of causing prejudice to another person or behaving in an excessive or unreasonable manner, contrary to the requirements of good faith.

The court sees to the orderly progress of the proceeding and intervenes to ensure proper management of the case.

[2002, c. 7, s. 1].

4.2. In any proceeding, the parties must ensure that the proceedings they choose are proportionate, in terms of the costs and time required, to the nature and ultimate purpose of the action or application and to the complexity of the dispute; the same applies to proceedings authorized or ordered by the judge.

[2002, c. 7, s. 1].

4.3. The courts and judges may attempt to reconcile the parties, if they consent, in any matter except a matter relating to personal status or capacity or involving public policy issues. In family matters or matters involving small claims, it is the judge's duty to attempt to reconcile the parties.

[2002, c. 7, s. 1].

5. No judicial demand can be adjudicated upon unless the party against whom it is made has been heard or duly summoned.

[1965 (1st sess.), c. 80, a. 5].

6. The following are non-juridical days:

    (a) Sundays;

    (b) 1st and 2 January;

c) le Vendredi-saint;

d) le lundi de Pâques;

e) le 24 juin, jour de la fête nationale;

f) le 1er juillet, anniversaire de la Confédération, ou le 2 juillet si le 1er tombe un dimanche;

g) le premier lundi de septembre, fête du Travail;

g.1) le deuxième lundi d'octobre;

h) les 25 et 26 décembre;

i) le jour fixé par proclamation du gouverneur-général pour marquer l'anniversaire de naissance du Souverain;

j) tout autre jour fixé par proclamation ou décret du gouvernement comme jour de fête publique ou d'action de grâces.

[1965 (1re sess.), c. 80, a. 6; 1978, c. 5, a. 11; 1979, c. 37, a. 2; 1984, c. 46, a. 4].

(c) Good Friday;

(d) Easter Monday;

(e) 24 June, the National Holiday;

(f) The 1st of July, the anniversary of Confederation, or the 2nd of July when the 1st is a Sunday;

(g) The first Monday of September, Labour Day;

(g.1) The second Monday of October;

(h) 25 and 26 December;

(i) The day fixed by proclamation of the Governor-General for the celebration of the birthday of the Sovereign;

(j) Any other day fixed by proclamation of the Government as a public holiday or as a day of thanksgiving.

[1965 (1st sess.), c. 80, a. 6; 1978, c. 5, s. 11; 1979, c. 37, s. 2; 1984, c. 46, s. 4].

7. Si la date fixée pour faire une chose tombe un jour non juridique, la chose peut être valablement faite le premier jour juridique qui suit.

[1965 (1re sess.), c. 80, a. 7].

7. If the date fixed for doing anything falls on a non-juridical day, such thing may validly be done on the next following juridical day.

[1965 (1st sess.), c. 80, a. 7].

8. Dans la computation de tout délai fixé par ce code, ou imparti en vertu de quelqu'une de ses dispositions, y compris un délai d'appel:

1° le jour qui marque le point de départ n'est pas compté, mais celui de l'échéance l'est;

2° les jours non juridiques sont comptés, mais lorsque le dernier jour est non juridique, le délai est prorogé au premier jour juridique suivant;

3° le samedi est assimilé à un jour non juridique.

[1965 (1re sess.), c. 80, a. 8; 1979, c. 37, a. 3].

8. In computing any time limit fixed by this Code or any of its provisions, including the time limits for appeal:

(1) the day which marks the start of the time limit is not counted, but the terminal day is counted;

(2) non-juridical days are counted; but when the last day is a non-juridical day, the time limit is extended to the next following juridical day;

(3) Saturday is considered a non-juridical day.

[1965 (1st sess.), c. 80, a. 8; 1979, c. 37, s. 3; 1999, c. 40, s. 56].

9. Un juge peut, aux conditions qu'il estime justes, proroger tout délai qui n'est pas de rigueur, ou relever une partie des

9. A judge may, upon such conditions as he considers just, extend any time limit which is not peremptory or relieve a party

conséquences de son défaut de le respecter.

Les parties peuvent en première instance convenir, dans le calendrier des échéances qui régit l'instance, de délais différents de ceux qui sont prescrits par le code, à moins qu'ils ne soient de rigueur.

[1965 (1ᵉʳ sess.), c. 80, a. 9; 2002, c. 7, a. 2].

10. Le lieu, le temps et la durée des sessions et séances des tribunaux sont déterminés conformément aux dispositions de la *Loi sur les tribunaux judiciaires* (chapitre T-16).

Le tribunal peut abréger une session, la prolonger, ou la fixer à une date ultérieure par ajournement.

En l'absence du juge qui devrait présider le tribunal, le greffier peut prononcer l'ajournement à un autre jour de la session ou à toute autre date ultérieure indiquée par le juge.

[1965 (1ᵉʳ sess.), c. 80, a. 10; 1992, c. 57, a. 420].

11. Les tribunaux ne peuvent siéger les jours non juridiques.

[1965 (1ᵉʳ sess.), c. 80, a. 11].

12. Les tribunaux de première instance ne sont pas tenus de siéger entre le 30 juin et 1ᵉʳ septembre, ni entre le 23 décembre et le 7 janvier, sauf pour connaître des affaires suivantes:

    a) les poursuites résultant de rapports entre locateur et locataire, employeur et employé;

    * b) les matières prévues aux Titres I, IV, V et VI du Livre V;

    c) les demandes relatives à l'intégrité de la personne;

    d) les demandes d'*habeas corpus* et celles prévues à l'article 846;

    e) (*paragraphe abrogé*);

    f) les demandes relatives à la garde d'effets saisis, ou à la distribution de deniers prélevés à la suite d'une exécution;

    g) les procédures d'expropriation;

from the consequences of his failure to respect such time limit.

In first instance, the parties may, in establishing the proceeding timetable, agree on time limits other than those prescribed by this Code, unless they are peremptory.

[1965 (1st sess.), c. 80, a. 9; 1999, c. 40, s. 56; 2002, c. 7, s. 2].

10. The place, time and duration of the terms and sittings of the courts are determined in accordance with the provisions of the *Courts of Justice Act* (chapter T-16).

The court may shorten or extend a term or adjourn it to a later date.

In the absence of the judge who should preside over the court, the clerk may adjourn the court to another day of the term or to any later date indicated by the judge.

[1965 (1st sess.), c. 80, a. 10; 1992, c. 57, s. 420].

11. The courts cannot sit on non-juridical days.

[1965 (1st sess.), c. 80, a. 11].

12. The courts of first instance are not obliged to sit between 30 June and 1 September, or between 23 December and 7 January, except as regards the followings matters:

    (a) actions arising from relations between lessor and lessee, and employer and employee;

    (b) the matters governed by Titles I, IV, V and VI of Book V;

    (c) applications relating to the integrity of the person;

    (d) writs of *habeas corpus* and demands provided for in article 846;

    (e) (*paragraph repealed*);

    (f) proceedings respecting the guardianship of property under seizure or the distribution of moneys following execution;

    (g) expropriation proceedings;

h) les causes où le défendeur est en défaut de comparaître ou de plaider;

i) les inscriptions pour jugement suivant acquiescement à la demande, désistement ou accord intervenu entre les parties;

j) les procédures incidentes à un litige;

k) les matières prévues au Livre VI du présent code;

l) celles qui doivent être instruites et jugées d'urgence en vertu d'une disposition de la loi ou d'une décision du juge en chef ou d'un juge désigné par lui à cette fin.

[1965 (1ᵉ sess.), c. 80, a. 12; 1966, c. 21, a. 2; 1982, c. 17, a. 1; 1992, c. 57, a. 172].

(h) cases in which the defendant is in default to appear or to plead;

(i) inscriptions for judgment upon acquiescence in a demand, upon discontinuance or by agreement between the parties;

(j) incidental proceedings;

(k) the matters governed by Book VI of this Code;

(l) those which must be heard and decided by preference under a provision of law or a decision of the chief justice or a judge designated by him for such purpose.

[1965 (1st sess.), c. 80, a. 12; 1966, c. 21, s. 2; 1982, c. 17, s. 1; 1992, c. 57, s. 172].

13. Les audiences des tribunaux sont publiques, où qu'elles soient tenues, mais le tribunal peut ordonner le huis clos dans l'intérêt de la morale ou de l'ordre public.

Cependant, en matière familiale, les audiences de première instance se tiennent à huis clos, à moins que, sur demande, le tribunal n'ordonne dans l'intérêt de la justice, une audience publique. Tout journaliste qui prouve sa qualité est admis, sans autre formalité, aux audiences à huis clos, à moins que le tribunal ne juge que sa présence cause un préjudice à une personne dont les intérêts peuvent être touchés par l'instance. Le présent alinéa s'applique malgré l'article 23 de la *Charte des droits et libertés de la personne* (chapitre C-12).

Les règles de pratique peuvent déterminer les conditions et les modalités relatives à l'application du huis clos à l'égard des avocats et des stagiaires au sens de la *Loi sur le Barreau* (chapitre B-1).

[1965 (1ᵉ sess.), c. 80, a. 13; 1975, c. 83, a. 2; 1982, c. 17, a. 2; 1984, c. 26, a. 1; 1993, c. 30, a. 1].

13. The sittings of the courts are public wherever they may be held, but the court may order that they be held *in camera* in the interests of good morals or public order.

However, in family matters, sittings in first instance are held *in camera*, unless the court, upon application, orders that, in the interests of justice, a sitting be public. Any journalist who proves his capacity is admitted to sittings held *in camera*, without further formality, unless the court considers his presence detrimental to a person whose interests may be affected by the proceedings. This paragraph applies notwithstanding section 23 of the *Charter of human rights and freedoms* (chapter C-12).

The rules of practice may determine the conditions and modalities relating to sittings *in camera* in respect of advocates and articled students within the meaning of the *Act respecting the Barreau du Québec* (chapter B-1).

[1965 (1st sess.), c. 80, a. 13; 1975, c. 83, s. 2; 1982, c. 17, s. 2; 1984, c. 26, s. 1; 1993, c. 30, s. 1].

14. Ceux qui assistent aux audiences doivent s'y comporter avec respect, garder le

14. Persons present at sittings of the courts must maintain a respectful attitude, remain

silence et s'abstenir de manifester leur approbation ou leur désapprobation de ce qui s'y passe.

Cette disposition doit être observée où que le juge exerce les fonctions de son état.

[1965 (1ʳᵉ sess.), 80, a. 14].

15. Celui qui contrevient à l'article 14, ou qui n'obéit pas dans l'instant aux ordres du juge ou des officiers sous son autorité, se rend coupable d'outrage au tribunal.

Si le contrevenant est un officier de justice, le tribunal peut le suspendre de sa fonction.

[1965 (1ʳᵉ sess.), c. 80, a. 15; 1975, c. 83, a. 3; 1995, c. 41, a. 17].

16. Le juge peut exiger le serment dans tous les cas où il l'estime nécessaire.

[1965 (1ʳᵉ sess.), c. 80, a. 16].

17. Le serment, lorsqu'il est requis, est prêté devant le juge, le greffier ou toute autre personne autorisée par la loi à le recevoir.

[1965 (1ʳᵉ sess.), c. 80, a. 17; 1992, c. 57, a. 420].

18. (*Abrogé*).

[1992, c. 57, a. 173].

19. Le tribunal a les mêmes pouvoirs que le juge, dans les matières qui sont de la compétence de ce dernier.

[1965 (1ʳᵉ sess.), c. 80, a. 19].

20. Si le moyen d'exercer un droit n'a pas été prévu par ce code, on peut y suppléer par toute procédure non incompatible avec les règles qu'il contient ou avec quelque autre disposition de la loi.

[1965 (1ʳᵉ sess.), c. 80, a. 20].

20.1. Dans les cas où une loi ou un règlement prévoit l'utilisation du courrier, le gouvernement peut, si le service postal est interrompu, autoriser l'utilisation, suivant des modalités qu'il fixe, d'un autre moyen de communication.

[1979, c. 37, a. 4].

silent and refrain from showing their approval or disapproval of the proceedings.

This provision must be observed wherever the judge carries out his official functions.

[1965 (1st sess.), c. 80, a. 14].

15. Any person who contravenes article 14, or who does not obey at once the orders of the judge or the officers under his authority, is guilty of contempt of court.

If the offender is an officer of justice, the court may suspend him from his functions.

[1965 (1st sess.), c. 80, a. 15; 1975, c. 83, s. 3; 1995, c. 41, s. 17].

16. The judge may require an oath whenever it is deemed necessary.

[1965 (1st sess.), c. 80, a. 16].

17. When an oath is required, it is taken before the judge, the clerk or any other person authorized by law to administer it.

[1965 (1st sess.), c. 80, a. 17; 1992, c. 57, s. 420].

18. (*Repealed*).

[1992, c. 57, s. 173].

19. The court has the same powers as the judge in matters within the jurisdiction of the latter.

[1965 (1st sess.), c. 80, a. 19].

20. Whenever this Code contains no provision for exercising any right, any proceeding may be adopted which is not inconsistent with this Code or with some other provision of law.

[1965 (1st sess.), c. 80, a. 20].

20.1. Where a law or regulation provides for the use of the mails, the Government may, if postal services are interrupted, authorize the use of another means of communication, according to such terms and conditions as it may determine.

[1979, c. 37, s. 4].

21. - 21.1. (*Abrogés*).

[1992, c. 57, a. 174].

21. - 21.1. (*Repealed*).

[1992, c. 57, s. 174].

TITRE II ——
LES TRIBUNAUX

TITLE II ——
THE COURTS

Chapitre I ——
De la compétence des tribunaux

Chapter I ——
Jurisdiction of the Courts

SECTION I ——
DISPOSITIONS GÉNÉRALES

SECTION I —— GENERAL PROVISIONS

22. Les tribunaux qui relèvent de l'autorité législative du Québec et ont une compétence en matière civile sont:

a) la Cour d'appel;

b) la Cour supérieure;

c) la Cour du Québec;

d) (*paragraphe remplacé*);

e) les cours municipales.

[1965 (1ᵉʳ sess.), c. 80, a. 22; 1978, c. 19, a. 45; 1988, c. 21, a. 76; 1992, c. 57, a. 422].

22. The courts under the legislative authority of Québec which have jurisdiction in civil matters are:

(a) the Court of Appeal;

(b) the Superior Court;

(c) the Court of Québec;

(d) (*paragraph replaced*);

(e) the municipal courts.

[1965 (1st sess.), c. 80, a. 22; 1978, c. 19, s. 45; 1988, c. 21, s. 76].

23. La compétence de la Cour d'appel, de la Cour supérieure et de la Cour du Québec s'étend à tout le Québec; celle d'une cour municipale est limitée à un territoire déterminé.

[1965 (1ᵉʳ sess.), c. 80, a. 23; 1978, c. 19, a. 46; 1980, c. 11, a. 46; 1988, c. 21, a. 77; 1992, c. 57, a. 422].

23. The jurisdictions of the Court of Appeal, the Superior Court and the Court of Québec extend throughout Québec; the jurisdiction of a municipal court is limited to a designated territory.

[1965 (1st sess.), c. 80, a. 23; 1978, c. 19, s. 46; 1980, c. 11, s. 46; 1988, c. 21, s. 77].

24. Les tribunaux qui relèvent du Parlement du Canada et ont compétence en matière civile au Québec sont la Cour suprême du Canada et la Cour fédérale du Canada.

La compétence de ces tribunaux et la procédure qui doit y être suivie sont déterminées par les lois du Parlement du Canada.

[1965 (1ᵉʳ sess.), c. 80, a. 24; 1979, c. 37, a. 5; 1992, c. 57, a. 422].

24. The courts under the legislative authority of the Parliament of Canada which have jurisdiction in civil matters in Québec are the Supreme Court of Canada and the Federal Court of Canada.

The jurisdiction of these courts and the procedure to be followed therein are set out in the laws of the Parliament of Canada.

[1965 (1st sess.), c. 80, a. 24; 1979, c. 37, s. 5].

SECTION II — DE LA COUR D'APPEL

SECTION II — COURT OF APPEAL

25. La Cour d'appel est le tribunal général d'appel pour le Québec; elle connaît de l'appel de tout jugement sujet à ce recours, à moins d'une disposition expresse au contraire.

[1965 (1ʳ sess.), c. 80, a. 25].

25. The Court of Appeal is the general appeal tribunal for Québec; it hears appeals from any judgment from which an appeal lies, failing an express provision to the contrary.

[1965 (1st sess.), c. 80, a. 25].

26. Peuvent faire l'objet d'un appel, à moins d'une disposition contraire:

1° les jugements finals de la Cour supérieure et de la Cour du Québec, sauf dans les causes où la valeur de l'objet du litige en appel est inférieure à 50 000 $;

2° les jugements finals de la Cour du Québec dans les causes où cette cour exerce une compétence qui lui est attribuée exclusivement par une autre loi que le présent code;

3° les jugements finals rendus en matière d'outrage au tribunal pour lesquels il n'existe pas d'autres recours;

4° les jugements ou ordonnances rendus en matière d'adoption;

5° les jugements finals en matière de garde en établissement et d'évaluation psychiatrique;

6° les jugements ou ordonnances rendus dans les matières suivantes:

    a) la modification du registre de l'état civil;

    b) la tutelle au mineur ou à l'absent et le jugement déclaratif de décès;

    c) le conseil de tutelle;

    d) les régimes de protection du majeur et l'homologation du mandat donné par une personne en prévision de son inaptitude.

7° (*paragraphe remplacé*);

8° (*paragraphe remplacé*).

Peuvent aussi faire l'objet d'un appel, sur permission d'un juge de la Cour d'appel, lorsque la question en jeu en est une qui

26. Unless otherwise provided, an appeal lies:

(1) from any final judgment of the Superior Court or the Court of Québec, except in a case where the value of the object of the dispute in appeal is less than $50 000;

(2) from any final judgment of the Court of Québec in a case where such court has exclusive jurisdiction under any Act other than this Code;

(3) from any final judgment rendered in matters of contempt of court for which there is no other recourse;

(4) from any judgment or order rendered in matters of adoption;

(5) from any final judgment rendered in matters concerning confinement in an institution or psychiatric assessment;

(6) from any judgment or order rendered in the following matters:

    (a) changes made to the register of civil status;

    (b) tutorships to minors or absentees and declaratory judgments of death;

    (c) tutorship councils;

    (d) protective supervision of persons of full age and the homologation of a mandate given by a person in anticipation of his incapacity.

(7) (*paragraph replaced*);

(8) (*paragraph replaced*).

An appeal also lies, with leave of a judge of the Court of Appeal, when the matter at issue is one which ought to be submitted

devrait être soumise à la Cour d'appel, ce qui est notamment le cas s'il est d'avis qu'une question de principe, une question nouvelle ou une question de droit faisant l'objet d'une jurisprudence contradictoire est en jeu:

1° les autres jugements ou ordonnances rendus en vertu des dispositions du Livre VI du présent code;

2° le jugement qui prononce sur la requête en annulation d'une saisie avant jugement;

3° les jugements ou ordonnances rendus en matière d'exécution;

4° les jugements rendus en application de l'article 846;

4.1° les jugements qui rejettent une demande en justice en raison de son caractère abusif;

5° les autres jugements finals de la Cour supérieure et de la Cour du Québec.

[1965 (1ʳᵉ sess.), c. 80, a. 26; 1969, c. 80, a. 1; 1979, c. 37, a. 6; 1982, c. 17, a. 3; 1982, c. 32, a. 31; 1984, c. 26, a. 2; 1988, c. 21, a. 66; 1992, c. 57, a. 176, 422; 1993, c. 30, a. 2; 1993, c. 72, a. 1; 1995, c. 2, a. 1; 1997, c. 75, a. 34; 1999, c. 46, a. 1; 2002, c. 7, a. 3; 2009, c. 12, a. 1].

26.0.1. Lorsqu'un appel a déjà été autorisé par un juge ou interjeté par une partie à l'instance en vertu de l'une ou l'autre des dispositions de la présente section, toute autre partie peut interjeter appel de plein droit.

[2002, c. 7, a. 4].

26.1. Le jugement qui condamne à des dommages-intérêts en réparation d'un préjudice corporel est un jugement final, même s'il réserve au demandeur le droit de réclamer des dommages-intérêts additionnels.

Lors de l'appel du jugement prononçant sur une demande de dommages-intérêts additionnels, on ne tient compte, pour déterminer la valeur de l'objet du litige en appel, que de la demande additionnelle.

[1992, c. 57, a. 177].

to the Court of Appeal, particularly where, in the opinion of the judge, the matter at issue is a question of principle, a new issue or a question of law that has given rise to conflicting judicial precedents,

(1) from any judgment or order rendered under the provisions of Book VI of this Code;

(2) from any judgment ruling on a motion to quash a seizure before judgment;

(3) from any judgment or order rendered in matters concerning execution;

(4) from any judgment rendered under article 846;

(4.1) from any judgment that dismisses an action because of its improper nature;

(5) from any other final judgment of the Superior Court or the Court of Québec.

[1965 (1st sess.), c. 80, a. 26; 1969, c. 80, s. 1; 1979, c. 37, s. 6; 1982, c. 17, s. 3; 1982, c. 32, s. 31; 1984, c. 26, s. 2; 1988, c. 21, s. 66; 1992, c. 57, s. 176; 1993, c. 30, s. 2; 1993, c. 72, s. 1; 1995, c. 2, s. 1; 1997, c. 75, s. 34; 1999, c. 46, s. 1; 2002, c. 7, s. 3; 2009, c. 12, s. 1].

26.0.1. Where leave to appeal has already been given by a judge or an appeal has already been brought by a party to the proceeding under one of the provisions of this section, any other party may bring an appeal as of right.

[2002, c. 7, s. 4].

26.1. A judgment awarding damages for bodily injury is a final judgment even if it reserves the right of the plaintiff to apply for additional damages.

In determining the value of the object of the dispute in appeal from the judgment ruling on an application for additional damages, account is taken only of the application for additional damages.

[1992, c. 57, s. 177].

27. On doit tenir compte, pour déterminer la valeur de l'objet du litige en appel aux fins de l'article 26, des intérêts courus à la date du jugement en première instance de même que de l'indemnité visée à l'article 1619 du *Code civil du Québec*, mais non des dépens.

[1965 (1ᵉʳ sess.), c. 80, a. 27; 1969, c. 80, a. 1; 1993, c. 30, a. 3].

27. In determining the value of the object of the dispute in appeal for the purposes of article 26, account shall be taken of interest accrued on the date of the judgment in first instance and of the indemnity referred to in article 1619 of the *Civil Code of Québec*, but not of costs.

[1965 (1st sess.), c. 80, a. 27; 1969, c. 80, s. 1; 1993, c. 30, s. 3].

28. (*Abrogé*).

[1993, c. 30, a. 4].

28. (*Repealed*).

[1993, c. 30, s. 4].

29. Est également sujet à appel, conformément à l'article 511, le jugement interlocutoire de la Cour supérieure ou celui de la Cour du Québec mais, s'il s'agit de sa compétence dans les matières relatives à la jeunesse, uniquement en matière d'adoption:

29. An appeal also lies, in accordance with article 511, from an interlocutory judgment of the Superior Court or the Court of Québec but, as regards youth matters, only in a matter of adoption:

1° lorsqu'il décide en partie du litige;

(1) when it in part decides the issues;

2° lorsqu'il ordonne que soit faite une chose à laquelle le jugement final ne pourra remédier; ou

(2) when it orders the doing of anything which cannot be remedied by the final judgment; or

3° lorsqu'il a pour effet de retarder inutilement l'instruction du procès.

(3) when it unnecessarily delays the trial of the suit.

Toutefois, l'interlocutoire rendu au cours de l'instruction n'est pas sujet à appel immédiat et ne peut être mis en question que sur appel du jugement final, à moins qu'il ne rejette une objection à la preuve fondée sur l'article 308 de ce code ou sur l'article 9 de la *Charte des droits et libertés de la personne* (chapitre C-12) ou à moins qu'il ne maintienne une objection à la preuve.

However, an interlocutory judgment rendered during the trial cannot be appealed immediately and it cannot be put in question except on appeal from the final judgment, unless it disallows an objection to evidence based upon article 308 of this Code or on section 9 of the *Charter of human rights and freedoms* (chapter C-12), or unless it allows an objection to evidence.

Est interlocutoire le jugement rendu en cours d'instance avant le jugement final.

[1965 (1ᵉʳ sess.), c. 80, a. 29; 1969, c. 80, a. 2; 1975, c. 83, a. 4; 1979, c. 37, a. 7; 1982, c. 17, a. 5; 1982, c. 32, a. 32; 1988, c. 21, a. 78; 1992, c. 57, a. 178].

Any judgment is interlocutory which is rendered during the suit before the final judgment.

[1965 (1st sess.), c. 80, a. 29; 1969, c. 80, s. 2; 1969, c. 81, s. 1; 1975, c. 83, s. 4; 1979, c. 37, s. 7; 1982, c. 17, s. 5; 1982, c. 32, s. 32; 1988, c. 21, s. 78; 1992, c. 57, s. 178].

30. Les appels des jugements rendus dans les districts de Beauharnois, Bedford, Drummond, Hull, Iberville, Joliette, Labelle, Laval, Longueuil, Mégantic, Montréal, Pontiac, Richelieu, Saint-François, Saint-Hyacinthe et Terrebonne sont portés

30. Appeals from judgments rendered in the districts of Beauharnois, Bedford, Drummond, Hull, Iberville, Joliette, Labelle, Laval, Longueuil, Mégantic, Montréal, Pontiac, Richelieu, Saint-François, Saint-Hyacinthe and Terrebonne are

devant la Cour d'appel siégeant à Montréal; les appels des jugements rendus dans les autres districts sont portés à Québec.

[1965 (1ʳᵉ sess.), c. 80, a. 30; 1975, c. 10, a. 12; 1978, c. 19, a. 47; 1979, c. 15, a. 10; 1985, c. 29, a. 4].

brought before the Court of Appeal sitting at Montréal; those from judgments rendered in the other districts, before the court sitting at Québec.

[1965 (1st sess.), c. 80, a. 30; 1975, c. 10, s. 12; 1978, c. 19, s. 47; 1979, c. 15, s. 10; 1985, c. 29, s. 4].

SECTION III — DE LA COUR SUPÉRIEURE

SECTION III — SUPERIOR COURT

31. La Cour supérieure est le tribunal de droit commun; elle connaît en première instance de toute demande qu'une disposition formelle de la loi n'a pas attribuée exclusivement à un autre tribunal.

[1965 (1ʳᵉ sess.), c. 80, a. 31].

31. The Superior Court is the court of original general jurisdiction; it hears in first instance every suit not assigned exclusively to another court by a specific provision of law.

[1965 (1st sess.), c. 80, a. 31].

32. (*Abrogé*).

[1996, c. 5, a. 1].

32. (*Repealed*).

[1996, c. 5, s. 1].

33. À l'exception de la Cour d'appel, les tribunaux relevant de la compétence du Parlement du Québec, ainsi que les corps politiques, les personnes morales de droit public ou de droit privé au Québec, sont soumis au droit de surveillance et de réforme de la Cour supérieure, en la manière et dans la forme prescrites par la loi, sauf dans les matières que la loi déclare être du ressort exclusif de ces tribunaux, ou de l'un quelconque de ceux-ci, et sauf dans les cas où la compétence découlant du présent article est exclue par quelque disposition d'une loi générale ou particulière.

[1965 (1ʳᵉ sess.), c. 80, a. 33; 1968, c. 9, a. 90; 1992, c. 57, a. 179].

33. Excepting the Court of Appeal, the courts within the jurisdiction of the Parliament of Québec, and bodies politic, legal persons established in the public interest or for a private interest within Québec are subject to the superintending and reforming power of the Superior Court in such manner and form as by law provided, save in matters declared by law to be of the exclusive competency of such courts or of any one of the latter, and save in cases where the jurisdiction resulting from this article is excluded by some provision of a general or special law.

[1965 (1st sess.), c. 80, a. 33; 1992, c. 57, s. 179].

SECTION IV — DE LA COUR DU QUÉBEC

SECTION IV — THE COURT OF QUÉBEC

34. Sauf lorsqu'un recours est exercé en vertu du Livre IX, la Cour du Québec connaît, à l'exclusion de la Cour supérieure, de toute demande:

1° dans laquelle la somme demandée ou la valeur de la chose réclamée est inférieure à 70 000 $, sauf les demandes de pension alimentaire et celles qui sont réservées à la Cour fédérale du Canada;

34. Except where a recourse is brought under Book IX, the Court of Québec has jurisdiction to the exclusion of the Superior Court in any suit:

(1) wherein the sum claimed or the value of the thing demanded is less than $70 000, except suits for alimentary pension and those reserved for the Federal Court of Canada;

2° en exécution, en annulation, en résolution ou en résiliation de contrat ou en réduction des obligations qui en résultent, lorsque l'intérêt du demandeur dans l'objet du litige est d'une valeur inférieure à 70 000 $;

3° en résiliation de bail lorsque le montant réclamé pour loyer et dommages-intérêts n'atteint pas 70 000 $;

Lorsque, à l'encontre d'une action portée devant la Cour du Québec, un défendeur forme une demande qui, prise isolément, serait de la compétence de la Cour supérieure, celle-ci devient seule compétente à connaître de tout le litige, et le dossier doit lui être transmis sur consentement écrit de toutes les parties ou, à défaut d'un tel consentement, sur demande présentée au juge ou au greffier. Il en est de même lorsqu'à la suite d'un amendement à une demande portée devant la Cour du Québec, cette demande devient de la compétence de la Cour supérieure.

De même, lorsqu'à la suite d'un amendement à une demande portée devant la Cour supérieure, cette demande devient de la compétence de la Cour du Québec, celle-ci devient seule compétente à connaître de tout le litige et le dossier doit lui être transmis sur consentement écrit de toutes les parties ou, à défaut d'un tel consentement, sur demande présentée au juge ou au greffier à moins que, le cas échéant, le défendeur forme une demande qui, prise isolément, soit de la compétence de la Cour supérieure.

Le présent article ne s'applique pas à une demande résultant du bail d'un logement ou d'un terrain visés dans l'article 1892 du Code civil, sauf si cette demande est une contestation visée aux articles 645 et 656 du présent code.

[1965 (1ʳᵉ sess.), c. 80, a. 34; 1969, c. 81, a. 2; 1970, c. 63, a. 1; 1972, c. 70, a. 1; 1978, c. 8, a. 1; 1979, c. 37, a. 8; 1979, c. 48, a. 118; 1982, c. 58, a. 19; 1984, c. 26, a. 3; 1987, c. 63, a. 1; 1988, c. 21, a. 66; 1992, c. 57, a. 180; 1995, c. 2, a. 2; 1999, c. 40, a. 56; 2002, c. 7, a. 5].

35. Sous réserve de la compétence attribuée aux cours municipales, la Cour du Québec connaît aussi, à l'exclusion de la

(2) for specific performance, annulment, dissolution or rescission of a contract or for reduction of the obligations resulting from a contract, when the value of the plaintiff's interest in the object of the dispute is less than $70 000;

(3) to annul a lease when the amount claimed for rent and damages is less than $70 000.

When, in answer to an action before the Court of Québec, a defendant makes a claim which itself would be within the jurisdiction of the Superior Court, the latter court is alone competent to hear the entire case, and the record must be sent to it with the written consent of all the parties or, failing such consent, on an application presented to the judge or the clerk. The same applies when following an amendment to a claim before the Court of Québec, such claim becomes within the jurisdiction of the Superior Court.

Likewise, where, following an amendment to a claim before the Superior Court, the claim becomes within the jurisdiction of the Court of Québec, the latter court is alone competent to hear the entire case and the record must be sent to it with the written consent of all the parties or, failing such consent, on an application presented to the judge or the clerk unless, if it so happens, the defendant makes a claim which itself would be within the jurisdiction of the Superior Court.

This article does not apply to an application resulting from the lease of a dwelling or land contemplated in article 1892 of the *Civil Code of Québec*, except where the application consists in a contestation contemplated in article 645 or 656 of this Code.

[1965 (1st sess.), c. 80, a. 34; 1969, c. 81, s. 2; 1970, c. 63, s. 1; 1972, c. 70, s. 1; 1978, c. 8, s. 1; 1979, c. 37, s. 8; 1979, c. 48, s. 118; 1982, c. 58, s. 19; 1984, c. 26, s. 3; 1987, c. 63, s. 1; 1988, c. 21, s. 66; 1992, c. 57, s. 180; 1995, c. 2, s. 2; 2002, c. 7, s. 5].

35. Subject to the jurisdiction assigned to the municipal courts, the Court of Québec also has jurisdiction, to the exclusion of

Cour supérieure, de toute demande, tant personnelle qu'hypothécaire formée:

1° en recouvrement d'une taxe ou autre somme d'argent due à une municipalité ou à une commission scolaire en vertu du *Code municipal* (chapitre C-27.1) ou de quelque loi générale ou spéciale, ou en vertu d'un règlement adopté sous leur empire; ou

2° (*paragraphe abrogé*);

3° en annulation ou en cassation de rôle d'évaluation des immeubles imposables pour fins municipales ou scolaires, quelle que soit la loi régissant la municipalité ou la commission scolaire en cause.

[1965 (1re sess.), c. 80, a. 35; 1981, c. 14, a. 10; 1988, c. 21, a. 66; 1988, c. 84, a. 701; 1992, c. 57, a. 181; 1996, c. 5, a. 2].

36. Nonobstant toute disposition législative inconciliable avec la présente, la Cour du Québec a compétence exclusive pour connaître, en dernier ressort, de toute demande ou action intentée en vertu du Chapitre II du Titre VI du Livre V et ayant trait à l'usurpation, la détention ou l'exercice illégal d'une fonction dans la municipalité ou une commission scolaire, quelle que soit la loi qui la régit.

La cause est entendue et décidée par un juge de la Cour du Québec lorsque la seule question en litige est la qualification foncière du défendeur.

Dans tous les autres cas, elle est entendue par trois juges de la Cour du Québec désignés par le juge en chef dont la juridiction administrative s'étend au district dans lequel l'action est intentée.

L'un de ces juges, également désigné par ce juge en chef, préside la cour.

Le jugement est rendu à la majorité de ces juges. Il peut être prononcé en audience publique, en l'absence des autres juges, par celui qui a présidé la cour, ou déposé au greffe, sous la signature d'au moins deux d'entre eux; dans ce dernier cas, le

the Superior Court, in all suits, whether personal or hypothecary:

(1) for the recovery of a tax or other sum of money due to a municipality or school board under the *Municipal Code* (chapter C-27.1) or any general or special Act, or in virtue of any by-law made thereunder; or

(2) (*paragraph repealed*);

(3) to annul or set aside a valuation roll of immovables which are taxable for municipal or school purposes, whatever the law governing the municipality or school board concerned.

[1965 (1st sess.), c. 80, a. 35; 1981, c. 14, s. 10; 1988, c. 21, s. 66; 1988, c. 84, s. 701; 1992, c. 57, s. 181; 1996, c. 5, s. 2].

36. Notwithstanding any legislative provision inconsistent herewith, the Court of Québec has exclusive and ultimate jurisdiction in all suits or actions instituted in virtue of Chapter II of Title VI of Book V and relating to the usurpation, holding or unlawful exercise of an office in a municipality or school board, whatever the law governing the same.

The case is heard and decided by a judge of the Court of Québec when the only matter in dispute is the property qualification of the defendant.

In all other cases, it is heard by three judges of the Court of Québec designated by the chief judge of such Court whose administrative jurisdiction covers the district in which the action is instituted.

One of the said judges, also designated by such chief judge, presides over the court.

Judgment is rendered by the majority of such judges. It may be rendered in open court, in the absence of the other judges, by the judge who presided over the court, or deposited in the office of the court, under the signature of at least two of them;

greffier doit donner immédiatement avis de ce dépôt à toutes les parties intéressées.

Au cas de décès avant le jugement d'un juge qui a entendu la cause ou d'impossibilité pour lui en raison d'une circonstance quelconque de participer au jugement alors que les autres sont d'accord et prêts à statuer sur le litige, ceux-ci peuvent rendre le jugement.

[1965 (1er sess.), c. 80, a. 36; 1988, c. 21, a. 66; 1988, c. 84, a. 701; 1992, c. 57, a. 182].

in the latter case, the clerk must immediately give notice of such deposit to all parties concerned.

In the case of the death, before judgment, of the judge who heard the case, or of his being incapable, on account of any circumstance, of taking part in the judgment when the others agree and are ready to adjudicate, the latter may render judgment.

[1965 (1st sess.), c. 80, a. 36; 1988, c. 21, s. 66; 1988, c. 84, s. 701; 1992, c. 57, s. 182; 1999, c. 40, s. 56].

SECTION IV.1 —
(L'INTITULÉ DE CETTE SECTION EST SUPPRIMÉ).

SECTION IV.1 —
(THE TITLE OF THIS DIVISION IS STRIKED OUT).

36.1. La Cour du Québec connaît, à l'exclusion de la Cour supérieure, des matières relatives à l'adoption.

Dans les autres matières relatives à la jeunesse, la compétence de la cour et la procédure qui doit être suivie devant elle sont déterminées par des lois particulières.

[1978, c. 19, a. 48; 1982, c. 17, a. 6; 1988, c. 21, a. 80].

36.1. The Court of Québec has jurisdiction, to the exclusion of the Superior Court, in matters respecting adoption.

In other matters respecting youth, the jurisdiction of the Court and the procedure to be followed before the Court are determined by special Acts.

[1978, c. 19, s. 48; 1982, c. 17, s. 6; 1988, c. 21, s. 80].

36.2. En application des articles 26 à 31 du *Code civil du Québec*, la Cour du Québec connaît, à l'exclusion de la Cour supérieure, de toute demande pour faire subir une évaluation psychiatrique à une personne qui la refuse ou pour qu'elle soit gardée contre son gré par un établissement visé dans la *Loi sur la protection des personnes dont l'état mental présente un danger pour elles-mêmes ou pour autrui* (chapitre P-38.001).

En cas d'urgence, cette demande peut aussi être portée devant un juge des cours municipales des villes de Montréal, Laval ou Québec, ayant compétence dans la localité où se trouve cette personne.

[1992, c. 57, a. 183; 1997, c. 75, a. 35].

36.2. Pursuant to articles 26 to 31 of the *Civil Code of Québec*, the Court of Québec is competent to hear, to the exclusion of the Superior Court, any application to obtain that a person refusing to undergo a psychiatric assessment be submitted to such assessment, or that the person be confined against his will in an institution referred to in the *Act respecting the protection of persons whose mental state presents a danger to themselves or to others* (chapter P-38.001).

In urgent cases, the application may also be made before a judge of the municipal courts of the cities of Montréal, Laval or Québec having jurisdiction in the locality where the person is.

[1992, c. 57, s. 183; 1997, c. 75, s. 35].

SECTION V —
DES COURS MUNICIPALES

SECTION V — MUNICIPAL COURTS

37. La compétence des cours municipales de même que les pouvoirs des juges de paix, sont déterminés par des lois particulières.

[1965 (1ᵉ sess.), c. 80, a. 37; 1989, c. 52, a. 123].

37. The jurisdiction of municipal courts and the powers of justices of the peace are set out in special laws.

[1965 (1st sess.), c. 80, a. 37; 1989, c. 52, s. 123].

Chapitre II —
De la compétence du juge et du greffier

Chapter II —
Jurisdiction of Judges and Clerks

38. Sont de la compétence du juge les matières qui sont déclarées l'être par la loi ou par les règles de pratique.

[1965 (1ᵉ sess.), c. 80, a. 38; 1992, c. 57, a. 421].

38. The judge in chambers has jurisdiction over such matters as are assigned to him by law or by the rules of practice.

[1965 (1st sess.), c. 80, a. 38].

39. Lorsqu'il y a absence de juge dans un district ou lorsque le juge est empêché d'agir, les demandes prévues aux articles 485, 489, 733, 734.0.1, 734.1, 753, ainsi que celle prévue à l'article 834.1, peuvent être présentées à un juge d'un autre district par tout mode de communication que ce juge est en mesure d'accepter.

[1965 (1ᵉ sess.), c. 80, a. 39; 1968, c. 84, a. 1; 1986, c. 55, a. 1; 1992, c. 57, a. 185; 1996, c. 5, a. 3; 2002, c. 54, a. 1].

39. Where in a district there is no judge or the judge is unable to act, the matters provided for in articles 485, 489, 733, 734.0.1, 734.1, 753 and 834.1 may be presented to a judge of another district by any means of communication available to the judge.

[1965 (1st sess.), c. 80, a. 39; 1968, c. 84, s. 1; 1986, c. 55, s. 1; 1996, c. 5, s. 3; 2002, c. 54, s. 1].

40. Le juge peut déférer au tribunal toute affaire qui lui est soumise s'il estime que l'intérêt de la justice le requiert.

[1965 (1ᵉ sess.), c. 80, a. 40; 1992, c. 57, a. 421].

40. The judge in chambers may refer to the court any matter submitted to him if he considers that the interests of justice so require.

[1965 (1st sess.), c. 80, a. 40].

41. Le greffier a la compétence du juge:

1° dans les cas où la loi le déclare expressément;

2° lorsque le juge est absent ou empêché d'agir et qu'un retard risquerait d'entraîner la perte d'un droit ou de causer un préjudice sérieux.

Dans les matières qui sont de sa compétence, le greffier a les mêmes pouvoirs que le juge.

[1965 (1ᵉ sess.), c. 80, a. 41; 1992, c. 57, a. 186, 420, 421; 1999, c. 40, a. 56].

41. The clerk has the competence of a judge in chambers:

(1) in cases where the law expressly so declares;

(2) when the judge is absent or unable to act and delay might result in the loss of a right or cause serious harm.

In matters within his jurisdiction, the clerk has the same powers as the judge.

[1965 (1st sess.), c. 80, a. 41; 1992, c. 57, s. 186, s. 420].

42. Dans les cas prévus par le paragraphe 2 de l'article 41 et par les articles 583.1, 584, 644 et 659.5, la décision du greffier peut être révisée par le juge ou le tribunal, sur demande énonçant les moyens invoqués, signifiée à la partie adverse et produite au greffe dans les 10 jours de la date de la décision attaquée.

Si la décision est infirmée, les choses sont remises en l'état où elles étaient avant qu'elle ne fût rendue.

[1965 (1ʳᵉ sess.), c. 80, a. 42; 1977, c. 73, a. 2; 1980, c. 21, a. 1; 1987, c. 63, a. 2; 1992, c. 57, a. 420].

43. Le greffier peut aussi signer la minute de tout jugement rendu sur requête accordée de consentement.

[1965 (1ʳᵉ sess.), c. 80, a. 43; 1992, c. 57, a. 420

44. Le greffier adjoint peut exercer les pouvoirs conférés au greffier concurremment avec le juge s'il a été choisi à cette fin par le greffier avec l'assentiment du ministre de la Justice ou d'une personne désignée par celui-ci.

Le greffier adjoint qui est greffier spécial peut d'office exercer ces pouvoirs.

Pour l'exécution de ses fonctions à l'audience, pour recueillir les dépositions des témoins, pour délivrer des expéditions de documents dont il a la garde, et, d'une façon générale, pour tous les actes qui ne demandent pas l'exercice d'un pouvoir juridictionnel ou discrétionnaire, le greffier peut être suppléé par les membres de son personnel qu'il désigne.

[1965 (1ʳᵉ sess.), c. 80, a. 44; 1977, c. 73, a. 3; 1992, c. 57, a. 420].

44.1. Le greffier spécial statue notamment sur:

1° toute demande, contestée ou non, pour réunion d'actions, cautionnement, assignation d'un témoin en vertu de l'article 282, communication, production ou rejet de pièces, examen médical, précisions, amendement, modification d'une entente en vertu de l'article 151.2, substitution de

42. In the cases provided for by paragraph 2 of article 41 and by articles 583.1, 584, 644 and 659.5, the decision of the clerk may be revised by the judge or the court, upon a demand setting out the grounds relied on, served upon the adverse party and filed at the office of the court within 10 days from the date of the decision attacked.

If the decision is quashed, matters are restored to the state where they were before it was rendered.

[1965 (1st sess.), c. 80, a. 42; 1977, c. 73, s. 2; 1980, c. 21, s. 1; 1987, c. 63, s. 2; 1992, c. 57, s. 420].

43. The clerk may also sign the minute of any judgment rendered upon a motion granted by consent.

[1965 (1st sess.), c. 80, a. 43; 1992, c. 57, s. 420].

44. The assistant clerk may exercise the powers conferred on the clerk concurrently with the judge, if he has been chosen for that purpose by the clerk with the consent of the Minister of Justice or of a person designated by him.

The assistant clerk who is a special clerk may exercise such powers *ex officio*.

For carrying out his duties at the trial, taking down the depositions of witnesses, issuing copies of documents in his custody, and generally for all acts which do not require the exercise of judicial or discretionary power, the clerk may be replaced by such members of his staff as he designates.

[1965 (1st sess.), c. 80, a. 44; 1977, c. 73, s. 3; 1992, c. 57, s. 420].

44.1. The special clerk rules, in particular:

(1) on any motion, contested or not, for joinder of actions, security, summons of a witness under article 282, communication, filing or dismissal of exhibits, medical examination, particulars, amendment, modification of an agreement under article 151.2, substitution of attorney, appoint-

procureur, nomination d'un praticien et pour être relevé du défaut ou pour cesser d'occuper; et sur

2° toute autre procédure interlocutoire ou incidente, non contestée ou contestée mais, dans ce dernier cas, avec l'accord des parties.

Le greffier spécial peut, lorsqu'il s'agit de demandes relatives à la garde d'enfants ou à des obligations alimentaires, homologuer toute entente entre les parties portant règlement complet de ces questions. L'entente homologuée a le même effet et la même force exécutoire qu'un jugement de la Cour supérieure.

Dans tous les cas, la décision peut être révisée par le juge en suivant les formalités prévues par l'article 42.

[1975, c. 83, a. 5; 1976, c. 9, a. 54; 1977, c. 73, a. 4; 1992, c. 57, a. 420; 1994, c. 28, a. 1; 1997, c. 42, a. 2; 2002, c. 7, a. 6].

45. Le greffier ou le greffier adjoint peut déférer au juge ou au tribunal toute affaire qui lui est soumise, s'il estime que l'intérêt de la justice le requiert.

Dans le cas d'une demande visée au deuxième alinéa de l'article 44.1, le greffier spécial défère la demande au juge ou au tribunal s'il estime que l'entente des parties ne préserve pas suffisamment l'intérêt des enfants ou que le consentement de celles-ci a été donné sous la contrainte. Il peut, pour apprécier l'entente ou le consentement des parties, convoquer et entendre celles-ci, même séparément, en présence de leurs procureurs le cas échéant.

[1965 (1ʳᵉ sess.), c. 80, a. 45; 1975, c. 83, a. 6; 1992, c. 57, a. 420; 1997, c. 42, a. 3].

ment of a practitioner or relief from default, or to cease representing, and

(2) on any other interlocutory or incidental proceeding, contested or not but, if contested, with the consent of the parties.

The special clerk may, in the case of applications relating to child custody or obligations of support, homologate any agreement effecting a complete settlement of the matter. Once homologated, such agreements have the same effect and binding force as a judgment of the Superior Court.

In all cases, the decision may be revised by the judge in accordance with the formalities provided in article 42.

[1975, c. 83, s. 5; 1976, c. 9, s. 54; 1977, c. 73, s. 4; 1992, c. 57, s. 420; 1994, c. 28, s. 1; 1997, c. 42, s. 2; 2002, c. 7, s. 6].

45. The clerk or the assistant clerk may refer to the judge or to the court any matter submitted to him, if he considers that the interests of justice so require.

In the case of an application referred to in the second paragraph of section 44.1, the special clerk may refer the application to the judge or the court if he considers that the agreement between the parties does not provide sufficient protection for the interests of the children or that a party's consent was obtained under duress. He may, to evaluate the agreement or the consent of the parties, summon and hear the parties, even separately, in the presence of their attorneys, if any.

[1965 (1st sess.), c. 80, a. 45; 1975, c. 83, s. 6; 1992, c. 57, s. 420; 1997, c. 42, s. 3].

Chapitre III ——
Des pouvoirs des tribunaux et des juges

SECTION I ——
POUVOIRS GÉNÉRAUX

46. Les tribunaux et les juges ont tous les pouvoirs nécessaires à l'exercice de leur compétence.

Chapter III ——
Powers of Courts and Judges

SECTION I —— GENERAL POWERS

46. The courts and judges have all the powers necessary for the exercise of their jurisdiction.

Ils peuvent, en tout temps et en toutes matières, tant en première instance qu'en appel, prononcer des ordonnances de sauvegarde des droits des parties, pour le temps et aux conditions qu'ils déterminent. De plus, ils peuvent, dans les affaires dont ils sont saisis, prononcer, même d'office, des injonctions ou des réprimandes, supprimer des écrits ou les déclarer calomnieux, et rendre toutes ordonnances appropriées pour pourvoir aux cas où la loi n'a pas prévu de remède spécifique.

[1965 (1ᵉ sess.), c. 80, a. 46; 1992, c. 57, a. 422; 2002, c. 7, a. 7].

They may, at any time and in all matters, whether in first instance or in appeal, issue orders to safeguard the rights of the parties, for such time and on such conditions as they may determine. As well, they may, in the matters brought before them, even on their own initiative, issue injunctions or reprimands, suppress writings or declare them libellous, and make such orders as are appropriate to deal with cases for which no specific remedy is provided by law.

[1965 (1st sess.), c. 80, a. 46; 2002, c. 7, s. 7].

47. La majorité des juges de chaque cour, soit à une assemblée convoquée à cette fin par le juge en chef, soit par voie de consultation par courrier tenue et certifiée par celui-ci, peuvent adopter, pour un ou plusieurs districts judiciaires, les règles de pratique jugées nécessaires à la bonne exécution des dispositions du présent code. La majorité des juges de la Cour supérieure nommés soit pour le district de Montréal, soit pour le district de Québec peuvent toutefois remplacer ces règles, les modifier ou les compléter par des règles particulières applicables seulement dans leur district respectif.

47. The majority of the judges of each court, either at a meeting convened for the purpose by the chief justice, or by way of a consultation, held and certified by him, by mail, may make, for one or more judicial districts, the rules of practice judged necessary for the proper carrying out of this Code. The majority of the judges of the Superior Court appointed either for the district of Montréal or for the district of Québec may nevertheless replace, amend or complete such rules by special rules applicable in their respective districts only.

De la même manière, la majorité des juges de chaque cour peuvent établir des tarifs d'honoraires pour les commissaires et autres officiers nommés par le tribunal et dont la rémunération n'est pas, en vertu de la loi, fixée par le gouvernement; ces tarifs doivent être promulgués de la manière prescrite pour les règles de pratique.

Similarly, the majority of the judges of each court may make tariffs of fees for commissioners and other officers appointed by the court, whose remuneration is not, by law, fixed by the Government; such tariffs must be promulgated in the manner prescribed for rules of practice.

Le présent article ne s'applique pas aux juges municipaux nommés en vertu de la *Loi sur les cours municipales* (chapitre C-72.01).

[1965 (1ᵉ sess.), c. 80, a. 47; 1969, c. 81, a. 3; 1972, c. 70, a. 2; 1975, c. 83, a. 7; 1988, c. 21, a. 81; 1989, c. 52, a. 124].

This article does not apply to municipal judges appointed pursuant to the *Act respecting municipal courts* (chapter C-72.01).

[1965 (1st sess.), c. 80, a. 47; 1969, c. 81, s. 3; 1972, c. 70, s. 2; 1975, c. 83, s. 7; 1988, c. 21, s. 81; 1989, c. 52, s. 124].

48. Les règles de pratique entrent en vigueur 10 jours après leur publication à la *Gazette officielle du Québec*.

48. The rules of practice come into force 10 days after publication in the *Gazette officielle du Québec*.

Elles doivent, aussitôt après cette publication, être transcrites dans les registres te-

Immediately after such publication they must be copied into the registers kept for

nus à cette fin par les greffiers, et avis doit en être affiché au greffe de la cour, dans chacun des districts où elles s'appliquent.

[1965 (1re sess.), c. 80, a. 48; 1968, c. 23, a. 8; 1992, c. 57, a. 420].

48.1. Dans le cas de la Cour du Québec, les règles de pratique sont adoptées et entrent en vigueur conformément à la *Loi sur les tribunaux judiciaires* (chapitre T-16).

[1988, c. 21, a. 82].

the purpose by the clerks, and notice thereof must be posted in the office of the court in each of the districts where they apply.

[1965 (1st sess.), c. 80, a. 48; 1992, c. 57, s. 420].

48.1. In the case of the Court of Québec, the rules of practice are made and come into force in accordance with the provisions of the *Courts of Justice Act* (chapter T-16).

[1988, c. 21, s. 82].

SECTION II —
POUVOIR DE PUNIR POUR OUTRAGE AU TRIBUNAL

SECTION II — POWER TO PUNISH
FOR CONTEMPT OF COURT

49. Les tribunaux et les juges peuvent prononcer des condamnations contre toute personne qui se rend coupable d'outrage au tribunal.

[1965 (1re sess.), c. 80, a. 49].

49. The courts or judges may condemn any person who is guilty of contempt of court.

[1965 (1st sess.), c. 80, a. 49].

50. Est coupable d'outrage au tribunal celui qui contrevient à une ordonnance ou à une injonction du tribunal ou d'un de ses juges, ou qui agit de manière, soit à entraver le cours normal de l'administration de la justice, soit à porter atteinte à l'autorité ou à la dignité du tribunal.

En particulier, est coupable d'outrage au tribunal l'officier de justice qui manque à son devoir, y compris le shérif ou huissier qui n'exécute pas un bref sans retard ou n'en fait pas rapport ou enfreint, en l'exécutant, une règle dont la violation le rend passible de sanction.

[1965 (1re sess.), c. 80, a. 50; 1966, c. 21, a. 3; 1992, c. 57, a. 187].

50. Anyone is guilty of contempt of court who disobeys any process or order of the court or of a judge thereof, or who acts in such a way as to interfere with the orderly administration of justice, or to impair the authority or dignity of the court.

In particular, any officer of justice who fails to do his duty, and any sheriff or bailiff who does not execute a writ forthwith or does not make a return thereof or, in executing it, infringes any rule the violation whereof renders him liable to a penalty, is guilty of contempt of court.

[1965 (1st sess.), c. 80, a. 50; 1966, c. 21, s. 3].

51. Sauf dans les cas où il est autrement prévu, celui qui se rend coupable d'outrage au tribunal est passible d'une amende n'excédant pas 5 000 $ ou d'un emprisonnement pour une période d'au plus un an.

L'emprisonnement pour refus d'obtempérer à une ordonnance ou à une injonction peut être imposé derechef jusqu'à ce que la personne condamnée ait obéi.

[1965 (1re sess.), c. 80, a. 51].

51. Except where otherwise provided, anyone who is guilty of contempt of court is liable to a fine not exceeding $5 000 or to imprisonment for a period not exceeding one year.

Imprisonment for refusal to obey any process or order may be repeatedly inflicted until the person condemned obeys.

[1965 (1st sess.), c. 80, a. 51].

52. Celui qui se rend coupable d'outrage au tribunal en présence du juge dans l'exercice de ses fonctions peut être condamné sur-le-champ, pourvu qu'il ait été appelé à se justifier.

[1965 (1ᵉ sess.), c. 80, a. 52].

53. Nul ne peut être condamné pour outrage au tribunal commis hors la présence du juge, s'il n'a été assigné par ordonnance spéciale lui enjoignant de comparaître devant le tribunal, au jour et à l'heure indiqués, pour entendre la preuve des faits qui lui sont reprochés et faire valoir les moyens de défense qu'il peut avoir.

Le juge peut émettre l'ordonnance d'office ou sur demande. Cette demande n'a pas à être signifiée et peut être présentée devant un juge du district où l'outrage a été commis.

L'ordonnance doit être signifiée à personne, à moins que pour raison valable le juge n'autorise un autre mode de signification.

[1965 (1ᵉ sess.), c. 80, a. 53; 1979, c. 37, a. 9].

53.1. La preuve offerte relativement à un outrage au tribunal ne doit pas laisser place à un doute raisonnable.

L'intimé ne peut être contraint à témoigner.

[1992, c. 57, a. 188].

54. Le jugement est rendu après instruction sommaire; s'il emporte condamnation, il doit indiquer la peine imposée et énoncer les faits sur lesquels il se fonde, et, en ce cas, il est exécuté conformément au chapitre XIII du *Code de procédure pénale* (chapitre C-25.1).

[1965 (1ᵉ sess.), c. 80, a. 54; 1990, c. 4, a. 222].

SECTION III —
DU POUVOIR DE SANCTIONNER LES ABUS DE LA PROCÉDURE

54.1. Les tribunaux peuvent à tout moment, sur demande et même d'office après avoir entendu les parties sur le point, dé-

52. Anyone who is guilty of contempt of court in the presence of the judge in the exercise of his functions may be condemned at once, provided that he has been called upon to justify his behaviour.

[1965 (1st sess.), c. 80, a. 52].

53. No one may be condemned for contempt of court committed out of the presence of the judge, unless he has been served with a special rule ordering him to appear before the court, on the day and at the hour fixed, to hear proof of the acts with which he is charged and to urge any grounds of defence that he may have.

The judge may issue the rule *ex officio* or on application. Service of this rule is not required; it may be presented before a judge of the district where the contempt was committed.

The rule must be served personally, unless for valid reasons another mode of service is authorized by the judge.

[1965 (1st sess.), c. 80, a. 53; 1979, c. 37, s. 9].

53.1. The proof submitted to establish contempt of court must leave no possibility of reasonable doubt.

The respondent may not be compelled to testify.

[1992, c. 57, s. 188].

54. Judgment is rendered after summary hearing; if it contains a condemnation it must state the punishment imposed and set forth the facts upon which it is based, and in such case it shall be executed in accordance with Chapter XIII of the *Code of Penal Procedure* (chapter C-25.1).

[1965 (1st sess.), c. 80, a. 54; 1990, c. 4, s. 222].

SECTION III —
POWER TO IMPOSE SANCTIONS FOR IMPROPER USE OF PROCEDURE

54.1. A court may, at any time, on request or even on its own initiative after having heard the parties on the point, declare an

clarer qu'une demande en justice ou un autre acte de procédure est abusif et prononcer une sanction contre la partie qui agit de manière abusive.

L'abus peut résulter d'une demande en justice ou d'un acte de procédure manifestement mal fondé, frivole ou dilatoire, ou d'un comportement vexatoire ou quérulent. Il peut aussi résulter de la mauvaise foi, de l'utilisation de la procédure de manière excessive ou déraisonnable ou de manière à nuire à autrui ou encore du détournement des fins de la justice, notamment si cela a pour effet de limiter la liberté d'expression d'autrui dans le contexte de débats publics.

[2009, c. 12, a. 2].

54.2. Si une partie établit sommairement que la demande en justice ou l'acte de procédure peut constituer un abus, il revient à la partie qui l'introduit de démontrer que son geste n'est pas exercé de manière excessive ou déraisonnable et se justifie en droit.

La requête visant à faire rejeter la demande en justice en raison de son caractère abusif est, en première instance, présentée à titre de moyen préliminaire.

[2009, c. 12, a. 2].

54.3. Le tribunal peut, dans un cas d'abus, rejeter la demande en justice ou l'acte de procédure, supprimer une conclusion ou en exiger la modification, refuser un interrogatoire ou y mettre fin ou annuler le bref d'assignation d'un témoin.

Dans un tel cas ou lorsqu'il paraît y avoir un abus, le tribunal peut, s'il l'estime approprié :

1° assujettir la poursuite de la demande en justice ou l'acte de procédure à certaines conditions;

2° requérir des engagements de la partie concernée quant à la bonne marche de l'instance;

3° suspendre l'instance pour la période qu'il fixe;

action or other pleading improper and impose a sanction on the party concerned.

The procedural impropriety may consist in a claim or pleading that is clearly unfounded, frivolous or dilatory or in conduct that is vexatious or quarrelsome. It may also consist in bad faith, in a use of procedure that is excessive or unreasonable or causes prejudice to another person, or in an attempt to defeat the ends of justice, in particular if it restricts freedom of expression in public debate.

[2009, c. 12, s. 2].

54.2. If a party summarily establishes that an action or pleading may be an improper use of procedure, the onus is on the initiator of the action or pleading to show that it is not excessive or unreasonable and is justified in law.

A motion to have an action in the first instance dismissed on the grounds of its improper nature is presented as a preliminary exception.

[2009, c. 12, s. 2].

54.3. If the court notes an improper use of procedure, it may dismiss the action or other pleading, strike out a submission or require that it be amended, terminate or refuse to allow an examination, or annul a writ of summons served on a witness.

In such a case or where there appears to have been an improper use of procedure, the court may, if it considers it appropriate,

(1) subject the furtherance of the action or the pleading to certain conditions;

(2) require undertakings from the party concerned with regard to the orderly conduct of the proceeding;

(3) suspend the proceeding for the period it determines;

4° recommander au juge en chef d'ordonner une gestion particulière de l'instance;

(4) recommend to the chief judge or chief justice that special case management be ordered; or

5° ordonner à la partie qui a introduit la demande en justice ou l'acte de procédure de verser à l'autre partie, sous peine de rejet de la demande ou de l'acte, une provision pour les frais de l'instance, si les circonstances le justifient et s'il constate que sans cette aide cette partie risque de se retrouver dans une situation économique telle qu'elle ne pourrait faire valoir son point de vue valablement.

[2009, c. 12, a. 2].

(5) order the initiator of the action or pleading to pay to the other party, under pain of dismissal of the action or pleading, a provision for the costs of the proceeding, if justified by the circumstances and if the court notes that without such assistance the party's financial situation would prevent it from effectively arguing its case.

[2009, c. 12, a. 2].

54.4. Le tribunal peut, en se prononçant sur le caractère abusif d'une demande en justice ou d'un acte de procédure, ordonner, le cas échéant, le remboursement de la provision versée pour les frais de l'instance, condamner une partie à payer, outre les dépens, des dommages-intérêts en réparation du préjudice subi par une autre partie, notamment pour compenser les honoraires et débours extrajudiciaires que celle-ci a engagés ou, si les circonstances le justifient, attribuer des dommages-intérêts punitifs.

54.4. On ruling on whether an action or pleading is improper, the court may order a provision for costs to be reimbursed, condemn a party to pay, in addition to costs, damages in reparation for the prejudice suffered by another party, including the fees and extrajudicial costs incurred by that party, and, if justified by the circumstances, award punitive damages.

Si le montant des dommages-intérêts n'est pas admis ou ne peut être établi aisément au moment de la déclaration d'abus, il peut en décider sommairement dans le délai et sous les conditions qu'il détermine.

[2009, c. 12, a. 2].

If the amount of the damages is not admitted or may not be established easily at the time the action or pleading is declared improper, the court may summarily rule on the amount within the time and under the conditions determined by the court.

[2009, c. 12, s. 2].

54.5. Lorsque l'abus résulte de la quérulence d'une partie, le tribunal peut, en outre, interdire à cette partie d'introduire une demande en justice à moins d'obtenir l'autorisation du juge en chef et de respecter les conditions que celui-ci détermine.

[2009, c. 12, a. 2].

54.5. If the improper use of procedure results from a party's quarrelsomeness, the court may, in addition, prohibit the party from instituting legal proceedings except with the authorization of and subject to the conditions determined by the chief judge or chief justice.

[2009, c. 12, s. 2].

54.6. Lorsque l'abus est le fait d'une personne morale ou d'une personne qui agit en qualité d'administrateur du bien d'autrui, les administrateurs et les dirigeants de

54.6. If a legal person or an administrator of the property of another resorts to an improper use of procedure, the directors and officers of the legal person who took part

la personne morale qui ont participé à la décision ou l'administrateur du bien d'autrui peuvent être condamnés personnellement au paiement des dommages-intérêts.

[2009, c. 12, a. 2].

in the decision or the administrator may be ordered personally to pay damages.

[2009, c. 12, s. 2].

TITRE III
RÈGLES APPLICABLES À TOUTES LES DEMANDES EN JUSTICE

TITLE III
RULES APPLICABLE TO ALL ACTIONS

Chapitre I
De l'action, des parties, des procureurs

Chapter I
Actions, Parties to Actions and Attorneys

55. Celui qui forme une demande en justice, soit pour obtenir la sanction d'un droit méconnu, menacé ou dénié, soit pour faire autrement prononcer sur l'existence d'une situation juridique, doit y avoir un intérêt suffisant.

[1965 (1ʳᵉ sess.), c. 80, a. 55].

55. Whoever brings an action at law, whether for the enforcement of a right which is not recognized or is jeopardized or denied, or otherwise to obtain a pronouncement upon the existence of a legal situation, must have a sufficient interest therein.

[1965 (1st sess.), c. 80, a. 55].

56. Il faut être apte à exercer pleinement ses droits pour ester en justice sous quelque forme que ce soit, sauf disposition contraire de la loi.

Celui qui n'est pas apte à exercer pleinement ses droits doit être représenté, assisté ou autorisé, de la manière fixée par les lois qui régissent son état et sa capacité ou par le présent code.

L'irrégularité résultant du défaut de représentation, d'assistance ou d'autorisation n'a d'effet que s'il n'y est pas remédié, ce qui peut être fait rétroactivement en tout état de cause, même en appel.

[1965 (1ʳᵉ sess.), c. 80, a. 56; 1982, c. 17, a. 7; 1992, c. 57, a. 189].

56. A person must be able to fully exercise his rights to be a party to an action in whatever form it may be, saving contrary provisions of law.

A person who is not able to fully exercise his rights must be represented, assisted or authorized, in the manner provided by the laws which govern his status and capacity or by this Code.

The irregularity resulting from failure to be represented, assisted or authorized has no effect unless it is not remedied, and this may be done retroactively at any stage of a case, even in appeal.

[1965 (1st sess.), c. 80, a. 56; 1982, c. 17, s. 7; 1992, c. 57, s. 189].

57. Toute personne physique ou morale domiciliée hors du Québec et que la loi de son domicile autorise à ester en justice peut exercer cette faculté devant les tribunaux du Québec.

[1965 (1ʳᵉ sess.), c. 80, a. 57].

57. Any person or corporation domiciled outside Québec, who is authorized by the law of his domicile to appear in judicial proceedings, may do so before the courts of Québec.

[1965 (1st sess.), c. 80, a. 57].

58. Celui qui, en vertu de la loi d'un pays étranger, a pouvoir de représenter une personne qui, y étant décédée ou y ayant fait son testament, a laissé des biens au Québec, peut ester en justice en cette qualité devant les tribunaux du Québec.

[1965 (1ʳᵉ sess.), c. 80, a. 58

58. Any person who, under the law of a foreign country, is empowered to represent a person who died or made his will there and left property in Québec, may be a party in that capacity to proceedings before any court of Québec.

[1965 (1st sess.), c. 80, a. 58].

59. Nul ne peut plaider sous le nom d'autrui, hormis l'État par des représentants autorisés.

59. A person cannot use the name of another to plead, except the State through authorized representatives.

Toutefois, lorsque plusieurs personnes ont un intérêt commun dans un litige, l'une d'elles peut ester en justice, pour le compte de toutes, si elle en a reçu mandat. La procuration doit être produite au greffe avec le premier acte de procédure; dès lors, le mandat ne peut être révoqué qu'avec l'autorisation du tribunal, et il n'est pas affecté par le changement d'état des mandants ni par leur décès. En ce cas, les mandants sont solidairement responsables des dépens avec leur mandataire.

Nevertheless, when several persons have a common interest in a dispute, any one of them may appear in judicial proceedings on behalf of them all, if he holds their mandate. The power of attorney must be filed in the office of the court with the first pleading; thereafter the mandate cannot be revoked except with leave of the court and is not affected by the death or change of status of the mandators. In such case, the mandators are jointly and severally liable with their mandatary for the costs.

Les tuteurs, curateurs et autres représentants de personnes qui ne sont pas aptes à exercer pleinement leurs droits plaident en leur propre nom et en leur qualité respective. Il en est de même de l'administrateur du bien d'autrui pour tout ce qui touche à son administration, ainsi que du mandataire dans l'exécution du mandat donné par une personne majeure en prévision de son inaptitude à prendre soin d'elle-même ou à administrer ses biens.

[1965 (1ʳᵉ sess.), c. 80, a. 59; 1992, c. 57, a. 190].

Tutors, curators and others representing persons who are not able to fully exercise their rights, plead in their own name in their respective capacities. This also applies to an administrator of the property of others in respect of anything connected with his administration and to a mandatary in the performance of a mandate given by a person of full age in anticipation of his incapacity to take care of himself or administer his property.

[1965 (1st sess.), c. 80, a. 59; 1992, c. 57, s. 190].

60. Lorsque les administrateurs d'une association au sens du *Code civil du Québec* ou certains d'entre eux agissent en justice en cette qualité, ils peuvent le faire en leur nom ou sous le nom que l'association s'est donné ou sous lequel elle est connue.

60. Where all or some of the directors of an association within the meaning of the *Civil Code of Québec* are party to legal proceedings in their capacity as directors, they may do so under their own name or under the name which the association has given itself or the name by which it is known.

Cependant, une association de salariés est tenue, pour ester en justice, en demande, de déposer au greffe du tribunal, avec l'acte introductif d'instance, un certificat de la Commission des relations du travail en vertu du *Code du travail* (chapitre C-

However, an association of employees must, to institute legal proceedings, deposit at the office of the court, with the proceeding introductive of suit, a certificate of the Commission des relations du travail under the *Labour Code* (chapter C-

27) attestant qu'elle constitue une association de salariés au sens du *Code du travail.*

[1965 (1ʳᵉ sess.), c. 80, a. 60; 1969, c. 48, a. 44; 1977, c. 41, a. 1; 1992, c. 57, a. 191; 2001, c. 26, a. 92].

61. Nul n'est tenu de se faire représenter par procureur devant les tribunaux, hormis:

    a) les personnes morales;

    b) le curateur public;

    c) les syndics, gardiens, liquidateurs, séquestres et autres représentants d'intérêts collectifs, lorsqu'ils agissent en cette qualité;

    d) les agents de recouvrement et les acheteurs de comptes, relativement aux créances qu'ils sont chargés de recouvrer ou dont ils se sont portés acquéreurs;

    e) les sociétés en nom collectif ou en commandite et les associations au sens du *Code civil du Québec,* à moins que tous les associés ou membres n'agissent eux-mêmes ou ne mandatent l'un d'eux;

    f) les personnes qui agissent pour le compte d'autrui en vertu de l'article 59.

Néanmoins, la réclamation d'une personne morale, d'une société en nom collectif ou en commandite ou d'une association au sens du *Code civil du Québec,* pour participer à une distribution de deniers provenant de la vente des biens d'un débiteur, de la saisie de ses traitements, salaires ou gages, ou du dépôt volontaire qui en est fait, peut être faite par tout fondé de pouvoir par procuration générale ou spéciale.

[1965 (1ʳᵉ sess.), c. 80, a. 61; 1966, c. 21, a. 4; 1992, c. 57, a. 192].

62. Le droit d'agir comme procureur devant les tribunaux est réservé exclusivement aux avocats, sauf dans les cas prévus au paragraphe 7° de l'article 15 de la *Loi sur le notariat* (chapitre N-3).

[1965 (1ʳᵉ sess.), c. 80, a. 62; 2000, c. 44, a. 99].

63. La partie qui a comparu par procureur, mais qui a ensuite quitté le Québec, ou qui

27) attesting that it is an association of employees within the meaning of the *Labour Code.*

[1965 (1st sess.), c. 80, a. 60; 1969, c. 48, s. 44; 1977, c. 41, s. 1; 1992, c. 57, s. 191; 2001, c. 26, s. 92].

61. No one is required to be represented by attorney before the courts, except:

    (a) legal persons;

    (b) the Public Curator;

    (c) trustees, guardians, liquidators, receivers and other representatives of collective interests, when they act in that capacity;

    (d) collection agents and purchasers of accounts, concerning the accounts which they are charged with recovering or which they have purchased;

    (e) general or limited partnerships and associations within the meaning of the *Civil Code of Québec,* unless all the partners or members act themselves or mandate one of their number to act;

    (f) persons acting on behalf of others under article 59.

Nevertheless, the claim of a legal person, general or limited partnership or association within the meaning of the *Civil Code of Québec,* to participate in a distribution of funds derived from the sale of the property of a debtor or from the seizure or voluntary deposit of his salary, wages or earnings, may be made by any attorney under a general or special power.

[1965 (1st sess.), c. 80, a. 61; 1966, c. 21, s. 4; 1992, c. 57, s. 192].

62. The right to act as attorney before the courts is reserved exclusively to advocates, except in the cases set forth in paragraph 7 of section 15 of the *Notaries Act* (chapter N-3).

[1965 (1st sess.), c. 80, a. 62; 2000, c. 44, s. 99].

63. The party who has appeared by attorney but has since left Québec or has no

n'y a ni domicile, ni résidence, ni établissement d'entreprise connus, est réputée avoir élu domicile à l'étude de son procureur; et toutes significations qui ne doivent pas lui être faites à personne peuvent lui être faites à l'étude de son procureur, pourvu que l'huissier atteste que, malgré ses recherches, il n'a pu la trouver et qu'il ne lui connaît ni domicile, ni résidence, ni établissement d'entreprise au Québec.

Toutefois, dans le cas d'une requête pour cesser d'occuper, la signification à cette partie peut être faite au greffe du tribunal du district d'où émanent les procédures.

[1965 (1ᵉʳ sess.), c. 80, a. 63; 1972, c. 70, a. 3; 1975, c. 83, a. 8; 1999, c. 40, a. 56].

64. Les avocats doivent élire domicile dans un rayon de 5 km du palais de justice où ils exercent, et faire enregistrer cette élection au greffe du tribunal; sans quoi ils sont réputés avoir élu domicile au greffe même, où toute signification peut leur être valablement faite.

[1965 (1ᵉʳ sess.), c. 80, a. 64; 1984, c. 47, a. 213].

65. Le demandeur ou le demandeur-appelant qui ne réside pas au Québec est tenu de fournir caution pour la sûreté des frais qui peuvent résulter de sa demande. Il en est de même de celui qui agit pour autrui en vertu du deuxième alinéa de l'article 59, si lui-même ou l'un quelconque de ses mandants ne réside pas au Québec.

[1965 (1ᵉʳ sess.), c. 80, a. 65; 2002, c. 7, a. 8].

Chapitre II ━━
De la réunion de causes d'action et de la jonction des parties

66. Plusieurs causes d'action peuvent être réunies dans une même demande en justice, pourvu que les recours exercés ne soient pas incompatibles ni contradictoires, qu'ils tendent à des condamnations de même nature, que leur réunion ne soit pas expressément défendue, et qu'ils soient sujets au même mode d'enquête.

Un créancier ne peut diviser une dette

known domicile, residence or business establishment therein, is deemed to have elected domicile at the office of his attorney, and any service which need not be made personally can be made upon him at the office of his attorney, provided that the bailiff certifies, that though he has searched he has been unable to find him and does not know if he has any domicile, residence or business establishment in Québec.

However, in the case of a motion to cease representing, service upon such party may be made at the office of the court of the district where the proceedings are held.

[1965 (1st sess.), c. 80, a. 63; 1972, c. 70, s. 3; 1975, c. 83, s. 8; 1999, c. 40, s. 56].

64. Advocates must elect domicile within a radius of 5 km from the court house where they practise, and have such election registered at the office of the court, failing which they are deemed to have elected domicile at the office of the court, where all services upon them may be validly made.

[1965 (1st sess.), c. 80, a. 64; 1984, c. 47, s. 213].

65. A plaintiff or plaintiff-appellant who does not reside in Québec must give security for the costs which may be incurred in consequence of his suit. The same applies to a person who acts on behalf of another under the second paragraph of article 59 if neither he nor any of his mandators resides in Québec.

[1965 (1st sess.), c. 80, a. 65; 2002, c. 7, s. 8].

Chapter II ━━
Joinder of Causes of Action and of Parties

66. Several causes of action may be joined in the same suit, provided that the recourses exercised are not incompatible or contradictory, that they seek condemnations of a like nature, that their joinder is not expressly prohibited and that they are susceptible of the same mode of trial.

A creditor cannot divide a debt that is due,

échue pour en réclamer le paiement au moyen de plusieurs actions.

[1965 (1ʳᵉ sess.), c. 80, a. 66].

for the purpose of suing for the several portions of it by different actions.

[1965 (1st sess.), c. 80, a. 66].

67. Plusieurs personnes, dont les recours ont le même fondement juridique ou soulèvent les mêmes points de droit et de fait, peuvent se joindre dans une même demande en justice. Cette demande doit être portée devant la Cour du Québec, si cette cour est compétente à connaître de chacun des recours; sinon, elle doit l'être devant la Cour supérieure.

Le tribunal peut, en tout temps avant l'audition, ordonner que des recours joints en vertu du présent article soient poursuivis séparément, s'il est d'avis que les fins de la justice seront ainsi mieux servies.

À moins que le tribunal n'en décide autrement, les codemandeurs qui succombent sont solidairement responsables des dépens.

[1965 (1ʳᵉ sess.), c. 80, a. 67; 1988, c. 21, a. 66].

67. Two or more persons, whose claims have the same juridical basis or raise the same points of law and fact, may join in the suit. The suit must be instituted before the Court of Québec, if that court has jurisdiction in each of the claims; otherwise it must be instituted before the Superior Court.

At any time before the hearing, the court may order that claims joined in virtue of this article be disjoined, if it is of opinion that the interests of justice will thus be better served.

Unless the court orders otherwise, unsuccessful co-plaintiffs are jointly and severally liable for the costs.

[1965 (1st sess.), c. 80, a. 67; 1988, c. 21, s. 66].

Chapitre III —
Du lieu d'introduction de l'action

Chapter III —
Place of Instituting Actions

68. Sous réserve des dispositions du présent chapitre et des dispositions du livre X au *Code civil du Québec*, et nonobstant convention contraire, l'action purement personnelle peut être portée:

1° Devant le tribunal du domicile réel du défendeur, ou, dans les cas prévus à l'article 83 du *Code civil du Québec*, devant celui de son domicile élu.

Si le défendeur n'est pas domicilié au Québec, mais qu'il y réside ou y possède des biens, il peut être assigné soit devant le tribunal de sa résidence, soit devant celui où se trouvent ces biens, soit devant celui du lieu où la demande lui est signifiée en mains propres;

2° Devant le tribunal du lieu où toute la cause d'action a pris naissance; ou, dans le cas d'une action fondée sur un libelle de presse, devant le tribunal du district où réside le demandeur, lorsque l'écrit y a circulé;

68. Subject to the provisions of this Chapter and the provisions of Book X of the *Civil Code of Québec*, and notwithstanding any agreement to the contrary, a purely personal action may be instituted:

(1) Before the court of the defendant's real domicile or, in the cases contemplated by article 83 of the *Civil Code of Québec*, before that of his elected domicile.

If the defendant has no domicile in Québec but resides or possesses property therein, he may be sued before the court of his ordinary residence, before the court of the place where such property is situated, or before the court of the place where the action is personally served upon him;

(2) Before the court of the place where the whole cause of action has arisen; or, in an action for libel published in a newspaper, before the court of the district where the plaintiff resides if the newspaper has circulated therein;

3° Devant le tribunal du lieu où a été conclu le contrat qui donne lieu à la demande.

Le contrat d'où résulte une obligation de livrer, et qui a été négocié par l'entremise d'un tiers qui n'était pas le représentant du créancier de cette obligation, est tenu pour avoir été conclu au lieu où ce dernier a donné son consentement.

[1965 (1ᵉ sess.), c. 80, a. 68; 1992, c. 57, a. 193].

69. Nonobstant convention contraire, l'action fondée sur un contrat d'assurance et dirigée contre l'assureur peut dans tous les cas être portée devant le tribunal du domicile de l'assuré; dans le cas d'une assurance sur les biens, elle peut l'être aussi devant le tribunal du lieu du sinistre.

[1965 (1ᵉ sess.), c. 80, a. 69].

70. Les demandes en matière familiale sont portées devant le tribunal du domicile commun des parties ou, à défaut, devant celui du domicile de l'une ou de l'autre des parties.

Toutefois, l'opposition au mariage ou à l'union civile et la demande formée en vue d'autoriser un mineur ou un majeur en tutelle ou pourvu d'un conseiller, à consentir des conventions matrimoniales ou d'union civile sont portées devant le tribunal du lieu où l'union doit être célébrée ou du domicile du mineur ou du majeur.

Enfin, les demandes en matière d'adoption sont portées devant le tribunal du domicile de l'enfant ou du demandeur ou, si les adoptants y consentent, devant le tribunal où le directeur de la protection de la jeunesse, qui le dernier avait charge de l'enfant, exerce ses fonctions.

[1965 (1ᵉ sess.), c. 80, a. 70; 1982, c. 17, a. 8; 1989, c. 54, a. 131; 1992, c. 57, a. 194; 2002, c. 6, a. 91].

70.1. En matière familiale, lorsque les parties ne demeurent plus dans le district où le jugement a été rendu, les demandes en révision de mesures accessoires peuvent être portées devant le tribunal du domicile de l'une des parties.

[1982, c. 17, a. 8].

(3) Before the court of the place where the contract which gives rise to the action was made.

A contract giving rise to an obligation to deliver, negotiated through a third party who was not the representative of the creditor of such obligation, is deemed to have been made at the place where the latter gave his consent.

[1965 (1st sess.), c. 80, a. 68; 1992, c. 57, s. 193].

69. Notwithstanding any agreement to the contrary, an action based upon a contract of insurance and taken against the insurer may in all cases be instituted before the court of the domicile of the insured; in the case of insurance of property, it may also be instituted before the court of the place where the loss occurred.

[1965 (1st sess.), c. 80, a. 69].

70. Applications in family cases are taken before the court of the common domicile of the parties or, failing such a domicile, the domicile of either of the parties.

However, oppositions to a marriage or a civil union and applications for authorization for a minor or a person of full age under tutorship or provided with an adviser to make matrimonial or civil union agreements are taken before the court of the place where the marriage or civil union is to be solemnized or of the domicile of the minor or the person of full age.

Lastly, applications in adoption cases are taken before the court of the domicile of the child or the plaintiff or, if the adopters consent, before the court where the director of youth protection who was the last to have charge of the child exercises his functions.

[1965 (1st sess.), c. 80, a. 70; 1982, c. 17, s. 8; 1989, c. 54, s. 131; 1992, c. 57, s. 194; 2002, c. 6, s. 91].

70.1. In family cases, if the parties no longer live in the district where the judgment was rendered, applications for review of accessory measures may be brought before the court of the domicile of either of the parties.

[1982, c. 17, s. 8].

70.2. Les demandes en matière d'intégrité, d'émancipation, de tutelle au mineur ou de régime de protection du majeur sont portées devant le tribunal du domicile ou de la résidence du mineur ou du majeur.

Les demandes qui concernent l'intégrité de la personne gardée par un établissement visé par les lois relatives aux services de santé et aux services sociaux peuvent être portées devant le tribunal du lieu où est gardée cette personne.

[1989, c. 54, a. 132; 1992, c. 21, a. 126; 1992, c. 57, a. 195].

71. La demande incidente en garantie doit être portée devant le tribunal où la demande principale est pendante.

[1965 (1ʳᵉ sess.), c. 80, a. 71].

71.1. La demande de dommages-intérêts additionnels en réparation d'un préjudice corporel, lorsqu'il n'a pas été possible de les déterminer au moment du jugement, fait partie du dossier initial et doit être portée dans le district où la demande principale a été entendue.

[1992, c. 57, a. 196].

72. En matière personnelle, le demandeur qui a réuni des causes d'action qui n'ont pas toutes pris naissance dans le même district peut porter sa demande devant le tribunal compétent à connaître de l'une d'elles.

[1965 (1ʳᵉ sess.), c. 80, a. 72].

73. L'action réelle et l'action mixte peuvent être portées soit devant le tribunal du domicile du défendeur, soit devant celui du district où est situé, en tout ou en partie, le bien en litige.

[1965 (1ʳᵉ sess.), c. 80, a. 73].

74. En matière de succession, l'action est portée devant le tribunal du lieu d'ouverture de la succession, si elle s'est ouverte au Québec; si non, devant celui du lieu où sont situés les biens, ou devant celui du domicile du défendeur ou de l'un des défendeurs.

70.2. Applications with respect to integrity, emancipation, tutorship to minors or protective supervision of persons of full age are taken before the court of the domicile or residence of the minor or of the person of full age.

Applications concerning the integrity of a person kept by an institution governed by the Acts respecting health services and social services may be taken before the court of the place in which that person is kept.

[1989, c. 54, s. 132; 1992, c. 21, s. 126; 1992, c. 57, s. 195].

71. The incidental action in warranty must be taken before the court in which the principal action is pending.

[1965 (1st sess.), c. 80, a. 71].

71.1. An application for additional damages for bodily injury that could not be determined at the time of the judgment forms part of the original record and must be presented in the district where the principal action was heard.

[1992, c. 57, s. 196].

72. In personal matters, a plaintiff who has joined several causes of action which did not all arise in the same district may bring his action before any court which has jurisdiction over any one of them.

[1965 (1st sess.), c. 80, a. 72].

73. A real action or a mixed action may be taken either before the court of the domicile of the defendant or before the court of the district where the property in dispute is situated in whole or in part.

[1965 (1st sess.), c. 80, a. 73].

74. In matters of succession, action is instituted before the court of the place where the succession devolved if it opened in Québec; otherwise, before that of the place where the property is situated, or of the domicile of the defendant or any of the defendants.

La demande en justice dans laquelle le liquidateur de la succession est intéressé peut être portée devant le tribunal de son domicile.

[1965 (1ᵉʳ sess.), c. 80, a. 74; 1992, c. 57, a. 197].

Judicial proceedings in which the liquidator of a succession is interested may be instituted before the court of his domicile.

[1965 (1st sess.), c. 80, a. 74; 1992, c. 57, s. 197].

75. Si l'action est formée contre plusieurs défendeurs domiciliés dans des districts différents, elle peut être portée au tribunal devant lequel l'un ou l'autre pourrait être assigné, s'il s'agit d'une action personnelle ou mixte; mais s'il s'agit d'une action réelle, elle doit être portée devant le tribunal du lieu où est situé l'objet en litige.

[1965 (1ᵉʳ sess.), c. 80, a. 75].

75. An action against several defendants domiciled in different districts, if it is a personal or mixed action, may be instituted in the court before which any of them may be summoned; but if it is a real action, it must be instituted in the court of the place where the object of the dispute is situated.

[1965 (1st sess.), c. 80, a. 75].

75.0.1. Exceptionnellement et dans l'intérêt des parties, le juge en chef ou le juge qu'il désigne peut, à toute étape d'une instance, ordonner la tenue, dans un autre district, de l'instruction de la cause ou de l'audition d'une demande relative à l'exécution du jugement.

[2002, c. 7, a. 9].

75.0.1. In exceptional cases and in the interest of the parties, the chief judge or chief justice or the judge designated by the chief judge or chief justice may, at any stage of a proceeding, order that a trial be held or an application relating to the execution of a judgment be heard in another district.

[2002, c. 7, s. 9].

Chapitre III.1 ⸺
(Abrogé).

Chapter III.1 ⸺
(Repealed).

75.1.-75.2. (*Abrogés*).

[2009, c. 12, a. 3].

75.1.-75.2. (*Repealed*).

[2009, c. 12, s. 3].

Chapitre IV ⸺
Des règles générales relatives à la procédure écrite

Chapter IV ⸺
General Rules Concerning Written Pleadings

76. Les parties doivent exposer, dans leurs actes de procédure, les faits qu'elles entendent invoquer et les conclusions qu'elles recherchent.

Cet exposé doit être sincère, précis et succinct; il doit être divisé en paragraphes numérotés consécutivement, chacun se rapportant autant que possible à un seul fait essentiel.

[1965 (1ᵉʳ sess.), c. 80, a. 76].

76. In their written pleadings, the parties must state the facts that they intend to invoke and the conclusions that they seek.

Such statement must be frank, precise and brief; it shall be divided into paragraphs numbered consecutively, each paragraph referring so far as possible to one essential fact.

[1965 (1st sess.), c. 80, a. 76].

77. Doit être expressément énoncé tout fait dont la preuve, autrement, serait de nature à prendre par surprise la partie adverse, ou qui pourrait soulever un débat que n'autoriseraient pas les actes de procédure déjà au dossier.

[1965 (1ʳᵉ sess.), c. 80, a. 77].

77. Every fact of such a nature as to take the opposite party by surprise if not alleged, or to raise an issue not arising from the pleadings already filed, must be expressly pleaded.

[1965 (1st sess.), c. 80, a. 77].

78. À moins d'une disposition contraire, tout acte de procédure d'une partie doit être signifié aux procureurs des autres parties, ou aux parties elles-mêmes si elles n'ont pas de procureur, sans quoi il ne peut être régulièrement produit; s'il contient une demande qui doit être présentée à un juge ou au tribunal, il doit être accompagné d'un avis de la date de cette présentation, et la signification doit en avoir été faite au moins un jour juridique franc avant cette date sauf au cas d'urgence où le juge peut abréger le délai.

Toute partie qui produit un acte de procédure doit y mentionner son adresse.

[1965 (1ʳᵉ sess.), c. 80, a. 78; 1972, c. 70, a. 4].

78. Failing provision to the contrary, any written proceeding of a party must be served upon the attorneys of the other parties, or upon the parties themselves if they have no attorney, otherwise it cannot be regularly filed; if it contains a demand which must be presented to a judge or to the court, it must be accompanied by a notice of the date of such presentation, and the service must have been made at least one clear juridical day before such date, except in a case of urgency when the judge may allow a shorter time.

Every party filing a written proceeding must mention his address therein.

[1965 (1st sess.), c. 80, a. 78; 1972, c. 70, s. 4; 1999, c. 40, s. 56].

79. Si la copie de l'acte qui a été signifiée n'est pas conforme à l'original, la partie de qui elle émane peut en faire signifier une nouvelle, avec ou sans la permission du tribunal, selon que la partie adverse y a déjà répondu ou non.

[1965 (1ʳᵉ sess.), c. 80, a. 79].

79. If the copy served of a written proceeding is not a true copy of the original, the party who served it may serve a new copy with or without the permission of the court, according to whether the adverse party has already replied or not.

[1965 (1st sess.), c. 80, a. 79].

80.-82. (*Abrogés*).

[1994, c. 28, a. 2].

80.-82. (*Repealed*).

[1994, c. 28, s. 2].

82.1. Une partie ou son procureur peut transmettre par télécopieur un acte de procédure, une pièce ou un autre document à un huissier, à un avocat ou à un notaire. La personne choisie comme correspondant prépare des copies du fac-similé de ce document et une attestation d'authenticité de ces copies, qui sont présumées être des originaux à des fins de notification, de signification, de dépôt au greffe ou de preuve. La signature de l'avocat, du notaire ou de l'huissier de justice suffit pour attester l'authenticité du document ainsi transmis.

L'attestation d'authenticité doit préciser

82.1. A party or his attorney may send a written proceeding, an exhibit or any other document to a bailiff, an advocate or a notary by fax machine. The correspondent chosen prepares copies of the facsimile of the document and an attestation of their authenticity; the copies are presumed to be originals for the purposes of notification, service, filing at the office of the court or evidence. The signature of the advocate, notary or court bailiff is sufficient to certify the authenticity of the document.

The attestation of authenticity must spec-

que les copies sont conformes au fac-similé reçu par télécopieur, et indiquer la nature du document, le numéro de la cour, le nom de l'expéditeur et le numéro du télécopieur émetteur, de même que les lieu, date et heure de transmission.

ify that the copies are true to the facsimile received by fax machine and must state the nature of the document, the number of the court, the name of the sender and the fax number of the transmitting fax machine as well as the place, date and time of transmission.

La partie qui a transmis un acte de procédure, une pièce ou un autre document par télécopieur est tenue de laisser une autre partie prendre communication de l'original en tout temps après la réception d'une demande écrite à cet effet. Si elle refuse ou néglige de le faire, l'autre partie peut, par requête, demander au juge ou au tribunal de lui ordonner de communiquer l'original dans le délai imparti.

[1993, c. 72, a. 3; 2002, c. 7, a. 10].

A party who sends a written proceeding, an exhibit or any other document by fax machine must let another party take cognizance of the original at any time after the receipt of a written request to that effect. If the sender refuses or neglects to do so, the other party may, by motion, apply to the judge or the court to order the sender to produce the original within a specified time.

[1993, c. 72, s. 3; 2002, c. 7, s. 10].

83. Avant que l'instance ne soit terminée, les pièces produites ne peuvent être retirées du dossier, si ce n'est avec le consentement de la partie adverse ou l'autorisation du greffier, et contre récépissé; les parties peuvent toutefois s'en faire expédier des copies par le greffier.

[1965 (1ᵉʳ sess.), c. 80, a. 83; 1992, c. 57, a. 420; 1994, c. 28, a. 3].

83. Prior to the end of the proceedings, filed exhibits cannot be taken out of the record, except with the consent of the opposite party or the authorization of the clerk, and upon giving a receipt; the parties may, however, obtain copies from the clerk.

[1965 (1st sess.), c. 80, a. 83; 1992, c. 57, s. 420; 1994, c. 28, s. 3].

84. Celui qui retient une pièce du dossier au mépris d'un ordre du juge se rend coupable d'outrage au tribunal.

[1965 (1ᵉʳ sess.), c. 80, a. 84].

84. A person who retains an exhibit notwithstanding an order of the judge is guilty of contempt of court.

[1965 (1st sess.), c. 80, a. 84].

85. La partie qui répond par écrit à un acte de procédure doit en admettre les allégations qu'elle sait être vraies; elle ne peut se borner à nier celles qu'elle n'admet pas, mais elle doit alléguer affirmativement ce sur quoi elle se fonde pour s'opposer aux conclusions prises contre elle.

[1965 (1ᵉʳ sess.), c. 80, a. 85].

85. A party who replies in writing to a proceeding must admit the allegations thereof that the knows to be true; he cannot merely deny those which he does not admit but must allege affirmatively all the facts upon which he relies to oppose the conclusions taken against him.

[1965 (1st sess.), c. 80, a. 85].

86. À moins d'une disposition contraire, le silence d'une partie à l'égard d'un fait allégué par la partie adverse ne doit pas être interprété comme une reconnaissance de ce fait.

[1965 (1ᵉʳ sess.), c. 80, a. 86].

86. Except where otherwise provided, the silence of a party in respect of a fact alleged by the opposite party must not be interpreted as an admission of the truth of such fact.

[1965 (1st sess.), c. 80, a. 86].

87. Pour rappeler un fait déjà allégué, il suffit d'un simple renvoi au paragraphe où il est énoncé.

[1965 (1ʳᵉ sess.), c. 80, a. 87].

88. À moins d'une disposition expresse au contraire, une demande en cours d'instance se fait par requête au tribunal, ou à un juge si le tribunal n'est pas en session et qu'il y ait urgence.

La requête doit être appuyée d'un affidavit attestant la vérité des faits allégués dont la preuve n'est pas déjà au dossier, et elle ne peut être contestée qu'oralement, à moins que le tribunal ne permette la contestation écrite dans le délai et aux conditions qu'il détermine.

Lors de l'audition de la demande, toute partie peut présenter une preuve appropriée.

[1965 (1ʳᵉ sess.), c. 80, a. 88; 1992, c. 57, a. 198].

89. Doivent être expressément alléguées et appuyées d'un affidavit:

1° la contestation de la signature ou d'une partie importante d'un écrit sous seing privé, ou celle de l'accomplissement des formalités requises pour la validité d'un écrit;

2° la prétention des héritiers ou représentants légaux du signataire d'un des écrits visés par le paragraphe 1, qu'ils ne connaissent pas l'écriture ou la signature de leur auteur;

3° la contestation d'un acte semi-authentique;

4° la contestation d'un document technologique fondée sur une atteinte à son intégrité. Dans ce cas, l'affidavit doit énoncer de façon précise les faits et les motifs qui rendent probable l'atteinte à l'intégrité du document.

À défaut de cet affidavit, les écrits sont tenus pour reconnus ou les formalités pour accomplies, selon le cas.

[1965 (1ʳᵉ sess.), c. 80, a. 89; 1992, c. 57, a. 199; 2001, c. 32, a. 90].

87. To repeat a fact already alleged, it is sufficient merely to refer to the paragraph where it is set forth.

[1965 (1st sess.), c. 80, a. 87].

88. Unless expressly otherwise provided, any demand in a suit is made by motion to the court, or to a judge if the court is not sitting or in cases of urgency.

The motion must be supported by an affidavit attesting the truth of all facts the proof of which is not already in the record, and it can only be contested orally, unless the court allows written contestation within the time and on the conditions it determines.

During the hearing of the demand, any party may submit relevant evidence.

[1965 (1st sess.), c. 80, a. 88; 1992, c. 57, s. 198].

89. The following must be expressly alleged and supported by affidavit:

(1) the contestation of a signature or of a material part of any private writing, or of the fulfilment of the formalities required for the validity of a writing;

(2) the pretension of the heirs or legal representatives of the signatory of a document contemplated in paragraph 1, that they do not know the handwriting or signature of the person whom they represent;

(3) the contestation of a semi-authentic act;

(4) the contestation of a technology-based document on the ground of a violation of integrity; in such a case the affidavit must state precisely the facts and reasons suggesting a probable violation of the document's integrity.

Failing such affidavit, the writings are held to be admitted or the formalities to have been fulfilled, as the case may be.

[1965 (1st sess.), c. 80, a. 89; 1992, c. 57, s. 199; 2001, c. 32, s. 90].

90. Si le document contesté est un acte semi-authentique, et qu'une copie seulement ait été produite au dossier, la partie qui entend en faire usage est tenue d'en prouver l'authenticité et, à cette fin, elle peut obtenir du juge une ordonnance enjoignant au dépositaire de l'original de le produire entre les mains du greffier, contre remise, aux frais du contestant, d'une copie certifiée.

[1965 (1er sess.), c. 80, a. 90; 1992, c. 57, a. 200, 420].

90. If the document contested is a semi-authentic act, and a copy only has been filed in the record, the party wishing to make use thereof must prove its authenticity and, for that purpose, may obtain from the judge an order enjoining the person who has charge of the original to deliver it to the clerk, who must furnish him, at the expense of the contesting party, with a certified copy.

[1965 (1st sess.), c. 80, a. 90; 1992, c. 57, s. 200, 420].

91. Tout affidavit doit être rédigé à la première personne, et être divisé en paragraphes numérotés consécutivement.

Il doit y être fait mention des noms, profession et adresse précise du déclarant.

Le jour et le lieu de l'attestation doivent être insérés dans le jurat.

[1965 (1er sess.), c. 80, a. 91].

91. Every affidavit must be divided into paragraphs numbered consecutively, and be in the first person.

The names, occupation and exact address of the deponent must be inserted therein.

The date when and the place where it was sworn must be inserted in the jurat.

[1965 (1st sess.), c. 80, a. 91].

92. Dans tous les cas où, en vertu de quelque disposition de ce code, un affidavit est requis au soutien d'un acte de procédure, il doit être donné par la partie elle-même, ou par un représentant ou préposé au courant des faits.

[1965 (1er sess.), c. 80, a. 92].

92. Whenever, in virtue of some provision of this Code, an affidavit is required in support of any proceeding, it must be made by the party himself or by a representative or agent acquainted with the facts.

[1965 (1st sess.), c. 80, a. 92].

93. Lorsqu'une partie a versé au dossier un affidavit requis par quelque disposition de ce code ou des règles de pratique, toute autre partie peut assigner le déclarant à comparaître devant le juge ou le greffier, pour être interrogé sur la vérité des faits attestés par sa déclaration.

Le défaut de se soumettre à cet interrogatoire entraîne le rejet de l'affidavit et de l'acte au soutien duquel il avait été donné.

[1965 (1er sess.), c. 80, a. 93; 1992, c. 57, a. 420].

93. When a party has filed an affidavit required by any provision of this Code or of the rules of practice, any other party may summon the deponent to be examined before the judge or the clerk upon the truth of the facts sworn to in the affidavit.

Failure to submit to such examination entails the dismissal of the affidavit and of the proceeding which it supported.

[1965 (1st sess.), c. 80, a. 93; 1992, c. 57, s. 420].

93.1. Lorsqu'une disposition de ce code requiert que les parties fassent leur preuve au moyen d'affidavits suffisamment détaillés pour établir tous les faits nécessaires au soutien de leurs prétentions, ces affidavits ne doivent contenir que les éléments de preuve pertinents que l'affiant

93.1. Where a provision of this Code requires that the parties' proof be adduced by means of affidavits sufficiently detailed to establish all the facts necessary to support their pretentions, such affidavits may contain only relevant evidence that the affiant may swear to and that has not already

peut attester et qui ne sont pas déjà allégués et attestés dans la requête et l'affidavit qui l'accompagne.

[1996, c. 5, a. 4].

been alleged and sworn to in the motion and the accompanying affidavit.

[1996, c. 5, s. 4].

Chapitre V —
Des causes intéressant l'État

Chapter V —
Proceedings Concerning the State

94. Toute personne ayant un recours à exercer contre le gouvernement peut l'exercer de la même manière que s'il s'agissait d'un recours contre une personne majeure et capable, sous réserve seulement des dispositions du présent chapitre.

[1965 (1ʳᵉ sess.), c. 80, a. 94; 1966, c. 21, a. 5; 1992, c. 57, a. 202].

94. Any person having a recourse to exercise against the government may exercise it in the same manner as if it were a recourse against a person of full age and capacity, subject only to the provisions of this chapter.

[1965 (1st sess.), c. 80, a. 94; 1966, c. 21, s. 5; 1992, c. 57, s. 202].

94.1. Nul recours qui peut être exercé contre un organisme de l'État ou contre toute autre personne morale de droit public, ne peut être exercé contre le gouvernement.

[1966, c. 21, a. 5; 1992, c. 57, a. 203].

94.1. No recourse which can be exercised against a State body or any other legal person established in the public interest may be exercised against the government.

[1966, c. 21, s. 5; 1992, c. 57, s. 203].

94.2. Il n'y a lieu à aucun recours extraordinaire ni mesure provisionnelle contre le gouvernement.

[1966, c. 21, a. 5; 1992, c. 57, a. 204].

94.2. No extraordinary recourse or provisional remedy lies against the government.

[1966, c. 21, s. 5; 1992, c. 57, s. 204].

94.3. Les recours contre le gouvernement sont dirigés contre le procureur général du Québec.

[1966, c. 21, a. 5; 1992, c. 57, a. 205].

94.3. Proceedings against the government are directed against the Attorney General of Québec.

[1966, c. 21, s. 5; 1992, c. 57, s. 205].

94.4. La signification au procureur général se fait au bureau du directeur général du contentieux à Montréal ou à Québec, en s'adressant à une personne ayant la garde de ce bureau.

Le procès-verbal de signification doit notamment mentionner le nom de la personne à laquelle la copie de l'acte a été laissée.

[1966, c. 21, a. 5; 1975, c. 83, a. 9; 1985, c. 29, a. 5].

94.4. Service upon the Attorney General is made at the office of the Director General of the legal department at Montréal or at Québec, by speaking to any person in charge of that office.

The return of service must mention in particular the name of the person with whom the copy of the proceeding was left.

[1966, c. 21, s. 5; 1975, c. 83, s. 9; 1977, c. 5, s. 14; 1985, c. 29, s. 5].

94.5. (*Abrogé*).

[2002, c. 7, a. 11].

94.5. (*Repealed*).

[2002, c. 7, s. 11].

94.6. Une cause ne peut être inscrite pour jugement par défaut contre le procureur général avant l'expiration de 30 jours suivant l'expiration du délai fixé pour comparaître.

[1966, c. 21, a. 5; 1992, c. 57, a. 207; 2002, c. 7, a. 12].

94.6. No case may be inscribed for judgment by default against the Attorney General before the lapse of 30 days after the expiry of the time fixed to appear.

1966, c. 21, s. 5; 1992, c. 57, s. 207; 2002, c. 7, s. 12].

94.7. Avis de l'inscription pour jugement ou pour preuve et audition doit être donné au procureur général qui est en défaut de comparaître ou de plaider au moins 15 jours avant la date où il sera procédé sur cette inscription.

[1966, c. 21, a. 5; 1992, c. 57, a. 208].

94.7. Notice of inscription for judgment or for proof and hearing must be given to the Attorney General, when in default to appear or to plead, at least 15 days prior to the date when such inscription is to be proceeded upon.

[1966, c. 21, s. 5; 1992, c. 57, s. 208].

94.8. (*Abrogé*).

[2002, c. 7, a. 13].

94.8. (*Repealed*).

[2002, c. 7, s. 13].

94.9. Les articles 543 à 553 et 568 à 732 ne s'appliquent pas à un jugement rendu contre le procureur général.

1966, c. 21, a. 5; 1992, c. 57, a. 210].

94.9. Articles 543 to 553 and 568 to 732 shall not apply to judgments rendered against the Attorney General.

[1966, c. 21, s. 5; 1992, c. 57, s. 210].

94.10. Lorsque le procureur général est condamné par jugement ayant acquis force de chose jugée à payer une somme de deniers, le ministre des Finances doit, après avoir reçu une copie certifiée de ce jugement, payer le montant dû à même les deniers disponibles à cette fin ou, à défaut, à même le fonds consolidé du revenu.

[1966, c. 21, a. 5; 1992, c. 57, a. 211].

94.10. Whenever the Attorney General is condemned, by a judgment that has become definitive, to pay a sum of money, the Minister of Finance, after having received a certified copy of such judgment, shall pay the amount due out of the moneys at his disposal for such purpose or, failing such, out of the consolidated revenue fund.

[1966, c. 21, s. 5; 1992, c. 57, s. 211].

95. Sauf si le procureur général a reçu préalablement un avis conformément au présent article, une disposition d'une loi du Québec ou du Canada, d'un règlement adopté en vertu d'une telle loi, d'un décret, arrêté en conseil ou proclamation du lieutenant-gouverneur, du gouverneur général, du gouvernement du Québec ou du gouverneur général en conseil ne peut être déclarée inapplicable constitutionnellement, invalide ou inopérante, y compris en regard de la *Charte canadienne des droits et libertés* (Partie I de l'annexe B de la *Loi sur le Canada*, chapitre 11 du recueil des lois du Parlement du Royaume-Uni pour l'année 1982) ou de la *Charte des droits et libertés de la personne* (chapitre C-12), par un tribunal du Québec.

95. Unless the Attorney General has previously received a notice in accordance with this section, no provision of a statute of Québec or Canada, of a regulation made thereunder, of an order, of an order in council or of a proclamation of the Lieutenant-Governor, the Governor General, The Gouvernement du Québec or the Governor General in Council may be declared inapplicable constitutionally, invalid or inoperative or of no force or effect, including in respect of the Canadian *Charter of Rights and Freedoms* (Part I of Schedule B to the *Canada Act*, chapter 11 in the 1982 volume of the Acts of the Parliament of the United Kingdom) or the *Charter of human rights and freedoms* (chapter C-12), by a court in Québec.

Un tel avis est également exigé lorsqu'une personne demande, à l'encontre de l'État ou de l'administration publique, une réparation fondée sur la violation ou la négation de ses droits et libertés fondamentaux prévus par la *Charte des droits et libertés de la personne* ou par la *Charte canadienne des droits et libertés.*

L'avis doit, de façon précise, énoncer la prétention et exposer les moyens sur lesquels elle est basée. Il est accompagné d'une copie des actes de procédure et est signifié par celui qui entend soulever la question au moins 30 jours avant la date de l'audition. Seul le procureur général peut renoncer à ce délai.

Le tribunal ne peut statuer sur aucune demande sans que l'avis ait été valablement donné, et il ne peut se prononcer que sur les moyens qui y sont exposés.

Les avis prévus au présent article sont également signifiés au procureur général du Canada lorsque la disposition concernée ressortit à la compétence fédérale; de même, ils sont signifiés au directeur des poursuites criminelles et pénales si la disposition concerne une matière criminelle ou pénale.

[1965 (1ᵉʳ sess.), c. 80, a. 95; 1985, c. 29, a. 6; 2005, c. 34, a. 43].

95.1. En matière criminelle ou pénale, l'avis prévu au deuxième alinéa de l'article 95 n'est pas requis lorsque la réparation demandée concerne la divulgation d'une preuve, l'exclusion d'un élément de preuve ou la durée du délai écoulé depuis le moment de l'accusation, ou encore dans les cas déterminés par arrêté du ministre de la Justice publié à la *Gazette officielle du Québec.*

Dans les autres cas, cet avis doit être signifié au moins 10 jours avant la date de l'audition de la demande de réparation. À défaut, le tribunal en ordonne la signification et remet l'audition de cette demande, à moins que le procureur général ne renonce à ce délai ou que le tribunal ne l'abrège s'il le juge nécessaire pour éviter

Such notice is also required when a person sues the State or the Public Administration for compensation for a violation or negation of the person's fundamental rights and freedoms under the *Charter of human rights and freedoms* or the *Canadian charter of rights and freedoms.*

The notice shall set forth, in a precise manner, the nature of the pretensions and the grounds relied upon. It is to be accompanied with a copy of the proceedings and served by the person who intends to raise the question not later than 30 days before the date of the hearing. Only the Attorney General may waive such notice.

No application may be determined by the court unless the notice has been validly given, and the court shall adjudicate only upon the grounds set forth in the notice.

The notices referred to in this article are also served on the Attorney General of Canada when the provision concerned comes under federal jurisdiction. They are also served on the Director of Criminal and Penal Prosecutions when the provision relates to a criminal or penal matter.

[1965 (1st sess.), c. 80, a. 95; 1985, c. 29, s. 6; 2005, c. 34, s. 43].

95.1. In criminal or penal matters, the notice referred to in the second paragraph of article 95 is not required when the compensation sought relates to the disclosure or exclusion of evidence or the period of time elapsed since the accusation, or in the cases determined by order of the Minister of Justice published in the *Gazette officielle du Québec.*

In all other cases, the notice must be served at least 10 days before the date the application for compensation is heard. Otherwise, the court orders the notice to be served and postpones the hearing, unless the Attorney General waives such notice or shortens the period of notice because the court judges it necessary to

qu'un préjudice irréparable soit causé à celui qui fait la demande ou à un tiers.

[2005, c. 34, a. 44].

prevent irreparable harm to the person applying for compensation or a third party.

[2005, c. 34, s. 44].

96. Une partie ne peut être admise à soulever la question de navigabilité ou de flottabilité d'un lac ou d'un cours d'eau, ni celle du droit de propriété du lit ou des rives, si elle n'a pas avisé le procureur général de son intention au moins 10 jours avant la date de l'enquête, ou, s'il n'y a pas d'enquête, avant celle de l'audition.

L'avis doit énoncer la question et les moyens, et être accompagné d'une copie des actes de procédure produits au dossier.

[1965 (1ᵉ sess.), c. 80, a. 96].

96. A party cannot raise the question of navigability or floatability of a lake or watercourse or the question of the right of ownership of its bed or banks, unless he has advised the Attorney General of his intention at least 10 days before the day fixed for proof, or, if no proof is required, before the day fixed for hearing.

The notice shall state the question and the grounds relied upon and must be accompanied by a copy of the proceedings filed in the record.

[1965 (1st sess.), c. 80, a. 96].

97. Dans toute demande touchant l'application d'une disposition d'ordre public, un juge peut, d'office ou sur demande, ordonner la signification de la demande au Procureur général du Québec. L'instance est alors suspendue jusqu'à l'expiration d'un délai de 10 jours de la date de la signification.

Il peut aussi, d'office, ordonner la signification au curateur public de toute demande mettant en cause l'intégrité d'une personne majeure inapte à consentir à des soins qui n'est pas représentée par un tuteur, un curateur ou un mandataire. Dans ce cas l'instance est suspendue jusqu'à l'expiration d'un délai de 5 jours de la date de la signification.

[1965 (1ᵉ sess.), c. 80, a. 97; 1969, c. 79, a. 3; 1979, c. 37, a. 10; 1989, c. 54, a. 133; 1992, c. 57, a. 212].

97. A judge, *ex officio* or on application, may order any demand concerning the application of a provision of public order to be served on the Attorney General of Québec. The suit is thereupon suspended until the expiry of 10 days from the date of service.

A judge, *ex officio*, may also order any application questioning the integrity of a person of full age unable to consent to care who is not represented by a tutor, curator or mandatary to be served upon the Public Curator. In such case, the suit is suspended until the expiry of 5 days from the date of the service.

[1965 (1st sess.), c. 80, a. 97; 1969, c. 79, s. 3; 1979, c. 37, s. 10; 1989, c. 54, s. 133; 1992, c. 57, s. 212].

98. Après signification de l'avis prévu par les articles 95 et 96, ou à tout moment dans le cas d'une demande visée dans l'article 97, le procureur général peut intervenir dans la cause, et prendre par écrit des conclusions sur lesquelles le tribunal doit se prononcer.

Dans les cas visés dans les articles 95 et 96, le greffier transmet sans délai une copie du jugement au procureur général. Dans les cas visés dans l'article 97, il le fait si le juge a ordonné la signification au procureur général de l'acte qui contient la

98. After service of the notice provided for in article 95 or 96 or at any time in the case of a demand contemplated in article 97, the Attorney General may intervene in the case and file written conclusions upon which the court must adjudicate.

In the cases contemplated in articles 95 and 96, the clerk transmits a copy of the judgment to the Attorney General without delay. In the cases contemplated in article 97, he does so if the judge has ordered the proceeding which contains the demand

demande ou que ce dernier est intervenu dans la cause.

[1965 (1ᵉ sess.), c. 80, a. 98; 1979, c. 37, a. 11; 1992, c. 57, a. 213, 420].

99. Dans toute instance touchant l'application d'une disposition d'ordre public, le procureur général peut, d'office et sans avis, participer à l'enquête et à l'audition comme s'il y était partie.

[1965 (1ᵉ sess.), c. 80, a. 99].

100. Il n'y a lieu à aucun recours extraordinaire ni mesure provisionnelle contre un ministre du gouvernement, ni contre une personne agissant sur ses instructions, pour le forcer à agir ou à s'abstenir d'agir relativement à une matière qui se rapporte à l'exercice de sa fonction ou de l'autorité à lui conférée par quelque loi du Québec.

[1965 (1ᵉ sess.), c. 80, a. 100; 1966, c. 21, a. 6; 1992, c. 57, a. 214; 1999, c. 40, a. 56].

101.-109. (Abrogés).

[1972, c. 14, a. 91].

LIVRE II —
PROCÉDURE ORDINAIRE EN PREMIÈRE INSTANCE

TITRE I —
INTRODUCTION D'UNE DEMANDE EN JUSTICE, COMPARUTION ET GESTION DE L'INSTANCE

Chapitre I —
Dispositions préliminaires

SECTION I —
DE LA PROCÉDURE APPLICABLE AUX DEMANDES EN JUSTICE

110. Les demandes en justice sont introduites par requête. Elles suivent la procédure prévue au présent titre, sous réserve des règles particulières autrement prévues. Toutefois, les demandes visant l'outrage au tribunal, l'habeas corpus, les matières non contentieuses et le recouvrement des

---

served upon the Attorney General or if the latter has intervened in the case.

[1965 (1st sess.), c. 80, a. 98; 1979, c. 37, s. 11; 1992, c. 57, s. 213, s. 420].

99. In any action relating to the application of a provision of public order, the Attorney General may *ex officio* and without notice take part in the proof and hearing as if he were a party thereto.

[1965 (1st sess.), c. 80, a. 99].

100. No extraordinary recourse or provisional remedy lies against a minister of the government or any person acting upon his instructions to force him to act or to refrain from acting in a matter which relates to the carrying out of his duties or to the exercise of any authority conferred upon him by any law of Québec.

[1965 (1st sess.), c. 80, a. 100; 1966, c. 21, s. 6; 1977, c. 5, s. 14; 1992, c. 57, s. 214; 1999, c. 40, s. 56].

101.-109. (Repealed).

[1972, c. 14, s. 91].

BOOK II —
ORDINARY PROCEDURE IN COURTS OF FIRST INSTANCE

TITLE I —
INTRODUCTION OF ACTIONS AND APPLICATIONS, APPEARANCE AND CASE MANAGEMENT

Chapter I —
Preliminary Provisions

SECTION I — PROCEDURE
APPLICABLE TO ACTIONS AND APPLICATIONS

110. Actions and applications are introduced by means of a motion. They are pursued according to the procedure set out in this Title, subject to special rules otherwise prescribed. However, actions and applications pertaining to contempt of court, *habeas corpus*, non-contentious matters

petites créances sont exceptées; elles obéissent à leurs règles propres.

[1965 (1ʳᵉ sess.), c. 80, a. 110; 1996, c. 5, a. 6; 2002, c. 7, a. 14].

and the recovery of small claims are governed by their own special rules.

[1965 (1st sess.), c. 80, a. 110; 1996, c. 5, s. 6; 2002, c. 7, s. 14].

110.1 Les demandes en justice doivent, si elles sont contestées oralement, être entendues ou fixées pour enquête et audition et, dans ce dernier cas, être référées sur ordonnance au greffier pour fixation d'audition ou, si elles sont contestées par écrit, être inscrites pour enquête et audition, dans le délai de rigueur de 180 jours à compter de la signification de la requête. Toutefois ce délai de rigueur est d'un an en matière familiale.

110.1 Actions and applications that are to be contested orally must be heard or scheduled for proof and hearing and, in the latter case, referred by order to the clerk for scheduling of the hearing, and those that are to be contested in writing inscribed for proof and hearing, within a peremptory time limit of 180 days after service of the motion. In family matters, however, the peremptory time limit is one year.

Le tribunal peut, sur demande soumise lors de la présentation de la requête introductive d'instance, prolonger ces délais de rigueur lorsque la complexité de l'affaire ou des circonstances spéciales le justifient. Si, au jour de la présentation, les parties ne sont pas en mesure d'évaluer le délai nécessaire pour permettre la fixation de l'audition ou l'inscription de la cause, elles peuvent en tout temps avant l'expiration du délai de rigueur en demander la prolongation pour les mêmes motifs.

The court may extend the peremptory time limits, if warranted by the complexity of the matter or special circumstances, upon a request submitted at the time of presentation of the motion to institute proceedings. If, on the day the motion to institute proceedings is presented, the parties are unable to assess the time needed to allow the scheduling of the hearing or the inscription of the case, they may request an extension on the same grounds at any time before the expiry of the peremptory time limit.

Le tribunal peut également relever une partie des conséquences de son retard si cette dernière démontre qu'elle a été, en fait, dans l'impossibilité d'agir dans le délai prescrit.

The court may also relieve a party from the consequences of failure to act within the time limit upon proof that it was in fact impossible for the party to act within the time limit.

La décision doit, dans tous les cas, être motivée.

[2002, c. 7, a. 14; 2004, c. 14, a. 1].

The decision must in all cases contain reasons.

[2002, c. 7, s. 14; 2004, c. 14, s. 1].

Chapitre I.1 —
De l'assignation

Chapter I.1 —
Summons

SECTION I —
DES ÉNONCÉS ET DE LA FORME DE LA REQUÊTE

SECTION I — CONTENT AND FORM OF MOTION

111. La requête introductive d'instance est écrite et énonce, de manière concise, les faits sur lesquels la demande est fondée et les conclusions recherchées.

111. A motion to institute proceedings is a concise written statement of the facts on which the action or application is based and the conclusions sought.

La requête est préparée et signée par le demandeur ou son procureur.

The motion is prepared and signed by the plaintiff or the attorney for the plaintiff.

Sauf lorsque la loi ou les circonstances l'interdisent, une requête peut être formulée conjointement.

[1965 (1ᵉ sess.), c. 80, a. 111; 1991, c. 20, a. 5; 1992, c. 57, a. 420; 1996, c. 5, a. 6; 2002, c. 7, a. 14].

Except where prohibited by law or by circumstances, a motion may be made jointly.

[1965 (1st sess.), c. 80, a. 111; 1991, c. 20, s. 5; 1992, c. 57, s. 420; 1996, c. 5, s. 6; 2002, c. 7, s. 14].

111.1. La requête contient l'indication du tribunal saisi et du district dans lequel la demande est portée et énonce les nom, domicile et résidence du demandeur ainsi que le nom et la dernière résidence connue du défendeur. Elle indique, s'il y a lieu, la qualité de la partie qui y figure autrement qu'à titre personnel.

[2002, c. 7, a. 14].

111.1. The motion to institute proceedings indicates the court seized of the action or application and the district in which it is brought and states the name, domicile and place of residence of the plaintiff and the name and last known place of residence of the defendant. It also indicates in what capacity a party is named in the motion if not in the party's personal capacity.

[2002, c. 7, s. 14].

112. Le demandeur prépare un original et au moins deux copies de sa requête introductive d'instance et de l'avis. Sur demande, le greffier en numérote l'original, après que les frais judiciaires aient été versés; les copies sont certifiées conformes par le demandeur ou par son procureur et l'une d'entre elles est déposée au greffe et ouvre le dossier du tribunal.

Le procureur doit inscrire son nom et son adresse sur l'original et sur toutes les copies, ainsi que son numéro de téléphone et de télécopieur, s'il en est.

[1965 (1ᵉ sess.), c. 80, a. 112; 1975, c. 83, a. 10; 1991, c. 20, a. 6; 1992, c. 57, a. 420; 1996, c. 5, a. 6; 2002, c. 7, a. 160].

112. The plaintiff prepares an original and at least two copies of his motion to institute proceedings and notice. On request and after payment of the court costs, the original is numbered by the clerk; the copies are certified true by the plaintiff or his attorney, and one copy is filed in the office of the court, opening the court record.

The attorney must enter his name, address, telephone number and fax number, if any, on the original and on all the copies.

[1965 (1st sess.), c. 80, a. 112; 1975, c. 83, s. 10; 1991, c. 20, s. 6; 1992, c. 57, s. 420; 1996, c. 5, s. 6; 2002, c. 7, s. 160].

113. En cas d'urgence, l'original de la requête introductive d'instance peut être présenté au greffier en dehors des heures de bureau même un jour non juridique, pourvu que le paiement des frais judiciaires soit immédiatement fait au greffier ou à la personne désignée par lui en vertu du troisième alinéa de l'article 44, qui devra aussitôt que possible apposer le sceau sur l'exemplaire laissé entre ses mains pour le dossier de la Cour, après y avoir fait mention de la date du paiement des frais et de leur montant.

[1965 (1ᵉ sess.), c. 80, a. 113; 1992, c. 57, a. 420; 1996, c. 5, a. 6; 2002, c. 7, a. 160].

113. In case of emergency, the original of the motion to institute proceedings may be filed with the clerk outside office hours even on a non-juridical day, provided that the court costs are paid forthwith to the clerk, or to the person designated by him under the third paragraph of article 44, who must as soon as possible affix the seal to the copy left with him for the court record, after having entered thereon the date of payment and amount of the costs.

[1965 (1st sess.), c. 80, a. 113; 1992, c. 57, s. 420; 1996, c. 5, s. 6; 2002, c. 7, s. 160].

114. Sur preuve que l'original de la requête introductive d'instance a été perdu

114. The clerk, upon proof that the original of a motion to institute proceedings has

ou détruit, le greffier peut certifier une copie pour tenir lieu de l'original.

[1965 (1ʳ sess.), c. 80, a. 114; 1982, c. 17, a. 9; 1996, c. 5, a. 6; 2002, c. 7, a. 160].

been lost or destroyed, may certify a copy to replace the original.

[1965 (1st sess.), c. 80, a. 114; 1982, c. 17, s. 9; 1996, c. 5, s. 6; 2002, c. 7, s. 160].

115. Le ministre du gouvernement, le greffier, l'officier de la publicité des droits, le shérif, le directeur de la protection de la jeunesse ou le curateur public peut être assigné en sa seule qualité peut être désigné par son titre officiel, si cette désignation suffit pour l'identifier.

Dans les poursuites sur lettres de change ou autres écrits sous seing privé, négociables ou non, le défendeur est suffisamment désigné par son nom ou ses initiales tels qu'ils apparaissent sur l'écrit.

Un défendeur dont les noms véritables sont incertains ou inconnus est suffisamment désigné par un nom qui l'identifie clairement, pourvu que la requête introductive d'instance lui soit signifiée à personne.

Une personne morale doit être désignée par le nom sous lequel elle a été constituée ou celui sous lequel elle s'identifie, avec mention de son siège; si elle est défenderesse, la mention du siège peut être remplacée par celle de son principal établissement. Le syndicat des copropriétaires est désigné par le nom que la collectivité des copropriétaires s'est donné ou sous lequel elle est généralement connue, ou encore par l'adresse du lieu où est situé l'immeuble.

Une société en nom collectif ou en commandite peut être désignée sous le nom qu'elle déclare.

Une association au sens du Code civil peut être désignée par le nom qu'elle s'est donné ou par celui sous lequel elle est généralement connue.

[1965 (1ʳ sess.), c. 80, a. 115; 1982, c. 17, a. 10; 1992, c. 57, a. 215; 1996, c. 5, a. 7; 2002, c. 7, a. 160].

115. A minister of the government, a clerk or registrar, a sheriff, the director of youth protection or the Public Curator, summoned in his capacity only, may be designated by his official title, if that designation is sufficient to identify him.

In actions upon bills of exchange or other private writings, negotiable or not, the defendant is sufficiently designated by his name or initials as they appear in the writing.

A defendant whose name is uncertain or unknown is sufficiently designated by a name that identifies him clearly, provided that the motion to institute proceedings is served on him in person.

A legal person must be designated by the name under which it is constituted or by which it identifies itself, with a mention of its head office; if it is a defendant, mention of the head office may be replaced by mention of its principal establishment. The syndicate of co-owners is designated by the name the co-owners as a body have given themselves or by the name by which they are generally known or by the address of the place where the immovable is located.

A general or limited partnership may be designated by the name it declares.

An association within the meaning of the Civil Code may be designated by the name it has adopted or by the name under which it is commonly known.

[1965 (1st sess.), c. 80, a. 115; 1982, c. 17, s. 10; 1992, c. 57, s. 215; 1996, c. 5, s. 7; 2002, c. 7, s. 160].

116. L'assignation des héritiers, légataires particuliers et successibles est faite au liquidateur de la succession; toutefois, ils peuvent être assignés collectivement, sans

116. Heirs, legatees by particular title and successors are summoned by service on the liquidator of the succession; however, where the liquidator is unknown or cannot

mention de leur nom ni de leur résidence, lorsque le liquidateur est inconnu ou qu'il ne peut être identifié en temps utile.

Les héritiers sont tenus de donner avis écrit à la partie adverse du nom et de l'adresse du liquidateur; les actes de procédure faits avant la signification de l'avis sont valables, à moins que le tribunal, à la demande du liquidateur, n'en décide autrement; ceux faits après sont nuls, l'instance étant suspendue jusqu'à ce qu'elle soit continuée par le liquidateur en fonction.

Les héritiers et les légataires particuliers d'une personne dont la succession s'est ouverte en dehors du Québec et qui n'ont pas inscrit la déclaration de transmission prévue à l'article 2998 du *Code civil du Québec*, peuvent être assignés collectivement pour répondre à toute action réelle immobilière relative à la succession.

[1965 (1ʳᵉ sess.), c. 80, a. 116; 1981, c. 14, a. 11; 1992, c. 57, a. 215].

be identified in due time, they may be summoned collectively, without mention of their names or places of residence.

The heirs are required to give written notice of the name and address of the liquidator to the opposite party; proceedings drawn up before service of the notice are valid, unless the court, on an application by the liquidator, decides otherwise; those drawn up afterwards are invalid, since the proceeding is suspended until it is continued by the liquidator in office.

The heirs and legatees by particular title of a person whose succession opens outside Québec who have not registered a declaration of transmission pursuant to article 2998 of the *Civil Code of Québec* may be summoned collectively in any immovable real action relating to the succession.

[1965 (1st sess.), c. 80, a. 116; 1981, c. 14, s. 11; 1992, c. 57, s. 215].

117. (*Abrogé*).

[2002, c. 7, a. 15].

117. (*Repealed*).

[2002, c. 7, s. 15].

118. Si la demande porte sur un bien individualisé, il doit être décrit de manière que son identité soit clairement établie.

Si la demande porte sur un immeuble, celui-ci doit être décrit de la manière prescrite au livre De la publicité des droits au *Code civil du Québec*.

[1965 (1ʳᵉ sess.), c. 80, a. 118; 1992, c. 57, a. 216].

118. If the object of the demand is certain and determinate property, it must be described in such a manner as clearly to establish its identity.

If the object of the demand is an immovable, it must be described as prescribed in the Book of the *Civil Code of Québec* on the Publication of rights.

[1965 (1st sess.), c. 80, a. 118; 1992, c. 57, s. 216].

119. La requête doit être accompagnée d'un avis au défendeur lui demandant de comparaître dans le délai imparti, pour répondre à la demande formée contre lui. Ce délai est de dix jours à compter de la signification, sauf les cas où il est autrement pourvu par une disposition du présent code.

L'avis doit, de plus, informer le défendeur:

1° qu'il est tenu de comparaître dans le délai mentionné, à défaut de quoi jugement

119. The motion to institute proceedings must be accompanied by a notice to the defendant to appear within the time limit indicated in order to file an answer to the action or application. The time limit is ten days from service of the notice, except where otherwise prescribed by this Code.

In addition, the notice to the defendant must state

(1) that the defendant is required to appear within the time limit indicated, failing

pourra être rendu par défaut contre lui sans autre avis ni délai;

2° que, s'il comparaît, la demande sera présentée devant le tribunal à la date indiquée, à moins qu'une entente écrite n'intervienne auparavant entre les parties pour établir le calendrier des échéances à respecter en vue d'assurer le bon déroulement de l'instance;

3° que le tribunal, à la date indiquée pour la présentation, pourra exercer les pouvoirs nécessaires en vue d'assurer le bon déroulement de l'instance;

4° que les pièces au soutien de la requête introductive sont disponibles sur demande;

5° qu'il peut obtenir du greffier que la demande soit traitée selon les règles prévues au Livre VIII si, à titre de demandeur, il aurait pu agir et présenter une telle demande suivant ce livre et l'informer également qu'à défaut de faire cette demande, il pourra être tenu des frais du demandeur selon les règles applicables suivant les autres livres du code.

L'avis au défendeur comprend la dénonciation des pièces au soutien de la requête introductive d'instance.

Cet avis doit être conforme au texte établi par le ministre de la Justice.

[1965 (1ʳᵉ sess.), c. 80, a. 119; 1996, c. 5, a. 9; 1999, c. 46, a. 2; 2002, c. 7, a. 16].

which a judgment by default may be rendered against the defendant without further notice or extension;

(2) that if the defendant appears, the action or application will be presented before the court on the date indicated unless a written agreement is made by the parties before that date to determine a timetable for the orderly progress of the proceeding;

(3) that on the date indicated for presentation, the court may exercise such powers as are necessary to ensure the orderly progress of the proceeding;

(4) that the exhibits in support of the motion are available on request; and

(5) that the defendant may make a request to the clerk for the action to be disposed of pursuant to the rules of Book VIII if the defendant would be admissible as a plaintiff under that Book and the action would be admissible under that Book, and that if the defendant does not make such a request, the defendant could be liable for costs according to the rules applicable under the other Books of this Code.

The exhibits in support of the motion to institute proceedings must be disclosed in the notice to the defendant.

The notice must reproduce the text determined by the Minister of Justice.

[1965 (1st sess.), c. 80, a. 119; 1996, c. 5, s. 9; 1999, c. 46, s. 2; 2002, c. 7, s. 16].

119.1. (*Remplacé*).

[1996, c. 5, a. 9].

119.1. (*Replaced*).

[1996, c. 5, s. 9].

SECTION II — DE LA SIGNIFICATION

SECTION II — SERVICE

119.2. À moins qu'il n'en soit autrement prescrit, les actes, documents ou avis dont la loi prescrit la signification sont signifiés conformément aux règles prévues dans la présente section.

[1992, c. 57, a. 217].

119.2. Unless otherwise prescribed, acts, documents or notices the service of which is prescribed by law are served in accordance with the rules prescribed in this section.

[1992, c. 57, s. 217].

§ 1. —— **Des modes de signification**

§ 1. —— **How Service is Made**

120. À moins d'une disposition expresse à l'effet contraire, un shérif ou un huissier peut faire une signification partout au Québec.

Les frais de signification taxables sont ceux qui peuvent être réclamés par un huissier en application du règlement pris en vertu de l'article 13 de la *Loi sur les huissiers de justice* (chapitre H-4.1).

[1965 (1ʳᵉ sess.), c. 80, a. 120; 1979, c. 37, a. 12; 1980, c. 11, a. 47; 1982, c. 32, a. 33; 1989, c. 6, a. 1; 1989, c. 57, a. 36; 1995, c. 41, a. 18].

120. Unless specifically otherwise provided, any sheriff or bailiff may make a service anywhere in Québec.

The taxable costs of service are the costs chargeable by a bailiff pursuant to the regulation made under section 13 of the *Court Bailiffs Act* (chapter H-4.1).

[1965 (1st sess.), c. 80, a. 120; 1979, c. 37, s. 12; 1982, c. 32, s. 33; 1989, c. 6, s. 1; 1989, c. 57, s. 36; 1995, c. 41, s. 18].

121. Un shérif ou un huissier ne peut exploiter dans les affaires où il a intérêt, ni dans celles qui concernent son conjoint, ses parents et alliés jusqu'au degré de cousin germain inclusivement, sous peine de suspension.

[1965 (1ʳᵉ sess.), c. 80, a. 121; 2002, c. 6, a. 92].

121. A sheriff or bailiff cannot make service in matters in which he or she is interested, or in matters which concern his or her spouse or a relative by blood or by alliance, to the degree of cousin-german inclusively, under pain of suspension.

[1965 (1st sess.), c. 80, a. 121; 2002, c. 6, s. 92].

122. La signification à un lieu où, dans un rayon de 50 kilomètres, il n'y a ni shérif ni huissier capable d'agir peut être faite par une personne majeure résidant à l'intérieur de ce rayon ou par courrier recommandé ou certifié; celle qui est faite autrement sans raison suffisante ne donne pas droit à des frais plus élevés.

[1965 (1ʳᵉ sess.), c. 80, a. 122; 1975, c. 83, a. 12; 1979, c. 37, a. 13].

122. In any place where, within a radius of 50 kilometres, there is neither sheriff nor bailiff able to act, service may be made by any person of legal age residing within that radius or by registered or certified mail; service made otherwise without sufficient reason gives no right to higher costs.

[1965 (1st sess.), c. 80, a. 122; 1975, c. 83, s. 12; 1979, c. 37, s. 13].

123. La signification de la requête introductive d'instance ou de tout autre acte de procédure se fait par la remise d'une copie de l'acte à l'intention de son destinataire.

La signification peut être faite à personne, en remettant copie de l'acte en mains propres à son destinataire, où qu'il se trouve; elle peut être faite à domicile, en laissant la copie au domicile ou à la résidence du destinataire, aux soins d'une personne raisonnable et qui y réside.

La signification peut encore être faite au

123. Service of a motion to institute proceedings or of any other written proceeding is made by leaving a copy of the proceeding for the person for whom it is intended.

Personal service may be made by handing a copy of the proceeding to him in person, wherever he may be; domiciliary service may be made by leaving the copy at his domicile or residence, with a reasonable person residing therein.

Service may also be made at the domicile

domicile élu par le destinataire, ou à la personne désignée par lui.

Lorsque le destinataire n'a ni domicile ni résidence connus au Québec, la signification peut lui être faite à son établissement d'entreprise ou à son lieu de travail, sous pli cacheté adressé au destinataire, en parlant à une personne raisonnable qui en a la garde.

Lorsque le destinataire n'est pas représenté par procureur, la signification de tout acte de procédure autre que la procédure introductive d'instance peut se faire conformément à l'article 140. Si cette personne n'a ni domicile ni résidence connus au Québec, la signification peut être faite au greffe du tribunal.

[1965 (1ᵉʳ sess.), c. 80, a. 123; 1972, c. 70, a. 5; 1992, c. 57, a. 218; 1996, c. 5, a. 10; 1999, c. 40, a. 56; 1999, c. 46, a. 3; 2002, c. 7, a. 160].

elected by the person for whom it is intended, or upon the person indicated by him.

If he has no known domicile or ordinary residence within Québec, service may be made by leaving a copy of the proceeding in a sealed envelope addressed to the person for whom it is intended at the person's business establishment or place of work, speaking to a reasonable person in charge thereof.

If he is not represented by attorney, service of any written proceeding other than a proceeding to institute a suit may be made in accordance with article 140. If that person has no known domicile or ordinary residence within Québec, service may be made at the office of the court.

[1965 (1st sess.), c. 80, a. 123; 1972, c. 70, s. 5; 1992, c. 57, s. 218; 1996, c. 5, s. 10; 1999, c. 40, s. 56; 1999, c. 46, s. 3; 2002, c. 7, s. 160].

124. La copie laissée au destinataire doit être certifiée conforme par la partie elle-même ou son avocat ou, le cas échéant, par l'une des personnes mentionnées à l'article 82.1, et la personne qui signifie doit y noter sous sa signature, au verso, la date et l'heure de la signification.

[1965 (1ᵉʳ sess.), c. 80, a. 124; 1993, c. 72, a. 4].

124. The copy served must be certified by the party himself or his attorney or, where applicable, by one of the persons referred to in article 82.1, and the person making service must endorse thereon, over his signature, the date and hour of service.

[1965 (1st sess.), c. 80, a. 124; 1993, c. 72, s. 4].

125. Si le destinataire d'un acte refuse d'en recevoir copie, celui qui signifie constate ce refus sur l'original, et l'acte est tenu pour avoir été signifié à personne au moment du refus.

Celui qui signifie doit alors laisser la copie de l'acte par tout moyen approprié.

[1965 (1ᵉʳ sess.), c. 80, a. 125; 1975, c. 83, a. 13].

125. If the person concerned refuses to accept the copy of a proceeding, the person making service records the refusal on the original and personal service is deemed to have been made at the time of refusal.

The person making service must then leave the copy of the proceeding by any appropriate means.

[1965 (1st sess.), c. 80, a. 125; 1975, c. 83, s. 13].

126. Aucune signification ne sera faite dans un endroit consacré au culte public, ni dans une cour de justice, ni à un membre de l'Assemblée nationale sur le parquet de la Chambre.

[1965 (1ᵉʳ sess.), c. 80, a. 126].

126. Service shall not be made in a place of public worship, or in court, or upon a member of the Legislature upon the floor of the House.

[1965 (1st sess.), c. 80, a. 126].

127. Dans tous les cas où les parties résident ensemble, les significations de la part

127. In all cases in which the parties reside together, any service for one upon the

de l'une à l'autre doivent être faites à personne, à moins qu'un autre mode ne soit autorisé en vertu de l'article 138.

[1965 (1ᵉʳ sess.), c. 80, a. 127].

other must be personal, unless another mode of service is authorized under article 138.

[1965 (1st sess.), c. 80, a. 127].

128. Un acte de procédure destiné à plusieurs parties doit être signifié à chacune d'elles séparément.

[1965 (1ᵉʳ sess.), c. 80, a. 128].

128. A proceeding addressed to several parties must be served upon each of them separately.

[1965 (1st sess.), c. 80, a. 128].

129. La signification à une société en nom collectif ou en commandite se fait à son établissement d'entreprise ou, si elle n'en a pas, à l'un des associés. De même, celle à une association au sens du Code civil se fait à son bureau ou, à défaut, à l'un de ses administrateurs.

[1965 (1ᵉʳ sess.), c. 80, a. 129; 1992, c. 57, a. 219; 1999, c. 40, a. 56].

129. Service upon a general or limited partnership may be made at its business establishment or, if it has none, upon one of the partners. Similarly, service upon an association within the meaning of the *Civil Code of Québec* may be made at its office or, if it has none, upon one of its directors.

[1965 (1st sess.), c. 80, a. 129; 1992, c. 57, s. 219; 1999, c. 40, s. 56].

130. La signification à une personne morale se fait soit à son siège, soit à l'un de ses établissements au Québec ou à celui de son agent dans le district où la cause d'action a pris naissance, en s'adressant à l'un de ses dirigeants ou à une personne ayant la garde de l'établissement.

À défaut de tel siège ou établissement, la signification peut être faite à l'un des ses dirigeants ou à toute personne apparaissant comme telle au registre visé au chapitre II de la *Loi sur la publicité légale des entreprises* (chapitre P-44.1) ou encore à son fondé de pouvoir désigné en vertu de cette loi.

La signification à des personnes qui agissent illégalement comme personnes morales se fait à l'une d'elles, ou à leur principal établissement d'entreprise.

[1965 (1ᵉʳ sess.), c. 80, a. 130; 1975, c. 83, a. 14; 1981, c. 9, a. 24; 1982, c. 52, a. 114; 1992, c. 57, a. 220; 1993, c. 48, a. 216; 1999, c. 40, a. 56; 2010, c. 7, a. 195].

130. Service upon a legal person is made at its head office, at one of its establishments in Québec or at the establishment of its agent in the district where the cause of action has arisen, speaking to one of its senior officers or to a person in charge of the said establishment.

Failing such head office or establishment, service may be made upon one of its senior officers or upon any person mentioned as such in the register referred to in Chapter II of the *Act respecting the legal publicity of enterprises* (chapter P-44.1), or upon the attorney designated under that Act.

Service upon persons acting illegally as a legal person is made upon one of them, or at their principal business establishment.

[1965 (1st sess.), c. 80, a. 130; 1975, c. 83, s. 14; 1981, c. 9, s. 24; 1982, c. 52, s. 114; 1992, c. 57, s. 220; 1993, c. 48, s. 216; 1999, c. 40, s. 56; 2010, c. 7, s. 195].

131. (*Abrogé*).

[1966, c. 21, a. 7].

131. (*Repealed*).

[1966, c. 21, s. 7].

132. La signification à une société par actions, à une personne morale constituée autrement qu'en vertu des lois du Québec ou du Canada, de même que celle à un

132. Service upon a joint stock company, upon a legal person constituted otherwise than under the laws of Québec or of Canada, or upon the liquidator of the succes-

liquidateur de la succession d'une personne qui n'était pas domiciliée au Québec mais y avait des biens, peut être faite soit à son bureau, en parlant à un employé, soit à son président, à son secrétaire ou à son agent, où qu'il soit.

[1965 (1ᵉ sess.), c. 80, a. 132; 1992, c. 57, a. 221; 1999, c. 40, a. 56].

sion of a person who had property in Québec but was not domiciled therein, may be made at its or his office, speaking to a person employed therein, or anywhere upon its president or secretary or upon its or his agent.

[1965 (1st sess.), c. 80, a. 132; 1992, c. 57, s. 221; 1999, c. 40, s. 56].

132.1. La signification au fiduciaire peut être faite soit à son domicile ou à sa résidence, soit à son établissement d'entreprise en s'adressant à une personne qui en a la garde.

[1992, c. 57, a. 222; 1999, c. 40, a. 56].

132.1. Service upon a trustee may be made at his domicile or residence, or at his business establishment by speaking to a person in charge.

[1992, c. 57, s. 222; 1999, c. 40, s. 56].

133. La signification aux héritiers et légataires particuliers assignés collectivement en vertu du premier alinéa de l'article 116 se fait au dernier domicile du défunt; si ce domicile n'est pas au Québec, s'il est fermé ou qu'aucun membre de la famille du défunt ne s'y trouve, la signification est faite à l'un des héritiers et légataires particuliers.

La signification aux héritiers et légataires particuliers assignés collectivement en vertu du troisième alinéa de l'article 116 se fait, avec l'autorisation du juge ou du greffier, par avis public dans le district où est situé l'immeuble qui fait l'objet du litige.

La signification au liquidateur d'une succession se fait soit à son domicile ou à sa résidence, soit à son établissement d'entreprise en s'adressant à une personne qui en a la garde; s'ils ne sont pas connus ou sont situés hors du Québec, la signification est faite à l'un des héritiers.

[1965 (1ᵉ sess.), c. 80, a. 133; 1992, c. 57, a. 223, 420; 1999, c. 40, a. 56].

133. Service upon the heirs and legatees by particular title summoned collectively in accordance with the first paragraph of article 116 is made at the last domicile of the deceased; if such domicile is not in Québec, or is closed or if no member of the deceased's family is there, the service is made upon one of the heirs or legatees by particular title.

Service upon the heirs and legatees by particular title summoned collectively in accordance with the third paragraph of article 116 may, with the authorization of the judge or clerk, be made by public notice in the district in which the immovable in dispute is situated.

Service upon the liquidator of a succession is made at his domicile or residence, or at his business establishment, speaking to a person in charge of the office; if his domicile, residence and business establishment are unknown or located outside Québec, service is made upon one of the heirs.

[1965 (1st sess.), c. 80, a. 133; 1992, c. 57, s. 223, s. 420; 1999, c. 40, s. 56].

134. La signification à un navigateur ou marin qui n'a ni domicile ni résidence connus au Québec peut être faite sur son bâtiment, en parlant à un homme du bord.

[1965 (1ᵉ sess.), c. 80, a. 134].

134. Service upon a navigator or mariner, who has no known domicile or residence in Québec, may be made on board his ship, speaking to a member of the ship's company.

[1965 (1st sess.), c. 80, a. 134].

135. La signification à celui qui est incarcéré doit être faite à personne.

[1965 (1ᵉ sess.), c. 80, a. 135].

135. Persons imprisoned must be served personally.

[1965 (1st sess.), c. 80, a. 135].

135.1. Les demandes relatives à l'intégrité d'une personne âgée de 14 ans et plus, à son état ou à sa capacité doivent lui être signifiées à personne.

Lorsque la signification à personne risque d'aggraver l'état physique ou psychique de la personne visée par la demande, le juge peut, sur requête et dans la mesure où la demande initiale a été signifiée à personne, autoriser qu'elle soit faite sous pli cacheté en parlant à une personne raisonnable qui en a la garde.

[1992, c. 57, a. 224; 1998, c. 51, a. 1].

136. Le procureur général peut, lorsque demande en est faite au gouvernement par voie diplomatique, requérir un huissier de signifier à une personne au Québec tout acte de procédure émanant d'un tribunal non canadien.

Cette signification se fait en laissant au destinataire, en la manière ordinaire, une copie de l'acte, certifiée par un officier de la cour de justice d'où elle émane. Si cette copie n'est rédigée ni en français ni en anglais, une traduction certifiée conforme doit y être jointe.

Le rapport de signification se fait également en la manière ordinaire, mais avec mention du fait qu'une traduction a été jointe à la copie signifiée, le cas échéant.

La qualité et la signature de l'officier instrumentant doivent être attestées par le greffier de la Cour supérieure du district où il réside.

Le lieutenant-gouverneur peut certifier la signature et l'attestation du greffier et faire parvenir au Secrétaire d'État pour le Canada l'original de l'acte et le rapport de signification, avec le mémoire des frais taxés.

[1965 (1re sess.), c. 80, a. 136; 1992, c. 57, a. 420].

137. La signification à une partie qui a son domicile ou sa résidence dans une autre province du Canada peut être faite par

135.1. Any application relating to the integrity, status or capacity of a person 14 years of age or over must be served personally.

Where there is a risk that personal service may worsen the physical or psychological condition of the person concerned by the application, the judge may, on a motion and insofar as the initial application was served personally, authorize that service be effected by means of a sealed envelope, speaking to a reasonable person having custody of the person.

[1992, c. 57, s. 224; 1998, c. 51, s. 1].

136. The Attorney General may, on request made to the Government through diplomatic channels, direct a bailiff to serve upon a person in Québec any proceeding issued by a tribunal foreign to Canada.

Such service is made by leaving for the party in the ordinary way a true copy of such proceeding, certified by an officer of the court by which such proceeding was issued. If such copy is not drawn in the French or English language, a certified translation thereof must be annexed thereto.

The return of service also is made in the ordinary way, but with mention where necessary of the fact that a translation was annexed to the copy served.

The capacity and signature of the serving officer must be attested by the clerk of the Superior Court of the district where he resides.

The Lieutenant-Governor may attest the signature of and the declaration by the clerk, and have the original proceeding with the return of service and the taxed bill of costs transmitted to the Secretary of State of Canada.

[1965 (1st sess.), c. 80, a. 136; 1977, c. 5, s. 14; 1992, c. 57, s. 420].

137. Service upon a party domiciled or resident in another province of Canada may be made by any person of the age of

toute personne majeure qui doit en dresser le procès-verbal.

[1965 (1ᵉʳ sess.), c. 80, a. 137; 1983, c. 28, a. 1; 1992, c. 57, a. 225].

138. Si les circonstances l'exigent, le juge ou le greffier peut, sur requête, autoriser un mode de signification autre que ceux prévus par les articles 120, 122, 123 et 130, notamment par avis public ou par la poste, sauf si ce dernier mode est déjà autorisé par lesdits articles.

Le juge ou le greffier peut également, sur le vu du procès-verbal de la personne qui a tenté de faire une signification, autoriser cette personne à signifier la procédure autrement qu'en la manière prévue aux articles 123 et 130. L'autorisation doit apparaître sur l'original de ce procès-verbal lequel doit alors être déposé au greffe. Une mention de cette autorisation doit apparaître sur les copies de l'acte de procédure à signifier. Cependant, lorsque la tentative de signification a été faite par un huissier ou un shérif et qu'il a consigné celle-ci à son procès-verbal, ce dernier peut, sans autorisation, signifier la procédure en laissant sur place copie de l'acte à l'intention du destinataire.

Ces autorisations peuvent être obtenues dans le district du lieu de signification de l'acte de procédure s'il diffère de celui de sa délivrance.

[1965 (1ᵉʳ sess.), c. 80, a. 138; 1966, c. 21, a. 8; 1975, c. 83, a. 15; 1983, c. 28, a. 2; 1992, c. 57, a. 420; 1997, c. 42, a. 4].

139. La signification par avis public se fait par la publication d'une ordonnance du juge ou du greffier enjoignant au défendeur de comparaître dans un délai de 30 jours ou dans tel autre délai imparti, et l'informant qu'une copie de la requête introductive d'instance a été laissée au greffe à son intention.

Sauf décision contraire du juge ou du greffier, l'ordonnance n'est publiée qu'une fois; la publication a lieu dans un journal, désigné par le juge ou le greffier, circulant dans la localité de la dernière adresse connue du défendeur ou, si aucun journal ne

majority, who must make a certificate of service.

[1965 (1st sess.), c. 80, a. 137; 1983, c. 28, s. 1; 1992, c. 57, s. 225].

138. The judge or clerk may, on motion, if the circumstances so require, authorize a mode of service other than those provided by articles 120, 122, 123 and 130, particularly by public notice or by mail, unless such last mode is already authorized by the said articles.

The judge or clerk may also, upon inspecting the certificate of the person who has attempted to make the service, authorize him to serve the proceeding otherwise than in the manner provided in articles 123 and 130. The authorization must appear on the original of the certificate, which must then be filed in the office of the court. An entry of the authorization must be made on the copies of the written proceeding to be served. However, where the attempt to effect service was made by a bailiff or a sheriff and has been recorded in his certificate, the bailiff or sheriff may, without authorization, serve the proceeding by leaving on the premises a copy of the written proceeding intended for the addressee.

Any authorization under this article may be obtained in the district of the place in which the written proceeding is served, if such district is not that in which the proceeding was issued.

[1965 (1st sess.), c. 80, a. 138; 1966, c. 21, s. 8; 1975, c. 83, s. 15; 1983, c. 28, s. 2; 1992, c. 57, s. 420; 1997, c. 42, s. 4].

139. Service by public notice is made by publication of an order of the judge or clerk, calling upon the defendant to appear within 30 days or such other time as may be fixed, and informing him that a copy of the motion to institute proceedings has been left for him at the office of the court.

Unless the judge or the clerk decides otherwise, the order is published only once; the publication is made in a newspaper, designated by the judge or clerk, distributed in the locality of the last known address of the defendant or, if no newspaper

circule dans cette localité, dans la localité où il est appelé à comparaître.

Si les circonstances l'exigent, le juge peut ordonner la publication par tout autre moyen approprié, notamment par lettre, ou par annonce à la radio ou à la télévision; il détermine alors le mode de preuve de la publication.

La publication de l'ordonnance est faite en français mais, si les circonstances l'exigent, le juge peut ordonner qu'elle soit faite aussi en anglais.

On suit les mêmes règles, avec les modifications qui s'imposent, pour la signification par avis public, lorsqu'elle est requise, de tout acte de procédure autre qu'une requête introductive d'instance, ainsi que pour la publication des avis publics de vente prévus par les articles 594 et 670.

La signification au moyen d'une seule publication vaut et est réputée avoir eu lieu à la date de cette publication; dans les autres cas, la signification ne vaut qu'une fois faites toutes les publications, mais elle est réputée avoir eu lieu à la date de la première.

[1965 (1re sess.), c. 80, a. 139; 1977, c. 73, a. 5; 1992, c. 57, a. 226, 420; 1996, c. 5, a. 11; 2002, c. 7, a. 17].

140. La signification d'un acte par la poste se fait par l'envoi de la copie à son destinataire, à la dernière adresse connue de sa résidence ou de son lieu de travail, par courrier recommandé ou certifié.

Cette signification est réputée avoir été faite à la date où a été signé, par le destinataire ou par l'une des personnes mentionnées à l'article 123, l'avis de réception présenté par le postier au moment de la livraison.

[1965 (1re sess.), c. 80, a. 140; 1975, c. 83, a. 16; 1999, c. 40, a. 56].

140.1. La signification d'un acte de procédure, d'une pièce ou d'un autre document, au procureur d'une partie peut s'effectuer, sans autorisation du juge ou du greffier, en

is distributed in that locality, in the locality where he is required to appear.

If the circumstances so require, the judge may order the publication by any other appropriate means, in particular by letter, or by an advertisement on the radio or television; he shall then determine the mode of proof of publication.

The order is published in French but if the circumstances so require, the judge may order it published in English as well.

The same rules are followed, with any necessary modifications, for the service by public notice, when it is required, of any proceeding other than a motion to institute proceedings, and for the publication of the public notices of sale provided for in articles 594 and 670.

Service by one publication is complete and is deemed to have taken place on the date of such publication; in the other cases, service is complete only when all the prescribed publications have been made, but it is deemed to have been made on the date of the first publication.

[1965 (1st sess.), c. 80, a. 139; 1977, c. 73, s. 5; 1992, c. 57, s. 226, s. 420; 1996, c. 5, s. 11; 1999, c. 40, s. 56; 2002, c. 7, s. 17].

140. Service by mail is made by mailing a copy of the proceeding by registered or certified mail to the party at the last known address of his residence or place of work.

Such service is deemed to have been made on the date when the acknowledgment of receipt presented by the postman at the time of delivery was signed by the party himself or by one of the persons mentioned in article 123.

[1965 (1st sess.), c. 80, a. 140; 1975, c. 83, s. 16; 1999, c. 40, s. 56].

140.1. Service of a written proceeding, an exhibit or any other document on the attorney of a party may, without the authorization of the judge or clerk, be effected by

lui transmettant par télécopieur un fac-similé de cet acte, pièce ou document.

[1993, c. 72, a. 5].

transmitting to him a facsimile of the proceeding, exhibit or other document by fax machine.

[1993, c. 72, s. 5].

§ 2. — Du temps légal de signification

§ 2. — When Service may be Made

141. Aucune signification ne peut être faite, sous peine de sanction contre l'officier instrumentant, avant 7 heures ni après 22 heures, non plus qu'un jour non juridique, si ce n'est avec l'autorisation écrite du greffier, obtenue sans formalité et inscrite sur l'original et les copies de l'acte à signifier.

Cette autorisation peut être obtenue conformément au troisième alinéa de l'article 138.

[1965 (1ʳᵉ sess.), c. 80, a. 141; 1972, c. 70, a. 6; 1975, c. 83, a. 17; 1983, c. 128, a. 3; 1992, c. 57, a. 420].

141. No service may be made, under pain of penalty against the serving officer, before 7:00 a.m. or after 10:00 p.m., or on a non-juridical day, without the written authorization of the clerk obtained without formality and entered on the original and copies of the proceeding to be served.

Such authorization may be obtained in accordance with the third paragraph of article 138.

[1965 (1st sess.), c. 80, a. 141; 1972, c. 70, s. 6; 1975, c. 83, s. 17; 1983, c. 28, s. 3; 1992, c. 57, s. 420].

142. La signification au procureur d'une partie ne peut être faite le samedi.

La signification par télécopieur au procureur d'une partie, effectuée après 16 h 30 ou le samedi, est réputée faite le jour juridique suivant.

[1965 (1ʳᵉ sess.), c. 80, a. 142; 1993, c. 72, a. 6].

142. Service upon the attorney of a party cannot be made on Saturday.

Service by fax machine upon the attorney of a party after 4:30 p.m. or on a Saturday is deemed to have been made on the following juridical day.

[1965 (1st sess.), c. 80, a. 142; 1993, c. 72, s. 6].

143. Le juge ou le greffier peuvent ordonner au demandeur qui tarde à faire signifier une requête introductive d'instance, de le faire dans un délai imparti, sous peine d'annulation de la requête introductive d'instance.

[1965 (1ʳᵉ sess.), c. 80, a. 143; 1992, c. 57, a. 420; 1996, c. 5, a. 12; 2002, c. 7, a. 160].

143. The judge or clerk may order the plaintiff who delays having a motion to institute proceedings served to do so within the time fixed under pain of annulment of the motion to institute proceedings.

[1965 (1st sess.), c. 80, a. 143; 1992, c. 57, s. 420; 1996, c. 5, s. 12; 2002, c. 7, s. 160].

§ 3. — De la preuve de la signification

§ 3. — Proof of Service

144. Celui qui fait une signification en dresse le procès-verbal au verso de l'original de l'acte signifié ou sur une feuille qui y est jointe; dans ce dernier cas, il doit

144. The person who makes the service must draw up a certificate of service on the back of the original of the document served or on a separate paper attached

également inscrire le numéro du dossier et le nom des parties.

S'il n'est ni shérif ni huissier, son procès-verbal doit être appuyé de son serment.

[1965 (1ᵉʳ sess.), c. 80, a. 144; 1983, c. 28, a. 4].

145. Le procès-verbal d'une signification faite par huissier, shérif, ou autre personne autorisée en vertu de l'article 122, doit mentionner:

a) les noms, profession et résidence du signataire;

b) le lieu, la date et l'heure où la signification a été faite;

c) la personne à laquelle la copie de l'acte a été laissée;

d) la distance entre la résidence du signataire et l'endroit où il a fait la signification;

e) l'état des frais de la signification.

[1965 (1ᵉʳ sess.), c. 80, a. 145].

146. La preuve d'une signification par avis public se fait par la production au greffe d'un exemplaire de la page du journal dans lequel l'avis a été publié.

Le rapport d'une signification par la poste se fait par une déclaration assermentée de l'expéditeur, attestant l'accomplissement par lui des formalités prévues par l'article 140, et à laquelle est attaché, pour le courrier recommandé, l'avis de réception ou, pour le courrier certifié, l'avis de livraison.

[1965 (1ᵉʳ sess.), c. 80, a. 146; 1975, c. 83, a. 18; 1977, c. 73, a. 6; 1983, c. 28, a. 5; 1992, c. 57, a. 227].

146.0.1. La preuve d'une signification par télécopieur peut être établie au moyen du bordereau de transmission ou, à défaut, d'un affidavit de la personne qui l'a effectuée.

[1993, c. 72, a. 7].

146.0.2. Un acte de procédure, une pièce ou un autre document, signifié par téléco-

thereto; in the latter case he must also write the number of the record and the names of the parties.

If he is not a sheriff or bailiff, his certificate must be sworn to.

[1965 (1st sess.), c. 80, a. 144; 1983, c. 28, s. 4].

145. The certificate of a service made by a bailiff, sheriff, or other person authorized under article 122, must state:

(a) His names, occupation and residence;

(b) The place, day and hour of the service;

(c) The person with whom a copy of the proceeding was left;

(d) The distance from his residence to the place of service;

(e) The amount of the costs of service.

[1965 (1st sess.), c. 80, a. 145].

146. Service by public notice is proved by filing in the office of the court a copy of the page of the newspaper in which the notice has been published.

The return of service by mail is made by means of a sworn statement of the sender, attesting that he has fulfilled the formalities prescribed in article 140, to which is attached, for registered mail, the acknowledgment of receipt or, for certified mail, the notice of delivery.

[1965 (1st sess.), c. 80, a. 146; 1975, c. 83, s. 18; 1977, c. 73, s. 6; 1983, c. 28, s. 5; 1992, c. 57, s. 227].

146.0.1. Service by fax machine may be proved by means of a transmission slip or, failing that, by means of an affidavit from the person who effected the service.

[1993, c. 72, s. 7].

146.0.2. A written proceeding, exhibit or other document that is served by fax ma-

pieur est accompagné d'un bordereau de transmission indiquant:

a) le nom, l'adresse et le numéro de téléphone de l'expéditeur;

b) le nom de l'avocat à qui la signification est effectuée et le numéro du télécopieur récepteur;

c) la date et l'heure de la transmission;

d) le nombre total de pages transmises, y compris le bordereau de transmission;

e) le numéro du télécopieur utilisé pour l'envoi du document;

f) la nature du document.

[1993, c. 72, a. 7].

chine must be accompanied with a transmission slip setting out

(a) the name, address and telephone number of the sender;

(b) the name of the attorney to be served and the fax number of the receiving fax machine;

(c) the date and time of transmission;

(d) the total number of pages transmitted, including the transmission slip;

(e) the fax number of the transmitting fax machine; and

(f) the nature of the document.

[1993, c. 72, s. 7].

SECTION III —
DE LA NOTIFICATION

SECTION III — NOTIFICATION

146.1. La notification peut se faire par la remise à son destinataire, contre récépissé, de l'original, d'une copie ou d'un extrait de l'acte, du document ou de l'avis.

[1992, c. 57, a. 228].

146.1. Notification may be made by delivering the original or a certified copy or abstract of the act, document or notice to the person to be notified and obtaining a receipt therefor.

[1992, c. 57, s. 228].

146.2. La notification peut également se faire par l'envoi à son destinataire, par courrier recommandé ou certifié, à la dernière adresse connue de sa résidence ou de son lieu de travail, de l'original, d'une copie ou d'un extrait de l'acte, du document ou de l'avis.

Cette notification est réputée avoir été faite à la date où a été signé, par le destinataire ou par l'une des personnes mentionnées à l'article 123, l'avis de réception présenté par le postier au moment de la livraison ou, pour le courrier certifié, l'avis de livraison.

[1992, c. 57, a. 228; 1999, c. 40, a. 56].

146.2. Notification may also be made by sending the original, a certified copy or an abstract of the act, document or notice by registered or certified mail to the last known address of the residence or place of work of the person to be notified.

Notification is deemed to have been made on the date on which the acknowledgment of receipt presented by the postal employee at the time of delivery or, in the case of certified mail, the acknowledgment of delivery, is signed by the person to be notified or by one of the persons referred to in article 123.

[1992, c. 57, s. 228; 1999, c. 40, s. 56].

146.3. À moins qu'il n'en soit autrement prescrit, la notification de l'original, d'une copie ou d'un extrait de l'acte, du document ou de l'avis peut être faite par courrier ordinaire ou tout autre mode de com-

146.3. Unless prescribed otherwise, notification of the original or of a copy or abstract of the act, document or notice may be made by regular mail or by any other means of communication where the con-

munication, lorsque le contexte n'exige pas que l'expéditeur se constitue une preuve de l'envoi.

[1992, c. 57, a. 228].

text does not require the sender to obtain proof of sending.

[1992, c. 57, s. 228].

Chapitre II ——
De la production de la requête introductive d'instance

Chapter II ——
Filing of Motion to Institute Proceedings

147. (*Abrogé*).

[1994, c. 28, a. 6].

147. (*Repealed*).

[1994, c. 28, s. 6].

148. Le demandeur doit rapporter au tribunal l'original de la requête introductive d'instance et de l'avis au défendeur, de même que le rapport de signification, au moins 48 heures avant la date fixée pour la présentation de la demande ou dans le délai fixé par les règles de pratique.

Aucun jugement ne peut être rendu contre un défendeur qui n'a pas comparu ou qui n'a pas plaidé, si le demandeur n'a pas préalablement produit au greffe l'original de la requête introductive d'instance avec la preuve de sa signification.

[1965 (1ʳᵉ sess.), c. 80, a. 148; 1992, c. 57, a. 229; 1996, c. 5, a. 14; 2002, c. 7, a. 18].

148. The original of the motion to institute proceedings and of the notice to the defendant and the return of service must be filed by the plaintiff at the office of the court at least 48 hours before the date fixed for presentation of the action or application or within the time limit prescribed by the rules of practice.

Judgment cannot be rendered against a defendant who has not appeared or has not pleaded if the plaintiff has not filed in the office of the court the original of the motion to institute proceedings with proof of service.

[1965 (1st sess.), c. 80, a. 148; 1992, c. 57, s. 229; 1996, c. 5, s. 14; 2002, c. 7, s. 18].

Chapitre III ——
De la comparution

Chapter III ——
Appearance

149. Le défendeur doit comparaître avant l'expiration du délai imparti, en produisant au greffe du tribunal un acte de comparution signé de lui-même ou de son procureur.

[1965 (1ʳᵉ sess.), c. 80, a. 149; 1983, c. 28, a. 6; 1985, c. 29, a. 7; 1992, c. 57, a. 230].

149. The defendant must appear before the expiry of the time fixed, by filing in the office of the court a written appearance signed by him or his attorney.

[1965 (1st sess.), c. 80, a. 149; 1983, c. 28, s. 6; 1985, c. 29, s. 7; 1992, c. 57, s. 230; 1999, c. 40, s. 56].

150. Le défendeur peut comparaître même après l'expiration du délai imparti, si l'inscription pour jugement par le greffier ou pour preuve et audition devant le tribunal n'a pas été produite au dossier.

L'inscription faite prématurément ou de façon irrégulière n'empêche pas le défendeur de comparaître sans qu'il soit nécessaire de demander d'être relevé du défaut.

[1965 (1ʳᵉ sess.), c. 80, a. 150; 1992, c. 57, a. 231].

150. The defendant may appear even after expiry of the time fixed to appear if the inscription for judgment by the clerk or for proof and hearing before the court has not been filed in the record.

An inscription made prematurely or irregularly does not prevent the defendant from appearing and he is not required to apply for relief of his default.

[1965 (1st sess.), c. 80, a. 150; 1992, c. 57, s. 231].

151. Malgré l'inscription et à défaut de consentement de la partie adverse, le juge ou le greffier peut, en tout temps avant jugement et aux conditions qu'il détermine, permettre au défendeur de comparaître.

[1965 (1ʳᵉ sess.), c. 80, a. 151; 1992, c. 57, a. 232].

151. Notwithstanding the inscription, and failing the consent of the opposite party, the judge or the clerk may, at any time before judgment and on such conditions as he determines, give the defendant leave to appear.

[1965 (1st sess.), c. 80, a. 151; 1992, c. 57, s. 232].

Chapitre IV ——
De la gestion de l'instance

Chapter IV ——
Case Management

SECTION I ——
DE L'ENTENTE ENTRE LES PARTIES SUR LE DÉROULEMENT DE L'INSTANCE

SECTION I —— AGREEMENT BETWEEN PARTIES AS TO CONDUCT OF PROCEEDING

151.1. Les parties, à l'exception de celles qui sont mises en cause, sont tenues, avant la date indiquée dans l'avis au défendeur pour la présentation de la demande introductive au tribunal, de négocier une entente sur le déroulement de l'instance précisant leurs conventions et établissant le calendrier des échéances à respecter à l'intérieur du délai de rigueur de 180 jours ou d'un an en matière familiale.

La personne mise en cause dans la requête introductive d'instance doit, si elle choisit de participer à la négociation de l'entente établissant le calendrier des échéances, en aviser les parties dans les cinq jours de la signification de la requête. À défaut de le faire, elle est présumée ne pas vouloir y participer.

L'entente doit porter, notamment, sur les moyens préliminaires et les mesures de sauvegarde, sur les modalités et le délai de communication des pièces, des déclarations écrites pour valoir témoignage, des affidavits détaillés, sur les conditions des interrogatoires préalables avant production de la défense, entre autres sur leur nombre et leur durée, sur les expertises, sur les incidents connus ou prévisibles, sur la forme orale ou écrite de la défense et, dans ce dernier cas, sur son délai de production, ainsi que sur le délai pour produire une réponse, le cas échéant. L'entente doit être déposée au greffe sans délai, au plus tard à la date fixée pour la présentation de la demande.

[2002, c. 7, a. 19; 2004, c. 14, a. 2].

151.1. Before the date indicated in the notice to the defendant for presentation of the action or application, the parties, except impleaded parties, must negotiate an agreement as to the conduct of the proceeding, specifying the arrangements between them and the timetable with which they are to comply within the 180-day or, in family matters, the one-year peremptory time limit.

Any person impleaded in the motion to institute proceedings who wishes to take part in the negotiation of the agreement determining the proceeding timetable must notify the parties within five days of service of the motion. Otherwise, the person is presumed not to wish to do so.

The agreement must cover, among other things, the preliminary exceptions and safeguard measures, the procedure and time limit for the communication of exhibits, written statements in lieu of testimony and detailed affidavits, the number and length of and other conditions relating to examinations on discovery before the filing of the defence, expert appraisals, any planned or foreseeable incidental proceedings, the oral or written form of the defence and, in the case of a written defence, the time limit for its filing as well as the time limit for filing an answer, if one is to be filed. The agreement must be filed without delay at the office of the court, no later than the date fixed for presentation of the action or application.

[2002, c. 7, s. 19; 2004, c. 14, s. 2].

151.2. L'entente lie les parties quant au déroulement de l'instance. Les parties peuvent modifier l'entente, dans la mesure où la modification n'a pas pour effet de déroger au délai de rigueur de 180 jours ou d'un an en matière familiale. Si elles ne s'entendent pas, le tribunal peut, sur demande, autoriser une modification qu'il considère appropriée.

[2002, c. 7, a. 19; 2004, c. 14, a. 3].

151.3. Les parties doivent respecter les échéances qu'elles ont fixées sous peine de la sanction prévue par le code ou, à défaut, du rejet de la demande, de la radiation des allégations concernées ou de forclusion, selon le cas. La partie défaillante peut néanmoins, sur demande, être relevée de son défaut par le juge si celui-ci estime que l'intérêt de la justice le requiert; elle est tenue aux frais causés par son manquement, sauf décision contraire du juge.

[2002, c. 7, a. 19].

SECTION II —
DE LA PRÉSENTATION DE LA DEMANDE INTRODUCTIVE D'INSTANCE

151.4. La demande introductive d'instance est présentée au tribunal à la date indiquée dans l'avis au défendeur, à moins que les parties n'aient, avant cette date, convenu d'une entente sur le déroulement de l'instance.

Cette date ne peut être fixée à moins de 30 jours à compter de la signification, sauf du consentement des parties ou dans les cas où la loi prévoit un délai plus court ou encore lorsque, dans un cas d'urgence, le tribunal abrège ce délai.

Lorsque la demande est présentée conjointement, la date de présentation est fixée en accord avec le greffier.

[2002, c. 7, a. 19].

151.5. Lors de la présentation de la demande et sous réserve de l'article 159 et d'une entente entre elles, les parties doivent proposer ensemble et oralement les moyens préliminaires qu'elles entendent faire valoir. Ces moyens ne peuvent être

151.2. The agreement is binding on the parties as to the conduct of the proceeding. The parties may modify the agreement, insofar as the modification does not contravene the 180-day or, in family matters, the one-year peremptory time limit. If there is a disagreement between the parties, the court may, on request, authorize any modification it considers appropriate.

[2002, c. 7, s. 19; 2004, c. 14, s. 3].

151.3. The parties must comply with the timetable they have set under pain of the penalty prescribed by this Code or, in the absence thereof, of dismissal of the action or application, striking of the allegations involved or foreclosure, as appropriate. However, the judge may, on request, relieve a defaulting party from default if required in the interest of justice; the costs resulting from the default are borne by the party concerned, unless the judge decides otherwise.

[2002, c. 7, s. 19].

SECTION II — PRESENTATION OF
ACTION OR APPLICATION

151.4. The action or application is presented before the court on the date indicated in the notice to the defendant, unless an agreement was made by the parties before that date as to the conduct of the proceeding.

The date of presentation may not be less than 30 days from the date of service, except where mutually agreed by the parties or where otherwise prescribed by law or decided by the court in an urgent situation.

If the action or application is to be presented jointly, the date of presentation is set in agreement with the clerk.

[2002, c. 7, s. 19].

151.5. Subject to article 159 and any agreement between the parties, all preliminary exceptions must be raised orally at the time of presentation of the action or application. The exceptions may only be contested orally, although the court may

contestés qu'oralement quoique le tribunal puisse permettre aux parties d'apporter la preuve jugée nécessaire.

Le défendeur doit, de plus, exposer oralement et sommairement les motifs de sa défense.

[2002, c. 7, a. 19].

allow the parties to present the necessary evidence.

Moreover, the defendant must present an oral summary of the grounds of the defence.

[2002, c. 7, s. 19].

151.6. Au moment de la présentation de la demande le tribunal peut, après examen des questions de fait ou de droit en litige:

1° procéder, lorsque la dé fense est orale et que les parties sont prêtes, à l'audition sur le fond, sinon fixer la date d'audition ou ordonner que la cause soit mise au rôle;

2° procéder à l'audition des moyens préliminaires contestés ou en reporter l'audition à la date qu'il fixe;

3° déterminer les conditions, notamment le nombre et la durée, des interrogatoires préalables avant production de la défense;

4° établir, à défaut d'une entente entre les parties déposée au greffe, le calendrier des échéances à respecter pour assurer le bon déroulement de l'instance;

5° décider des moyens propres à simplifier ou accélérer la procédure et à abréger l'audition, notamment se prononcer sur l'opportunité de scinder l'instance, de préciser les questions en litige, d'amender les actes de procédure, d'admettre quelque fait ou document, ou encore inviter les parties à une conférence de règlement à l'amiable ou à recourir à la médiation;

6° autoriser ou ordonner, dans les cas où elle n'est pas permise de plein droit, la défense orale ou écrite aux conditions qu'il détermine;

7° décider des demandes particulières faites par les parties;

8° ordonner la signification de la requête introductive à toute personne qu'il désigne et dont les droits peuvent être touchés par le jugement;

151.6. At the time of presentation of the action or application, the court may, after examining the questions of law or fact at issue,

(1) if the defence is to be oral and the parties are ready to proceed, hear the merits of the case, or otherwise determine the date of the hearing or order that the case be placed on the roll;

(2) hear the contested preliminary exceptions, or defer the hearing of exceptions to a date determined by the court;

(3) determine the number and length of and other conditions relating to examinations on discovery before the filing of the defence;

(4) in the absence of an agreement filed by the parties at the office of the court, determine a timetable that will ensure the orderly progress of the proceeding;

(5) determine how the conduct of the proceeding may be simplified or accelerated and the hearing shortened, by ruling among other things on the advisability of splitting the proceeding, better defining the questions at issue,amending the pleadings or admitting any fact or document, or invite the parties to a settlement conference or to recommend mediation;

(6) authorize or order that the defence be made orally or in writing on the conditions determined by the court, where not permitted as of right;

(7) dispose of specific requests made by the parties;

(8) order service of the motion to institute proceedings on any person, identified by the court, whose rights may be affected by the judgment; and

9° autoriser ou ordonner des mesures provisionnelles.

[2002, c. 7, a. 19].

(9) authorize or order provisional measures.

[2002, c. 7, s. 19].

151.7. Les décisions prises par le tribunal sont consignées au procèsverbal d'audience et régissent les parties quant au déroulement de l'instance et, le cas échéant, quant à l'audition de la demande, à moins que le juge n'en décide autrement.

Les parties doivent respecter les échéances ainsi fixées sous peine de la sanction prévue par le code ou, à défaut, du rejet de la demande, de la radiation des allégations concernées ou de forclusion, selon le cas. Le juge peut néanmoins, sur demande, relever de son défaut la partie défaillante, s'il estime que l'intérêt de la justice le requiert; la partie est tenue au paiement des frais causés par son manquement, sauf décision contraire du juge.

[2002, c. 7, a. 19].

151.7. The decisions made by the court are recorded in the minutes of the hearing and govern the parties as to the conduct of the proceeding and, where applicable, the hearing, unless the judge decides otherwise.

The parties must comply with the timetable determined by the court under pain of the penalty prescribed by this Code or, in the absence thereof, of dismissal of the action or application, striking of the allegations involved or foreclosure, as appropriate. However, the judge may, on request, relieve a defaulting party from default if required in the interest of justice; the costs resulting from the default are borne by the party concerned, unless the judge decides otherwise.

[2002, c. 7, s. 19].

151.8. Si le défendeur ne se présente pas lors de la présentation de la demande, le tribunal constate le défaut et entend le demandeur, si ce dernier est prêt à procéder; à défaut, le tribunal fixe une nouvelle date d'audition ou ordonne que la cause soit mise au rôle et rend les ordonnances qu'il estime nécessaires.

[2002, c. 7, a. 19].

151.8. If the defendant does not attend the presentation of the action or application, the court records the default and hears the plaintiff, if the latter is ready to proceed; if not, the court fixes a new hearing date or orders that the case be placed on the roll and issues such orders as are necessary.

[2002, c. 7, s. 19].

151.9. Si l'audition a lieu le jour même, les parties font leur preuve soit au moyen d'affidavits détaillés, soit par la présentation d'une preuve orale ou documentaire, à moins que la loi ne dispose autrement.

[2002, c. 7, a. 19].

151.9. If the hearing is held on the same day, the parties prove their cases either by means of detailed affidavits, or by means of oral or documentary evidence, unless otherwise specified by law.

[2002, c. 7, s. 19].

151.10. Lorsque, dans le cours de l'instance, une transaction, un désistement de la demande ou un acquiescement complet à la demande intervient, les parties doivent en aviser, sans délai, le greffier.

[2002, c. 7, a. 19].

151.10. If, during the course of a proceeding, a transaction, a discontinuance of the action or a total acquiescence in the demand occurs, the parties must notify the clerk without delay.

[2002, c. 7, s. 19].

SECTION III —
DE LA GESTION PARTICULIÈRE DE L'INSTANCE

151.11. Lorsqu'une instance le requiert en raison de sa nature, de son caractère ou de sa complexité ou dans les cas où le délai de rigueur de 180 jours, ou d'un an en matière familiale, est prolongé, le juge en chef peut, en tout état de cause, d'office ou sur demande, ordonner une gestion particulière de l'instance. Dans ce cas, il confie au juge qu'il désigne la charge d'assurer le bon déroulement de l'instance.

[2002, c. 7, a. 19; 2004, c. 14, a. 4; 2009, c. 12, a. 4].

151.12. Le juge ainsi désigné convoque les parties et leurs procureurs à une conférence de gestion pour que ceux-ci négocient une entente sur le déroulement de l'instance précisant leurs conventions et établissant le calendrier des échéances à respecter. À défaut d'entente entre les parties, le juge établit le calendrier des échéances.

[2002, c. 7, a. 19].

151.13. Le juge décide de tous les incidents et de toutes autres demandes en cours d'instance. Il tient, le cas échéant, la conférence préparatoire à l'instruction et rend les ordonnances appropriées. Il préside l'audience et rend jugement sur le bien-fondé de l'action.

[2002, c. 7, a. 19].

SECTION IV —
DE LA CONFÉRENCE DE RÈGLEMENT À L'AMIABLE

151.14. Un juge peut présider une conférence de règlement à l'amiable. Il bénéficie alors de l'immunité judiciaire.

[2002, c. 7, a. 19].

151.15. À toute étape de l'instance, le juge en chef peut, à la demande des parties, désigner un juge pour présider une conférence de règlement à l'amiable. Dans leur demande, elles lui exposent sommairement les questions en litige.

SECTION III — SPECIAL CASE
MANAGEMENT

151.11. Where required by the nature or complexity of the proceeding or in cases where the 180-day or, in family matters, the one-year peremptory time limit is extended, the chief judge or chief justice may, at any stage of the proceeding, on his or her own initiative or on request, order special case management. In that case, the chief judge or chief justice designates a judge to see to the orderly conduct of the proceeding.

[2002, c. 7, s. 19; 2004, c. 14, s. 4].

151.12. The judge so designated convenes the parties and their attorneys to a case management conference so that they may negotiate an agreement as to the conduct of the proceeding, specifying the arrangements between them and determining the timetable with which they are to comply. If the parties fail to agree, the judge shall determine a timetable for the proceeding.

[2002, c. 7, s. 19].

151.13. The judge disposes of all incidental proceedings and other applications during the course of the proceeding. The judge holds a pre-trial conference, where applicable, and issues any appropriate orders. The judge presides the hearing and renders judgment on the merits.

[2002, c. 7, s. 19].

SECTION IV — SETTLEMENT
CONFERENCE

151.14. A judge may preside a settlement conference. A judge enjoys judicial immunity while presiding such a conference.

[2002, c. 7, s. 19].

151.15. At any stage of the proceeding, the chief justice or chief judge may, at the request of the parties, designate a judge to preside a settlement conference. In their request, the parties must present a summary of the questions at issue.

Le juge en chef peut également, de sa propre initiative, recommander aux parties la tenue d'une telle conférence. Si elles y consentent, il désigne alors un juge pour la présider.

[2002, c. 7, a. 19].

The chief justice or chief judge may, on his or her own initiative, recommend the holding of such a conference. If the parties consent, the chief justice or chief judge designates a judge to preside the conference.

[2002, c. 7, s. 19].

151.16. La conférence a pour but d'aider les parties à communiquer, à négocier, à identifier leurs intérêts, à évaluer leurs positions et à explorer des solutions mutuellement satisfaisantes.

Elle a lieu à huis clos, sans frais, ni formalités.

[2002, c. 7, a. 19].

151.16. The purpose of a settlement conference is to facilitate dialogue between the parties and help them to identify their interests, assess their positions, negotiate and explore mutually satisfactory solutions.

A settlement conference is held in private, at no cost to the parties and without formality.

[2002, c. 7, s. 19].

151.17. La conférence est tenue en présence des parties et, si ces dernières le souhaitent, de leurs procureurs. Le juge qui la préside peut rencontrer les parties séparément, si elles y consentent. Peuvent aussi y participer les personnes dont la présence est considérée, par le juge et les parties, utile au règlement du litige.

[2002, c. 7, a. 19].

151.17. A settlement conference is held in the presence of the parties, and, if the parties so wish, in the presence of their attorneys. With the consent of the parties, the presiding judge may meet with the parties separately. Other persons may also take part in the conference if the judge and the parties consider that their presence would be helpful in resolving the dispute.

[2002, c. 7, s. 19].

151.18. Le juge définit, de concert avec les parties, les règles applicables à la conférence et les mesures propres à en faciliter le déroulement et il établit avec elles le calendrier des rencontres.

[2002, c. 7, a. 19].

151.18. In agreement with the parties, the judge defines the rules of the settlement conference and any measure to facilitate its conduct, and determines the schedule of meetings.

[2002, c. 7, s. 19].

151.19. La conférence ne suspend pas le déroulement de l'instance, mais le juge qui la préside peut, s'il le juge nécessaire, modifier le calendrier des échéances.

[2002, c. 7, a. 19].

151.19. The settlement conference does not suspend the proceeding, but the judge presiding the conference may, if necessary, modify the timetable.

[2002, c. 7, s. 19].

151.20. Les parties sont tenues de s'assurer que les personnes autorisées à conclure une entente sont présentes à la conférence ou qu'elles peuvent être consultées en temps utile pour donner leur accord.

[2002, c. 7, a. 19].

151.20. The parties must ensure that the persons who have authority to conclude an agreement are present at the settlement conference, or that they may be reached at all times to give their consent.

[2002, c. 7, s. 19].

151.21. Tout ce qui est dit ou écrit au cours de la conférence est confidentiel.

[2002, c. 7, a. 19].

151.21. Anything said or written during a settlement conference is confidential.

[2002, c. 7, s. 19].

151.22. Si un règlement intervient, le juge, sur demande, homologue la transaction.

[2002, c. 7, a. 19].

151.22. If a settlement is reached, the judge homologates the transaction on request.

[2002, c. 7, s. 19].

151.23. Si aucun règlement n'intervient, le juge ne peut par la suite entendre aucune demande relative au litige.

Il peut convertir la conférence de règlement à l'amiable en conférence préparatoire, si les parties y consentent.

[2002, c. 7, a. 19].

151.23. If no settlement is reached, the judge may not preside any subsequent hearing relating to the dispute.

With the consent of the parties, the judge may convert the settlement conference into a pre-trial conference.

[2002, c. 7, s. 19].

TITRE II ▬
CONTESTATION DE L'ACTION

TITLE II ▬
CONTESTATION OF THE ACTION

Chapitre I ▬
De la demande de cautionnement
pour frais

Chapter I ▬
Demand for Security for Costs

152. Le défendeur peut demander, lors de la présentation de la requête introductive, pour couvrir les frais qui peuvent en résulter, que le demandeur visé à l'article 65 soit tenu de fournir le cautionnement requis par cet article dans le délai fixé par le tribunal, sous peine de rejet de la demande. Le tribunal détermine le montant du cautionnement en tenant compte, notamment, de la nature et de l'importance de la cause, dont les coûts liés aux incidents, aux expertises, aux interrogatoires hors de cour, au type d'enquête et à la durée du procès. Il tient compte également de la valeur des biens du demandeur au Québec ou, le cas échéant, de celle du mandant qui ne réside pas au Québec, ainsi que de leur capacité de payer.

Le tribunal peut, en cours d'instance, à la demande d'une partie, augmenter ou réduire le montant du cautionnement si

152. If article 65 applies to the plaintiff, the defendant may request, at the time of presentation of the motion to institute proceedings, that the plaintiff be required to give security, within the time determined by the court, for the costs that may be incurred in consequence of the action, on pain of dismissal of the action. The court determines the amount of the security on the basis of such factors as the nature and importance of the case and the costs associated with incidental proceedings, experts' appraisals, the examination of witnesses out of court, the type of hearing and the length of the trial. Other factors to be considered are the value of the property held in Québec by, and the ability to pay of, the plaintiff or the mandator, if not a resident of Québec.

At the request of a party during the proceeding, the court may increase or reduce the amount of security if warranted by the

l'évolution du dossier ou la situation de la partie demanderesse le requiert.

[1965 (1ʳ sess.), c. 80, a. 152; 1992, c. 57, a. 420, 421; 2002, c. 7, a. 20].

development of the case or a change in the situation of the plaintiff.

[1965 (1st sess.), c. 80, a. 152; 1992, c. 57, s. 420; 1999, c. 40, s. 56; 2002, c. 7, s. 20].

153. Le défendeur peut, après la présentation de la requête introductive, présenter une demande de cautionnement. Le tribunal peut toutefois le condamner à des dépens dont il fixe le montant.

[1965 (1ʳ sess.), c. 80, a. 153; 2002, c. 7, a. 20].

153. The defendant may request security for costs after the presentation of the motion to institute proceedings. In such a case, however, the court may award costs against the defendant in the amount it determines.

[1965 (1st sess.), c. 80, a. 153; 1999, c. 40, s. 56; 2002, c. 7, s. 20].

154. (*Remplacé*).

[2002, c. 7, a. 20].

154. (*Replaced*).

[2002, c. 7, s. 20].

Chapitre II ——
(L'intitulé de ce chapitre est abrogé).

Chapter II ——
(The title of this chapter is repeated).

155.-158. (*Abrogés*).

[1996, c. 5, a. 15].

155.-158. (*Repealed*).

[1996, c. 5, s. 15].

Chapitre III ——
Des moyens préliminaires

Chapter III ——
Preliminary Exceptions

SECTION I ——
DISPOSITIONS GÉNÉRALES

SECTION I —— GENERAL PROVISIONS

159. Sauf entente entre les parties conformément à l'article 151.1, les moyens préliminaires et leurs conclusions doivent être dénoncés par écrit à la partie adverse avant la date de présentation de la demande introductive d'instance; à défaut de ce faire, le tribunal peut refuser la présentation de ces moyens.

[1965 (1ʳ sess.), c. 80, a. 159; 2002, c. 7, a. 21].

159. Unless otherwise agreed by the parties in accordance with article 151.1, preliminary exceptions and the conclusions sought must be disclosed in writing to the opposite party before the date of presentation of the action or application, failing which the court may refuse the presentation of preliminary exceptions.

[1965 (1st sess.), c. 80, a. 159; 2002, c. 7, s. 21].

160.-162. (*Remplacés*).

[2002, c. 7, a. 21].

160.-162. (*Replaced*).

[2002, c. 7, s. 21].

SECTION II ——
MOYENS DÉCLINATOIRES

SECTION II —— DECLINATORY EXCEPTIONS

163. Le défendeur assigné devant un tribunal autre que celui où la demande eût dû être portée, peut demander le renvoi de-

163. A defendant, summoned before a court other than that before which the suit should have been instituted, may ask that

vant le tribunal compétent relevant de l'autorité législative du Québec, ou, à défaut, le rejet de la demande.

[1965 (1ᵉ sess.), c. 80, a. 163].

the suit be referred to the competent court within the legislative authority of Québec, or that the suit be dismissed if there is no such court.

[1965 (1st sess.), c. 80, a. 163].

164. L'absence de compétence d'attribution peut être soulevée en tout état de cause et peut même être déclarée d'office par le tribunal, qui adjuge les dépens selon les circonstances.

[1965 (1ᵉ sess.), c. 80, a. 164; 1999, c. 40, a. 56].

164. Lack of jurisdiction by reason of the subject matter may be raised at any stage of the case, and it may even be declared by the court of its own motion. The court adjudicates as to costs according to the circumstances.

[1965 (1st sess.), c. 80, a. 164].

SECTION III ——
MOYENS DE NON-RECEVABILITÉ

SECTION III —— EXCEPTION TO
DISMISS ACTION

165. Le défendeur peut opposer l'irrecevabilité de la demande et conclure à son rejet:

1° S'il y a litispendance ou chose jugée;

2° Si l'une ou l'autre des parties est incapable ou n'a pas qualité;

3° Si le demandeur n'a manifestement pas d'intérêt;

4° Si la demande n'est pas fondée en droit, supposé même que les faits allégués soient vrais.

[1965 (1ᵉ sess.), c. 80, a. 165].

165. The defendant may ask for the dismissal of the action if:

(1) There is *lis pendens* or *res judicata*;

(2) One of the parties is incapable or has not the necessary capacity;

(3) The plaintiff has clearly no interest in the suit;

(4) The suit is unfounded in law, even if the facts alleged are true.

[1965 (1st sess.), c. 80, a. 165].

166. Lorsqu'il est possible de redresser le grief sur lequel l'exception est fondée, le demandeur peut obtenir qu'un délai lui soit accordé pour ce faire et que le jugement sur l'exception ne soit rendu qu'à l'expiration de ce délai.

Si le grief subsiste, la demande sera rejetée; s'il a été redressé, l'exception sera maintenue pour les dépens seulement.

[1965 (1ᵉ sess.), c. 80, a. 166].

166. When it is possible to remedy the ground upon which the exception is based, the plaintiff may ask that he be granted a time to do so and that judgment be rendered upon the exception only upon the expiry of such time.

If the ground remains, the suit is dismissed; if it has been remedied, the exception is maintained for costs only.

[1965 (1st sess.), c. 80, a. 166; 1999, c. 40, s. 56].

167. L'irrecevabilité d'une demande pour l'un des motifs prévus à l'article 165 n'est pas couverte par le seul défaut de l'opposer dans le délai fixé; mais si l'exception est faite tardivement et qu'elle entraîne le rejet, les dépens sont les mêmes que si elle

167. The dismissal of a suit for one of the grounds set forth in article 165 may be urged notwithstanding the failure to do so within the time limit; but if an exception made tardily results in the dismissal of the suit, the costs shall be the same as if the

avait été faite dans le délai, à moins que le tribunal n'en décide autrement.

[1965 (1ᵉʳ sess.), c. 80, a. 167].

exception had been made within the time limit, unless the court otherwise orders.

[1965 (1st sess.), c. 80, a. 167; 1999, c. 40, s. 56].

SECTION IV — MOYENS DILATOIRES

SECTION IV — DILATORY EXCEPTIONS

168. Le défendeur peut demander l'arrêt de la poursuite pour le temps fixé par la loi ou par le jugement qui fera droit à sa requête:

168. The defendant may ask that the suit be stayed for the time fixed by law or by the judgment granting his motion:

1° lorsque n'est pas expiré le délai auquel il a droit pour délibérer et exercer une option en matière successorale;

(1) when the time allowed him to deliberate and exercise an option in a succession matter has not expired;

2° lorsqu'il a droit d'exiger la discussion des biens du débiteur principal ou originaire;

(2) when he has the right to demand the discussion of the property of the principal or original debtor;

3° lorsqu'il a droit d'exiger du demandeur l'exécution de quelque obligation préjudicielle;

(3) when he has the right to demand the execution by the plaintiff of some precedent obligation;

4° lorsqu'il a droit de requérir que le demandeur opte entre les divers recours qu'il a réunis, ou que les codemandeurs poursuivent séparément les actions distinctes qu'ils ont jointes;

(4) when he has the right to demand that the plaintiff declare his option between different recourses that he has joined, or that co-plaintiffs disjoin separate actions which they have joined;

5° lorsqu'il désire appeler en cause un tiers dont la présence est nécessaire pour permettre une solution complète du litige, ou contre qui il prétend pouvoir exercer un recours en garantie;

(5) when he wishes to implead a third party whose presence is necessary to permit a complete solution of the question involved in the action, or against whom he claims to have a recourse in warranty;

6° lorsque la requête introductive est entachée de quelque irrégularité qu'il a intérêt à faire corriger;

(6) when the motion to institute proceedings is affected by some irregularity which he has an interest to have corrected;

7° lorsqu'il a droit d'obtenir, sur certaines allégations vagues et ambiguës de la demande, des précisions nécessaires pour la préparation de sa défense;

(7) when he has the right to obtain, in respect of any vague or ambiguous allegations of the demand, particulars necessary for the preparation of his defense;

8° lorsqu'il a droit d'exiger que le demandeur lui communique une pièce que ce dernier entend invoquer lors de l'audience.

(8) when he has the right to require that an exhibit the plaintiff intends to refer to at the hearing be communicated to him by the plaintiff.

Le défendeur peut, de même, demander la radiation d'allégations non pertinentes, superflues ou calomnieuses.

The defendant may also ask for the striking out of allegations which are immaterial, redundant or libellous.

[1965 (1ᵉʳ sess.), c. 80, a. 168; 1992, c. 57, a. 233; 1994, c. 28, a. 7; 1999, c. 40, a. 56; 2002, c. 7, a. 22].

[1965 (1st sess.), c. 80, a. 168; 1992, c. 57, s. 233; 1994, c. 28, s. 7; 1999, c. 40, s. 56; 2002, c. 7, s. 22].

169. Lorsque le jugement qui accueille une requête sur un des moyens prévus à l'article 168 enjoint au demandeur de faire un acte dans un délai imparti et que celui-ci fait défaut de s'y conformer, le défendeur peut, dès l'expiration du délai, obtenir le rejet de la demande ou la radiation des allégations concernées.

[1965 (1ᵉʳ sess.), c. 80, a. 169].

169. When the judgment granting a motion based upon one of the grounds set forth in article 168 orders the plaintiff to do something within the time fixed and the plaintiff fails to do so, the defendant may, as soon as the time has expired, obtain the dismissal of the demand or the striking out of the allegations involved.

[1965 (1st sess.), c. 80, a. 169; 1999, c. 40, s. 56].

170. (*Abrogé*).

[2002, c. 7, a. 23].

170. (*Repealed*).

[2002, c. 7, s. 23].

171. En tout état de cause, le juge peut autoriser la mise en cause d'un tiers ou forcer le demandeur à opter entre des recours qui ne peuvent être réunis, aux conditions qu'il détermine.

[1965 (1ᵉʳ sess.), c. 80, a. 171; 2002, c. 7, a. 24].

171. At any stage of the proceeding, the judge may authorize the impleading of a third party or oblige the plaintiff to choose between actions which cannot be joined, on such conditions as are determined by the judge.

[1965 (1st sess.), c. 80, a. 171; 1999, c. 40, s. 56; 2002, c. 7, s. 24].

Chapitre IV ⎯⎯
De la contestation au fond

Chapter IV ⎯⎯
Contestation on the Merits

172. Le défendeur peut faire valoir par sa défense tous moyens de droit ou de fait qui s'opposent au maintien, total ou partiel, des conclusions de la demande.

Il peut aussi, et dans le même acte, se porter demandeur reconventionnel pour faire valoir contre le demandeur toute réclamation lui résultant de la même source que la demande principale, ou d'une source connexe. Le tribunal reste saisi de la demande reconventionnelle, nonobstant un désistement de la demande principale.

[1965 (1ᵉʳ sess.), c. 80, a. 172; 1972, c. 70, a. 7].

172. The defendant may plead by defense any ground of law or fact which shows that the conclusions of the demand cannot be granted in whole or in part.

He may also in the same proceeding constitute himself cross-plaintiff in order to urge against the plaintiff any claim arising from the same source as the principal demand, or from a related source. The court remains seized of the cross demand notwithstanding discontinuance of the principal demand.

[1965 (1st sess.), c. 80, a. 172; 1972, c. 70, s. 7].

173.-174. (*Abrogés*).

[2002, c. 7, a. 25].

173.-174. (*Repealed*).

[2002, c. 7, s. 25].

175. La déclaration, par une partie, qu'elle s'en rapporte à la justice n'équivaut pas à une contestation de la demande ni à un acquiescement aux prétentions de la partie adverse.

[1965 (1ᵉʳ sess.), c. 80, a. 175].

175. The declaration by a party that he submits to justice is not equivalent to a contestation of the suit or to an acquiescence in the pretensions of the opposite party.

[1965 (1st sess.), c. 80, a. 175].

175.1. La défense est soit écrite, soit orale. Elle est orale dans les cas prévus par le présent code; autrement elle est écrite, sous réserve des dispositions de l'article 175.3.

[2002, c. 7, a. 26].

175.1. The defence is filed in writing, or presented orally. It is presented orally where so prescribed by this Code; it is filed in writing in all other cases, subject to the provisions of article 175.3.

[2002, c. 7, s. 26].

175.2. La défense est orale dans les cas où la demande porte:

175.2. The defence is presented orally if the subject matter of the action or application is

1° en matière de droit des personnes physiques:

a) sur l'intégrité de la personne;

b) sur le respect de la réputation et de la vie privée, y compris les poursuites en diffamation;

c) sur le respect du corps après le décès;

(1) any of the following matters concerning natural persons:

(a) physical integrity;

(b) reputation and privacy, including suits for slander;

(c) respect for the body after death;

2° en matière de droit des personnes morales:

a) sur l'attribution rétroactive de la personnalité juridique;

b) sur la désignation d'un liquidateur;

c) sur l'interdiction d'exercer la fonction d'administrateur ou la levée d'une telle interdiction;

d) sur l'obtention d'une autorisation visée à l'article 341 du Code civil;

(2) any of the following matters concerning legal persons:

(a) retroactive conferral of juridical personality;

(b) the designation of a liquidator;

(c) a disqualification from serving as a director or the lifting of such a disqualification;

(d) an authorization to be obtained under article 341 of the Civil Code;

3° en matière de droit de la famille, des successions et des biens:

a) sur les demandes en matière familiale, à l'exception des demandes portant sur la séparation de biens, la séparation de corps, la nullité de mariage ou le droit au divorce et à l'exception de celles portant sur l'établissement de la filiation et des demandes de prestation compensatoire du conjoint survivant;

b) sur des modifications à la fiducie et au patrimoine fiduciaire, sur la fin de la fiducie, sur la révocation ou la modification d'un legs ou d'une charge pour le donataire;

c) sur la construction contre un mur mitoyen;

(3) any of the following family, successions or property law matters:

(a) any family matter except separation as to property, separation from bed and board, annulment of marriage, divorce, the determination of filiation and the surviving spouse's compensatory allowance;

(b) changes to a trust or to the property of a trust, termination of a trust, revocation or modification of a legacy or of a charge imposed on a donee;

(c) building against a common wall;

d) sur la protection des droits de l'appelé dans le cas d'une substitution;

e) sur le bornage;

f) sur la copropriété divise d'un immeuble;

g) sur le partage d'une succession ou d'un bien indivis ou sur l'administration d'un tel bien;

4° en matière de droit des obligations:

a) sur les créances liées au prix de vente d'un bien meuble livré ou au prix d'un contrat de service rendu, de crédit-bail ou de transport, celles liées à un contrat de travail, de dépôt ou de prêt d'argent ou encore à la rémunération d'un mandat, d'une caution ou celle due pour l'exercice d'une charge;

b) sur le prix d'un contrat d'entreprise, à l'exclusion du contrat portant sur un ouvrage immobilier lorsque la valeur de l'objet du litige est supérieure à la limite monétaire de compétence de la Cour du Québec;

c) sur les droits et obligations découlant d'un bail;

d) sur la fixation du terme d'une obligation, la contestation d'un bordereau de distribution lors de la vente d'une entreprise, la suffisance des biens de la caution ou de la sûreté offerte en matière de cautionnement;

e) sur la détermination de la portion saisissable des rentes prévues à l'article 2378 du Code civil;

f) sur l'attribution de dommages-intérêts additionnels en réparation d'un préjudice corporel;

g) sur une lettre de change, un chèque, un billet à ordre ou une reconnaissance de dette;

5° en matière de priorités, d'hypothèques et de publicité des droits:

a) sur les demandes prévues au Livre sixième du Code civil, notam-

(d) the protection of the rights of a substitute;

(e) the determination of boundaries;

(f) divided co-ownership of an immovable;

(g) partition of a succession or partition or administration of property held in indivision;

(4) any of the following matters relating to obligations:

(a) a claim relating to the sale price of movable property that has been delivered or the price of a contract for services that have been provided, a leasing contract or a contract of carriage, a claim relating to a contract of employment, of deposit or of loan of money or a claim relating to the remuneration of a mandatary, a surety or an office holder;

(b) the price of a contract of enterprise, other than a contract pertaining to an immovable work, if the value of the subject matter of the dispute exceeds the jurisdictional limit of the Court of Québec;

(c) rights and obligations under a lease;

(d) the determination of the term of an obligation, the contestation of the distribution statement for the sale of an enterprise, the sufficiency of the surety's property or of the security offered in a suretyship matter;

(e) the determination of the seizable portion of an annuity under article 2378 of the Civil Code;

(f) the awarding of additional damages for bodily injury;

(g) a bill of exchange, cheque, promissory note or acknowledgement of debt;

(5) any of the following matters relating to prior claims, hypothecs or the publication of rights:

(a) any matter governed by Book Six of the Civil Code, including the

ment sur l'exercice des droits hypothécaires, ainsi que sur les demandes concernant des biens hypothéqués dont l'identité du propriétaire est inconnue ou incertaine;

b) sur les demandes relatives à l'inscription ou à la rectification, à la réduction ou à la radiation d'une inscription sur le registre foncier ou le registre des droits personnels et réels mobiliers;

6° en matière de droit international privé, sur la reconnaissance et l'exécution d'un jugement étranger ou d'une sentence arbitrale rendue hors du Québec;

7° en matière de procédure:

a) sur l'obtention d'une décision sur un point de droit;

b) sur l'obtention d'un jugement déclaratoire;

c) sur l'exercice d'un recours extraordinaire;

8° en d'autres matières:

a) sur une taxe, contribution ou cotisation imposée par une loi du Québec ou en vertu de l'une de ses dispositions;

b) sur toute autre matière prévue par une loi autre que le Code civil lorsque la loi n'impose pas une défense écrite.

[2002, c. 7, a. 26].

exercise of hypothecary rights, and any matter relating to hypothecated property where the owner's identity is unknown or uncertain;

(b) registration or the correction, reduction or cancellation of a registration in the land register or the register of personal and movable real rights;

(6) in private international law, the recognition and execution of a foreign judgment or of an arbitration award made outside Québec;

(7) any of the following procedural matters:

(a) an application for a determination on a question of law;

(b) an application for a declaratory judgment;

(c) the exercise of an extraordinary recourse; or

(8) any of the following other matters:

(a) a tax, contribution or assessment imposed by or under any provision of a statute of Québec;

(b) any other matter covered by legislation other than the Civil Code for which the law does not impose a defence in writing.

[2002, c. 7, s. 26].

175.3. Lorsqu'il est prévu que la défense est écrite, les parties peuvent convenir qu'elle sera orale ou le tribunal l'autoriser ou l'ordonner s'il considère que la défense orale ne causera pas de préjudice aux parties.

Lorsqu'il est prévu que la défense est orale, les parties peuvent convenir qu'elle sera écrite; à défaut d'entente, le tribunal peut autoriser ou ordonner la défense écrite aux conditions qu'il détermine, s'il estime que l'absence d'écrit peut causer un préjudice à une partie.

[2002, c. 7, a. 26].

175.3. Where a defence in writing is prescribed by law, the parties may by agreement opt for an oral defence or the court may authorize or order an oral defence if the court considers that this will not cause prejudice to the parties.

Where an oral defence is prescribed by law, the parties may by agreement opt for a defence in writing; in the absence of such an agreement, the court may authorize or order a defence in writing on such conditions as it determines if, in the opinion of the court, the absence of a writing may cause prejudice to a party.

[2002, c. 7, s. 26].

176. (*Abrogé*).

[2002, c. 7, a. 27].

176. (*Repealed*).

[2002, c. 7, s. 27].

177. (*Abrogé*).

[1984, c. 26, a. 5].

177. (*Repealed*).

[1984, c. 26, s. 5].

178.-181. (*Abrogés*).

[1992, c. 57, a. 235].

178.-181. (*Repealed*).

[1992, c. 57, s. 235].

182. Dans le délai convenu ou établi dans le calendrier des échéances, le demandeur peut produire une réponse.

[1965 (1ᵉʳ sess.), c. 80, a. 182; 1992, c. 57, a. 421; 2002, c. 7, a. 28].

182. The plaintiff may file an answer within the time agreed or determined in the proceeding timetable.

[1965 (1st sess.), c. 80, a. 182; 2002, c. 7, s. 28].

183. Une partie peut alléguer dans sa défense ou sa réponse tout fait pertinent, même survenu depuis l'institution de l'action, et prendre toutes les conclusions nécessaires pour écarter un moyen invoqué par la partie adverse.

[1965 (1ᵉʳ sess.), c. 80, a. 183].

183. A party may allege in his defence or answer any material facts, even those which have arisen since the institution of the action, and may take any conclusions necessary to defeat a ground set up by the opposite party.

[1965 (1st sess.), c. 80, a. 183].

184. Une partie peut soulever des moyens préliminaires à l'encontre d'une défense ou d'une réponse. Elle le fait dans le délai convenu par les parties ou, à défaut, établi par le tribunal, après les avoir dénoncés par écrit à la partie adverse.

[1965 (1ᵉʳ sess.), c. 80, a. 184; 2002, c. 7, a. 29].

184. A party may raise preliminary exceptions against a defence or an answer within the time agreed between the parties or, failing that, the time determined by the court, after having disclosed the exceptions in writing to the opposite party.

[1965 (1st sess.), c. 80, a. 184; 2002, c. 7, s. 29].

185. Après l'expiration des délais qui lui sont accordés pour produire sa défense, la partie contre qui une inscription par défaut a été produite ne peut plus le faire, si ce n'est avec le consentement de la partie adverse ou l'autorisation du juge exerçant en son bureau ou du greffier.

Il en est de même pour le demandeur qui n'a pas produit sa réponse avant l'inscription pour enquête et audition.

[1965 (1ᵉʳ sess.), c. 80, a. 185; 1969, c. 81, a. 5; 1983, c. 28, a. 7; 1985, c. 29, a. 8; 1992, c. 57, a. 236].

185. After the expiry of the time allowed for filing a defence, the party against whom an inscription by default has been made can no longer do so, unless with the consent of the opposite party or the authorization of the judge in chambers or the clerk.

The same applies to a plaintiff who does not file his answer before the inscription for proof and hearing.

[1965 (1st sess.), c. 80, a. 185; 1969, c. 81, s. 5; 1983, c. 28, s. 7; 1985, c. 29, s. 8; 1992, c. 57, s. 236].

186. La contestation est liée:

1° par la demande, la défense et la réponse;

2° (*paragraphe supprimé*);

186. The issues are joined:

(1) by the demand, the defence and the answer;

(2) (*paragraph striked out*);

3° par la demande et la défense, lorsque le demandeur a renoncé à produire une réponse ou qu'il a été forclos de le faire.

[1965 (1ᵉ sess.), c. 80, a. 186; 2002, c. 7, a. 30].

(3) by the demand and the defence, when the plaintiff has omitted to file an answer or has been foreclosed from so doing.

[1965 (1st sess.), c. 80, a. 186; 2002, c. 7, s. 30].

Chapitre V —
Des offres et de la consignation

Chapter V —
Tender and Deposit

187. Les offres réelles par une déclaration judiciaire sont faites en la manière prévue au *Code civil du Québec*.

[1965 (1ᵉ sess.), c. 80, a. 187; 1992, c. 57, a. 237].

187. Tenders by a judicial declaration are made in the manner set out in the *Civil Code of Québec*.

[1965 (1st sess.), c. 80, a. 187; 1992, c. 57, s. 237].

188. (*Abrogé*).

[1992, c. 57, a. 238].

188. (*Repealed*).

[1992, c. 57, s. 238].

189. Dans une instance, une partie peut faire ou réitérer des offres réelles et en demander acte, par simple déclaration dans un acte de procédure.

189. In an action, a party may make or renew a tender and demand record thereof, by a simple declaration in a pleading.

Les offres qui ont pour objet une somme d'argent ou une valeur mobilière doivent être complétées par la consignation au greffe du tribunal, à moins que celle-ci n'ait déjà été faite au bureau des dépôts du Québec ou auprès d'une société de fiducie et que le récépissé n'en ait été versé au dossier.

[1965 (1ᵉ sess.), c. 80, a. 189; 1992, c. 57, a. 239].

A tender of a sum of money or security must be completed by a deposit in the office of the court, unless the deposit has already been made in the general deposit office of Québec or with a trust company and the receipt therefor has been filed in the record.

[1965 (1st sess.), c. 80, a. 189; 1992, c. 57, s. 239].

189.1. Dans le cas où l'offre d'une somme d'argent ou d'une valeur mobilière est faite afin d'obtenir l'exécution de l'obligation de la partie adverse, la partie qui fait l'offre peut, au lieu de consigner cette somme ou cette valeur au greffe du tribunal, confier celle-ci à une société de fiducie titulaire d'un permis en vertu de la *Loi sur les sociétés de fiducie et les sociétés d'épargne* (chapitre S-29.01).

189.1. Where a tender of a sum of money or security is made to guarantee the performance of the obligation of the opposite party, the party making the tender may, instead of depositing the sum of money or security, entrust it to a trust company licensed under the *Act respecting trust companies and savings companies* (chapter S-29.01).

La société de fiducie doit s'engager à remettre, le cas échéant, la somme ou la valeur mobilière à la partie adverse sur preuve de l'exécution de l'obligation. Elle doit de plus s'engager à placer la somme en dépôt d'argent au sens de la *Loi sur l'assurance-dépôts* (chapitre A-26) et garanti en vertu de cette loi, à l'exclusion

The trust company shall undertake to remit the sum of money or security to the opposite party upon proof of performance of the obligation. It shall also undertake to invest the sum by making deposits of money within the meaning of the *Deposit Insurance Act* (chapter A-26) and guaranteed under that Act, but not including term de-

toutefois d'un dépôt à terme qui n'est pas remboursable en tout temps avant échéance.

Le récépissé délivré par la société de fiducie et l'écrit constatant les engagements pris par celle-ci en vertu du deuxième alinéa sont versés au dossier du tribunal.

[1987, c. 48, a. 1; 1987, c. 95, a. 402; 1992, c. 57, a. 240].

190. À moins que l'offre de deniers faite dans une instance ne soit conditionnelle, la partie adverse peut toucher la somme d'argent ou la valeur mobilière consignées, sans par là compromettre ses droits quant au surplus.

[1965 (1ʳᵉ sess.), c. 80, a. 190; 1992, c. 57, a. 241].

191. Le retrait de la somme d'argent ou de la valeur mobilière consignées, de même que les frais des offres réelles et de la consignation, sont assujettis aux dispositions du *Code civil du Québec*.

[1965 (1ʳᵉ sess.), c. 80, a. 191; 1992, c. 57, a. 242].

posits not repayable at all times before maturity.

The receipt issued by the trust company and the writing attesting the undertakings made by the trust company under the second paragraph must be filed in the record of the court.

[1987, c. 48, s. 1; 1987, c. 95, s. 402; 1992, c. 57, s. 240].

190. Unless the tender of money made in a suit is conditional, the opposite party is entitled to receive the sum of money or security deposited, without thereby prejudicing his claim to the remainder.

[1965 (1st sess.), c. 80, a. 190; 1992, c. 57, s. 241].

191. The withdrawal of a sum of money or security deposited, and the expenses related to tender and deposit, are subject to the provisions of the *Civil Code of Québec*.

[1965 (1st sess.), c. 80, a. 191; 1992, c. 57, s. 242].

Titre III ——
DÉFAUT DE COMPARAÎTRE ET DÉFAUT DE PLAIDER

Title III ——
DEFAULT TO APPEAR AND DEFAULT TO PLEAD

192. Si le défendeur n'a pas comparu dans les dix jours à compter de la signification de la requête introductive d'instance, le demandeur peut inscrire la cause pour jugement par défaut ou pour enquête et audition devant le tribunal ou le greffier spécial.

Si le défendeur fait défaut de produire sa défense dans le délai convenu entre les parties ou fixé par le tribunal, le demandeur peut inscrire la cause pour jugement par le greffier ou pour enquête et audition devant le tribunal ou le greffier spécial.

Le tribunal ou le greffier peut, d'office ou sur demande, ordonner la radiation de

192. If the defendant fails to appear within ten days of service of the motion to institute proceedings, the plaintiff may inscribe the case for judgment by default or for proof and hearing before the court or the special clerk.

If the defendant fails to file a defence within the time limit agreed between the parties or determined by the court, the plaintiff may inscribe the case for judgment by the clerk or for proof and hearing before the court or the special clerk.

The court or the clerk may, of their own motion or on an application, order the can-

l'inscription faite prématurément ou de façon irrégulière.

[1965 (1ʳ sess.), c. 80, a. 192; 1992, c. 57, a. 243; 2002, c. 7, a. 31].

cellation of an inscription made prematurely or irregularly.

[1965 (1st sess.), c. 80, a. 192; 1992, c. 57, s. 243; 2002, c. 7, s. 31].

193. Avis d'au moins deux jours juridiques francs de la date où il sera procédé sur cette inscription doit être donné au défendeur forclos de plaider; mais aucun avis n'est requis si le défendeur est en défaut de comparaître.

[1965 (1ʳ sess.), c. 80, a. 193].

193. At least two clear juridical days' notice of the date on which the inscription will be presented must be given to the defendant foreclosed from pleading. No notice is necessary if the defendant has made default to appear.

[1965 (1st sess.), c. 80, a. 193

194. Peuvent seules être inscrites pour jugement par le greffier les actions en recouvrement de deniers, fondées sur:

1° un écrit authentique ou sous seing privé;

2° une convention verbale pour le paiement d'un montant déterminé;

3° un compte détaillé portant sur le prix de vente d'un bien meuble livré ou sur le prix d'un contrat de service rendu.

Cette inscription doit être assortie d'un affidavit attestant que le montant réclamé est dû par le défendeur au demandeur.

Le greffier rend jugement sur le vu de l'affidavit et de la pièce sur laquelle l'action est fondée. Il peut également valider la saisie avant jugement pratiquée en l'instance.

[1965 (1ʳ sess.), c. 80, a. 194; 1992, c. 57, a. 420; 2002, c. 7, a. 32].

194. The only actions that may be inscribed for judgment before the clerk are those for a sum of money which are founded on:

(1) an authentic deed or private writing;

(2) a verbal agreement to pay a specific sum of money;

(3) a detailed account pertaining to the sale price of a movable that has been delivered or the price of a contract for services that have been provided.

The inscription must be accompanied by an affidavit attesting that the amount claimed is owing by the defendant to the plaintiff.

The clerk renders judgment upon inspection of the affidavit and of the document upon which the action is based. The clerk may also validate any seizure before judgment made in the proceeding.

[1965 (1st sess.), c. 80, a. 194; 1992, c. 57, s. 420; 2002, c. 7, s. 32].

195. Une action qui n'est pas visée dans l'article 194 est inscrite pour enquête et audition devant le tribunal ou, s'il ne s'agit pas d'une demande en séparation de corps, en nullité de mariage, en divorce, en dissolution ou en nullité d'union civile ni d'une demande relative à la filiation ou à l'autorité parentale, devant le greffier spécial.

L'enquête est régie par les dispositions des articles 280 à 331, sauf que le défendeur

195. An action not contemplated in section 194 is inscribed for proof and hearing before the court or, if it is not an application for separation from bed and board, marriage annulment or divorce or for the dissolution or annulment of a civil union or an application relating to filiation or parental authority, before the special clerk.

The proof and hearing are governed by the provisions of articles 280 to 331, except

forclos de plaider ne peut produire aucun témoin.

[1965 (1ʳᵉ sess.), c. 80, a. 195; 1972, c. 70, a. 10; 1977, c. 73, a. 7; 1982, c. 17, a. 11; 1992, c. 57, a. 244, 420; 2002, c. 6, a. 93].

196. Lorsqu'une enquête est requise, et que le défendeur a fait défaut de comparaître, les témoins peuvent être entendus hors de Cour; mais lorsque le défendeur a comparu, les témoins ne peuvent être entendus hors de Cour que si le tribunal le permet ou si les parties y consentent.

Cependant, le tribunal ne peut faire droit à une demande en nullité de mariage ou d'union civile que si le témoignage de la partie demanderesse a été rendu à l'audience.

Les dépositions doivent alors être faites par des affidavits suffisamment détaillés pour établir tous les faits nécessaires au soutien des conclusions recherchées ou être prises par sténographie ou en écriture courante, devant une personne autorisée à recevoir le serment, et être produites au dossier pour valoir comme si elles avaient été recueillies à l'audience.

[1965 (1ʳᵉ sess.), c. 80, a. 196; 1982, c. 58, a. 20; 1986, c. 85, a. 1; 2002, c. 6, a. 94].

197. S'il y a plusieurs défendeurs et que l'un ou quelques-uns seulement d'entre eux aient fait défaut de comparaître ou de plaider, le demandeur peut procéder d'abord contre les défaillants, en inscrivant pour jugement par le tribunal, après en avoir donné avis à tous ceux qui ont comparu. Toutefois, si le tribunal est d'avis que le litige requiert une décision uniforme pour tous les défendeurs, soit en raison de l'objet de la demande, soit pour prévenir une contrariété de jugements, il ne prononce pas immédiatement, mais ordonne que la demande soit décidée par un seul jugement à l'égard de tous les défendeurs.

[1965 (1ʳᵉ sess.), c. 80, a. 197].

198. (*Abrogé*).

[1992, c. 57, a. 245].

that a defendant foreclosed from pleading may not produce any witnesses.

[1965 (1st sess.), c. 80, a. 195; 1972, c. 70, s. 10; 1977, c. 73, s. 7; 1982, c. 17, s. 11; 1992, c. 57, s. 244, s. 420; 2002, c. 6, s. 93].

196. When proof and hearing are necessary, and the defendant has made default to appear, the witnesses may be heard out of court; but if the defendant has appeared the witnesses can only be heard out of court with the permission of the court or the consent of the parties.

Notwithstanding the foregoing, the court cannot maintain an application for the annulment of a marriage or a civil union unless the plaintiff's evidence has been given before the court.

The depositions must then be made by affidavits sufficiently detailed to establish all the necessary facts in support of the conclusions sought, or be taken by stenography or written down, before a person authorized to administer the oath, and be filed in the record, and shall have the same effect as if taken in open court.

1965 (1st sess.), c. 80, a. 196; 1982, c. 58, s. 20; 1986, c. 85, s. 1; 2002, c. 6, s. 94].

197. If there are several defendants and only one or some of them make default to appear or to plead, the plaintiff may proceed at once to judgment against those in default, by inscribing for judgment by the court, after giving notice to all who have appeared. However, if the court is of opinion that the case requires a uniform decision for all the defendants, whether by reason of the object of the demand or in order to avoid contradictory judgments, it shall not render judgment immediately but shall order that the action be decided by one judgment as regards all defendants.

[1965 (1st sess.), c. 80, a. 197].

198. (*Repealed*).

[1992, c. 57, s. 245].

198.1. Lorsqu'une procédure introductive d'instance a été transmise dans un État étranger pour y être signifiée conformément à l'un des modes admis par le droit de cet État pour la signification sur son territoire des actes venant de l'étranger et qu'il est démontré que, malgré des efforts raisonnables auprès des autorités compétentes de cet État pour l'obtenir, aucun rapport de signification n'a été reçu dans les six mois de la transmission de la demande, le juge peut rendre jugement contre un défendeur qui n'a pas comparu ou qui n'a pas plaidé.

[1985, c. 29, a. 9].

198.1. Where a proceeding introductive of suit was transmitted to a foreign state in order to be served in accordance with any mode of service acknowledged by the law of that state for the service of proceedings from abroad in its territory and it is proved that, despite reasonable efforts in applying to the proper authorities of that state to obtain a return of service, no such return was received within six months of the transmission of the application, the judge may render a judgment against a defendant who has not appeared or who has not pleaded.

[1985, c. 29, s. 9].

TITRE IV
INCIDENTS

TITLE IV
INCIDENTAL PROCEEDINGS

Chapitre I
De l'amendement

Chapter I
Amendments

199. Les parties peuvent, en tout temps avant jugement, amender leurs actes de procédure sans autorisation et aussi souvent que nécessaire en autant que l'amendement n'est pas inutile, contraire aux intérêts de la justice ou qu'il n'en résulte pas une demande entièrement nouvelle sans rapport avec la demande originaire.

L'amendement peut notamment viser à modifier, rectifier ou compléter les énonciations ou conclusions, invoquer des faits nouveaux ou faire valoir un droit échu depuis la signification de la requête introductive d'instance.

[1965 (1ʳᵉ sess.), c. 80, a. 199; 1996, c. 5, a. 19; 2002, c. 7, a. 33].

199. At any time before judgment, the parties may amend their pleadings without leave and as often as necessary provided the amendment is not useless or contrary to the ends of justice and does not result in an entirely new action or application having no connection with the original one.

An amendment may be made, for instance, to modify, correct or complete allegations or conclusions, to invoke new facts or to assert a right accrued since service of the motion to institute proceedings.

[1965 (1st sess.), c. 80, a. 199; 1996, c. 5, s. 19; 2002, c. 7, s. 33].

200. La partie qui amende un acte de procédure doit notifier l'acte amendé aux autres parties et en produire copie au greffe. Les autres parties disposent d'un délai de dix jours pour indiquer, dans un écrit, leur opposition, la notifier aux autres parties et en produire copie au greffe.

En l'absence d'opposition, l'acte amendé est accepté; en cas d'opposition, la partie

200. A party who amends a pleading must notify the amended pleading to the other parties and file a copy at the office of the court. The other parties have 10 days to express their opposition in writing, notify it to the other parties and file a copy at the office of the court.

If no opposition is filed, the amended pleading is accepted; if an opposition is

qui entend amender un acte présente sa demande au tribunal pour qu'il en décide.

Le délai pour répondre à un acte amendé est fixé par les parties ou, à défaut, par le tribunal et il court, selon le cas, du jour de sa notification ou du jour du jugement qui autorise l'amendement.

[1965 (1ᵉ sess.), c. 80, a. 200; 2002, c. 7, a. 33; 2002, c. 54, a. 2].

filed, the party who intends to amend the pleading applies to the court for a determination.

The time allowed for answering an amended pleading is agreed between the parties or, failing that, determined by the court, and runs either from the date of notification of the amended pleading or from the date of the judgment authorizing the amendment, as the case may be.

[1965 (1st sess.), c. 80, a. 200; 2002, c. 7, s. 33; 2002, c. 54, s. 2].

201.-203 (*Remplacés*).

[2002, c. 7, a. 33].

201.-203. (*Replaced*).

[2002, c. 7, s. 33].

204. Le tribunal peut d'office, en tout temps avant jugement, ordonner la correction immédiate d'erreurs de forme, de rédaction, de calcul ou d'écriture dans un acte de la procédure écrite, aux conditions qu'il estime justes.

[1965 (1ᵉ sess.), c. 80, a. 204].

204. The court may, of its own motion, at any time before judgment and on such conditions as it deems just, order the immediate correction of any error of form, expression, calculation or writing in any written pleading.

[1965 (1st sess.), c. 80, a. 204].

205. Le tribunal peut, au cours de l'instruction et en présence de la partie adverse, autoriser un amendement sur demande verbale; sa décision doit être notée au procès-verbal d'audience, et l'acte amendé versé au dossier dans le plus bref délai, sans qu'il soit nécessaire de le faire signifier.

[1965 (1ᵉ sess.), c. 80, a. 205; 2002, c. 7, a. 34].

205. The court may, during the trial and in the presence of the opposite party, authorize an amendment upon an oral request; the decision must be noted in the minutes of trial and the amended pleading must be filed in the record as soon as possible, without service being necessary.

[1965 (1st sess.), c. 80, a. 205; 2002, c. 7, s. 34].

206. Lorsque, par amendement, un nouveau défendeur est joint à une action, une copie de la requête introductive d'instance doit lui être signifiée de la manière ordinaire.

[1965 (1ᵉ sess.), c. 80, a. 206; 1996, c. 5, a. 20; 2002, c. 7, a. 35].

206. When, by an amendment, a new defendant is joined in an action, he must be served with a copy of the motion to institute proceedings in the ordinary manner.

[1965 (1st sess.), c. 80, a. 206; 1996, c. 5, s. 20; 2002, c. 7, s. 35].

207. Le juge peut permettre au demandeur, aux conditions qu'il estime justes, de faire signifier de nouveau la requête introductive d'instance dont la première signification est entachée de quelque irrégularité.

[1965 (1ᵉ sess.), c. 80, a. 207; 1996, c. 5, a. 21; 2002, c. 7, a. 36].

207. The judge may, on such conditions as he considers just, allow the plaintiff to serve anew the motion to institute proceedings when the first service is irregular.

[1965 (1st sess.), c. 80, a. 207; 1996, c. 5, s. 21; 2002, c. 7, s. 36].

Chapitre II ▬
De la participation de tiers au procès

Chapter II ▬
Participation of Third Parties in the Action

SECTION I ▬
INTERVENTION VOLONTAIRE

SECTION I ▬ VOLUNTARY
INTERVENTION

208. Celui qui a un intérêt dans un procès auquel il n'est pas partie, ou dont la présence est nécessaire pour autoriser, assister ou représenter une partie incapable, peut y intervenir en tout temps avant jugement.

[1965 (1ʳᵉ sess.), c. 80, a. 208].

208. Any person interested in an action to which he is not a party, or whose presence is necessary to authorize, assist or represent a party who is incapable, may intervene therein at any time before judgment.

[1965 (1st sess.), c. 80, a. 208].

209. L'intervention volontaire est dite agressive lorsque le tiers demande que lui soit reconnu, contre les parties ou l'une d'elles, un droit sur lequel la contestation est engagée; elle est dite conservatoire lorsque le tiers désire seulement se substituer à l'une des parties pour la représenter, ou se joindre à elle pour l'assister, pour soutenir sa demande ou appuyer ses prétentions.

[1965 (1ʳᵉ sess.), c. 80, a. 209].

209. Voluntary intervention is termed aggressive when the third party asks that he be acknowledged as having, against the parties or one of them, a right which is in dispute; it is termed conservatory when the third party only seeks to be substituted for one of the parties, in order to represent him, or to be joined with such party in order to assist him, either to aid his action or to support his pretensions.

[1965 (1st sess.), c. 80, a. 209].

210. Le tiers qui entend intervenir à titre conservatoire ou agressif dans l'instance doit notifier à toutes les parties une déclaration, dont il produit copie au greffe, précisant son intérêt pour agir et les conclusions qu'il recherche et exposant les faits donnant ouverture à ces conclusions; il doit de plus, dans sa déclaration, proposer les modalités de son intervention, notamment pour tenir compte des ententes conclues entre les parties et du calendrier des échéances convenu entre celles-ci ou établi par le tribunal.

210. A third party who intends to intervene in a proceeding for conservatory or aggressive purposes must notify a declaration to all the parties, specifying the party's interest in the case and the conclusions sought and stating the facts justifying such conclusions, and file a copy of the declaration at the office of the court; in addition, the third party's declaration must propose an intervention procedure which must be consistent with any agreements between the parties and with the timetable agreed between them or determined by the court.

Les parties disposent d'un délai de dix jours pour indiquer, dans un écrit, leur opposition, la notifier aux autres parties et en produire copie au greffe. En l'absence d'opposition, l'intérêt du tiers intervenant est présumé suffisant et les modalités d'intervention acceptées. En cas d'opposition, le tiers présente sa demande au tribunal pour qu'il en décide; s'il autorise l'intervention, le tribunal en fixe les modalités.

The parties have ten days to express their opposition in writing, notify it to the parties and file a copy at the office of the court. If no opposition is filed, the third party's interest is presumed sufficient and the intervention procedure accepted. If an opposition is filed, the third party shall apply to the court for a determination; if it authorizes the intervention, the court determines the intervention procedure.

Le tiers intervenant devient partie à l'instance.

[1965 (1ᵉʳ sess.), c. 80, a. 210; 2002, c. 7, a. 37].

An intervening party becomes a party to the proceeding.

[1965 (1st sess.), c. 80, a. 210; 2002, c. 7, s. 37].

211. Un tiers peut demander à intervenir pour faire des représentations lors de l'instruction. Il doit pour ce faire informer les parties par écrit du but et des motifs de son intervention. Le tribunal peut l'y autoriser, s'il l'estime opportun, compte tenu des questions en litige et après avoir entendu les parties.

[1965 (1ᵉʳ sess.), c. 80, a. 211; 2002, c. 7, a. 37].

211. A third party may ask to intervene in order to make representations during the trial. The third party must inform the parties in writing of the purpose of and the grounds for the intervention. After hearing the parties, the court may authorize the intervention if it deems it expedient, having regard to the questions at issue.

[1965 (1st sess.), c. 80, a. 211; 2002, c. 7, s. 37].

212.-214 (*Remplacés*).

[2002, c. 7, a. 37].

212.-214. (*Replaced*).

[2002, c. 7, s. 37].

215. Lorsque la demande principale et l'intervention sont entendues en même temps, un seul jugement statue à la fois sur l'une et sur l'autre.

[1965 (1ᵉʳ sess.), c. 80, a. 215].

215. When the principal action and the intervention are heard at the same time, a single judgment decides them both.

[1965 (1st sess.), c. 80, a. 215].

SECTION II — INTERVENTION FORCÉE OU MISE EN CAUSE

SECTION II — FORCED INTERVENTION OR JOINDER OF PARTIES

216. Toute partie engagée dans un procès peut y appeler un tiers dont la présence est nécessaire pour permettre une solution complète du litige, ou contre qui elle prétend exercer un recours en garantie.

[1965 (1ᵉʳ sess.), c. 80, a. 216].

216. Any party to a case may implead a third party whose presence is necessary to permit a complete solution of the question involved in the action, or against whom he claims to exercise a recourse in warranty.

[1965 (1st sess.), c. 80, a. 216].

217. Cette intervention forcée s'opère par voie d'assignation ordinaire et la demande doit être accompagnée d'une copie de la requête introductive d'instance.

[1965 (1ᵉʳ sess.), c. 80, a. 217; 1996, c. 5, a. 22; 2002, c. 7, a. 38].

217. Such forced intervention is effected by ordinary summons and the application must be filed with a copy of the motion to institute proceedings.

[1965 (1st sess.), c. 80, a. 217; 1996, c. 5, s. 22; 2002, c. 7, s. 38].

218. (*Abrogé*).

[2002, c. 7, a. 39].

218. (*Repealed*).

[2002, c. 7, s. 39].

219. Le tiers assigné en garantie simple ou personnelle ne peut prendre le fait et cause du garanti; il peut seulement contester la

219. A third party called in simple or personal warranty cannot take up the defense of the warrantee; he can merely contest the

demande formée contre ce dernier, si bon lui semble.

[1965 (1ᵉʳ sess.), c. 80, a. 219].

220. Le tiers assigné en garantie formelle peut prendre le fait et cause du garanti, qui peut être mis hors de cause s'il le requiert. Quoique mis hors de cause, le garanti peut néanmoins y agir pour la conservation de ses droits.

Les jugements rendus contre le garant sont, après signification au garanti, exécutoires contre ce dernier.

[1965 (1ᵉʳ sess.), c. 80, a. 220].

221. (*Abrogé*).

[2002, c. 7, a. 40].

222. À moins que le tribunal n'en décide autrement, les demandes principale et en garantie doivent être entendues conjointement et il doit en être disposé par un seul jugement.

Le demandeur principal ou une autre partie a intérêt pour faire toute demande utile pour assurer que la demande en garantie ne retarde pas indûment l'instance principale.

[1965 (1ᵉʳ sess.), c. 80, a. 222; 1984, c. 26, a. 7; 1996, c. 5, a. 23].

Chapitre III ——
De l'inscription de faux

223. Une partie peut, en cours d'instance, demander que soit déclaré faux ou falsifié un écrit authentique dont elle-même ou la partie adverse entend se servir à l'audience ou qui a déjà été produit au dossier.

Cette inscription de faux incident peut être faite en tout temps avant jugement; mais, après clôture de l'enquête, elle ne peut être reçue que si la partie justifie n'avoir pas acquis plus tôt connaissance du faux.

[1965 (1ᵉʳ sess.), c. 80, a. 223; 1994, c. 28, a. 9].

demand against the latter, if he thinks proper.

[1965 (1st sess.), c. 80, a. 219].

220. A third party called in legal warranty may take up the defence of the warrantee, who may be relieved from the contestation if he so requires. Although relieved from the contestation, the warrantee may nevertheless act therein for the conservation of his rights.

Judgments rendered against the warrantor may, after being served on the warrantee, be executed against the latter.

[1965 (1st sess.), c. 80, a. 220].

221. (*Repealed*).

[2002, c. 7, s. 40].

222. Unless the court decides otherwise, the principal action and the action in warranty must be heard jointly, and a single judgment decides them both.

The plaintiff in the principal action or any other party has an interest to make any useful application to ensure that the action in warranty does not cause undue delay in the principal action.

[1965 (1st sess.), c. 80, a. 222; 1984, c. 26, s. 7; 1996, c. 5, s. 23].

Chapter III ——
Improbation

223. A party may, during the suit, demand that an authentic writing that he or the opposite party intends to avail himself of at the hearing or that has already been filed in the record be declared a forgery or to have been falsified.

Such incidental improbation may be begun at any time before judgment; but, after the closing of the proof, it can only be allowed if the party shows that he did not earlier become aware of the forgery.

[1965 (1st sess.), c. 80, a. 223; 1994, c. 28, s. 9].

223.1. La partie qui entend demander l'inscription de faux incident doit, préalablement à toute demande, notifier un avis à la partie adverse lui demandant de déclarer si elle entend ou non se servir de l'écrit contesté.

Si la partie adverse ne répond pas dans les cinq jours de la réception de l'avis, ou si elle déclare ne pas vouloir se servir de l'écrit, celui-ci ne peut être produit lors de l'audience dans l'instance principale ou, s'il est déjà produit, il est rejeté du dossier.

Si la partie adverse indique qu'elle entend se servir de l'écrit, l'inscription de faux incident doit être décidée par le tribunal.

[2002, c. 7, a. 41].

224. La requête énonce les motifs à l'appui de l'allégation de faux et elle est signifiée à toutes les parties et à l'officier public qui détient l'original de l'écrit. La requête doit être accompagnée d'un affidavit et d'un avis de présentation indiquant la date à laquelle il sera demandé au tribunal de se prononcer sur ses conclusions.

Cette requête doit en outre être accompagnée d'un certificat du greffier attestant le dépôt au greffe d'un montant jugé suffisant pour couvrir les frais de la partie adverse, advenant son rejet.

[1965 (1ᵉ sess.), c. 80, a. 224; 1992, c. 57, a. 420; 2002, c. 7, a. 42].

225.-227. (*Abrogés*).

[2002, c. 7, a. 43].

228. Lorsque l'original de l'écrit argué de faux n'est pas déjà produit au dossier, le juge, sur demande d'une des parties, peut ordonner à celui qui en a la garde de le déposer au greffe dans un délai imparti, sous toutes peines que de droit.

[1965 (1ᵉ sess.), c. 80, a. 228; 2002, c. 7, a. 44].

229. (*Abrogé*).

[2002, c. 7, a. 45].

223.1. A party who intends to improbate a document must, before proceeding, issue a notice requiring the opposite party to declare whether or not that party intends to use the contested document.

If the opposite party does not respond within five days of receipt of the notice, or declares that the party does not intend to use the document, the document may not be produced at the hearing on the principal action or, if it is already filed, the document is removed from the record.

If the opposite party declares that the party intends to use the document, the motion in improbation must be disposed of by the court.

[2002, c. 7, s. 41].

224. The motion must set out the grounds of improbation and is served on all parties and on the public officer who is in possession of the original of the document. The motion must be accompanied by an affidavit and a notice of presentation indicating the date on which the court will be asked to rule on the motion.

The motion must also be accompanied by a certificate of the clerk that there has been deposited in the office of the court an amount considered sufficient to cover the costs of the opposite party if the motion is dismissed.

1965 (1st sess.), c. 80, a. 224; 1992, c. 57, s. 420; 2002, c. 7, s. 42].

225.-227. (*Repealed*).

[2002, c. 7, s. 43].

228. When the original of the impugned document has not already been filed in the record, the judge, at the request of one of the parties, may order the person who has custody of the document to deposit it in the office of the court within the time fixed, under all legal penalties.

[1965 (1st sess.), c. 80, a. 228; 1999, c. 40, s. 56; 2002, c. 7, s. 44].

229. (*Repealed*).

[2002, c. 7, s. 45].

230. Le jugement qui dispose de l'inscription de faux statue sur la remise de l'original à qui de droit, s'il y a lieu.

[1965 (1ᵉ sess.), c. 80, a. 230].

230. The judgment which decides the improbation determines, if necessary, to whom the document shall be handed over.

[1965 (1st sess.), c. 80, a. 230].

231. (*Abrogé*).

[2002, c. 7, a. 46].

231. (*Repealed*).

[2002, c. 7, s. 46].

Chapitre IV ▬
De la contestation et de la correction des procès-verbaux

Chapter IV ▬
Contestation and Correction of Returns

232. Une partie peut demander que soit déclaré faux ou inexact le procès-verbal d'un shérif, d'un huissier ou autre officier judiciaire, de même que celui de toute personne autorisée à faire un rapport de signification.

[1965 (1ᵉ sess.), c. 80, a. 232].

232. A party may ask that the return of a sheriff, bailiff or other court officer, or of any person authorized to make a return of service, be declared untrue or inaccurate.

[1965 (1st sess.), c. 80, a. 232].

233. Le tribunal peut permettre la correction de toute erreur qui se trouve dans un procès-verbal mentionné à l'article 232.

[1965 (1ᵉ sess.), c. 80, a. 233].

233. The court may grant leave to correct any error appearing in a return mentioned in article 232.

[1965 (1st sess.), c. 80, a. 233].

Chapitre V ▬
De la récusation

Chapter V ▬
Recusation

234. Un juge peut être récusé, notamment:

234. A judge may be recused in particular:

1° S'il est conjoint ou parent ou allié jusqu'au degré de cousin germain inclusivement de l'une des parties;

1° If the judge is the spouse of or related or allied within the degree of cousin-german inclusively to one of the parties;

2° S'il est lui-même partie à un procès portant sur une question pareille à celle dont il s'agit dans la cause;

2° If the judge is himself or herself a party to an action involving a question similar to the one in dispute;

3° S'il a déjà donné conseil sur le différend, ou s'il en a précédemment connu comme arbitre; s'il a agi comme avocat pour l'une des parties, ou s'il a exprimé son avis extra-judiciairement;

3° If the judge has given advice upon the matter in dispute, or has previously taken cognizance of it as an arbitrator, if the judge has acted as attorney for any of the parties, or if the judge has made known his or her opinion extra-judicially;

4° S'il est directement intéressé dans un litige mû devant un tribunal où l'une des parties sera appelée à siéger comme juge;

4° If the judge is directly interested in an action pending before a court in which any of the parties will be called to sit as judge;

5° S'il y a inimitié capitale entre lui et l'une des parties; ou s'il y a eu de sa part

5° If there is mortal enmity between him or her and any of the parties, or if the

des menaces, depuis l'instance ou dans les six mois précédant la récusation proposée;

6° S'il est le représentant légal d'une partie au litige, son mandataire ou l'administrateur de ses biens, ou encore s'il est, à l'égard de l'une des parties, successible ou donataire;

7° S'il est membre de quelque association, société ou personne morale, ou s'il est syndic ou protecteur de quelque ordre ou communauté, partie au litige;

8° S'il a quelque intérêt à favoriser l'une des parties;

9° S'il est parent ou allié de l'avocat ou de l'avocat-conseil ou de l'associé de l'un ou de l'autre, soit en ligne directe, soit en ligne collatérale jusqu'au deuxième degré ou conjoint de celui-ci;

10° S'il existe une crainte raisonnable que le juge puisse être partial.

[1965 (1ʳᵉ sess.), c. 80, a. 234; 1992, c. 57, a. 246; 2002, c. 6, a. 95; 2002, c. 7, a. 47].

235. Le juge est inhabile si lui ou son conjoint sont intéressés dans le procès.

[1965 (1ʳᵉ sess.), c. 80, a. 235; 1977, c. 73, a. 8].

236. Le juge qui connaît une cause valable de récusation le concernant est tenu, sans attendre qu'elle soit proposée, de la déclarer par un écrit versé au dossier et d'en informer le juge en chef. Ce dernier désigne alors un autre juge pour continuer l'affaire et il en informe les parties par un écrit qui doit également être versé au dossier.

La partie qui connaît une cause de récusation contre le juge doit de même la déclarer sans délai par un écrit versé au dossier et en notifier une copie au juge concerné ainsi qu'aux autres parties.

[1965 (1ʳᵉ sess.), c. 80, a. 236; 2002, c. 7, a. 48].

237. La requête en récusation est proposée après notification par le greffier, à toutes

judge has made threats against any of the parties, since the institution of the action or within six months previous to the proposed recusation;

6° If the judge is the legal representative, the mandatary or the administrator of the property of a party to the suit, or if the judge is, in relation to one of the parties, a successor or a donee;

7° If the judge is a member of an association, partnership or legal person, or is manager or patron of some order or community which is a party to the suit;

8° If the judge has any interest in favouring any of the parties;

9° If the judge is the spouse of or is related or allied to the attorney or counsel or to the partner of any of them, either in the direct line, or in the collateral line in the second degree;

10° if there is reasonable cause to fear that the judge will not be impartial.

[1965 (1st sess.), c. 80, a. 234; 1992, c. 57, s. 246; 2002, c. 6, s. 95; 2002, c. 7, s. 47].

235. A judge is disqualified if he or his spouse is interested in the action.

[1965 (1st sess.), c. 80, a. 235; 1977, c. 73, s. 8; 2002, c. 6, s. 236].

236. A judge who is aware of a ground of recusation to which he or she is liable must, without waiting until it is invoked, declare it in a writing filed in the record and so inform the chief judge or chief justice. The latter designates another judge to continue the matter and informs the parties by means of a writing, which must also be filed in the record.

Likewise, a party who is aware of a ground of recusation against the judge must declare it without delay in a writing filed in the record and notify a copy to the judge and to the other parties.

[1965 (1st sess.), c. 80, a. 236; 2002, c. 7, s. 48].

237. The recusation motion is proposed after notification by the clerk, to all the par-

les parties en cause, d'une déclaration faite en vertu de l'article 236.

S'il n'y a pas eu telle déclaration, la récusation peut être proposée en tout état de cause, pourvu que la partie justifie de sa diligence.

La requête en récusation présentée avant l'audience est écrite, mais celle présentée lors de l'audience peut être orale; les motifs invoqués à l'appui de celle-ci sont alors consignés au procès-verbal.

[1965 (1ᵉ sess.), c. 80, a. 237; 1992, c. 57, a. 420; 2002, c. 7, a. 49].

238. La requête en récusation est décidée par le juge saisi de la cause. Sa décision est sujette à appel conformément aux règles applicables à l'appel d'un jugement interlocutoire.

[1965 (1ᵉ sess.), c. 80, a. 238; 2002, c. 7, a. 50].

239. Si la récusation est proposée contre le seul juge chargé de présider le tribunal dans le district où la cause est pendante, le greffier doit aussitôt en informer le juge en chef.

[1965 (1ᵉ sess.), c. 80, a. 239; 1992, c. 57, a. 420].

240. Le greffier avise le juge en chef de toute cause dont l'audition est remise en raison de la décision d'un juge de se récuser.

[1965 (1ᵉ sess.), c. 80, a. 240; 2002, c. 7, a. 51].

241. Si la récusation est jugée valable, le juge récusé doit s'abstenir d'assister à l'enquête et à l'audition de la cause; si elle est jugée non valable, le juge ne peut refuser de siéger.

[1965 (1ᵉ sess.), c. 80, a. 241].

242. Sauf s'il s'agit du cas prévu à l'article 235, les parties peuvent renoncer par écrit à leur droit de récuser, mais le juge en qui existe quelque cause de récusation peut s'abstenir de siéger, même si la récusation n'est pas proposée.

[1965 (1ᵉ sess.), c. 80, a. 242].

ties in the case, of a declaration made under article 236.

Failing such declaration, recusation may be proposed at any stage of the case, if the party shows that he has been diligent.

A recusation motion must be in writing if it is presented before the hearing, but may be presented orally during the course of the hearing, in which case the grounds for the motion are recorded in the minutes.

[1965 (1st sess.), c. 80, a. 237; 1992, c. 57, s. 420; 2002, c. 7, s. 49].

238. A recusation motion is disposed of by the judge seized of the case. The judge's decision is subject to appeal in accordance with the rules applicable to appeals from an interlocutory judgment.

[1965 (1st sess.), c. 80, a. 238; 1999, c. 40, s. 56; 2002, c. 7, s. 50].

239. If recusation is proposed against the sole judge designated to preside over the court in the district where the case is pending, the clerk must forthwith inform the chief justice.

[1965 (1st sess.), c. 80, a. 239; 1992, c. 57, s. 420].

240. The clerk must inform the chief judge or chief justice of any case the hearing of which is postponed because of the judge's decision to recuse himself or herself.

[1965 (1st sess.), c. 80, a. 240; 2002, c. 7, s. 51].

241. If the recusation is maintained, the recused judge must not be present during the proof and hearing of the case; if it is dismissed, the judge cannot refuse to sit.

[1965 (1st sess.), c. 80, a. 241].

242. Except in the case mentioned in article 235, the parties may renounce in writing their right to recuse, but a judge who is subject to any ground of recusation may refuse to sit, even if recusation is not proposed.

[1965 (1st sess.), c. 80, a. 242].

Chapitre VI ——
Du désaveu

243. Une partie peut désavouer un procureur qui a excédé ses pouvoirs ou a agi sans mandat.

[1965 (1er sess.), c. 80, a. 243].

244. Le désaveu peut être formé en cours d'instance, suivant les dispositions de ce chapitre.

Il peut également être formé après jugement, par action ordinaire; mais il n'est sursis à l'exécution du jugement que si le juge l'ordonne.

[1965 (1er sess.), c. 80, a. 244].

245. La requête en désaveu est signifiée au procureur désavoué et notifiée à toutes les parties en cause.

[1965 (1er sess.), c. 80, a. 245; 2002, c. 7, a. 52].

246. (*Abrogé*).

[2002, c. 7, a. 53].

247. Si le désaveu est jugé valable, les actes répudiés sont mis à néant et les parties remises au même état qu'au moment où ces actes ont été faits.

[1965 (1er sess.), c. 80, a. 247].

Chapitre VII ——
De la constitution de nouveau procureur

248. Si, avant que la cause ne soit en état, le procureur de l'une des parties meurt, devient inhabile à postuler ou se retire, aucune procédure ne peut être faite ni aucun jugement rendu, sous peine de nullité, avant que la partie n'ait comparu personnellement, ou qu'elle n'ait constitué un nouveau procureur ou ne soit en défaut de le faire après mise en demeure.

[1965 (1er sess.), c. 80, a. 248].

249. Le procureur qui veut cesser d'occuper doit, si la date de l'audition n'a pas encore été fixée, notifier une déclaration,

Chapter VI ——
Disavowal

243. A party may disavow an attorney *ad litem* who has exceeded his powers or who has acted for him without a mandate.

[1965 (1st sess.), c. 80, a. 243].

244. A disavowal may be taken during the suit in accordance with the provisions of this chapter.

It may also be taken after judgment, by an ordinary action, which does not suspend the execution unless the judge so orders.

[1965 (1st sess.), c. 80, a. 244].

245. A disavowal motion is served on the attorney disavowed and notified to all parties in the case.

[1965 (1st sess.), c. 80, a. 245; 2002, c. 7, s. 52].

246. (*Repealed*).

[2002, c. 7, s. 53].

247. If the disavowal is maintained, the acts disavowed are annulled and the parties are placed in the same position as they were in when the acts were done.

[1965 (1st sess.), c. 80, a. 247].

Chapter VII ——
Change of Attorneys

248. If, before the case is taken under advisement, the attorney of one of the parties dies, becomes unable to act or withdraws, no proceeding can be taken and no judgment rendered, under pain of nullity, before the party has appeared personally or appointed another attorney or, after being called upon to do so, has made default.

[1965 (1st sess.), c. 80, a. 248].

249. An attorney who wishes to cease representing a party must, if the date of the hearing has yet to be determined, notify a

dont il produit copie au greffe, à la partie qu'il représente et à la partie adverse lesquelles disposent d'un délai de dix jours pour indiquer, dans un écrit, leur opposition, la notifier aux autres parties et en produire copie au greffe.

En l'absence d'opposition, la déclaration est acceptée et la partie est dès lors réputée ne plus être représentée. En cas d'opposition, le procureur présente sa demande au tribunal.

Lorsque la date d'audition est fixée, le procureur ne peut cesser d'occuper sans l'autorisation du tribunal.

[1965 (1ᵉ sess.), c. 80, a. 249; 2002, c. 7, a. 54].

250. La partie qui est représentée par procureur est réputée informée de la suspension ou de la mort du procureur de la partie adverse, ou encore de sa nomination à une charge publique incompatible avec l'exercice de sa profession, sans qu'il soit besoin d'une notification.

[1965 (1ᵉ sess.), c. 80, a. 250].

251. Lorsqu'une des parties cesse d'être représentée avant que la cause ne soit en état, la partie adverse doit la mettre en demeure de constituer un nouveau procureur ou de produire un acte de comparution personnelle.

À défaut par la partie d'obtempérer à cette mise en demeure dans les 10 jours, la partie adverse pourra, après avoir inscrit, procéder comme dans les causes par défaut, si elle est demanderesse, ou demander le rejet de la demande, sauf recours, si elle est défenderesse.

[1965 (1ᵉ sess.), c. 80, a. 251; 1992, c. 57, a. 248].

252. Une partie ne peut révoquer son procureur sans lui payer ses honoraires et déboursés, taxés après avis.

La partie qui révoque son procureur doit sans délai en constituer un nouveau ou produire un acte de comparution personnelle, sans que la partie adverse soit tenue de la mettre en demeure; à défaut par elle

declaration to the party concerned and to the opposite party and file a copy at the office of the court. The parties each have ten days to express their opposition in writing, notify it to the other parties and file a copy at the office of the court.

If no opposition is filed, the declaration is accepted and the party is deemed from that moment to be no longer represented. If an opposition is filed, the attorney applies to the court.

If the date of the hearing has been determined, an attorney may not cease to represent a party without leave of the court.

[1965 (1st sess.), c. 80, a. 249; 2002, c. 7, s. 54].

250. A party who is represented by an attorney is deemed to know of the suspension or death of the attorney of the opposite party, or of his appointment to a public office incompatible with the practice of his profession, without any notice being necessary.

[1965 (1st sess.), c. 80, a. 250].

251. When one of the parties ceases to be represented before the case is taken under advisement, the opposite party must serve him with a notice to appoint another attorney or to file a written appearance on his own behalf.

If the party fails, within 10 days, to conform to the notice, the opposite party may, after inscription, proceed as in a case by default, if he is plaintiff, or ask for the dismissal of the action, saving the plaintiff's recourse, if he is defendant.

[1965 (1st sess.), c. 80, a. 251; 1992, c. 57, s. 248].

252. A party may not revoke the powers of his attorney unless he pays him his fees and disbursements, taxed after notice given.

A party who revokes the powers of his attorney must, without being notified to do so by the opposite party, immediately appoint another attorney or file a written appearance on his own behalf; in default of

de ce faire, il sera procédé comme prévu à l'article 251.

[1965 (1ʳᵉ sess.), c. 80, a. 252].

253. La substitution d'un procureur à un autre doit être autorisée par le juge ou le greffier si une partie indique, par écrit, son opposition, la notifie aux autres parties et en produit copie au greffe.

[1965 (1ʳ sess.), c. 80, a. 253; 1969, c. 81, a. 6; 1992, c. 57, a. 420; 2002, c. 7, a. 55].

253.1. Lorsque les parties s'adressent au tribunal par voie de demande conjointe et qu'elles sont représentées par un même procureur, le tribunal peut ajourner l'instruction de la demande jusqu'à ce que chacune des parties ait comparu personnellement ou ait constitué un nouveau procureur, s'il juge que la demande soulève des difficultés réelles et qu'en raison du mode de représentation, justice ne pourra être rendue.

[1982, c. 17, a. 12].

Chapitre VIII ——
De la reprise d'instance

254. Une cause en état n'est retardée ni par le changement d'état de l'une des parties, ni par la cessation des fonctions dans lesquelles elle procédait, ni par sa mort.

[1965 (1ʳ sess.), c. 80, a. 254].

255. Le procureur qui apprend le changement d'état ou la mort de la partie qu'il représente, ou la cessation des fonctions dans lesquelles elle procédait, est tenu d'en donner avis écrit à la partie adverse.

[1965 (1ʳ sess.), c. 80, a. 255].

256. Tous actes de procédure faits avant la signification de l'avis prévu à l'article 255 sont valables; ceux faits après sont nuls, l'instance étant suspendue jusqu'à ce qu'elle soit reprise par les intéressés ou que ces derniers aient été appelés en cause.

[1965 (1ʳ sess.), c. 80, a. 256].

his so doing the case is proceeded with as provided in article 251.

[1965 (1st sess.), c. 80, a. 252].

253. The substitution of one attorney for another must be authorized by the judge or clerk, if a party expresses his or her opposition in writing, notifies it to the other parties and files a copy at the office of the court.

[1965 (1st sess.), c. 80, a. 253; 1969, c. 81, s. 6; 1992, c. 57, s. 420; 2002, c. 7, s. 55].

253.1. Where the parties bring an action by way of a joint suit and are represented by the same attorney, the court may adjourn the hearing of the action until each party has appeared in person or appointed a new attorney, if it considers that the action raises genuine problems and that, owing to the mode of representation, it will not be possible for justice to be done.

[1982, c. 17, s. 12].

Chapter VIII ——
Continuance of Suit

254. A case which has been taken under advisement cannot be retarded by the change of civil status of any of the parties, by the cessation of the functions within which he was acting, or by his death.

1965 (1st sess.), c. 80, a. 254].

255. An attorney who learns of the change of civil status or of the death of the party whom he is representing, or of the cessation of the functions within which such party was acting, is bound to notify the opposite party in writing.

[1965 (1st sess.), c. 80, a. 255].

256. All proceedings taken before the service of the notice mentioned in article 255 are valid; those taken afterwards are null, and the suit is suspended until it is continued by those interested or until they have been called in to continue it.

[1965 (1st sess.), c. 80, a. 256].

257. L'instance peut être reprise:

1. par les héritiers ou ayants cause d'une partie décédée ou par le liquidateur de la succession, ou par celui qui a acquis le droit qui fait l'objet du litige;

2. par celui qui, en raison du changement d'état ou de capacité de l'une des parties, ou de sa perte de qualité, a acquis la qualité et l'intérêt requis pour le faire;

3. (*paragraphe abrogé*);

4. par celui qui remplace la partie dont les fonctions ont cessé.

[1965 (1ʳᵉ sess.), c. 80, a. 257; 1972, c. 70, a. 11; 1982, c. 17, a. 13; 1992, c. 57, a. 249].

258. La reprise d'instance est formée par la production au greffe, et la signification à toutes les parties en cause, d'un acte de comparution assorti d'un affidavit attestant les faits qui y donnent lieu.

Le droit de reprendre l'instance peut être contesté de la manière ordinaire dans les 10 jours de cette comparution; à défaut de contestation, la reprise d'instance est censée admise.

[1965 (1ʳᵉ sess.), c. 80, a. 258; 1992, c. 57, a. 250].

259. À défaut par les intéressés de reprendre l'instance, la partie en cause les met en demeure de le faire. Si, à l'expiration des dix jours de la notification de l'avis, la reprise d'instance n'a pas eu lieu, le demandeur peut procéder par défaut ou le défendeur peut demander le rejet de la demande, à moins que le tribunal ne relève un intéressé du défaut.

[1965 (1ʳᵉ sess.), c. 80, a. 259; 1992, c. 57, a. 0421; 2002, c. 7, a. 56].

260.-261 (*Remplacés*).

[2002, c. 7, a. 56].

257. A suit may be continued:

(1) by the heirs or representatives of a deceased party or the liquidator of the succession, or by the person who has acquired the right which is the subject of the suit;

(2) by a person who, as a result of a change of status or capacity of one of the parties or of his loss of capacity, has acquired the capacity and the necessary interest to do so;

(3) (*paragraph repealed*);

(4) by the person who replaces a party whose functions have ceased.

[1965 (1st sess.), c. 80, a. 257; 1972, c. 70, s. 11; 1982, c. 17, s. 13; 1992, c. 57, s. 249].

258. Continuance of suit is effected by filing in the office of the court and serving on all the parties in the case an appearance and an affidavit setting forth the facts which give rise to the continuance.

The right to continue the suit may, within 10 days of such appearance, be contested in the ordinary way; in default of such contestation, the continuance is held to be admitted.

[1965 (1st sess.), c. 80, a. 258; 1992, c. 57, s. 250].

259. If the interested parties fail to continue the suit, the party remaining gives them formal notice to do so. If continuance of suit is not effected within ten days of notification, the plaintiff may proceed by default or the defendant may request the dismissal of the action, unless an interested party is relieved from default by the court.

[1965 (1st sess.), c. 80, a. 259; 2002, c. 7, s. 56].

260.-261. (*Replaced*).

[2002, c. 7, s. 56].

Chapitre IX ——
Du désistement

262. Une partie peut se désister de sa demande ou de son acte de procédure en tout état de cause.

[1965 (1ʳ sess.), c. 80, a. 262].

263. Le désistement se fait par simple déclaration signée de la partie elle-même ou de son procureur, et présentée à l'audience ou produite au greffe.

Sauf s'il est fait à l'audience en présence de la partie adverse, le désistement ne devient opposable à celle-ci que s'il lui a été signifié.

[1965 (1ʳ sess.), c. 80, a. 263].

264. Le désistement remet les choses dans l'état où elles auraient été si la demande à laquelle il se rapporte n'avait pas été faite.

Il comporte obligation de payer les frais occasionnés par la demande, qui sont adjugés à la partie adverse, par le greffier, sur inscription.

[1965 (1ʳ sess.), c. 80, a. 264; 1992, c. 57, a. 420].

264.1. Lorsqu'une des parties se désiste d'une demande conjointe, elle-même ou l'autre demandeur peut poursuivre seul l'instance. La requête introductive d'instance est alors amendée, signifiée à l'autre partie et continuée suivant les règles applicables à toute demande.

[2002, c. 7, a. 57].

Chapitre X ——
(Abrogé).

265.-269. (*Abrogés*).

[2002, c. 7, a. 58].

Chapitre XI ——
De la réunion d'actions

270. Même lorsque les réclamations ne résultent pas de la même source ou d'une

Chapter IX ——
Discontinuance

262. A party may at any time discontinue his suit or proceeding.

[1965 (1st sess.), c. 80, a. 262].

263. Discontinuance is effected by a simple declaration signed by the party or his attorney, and presented at the trial or filed in the office of the court.

Unless made at the trial in the presence of the opposite party, the discontinuance has no effect against him until it has been served upon him.

[1965 (1st sess.), c. 80, a. 263].

264. Discontinuance replaces matters in the state in which they would have been had the suit to which it applies not been commenced.

It involves the obligation to pay the costs occasioned by the suit, which costs are adjudged to the opposite party by the clerk, upon inscription.

[1965 (1st sess.), c. 80, a. 264; 1992, c. 57, s. 420].

264.1. If one of the parties discontinues a joint suit, either of the parties may continue the suit alone. In that case, the motion to institute proceedings is amended and served on the opposite party and the suit is continued pursuant to the rules applicable to any suit.

[2002, c. 7, s. 57].

Chapter X ——
(Repealed).

265.-269. (*Repealed*).

[2002, c. 7, s. 58].

Chapter XI ——
Joinder of Actions

270. Even where the claims do not originate from the same source or from related

source connexe, deux ou plusieurs demandes entre les mêmes parties, portées devant la même juridiction, peuvent être réunies par ordre du tribunal, s'il lui paraît opportun de les instruire ensemble et qu'il n'en résulte pas un retard indu pour l'une d'elles ou un préjudice grave à un tiers intéressé par l'une des demandes.

[1965 (1ᵉʳ sess.), c. 80, a. 270; 1984, c. 26, a. 8; 1992, c. 57, a. 252; 1994, c. 28, a. 11; 2002, c. 7, a. 59].

sources, two or more actions between the same parties, brought before the same jurisdiction, may be joined by order of the court, if it appears expedient to the court to hear them together and if it causes no undue delay for any of the actions or serious injury to any third person interested in any of the actions.

[1965 (1st sess.), c. 80, a. 270; 1984, c. 26, s. 8; 1992, c. 57, s. 252; 1994, c. 28, s. 11; 2002, c. 7, s. 59].

271. Le tribunal peut en outre ordonner que plusieurs actions portées devant lui, impliquant ou non les mêmes parties, soient instruites en même temps et jugées sur la même preuve; il peut également ordonner que la preuve faite dans l'une serve dans l'autre ou que l'une soit instruite et jugée la première, les autres étant suspendues jusque là.

[1965 (1ᵉʳ sess.), c. 80, a. 271; 1984, c. 26, a. 9; 1994, c. 28, a. 12; 2002, c. 7, a. 60].

271. The court may also order that several actions brought before it, whether or not involving the same parties, be tried at the same time and decided on the same evidence; it may also order that the evidence in one be used in another or that one be tried and decided first and the others meanwhile stayed.

[1965 (1st sess.), c. 80, a. 271; 1984, c. 26, s. 9; 1994, c. 28, s. 12; 2002, c. 7, s. 60].

272. L'ordonnance visée aux articles 270 et 271 peut être rendue en tout état de cause, mais elle peut être révoquée par le juge du procès, s'il est d'avis que les fins de la justice seront ainsi mieux servies; elle n'est pas sujette à appel, non plus que celle qui la révoque.

[1965 (1ᵉʳ sess.), c. 80, a. 272; 2002, c. 7, a. 61].

272. An order under article 270 or 271 may be issued at any stage of a proceeding, but it may be revoked by the trial judge if he is of opinion that it is in the interest of justice to do so. No appeal lies from such order or from the order revoking it.

[1965 (1st sess.), c. 80, a. 272; 2002, c. 7, s. 61].

273. Lorsque la Cour supérieure et la Cour du Québec sont saisies d'actions ayant le même fondement juridique ou soulevant les mêmes points de droit et de fait, la Cour du Québec doit suspendre l'instruction de l'action portée devant elle jusqu'au jugement de la Cour supérieure, passé en force de chose jugée, si une partie le demande et qu'aucun préjudice sérieux ne puisse en résulter pour la partie adverse.

L'ordonnance de la Cour du Québec de suspendre l'instruction de l'action portée devant elle peut être révoquée si des faits nouveaux le justifient.

[1965 (1ᵉʳ sess.), c. 80, a. 273; 1988, c. 21, a. 66; 2002, c. 7, a. 62].

273. When the Superior Court and the Court of Québec are seized of actions having the same juridical basis or raising the same questions of law and fact, the Court of Québec must, if one of the parties so requests and no serious prejudice can result to the opposite party, suspend the hearing of the case before it until the judgment in the case before the Superior Court has become definitive.

An order by the Court of Québec suspending the hearing may be revoked if warranted by new circumstances.

[1965 (1st sess.), c. 80, a. 273; 1988, c. 21, s. 66; 2002, c. 7, s. 62].

Chapitre XII ━━ **De la scission d'instance**	**Chapter XII** ━━ **Splitting of Action**

273.1. Le tribunal peut, sur demande, en tout état de cause et en toute matière, scinder l'instance.

L'instruction de la demande ainsi scindée se déroule devant un même juge, sauf décision contraire du juge en chef.

[1996, c. 5, a. 26; 2002, c. 7, a. 63].

273.1. The court may, on an application, split an action in any matter at any stage of the proceeding.

The resulting trials are held before the same judge, unless the chief judge or chief justice decides otherwise.

[1996, c. 5, s. 26; 2002, c. 7, s. 63].

273.2. Le jugement sur la demande de scission est sans appel; le droit d'appeler des jugements rendus sur le fond de l'instance ne prend naissance qu'à compter du jugement qui y met fin.

[1996, c. 5, a. 26; 2002, c. 7, a. 63].

273.2. No appeal lies from the judgment on the application for the splitting of an action; the right to appeal judgments on the merits only arises upon the issue of the judgment terminating the proceedings.

[1996, c. 5, s. 26; 2002, c. 7, s. 63].

TITRE V ━━
ADMINISTRATION DE LA PREUVE ET AUDITION

TITLE V ━━
PROOF AND HEARING

Chapitre I ━━
De l'instruction devant le tribunal

Chapter I ━━
Trial before the Court

SECTION I ━━
DE L'INSCRIPTION

SECTION I ━━ **INSCRIPTION**

274. Lorsque la défense est écrite, l'une ou l'autre des parties peut, sitôt la contestation liée, inscrire la cause pour enquête et audition.

[1965 (1ʳᵉ sess.), c. 80, a. 274; 1999, c. 46, a. 4; 2002, c. 7, a. 64].

274. If the defence is in writing, either party may, as soon as the issue is joined, inscribe the case for proof and hearing.

[1965 (1st sess.), c. 80, a. 274; 1999, c. 46, s. 4; 2002, c. 7, s. 64].

274.1. L'inscription doit être accompagnée d'une déclaration contenant les renseignements suivants:

1° le nom et l'adresse des parties et, si elles sont représentées, le nom et l'adresse de leur procureur;

2° l'inventaire des pièces communiquées aux autres parties;

3° la durée anticipée de l'audition;

274.1. The inscription form is filed together with a declaration containing the following information:

(1) the names and addresses of the parties and, if they are represented by counsel, the names and addresses of their attorneys;

(2) a list of the exhibits communicated to the other parties;

(3) the expected length of the hearing; and

4° la liste des témoins, sauf raison valable de ne pas divulguer leur nom.

[2002, c. 7, a. 64].

274.2. L'inscription et la déclaration doivent être notifiées aux autres parties.

Chacune des autres parties doit, dans les 30 jours à compter de l'inscription, produire une déclaration contenant ces mêmes renseignements et la notifier aux autres parties.

[2002, c. 7, a. 64].

274.3. L'inscription doit être produite au greffe dans le délai de rigueur de 180 jours, ou d'un an en matière familiale, à compter de la signification de la requête introductive, à moins que le tribunal n'ait, conformément à l'article 110.1, prolongé ce délai, auquel cas l'inscription doit être produite avant l'expiration du délai ainsi fixé et faire mention de l'ordonnance de prolongation. Le demandeur qui fait défaut d'inscrire dans le délai fixé est réputé s'être désisté de sa demande.

Le demandeur reconventionnel n'est pas tenu d'inscrire. Toutefois, si le demandeur principal fait défaut d'inscrire dans le délai fixé, le demandeur reconventionnel peut alors le faire dans les 30 jours de l'expiration du délai fixé.

Le greffier doit refuser de recevoir toute inscription faite hors délai.

[2002, c. 7, a. 64; 2004, c. 14, a. 5].

275. Le greffier tient les rôles déterminés par les règles de pratique.

[1965 (1ᵉ sess.), c. 80, a. 275; 1982, c. 17, a. 14; 1992, c. 57, a. 253; 2002, c. 7, a. 65].

275.1. (*Abrogé*).

[1999, c. 46, a. 5].

276. (*Abrogé*).

[2002, c. 7, a. 66].

(4) a list of witnesses, except where there is reasonable cause not to disclose their names.

[2002, c. 7, s. 64].

274.2. The inscription and the declaration must be notified to the other parties.

Within 30 days of inscription, each of the other parties must file a declaration containing the same information and notify it to the other parties.

[2002, c. 7, s. 64].

274.3. The inscription form must be filed at the office of the court within a peremptory time limit of 180 days or, in family matters, one year from service of the motion to institute proceedings, unless the court extends the time limit in accordance with article 110.1, in which case the inscription form must be filed before the expiry of the extended time limit, and make a reference to the extension order. A plaintiff who fails to inscribe within the time limit is deemed to have discontinued the action or application.

A cross-plaintiff is not required to inscribe the case. However, if the plaintiff in the principal action fails to inscribe the case within the time limit, the cross-plaintiff may do so within 30 days after the expiry of the time limit.

The clerk must refuse any inscription after expiry of the time limit.

[2002, c. 7, s. 64; 2004, c. 14, s. 5].

275. The clerk keeps such rolls as are determined by the rules of practice of the court.

1965 (1st sess.), c. 80, a. 275; 1982, c. 17, s. 14; 1992, c. 57, s. 253; 2002, c. 7, s. 65].

275.1. (*Repealed*).

[1999, c. 46, s. 5].

276. (*Repealed*).

[2002, c. 7, s. 66].

277. (*Abrogé*).

[1994, c. 28, a. 15].

278. Sous réserve des règles de pratique, le greffier expédie aux parties en cause et à leurs procureurs un avis de la date fixée pour l'enquête et l'audition pas plus de 60 jours mais au moins 30 jours avant celle-ci, à moins que les parties ne consentent à un délai plus court. Cet avis est expédié par la poste ou, si les circonstances l'exigent, par tout autre moyen autorisé par le gouvernement.

Le greffier verse au dossier une note de l'expédition de l'avis aux parties, laquelle fait présumer de sa réception par le destinataire.

Le défaut de réception de l'avis par les parties ne peut empêcher de procéder si la copie du rôle a été expédiée aux procureurs conformément aux règles de pratique.

[1965 (1er sess.), c. 80, a. 278; 1972, c. 70, a. 13; 1975, c. 83, a. 19; 1983, c. 28, a. 9; 1992, c. 57, a. 420; 1999, c. 40, a. 56].

277. (*Repealed*).

[1994, c. 28, s. 15].

278. Subject to the rules of practice, the clerk sends to the parties and their attorneys a notice of the date fixed for proof and hearing at least 30 days and not more than 60 days before proof and hearing, unless the parties agree to a shorter period of time. Such notice is sent by mail or, if the circumstances require it, by any other means authorized by the Government.

The clerk files in the record a note of the sending of the notice to the parties, which establishes as presumption of its receipt by the party.

If a copy of the roll has been sent to the attorneys in accordance with the rules of practice, failure to receive the notice by the parties cannot stay proceedings.

[1965 (1st sess.), c. 80, a. 278; 1972, c. 70, s. 13; 1975, c. 83, s. 19; 1983, c. 28, s. 9; 1992, c. 57, s. 420; 1999, c. 40, s. 56].

SECTION II —
DE LA CONFÉRENCE PRÉPARATOIRE À L'INSTRUCTION

SECTION II — PRE-TRIAL

279. Après qu'une cause a été inscrite ou fixée pour enquête et audition, le juge appelé à en connaître ou un autre juge désigné par le juge en chef convoque, s'il le croit utile ou s'il en est requis, les procureurs pour conférer sur les moyens propres à simplifier le procès et à abréger l'enquête, notamment sur l'opportunité d'amender les actes de procédure, de définir les questions de droit et de fait véritablement en litige, d'admettre quelque fait ou document et de fournir la liste des autorités qu'ils entendent soumettre. Au cours de cette conférence, les parties doivent rendre disponible l'original des pièces qu'elles ont communiquées et qu'elles entendent invoquer lors de l'audience.

Cette conférence peut également être convoquée et présidée par une personne désignée par le juge en chef et qui est un juge à la retraite ou un avocat d'au moins 10

279. After a case has been inscribed or scheduled for proof and hearing, the judge assigned to hear it, or any other judge designated by the chief justice, if he believes it useful or if he is so requested, invites the attorneys to discuss appropriate means to simplify the suit and to shorten the hearing, including the advisability of amendments to the pleadings, of defining the questions of law and fact really in controversy, of admitting some fact or document and of providing the list of authorities they intend to submit. During the conference, the parties must provide access to the original of the exhibits that they have communicated and that they intend to refer to at the hearing.

The conference may also be called and presided over by a person designated by the chief justice who is a retired judge or an advocate with at least 10 years of prac-

années de pratique. Les années au cours desquelles une personne a acquis une expérience juridique pertinente peuvent être considérées par le juge en chef comme des années de pratique.

Les ententes et les décisions prises à cette conférence sont rapportées dans un procès-verbal signé par les procureurs et contresigné par la personne qui a présidé la conférence préparatoire; elles régissent pour autant l'instruction devant le juge du procès, à moins que celui-ci ne permette d'y déroger pour prévenir une injustice.

[1965 (1ʳᵉ sess.), c. 80, a. 279; 1984, c. 26, a. 11; 1994, c. 28, a. 16; 2002, c. 7, a. 67].

tice. Years in which a person acquired relevant legal experience may be considered by the chief justice to be years of practice.

The agreements and decisions made at such conference are recorded in minutes signed by the attorneys and countersigned by the person who presided over the pre-trial and, as far as they go, govern the hearing before the trial judge, unless he permits a derogation therefrom to prevent an injustice.

[1965 (1st sess.), c. 80, a. 279; 1984, c. 26, s. 11; 1994, c. 28, s. 16; 2002, c. 7, s. 67].

SECTION III — DE L'ASSIGNATION DES TÉMOINS

SECTION III — SUMMONING WITNESSES

280. La partie qui désire produire un témoin peut l'assigner au moyen d'un bref de *subpœna* délivré par un juge, un greffier ou un avocat du district où la cause doit être entendue ou de tout autre district et signifié au moins dix jours avant la comparution.

Toutefois, en cas d'urgence, le juge ou le greffier peut, par ordonnance spéciale inscrite sur le bref de *subpœna*, réduire le délai de signification, mais celle-ci ne peut être faite moins de 24 heures avant le moment de la comparution.

[1965 (1ʳᵉ sess.), c. 80, a. 280; 1977, c. 73, a. 9; 1984, c. 46, a. 5; 1992, c. 57, a. 420; 2002, c. 7, a. 68].

280. The party who wishes a witness to testify may summon him by a writ of *subpoena* issued by a judge, clerk or advocate of the district where the case is to be heard or any other district and served at least ten days before the appearance.

However, in cases of urgency, the judge or clerk may, by special order entered on the writ of *subpoena*, allow a shorter time for service, but it cannot be made less than 24 hours before the time fixed for appearance.

[1965 (1st sess.), c. 80, a. 280; 1977, c. 5, s. 14; 1977, c. 73, s. 9; 1984, c. 46, s. 5; 1992, c. 57, s. 420; 1999, c. 40, s. 56; 2002, c. 7, s. 68].

281. Un témoin peut être assigné pour déclarer ce qu'il connaît, pour produire quelque document, ou pour les deux objets à la fois.

L'assignation doit indiquer la nature de la cause et inviter le témoin à communiquer avec le procureur dont les coordonnées apparaissent sur l'assignation.

Un notaire ou un arpenteur-géomètre ne peut être assigné à comparaître uniquement pour déposer une copie authentique d'un acte qu'il a reçu en minute, sauf dans le cas d'inscription de faux.

[1965 (1ʳᵉ sess.), c. 80, a. 281; 2002, c. 7, a. 69].

281. A witness may be summoned to declare what he knows, to produce some document, or to do both.

The summons must specify the nature of the case, and invite the witness to contact the attorney whose coordinates appear on the summons.

A notary or a land surveyor may not be summoned for the sole purpose of depositing an authentic copy of an act executed *en minute*, except in the case of an improbation.

[1965 (1st sess.), c. 80, a. 281; 2002, c. 7, s. 69].

281.1. La partie qui assigne le témoin doit lui avancer, pour la première journée de présence à la cour, l'indemnité pour la perte de temps et les allocations pour les frais de transport, de repas et d'hébergement prévues par règlement du gouvernement; l'assignation à témoigner doit contenir clairement l'information à ce sujet.

[2002, c. 7, a. 70].

282. Une personne résidant dans la province d'Ontario peut être contrainte de comparaître comme témoin, s'il est établi, à la satisfaction du juge ou du greffier, que sa présence est nécessaire, et s'il n'y a pas d'autre action pendante entre les mêmes parties et pour la même cause dans la province d'Ontario.

Toutefois, l'assignation ne peut être faite que sur ordonnance spéciale d'un juge ou du greffier, inscrite sur le bref de *subpœna*, lequel doit être signifié conformément à la loi de la province d'Ontario, par toute personne majeure, qui en dresse procès-verbal sous serment.

[1965 (1er sess.), c. 80, a. 282; 1975, c. 83, a. 20; 1977, c. 73, a. 10; 1992, c. 57, a. 420].

283. Une personne incarcérée ne peut être assignée que sur ordonnance d'un juge ou du greffier enjoignant au directeur ou au geôlier, selon le cas, de la conduire devant le tribunal pour y rendre témoignage.

[1965 (1er sess.), c. 80, a. 283; 1992, c. 57, a. 420].

284. Lorsqu'une personne régulièrement assignée et à qui ses frais de déplacement et, le cas échéant, son indemnité pour la perte de temps et les allocations pour les frais de repas et d'hébergement ont été avancés fait défaut de comparaître, le juge, s'il est d'avis que son témoignage pourrait être utile, peut décerner contre elle un mandat d'amener et ordonner qu'elle soit détenue sous garde jusqu'à ce qu'elle ait rendu témoignage, ou qu'elle soit libérée à la condition de fournir bonne et suffisante caution de rester à la disposition de la cour. Le mandat d'amener décerné en vertu du présent article peut être exécuté par un huissier.

281.1. A party who summons a witness must advance to the witness, for the first day of attendance at court, the loss of time indemnity and the travel, meal and overnight accommodation allowances prescribed by government regulation; the summons must contain clear information in this regard.

[2002, c. 7, s. 70].

282. A person residing in the Province of Ontario may be compelled to appear as a witness, if the judge or the clerk is satisfied that his presence is necessary and if there is not another action between the same parties and for the same cause pending in the Province of Ontario.

Such summons, however, can only be made upon a special order of the judge or the clerk written on the writ of *subpoena* which must be served in conformity with the law of Ontario, by a person of full age, who must make a return thereof under oath.

[1965 (1st sess.), c. 80, a. 282; 1975, c. 83, s. 20; 1977, c. 73, s. 10; 1992, c. 57, s. 420].

283. A person in prison can only be summoned on an order from the judge or clerk commanding the warden or gaoler, as the case may be, to bring him before the court to give evidence.

[1965 (1st sess.), c. 80, a. 283; 1992, c. 57, s. 420].

284. When a person who has been duly summoned and to whom travelling expenses and, if applicable, a loss of time indemnity and meal and overnight accommodation allowances have been advanced fails to appear, the judge, if he is of the opinion that his evidence may be useful, may issue a warrant for his arrest and order that he be imprisoned until he has given evidence, or that he be released on giving good and sufficient security that he will remain at the disposition of the court. The warrant for his arrest issued under this article may be executed by a bailiff.

L'audition du témoin maintenu en détention doit débuter sans retard injustifié.

Examination of a witness detained in custody must begin without undue delay.

Le juge peut en outre condamner la personne ainsi amenée à payer, en tout ou en partie, les frais causés par son défaut.

The judge may, in addition, condemn the person so arrested to pay, in whole or in part, the costs caused by his default.

Le témoin défaillant qui réside dans la province d'Ontario n'est punissable que par le tribunal de sa résidence, sur certificat de la cour attestant son défaut.

[1965 (1ᵉʳ sess.), c. 80, a. 284; 1972, c. 70, a. 14; 1977, c. 73, a. 11; 1990, c. 4, a. 223; 2002, c. 7, a. 71].

A defaulting witness who resides in the Province of Ontario can only be punished by the court within whose jurisdiction he resides, upon a certificate of the court attesting his default.

[1965 (1st sess.), c. 80, a. 284; 1972, c. 70, s. 14; 1977, c. 73, s. 11; 1990, c. 4, s. 223; 2002, c. 7, s. 71].

SECTION IV —
DE LA MARCHE DE L'INSTRUCTION ET
DE L'AJOURNEMENT

SECTION IV — ORDER OF TRIAL
AND ADJOURNMENT

285. Au jour du procès, si une partie ne produit pas de témoins et ne justifie pas l'absence de ceux qu'elle eût voulu faire entendre, son enquête peut être déclarée close.

[1965 (1ᵉʳ sess.), c. 80, a. 285].

285. On the day of the trial, if a party does not produce any witnesses and does not justify the absence of those that he wished to have heard, his proof may be declared closed.

[1965 (1st sess.), c. 80, a. 285].

286. Si la partie justifie de sa diligence, jure que le témoin absent est nécessaire et que son absence n'est due à aucune manœuvre de sa part, la cause peut être ajournée.

286. If a party shows that he has been diligent and makes oath that the absent witness is necessary and that his absence is not due to any contrivance on his part, the case may be adjourned.

Toutefois, la partie adverse peut requérir que soient déclarés sous serment les faits que le témoin défaillant rapporterait, et éviter la remise en admettant soit la vérité de ces faits, soit seulement que le témoin en déposerait.

[1965 (1ᵉʳ sess.), c. 80, a. 286].

However, the opposite party may require him to declare under oath the facts that the defaulting witness would have stated, and may avoid the adjournment by admitting either the truth of such facts or merely that the witness would have so stated.

[1965 (1st sess.), c. 80, a. 286].

287. S'il est établi qu'un témoin n'a pu se rendre à l'audience par suite de maladie ou d'infirmité, le tribunal peut ordonner que son témoignage soit recueilli par le greffier, toutes parties présentes ou dûment appelées.

[1965 (1ᵉʳ sess.), c. 80, a. 287; 1992, c. 57, a. 420].

287. When it is established that a witness, by reason of illness of infirmity, has not been able to attend the trial, the court may order that his evidence be taken by the clerk, if all parties are present or have been duly summoned.

[1965 (1st sess.), c. 80, a. 287; 1992, c. 57, s. 420].

288. Le tribunal peut toujours accorder l'ajournement de la cause, aux conditions qu'il juge à propos.

[1965 (1ᵉʳ sess.), c. 80, a. 288].

289. C'est à la partie sur laquelle repose le fardeau de la preuve à procéder la première à l'interrogation de ses témoins.

La partie adverse présente ensuite sa preuve, après quoi l'autre partie peut soumettre une contre-preuve.

Le tribunal peut, à sa discrétion, permettre l'interrogation d'autres témoins.

[1965 (1ᵉʳ sess.), c. 80, a. 289].

290. Le juge peut, au cours de l'enquête, ordonner le transport du tribunal sur les lieux, pour procéder à toute constatation utile en vue de la solution du litige, et, à cette fin, rendre les ordonnances qu'il croit nécessaires.

[1965 (1ᵉʳ sess.), c. 80, a. 290].

291. L'enquête close, la partie sur laquelle reposait le fardeau de la preuve plaide la première; la partie adverse suit; l'autre réplique, et si elle soulève quelque point de droit nouveau, son adversaire peut lui répondre.

Nulle autre plaidoirie ne peut avoir lieu sans la permission du tribunal.

[1965 (1ᵉʳ sess.), c. 80, a. 291].

292. En tout temps avant jugement, le juge qui préside le tribunal peut signaler aux parties quelque lacune dans la preuve ou dans la procédure, et leur permettre de la combler, aux conditions qu'il détermine.

[1965 (1ᵉʳ sess.), c. 80, a. 292].

SECTION V —
DE L'AUDITION DES TÉMOINS

293. (*Abrogé*).

[1992, c. 57, a. 254].

294. Sauf lorsqu'il est autrement prescrit, dans toute cause contestée, les témoins

288. The court may always grant an adjournment of the case, on such conditions as it determines.

[1965 (1st sess.), c. 80, a. 288].

289. The party upon whom the burden of proof lies must proceed first to the examination of his witnesses.

The opposite party then presents his evidence, after which the other party may adduce evidence in rebuttal.

The court may, in its discretion, allow the examination of other witnesses.

[1965 (1st sess.), c. 80, a. 289].

290. The judge may, during the trial, order that the court go to the scene in order to make any observation which may assist in the determination of the case; and, for this purpose, he may make such orders as he considers necessary.

[1965 (1st sess.), c. 80, a. 290].

291. At the conclusion of the evidence, the party upon whom the burden of proof lies addresses the court first; the opposite party follows; the other party replies, and if he raises a new point of law, his opponent may answer.

No other address can be made, unless with the permissions of the court.

[1965 (1st sess.), c. 80, a. 291].

292. At any time before judgment, the presiding judge may draw the attention of the parties to any gap in the proof or in the proceedings and permit them to fill it, on such conditions as he may determine.

[1965 (1st sess.), c. 80, a. 292].

SECTION V — EXAMINATION OF
WITNESSES

293. (*Repealed*).

[1992, c. 57, s. 254].

294. Except where otherwise provided, in any contested case the witnesses are ex-

sont interrogés à l'audience, la partie adverse présente ou dûment appelée.

amined in open court, the opposite party being present or duly notified.

Chaque partie peut demander que les témoins déposent hors la présence les uns des autres.

[1965 (1ʳ sess.), c. 80, a. 294].

Any party may demand that the witnesses testify outside each other's presence.

[1965 (1st sess.), c. 80, a. 294].

294.1. Le tribunal peut accepter à titre de témoignage une déclaration écrite, pourvu que cette déclaration ait été communiquée et produite au dossier conformément aux règles sur la communication et la production des pièces prévues au présent titre.

Une partie peut exiger que la partie qui a communiqué la déclaration assigne le témoin à l'audience, mais le tribunal peut la condamner à des dépens dont il fixe le montant, lorsqu'il estime que la production du témoignage écrit eût été suffisante.

[1968, c. 84, a. 2; 1975, c. 83, a. 21; 1977, c. 73, a. 12; 1979, c. 45, a. 159; 1984, c. 26, a. 12; 1992, c. 57, a. 255; 1994, c. 28, a. 17; 1999, c. 46, a. 6; 2000, c. 12, a. 315; 2002, c. 7, a. 72].

294.1. The court may accept a written statement as testimony, provided the statement is communicated and filed in the record in accordance with the rules contained in this Title concerning the communication and filing of exhibits.

A party may demand that the party having communicated the statement summon the witness to the hearing, but costs in the amount determined by the court may be awarded against that party if, in the opinion of the court, the production of the written statement would have been sufficient.

[1968, c. 84, s. 2; 1975, c. 83, s. 21; 1977, c. 73, s. 12; 1979, c. 45, s. 159; 1984, c. 26, s. 12; 1992, c. 57, s. 255; 1994, c. 28, s. 17; 1999, c. 46, s. 6; 2000, c. 12, s. 315; 2002, c. 7, s. 72].

295. Toute personne est apte à déposer en justice, sauf si, en raison de sa condition physique ou mentale, elle n'est pas en état de rapporter des faits dont elle a eu connaissance; et toute personne apte à déposer peut être contrainte de le faire.

La relation de conjoint, la parenté, l'alliance, l'intérêt peuvent être causes de reproche contre un témoin, mais seulement quant au degré de crédibilité de son témoignage.

[1965 (1ʳ sess.), c. 80, a. 295; 2002, c. 6, a. 96].

295. All persons are competent to testify except those who, because of their physical or mental condition, are not in a fit state to report the facts of which they had knowledge, and any person competent to testify may be compelled to do so.

A spousal or family relationship, connection by marriage or a civil union and interest are objections only to the credibility of a witness.

[1965 (1st sess.), c. 80, a. 295; 2002, c. 6, s. 96].

296. Celui qui est atteint d'une infirmité qui le rend incapable de parler, ou d'entendre et de parler, est admis à prêter serment, et à déposer, soit par écrit de sa main, soit par signes, avec l'aide d'un interprète.

[1965 (1ʳ sess.), c. 80, a. 296; 1992, c. 57, a. 256].

296. A person afflicted with an infirmity which renders him unable to speak, or to hear and speak, may take the oath and testify, either by writing under his hand, or by signs with the aid of an interpreter.

[1965 (1st sess.), c. 80, a. 296; 1992, c. 57, s. 256].

297. L'huissier qui a signifié l'assignation ne peut être reçu à témoigner de faits ou d'aveux dont il aura eu connaissance après

297. The bailiff who served the summons cannot testify to any facts or admissions which came to his knowledge after his be-

avoir été chargé de la signification de cet acte, sauf quant à la signification elle-même.

[1965 (1ʳᵉ sess.), c. 80, a. 297; 1996, c. 5, a. 27].

ing charged with service of the summons, except in relation to the service itself.

[1965 (1st sess.), c. 80, a. 297; 1996, c. 5, s. 27].

298. Avant d'être entendu, le témoin doit déclarer ses nom, âge et résidence.

[1965 (1ʳᵉ sess.), c. 80, a. 298; 1986, c. 95, a. 63].

298. Before testifying, the witness must declare his name, age and residence.

[1965 (1st sess.), c. 80, a. 298; 1986, c. 95, s. 63].

299. Nul n'est admis à déposer, sous peine de nullité de sa déposition, s'il n'a fait le serment de dire la vérité.

Dans tous les cas, le tribunal doit voir à ce que la formule du serment, laquelle consiste à faire l'affirmation solennelle de dire la vérité, toute la vérité et rien que la vérité, soit lue au témoin de manière qu'il la comprenne bien.

[1965 (1ʳᵉ sess.), c. 80, a. 299; 1986, c. 95, a. 64; 1992, c. 57, a. 257].

299. No person may testify, under the penalty of the nullity of his deposition, unless he swears that he will tell the truth.

In all cases, the court must see to it that the form of the oath, which consists in making the solemn affirmation to tell the truth, the whole truth and nothing but the truth, is read to the witness in such a way as to be well understood by him.

[1965 (1st sess.), c. 80, a. 299; 1986, c. 95, s. 64; 1992, c. 57, s. 257].

300. (*Abrogé*).

[1992, c. 57, a. 258].

300. (*Repealed*).

[1992, c. 57, s. 258].

301. (*Abrogé*).

[1992, c. 57, a. 259].

301. (*Repealed*).

[1992, c. 57, s. 259].

302. Toute personne présente à l'audience peut être requise de rendre témoignage, et elle est tenue de répondre comme si elle avait été régulièrement assignée.

[1965 (1ʳᵉ sess.), c. 80, a. 302].

302. Any person present at the trial may be required to testify and is bound to answer as if he had been regularly summoned.

[1965 (1st sess.), c. 80, a. 302].

303. Le témoin présent ne peut refuser de répondre sous prétexte qu'on ne lui a pas avancé ses frais de déplacement.

[1965 (1ʳᵉ sess.), c. 80, a. 303].

303. A witness who is present cannot refuse to testify under pretext that his travelling expenses have not been advanced to him.

[1965 (1st sess.), c. 80, a. 303].

304. Le refus de prêter serment constitue un refus de témoigner.

[1965 (1ʳᵉ sess.), c. 80, a. 304; 1992, c. 57, a. 260].

304. A refusal to take an oath constitutes a refusal to testify.

[1965 (1st sess.), c. 80, a. 304; 1992, c. 57, s. 260].

305. Pour faciliter l'interrogatoire d'un témoin, le juge peut requérir les services d'un interprète dont la rémunération fera partie des frais de la cause.

Toutefois, le ministre de la Justice assume

305. To facilitate the examination of a witness, the judge may retain the services of an interpreter, whose remuneration forms part of the costs of the case.

However, the Minister of Justice assumes

cette rémunération, dans les districts judiciaires d'Abitibi et de Roberval, si l'une des parties bénéficie de la convention visée dans la *Loi approuvant la Convention de la Baie James et du Nord Québécois* (chapitre C-67), et dans le district judiciaire de Mingan, si l'une des parties bénéficie de la convention visée dans la *Loi approuvant la Convention du Nord-Est québécois* (chapitre C-67.1).

[1965 (1ʳᵉ sess.), c. 80, a. 305; 1977, c. 73, a. 13; 1979, c. 37, a. 14; 1981, c. 14, a. 12].

306. Le témoin est interrogé par la partie qui l'a produit ou par son procureur. Les questions doivent porter sur les faits de la contestation seulement; elles ne doivent pas être posées d'une manière qui suggère la réponse désirée, à moins que le témoin ne cherche manifestement à éluder une question ou à favoriser une autre partie, ou que, étant lui-même partie au procès, il n'ait des intérêts opposés à la partie qui l'interroge.

[1965 (1ʳᵉ sess.), c. 80, a. 306].

307. Un témoin ne peut être contraint de divulguer une communication que son conjoint lui aurait faite au cours de leur vie commune.

[1965 (1ʳᵉ sess.), c. 80, a. 307; 2002, c. 6, a. 97].

308. De même, ne peut être contraint de divulguer ce qui lui a été révélé dans l'exercice de ses fonctions le fonctionnaire de l'État, si le juge est d'avis, pour les raisons exposées dans la déclaration assermentée du ministre ou du sous-ministre de qui relève le témoin, que la divulgation serait contraire à l'ordre public.

[1965 (1ʳᵉ sess.), c. 80, a. 308; 1975, c. 6, a. 96].

309. Un témoin ne peut refuser de répondre pour le motif que sa réponse pourrait tendre à l'incriminer ou à l'exposer à une poursuite, de quelque nature qu'elle puisse être; mais s'il fait une objection en ce sens, sa réponse ne pourra servir contre lui dans aucune poursuite pénale intentée en vertu de quelque loi du Québec.

[1965 (1ʳᵉ sess.), c. 80, a. 309].

that remuneration in the judicial districts of Abitibi and Roberval, if one of the parties benefits by the agreement contemplated in the *Act approving the Agreement concerning James Bay and Northern Québec* (chapter C-67), and in the judicial district of Mingan, if one of the parties benefits by the agreement contemplated in the *Act approving the Northeastern Québec Agreement* (chapter C-67.1).

[1965 (1st sess.), c. 80, a. 305; 1977, c. 73, s. 13; 1979, c. 37, s. 14; 1981, c. 14, s. 12].

306. The witness is examined by the party producing him or by his counsel. The questions must deal with the facts in issue only; they must not be put in such a way as to suggest the desired answer, unless the witness evidently attempts to elude a question or to favour another party, or unless, being himself a party to the suit, he has interests opposed to the party who is questioning him.

[1965 (1st sess.), c. 80, a. 306].

307. A witness cannot be compelled to divulge any communication made to him or her by his or her spouse during their life together.

[1965 (1st sess.), c. 80, a. 307; 2002, c. 6, s. 97].

308. Similarly, Government officials cannot be obliged to divulge what has been revealed to them in the exercise of their functions provided that the judge is of the opinion, for reasons set out in the affidavit of the Minister or deputy minister to whom the witness is answerable, that the disclosure would be contrary to public order.

[1965 (1st sess.), c. 80, a. 308; 1975, c. 6, s. 96].

309. A witness cannot refuse to answer for the reason that his reply might tend to incriminate him or to expose him to a legal proceeding of any kind; but if he objects on that ground, his reply cannot be used against him in any penal proceedings instituted under any law of Québec.

[1965 (1st sess.), c. 80, a. 309].

310. La partie qui produit un témoin ne peut le reprocher, mais elle peut prouver par d'autres le contraire de ce qu'il a dit, ou, avec la permission du tribunal, prouver qu'il a, à une autre époque, fait des déclarations incompatibles avec son témoignage actuel, pourvu que, dans ce dernier cas, le témoin ait d'abord été interrogé à cet égard.

[1965 (1ᵉʳ sess.), c. 80, a. 310].

310. A party cannot impeach the credit of a witness produced by himself, but he may prove by others the contrary of what such witness has stated, or, by leave of the court, he may prove that at another time he has made statements inconsistent with his present testimony, provided, in the latter case, that the witness be first questioned upon the subject.

[1965 (1st sess.), c. 80, a. 310].

311. Le témoin qui a en sa possession quelque document se rapportant au litige est tenu de le produire sur demande; à moins qu'il ne s'agisse d'un écrit authentique, il doit en laisser prendre copies, extraits ou reproductions qui, certifiés par le greffier, auront la même force probante que l'original.

[1965 (1ᵉʳ sess.), c. 80, a. 311; 1992, c. 57, a. 420].

311. A witness who has in his possession any document touching the matter in issue is bound to produce it on demand. Except in the case of an authentic writing, he must allow copies, extracts or reproductions to be made which, when certified by the clerk, have the same probative effect as the original.

[1965 (1st sess.), c. 80, a. 311; 1992, c. 57, s. 420].

312. Le tribunal peut ordonner à une partie d'exhiber devant lui, ou en tous autres lieu et temps convenables, un élément matériel de preuve qu'elle a en sa possession et que des témoins sont appelés à identifier; à défaut par la partie d'obtempérer, l'identité de l'élément matériel de preuve est réputée établie contre elle, à moins que le tribunal ne la relève de son défaut avant que jugement ne soit rendu.

Si un témoin est en possession de quelque élément matériel de preuve d'intérêt pour le litige, le juge peut également lui ordonner de le produire.

[1965 (1ᵉʳ sess.), c. 80, a. 312; 1992, c. 57, a. 261; 1994, c. 28, a. 18].

312. The court may order a party to exhibit before the court, or at any other convenient place and time, any real evidence in his possession which witnesses are called upon to identify; if the party fails to obey the order, the identity of the real evidence is deemed to be established against him, unless the court relieves him from his default before judgment is rendered.

A judge may also order a witness in possession of any real evidence connected with the litigation to produce it.

[1965 (1st sess.), c. 80, a. 312; 1992, c. 57, s. 261; 1994, c. 28, s. 18].

313. Le témoin qui, sans raison valable, refuse de répondre, se rend coupable d'outrage au tribunal, de même que celui qui, ayant en sa possession quelque élément matériel de preuve d'intérêt pour le litige, refuse de le produire.

[1965 (1ᵉʳ sess.), c. 80, a. 313; 1994, c. 28, a. 19].

313. A witness who, without valid reason, refuses to answer, is guilty of contempt of court, as is he who, having in his possession some real evidence connected with the litigation, refuses to produce it.

[1965 (1st sess.), c. 80, a. 313; 1994, c. 28, s. 19].

314. Lorsque la partie a terminé l'interrogatoire du témoin qu'elle a produit, toute autre partie ayant des intérêts opposés peut le contre-interroger sur tous les faits du li-

314. When a party has ceased examining a witness he has produced, any other party with opposing interests may cross-examine such witness on all the facts in issue

tige et établir de toutes manières les causes de reproche contre lui.

[1965 (1ʳᵉ sess.), c. 80, a. 314].

and may also establish in any manner whatever grounds he may have for objecting to such witness.

[1965 (1st sess.), c. 80, a. 314].

315. Le témoin peut être entendu de nouveau par la partie qui l'a produit, soit pour être interrogé sur des faits nouveaux révélés par le contre-interrogatoire, soit pour expliquer ses réponses aux questions posées par une autre partie.

[1965 (1ʳᵉ sess.), c. 80, a. 315].

315. A witness may be heard again by the party who produced him, either to be examined on new facts elicited by the cross-examination or to explain his answers to the questions put by another party.

[1965 (1st sess.), c. 80, a. 315].

316. Si le témoin ne peut terminer sa déposition le jour de sa comparution, il est tenu de se présenter de nouveau le jour juridique suivant, ou tel autre jour indiqué par le tribunal et mentionné au procès-verbal d'audience. Son défaut le rend passible des mêmes peines que le refus d'obéir à l'assignation.

[1965 (1ʳᵉ sess.), c. 80, a. 316].

316. If the examination of a witness cannot be completed on the day he appears, he is bound to attend on the next following juridical day, or on such other day as is indicated to him by the court and entered in the minutes of trial. His default renders him liable to the same penalties as for refusing to attend upon the *subpoena*.

[1965 (1st sess.), c. 80, a. 316].

317. Le témoin qui se retire sans la permission du tribunal est exposé aux mêmes peines que celui qui refuse d'obéir à l'assignation.

[1965 (1ʳᵉ sess.), c. 80, a. 317].

317. A witness who withdraws without the permission of the court is subject to the same penalties as he who refuses to attend upon the *subpoena*.

[1965 (1st sess.), c. 80, a. 317].

318. Le juge peut poser au témoin les questions qu'il croit utiles selon les règles de la preuve.

[1965 (1ʳᵉ sess.), c. 80, a. 318].

318. The judge may ask the witness any question he deems useful according to the rules of evidence.

[1965 (1st sess.), c. 80, a. 318].

319.-320. (*Abrogés*).

[1992, c. 57, a. 262].

319.-320. (*Repealed*).

[1992, c. 57, s. 262].

321. Un bref de *subpœna* doit indiquer, en caractères facilement lisibles, le droit du témoin de requérir taxe pour ses frais et déboursés selon le tarif établi par le gouvernement.

[1965 (1ʳᵉ sess.), c. 80, a. 321; 1968, c. 84, a. 3; 1983, c. 28, a. 10].

321. A writ of *subpoena* must indicate, in easily legible type, the right of the witness to require taxation for his costs and expenses according to the tariff fixed by the Government.

[1965 (1st sess.), c. 80, a. 321; 1968, c. 84, s. 3; 1983, c. 28, s. 10].

322. Le témoin en faveur de qui la taxe a été faite peut en poursuivre l'exécution, comme d'un jugement, contre la partie qui l'a assigné.

[1965 (1ʳᵉ sess.), c. 80, a. 322].

322. A witness in favour of whom taxation has been made may execute for it, as under a judgment, against the party who summoned him.

[1965 (1st sess.), c. 80, a. 322].

323. Une partie ne peut répéter les frais de plus de cinq témoins entendus sur le même fait, à moins que le juge n'en décide autrement.

[1965 (1ʳᵉ sess.), c. 80, a. 323].

323. A party cannot recover the costs of more than five witnesses heard upon the same fact, unless the judge orders otherwise.

[1965 (1st sess.), c. 80, a. 323].

SECTION VI —
DE LA PRISE DES DÉPOSITIONS DES TÉMOINS

SECTION VI — TAKING
DEPOSITIONS OF WITNESSES

324. Dans toute cause susceptible d'appel de plein droit, les dépositions sont prises en sténographie ou enregistrées de toute autre manière autorisée par le gouvernement.

Dans toute autre cause susceptible d'appel, le juge peut ordonner qu'elles soient prises en sténographie ou ainsi enregistrées.

[1965 (1ʳᵉ sess.), c. 80, a. 324; 1969, c. 80, a. 6].

324. In any case susceptible of appeal *pleno jure*, the depositions are taken by stenography or recorded in such other manner as may be authorized by the Government.

In any other case susceptible of appeal, the judge may order that such depositions be taken by stenography or so recorded.

[1965 (1st sess.), c. 80, a. 324; 1969, c. 80, s. 6].

325. Le juge peut ordonner que les notes du sténographe soient lues au témoin et, s'il y a lieu, corrigées cour tenante.

Le sténographe doit donner lecture de ses notes chaque fois que le juge le requiert.

[1965 (1ʳᵉ sess.), c. 80, a. 325].

325. The court may order that the stenographer's notes be read to the witness and, if necessary, that they be corrected in open court.

The stenographer must read out his notes whenever the judge so requires.

[1965 (1st sess.), c. 80, a. 325].

326. Les notes du sténographe ne sont traduites que si le juge le requiert ou s'il y a appel; le coût de cette traduction fait partie des frais de la cause. Dans le premier cas, chaque partie avance le coût de traduction des dépositions de ses propres témoins; dans le second, tous les déboursés de traduction sont avancés par l'appelant.

[1965 (1ʳᵉ sess.), c. 80, a. 326].

326. The stenographer's notes are transcribed only when the judge so orders or in case of appeal; the cost of such transcription forms part of the costs of the case. In the first case, each party advances the cost of transcribing the depositions of his own witnesses; in the second case, all the costs of transcription are advanced by the appellant.

[1965 (1st sess.), c. 80, a. 326].

327. Le sténographe certifie sous son serment d'office la fidélité de ses notes et de leur traduction.

En tête de chacune des dépositions, il doit faire mention du nom du juge qui préside le tribunal, de la désignation des parties, des nom, âge, profession et résidence du témoin, et du serment prêté par ce dernier.

[1965 (1ʳᵉ sess.), c. 80, a. 327; 1999, c. 40, a. 56].

327. The stenographer certifies under his oath of office the correctness of his notes and of their transcription.

At the commencement of each deposition, he must mention the name of the judge presiding at the trial, the designation of the parties, the names, age, occupation and residence of the witness, and the fact of his having been sworn.

[1965 (1st sess.), c. 80, a. 327; 1999, c. 40, s. 56].

328. Le sténographe doit se conformer aux règles de pratique édictées pour assurer la conservation de ses notes.

[1965 (1ʳ sess.), c. 80, a. 328].

328. The stenographer must observe the rules of practice enacted to ensure the preservation of his notes.

[1965 (1st sess.), c. 80, a. 328].

329. Le juge peut permettre, avec l'accord des parties, qu'une déposition soit prise en écriture courante, intégralement ou en résumé; la déposition ainsi prise est lue au témoin, qui la signe s'il la reconnaît.

[1965 (1ʳ sess.), c. 80, a. 329].

329. The judge may, with the consent of the parties, permit a deposition to be taken down in writing, either word for word or in summary; the deposition thus taken is read to the witness, who signs it if he acknowledges it to be correct.

[1965 (1st sess.), c. 80, a. 329].

330. Celui qui recueille les dépositions doit noter les objections des parties ainsi que les décisions qui en disposent.

[1965 (1ʳ sess.), c. 80, a. 330

330. The person who takes down the depositions must note the objections of the parties, as well as the decisions thereon.

[1965 (1st sess.), c. 80, a. 330].

331. Les aveux faits de vive voix par les parties doivent être notés par le juge ou le greffier. Ces notes, une fois signées par celui qui les a prises, font foi de leur contenu comme si elles avaient été signées par les parties elles-mêmes.

[1965 (1ʳ sess.), c. 80, a. 331; 1992, c. 57, a. 420].

331. The admissions made orally by the parties must be noted by the judge or clerk. Such notes, signed by the person who has taken them, are proof of their contents as if they had been signed by the parties themselves.

[1965 (1st sess.), c. 80, a. 331; 1992, c. 57, s. 420; 1999, c. 40, s. 56].

Chapitre I.1 ——
Des pièces

SECTION I ——
DE LA COMMUNICATION DES PIÈCES

331.1. La partie qui entend invoquer lors de l'audience une pièce en sa possession, qu'il s'agisse d'un élément matériel de preuve ou d'un document, y compris l'ensemble ou un extrait d'un témoignage, un rapport d'expertise ou un autre document visé aux articles 294.1, 398.1, 398.2, 399.2 et 402.1, doit le communiquer à toute autre partie à l'instance, suivant les dispositions de la présente section.

[1994, c. 28, a. 20].

Chapter I.1 ——
Exhibits

SECTION I —— COMMUNICATION OF
EXHIBITS

331.1. A party who intends to refer at the hearing to an exhibit in his possession, whether the exhibit be real evidence or a document, including the whole or an abstract of testimony, an expert's report or any other document referred to in articles 294.1, 398.1, 398.2, 399.2 and 402.1, must communicate it to any other party to the proceedings, in accordance with the provisions of this Section.

[1994, c. 28, s. 20].

§ 1. —— Dispositions générales

331.2. Dans les instances introduites conformément à l'article 110, les pièces doivent être dénoncées aux parties dans l'avis de dénonciation qui leur est transmis.

§ 1. —— General Provisions

331.2. In proceedings introduced pursuant to article 110, exhibits must be disclosed to the other parties by means of a notice of disclosure.

La dénonciation n'est pas requise lorsqu'une copie des pièces est remise aux parties en même temps que l'acte signifié.

Lorsqu'il s'agit d'une pièce au soutien d'un acte de procédure, l'avis ou, selon le cas, la copie de la pièce, est joint à l'acte qui est signifié.

[1994, c. 28, a. 20; 1996, c. 5, a. 29; 2002, c. 7, a. 73].

331.3. Les modalités et le délai de transmission des pièces peuvent être déterminés dans le calendrier des échéances convenu par les parties ou établi par le tribunal.

Lorsque le calendrier ne prévoit pas les modalités ou le délai de communication des pièces, la partie qui a reçu l'avis de dénonciation des pièces peut, par écrit, demander une copie de celles-ci. Si sa demande n'est pas satisfaite dans les dix jours de sa réception, elle peut s'adresser au tribunal pour qu'il y soit donné suite.

[1994, c. 28, a. 20; 2002, c. 7, a. 73].

331.4. Sauf dispositions contraires du calendrier des échéances, la partie qui inscrit pour enquête et audition et qui entend invoquer lors de l'audience une pièce en sa possession autre qu'une pièce au soutien d'un acte de procédure doit la communiquer à toute autre partie lors de l'inscription. Les autres parties doivent, le cas échéant, faire de même dans les 30 jours qui suivent l'inscription, à défaut de quoi les pièces qu'elles entendent invoquer ne peuvent être produites qu'avec l'autorisation du tribunal.

Dans les cas où la défense est orale et à moins que l'audition n'ait lieu lors de la présentation de la requête introductive d'instance, les pièces visées au premier alinéa doivent être communiquées dans le délai prévu au calendrier des échéances ou imparti par le tribunal, à défaut de quoi ces pièces ne peuvent être produites qu'avec l'autorisation du tribunal.

[1994, c. 28, a. 20; 2002, c. 7, a. 73].

Disclosure is not required if a copy of the exhibits is provided to the parties upon service of a pleading.

In the case of an exhibit in support of a pleading, the notice or the copy of the exhibit must be attached to the pleading being served.

[1994, c. 28, s. 20; 1996, c. 5, s. 29; 2002, c. 7, s. 73].

331.3. The procedure and the time limit for communicating exhibits may be agreed between the parties in the proceeding timetable or determined by the court.

If the proceeding timetable does not set out the procedure or the time limit for communicating exhibits, a party having received a notice of disclosure may, in writing, request a copy of the exhibits. If the request is not complied with within 10 days after it is received, the party may apply to the court for satisfaction.

[1994, c. 28, s. 20; 2002, c. 7, s. 73].

331.4. Except where otherwise provided in the proceeding timetable, upon inscribing a case for proof and hearing, a party who intends to refer at the hearing to an exhibit in his or her possession other than an exhibit in support of a pleading must communicate the exhibit to all other parties. The other parties must do likewise within 30 days after the inscription, failing which any exhibit they may wish to refer to may be filed only with the authorization of the court.

In the case of an oral defence and where the hearing is not held at the time of presentation of the motion to institute proceedings, any exhibit to which the first paragraph applies must be communicated within the time limit set forth in the proceeding timetable or determined by the court, failing which the exhibit may be filed only with the authorization of the court.

[1994, c. 28, s. 20; 2002, c. 7, s. 73].

331.5. La partie qui, compte tenu des circonstances, ne peut raisonnablement remettre une copie des pièces à la partie qui le demande est tenue de lui donner autrement accès à ces pièces. En cas de désaccord des parties, il peut être demandé à un juge de décider des modalités, et s'il y a lieu, du délai de communication des pièces.

[1994, c. 28, a. 20; 2002, c. 7, a. 73].

331.6. La partie qui entend invoquer lors de l'audition un élément matériel de preuve doit donner aux autres parties accès à cet élément de preuve selon les dispositions de la présente section, en faisant les adaptations nécessaires.

[1994, c. 28, a. 20; 2002, c. 7, a. 73].

331.7. Lorsque la défense est écrite, les parties doivent produire leurs pièces au plus tard 15 jours avant la date fixée pour l'enquête et l'audition.

Lorsque la défense est orale, les parties doivent produire leurs pièces au plus tard trois jours avant la date fixée pour l'audition.

Dans les causes par défaut de comparaître ou de plaider, les pièces sont produites au moment de l'inscription ou, en l'absence d'inscription, lors de l'audition.

[1994, c. 28, a. 20; 2002, c. 7, a. 73].

§ 2. — Dispositions particulières à certaines instances et aux demandes présentées en cours d'instance

331.8. Dans les instances autres que celles introduites conformément à l'article 110 et dans les demandes en cours d'instance, les pièces invoquées par la partie demanderesse ou par la partie requérante, selon le cas, sont jointes à sa requête et celles invoquées par une autre partie sont remises dès que possible avant la présentation de la requête; à défaut, ces pièces ne peuvent être produites qu'avec l'autorisation du tribunal.

S'il s'agit d'un élément matériel de

331.5. If, owing to the circumstances, a copy of an exhibit cannot reasonably be provided to a party having requested such a copy, the party in possession of the exhibit must give access thereto by other means. If the parties cannot agree, a judge may be requested to determine a communication procedure and, if appropriate, a time limit.

[1994, c. 28, s. 20; 2002, c. 7, s. 73].

331.6. A party that intends to use real evidence at the hearing must give the other parties access to the evidence in accordance with the provisions of this Section, with the necessary modifications.

[1994, c. 28, s. 20; 2002, c. 7, s. 73].

331.7. If the defence is to be in writing, the parties must file their exhibits at the latest 15 days before the date of the proof and hearing.

If the defence is to be oral, the parties must file their exhibits at the latest three days before the date of the hearing.

In cases where the defendant is in default for failure to appear or to plead, the exhibits are filed upon inscription or, if there is no inscription, at the hearing.

[1994, c. 28, s. 20; 2002, c. 7, s. 73].

§ 2. — Special Provisions Applicable to Certain Proceedings and to Applications Presented During Proceedings

331.8. In proceedings other than those introduced pursuant to article 110 and in the case of applications presented during the proceedings, the exhibits used by the plaintiff or applicant must be attached to the motion or application and those used by any other party must be filed as soon as possible before the presentation of the motion or application, failing which exhibits may be filed only with the authorization of the court.

In the case of real evidence, communica-

preuve, il est communiqué en le rendant disponible dès que possible avant la présentation de la requête.

Les pièces communiquées sont produites lors de l'audition.

[1994, c. 28, a. 20; 1996, c. 5, a. 30; 2002, c. 7, a. 73].

tion is effected by making the evidence accessible as soon as possible before the presentation of the motion or application.

Exhibits so communicated are filed at the hearing.

[1994, c. 28, s. 20; 1996, c. 5, s. 30; 2002, c, 7, s. 73].

SECTION II —
(REMPLACÉ).

SECTION II —
(REPLACED).

SECTION III —
DU RETRAIT ET DE LA DESTRUCTION
DES PIÈCES

SECTION III — RETRIEVAL AND
DESTRUCTION OF EXHIBITS

331.9. Les parties doivent reprendre possession des pièces qu'elles ont produites, une fois l'instance terminée. À défaut, le greffier les détruit un an après la date du jugement ou de l'acte mettant fin à l'instance, à moins que le juge en chef n'en décide autrement.

Lorsqu'une partie, par quelque moyen que ce soit, se pourvoit contre le jugement, le greffier détruit les pièces dont les parties n'ont pas repris possession, un an après la date du jugement définitif ou de l'acte mettant fin à cette instance, à moins que le juge en chef n'en décide autrement.

Font cependant exception à ces règles les formulaires de fixation des pensions alimentaires pour enfants joints au jugement suivant l'article 825.13.

[1994, c. 28, a. 20; 2004, c. 5, a. 4; 2012, c. 20, a. 46].

331.9. Once proceedings are terminated, the parties must retrieve the exhibits they have filed, failing which the exhibits are destroyed by the clerk one year after the date of the judgment or of the proceeding terminating the proceedings, unless the chief justice or chief judge decides otherwise.

Where a party, on whatever grounds, seeks a remedy against a judgment, the exhibits that have not been retrieved by the parties are destroyed by the clerk one year after the date of the final judgment or of the proceeding terminating the proceedings, unless the chief justice or chief judge decides otherwise.

The child support determination forms attached to the judgment under article 825.13 are excepted from the above rules.

[1994, c. 28, s. 20; 2004, c. 5, s. 4; 2012, c. 20, s. 46].

332.-381. (*Abrogés*).

[1976, c. 9, a. 56].

332.-381. (*Repealed*).

[1976, c. 9, s. 56].

Chapitre II —
De l'arbitrage par les avocats

Chapter II —
Arbitration by Advocates

382. Le tribunal peut, à la demande des parties, référer une cause à la décision

382. The court may, at the request of the parties, refer a case to the decision of one

d'un ou de plusieurs arbitres de leur choix, avocats en exercice ou juges retraités.

or more arbitrators selected by them, who must be practising advocates or retired judges.

La demande d'arbitrage doit être signée des parties elles-mêmes; elle doit contenir les noms des arbitres, leur consentement à agir et le chiffre de la rémunération que les parties s'engagent solidairement à leur verser.

[1965 (1ʳᵉ sess.), c. 80, a. 382].

The demand for an arbitration must be signed by the parties themselves and must contain the names of the arbitrators, their consent to act and the amount of the remuneration that the parties undertake jointly and severally to pay to them.

[1965 (1st sess.), c. 80, a. 382].

383. Après avoir prêté serment de remplir fidèlement leurs devoirs, les arbitres doivent aviser les parties du jour, de l'heure et du lieu où ils procéderont; cet avis doit être donné par écrit, entre le quinzième et le dixième jour avant celui fixé pour l'instruction, à moins que les parties n'en soient autrement convenues.

[1965 (1ʳᵉ sess.), c. 80, a. 383].

383. After having sworn faithfully to carry out their duties, the arbitrators must notify the parties of the day and hour when and the place where the case will be heard. Such notice must be given in writing between the fifteenth and the tenth day before that fixed for the hearing, unless the parties have otherwise agreed.

[1965 (1st sess.), c. 80, a. 383].

384. Les arbitres peuvent nommer une personne qui agira auprès d'eux comme greffier.

[1965 (1ʳᵉ sess.), c. 80, a. 384].

384. The arbitrators may appoint someone to act as their clerk.

[1965 (1st sess.), c. 80, a. 384].

385. Les dispositions des sections III, IV, V et VI du Chapitre I du Titre V du Livre II, relatives à l'assignation et à l'audition des témoins, à la prise de leurs dépositions et à la marche de l'instruction, s'appliquent à l'instruction devant les arbitres.

[1965 (1ʳᵉ sess.), c. 80, a. 385].

385. The provisions of Sections III, IV, V, and VI of Chapter I of Title V of Book II, as to the summoning and examination of witnesses, the taking down of their evidence and the order of trial, apply to the trial before the arbitrators.

[1965 (1st sess.), c. 80, a. 385].

386. Les arbitres doivent rendre leur sentence par écrit, sous la forme d'un jugement du tribunal; s'ils ne sont pas unanimes, les dissidents doivent motiver leur dissentiment.

[1965 (1ʳᵉ sess.), c. 80, a. 386].

386. The arbitrators must make their award in writing, in the form of a judgment of the court; if they are not unanimous, those who dissent must give their reasons for so doing.

[1965 (1st sess.), c. 80, a. 386].

387. La sentence doit être déposée au greffe, avec tous les documents produits au cours de l'instruction, dans les 30 jours de la décision renvoyant la cause aux arbitres, si le juge n'a pas, pour motif valable, prorogé ce délai.

[1965 (1ʳᵉ sess.), c. 80, a. 387].

387. The award must, within 30 days of the judgment referring the case to arbitrators, be filed in the office of the court with all documents produced during the hearing, unless the judge has, for valid reason, granted an extension.

[1965 (1st sess.), c. 80, a. 387; 1999, c. 40, s. 56].

388. La sentence n'a d'effet que si elle est homologuée par le tribunal, sur requête d'une partie.

Le tribunal saisi de cette demande ne peut examiner le fond du litige, mais seulement s'enquérir des causes de nullité dont la sentence peut être entachée; s'il relève l'omission de quelque formalité à laquelle il soit possible de remédier sans injustice pour les parties, il peut rendre l'ordonnance jugée nécessaire dans les circonstances.

[1965 (1ᵉ sess.), c. 80, a. 388; 1970, c. 63, a. 2].

388. The award has no effect unless homologated by the court, on motion of one of the parties.

The court, seized of such motion, cannot inquire into the merits of the case, but only into the grounds of nullity which may affect the award. If it finds that any formality which has been omitted may be remedied without injustice to the parties, it may make such order as it considers necessary under the circumstances.

[1965 (1st sess.), c. 80, a. 388].

389. La sentence et le jugement homologatif sont enregistrés par le greffier selon les règles ordinaires.

[1965 (1ᵉ sess.), c. 80, a. 389; 1992, c. 57, a. 420].

389. The award and the judgment of homologation are recorded by the clerk in the ordinary way.

[1965 (1st sess.), c. 80, a. 389; 1992, c. 57, s. 420].

390. Si les arbitres tardent à procéder à l'instruction, ou s'ils ne déposent pas leur sentence dans le délai prévu, le tribunal peut soit les révoquer et ordonner que la cause soit continuée de la manière ordinaire, mais en tenant compte de la preuve déjà reçue, le cas échéant, soit rendre toute autre ordonnance jugée utile; dans les deux cas, le tribunal prononce sur les dépens selon les circonstances.

[1965 (1ᵉ sess.), c. 80, a. 390].

390. If the arbitrators delay in hearing the case or do not file their award within the time fixed, the court may either dismiss them and order that the case proceed in the ordinary way, but taking into account any evidence already heard, or make such other order as it considers appropriate; in either case the court adjudicates as to costs according to the circumstances.

[1965 (1st sess.), c. 80, a. 390; 1999, c. 40, s. 56].

391. Si, pour une raison jugée suffisante, un arbitre a cessé d'agir avant le dépôt de la sentence, le tribunal peut lui attribuer une part de la rémunération convenue.

[1965 (1ᵉ sess.), c. 80, a. 391].

391. If for any reason which the court considers sufficient an arbitrator has ceased acting before the award is filed, the court may allot him a part of the agreed remuneration.

[1965 (1st sess.), c. 80, a. 391].

392. Les arbitres doivent, dans leur sentence, prononcer sur les dépens, y compris leur propre rémunération, en tenant compte des dispositions du Chapitre III du Titre VII du Livre II.

[1965 (1ᵉ sess.), c. 80, a. 392].

392. The arbitrators must, in their award, adjudicate as to the costs, including their remuneration, taking into account the provisions of Chapter III of Title VII of Book II.

[1965 (1st sess.), c. 80, a. 392].

393. La sentence arbitrale homologuée est sujette à appel, comme tout jugement de la Cour supérieure.

[1965 (1ᵉ sess.), c. 80, a. 393].

393. The award, when homologated, may be appealed like any judgment of the Superior Court.

[1965 (1st sess.), c. 80, a. 393].

394. Les dispositions du présent chapitre ne s'appliquent pas lorsque les parties n'ont pas le pouvoir de transiger, ni lorsque l'intérêt public est en jeu; elles ne s'appliquent pas non plus aux demandes relatives à la filiation, à l'autorité parentale, aux demandes en séparation de corps ou de biens, en nullité de mariage, en divorce ou en dissolution ou en nullité d'union civile, ni à celles en dissolution de personne morale ou en annulation de lettres patentes.

[1965 (1ᵉ sess.), c. 80, a. 394; 1982, c. 17, a. 15; 1992, c. 57, a. 263; 1999, c. 40, a. 56; 2002, c. 6, a. 98].

394. The provisions of this chapter do not apply when the parties do not have the power to transact or when some matter of public interest is involved; nor do they apply to applications relating to filiation or to parental authority, to applications for separation from bed and board, marriage annulment or divorce or for the dissolution or annulment of a civil union, for dissolution of legal persons or to annul letters patent.

[1965 (1st sess.), c. 80, a. 394; 1982, c. 17, s. 15; 1992, c. 57, s. 263; 1999, c. 40, s. 56; 2002, c. 6, s. 98].

Chapitre II.1 ━━━
De la représentation et de l'audition d'un mineur ou d'un majeur inapte

Chapter II.1 ━━━
Representation and Hearing of a Minor or an Incapable Person of Full Age

394.1. Lorsque, dans une instance, le tribunal constate que l'intérêt d'un mineur ou d'un majeur qu'il estime inapte est en jeu et qu'il est nécessaire pour en assurer la sauvegarde que le mineur ou le majeur inapte soit représenté, il peut, même d'office, ajourner l'instruction de la demande jusqu'à ce qu'un procureur soit chargé de le représenter.

Le tribunal peut aussi rendre toute ordonnance utile pour assurer cette représentation, notamment statuer sur la fixation des honoraires payables à son procureur et déterminer à qui en incombera le paiement.

[1992, c. 57, a. 264].

394.1. Where, in a proceeding, the court ascertains that the interest of a minor or of a person of full age it considers incapable is at stake and that it is necessary for the safeguard of his interest that the minor or incapable person of full age be represented, it may, even of its own motion, adjourn the hearing of the application until an attorney is appointed to represent him.

The court may also make any order necessary to ensure such representa-tion, in particular, rule on the fees payable to the attorney and determine who will be responsible for their payment.

[1992, c. 57, s. 264].

394.2. Afin de favoriser une représentation adéquate du mineur et du majeur inapte, le tribunal doit, même d'office, dans tous les cas où l'intérêt d'un mineur ou d'un majeur inapte est opposé à celui de son représentant légal, lui désigner un tuteur ou un curateur *ad hoc*.

[1992, c. 57, a. 264].

394.2. To ensure proper representation of a minor or incapable person of full age, the court must, even of its own motion, in all cases where the interest of the minor or incapable person of full age is opposed to the interest of his legal representative, appoint a tutor or curator *ad hoc*.

[1992, c. 57, s. 264].

394.3. Lorsque le tribunal entend un mineur ou un majeur qu'il estime inapte, celui-ci peut être accompagné d'une personne apte à l'assister ou à le rassurer.

[1992, c. 57, a. 264].

394.3. Where the court hears a minor or a person of full age it considers incapable, he may be accompanied by a person capable of assisting or reassuring him.

[1992, c. 57, s. 264].

394.4. Lorsque l'intérêt d'un mineur ou d'un majeur inapte l'exige, le tribunal peut l'interroger hors la présence des parties après avoir avisé celles-ci.

À moins que les parties n'y renoncent, la déposition est alors prise en sténographie ou enregistrée; le procès-verbal de la déposition, une traduction des notes sténographiques ou une copie de l'enregistrement leur est transmis sur demande.

[1992, c. 57, a. 264].

394.5. Lorsque l'intérêt d'un mineur ou d'un majeur qu'il estime inapte l'exige, le tribunal, après en avoir avisé toutes les parties, l'entend soit au lieu où il réside ou à celui où il est gardé, soit en tout autre lieu qui lui paraît approprié.

[1992, c. 57, a. 264].

Chapitre III ━━
**Des procédures spéciales
d'administration de la preuve**

SECTION I ━━
GÉNÉRALITÉS

395. Les dispositions des sections III, V et VI du Chapitre I, ainsi que celles du Chapitre II.1 du présent Titre régissent les cas prévus au présent chapitre, dans la mesure où elles peuvent s'y appliquer.

Les dispositions du présent chapitre s'appliquent également, compte tenu des adaptations nécessaires, dans les cas où la défense est orale.

Si quelque difficulté surgit au cours de l'audition d'un témoin entendu hors la présence du juge, elle doit lui être soumise aussitôt que possible pour adjudication, à moins que les parties ne consentent à poursuivre l'interrogation sous réserve de l'objection, qui devra être décidée ultérieurement par le juge du procès.

[1965 (1ʳᵉ sess.), c. 80, a. 395; 1992, c. 57, a. 265;
2002, c. 7, a. 74].

394.4. Where the interest of a minor or incapable person of full age requires it, the court may, after advising the parties, examine him out of the presence of the parties.

The deposition is taken down in stenography or recorded, unless waived by the parties. The minutes of the deposition, a transcript of the stenographer's notes or a copy of the recording is sent to the parties on request.

[1992, c. 57, s. 264].

394.5. Where the interest of a minor or of a person of full age it considers incapable requires it, the court may, after so advising all the parties, hear him where he resides or is confined, or in any other place the court considers appropriate.

[1992, c. 57, s. 264].

Chapter III ━━
**Special Proceedings Relating to
Production of Evidence**

SECTION I ━━ GENERAL PROVISIONS

395. The provisions of Sections III, V and VI of Chapter I and the provisions of Chapter II.1 of this Title govern, in so far as applicable, the cases covered in this chapter.

The provisions of this chapter also apply, with the necessary modifications, to cases in which the defence is presented orally.

If any dispute arises during an examination of a witness not before a judge, it must be submitted as soon as possible to a judge for his decision, unless the parties agree to continue the examination under reserve of the objection, which is later decided by the trial judge.

[1965 (1st sess.), c. 80, a. 395; 1992, c. 57, s. 265;
2002, c. 7, s. 74].

396. Sous réserve de l'article 398.1, les dépositions recueillies en vertu des dispositions du présent chapitre font partie du dossier.

Si le témoin est au Québec au moment du procès et peut être entendu, il pourra être interrogé de nouveau sur demande de l'une ou l'autre des parties.

[1965 (1ʳᵉ sess.), c. 80, a. 396; 1983, c. 28, a. 11].

396. Subject to article 398.1, the depositions taken by virtue of this chapter form part of the record.

If the witness is in Québec and can be produced at the trial, he may be examined again, if any party so requires.

[1965 (1st sess.), c. 80, a. 396; 1983, c. 28, s. 11].

SECTION II —
DE L'INTERROGATOIRE PRÉALABLE, DE L'EXAMEN MÉDICAL ET DE LA PRODUCTION DE DOCUMENTS

§ 1. — De l'interrogatoire préalable

SECTION II — EXAMINATION ON DISCOVERY, MEDICAL EXAMINATION AND PRODUCTION OF DOCUMENTS

§ 1. — Examination on Discovery

396.1. Aucun interrogatoire préalable n'est permis dans les causes dans lesquelles la somme demandée ou la valeur du bien réclamé est inférieure à 25 000 $.

[2002, c. 7, a. 75].

396.1. No examination on discovery is permitted where the amount claimed or the value of the property claimed is less than $ 25,000.

[2002, c. 7, s. 75].

396.2. Les interrogatoires préalables, avant ou après production de la défense, n'ont lieu que dans les conditions prévues dans l'entente convenue entre les parties ou déterminées par le tribunal, notamment quant à leur nombre et à leur durée.

[2002, c. 7, a. 75].

396.2. Examinations on discovery, whether before or after the filing of the defence, may only be held in accordance with the terms provided in the agreement between the parties or determined by the court, particularly as far as their number and length are concerned.

[2002, c. 7, s. 75].

396.3. Les parties peuvent, d'un commun accord, soumettre au juge, avant la tenue d'un interrogatoire préalable, toute objection prévisible, pour qu'il en décide.

[2002, c. 7, a. 75].

396.3. Before an examination on discovery is held, the parties may, by mutual consent, submit any foreseeable objection to the judge for a determination.

[2002, c. 7, s. 75].

396.4. Le tribunal peut, sur demande, mettre fin à l'interrogatoire qu'il estime abusif, vexatoire ou inutile; il peut alors statuer sur les dépens.

[2002, c. 7, a. 75].

396.4. The court may, on an application, terminate an examination that it considers excessive, vexatious or useless, and rule on the costs.

[2002, c. 7, s. 75].

397. Le défendeur peut, avant production de la défense et après avis de deux jours aux procureurs des autres parties, assigner à comparaître devant le juge ou le greffier, pour y être interrogé sur tous les faits se rapportant à la demande ou pour donner

397. The defendant may, before the filing of the defence and after two days notice to the attorneys of the other parties, summon to be examined before the judge or clerk upon all facts relating to the issues between the parties or to give communica-

communication et laisser prendre copie de tout écrit se rapportant à la demande:

1. le demandeur, son représentant, agent ou employé;

2. dans une action en responsabilité, la victime, de même que toute personne impliquée dans la commission du fait préjudiciable;

3. la personne pour laquelle le demandeur réclame en qualité de tuteur ou de curateur, de même que celle pour laquelle il agit comme prête-nom ou de qui il tient ses droits par cession, subrogation ou autre titre analogue;

4. avec la permission du tribunal et aux conditions qu'il détermine, toute autre personne.

[1965 (1ʳᵉ sess.), c. 80, a. 397; 1966, c. 21, a. 9; 1969, c. 81, a. 7; 1983, c. 28, a. 12; 1984, c. 26, a. 13; 1992, c. 57, a. 420; 1999, c. 40, a. 56; 2002, c. 7, a. 76].

398. Après production de la défense, une partie peut, après avis de deux jours aux procureurs des autres parties, assigner à comparaître devant le juge où le greffier, pour y être interrogé sur tous les faits se rapportant au litige ou pour donner communication et laisser prendre copie de tout écrit se rapportant au litige:

1. toute autre partie, son représentant, agent ou employé;

2. toute personne mentionnée aux paragraphes 2 et 3 de l'article 397;

3. avec la permission du tribunal et aux conditions qu'il détermine, toute autre personne.

Le défendeur ne peut cependant, sans l'autorisation du juge ou dans le cas visé au paragraphe 3 du premier alinéa, du tribunal, interroger en vertu du présent article une personne qu'il a déjà interrogée en vertu de l'article 397.

[1965 (1ʳᵉ sess.), c. 80, a. 398; 1983, c. 28, a. 13; 1984, c. 26, a. 14; 1992, c. 57, a. 420; 1999, c. 40, a. 56; 2002, c. 7, a. 77].

398.1. La partie qui a procédé à un interrogatoire en vertu des articles 397 ou 398

tion and allow copy to be made of any document relating to the issues:

(1) the plaintiff, or his representative, agent or employee;

(2) in any civil liability action, the victim, and any person involved in the commission of the act which caused the injury;

(3) the person for whom the plaintiff claims as tutor or curator, or for whom he acts as *prête-nom*, or whose rights he has acquired by transfer, subrogation or other similar title;

(4) with the permission of the court and on such conditions as it may determine, any other person.

[1965 (1st sess.), c. 80, a. 397; 1966, c. 21, s. 9; 1969, c. 81, s. 7; 1983, c. 28, s. 12; 1984, c. 26, s. 13; 1992, c. 57, s. 420; 1999, c. 40, s. 56; 2002, c. 7, s. 76].

398. After defence filed, any party may, after two days notice to the attorneys of the other parties, summon to be examined before the judge or clerk upon all facts relating to the issues between the parties or to give communication and allow copy to be made of any document relating to the issue:

(1) any other party, or his representative, agent or employee;

(2) any person mentioned in paragraphs 2 and 3 of article 397;

(3) with the permission of the court and on such conditions as it may determine, any other person.

The defendant cannot, however, without permission of the judge or, in the case referred to in subparagraph 3 of the first paragraph, the court, examine under this article any person whom he has already examined under article 397.

[1965 (1st sess.), c. 80, a. 398; 1983, c. 28, s. 13; 1984, c. 26, s. 14; 1992, c. 57, s. 420; 1999, c. 40, s. 56; 2002, c. 7, s. 77].

398.1. A party having examined witnesses under article 397 or 398 may introduce as

peut introduire en preuve l'ensemble ou des extraits seulement des dépositions ainsi recueillies, pourvu qu'ils aient été communiqués et produits au dossier conformément aux dispositions de la section I du chapitre I.1 du présent titre.

Cependant, à la demande de toute autre partie, la Cour peut ordonner que soit ajouté au dossier tout extrait de la déposition qui, à son avis, ne peut être dissocié des extraits déjà déposés.

[1983, c. 28, a. 14; 1984, c. 26, a. 15; 1994, c. 28, a. 21; 2002, c. 7, a. 78].

398.2. L'article 398.1 s'applique également dans le cas d'un interrogatoire tenu en vertu de l'article 93, à l'exception d'un interrogatoire concernant un affidavit détaillé produit en matière familiale. Toutefois, dans le cas d'une requête autre qu'une requête introductive d'instance, l'ensemble ou les extraits des dépositions qu'une partie entend produire doivent être signifiés aux autres parties, au moins 10 jours avant la date de l'audition, à moins que le tribunal n'en décide autrement.

[1984, c. 26, a. 16; 1994, c. 28, a. 22; 1999, c. 46, a. 7].

§ 2. — De l'examen médical

399. Dans toute cause susceptible d'appel, lorsqu'est mis en question l'état physique ou mental d'une personne, partie à un litige ou qui a subi le préjudice qui y a donné lieu, une partie peut assigner à ses frais cette personne par bref de *subpœna* pour qu'elle se soumette à un examen médical. Ce bref doit indiquer le lieu, le jour et l'heure où la personne assignée doit se présenter, de même que les noms des experts chargés d'effectuer l'examen; il doit être signifié au moins 10 jours avant la date fixée pour l'examen, avec avis au procureur de la personne assignée.

Si la personne examinée le désire, des experts de son choix peuvent assister à cet examen.

Le juge peut toutefois, sur requête, pour

evidence the whole or abstracts only of the depositions taken, provided they have been communicated and filed in the record in accordance with the provisions of Section I of Chapter I.1 of this Title.

However, on the motion of any other party, the court may order any abstract of the deposition which, in its opinion, cannot be dissociated from the abstracts already filed, to be added to the record.

[1983, c. 28, s. 14; 1984, c. 26, s. 15; 1994, c. 28, s. 21; 2002, c. 7, s. 78].

398.2. Article 398.1 applies also in the case of an examination made under article 93, except an examination concerning a detailed affidavit filed in a family matter. However, in the case of a motion other than a motion to institute proceedings, the whole or the abstracts of the depositions that one of the parties intends to file must be served on the other parties at least 10 days before the date of the hearing unless the court decides otherwise.

[1984, c. 26, s. 16; 1994, c. 28, s. 22; 1999, c. 46, s. 7].

§ 2. — Medical Examination

399. In any case susceptible of appeal, when there is in issue the physical or mental condition of any party or of the person who suffered the injury which has given rise to the action, a party may summon at his expense such person by writ of *subpoena* to have a medical examination. Such writ must indicate the place where, and the day and hour when the person summoned must attend and the names of the experts entrusted with making the examination; it must be served at least 10 days before the date fixed for the examination, with a notice to the attorney of the person summoned.

If the person examined so wishes, experts chosen by him may attend such examination.

The judge may however, on motion, for

des raisons jugées valables, annuler un bref délivré en vertu du présent article ou en modifier le contenu.

[1965 (1ʳᵉ sess.), c. 80, a. 399; 1969, c. 81, a. 8; 1972, c. 70, a. 15; 1992, c. 57, a. 266].

399.1. Lorsqu'une personne s'est soumise à un examen médical conformément l'article 399, le juge peut, sur demande, ordonner à cette personne de se soumettre à un autre examen médical par un ou plusieurs experts désignés par le requérant, aux frais de ce dernier.

Cet examen est fait à la date, à l'endroit et dans les conditions fixés par le jugement qui l'ordonne et, si la personne examinée le désire, en présence d'experts de son choix.

[1972, c. 70, a. 15].

399.2. Malgré les dispositions relatives à la communication des pièces prévues à la section I du chapitre I.1 du présent titre, dans le cas d'une requête autre qu'une requête introductive d'instance, une copie des rapports doit être signifiée aux parties, au moins 10 jours avant la date de l'audition, à moins que le tribunal n'en décide autrement.

[1984, c. 26, a. 17; 1994, c. 28, a. 23].

400. Le tribunal peut ordonner à un établissement visé dans les lois relatives aux services de santé et aux services sociaux de communiquer à une partie le dossier médical de la personne examinée ou dont le décès a donné lieu à une action en responsabilité civile, et de lui en laisser prendre copie.

[1965 (1ʳᵉ sess.), c. 80, a. 400; 1972, c. 70, a. 16; 1992, c. 57, a. 267].

§ 3. — De la production de documents

401. (*Abrogé*).

[1983, c. 28, a. 15].

402. Si, après production de la défense, il appert au dossier qu'un document se rapportant au litige est entre les mains d'un

reasons considered valid, quash a writ issued under this article or amend its content.

[1965 (1st sess.), c. 80, a. 399; 1969, c. 81, s. 8; 1972, c. 70, s. 15; 1992, c. 57, s. 266].

399.1. When a person has a medical examination in accordance with article 399, the judge may, on motion, order such person to have another medical examination by one or more experts designated by the applicant, at his expense.

The examination is held on the date, at the place and under the conditions determined in the judgment which orders it, and, if the person examined so wishes, in the presence of experts chosen by him.

[1972, c. 70, s. 15].

399.2. Notwithstanding the provisions contained in Section I of Chapter I.1 of this Title that pertain to the communication of exhibits, in the case of a motion other than a motion to institute proceedings, a copy of the reports must be served on the parties at least 10 days before the date of the hearing, unless the court decides otherwise.

[1984, c. 26, s. 17; 1994, c. 28, s. 23].

400. The court may order an establishment governed by the Acts respecting health services and social services to allow a party to examine and make a copy of the medical record of the person examined or a person whose death has given rise to an action in civil liability.

[1965 (1st sess.), c. 80, a. 400; 1972, c. 70, s. 16; 1992, c. 57, s. 267].

§ 3. — Production of Documents

401. (*Repealed*).

[1983, c. 28, s. 15].

402. If, after defence filed, it appears from the record that a document relating to the issues between the parties is in the posses-

tiers, celui-ci sera tenu d'en donner communication aux parties, sur assignation autorisée par le tribunal, à moins de raisons le justifiant de s'y opposer.

Le tribunal peut aussi, en tout temps après production de la défense, ordonner à une partie ou à un tiers qui a en sa possession un élément matériel de preuve se rapportant au litige, de l'exhiber, de le conserver ou de le soumettre à une expertise aux conditions, temps et lieu et en la manière qu'il juge à propos.

[1965 (1ʳ sess.), c. 80, a. 402; 1992, c. 57, a. 268; 1994, c. 28, a. 24].

402.1. Sauf avec la permission du tribunal, nul témoin expert n'est entendu à moins que son rapport écrit n'ait été communiqué et produit au dossier conformément aux dispositions des sections I et II du chapitre I.1 du présent titre. Toutefois, dans le cas d'une requête autre qu'une requête introductive d'instance, une copie du rapport doit être signifiée aux parties, au moins 10 jours avant la date de l'audition, à moins que le tribunal n'en décide autrement.

La production au dossier de l'ensemble ou d'extraits seulement du témoignage hors cour d'un témoin expert peut tenir lieu de son rapport écrit.

[1972, c. 70, a. 17; 1975, c. 83, a. 22; 1984, c. 26, a. 18; 1994, c. 28, a. 25].

403. Après production de la défense, une partie peut, par avis écrit, mettre la partie adverse en demeure de reconnaître la véracité ou l'exactitude d'une pièce qu'elle indique. L'avis doit être accompagné d'une copie de la pièce, sauf si cette dernière a déjà été communiquée ou s'il s'agit d'un élément matériel de preuve, auquel cas celui-ci doit être rendu accessible à la partie adverse.

La véracité ou l'exactitude de la pièce est réputée admise si, dans les 10 jours ou dans tel autre délai fixé par le juge, la partie mise en demeure n'a pas signifié à l'autre une déclaration sous serment niant que la pièce soit vraie ou exacte, ou précisant les raisons pour lesquelles elle ne peut l'admettre. Cependant, le tribunal peut la

sion of a third party, he may, upon summons authorized by the court, be ordered to give communication of it to the parties, unless he shows cause why he should not do so.

The court may also, at any time after defence filed, order a party or a third person having in his possession any real evidence relating to the issues between the parties to exhibit it, preserve it or submit it to an expert's appraisal on such conditions, at such time and place and in such manner as it deems expedient.

[1965 (1st sess.), c. 80, a. 402; 1992, c. 57, s. 268; 1994, c. 28, s. 24].

402.1. Except with leave of the court, no expert witness may be heard unless his written report has been communicated and filed in the record in accordance with the provisions of Sections I and II of Chapter I.1 of this Title. However, in the case of a motion other than a motion to institute proceedings, a copy of the report must be served on the parties at least 10 days before the date of the hearing, unless the court decides otherwise.

The filing in the record of the whole or abstracts only of the out of court testimony of an expert witness may stand in lieu of his written report.

[1972, c. 70, s. 17; 1975, c. 83, s. 22; 1984, c. 26, s. 18; 1994, c. 28, s. 25].

403. After the filing of the defence, a party may, by notice in writing, call upon the opposite party to admit the genuineness or correctness of an exhibit. A copy of the exhibit must be attached to the notice, except where the exhibit has already been communicated or in the case of real evidence; in the case of real evidence, the exhibit shall be put at the disposal of the opposite party.

The genuineness or correctness of the exhibit is deemed admitted unless, within 10 days or such time as the judge may fix, the party called upon to admit its genuineness or correctness serves on the other party a sworn statement denying that the exhibit is genuine or correct, or specifying the reasons why he cannot so admit. However, if

relever de son défaut avant que jugement ne soit rendu, si les fins de la justice le requièrent.

the ends of justice so require, the court may, before judgment is rendered, relieve the party of his default.

Le refus injustifié de reconnaître la véracité ou l'exactitude d'une pièce peut entraîner condamnation aux dépens qu'il occasionne.

[1965 (1re sess.), c. 80, a. 403; 1992, c. 57, a. 269; 1994, c. 28, a. 26].

The unjustified refusal to admit the genuineness or correctness of an exhibit may result in a condemnation to the costs resulting therefrom.

[1965 (1st sess.), c. 80, a. 403; 1992, c. 57, s. 269; 1994, c. 28, s. 26].

SECTION III — DE L'INTERROGATOIRE DES TÉMOINS HORS DE COUR

SECTION III — EXAMINATION OF WITNESSES OUT OF COURT

404. En tout état de cause, les parties peuvent convenir, ou le tribunal peut permettre, s'il le juge à propos, qu'un témoin soit entendu hors de cour, toutes parties présentes ou dûment appelées.

404. At any stage of the case, the parties may agree, or the court, if it sees fit to do so, may permit that a witness be heard out of court, provided that all the parties are present or duly summoned.

Les dépositions doivent alors être faites par des affidavits suffisamment détaillés pour établir tous les faits nécessaires au soutien des conclusions recherchées ou être prises par sténographie ou en écriture courante, devant une personne autorisée à recevoir le serment et être produites au dossier pour valoir comme si elles avaient été recueillies à l'audience.

Depositions must in that case be made by way of affidavits sufficiently detailed to establish all the facts necessary to support the conclusions sought or be taken down by stenography or in handwriting before a person authorized to administer oaths and be filed in the record to have the same force and effect as if they had been taken at the hearing.

Cependant, le tribunal ne peut faire droit à une demande en nullité de mariage ou d'union civile et, lorsque le défendeur a produit une défense, à une demande en séparation de corps, en divorce ou en dissolution d'union civile, que si le témoignage de la partie demanderesse a été rendu à l'audience.

[1965 (1re sess.), c. 80, a. 404; 1968, c. 84, a. 4; 1982, c. 17, a. 16; 1986, c. 85, a. 2; 1988, c. 17, a. 3; 2002, c. 6, a. 99].

Notwithstanding the foregoing, the court cannot maintain an application for the annulment of a marriage or a civil union nor, where the defendant has filed a defence, an application for separation from bed and board or divorce or for the dissolution of a civil union unless the evidence of the plaintiff has been given before the court.

[1965 (1st sess.), c. 80, a. 404; 1968, c. 84, s. 4; 1982, c. 17, s. 16; 1986, c. 85, s. 2; 1988, c. 17, s. 3; 2002, c. 6, s. 99].

SECTION IV — DE L'INTERROGATOIRE SUR LES FAITS SE RAPPORTANT AU LITIGE

SECTION IV — INTERROGATORIES UPON ARTICULATED FACTS

405. Après production de la défense ou le dépôt de l'inscription dans le cas de défaut de comparaître ou de plaider, les parties peuvent être interrogées sur tous les faits se rapportant au litige.

[1965 (1re sess.), c. 80, a. 405; 1992, c. 57, a. 271].

405. After the filing of the defence or the filing of the inscription in the case of default to appear or to plead, the parties may be examined upon all articulated facts.

[1965 (1st sess.), c. 80, a. 405; 1992, c. 57, s. 271].

406. L'assignation pour répondre sur les faits se rapportant au litige est faite en vertu d'une ordonnance du greffier, obtenue sur réquisition verbale, enjoignant à la partie de comparaître en personne devant le tribunal, le juge ou le greffier, pour répondre sous serment à l'interrogatoire qui y est joint.

[1965 (1ʳᵉ sess.), c. 80, a. 406; 1992, c. 57, a. 272, 420; 1996, c. 5, a. 31].

406. Parties are summoned to answer the interrogatories upon articulated facts by means of an order of the clerk, obtained upon oral request, which requires the party to appear in person before the court, the judge or the clerk, to answer under oath the interrogatories which are annexed to the order.

[1965 (1st sess.), c. 80, a. 406; 1992, c. 57, s. 420; 1996, c. 5, s. 31].

407. L'ordre de comparaître et l'interrogatoire doivent être signifiés à la partie elle-même, soit à personne, soit à domicile, et des copies doivent en être remises à son procureur.

[1965 (1ʳᵉ sess.), c. 80, a. 407].

407. The order to appear and the interrogatories shall be served upon the party personally or at his residence and copies of both are left with his attorney.

[1965 (1st sess.), c. 80, a. 407].

408. Si la partie ne réside pas dans le ressort du tribunal, ou qu'il soit impossible de l'assigner, l'ordonnance peut lui être signifiée chez son procureur, ou, si elle n'en a pas, de la manière prescrite par le juge.

Le procureur à qui signification est ainsi faite peut obtenir qu'un délai soit accordé à la partie pour comparaître; il peut aussi demander que l'interrogatoire ait lieu devant le greffier du district où elle se trouve, et qu'il l'indique, ou requérir qu'il soit fait par commission rogatoire.

[1965 (1ʳᵉ sess.), c. 80, a. 408; 1992, c. 57, a. 420; 1996, c. 5, a. 32].

408. If the party cannot be served or does not reside within the jurisdiction of the court, the order may be served upon him at the office of his attorney or, if he has no attorney, in the manner determined by the judge.

The attorney who is thus served may apply to have time granted to the party to appear; he may also, if he declares the place where the party is, ask that he be examined before the clerk of the district where he is, or under a rogatory commission.

[1965 (1st sess.), c. 80, a. 408; 1992, c. 57, s. 420; 1996, c. 5, s. 32; 1999, c. 40, s. 56].

409. Lorsque l'assignation est faite à une personne morale, à une société en nom collectif ou en commandite, ou encore à une association au sens du *Code civil du Québec*, les réponses peuvent être soit données sous serment, par le porteur d'une procuration générale ou spéciale à cet effet, soit arrêtées par une délibération spéciale et versées au dossier par une personne autorisée.

[1965 (1ʳᵉ sess.), c. 80, a. 409; 1992, c. 57, a. 273].

409. When the order and interrogatories are served upon a legal person, general or limited partnership or an association within the meaning of the *Civil Code of Québec*, the answers may be either given by any person who holds a general or special authorization for that purpose, or determined by a special resolution and filed in the record by a person authorized.

[1965 (1st sess.), c. 80, a. 409; 1992, c. 57, s. 273].

410. Les questions doivent être claires et précises, de manière que l'absence de réponse puisse être interprétée comme une reconnaissance des faits sur lesquels elles portent.

[1965 (1ʳᵉ sess.), c. 80, a. 410].

410. The interrogatories must be clear and precise, so that the absence of an answer can be taken as an admission of the facts mentioned therein.

[1965 (1st sess.), c. 80, a. 410].

411. Le défaut de la partie de comparaître ou de répondre aux questions qui lui sont posées est enregistré contre elle, et les faits sur lesquels porte l'interrogatoire sont alors tenus pour avérés.

Néanmoins, le tribunal peut exiger une preuve supplémentaire. Il peut également, pour raison valable, relever la partie de son défaut et lui permettre de répondre, aux conditions qu'il juge à propos.

[1965 (1ʳᵉ sess.), c. 80, a. 411; 1983, c. 28, a. 16].

412. Les réponses sont prises par écrit et signées par la partie; elles doivent être directes, catégoriques et précises, sans quoi elles peuvent être rejetées, et les faits sur lesquels elles portent tenus pour avérés.

[1965 (1ʳᵉ sess.), c. 80, a. 412].

413. Le juge, ou la personne devant laquelle la partie a été assignée à comparaître, peut proposer toutes autres questions jugées nécessaires et pertinentes, auxquelles la partie doit répondre, sans quoi les faits sur lesquels elles portent sont aussi tenus pour avérés.

Cette disposition ne s'applique pas lorsque la partie assignée est une personne morale et que ses réponses ont été arrêtées par une délibération spéciale.

[1965 (1ʳᵉ sess.), c. 80, a. 413; 1992, c. 57, a. 274].

411. The default of the party to appear or to answer the interrogatories put to him is recorded against him, and the facts covered by the interrogatories are then held to be proved.

The court may nevertheless require additional evidence. It may also, for cause shown and upon such conditions as it thinks fit, relieve the party of his default and allow him to answer the interrogatories.

[1965 (1st sess.), c. 80, a. 411; 1983, c. 28, s. 16].

412. The answers to the interrogatories are taken down in writing and signed by the party; they must be direct, categorical and precise, failing which they may be rejected and the facts covered by the interrogatories held to be proved.

[1965 (1st sess.), c. 80, a. 412].

413. The judge, or the person before whom the party is summoned to appear, may put any other interrogatories he may deem necessary and pertinent, which the party must answer, failing which the facts covered by such interrogatories are also held to be proved.

This article does not apply when the party summoned is a legal person and its answers have been determined by a special resolution.

[1965 (1st sess.), c. 80, a. 413; 1992, c. 57, s. 274].

SECTION V —
DE L'EXPERTISE ET DU RENVOI À DES VÉRIFICATEURS OU PRATICIENS

§ 1. — Généralités

SECTION V — PROOF BEFORE EXPERTS AND REFERENCES TO AUDITORS AND PRACTITIONERS

§ 1. —
General Provisions

413.1. Lorsque les parties ont chacune communiqué un rapport d'expertise, le tribunal peut, en tout état de cause, même d'office, ordonner aux experts qui ont préparé des rapports contradictoires de se réunir, en présence des parties ou des procureurs qui souhaitent y participer, afin de concilier leurs opinions, de déterminer les points qui les opposent et de lui faire rap-

413.1. Where the parties have each communicated an expert's report and the reports are contradictory, the court may, at any stage of the proceeding, even on its own initiative, order the experts concerned to meet, in the presence of the parties and attorneys who wish to attend, and reconcile their opinions, identify the points which divide them and report to the court

port ainsi qu'aux parties dans le délai qu'il fixe.

[2002, c. 7, a. 79].

414. Après contestation liée, le tribunal peut, même de sa propre initiative, s'il est d'avis que les fins de la justice peuvent être ainsi mieux servies:

1. ordonner une expertise par personne qualifiée, qu'il désigne, pour l'examen, la constatation et l'appréciation de faits relatifs au litige;

2. confier à un expert-comptable ou praticien l'établissement ou la vérification de comptes ou de chiffres, lorsqu'il s'agit de matières qui comportent une reddition ou un règlement de comptes, qui exigent des calculs ou qui se rapportent à un partage de biens.

[1965 (1ʳᵉ sess.), c. 80, a. 414].

415. Si le tribunal est d'avis que la difficulté et l'importance de l'affaire l'exigent, il peut, exceptionnellement, nommer trois experts, ou trois comptables ou praticiens, au lieu d'un seul.

[1965 (1ʳᵉ sess.), c. 80, a. 415].

§ 2. — **De l'expertise**

416. Le jugement qui ordonne une expertise doit énoncer d'une manière précise la mission confiée à l'expert, et fixer le délai dans lequel il devra faire rapport.

Le greffier doit transmettre sans délai à la personne désignée une copie de ce jugement.

[1965 (1ʳᵉ sess.), c. 80, a. 416; 1992, c. 57, a. 420].

417. Les causes de récusation des experts sont les mêmes que celles prévues pour les juges à l'article 234.

La récusation est proposée par requête, et si elle est jugée bien fondée le tribunal remplace la personne récusée.

[1965 (1ʳᵉ sess.), c. 80, a. 417].

and to the parties within the time determined by the court.

[2002, c. 7, s. 79].

414. After issue joined, the court, if it is of opinion that the ends of justice will be better attained, may, even of its own motion:

(1) order that any fact relating to the case be investigated, verified and determined by an expert whom it designates;

(2) refer to an accountant or practitioner the establishing or auditing of accounts or figures in any matter where accounts have to be rendered or settled and which require calculations to be made, or involve a partition of property.

[1965 (1st sess.), c. 80, a. 414].

415. The court may, exceptionally, if in its opinion the difficulty and importance of the case so require, appoint three experts, or three accountants or practitioners, rather than only one.

[1965 (1st sess.), c. 80, a. 415].

§ 2. — **Experts**

416. The judgment appointing an expert must state clearly the duties of the person appointed and the time within which he must file his report.

The clerk must, without delay, send to the person appointed a copy of the judgment.

[1965 (1st sess.), c. 80, a. 416; 1992, c. 57, s. 420; 1999, c. 40, s. 56].

417. The grounds for recusing an expert are the same as those provided for judges in article 234.

Recusation is urged by motion, and if it is held to be well founded the court replaces the person recused.

[1965 (1st sess.), c. 80, a. 417].

418. Avant d'entrer en fonction, l'expert doit donner son serment écrit, devant le juge ou le greffier de remplir ses fonctions fidèlement et avec impartialité; s'il refuse ou néglige de prêter serment ou de procéder à sa mission, l'une ou l'autre des parties peut demander au tribunal de le remplacer.

[1965 (1ᵉʳ sess.), c. 80, a. 418; 1992, c. 57, a. 420].

418. The expert, before entering upon his functions, must be sworn in writing before the judge or clerk to perform his duties faithfully and impartially. If he refuses or neglects to be sworn or to carry out his duties, any of the parties may request the court to replace him.

[1965 (1st sess.), c. 80, a. 418; 1992, c. 57, s. 420].

419. L'expert doit donner aux parties un avis d'au moins cinq jours, de la date et du lieu où il commencera ses opérations.

[1965 (1ᵉʳ sess.), c. 80, a. 419].

419. The expert must give the parties at least five days' notice of the time and place at which he will begin to carry out his instructions.

[1965 (1st sess.), c. 80, a. 419].

420. L'expert peut procéder à l'examen de tous objets et à la visite de tous lieux qu'il juge à propos pour l'accomplissement de sa mission.

Il peut assigner des témoins par *subpœnas* décernés par le greffier, leur faire prêter serment et entendre leurs dépositions; celles-ci sont prises par écrit, signées par les témoins et contresignées par l'expert, à moins qu'elles n'aient été recueillies par un sténographe dûment assermenté. Mention du lien de parenté et des rapports qui unissent les témoins aux parties, ainsi que de l'intérêt de chacun dans le litige, doit apparaître au procès-verbal.

[1965 (1ᵉʳ sess.), c. 80, a. 420; 1992, c. 57, a. 420].

420. The expert may examine any thing or visit any place which he considers useful for the carrying out of his duties.

He may summon witnesses by means of *subpoena*s issued by the clerk, administer the oath to them and hear their depositions which are taken down in writing and signed by the witness and countersigned by the expert, unless they have been taken down by a stenographer duly sworn. Mention must be made in the minutes of the relationship of the witnesses with the parties, and of the interest of each in the suit.

[1965 (1st sess.), c. 80, a. 420; 1992, c. 57, s. 420].

421. Avant l'expiration du délai fixé par le tribunal, l'expert doit produire au greffe, sous sa signature, un rapport de ses opérations et de ses conclusions, auquel il joint la preuve de son assermentation ainsi que les documents et témoignages qu'il a recueillis.

Ce rapport doit être suffisamment détaillé et motivé, de manière que le tribunal soit en mesure d'apprécier lui-même les faits.

S'il y a plusieurs experts et qu'ils soient unanimes, ils peuvent faire un seul et même rapport.

[1965 (1ᵉʳ sess.), c. 80, a. 421].

421. The expert must, before the expiry of the time fixed by the court, file in the office of the court a signed report of his proceedings and conclusions, to which is annexed evidence of his having been sworn and the documents and testimony which he has taken.

The report must be sufficiently reasoned and detailed to enable the court to appreciate the facts.

If there are several experts and they are unanimous, they may make one and the same report.

[1965 (1st sess.), c. 80, a. 421; 1999, c. 40, s. 56].

422. L'expert peut exiger que le montant de ses émoluments, frais et déboursés soit

422. The expert may demand that the amount of his remuneration, costs and dis-

déposé en Cour avant l'ouverture de son rapport.

Si ce dépôt n'est pas exigé, l'expert conserve, pour le recouvrement de ce qui lui est dû, un recours solidaire contre toutes les parties en cause.

[1965 (1ʳ sess.), c. 80, a. 422].

bursements be deposited in court before the opening of his report.

If such deposit is not demanded, the expert has a joint and several recourse against all the parties to the suit for what is due him.

[1965 (1st sess.), c. 80, a. 422].

423. Une partie peut demander le rejet du rapport de l'expert pour cause d'irrégularité ou de nullité; mais si le rapport n'est pas ainsi attaqué et mis de côté, il forme, avec les témoignages et documents qui y sont joints, partie de la preuve dans la cause.

Le tribunal n'est toutefois pas tenu de suivre l'opinion de l'expert.

[1965 (1ʳ sess.), c. 80, a. 423].

423. A party may request that the expert's report be rejected on the ground of irregularity or nullity. Unless the report is so questioned and rejected it forms, with the depositions and documents attached, part of the evidence in the case.

The court is, however, not bound to adopt the opinion of the expert.

[1965 (1st sess.), c. 80, a. 423].

424. L'expert qui refuse de déposer son rapport ou retarde indûment à le faire, se rend coupable d'outrage au tribunal.

[1965 (1ʳ sess.), c. 80, a. 424].

424. An expert who refuses or unduly delays to file his report, is guilty of contempt of court.

[1965 (1st sess.), c. 80, a. 424].

§ 3. — Du renvoi à des vérificateurs ou praticiens

§ 3. — Reference to Auditors and practitioners

425. Les vérificateurs et praticiens ont les pouvoirs des experts et sont assujettis aux règles prévues pour ces derniers, dans la mesure où elles sont applicables; ils sont tenus de procéder suivant les directives du tribunal.

[1965 (1ʳ sess.), c. 80, a. 425].

425. Auditors and practitioners have the powers and are subject to the rules prescribed concerning experts, so far as applicable; they are bound to follow the directions of the court.

[1965 (1st sess.), c. 80, a. 425].

SECTION VI — DE LA COMMISSION ROGATOIRE

SECTION VI — COMMISSION FOR THE EXAMINATION OF WITNESSES

426. Le tribunal peut, sur demande, nommer un commissaire pour recueillir le témoignage d'une personne qui réside hors du Québec ou dans un lieu trop éloigné de celui où la cause est pendante.

[1965 (1ʳ sess.), c. 80, a. 426].

426. The court may, on application, appoint a commissioner to receive the testimony of any person who resides outside Québec or in a place too far distant from the place where the case is pending.

[1965 (1st sess.), c. 80, a. 426].

427. La requête demandant une commission rogatoire doit être signifiée à toutes les parties en cause, et à moins de circons-

427. The motion for a rogatory commission must be served on all the parties and, except under particular circumstances left

tances particulières laissées à la discrétion du tribunal, produite dans les 15 jours de la contestation liée; elle doit contenir le nom du commissaire proposé et celui de la personne à interroger.

[1965 (1re sess.), c. 80, a. 427].

to the discretion of the court, must be presented within 15 days after issue joined. It must contain the names of the proposed commissioner and the persons to be examined.

[1965 (1st sess.), c. 80, a. 427].

428. Toute partie peut concourir à la demande et proposer elle-même le nom d'un commissaire et celui de quelque autre témoin à interroger.

[1965 (1re sess.), c. 80, a. 428].

428. Any party may join in the application and submit the name of a commissioner and that of any other witness whom he wishes to have examined.

[1965 (1st sess.), c. 80, a. 428].

429. Le jugement qui nomme un commissaire doit désigner les témoins à interroger et la manière dont ils seront assermentés, donner les instructions nécessaires pour guider le commissaire dans l'exécution de sa mission et fixer le délai dans lequel rapport devra être fait; il peut en outre fixer un montant pour couvrir les frais et déboursés du commissaire, et en ordonner le dépôt chez le greffier par le requérant.

[1965 (1re sess.), c. 80, a. 429; 1992, c. 57, a. 420].

429. The judgment which appoints a commissioner determines the witnesses to be examined and the manner in which they will be sworn, gives the instructions necessary to guide the commissioner in the carrying out of his duties and fixes the time within which the commission is to be returned. It may also fix an amount to cover the costs and disbursements of the commissioner, and order the applicant to deposit it with the clerk.

[1965 (1st sess.), c. 80, a. 429; 1992, c. 57, s. 420; 1999, c. 40, s. 56].

430. La commission pour l'interrogatoire d'une personne en service actif dans les forces armées de Sa Majesté en dehors du Québec, doit être adressée au juge-avocat général pour être exécutée par la personne qu'il désignera.

[1965 (1re sess.), c. 80, a. 430].

430. The commission for the examination of a person on active service in Her Majesty's armed forces outside Québec shall be addressed to the Judge-Advocate General to be executed by a person designated by him.

[1965 (1st sess.), c. 80, a. 430].

431. La partie qui a demandé la commission, de même que celle qui a concouru à l'obtenir, est tenue de la faire transmettre et exécuter avec diligence.

[1965 (1re sess.), c. 80, a. 431].

431. The party who applies for a commission, and any parties who have joined in obtaining it, must see that it is transmitted and executed promptly.

[1965 (1st sess.), c. 80, a. 431].

432. La partie qui désire être représentée à l'interrogatoire doit en aviser le commissaire en temps utile et lui donner le nom et l'adresse de son représentant; le commissaire est alors tenu de donner à ce dernier un avis d'au moins cinq jours, de la date et du lieu où il procédera à l'exécution de sa mission.

[1965 (1re sess.), c. 80, a. 432].

432. Any party wishing to be represented at the examination shall so advise the commissioner in good time and give him the name and address of a person who will represent him. The commissioner shall then give such person at least five days' notice of the time and place of such examination.

[1965 (1st sess.), c. 80, a. 432].

433. Les parties, si elles le jugent opportun, peuvent faire admettre contradictoirement par le tribunal des interrogatoires et contre-interrogatoires qui seront joints à la commission.

Néanmoins, qu'il y ait eu ou non des interrogatoires formulés à l'avance, le commissaire pourra poser lui-même et laissera poser par les parties toutes questions pertinentes; il réservera les objections à la preuve que voudraient formuler les parties, celles-ci conservant du reste dans tous les cas le droit de ne les faire valoir que devant le tribunal.

[1965 (1ʳᵉ sess.), c. 80, a. 433].

433. Any party, if he sees fit to do so, may, after notice to the other parties, have interrogatories and cross-interrogatories admitted by the court and attached to the commission.

In any event, whether or not there are interrogations formulated beforehand, the commissioner may put, and must allow the parties to put, any questions relevant to the case; he shall reserve any objections made by the parties to the evidence, but the parties have always the right not to raise such objections except before the court.

[1965 (1st sess.), c. 80, a. 433].

434. Les dépositions sont prises par écrit et signées par le témoin et le commissaire, à moins qu'elles ne soient recueillies par un sténographe dûment assermenté.

[1965 (1ʳᵉ sess.), c. 80, a. 434].

434. The depositions are recorded in writing and signed by the witness and the commissioner, unless they are taken by a stenographer duly sworn.

[1965 (1st sess.), c. 80, a. 434].

435. Le commissaire est autorisé à prendre copie de tous documents exhibés par un témoin qui ne veut pas s'en départir.

[1965 (1ʳᵉ sess.), c. 80, a. 435].

435. The commissioner is authorized to make a copy of any document exhibited by a witness who refuses to part with it.

[1965 (1st sess.), c. 80, a. 435].

436. Dans le délai fixé par le jugement, le commissaire doit transmettre au greffier, par courrier recommandé ou certifié, un certificat, inscrit au dos de la commission, attestant qu'il a exécuté sa mission de la manière indiquée au procès-verbal annexé, et auquel sont jointes les dépositions écrites des témoins et les pièces produites par eux; ce rapport doit être sous pli scellé portant indication de son contenu et de l'intitulé de la cause.

[1965 (1ʳᵉ sess.), c. 80, a. 436; 1975, c. 83, a. 23; 1992, c. 57, a. 420].

436. Within the time fixed in the judgment, the commissioner shall return to the clerk by registered or certified mail a certificate indorsed upon the commission attesting that he has carried out his duties as set forth in the minutes which he attaches and to which are attached the written depositions of the witnesses and the exhibits they have produced. Such return must be sealed and be indorsed with an indication of its contents and the title of the case.

[1965 (1st sess.), c. 80, a. 436; 1975, c. 83, s. 23; 1992, c. 57, s. 420; 1999, c. 40, s. 56].

437. Le défaut injustifié de rapporter la commission ne peut empêcher le tribunal de procéder à l'audition de la cause.

[1965 (1ʳᵉ sess.), c. 80, a. 437].

437. Unjustified failure to return the commission cannot prevent the court from proceeding with the trial.

[1965 (1st sess.), c. 80, a. 437].

SECTION VII —
(ABROGÉ).

SECTION VII — (REPEALED).

437.1. (*Abrogé*).

[2002, c. 7, a. 80].

437.1. (*Repealed*).

[2002, c. 7, s. 80].

Chapitre IV ▬	Chapter IV ▬
De la conservation de la preuve	Perpetuation of Evidence

438. Celui qui, prévoyant d'être partie à un litige, a raison de craindre qu'une preuve dont il aurait besoin ne se perde ou ne devienne plus difficile à présenter, peut demander par requête:

> a) que soient entendus antérieurement à l'audience les témoins dont il craint l'absence ou la défaillance;

> b) que soit examinée par une personne de son choix toute chose, mobilière ou immobilière, dont l'état peut influer sur le sort du litige prévu.

> [1965 (1ʳᵉ sess.), c. 80, a. 438].

438. Anyone who, expecting to be a party to a legal proceeding, has reason to fear that some evidence that he will need may become lost or more difficult to present may, by motion, ask:

> (a) that the witnesses whose absence or incapacity he fears be heard before the hearing;

> (b) that anything movable or immovable, the condition of which may affect the outcome of the expected legal proceeding, be examined by a person of his choice.

> [1965 (1st sess.), c. 80, a. 438].

439. La requête doit contenir, en plus de la désignation du requérant et de son adversaire éventuel:

> a) l'énoncé des faits qui font croire à l'éventualité d'un litige, et la nature de celui-ci;

> b) l'énoncé des motifs pour lesquels le requérant craint que la preuve ne se perde ou ne devienne plus difficile à présenter;

> c) les noms et adresses des témoins à entendre, les faits sur lesquels portera l'interrogatoire, la désignation et la situation de la chose à examiner, le but de l'examen et les noms et adresse de la personne qui en sera chargée.

> [1965 (1ʳᵉ sess.), c. 80, a. 439].

439. The motion must, in addition to the designation of the applicant and of his eventual opponent, contain:

> (a) a statement of the facts which make a legal proceeding seem likely, and its nature;

> (b) the reasons for which the applicant fears that the evidence may be lost or become more difficult to present;

> (c) the names and addresses of the witnesses to be heard, the facts upon which they will be questioned, the description and location of the thing to be examined, the purpose of the examination, and the names and address of the person who is to make it.

> [1965 (1st sess.), c. 80, a. 439].

440. Celui qui exécute sur un immeuble des travaux susceptibles d'endommager un immeuble voisin peut demander l'examen de celui-ci sans avoir à justifier des conditions posées par l'article 438. En ce cas, les énoncés exigés par les sous-paragraphes *a* et *b* de l'article 439 ne sont point requis.

> [1965 (1ʳᵉ sess.), c. 80, a. 440].

440. Any person who carries out on an immovable work which may damage a neighbouring immovable may ask for the examination of the latter without fulfilling the conditions of article 438. In such case, the information required by subparagraphs *a* and *b* of article 439 is not necessary.

> [1965 (1st sess.), c. 80, a. 440].

441. La requête est adressée au tribunal devant lequel pourrait être porté le litige prévu par le requérant, et doit être signi-

441. The motion is addressed to the court before which the legal proceeding foreseen by the applicant may be brought, and must

fiée à l'adversaire éventuel ainsi qu'au tiers, détenteur de la chose à examiner, au moins cinq jours avant la date fixée pour sa présentation.

[1965 (1ʳᵉ sess.), c. 80, a. 441].

be served upon the eventual opponent and upon the person in possession of the thing to be examined, at least five days before the date fixed for its presentation.

[1965 (1st sess.), c. 80, a. 441].

442. S'il est fait droit à la requête, l'audition des témoins ainsi que l'examen prévus à l'article 438 sont faits au lieu et à la date fixés par le jugement ou convenus par les parties, celles-ci présentes ou dûment appelées.

L'audition des témoins a lieu devant le greffier, à moins que le tribunal n'ait ordonné autrement; cette audition est régie par les dispositions du Chapitre I et du Chapitre II.1 du présent Titre, dans la mesure où elles peuvent s'appliquer.

[1965 (1ʳᵉ sess.), c. 80, a. 442; 1992, c. 57, a. 275, 420].

442. If the motion is granted, the hearing of the witnesses and the examination provided for by article 438 take place at the time and place fixed in the judgment or agreed upon by the parties, who must be present or duly called.

The hearing of the witnesses, which takes place before the clerk unless the court otherwise orders, is governed by the provisions of Chapter I and Chapter II.1 of this Title so far as they are applicable.

[1965 (1st sess.), c. 80, a. 442; 1992, c. 57, s. 275, 420].

443. Celui qui fait obstacle à un examen autorisé en vertu du présent chapitre est passible des mêmes peines que celui qui résiste à une injonction du tribunal.

[1965 (1ʳᵉ sess.), c. 80, a. 443].

443. Anyone who interferes with an examination authorized under this chapter is liable to the same penalties as a person who refuses to obey an order of the court.

[1965 (1st sess.), c. 80, a. 443].

444. Les dépositions sont conservées par le greffier, en vue de leur utilisation dans le procès en prévision duquel elles ont été recueillies. Advenant ce procès, l'une ou l'autre des parties peut demander qu'elles soient versées au dossier; mais si les témoins ainsi entendus peuvent alors être produits, l'une ou l'autre des parties peut requérir qu'ils soient interrogés de nouveau.

[1965 (1ʳᵉ sess.), c. 80, a. 444; 1992, c. 57, a. 420].

444. The depositions are retained by the clerk, for use in the expected legal proceeding for which they have been taken. When such proceeding is instituted, any party may ask that the depositions be filed in the record; but if the witnesses so heard can then be produced any party may ask that they be examined anew.

[1965 (1st sess.), c. 80, a. 444; 1992, c. 57, s. 420].

445. L'audition des témoins en vertu des dispositions de ce chapitre ne préjudicie à aucun moyen qu'une partie voudrait ultérieurement faire valoir contre l'admission définitive de la preuve ainsi recueillie.

[1965 (1ʳᵉ sess.), c. 80, a. 445].

445. The hearing of the witnesses in virtue of the provisions of this chapter does not affect any ground of objection that any party may later raise against the admissibility of the evidence so taken.

[1965 (1st sess.), c. 80, a. 445].

446. Les frais encourus par l'application des dispositions de ce chapitre sont à la charge du requérant. Toutefois, advenant le procès en vue duquel une déposition a été recueillie, le coût de cette déposition fait partie des frais du litige, si elle est ver-

446. The costs incurred by the application of the provisions of this chapter are paid by the applicant. However, if the legal proceeding for which a deposition has been taken is instituted, the cost of the deposition will form part of the costs of the case

sée au dossier en raison de l'absence de celui qui l'a donnée ou à la demande d'une partie autre que celle qui l'a fait recueillir.

[1965 (1ᵉ sess.), c. 80, a. 446].

if it is filed in the record because of the absence of the deponent or at the demand of a party other than the one who had the deposition taken.

[1965 (1st sess.), c. 80, a. 446].

447. Les décisions rendues dans les matières prévues en ce chapitre ne sont pas sujettes à appel.

[1965 (1ᵉ sess.), c. 80, a. 447].

447. No appeal lies from any judgment rendered under this chapter.

[1965 (1st sess.), c. 80, a. 447].

TITRE VI ━━
DÉCISION SUR UN POINT DE DROIT:
JUGEMENT DÉCLARATOIRE SUR REQUÊTE

TITLE VI ━━
DECISION UPON A QUESTION OF LAW:
DECLARATORY JUDGMENT ON MOTION

Chapitre I ━━
Décision sur un point de droit

Chapter I ━━
Decision upon a Question of Law

448. Lorsque des parties ne s'entendent pas sur une question de droit susceptible de donner lieu à un litige entre elles, tout en s'accordant sur les faits, elles peuvent soumettre leur différend au tribunal pour décision. Elles produisent au greffe, conjointement, une requête introductive d'instance, laquelle contient un exposé de la question litigieuse et des faits qui y donnent lieu, ainsi que leurs conclusions respectives. Les parties joignent à leur requête un projet d'entente quant au calendrier des échéances.

[1965 (1ᵉ sess.), c. 80, a. 448; 1982, c. 17, a. 17; 1992, c. 57, a. 276; 1996, c. 5, a. 36; 2002, c. 7, a. 81].

448. Persons who are at variance upon a question of law which may give rise to an action between them, but who are in agreement as to the facts, may submit the dispute to the court for decision. The parties must file a joint motion to institute proceedings at the office of the court, stating the question at issue and the facts which give rise to it, and their respective conclusions. The parties must file a draft timetable agreement with the motion.

[1965 (1st sess.), c. 80, a. 448; 1982, c. 17, s. 17; 1992, c. 57, s. 276; 1996, c. 5, s. 36; 2002, c. 7, s. 81].

449.-450. (*Abrogés*).

[2002, c. 7, a. 82, 83].

449.-450. (*Repealed*).

[2002, c. 7, s. 82, 83].

451. Le jugement rendu en vertu du présent chapitre a les mêmes effets et est sujet aux mêmes recours que tout autre jugement final.

[1965 (1ᵉ sess.), c. 80, a. 451; 1996, c. 5, a. 39].

451. A judgment rendered under this chapter has the same effects and is subject to the same remedies as any other final judgment.

[1965 (1st sess.), c. 80, a. 451; 1996, c. 5, s. 39].

452. Les parties à une instance peuvent, en tout état de cause, soumettre à la décision du tribunal toute question de droit soulevée par la demande, au moyen d'une requête conjointe faite conformément à l'article 88.

[1965 (1ᵉ sess.), c. 80, a. 452; 2002, c. 7, a. 84].

452. The parties to an action may, at any stage of the case, submit for the decision of the court any question of law resulting from the action, by means of a joint motion pursuant to article 88.

[1965 (1st sess.), c. 80, a. 452; 2002, c. 7, s. 84].

Chapitre II ──
Jugement déclaratoire sur requête

Chapter II ──
Declaratory Judgment on Motion

453. Celui qui a intérêt à faire déterminer, pour la solution d'une difficulté réelle, soit son état, soit quelque droit, pouvoir ou obligation pouvant lui résulter d'un contrat, d'un testament ou de tout autre écrit instrumentaire, d'une loi, d'un arrêté en conseil, d'un règlement ou d'une résolution d'une municipalité, peut, par requête introductive d'instance, demander un jugement déclaratoire à cet effet.

[1965 (1ᵉ sess.), c. 80, a. 453; 1992, c. 57, a. 277; 2002, c. 7, a. 85].

453. Any person who has in interest in having determined, for the resolution of a genuine problem, either his or her status or any right, power or obligation the person may have under a contract, a will or any other written instrument, a statute, an order in council, or a by-law or resolution of a municipality, may, by way of a motion to institute proceedings, ask for a declaratory judgment in that regard.

[1965 (1st sess.), c. 80, a. 453; 1992, c. 57, s. 277; 2002, c. 7, s. 85].

454. La requête contient un exposé de la question litigieuse. Elle doit être signifiée aux autres parties et à toutes les personnes intéressées.

[1965 (1ᵉ sess.), c. 80, a. 454; 2002, c. 7, a. 86].

454. The motion must state the matter in dispute and be served on the other parties and on all interested persons.

[1965 (1st sess.), c. 80, a. 454; 2002, c. 7, s. 86].

455. (*Abrogé*).

[2002, c. 7, a. 87].

455. (*Repealed*).

[2002, c. 7, s. 87].

456. Le jugement déclaratoire rendu en vertu du présent chapitre a les mêmes effets et est sujet aux mêmes recours que tout autre jugement final.

[1965 (1ᵉ sess.), c. 80, a. 456; 1969, c. 80, a. 8].

456. A declaratory judgment rendered in accordance with this chapter has the same effect and is subject to the same recourses as any other final judgment.

[1965 (1st sess.), c. 80, a. 456; 1969, c. 80, s. 8].

Titre VII ──
Jugement

Title VII ──
Judgment

Chapitre I ──
De l'acquiescement à la demande

Chapter I ──
Acquiescence in a Demand

457. Sauf dans les actions en séparation de corps, en nullité de mariage, en divorce, en

457. Except in actions for separation from bed and board, marriage annulment or di-

dissolution ou en nullité d'union civile ou dans celles relatives à la filiation, le défendeur peut, à toute phase de la procédure, produire au greffe un acquiescement à la totalité de la demande ou à une partie seulement.

[1965 (1ᵉʳ sess.), c. 80, a. 457; 1982, c. 17, a. 19; 2002, c. 6, a. 100].

vorce or for the dissolution or annulment of a civil union or actions relating to filiation, the defendant may, at any stage of the proceedings, file in the office of the court an acquiescence in the whole or any part of the demand.

[1965 (1st sess.), c. 80, a. 457; 1982, c. 17, s. 19; 2002, c. 6, s. 100].

458. L'acquiescement doit être fait par écrit et signé par le défendeur ou par son fondé de pouvoir; ce dernier doit y annexer la procuration spéciale qu'il détient à cet effet.

Si un défendeur se présente au greffe pour y faire prendre son acquiescement par écrit, et qu'il soit inconnu du greffier, ce dernier doit exiger de lui la copie de l'assignation ou le contreseing de son procureur, ou quelque autre preuve suffisante de son identité.

[1965 (1ᵉʳ sess.), c. 80, a. 458; 1982, c. 17, a. 20; 1992, c. 57, a. 420].

458. Acquiescence must be in writing and signed by the defendant or by his attorney, who must annex thereto the special power of attorney he holds for that purpose.

If the defendant appears at the office of the court to have his acquiescence taken down in writing, and is unknown to the clerk, the latter must require him to produce a copy of the summons, the counter-signature of his attorney, or some other satisfactory proof of his identity.

[1965 (1st sess.), c. 80, a. 458; 1982, c. 17, s. 20; 1992, c. 57, s. 420].

459. S'il est acquiescé sans réserve à la totalité de la demande, le greffier rend immédiatement jugement, sur inscription par l'une des parties.

[1965 (1ᵉʳ sess.), c. 80, a. 459; 1982, c. 17, a. 21; 1992, c. 57, a. 420].

459. If acquiescence is unconditional in the whole of the demand, the clerk renders judgment immediately on inscription by one of the parties.

[1965 (1st sess.), c. 80, a. 459; 1982, c. 17, s. 21; 1992, c. 57, s. 420].

460. S'il n'est pas acquiescé sans réserve à la totalité de la demande, le demandeur doit, au plus tard 15 jours après que l'acquiescement lui a été signifié, notifier au défendeur son acceptation ou son refus.

En cas d'acceptation, le greffier rend jugement en conséquence, sur inscription.

En cas de refus, l'instance est poursuivie de la manière ordinaire. Cependant, le demandeur peut, sans attendre l'issue du procès, obtenir jugement pour la somme indiquée dans l'acquiescement, l'instance n'étant alors poursuivie que pour le surplus. Dans tous les cas, si le tribunal juge que le refus du demandeur était injustifié, il ne peut lui accorder plus de dépens qu'en cas d'acceptation.

460. If acquiescence is not unconditional in the whole of the demand, the plaintiff must, within 15 days after the service of the acquiescence upon him, give notice to the defendant of his acceptance or refusal.

In case of acceptance, the clerk, upon inscription, renders judgment in conformity with the acquiescence.

In case of refusal, the case is proceeded with in the ordinary manner. However, the plaintiff, without waiting for the result of the trial, may obtain judgment for the amount mentioned in the acquiescence; the action is then proceeded with only for the balance. In all cases, if the court decides that the refusal was unjustified, it cannot award the plaintiff more costs than in case of acceptance.

Le demandeur qui n'a notifié ni acceptation ni refus est réputé avoir accepté; cependant, le tribunal peut le relever des conséquences de son défaut avant que jugement ne soit rendu sur l'acquiescement.

[1965 (1ᵉ sess.), c. 80, a. 460; 1982, c. 17, a. 22; 1992, c. 57, a. 420].

A plaintiff who has not given notice either of acceptance or of refusal is deemed to have accepted; however, the court may relieve him of the consequences of his default, so long as judgment has not been rendered on the acquiescence.

[1965 (1st sess.), c. 80, a. 460; 1982, c. 17, s. 22; 1992, c. 57, s. 420].

461. S'il y a plusieurs défendeurs, et que l'un ou quelques-uns seulement d'entre eux produisent un acquiescement, le tribunal peut rendre jugement en conséquence, sur inscription signifiée à toutes les parties; mais s'il est d'avis que le litige requiert une décision uniforme pour tous les défendeurs, soit en raison de l'objet de la demande, soit pour prévenir une contrariété de jugements, il ne prononce pas immédiatement, mais ordonne que la demande soit décidée par un seul jugement à l'égard de tous les défendeurs.

[1965 (1ᵉ sess.), c. 80, a. 461; 1982, c. 17, a. 23].

461. If there are several defendants, and one or some only file an acquiescence, the court may render judgment in conformity therewith, upon inscription served on all the parties; but if it is of opinion that the case requires a uniform decision for all the defendants, whether by reason of the object of the demand, or in order to avoid contradictory judgments, it does not render judgment immediately but orders that the action be decided by one judgment as against all the defendants.

[1965 (1st sess.), c. 80, a. 461; 1982, c. 17, s. 23].

Chapitre II ——
Des règles générales relatives au jugement

Chapter II ——
General rules as to Judgment

462. Aucune demande ne peut être rejetée par le seul motif qu'elle ne vise à obtenir qu'un jugement déclaratoire; mais si le tribunal est d'avis que l'intérêt du demandeur est insuffisant, ou que son jugement ne mettrait pas fin à l'incertitude ou à la controverse qui a donné lieu à la demande, il peut refuser de prononcer.

[1965 (1ᵉ sess.), c. 80, a. 462].

462. No action will be dismissed merely because it is intended to obtain a declaratory judgment; but the court may, if it is of opinion that the interest of the plaintiff is insufficient, or that a judgment will not put an end to the uncertainty or controversy which gave rise to the action, refuse to render judgment.

[1965 (1st sess.), c. 80, a. 462].

463. Le juge qui a pris une cause en délibéré peut, même de sa propre initiative, ordonner, par décision motivée, la réouverture des débats pour les fins et aux conditions qu'il détermine. Le greffier doit communiquer cette ordonnance sans délai au juge en chef et aux procureurs des parties.

Doit, de même, être motivée et communiquée, toute autre ordonnance visant à empêcher que jugement ne soit rendu.

[1965 (1ᵉ sess.), c. 80, a. 463; 1992, c. 57, a. 420].

463. A judge who has taken a case under advisement may, even of his own motion, by a judgment giving reasons, order the reopening of the hearing, for such purposes and upon such conditions as he may determine. The clerk must forthwith communicate such judgment to the chief justice and to the attorneys of the parties.

Any other order preventing judgment from being rendered must also give the reasons therefor and be communicated to the same persons.

[1965 (1st sess.), c. 80, a. 463; 1992, c. 57, s. 420].

464. En cas de cessation de fonction, de retraite, de maladie, d'incapacité ou de décès d'un juge, le juge en chef peut ordonner que toute cause dont ce juge était saisi soit continuée et terminée par un autre juge ou remise au rôle pour être entendue de nouveau.

Si la cause avait été prise en délibéré, elle est confiée à un autre juge ou remise au rôle conformément au premier alinéa, à moins que le juge en chef, en cas de retraite ou de cessation de fonction du juge saisi, ne demande à ce dernier de rendre jugement dans les 90 jours. À l'expiration du délai, le juge en chef procède conformément au premier alinéa.

Toutefois, le juge qui cesse d'exercer ses fonctions en raison de sa nomination à un autre tribunal peut néanmoins, avec l'accord des juges en chef des tribunaux concernés, continuer et terminer toute cause dont il était alors saisi. À défaut, il est procédé conformément aux deux premiers alinéas.

[1965 (1ᵉʳ sess.), c. 80, a. 464; 1969, c. 81, a. 9; 1972, c. 70, a. 18; 1975, c. 83, a. 24; 2005, c. 26, a. 1].

464. When a judge ceases to hold office, retires, becomes ill or unable to act, or dies, the chief justice may order that any case of which such judge was seized be continued and terminated by another judge or replaced on the roll to be heard again.

If the case was taken under advisement it is entrusted to another judge or replaced on the roll in accordance with the first paragraph, unless, where the judge seized of the case has retired or ceased to hold office, the chief justice requests the latter judge to render judgment within 90 days. Upon the expiry of that time, the chief justice proceeds in accordance with the first paragraph.

However, if a judge ceases to hold office because of an appointment to another court, the judge may, with the agreement of the chief judges or chief justices of the courts concerned, continue and terminate any case of which the judge was seized at the time of the appointment. Failing that, the procedure set out in the first two paragraphs is followed.

[1965 (1st sess.), c. 80, a. 464; 1969, c. 81, s. 9; 1972, c. 70, s. 18; 1975, c. 83, s. 24; 1999, c. 40, s. 56; 2005, c. 26, s. 1].

465. Le jugement sur le fond doit être rendu dans les six mois qui suivent la prise en délibéré; ce délai est réduit à quatre mois en matière de recouvrement de petites créances. Le jugement interlocutoire, le jugement sur le fond en matière d'adoption ou celui qui porte sur la garde d'enfants ou les aliments dus au bénéfice d'un enfant doit être rendu dans les deux mois de la prise en délibéré et le jugement rendu par défaut, dans les 30 jours à compter du moment où le dossier est complet.

Lorsque le juge saisi d'une affaire fait défaut de rendre un jugement dans le délai prévu au premier alinéa, le juge en chef peut, de lui-même ou sur requête d'une des parties, dessaisir ce juge de cette affaire et ordonner que celle-ci soit confiée à un autre juge ou qu'elle soit remise au rôle.

465. A judgment on the merits must be rendered within six months after the case is taken under advisement, or within four months after the case is taken under advisement in a small claims matter. An interlocutory judgment, a judgment on the merits in an adoption matter or a judgment ruling on the custody of a child or the support to be paid for the benefit of a child must be rendered within two months after the case is taken under advisement and a judgment by default must be rendered within 30 days after the record is complete.

Where the judge seized of a case or matter fails to render a judgment within the time limit prescribed by the first paragraph, the chief justice or judge may, on his own initiative or on a motion by one of the parties, remove the case or matter from the judge and order that it be assigned to another judge or re-entered on the roll.

Avant de prolonger le délai ou de dessaisir le juge qui a fait défaut de rendre jugement dans les délais requis, le juge en chef doit tenir compte des circonstances et de l'intérêt des parties.

Before granting an extension or removing a case or matter from the judge who failed to render a judgment within the time prescribed, the chief justice or judge shall take account of the circumstances and of the interests of the parties.

Le juge en chef ou, à sa demande, le juge en chef associé exerce personnellement les attributions conférées au juge en chef par le présent article.

The chief justice or judge or, at his request, the senior associate chief justice or judge shall exercise, personally, the powers and duties conferred on the chief justice or judge by this article.

Dans la première semaine de chaque mois, le greffier doit communiquer au juge en chef une liste des affaires de son district, de quelque nature qu'elles soient, qui sont en délibéré depuis au moins cinq mois ou, en matière de recouvrement de petites créances, depuis au moins trois mois.

In the first week of each month, the clerk must give to the chief justice or judge a list of the cases or matters in his district, of whatever nature they may be, which have been under advisement for five months or more and, in a small claims matter, for three months or more.

[1965 (1ʳᵉ sess.), c. 80, a. 465; 1993, c. 30, a. 5; 1992, c. 57, a. 420; 2002, c. 7, a. 88].

[1965 (1st sess.), c. 80, a. 465; 1993, c. 30, s. 5; 1992, c. 57, s. 420; 2002, c. 7, s. 88].

466. Le juge appelé à continuer une affaire qui lui a été confiée ou à entendre une affaire remise au rôle par application des dispositions des articles 464 et 465 peut, quant à la preuve et du consentement des parties, s'en tenir à la traduction des notes sténographiques, sous réserve dans le cas où il les juge insuffisantes de rappeler un témoin ou de requérir toute autre preuve.

466. The judge called upon to continue a case or matter assigned to him or to hear a case or matter re-entered on the roll pursuant to articles 464 and 465 may, with the consent of the parties, limit the proof to the transcription of the stenographic notes, provided that, where he considers the notes to be insufficient, he recalls a witness or requires any other proof.

Il doit disposer des dépens, y compris ceux relatifs à l'enquête et audition originales, en tenant compte des circonstances et peut, en outre, prendre toute autre mesure qu'il considère juste et appropriée. Lorsque, pour l'application du premier alinéa, les notes sténographiques doivent être traduites, les frais de traduction sont assumés par le gouvernement à moins que le juge n'en ordonne autrement, notamment lorsque le recours est manifestement mal fondé ou frivole et abusif ou dilatoire.

He shall rule on the costs, including those relating to the original inquiry and hearing, according to circumstances, and may, in addition, take any other measure he considers fair and appropriate. Where, for the purposes of the first paragraph, the stenographic notes must be transcribed, the transcription costs shall be paid by the Government unless the judge orders otherwise, in particular, when the recourse is manifestly unfounded or frivolous and excessive or dilatory.

[1965 (1ʳᵉ sess.), c. 80, a. 466; 1993, c. 30, a. 5; 1993, c. 72, a. 8].

[1965 (1st sess.), c. 80, a. 466; 1993, c. 30, s. 5; 1993, c. 72, s. 8].

467. La mort des parties ou de leurs procureurs ne peut avoir pour effet de retarder le jugement d'une cause en délibéré.

467. The death of the parties or of their attorneys cannot delay judgment in a case which is under advisement.

[1965 (1ʳᵉ sess.), c. 80, a. 467; 1975, c. 83, a. 25].

[1965 (1st sess.), c. 80, a. 467; 1975, c. 83, s. 25].

468. Le tribunal ne peut adjuger au-delà de ce qui est demandé; il peut néanmoins redresser les impropriétés de termes dans les conclusions, pour donner à celles-ci leur véritable qualification eu égard aux faits allégués.

[1965 (1re sess.), c. 80, a. 468].

468. The court cannot adjudicate beyond the conclusions; however, it may correct incorrect terminology in the conclusions, in order to give to them their true designation in the light of the facts alleged.

[1965 (1st sess.), c. 80, a. 468].

469. Le jugement portant condamnation doit être susceptible d'exécution. Celui qui condamne à des dommages-intérêts en contient la liquidation; lorsqu'il prononce une condamnation solidaire contre les personnes responsables d'un préjudice, il détermine, pour valoir entre elles seulement, la part de chacune dans la condamnation, si la preuve permet de l'établir.

[1965 (1re sess.), c. 80, a. 469; 1977, c. 73, a. 14; 1992, c. 57, a. 278].

469. Every judgment involving a condemnation must be susceptible of execution. Every judgment for damages must contain a liquidation thereof; if it contains a joint and several condemnation against the persons responsible for the injury, it shall, if the evidence permits, determine as between such persons only, the share of each in the condemnation.

[1965 (1st sess.), c. 80, a. 469; 1992, c. 57, s. 278].

469.1. Lorsque le jugement qui condamne à des dommages-intérêts en réparation d'un préjudice corporel réserve au demandeur le droit de réclamer des dommages-intérêts additionnels, il indique ce sur quoi pourra porter la réclamation et le délai dans lequel la demande devra être exercée.

Il est exécutoire, nonobstant appel, lorsque celui-ci porte exclusivement sur la décision du tribunal de réserver au demandeur le droit de réclamer des dommages-intérêts additionnels ou sur le délai imparti pour l'exercice de tel recours.

L'appel du jugement qui a prononcé sur la demande de dommages-intérêts n'a pas pour effet de dispenser le demandeur de déposer, dans le délai imparti par le jugement, sa demande de dommages-intérêts additionnels.

[1992, c. 57, a. 279].

469.1. Where a judgment awarding damages for bodily injury reserves the right of the plaintiff to claim additional damages, the judgment specifies the matter to which the claim may pertain and the time within which the application may be made.

The judgment is executory, notwithstanding appeal, where the appeal pertains exclusively to the decision of the court to reserve the right of the plaintiff to claim additional damages or to the time allowed for the exercise of the remedy.

An appeal from the judgment on the original application for damages does not exempt the plaintiff from the obligation to file an application for additional damages, within the period of time fixed in the judgment.

[1992, c. 57, s. 279].

470. Le jugement qui prononce sur des droits réels, immobiliers ou mobiliers, doit contenir la description du bien concerné de manière à permettre la publicité des droits sur ce bien, le cas échéant.

Le jugement qui condamne à la restitution des fruits et revenus doit en ordonner la liquidation par experts, s'il y a lieu; la partie

470. A judgment in respect of movable or immovable real rights must contain a description of the property involved so as to permit the publication of the rights in the property, where applicable.

A judgment condemning a party to the restitution of fruits and revenues must order their liquidation, by experts if necessary;

condamnée est tenue de représenter toutes les pièces justificatives.

[1965 (1ʳᵉ sess.), c. 80, a. 470; 1992, c. 57, a. 280].

the party condemned is bound to produce all supporting documents.

[1965 (1st sess.), c. 80, a. 470; 1992, c. 57, s. 280].

471. La minute d'un jugement est signée par celui qui l'a rendu. Toutefois, en matière familiale, le greffier peut signer la minute d'un jugement rendu par le juge.

S'il y a eu contestation et que le jugement soit rendu après délibéré, la minute contient, outre le dispositif, les motifs de la décision exprimés de façon concise.

En cas de décès, d'absence, d'incapacité ou de retraite d'un juge après qu'il ait prononcé un jugement à l'audience et avant qu'il ait signé la minute de ce jugement, le juge en chef de ce tribunal ou un juge désigné par ce dernier peut signer cette minute.

[1965 (1ʳᵉ sess.), c. 80, a. 471; 1972, c. 70, a. 19; 1977, c. 73, a. 15; 1982, c. 17, a. 24; 1989, c. 6, a. 2; 1992, c. 57, a. 420].

471. A judgment must be signed by the person who rendered it. However, in family cases, the clerk may sign the judgment rendered by a judge.

In contested suits where judgment is rendered after taking the case under advisement, it contains, in addition to the conclusions, a concise statement of the reasons on which the decision is based.

When a judge dies, is absent, is unable to act or retires after he has rendered judgment in open court and before he has signed such judgment, the chief justice of such court or a judge designated by him may sign such judgment.

[1965 (1st sess.), c. 80, a. 471; 1972, c. 70, s. 19; 1977, c. 73, s. 15; 1982, c. 17, s. 24; 1989, c. 6, s. 2; 1992, c. 57, s. 420].

472. Les jugements sont rendus par la prononciation qui en est faite à l'audience, ou par le dépôt de la minute au greffe, à la date qu'elle porte.

Le dispositif du jugement prononcé à l'audience ne peut être modifié par une minute déposée ultérieurement.

[1965 (1ʳᵉ sess.), c. 80, a. 472].

472. Judgments are rendered by being read out in open court, or by depositing the judgment in the office of the court on the date which it bears.

The conclusions of a judgment rendered in open court cannot be changed by the judgment deposited later.

[1965 (1st sess.), c. 80, a. 472].

473. La signification, à la partie condamnée, d'un jugement autre que celui en déclaration d'hypothèque contre un défendeur résidant au Québec, n'est requise que si le juge qui l'a rendu l'ordonne, ou si une disposition de la loi l'exige.

Toutefois, dès qu'est déposée au greffe la minute d'un jugement contradictoire rendu après délibéré, le greffier doit, à moins que les règles de pratique ne disposent autrement, en donner avis aux parties et à leurs procureurs.

[1965 (1ʳᵉ sess.), c. 80, a. 473; 1975, c. 83, a. 26; 1992, c. 57, a. 281, 420; 1995, c. 39, a. 1].

473. A judgment, unless it is in recognition of a hypothec against a defendant residing in Québec, must be served on the losing party only if the judge who rendered it so orders, or if some provision of law so requires.

However, as soon as the original of the judgment in a contested matter which has been taken under advisement has been deposited in the office of the court, the clerk must, unless the rules of practice otherwise provide, notify the parties and their attorneys.

[1965 (1st sess.), c. 80, a. 473; 1975, c. 83, s. 26; 1992, c. 57, s. 281, s. 420; 1995, c. 39, s. 1].

474. Le jugement doit être inscrit sans délai dans les registres du tribunal; le greffier conserve la minute et en délivre des expéditions sur demande.

En cas de divergence entre la minute d'un jugement et les entrées dans les registres, on doit s'en rapporter à la minute, et le tribunal peut ordonner les corrections nécessaires, sans formalités.

[1965 (1ᵉʳ sess.), c. 80, a. 474; 1992, c. 57, a. 420].

474. Every judgment must be entered without delay in the register of the court; the clerk retains the judgment and issues copies on demand.

In cases of difference between the judgment and the entry thereof in the register, the judgment is to be followed; and the court may, without any formality, order the necessary corrections.

[1965 (1st sess.), c. 80, a. 474; 1992, c. 57, s. 420].

475. Le jugement entaché d'erreur d'écriture ou de calcul, ou de quelque autre erreur matérielle, peut être rectifié par le juge ou le greffier qui l'a rendu; il en est de même de celui qui, par suite d'une inadvertance manifeste, accorde plus qu'il n'était demandé, ou omet de prononcer sur une partie de la demande.

La rectification peut être faite d'office tant que l'exécution n'a pas été commencée; elle peut l'être sur requête d'une partie en tout temps, sauf si le jugement a été frappé d'appel.

Si le juge ou le greffier qui a rendu le jugement n'est plus en fonction, ou qu'il soit absent ou empêché d'agir, la requête doit être adressée au tribunal.

Le délai d'appel ou d'exécution du jugement rectifié ne court que depuis la date de la rectification, lorsque celle-ci porte sur le dispositif.

[1965 (1ᵉʳ sess.), c. 80, a. 475; 1983, c. 28, a. 17; 1984, c. 26, a. 19; 1992, c. 57, a. 282, 420].

475. A judgment in which there is an error in writing or calculation or any other clerical error may be corrected by the judge or clerk who rendered it. A judgment which, by obvious inadvertence, has granted more than was demanded or has omitted to adjudicate upon part of the demand may also be so corrected.

Such correction may be made of the judge's or clerk's own motion so long as the execution has not been commenced; it may be made on motion of one of the parties at any time, unless the judgment has been appealed.

If the judge or clerk who rendered the judgment is no longer in office or is absent or unable to act, the motion must be made to the court.

The time limits for appeal from and for execution of a corrected judgment only run from the date of the correction, if it affects the conclusions.

[1965 (1st sess.), c. 80, a. 475; 1983, c. 28, s. 17; 1984, c. 26, s. 19; 1992, c. 57, s. 420; 1999, c. 40, s. 56].

476. Une partie peut renoncer aux droits qui lui résultent d'un jugement rendu en sa faveur, en produisant au greffe un désistement total ou partiel, signé d'elle-même ou de son fondé de procuration spéciale. Le désistement total accepté par la partie adverse a pour effet de remettre la cause dans l'état où elle était immédiatement avant le jugement.

[1965 (1ᵉʳ sess.), c. 80, a. 476].

476. A party may renounce rights arising from a judgment rendered in his favour, by filing in the office of the court a total or partial renunciation signed by him or by his special attorney. A total renunciation accepted by the opposite party places the case in the position it was in immediately before the judgment.

[1965 (1st sess.), c. 80, a. 476].

Chapitre III ——	Chapter III ——
Des dépens	Costs

477. La partie qui succombe supporte les dépens, frais du sténographe compris, à moins que, par décision motivée, le tribunal ne les mitige, ne les compense ou n'en ordonne autrement.

Le tribunal peut également, par décision motivée, mitiger les dépens relatifs aux expertises faites à l'initiative des parties, notamment lorsqu'il estime que l'expertise était inutile, que les frais sont déraisonnables ou qu'un seul expert aurait suffi.

Dans le cas d'une action personnelle et sous réserve de l'article 988, la somme des frais de poursuite, à l'exclusion des frais d'exécution, que le défendeur condamné peut être appelé à payer ne doit pas excéder le montant de la condamnation, si celui-ci n'est pas supérieur au montant prévu au paragraphe *a* de l'article 953, à moins que, par décision motivée, le tribunal n'en ait ordonné autrement.

[1965 (1ʳᵉ sess.), c. 80, a. 477; 1975, c. 83, a. 27; 1977, c. 73, a. 16; 1983, c. 28, a. 18; 1995, c. 39, a. 2; 2002, c. 7, s. 89].

477. The losing party must pay all costs, including the costs of the stenographer, unless by decision giving reasons the court reduces or compensates them, or orders otherwise.

As well, the court may, by a decision giving reasons, reduce the costs relating to experts' appraisals requested by the parties, particularly if, in the opinion of the court, there was no need for the appraisal, the costs are unreasonable or a single expert's appraisal would have been sufficient.

In a personal action, and subject to article 988, the amount of the costs of suit, except costs of execution, that the defendant who loses may be required to pay shall not exceed the amount of the condemnation, if that is not greater than the amount contemplated in paragraph *a* of article 953, unless the court, by judgment giving reasons, orders otherwise.

[1965 (1st sess.), c. 80, a. 477; 1975, c. 83, s. 27; 1977, c. 73, s. 16; 1983, c. 28, s. 18; 1995, c. 39, s. 2; 2002, c. 7, s. 89].

478. L'administrateur de biens d'autrui, qui abuse de ses pouvoirs en faisant des actes de procédure manifestement mal fondés, peut être condamné personnellement aux dépens, sans droit de répétition.

[1965 (1ʳᵉ sess.), c. 80, a. 478].

478. Any person administering the property of another, who abuses his powers by carrying on proceedings which are clearly unfounded, may be condemned personally to costs, without being entitled to reimbursement.

[1965 (1st sess.), c. 80, a. 478].

478.1. Les dépens des demandes conjointes sont partagés également entre les parties, à moins qu'elles n'aient convenu du contraire ou que le tribunal, par décision motivée, n'en ordonne autrement.

De même, les dépens qui résultent de la décision du tribunal d'autoriser, dans une instance en matière familiale, la représentation d'un enfant par un procureur sont

478.1. The costs of joint actions are shared equally by the parties, unless they have agreed to the contrary or the court, by judgment giving reasons, orders otherwise.

Similarly, costs resulting from the decision of the court to allow a child to be represented by an attorney in family proceedings are shared equally by the parties, un-

partagés également entre les parties, à moins que le tribunal, par décision motivée, n'en ordonne autrement.

Dans toute instance autre que familiale, le tribunal prononce, suivant les circonstances, sur les dépens relatifs à la représentation par procureur d'un mineur ou d'un majeur qu'il estime inapte.

[1982, c. 17, a. 25; 1992, c. 57, a. 283].

less the court, by judgment giving reasons, orders otherwise.

In any proceedings other than family proceedings, the costs relating to the representation by an attorney of a minor, or a person of full age it considers incapable are awarded by the court according to the circumstances.

[1982, c. 17, s. 25; 1992, c. 57, s. 283].

479. La condamnation aux dépens emporte de plein droit distraction en faveur du procureur de la partie à laquelle ils sont accordés. Néanmoins, la partie elle-même peut exécuter pour les dépens, si le consentement de son procureur apparaît sur le bref d'exécution.

[1965 (1ᵉʳ sess.), c. 80, a. 479; 1981, c. 14, a. 13].

479. Every condemnation to costs involves, by operation of law, distraction in favour of the attorney of the party to whom they are awarded. Nevertheless the party himself may execute for the costs if the consent of his attorney appears on the writ of execution.

[1965 (1st sess.), c. 80, a. 479; 1981, c. 14, s. 13].

480. La partie qui a droit aux dépens en établit le mémoire suivant les tarifs en vigueur, et le fait signifier à la partie qui les doit, si elle a comparu, avec avis d'au moins cinq jours de la date à laquelle il sera présenté au greffier pour taxe; ce dernier peut requérir une preuve, par affidavit ou par témoins.

La taxe peut être révisée par le juge dans les 30 jours, sur demande signifiée à la partie adverse. Le jugement alors rendu est final et sujet à appel suivant les règles prévues par l'article 26.

Toutefois, sauf recours en répétition s'il y a lieu, ni la demande de révision, ni l'appel du jugement sur cette demande ne suspendent l'exécution à moins que le montant du mémoire tel que taxé ou révisé n'excède 10 000 $, auquel cas l'exécution est suspendue pour l'excédent de ce montant.

[1965 (1ᵉʳ sess.), c. 80, a. 480; 1982, c. 32, a. 34; 1992, c. 57, a. 420].

480. The party entitled to costs prepares a bill thereof in accordance with the tariffs in force, and has it served upon the party who owes the costs, if the latter has appeared, with a notice of at least five days of the date when it will be presented for taxation to the clerk; the latter may require proof to be made by affidavit or by witnesses.

The taxation may be revised by the judge within 30 days, upon motion served on the opposite party. The judgment thus rendered is final and subject to appeal in accordance with the rules provided in article 26.

However, saving the debtor's contingent right to recover, the motion for revision or the appeal from the judgment on that motion does not suspend execution unless the amount of the factum as taxed or as revised exceeds $10 000, in which case the execution is suspended in respect of the excess.

[1965 (1st sess.), c. 80, a. 480; 1982, c. 32, s. 34; 1992, c. 57, s. 420].

481. Les dépens portent intérêts du jour du jugement qui les accorde.

[1965 (1ᵉʳ sess.), c. 80, a. 481].

481. Costs bear interest from the date of the judgment granting them.

[1965 (1st sess.), c. 80, a. 481].

TITRE VIII ——
(ABROGÉ).

TITLE VIII ——
(REPEALED).

Chapitre I ——
(Abrogé).

Chapter I ——
(Repealed).

481.1-481.3. (*Abrogés*).

[2002, c. 7, a. 90].

481.1-481.3. (*Repealed*).

[2002, c. 7, s. 90].

Chapitre II ——
(Abrogé).

Chapter II ——
(Repealed).

481.4-481.6. (*Abrogés*).

[2002, c. 7, a. 90].

481.4-481.6. (*Repealed*).

[2002, c. 7, s. 90].

Chapitre III ——
(Abrogé).

Chapter III ——
(Repealed).

481.7-481.10. (*Abrogés*).

[2002, c. 7, a. 90].

481.7-481.10. (*Repealed*).

[2002, c. 7, s. 90].

Chapitre IV ——
(Abrogé).

Chapter IV ——
(Repealed).

481.11-481.13. (*Abrogés*).

[2002, c. 7, a. 90].

481.11-481.13. (*Repealed*).

[2002, c. 7, s. 90].

Chapitre V ——
(Abrogé).

Chapter V ——
(Repealed).

481.14-481.17. (*Abrogés*).

[2002, c. 7, a. 90].

481.14-481.17. (*Repealed*).

[2002, c. 7, s. 90].

LIVRE III ——
MOYENS DE SE POURVOIR CONTRE
LES JUGEMENTS

BOOK III ——
REMEDIES AGAINST JUDGMENTS

TITRE I ——
DE LA DEMANDE DE RÉTRACTATION DE
JUGEMENT

TITLE I ——
REVOCATION OF JUDGMENT

Chapitre I ▬
De la rétractation de jugement à la
demande d'une partie

Chapter I ▬
Revocation of Judgment at the
Request of One of the Parties

482. La partie condamnée par défaut de comparaître ou de plaider peut, si elle a été empêchée de produire sa défense, par surprise, par fraude ou par quelque autre cause jugée suffisante, demander que le jugement soit rétracté, et la poursuite rejetée.

La requête, adressée au tribunal où le jugement a été rendu, doit contenir non seulement les motifs qui justifient la rétractation, mais aussi les moyens de défense à l'action.

[1965 (1" sess.), c. 80, a. 482].

482. A party condemned by default to appear or to plead may, if he was prevented from filing his defence by surprise, by fraud or by any other reason considered sufficient, request that the judgment be revoked and that the action be dismissed.

The motion, addressed to the court which rendered the judgment, must contain not only the grounds for revocation of judgment, but also the grounds of defence to the action.

[1965 (1st sess.), c. 80, a. 482].

483. De même, le jugement contre lequel n'est ouvert aucun autre recours utile peut être rétracté par le tribunal qui l'a rendu, à la demande d'une partie, dans les cas suivants:

1. Lorsque la procédure prescrite n'a pas été suivie et que la nullité qui en résulte n'a pas été couverte;

2. Lorsqu'il a été prononcé au-delà des conclusions, ou qu'il a été omis de statuer sur un des chefs de la demande;

3. Lorsque, s'agissant d'un mineur ou d'un majeur en tutelle ou en curatelle, aucune défense valable n'a été produite;

4. Lorsqu'il a été statué sur la foi d'un consentement ou à la suite d'offres non autorisés et subséquemment désavoués;

5. Lorsque le jugement a été rendu sur des pièces dont la fausseté n'a été découverte que depuis, ou à la suite du dol de la partie adverse;

6. Lorsque, depuis le jugement, il a été découvert des pièces décisives dont la production avait été empêchée par une circonstance de force majeure ou le fait de la partie adverse;

7. Lorsque, depuis le jugement, il a été découvert une preuve, et qu'il appert:

483. Likewise, where there is no other useful recourse against a judgment, the court which rendered it may revoke it at the request of one of the parties, in the following cases:

(1) When the procedure prescribed has not been followed and the resulting nullity has not been covered;

(2) When the judgment has decided beyond the conclusions, or when it has failed to rule on one of the essential grounds of the suit;

(3) When, in the case of a minor or person of full age under tutorship or curatorship, no valid defence has been produced;

(4) When judgment has been rendered upon an unauthorized consent or tender subsequently disavowed;

(5) When judgment has been rendered upon documents whose falsity has only been discovered afterwards, or following fraud of the adverse party;

(6) When, since the judgment, decisive documents have been discovered whose production had been prevented by a circumstance of irresistible force or because of the act of the adverse party;

(7) When, since the judgment, new evidence has been discovered and it appears that:

a) que si elle avait été apportée à temps, la décision eût probablement été différente;

b) qu'elle n'était connue ni de la partie, ni de son procureur ou agent et

c) qu'elle ne pouvait pas, avec toute la diligence raisonnable, être découverte en temps utile.

[1965 (1ʳᵉ sess.), c. 80, a. 483; 1979, c. 37, a. 15; 1989, c. 54, a. 134].

(a) if it had been brought forward in time, the decision would probably have been different;

(b) it was known neither to the party nor to his attorney or agent and

(c) it could not, with all reasonable diligence, have been discovered in time.

[1965 (1st sess.), c. 80, a. 483; 1989, c. 54, s. 134].

484. La requête en rétractation, signifiée à toutes les parties en cause avec avis du jour où elle sera présentée à un juge pour réception, doit être produite dans les 15 jours, à compter, selon le cas, du jour où la partie a acquis connaissance du jugement, où est disparue la cause qui l'empêchait de produire sa défense, où la partie a acquis connaissance de la preuve nouvelle, de la fausseté de la pièce ou du dol de la partie adverse, où a été découverte la pièce décisive, ou encore du jour où a été rendu le jugement désavouant l'acte non autorisé.

484. The motion in revocation, served on all the parties in the record with notice of the day when it will be presented to a judge for reception, must be filed within 15 days counting, according to the circumstances, from the day when the party acquired knowledge of the judgment, when the cause preventing production of the defence was removed, when he acquired knowledge of the new evidence, of the falsity of the document or of the fraud of the opposite party, when the conclusive document was discovered, or when the judgment was rendered disavowing the unauthorized act.

Dans le cas du mineur, prévu au paragraphe 3 de l'article 483, le délai court du jour de la signification du jugement, faite depuis qu'il a atteint sa majorité.

In the case of a minor, contemplated in paragraph 3 of article 483, the time limit runs from the day of service of the judgment effected since he attained majority.

Ce délai de 15 jours est de rigueur; néanmoins, le tribunal peut, sur demande, et pourvu qu'il ne se soit pas écoulé plus de six mois depuis le jugement, relever des conséquences de son retard la partie qui démontre qu'elle a été, en fait, dans l'impossibilité d'agir plus tôt.

[1965 (1ʳᵉ sess.), c. 80, a. 484].

The time limit of 15 days is peremptory; nevertheless the court may, on motion and provided that not more than six months have elapsed since judgment, relieve from the consequences of his default the party who shows that, in fact, it was impossible for him to act sooner.

[1965 (1st sess.), c. 80, a. 484; 1999, c. 40, s. 56].

484.1. Dans le cas prévu à l'article 198.1, le jugement ne peut être rétracté, à la demande de la partie condamnée par défaut de comparaître ou de plaider présentée dans l'année de la date du jugement, que si celle-ci démontre que, sans qu'il n'y ait eu faute de sa part, elle n'a pas eu connaissance de la procédure en temps utile pour se défendre ni pour exercer un recours à

484.1. In the case provided for in article 198.1, the judgment cannot be revoked, on the motion of the party condemned by default to appear or to plead made within one year from the date of judgment, unless that party proves that, by no fault of his own, he did not acquire knowledge of the proceedings in time to file a defence or to exercise a recourse against the decision and

l'encontre de la décision et que ses moyens de défense n'apparaissent pas dénués de tout fondement.

[1985, c. 29, a. 10].

485. La requête en rétractation n'opère sursis de l'exécution que du moment où elle est reçue, à moins d'un ordre spécial d'un juge, lequel, en cas d'urgence, peut être donné sans avis préalable.

[1965 (1ʳᵉ sess.), c. 80, a. 485].

486. L'officier chargé d'exécuter le jugement, et à qui a été signifiée une copie de la requête en rétractation et du certificat attestant qu'elle a été reçue, est tenu de surseoir, et de rapporter au greffe, sans délai, le bref d'exécution et la requête qui lui a été signifiée.

[1965 (1ʳᵉ sess.), c. 80, a. 486].

487. La requête faite en vertu de l'article 482 fait partie de la procédure dans la poursuite originaire et est assujettie aux mêmes règles que celle-ci. La partie qui l'a produite est tenue à tous les dépens résultant de son défaut, quel que soit le jugement qui intervienne.

[1965 (1ʳᵉ sess.), c. 80, a. 487].

488. Si le motif invoqué à l'appui d'une requête formée en vertu de l'article 483 est jugé suffisant, les parties sont remises dans l'état où elles étaient antérieurement, et la procédure est poursuivie suivant les règles de l'instance originaire. Le tribunal peut aussi, s'il le juge à propos, prononcer en même temps sur la requête en rétractation et sur la demande originaire. Dans tous les cas, il adjuge les dépens suivant les circonstances.

[1965 (1ʳᵉ sess.), c. 80, a. 488].

Chapitre II ▬
De la rétractation de jugement à la demande d'un tiers, ou tierce-opposition

489. Toute personne dont les intérêts sont affectés par un jugement rendu dans une instance où ni elle ni ses représentants

unless the grounds of his defence do not appear unfounded.

[1985, c. 29, s. 10].

485. The motion in revocation does not suspend the execution until it has been received, unless a judge gives a special order which, in case of urgency, may be given without prior notice.

[1965 (1st sess.), c. 80, a. 485].

486. The officer charged with executing the judgment, and on whom has been served a copy of the motion in revocation and of the certificate attesting that it has been received, is required to suspend, and to return to the office of the court without delay, the writ of execution and the motion which was served on him.

[1965 (1st sess.), c. 80, a. 486].

487. The motion made in virtue of article 482 forms part of the proceedings in the original suit and is subject to the same rules. The party who produced it is liable for all the costs resulting from his default, whatever judgment is rendered.

[1965 (1st sess.), c. 80, a. 487].

488. If the grounds invoked in support of a motion made in virtue of article 483 are judged to be sufficient, the parties are placed in the position where they were previously, and the procedure follows the rules of the original instance. The court may also, if it sees fit, pronounce at the same time upon the motion in revocation and on the original demand. In all cases it adjudicates as to costs in accordance with the circumstances.

[1965 (1st sess.), c. 80, a. 488].

Chapter II ▬
Revocation of Judgment at the Request of a Third Party, or Opposition by a Third Party

489. Every person whose interests are affected by a judgment rendered in a suit in which neither he nor his representatives

n'ont été appelés, peut, par requête au tribunal qui l'a rendu, demander qu'il soit rétracté en autant qu'il préjudicie à ses droits.

La requête doit être signifiée à toutes les parties en cause, ou, si elle est faite moins d'une année après le jugement, aux procureurs qui les représentaient dans l'instance; elle n'opère sursis de l'exécution que si un juge l'ordonne.

[1965 (1ᵉʳ sess.), c. 80, a. 489].

490. Il est procédé sur la requête conformément aux règles applicables à l'instance originaire.

[1965 (1ᵉʳ sess.), c. 80, a. 490].

were summoned, may, by motion to the court which rendered it, demand that it be revoked so far as it prejudices his rights.

The motion must be served on all the parties in the suit or, if it is made less than a year after the judgment, upon the attorneys who represented them in the suit; it does not suspend execution unless a judge so orders.

[1965 (1st sess.), c. 80, a. 489].

490. The motion is proceeded upon in accordance with the rules applicable to the original suit.

[1965 (1st sess.), c. 80, a. 490].

TITRE II — DE L'APPEL

TITLE II — APPEAL

491. Sauf dispositions contraires de la loi pour certaines matières, l'appel à la Cour d'appel est soumis aux règles qui suivent.

[1965 (1ᵉʳ sess.), c. 80, a. 491].

491. Saving contrary provisions of the law in respect of certain matters, appeal to the Court of Appeal is subject to the following rules.

[1965 (1st sess.), c. 80, a. 491].

492. Celui qui a été partie au procès en première instance, personnellement et pour son propre compte, ou comme représentant et pour le compte d'autrui, ou encore par l'intermédiaire d'un représentant légal, a qualité pour interjeter appel.

Le procureur général peut, d'office, appeler du jugement final rendu dans une instance soulevant l'application d'une disposition d'ordre public, comme s'il était partie au procès.

Lorsque plusieurs ont succombé ensemble dans la poursuite d'un même intérêt, chacun a qualité pour appeler et pour poursuivre l'appel, malgré l'inaction des autres, ou leur décès.

[1965 (1ᵉʳ sess.), c. 80, a. 492].

492. Any person who was a party to an action in the court of first instance, personally and for his own account, or as a representative and for the account of others, or through a legal representative, has capacity to appeal.

The Attorney General may, *ex officio,* appeal from a final judgment rendered in an action raising a ground of public order, as if he were a party to the action.

When several persons have together lost an action in the pursuit of a common interest, each has the capacity to appeal and to prosecute the appeal, in spite of the inaction of the others or of their decease.

[1965 (1st sess.), c. 80, a. 492].

493. Quand une partie est décédée ou est devenue incapable, son droit d'appel est exercé par ses représentants légaux.

493. When a party dies or becomes incapable, his right of appeal is exercised by his legal representatives.

Si un appel doit être interjeté par les liquidateurs d'une succession et que ceux-ci ou quelques-uns d'entre eux soient décédés ou aient été remplacés, l'appel est formé par les liquidateurs en fonction.

[1965 (1ʳᵉ sess.), c. 80, a. 493; 1992, c. 57, a. 284].

If an appeal is to be brought by the liquidators of a succession and they or some of them are deceased or have been replaced, the appeal is brought by the liquidators then in office.

[1965 (1st sess.), c. 80, a. 493; 1992, c. 57, s. 284].

494. La demande pour permission d'appeler, dans les cas visés au deuxième alinéa de l'article 26 et à l'article 511, est présentée par requête accompagnée d'une copie du jugement et des pièces de la contestation, si elles ne sont pas reproduites dans le jugement. Elle doit indiquer la durée de l'enquête et de l'audition en première instance. Elle doit aussi indiquer la durée de l'enquête et de l'audition en première instance, les conclusions recherchées par l'appelant et un énoncé détaillé des moyens qu'il prévoit utiliser.

494. An application for leave to appeal in the cases contemplated in the second paragraph of article 26 and in article 511 must be presented by motion accompanied by a copy of the judgment and of the documents of the contestation, if they are not reproduced in the judgment. It must indicate the duration of the proof and hearing in first instance, the conclusions sought by the appellant and a detailed statement of the grounds which the appellant intends to set up.

L'énoncé détaillé des moyens doit faire référence à la preuve documentaire ou aux témoignages au sujet desquels le requérant prétend que le juge de première instance a manifestement erré. Il doit aussi énoncer en quoi les erreurs de droit ou de faits relevées sont déterminantes au point d'infirmer le jugement de première instance. Lors de la présentation de cette demande, le juge peut autoriser la production d'un énoncé supplémentaire dans le délai qu'il détermine, si des motifs sérieux le justifient.

The detailed statement of the grounds must refer to the documentary evidence or the testimonies in respect of which the appellant claims that the judge in first instance committed a manifest error. It must also state in what way the errors of law or fact found are significant to the point of invalidating the judgment in first instance. Upon presentation of the application, the judge may, where so justified by serious reasons, authorize the filing of an additional statement within the time he determines.

La requête doit être signifiée à la partie adverse et produite au greffe dans les 30 jours de la date du jugement ou, lorsqu'il s'agit d'une requête pour permission d'appeler d'un jugement qui prononce sur la requête en annulation d'une saisie avant jugement, dans les dix jours de la date de ce jugement; elle doit être présentée à un juge de la Cour d'appel aussitôt que possible.

The motion must be served on the adverse party and filed with the office of the court within 30 days of the date of judgment or, in the case of an application for leave to appeal from a judgment ruling on a motion to quash a seizure before judgment, within 10 days of the date of judgment; it must be presented to a judge of the Court of Appeal as soon as possible.

Si la demande est accordée, le jugement qui autorise l'appel tient lieu de l'inscription en appel. Le greffier des appels transmet sans délai copie de ce jugement au juge qui a rendu le jugement frappé d'appel et au greffe du tribunal de première instance; il en transmet également copie, sans délai, aux parties ou à leurs procureurs.

If the application is granted, the judgment authorizing the appeal shall stand for the inscription in appeal. The clerk of appeals shall transmit a copy of the judgment without delay to the judge whose judgment is appealed from and to the office of the court in first instance; he shall also transmit a copy, without delay, to the parties or their attorneys.

Tout autre appel doit être formé dans les 30 jours de la date du jugement à moins que, dans le cas du paragraphe 2 du premier alinéa de l'article 26, un délai plus court ne soit prévu dans une autre loi.

Ces délais sont de rigueur et emportent déchéance.

Toutefois, si une partie décède avant l'expiration de ce temps et sans avoir appelé, le délai d'appel ne court contre ses représentants légaux que du jour où le jugement leur est signifié, ce qui peut être fait conformément à la disposition de l'article 133.

Le délai d'appel ne court contre la partie condamnée par défaut que de l'expiration du temps pendant lequel elle pouvait demander la rétractation du jugement.

[1965 (1ᵉ sess.), c. 80, a. 494; 1969, c. 80, a. 9; 1982, c. 32, a. 35; 1983, c. 28, a. 19; 1989, c. 41, a. 1; 1992, c. 57, a. 285; 1993, c. 30, a. 6; 1995, c. 2, a. 3; 1995, c. 39, a. 3; 2002, c. 7, a. 91].

495. L'appel est formé par le dépôt au greffe du tribunal de première instance, dans le délai prévu par l'article 494, d'un exemplaire et de deux copies d'une inscription signifiée à la partie adverse ou à son procureur.

Si la partie adverse n'est pas représentée par procureur et que soit établie l'impossibilité de signifier conformément à l'article 123, un juge du tribunal de première instance peut prescrire un mode différent de signification, et, si nécessaire, permettre que celle-ci soit faite même après l'expiration du délai d'appel.

[1965 (1ᵉ sess.), c. 80, a. 495; 1979, c. 37, a. 16].

495.1. Sans préjudice du droit d'interjeter appel en la manière et dans le délai prévus par les articles 494, 495 et 495.2, l'appel d'un jugement rendu dans une action en garantie ou récursoire doit être formé, en la manière prévue aux articles 494, 495 et 495.2, dans un délai de 10 jours à compter du dépôt au greffe du tribunal de première instance du jugement qui autorise l'appel

Every other appeal must be brought within 30 days of the date of judgment unless in the case of subparagraph 2 of the first paragraph of article 26 a shorter time is prescribed in another Act.

Such time limits are peremptory and their expiry extinguishes the right of appeal.

However, if a party dies before the expiry of such time without having appealed, the time limit for appeal runs against his legal representatives only from the day when the judgment is served upon them, which may be done in accordance with the provisions of article 133.

The time limit for appeal runs against a party condemned by default only from the expiry of the time within which he could demand the revocation of the judgment.

[1965 (1st sess.), c. 80, a. 494; 1969, c. 80, s. 9; 1982, c. 32, s. 35; 1983, c. 28, s. 19; 1989, c. 41, s. 1; 1992, c. 57, s. 285; 1993, c. 30, s. 6; 1995, c. 2, s. 3; 1995, c. 39, s. 3; 1999, c. 40, s. 56; 2002, c. 7, s. 91].

495. The appeal is brought by depositing at the office of the court of first instance, within the time limit provided by article 494, a duplicate and two copies of an inscription which has been served upon the adverse party or his attorney.

If the adverse party is not represented by attorney, and impossibility of service is established in conformity with article 123, a judge of the court of first instance may prescribe a different mode of service and, if necessary, permit that it be effected even after the expiry of the time limit for appeal.

[1965 (1st sess.), c. 80, a. 495; 1979, c. 37, s. 16; 1999, c. 40, s. 56].

495.1. Without prejudice to the right to appeal in the manner and within the time prescribed by articles 494, 495 and 495.2, any appeal from a judgment in an action in warranty or in a recursory action must be brought, in the manner prescribed by articles 494, 495 and 495.2, within 10 days from the filing, at the office of the court of first instance, of the judgment authorizing

du jugement dans l'action principale ou de l'inscription en appel du jugement dans l'action principale.

[1993, c. 30, a. 7].

495.2. Si l'appelant ou son procureur entend utiliser une déposition au soutien de son appel, celui-ci n'est régulièrement formé que si l'appelant ou son procureur fait signifier à la partie adverse ou à son procureur et produit au greffe du tribunal, dans les 45 jours suivant le jugement qui fait l'objet de l'appel ou, s'il s'agit d'un appel sur permission, dans les 15 jours suivant le jugement qui autorise l'appel, une attestation écrite par laquelle lui-même ou son procureur certifie avoir donné mandat à un sténographe de traduire les notes sténographiques. Le second alinéa de l'article 495 s'applique à la signification de cette attestation.

[1993, c. 30, a. 7; 2002, c. 7, a. 92].

496. L'inscription en appel doit contenir la désignation des parties, l'indication du tribunal qui a rendu le jugement, la date de celui-ci, la durée de l'enquête et de l'audition en première instance, les conclusions recherchées par l'appelant et un énoncé détaillé des moyens qu'il prévoit utiliser.

L'énoncé détaillé des moyens doit faire référence à la preuve documentaire ou aux témoignages au sujet desquels l'appelant prétend que le juge de première instance a manifestement erré. Il doit aussi énoncer en quoi les erreurs de droit ou de faits relevées sont déterminantes au point d'infirmer le jugement de première instance.

Lorsque l'appelant ne peut détailler tous les moyens qu'il prévoit utiliser, dans le délai prévu par l'article 494, un juge de la Cour d'appel peut, sur requête, autoriser la production d'un énoncé supplémentaire dans le délai qu'il détermine, si des motifs sérieux le justifient.

[1965 (1ʳᵉ sess.), c. 80, a. 496; 1979, c. 37, a. 17; 1993, c. 30, a. 8].

496.1. Sauf disposition contraire, toute demande qui doit être présentée à la Cour

the appeal from the judgment in the initial action or of the inscription in appeal from the judgment in the initial action.

[1993, c. 30, s. 7].

495.2. If the appellant or his attorney intends to use a deposition in support of the appeal, the appeal is regularly brought only if the appellant or his attorney causes to be served on the adverse party or his attorney and files at the office of the court, within 45 days after the judgment appealed from or, in the case of an appeal with leave, within 15 days after the judgment authorizing the appeal, a written statement in which he or his attorney certifies that he has directed a stenographer to transcribe the stenographic notes. The second paragraph of article 495 applies to the service of the statement.

[1993, c. 30, s. 7; 2002, c. 7, s. 92].

496. The inscription in appeal must contain the description of the parties, the name of the court that rendered the judgment, the date of judgment, the duration of the proof and hearing in first instance, the conclusions sought by the appellant and a detailed statement of the grounds he intends to set up.

The detailed statement of the grounds must refer to the documentary evidence or the testimonies in respect of which the appellant claims that the judge in first instance committed a manifest error. It must also state in what way the errors of law or fact found are significant to the point of invalidating the judgment in first instance.

Where the appellant is unable to state in detail all the grounds he intends to set up within the time prescribed in article 494, a judge of the Court of Appeal may, on a motion, where so justified by serious reasons, authorize the filing of an additional statement within such time as he determines.

[1965 (1st sess.), c. 80, a. 496; 1979, c. 37, s. 17; 1993, c. 30, s. 8].

496.1. Unless otherwise provided, every application presented in court must be ac-

doit être accompagnée d'un avis de la date de sa présentation et la signification doit en avoir été faite au moins cinq jours juridiques francs avant cette date, sauf au cas d'urgence où un juge de la Cour peut abréger le délai.

[1993, c. 30, a. 9].

companied with a notice of the date of presentation and must have been served at least five clear juridical days before that date, except in case of urgency, where a judge of the court may reduce that period.

[1993, c. 30, s. 9].

497. Sauf les cas où l'exécution provisoire est ordonnée et ceux où la loi y pourvoit, l'appel régulièrement formé suspend l'exécution du jugement.

497. Saving the cases where provisional execution is ordered and where so provided by law, an appeal regularly brought suspends the execution of judgment.

Toutefois, un juge de la Cour d'appel peut, sur requête, pour une raison spéciale autre que celles prévues aux paragraphes 4.1 et 5 du premier alinéa de l'article 501, ordonner à l'appelant de fournir, dans le délai fixé dans cette ordonnance, un cautionnement pour une somme déterminée, destiné à garantir, en totalité ou en partie, le paiement des frais d'appel et du montant de la condamnation, au cas où le jugement serait confirmé.

However, a judge of the Court of Appeal may, on a motion, for a special reason other than those set out in subparagraphs 4.1 and 5 of the first paragraph of article 501, order the appellant to furnish, within the time fixed in the order, security in a specified amount to guarantee in whole or in part the payment of the costs of appeal and the amount of the condemnation, if the judgment is upheld.

Si l'appelant ne fournit pas le cautionnement dans le délai fixé, un juge de la Cour d'appel peut, sur requête, rejeter l'appel.

[1965 (1ʳᵉ sess.), c. 80, a. 497; 1979, c. 37, a. 18; 1982, c. 32, a. 36; 1993, c. 30, a. 10; 2002, c. 7, a. 93].

If the appellant does not furnish security within the fixed time, a judge of the Court of Appeal may, upon motion, dismiss the appeal.

[1965 (1st sess.), c. 80, a. 497; 1979, c. 37, s. 18; 1982, c. 32, s. 36; 1993, c. 30, s. 10; 1999, c. 40, s. 56; 2002, c. 7, s. 93].

498. Sitôt déposée l'inscription en appel, le greffier doit transmettre l'original de l'inscription et une copie certifiée du plumitif au greffe des appels, à Québec ou à Montréal, selon le cas, et une copie de l'inscription au juge qui a rendu le jugement frappé d'appel.

498. As soon as the inscription in appeal is filed, the clerk must transmit the original of the inscription and a certified copy of the *plumitif* to the Appeal Office at Québec or Montréal, as the case may be, and a copy of the inscription to the judge whose judgment is appealed from.

Le greffier, sur demande d'un juge de la Cour d'appel, doit, sans délai, transmettre le dossier de la cause au greffe des appels, y compris un inventaire des pièces qui le composent et une copie des entrées faites aux registres.

[1965 (1ʳᵉ sess.), c. 80, a. 498; 1979, c. 37, a. 19; 1992, c. 57, a. 420; 1995, c. 39, a. 4].

The clerk must, at the request of a judge of the Court of Appeal, transmit without delay the record of the case to the Appeal Office together with a list of the documents therein and a copy of the entries made in the registers.

[1965 (1st sess.), c. 80, a. 498; 1979, c. 37, s. 19; 1992, c. 57, s. 420; 1995, c. 39, s. 4].

499. L'intimé doit produire un acte de comparution au greffe des appels dans les 10 jours qui suivent la réception de l'inscription par ce greffe ou, suivant le cas,

499. Within 10 days following receipt at the Appeals Office of the inscription or, as the case may be, within 10 days following receipt by the respondent of the copy of

dans les 10 jours qui suivent la réception par l'intimé de la copie du jugement autorisant l'appel.

Avant cette comparution, les actes de procédure destinés à l'intimé peuvent être signifiés au procureur qui représentait l'intimé en première instance, à moins d'une disposition qui exige la signification à la partie elle-même.

[1965 (1ᵉʳ sess.), c. 80, a. 499; 1982, c. 32, a. 37; 1989, c. 41, a. 2].

500. Sans préjudice de son droit d'interjeter lui-même appel en la manière et dans le délai prévus par les articles 494, 495 et 495.2, l'intimé peut former appel incident, sans autre formalité qu'une déclaration, signifiée à la partie adverse et produite en même temps que son acte de comparution, qu'il demande la réformation, en sa faveur, du jugement frappé d'appel; cette déclaration doit contenir les conclusions recherchées par l'intimé et un énoncé détaillé des moyens qu'il prévoit utiliser.

[1965 (1ᵉʳ sess.), c. 80, a. 500; 1979, c. 37, a. 20; 1993, c. 30, a. 11].

501. Dans les 10 jours qui suivent l'expiration du temps fixé pour comparaître, l'intimé peut, par requête, demander le rejet de l'appel, en raison:

1. d'une irrégularité dans la formation de l'appel, lorsqu'elle lui cause préjudice;

2. de la non-existence ou de la déchéance du droit d'appel;

3. de l'acquiescement au jugement frappé d'appel;

4. du désistement du jugement;

4.1. du fait que l'appel ne présente aucune chance raisonnable de succès;

5. de son caractère abusif ou dilatoire.

À défaut de rejeter l'appel pour les motifs prévus aux paragraphes 4.1 ou 5 du premier alinéa, la Cour peut assujettir cet appel aux conditions qu'elle détermine, no-

the judgment authorizing the appeal, the respondent must file a written appearance with the Appeals Office.

Before such appearance, the proceedings intended for the respondent may be served upon the attorney who represented the respondent in the court of first instance, failing a provision of law which requires service on the party himself.

[1965 (1st sess.), c. 80, a. 499; 1982, c. 32, s. 37; 1989, c. 41, s. 2].

500. Without prejudice to his right to bring an appeal himself in the manner and within the time limit prescribed by articles 494, 495 and 495.2, the respondent may make an incidental appeal, without formality other than a declaration, served on the adverse party and filed at the same time as his written appearance, that he will demand the reversal, in his favour, of the judgment appealed from. Such declaration must set out the conclusions sought by the respondent and a detailed statement of the means he intends to set up.

[1965 (1st sess.), c. 80, a. 500; 1979, c. 37, s. 20; 1993, c. 30, s. 11].

501. Within 10 days following the expiration of the time fixed for appearance, the respondent may by motion ask for the dismissal of the appeal by reason of:

(1) an irregularity in the bringing of the appeal, when it causes him a prejudice;

(2) the non-existence or forfeiture of the right of appeal;

(3) acquiescence in the judgment appealed from;

(4) renunciation of the judgment;

(4.1) the fact that the appeal has no reasonable chance of success;

(5) its improper or dilatory nature.

Instead of dismissing the appeal for a reason set out in subparagraph 4.1 or 5 of the first paragraph, the Court may subject the appeal to such conditions as it may deter-

tamment en exigeant de l'appelant qu'il fournisse un cautionnement conformément aux dispositions de l'article 497.

mine, particularly that the appellant furnish security pursuant to article 497.

La Cour peut rejeter une requête fondée sur les motifs prévus aux paragraphes 4.1 ou 5 du premier alinéa sans entendre les parties.

The Court may dismiss a motion for a reason set out in subparagraph 4.1 or 5 of the first paragraph without hearing the parties.

La signification d'une requête pour demander le rejet de l'appel suspend le délai de 45 jours prévu à l'article 495.2 pour l'attestation du mandat de traduction des notes sténographiques jusqu'au jugement sur cette demande.

Service of a motion requesting the dismissal of the appeal suspends the 45-day period prescribed by article 495.2 for the provision of a statement certifying that a stenographer has been directed to transcribe the notes, until the decision on the motion.

L'irrecevabilité de l'appel pour l'un des motifs prévus aux paragraphes 2, 3, 4, 4.1 et 5 du premier alinéa n'est pas couverte par le seul défaut de l'opposer dans le délai fixé; mais si l'appel est rejeté sur une requête faite tardivement, les dépens sont les mêmes que si celle-ci avait été faite dans le délai, à moins que le tribunal n'en décide autrement.

The irregularity of the appeal for any of the grounds provided in subparagraphs 2, 3, 4, 4.1 and 5 of the first paragraph is not covered by the mere failure to invoke it within the time fixed; but if an appeal is dismissed on a motion made beyond such time, the costs shall be the same as if it had been made within the time fixed, unless the court otherwise decides.

[1965 (1ᵉ sess.), c. 80, a. 501; 1982, c. 32, a. 38; 1995, c. 2, a. 4; 2002, c. 7, a. 94; 2002, c. 54, a. 3].

[1965 (1st sess.), c. 80, a. 501; 1982, c. 32, s. 38; 1995, c. 2, s. 4; 1999, c. 40, s. 56; 2002, c. 7, s. 94; 2002, c. 54, s. 3].

502. En tout état de cause, le tribunal ou, entre les sessions, l'un de ses juges, peut permettre de corriger, dans le délai et aux conditions qu'il détermine, toute irrégularité, quelle qu'elle soit, dans la procédure d'appel, pourvu, toutefois, que l'inscription en appel ait été dûment signifiée et déposée.

502. At any stage of the case, the court or, between sessions, one of its judges, may permit the correction, within such time and under such conditions as it or he may determine, of any irregularity whatever in the procedure of appeal, provided, however, that the inscription in appeal has been duly served and filed.

[1965 (1ᵉ sess.), c. 80, a. 502].

[1965 (1st sess.), c. 80, a. 502; 1999, c. 40, s. 56].

503. Dans les 120 jours du dépôt de l'inscription ou du jugement rendu sur une demande faite en vertu de l'article 501, l'appelant doit produire au greffe son mémoire, en sept exemplaires, et il doit en signifier deux autres exemplaires à l'intimé.

503. Within 120 days of the filing of the inscription or of the judgment rendered on a demand made under article 501, the appellant must file seven copies of his factum in the office of the court and serve two copies of it on the respondent.

[1965 (1ᵉ sess.), c. 80, a. 503; 1979, c. 37, a. 21; 1982, c. 32, a. 39; 1993, c. 30, a. 12].

[1965 (1st sess.), c. 80, a. 503; 1979, c. 37, s. 21; 1982, c. 32, s. 39; 1993, c. 30, s. 12].

503.1. Lorsque le mémoire n'est pas signifié et produit dans le délai prévu par l'article 503, l'appel est réputé déserté, à moins que l'appelant, avant l'expiration de ce dé-

503.1. Where the factum is not served and filed within the time prescribed by article 503, the appeal is deemed abandoned unless an application for an extension is

lai, n'ait signifié et produit au greffe du tribunal une demande de prolongation de délai. Cette demande peut être accordée, sur requête, par l'un des juges de la Cour d'appel pour une période qui, à moins de circonstances exceptionnelles inhérentes à la nature de la cause, n'excède pas 30 jours.

Lorsque l'appelant, dans les délais impartis, n'a pas signifié et produit son mémoire et qu'aucune demande de prolongation de délai n'est pendante ni, le cas échéant, de requête visée à l'article 505.1, le greffier de la Cour d'appel constate le défaut et délivre un certificat attestant que l'appel est déserté avec dépens.

[1979, c. 37, a. 21; 1982, c. 32, a. 40 (abrogé); 1993, c. 30, a. 13; 1995, c. 2, a. 5].

503.2.-503.3. (*Remplacés*).

[1995, c. 2, a. 5].

504. Lorsque plus d'une partie a interjeté appel d'un même jugement, tous les appels sont réunis.

[1965 (1ᵉ sess.), c. 80, a. 504; 1979, c. 37, a. 22; 1982, c. 32, a. 41].

504.1. Dans les 90 jours de la production au greffe du mémoire de l'appelant, l'intimé doit produire au greffe son mémoire, en sept exemplaires, et il doit en signifier deux autres exemplaires à l'appelant.

[1982, c. 32, a. 42; 1995, c. 2, a. 6].

505. Lorsque l'intimé ne produit pas son mémoire dans le délai prévu par l'article 504.1, il est forclos de le produire, à moins d'avoir, avant l'expiration de ce délai, signifié et produit au greffe du tribunal une demande de prolongation de délai. Cette demande peut être accordée, sur requête, par l'un des juges de la Cour d'appel pour une période qui, à moins de circonstances exceptionnelles inhérentes à la nature de la cause, n'excède pas 30 jours.

En cas de défaut de production du mémoire par l'intimé dans les délais impartis, la Cour peut refuser de l'entendre. Si l'intimé a formé un appel incident et qu'il ne respecte pas les délais impartis pour la

served and filed at the office of the court by the appellant before the expiry of the prescribed time. The extension may be granted, on a motion, by a judge of the Court of Appeal for a period which, barring exceptional circumstances owing to the nature of the case, may not exceed 30 days.

Where the appellant has not, within the allotted time, filed and served his factum and no application for an extension, or motion under article 505.1, is pending, the clerk of the Court of Appeal shall record the default and issue a certificate stating that the appeal is abandoned with costs.

[1979, c. 37, s. 21; 1982, c. 32, s. 40; 1993, c. 30, s. 13; 1995, c. 2, s. 5].

503.2.-503.3. (*Replaced*).

[1995, c. 2, s. 5].

504. When more than one party has appealed from the same judgment, all appeals are joined.

[1965 (1st sess.), c. 80, a. 504; 1979, c. 37, s. 22; 1982, c. 32, s. 41].

504.1. Within 90 days of the filing in the office of the court of his factum by the appellant, the respondent must file seven copies of his factum and serve two copies thereof on the appellant.

[1982, c. 32, s. 42; 1995, c. 2, s. 6].

505. Where the respondent does not file his factum within the time prescribed by article 504.1, he is foreclosed from filing it unless an application for an extension is served and filed at the office of the court by him before the expiry of the prescribed time. The extension may be granted, on a motion, by a judge of the Court of Appeal for a period which, barring exceptional circumstances owing to the nature of the case, may not exceed 30 days.

Where the respondent fails to file his factum within the allotted time, the Court may refuse to hear him. If the respondent makes an incidental appeal but does not act within the time allotted for the filing of

production de son mémoire, l'appel incident est réputé déserté.

[1965 (1ʳᵉ sess.), c. 80, a. 505; 1975, c. 83, a. 28; 1979, c. 37, a. 23; 1982, c. 32, a. 43; 1993, c. 30, a. 14; 1995, c. 2, a. 7].

505.1. Un juge de la Cour d'appel peut, sur requête produite avant l'expiration du délai prévu par l'article 503, fixer, avec le consentement de l'appelant et de l'intimé, un autre délai pour la production de leurs mémoires.

[1995, c. 2, a. 7].

506. Lorsque, malgré sa diligence et pour une cause qui lui est étrangère, l'appelant ne peut se procurer la traduction des notes sténographiques dans un délai raisonnable, le tribunal d'appel peut ordonner que la cause soit remise dans l'état où elle était avant l'instruction.

[1965 (1ʳᵉ sess.), c. 80, a. 506].

507. Les parties exposent dans leurs mémoires l'objet du litige, leurs prétentions et leurs conclusions. Chacune doit joindre à son mémoire une copie des pièces et les extraits de la preuve nécessaires à la détermination des questions en litige.

L'appelant doit, de plus, joindre à son mémoire copie des actes de procédure de la contestation liée, du jugement frappé d'appel et, le cas échéant, des notes produites par le juge ou, s'ils ont été donnés oralement, de la transcription ou de la traduction des motifs du jugement.

Les mémoires doivent être préparés en la manière prévue par les règles de pratique. Ils peuvent, en tout ou en partie, être préparés et produits sur un support informatique si toutes les parties y consentent et qu'un juge de la Cour d'appel l'autorise.

[1965 (1ʳᵉ sess.), c. 80, a. 507; 1975, c. 83, a. 29; 1979, c. 37, a. 24; 1982, c. 32, a. 44; 1999, c. 46, a. 9].

507.0.1. En matière familiale, le mémoire des parties est remplacé par une argumentation écrite à laquelle sont joints les autres documents pertinents à l'appel suivant les modalités prescrites par les *Règles de procédure de la Cour d'appel en matière ci-*

his factum, the incidental appeal is deemed abandoned.

[1965 (1st sess.), c. 80, a. 505; 1975, c. 83, s. 28; 1979, c. 37, s. 23; 1982, c. 32, s. 43; 1993, c. 30, s. 14; 1995, c. 2, s. 7].

505.1. A judge of the Court of Appeal may, on a motion filed before the expiry of the time prescribed by article 503 and with the consent of the appellant and the respondent, fix another time for the filing of their factums.

[1995, c. 2, s. 7].

506. When, notwithstanding his diligence and for a reason not imputable to him, the appellant cannot obtain within a reasonable time the transcript of the stenographer's notes, the Court of Appeal may order that the case be restored to the same state as before the trial.

[1965 (1st sess.), c. 80, a. 506; 1999, c. 40, s. 56].

507. The parties set out in their factum the subject at issue, their pretensions and conclusions. Each party must attach to his factum a copy of the documents and extracts from the evidence that are necessary to determine the questions at issue.

The appellant must also attach to his factum copy of the proceedings of the joined issue, the judgment appealed from and, where that is the case, the notes filed by the judge or, if they were given orally, the transcription or the translation of the reasons of the judgment.

The factums must be prepared in the manner provided by the rules of practice. They may be prepared and filed in computerized form in whole or in part provided it is agreed by all parties and authorized by a judge of the Court of Appeal.

[1965 (1st sess.), c. 80, a. 507; 1975, c. 83, s. 29; 1979, c. 37, s. 24; 1982, c. 32, s. 44; 1999, c. 46, s. 9].

507.0.1. In family matters, written arguments, instead of factums, are filed by the parties together with the other documents relevant to the appeal, according to the procedure prescribed by the *Rules of practice of the Court of Appeal in civil matters*.

vile. Le juge ou le greffier détermine la date et l'heure de l'audition du pourvoi et établit, avec les parties, une échéance pour la production de leur argumentation et des autres documents.

Toutefois, un juge de la Cour d'appel peut ordonner la poursuite d'un appel selon les règles ordinaires s'il estime que la complexité de l'affaire ou des circonstances spéciales le justifient.

[1999, c. 46, a. 10].

507.1. Le greffier doit porter un appel au rôle de l'audience dès qu'il est en état de l'être.

[1979, c. 37, a. 25].

507.2. Si l'appel n'est pas en état d'être mis au rôle de l'audience un an après le dépôt de l'inscription en appel, le greffier donne aux procureurs ou à la partie qui n'en a pas un avis d'au moins 60 jours à l'effet que la cause a été portée sur un rôle spécial.

Si l'appel n'est toujours pas en état d'être mis au rôle de l'audience à la date fixée dans l'avis, le juge en chef ou un juge qu'il désigne, après avoir donné aux parties l'occasion de se faire entendre, déclare l'appel déserté, à moins qu'une partie ne soumette une excuse valable, auquel cas il rend l'ordonnance qu'il juge appropriée.

[1979, c. 37, a. 25; 1982, c. 32, a. 45; 1995, c. 39, a. 5].

508. (*Abrogé*).

[1979, c. 37, a. 26].

508.1. Un juge peut, en tout temps, présider une conférence de règlement à l'amiable afin d'assister les parties dans la solution du différend qui les oppose. Le juge bénéficie alors de l'immunité judiciaire. La conférence a lieu à huis clos, sans frais, ni formalités.

La tenue de la conférence de règlement à l'amiable repose sur le consentement des parties exprimé, par écrit, dans une de-

The date and time of the appeal hearing are determined by the judge or the clerk, and a schedule for the filing of the arguments and other documents is determined with the parties by the judge or the clerk.

However, a judge of the Court of Appeal may order that the appeal be conducted according to the ordinary rules if, in the judge's opinion, it is warranted by the complexity of the case or by special circumstances.

[1999, c. 46, s. 10].

507.1. The clerk of appeals must place an appeal on the court roll as soon as it is ready to be so placed.

[1979, c. 37, s. 25].

507.2. If the appeal is not ready to be placed on the court roll in the year following the filing of the inscription in appeal, the clerk of appeals gives the attorneys or the party who does not have an attorney a notice of not less than 60 days to the effect that the case has been placed on a special roll.

If the appeal is still not ready to be placed on the court roll on the date fixed in the notice, the chief justice or any other judge he may designate, after giving the parties the opportunity to be heard, declares the appeal abandoned, unless one of the parties submits a valid excuse, in which case he makes such order as he deems appropriate.

[1979, c. 37, s. 25; 1982, c. 32, s. 45; 1995, c. 39, s. 5].

508. (*Repealed*).

[1979, c. 37, s. 26].

508.1. A judge may at any time preside a settlement conference to assist the parties in resolving their dispute. The judge enjoys judicial immunity while presiding such a conference. The conference is held in private, at no cost to the parties and without formality.

A settlement conference may only be held at the written joint request of the parties. The filing of such a request suspends the

mande conjointe. Le dépôt de cette demande suspend les délais impartis au présent titre.

La conférence de règlement à l'amiable est confidentielle et les règles qui la gouvernent sont fixées par le juge et les parties. Le juge ayant présidé la conférence ne participe à aucune audition relative à l'affaire.

La transaction qui termine une affaire est transmise, par le greffier, à une formation de la Cour afin d'être homologuée et rendue exécutoire.

[2002, c. 7, a. 95].

508.2. À tout moment de l'instance, un juge peut, d'office ou à la demande d'une partie, convoquer les parties pour conférer avec elles sur l'opportunité de préciser les questions véritablement en litige et sur les moyens propres à simplifier la procédure et à abréger l'audition.

Le juge, après avoir donné aux parties l'occasion de soumettre leurs représentations, peut alors, notamment, limiter s'il y a lieu les actes de procédure et les documents à produire, abréger ou prolonger les délais prévus au présent code, fixer des délais, dont ceux pour produire les actes de procédure et les documents, supprimer l'obligation de produire un mémoire en permettant de procéder à partir d'un plan d'argumentation et fixer une date d'audition.

[2002, c. 7, a. 95].

508.3. Le juge peut, d'office ou à la demande d'une partie, si toutes les parties y consentent, tenir la conférence par tout moyen de communication approprié.

[2002, c. 7, a. 95].

508.4. La conférence a lieu sans formalités ni écrits préalables.

[2002, c. 7, a. 95].

508.5. En tout temps pendant l'instance, une partie peut s'adresser au juge en chef

running of the time limits prescribed by this Title.

A settlement conference is confidential and is governed by the rules defined by the judge and the parties. The judge who presides the conference cannot take part in any hearing relating to the matter.

Any transaction resolving the matter is sent by the clerk to a panel of the court so that it may be homologated and rendered enforceable.

[2002, c. 7, s. 95].

508.2. At any stage of a proceeding, a judge may, on his or her own initiative or at the request of a party, convene the parties to confer with them on the possibility of better defining the matters really at issue and on possible ways of simplifying proceedings and shortening the hearing.

After giving the parties the opportunity to make representations, the judge may, as appropriate, limit the pleadings and other documents to be filed, shorten or extend the time limits prescribed by this Code, determine time limits, including those for the filing of pleadings and other documents, lift the requirement to file a factum and allow the parties to proceed on the basis of an argumentation plan, and determine a hearing date.

[2002, c. 7, s. 95].

508.3. The judge may, on his or her own initiative or at the request of a party, use any appropriate means of communication to hold a settlement conference, provided all parties consent.

[2002, c. 7, s. 95].

508.4. A settlement conference is held without formality and requires no prior written documents.

[2002, c. 7, s. 95].

508.5. At any time during the proceeding, a party may apply to the chief justice, or to

ou à un juge qu'il désigne pour lui demander des directives quant à la poursuite en appel.

[2002, c. 7, a. 95].

a judge designated by the chief justice, for directions in relation to the appeal.

[2002, c. 7, s. 95].

509. En appel, un juge entend tous les incidents prévus au Titre IV du Livre II dans la mesure où ils sont applicables.

509. In appeal, a judge hears all incidental proceedings provided for in Title IV of Book II to the extent that they are applicable.

La Cour peut, si l'intérêt de la justice le requiert, permettre à une partie, en des circonstances exceptionnelles, de présenter, selon le mode qu'elle indique, une preuve nouvelle indispensable.

In exceptional circumstances, the Court may, if the interests of justice so require, allow a party to adduce, in such manner as the Court directs, indispensable new evidence.

L'une ou l'autre de ces demandes est soulevée par requête et la procédure est la même qu'en première instance, à moins de règles de pratique contraires.

Applications under this article are presented by motion, and the procedure is the same as in first instance, in the absence of rules of practice to the contrary.

Lors de l'audition d'une telle demande, toute partie peut présenter une preuve appropriée et, le cas échéant, le juge ou la Cour, selon le cas, peut renvoyer la cause devant le tribunal de première instance pour qu'il y soit fait quelque preuve s'y rapportant.

During the hearing of such an application, any party may submit relevant evidence, and the judge or the Court, as the case may be, may return the case to the court of first instance so that further proof relating to the application may be made.

Le juge peut déférer une demande à la Cour, s'il estime que l'intérêt de la justice le requiert.

If, in the judge's opinion, the interests of justice so require, the judge may refer an application to the Court.

[1965 (1ʳᵉ sess.), c. 80, a. 509; 1982, c. 32, a. 46; 1999, c. 46, a. 11].

[1965 (1st sess.), c. 80, a. 509; 1982, c. 32, s. 46; 1999, c. 46, s. 11].

509.1. Le greffier de la Cour d'appel peut entendre les requêtes pour cesser d'occuper, les requêtes pour substitution de procureurs ainsi que les requêtes prévues aux articles 496, 503.1 et 505.

509.1. The clerk of the Court of Appeal may hear motions to cease representing a party and attorney substitution motions as well as motions provided for in articles 496, 503.1 and 505.

Le greffier peut déférer une requête à un juge, s'il estime que l'intérêt de la justice le requiert.

If, in the clerk's opinion, the interests of justice so require, the clerk may refer a motion to a judge.

La décision du greffier peut être révisée par le juge, sur demande énonçant les moyens invoqués, signifiée à la partie adverse et produite au greffe dans les dix jours de la date de la décision attaquée. Si la décision est infirmée, les choses sont remises en l'état où elles étaient avant qu'elle n'ait été rendue.

A decision rendered by the clerk may be revised by a judge, upon an application setting out the grounds relied on, served upon the adverse party and filed at the office of the court within ten days from the date of the decision. If the decision is quashed, matters are restored to the state in which they were before it was rendered.

[1999, c. 46, a. 11].

[1999, c. 46, s. 11].

510. L'appel d'un jugement final de la Cour du Québec est soumis aux mêmes règles que celui d'un jugement final de la Cour supérieure.

[1965 (1re sess.), c. 80, a. 510; 1988, c. 21, a. 66].

510. Appeal from a final judgment of the Court of Québec is subject to the same rules as appeal from a final judgment of the Superior Court.

[1965 (1st sess.), c. 80, a. 510; 1988, c. 21, s. 66].

510.1. Lorsque le jugement porté en appel a réservé au demandeur le droit de réclamer des dommages-intérêts additionnels en réparation d'un préjudice corporel, un juge de la Cour d'appel peut, sur demande et si des motifs impérieux le commandent, ordonner la suspension de l'audition de l'appel du jugement initial pour le temps et aux conditions qu'il détermine, en vue d'une audition conjointe de l'appel de ce jugement et de celui portant sur la demande de dommages-intérêts additionnels.

[1992, c. 57, a. 286].

510.1. Where the judgment appealed from reserved the right of the plaintiff to claim additional damages for bodily injury, a judge of the Court of Appeal may, on application and if it is imperative to do so, order the suspension of the hearing of the appeal from the initial judgment for the period and on the conditions he determines, so that the appeal from that judgment and the appeal from the judgment ruling on the application for additional damages be heard jointly.

[1992, c. 57, s. 286].

511. L'appel d'un jugement interlocutoire n'a lieu que sur permission accordée par un juge de la Cour d'appel, lorsqu'il estime qu'il s'agit d'un cas visé à l'article 29 et que les fins de la justice requièrent d'accorder la permission; il doit alors ordonner la continuation ou la suspension des procédures de première instance.

511. An appeal lies from an interlocutory judgment only on leave granted by a judge of the Court of Appeal if he is of opinion that the case is one that is contemplated in article 29 and that the pursuit of justice requires that leave be granted; the judge must then order the continuation or suspension of the proceedings in first instance.

Toutefois, l'appel du jugement interlocutoire rejetant une objection à la preuve fondée sur l'article 308 de ce code ou sur l'article 9 de la *Charte des droits et libertés de la personne* (chapitre C-12) n'est pas assujetti à une permission. De plus, cet appel ne suspend pas l'instance, mais le juge de première instance ne peut rendre son jugement final ni entendre la preuve visée par l'objection tant que l'appel du jugement interlocutoire n'est pas décidé.

However, an appeal from an interlocutory judgment dismissing an objection to evidence based on article 308 of this Code or on section 9 of the *Charter of human rights and freedoms* (chapter C-12) is not subject to a leave. Furthermore, the appeal does not suspend the proceedings but the judge of first instance cannot render final judgment or hear the evidence contemplated by the objection until appeal from the interlocutory judgment is decided.

L'appel d'un jugement interlocutoire est soumis aux règles applicables à un jugement final; cependant, les parties ne sont pas tenues de produire un mémoire, sauf si un juge en décide autrement. L'appel d'un tel jugement est entendu à la date déterminée par le juge dans le cas où la permission est requise et par le greffier, dans les autres cas.

[1965 (1re sess.), c. 80, a. 511; 1979, c. 37, a. 27; 1982, c. 32, a. 47; 1983, c. 28, a. 20; 1986, c. 55, a. 2; 2002, c. 7, a. 96].

Appeal from an interlocutory judgment is subject to the rules applicable to a final judgment, however, the parties are not required to file a factum, unless a judge decides otherwise. The appeal is heard on the date determined by the judge in cases where leave is required and on the date determined by the clerk in other cases.

[1965 (1st sess.), c. 80, a. 511; 1979, c. 37, s. 27; 1982, c. 32, s. 47; 1983, c. 28, s. 20; 1986, c. 55, s. 2; 2002, c. 7, s. 96].

512. Un juge de la cour, à la demande d'une partie, ou le greffier, du consentement de toutes les parties, peuvent en tout temps rayer une affaire du rôle de l'audience et en reporter l'audition à une session ultérieure.

[1965 (1ʳᵉ sess.), c. 80, a. 512].

512. A judge of the Court of Appeal, at the request of any party, or the clerk of appeals, with the consent of all the parties, may at any time strike a matter from the court roll and refer the hearing thereof to a later sitting.

[1965 (1st sess.), c. 80, a. 512].

513. La Cour d'appel siège au nombre de trois juges, mais le juge en chef peut augmenter ce nombre dans les cas où il le juge à propos. Toutefois, moins de trois juges peuvent ouvrir et ajourner les séances du tribunal, appeler les parties, enregistrer les comparutions et les défauts, et faire tous actes qui n'exigent pas l'exercice d'un pouvoir discrétionnaire.

Le juge en chef peut ordonner, chaque fois que l'expédition des affaires l'exige, que la cour siège en plusieurs chambres à la fois, à Québec ou à Montréal.

[1965 (1ʳᵉ sess.), c. 80, a. 513].

513. The court sits with three judges, but the chief justice may increase this number when he deems it proper. Nevertheless, fewer than three judges may open and adjourn the sittings of the court, call the parties, record appearances and defaults and do any acts which do not require the exercise of judicial discretion.

The chief justice may, whenever the dispatch of business so requires, order that the court sit in several divisions at one time, at Québec or at Montréal.

[1965 (1st sess.), c. 80, a. 513].

514. Pour assurer la bonne expédition des affaires de la Cour d'appel, le juge en chef ou, en son absence, le plus ancien des juges puînés peut demander par écrit au juge en chef de la Cour supérieure de lui désigner un ou plusieurs juges de cette cour pour siéger à la Cour d'appel comme juge *ad hoc*. Le juge *ad hoc* a tous les pouvoirs et exerce tous les devoirs d'un juge puîné de la Cour d'appel.

[1965 (1ʳᵉ sess.), c. 80, a. 514; 1987, c. 48, a. 2].

514. To ensure the proper dispatch of business of the Court of Appeal, the Chief Justice or, in his absence, the senior puisne judge may ask in writing the Chief Justice of the Superior Court to designate one or more judges of that court to sit in the Court of Appeal as judges *ad hoc*. A judge *ad hoc* shall have all the powers and duties of a puisne judge of the Court of Appeal.

[1965 (1st sess.), c. 80, a. 514; 1987, c. 48, s. 2].

515. Un juge ne peut entendre, en appel, une affaire qu'il a jugée en première instance.

[1965 (1ʳᵉ sess.), c. 80, a. 515].

515. A judge cannot hear in appeal a matter that he has judged in first instance.

[1965 (1st sess.), c. 80, a. 515].

516. Le jugement ne peut être rendu à moins que n'y concourent la majorité des juges qui ont entendu la cause.

Il peut être rendu en audience publique, par le juge qui a présidé la Cour lors de l'audition, et ce même en l'absence des autres juges; il peut aussi être déposé au greffe sous la signature d'au moins la majorité des juges qui ont entendu l'appel. Dans tous les cas, le greffier doit, sans dé-

516. A judgment cannot be rendered unless the majority of the judges who heard the case concur therein.

It may be rendered in open court by the judge who presided over the court at the hearing, even in the absence of the other judges; it may also be deposited at the office of the court, under the signature of at least the majority of the judges who heard the appeal. In all cases, the clerk must

lai, donner à toutes les parties avis que le jugement a été rendu.

[1965 (1ᵉʳ sess.), c. 80, a. 516].

without delay give to all the parties notice that judgment has been rendered.

[1965 (1st sess.), c. 80, a. 516].

517. Si un juge qui a entendu une cause est nommé à un autre tribunal, s'il obtient un congé ou s'il est absent pour cause de maladie ou à raison de quelque autre circonstance, il peut néanmoins participer au jugement.

517. If a judge who heard the case is appointed to another court, if he has obtained leave of absence or is absent by reason of sickness or some other circumstance, he may nevertheless participate in the judgment.

L'impossibilité pour l'un des juges de faire connaître sa décision n'empêche pas les autres de rendre jugement, s'ils sont en nombre suffisant.

[1965 (1ᵉʳ sess.), c. 80, a. 517].

The impossibility for any of the judges to make his decision known does not prevent the others from rendering judgment, if they are sufficient in number.

[1965 (1st sess.), c. 80, a. 517].

518. Lorsque, par suite de l'absence, de la perte de qualité ou de l'inhabileté d'un juge, ou pour quelque autre raison, il y a lieu à une nouvelle audition de la cause, elle peut être ordonnée par les autres juges ou par l'un d'eux.

[1965 (1ᵉʳ sess.), c. 80, a. 518].

518. When by reason of the absence, disqualification or incapacity of a judge, or for any other reason, a new hearing is required, it may be ordered by the other judges or by any of them.

[1965 (1st sess.), c. 80, a. 518].

519. Tout jugement doit contenir, outre le dispositif, les noms des juges qui ont entendu la cause, avec mention de ceux qui ne partagent pas l'opinion de la majorité, et l'adjudication sur les dépens; il doit de plus être motivé, à moins qu'il ne renvoie à des opinions écrites que les juges auraient produites au dossier.

[1965 (1ᵉʳ sess.), c. 80, a. 519].

519. Every judgment must contain, apart from the conclusions, the names of the judges who heard the case, with mention of those who did not share the opinion of the majority, and must adjudicate upon the costs; it must moreover set out reasons for judgment, unless it refers to written opinions that the judges have filed in the record.

[1965 (1st sess.), c. 80, a. 519].

520. Le jugement entaché d'erreur d'écriture ou de calcul, ou de quelque autre erreur matérielle, peut être rectifié par le tribunal; il en est de même de celui qui, par suite d'une inadvertance manifeste, accorde plus qu'il n'était demandé, ou omet de prononcer sur une partie de la demande.

[1965 (1ᵉʳ sess.), c. 80, a. 520].

520. A judgment in which there is an error in writing or calculation, or any other clerical error, may be corrected by the court, as may likewise be corrected a judgment which, by obvious inadvertence, has granted more than was demanded, or has omitted to adjudicate upon part of the demand.

[1965 (1st sess.), c. 80, a. 520].

521. La taxe des dépens est faite par le greffier des appels; elle peut toutefois être révisée, dans les 30 jours, par un juge de la Cour d'appel, sur demande dont avis doit être donné à la partie adverse. Cette révi-

521. Costs are taxed by the clerk of appeals; the taxation may nevertheless be revised, within 30 days, by a judge of the Court of Appeal, upon motion of which notice must be given to the adverse party.

sion n'arrête ni ne suspend l'exécution du jugement.

[1965 (1ᵉ sess.), c. 80, a. 521].

Such revision neither halts nor suspends execution of the judgment.

[1965 (1st sess.), c. 80, a. 521].

522. Le jugement est mis à exécution, tant pour le principal que pour les dépens, par la cour de première instance, s'il n'y a appel à la Cour suprême du Canada.

Une copie du jugement de la Cour d'appel ainsi que, le cas échéant, le dossier de la cause transmis au greffe des appels doit alors être transmis au greffe du tribunal où le jugement porté en appel a été rendu.

[1965 (1ᵉ sess.), c. 80, a. 522; 1995, c. 39, a. 6].

522. Judgment is executed, for both principal and costs, by the court of first instance, unless there is an appeal to the Supreme Court of Canada.

A copy of the judgment of the Court of Appeal, and the record of the case if the latter was transmitted to the Appeal Office, must be transmitted to the office of the court in which the judgment appealed from was rendered.

[1965 (1st sess.), c. 80, a. 522; 1995, c. 39, s. 6].

522.1. La Cour d'appel ou l'un de ses juges peut ordonner, aux conditions qu'il estime appropriées, de suspendre l'exécution d'un jugement de cette cour, sur demande d'une partie qui démontre son intention de présenter une demande d'autorisation d'appel à la Cour suprême du Canada.

[1995, c. 2, a. 8].

522.1. The Court of Appeal or one of its judges may, subject to the conditions the Court or the judge deems appropriate, order suspension of the execution of a judgment of the Court, on a motion of a party who establishes his intention to apply for leave to appeal to the Supreme Court of Canada.

[1995, c. 2, s. 8].

523. La Cour d'appel peut, nonobstant l'expiration du délai prévu à l'article 494, mais pourvu qu'il ne se soit pas écoulé plus de six mois depuis le jugement, accorder une permission spéciale d'appeler à la partie qui démontre qu'elle a été, en fait, dans l'impossibilité d'agir plus tôt. Toutefois, un jugement rendu dans les circonstances prévues à l'article 198.1 ne peut faire l'objet d'une telle permission.

[1965 (1ᵉ sess.), c. 80, a. 523; 1985, c. 29, a. 11; 1992, c. 57, a. 422; 1999, c. 46, a. 12; 2002, c. 7, a. 97].

523. The Court of Appeal may, notwithstanding the expiry of the time allowed by article 494, but provided that more than six months have not elapsed since the judgment, grant special leave to appeal to a party who shows that in fact it was impossible for him to act sooner. However such leave cannot be granted in respect of a judgment rendered in the circumstances contemplated in article 198.1.

[1965 (1st sess.), c. 80, a. 523; 1985, c. 29, s. 11; 1999, c. 40, s. 56; 1999, c. 46, s. 12; 2002, c. 7, s. 97].

523.1. Lorsque l'appel ne vise qu'à faire augmenter le montant accordé par le jugement ou à faire réduire celui de la condamnation, un juge de la Cour d'appel peut, sur demande, ordonner à la partie qui a été condamnée d'exécuter le jugement jusqu'à concurrence du montant qui ne fait pas l'objet de l'appel.

[1992, c. 57, a. 287].

523.1. Where the sole object of an appeal is to obtain an increase in the amount awarded by the judgment or a reduction of the amount of the condemnation, a judge of the Court of Appeal may, on application, order the condemned party to execute the judgment up to the amount that is not under appeal.

[1992, c. 57, s. 287].

524. La Cour peut, d'office ou à la requête d'une partie, déclarer dilatoire ou abusif un appel qu'elle rejette ou déclare déserté.

Elle peut condamner l'appelant à payer les dommages-intérêts causés par cet appel si leur montant apparaît au dossier ou s'il est admis par les parties.

Dans les autres cas, l'intimé peut, dans les 60 jours de la date du jugement de la Cour d'appel, réclamer des dommages-intérêts de l'appelant, par requête adressée à la Cour supérieure ou à la Cour du Québec, selon le montant réclamé. Le greffier des appels, sur réception d'une copie de la requête, transmet le dossier au greffe du tribunal auquel la requête s'adresse.

[1965 (1ᵉ sess.), c. 80, a. 524; 1979, c. 37, a. 28; 1988, c. 21, a. 66].

524. The Court may, *ex officio* or on motion of a party, declare dilatory or abusive an appeal that it dismisses or declares abandoned.

It may condemn the appellant to pay the damages caused by the appeal if their amount appears in the record or is accepted by the parties.

In other cases, the respondent may, within 60 days of the date of the judgment of the Court of Appeal, claim damages from the appellant, by motion addressed to the Superior Court or the Court of Québec, according to the amount claimed. Upon receipt of a copy of the motion, the clerk of appeals transmits the record to the office of the court to which the motion is addressed.

[1965 (1st sess.), c. 80, a. 524; 1979, c. 37, s. 28; 1988, c. 21, s. 66].

LIVRE IV —— EXÉCUTION DES JUGEMENTS

BOOK IV —— EXECUTION OF JUDGMENTS

TITRE I —— DE L'EXÉCUTION VOLONTAIRE

TITLE I —— VOLUNTARY EXECUTION

Chapitre I —— De la réception de cautions

Chapter I —— Putting in Security

525. Le jugement qui ordonne de fournir caution doit fixer la somme jusqu'à concurrence de laquelle elle devra répondre et le délai dans lequel elle sera présentée.

[1965 (1ᵉ sess.), c. 80, a. 525].

525. Every judgment ordering security must fix the amount up to which the surety must be liable and the time within which it shall be offered.

[1965 (1st sess.), c. 80, a. 525; 1999, c. 40, s. 56].

526. Avis des noms, profession et résidence de la caution, ainsi que du jour et de l'heure où elle sera présentée au greffe, doit être signifié à la partie adverse.

[1965 (1ᵉ sess.), c. 80, a. 526].

526. A notice mentioning the names, residence and occupation of the surety, and the date and hour when he will be offered at the office of the court, must be served on the opposite party.

[1965 (1st sess.), c. 80, a. 526].

527. La caution peut être contestée, si elle n'a pas les qualités requises par la loi, ou si elle est insuffisante.

[1965 (1ᵉ sess.), c. 80, a. 527].

527. A surety may be objected to if he has not the qualifications required by law, or if he is insufficient.

[1965 (1st sess.), c. 80, a. 527].

528. Qu'elle soit contestée ou non, la caution peut être requise de justifier sous serment de sa solvabilité; et, si elle est contestée, elle peut être tenue de déclarer ses biens immeubles et d'en fournir les titres, à moins qu'il ne s'agisse d'un cas où la loi ne requiert qu'une justification personnelle.

[1965 (1ᵉ sess.), c. 80, a. 528].

528. Whether objected to or not, the surety may be required to justify his sufficiency under oath and, except where the law requires only personal justification, he may, if objected to, be required to declare his real property and produce his titles thereto.

[1965 (1st sess.), c. 80, a. 528].

529. La contestation se fait sans écriture; elle est décidée sommairement par le greffier, sur pièces et affidavit.

[1965 (1ᵉ sess.), c. 80, a. 529; 1992, c. 57, a. 420].

529. The contestation takes place without written pleadings; it is decided summarily by the clerk upon documents and affidavits.

[1965 (1st sess.), c. 80, a. 529; 1992, c. 57, s. 420].

530. Lorsque la caution est admise, l'acte de cautionnement est rédigé et reçu conformément au jugement, nonobstant opposition ou appel, et sans y préjudicier.

[1965 (1ᵉ sess.), c. 80, a. 530].

530. If the surety is accepted, the bond is drawn up and executed in conformity with the judgment, notwithstanding opposition or appeal, and without prejudice thereto.

[1965 (1st sess.), c. 80, a. 530].

531. Les règles du présent chapitre s'appliquent, compte tenu des adaptations nécessaires, lorsque la partie tenue de fournir une caution se prévaut de son droit de donner à la place une autre sûreté suffisante.

[1965 (1ᵉ sess.), c. 80, a. 531; 1992, c. 57, a. 288].

531. The rules of this chapter apply with the necessary modifications when the person bound to furnish a surety avails himself of his right to offer any other sufficient security instead.

[1965 (1st sess.), c. 80, a. 531; 1992, c. 57, s. 288].

Chapitre II ——
De la reddition de compte

Chapter II ——
Accounting

532. Le jugement qui ordonne de rendre compte doit fixer le délai pour ce faire.

[1965 (1ᵉ sess.), c. 80, a. 532].

532. Every judgment ordering an account must fix a time limit for rendering it.

[1965 (1st sess.), c. 80, a. 532; 1999, c. 40, s. 56].

533. Le compte doit être produit au greffe dans le délai fixé; il doit être appuyé de l'affidavit du rendant et être accompagné des pièces justificatives; copie doit en être signifiée à la partie adverse.

[1965 (1ᵉ sess.), c. 80, a. 533].

533. The account must be filed in court within the time fixed; it must be supported by the affidavit of the accounting party and accompanied with supporting vouchers; a copy must be served on the opposite party.

[1965 (1st sess.), c. 80, a. 533; 1999, c. 40, s. 56].

534. Le compte doit être divisé en deux chapitres, l'un pour les revenus, l'autre pour les dépenses, et se terminer par une récapitulation établissant le solde entre l'un et l'autre.

Le compte est établi en suivant les prin-

534. The account must be divided into two parts, one for revenue, the other for expenditure, and must close with a recapitulation establishing the balance between revenue and expenditure.

The account is prepared according to gen-

cipes comptables généralement reconnus et ceux prévus au *Code civil du Québec*, au titre VII du livre Des biens relatif à l'administration du bien d'autrui. Sont notamment portées au chapitre des revenus, les sommes à recouvrer et, au chapitre des dépenses, les frais de préparation et de vérification du compte et des copies requises, mais non les frais de jugement ordonnant la reddition de compte, à moins que le tribunal ne l'ait permis.

[1965 (1ᵉ sess.), c. 80, a. 534; 1992, c. 57, a. 289].

535. En tout temps après la production du compte, l'oyant peut assigner à comparaître devant le juge ou le greffier, le rendant, son teneur de livres, son fondé de pouvoirs ou son gérant, pour y être interrogés sur tous faits relatifs au compte.

[1965 (1ᵉ sess.), c. 80, a. 535; 1992, c. 57, a. 420].

536. Si les revenus excèdent les dépenses, l'oyant peut obtenir jugement pour le reliquat, et en poursuivre l'exécution sans préjudice de son droit de contester le reste du compte.

[1965 (1ᵉ sess.), c. 80, a. 536; 1992, c. 57, a. 290].

537. Le compte est réputé admis si l'oyant ne l'a pas débattu dans les 15 jours de sa production, et les débats sont tenus pour bien fondés si, dans les 15 jours de leur signification au rendant, celui-ci n'a pas produit ses soutènements; le tribunal peut toutefois, pour raison majeure, relever une partie des conséquences de son défaut.

Après la contestation liée par la production des soutènements, les parties procèdent à l'instruction de la manière ordinaire.

[1965 (1ᵉ sess.), c. 80, a. 537].

538. Le jugement sur l'instance de compte doit contenir le calcul des revenus et des dépenses, et fixer le reliquat précis, s'il y en a un.

[1965 (1ᵉ sess.), c. 80, a. 538; 1992, c. 57, a. 291].

539. Si le compte n'est pas produit dans le délai fixé, le demandeur peut l'établir lui-même en se conformant aux dispositions

erally recognized accounting principles and those provided in the *Civil Code of Québec* in Title VII of the Book on Property, dealing with the Administration of property of others. Receivables are entered under revenue and the cost of preparing and verifying the account and required copies is entered under expenditure, but not so the costs of the judgment ordering the accounting, except with the permission of the court.

[1965 (1st sess.), c. 80, a. 534; 1992, c. 57, s. 289].

535. At any time after the filing of an account, the party to whom it is rendered may summon the accounting party, or his bookkeeper, authorized representative or manager, to appear before the judge or the clerk to be examined as a witness on any fact relating to the account.

[1965 (1st sess.), c. 80, a. 535; 1992, c. 57, s. 420].

536. If the account shows an excess of revenue over expenditure, the party to whom it is rendered may obtain and execute judgment for the balance, saving his right to contest the remainder of the account.

[1965 (1st sess.), c. 80, a. 536; 1992, c. 57, s. 290].

537. The account is held to be admitted if the party accounted to has not contested it within 15 days of the date of filing, and the contestation is held to be well founded if the accounting party has not filed his answers within 15 days of the service upon him of the contestation. The court may, however, for a valid reason relieve a party from the consequences of his default.

After issue is joined by the filing of the answers, the parties proceed to trial in the ordinary way.

[1965 (1st sess.), c. 80, a. 537].

538. The judgment upon the account must contain a computation of the revenue and expenditure, and establish the balance, if any.

[1965 (1st sess.), c. 80, a. 538; 1992, c. 57, s. 291].

539. If the account is not filed within the time fixed, the plaintiff may prepare it himself, in accordance with the provisions

de l'article 534, et en attester la sincérité par affidavit; il peut alors inscrire pour jugement, sans que le défendeur soit admis à le débattre.

[1965 (1ʳᵉ sess.), c. 80, a. 539].

of article 534, and attest its correctness by his affidavit; he may then inscribe for judgment, and the defendant may not contest the account.

1965 (1st sess.), c. 80, a. 539; 1999, c. 40, s. 56].

Chapitre III ——
Du délaissement

Chapter III ——
Surrender

540. L'exécution volontaire du jugement qui ordonne de livrer un meuble ou un immeuble, se fait par la remise du meuble ou l'abandon de l'immeuble, de manière que la partie qui y a droit puisse s'en saisir ou en prendre possession; à moins que le jugement n'en ordonne autrement.

[1965 (1ʳᵉ sess.), c. 80, a. 540; 1992, c. 57, a. 292].

540. The voluntary execution of any judgment ordering the delivery of a movable or an immovable is effected by delivering the movable or surrendering the immovable, in such a manner that the party entitled thereto may become seized or take possession of it, unless the judgment otherwise provides.

[1965 (1st sess.), c. 80, a. 540; 1992, c. 57, s. 292].

541. Sous réserve des règles relatives à l'exercice des droits hypothécaires, celui qui entend exécuter volontairement un jugement qui le condamne à délaisser un immeuble affecté d'une hypothèque doit produire au greffe une déclaration à cet effet, et abandonner la détention de l'immeuble au ministre du Revenu, à qui il doit donner avis; dès la signification de cet avis, le ministre du Revenu devient partie à l'instance.

[1965 (1ʳᵉ sess.), c. 80, a. 541; 1992, c. 57, a. 293; 2005, c. 44, a. 54].

541. Subject to the rules relating to the exercise of hypothecary rights, a person who wishes to execute voluntarily a judgment ordering him to surrender an immovable subject to a hypothec must file in the office of the court a declaration to that effect and must relinquish possession of the immovable to the Minister of Revenue to whom he must give notice; upon the service of the notice the Minister of Revenue becomes a party to the case.

[1965 (1st sess.), c. 80, a. 541; 1992, c. 57, s. 293; 2005, c. 44, s. 54].

542. Le ministre du Revenu perçoit les fruits et revenus dus et échus depuis le délaissement; il peut céder l'immeuble à bail, si la vente en est retardée pour un temps suffisamment long.

Ces fruits et revenus sont immobilisés, pour être distribués de la même manière que le prix de vente de l'immeuble.

[1965 (1ʳᵉ sess.), c. 80, a. 542; 2005, c. 44, a. 54].

542. The Minister of Revenue collects the fruits and revenues due and accrued from the time of the surrender, and may grant leases of the immovable if the sale is delayed for any considerable time.

All the fruits and revenues are immobilized and distributed in the same manner as the sale price of the immovable.

[1965 (1st sess.), c. 80, a. 542; 2005, c. 44, s. 54].

Titre II ——
De l'exécution forcée des jugements

Title II ——
Compulsory execution

Chapitre I ——
Dispositions préliminaires

SECTION I ——
INTERROGATOIRE DU DÉBITEUR APRÈS JUGEMENT

Chapter I ——
Preliminary Provisions

SECTION I —— EXAMINATION OF DEBTOR AFTER JUDGMENT

543. Lorsqu'un jugement est devenu exécutoire, le créancier peut assigner le débiteur à comparaître devant le juge ou le greffier, soit du district où le jugement a été rendu, soit de celui où le débiteur a sa résidence, pour y être interrogé sur tous les biens qu'il possède ou qu'il a possédés depuis la naissance de la créance qui a donné lieu au jugement, ainsi que sur ses sources de revenu.

Lorsque le débiteur est une personne morale, l'assignation doit être donnée à l'un de ses dirigeants; lorsqu'il est une société ou une personne morale étrangères faisant affaires au Québec, elle doit être donnée à son agent.

[1965 (1ʳᵉ sess.), c. 80, a. 543; 1992, c. 57, a. 294, 420].

543. When a judgment has become executory, the creditor may summon the debtor to appear before the judge or the clerk, either of the district where the judgment was rendered or of the district where the debtor has his residence, to be examined as to all the property that he possesses or has possessed since the incurring of the obligation which was the basis of the judgment, and as to his sources of revenue.

When the debtor is a legal person, the summons must be given to one of its senior officers; when the debtor is a foreign partnership or legal person doing business in Québec, it must be given to its agent.

[1965 (1st sess.), c. 80, a. 543; 1992, c. 57, s. 294, s. 420; 1999, c. 40, s. 56].

544. Un juge peut, à la requête du créancier, ordonner au débiteur de produire tout livre ou document relatif aux matières qui peuvent faire l'objet de l'interrogatoire, et permettre que soit interrogée devant le greffier toute personne en état de donner des renseignements sur ces matières.

[1965 (1ʳᵉ sess.), c. 80, a. 544; 1992, c. 57, a. 420].

544. The judge may, at the instance of the creditor, order the debtor to produce any book or document relating to the matters which may be the subject of the examination and permit the examination before the clerk of any person capable of giving information about such matters.

[1965 (1st sess.), c. 80, a. 544; 1992, c. 57, s. 420].

545. Les dispositions des articles 280 à 284 et 293 à 331 régissent les cas prévus par les articles 543, 544 et 546.1, dans la mesure où elles peuvent s'appliquer.

Toute difficulté qui surgit au cours de l'audition du témoin doit être soumise aussitôt que possible au juge pour adjudication.

[1965 (1ʳᵉ sess.), c. 80, a. 545; 1980, c. 21, a. 2; 1992, c. 57, a. 421].

545. The provisions of articles 280 to 284 and 293 to 331 apply, so far as may be, to the cases mentioned in articles 543, 544 and 546.1.

Any dispute arising during the examination of the witness must be submitted as soon as possible for decision to the judge in chambers.

[1965 (1st sess.), c. 80, a. 545; 1980, c. 21, s. 2].

546. Les frais d'un interrogatoire fait en vertu de la présente section font partie des frais d'exécution, à moins que le juge n'en ordonne autrement.

[1965 (1ʳᵉ sess.), c. 80, a. 546].

546. The costs of an examination under this section form part of the costs of execution, unless the judge orders otherwise.

[1965 (1st sess.), c. 80, a. 546].

546.1. Lorsqu'un jugement accordant une pension alimentaire est devenu exécutoire, le juge ou, en l'absence d'un juge chargé de rendre justice, le greffier peut, sur requête du créancier de la pension et si les circonstances le justifient, ordonner à une personne de fournir à ce créancier les informations dont elle dispose sur la résidence et le lieu de travail du débiteur en défaut et permettre au besoin qu'elle soit interrogée à cette fin devant un greffier.

Le présent article s'applique malgré toute disposition incompatible d'une loi générale ou spéciale prévoyant la confidentialité ou la non-divulgation de certains renseignements ou documents. Il ne s'applique pas cependant à une personne qui a reçu ces informations dans l'exercice de sa profession et qui est liée envers le débiteur par le secret professionnel.

[1980, c. 21, a. 3; 1983, c. 28, a. 21; 1992, c. 57, a. 420].

546.1. Where a judgment awarding support has become executory, a judge or, if the matter has not been referred to a judge, the clerk may, on the motion of the person entitled to support and if circumstances justify it, order a person to furnish the person entitled to support with the information he has on the residence and place of work of the debtor in default and, if need be, allow him to be interrogated to that effect before the clerk.

This article applies notwithstanding any inconsistent provision of a general law or special Act providing for the confidentiality or non-disclosure of certain information or documents. It does not, however, apply to a person who has received the information in the practice of his profession and who is bound to the debtor by professional secrecy.

[1980, c. 21, s. 3; 1983, c. 28, s. 21; 1992, c. 57, s. 420].

SECTION II — DE L'EXÉCUTION PROVISOIRE

SECTION II — PROVISIONAL EXECUTION

547. Il y a lieu à exécution provisoire malgré l'appel dans tous les cas suivants, à moins que, par décision motivée, le tribunal ne suspende cette exécution:

a) du possessoire;

b) de mesures pour assurer la liquidation d'une succession ou de confections d'inventaires;

c) de réparations urgentes;

d) d'expulsion des lieux, lorsqu'il n'y a pas de bail ou que le bail est expiré, résilié ou annulé;

e) de nomination, de destitution ou de remplacement de tuteurs, curateurs ou autres administrateurs du bien d'autrui, ou encore de révocation du mandataire chargé d'exécuter un mandat donné en prévision de l'inaptitude du mandant;

f) de reddition de comptes;

g) de pension ou provision alimentaire, ou de garde d'enfants;

h) de sentences de séquestre;

547. Notwithstanding appeal, provisional execution applies in respect of all the following matters unless, by a decision giving reasons, execution is suspended by the court:

(a) possessory actions;

(b) liquidation of a succession, or making an inventory;

(c) urgent repairs;

(d) ejectment, when there is no lease or the lease has expired or has been cancelled or annulled;

(e) appointment, removal or replacement of tutors, curators or other administrators of the property of others, or revocation of the mandate given to a mandatary in anticipation of the mandator's incapacity;

(f) accounting;

(g) alimentary pension or allowance or custody of children;

(h) judgments of sequestration;

i) *(paragraphe abrogé)*;

j) de jugements rendus en matière d'abus de procédure.

De plus, le tribunal peut, sur demande, ordonner l'exécution provisoire dans les cas d'urgence exceptionnelle ou pour quelqu'autre raison jugée suffisante notamment lorsque le fait de porter l'affaire en appel risque de causer un préjudice sérieux ou irréparable, pour la totalité ou pour une partie seulement du jugement.

Dans les cas prévus au présent article, le tribunal peut, sur demande, subordonner l'exécution provisoire à la constitution d'une caution.

[1965 (1ᵉʳ sess.), c. 80, a. 547; 1992, c. 57, a. 295; 1993, c. 30, a. 15; 1995, c. 2, a. 9; 2002, c. 7, a. 98; 2009, c. 12, a. 5].

548. L'exécution provisoire ne peut être ordonnée pour les dépens, quand même ils seraient adjugés pour tenir lieu de dommages-intérêts.

[1965 (1ᵉʳ sess.), c. 80, a. 548].

549. Si l'exécution provisoire n'a pas été ordonnée par le jugement lui-même, elle ne peut plus l'être si ce n'est sur l'appel, comme il est prévu à l'article 550.

[1965 (1ᵉʳ sess.), c. 80, a. 549].

550. Un juge de la Cour d'appel peut, sur requête, soit ordonner l'exécution provisoire, avec ou sans caution, lorsqu'elle ne l'a pas été ou qu'elle a été refusée par le jugement frappé d'appel, soit la défendre ou la suspendre lorsqu'elle a été ordonnée ou que la loi y pourvoit, soit assujettir à fournir caution la partie qui en a été dispensée par le tribunal de première instance.

Le juge à qui la requête est présentée peut la déférer au tribunal, si celui-ci est alors en session.

[1965 (1ᵉʳ sess.), c. 80, a. 550; 1993, c. 30, a. 16].

551. L'exécution provisoire n'a lieu qu'après signification, à la partie adverse, du jugement qui l'ordonne.

[1965 (1ᵉʳ sess.), c. 80, a. 551].

(i) *(subparagraph repealed)*;

(j) judgments with regard to an improper use of procedure.

In addition, the court may, upon application, order provisional execution in case of exceptional urgency or for any other reason deemed sufficient in particular where the fact of bringing the case to appeal is likely to cause serious or irreparable injury for the whole or for part only of a judgment.

In the cases provided for in this article, the court may, upon application, make provisional execution conditional upon the furnishing of security.

[1965 (1st sess.), c. 80, a. 547; 1992, c. 57, s. 295; 1993, c. 30, s. 15; 1994, c. 28, s. 27; 1995, c. 2, s. 9; 2002, c. 7, s. 98; 2009, c. 12, s. 5].

548. Provisional execution cannot be ordered for costs, even when they are awarded in lieu of damages.

[1965 (1st sess.), c. 80, a. 548].

549. If provisional execution has not been ordered by the judgment itself, it cannot thereafter be allowed except on appeal as provided in article 550.

[1965 (1st sess.), c. 80, a. 549].

550. A judge of the Court of Appeal may on motion order provisional execution, with or without security, when it has not been ordered or has been dismissed in the judgment appealed from, or cancel or suspend provisional execution, when it has been ordered or when provided by law, or order that security be given by any party who was exempted from doing so by the court of first instance.

The judge to whom the motion is presented may refer it to the court if it is then in session.

[1965 (1st sess.), c. 80, a. 550; 1993, c. 30, s. 16].

551. Provisional execution cannot take place until after the service upon the opposite party of the judgment which orders it.

[1965 (1st sess.), c. 80, a. 551].

552. Il doit être laissé au débiteur la faculté de choisir parmi ses biens, et de soustraire à la saisie:

1. Les meubles qui garnissent sa résidence principale, servent à l'usage du ménage et sont nécessaires à la vie de celui-ci, jusqu'à concurrence d'une valeur marchande de 6 000 $ établie par l'officier saisissant;

2. La nourriture, les combustibles, le linge et les vêtements nécessaires à la vie du ménage;

3. Les instruments de travail nécessaires à l'exercice personnel de son activité professionnelle.

Néanmoins, à l'exception des biens mentionnés au paragraphe 2, ces biens peuvent, selon le cas applicable, être saisis et vendus pour les sommes dues sur le prix de ces biens ou par un créancier détenant une hypothèque sur ceux-ci. Toutefois, dans le cas d'un pêcheur, les bateaux et leurs agrès ne peuvent être saisis ni vendus entre le 1er mai et le 1er novembre.

L'évaluation de l'officier saisissant peut être révisée par le tribunal; si ce dernier estime que la valeur des biens laissés au débiteur n'atteint pas la valeur permise, il peut permettre au débiteur, au choix de celui-ci, de reprendre parmi les biens saisis ceux qui sont nécessaires pour combler la différence.

Toute renonciation à l'insaisissabilité résultant des dispositions du présent article est nulle.

[1965 (1re sess.), c. 80, a. 552; 1969, c. 80, a. 10; 1972, c. 70, a. 20; 1977, c. 73, a. 17; 1986, c. 55, a. 3; 1992, c. 57, a. 296].

553. Sont insaisissables:

1. Les vases sacrés et autres objets servant au culte religieux;

552. The debtor must be permitted to select from among his property and withdraw from seizure:

(1) The movable property which furnishes his main residence, used by and necessary for the life of the household, up to a market value of $6 000 established by the seizing officer;

(2) The food, fuel, linens and clothing necessary for the life of the household;

(3) The instruments of work needed for the personal exercise of his professional activity.

Nevertheless, with the exception of the property mentioned in subparagraph 2 of the first paragraph, the property referred to in the first paragraph may be seized and sold for the amounts owed on the price of the property or by a creditor holding a hypothec thereon, as the case may be. However, if the debtor is a fisherman, his fishing boats and equipment cannot be seized or sold between 1 May and 1 November.

The valuation of the seizing officer may be revised by the court; if the court is of the opinion that the value of the property left to the debtor is below the value permitted, it may allow the debtor to choose and take from among the seized property that which is required to make up the difference.

Any renunciation of the exemptions from seizure resulting from this article is null.

[1965 (1st sess.), c. 80, a. 552; 1969, c. 80, s. 10; 1972, c. 70, s. 20; 1977, c. 73, s. 17; 1986, c. 55, s. 3; 1992, c. 57, s. 296].

553. The following are exempt from seizure:

(1) Consecrated vessels and things used for religious worship;

2. Les papiers et portraits de famille, les médailles et autres décorations;

3. Les biens donnés ou légués sous conditions d'insaisissabilité; néanmoins, ces biens peuvent être saisis à la poursuite des créanciers postérieurs à la donation ou à l'ouverture du legs, avec la permission du juge et pour la portion qu'il détermine;

4. Les aliments accordés en justice, de même que les sommes données ou léguées à titre d'aliments, encore que le titre qui les a constituées ne les ait pas déclarées insaisissables;

5. Les livres de compte, titres de créance et autres documents en la possession du débiteur, à l'exception de ceux énumérés à l'article 570;

6. Le casuel et les honoraires dus aux ecclésiastiques et ministres du culte en raison de leurs services comme tels; et les revenus des titres cléricaux;

7. Les prestations accordées au titre d'un régime complémentaire de retraite auquel cotise un employeur pour le compte de ses employés ou d'un régime volontaire d'épargne-retraite régi par la *Loi sur les régimes volontaires d'épargne-retraite* (chapitre R-17.0.1), les autres sommes déclarées insaisissables par une loi régissant ces régimes ainsi que les cotisations qui sont ou doivent être versées à ces régimes;

8. Les prestations périodiques d'invalidité au titre d'un contrat d'assurance contre la maladie ou les accidents;

9. Le remboursement pour frais engagés au titre d'un contrat contre la maladie ou les accidents;

9.1. Les biens d'une personne qui lui sont nécessaires pour pallier un handicap;

10. (*paragraphe abrogé*);

11. Les traitements, salaires et gages bruts, pour les 7/10 de ce qui excède une première portion, elle-même insaisissable:

　　a) de 180 $ par semaine, plus 30 $ par semaine pour chaque personne à charge, à compter de la troisième, si le débiteur pourvoit aux besoins de

(2) Family papers and portraits, medals and other decorations;

(3) Property declared by a donor or testator to be exempt from seizure, which may however be seized by creditors posterior to the gift or to the opening of the legacy, with the permission of the judge and to the extent that he determines;

(4) Judicially awarded support and sums given or bequeathed as support, even if not declared to be exempt from seizure by the instrument evidencing the gift or bequest;

(5) Books of account, titles of debt and other papers in the possession of the debtor, saving the things mentioned in article 570;

(6) Contingent emoluments and fees due to ecclesiastics and ministers of religion by reason of their current services, and the income of their clerical endowment;

(7) Benefits payable under a supplemental pension plan to which an employer contributes on behalf of his employees or under a voluntary retirement savings plan governed by the *Voluntary Retirement Savings Plans Act* (chapter R-17.0.1), other amounts declared unseizable by an Act governing such plans and contributions paid or to be paid into such plans;

(8) Periodic disability benefits under a contract of accident and sickness insurance;

(9) Reimbursement of expenses incurred under a contract of accident and sickness insurance;

(9.1) Property of a person that he requires to compensate for a handicap;

(10) (*Subparagraph repealed*);

(11) All gross salaries and wages to the extent of 70 % of the excess over the following unseizable portion:

　　(a) $180 per week, plus $30 per week for each dependant in excess of two, if the debtor is supporting his or her spouse, has a dependent

son conjoint, s'il a charge d'enfant ou s'il est le principal soutien d'un parent; ou

child, or is the main support of a relative; or

b) de 120 $ par semaine, dans les autres cas.

(b) $120 per week in all other cases.

Est considérée comme le conjoint de fait du débiteur, à condition que le débiteur ne soit pas lié par un mariage ou une union civile, la personne, de sexe différent ou de même sexe, avec laquelle il vit maritalement depuis trois ans ou depuis un an si un enfant est issu de leur union.

The person of the opposite or the same sex with whom the debtor has been cohabiting for three years or for one year if a child has issued from their union is considered to be the *de facto* spouse of the debtor, provided the debtor is neither married nor in a civil union.

Dans le calcul des traitements, salaires et gages, il doit être tenu compte de toutes prestations, en argent, en nature ou en service, consenties en contrepartie des services rendus en vertu d'un contrat de travail, de service, d'entreprise ou de mandat, à l'exception:

In calculating salaries and wages account must be taken of any remuneration in money, kind or services, paid for services rendered under a contract of employment, of enterprise, for services or of mandate, excepting:

a) des contributions de l'employeur à quelque fonds de pension, d'assurance, ou de quelque service de sécurité sociale;

(a) the contributions of the employer to pension, insurance or social welfare funds;

b) de la valeur de la nourriture et du logement fournis ou payés par l'employeur à l'occasion de déplacements effectués au cours de l'exécution des fonctions;

(b) the value of the food and lodging supplied or paid for by the employer on the occasion of travelling while carrying out work;

c) des laissez-passer donnés par une entreprise de transport à ses employés;

(c) passes given by a transportation undertaking to its employees;

11.1. 50% des sommes payables conformément à la *Loi d'aide à l'exécution des ordonnances et des ententes familiales* (L.R.C. (1985), ch. 4 (2ᵉ suppl.));

(11.1) 50 % of sums payable under the *Family Orders and Agreements Enforcement Assistance Act* (R.S.C., 1985, c. 4, 2nd supp.);

12. Toutes choses déclarées telles par quelque disposition de la loi.

(12) Anything declared unseizable by law.

Néanmoins, malgré toute disposition contraire d'une loi générale ou spéciale, les revenus mentionnés aux paragraphes 4, 6, 8 et 11, ainsi que les sommes mentionnées au paragraphe 7 ne sont insaisissables, s'il s'agit de l'exécution du partage entre époux ou conjoints unis civilement du patrimoine familial ou du paiement d'une dette alimentaire ou d'une prestation compensatoire, qu'à concurrence de 50 %.

However, notwithstanding any contrary provision of a general law or special Act, any income referred to in paragraph 4, 6, 8 or 11, as well as any amount mentioned in paragraph 7, is unseizable, in the case of effecting partition of a family patrimony or of a debt for support or a compensatory allowance between married or civil union spouses, to the extent of 50 %.

[1965 (1ʳᵉ sess.), c. 80, a. 553; 1974, c. 70, a. 469; 1977, c. 73, a. 18; 1979, c. 37, a. 29; 1980, c. 21, a. 4; 1982, c. 17, a. 26; 1982, c. 58, a. 21; 1986, c. 55, a. 4;

[1965 (1st sess.), c. 80, a. 553; 1974, c. 70, s. 469; 1977, c. 73, s. 18; 1979, c. 37, s. 29; 1980, c. 21, s. 4; 1982, c. 17, s. 26; 1982, c. 58, s. 21; 1986, c. 55, s. 4; 1988, c. 17, s. 4; 1989, c. 55, s. 30; 1992, c. 57,

1988, c. 17, a. 4; 1989, c. 55, a. 30; 1992, c. 57,
a. 297; 1999, c. 14, a. 9; 2002, c. 6, a. 101; 2013,
c. 26, a. 131].

s. 297; 1999, c. 14, s. 9; 2002, c. 6, s. 101; 2013,
c. 26, s. 131].

553.1. Sont aussi insaisissables, si le gouvernement les déclare tels et pour la période qu'il détermine, les œuvres d'art ou biens historiques provenant de l'extérieur du Québec et exposés publiquement au Québec ou destinés à l'être. Ces œuvres ou biens ne doivent pas avoir été, à l'origine, conçus, produits ou réalisés au Québec.

Le décret adopté en vertu du premier alinéa entre en vigueur dès sa publication à la *Gazette officielle du Québec.*

L'insaisissabilité décrétée par le présent article n'empêche pas l'exécution de jugements rendus pour donner effet à des contrats de services relatifs au transport, à l'entreposage et à l'exposition des œuvres et biens visés au premier alinéa.

[1976, c. 48, a. 1].

553.1. Works of art or historical property brought into Québec and placed or intended to be placed on public exhibit in Québec are also exempt from seizure, if the Government declares them so, and for such time as it determines. Such works or property must not have been originally conceived, produced or created in Québec.

The order in council passed in virtue of the first paragraph comes into force on its publication in the *Gazette officielle du Québec.*

Exemption from seizure as prescribed in this article does not prevent the execution of judgments rendered to give effect to service contracts relating to the transportation, warehousing and exhibition of the works and property referred to in the first paragraph.

[1976, c. 48, s. 1].

553.2. Est aussi insaisissable un immeuble servant de résidence principale au débiteur lorsque la créance est inférieure à 10 000 $, sauf les cas suivants:

1° il s'agit d'une créance garantie par une priorité ou une hypothèque légale ou conventionnelle sur cet immeuble, à l'exclusion d'une hypothèque légale garantissant une créance qui résulte d'un jugement;

2° il s'agit d'une créance alimentaire;

3° l'immeuble fait déjà l'objet d'une saisie valide.

Aux fins du présent article, le montant de la créance est celui du jugement en vertu duquel l'immeuble pourrait être saisi, incluant les intérêts courus à la date de celui-ci, mais non les dépens.

[1986, c. 55, a. 5; 1989, c. 55, a. 31; 1992, c. 57,
a. 298; 1996, c. 5, a. 41].

553.2. An immovable serving as the principal residence of the debtor is also exempt from seizure where the amount of the claim is less than $10 000, except where

(1) the claim is secured by a prior claim or legal or conventional hypothec on the immovable other than a legal hypothec securing a claim arising out of a judgment;

(2) the claim is a claim for support;

(3) the immovable is already validly under seizure.

For the purposes of this article, the amount of the claim is that of the judgment under which the immovable could be seized, including interest accrued from the date of the judgment, but not including costs.

[1986, c. 55, s. 5; 1989, c. 55, s. 31; 1992, c. 57,
s. 298; 1996, c. 5, s. 41].

553.3.-553.10 (*Abrogés*).
[1995, c. 18, a. 80].

553.3.-553.10. (*Repealed*).
[1995, c. 18, s. 80].

Chapitre II —
Des règles générales relatives à l'exécution forcée

Chapter II —
General Rules as to Compulsory Execution

554. Les jugements qui portent condamnation ne peuvent être exécutés que par un huissier, un shérif ou un de ses officiers, en vertu d'un bref au nom du Souverain.

À moins d'une disposition expresse à l'effet contraire, un shérif ou un huissier peut exécuter un bref partout au Québec.

Les frais d'exécution taxables sont ceux qui peuvent être réclamés par un huissier en application du règlement pris en vertu de l'article 13 de la *Loi sur les huissiers de justice* (chapitre H-4.1).
[1965 (1ʳᵉ sess.), c. 80, a. 554; 1966, c. 21, a. 10;
1979, c. 37, a. 30; 1982, c. 32, a. 48; 1989, c. 6, a. 3;
1989, c. 57, a. 37; 1995, c. 41, a. 19

554. Judgments containing a condemnation cannot be executed except by a bailiff, sheriff or a sheriff's officer in virtue of a writ in the name of the Sovereign.

Unless specifically otherwise provided, any sheriff or bailiff may execute a writ anywhere in Québec.

The taxable costs of execution are the costs chargeable by a bailiff pursuant to the regulation made under section 13 of the *Court Bailiffs Act* (chapter H-4.1).
[1965 (1st sess.), c. 80, a. 554; 1966, c. 21, s. 10;
1979, c. 37, s. 30; 1982, c. 32, s. 48; 1989, c. 6, s. 3;
1989, c. 57, s. 37; 1995, c. 41, s. 19].

555. Le bref doit contenir la date du jugement à exécuter et le montant de la condamnation; il est préparé par le saisissant et signé et délivré par le greffier du district où le jugement a été rendu.
[1965 (1ʳᵉ sess.), c. 80, a. 555; 1979, c. 37, a. 31;
1992, c. 57, a. 420].

555. The writ must mention the date of the judgment to be executed and the amount of the condemnation; it is prepared by the seizing creditor, and signed and issued by the clerk of the district where the judgment was rendered.
[1965 (1st sess.), c. 80, a. 555; 1979, c. 37, s. 31;
1992, c. 57, s. 420].

556. Sur preuve qu'un bref d'exécution a été perdu ou détruit, le greffier peut en délivrer un nouveau, ou, si la saisie a déjà eu lieu, décerner un bref enjoignant à l'officier compétent de procéder à la vente des biens saisis.

Le greffier peut aussi décerner ce dernier bref lorsque la saisie a eu lieu avant que ne soit rendu le jugement à exécuter.
[1965 (1ʳᵉ sess.), c. 80, a. 556; 1987, c. 48, a. 3; 1992,
c. 57, a. 420].

556. On proof that a writ of execution has been lost or destroyed, the clerk may issue a new one or, if a seizure has already been made, a writ commanding the competent officer to sell the property seized.

The clerk may also issue the last-named writ where the seizure was made before the judgment to be executed was rendered.
[1965 (1st sess.), c. 80, a. 556; 1987, c. 48, s. 3; 1992,
c. 57, s. 420].

557. En cas de décès du débiteur, l'exécution commencée sur ses biens est continuée sur les biens de la succession.

S'il n'y a point d'exécution commencée contre le débiteur, le jugement ne peut, sous peine de nullité, être exécuté contre les héritiers et légataires particuliers du débiteur ou contre le liquidateur de la succession, que 10 jours après qu'il leur a été signifié. La signification au liquidateur ou, s'il n'est pas connu, aux héritiers ou aux légataires particuliers, faite conformément à l'article 133, permet l'exécution sur les seuls biens de la succession.

[1965 (1ᵉ sess.), c. 80, a. 557; 1992, c. 57, a. 299; 1999, c. 40, a. 56].

558. Le jugement rendu contre le représentant d'un incapable, en cette qualité, ne peut être exécuté contre l'incapable devenu capable, que 10 jours après lui avoir été signifié.

[1965 (1ᵉ sess.), c. 80, a. 558].

559. Le jugement rendu en faveur d'un représentant légal peut être exécuté en son nom, même après la cessation de ses fonctions; en ce cas, le bref d'exécution doit contenir le nom et l'adresse de celui qui l'a requis.

[1965 (1ᵉ sess.), c. 80, a. 559].

560. À moins qu'il n'ordonne de fournir une prestation qui soit purement personnelle au créancier, le jugement peut être exécuté au nom de celui-ci, même après son décès; toutefois, s'il s'élève quelque contestation sur l'exécution, ses représentants doivent intervenir.

[1965 (1ᵉ sess.), c. 80, a. 560].

561. Lorsque le jugement ordonne l'accomplissement de quelque acte physique, l'officier chargé de l'exécution peut, pour y parvenir, employer la force, si nécessaire, en observant les formalités voulues.

[1965 (1ᵉ sess.), c. 80, a. 561].

557. In the event of the death of the debtor, the execution commenced upon his property is continued upon the property of his succession.

If execution has not been commenced against the debtor, a judgment cannot, on pain of nullity, be executed against the debtor's heirs or legatees by particular title or against the liquidator of the succession until 10 days after service. Where service is made upon the liquidator or, if he is unknown, upon the heirs or legatees by particular title according to article 133, the execution is limited to the property of the succession.

[1965 (1st sess.), c. 80, a. 557; 1992, c. 57, s. 299; 1999, c. 40, s. 56].

558. A judgment rendered against the representative of an incapable person in that capacity cannot be executed against the incapable person when he has become capable until 10 days after it has been served upon him.

[1965 (1st sess.), c. 80, a. 558].

559. A judgment rendered in favour of a legal representative may be executed in his name, even after his functions have terminated. In such case the writ must contain the name and address of the person upon whose requisition it was issued.

[1965 (1st sess.), c. 80, a. 559].

560. A judgment which does not order a thing purely personal to the creditor may be executed in his name even after his death; but, if any contestation arises upon the execution, his representatives must intervene.

[1965 (1st sess.), c. 80, a. 560].

561. When the judgment orders the performance of any physical act, the officer charged with its execution may use force if necessary for that purpose, observing all prescribed formalities.

[1965 (1st sess.), c. 80, a. 561].

562. La première saisie en exécution d'un jugement doit être précédée d'une demande de paiement, lorsqu'elle est pratiquée au domicile ou à la résidence du débiteur, ou faite en sa présence; mention de cette demande doit être inscrite au procès-verbal.

[1965 (1ʳᵉ sess.), c. 80, a. 562].

562. The first seizure in execution of a judgment must be preceded by a demand of payment, when it is made at the debtor's domicile or residence or in his presence, and mention of such demand must be made in the minutes of seizure.

[1965 (1st sess.), c. 80, a. 562].

563. Les contestations élevées sur la saisie-exécution sont de la compétence du tribunal qui a rendu le jugement.

[1965 (1ʳᵉ sess.), c. 80, a. 563; 1992, c. 57, a. 300].

563. Any contestation of a seizure of property in execution is within the jurisdiction of the court which rendered the judgment.

[1965 (1st sess.), c. 80, a. 563; 1992, c. 57, s. 300].

564. Les demandes incidentes relatives à l'exécution des jugements sont introduites par requête conformément aux articles 78 et 88.

À moins d'une disposition contraire, le greffier spécial a compétence pour entendre ces demandes si elles ne sont pas contestées.

[1965 (1ʳᵉ sess.), c. 80, a. 564; 1988, c. 21, a. 66; 1992, c. 57, a. 301].

564. Incidental applications relating to the execution of judgments are made by way of a motion in accordance with articles 78 and 88.

Unless otherwise provided, the special clerk is competent to hear such applications if they are not contested.

[1965 (1st sess.), c. 80, a. 564; 1988, c. 21, s. 66; 1992, c. 57, s. 301].

Chapitre III ——
De l'exécution forcée sur action réelle, mobilière ou immobilière

Chapter III ——
Compulsory Execution in Movable or Immovable Real Actions

565. Lorsque la partie condamnée à livrer ou à délaisser un bien, meuble ou immeuble, ne s'exécute pas dans le délai imparti, le demandeur peut être mis en possession en vertu d'un bref ordonnant d'expulser le défendeur ou de lui enlever les biens, selon le cas.

Un bref d'expulsion ne peut être exécuté le samedi ni un jour non juridique et doit, avant d'être exécuté, avoir été précédé d'un préavis d'au moins deux jours juridiques francs signifié au défendeur. Un juge peut toutefois, sur autorisation écrite et signée de sa main, permettre de passer outre à une condition prévue au présent alinéa.

[1965 (1ʳᵉ sess.), c. 80, a. 565; 1986, c. 55, a. 6; 1999, c. 46, a. 13].

565. When a party condemned to deliver or surrender property, movable or immovable, fails to do so within the prescribed time, the plaintiff may be placed in possession in virtue of a writ ordering that the defendant be expelled or that the property be taken from him, as the case may be.

In no case may a writ of expulsion be executed on a Saturday or on a non-juridical day, nor unless prior notice of at least two clear juridical days has been served on the defendant. A judge may, however, give an authorization written and signed with his own hand to disregard a requirement of this paragraph.

[1965 (1st sess.), c. 80, a. 565; 1986, c. 55, s. 6; 1999, c. 40, s. 56; 1999, c. 46, s. 13].

566. L'officier chargé de l'exécution du bref doit être accompagné d'un témoin, et

566. The officer entrusted with the execution of the writ must be accompanied by a

il doit rédiger procès-verbal de ses opérations.

[1965 (1ʳ sess.), c. 80, a. 566].

567. Les contestations élevées sur l'exécution du bref obtenu en vertu de l'article 565 sont assujetties aux règles et délais édictés pour la contestation de la saisie-exécution.

[1965 (1ʳ sess.), c. 80, a. 567].

Chapitre IV ⎯
De l'exécution forcée sur action personnelle

SECTION I ⎯
DISPOSITIONS GÉNÉRALES

568. Le jugement qui condamne à payer une somme d'argent n'est pas exécutoire avant l'expiration du délai d'appel; s'il n'est pas susceptible d'appel ou a été rendu par défaut de comparaître ou de plaider, il devient exécutoire après l'expiration de 10 jours à compter de sa date.

Néanmoins, le créancier peut, par requête appuyée d'un affidavit établissant une des circonstances où la saisie avant jugement peut avoir lieu, obtenir d'un juge l'autorisation de saisir avant l'expiration de ce délai; mais la vente des biens saisis ne peut être faite plus tôt que si le bref d'exécution avait été obtenu après l'expiration du délai d'appel.

[1965 (1ʳ sess.), c. 80, a. 568].

569. Le créancier peut faire saisir-exécuter les biens meubles du débiteur qui sont en la possession de ce dernier, ceux qu'il possède lui-même, ainsi que ceux qui sont en la possession d'un tiers qui consent à la saisie.

Il peut, dans tous les cas, faire saisir-arrêter entre les mains d'un tiers les sommes et effets dus ou appartenant à son débiteur.

Le créancier peut aussi faire saisir-exécuter les biens immeubles que le débiteur possède.

[1965 (1ʳ sess.), c. 80, a. 569; 1992, c. 57, a. 302].

witness, and must draw up a minute of his proceedings.

[1965 (1st sess.), c. 80, a. 566].

567. Contestations on the execution of a writ issued under article 565 are subject to the rules and time limits provided for the contestation of a seizure in execution.

[1965 (1st sess.), c. 80, a. 567; 1999, c. 40, s. 56].

Chapter IV ⎯
Compulsory Execution in Personal Actions

SECTION I ⎯ GENERAL PROVISIONS

568. A judgment for the payment of a sum of money cannot be executed before the expiry of the time limit for appeal; if it is not susceptible of appeal or was rendered by default to appear or to plead, it becomes executory after the expiry of 10 days from the date thereof.

Nevertheless, the creditor may, upon motion accompanied by an affidavit alleging circumstances under which a writ of seizure before judgment might issue, obtain from a judge authorization to seize before the expiry of such time, but the sale of the property seized cannot take place any sooner than if the writ of execution had issued after the expiry of the time limit for appeal.

[1965 (1st sess.), c. 80, a. 568; 1999, c. 40, s. 56].

569. A creditor may seize and sell the movable property of his debtor which is in the possession of the latter, that in his own possession and that in the possession of third parties who consent thereto.

He may, in all cases, seize by garnishment in the hands of a third party sums and effects due or belonging to the debtor.

He may also seize in execution the immovable property in the possession of the debtor.

[1965 (1st sess.), c. 80, a. 569; 1992, c. 57, s. 302].

570. Les obligations, les bons, les billets à ordre ou autres effets payables à ordre ou au porteur, de même que l'argent comptant, sont saisis comme les autres biens mobiliers; les actions de sociétés par actions le sont conformément aux dispositions de la section III du présent chapitre.

[1965 (1er sess.), c. 80, a. 570; 2009, c. 52, a. 544].

570. Bonds, debentures, promissory notes and other instruments payable to order or to bearer, and currency, may be seized like other movable property; shares of business corporations are seized in accordance with the provisions of Section III of this chapter.

[1965 (1st sess.), c. 80, a. 570; 2009, c. 52, s. 544].

571. Les meubles qui selon l'article 903 du *Code civil du Québec* sont immeubles ne peuvent être saisis qu'avec l'immeuble auquel ils s'attachent ou sont réunis; ils peuvent cependant être saisis séparément par un créancier prioritaire ou hypothécaire, ou encore par un autre créancier s'ils n'appartiennent pas au propriétaire de l'immeuble.

[1965 (1er sess.), c. 80, a. 571; 1992, c. 57, a. 303].

571. Movables which are immovables by virtue of article 903 of the *Civil Code of Québec* can only be seized with the immovable to which they are attached or joined; they may, however, be seized separately by a prior or hypothecary creditor, or by another creditor if they do not belong to the owner of the immovable.

[1965 (1st sess.), c. 80, a. 571; 1992, c. 57, s. 303].

572. Le créancier peut exercer en même temps les différents moyens d'exécution que la loi lui accorde.

Toutefois, s'il fait saisir, en vertu d'un même bref, les biens meubles et immeubles du débiteur, il ne peut faire procéder à la vente des immeubles qu'après discussion des biens meubles.

[1965 (1er sess.), c. 80, a. 572].

572. A creditor may exercise at the same time the different means of execution allowed him by law.

If he has caused the movable and the immovable property of the debtor to be seized under the same writ, he cannot proceed to the sale of the immovables until after the movable property has been discussed.

[1965 (1st sess.), c. 80, a. 572].

573. Si le créancier a reçu quelque partie de sa créance, il est tenu d'en faire mention au verso du bref d'exécution.

[1965 (1er sess.), c. 80, a. 573].

573. When the creditor has received part of his judgment claim, he must make mention of it on the back of the writ of execution.

[1965 (1st sess.), c. 80, a. 573].

574. À moins que le saisi n'y consente, il n'est procédé à la vente que jusqu'à concurrence de ce qui est nécessaire pour le paiement de la créance en principal, intérêts et frais; à cette fin, le débiteur a droit de prescrire l'ordre dans lequel les biens saisis seront vendus.

[1965 (1er sess.), c. 80, a. 574].

574. Unless the judgment debtor consents, the sale must not proceed beyond the amount necessary to pay the debt in principal, interest and costs. To this end the debtor has a right to determine the order in which the property seized is put up for sale.

[1965 (1st sess.), c. 80, a. 574].

575. Si, parmi les biens saisis, il s'en trouve qui soient périssables ou susceptibles de se déprécier rapidement, ou dont la garde ou l'entretien entraîneraient des frais disproportionnés à leur valeur, un juge peut ordonner qu'ils soient vendus

575. If the things seized are wholly or partly of a perishable nature or liable to depreciate rapidly, or if the cost of their custody or maintenance is out of proportion to their value, the judge may order them to be sold forthwith without other

sans délai ni autres formalités que celles qu'il détermine, et que le produit en soit consigné au greffe.

[1965 (1ʳ sess.), c. 80, a. 575].

576. Toutes procédures incidentes à l'exécution forcée des jugements sont instruites et jugées d'urgence.

[1965 (1ʳ sess.), c. 80, a. 576].

577. L'adjudication sur exécution transfère la propriété des biens à d'adjudicataire à compter de sa date.

[1965 (1ʳ sess.), c. 80, a. 577].

578. Lorsqu'il y a allégation de déconfiture du saisi, la distribution des deniers prélevés ne peut avoir lieu avant qu'un appel général des créanciers n'ait été fait par avis public, donné conformément aux dispositions de l'article 139.

La distribution est faite au marc le dollar entre les créanciers chirographaires qui ont produit leur réclamation; celle-ci doit énoncer les nom, occupation et résidence du réclamant, la nature et le montant de sa créance, être appuyée d'un affidavit établissant que la somme réclamée est due, et être accompagnée des pièces justificatives, s'il en est.

[1965 (1ʳ sess.), c. 80, a. 578].

579. Dans le cas de saisie de biens meubles, un juge peut, sur demande, rendre toutes ordonnances propres à assurer une exécution plus avantageuse, même si elles dérogent à quelque disposition des articles 605, 606, 608 et 610; il peut aussi autoriser l'officier saisissant ou toute autre personne à signer tous documents sur lesquels la signature du débiteur pourrait être requise pour compléter la vente ou parfaire le titre de l'adjudicataire.

[1965 (1ʳ sess.), c. 80, a. 579].

formalities than those that he prescribes, and the proceeds of the sale deposited in court.

[1965 (1st sess.), c. 80, a. 575].

576. All proceedings relating to the compulsory execution of judgments are heard and decided by preference.

[1965 (1st sess.), c. 80, a. 576].

577. The adjudication of property under execution transfers the ownership thereof to the purchaser from its date.

[1965 (1st sess.), c. 80, a. 577].

578. When the insolvency of the debtor is alleged, the distribution of the moneys levied cannot take place until his creditors generally have been called in by public notice given in accordance with article 139.

The distribution is made pro rata between the ordinary creditors who have filed their claims, which must state the name, occupation and residence of the claimant and the nature and amount of his claim, and be supported by an affidavit that the amount claimed is due, and by vouchers if any.

[1965 (1st sess.), c. 80, a. 578].

579. In a seizure of movable property, a judge may, on motion, give such orders as are necessary to render effective the execution, even if they derogate from any provision of articles 605, 606, 608 and 610; he may also authorize the seizing officer, or any other person, to sign any documents upon which the debtor's signature may be required in order to complete the sale or perfect the title of the purchaser.

[1965 (1st sess.), c. 80, a. 579].

SECTION II —
DE LA SAISIE-EXÉCUTION DES BIENS MEUBLES

SECTION II — SEIZURE IN
EXECUTION OF MOVABLE PROPERTY

§ 1. — De la saisie

§ 1. — Seizure

580. Le bref de saisie-exécution mobilière enjoint à l'officier compétent de prélever sur les biens meubles du débiteur le montant de la dette en principal, intérêts et dépens, ceux d'exécution compris.

[1965 (1ʳᵉ sess.), c. 80, a. 580].

580. The writ of seizure of movable property in execution orders the competent officer to levy against the movable property of the debtor the amount of the debt in principal, interest and costs, including those of the execution.

[1965 (1st sess.), c. 80, a. 580].

580.1. Le bref doit aussi contenir, en caractères facilement lisibles, le texte établi par le ministre de la Justice.

[1975, c. 83, a. 30; 2002, c. 7, a. 99].

580.1. The writ must also contain, in easily legible type, the text determined by the Minister of Justice.

[1975, c. 83, s. 30; 2002, c. 7, s. 99].

580.2. L'officier saisissant doit, avant de pratiquer la saisie, faire lecture du texte prévu par l'article 580.1 au débiteur s'il est présent.

[1975, c. 83, a. 30].

580.2. The seizing officer must, before making the seizure, read the text provided for in article 580.1 to the debtor if he is present.

[1975, c. 83, s. 30].

581. La saisie ne peut être pratiquée un jour non juridique, ni entre 20 heures et 7 heures, si ce n'est dans le cas de détournement ou lorsque les effets sont rencontrés dans un chemin, ou avec la permission du greffier, obtenue sans formalité et inscrite sur l'original et les copies du bref.

La saisie non terminée à 20 heures peut être continuée le jour juridique suivant, en apposant les scellés ou en mettant garnison.

Toutefois, dans un local commercial, industriel ou professionnel, la saisie commencée pendant les heures légales peut être poursuivie après ces heures et sans formalité, si l'officier saisissant l'estime nécessaire dans l'intérêt des parties.

[1965 (1ʳᵉ sess.), c. 80, a. 581; 1975, c. 83, a. 31; 1992, c. 57, a. 420].

581. The seizure cannot be made on a non-juridical day, or between 8:00 p.m. and 7:00 a.m., except, in cases of fraudulent removal or when the property is found upon the highway, or with the leave of the clerk, obtained without formality and written on the original and the copies of the writ.

A seizure not completed by 8:00 p.m. may be continued on the following juridical day, upon affixing seals or placing guards.

However, on premises used for commercial, industrial or professional purposes, a seizure begun during legal hours may be continued after such hours and without formality, if the seizing officer considers it necessary in the interest of the parties.

[1965 (1st sess.), c. 80, a. 581; 1975, c. 83, s. 31; 1992, c. 57, s. 420].

582. Si l'officier saisissant ne peut se faire ouvrir les portes, ou qu'il trouve quelque meuble fermé à clé, il en dresse procès-verbal, sur vu duquel le greffier peut ordonner l'ouverture par les moyens nécessaires, en présence de deux témoins. L'ordonnance doit apparaître sur l'original du procès-verbal lequel doit alors être déposé

582. If the seizing officer cannot have the doors opened or if he finds some object locked, he must draw up a minute of the fact and on being shown the minute the clerk may order the opening to be effected by all necessary means in the presence of two witnesses. The order must appear on the original of the minute, which must

au greffe. Mention de cette ordonnance doit aussi apparaître sur les copies du bref.

L'ordonnance prévue par le premier alinéa comporte, sans autre formalité, le droit, pour l'officier saisissant, d'ouvrir, par les moyens nécessaires et devant deux témoins, toute porte, fermée à clef ou verrouillée, d'une pièce située dans le local ou d'une dépendance.

[1965 (1ᵉ sess.), c. 80, a. 582; 1975, c. 83, a. 32; 1983, c. 28, a. 22; 1992, c. 57, a. 420].

582.1. La permission et l'ordonnance prévues par les articles 581 et 582 peuvent être obtenues du greffier du district du lieu de la saisie, si ce district diffère de celui de l'émission du bref.

[1975, c. 83, a. 33; 1992, c. 57, a. 420].

583. Sous réserve des articles 583.1 et 583.3, l'officier saisissant doit confier la garde des effets saisis au débiteur qui est tenu de l'accepter. Si le débiteur est une personne morale, l'officier saisissant peut confier la garde des biens aux dirigeants ou à l'un d'entre eux.

Le débiteur ainsi constitué gardien ne peut les enlever ni les détériorer, sous peine d'outrage au tribunal et de dommages-intérêts.

[1965 (1ᵉ sess.), c. 80, a. 583; 1975, c. 83, a. 34; 1977, c. 73, a. 19; 1992, c. 57, a. 304].

583.1. Le juge ou le greffier peut, à la demande du créancier saisissant, ordonner que les biens saisis ou à saisir soient, en tout ou un partie, confiés à un gardien autre que le débiteur, s'il est impossible d'en confier la garde au débiteur ou pour une autre cause jugée suffisante.

[1975, c. 83, a. 34; 1977, c. 73, a. 20; 1992, c. 57, a. 420].

583.2. Le gardien, s'il n'est pas le débiteur, doit être solvable.

Le créancier saisissant, son procureur, l'officier saisissant et leur conjoint, parent

then be filed in the office of the court. An entry of the order must also be made on the copies of the writ.

By the order provided for in the first paragraph, and without other formality, the seizing officer is authorized to open, by all necessary means, any locked or bolted door of a room situated on the premises or in a dependency, in the presence of two witnesses.

[1965 (1st sess.), c. 80, a. 582; 1975, c. 83, s. 32; 1983, c. 28, s. 22; 1992, c. 57, s. 420].

582.1. The leave and the order provided for by articles 581 and 582 may be obtained from the clerk of the district of the place in which the seizure is made, if such district is not that is which the writ was issued.

[1975, c. 83, s. 33; 1992, c. 57, s. 420].

583. Subject to articles 583.1 and 583.3, the seizing officer must entrust the property seized to the debtor, who must accept it. If the debtor is a legal person, the seizing officer may entrust the property to the senior officers or to one of them.

The debtor so constituted guardian cannot remove or damage the property, on pain of contempt of court and damages.

[1965 (1st sess.), c. 80, a. 583; 1975, c. 83, s. 34; 1977, c. 73, s. 19; 1992, c. 57, s. 304].

583.1. The judge or the clerk may, upon request of the seizing creditor, order that the property seized or to be seized be entrusted in whole or in part to a guardian other than the debtor, if it is impossible to entrust it to the debtor or for any other cause considered sufficient.

[1975, c. 83, s. 34; 1977, c. 73, s. 20; 1992, c. 57, s. 420].

583.2. The guardian, if he or she is not the debtor, must be solvent.

The seizing creditor, his or her attorney, the seizing officer and their own spouses,

ou allié jusqu'au degré de cousin germain sont inhabiles à servir comme gardien.

[1975, c. 83, a. 34; 1977, c. 73, a. 21; 2002, c. 6, a. 102].

583.3. Si les biens saisis ou à saisir sont en la possession du créancier saisissant ou d'un tiers qui consent à la saisie et si ce possesseur est solvable, l'officier saisissant n'est pas tenu de confier la garde au débiteur et peut nommer ce possesseur comme gardien.

[1977, c. 73, a. 22; 1983, c. 28, a. 23].

584. Le juge ou le greffier peut, dans l'intérêt des parties et à la demande du créancier saisissant ou du gardien autre que le débiteur, autoriser ce gardien à enlever les effets saisis ou à saisir pour les tenir sous sa garde, mettre garnison ou les placer sous clé.

[1965 (1ᵉʳ sess.), c. 80, a. 584; 1975, c. 83, a. 35; 1977, c. 73, a. 23; 1992, c. 57, a. 420].

585. Si le gardien, autre que le débiteur, devient insolvable ou s'il demande sa décharge parce que la vente n'a pas eu lieu à la date indiquée dans le procès-verbal de saisie ou pour une autre cause jugée suffisante, le juge ou le greffier peut permettre de le remplacer; si un remplaçant est nommé, les biens lui sont alors confiés par l'officier saisissant, qui en fait le récolement et dresse procès-verbal du tout.

[1965 (1ᵉʳ sess.), c. 80, a. 585; 1975, c. 83, a. 36; 1977, c. 73, a. 24; 1992, c. 57, a. 420].

586. Si l'officier saisissant ne peut trouver de gardien solvable, il peut, jusqu'à ce qu'il en ait trouvé un, et après avoir signifié le procès-verbal de saisie au débiteur, transporter les biens en lieu sûr.

[1965 (1ᵉʳ sess.), c. 80, a. 586].

587. L'officier qui constate que des biens, déjà sous saisie, ont été confiés à un gar-

relatives or connections to the degree of first cousin are not qualified to act as guardian.

[1975, c. 83, s. 34; 1977, c. 73, s. 21; 2002, c. 6, s. 102].

583.3. If the property seized or to be seized is in possession of the seizing creditor or of a third person who consents to the seizure and such possessor is solvent, the seizing officer is not bound to entrust the property seized to the debtor and may appoint such possessor guardian.

[1977, c. 73, s. 22; 1983, c. 28, s. 23].

584. The judge or clerk may, in the interest of the parties and upon application of the seizing creditor or of the guardian other than the debtor, authorize such guardian to remove the property seized or to be seized to keep it in his charge, to place guards or to place it under lock and key.

[1965 (1st sess.), c. 80, a. 584; 1975, c. 83, s. 35; 1977, c. 73, s. 23; 1992, c. 57, s. 420].

585. If the guardian other than the debtor becomes insolvent or requests his discharge because the sale has not taken place on the date mentioned in the minutes of seizure or for any other cause considered sufficient, the judge or the clerk may permit that he be replaced; if a new guardian is appointed, the property seized is then placed under his care by the seizing officer, who makes a verification thereof and draws up minutes of the whole.

[1965 (1st sess.), c. 80, a. 585; 1975, c. 83, s. 36; 1977, c. 73, s. 24; 1992, c. 57, s. 420].

586. If the seizing officer cannot find a solvent guardian, he may, after serving the minutes of seizure upon the debtor, remove the things to a place of safety, until he obtains such a guardian.

[1965 (1st sess.), c. 80, a. 586].

587. The officer who finds that property already under seizure has been placed

dien autre que le débiteur, doit nommer le même gardien qui est tenu d'accepter.

Toutefois, si ce gardien ne remplit pas des conditions de solvabilité suffisantes en regard du montant de la créance, l'officier peut, avec l'autorisation du greffier, nommer un nouveau gardien. Cette nomination décharge le premier gardien.

Avis de la seconde saisie et, selon le cas, de la demande de nomination d'un nouveau gardien, doit être donné sans délai à l'officier qui a procédé à la première saisie ainsi qu'au premier saisissant, lequel peut contester telle demande.

[1965 (1ʳᵉ sess.), c. 80, a. 587; 1975, c. 83, a. 37; 1977, c. 73, a. 25; 1992, c. 57, a. 420].

588. S'il y a eu saisie avant jugement, il n'est pas nécessaire de procéder à un récolement, mais il suffit de donner au débiteur et au gardien avis du lieu, du jour et de l'heure de la vente, tel que prescrit par l'article 592, et de faire la publication ou l'affichage prévus à l'article 594.

[1965 (1ʳᵉ sess.), c. 80, a. 588

589. L'officier chargé du bref peut, en tout temps, requérir du saisissant des avances, fixées par le greffier, pour couvrir les frais de garde; à défaut de paiement de ces avances, la saisie devient caduque.

Cependant, lorsque le ministre du Revenu agit comme saisissant en application de la *Loi facilitant le paiement des pensions alimentaires* (chapitre P-2.2), aucune avance ne peut être requise de la part de l'officier chargé du bref.

[1965 (1ʳᵉ sess.), c. 80, a. 589; 1982, c. 32, a. 49; 1992, c. 57, a. 420; 1995, c. 18, a. 81].

590. La saisie est constatée par un procès-verbal dressé par l'officier saisissant, qui doit contenir:

    a) la date et la nature du bref d'exécution;

    b) la date et l'heure de la saisie;

under the care of a guardian other than the debtor must appoint the same guardian, who must accept such appointment.

However, if such guardian is not sufficiently solvent in regard to the amount of the debt, the officer may, with the authorization of the clerk, appoint a new guardian. Such appointment discharges the first guardian.

Notice of the second seizure and, as the case may be, of the application for the appointment of a new guardian, must be given forthwith to the first seizing officer and to the first seizing creditor, who may oppose such application.

[1965 (1st sess.), c. 80, a. 587; 1975, c. 83, s. 37; 1977, c. 73, s. 25; 1992, c. 57, s. 420].

588. If there has been an attachment before judgment, no verification is necessary, but it is sufficient to give notice to the debtor and to the guardian of the place, day and hour of sale, as prescribed in article 592 and to publish or post the notice required by article 594.

[1965 (1st sess.), c. 80, a. 588].

589. The seizing officer may at any time demand from the seizing creditor advances of money, fixed by the clerk, to cover the costs of safekeeping; if such advances are not paid, the seizure is discharged.

However, where the Minister of Revenue acts as seizing creditor pursuant to the *Act to facilitate the payment of support* (chapter P-2.2), no advance of money may be demanded from the seizing officer.

[1965 (1st sess.), c. 80, a. 589; 1982, c. 32, s. 49; 1992, c. 57, s. 420; 1995, c. 18, s. 81].

590. The seizure is recorded in minutes prepared by the seizing officer and containing:

    (a) the date and nature of the writ of execution;

    (b) the day and hour of the seizure;

c) la description des biens saisis et, dans le cas de marchandises, leur quantité, poids et mesure;

d) le nom du gardien, sa signature et, dans le cas prévu à l'article 582, celles des témoins;

e) la liste et la valeur marchande des meubles laissés au débiteur conformément à l'article 552, lorsque la valeur des biens saisis ne suffit pas pour payer la créance du saisissant.

Si le saisi est présent, il doit être requis de signer le procès-verbal. Celui-ci doit constater cette interpellation et la réponse du saisi, de même que l'absence de ce dernier, le cas échéant.

[1965 (1ᵉ sess.), c. 80, a. 590; 1992, c. 57, a. 305].

591. Lorsqu'il est saisi de l'argent comptant, le procès-verbal doit contenir mention du nombre et de la qualité des espèces, qui doivent être consignées au greffe sans délai.

[1965 (1ᵉ sess.), c. 80, a. 591].

592. L'officier saisissant rédige son procès-verbal en trois exemplaires; il y indique sur chacun le lieu, le jour et l'heure de la vente, sauf dans les cas d'application des articles 592.2 à 592.4.

Il remet au débiteur un exemplaire du procès-verbal, accompagné de la copie du bref et, le cas échéant, une copie de l'autorisation obtenue pour la nomination d'un gardien.

Si un gardien autre que le débiteur a été nommé, l'officier remet à ce gardien un exemplaire du procès-verbal accompagné d'une copie de l'ordonnance de sa nomination.

[1965 (1ᵉ sess.), c. 80, a. 592; 1975, c. 83, a. 38; 1992, c. 57, a. 306].

592.1. Si le débiteur n'a, dans le district où le jugement a été rendu, ni résidence, ni domicile, ni établissement d'entreprise connus, l'officier saisissant peut lui signifier les documents prévus par l'article 592 à sa dernière adresse connue au Québec ou

(c) a description of the things seized, and, in the case of items of merchandise, their quantity, weight and measure;

(d) the name and signature of the guardian, and, in the case of article 582, the signatures of the witnesses;

(e) a list and the market value of the movable property left to the debtor in accordance with article 552, where the value of the things seized is insufficient to pay the claim of the seizor.

The debtor, if present, must be called upon to sign the minutes which must mention that he was so called upon, and what answer he made, or that he was absent.

[1965 (1st sess.), c. 80, a. 590; 1992, c. 57, s. 305].

591. If currency is seized, the number and denominations of the coins and notes must be mentioned in the minutes, and it must forthwith be deposited in court.

[1965 (1st sess.), c. 80, a. 591].

592. The seizing officer prepares his minutes in triplicate; he indicates on each triplicate the place, day and hour of the sale, except in the cases to which articles 592.2 to 592.4 apply.

He gives a triplicate of the minutes to the debtor, together with a copy of the writ and, as the case may be, a copy of the authorization obtained for the appointment of a guardian.

If a guardian other than the debtor has been appointed, the officer gives a triplicate of the minutes to such guardian, together with a copy of the order for his appointment.

[1965 (1st sess.), c. 80, a. 592; 1975, c. 83, s. 38; 1992, c. 57, s. 306].

592.1. If the debtor has no known residence, domicile or business establishment in the district in which the judgment was rendered, the seizing officer may serve the documents provided for in article 592 upon him at his last known address in

les lui transmettre par courrier recommandé ou certifié.

Si le débiteur n'a aucune adresse connue au Québec, les documents sont laissés au greffe.

[1975, c. 83, a. 38; 1999, c. 40, a. 56].

592.2. Lorsque les biens saisis sont ceux d'une entreprise et qu'il se trouve parmi les biens saisis, un bien ou un ensemble de biens dont l'officier saisissant estime la valeur marchande à 6 000 $ ou plus, suivant son évaluation, celui-ci doit obtenir de l'officier de la publicité des droits un état certifié des droits consentis par le débiteur sur ce bien ou cet ensemble de biens et inscrits sur le registre des droits personnels et réels mobiliers.

Lorsque les biens saisis ne sont pas ceux d'une entreprise, l'officier saisissant doit obtenir un tel état certifié s'il se trouve, parmi ces biens, un véhicule routier ou un autre bien meuble qui, selon le règlement pris en application de l'article 2683 du *Code civil du Québec*, peut faire l'objet d'une hypothèque, ou un ensemble de ces biens, dont l'officier estime la valeur marchande à 1 000 $ ou plus, selon son évaluation.

[1992, c. 57, a. 307; 1998, c. 5, a. 21].

592.3. Lorsque l'officier saisissant constate que des droits ont été consentis par le débiteur sur les biens saisis, il doit signifier avec diligence, sous peine de tous dommages-intérêts, aux titulaires des droits publiés, à l'adresse inscrite au registre des droits personnels et réels mobiliers, une copie certifiée de son procès-verbal de saisie et de l'avis de vente; il doit aussi informer le créancier saisissant de l'existence des droits consentis par le débiteur.

[1992, c. 57, a. 307].

592.4. Lorsqu'un bien saisi est grevé d'une hypothèque, le saisissant, un créancier ou le saisi peut s'adresser au tribunal ou au juge pour qu'il fixe une mise à prix

Québec or send them to him by registered or certified mail.

If the debtor has no known address in Québec, the documents are left at the office of the court.

[1975, c. 83, s. 38; 1999, c. 40, s. 56].

592.2. Where the property seized is the property of an enterprise and includes a property or a group of properties of which the market value is estimated to be $6 000 or more according to the valuation of the seizing officer, the seizing officer must obtain from the registrar a certified statement of the rights granted by the debtor on the property or group of properties and registered in the register of personal and movable real rights.

Where the property seized is not the property of an enterprise, the seizing officer must also obtain such a certified statement if the property includes a road vehicle or other movable property, or a group of such properties, which, according to the regulation under article 2683 of the Civil Code, may be hypothecated and of which the market value is estimated to be $1 000 or more according to the valuation of the seizing officer.

[1992, c. 57, s. 307; 1998, c. 5, s. 21].

592.3. Where the seizing officer ascertains that rights have been granted by the debtor in the seized property, he must, under penalty of all damages, promptly serve on the holders of published rights, at the address registered in the register of personal and movable real rights, a certified copy of his minutes of seizure and the notice of sale; he must also inform the seizing creditor of the existence of the rights granted by the debtor.

[1992, c. 57, s. 307].

592.4. Where seized property is charged with a hypothec, the seizing creditor, a creditor or the debtor may apply to the court or to the judge for the fixation of a

pour la vente ou détermine toute autre condition de vente qu'il estime nécessaire.

La demande doit être formée dans les cinq jours de la signification d'une copie certifiée du procès-verbal de saisie. Elle est signifiée à l'officier saisissant ainsi que, selon le cas, au créancier saisissant, au saisi et à tout autre créancier ayant reçu copie du procès-verbal de saisie; et, à moins que le tribunal n'en décide autrement, les dépens sont supportés par celui qui a présenté la demande. La décision du tribunal sur celle-ci est sans appel.

À moins que le tribunal ou le juge n'en décide autrement, la demande opère sursis de l'exécution tant qu'elle est pendante.

[1992, c. 57, a. 307].

593. Les biens doivent être vendus là où ils ont été saisis ou là où le gardien les a déposés, à moins que le greffier n'ait autorisé l'officier saisissant à les vendre, en tout ou en partie, en un lieu plus avantageux.

[1965 (1ʳᵉ sess.), c. 80, a. 593; 1992, c. 57, a. 420].

594. L'officier saisissant doit faire paraître dans un journal distribué dans la localité où la vente doit avoir lieu, au moins 10 jours avant la date fixée pour la vente, un avis de vente contenant:

    a) le numéro de la cause et la nature du bref;

    b) les noms du saisissant et du débiteur; s'il y a plusieurs saisissants ou débiteurs, le nom du premier nommé dans le bref, avec indication qu'il y en a d'autres;

    c) la nature des biens saisis;

    d) le montant de la mise à prix, le cas échéant;

    e) le lieu, le jour et l'heure où les biens seront mis aux enchères;

    f) le nom de l'officier saisissant et le district où il exerce ses fonctions.

Si la publication dans un journal est impossible ou peu pratique, l'avis est affiché

reserve price or the determination of any other condition of sale he considers necessary.

The application must be brought within five days after the service of a certified copy of the minutes of seizure. The application is served on the seizing officer and, where applicable, on the seizing creditor, the debtor and any other creditor having received a copy of the minutes of seizure; unless the court decides otherwise, the costs are borne by the applicant. The decision of the court on the application is without appeal.

Unless the court or the judge decides otherwise, the application stays execution for as long as the application is pending.

[1992, c. 57, s. 307].

593. The property must be sold at the place where it has been seized or where the guardian has deposited it, unless the clerk has authorized the seizing officer to sell it in whole or in part at a more suitable place.

[1965 (1st sess.), c. 80, a. 593; 1992, c. 57, s. 420].

594. The seizing officer must publish in a newspaper distributed in the locality where the sale is to take place, not less than 10 days before the date fixed for the sale, a notice of sale containing:

    (a) the case number and the nature of the writ;

    (b) the names of the seizing creditor and the debtor; if there are several seizing creditors or debtors, the name of the first appearing in the writ, with an indication that there are others;

    (c) the nature of the seized property;

    (d) the reserve price, if any;

    (e) the place, day and hour of the auction sale of the property;

    (f) the name of the seizing officer and the district where he performs his duties.

If publication in a newspaper is impossible or impractical, the notice is posted in the

dans la municipalité où la vente aura lieu, à l'entrée du bureau de la municipalité ou de tout autre endroit public que l'officier saisissant détermine.

[1965 (1ʳᵉ sess.), c. 80, a. 594; 1977, c. 73, a. 26; 1992, c. 57, a. 308; 1996, c. 2, a. 215].

territory of the municipality where the sale is to take place, at the entrance of the office of the municipality or at any other public place determined by the seizing officer.

[1965 (1st sess.), c. 80, a. 594; 1977, c. 73, s. 26; 1992, c. 57, s. 308; 1996, c. 2, s. 215].

594.1. L'officier saisissant doit signifier sans délai au saisi une copie certifiée de l'avis de vente, lorsqu'il a constaté que des droits ont été consentis par le débiteur sur les biens saisis.

[1992, c. 57, a. 308].

594.1. The seizing officer must, where he ascertains that rights have been granted by the debtor in the seized property, serve on the person from whom it was seized, without delay, a certified copy of the notice of sale.

[1992, c. 57, s. 308].

595. (*Abrogé*).

[1992, c. 57, a. 309].

595. (*Repealed*).

[1992, c. 57, s. 309].

595.1. Malgré les dispositions du présent Code et, notamment, des articles 593, 594, 605, 606, 611 et 613, les biens saisis dans un district judiciaire désigné par règlement du gouvernement peuvent être vendus au lieu et suivant les formalités et modalités prévues par ce règlement.

[1975, c. 83, a. 40; 1992, c. 57, a. 310].

595.1. Notwithstanding the provisions of this Code, particularly of articles 593, 594, 605, 606, 611 and 613, property seized in a judicial district designated by regulation of the Government may be sold at the place and in accordance with the formalities, terms and conditions prescribed by such regulation.

[1975, c. 83, s. 40; 1992, c. 57, s. 310].

§ 2. — Des oppositions à la saisie-exécution

§ 2. Opposition to Seizure in Execution

596. Le saisi peut s'opposer à la saisie-exécution et en demander l'annulation, pour le tout ou pour partie:

1° pour cause d'irrégularité dans la saisie, s'il lui en résulte un préjudice sérieux; sauf le pouvoir du tribunal d'autoriser le saisissant à y remédier, si possible;

2° pour cause d'insaisissabilité des biens saisis;

3° pour cause d'extinction de la dette;

4° pour quelque cause de nature à affecter le jugement dont l'exécution est poursuivie.

[1965 (1ʳᵉ sess.), c. 80, a. 596].

596. The debtor may by opposition demand the nullity in whole or in part of a seizure in execution:

(1) on the ground of an irregularity in the seizure, which causes him a serious prejudice, saving the power of the court to authorize the seizing creditor to remedy the irregularity, if possible;

(2) on the ground of the property being exempt from seizure;

(3) on the ground of the extinction of the debt;

(4) on any other ground of a nature to affect the judgment sought to be executed.

[1965 (1st sess.), c. 80, a. 596].

597. L'opposition peut aussi être formée par un tiers qui a droit de revendiquer un bien saisi.

[1965 (1ᵉ sess.), c. 80, a. 597].

598. La requête en opposition doit être signifiée à l'officier saisissant, au saisissant et, si elle est faite par un tiers, au saisi; elle doit également l'être, le cas échéant, aux personnes qui ont inscrit au registre des droits personnels et réels mobiliers des droits sur les biens faisant l'objet de l'opposition.

La requête en opposition en matière de pension alimentaire est instruite et jugée d'urgence.

[1965 (1ᵉ sess.), c. 80, a. 598; 1980, c. 21, a. 5; 1992, c. 57, a. 311].

599. La signification de la requête en opposition opère sursis de l'exécution; l'officier saisissant doit rapporter sans délai au greffier qui l'a décerné le bref d'exécution et les autres procédures relatives à l'exécution. Toutefois, dans le cas d'une saisie pratiquée en vertu de l'article 641, la signification de la requête en opposition ne suspend que la distribution des sommes d'argent saisies.

Malgré le premier alinéa, la signification de la requête en opposition à une saisie pratiquée en vertu de l'article 640.1, 641 ou 651.1 pour l'exécution d'un jugement accordant des aliments ne suspend pas la distribution des sommes d'argent saisies à moins que, pour des motifs exceptionnels, un juge exerçant en son bureau n'en ordonne la suspension.

Cependant, lorsque l'opposition ne tend qu'à faire réduire le montant réclamé ou à faire distraire une partie des biens saisis, à moins qu'un juge ne lui ait ordonné de surseoir, l'officier saisissant doit poursuivre l'exécution en vertu d'une copie, préparée par lui, du bref et du procès-verbal de saisie, soit pour satisfaire à la partie non contestée de la réclamation, soit pour réaliser les biens qui ne font pas l'objet de l'opposition.

[1965 (1ᵉ sess.), c. 80, a. 599; 1992, c. 57, a. 312; 1993, c. 72, a. 22].

597. The opposition may also be taken by a third party who has a right to revendicate any part of the property seized.

[1965 (1st sess.), c. 80, a. 597].

598. The motion to oppose must be served on the seizing officer, on the seizing creditor and, where it is presented by a third person, on the debtor; it must also be served on any person having registered, in the register of personal and movable real rights, rights on the property that is the subject of the opposition.

A motion to oppose in matters concerning support is heard and decided by preference.

[1965 (1st sess.), c. 80, a. 598; 1980, c. 21, s. 5; 1992, c. 57, s. 311].

599. The service of the motion to oppose stays the execution; the seizing officer must forthwith return the writ of execution to the clerk who issued it, together with all proceedings relating to the execution. However, in the case of a seizure under article 641, the service of the motion to oppose suspends only the distribution of the sums seized.

Notwithstanding the first paragraph, service of the motion to oppose a seizure under article 640.1, 641 or 651.1 for the execution of a judgment awarding support does not suspend the distribution of the sums of money seized, unless, on exceptional grounds, a judge acting in chambers orders such distribution suspended.

If, however, the opposition is founded on grounds which only go to reduce the amount claimed, or to withdraw from seizure a part of the property seized, the seizing officer is bound, unless a judge has ordered all proceedings to be stayed, to proceed with the execution in virtue of a copy, prepared by him, of the writ and of the minutes of seizure, either to satisfy the uncontested part of the claim, or to sell the property against which the opposition is not directed.

[1965 (1st sess.), c. 80, a. 599; 1992, c. 57, s. 312; 1993, c. 72, s. 22].

600.-602. (*Abrogés*).

[1992, c. 57, a. 313].

600.-602. (*Repealed*).

[1992, c. 57, s. 313].

603. L'opposition de celui qui s'est déjà opposé n'opère pas sursis de l'exécution, à moins qu'elle ne soit fondée sur des faits survenus depuis la première opposition, et encore seulement si un juge l'ordonne. La demande de sursis, qui peut être faite verbalement, doit être précédée d'un avis de deux jours au saisissant, à moins de dispense accordée par le juge.

[1965 (1ʳᵉ sess.), c. 80, a. 603; 2002, c. 7, a. 100].

603. An opposition by a person who has already made an opposition cannot stop the execution, unless it is based on facts which occurred subsequently to the first opposition, and then only upon order of the judge. The application for a suspension of proceedings, which may be made orally, must be preceded by two days notice to the seizing creditor, unless the judge dispenses with such notice.

[1965 (1st sess.), c. 80, a. 603; 2002, c. 7, s. 100].

604. Les créanciers du saisi ne peuvent s'opposer à la saisie ni à la vente.

Toutefois, les créanciers prioritaires ou hypothécaires peuvent exercer leurs droits sur le produit de la vente; en ce cas, ils produisent entre les mains de l'officier saisissant, au plus tard 10 jours après la vente, un état de leur créance, appuyé d'un affidavit et des pièces justificatives nécessaires, lesquels doivent en outre être signifiées au saisi. Dans les 10 jours de la signification de l'état d'une créance prioritaire ou hypothécaire, le saisi peut s'adresser au tribunal ou au juge pour la contester.

[1965 (1ʳᵉ sess.), c. 80, a. 604; 1992, c. 57, a. 314].

604. The creditors of the debtor cannot oppose the seizure or the sale.

However, prior and hypothecary creditors may exercise their rights upon the proceeds of the sale; for that purpose, they file with the seizing officer, within 10 days after the sale, a statement of their claim, supported by an affidavit and the necessary vouchers, which documents must also be served on the debtor. Within 10 days of service of a statement of a prior or hypothecary claim, the debtor may apply to the court or to the judge to contest the claim.

[1965 (1st sess.), c. 80, a. 604; 1992, c. 57, s. 314].

§ 3. — De la vente des biens saisis

§ 3. — Sale of Property Seized

605. La vente des biens saisis ne peut être commencée avant 10 heures, ni être continuée après 17 heures.

[1965 (1ʳᵉ sess.), c. 80, a. 605].

605. A sale of property seized cannot be commenced before 10:00 a.m. or continued after 5:00 p.m.

[1965 (1st sess.), c. 80, a. 605].

606. À moins d'obstacles, la vente des biens saisis a lieu au jour, à l'heure et à l'endroit indiqués dans les avis.

Si la vente n'a pas lieu faute d'offrant, par application des articles 610.2 à 610.4 ou en raison d'un obstacle subséquemment écarté, l'officier ne pourra y procéder qu'après avoir publié de nouveaux avis et de nouvelles annonces.

Si le juge a déterminé une mise à prix ou

606. If there is nothing to prevent the sale of the property seized, it takes place on the day and at the hour and place mentioned in the notices.

If the sale could not take place because there was no bidder, by application of articles 610.2 to 610.4 or because of any obstacle subsequently removed, the officer cannot proceed until new notices and publications have been given.

Where the judge has determined a reserve

une condition de vente en vertu de l'article 592.4 et qu'aucune offre n'a été faite, l'officier saisissant ne peut publier de nouveaux avis de vente qu'après fixation par le tribunal ou le juge d'une nouvelle mise à prix ou de toute autre condition de la vente.

[1965 (1ᵉ sess.), c. 80, a. 606; 1977, c. 73, a. 27; 1992, c. 57, a. 315].

607. Le premier saisissant qui ne fait pas diligence ne peut empêcher la vente à la poursuite d'un second saisissant.

[1965 (1ᵉ sess.), c. 80, a. 607].

608. Au temps prévu pour la vente, le gardien est tenu de représenter tous les effets saisis dont il a la garde, sous peine de tous dommages-intérêts. Le saisi qui fait défaut de représenter les effets laissés sous sa garde se rend en outre coupable d'outrage au tribunal.

[1965 (1ᵉ sess.), c. 80, a. 608].

609. Le gardien a droit à une décharge ou quittance des biens qu'il représente, et le procès-verbal de vente doit contenir la mention des biens qui ne sont pas représentés.

[1965 (1ᵉ sess.), c. 80, a. 609].

610. L'adjudication doit être faite au plus offrant contre paiement à l'officier chargé de la vente. Ce paiement peut être fait par la remise d'une somme d'argent, d'un mandat postal, d'un chèque certifié ou d'un autre effet de paiement similaire, ou encore, au moyen d'une carte de crédit ou d'un virement de fonds à un compte que détient l'officier auprès d'un établissement financier; à défaut, le bien est immédiatement remis à l'enchère; les frais d'utilisation d'une carte de crédit sont à la charge de l'adjudicataire.

S'il n'y a qu'un seul offrant, il doit être déclaré adjudicataire.

L'officier chargé de la vente ne peut, ni directement ni indirectement, enchérir sur les effets mis en vente, ni s'en rendre adjudicataire.

[1965 (1ᵉ sess.), c. 80, a. 610; 1984, c. 46, a. 6; 1992, c. 57, a. 316].

price or a condition of sale pursuant to article 592.4 and no bid has been made, the seizing officer cannot publish new notices of sale until the court or the judge has fixed a new reserve price or modified the condition of sale.

[1965 (1st sess.), c. 80, a. 606; 1977, c. 73, s. 27; 1992, c. 57, s. 315].

607. A first seizing creditor who fails to proceed with diligence cannot prevent the sale by a second seizing creditor.

[1965 (1st sess.), c. 80, a. 607].

608. At the time fixed for the sale, the guardian is bound to produce all the effects seized which were placed in his charge, on pain of all damages. A debtor who fails to produce the effects left in his charge is also guilty of contempt of court.

[1965 (1st sess.), c. 80, a. 608].

609. The guardian has a right to a discharge or receipt for the property which he produces, and the minutes of sale must mention any property which has not been produced.

[1965 (1st sess.), c. 80, a. 609].

610. The article seized is adjudged to the highest bidder, subject to payment to the officer conducting the sale. Payment may be made by remitting a sum of money, a money order, a certified cheque or other similar instrument of payment, or by means of a credit card or a transfer of funds to an account of the officer in a financial institution; if payment is not made, the article is immediately put up for sale again. The charges relating to the use of a credit card are paid by the successful bidder.

If there is only one bidder, the article must be adjudged to him.

The officer conducting the sale cannot, either directly or indirectly, bid upon or become purchaser of the property put up for sale.

[1965 (1st sess.), c. 80, a. 610; 1984, c. 46, s. 6; 1992, c. 57, s. 316].

610.1. L'officier chargé de la vente peut, dans l'intérêt du créancier et du débiteur, fixer une mise à prix pour un bien qu'il offre en vente.

[1975, c. 83, a. 41].

610.1. The officer conducting the sale may, in the interest of the creditor and the debtor, fix an opening bid for the property he offers for sale.

[1975, c. 83, s. 41].

610.2. Malgré le deuxième alinéa de l'article 610, s'il n'y a qu'une seule offre et que le montant offert est nettement insuffisant par rapport à la valeur marchande du bien, l'officier chargé de la vente peut, dans l'intérêt du créancier et du débiteur, soit retirer le bien pour le remettre à l'enchère avec ou sans mise à prix, soit mettre fin à la vente de ce bien.

[1975, c. 83, a. 41].

610.2. Notwithstanding the second paragraph of article 610, if there is only one bid and the amount offered is clearly insufficient in relation to the market value of the property, the officer conducting the sale may, in the interest of the creditor and the debtor, either withdraw the property and put it up for sale again, with or without an opening bid, or terminate the sale of that property.

[1975, c. 83, s. 41].

610.3. L'officier chargé de la vente, s'il estime qu'il n'y a pas suffisamment d'acheteurs éventuels, peut, dans l'intérêt du créancier et du débiteur, mettre fin à la vente.

[1975, c. 83, a. 41].

610.3. If the officer conducting the sale considers the number of prospective purchasers insufficient, he may, in the interest of the creditor and the debtor, terminate the sale.

[1975, c. 83, s. 41].

610.4. L'officier chargé de la vente, s'il estime qu'il y a collusion entre les acheteurs éventuels ou les enchérisseurs pour limiter le nombre ou le montant des offres, au préjudice du créancier ou du débiteur, peut soit refuser l'offre du plus offrant et retirer le bien pour le remettre à l'enchère avec ou sans mise à prix, soit mettre fin à la vente de ce bien.

[1975, c. 83, a. 41].

610.4. If the officer conducting the sale considers there is collusion between the prospective purchasers or the bidders to limit the number or amount of bids, to the prejudice of the creditor or the debtor, he may either refuse the bid of the highest bidder and withdraw the property, and put it up for sale again, with or without an opening bid, or terminate the sale of that property.

[1975, c. 83, s. 41].

610.5. Dans l'application des articles 610.1 à 610.4, la décision de l'officier chargé de la vente est sans appel. Aucune poursuite judiciaire ne peut être formée contre lui s'il a agi de bonne foi dans l'exercice de ses fonctions.

[1975, c. 83, a. 41].

610.5. In application of articles 610.1 to 610.4, the decision of the officer conducting the sale is final. No judicial proceeding may be instituted against him if he acted in good faith in the performance of his duties.

[1975, c. 83, s. 41].

611. L'officier qui a procédé à la vente doit en dresser procès-verbal contenant la liste des articles mis en vente et, en regard de chacun, les noms et résidence de l'adjudicataire et le prix d'adjudication.

[1965 (1ʳᵉ sess.), c. 80, a. 611].

611. The officer conducting the sale must make minutes thereof containing a list of the articles put up for sale and, opposite each, the names and residence of the purchaser and the purchase price.

[1965 (1st sess.), c. 80, a. 611].

611.1. Si le bien vendu était grevé d'une hypothèque, l'officier saisissant délivre à l'adjudicataire, sur paiement du prix de l'adjudication, un certificat de vente contenant:

1. L'indication de la nature du bref, le numéro de la cause, les noms et désignations des parties;

2. La description du bien vendu;

3. La date et le lieu de l'adjudication;

4. Le prix d'adjudication payé.

L'adjudicataire acquiert le bien libre des hypothèques qui le grèvent.

L'officier saisissant doit aussi transmettre un avis du certificat de vente à l'officier de la publicité des droits qui doit, le cas échéant, procéder aux radiations appropriées.

[1992, c. 57, a. 317].

612. Aucune demande en nullité ou en résolution de la vente n'est recevable à l'encontre de l'adjudicataire qui a payé le prix, sauf le cas de fraude ou de collusion.

[1965 (1ʳᵉ sess.), c. 80, a. 612].

§ 4. — Du rapport du bref et de la distribution

613. Dans les 10 jours qui suivent l'expiration du délai de production d'un état de leur créance par les créanciers prioritaires ou hypothécaires, l'officier saisissant, entre les mains duquel aucun état n'a été produit, paie au créancier saisissant les sommes d'argent saisies ou prélevées, après déduction des frais taxés et il rapporte au greffe ses procès-verbaux de saisie et de vente.

[1965 (1ʳᵉ sess.), c. 80, a. 613; 1975, c. 83, a. 42; 1983, c. 28, a. 24; 1992, c. 57, a. 318].

614. Si l'officier saisissant a constaté que des droits ont été consentis sur les biens saisis, il dresse un état de collocation dont il signifie une copie certifiée au débiteur et aux créanciers.

611.1. If the property sold was charged with a hypothec, the seizing officer issues to the successful bidder, on payment of the purchase price, a certificate of sale containing:

(1) The nature of the writ, the case number and the names and designations of the parties;

(2) A description of the property sold;

(3) The date and place of the sale;

(4) The purchase price paid.

The successful bidder acquires the property free from any hypothec.

The seizing officer must also transmit a notice of the certificate of sale to the registrar who shall, where applicable, make the required cancellations.

[1992, c. 57, s. 317].

612. No demand to annul or rescind the sale can be received against a purchaser who has paid the price, saving the case of fraud or collusion.

[1965 (1st sess.), c. 80, a. 612].

§ 4. — Return of Writ and Distribution

613. Within 10 days after expiry of the time allowed prior or hypothecary creditors to file a statement of their claim, the seizing officer, if no statement has been filed with him, pays to the seizing creditor the moneys seized or levied, after deducting the taxed costs, and files his minutes of seizure and sale at the office of the court.

[1965 (1st sess.), c. 80, a. 613; 1975, c. 83, s. 42; 1983, c. 28, s. 24; 1992, c. 57, s. 318].

614. If the seizing officer has ascertained that rights have been granted in the seized property, he prepares a scheme of collocation and serves a certified copy on the debtor and the creditors.

Si, dans les 10 jours de la signification de l'état, le débiteur ou aucun créancier ne l'a contesté, l'officier saisissant procède à la distribution des sommes d'argent. Au cas contraire, il les rapporte pour qu'elles soient adjugées à qui de droit par le tribunal; il en est de même lorsqu'il y a déconfiture du saisi. Cependant, l'officier saisissant n'est pas tenu de dresser un état de collocation lorsque les sommes d'argent prélevées n'excèdent pas les frais de justice.

Après la distribution, l'officier saisissant rapporte au greffe ses procès-verbaux de saisie de vente, ainsi que l'état de collocation.

[1965 (1re sess.), c. 80, a. 614; 1992, c. 57, a. 318].

615. La distribution des sommes d'argent provenant de la vente s'effectue dans l'ordre suivant:

1. Les frais de justice;

2. Les réclamations des créanciers prioritaires, ou hypothécaires, s'ils ont produit un état de leur créance appuyé d'un affidavit et des pièces justificatives nécessaires;

3. La réclamation du créancier saisissant, s'il est chirographaire.

S'il y a déconfiture du saisi, la distribution entre les créanciers chirographaires s'effectue conformément à l'article 578.

[1965 (1re sess.), c. 80, a. 615; 1992, c. 57, a. 318].

616. Les frais de justice sont colloqués dans l'ordre suivant:

1° Les frais de préparation de l'état de collocation;

2° Les droits et honoraires dus sur les sommes d'argent prélevées ou consignées;

3° Les frais de saisie et de vente, y compris ceux du gardien nommé par l'officier saisissant, ainsi que la rémunération du gardien taxée par le greffier;

4° Les frais des incidents postérieurs au jugement;

If the scheme is not contested by the debtor or any creditor within 10 days after its service, the seizing officer distributes the moneys. Otherwise, he returns the moneys to be adjudged by the court to those entitled thereto; the same applies in the case of insolvency of the debtor. However, the seizing officer is not required to prepare a scheme of collocation where the moneys levied do not exceed the legal costs.

After the distribution, the seizing officer files his minutes of seizure and sale and the scheme of collocation at the office of the court.

[1965 (1st sess.), c. 80, a. 614; 1992, c. 57, s. 318].

615. The distribution of the proceeds of the sale is made in the following order:

(1) Legal costs;

(2) The claims of the prior or hypo-thecary creditors, if they have filed a statement of their claim supported by an affidavit and the necessary vouchers;

(3) The claim of the seizing creditor, if unsecured.

In the case of insolvency of the debtor, the distribution among unsecured creditors is made in accordance with article 578.

[1965 (1st sess.), c. 80, a. 615; 1992, c. 57, s. 318].

616. Legal costs are collocated in the following order:

(1) Costs of the scheme of collocation;

(2) Duties and fees due on the moneys levied or deposited;

(3) Costs of seizure and sale, including those of the guardian appointed by the seizing officer, as well as the guardian's remuneration taxed by the clerk;

(4) Costs of incidental proceedings subsequent to the judgment;

5° Les frais d'action du saisissant.

[1965 (1ʳ sess.), c. 80, a. 616; 1992, c. 57, a. 318].

(5) Costs of suit of the seizing creditor.

[1965 (1st sess.), c. 80, a. 616; 1992, c. 57, s. 318].

616.1. Les règles des articles 711 à 732 relatives à l'état de collocation et au paiement des sommes d'argent prélevées en matière de saisie-exécution immobilière, s'appliquent à la saisie-exécution mobilière, en faisant les adaptations nécessaires; toutefois, l'assignation à comparaître prévue à l'article 723 ne peut en aucun cas être faite devant l'officier saisissant.

[1992, c. 57, a. 318].

616.1. The rules of articles 711 to 732 relating to the scheme of collocation and the payment of the moneys levied following the seizure of immovables in execution apply, with the necessary adaptations, to the seizure of movables in execution; however, the summons provided for in article 723 may in no case require a person to appear before the seizing officer.

[1992, c. 57, s. 318].

SECTION III — DE LA SAISIE DE VALEURS MOBILIÈRES OU DE TITRES INTERMÉDIÉS SUR DES ACTIFS FINANCIERS

SECTION III — SEIZURE OF SECURITIES AND SECURITY ENTITLEMENTS TO FINANCIAL ASSETS

617. La saisie de valeurs mobilières représentées par des certificats s'opère par la saisie de ces certificats, pratiquée par la signification d'un bref d'exécution à la personne qui les détient et notifiée à l'émetteur ou à son agent des transferts au Québec.

[1965 (1ʳ sess.), c. 80, a. 617; 2008, c. 20, a. 144].

617. Securities represented by a certificate are seized by seizure of the certificates, through service of a writ of execution on the person holding the certificates, and notification of the seizure to the issuer or the issuer's transfer agent in Québec.

[1965 (1st sess.), c. 80, a. 617; 2008, c. 20, s. 144].

618. La saisie de valeurs mobilières sans certificat ou de titres intermédiés sur des actifs financiers est pratiquée par la signification d'un bref de saisie-arrêt à l'émetteur ou, selon le cas, à l'intermédiaire en valeurs mobilières qui tient le compte de titres du débiteur.

[1965 (1ʳ sess.), c. 80, a. 618; 2008, c. 20, a. 144].

618. Uncertificated securities or security entitlements to financial assets are seized through service of a writ of seizure by garnishment on the issuer or on the securities intermediary that maintains the debtor's securities account.

[1965 (1st sess.), c. 80, a. 618; 2008, c. 20, s. 144].

619. La saisie de valeurs mobilières, avec ou sans certificats, ou de titres intermédiés sur des actifs financiers peut également être pratiquée par la signification d'un bref de saisie-arrêt au créancier titulaire d'une sûreté grevant les valeurs ou les titres dans les cas suivants :

619. Uncertificated or certificated securities or security entitlements to financial assets may also be seized through service of a writ of seizure by garnishment on a secured creditor if

1° lorsque les certificats constatant l'existence des valeurs mobilières sont en possession du créancier;

(1) the certificates representing the securities are in the secured creditor's possession;

2° lorsque les valeurs mobilières sans certificat sont inscrites au nom du créancier dans les registres de l'émetteur;

(2) the uncertificated securities are registered in the secured creditor's name in the issuer's records; or

189

3° lorsque les titres intermédiés sur les actifs financiers sont portés au nom du créancier dans un compte de titres tenu par l'intermédiaire en valeurs mobilières pour le débiteur.

[1965 (1re sess.), c. 80, a. 619; 2008, c. 20, a. 144].

619.1. La saisie de valeurs mobilières ou de titres intermédiés sur des actifs financiers emporte saisie des dividendes, distributions et autres droits afférents aux valeurs ou titres.

[2008, c. 20, a. 144].

619.2. Dans le cas d'une saisie de valeurs mobilières représentées par des certificats, l'émetteur doit déclarer à l'huissier le nombre de valeurs détenues par le débiteur, la proportion dans laquelle les valeurs sont libérées ainsi que les dividendes ou autres distributions déclarés, mais non payés.

[2008, c. 20, a. 144].

620. Les oppositions à la saisie elle-même, aussi bien que les contestations de la déclaration de l'émetteur, sont soumises aux règles ordinaires prévues pour la saisie-exécution des biens meubles et pour la saisie-arrêt.

[1965 (1re sess.), c. 80, a. 620; 2008, c. 20, a. 145].

621. L'officier chargé de la vente doit se conformer aux conditions et restrictions auxquelles le transfert des valeurs mobilières ou des titres intermédiés sur des actifs financiers est assujetti en vertu de l'acte constitutif et des règlements de l'émetteur ou de l'acte régissant le compte de titres tenu par l'intermédiaire en valeurs mobilières.

Les avis de vente doivent contenir le nombre et la désignation des valeurs mobilières ou titres intermédiés, ainsi que les conditions de leur transfert.

[1965 (1re sess.), c. 80, a. 621; 1992, c. 57, a. 319; 2008, c. 20, a. 146].

622. La vente des valeurs mobilières ou des titres intermédiés ne peut avoir lieu qu'après l'expiration de 30 jours depuis la publication des avis de vente.

(3) the security entitlements to financial assets are held in the secured creditor's name in a securities account maintained by a securities intermediary for the debtor.

[1965 (1st sess.), c. 80, a. 619; 2008, c. 20, s. 144].

619.1. The seizure of securities or security entitlements to financial assets entails the seizure of the dividends, distributions and other rights attached.

[2008, c. 20, s. 144].

619.2. When securities represented by a certificate are seized, the issuer must declare to the bailiff the number of securities held by the debtor, the extent to which the securities are paid up and the dividends or other distributions declared but not paid.

[2008, c. 20, s. 144].

620. Oppositions to the seizure, and contestations of the declaration of the issuer, are subject to the ordinary rules applicable to seizure in execution of movable property and to seizure by garnishment.

[1965 (1st sess.), c. 80, a. 620; 2008, c. 20, s. 145].

621. The officer in charge of the sale must conform to the conditions and restrictions to which the transfer of the securities or security entitlements to financial assets is subject under the constituting act and by-laws of the issuer or the instrument governing the securities account maintained by the securities intermediary.

The notices of sale must contain the number and description of the securities or security entitlements and any conditions affecting their transfer.

[1965 (1st sess.), c. 80, a. 621; 1992, c. 57, s. 319; 2008, c. 20, s. 146].

622. The sale of securities or security entitlements cannot take place until after the expiry of 30 days from the publication of the notices of sale.

Les valeurs ou titres cotés et négociés à une bourse reconnue y sont vendus par l'intermédiaire d'un courtier et selon les règlements et usages de la Bourse; les autres sont vendus en la manière prévue au chapitre de l'exécution des biens meubles.

Le juge peut autoriser que la vente soit faite en un ou plusieurs blocs.

[1965 (1ʳᵉ sess.), c. 80, a. 622; 2008, c. 20, a. 147].

623. Si l'officier qui a procédé à la vente n'a pas en main les certificats de valeurs mobilières, il doit remettre à l'adjudicataire une attestation écrite que les valeurs mobilières y désignées lui ont été adjugées.

[1965 (1ʳᵉ sess.), c. 80, a. 623; 2008, c. 20, a. 148].

624. Sous réserve des articles qui précèdent, la saisie-exécution de valeurs mobilières ou de titres intermédiés sur des actifs financiers est soumise aux règles prévues aux sections II et IV du présent chapitre, en autant qu'elles peuvent s'appliquer.

[1965 (1ʳᵉ sess.), c. 80, a. 624; 2008, c. 20, a. 149].

SECTION IV — DE LA SAISIE-ARRÊT

§ 1. — Règles générales

625. La saisie en main tierce est pratiquée en signifiant au tiers-saisi et au débiteur un bref de saisie-arrêt. Ce bref enjoint au tiers-saisi de comparaître, à la date et à l'heure indiquées, pour déclarer sous serment les sommes qu'il doit au débiteur ou qu'il aura à lui payer, ainsi que les meubles appartenant à ce dernier et qu'il détient, et de ne pas s'en dessaisir avant que le tribunal n'ait décidé de leur destination. Le bref assigne aussi le débiteur à comparaître au jour fixé, pour faire valoir les motifs pour lesquels la saisie-arrêt ne serait pas valable.

Si le débiteur n'a ni domicile, ni résidence, ni établissement d'entreprise connus, dans

Securities or security entitlements listed and traded upon a recognized stock exchange are sold there through a broker according to the rules and customs of the stock exchange; other securities or security entitlements are sold in the manner provided in the chapter on the seizure in execution of movable property.

The judge may order that the sale be made in one or several blocks.

[1965 (1st sess.), c. 80, a. 622; 2008, c. 20, s. 147].

623. If the officer conducting the sale does not have the security certificates in his possession, he must give to the purchaser a statement in writing that the securities therein mentioned have been adjudged to him.

[1965 (1st sess.), c. 80, a. 623; 2008, c. 20, s. 148].

624. Subject to the preceding articles, the seizure in execution of securities or security entitlements to financial assets is subject to the rules provided in Sections II and IV of this chapter, so far as they are applicable.

[1965 (1st sess.), c. 80, a. 624; 2008, c. 20, s. 149].

SECTION IV — SEIZURE BY GARNISHMENT

§ 1. — General Rules

625. Seizure by garnishment is effected by the service on the garnishee and on the judgment debtor of a writ of seizure by garnishment. The writ orders the garnishee to appear on the day and at the hour fixed to declare under oath what sums of money he owes to the debtor or will have to pay him and what movable property he has in his possession belonging to him, and not to dispossess himself thereof until the court has pronounced upon the matter. The writ also summons the debtor to appear on the day fixed and show cause why the seizure should not be declared valid.

If the debtor has no known domicile, residence or business establishment in the dis-

le district où le jugement a été rendu, le bref lui est signifié au greffe du tribunal.

[1965 (1ᵉ sess.), c. 80, a. 625; 1992, c. 57, a. 320; 1999, c. 40, a. 56].

625.1. La signification d'un bref de saisie-arrêt pour l'exécution d'une pension alimentaire peut être faite par courrier recommandé ou certifié.

[1988, c. 56, a. 2].

626. La saisie-arrêt a pour effet de mettre sous main de justice les sommes et les meubles appartenant au débiteur, et de constituer le tiers-saisi gardien de ces derniers.

[1965 (1ᵉ sess.), c. 80, a. 626].

627. Le débiteur peut, dans les cinq jours de sa comparution, par requête, former opposition à la saisie-arrêt et demander qu'elle soit déclarée invalide.

[1965 (1ᵉ sess.), c. 80, a. 627].

628. Le tiers-saisi doit faire sa déclaration sous serment, devant le greffier du district où le bref a été délivré. Il peut, pourvu qu'il en donne avis au saisissant et au débiteur, faire sa déclaration avant la date fixée, et même, si ses frais de déplacement ne lui sont pas offerts, la faire devant le greffier du district où il réside, et la transmettre sans délai au greffier du district où le bref a été délivré.

[1965 (1ᵉ sess.), c. 80, a. 628; 1992, c. 57, a. 420].

629. La déclaration d'une personne morale, d'une société en nom collectif ou en commandite ou d'une association au sens du *Code civil du Québec*, doit être faite par un fondé de pouvoir par procuration spéciale ou générale. Celle d'une personne physique peut être faite par un fondé de pouvoir par procuration spéciale; mais en ce cas le saisissant peut ultérieurement obtenir du greffier que le tiers-saisi comparaisse en personne pour être interrogé.

La déclaration d'une municipalité peut être faite par son trésorier ou son greffier ou secrétaire-trésorier sans procuration; celle

---

trict where judgment was rendered, the writ is served upon him at the office of the court.

[1965 (1st sess.), c. 80, a. 625; 1992, c. 57, s. 320; 1999, c. 40, s. 56].

625.1 A writ of seizure by garnishment for the execution of a judgment awarding support may be served by registered or certified mail.

[1988, c. 56, s. 2].

626. The effect of seizure by garnishment is to place under judicial control the sums of money and movable property belonging to the debtor and to make the garnishee the guardian thereof.

[1965 (1st sess.), c. 80, a. 626].

627. The debtor may, within five days from his appearance, by motion, oppose the seizure by garnishment and ask that it be declared null.

[1965 (1st sess.), c. 80, a. 627].

628. The garnishee must make his declaration under oath before the clerk of the district where the writ issued. The garnishee may, after giving notice to the seizing creditor and judgment debtor, make his declaration before the day mentioned in the writ, and, if he has not been tendered his travelling expenses, he may even make it before the clerk of the district where he resides, and forthwith transmit it to the clerk of the district where the writ issued.

[1965 (1st sess.), c. 80, a. 628; 1992, c. 57, s. 420].

629. The declaration of a legal person, a general or limited partnership or an association within the meaning of the Civil Code must be made by an attorney in virtue of a general or special power. That of a natural person may be made by an attorney in virtue of a special power; but in such case the seizing creditor may thereafter obtain from the clerk an order for the personal appearance and examination of the garnishee.

The declaration of a municipality may be made by its treasurer or its clerk or secretary-treasurer without a power of attorney;

d'une commission scolaire peut être faite par son directeur général sans procuration.

[1965 (1ᵉ sess.), c. 80, a. 629; 1966, c. 21, a. 11; 1988, c. 84, a. 553; 1992, c. 57, a. 321, 420].

the declaration of a school board may be made by its director general without a power of attorney.

[1965 (1st sess.), c. 80, a. 629; 1966, c. 21, s. 11; 1988, c. 84, s. 553; 1992, c. 57, s. 321, s. 420; 1999, c. 40, s. 56].

630. Le tiers-saisi doit déclarer le montant, la cause et les modalités de la dette qu'il avait envers le saisi au moment où le bref lui a été signifié, et de celle qui a pu naître depuis; le cas échéant, il doit fournir un état détaillé des meubles du saisi qu'il a en sa possession, et indiquer en vertu de quel titre il les détient. Dans tous les cas, il doit dénoncer les saisies-arrêts pratiquées entre ses mains.

[1965 (1ᵉ sess.), c. 80, a. 630].

630. The garnishee must declare the amount, cause and conditions of his indebtedness to the debtor at the time of the service of the writ upon him and of any indebtedness that has since accrued. He must if necessary furnish a detailed statement of the movable property in his possession belonging to the debtor, and declare by what title he holds it. He must in all cases declare any other seizures made in his hands.

[1965 (1st sess.), c. 80, a. 630].

631. Une personne morale qui n'a pas été formée sous l'autorité d'une charte royale ni en vertu d'un acte du Parlement du Canada ou du Parlement du Québec, doit déclarer, outre le montant de sa dette actuelle envers le saisi, l'intérêt de celui-ci dans la personne morale, le cas échéant, si la somme qu'elle doit ne couvre pas le montant du jugement. La saisie-arrêt demeure tenante; et si la personne morale devient de nouveau débitrice du saisi, ou si elle est dissoute, les tiers-saisis sont tenus de faire une nouvelle déclaration, sans quoi ils encourent la responsabilité de tout tiers-saisi en défaut de déclarer.

Le juge peut ordonner la production de livres, documents ou états, permettre l'interrogatoire de témoins, ou prononcer toute autre ordonnance qu'il juge à propos pour rendre telle saisie efficace.

[1965 (1ᵉ sess.), c. 80, a. 631; 1968, c. 9, a. 90; 1992, c. 57, a. 322; 2009, c. 52, a. 545].

631. A legal person, not incorporated by royal charter or by virtue of an act of the Parliament of Canada or of the Parliament of Québec, must, if the amount that it owes the judgment debtor is not sufficient to satisfy the judgment, declare, besides the amount of its present indebtedness to the debtor, the latter's interest, if any, in the legal person. The seizure remains binding and if the legal person again becomes indebted to the judgment debtor, or is dissolved, the garnishee must make a new declaration, in default of which they become subject to the same responsibility as a garnishee who fails to make his declaration.

In order to render such seizure effectual, the judge may order the production of such books, documents and statements, allow the examination of such witnesses, and give such other orders, as he deems necessary.

[1965 (1st sess.), c. 80, a. 631; 1968, c. 9, s. 90; 1992, c. 57, s. 322; 2009, c. 52, s. 545].

632. Lors de sa déclaration, le tiers-saisi peut être interrogé par le saisissant et le saisi, et, si le juge le permet, être requis de fournir tous documents propres à établir qu'il est débiteur du saisi.

Toute difficulté qui surgit au cours de l'in-

632. The garnishee, when he makes his declaration, may be questioned by the seizing creditor and the debtor, and, with the permission of the judge, be required to produce any document tending to prove that he is indebted to the debtor.

Any difficulty that arises during the exam-

terrogatoire du tiers-saisi doit être immédiatement soumise au juge pour adjudication.

[1965 (1ᵉ sess.), c. 80, a. 632; 1992, c. 57, a. 421].

ination must be submitted forthwith to the judge in chambers for decision.

[1965 (1st sess.), c. 80, a. 632].

633. Le tiers-saisi a droit d'être taxé comme un témoin, et il peut retenir le montant de la taxe sur les deniers qu'il doit; s'il ne doit rien, la taxe est exécutoire contre le saisissant.

[1965 (1ᵉ sess.), c. 80, a. 633].

633. The garnishee is entitled to be taxed as a witness, and he may retain the amount of the taxation out of the sums which he owes. If he owes nothing, such taxation may be enforced by execution against the seizing party.

[1965 (1st sess.), c. 80, a. 633].

634. Le tiers-saisi qui fait défaut de déclarer ou de déposer en vertu de l'article 641 est, sur inscription pour jugement, condamné au paiement de la créance du saisissant comme s'il était lui-même débiteur, pourvu que la signification du bref lui ait été faite en la manière prévue au deuxième alinéa de l'article 123 ou aux articles 129 et 130 ou, si elle a été faite par la poste, qu'elle ait été prouvée conformément au deuxième alinéa de l'article 146.

À défaut par le saisissant d'inscrire pour jugement dans les 10 jours, le saisi peut le faire lui-même, et procéder à l'exécution du jugement au nom du saisissant, ou demander le rejet de la saisie-arrêt avec dépens contre ce dernier.

Néanmoins, le tiers-saisi peut en tout temps, même après jugement, obtenir l'autorisation de déclarer ou de déposer, en payant les sommes qu'il aurait dû retenir et déposer depuis la signification du bref de saisie et les frais occasionnés par son défaut.

[1965 (1ᵉ sess.), c. 80, a. 634; 1980, c. 21, a. 6; 1993, c. 72, a. 9].

634. Any garnishee who fails to declare or deposit pursuant to article 641 is, upon inscription for judgment, condemned as personal debtor of the seizing creditor to the payment of his claim, provided that the writ has been served upon him in the manner provided in the second paragraph of article 123 or in articles 129 and 130 or, if the writ has been served by mail, service has been proved in accordance with the second paragraph of article 146.

If the seizing creditor fails to inscribe for judgment within 10 days, the debtor may do so himself and execute the judgment in the name of the seizing creditor, or he may demand the dismissal of the seizure with costs against the seizing creditor.

A garnishee may, however, obtain leave to declare or deposit at any time, even after judgment, upon payment of the sums he should have withheld and deposited since the service of the writ of seizure and of all costs incurred by his default.

[1965 (1st sess.), c. 80, a. 634; 1980, c. 21, s. 6; 1993, c. 72, s. 9].

635. La déclaration du tiers-saisi peut être contestée par le saisissant ou par le saisi, dans les 10 jours de la déclaration ou du jugement rendu sur une opposition formée à l'encontre de la saisie-arrêt.

[1965 (1ᵉ sess.), c. 80, a. 635].

635. The seizing creditor or the debtor may contest the garnishee's declaration within 10 days from the declaration or from the judgment rendered upon an opposition to the seizure by garnishment.

[1965 (1st sess.), c. 80, a. 635].

636. Si le tiers-saisi déclare ne rien devoir et qu'on ne puisse justifier qu'il doit, il peut, de même que le saisi, obtenir du

636. If a garnishee declares that he is not indebted to the debtor, and he cannot be proved to be so, he, or the debtor, may ob-

greffier congé de la saisie-arrêt avec dépens contre le saisissant.

[1965 (1ᵉʳ sess.), c. 80, a. 636; 1992, c. 57, a. 420].

tain from the clerk a discharge from the seizure with costs against the seizing party.

[1965 (1st sess.), c. 80, a. 636; 1992, c. 57, s. 420].

637. Si la déclaration affirmative du tiers-saisi n'est pas contestée et qu'elle ne révèle pas l'existence d'une autre saisie-arrêt pratiquée entre ses mains, le greffier, sur inscription par l'une ou l'autre des parties, ordonne au tiers-saisi de payer au saisissant les sommes qu'il doit au débiteur-saisi, jusqu'à concurrence du montant du jugement, en capital, intérêts et frais. Dans cette mesure, l'ordonnance du greffier opère cession de la créance du saisi en faveur du saisissant, et à compter du jour de la saisie. Cette ordonnance doit être signifiée au tiers-saisi et devient exécutoire 10 jours plus tard.

[1965 (1ᵉʳ sess.), c. 80, a. 637; 1992, c. 57, a. 420].

637. If the affirmative declaration of the garnishee is not contested and does not show the existence of another seizure by garnishment in his hands, the clerk, upon an inscription by either party, orders the garnishee to pay to the seizing creditor the amounts which he owes to the judgment debtor to the extent of the amount of the judgment in capital, interest and costs. To that extent the order of the clerk effects an assignment, in favour of the seizing creditor, of the judgment debtor's claim, from the date of the seizure. Such order must be served on the garnishee and becomes executory 10 days later.

[1965 (1st sess.), c. 80, a. 637; 1992, c. 57, s. 420].

638. Si le tiers-saisi a déclaré avoir en sa possession des meubles, le jugement ordonne qu'ils soient vendus, et le tiers-saisi est tenu de les représenter à l'officier chargé d'en faire la vente; s'il s'agit de pièces de monnaie, de billets de banque, de valeurs mobilières négociables, ou de titres de créance payables au porteur, il peut être ordonné au tiers-saisi de les déposer au greffe ou de les remettre à une personne désignée, suivant les circonstances.

Le produit de la vente des meubles est distribué ainsi qu'il est dit aux articles 613 à 616.

[1965 (1ᵉʳ sess.), c. 80, a. 638].

638. If the garnishee declares that he has in his possession movable property, the judgment orders that it be sold, and the garnishee must deliver it to the officer charged with selling it. In the case of currency, bank notes, current moneys, negotiable securities or titles of debt payable to bearer, the garnishee may be ordered to deposit them in the office of the court, or to deliver them to a designated person, according to circumstances.

The proceeds of sale of the movable property are distributed in the manner prescribed in articles 613 to 616.

[1965 (1st sess.), c. 80, a. 638].

639. Si l'obligation du tiers-saisi est à terme, le greffier lui ordonne de payer à l'échéance, suivant les dispositions de l'article 637 ou de l'article 638, selon le cas. Si elle est soumise à une condition ou à l'accomplissement par le saisi de quelque obligation, le greffier, sur demande du saisissant, peut déclarer la saisie-arrêt tenante jusqu'à l'avènement de la condition ou l'accomplissement de l'obligation.

[1965 (1ᵉʳ sess.), c. 80, a. 639; 1992, c. 57, a. 420].

639. If the debt of the garnishee is payable at a future time, the clerk orders him to pay at maturity in accordance with the provisions of article 637 or article 638, as the case may be. If it is subject to a condition or to the performance by the debtor of an obligation, the clerk may, upon motion of the seizing creditor, declare the seizure binding until such condition is fulfilled or such obligation is executed.

[1965 (1st sess.), c. 80, a. 639; 1992, c. 57, s. 420].

640. Si plusieurs saisies-arrêts de la part de divers créanciers chirographaires sont

640. If there are several seizures by different unsecured creditors in the hands of the

pratiquées entre les mains du même tiers, chaque saisissant est préféré au saisissant postérieur, suivant la date de signification du bref de saisie-arrêt, à moins qu'il n'y ait allégation de déconfiture du débiteur commun; en ce dernier cas, les créanciers sont appelés sur la première saisie, conformément à la disposition de l'article 578.

[1965 (1ʳᵉ sess.), c. 80, a. 640].

same garnishee, each seizing creditor has a preference over later seizing creditors according to the date of service of the writ of seizure by garnishment, unless the insolvency of the common debtor has been alleged; in the latter case the creditors are called in upon the first seizure in the manner provided in article 578.

[1965 (1st sess.), c. 80, a. 640].

§ 1.1. —
Règles spéciales de la saisie en vertu de la Loi d'aide à l'exécution des ordonnances et des ententes familiales (L.R.C. (1985), ch. 4 (2ᵉ suppl.))

§ 1.1.
Special Rules as to Seizure by Garnishment under the Family Orders and Agreements Enforcement Assistance Act (R.S.C. 1985, c. 4, 2nd Supp.)

640.1. La saisie en vertu de la *Loi d'aide à l'exécution des ordonnances et des ententes familiales* (L.R.C. (1985), ch. 4 (2ᵉ suppl.)) est pratiquée en signifiant au tiers-saisi et au débiteur un bref de saisie-arrêt. Ce bref enjoint au tiers-saisi de comparaître conformément à cette loi et de déposer, auprès du greffier du district judiciaire où le bref a été délivré, la partie saisissable des sommes qu'il doit au débiteur ou qu'il aura à lui payer conformément à cette loi.

Cette saisie vaut tant pour le paiement des arrérages que des versements à échoir.

[1988, c. 17, a. 5; 1992, c. 57, a. 420; 1995, c. 39, a. 7].

640.1. Seizure by garnishment under the *Family Orders and Agreements Enforcement Assistance Act* (R.S.C., 1985, c. 4, 2nd supp.) is effected by serving a writ of seizure by garnishment on the garnishee and on the debtor. The writ orders the garnishee to respond in accordance with the said Act and to deposit, with the clerk of the judicial district where the writ was issued, the seizable part of the sums of money owed or that will become payable by it to the debtor in accordance with the said Act.

The seizure has effect for arrears as well as for payments to become due.

[1988, c. 17, s. 5; 1992, c. 57, s. 420; 1995, c. 39, s. 7].

640.2. Le débiteur peut, par requête, former opposition à la saisie-arrêt dans les 10 jours de la signification qui lui est faite du bref.

Cette opposition doit être signifiée au saisissant et au tiers-saisi, à personne ou par courrier recommandé ou certifié.

[1988, c. 17, a. 5].

640.2. The debtor, by motion, may oppose the seizure by garnishment within 10 days after the writ is served on him.

The opposition must be served on the seizing creditor and on the garnishee, by personal service or by registered or certified mail.

[1988, c. 17, s. 5].

640.3. S'il n'y a pas d'opposition à la saisie ni main-levée de celle-ci, le greffier verse au saisissant la somme d'argent reçue jusqu'à concurrence des sommes dues. S'il y a un résidu, il est remis au débiteur.

[1988, c. 17, a. 5; 1992, c. 57, a. 420].

640.3. If no opposition to the seizure has been filed and no release has been given, the clerk pays the moneys received to the seizing creditor up to the amount due. Any remaining balance is remitted to the debtor.

[1988, c. 17, s. 5; 1992, c. 57, s. 420].

640.4. Lorsqu'une saisie est tenante et qu'un jugement a pour effet de modifier le bref ou de réviser le jugement qui accorde la pension alimentaire, le saisissant doit préparer les modifications au bref et demander au greffier de signer, de délivrer et de signifier aux autres parties le bref ainsi modifié.

Le débiteur peut formuler cette demande, avec dépens contre le saisissant, si celui-ci ne l'a pas faite dans les 10 jours du jugement.

[1988, c. 17, a. 5; 1992, c. 57, a. 420].

640.5. La signification du bref de saisie-arrêt peut être faite par courrier recommandé ou certifié. Celle faite au tiers-saisi par le ministère du Revenu ou par le greffier peut l'être par la poste ordinaire.

[1995, c. 39, a. 8; 1995, c. 18, a. 100].

§ 2. — Règles spéciales de la saisie des traitements, salaires ou gages

641. Lorsque la saisie-arrêt a pour objet des traitements, salaires ou gages, le bref doit énoncer la résidence du débiteur, la nature de son emploi et le lieu de son travail, s'ils sont connus du saisissant.

Ce bref enjoint au tiers-saisi de déclarer et de déposer auprès du greffier, dans les 10 jours de la signification du bref, en personne ou par courrier recommandé ou certifié, la partie saisissable de ce qu'il doit au débiteur saisi, de déclarer et déposer ainsi de nouveau chaque mois et de signifier au saisissant, par courrier recommandé ou certifié, copie de sa première déclaration. Copie de celle-ci doit aussi être signifiée, de la même manière, au débiteur par le saisissant et la preuve de cette signification doit être produite au greffe.

Si le débiteur quitte son emploi, le tiers-saisi doit le déclarer sans délai.

Cette saisie-arrêt reste tenante pour la partie saisissable aussi longtemps que le débiteur conserve son emploi et que n'ont pas

640.4. Where a seizure is binding and a judgment is rendered which amends the writ or revises the judgment awarding support, the seizing creditor must prepare the amendments to the writ and request that the clerk sign and issue the amended writ and service it upon the other parties.

The debtor may make the request, with costs against the seizing creditor, if the latter does not do so within 10 days of the judgment.

[1988, c. 17, s. 5; 1992, c. 57, s. 420].

640.5. A writ of seizure by garnishment may be served by registered or certified mail. Service upon a garnishee by the Minister of Revenue or by the clerk may also be made by ordinary mail.

[1995, c. 39, s. 8; 1995, c. 18, s. 100].

§ 2. — Special Rules as to the Seizure of Salaries and Wages

641. If salaries and wages are seized by garnishment, the writ must mention the debtor's residence, the nature of his employment and the place where he works, if the seizing creditor knows them.

The writ orders the garnishee to declare to and deposit with the clerk, within 10 days following the service of the writ, personally or by registered or certified mail, the seizable portion of what he owes the seized debtor, to declare and deposit again in the same manner every month and to serve a copy of his first declaration on the seizing creditor, by registered or certified mail. A copy of such declaration must also be served, in the same manner, on the debtor by the seizing creditor and proof of the service must be filed in the office of the court.

If the debtor leaves his employ, the garnishee must forthwith so declare.

The seizure remains binding for the seizable portion thereof, so long as the debtor remains in his employment and all the

été acquittées toutes les réclamations produites par ses créanciers.

[1965 (1ᵉʳ sess.), c. 80, a. 641; 1975, c. 83, a. 43; 1979, c. 37, a. 32; 1981, c. 14, a. 14; 1992, c. 57, a. 420].

claims filed by his creditors have not been paid.

[1965 (1st sess.), c. 80, a. 641; 1975, c. 83, s. 43; 1979, c. 37, s. 32; 1981, c. 14, s. 14; 1992, c. 57, s. 420].

641.1. Lorsque la saisie-arrêt a lieu pour l'exécution d'un jugement qui accorde une pension alimentaire ou si une réclamation au même effet est produite au dossier d'une saisie-arrêt, cette saisie vaut tant pour le paiement des versements à échoir que des arrérages, tels qu'indexés le cas échéant, et elle demeure tenante jusqu'à ce que mainlevée en soit donnée.

Sauf si le ministre du Revenu agit comme réclamant ou saisissant en application de la *Loi facilitant le paiement des pensions alimentaires* (chapitre P-2.2), s'il n'y a pas d'autre réclamation au dossier et si l'exécution n'a pas été suspendue conformément à l'article 659.5, la mainlevée ne peut être donnée qu'un an après que les arrérages de la pension ont été acquittés, y compris ceux qui ont été accumulés depuis la saisie.

[1980, c. 21, a. 7; 1995, c. 18, a. 82].

641.1. Where a seizure by garnishment takes place for the execution of a judgment awarding support or if a claim to that effect is filed in the record of a seizure by garnishment, the seizure has effect for payments to become due as well as for arrears, as indexed, if such is the case, and it remains binding until release is given.

Except if the Minister of Revenue is acting in the capacity of claimant or seizing creditor pursuant to the *Act to facilitate the payment of support* (chapter P-2.2), if there is no other claim in the record and if execution has not been suspended in accordance with article 659.5, no release may be given until one year after the arrears of support, including all arrears accrued from the time of the seizure, have been paid.

[1980, c. 21, s. 7; 1995, c. 18, s. 82].

641.2. Si un jugement modifie le montant d'une pension alimentaire alors qu'une saisie est tenante ou que son exécution est suspendue conformément à l'article 659.5, le montant de la saisie ou de la réclamation du créancier alimentaire est en conséquence modifié, de plein droit, à compter de la signification du jugement au greffier, laquelle peut être faite par courrier recommandé ou certifié.

[1980, c. 21, a. 7; 1981, c. 14, a. 15; 1992, c. 57, a. 420].

641.2. If a judgment amends the amount of support while a seizure is binding or its execution is suspended in accordance with article 659.5, the amount of the seizure or of the claim of the person entitled to support is amended accordingly, of right, from the service of the judgment on the clerk, which may be made by registered or certified mail.

[1980, c. 21, s. 7; 1981, c. 14, s. 15; 1992, c. 57, s. 420].

641.3. Le débiteur peut, en personne ou par courrier recommandé ou certifié, former opposition à la saisie-arrêt dans les 10 jours de la signification de la copie de la première déclaration du tiers-saisi. Il fait parvenir, dans le même délai et de la même façon, copie de l'opposition au saisissant et au tiers-saisi.

[1979; c. 37, a. 33; 1980, c. 21, a. 8; 1981, c. 14, a. 16].

641.3. The debtor may, personally or by registered or certified mail, oppose the seizure by garnishment within 10 days following the service of the copy of the first declaration of the garnishee. He forwards a copy of the opposition to the seizing creditor and the garnishee, within the same time and in the same manner.

[1979, c. 37, s. 33; 1980, c. 21, s. 8; 1981, c. 14, s. 16; 1999, c. 40, s. 56].

642. Le créancier qui a été avisé, par courrier recommandé ou certifié, de l'existence d'une saisie-arrêt des traitements, salaires ou gages de son débiteur ne peut lui-même le saisir tant que cette saisie demeure tenante.

Il ne peut non plus exécuter son jugement sur les meubles qui garnissent la résidence principale de son débiteur, servent à l'usage du ménage et sont nécessaires à la vie de celui-ci, si ce n'est pour les sommes dues sur le prix ou dans l'exercice d'un droit de revendication.

[1965 (1ᵉ sess.), c. 80, a. 642; 1975, c. 83, a. 44; 1992, c. 57, a. 323].

643. Tant que la saisie-arrêt reste tenante, tout créancier peut produire au dossier sa réclamation, après en avoir signifié copie, par courrier recommandé ou certifié, au saisi, au saisissant et au tiers-saisi.

La réclamation, appuyée du serment, doit énoncer les causes, la date et le montant de la créance, et être accompagnée des pièces justificatives.

La réclamation qui n'a pas été dûment signifiée est non avenue; il en est de même de celle qui n'est pas accompagnée des pièces justificatives, à moins que le créancier n'établisse, à la satisfaction du juge, qu'il lui est impossible de les produire.

[1965 (1ᵉ sess.), c. 80, a. 643; 1975, c. 83, a. 45; 1995, c. 18, a. 83].

644. Toute réclamation porte intérêt du jour de sa date au taux légal seulement.

Le greffier doit refuser toute réclamation ou partie de réclamation portant sur la différence entre le taux d'intérêt convenu entre les parties et celui prévu au présent article, pour toute période où ce dernier taux est applicable.

[1965 (1ᵉ sess.), c. 80, a. 644; 1966, c. 21, a. 12; 1987, c. 63, a. 3; 1992, c. 57, a. 420].

645. Toute partie intéressée peut produire au greffe une contestation de la réclamation d'un créancier, après en avoir fait signifier copie au réclamant et au débiteur; cette contestation n'a pas pour effet de

642. A creditor who has been notified by registered or certified mail of the seizure by garnishment of the salary or wages of his debtor cannot, so long as it remains binding, himself seize such salary or wages.

Neither can he execute his judgment on the movable property which furnished the main residence of his debtor, and is used by and is necessary for the life of the household, except for sums owing on the price or in the exercise of a right of revendication.

[1965 (1st sess.), c. 80, a. 642; 1975, c. 83, s. 44; 1992, c. 57, s. 323].

643. While the seizure remains binding, any creditor may file his claim after having served a copy thereof on the debtor, the seizing creditor and the garnishee, by registered or certified mail.

The claim, supported by affidavit, must set forth the nature, date and amount of the debt and be accompanied with supporting documents.

Any claim not duly served is null, as is a claim not accompanied by supporting documents, unless the creditor establish to the satisfaction of the judge that he is unable to file them.

[1965 (1st sess.), c. 80, a. 643; 1975, c. 83, s. 45; 1995, c. 18, s. 83].

644. From the date of filing, the claim bears interest at the legal rate only.

The clerk shall refuse any claim or part of a claim which concerns the difference between the rate of interest agreed between the parties and the rate provided for in this article, for any period during which the latter rate applies.

[1965 (1st sess.), c. 80, a. 644; 1966, c. 21, s. 12; 1987, c. 63, s. 3; 1992, c. 57, s. 420].

645. Any interested party may file in the office of the court a contestation of the claim of a creditor after having served a copy upon the claimant and the debtor, and such contestation does not suspend the

suspendre la distribution des deniers déposés, sauf à l'égard du créancier dont la réclamation est contestée, la portion qui lui reviendrait devant être retenue par le greffier jusqu'à adjudication.

[1965 (1ʳ sess.), c. 80, a. 645; 1992, c. 57, a. 420].

distribution of the moneys deposited, except as to the creditor whose claim is contested; the amounts payable to such creditor must be retained by the clerk until decision thereon.

[1965 (1st sess.), c. 80, a. 645; 1992, c. 57, s. 420].

646. La contestation d'une réclamation doit être inscrite et jugée d'urgence.

Si le montant en litige excède la compétence du tribunal où la cause est pendante, le dossier est transmis sans délai au greffe du tribunal compétent, pour adjudication.

[1965 (1ʳ sess.), c. 80, a. 646].

646. The contestation of a claim is heard and decided by preference.

If the amount in contestation exceeds the jurisdiction of the court where the case is pending, the record is transmitted forthwith to the office of the competent court for decision.

[1965 (1st sess.), c. 80, a. 646].

647. Dix jours après la signification au débiteur de la première déclaration du tiers-saisi, les sommes qu'il a déposées sont remises au saisissant par le greffier, sur demande écrite, à moins qu'il n'y ait eu opposition autre que celle à une saisie pour dette alimentaire, sous réserve du deuxième alinéa de l'article 599, ou qu'il n'y ait eu réclamation.

S'il y a eu réclamation, le greffier doit, après avoir colloqué le saisissant pour ses frais, distribuer aux créanciers les sommes déposées, en proportion de leur créance, et faire parvenir à chacun, à sa dernière adresse connue, la part qui lui revient.

Cependant, le greffier doit alors verser de façon exclusive au créancier alimentaire, la différence entre la somme saisie conformément au dernier alinéa de l'article 553 et la partie des revenus normalement saisissable; de plus, il doit verser au créancier alimentaire, à même cette partie, les montants requis pour que le total des sommes qui lui sont distribuées soit au moins égal à la moitié des sommes déposées mensuellement, jusqu'à concurrence des montants qui peuvent lui être dus, mais sans porter atteinte à son droit d'être colloqué avec les autres créanciers, pour sa part.

La distribution aux créanciers doit être faite au moins tous les trois mois, mais elle doit être faite au moins une fois par mois au créancier alimentaire.

647. Ten days after the first garnishee's declaration is served on the debtor, the moneys the garnishee has deposited are paid by the clerk to the seizing creditor on written demand, unless an opposition other than an opposition to a seizure for non-payment of support, subject to the second paragraph of article 599, or a claim has been filed.

If a claim has been filed, the clerk, after collocating the seizing creditor for his costs, must distribute among the creditors, in proportion to their claims, the amounts deposited and have sent to each creditor at his last known address the amount to which he is entitled.

However, the clerk must then pay exclusively to the person entitled to support the difference between the moneys seized in accordance with the last paragraph of article 553 and that part of all income that is ordinarily seizable. Furthermore, he must pay to the person entitled to support, out of that part, the amounts required to make the total of the sums distributed to him equal to at least one-half of the moneys deposited every month, up to such amounts as may be due to him, and this does not affect his right to be collocated for his share with the other creditors.

The distribution to the creditors must be made at least once every three months but it must be made at least once every month to the person entitled to support.

La réclamation du conjoint fondée sur son contrat de mariage ou d'union civile ne sera payée qu'après que toutes les autres réclamations auront été acquittées.

Lorsque les créances du saisissant et des réclamants auront été acquittées, le greffier devra en informer le débiteur et le tiers-saisi.

[1965 (1ʳᵉ sess.), c. 80, a. 647; 1980, c. 21, a. 9; 1981, c. 14, a. 17; 1992, c. 57, a. 420; 1993, c. 72, a. 11; 2002, c. 6, a. 103].

648. Le créancier qui, ayant reçu l'avis prévu à l'article 642, intente une action et obtient jugement en vertu des dispositions des articles 192 et 194, ne peut recouvrer ses frais, si ce n'est avec l'autorisation d'un juge du tribunal qui a rendu le jugement. Cette autorisation, demandée par requête appuyée d'un affidavit et signifiée au débiteur, ne peut être accordée que s'il est établi à la satisfaction du juge que le créancier était justifiable d'intenter son action, en raison de la nature de sa créance ou de quelque circonstance particulière; il ne peut être accordé aucun frais sur cette demande, à moins que le débiteur ne l'ait contestée.

[1965 (1ʳᵉ sess.), c. 80, a. 648; 1969, c. 81, a. 11].

649. Si le tiers-saisi déclare que le débiteur est à son emploi, mais sans rémunération, ou si la rémunération payée par le tiers-saisi est manifestement inférieure à la valeur des services rendus, tout créancier peut, sur demande, présentée au moins cinq jours après avoir été signifiée au débiteur et au tiers-saisi, obtenir qu'un juge évalue ces services et en fixe la juste rémunération; cette rémunération est réputée être celle du débiteur depuis la date de la demande jusqu'à ce qu'il soit établi que le montant ainsi fixé doit être modifié. La décision du juge à cet égard est sans appel.

[1965 (1ʳᵉ sess.), c. 80, a. 649].

650. Il est interdit à l'employeur, sous peine de tous dommages-intérêts, de congédier ou de suspendre son employé pour le seul motif que son salaire ou ses gages ont été saisis-arrêtés. Lorsqu'un employé

No claim by the spouse of the debtor based upon a marriage or civil union contract shall be paid until all other claims have been paid.

When the claims of the seizing creditor and other claimants have been paid, the clerk shall so inform the debtor and the garnishee.

[1965 (1st sess.), c. 80, a. 647; 1980, c. 21, s. 9; 1981, c. 14, s. 17; 1992, c. 57, s. 420; 1993, c. 72, s. 11; 2002, c. 6, s. 103].

648. A creditor who, having received the notice provided for in article 642, institutes an action and obtains judgment in accordance with articles 192 and 194, shall not, without permission of a judge of the court which rendered the judgment, recover his costs. Such permission, applied for by motion supported by affidavit and served upon the debtor, shall not be granted unless it is shown to the satisfaction of the judge that the creditor was justified in instituting the action, by reason of the nature of his claim or of other special circumstances. No costs shall be awarded on such motion, unless the debtor contests it.

[1965 (1st sess.), c. 80, a. 648; 1969, c. 81, s. 11].

649. If the garnishee declares that the debtor works for him without remuneration, or if the remuneration paid by the garnishee is clearly less than the value of the services rendered, any creditor may, by motion presented five days at least after service upon the debtor and upon the garnishee, apply to a judge to value the debtor's services and fix an adequate remuneration therefor; such remuneration shall be deemed to be that of the debtor from the date of the application until it is shown that the amount so fixed should be changed. The decision of the judge shall be without appeal.

[1965 (1st sess.), c. 80, a. 649].

650. No employer shall, on pain of all damages, dismiss or suspend an employee merely because his salary or wages have been seized by garnishment. When an employee is dismissed or suspended while his

est congédié ou suspendu alors que son salaire ou ses gages font l'objet d'une saisie-arrêt, il y a présomption qu'il a été congédié ou suspendu à cause de cette saisie-arrêt, et il incombe à l'employeur de prouver que l'employé a été congédié ou suspendu pour autre cause, juste et suffisante.

[1965 (1ʳᵉ sess.), c. 80, a. 650; 1969, c. 81, a. 12].

§ 2.1. —
Règles spéciales applicables à certains revenus

651. Le juge peut, sur requête d'un créancier porteur d'un jugement exécutoire signifiée au débiteur au moins cinq jours avant la date fixée pour sa présentation lui ordonner de comparaître en personne pour déclarer les revenus de travail qu'il tire à titre de travailleur autonome ou qui lui sont versés par un employeur ne résidant pas au Québec et lui enjoindre d'en déposer au greffe la portion établie suivant les dispositions de l'article 553.

Les dispositions des articles 641.1, 641.2 et 642 à 647 s'appliquent, compte tenu des adaptations nécessaires.

Si le débiteur ne comparaît pas en personne pour déclarer ses revenus de travail, les dispositions de l'article 284 lui sont applicables.

Si par la suite il ne dépose pas régulièrement la portion de ses revenus de travail visée au premier alinéa, il se rend coupable d'outrage au tribunal.

[1965 (1ʳᵉ sess.), c. 80, a. 651; 1969, c. 80, a. 11; 1969, c. 81, a. 13; 1992, c. 57, a. 324; 1993, c. 72, a. 23].

651.1. Les articles 641 à 647 s'appliquent, compte tenu des adaptations nécessaires, à l'exécution d'un jugement accordant des aliments par voie de saisie-arrêt des sommes visées aux paragraphes 4, 6, 7 et 8 du premier alinéa de l'article 553 ainsi que des prestations périodiques accordées en vertu d'une loi au titre d'un régime de retraite ou d'un régime d'indemnisation.

[1993, c. 72, a. 13].

salary or wages are seized by garnishment, there shall be a presumption that he has been dismissed or suspended because of such seizure by garnishment, and it shall be incumbent upon the employer to prove that the employee has been dismissed or suspended for another fair and sufficient reason.

[1965 (1st sess.), c. 80, a. 650; 1969, c. 81, s. 12].

§ 2.1. —
Special Rules Applicable to Certain Income

651. The judge may, upon the motion of a creditor holding an executory judgment, served on the debtor not less than five days before the day fixed for its presentation, order the debtor to appear in person to declare the amount of the work income which he earns as a self-employed worker or which is paid to him by an employer not resident in Québec and order him to deposit in the office of the court a portion of that income determined pursuant to the provisions of article 553.

The provisions of articles 641.1, 641.2 and 642 to 647 apply, adapted as required.

If the debtor does not appear in person to declare his work income, the provisions of article 284 apply to him.

If subsequently he does not regularly deposit the portion of his work income contemplated in the first paragraph, he is guilty of contempt of court.

[1965 (1st sess.), c. 80, a. 651; 1969, c. 80, s. 11; 1969, c. 81, s. 13; 1992, c. 57, s. 324; 1993, c. 72, s. 23].

651.1. The provisions of articles 641 to 647, adapted as required, apply to the execution of a judgment awarding support by way of the seizure by garnishment of the amounts referred to in subparagraphs 4, 6, 7 and 8 of the first paragraph of article 553 and of the periodic benefits granted under an Act in respect of a retirement plan or a compensation plan.

[1993, c. 72, s. 13].

§ 3. — **Du dépôt volontaire**

652. Nul ne peut saisir-arrêter les traitements, salaires ou gages de son débiteur qui, ayant produit au greffe de la Cour du Québec du lieu de son domicile, de sa résidence ou de son emploi, une déclaration conforme aux prescriptions de l'article 653, y dépose régulièrement la portion saisissable de sa rémunération dans les cinq jours après qu'elle lui a été versée; nul ne peut saisir les meubles qui garnissent la résidence principale de son débiteur, servent à l'usage du ménage et sont nécessaires à la vie de celui-ci, si ce n'est pour les sommes dues sur le prix ou dans l'exercice d'un droit de revendication.

Lorsque, par suite d'un changement de domicile, de résidence ou d'emploi, le débiteur produit une nouvelle déclaration dans un district autre que celui où il déposait auparavant, le greffier qui a reçu cette déclaration doit en donner avis à celui du district où les dépôts étaient faits antérieurement; ce dernier doit alors procéder sans délai à la distribution des sommes qu'il a en mains et transmettre le dossier au greffier de qui il a reçu l'avis.

[1965 (1ʳᵉ sess.), c. 80, a. 652; 1988, c. 21, a. 66; 1992, c. 57, a. 325].

653. La déclaration prévue à l'article 652 doit être faite sous serment par le débiteur, qui doit y énoncer:

   a) l'adresse de sa résidence ainsi que la désignation de son employeur ou, s'il est en chômage, celle de son dernier employeur;

   b) le montant de sa rémunération et la date à laquelle elle lui est versée;

   c) ses charges de famille, déterminées suivant les normes prévues à l'article 553;

   d) une liste de ses créanciers, avec l'adresse de chacun, ainsi que la nature et le montant de sa créance.

[1965 (1ʳᵉ sess.), c. 80, a. 653; 1969, c. 81, a. 14].

653.1. L'article 652 s'applique également, avec les adaptations nécessaires, à un travailleur autonome qui, à tous les trois mois, produit une déclaration au greffe de

§ 3. — **Voluntary Deposit**

652. No one may seize by garnishment the salary or wages or his debtor who, having produced in any office of the Court of Québec of the place of his domicile, residence or employment, a declaration in conformity with article 653, deposits regularly the seizable portion of his remuneration within five days following each payment thereof; nor may anyone seize the movable property which furnishes the main residence of his debtor, and is used by and is necessary for the life of the household, except for sums owing on the price or in the exercise of a right of revendication.

When, as a result of a change of domicile, residence or employment, the debtor produces a new declaration in a district other than that in which he previously deposited, the clerk who received such declaration shall give notice thereof to the clerk of the district in which the deposits were previously made; the latter shall then distribute forthwith the moneys in his possession and shall transmit the record to the clerk from whom he received the notice.

[1965 (1st sess.), c. 80, a. 652; 1988, c. 21, s. 66; 1992, c. 57, s. 325].

653. The declaration contemplated by article 652 must be made under oath by the debtor and must contain:

   (a) the address of his residence and the designation of his employer or, if he is unemployed, that of his last employer;

   (b) the amount of his remuneration and the date when it is paid to him;

   (c) his family responsibilities, determined as provided in article 553;

   (d) a list of his creditors with their addresses and the nature and amount of their claims.

[1965 (1st sess.), c. 80, a. 653; 1969, c. 81, s. 14].

653.1. Article 652, adapted as required, also applies to a self-employed worker who, every three months, produces a declaration in any office of the Court of Qué-

la Cour du Québec du lieu de son domicile, de sa résidence ou de son lieu de travail et qui dépose mensuellement la portion saisissable de ses revenus de travail, déduction faite des dépenses afférentes à celui-ci, cette portion saisissable étant calculée de la même façon que la portion saisissable des traitements, salaires ou gages.

Chacune des déclarations doit être faite sous serment et établir un état de ses revenus et des dépenses afférentes à son travail pour les trois mois précédents. La première déclaration doit en outre indiquer, avec les adaptations nécessaires, les renseignements visés aux paragraphes *a*, *c* et *d* de l'article 653.

[1987, c. 63, a. 5; 1988, c. 21, a. 66].

654. Le débiteur doit produire une nouvelle déclaration chaque fois que survient:

a) un changement d'adresse de sa résidence ou de son domicile;

b) un changement d'emploi;

c) une modification de ses conditions d'engagement;

d) un arrêt de travail;

e) une reprise de travail;

f) un changement concernant ses charges familiales.

Dans tous les cas, la déclaration doit être faite dans les 10 jours du changement.

[1965 (1ʳ sess.), c. 80, a. 654; 1969, c. 81, a. 15; 1987, c. 63, a. 6].

655. Le greffier doit, sans frais pour le débiteur, transmettre aux créanciers inscrits sur la liste fournie par le débiteur et à ceux qui lui ont été indiqués par la suite, un avis de toute déclaration produite par le débiteur.

[1965 (1ʳ sess.), c. 80, a. 655; 1966, c. 21, a. 13; 1969, c. 81, a. 16; 1975, c. 83, a. 46; 1987, c. 63, a. 6; 1995, c. 39, a. 9].

655.1. Tout créancier doit, dans les 30 jours où il prend connaissance de la première déclaration du débiteur, produire au dossier sa réclamation, soit conformément

bec of the place of his domicile, residence or work and who monthly deposits the seizable portion of his earned income, after deducting the expenses relating to his work, the seizable portion being computed in the same manner as the seizable portion of salary or wages.

Each declaration must be made under oath and contain a statement of his income and of the expenses relating to his work for the three preceding months. The first declaration must also contain the information, adapted as required, contemplated in paragraphs *a*, *c* and *d* of article 653.

[1987, c. 63, s. 5; 1988, c. 21, s. 66].

654. A debtor must produce a new declaration every time

(a) he changes the address of his residence or of his domicile;

(b) he changes his employment;

(c) his conditions of employment are altered;

(d) he ceases to work;

(e) he resumes work;

(f) a change occurs in his family responsibilities.

In every case, the declaration must be produced within 10 days following the change.

[1965 (1st sess.), c. 80, a. 654; 1969, c. 81, s. 15; 1987, c. 63, s. 6].

655. The clerk of the court must, without cost to the debtor, send a notice of every declaration produced by the debtor to the creditors mentioned in the list filed by the debtor and to all those reported subsequently.

[1965 (1st sess.), c. 80, a. 655; 1966, c. 21, a. 13; 1969, c. 81, s. 16; 1975, c. 83, s. 46; 1987, c. 63, s. 6; 1995, c. 39, s. 9].

655.1. Any creditor must, within 30 days of acquiring knowledge of the first declaration of the debtor, file his claim in the record either in accordance with article

à l'article 643, soit à l'occasion d'une contestation de la déclaration du débiteur présentée conformément à l'article 656.

Si la réclamation n'est pas produite dans le délai imparti, le créancier n'a droit qu'à un montant proportionnel à celui indiqué dans la déclaration du débiteur tant qu'il ne produit pas sa réclamation. En outre, aux fins de l'application de l'article 644, la réclamation est réputée avoir été produite à la date de la déclaration du débiteur.

[1987, c. 63, a. 6].

656. Tout intéressé peut, dans les 30 jours où il en a connaissance, contester une déclaration du débiteur devant le tribunal du greffe où elle a été produite, de la même manière que celle d'un tiers saisi. Copie de cette contestation doit être signifiée au débiteur et au greffier.

[1965 (1ʳᵉ sess.), c. 80, a. 656; 1969, c. 81, a. 17;
1987, c. 63, a. 7].

656.1. Le greffier dresse et tient à jour la liste des créanciers et en délivre copie à tout créancier qui la demande.

[1987, c. 63, a. 7].

656.2. Le greffier qui est dans l'impossibilité de remettre à un créancier une somme qui lui revient et qui a été déposée par le débiteur, conserve celle-ci jusqu'à ce que le créancier en demande le paiement ou jusqu'à ce que le débiteur fournisse la preuve de l'extinction de la dette, auquel cas le montant est redistribué aux autres créanciers au prorata de leurs créances.

Si toutes les autres dettes sont éteintes, le greffier avise le débiteur qu'il peut récupérer les sommes non distribuées sur demande écrite.

[1987, c. 63, a. 7].

656.3. Lorsque le montant d'une réclamation a été versé dans sa totalité au créancier, le greffier transmet, par courrier recommandé ou certifié, un avis à cet effet au débiteur et au créancier.

Si cet avis ne fait pas l'objet d'une contestation dans les 30 jours de sa réception par

643, or at the time of filing a contestation of the debtor's declaration in accordance with article 656.

If the claim is not filed within the allotted time, the creditor is entitled to only an amount proportional to the amount indicated in the debtor's declaration, until he files his claim. Furthermore, for the purposes of article 644, the claim is deemed to have been filed on the date of the debtor's declaration.

[1987, c. 63, s. 6].

656. Any interested party may, within 30 days of knowledge acquired, contest a debtor's declaration before the court where it has been filed, in the same manner as that of a garnishee. A copy of the contestation must be served on the debtor and the clerk.

[1965 (1st sess.), c. 80, a. 656; 1969, c. 81, s. 17;
1987, c. 63, s. 7].

656.1. The clerk shall prepare and keep up to date a list of the creditors and issue a copy thereof to every creditor who applies therefor.

[1987, c. 63, s. 7].

656.2. If the clerk is unable to pay to a creditor a sum that is payable to him and that has been deposited by the debtor, he shall retain the sum until the creditor requests payment thereof or until the debtor furnishes proof of extinguishment of the debt, in which case the amount shall be redistributed among the other creditors in proportion to their claims.

If all the other debts are extinguished, the clerk shall notify the debtor that he may recover the undistributed sums upon a written application.

[1987, c. 63, s. 7].

656.3. Where the full amount of a claim has been paid to a creditor, the clerk shall, by registered or certified mail, transmit a notice to that effect to the debtor and to the creditor.

If the notice is not contested by the creditor within 30 days of receiving it, the clerk

le créancier, le greffier peut, à la demande du débiteur, attester sur le double de l'avis en possession du débiteur qu'il n'y a pas eu contestation et l'avis ainsi attesté équivaut à quittance.

[1987, c. 63, a. 7].

may, on the application of the debtor, certify on the duplicate of the notice in the possession of the debtor that it has not been contested, and the notice so certified is equivalent to a discharge.

[1987, c. 63, s. 7].

657. Le créancier peut, par requête dont avis est signifié au débiteur et au greffier, s'adresser au tribunal afin qu'il puisse être procédé à la saisie lorsque le débiteur, qui a fait défaut de déposer ou de déclarer conformément aux dispositions de la présente sous-section, n'a pas remédié à ce défaut dans les 30 jours de la réception d'un avis du créancier lui requérant de le faire.

Le tribunal peut toutefois suspendre sa décision pour le délai qu'il détermine mais qui ne peut excéder 90 jours si le débiteur démontre que le défaut de déposer ou de déclarer n'est pas dû à une négligence de sa part et qu'il lui est possible, dans ce délai ou dans un délai plus court, d'y remédier.

Si la demande du créancier est accueillie, le greffier en avise alors sans délai les autres créanciers.

[1965 (1ʳᵉ sess.), c. 80, a. 657; 1969, c. 81, a. 18; 1987, c. 63, a. 8; 1995, c. 39, a. 10].

657. The creditor may make a motion to the court, notice of which is served on the debtor and the clerk, that seizure may be made where a debtor having failed to make a deposit or produce a declaration in accordance with this subdivision has not remedied the failure within 30 days following receipt of a notice from the creditor requiring him to do so.

The court may suspend its decision for such time as it decides but not over 90 days if the debtor proves that his failure to make a deposit or produce a declaration was not due to his negligence and that it is possible for him to remedy the failure within that time or a shorter time.

If the motion of the creditor is granted, the clerk shall, forthwith, notify the other creditors.

[1965 (1st sess.), c. 80, a. 657; 1969, c. 81, s. 18; 1987, c. 63, s. 8; 1995, c. 39, s. 10].

657.1. Le débiteur qui, durant une année, n'a pas effectué de dépôt ou n'a pas produit une nouvelle déclaration doit, dans les 30 jours suivant la réception d'un avis du greffier lui rappelant le contenu du présent article, lui faire parvenir un avis de son intention de continuer à se prévaloir du bénéfice des dispositions de la présente sous-section. À défaut, il perd ce bénéfice et le greffier en avise alors sans délai les créanciers.

[1987, c. 63, a. 8; 1995, c. 39, a. 11].

657.1. A debtor who, in the course of a year, has not made a deposit or produced a new declaration must, within 30 days following receipt of a notice from the clerk reminding him of the content of this article, forward to the clerk a notice of his intention to continue to avail himself of the benefit of this subdivision. Failing that, he loses that benefit and the clerk shall, forthwith, notify the creditors.

[1987, c. 63, s. 8; 1995, c. 39, s. 11].

657.2. Sur réception d'un avis du débiteur indiquant qu'il renonce au bénéfice de la présente sous-section, le greffier en avise sans délai les créanciers.

[1987, c. 63, a. 8; 1995, c. 39, a. 12].

657.2. Upon receiving a notice from the debtor indicating that he renounces the benefit of this subdivision, the clerk shall, forthwith, notify the creditors.

[1987, c. 63, s. 8; 1995, c. 39, s. 12].

658. Le créancier qui, après avoir reçu l'avis prévu à l'article 655, procède à sai-

658. A creditor who, having received the notice contemplated in article 655, pro-

sie au mépris de la prohibition de l'article 652, est responsable du préjudice qui en résulte pour le débiteur; il en est de même du créancier qui refuse de donner mainlevée de la saisie qu'il aurait pratiquée après la date de la déclaration du débiteur mais avant la réception de cet avis. Dans les deux cas, le greffier doit lui-même, à la demande du débiteur, accorder mainlevée de la saisie.

Le créancier n'a droit, dans le premier cas, à aucun frais; dans le deuxième cas, il a droit à ses frais jusqu'à la date de la réception de l'avis prévu à l'article 655.

[1965 (1ʳᵉ sess.), c. 80, a. 658; 1969, c. 81, a. 19; 1987, c. 63, a. 9; 1999, c. 40, a. 56].

659. Les dispositions des articles 643, 644, 645, 646, 647, 648 et 650 s'appliquent au cas de dépôt volontaire, compte tenu des adaptations nécessaires. Cependant, les sommes déposées doivent être distribuées aux créanciers sans frais pour le débiteur.

[1965 (1ʳᵉ sess.), c. 80, a. 659].

659.0.1. Un débiteur alimentaire assujetti à la *Loi facilitant le paiement des pensions alimentaires* (chapitre P-2.2) ne peut se prévaloir de la présente sous-section, à moins qu'il ne s'en soit déjà prévalu au moment de son assujettissement à cette loi.

[1995, c. 18, a. 84].

SECTION IV.1 — (ABROGÉE).

659.1.-659.4. (*Abrogés*).

[1995, c. 18, a. 85].

SECTION IV.2 — DE LA SUSPENSION DE LA SAISIE-ARRÊT DES TRAITEMENTS, SALAIRES OU GAGES

659.5. Lorsqu'il a été procédé à l'exécution par voie de saisie-arrêt de traitements, salaires ou gages et qu'il n'y a pas d'autre réclamation au dossier, le greffier peut, à la demande du débiteur et une fois les arrérages payés, suspendre l'exécution de

ceeds to seize notwithstanding the prohibition of article 652, is responsible for any injury resulting therefrom; so also is the creditor who refuses to give a release of a seizure taken after the date of the debtor's declaration but before the receipt of the notice. In both cases the clerk himself, at the request of the debtor, must grant a release of the seizure.

The creditor shall not be entitled, in the first case, to any costs; in the second case, he shall be entitled to his costs until the date of receipt of the notice contemplated in article 655.

[1965 (1st sess.), c. 80, a. 658; 1969, c. 81, s. 19; 1987, c. 63, s. 9; 1999, c. 40, s. 56].

659. The provisions of articles 643, 644, 645, 646, 647, 648 and 650 apply, with the necessary modifications, to voluntary deposits. Nevertheless, the sums deposited must be distributed to the creditors at no cost to the debtor.

[1965 (1st sess.), c. 80, a. 659].

659.0.1. No debtor of support subject to the *Act to facilitate the payment of support* (chapter P-2.2) may avail himself of this subsection, except if he already has availed himself of the provisions of this subsection by the time he becomes subject to the said Act.

[1995, c. 18, s. 84].

SECTION IV.1 — (REPEALED).

659.1.-659.4 (*Repealed*).

[1995, c. 18, s. 85].

SECTION IV.2 — SUSPENSION OF SEIZURE BY GARNISHMENT OF SALARY OR WAGES

659.5. Where the execution is effected by way of seizure by garnishment of salary or wages and there is no other claim in the record, the clerk may, on the application of the debtor and once the arrears are paid, suspend the execution of the seizure, if the

cette saisie, si le débiteur offre de lui payer directement, à leur échéance, les versements de la pension alimentaire et s'il fournit des garanties satisfaisantes de respecter ses engagements.

Cette suspension est accordée pour une période d'au moins six mois et d'au plus un an.

[1980, c. 21, a. 10; 1992, c. 57, a. 420].

659.6. S'il accède à la demande du débiteur, le greffier en avise, par courrier recommandé ou certifié, le créancier et le tiers-saisi qui, sur réception de l'avis, cesse ses dépôts au greffier.

[1980, c. 21, a. 10; 1992, c. 57, a. 420].

659.7. Pendant la période où la saisie est suspendue, le greffier verse au créancier de la pension, au moins une fois par mois, les montants qu'il reçoit du débiteur.

[1980, c. 21, a. 10; 1992, c. 57, a. 420].

659.8. Sur défaut du débiteur d'effectuer un paiement à échéance ou si une réclamation est déposée par un tiers au dossier de la saisie-arrêt, celle-ci redevient exécutoire; le greffier en avise alors, par courrier recommandé ou certifié, le créancier et le tiers-saisi qui, dans les 10 jours qui suivent la réception de cet avis, doit déposer auprès du greffier, en personne ou par courrier recommandé ou certifié, la partie saisissable de ce qu'il doit au débiteur.

[1980, c. 21, a. 10; 1981, c. 14, a. 19; 1992, c. 57, a. 420].

659.9. Lorsque l'exécution a été suspendue, mainlevée de la saisie est donnée à l'expiration du délai fixé pour la suspension, à moins que la saisie ne soit redevenue exécutoire.

[1980, c. 21, a. 10].

659.10. Dans les cas qu'il détermine, le gouvernement peut, par règlement, imposer au débiteur le paiement de frais relatifs à l'application de la présente section et en établir le tarif.

[1980, c. 21, a. 10].

debtor offers to pay directly to him the payments of support when due, and if he furnishes satisfactory guarantees that he will comply with his undertakings.

The suspension is granted for a period of not less than six months nor more than one year.

[1980, c. 21, s. 10; 1992, c. 57, s. 420].

659.6. If the clerk grants the application of the debtor, he gives notice thereof, by registered or certified mail, to the creditor and the garnishee, who, upon receiving the notice, ceases his deposits with the clerk.

[1980, c. 21, s. 10; 1992, c. 57, s. 420].

659.7. During the period when the seizure is suspended, the clerk pays to the person entitled to support, at least once a month, the amounts he receives from the debtor.

[1980, c. 21, s. 10; 1992, c. 57, s. 420].

659.8. When the debtor fails to make a payment when due, or if a claim is filed by a third person in the record of the seizure by garnishment, the seizure becomes executory again; the clerk then gives notice thereof, by registered or certified mail, to the creditor and the garnishee, who, within 10 days after receiving the notice, must deposit with the clerk, personally or by registered or certified mail, the seizable portion of what he owes to the debtor.

[1980, c. 21, s. 10; 1981, c. 14, s. 19; 1992, c. 57, s. 420].

659.9. Where the execution has been suspended, the debtor is released from the seizure at the expiration of the period fixed for the suspension, unless the seizure has become executory again.

[1980, c. 21, s. 10].

659.10. In such cases as it may determine, the Government may, by regulation, impose on the debtor the payment of costs connected with the application of this section and establish the tariff thereof.

[1980, c. 21, s. 10].

659.11. La présente section ne s'applique pas lorsque le ministre du Revenu agit comme saisissant en application de la *Loi facilitant le paiement des pensions alimentaires* (chapitre P-2.2).

[1995, c. 18, a. 86].

659.11. This section shall not apply where the Minister of Revenue is acting as seizing creditor pursuant to the *Act to facilitate the payment of support* (chapter P-2.2).

[1995, c. 18, s. 86].

SECTION V —
DE LA SAISIE-EXÉCUTION DES
IMMEUBLES

SECTION V — SEIZURE OF
IMMOVABLES IN EXECUTION

§ 1. — De la saisie des
immeubles

§ 1. — Seizure of Immovables

660. Le bref de saisie immobilière enjoint au shérif du district où se trouvent les immeubles du débiteur de saisir ceux indiqués par le créancier et de les vendre pour satisfaire à la condamnation, en principal, intérêt et frais. Il est exécuté par le shérif lui-même ou par un de ses officiers.

660. The writ of seizure of immovables orders the sheriff of the district in which the immovables of the debtor are situated to seize those indicated to him by the seizing creditor and to sell them in satisfaction of the condemnation in principal, interest and costs. It is executed by the sheriff himself or by one of his officers.

L'immeuble situé partie dans un district et partie dans un autre peut être saisi en totalité dans l'un ou l'autre. En ce cas, le shérif ne peut pratiquer la saisie qu'après s'être assuré qu'aucun autre procès-verbal de saisie n'est inscrit au registre foncier; le cas échéant, il transmet copie du bref d'exécution au shérif qui, le premier, a dressé le procès-verbal de saisie afin qu'il puisse noter le second bref sur le premier.

[1965 (1ᵉ sess.), c. 80, a. 660; 1992, c. 57, a. 327].

An immovable situated partly in one district and partly in another may be wholly seized in either district. In that case, the sheriff may not seize the immovable until he has ascertained that no other minutes of seizure are registered in the land register; if another seizure is registered, the sheriff sends a copy of the writ of execution to the sheriff who drew up the first minutes of seizure so that he may note the second writ upon the first.

[1965 (1st sess.), c. 80, a. 660; 1992, c. 57, s. 327].

661. (*Abrogé*).

[1992, c. 57, a. 328].

661. (*Repealed*).

[1992, c. 57, s. 328].

661.1. (*Abrogé*).

[1995, c. 18, a. 87].

661.1. (*Repealed*).

[1995, c. 18, s. 87].

662. L'officier chargé du bref peut, en tout temps, requérir du saisissant des avances pour couvrir les déboursés nécessités par l'exécution; à défaut de paiement de ces avances, l'officier peut refuser de pratiquer la saisie ou de poursuivre l'exécution.

[1965 (1ᵉ sess.), c. 80, a. 662; 1980, c. 21, a. 12;
1995, c. 18, a. 88].

662. The seizing officer may at any time demand from the seizing creditor advances to meet the disbursements rendered necessary by the execution; and if such amounts are not paid the officer may refuse to make the seizure or to continue the execution.

[1965 (1st sess.), c. 80, a. 662; 1980, c. 21, s. 12;
1995, c. 18, s. 88].

663. La saisie est pratiquée par la signification, au débiteur et à l'officier de la publicité des droits, d'une copie du bref d'exécution et d'un exemplaire du procès-verbal de saisie.

Si le saisi n'a ni domicile, ni résidence, ni établissement d'entreprise connus, dans le district où l'immeuble est situé, la signification peut lui être faite à sa dernière adresse connue au Québec, en la manière ordinaire ou par courrier recommandé ou certifié.

Si le saisi n'a aucune adresse connue au Québec, la signification lui est faite au greffe du tribunal où le bref a été émis.

[1965 (1ʳᵉ sess.), c. 80, a. 663; 1975, c. 83, a. 47; 1992, c. 57, a. 329; 1999, c. 40, a. 56; 2000, c. 42, a. 129].

664. Le procès-verbal de saisie, préparé en triple exemplaire par le shérif, doit contenir:

1. l'énoncé du titre en vertu duquel la saisie est pratiquée;

2. la description de l'immeuble saisi faite de la manière prescrite par le livre De la publicité des droits au *Code civil du Québec.*

[1965 (1ʳᵉ sess.), c. 80, a. 664; 1992, c. 57, a. 330

665. Dès que le procès-verbal de saisie lui a été signifié, l'officier de la publicité des droits doit l'inscrire au registre foncier et notifier cette inscription aux personnes qui ont requis l'inscription de leur adresse. L'inobservation de cette disposition n'entraîne pas nullité de la saisie, mais rend l'officier de la publicité des droits responsable du préjudice qui en résulte.

[1965 (1ʳᵉ sess.), c. 80, a. 665; 1992, c. 57, a. 331; 1999, c. 40, a. 56].

666. Le shérif qui a saisi un immeuble est tenu de noter sur le premier bref, les brefs d'exécution subséquents; la première saisie ne peut en ce cas être discontinuée ni suspendue, si ce n'est par suite d'une opposition, du consentement du créancier saisissant et des créanciers dont les saisies

---

663. The seizure is effected by the service upon the debtor and upon the registrar of a copy of the writ of execution and of the minutes of seizure.

If the debtor has no known domicile, residence or business establishment in the district where the immovable is situated, service upon him may be made at his last known address in Québec, in the usual manner or by registered or certified mail.

If the debtor has no known address in Québec, service upon him is made at the office of the court where the writ was issued.

[1965 (1st sess.), c. 80, a. 663; 1975, c. 83, s. 47; 1992, c. 57, s. 329; 1999, c. 40, s. 56; 2000, c. 42, s. 129].

664. The minutes of seizure, prepared in triplicate by the sheriff, must contain:

(1) mention of the title under which the seizure is made;

(2) a description of the immovable seized, made in accordance with the rules prescribed in the Book on the Publication of rights in the *Civil Code of Québec.*

[1965 (1st sess.), c. 80, a. 664; 1992, c. 57, s. 330].

665. The registrar, when served with the minutes of seizure, must make a note thereof in the land register and notify the persons having required that their address be registered. The non-compliance with this provision does not invalidate the seizure but renders the registrar responsible for any injury resulting therefrom.

[1965 (1st sess.), c. 80, a. 665; 1992, c. 57, s. 331; 1999, c. 40, s. 56].

666. The sheriff who has seized an immovable is required to note, upon the first writ, all subsequent writs of execution; in such case the first seizure cannot be discontinued or suspended, except in consequence of an opposition, or with the consent of the seizing creditor and of the

ont été notées, ou encore sur l'ordre d'un juge.

Lorsque le premier saisissant accorde mainlevée ou qu'il est payé de sa créance, l'exécution est néanmoins poursuivie en son nom pour satisfaire aux brefs notés, mais aux frais des créanciers qui les ont obtenus.

[1965 (1ᵉʳ sess.), c. 80, a. 666; 1992, c. 57, a. 332].

667. Les immeubles saisis restent en la possession du débiteur, mais le saisissant peut obtenir d'un juge la nomination d'un séquestre, s'il y a lieu.

Les fruits et revenus perçus par le séquestre, déduction faite des dépenses, sont immobilisés pour être distribués de la même manière que le prix de vente.

[1965 (1ᵉʳ sess.), c. 80, a. 667].

668. (*Abrogé*).

[1992, c. 57, a. 333].

669. Le débiteur ne peut aliéner les immeubles saisis, à peine de nullité.

Néanmoins, l'aliénation sera valable si la saisie est annulée, ou si l'acquéreur ou le débiteur consigne entre les mains du shérif, avant l'adjudication, une somme suffisante pour acquitter, en capital, intérêts et frais, la réclamation du saisissant et celles des créanciers dont les brefs ont été notés. La somme consignée est immédiatement versée par le shérif à ceux qui y ont droit.

[1965 (1ᵉʳ sess.), c. 80, a. 669].

670. Le shérif est tenu de faire paraître dans un journal, au moins 30 jours avant la date fixée pour la vente, un avis public contenant:

    a) le numéro de la cause et la nature du bref;

    b) les noms du saisissant et du débiteur; s'il y a plusieurs saisissants ou débiteurs, le nom du premier nommé dans le bref, avec indication qu'il y en a d'autres;

subsequent creditors whose seizures have been noted, or by an order of a judge.

If the first seizing creditor releases the seizure or receives payment of his claim, the execution is nonetheless continued in his name, in order to satisfy the writs noted, but at the cost of the creditors who obtained them.

[1965 (1st sess.), c. 80, a. 666; 1992, c. 57, s. 332].

667. The immovables seized remain in the possession of the debtor, but the seizing creditor may if necessary obtain from a judge the appointment of a sequestrator.

The fruits and revenues collected by the sequestrator, after deducting expenses, are immobilized and distributed in the same manner as the sale price.

[1965 (1st sess.), c. 80, a. 667].

668. (*Repealed*).

[1992, c. 57, s. 333].

669. The debtor cannot, on pain of nullity, alienate an immovable under seizure.

The alienation avails, however, if the seizure is declared null, or if, before the adjudication, the purchaser or the debtor deposits with the sheriff a sum sufficient to discharge in capital, interest and costs the claim of the seizing creditor as well as those of any creditors whose writs of execution have been noted. The amount deposited is forthwith paid by the sheriff to those entitled to it.

[1965 (1st sess.), c. 80, a. 669].

670. The sheriff must insert in a newspaper, at least 30 days before the date fixed for the sale, a public notice stating:

    (a) the number of the case and the nature of the writ;

    (b) the names of the seizing creditor and of the debtor, or, if there are several creditors or debtors, the name of the first named in the writ with an indication that there are others;

c) la désignation de l'immeuble ou des rentes, selon le cas, telle qu'elle apparaît au procès-verbal, avec les charges y mentionnées;

d) le jour, l'heure et le lieu où l'immeuble sera mis aux enchères;

e) le montant minimum que l'adjudicataire devra verser au moment de l'adjudication conformément à l'article 688.1. Ce montant est fixé par le shérif et doit être égal à 25 % de l'évaluation de l'immeuble portée au rôle d'évaluation de la municipalité, multipliée par le facteur établi pour ce rôle par le ministre des Affaires municipales, du Sport et du Loisir en vertu de la *Loi sur la fiscalité municipale* (chapitre F-2.1).

Le greffier ou le secrétaire-trésorier d'une municipalité doit, lorsqu'il en est requis, fournir au shérif les renseignements nécessaires à l'application du présent paragraphe.

e.1) s'il s'agit d'un immeuble qui sert de résidence familiale, son prix minimal d'adjudication en vertu de l'article 687.1;

f) le nom du shérif et le district où il exerce ses fonctions.

Le shérif est aussi tenu de transmettre à l'officier de la publicité des droits, au moins 30 jours avant la date fixée pour la vente, une copie de l'avis, afin qu'il soit inscrit au registre foncier.

[1965 (1ʳᵉ sess.), c. 80, a. 670; 1975, c. 83, a. 48; 1977, c. 73, a. 28; 1979, c. 72, a. 323; 1989, c. 55, a. 32; 1992, c. 57, a. 334; 1999, c. 43, a. 13; 2003, c. 19, a. 250].

671. La publication de l'avis prévu par l'article 670 a lieu dans un journal circulant dans la localité où la vente doit avoir lieu et dans la localité où l'immeuble est situé si elle est différente ou, si aucun journal ne circule dans ces localités, dans un journal circulant dans la localité la plus rapprochée.

[1965 (1ʳᵉ sess.), c. 80, a. 671; 1977, c. 73, a. 29; 1992, c. 57, a. 335].

(c) the designation of the immovable or of the rents, as the case may be, as inserted in the minutes, with the charges there mentioned;

(d) the day, hour and place of the sale;

(e) the minimum amount the purchaser will have to pay at the time of adjudication in accordance with article 688.1. Such amount is fixed by the sheriff and must be equal to 25 % of the assessment of the immovable as entered on the assessment roll of the municipality, multiplied by the factor established for the roll by the Minister of Municipal Affairs, Sports and Recreation under the *Act respecting municipal taxation* (chapter F-2.1).

The clerk or the secretary-treasurer of a municipality must, when so required, give the sheriff the information necessary for the application of this paragraph.

(e.1) in the case of an immovable used as the family residence, the minimum price of adjudication pursuant to article 687.1;

(f) the name of the sheriff and the district for which he acts.

The sheriff is also required to send to the registrar, at least 30 days before the date fixed for the sale, a copy of the notice so that it may be registered in the land register.

[1965 (1st sess.), c. 80, a. 670; 1975, c. 83, s. 48; 1977, c. 73, s. 28; 1979, c. 72, s. 323; 1989, c. 55, s. 32; 1992, c. 57, s. 334; 1999, c. 43, s. 13; 2003, c. 19, s. 250].

671. The publication of the notice provided for in article 670 is made in a newspaper circulated in the locality where the sale must take place and in the locality where the immovable is situated, if not the same, or, if no newspaper is circulated in such localities, in a newspaper circulated in the nearest locality.

[1965 (1st sess.), c. 80, a. 671; 1977, c. 73, s. 29; 1992, c. 57, s. 335].

672. Lorsque mainlevée d'une saisie a été accordée, tout intéressé peut obtenir un certificat du greffier qui a émis le bref dans la mesure où il joint à sa demande une attestation du shérif à l'effet qu'il n'a noté aucun bref ou, au cas contraire, qu'il a obtenu mainlevée de tous les brefs qu'il a été tenu de noter.

[1965 (1ʳᵉ sess.), c. 80, a. 672; 1992, c. 57, a. 336].

672. After release of seizure is granted, any interested person may obtain a certificate from the clerk who issued the writ provided his application includes an attestation of the sheriff to the effect that he has noted no writs or to the effect that he has obtained release for any writs he was required to note.

[1965 (1st sess.), c. 80, a. 672; 1992, c. 57, s. 336].

673. La vente ne peut être suspendue que si les parties y consentent, si un juge l'ordonne, ou s'il y a opposition.

[1965 (1ʳᵉ sess.), c. 80, a. 673].

673. The sale cannot be suspended except by the consent of the parties, by a judge's order, or if there is an opposition.

[1965 (1st sess.), c. 80, a. 673].

§ 2. —— Des oppositions à la saisie-exécution immobilière

§ 2. —— Oppositions to Seizure in Execution of Immovable Property

674. Le saisi peut s'opposer à la saisie-exécution immobilière et en demander l'annulation pour les causes prévues à l'article 596. L'opposition à fin d'annuler peut aussi être formée par le tiers qui y a un intérêt suffisant.

[1965 (1ʳᵉ sess.), c. 80, a. 674].

674. The judgment debtor may oppose and ask for the annulment of the seizure of an immovable for the reasons contemplated in article 596. The opposition to annul may also be made by a third party having a sufficient interest.

[1965 (1st sess.), c. 80, a. 674].

675. Le tiers qui réclame la propriété d'une partie seulement de l'immeuble ou des immeubles saisis peut former opposition à fin de distraire.

[1965 (1ʳᵉ sess.), c. 80, a. 675].

675. A third party who claims the ownership of part only of any immovable or immovables under seizure may make an opposition to withdraw.

[1965 (1st sess.), c. 80, a. 675].

676. Lorsque l'immeuble saisi est annoncé en vente sans mention d'une charge dont il est grevé et qui peut être purgée par le décret, le tiers en faveur de qui elle existe peut former opposition à fin de charge.

[1965 (1ʳᵉ sess.), c. 80, a. 676].

676. A third party may make an opposition to secure charges when an immovable under seizure is advertised to be sold without mention being made of a charge to which it is subject in his favour and from which it might be discharged by a sheriff's sale.

[1965 (1st sess.), c. 80, a. 676].

677. Toute personne dont les intérêts sont lésés par l'imposition de quelque charge annoncée comme grevant à son préjudice l'immeuble saisi, peut s'opposer à ce que celui-ci soit vendu sujet à cette charge, à moins que bonne et suffisante caution ne

677. Any person, aggrieved by reason of an immovable being advertised as subject to a charge which prejudices his claim, may make an opposition to the sale of the property subject to such charge, unless good and sufficient security be given him

lui soit donnée que la vente sera faite à un prix suffisant pour lui assurer le paiement de sa créance.

that it will be sold at a sufficient price to ensure payment of his claim.

L'opposition aux charges ne peut être formée par le saisissant ou le saisi que si la mention de la charge a été faite sans leur concours.

[1965 (1ᵉ sess.), c. 80, a. 677].

An opposition to charges cannot be made by the seizing creditor or the judgment debtor, unless the mention of such charge has been made without his consent.

[1965 (1st sess.), c. 80, a. 677].

678. Sous réserve des dispositions qui suivent, les règles des articles 596 à 604, relatives aux oppositions à la saisie-exécution mobilière, s'appliquent également aux oppositions à la saisie-exécution immobilière.

[1965 (1ᵉ sess.), c. 80, a. 678].

678. Subject to the provisions which follow, the rules of articles 596 to 604 as to oppositions to the seizure of movable property also apply to oppositions to the seizure of immovables.

[1965 (1st sess.), c. 80, a. 678].

679. La requête en opposition doit être signifiée, au moins 10 jours avant la date fixée pour la vente, au shérif, au saisissant ou à son procureur et, si elle est faite par un tiers, au saisi.

679. The motion to oppose must be served, at least 10 days before the date fixed for the sale, on the sheriff, on the seizing creditor or his attorney and, if it is made by a third person, on the debtor.

L'opposition tardive ne peut arrêter la vente, si ce n'est pour cause suffisante sur l'ordre du greffier, à la demande de l'opposant, dont avis doit avoir été donné au saisissant ou à son procureur; si l'opposition a pour objet de revendiquer l'immeuble saisi, l'opposant peut, si celle-ci est accueillie, produire sa réclamation de la même manière que les créanciers prioritaires ou hypothécaires, afin d'être payé suivant son rang à même le produit de la vente.

[1965 (1ᵉ sess.), c. 80, a. 679; 1992, c. 57, a. 337].

No opposition made after the prescribed time can stop the sale, except upon an order from the clerk granted at the request of the opposing party for sufficient cause and after prior notice is sent to the seizing creditor or his attorney; if the object of the opposition is to revendicate the immovable under seizure, the opposing party may, if his motion to oppose is granted, file his claim in the same manner as prior or hypothecary creditors in order to be paid according to his rank out of the proceeds of the sale.

[1965 (1st sess.), c. 80, a. 679; 1992, c. 57, s. 337].

680. S'il y a plus d'un bref d'exécution et que l'opposition, non fondée sur un moyen de forme, ne se rapporte qu'au premier, le shérif est tenu de poursuivre l'exécution pour satisfaire aux brefs notés, en procédant en vertu d'une copie du premier bref et du procès-verbal de saisie préparée et attestée par lui avant de faire son rapport.

680. When there is more than one writ of execution and the opposition relates to the first writ only and is not based upon a matter of form, the sheriff is bound to continue the execution in order to satisfy the writs noted, proceeding under a copy of the first writ and of the minutes of seizure, which he prepares and certifies before making his return.

Si l'opposition ne concerne qu'un bref noté, le shérif rapporte celui-ci et poursuit l'exécution en vertu du premier.

[1965 (1ᵉ sess.), c. 80, a. 680].

If the opposition applies to a noted writ only, the sheriff returns the said writ and continues the execution upon the first writ.

[1965 (1st sess.), c. 80, a. 680].

681. L'opposant qui est débouté de son opposition est responsable, envers le saisissant et le saisi, non seulement des dépens, mais encore des dommages-intérêts, y compris les intérêts de la somme due au poursuivant pour le temps du sursis.

[1965 (1ʳᵉ sess.), c. 80, a. 681].

681. A person whose opposition is dismissed is liable towards the seizing creditor and the debtor, not only for the costs, but also for all damages, including interest upon the amount due to the seizing creditor for the time during which the sale was stopped.

[1965 (1st sess.), c. 80, a. 681].

682. Si l'opposition n'est décidée qu'après le jour fixé pour la vente et que la saisie ne soit pas annulée, le shérif fixe une nouvelle date pour la vente et publie de nouveau l'avis prévu par l'article 670 au moins 15 jours avant cette vente.

[1965 (1ʳᵉ sess.), c. 80, a. 682; 1977, c. 73, a. 30].

682. If the opposition is not decided until after the day fixed for the sale and the seizure is not annulled, the sheriff fixes a new date for the sale and again publishes the notice provided for in article 670 at least 15 days before such sale.

[1965 (1st sess.), c. 80, a. 682; 1977, c. 73, s. 30].

§ 3. — De la vente

I — De l'adjudication

§ 3. — Sale

I — Adjudication

683. Les immeubles sont mis aux enchères et vendus dans un endroit public, désigné par le shérif.

Un juge peut toutefois, sur demande, ordonner au shérif de faire la vente en un lieu plus avantageux.

[1965 (1ʳᵉ sess.), c. 80, a. 683; 1992, c. 57, a. 338].

683. The immovables are offered for sale by auction and sold in a public place determined by the sheriff.

The judge may, upon application, order the sheriff to sell at a more advantageous place.

[1965 (1st sess.), c. 80, a. 683; 1992, c. 57, s. 338].

684. Au jour et au lieu indiqués, l'officier chargé de la vente donne d'abord lecture du texte de l'annonce, précise les charges et les conditions de la vente, mentionne l'existence de tout bail inscrit au bureau de la publicité des droits sur l'immeuble, et met ensuite l'immeuble aux enchères.

[1965 (1ʳᵉ sess.), c. 80, a. 684; 1973, c. 74, a. 14; 1992, c. 57, a. 339].

684. On the day and at the place appointed, the officer conducting the sale first reads the text of the notice, specifies the charges and the conditions of the sale, mentions every lease registered in the registry office in respect of the immovable, and then offers the immovable for sale by auction.

[1965 (1st sess.), c. 80, a. 684; 1973, c. 74, s. 14; 1992, c. 57, s. 339].

685. Aucune offre ne peut être reçue si celui qui la fait ne déclare pas ses nom, qualité, profession et résidence.

Il est dressé procès-verbal des offres reçues.

[1965 (1ʳᵉ sess.), c. 80, a. 685].

685. No bid can be received unless the bidder declares his name, capacity, occupation and residence.

Minutes are taken of the bids received.

[1965 (1st sess.), c. 80, a. 685].

686. Ne peuvent offrir, ni devenir adjudicataires:

686. The following persons cannot be bidders or purchasers at the sale:

a) le saisi, débiteur personnel de la dette;

b) les personnes visées à l'article 1709 du *Code civil du Québec*;

c) le shérif, non plus que l'officier chargé de faire la vente;

d) le fol enchérisseur.

[1965 (1ʳᵉ sess.), c. 80, a. 686; 1992, c. 57, a. 340].

(a) the party upon whom the property is sold, if personally liable for the debt;

(b) the persons referred to in article 1709 of the *Civil Code of Québec*;

(c) the sheriff or other officer conducting the sale;

(d) a false bidder.

[1965 (1st sess.), c. 80, a. 686; 1992, c. 57, s. 340].

687. Lorsque l'exécution porte sur plusieurs immeubles, un juge peut ordonner qu'ils soient vendus en bloc, s'il y a avantage.

[1965 (1ʳᵉ sess.), c. 80, a. 687].

687. When several immovables are seized, a judge may order them to be sold as a whole, if it is advantageous to do so.

[1965 (1st sess.), c. 80, a. 687].

687.1. Un immeuble servant de résidence familiale ne peut être adjugé à un prix qui soit inférieur à 50 % de l'évaluation de cet immeuble portée au rôle d'évaluation de la municipalité, multipliée par le facteur établi pour ce rôle par le ministre des Affaires municipales, du Sport et du Loisir en vertu de la *Loi sur la fiscalité municipale* (chapitre F-2.1), à moins que le tribunal ne permette la vente à un prix inférieur.

[1989, c. 55, a. 33; 1999, c. 43, a. 13; 2003, c. 19, a. 250].

687.1. An immovable used as the family residence cannot be adjudicated at a price lower than 50 % of the assessment of that immovable as entered on the assessment roll of the municipality, multiplied by the factor established for that roll by the Minister of Municipal Affairs, Sports and Recreation pursuant to the *Act respecting municipal taxation* (chapter F-2.1), unless the court allows it to be sold at a lower price.

[1989, c. 55, s. 33; 1999, c. 43, s. 13; 2003, c. 19, s. 250].

688. L'immeuble doit être adjugé au dernier enchérisseur; s'il n'y a qu'un offrant, il doit être déclaré adjudicataire. En aucun cas, l'adjudication ne peut être faite avant qu'il ne se soit écoulé 15 minutes depuis la première offre et cinq minutes depuis la dernière enchère.

Celui qui se rend adjudicataire pour autrui est tenu de déclarer sur-le-champ les nom, qualité et résidence de son principal, et de fournir la preuve de son mandat; à défaut de quoi il est réputé adjudicataire personnel. Il est également réputé adjudicataire personnel si celui pour lequel il a agi est inconnu, ne peut être trouvé, est notoirement insolvable ou est incapable d'être adjudicataire.

[1965 (1ʳᵉ sess.), c. 80, a. 688].

688. The immovable must be adjudged to the last bidder; when there is only one bidder, he must be declared the purchaser. The adjudication cannot in any case be made before the expiration of 15 minutes from the first bid and five minutes from the last bid.

A person who has purchased for another is bound to state immediately the name, capacity and residence of his principal, and to furnish proof of his mandate; in default of which he is held to have purchased in his own name. He is likewise held to have purchased in his own name if the person for whom he acted is unknown, cannot be found, is notoriously insolvent or is incapable of being purchaser.

[1965 (1st sess.), c. 80, a. 688].

688.1. Sous réserve du droit de rétention prévu par l'article 689, nul ne peut être déclaré adjudicataire s'il ne paie pas immé-

688.1. Subject to the right of retention provided by article 689, no person may be declared purchaser if he does not immedi-

diatement à l'officier chargé de la vente le montant visé dans le paragraphe *e* de l'article 670, soit en argent, soit par chèque visé.

À défaut de paiement, l'officier annule l'adjudication et, suivant les circonstances, poursuit les enchères ou met fin à la vente; dans ce dernier cas, il fait paraître un nouvel avis conforme aux articles 670 et 671 et dont les frais sont à la charge de la personne en défaut.

Si l'immeuble est vendu à un prix moindre que le prix offert par la personne en défaut, celle-ci est tenue au paiement de la différence.

[1975, c. 83, a. 49].

689. Le prix d'adjudication doit être payé dans les cinq jours, à l'expiration desquels les intérêts commencent à courir.

Néanmoins, lorsque l'immeuble est adjugé au saisissant ou à un créancier hypothécaire qui a fait opposition, ou dont la créance est portée à l'état certifié par l'officier de la publicité des droits, l'adjudicataire peut retenir le prix jusqu'à concurrence de sa créance, et tant que ne lui a pas été signifié le jugement de distribution.

[1965 (1ᵉ sess.), c. 80, a. 689; 1992, c. 57, a. 341].

690. Sur paiement, par l'adjudicataire, du prix d'adjudication ou du montant qu'il n'a pas droit de retenir, le shérif est tenu de lui délivrer un certificat de vente contenant:

1. l'indication de la nature du bref, le numéro de la cause, les noms et désignations des parties;

2. la description de l'immeuble vendu;

3. la date et le lieu de l'adjudication;

4. les conditions de la vente;

5. le prix d'adjudication payé, ou, le cas échéant, la portion de celui-ci qui a été versée et celle qui a été retenue, avec mention que si cette dernière n'est pas entière-

ately pay to the officer conducting the sale the amount described in paragraph *e* of article 670, either in cash or by certified cheque.

Failing payment, the officer cancels the adjudication and, according to the circumstances, continues the bidding or terminates the sale; if he terminates the sale, he inserts another notice in accordance with articles 670 and 671, at the cost of the person in default.

If the immovable is sold for a lower price than that bid by the person in default, he is liable to payment of the difference.

[1975, c. 83, s. 49].

689. The purchase price must be paid within five days, at the expiry of which time interest begins to run.

Nevertheless, when the immovable is adjudged to the seizing creditor or any hypothecary creditor who has filed an opposition or whose claim is mentioned in the statement certified by the registrar, he may retain the purchase-money to the extent of his claim until the judgment of distribution is served upon him.

[1965 (1st sess.), c. 80, a. 689; 1992, c. 57, s. 341; 1999, c. 40, s. 56].

690. On payment by the purchaser of the purchase price or of the amount which he is not entitled to retain, the sheriff is bound to give him a certificate of sale containing:

(1) An indication of the nature of the writ, the number of the case, the names and the designation of the parties;

(2) A description of the immovable sold;

(3) The date and place of the adjudication;

(4) The conditions of the sale;

(5) The price paid or, if need be, the portion thereof which was paid and the portion retained with mention that if the price is not completely paid in conformity with

ment payée conformément aux dispositions de l'article 730, l'immeuble pourra être revendu à la folle enchère.

[1965 (1ᵉ sess.), c. 80, a. 690].

II — Vente à la folle enchère

691. Sur certificat du shérif attestant que l'adjudicataire a fait défaut de payer le prix d'adjudication, le saisissant ou, faute par lui d'agir dans un délai raisonnable, le saisi, de même que tout créancier dont la créance apparaît au dossier, peut demander que l'immeuble soit revendu à la folle enchère du défaillant.

La signification de la demande à l'adjudicataire qui n'a ni domicile, ni résidence, ni établissement d'entreprise connus dans le district où la vente a eu lieu peut être faite au greffe du tribunal où le bref d'exécution a été délivré.

[1965 (1ᵉ sess.), c. 80, a. 691; 1999, c. 40, a. 56].

692. L'adjudicataire peut éviter la vente à la folle enchère en consignant entre les mains du shérif, avant la revente, le prix d'adjudication, les intérêts accrus et les frais occasionnés par son défaut.

[1965 (1ᵉ sess.), c. 80, a. 692].

693. La revente est faite en vertu du même bref et conformément aux dispositions de l'article 682.

[1965 (1ᵉ sess.), c. 80, a. 693].

694. Le fol enchérisseur doit payer la différence entre son prix d'adjudication et celui de la revente, mais il ne peut réclamer l'excédent, le cas échéant; il est responsable, envers le saisi et les créanciers munis de jugements, des intérêts, des frais et des dommages-intérêts résultant de son défaut.

[1965 (1ᵉ sess.), c. 80, a. 694].

III — De l'effet du décret

695. L'adjudicataire prend l'immeuble dans l'état où il se trouve au moment de l'adjudication, avec tous les droits du saisi qui s'y rattachent, y compris les servitudes actives, même non inscrites au procès-ver-

the provisions of article 730, the immovable may be resold for false bidding.

[1965 (1st sess.), c. 80, a. 690].

II — Resale for False Bidding

691. Upon the sheriff's return that a purchaser has not paid the purchase price, the seizing creditor, or if he fails to proceed against the purchaser with proper diligence, the judgment debtor or any other creditor whose claim appears in the record, may demand that the immovable be resold for false bidding upon the purchaser thus in default.

The service of the motion upon a purchaser who has no known domicile, residence, or business establishment in the district where the adjudication took place may be made at the office of the court from which the seizure issued.

[1965 (1st sess.), c. 80, a. 691; 1999, c. 40, s. 56].

692. The purchaser may prevent the resale for false bidding by paying into the hands of the sheriff before such sale the purchase price with the interest accrued thereon and all costs incurred by reason of his default.

[1965 (1st sess.), c. 80, a. 692].

693. The resale for false bidding takes place under the same writ and according to the provisions of article 682.

[1965 (1st sess.), c. 80, a. 693].

694. The false bidder must pay the difference between his price and the price of the resale, but has no right to the excess, if any; he is liable to the debtor and to the judgment creditors for all interest, costs and damages resulting from his default.

[1965 (1st sess.), c. 80, a. 694].

III — Effect of Sheriff's Sale

695. The purchaser takes the immovable in the condition in which it is at the time of the adjudication, with all the rights of the judgment debtor therein, including all active servitudes, even those not mentioned

bal, mais il l'acquiert sans garantie de contenance.

[1965 (1ᵉ sess.), c. 80, a. 695].

in the minutes of seizure, but without any warranty as to its contents.

[1965 (1st sess.), c. 80, a. 695].

696. Le décret purge tous les droits réels non compris dans les conditions de la vente, excepté:

1. les servitudes;

2. (*paragraphe abrogé*);

3. le droit d'emphytéose, les droits nécessaires à l'exercice de la propriété superficiaire et les substitutions non ouvertes, excepté dans le cas où il apparaît au dossier de la cause qu'il existe une créance antérieure ou préférable;

4. (*paragraphe remplacé*);

5. la charge administrative qui grève un immeuble d'habitation à loyer modique.

Le décret ne porte pas atteinte à l'hypothèque légale qui garantit les droits des municipalités, des commissions scolaires ou du Comité de gestion de la taxe scolaire de l'île de Montréal pour les versements non échus de taxes spéciales et dont le paiement est échelonné sur un certain nombre d'années; ces versements ne deviennent pas exigibles par la vente de l'immeuble et ne sont pas portés à l'ordre de collocation, mais restent payables suivant les termes de leur imposition.

[1965 (1ᵉ sess.), c. 80, a. 696; 1988, c. 84, a. 554; 1991, c. 62, a. 6; 1992, c. 57, a. 342; 1996, c. 5, a. 42; 1999, c. 40, a. 56; 2002, c. 75, a. 33].

696. A sheriff's sale discharges the immovable from all real rights not mentioned in the conditions of sale except:

(1) servitudes;

(2) (*paragraph repealed*);

(3) rights of emphyteusis, the rights necessary for the exercise of superficies and rights of substitution not yet open, except when it appears in the record of the case that there exists a prior or preferable claim;

(4) (*paragraph replaced*);

(5) the administrative encumbrance affecting a low-rental housing immovable.

A sheriff's sale does not affect the legal hypothec securing the rights of municipalities, school boards or the Comité de gestion de la taxe scolaire de l'île de Montréal in respect of instalments not yet due of special taxes, the payment of which is spread over a certain number of years; such instalments do not become due by reason of the sale of the immovable and are not collocated, but remain payable according to the terms of their imposition.

[1965 (1st sess.), c. 80, a. 696; 1988, c. 84, s. 554; 1991, c. 62, s. 6; 1992, c. 57, s. 342; 1996, c. 5, s. 42; 1999, c. 40, s. 56; 2002, c. 75, s. 33].

696.1. Le décret ne purge pas le bail inscrit au registre foncier.

[1973, c. 74, a. 15; 1992, c. 57, a. 343].

696.1. A sheriff's sale does not discharge a lease registered in the land register.

[1973, c. 74, s. 15; 1992, c. 57, s. 343].

697. Si le détenteur de l'immeuble refuse de le livrer, l'adjudicataire peut, par requête à lui signifiée, obtenir d'un juge une ordonnance d'expulsion, sans préjudice de son recours pour dommages-intérêts.

[1965 (1ᵉ sess.), c. 80, a. 697].

697. If the holder of the immovable refuses to deliver it, the purchaser may, by motion served upon such holder, obtain from a judge an order of expulsion, without prejudice to his recourse for damages.

[1965 (1st sess.), c. 80, a. 697].

IV — De l'annulation du décret

IV — Vacating of Sheriff's Sale

698. Le décret peut être annulé à la poursuite de toute personne intéressée:

698. A sheriff's sale may, at the instance of any interested person, be vacated:

1° Si, à la connaissance de l'adjudicataire, il y a eu dol pour écarter des enchères;

(1) If, with the knowledge of the purchaser, fraud was employed to keep persons from bidding;

2° Si les conditions et formalités essentielles prescrites pour la vente n'ont pas été observées; le saisissant ne peut toutefois se prévaloir d'une irrégularité qui soit imputable à lui-même ou à son procureur.

[1965 (1ʳᵉ sess.), c. 80, a. 698].

(2) If the essential conditions and formalities prescribed for the sale have not been observed; but the seizing creditor cannot vacate the sale for any irregularity attributable to himself or his attorney.

[1965 (1st sess.), c. 80, a. 698].

699. Le décret peut, en outre, être annulé à la demande de l'adjudicataire:

699. A sheriff's sale may also be vacated at the instance of the purchaser:

1° S'il est exposé à l'éviction en raison de quelque droit réel non purgé par la vente;

(1) If he is liable to eviction by reason of some real right from which the property is not discharged by the sale;

2° Si l'immeuble est tellement différent de la description qui en est donnée dans le procès-verbal de saisie qu'il est à présumer que l'adjudicataire n'eût pas acheté s'il en eût connu la véritable description.

[1965 (1ʳᵉ sess.), c. 80, a. 699].

(2) If the immovable differs so much from the description in the minutes of seizure that it is to be presumed that he would not have bought had he been aware of the true description.

[1965 (1st sess.), c. 80, a. 699].

700. La demande en annulation du décret, incident de l'exécution, doit être formée par requête signifiée à toutes les parties intéressées dans les 90 jours de l'adjudication. Ce délai est de rigueur; néanmoins, le tribunal peut, pourvu qu'il ne se soit pas écoulé plus de six mois depuis l'adjudication, relever des conséquences de son retard la partie qui démontre qu'elle a été, en fait, dans l'impossibilité d'agir plus tôt.

[1965 (1ʳᵉ sess.), c. 80, a. 700].

700. The demand to vacate a sheriff's sale, which is a proceeding incidental to the execution, must be made by motion served on all the interested parties within 90 days of adjudication. This time limit is peremptory; nevertheless, the court may, provided not more than six months have elapsed since the adjudication, relieve from the consequences of his default a party who shows that in fact it was impossible for him to act sooner.

[1965 (1st sess.), c. 80, a. 700; 1999, c. 40, s. 56].

V — Rapport

V — Return of the Writ

701. Cinq jours après la vente, le shérif doit rapporter au greffier, avec un certificat de ses procédures:

701. Five days after the sale the sheriff must return to the clerk, with a certificate of his proceedings:

    a) le bref d'exécution et le procès-verbal de saisie;

    (a) the writ of execution and the minutes of seizure;

    b) un exemplaire de l'avis de vente;

    (b) a copy of the notice of sale;

c) un énoncé des conditions de la vente;

d) le procès-verbal des enchères;

e) un état certifié, par l'officier de la publicité des droits, des charges qui grevaient l'immeuble, ou une déclaration écrite que cet état sera transmis ultérieurement;

f) les oppositions et réclamations produites entre ses mains, ainsi que les brefs d'exécution qu'il a notés;

g) un mémoire de ses honoraires et déboursés, taxé par le greffier;

h) une mention du défaut de payer de l'adjudicataire dans le délai prévu et du montant sur lequel courent les intérêts.

1965 (1ʳᵉ sess.), c. 80, a. 701; 1992, c. 57, a. 344, 420].

702. Le shérif doit déposer, conformément à la *Loi sur les dépôts et consignations* (chapitre D-5), les deniers qu'il a perçus, déduction faite du montant de ses honoraires et déboursés.

[1965 (1ʳᵉ sess.), c. 80, a. 702; 1972, c. 70, a. 21].

VI — De l'état délivré par l'officier de la publicité des droits

703. Après l'expiration des cinq jours qui suivent la vente, le shérif est tenu de se procurer lui-même l'état certifié de l'officier de la publicité des droits, si ni l'une ni l'autre des parties intéressées ne le lui a déjà remis.

[1965 (1ʳᵉ sess.), c. 80, a. 703; 1992, c. 57, a. 345; 2000, c. 42, a. 130].

704. L'état mentionne les hypothèques ou charges subsistant à l'égard de l'immeuble au registre foncier.

Outre les indications prescrites par l'article 3019 du Code civil et par les règlements pris en application de ce code, l'état certifié contient pour chaque inscription les noms et adresse du créancier.

L'état ne doit pas remonter au-delà de la date d'une vente antérieure ayant l'effet

(c) a statement of the conditions of sale;

(d) the minutes of the bidding;

(e) a statement certified by the registrar of the charges which affected the immovable, or a written statement that such statement will be transmitted subsequently;

(f) all oppositions and claims placed in his hands, as well as writs of execution which he has noted;

(g) a statement of his fees and disbursements taxed by the clerk;

(h) a mention of the purchaser's failure to pay within the prescribed time and of the amount on which interest accrues.

[1965 (1st sess.), c. 80, a. 701; 1992, c. 57, s. 344, s. 420].

702. The sheriff must, after deducting from the moneys levied his fees and costs, deposit the balance in accordance with the *Deposit Act* (chapter D-5).

[1965 (1st sess.), c. 80, a. 702; 1972, c. 70, s. 21].

VI — Registrar's Statement

703. After five days have elapsed since the sale, the sheriff is required to procure the certified statement of the registrar unless one of the interested parties has already delivered it to him.

[1965 (1st sess.), c. 80, a. 703; 1992, c. 57, s. 345; 2000, c. 42, s. 130].

704. The statement mentions the hypothecs or charges subsisting in the land register in respect of the immovable.

In addition to the particulars prescribed by article 3019 of the Civil Code and by the regulations under the Civil Code, the certified statement contains, for each entry, the name and address of the creditor.

The statement must not go beyond the date of a previous sale having the effect of a

d'une vente par shérif ou d'une vente forcée, sauf quant aux charges qui n'ont pas été alors purgées; et il ne doit pas faire mention des charges qui, d'après le registre foncier, sont éteintes ou ont été radiées en totalité.

Si l'immeuble n'est grevé d'aucune hypothèque ou charge, l'état doit l'attester.

[1965 (1ᵉʳ sess.), c. 80, a. 704; 1992, c. 57, a. 345; 2000, c. 42, a. 131].

705.-706. (*Abrogés*).

[1992, c. 57, a. 346].

707. Un juge peut, sur demande d'une partie intéressée, ordonner le rejet ou la correction de l'état certifié par l'officier de la publicité des droits, pour cause d'erreur ou de fraude dans sa confection, ou dans les registres qui ont servi à l'établir, ou pour cause de l'extinction d'une charge qui y apparaît.

La demande de rejet ou de correction est faite par requête signifiée à l'officier de la publicité des droits, et le juge à qui elle est présentée peut ordonner de mettre en cause toute personne intéressée.

[1965 (1ᵉʳ sess.), c. 80, a. 707; 1992, c. 57, a. 347].

VII — **(Abrogé).**

708.-709. (*Abrogés*).

[1992, c. 57, a. 348].

VIII — **Du paiement des deniers sans état de collocation**

710. Lorsque l'état certifié par l'officier de la publicité des droits ne constate aucune créance, le greffier peut, sur demande, adjuger le produit de la vente aux parties qui y ont droit, sans la formalité d'un état de collocation; il en est de même lorsque les deniers prélevés n'excèdent pas les frais de saisie, ou lorsque toutes les parties intéressées y consentent.

[1965 (1ᵉʳ sess.), c. 80, a. 710; 1992, c. 57, a. 349, 420].

sheriff's sale or forced sale, except as to charges which have not been discharged thereby; and it must not mention the charges which, according to the land register, are extinguished or wholly discharged.

If the immovable is not affected by any hypothec or charge, the statement must attest that fact.

[1965 (1st sess.), c. 80, a. 704; 1992, c. 57, s. 345; 2000, c. 42, s. 131].

705.-706. (*Repealed*).

[1992, c. 57, s. 346].

707. A judge may, at the request of any person interested, order the rejection or correction of the statement certified by the registrar, on the ground of error or fraud in its preparation or in the registers on which it is based, or on the ground of the extinction of a charge mentioned therein.

The demand to reject or correct is made by motion served on the registrar, and the judge to whom it is presented may order the impleading of any person interested.

[1965 (1st sess.), c. 80, a. 707; 1992, c. 57, s. 347].

VII — **(The title is repealed).**

708.-709. (*Repealed*).

[1992, c. 57, s. 348].

VIII — **Payment of Moneys Without Scheme of Collocation**

710. The clerk, on demand, may adjudge the proceeds of the sale to the parties entitled to them without the formality of a scheme of collocation when no claim appears by the statement certified by the registrar, when the moneys levied do not exceed the costs of seizure, or when all the interested parties consent.

[1965 (1st sess.), c. 80, a. 710; 1992, c. 57, s. 349, s. 420].

IX — De l'état de collocation

IX — Scheme of Collocation

711. Entre le cinquième et le dixième jour après le rapport du shérif ou la production de l'état certifié par l'officier de la publicité des droits, le greffier doit dresser un état de collocation.

[1965 (1ᵉ sess.), c. 80, a. 711; 1992, c. 57, a. 350, 420].

711. Between the fifth and the tenth days after the sheriff's return or the filing of the statement certified by the registrar, the clerk must prepare a scheme of collocation.

[1965 (1st sess.), c. 80, a. 711; 1992, c. 57, s. 350, s. 420].

712. L'état doit contenir le nom et la désignation du saisissant, du saisi, des opposants et des réclamants, et faire mention de la somme prélevée, du nom de la personne entre les mains de qui elle se trouve, et de la production de l'état certifié par l'officier de la publicité des droits.

Chaque collocation doit faire l'objet d'un article distinct indiquant la nature de la créance et la date du titre et de sa publication, le cas échéant, et précisant si la réclamation porte sur la totalité du montant à distribuer ou seulement sur le produit de la vente d'un immeuble en particulier ou de partie d'un immeuble; ces articles sont numérotés consécutivement.

[1965 (1ᵉ sess.), c. 80, a. 712; 1992, c. 57, a. 351].

712. The scheme of collocation must contain the names and designations of the seizing creditor, the judgment debtor, the opposants and claimants, and mention the amount levied and the name of the person in whose hands it is, and the filing of the statement certified by the registrar.

Each collocation must be dealt with in a separate article giving the nature of the claim, the date of the title and of its publication, if any, and stating whether the claim bears upon all the moneys to be distributed or only upon the proceeds of sale of a particular immovable or part of an immovable; the articles are numbered consecutively.

[1965 (1st sess.), c. 80, a. 712; 1992, c. 57, s. 351].

713. Sous réserve des dispositions de l'article 578, le greffier dresse l'état de collocation suivant les droits des parties, tels qu'ils apparaissent à l'état certifié par l'officier de la publicité des droits au certificat du régistrateur et aux autres pièces du dossier.

[1965 (1ᵉ sess.), c. 80, a. 713; 1992, c. 57, a. 352, 420

713. Subject to the provisions of article 578, the clerk shall prepare the scheme of collocation in accordance with the rights of the parties as shown by the statement certified by the registrar and other documents forming part of the record.

[1965 (1st sess.), c. 80, a. 713; 1992, c. 57, s. 352, s. 420].

714. Les frais de justice doivent être colloqués d'abord, et dans l'ordre qui suit:

1. les frais de préparation de l'état;

2. les droits et honoraires dus sur les deniers prélevés ou consignés;

3. les frais de saisie et de vente qui n'ont pas été retenus sur le prix, y compris ceux qui peuvent être dus sur la discussion des meubles;

4. (*paragraphe abrogé*);

5. (*paragraphe abrogé*);

714. Law costs must be collocated first and in the following order:

(1) costs of the scheme of collocation;

(2) duties and fees due on amounts deposited or levied;

(3) the costs of seizure and sale, if they have not been retained out of the price, including such as may remain due upon the discussion of the movables;

(4) (*paragraph repealed*);

(5) (*paragraph repealed*);

6. les frais des incidents postérieurs au jugement, tant en première instance qu'en appel, qui ont été nécessaires pour arriver à la saisie et à la vente des immeubles, et à la distribution des deniers prélevés;

7. les frais d'action du saisissant.

[1965 (1ʳᵉ sess.), c. 80, a. 714; 1992, c. 57, a. 353].

715. Après les frais de justice, doivent être colloqués, suivant leur rang, les réclamations de ceux qui étaient titulaires d'un droit réel dans l'immeuble mais qui ont fait valoir leur opposition tardivement, de même que celles des créanciers prioritaires et de ceux qui ont produit entre les mains de l'officier saisissant un état de leur créance, appuyé d'un affidavit et des pièces justificatives, déduction faite des dettes auxquelles ces réclamants étaient tenus et qui seraient devenues exigibles par suite de la vente.

[1965 (1ʳᵉ sess.), c. 80, a. 715; 1992, c. 57, a. 354].

716. Les créanciers sous condition sont colloqués suivant leur rang, mais le montant de leur créance est payable aux créanciers subséquents dont les créances sont exigibles, pourvu qu'ils fournissent caution, dans le délai fixé par le juge, de restituer lorsque la condition sera réalisée.

S'il n'y a pas de créanciers subséquents ou qu'ils ne fournissent pas caution, le montant est versé au saisi, à charge de fournir le même cautionnement, ou, à son défaut, aux créanciers sous condition eux-mêmes, en par eux donnant caution de restituer si la condition ne se réalise pas ou devient impossible, et en payant les intérêts à qui de droit suivant l'ordre d'un juge.

Lorsque le paiement ne peut être ainsi fait, le montant de la créance est remis à un dépositaire choisi par les parties, ou, à défaut, désigné par un juge.

[1965 (1ʳᵉ sess.), c. 80, a. 716].

717. Lorsque la créance est indéterminée ou qu'elle n'est pas liquide, le greffier doit réserver, sur les deniers disponibles, une somme suffisante pour y satisfaire; cette

(6) costs incurred after the judgment, both in the court of first instance and in appeal, upon incidental proceedings which were necessary to effect the seizure and sale of the immovables and the distribution of the moneys levied;

(7) costs of suit of the seizing creditor.

[1965 (1st sess.), c. 80, a. 714; 1992, c. 57, s. 353].

715. After law costs must be collocated, according to their rank, the claims of persons who had real rights in the immovable but filed their oppositions too late, and of prior creditors and those who have filed a statement of their claim with the seizing officer supported by an affidavit and vouchers, deducting, however, the debts which such claimants were bound to pay and which have become payable in consequence of the sale.

[1965 (1st sess.), c. 80, a. 715; 1992, c. 57, s. 354].

716. Conditional creditors are collocated according to their rank, but the amounts of their claims are payable to subsequent creditors whose claims are exigible, upon security being given, within the time fixed by the judge, for the return of the money upon fulfilment of the condition.

If there are no subsequent creditors, or if they do not give security, the amount is paid to the judgment debtor, on condition of giving the same security, or, if he fail to do so, to the conditional creditors themselves, upon their giving security to return the moneys in the event of the condition failing or becoming impossible, and paying interest to such persons as a judge may order.

If payment cannot so be made, the amount of the claim is placed in the hands of a depositary agreed upon by the parties, or, if they cannot so agree, appointed by a judge.

[1965 (1st sess.), c. 80, a. 716; 1999, c. 40, s. 56].

717. When a claim is undetermined or unliquidated, the clerk must, out of the disposable moneys, reserve a sum sufficient to cover it; and such sum remains in the

somme est retenue par le ministre des Finances jusqu'à la détermination ou la liquidation, à moins qu'un juge n'en ordonne autrement.

[1965 (1ᵉʳ sess.), c. 80, a. 717; 1972, c, 70, a. 22; 1992, c. 57, a. 420].

718. La créance hypothécaire à terme devient exigible par la vente de l'immeuble hypothéqué, et elle est colloquée en conséquence.

[1965 (1ᵉʳ sess.), c. 80, a. 718].

719. La créance pour le capital d'une rente viagère est établie et colloquée conformément aux dispositions du *Code civil du Québec*.

[1965 (1ᵉʳ sess.), c. 80, a. 719].

720. Les intérêts, de même que les redevances de rentes, dus au jour de l'adjudication et conservés par l'inscription du titre, sont colloqués au même rang que le principal.

[1965 (1ᵉʳ sess.), c. 80, a. 720; 1992, c. 57, a. 355; 1999, c. 40, a. 56].

721. Lorsque des immeubles ou des parties d'immeubles affectés séparément à différentes créances ont été vendus pour un prix unique ou encore lorsque la réclamation d'un créancier à raison d'impenses ou d'autres causes ne porte que sur partie d'un immeuble, le greffier doit, si les deniers disponibles ne sont pas suffisants, procéder à une ventilation pour établir la valeur respective des immeubles ou des diverses parties d'un immeuble par rapport à la valeur de l'ensemble, afin de déterminer la proportion attribuable à chaque créancier dans le montant à distribuer.

[1965 (1ᵉʳ sess.), c. 80, a. 721; 1992, c. 57, a. 356, 420].

722. Si le dossier ne contient pas d'indications suffisantes pour lui permettre de faire la ventilation, le greffier peut, après avis aux parties intéressées, avoir recours à des experts ou autres personnes, dont les témoignages, donnés sous serment, sont versés au dossier.

[1965 (1ᵉʳ sess.), c. 80, a. 722; 1992, c. 57, a. 420].

hands of the Minister of Finance until the claim is determined or liquidated, unless a judge otherwise orders.

[1965 (1st sess.), c. 80, a. 717; 1972, c. 70, s. 22; 1992, c. 57, s. 420].

718. A hypothecary claim due with a term of payment becomes exigible in consequence of the sale of the hypothecated immovable, and is collocated.

[1965 (1st sess.), c. 80, a. 718].

719. A claim for the capital of a life-rent is determined and collocated according to the provisions of the *Civil Code of Québec*.

[1965 (1st sess.), c. 80, a. 719].

720. Interest and annuity payments due on the day of adjudication and preserved by registration of a deed are collocated in the same rank as the principal.

[1965 (1st sess.), c. 80, a. 720; 1999, c. 40, s. 56].

721. When several immovables or parts of immovables, separately charged with different claims, are sold for one and the same price or when a creditor has some preferable claim upon part only of an immovable by reason of improvements or other cause, the clerk must, if the disposable moneys are insufficient, make a relative valuation to determine the respective value of the immovables or parts of immovables in relation to the value of the whole, and the proportion attributable to each creditor in the amount to be distributed.

[1965 (1st sess.), c. 80, a. 721; 1992, c. 57, s. 356, s. 420].

722. If the record does not contain sufficient information to permit of a relative valuation, the clerk may, after notice to the interested parties, have recourse to experts or other persons whose testimony, taken under oath, is filed in the record.

[1965 (1st sess.), c. 80, a. 722; 1992, c. 57, s. 420].

723. Le greffier, de sa propre initiative ou sur demande verbale d'un intéressé, peut assigner qui que ce soit à comparaître devant lui pour être interrogé sur les faits relatifs à quelque charge inscrite à l'état certifié par l'officier de la publicité des droits ou à quelque réclamation produite au dossier. L'interrogatoire est soumis aux règles du Chapitre I du Titre V du Livre II.

L'aveu de la personne en faveur de qui une charge est inscrite ou une réclamation faite opère contre elle sans autre procédure ni formalité.

[1965 (1ᵉ sess.), c. 80, a. 723; 1992, c. 57, a. 357, 420].

724. L'état de collocation est fait en double exemplaire, dont l'un est versé au dossier et l'autre affiché au greffe.

Dès l'affichage, le greffier doit en donner avis, par poste ordinaire, à tous les intéressés dont il peut obtenir l'adresse.

Les intéressés ont 15 jours pour contester l'état, à compter du jour où il a été affiché.

[1965 (1ᵉ sess.), c. 80, a. 724; 1975, c. 83, a. 50; 1992, c. 57, a. 420; 1996, c. 5, a. 43].

725. Cette contestation peut porter sur l'état lui-même, sur le rang des collocations ou sur le mérite de quelque créance colloquée. Elle doit être signifiée à toutes les parties intéressées, avec avis du jour où elle sera présentée. Dès sa production, la procédure sur la collocation est arrêtée soit pour la totalité, soit seulement à l'égard de la créance contestée et de celles qui lui sont postérieures, selon le cas.

À moins que le tribunal n'en ordonne autrement, il n'y a pas lieu de répondre par écrit à la contestation.

[1965 (1ᵉ sess.), c. 80, a. 725].

726. Lorsque plusieurs contestations sont fondées sur les mêmes moyens, elles doivent être réunies, et la procédure poursuivie par le premier contestant; sauf le droit

723. The clerk, on his own initiative or at the oral demand of any interested person, may summon any person to appear before him to be examined upon the facts relating to any charge contained in the statement certified by the registrar or any claim filed in the record. The examination is subject to the rules of Chapter I of Title V of Book II.

The admission of the person in whose favour such charge or claim lies has full effect against him without any other procedure or formality.

[1965 (1st sess.), c. 80, a. 723; 1992, c. 57, s. 357, s. 420].

724. The scheme of collocation is made in duplicate; one of the duplicates is filed in the record and the other posted in the office of the court.

The clerk must, forthwith, by ordinary mail, give notice of the posting to all the interested persons whose addresses he can obtain.

Such persons may contest the scheme of collocation within 15 days from the date of posting.

[1965 (1st sess.), c. 80, a. 724; 1975, c. 83, s. 50; 1992, c. 57, s. 420; 1996, c. 5, s. 43].

725. Such contestation may relate to the scheme itself, to the rank of the collocation or to the merits of any collocated claim. It must be served upon all the interested parties with notice of the day when it will be presented. From the filing of the contestation, proceedings on the collocation are suspended, either in whole, or only for the contested claim and those subsequent thereto, as the case may be.

Unless the court otherwise orders, there is no answer in writing to the contestation.

[1965 (1st sess.), c. 80, a. 725].

726. Several contestations based upon the same grounds must be joined and the proceedings continued by the first contestant, saving the right of the others to continue

des autres de la poursuivre eux-mêmes si le premier se désiste ou n'est pas diligent.

[1965 (1ʳᵉ sess.), c. 80, a. 726].

the proceedings themselves if the first contestant desists or does not proceed with diligence.

[1965 (1st sess.), c. 80, a. 726].

727. Dès l'expiration du délai pour contester ou dès que les contestations ont été jugées, le greffier homologue l'état.

727. After the expiry of the time limits for contestation or after judgment on such contestation, the clerk homologates the scheme.

Toutefois, si une partie seulement de l'état est contestée, l'homologation peut être accordée immédiatement pour la partie non contestée.

[1965 (1ʳᵉ sess.), c. 80, a. 727; 1968, c. 84, a. 5; 1992, c. 57, a. 420].

If part only of the scheme has been contested, the homologation may be granted immediately for the part which is not contested.

[1965 (1st sess.), c. 80, a. 727; 1968, c. 84, s. 5; 1992, c. 57, s. 420; 1999, c. 40, s. 56].

728. Que l'état ait été homologué ou non, un juge peut ordonner que le montant colloqué à un créancier qui n'y a pas droit fasse l'objet d'une distribution supplémentaire.

[1965 (1ʳᵉ sess.), c. 80, a. 728].

728. Whether or not the scheme has been homologated, a judge may order a supplementary distribution of any amount collocated to a creditor who is not thereunto entitled.

[1965 (1st sess.), c. 80, a. 728].

X — **Paiement des deniers prélevés**

X — **Payment of Moneys Levied**

729. Quinze jours après la date du jugement d'homologation, le ministre des Finances paie à qui de droit les deniers prélevés, conformément à la *Loi sur les dépôts et consignations* (chapitre D-5).

[1965 (1ʳᵉ sess.), c. 80, a. 729; 1972, c. 70, a. 23].

729. Fifteen days after the date of the judgment of homologation, the Minister of Finance pays the moneys levied to the parties thereto entitled in accordance with the *Deposit Act* (chapter D-5).

[1965 (1st sess.), c. 80, a. 729; 1972, c. 70, s. 23].

730. L'acheteur qui n'a pas payé le prix d'adjudication doit, dans les 10 jours après que le jugement d'homologation lui a été transmis, verser au shérif les deniers nécessaires pour satisfaire aux créances préférées à la sienne; sur son défaut, une partie intéressée peut demander que l'immeuble soit revendu à sa folle enchère.

730. A purchaser who has not paid the purchase price must, within 10 days after the judgment of homologation is transmitted to him, pay to the sheriff the amounts necessary to satisfy the claims which have priority over his own; if he fail to do so any interested party may demand the resale of the immovable upon him for false bidding.

Lorsque l'adjudicataire a satisfait à son obligation, le shérif est tenu de lui délivrer un certificat attestant que le prix d'adjudication a été intégralement payé.

[1965 (1ʳᵉ sess.), c. 80, a. 730; 1983, c. 28, a. 25; 1995, c. 39, a. 13].

When the purchaser has fulfilled his obligation, the sheriff must give him a certificate that the purchase price has been paid in full.

[1965 (1st sess.), c. 80, a. 730; 1983, c. 28, s. 25; 1995, c. 39, s. 13].

731. Tout créancier qui a comparu dans la cause ou dont la créance est mentionnée dans l'état certifié par l'officier de la publicité des droits peut exercer contre le jugement d'homologation les recours ordinaires ouverts contre les jugements.

[1965 (1re sess.), c. 80, a. 731; 1992, c. 57, a. 358].

731. Any creditor who has appeared in the case or whose claim is mentioned in the statement certified by the registrar may take against the judgment of homologation the ordinary recourses available against judgments.

[1965 (1st sess.), c. 80, a. 731; 1992, c. 57, s. 358].

732. Si le jugement d'homologation est réformé, le décret annulé, ou encore si l'adjudicataire est évincé en raison de quelque droit réel non purgé par le décret, un juge peut, sur demande, ordonner que les sommes indûment payées soient rapportées au shérif par les personnes qui les ont reçues.

[1965 (1re sess.), c. 80, a. 732].

732. If a judgment of homologation is revised, or the sale is vacated, or the purchaser is evicted by reason of any real right not discharged by the sale, a judge may, on motion, order that all sums unduly paid be returned to the sheriff by the persons who have received them.

[1965 (1st sess.), c. 80, a. 732].

LIVRE V
PROCÉDURES SPÉCIALES

BOOK V
SPECIAL PROCEEDINGS

TITRE I
DES MESURES PROVISIONNELLES

TITLE I
PROVISIONAL REMEDIES

Chapitre I
Des saisies avant jugement

Chapter I
Seizure before Judgment

733. Le demandeur peut, avec l'autorisation d'un juge, faire saisir avant jugement les biens du défendeur, lorsqu'il est à craindre que sans cette mesure le recouvrement de sa créance ne soit mis en péril.

[1965 (1re sess.), c. 80, a. 733].

733. The plaintiff may, with the authorization of a judge, seize before judgment the property of the defendant, when there is reason to fear that without this remedy the recovery of his debt may be put in jeopardy.

[1965 (1st sess.), c. 80, a. 733].

734. Le demandeur peut aussi faire saisir avant jugement:

1. le bien meuble qu'il est en droit de revendiquer;

2. (*paragraphe abrogé*);

3. le véhicule automobile qui lui a causé un préjudice;

4. le bien meuble sur le prix duquel il est fondé à être colloqué par préférence et dont on use de manière à mettre en péril la réalisation de sa créance prioritaire;

734. The plaintiff may also seize before judgment:

(1) the movable property which he has a right to revendicate;

(2) (*paragraph repealed*);

(3) the motor vehicle which has caused him damage;

(4) the movable property upon the price of which he is entitled to be collocated by preference and which is being used in such a way as to jeopardize the realization of his prior claim;

5. le bien meuble qu'une disposition de la loi lui permet de faire saisir pour assurer l'exercice de ses droits sur icelui.

[1965 (1ʳᵉ sess.), c. 80, a. 734; 1992, c. 57, a. 359; 1999, c. 40, a. 56].

734.0.1. Dans une instance en nullité de mariage, en séparation de biens, en paiement d'une prestation compensatoire, en séparation de corps, en divorce ou en dissolution ou en nullité d'union civile, chaque conjoint peut aussi faire saisir avant jugement les biens meubles qui lui appartiennent, qu'ils soient entre les mains de son conjoint ou d'un tiers; il peut en outre, avec l'autorisation d'un juge, faire saisir les biens de son conjoint à une part desquels il aurait droit en cas de dissolution du régime matrimonial ou d'union civile.

Les biens saisis restent sous la garde du saisi, à moins qu'un juge n'en décide autrement.

[1982, c. 17, a. 27; 1989, c. 55, a. 34; 2002, c. 6, a. 104].

734.1. Lorsque la cause a été portée en appel, le demandeur peut faire une saisie avant jugement avec l'autorisation d'un juge de première instance.

[1975, c. 83, a. 51].

735. La saisie avant jugement se fait en vertu d'un bref, délivré par le greffier sur réquisition écrite; celle-ci doit être appuyée d'un affidavit qui affirme l'existence de la créance et des faits qui donnent ouverture à la saisie, et indique les sources d'information du déclarant, le cas échéant.

Dans les cas prévus par les articles 733, 734.0.1 et 734.1, l'autorisation du juge doit apparaître sur la réquisition elle-même.

[1965 (1ʳᵉ sess.), c. 80, a. 735; 1982, c. 17, a. 28; 1992, c. 57, a. 420].

736. Le bref enjoint à l'officier qui en est chargé, de saisir tous les biens meubles du défendeur, ou les seuls meubles ou immeubles qui y sont spécialement désignés. Lorsque la saisie est en main tierce, le bref

(5) the movable property which a provision of law permits him to seize in order to assure the exercise of his rights upon it.

[1965 (1st sess.), c. 80, a. 734; 1992, c. 57, s. 359].

734.0.1. In a suit in nullity of marriage, for separation as to property, for payment of a compensatory allowance, for separation from bed and board or divorce or for the dissolution or annulment of a civil union, each spouse may also seize before judgment the movables belonging to him, whether they are in the hands of his spouse or of a third person; he may, in addition, with leave of a judge, seize the property of his spouse that he would be entitled to share in if the matrimonial or civil union regime were dissolved.

The seized property remains in the custody of the debtor, unless a judge decides otherwise.

[1982, c. 17, s. 27; 1989, c. 55, s. 34; 2002, c. 6, s. 104].

734.1. Where the case is in appeal, the plaintiff may make a seizure before judgment with the authorization of a trial judge.

[1975, c. 83, s. 51].

735. A seizure before judgment is effected in virtue of a writ, issued by the clerk upon a written requisition supported by an affidavit affirming the existence of the debt and the facts which give rise to the seizure and, if based on information, indicating the sources thereof.

In the cases provided for in articles 733, 734.0.1 and 734.1, the leave of the judge must appear upon the requisition itself.

[1965 (1st sess.), c. 80, a. 735; 1982, c. 17, s. 28; 1992, c. 57, s. 420].

736. The writ orders the officer charged with it to seize all the movable property of the defendant or only the movable or immovable property specially described therein. When the seizure is in the hands

doit être conforme aux prescriptions des articles 625 et 641.

Le bref ordonne en outre au défendeur, à qui il doit être signifié avec une copie de l'affidavit, de comparaître pour répondre à la demande formée contre lui et entendre déclarer la saisie valable.

[1965 (1ᵉ sess.), c. 80, a. 736; 1972, c. 70, a. 24].

737. La saisie avant jugement a pour seul but de mettre les biens sous la main de la justice pendant l'instance; elle est pratiquée de la même manière et obéit aux mêmes règles que la saisie après jugement, dans la mesure où elles sont applicables.

Les articles 552 et 553 s'appliquent à la saisie avant jugement, sauf dans les cas prévus par l'article 734.

L'officier confie la garde et la possession des biens saisis à un gardien qu'il choisit à moins que le saisissant ne l'autorise à les laisser sous la garde et en la possession du saisi.

[1965 (1ᵉ sess.), c. 80, a. 737; 1975, c. 83, a. 52; 1977, c. 73, a. 31; 1983, c. 28, a. 26; 1992, c. 57, a. 360].

738. Dans les cinq jours de la signification du bref, le défendeur peut demander l'annulation de la saisie en raison de l'insuffisance ou de la fausseté des allégations de l'affidavit sur la foi duquel le bref a été délivré.

La demande est présentée à un juge qui annule la saisie si les allégations de l'affidavit sont insuffisantes. Dans le cas contraire, le juge défère la requête au tribunal et, s'il y a lieu, révise l'étendue de la saisie et rend toute autre ordonnance utile pour sauvegarder les droits des parties.

Il appartient au saisissant de prouver la véracité des allégations contenues dans son affidavit.

[1965 (1ᵉ sess.), c. 80, a. 738; 1982, c. 32, a. 50; 1996, c. 5, a. 44].

739. Le défendeur peut éviter l'enlèvement ou obtenir mainlevée des biens saisis

of a third party, the writ must conform to the provisions of articles 625 and 641.

The writ, moreover, orders the defendant, upon whom it must be served with a copy of the affidavit, to appear to answer the demand made against him and to hear the seizure declared valid.

[1965 (1st sess.), c. 80, a. 736; 1972, c. 70, s. 24].

737. Seizure before judgment has, as its sole purpose, to place the property in the hands of justice pending suit; it is carried out in the same way and is governed by the same rules as seizure after judgment, so far as they are applicable.

Articles 552 and 553 apply to a seizure before judgment, except in the cases provided for in article 734.

The officer entrusts the property seized to a guardian designated by him, unless the seizing creditor authorizes him to leave them with the debtor.

[1965 (1st sess.), c. 80, a. 737; 1975, c. 83, s. 52; 1977, c. 73, s. 31; 1983, c. 28, s. 26; 1992, c. 57, s. 360].

738. The defendant may, within five days of service of the writ, demand that the seizure be quashed because of the insufficiency or the falsity of the allegations of the affidavit on the strength of which the writ was issued.

The demand is presented to a judge who quashes the seizure if the allegations contained in the affidavit are insufficient. In the opposite case, the judge refers the motion to the court and, if expedient, revises the extent of the seizure and makes any other useful order for safeguarding the rights of the parties.

The burden is on the seizing party to prove the allegations of his affidavit.

[1965 (1st sess.), c. 80, a. 738; 1982, c. 32, s. 50; 1996, c. 5, s. 44].

739. The defendant may prevent the removal of the seized property or be released

en fournissant à l'officier saisissant une garantie suffisante que le défendeur choisit.

Le montant de la garantie est déterminé par le chiffre de la demande ou par la valeur marchande des biens saisis telle que certifiée par l'officier saisissant, selon le cas, à moins que le juge ou le greffier n'en décide autrement.

Seul le dépôt d'une somme d'argent, d'une garantie émise par un établissement financier exerçant ses activités au Québec, d'obligations au sens des dispositions du *Code civil du Québec* relatives aux placements présumés sûrs ou d'une police d'assurance garantissant l'exécution de ses obligations constitue une garantie suffisante au sens du présent article.

Le défendeur peut aussi, en tout temps après l'enlèvement des biens saisis, obtenir la remise de ses biens en s'adressant au juge et en fournissant une garantie suffisante au sens du présent article ou toute autre garantie que le juge peut autoriser.

[1965 (1ʳᵉ sess.), c. 80, a. 739; 1975, c. 83, a. 53; 1977, c. 73, a. 32; 1983, c. 28, a. 27; 1992, c. 57, a. 361, 420].

740. Lorsque la requête introductive d'instance n'a pas été signifiée au défendeur avec le bref de saisie, le demandeur doit la produire au greffe dans les cinq jours, avec une copie pour le défendeur.

La demande est contestée de la manière ordinaire, mais elle doit être instruite et jugée d'urgence.

La saisie avant jugement peut être pratiquée en cours d'instance; elle obéit alors aux règles de ce chapitre, en autant qu'elles peuvent s'appliquer.

[1965 (1ʳᵉ sess.), c. 80, a. 740; 2002, c. 7, a. 101].

741. (*Abrogé*).

[1973, c. 74, a. 16].

from the seizure by giving the seizing officer sufficient guarantee chosen by the defendant.

The amount of the guarantee is determined by the amount sued for or the market value of the property seized as certified by the seizing officer, according to the circumstances, unless the judge or clerk otherwise decides.

Only the deposit of sum of money, of a guarantee issued by a financial institution carrying on business in Québec, of bonds within the meaning of the provisions of the *Civil Code of Québec* relating to presumed sound investments or of an insurance policy securing the performance of the dependant's obligations constitutes sufficient guarantee within the meaning of this article.

The defendant may also, at any time after the removal of the property seized, have such property returned to him on applying to the judge and on giving sufficient guarantee within the meaning of this article or any other guarantee that the judge may authorize.

[1965 (1st sess.), c. 80, a. 739; 1975, c. 83, s. 53; 1977, c. 73, s. 32; 1983, c. 28, s. 27; 1992, c. 57, s. 361, s. 420].

740. When the motion to institute proceedings has not been served on the defendant with the writ of seizure, the plaintiff must file it at the office of the court within five days, with a copy for the defendant.

The suit is contested in the ordinary manner, but it must be heard and decided by preference.

Seizure before judgment may be taken during the suit; it is then subject to the rules of this chapter, so far as they apply.

[1965 (1st sess.), c. 80, a. 740; 2002, c. 7, s. 101].

741. (*Repealed*).

[1973, c. 74, s. 16].

Chapitre II ——
Du séquestre judiciaire

Chapter II ——
Judicial Sequestration

742. Le tribunal peut, d'office ou sur demande, ordonner le séquestre d'un bien, lorsqu'il estime que la conservation des droits des parties l'exige.

Le séquestre peut être ordonné par un juge de première instance lorsque la cause a été portée en appel.

[1965 (1ʳᵉ sess.), c. 80, a. 742; 1975, c. 83, a. 54; 1992, c. 57, a. 362].

742. Court may of its own motion, or on application, order the sequestration of property when it considers that the protection of the rights of the parties so requires.

Sequestration may be ordered by a trial judge when the case is in appeal.

[1965 (1st sess.), c. 80, a. 742; 1975, c. 83, s. 54; 1992, c. 57, s. 362].

743. Le jugement qui ordonne la mise sous séquestre fixe le jour où les parties devront comparaître devant le tribunal ou le juge pour procéder au choix du séquestre; si les parties ne peuvent alors s'accorder, ou si l'une d'elles fait défaut, le juge choisit lui-même le séquestre.

[1965 (1ʳᵉ sess.), c. 80, a. 743; 1992, c. 57, a. 421].

743. The judgment which orders the sequestration fixes the day on which the parties must appear before the court or judge in chambers to proceed to the choice of a sequestrator; if the parties cannot then agree, or if one of them makes default, the judge himself chooses the sequestrator.

[1965 (1st sess.), c. 80, a. 743].

744. Le séquestre doit prêter serment, devant le greffier, de bien et fidèlement administrer les biens dont il est constitué dépositaire; il est mis en possession par un huissier, qui en dresse procès-verbal; celui-ci doit contenir la description des biens et être signé par l'officier et le séquestre.

[1965 (1ʳᵉ sess.), c. 80, a. 744; 1992, c. 57, a. 420].

744. The sequestrator must be sworn, before the clerk, to administer well and faithfully the property of which he is appointed depositary; he is put in possession by a bailiff who prepares minutes which must contain the description of the property sequestrated and be signed by the bailiff and the sequestrator.

[1965 (1st sess.), c. 80, a. 744; 1992, c. 57, s. 420].

745. Le séquestre est soumis à toutes les obligations qui résultent du séquestre conventionnel, à moins que le tribunal n'en décide autrement.

[1965 (1ʳᵉ sess.), c. 80, a. 745; 1992, c. 57, a. 363].

745. The sequestrator is subject to all the obligations resulting from conventional sequestration unless the court decides otherwise.

[1965 (1st sess.), c. 80, a. 745; 1992, c. 57, s. 363].

746.-749. (*Abrogés*).

[1992, c. 57, a. 364].

746.-749. (*Repealed*).

[1992, c. 57, s. 364].

750. Les frais et la rémunération du séquestre sont taxés par le greffier; ils sont dus solidairement par les parties à la contestation, à moins que le tribunal n'en ordonne autrement.

[1965 (1ʳᵉ sess.), c. 80, a. 750; 1992, c. 57, a. 420].

750. The costs and the remuneration of the sequestrator are taxed by the clerk; they are due jointly and severally by the parties to the contestation, unless the court otherwise orders.

[1965 (1st sess.), c. 80, a. 750; 1992, c. 57, s. 420].

Chapitre III — De l'injonction

Chapter III — Injunctions

751. L'injonction est une ordonnance de la Cour supérieure ou de l'un de ses juges, enjoignant à une personne, à ses dirigeants, représentants ou employés, de ne pas faire ou de cesser de faire, ou, dans les cas qui le permettent, d'accomplir un acte ou une opération déterminés, sous les peines que de droit.

[1965 (1ᵉ sess.), c. 80, a. 751; 1992, c. 57, a. 365].

751. An injunction is an order of the Superior Court or of a judge thereof, enjoining a person, his senior officers, agents or employees, not to do or to cease doing, or, in cases which admit of it, to perform a particular act or operation, under pain of all legal penalties.

[1965 (1st sess.), c. 80, a. 751; 1992, c. 57, s. 365].

752. Outre l'injonction qu'elle peut demander par requête introductive d'instance, avec ou sans autres conclusions, une partie peut, au début ou au cours d'une instance, obtenir une injonction interlocutoire.

L'injonction interlocutoire peut être accordée lorsque celui qui la demande paraît y avoir droit et qu'elle est jugée nécessaire pour empêcher que ne lui soit causé un préjudice sérieux ou irréparable, ou que ne soit créé un état de fait ou de droit de nature à rendre le jugement final inefficace.

[1965 (1ᵉ sess.), c. 80, a. 752; 2002, c. 7, a. 102].

752. In addition to an injunction, which he may demand by a motion to institute proceedings, with or without other conclusions, a party may, at the commencement of or during a suit, obtain an interlocutory injunction.

An interlocutory injunction may be granted when the applicant appears to be entitled to it and it is considered to be necessary in order to avoid serious or irreparable injury to him, or a factual or legal situation of such a nature as to render the final judgment ineffectual.

[1965 (1st sess.), c. 80, a. 752; 2002, c. 7, s. 102].

752.1. D'office ou à la demande d'une partie, le tribunal peut, dans tous les cas où il le juge approprié, ordonner aux parties de lier contestation sur l'action principale dans un délai imparti et fixer la date de l'instruction.

[1983, c. 28, a. 28].

752.1. *Ex officio* or on the motion of a party, the court may, in every case where it considers it appropriate, order the parties to join issues in the principal action within an appointed time, and fix the date of the hearing.

[1983, c. 28, s. 28].

753. La demande d'injonction interlocutoire est faite au tribunal par requête écrite appuyée d'un affidavit attestant la vérité des faits allégués et signifiés à la partie adverse, avec un avis du jour où elle sera présentée. Dans les cas d'urgence, un juge peut toutefois y faire droit provisoirement, même avant qu'elle n'ait été signifiée. Toutefois, une injonction provisoire ne peut en aucun cas, sauf du consentement des parties, excéder 10 jours.

[1965 (1ᵉ sess.), c. 80, a. 753; 1983, c. 28, a. 29; 1985, c. 29, a. 12].

753. The application for an interlocutory injunction is made to the court, by written motion, supported by an affidavit affirming the truth of the facts alleged and served upon the opposite party, with a notice of the day when it will be presented. In case of urgency, a judge may nevertheless grant it provisionally even before it has been served. Notwithstanding the foregoing, in no case, except with the consent of the parties, may a provisional injunction exceed 10 days.

[1965 (1st sess.), c. 80, a. 753; 1983, c. 28, s. 29; 1985, c. 29, s. 12; 1986, c. 55, s. 7].

753.1. La demande d'injonction interlocutoire ne peut être présentée en début d'instance sans qu'une requête introductive d'instance n'ait été déposée au greffe.

S'il est fait droit à cette demande, la requête introductive d'instance doit être jointe à l'ordonnance et signifiée avec elle sauf si le juge permet que la requête introductive ne soit pas ainsi signifiée. Dans ce dernier cas, le demandeur doit la produire au greffe dans les cinq jours de l'ordonnance avec une copie pour le défendeur.

Cependant, la demande peut être présentée sans la requête introductive si celle-ci n'a pu être déposée en temps utile. Dans ce cas, s'il est fait droit à la demande, l'ordonnance peut être signifiée sans cette requête introductive. Toutefois, cette dernière doit être signifiée dans le délai fixé par le juge.

[1983, c. 28, a. 29; 1996, c. 5, a. 45; 2002, c. 7, a. 103].

753.1. No application for an interlocutory injunction may be presented at the beginning of proceedings unless a motion to institute proceedings has been filed in the office of the court.

If the application is granted, the motion to institute proceedings must be attached to the order and be served with it unless the judge allows the motion not to be served. In the latter case, the applicant must file the motion at the office of the court within five days of the order, with a copy for the defendant.

However, the application may be presented without a motion to institute proceedings if the latter could not be filed in time. In such a case, if the application is granted, the order may be served without the motion to institute proceedings. However, the motion must be served within the time determined by the judge.

[1983, c. 28, s. 29; 1996, c. 5, s. 45; 2002, c. 7, s. 103].

754. La demande d'injonction interlocutoire est contestée oralement à moins que le tribunal n'en permette la contestation écrite.

[1965 (1ʳᵉ sess.), c. 80, a. 754; 1983, c. 28, a. 30; 2002, c. 7, a. 104].

754. The application for an interlocutory injunction is contested orally unless the court allows it to be contested in writing.

[1965 (1st sess.), c. 80, a. 754; 1983, c. 28, s. 30; 2002, c. 7, s. 104].

754.1. Les parties font leur preuve au moyen d'affidavits suffisamment détaillés pour établir tous les faits nécessaires au soutien de leur prétention. Elles doivent faire signifier à la partie adverse ces affidavits ainsi que tous les documents qu'elles entendent invoquer lors de l'enquête et de l'audition dès que possible avant la présentation de la demande d'injonction interlocutoire. Toutefois, le requérant doit faire signifier ses affidavits en même temps que la demande d'injonction interlocutoire.

[1983, c. 28, a. 30; 1994, c. 28, a. 28; 2002, c. 7, a. 105].

754.1. The parties make their proof by means of affidavits sufficiently detailed to establish all the facts necessary to support their pretensions. They must cause the affidavits and all the documents they intend to refer to at the proof and hearing to be served on the opposite party as soon as possible before presentation of the application for an interlocutory injunction. However, the applicant must cause his affidavits to be served at the same time as the application.

[1983, c. 28, s. 30; 1994, c. 28, s. 28; 2002, c. 7, s. 105].

754.2. Lors de la présentation de la demande d'injonction interlocutoire, le tribunal, si le dossier est complet, entend les parties.

En plus de la preuve par affidavit, toute partie peut, si elle le désire, présenter une preuve orale.

Si, lors de la présentation de la demande d'injonction interlocutoire, le dossier est incomplet, le tribunal fixe la date de l'enquête et de l'audition et rend toutes les ordonnances nécessaires à la sauvegarde des droits des parties pour le temps et aux conditions qu'il détermine.

[1983, c. 28, a. 30; 2002, c. 7, a. 106].

754.3. Le tribunal peut, lors de l'audition, prescrire toutes mesures susceptibles d'en accélérer le déroulement et de limiter la preuve si elles ne portent pas préjudice à une partie.

[1983, c. 28, a. 30].

755. À moins que, pour cause, il n'en décide autrement, le tribunal ou le juge qui prononce une injonction interlocutoire doit ordonner à celui qui l'a demandée de donner caution, pour un montant qu'il fixe, de payer les frais et les dommages-intérêts qui peuvent en résulter. Le certificat du greffier attestant que le cautionnement a été fourni doit être annexé à l'ordonnance avant qu'elle ne soit signifiée.

Un juge peut, en tout temps, augmenter ou diminuer le montant de ce cautionnement.

[1965 (1ʳᵉ sess.), c. 80, a. 755; 1992, c. 57, a. 420; 1999, c. 40, a. 56].

756. L'ordonnance d'injonction interlocutoire doit dans tous les cas être signifiée à la partie adverse, de la même manière qu'une requête introductive d'instance, ou de la manière prescrite par le tribunal ou le juge.

[1965 (1ʳᵉ sess.), c. 80, a. 756; 1996, c. 5, a. 46; 2002, c. 7, a. 160].

757. Le tribunal ou un juge peut suspendre ou renouveler une injonction interlocu-

754.2. If on presentation of the application for an interlocutory injunction the record is complete, the court hears the parties.

In addition to proof by affidavit, any party may present oral proof, if he so wishes.

If on presentation of the application for an interlocutory injunction the record is incomplete, the court fixes the date for the proof and hearing and issues any order necessary to safeguard the rights of the parties for the time and on the conditions it determines.

[1983, c. 28, s. 30; 2002, c. 7, s. 106].

754.3. The court may, at the hearing, prescribe any measure designed to accelerate the progress of the hearing and limit the proof, if no prejudice results to a party.

[1983, c. 28, s. 30].

755. Unless, for good reason, the court or the judge granting an interlocutory injunction decides otherwise, the applicant must be ordered to give security, in a prescribed amount, to pay the costs and damages which may result therefrom. The certificate of the clerk that the security has been given must be attached to the order before it is served.

A judge may at any time increase or reduce the amount of such security.

[1965 (1st sess.), c. 80, a. 755; 1992, c. 57, s. 420].

756. The order of interlocutory injunction must in all cases be served upon the opposite party, in the same manner as a motion to institute proceedings, or in the manner prescribed by the court or the judge.

[1965 (1st sess.), c. 80, a. 756; 1996, c. 5, s. 46; 2002, c. 7, s. 160].

757. The court or a judge may suspend or renew an interlocutory injunction, for such

toire, pour le temps et aux conditions qu'il détermine.

[1965 (1ʳᵉ sess.), c. 80, a. 757].

time and on such conditions as is determined.

[1965 (1st sess.), c. 80, a. 757].

758. Une ordonnance d'injonction ne peut en aucun cas être prononcée pour empêcher des procédures judiciaires, ni pour faire obstacle à l'exercice d'une fonction pour une personne morale de droit public ou de droit privé, sauf dans les cas prévus dans l'article 329 du *Code civil du Québec*.

[1965 (1ʳᵉ sess.), c. 80, a. 758; 1992, c. 57, a. 366].

758. An order of injunction can in no case be granted to restrain legal proceedings or the exercise of functions for a legal person established in the public interest or for a private interest, except in the case provided for in article 329 of the *Civil Code of Québec*.

[1965 (1st sess.), c. 80, a. 758; 1992, c. 57, s. 366].

759. Tout jugement final dans lequel une injonction est prononcée doit être signifié à la partie adverse.

[1965 (1ʳᵉ sess.), c. 80, a. 759].

759. Any final judgment in which an injunction is pronounced must be served upon the opposite party.

[1965 (1st sess.), c. 80, a. 759].

760. L'injonction prononcée dans un jugement final reste en vigueur nonobstant appel; l'injonction interlocutoire reste en vigueur nonobstant le jugement final qui y met fin, pourvu que le demandeur ait formé appel dans les 10 jours.

Toutefois, un juge de la Cour d'appel peut suspendre l'injonction provisoirement.

[1965 (1ʳᵉ sess.), c. 80, a. 760; 1975, c. 83, a. 55;
1979, c. 37, a. 43].

760. An injunction pronounced in a final judgment remains in force notwithstanding appeal; an interlocutory injunction remains in force notwithstanding a final judgment dissolving it, provided that the plaintiff has instituted an appeal within 10 days.

However, a judge of the Court of Appeal may provisionally suspend an injunction.

[1965 (1st sess.), c. 80, a. 760; 1975, c. 83, s. 55;
1979, c. 37, s. 43].

761. Toute personne nommée ou désignée dans une ordonnance d'injonction, qui la transgresse ou refuse d'y obéir, de même que toute personne non désignée qui y contrevient sciemment, se rendent coupables d'outrage au tribunal et peuvent être condamnées à une amende n'excédant pas 50 000 $, avec ou sans emprisonnement pour une durée d'au plus un an, et sans préjudice à tous recours en dommages-intérêts. Ces pénalités peuvent être infligées derechef jusqu'à ce que le contrevenant se soit conformé à l'injonction.

Le tribunal peut également ordonner que ce qui a été fait en contravention à l'injonction soit détruit ou enlevé, s'il y a lieu.

[1965 (1ʳᵉ sess.), c. 80, a. 761].

761. Any person named or described in an order of injunction, who infringes or refuses to obey it, and any person not described therein who knowingly contravenes it, is guilty of contempt of court and may be condemned to a fine not exceeding $50 000, with or without imprisonment for a period up to one year, and without prejudice to the right to recover damages. Such penalties may be repeatedly inflicted until the contravening party obeys the injunction.

The court may also order the destruction or removal of anything done in contravention of the injunction, if there is reason to do so.

[1965 (1st sess.), c. 80, a. 761].

Titre II ——
De certaines procédures relatives
aux personnes et aux biens

Title II ——
Certain proceedings relating to
persons and property

Chapitre I ——
(Abrogé).

Chapter I ——
(Repealed).

762.-773. (*Abrogés*).

[2002, c. 7, a. 107].

762.-773. (*Repealed*).

[2002, c. 7, s. 107].

Chapitre II ——
Des demandes relatives à
l'intégrité de la personne

Chapter II ——
Applications Relating to the
Integrity of the Person

774. Les demandes relatives à l'intégrité de la personne ne peuvent en aucun cas être entendues par le greffier ni par le greffier spécial. Il y est joint, le cas échéant, l'avis du conseil de tutelle et d'au moins un expert concernant la personne visée par la demande.

[1965 (1ʳᵉ sess.), c. 80, a. 774; 1973, c. 38, a. 88 (abrogé); 1992, c. 57, a. 367; 2002, c. 7, a. 108].

774. Applications relating to the integrity of the person may in no case be heard by the clerk or by the special clerk. Where applicable, applications are accompanied with the advice of the tutorship council and of at least one expert concerning the person named in the application.

[1965 (1st sess.), c. 80, a. 774; 1973, c. 38, s. 88; 1992, c. 57, s. 367; 2002, c. 7, a. 108].

775. Les demandes relatives à l'intégrité de la personne ont préséance sur toute autre, à l'exception des demandes en *habeas corpus*, tant en première instance qu'en appel.

[1965 (1ʳᵉ sess.), c. 80, a. 775; 1973, c. 38, a. 88 (abrogé); 1992, c. 57, a. 367].

775. An application relating to the integrity of the person has precedence over any other, except an application for *habeas corpus*, whether in first instance or in appeal.

[1965 (1st sess.), c. 80, a. 775; 1973, c. 38, s. 88; 1992, c. 57, s. 367].

Section I ——
Du consentement aux soins

Section I —— Consent to Care

776. Toute demande en vue d'obtenir une autorisation du tribunal ou du juge doit, si elle est relative à des soins ou à l'aliénation d'une partie du corps, être signifiée à la personne concernée, si elle est âgée de 14 ans et plus, de même qu'au titulaire de l'autorité parentale, au tuteur ou curateur, le cas échéant, ou au mandataire désigné par un majeur alors qu'il était apte à consentir.

La demande qui concerne un majeur inapte à donner son consentement et qui n'est pas pourvu d'un tuteur, curateur ou mandataire, doit, en outre, être signifiée au curateur public.

776. Every application to obtain authorization from the court or a judge must, if it is with respect to care or the alienation of a body part, be served on the person concerned, if 14 years of age or over, and on the holder of parental authority, the tutor or curator, where applicable, or on the mandatary designated by a person of full age when he was capable of giving his consent.

An application concerning a person of full age who is incapable of giving his consent and who has no tutor, curator or mandatary must also be served on the Public Curator.

Sauf urgence, la demande ne peut être présentée au tribunal moins de cinq jours après sa signification. Aucun acte de comparution n'est requis.

La demande doit être entendue le jour de sa présentation, à moins que le tribunal ou le juge n'en décide autrement.

[1965 (1ʳᵉ sess.), c. 80, a. 776; 1973, c. 38, a. 88 (abrogé); 1992, c. 57, a. 367; 1998, c. 32, a. 3; 2002, c. 7, a. 109].

777. Le jugement qui autorise l'examen, le traitement ou le prélèvement devient caduc s'il n'est pas donné suite à l'autorisation dans les six mois ou dans tout autre délai fixé par le juge exerçant en son bureau.

Le jugement peut aussi fixer des conditions ou des modalités pour se prévaloir de l'autorisation demandée.

[1965 (1ʳᵉ sess.), c. 80, a. 777; 1973, c. 38, a. 88 (abrogé); 1992, c. 57, a. 367; 1998, c. 32, a. 4].

SECTION II — DE LA GARDE EN ÉTABLISSEMENT ET DE L'ÉVALUATION PSYCHIATRIQUE

778. La demande pour faire subir une évaluation psychiatrique à une personne qui la refuse ou pour qu'elle soit gardée contre son gré par un établissement visé dans la *Loi sur la protection des personnes dont l'état mental présente un danger pour elles-mêmes ou pour autrui* (chapitre P-38.001) est entendue le jour de sa présentation, à moins que le tribunal ou le juge n'en décide autrement.

[1965 (1ʳᵉ sess.), c. 80, a. 778; 1973, c. 38, a. 88 (abrogé); 1992, c. 57, a. 367; 1997, c. 75, a. 37].

779. La demande ne peut être présentée au tribunal ou au juge à moins d'avoir été signifiée à la personne qui refuse l'évaluation ou la garde au moins deux jours avant sa présentation.

Cette demande est aussi signifiée à une personne raisonnable de sa famille ou, le cas échéant, au titulaire de l'autorité parentale, au tuteur, curateur, mandataire ou à la personne qui en a la garde ou qui dé-

Except in an emergency, the application may not be presented to the court less than five days after it is served. No written appearance is required.

The application must be heard on the day it is presented, unless the court or the judge decides otherwise.

[1965 (1st sess.), c. 80, a. 776; 1973, c. 38, s. 88; 1992, c. 57, s. 367; 1998, c. 32, s. 3; 2002, c. 7, s. 109].

777. A judgment authorizing an examination, treatment, specimen taking or removal of tissue becomes inoperative if the authorization is not acted upon within six months or within any other time fixed by the judge in chambers.

The judgment may also fix conditions or modalities applicable where the authorization is acted upon.

[1965 (1st sess.), c. 80, a. 777; 1973, c. 38, s. 88; 1992, c. 57, s. 367; 1998, c. 32, s. 4].

SECTION II — CONFINEMENT IN AN INSTITUTION AND PSYCHIATRIC ASSESSMENT

778. An application to obtain that a person refusing to undergo a psychiatric assessment be submitted to such assessment, or that the person be confined against his will in an institution referred to in the *Act respecting the protection of persons whose mental state presents a danger to themselves or to others* (chapter P-38.001) is heard on the day it is presented, unless the court or the judge decides otherwise.

[1965 (1st sess.), c. 80, a. 778; 1973, c. 38, s. 88; 1992, c. 57, s. 367; 1997, c. 75, s. 37].

779. The application may not be presented to the court or to the judge unless it has been served on the person refusing the assessment or confinement at least two days before presentation.

The application is also served on a reasonable person of the family of the person concerned or, where applicable, on the holder of parental authority, tutor, curator, mandatary, on the person having custody

montre un intérêt particulier à son égard; à défaut, la demande est signifiée au curateur public.

of the person concerned or on a person who shows a special interest in the person concerned; otherwise, it is served on the Public Curator.

Exceptionnellement, le juge peut dispenser le requérant de signifier la demande à la personne concernée s'il considère que cela serait nuisible à la santé ou à la sécurité de cette personne ou d'autrui, ou s'il y a urgence.

By way of exception, the judge may exempt the applicant from serving the application on the person concerned if he considers that it would be harmful to the health or safety of the person or of others, or in case of emergency.

[1965 (1ʳ sess.), c. 80, a. 779; 1973, c. 38, a. 88 (abrogé); 1992, c. 57, a. 367; 1997, c. 75, a. 38; 2002, c. 7, a. 110].

[1965 (1st sess.), c. 80, a. 779; 1973, c. 38, s. 88; 1992, c. 57, s. 367; 1997, c. 75, s. 38; 2002, c. 7, s. 110].

780. Le tribunal ou le juge est tenu d'interroger la personne concernée par la demande, à moins qu'elle ne soit introuvable ou en fuite ou qu'il ne soit manifestement inutile d'exiger son témoignage en raison de son état de santé; cette règle reçoit aussi exception lorsque, s'agissant d'une demande pour faire subir une évaluation psychiatrique, il est démontré qu'il y a urgence ou qu'il pourrait être nuisible à la santé ou à la sécurité de la personne concernée ou d'autrui d'exiger le témoignage.

780. The court or the judge is bound to question the person concerned by the application except if he cannot be found or has fled or if it would clearly be useless to require his testimony owing to his state of health; a further exception is made in the case of an application to obtain that a person be submitted to a psychiatric assessment, where it is proved that there is an urgent need or that requiring the testimony could be harmful to the health or safety of the person concerned or of another person.

La personne peut toujours être interrogée par un juge du district où elle se trouve, même si la demande est introduite dans un autre district. Cet interrogatoire est pris par écrit et communiqué sans délai au tribunal saisi.

The person concerned may be questioned by a judge of the district in which he is at the time, even if the application is made in another district. The examination is taken down in writing and communicated without delay to the court concerned.

[1965 (1ʳ sess.), c. 80, a. 780; 1973, c. 38, a. 88 (abrogé); 1992, c. 57, a. 367; 1997, c. 75, a. 39].

[1965 (1st sess.), c. 80, a. 780; 1973, c. 38, s. 88; 1992, c. 57, s. 367; 1997, c. 75, s. 39].

781. Le jugement qui ordonne l'évaluation psychiatrique d'une personne et sa garde peut ordonner également que la personne concernée par la demande soit confiée à un établissement visé dans la *Loi sur la protection des personnes dont l'état mental présente un danger pour elles-mêmes ou pour autrui* (chapitre P-38.001) en vue d'un examen psychiatrique ou pour être gardée.

781. A judgment ordering the psychiatric assessment and confinement of a person may also order that the person concerned be entrusted, for psychiatric assessment or confinement, to an institution referred to in the *Act respecting the protection of persons whose mental state presents a danger to themselves or to others* (chapter P-38.001).

Le jugement est notifié aux personnes à qui la demande a été signifiée et il peut être exécuté par un agent de la paix.

The judgment is notified to the persons on whom the application was served and may be executed by a peace officer.

[1965 (1ʳ sess.), c. 80, a. 781; 1973, c. 38, a. 88 (abrogé); 1992, c. 57, a. 367; 1997, c. 75, a. 40].

[1965 (1st sess.), c. 80, a. 781; 1973, c. 38, s. 88; 1992, c. 57, s. 367; 1997, c. 75, s. 40].

782. Le greffier transmet, sans délai et sans frais, une copie du jugement rendu et une copie du dossier au Tribunal administratif du Québec.

[1965 (1ʳᵉ sess.), c. 80, a. 782; 1973, c. 38, a. 88 (abrogé); 1992, c. 57, a. 367; 1997, c. 43, a. 179].

782. The clerk sends a copy of the judgment rendered and a copy of the file to the Administrative Tribunal of Québec without delay and free of charge.

[1965 (1st sess.), c. 80, a. 782; 1973, c. 38, s. 88; 1992, c. 57, s. 367; 1997, c. 43, s. 179].

SECTION III — DE L'APPEL

SECTION III — APPEAL

783. Le jugement qui accueille une demande d'autorisation touchant l'intégrité d'une personne ne prend effet qu'à l'expiration d'un délai de cinq jours après qu'il a été rendu, à moins que n'ait été produite au dossier une déclaration de cette personne ou de son procureur, indiquant qu'aucun appel ne sera interjeté.

Cependant, le jugement ordonnant la garde d'une personne, en vue de la soumettre à une évaluation psychiatrique ou à la suite d'une telle évaluation, est exécutoire immédiatement. Toutefois, un juge de la Cour d'appel peut suspendre l'exécution de ce jugement s'il l'estime nécessaire dans l'intérêt de la justice.

[1965 (1ʳᵉ sess.), c. 80, a. 783; 1973, c. 38, a. 88 (abrogé); 1992, c. 57, a. 367; 1997, c. 75, a. 41].

783. A judgment granting an application for authorization with respect to the integrity of a person does not take effect until five days have elapsed since it was rendered, unless a statement by that person or his attorney indicating that no appeal will be brought has been filed.

However, a judgment ordering the confinement of a person for a psychiatric assessment or following a psychiatric assessment may be enforced immediately. A judge of the Court of Appeal may suspend execution of the judgment if he considers it necessary in the interest of justice.

[1965 (1st sess.), c. 80, a. 783; 1973, c. 38, s. 88; 1992, c. 57, s. 367; 1997, c. 75, s. 41].

784. L'appel du jugement est régi par les règles prévues à l'article 859 en faisant les adaptations nécessaires.

[1965 (1ʳᵉ sess.), c. 80, a. 784; 1973, c. 38, a. 88 (abrogé); 1992, c. 57, a. 367].

784. An appeal from the judgment is governed by the rules provided in article 859, adapted as required.

[1965 (1st sess.), c. 80, a. 784; 1973, c. 38, s. 88; 1992, c. 57, s. 367].

Chapitre III — De la reconnaissance et de l'exécution des décisions étrangères

Chapter III — Recognition and Enforcement of Foreign Decisions

785. La demande de reconnaissance et d'exécution d'une décision rendue hors du Québec se fait par requête introductive d'instance. Le délai pour comparaître est de 20 jours et celui pour la présentation est d'au moins 40 jours.

Elle peut aussi se faire de manière incidente, même par la partie qui conteste, si

785. An application for recognition and enforcement of a decision rendered outside Québec is made by way of a motion to institute proceedings. The time limit within which to appear is 20 days and the application may not be presented before at least 40 days have elapsed.

Such an application may also be made incidentally, even by the party contesting,

le tribunal québécois est compétent pour l'entendre.

[1965 (1re sess.), c. 80, a. 785; 1973, c. 38, a. 88 (abrogé); 1992, c. 57, a. 367; 2002, c. 7, a. 111].

786. La partie qui invoque la reconnaissance ou qui demande l'exécution d'une décision étrangère joint à sa demande une copie de la décision et une attestation émanant d'un officier public étranger compétent affirmant que la décision n'est plus, dans l'État où elle a été rendue, susceptible de recours ordinaire, qu'elle est définitive ou exécutoire.

Si la décision a été rendue, par défaut, il est joint une copie certifiée des documents permettant d'établir que l'acte introductif d'instance a été régulièrement signifié à la partie défaillante.

Les documents rédigés dans une autre langue que le français ou l'anglais doivent être accompagnés d'une traduction vidimée au Québec.

[1965 (1re sess.), c. 80, a. 786; 1973, c. 38, a. 88 (abrogé); 1992, c. 57, a. 367].

Chapitre IV ——
Du bornage

787. La mise en demeure de procéder au bornage se fait par la signification d'un avis contenant:

1. un énoncé de la demande et de ses causes, sans mention de troubles, de dommages, ni d'autres réclamations;

2. la description des immeubles concernés;

3. les noms et résidence de l'arpenteur-géomètre suggéré pour les opérations;

4. l'information que la demande sera portée devant le tribunal compétent, à moins que, dans les 15 jours, il n'y ait eu accord sur le droit au bornage et sur le choix d'un arpenteur-géomètre.

[1965 (1re sess.), c. 80, a. 787; 1973, c. 38, a. 88 (abrogé); 1992, c. 57, a. 367].

provided the application comes within the jurisdiction of the Québec court.

[1965 (1st sess.), c. 80, a. 785; 1973, c. 38, s. 88; 1992, c. 57, s. 367; 2002, c. 7, s. 111].

786. A party seeking recognition or enforcement of a foreign decision attaches to his application a copy of the decision and an attestation emanating from a competent foreign public officer stating that the decision is no longer, in the State in which it was rendered, subject to ordinary remedy and that it is final or enforceable.

If the decision was rendered by default, a certified copy of the documents establishing that the procedure which instituted the proceedings was duly served on the defaulting party is attached to the application.

All documents drafted in a language other than French or English must be accompanied with a translation authenticated in Québec.

[1965 (1st sess.), c. 80, a. 786; 1973, c. 38, s. 88; 1992, c. 57, s. 367].

Chapter IV ——
Boundaries of Land

787. A demand to have the boundaries between lands determined is made by serving a notice containing

(1) a statement of the demand and of the reasons therefor, without mentioning disturbances, damages or other claims;

(2) the description of the immovables concerned;

(3) the name and residence of the land surveyor proposed for the operations;

(4) a statement that proceedings will be instituted before the competent court unless an agreement is reached, within 15 days, on the right to have the boundaries determined and on the choice of a land surveyor.

[1965 (1st sess.), c. 80, a. 787; 1973, c. 38, s. 88; 1992, c. 57, s. 367].

788. Si, après la mise en demeure, les propriétaires conviennent du bornage et d'un arpenteur-géomètre, leur accord doit être constaté par écrit, énoncer les causes du bornage, décrire les immeubles et identifier l'arpenteur-géomètre qui y procédera.

Si les parties ne s'entendent pas, celle qui a donné l'avis peut, par requête introductive d'instance, saisir le tribunal pour qu'il décide du droit au bornage et désigne un arpenteur-géomètre pour y procéder.

[1965 (1re sess.), c. 80, a. 788; 1973, c. 38, a. 88 (abrogé); 1992, c. 57, a. 367; 2002, c. 7, a. 112].

789. L'arpenteur-géomètre procède au bornage sous son serment d'office et de la même manière qu'un expert. Il peut faire toutes les opérations qui sont nécessaires pour déterminer les limites des immeubles concernés. Il dresse, pour valoir rapport, un procès-verbal de ses opérations indiquant le plan des lieux, les prétentions respectives des parties et les lignes de division qui lui paraissent les plus adéquates. Il en remet une copie aux parties.

[1965 (1re sess.), c. 80, a. 789; 1973, c. 38, a. 88 (abrogé); 1992, c. 57, a. 367].

790. Lorsque les parties se sont entendues sur le droit au bornage et sur le choix d'un arpenteur-géomètre, mais que l'une d'elles n'accepte pas les conclusions de son rapport, l'une ou l'autre peut, par requête introductive d'instance, dans les 30 jours du dépôt du rapport de l'arpenteur-géomètre, s'adresser au tribunal pour qu'il prononce sur ce rapport.

[1965 (1re sess.), c. 80, a. 790; 1973, c. 38, a. 88 (abrogé); 1992, c. 57, a. 367; 2002, c. 7, a. 113].

791. Si, au cours de l'instance, l'une des parties cède ses droits dans l'immeuble soumis au bornage, l'acquéreur peut être contraint de reprendre l'instance.

[1965 (1re sess.), c. 80, a. 791; 1973, c. 38, a. 88 (abrogé); 1992, c. 57, a. 367].

788. If, after the demand is made, the owners agree on having the boundaries determined and on the choice of a land surveyor, their agreement must be evidenced in writing, set out the reasons for the determination of boundaries, describe the immovables and identify the land surveyor who will carry out the operations.

If the parties do not agree, the party that has given the notice may ask the court, by a motion to institute proceedings, to rule on the right to a determination of boundaries and to designate the land surveyor who will carry out the operations.

[1965 (1st sess.), c. 80, a. 788; 1973, c. 38, s. 88; 1992, c. 57, s. 367; 2002, c. 7, s. 112].

789. The land surveyor proceeds with the determination of boundaries under his oath of office and in the same manner as an expert. He may carry out all necessary operations to determine the boundaries of the immovables concerned. He draws up minutes of his operations, to stand in lieu of a report, in which he includes a plan of the premises, mentions the respective claims of the parties and indicates the dividing lines that he considers the most appropriate. He gives a copy of his minutes to the parties.

[1965 (1st sess.), c. 80, a. 789; 1973, c. 38, s. 88; 1992, c. 57, s. 367].

790. Where the parties have agreed on the right to the determination of boundaries and on the choice of a land surveyor but one party does not accept the conclusions of the land surveyor's report, either party may ask the court, by a motion to institute proceedings and within 30 days after deposit of the report, to rule on the report.

[1965 (1st sess.), c. 80, a. 790; 1973, c. 38, s. 88; 1992, c. 57, s. 367; 2002, c. 7, s. 113].

791. If, during the proceedings, one of the parties transfers his rights in the immovable subject to the determination of boundaries, the transferee may be compelled to a continuance of suit.

[1965 (1st sess.), c. 80, a. 791; 1973, c. 38, s. 88; 1992, c. 57, s. 367].

792. Le tribunal décide de la ligne séparative et commet un arpenteur-géomètre, qui pose les bornes devant témoins et dresse de ses opérations un procès-verbal qu'il doit produire au greffe.

L'homologation de ce procès-verbal par le tribunal fait preuve de la complète exécution du jugement.

[1965 (1ʳᵉ sess.), c. 80, a. 792; 1973, c. 38, a. 88 (abrogé); 1992, c. 57, a. 367; 1995, c. 2, a. 10].

793. Les frais de bornage sont communs, et si la demande a été portée devant le tribunal ils comprennent les dépens d'une action *ex parte*. Toutefois, en cas de contestation, la partie qui succombe doit supporter les dépens de celle-ci, à moins que, pour cause, le tribunal n'en décide autrement.

[1965 (1ʳᵉ sess.), c. 80, a. 793; 1973, c. 38, a. 88 (abrogé); 1992, c. 57, a. 367].

794. Lorsqu'il appert que le bornage ne peut être fait sans affecter des immeubles non contigus à celui du demandeur, le tribunal peut, d'office ou sur demande, ordonner la mise en cause des propriétaires de ces immeubles.

[1965 (1ʳᵉ sess.), c. 80, a. 794; 1973, c. 38, a. 88 (abrogé); 1992, c. 57, a. 367].

792. The court determines the boundary line and appoints a land surveyor who places the boundary markers in the presence of witnesses and draws up minutes of his operations which he must file at the office of the court.

The homologation of the minutes by the court is proof of the complete execution of the judgment.

[1965 (1st sess.), c. 80, a. 792; 1973, c. 38, s. 88; 1992, c. 57, s. 367; 1999, c. 40, s. 56].

793. The costs of determining boundaries are common and, if proceedings have been instituted before the court, they include the costs of an *ex parte* action. However, in case of contestation, the losing party must pay the costs of the contestation unless, for good reason, the court orders otherwise.

[1965 (1st sess.), c. 80, a. 793; 1973, c. 38, s. 88; 1992, c. 57, s. 367].

794. Where it appears that the boundaries cannot be determined without affecting immovables that are not contiguous to that of the plaintiff, the court may, of its own motion or on application, order that the owners of such immovables be impleaded.

[1965 (1st sess.), c. 80, a. 794; 1973, c. 38, s. 88; 1992, c. 57, s. 367].

Chapitre V ——
Des demandes relatives aux priorités et aux hypothèques

795. (*Abrogé*).

[2002, c. 7, a. 114].

796. La demande en délaissement forcé doit être accompagnée d'un état récent du registre approprié, certifié par l'officier de la publicité des droits; sous réserve de l'article 2767 du *Code civil du Québec*, elle doit être signifiée à la personne qui possède ou détient le bien, ainsi qu'au débiteur et au constituant, le cas échéant.

[1965 (1ʳᵉ sess.), c. 80, a. 796; 1973, c. 38, a. 88 (abrogé); 1992, c. 57, a. 367].

Chapter V ——
Applications Relating to Prior Claims and Hypothecs

795. (*Repealed*).

[2002, c. 7, s. 114].

796. Applications for forced surrender must be accompanied with a recent statement of the appropriate register, certified by the registrar; subject to article 2767 of the *Civil Code of Québec*, they must be served on the person who owns or has possession of the property and on the debtor and the grantor, where applicable.

[1965 (1st sess.), c. 80, a. 796; 1973, c. 38, s. 88; 1992, c. 57, s. 367].

797. Le jugement qui ordonne le délaissement, outre qu'il fixe le délai dans lequel le délaissement doit s'opérer, en détermine la manière et désigne la personne en faveur de qui il a lieu; il ordonne également qu'à défaut de délaisser le bien dans le délai imparti, la personne qui possède ou détient le bien, ou encore le débiteur, soit expulsé ou que le bien lui soit enlevé, selon le cas.

[1965 (1ʳᵉ sess.), c. 80, a. 797; 1973, c. 38, a. 88 (abrogé); 1992, c. 57, a. 367].

797. A judgment ordering surrender fixes the period within which surrender must be effected, determines the manner of effecting it and designates the person in whose favour it is effected; it also orders, failing surrender of the property within the prescribed time, that the person who owns or has possession of the property, or the debtor, be expelled or that the property be taken from him, as the case may be.

[1965 (1st sess.), c. 80, a. 797; 1973, c. 38, s. 88; 1992, c. 57, s. 367].

798. En cas d'urgence, le juge peut également autoriser immédiatement le créancier à prendre possession du bien pour l'administrer, le prendre en paiement de sa créance, le faire vendre sous contrôle de justice ou le vendre lui-même.

[1965 (1ʳᵉ sess.), c. 80, a. 798; 1992, c. 57, a. 367].

798. In urgent cases, the judge may also authorize forthwith the creditor to take possession of the property to administer it, take it in payment of his claim, have it sold by judicial authority or sell it himself.

[1965 (1st sess.), c. 80, a. 798; 1992, c. 57, s. 367].

799. Dans les cinq jours de la signification de l'ordonnance rendue en vertu de l'article 2767 du *Code civil du Québec*, celui qui possède ou détient le bien peut en demander la nullité en raison de l'insuffisance ou de la fausseté des allégations de l'affidavit sur la foi duquel l'ordonnance a été prononcée. Si elle est annulée, le créancier est tenu de remettre le bien ou de rembourser le prix de l'aliénation, le cas échéant.

[1965 (1ʳᵉ sess.), c. 80, a. 799; 1992, c. 57, a. 367].

799. Within five days of service of the order made pursuant to article 2767 of the *Civil Code of Québec*, the person who owns or has possession of the property may apply for the annulment of the order because of the insufficiency or the falsity of the allegations of the affidavit on the strength of which the order was pronounced. If the order is declared null, the creditor is bound to return the property or reimburse the price of the alienation, where applicable.

[1965 (1st sess.), c. 80, a. 799; 1992, c. 57, s. 367].

Chapitre VI ——
Des demandes en justice concernant des biens hypothéqués dont l'identité du propriétaire est inconnue ou incertaine

Chapter VI ——
Applications Concerning Hypothecated Property where the Owner's Identity is Unknown or Uncertain

800. Le créancier qui ne peut signifier le préavis d'exercice de son droit hypothécaire parce que l'identité du propriétaire du bien hypothéqué est inconnue ou incertaine, doit obtenir du tribunal l'autorisation de signifier le préavis d'exercice de son droit, selon un mode que détermine le tribunal.

Il en est de même lorsque le bien appar-

800. A creditor who cannot serve prior notice of his intention to exercise his hypothecary right because the identity of the owner of the hypothecated property is unknown or uncertain must obtain from the court the authorization to serve such prior notice in the manner determined by the court.

The same applies where the property be-

tient à plusieurs propriétaires dont certains seulement sont connus.

[1965 (1ʳ sess.), c. 80, a. 800; 1977, c. 73, a. 33; 1992, c. 57, a. 367].

801. La demande est portée devant le tribunal du lieu où se trouve le bien; elle doit contenir:

a) les allégations nécessaires pour établir le droit du requérant;

b) la description du bien hypothéqué;

c) le nom de l'occupant ou détenteur du bien, ou du dernier occupant ou détenteur, selon le cas;

d) le nom de tous les propriétaires du bien depuis la constitution de l'hypothèque, s'ils sont connus.

[1965 (1ʳ sess.), c. 80, a. 801; 1992, c. 57, a. 367; 2002, c. 7, a. 115].

802. Si le tribunal ordonne la publication dans un journal du préavis d'exercice du droit hypothécaire, cette publication est faite de la manière prévue à l'article 139.

[1965 (1ʳ sess.), c. 80, a. 802; 1992, c. 57, a. 367].

803. Si personne n'a contesté la demande dans le délai prévu par la loi ou par le tribunal ou n'a exercé les droits du débiteur hypothécaire ou de celui contre qui le droit est exercé, afin de faire échec au recours du créancier, le tribunal, sur preuve de la signification prescrite, autorise le créancier à prendre possession du bien, à le prendre en paiement, à le vendre lui-même ou à le vendre sous contrôle de justice.

[1965 (1ʳ sess.), c. 80, a. 803; 1992, c. 57, a. 367].

Chapitre VII ▬
Des demandes relatives au registre foncier et au registre des droits personnels et réels mobiliers

804. Les demandes relatives à l'inscription ou à la rectification, à la réduction ou à la

longs to several owners, of whom only some are known.

[1965 (1st sess.), c. 80, a. 800; 1977, c. 73, s. 33; 1992, c. 57, s. 367].

801. The application is made before the court of the district in which the property is situated; it must contain:

(a) the allegations necessary to establish the right of the applicant;

(b) the description of the hypothecated property;

(c) the name of the occupant or holder of the property or of the last occupant or holder, as the case may be;

(d) the names of all the owners of the property since the hypothec was granted, if they are known.

[1965 (1st sess.), c. 80, a. 801; 1992, c. 57, s. 367; 2002, c. 7, s. 115].

802. If the court orders the publication of the prior notice of the exercise of the hypothecary right in a newspaper, the publication is made in the manner prescribed in article 139.

[1965 (1st sess.), c. 80, a. 802; 1992, c. 57, s. 367].

803. If no one has contested the application within the time prescribed by law or determined by the court or has exercised the rights of the hypothecary debtor or of the person against whom the right is exercised, in order to defeat the creditor's remedy, the court, upon proof of service of the prescribed prior notice, authorizes the creditor to take possession of the property, take it in payment of his claim, sell it himself or have it sold under judicial authority.

[1965 (1st sess.), c. 80, a. 803; 1992, c. 57, s. 367].

Chapter VII ▬
Applications Relating to the Land Register and the Register of Personal and Movable Real Rights

804. Applications for registration or for the correction, reduction or cancellation of

radiation d'une inscription sur le registre foncier ou sur le registre des droits personnels et réels mobiliers sont présentées devant le tribunal du lieu où est situé l'immeuble ou le bien corporel faisant l'objet de l'inscription; s'il s'agit d'un bien incorporel, elles sont présentées devant le tribunal du domicile du propriétaire, du débiteur ou du constituant, suivant le cas.

Ces demandes doivent être accompagnées d'un état, certifié par l'officier de la publicité des droits, des droits inscrits sur le registre approprié à l'égard du bien, de la nature de l'universalité ou du nom du constituant.

[1965 (1er sess.), c. 80, a. 804; 1992, c. 57, a. 367; 2002, c. 7, a. 116].

805. Celui qui, conformément aux règles du livre De la prescription du *Code civil du Québec*, a possédé un immeuble à titre de propriétaire, peut en acquérir la propriété en s'adressant au tribunal dans le ressort duquel est situé l'immeuble.

La demande est accompagnée:

1° d'un état récent, certifié par l'officier de la publicité des droits, des droits inscrits sur le registre foncier de cet immeuble;

2° d'une copie ou d'un extrait du plan cadastral de l'immeuble; s'il s'agit d'une partie de lot ou si l'immeuble n'est pas immatriculé, il suffit d'une description technique accompagnée du plan qui s'y rapporte, dressés par un arpenteur-géomètre;

3° d'un certificat de localisation, si une construction se trouve sur l'immeuble.

[1965 (1er sess.), c. 80, a. 805; 1992, c. 57, a. 367; 2002, c. 7, a. 117].

806. Le tribunal appelé à établir le droit de propriété peut, même d'office, ordonner:

1° la signification de la requête aux propriétaires des immeubles contigus, si ceux-ci n'ont pas acquiescé par écrit à sa présentation;

a registration in the land register or in the register of personal and movable real rights are presented before the court of the place where the immovable or corporeal property that is the subject of the registration is situated; in the case of incorporeal property, applications are presented before the court of the owner, debtor or grantor, as the case may be.

These applications must be accompanied with a statement, certified by the registrar, of the rights registered in the appropriate register in respect of the property, the nature of the universality or the name of the grantor.

[1965 (1st sess.), c. 80, a. 804; 1992, c. 57, s. 367; 2002, c. 7, s. 116].

805. A person who, in accordance with the rules of the Book on Prescription of the *Civil Code of Québec*, has possessed an immovable as owner may acquire the ownership of that immovable by applying to the court of the district in which it is situated.

The application is accompanied with

(1) a recent statement, certified by the registrar, of the rights registered in the land register in respect of the immovable;

(2) a copy of or abstract from the cadastral plan of the immovable; in the case of a part of lot or of an immovable that is not immatriculated, a technical description accompanied with the relevant plan drawn up by a land surveyor is sufficient;

(3) a location certificate, if a construction has been erected on the immovable.

[1965 (1st sess.), c. 80, a. 805; 1992, c. 57, s. 367; 2002, c. 7, s. 117].

806. The court called upon to establish the right of ownership may, even of its own motion, order

(1) that the motion be served on the owners of the contiguous immovables, if they have not consented in writing to the introduction of the motion;

2° le bornage de l'immeuble, si l'exactitude du plan est contestée par les propriétaires des immeubles contigus.

[1965 (1ʳᵉ sess.), c. 80, a. 806; 1992, c. 57, a. 367].

807. (*Abrogé*).

[2000, c. 42, a. 132].

808. Les demandes prévues dans ce chapitre ne peuvent en aucun cas être entendues par le greffier.

[1965 (1ʳᵉ sess.), c. 80, a. 808; 1992, c. 57, a. 367].

Chapitre VIII ——
De l'indivision et du partage

809. La demande en partage et celle en nullité de partage, les autres demandes relatives au partage d'une succession ou d'un autre bien indivis, ainsi que celles relatives à l'administration d'un bien indivis sont présentées devant le tribunal où le bien se trouve en tout ou en partie.

[1965 (1ʳᵉ sess.), c. 80, a. 809; 1992, c. 57, a. 367; 1996, c. 5, a. 49; 2002, c. 7, a. 118].

810. Le tribunal qui accueille la demande en partage d'un bien indivis ordonne soit le partage en nature, si les biens peuvent être commodément partagés ou attribués, soit la vente suivant les dispositions du présent code relatives à la vente du bien d'autrui.

Il peut, si cela s'avère nécessaire ou utile, désigner un praticien pour achever la liquidation de la succession ou faire une proposition.

[1965 (1ʳᵉ sess.), c. 80, a. 810; 1966, c. 21, a. 14; 1992, c. 57, a. 367].

811. Le jugement qui ordonne le partage en nature nomme un praticien pour procéder, conformément aux dispositions du *Code civil du Québec* et en la manière prévue aux articles 414 à 425 du présent code, à la composition des lots et pour faire rapport.

(2) that the boundaries of the immovable be determined if the accuracy of the plan is contested by the owners of the contiguous immovables.

[1965 (1st sess.), c. 80, a. 806; 1992, c. 57, s. 367].

807. (*Repealed*).

[2000, c. 42, s. 132].

808. Applications made under this chapter may in no case be heard by the clerk.

[1965 (1st sess.), c. 80, a. 808; 1992, c. 57, s. 367].

Chapter VIII ——
Indivision and Partition

809. Applications for partition or for nullity of partition, other applications relating to the partition of a succession or of other undivided property and applications relating to the administration of undivided property are presented before the court of the place where the property is situated in whole or in part.

[1965 (1st sess.), c. 80, a. 809; 1992, c. 57, s. 367; 1996, c. 5, a. 49; 2002, c. 7, s. 118].

810. In granting an application for partition of undivided property, the court orders either a partition in kind, if the property can conveniently be partitioned or allocated, or the sale of the property in accordance with the provisions of this Code which concern the sale of the property of others.

The court may, if necessary or convenient, appoint a practitioner to complete the liquidation of the succession or to make a proposal.

[1965 (1st sess.), c. 80, a. 810; 1966, c. 21, s. 14; 1992, c. 57, s. 367].

811. A judgment ordering a partition in kind appoints a practitioner to proceed, in conformity with the provisions of the *Civil Code of Québec* and in the manner prescribed in articles 414 to 425 of this Code, with the composition of shares, and to make a report.

Le praticien doit faire homologuer son rapport et sa demande d'homologation peut être contestée par tout intéressé.

Le tribunal qui homologue le rapport ordonne au greffier ou à toute autre personne qu'il désigne de procéder au tirage des lots; un procès-verbal de cette opération doit être produit au dossier.

[1965 (1ʳᵉ sess.), c. 80, a. 811; 1992, c. 57, a. 367].

The practitioner must apply for homologation of his report and his application for homologation may be contested by any interested person.

The court which homologates the report orders the clerk or any other person it designates to proceed with the allotment of the shares by a drawing of lots; minutes of this operation must be filed in the record.

[1965 (1st sess.), c. 80, a. 811; 1992, c. 57, s. 367].

Chapitre IX — De la copropriété divise d'un immeuble

Chapter IX — Divided Co-ownership of an Immovable

812. (*Abrogé*).

[2002, c. 7, a. 119].

812. (*Repealed*).

[2002, c. 7, s. 119].

812.1. Les demandes relatives à la copropriété divise d'un immeuble sont signifiées au syndicat des copropriétaires; l'administrateur ou le gérant avise par écrit chaque copropriétaire de l'objet de la demande, dans les cinq jours de sa signification.

[1992, c. 57, a. 367].

812.1. Applications relating to divided co-ownership of an immovable are served on the syndicate of co-owners; the administrator or manager informs every co-owner in writing of the object of the application within five days after service.

[1992, c. 57, s. 367].

Titre III — (Remplacé).

Title III — (Replaced).

Titre IV — Des procédures en matière familiale

Title IV — Proceedings in Family Cases

Chapitre I — Dispositions générales

Chapter I — General Provisions

Section I — Des demandes introductives d'instance ou interlocutoires

Section I — Proceedings Introductive of Suits or Interlocutory Proceedings

§ 1. —
(Supprimé).

§ 1. —
(Striked out).

813. Sauf dans la mesure prévue par le présent titre, les demandes fondées sur le Livre deuxième du Code civil ou sur la *Loi sur le divorce* (L.R.C. (1985), ch. 3 (2ᵉ suppl.)) obéissent aux règles générales applicables aux autres demandes.

[1965, (1ᵉʳ session), c. 80, a. 813; 1982, c. 17, a. 29; 1986, c. 55, a. 8; 1996, c. 5, a. 51; 2002, c. 7, a. 121].

813. Except where otherwise provided in this Title, applications based on Book Two of the Civil Code or on the *Divorce Act* (R.S.C., 1985, c. 3, 2nd supp.) follow the general rules applicable to other actions and applications.

[1965 (1st sess.), c. 80, a. 813; 1982, c. 17, s. 29; 1986, c. 55, s. 8; 1996, c. 5, s. 51; 2002, c. 7, s. 121].

813.1.-813.2. (*Abrogés*).

[2002, c. 7, a. 122].

813.1.-813.2. (*Repealed*).

[2002, c. 7, s. 122].

813.3. Les conclusions de la requête introductive d'instance peuvent porter tant sur les mesures provisoires et les mesures accessoires que sur la demande principale.

Les ordonnances de sauvegarde rendues dans les cas d'urgence ou lorsque l'audition sur les mesures provisoires est reportée sont caduques à l'expiration de 30 jours de leur prononcé, à moins que les parties d'un commun accord, ou à défaut le tribunal, ne les prolongent.

[1982, c. 17, a. 29; 1983, c. 50, a. 7; 1987, c. 44, a. 5; 1990, c. 29, a. 5; 1992, c. 57, a. 368; 2002, c. 6, a. 105; 2002, c. 7, a. 123].

813.3. The conclusions sought in a motion to institute proceedings may relate to provisional measures and accessory measures as well as to the principal application.

Orders to safeguard the rights of the parties issued in urgent cases or where the hearing on provisional measures is deferred lapse 30 days after they are issued, unless their valid period is extended by the parties by mutual agreement or, in case of disagreement, by the court.

[1982, c. 17, s. 29; 1983, c. 50, s. 7; 1987, c. 44, s. 5; 1990, c. 29, s. 5; 1992, c. 57, s. 368; 2002, c. 6, s. 105; 2002, c. 7, s. 123].

813.4. Les demandes en séparation de biens, en séparation de corps, en nullité de mariage, en divorce ou en dissolution ou en nullité d'union civile peuvent être dénoncées par l'un des conjoints à l'officier de la publicité des droits lorsqu'un conjoint peut prétendre avoir un droit sur un immeuble en vertu du régime matrimonial ou d'union civile ou que l'immeuble qui sert de résidence principale de la famille est la propriété de l'un des conjoints.

Cette dénonciation est faite par la signification à l'officier de la publicité des droits d'un avis que l'officier inscrit sur le registre foncier.

Si l'un des conjoints demande la radiation de l'inscription, elle peut être ordonnée à

813.4. An application for separation as to property, separation from bed and board, marriage annulment or divorce or for the annulment or dissolution of a civil union may be notified to the registrar by one of the spouses if a spouse may claim to have a right in an immovable under his or her matrimonial or civil union regime or if the immovable used as principal family residence is owned by one of the spouses.

The registrar is notified by service of a notice which he registers in the land register.

If a spouse applies for cancellation of the registration, it may be granted provided

la condition de fournir une caution suffisante, le cas échéant.

[1982, c. 17, a. 29; 1992, c. 57, a. 369; 2000, c. 42, a. 133; 2002, c. 6, a. 106].

sufficient security is furnished, where applicable.

[1982, c. 17, s. 29; 1992, c. 57, s. 369; 2000, c. 42, s. 133; 2002, c. 6, s. 106].

813.4.1. Le cautionnement visé à l'article 65 ne peut être requis du demandeur qui fait une demande régie par le présent Titre.

[1987, c. 48, a. 4].

813.4.1. The security contemplated in article 65 shall not be required of a person who has made an application under this Title.

[1987, c. 48, s. 4].

§ 2. —
(Supprimé).

§ 2. —
(Striked out).

813.5. La comparution n'est requise que dans les cas où la défense est écrite; le délai pour comparaître est alors de 20 jours ou, si la signification est faite à l'extérieur du Québec, de 40 jours.

Le délai pour présenter la demande est alors de 40 jours ou, si la signification est faite à l'extérieur du Québec, de 60 jours.

En cas d'urgence, le tribunal peut abréger un délai, qu'il soit prévu par la loi ou par une entente ou qu'il ait été fixé par le tribunal.

[1982, c. 17, a. 29; 2002, c. 7, a. 125].

813.5. No appearance is required unless the defence is in writing; an appearance must be filed within 20 days of service or, if service is effected outside Québec, within 40 days of service.

The time limit for presenting the application is 40 days or, if service is effected outside Québec, 60 days.

In urgent cases, the court may shorten a time limit, whether it is prescribed by law or fixed in an agreement or has been determined by the court.

[1982, c. 17, s. 29; 2002, c. 7, s. 125].

813.6.-813.7. (*Abrogés*).

[2002, c. 7, a. 127].

813.6.-813.7. (*Repealed*).

[2002, c. 7, s. 127].

§ 3. —
(Supprimé).

§ 3. —
(Striked out).

813.8. (*Abrogé*).

[2002, c. 7, a. 127].

813.8. (*Repealed*).

[2002, c. 7, s. 127].

813.9. La requête introductive d'instance relative à une demande visant une obligation alimentaire, la garde des enfants ou des mesures provisoires ne peut être présentée au tribunal moins de dix jours après sa signification. La demande est instruite et jugée d'urgence.

[1982, c. 17, a. 29; 1984, c. 26, a. 21; 1999, c. 46, a. 14; 2002, c. 7, a. 128].

813.9. In the case of an application concerning the obligation of support, the custody of children or provisional measures, the motion to institute proceedings may not be presented before the court less than ten days after it is served. The application is heard and decided by preference.

[1982, c. 17, s. 29; 1984, c. 26, s. 21; 1999, c. 46, s. 14; 2002, c. 7, s. 128].

813.10. Les parties peuvent, si elles le désirent, faire leur preuve au moyen d'un seul affidavit chacune, suffisamment détaillé pour établir les faits au soutien de leurs prétentions. Si l'intimé procède de cette façon, le requérant a alors droit de lui signifier un seul autre affidavit détaillé en réplique. Tout autre affidavit détaillé doit être autorisé par le tribunal.

[1984, c. 26, a. 22; 1994, c. 28, a. 35; 1999, c. 46, a. 14].

813.10. If the parties so wish, they each may present their evidence by means of a single affidavit, which must be sufficiently detailed to establish all facts in support of their claims. If the respondent proceeds in this manner, the applicant is entitled to serve one additional detailed affidavit on the respondent as a reply. Any further detailed affidavit must be authorized by the court.

[1984, c. 26, s. 22; 1994, c. 28, s. 35; 1999, c. 46, s. 14].

813.11.-813.15. (*Abrogés*).

[2002, c. 7, a. 129].

813.11.-813.15. (*Repealed*).

[2002, c. 7, s. 129].

813.16. Lors de l'audition, outre la preuve admise au moyen des affidavits détaillés, toute partie peut présenter une preuve orale.

[1999, c. 46, a. 14].

813.16. In addition to the evidence that has been presented by means of detailed affidavits, the parties may present oral evidence at the hearing.

[1999, c. 46, s. 14].

813.17. (*Abrogé*).

[2002, c. 7, a. 129].

813.17. (*Repealed*).

[2002, c. 7, s. 129].

§ 4. —
(Supprimé).

§ 4. —
(Striked out).

814. (*Abrogé*).

[2002, c. 7, a. 129].

814. (*Repealed*).

[2002, c. 7, s. 129].

814.1. Les demandes qui, en vertu du deuxième alinéa de l'article 44.1, sont de la compétence du greffier spécial lui sont présentées directement et ne requièrent pas d'audition.

[1982, c. 17, a. 29; 1992, c. 57, a. 420; 1997, c. 42, a. 6; 2002, c. 7, a. 131].

814.1. Applications which, pursuant to the second paragraph of article 44.1, are within the jurisdiction of the special clerk are presented directly to the special clerk and do not require a hearing.

[1982, c. 17, s. 29; 1992, c. 57, s. 420; 1997, c. 42, s. 6; 2002, c. 7, s. 131].

814.2. (*Abrogé*).

[2002, c. 7, a. 132].

814.2. (*Repealed*).

[2002, c. 7, s. 132].

§ 5. — De la médiation
préalable

§ 5. —
Pre-hearing mediation

814.3. Sauf les demandes visées à l'article 814.9, aucune demande mettant en jeu l'intérêt des parties et celui de leurs enfants ne peut être entendue par le tribunal,

814.3. Except applications under article 814.9, no application that involves the interests of the parties and the interests of their children may be heard by the court if

lorsqu'il existe entre les parties un différend relativement à la garde des enfants, aux aliments dus à une partie ou aux enfants ou au patrimoine familial et aux autres droits patrimoniaux résultant du mariage ou de l'union civile, à moins que les parties n'aient préalablement participé à une séance d'information sur la médiation et qu'une copie du rapport du médiateur ou, le cas échéant, d'une attestation de participation n'ait été produite au moment de l'audience.

[1997, c. 42, a. 7; 2002, c. 6, a. 107; 1988, c. 56, a. 2; 2012, c. 20, a. 47].

there is a dispute between the parties regarding child custody, support due to a party or to the children, the family patrimony or other patrimonial rights arising from the marriage or civil union, unless the parties have attended an information session on the mediation process and a copy of the mediator's report or, if applicable, a certificate of participation has been filed.

[1997, c. 42, s. 7; 2002, c. 6, s. 107; 2012, c. 20, s. 47].

814.4. La séance d'information sur la médiation peut avoir lieu en présence des deux parties et d'un médiateur, à l'exclusion de toute autre personne.

Elle peut aussi se dérouler en groupe. En ce cas, la séance a lieu en présence d'au moins trois personnes inscrites auprès du Service de médiation familiale, et de deux médiateurs dont l'un doit être conseiller juridique et l'autre d'une discipline différente.

[1997, c. 42, a. 7; 1999, c. 46, a. 15].

814.4. The information session on the mediation process may be held in the sole presence of both parties and a mediator.

A group information session may also be held. In such a case, the session is held in the presence of at least three persons registered with the Family Mediation Service and of two mediators, one of whom must be from the legal profession and the other, from another profession.

[1997, c. 42, s. 7; 1999, c. 46, s. 15].

814.5. Les parties choisissent ensemble le type de séance d'information à laquelle elles désirent participer. En cas de désaccord sur ce choix ou, le cas échéant, sur le choix d'un médiateur, les parties doivent, ensemble ou séparément, participer à une séance de groupe.

[1997, c. 42, a. 7].

814.5. The parties select jointly the type of information session they wish to attend. In case of disagreement as to the type of information session or, where applicable, as to the choice of a mediator, the parties must, together or separately, attend a group session.

[1997, c. 42, s. 7].

814.6. La séance d'information porte sur la nature et les objectifs de la médiation, sur le déroulement possible de celle-ci et sur le rôle attendu des parties et du médiateur.

À l'issue de la séance, le médiateur informe les parties de leur droit d'entreprendre ou non la médiation, ainsi que de leur droit d'entreprendre celle-ci avec lui ou avec un autre médiateur de leur choix. À défaut d'accord entre les parties pour entreprendre la médiation ou lorsque les parties manifestent leur intention de l'entreprendre avec un autre médiateur, le

814.6. The information session bears on the nature and objectives of the mediation, the mediation process and the roles to be played by the parties and the mediator.

At the conclusion of the information session, the mediator informs the parties of their right to enter into mediation or not, and of their right to enter into mediation with that mediator or with another mediator of their choice. If the parties fail to agree to enter into mediation or express their wish to enter into mediation with another mediator, the mediator files his re-

médiateur produit son rapport au Service de médiation familiale et en transmet copie aux parties.

port with the Family Mediation Service and sends a copy to the parties.

Dans le cas d'une séance de groupe, les médiateurs informent, de même, les parties de leur droit d'entreprendre ou non la médiation, ainsi que de leur droit d'entreprendre celle-ci avec tout médiateur de leur choix. À l'issue de cette séance, une attestation de participation est remise par le Service à chacune des parties présentes.

[1997, c. 42, a. 7; 1999, c. 46, a. 15; 2012, c. 20, a. 48].

In the case of a group session, the mediators inform the parties of their right to enter into mediation or not and of their right to enter into mediation with the mediator of their choice. At the end of the session, the Service gives a certificate of participation to each of the parties present.

[1997, c. 42, s. 7; 1999, c. 46, s. 15; 2012, c. 20, s. 48].

814.7. Les séances de médiation ont lieu en présence des deux parties et d'un médiateur ou, si les parties en conviennent, de deux médiateurs; elles peuvent aussi avoir lieu en présence d'autres personnes si les parties y consentent et que le médiateur estime que leur présence serait requise, pourvu que ces personnes ne soient ni experts, ni conseillers.

Les parties peuvent, de leur propre initiative ou à la suggestion du médiateur, suspendre toute séance afin de prendre conseil auprès de leur procureur ou d'une autre personne, selon la nature du conseil recherché.

[1997, c. 42, a. 7].

814.7. The mediation sessions take place in the presence of both parties and of a mediator or, if the parties agree, two mediators; other persons may be present at the mediation sessions, provided the parties agree, the mediator considers the presence of those persons necessary and they are neither experts nor advisers.

The parties may, on their own initiative or at the suggestion of the mediator, suspend any session to seek advice from counsel or from any other person, according to the type of advice sought.

[1997, c. 42, s. 7].

814.8. L'une ou l'autre des parties peut, à tout moment de la médiation, y mettre un terme sans avoir à s'en justifier. Le médiateur doit mettre un terme à la médiation s'il estime qu'il serait contre-indiqué de la poursuivre.

Le médiateur produit en ces cas son rapport au Service de médiation familiale et en transmet copie aux parties.

[1997, c. 42, a. 7; 1999, c. 46, a. 15].

814.8. Either party may, at any time during mediation, terminate it without having to give reasons. The mediator must terminate mediation if he considers that to pursue it would be ill-advised.

In such cases, the mediator files his report with the Family Mediation Service and sends a copy to the parties.

[1997, c. 42, s. 7; 1999, c. 46, s. 15].

814.9. Le tribunal peut, sur requête, rendre, aux conditions qu'il détermine, toute ordonnance utile à la sauvegarde des droits des parties ou des enfants pour le temps de la médiation ou pour toute autre période qu'il estime appropriée.

[1997, c. 42, a. 7].

814.9. The court may, on a motion, make, subject to the conditions it determines, any appropriate order to safeguard the rights of the parties or children during the period of mediation or during any other period it considers appropriate.

[1997, c. 42, s. 7].

814.10. Une partie qui a des motifs sérieux de ne pas participer à la séance d'information sur la médiation peut déclarer ce fait à un médiateur de son choix; ces motifs peuvent être liés, entre autres, au déséquilibre des forces en présence, à la capacité ou à l'état physique ou psychique de la partie ou, encore, à la distance importante qui sépare sa résidence de celle de l'autre partie.

Le médiateur dresse alors un rapport portant déclaration expresse de la partie concernée qu'elle ne peut, pour des motifs sérieux qui n'ont pas à être divulgués, participer à la séance d'information; il produit ensuite son rapport au Service de médiation familiale et en transmet copie à la partie déclarante, ainsi qu'à l'autre partie si la demande a été déposée au greffe du tribunal.

[1997, c. 42, a. 7; 1999, c. 46, a. 15].

814.11. Le tribunal peut procéder sans qu'il y ait eu séance d'information préalable, sur production d'une copie du rapport du médiateur dressé dans les circonstances visées à l'article 814.10.

1997, c. 42, a. 7].

814.12. À moins qu'elle ne produise copie d'un rapport portant sa déclaration qu'elle ne peut y participer, la partie qui n'a pas participé à la séance d'information sur la médiation peut être condamnée au paiement de tous les dépens relatifs à la demande.

[1997, c. 42, a. 7].

814.13. Quelles que soient les circonstances dans lesquelles il est dressé, le rapport d'un médiateur ou l'attestation de participation à une séance d'information de groupe est valable jusqu'à ce que le jugement sur la demande principale soit passé en force de chose jugée; il est également valable pour toute demande en révision de ce jugement.

[1997, c. 42, a. 7; 2012, c. 20, a. 49].

814.14. Le Service de médiation familiale assume, à concurrence du nombre de séances prescrit, le paiement des honoraires du médiateur si ces honoraires sont

814.10. A party that has a valid reason not to attend the information session on the mediation process may state that fact to the mediator of his choice; the reason may relate, in particular, to the inequality of the power relationship, to the disability or the physical or psychological condition of the party or to the great distance between the party's residence and that of the other party.

In such a case, the mediator draws up a report containing an express statement of the party concerned that the party cannot attend the information session for a valid reason, which need not be disclosed; the mediator then files his report with the Family Mediation Service and sends a copy to the party having made the statement and, if the application has been filed at the office of the court, to the other party.

[1997, c. 42, s. 7; 1999, c. 46, s. 15].

814.11. Where a copy of a report drawn up by a mediator in the circumstances referred to in article 814.10 has been filed, the court may proceed without the parties having attended an information session.

[1997, c. 42, s. 7].

814.12. A party who does not attend the information session on the mediation process may, unless he files a copy of a report containing a statement that he cannot do so, be condemned to all the costs relating to the application.

[1997, c. 42, s. 7].

814.13. The mediator's report or the certificate of participation in a group information session remains valid, regardless of the circumstances in which it is drawn up, until the judgment on the principal application becomes *res judicata*; the report also remains valid in respect of any application for review of the judgment.

[1997, c. 42, s. 7; 2012, c. 20, s. 49].

814.14. The Family Mediation Service pays the mediator's fees, up to the prescribed number of sessions, provided the fees are in keeping with the tariff estab-

conformes au tarif établi en application de l'article 827.3; autrement, ces honoraires demeurent à la charge des parties, qui en assument seules le paiement.

[1997, c. 42, a. 7; 1999, c. 46, a. 15].

lished under article 827.3; otherwise, the mediator's fees are borne and paid in full by the parties.

[1997, c. 42, s. 7; 1999, c. 46, s. 15].

SECTION II ⸺
DE L'INSTANCE

SECTION II ⸺ PROCEEDINGS

815. Dans les matières qui concernent la filiation, le tribunal peut, même d'office, ordonner la mise en cause de toute personne dont les intérêts peuvent être touchés par le jugement.

[1965 (1re session), c. 80, a. 815; 1969, c. 81, a. 21; 1982, c. 17, a. 29].

815. In filiation cases, the court may, even of its own motion, order the impleading of any person whose interests may be affected by the judgment.

[1965 (1st sess.), c. 80, a. 815; 1969, c. 81, s. 21; 1982, c. 17, s. 29].

815.1. À tout moment de l'instruction, le tribunal peut ordonner, même d'office, la production de toute preuve additionnelle ou l'assignation de toute personne dont il estime le témoignage utile ou convoquer, pour l'entendre, toute personne dont les intérêts sont susceptibles d'être touchés par le jugement.

[1982, c. 17, a. 29].

815.1. At any time during the hearing, the court may order, even of its own motion, the production of any additional evidence or the summoning of any person whose testimony it considers expedient, or convoke, for hearing, any person whose interests could be affected by the judgment.

[1982, c. 17, s. 29].

815.2. À tout moment avant le jugement et avec le consentement des parties, le tribunal peut, pour une période qu'il détermine, ajourner l'instruction de la demande en vue de favoriser soit la réconciliation, soit la conciliation des parties notamment par la médiation.

À l'expiration de ce délai, l'instruction est poursuivie, à moins que les parties ne consentent expressément à une prolongation pour la période qu'elles fixent.

[1982, c. 17, a. 29; 1993, c. 1, a. 1].

815.2. At any time before judgment, the court, with the consent of the parties, may adjourn the hearing of the application for the period it determines, with a view to favouring either the reconciliation of the parties or the conciliation, in particular, through mediation.

At the expiry of that period, the hearing is continued unless the parties expressly agree to an extension for such period as they fix.

[1982, c. 17, s. 29; 1993, c. 1, s. 1].

815.2.1. À tout moment de l'instruction d'une demande contestée, le tribunal peut rendre les ordonnances pour ajourner l'instruction de la demande et pour référer les parties au Service de médiation familiale ou, à leur demande, à un médiateur qu'elles choisissent pour régler une ou plusieurs questions relatives à la garde des enfants, aux aliments dus au conjoint ou aux enfants ou au patrimoine familial et aux autres droits patrimoniaux résultant du mariage ou de l'union civile. Le Service

815.2.1. At any time during the hearing of a contested application, the court may order the adjournment of the hearing and the referral of the parties to the Family Mediation Service or, at their request, to the mediator of their choice, for the settlement of one or more matters relating to the custody of the children, the support due to the spouse or children, the family patrimony or other patrimonial rights resulting from the marriage or civil union. The Service shall designate a mediator and fix the date

désigne un médiateur et fixe la date de la première rencontre qui ne doit pas excéder le vingtième jour de l'ordonnance.

Lorsque le tribunal rend ces ordonnances, il tient compte des circonstances particulières à chaque cas, notamment du fait que les parties ont déjà vu un médiateur accrédité, de l'équilibre des forces en présence, et de l'intérêt des parties, et de leurs enfants le cas échéant.

Sauf dans les cas prévus par règlement, les honoraires du médiateur sont à la charge des parties, chacune dans la proportion que détermine le tribunal. Le Service assume toutefois le paiement de ces honoraires, à concurrence du nombre de séances prescrit et s'ils sont conformes au tarif établi en application de l'article 827.3, dans tous les cas où la demande met en jeu l'intérêt des parties et celui de leurs enfants.

L'ajournement de l'instruction de la demande est fait pour une période que le tribunal détermine et qui n'excède pas 90 jours. À l'expiration de cette période, le tribunal poursuit l'instruction ou fixe une date ultérieure, à moins que les parties ne consentent expressément à une prolongation pour une période déterminée par le tribunal. Les parties doivent entreprendre le processus de médiation dans les 20 jours de l'ordonnance. À défaut de ce faire ou lorsque la médiation est terminée avant ce délai ou avant la fin de la période d'ajournement, l'une des parties peut demander la poursuite de l'instruction. Le juge qui a prononcé l'ordonnance pour référer les parties en médiation demeure saisi du dossier, à moins que le juge en chef ne l'en dessaisisse pour des raisons d'ordre administratif.

Le tribunal rend toutes les ordonnances utiles à la sauvegarde des droits des parties ou des enfants, pour la période et aux conditions qu'il détermine.

Un juge présidant une conférence préparatoire à l'instruction peut également ordonner l'ajournement et référer les parties en médiation conformément au présent article.

[1993, c. 1, a. 2; 1997, c. 42, a. 8; 1999, c. 46, a. 15; 2002, c. 6, a. 108].

of the first meeting, which must take place no later than on the twentieth day after the order.

When the court makes an order, it shall take into account the particular circumstances of each case, and in particular the fact that the parties have already met a certified mediator, the balance of power in place, the interests of the parties, and, if any, of their children.

Except in cases determined by regulation, the mediator's fees are borne by the parties, each bearing the proportion determined by the court. However, in every case where the application involves the interests of the parties and the interest of their children, the Family Mediation Service pays the mediator's fees, up to the prescribed number of sessions, provided the fees are in keeping with the tariff established under article 827.3.

The hearing is adjourned for the period determined by the court, not exceeding 90 days. At the expiry of that period, the court shall continue the hearing or fix a later date, unless the parties expressly agree to an extension for a period determined by the court. The parties must begin the mediation process within 20 days after the referral order. Where the parties fail to do so, or where mediation ends before either the end of such a period or the end of the period of adjournment, one of the parties may apply for the continuance of the hearing. The judge having ordered the referral of the parties to mediation shall have the file brought before him, unless the chief justice decides otherwise for administrative reasons.

The court shall make all appropriate orders to safeguard the rights to the parties and children for such time and on such conditions as it determines.

The judge presiding over a pre-trial conference may also order an adjournment and refer the parties to mediation in accordance with this article.

[1993, c. 1, s. 2; 1997, c. 42, s. 8; 1999, c. 46, s. 15; 2002, c. 6, s. 108].

815.2.2. Au plus tard à l'expiration du délai déterminé en vertu de l'article 815.2.1 ou à l'expiration du délai de 20 jours si les parties n'ont pas entrepris le processus de médiation, le médiateur produit au greffe du tribunal et transmet aux parties, ainsi qu'aux procureurs, un rapport relatif à la médiation.

[1993, c. 1, a. 2; 1997, c. 42, a. 9].

815.2.3. (*Abrogé*).

[1997, c. 42, a. 10].

815.3. Rien de ce qui a été dit ou écrit au cours d'une entrevue de réconciliation ou de conciliation y compris de médiation, n'est recevable en preuve dans une procédure judiciaire sauf s'il s'agit d'un cas visé à l'article 815.2 et que les parties et le réconciliateur, le conciliateur ou le médiateur, selon le cas, y consentent.

[1982, c. 17, a. 29; 1993, c. 1, a. 3].

815.4. Aucune information permettant d'identifier une partie à une instance ou un enfant dont l'intérêt est en jeu dans une instance ne peut être publiée et diffusée, à moins que le tribunal ou la loi ne l'autorise ou que cette publication et cette diffusion ne soient nécessaires pour permettre l'application d'une loi ou d'un règlement.

En outre, le juge peut, dans un cas particulier, interdire ou restreindre, pour le temps et aux conditions qu'il estime justes et raisonnables, la publication ou la diffusion d'informations relatives à une audience du tribunal.

[1982, c. 17, a. 29].

815.5. Chaque fois qu'il statue sur une entente qui lui est soumise dans le cadre d'une demande régie par le présent titre, le tribunal vérifie notamment si elle préserve suffisamment l'intérêt des enfants, le cas échéant, et s'assure que le consentement de chacune des parties a été donné sans contrainte.

Il peut, à ces fins, convoquer et entendre les parties, même séparément, en présence de leurs procureurs le cas échéant.

[1997, c. 42, a. 11].

815.2.2. On or before the expiry of the period determined under article 815.2.1 or the expiry of the period of 20 days if the parties have not undertaken the mediation process, the mediator shall file the report concerning the mediation at the office of the court and transmit it to the parties and their attorneys.

[1993, c. 1, s. 2; 1997, c. 42, s. 9].

815.2.3. (*Repealed*).

[1997, c. 42, s. 10].

815.3. Nothing said or written during a conference of reconciliation or conciliation, including a conference of mediation, is admissible as evidence in a court proceeding unless it is a particular mentioned in article 815.2 and the parties and the reconciliator, conciliator or mediator, as the case may be, consent to its being admitted as evidence.

[1982, c. 17, s. 29; 1993, c. 1, s. 3].

815.4. No information that would allow the identification of a party to a proceeding or of a child whose interest is at stake in a proceeding may be published or broadcast unless the court or the law authorizes it or unless that publication or broadcast is necessary to permit the application of an Act or a regulation.

Furthermore, the judge may, in a special case, prohibit or restrict, for such time and on such conditions as he may deem fair and reasonable, the publication or broadcast of information pertaining to a sitting of the court.

[1982, c. 17, s. 29].

815.5. Where the court adjudicates on an agreement submitted to it as part of a proceeding governed by this Title, it ascertains, among other things, whether the agreement provides sufficient protection for the interests of the child, if any, and ensures that neither party's consent was obtained under duress.

The court may, for such purposes, summon and hear the parties, even separately, in the presence of their attorneys, if any.

[1997, c. 42, s. 11].

SECTION III —
(ABROGÉ).

SECTION III — (REPEALED).

816.-816.3 (*Abrogés*).

[1992, c. 57, a. 370].

816.-816.3 (*Repealed*).

[1992, c. 57, s. 370].

SECTION IV —
DU JUGEMENT

SECTION IV — JUDGMENT

817. Au moment où le tribunal prononce la séparation de corps, la nullité du mariage, le divorce ou la dissolution ou la nullité de l'union civile, il statue sur les demandes accessoires, notamment celles qui concernent la garde, l'entretien et l'éducation des enfants ainsi que les aliments dus au conjoint ou aux enfants; il statue, au même moment ou ultérieurement, si les circonstances le justifient, sur les questions relatives au patrimoine familial et aux autres droits patrimoniaux résultant du mariage ou de l'union civile.

[1965 (1ʳᵉ session), c. 80, a. 817; 1969, c. 81, a. 22;
1982, c. 17, a. 29; 1990, c. 18, a. 7; 2002, c. 6,
a. 109].

817. In granting a separation from bed and board, marriage annulment or divorce or for the dissolution or annulment of a civil union, the court adjudicates in respect of accessory motions, particularly motions concerning the custody, support and education of the children and the support due to the spouses and children; at the same time, or later, if circumstances so warrant, it adjudicates in respect of matters relating to the family patrimony and other patrimonial rights resulting from the marriage or civil union.

[1965 (1st sess.), c. 80, a. 817; 1969, c. 81, s. 22;
1982, c. 17, s. 29; 1990, c. 18, s. 7; 2002, c. 6,
s. 109].

817.0.1. Les aliments accordés par jugement portent, de plein droit, intérêt au taux légal à compter de la date d'échéance de leur versement.

[1993, c. 72, a. 15].

817.0.1. Support awarded by judgment bears interest, by operation of law, at the legal rate from the date on which the payments are due.

[1993, c. 72, s. 15].

817.1. Le tribunal qui rend un jugement ordonnant la confection ou la rectification d'un acte de l'état civil ou donnant lieu autrement à la modification du registre de l'état civil ordonne, même d'office, au directeur de l'état civil de modifier le registre. Il énonce les mentions qui devront être inscrites au registre.

[1982, c. 17, a. 29; 1992, c. 57, a. 371].

817.1. Where the court renders a judgment ordering the drawing up or correction of an act of civil status or otherwise entailing the alteration of the register of civil status, it orders, even of its own motion, the registrar to alter the register. The particulars that are to be entered in the register are stated in the judgment.

[1982, c. 17, s. 29; 1992, c. 57, s. 371].

817.2. Le greffier du tribunal qui a rendu le jugement faisant droit à une demande en séparation de biens, en séparation de corps, en nullité de mariage, en divorce ou en dissolution ou en nullité d'union civile doit notifier sans délai ce jugement au directeur de l'état civil et à l'officier de la

817.2. The clerk of the court which has rendered a judgment maintaining an application for separation as to property, for separation from bed and board, marriage annulment or divorce or for the dissolution or annulment of a civil union must forthwith give notice of the judgment to the

publicité chargé du registre des droits personnels et réels mobiliers.

Il doit également transmettre ce jugement, sans délai, au dépositaire de la minute du contrat de mariage ou d'union civile original et, le cas échéant, au dépositaire de la minute de tout contrat qui a modifié le régime matrimonial ou d'union civile; le dépositaire est tenu de faire mention du jugement qui lui a été transmis sur la minute et sur toute copie qu'il en délivre, en indiquant la date du jugement, le numéro du dossier, le nom du district et celui du tribunal.

Il doit également notifier sans délai ce jugement à la Régie des rentes du Québec.

[1982, c. 17, a. 29; 1989, c. 55, a. 35; 1992, c. 57, a. 372, 420; 1995, c. 39, a. 14; 2002, c. 6, a. 110].

registrar of civil status and to the registrar in charge of the register of personal and movable real rights.

He must also forthwith transmit the judgment to the depositary of the minute of the original marriage or civil union contract and, where such is the case, on the depositary of the minute of any contract to modify the matrimonial or civil union regime; the depositary must make a reference to the judgment transmitted to him in the minute and any copy thereof issued by him, indicating the date of the judgment, the number of the record, the name of the district and the name of the court.

He must also give notice forthwith of the judgment to the Régie des rentes du Québec.

[1982, c. 17, s. 29; 1989, c. 55, s. 35; 1992, c. 57, s. 372, s. 420; 1995, c. 39, s. 14; 2002, c. 6, s. 110].

817.3. Lorsque le jugement initial et le jugement accueillant une demande en révision de mesures accessoires sont rendus dans des districts différents, le greffier du district où est rendu le jugement en révision en transmet copie au greffier de l'autre district pour qu'il la verse au dossier.

[1982, c. 17, a. 29; 1992, c. 57, a. 420].

817.3. Where the initial judgment and the judgment granting an application for review of accessory measures are rendered in different districts, the clerk of the district where the judgment in review is rendered forwards a copy thereof to the clerk of the other district for filing in the record.

[1982, c. 17, s. 29; 1992, c. 57, s. 420].

817.4. Après que le jugement final est passé en force de chose jugée, le tribunal peut, lorsque des difficultés risquent d'empêcher l'exécution volontaire du jugement, rendre, à la demande conjointe des parties, les ordonnances propres à faciliter l'exécution volontaire de la manière la plus conforme aux intérêts des parties.

[1982, c. 17, a. 29].

817.4. After the final judgment has acquired the status of *res judicata*, the court, where difficulties are likely to prevent the voluntary execution of the judgment, may make, on a joint motion of the parties, an order intended to facilitate voluntary execution in the manner most appropriate to the interests of the parties.

[1982, c. 17, s. 29].

Chapitre II ——
Des demandes relatives au mariage ou à l'union civile

Chapter II ——
Applications Pertaining to Marriage or a civil union

SECTION I ——
DES DEMANDES FAITES PAR DES INCAPABLES

SECTION I —— APPLICATIONS BY PERSONS UNDER LEGAL INCAPACITY

818. (*Abrogé*).

[1992, c. 57, a. 373].

818. (*Repealed*).

[1992, c. 57, s. 373].

818.1. Le mineur qui demande l'autorisation de consentir des conventions matrimoniales doit, au moins cinq jours avant la date de présentation de la requête, signifier sa demande au titulaire de l'autorité parentale ou, le cas échéant, à son tuteur. Il doit joindre à sa demande le projet de contrat de mariage.

[1982, c. 17, a. 29].

818.2. Le tuteur qui, au nom du majeur en tutelle, demande l'autorisation de consentir des conventions matrimoniales ou d'union civile doit joindre à sa requête l'avis du conseil de tutelle et le projet de contrat.

[1982, c. 17, a. 29; 1989, c. 54, a. 135; 1992, c. 57, a. 374; 2002, c. 6, a. 112].

818.1. The minor who applies for leave to make matrimonial agreements must, not later than five days before the presentation of a motion, serve his application on the person having parental authority or, if such is the case, on his tutor. He must annex a draft of his marriage contract to his application.

[1982, c. 17, s. 29].

818.2. A tutor who, in the name of a person of full age under tutorship, applies for authorization to consent to matrimonial or civil union agreements must annex the advice of the tutorship council and a draft of the contract to his application.

[1982, c. 17, s. 29; 1989, c. 54, s. 135; 1992, c. 57, s. 374; 2002, c. 6, s. 112].

SECTION II —
DES OPPOSITIONS AU MARIAGE OU À L'UNION CIVILE

819. L'opposition au mariage ou à l'union civile doit, au moins cinq jours avant la date de présentation de la requête, être signifiée au célébrant, aux futurs conjoints et, le cas échéant, aux personnes qui doivent donner leur consentement à la célébration du mariage.

[1965 (1ʳᵉ session), c. 80, a. 819; 1982, c. 17, a. 29; 1992, c. 57, a. 375; 2002, c. 6, a. 114; 2002, c. 7, a. 133].

SECTION II — OPPOSITIONS TO
MARRIAGE OR TO A CIVIL UNION

819. Opposition to marriage or to a civil union must, not later than five days prior to the presentation of the motion, be served on the officiant, on the future spouses and, if such is the case, on the persons who must consent to the solemnization of the marriage or to a civil union.

[1965 (1st sess.), c. 80, a. 819; 1982, c. 17, s. 29; 1992, c. 57, s. 375; 2002, c. 6, s. 114; 2002, c. 7, s. 133].

819.1. À moins que l'opposition ne soit manifestement mal fondée ou que l'interrogatoire de l'opposant ne démontre qu'elle est frivole, le juge reçoit l'opposition et fixe une date rapprochée pour l'entendre.

La réception de l'opposition vaut ordre de surseoir à la célébration de l'union.

[1982, c. 17, a. 29; 2002, c. 6, a. 115].

819.1. Unless the opposition is overtly ill-founded or the examination of the opposant shows that the opposition is frivolous, the judge admits the opposition and fixes an early date to hear it.

Admission of the opposition stays the solemnization of the marriage or civil union.

[1982, c. 17, s. 29; 2002, c. 6, s. 115].

819.2. L'opposition doit être présentée à la date fixée; sinon toute partie peut obtenir du tribunal un jugement de défaut-congé contre l'opposant. Sur signification d'une copie de ce jugement, le célébrant peut procéder à la célébration de l'union.

[1982, c. 17, a. 29; 2002, c. 6, a. 115].

819.2. The opposition must be presented on the date fixed, failing which any party may obtain a judgment dismissing the opposition. On being served a copy of the judgment, the officiant may proceed with the solemnization of the marriage or civil union.

[1982, c. 17, s. 29; 2002, c. 6, s. 115].

819.3. En rejetant une opposition, le tribunal peut, sur demande, condamner immédiatement l'opposant à des dommages-intérêts ou fixer une date pour l'audition de la preuve sur les dommages-intérêts.
[1982, c. 17, a. 29].

819.3. If the opposition is dismissed, the court may, on a motion, condemn the opposant immediately to damages or fix a date to hear the proof on the damages.
[1982, c. 17, s. 29].

819.4. L'appel du jugement sur une opposition a préséance sur tout autre.
[1982, c. 17, a. 29].

819.4. Appeal from a judgment on opposition has precedence over any other appeal.
[1982, c. 17, s. 29].

Chapitre III ⎯
(Abrogé).

Chapter III ⎯
(Repealed).

820. (*Abrogé*).
[1992, c. 57, a. 376].

820. (*Repealed*).
[1992, c. 57, s. 376].

Chapitre IV ⎯
De la demande en séparation de biens

Chapter IV ⎯
Applications for Separation as to Property

821. La demande en séparation de biens ne peut être instruite à moins qu'un avis n'en ait été donné, au moins 20 jours auparavant, dans un journal circulant dans la localité ou aussi près que possible de la localité où est établie la résidence du défendeur.
[1965 (1ʳᵉ session), c. 80, a. 821; 1982, c. 17, a. 29].

821. No application for separation as to property may be proceeded with unless notice thereof is served, not later than 20 days previously, in a newspaper circulated in or as near as possible to the locality where the residence of the defendant is established.
[1965 (1st sess.), c. 80, a. 821; 1982, c. 17, s. 29].

Chapitre V ⎯
De la demande conjointe en séparation de corps, en divorce ou en dissolution d'union civile sur projet d'accord

Chapter V ⎯
Joint Applications for Separation from bed and board or divorce or for dissolution of a civil union on a Draft Agreement

822. Les conjoints qui demandent ensemble la séparation de corps, le divorce ou la dissolution de leur union civile, en en réglant les conséquences dans un projet d'accord qu'ils soumettent à l'approbation du tribunal, doivent produire au greffe une requête introductive d'instance signée par chacun d'eux et, le cas échéant, par leurs procureurs.
[1965 (1ʳᵉ session), c. 80, a. 822; 1982, c. 17, a. 29; 2002, c. 6, a. 117; 2002, c. 7, a. 160].

822. Spouses who apply jointly for separation from bed and board or divorce or for the dissolution of their civil union, settling the consequences thereof in a draft agreement which they submit to the court for approval, must file at the office of the court a motion to institute proceedings signed by each of them and, if such is the case, their attorneys.
[1965 (1st sess.), c. 80, a. 822; 1982, c. 17, s. 29 ; 2002, c. 6, s. 117; 2002, c. 7, s. 160].

822.1. Le projet d'accord est daté et signé par les conjoints. Il porte règlement com-

822.1. The draft agreement is dated and signed by the spouses. It contains a full

plet des conséquences de leur séparation de corps, de leur divorce ou de la dissolution de leur union civile et indique, au besoin, la personne chargée de liquider le régime matrimonial ou d'union civile.

Le projet d'accord règle également, pour la durée de l'instance, la situation des conjoints et, le cas échéant, celle des enfants; il vaut ainsi comme convention temporaire, à moins que les conjoints ne joignent à leur requête introductive d'instance une telle convention, datée et signée par eux, portant sur les différents points qui peuvent faire l'objet de mesures provisoires.

[1982, c. 17, a. 29; 2002, c. 6, a. 118; 2002, c. 7, a. 160].

822.2. Le juge qui préside le tribunal peut, avant d'examiner le projet d'accord définitif et après avoir vérifié la recevabilité de la demande, faire supprimer ou modifier les clauses de la convention temporaire qui lui paraîtraient contraires à l'intérêt des enfants.

Il peut aussi, s'il l'estime nécessaire pour s'assurer du consentement des conjoints, convoquer et entendre ceux-ci, même séparément, en présence, le cas échéant, de leurs procureurs.

[1982, c. 17, a. 29; 1988, c. 17, a. 6; 2002, c. 6, a. 119].

822.3. Si le juge qui préside le tribunal constate que le projet d'accord qui lui est présenté préserve insuffisamment les intérêts des enfants ou de l'un des conjoints, il peut rejeter la demande en séparation de corps, en divorce ou en dissolution de l'union civile ou ajourner sa décision jusqu'à la présentation d'un projet d'accord modifié.

[1982, c. 17, a. 29; 2002, c. 6, a. 120].

822.4. La demande en séparation de corps, en divorce ou en dissolution de l'union civile devient caduque si les conjoints omettent de présenter un projet d'accord modifié dans un délai de trois mois après l'ordonnance d'ajournement, à moins que le tribunal ne prolonge ce délai, à la demande conjointe des parties.

settlement of the consequences of their separation from bed and board or divorce or of the dissolution of their civil union and indicates, if such is the case, the person entrusted with the liquidation of the matrimonial or civil union regime.

The draft agreement also settles the situation of the spouses and that of the children, if any, during the proceedings; it also serves as a provisional covenant unless, to their motion to institute proceedings, the spouses annex such a covenant, dated and signed by them, bearing on the various points that may be the subject of provisional measures.

[1982, c. 17, s. 29; 2002, c. 6, s. 118; 2002, c. 7, s. 160].

822.2. The judge presiding at court may, before examining the final draft agreement and after ascertaining the admissibility of the application, direct that the clauses of the provisional covenant which appear to him to be contrary to the interests of the children be deleted or amended.

The judge may also, if he considers it necessary to verify that the spouses truly consent, convene and hear them, even separately, in the presence of their attorneys, if such is the case.

[1982, c. 17, s. 29; 1988, c. 17, s. 6].

822.3. If the judge presiding at court finds that the draft agreement presented to him does not sufficiently preserve the interests of the children or of either spouse, he may dismiss the application for separation from bed and board or divorce or for the dissolution of a civil union or adjourn his decision until an amended draft agreement is presented.

[1982, c. 17, s. 29; 2002, c. 6, s. 120].

822.4. The application for separation from bed and board or divorce or for the dissolution of a civil union lapses if the spouses omit to present an amended draft agreement within three months from the order of adjournment, unless the court extends the time prescribed, on the joint motion of the parties.

La demande devient aussi caduque si l'un des conjoints se désiste de la demande.

[1982, c. 17, a. 29; 2002, c. 6, a. 121].

The application also lapses if either of the spouses discontinues the application.

[1982, c. 17, s. 29; 2002, c. 6, s. 121].

822.5. Lorsqu'il prononce la séparation de corps, le divorce ou la dissolution de l'union civile à la suite d'une demande conjointe accompagnée d'un projet d'accord, le tribunal par son jugement entérine l'accord.

[1982, c. 17, a. 29; 2002, c. 6, a. 122].

822.5. When granting separation from bed and board or divorce or the dissolution of a civil union following a joint application accompanied with a draft agreement, the court, by its judgment, confirms the agreement.

[1982, c. 17, s. 29; 2002, c. 6, s. 122].

Chapitre VI ▬
Des demandes relatives à l'adoption

SECTION I ▬
DISPOSITIONS GÉNÉRALES

Chapter VI ▬
Applications Pertaining to Adoption

SECTION I ▬ GENERAL PROVISIONS

823. Les demandes en matière d'adoption d'un enfant mineur doivent être signifiées au directeur de la protection de la jeunesse ayant compétence dans le lieu où réside l'enfant ou, s'il s'agit de l'adoption d'un enfant domicilié hors du Québec, dans le lieu où est domicilié l'adoptant.

Le directeur peut intervenir de plein droit à cette demande.

[1965 (1re session), c. 80, a. 823; 1982, c. 17, a. 29; 1987, c. 44, a. 6].

823. Applications in matters pertaining to the adoption of a minor must be served on the director of youth protection having jurisdiction in the child's place of residence or, in the case of the adoption of a child domiciled outside Québec, in the place where the adopter is domiciled.

The director may intervene of right in connection with such application.

[1965 (1st sess.), c. 80, a. 823; 1982, c. 17, s. 29; 1987, c. 44, s. 6].

823.1. Lorsqu'il doit être donné avis d'une demande à une partie ou à une personne intéressée, l'avis doit être signifié et assurer l'anonymat des adoptants ou des père, mère et tuteur, les uns par rapport aux autres. L'avis doit aussi contenir l'exposé de l'objet de la demande, des moyens sur lesquels elle est fondée et des conclusions recherchées.

[1982, c. 17, a. 29].

823.1. Whenever notice of an application must be served on a party or on an interested person, the notice must be served and preserve the anonymity of the adopters to the father, mother and tutor, and vice versa. Furthermore, the notice must contain a statement of the object of the application, the grounds invoked and the conclusions sought.

[1982, c. 17, s. 29].

823.2. Dans toute instance, à moins que toutes les parties ne consentent à une autre manière de procéder, le tribunal doit prendre les mesures nécessaires pour que les personnes qui demandent la restitution d'un enfant ne soient pas confrontées avec les adoptants et ne puissent les identifier ni être identifiées par eux.

[1982, c. 17, a. 29].

823.2. In any proceeding, unless all the parties agree to another manner of proceeding, the court must take the measures necessary to ensure that the persons who apply for the return of a child are not confronted with the adopters and are not able to identify them or to be identified by them.

[1982, c. 17, s. 29].

823.3. Le tribunal doit admettre à ses audiences tout membre de la Commission de protection des droits de la personne et des droits de la jeunesse ou toute autre personne que la Commission autorise par écrit à y assister. Ces personnes ne peuvent dévoiler une information ainsi obtenue ni être contraintes de le faire.

[1982, c. 17, a. 29; 1989, c. 53, a. 12; 1995, c. 27, a. 17].

823.3. The court must admit to its sittings any member of the Commission des droits de la personne et des droits de la jeunesse or any other person authorized by the Commission to be present thereat. In no case may such persons disclose any information thus obtained or be compelled to do so.

[1982, c. 17, s. 29; 1989, c. 53, s. 12; 1995, c. 27, s. 17].

823.4. La présente section ne s'applique pas dans le cas où le consentement à l'adoption est spécial.

[1982, c. 17, a. 29].

823.4. This section does not apply in the case of special consent to adoption.

[1982, c. 17, s. 29].

SECTION II —
DE LA DEMANDE EN RESTITUTION DE L'ENFANT

SECTION II — APPLICATIONS FOR
THE RETURN OF A CHILD

824. La demande faite par celui qui, ayant donné un consentement général à l'adoption et ayant omis de le rétracter dans le délai prescrit, veut obtenir la restitution de l'enfant doit être signifiée au directeur de la protection de la jeunesse. Celui-ci doit donner avis de la demande au titulaire de l'autorité parentale ou à celui qui l'exerce, au père ou à la mère s'ils ne sont plus titulaires de l'autorité et, le cas échéant, au tuteur.

Dans le cas où le consentement à l'adoption était spécial, la demande en restitution est signifiée à la personne à qui l'enfant a été remis.

[1965 (1ᵉ session), c. 80, a. 824; 1982, c. 17, a. 29].

824. Any application made by the person who, having given general consent to adoption and having omitted to withdraw it within the prescribed time, wishes the child to be returned to him, must be served on the director of youth protection. The latter must give notice of the application to the person having or exercising parental authority, to the father or mother if they no longer have parental authority and, if such is the case, to the tutor.

In the case of special consent to adoption, the application for the return of a child is served on the person to whom the child was entrusted.

[1965 (1st sess.), c. 80, a. 824; 1982, c. 17, s. 29].

SECTION III —
DE LA DÉCLARATION D'ADMISSIBILITÉ À L'ADOPTION

SECTION III — DECLARATION OF
ELIGIBILITY FOR ADOPTION

824.1. La demande en déclaration d'admissibilité à l'adoption est signifiée aux père et mère de l'enfant s'ils sont connus, au tuteur de l'enfant, le cas échéant, et à l'enfant s'il est âgé de 14 ans ou plus. Elle est aussi signifiée à l'enfant âgé de 10 ans ou plus si le juge l'ordonne.

[1982, c. 17, a. 29; 1992, c. 57, a. 378].

824.1. The application for a declaration of eligibility for adoption is served on the father and mother of the child, if known, on the child's tutor, if such is the case, and on the child, if 14 years of age or older. It is also served on a child 10 years of age or older if so ordered by the judge.

[1982, c. 17, s. 29].

Section IV —
Des demandes de placement et
d'adoption

Section IV — Applications for
Placement and Adoption

825. La demande de placement de l'enfant est présentée par l'adoptant et par le directeur de la protection de la jeunesse, à moins que le consentement à l'adoption ne soit spécial, auquel cas elle peut être présentée par le seul adoptant.

[1965 (1ᵉ session), c. 80, a. 825; 1982, c. 17, a. 29; 1983, c. 50, a. 8].

825. The application for placement of the child is presented by the adopter and by the director of youth protection, except in the case of special consent to adoption, where it may be presented by the adopter acting alone.

[1965 (1st sess.), c. 80, a. 825; 1982, c. 17, s. 29; 1983, c. 50, s. 8].

825.1. Un avis de la demande de placement, indiquant le nom du demandeur et le lieu de son domicile, est signifié à l'enfant âgé de 10 ans ou plus. Lorsque le père, la mère ou le tuteur de l'enfant sont domiciliés au Québec et ont consenti à l'adoption dans l'année qui précède la demande, un avis de la demande leur est signifié par le directeur de la protection de la jeunesse.

Dans le cas où le consentement à l'adoption est spécial, l'avis de la demande de placement est signifié par le demandeur.

[1982, c. 17, a. 29; 1983, c. 50, a. 9].

825.1. A notice of the application for placement stating the name of the applicant and his place of domicile is served on the child 10 years of age or older. Where the child's father, mother or tutor is domiciled in Québec and has given consent to adoption within one year preceding the application, notice of the application is served on him or her by the director of youth protection.

Where consent to adoption is special, the notice of the application for placement is served by the applicant.

[1982, c. 17, s. 29; 1983, c. 50, s. 9].

825.1.1. (*Abrogé*).

[1990, c. 29, a. 7].

825.1.1. (*Repealed*).

[1990, c. 29, s. 7].

825.2. La demande en adoption d'une personne majeure doit être signifiée à la personne dont l'adoption est demandée et, le cas échéant, à son époux ou conjoint uni civilement, à ses enfants de 14 ans ou plus et à ses ascendants.

[1982, c. 17, a. 29; 2002, c. 6, a. 123].

825.2. The application for adoption of a person of full age must be served on the person whose adoption is applied for and, if applicable, on his or her married or civil union spouse, his or her children 14 years of age or older and his or her ascendants.

[1982, c. 17, s. 29; 2002, c. 6, s. 123; 2002, c. 6, s. 123].

825.3. La demande en révocation d'une ordonnance de placement doit être signifiée au directeur de la protection de la jeunesse qui en donne avis à l'adoptant et à la personne dont l'adoption est demandée.

Dans le cas où le consentement à l'adoption est spécial, la demande en révocation est signifiée à l'adoptant et à la personne dont l'adoption est demandée si elle est âgée de 10 ans ou plus.

[1982, c. 17, a. 29].

825.3. The application for the revocation of an order of placement must be served on the director of youth protection, who gives notice of it to the adopter and the person whose adoption is applied for.

In the case of special consent to adoption, the application for revocation is served on the adopter and on the person whose adoption is applied for, if he is 10 years of age or older.

[1982, c. 17, s. 29].

825.4. La demande en adoption est présentée par l'adoptant. S'il y a deux adoptants, la demande est faite conjointement.

[1982, c. 17, a. 29].

825.5. Lorsqu'est déposé au tribunal un rapport indiquant que l'enfant ne s'est pas adapté à sa famille adoptive, le tribunal transmet copie du rapport à l'adoptant et, le cas échéant, au tuteur ou au procureur de l'enfant. Il les avise en même temps du délai qui leur est donné pour contester le rapport.

Dans le cas où la personne dont l'adoption est demandée est âgée de 14 ans ou plus, le tribunal peut, s'il le juge opportun, lui transmettre copie du rapport; il est tenu de le faire s'il entend refuser l'adoption en se fondant sur ce rapport.

[1982, c. 17, a. 29].

SECTION V —
DE LA RECONNAISSANCE DE DÉCISIONS RENDUES HORS DU QUÉBEC

825.6. La demande en reconnaissance d'une décision d'adoption rendue hors du Québec doit être présentée par l'adoptant ou l'adopté.

Elle doit, pour être recevable, être accompagnée de copies certifiées de la décision d'adoption et de la loi étrangère.

[1983, c. 50, a. 10; 2004, c. 3, a. 21].

825.6.1. (*Abrogé*).

[1990, c. 29, a. 7].

825.7. Le requérant peut joindre à sa demande des demandes accessoires, comme le changement de nom ou de prénom de l'adopté et la modification du registre de l'état civil.

[1983, c. 50, a. 10; 1992, c. 57, a. 379].

825.4. The application for adoption is presented by the adopter. If the adoption is made by two persons, the application is made jointly.

[1982, c. 17, s. 29].

825.5. Where a report indicating that a child has not adapted to his adopting family is filed with the court, the court sends a copy of the report to the adopter and, if such is the case, to the tutor or attorney of the child. It notifies them at the same time of the period granted to contest the report.

If the person to be adopted is 14 years of age or over, the court may, if it considers it expedient, send a copy of the report to that person; the court must do so if it intends to refuse adoption on the basis of the report.

[1982, c. 17, s. 29].

SECTION V — RECOGNITION OF
DECISIONS MADE OUTSIDE QUÉBEC

825.6. The application for recognition of a decision granting an adoption made outside Québec must be presented by the adopter or the adopted person.

The application, in order to be admissible, must be accompanied with certified copies of the decision granting the adoption and of the foreign law.

[1983, c. 50, s. 10; 2004, c. 3, s. 21].

825.6.1. (*Repealed*).

[1990, c. 29, s. 7].

825.7. The applicant may attach accessory applications to his application, such as for the change of the name or given name of the adopted person and the alteration of the register of civil status.

[1983, c. 50, s. 10; 1992, c. 57, s. 379].

Chapitre VI.1 ——
Des demandes relatives aux obligations alimentaires à l'égard d'enfants

Chapter VI.1 ——
Applications Relating to Child Support

825.8. Le gouvernement établit, par règlement, des normes permettant de fixer la pension alimentaire exigible d'un parent pour son enfant, en fonction notamment de la contribution alimentaire de base à laquelle les deux parents devraient ensemble être tenus à l'égard de l'enfant, des frais de garde, frais d'études postsecondaires et frais particuliers relatifs à celui-ci et du temps de garde assumé par les parents à son endroit. Il prescrit à cette fin l'utilisation d'un formulaire, lequel est assorti d'une table déterminant, à partir du revenu disponible des parents et du nombre de leurs enfants, la valeur de leur contribution alimentaire de base, de même que la production de tout document au soutien de ce formulaire.

[1996, c. 68, a. 2].

825.8. The Government, by regulation, shall establish standards for the determination of the child support payments to be made by a parent, on the basis of the basic parental contribution determined in respect of the child, of the child care expenses, post-secondary education expenses and special expenses relating to the child and of the parents' custodial arrangement in respect of the child. The Government shall prescribe the use of a form and of a related table determining, on the basis of the parents' disposable income and the number of children, the basic parental contribution, as well as the production of evidentiary documents.

[1996, c. 68, s. 2].

825.9. Aucune demande relative à l'obligation alimentaire des parents à l'égard de leur enfant ne peut être entendue à moins d'être accompagnée du formulaire de fixation des pensions alimentaires pour enfants dûment rempli par le demandeur et des documents prescrits.

De même, aucune contestation de la demande ne peut être entendue si le formulaire n'a été préalablement produit par le défendeur avec les documents prescrits. Le tribunal peut toutefois, aux conditions qu'il détermine, relever le défendeur de son défaut.

Les règles du présent article ne sont pas applicables au demandeur ou défendeur qui n'est pas l'un des parents de l'enfant.

[1996, c. 68, a. 2].

825.9. No application relating to child support may be heard unless it is accompanied by the form prescribed for the determination of child support payments, duly completed by the plaintiff, and by the prescribed documents.

Likewise, no contestation of the application may be heard unless the prescribed form has been produced with the prescribed documents by the defendant. The court may, however, relieve the defendant from his default on the conditions it determines.

The rules provided in this article do not apply to a plaintiff or defendant who is not a parent of the child.

[1996, c. 68, s. 2].

825.10. Le parent demandeur doit signifier, avec la demande, copie du formulaire et des documents prescrits. Au moins cinq jours avant la présentation de la demande, le parent à qui celle-ci a été signifiée doit,

825.10. The plaintiff parent must serve a copy of the prescribed form and prescribed documents with the application. Not less than five days before the presentation of the application, the defendant parent must

à son tour, signifier au demandeur copie du formulaire et des documents.

[1996, c. 68, a. 2; 1997, c. 42, a. 12].

serve a copy of the prescribed form and prescribed documents on the plaintiff parent.

[1996, c. 68, s. 2; 1997, c. 42, s. 12].

825.11. Les parents peuvent produire ensemble le formulaire et les documents prescrits. Ils sont, dans ce cas, dispensés de se les signifier l'un à l'autre.

[1996, c. 68, a. 2].

825.11. The parents may produce the prescribed form and prescribed documents jointly. If they do, they are exempted from service requirements.

[1996, c. 68, s. 2].

825.12. Si les informations qui paraissent dans le formulaire ou les documents prescrits sont incomplètes ou contestées, ou dans tous les cas où il l'estime nécessaire, le tribunal peut y suppléer et, notamment, établir le revenu d'un parent. Lorsqu'il fixe le revenu d'un parent, le tribunal peut tenir compte, entre autres, de la valeur des actifs de ce parent et leur attribuer la production de revenus qu'il juge appropriée.

[1996, c. 68, a. 2].

825.12. If the information stated in the prescribed form or prescribed documents is contested or incomplete or if the court considers it necessary, it may make good the deficiency and, for instance, establish the income of a parent. In establishing the income of a parent, the court may have regard, among other things, to the assets held by the parent and attribute to those assets the production of such income as it sees fit.

[1996, c. 68, s. 2].

825.13. Les aliments dus à l'enfant sont établis sans tenir compte, le cas échéant, des aliments réclamés par l'un des parents pour lui-même.

Le jugement qui accorde des aliments à un enfant et à l'un des parents doit préciser distinctement le montant des aliments dus à chacun.

Le formulaire de fixation des pensions alimentaires ayant servi au tribunal pour fixer la pension alimentaire d'un enfant doit être joint au jugement qui l'accorde.

[1996, c. 68, a. 2; 2012, c. 20, a. 50].

825.13. The support to be provided to a child is determined without regard to support claimed by a parent of the child for himself.

A judgment granting support to a child and to a parent of the child must state separately the amount of support to be provided to each.

The child support determination form used by the court to determine child support payments must be attached to the judgment granting the support.

[1996, c. 68, s. 2; 2012, c. 20, s. 50].

825.14. Les parents qui conviennent d'aliments d'une valeur différente de celle qui serait exigible en application des règles de fixation des pensions alimentaires pour enfants doivent, dans leur entente et dans le formulaire, énoncer avec précision les motifs de cet écart.

De même, le jugement qui accorde des aliments ne correspondant pas à l'entente des parents ou, en cas de demande contestée, aux données d'un formulaire qu'ils ont

825.14. Parents who make a private agreement stipulating a level of child support that departs from the level of support which would be required to be provided under the rules for the determination of child support payments must state precisely, in their agreement and in the form they file, the reasons for such departure.

Likewise, any judgment granting a level of child support which is at variance with a private agreement between the parents or, in the case of a contested application, with

produit doit énoncer avec précision les motifs de cet écart, en se rapportant, le cas échéant, aux rubriques pertinentes du formulaire.

[1996, c. 68, a. 2; 2004, c. 5, a. 5].

the information stated in a form filed by the parents, must state precisely the reasons for such variance and include references to the relevant items of the prescribed form.

[1996, c. 68, s. 2; 2004, c. 5, s. 5].

Chapitre VII ▬
Des demandes relatives à l'autorité parentale

Chapter VII ▬
Applications Relating to Parental Authority

826. La demande en déchéance de l'autorité parentale ou en retrait d'un attribut de l'autorité parentale ou de son exercice peut être présentée par toute personne intéressée et elle est signifiée au titulaire de l'autorité parentale, au tuteur de l'enfant ou, si l'enfant n'a pas de tuteur, au directeur de la protection de la jeunesse ayant compétence dans le lieu où réside l'enfant; le directeur peut alors intervenir de plein droit relativement à cette demande.

[1965 (1ʳᵉ session), c. 80, a. 826; 1982, c. 17, a. 29; 1992, c. 57, a. 380].

826. An application for deprivation of parental authority or for withdrawal of an attribute of parental authority or of the exercise of such authority may be presented by any interested person and is served on the person having parental authority, on the tutor of the child or, if the child has no tutor, on the director of youth protection having jurisdiction in the child's place of residence; the director may then intervene of right in relation to the application.

[1965 (1st sess.), c. 80, a. 826; 1982, c. 17, s. 29; 1992, c. 57, s. 380].

826.1. La demande faite par les père et mère, ou par l'un deux, pour que leur soient restitués les droits dont ils avaient été privés, doit être signifiée aux personnes qui ont été parties à la demande ainsi qu'au titulaire de l'autorité parentale et, le cas échéant, au tuteur.

[1982, c. 17, a. 29; 1992, c. 57, a. 381].

826.1. An application presented by the father and mother or by either of them to have the withdrawn rights restored must be served on the persons who were parties to the application and on the person having parental authority and, if such is the case, on the tutor.

[1982, c. 17, s. 29; 1992, c. 15, s. 381].

826.2. Pendant l'instance, le tribunal peut ordonner, même d'office, relativement à la garde et à l'entretien de l'enfant, toute mesure provisoire qu'il juge utile.

[1982, c. 17, a. 29].

826.2. During the proceedings, the court may, even of his own motion, order, in respect of the custody and maintenance of the child, any provisional measure it considers expedient.

[1982, c. 17, s. 29].

826.3. Le tribunal peut, même d'office, ordonner la constitution d'un conseil de tutelle, pour prendre son avis sur la désignation du titulaire de l'autorité parentale ou sur la nomination d'un tuteur.

[1982, c. 17, a. 29; 1992, c. 57, a. 382].

826.3. The court may, even of its own motion, order the establishment of a tutorship council to obtain its opinion on the designation of the person who is to exercise parental authority or on the appointment of a tutor.

[1982, c. 17, s. 29; 1992, c. 57, s. 382].

Chapitre VIII ⸺ **Dispositions diverses**	**Chapter VIII** ⸺ **Miscellaneous Provisions**

827. (*Abrogé*).

[1992, c. 57, a. 383].

827. (*Repealed*).

[1992, c. 57, s. 383].

827.1. La demande d'un conjoint survivant pour faire établir la prestation qui lui est due en compensation de son apport à l'enrichissement du patrimoine de son conjoint décédé doit être signifiée au liquidateur de la succession s'il est connu, ainsi qu'à tous les héritiers et légataires qui pourraient être tenus d'acquitter la dette.

[1982, c. 17, a. 29; 1992, c. 57, a. 384; 2002, c. 7, a. 134].

827.1. The application of a surviving spouse for the establishment of the allowance due to him as compensation for his contribution to the enrichment of the patrimony of his deceased spouse must be served on the liquidator of the succession, if known, and on all the heirs and legatees who might be bound to discharge the debt.

[1982, c. 17, s. 29; 1992, c. 57, s. 384; 2002, c. 7, s. 134].

827.2. Toute médiation ou séance d'information sur la médiation effectuée ou donnée préalablement à des procédures en matière familiale ou pendant de telles procédures doit l'être par un médiateur accrédité. Le gouvernement désigne les personnes, organismes ou associations pouvant accréditer un médiateur.

[1993, c. 1, a. 4; 1997, c. 42, a. 13].

827.2. Any mediation or information session on the mediation process conducted prior to or during proceedings in family matters shall be conducted by a certified mediator. The Government shall designate persons, bodies or associations having authority to certify a mediator.

[1993, c. 1, s. 4; 1997, c. 42, s. 13].

827.3. Le gouvernement peut, par règlement, établir les conditions auxquelles un médiateur doit satisfaire pour être accrédité et déterminer les règles et obligations auxquelles doivent se conformer les personnes, organismes ou associations pouvant accréditer un médiateur; il peut aussi, par règlement, déterminer les règles et obligations auxquelles doit se conformer un médiateur accrédité dans l'exercice de ses fonctions, de même que les sanctions applicables en cas de manquement à ces règles et obligations.

Le gouvernement peut également, par règlement, établir le tarif des honoraires payables par le Service de médiation familiale à un médiateur accrédité pour les services dispensés en application des articles 814.3 à 814.14 et 815.2.1, et limiter les honoraires ainsi payables par le Service à un nombre maximum de séances données par le médiateur. Il peut, de même, établir le tarif des honoraires payables par les parties à un médiateur désigné par le Service, ainsi que des honoraires payables par les parties qui requièrent les services de plus

827.3. The Government, by regulation, may establish the conditions a mediator must satisfy to be certified and may determine the rules and obligations with which persons, bodies or associations authorized to certify a mediator must comply; the Government may also, by regulation, determine the rules and obligations with which a certified mediator must comply in the exercise of his functions and the penalties applicable for failure to comply with such rules and obligations.

The Government may also, by regulation, establish the tariff of fees payable by the Family Mediation Service to a certified mediator for services provided pursuant to articles 814.3 to 814.14 and article 815.2.1, and limit the fees so payable by the Service to a maximum number of sessions conducted by the mediator. As well, the Governement may establish the tariff of fees payable by the parties to a mediator designated by the Service, and the fees payable by parties requiring the services of more than one mediator or for sessions in

d'un médiateur ou pour les séances qui excèdent le nombre de séances à l'égard desquelles le Service assume le paiement des honoraires d'un médiateur.

[1993, c. 1, a. 4; 1997, c. 42, a. 14; 1999, c. 46, a. 15].

excess of the number of sessions for which the mediator's fees are paid by the Service.

[1993, c. 1, s. 4; 1997, c. 42, s. 14; 1999, c. 46, s. 15].

827.3.1. Le rapport d'un médiateur fait état de la présence des parties et, le cas échéant, des questions sur lesquelles il y a eu entente. Dans le cas d'un rapport visé au deuxième alinéa de l'article 814.6 ou à l'article 814.10, ce rapport fait état du défaut d'accord entre les parties pour entreprendre la médiation, de leur volonté d'entreprendre celle-ci avec un autre médiateur ou, encore, de la déclaration d'une partie qu'elle ne peut participer à la séance d'information sur la médiation.

Le rapport d'un médiateur ne doit contenir aucune autre information. Il est daté et signé par le médiateur.

[1997, c. 42, a. 15].

827.3.1. The mediator's report records the presence of the parties and the matters on which agreement was reached. In the case of a report referred to in the second paragraph of article 814.6 or in article 814.10, the report records the failure of the parties to reach an agreement to enter into mediation or their wish to enter into mediation with another mediator, or the statement of either party that he cannot attend the information session on the mediation process.

The mediator's report may contain no other information. It is dated and signed by the mediator.

[1997, c. 42, s. 15].

827.4. Le ministre de la Justice détermine, s'il y a lieu, par arrêté, à quelles autres fins que celles visées aux articles 814.3 à 814.14 et 815.2.1 peut être utilisé, conformément aux conditions qu'il détermine, le Service de médiation familiale.

[1993, c. 1, a. 4; 1997, c. 42, a. 16; 1999, c. 46, a. 15].

827.4. If expedient, the Minister of Justice shall determine, by order, for what purposes, other than those set out in articles 814.3 to 814.14 and 815.2.1, the Family Mediation Service may be used subject to the conditions he determines.

[1993, c. 1, s. 4; 1997, c. 42, s. 16; 1999, c. 46, s. 15].

827.5. Aucune demande relative à une obligation alimentaire ne peut être entendue à moins d'être accompagnée de la déclaration sous serment du demandeur contenant les informations prescrites par règlement. Si un créancier est mineur, une telle déclaration doit être faite par la personne qui agit pour lui. De même, aucune contestation de la demande ne peut être entendue si la déclaration sous serment du défendeur n'a été préalablement déposée au greffe du tribunal. Le tribunal pourra cependant relever le défendeur de son défaut aux conditions qu'il détermine.

Il ne peut non plus être statué sur une entente soumise par les parties relativement à une obligation alimentaire, si la déclaration sous serment prévue au premier ali-

827.5. No application relating to an obligation of support may be heard unless it is accompanied by a sworn statement by the plaintiff containing the information prescribed by regulation. If a creditor is a minor, the statement must be made by the person acting for the minor. Likewise, no contestation of the application may be heard unless a sworn statement by the defendant has been filed at the office of the court. The court may, however, relieve the defendant from his default on the conditions it determines.

Moreover, no ruling may be made on an agreement relating to an obligation of support submitted by the parties unless the sworn statement referred to in the first par-

néa, faite par chacune des parties, n'a été préalablement déposée au greffe du tribunal.

Les déclarations sont conservées au greffe du tribunal et elles sont confidentielles. Si le tribunal n'accorde aucune pension alimentaire, ces déclarations sont détruites.

[1995, c. 18, a. 89; 1997, c. 42, a. 17; 1998, c. 36, a. 176].

827.6. Dès le prononcé d'un jugement qui accorde une pension alimentaire ou qui révise un tel jugement, le greffier inscrit sur le registre des pensions alimentaires les informations pertinentes contenues au jugement et dans les déclarations assermentées et transmet ces dernières au ministre du Revenu, accompagnées d'une copie du jugement.

Les informations inscrites au registre des pensions alimentaires sont confidentielles.

[1995, c. 18, a. 89].

827.7. Toute partie à une entente relative à une obligation alimentaire soumise dans le cadre d'une demande régie par le présent titre doit, si elle est prestataire d'un programme d'aide financière de dernier recours ou a reçu des prestations en vertu d'un tel programme au cours de la période visée par l'entente, déclarer ce fait dans l'entente.

[1998, c. 36, a. 177].

agraph has been filed by each of the parties at the office of the court.

The statements shall be kept at the office of the court, and are confidential. If the court does not award support, the statements are destroyed.

[1995, c. 18, s. 89; 1997, c. 42, s. 17; 1998, c. 36, s. 176].

827.6. As soon as a judgment awarding support or a judgment revising such a judgment is rendered, the clerk of the court shall enter in the register of support payments the relevant information contained in the judgment and in the sworn statements and shall transmit the statements, together with a copy of the judgment, to the Minister of Revenue.

The information entered in the register of support payments is confidential.

[1995, c. 18, s. 89].

827.7. Any party to an agreement relating to an obligation of support submitted in connection with an application governed by this Title must, where applicable, declare the fact that the party is a recipient under a last resort financial assistance program or received benefits under such a program during the period covered by the agreement.

[1998, c. 36, s. 177].

TITRE V ——
DES PROCÉDURES RELATIVES AUX PERSONNES MORALES

828. Le procureur général, ainsi que tout intéressé, a droit d'action pour demander au tribunal de prononcer les sanctions prévues par la loi, dans les cas suivants:

1° lorsque la constitution de la personne morale n'a pas été faite suivant la loi;

TITLE V ——
PROCEEDINGS RELATING TO LEGAL PERSONS

828. The Attorney General and any interested person may take action to ask the court to impose the sanctions prescribed by law, in the following cases:

(1) when the legal person has not been constituted according to law;

2° lorsque la personnalité juridique a été obtenue par dol ou accordée dans l'ignorance de quelque fait essentiel;

3° lorsque la personne morale, ses fondateurs ou leurs ayants cause, ses administrateurs ou ses dirigeants agissent, de façon répétée, au mépris des lois qui régissent leur état, capacité et statut, ou encore exercent des pouvoirs qui ne sont pas du ressort de la personne morale;

4° lorsque la personne morale fait ou omet de faire un acte dont la commission ou l'omission équivaut à une renonciation à ses droits.

[1965 (1ʳᵉ sess.), c. 80, a. 828; 1992, c. 57, a. 385].

(2) when juridical personality has been obtained by fraud or granted in ignorance of some material fact;

(3) when the legal person, its founders or their successors, its directors or senior officers, act repeatedly in contravention of the laws governing their profession, capacity or status, or exercise powers that are not within the competence of a legal person;

(4) when the legal person performs or omits to perform an act the performance or omission of which amounts to a surrender of its rights.

[1965 (1st sess.), c. 80, a. 828; 1992, c. 57, s. 385; 1999, c. 40, s. 56].

829. Le procureur général peut demander l'annulation de lettres patentes accordées par l'État pour les motifs prévus à l'article 828.

Ce recours peut être également exercé par toute personne qui y a intérêt, si le procureur général l'y a autorisée par écrit.

[1965 (1ʳᵉ sess.), c. 80, a. 829; 1992, c. 57, a. 385; 1996, c. 5, a. 53].

829. The Attorney General may apply for the annulment of letters patent granted by the State for the reasons set out in article 828.

Such recourse may also be exercised by any interested person, if the Attorney General has given his written authorization.

[1965 (1st sess.), c. 80, a. 829; 1992, c. 57, s. 385; 1996, c. 5, s. 53].

830. Le jugement qui annule l'acte constitutif d'une personne morale emporte dissolution de celle-ci.

Le jugement désigne aussi un liquidateur pour procéder à la liquidation des biens suivant les dispositions de lois applicables en l'espèce ou suivant le *Code civil du Québec*.

1965 (1ʳᵉ sess.), c. 80, a. 830; 1992, c. 57, a. 385].

830. A judgment annulling the constituting act of a legal person carries the dissolution of the legal person.

The judgment also appoints a liquidator who will proceed with the liquidation of the property in accordance with the statutory provisions applicable in that case or in accordance with the *Civil Code of Québec*.

[1965 (1st sess.), c. 80, a. 830; 1992, c. 57, s. 385].

831. Si le jugement déclare une personne morale sans capital actions illégalement formée, les personnes qui la composent sont personnellement tenues au paiement des dépens; dans les autres cas, les frais peuvent être prélevés soit sur le patrimoine de cette personne, soit solidairement sur le patrimoine personnel de ses administrateurs ou autres dirigeants.

[1965 (1ʳᵉ sess.), c. 80, a. 831; 1992, c. 57, a. 385].

831. If the judgment declares a legal person with no capital stock to have been illegally formed, the persons composing it are personally bound to pay the costs; in other cases, the costs may be levied either upon the patrimony of the legal person, or solidarity upon the personal patrimony of its directors or other senior officers.

[1965 (1st sess.), c. 80, a. 831; 1992, c. 57, s. 385].

832. (*Abrogé*).

[2002, c. 7, a. 135].

832. (*Repealed*).

[2002, c. 7, s. 135].

833. Le greffier du tribunal qui a rendu un jugement constatant l'existence d'une cause d'annulation ou la dissolution d'une personne morale notifie le jugement au registraire des entreprises.

Il en est de même lorsque le liquidateur d'une personne morale est désigné par le tribunal.

[1965 (1ʳᵉ sess.), c. 80, a. 833; 1992, c. 57, a. 385; 2002, c. 45, a. 267].

833. The clerk of the court which rendered a judgment confirming the existence of a cause for annulment of the constituting act of a legal person or confirming the dissolution of a legal person notifies the judgment to the enterprise registrar.

The same applies where the liquidator of a legal person is appointed by the court.

[1965 (1st sess.), c. 80, a. 833; 1992, c. 57, s. 385; 2002, c. 45, s. 267].

TITRE VI ——
DE CERTAINS RECOURS
EXTRAORDINAIRES

TITLE VI ——
CERTAIN EXTRAORDINARY RECOURSES

Chapitre I ——
Dispositions générales

Chapter I ——
General Provisions

834. (*Abrogé*).

[2002, c. 7, a. 136].

834. (*Repealed*).

[2002, c. 7, s. 136].

834.1. Un recours exercé en vertu du présent Titre n'opère pas sursis des procédures. Toutefois, à la demande d'une partie, un juge peut en tout temps après le dépôt de la requête accorder un tel sursis et ordonner, si nécessaire, que soient transmises sans délai au greffier les pièces du dossier qu'il détermine.

De même, un juge de la Cour d'appel peut, en tout temps après le dépôt d'une inscription en appel, ordonner de surseoir à toute procédure dont l'exécution n'est pas suspendue par l'appel.

[1983, c. 28, a. 31; 1989, c. 41, a. 3; 1992, c. 57, a. 420].

834.1. No recourse exercised under this Title suspends proceedings. However, at the request of a party, a judge may, at any time after the filing of the motion, grant a suspension of proceedings and, where necessary, order those documents in the record that he determines transmitted to the clerk without delay.

In the same manner, a judge of the Court of Appeal may, at any time after the filing of an inscription in appeal, order the suspension of any proceedings the execution of which is not suspended by the appeal.

[1983, c. 28, s. 31; 1989, c. 41, s. 3; 1992, c. 57, s. 420].

834.2. La requête doit être instruite et jugée d'urgence.

[1983, c. 28, a. 31].

834.2. The motion must be heard and decided by preference.

[1983, c. 28, s. 31].

835. La requête est signifiée aux parties, au tribunal, le cas échéant, et à toute autre personne dont la présence est nécessaire à

835. The motion is served on the parties, on the court, if such is the case, and on any person whose presence is necessary for the

la solution complète du litige; elle doit être accompagnée d'un avis d'au moins 15 jours de la date de sa présentation. Aucun acte de comparution n'est requis.

[1965 (1ʳᵉ sess.), c. 80, a. 835; 1983, c. 28, a. 32; 2002, c. 7, a. 137; 2002, c. 54, a. 4].

835.1. La requête doit être signifiée dans un délai raisonnable à partir du jugement, de l'ordonnance, de la décision, de la procédure attaquée ou du fait ou de l'événement qui donne ouverture au recours.

[1983, c. 28, a. 32].

835.2. Les parties doivent faire signifier à la partie adverse tous les documents qu'elles entendent invoquer lors de l'enquête et de l'audition, dès que possible avant la présentation de la requête.

[1983, c. 28, a. 32; 1994, c. 28, a. 37].

835.3. Une partie peut faire sa preuve au moyen d'affidavits suffisamment détaillés pour établir tous les faits nécessaires au soutien de ses prétentions. Elle doit alors faire signifier à la partie adverse ses affidavits dès que possible avant la présentation de la requête. Toutefois, le requérant doit faire signifier ses affidavits en même temps que la requête.

En plus de la preuve par affidavit, une partie peut, si elle le désire, présenter une preuve orale.

[1983, c. 28, a. 32; 1994, c. 28, a. 38].

835.4.-835.5. (*Abrogés*).

[2002, c. 7, a. 138].

836. Le jugement qui fait droit à la demande doit être signifié à toutes les parties en cause; le défaut de se conformer à l'ordonnance qu'il contient est un outrage au tribunal.

[1965 (1ʳᵉ sess.), c. 80, a. 836].

full settlement of the issues between the parties; it must be accompanied with a notice of not less than 15 days of the date when it will be presented. No written appearance is required.

[1983, c. 28, s. 32; 2002, c. 7, s. 137; 2002, c. 54, s. 4].

835.1. The motion must be served within a reasonable time from the judgment, order, decision, contested procedure, fact or event giving rise to the recourse.

[1983, c. 28, s. 32].

835.2. The parties must cause all the documents they intend to invoke at the proof and hearing to be served on the adverse party as soon as possible before presentation of the motion.

[1983, c. 28, s. 32; 1994, c. 28, s. 37].

835.3. A party may make his proof by means of sufficiently detailed affidavits to establish all the facts necessary to support his pretensions. If he so elects, he must cause his affidavits to be served on the adverse party as soon as possible before presentation of the motion. However, the party making the motion must cause his affidavits to be served at the same time as the motion.

In addition to proof by affidavit, any party may present oral proof, if he so wishes.

[1983, c. 28, s. 32; 1994, c. 28, s. 38].

835.4.-835.5. (*Repealed*).

[2002, c. 7, s. 138].

836. A judgment which grants the demand must be served on all the parties in the case; failure to comply with the order therein contained constitutes a contempt of court.

[1965 (1st sess.), c. 80, a. 836].

837. La compétence attribuée à un juge par les dispositions du présent Titre ne peut en aucun cas être exercée par le greffier.

[1965 (1ʳᵉ sess.), c. 80, a. 837; 1992, c. 57, a. 420, 422].

837. The jurisdiction assigned to a judge by the provisions of this Title shall in no case be exercised by the clerk.

[1965 (1st sess.), c. 80, a. 837; 1992, c. 57, s. 420].

Chapitre II ▬▬
Moyen de se pourvoir en cas
d'usurpation de fonctions

Chapter II ▬▬
Remedies in Case of Usurpation
of Office

838. Lorsqu'une personne occupe ou exerce sans droit, soit une fonction publique, soit une fonction dans une personne morale de droit public ou privé, dans un organisme public ou dans une association au sens du *Code civil du Québec*, tout intéressé peut s'adresser au tribunal pour obtenir qu'elle en soit dépossédée; il peut même demander que telle fonction soit attribuée à une tierce personne, s'il allègue les faits nécessaires pour établir qu'elle y a droit.

[1965 (1ʳᵉ sess.), c. 80, a. 838; 1992, c. 57, a. 387].

838. When a person occupies or exercises illegally, either a public office or an office in a legal person established in the public interest or for a private interest, a public body or an association within the meaning of the *Civil Code of Québec*, any person interested may apply to the court for an order that he be ousted therefrom; he may even ask that a third party be declared to be entitled to such office, if he alleges the facts necessary to show that he is entitled to it.

[1965 (1st sess.), c. 80, a. 838; 1992, c. 57, s. 387].

839. Il doit être joint à la requête un certificat du greffier attestant le dépôt, au greffe, d'une somme de 500 $, pour tenir lieu de cautionnement.

[1965 (1ʳᵉ sess.), c. 80, a. 839; 1983, c. 28, a. 33; 1992, c. 57, a. 420].

839. A certificate of the clerk, attesting the deposit in the office of the court of the sum of $500 as security, must be attached to the motion.

[1965 (1st sess.), c. 80, a. 839; 1983, c. 28, s. 33; 1992, c. 57, s. 420].

840. Le jugement qui fait droit à la demande peut en outre condamner le défendeur à des dommages-intérêts punitifs n'excédant pas 500 $.

[1965 (1ʳᵉ sess.), c. 80, a. 840; 1990, c. 4, a. 224].

840. The judgment which grants the demand may also condemn the defendant to punitive damages not exceeding $500.

[1965 (1st sess.), c. 80, a. 840; 1990, c. 4, s. 224].

841. Lorsque le jugement est fondé sur le motif que le défendeur aurait commis un acte criminel, il est exécutoire immédiatement et nonobstant appel. Néanmoins, la fonction n'est réputée vacante que du jour où le jugement est devenu définitif, à moins qu'elle ne le devienne plus tôt pour quelque autre cause prévue par la loi; mais le défendeur n'a pas droit, dans l'intervalle, aux indemnités, allocations, traitements ou rémunérations qui y sont attachés.

Toutefois, dans le cas de la fonction de membre du conseil d'une municipalité as-

841. When the judgment is based upon the ground that the defendant has committed an indictable offence, it is executory immediately and notwithstanding appeal. Nevertheless, the office is deemed vacant only from the day when the judgment has become final, unless it so becomes earlier for any other cause contemplated by law; but the defendant shall not be entitled, in the meantime, to the indemnities, allowances, salaries or remunerations related to such office.

In the case of the office of member of the council of a municipality subject to Title I

sujettie au Titre I de la *Loi sur les élections et les référendums dans les municipalités* (chapitre E-2.2), les effets de l'exécution provisoire du jugement sont prévus pour cette loi.

[1965 (1ᵉʳ sess.), c. 80, a. 841; 1987, c. 57, a. 730; 1992, c. 57, a. 388].

842. La personne à qui le jugement attribue la fonction, peut l'exercer, après avoir prêté le serment et fourni le cautionnement requis, et exiger du défendeur la remise des clefs, livres, papiers et insignes qui s'y rattachent; au cas de refus du défendeur, le tribunal peut ordonner au shérif de prendre possession de ces objets et de les remettre à qui de droit.

[1965 (1ᵉʳ sess.), c. 80, a. 842; 1992, c. 57, a. 389].

843. Les procédures en contestation de l'élection d'un préfet élu conformément à l'article 210.29.2 de la *Loi sur l'organisation territoriale municipale* (chapitre O-9), d'un maire ou d'un conseiller municipal ne peuvent être intentées en vertu des dispositions du présent chapitre, si ce n'est pour défaut de qualité.

[1965 (1ᵉʳ sess.), c. 80, a. 843; 2001, c. 25, a. 39].

Chapitre III ——
Moyen de se pourvoir en cas de refus d'accomplir un devoir qui n'est pas de nature purement privée

844. Tout intéressé peut s'adresser au tribunal pour obtenir une ordonnance enjoignant à une personne d'accomplir un devoir ou un acte qui n'est pas de nature purement privée, notamment:

1. lorsqu'une personne morale, un organisme public ou une association au sens du *Code civil du Québec* omet, néglige ou refuse d'accomplir un devoir que la loi impose ou un acte auquel la loi l'oblige;

2. lorsqu'une personne morale ou une association au sens du *Code civil du Québec* omet, néglige ou refuse de procéder à une élection à laquelle la loi l'oblige, ou de reconnaître ceux de ses membres qui ont été légalement choisis ou élus, ou de

of the *Act respecting elections and referendums in municipalities* (chapter E-2.2), the effects of the provisional execution of the judgment are as provided in the said Act.

[1965 (1st sess.), c. 80, a. 841; 1987, c. 57, s. 730; 1992, c. 57, s. 388].

842. The person whom the judgment declares to be entitled to the office may exercise it, after having taken the oath of office and given the security required, and may demand from defendant all keys, books, papers and insignia belonging thereto; in case of refusal by the defendant, the court may order the sheriff to take possession of such objects and to deliver them to the person thereto entitled.

[1965 (1st sess.), c. 80, a. 842; 1992, c. 57, s. 389].

843. No procedure in contestation of the election of a warden elected in accordance with section 210.29.2 of the *Act respecting municipal territorial organization* (chapter O-9), a mayor or a municipal councillor shall be taken under the provisions of this chapter, except for absence of qualification.

[1965 (1st sess.), c. 80, a. 843; 2001, c. 25, s. 39].

Chapter III ——
Remedies in Case of Refusal to Perform a Duty Which is not of a Merely Private Nature

844. Any person interested may apply to the court to obtain an order commanding a person to perform a duty or an act which is not of a purely private nature, more particularly:

(1) when a legal person, public body, or association within the meaning of the *Civil Code of Québec* omits, neglects or refuses to perform any duty or act incumbent upon it by law;

(2) when a legal person or association within the meaning of the *Civil Code of Québec* omits, neglects or refuses to proceed to an election which by law it is bound to make, or to recognize such of its members as have been legally chosen or

rétablir dans leurs fonctions ceux qui ont été destitués sans cause légale;

3. lorsqu'un fonctionnaire public, ou une personne occupant une fonction dans une personne morale, une association au sens du *Code civil du Québec*, un corps public ou un tribunal soumis au pouvoir de surveillance et de contrôle de la Cour supérieure, omet, néglige ou refuse d'accomplir un devoir attaché à sa fonction, ou un acte auquel la loi l'oblige;

4. lorsque l'héritier ou le représentant d'un fonctionnaire public omet, refuse ou néglige de faire un acte auquel la loi l'oblige en cette qualité.

[1965 (1ᵉ sess.), c. 80, a. 844; 1992, c. 57, a. 390].

845. Si le jugement ordonne la tenue d'une élection, il doit, après avoir prescrit un mode de donner les avis de scrutin, qui doit être autant que possible celui qui aurait été normalement suivi, enjoindre à l'officier compétent, ou, en son absence, à une personne désignée, d'y procéder aux lieu, jour et heure fixés, et de faire tout ce qui est nécessaire pour en assurer la validité.

[1965 (1ᵉ sess.), c. 80, a. 845].

elected, or to reinstate those who have been removed without lawful cause;

(3) when a public officer, or a person holding an office in a legal person, an association within the meaning of the *Civil Code of Québec*, a public body or a court subject to the superintending and reforming power of the Superior Court, omits, neglects or refuses to perform a duty belonging to such office, or an act which by law he is bound to perform;

(4) when an heir or representative of a public officer omits, neglects or refuses to do an act which, in such capacity, he is by law bound to perform.

[1965 (1st sess.), c. 80, a. 844; 1992, c. 57, s. 390].

845. If the judgment orders the holding of an election, it must, after having prescribed the mode of giving notice of the election, which must so far as possible be that which would have normally been followed, order the competent officer, or in his absence, a person designated in the judgment, to proceed to such election at the place, on the day and at the hour fixed, and to do everything necessary to ensure that the election is valid.

[1965 (1st sess.), c. 80, a. 845].

Chapitre IV ——
Moyen de se pourvoir contre les procédures ou jugements des tribunaux soumis au pouvoir de surveillance et de contrôle de la Cour supérieure

Chapter IV ——
Remedies Against Proceedings or Judgments of Courts Subject to the Superintending and Reforming Power of the Superior Court

846. La Cour supérieure peut, à la demande d'une partie, évoquer avant jugement une affaire pendante devant un tribunal soumis à son pouvoir de surveillance ou de contrôle, ou réviser le jugement déjà rendu par tel tribunal:

1° dans le cas de défaut ou d'excès de compétence;

2° lorsque le règlement sur lequel la poursuite a été formée ou le jugement rendu est nul ou sans effet;

846. The Superior Court may, at the demand of one of the parties, evoke before judgment a case pending before a court subject to its superintending and reforming power, or revise a judgment already rendered by such court, in the following cases:

(1) when there is want or excess of jurisdiction;

(2) when the enactment upon which the proceedings have been based or the judgment rendered is null or of no effect;

3° lorsque la procédure suivie est entachée de quelque irrégularité grave, et qu'il y a lieu de croire que justice n'a pas été, ou ne pourra pas être rendue;

4° lorsqu'il y a eu violation de la loi ou abus de pouvoir équivalant à fraude et de nature à entraîner une injustice flagrante.

Toutefois, ce recours n'est ouvert, dans les cas prévus aux alinéas 2, 3 et 4 ci-dessus, que si, dans l'espèce, les jugements du tribunal saisi ne sont pas susceptibles d'appel.

[1965 (1ʳᵉ sess.), c. 80, a. 846; 1992, c. 57, a. 422].

847.-849. (*Abrogés*).

[1983, c. 28, a. 34].

850. (*Abrogé*).

[1989, c. 41, a. 4].

(3) when the proceedings are affected by some gross irregularity, and there is reason to believe that justice has not been, or will not be done;

(4) when there has been a violation of the law or an abuse of authority amounting to fraud and of such a nature as to cause a flagrant injustice.

However, in the cases provided in paragraphs 2, 3 and 4 above, the remedy lies only if, in the particular case, the judgments of the court seized with the proceeding are not susceptible of appeal.

[1965 (1st sess.), c. 80, a. 846].

847.-849. (*Repealed*).

[1983, c. 28, s. 34].

850. (*Repealed*).

[1989, c. 41, s. 4].

Titre VII ——
L'HABEAS CORPUS EN MATIÈRE CIVILE

Title VII ——
HABEAS CORPUS IN CIVIL MATTERS

851. Toute personne qui est emprisonnée ou autrement privée de sa liberté, si ce n'est pas en vertu d'une ordonnance rendue en matière civile par un tribunal ou par un juge compétent, ni pour une matière criminelle ou supposée telle, peut, de même qu'un tiers pour elle, s'adresser à un juge de la Cour supérieure pour obtenir un bref d'habeas corpus ordonnant à celui sous la garde de qui elle est détenue de la conduire sans délai devant un juge de la Cour et de lui rapporter la cause de la détention, pour qu'il voie si elle est justifiée.

La demande est faite par requête appuyée d'un affidavit établissant la vérité des faits sur lesquels elle est fondée.

[1965 (1ʳᵉ sess.), c. 80, a. 851].

851. Any person who is confined or otherwise restrained of his liberty, except under an order in civil matters granted by a court or a judge having jurisdiction, or for some criminal or supposed criminal matter, or any other person on his behalf, may apply to a judge of the Superior Court to obtain a writ of *habeas corpus* ordering the person under whose custody he is detained to bring him forthwith before a judge of the court and to show the cause of his detention, so that it may be decided whether such detention is justified.

The demand is made by motion supported by an affidavit affirming the truth of the facts on which it is based.

[1965 (1st sess.), c. 80, a. 851].

852. Dans le cas d'une personne gardée sans son consentement par un établissement visé par les lois relatives aux services de santé et aux services sociaux ou dans le cas d'une personne détenue dans un éta-

852. In the case of a person kept without his consent in an institution governed by the Acts respecting health services and social services and in the case of a person confined in a house of detention or a peni-

blissement de détention ou un pénitencier, la requête ne peut être présentée au juge si elle n'a été signifiée au procureur général, avec un avis de la date de sa présentation. Dans les autres cas, le juge peut, s'il estime que le procureur général y a un intérêt suffisant, ou ordonner que la requête lui soit signifiée et ajourner sa décision en conséquence, ou autoriser immédiatement la délivrance du bref en exigeant que cette signification lui soit faite avant la date fixée pour le rapport.

[1965 (1ʳ sess.), c. 80, a. 852; 1992, c. 21, a. 127; 1992, c. 57, a. 391].

tentiary, the petition cannot be presented to the judge unless it has been served upon the Attorney General, with a notice of the date of its presentation. In other cases, the judge may, if he considers that the Attorney General has sufficient interest therein, either order that the motion be served upon him and postpone his decision in consequence, or immediately authorize the issuance of the writ and require that such service be made upon him before the date fixed for the return.

[1965 (1st sess.), c. 80, a. 852; 1992, c. 21, s. 127; 1992, c. 57, s. 391].

853. Le bref est préparé par le greffier, qui doit indiquer au verso les noms du juge sur l'ordre de qui il est délivré, de la personne qui en fait la demande, et de celle qui a donné l'affidavit requis. Il est signifié en en laissant l'original à la personne à qui il est adressé, ou encore à son préposé ou agent à l'endroit où la personne est détenue; s'il est adressé à plusieurs personnes, l'original est laissé à l'une d'elles, et des copies aux autres.

Le procès-verbal de signification est dressé au verso d'une copie du bref, ou sur une feuille qui y est jointe.

[1965 (1ʳ sess.), c. 80, a. 853; 1992, c. 57, a. 420].

853. The writ is prepared by the clerk and must contain on the back the names of the judge on whose order it has been issued, of the person who has applied for it, and of the person who has given the affidavit required. The writ is served by leaving the original with the person to whom it is addressed, or with his representative or agent at the place where the person is confined; if it is addressed to several persons, the original is left with one of them and copies are left with the others.

The return of service is made on the back of a copy of the writ or on a separate paper which is attached thereto.

[1965 (1st sess.), c. 80, a. 853; 1992, c. 57, s. 420].

854. Celui qui ne se conforme pas à l'ordre qui lui est donné dans le bref se rend coupable d'outrage au tribunal.

[1965 (1ʳ sess.), c. 80, a. 854].

854. A person who does not comply with the order contained in the writ is guilty of contempt of court.

[1965 (1st sess.), c. 80, a. 854].

855. Le juge devant qui le rapport est fait doit s'enquérir, aussitôt que faire se peut, de la vérité des faits allégués. Il peut permettre de contester par écrit les allégations du rapport, autoriser les actes de procédure qu'il juge à propos, et procéder lui-même à l'instruction ou déférer la cause au tribunal. Il peut aussi permettre la libération provisoire de la personne détenue, moyennant un cautionnement à l'effet qu'elle se présentera à l'instruction et obéira aux ordres qui pourraient lui être donnés.

[1965 (1ʳ sess.), c. 80, a. 855].

855. The judge before whom the return is made must proceed, as soon as possible, to examine into the truth of the facts alleged. He may allow the allegations of the return to be contested in writing, authorize such written proceedings as he considers appropriate, and proceed himself to the trial of the issues or refer the case to the court. He may also admit to bail the person confined, upon security being given that he will appear at the trial and will obey the orders which may be given to him.

[1965 (1st sess.), c. 80, a. 855].

856. Le juge ou le tribunal prononce sur les dépens suivant les circonstances.

[1965 (1ʳᵉ sess.), c. 80, a. 856].

857. Lorsque la délivrance d'un bref d'habeas corpus a été une fois refusée par un juge de la Cour supérieure, la demande n'en peut être renouvelée qu'à un juge de la Cour d'appel, et une seule fois, à moins qu'elle ne soit fondée sur des faits nouveaux.

[1965 (1ʳᵉ sess.), c. 80, a. 857; 1979, c. 37, a. 43].

858. Le jugement final qui ordonne la libération ne peut être exécuté avant l'expiration de cinq jours après qu'il a été rendu, à moins que n'ait été produite au dossier une déclaration de la partie adverse et du procureur général, s'il est en cause, à l'effet qu'appel ne sera pas interjeté.

Le tribunal peut ordonner la libération provisoire de la personne gardée, aux conditions qu'il détermine, s'il estime que les fins de la justice seront ainsi mieux servies.

[1965 (1ʳᵉ sess.), c. 80, a. 858; 1992, c. 57, a. 392].

859. L'appel du jugement final est régi par les dispositions des articles 491 et suivants, dans la mesure où elles peuvent s'appliquer, sauf que:

1. il doit être formé dans les cinq jours, lorsque le jugement ordonne la libération, ou dans les 10 jours lorsqu'il la refuse;

2. le greffier doit transmettre le dossier dans les deux jours du dépôt de l'inscription;

3. à l'exception de l'appelant, les parties qui désirent être entendues doivent comparaître. Les parties peuvent produire leurs mémoires dans les cinq jours de la réception de l'inscription par le greffe de la Cour d'appel;

4. la cause est portée au rôle, dès l'expiration du délai prévu à l'alinéa qui précède, pour être entendue à la première session de

856. The judge or the court adjudicates as to costs in accordance with the circumstances.

[1965 (1st sess.), c. 80, a. 856].

857. Whenever the issuance of a writ of *habeas corpus* has been once refused by a judge of the Superior Court, the application cannot be renewed except before a judge of the Court of Appeal, and once only, unless it is based upon new facts.

[1965 (1st sess.), c. 80, a. 857; 1979, c. 37, s. 43].

858. The final judgment which orders the release cannot be executed until five days have elapsed since it was rendered, unless there has been filed in the record a declaration of the adverse party, and of the Attorney General if he has been impleaded, that an appeal will not be taken.

The court may order the provisional release of the person confined on such conditions as it determines if it considers that the interests of justice will thus be better served.

[1965 (1st sess.), c. 80, a. 858; 1992, c. 57, s. 392].

859. The appeal from a final judgment is governed by the provisions of articles 491 and following, so far as applicable, except that:

(1) it must be instituted within five days, if the judgment orders release, or within 10 days if it is refused;

(2) the clerk must transfer the record within two days of the filing of the inscription;

(3) except for the appellant the parties who wish to be heard must appear. The parties may file their factums five days from receipt of the inscription by the office of the Court of Appeal;

(4) the case is placed on the roll, as soon as the time contemplated by the preceding paragraph has expired, and it is heard at

la Cour, qu'elle doive avoir lieu à Québec ou à Montréal.

[1965 (1ᵉ sess.), c. 80, a. 859; 1982, c. 32, a. 52; 1992, c. 57, a. 420].

the first session of the court held either at Québec or at Montréal.

[1965 (1st sess.), c. 80, a. 859; 1982, c. 32, s. 52; 1992, c. 57, s. 420; 1999, c. 40, s. 56].

860. Après la formation de l'appel, la Cour d'appel peut libérer provisoirement la personne détenue, aux conditions qu'elle détermine si elle estime que les fins de la justice seront ainsi mieux servies.

[1965 (1ᵉ sess.), c. 80, a. 860; 1992, c. 57, a. 393].

860. After an appeal is instituted, the Court of Appeal may release provisionally the person confined on such conditions as it determines if it considers that the interests of justice will thus be better served.

[1965 (1st sess.), c. 80, a. 860; 1992, c. 57, s. 393].

861. Toute demande en matière d'habeas corpus a préséance sur toutes autres, tant devant la Cour supérieure que devant la Cour d'appel.

[1965 (1ᵉ sess.), c. 80, a. 861].

861. *Habeas corpus* proceedings have precedence over all other matters, both before the Superior Court and before the Court of Appeal.

[1965 (1st sess.), c. 80, a. 861].

LIVRE VI —
MATIÈRES NON CONTENTIEUSES

BOOK VI —
NON-CONTENTIOUS MATTERS

Chapitre I —
Dispositions générales

Chapter I —
General Provisions

SECTION I —
RÈGLES APPLICABLES DEVANT LE TRIBUNAL

SECTION I — RULES APPLICABLE
BEFORE THE COURT

862. Les demandes faites en vertu des dispositions de ce Livre sont introduites par requête présentable 10 jours après signification ou, lorsque la loi le prévoit, notification à qui de droit.

[1965 (1ᵉ sess.), c. 80, a. 862; 1992, c. 57, a. 394].

862. Proceedings in virtue of the provisions of this Book are taken by way of motion presentable 10 days after service upon or, where the law so provides, notification to the persons entitled thereto.

[1965 (1st sess.), c. 80, a. 862; 1992, c. 57, s. 394].

863. À moins d'une disposition expresse au contraire, les demandes sont présentées au juge ou au greffier.

Les décisions du greffier peuvent être révisées par le juge sur demande signifiée dans les 10 jours. Dans les cas où la compétence du greffier est exclue, les demandes sont présentées au juge.

Toutefois, lorsqu'une demande est contestée, elle est présentée au tribunal. Dans les cas d'urgence, le juge ou le greffier peut toujours abréger les délais prévus au présent Livre.

[1965 (1ᵉ sess.), c. 80, a. 863; 1992, c. 57, a. 395].

863. Failing an express provision to the contrary, applications are presented to the judge or to the clerk.

The decisions of the clerk may be reviewed by the judge on an application served within 10 days. In cases excluded from the competence of the clerk, applications are presented to the judge.

However, an application that is contested is presented to the court. In urgent cases, the judge or the clerk may shorten the time limits prescribed in this Book.

[1965 (1st sess.), c. 80, a. 863; 1992, c. 57, s. 395].

863.1. Le tribunal, le juge ou le greffier s'assure que la demande a été notifiée ou signifiée aux personnes intéressées. Il peut autoriser ou ordonner, même d'office, la signification ou la notification de la demande à toute personne qu'il détermine, ainsi que la présentation de toute preuve additionnelle, y compris la production de rapports d'experts ou de consultants.

[1992, c. 57, a. 395].

863.2. Lors de l'audition, le juge ou le greffier peut, suivant la nature de la demande, autoriser les personnes qui sont présentes et qui y ont intérêt, à faire des observations ou des représentations susceptibles de l'éclairer dans sa décision.

Cependant, s'il constate que les observations ou les représentations faites par une partie constituent une contestation réelle du bien-fondé de la demande, il ordonne le renvoi du dossier devant le tribunal, aux conditions qu'il détermine.

[1992, c. 57, a. 395].

863.3. Le greffier avise sans délai le curateur public de tout jugement relatif à la tutelle à l'absent et à la tutelle d'un mineur, ainsi qu'à l'ouverture, à la révision ou à la mainlevée du régime de protection d'un majeur, à l'homologation d'un mandat donné par une personne en prévision de son inaptitude et à la nomination ou au remplacement d'un tuteur ou curateur, en lui transmettant, sans frais, copie de la décision.

[1992, c. 57, a. 395].

863.4. Les demandes relatives au conseil de tutelle, à la nomination ou au remplacement d'un tuteur au mineur, à l'ouverture ou à la révision d'un régime de protection, au mandat en prévision de l'inaptitude, à la vérification des testaments et aux lettres de vérification, peuvent aussi être présen-

863.1. The court, the judge or the clerk ensures that the application has been notified to or served on the interested persons. It or he may authorize or order, even of its or his own motion, the service or notification of the application on or to any person it or he determines, or the production of additional proof, including experts' or consultants' reports.

[1992, c. 57, s. 395].

863.2. At the hearing, the judge or the clerk may, depending on the nature of the application, authorize the persons who are present and have an interest in the application to make observations or representations that may afford information useful for making his decision.

However, if the judge or clerk ascertains that the observations or representations made by a party constitute actual contestation of the merits of the application, he orders that the record be referred to the court on the conditions he determines.

[1992, c. 57, s. 395].

863.3. The clerk notifies forthwith the Public Curator of any judgment relating to the tutorship to an absentee or a minor, to the institution, review of or release from protective supervision of a person of full age, to the homologation of a mandate given by a person in anticipation of his incapacity and to the appointment or replacement of a tutor or curator by sending him a copy of the decision, free of charge.

[1992, c. 57, s. 395].

863.4. An application relating to a tutorship council, to the appointment or replacement of a tutor to a minor, to the institution or review of protective supervision, to a mandate given in anticipation of the mandator's incapacity, to the probate of a will or to letters of verifica-

tées à un notaire suivant les règles particulières du présent Livre.

tion may also be presented to a notary in accordance with the special rules contained in this Book.

Il en est de même pour les demandes relatives à la nomination ou au remplacement d'un conseiller, d'un tuteur ou d'un curateur à un majeur.

[1998, c. 51, a. 3; 2002, c. 7, a. 139].

The same applies to an application relating to the appointment or replacement of an adviser, a tutor or a curator to represent a person of full age.

[1998, c. 51, s. 3; 2002, c. 7, s. 139].

863.5. Le notaire doit notifier la demande aux intéressés et leur donner toute l'information pertinente sur l'objet de la demande et ses causes. Toutefois, la personne visée par la demande doit en recevoir signification en conformité de l'article 135.1.

863.5. The notary must notify the application to the interested persons and provide them with all information relevant to the object and causes of the application. However, the application must be served on the person concerned in accordance with article 135.1.

La demande doit être accompagnée d'un avis qui indique clairement, outre la date ou le lieu où le notaire commencera ses opérations, l'objet de la demande et la nature des droits des intéressés, notamment leur droit de faire les observations ou les représentations qu'ils jugent appropriées ou encore de s'opposer à la demande.

The application must be accompanied with a notice clearly stating the time and place at which the notarial operations are to begin as well as the object of the application and the nature of the rights of the interested persons, including their right to present any observations or make any representations they see fit or to oppose the application.

Le notaire dépose une copie de l'avis au greffe du tribunal compétent; ce dépôt est effectué sans frais et n'est destiné qu'à assurer la publicité du contenu de l'avis. Le greffier informe sans délai le notaire de toute observation, représentation ou opposition relative à cet avis.

[1998, c. 51, a. 3].

A copy of the notice is deposited by the notary at the office of the competent court; the deposit is effected free of charge and solely for publication purposes. The clerk must inform the notary without delay of any observation, representation or opposition relating to the notice.

[1998, c. 51, s. 3].

863.6. Dans l'exécution de sa fonction, le notaire doit agir dans l'intérêt de la personne visée par la demande. Il doit aussi, dans le cas d'un régime de protection ou d'un mandat d'inaptitude, agir dans le respect des droits et la sauvegarde de l'autonomie de cette personne.

[1998, c. 51, a. 3].

863.6. In exercising notarial functions under this section, the notary must act in the interest of the person concerned by the application. In the case of protective supervision or a mandate in anticipation of incapacity, the notary must also act in such a manner as to protect the rights and autonomy of the person concerned.

[1998, c. 51, s. 3].

863.7. Le notaire dresse un procès-verbal en minute identifiant les personnes intéressées, dont celle qui lui a présenté la demande, et relatant les faits sur lesquels elle se fonde; le procès-verbal contient un rapport complet et circonstancié de ses opérations et de ses conclusions, notamment sur

863.7. Minutes that identify the interested persons, including the person who presented the application, and that set out the facts on which the application is based are drawn up by the notary; the minutes contain a complete and detailed report of the notarial operations and of the notary's

les témoignages que le notaire a mission de recueillir et sur les délibérations du conseil de tutelle ou de l'assemblée de parents, d'alliés ou d'amis.

[1998, c. 51, a. 3].

863.8. Lorsque la demande qu'il examine fait l'objet d'observations ou de représentations équivalant à une contestation réelle de son bien-fondé, le notaire doit se dessaisir et en informer les personnes intéressées; il dresse alors un procès-verbal des opérations qu'il a effectuées et transfère le dossier au tribunal compétent qui en est saisi par le dépôt du procès-verbal.

Le tribunal peut, s'il le juge opportun, confier au notaire la mission de recueillir la preuve nécessaire pour la poursuite du dossier, et fixer le délai dans lequel le notaire devra faire rapport de ses opérations, de manière que le tribunal soit en mesure d'apprécier lui-même les faits.

[1998, c. 51, a. 3].

863.9. Le notaire est tenu de déposer sans délai au greffe du tribunal du domicile ou de la résidence du mineur ou du majeur inapte une copie authentique, accompagnée de toutes les pièces justificatives, d'un procès-verbal en matière de tutelle au mineur, du conseil de tutelle, de régime de protection à un majeur ou de mandat en prévision de l'inaptitude.

Le notaire doit notifier une copie de son procès-verbal aux personnes intéressées, notamment au mineur s'il est âgé de 14 ans et plus, au majeur, au tuteur ou curateur, au mandant, au mandataire et au curateur public, selon les cas; le procès-verbal doit être accompagné d'un avis d'au moins 10 jours de la date de son dépôt au greffe du tribunal. L'avis doit également mentionner qu'en l'absence d'opposition dans ce délai, le juge ou le greffier peut en accueillir les conclusions sans autre délai.

[1998, c. 51, a. 3; 2002, c. 7, a. 140].

conclusions, in particular concerning the testimony that the notary is required to take and the deliberations of the tutorship council or of the meeting of relatives, persons connected by marriage or friends.

[1998, c. 51, s. 3].

863.8. Where observations or representations made constitute actual contestation of the merits of the application examined by a notary, the notary must relinquish the matter and inform the interested persons; in such a case, the notary draws up the minutes of the operations that have taken place and transfers the matter to the competent court, which is seized of the matter upon the deposit of the notary's minutes.

The court may, if it considers it expedient, assign to the notary the mission of taking all evidence necessary for the pursuit of the matter, and fix the time within which the notary must report on the notarial operations to enable the court to make its own assessment of the facts.

1998, c. 51, s. 3].

863.9. In matters pertaining to the tutorship to a minor, the tutorship council, the protective supervision of a person of full age or a mandate in anticipation of incapacity, the notary must deposit without delay at the office of the court of the domicile or residence of the minor or the incapable person of full age an authentic copy of the minutes, accompanied with all supporting documents.

The notary must notify a copy of the minutes to the interested persons, including, according to the case, the minor if the minor is 14 years of age or over or the person of full age, the tutor or curator, the mandator, the mandatary and the Public Curator; the minutes must be accompanied with a notice of at least 10 days of the date of deposit of the minutes at the office of the court. The notice must also mention that in the absence of opposition before the date of the deposit, the judge or the clerk may accept the conclusions without further delay.

[1998, c. 51, s. 3; 2002, c. 7, s. 140].

863.10. Le tribunal est saisi par le dépôt du procès-verbal du notaire, sous réserve de l'article 863.11.

En l'absence d'opposition, le juge ou le greffier peut soit accueillir les conclusions du procès-verbal du notaire, soit les rejeter ou rendre toutes les ordonnances nécessaires à la sauvegarde des droits des parties pour le temps et aux conditions qu'il détermine.

Le greffier avise sans délai les personnes intéressées de toute ordonnance ou jugement ainsi rendu en leur en expédiant une copie.

[1998, c. 51, a. 3; 2002, c. 7, a. 141].

863.11. Le dépôt du procès-verbal de vérification d'un testament olographe ou devant témoins n'est destiné qu'à en assurer la publicité.

[1998, c. 51, a. 3].

863.12. La notification aux intéressés de l'original ou d'une copie de la demande, de l'avis et du procès-verbal du notaire doit se faire conformément aux articles 146.1 et 146.2.

[1998, c. 51, a. 3].

863.10. The court is seized of the matter upon the deposit of the notary's minutes, subject to article 863.11.

In the absence of opposition, the judge or the clerk may accept or reject the conclusions set out in the notary's minutes and make all orders necessary to protect the rights of the parties for the period and on the conditions determined by the judge or clerk.

The clerk must give notice without delay to the interested persons of any order so made or judgment so rendered by sending them a copy.

[1998, c. 51, s. 3; 2002, c. 7, s. 141].

863.11. The minutes of the probate of a holograph will or a will made in the presence of witnesses are deposited solely for publication purposes.

[1998, c. 51, s. 3].

863.12. The original or a copy of the application, of the notice and of the notary's minutes must be notified to the interested persons in accordance with articles 146.1 and 146.2.

[1998, c. 51, s. 3].

Chapitre II ——
De la modification du registre de l'état civil

864. Les demandes relatives à la modification du registre de l'état civil et au changement de nom par voie judiciaire, de même que celles qui visent à faire reconnaître la validité d'un acte de l'état civil fait hors du Québec ou à faire réviser une décision du directeur de l'état civil sont portées dans le district de Québec ou devant le tribunal du domicile du requérant. Elles sont notifiées aux intéressés et au directeur de l'état civil.

[1965 (1ʳᵉ sess.), c. 80, a. 864; 1969, c. 80, a. 13; 1992, c. 57, a. 396].

864.1. La demande de changement de nom de l'enfant mineur est notifiée au père, à la mère et, le cas échéant, au tuteur de l'en-

Chapter II ——
Alteration of the Register of Civil Status

864. Applications for the alteration of the register of civil status and for a change of name by way of judicial process and applications for the recognition of the validity of an act of civil status made outside Québec or for the review of a decision of the registrar of civil status are introduced in the district of Québec or before the court of the domicile of the applicant. They are notified to interested persons and to the registrar of civil status.

[1965 (1st sess.), c. 80, a. 864; 1969, c. 80, s. 13; 1992, c. 57, s. 396].

864.1. An application for a change of name is, in the case of a minor, notified to the father, the mother, the tutor, where ap-

fant et à celui-ci, s'il est âgé de 14 ans et plus.

[1992, c. 57, a. 396].

864.2. Lorsque la révision d'une décision du directeur de l'état civil est demandée, elle n'est reçue que si elle est faite dans les 30 jours qui suivent la réception de la décision par le requérant.

Le directeur de l'état civil transmet, sans délai, au greffe du tribunal, le dossier relatif à la décision qui fait l'objet de la demande de révision.

[1992, c. 57, a. 396].

865. Les demandes prévues dans ce chapitre ne peuvent en aucun cas être entendues par le greffier.

[1965 (1ʳᵉ sess.), c. 80, a. 865; 1992, c. 57, a. 396].

Chapitre III ——
De la tutelle à l'absent et du
jugement déclaratif de décès

865.1. La demande d'ouverture d'une tutelle à l'absent est portée devant le tribunal du domicile de la personne dont on veut établir l'absence ou, s'il est inconnu, devant celui du lieu de sa dernière résidence connue, ou encore devant celui du domicile du requérant.

Si l'absent a désigné un administrateur de ses biens et que ce dernier refuse ou néglige d'agir, ou en est empêché, la demande peut être portée devant le tribunal du domicile de l'administrateur.

La demande doit être signifiée au curateur public, et, le cas échéant, à la personne désignée par l'absent pour administrer ses biens ainsi qu'à son conjoint, s'il en est.

[1969, c. 79, a. 4; 1992, c. 57, a. 397].

865.2. La demande relative aux sommes qu'il convient d'affecter aux charges du mariage ou de l'union civile, à l'entretien de la famille ou au paiement des obligations alimentaires de l'absent, ainsi qu'à la

plicable, and to the minor child if he is 14 years of age or over.

[1992, c. 57, s. 396].

864.2. An application for review of a decision of the registrar of civil status may be admitted only if it is presented within 30 days after receipt of the decision by the applicant.

The registrar of civil status transmits forthwith to the office of the court the record relating to the decision the review of which is applied for.

[1992, c. 57, s. 396].

865. Applications made under this chapter may in no case be heard by the clerk.

[1965 (1st sess.), c. 80, a. 865; 1992, c. 57, s. 396].

Chapter III ——
Tutorship to an Absentee and
Declaratory Judgment of Death

865.1. Applications for the institution of tutorship to an absentee are made before the court of the domicile of the person the establishment of whose absence is sought or, if such domicile cannot be determined, before the court of the person's last known residence, or before the court of the domicile of the applicant.

If the absentee has designated an administrator to his property and if the latter refuses or neglects to act or is unable to act, the application may be made before the court of the domicile of the administrator.

The application must be served on the Public Curator and, where applicable, on the person designated by the absentee to administer his property and on the absentee's spouse, if he has a spouse.

[1969, c. 79, s. 4; 1992, c. 57, s. 397; 1999, c. 40, s. 56].

865.2. Applications concerning the amounts that it is expedient to allocate to the expenses of the marriage or civil union, to the maintenance of the family or to the payment of the obligation of support

liquidation des droits patrimoniaux des époux ou conjoints unis civilement, est portée devant le tribunal du domicile de l'absent ou du requérant.

La demande doit être signifiée au curateur public ainsi qu'au tuteur à l'absent et au conjoint, le cas échéant.

[1969, c. 79, a. 4; 1992, c. 57, a. 397; 2002, c. 6, a. 124].

865.3. La demande pour obtenir un jugement déclaratif de décès est portée devant le tribunal du domicile de la personne dont on veut établir le décès.

Si cette personne n'avait pas son domicile au Québec, la demande est portée devant celui du lieu du décès, s'il est connu, ou, à défaut, du lieu de sa disparition.

[1969, c. 79, a. 4; 1992, c. 57, a. 397].

865.4. La demande doit être signifiée au conjoint, aux père et mère et aux enfants de 14 ans et plus de la personne dont on veut établir le décès, ainsi qu'à l'assureur, s'il y a lieu.

Le juge peut, d'office ou sur demande, ordonner une signification collective à toute autre personne, selon les modalités qu'il indique.

[1969, c. 79, a. 4; 1992, c. 57, a. 397].

865.5. La demande d'annulation du jugement déclaratif de décès et de rectification du registre de l'état civil, ainsi que celle relative à la radiation des mentions ou inscriptions faites à la suite du jugement déclaratif de décès, est portée devant le tribunal du dernier domicile de celui qui revient et doit être signifiée aux intéressés.

[1992, c. 57, a. 397].

865.6. Les demandes prévues dans le présent chapitre ne peuvent en aucun cas être

of the absentee and applications relating to the liquidation of the patrimonial rights of the married or civil union spouses are made before the court of the domicile of the absentee or of the applicant.

The application must be served on the Public Curator, on the tutor to the absentee and on the absentee's spouse, if he or she has a spouse.

[1969, c. 79, s. 4; 1992, c. 57, s. 397; 2002, c. 6, s. 124].

865.3. Applications for a declaratory judgment of death are made before the court of the domicile of the person the establishment of whose death is sought.

If the person's domicile was not in Québec, the application is made before the court of the domicile of the place of his death, if known, or, failing that, of the place of his disappearance.

[1969, c. 79, s. 4; 1992, c. 57, s. 397].

865.4. The application must be served on the spouse of the person the establishment of whose death is sought, on his father and mother and on his children 14 years of age or over and, where applicable, on the person's insurer.

The judge may, of his own motion or on application, order collective service on any other person, according to the modalities he indicates.

[1969, c. 79, s. 4; 1992, c. 57, s. 397].

865.5. Applications for annulment of a declaratory judgment of death and rectification of the register of civil status and applications relating to the cancellation of the mentions or entries made following the declaratory judgment of death are made before the court of the last domicile of the person who has returned and must be served on the interested parties.

[1992, c. 57, s. 397].

865.6. Applications made under this chapter, except applications for the institution

entendues par le greffier, à l'exception de la demande d'ouverture d'une tutelle à l'absent.

[1992, c. 57, a. 397].

of tutorship to an absentee, may in no case be heard by the clerk.

[1992, c. 57, s. 397].

Chapitre IV ——
De l'examen des actes notariés et du compulsoire

Chapter IV ——
Examination and Compulsory Inspection of Notarial Documents

866. Les notaires sont tenus, moyennant paiement de leurs honoraires et droits, de donner communication ou expédition des actes ou des extraits d'actes qui font partie de leur greffe, ou des greffes dont ils sont cessionnaires ou gardiens, aux parties, à leurs héritiers ou représentants légaux. Ils ne sont toutefois pas tenus, sans un ordre du tribunal, de donner communication ou expédition d'un testament révoqué, non plus que d'un acte dont la publicité n'est pas requise, à moins que la demande ne leur en soit faite par le testateur lui-même ou par une partie à l'acte, selon le cas.

[1965 (1ʳᵉ sess.), c. 80, a. 866; 1992, c. 57, a. 398].

866. Notaries are bound, upon payment of their fees and dues, to give to the parties or to their heirs or legal representatives communication or copies of or extracts from deeds forming part of their official records or of the records of which they are transferees or depositaries. They are not, however, bound, without an order of the court, to give communication or copies of a revoked will or of a deed the publication of which is not required, unless the request is made by the testator himself or by a party to the deed, as the case may be.

[1965 (1st sess.), c. 80, a. 866; 1992, c. 57, s. 398].

867. Celui à qui le notaire a refusé de donner communication ou expédition d'un acte ou d'un extrait d'acte, peut, sur requête signifiée au notaire, obtenir d'un juge un compulsoire, s'il justifie de son droit ou de son intérêt.

[1965 (1ʳᵉ sess.), c. 80, a. 867].

867. Any person to whom the notary has refused to give communication or copies of or extracts from a deed may, on motion served upon the notary, obtain from the judge an order for inspection, if he proves his right or his interest.

[1965 (1st sess.), c. 80, a. 867].

868. Le compulsoire fixe le jour et l'heure auxquels l'acte devra être communiqué, ou le délai dans lequel l'expédition en sera délivrée; il doit être signifié au notaire en temps utile.

[1965 (1ʳᵉ sess.), c. 80, a. 868].

868. The order of the judge fixes the day and hour when communication of the deed must be given, or the time within which the copy or extract must be furnished. It must be served upon the notary in good time.

[1965 (1st sess.), c. 80, a. 868; 1999, c. 40, s. 56].

869. Le notaire doit certifier, sur l'expédition, que celle-ci est délivrée sur l'ordre du juge, et il doit en faire mention sur la copie de l'ordonnance qui lui a été signifiée.

[1965 (1ʳᵉ sess.), c. 80, a. 869].

869. The notary must certify, on the copy or extract, that it is given upon the order of the judge, and he must mention the fact on the copy of the order which has been served upon him.

[1965 (1st sess.), c. 80, a. 869].

| Chapitre V —— | Chapter V —— |
| Du remplacement et de la reconstitution de certains écrits | Replacement and Reconstitution of Certain Writings |

870. Lorsque la minute ou l'original d'un acte authentique ou d'un registre public a été perdu, détruit ou enlevé, et qu'il en existe quelque copie ou extrait authentique, le tribunal peut permettre ou ordonner que cette copie ou cet extrait soit déposé chez l'officier public qu'il désigne, pour tenir lieu de l'original.

La requête à cette fin peut être faite par celui qui détient la copie ou l'extrait, ou par un tiers qui y a intérêt; elle doit être signifiée à tous les intéressés.

[1965 (1ʳᵉ sess.), c. 80, a. 870].

871. Le requérant doit payer les frais du dépôt; il doit en outre fournir une nouvelle copie certifiée à celui qui détenait la copie déposée, et l'indemniser de ses frais de déplacement et autres débours.

[1965 (1ʳᵉ sess.), c. 80, a. 871].

871.1. Lorsqu'un acte authentique ou un registre public ne peut être remplacé soit qu'il n'existe pas de copie, soit que celle-ci ne peut être remise, l'officier public qui détenait l'acte ou le registre établit une procédure de reconstitution et y procède.

Tout intéressé peut, si l'officier public tarde ou néglige d'établir une procédure de reconstitution, demander au tribunal de désigner une personne pour y procéder.

[1992, c. 57, a. 400].

871.2. Le tribunal homologue l'écrit reconstitué, dès lors qu'il est assuré que la procédure suivie était adéquate et qu'elle permet une reconstitution valable.

La demande d'homologation est accompagnée de l'écrit reconstitué, du plan de reconstitution et d'un affidavit attestant qu'il a été effectivement suivi.

Le juge peut ordonner, même d'office, qu'une signification soit faite, par avis public ou autrement, aux personnes intéressées; s'il s'agit d'un acte authentique, la

870. When the minute or the original of an authentic deed or a public register has been lost, destroyed or carried away, and any authentic copy or extract exists, the court may permit or order that such copy or extract be deposited with such public officer as it designates, to take the place of the original.

The motion for such purpose may be made by the person who holds the copy or extract, or by an interested third party; it must be served on all interested parties.

[1965 (1st sess.), c. 80, a. 870].

871. The applicant must pay the costs of the deposit; he must also furnish a new certified copy to the person who held the copy deposited, and indemnify him for all travelling and other expenses.

[1965 (1st sess.), c. 80, a. 871].

871.1. Where an authentic act or public register cannot be replaced either because there is no copy or because a copy cannot be delivered, the public officer who held the act or register establishes a procedure for its reconstitution and proceeds with it.

Any interested person may, if the public officer delays establishing, or neglects to establish, a reconstitution procedure, ask the court to appoint a person to do so.

[1992, c. 57, s. 400].

871.2. The court homologates the reconstituted writing upon ascertaining that the procedure followed was appropriate and that it permits a valid reconstitution.

The application for homologation is accompanied with the reconstituted writing, the reconstitution plan and an affidavit attesting that the procedure was followed.

The judge may, even of his own motion, order service on the interested persons, by public notice or otherwise; in the case of an authentic act, the application is served

demande est signifiée aux parties à l'acte, à moins que le juge n'en décide autrement.

[1992, c. 57, a. 400].

871.3. Les actes et registres reconstitués tiennent lieu de l'original, dès lors que la reconstitution a été homologuée par le juge; ils sont déposés auprès de l'officier public qui les détenait ou auprès de son cessionnaire.

Tout intéressé peut en contester le contenu ou demander que des corrections ou des ajouts y soient apportés.

[1992, c. 57, a. 400].

871.4. Les demandes relatives à la reconstitution d'un acte authentique ou d'un registre public ne peuvent en aucun cas être entendues par le greffier.

[1992, c. 57, a. 400].

Chapitre VI ━━
Du conseil de tutelle

872. Les demandes relatives à la composition et à la constitution du conseil de tutelle peuvent être présentées au juge, au greffier ou à un notaire; celles qui visent à faire réviser une décision du conseil de tutelle, sont portées devant le tribunal du domicile ou de la résidence du mineur ou du majeur inapte.

[1965 (1ᵉ sess.), c. 80, a. 872; 1975, c. 83, a. 56; 1979, c. 37, a. 34; 1992, c. 57, a. 401; 1998, c. 51, a. 4].

873. L'assemblée de parents, d'alliés ou d'amis en vue de constituer le conseil de tutelle est convoquée soit par le greffier, soit par un notaire.

L'avis de convocation est notifié aux personnes qui doivent être appelées à constituer le conseil de tutelle et indique l'objet de l'assemblée, le lieu, le jour et l'heure où elles devront se présenter.

[1965 (1ᵉ sess.), c. 80, a. 873; 1992, c. 57, a. 401].

on the parties to the act, unless otherwise decided by the judge.

[1992, c. 57, s. 400].

871.3. Reconstituted acts and registers stand in lieu of the original upon homologation of the reconstitution by the judge; they are filed with the public officer who held the original or his transferee.

Any interested person may contest the content of the reconstituted acts or registers or ask that corrections or additions be made.

[1992, c. 57, s. 400].

871.4. Applications for the reconstitution of an authentic act or public register may in no case be heard by the clerk.

1992, c. 57, s. 400].

Chapter VI ━━
Tutorship Council

872. Applications relating to the composition and establishment of a tutorship council may be presented to the judge or clerk or to a notary; applications for the review of a decision of a tutorship council are made before the court of the domicile or residence of the minor or incapable person of full age.

[1965 (1st sess.), c. 80, a. 872; 1975, c. 83, s. 56; 1979, c. 37, s. 34; 1992, c. 57, s. 401; 1998, c. 51, s. 4].

873. A meeting of relatives, persons connected by marriage or friends held for the establishment of a tutorship council is called by the clerk or by a notary.

The notice of meeting is notified to the persons who are required to be called for the establishment of the tutorship council and indicates the object, place, day and time of the meeting.

[1965 (1st sess.), c. 80, a. 873; 1992, c. 57, s. 401].

874. L'assemblée est présidée par un notaire ou le greffier.

[1965 (1ᵉ sess.), c. 80, a. 874; 1992, c. 57, a. 401; 1998, c. 51, a. 5].

874.1. (*Remplacé*).

[1992, c. 57, a. 401].

875. Le conseil avise sans délai le tuteur ou le curateur, le curateur public, le mineur s'il est âgé de 14 ans et plus ou le majeur protégé, du nom et de l'adresse de ses membres et du secrétaire du conseil; il les avise aussi de tout changement à cet égard.

[1965 (1ᵉ sess.), c. 80, a. 875; 1966, c. 21, a. 16; 1992, c. 57, a. 401].

876. Toute signification ou notification destinée au conseil est valablement faite au secrétaire chargé de rédiger et de conserver les procès-verbaux des délibérations du conseil.

[1965 (1ᵉ sess.), c. 80, a. 876; 1966, c. 21, a. 17; 1992, c. 57, a. 401].

876.1. Lorsqu'une demande de révision d'une décision du conseil de tutelle lui est notifiée, le secrétaire du conseil transmet sans délai, au greffe du tribunal, le procès-verbal et le dossier relatif à la décision qui fait l'objet de la demande de révision.

[1966, c. 21, a. 18; 1992, c. 57, a. 401].

Chapitre VI.1 ——
De la tutelle au mineur

876.2. Lorsqu'une demande relative à la nomination d'un tuteur, d'un tuteur *ad hoc* ou aux biens ou à son remplacement est présentée à un notaire, celui-ci doit la signifier au mineur s'il est âgé de 14 ans et plus ainsi que la notifier aux personnes mentionnées au premier alinéa de l'article 226 du Code civil, et convoquer ces dernières à une assemblée de parents, d'alliés ou d'amis en vue de conférer une tutelle au mineur et de constituer le conseil de tutelle. Il doit aussi notifier la demande au curateur public s'il s'agit de remplacer le

874. The meeting is presided by a notary or the clerk.

[1965 (1st sess.), c. 80, a. 874; 1992, c. 57, s. 401; 1998, c. 51, s. 5].

874.1. (*Replaced*).

[1992, c. 57, s. 401].

875. The council notifies forthwith the tutor or curator, the Public Curator, the minor if 14 years of age or over or the person of full age under protective supervision of the name and address of the members and secretary of the council; it also notifies them of any change in that respect.

[1965 (1st sess.), c. 80, a. 875; 1966, c. 21, s. 16; 1992, c. 57, s. 401].

876. Any service or notification intended for the council is validly made to the secretary responsible for drawing and keeping the minutes of the deliberations of the council.

[1965 (1st sess.), c. 80, a. 876; 1966, c. 21, s. 17; 1992, c. 57, s. 401].

876.1. Where an application for the review of a decision of the tutorship council is notified to him, the secretary of the council transmits forthwith to the office of the court the minutes and record relating to the decision the review of which is applied for.

[1966, c. 21, s. 18; 1992, c. 57, s. 401].

Chapter VI.1 ——
Tutorships to Minors

876.2. Where an application relating to the appointment or replacement of a tutor, a tutor *ad hoc* or a tutor to property is presented to a notary, the notary must serve the application on the minor, if the minor is 14 years of age or over, and notify the application to the persons mentioned in the first paragraph of article 226 of the Civil Code, and call the latter persons to a meeting of relatives, persons connected by marriage or friends to establish tutorship to the minor and form the tutorship council. If the tutor, the tutor *ad hoc* or the tutor to

tuteur, le tuteur *ad hoc* ou le tuteur aux biens.

[1998, c. 51, a. 6].

property is being replaced, the notary must also notify the application to the Public Curator.

[1998, c. 51, s. 6].

Chapitre VII ——
Des régimes de protection du majeur et de l'homologation du mandat donné par une personne en prévision de son inaptitude

SECTION I ——
DES RÉGIMES DE PROTECTION DU MAJEUR

Chapter VII ——
Protective Supervision of Persons of Full Age and Homologation of a Mandate Given by a Person in Anticipation of his Inability

SECTION I —— PROTECTIVE
SUPERVISION OF PERSONS OF FULL AGE

877. La demande d'ouverture d'un régime de protection à un majeur est portée devant un juge ou devant le greffier du district où le majeur a son domicile ou sa résidence; elle doit articuler tous les faits sur lesquels elle est fondée et que le requérant sera tenu de prouver.

La demande doit être signifiée au majeur et à une personne raisonnable de sa famille; la signification au majeur doit être faite à personne. Lorsque la demande d'ouverture d'un régime de protection est contestée, elle doit être signifiée aux personnes qui doivent être convoquées à l'assemblée de parents, d'alliés ou d'amis en vue de constituer un conseil de tutelle pour qu'elles puissent assister au débat.

[1965 (1ᵉ sess.), c. 80, a. 877; 1989, c. 54, a. 137;
1992, c. 57, a. 420; 2002, c. 7, a. 142].

877. An application for the institution of protective supervision of a person of full age shall be brought before a judge or before the clerk of the district where the person of full age has his domicile or residence; it must set forth all the facts on which it is based and which the applicant will be required to prove.

The application must be served on the person of full age and on a reasonable member of his family; service on the person of full age must be made personally. If the application for institution of protective supervision is contested, it must be served on the persons who must be called to a meeting of relatives, persons connected by marriage and friends to form a tutorship council, so that they may attend the proceedings.

[1965 (1st sess.), c. 80, a. 877; 1989, c. 54, s. 137;
1992, c. 57, s. 420; 2002, c. 7, s. 142].

877.0.1. Lorsqu'une demande d'ouverture ou de révision d'un régime de protection à un majeur est présentée à un notaire, celui-ci doit établir une déclaration relatant les faits qui fondent la demande d'ouverture ou de révision du régime de protection qu'il signifie au majeur et notifie à une personne raisonnable de sa famille et au curateur public, ainsi qu'à l'une des personnes mentionnées à l'article 15 du Code civil; la déclaration est accompagnée d'un avis de convocation pour la tenue d'une assemblée de parents, d'alliés ou d'amis.

[1998, c. 51, a. 7].

877.0.1. Where an application for the institution or review of protective supervision of a person of full age is presented to a notary, the notary must prepare a declaration stating the facts on which the application for the institution or review of protective supervision of a person of full age is based, and must serve the declaration on the person of full age and notify the declaration to a reasonable member of the person's family, to the Public Curator and to one of the persons mentioned in article 15 of the Civil Code; the declaration must be accompanied with a notice of a meeting

of relatives, persons connected by marriage or friends.

[1998, c. 51, s. 7].

877.0.2. Les demandes visées aux articles 877 et 877.0.1 ainsi que les expertises au soutien de celles-ci doivent également être signifiées ou notifiées, selon le cas, au curateur public, lequel peut, d'office et sans avis, participer au débat comme s'il y était partie. À défaut de signification ou de notification au curateur public, le greffier doit suspendre les procédures jusqu'à ce que la preuve de la signification ou de la notification soit reçue au greffe.

[2002, c. 7, a. 143].

877.0.2. The applications referred to in articles 877 and 877.0.1 and any expert reports in support thereof must also be served on or notified to the Public Curator, who may take part in the proceedings, on his own initiative and without notice, as though he were a party thereto. If the Public Curator has not been served or notified, the clerk must suspend the proceedings until proof of service or notification is received at the office of the court.

[2002, c. 7, s. 143].

877.1. Si personne ne demande l'ouverture d'un régime de protection dans les 30 jours du dépôt de la recommandation du curateur public, en vertu de l'article 14 de la *Loi sur le curateur public* (chapitre C-81), le greffier en donne avis au curateur public. Ce dernier demande alors l'ouverture d'un régime de protection au majeur.

[1971, c. 81, a. 47; 1989, c. 54, a. 138; 1992, c. 57, a. 420].

877.1. If no person applies for the institution of protective supervision within 30 days of the filing of the recommendation of the Public Curator under section 14 of the *Public Curator Act* (chapter C-81), the clerk shall give notice thereof to the Public Curator. The latter shall then apply for the institution of protective supervision for the person of full age.

[1971, c. 81, s. 47; 1989, c. 54, s. 138; 1992, c. 57, s. 420].

878. La personne visée par une demande d'ouverture de régime de protection doit être interrogée par le juge, le greffier ou le notaire, à moins qu'il soit manifestement déraisonnable d'entendre son témoignage en raison de son état de santé.

Elle peut toujours être interrogée par le juge ou le greffier du district où elle réside, même si la demande est introduite dans un autre district. L'interrogatoire est pris par écrit et communiqué à l'assemblée de parents, d'alliés ou d'amis. Si l'interrogatoire n'a pas eu lieu, le jugement en fait état et indique le motif.

Dans le cas où la demande est présentée à un notaire, celui-ci ne peut déléguer à un autre notaire la responsabilité de procéder à l'interrogatoire que dans le cas où le majeur réside dans un lieu éloigné et qu'il y a lieu d'éviter des frais de déplacement trop coûteux. Si le majeur ne comprend pas

878. The person contemplated by an application for the institution of protective supervision must be examined by the judge, clerk or notary, unless it is manifestly unreasonable to hear his testimony by reason of his state of health.

The person may be examined by a judge or the clerk of the district where he resides, even if the application is made in another district. The examination shall be taken in writing and transmitted to the meeting of relatives, persons connected by marriage and friends. If no examination takes place, the judgment mentions that fact and indicates the reason why the person was not examined.

Where the application is presented to a notary, the notary may not delegate responsibility for the examination to another notary except to avoid expense of travel arising from the distance at which the person of full age is residing. If the person does not have a sufficient understanding of

suffisamment le français ou l'anglais et que le notaire ne parle pas la langue du majeur, le notaire peut, pour procéder à l'interrogatoire, soit demander les services d'un interprète, soit mandater un notaire parlant la langue du majeur. Dans tous les cas, le notaire ayant procédé à l'interrogatoire en dresse un procès-verbal en minute, traduit en français ou en anglais, le cas échéant. S'il n'a pas procédé à l'interrogatoire, le notaire dresse un procès-verbal en minute indiquant les motifs pour lesquels l'interrogatoire n'a pas eu lieu.

[1965 (1er sess.), c. 80, a. 878; 1977, c. 73, a. 34; 1989, c. 54, a. 139; 1992, c. 57, a. 403, 420; 1998, c. 51, a. 8; 2002, c. 7, a. 144].

French or English and the notary does not speak the person's language, the notary may either hire an interpreter for the examination, or entrust the examination to a notary who speaks the person's language. In all cases, the notary who examined the person draws up the minutes of the examination, translated into French or English, if necessary. If no examination is conducted, the notary draws up minutes stating the reasons why no examination took place.

[1965 (1st sess.), c. 80, a. 878; 1977, c. 73, s. 34; 1989, c. 54, s. 139; 1992, c. 57, s. 403, 420; 1998, c. 51, s. 8; 2002, c. 7, s. 144].

878.0.1. Le notaire doit obtenir et faire état de l'évaluation médicale et psychosociale, de l'interrogatoire du majeur et des autres pièces pertinentes à l'assemblée de parents, d'alliés ou d'amis.

[1998, c. 51, a. 9].

878.0.1. The notary must obtain the medical and psychosocial assessment, the examination of the person of full age and the other relevant documents and report thereon to the meeting of relatives, persons connected by marriage and friends.

[1998, c. 51, s. 9].

878.1. Les règles relatives à la représentation et à l'audition d'un mineur ou d'un majeur inapte s'appliquent, lorsque dans une instance, le greffier ou le juge constate que cela est nécessaire pour assurer la sauvegarde des droits d'un majeur inapte à prendre soin de lui-même ou à administrer ses biens.

878.1. The rules relating to the representation and hearing of a minor or incapable person of full age apply where, in a proceeding, the clerk or the judge ascertains that the application of these rules is necessary to ensure the safeguard of the rights of a person of full age incapable of caring for himself or of administering his property.

Lorsque le notaire constate qu'il est nécessaire que le majeur inapte soit représenté, il doit se dessaisir de la demande, en informer les personnes intéressées et transférer le dossier au tribunal compétent, qui en est saisi par le dépôt de son procès-verbal.

[1989, c. 54, a. 140; 1992, c. 57, a. 404; 1998, c. 51, a. 10].

Upon ascertaining the necessity of providing representation to the incapable person of full age, the notary must relinquish the application, inform the interested persons and transfer the matter to the competent court, which is seized of the matter upon the deposit of the notary's minutes.

[1989, c. 54, s. 140; 1992, c. 57, s. 404; 1998, c. 51, s. 10].

878.2. Les pièces au soutien de la demande d'ouverture d'un régime de protection introduite devant le tribunal doivent être produites au greffe au moins 10 jours avant la date fixée pour l'audition.

[1989, c. 54, a. 140; 1998, c. 51, a. 11].

878.2. The documents supporting an application to the court for the institution of protective supervision must be filed in the office of the court not less than 10 days before the date scheduled for the hearing.

[1989, c. 54, s. 140; 1998, c. 51, s. 11].

878.3. À tout moment avant le jugement, le juge ou le greffier peut ordonner, même

878.3. At any time before judgment, the judge or clerk may order, even of his own

d'office, la production de toute preuve additionnelle ou l'assignation de toute personne dont il estime le témoignage utile.

[1989, c. 54, a. 140; 1992, c. 57, a. 420].

motion, the production of any additional evidence or the summoning of any person whose testimony he considers expedient.

[1989, c. 54, s. 140; 1992, c. 57, s. 420].

879. La personne pour laquelle on demande l'ouverture d'un régime de protection peut produire des témoins pour contredire la preuve apportée par le requérant; tous les témoignages doivent être recueillis conformément aux dispositions des articles 324 et suivants du présent code.

[1965 (1ᵉ sess.), c. 80, a. 879; 1989, c. 54, a. 141].

879. A person in respect of whom an application for the institution of protective supervision is made may produce witnesses to contradict the evidence made by the applicant; all the depositions must be taken in accordance with the provisions of articles 324 and following of the Code.

[1965 (1st sess.), c. 80, a. 879; 1989, c. 54, s. 141].

880. Lorsque leur avis est requis, les personnes qui doivent être appelées à constituer le conseil de tutelle sont convoquées par un notaire si la demande lui est présentée ou sur ordonnance du juge ou du greffier et l'assemblée est présidée par l'un d'eux ou par un notaire.

[1965 (1ᵉ sess.), c. 80, a. 880; 1977, c. 73, a. 35; 1989, c. 54, a. 142; 1992, c. 57, a. 405; 1998, c. 51, a. 12].

880. Where their advice is required, the persons who are required to be called for the establishment of the tutorship council are called by the notary to whom the application is presented or on an order of the judge or of the clerk and the meeting is presided by the judge or clerk or by a notary.

[1965 (1st sess.), c. 80, a. 880; 1977, c. 73, s. 35; 1989, c. 54, s. 142; 1992, c. 57, s. 405; 1998, c. 51, s. 12].

881. Le juge ou le greffier, au lieu de prononcer l'ouverture du régime de protection demandé, peut fixer un régime différent si les circonstances le requièrent.

[1965 (1ᵉ sess.), c. 80, a. 881; 1989, c. 54, a. 143; 1992, c. 57, a. 420].

881. The judge or clerk may, instead of granting the institution of the form of protective supervision applied for, determine another form of protective supervision if the circumstances so require.

[1965 (1st sess.), c. 80, a. 881; 1989, c. 54, s. 143; 1992, c. 57, s. 420].

882. (*Abrogé*).

[1989, c. 54, a. 144].

882. (*Repealed*).

[1989, c. 54, s. 144].

883. Tout jugement relatif à l'ouverture, à la révision ou à la mainlevée d'un régime de protection ou ordonnant le remplacement d'un tuteur ou d'un curateur doit être signifié au majeur.

[1965 (1ᵉ sess.), c. 80, a. 883; 1989, c. 54, a. 145; 1992, c. 57, a. 406].

883. Every judgment relating to the institution, review or removal of protective supervision or ordering that a tutor or curator be replaced must be served on the person of full age.

[1965 (1st sess.), c. 80, a. 883; 1989, c. 54, s. 145; 1992, c. 57, s. 406].

884. La révision d'un régime de protection ne peut être obtenue qu'en observant les formalités prescrites pour l'ouverture du régime.

[1965 (1ᵉ sess.), c. 80, a. 884; 1989, c. 54, a. 146].

884. Protective supervision may be reviewed only if the formalities prescribed for the institution of protective supervision are observed.

[1965 (1st sess.), c. 80, a. 884; 1989, c. 54, s. 146].

SECTION II —
DE L'HOMOLOGATION DU MANDAT
DONNÉ PAR UNE PERSONNE EN
PRÉVISION DE SON INAPTITUDE

SECTION II — HOMOLOGATION OF
MANDATE GIVEN BY A PERSON IN
ANTICIPATION OF HIS INABILITY

884.1. La demande d'homologation d'un mandat donné par une personne en prévision de son inaptitude est portée devant un juge ou devant le greffier du district où le mandant a son domicile ou sa résidence.

La demande doit être signifiée au mandant, à une personne raisonnable de sa famille et au curateur public; la signification au mandant doit être faite à personne.

Le juge ou le greffier peut ordonner que la demande soit signifiée aux personnes qui seraient habilitées à intervenir à l'ouverture d'un régime de protection pour le mandant.

[1989, c. 54, a. 147; 1992, c. 57, a. 408, 420].

884.1. An application for the homologation of a mandate given by a person in anticipation of his inability shall be submitted to a judge or to the clerk of the district where the mandator has his domicile or residence.

The application must be served on the mandator, on a reasonable member of this family and on the Public Curator; service of the application on the mandator must be made personally.

The judge or clerk may order that the application be served on the persons who would be qualified to intervene in the institution of protective supervision in respect of the mandator.

[1989, c. 54, s. 147; 1992, c. 57, s. 408, s. 420].

884.2. La demande d'homologation du mandat doit être accompagnée d'une évaluation médicale et psychosociale constatant l'inaptitude du mandant et d'une copie du mandat.

[1989, c. 54, a. 147].

884.2. The application for the homo-logation of the mandate must be accompanied with a medical and psychosocial assessment ascertaining the inability of the mandator and with a copy of the mandate.

[1989, c. 54, s. 147].

884.3. Le juge ou le greffier saisi de la demande d'homologation vérifie l'inaptitude du mandant, l'existence du mandat et sa validité s'il est fait devant témoins.

[1989, c. 54, a. 147; 1992, c. 57, a. 420].

884.3. The judge or clerk seized of the application for homologation shall ascertain the inability of the mandator, the existence of the mandate and the validity of the mandate where it has been made in the presence of witnesses.

[1989, c. 54, s. 147; 1992, c. 57, s. 420].

884.4. À l'exception de la communication de l'interrogatoire, les articles 878 à 878.3 s'appliquent aux demandes d'homologation du mandat.

[1989, c. 54, a. 147; 1992, c. 57, a. 409].

884.4. Except as regards the communication of the examination, articles 878 to 878.3 apply to applications for the homologation of a mandate.

[1989, c. 54, s. 147; 1992, c. 57, s. 409].

884.5. La révocation d'un mandat ne peut être obtenue qu'en observant les formalités prescrites pour l'homologation de ce mandat.

[1989, c. 54, a. 147].

884.5. The revocation of a mandate cannot be obtained except by observing the prescribed formalities for the homologation of the mandate.

[1989, c. 54, s. 147].

884.6. Tout jugement prononçant l'homologation d'un mandat doit être signifié au mandant; celui qui révoque le mandat doit être signifié au mandataire et, le cas échéant, au mandant.

[1989, c. 54, a. 147; 1992, c. 57, a. 410].

884.6. Any judgment ordering the homologation of a mandate must be served on the mandator; any judgment revoking a mandate must be served on the mandatory and, where applicable, on the mandator.

[1989, c. 54, s. 147; 1992, c. 57, s. 410].

884.7. La demande pour constater la prise d'effet d'un mandat donné par une personne en prévision de son inaptitude, la déclaration de cessation des effets ou la révocation d'un tel mandat, peut également être présentée à un notaire.

Le notaire signifie la demande au mandant et, le cas échéant, la notifie au mandataire ainsi qu'au mandataire substitut désigné par le mandant, au curateur public et à l'une des personnes visées dans l'article 15 du Code civil.

[1998, c. 51, a. 13; 2002, c. 7, a. 145].

884.7. An application for the recording of the coming into effect of a mandate given in anticipation of the mandator's incapacity or of the declaration of the cessation of the effects or the revocation of such a mandate may also be presented to a notary.

The application is served by the notary on the mandator and, where applicable, notified to the mandatary and to the substitute mandatary designated by the mandator, the Public Curator and one of the persons mentioned in article 15 of the Civil Code.

[1998, c. 51, s. 13; 2002, c. 7, s. 145].

884.8. Le notaire doit obtenir une évaluation médicale et psychosociale constatant l'inaptitude du mandant et l'original ou une copie authentique du mandat. Le notaire vérifie l'existence du mandat et sa validité s'il est fait devant témoins.

Dans tous les cas, conformément à l'article 878, le notaire doit interroger le mandant et constater s'il est apte ou inapte à prendre soin de lui-même ou à administrer ses biens. Le notaire dresse un procès-verbal en minute relatant l'interrogatoire du mandant.

[1998, c. 51, a. 13].

884.8. The notary must obtain a medical and psychosocial assessment ascertaining the mandator's incapacity and the original or an authentic copy of the mandate. Where the mandate was given before witnesses, the existence and validity of the mandate are verified by the notary.

In all cases, the notary must, in accordance with article 878, examine the mandator and determine whether the mandator is capable or incapable of taking care of himself or herself or of administering his or her property. The minutes of the examination of the mandator are drawn up by the notary.

[1998, c. 51, s. 13].

Chapitre VIII ——
Des autorisations judiciaires

Chapter VIII ——
Judicial Authorizations

885. Les demandes d'autorisation, d'habilitation ou d'homologation prévues au Code civil et au présent livre sont introduites par requête, notamment dans les cas suivants:

    a) les demandes dont la loi exige, en raison de la nature de l'acte ou de la qualité du requérant, qu'elles soient soumises au contrôle du tribunal,

885. Applications for authorization, empowerment or homologation provided for in the Civil Code or in this book are introduced by way of a motion, in particular in the case of

    (a) applications which by reason of the nature of the act or the quality of the applicant are subject by law to the authority of the court, so that it

pour qu'il autorise un acte, approuve ou homologue une décision ou un acte, ou constate un fait;

b) les demandes pour la nomination, la désignation ou le remplacement de toute personne, y compris l'administrateur du bien d'autrui, dont la loi prévoit qu'elles sont faites par le tribunal ou qu'elles sont faites par lui à défaut d'entente entre les intéressés;

c) les demandes de cette nature en matière de tutelle au mineur et de régime de protection des majeurs, en matière de succession, ainsi qu'en matière d'administration du bien d'autrui.

[1965 (1ʳᵉ sess.), c. 80, a. 885; 1992, c. 57, a. 411; 1998, c. 51, a. 14].

886. Les demandes relatives à la tutelle au mineur et à son émancipation sont notifiées au curateur public et au mineur, s'il est âgé de 14 ans et plus.

Les demandes sont accompagnées de l'avis du conseil de tutelle, le cas échéant.

[1965 (1ʳᵉ sess.), c. 80, a. 886; 1992, c. 57, a. 411].

Chapitre IX
De la vérification des testaments et des lettres de vérification

SECTION I
DE LA VÉRIFICATION DES TESTAMENTS

887. La demande de vérification d'un testament est portée devant le tribunal où le testateur avait son domicile ou, à défaut de domicile au Québec, devant celui où le testateur est décédé ou encore dans celui où il a laissé des biens.

[1965 (1ʳᵉ sess.), c. 80, a. 887; 1992, c. 57, a. 411].

887.1. Lorsqu'un testament olographe ou devant témoins est vérifié, à la demande de tout intéressé, par un notaire, celui-ci notifie aux héritiers et successibles connus un avis de vérification auquel est jointe une copie du testament. Ceux d'entre eux qui ont des observations ou des représenta-

may authorize an act, approve or homologate a decision or an act, or establish a fact;

(b) applications for the appointment, designation or replacement of any person, including the administrator of the property of others, which the law requires to be made by the court or which are made by the court where there is no agreement between the interested parties;

(c) applications of the same nature in matters concerning tutorship to minors or protective supervision of persons of full age, in matters concerning succession and in matters concerning the administration of the property of others.

[1965 (1st sess.), c. 80, a. 885; 1992, c. 57, s. 411; 1998, c. 51, s. 14].

886. Applications relating to tutorship to a minor and to his emancipation are notified to the Public Curator and to the minor, if 14 years of age or over.

Applications are accompanied with the advice of the tutorship council, where applicable.

[1965 (1st sess.), c. 80, a. 886; 1992, c. 57, s. 411].

Chapter IX
Probate of Wills and Letters of Verification

SECTION I — PROBATE OF WILLS

887. Applications for the probate of a will are made before the court where the testator had his domicile or, if he had no domicile in Québec, before the court of the district in which the testator died, or in that in which he left property.

[1965 (1st sess.), c. 80, a. 887; 1992, c. 57, s. 411].

887.1. Where a holograph will or a will made in the presence of witnesses is probated by a notary, on the application of any interested person, the notary notifies to the known heirs and successors a notice of probate to which a copy of the will is attached. Any observations or representa-

tions à faire doivent les faire connaître, verbalement ou par tout autre moyen de communication, dans un délai de 10 jours depuis la notification de l'avis de vérification.

[1998, c. 51, a. 15].

888. Lorsqu'il serait peu pratique ou trop onéreux d'appeler tous les successibles connus à la vérification, le greffier peut dispenser le requérant de cette exigence ou déterminer les personnes à qui signification ou notification sera faite.

Lorsque la demande est présentée à un notaire, le greffier peut dispenser le notaire de notifier tous les successibles lorsqu'il serait peu pratique ou trop onéreux de tous les appeler à la vérification du testament et déterminer les personnes à qui la notification sera faite.

[1965 (1ᵉ sess.), c. 80, a. 888; 1992, c. 57, a. 411; 1998, c. 51, a. 16].

889. Le greffier ou le notaire examine l'original du testament. Si celui-ci est déposé chez un notaire, le greffier peut lui ordonner de le produire au greffe ou de le remettre au notaire qu'il désigne. Toutefois, le notaire qui a reçu un testament en dépôt ou un membre de son étude notariale ne peut procéder à sa vérification.

[1965 (1ᵉ sess.), c. 80, a. 889; 1992, c. 57, a. 411; 1998, c. 51, a. 17].

890. Le testament vérifié est déposé au greffe du tribunal. Le greffier est tenu de délivrer à toute personne intéressée qui le requiert des copies certifiées du testament, de la transcription de la preuve faite à l'appui de la demande de vérification, aussi bien que du jugement qui y fait droit.

Le testament vérifié par un notaire est annexé au procès-verbal de la vérification et conservé au greffe du notaire; ce dernier est tenu de délivrer à toute personne intéressée qui le requiert des copies certifiées du testament et du procès-verbal de vérification.

Le notaire est également tenu d'en déposer une copie au greffe du tribunal où le testa-

tions which those persons wish to make must be made, orally or by any other means of communication, within 10 days after notification of the notice of probate.

[1998, c. 51, s. 15].

888. Where it would be inconvenient or too expensive to call in all the known successors to a probate, the clerk may exempt the applicant from such requirement or determine the persons on or to whom service or notification will be made.

Where an application is presented to a notary, the clerk may exempt the notary from notifying all of the known successors if it would be impractical or too onerous to call all of them to the probate of the will, and may determine the persons who will be notified.

[1965 (1st sess.), c. 80, a. 888; 1992, c. 57, s. 411; 1998, c. 51, s. 16].

889. The original of the will is examined by the clerk or by the notary. If the will is deposited with a notary, the clerk may order the notary to file the will at the office of the court or to deliver it to the notary designated by the clerk. However, a will deposited with a notary may not be probated by that notary or by a member of that notary's firm of notaries.

[1965 (1st sess.), c. 80, a. 889; 1992, c. 57, s. 411; 1998, c. 51, s. 17].

890. The probated will is deposited in the office of the court. The clerk is bound to issue certified copies of the will, of the transcription of the proof made to support the application for probate and of the judgment granting the application to every interested person who so requires.

The will probated by a notary together with the minutes of the probate are kept in the records of the notary; the latter must issue certified copies of the will and of the minutes of the probate to any interested person who so requests.

The notary is also required to file a certified copy of the will and minutes at the of-

teur avait son domicile ou, à défaut de domicile au Québec, devant celui où le testateur est décédé ou encore celui où il a laissé des biens.

Lorsque le notaire se dessaisit de la demande conformément à l'article 863.8, il doit déposer l'original du testament en sa possession au greffe du tribunal avec son procès-verbal.

[1965 (1ʳᵉ sess.), c. 80, a. 890; 1992, c. 57, a. 411; 1998, c. 51, a. 18; 2002, c. 7, a. 146].

891. Nonobstant sa vérification, un testament peut ultérieurement être contesté, par action, par toute personne intéressée qui ne s'est pas opposée à la demande de vérification ou qui, s'y étant opposée, soulève des moyens qu'elle n'était pas alors en mesure de faire valoir.

[1965 (1ʳᵉ sess.), c. 80, a. 891; 1992, c. 57, a. 411].

SECTION II —
DES LETTRES DE VÉRIFICATION

892. Toute personne intéressée peut demander au greffier du tribunal où le défunt avait son domicile ou à un notaire, des lettres de vérification destinées à servir hors du Québec pour prouver sa qualité d'héritier, de légataire particulier ou de liquidateur de la succession.

[1965 (1ʳᵉ sess.), c. 80, a. 892; 1992, c. 57, a. 411; 1998, c. 51, a. 19].

893. Les lettres de vérification attestent que la succession est ouverte; elles certifient en outre, dans le cas d'une succession *ab intestat*, que les biens sont dévolus aux personnes désignées et dans les proportions indiquées et, dans le cas d'une succession testamentaire, qu'il a été prouvé que le testament, dont une copie conforme est annexée, est le seul testament que le défunt ait fait ou qu'il est le dernier et qu'il révoque, en tout ou en partie, les testaments antérieurs.

Les lettres de vérification identifient, de plus, la personne qui agit comme liquidateur de la succession.

[1965 (1ʳᵉ sess.), c. 80, a. 893; 1992, c. 57, a. 411].

fice of the court of the district in which the testator was domiciled or, if the testator was not domiciled in Québec, at the office of the court of the district in which the testator died or in which the testator left any property.

If the notary relinquishes the matter in accordance with article 863.8, the notary must file the original of the will in his or her possession together with the minutes at the office of the court.

[1965 (1st sess.), c. 80, a. 890; 1992, c. 57, s. 411; 1998, c. 51, s. 18; 2002, c. 7, s. 146].

891. Notwithstanding the probate, a will may afterward, be contested, by action, by any interested person who did not oppose the application for probate or who, having opposed it, raises grounds which he was not then in a position to urge.

[1965 (1st sess.), c. 80, a. 891; 1992, c. 57, s. 411].

SECTION II — LETTERS OF
VERIFICATION

892. Every interested person may obtain from the clerk of the court of the district where the deceased had his domicile or from a notary letters of verification for use outside Québec, to prove his quality of heir, legatee by particular title or liquidator of the succession.

[1965 (1st sess.), c. 80, a. 892; 1992, c. 57, s. 411; 1998, c. 51, s. 19].

893. Letters of verification attest that the succession has opened; they certify moreover, in the case of an intestate succession, that the property has devolved on the designated persons in the proportions indicated and, in the case of a testamentary succession, that it has been proved that the will, of which a true copy is annexed, is the only will that the deceased made, or that it is the latest and that it revokes, in whole or in part, all previous wills.

In addition, the letters of verification identify the person acting as the liquidator of the succession.

[1965 (1st sess.), c. 80, a. 893; 1992, c. 57, s. 411].

894. La demande est signifiée au liquidateur de la succession s'il est connu, ainsi qu'à tous les héritiers ou légataires particuliers connus qui résident au Québec.

Lorsque la demande est présentée à un notaire, celui-ci la notifie au liquidateur de la succession s'il est connu, ainsi qu'à tous les héritiers ou légataires particuliers connus qui résident au Québec.

[1965 (1ᵉ sess.), c. 80, a. 894; 1992, c. 57, a. 411; 1998, c. 51, a. 20].

895. Les lettres de vérification peuvent être révoquées ou rectifiées, à la demande de tout intéressé qui ne s'est pas opposé à ce qu'elles soient accordées, ou qui, s'y étant opposé, soulève des moyens qu'il ne pouvait pas alors faire valoir.

La demande est signifiée à tous ceux à qui la demande originaire a été signifiée ou à leurs représentants et, si la demande est fondée sur l'existence d'un testament, à toute personne à qui les biens seraient dévolus par l'effet de ce testament.

[1965 (1ᵉ sess.), c. 80, a. 895; 1992, c. 57, a. 411].

896. Le greffier délivre, sous le sceau du tribunal, des copies des lettres de vérification, à quiconque en fait la demande. Le notaire est également tenu de délivrer des copies certifiées à toute personne qui en fait la demande. Toutefois, si les lettres sont contestées, aucune copie ne peut être délivrée avant qu'il n'ait été disposé de la demande.

Si les lettres ne sont que rectifiées par le jugement, il en délivre de nouvelles pour remplacer les premières.

[1965 (1ᵉ sess.), c. 80, a. 896; 1992, c. 57, a. 411; 1998, c. 51, a. 21].

Chapitre X ▬▬
De la procédure de vente du bien d'autrui

894. The application is served on the liquidator of the succession, if he is known, and on all the known heirs or legatees by particular title residing in Québec.

Where an application is presented to a notary, the notary notifies the application to the liquidator of the succession, if that person is known, and to all of the known heirs or legatees by particular title residing in Québec.

1965 (1st sess.), c. 80, a. 894; 1992, c. 57, s. 411; 1998, c. 51, s. 20].

895. Letters of verification may be revoked or corrected, on the instance of any interested person who did not oppose their being granted or who, if he did so oppose, raises grounds which he was not then in a position to urge.

The application is served on all persons on whom the original application was served or on their representatives and, if the application is based on the existence of a will, on every person to whom the property would devolve by the effect of the will.

[1965 (1st sess.), c. 80, a. 895; 1992, c. 57, s. 411].

896. The clerk, under the seal of the court, issues copies of letters of verification to any person who so requires. The notary is also required to issue certified copies to any person who so requests. However, if the letters of verification are contested, no copy may be issued before the application is disposed of.

If the letters are only corrected by the judgment, the clerk issues new letters in replacement of the former ones.

[1965 (1st sess.), c. 80, a. 896; 1992, c. 57, s. 411; 1998, c. 51, s. 21].

Chapter X ▬▬
Procedure Governing the Sale of the Property of Others

897. Les règles du présent chapitre s'appliquent lorsque la loi exige l'autorisation du tribunal pour la vente d'un bien appartenant à un mineur, à un majeur en tutelle ou en curatelle ou à un absent; elles s'appliquent également lorsque la loi exige qu'un administrateur du bien d'autrui qu'il soit autorisé par le juge ou le tribunal avant de procéder à la vente d'un bien.

[1965 (1ʳ sess.), c. 80, a. 897; 1992, c. 57, a. 411].

897. The rules of this chapter apply where the law requires authorization from the court for the sale of property belonging to a minor, a person of full age under tutorship or curatorship or an absentee; they also apply where the law requires that an administrator of the property of others be authorized by a judge or the court before proceeding with the sale of property.

[1965 (1st sess.), c. 80, a. 897; 1992, c. 57, s. 411].

898. La demande d'autorisation de vendre un bien énonce les motifs de la demande, et décrit le bien; il y est joint une évaluation et, le cas échéant, l'avis du conseil de tutelle.

La demande propose un mode de vente et le nom d'une personne susceptible d'y procéder et précise les raisons pour lesquelles la vente devrait se faire de gré à gré, par appel d'offres ou aux enchères.

[1965 (1ʳ sess.), c. 80, a. 898; 1992, c. 57, a. 411].

898. The application for authorization to sell property sets out the grounds for the application and describes the property; it is accompanied with an appraisal and, where applicable, the advice of the tutorship council.

The application proposes a method of sale and the name of a person who may proceed with the sale, and specifies the reasons for which the sale ought to be made by agreement, by a call for tenders or by auction.

[1965 (1st sess.), c. 80, a. 898; 1992, c. 57, s. 411].

899. Le jugement autorisant la vente par appel d'offres indique s'il peut se faire par la voie des journaux ou sur invitation.

L'appel d'offres contient les renseignements suffisants pour permettre à toute personne intéressée de présenter, en temps et lieu, une soumission.

Celui qui procède à la vente est tenu d'accepter la soumission la plus élevée, à moins que les conditions dont elle est assortie ne la rendent moins avantageuse qu'une autre offrant un prix moins élevé, ou que le prix offert soit inférieur à celui de la mise à prix.

[1965 (1ʳ sess.), c. 80, a. 899; 1992, c. 57, a. 411].

899. A judgment authorizing a sale by way of a call for tenders indicates whether the call for tenders may be made by way of the newspapers or by invitation.

Sufficient information is included in the call for tenders to enable any interested person to submit an offer at the proper time and place.

The person proceeding with the sale is bound to accept the highest offer unless the conditions attached to it render it less advantageous than another lower offer, or unless the price offered is lower than the reserve price.

[1965 (1st sess.), c. 80, a. 899; 1992, c. 57, s. 411].

900. La vente aux enchères n'a lieu qu'après la publication d'un avis de vente mentionnant les charges et les conditions de vente déterminées par le jugement. La publication doit être faite au moins 30 jours avant la date fixée pour la vente ou,

900. An auction sale may take place only after publication of a notice of sale which mentions the charges and conditions of the sale that are determined by the judgment. The notice must be published at least 30 days before the date fixed for the sale or,

dans le cas d'une vente mobilière, au moins 10 jours avant cette date.

À moins que le juge ou le greffier n'en décide autrement, les articles 1757 à 1766 du Code civil s'appliquent à la vente aux enchères. La vente faite sous contrôle de justice est, pour l'application de l'article 1758, considérée volontaire.

[1965 (1ʳᵉ sess.), c. 80, a. 900; 1992, c. 57, a. 411; 1996, c. 5, a. 55; 2000, c. 42, a. 134].

901. Le vente de gré à gré a lieu aux conditions et selon les modalités fixées dans le jugement qui l'autorise.

[1965 (1ʳᵉ sess.), c. 80, a. 901; 1992, c. 57, a. 411].

902. Si le juge ou le greffier autorise la vente, il en détermine le mode, en précise les conditions et, s'il le juge opportun, fixe la mise à prix. Il désigne, pour procéder à la vente, la personne proposée par le requérant et il prescrit les modalités de sa rémunération; il peut, cependant, par décision motivée, nommer toute autre personne qu'il juge à propos. S'il refuse l'autorisation de vendre, il motive également sa décision.

[1965 (1ʳᵉ sess.), c. 80, a. 902; 1992, c. 57, a. 411].

903. Le juge ou le greffier fixe la mise à prix à la valeur marchande du bien ou de son évaluation. Cependant, sur demande, il peut réduire la mise à prix si les circonstances ou la situation du marché le justifient.

S'il s'agit de valeurs mobilières non cotées et négociées à une bourse reconnue, la mise à prix doit correspondre à l'évaluation faite par un expert-comptable indépendant.

[1965 (1ʳᵉ sess.), c. 80, a. 903; 1992, c. 57, a. 411].

**SECTION II —
DE L'ÉVALUATION**

904. S'il s'agit d'un bien meuble, la demande doit être accompagnée d'une évaluation faite par une personne compétente; lorsque les circonstances le justifient, le

---

in the case of a sale of movable property, at least 10 days before the date fixed for the sale.

Unless the judge or the clerk decides otherwise, articles 1757 to 1766 of the Civil Code apply to the auction sale. A sale under judicial authority is considered voluntary for the purposes of article 1758.

[1965 (1st sess.), c. 80, a. 900; 1992, c. 57, s. 411; 1996, c. 5, s. 55; 2000, c. 42, s. 134].

901. A sale by agreement takes place on the conditions and according to the modalities fixed in the judgment authorizing it.

[1965 (1st sess.), c. 80, a. 901; 1992, c. 57, s. 411].

902. If the judge or the clerk authorizes the sale, he determines the method, specifies the conditions and, if he considers it expedient, fixes a reserve price. He designates the person proposed by the applicant to proceed with the sale and prescribes the terms and conditions of his remuneration; he may, however, by a decision giving reasons therefor, make any appointment he considers appropriate. If he refuses to authorize the sale, he also gives the reasons for his decision.

[1965 (1st sess.), c. 80, a. 902; 1992, c. 57, s. 411].

903. The judge or clerk fixes the reserve price at the market value or appraisal of the property. However, he may, on an application, reduce the reserve price if the circumstances or the market so justify.

In the case of securities that are not listed and traded on a recognized stock exchange, the reserve price must correspond to the appraisal made by an independent accountant.

[1965 (1st sess.), c. 80, a. 903; 1992, c. 57, s. 411].

SECTION II — APPRAISAL

904. In the case of movable property, the application must be accompanied with an appraisal made by a competent person; where the circumstances so justify, the

juge ou le greffier peut dispenser le requérant de fournir cette évaluation à l'égard des biens qu'il détermine.

[1965 (1ʳᵉ sess.), c. 80, a. 904; 1986, c. 95, a. 65; 1992, c. 57, a. 411].

judge or clerk may exempt the applicant from furnishing an appraisal in respect of the property he determines.

[1965 (1st sess.), c. 80, a. 904; 1986, c. 95, s. 65; 1992, c. 57, s. 411].

905. S'il s'agit d'un immeuble, la demande est accompagnée de l'évaluation de l'immeuble portée au rôle d'évaluation de la municipalité, multipliée par le facteur établi pour ce rôle par le ministre des Affaires municipales, du Sport et du Loisir en vertu de la *Loi sur la fiscalité municipale* (chapitre F-2.1).

905. In the case of an immovable, the application is accompanied with the assessment of the immovable appearing on the assessment roll of the municipality, multiplied by the factor established for the roll by the Minister of Municipal Affairs, Sports and Recreation under the *Act respecting municipal taxation* (chapter F-2.1).

Le greffier ou le secrétaire-trésorier d'une municipalité est tenu, lorsqu'il en est requis, d'indiquer à la personne qui demande l'autorisation de vendre l'évaluation de l'immeuble et le facteur utilisé pour l'obtenir.

[1965 (1ʳᵉ sess.), c. 80, a. 905; 1992, c. 57, a. 411; 1999, c. 43, a. 13; 2003, c. 19, a. 250].

The clerk or secretary-treasurer of a municipality is bound to disclose, wherever required, the assessment of the immovable and the factor used to obtain it to a person who applies for an authorization to sell.

[1965 (1st sess.), c. 80, a. 905; 1992, c. 57, s. 411; 1999, c. 43, s. 13; 2003, c. 19, s. 250].

906. S'il s'agit de valeurs mobilières cotées et négociées à une bourse reconnue, la demande est accompagnée de la rubrique de deux journaux donnant les cotes de cette valeur pour le dernier vendredi précédant la date de la demande ou d'un rapport d'une maison de courtage.

906. In the case of securities listed and traded on a recognized stock exchange, the application is accompanied with the security listing section of two newspapers published on the last Friday preceding the date of the application, or with a report from a brokerage firm.

Lorsque les valeurs mobilières sont transigées au comptoir, la demande doit être accompagnée d'une attestation de la valeur reconnue fournie par deux firmes de courtage. Ces attestations donnent, pour une même date, à la clôture des cours, la valeur de ce titre.

In the case of over-the-counter securities, the application must be accompanied with attestations of the recognized value supplied by two brokerage firms. Each attestation states the list price of the security at the close of the market for the same date.

S'il s'agit d'autres valeurs mobilières, l'évaluation est faite par un expert-comptable indépendant qui en détermine la juste valeur marchande, à moins qu'elles soient l'objet d'une convention d'actionnaires et que celle-ci prévoie une formule d'évaluation pour la vente de ces valeurs.

[1965 (1ʳᵉ sess.), c. 80, a. 906; 1992, c. 57, a. 411].

In the case of other securities, the appraisal is made by an independent accountant who determines their fair market value, unless the securities are subject to a shareholders' agreement which includes an appraisal formula which applies to the sale of such securities.

[1965 (1st sess.), c. 80, a. 906; 1992, c. 57, s. 411].

907. Le juge ou le greffier peut, même d'office, ordonner qu'une évaluation soit faite par un évaluateur agréé ou par un autre expert indépendant, s'il a raison de

907. The judge or clerk may, even of his own motion, order that an appraisal be made by a chartered assessor or by another independent expert if he has reasons to be-

croire que l'évaluation du bien ne correspond pas à sa valeur.

[1965 (1ʳᵉ sess.), c. 80, a. 907; 1992, c. 57, a. 411].

lieve that the appraisal of the property does not correspond to its value.

[1965 (1st sess.), c. 80, a. 907; 1992, c. 57, s. 411].

SECTION III —
DU RAPPORT ET DE LA DISTRIBUTION DU PRODUIT DE LA VENTE

SECTION III — REPORT AND
DISTRIBUTION OF THE PROCEEDS OF THE SALE

908. Dans les 10 jours suivant la vente, la personne qui en était chargée produit son rapport au greffe du tribunal. Elle joint à ce rapport toutes les pièces justificatives et, notamment, les évaluations obtenues au préalable.

Si des valeurs mobilières cotées et négociées en bourse ont été vendues, la personne chargée de la vente joint aussi l'avis d'exécution de la firme de courtage chargée d'effectuer les transactions.

[1965 (1ʳᵉ sess.), c. 80, a. 908; 1992, c. 57, a. 411].

908. Within 10 days of the sale, the person in charge of the sale files his report at the office of the court. He attaches to his report any supporting vouchers and, in particular, any previously obtained appraisal.

If securities listed and traded on a recognized stock exchange have been sold, the person in charge of the sale also attaches to his report the notice of execution of the brokerage firm in charge of the transactions.

[1965 (1st sess.), c. 80, a. 908; 1992, c. 57, s. 411].

909. Si la vente n'a pu avoir lieu, ou si le rapport n'est pas produit 10 jours avant le délai fixé, le juge ou le greffier peut donner de nouvelles instructions.

[1965 (1ʳᵉ sess.), c. 80, a. 909; 1992, c. 57, a. 411].

909. If the sale could not take place, or if the report is not filed 10 days before the time limit prescribed, the judge or the clerk may give new instructions.

1965 (1st sess.), c. 80, a. 909; 1992, c. 57, s. 411].

910. Le produit de la vente est distribué à ceux qui y ont droit, suivant, le cas échéant, les instructions du juge ou du greffier.

[1965 (1ʳᵉ sess.), c. 80, a. 910; 1992, c. 57, a. 411; 1996, c. 5, a. 56].

910. The proceeds of the sale are distributed among the persons entitled thereto, according to the instructions of the judge or the clerk, if any.

[1965 (1st sess.), c. 80, a. 910; 1992, c. 57, s. 411; 1996, c. 5, s. 56].

SECTION IV —
DES RÈGLES PARTICULIÈRES À LA VENTE SOUS CONTRÔLE DE JUSTICE

SECTION IV — SPECIAL RULES
GOVERNING SALES UNDER JUDICIAL AUTHORITY

910.1. La personne désignée par le tribunal pour procéder à la vente sous contrôle de justice dresse l'état de collocation, conformément aux articles 712 à 723. Elle doit notifier son projet au débiteur et aux créanciers inscrits à l'état certifié de l'officier de la publicité des droits, ainsi qu'à la municipalité et à la commission scolaire sur le territoire desquelles est situé l'immeuble.

[1996, c. 5, a. 57].

910.1. The person designated by the court to proceed with a sale under judicial authority prepares a scheme of collocation in accordance with articles 712 to 723. The person must notify the proposed scheme to the debtor, to the creditors whose names appear on the statement certified by the registrar and to the municipality and school board concerned.

[1996, c. 5, s. 57].

910.2. La personne désignée peut, de sa propre initiative ou à la demande d'un intéressé, reprendre le projet d'état de collocation si elle y constate une erreur. Dans ce cas, elle le notifie de nouveau et le délai pour contester le projet recommence à courir depuis cette date.

Tout intéressé peut, par requête, contester le projet d'état de collocation et demander au tribunal de déterminer à qui doit être attribué le produit de la vente. Ce recours s'exerce dans les 15 jours de la date de la notification du projet. La requête doit être signifiée à la personne qui dresse le projet d'état de collocation et au débiteur, ainsi qu'à tous les créanciers apparaissant au projet d'état de collocation.

[1996, c. 5, a. 57].

910.3. Si, 30 jours après la notification du projet d'état de collocation, il n'y a pas eu de contestation, la personne qui a dressé le projet doit distribuer le produit de la vente comme il est prévu au projet.

Jusqu'à la distribution, le produit de la vente doit être conservé de la manière prévue à l'article 1341 du Code civil.

[1996, c. 5, a. 57].

910.2. The designated person, on his own initiative or at the request of an interested person, may correct the proposed scheme of collocation upon determining that it contains an error. In that case, notification is repeated, and the time for contesting the proposed scheme begins to run anew from the date of such notification.

Any interested person may, by motion, contest the proposed scheme of collocation and ask that the court determine to whom the proceeds of the sale must be distributed. Such a remedy may be exercised within 15 days after the date of notification of the proposed scheme. The motion must be served on the person having prepared the proposed scheme, on the debtor and on every creditor whose name appears in the proposed scheme.

[1996, c. 5, s. 57].

910.3. If there has been no contestation within 30 days after notification of the proposed scheme of collocation, the person having prepared the proposed scheme must distribute the proceeds of the sale as provided in the proposed scheme.

Until the distribution, the proceeds of the sale must be conserved as provided in article 1341 of the *Civil Code of Québec*.

[1996, c. 5, s. 57].

Chapitre XI-XVI ——
(*Remplacés*).

911.-939. (*Remplacés*).

[1992, c. 57, a. 411].

LIVRE VII ——
DES ARBITRAGES

TITRE I ——
DE LA TENUE DE L'ARBITRAGE

Chapter XI-XVI ——
(*Replaced*).

911.-939. (*Replaced*).

[1992, c. 57, s. 411].

BOOK VII ——
ARBITRATIONS

TITLE I ——
ARBITRATION PROCEEDINGS

Chapitre I ——
Dispositions générales

Chapter I ——
General Provisions

940. Les dispositions du présent Titre s'appliquent à un arbitrage lorsque les parties n'ont pas fait de stipulations contraires. Cependant, on ne peut déroger aux dispositions contenues aux articles 940.2, 941.3, 942.7, 943.2, 945.8 et 946 à 947.4, ni à l'article 940.5 lorsque la signification a pour objet une procédure judiciaire.

[1965 (1ʳᵉ sess.), c. 80, a. 940; 1986, c. 73, a. 2].

940. The provisions of this Title apply to an arbitration where the parties have not made stipulations to the contrary. However, articles 940.2, 941.3, 942.7, 943.2, 945.8 and 946 to 947.4, as well as article 940.5 where the object of the service is a judicial proceeding, are peremptory.

[1965 (1st sess.), c. 80, a. 940; 1986, c. 73, s. 2].

940.1. Tant que la cause n'est pas inscrite, un tribunal, saisi d'un litige sur une question au sujet de laquelle les parties ont conclu une convention d'arbitrage, renvoie les parties à l'arbitrage, à la demande de l'une d'elles, à moins qu'il ne constate la nullité de la convention.

La procédure arbitrale peut néanmoins être engagée ou poursuivie et une sentence peut être rendue tant que le tribunal n'a pas statué.

[1986, c. 73, a. 2].

940.1. Where an action is brought regarding a dispute in a matter on which the parties have an arbitration agreement, the court shall refer them to arbitration on the application of either of them unless the case has been inscribed on the roll or it finds the agreement null.

The arbitration proceedings may nevertheless be commenced or pursued and an award made at any time while the case is pending before the court.

[1986, c. 73, s. 2].

940.2. Sauf dans le cas prévu à l'article 940.1 et sous réserve des matières relevant de la compétence exclusive de la Cour supérieure, le tribunal ou le juge auquel il est fait référence dans le présent Titre est celui qui est compétent à statuer sur l'objet du différend confié aux arbitres.

[1986, c. 73, a. 2].

940.2. Except in the case of article 940.1 or matters under the exclusive jurisdiction of the Superior Court, the court or judge referred to in this Title is the court or judge having jurisdiction to decide the matter in dispute submitted to the arbitrators.

[1986, c. 73, s. 2].

940.3. Pour toutes les questions régies par le présent Titre, un juge ou le tribunal ne peut intervenir que dans les cas où ce titre le prévoit.

[1986, c. 73, a. 2].

940.3. A judge or the court cannot intervene in any question governed by this Title except in the cases provided for therein.

[1986, c. 73, s. 2].

940.4. Avant ou pendant la procédure arbitrale, un juge ou le tribunal peut accorder, à la demande d'une partie, des mesures provisionnelles.

[1986, c. 73, a. 2].

940.4. A judge or the court may grant provisional measures before or during arbitration proceedings on the motion of one of the parties.

[1986, c. 73, s. 2].

940.5. La signification de tout document se fait conformément au présent code.

[1986, c. 73, a. 2].

940.5. The service of documents shall be made in accordance with this Code.

[1986, c. 73, s. 2].

940.6. Dans le cas d'un arbitrage mettant en cause des intérêts du commerce extraprovincial ou international, le présent Titre s'interprète, s'il y a lieu, en tenant compte:

1° de la *Loi type sur l'arbitrage commercial international* adoptée le 21 juin 1985 par le Commission des Nations-Unies pour le droit commercial international;

2° du Rapport de la Commission des Nations-Unies pour le droit commercial international sur les travaux de sa dix-huitième session tenue à Vienne du 3 au 21 juin 1985;

3° du Commentaire analytique du projet de texte d'une loi type sur l'arbitrage commercial international figurant au rapport du Secrétaire général présenté à la dix-huitième session de la Commission des Nations-Unies pour le droit commercial international.

[1986, c. 73, a. 2].

940.6. Where matters of extraprovincial or international trade are at issue in an arbitration, the interpretation of this Title, where applicable, shall take into consideration

(1) the *Model Law on International Commercial Arbitration* as adopted by the United Nations Commission on International Trade Law on 21 June 1985;

(2) the Report of the United Nations Commission on International Trade Law on the work of its eighteenth session held in Vienna from 3 to 21 June 1985;

(3) the Analytical Commentary on the draft text of a model law on international commercial arbitration contained in the report of the Secretary-General to the eighteenth session of the United Nations Commission on International Trade Law.

[1986, c. 73, s. 2].

Chapitre II ——
Nomination des arbitres

Chapter II ——
Appointment of Arbitrators

941. Les arbitres sont au nombre de trois. Chaque partie nomme un arbitre et ces arbitres désignent le troisième.

[1965 (1ʳᵉ sess.), c. 80, a. 941; 1986, c. 73, a. 2].

941. There shall be three arbitrators. Each party shall appoint one arbitrator, and the two so appointed shall appoint the third.

[1965 (1st sess.), c. 80, a. 941; 1986, c. 73, s. 2].

941.1. Si, 30 jours après avoir été avisée par une partie de nommer un arbitre, l'autre partie ne procède pas à la nomination ou si, 30 jours après leur nomination, les arbitres ne s'accordent pas sur le choix du troisième arbitre, un juge, à la demande d'une partie, procède à la nomination.

[1986, c. 73, a. 2].

941.1. If one of the parties fails to appoint an arbitrator within 30 days after having been notified by the other party to do so, or if the arbitrators fail to concur on the choice of the third arbitrator within 30 days after their appointment, a judge shall make the appointment on the motion of one of the parties.

[1986, c. 73, s. 2].

941.2. En cas de difficulté dans la mise en œuvre de la procédure de nomination prévue à la convention d'arbitrage, un juge peut, à la demande d'une partie, prendre toute mesure nécessaire pour assurer cette nomination.

[1986, c. 73, a. 2].

941.2. If the procedure of appointment contained in the arbitration agreement proves difficult to put into practice, a judge may on the motion of one of the parties take any necessary measure to bring about the appointment.

[1986, c. 73, s. 2].

941.3. La décision du juge en vertu des articles 941.1 et 941.2 est finale et sans appel.

[1986, c. 73, a. 2].

941.3. The decision of the judge under articles 941.1 and 941.2 is final and without appeal.

[1986, c. 73, s. 2].

Chapitre III ━━
Cessation incidente du mandat des arbitres

Chapter III ━━
Incidental Cessation of Arbitrator's Appointment

942. Outre pour les motifs mentionnés aux articles 234 et 235, un arbitre peut être récusé s'il ne possède pas les qualifications convenues par les parties.

[1965 (1ᵉʳ sess.), c. 80, a. 942; 1986, c. 73, a. 2].

942. In addition to the grounds set forth in articles 234 and 235, an arbitrator may be recused if he does not have the qualifications agreed by the parties.

[1965 (1st sess.), c. 80, a. 942; 1986, c. 73, s. 2].

942.1. L'arbitre doit signaler aux parties toute cause valable de récusation en sa personne.

[1986, c. 73, a. 2].

942.1. An arbitrator must declare to the parties any ground of recusation to which he is liable.

[1986, c. 73, s. 2].

942.2. La partie qui a nommé un arbitre ne peut proposer sa récusation que pour une cause de récusation survenue ou découverte après cette nomination.

[1986, c. 73, a. 2].

942.2. The party having appointed an arbitrator may propose his recusation only on a ground of recusation which has arisen or been discovered since the appointment.

[1986, c. 73, s. 2].

942.3. La partie qui propose une récusation expose par écrit ses motifs aux arbitres dans les 15 jours de la date où elle a eu connaissance de la nomination de tous les arbitres ou d'une cause de récusation.

Si l'arbitre dont la récusation est proposée ne se retire pas ou si l'autre partie n'accepte pas la récusation, les autres arbitres se prononcent sur la récusation.

[1986, c. 73, a. 2].

942.3. The party proposing recusation shall make a written statement of his reasons to the arbitrators within 15 days after becoming aware of the appointment of all the arbitrators or of a ground of recusation.

If the arbitrator whose recusation is proposed does not withdraw or the other party does not accept the recusation, the other arbitrators shall come to a decision on the matter.

[1986, c. 73, s. 2].

942.4. Si la récusation ne peut être obtenue en vertu de l'article 942.3, une partie peut, dans les 30 jours après en avoir été avisée, demander à un juge de se prononcer sur la récusation.

Les arbitres, y compris l'arbitre dont la récusation est proposée, peuvent poursuivre la procédure arbitrale et rendre leur sentence tant que le juge n'a pas statué.

[1986, c. 73, a. 2].

942.4. If the recusation cannot be obtained under article 942.3, a party may, within 30 days of being so advised, apply to a judge to decide the matter.

The arbitrators, including the arbitrator whose recusation is proposed, may continue the arbitration proceedings and make their award while such a case is pending.

[1986, c. 73, s. 2].

942.5. Si un arbitre est dans l'impossibilité de remplir sa mission ou ne s'acquitte pas de ses fonctions dans un délai raisonnable, une partie peut s'adresser à un juge pour obtenir la révocation de son mandat.

[1986, c. 73, a. 2].

942.5. If an arbitrator is unable to perform his duties or fails to perform them in reasonable time, a party may apply to a judge to have his appointment revoked.

[1986, c. 73, s. 2].

942.6. En cas de difficulté dans la mise en œuvre de la procédure prévue à la convention d'arbitrage concernant la récusation ou la révocation de mandat d'un arbitre, un juge peut, à la demande d'une partie, décider de cette récusation ou révocation de mandat.

[1986, c. 73, a. 2].

942.6. If the procedure of recusation or revocation of appointment of an arbitrator contained in the arbitration agreement proves difficult to put into practice, a judge may on the motion of one of the parties decide the matter of the recusation or revocation of appointment.

[1986, c. 73, s. 2].

942.7. La décision du juge sur la récusation ou la révocation du mandat est finale et sans appel.

[1986, c. 73, a. 2].

942.7. The judge's decision on the matter of recusation or revocation of appointment is final and without appeal.

[1986, c. 73, s. 2].

942.8. La procédure prévue pour la nomination d'un arbitre s'applique à son remplacement.

[1986, c. 73, a. 2].

942.8. The prescribed procedure for the appointment of an arbitrator applies for his replacement.

[1986, c. 73, s. 2].

Chapitre IV —
Compétence des arbitres

Chapter IV —
Competence of Arbitrators

943. Les arbitres peuvent statuer sur leur propre compétence.

[1965 (1ʳᵉ sess.), c. 80, a. 943; 1986, c. 73, a. 2].

943. The arbitrators may decide the matter of their own competence.

[1965 (1st sess.), c. 80, a. 943; 1986, c. 73, s. 2].

943.1. Si les arbitres se déclarent compétents pendant la procédure arbitrale, une partie peut, dans les 30 jours après en avoir été avisée, demander au tribunal de se prononcer à ce sujet.

Tant que le tribunal n'a pas statué, les arbitres peuvent poursuivre la procédure arbitrale et rendre leur sentence.

[1986, c. 73, a. 2].

943.1. If the arbitrators declare themselves competent during the arbitration proceedings, a party may within 30 days of being notified thereof apply to the court for a decision on that matter.

While such a case is pending, the arbitrators may pursue the arbitration proceedings and make their award.

[1986, c. 73, s. 2].

943.2. La décision du tribunal qui reconnaît, pendant la procédure arbitrale, la compétence des arbitres est finale et sans appel.

[1986, c. 73, a. 2].

943.2. A decision of the court during the arbitration proceedings recognizing the competence of the arbitrators is final and without appeal.

[1986, c. 73, s. 2].

Chapitre V —
Déroulement de l'arbitrage

Chapter V —
Order of Arbitration Proceedings

944. La partie qui entend soumettre un différend à l'arbitrage doit en donner avis à l'autre partie, en y précisant l'objet du différend.

La procédure arbitrale débute à la date de la signification de cet avis.

[1965 (1ᵉʳ sess.), c. 80, a. 944; 1986, c. 73, a. 2].

944. A party intending to submit a dispute to arbitration must notify the other party of his intention, specifying the matter in dispute.

The arbitration proceedings commence on the date of service of the notice.

[1965 (1st sess.), c. 80, a. 944; 1986, c. 73, s. 2].

944.1. Sous réserve des dispositions du présent Titre, les arbitres procèdent à l'arbitrage suivant la procédure qu'ils déterminent. Ils ont tous les pouvoirs nécessaires à l'exercice de leur compétence, y compris celui de nommer un expert.

[1986, c. 73, a. 2; 1992, c. 57, a. 422].

944.1. Subject to this Title, the arbitrators shall proceed to the arbitration according to the procedure they determine. They have all the necessary powers for the exercise of their jurisdiction, including the power to appoint an expert.

[1986, c. 73, s. 2].

944.2. Les arbitres peuvent requérir chacune des parties de leur remettre, dans un délai imparti, un exposé de leurs prétentions avec les pièces qu'elles invoquent.

Dans le même délai, chacune des parties en fait parvenir copie à la partie adverse.

Tout rapport d'expert ou autre document sur lequel les arbitres peuvent s'appuyer pour statuer doit être communiqué aux parties.

[1986, c. 73, a. 2].

944.2. The arbitrators may require each of the parties to produce a statement of his claims with the supporting documents within an allotted time.

Each of the parties shall transmit a copy of the statement and documents to the opposite party within the same time.

Every expert's report or other document which the arbitrators may invoke in support of their decision must be transmitted to the parties.

[1986, c. 73, s. 2].

944.3. La procédure se déroule oralement. Toutefois, une partie peut présenter un exposé écrit.

[1986, c. 73, a. 2].

944.3. Proceedings are oral. A party may nevertheless produce a written statement.

[1986, c. 73, s. 2].

944.4. Les arbitres doivent donner aux parties un avis de la date de l'audition et, le cas échéant, un avis de la date où ils procéderont à l'inspection de biens ou à la visite des lieux.

[1986, c. 73, a. 2].

944.4. The arbitrators must give notice to the parties of the date of the hearing and, where such is the case, the date on which they will inspect the property or visit the place.

[1986, c. 73, s. 2].

944.5. Les arbitres constatent le défaut et peuvent continuer l'arbitrage si une partie fait défaut d'exposer ses prétentions, de se

944.5. The arbitrators shall record the default and may continue the arbitration proceedings if one of the parties fails to state

présenter à l'audience ou d'administrer la preuve au soutien de ses prétentions.

Toutefois, si la partie qui a soumis le différend à l'arbitrage fait défaut d'exposer ses prétentions, les arbitres mettent fin à l'arbitrage, à moins qu'une autre partie ne s'y oppose.

[1986, c. 73, a. 2].

944.6. Les témoins sont assignés conformément aux articles 280 à 283.

Lorsqu'une personne régulièrement assignée et à qui une indemnité pour la perte de temps et les allocations pour les frais de transport, de repas et d'hébergement ont été avancées fait défaut de comparaître, une partie peut demander à un juge de l'y contraindre selon l'article 284.

[1986, c. 73, a. 2; 2002, c. 7, a. 147].

944.7. Les arbitres ont le pouvoir de faire prêter serment.

[1986, c. 73, a. 2; 1999, c. 40, a. 56].

944.8. Lorsqu'un témoin, sans raison valable, refuse de répondre ou, ayant en sa possession quelque élément matériel de preuve d'intérêt pour le différend, refuse de le produire, une partie peut, avec la permission des arbitres, demander à un juge l'émission de l'ordonnance prévue à l'article 53.

[1986, c. 73, a. 2; 1994, c. 28, a. 39].

944.9. Les articles 307, 308, 309, 316 et 317 s'appliquent à l'audition des témoins.

[1986, c. 73, a. 2].

944.10. Les arbitres tranchent le différend conformément aux règles de droit qu'ils estiment appropriées et, s'il y a lieu, déterminent les dommages-intérêts.

Ils ne peuvent agir en qualité d'amiables compositeurs que si les parties en ont convenu.

Dans tous les cas, ils décident conformé-

his claims, to appear at the hearing or to produce the evidence in support of his claims.

If the party having submitted the dispute to arbitration fails to state his claims, the arbitrators shall terminate the proceedings unless one of the other parties objects.

[1986, c. 73, s. 2].

944.6. Witnesses are summoned in accordance with articles 280 to 283.

Where a person who has been duly summoned and to whom a loss of time indemnity and travel, meal and overnight accommodation allowances have been advanced fails to appear, a party may request the judge to compel the person to appear in accordance with article 284.

[1986, c. 73, s. 2; 2002, c. 7, s. 147].

944.7. The arbitrators have the power to administer oaths.

[1986, c. 73, s. 2; 1999, c. 40, s. 56].

944.8. Where, without a valid reason, a witness refuses to answer or refuses to produce any real evidence in his possession which is connected with the dispute, a party may with leave of the arbitrators apply to a judge to issue a rule under article 53.

[1986, c. 73, s. 2; 1994, c. 28, s. 39].

944.9. Articles 307, 308, 309, 316 and 317 apply to the hearing of witnesses.

[1986, c. 73, s. 2].

944.10. The arbitrators shall settle the dispute according to the rules of law which they consider appropriate and, where applicable, determine the amount of the damages.

They cannot act as *amiables compositeurs* except with the prior concurrence of the parties.

They shall in all cases decide according to

ment aux stipulations du contrat et tiennent compte des usages applicables.

[1986, c. 73, a. 2].

944.11. Toute décision des arbitres est rendue à la majorité des voix. Toutefois, l'un d'entre eux, s'il y est autorisé par les parties ou par tous les autres arbitres, peut trancher les questions de procédure.

En cas de décision écrite, elle doit être signée par tous les arbitres; si l'un d'entre eux refuse ou ne peut signer, les autres doivent en faire mention et la décision a le même effet que si elle avait été signée par tous.

[1986, c. 73, a. 2].

the stipulations of the contract and take account of applicable usage.

[1986, c. 73, s. 2].

944.11. Every decision of the arbitrators shall be rendered by a majority of voices. One arbitrator, however, with authorization of the parties or of all the other arbitrators may decide questions of procedure.

Written decisions must be signed by all the arbitrators; if one of them refuses to sign or cannot sign, the others must record that fact and the decision has the same effect as if it were signed by all of them.

[1986, c. 73, s. 2].

Chapitre VI —— Sentence arbitrale

Chapter VI —— Arbitration Award

945. Les arbitres sont tenus de garder le secret du délibéré. Chacun d'eux peut cependant, dans la sentence, faire part de ses conclusions et de ses motifs.

[1965 (1ʳᵉ sess.), c. 80, a. 945; 1986, c. 73, a. 2].

945. The arbitrators are bound to keep the advisement secret. Each of them may nevertheless, in the award, state his conclusions and the reasons on which they are based.

[1965 (1st sess.), c. 80, a. 945; 1986, c. 73, s. 2].

945.1. Si les parties règlent le différend, les arbitres consignent l'accord dans une sentence arbitrale.

[1986, c. 73, a. 2].

945.1. If the parties settle the dispute, the arbitrators shall record the agreement in an arbitration award.

[1986, c. 73, s. 2].

945.2. La sentence arbitrale est rendue par écrit à la majorité des voix. Elle doit être motivée et signée par tous les arbitres; si l'un deux refuse ou ne peut signer, les autres doivent en faire mention et la sentence a le même effet que si elle avait été signée par tous.

[1986, c. 73, a. 2].

945.2. The arbitration award must be made in writing by a majority of voices. It must state the reasons on which it is based and be signed by all the arbitrators; if one of them refuses to sign or is unable to sign, the others must record that fact and the award has the same effect as if it were signed by all of them.

[1986, c. 73, s. 2].

945.3. La sentence arbitrale contient l'indication de la date et du lieu où elle a été rendue.

La sentence est réputée avoir été rendue à cette date et en ce lieu.

[1986, c. 73, a. 2].

945.3. The arbitration award must contain an indication of the date and place at which it was made.

The award is deemed to have been made at the indicated date and place.

[1986, c. 73, s. 2].

945.4. La sentence arbitrale, dès qu'elle est rendue, lie les parties. Une copie signée par les arbitres doit être remise sans délai à chacune des parties.

[1986, c. 73, a. 2].

945.4. The arbitration award binds the parties upon being made. A copy signed by the arbitrators must be remitted to each of the parties immediately.

[1986, c. 73, s. 2].

945.5. Dans les 30 jours de la sentence arbitrale, les arbitres peuvent d'office rectifier une erreur d'écriture ou de calcul ou quelque autre erreur matérielle contenue dans la sentence.

[1986, c. 73, a. 2].

945.5. The arbitrators may of their own motion, within 30 days after making the arbitration award, correct any error in writing or calculation or any other clerical error in the award.

[1986, c. 73, s. 2].

945.6. À la demande d'une partie, présentée dans les 30 jours de la réception de la sentence arbitrale, les arbitres peuvent:

1° rectifier, dans la sentence, une erreur d'écriture ou de calcul ou quelque autre erreur matérielle;

2° si les parties en ont convenu, interpréter une partie précise de la sentence;

3° rendre une sentence additionnelle sur une partie de la demande omise dans la sentence.

L'interprétation fait partie intégrante de la sentence.

[1986, c. 73, a. 2].

945.6. The arbitrators may, on the application of a party made within 30 days after receiving the arbitration award,

(1) correct any error in writing or calculation or any other clerical error in the award;

(2) interpret a specific part of the award, with the prior agreement of the parties;

(3) render a supplementary award on a part of the application omitted in the award.

The interpretation forms an integral part of the award.

[1986, c. 73, s. 2].

945.7. La décision des arbitres qui rectifie, interprète ou complète la sentence suite à une demande visée à l'article 945.6 doit être rendue dans les 60 jours de celle-ci. Les articles 945 à 945.4 s'appliquent à cette décision.

Si, à l'expiration de ce délai, les arbitres n'ont pas rendu leur décision, une partie peut demander à un juge de rendre toute ordonnance pour sauvegarder les droits des parties.

[1986, c. 73, a. 2].

945.7. Any decision of the arbitrators correcting, interpreting or supplementing the award pursuant to an application contemplated in article 945.6 must be rendered within 60 days after the application. Articles 945 to 945.4 apply the decision.

If the arbitrators do not render their decision before the expiry of the prescribed time, a party may apply to a judge to make any order for the protection of the rights of the parties.

[1986, c. 73, s. 2].

945.8. La décision du juge en vertu de l'article 945.7 est finale et sans appel.

[1986, c. 73, a. 2].

945.8. The decision of the judge under article 945.7 is final and without appeal.

[1986, c. 73, s. 2].

946. La sentence arbitrale n'est susceptible d'exécution forcée qu'après avoir été homologuée.

[1965 (1ʳᵉ sess.), c. 80, a. 946; 1986, c. 73, a. 2].

946. An arbitration award cannot be put into compulsory execution until it has been homologated.

[1965 (1st sess.), c. 80, a. 946; 1986, c. 73, s. 2].

946.1. Une partie peut, par requête, demander au tribunal l'homologation de la sentence arbitrale.

[1986, c. 73, a. 2].

946.1. A party may, by motion, apply to the court for homologation of the arbitration award.

[1986, c. 73, s. 2].

946.2. Le tribunal saisi d'une requête en homologation ne peut examiner le fond du différend.

[1986, c. 73, a. 2].

946.2. The court examining a motion for homologation cannot enquire into the merits of the dispute.

[1986, c. 73, s. 2].

946.3. Le tribunal peut surseoir à statuer sur l'homologation si une demande en vertu de l'article 945.6 a été présentée aux arbitres.

Le tribunal peut alors, à la demande de la partie qui demande l'homologation, ordonner à l'autre partie de fournir caution.

[1986, c. 73, a. 2].

946.3. The court may postpone its decision on the homologation if an application has been made to the arbitrators by virtue of article 945.6.

If the court acts pursuant to the first paragraph, it may, on the application of the party applying for homologation, order the other party to provide security.

[1986, c. 73, s. 2].

946.4. Le tribunal ne peut refuser l'homologation que s'il est établi:

1° qu'une partie n'avait pas la capacité pour conclure la convention d'arbitrage;

2° que la convention d'arbitrage est invalide en vertu de la loi choisie par les parties ou, à défaut d'indication à cet égard, en vertu de la loi du Québec;

3° que la partie contre laquelle elle est invoquée n'a pas été dûment informée de la désignation d'un arbitre ou de la procédure arbitrale, ou qu'il lui a été impossible pour une autre raison de faire valoir ses moyens;

4° que la sentence porte sur un différend non visé dans la convention d'arbitrage ou n'entrant pas dans ses prévisions, ou qu'elle contient des décisions qui en dépassent les termes; ou

946.4. The court cannot refuse homologation except on proof that

(1) one of the parties was not qualified to enter into the arbitration agreement;

(2) the arbitration agreement is invalid under the law elected by the parties or, failing any indication in that regard, under the laws of Québec;

(3) the party against whom the award is invoked was not given proper notice of the appointment of an arbitrator or of the arbitration proceedings or was otherwise unable to present his case;

(4) the award deals with a dispute not contemplated by or not falling within the terms of the arbitration agreement, or it contains decisions on matters beyond the scope of the agreement; or

5° que le mode de nomination des arbitres ou la procédure arbitrale applicable n'a pas été respecté.

Toutefois, dans le cas prévu au paragraphe 4°, seule une disposition de la sentence arbitrale à l'égard de laquelle un vice mentionné à ce paragraphe existe n'est pas homologuée, si cette disposition peut être dissociée des autres dispositions de la sentence.

[1986, c. 73, a. 2].

(5) the mode of appointment of arbitrators or the applicable arbitration procedure was not observed.

In the case of subparagraph 4 of the first paragraph, the only provision not homologated is the irregular provision described in that paragraph, if it can be dissociated from the rest.

[1986, c. 73, s. 2].

946.5. Le tribunal ne peut refuser d'office l'homologation que s'il constate que l'objet du différend ne peut être réglé par arbitrage au Québec ou que la sentence est contraire à l'ordre public.

[1986, c. 73, a. 2].

946.5. The court cannot refuse homologation of its own motion unless it finds that the matter in dispute cannot be settled by arbitration in Québec or that the award is contrary to public order.

[1986, c. 73, s. 2].

946.6. La sentence arbitrale telle qu'homologuée est exécutoire comme un jugement du tribunal.

[1986, c. 73, a. 2].

946.6. The arbitration award as homologated is executory as a judgment of the court.

[1986, c. 73, s. 2].

Chapitre VIII
Annulation de la sentence arbitrale

Chapter VIII
Annulment of the Arbitration Award

947. La demande d'annulation de la sentence arbitrale est le seul recours possible contre celle-ci.

[1965 (1ʳᵉ sess.), c. 80, a. 947; 1986, c. 73, a. 2].

947. The only possible recourse against an arbitration award is an application for its annulment.

[1965 (1st sess.), c. 80, a. 947; 1986, c. 73, s. 2].

947.1. L'annulation s'obtient par requête au tribunal ou en défense à une requête en homologation.

[1986, c. 73, a. 2

947.1. Annulment is obtained by motion to the court or by opposition to a motion for homologation.

[1986, c. 73, s. 2].

947.2. Les articles 946.2. à 946.5 s'appliquent, avec les adaptations nécessaires, à la demande d'annulation de la sentence arbitrale.

[1986, c. 73, a. 2].

947.2. Articles 946.2 to 946.5, adapted as required, apply to an application for annulment of an arbitration award.

[1986, c. 73, s. 2].

947.3. À la demande d'une partie, le tribunal peut, s'il l'estime utile, suspendre la demande d'annulation pendant le temps qu'il juge nécessaire afin de permettre aux arbitres de prendre toute mesure susceptible d'éliminer les motifs d'annulation,

947.3. On the application of one party, the court, if it considers it expedient, may suspend the application for annulment for such time as it deems necessary to allow the arbitrators to take whatever measures are necessary to remove the grounds for

même si le délai prévu à l'article 945.6 est expiré.

[1986, c. 73, a. 2].

947.4. La demande en annulation doit être présentée dans un délai de trois mois de la réception de la sentence arbitrale ou de la décision rendue en vertu de l'article 945.6.

[1986, c. 73, a. 2].

annulment, even if the time prescribed in article 945.6 has expired.

[1986, c. 73, s. 2].

947.4. The application for annulment must be made within three months after reception of the arbitration award or of the decision rendered under article 945.6.

[1986, c. 73, s. 2].

TITRE II ——
DE LA RECONNAISSANCE ET DE
L'EXÉCUTION DES SENTENCES
ARBITRALES RENDUES HORS DU
QUÉBEC

TITLE II ——
OF RECOGNITION AND EXECUTION OF
ARBITRATION AWARDS MADE OUTSIDE
QUÉBEC

948. Le présent Titre s'applique à une sentence arbitrale rendue hors du Québec qu'elle ait été ou non confirmée par une autorité compétente.

Il s'interprète en tenant compte, s'il y a lieu, de la Convention pour la reconnaissance et l'exécution des sentences arbitrales étrangères adoptée le 10 juin 1958 par la Conférence des Nations-Unies sur l'arbitrage commercial international à New York.

[1965 (1ʳᵉ sess.), c. 80, a. 948; 1986, c. 73, a. 2].

948. This Title applies to an arbitration award made outside Québec whether or not it has been ratified by a competent authority.

The interpretation of this Title shall take into account, where applicable, the Convention on the Recognition and Enforcement of Foreign Arbitral Awards as adopted by the United Nations Conference on International Commercial Arbitration at New York on 10 June 1958.

[1965 (1st sess.), c. 80, a. 948; 1986, c. 73, s. 2].

949. La sentence arbitrale est reconnue et exécutée si l'objet du différend peut être réglé par arbitrage au Québec et si sa reconnaissance et son exécution ne sont pas contraires à l'ordre public.

[1965 (1ʳᵉ sess.), c. 80, a. 949; 1986, c. 73, a. 2].

949. An arbitration award shall be recognized and executed if the matter in dispute is one that may be settled by arbitration in Québec and if its recognition and execution are not contrary to public order.

[1965 (1st sess.), c. 80, a. 949; 1986, c. 73, s. 2].

949.1. La demande de reconnaissance et d'exécution est présentée par voie de requête en homologation adressée au tribunal qui, au Québec, aurait été compétent à statuer sur l'objet du différend confié aux arbitres.

Cette requête doit être accompagnée de l'original ou d'une copie de la sentence arbitrale et de la convention d'arbitrage. L'original ou la copie de ces dernières doit être authentifié soit par un représentant officiel du gouvernement du Canada, soit par

949.1. An application for recognition and execution is made by way of a motion for homologation to the court which would have had competence in Québec to decide the matter in dispute submitted to the arbitrators.

The motion must be accompanied with the original or a copy of the arbitration award and of the arbitration agreement. These originals or copies must be authenticated by an official representative of the Government of Canada, by a delegate-general,

un délégué général, un délégué ou un chef de poste du Québec exerçant ses fonctions à l'extérieur du Québec, soit par le gouvernement ou par un officier public du lieu où la sentence a été rendue.

[1986, c. 73, a. 2].

delegate or head of delegation of Québec carrying on his duties outside Québec, or by the government or a public officer of the place where the award was made.

[1986, c. 73, s. 2].

950. Une partie contre qui la sentence arbitrale est invoquée peut s'opposer à la reconnaissance et à l'exécution en établissant:

1° qu'une partie n'avait pas la capacité pour conclure la convention d'arbitrage;

2° que la convention d'arbitrage est invalide en vertu de la loi choisie par les parties ou, à défaut d'indication à cet égard, en vertu de la loi du lieu où la sentence arbitrale a été rendue;

3° que la partie contre laquelle la sentence est invoquée n'a pas été dûment informée de la désignation d'un arbitre ou de la procédure arbitrale, ou qu'il lui a été impossible pour une autre raison de faire valoir ses moyens;

4° que la sentence porte sur un différend non visé dans la convention d'arbitrage ou n'entrant pas dans ses prévisions, ou qu'elle contient des décisions qui en dépassent les termes;

5° que le mode de nomination des arbitres ou la procédure arbitrale n'a pas été conforme à la convention des parties ou, à défaut de convention, à la loi du lieu où l'arbitrage s'est tenu; ou

6° que la sentence arbitrale n'est pas encore devenue obligatoire pour les parties ou a été annulée ou suspendue par une autorité compétente du lieu dans lequel, ou d'après la loi duquel, la sentence arbitrale a été rendue.

Toutefois, dans le cas prévu au paragraphe 4°, si, à l'intérieur de la sentence arbitrale, une disposition à l'égard de laquelle un vice mentionné à ce paragraphe existe peut être dissociée des autres dispositions de la sentence arbitrale, ces dernières peuvent être reconnues et déclarées exécutoires.

[1965 (1ʳᵉ sess.), c. 80, a. 950; 1970, c. 63, a. 3; 1986, c. 73, a. 2].

950. A party against whom an arbitration award is invoked may object to its recognition and execution by establishing that

(1) one of the parties was not qualified to enter into the arbitration agreement;

(2) the arbitration agreement is invalid under the law elected by the parties or, failing any indication in that regard, under the laws of the place where the arbitration award was made;

(3) the party against whom the award is invoked was not given proper notice of the appointment of an arbitrator or of the arbitration proceedings or was otherwise unable to present his case;

(4) the award deals with a dispute not contemplated by or not falling within the terms of the arbitration agreement, or it contains decisions on matters beyond the scope of the agreement;

(5) the manner in which the arbitrators were appointed or the arbitration procedure did not conform with the agreement of the parties or, if there was not agreement, with the laws of the place where the arbitration took place; or

(6) the arbitration award has not yet become binding on the parties or has been set aside or suspended by a competent authority of the place or pursuant to the laws of the place in which the arbitration award was made.

In the case of subparagraph 4 of the first paragraph, if the irregular provision of the arbitration award described in that paragraph can be dissociated from the rest, the rest may be recognized and declared executory.

[1965 (1st sess.), c. 80, a. 950; 1970, c. 63, s. 3; 1986, c. 73, s. 2].

951. Le tribunal peut surseoir à statuer sur la reconnaissance et l'exécution d'une sentence arbitrale si l'annulation ou la suspension de la sentence arbitrale est demandée à l'autorité compétente visée au paragraphe 6 de l'article 950.

Le tribunal peut alors, à la demande de la partie qui demande la reconnaissance et l'exécution de la sentence, ordonner à l'autre partie de fournir caution.

[1965 (1ᵉ sess.), c. 80, a. 951; 1986, c. 73, a. 2].

951.1. Le tribunal saisi d'une demande de reconnaissance et d'exécution d'une sentence arbitrale ne peut examiner le fond du différend.

[1986, c. 73, a. 2].

951.2. La sentence arbitrale telle qu'homologuée est exécutoire comme un jugement du tribunal.

[1986, c. 73, a. 2].

952. (*Omis*).

[1965 (1ᵉ sess.) c. 80, a. 952].

951. The court may postpone its decision in respect of recognition and execution of an arbitration award if the competent authority referred to in subparagraph 6 of the first paragraph of article 950 has made an application to have the award set aside or suspended.

If the court postpones its decision, it may, on the application of the party applying for recognition and execution of the award, order the other party to furnish security.

[1965 (1st sess.), c. 80, a. 951; 1986, c. 73, s. 2].

951.1. A court examining an application for recognition and execution of an arbitration award cannot enquire into the merits of the dispute.

[1986, c. 73, s. 2].

951.2. The arbitration award as homologated is executory as a judgment of the court.

[1986, c. 73, s. 2].

952. (*Omitted*).

[1965 (1st sess.), c. 80, a. 952].

LIVRE VIII
DES DEMANDES RELATIVES À DES PETITES CRÉANCES

TITRE I
DISPOSITIONS GÉNÉRALES

Chapitre I
De la compétence sur les petites créances

953. Les sommes réclamées dans une demande portant sur une petite créance, c'est-à-dire:

a) une créance qui n'excède pas 7 000 $, sans tenir compte des intérêts;

b) qui est exigible par une personne, une société ou une association, en son nom et pour son compte personnels ou par un tuteur, un curateur ou

BOOK VIII
ACTIONS INVOLVING SMALL CLAIMS

TITLE I
GENERAL PROVISIONS

Chapter I
Jurisdiction over Small Claims

953. The money claimed in an action involving a small claim, that is,

(a) a claim not exceeding $ 7,000, exclusive of interest,

(b) for a debt owed to a person, partnership or association in the name of and for the account of that person, partnership or association to a tutor,

un mandataire dans l'exécution du mandat donné en prévision de l'inaptitude du mandant ou par un autre administrateur du bien d'autrui;

ne peuvent être recouvrées en justice que suivant le présent livre.

Il en est de même de toute demande qui vise la résolution, la résiliation ou l'annulation d'un contrat lorsque la valeur du contrat et, le cas échéant, le montant réclamé n'excèdent pas chacun 7 000 $.

Une personne morale, une société ou une association ne peut, à titre de créancier, se prévaloir des dispositions du présent livre que si, en tout temps au cours de la période de 12 mois qui précède la demande, elle comptait sous sa direction ou son contrôle au plus cinq personnes liées à elle par contrat de travail.

[1971, c. 86, a. 1; 1975, c. 83, a. 57; 1977, c. 73, a. 36; 1982, c. 32, a. 53; 1984, c. 26, a. 23; 1984, c. 46, a. 7; 1992, c. 63, a. 1; 1992, c. 57, a. 412; 1999, c. 40, a. 56; 2002, c. 7, a. 178; 2002, c. 7, a. 148; 2002, c. 54, a. 5].

954. Le présent livre ne s'applique pas aux demandes résultant du bail d'un logement ou d'un terrain visés à l'article 1892 du Code civil, ni aux demandes de pension alimentaire ou à celles introduites au moyen du recours collectif. Il ne s'applique pas non plus aux poursuites en diffamation, ni aux demandes soumises par une personne, une société ou une association qui a acquis à titre onéreux la créance d'autrui.

[1971, c. 86, a. 1; 1975, c. 83, a. 58; 1978, c. 8, a. 2; 1979, c. 48, a. 119; 1992, c. 57, a. 413; 2002, c. 7, a. 148].

954.1. (*Remplacé*).

[2002, c. 7, a. 148].

955. Une personne, une société ou une association ne peut, en vue de se prévaloir du présent livre, diviser, même indirectement, une créance excédant 7 000 $ en autant de créances n'excédant pas ce montant, sous peine de rejet de la demande.

a curator or a mandatary in the execution of a mandate given in anticipation of the mandator's incapacity or to any other administrator of the property of another,

may only be recovered before the courts pursuant to this Book.

The same applies to any action which seeks the dissolution, resiliation or cancellation of a contract where neither the value of the contract or, where applicable, the amount claimed exceeds $ 7,000.

A legal person, partnership or association may, as creditor, avail itself of the provisions of this Book only if, at all times during the 12-month period preceding the application, not more than five persons bound to it by contract of employment were under its direction or control.

[1971, c. 86, s. 1; 1975, c. 83, s. 57; 1977, c. 73, s. 36; 1982, c. 32, s. 53; 1984, c. 26, s. 23; 1984, c. 46, s. 7; 1992, c. 63, s. 1; 1992, c. 57, s. 412; 1999, c. 40, s. 56; 2002, c. 7, s. 178; 2002, c. 7, s. 148; 2002, c. 54, s. 5].

954. This Book does not apply to actions arising from the lease of a dwelling or land referred to in article 1892 of the Civil Code, to actions for the payment of support or to class actions. Nor does it apply to suits for slander or to actions for the recovery of a claim instituted by a person, partnership or association to whom the claim was assigned in return for payment.

[1971, c. 86, s. 1; 1975, c. 83, s. 58; 1978, c. 8, s. 2; 1979, c. 48, s. 119; 1992, c. 57, s. 413; 2002, c. 7, s. 148].

954.1. (*Replaced*).

[2002, c. 7, s. 148].

955. Persons, partnerships or associations may not, even indirectly, divide a claim exceeding $ 7,000 into two or more claims that do not exceed that amount in order to avail themselves of this Book, on pain of dismissal of the action.

Toutefois, le présent article n'a pas pour effet d'empêcher la réclamation d'une créance:

a) qui a été volontairement réduite par le demandeur à un montant n'excédant pas 7 000 $;

b) résultant d'un contrat de crédit dont le paiement s'effectue par versements périodiques;

c) résultant d'un contrat dont l'exécution des obligations est successive tels un bail, un contrat de travail, un contrat d'assurance-invalidité ou autre contrat semblable.

[1971, c. 86, a. 1; 1975, c. 83, a. 59; 1984, c. 26, a. 24; 1992, c. 57, a. 414; 1999, c. 40, a. 56; 2002, c. 6, a. 125; 2002, c. 7, a. 148].

955.1. (*Remplacé*).

[1992, c. 57, a. 415 (abrogé); 2002, c. 7, a. 148].

956. Des créanciers peuvent joindre leurs demandes si elles ont le même fondement juridique ou soulèvent les mêmes points de droit et de fait. Cependant, le juge peut, avant l'audition, s'il est d'avis que les fins de la justice seront ainsi mieux servies, ordonner que les demandes soient entendues séparément.

Si chacune des demandes que détiennent les personnes, les sociétés ou les associations ainsi jointes est une petite créance, la demande est régie par les règles prévues dans le présent livre. Sinon, elle est régie par les règles prévues dans les autres livres du présent code.

Malgré l'alinéa précédent, l'exécution du jugement rendu sur une petite créance se fait suivant le présent livre.

[1971, c. 86, a. 1; 1992, c. 63, a. 2; 2002, c. 7, a. 148].

957. Lorsqu'une partie met en cause la validité ou la constitutionnalité d'une loi, d'un règlement adopté en vertu d'une telle loi, d'un décret, d'un arrêté en conseil ou d'une proclamation du gouvernement du Québec, du lieutenant-gouverneur ou du gouverneur général ou du gouverneur gé-

However, this article shall not operate to prevent the recovery of

(a) a claim voluntarily reduced by the plaintiff to $ 7,000 or less;

(b) a claim arising from a credit contract providing for repayment by instalments, or

(c) a claim arising from a contract involving the sequential performance of obligations such as a lease, a work contract, a disability insurance contract or the like.

[1971, c. 86, s. 1; 1975, c. 83, s. 59; 1984, c. 26, s. 24; 1992, c. 57, s. 414; 1999, c. 40, s. 56; 2002, c. 6, s. 125; 2002, c. 7, s. 148].

955.1. (*Replaced*).

[1992, c. 57, s. 415 (repealed); 2002, c. 7, s. 148].

956. Two or more plaintiffs may join in the same action if their claims have the same juridical basis or raise the same questions of law or fact. However, the judge may, if he or she is of the opinion that the ends of justice will be better served, order that the actions be heard separately.

If each of the actions of the persons, partnerships or associations joining in the same action involves a small claim, the action is governed by the rules contained in this Book. Otherwise, it is governed by the rules contained in the other Books of this Code.

Despite the preceding paragraph, the execution of a judgment rendered on a small claim is effected pursuant to this Book.

[1971, c. 86, s. 1; 1992, c. 63, s. 2; 2002, c. 7, s. 148].

957. Where a party challenges the validity or constitutionality of a legislative or regulatory provision, an order, an order in council or a proclamation of the Gouvernement du Québec, the Lieutenant Governor, the Governor General or the Governor General in Council, the judge

néral en conseil, le juge peut ordonner que la demande soit transférée devant le tribunal compétent.

[1971, c. 86, a. 1; 1984, c. 46, a. 8; 1999, c. 40, a. 56; 2002, c. 7, a. 148].

957.1. (*Remplacé*).

[2002, c. 7, a. 148].

958. La demande doit être présentée devant le tribunal du domicile ou de la dernière résidence connue du défendeur, du domicile de l'assuré qui exerce un recours contre son assureur ou devant le tribunal du lieu où toute la cause d'action a pris naissance ou celui du lieu de formation du contrat. Si le défendeur n'est pas domicilié au Québec, la demande peut également être présentée devant le tribunal de sa résidence ou de son établissement au Québec.

Si le demandeur demeure à plus de 80 km du domicile du défendeur, il peut présenter sa demande au greffe du tribunal de son domicile ou, à défaut de domicile, de sa résidence ou de son établissement. Le greffier transmet alors la demande au greffe du tribunal choisi par le demandeur conformément au premier alinéa.

[1971, c. 86, a. 1; 2002, c. 7, a. 148].

958.1. (*Remplacé*).

[2002, c. 7, a. 148].

Chapitre II ━━
De la représentation des parties

959. Les personnes physiques doivent agir elles-mêmes; elles peuvent cependant donner mandat à leur conjoint, à un parent, un allié ou un ami de les représenter. Ce mandat doit être donné à titre gratuit, au moyen d'un écrit qui indique les raisons pour lesquelles la personne est empêchée d'agir elle-même et qui porte la signature de celle-ci.

L'État, les personnes morales, les sociétés ou associations ne peuvent être représentés

may order that the action be transferred to the court of competent jurisdiction.

[1971, c. 86, s. 1; 1984, c. 46, s. 8; 1999, c. 40, s. 56; 2002, c. 7, s. 148].

957.1. (*Replaced*).

[2002, c. 7, s. 148].

958. An action involving a small claim must be brought before the court of the defendant's domicile or last known place of residence, the court of the insured's domicile where the action is brought against an insurer, the court of the place where the cause of action arose or the court of the place where the contract was formed. If the defendant is not domiciled in Québec, the action may also be brought before the court of the defendant's place of residence or establishment in Québec.

If the plaintiff resides more than 80 kilometres from the defendant's domicile, the plaintiff may file the statement of claim at the court of the plaintiff's own domicile or, if the plaintiff is not domiciled in Québec, at the court of the plaintiff's place of residence or establishment in Québec. In such a case, the statement of claim is transmitted by the clerk to the office of the court chosen by the plaintiff pursuant to the first paragraph.

[1971, c. 86, s. 1; 2002, c. 7, s. 148].

958.1. (*Replaced*).

[2002, c. 7, s. 148].

Chapter II ━━
Representation of Parties

959. Natural persons must represent themselves; they may, however, give a mandate to their spouse, a relative, a person connected by marriage or a friend to represent them. The mandate must be gratuitous and be set out in a signed writing stating the reasons why the person is unable to represent himself or herself.

The State, legal persons, partnerships and associations may only be represented by

que par un dirigeant ou une autre personne à leur seul service et liée à eux par contrat de travail.

an officer or another person bound exclusively to them under a contract of employment.

L'avocat ne peut, malgré la *Charte des droits et libertés de la personne* (chapitre C-12), agir comme mandataire, non plus que l'agent de recouvrement. Exceptionnellement, lorsqu'une cause soulève une question complexe sur un point de droit, le juge peut, d'office ou à la demande d'une partie, mais avec l'accord du juge en chef de la Cour du Québec, permettre la représentation des parties par avocat. Dans ce cas, sauf pour les parties non admissibles à titre de demandeur suivant le présent livre, les honoraires et les frais des avocats sont à la charge du ministre de la Justice et ils ne peuvent excéder ceux que prévoit le tarif d'honoraires établi par le gouvernement en vertu de la *Loi sur l'aide juridique* (chapitre A-14).

[1971, c. 86, a. 1; 1984, c. 46, a. 10; 2002, c. 7, a. 148].

Notwithstanding the *Charter of human rights and freedoms* (chapter C-12), no advocate or collection agent may act as a mandatary. By way of exception, where a case raises a complex legal issue, the judge may, on his or her own initiative or at the request of a party and with the consent of the chief judge of the Court of Québec, allow the parties to be represented by an advocate. Except in the case of parties not admissible as plaintiffs under this Book, the fees and costs of the advocates are borne by the Minister of Justice and may not exceed the fees and costs set out in the tariff of fees prescribed by the Government under the *Legal Aid Act* (chapter A-14).

[1971, c. 86, s. 1; 1984, c. 46, s. 10; 2002, c. 7, s. 148].

TITRE II ——
DE LA PROCÉDURE

TITLE II ——
PROCEDURE

Chapitre I ——
De la procédure introductive et de la contestation

Chapter I ——
Institution of Action and Contestation

960. Le greffier donne aux parties qui le demandent l'information utile à toute étape du déroulement de l'instance et de l'exécution du jugement, notamment sur les éléments essentiels de leur procédure et sur les règles relatives à la communication des pièces et à l'administration de la preuve. Il leur porte assistance, le cas échéant, pour préparer un acte de procédure ou remplir un formulaire mis à leur disposition. Le greffier ne peut en aucun cas donner un avis juridique aux parties.

[1971, c. 86, a. 1; 1984, c. 46, a. 11; 2002, c. 7, a. 148].

960. The clerk provides the parties who so request with any information they may need at any stage of the proceeding or the execution of the judgment, particularly as regards the essential elements of procedure and the rules governing the communication of exhibits and the presentation of evidence. Where necessary, the clerk assists the parties in preparing pleadings or completing the forms placed at their disposal. In no case may the clerk give legal advice to the parties.

[1971, c. 86, s. 1; 1984, c. 46, s. 11; 2002, c. 7, s. 148].

960.1. (*Remplacé*).

[2002, c. 7, a. 148].

960.1. (*Replaced*).

[2002, c. 7, s. 148].

961. La demande indique les faits sur lesquels elle est fondée, la nature, le montant de la créance et des intérêts, ainsi que les conclusions recherchées. Elle indique aussi les nom, domicile et résidence du demandeur ainsi que le nom et la dernière résidence connue du défendeur.

Si le demandeur est une personne morale, une société ou une association, la demande doit comporter une déclaration qu'en tout temps au cours de la période de 12 mois qui précède sa demande, il comptait sous sa direction ou son contrôle au plus cinq personnes liées à lui par contrat de travail.
[1971, c. 86, a. 1; 1975, c. 83, a. 63; 1997 c. 42, a. 18; 2002, c. 7, a. 148].

962. Le demandeur ou son mandataire rédige lui-même la demande ou expose les faits et les conclusions au greffier et lui demande de la rédiger. Elle est signée par le demandeur ou son mandataire et appuyée de son serment quant à la véracité des faits et à l'exigibilité de la créance; elle est accompagnée des pièces au soutien de ses prétentions.
[1971, c. 86, a. 1; 1975, c. 83, a. 64; 2002, c. 7, a. 148].

963. Si la demande est admissible, elle est déposée au greffe et ouvre le dossier du tribunal.

Si la demande n'est pas admissible, le greffier en informe le demandeur et lui indique que, s'il le requiert, sa décision peut être révisée par un juge dans les 15 jours de sa notification.
[1971, c. 86, a. 1; 1975, c. 83, a. 65; 2002, c. 7, a. 148].

964. Le greffier notifie au défendeur une copie de la demande à laquelle il joint la liste des pièces déposées par le demandeur, ainsi qu'un avis indiquant au défendeur les options qui lui sont offertes.

L'avis doit être conforme au texte établi

961. The statement of claim must set out the facts on which the action is based, the nature and amount of the claim, the amount of the interest, and the conclusions sought. It must also state the name, domicile and place of residence of the plaintiff and the name and last known place of residence of the defendant.

If the plaintiff is a legal person, partnership or association, the statement of claim must also contain a declaration that not more than five persons bound to it by a contract of employment were under its direction or control at any time in the 12-month period preceding the institution of the action.
[1971, c. 86, s. 1; 1975, c. 83, s. 63; 1997, c. 42, s. 18; 2002, c. 7, s. 148].

962. The plaintiff or the plaintiff's mandatary prepares the statement of claim, or explains the facts and the conclusions sought to the clerk and asks the clerk to prepare the statement of claim. The statement of claim must be signed by the plaintiff or the plaintiff's mandatary and be supported by the signatory's oath verifying the accuracy of the facts and the existence of the debt; the statement of claim must be presented together with any exhibits supporting the plaintiff's allegations.
[1971, c. 86, s. 1; 1975, c. 83, s. 64; 2002, c. 7, s. 148].

963. If the action is admissible, the statement of claim is filed at the office of the court and a court record is thereby opened.

If the action is not admissible, the clerk informs the plaintiff, indicating that the decision may be reviewed by a judge at the plaintiff's request within 15 days of its notification.
[1971, c. 86, s. 1; 1975, c. 83, s. 65; 2002, c. 7, s. 148].

964. The clerk notifies a copy of the statement of claim to the defendant, together with a list of the exhibits filed by the plaintiff and a notice setting out the options available to the defendant.

The notice must reproduce the text deter-

par le ministre de la Justice et doit mentionner qu'à défaut pour le défendeur de faire part au greffier de l'option choisie dans les 20 jours de la notification, jugement pourra être rendu contre lui, sans autre avis ni délai.

[1971, c. 86, a. 1; 1992, c. 57, a. 422; 2002, c. 7, a. 148].

965. Les options offertes au défendeur sont:

1° de payer le montant réclamé et les frais assumés par le demandeur soit au greffier, soit au demandeur, mais dans ce cas en faisant parvenir au greffier la preuve du paiement ou la quittance obtenue du demandeur;

2° de convenir d'un règlement à l'amiable avec le demandeur et, dans ce cas, de transmettre au greffier une copie de l'écrit constatant l'entente intervenue;

3° de contester le bien-fondé de la demande et d'en aviser le greffier en précisant les motifs de la contestation.

En cas de contestation, le défendeur peut aussi se prévaloir de l'une ou l'autre des options suivantes:

1° demander que le litige soit soumis à la médiation;

2° demander le renvoi du dossier dans un autre district judiciaire ou devant un autre tribunal en précisant les motifs justifiant sa demande;

3° demander d'appeler une autre personne pour permettre une solution complète du litige, auquel cas il informe le greffier du nom et de la dernière adresse connue de cette personne;

4° faire valoir sa propre réclamation contre le demandeur, si celle-ci résulte de la même source que la demande du demandeur ou d'une source connexe et qu'elle est admissible en vertu du présent livre.

[1971, c. 86, a. 1; 1975, c. 83, a. 66; 1996, c. 5, a. 58; 2002, c. 7, a. 148; 2002, c. 54, a. 6].

966. (*Abrogé*).

[2004, c. 17, a. 1].

mined by the Minister of Justice and must state that if the defendant fails to indicate an option to the clerk within 20 days of the notification, judgment may be rendered against the defendant without further notice or extension.

[1971, c. 86, s. 1; 2002, c. 7, s. 148].

965. The options available to the defendant are

(1) to pay the amount claimed and the plaintiff's disbursements, either to the clerk or to the plaintiff, in the latter case forwarding proof of payment or the acquittance obtained from the plaintiff to the clerk; or

(2) to make a settlement with the plaintiff, and send a copy of the agreement to the clerk;

(3) to contest the merits of the action, and so advise the clerk, specifying the grounds for the contestation.

In addition, a defendant who chooses to contest the action may

(1) request that the dispute be referred to mediation;

(2) apply for the referral of the case to another judicial district or to another court, specifying the grounds for the request;

(3) request that another person be impleaded to allow a complete resolution of the dispute, in which case the defendant informs the clerk of the person's name and last known address; and

(4) make a counter-claim against the plaintiff provided it arises out of the same source as the plaintiff's claim or from a related source and is admissible under this Book.

[1971, c. 86, s. 1; 1975, c. 83, s. 66; 1996, c. 5, s. 58; 2002, c. 7, s. 148; 2002, c. 54, s. 6].

966. (*Repealed*).

[2004, c. 17, s. 1].

967. Si le défendeur a payé le demandeur, le greffier ferme le dossier; s'il a convenu avec lui d'un règlement à l'amiable, le greffier, à la demande d'une partie, entérine l'entente pour valoir jugement.

Si le défendeur demande le renvoi de sa cause dans un autre district judiciaire ou devant un autre tribunal, le greffier en avise le demandeur et soumet la demande au juge. Si celui-ci la considère bien fondée, le greffier renvoie le dossier au greffier du tribunal ayant compétence et la cause est continuée devant ce tribunal comme si elle y avait été présentée.

[1971, c. 86, a. 1; 1977, c. 73, a. 39; 1995, c. 39, a. 15; 2002, c. 7, a. 148; 2002, c. 54, a. 7].

968. Si le défendeur conteste le bien-fondé de la demande, il en avise le greffier et précise par écrit les motifs de sa contestation. Il dépose au greffe les pièces au soutien de ses prétentions. Le greffier notifie alors au demandeur une copie de la contestation à laquelle il joint la liste des pièces déposées par le défendeur.

Si le défendeur veut faire valoir contre le demandeur une réclamation résultant de la même source que la demande ou d'une source connexe et qu'elle est admissible en vertu du présent livre, il peut, dans sa contestation, en demander le paiement et déposer au greffe les pièces au soutien de ses prétentions.

[1971, c. 86, a. 1; 1975, c. 83, a. 68; 2002, c. 7, a. 148].

969. Si le défendeur a demandé d'appeler une autre personne, il en précise les motifs au greffier et lui fournit, le cas échéant, les pièces au soutien de ses prétentions. Le greffier en avise le demandeur, signifie à la personne appelée une copie de la demande originaire et de la contestation et y joint la liste des pièces qu'il détient. Il avise également la personne appelée que sa présence est requise à la demande du défendeur.

[1971, c. 86, a. 1; 2002, c. 7, a. 148].

967. If the defendant has paid the plaintiff, the clerk closes the record; if the parties have reached a settlement and one of the parties so requests, the clerk confirms the agreement as a judgment.

If the defendant has requested that the case be referred to another judicial district or to another court, the clerk so advises the plaintiff and submits the request to the judge. If the judge finds the request well-founded, the clerk refers the case to the clerk of the court of competent jurisdiction and it is continued before that court as though it had originally been brought before that court.

[1971, c. 86, s. 1; 1977, c. 73, s. 39; 1995, c. 39, s. 15; 2002, c. 7, s. 148; 2002, c. 54, s. 7].

968. If the defendant chooses to contest the merits of the action, the defendant so advises the clerk and sets out the grounds for contestation in a written contestation. The defendant files the exhibits supporting the defendant's allegations at the office of the court. The clerk notifies a copy of the contestation to the plaintiff, together with a list of the exhibits filed by the defendant.

If the defendant wishes to make a counterclaim against the plaintiff, arising out of the same source as the plaintiff's claim or from a related source and the counterclaim is admissible under this Book, the defendant may demand payment thereof in the contestation and file the exhibits supporting the related allegations.

[1971, c. 86, s. 1; 1975, c. 83, s. 68; 2002, c. 7, s. 148].

969. If the defendant has requested that another person be impleaded, the defendant presents the grounds for the request to the clerk and files the exhibits supporting the related allegations. The clerk so notifies the plaintiff and serves copies of the statement of claim and the contestation on the impleaded party, together with a list of the exhibits in the clerk's possession. The clerk also notifies the impleaded party that the party's presence is required at the request of the defendant.

[1971, c. 86, s. 1; 2002, c. 7, s. 148].

970. Si le défendeur a fait défaut de répondre, le juge ou le greffier spécial, selon le cas, rend jugement après examen des pièces au dossier ou, s'il l'estime nécessaire, après avoir entendu la preuve du demandeur.

S'il s'agit d'une demande prévue à l'article 194, le greffier rend jugement sur le vu de la demande et des pièces au dossier.

[1971, c. 86, a. 1; 2002, c. 7, a. 148].

970. If the defendant fails to file an answer, the judge or the special clerk, as the case may be, renders judgment after examining the exhibits in the record and, if necessary, after hearing the plaintiff's evidence.

In the case of an action to which article 194 applies, the clerk renders judgment on the face of the statement of claim and the exhibits in the record.

[1971, c. 86, s. 1; 2002, c. 7, s. 148].

970.1. (*Remplacé*).

[2002, c. 7, a. 148].

970.1. (*Replaced*).

[2002, c. 7, s. 148].

971. Le défendeur poursuivi suivant les autres livres du présent code et qui, s'il était demandeur, pourrait agir suivant le présent livre, peut demander que la cause soit entendue suivant le présent livre.

Il présente cette demande au greffier du tribunal saisi, en tout temps avant la production au dossier de l'inscription pour jugement par le greffier ou pour enquête et audition devant le tribunal. Si la demande est jugée admissible, le greffier avise sans délai le demandeur; la décision du greffier peut, sur demande écrite faite dans les 15 jours de la notification, être révisée par un juge. À l'expiration de ce délai, le greffier transfère le dossier pour qu'il soit continué suivant les dispositions du présent livre.

[1971, c. 86, a. 1; 1975, c. 83, a. 69; 2002, c. 7, a. 148; 2002, c. 54, a. 8].

971. A defendant sued pursuant to the other Books of this Code who would be admissible as a plaintiff under this Book may request that the case be heard pursuant to this Book.

Such a request may be made to the clerk of the court seized of the case, at any time before inscription for judgment by the clerk or inscription for proof and hearing before the court. If the request is found to be admissible, the clerk immediately notifies the plaintiff; the decision of the clerk may be reviewed by a judge, following a request in writing filed within 15 days of the notification. On the expiry of that time limit, the clerk transfers the case so that it may be continued pursuant to this Book.

[1971, c. 86, s. 1; 1975, c. 83, s. 69; 2002, c. 7, s. 148; 2002, c. 54, s. 8].

Chapitre II ——
De la convocation des parties et des témoins

Chapter II ——
Summoning of Parties and Witnesses

972. Lorsque le dossier est prêt, le greffier convoque les parties à l'audience. La convocation doit faire mention que chacune des parties peut obtenir, sur demande, copie des documents, déclarations et rapports déposés au greffe par les autres parties; elle doit également mentionner que celui qui représente une personne, une société ou une association doit produire son mandat.

Dans la convocation, le greffier informe les parties qu'elles doivent déposer au

972. When the case is ready, the clerk summons the parties to the hearing. The summons must indicate that a party may, on request, obtain a copy of the documents, statements and reports filed at the office of the court by the other parties; it must also indicate that any person representing a person, partnership or association must produce a written mandate.

In the summons, the clerk informs the parties that all documents, statements and re-

moins 15 jours avant la date fixée pour l'audience leurs documents, déclarations ou rapports qui ne l'ont pas encore été. Il les informe également qu'elles doivent être accompagnées de leurs témoins et indiquer ceux dont elles demandent la convocation.

Le greffier convoque les témoins que les parties lui indiquent. La partie qui demande la convocation d'un témoin à l'audience en supporte les frais si le juge estime qu'il a été convoqué et déplacé inutilement.

[1971, c. 86, a. 1; 1975, c. 83, a. 70; 2002, c. 7, a. 148].

Chapitre III ——
De la médiation

973. Le greffier doit, à la première occasion, informer les parties qu'elles peuvent, sans frais additionnels, soumettre leur litige à la médiation. Si les deux parties y consentent, elles peuvent demander au greffier de les référer au service de médiation. Dans ce cas, la séance de médiation est présidée par un avocat ou un notaire, accrédité par l'ordre professionnel dont il est membre.

Le médiateur doit déposer au greffe un rapport faisant état des faits, des positions des parties, des points de droit soulevés, des éléments de preuve que celles-ci entendent déposer et des témoins qu'elles se proposent de faire entendre lors de l'audience. Toutefois, les offres faites par les parties et les propos qu'elles ont tenus dans le but de régler le litige ne peuvent, sauf du consentement des parties, être mis en preuve lors d'une audience.

Si les parties s'entendent, elles rédigent une entente qu'elles signent; elles déposent au greffe soit une copie de l'entente, soit un avis que la cause a fait l'objet d'un règlement à l'amiable. Si l'entente est déposée, elle est entérinée par le juge ou le greffier et équivaut alors à jugement.

[1971, c. 86, a. 1; 2002, c. 7, a. 148].

ports must be filed at least 15 days before the date of the hearing. The clerk also informs the parties that they must bring their witnesses to the hearing and identify any witnesses they wish the clerk to summon.

The clerk summons the witnesses requested by the parties. A party who summons a witness may be ordered to pay the costs if the judge considers that the witness was summoned and required to attend unnecessarily.

[1971, c. 86, s. 1; 1975, c. 83, s. 70; 2002, c. 7, s. 148].

Chapter III ——
Mediation

973. The clerk must inform the parties at the earliest opportunity that they may at no additional cost submit their dispute to mediation. If both parties consent, they may ask the clerk to refer them to the mediation service. The mediation session is presided by an advocate or a notary who is certified as a mediator by his or her professional order.

The mediator must file a report at the office of the court giving an account of the facts, the positions of the parties, the questions of law raised, the evidence the parties intend to file and the witnesses they propose to call at the hearing. However, no offers tendered or statements made by the parties in an effort to settle the dispute may be put in evidence at a hearing, except with the consent of the parties.

If the parties settle their dispute, they draft an agreement and sign it; they file a copy of the agreement, or a notice that the case has been settled, at the office of the court. If the agreement is filed, it is confirmed by the judge or the clerk and thereby becomes equivalent to a judgment.

[1971, c. 86, s. 1; 2002, c. 7, s. 148].

Chapitre IV ⎯
De l'audience

Chapter IV ⎯
Hearing

974. Dans tous les cas où l'audience est nécessaire, le greffier, dans la mesure du possible, la fixe à un endroit, à une date et à une heure où il sera possible aux parties et à leurs témoins d'être présents. Le juge peut tenir l'audience ailleurs qu'au lieu où la demande a été présentée.

Le jour fixé pour l'audience, le greffier peut, en l'absence du juge, remettre une cause à la demande d'une partie s'il estime que l'intérêt de la justice est ainsi mieux servi. Il doit en aviser, sans délai, l'autre partie et statuer sur les frais encourus par celle-ci; la décision sur les frais peut être révisée par le juge lors de l'audience sur le fond.

[1971, c. 86, a. 1; 2002, c. 7, a. 148].

974. In all cases where a hearing is necessary, the clerk, where reasonably practicable, fixes a time and place for the hearing which will allow the parties and their witnesses to attend. The judge may hold a hearing elsewhere than at the place where the action was instituted.

On the day fixed for the hearing, the clerk, in the absence of the judge, may postpone a case at the request of a party if the clerk considers that the ends of justice will be better served; in such a case, the clerk must notify the other party without delay and rule on that party's costs; the clerk's decision as to costs may be revised by the judge during the hearing on the merits.

[1971, c. 86, s. 1; 2002, c. 7, s. 148].

975. Si la Cour supérieure ou la Cour du Québec sont saisies de demandes ayant le même fondement juridique ou soulevant les mêmes points de droit que la demande présentée suivant le présent livre, le juge suspend l'audience jusqu'à ce que le jugement sur l'autre demande soit passé en force de chose jugée, si une partie le demande et qu'aucun préjudice sérieux ne puisse en résulter pour la partie adverse. Un juge peut réviser cette décision si une partie le demande et que des circonstances nouvelles le justifient.

[1971, c. 86, a. 1; 2002, c. 7, a. 148].

975. If an action having the same juridical basis or raising the same questions of law as an action brought pursuant to this Book is before the Superior Court or the Court of Québec, the judge suspends the hearing of the case, if one of the parties so requests, until the judgment on the other action has become definitive, provided no serious prejudice may be caused to the opposite party. Such decision may be revised by a judge at the request of one of the parties, if warranted by new circumstances.

[1971, c. 86, s. 1; 2002, c. 7, s. 148].

976. Au temps fixé pour l'audience, le greffier appelle la cause, constate la présence ou l'absence des parties et le juge rend le jugement suivant la preuve offerte.

Un juge peut, en tout temps avant l'audience sur le fond, entendre une demande préliminaire et rendre toute ordonnance utile.

[1971, c. 86, a. 1; 1992, c. 63, a. 5; 2002, c. 7, a. 148].

976. At the time fixed for the hearing, the clerk calls the case and ascertains whether the parties are present and the judge presiding judges the case according to the evidence presented.

At any time before the hearing on the merits, a judge may hear any preliminary application and issue any order as appropriate.

[1971, c. 86, s. 1; 1975, c. 83, s. 71; 1992, c. 63, s. 5; 2002, c. 7, s. 148].

977. Le juge explique sommairement aux parties les règles de preuve qu'il est tenu de suivre et la procédure qui lui paraît appropriée. À l'invitation du juge, chacune

977. The judge instructs the parties summarily as to the applicable rules of evidence and the procedure that appears appropriate. On the invitation of the judge,

des parties expose ses prétentions et présente ses témoins.

Le juge procède lui-même aux interrogatoires; il apporte à chacun une aide équitable et impartiale de façon à faire apparaître le droit et à en assurer la sanction.

[1971, c. 86, a. 1; 2002, c. 7, a. 148].

977.1. (*Remplacé*).

[2002, c. 7, a. 148].

978. Si les circonstances s'y prêtent, le juge tente de concilier les parties.

Le cas échéant, le juge fait dresser par le greffier un procès-verbal constatant l'entente des parties; cette entente, signée par les parties et par le juge, équivaut à jugement.

[1971, c. 86, a. 1; 2002, c. 7, a. 148].

979. À l'audience, le défendeur ou la personne appelée peut faire valoir tout moyen de contestation et proposer, le cas échéant, des modalités de paiement.

[1971, c. 86, a. 1; 1975, c. 83, a. 72; 1995, c. 39, a. 16; 2002, c. 7, a. 148].

980. Une partie peut produire une déclaration écrite à titre de témoignage si elle l'a déposée au greffe au moins 15 jours avant l'audience et si l'autre partie a été avisée par le greffier de la possibilité d'en prendre connaissance et d'en recevoir copie. Cette dernière peut demander au greffier, le cas échéant, la convocation du déclarant. Le juge condamne aux frais la partie qui a demandé la convocation du déclarant, s'il estime qu'il a été déplacé inutilement et que la déclaration écrite eût été suffisante.

[1971, c. 86, a. 1; 2002, c. 7, a. 148; 2002, c. 54, a. 9].

981. Le juge peut, s'il estime que l'autre partie n'en subit pas de préjudice ou que les fins de la justice sont ainsi mieux servies, accepter le dépôt d'un document,

the parties state their allegations and call their witnesses.

The judge examines the parties and the witnesses and gives them equitable and impartial assistance so as to render effective the substantive law and ensure that it is carried out.

[1971, c. 86, s. 1; 2002, c. 7, s. 148].

977.1. (*Replaced*).

[2002, c. 7, s. 148].

978. Whenever possible, the judge attempts to reconcile the parties.

If a settlement is reached, the judge instructs the clerk to record the agreement; the agreement, signed by the parties and countersigned by the judge, is equivalent to a judgment.

[1971, c. 86, s. 1; 1999, c. 40, s. 56; 2002, c. 7, s. 148].

979. At the hearing, the defendant or any impleaded party may present any grounds of contestation or propose terms and conditions of payment.

[1971, c. 86, s. 1; 1975, c. 83, s. 72; 1995, c. 39, s. 16; 2002, c. 7, s. 148].

980. A party may produce a written statement as testimony provided it was filed at the office of the court at least 15 days before the hearing and the opposite party was notified by the clerk that the statement was available for examination and reproduction. The opposite party may request that the clerk summon the deponent to the hearing. The judge may award costs against a party having requested a deponent to be summoned if the judge believes the written statement was sufficient and the deponent's attendance unnecessary.

[1971, c. 86, s. 1; 2002, c. 7, s. 148; 2002, c. 54, s. 9].

981. The judge may accept the filing of a document, statement or report after the expiry of the prescribed time if the judge considers that no prejudice is caused to the

d'une déclaration ou d'un rapport après l'expiration du délai prescrit.

[1971, c. 86, a. 1; 1975, c. 83, a. 73; 2002, c. 7, a. 148].

982. Le juge peut, d'office, s'il est d'avis que les fins de la justice peuvent être ainsi mieux servies, visiter les lieux ou ordonner une expertise pour l'appréciation des faits relatifs au litige ou un constat par une personne qualifiée qu'il désigne.

La procédure applicable à l'expertise ou à un constat est celle que détermine le juge.

Le juge statue sur les dépens relatifs à l'expertise ou au constat et décide s'ils sont à la charge d'une des parties ou des deux ou, s'il l'estime approprié, à la charge du ministre de la Justice, s'il estime que les fins de la justice sont ainsi mieux servies.

[1971, c. 86, a. 1; 1975, c. 83, a. 74; 1995, c. 39, a. 17; 2002, c. 7, a. 148].

opposite party or that the ends of justice will be better served.

[1971, c. 86, s. 1; 1975, c. 83, s. 73; 2002, c. 7, s. 148].

982. The judge may, on his or her own initiative, if it is the judge's opinion that the ends of justice will be better served, visit the premises or order an expert's appraisal of the facts related to the case or a certified report by a competent person designated by the judge.

The procedure applicable to the appraisal or report is determined by the judge.

The judge rules on the costs relating to the appraisal or report and determines whether they are to be borne by one of the parties or by both or, if the judge considers it appropriate and that the ends of justice will be better served, by the Minister of Justice.

[1971, c. 86, s. 1; 1975, c. 83, s. 74; 1995, c. 39, s. 17; 2002, c. 7, s. 148].

Chapitre V ━━━━
Du jugement

Chapter V ━━━━
Judgment

983. Le jugement est consigné par écrit sous la signature du juge, du greffier spécial ou du greffier qui l'a rendu et contient un bref énoncé des motifs de la décision. Le jugement statuant sur une demande contestée doit être rendu dans les quatre mois de l'audience; tout autre jugement doit être rendu dans les 30 jours à compter du moment où le dossier est complet.

Sauf si le jugement est rendu à l'audience en présence des parties, le greffier, dès que le jugement est rendu, en transmet une copie certifiée à chacune des parties.

Le greffier transmet avec la copie du jugement un avis au débiteur l'informant qu'un jugement a été rendu contre lui et qu'à défaut de payer la créance due, ses biens

983. The judgment, including a summary of the reasons for the decision, is recorded in writing and signed by the judge, special clerk or clerk who rendered it. The judgment in a contested action must be rendered within four months of the hearing; any other judgment must be rendered within 30 days after the record is complete.

Unless the judgment is rendered at the hearing in the presence of the parties, the clerk sends a certified copy of the judgment to each party as soon as it is rendered.

The clerk sends a notice to the debtor, with the copy of the judgment, stating that a judgment has been rendered against the debtor and that upon the failure to pay the

pourront être saisis et, le cas échéant, vendus en justice.

[1971, c. 86, a. 1; 1975, c. 83, a. 75; 1977, c. 73, a. 41; 1982, c. 32, a. 55; 1984, c. 26, a. 27; 1992, c. 63, a. 6; 1996, c. 5, a. 59; 2002, c. 7, a. 148].

debt due, the debtor's property may be seized and, if necessary, sold by judicial sale.

[1971, c. 86, s. 1; 1975, c. 83, s. 75; 1977, c. 73, s. 41; 1982, c. 32, s. 55; 1984, c. 26, s. 27; 1992, c. 63, s. 6; 1996, c. 5, s. 59; 2002, c. 7, s. 148].

984. Le jugement est final et sans appel.

Une cause relative à une petite créance n'est pas sujette au pouvoir de surveillance et de contrôle de la Cour supérieure, sauf en cas de défaut ou d'excès de compétence.

[1971, c. 86, a. 1; 1975, c. 83, a. 76; 1992, c. 63, a. 7; 2002, c. 7, a. 148].

984. The judgment is final and without appeal.

Actions involving small claims are not subject to the superintending and reforming power of the Superior Court, except where there is want or excess of jurisdiction.

[1971, c. 86, s. 1; 1975, c. 83, s. 76; 1992, c. 63, s. 7; 1992, c. 57, s. 416; 2002, c. 7, s. 148].

984.1. (*Remplacé*).

[2002, c. 7, a. 148].

984.1. (*Replaced*).

[2002, c. 7, s. 148].

985. Le jugement n'a l'autorité de la chose jugée qu'à l'égard des parties au litige et que pour le montant réclamé.

Le jugement ne peut être invoqué dans une action fondée sur la même cause et introduite devant un autre tribunal; le tribunal doit alors, à la demande d'une partie ou d'office, rejeter toute demande ou toute preuve basée sur ce jugement.

[1971, c. 86, a. 1; 1992, c. 63, a. 9; 2002, c. 7, a. 148].

985. The judgment has the authority of *res judicata* only as to the parties to the action and the amount claimed.

The judgment cannot be invoked in an action based on the same cause and instituted before another court; the court, on its own initiative or at the request of a party, must dismiss any action or proof based on the judgment.

[1971, c. 86, s. 1; 1992, c. 63, s. 9; 2002, c. 7, s. 148].

986. Sauf si le juge en a ordonné autrement, le jugement peut être exécuté à l'expiration de 30 jours suivant la date à laquelle il a été rendu. S'il est rendu par défaut, le délai est de 10 jours. Toutefois, le créancier peut, si dans un écrit appuyé de son serment il établit l'un des faits donnant ouverture à une saisie avant jugement, obtenir du juge l'autorisation d'exécuter avant l'expiration de ce délai.

Si le jugement a ordonné le paiement de la créance par versements ou a entériné une entente intervenue entre le créancier et le débiteur et que ce dernier n'acquitte pas un versement à échéance, le créancier peut demander par écrit au débiteur de lui payer la somme due. Si le débiteur n'effectue pas le versement dans les dix jours de la

986. The judgment may be executed on the expiry of 30 days from the day it is rendered, unless the judge has ordered otherwise. A judgment by default may be executed on the expiry of ten days from the day it is rendered. However, if the creditor establishes, in a writing under oath, a fact permitting a seizure before judgment, the creditor may be authorized by the judge to execute the judgment before the expiry of the prescribed time.

If the judgment orders payment of the debt by instalments or confirms a settlement between the creditor and the debtor and the latter fails to pay an instalment when due, the creditor may demand payment of the amount due in writing. If the debtor fails to pay the instalment within ten days of the demand, the entire amount of the

demande, la totalité de la dette devient exigible et l'exécution est poursuivie.

[1971, c. 86, a. 1; 1975, c. 83, a. 77; 2002, c. 7, a. 148].

987. Le jugement décide des frais, y compris des indemnités dues aux témoins, mais seulement quant à ceux qu'il indique, selon les tarifs en vigueur. Dans les cas de transfert, il décide des frais encourus avant la transmission du dossier pour qu'il soit continué suivant le présent livre.

[1971, c. 86, a. 1; 1996, c. 5, a. 61; 1999, c. 46, a. 16; 2002, c. 7, a. 148].

988. Dans toute action dont le montant est admissible à titre de petite créance et qui n'est pas instituée suivant le présent livre, le défendeur condamné par défaut de comparaître ou de contester, qui ne s'est pas prévalu de son droit au transfert de la cause, est tenu des frais du demandeur selon les règles applicables suivant les autres livres du code.

[1999, c. 46, a. 17; 2002, c. 7, a. 148].

Chapitre VI ⸺
De la rétractation de jugement

989. La partie condamnée par défaut peut, si elle a été, par surprise, par fraude ou pour une autre cause jugée suffisante, empêchée de contester la demande en temps utile ou de comparaître à l'audience, demander que le jugement soit rétracté.

Une partie peut aussi demander la rétractation du jugement dans les cas prévus par l'article 483 qui ne sont pas incompatibles avec l'application du présent livre.

[1971, c. 86, a. 1; 1982, c. 32, a. 56; 1984, c. 46, a. 13; 1986, c. 58, a. 19; 1988, c. 51, a. 109; 1992, c. 63, a. 11; 2002, c. 7, a. 148].

989.1.-989.2. (*Remplacé*).

[2002, c. 7, a. 148].

990. La demande de rétractation est écrite et appuyée d'un affidavit. Elle doit être

debt becomes due and execution is proceeded with.

[1971, c. 86, s. 1; 1975, c. 83, s. 77; 2002, c. 7, s. 148].

987. The judgment determines costs, including the allowances payable to witnesses, but only as regards those it specifies, according to the tariffs in force. In the case of a transfer from another court, the judgment also determines the costs incurred before the transmission of the record so that it may be continued pursuant to this Book.

[1971, c. 86, s. 1; 1996, c. 5, s. 61; 1999, c. 46, s. 16; 2002, c. 7, s. 148].

988. In any action involving a claim admissible as a small claim which was not instituted pursuant to this Book, a defendant against whom a judgment by default is rendered for failure to appear or contest and who did not exercise the right to have the case transferred is liable for the plaintiff's costs according to the rules applicable under the other Books of this Code.

[1999, c. 46, s. 17; 2002, c. 7, s. 148].

Chapter VI ⸺
Revocation of Judgment

989. If a party against whom a judgment by default is rendered was unable to contest the action or attend the hearing owing to surprise, fraud or any other sufficient cause, the party may apply for the revocation of the judgment.

A party may also apply for the revocation of the judgment in any case described in article 483 that is not inconsistent with the provisions of this Book.

[1971, c. 86, s. 1; 1982, c. 32, s. 56; 1984, c. 46, s. 13; 1986, c. 58, s. 19; 1988, c. 51, s. 109; 1992, c. 63, s. 11; 2002, c. 7, s. 148].

989.1.-989.2. (*Replaced*).

[2002, c. 7, s. 148].

990. The application for revocation must be in writing and supported by an affida-

produite au greffe dans les 15 jours de la connaissance du jugement.

Le juge ou le greffier examine la demande et décide de sa recevabilité; s'il accepte de la recevoir, l'exécution forcée est suspendue et le greffier avise les parties et les convoque à la date fixée pour la tenue d'une nouvelle audition, tant sur la demande de rétractation que sur le fond du litige.

[1971, c. 86, a. 1; 1975, c. 83, a. 78; 2002, c. 7, a. 148].

vit. It must be filed at the office of the court within 15 days of knowledge of the judgment.

The judge or the clerk examines the application and determines whether it is admissible; if it is found to be admissible, compulsory execution is suspended. The clerk notifies the parties and summons them to a new hearing on the appointed date to dispose of both the application for revocation and the main issue of the case.

[1971, c. 86, s. 1; 1975, c. 83, s. 78; 2002, c. 7, s. 148].

TITRE III —
DE L'EXÉCUTION FORCÉE DES JUGEMENTS

TITLE III —
COMPULSORY EXECUTION OF JUDGMENTS

991. L'exécution forcée des jugements rendus en matière de petites créances se fait suivant le Titre II du Livre IV, sous réserve des dispositions du présent livre.

[1971, c. 86, a. 1; 1975, c. 83, a. 79; 1992, c. 63, a. 13; 2002, c. 7, a. 148].

991. Compulsory execution of judgments rendered on small claims is effected pursuant to Title II of Book IV, subject to the provisions of this Book.

[1971, c. 86, s. 1; 1975, c. 83, s. 79; 1992, c. 63, s. 13; 2002, c. 7, s. 148].

992. Le créancier peut s'adresser soit à un huissier, soit à un avocat pour faire exécuter le jugement; lorsqu'il est une personne physique, il peut également avoir recours aux services du greffier ou de la personne désignée par le ministre.

[1971, c. 86, a. 1; 1975, c. 83, a. 80; 1977, c. 73, a. 42; 1982, c. 32, a. 57; 1984, c. 26, a. 28; 1992, c. 63, a. 14; 2002, c. 7, a. 148].

992. The creditor may request a bailiff or an advocate to execute the judgment; alternatively, a creditor who is a natural person may request the clerk of the court, or the person designated by the Minister, to execute the judgment.

[1971, c. 86, s. 1; 1975, c. 83, s. 80; 1977, c. 73, s. 42; 1982, c. 32, s. 57; 1984, c. 26, s. 28; 1992, c. 63, s. 14; 2002, c. 7, s. 148].

993. Les frais versés au greffier ou à la personne désignée par le ministre et les honoraires des huissiers et des avocats assumés par le créancier pour l'exécution du jugement peuvent être réclamés du débiteur dans les limites des tarifs prévus à ces fins; cette créance est immédiatement exigible du débiteur.

[1971, c. 86, a. 1; 1975, c. 83, a. 81; 1980, c. 21, a. 13; 1982, c. 32, a. 58; 1984, c. 46, a. 14; 1986, c. 58, a. 20; 1992, c. 63, a. 15; 1995, c. 39, a. 18; 2002, c. 7, a. 148].

993. The costs of the clerk or the person designated by the Minister or the fees of the bailiff or advocate paid by the creditor for the execution of the judgment may be claimed from the debtor, within the limits set out in the tariffs prescribed for that purpose; the debt is payable immediately.

[1971, c. 86, s. 1; 1975, c. 83, s. 81; 1980, c. 21, s. 13; 1982, c. 32, s. 58; 1984, c. 46, s. 14; 1986, c. 58, s. 20; 1992, c. 63, s. 15; 1995, c. 39, s. 18; 2002, c. 7, s. 148].

994. Les demandes incidentes relatives à l'exécution du jugement sont décidées suivant le présent livre. Elles sont présentées sur simple avis écrit au greffier. Le greffier en avise les parties et l'huissier sans délai. Il convoque les parties à la date fixée pour qu'il soit procédé à une audition.

Toutefois, lorsque la valeur du bien faisant l'objet d'une procédure d'exécution est supérieure à 7 000 $, le tribunal peut ordonner que le dossier soit transféré pour que la procédure soit continuée suivant les autres livres du code.

[1971, c. 86, a. 1; 1995, c. 39, a. 18; 2002, c. 7, a. 148].

994. Incidental applications concerning the execution of a judgment are disposed of pursuant to this Book. They are presented by way of a simple written notice to the clerk. The clerk advises the parties and the bailiff of the application without delay and calls the parties to a hearing on a specified date.

However, if the value of the property involved in the execution procedure is over $ 7,000, the court may order that the record be referred for continuation of the procedure pursuant to the other Books of this Code.

[1971, c. 86, s. 1; 1995, c. 39, s. 18; 2002, c. 7, s. 148].

994.1. (*Remplacé*).

[1992, c. 63, a. 16; 1995, c. 39, a. 18].

994.1. (*Replaced*).

[1995, c. 39, s. 18].

TITRE IV ——
DISPOSITIONS DIVERSES

TITLE IV ——
MISCELLANEOUS PROVISIONS

995. Sous réserve des dispositions du présent livre, les actes de procédure, les avis et les autres documents peuvent être notifiés ou signifiés aux parties, ou au greffier, le cas échéant, par tout mode de transmission approprié.

[1971, c. 86, a. 1; 1975, c. 83, a. 82; 1995, c. 39, a. 19; 2002, c. 7, a. 148].

995. Subject to the provisions of this Book, pleadings, notices and other documents may be notified to or served on the parties and the clerk by any appropriate means.

[1971, c. 86, s. 1; 1975, c. 83, s. 82; 1995, c. 39, s. 19; 2002, c. 7, s. 148].

996. Les actes de procédure pour lesquels le paiement de frais est prévu au tarif de frais judiciaires applicable ne peuvent être reçus par le greffier à moins que le paiement ne soit fait. Il est fait mention sur l'acte de la date de sa production ainsi que de la date et du montant du paiement. Toutefois, la personne qui démontre qu'elle reçoit des prestations en vertu d'un programme d'aide financière de dernier recours prévu à la *Loi sur l'aide aux personnes et aux familles* (chapitre A-13.1.1) est dispensée du paiement de ces frais.

Si l'introduction de la demande est refusée, la somme transmise avec la demande

996. Pleadings for which a filing fee is prescribed in the tariff of court fees may not be accepted by the clerk unless the fee is paid. The filing date and the amount of the fee and the date of payment must be indicated on the pleading. However, a person who provides proof of being a recipient under a last resort financial assistance program established under the *Individual and Family Assistance Act* (chapter A-13.1.1) is exempted from the payment of such fees.

If institution of the action is refused, the amount sent or deposited with the clerk

ou déposée auprès du greffier est remboursée au demandeur.

[1971, c. 86, a. 1; 1994, c. 28, a. 40; 2002, c. 7, a. 148; 2005, c. 15, a. 152].

with the statement of claim is refunded to the plaintiff.

[1971, c. 86, s. 1; 1994, c. 28, s. 40; 2002, c. 7, s. 148; 2005, c. 15, s. 152].

997. Le gouvernement peut, par règlement, établir:

a) le tarif des frais judiciaires exigibles pour le dépôt ou la présentation des demandes et autres actes de procédure faits en vertu du présent livre, ainsi que le tarif des honoraires des huissiers et des avocats exigibles du débiteur;

b) les conditions auxquelles un médiateur doit satisfaire pour être accrédité;

c) les règles et les obligations auxquelles doit se conformer un médiateur accrédité dans l'exercice de ses fonctions, de même que les sanctions applicables en cas de manquement à ces règles et obligations;

d) le tarif des honoraires payables par le service de médiation à un médiateur accrédité et le nombre maximum de séances pour lesquelles un médiateur peut recevoir des honoraires pour une même demande.

[1971, c. 86, a. 1; 2002, c. 7, a. 148].

997. The Government may make regulations establishing

(a) a tariff of court fees payable for the filing or presentation of statements of claim or other pleadings under this Book, as well as a tariff of bailiff and advocate fees that may be claimed from the debtor;

(b) the conditions a mediator must satisfy to be certified;

(c) rules and obligations applicable to the function of certified mediator, as well as the sanctions for noncompliance with those rules and obligations;

(d) a tariff of fees payable to certified mediators by the mediation service and the maximum number of sessions for which a mediator may be paid such fees in relation to the same action.

[1971, c. 86, s. 1; 2002, c. 7, s. 148].

997.1. (*Remplacé*).

[1977, c. 73, a. 43; 1992, c. 63, a. 17; 2002, c. 7, a. 148].

997.1. (*Replaced*).

[1977, c. 73, s. 43; 1992, c. 63, s. 17; 2002, c. 7, s. 148].

998. Toute disposition des autres livres du présent code compatible avec celles du présent livre s'applique au recouvrement des petites créances.

[1971, c. 86, a. 1; 2002, c. 7, a. 148].

998. Any provision of the other Books of this Code consistent with the provisions of this Book applies to the recovery of small claims.

[1971, c. 86, s. 1; 2002, c. 7, s. 148].

LIVRE IX —
LE RECOURS COLLECTIF

BOOK IX —
CLASS ACTION

TITRE I —
DISPOSITIONS INTRODUCTIVES

TITLE I —
INTRODUCTORY PROVISIONS

999. Dans le présent Livre, à moins que le contexte n'indique un sens différent, on entend par:

    a) « jugement »: un jugement du tribunal;

    b) « jugement final »: le jugement qui dispose des questions de droit ou de fait traitées collectivement;

    c) « membre »: une personne physique, une personne morale de droit privé, une société ou une association faisant partie d'un groupe pour le compte duquel une de ces personnes, une société ou une association exerce ou entend exercer un recours collectif;

    d) « recours collectif »: le moyen de procédure qui permet à un membre d'agir en demande, sans mandat, pour le compte de tous les membres.

La personne morale de droit privé, la société ou l'association ne peut être membre d'un groupe que si, en tout temps au cours de la période de 12 mois qui précède la requête pour autorisation, elle comptait sous sa direction ou son contrôle au plus 50 personnes liées à elle par contrat de travail et qu'elle n'est pas liée avec le représentant du groupe.

[1978, c. 8, a. 3; 2002, c. 7, a. 149].

999. In this Book, unless the context indicates a different meaning,

    (a) "judgment" means a judgment of the court;

    (b) "final judgment" means the judgment which decides the questions of law or fact dealt with collectively;

    (c) "member" means a natural person, a legal person established for a private interest, a partnership or an association that is part of a group on behalf of which such a person, a partnership or an association brings or intends to bring a class action;

    (d) "class action" means the procedure which enables one member to sue without a mandate on behalf of all the members.

A legal person established for a private interest, partnership or association may only be a member of a group if at all times during the 12-month period preceding the motion for authorization, not more than 50 persons bound to it by contract of employment were under its direction or control and if it is dealing at arm's length with the representative of the group.

[1978, c. 8, s. 3; 2002, c. 7, s. 149].

1000. La Cour supérieure connaît exclusivement, en première instance, des demandes exercées en vertu du présent Livre.

[1978, c. 8, a. 3].

1000. The Superior Court hears exclusively, in first instance, suits brought under this Book.

[1978, c. 8, s. 3].

1001. À moins que le juge en chef n'en décide autrement, un même juge qu'il désigne entend toute la procédure relative à un même recours collectif.

Lorsqu'il estime que l'intérêt de la justice le requiert, le juge en chef peut désigner ce juge malgré les dispositions des articles 234 et 235.

[1978, c. 8, a. 3].

1001. Unless the chief justice decides otherwise, the same judge designated by him hears the entire proceedings relating to the same class action.

Where the chief justice considers that the interest of justice so requires, he may designate such judge notwithstanding articles 234 and 235.

[1978, c. 8, s. 3].

1002. Un membre ne peut exercer le recours collectif qu'avec l'autorisation préalable du tribunal, obtenue sur requête.

La requête énonce les faits qui y donnent ouverture, indique la nature des recours pour lesquels l'autorisation est demandée et décrit le groupe pour le compte duquel le membre entend agir. Elle est accompagnée d'un avis d'au moins 10 jours de la date de sa présentation et signifiée à celui contre qui le requérant entend exercer le recours collectif; elle ne peut être contestée qu'oralement et le juge peut permettre la présentation d'une preuve appropriée.

[1978, c. 8, a. 3; 2002, c. 7, a. 150].

1002. A member cannot institute a class action except with the prior authorization of the court, obtained on a motion.

The motion states the facts giving rise thereto, indicates the nature of the recourses for which authorization is applied for, and describes the group on behalf of which the member intends to act. It is accompanied with a notice of at least 10 days of the date of presentation and is served on the person against whom the applicant intends to exercise the class action; the motion may only be contested orally and the judge may allow relevant evidence to be submitted.

[1978, c. 8, s. 3; 2002, c. 7, s. 150].

1003. Le tribunal autorise l'exercice du recours collectif et attribue le statut de représentant au membre qu'il désigne s'il est d'avis que:

a) les recours des membres soulèvent des questions de droit ou de fait identiques, similaires ou connexes;

b) les faits allégués paraissent justifier les conclusions recherchées;

c) la composition du groupe rend difficile ou peu pratique l'application des articles 59 ou 67; et que

d) le membre auquel il entend attribuer le statut de représentant est en mesure d'assurer une représentation adéquate des membres.

[1978, c. 8, a. 3].

1003. The court authorizes the bringing of the class action and ascribes the status of representative to the member it designates if of opinion that:

(a) the recourses of the members raise identical, similar or related questions of law or fact;

(b) the facts alleged seem to justify the conclusions sought;

(c) the composition of the group makes the application of article 59 or 67 difficult or impracticable; and

(d) the member to whom the court intends to ascribe the status of representative is in a position to represent the members adequately.

[1978, c. 8, s. 3].

1004. S'il fait droit à la requête, le tribunal réfère le dossier au juge en chef qui fixe, en tenant compte de l'intérêt des parties et des membres, le district dans lequel le recours collectif sera exercé.

[1978, c. 8, a. 3].

1004. If the court grants the motion, it refers the record to the chief justice who, taking into account the interest of the parties and of the members, fixes the district in which the class action is brought.

[1978, c. 8, s. 3].

1005. Le jugement qui fait droit à la requête:

a) décrit le groupe dont les membres seront liés par tout jugement;

1005. The judgment granting the motion:

(a) describes the group whose members will be bound by any judgment;

b) identifie les principales questions qui seront traitées collectivement et les conclusions recherchées qui s'y rattachent;

c) ordonne la publication d'un avis aux membres.

Le jugement détermine également la date après laquelle un membre ne pourra plus s'exclure du groupe; le délai d'exclusion ne peut être fixé à moins de 30 jours ni à plus de six mois après la date de l'avis aux membres. Ce délai est de rigueur; néanmoins, le tribunal peut permettre au membre de s'exclure s'il démontre qu'il a été, en fait, dans l'impossibilité d'agir plus tôt.

[1978, c. 8, a. 3].

1006. L'avis aux membres indique:

a) la description du groupe;

b) les principales questions qui seront traitées collectivement et les conclusions recherchées qui s'y rattachent;

c) la possibilité pour un membre d'intervenir au recours collectif;

d) le district dans lequel le recours collectif sera exercé;

e) le droit d'un membre de s'exclure du groupe, les formalités à suivre et le délai pour s'exclure;

f) le fait qu'un membre qui n'est pas un représentant ou un intervenant ne peut être appelé à payer les dépens du recours collectif; et

g) tout autre renseignement que le tribunal juge utile d'inclure dans l'avis.

[1978, c. 8, a. 3].

1007. Un membre peut s'exclure du groupe en avisant le greffier de sa décision, par courrier recommandé ou certifié, avant l'expiration du délai d'exclusion.

Un membre qui s'exclut n'est lié par au-

(b) identifies the principal questions to be dealt with collectively and the related conclusions sought;

(c) orders the publication of a notice to the members.

The judgment also determines the date after which a member can no longer request his exclusion from the group; the time limit for exclusion cannot be less than 30 days nor more than six months after the date of the notice to the members. Such time limit is peremptory; the court may nevertheless permit the exclusion of a member who shows that in fact it was impossible for him to act sooner.

[1978, c. 8, s. 3; 1999, c. 40, s. 56].

1006. The notice to the members indicates:

(a) the description of the group;

(b) the principal questions to be dealt with collectively and the related conclusions sought;

(c) the right of a member to intervene in the class action;

(d) the district in which the class action is to be brought;

(e) the right of a member to request his exclusion from the group, the formalities to be followed and the time limit for requesting his exclusion;

(f) the fact that a member who is not a representative or an intervener cannot be called upon to pay the costs of the class action; and

(g) any other information the court deems it useful to include in the notice.

[1978, c. 8, s. 3; 1999, c. 40, s. 56].

1007. A member may request his exclusion from the group by notifying the clerk of his decision, by registered or certified mail, before the expiry of the time limit for exclusion.

A member who has requested his exclu-

cun jugement sur la demande du représentant.

[1978, c. 8, a. 3; 1992, c. 57, a. 420].

1008. Un membre est réputé s'exclure du groupe s'il ne se désiste pas avant l'expiration du délai d'exclusion d'une demande qu'il a formée et dont disposerait le jugement final sur la demande du représentant.

[1978, c. 8, a. 3].

1009. Dans le cas d'une demande de jugement déclaratoire, l'avis remplace, à l'égard des membres, la signification prévue par l'article 454.

[1978, c. 8, a. 3].

1010. Le jugement qui rejette la requête est sujet à appel de plein droit de la part du requérant ou, avec la permission d'un juge de la Cour d'appel, de la part d'un membre du groupe pour le compte duquel la requête a été présentée. L'appel est instruit et jugé d'urgence.

Le jugement qui accueille la requête et autorise l'exercice du recours est sans appel.

[1978, c. 8, a. 3; 1982, c. 37, a. 20].

1010.1. À moins que le contexte n'indique un sens différent, les dispositions du Titre III s'appliquent, avec les adaptations nécessaires, au présent Titre.

[1982, c. 37, a. 21].

TITRE III ——
DÉROULEMENT DU RECOURS

1011. Le représentant forme sa demande selon les règles ordinaires. S'il ne le fait pas dans les trois mois de l'autorisation, le tribunal peut la déclarer périmée sur requête de tout intéressé signifiée au représentant et accompagnée d'un avis d'au moins 30 jours de sa présentation. Cet avis

sion is not bound by any judgment on the demand of the representative.

[1978, c. 8, s. 3; 1992, c. 57, s. 420; 1999, c. 40, s. 56].

1008. A member is deemed to have requested his exclusion from the group if he does not, before the expiry of the time limit for exclusion, discontinue a suit he has brought which the final judgment on the demand of the representative would decide.

[1978, c. 8, s. 3; 1999, c. 40, s. 56].

1009. In the case of an application for a declaratory judgment, the notice replaces, with respect to the members, the service provided for by article 454.

[1978, c. 8, s. 3].

1010. The judgment dismissing the motion is subject to appeal *pleno jure* by the applicant or, by leave of a judge of the Court of Appeal, by a member of the group on behalf of which the motion had been presented. The appeal is heard and decided by preference.

The judgment granting the motion and authorizing the exercise of the recourse is without appeal.

[1978, c. 8, s. 3; 1982, c. 37, s. 20].

1010.1. Unless inconsistent therewith, Title III applies, with the necessary modifications, to this Title.

[1982, c. 37, s. 21].

TITLE III ——
CONDUCT OF THE ACTION

1011. The representative brings his demand in accordance with the ordinary rules. If he does not do so within three months of the authorization, the court may declare it perempted upon motion by any interested party served on the representative and accompanied with a notice of at

doit aussi, au moins 15 jours avant la date de présentation de la requête, être publié de la même manière que l'avait été l'avis du jugement faisant droit à la requête pour autorisation d'exercer le recours collectif, à moins que le tribunal n'ordonne un autre mode de publication.

Tant qu'il n'a pas été statué sur cette requête, le représentant ou un autre membre qui demande de lui être substitué peut encore empêcher que la péremption de l'autorisation ne soit prononcée, en formant sa demande; en ce cas, le tribunal fait droit à la requête, mais pour les dépens seulement.

[1978, c. 8, a. 3; 1982, c. 37, a. 22].

1012. Sauf dans le cas où il prétend pouvoir exercer un recours en garantie, le défendeur ne peut opposer au représentant un moyen préliminaire que s'il est commun à une partie importante des membres et porte sur une question traitée collectivement.

[1978, c. 8, a. 3].

1013. L'enquête ou l'audition sur la demande formée par le représentant ne peuvent avoir lieu avant l'expiration du délai d'exclusion.

[1978, c. 8, a. 3].

1014. L'aveu fait par un représentant lie les membres sauf si le tribunal considère que l'aveu leur cause un préjudice.

[1978, c. 8, a. 3].

1015. Malgré l'acceptation des offres du défendeur relativement à sa créance personnelle, le représentant est réputé conserver un intérêt suffisant. Cependant, un autre membre peut demander de lui être substitué.

[1978, c. 8, a. 3].

1016. Le représentant ne peut amender un acte de procédure, se désister totalement ou partiellement de la demande, d'un acte de procédure ou d'un jugement, sans

least 30 days of its presentation. The notice must also be published at least 15 days before the date of presentation of the motion, in the same manner as the notice of the judgment granting the motion to authorize the bringing of the class action, unless the court orders another mode of publication.

So long as the motion is not decided, the representative or another member requesting to be substituted for him may still avoid the declaration of peremption of the authorization by bringing his demand; in such case, the court grants the motion, but for the costs only.

[1978, c. 8, s. 3; 1982, c. 37, s. 22].

1012. Except in the case where he claims to have a recourse in warranty, the defendant cannot urge a preliminary exception against the representative unless it is common to a substantial part of the members and bears on a question dealt with collectively.

[1978, c. 8, s. 3].

1013. Proof or hearing of the demand brought by the representative cannot take place before the expiry of the time limit for exclusion.

[1978, c. 8, s. 3; 1999, c. 40, s. 56].

1014. An admission by a representative binds the members unless the court considers that the admission causes them prejudice.

[1978, c. 8, s. 3].

1015. The representative is deemed to have a sufficient interest notwithstanding his acceptance of the defendant's offers respecting his personal claim. However, another member may request to be substituted for him.

[1978, c. 8, s. 3].

1016. The representative cannot amend a proceeding, or discontinue, in whole or in part, the action, a proceeding or a judgment, without the permission of the court

l'autorisation du tribunal et qu'aux conditions que celui-ci estime nécessaires.

[1978, c. 8, a. 3].

1017. Un membre ne peut intervenir volontairement en demande que pour assister le représentant, soutenir sa demande ou appuyer ses prétentions.

Le tribunal reçoit l'intervention s'il est d'avis qu'elle est utile au groupe.

[1978, c. 8, a. 3].

1018. Dans le cas d'une intervention conservatoire, le tribunal peut, en tout temps, limiter le droit d'un intervenant de produire un acte de procédure ou de participer à l'enquête ou à l'audition, s'il est d'avis que l'intervention nuit au déroulement du recours ou est contraire aux intérêts des membres.

[1978, c. 8, a. 3].

1019. Une partie ne peut, avant le jugement final, soumettre un membre, autre qu'un représentant ou un intervenant, à un interrogatoire préalable ou à un examen médical que si le tribunal considère l'interrogatoire ou l'examen utiles à l'adjudication des questions de droit ou de fait traitées collectivement.

[1978, c. 8, a. 3].

1020. Un témoin ne peut être entendu hors de cour sans l'autorisation du tribunal.

[1978, c. 8, a. 3].

1021. Un membre ne peut être interrogé sur faits et articles.

[1978, c. 8, a. 3].

1022. Le tribunal peut, en tout temps, à la demande d'une partie, réviser le jugement qui autorise l'exercice du recours collectif s'il considère que les conditions énumérées dans les paragraphes *a* ou *c* de l'article 1003 ne sont plus remplies.

Le tribunal peut alors modifier le jugement qui autorise l'exercice du recours collectif

and except on the conditions it deems necessary.

[1978, c. 8, s. 3].

1017. A member cannot intervene voluntarily in demand except to assist the representative, to aid his demand or to support his pretensions.

The court admits the intervention if of opinion that it is useful to the group.

[1978, c. 8, s. 3].

1018. In the case of a conservatory intervention, the court may at any time limit the right of an intervener to produce a proceeding or to participate in the proof or hearing, if it is of opinion that the intervention is prejudicial to the conduct of the action or is contrary to the interests of the members.

[1978, c. 8, s. 3].

1019. A party cannot, before the final judgment, submit a member other than a representative or an intervener to an examination on discovery or a medical examination unless the court considers the examination on discovery or medical examination useful to the adjudication of the questions of law or fact dealt with collectively.

[1978, c. 8, s. 3].

1020. A witness cannot be heard out of court without the permission of the court.

[1978, c. 8, s. 3].

1021. A member cannot be examined on articulated facts.

[1978, c. 8, s. 3].

1022. The court may, at any time, upon the application of a party, revise the judgment authorizing the bringing of the class action if it considers that the conditions set forth in paragraph *a* or *c* of article 1003 are no longer met.

The court may then amend the judgment authorizing the bringing of the class action

ou l'annuler ou permettre au représentant de modifier les conclusions recherchées.

En outre, si les circonstances l'exigent, le tribunal peut, en tout temps, et même d'office, modifier ou scinder le groupe.

[1978, c. 8, a. 3].

1023. Celui qui désire renoncer à son statut de représentant ne peut le faire qu'avec l'autorisation du tribunal.

Le tribunal accepte la renonciation s'il est en mesure d'attribuer le statut de représentant à un autre membre.

[1978, c. 8, a. 3].

1024. Un membre peut, par requête, demander au tribunal que lui-même ou un autre membre soit substitué au représentant.

Le tribunal peut substituer le requérant ou un autre membre qui y consent au représentant s'il est d'avis que ce dernier n'est plus en mesure d'assurer une représentation adéquate des membres.

Le représentant substitué accepte le procès dans l'état où il se trouve; il peut, avec l'autorisation du tribunal, refuser de ratifier les actes déjà faits si ceux-ci ont causé un préjudice irréparable aux membres. Il ne peut être tenu au paiement des dépens et des autres frais pour les actes antérieurs à la substitution, à moins que le tribunal n'en ordonne autrement.

[1978, c. 8, a. 3].

1025. La transaction, l'acceptation d'offres réelles ou l'acquiescement, sauf s'il est sans réserve à la totalité de la demande, ne sont valables que s'ils sont approuvés par le tribunal. Cette approbation ne peut être accordée à moins qu'un avis n'ait été donné aux membres.

L'avis contient les renseignements suivants:

    a) le fait qu'une transaction sera soumise au tribunal pour approbation à une date et à un lieu déterminés;

or annul it, or allow the representative to amend the conclusions sought.

In addition, if the circumstances so require, the court may, at any time, and even *ex officio*, change or divide the group.

[1978, c. 8, s. 3].

1023. The person wishing to waive his status of representative can only do so with the authorization of the court.

The court accepts the waiver if it is able to ascribe the status of representative to another member.

[1978, c. 8, s. 3].

1024. A member may, by motion, apply to the court to have himself or another member substituted for the representative.

The court may substitute the applicant or another member consenting thereto for the representative if it is of opinion that the latter is no longer in a position to represent the members adequately.

The substituted representative accepts the trial at the stage it has then reached; he may, with the authorization of the court, refuse to ratify the proceedings already had if they have caused an irreparable prejudice to the members. He cannot be bound to pay the costs and other expenses for proceedings prior to the substitution, unless the court orders otherwise.

[1978, c. 8, s. 3].

1025. Transaction, acceptance of a tender or acquiescence, except where it is unconditional in the whole of the demand, is valid only if approved by the court. This approval cannot be given unless a notice has been given to the members.

The notice must state

    (a) that the transaction will be submitted to the court for approval, specifying the date and place of such proceeding;

b) la nature de la transaction et le mode d'exécution prévu;

c) la procédure que suivront les membres pour prouver leur réclamation;

d) le fait que les membres peuvent faire valoir au tribunal leurs prétentions sur la transaction proposée et sur la disposition du reliquat, le cas échéant.

Le jugement détermine, le cas échéant, les modalités d'application des articles 1029 à 1040.

[1978, c. 8, a. 3; 1982, c. 17, a. 30; 2002, c. 7, a. 151].

1026. Si le tribunal, après que la demande du représentant a été formée, annule le jugement qui autorise l'exercice du recours collectif, l'instance se poursuit entre les parties, selon les règles ordinaires; le dossier est renvoyé, le cas échéant, devant le tribunal compétent.

[1978, c. 8, a. 3].

(b) the nature of the transaction and the method of execution;

(c) the procedure to be followed by the members to prove their claims; and

(d) that the members have the right to present their arguments to the court as regards the transaction and the distribution of any balance remaining.

The judgment determines, if such is the case, the terms and conditions of application of articles 1029 to 1040.

[1978, c. 8, s. 3; 1982, c. 17, s. 30; 2002, c. 7, s. 151].

1026. If, after the demand of the representative is brought, the court annuls the judgment authorizing the bringing of the class action, the suit continues between the parties in accordance with the ordinary rules; where such is the case, the record is returned to the competent court.

[1978, c. 8, s. 3].

TITRE IV —
LE JUGEMENT

Chapitre I —
Contenu et effet du jugement final

TITLE IV —
JUDGMENT

Chapter I —
Content and Effect of the Final Judgment

1027. Le jugement final décrit le groupe et lie le membre qui ne s'en est pas exclu.

[1978, c. 8, a. 3].

1027. Every final judgment describes the group and binds the member who has not requested his exclusion from the group.

[1978, c. 8, s. 3].

1028. Le jugement final qui condamne à des dommages-intérêts ou au remboursement d'une somme d'argent ordonne que les réclamations des membres soient recouvrées collectivement ou fassent l'objet de réclamations individuelles.

[1978, c. 8, a. 3].

1028. Every final judgment condemning to damages or to the reimbursement of an amount of money orders that the claims of the members be recovered collectively or be the object of individual claims.

[1978, c. 8, s. 3].

1029. Le tribunal peut, d'office ou à la demande des parties, prévoir des mesures susceptibles de simplifier l'exécution du jugement final.

[1978, c. 8, a. 3].

1029. The court may, *ex officio* or upon application of the parties, provide measures designed to simplify the execution of the final judgment.

[1978, c. 8, s. 3].

1030. Lorsque le jugement final acquiert l'autorité de la chose jugée, le tribunal de première instance ordonne la publication d'un avis.

L'avis contient la description du groupe et indique la teneur du jugement.

Si le jugement final prévoit qu'un membre peut présenter sa réclamation, le tribunal indique les questions qui restent à déterminer, les renseignements et les documents qui doivent accompagner la réclamation et tout autre renseignement qu'il juge utile d'inclure dans l'avis.

[1978, c. 8, a. 3].

1030. When the final judgment acquires the authority of *res judicata*, the court of first instance orders the publication of a notice.

The notice contains a description of the group and indicates the tenor of the judgment.

If the final judgment provides that a member may file his claim, the notice also indicates the questions remaining to be determined, the information and documents that must accompany the claim and any other information the court deems it useful to include in the notice.

[1978, c. 8, s. 3].

Chapitre II ——
Le recouvrement collectif

Chapter II ——
Collective Recovery

1031. Le tribunal ordonne le recouvrement collectif si la preuve permet d'établir d'une façon suffisamment exacte le montant total des réclamations des membres; il détermine alors le montant dû par le débiteur même si l'identité de chacun des membres ou le montant exact de leur réclamation n'est pas établi.

[1978, c. 8, a. 3].

1031. The court orders collective recovery if the evidence produced enables the establishment with sufficient accuracy of the total amount of the claims of the members; it then determines the amount owed by the debtor even if the identity of each of the members or the exact amount of their claims is not established.

[1978, c. 8, s. 3].

1032. Le jugement qui ordonne le recouvrement collectif des réclamations enjoint au débiteur soit de déposer au greffe ou auprès d'un établissement financier exerçant son activité au Québec le montant établi ou d'exécuter une mesure réparatrice qu'il détermine, soit de déposer une partie du montant établi et d'exécuter une mesure réparatrice qu'il juge appropriée.

Lorsque le tribunal ordonne le dépôt auprès d'un établissement financier, les membres bénéficient alors des intérêts sur les montants déposés.

Le jugement peut aussi fixer, pour les mo-

1032. The judgment ordering the collective recovery of the claims orders the debtor either to deposit the established amount in the office of the court or with a financial institution operating in Québec, or to carry out a reparatory measure that it determines or to deposit a part of the established amount and to carry out a reparatory measure that it deems appropriate.

Where the court orders that an amount be deposited with a financial institution, the interest on the amount accrues to the members.

The judgment may also, for the reasons in-

tifs qu'il indique, des modalités de paiement.

Le greffier agit en qualité de saisissant pour le bénéfice des membres.

[978, c. 8, a. 3; 1992, c. 57, art. 420; 2002, c. 7, a. 152].

1033. Si le jugement qui ordonne le recouvrement collectif prévoit la liquidation individuelle des réclamations des membres ou la distribution d'un montant à chacun d'eux, cette liquidation ou distribution se fait selon la manière prévue par les articles 1037 à 1040.

Les sommes qui ne sont pas réclamées ou distribuées constituent le reliquat.

[1978, c. 8, a. 3].

1033.1. Le tribunal peut également désigner un tiers pour effectuer la liquidation des réclamations individuelles ou la distribution des montants accordés par jugement à chacun des membres et déterminer sa rémunération.

La distribution des montants accordés par le jugement ou convenus par transaction homologuée s'effectue sous le contrôle du tribunal.

[2002, c. 7, a. 153].

1034. Le tribunal peut, s'il est d'avis que la liquidation des réclamations individuelles ou la distribution d'un montant à chacun des membres est impraticable ou trop onéreuse, refuser d'y procéder et pourvoir à la distribution du reliquat des montants recouvrés collectivement après collocation des frais de justice et des honoraires du procureur du représentant.

[1978, c. 8, a. 3].

1035. Les créances sont colloquées dans l'ordre suivant:

1° les frais de justice, y compris les frais d'avis, et la rémunération visée à l'article 1033.1;

2° les honoraires du procureur du représentant; et

dicated therein, fix terms and conditions of payment.

The clerk acts as seizing officer on behalf of the members.

[1978, c. 8, s. 3; 1992, c. 57, s. 420; 2002, c. 7, s. 152].

1033. If the judgment ordering collective recovery provides for the individual liquidation of the claims of the members or the distribution of an amount to each of them, this liquidation or distribution is effected in the manner provided in articles 1037 to 1040.

Amounts not claimed or not distributed constitute the balance.

[1978, c. 8, s. 3].

1033.1. The court may designate a third person to liquidate individual claims or to distribute the amounts awarded by a judgment to each member and determine that person's remuneration.

The distribution of the amounts awarded by the judgment or agreed by way of a homologated transaction is effected under the supervision of the court.

[2002, c. 7, s. 153].

1034. The court may, if of opinion that the liquidation of individual claims or the distribution of an amount to each of the members is impossible or too expensive, refuse to proceed with it and provide for the distribution of the balance of the amounts recovered collectively after collocating the law costs and the fees of the representative's attorney.

[1978, c. 8, s. 3].

1035. The claims are collocated in the following order:

(1) law costs, including the costs of notification and the remuneration referred to in article 1033.1;

(2) the fees of the representative's attorney; and

3° les réclamations des membres, le cas échéant.

[1978, c. 8, a. 3; 2002, c. 7, a. 154].

(3) the claims of the members, if any.

[1978, c. 8, s. 3; 2002, c. 7, s. 154].

1036. Le tribunal dispose du reliquat de la façon qu'il détermine et en tenant compte notamment de l'intérêt des membres, après avoir donné aux parties et à toute autre personne qu'il désigne l'occasion de se faire entendre.

[1978, c. 8, a. 3].

1036. The court disposes of the balance in the manner it determines, taking particular account of the interest of the members, after giving the parties and any other person it designates an opportunity to be heard.

[1978, c. 8, s. 3].

Chapitre III —
Les réclamations individuelles

Chapter III —
Individual Claims

1037. Le présent chapitre s'applique lorsqu'il y a lieu de prononcer sur les réclamations individuelles des membres.

[1978, c. 8, a. 3].

1037. This chapter applies where it is expedient to render judgment upon the individual claims of the members.

[1978, c. 8, s. 3].

1038. Lorsque le jugement final acquiert l'autorité de la chose jugée, un membre peut, dans l'année qui suit la publication de l'avis prévu par l'article 1030, produire sa réclamation au greffe du district dans lequel le recours collectif a été entendu ou de tout autre district selon que le détermine le tribunal.

[1978, c. 8, a. 3].

1038. When the final judgment acquires the authority of *res judicata*, a member may, within one year following the publication of the notice provided for in article 1030, file his claim at the office of the court of the district in which the class action was heard or of any other district as determined by the court.

[1978, c. 8, s. 3].

1039. Le tribunal décide de la réclamation du membre ou il ordonne au greffier de prononcer suivant les modalités qu'il détermine.

Le tribunal peut, s'il le juge nécessaire dans l'intérêt de la justice et des parties, déterminer des modes de preuve et de procédure spéciaux.

[1978, c. 8, a. 3; 1992, c. 57, a. 420].

1039. The court decides the claim of the member or orders the clerk to render judgment in accordance with the terms and conditions it determines.

The court may, if it deems it necessary in the interest of justice and of the parties, determine special modes of proof and procedure.

[1978, c. 8, s. 3; 1992, c. 57, s. 420].

1040. Le défendeur peut opposer à un réclamant un moyen préliminaire que l'article 1012 l'a empêché d'opposer auparavant.

[1978, c. 8, a. 3].

1040. The defendant may urge a preliminary exception against a claimant which article 1012 prevented him from moving earlier.

[1978, c. 8, s. 3].

Chapitre IV ——
L'appel

1041. Le jugement final est sujet à appel de plein droit de la part d'une partie.

[1978, c. 8, a. 3].

1042. Si le représentant n'en appelle pas ou si son appel est rejeté pour l'un des motifs prévus par les paragraphes 1 ou 3 du premier alinéa de l'article 501, un membre peut, dans les 60 jours qui suivent la publication de l'avis visé dans l'article 1030, demander à la Cour d'appel la permission d'en appeler et d'être substitué au représentant. La Cour fait droit à la requête si elle est d'avis que l'intérêt des membres le requiert.

Le délai prévu par le présent article est de rigueur.

[1978, c. 8, a. 3].

1043. La partie qui en appelle s'adresse au tribunal de première instance afin qu'il détermine l'avis à être donné aux membres.

[1978, c. 8, a. 3].

1044. Si la Cour d'appel, à l'encontre de la Cour supérieure, maintient la demande du représentant, en tout ou en partie, elle peut ordonner que le dossier de l'affaire soit transmis au tribunal de première instance pour qu'il soit procédé au recouvrement collectif ou pour qu'il soit prononcé sur les réclamations individuelles des membres.

[1978, c. 8, a. 3].

TITRE V ——
DISPOSITIONS DIVERSES

1045. Le tribunal peut, en tout temps au cours de la procédure relative à un recours collectif, prescrire des mesures susceptibles d'accélérer son déroulement et de simplifier la preuve si elles ne portent pas préjudice à une partie ou aux membres; il

Chapter IV ——
Appeal

1041. The final judgment is subject to appeal *pleno jure* by a party.

[1978, c. 8, s. 3].

1042. If the representative does not appeal or if his appeal is dismissed for one of the reasons provided for in paragraph 1 or 3 of the first paragraph of article 501, a member may, within 60 days following the date of the publication of the notice contemplated in article 1030, apply to the Court of Appeal for leave to appeal and to be substituted for the representative. The Court grants the motion if it is of opinion that the interest of the members so requires.

The time limit provided for in this article is peremptory.

[1978, c. 8, s. 3; 1999, c. 40, s. 56].

1043. The appealing party addresses the court of first instance for determination of the notice to be given to the members.

[1978, c. 8, s. 3].

1044. If the Court of Appeal, in opposition to the Superior Court, maintains the demand of the representative, in whole or in part, it may order the record of the action returned to the court of first instance so that collective recovery may be proceeded with or judgment may be rendered on the individual claims of the members.

[1978, c. 8, s. 3].

TITLE V ——
MISCELLANEOUS PROVISIONS

1045. The court may, at any stage of the proceedings in a class action, prescribe measures designated to hasten their progress and to simplify the proof, if they do not prejudice a party or the members; it may also order the publication of a notice

peut également ordonner la publication d'un avis aux membres lorsqu'il l'estime nécessaire pour la préservation de leurs droits.

[1978, c. 8, a. 3].

to the members when it considers it necessary for the preservation of their rights.

[1978, c. 8, s. 3].

1046. Dans tous les cas où un avis doit être donné aux membres, il est écrit dans un langage simple et compréhensible pour les personnes auxquelles il est destiné. L'avis indique la description du groupe ainsi que le nom et l'adresse de chacune des parties ou, en ce qui concerne l'adresse, celle de leurs procureurs. Le tribunal peut également autoriser la publication et, s'il le juge opportun, la diffusion d'un avis abrégé, lequel doit mentionner que le texte intégral est disponible au greffe et que, en cas de divergence entre le texte abrégé et le texte intégral, ce dernier prévaut.

Lorsque le tribunal ordonne la publication ou la diffusion d'un avis, il détermine la date, la forme et le mode de cette publication ou de cette diffusion en tenant compte des coûts qui y sont rattachés, de la nature de la cause, de la composition du groupe et de la situation géographique de ses membres; le cas échéant, l'avis indique, en les désignant nommément ou en les décrivant, ceux des membres qui seront avisés individuellement.

Sauf dans les cas visés aux articles 1006, 1025 et 1030, le tribunal prescrit également les renseignements que l'avis contient.

[1978, c. 8, a. 3; 2002, c. 7, a. 155].

1046. Every notice that must be given to the members must be written in plain language that will be easily understood by the persons to whom it is addressed. It must contain the description of the group and indicate the names of the parties and their addresses or the addresses of their attorneys. The court may authorize the publication and, if the court considers it expedient, the dissemination of a summary of the notice, which must state that the full text of the notice is available at the office of the court and that in the event of a discrepancy between the summary and the full text of the notice, the latter prevails.

When the court orders the publication or dissemination of a notice, it determines the date, the form and the mode of such publication or dissemination according to publication costs, the nature of the case, the composition of the group and the geographic distribution of the members; where applicable, it indicates by name or description the members who are to be notified individually.

Except in the case of a notice under article 1006, 1025 or 1030, the court also determines the information to be included in the notice.

[1978, c. 8, s. 3; 2002, c. 7, s. 155].

1047. Lorsque la *Loi sur les cités et villes* (chapitre C-19), le *Code municipal* (chapitre C-27.1) ou une charte municipale prévoient l'envoi d'un avis de réclamation comme condition préalable à l'exercice d'un recours, l'avis donné par un membre vaut pour tous les membres du groupe et l'insuffisance de l'avis ne peut être opposée au représentant.

[1978, c. 8, a. 3].

1047. Where the *Cities and Towns Act* (chapter C-19), the *Municipal Code* (chapter C-27.1) or a municipal charter provides for the sending of a notice of claim as a precondition to the exercise of a recourse, the notice given by a member is valid for all the members of the group and the insufficiency of the notice cannot be urged against the representative.

[1978, c. 8, s. 3].

1048. Une personne morale de droit privé, une société ou une association visée au

1048. A legal person established for a private interest, partnership or association de-

deuxième alinéa de l'article 999 peut demander le statut de représentant si:

a) un de ses membres qu'elle désigne est membre du groupe pour le compte duquel elle entend exercer un recours collectif; et

b) l'intérêt de ce membre est relié aux objets pour lesquels la personne morale ou l'association a été constituée.

Hormis une personne morale régie par la partie III de la *Loi sur les compagnies* (chapitre C-38), une coopérative régie par la *Loi sur les coopératives* (chapitre C-67.2) ou une association de salariés au sens du *Code du travail* (chapitre C-27), une personne morale de droit privé, une société ou une association ne peut en aucun cas obtenir l'aide financière du Fonds d'aide aux recours collectifs pour exercer son recours.

[1978, c. 8, a. 3; 1982, c. 26, a. 290; 1982, c. 37, a. 23; 1992, c. 57, a. 417; 2002, c. 7, a. 156; 2002, c. 54, a. 10].

fined in the second paragraph of article 999 may apply for the status of representative if

(a) one of its members designated by it is a member of the group on behalf of which it intends to bring a class action; and

(b) the interest of that member is linked to the objects for which the legal person or association has been constituted.

No legal person established for a private interest, partnership or association, except a legal person governed by Part III of the *Companies Act* (chapter C-38), a cooperative governed by the *Cooperatives Act* (chapter C-67.2) or an association of employees within the meaning of the *Labour Code* (chapter C-27), may obtain financial assistance from the Fonds d'aide aux recours collectifs for the prosecution of a class action.

[1978, c. 8, s. 3; 1982, c. 37, s. 23; 1982, c. 26, s. 290; 1992, c. 57, s. 417; 2002, c. 7, s. 156; 2002, c. 54, s. 10].

1049. Le représentant ou le membre qui demande d'agir à ce titre doivent se faire représenter par un procureur.

[1978, c. 8, a. 3].

1049. The representative or member who applies to act as such must be represented by an attorney.

[1978, c. 8, s. 3].

1050. (*Abrogé*).

[1992, c. 57, a. 418].

1050. (*Repealed*).

[1992, c. 57, s. 418].

1050.1. S'il y a condamnation aux dépens, les honoraires judiciaires sont calculés comme s'il s'agissait d'une action de la classe II-A du *Tarif des honoraires judiciaires des avocats* (chapitre B-1, r. 22) et, dans ce calcul, l'article 42 de ce tarif ne s'applique pas.

L'honoraire spécial prévu à ce tarif pour tenir compte de l'importance d'une cause ne peut être accordé qu'après le prononcé du jugement final, sur requête du procureur signifiée à la partie adverse et au Fonds d'aide aux recours collectifs si celui-ci s'est conformé à l'obligation prévue par le premier alinéa de l'article 32 de la *Loi sur le recours collectif* (chapitre R-

1050.1. In the case of a condemnation to pay the costs, the judicial fees are computed as in the case of an action of class II-A in the *Tariff of judicial fees of advocates* (chapter B-1, r. 22) and, in the computation, section 42 of the tariff does not apply.

The special fee provided for in the tariff for important cases may only be granted after the final judgment is rendered, on a motion served on the opposite party and on the Fonds d'aide aux recours collectifs if it has complied with the obligation provided in the first paragraph of section 32 of the *Act respecting the class action* (chapter R-2.1); the court shall not then

2.1); le tribunal ne doit pas alors tenir compte du fait que le Fonds d'aide aux recours collectifs ait garanti, en tout ou en partie, le paiement des dépens.

[1982, c. 37, a. 24; 2002, c. 7, a. 157].

take into account that the Fonds d'aide aux recours collectifs may have guaranteed the payment of all or part of the costs.

[1982, c. 37, s. 24; 2002, c. 7, s. 157].

1050.2 Un registre central des demandes d'autorisation d'exercer un recours collectif est tenu au greffe de la Cour supérieure, sous l'autorité du juge en chef.

[2002, c. 7, a. 158].

1050.2. A central registry of applications for authorization to institute a class action is kept at the office of the Superior Court, under the authority of the chief justice.

[2002, c. 7, s. 158].

1051. Les dispositions des autres livres du présent code incompatibles avec le présent Livre, notamment le deuxième alinéa de l'article 172 et les articles 270 à 272 et 382 à 394, ne s'appliquent pas aux demandes pour les fins desquelles on exerce le recours collectif.

[1978, c. 8, a. 3].

1051. The provisions of the other books of this Code that are inconsistent with this Book, particularly the second paragraph of article 172 and articles 270 to 272 and 382 to 394, do not apply to suits for the purposes of which the class action is brought.

[1978, c. 8, s. 3].

1052. Cet article a cessé d'avoir effet le 17 avril 1987.

[1982, c. 21, a. 1; R.-U., 1982, c. 11, ann. B, ptie I, a. 33].

1052. This article ceased to have effect on 17 April 1987.

[1982, c. 21, s. 1; U.K., 1982, c. 11, Sch. B, Part I, s. 33].

Les articles 641, 647 et 659.7 seront modifiés lors de l'entrée en vigueur de l'article 10, des paragraphes 2° à 4° de l'article 11 et de l'article 14 du chapitre 72 des lois de 1993 à la date fixée par le gouvernement.

Les articles 641.1, 641.2, 659.5, 659.6 et 659.7 seront modifiés lors de l'entrée en vigueur des articles 3, 4 et 6 à 8 du chapitre 56 des lois de 1988 à la date fixée par le gouvernement.

Les dispositions mentionnées comme non en vigueur (trame grise) entreront en vigueur à la date fixée par le gouvernement (1998, c. 56, a. 13; 1993, c. 72, a. 24).

Articles 641, 647 and 659.7 will be amended upon the coming into force of section 10, of paragraphs 2 to 4 of section 11 and of section 14 of chapter 72 of the statutes of 1993 on the date fixed by the Government.

Articles 641.1, 641.2, 659.5, 659.6 and 659.7 will be amended upon the coming into force of sections 3, 4 and 6 to 8 of chapter 56 of the statutes of 1988 on the date fixed by the Government.

Any provisions referred to as not in force (grey screen) will come into force on the date fixed by the Government (1998, c. 56, s. 13; 1993, c. 72, s. 24).

LIVRE X —
(ABROGÉ)

BOOK X —
(REPEALED)

ANNEXE 1

(Article 119)

Avis au défendeur

Prenez avis que la partie demanderesse a déposé au greffe de la Cour .... du district judiciaire de .... la présente demande.

Pour répondre à cette demande, vous devez comparaître par écrit, personnellement ou par avocat, au palais de justice de .... situé au .... dans les 10 jours de la signification de la présente requête.

À défaut de comparaître dans ce délai, un jugement par défaut pourra être rendu contre vous sans autre avis dès l'expiration de ce délai de 10 jours.

Si vous comparaissez, la demande sera présentée devant le tribunal le .... à .... en la salle .... du palais de justice et le tribunal pourra, à cette date, exercer les pouvoirs nécessaires en vue d'assurer le bon déroulement de l'instance ou procéder à l'audition de la cause, à moins que vous n'ayez convenu par écrit avec la partie demanderesse ou son avocat d'un calendrier des échéances à respecter en vue d'assurer le bon déroulement de l'instance, lequel devra être déposé au greffe du tribunal.

Au soutien de sa requête introductive d'instance, la partie demanderesse dénonce les pièces suivantes:

Ces pièces sont disponibles sur demande.

Demande de transfert relative à une petite créance

Si le montant qui vous est réclamé n'excède pas 7 000 $, sans tenir compte des intérêts et si, à titre de demandeur, vous aviez pu présenter une telle demande à la division des petites créances, vous pouvez obtenir du greffier que la demande soit traitée selon les règles prévues au Livre VIII du *Code de procédure civile* (chapitre C-25). À défaut de présenter cette demande, vous pourrez être condamné à des frais supérieurs à ceux prévus au Livre VIII de ce code.

[1975, c. 83, a. 83; 1978, c. 8, a. 4; 1992, c. 57, a. 419; 1996, c. 5, a. 62; 2002, c. 7, a. 159 (abrogée); A.M., 2002 (2002) 134 *G.O.* II , 8519; A.M., 2002 (2003) 135 *G.O.* II , 172].

SCHEDULE 1

(Article 119)

Notice to Defendant

Take notice that the plaintiff has filed this action or application in the office of the .... (Name of court) of the judicial district of ....

To file an answer to this action or application, you must first file an appearance, personally or by advocate, at the courthouse of .... located at .... within 10 days of service of this motion.

If you fail to file an appearance within the time limit indicated, a judgment by default may be rendered against you without further notice upon the expiry of the 10-day period.

If you file an appearance, the action or application will be presented before the court on ...., at ...., in room .... of the courthouse. On that date, the court may exercise such powers as are necessary to ensure the orderly progress of the proceeding or the court may hear the case, unless you have made a written agreement with the plaintiff or the plaintiff's advocate on a timetable for the orderly progress of the proceeding. The timetable must be filed in the office of the court.

In support of the motion to institute proceedings, the plaintiff discloses the following exhibits:

These exhibits are available on request.

Request for transfer of a small claim

If the amount claimed by the plaintiff does not exceed $7,000, exclusive of interest, and if you could have filed such an action as a plaintiff in Small Claims Court, you may make a request to the clerk for the action to be disposed of pursuant to the rules of Book VIII of the *Code of Civil Procedure* (chapter C-25). If you do not make such a request, you could be liable for costs higher than those provided for in Book VIII of the Code.

[1975, c. 83, s. 83; 1978, c. 8, s. 4; 1992, c. 57, s. 419; 1996, c. 5, s. 62; 2002, c. 7, s. 159 (repealed); M.O., 2002 (2002) 134 *G.O.* II , 6941; M.O., 2002 (2003) 135 *G.O.* II , 127].

ANNEXE 2

(Articles 119 et 813)

Avis au défendeur en matière familiale

Prenez avis que la partie demanderesse a déposé au greffe de la Cour supérieure du district judiciaire de .... la présente demande.

Pour répondre à cette demande, vous devez comparaître par écrit, personnellement ou par avocat, au palais de justice de .... situé au .... dans les 20 jours de la signification de la présente requête ou, si la signification est faite à l'extérieur du Québec, dans les 40 jours de celle-ci.

À défaut de comparaître dans ces délais, un jugement par défaut pourra être rendu contre vous sans autre avis dès l'expiration de ce délai de 20 ou 40 jours.

Si vous comparaissez, la demande sera présentée devant le tribunal le .... à .... en la salle .... du palais de justice et le tribunal pourra, à cette date, exercer les pouvoirs nécessaires en vue d'assurer le bon déroulement de l'instance ou procéder à l'audition de la cause, à moins que vous n'ayez convenu par écrit avec la partie demanderesse ou son avocat d'un calendrier des échéances à respecter en vue d'assurer le bon déroulement de l'instance, lequel devra être déposé au greffe du tribunal.

Au soutien de sa requête introductive d'instance, la partie demanderesse dénonce les pièces suivantes:

Ces pièces sont disponibles sur demande.

[1975, c. 83, a. 83; 1977, c. 73, a. 44; 1986, c. 85, a. 3; 1992, c. 57, a. 419; 1999, c. 40, a. 56; 2002, c. 7, a. 159 (abrogée); A.M., 2002 (2002) 134 *G.O.* II , 8519; A.M., 2002 (2003) 135 *G.O.* II , 172].

SCHEDULE 2

(Articles 119 and 813)

Notice to Defendant in Family Matters

Take notice that the plaintiff has filed this application in the office of the Superior Court of the judicial district of ....

To file an answer to this application, you must file an appearance, personally or by advocate, at the courthouse of .... located at .... within 20 days of service of this motion or, if service is effected outside Québec, within 40 days of service.

If you fail to file an appearance within the time limit indicated, a judgment by default may be rendered against you without further notice upon the expiry of the 20-day period or the 40-day period.

If you file an appearance, the application will be presented before the court on ...., at ...., in room .... of the courthouse. On that date, the court may exercise such powers as are necessary to ensure the orderly progress of the proceeding or the court may hear the case, unless you have made a written agreement with the plaintiff or the plaintiff's advocate on a timetable for the orderly progress of the proceeding. The timetable must be filed in the office of the court.

In support of the motion to institute proceedings, the applicant discloses the following exhibits:

These exhibits are available on request.
[1975, c. 83, s. 83; 1977, c. 73, s. 44; 1986, c. 85, s. 3; 1992, c. 57, s. 419; 1999, c. 40, s. 56; 2002, c. 7, s. 159 (repealed); M.O., 2002 (2002) 134 *G.O.* II , 6941; M.O., 2002 (2003) 135 *G.O.* II , 127].

ANNEXE 3

(Article 580.1)

Avis au débiteur

Vous n'avez pas payé la dette que vous deviez à votre créancier. Les biens que vous possédez sont en conséquence saisis et vous en avez la garde jusqu'à la vente en justice, sauf si le tribunal confie cette garde à une autre personne.

Vous pouvez soustraire à la saisie les meubles qui garnissent votre résidence principale, servent à l'usage du ménage et sont nécessaires à la vie de celui-ci jusqu'à concurrence d'une valeur marchande de 6 000 $ fixée par l'officier saisissant et les instruments de travail nécessaires à l'exercice personnel d'une activité professionnelle, sauf si ces biens sont saisis pour les sommes dues sur leur prix ou par un créancier détenant une hypothèque sur ceux-ci.

Si vous avez quelque droit à faire valoir à l'encontre de la saisie, vous pourrez par la suite vous y opposer.

Comme gardien des biens saisis, vous avez jusqu'à la vente l'obligation de ne pas vous en départir et de ne pas les détériorer. Si vous ne vous conformez pas à cette obligation, vous pourrez être condamné pour outrage au tribunal, ce qui pourra entraîner une condamnation à une amende ou une peine d'emprisonnement; vous pourrez aussi être condamné à payer des dommages-intérêts en réparation du préjudice que subirait votre créancier.

À défaut de paiement, les biens saisis seront vendus publiquement aux enchères et la dette sera remboursée à votre créancier à même le prix provenant de cette vente jusqu'à concurrence du montant de celle-ci, incluant les intérêts et les frais; vous aurez droit de prescrire l'ordre dans lequel les biens saisis seront vendus.

Vous avez donc intérêt, pour éviter la vente de vos biens, à prendre les arrangements nécessaires avec qui de droit.

Pour obtenir des renseignements additionnels, nous vous suggérons de consulter un avocat.
[1992, c. 57, a. 419; 2002, c. 7, a. 159 (abrogée); A.M., 2002 (2002) 134 *G.O.* II , 8519; A.M., 2002 (2003) 135 *G.O.* II , 172].

SCHEDULE 3

(Article 580.1)

Notice to debtor

You have not paid the debt you owe your creditor. The property you possess is therefore seized and is entrusted to you until judicial sale, unless the court entrusts it to the custody of another person.

You may withdraw from seizure the movable property which furnishes your main residence, used by and necessary for the life of the household, up to a market value of $6,000 determined by the seizing officer, and the instruments of work needed for the personal exercise of a professional activity, unless such movables are seized for sums owed on the price or seized by a creditor holding a hypothec thereon.

If you have any right to assert against the seizure, you may subsequently oppose it.

As guardian of the property under seizure, you have the obligation to keep it and take good care of it until the sale. If you do not comply with this obligation, you may be found guilty of contempt of court, which can entail a fine or imprisonment; you may also be ordered to pay damages as compensation for the injury your creditor might suffer.

If you fail to pay, the property seized will be sold by public auction and the debt will be paid to the creditor out of the proceeds of that sale up to the amount of the debt, including interest and costs; you will have the right to determine the sequence in which the seized property will be sold.

It is in your interest, therefore, to prevent the sale of your property, to make whatever arrangements are necessary with whomever it may concern.

For further information, we suggest that you consult an advocate.

[1992, c. 57, s. 419; 2002, c. 7, s. 159 (repealed); M.O., 2002 (2002) 134 *G.O.* II , 6941; M.O., 2002 (2003) 135 *G.O.* II , 127].

ANNEXE 4

(Article 964)

Avis des options offertes au défendeur

La partie demanderesse a déposé au greffe des petites créances de la Chambre civile de la Cour du Québec la présente demande.

Prenez avis que les options suivantes vous sont offertes et, à défaut de faire part au greffier de l'option choisie dans les 20 jours de la notification de cette demande, jugement pourra être rendu contre vous, sans autre avis ni délai:

— vous pouvez payer le montant réclamé et les frais assumés par le demandeur soit au greffier, soit au demandeur, mais dans ce cas en faisant parvenir au greffier la preuve du paiement ou la quittance obtenue du demandeur;

— vous pouvez convenir d'un règlement à l'amiable avec le demandeur et, dans ce cas, transmettre au greffier une copie de l'écrit signé par le demandeur et vous-même constatant l'entente intervenue;

— vous pouvez contester le bien-fondé de la demande et en aviser le greffier en précisant les motifs de la contestation. Dans ce cas, vous pouvez: demander que le litige soit soumis à la médiation, demander le renvoi du dossier dans un autre district judiciaire ou devant un autre tribunal en précisant les motifs justifiant votre demande, demander d'appeler une autre personne pour permettre une solution complète du litige, auquel cas vous devez informer le greffier du nom et de la dernière adresse connue de cette personne et faire valoir votre réclamation contre le demandeur, si celle-ci résulte de la même source que la demande du demandeur ou d'une source connexe et qu'elle est admissible en vertu du livre portant sur les petites créances.

[1999, c. 46, a. 18; 2002, c. 7, a. 159 (abrogée); A.M., 2002 (2002) 134 *G.O.* II , 8519].

SCHEDULE 4

(Article 964)

Notice of Defendant's options

The plaintiff has filed this statement of claim in the office of the Small Claims Division of the Civil Division of the Court of Québec.

Take notice that you have the following options and that if you fail to indicate an option to the clerk within 20 days of this notification, judgment may be rendered against you without further notice or extension:

— you may pay the amount claimed and the plaintiff's disbursements, either to the clerk or to the plaintiff, in the latter case, forwarding proof of payment or the acquittance obtained from the plaintiff to the clerk;

— you may make a settlement with the plaintiff and send a copy of the agreement signed by the plaintiff and yourself to the clerk; or

— you may contest the merits of the action and so advise the clerk, specifying the grounds for the contestation. In that case, you may: request that the dispute be referred to mediation; apply for the referral of the case to another judicial district or to another court, specifying the grounds for your request; request that another person be impleaded to allow a complete resolution of the dispute, in which case you must inform the clerk of the person's name and last known address; and make a counter-claim against the plaintiff provided it arises out of the same source as the plaintiff's claim or from a related source and is admissible under the Book respecting small claims.

[1999, c. 46, s. 18; 2002, c. 7, s. 159 (repealed); M.O., 2002 (2002) 134 *G.O.* II , 6941].

INDEX ANALYTIQUE
CODE DE PROCÉDURE CIVILE

INDEX ANALYTIQUE

CURATEUR AU MAJEUR, *voir* Curatelle au majeur

CURATEUR PUBLIC

- Conseil de tutelle, 875
- Consentement aux soins, 97, 776
- Désignation, 115
- Émancipation, 886
- Garde en établissement et évaluation psychiatrique, 779
- Matière non contentieuse, 863.3
- Régime de protection du majeur, 877.0.2, 877.1, 883
- Représentation par procureur obligatoire, 61(b)
- Tutelle à l'absent, 865.1, 865.2
- Tutelle au mineur, 886

DÉBITEUR, *voir aussi* Débiteur alimentaire, Exécution forcée, Interrogatoire après jugement, Référé, Saisie-arrêt, Saisie-exécution

- Biens soustraits de la saisie, 552-553.2
- Charge d'enfant, 553(11)
- Conjoint de fait, 553(11)
- Décès, 557
- Déconfiture du saisi, 578, 614, 615, 640, 713
- Dépôt volontaire, 657.2
- Discussion des biens, 168(2)
- Gardien des biens saisis, 583
- Opposition à la saisie-arrêt, 627
- Principal soutien d'un parent, 553(11)
- Saisie-exécution des biens meubles, 590, 592.1
- Saisie-exécution des immeubles, 667, 669
- Suspension de la saisie-arrêt des traitements, salaires ou gages, 659.5-659.11

DÉBITEUR ALIMENTAIRE

- Dépôt volontaire, 659.0.1

DÉBOURS, *voir aussi* Débours extrajudiciaires, Frais

- Commission rogatoire, 429
- Expert, 422
- Procureur, 252

- Remplacement d'un écrit, 871
- Saisie-exécution des immeubles, 662
- Shérif, 701, 702
- Taxe, 321
- Traduction des dépositions, 326

DÉBOURS EXTRAJUDICIAIRES

- Abus de procédure, 54.4

DÉBOUTÉ, 681

DÉCÈS, *voir aussi* Jugement déclaratif de décès

- Créancier, 560
- Débiteur, 557
- Dossier médical, 400
- Juge, 36, 464, 471
- Liquidateur de la succession, 493
- Mandant, 59
- Partie, 254, 255, 467, 492-494
- Personne ayant laissé des biens au Québec, 58
- Procureur, 248, 250, 467

DÉCHARGE

- Gardien des biens saisis, 585, 587, 609

DÉCHÉANCE

- Droit d'appel, 501(2)

DÉCHÉANCE DE L'AUTORITÉ PARENTALE, *voir aussi* Rétablissement de l'autorité parentale

- Intervention du directeur de la protection de la jeunesse, 826
- Mesure provisoire, 826.2
- Présentation par toute personne intéressée, 826
- Signification, 826

DÉCISION ÉTRANGÈRE, *voir* Reconnaissance et exécution des décisions étrangères

DÉCISION SUR UN POINT DE DROIT

- Calendrier des échéances, 448
- Conclusion, 448
- Défense orale, 175.2(7)a)
- Exposé de la question litigieuse et des faits, 448

DROIT DES CITOYENS DE PARTICIPER À DES DÉBATS PUBLICS, *voir* Abus de procédure

DROIT DES OBLIGATIONS
- Défense orale, 175.2(4)

DROIT DES PERSONNES MORALES
- Défense orale, 175.2(2)

DROIT DES PERSONNES PHYSIQUES
- Défense orale, 175.2(1)

DROIT HYPOTHÉCAIRE, *voir* Hypothèque

DROIT INTERNATIONAL PRIVÉ
- Défense orale, 175.2(6)

DROIT RÉEL
- Collocation, 715
- Jugement, 470
- Lieu d'introduction de l'action, 73

DROITS ET LIBERTÉS FONDAMENTAUX
- Demande de réparation (pour violation ou négation des droits)
- • Avis, 95, 95.1, 98

E

ECCLÉSIASTIQUE
- Insaisissabilité des biens, 553(6)

ÉCRIT, *voir aussi* Acte authentique, Acte semi-authentique, Acte sous seing privé, Document, Document technologique, Inscription de faux, Production des documents, Remplacement et reconstitution de certains écrits
- Acquiescement à la demande, 458
- Calomnie, 46
- Contestation, 89, 90
- Jugement déclaratoire sur requête introductive d'instance, 453
- Production, 311
- Suppression, 46

ÉCRITURE COURANTE
- Déposition des témoins, 196, 329, 404

EFFET DE COMMERCE, 570, 610

ÉLECTION
- Préfet, maire ou conseiller municipal
- • Procédure en contestation, 843
- Refus d'accomplir, 844, 845

ÉLECTION DE DOMICILE
- Avocat, 64
- Lieu d'introduction de l'action personnelle, 68(1)
- Présomption, 63, 64
- Signification, 123

ÉLÉMENT MATÉRIEL DE PREUVE
- Arbitrage, 944.8
- Communication, 331.1
- Conservation, 402
- Exhibition devant le tribunal, 312, 402
- Expertise, 402
- Mise en demeure de reconnaître la véracité ou l'exactitude, 403
- Refus de produire, 313, 944.8

ÉMANCIPATION
- Avis du conseil de tutelle, 886
- Lieu d'introduction de la demande, 70.2
- Notification, 886

ÉMOLUMENT
- Expert, 422

EMPÊCHEMENT D'AGIR, *voir* Impossibilité d'agir

EMPHYTÉOSE, 696

EMPLOYÉ, *voir aussi* Association de salariés, Contrat de travail, Relations de travail
- Congédiement, 650
- Insaisissabilité du traitement, 553(7), (8), (11)
- Interrogatoire préalable, 397(1), 398(1)
- Régime volontaire d'épargne-retraite, 553(7)

EXÉCUTION FORCÉE SUR ACTION PERSONNELLE *(suite)*

- Consignation du produit de la vente, 575
- Créance partielle, 573
- Déconfiture du saisi, 578
- Délai, 568
- Discussion des biens meubles, 572
- Distribution, 578
- Exercice des différents moyens d'exécution, 572
- Incident, 576
- Recours contre le gouvernement, 94.9
- Saisie avant l'expiration du délai, 568
- Signature des documents, 579
- Vente des biens saisis, 568, 574, 575

EXÉCUTION FORCÉE SUR ACTION RÉELLE

- Bref d'expulsion, 565
- Contestation, 567
- Objet, 565
- Préavis, 565
- Procès-verbal, 566
- Témoin, 566

EXÉCUTION PROVISOIRE

- Appel, 497, 549, 550
- Cas d'application, 547
- Caution, 547, 550
- Dépens, 548
- Ordonnance, 547, 550
- Recours contre le gouvernement, 94.9
- Requête déférée au tribunal, 550
- Signification, 551
- Suspension, 547, 550
- Usurpation de fonction, 841

EXÉCUTION VOLONTAIRE, *voir* Délaissement, Réception de caution, Reddition de compte

EXEMPLAIRE, *voir* Copie

EXERCICE ILLÉGAL D'UNE FONCTION, 36, *voir aussi* Usurpation de fonctions

EXPÉRIMENTATION

- Consentement, 776, 777

EXPERT

- Arbitrage, 944.1
- Avis de date et lieu d'opérations, 419
- Bornage, 789
- Comptable, 414(2), 415
- Demande relative à l'intégrité de la personne, 774
- Liquidation, 470
- Mission, 416
- Nombre, 415, 421
- Nomination par le tribunal, 415
- Émolument, frais et déboursés, 422
- Examen médical, 399, 399.1
- Outrage au tribunal, 424
- Pouvoirs, 420
- Praticien, 414(2), 415, 425
- Preuve d'assermentation, 421
- Procès-verbal, 420
- Production des documents, 421
- Rapport, 416, 421, 423, 944.2
- Récusation, 417
- Remplacement, 417, 418
- Serment, 418
- Témoignage hors cour, 402.1
- Vente du bien d'autrui, 903, 906, 907
- Vérification, 425

EXPERTISE, *voir aussi* Expert, Partage, Rapport d'expertise

- Dépens, 477
- Dispositions applicables, 395
- Élément matériel de preuve, 402
- Fait relatif au litige, 414(1)
- Jugement, 416
- Ordonnance du tribunal, 414(1)
- Preuve, 423
- Régime de protection du majeur
- • Signification ou notification au curateur public, 877.0.2
- Vérification des comptes, 414(2)

EXPERTISE MÉDICALE ET PSYCHOSOCIALE, *voir* Évaluation médicale et psychosociale

GREFFIER *(suite)*
- Recours collectif, 1007, 1032, 1039
- Recours extraordinaire, 835, 837
- Recouvrement collectif, 1032
- Récusation du juge
  - • Avis de remise de l'audition de la cause, 240
  - • Information du juge en chef, 239, 240
- Régime de protection du majeur, 877, 877.0.2, 878
- Remplacement et reconstitution d'un écrit, 871.4
- Réouverture des débats, 463
- Requête introductive d'instance
  - • Copie certifiée, 114
  - • Désignation, 115
  - • Numérotation, 112
  - • Ordonnance de signification, 143
- Saisie-arrêt, 636, 637, 639, 645, 651, 658, 659.5-659.8
- Saisie-exécution des biens meubles, 581-582.1, 583.1, 584, 585, 593
- Saisie-exécution des immeubles, 670, 672, 679, 710, 713, 721-723, 727
- Sentence arbitrale
  - • Enregistrement, 389
- Serment, 17
- Substitution de procureurs, appel, 509.1
- Taxation des dépens, 480
- Tenue des rôles, 275
- Tutelle à l'absent, 865.6
- Usurpation de fonctions
  - • Avis du dépôt du jugement, 36
- Vente du bien d'autrui, 900, 902, 903, 907, 909, 910
- Vérification des testaments, 889

GREFFIER ADJOINT
- Affaire déférée au juge ou au tribunal, 45
- Pouvoirs, 44
- Suppléance, 44

GREFFIER SPÉCIAL
- Cause

- • Inscription pour enquête et audition, 192
- • Inscription pour jugement par défaut, 192
- • Radiation de l'inscription, 192
- Demande relative à l'intégrité de la personne, 774
- Demande relative à la garde d'enfants ou à des obligations alimentaires
  - • Convocation ou audition des parties, 45
  - • Demande déférée au juge ou au tribunal, 45
  - • Demande présentée directement et sans audition, 814.1
  - • Pouvoir d'homologuer toute entente entre les parties, 44.1
  - • Révision de la décision par le juge, 44.1
- Inscription pour enquête et audition, 195
- Interprétation, 4(e)

GRIEF
- Redressement, 166

H

HABEAS CORPUS
- Affidavit, 851
- Appel, 859
- Application, 851
- Bref, 851, 853
- Cautionnement, 855
- Compétence du tribunal, 851, 857
- Contestation, 855
- Dépens, 856
- Exécution du jugement, 858
- Introduction de la demande, 110
- Jugement final, 858
- Libération provisoire, 855, 858, 860
- Matière criminelle, 851
- Outrage au tribunal, 854
- Personne détenue, 851, 852
- Personne gardée sans son consentement, 852
- Préséance, 775, 861
- Procès-verbal de signification, 853

INSCRIPTION POUR JUGEMENT, *voir aussi* Conférence préparatoire à l'instruction, Inscription pour jugement par défaut

- Action en recouvrement de deniers, 194
- Amendement d'un acte de procédure, 205
- Avis, 94.7
- Compte, 539
- Défaut de comparaître ou de plaider, 197
- Défaut de présenter sa défense, 192
- Délai, 192
- Inscription de faux, 223
- Inscription prématurée, 150, 192
- Irrégularité, 150, 192
- Radiation, 192
- Session du tribunal, 12(i)

INSCRIPTION POUR JUGEMENT PAR DÉFAUT, *voir aussi* Défaut de comparaître, Défaut de plaider, Jugement par défaut

- Constitution de nouveau procureur, 251
- Défaut de comparaître, 192
- Défense, 185
- Délai, 192
- Saisie-arrêt, 634

INSCRIPTION POUR PREUVE ET AUDITION, *voir* Inscription pour enquête et audition

INSOLVABILITÉ

- Débiteur, 578, 614, 615, 640, 713
- Gardien des biens saisis, 585-587

INSPECTEUR GÉNÉRAL DES INSTITUTIONS FINANCIÈRES, *voir* Registraire des entreprises

INSTANCE, *voir aussi* Gestion de l'instance, Péremption d'instance, Reprise d'instance

- Acte de procédure proportionné à la nature et à la finalité de la demande et à la complexité du litige, 4.2
- Bon déroulement, 4.1
- Demande en cours d'instance, 88

- Désaveu du procureur, 244
- Intervention volontaire, 210
- Matière familiale, 815-815.4
- Saine gestion
- • Intervention du tribunal, 4.1
- Scission, 273.1, 273.2
- Suspension, 256

INSTANCE INTRODUITE PAR REQUÊTE, *voir* Requête introductive d'instance

INSTITUTION FINANCIÈRE, *voir aussi* Établissement financier

- Rapport communiqué et produit au dossier, 331.1

INSTRUCTION, *voir aussi* Ajournement, Assignation, Audition des témoins, Conférence préparatoire à l'instruction, Déposition des témoins, Inscription pour enquête et audition, Inscription pour jugement

- Ajournement, 815.2.1
- Amendement, 205
- Arbitrage par avocats, 385
- Autre district, 75.0.1
- Interrogatoire des témoins, 289
- Intervention volontaire, 211
- Jugement interlocutoire, 29
- Marche, 285-292
- Plaidoirie, 291
- Règles, 279
- Signalement de lacune dans la preuve ou la procédure, 292
- Suspension, 273
- • Révocation de l'ordonnance, 273
- Transport du tribunal, 290

INSTRUMENT DE TRAVAIL

- Insaisissabilité, 552(3)

INTÉGRITÉ DE LA PERSONNE, *voir aussi* Consentement aux soins, Garde en établissement et évaluation psychiatrique

- Appel, 775, 783, 784
- Avis du conseil de tutelle, 774
- Compétence, 774
- Curateur public, 97, 98

M

MINEUR *(suite)*
- Interrogatoire hors la présence des parties, 394.4
- Représentation par procureur, 394.1, 478.1, 878.1
- Rétractation de jugement, 483, 484
- Transport du tribunal sur les lieux, 394.5
- Tuteur *ad hoc*, 394.2
- Vente d'un bien, 897-910.3

MINEUR DE 14 ANS ET PLUS
- Consentement aux soins, 776
- Demandes relatives à son intégrité, état ou capacité
- • Signification, 135.1

MINEUR ÉMANCIPÉ, *voir* Émancipation

MINISTRE
- Désignation, 115
- Recours extraordinaire et mesure provisionnelle prohibés, 100

MINISTRE DES AFFAIRES MUNICIPALES, DU SPORT ET DU LOISIR
- Rôle d'évaluation, facteur, 670, 687.1, 905

MINISTRE DU CULTE
- Insaisissabilité, 553(6)

MINISTRE DE LA JUSTICE
- Avis de comparution, 119
- Choix du greffier adjoint
- • Assentiment, 44
- Rémunération de l'interprète, 305

MINISTRE DES FINANCES
- Recours contre le gouvernement, 94.10

MINISTRE DU REVENU
- Délaissement, 541, 542
- Exécution des ordonnances et des ententes familiales
- • Signification du bref de saisie-arrêt, 640.5
- Saisie-arrêt des traitements, salaires ou gages, 641.1

- • Suspension, 659.11
- Saisie-exécution des biens meubles, 589

MINUTE
- Jugement, 43, 471-474

MISE À PRIX
- Exécution forcée, 579
- Saisie-exécution des biens meubles, 592.4, 606, 610.1
- Saisie-exécution des immeubles, 670
- Vente du bien d'autrui, 899, 902, 903

MISE EN CAUSE, *voir aussi* Intervention forcée
- Bornage, 794
- Conservation des droits, 220
- Hors de cause, 220
- Matière familiale, 815
- Moyen dilatoire, 168(5), 171

MISE EN DEMEURE
- Bornage, 787
- Constitution de nouveau procureur, 248, 251
- Reconnaissance de la véracité ou de l'exactitude d'une pièce, 403
- Reprise d'instance, 259

MODIFICATION DU REGISTRE DE L'ÉTAT CIVIL
- Adoption, 825.7
- Appel, 26
- Compétence du greffier, 865
- Compétence du tribunal, 864, 865.5
- Jugement, 817.1
- Notification, 864
- Révision d'une décision du directeur de l'état civil, 864.2
- Session du tribunal, 12(k)

MORT, *voir* Décès

MOYEN DE COMMUNICATION, *voir aussi* Courrier, Poste
- Autorisation gouvernementale, 20.1
- Avis d'inscription pour enquête et audition, 278

MOYEN DE NON-RECEVABILITÉ

- Défaut de l'opposer dans le délai fixé, 167
- Dépens, 166, 167
- Opposition du défendeur, 165
- Redressement du grief, 166
- Rejet de la demande, 165, 167

MOYEN DE SE POURVOIR CONTRE LES JUGEMENTS, *voir* Appel, Rétractation de jugement, Tierce-opposition

MOYEN DE SE POURVOIR CONTRE LES PROCÉDURES OU JUGEMENTS DES TRIBUNAUX SOUMIS AU POUVOIR DE SURVEILLANCE ET DE CONTRÔLE DE LA COUR SUPÉRIEURE, *voir* Évocation

MOYEN DE SE POURVOIR EN CAS D'USURPATION DE FONCTIONS, *voir* Usurpation de fonctions

MOYEN DE SE POURVOIR EN CAS DE REFUS D'ACCOMPLIR UN DEVOIR QUI N'EST PAS DE NATURE PUREMENT PRIVÉE, *voir* Refus d'accomplir un devoir non purement privé

MOYEN DÉCLINATOIRE

- Compétence d'attribution, absence, 163, 164
- Dépens, 164
- Rejet de la demande, 163

MOYEN DILATOIRE

- Arrêt de la poursuite, 168
- Jugement, 169
- Mise en cause d'un tiers, 171
- Option entre des recours, 171
- Radiation des allégations, 168, 169
- Rejet de la demande, 169
- Requête, 168

MOYEN PRÉLIMINAIRE, *voir aussi* Moyen de non-recevabilité, Moyen déclinatoire, Moyen dilatoire

- Abus de procédure, 54.2
- Défense, 184

- Dénonciation par écrit à la partie adverse, 159, 184
- Réponse, 184

MUNICIPALITÉ

- Avis de vente, 594
- Jugement déclaratoire sur requête introductive d'instance, 453
- Recouvrement de taxe, 35(1)
- Rôle d'évaluation
- - Annulation ou cassation, 35(3)
- Saisie-arrêt
- - Déclaration, 629
- Taxe, 696
- Usurpation de fonctions
- - Compétence exclusive de la Cour du Québec, 36
- - Membre du conseil municipal, 841
- - Procédure en contestation de l'élection d'un préfet, maire ou conseiller municipal, 843
- Vente du bien d'autrui, 905

MUR MITOYEN

- Défense orale, 175.2(3)c)

N

NAVIGABILITÉ OU FLOTTABILITÉ

- Avis au procureur général, 96

NAVIGATEUR

- Signification, 134

NÉGLIGENCE

- Dépôt volontaire, 657
- Expert, 418

NEUTRALITÉ TECHNOLOGIQUE, *voir* Intégrité du document

NOM, *voir aussi* Changement de nom

- Arbitre, 382
- Audition des témoins, 298
- Caution, 526
- Commissaire, 428
- Défendeur, 115
- Déposition des témoins, 327
- Inconnu, 115

PROJET D'ACCORD *(suite)*
- Date et signature, 822.1
- Intérêt de l'enfant, 822.2, 822.3
- Jugement, 822.5
- Mesures provisoires, 822.1
- Modification, 822.3, 822.4
- Requête introductive d'instance, 822

PROLONGATION DE DÉLAI, *voir aussi* Délai
- Délai pour rendre jugement, 465
- Gestion particulière de l'instance, 151.11
- Inscription pour enquête et déclaration, 274.3
- Matière familiale, 110.1, 151.11, 815.2
- Signification et production du mémoire d'appel, 503.1, 505

PROPRIÉTÉ, *voir* Copropriété divise, Droit de propriété, Propriété superficiaire

PROPRIÉTÉ SUPERFICIAIRE, 696

PROROGATION DE DÉLAI, *voir* Délai

PROTECTEUR D'ORDRE OU DE COMMUNAUTÉ
- Récusation du juge, 234(7)

PROTONOTAIRE, *voir* Greffier

PROVISION ALIMENTAIRE
- Exécution provisoire, 547 al. 1g)

PROVISION POUR FRAIS
- Abus de procédure, 54.3 al. 2(5), 54.4

PUBLICITÉ DES DROITS, *voir aussi* Directeur de l'état civil, Hypothèque, Officier de la publicité des droits, Priorité, Registraire des entreprises, Registre
- Défense orale, 175.2(5)
- État certifié des droits, 703, 704, 707, 796
- Jugement prononçant sur des droits réels immobiliers ou mobiliers, 470
- Saisie avant jugement, 588
- Saisie-exécution des immeubles, 660, 663, 665, 670, 671, 701

- Signification par avis public, 139

Q

QUALITÉ, *voir aussi* Capacité juridique
- Absence, 165(2), 527
- Acte de procédure émanant d'un tribunal non canadien
- • Officier instrumentant, 136
- Aptitude à agir en justice, 60
- Aptitude à plaider, 59
- Assignation
- • Désignation, 115
- Héritier, 892
- Interjeter appel, 492, 493
- Légataire particulier, 892
- Liquidateur de succession, 892
- Perte, 257, 518
- Reprise d'instance, 257

QUÉRULENCE
- Abus de procédure, 54.1, 54.5

QUITTANCE
- Vente des biens saisis, 609

QUORUM
- Arbitrage, 941
- Cour d'appel, 513, 516
- Cour du Québec, 36

QUO WARRANTO, *voir* Usurpation de fonctions

R

RADIATION, *voir aussi* Registre
- Allégation, 168, 169
- Appel, 512
- Officier de la publicité des droits, 611.1

RATIFICATION
- Actes de procédure, 210

RAPPORT, *voir aussi* Production des documents, Rapport d'expertise, Rapport de l'employeur, Rapport de police, Rapport médical
- Bornage, 789, 790

REGISTRAIRE, *voir* Directeur de l'état civil, Officier de la publicité des droits, Registraire des entreprises

REGISTRAIRE DES ENTREPRISES, 833

REGISTRE, *voir aussi* Enregistrement, État certifié des droits, Publicité des droits, Registre de l'état civil, Registre des droits personnels et réels mobiliers, Registre des pensions alimentaires, Registre foncier

- Inscription du jugement, 474
- Inscription en appel, 498
- Règles de pratique, 48

REGISTRE DE L'ÉTAT CIVIL, *voir aussi* Modification du registre de l'état civil

- Inscription de mentions, 817.1
- Radiation d'inscriptions, 865.5
- Reconstitution, 871.1-871.4
- Remplacement, 870, 871

REGISTRE DES DROITS PERSONNELS ET RÉELS MOBILIERS

- Inscription, rectification, réduction ou radiation d'inscription, 804
- Matière familiale, 817.2
- Opposition à la saisie-exécution des biens meubles, 598
- Saisie-exécution des biens meubles, 592.2, 592.3

REGISTRE DES PENSIONS ALIMENTAIRES, 827.6

REGISTRE FONCIER, 660, 665, 670, 696.1, 804, 805, 813.4

- Inscription, rectification, réduction ou radiation d'inscription, 804

RÈGLEMENT

- District judiciaire, 595.1
- Jugement déclaratoire sur requête introductive d'instance, 453
- Nullité, 846(2)
- Saisie-arrêt des traitements, salaires ou gages
- • Frais de suspension, 659.10

RÈGLEMENT À L'AMIABLE, *voir* Gestion de l'instance

RÈGLEMENT DE COMPTE

- Expertise, 414(2)

RÈGLES DE PRATIQUE

- Adoption, 47, 48.1
- Affichage, 48
- Argumentation écrite, appel, matière familiale, 507.0.1
- Avis, 48
- Cour du Québec, 48.1
- Entrée en vigueur, 48, 48.1
- Huis clos, 13
- Mémoire d'appel, 507
- Minute d'un jugement contradictoire
- • Avis du dépôt au greffe, 473
- Modification, 47
- Note sténographique, 328
- Publication, 48
- Registre, 48
- Remplacement, 47
- Rôles, 275

REJET, *voir aussi* Moyen de non-recevabilité

- Acte de procédure, 93
- Affidavit, 93
- Appel, 497, 501
- Demande en justice, 163, 165, 167, 169, 251, 681
- • Abus de procédure, 26 al. 2(4.1), 54.2, 54.3
- Jugement déclaratoire sur requête, 462
- Rapport d'expert, 423
- Saisie-arrêt, 634

RELATIONS DE TRAVAIL

- Session du tribunal, 12(a)

RELIQUAT, 536, 538

REMISE AU RÔLE, 464-466

REMISE EN ÉTAT

- Désaveu, 247
- Désistement, 264, 476

TÉMOIN, *voir aussi* Assignation, Audition des témoins, Déposition des témoins, Interrogatoire, Témoignage

- Absence au jour du procès, 285-287
- Arbitrage, 944.6, 944.8
- Commission rogatoire, 426-437
- Condition physique ou mentale, 295
- Déclaration avant l'audition, 298
- Défaut de comparaître, 196, 284
- Défaut de plaider, 195
- Détention, 284
- Exécution forcée sur action réelle, 566
- Expert, 402.1
- Maladie ou infirmité, 287
- Mandat donné en prévision de l'inaptitude, 884.3
- Ouverture des portes, 582
- Rappel, 466
- Refus de témoigner, 303
- Régime de protection du majeur, 879
- Serment, 420

TENEUR DE LIVRES

- Interrogatoire sur le compte, 535

TERRAIN DESTINÉ À L'INSTALLATION D'UNE MAISON MOBILE, *voir* Bail d'un terrain destiné à l'installation d'une maison mobile

TESTAMENT, *voir aussi* Lettre de vérification, Vérification des testaments

- Contestation, 891
- Copie certifiée, 890
- Jugement déclaratoire sur requête introductive d'instance, 453
- Original, 889
- Révocation, 866

TIERCE-OPPOSITION

- Cas d'application, 489
- District, 39
- Effet, 489
- Règles applicables, 490
- Signification, 489
- Sursis d'exécution du jugement, 489

TIERS, *voir aussi* Saisie-arrêt, Tierce-opposition

- Assignation en garantie, 219
- Communication de documents, 402
- Détenteur d'une chose à examiner, 441
- Intervention volontaire, 208-215
- Mise en cause, 168(5), 171, 216-222
- Rétractation de jugement
- Saisie-exécution des biens meubles, 597

TIERS INTERVENANT, *voir* Intervention forcée, Intervention volontaire

TIRAGE DES LOTS

- Partage d'un bien indivis, 811

TITRE CLÉRICAL

- Insaisissabilité, 553(6)

TITRE DE CRÉANCE

- Insaisissabilité, 553(5)

TITRE INTERMÉDIÉ SUR DES ACTIFS FINANCIERS

- Saisie, 618-619.1, 620-622, 624
- Vente, 621-623

TRADUCTION, *voir aussi* Langue

- Acte de procédure émanant d'un tribunal non canadien, 136
- Frais, 466
- Motifs du jugement, 507
- Notes sténographiques, 326, 394.4, 466, 506
- Reconnaissance et exécution des décisions étrangères, 786
- Régime de protection du majeur
- • Interrogatoire, 878

TRAITEMENT, *voir aussi* Rémunération, Saisie-arrêt des traitements, salaires ou gages

- Calcul, 553(11)
- Insaisissabilité, 553(11)
- Usurpation de fonctions, 841

TRAITEMENT MÉDICAL

- Consent, 776, 777

TRANSACTION
- Conférence de règlement à l'amiable
- • Homologation, 151.22

TRANSCRIPTION
- Motifs du jugement, 507

TRANSPORT, *voir aussi* Contrat de transport
- Biens saisis, 586
- Tribunal, 290, 394.5

TRAVAIL, *voir* Contrat de travail, Relations de travail, Travailleur autonome

TRAVAILLEUR AUTONOME
- Dépôt volontaire, 653.1
- Saisie-arrêt des revenus, 651

TRIBUNAL, *voir aussi* Audience, Audition, Autorisation judiciaire, Cour d'appel, Cour du Québec, Cour fédérale, Cour municipale, Cour supérieure, Cour suprême, Décision sur un point de droit, Greffier, Homologation, Instruction, Juge, Outrage au tribunal, Petites créances, Recours collectif
- Abus de procédure, 54.1-54.6, 466, 478
- • Appel, 26 al. 2(4.1)
- • Exécution provisoire, 547 al. 1j)
- Acquiescement à la demande
- • Jugement, 460, 461
- • Ordonnance, 461
- • Relevé du défaut, 460
- Adjudication interdite au-delà de la demande, 468
- Ajournement, 288, 394.1
- Amendement d'un acte de procédure, 204
- Appel
- • Compétence, 46
- • Correction d'irrégularité, 502
- Arbitrage par avocats
- • Ordonnance de continuation de la cause de manière ordinaire, 390
- • Rémunération de l'arbitre, 391
- • Révocation des arbitres, 390
- Audition d'un mineur ou d'un majeur inapte

- • Autorisation d'être accompagné, 394.3
- • Interrogatoire hors la présence des parties, 394.4
- • Transport sur les lieux, 394.5
- Audition des témoins
- • Hors cour, 196
- • Ordonnance d'exhiber un élément matériel de preuve, 312
- • Permission de se retirer, 317
- Bon déroulement de l'instance, 4.1
- Cause référée à l'arbitrage, 382
- Commission rogatoire
- • Admission des interrogatoires, 433
- • Nomination d'un commissaire, 426
- Compétence, 22, 46
- Compétence d'attribution, absence, 163, 164
- Conciliation des parties, 4.3
- Conseil de tutelle, 872
- Consentement aux soins
- • Date d'audition de la demande, 776
- Correction de procès-verbaux, 233
- Demande en justice contestée par écrit
- • Inscription pour enquête et audition (prolongation du délai), 110.1
- Dépens
- • Compensation, 477
- Examen médical
- • Ordonnance de communication du dossier médical, 400
- Expertise
- • Nomination d'experts, 415
- • Ordonnance, 414(1)
- Inconstitutionnalité d'une disposition législative, 95
- Inscription pour enquête et audition, 192
- • Demande en justice contestée par écrit (prolongation du délai), 110.1
- • Radiation, 192
- Inscription pour jugement
- • Radiation, 192
- Inscription pour jugement par défaut, 192

INDEX
CODE OF CIVIL PROCEDURE

INDEX

INDEX

489

INDEX

ARBITRATION BY ADVOCATES *(cont'd)*

- Demand, 382
- Examination of witnesses, 385
- Hearing of witnesses, 385
- Homologated judgment, 388, 389, 393
- Not applicable provisions, 394
- Notice, 383
- Summons, 385
- Trial, 385

ARBITRATOR

- Appointment, 941-941.3
- Competence, 943-943.2
- Decision, 944.10, 944.11
- Duty, 944.4
- Impossibility to act, 942.5
- Oath, 944.7
- Powers, 944.1, 944.2, 944.5, 944.7
- Quorum, 941
- Recusation, 942-942.4, 942.6
- Replacement, 942.8
- Revocation, 942.5, 942.6

ARBITRATOR (ARBITRATION BY ADVOCATES)

- Advocate, 382
- Ceasing to act, 391
- Choice of parties, 382
- Consent to act, 382
- Dismissal, 390
- Dissent, 386
- Duties, 383, 386, 392
- Hearing, time, 390
- Name, 382
- Oath, 383
- Powers, 384
- Recusation of judge, 234(3)
- Remuneration, 382, 391, 392
- Retired judge, 382

ARMED FORCES, 430

ARREARS, *see also* Annuity payment

- Seizure by garnishment, 640.1
- Seizure of salaries and wages, 641.1, 659.5

ARTICLED STUDENT

- Sitting of court *in camera*, 13

ARTICULATED FACTS, *see also* Interrogatory upon articulated facts

- Admission, 85
- Examination on discovery, 398
- Fact repeated, 87
- Perpetuation of evidence, 439(a)
- Pleading, 77
- Proof before expert, 414(1)
- Silence of a party, 86
- Written proceeding, 76

ASSIGN

- Continuance of suit, 257(1)

ASSISTANCE

- Incapable, 56, 394.3
- Medical examination, 399
- Minor, 394.3
- Voluntary intervention, 208, 209

ASSISTANT CLERK, *see also* Clerk

- Duties, 44
- Matter referred to the judge or to the court, 45
- Powers *ex officio*, 44

ASSOCIATION, *see also* Association of employees, Legal person

- Administrator, 60
- Class action, 1048
- • Financial assistance, 1048
- • Member, 999
- • Status of representative, 1048
- Designation, 115
- Examination upon articulated facts, 409
- Recusation of judge, 234(7)
- Refusal to perform a non-private duty, 844
- Representation by attorney, 61
- Seizure by garnishment, 629
- Service, 129
- Usurpation of office, 838-843

ASSOCIATION OF EMPLOYEES

- Capacity, 60

DISCONTINUANCE *(cont'd)*
- Suit, 262

DISCUSSION OF PROPERTY
- Compulsory execution, 583
- Dilatory exception, 168(2)

DISMISSAL, *see also* Exception to dismiss action
- Action, 163, 165-167, 169, 251, 681
- • Abuse of process, 26 al. 2(4.1), 54.2, 54.3
- Affidavit, 93
- Appeal, 497, 501, 509
- Declaratory judgment on motion, 462
- Employee, 650
- Expert's report, 423
- Seizure by garnishment, 634
- Written proceeding, 93

DISPUTE, *see also* Articulated facts, Interrogatory upon articulated facts
- Document, 402
- Examination on discovery, 398

DISQUALIFICATION
- Attorney, 248
- Bidder, 686, 688
- Judge, 235, 464, 471, 514, 518
- Officer conducting sale of seized property, 610
- Party, 493

DISSIDENCE
- Arbitrator, 386

DISSOLUTION
- Legal person, 394, 631, 830, 833

DISSOLUTION OF CIVIL UNION, *see* Civil union

DISTRACTION
- Costs, 479
- Seizure in execution of movables, 599

DISTRIBUTION, *see also* Collocation, Payment
- Attorney, 61
- Insolvency of debtor, 578
- Sale of the property of others, 910

- Sale under judicial authority, 910.3
- Seizure by garnishment, 639
- Seizure in execution of immovables, 667
- Seizure in execution of movables, 614, 615
- Seizure of salaries and wages, 645, 647, 659
- Seizure of securities or security entitlements to financial assets, 619.1, 619.2
- Suspension, 599

DISTRICT
- Abitibi, 305
- Another district, 75.0.1
- Appeal, 30, 35
- Application relating to the execution of a judgment
- • Hearing in another district, 75.0.1
- Class action, 1004, 1006
- Mingan, 305
- Regulation, 595.1
- Roberval, 305
- Rules of practice, 47

DIVIDED CO-OWNERSHIP
- Notice, 812.1
- Oral defence, 175.2(3)f)
- Service, 812.1
- Syndicate of co-owners, 812.1

DIVIDEND
- Seizure of securities or security entitlements to financial assets, 619.1, 619.2

DIVORCE, *see also* Family cases, Separation from bed and board
- Acquiescence in a demand prohibited, 457
- Adjournment, 822.3
- Application
- • Notification to the registrar, 813.4
- Arbitration by advocates prohibited, 394
- Discontinuance, 822.4
- Dismissal, 822.3
- Examination out of court, 404

FRAUD *(cont'd)*
- Sale of seized property, 612
- Small claims
- • Revocation of judgment, 989

FRAUDULENT REMOVAL
- Seizure in execution of movables, 581

FREEDOM OF EXPRESSION
- Abuse of process, 26 al. 2(4.1), 54.1-54.6, 547 al. 1j)

FRIVOLOUS OR CLEARLY UNFOUNDED PROCEEDING, *see* Abuse of process

FRUIT
- Distribution, 542, 667
- Liquidation by experts, 470
- Restitution, 470
- Surrender, 542

FUEL
- Exemption from seizure, 552(2)

FUNCTION, *see* Cessation of functions, Refusal to perform non-private duty, Usurpation of office

FUNDAMENTAL RIGHTS AND FREEDOMS
- Application for compensation (for a violation or negation of rights)
- • Notice, 95, 95.1, 98

G

GAP IN PROOF OR PROCEEDINGS, 292

GARNISHEE, *see* Seizure by garnishment

GAZETTE OFFICIELLE DU QUÉBEC, 48, 95.1, 553.1

GENERAL DEPOSIT OFFICE OF QUÉBEC, 189

GENERAL OR LIMITED PARTNERSHIP
- Attorney, 61
- Designation, 115
- Interrogatory upon articulated facts, 409

- Representation by attorney, 61(e)
- Seizure by garnishment, 629
- Service, 129

GIVEN NAME, *see* Name

GOOD FAITH, 4.1

GOVERNMENT, *see also* Government officer, Minister, Recourse against Government
- Exemption from seizure, 553.1
- Extraordinary recourses, 100
- Family mediation, 827.2, 827.3
- Means of communication, 20.1
- Provisional measures, 100
- Transcription cost, 466

GOVERNMENT OFFICER
- Examination, 308
- Refusal to perform a non-private duty, 844

GOVERNOR-GENERAL IN COUNCIL, 6(i), 95

GUARDIAN
- Seizure by garnishment, 626
- Seizure in execution of movables
- • Absence of qualification, 583.2
- • Appointment, 587
- • Contempt of court, 608
- • Damages, 608
- • Debtor, 583
- • Discharge, 585, 587, 609
- • Insolvency, 585-587
- • Legal person, 583
- • Obligation, 583, 587
- • Other than the debtor, 583.1, 585, 587
- • Possessor, 583.3
- • Production of property, 608
- • Replacement, 585
- • Representation by attorney, 61(c)
- • Solvency, 583.2

GUARDS, 581, 584

H

HABEAS CORPUS

- Affidavit, 851
- Appeal, 859
- Application, 851
- Contempt of court, 854
- Contestation, 855
- Costs, 856
- Criminal matter, 851
- Detention, 851, 852
- Execution of judgment, 858
- Final judgment, 858
- Introduction of action or application, 110
- Jurisdiction of court, 851, 857
- Minutes of service, 853
- Motion, 851
- Person confined in a penitentiary without his consent, 852
- Precedence, 775, 861
- Provisional release, 855, 858, 860
- Refusal by judge, 857
- Renewal, 857
- Report, 855
- Security, 855
- Service to Attorney-General, 852
- Sitting of court, 12(d)
- Writ, 851, 853

HANDICAP

- Unseizable property, 553(9.1)

HEAD OFFICE

- Motion to institute proceedings, 115
- Service, 130

HEALTH AND SOCIAL SERVICES INSTITUTION

- Confinement and psychiatric assessment, 778

HEARING, *see also* Appearance, Examination, Hearing in camera, Hearing of witnesses, Inscription for proof and hearing, Trial

- Action in warranty, 222
- Application relating to the execution of a judgment

- • Another district, 75.0.1
- Arbitration, 944.4, 944.5
- Assistance, 394.3
- Child support, 825.9
- Class action, 1001, 1013, 1036
- Confinement in an institution and psychiatric assessment, 778
- Consent to care, 776
- Demand in a suit, 88
- Family cases, proceedings by way of a motion to institute proceedings, 813.16
- Forced intervention, 215
- Incapable, 394.3
- Jointly, 510.1
- Judgment of appeal, 516
- Judgment rendered by open court, 472, 516
- Minor, 394.3
- New hearing, 518
- Non-contentious matters, 863.2
- Notice, 95-98, 193, 278
- Opposition to marriage or to a civil union, 819.1
- Out of court, 196
- Presentation of action or application, 151.7-151.9
- Pre-trial, 279
- Provision of public order, 99
- Recusation motion, 237
- Right, 5
- Rogatory commission, 437
- Sitting of court, 12
- Usurpation of functions, 36

HEARING IN CAMERA, 13

HEARING OF WITNESSES, *see also* Deposition of witnesses, Witness

- *Ad futuram memoriam*, 438(a), 442, 445
- Adjournment, 815.2.1
- Appeal, 509
- Arbitration, 944.9
- Arbitration by advocates, 385
- Arrest of witness, 284
- Bailiff, 297

MOTION TO INSTITUTE PROCEEDINGS *(cont'd)*
- Time limit to appear, 119

MOTOR VEHICLE
- Seizure by garnishment, 734

MOVABLE, *see also* Compulsory execution, Exemption from seizure, Movable necessary for the life of the household, Sale, Seizure in execution of movables
- Assessment, 904
- Attached to an immovable, 571
- Examination, 438(b), 442
- Sale of the property of others, 905, 907
- Seizure before judgment, 734
- Surrender, 540-542

MOVABLE NECESSARY FOR THE LIFE OF THE HOUSEHOLD, 552(1), 642, 652

MOVABLE REAL RIGHT, *see* Real right

MUNICIPAL CODE, 35(1), 1047

MUNICIPAL COUNCILLOR
- Usurpation of office, 841, 843

MUNICIPAL COURT, 23, 33, 36.2, 37

MUNICIPAL RESOLUTION
- Declaratory judgment on motion to institute proceedings, 453

MUNICIPALITY
- Declaratory judgment on motion to institute proceedings, 453
- Notice of sale, 594
- Recovery of taxe, 35(1)
- Sale of the property of others, 905
- Seizure by garnishment, 629
- Taxe, 696
- Usurpation of office, 36, 841, 843
- Valuation roll of immovables, 35(3)

N

NAME, *see also* Change of name
- Arbitrator, 382

- Attorney, 112, 146.0.2
- Claimant, 578
- Commissioner, 428
- Defendant, 115
- Deposition of witnesses, 327
- Examination of witnesses, 298
- Given name, 298
- Liquidator of a succession, 116
- Minutes of seizure in execution of movables, 590
- Minutes of service, 145(a)
- Parties, 111.1, 115
- Security, 526
- Unknown, 115
- Use of name of another to plead, 59
- Witness, 439(c)

NATURAL PERSON, *see* Person

NAVIGABILITY
- Lake or watercourse, 96

NON-CONTENTIOUS MATTERS, *see also* Alteration to the register of civil status, Compulsory inspection of notarial documents, Declaratory judgment of death, Examination of notarial documents, Integrity of the person, Letters of verification, Mandate given in anticipation of the mandator's incapacity, Probate of will, Protective supervision of persons of full age, Replacement and reconstitution of certain writings, Tutorship council, Tutorship to a minor, Tutorship to an absentee, Sale of the property of others, Sale under judicial authority
- Additional evidence, 863.1
- Contestation, 863, 863.2
- Decisions of clerk reviewed by judge, 863
- Expert's report, 863.1
- Hearing, 863.2
- Introduction of action or application, 110, 862
- Judgment, 863.3
- Judicial authorization, 885, 886
- Jurisdiction of clerk, 863
- Notice to public curator, 863.3
- Notification, 862, 863.1

REVOCATION OF
JUDGMENT *(cont'd)*
- Judgment beyond the conclusions, 483
- Minor, 484
- Motion, 482, 484, 486
- No other useful recourse, 483, 488
- Notice of presentation, 484
- Proceeding introductive of suit transmitted to a foreign state, 484.1
- Return of officer charged with executing judgment, 486
- Service, 484, 486
- Suspension of execution of judgment, 485, 486
- Time to present to a judge for reception, 484

REVOCATION OF JUDGMENT AT REQUEST OF THIRD PARTY, *see* Opposition by third party

RIGHT OF CITIZENS TO PARTICIPATE IN PUBLIC DEBATE, *see* Abuse of process

RIGHT OF DISCUSSION, *see* Discussion of property

RIGHT OF OWNERSHIP
- Application, 805
- Lake and watercourse, 96
- Oral defence, 175.2(3)
- Order of court, 806

ROAD VEHICLE
- Seizure in execution of movables
- • Certified statement of rights, 592.2

ROGATORY COMMISSION, *see also* Commissioner
- Applicable provisions, 395
- Application, 426
- Armed forces, 430
- Cross-interrogatories, 433
- Deposition, 434, 436
- Document, 435
- Examination, 430, 432
- Execution, 431
- Failure to return, 437
- Interrogatories, 433

- Interrogatories upon articulated facts, 408
- Judgment, 429
- Minutes, 436
- Motion, 427
- Objection, 433
- Representation, 432
- Service, 427
- Time limit, 429, 436
- Witness, 427-429

ROLL OF HEARING
- Appeal, 507.1, 507.2
- Copy, 378
- Jurisdiction, 275
- Special, 507.2

RULES OF PRACTICE
- Coming into force, 48, 48.1
- Court of Québec, 48.1
- Factum, 507
- Judgment under advisement, 473
- Making, 47, 48.1
- Notice, 48
- Posting, 48
- Publication, 48
- Register, 48
- Replacement, 47
- Rolls, 275
- Sittings *in camera*, 13
- Stenographer's notes, 328
- Written arguments, appeal, family matter, 507.0.1

S

SALARY, *see* Remuneration, Seizure of salaries and wages, Voluntary deposit

SALE, *see also* Call for tenders, Resale for false bidding, Sale by agreement, Sale of an enterprise, Sale of the property of others, Sale under judicial authority, Seizure in execution of immovables, Seizure in execution of movables
- Delivered movable
- • Action on account pertaining to the sale price, 194(3)

VISIT OF PLACE, 290

VOLUNTARY DEPOSIT, *see also* Seizure of salaries and wages
- Alimentary debtor, 659.0.1
- Applicable provisions, 659
- Attorney, 61
- Cessation of work, 654
- Change of domicile, residence or employment, 652, 654
- Contestation of declaration, 656
- Cost, 658
- Damages, 651
- Declaration, 652-656
- Default to deposit or to produce a declaration, 657, 657.1
- Discharge, 656.3
- Distribution, 656.2, 659
- Extinguishment of the debt, 656.2
- Family responsibilities, 653(c), 654
- List of creditors, 653(d), 655, 656.1
- Movable necessary for the life of the household, 652
- New declaration, 652, 654, 657.1
- Notice, 652, 655, 656.3, 657, 657.2
- Oath, 653, 653.1
- Payment to creditor, 656.2, 656.3
- Presumption, 655.1
- Release, 658
- Remuneration, 652, 653(b)
- Renunciation, 657.2
- Resumption of work, 654
- Seizure prohibited, 652, 658
- Self-employed worker, 653.1
- Statement of income and expenses relating to work, 653.1

VOLUNTARY EXECUTION, *see* Accounting, Putting in security, Surrender

VOLUNTARY INTERVENTION, 208
- Aggressive, 209, 210
- Appeal, 509
- Attorney-General, 98, 99
- Authorization, assistance or representation of incapable, 208

- Class action, 1006, 1017, 1018
- Conservatory, 209, 210
- Contestation, 210
- Declaration, 210
- District, 39
- Hearing with the principal action, 215
- Interest, 208, 210
- Judgment, 215
- Judicial authorization, 210, 211
- Notice, 210
- Notification, 210
- Opposition, 210
- Parties, 210
- Procedure, 210
- Representations during the trial, 211
- Time to contest, 210
- Timetable, 210

VOLUNTARY RETIREMENT SAVINGS PLAN
- Exemption from seizure of salaries and wages, 553(7)

VOLUNTARY RETIREMENT SAVINGS PLANS ACT, 553(7)

W

WAGE, *see* Seizure of salaries and wages, Voluntary deposit

WARRANTEE
- Forced intervention, 219, 220

WARRANTOR
- Conservation of his rights, 220

WARRANT FOR ARREST, 284, 651, 944.6

WARRANTY, *see also* Forced intervention, Incidental action in warranty, Recourse in warranty, Warrantee, Warrantor
- Legal, 220
- Simple or personal, 219
- Sufficiency, 739

WATERCOURSE
- Navigability or floatability, 96

CODE DE PROCÉDURE CIVILE (NOUVEAU)

CODE OF CIVIL PROCEDURE (NEW)

CODE DE PROCÉDURE
CIVILE
(NOUVEAU)

CODE OF CIVIL PROCEDURE
(NEW)

TABLE DES MATIÈRES
CODE DE PROCÉDURE CIVILE (NOUVEAU)

DISPOSITION PRÉLIMINAIRE

LIVRE I — LE CADRE GÉNÉRAL DE LA PROCÉDURE CIVILE

TABLE DES MATIÈRES

LIVRE II — LA PROCÉDURE CONTENTIEUSE

TABLE DES MATIÈRES

TABLE DES MATIÈRES

LIVRE VII — LES MODES PRIVÉS DE PRÉVENTION ET DE RÈGLEMENT DES DIFFÉRENDS

LIVRE VIII — L'EXÉCUTION DES JUGEMENTS

TABLE DES MATIÈRES

ANNEXE I — Convention relative à la signification et la notification à l'étranger des actes judiciaires et extrajudiciaires en matière civile ou commerciale

TABLE OF CONTENTS
CODE OF CIVIL PROCEDURE (NEW)

PRELIMINARY PROVISION

BOOK I — GENERAL FRAMEWORK OF CIVIL PROCEDURE

TABLE OF CONTENTS

TABLE OF CONTENTS

TABLE OF CONTENTS

BOOK V — RULES APPLICABLE TO CERTAIN CIVIL MATTERS

TABLE OF CONTENTS

BOOK VII — PRIVATE DISPUTE PREVENTION AND RESOLUTION PROCESSES

BOOK VIII — EXECUTION OF JUDGMENTS

TABLE OF CONTENTS

SCHEDULE I — Convention on the service abroad of judicial and extrajudicial documents in civil or commercial matters

CODE DE PROCÉDURE CIVILE
RLRQ, c. C-25.01

CODE OF CIVIL PROCEDURE
RLRQ, c. C-25.01

DISPOSITION PRÉLIMINAIRE

PRELIMINARY PROVISION

Le *Code de procédure civile* établit les principes de la justice civile et régit, avec le Code civil et en harmonie avec la *Charte des droits et libertés de la personne* (chapitre C-12) et les principes généraux du droit, la procédure applicable aux modes privés de prévention et de règlement des différends lorsque celle-ci n'est pas autrement fixée par les parties, la procédure applicable devant les tribunaux de l'ordre judiciaire de même que la procédure d'exécution des jugements et de vente du bien d'autrui.

This Code establishes the principles of civil justice and, together with the *Civil Code* and in harmony with the *Charter of human rights and freedoms* (chapter C-12) and the general principles of law, governs procedure applicable to private dispute prevention and resolution processes when not otherwise determined by the parties, procedure before the courts as well as procedure for the execution of judgments and for judicial sales.

Le Code vise à permettre, dans l'intérêt public, la prévention et le règlement des différends et des litiges, par des procédés adéquats, efficients, empreints d'esprit de justice et favorisant la participation des personnes. Il vise également à assurer l'accessibilité, la qualité et la célérité de la justice civile, l'application juste, simple, proportionnée et économique de la procédure et l'exercice des droits des parties dans un esprit de coopération et d'équilibre, ainsi que le respect des personnes qui apportent leur concours à la justice.

This Code is designed to provide, in the public interest, means to prevent and resolve disputes and avoid litigation through appropriate, efficient and fair-minded processes that encourage the persons involved to play an active role. It is also designed to ensure the accessibility, quality and promptness of civil justice, the fair, simple, proportionate and economical application of procedural rules, the exercise of the parties' rights in a spirit of co-operation and balance, and respect for those involved in the administration of justice.

Enfin, le Code s'interprète et s'applique comme un ensemble, dans le respect de la tradition civiliste. Les règles qu'il énonce s'interprètent à la lumière de ses dispositions particulières ou de celles de la loi et,

This Code must be interpreted and applied as a whole and in the civil law tradition. Its rules must be interpreted in light of the special provisions it contains and those contained in other laws. In the matters it

dans les matières qui font l'objet de ses dispositions, il supplée au silence des autres lois si le contexte le permet.

addresses, this Code supplements the silence of other laws if circumstances permit.

LIVRE I
LE CADRE GÉNÉRAL DE LA
PROCÉDURE CIVILE

BOOK I
GENERAL FRAMEWORK OF CIVIL
PROCEDURE

TITRE I
LES PRINCIPES DE LA PROCÉDURE
APPLICABLE AUX MODES PRIVÉS DE
PRÉVENTION ET DE RÈGLEMENT DES
DIFFÉRENDS

TITLE I
PRINCIPLES OF PROCEDURE
APPLICABLE TO PRIVATE DISPUTE
PREVENTION AND RESOLUTION
PROCESSES

1. Choix commun — Les modes privés de prévention et de règlement des différends sont choisis d'un commun accord par les parties intéressées, dans le but de prévenir un différend à naître ou de résoudre un différend déjà né.

1. Mutual agreement — To prevent a potential dispute or resolve an existing one, the parties concerned, by mutual agreement, may opt for a private dispute prevention and resolution process.

Modes privés — Ces modes privés sont principalement la négociation entre les parties au différend de même que la médiation ou l'arbitrage dans lesquels les parties font appel à l'assistance d'un tiers. Les parties peuvent aussi recourir à tout autre mode qui leur convient et qu'elles considèrent adéquat, qu'il emprunte ou non à ces modes.

Private processes — The main private dispute prevention and resolution processes are negotiation between the parties, and mediation and arbitration, in which the parties call on a third person to assist them. The parties may also resort to any other process that suits them and that they consider appropriate, whether or not it borrows from negotiation, mediation or arbitration.

Obligation des parties — Les parties doivent considérer le recours aux modes privés de prévention et de règlement de leur différend avant de s'adresser aux tribunaux.

Obligations of parties — Parties must consider private prevention and resolution processes before referring their dispute to the courts.

2. Obligations des parties — Les parties qui s'engagent dans une procédure de prévention et de règlement des différends le font volontairement. Elles sont alors tenues d'y participer de bonne foi, de faire preuve de transparence l'une envers l'autre, à l'égard notamment de l'information qu'elles détiennent, et de coopérer activement dans la recherche d'une solution et, le cas échéant, dans l'élaboration et l'application d'un protocole préjudiciaire; elles sont aussi tenues de partager les coûts de cette procédure.

2. Obligations of parties — Parties who enter into a private dispute prevention and resolution process do so voluntarily. They are required to participate in the process in good faith, to be transparent with each other, including as regards the information in their possession, and to co-operate actively in searching for a solution and, if applicable, in preparing and implementing a pre-court protocol; they are also required to share the costs of the process.

Principe de proportionnalité — Elles doivent, de même que les tiers auxquels elles font appel, veiller à ce que les démarches qu'elles en-

Principle of proportionality — They must, as must any third person assisting them, ensure that any steps they take are proportionate, in

treprennent demeurent proportionnelles quant à leur coût et au temps exigé, à la nature et à la complexité de leur différend.

Respect des règles — Ils sont en outre tenus, dans leurs démarches et ententes, de respecter les droits et libertés de la personne et les autres règles d'ordre public.

3. Choix d'un tiers — Les parties qui font appel à un tiers pour les assister dans leur démarche ou pour trancher leur différend le choisissent de concert.

Devoirs du tiers — Ce tiers doit être en mesure d'agir avec impartialité et diligence et de le faire selon les exigences de la bonne foi. S'il agit bénévolement ou dans un but désintéressé, il n'a d'autre responsabilité que celle qui découle d'une faute lourde ou intentionnelle.

4. Obligation de confidentialité — Les parties qui choisissent de prévenir un différend ou de régler celui qui les oppose par un mode privé et le tiers qui les assiste s'engagent à préserver la confidentialité de ce qui est dit, écrit ou fait dans le cours du processus, sous réserve de leur entente sur le sujet ou des dispositions particulières de la loi.

5. Exception — Le tiers appelé à assister les parties ne manque pas à l'obligation de confidentialité s'il s'agit de fournir de l'information à des fins de recherche, d'enseignement, de statistiques ou d'évaluation générale du processus de prévention et de règlement des différends ou de ses résultats, pourvu qu'aucun renseignement personnel ne soit dévoilé.

6. Choix de procédure — Les parties qui conviennent de recourir à un mode privé pour prévenir un différend ou régler celui qui les oppose déterminent, avec le tiers, le cas échéant, la procédure applicable au mode qu'elles ont choisi. Si les parties procèdent par voie de médiation ou d'arbitrage ou s'inspirent de ces modes et qu'il est nécessaire de compléter leur procédure, les règles du livre VII du présent code s'appliquent.

terms of the cost and time involved, to the nature and complexity of the dispute.

Respect of rules — In addition, they are required, in any steps they take and agreements they make, to uphold human rights and freedoms and observe other public order rules.

3. Choice of the third person — The third person called upon by the parties to assist them in the process they have opted for or to decide their dispute must be chosen by them jointly.

Third person's duty — The third person must be capable of acting impartially and diligently and in accordance with the requirements of good faith. If acting on a volunteer basis or for a disinterested motive, the third person incurs no liability other than that incurred through an intentional or gross fault.

4. Obligation of confidentiality — Parties who opt for a private dispute prevention and resolution process and the third person assisting them undertake to preserve the confidentiality of anything said, written or done during the process, subject to any agreement between them on the matter or to any special provisions of the law.

5. Exception to the obligation of confidentiality — The third person called upon to assist the parties may provide information for research, teaching or statistical purposes or in connection with a general evaluation of the dispute prevention and resolution process or its results without it being a breach of the person's duty of confidentiality, provided no personal information is revealed.

6. Choice of the procedure — Parties who agree to resort to a private dispute prevention and resolution process, together with the third person involved in the process, if any, determine the procedure applicable to the process they have selected. If the parties have opted for mediation or arbitration or a similar process and the procedure they have determined must be supplemented, the rules of Book VII apply.

7. Droit d'agir — La participation à un mode privé de prévention et de règlement des différends autre que l'arbitrage n'emporte pas la renonciation au droit d'agir en justice. Cependant, les parties peuvent, eu égard à leur différend, s'engager à ne pas exercer ce droit pendant le processus, sauf si cela s'avère nécessaire à la préservation de leurs droits.

Prescription — Elles peuvent convenir de renoncer à la prescription acquise et au bénéfice du temps écoulé pour celle commencée ou convenir, dans un écrit qu'elles signent, de suspendre la prescription pour la durée de la procédure, sans toutefois que cette suspension n'excède six mois.

7. Right to act before the courts — Participation in a private dispute prevention and resolution process other than arbitration does not entail a waiver of the right to act before the courts. However, the parties may undertake not to exercise that right in connection with the dispute in the course of the process, unless it proves necessary for the preservation of their rights.

Prescription — They may also agree to waive prescription already acquired and the benefit of time elapsed for prescription purposes or agree, in a signed document, to suspend prescription for the duration of the process. Prescription cannot, however, be suspended for more than six months.

TITRE II
LES PRINCIPES DE LA PROCÉDURE APPLICABLE DEVANT LES TRIBUNAUX DE L'ORDRE JUDICIAIRE

TITLE II
PRINCIPLES OF PROCEDURE APPLICABLE BEFORE THE COURTS

8. Tribunaux compétents — La justice civile publique est administrée par les tribunaux de l'ordre judiciaire qui relèvent de l'autorité législative du Québec. Ceux qui exercent leur compétence sur l'ensemble du territoire du Québec sont la Cour d'appel, la Cour supérieure et la Cour du Québec.

8. Competent courts — Public civil justice is administered by the courts under the legislative authority of Québec. The Court of Appeal, the Superior Court and the Court of Québec exercise their jurisdiction throughout the territory of Québec.

Cours municipales — Les cours municipales exercent une compétence civile dans les matières qui leur sont attribuées par les lois particulières, mais sur le seul territoire délimité par ces lois et leurs actes constitutifs.

Municipal courts — Municipal courts exercise civil jurisdiction in the matters assigned to them by special Acts, but only within the territory specified by those Acts and by their constituting instruments.

Cour suprême — Cour fédérale — La Cour suprême du Canada, la Cour d'appel fédérale et la Cour fédérale peuvent avoir compétence en matière civile au Québec, selon ce qui est prévu dans les lois du Parlement du Canada.

Supreme Court of Canada — The Supreme Court of Canada, the Federal Court of Appeal and the Federal Court of Canada have jurisdiction in some civil matters in Québec, as provided for in the Acts of the Parliament of Canada.

Chapitre I
La mission des tribunaux

Chapter I
Mission of the Courts

9. Mission — Les tribunaux ont pour mission de trancher les litiges dont ils sont saisis en conformité avec les règles de droit qui leur sont applicables. Ils ont également pour mission de statuer, même en l'absence de litige, lorsque la loi exige, en raison de la nature de l'affaire ou de la qualité des personnes, qu'une demande leur soit soumise.

9. Mission — It is the mission of the courts to adjudicate the disputes brought before them, in accordance with the applicable rules of law. It is also their mission to make a ruling, even in the absence of a dispute, whenever the law requires that an application be brought before the court because of the nature of the case or the capacity of the persons concerned.

Mission — Il entre dans leur mission d'assurer la saine gestion des instances en accord avec les principes et les objectifs de la procédure. Il entre aussi dans leur mission, tant en première instance qu'en appel, de favoriser la conciliation des parties si la loi leur en fait devoir, si les parties le demandent ou y consentent, si les circonstances s'y prêtent ou s'il est tenu une conférence de règlement à l'amiable.

Mission — That mission includes ensuring proper case management in keeping with the principles and objectives of procedure. It further includes, both in first instance and in appeal, facilitating conciliation whenever the law so requires, the parties request it or consent to it or circumstances permit, or if a settlement conference is held.

Immunité judiciaire — Les tribunaux et les juges bénéficient de l'immunité judiciaire. Ces derniers doivent être impartiaux et doivent, dans leurs décisions, prendre en considération le meilleur intérêt de la justice.

Judicial immunity — The courts and judges enjoy judicial immunity. Judges must be impartial and, in their decisions, they must have regard to the best interests of justice.

10. Introduction de l'instance — Les tribunaux ne peuvent se saisir d'office; il revient aux parties d'introduire l'instance et d'en déterminer l'objet.

10. Institution of the proceeding — The courts cannot seize themselves of a matter; it is up to the parties to commence a proceeding and determine its subject matter.

Limites des tribunaux — Les tribunaux ne peuvent juger au-delà de ce qui leur est demandé. Ils peuvent, si cela s'impose, corriger les impropriétés dans les conclusions d'un acte de procédure pour donner à celles-ci leur véritable qualification eu égard aux allégations de l'acte.

Limits of courts — The courts cannot adjudicate beyond what is sought by the parties. If necessary, they may correct any improper term in the conclusions set out in a written pleading in order to give them their proper characterization in light of the allegations in the pleading.

Obligations des tribunaux — Ils ne sont pas tenus de se prononcer sur des questions théoriques ou dans les cas où le jugement ne pourrait mettre fin à l'incertitude ou à la controverse soulevée, mais ils ne peuvent refuser de juger sous prétexte du silence, de l'obscurité ou de l'insuffisance de la loi.

Obligations of courts — The courts are not required to decide theoretical questions or to adjudicate where a judgment would not put an end to the uncertainty or the controversy, but they cannot refuse to adjudicate under the pretext that the law is silent, obscure or insufficient.

Chapitre II ——
Le caractère public de la procédure devant les tribunaux judiciaires

Chapter II ——
Public Nature of Procedure before The Courts

11. Audience publique — La justice civile administrée par les tribunaux de l'ordre judiciaire est publique. Tous peuvent assister aux audiences des tribunaux où qu'elles se tiennent et prendre connaissance des dossiers et des inscriptions aux registres des tribunaux.

11. Public hearing — Civil justice administered by the courts is public. Anyone may attend court hearings wherever they are held, and have access to court records and entries in the registers of the courts.

Exception — Il est fait exception à ce principe lorsque la loi prévoit le huis clos ou restreint l'accès aux dossiers ou à certains documents versés à un dossier.

Exception — An exception to this principle applies if the law provides for in camera proceedings or restricts access to the court records or to certain documents filed in a court record.

Exception — Les exceptions à la règle de la publicité prévues au présent chapitre s'appliquent malgré l'article 23 de la *Charte des droits et libertés de la personne*.

12. Ordre public — Le tribunal peut faire exception au principe de la publicité s'il considère que l'ordre public, notamment la protection de la dignité des personnes concernées par une demande, ou la protection d'intérêts légitimes importants exige que l'audience se tienne à huis clos, que soit interdit ou restreint l'accès à un document ou la divulgation ou la diffusion des renseignements et des documents qu'il indique ou que soit assuré l'anonymat des personnes concernées.

13. Huis clos — Sont admis à assister à l'audience qui se tient à huis clos les avocats et les notaires, leurs stagiaires, les journalistes qui prouvent leur qualité ainsi que, s'agissant d'audiences relatives à l'intégrité et à la capacité d'une personne, les personnes que le tribunal considère aptes à l'aider ou à la rassurer. Le tribunal peut néanmoins refuser leur présence si les circonstances l'exigent pour éviter un préjudice sérieux à une personne dont les intérêts risquent d'être touchés par la demande ou l'instance.

Présence requise — Peuvent également être admises les personnes dont la présence est, selon le tribunal, requise dans l'intérêt de la justice.

14. Enregistrement — Les personnes présentes aux audiences des tribunaux doivent s'y comporter avec respect et retenue. Seules celles qui prouvent leur qualité de journaliste peuvent faire un enregistrement sonore des débats et de la décision, à moins que le tribunal ne le leur interdise; elles ne peuvent cependant le diffuser. En aucun cas, la captation d'images n'est permise.

Devoir de réserve — Les parties et leurs représentants ont, pendant l'instance, un devoir de réserve pour assurer le respect dû à la justice.

Outrage au tribunal — Tous doivent obéir aux ordres du tribunal ou des officiers de justice sous son autorité, sous peine d'outrage au tribunal.

Exception — Exceptions to the principle of open proceedings set out in this chapter apply despite section 23 of the *Charter of human rights and freedoms*.

12. Public order — The court may make an exception to the principle of open proceedings if, in its opinion, public order, in particular the preservation of the dignity of the persons involved or the protection of substantial and legitimate interests, requires that the hearing be held in camera, that access to a document or the disclosure or circulation of information or documents specified by the court be prohibited or restricted, or that the anonymity of the persons involved be protected.

13. Hearing *in camera* — Lawyers, notaries, their articling students, and journalists who show proof of their status may attend a hearing held in camera; if the hearing concerns a person's personal integrity or capacity, anyone the court considers capable of assisting or reassuring the person may also attend. However, if circumstances so require, the court may exclude such persons to prevent serious prejudice to a person whose interests may be affected by the application or by the proceeding.

Presence required — Persons whose presence is, in the court's opinion, required in the interests of justice may also attend.

14. Sound recording — Persons present at a court hearing must conduct themselves in a respectful and restrained manner. Only those who prove their status as journalists may make a sound recording of the proceedings and the decision, unless the court prohibits them from doing so; they may not, however, broadcast the recording. In no case may images be recorded.

Duty of reserve — The parties and their representatives are duty-bound to exercise restraint throughout the proceeding out of respect for the judicial process.

Contempt of court — All must obey the orders of the court and of the officers of justice under its authority, under pain of contempt of court.

15. Matière familiale — En matière familiale, les audiences du tribunal de première instance se tiennent à huis clos; le tribunal peut cependant, dans l'intérêt de la justice, ordonner que l'audience soit publique. Les personnes présentes à l'audience non plus que toute autre personne ne peuvent, sans l'autorisation du tribunal, divulguer de l'information permettant d'identifier les personnes concernées, sous peine d'outrage au tribunal.

Anonymat — Les jugements en cette matière ne peuvent être publiés que s'ils assurent l'anonymat d'une partie à l'instance ou d'un enfant dont l'intérêt est en jeu dans une instance et que les passages qui permettent de les identifier en sont extraits ou caviardés.

16. Accès aux dossiers — En matière familiale, l'accès aux dossiers est restreint. En toutes autres matières, notamment celles relatives à l'intégrité ou à la capacité de la personne, l'accès aux documents portant sur la santé ou la situation psychosociale d'une personne est restreint si ces documents sont déposés sous pli cacheté.

Accès restreint — Lorsque l'accès aux dossiers ou à des documents est restreint, seuls peuvent les consulter ou en prendre copie les parties, leurs représentants, les avocats et les notaires, les personnes désignées par la loi et les personnes, dont les journalistes, qui, ayant justifié d'un intérêt légitime, sont autorisées par le tribunal selon les conditions et modalités d'accès que celui-ci fixe. Le ministre de la Justice est considéré, d'office, avoir un intérêt légitime pour accéder aux dossiers ou aux documents à des fins de recherche, de réforme ou d'évaluation d'une procédure.

Divulgation et diffusion — Les personnes ayant eu accès à un dossier en matière familiale ne peuvent divulguer ou diffuser aucun renseignement permettant d'identifier une partie à une instance ou un enfant dont l'intérêt est en jeu dans une instance, à moins que le tribunal ou la loi ne l'autorise ou que cette divulgation ou diffusion ne soit nécessaire pour permettre l'application d'une loi.

15. Family matters — In family matters, hearings of the court of first instance are held in camera; however, the court, in the interests of justice, may order that a hearing be public. Unless authorized by the court, no person attending a hearing nor any other person may disclose information that would allow the persons concerned to be identified, under pain of contempt of court.

Anonymity — Judgments in such matters may only be published if the anonymity of the parties and of any child whose interests are at stake in the proceeding is protected and the passages that would allow them to be identified have been deleted or redacted.

16. Access to court records — In family matters, access to the court records is restricted. In all other matters, especially those relating to personal integrity or capacity, access to documents pertaining to a person's health or psychosocial situation is restricted if they have been filed in a sealed envelope.

Restricted access — Access-restricted records or documents may only be consulted or copied by the parties, by their representatives, by lawyers and notaries, by persons designated by law, and by any person, including journalists, who has been authorized by the court after proving a legitimate interest, subject to the access conditions and procedure determined by the court. The Minister of Justice, by virtue of that office, is considered to have a legitimate interest to access records or documents for research, reform or evaluation purposes.

Disclosure and dissemination — No person who has had access to a record in a family matter may disclose or circulate any information that would allow a party or a child whose interests are at stake in a proceeding to be identified, unless authorized by the court or by law or unless the disclosure or circulation of the information is necessary for the purpose of applying a law.

Chapitre III ——
Les principes directeurs de la procédure

Chapter III ——
Guiding Principles of Procedure

17. Droit d'être entendu — Le tribunal ne peut se prononcer sur une demande ou, s'il agit d'office, prendre une mesure qui touche les droits d'une partie sans que celle-ci ait été entendue ou dûment appelée.

17. Right to be heard — The court cannot rule on an application, or order a measure on its own initiative, which affects the rights of a party unless the party has been heard or duly called.

Principe de contradiction — Dans toute affaire contentieuse, les tribunaux doivent, même d'office, respecter le principe de la contradiction et veiller à le faire observer jusqu'à jugement et pendant l'exécution. Ils ne peuvent fonder leur décision sur des moyens que les parties n'ont pas été à même de débattre.

Adversarial principle — In any contentious matter, the court, even on its own initiative, must uphold the adversarial principle and see that it is adhered to until the judgment and during execution of the judgment. It cannot base its decision on grounds the parties have not had the opportunity to debate.

18. Principe de proportionnalité — Les parties à une instance doivent respecter le principe de proportionnalité et s'assurer que leurs démarches, les actes de procédure, y compris le choix de contester oralement ou par écrit, et les moyens de preuve choisis sont, eu égard aux coûts et au temps exigé, proportionnés à la nature et à la complexité de l'affaire et à la finalité de la demande.

18. Principle of proportionality — The parties to a proceeding must observe the principle of proportionality and ensure that their actions, their pleadings, including their choice of an oral or a written defence, and the means of proof they use are proportionate, in terms of the cost and time involved, to the nature and complexity of the matter and the purpose of the application.

Devoirs des juges — Les juges doivent faire de même dans la gestion de chacune des instances qui leur sont confiées, et ce, quelle que soit l'étape à laquelle ils interviennent. Les mesures et les actes qu'ils ordonnent ou autorisent doivent l'être dans le respect de ce principe, tout en tenant compte de la bonne administration de la justice.

Duty of judges — Judges must likewise observe the principle of proportionality in managing the proceedings they are assigned, regardless of the stage at which they intervene. They must ensure that the measures and acts they order or authorize are in keeping with the same principle, while having regard to the proper administration of justice.

19. Devoirs des parties — Les parties à une instance ont, sous réserve du devoir des tribunaux d'assurer la saine gestion des instances et de veiller à leur bon déroulement, la maîtrise de leur dossier dans le respect des principes, des objectifs et des règles de la procédure et des délais établis.

19. Duty of parties — Subject to the duty of the courts to ensure proper case management and the orderly progress of proceedings, the parties control the course of their case insofar as they comply with the principles, objectives and rules of procedure and the prescribed time limits.

Bonne foi — Elles doivent veiller à limiter l'affaire à ce qui est nécessaire pour résoudre le litige et elles ne doivent pas agir en vue de nuire à autrui ou d'une manière excessive ou déraisonnable, allant ainsi à l'encontre des exigences de la bonne foi.

Good faith — They must be careful to confine the case to what is necessary to resolve the dispute, and must refrain from acting with the intent to cause prejudice to another person or behaving in an excessive or unreasonable manner, contrary to the requirements of good faith.

Fin de l'instance — Elles peuvent, à tout moment de l'instance, sans pour autant qu'il y ait

Termination of the proceeding — They may, at any stage of the proceeding, without lieu d'en arrêter le cours, choisir de régler leur litige en ayant recours à un mode privé de prévention et de règlement des différends ou à la conciliation judiciaire; elles peuvent aussi mettre autrement fin à l'instance.

necessarily stopping its progress, agree to settle their dispute through a private dispute prevention and resolution process or judicial conciliation; they may also otherwise terminate the proceeding at any time.

20. Devoir de coopération — Les parties se doivent de coopérer notamment en s'informant mutuellement, en tout temps, des faits et des éléments susceptibles de favoriser un débat loyal et en s'assurant de préserver les éléments de preuve pertinents.

20. Duty of cooperation — The parties are duty-bound to co-operate and, in particular, to keep one another informed at all times of the facts and particulars conducive to a fair debate and make sure that relevant evidence is preserved.

Devoirs d'information — Elles doivent notamment, au temps prévu par le Code ou le protocole de l'instance, s'informer des faits sur lesquels elles fondent leurs prétentions et des éléments de preuve qu'elles entendent produire.

Duty of information — They must, among other things, at the time prescribed by this Code or determined in the case protocol, inform one another of the facts on which their contentions are based and of the evidence they intend to produce.

21. Convocation comme témoin — La personne convoquée comme témoin a le devoir de se présenter, de témoigner et de dire la vérité.

21. Call as a witness — A person who is called as a witness is duty-bound to appear, testify and tell the truth.

Droits du témoin — Elle a le droit d'être informée, par celui qui la convoque, de la raison de sa convocation et de l'objet de son témoignage ainsi que sur le déroulement de l'instance. Elle a également le droit, le cas échéant, d'être informée sans délai que sa présence n'est plus nécessaire.

Rights of witnesses — Witnesses have the right to be informed, by the calling party, of the reason they have been called, of the subject matter of the testimony and of the order of the proceeding. They also have the right to be informed without delay that their presence is no longer required.

22. Rôle de l'expert — L'expert dont les services ont été retenus par l'une des parties ou qui leur est commun ou qui est commis par le tribunal a pour mission, qu'il agisse dans une affaire contentieuse ou non contentieuse, d'éclairer le tribunal dans sa prise de décision. Cette mission prime les intérêts des parties.

22. Expert's mission — The mission of an expert whose services have been retained by a single party or by the parties jointly or who has been appointed by the court, whether the matter is contentious or not, is to enlighten the court. This mission overrides the parties' interests.

Devoir de l'expert — L'expert doit accomplir sa mission avec objectivité, impartialité et rigueur.

Expert's duty — Experts must fulfill their mission objectively, impartially and thoroughly.

23. Non-représentation — Les personnes physiques peuvent agir pour elles-mêmes devant les tribunaux sans être représentées; elles doivent le faire dans le respect de la procédure établie par le Code et les règlements pris en son application.

23. Self-representation — Natural persons may self-represent before the courts, but must comply with the procedure established by this Code and the regulations under this Code.

24. Serment — Le serment est, pour la personne qui le prête, un engagement solennel de dire la vérité ou d'exercer une fonction avec impartialité et compétence.

Pouvoir du tribunal — Outre les cas prévus par la loi, le serment peut être exigé par le tribunal lorsqu'il l'estime nécessaire dans l'intérêt de la justice. Il doit alors être prêté devant un juge, un greffier ou toute autre personne autorisée par la loi à le recevoir.

24. Oath — The taking of an oath is a solemn undertaking to tell the truth or to exercise a function impartially and competently.

Power of the court — In addition to cases in which an oath is required by law, an oath may be required by the court whenever it considers it necessary in the interests of justice. The oath must be taken before a judge, a court clerk or any other person legally authorized to administer oaths.

Chapitre IV ——
Les règles d'interprétation et d'application du Code

Chapter IV ——
Rules of Interpretation and Application of this Code

25. Application — Les règles du Code sont destinées à favoriser le règlement des différends et des litiges, à faire apparaître le droit et à en assurer la sanction.

Manquement — Le manquement à une règle qui n'est pas d'ordre public n'empêche pas, s'il y a été remédié en temps utile, de décider une demande; de même, il peut être suppléé à l'absence de moyen pour exercer un droit par toute procédure qui n'est pas incompatible avec les règles que le Code contient.

25. Objectives — The rules of this Code are designed to facilitate the resolution of disputes and to bring out the substantive law and ensure that it is carried out.

Failure — Failure to observe a rule that is not a public order rule does not prevent an application from being decided provided the failure is remedied in a timely manner; likewise, if no specific procedure is provided for exercising a right, any mode of proceeding may be used that is not inconsistent with the rules of this Code.

26. Moyen technologique — Dans l'application du Code, il y a lieu de privilégier l'utilisation de tout moyen technologique approprié qui est disponible tant pour les parties que pour le tribunal en tenant compte, pour ce dernier, de l'environnement technologique qui soutient l'activité des tribunaux.

Pouvoirs du tribunal — Le tribunal peut utiliser un tel moyen ou ordonner qu'il le soit par les parties, même d'office, notamment dans la gestion des instances; il peut aussi, s'il le considère nécessaire, exiger, malgré l'accord des parties, qu'une personne se présente physiquement à une audience, à une conférence ou à un interrogatoire.

26. Technological means — In applying this Code, appropriate technological means that are available to both the parties and the court should be used whenever possible, taking into account the technological environment in place to support the business of the courts.

Powers of the court — The court, even on its own initiative, may use such means or order that such means be used by the parties, including for case management purposes; if it considers it necessary, the court may also, despite an agreement between the parties, require a person to appear in person at a hearing, a conference or an examination.

27. État d'urgence — Le juge en chef du Québec et le ministre de la Justice peuvent, de concert, lorsqu'un état d'urgence est déclaré par le gouvernement ou une situation rend impossible, en fait, le respect des règles du Code ou l'utilisation d'un moyen de communication, suspendre ou prolonger pour la période qu'ils indiquent l'application d'un délai de prescription ou

27. State of emergency — In a state of emergency declared by the Government or in a situation where it is impossible in fact to comply with the rules of this Code or to use a means of communication, the Chief Justice of Québec and the Minister of Justice may jointly suspend or extend a prescription or procedural period for a specified time, or authorize the use of another

de procédure ou autoriser l'utilisation d'un autre moyen de communication selon les modalités qu'ils fixent.

means of communication in the manner they specify.

Effet — Leur décision prend effet immédiatement; elle est publiée sans délai dans la *Gazette officielle du Québec*.

Effect — Their decision takes effect immediately, and must be published without delay in the *Gazette officielle du Québec*.

28. Nouvelle règle — Le ministre de la Justice peut, par règlement, après avoir pris en considération les effets du projet sur les droits des personnes et obtenu l'accord du juge en chef du Québec ou du juge en chef de la Cour supérieure ou de la Cour du Québec, selon leur compétence, et après avoir pris l'avis du Barreau du Québec et, le cas échéant, de la Chambre des notaires du Québec ou de la Chambre des huissiers de justice du Québec, modifier une règle de procédure ou en adopter une nouvelle pour le temps qu'il fixe, mais qui ne peut excéder trois ans, afin de procéder, dans les districts judiciaires qu'il indique, à un projet-pilote.

28. New rule of modification of a rule — After considering the effects of the project on the rights of individuals and obtaining the agreement of the Chief Justice of Québec or the Chief Justice of the Superior Court or the Chief Judge of the Court of Québec, according to their jurisdiction, and after consulting the Barreau du Québec and, if applicable, the Chambre des notaires du Québec or the Chambre des huissiers de justice du Québec, the Minister of Justice, by regulation, may modify a rule of procedure, or introduce a new one, for a specified time not exceeding three years, for the purposes of a pilot project conducted in specified judicial districts.

TITRE III
LA COMPÉTENCE DES TRIBUNAUX

TITLE III
JURISDICTION OF COURTS

Chapitre I
La compétence d'attribution des tribunaux
SECTION I
LA COMPÉTENCE DE LA COUR D'APPEL

Chapter I
Subject-Matter Jurisdiction of Courts
SECTION I
JURISDICTION OF COURT OF APPEAL

29. Compétence — La Cour d'appel est le tribunal général d'appel chargé d'entendre les pourvois portés contre les jugements des autres juridictions qui peuvent faire l'objet d'un appel à moins d'une disposition confiant l'appel à une autre juridiction.

29. Jurisdiction — The Court of Appeal is the general appellate court in charge of hearing appeals against appealable judgments of other courts, unless a provision specifies that an appeal is to be made before another court.

30. Appel de plein droit — Peuvent faire l'objet d'un appel de plein droit les jugements de la Cour supérieure et de la Cour du Québec qui mettent fin à une instance, de même que les jugements et ordonnances qui portent sur l'intégrité, l'état ou la capacité de la personne, sur les droits particuliers de l'État ou sur un outrage au tribunal.

30. Appeal as of right — Judgments of the Superior Court and the Court of Québec that terminate a proceeding, and judgments or orders that pertain to personal integrity, status or capacity, the special rights of the State or contempt of court, may be appealed as of right.

Appel sur permission — Toutefois, ne peuvent faire l'objet d'un appel que sur permission :

Appeal with leave — The following, however, may be appealed only with leave :

1° les jugements où la valeur de l'objet du litige en appel est inférieure à 60 000 $;

(1) judgments where the value of the subject matter of the dispute in appeal is less than 60,000 $;

2° les jugements rendus suivant la procédure non contentieuse qui ne font pas l'objet d'un appel de plein droit;

(2) judgments rendered in non-contentious matters and not appealable as of right;

3° les jugements qui rejettent une demande en justice en raison de son caractère abusif;

(3) judgments dismissing a judicial application because of its abusive nature;

4° les jugements qui rejettent une demande d'intervention volontaire ou forcée d'un tiers;

(4) judgments denying an application for forced or voluntary intervention of a third person;

5° les jugements de la Cour supérieure rendus sur un pourvoi en contrôle judiciaire portant sur l'évocation d'une affaire pendante devant une juridiction ou la révision d'une décision prise par une personne ou un organisme ou d'un jugement rendu par une juridiction assujetti à ce pouvoir de contrôle ou sur un pourvoi enjoignant à une personne d'accomplir un acte;

(5) judicial review judgments of the Superior Court relating to the evocation of a case pending before a court or to a decision made by a person or body or a judgment rendered by a court that is subject to judicial review by the Superior Court, or relating to a remedy commanding the performance of an act;

6° les jugements rendus sur les frais de justice octroyés pour sanctionner des manquements importants;

(6) judgments ruling on legal costs awarded to punish a substantial breach;

7° les jugements qui confirment ou annulent une saisie avant jugement;

(7) judgments confirming or quashing a seizure before judgment;

8° les jugements rendus en matière d'exécution.

(8) judgments ruling on execution matters.

Permission d'appeler — La permission d'appeler est accordée par un juge de la Cour d'appel lorsque celui-ci considère que la question en jeu en est une qui doit être soumise à la cour, notamment parce qu'il s'agit d'une question de principe, d'une question nouvelle ou d'une question de droit faisant l'objet d'une jurisprudence contradictoire.

Leave to appeal — Leave to appeal is granted by a judge of the Court of Appeal if that judge considers that the matter at issue is one that should be submitted to that Court, for example because it involves a question of principle, a new issue or an issue of law that has given rise to conflicting judicial decisions.

Valeur du litige — S'il y a lieu de déterminer la valeur de l'objet du litige en appel, il est tenu compte des intérêts courus à la date du jugement de première instance de même que de l'indemnité additionnelle visée à l'article 1619 du Code civil. Les frais de justice ne sont pas pris en considération. Si l'appel porte sur le droit à des dommages-intérêts additionnels en réparation d'un préjudice corporel, il n'est tenu compte que de la valeur de ces dommages-intérêts.

Value of the subject matter of the dispute — If it is necessary to calculate the value of the subject matter of the dispute in appeal, account must be taken of interest already accrued on the date of the judgment in first instance and of the additional indemnity mentioned in article 1619 of the Civil Code. Legal costs are disregarded. If the subject matter of the appeal is the right to additional damages for bodily injury, only the amount of those damages is to be taken into account.

31. Jugement en cours d'instance — Le jugement de la Cour supérieure ou de la Cour du Québec rendu en cours d'instance, y compris pendant l'instruction, peut faire l'objet d'un ap-

31. Judgment in the course of a proceeding — A judgment of the Superior Court or the Court of Québec rendered in the course of a proceeding, including during a trial, is appealable as

pel de plein droit s'il rejette une objection à la preuve fondée sur le devoir de discrétion du fonctionnaire de l'État ou sur le respect du secret professionnel.

Appel sur permission — Il peut également faire l'objet d'un appel sur permission d'un juge de la Cour d'appel, si ce dernier estime que ce jugement décide en partie du litige ou cause un préjudice irrémédiable à une partie, y compris s'il accueille une objection à la preuve.

Effet — Le jugement doit être porté en appel sans délai. L'appel ne suspend pas l'instance à moins qu'un juge d'appel ne l'ordonne; cependant, si le jugement est rendu en cours d'instruction, l'appel ne suspend pas celle-ci; le jugement au fond ne peut toutefois être rendu ou, le cas échéant, la preuve concernée entendue avant la décision de la cour.

Exception — Tout autre jugement rendu en cours d'instruction, à l'exception de celui qui accueille une objection à la preuve, ne peut être mis en question que sur l'appel du jugement au fond.

32. Appel sur les mesures de gestion — Ne peuvent faire l'objet d'un appel les mesures de gestion relatives au déroulement de l'instance et les décisions sur les incidents concernant la reprise d'instance, la jonction ou la disjonction des instances, la suspension de l'instruction ou la scission d'une instance ou encore la constitution préalable de la preuve. Toutefois, si la mesure ou la décision paraît déraisonnable au regard des principes directeurs de la procédure, un juge de la Cour d'appel peut accorder la permission d'en appeler.

SECTION II —
LA COMPÉTENCE DE LA COUR
SUPÉRIEURE

33. Compétence — La Cour supérieure est le tribunal de droit commun. Elle a compétence en première instance pour entendre toute demande que la loi n'attribue pas formellement et exclusivement à une autre juridiction ou à un organisme juridictionnel.

Compétence exclusive — Elle est seule compétente pour entendre les actions collectives et les demandes d'injonction.

of right if it disallows an objection to evidence based on the duty of discretion of public servants or on professional secrecy.

Appeal with leave — Such a judgment may be appealed with leave of a judge of the Court of Appeal if the judge considers that it determines part of the dispute or causes irremediable prejudice to a party, including if it allows an objection to evidence.

Effect — The judgment must be appealed without delay. The appeal does not stay the proceeding unless a judge of the Court of Appeal so orders. If the judgment was rendered in the course of the trial, the appeal does not stay the trial; however, judgment on the merits cannot be rendered nor, if applicable, the evidence concerned heard until the decision on the appeal is rendered.

Exception — Any other judgment rendered in the course of a trial, except one that allows an objection to evidence, may only be challenged on an appeal against the judgment on the merits.

32. Case management measures — Case management measures relating to the conduct of a proceeding and rulings on incidental applications concerning the continuance of a proceeding, the joinder or severance of proceedings, the stay of a trial, the splitting of a proceeding or pre-trial discovery cannot be appealed. However, if a measure or a ruling appears unreasonable in light of the guiding principles of procedure, a judge of the Court of Appeal may grant leave to appeal.

SECTION II —
JURISDICTION OF SUPERIOR COURT

33. Jurisdiction — The Superior Court is the court of original general jurisdiction. It has jurisdiction in first instance to hear and determine any application not formally and exclusively assigned by law to another court or to an adjudicative body.

Exclusive jurisdiction — It has exclusive jurisdiction to hear and determine class actions and applications for an injunction.

34. Pouvoir général — La Cour supérieure est investie d'un pouvoir général de contrôle judiciaire sur les tribunaux du Québec autres que la Cour d'appel, sur les organismes publics, sur les personnes morales de droit public ou de droit privé, les sociétés et les associations et les autres groupements sans personnalité juridique.

Limites du pouvoir — Ce pouvoir ne peut s'exercer dans les cas que la loi exclut ou qu'elle déclare être du ressort exclusif de ces tribunaux, personnes, organismes ou groupements, sauf s'il y a défaut ou excès de compétence.

Modalité — La cour est saisie au moyen d'un pourvoi en contrôle judiciaire.

34. General power — The Superior Court is vested with a general power of judicial review over all courts in Québec other than the Court of Appeal, over public bodies, over legal persons established in the public interest or for a private interest, and over partnerships and associations and other groups not endowed with juridical personality.

Limits of power — This power cannot be exercised in cases excluded by law or declared by law to be under the exclusive purview of those courts, persons, bodies or groups, except where there is lack or excess of jurisdiction.

Judicial review — A matter is brought to the Court by means of an application for judicial review.

SECTION III —
LA COMPÉTENCE DE LA COUR DU
QUÉBEC

SECTION III —
JURISDICTION OF COURT OF QUÉBEC

35. Compétence exclusive — La Cour du Québec a compétence exclusive pour entendre les demandes dans lesquelles soit la valeur de l'objet du litige, soit la somme réclamée, y compris en matière de résiliation de bail, est inférieure à 85 000 $, sans égard aux intérêts; elle entend également les demandes qui leur sont accessoires portant notamment sur l'exécution en nature d'une obligation contractuelle. Néanmoins, elle n'exerce pas cette compétence dans les cas où la loi l'attribue formellement et exclusivement à une autre juridiction ou à un organisme juridictionnel, non plus que dans les matières familiales autres que l'adoption.

Changement de juridiction — La demande introduite à la Cour du Québec cesse d'être de la compétence de la cour si, en raison d'une demande reconventionnelle prise isolément ou d'une modification à la demande, la somme réclamée ou la valeur de l'objet du litige atteint ou excède 85 000 $. Inversement, la Cour du Québec devient seule compétente pour entendre la demande portée devant la Cour supérieure lorsque la somme réclamée ou la valeur de l'objet du litige devient inférieure à ce montant. Dans l'un et l'autre cas, le dossier est transmis à la juridiction compétente si toutes les parties y consentent ou si le tribunal l'ordonne, d'office ou sur demande d'une partie.

Pluralité de demandeurs — Lorsque plu-

35. Exclusive jurisdiction — The Court of Québec has exclusive jurisdiction to hear and determine applications in which the value of the subject matter of the dispute or the amount claimed, including in lease resiliation matters, is less than 85 000 $, exclusive of interest; it also hears and determines applications ancillary to such an application, including those for the specific performance of a contractual obligation. However, it does not have such jurisdiction in cases where jurisdiction is formally and exclusively assigned to another court or adjudicative body, or in family matters other than adoption.

Change of jurisdiction — An application brought before the Court of Québec is no longer within the jurisdiction of that Court if a cross-application is made for an amount or value equal to or exceeding 85 000 $, or if an amendment to the application increases the amount claimed or the value of the subject matter of the dispute to 85 000 $ or more. Conversely, the Court of Québec alone becomes competent to hear and determine an application brought before the Superior Court if the amount claimed or the value of the subject matter of the dispute falls below that amount. In either case, the record is transferred to the competent court if all parties agree or if the court so orders on its own initiative or on a party's request.

Plurality of plaintiffs — If two or more plain-

sieurs demandeurs se joignent ou sont représentés par une même personne dans une même demande en justice, la cour est compétente si elle peut connaître des demandes de chacun.

tiffs join together or are represented by the same person in the same judicial application the Court of Québec has jurisdiction if it would be competent to hear and determine each plaintiff's application.

Limite monétaire — La limite monétaire de compétence de la Cour du Québec est haussée de 5 000 $ le 1er septembre de l'année civile qui suit celle où le montant cumulé résultant de l'indexation annuelle de la valeur de cette limite, telle qu'indexée, suivant l'indice des prix à la consommation pour le Québec, déterminé par Statistique Canada, atteint une somme d'au moins 5 000 $ depuis la dernière augmentation. Un avis indiquant la limite monétaire de compétence de la Cour du Québec qui découle de cette opération est publié à la *Gazette officielle du Québec* par le ministre de la Justice au plus tard le 1er août de l'année où cette nouvelle limite entre en vigueur. Les demandes en justice introduites avant le 1er septembre de cette année se poursuivent devant le tribunal déjà saisi.

Monetary limit — The monetary jurisdiction limit of the Court of Québec is increased by 5 000 $ on 1 September of the calendar year following the calendar year in which the total amount resulting from annual adjustments of the indexed limit amount on the basis of the Consumer Price Index for Québec, determined by Statistics Canada, since the last increase is equal to or exceeds 5 000 $. A notice stating the monetary jurisdiction limit of the Court resulting from that calculation is published in the *Gazette officielle du Québec* by the Minister of Justice not later than 1 August of the year in which the new limit comes into force. Judicial applications introduced before 1 September of that year continue before the court seized.

36. Compétence exclusive — Sous réserve de la compétence attribuée aux cours municipales, la Cour du Québec connaît, à l'exclusion de la Cour supérieure, de toute demande pour le recouvrement d'un impôt foncier, d'une taxe ou de toute autre somme d'argent due à une municipalité ou à une commission scolaire en application d'une loi ou des demandes contestant l'existence ou le montant d'une telle dette.

36. Exclusive jurisdiction — Subject to the jurisdiction assigned to the municipal courts, the Court of Québec has jurisdiction, to the exclusion of the Superior Court, to hear and determine applications for the recovery of property taxes, other taxes or any other amount due under an Act to a municipality or a school board, and applications by which the existence or amount of such a debt is contested.

Compétence exclusive — Elle connaît également de toute demande de remboursement d'un trop-perçu par une municipalité ou une commission scolaire.

Exclusive jurisdiction — The Court also has jurisdiction to hear and determine applications for the reimbursement of an overpayment to a municipality or a school board.

37. Matière d'adoption — La Cour du Québec connaît, à l'exclusion de la Cour supérieure, des demandes en matière d'adoption.

37. Adoption matters — The Court of Québec has jurisdiction, to the exclusion of the Superior Court, to hear and determine applications in adoption matters.

Matières relatives à la jeunesse — Dans les autres matières relatives à la jeunesse, la compétence de la cour et la procédure à suivre devant elle sont déterminées par les lois particulières.

Youth matters — In other youth matters, jurisdiction and procedure are determined by special Acts.

Demandes liées — Lorsque la Cour du Québec est déjà saisie d'une demande en matière d'adoption ou de protection de la jeunesse, elle peut se prononcer sur les demandes qui y sont liées concernant la garde de l'enfant, son émancipation, l'exercice de l'autorité parentale ou la tutelle demandée par le directeur de la protection de la jeunesse.

Related applications — If an adoption or youth protection matter is already before the Court of Québec, it may rule on any related application concerning child custody, emancipation, the exercise of parental authority or tutorship requested by the director of youth protection.

38. Garde en établissement — La Cour du Québec a compétence exclusive pour entendre les demandes ayant pour objet, en l'absence de consentement de la personne concernée, la garde dans un établissement de santé ou de services sociaux en vue ou à la suite d'une évaluation psychiatrique.

38. Confinement in institution — The Court of Québec has exclusive jurisdiction to hear and determine applications concerning a person's confinement in a health or social services institution for or after a psychiatric assessment without the person's consent.

39. Compétence en arbitrage — La Cour du Québec a compétence exclusive pour connaître des demandes relatives à un arbitrage dans la mesure où elle aurait compétence pour statuer sur l'objet du différend confié à l'arbitre, ainsi que des demandes de reconnaissance et d'exécution d'une décision rendue hors du Québec dans les matières relevant de sa compétence.

39. Arbitration — The Court of Québec has exclusive jurisdiction to hear and determine applications relating to an arbitration insofar as it would be competent to rule on the subject matter of the dispute referred to the arbitrator, and to hear and determine applications for the recognition and enforcement of a decision rendered outside Québec in a matter within its jurisdiction.

Chapitre II
La compétence territoriale des tribunaux
SECTION I
LA COMPÉTENCE TERRITORIALE EN APPEL

Chapter II
Territorial Jurisdiction of Courts
SECTION I
TERRITORIAL JURISDICTION — APPEAL

40. Compétence territoriale — La Cour d'appel siégeant à Montréal entend les appels des jugements rendus dans les districts judiciaires de Beauharnois, Bedford, Drummond, Gatineau, Iberville, Joliette, Labelle, Laval, Longueuil, Mégantic, Montréal, Pontiac, Richelieu, Saint-François, Saint-Hyacinthe et Terrebonne. Les appels des jugements rendus dans les autres districts sont portés à Québec.

40. Territorial jurisdiction — The Court of Appeal sitting at Montréal hears appeals against judgments rendered in the judicial districts of Beauharnois, Bedford, Drummond, Gatineau, Iberville, Joliette, Labelle, Laval, Longueuil, Mégantic, Montréal, Pontiac, Richelieu, Saint-François, Saint-Hyacinthe and Terrebonne. The Court of Appeal sitting at Québec hears appeals against judgments rendered in all other districts.

SECTION II
LA COMPÉTENCE TERRITORIALE EN PREMIÈRE INSTANCE

SECTION II
TERRITORIAL JURISDICTION — FIRST INSTANCE

41. Domicile du défendeur — La juridiction territorialement compétente au Québec pour entendre les demandes en justice est celle du lieu où est domicilié le défendeur ou l'un ou l'autre d'entre eux s'il y en a plusieurs domiciliés dans différents districts.

41. Domicile of the defendant — The court having territorial jurisdiction in Québec to hear a judicial application is the court of the domicile of the defendant, or one of the defendants domiciled in different districts.

Non-domicilié au Québec — Si le défendeur n'a pas de domicile au Québec, la juridiction territorialement compétente est alors celle du lieu de sa résidence ou, s'agissant d'une personne morale, celle du lieu d'un de ses établissements ou encore celle du lieu où le défendeur a des biens.

Defendant without domicile in Québec — If the defendant has no domicile in Québec, the court that has territorial jurisdiction is the court of the defendant's residence or, in the case of a legal person, the court of the place where the defendant has an establishment, or the court of the place where the defendant has property.

Domicile élu — Est aussi territorialement compétente, si l'ordre public le permet, la juridiction du lieu du domicile élu par le défendeur ou celle désignée par la convention des parties, à moins que cette convention ne soit un contrat d'adhésion.

Elected domicile — So far as public order permits, the court of the defendant's elected domicile, or the court designated by an agreement between the parties other than an adhesion contract, also has territorial jurisdiction.

42. Choix du demandeur — Est également compétente, au choix du demandeur :

1° en matière d'exécution d'obligations contractuelles, la juridiction du lieu où le contrat a été conclu;

2° en matière de responsabilité civile extracontractuelle, la juridiction du lieu où le fait générateur du préjudice est survenu ou celle de l'un des lieux où le préjudice a été subi;

3° lorsque l'objet de la demande est un bien immeuble, la juridiction du lieu où est situé tout ou partie de ce bien.

42. Plaintiff's option — At the plaintiff's option,

(1) an application for the performance of contractual obligations may also be brought before the court of the place where the contract was made;

(2) an application concerning extracontractual civil liability may also be brought before the court of the place where the injurious act or omission occurred or the court of any of the places where the injury was suffered; and

(3) an application whose subject matter is immovable property may also be brought before the court of the place where the property is wholly or partly situated.

43. Contrat de travail ou de consommation — Lorsque la demande porte sur un contrat de travail ou de consommation, la juridiction compétente est celle du domicile ou de la résidence du salarié ou du consommateur, que ces derniers soient demandeurs ou défendeurs.

43. Employment or consumer contrat — If an application pertains to an employment contract or a consumer contract, the court having jurisdiction is the court of the domicile or residence of the employee or the consumer, whether that person is the plaintiff or the defendant.

Contrat d'assurance — Lorsque la demande porte sur un contrat d'assurance, la juridiction compétente est celle du lieu du domicile ou de la résidence de l'assuré, que ce dernier soit demandeur ou défendeur, ou, le cas échéant, du bénéficiaire du contrat. S'il s'agit d'une assurance de biens, la juridiction du lieu du sinistre est également compétente.

Insurance contrat — If an application pertains to an insurance contract, the court having jurisdiction is the court of the domicile or residence of the insured, whether that person is the plaintiff or the defendant, or, as applicable, the court of the domicile or residence of the beneficiary under the contract. In the case of property insurance, the court of the place where the loss occurred also has jurisdiction.

Droit hypothécaire — Lorsque la demande porte sur l'exercice d'un droit hypothécaire sur l'immeuble servant de résidence principale au débiteur, la juridiction compétente est celle du lieu où est situé cet immeuble.

Hypothecary right — If an application pertains to the exercise of a hypothecary right on an immovable serving as the debtor's main residence, the court having jurisdiction is the court of the place where the immovable is situated.

Convention contraire — Les conventions contraires sont inopposables au salarié, au consommateur, à l'assuré, au bénéficiaire du contrat d'assurance ou au débiteur hypothécaire.

Agreement to the contrary — An agreement to the contrary is unenforceable against the employee, the consumer, the insured, the insurance contract beneficiary or the hypothecary debtor.

44. Intégrité, état, capacité — En matière d'intégrité, d'état ou de capacité de la personne, la juridiction compétente est celle du domicile ou de la résidence du mineur ou du majeur concerné par la demande ou, dans un cas d'absence, de son représentant.

Établissement — Lorsque le majeur réside dans un établissement de santé ou de services sociaux, la demande peut aussi être portée devant la juridiction du lieu où le majeur est gardé ou devant celle du lieu où il avait auparavant son domicile ou sa résidence ou encore devant celle du domicile du demandeur.

Demande en révision — Lorsque le majeur protégé, le demandeur ou le représentant ne demeure plus dans le district où le jugement a été rendu, la demande en révision peut être portée devant la juridiction du domicile ou de la résidence de l'un d'eux.

45. Matière familiale — En matière familiale, la juridiction compétente est celle du lieu du domicile commun des parties ou, à défaut, du domicile de l'une ou de l'autre ainsi que, dans les cas d'opposition au mariage ou à l'union civile, celle du lieu de célébration.

Matière d'adoption — En matière d'adoption, la juridiction compétente est celle du domicile de l'enfant mineur ou du demandeur ou, si les parties y consentent, celle du ressort du directeur de la protection de la jeunesse qui le dernier avait charge de l'enfant.

Demande en révision — Lorsque les parties n'ont plus leur domicile dans le district où le jugement a été rendu, la demande en révision peut être portée devant la juridiction du domicile de l'une ou de l'autre, mais si l'une demeure encore dans le district, la demande n'est portée dans un autre district que si cette partie y consent. Dans tous les cas, si un enfant est concerné, la demande peut être portée devant la juridiction du domicile de l'enfant.

46. Succession — En matière de succession, la juridiction compétente est celle du lieu où s'ouvre la succession.

44. Personal integrity, status or capacity — In matters relating to personal integrity, status or capacity, the court having jurisdiction is the court of the domicile or residence of the minor or person of full age concerned or, in the case of an absentee, of the absentee's representative.

Person of full age residing in institution — An application concerning a person of full age who resides in a health or social services institution may also be brought before the court of the place where the institution is situated, the court of the person's former domicile or residence, or the court of the plaintiff's domicile.

Application for review of the judgment — If the person of full age under protective supervision, the plaintiff or the representative no longer lives in the district where the judgment was rendered, an application for review of the judgment may be brought before the court of the domicile or residence of any of them.

45. Family matters — In family matters, the court having jurisdiction is the court of the common domicile of the parties or, if they do not have a common domicile, the court of the domicile of one of the parties and, in cases of opposition to marriage or civil union, the court of the place of solemnization.

Adoption matters — In adoption matters, the court having jurisdiction is the court of the domicile of the minor child or of the applicant or, if the parties consent, the court of the place under the responsibility of the director of youth protection who was last in charge of the child.

Application for review of the judgment — If the parties are no longer domiciled in the district where the judgment was rendered, an application for review of the judgment may be brought before the court of the domicile of one of the parties, but if one of them still lives in that district, the application may only be brought in another district with the consent of that party. Whenever a child is involved, the application may be brought before the court of the child's domicile.

46. Succession matters — In succession matters, the court having jurisdiction is the court of the place where the succession opened.

Exception — Cependant, si la succession ne s'est pas ouverte au Québec, est compétente, au choix du demandeur, la juridiction du lieu où sont situés les biens, celle du lieu du décès ou celle où est domicilié le défendeur ou l'un d'entre eux.

Domicile du liquidateur — La juridiction du lieu où est domicilié le liquidateur de la succession est également compétente à l'égard de toute demande qui concerne la désignation du liquidateur ou l'exercice de ses fonctions.

47. Demande incidente — Les demandes incidentes, telles les demandes en garantie et celles relatives à des dommages-intérêts additionnels en réparation d'un préjudice corporel, doivent être portées devant la juridiction où la demande principale a été introduite.

48. Ordonnance de transfert — À toute étape d'une instance, le juge en chef peut exceptionnellement, dans l'intérêt des parties ou des tiers concernés ou encore si d'autres motifs sérieux le commandent, ordonner, même d'office, le transfert du dossier, de l'instruction ou d'une demande relative à l'exécution du jugement dans un autre district.

Exception — However, if the succession did not open in Québec, an application may be brought, at the plaintiff's option, before the court of the place where the property is situated, the court of the place where the death occurred or the court of the domicile of the defendant or one of the defendants.

Domicile of the liquidator — The court of the domicile of the liquidator of the succession is also competent in respect of any application pertaining to the appointment of the liquidator or the exercise of the liquidator's functions.

47. Incidental applications — Incidental applications, such as recourses in warranty and applications for additional damages for bodily injury, must be brought before the court before which the principal application was brought.

48. Order to transfer — At any stage of a proceeding, the chief justice or chief judge may, by way of exception, order, even on their own initiative, that a case, a trial or an application relating to the execution of a judgment be transferred to another district in the interests of the parties or of the third persons concerned or if warranted on serious grounds.

Chapitre III —
Les pouvoirs des tribunaux
SECTION I —
LES POUVOIRS GÉNÉRAUX

Chapter III —
Powers of Courts
SECTION I —
GENERAL POWERS

49. Pouvoirs des juges et des tribunaux — Les tribunaux et les juges, tant en première instance qu'en appel, ont tous les pouvoirs nécessaires à l'exercice de leur compétence.

Pouvoirs — Ils peuvent, à tout moment et en toutes matières, prononcer, même d'office, des injonctions ou des ordonnances de sauvegarde des droits des parties, pour le temps et aux conditions qu'ils déterminent. De plus, ils peuvent rendre les ordonnances appropriées pour pourvoir aux cas où la loi n'a pas prévu de solution.

50. Affaires non contentieuses — Les tribunaux qui, en première instance, siègent dans les affaires non contentieuses ou dans des affaires

49. Powers of courts and judges — The courts and judges have all the powers necessary for the exercise of their jurisdiction both in first instance and in appeal.

Powers of courts and judges — They may, at any time and in all matters, even on their own initiative, grant injunctions or issue orders to safeguard the parties' rights for the period and subject to the conditions they determine. As well, they may make such orders as are appropriate to deal with situations for which no solution is provided by law.

50. Non-contentious cases — When sitting in first instance in non-contentious cases or in cases in which a child's interests or a person's

où l'intérêt d'un enfant ou l'intégrité, l'état et la capacité d'une personne sont en cause, peuvent, même d'office, demander la présence d'une personne ou la présentation d'une preuve et entendre sans formalités les personnes qui peuvent les éclairer et, après convocation, celles dont les intérêts risquent d'être touchés par la décision.

personal integrity, status or capacity are at issue, the courts, even on their own initiative, may require the attendance of a person or the presentation of evidence, and informally hear persons who may enlighten them and, after calling them, persons whose interests may be affected by the decision.

SECTION II —
LE POUVOIR DE SANCTIONNER LES ABUS DE LA PROCÉDURE

SECTION II —
POWER TO IMPOSE SANCTIONS FOR ABUSE OF PROCEDURE

51. Application — Les tribunaux peuvent à tout moment, sur demande et même d'office, déclarer qu'une demande en justice ou un autre acte de procédure est abusif.

51. Upon request or *ex officio* — The courts may, at any time, on an application and even on their own initiative, declare that a judicial application or a pleading is abusive.

Abus — L'abus peut résulter, sans égard à l'intention, d'une demande en justice ou d'un autre acte de procédure manifestement mal fondé, frivole ou dilatoire, ou d'un comportement vexatoire ou quérulent. Il peut aussi résulter de l'utilisation de la procédure de manière excessive ou déraisonnable ou de manière à nuire à autrui ou encore du détournement des fins de la justice, entre autres si cela a pour effet de limiter la liberté d'expression d'autrui dans le contexte de débats publics.

Abuse — Regardless of intent, the abuse of procedure may consist in a judicial application or pleading that is clearly unfounded, frivolous or intended to delay or in conduct that is vexatious or quarrelsome. It may also consist in a use of procedure that is excessive or unreasonable or that causes prejudice to another person, or attempts to defeat the ends of justice, particularly if it operates to restrict another person's freedom of expression in public debate.

52. Preuve de l'abus — Si une partie établit sommairement que la demande en justice ou l'acte de procédure peut constituer un abus, il revient à la partie qui l'introduit de démontrer que son geste n'est pas exercé de manière excessive ou déraisonnable et se justifie en droit.

52. Proof of abuse — If a party summarily establishes that a judicial application or pleading may constitute an abuse of procedure, the onus is on the initiator of the application or pleading to show that it is not excessive or unreasonable and is justified in law.

Modalités — La demande est présentée et contestée oralement, et le tribunal en décide sur le vu des actes de procédure et des pièces au dossier et, le cas échéant, la transcription des interrogatoires préalables à l'instruction. Aucune autre preuve n'est présentée, à moins que le tribunal ne l'estime nécessaire.

Application — The application is presented and defended orally, and decided by the court on the face of the pleadings and exhibits in the record and the transcripts of any pre-trial examinations. No other evidence is presented, unless the court considers it necessary.

Caractère prioritaire — La demande faite au tribunal de se prononcer sur le caractère abusif d'un acte de procédure qui a pour effet de limiter la liberté d'expression d'autrui dans le contexte d'un débat public est, en première instance, traitée en priorité.

Matter of priority — An application for a court ruling on the abusive nature of a pleading that operates to restrict another person's freedom of expression in public debate must, in first instance, be dealt with as a matter of priority.

53. Pouvoirs du tribunal — Le tribunal peut, dans un cas d'abus, rejeter la demande en justice ou un autre acte de procédure, supprimer une

53. Powers of the court — If there has been an abuse of procedure, the court may dismiss the judicial application or reject a pleading, strike

conclusion ou en exiger la modification, refuser un interrogatoire ou y mettre fin ou encore annuler une citation à comparaître.

Pouvoirs du tribunal — Dans un tel cas ou lorsqu'il paraît y avoir un abus, le tribunal peut, s'il l'estime approprié :

1° assujettir la poursuite de la demande en justice ou l'acte de procédure à certaines conditions;

2° requérir des engagements de la partie concernée quant à la bonne marche de l'instance;

3° suspendre l'instance pour la période qu'il fixe;

4° recommander au juge en chef d'ordonner une gestion particulière de l'instance;

5° ordonner à la partie qui a introduit la demande en justice ou présenté l'acte de procédure de verser à l'autre partie, sous peine de rejet de la demande ou de l'acte, une provision pour les frais de l'instance, si les circonstances le justifient et s'il constate que sans cette aide cette partie risque de se retrouver dans une situation économique telle qu'elle ne pourrait faire valoir son point de vue valablement.

54. Pouvoirs du tribunal — Le tribunal peut, en se prononçant sur le caractère abusif d'une demande en justice ou d'un autre acte de procédure, incluant celui présenté sous la présente section, ordonner, le cas échéant, le remboursement de la provision versée pour les frais de l'instance, condamner une partie à payer, outre les frais de justice, des dommages-intérêts en réparation du préjudice subi par une autre partie, notamment pour compenser les honoraires et les débours que celle-ci a engagés ou, si les circonstances le justifient, attribuer des dommages-intérêts punitifs.

Dommages-intérêts — Si le montant des dommages-intérêts n'est pas admis ou ne peut être établi aisément au moment de la déclaration d'abus, le tribunal peut en décider sommairement dans le délai et aux conditions qu'il détermine ou, s'agissant de la Cour d'appel, celle-ci peut alors renvoyer l'affaire au tribunal de première instance qui en était saisi pour qu'il en décide.

out a conclusion or require that it be amended, terminate or refuse to allow an examination, or cancel a subpoena.

Powers of the court — If there has been or if there appears to have been an abuse of procedure, the court, if it considers it appropriate, may do one or more of the following :

(1) impose conditions on any further steps in the judicial application or on the pleading;

(2) require undertakings from the party concerned with respect to the orderly conduct of the proceeding;

(3) stay the proceeding for the period it determines;

(4) recommend that the chief justice or chief judge order special case management; or

(5) order the party that initiated the judicial application or presented the pleading to pay the other party, under pain of dismissal of the application or rejection of the pleading, a provision for costs, if the circumstances so warrant and if the court notes that, without such assistance, that other party's financial situation would likely prevent it from effectively conducting its case.

54. Powers of the court — On ruling on whether a judicial application or pleading, including one presented under this division, is abusive, the court may order a provision for costs to be reimbursed, order a party to pay, in addition to legal costs, damages for any injury suffered by another party, including to cover the professional fees and disbursements incurred by that other party, or award punitive damages if warranted by the circumstances.

Damages — If the amount of the damages is not admitted or cannot be easily calculated at the time the application or pleading is declared abusive, the court may summarily determine the amount within the time and subject to the conditions it specifies or, in the case of the Court of Appeal, refer the matter back to the court of first instance for a decision.

55. Quérulence — Lorsque l'abus résulte de la quérulence d'une partie, le tribunal peut, outre les autres mesures, interdire à la partie d'introduire une demande en justice ou de présenter un acte de procédure dans une instance déjà introduite sans l'autorisation préalable du juge en chef et selon les conditions que celui-ci détermine.

55. Quarrelsomeness — If an abuse of procedure results from a party's quarrelsomeness, the court may, in addition to other measures, prohibit the party from instituting a judicial application or presenting a pleading in an ongoing proceeding except with the authorization of and subject to the conditions determined by the chief justice or the chief judge.

56. Personne morale — Lorsque l'abus est le fait d'une personne morale ou d'une personne qui agit en qualité d'administrateur du bien d'autrui, les administrateurs et les dirigeants de la personne morale qui ont participé à la décision ou l'administrateur du bien d'autrui peuvent être condamnés personnellement au paiement des dommages-intérêts.

56. Legal person — If a legal person is responsible for an abuse of procedure, those of its directors and officers who participated in the decision may be ordered personally to pay damages. The same holds for an administrator of the property of others who is responsible for such an abuse.

SECTION III —
LE POUVOIR DE PUNIR L'OUTRAGE AU TRIBUNAL

SECTION III —
POWER TO PUNISH FOR CONTEMPT OF COURT

57. Application — Les tribunaux peuvent sanctionner la conduite de toute personne qui se rend coupable d'outrage au tribunal en sa présence ou hors celle-ci. Cependant, si l'outrage est commis envers la Cour d'appel, hors sa présence, l'affaire est portée devant la Cour supérieure.

57. In or outside the presence of the court — The courts may punish the conduct of any person who is guilty of contempt of court, whether committed in or outside the presence of the court. In the case of contempt of the Court of Appeal committed outside the presence of the Court, the matter is brought before the Superior Court.

Inopposabilité — La transaction ou tout autre acte mettant fin au litige est inopposable au tribunal en ce qui a trait à l'outrage.

Undemurrability — A transaction or any other act that puts an end to a dispute cannot be invoked against the court in a matter of contempt.

58. Outrage au tribunal — Se rend coupable d'outrage au tribunal la personne qui contrevient à une ordonnance ou à une injonction du tribunal ou qui agit de manière à entraver le cours de l'administration de la justice ou à porter atteinte à l'autorité ou à la dignité du tribunal.

58. Contempt of court — A person who disobeys a court order or injunction or acts in such a way as to interfere with the orderly administration of justice or undermine the authority or dignity of the court is guilty of contempt of court.

Injonction — En matière d'injonction, la personne qui n'y est pas désignée ne se rend coupable d'outrage au tribunal que si elle y contrevient sciemment.

Injunction — A person not named in an injunction who disobeys that injunction is guilty of contempt of court only if the person does so knowingly.

59. Citation à comparaître — La personne à qui il est reproché d'avoir commis un outrage doit être citée à comparaître par une ordonnance du tribunal, au jour et à l'heure indiqués, pour entendre la preuve des faits dont on lui fait grief et faire valoir ses moyens de défense.

59. Summons to appear — A person charged with contempt of court must be summoned, by an order of the court, to appear on the day and at the time specified to hear proof of the acts held against the person and to raise grounds of defence.

60. Modalités — L'ordonnance portant citation à comparaître est prononcée d'office ou à la suite d'une demande présentée au tribunal, laquelle n'a pas à être notifiée.

Signification — L'ordonnance doit être signifiée en mains propres ou, si les circonstances ne le permettent pas, le tribunal peut autoriser un autre mode de notification.

Décision sans délai — Toutefois, si l'outrage a été commis en présence du tribunal et doit être décidé sans délai, il suffit que la personne soit auparavant appelée à se justifier.

61. Juge décideur — Le juge qui doit décider de l'outrage ne doit pas être celui devant qui cet outrage aurait été commis, à moins que l'affaire ne doive être décidée sans délai. La personne à qui il est reproché de l'avoir commis ne peut être contrainte à témoigner.

Preuve — La preuve offerte relativement à l'outrage ne doit pas laisser place à un doute raisonnable.

Jugement — Lorsque le jugement déclare qu'un outrage a été commis, il doit indiquer la sanction prononcée et énoncer les faits sur lesquels il se fonde.

62. Sanctions — Les seules sanctions qui peuvent être prononcées pour punir l'outrage au tribunal sont les suivantes :

1° le paiement, à titre punitif, d'un montant qui n'excède pas 10 000 $ si l'outrage est le fait d'une personne physique, ou 100 000 $ s'il est le fait d'une personne morale, d'une société ou d'une association ou d'un autre groupement sans personnalité juridique, auquel cas le jugement est exécuté conformément au chapitre XIII du *Code de procédure pénale* (chapitre C-25.1);

2° l'exécution par la personne même ou par ses dirigeants, de travaux d'utilité sociale dont la nature, les conditions et la durée sont établies par le tribunal.

Emprisonnement — Si la personne refuse d'obtempérer à l'ordonnance ou à l'injonction, le tribunal peut, en sus de la peine imposée, prononcer l'emprisonnement pour la période qu'il fixe. La personne ainsi emprisonnée doit être pé-

60. Order to appear — The order to appear is issued on the court's own initiative or on an application presented before the court, which does not require notification.

Service — The order must be served personally; however, if circumstances do not permit personal service, the court may authorize another method of notification.

Ruling without delay — If the alleged contempt of court is committed in the presence of the court and must be ruled on without delay, the only requirement is that the person be first called upon to justify their behaviour.

61. Decision maker — The judge who is to rule on a contempt of court allegation must not be the judge before whom it was allegedly committed, unless the matter must be ruled on without delay. The person charged with contempt of court cannot be compelled to testify.

Proof — The proof submitted to establish contempt of court must be beyond a reasonable doubt.

Judgment — If the judgment finds that contempt of court was committed, it must state the sanction imposed and set out the facts on which the finding of contempt is based.

62. Sanctions — The only sanctions that may be imposed for contempt of court are

(1) payment of a punitive amount not exceeding 10 000 $ for contempt committed by a natural person, or 100 000 $ for contempt committed by a legal person, a partnership or an association or another group not endowed with juridical personality, in which case the judgment is executed in accordance with Chapter XIII of the *Code of Penal Procedure*; and

(2) performance, by the person or the person's officers, of compensatory community work the nature, terms and duration of which are determined by the court.

Imprisonment — If the person refuses to comply with the court order or injunction, in addition to the sanction imposed, the court may order imprisonment for the term it specifies. The person so imprisoned must be summoned before the

riodiquement appelée à comparaître pour s'expliquer et l'emprisonnement peut être prononcé de nouveau jusqu'à ce qu'elle obéisse. En aucun cas, l'emprisonnement ne peut excéder un an.

SECTION IV —
LES RÈGLEMENTS DES TRIBUNAUX

63. Adoption des règlements — Les tribunaux peuvent adopter des règlement pour déterminer leurs règles de fonctionnement ou celles d'une de leurs chambres et pour assurer, dans le respect du Code, la bonne exécution de la procédure établie par ce code. Ces règlements sont adoptés par la majorité des juges de chacune des cours ou encore des districts de Québec ou de Montréal s'il y a lieu d'adopter des règles particulières pour ces districts.

Directives — S'il l'estime opportun, le juge en chef de chacun des tribunaux peut, après consultation des juges concernés, donner des directives pour un ou plusieurs districts, selon les besoins. Ces directives, de nature purement administrative, sont les seules applicables.

64. Mode de consultation — Le juge en chef de chacune des cours détermine, pour l'adoption des règlements, le mode le plus approprié de consultation pour obtenir l'avis de chacun des juges concernés.

Projet de règlement — Il transmet le projet au ministre de la Justice pour que ce dernier puisse lui présenter ses observations sur les dispositions ayant des incidences financières, tant pour l'État que pour les parties à une instance.

Publication — Il publie, après considération de ces observations, le projet de règlement à la *Gazette officielle du Québec* au moins 45 jours avant son adoption et indique dans un avis que toute personne peut le commenter et le lieu où les commentaires seront reçus. Il peut, pour le motif qu'il indique à l'avis de publication, abréger ce délai si l'urgence de la situation l'exige.

65. Entrée en vigueur — Les règlements adoptés par les tribunaux entrent en vigueur le

court periodically to explain themselves, and imprisonment may be ordered again until the person complies. Imprisonment can in no case exceed one year.

SECTION IV —
COURT REGULATIONS

63. Regulations — A court may make regulations to regulate practice in that court or in any of its divisions and to ensure, in keeping with this Code, that the procedure established by this Code is properly complied with. Such regulations must be adopted by a majority of the judges of the court or, if special rules are needed for the district of Québec or Montréal, by a majority of the judges of that district.

Directives — If expedient, the chief justice or chief judge of the court, after consulting the judges concerned, may issue directives for one or more districts, as needed. Those directives, of a purely administrative nature, are the only ones applicable.

64. Method of consultation — For the purpose of adopting regulations, the chief justice or chief judge of the court determines the most effective method of consultation so as to obtain the opinion of each of the judges concerned.

Draft regulation — The chief justice or chief judge sends draft regulations to the Minister of Justice so that the latter may submit observations on any provisions having financial implications either for the State or for the parties to a proceeding.

Publication — After taking the Minister's observations into consideration, the chief justice or chief judge publishes draft regulations in the *Gazette officielle du Québec* at least 45 days before they are to be adopted, with a notice stating that comments are welcome and specifying where they should be sent. If required by the urgency of the situation, the chief justice or chief judge may shorten the publication period, giving reasons in the publication notice.

65. Entry into force — Regulations adopted by a court come into force 15 days after their

quinzième jour qui suit la date de leur publication à la *Gazette officielle du Québec* ou à la date ultérieure qui y est prévue.

Publication — Ces règlements, de même que les directives des juges en chef s'il en est, sont également publiés de manière à être aisément accessibles au public, notamment sur le site Internet des tribunaux.

Chapitre IV —
Les greffes des tribunaux

66. Rôle des greffes — Le secrétariat des tribunaux et la gestion de l'information et des documents nécessaires à leur fonctionnement de même que la garde des registres, des dossiers, des ordonnances et des jugements sont assurés par les greffes. Ceux-ci assurent également la gestion des droits et des frais prévus par règlement et la conservation des archives des tribunaux.

Modalités — Ils le font en conformité avec le Code, les règlements des tribunaux, les directives des juges en chef ainsi que celles du sous-ministre de la Justice, en tenant compte de l'environnement technologique qui soutient l'activité des tribunaux.

67. Pouvoirs des greffiers — Les greffiers ont la responsabilité du greffe auquel ils sont affectés et exercent les pouvoirs que la loi leur attribue. Ils peuvent, avec l'assentiment du ministre de la Justice ou d'une personne désignée par lui, choisir des adjoints qui peuvent exercer leurs pouvoirs. Ils sont également assistés du personnel nécessaire pour assurer la charge et l'administration du greffe parmi lequel ils peuvent désigner une personne pour exercer, à leur place ou à celle des adjoints, des actes qui ne demandent pas l'exercice d'un pouvoir juridictionnel ou discrétionnaire.

Greffiers spéciaux — De plus, le ministre peut, avec l'assentiment du juge en chef du tribunal, nommer par arrêté des greffiers spéciaux afin d'exercer pour ce tribunal les fonctions juridictionnelles que la loi leur attribue. Les greffiers spéciaux peuvent d'office exercer les pouvoirs des greffiers.

publication in the *Gazette officielle du Québec* or on any later date specified in the regulations.

Publication — All such regulations, as well as any directives issued by the chief justice or chief judge, must be published so as to be easily accessible to the public, including through posting on the court's website.

Chapter IV —
Court Offices

66. Functions of court offices — Court offices provide clerical services to the court they serve, manage the information and documents required for the operation of the court and have custody of court registers, records, orders and judgments. They also manage the fees and costs prescribed by regulation and are responsible for the preservation of court records.

Application — Court offices perform their functions in accordance with this Code, the regulations of the court, the directives of the chief justice or chief judge and those of the Deputy Minister of Justice, and within the technological environment in place to support the business of the courts.

67. Powers of court clerks — Court clerks are in charge of the court office to which they are assigned and exercise the powers conferred on them by law. They may, with the consent of the Minister of Justice or a person designated by the latter, choose deputy court clerks, who are authorized to exercise those powers. Court clerks are assisted by the personnel needed to carry out their functions and run the court office. They may designate a person from among that personnel to perform, in their place or the deputy court clerks' place, acts that do not require the exercise of a jurisdictional or discretionary power.

Special clerks — In addition, the Minister, by order and with the consent of the chief justice or chief judge, may appoint special clerks to exercise, for the court, the adjudicative functions assigned to special clerks by law. Special clerks, by virtue of their office, may exercise the powers of court clerks.

Chapitre V ——
La répartition des pouvoirs des tribunaux, des juges et des greffiers

Chapter V ——
Powers of Courts, Judges and Court Clerks

68. Cour d'appel — La compétence et les pouvoirs attribués à la Cour d'appel sont exercés par la cour, ses juges ou le greffier conformément à ce qui est prévu par le Code, notamment au titre IV du livre IV sur l'appel.

68. Court of Appeal — The jurisdiction and powers conferred on the Court of Appeal are exercised by the Court, its judges or the court clerk, as provided in this Code, particularly in Title IV of Book IV, which governs appeals.

Attribution des pouvoirs — La compétence et les pouvoirs attribués aux tribunaux de première instance sont aussi attribués aux juges qui y sont nommés. Les tribunaux, lorsqu'ils tiennent leurs audiences, sont, pour leur part, investis de tous les pouvoirs que la loi confère aux juges.

Assignment of powers — The jurisdiction and powers conferred on the courts of first instance are also conferred on the judges appointed to those courts. The courts, when holding hearings, are vested with all the powers conferred by law on judges.

Partage de responsabilités — Lorsque le Code prévoit qu'une mesure est prise par le juge en chef, elle peut aussi l'être, s'il y a lieu, par le juge en chef associé ou adjoint, selon le partage de responsabilités qui prévaut au tribunal, ou par un autre juge désigné par l'un d'entre eux.

Division of responsibilities — A measure which, under this Code, may be taken by the chief justice or chief judge may also, if warranted, be taken by the associate or assistant chief justice or chief judge, according to the division of responsibilities that prevails at the court, or by another judge designated by any of them.

69. Audience — En première instance, les juges siègent en audience pour entendre et instruire une demande.

69. Open court — In first instance, judges sit in open court to hear and try an application.

Juge en cabinet — Ils peuvent, en leur cabinet ou dans un endroit qui en tient lieu, rencontrer les parties pour prendre des mesures sur la gestion de l'instance; ils peuvent aussi y instruire et décider des demandes qui nécessitent une intervention immédiate ou qui ne requièrent pas d'enquête, telles les demandes incidentes, les demandes par défaut, les demandes non contentieuses, ou encore celles en matière d'injonction provisoire, de saisie avant jugement ou d'exécution. En tous ces cas, ainsi que dans ceux où la loi leur permet d'exercer leurs pouvoirs en tels lieux, il est établi un procès-verbal de ces rencontres.

Judge in chamber — Judges, in chambers or in another place serving as chambers, may meet parties to take case management measures and try and decide applications that require immediate intervention or do not require the presentation of evidence, such as incidental applications, applications proceeding by default, non-contentious applications, and applications relating to temporary injunctions, seizures before judgment or execution matters. In all such cases and in all cases where judges are permitted by law to exercise their powers in chambers or such other places, minutes of the meeting must be drawn up.

Pouvoir du juge — Un juge peut déférer au tribunal, d'office ou sur demande, toute affaire qui lui est soumise en son cabinet ou dans un endroit qui en tient lieu.

Power of the judge — On their own initiative or on an application, judges may refer to the court any matter submitted to them in chambers or in another place serving as chambers.

70. Pouvoirs des greffiers — Les greffiers et les greffiers spéciaux n'exercent que la compétence que la loi leur attribue expressément. Dans

70. Power of court clerks — Court clerks and special clerks only exercise the jurisdiction expressly assigned to them by law. In matters

ces matières, ils sont investis des pouvoirs du juge ou du tribunal.

Pouvoirs des greffiers — Ils peuvent, s'ils considèrent que l'intérêt de la justice l'exige, déférer une affaire qui leur est soumise au juge ou au tribunal.

71. Absence du juge — Dans les cas où le juge est absent ou empêché d'agir et qu'un retard risque d'entraîner la perte d'un droit ou de causer un préjudice sérieux, le greffier peut exercer la compétence du juge.

Exceptions — Toutefois, il ne peut décider d'un incident, rendre une ordonnance d'assistance policière ou autoriser une saisie avant jugement que si aucun juge ni aucun greffier spécial n'est présent dans le district; il ne peut non plus décider des demandes de sursis que s'il est dans l'impossibilité de joindre un juge d'un autre district ou le juge désigné par le juge en chef pour assurer la garde.

Exceptions — Outre les demandes qui sont expressément exclues de sa compétence, il ne peut en aucun cas décider d'une demande en matière d'intégrité, d'état ou de capacité, ou autoriser la saisie d'un bien sur la personne d'un débiteur ou décider d'un pourvoi en contrôle judiciaire ou d'une demande en matière d'injonction.

72. Greffier spécial — Le greffier spécial peut statuer sur toute demande, contestée ou non, ayant pour objet le renvoi de la demande introductive d'instance devant le tribunal territorialement compétent dans les cas visés par l'article 43, la sûreté pour frais, la convocation d'un témoin, la communication, la production ou le rejet de pièces, la consultation ou la copie d'un document auquel l'accès est restreint, un examen sur l'état physique, mental ou psychosocial d'une personne, la jonction de demandes, des précisions ou des modifications à un acte de procédure, la substitution d'avocat, ainsi que toute demande pour être relevé du défaut ou pour cesser d'occuper. Il peut statuer sur tout acte de procédure en cours d'instance ou d'exécution, mais, si celui-ci est contesté, il ne peut agir qu'avec l'accord des parties.

Pouvoirs — En matière de garde d'enfants ou d'obligations alimentaires, il peut homologuer toute entente entre les parties portant règlement complet de ces questions et il peut, pour appré-

within their jurisdiction, they have the powers of the judges or the court.

Referral to a judge or the court — If they consider that the interests of justice so require, they may refer any matter submitted to them to a judge or to the court.

71. Absence or inability of the judge — If the judge is absent or unable to act and any delay could result in the loss of a right or cause serious prejudice, the court clerk may exercise the jurisdiction of the judge.

Exceptions — However, the court clerk cannot decide an incidental application, issue an order for police assistance or authorize a seizure before judgment unless no judge or special clerk is present in the district; nor may the court clerk decide an application for a stay unless it is impossible to reach a judge in another district or the on-call judge designated by the chief justice or chief judge.

Exceptions — In addition to applications expressly excluded from the jurisdiction of court clerks, the court clerk may in no case decide an application relating to personal integrity, status or capacity, authorize the seizure of property on a debtor's person or decide an application for judicial review or an application for an injunction.

72. Special clerk — The special clerk may rule on any application, contested or not, whose subject matter is the referral of the originating application to the court having territorial jurisdiction in a case described in article 43, security for costs, the calling of a witness, the disclosure, production or rejection of exhibits, the examination or copying of an access-restricted document, or the physical, mental or psychosocial assessment of a person, the joinder of proceedings, amendments to pleadings or particulars to clarify pleadings or a substitution of lawyer and on any application for relief from default or to cease representing. In the course of a proceeding or of execution, the special clerk may rule on any pleading, but only with the parties' consent in the case of a contested pleading.

Special clerk's powers — The special clerk may homologate any agreement between the parties that provides a complete settlement of a child custody or support matter and, in order to evaluate the agreement or assess the consent of

cier l'entente ou le consentement des parties, les convoquer et les entendre, même séparément, en présence de leur avocat. S'il estime que l'entente ne préserve pas suffisamment l'intérêt des enfants ou que le consentement a été donné sous la contrainte, il défère le dossier à un juge ou au tribunal.

Homologation d'une entente — Lorsque le greffier spécial homologue une entente, celle-ci acquiert la même force exécutoire qu'un jugement.

Modalités — Les demandes qui sont de la compétence du greffier spécial lui sont présentées directement et, à moins d'être contestées, sont décidées sur le vu du dossier.

73. Procédure non contentieuse — Dans une procédure non contentieuse, la compétence du tribunal peut être exercée par le greffier spécial.

Exceptions — Cependant, le greffier spécial ne peut décider des demandes qui concernent l'intégrité ou l'état d'une personne, l'absence ou la déclaration judiciaire de décès ni, en matière familiale, des demandes conjointes sur projet d'accord; il ne peut non plus décider des demandes visant à faire réviser une décision du directeur de l'état civil ou relatives à la publicité des droits ou à la reconstitution d'un acte authentique ou d'un registre public.

74. Révision d'une décision — Les décisions du greffier autres qu'administratives et celles du greffier spécial, à l'exception des jugements rendus par défaut faute pour le défendeur de répondre à l'assignation, de participer à la conférence de gestion ou de contester au fond, peuvent, sur demande, être révisées par un juge en son cabinet ou par le tribunal. Il en est de même des décisions du greffier de la Cour d'appel, lesquelles peuvent être révisées par un juge d'appel.

Demande de révision — La demande de révision doit énoncer les moyens sur lesquels elle se fonde, être notifiée aux autres parties et déposée au greffe dans les 10 jours de la date de la décision attaquée. Si la décision est infirmée, les choses sont remises dans leur état antérieur.

the parties, may convene the parties and hear them, even separately, in the presence of their lawyer. If the special clerk considers that the agreement does not sufficiently protect the children's interests or that consent was obtained under duress, the case is referred to a judge or to the court.

Homologation of an agreement — An agreement homologated by the special clerk has the same force and effect as a judgment.

Application — Applications that are within the jurisdiction of the special clerk are presented directly to the special clerk and, unless contested, are decided on the face of the record.

73. Non-contentious proceeding — In a non-contentious proceeding, the jurisdiction of the court may be exercised by the special clerk.

Exceptions — However, the special clerk cannot decide applications concerning personal integrity or status, absence or a judicial declaration of death or, in family matters, joint applications on a draft agreement; nor may the special clerk decide applications for the review of a decision of the registrar of civil status or relating to the publication of rights or the reconstitution of an authentic act or public register.

74. Decision review — Decisions of the court clerk other than administrative decisions and decisions of the special clerk, except judgments rendered by default following the defendant's failure to answer the summons, attend the case management conference or defend on the merits, may, on an application, be reviewed by a judge in chambers or by the court. The same applies to decisions of the appellate clerk, which may be reviewed by an appellate judge.

Application for review — The application for review must state the grounds on which it is based, be notified to the other parties and filed with the court office within 10 days after the date of the decision concerned. If the decision is quashed, matters are restored to their former state.

75. Pouvoirs de l'État — Dans le règlement des différends qui l'opposent à des personnes physiques ou morales, l'État et ses organismes peuvent, s'ils l'estiment opportun, utiliser, avant de s'adresser aux tribunaux, un mode privé de prévention et de règlement.

75. Powers of the State and state bodies — The State and state bodies, in seeking to resolve a dispute with natural or legal persons, may, if they consider it advisable, resort to a private dispute prevention and resolution process before taking the matter before the courts.

Règlements du gouvernement — Ils sont cependant tenus de prendre en compte les règlements du gouvernement sur le sujet et de n'y recourir que dans la mesure où l'intérêt public ou l'espace normatif prévu par les lois le permet.

Government regulations — They are, however, required to comply with government regulations on the subject and to resort to such a process only to the extent permitted by the public interest or the applicable legal standards.

76. Avis au procureur général — Dans une affaire civile, administrative, pénale ou criminelle, la personne qui entend mettre en question le caractère opérant, l'applicabilité constitutionnelle ou la validité d'une disposition d'une loi du Québec ou du Canada, de tout règlement pris sous leur autorité, d'un décret gouvernemental ou d'un arrêté ministériel ou de toute autre règle de droit doit en aviser le procureur général du Québec.

76. Notice to the Attorney General of Québec — In any civil, administrative, penal or criminal case, a person intending to question the operability, the constitutionality or the validity of a provision of an Act of the Parliament of Québec or the Parliament of Canada, of any regulation made under such an Act, of a government or ministerial order or of any other rule of law must give notice to the Attorney General of Québec.

Chartes et réparation — Elle est aussi tenue de le faire lorsqu'elle demande, à l'encontre de l'État, de l'un de ses organismes ou d'une personne morale de droit public, une réparation fondée sur la violation ou la négation de ses droits et libertés fondamentaux prévus par la *Charte des droits et libertés de la personne* ou la *Charte canadienne des droits et libertés* (Partie I de l'annexe B de la *Loi sur le Canada*, chapitre 11 du recueil des lois du Parlement du Royaume-Uni pour l'année 1982).

Infringement or denial of rights and freedoms — Such notice is also required when a person seeks reparation from the State, a state body or a legal person established in the public interest for an infringement or denial of their fundamental rights and freedoms under the *Charter of human rights and freedoms* or the *Canadian Charter of Rights and Freedoms* (Part I of Schedule B to the *Canada Act*, chapter 11 in the 1982 volume of the Acts of the Parliament of the United Kingdom).

Avis au procureur général — Elle est enfin tenue de le faire lorsque, dans une instance, elle met en question la navigabilité ou la flottabilité d'un lac ou d'un cours d'eau ou le droit de propriété du lit ou des rives.

Navigability, floatability or ownership of a watercourse — Again, such notice is required when a person intends to raise, in a proceeding, the issue of the navigability or floatability of a lake or watercourse or the issue of the ownership of the bed or banks of a lake or watercourse.

Caractère obligatoire — Il ne peut être statué sur aucune de ces demandes sans que cet avis ait été valablement donné et le tribunal ne peut se prononcer que sur les moyens qui y sont exposés.

Mandatory nature of the notice — No such application may be ruled on unless such notice has been validly given, and the court may only adjudicate with respect to the grounds set out in the notice.

77. Modalités — L'avis au procureur général doit, pour être valablement donné, exposer de

77. Content, service and period of the notice — To be validly given, the notice to the At-

manière précise les prétentions que la personne entend faire valoir et les moyens qui les justifient et être signifié au procureur général par huissier aussitôt que possible dans l'instance, mais au plus tard 30 jours avant la mise en état de l'affaire en matière civile ou, dans les autres matières, 30 jours avant l'instruction; il doit également être accompagné de tous les actes de procédure déjà versés au dossier. Le procureur général devient alors, sans formalités, partie à l'instance et, s'il y a lieu, il peut soumettre ses conclusions sur lesquelles le tribunal doit se prononcer.

Renonciation au délai — Le procureur général peut seul renoncer au délai prévu.

Signification — L'avis au procureur général doit également être signifié au procureur général du Canada lorsque la règle de droit ou la disposition concernée ressortit à la compétence fédérale; de même, il est notifié au directeur des poursuites criminelles et pénales si la règle ou la disposition concerne une matière criminelle ou pénale.

78. Matière criminelle — En matière criminelle ou pénale, l'avis au procureur général fondé sur le deuxième alinéa de l'article 76 doit être signifié au moins 10 jours avant la date de l'instruction sur la demande de réparation. À défaut, le tribunal en ordonne la signification et reporte l'audience de cette demande, à moins que le procureur général ne renonce à ce délai ou que le tribunal ne l'abrège s'il l'estime nécessaire pour éviter qu'un préjudice irréparable ne soit causé à celui qui fait la demande ou à un tiers.

Avis non requis — Cet avis n'est pas requis lorsque la réparation demandée concerne la communication d'une preuve, l'exclusion d'un élément de preuve ou la durée du délai écoulé depuis le moment de l'accusation, ou encore dans les cas déterminés par arrêté du ministre de la Justice publié à la *Gazette officielle du Québec*.

79. Intérêt public — Dans une instance mettant en cause une question d'intérêt public, les tribunaux peuvent, même d'office, ordonner aux parties d'inviter le procureur général du Québec à intervenir comme partie.

Intervention d'office — Le procureur général peut également d'office intervenir à une instance mettant en cause une telle question; il intervient

torney General of Québec must clearly state the contentions the person intends to assert and the grounds on which they are based, and be served on the Attorney General by a bailiff as soon as possible in the course of the proceeding but, in a civil matter, at least 30 days before the case is ready for trial and, in other matters, at least 30 days before the trial; in addition, the notice must be accompanied by all pleadings already filed in the record. The Attorney General becomes a party to the proceeding without further formality and may submit conclusions to the court, in which case the court must rule on them.

Waiver to the notice period — Only the Attorney General may waive the notice period.

Service on the Attorney General of Canada — The notice to the Attorney General must also be served on the Attorney General of Canada if the provision or rule of law concerned comes under federal jurisdiction; it must be notified to the Director of Criminal and Penal Prosecutions if the provision or rule of law concerned relates to a criminal or penal matter.

78. Criminal or penal matters — In criminal or penal matters, a notice to the Attorney General of Québec under the second paragraph of article 76 must be served at least 10 days before the date of the trial on the application for reparation. Failing that, the court orders service of the notice and postpones the hearing, unless the Attorney General waives the notice period or the court shortens it because, in its opinion, it is necessary to prevent irreparable prejudice to the initiator of the application or to a third person.

Notice not required — Such a notice is not required if the reparation sought relates to the disclosure or exclusion of evidence or to the period of time elapsed since the accusation, or in the cases determined by order of the Minister of Justice published in the *Gazette officielle du Québec*.

79. Public interest — In a proceeding involving a public interest issue, the court, even on its own initiative, may order the parties to invite the Attorney General of Québec to intervene as a party.

Attorney General's intervention on his own initiative — The Attorney General, on the Attorney General's own initiative, may intervene

comme partie, sans avis ni formalités et sans avoir à démontrer un intérêt. Il peut aussi, d'office, se pourvoir en appel de tout jugement portant sur une question d'intérêt public, qu'il ait ou non été partie à l'instance.

as a party in a proceeding involving such an issue without notice or formality and without having to prove an interest. As well, the Attorney General, on the Attorney General's own initiative, may appeal any judgment on a public interest issue, whether or not the Attorney General was a party in the proceeding.

80. Condamnation — La condamnation du procureur général du Québec ne peut faire l'objet de mesures d'exécution forcée, sauf les règles particulières de l'exécution forcée sur action réelle. Si elle a pour objet le paiement d'une somme d'argent, le ministre des Finances, à la réception du jugement passé en force de chose jugée, paie la somme indiquée sur les crédits disponibles ou, à défaut, sur le fonds consolidé du revenu.

80. Conviction — No measures to force execution are available with respect to a judgment against the Attorney General of Québec other than in accordance with the special rules for forced execution in real actions. If the judgment orders the payment of a sum of money, the Minister of Finance, on receiving the judgment once it has become final, pays the amount specified out of available appropriations or, failing that, out of the Consolidated Revenue Fund.

81. Limites — Les tribunaux ne peuvent prononcer aucune mesure provisionnelle ni aucune sanction, ni exercer un pouvoir de contrôle judiciaire contre le gouvernement, l'un de ses ministres ou une personne, qu'elle soit ou non fonctionnaire de l'État, agissant sous leur autorité ou sur leurs instructions relativement à une matière qui se rapporte à l'exercice de leur fonction ou de l'autorité qui leur est conférée par une loi. Il peut être fait exception à cette règle s'il leur est démontré qu'il y avait défaut ou excès de compétence.

81. Limits — The courts cannot order a provisional measure or a sanction against, or exercise the power of judicial review over, the Government or a minister of the Government or any person, whether or not a public servant, acting under their authority or on their instructions in a matter relating to the exercise of a function or the authority conferred on them by law. An exception to this rule may be made if it is shown to the court that there was a lack or excess of jurisdiction.

TITRE V ━━━
LA PROCÉDURE APPLICABLE À TOUTES LES DEMANDES EN JUSTICE

TITLE V ━━━
PROCEDURE APPLICABLE TO ALL JUDICIAL APPLICATIONS

Chapitre I ━━━
Les audiences des tribunaux et les délais

Chapter I ━━━
Sittings of Courts and Time Limits

82. Jours d'audience — Les tribunaux ne siègent pas les samedis et les jours fériés au sens de l'article 61 de la *Loi d'interprétation* (chapitre I-16), non plus que les 26 décembre et 2 janvier qui sont, en matière de procédure civile, considérés jours fériés. En cas d'urgence, une demande peut être entendue, même le samedi ou un jour férié, par le juge désigné par le juge en chef pour assurer la garde.

82. Hearing days — The courts do not sit on Saturdays or on holidays within the meaning of section 61 of the *Interpretation Act* (chapter I-16), nor do they sit on 26 December or 2 January, which are considered holidays for civil procedure purposes. In urgent cases, an application may be heard on a Saturday or a holiday by the on-call judge designated by the chief justice or chief judge.

Exceptions — De plus, les tribunaux de première instance ne sont pas tenus de siéger entre le 30 juin et le 1er septembre, ni entre le 20 dé-

Exceptions — In addition, courts of first instance are not required to sit between 30 June and 1 September, or between 20 December and 7

cembre et le 7 janvier. Néanmoins, ils sont tenus d'entendre les affaires relatives à l'intégrité, l'état ou la capacité des personnes, celles en droit de la famille, celles portant sur des contrats de travail ou de louage, celles inscrites par suite du défaut du défendeur ou portant sur des incidents de l'instance, les mesures provisionnelles ou de contrôle, les demandes non contentieuses ainsi que celles qui sont incidentes à l'exécution des jugements. S'ils procèdent à l'instruction au fond d'une autre affaire pendant cette période, ils doivent, avant d'en fixer la date, s'assurer que les parties, leur avocat et, s'il y a lieu, leurs témoins peuvent être présents sans inconvénients majeurs pour eux-mêmes et leur famille.

Demandes considérées urgentes — En toutes circonstances, les demandes d'*habeas corpus*, celles relatives à l'intégrité de la personne et les demandes considérées urgentes par la loi ou le juge en chef ont, dans cet ordre, priorité sur toutes les autres demandes.

83. Délai — Lorsqu'un acte ou une formalité doit être accompli dans un délai fixé par le Code, imparti par le tribunal ou convenu entre les parties, le délai court à compter de l'acte, de l'événement, de la décision ou de la notification qui en est la source.

Computation du délai — Le délai se compte par jour entier ou, le cas échéant, par mois. Lorsque le délai est exprimé en jours, le jour qui marque le point de départ n'est pas compté mais celui de l'échéance l'est. Lorsqu'il est exprimé en mois, le délai expire le jour du dernier mois qui porte le même quantième que l'acte, l'événement, la décision ou la notification qui fait courir le délai; à défaut d'un quantième identique, le délai expire le dernier jour du mois.

Expiration du délai — Le délai expire le dernier jour à 24 heures; celui qui expirerait normalement un samedi ou un jour férié est prolongé au premier jour ouvrable qui suit.

84. Prolongation du délai — Un délai que le Code qualifie de rigueur ne peut être prolongé que si le tribunal est convaincu que la partie concernée a été en fait dans l'impossibilité d'agir plus tôt. Tout autre délai peut, si le tribunal l'estime nécessaire, être prolongé ou, en cas d'urgence, abrégé par lui. Lorsqu'il prolonge un dé-

January. They are nevertheless required to hear cases relating to personal integrity, status or capacity or family matters, cases concerning a labour or leasing contract, cases proceeding by default, incidental proceedings, proceedings concerning provisional remedies or control measures, non-contentious applications and proceedings incidental to the execution of judgments. If they hold a trial on the merits during such a period, they must make sure, before setting the date, that the parties and their lawyers and their witnesses, if any, may attend without any major inconvenience to themselves or their families.

Applications identified as urgent — In all circumstances, *habeas corpus* applications, applications relating to personal integrity and applications identified as urgent by the chief justice or chief judge have priority, in that order, over any other.

83. Time limit — A time limit fixed by this Code, set by the court or agreed by the parties for the performance of an act or of a formality runs as of the act, event, decision or notification that gives rise to the time limit.

Time limit computation — A time limit is counted by whole day or, if applicable, by month. If the time limit is expressed in days, the day that marks the start is not counted but the terminal day is. If the time limit is expressed in months, it expires on the day, in the last month, that bears the same calendar number as the day of the act, event, decision or notification having given rise to the time limit; if there is no such calendar number in that month, the time limit expires on the last day of the month.

Time limit expiration — A time limit expires at 12 midnight on the last day; a time limit that would normally expire on a Saturday or a holiday is extended until the following working day.

84. Time limit extension — A time limit described by this Code as a strict time limit cannot be extended unless the court is convinced that it was impossible in fact for the party concerned to act sooner. If the court considers it necessary, any other time limit may be extended or, in an urgent situation, shortened by the court. When

lai, le tribunal peut relever une partie des conséquences du défaut de le respecter.

the court extends a time limit, it may relieve a party from the consequences of failing to comply with the original time limit.

Chapitre II —
L'intérêt pour agir en justice

Chapter II —
Interest Required to Bring Proceedings

85. Intérêt pour agir — La personne qui forme une demande en justice doit y avoir un intérêt suffisant.

85. Sufficient interest — To bring a judicial application, a person must have a sufficient interest.

Appréciation — L'intérêt du demandeur qui entend soulever une question d'intérêt public s'apprécie en tenant compte de son intérêt véritable, de l'existence d'une question sérieuse qui puisse être valablement résolue par le tribunal et de l'absence d'un autre moyen efficace de saisir celui-ci de la question.

Assessment — The interest of a plaintiff who intends to raise a public interest issue is assessed on the basis of whether the interest is genuine, whether the issue is a serious one that can be validly resolved by the court and whether there is no other effective way to bring the issue before the court.

Chapitre III —
La représentation devant les tribunaux et certaines conditions pour agir

Chapter III —
Representation before Courts and Capacity to Act

86. Droit de représentation — Le droit d'agir devant les tribunaux pour y représenter une personne est réservé aux avocats. Les notaires peuvent cependant agir dans une procédure non contentieuse et dans les autres cas prévus au paragraphe 7° de l'article 15 de la *Loi sur le notariat* (chapitre N-3).

86. Right to representation — The right to act before the courts in order to represent a person before the courts is reserved to lawyers. However, notaries may do so in non-contentious proceedings and in the other cases specified in paragraph 7 of section 15 of the *Notaries Act* (chapter N-3).

87. Représentation obligatoire — Sont tenus, dans une procédure contentieuse, de se faire représenter par avocat devant les tribunaux ou, dans une procédure non contentieuse, par un avocat ou un notaire :

87. Representation required — The following are required to be represented before the courts by a lawyer in contentious proceedings, and by a lawyer or a notary in noncontentious proceedings :

1° les représentants, mandataires, tuteurs ou curateurs, et les autres personnes qui agissent pour le compte d'autrui, si celui-ci ne peut, pour des motifs sérieux, agir lui-même;

(1) representatives, mandataries, tutors and curators and other persons acting on behalf of another person who, for serious reasons, cannot act on their own behalf;

2° le représentant ou le membre qui demande d'agir à ce titre dans une action collective;

(2) in a class action, the representative plaintiff or any person applying to act in that capacity;

3° les personnes morales;

(3) legal persons;

4° les sociétés en nom collectif ou en commandite et les associations et les autres groupements sans personnalité juridique, à moins que tous les

(4) general or limited partnerships and associations and other groups not endowed with juridical personality, unless all the partners or mem-

associés ou membres n'agissent eux-mêmes ou ne mandatent l'un d'eux pour agir;

5° le curateur public, les gardiens et les séquestres;

6° les liquidateurs, syndics et autres représentants d'intérêts collectifs lorsqu'ils agissent en cette qualité;

7° les personnes qui ont acquis à titre onéreux les créances d'autrui ou les agents de recouvrement de créances.

88. Petites créances — Les personnes et les groupements peuvent se faire représenter par un mandataire autre qu'un avocat pour le recouvrement des petites créances visées au titre II du livre VI, suivant les règles fixées par le Code.

Répartition des sommes — Les personnes morales et les groupements peuvent aussi être représentés par un tel mandataire pour participer à la répartition des sommes provenant d'une mesure d'exécution.

89. Tuteur, curateur, mandataire — Les tuteurs, curateurs et autres représentants de personnes qui ne sont pas capables d'exercer pleinement leurs droits agissent en leur propre nom et en leur qualité respective. Il en est de même des administrateurs du bien d'autrui pour tout ce qui touche à leur administration ainsi que des mandataires pour l'exécution du mandat de protection.

90. Ordonnance du tribunal — La représentation peut, tant dans une procédure contentieuse que non contentieuse, être ordonnée par le tribunal, même d'office, si celui-ci la considère nécessaire pour assurer la sauvegarde des droits et des intérêts d'un mineur ou d'un majeur non représenté par un tuteur, un curateur ou un mandataire et s'il l'estime inapte.

91. Mandat — Plusieurs personnes ayant un intérêt commun dans un litige peuvent mandater l'une d'elles pour agir en justice pour leur compte. Il doit être fait état du mandat dans la demande introductive d'instance ou dans la défense.

Effets du mandats — Le mandat emporte la solidarité des mandants quant aux frais de jus-

bers act themselves or mandate one of their number to act;

(5) the Public Curator, guardians and sequestrators;

(6) liquidators, trustees and other representatives of collective interests when acting in that capacity;

(7) purchasers of accounts and collection agents.

88. Small claims — Persons and groups may be represented by a mandatary other than a lawyer for the recovery of small claims under Title II of Book VI, in accordance with the rules of this Code.

Distribution of money — Legal persons and groups may be represented by such a mandatary for the purpose of participating in the distribution of money derived from an execution measure.

89. Tutors, curators or mandators — Tutors, curators and other representatives of persons who are unable to fully exercise their rights act in their own name and capacity. The same applies to administrators of the property of others as regards their administration, and to mandataries as regards the fulfillment of a protection mandate.

90. Order to represent — Whether in a contentious or non-contentious proceeding, the court, even on its own initiative, may order representation if the court considers it necessary to safeguard the rights and interests of a minor or those of a person of full age not represented by a tutor, a curator or a mandatary and considered incapable by the court.

91. Mandate — Two or more persons who have a common interest in a dispute may mandate one of them to act in a proceeding on their behalf. The mandate must be mentioned in the originating application or in the defence.

Mandate effects — The mandators are solidarily liable with the mandatary for the legal costs. The mandate is not affected by the death

tice; il demeure valable malgré le changement d'état des mandants ou leur décès; il ne peut être révoqué qu'avec l'autorisation du tribunal.

or change of status of any mandator, and cannot be revoked except with the authorization of the court.

92. Défaut de représentation — L'irrégularité résultant du défaut de représentation, d'assistance ou d'autorisation n'a d'effet que s'il n'y a pas été remédié, ce qui peut être fait rétroactivement à tout moment de l'instance, même en appel.

92. Failure to the represented — An irregularity resulting from failure to be represented, assisted or authorized has no effect unless it is not remedied, and this may be done retroactively at any stage of a proceeding, even in appeal.

Chapitre IV —
La désignation des parties à la procédure

Chapter IV —
Designation of Parties

93. Désignation des parties — Les parties à la procédure sont désignées par leur nom et, lorsqu'elles n'agissent pas à titre personnel, par leur qualité ou s'il s'agit du titulaire d'une charge publique, par son titre officiel si celui-ci suffit à l'identifier.

93. Parties designation — Parties are designated by their name and, when they are not acting in a personal capacity, by the capacity in which they are acting or, in the case of public office holders, by their official title if it is sufficient to identify them.

Cas particuliers — Les personnes morales, les sociétés en nom collectif ou en commandite sont désignées sous le nom sous lequel elles ont été constituées ou s'identifient, avec mention de leur forme juridique. Les syndicats de copropriétaires ainsi que les associations et les autres groupements sans personnalité juridique peuvent être désignés par le nom sous lequel ils sont généralement connus; si le nom d'un syndicat de copropriétaires est inconnu, il peut être désigné par l'adresse de l'immeuble.

Particular cases — Legal persons and general or limited partnerships are designated by the name under which they were constituted or by which they identify themselves, and by their juridical form. Syndicates of co-owners and associations and other groups not endowed with juridical personality may be designated by the name by which they are generally known; if the name of a syndicate of co-owners is not known, it may be designated by the address of the building.

94. Nom inconnu — La désignation d'une partie dont le nom véritable est inconnu ou incertain est suffisante si elle l'identifie clairement.

94. Unknown name — A party whose name is unknown or uncertain is sufficiently designated by a name that clearly identifies it.

Lettre de change — Si la demande a pour objet une lettre de change ou un autre acte sous seing privé, la personne est suffisamment désignée par le nom ou les initiales figurant sur l'acte.

Bill of exchange — If the subject matter of the application is a bill of exchange or other private writing, a party is sufficiently designated by the name or initials appearing on the writing.

95. Mention du domicile — Lorsque la mention du domicile ou de la résidence d'une personne est exigée, et que ceux-ci sont inconnus, la mention de la dernière résidence connue suffit. S'agissant d'une personne morale, d'une société ou d'une association ou d'un autre groupement sans personnalité juridique ou du titulaire d'une charge, la mention du domicile peut être remplacée par celle du principal établissement ou d'un

95. Mention of the domicile — If a party's domicile or residence must be stated, but is unknown, the party's last known residence is sufficient. In the case of a legal person, a partnership or an association or another group not endowed with juridical personality or an office holder, the principal establishment or any other known establishment or a professional or other business address may be stated instead of the domicile.

autre établissement connu ou par une adresse professionnelle ou une autre adresse d'affaires.

96. Gouvernement — La demande qui porte sur les droits et obligations du gouvernement est dirigée contre le procureur général du Québec.

Organisme public — Celle qui porte sur les droits et obligations d'un organisme public ou d'un officier public ou d'un titulaire d'une charge, auxquels il est demandé d'agir pour modifier un acte ou un registre, doit être dirigée directement contre eux.

97. Succession — La demande qui porte sur les droits et obligations des héritiers, des légataires particuliers et des successibles d'une personne décédée est dirigée contre le liquidateur de la succession. Toutefois, lorsque le liquidateur est inconnu ou qu'il ne peut être identifié en temps utile, les héritiers, légataires et successibles peuvent être désignés collectivement comme partie, sans mention de leur nom ni de leur résidence.

Succession hors Québec — Les héritiers et les légataires particuliers d'une personne dont la succession s'est ouverte en dehors du Québec et qui n'ont pas inscrit la déclaration de transmission prévue à l'article 2998 du Code civil peuvent être poursuivis et désignés collectivement pour répondre à toute action réelle immobilière relative à la succession.

98. Description du bien — La demande qui porte sur un bien individualisé doit le décrire de manière à ce qu'il puisse être clairement distingué d'autres biens.

Immeuble — Celle qui porte sur un immeuble le désigne de la manière prescrite par le Code civil au livre de la publicité des droits.

96. Government — An application pertaining to the rights and obligations of the Government must be directed against the Attorney General of Québec.

Public body — An application pertaining to the rights and obligations of a public body or of a public officer or office holder who is called on to make changes to an act or a register must be directed against the body or person concerned.

97. Succession — An application pertaining to the rights and obligations of the heirs, legatees by particular title and successors of a deceased person must be directed against the liquidator of the succession. However, if the liquidator is unknown or cannot be identified in a sufficient time, the heirs, legatees and successors may be collectively designated as a party, without specifying their names or residence.

Succession outside Québec — Heirs and legatees by particular title of a person whose succession opened outside Québec who have not registered a declaration of transmission in accordance with article 2998 of the Civil Code may be sued and designated collectively in any immovable real action relating to the succession.

98. Property description — An application pertaining to certain and determinate property must describe the property in such a manner as to clearly distinguish it from other property.

Immovable — An application pertaining to an immovable must designate the immovable in accordance with the book of the Civil Code governing the publication of rights.

Chapitre V ———
Les actes de procédure
SECTION I ———
LA FORME ET LES ÉLÉMENTS DES ACTES DE PROCÉDURE

Chapter V ———
Pleadings
SECTION I ———
FORM AND CONTENT OF PLEADINGS

99. Contenu — L'acte de procédure doit indiquer sa nature, exposer son objet, énoncer les faits qui le justifient, ainsi que les conclusions

99. Content — A pleading must specify its nature and purpose and state the facts on which it is based and the conclusions sought. It must also

recherchées. Il doit indiquer tout ce qui, s'il n'était pas énoncé, pourrait surprendre une autre partie ou soulever un débat imprévu. Ses énoncés doivent être présentés avec clarté, précision et concision, dans un ordre logique et être numérotés consécutivement.

Contenu — L'acte indique le tribunal saisi, le district judiciaire dans lequel il est porté, le numéro du dossier auquel il se rattache, le nom des parties et la date à laquelle il est fait. Si l'environnement technologique du greffe permet de le recevoir sur un support technologique, l'acte doit respecter les formats normalisés établis par le ministre de la Justice pour assurer le bon fonctionnement du greffe.

Signature de l'auteur — L'acte doit être établi de manière à permettre l'identification de son auteur, ce qui est fait au moyen de sa signature ou de ce qui en tient lieu, comme le prévoit la *Loi concernant le cadre juridique des technologies de l'information* (chapitre C-1.1).

100. Demande introductive d'instance — La demande introductive d'instance, tant dans une affaire contentieuse que non contentieuse, est faite au tribunal au moyen d'un écrit du demandeur ou, selon le cas, de son avocat ou de son notaire. Elle indique, en plus du nom des parties, leur domicile ou, selon le cas, leur résidence et, s'il y a lieu, la qualité des personnes qui sont parties à l'instance autrement qu'en leur nom propre.

101. Demande en cours d'instance — La demande faite en cours d'instance peut être écrite ou présentée oralement en audience, sans formalités; si elle est écrite, la demande indique la date, l'heure et le lieu où elle sera présentée au tribunal et elle est notifiée aux autres parties au moins trois jours à l'avance. Si elle est orale, elle doit être faite au tribunal en présence des autres parties.

Contenu — La demande peut aussi faire l'objet d'une note, d'une lettre ou d'un avis s'il s'agit de décider d'une mesure de gestion, si le juge le demande ou s'il en convient avec les parties. La note, la lettre ou l'avis identifie clairement sa nature et son objet, le numéro du dossier auquel il

state anything which, if not alleged, could take another party by surprise or raise an unexpected debate. The statements it contains must be clear, precise and concise, presented in logical order and numbered consecutively.

Content — A pleading must specify the court seized, the judicial district in which it is filed, the number of the record to which it relates, the names of the parties and its date. If the court office can receive pleadings in technological media, the pleading must be in one of the standardized formats determined by the Minister of Justice to ensure the proper operation of the court office.

Author's signature — The author of a pleading must be identified by means of the author's signature, or that which serves the purpose of a signature as provided in the *Act to establish a legal framework for information technology* (chapter C-1.1).

100. Originating application — An originating application, whether in a contentious or non-contentious case, is filed with the court in writing by the plaintiff or, as applicable, by the plaintiff's lawyer or notary. In addition to the parties' names, it must state their domicile or residence, as applicable, and indicate, if applicable, in what capacity persons are party to the proceeding if otherwise than in their own name.

101. Application in the course of a proceeding — An application in the course of a proceeding may be in writing or presented orally and without formality at the hearing. If in writing, it must state the date, time and place it will be presented before the court, and must be notified to the other parties at least three days in advance. If presented orally, it must be submitted to the court in the presence of the other parties.

Content — An application in the course of a proceeding may also be set out in a note, a letter or a notice if it concerns a case management measure, if the judge so requires or if the judge and the parties so agree. The note, letter or notice must clearly state the nature of the applica-

se rattache et, s'il y a lieu, les conclusions recherchées.

Serment — La demande qui repose sur des faits dont la preuve n'est pas au dossier doit être écrite et appuyée du serment de celui qui les allègue.

Contestation — La demande ne peut être contestée qu'oralement, sauf si le tribunal autorise la contestation écrite. Lors de l'audience, toute partie peut présenter une preuve appropriée.

102. Réponse — La partie qui répond à un acte de procédure doit admettre les allégations qu'elle sait être vraies ou nier celles qu'elle n'admet pas en justifiant sa dénégation ou encore indiquer qu'elle ignore le fait. Pour rappeler un fait allégué, il suffit d'un simple renvoi à son énoncé.

Silence — Le silence à l'égard d'un fait allégué n'équivaut pas à une reconnaissance de ce fait.

103. Désignation — Dans leurs actes de procédure, les avocats, les notaires et les huissiers se désignent par leur nom, celui de leur société ou celui sous lequel ils sont connus. Ils doivent faire mention sur ces actes de leur adresse professionnelle et indiquer le nom de la personne de leur cabinet avec laquelle les autres parties peuvent communiquer et les coordonnées permettant de la joindre.

104. Modèles — Les modèles des actes de procédure et autres documents qui doivent être établis par le ministre sont publiés sur le site Internet du ministère de la Justice.

SECTION II
LES ACTES DE PROCÉDURE SOUS SERMENT

105. Déclaration sous serment — Lorsque la loi exige qu'un acte de procédure soit appuyé d'un serment ou lorsqu'elle exige ou permet comme moyen de preuve une déclaration écrite

tion and its subject matter, the number of the record to which it relates and any conclusions sought.

Oath — An application in the course of a proceeding that is grounded on facts not supported by evidence filed in the record must be in writing and supported by an oath sworn by the person alleging the facts.

Contestation — An application in the course of a proceeding can only be contested orally, unless written contestation is authorized by the court. During the hearing, any party may submit relevant evidence.

102. Reply — When replying to a pleading, a party must admit the allegations that it knows to be true and deny those that it does not admit, giving reasons for the denial, or state that it is unaware of the fact. To evoke an alleged fact, it is sufficient to refer to the paragraph in which it is stated.

Silence — Silence with respect to an alleged fact is not an admission of that fact.

103. Designation of lawyers, notaries and bailiffs — In their pleadings, lawyers, notaries and bailiffs must designate themselves by their name, the name of their partnership or the name by which they are known. They must also state their professional address and give the name and contact information of the person in their office with whom the other parties may communicate.

104. Model pleadings and documents — Model pleadings and documents established by the Minister are posted on the Ministère de la Justice website.

SECTION II
SWORN PLEADING

105. Affidavit — Whenever the law requires that a pleading be supported by an oath or whenever it requires or allows an affidavit as evidence, the oath must be sworn by a person who

sous serment, celui-ci est prêté par une personne qui peut attester la véracité des faits qui y sont allégués.

Contenu — Il est fait mention à l'acte ou à la déclaration du jour et du lieu où le serment est prêté ou reçu, ainsi que du nom et de l'adresse de celui qui le prête et du nom et de la qualité de celui qui le reçoit.

Interrogatoire — La personne qui a prêté serment peut être interrogée sur les faits dont elle a attesté la véracité; de même celle qui a fait une déclaration écrite peut l'être sur les faits qui y sont mentionnés si l'acte, l'attestation ou la déclaration est réputé, par la loi, fait sous serment. Le refus de se soumettre à l'interrogatoire sans motifs valables entraîne le rejet de l'acte ou de la déclaration.

106. Modalités — La déclaration sous serment, quel qu'en soit le support, doit exposer clairement les faits et les autres éléments de preuve et ne porter que sur ceux qui sont pertinents et dont le déclarant peut attester la véracité. Il suffit d'un renvoi aux énoncés des actes pour que le serment porte sur les faits qui y sont allégués. La répétition de l'énoncé des actes de procédure peut constituer un abus de la procédure.

Preuve — La preuve par une telle déclaration est permise lorsque la défense est orale; elle est exigée en matière d'injonction interlocutoire, de saisie avant jugement ou de pourvoi en contrôle judiciaire, sans pour autant empêcher la preuve par témoin.

107. Demande introductive d'instance — La demande introductive d'instance doit être déposée au greffe avant sa notification aux autres parties. Le greffier inscrit alors l'acte sur les registres du tribunal, ouvre le dossier et lui attribue un numéro d'identification qu'il reporte sur le document que la partie utilise à des fins de notification. Les autres actes de procédure sont déposés avec la preuve de leur notification et les autres documents requis.

Dépôt des actes — Les actes qui doivent être présentés à l'audience doivent être déposés au

can attest to the truth of the facts alleged in the pleading or affidavit.

Mentions — The pleading or affidavit must mention the date and place the oath is sworn or received, as well as the name and address of the person swearing the oath and the name and capacity of the person receiving it.

Examination — The person who swore the oath may be examined on the facts whose truth the person attested to; similarly, the affiant may be examined on the facts mentioned in the affidavit if the pleading, attestation or affidavit is deemed by law to be sworn. If the person refuses to submit to such an examination without valid cause, the pleading or affidavit is rejected.

106. Content of the affidavit — An affidavit, whatever its medium, must set out the facts and other evidence clearly and only contain facts or evidence that are relevant and the truth of which can be attested to by affiant. A reference to the paragraphs in the pleadings is sufficient to identify the facts that are sworn to. Repeating the wording of pleadings may constitute an abuse of procedure.

Evidence by affidavit — Evidence by affidavit is permitted when the defence is oral. It is required in the case of an interlocutory injunction, a seizure before judgment or a judicial review but does not preclude testimonial evidence.

107. Originating application — An originating application must be filed with the court office before it is notified to the other parties. The court clerk records it in the court registers, opens and assigns an identification number to the case record and writes that number on the document to be used by the party for notification purposes. All other pleadings must be filed with proof of notification and with any other required document.

Filing pleadings with the court office — Pleadings that are to be presented at the hearing

greffe au moins deux jours avant la date prévue pour leur présentation, sauf urgence constatée par le tribunal.

Notification — Aucune demande introductive d'instance ne peut être inscrite pour instruction ou jugement, à moins que le demandeur n'ait d'abord produit la preuve de la notification; si cette demande n'est pas notifiée dans les trois mois suivant son dépôt, elle est périmée.

Support technologique — Les actes sur un support technologique déposés en dehors des heures d'ouverture du greffe sont réputés déposés le lendemain, à l'heure d'ouverture. En cas d'urgence, le dépôt de tout acte en dehors des heures d'ouverture peut être attesté par le greffier.

Paiement des frais — Pour être considéré reçu, l'acte doit être accompagné du paiement des frais et des droits de greffe exigés, le cas échéant.

108. Caractère confidentiel — Les parties, ainsi que les avocats ou, dans les procédures non contentieuses, les notaires qui les représentent, doivent veiller à ce que les pièces et autres documents qui comportent des éléments d'identification généralement tenus pour confidentiels soient produits sous une forme propre à assurer le caractère confidentiel de l'information.

Dépôt des pièces — Tout document ou élément matériel de preuve produit au dossier à titre de pièce doit y demeurer jusqu'à la fin de l'instance, à moins que toutes les parties ne consentent à son retrait. Les parties doivent, une fois l'instance terminée, reprendre possession des pièces qu'elles ont produites; à défaut, le greffier, un an après la date du jugement passé en force de chose jugée ou de l'acte qui met fin à l'instance, peut les détruire. Dans l'un et l'autre cas, le juge en chef du tribunal concerné peut surseoir à la destruction des pièces s'il considère qu'elles peuvent encore être utiles.

Conservation des pièces — Toutefois, dans les matières susceptibles de révision ou de réévaluation ainsi que, dans les affaires non contentieuses, les avis, les procès-verbaux, les inventaires, les preuves médicales et psychosociales, les déclarations et les documents rendus exécutoires par le prononcé d'un jugement, y compris le cas échéant le formulaire de fixation des pen-

must be filed with the court office at least two days before the date of presentation, except in an urgent situation noted by the court.

Notification — No originating application may be set down for trial or judgment unless the plaintiff has first filed proof of notification; an originating application expires if it is not notified within three months after it is filed.

Filing on technological media — Pleadings on technological media filed outside court office hours are deemed filed the following day, at opening time. In an urgent situation, the filing of a pleading outside court office hours may be attested to by the court clerk.

Payment of costs and fees — To be considered received, a pleading must be filed with the prescribed court costs and fees, if any.

108. Confidential nature — The parties and the lawyers, or in non-contentious proceedings, the notaries representing the parties, must see to it that exhibits and other documents that contain identifying particulars generally held to be confidential are filed in a form that protects the confidentiality of the information.

Filing exhibits in the record — Any document or real evidence that is filed in the record as an exhibit must remain in the record until the end of the proceeding, unless all the parties consent to its being removed. Once the proceeding has ended, the parties must retrieve the exhibits they have filed; otherwise, the court clerk may destroy them one year after the date on which the judgment becomes final or the date of the pleading terminating the proceeding. In either case, the chief justice or chief judge, if of the opinion that the exhibits can still be useful, may stay their destruction.

Conservation of exhibits — However, in reviewable or reassessable matters and, in non-contentious cases, notices, certificates, minutes, inventories, medical and psychosocial evidence, affidavits, statements, declarations and documents made enforceable by a judgment, including any child support determination form attached to a judgment, cannot be removed from the record or destroyed.

sions alimentaires pour enfants qui y est joint, ne doivent être ni retirés ni détruits.

Chapitre VI
La notification des actes de procédure et documents
SECTION I
LES RÈGLES GÉNÉRALES

109. Objet — La notification a pour objet de porter un document à la connaissance des intéressés, qu'il s'agisse d'une demande introductive d'instance, d'un autre acte de procédure ou de tout autre document.

Pluralité de destinataires — Le document destiné à plusieurs destinataires doit être notifié à chacun séparément.

110. Mode de notification — La notification peut être faite par tout mode approprié qui permet à celui qui notifie de constituer une preuve de la remise, de l'envoi, de la transmission ou de la publication du document. Elle l'est notamment par l'huissier de justice, par l'entremise de la poste, par la remise du document, par un moyen technologique ou par avis public.

Signification — Elle est faite, lorsque la loi le requiert, par l'huissier de justice, auquel cas elle est appelée signification.

Réception du document — Quel que soit le mode de notification utilisé, la personne qui accuse réception du document ou reconnaît l'avoir reçu est réputée avoir été valablement notifiée.

111. Modalités — La notification d'un acte de procédure par l'huissier ou par la remise d'un document ne peut être faite que les jours non fériés entre 7 heures et 21 heures. Celle faite aux avocats, notaires et huissiers ou entre eux ne peut être faite le samedi ou un jour férié ni avant 8 heures ni après 17 heures, à moins que ceux-ci n'y consentent.

Présomption — La notification faite par un moyen technologique après 17 heures, le samedi ou un jour férié est réputée faite à 8 heures le jour ouvrable qui suit.

112. Autorisation du tribunal — Si les circonstances l'exigent, le tribunal autorise, sur de-

Chapter VI
Notification of Pleadings and Documents
SECTION I
GENERAL RULES

109. Purpose — The purpose of notification is to bring a document, whether an originating application or any other pleading or document, to the attention of the persons concerned.

Plurality of addresses — A document intended for two or more addressees must be notified to each separately.

110. Appropriate method of notification — Notification may be made by any appropriate method that provides the notifier with proof that the document was delivered, sent or published. Such methods include notification by court bailiff, by mail, by delivery, by technological means and by public notice.

Service — If the law so requires, notification is made by a court bailiff, in which case it is called service.

Acknowledgement of receipt — Whatever the method of notification used, a person who acknowledges receipt of the document or admits having received it is deemed to have been validly notified.

111. Procedure — Notification of a pleading by bailiff or by delivery of a document may only be made on days other than holidays, between 7 a.m. and 9 p.m. Notification of pleadings to lawyers, notaries and bailiffs or between them cannot be made on Saturdays, on holidays or before 8 a.m. or after 5 p.m. except with their consent.

Technological means — Notification by a technological means on a Saturday or on a holiday or after 5 p.m. is deemed to have been made at 8 a.m. on the next working day.

112. Authorization of the court — If required by the circumstances, the court, on an in-

mande faite sans formalités, la notification d'un acte de procédure selon un autre mode ou à d'autres heures que ceux prévus au présent chapitre; il détermine, le cas échéant, le mode de preuve. La décision est inscrite sur l'acte à notifier ou y est jointe.

Obtention d'une autorisation — L'autorisation peut être obtenue dans le district où la notification doit être faite, dans celui du tribunal saisi ou dans celui où réside la personne qui notifie, ou encore, s'il s'agit de signifier une déclaration d'appel, dans le district où le jugement de première instance a été rendu.

Pouvoirs du greffier — Le greffier peut exercer les pouvoirs conférés au tribunal relativement à la notification, sauf lorsqu'il s'agit de notifier un acte en matière d'intégrité, d'état ou de capacité.

113. Notification par avocat — La notification faite par l'avocat, le notaire ou l'huissier à un correspondant lui-même avocat, notaire ou huissier, peut être faite par tout moyen de communication et la signature de ce correspondant assure l'authenticité du document transmis.

114. Communication de l'original — La partie qui a notifié un document est tenue, sur demande, de laisser une autre partie prendre communication de l'original ou du document qu'elle-même détient. Si elle refuse ou néglige de le faire, l'autre partie peut demander au tribunal d'ordonner cette communication dans un délai qu'il fixe.

115. Exceptions — La notification d'un acte de procédure ne peut être faite dans un lieu public consacré au culte, ni dans les salles d'audience des tribunaux de l'ordre judiciaire ou de l'ordre administratif, ni à un membre de l'Assemblée nationale dans les salles où celle-ci ou ses commissions siègent.

formal request, authorizes notification of a pleading otherwise than as provided for in or outside the hours prescribed by this chapter; in such a case, the court determines how notification is to be proved. The decision of the court is recorded on or attached to the pleading.

District — The authorization of the court may be obtained in the district where the notification is to be made, the district of the court that is seized of the matter or the district of the notifier's residence or, for service of a notice of appeal, in the district where the judgment in first instance was rendered.

Powers of the court clerk — The court clerk may exercise the powers conferred on the court with respect to the notification of pleadings in personal integrity, status or capacity matters.

113. Notification by a lawyer — Notification by a lawyer, a notary or a bailiff to a correspondent who is a lawyer, a notary or a bailiff may be made by any means of communication and the correspondent's signature is proof of the authenticity of the document.

114. Communication of the original — The notifying party is required, on request, to let another party inspect the original or the document held by the notifying party. If the notifying party refuses or neglects to do so, the other party may seek a court order requiring compliance within the time specified by the court.

115. Exceptions — Notification of a pleading cannot be made in a public place of worship, a courtroom or a hearing room of an administrative tribunal, nor to a Member of the National Assembly in the chamber or a room where the Assembly or a committee sits.

LA SIGNIFICATION OU LA NOTIFICATION
PAR HUISSIER

§ 1.
Dispositions générales

116. Modalités — La signification ou la notification faite par l'huissier est réalisée par la remise du document à son destinataire en mains propres, ou si cela ne se peut, en laissant le document au domicile ou à la résidence du destinataire entre les mains d'une personne qui paraît apte à le recevoir. Si le document ne peut être ainsi remis, il doit être laissé dans un endroit approprié, sous pli cacheté ou sous une autre forme propre à en assurer la confidentialité.

Signature et cachet — Si le document est signifié, l'huissier appose sa signature et son cachet sur le document et y indique la date et l'heure.

Refus du destinataire — Si le destinataire refuse de le recevoir, l'huissier constate ce refus sur le document, lequel est réputé avoir été signifié ou notifié en mains propres au moment du refus. L'huissier doit alors laisser la copie du document par tout moyen approprié.

117. Longue distance — Tout huissier peut faire une signification partout au Québec. Toutefois, lorsque, dans un rayon de 75 kilomètres du lieu où elle doit être faite, il ne se trouve aucun cabinet d'huissier, elle peut être faite soit par une personne majeure, désignée par l'huissier pour agir en son nom et sous son autorité, qui réside à l'intérieur de ce rayon, soit par tout autre mode de notification permettant le mieux de joindre le destinataire. Dans ce dernier cas, la notification se fait par la remise du document à son destinataire, contre récépissé.

Honoraires et frais — Lorsque la signification est requise par la loi, les seuls honoraires et frais qui peuvent être exigés par l'huissier à titre de frais de justice sont ceux qui peuvent être réclamés en vertu du règlement pris en application de la *Loi sur les huissiers de justice* (chapitre H-4.1).

118. Signification — Un document peut être signifié même si la loi permet un autre mode de

SECTION II
SERVICE OR NOTIFICATION BY BAILIF

§ 1.
General Provisions

116. Procedure — Service or notification by bailiff is made by delivering the document to the addressee personally or, if this cannot be done, by leaving it at the addressee's domicile or residence with a person who appears to be capable of receiving it. If the document cannot be so delivered, it must be left at an appropriate place in a sealed envelope or in any other form that protects its confidentiality.

Signature and stamp — If the document is being served, the bailiff signs and stamps the document and records the date and time on it.

Addressee's refusal — If the addressee refuses to accept the document, the bailiff records the refusal on the document, which is deemed to have been served or notified personally at the time of the refusal. The bailiff must leave the document on the premises by any appropriate means.

117. Service beyond a radius of 75 km — A bailiff may serve a document anywhere in Québec. However, if there is no bailiff firm in a radius of 75 kilometres from the place of service, service may be made either by a person of full age residing within that radius and designated by the bailiff to act in the bailiff's name and under the bailiff's authority, or by any other method of notification best allowing the addressee to be reached. In the latter case, notification is made by delivering the document to the addressee in exchange for a receipt.

Professional fees and expenses — When service is required by law, the only professional fees and expenses that may be charged by the bailiff as legal costs are those chargeable under the regulation under the *Court Bailiffs Act* (chapter H-4.1).

118. Service of a document — A document may be served even if another method of notifi-

notification; le coût additionnel qui en résulte, par rapport au coût d'une notification par la poste, ne peut cependant être imputé au destinataire, à moins que ce dernier n'ait rendu la signification nécessaire ou que celle-ci n'ait été autorisée par le tribunal.

cation is permitted by law; no additional cost above the cost of notification by mail may be charged to the addressee, however, unless the addressee has rendered service necessary or service has been authorized by the court.

119. Preuve de signification — La preuve de la signification est établie par le procès-verbal que l'huissier dresse, sous son serment professionnel, de la signification qu'il effectue.

119. Proof of service — Service is proved by a certificate of service drawn up by the bailiff under their oath of office.

Procès-verbal — Ce procès-verbal doit mentionner :

Certificate of service — The certificate of service must mention

1° le numéro du dossier du tribunal et le nom des parties;

(1) the court record number and the parties' names;

2° la nature du document;

(2) the nature of the document;

3° le lieu, la date et l'heure où la signification a été faite;

(3) the place, date and time of service;

4° le nom de la personne à laquelle le document a été remis et, s'il y a lieu, sa qualité ou, le cas échéant, le lieu où le document a été laissé;

(4) the name of the person to whom the document was delivered and, if not the addressee, the person's capacity, or the place where the document was left, if applicable;

5° le refus, le cas échéant, de recevoir signification ou l'échec de sa tentative d'y procéder;

(5) if such is the case, the fact that the addressee refused to accept service or that the attempt to serve the document was unsuccessful; and

6° l'état des honoraires et des frais.

(6) the amount of the professional fees and costs.

Correction — L'huissier peut, à tout moment avant le dépôt au greffe du procès-verbal de signification, corriger les erreurs matérielles qu'il contient.

Correction — The bailiff may correct a clerical error in the certificate of service at any time before it is filed with the court office.

120. Preuve de signification — La preuve de la signification faite par une personne désignée par l'huissier est établie par le procès-verbal que la personne dresse et dans lequel elle indique son nom, sa qualité et son adresse. Ce procès-verbal doit être appuyé d'un récépissé donné par celui qui a reçu le document, à moins qu'il n'ait refusé de le donner auquel cas le fait est consigné au procès-verbal.

120. Proof of service — Service by a person designated by a bailiff is proved by a certificate of service drawn up by the person, stating their name, capacity and address. The certificate of service must be supported by a receipt given by the person who received the document, unless that person refused to give one, in which case that fact is recorded in the certificate of service.

Autorisation du tribunal — Sur le vu du procès-verbal fait par la personne désignée qui a tenté de faire la signification, le tribunal peut autoriser la notification selon tout mode approprié

Authorization of the court — On the face of the certificate drawn up by the designated person after an unsuccessful attempt to serve a document, the court may authorize notification by any method appropriate in the circumstances.

aux circonstances. Mention est faite de l'autorisation sur le procès-verbal et sur le document à notifier.

The authorization is recorded on the certificate and on the document to be notified.

§ 2. —
La notification en mains propres

§ 2. —
Personal notification

121. Signification en mains propres — La signification d'une demande introductive d'instance doit être faite au destinataire, en mains propres, lorsqu'il est âgé de 14 ans et plus et que la demande concerne son intégrité, son état ou sa capacité. Il en est de même si le destinataire est incarcéré ou autrement gardé contre son gré, ou encore, si sa véritable identité est inconnue ou incertaine.

121. Personal service — Service of an originating application must be made on the addressee personally if the addressee is 14 years of age or older and the application pertains to their personal integrity, status or capacity. The same applies if the addressee is imprisoned or otherwise confined against their will, or if their true identity is unknown or uncertain.

122. Domicile commun — Lorsque les parties résident ensemble, les notifications de l'une à l'autre sont faites en mains propres, à moins qu'elles n'aient ensemble convenu d'un autre mode.

122. Common domicile — If the parties reside together, documents must be notified personally by one party to the other, unless they have agreed together to another method of notification.

123. Autorisation du tribunal — Lorsque la notification en mains propres d'un document autre que la demande introductive d'instance risque d'aggraver l'état physique ou mental du destinataire, le tribunal peut en autoriser la remise sous une forme propre à en assurer la confidentialité, à une personne autorisée de l'établissement de santé ou de services sociaux ou à la personne qui a la garde du lieu où se trouve le destinataire ou une autre personne qu'il désigne.

123. Authorization of the court — In the case of a document other than an originating application, if there is a risk that personal notification could worsen the addressee's physical or psychological condition, the court may authorize the delivery of the document, in a form that protects its confidentiality, to an authorized person within the health or social services institution or to the person in charge of the place where the addressee is, or to any other person designated by the court.

Exception — Exceptionnellement, le tribunal peut soustraire de la notification la demande concernant la garde d'une personne dans un tel établissement en vue d'une évaluation psychiatrique ou à la suite d'une telle évaluation, s'il considère que la notification serait nuisible à la santé ou à la sécurité de cette personne ou d'autrui ou s'il y a urgence.

Exception — By way of exception, the court, if it considers that notification of an application concerning a person's confinement in a health or social services institution for or after a psychiatric assessment would be harmful to the health or safety of the person concerned or of another person, or in an urgent situation, may exempt such an application from notification.

§ 3. —
La notification par un intermédiaire

§ 3. —
Notification through intermediary

124. Modalités — La notification à une personne physique qui ne peut être faite en mains propres est faite à son domicile ou à sa résidence aux soins d'une personne qui y réside ou y travaille et qui paraît apte à recevoir le document; si elle ne peut être ainsi faite, elle peut l'être à son établissement d'entreprise ou à son lieu de travail aux soins de la personne ayant la garde du lieu.

Moyen technologique — Si le lieu de travail est un moyen de transport, tel un navire, un avion ou un autocar, la notification peut néanmoins être faite, au besoin, par un moyen technologique.

125. Personne morale — La notification à une personne morale se fait par la remise du document à son siège ou, si son siège est à l'extérieur du Québec, à l'un de ses établissements au Québec, en s'adressant à une personne qui paraît être en mesure de le remettre à un dirigeant ou à un administrateur de la personne morale ou à l'un de ses agents. Elle peut aussi être faite à l'un d'eux, en mains propres, où qu'il soit.

Société et autres groupements — La notification d'un document à une société en nom collectif ou en commandite ou à une association ou à un autre groupement qui n'a pas la personnalité juridique se fait à son établissement d'entreprise ou à son bureau en s'adressant à une personne qui paraît être en mesure de le remettre au destinataire. Elle peut aussi être faite en mains propres à un associé, à un membre ou à un dirigeant, où qu'il soit.

Cas particuliers — La notification à un fiduciaire, au liquidateur d'une personne morale ou d'une entreprise ou au syndic de faillite se fait à son domicile ou à son lieu de travail, en mains propres ou par la remise du document à la personne qui paraît être en mesure de le remettre au destinataire.

124. Procedure — Notification to a natural person that cannot be made personally is made by leaving the document at the addressee's domicile or residence in the care of a person who resides or works there and appears to be capable of receiving the document; if this cannot be done, notification may be made by leaving the document at the addressee's business establishment or place of work in the care of the person in charge of the premises.

Technological means — If the addressee's place of work is a means of transportation such as a ship, an airplane or a bus, the document may, if need be, be notified by a technological means.

125. Legal person — Notification to a legal person is made at its head office or, if the head office is outside Québec, at one of its establishments in Québec, by leaving the document in the care of a person who appears to be in a position to give it to an officer or director or an agent of the legal person. It may also be made by delivering the document personally to such an officer, director or agent, wherever that person may be.

Partnership, association or other groups — Notification of a document to a general or limited partnership or an association or any other group not endowed with juridical personality is made at its business establishment or office by leaving the document in the care of a person who appears to be in a position to give it to the addressee. It may also be made by delivering the document personally to one of its partners, members or officers, wherever that person may be.

Particular cases — Notification to a trustee, the liquidator of a legal person or enterprise or a trustee in bankruptcy is made at their domicile or place of work, either by delivering the document personally to them or by leaving the document in the care of a person who appears to be in a position to give it to the addressee.

126. Procureur général — La notification au procureur général du Québec se fait auprès de la direction du contentieux du ministère de la Justice à Québec ou à Montréal, selon la répartition des districts d'appel, aux soins de la personne ayant la garde du lieu.

126. Attorney General of Québec — Notification to the Attorney General of Québec is made at the Québec or Montréal office of the legal department of the Ministère de la Justice by leaving the document in the care of the person in charge of the premises.

127. Liquidateur d'une succession — La notification au liquidateur d'une succession se fait comme toute notification à une personne physique; s'il n'est pas connu ou s'il réside hors du Québec, la notification peut être faite à l'un des héritiers.

127. Liquidator of a succession — Notification to the liquidator of a succession is made in the same manner as to any other natural person; if the liquidator is unknown or resides outside Québec, notification may be made to one of the heirs.

Héritiers et légataires — La notification aux héritiers et légataires particuliers désignés collectivement comme partie se fait au dernier domicile du défunt; si ce domicile est situé à l'extérieur du Québec, s'il est fermé ou si aucun membre de la famille du défunt ne s'y trouve, la notification peut être faite à l'un des héritiers ou légataires particuliers.

Heirs and legatees — Notification to heirs and legatees by particular title collectively designated as a party is made by leaving the document at the deceased's last domicile; if that domicile is outside Québec or is closed, or if no member of the deceased's family is to be found there, notification may be made to one of the heirs or legatees by particular title.

128. Domicilié hors Québec — La notification peut être faite à la personne désignée par le destinataire ou à son domicile élu; si le destinataire n'a ni domicile, ni résidence, ni établissement d'entreprise au Québec, elle peut être faite au cabinet de l'avocat qui le représente ou du notaire qui agit pour lui.

128. Domicile outside Québec — Notification may be made to a person designated by the addressee or at the addressee's elected domicile. If the addressee has no domicile, residence or business establishment in Québec, notification may be made at the firm of the lawyer representing the addressee or of the notary acting for the addressee.

§ 4. —
L'avis de visite

§ 4. —
Notice of visit

129. Contenu de l'avis — L'huissier qui ne peut remettre le document au destinataire ou à un intermédiaire laisse, sous pli cacheté, un avis de sa visite au domicile, à la résidence ou à l'établissement du destinataire. L'avis informe le destinataire de la tentative de remise et indique la nature du document, le nom de la personne qui notifie et le lieu où le destinataire peut obtenir le document.

129. Content — A bailiff who has been unable to deliver a document to the addressee or to an intermediary leaves a notice of visit, in a sealed envelope, at the addressee's domicile, residence or business establishment, informing the addressee of the unsuccessful delivery attempt and specifying the nature of the document, the notifier's name and the place where the addressee can take delivery of the document.

Modalités — L'avis de visite peut être laissé dans la boîte postale du destinataire ou dans un endroit dont l'accès lui est réservé ou, à défaut, dans un endroit où il sera facilement visible, ou encore, le cas échéant, il peut être laissé au propriétaire, à l'administrateur ou au gérant de l'immeuble. Dans tous les cas, ceux-ci sont tenus de

Procedure — The notice may be left in the addressee's mailbox or in a place accessible only to the addressee or, failing that, in a place where it will be plainly visible; it may instead be left with the owner, administrator or manager of the building. In all cases, the owner, administrator or manager is required to co-operate with the bai-

collaborer avec l'huissier, notamment pour lui permettre l'accès au lieu approprié.

liff, such as by providing access to an appropriate place.

Moyen technologique — L'avis peut aussi être donné par un moyen technologique.

Technological means — Alternatively, the notice may be sent by a technological means.

§ 1. —
La notification par la poste

§ 1. —
Notification by mail

130. Modalités — La notification par la poste se fait par l'envoi d'un document à la dernière adresse connue de la résidence; si le lieu de résidence est inconnu, l'envoi peut être fait à l'adresse connue du lieu de travail du destinataire. L'envoi postal est considéré un envoi recommandé lorsque la livraison ou la réception est attestée.

130. Procedure — Notification by mail is made by sending the document to the addressee's last known residential address; if the place of residence is unknown, the document may be sent to the addressee's known place of work. A document is considered to be mailed by registered mail if the delivery or receipt of the document is recorded.

131. Preuve — La preuve de la notification par poste recommandée est faite par l'avis de livraison ou l'avis de réception présenté par le postier au moment de la livraison. À défaut, la preuve est faite par la déclaration de l'expéditeur attestant l'envoi et faisant référence à l'état de livraison ou de réception.

131. Proof — Notification by registered mail is proved by the delivery notice or the receipt notice presented by the letter carrier at the time of delivery. Failing that, it is proved by the sender's declaration that the document was sent, with a reference to the delivery or receipt status.

Présomption — La notification est réputée avoir été faite à la date où l'avis de réception a été signé par le destinataire ou par un intermédiaire apte à recevoir notification ou, le cas échéant, à la date de l'avis de livraison.

Presumption — The notification is deemed to have been made on the date the receipt notice was signed by the addressee or an intermediary capable of receiving notification or, as applicable, on the date of the delivery notice.

§ 2. —
La notification par la remise d'un document

§ 2. —
Notification by delivery of document

132. Service de messagerie — La notification par la remise d'un document se fait par l'entremise d'un service de messagerie ou d'un autre porteur, en le remettant à son destinataire en mains propres ou à son représentant ou à une personne qui paraît apte à le recevoir et en mesure de le lui remettre. S'il est remis à une autre

132. Courier — Notification by delivery is made by having the document delivered by a courier or any other carrier to the addressee personally, to the addressee's representative or to a person who appears to be capable of receiving it and in a position to give it to the addressee. If the document is delivered to a person other than

personne que le destinataire, le document doit être sous pli cacheté ou sous une autre forme propre à en assurer la confidentialité.

Preuve — La notification est faite selon les instructions de celui qui notifie et contre récépissé, lequel fait foi de la date à laquelle la notification est présumée avoir été faite.

the addressee, it must be in a sealed envelope or in any other form that protects its confidentiality.

Proof — The notification is made according to the notifier's instructions and in exchange for a receipt, which is proof of the date on which the notification is presumed to have been made.

§ 3. —
La notification par un moyen technologique

§ 3. —
Notification by technological means

133. Modalités — La notification par un moyen technologique se fait par la transmission du document à l'adresse que le destinataire indique être l'emplacement où il accepte de le recevoir ou à celle qui est connue publiquement comme étant l'adresse où il accepte de recevoir les documents qui lui sont destinés, dans la mesure où cette adresse est active au moment de l'envoi.

133. Procedure — Notification by a technological means is made by sending the document to the address provided by the addressee for the receipt of the document, or to the address that is publicly known as the address where the addressee receives documents, provided the address is active at the time of sending.

Consentement — Cependant, la notification par un tel moyen n'est admise à l'égard de la partie non représentée que si celle-ci y consent ou que le tribunal l'ordonne.

Party's consent — However, notification by a technological means to a party not represented by a lawyer or a notary is permitted only with the party's consent or if ordered by the court.

134. Bordereau d'envoi — La preuve de la notification par un moyen technologique est faite au moyen d'un bordereau d'envoi ou, à défaut, d'une déclaration sous serment de l'expéditeur.

134. Transmission slip — Notification by a technological means is proved by the transmission slip or, failing that, by an affidavit of the sender.

Contenu — Le bordereau indique la nature du document transmis, le numéro du dossier du tribunal, le nom de l'expéditeur et du destinataire et leurs coordonnées, de même que le lieu, la date et l'heure et les minutes de la transmission; il doit contenir également, à moins que la transmission ne soit effectuée par l'entremise d'un huissier, l'information nécessaire pour permettre au destinataire de vérifier l'intégrité de la transmission. Ce bordereau n'est produit au greffe que si une partie le demande.

Content — The transmission slip must set out the nature of the document, the court record number, the names and contact information of the sender and the addressee, and the place, date, hour and minute of sending; unless the document was sent by a bailiff, the transmission slip must also contain the information needed to enable the addressee to make sure that the entire document was sent. The transmission slip is filed with the court office only if a party so requests.

§ 4. —
La notification par avis public

135. Avis public — La notification par avis public est faite sur ordonnance du tribunal. Elle peut aussi être faite sans ordonnance par l'huissier qui a tenté sans succès de signifier le document et qui a consigné ce fait au procès-verbal.

136. Notification — La notification par avis public se fait par la publication d'un avis ou d'un sommaire du document conforme au modèle établi par le ministre de la Justice par un moyen susceptible de joindre le destinataire, telle la publication sur un site Internet reconnu par arrêté du ministre de la Justice ou dans un journal distribué dans la municipalité de la dernière adresse connue du destinataire ou encore dans celle où est situé l'immeuble qui est l'objet du litige ou sur le site Internet d'un tel journal.

Délai de publication — La publication est faite en français, sur un site Internet pendant au moins 60 jours ou une seule fois dans un journal sur support papier; si les circonstances l'exigent, la publication peut être faite à plus d'une reprise ou faite également en anglais.

137. Contenu — La publication relative à une demande introductive d'instance enjoint au défendeur de se présenter au greffe dans les 30 jours ou dans le délai autrement indiqué pour recevoir la demande. La publication fait mention de l'ordonnance du tribunal ou de la demande de l'huissier.

138. Preuve — La preuve de la notification se fait par la production au greffe d'un extrait pertinent du document publié, avec mention de la date, ainsi que du mode ou du lieu de publication.

Présomption — La notification par avis public est réputée avoir eu lieu au premier jour de la publication.

§ 4. —
Notification by public notice

135. Public notice — Notification by public notice is by order of the court. Notification by public notice may also be used without a court order by a bailiff who has tried unsuccessfully to serve a document and has recorded that fact in the certificate of service.

136. Notification — Notification by public notice is made by publishing a notice or a summary of a document in keeping with the model established by the Minister of Justice by any means likely to reach the person concerned, such as by posting it on a website recognized by an order of the Minister of Justice or by publishing it in, or posting it on the website of, a newspaper circulated in the municipality of the person's last known address or the municipality where the immovable that is the subject of the dispute is situated.

Time limit publication — The notice or summary must be published in French on a website for at least 60 days or once only in hard copy in a newspaper. If required by the circumstances, the notice or summary may be published more than once or may also be published in English.

137. Content — A public notice concerning an originating application must direct the defendant to take delivery of the application at the court office within 30 days or any other time specified, and must mention that its publication is by court order or on the bailiff's request.

138. Proof — Notification by public notice is proved by filing with the court office a relevant extract from the published document, showing the date and the method or place of publication.

Presumption — Notification by public notice is deemed to have taken place on the first day of publication.

Section IV — La notification de certains actes de procédure

Section IV — Notification of Certain Pleadings

139. Demande introductive d'instance — La demande introductive d'instance est signifiée par huissier. Il en est de même des actes pour lesquels le Code ou une autre loi prévoit la signification.

Signification — Sont notamment signifiés :

1° la citation à comparaître adressée à un témoin;

2° la demande reconventionnelle ou l'acte d'intervention;

3° la mise en demeure de procéder à un bornage;

4° le jugement prononçant une injonction ou comportant un autre ordre de faire ou de ne pas faire;

5° la déclaration d'appel, la demande pour obtenir la permission d'appeler et le pourvoi en rétractation de jugement;

6° en matière d'exécution, l'avis d'exécution, l'opposition à la saisie ou à la vente ou la demande d'annulation de l'une ou de l'autre.

Exception — Cependant, la demande qui met en cause le curateur public, le directeur de l'état civil, l'officier de la publicité foncière, l'officier de la publicité des droits personnels et réels mobiliers ou l'Agence du revenu du Québec peut leur être notifiée par un autre mode que la signification. Il en est de même des demandes et autres actes de procédure visés au titre II du livre VI.

140. Modalités — La demande introductive d'instance doit être signifiée au défendeur et aux autres parties. Elle n'est valablement signifiée que si elle est certifiée conforme au document déposé au greffe par la partie qui la signifie, par son avocat ou par l'huissier.

Autres actes — Les autres actes de procédure d'une partie sont notifiés aux avocats ou, selon le cas, aux notaires des autres parties ou aux par-

139. Originating application — An originating application must be served by bailiff. The same applies to other pleadings required to be served under this Code or another law.

Documents served — Documents that must be served include

(1) subpoenas to witnesses;

(2) cross-applications and declaration of intervention;

(3) formal notices for the determination of boundaries;

(4) judgments granting an injunction or containing any other order to do or not do something;

(5) notices of appeal, applications for leave to appeal and applications for revocation of a judgment; and

(6) in execution matters, notices of execution, oppositions to seizure or sale, and applications for the annulment of a seizure or sale.

Exception — However, an application that impleads the Public Curator, the registrar of civil status, the land registrar, the personal and movable real rights registrar or the Agence du revenu du Québec may be notified to them otherwise than by service. The same applies to applications and other pleadings under Title II of Book VI.

140. Procedure and validity — An originating application must be served on the defendant and the other parties. It is validly served only if certified by the serving party, its lawyer or the bailiff as being a true copy of the document filed with the court office.

Other pleadings — Other pleadings by a party must be notified to the lawyers or, as applicable, notaries of the other parties, or to the parties

ties elles-mêmes si elles ne sont pas ainsi représentées. Ces actes peuvent être certifiés conformes sur demande.

Acte non conforme — Si un acte n'est pas conforme à celui déposé au greffe, l'expéditeur peut notifier un nouvel acte, avec ou sans la permission du tribunal selon que la partie qui l'a reçu y a déjà répondu ou non.

themselves if they are not so represented. They may be certified as true copies on request.

Non-compliant pleading — If the pleading notified is not a true copy of the pleading filed with the court office, the notifier may notify a new pleading, with or without leave of the court depending on whether the party that was notified has replied or not to the pleading.

LIVRE II —
LA PROCÉDURE CONTENTIEUSE

BOOK II — CONTENTIOUS PROCEEDINGS

TITRE I —
LES PREMIÈRES PHASES DU DÉROULEMENT DE L'INSTANCE

TITLE I —
INITIAL STAGES OF PROCEEDING

Chapitre I —
La demande en justice

Chapter I —
Judicial Application

141. Demande introductive d'instance — Dans une affaire contentieuse, la demande en justice introductive de l'instance suit, pour son déroulement, la procédure prévue au présent livre.

141. Originating application — In a contentious case, a judicial application originating a proceeding is conducted according to the procedure set out in this Book.

Règles particulières — Des règles particulières à la conduite de certaines matières civiles visées au livre V et aux voies procédurales particulières prévues au livre VI peuvent y ajouter ou y déroger.

Special rules — The special rules for the conduct of certain civil matters set out in Book V and for special proceedings provided for in Book VI may supplement that procedure or depart from it.

142. Objet — La demande en justice peut avoir pour objet d'obtenir, même en l'absence de litige, un jugement déclaratoire déterminant, pour solutionner une difficulté réelle, l'état du demandeur ou un droit, un pouvoir ou une obligation lui résultant d'un acte juridique.

142. Subject matters — Even in the absence of a dispute, a judicial application may be instituted to seek, in order to resolve a genuine problem, a declaratory judgment determining the status of the plaintiff, or a right, power or obligation conferred on the plaintiff by a juridical act.

143. Pluralité d'objets — La demande en justice peut joindre plusieurs objets et prétentions, pourvu que les conclusions recherchées soient compatibles. En matière familiale, les conclusions de la demande peuvent porter tant sur les mesures provisoires, les demandes de garde ou d'aliments que sur la demande principale.

143. Plurality of subject matters or claims — Two or more subject matters or claims may be joined in the same judicial application, provided the conclusions sought are compatible. In family matters, the conclusions of the application may pertain to provisional measures, to claims for custody or support or to the principal claim.

Pluralité de demandeurs — Des demandeurs peuvent présenter leurs prétentions et leurs conclusions conjointement dans la même demande si elles ont le même fondement juridique, reposent sur les mêmes faits ou soulèvent les mêmes points de droit, ou encore si les circonstances s'y prêtent. Ils peuvent aussi, s'ils s'entendent sur les faits, ne faire porter leur demande que sur la question de droit susceptible de donner lieu à un litige entre eux.

Plurality of plaintiffs — Two or more plaintiffs may join their claims and conclusions in the same application if they have the same juridical basis, are grounded on the same facts or raise the same points of law, or if circumstances permit. If the plaintiffs agree on the facts, they may confine the application to the issue of law which is likely to cause a dispute between them.

144. Non-division d'une dette — Un demandeur ne peut diviser une dette échue pour en réclamer le paiement au moyen de plusieurs demandes.

144. No division of debt — A plaintiff cannot divide a debt that is due for the purpose of claiming payment by means of more than one application.

Chapitre II
L'assignation et la réponse du défendeur

Chapter II
Summons and Defendant's Answer

145. Avis d'assignation — Le demandeur assigne le défendeur en justice au moyen d'un avis d'assignation joint à la demande, lequel comprend aussi l'indication des pièces au soutien de la demande et informe le défendeur que ces pièces sont disponibles sur demande.

145. Summons — The plaintiff summons the defendant before justice by means of a summons attached to the application. The summons includes a list of the exhibits in support of the application and informs the defendant that they are available on request.

Réponse du défendeur — Le défendeur doit, dans les 15 jours qui suivent, répondre à la demande formée contre lui, sous peine d'être condamné par défaut et d'être tenu des frais de justice.

Defendant's answer — The defendant must answer the application within the following 15 days, failing which a default judgment may be rendered and the legal costs awarded against the defendant.

146. Modèle — L'avis d'assignation doit être conforme au modèle établi par le ministre de la Justice.

146. Model — The summons must be in keeping with the model established by the Minister of Justice.

Contenu — Il y est notamment mentionné que le défendeur devra coopérer avec le demandeur pour préparer le protocole qui régira le déroulement de l'instance; il y est également indiqué la sanction à laquelle il s'expose s'il fait défaut de transmettre sa réponse à la demande formée contre lui dans les 15 jours de sa signification.

Content — It states, among other things, that the defendant must co-operate with the plaintiff in preparing the case protocol that is to govern the conduct of the proceeding; it also specifies the sanction to which the defendant is subject for failing to submit an answer to the application within 15 days after its service.

Contenu — L'avis mentionne également les options offertes au défendeur en réponse à l'assignation.

Content — The summons also sets out the options available to the defendant in answering the summons.

Contenu — Il informe le défendeur qu'il peut, s'il est visé par l'article 43, demander le renvoi de la demande introductive d'instance devant le tribunal territorialement compétent et adresser sa demande au greffier spécial de ce district après l'avoir notifiée aux autres parties et au greffe du tribunal qui en était déjà saisi.

Content — It informs the defendant that, if article 43 applies, the defendant may ask for the referral of the originating application to the court having territorial jurisdiction by applying to the special clerk in the district concerned after notifying the other parties and the office of the court already seized of the originating application.

Contenu — Il informe enfin le défendeur qu'il peut communiquer avec le greffe du tribunal pour que la demande soit traitée selon les règles du titre II du livre VI relatif au recouvrement des petites créances s'il a lui-même la capacité d'agir comme demandeur suivant ces règles. L'avis lui précise aussi que s'il fait cette démarche, les frais de justice du demandeur ne pour-

Content — Last, it informs the defendant of the defendant's right to contact the court office to request that the application be processed according to the rules of Title II of Book VI relating to the recovery of small claims, provided the defendant would qualify to act as plaintiff under those rules. It further states that if the defendant requests that the application be so processed, the

ront excéder le montant des frais prévus pour le recouvrement de ces créances.

147. Réponse du défendeur — Le défendeur indique dans sa réponse son intention soit de convenir du règlement de l'affaire, soit de contester et d'établir avec le demandeur le protocole de l'instance; il peut aussi proposer une médiation ou une conférence de règlement à l'amiable. Il indique également dans sa réponse le nom de son avocat s'il est ainsi représenté et leurs coordonnées respectives.

Notification — Cette réponse est notifiée à l'avocat du demandeur ou, s'il n'est pas représenté, au demandeur lui-même; elle est produite au greffe du tribunal dont les coordonnées sont indiquées à l'avis d'assignation.

Pluralité de défendeurs — Si plusieurs défendeurs ont été assignés, le demandeur est tenu d'informer toutes les parties des réponses reçues et du nom des avocats qui les représentent.

plaintiff's legal costs will not exceed those prescribed for the recovery of such claims.

147. Defendant's answer — In the answer to the summons, the defendant states their intention to either negotiate a settlement or defend the application and establish a case protocol with the plaintiff. The defendant may also propose mediation or a settlement conference. The answer to the summons must include the defendant's contact information and, if the defendant is represented by a lawyer, the lawyer's name and contact information.

Notification — The answer is notified to the plaintiff's lawyer or, if the plaintiff is not represented, to the plaintiff; it is filed with the court office whose contact information is given in the summons.

Plurality of defendants — If two or more defendants have been summoned, the plaintiff is required to inform all the parties of the answers received and of the names of the defendants' lawyers.

Chapitre III —
La gestion de l'instance
SECTION I —
LE PROTOCOLE DE L'INSTANCE

Chapter III —
Case Management
SECTION I —
CASE PROTOCOL

148. Obligations des parties — Les parties sont tenues de coopérer pour régler l'affaire ou pour établir le protocole de l'instance. Elles y précisent leurs conventions et engagements et les questions en litige, indiquent la considération qu'elles ont portée à recourir aux modes privés de prévention et de règlement des différends et les opérations à effectuer pour assurer le bon déroulement de l'instance, évaluent le temps qui pourrait être requis pour les réaliser de même que les coûts prévisibles des frais de justice et fixent les échéances à respecter à l'intérieur du délai de rigueur pour la mise en état du dossier.

Contenu — Le protocole de l'instance porte notamment sur :

1° les moyens préliminaires et les mesures de sauvegarde;

2° l'opportunité de recourir à une conférence de règlement à l'amiable;

148. Obligations of parties — The parties are required to co-operate to either arrive at a settlement or establish a case protocol. In the case protocol, the parties set out their agreements and undertakings and the issues in dispute, indicate the consideration given to private dispute prevention and resolution processes, describe the steps to be taken to ensure the orderly progress of the proceeding, assess the time completing these steps could require and the foreseeable legal costs, and set the deadlines to be met within the strict time limit for trial readiness.

Content — The case protocol covers such aspects as

(1) preliminary exceptions and safeguard measures;

(2) the advisability of holding a settlement conference

3° les interrogatoires écrits ou oraux préalables à l'instruction, leur nécessité et, s'il y a lieu, leur nombre et leur durée anticipés;

4° l'opportunité de procéder à une ou plusieurs expertises, sur leur nature et, le cas échéant, les motifs pour lesquels les parties n'entendent pas procéder par expertise commune;

5° la défense, son caractère oral ou écrit, et en ce cas le délai à respecter pour la produire;

6° les modalités et les délais de constitution et de communication de la preuve avant l'instruction;

7° les incidents prévisibles de l'instance;

8° la prolongation, le cas échéant, du délai de mise en état du dossier;

9° les modes de notification que les parties entendent utiliser.

Complément au protocole — Si la complexité de l'affaire ou des circonstances spéciales le justifient, les parties peuvent convenir d'un complément au protocole pour prévoir les points qui ne peuvent être déterminés à cette étape ou encore indiquer certains d'entre eux sur lesquels elles n'ont pu s'entendre.

149. Notification — Le protocole de l'instance convenu entre les avocats des parties doit être notifié à ces dernières à moins qu'elles ne l'aient signé.

Dépôt au greffe — Il doit être déposé au greffe dans les 45 jours de la signification de l'avis d'assignation ou, en matière familiale, dans les trois mois de cette signification.

150. Présomption d'acceptation — Dans les 20 jours suivant le dépôt du protocole, le tribunal l'examine selon les directives que le juge en chef établit pour assurer le respect des principes directeurs de la procédure. Le protocole est présumé accepté à moins que, dans ce délai, les parties ne soient convoquées à une conférence de gestion devant être tenue dans les 30 jours de l'avis de convocation.

Modification au protocole — Le protocole de l'instance accepté par le tribunal ou établi avec lui s'impose aux parties qui sont tenues de

(3) pre-trial written or oral examinations, their necessity and, if any are to be conducted, their anticipated number and length;

(4) the advisability of seeking one or more expert opinions, the nature of the opinion or opinions to be sought and the reasons why the parties do not intend to jointly seek expert opinion, if that is the case;

(5) the defence, whether it will be oral or written and, if written, the time limit for filing it;

(6) the procedure and time limit for pre-trial discovery and disclosure;

(7) foreseeable incidental applications;

(8) the extension of the time limit for trial readiness, if an extension proves necessary; and

(9) the methods of notification the parties intend to use.

Complementary protocol — If warranted by the complexity of the case or by special circumstances, the parties may agree on a complementary protocol to provide for points that cannot be determined at the case protocol stage or identify certain points on which they were unable to reach an agreement.

149. Notification — A case protocol agreed between the parties' lawyers must be notified to the parties unless they have signed it.

Filing with the court office — It must be filed with the court office within 45 days after service of the summons or, in family matters, within three months after service of the summons.

150. Presumption of acceptance — Within 20 days after the case protocol is filed, the court examines it in light of the directives given by the chief justice or chief judge to ensure that the guiding principles of procedure are observed. The case protocol is presumed to be accepted unless the parties are called, within that same 20-day period, to a case management conference, which must be held within 30 days after the notice calling the conference.

Amendment to the case protocol — The case protocol accepted by or established in con-

le respecter sous peine, entre autres, des frais de justice engagés par l'une ou l'autre d'entre elles ou par un tiers et qui résultent de leur manquement. Elles ne peuvent le modifier sans l'accord du tribunal que si la modification porte sur les délais convenus ou sur des éléments propres à faciliter le déroulement de l'instance, sauf à respecter les décisions spécifiques du tribunal; elles sont tenues de déposer leurs modifications au greffe.

junction with the court is binding on the parties, who are each required to comply with it under pain, among other sanctions, of paying the legal costs incurred by any of the parties or by third persons as a result of their failure to comply. The parties cannot amend the case protocol without the approval of the court unless the amendment pertains to the agreed time limits or facilitates the conduct of the proceeding, and is not inconsistent with specific decisions of the court; the parties are required to file all amendments to the case protocol with the court office.

151. Mise en cause — La personne mise en cause par la demande peut participer à l'établissement du protocole de l'instance; elle doit en aviser les parties dans les 15 jours de la notification. Faute de le faire, elle est présumée accepter le protocole établi par les parties.

151. Person impleaded by the application — A person impleaded by the application may participate in the establishment of the case protocol. To do so, the person must inform parties within 15 days after notification. Otherwise, the person is presumed to accept the case protocol established by the parties.

Partie en cours d'instance — Lorsqu'une personne devient partie, en cours d'instance, elle doit, dans les 15 jours, proposer les modalités de sa participation pour tenir compte du protocole établi. À défaut d'entente avec les autres parties, elle peut demander au tribunal de fixer ces modalités et de modifier le protocole en conséquence.

Person becoming a party in the course of a proceeding — A person who becomes a party in the course of a proceeding must, within 15 days, propose terms for their participation in the proceeding, taking into account the existing case protocol. Failing agreement with the other parties, the person may ask the court to set those terms and amend the case protocol accordingly.

152. Impossibilité de s'entendre — En l'absence de collaboration d'une partie à l'établissement du protocole, l'autre partie dépose sa proposition dans le délai prévu. Dans le cas où les divergences sont telles qu'elles ne peuvent établir le protocole, l'une ou l'autre des parties ou chacune d'elles dépose, dans le délai prévu, sa proposition et indique les points de divergence. En ces cas, le tribunal peut, soit convoquer les parties pour établir le protocole soit l'établir, même d'office.

152. Unability of the parties due to their differences — If a party fails to co-operate in establishing a case protocol, the other party files a proposal within the time limit for filing. If the differences between the parties are such that they are unable to establish a case protocol, one of the parties or each of them files a proposal within the time limit for filing, stating the points on which the parties differ. In such circumstances, the court may either convene the parties to establish the case protocol or establish the case protocol, even on its own initiative.

SECTION II ——
LA CONFÉRENCE DE GESTION

SECTION II ——
CASE MANAGEMENT CONFERENCE

153. Modalités — Lors de la conférence de gestion qu'il convoque, d'office ou sur demande, le tribunal procède à un premier examen des questions de fait ou de droit en litige, examine le protocole de l'instance, en discute avec les parties et prend les mesures de gestion appropriées. Il peut, s'il l'estime utile, requérir des engage-

153. Procedure — At the case management conference convened on the court's own initiative or on request, the court acquaints itself with the issues of fact or law in dispute, examines the case protocol, discusses it with the parties and takes the appropriate case management measures. If it considers it useful, the court may re-

ments des parties quant à la poursuite de l'instance ou assujettir celle-ci à certaines conditions.

Absence d'une partie — Il peut aussi, si une partie est absente sans motif valable, entendre la partie présente si elle est prête à procéder sur les mesures de gestion.

Complément au protocole — Dans les cas où un complément au protocole a été convenu, le tribunal peut aussi fixer la date d'une autre conférence de gestion.

154. Pouvoirs du tribunal — À l'occasion de la conférence de gestion, le tribunal peut décider d'entendre, en audience, la présentation et la contestation des moyens préliminaires ou d'entendre le défendeur sur les motifs de sa contestation, lesquels sont consignés au procès-verbal de l'audience ou dans un exposé sommaire. Il peut procéder immédiatement à l'instruction dans le cas où la défense est orale et que les parties sont prêtes ou plutôt reporter l'audience à une autre date qu'il fixe ou encore laisser le soin au greffier de procéder à l'inscription de l'affaire en vue de l'instruction.

Moyens préliminaires — La présentation et la contestation des moyens préliminaires se font oralement, mais le tribunal peut autoriser les parties à apporter la preuve appropriée.

155. Preuve — Si le tribunal instruit la demande le jour même de la conférence, les parties font leur preuve au moyen de déclarations sous serment lorsque la loi l'exige ou le permet; elles peuvent aussi présenter toute autre preuve, par témoignage ou par présentation d'un document.

156. Suspension d'instance — Le tribunal peut suspendre l'instance pour le temps qu'il détermine s'il lui est démontré que la demande est de nature conservatoire, que l'affaire est susceptible d'être réglée à l'amiable et que les efforts nécessaires pour préparer le dossier en vue de l'instruction seraient dès lors inutiles ou disproportionnés dans les circonstances et qu'il est en outre convaincu du sérieux des démarches. Il peut lever cette suspension sur demande d'une partie lorsqu'il estime que les raisons qui l'ont justifiée n'existent plus.

quire undertakings from the parties as to the further conduct of the proceeding, or subject the proceeding to certain conditions.

Party's absence — If a party is absent without valid reason, the court may hear the party that is present if the latter is ready to proceed on case management measures.

Complementary protocol — If the parties have agreed on a complementary protocol, the court may also schedule another case management conference.

154. Powers of the court — At the case management conference, the court may decide to hear the parties, in open court, on the preliminary exceptions, or to hear the defendant on the grounds of defence, which are recorded in the minutes of the hearing or in a brief statement. The court may try the case immediately if the defence is to be oral and the parties are ready to proceed, postpone the hearing to a specified later date or leave it to the court clerk to set the case down for trial.

Preliminary exceptions — Preliminary exceptions are presented and contested orally, but the court may authorize the parties to submit the relevant evidence.

155. Proof — If the court tries the application on the same day as the case management conference, the parties prove their cases by means of affidavits if the law so requires or permits. They may also present any other evidence, be it testimonial or documentary.

156. Settlement — If it is shown to the court that the application is of a conservatory nature, that a settlement is possible and that the effort required to prepare the case for trial would be wasted or disproportionate in the circumstances, and the court is in addition convinced of the seriousness of the steps taken, the court may stay the proceeding for the time it determines. It may lift the stay on a party's request if it considers that the grounds for the stay no longer exist.

157. Pouvoirs du tribunal — Afin d'assurer le bon déroulement de l'instance, le juge en chef peut, d'office, en raison de la nature, du caractère ou de la complexité d'une affaire, en ordonner l'examen et, le cas échéant, la gestion dès l'introduction de la demande avant même le dépôt du protocole de l'instance.

Pouvoirs du tribunal — Il peut aussi, pour les mêmes motifs, ordonner à tout moment, d'office ou sur demande, la gestion particulière de l'instance et en confier la charge au juge qu'il désigne. Ce juge a, dès lors, la responsabilité de décider de toutes les demandes incidentes, de tenir, le cas échéant, la conférence de gestion et celle préparatoire à l'instruction et de rendre les ordonnances appropriées, à moins que pour pallier un empêchement un autre juge ne le remplace temporairement. Le juge désigné peut aussi être chargé de présider l'instruction et de rendre jugement sur le bien-fondé de la demande principale.

158. Pouvoirs du tribunal — À tout moment de l'instance, le tribunal peut, à titre de mesures de gestion, prendre, d'office ou sur demande, l'une ou l'autre des décisions suivantes :

1° prendre des mesures propres à simplifier ou à accélérer la procédure et à abréger l'instruction, en se prononçant notamment sur l'opportunité de joindre, disjoindre ou scinder l'instance, de préciser les questions en litige, de modifier les actes de procédure, de limiter la durée de l'instruction, d'admettre des faits ou des documents, d'autoriser des déclarations pour valoir témoignage ou de fixer les modalités et le délai de communication des pièces et des autres éléments de preuve entre les parties, ou encore en invitant les parties à participer soit à une conférence de gestion, soit à une conférence de règlement à l'amiable ou à recourir elles-mêmes à la médiation;

2° évaluer l'objet et la pertinence de l'expertise, qu'elle soit commune ou non, en établir les modalités ainsi que les coûts anticipés et fixer un

157. Powers of the chief justice or chief judge — In order to ensure the orderly progress of a proceeding, the chief justice or chief judge may, on their own initiative, given the nature, character or complexity of the case, order that it be examined and, if warranted, casemanaged as soon as the application is instituted and even before the case protocol is filed.

Special case management judge — The chief justice or chief judge may also, for the same reasons, on their own initiative or on request, order special case management at any time and assign a judge as special case management judge. The special case management judge is responsible for deciding all incidental applications, convening a case management conference and a pre-trial conference if warranted, and issuing such orders as are appropriate, unless another judge is temporarily assigned because the special case management judge is unable to act. The special case management judge may also be assigned to preside over the trial and render judgment on the merits of the principal application.

158. Powers of the court — For case management purposes, at any stage of a proceeding, the court may decide, on its own initiative or on request, to

(1) take measures to simplify or expedite the proceeding and shorten the trial by ruling, among other things, on the advisability of ordering the consolidation or separation of proceedings or the splitting of the proceeding, of better defining the issues in dispute, of amending the pleadings, of limiting the length of the trial, of admitting facts or documents, of authorizing affidavits in lieu of testimony or of determining the procedure and time limit for the disclosure of exhibits and other evidence between the parties, or by convening the parties to a case management conference or a settlement conference, or encouraging them to use mediation;

(2) assess the purpose and usefulness of seeking expert opinion, whether joint or not, determine the mechanics of that process as well as the an-

délai pour la remise du rapport; si les parties n'ont pu convenir d'une expertise commune, apprécier le bien-fondé de leurs motifs et imposer, le cas échéant, l'expertise commune, si le respect du principe de proportionnalité l'impose et que cette mesure, tenant compte des démarches déjà faites, permet de résoudre efficacement le litige sans pour autant mettre en péril le droit des parties à faire valoir leurs prétentions;

3° déterminer, si des interrogatoires préalables à l'instruction sont requis, les conditions de ceux-ci, notamment leur nombre et leur durée lorsqu'il paraît nécessaire que celle-ci excède le temps prescrit par le Code;

4° ordonner la notification de la demande aux personnes dont les droits ou les intérêts peuvent être touchés par le jugement ou inviter les parties à faire intervenir un tiers ou à le mettre en cause si sa participation lui paraît nécessaire à la solution du litige et, en matière d'état, de capacité ou en matière familiale, ordonner la production d'une preuve additionnelle;

5° statuer sur les demandes particulières faites par les parties, modifier le protocole de l'instance ou autoriser ou ordonner les mesures provisionnelles ou de sauvegarde qu'il estime appropriées;

6° déterminer si la défense est orale ou écrite;

7° autoriser la prolongation du délai pour la mise en état du dossier;

8° prononcer une ordonnance de sauvegarde dont la durée ne peut excéder six mois.

159. Effet — Les décisions de gestion prises par le tribunal sont consignées au procès-verbal d'audience et sont considérées inscrites au protocole de l'instance. Elles régissent, avec ce protocole, le déroulement de l'instance, sauf révision par le tribunal.

160. Désignation d'un avocat — Le tribunal qui ordonne la désignation d'un avocat pour représenter un mineur ou un majeur qu'il estime inapte non représenté par un tuteur, un curateur ou un mandataire statue, au besoin, sur les honoraires payables à cet avocat, lesquels sont à la

ticipated costs, and set a time limit for submission of the expert report; if the parties failed to agree on joint expert evidence, assess the merits of their reasons and impose joint expert evidence if it is necessary to do so to uphold the principle of proportionality and if, in light of the steps already taken, doing so is conducive to the efficient resolution of the dispute without, however, jeopardizing the parties' right to assert their contentions;

(3) determine terms for the conduct of pre-trial examinations, if such examinations are required, including their number and their length when it appears necessary to exceed the time prescribed by this Code;

(4) order notification of the application to persons whose rights or interests may be affected by the judgment, or invite the parties to bring a third person in as an intervenor or to implead a third person if the court considers that that person's participation is necessary in order to resolve the dispute and, in family or personal status or capacity matters, order the production of additional evidence;

(5) rule on any special requests made by the parties, modify the case protocol or authorize or order provisional measures or safeguard measures as it considers appropriate;

(6) determine whether the defence is to be oral or written;

(7) extend the time limit for trial readiness; or;

(8) issue a safeguard order, effective for not more than six months.

159. Effect — The court's case management decisions are recorded in the minutes of the hearing and are considered to be part of the case protocol. Unless revised by the court, they govern the conduct of the proceeding together with the case protocol.

160. Order to appoint a lawyer — If the court orders the appointment of a lawyer to represent a minor or a person of full age it considers incapable who is not represented by a tutor, a curator or a mandatary, it rules, if need be, on the lawyer's fee, which is borne either by the

charge soit des père et mère du mineur, soit du majeur inapte.

minor's father and mother, or by the incapable person.

Notification — Il peut d'office, dans le cas de ce majeur, ordonner la notification de la demande au conjoint, à un proche parent, à une personne qui démontre pour lui un intérêt particulier ou, en leur absence, au curateur public.

Notification — In the case of such a person of full age, the court, on its own initiative, may order that the application be notified to the person's spouse, a close relative or a person who shows a special interest in the person or, in their absence, to the Public Curator.

Tuteur *ad hoc* — Il peut aussi, même d'office, dans tous les cas où l'intérêt d'un mineur ou d'un majeur inapte est opposé à celui de son représentant, désigner un tuteur ou un curateur ad hoc pour leur assurer une représentation adéquate.

Tutor or curator *ad hoc* — In all cases where the representative of a minor or of an incapable person of full age has an interest adverse to that of the minor or incapable person, the court, even on its own initiative, may appoint a tutor or curator *ad hoc* to ensure proper representation of the minor or incapable person.

Suspension de procédure — Il peut, si les circonstances l'exigent, suspendre la procédure pour le temps qu'il indique.

Suspension of the proceeding — If required by the circumstances, the court may stay the proceeding for the time it specifies.

Chapitre IV ⸺
La conférence de règlement à l'amiable

Chapter IV ⸺
Settlement Conference

161. Pouvoir du tribunal — Le juge en chef peut, à tout moment de l'instance mais avant la date fixée pour l'instruction, désigner un juge pour présider une conférence de règlement à l'amiable si les parties le lui demandent et lui exposent sommairement les questions à examiner ou si lui-même recommande la tenue d'une telle conférence et que les parties agréent sa recommandation. Il le peut également, même après la date fixée pour l'instruction, si des circonstances exceptionnelles le justifient.

161. Power of the chief justice or chief judge — At any stage of a proceeding but before the scheduled trial date, the chief justice or chief judge may assign a judge to preside over a settlement conference if the parties so request, briefly stating the issues to be examined, or if the chief justice or chief judge recommends that a settlement conference be held and the parties concur. The chief justice or chief judge may also do so even after the scheduled trial date, if exceptional circumstances so warrant.

Charge de présider — La charge de présider une conférence de règlement à l'amiable entre dans la mission de conciliation du juge.

Task of chairing — Presiding over settlement conferences falls within the conciliation mission of judges.

162. Objet — La conférence de règlement à l'amiable a pour but d'aider les parties à communiquer en vue de mieux comprendre et évaluer leurs besoins, intérêts et positions et à explorer des solutions pouvant conduire à une entente mutuellement satisfaisante pour régler le litige.

162. Purpose — The purpose of a settlement conference is to facilitate dialogue between the parties to help them better understand and assess their respective needs, interests and positions, and explore solutions that may lead to a mutually satisfactory agreement to resolve the dispute.

163. Huis clos — La conférence est tenue en présence des parties et, si elles le souhaitent, de

163. In camera — A settlement conference is held in the presence of the parties, and, if the

leurs avocats. Elle a lieu à huis clos, sans frais ni formalités.

Effet — La conférence ne suspend pas le déroulement de l'instance, mais le juge qui la préside peut, s'il l'estime nécessaire, modifier le protocole de l'instance pour en tenir compte.

Caractère confidentiel — Tout ce qui est dit, écrit ou fait au cours de la conférence est confidentiel.

164. Modalités — De concert avec les parties, le juge établit le calendrier des rencontres, les règles applicables à la conférence et les mesures propres à en faciliter le déroulement.

Règles particulières — Ces règles peuvent notamment prévoir que le juge pourra rencontrer les parties séparément et que les personnes dont la présence est considérée utile au règlement du litige pourront y participer.

Obligations des parties — Les parties sont tenues de s'assurer que les personnes autorisées à conclure une entente sont présentes à la conférence ou qu'elles peuvent être consultées en temps utile pour donner leur accord.

165. Règlement à l'amiable — Si un règlement à l'amiable intervient, le juge peut, sur demande, homologuer la transaction.

Pouvoir du tribunal — Si aucun règlement n'intervient, le juge peut prendre les mesures de gestion appropriées ou, avec le consentement des parties, convertir la conférence de règlement à l'amiable en conférence de gestion. Il ne peut cependant par la suite instruire l'affaire ou décider d'une demande incidente à celle-ci.

parties so wish, in the presence of their lawyers. It is held in camera, at no cost to the parties and without formality.

Effect — The settlement conference does not stay the proceeding, but the judge presiding over the conference, if of the opinion that it is necessary, may modify the case protocol accordingly.

Confidential nature — Anything said, written or done during the settlement conference is confidential.

164. Procedure — In agreement with the parties, the judge determines the schedule of meetings, the rules applicable to the settlement conference and any measure to facilitate its conduct.

Applicable rules — The rules may, among other things, allow the judge to meet with the parties separately and allow other persons to take part in the settlement conference if it is considered that their presence would be helpful in resolving the dispute.

Obligations of parties — The parties are required to ensure that the persons who have the authority to make a settlement agreement are present at the conference or that they can be reached in sufficient time to give their consent.

165. Settlement — If a settlement is reached, the judge may, on an application, homologate the transaction.

Power of the court — If no settlement is reached, the judge may take the appropriate case management measures or, with the parties' consent, convert the settlement conference into a case management conference. The judge cannot, however, subsequently try the case or decide any incidental application.

Chapitre V ▬▬
La contestation
SECTION I ▬▬
LES MOYENS PRÉLIMINAIRES

Chapter V ▬▬
Defence
SECTION I ▬▬
PRELIMINARY EXCEPTIONS

§ 1. ▬▬
Disposition générale

§ 1. ▬▬
General provisions

166. Modalités — La partie qui a des moyens préliminaires à faire valoir doit les dénoncer par

166. Preliminary exceptions — A party that has preliminary exceptions to raise must disclose

écrit à l'autre partie en temps utile et déposer cet écrit au greffe.

Délai — Elle doit le faire avant la date prévue pour le dépôt du protocole de l'instance ou à la date prévue au protocole ou au plus tard trois jours avant la date fixée par le tribunal pour la tenue de la conférence de gestion sur le protocole. Si aucun protocole n'est requis, elle doit le faire au moins trois jours avant la présentation au tribunal de la demande introductive d'instance.

Autorisation du tribunal — Elle ne peut le faire à un autre moment que dans les cas prévus par la loi ou avec l'autorisation du tribunal si des motifs sérieux le justifient.

them in writing to the other party in sufficient time and file the written disclosure with the court office.

Time limit — The party must do so before the time limit for filing the case protocol or on the date specified in the case protocol, or at least three days before the date set by the court for the case management conference on the case protocol, or, if no case protocol is required, at least three days before the originating application is to be presented before the court.

Authorization of the court — The disclosure and filing required by the first paragraph may only be effected at another time in cases determined by law or with the authorization of the court if serious reasons so warrant.

§ 2. —
Le moyen déclinatoire

§ 2. —
Declinatory exception

167. Demande de renvoi — Une partie peut, si la demande est introduite devant un tribunal autre que celui qui aurait eu compétence pour l'entendre, demander le renvoi au tribunal compétent ou, à défaut, le rejet de la demande.

167. Application for referral to the competent court — If an application is brought before a court other than the court of competent jurisdiction, a party may ask that it be referred to the competent court or, failing that, that it be dismissed.

Absence de compétence — L'absence de compétence d'attribution peut être soulevée à tout moment de l'instance et peut même être déclarée d'office par le tribunal qui décide alors des frais de justice selon les circonstances.

Lack of subject-matter jurisdiction — Lack of subject-matter jurisdiction may be raised at any stage of the proceeding, and may even be declared by the court on its own initiative, in which case the court adjudicates as to legal costs according to the circumstances.

§ 3. —
Le moyen d'irrecevabilité

§ 3. —
Exception to dismiss

168. Irrecevabilité — Une partie peut opposer l'irrecevabilité de la demande ou de la défense et conclure à son rejet dans l'une ou l'autre des circonstances suivantes :

168. Inadmissibility — A party may ask that an application or a defence be dismissed if

1° il y a litispendance ou chose jugée;

(1) there is *lis pendens* or *res judicata*;

2° l'une ou l'autre des parties est incapable ou n'a pas la qualité exigée pour agir;

(2) one of the parties is incapable or does not have the necessary capacity to act; or

3° l'une ou l'autre des parties n'a manifestement pas d'intérêt.

(3) one of the parties clearly has no interest.

Opposition — Elle peut aussi opposer l'irrecevabilité si la demande ou la défense n'est pas fondée en droit, quoique les faits allégués puissent être vrais. Ce moyen peut ne porter que sur une partie de celle-ci.

Dismissal — The party may also ask that an application or a defence be dismissed if it is unfounded in law whether or not the facts alleged are true. Such an exception may pertain to only part of the application or defence.

Délai — La partie contre laquelle le moyen est soulevé peut obtenir qu'un délai lui soit accordé pour corriger la situation mais si, à l'expiration de ce délai, la correction n'a pas été apportée, la demande ou la défense est rejetée.

Time limit — The party against which the exception is raised may be allowed a period of time to correct the situation but if, on the expiry of that period, the correction has not been made, the application or defence is dismissed.

Effet — L'irrecevabilité d'une demande n'est pas couverte du seul fait qu'elle n'a pas été soulevée avant la première conférence de gestion.

Effect — The dismissal of an application may be urged even if the exception to dismiss was not raised before the first case management conference.

§ 4. —
Les autres moyens

§ 4. —
Other exceptions

169. Pouvoir des parties — Une partie peut demander au tribunal toute mesure propre à assurer le bon déroulement de l'instance.

169. Power of parties — A party may apply to the court for any measure conducive to the orderly progress of the proceeding.

Demande de précisions — Elle peut aussi demander au tribunal d'ordonner à une autre partie de fournir des précisions sur des allégations de la demande ou de la défense ou de lui communiquer un document, ou encore de procéder à la radiation d'allégations non pertinentes.

Application for particulars — A party may also apply to the court for an order directing another party to clarify allegations made in the application or the defence, disclose a document to the party or strike immaterial allegations.

Jugement — Le jugement qui accueille une telle demande peut enjoindre à une partie de faire un acte dans un délai imparti sous peine de rejet de la demande introductive de l'instance ou de la défense ou de la radiation des allégations concernées.

Judgment — A judgment granting such an application may require a party to do something within a specified time under pain of the originating application or the defence being dismissed or the allegations in question being struck.

SECTION II —
LA CONTESTATION AU FOND

SECTION II —
DEFENCE ON MERITS

170. Modalités — La défense, qu'elle soit orale ou écrite, consiste à faire valoir tous les moyens de droit ou de fait qui s'opposent au maintien, total ou partiel, des conclusions de la demande. Une partie peut alléguer dans sa défense tout fait pertinent, même survenu depuis l'introduction de la demande, et énoncer toutes les conclusions nécessaires pour écarter un moyen invoqué par les autres parties.

170. Defence — Defending an application, whether orally or in writing, consists in raising all the grounds of law or fact that argue against granting in whole or in part the conclusions sought in the application. In its defence, a party may allege any material facts, even material facts that have arisen since the application was instituted, and advance any conclusions necessary to defeat grounds set up by the other parties.

Modalités — Si la défense est orale, les éléments de la contestation sont consignés au procès-verbal de l'audience ou dans un exposé sommaire qui y est joint. Si elle est écrite, elle est établie dans un acte de procédure.

Effet — La déclaration, par une partie, qu'elle s'en rapporte à la justice n'équivaut pas à une contestation de la demande ni à un acquiescement aux prétentions d'une autre partie.

171. Défense orale — La défense est orale, à moins que l'affaire ne présente un degré élevé de complexité ou que des circonstances spéciales ne le justifient.

Cas particuliers — Elle est orale notamment dans toute affaire qui a pour objet l'obtention d'aliments ou d'un droit lié à la garde d'un enfant, l'obtention d'un délaissement, d'une autorisation, d'une habilitation ou d'une homologation ou la reconnaissance d'une décision, la détermination du mode d'exercice d'une fonction ou la seule fixation d'une somme d'argent due à la suite d'un contrat ou en réparation d'un préjudice établi.

172. Demande reconventionnelle — Le défendeur peut, dans sa défense, se porter demandeur reconventionnel pour faire valoir, contre le demandeur, une réclamation qui résulte de la même source que la demande principale ou qui est connexe à celle-ci. Le tribunal reste saisi de la demande reconventionnelle, malgré un désistement de la demande principale.

Écrit — La demande reconventionnelle est écrite mais sa contestation est orale, à moins que le tribunal, d'office, ne requière un écrit.

Oral or written defence — If the defence is oral, the arguments made are recorded in the minutes of the hearing or in a brief outline attached to the minutes. If the defence is written, it is set out in a pleading.

Effect — A declaration by a party that it submits to justice is not a defence, nor is it acquiescence in the claims of another party.

171. Oral defence — The defence is to be oral unless the case presents a high level of complexity or special circumstances warrant otherwise.

Particular cases — The defence is to be oral, for example, in all instances where the purpose of the proceeding is to obtain support or a right relating to the custody of a child, to obtain the surrender of property, an authorization, a designation, a homologation or the recognition of a decision, or a determination as to the manner in which an office should be discharged or the sole determination of an amount of money due under a contract or as reparation for proven injury.

172. Cross-application — In the defence, the defendant may make a cross-application against the plaintiff to assert a claim arising from the same source as the application or from a related source. The court remains seized of the cross-application despite discontinuance of the application.

Procedure — A cross-application is made in writing but defended orally, unless the court, on its own initiative, requires that it be defended in writing.

Chapitre VI ━
La mise en état du dossier et l'inscription pour instruction et jugement

Chapter VI ━
Readiness for Trial and Setting Down for Trial and Judgment

173. Mise en état — Le demandeur est tenu, dans un délai de six mois ou, en matière familiale, d'un an à compter de la date où le protocole de l'instance est présumé accepté ou depuis la tenue de la conférence de gestion qui suit le dépôt du protocole, ou encore depuis la date où celui-ci est établi par le tribunal, de procéder à la mise en état du dossier et, avant l'expiration de

173. Readiness for trial — The plaintiff is required to ready the case for trial within six months, or one year in family matters, after the date on which the case protocol is presumed to be accepted or the case management conference following the filing of the case protocol is held, or after the date the case protocol is established by the court, and, before that strict time limit ex-

ce délai de rigueur, de déposer au greffe une demande pour que l'affaire soit inscrite pour instruction et jugement.

Prolongation du délai — Le tribunal peut néanmoins, lors d'une conférence de gestion, prolonger ce délai si le degré élevé de complexité de l'affaire ou des circonstances spéciales le justifient. Il peut également le faire, même par la suite avant l'expiration du délai de rigueur, si les parties lui démontrent qu'elles étaient en fait dans l'impossibilité, lors de cette conférence, d'évaluer adéquatement le délai qui leur était nécessaire pour mettre le dossier en état ou que, depuis, des faits alors imprévisibles sont survenus. Le délai fixé par le tribunal est aussi de rigueur.

Calcul du délai — Si les parties ou le demandeur n'ont pas déposé le protocole de l'instance ou la proposition de protocole dans le délai imparti de 45 jours ou de trois mois, le délai de six mois ou d'un an se calcule depuis la signification de la demande. Le tribunal ne peut alors prolonger ce délai que si l'une ou l'autre des parties était en fait dans l'impossibilité d'agir.

174. Déclaration commune — La demande d'inscription pour instruction et jugement est faite au moyen d'une déclaration commune des parties indiquant que le dossier est en état et énonçant les éléments suivants :

1° le nom des parties et, si elles sont représentées, celui de leur avocat ainsi que leurs coordonnées;

2° l'inventaire des pièces et des autres éléments de preuve communiqués aux autres parties;

3° la liste des témoins que les parties entendent convoquer et la liste de ceux dont elles entendent présenter le témoignage par déclaration, à moins que des motifs valables ne justifient de taire leur identité;

4° la liste des faits admis;

5° la liste des points à trancher par expertise;

6° l'estimation de la durée de l'instruction et le recours, le cas échéant, aux services d'un interprète ou à des moyens technologiques.

pires, to file a request with the court office to have the case set down for trial and judgment.

Time limit extension — Nevertheless, if warranted by the high level of complexity of the case or by special circumstances, the court may extend the time limit at a case management conference. Even after the case management conference, the court may extend the time limit before it expires, if the parties show that it was impossible in fact, at the time of that conference, to properly assess how long they would need to ready the case for trial, or that circumstances unforeseeable at that time have since occurred. The new time limit set by the court is also a strict time limit.

Time limit computation — If the parties or the plaintiff have not filed a case protocol or a proposed case protocol within the prescribed 45-day or three-month time limit for doing so, the six-month or one-year time limit under this article is counted from service of the application. In such an instance, the court cannot extend the latter time limit unless it was impossible in fact for one of the parties to act.

174. Joint declaration — A request for setting down for trial and judgment is made by means of a joint declaration by the parties stating that the case is ready for trial and containing

(1) the name of each party and, if the party is represented, its lawyer's name, as well as their contact information;

(2) a list of the exhibits and other evidence disclosed between the parties;

(3) a list of the witnesses each party intends to call and a list of those whose testimony it intends to present in the form of affidavits, unless there is valid cause not to disclose their identities;

(4) a list of the facts that are admitted;

(5) a list of the points to be determined by experts; and

(6) an estimate of the length of the trial and, if applicable, particulars as to the use of the services of an interpreter or the use of technological means.

Présomption — Si la déclaration ne peut être commune, le demandeur ou à défaut une autre partie produit la déclaration et la notifie aux autres parties. Celle-ci est réputée confirmée, à moins que les autres parties n'indiquent, dans les 15 jours qui suivent la notification de la déclaration, ce qui doit selon eux y être ajouté ou retranché.

Presumption — If the declaration cannot be made by the parties jointly, the plaintiff or, if the plaintiff fails to do so, another party, files a declaration and notifies it to the other parties. The declaration is deemed confirmed unless the other parties specify, within 15 days after it is notified, what should, in their opinion, be added or deleted.

175. Inscription pour jugement — L'inscription pour jugement est faite par le greffier si le défendeur est en défaut de transmettre sa réponse à l'assignation ou s'il n'a pas produit sa défense dans le délai prévu par le protocole de l'instance et que le demandeur le requiert; elle est faite sur ordre du tribunal si le défendeur était absent lors de la conférence de gestion.

175. Setting down for trial — If the defendant fails to answer the summons or to file a defence within the time limit set in the case protocol and the plaintiff so requires, the court clerk sets the case down for judgment. If the defendant fails to attend the case management conference, the case is set down for judgment on an order of the court.

Dépôt au greffe — Dans ces cas, le demandeur doit déposer au greffe les pièces et sa propre déclaration sous serment.

Filing with the court office — In such instances, the plaintiff must file the exhibits and the plaintiff's own affidavit with the court office.

176. Défaut — La demande d'inscription faite prématurément ou irrégulièrement peut être radiée d'office par le tribunal ou le greffier; celle qui est faite hors le délai prescrit par la loi ou par le tribunal est irrecevable.

176. Cancellation or inadmissibility — A premature or irregular request for setting down a case may be cancelled by the court or the court clerk, on their own initiative. A request made after the expiry of the time limit prescribed by law or set by the court is inadmissible.

177. Présomption de désistement — Faute de demander l'inscription dans le délai de rigueur, le demandeur est présumé s'être désisté de sa demande à moins qu'une autre partie n'ait demandé l'inscription dans les 30 jours de l'expiration du délai.

177. Presumption of discontinuance — A plaintiff who fails to file a request for setting down within the strict time limit is presumed to have discontinued the application, unless another party files such a request within 30 days after the expiry of the time limit.

Pouvoir du tribunal — Le tribunal peut lever la sanction contre le demandeur s'il est convaincu qu'il était en fait dans l'impossibilité d'agir dans le délai imparti. Dans ce cas, le tribunal modifie le protocole de l'instance et fixe un nouveau délai qui ne pourra être prolongé que si un motif impérieux l'exige.

Power of the court — The court may relieve the plaintiff from this sanction if it is satisfied that it was impossible in fact for the latter to act within the time limit. In such an instance, the court modifies the case protocol and sets a new time limit, which cannot be extended except for compelling reasons.

178. Notification d'un avis — Après l'inscription de l'affaire pour instruction, le greffier notifie aux parties et à leurs avocats les informant de la date fixée pour l'instruction, à moins que la date n'ait été fixée par le tribunal ou avec l'accord des parties; il le fait au moins un mois et au plus deux mois avant cette date, à moins que les parties ne consentent à un délai

178. Notification of a notice — Once the case has been set down for trial, a notice of the scheduled trial date is notified by the court clerk to the parties and their lawyers unless a trial date was set by the court or with the parties' consent. The notice is notified at least one month but not more than two months before the trial date, unless the parties agree to a shorter notice period.

plus court. La mention de cette notification au registre du tribunal fait présumer sa réception.

The notice is presumed to have been received if the notification is recorded in the court register.

Non-réception de l'avis — Le fait pour une partie de ne pas avoir reçu l'avis ne justifie pas la remise de l'instruction dès lors que son avocat l'a reçu.

Notice not received — The fact that a party did not receive the notice is not grounds for postponing the trial if its lawyer received it.

Chapitre VII ——
La conférence préparatoire à l'instruction

Chapter VII ——
Pre-trial Conference

179. Modalités — Après l'inscription de l'affaire, le juge qui est chargé de l'instruction ou un autre juge désigné par le juge en chef peut, d'office ou sur demande, convoquer les avocats pour conférer sur les mesures propres à simplifier et à abréger l'instruction.

179. Procedure — Once a case has been set down, the judge who is to preside over the trial, or any other judge designated by the chief justice or chief judge, may, on the judge's own initiative or on request, convene the lawyers to discuss appropriate means of simplifying and shortening the trial.

Demande du juge — Les avocats doivent, à la demande du juge, lui fournir les pièces et les autres éléments de preuve que les parties entendent produire en preuve lors de l'instruction, si ces pièces ne sont pas déjà au dossier.

Judge's request — The lawyers must, on the judge's request, provide any exhibits or other evidence not already filed in the record that they intend to produce as evidence during the trial.

Effet — Les ententes et les décisions prises à cette conférence sont consignées au procès-verbal de la conférence et elles lient les parties lors de l'instruction.

Effect — The agreements and decisions made during the pre-trial conference are recorded in the minutes of the conference and are binding on the parties during the trial.

Chapitre VIII ——
Le traitement des affaires inscrites par suite du défaut du défendeur

Chapter VIII ——
Processing of Case Set Down Following Defendant's Default

180. Jugement par défaut — Lorsque l'affaire a été inscrite par défaut de réponse à l'assignation, le demandeur peut obtenir jugement sans avis ni délai. Cependant, si le défaut est imputable au procureur général, le demandeur doit lui donner un avis d'au moins un mois avant de demander l'inscription de l'affaire.

180. Judgment by default — If a case has been set down following the defendant's failure to answer the summons, the plaintiff may obtain judgment without further delay or notice. However, if the failure is attributable to the Attorney General, the plaintiff must give the Attorney General at least one month's notice before filing the application for setting down.

Préavis au défendeur — Si l'inscription par défaut a été faite faute pour le défendeur de participer à la conférence de gestion sans motif valable ou faute de contester la demande dans le délai prévu par le protocole de l'instance, le demandeur doit donner au défendeur un préavis d'au moins cinq jours avant qu'il soit procédé à l'instruction de l'affaire.

Advance notice to the defendant — If a case has been set down following the defendant's failure to attend the case management conference without valid cause or to defend the application within the time limit set in the case protocol, the plaintiff must give the defendant at least five days' advance notice before the case proceeds to trial.

181. Greffier spécial — En cas de défaut, le greffier spécial peut rendre jugement si la demande a pour seul objet le prix d'un contrat de service ou de vente d'un bien meuble; il le peut également si la demande tend à obtenir le paiement d'une somme d'argent dont le montant est clairement établi dans un acte authentique ou sous seing privé.

Jugement — Il rend jugement sur le vu de la demande, des pièces au soutien des prétentions du demandeur et de sa déclaration sous serment attestant que le montant réclamé lui est dû.

Exception — Il peut également, après enquête, rendre jugement en toute autre matière à l'exception de celles portant sur des matières familiales.

182. Enquête — Lorsqu'une enquête est nécessaire, le greffier spécial reçoit la preuve, laquelle peut n'être constituée que de déclarations écrites sous serment.

Déroulement de l'enquête — Lors de l'enquête, le défendeur ne peut produire aucun témoin, mais il peut, le cas échéant, contre-interroger les témoins cités par le demandeur. Les témoins peuvent être interrogés par le greffier spécial ou, le cas échéant, par le juge en son cabinet, si l'un ou l'autre l'estime opportun. Les dépositions des témoins sont enregistrées à moins que les parties n'y renoncent.

183. Pluralité de défendeurs — S'il y a plusieurs défendeurs, mais que seul l'un ou certains d'entre eux ont fait défaut, le demandeur peut procéder d'abord contre les défaillants; en ce cas, il demande l'inscription pour jugement par le tribunal, après en avoir donné avis à tous ceux qui sont parties au protocole de l'instance. Toutefois, si le tribunal est d'avis, en raison de l'objet de la demande ou pour prévenir une contradiction entre les jugements, que le litige requiert une décision uniforme pour tous les défendeurs, il ordonne la poursuite de l'instance à l'égard de tous, conformément au protocole de l'instance.

181. Special clerk — In default proceedings, the special clerk may render judgment if the sole subject matter of the application is the price of a service contract or the sales price of movable property; the special clerk may also render judgment if the application seeks payment of an amount of money clearly stated in an authentic act or private writing.

Judgment — The special clerk renders judgment on the face of the application, the exhibits supporting the plaintiff's claims and an affidavit by the plaintiff attesting that the amount claimed is owed to the plaintiff.

Exception — The special clerk may also, after the evidence stage, render judgment on any other matter except family matters.

182. Presentation of evidence — When the presentation of evidence is necessary, the special clerk receives the evidence, which may be adduced solely in the form of affidavits.

Witnesses called by the plaintiff — During the evidence stage of the proceeding, the defendant cannot produce witnesses but may cross-examine any witnesses called by the plaintiff. The witnesses may also be examined by the special clerk or by the judge in chambers, if the clerk or judge sees fit. The witnesses' depositions are recorded, unless waived by the parties.

183. Plurality of defendants — If there are two or more defendants but only one or some are in default, the plaintiff may proceed first against those in default and request that the case be set down for judgment by the court, after giving notice to all who are party to the case protocol. However, if the court is of the opinion that the dispute requires a uniform decision for all the defendants, given the subject matter of the application or to avoid conflicting judgments, it orders the proceeding to continue against all of them in accordance with the case protocol.

TITRE II
LES INCIDENTS DE L'INSTANCE

TITLE II
INCIDENTAL PROCEEDINGS

Chapitre I ——
L'intervention de tiers à l'instance
SECTION I ——
DISPOSITIONS GÉNÉRALES

Chapter I ——
Intervention of Third Persons in Proceeding
SECTION I ——
GENERAL PROVISIONS

184. Intervention — L'intervention est volontaire ou forcée.

Intervention volontaire — Elle est volontaire lorsqu'une personne qui a un intérêt dans une instance à laquelle elle n'est pas partie ou dont la participation est nécessaire pour autoriser, assister ou représenter une partie incapable, intervient comme partie à l'instance. Elle l'est aussi lorsque la personne demande à intervenir dans le seul but de participer au débat lors de l'instruction.

Intervention forcée — Elle est forcée lorsqu'une partie met un tiers en cause pour qu'il intervienne à l'instance afin de permettre une solution complète du litige ou pour lui opposer le jugement; elle est aussi forcée si la partie prétend exercer une demande en garantie contre le tiers.

184. Intervention — Intervention is either voluntary or forced.

Voluntary intervention — Intervention is voluntary when a person who has an interest in a proceeding but is not a party or whose participation in a proceeding is necessary in order to authorize, assist or represent an incapable party intervenes in the proceeding as a party. It is also voluntary when a person wishes to intervene for the sole purpose of participating in argument during the trial.

Forced intervention — Intervention is forced when a party impleads a third person so that the dispute may be fully resolved or so that the judgment may be set up against that third person. It is also forced when a party intends to exercise a recourse in warranty against the third person.

SECTION II ——
L'INTERVENTION VOLONTAIRE

SECTION II ——
VOLUNTARY INTERVENTION

185. Type d'intervention — L'intervention volontaire est dite agressive lorsque le tiers demande que lui soit reconnu, contre les parties ou l'une d'elles, un droit sur lequel la contestation est engagée; elle est dite conservatoire lorsque le tiers veut se substituer à l'une des parties pour la représenter ou qu'il entend se joindre à elle pour l'assister ou pour appuyer ses prétentions. L'intervention est dite amicale lorsque le tiers ne demande qu'à participer au débat lors de l'instruction.

Effet — Le tiers qui intervient à titre conservatoire ou agressif devient partie à l'instance.

185. Aggressive or conservatory — Voluntary intervention is termed aggressive when the third person seeks to be acknowledged as having, against the parties or one of them, a right which is in dispute. It is termed conservatory when the third person wishes to be substituted for one of the parties in order to represent it, or to be joined with one of the parties in order to assist it or support its claims. A third person is said to intervene as a friend of the court when seeking only to participate in argument during the trial.

Effect — A third person who intervenes for aggressive or conservatory purposes becomes a party to the proceeding.

186. Acte d'intervention — Le tiers qui entend intervenir à titre conservatoire ou agressif notifie aux parties un acte d'intervention dans lequel il précise son intérêt pour agir, ses prétentions et les conclusions qu'il recherche et les faits qui les justifient. Il doit de plus proposer

186. Declaration of intervention — A third person who wishes to intervene for conservatory or aggressive purposes notifies a declaration of intervention to the parties, setting out the person's interest in the case and claims, the conclusions sought and the facts justifying such con-

dans cet acte, en tenant compte du protocole de l'instance, les modalités de son intervention.

Opposition — Les parties disposent d'un délai de 10 jours pour notifier leur opposition au tiers et aux autres parties. S'il n'y a pas d'opposition, l'intérêt du tiers intervenant est présumé suffisant et les modalités d'intervention acceptées dès le dépôt de l'acte d'intervention au greffe. S'il y a opposition, le tiers présente cet acte au tribunal pour que celui-ci statue sur son intérêt et sur les modalités de l'intervention.

187. Autorisation du tribunal — Le tiers qui entend intervenir à titre amical lors de l'instruction doit être autorisé par le tribunal. Il doit présenter un acte d'intervention exposant le but et les motifs de son intervention et le notifier aux parties au moins cinq jours avant la date fixée pour la présentation de sa demande au tribunal.

Pouvoirs du tribunal — Le tribunal peut, après avoir entendu le tiers et les parties, autoriser l'intervention s'il l'estime opportune; il prend en compte l'importance des questions en litige, au regard notamment de l'intérêt public, et l'utilité de l'apport du tiers au débat.

SECTION III —
L'INTERVENTION FORCÉE

188. Acte d'intervention — L'intervention forcée s'opère par la signification au tiers d'un acte d'intervention dans lequel la partie expose les motifs qui justifient l'intervention du tiers à titre de partie et auquel est jointe la demande en justice. L'acte d'intervention propose en outre, compte tenu du protocole de l'instance, les modalités de l'intervention.

Opposition — L'acte d'intervention est aussi notifié aux autres parties lesquelles, de même que le tiers, disposent d'un délai de 10 jours pour notifier leur opposition.

189. Demande en garantie — Lorsque l'intervention a pour but d'appeler le tiers en garan-

clusions. The declaration of intervention must also propose an intervention procedure, with due regard for the case protocol.

Opposition — The parties have 10 days to notify their opposition to the third person and the other parties. If no opposition is notified, the third person's interest is presumed to be sufficient and the proposed intervention procedure to be accepted on the filing of the declaration of intervention with the court office. If opposition is notified, the third person presents the declaration of intervention before the court in order to obtain a ruling on the person's interest and the intervention procedure.

187. Authorization of the court — A third person who wishes to intervene as a friend of the court during the trial must obtain authorization from the court. The person must file a declaration of intervention setting out the purpose of and grounds for the intervention and notify it to the parties at least five days before the date the application for authorization is to be presented before the court.

Decision — After hearing the third person and the parties, the court may grant authorization if it is of the opinion that the intervention is expedient; in making its decision, the court considers the importance of the issues in dispute, particularly in relation to the public interest, and the usefulness of the third person's contribution to the debate.

SECTION III —
FORCED INTERVENTION

188. Declaration of intervention — A third person is impleaded by service of a declaration of intervention setting out the grounds justifying the forced intervention of that third person as a party, together with the judicial application. The intervention statement must also propose an intervention procedure, with due regard for the case protocol.

Opposition — The declaration of intervention is also notified to the other parties and they and the third person have 10 days to notify their opposition.

189. Recourse in warranty — When the purpose of the forced intervention is to call a third

tie, cette garantie est dite simple si le demandeur en garantie est poursuivi comme personnellement obligé; elle est dite formelle s'il est poursuivi comme détenteur d'un bien.

Garantie simple — Le tiers appelé en garantie simple ne peut prendre fait et cause pour le demandeur en garantie; il peut seulement contester la demande formée contre ce dernier si bon lui semble.

Garantie formelle — Le tiers appelé en garantie formelle peut prendre fait et cause pour le demandeur en garantie, lequel peut demander d'être mis hors de cause. Quoique mis hors de cause, le demandeur en garantie peut néanmoins demeurer à l'instance pour la conservation de ses droits et le demandeur principal requérir qu'il y demeure pour la conservation des siens. Le jugement rendu contre le garant formel est, après notification au demandeur en garantie, exécutoire contre ce dernier.

190. Jonction des demandes — La demande principale et celle en garantie sont jointes dans une seule instance et, à moins que le tribunal ne les disjoigne, elles sont assujetties au même protocole de l'instance, lequel est révisé pour tenir compte de la demande en garantie. Ces demandes sont instruites ensemble et il en est disposé par un seul jugement.

person in warranty, the warranty is termed simple if the plaintiff in warranty is being sued as personally liable. The warranty is termed legal if the plaintiff in warranty is being sued as the holder of a thing.

Simple warranty — A third person called in simple warranty cannot take up the defence of the plaintiff in warranty, but may merely contest the application brought against the latter, if the person sees fit.

Legal warranty — A third person called in legal warranty may take up the defence of the plaintiff in warranty and the latter may ask to be relieved from defending. In order to preserve their respective rights, the plaintiff in warranty, although relieved from defending, may remain in the proceeding and the principal plaintiff may require that the plaintiff in warranty remain in the proceeding. A judgment rendered against the legal warrantor is enforceable against the plaintiff in warranty after it is notified to the latter.

190. Single proceeding — The principal application and the recourse in warranty are joined in a single proceeding and, unless separated by the court, are subject to the same case protocol, which is revised to take the recourse in warranty into account. The principal application and the recourse in warranty are tried together and a single judgment decides them both.

Chapitre II ——
Les incidents concernant les avocats des parties

Chapter II ——
Incidental Proceedings Relating to Parties' Lawyers

191. Demande de désaveu — En cours d'instance, une partie peut demander le désaveu de son avocat et la répudiation des actes qui ont excédé les limites de son mandat. La demande en désaveu est faite par la partie elle-même ou par un avocat spécialement mandaté pour la faire; elle est notifiée à l'avocat désavoué et aux autres parties.

Postérieure au jugement — Après jugement, la demande en désaveu doit être formée

191. Application for disavowal — A party may ask, in the course of a proceeding, that its lawyer be disavowed and that acts that exceeded the scope of that lawyer's mandate be repudiated. The application is brought by the party itself or by a specially mandated lawyer and is notified to the disavowed lawyer and the other parties.

Application after judgment — After judgment, such a disavowal must be sought by means

par une demande introductive d'instance; en ce cas, il n'est pas sursis à l'exécution du jugement à moins que le tribunal ne l'ordonne.

of an originating application. Execution of the judgment is not stayed unless the court so orders.

Effets — Si le désaveu est jugé bien fondé, les actes répudiés sont mis à néant et les parties, remises en l'état.

Effects — If the disavowal is held to be well-founded, the repudiated acts are annulled and the parties, restored to their former state.

192. Inhabileté ou décès — Avant le délibéré, si l'avocat d'une partie se retire, meurt ou devient inhabile à exercer sa profession, la partie doit être mise en demeure de désigner un nouvel avocat pour la représenter ou d'indiquer aux autres parties son intention d'agir seule. Elle doit répondre à cette mise en demeure dans les 10 jours de sa notification. Aucun acte de procédure ne peut être fait ni aucun jugement rendu pendant ce temps.

192. Withdrawal, death or disqualification — If, before a case is taken under advisement, the lawyer of one of the parties withdraws, dies or becomes disqualified from practising as a lawyer, a formal notice must be given to the party to appoint another lawyer or send the other parties a notice of intention to self-represent. The party must answer the formal notice within 10 days after its notification. No pleading may be filed or judgment rendered during that time.

Nouvel avocat — Si la partie ne désigne pas un nouvel avocat, l'instance se poursuit comme si elle n'était pas représentée. Si cette partie ne respecte pas le protocole de l'instance ou les règles de la représentation, toute autre partie peut demander l'inscription pour jugement si elle est demanderesse ou le rejet de la demande si elle est défenderesse.

New lawyer — If the party does not appoint a new lawyer, the proceeding continues as though the party were not represented. If the party does not comply with the case protocol or the rules of representation, any other party, if a plaintiff in the case, may request that the case be set down for judgment, or, if a defendant in the case, that the application be dismissed.

Présomption de connaissance — La partie représentée par avocat est réputée informée de l'inhabileté ou de la mort de l'avocat d'une autre partie ou de sa nomination à une charge ou fonction publique incompatible avec l'exercice de sa profession sans qu'il soit nécessaire de la lui notifier.

Presumption of knowledge — A party represented by a lawyer is deemed to have been informed of another party's lawyer's death, disqualification or appointment to a public office that is incompatible with practice as a lawyer, without notification of the death, disqualification or appointment being necessary.

193. Déclaration d'inhabileté — Un avocat peut, à la demande d'une partie, être déclaré inhabile à agir dans une affaire, notamment si l'avocat est en situation de conflit d'intérêts et n'y remédie pas, s'il a transmis ou est susceptible de transmettre à une autre partie ou à un tiers des renseignements confidentiels ou s'il est appelé à témoigner dans l'instance sur des faits essentiels; dans ce dernier cas, l'inhabileté n'est déclarée que si des motifs graves le justifient.

193. Declaration of disqualification — On a party's application, a lawyer may be declared disqualified to act in a proceeding, as when the lawyer is in a conflict of interest situation and does not take steps to remedy it, has disclosed or is likely to disclose confidential information to another party or a third person, or is called to testify in the proceeding on essential facts. In the latter case, the lawyer may only be declared disqualified for serious cause.

194. Cesser d'occuper — Avant que la date de l'instruction ne soit fixée, l'avocat qui veut cesser d'occuper peut le faire s'il notifie son intention à la partie qu'il représente et aux autres parties, ainsi qu'au greffier.

194. Lawyer wishing to cease representing — Before a trial date has been set, a lawyer who wishes to cease representing a party may do so after notifying the party, the other parties and the court clerk.

Autorisation du tribunal — Lorsque la date

Authorization of the court — If a trial date

de l'instruction est fixée, l'avocat ne peut cesser d'occuper ou un avocat ne peut être substitué à un autre sans l'autorisation du tribunal.

has been set, the lawyer cannot cease representing the party, nor may another lawyer be brought in as a substitute, without the authorization of the court.

195. Demande conjointe — Lorsque les parties à une demande conjointe sont représentées par le même avocat, le tribunal peut, afin d'éviter des difficultés réelles et assurer que justice sera rendue, ajourner l'instruction de la demande jusqu'à ce que chacune des parties ait indiqué son intention d'agir seule ou ait désigné un nouvel avocat.

195. Joint suit — If parties joined as plaintiffs in an application are represented by the same lawyer, the court, to avoid genuine problems and to ensure that justice is done, may adjourn the trial until each of the parties has appointed a new lawyer or filed a notice of intention to self-represent.

Chapitre III ━━
La reprise d'instance

Chapter III ━━
Continuance of Proceeding

196. Modalités — Une instance n'est retardée ni par le changement d'état ou de capacité de l'une des parties, ni par la cessation de ses fonctions, ni par sa mort.

196. Procedure — A proceeding is not delayed because a party has had a change of status or capacity, has ceased to exercise certain functions or has died.

Suspension de l'instance — Cependant, pour que les intéressés puissent reprendre l'instance ou soient mis en demeure de le faire, le tribunal peut prolonger le délai de rigueur pour la mise en état du dossier. L'instance est alors suspendue pour le temps qu'il indique.

Suspension of the proceeding — However, the court may extend the strict time limit for trial readiness so that interested persons may continue the proceeding or be given a formal notice to do so. In such a case, the proceeding is stayed for the time specified by the court.

197. Obligation d'informer — L'avocat qui apprend le changement d'état ou de capacité de la partie qu'il représente, la cessation de ses fonctions ou sa mort est tenu de le notifier aux autres parties.

197. Lawyer's obligation — A lawyer who learns that the party they are representing has had a change of status or capacity, has ceased to exercise certain functions or has died is required to notify that information to the other parties.

Effets — Les actes de procédure faits avant la notification sont valables; ceux faits après sont sans effet, sauf les actes conservatoires destinés à préserver les droits des personnes susceptibles de poursuivre l'instance.

Effects — Pleadings filed before the notification are valid. Those filed after the notification are without effect, except conservatory ones intended to preserve the rights of the persons likely to continue the proceeding.

198. Reprise d'instance — L'instance peut être reprise par celui qui, en raison du changement d'état ou de capacité de l'une des parties ou de sa perte de qualité, a acquis la qualité et l'intérêt requis pour le faire.

198. Continuance of proceeding — A proceeding may be continued by a person who, as a result of a party's change of status or capacity or loss of capacity, has acquired the capacity and the interest required to continue the proceeding.

Cas particuliers — Elle peut l'être également par celui qui remplace la partie dont les fonctions ont cessé, par le liquidateur de la succession ou les héritiers d'une partie décédée ou par un ayant cause qui a acquis le droit qui fait l'objet du litige.

Particular cases — A proceeding may also be continued by the person succeeding to a party's functions, by the liquidator of the succession or the heirs of a deceased party or by a successor who has acquired the right that is the subject matter of the dispute.

199. Succession — Les héritiers qui sont parties à l'instance sont tenus, lorsque le liquidateur prend en charge la succession, de notifier aux autres parties le nom, l'adresse et les autres coordonnées de celui-ci.

Effets — Les actes de procédure antérieurs à la notification sont valables, à moins que le tribunal, à la demande du liquidateur, n'en décide autrement. Les actes postérieurs à la notification sont sans effet, l'instance étant suspendue jusqu'à ce qu'elle soit continuée par le liquidateur en fonction.

200. Avis — La reprise d'instance est formée par le dépôt au greffe et la notification à toutes les parties à l'instance d'un avis indiquant les faits qui y donnent lieu. Le droit de reprendre l'instance peut être contesté dans les 10 jours de cet avis; à défaut, la reprise d'instance est réputée admise.

Mise en demeure — Si les intéressés ne reprennent pas l'instance, une partie peut les mettre en demeure de le faire. S'ils n'obtempèrent pas à la mise en demeure dans les 10 jours, toute partie peut demander la mise au rôle comme dans les affaires par défaut si elle est demanderesse ou le rejet de la demande si elle est défenderesse.

Chapitre IV ▬
La récusation

201. Devoir du juge — Le juge qui considère qu'une des parties peut avoir des motifs sérieux de douter de son impartialité est tenu de le déclarer sans délai au juge en chef. Ce dernier désigne alors un autre juge pour continuer ou instruire l'affaire et il en informe les parties.

Demande de récusation — La partie qui a des motifs sérieux de douter de l'impartialité du juge doit le dénoncer sans délai dans une déclaration qu'elle notifie au juge concerné et à l'autre partie. Si le juge concerné ne se récuse pas dans les 10 jours de la notification, une partie peut présenter une demande de récusation. Une partie peut cependant renoncer à son droit de récuser.

Dépôt au dossier — Les déclarations et les

199. Succession — Heirs who are parties to a proceeding are required to notify the liquidator's name, address and other contact information to the other parties as soon as the liquidator takes charge of the succession.

Effects — Pleadings filed before the notification are valid, unless the court decides otherwise on the liquidator's request. Those filed after the notification are without effect and the proceeding is stayed until continued by the liquidator.

200. Notice filed with the court office — A continuance of proceeding is obtained by filing with the court office a notice stating the facts giving rise to the continuance and notifying it to all the parties. The right to continue the proceeding may be contested within 10 days after the notification. If it is not contested within that time, the continuance of proceeding is deemed admitted.

Formal notice — If the interested persons do not continue the proceeding, a party may give them a formal notice to do so. If they fail to comply within 10 days, any plaintiff in the case may request that the case be set down for judgment as in default cases, and any defendant in the case, that the application be dismissed.

Chapter IV ▬
Recusation

201. Judge's duty — A judge who considers that one of the parties may have serious reasons to question the judge's impartiality is required to declare as much to the chief justice or chief judge without delay. In such a case, the chief justice or chief judge designates another judge to continue or try the case and informs the parties.

Application for recusation — A party that has serious reasons to question the judge's impartiality must declare as much without delay in a written statement notified to the judge and the other party. If the judge does not withdraw from the case within 10 days after the notification, a party may make an application for recusation. A party may, however, waive the right to recuse.

Filing in the record — Statements and any

autres documents concernant la récusation sont versés au dossier.

other document relating to the recusation are filed in the record.

202. Motifs sérieux — Peuvent être notamment considérés comme des motifs sérieux permettant de douter de l'impartialité du juge et de justifier sa récusation les cas suivants :

1° le juge est le conjoint d'une partie ou de son avocat, ou lui-même ou son conjoint est parent ou allié de l'une ou l'autre des parties ou de leurs avocats, jusqu'au quatrième degré inclusivement;

2° le juge est lui-même partie à une instance portant sur une question semblable à celle qu'il est appelé à décider;

3° le juge a déjà donné un conseil ou un avis sur le différend ou il en a précédemment connu comme arbitre ou médiateur;

4° le juge a agi comme représentant pour l'une des parties;

5° le juge est actionnaire ou dirigeant d'une personne morale ou membre d'une société ou d'une association ou d'un autre groupement sans personnalité juridique, partie au litige;

6° il existe un conflit grave entre le juge et l'une des parties ou son avocat ou des menaces ou des injures ont été exprimées entre eux pendant l'instance ou dans l'année qui a précédé la demande de récusation.

202. Serious reasons — The following situations, among others, may be considered serious reasons for questioning a judge's impartiality and for seeking the judge's recusation :

(1) the judge being the spouse of one of the parties or of the lawyer of one of the parties, or the judge or the judge's spouse being related by blood or connected by marriage or civil union to one of the parties or to the lawyer of one of the parties, up to the fourth degree inclusively;

(2) the judge being a party to a proceeding pertaining to an issue similar to the one before the judge for determination;

(3) the judge having given advice or an opinion on the dispute or having previously dealt with the dispute as arbitrator or mediator;

(4) the judge having represented one of the parties;

(5) the judge being a shareholder or an officer of a legal person or a member of a partnership or an association or another group not endowed with juridical personality that is a party to the proceeding;

(6) a serious conflict existing between the judge and one of the parties or the lawyer of one of the parties, or threats or insults having been uttered between them during the proceeding or in the year preceding the application for recusation.

203. Conjoint — Le juge est inhabile et ne peut entendre une affaire si lui-même ou son conjoint y ont un intérêt.

203. Spouse — A judge who has an interest or whose spouse has an interest in a case is disqualified and cannot hear the case.

204. Notification — La demande de récusation est notifiée au juge et aux autres parties à l'expiration des 10 jours qui suivent la notification de la déclaration.

204. Notification — An application for recusation is notified to the judge and the other parties on the expiry of 10 days after notification of the statement.

Absence de déclaration — S'il n'y a pas eu de déclaration, la récusation peut être demandée à tout moment de l'instance, pourvu que la partie justifie de sa diligence. Si elle l'est lors de l'ins-

Absence of statement — If no statement was made, a party may apply for recusation at any stage of the proceeding, provided it shows that it has been diligent. The application may be made

truction, la demande peut être orale; les motifs invoqués à l'appui sont alors consignés au procès-verbal de l'audience.

Juge unique par district — Si la récusation est demandée contre le seul juge chargé de siéger dans le district où l'instance est portée, le greffier en informe aussitôt le juge en chef.

205. Appel sur permission — La demande de récusation est décidée par le juge saisi de l'affaire et sa décision peut faire l'objet d'un appel sur permission d'un juge de la Cour d'appel.

Effets — S'il accueille la demande, le juge doit se retirer du dossier et s'abstenir de siéger; s'il la rejette, il demeure saisi de l'affaire.

Avis — Le greffier avise le juge en chef de toute affaire dont l'instruction est remise en raison de la décision d'un juge de se récuser.

orally during the trial, in which case the reasons given are recorded in the minutes of the hearing.

Sole judge assigned in district — If the application for recusation is against the sole judge assigned to sit in the district where the proceeding has been brought, the court clerk immediately informs the chief justice or chief judge.

205. Appeal by leave — The application for recusation is decided by the judge seized of the case. The decision may be appealed by leave of a judge of the Court of Appeal.

Effects — If the application is granted, the judge must withdraw from the case and abstain from sitting. If the application is dismissed, the judge continues to be seized of the case.

Notice — The court clerk advises the chief justice or chief judge of any case in which the trial is postponed because the judge has decided to withdraw from the case.

Chapitre V
Les incidents concernant les actes de procédure
SECTION I
LE RETRAIT OU LA MODIFICATION D'UN
ACTE DE PROCÉDURE

Chapter V
Incidental Proceedings Relating to Pleadings
SECTION I
WITHDRAWAL OR AMENDMENT OF
PLEADING

206. Modalités — Les parties peuvent, avant le jugement, retirer un acte de procédure ou le modifier sans qu'il soit nécessaire d'obtenir une autorisation du tribunal. Elles peuvent le faire si cela ne retarde pas le déroulement de l'instance ou n'est pas contraire aux intérêts de la justice; cependant, s'agissant d'une modification, il ne doit pas en résulter une demande entièrement nouvelle sans rapport avec la demande initiale.

Effets — La modification peut notamment viser à remplacer, rectifier ou compléter les énonciations ou les conclusions d'un acte, à invoquer des faits nouveaux ou à faire valoir un droit échu depuis la notification de la demande en justice.

207. Notification — La partie qui entend retirer ou modifier un acte de procédure doit notifier le fait ou l'acte modifié aux autres parties lesquelles disposent d'un délai de 10 jours pour notifier leur opposition. En l'absence d'opposition, le retrait ou la modification d'un acte est accepté. En cas d'opposition, la partie qui entend

206. Procedure — At any time before judgment, the parties may withdraw or amend a pleading without it being necessary to obtain an authorization from the court, provided doing so does not delay the proceeding and is not contrary to the interests of justice. However, the amendment of a pleading must not result in an entirely new application having no connection with the original one.

Effects — An amendment to a pleading may be made, for instance, to replace, correct or complete statements or conclusions, allege new facts or assert a right accrued since the notification of the judicial application.

207. Notification — A party that intends to withdraw or amend a pleading must notify the intended withdrawal or the amended pleading to the other parties, which have 10 days to notify their opposition. If no opposition is notified, the withdrawal or amendment is accepted. If opposition is notified, the party that intends to with-

retirer ou modifier un acte présente sa demande au tribunal pour qu'il en décide.

Délai — Si l'une des autres parties doit réagir en conséquence du retrait ou de la modification, le délai qui lui est accordé pour le faire est fixé par les parties ou, s'il n'est déjà prévu par le protocole de l'instance, par le tribunal. Si la conséquence est de joindre un nouveau défendeur à l'instance, la demande en justice doit lui être notifiée sans délai.

208. Autorisation du tribunal — Pendant l'instruction de l'affaire, le tribunal peut, en présence des autres parties, autoriser le retrait ou la modification d'un acte sans formalités. Sa décision est notée au procès-verbal d'audience et, le cas échéant, l'acte modifié est versé au dossier dans les plus brefs délais sans qu'il soit nécessaire de le notifier.

Erreurs — Le tribunal peut également, avant jugement, ordonner d'office, aux conditions qu'il estime justes, la correction immédiate d'erreurs de forme, de rédaction, de calcul ou d'écriture dans un acte de procédure.

SECTION II —
LA DÉCISION SUR UN POINT DE DROIT

209. Question de droit — Les parties à l'instance peuvent, conjointement, soumettre à la décision du tribunal un différend qu'elles ont relativement à une question de droit soulevée par le litige. Le tribunal en décide pendant l'instance s'il considère cela utile pour en assurer le bon déroulement; autrement, il reporte sa décision dans le jugement sur le fond du litige.

SECTION III —
LA JONCTION ET LA DISJONCTION D'INSTANCES

210. Pouvoir du tribunal — Le tribunal peut, même lorsque les demandes ne résultent pas de la même source ou d'une source connexe, ordonner la jonction de plusieurs instances entre les mêmes parties portées devant le même tribunal,

draw or amend the pleading presents its application before the court for a decision.

Time limit — If any of the other parties must respond following the withdrawal or amendment of a pleading, the time limit for responding is set by the parties or, if the time limit is not already specified in the case protocol, by the court. If, as a result, a new defendant is brought into the proceeding, the judicial application must be notified to that party without delay.

208. Authorization of the court — During the trial and in the presence of the other parties, the court may authorize a party to withdraw or amend a pleading without formality. The decision is recorded in the minutes of the hearing and any amended pleading is filed in the record as soon as possible, without notification being necessary.

Errors — At any time before judgment, the court, on its own initiative, may order the immediate correction of any clerical error or error of form, expression or calculation in a pleading, subject to the conditions it sees fit.

SECTION II —
DETERMINATION OF ISSUE OF LAW

209. Issue of law — The parties to a proceeding may jointly submit to the court a controversy between them on an issue of law raised by the dispute. The court determines the issue in the course of the proceeding if it considers that doing so is useful for the orderly progress of the proceeding; otherwise, it defers its determination of the issue until the judgment on the merits of the case.

SECTION III —
CONSOLIDATION AND SEPARATION OF PROCEEDINGS

210. Power of the court — Even when the applications do not arise from the same source or from related sources, the court may order that two or more proceedings between the same parties brought before the same court be consoli-

pourvu qu'il n'en résulte pas un retard indu pour l'une d'elles ou un préjudice grave à un tiers.

Instances pendantes — Il peut en outre ordonner que plusieurs instances pendantes devant lui, entre les mêmes parties ou non, soient jointes pour être instruites en même temps et jugées sur la même preuve ou ordonner que la preuve faite dans l'une serve dans l'autre ou que l'une soit instruite et jugée avant les autres.

Ordonnance de disjonction — Il peut également, si plusieurs demandes ont été jointes, ordonner qu'elles soient disjointes en plusieurs instances, s'il l'estime opportun eu égard aux droits des parties.

dated, provided this does not result in undue delay for any of the parties or serious prejudice to a third person.

Pending proceedings — As well, the court may order that two or more proceedings pending before it, whether or not they involve the same parties, be consolidated in order to be tried at the same time and determined on the same evidence, that the evidence in one of the proceedings be used in another or that one of the proceedings be tried and determined before the others.

Order to separate the proceedings — When applications have been joined in the same proceeding, the court, if it considers it advisable in order to protect the parties' rights, may order that they be separated and dealt with in different proceedings.

SECTION IV —
LA SCISSION DE L'INSTANCE

SECTION IV —
SPLITTING OF PROCEEDING

211. Pouvoir du tribunal — Le tribunal peut, même d'office, scinder une instance si cela lui paraît opportun de le faire eu égard aux droits des parties. En ce cas, l'instruction des demandes qui en résultent se déroule devant un même juge, sauf décision du juge en chef.

211. Power of the court — The court, even on its own initiative, may split a proceeding if it thinks it advisable in order to protect the parties' rights. The resulting applications are tried before the same judge, unless the chief justice or chief judge decides otherwise.

SECTION V —
LA SUSPENSION DE L'INSTANCE

SECTION V —
STAY OF PROCEEDING

212. Ordonnance de suspension — La Cour du Québec saisie d'une demande ayant le même fondement juridique ou soulevant les mêmes points de droit et de fait qu'une demande introduite en Cour supérieure peut, même d'office, suspendre l'instance, pourvu qu'aucun préjudice sérieux n'en résulte pour les autres parties.

212. Order to stay the proceeding — If the Court of Québec is seized of an application having the same juridical basis or raising the same issues of law and fact as an application instituted before the Superior Court, it may, even on its own initiative, stay the proceeding, provided this does not result in serious prejudice to the other parties.

Effet — L'ordonnance de suspension vaut jusqu'au jugement de la Cour supérieure passé en force de chose jugée; elle peut être révoquée si des faits nouveaux le justifient.

Effect — A stay order is effective until the judgment rendered by the Superior Court has become final. The stay order may be revoked if new circumstances so warrant.

213. Effets du désistement — Le demandeur qui se désiste en totalité de sa demande en justice met fin à l'instance dès que l'acte de désistement est notifié aux autres parties et déposé au greffe. Le désistement remet les choses en état; il a effet immédiatement s'il est fait devant le tribunal en présence des parties. Les frais de justice sont à la charge du demandeur, sous réserve d'une entente convenue entre les parties ou d'une décision du tribunal.

213. Effects — Discontinuance by the plaintiff of the whole of a judicial application terminates the proceeding on the notification of a notice of discontinuance to the other parties and its filing with the court office. It restores matters to their former state, and is effective immediately if it takes place before the court and in the presence of the parties. The legal costs are borne by the plaintiff, subject to an agreement between the parties or a decision of the court.

214. Demande conjointe — Lorsqu'une des parties se désiste d'une demande conjointe, l'autre demandeur peut poursuivre seul l'instance. La demande en justice est alors modifiée en conséquence et notifiée aux autres parties et l'instance se poursuit selon les règles applicables à toute demande.

214. Joint application — If one of the plaintiffs in a joint application discontinues it, the other plaintiff may continue the proceeding alone. In such a case, the judicial application is amended accordingly and notified to the other parties, and the proceeding is continued in accordance with the rules applicable to any application.

215. Offres réelles — Dans une instance, une partie peut faire ou réitérer des offres réelles et confirmer le fait dans une déclaration judiciaire dont il est donné acte.

215. Tender — A party to a proceeding may make or renew a tender and confirm it in a judicial declaration, which is recorded.

Dépôt au dossier — Si les offres sont faites au moyen d'une lettre d'engagement d'un établissement financier, la preuve de la notification et copie de la lettre sont produites au dossier; si les offres ont pour objet une somme d'argent ou une valeur mobilière, la consignation en est faite auprès d'une société de fiducie, le récépissé étant alors versé au dossier.

Filing in the record — If the tender is made by means of a letter of undertaking from a financial institution, a copy of the letter and proof that the letter was notified are filed in the record. If a sum of money or a security is tendered, it is deposited with a trust company, and the receipt for the deposit is filed in the record.

Droit des parties — À moins que l'offre ne soit conditionnelle, la partie à qui l'offre est faite peut toucher la somme d'argent ou la valeur mobilière consignée, sans compromettre ses droits quant au surplus.

Parties' rights — Unless the tender is conditional, the party to whom the tender is made may obtain the sum of money or security deposited, without prejudicing its claim to the balance.

216. Consignation — La consignation auprès d'une société de fiducie ne vaut que si la société est titulaire d'un permis délivré en vertu de la *Loi sur les sociétés de fiducie et les sociétés*

216. Deposit — For a deposit with a trust company to be valid, the trust company must be licensed under the *Act respecting trust companies and savings companies* (chapter S-29.01). The

d'épargne (chapitre S-29.01). La société doit s'engager à placer la somme en tant que dépôt d'argent au sens de la *Loi sur l'assurance-dépôts* (chapitre A-26), exclusion faite d'un dépôt à terme qui ne serait pas remboursable à tout moment avant échéance. Elle doit de plus s'engager à remettre, le cas échéant, la somme ou la valeur mobilière à la partie à qui l'offre est faite sur preuve de l'exécution de l'obligation.

Dépôt au greffe — Le document constatant les engagements de la société est déposé au greffe.

trust company must undertake to place the sum on deposit as a deposit of money within the meaning of the Deposit *Insurance Act* (chapter A-26) other than as a term deposit which would not be repayable at all times before maturity. The trust company must also undertake to remit the sum of money or security to the party to whom the tender is made on proof of performance of the obligation.

Filing with the court office — The document recording the undertakings of the trust company is filed with the court office.

SECTION III
L'ACQUIESCEMENT À LA DEMANDE

SECTION III
ACQUIESCENCE IN APPLICATION

217. Acquiescement du défendeur — Le défendeur ou son mandataire spécialement autorisé peut, à tout moment de l'instance, acquiescer, en tout ou en partie, à la demande.

217. Defendant's acquiescence — The defendant or the defendant's specially authorized mandatary may, at any stage of the proceeding, acquiesce, in whole or in part, in the application.

Acte d'acquiescement — L'acte d'acquiescement est déposé au greffe et notifié au demandeur. Le cas échéant, le mandat spécial doit y être joint.

Notice of acquiescence — A declaration of acquiescence is filed with the court office and notified to the plaintiff. If applicable, the mandatary's special authorization must be attached.

218. Acquiescement sans réserve — S'il est acquiescé sans réserve à la demande, le greffier spécial rend immédiatement jugement.

218. Unqualified acquiescence — If acquiescence in the application is unqualified, the special clerk renders judgment immediately.

Acquiescement avec réserves — Si l'acquiescement comporte des réserves, le demandeur doit notifier le défendeur de son acceptation ou de son refus dans les 15 jours de la notification de l'acquiescement. En cas d'acceptation, le greffier spécial rend jugement en conséquence; en cas de refus, l'instance se poursuit, mais le demandeur peut néanmoins obtenir jugement pour le montant prévu à l'acquiescement, auquel cas l'instance n'est poursuivie que pour le surplus.

Qualified acquiescence — If acquiescence in the application is qualified, the plaintiff must notify acceptance or refusal to the defendant within 15 days after notification of the declaration of acquiescence. If the plaintiff accepts, the special clerk renders judgment accordingly. If the plaintiff refuses, the proceeding continues, but the plaintiff may nevertheless obtain judgment for the amount specified in the declaration of acquiescence, in which case the proceeding continues only for the balance.

Présomption d'acceptation — Le demandeur qui n'a notifié ni acceptation ni refus est présumé avoir accepté l'acquiescement avec les réserves qu'il comporte, mais le tribunal peut le relever des conséquences de son défaut avant que jugement ne soit rendu sur l'acquiescement.

Presumption of acceptance — If the plaintiff notifies neither acceptance nor refusal, the plaintiff is presumed to have accepted the acquiescence with its qualifications. However, the court may relieve the plaintiff from the consequences of the default before judgment is rendered on the acquiescence.

219. Pluralité de défendeurs — S'il y a plusieurs défendeurs et que l'un d'eux ou certains

219. Plurality of defendants — If there are two or more defendants and only one or some of

d'entre eux déposent un acquiescement, le tribunal peut rendre jugement à leur égard, sur avis notifié à toutes les parties. Il peut aussi choisir de poursuivre l'instance et de prononcer un jugement uniforme à l'égard de tous les défendeurs soit en raison de l'objet de la demande, soit pour prévenir une contradiction entre les jugements.

them file a declaration of acquiescence, the court may render judgment against the acquiescing defendants, on notification of a notice to all the parties. Alternatively, the court may choose to continue the proceeding and render a uniform judgment with respect to all the defendants, either because of the subject matter of the application or to avoid conflicting judgments.

SECTION IV —
LE RÈGLEMENT DE L'AFFAIRE

SECTION IV —
SETTLEMENT

220. Avis de règlement — Les parties peuvent mettre fin à l'instance par une transaction, que leur accord intervienne devant le tribunal ou qu'il soit conclu hors sa présence. En ce dernier cas, elles doivent sans délai déposer au greffe un avis de règlement.

220. Notice of settlement — The parties may terminate the proceeding by making a transaction, whether they reach their agreement in or outside the presence of the court. In the latter case, they must file a notice of settlement with the court office without delay.

TITRE III —
LA CONSTITUTION ET LA COMMUNICATION DE LA PREUVE AVANT L'INSTRUCTION

TITLE III —
PRE-TRIAL DISCOVERY AND DISCLOSURE

Chapitre I —
L'interrogatoire préalable à l'instruction
SECTION I —
DISPOSITIONS GÉNÉRALES

Chapter I —
Pre-trial Examination
SECTION I —
GENERAL PROVISIONS

221. Modalités — L'interrogatoire préalable à l'instruction, qu'il soit écrit ou oral, peut porter sur tous les faits pertinents se rapportant au litige et aux éléments de preuve qui les soutiennent; il peut également avoir pour objet la communication d'un document. Il ne peut être fait que s'il a été prévu dans le protocole de l'instance, notamment quant aux conditions, au nombre et à la durée des interrogatoires.

221. Content and procedure — A pre-trial examination, whether written or oral, may bear on any fact that is relevant to the dispute and on the evidence supporting such facts; it may also be for documentary disclosure purposes. Pre-trial examinations may be conducted only if they are provided for in the case protocol and must be in compliance with the terms, number and length specified in the case protocol.

Personnes visées — Outre les parties, peuvent aussi être interrogés :

Persons who may be examined — Other than the parties, the following may be examined :

1° le représentant, l'agent ou l'employé d'une partie;

(1) a representative, an agent or an employee of a party;

2° la victime et toute personne impliquée dans le fait générateur du préjudice lorsque la demande invoque la responsabilité civile d'une partie;

(2) in a judicial application in which a party's civil liability is at issue, the victim and any person involved in the injurious act or omission;

3° la personne pour laquelle une partie agit comme administrateur du bien d'autrui;

(3) a person for whom a party acts as administrator of the property of others;

4° la personne pour laquelle une partie agit comme prête-nom ou de qui elle tient ses droits par cession, subrogation ou autre titre analogue.

(4) a person for whom a party acts as prête-nom or whose rights a party has acquired by transfer, subrogation or other similar title.

Exceptions — Toute autre personne peut être interrogée avec son consentement et celui de l'autre partie ou sur autorisation d'un juge, aux conditions que celui-ci précise. Le mineur ou le majeur inapte ne peut être interrogé sans une telle autorisation.

Exceptions — Any other person may be examined with their consent and that of the other party, or with the judge's authorization, subject to the conditions the judge determines. Neither a minor nor an incapable person of full age may be examined without the judge's authorization.

222. Déclaration sous serment — Dans le cas où la preuve d'une partie est faite par un témoignage porté dans une déclaration sous serment, une autre partie peut citer le déclarant à comparaître pour être interrogé sur cette déclaration. L'interrogatoire peut porter non seulement sur les éléments de preuve attestés dans la déclaration, mais sur tous les autres faits pertinents. Le défaut du déclarant entraîne le rejet de la déclaration.

222. Testimonial evidence by affidavit — When a party submits testimonial evidence by affidavit, another party may call the affiant to attend in order to be examined on that affidavit. The examination may pertain not only to evidence attested in the affidavit but also to any other relevant fact. If the affiant fails to attend, the affidavit is rejected.

SECTION II —
L'INTERROGATOIRE ÉCRIT

SECTION II —
WRITTEN EXAMINATION

223. Modalités — Une partie peut notifier à l'autre partie un interrogatoire écrit portant sur les faits se rapportant au litige et la sommer d'y répondre dans le délai qu'elle indique, lequel ne peut être de moins de 15 jours ni plus d'un mois. Elle peut également, après en avoir informé l'autre partie, notifier un tel interrogatoire à une autre personne qui peut être interrogée.

223. Notification and time limit — A party may notify to the other party a written examination on facts relevant to the dispute, and require that other party to answer within a specified time, which cannot be shorter than 15 days or longer than one month. A party may also, after informing the other party, notify such an examination to any other person that may be examined.

Contenu — Les questions doivent être claires et précises, de manière que l'absence de réponse puisse être interprétée comme une reconnaissance par la partie ou la personne interrogée des faits sur lesquels elles portent.

Content — The questions must be clear and specific, so that the absence of an answer can be taken as an admission, by the party or person examined, of the facts to which the questions pertain.

Dépôt au dossier — L'interrogatoire et la réponse sont versés au dossier du tribunal par l'une ou l'autre des parties.

Filing in the court record — The examination and the answers are filed in the court record by either of the parties.

224. Réponses — Les réponses à l'interrogatoire sont données par écrit, sous serment, et signées par la partie ou la personne interrogée; elles doivent être directes, catégoriques et préci-

224. Answers — The answers to a written examination are given in writing, under oath, and signed by the party or person examined. They must be direct, categorical and specific, failing

ses, sans quoi elles peuvent être rejetées et les faits sur lesquels elles portent tenus pour avérés.

Personne morale — Si la partie est une personne morale, une société en nom collectif ou en commandite, ou encore une association ou un autre groupement sans personnalité juridique, les réponses sont données par un administrateur, un dirigeant ou un employé autorisé, à moins qu'elles ne soient arrêtées par une délibération spéciale de la personne morale, de la société, de l'association ou du groupement sans personnalité juridique.

225. Présomption de véracité — Faute par la partie ou la personne interrogée de répondre aux questions qui lui sont posées, les faits sur lesquels porte l'interrogatoire sont alors tenus, en ce qui la concerne, pour avérés.

Pouvoirs du tribunal — Néanmoins, le tribunal peut, pour raison valable, relever la partie ou la personne interrogée de son défaut et lui permettre de répondre, aux conditions qu'il juge à propos. Il peut aussi poser toutes autres questions jugées nécessaires et pertinentes, auxquelles la partie ou la personne interrogée doit répondre, sans quoi les faits sur lesquels elles portent sont aussi tenus pour avérés.

SECTION III ——
L'INTERROGATOIRE ORAL

226. Modalités — La partie qui entend procéder à un interrogatoire oral, préalable à l'instruction, doit en informer la personne qu'elle veut interroger au moins cinq jours à l'avance et lui préciser la raison de sa convocation, la nature, l'objet, le moment et le lieu de l'interrogatoire. Si aucun accord n'est intervenu entre les parties sur ces points, cette personne est citée à comparaître à la date et au lieu indiqués dans la citation, laquelle est signifiée au moins cinq jours avant la date prévue pour l'interrogatoire.

Acte criminel — Si le fait générateur du préjudice qui fonde la demande en justice est aussi un acte criminel, les mesures nécessaires sont prises pour que la victime ne soit pas, sans son consentement, confrontée avec l'auteur présumé ou avéré.

227. Enregistrement — La déposition de la personne interrogée obéit aux règles applicables

which they may be rejected and the facts to which the questions pertain, held to be proved.

Legal person — If the party is a legal person, a general or limited partnership, or an association or another group not endowed with juridical personality, the answers are given by an authorized director, officer or employee, unless they are determined by a special resolution of the legal person, partnership or association or group not endowed with juridical personality.

225. Presumption of veracity — If the party or person examined fails to answer the questions asked, the facts on which the examination bears are held to be proved as far as that party or person is concerned.

Powers of the court — Nevertheless, the court, for valid cause, may relieve the party or person examined from the default and allow them to answer, subject to the conditions it sees fit. The court may also ask any other questions considered necessary and relevant, which the party or person examined must answer, failing which the facts to which the questions pertain are also held to be proved.

SECTION III ——
ORAL EXAMINATION

226. Procedure — A party intending to conduct an oral pre-trial examination must inform the person it wishes to examine at least five days in advance, stating the reason why they are called as a witness and the nature, subject, time and place of the examination. If the parties have not reached an agreement on those points, the person is required to attend on the date and at the place specified in a subpoena, which must be served at least five days before the examination.

Indictable offence — If the judicial application is founded on an injurious act or omission that is also an indictable offence, the necessary measures must be taken to ensure that the victim is not, without having consented to it, confronted with the alleged or confirmed perpetrator.

227. Sound recording — The deposition of the person examined is subject to the same rules

au témoignage donné à l'instruction; elle est enregistrée, à moins que les parties n'y renoncent.

Production en preuve — La déposition fait partie du dossier des parties et celle qui a procédé à l'interrogatoire peut soit en produire l'ensemble ou des extraits à titre de preuve soit ne pas la produire. Une autre partie peut demander au tribunal d'ordonner la production de tout autre extrait qui ne peut être dissocié d'un extrait déjà produit.

228. Objections anticipées — Les parties peuvent, avant la tenue de l'interrogatoire, soumettre à un juge les objections qu'elles anticipent afin que celui-ci en décide ou leur donne des directives pour la conduite de l'interrogatoire.

Objections pendant l'interrogatoire — Si les objections soulevées pendant l'interrogatoire portent sur le fait que la personne interrogée ne peut être contrainte ou sur les droits fondamentaux ou encore sur une question soulevant un intérêt légitime important, cette personne peut alors s'abstenir de répondre. Ces objections doivent être présentées au tribunal dans les cinq jours pour qu'il en décide.

Effets — Les autres objections, notamment celles portant sur la pertinence, n'empêchent pas la poursuite de l'interrogatoire, le témoin étant tenu de répondre. Ces objections sont notées pour être décidées lors de l'instruction, à moins qu'elles ne puissent être entendues par le tribunal pour qu'il en décide sur-le-champ.

Jugement — Le jugement qui tranche une objection peut être rendu oralement ou par écrit.

229. Limite — Aucun interrogatoire préalable à l'instruction n'est permis dans les affaires où la demande en justice porte sur la réclamation d'une somme d'argent ou d'un bien dont la valeur est inférieure à 30 000 $.

Durée — Aucun interrogatoire ne peut excéder une durée de cinq heures ou, en matière familiale ou dans les affaires où la valeur en litige est inférieure à 100 000 $, de trois heures. Les parties peuvent, en cours d'interrogatoire, convenir de prolonger la durée de cinq heures à sept heures ou de trois heures à quatre heures. Toute autre prolongation nécessite l'autorisation du tribunal.

as oral testimony given at trial; it is recorded, unless waived by the parties.

Filing into testimony — The deposition forms part of each party's file, and the party that conducted the examination may produce all or excerpts of it in evidence or not produce it at all. Another party may ask the court to order the party to produce any other excerpt that cannot be dissociated from an excerpt that has already been produced.

228. Anticipated objections — Before a pretrial examination is held, the parties may submit the objections they anticipate to a judge for a decision or for directives as to the conduct of the examination.

Objections raised during the examination — If the objections raised during the examination pertain to the fact that the person examined cannot be compelled, to fundamental rights or to an issue raising a substantial and legitimate interest, the person may refrain from answering. Such objections must be presented before the court within five days for a decision.

Effects — Other objections raised during the examination, including objections based on relevance, do not prevent it from continuing, the witness being required to answer. Such objections are recorded for a decision by the court at trial unless they can be heard by the court for an immediate decision.

Judgment — The judgment on an objection may be rendered orally or in writing.

229. Limit — No pre-trial examination is permitted where the amount claimed or the value of the property claimed in the judicial application is less than 30 000 $.

Length — No pre-trial examination may last more than five hours, or in family matters or cases where the value in dispute is less than 100 000 $, three hours. In the course of the examination, the parties may agree to extend its length from five to seven hours or from three to four hours. Any other extension requires the authorization of the court.

230. Pouvoir du tribunal — Le tribunal peut, sur demande, mettre fin à l'interrogatoire qu'il estime abusif ou inutile et peut, dès lors, statuer sur les frais de justice.

230. Excessive or unnecessary examination — The court, on request, may terminate an examination that it considers excessive or unnecessary and, on doing so, rule on the legal costs.

Chapitre II
L'expertise
SECTION I
LES CAS D'OUVERTURE À L'EXPERTISE

Chapter II
Expert Evidence
SECTION I
WHEN EXPERT EVIDENCE MAY BE USED

231. Objet — L'expertise a pour but d'éclairer le tribunal et de l'aider dans l'appréciation d'une preuve en faisant appel à une personne compétente dans la discipline ou la matière concernée.

231. Purpose — The purpose of expert evidence provided by a qualified expert in the area or matter concerned is to enlighten the court and assist it in assessing evidence.

Contenu — L'expertise consiste, en tenant compte des faits relatifs au litige, à donner un avis sur des éléments liés à l'intégrité, l'état, la capacité ou l'adaptation d'une personne à certaines situations de fait, ou sur des éléments factuels ou matériels liés à la preuve. Elle peut aussi consister en l'établissement ou la vérification de comptes ou d'autres données ou porter sur la liquidation ou le partage de biens. Elle peut également consister en la vérification de l'état ou de la situation de certains lieux ou biens.

Content — To provide expert evidence is to give an expert opinion, taking into consideration the facts relating to the dispute, on particulars relating to a person's personal integrity, status or capacity or adaptation to a given set of circumstances, or on factual or real evidence; to determine or audit accounts or other data; to give an expert opinion on the liquidation or partition of property; or to ascertain the state or situation of certain premises or things.

232. Nécessité de l'expertise — Les parties conviennent de la nécessité de l'expertise dans le protocole de l'instance ou, avec l'autorisation du tribunal, en tout temps avant la mise en état du dossier.

232. Need for expert evidence — The parties agree on the need for expert evidence at the case protocol stage or, with the authorization of the court, at any time before the case is ready for trial.

Limite — Qu'elle soit commune ou non, les parties ne peuvent se prévaloir de plus d'une expertise par discipline ou matière, à moins que le tribunal ne l'autorise en raison de la complexité ou de l'importance de l'affaire ou du développement des connaissances dans la discipline ou la matière concernée.

Limit — The parties cannot seek more than one expert opinion, whether joint or not, per area or matter of expertise, unless the court authorizes otherwise given the complexity or importance of the case or the state of knowledge in the area or matter concerned.

233. Expert commun — Si l'expertise est commune, les parties déterminent de concert les paramètres que l'expertise doit couvrir, l'expert qui y procédera, ses honoraires et les modalités de paiement de ceux-ci. Si elles ne s'entendent pas sur l'un de ces points, la question est tranchée par le tribunal.

233. Joint expert evidence — In the case of joint expert evidence, the parties determine together what parameters must be covered, what expert is to be appointed, what fee is to be paid and how it is to be paid. If the parties fail to agree on any of those points, the matter is decided by the court.

Honoraires et débours — L'expert commun peut exiger que le montant de ses honoraires et débours soit déposé au greffe du tribunal avant la remise de son rapport. S'il ne l'exige pas, il

Expert fee and disbursements — A joint expert can require that the expert fee and disbursements be deposited at the court office before submission of the report. If such a deposit

conserve, pour le recouvrement de ce qui lui est dû, une action contre toutes les parties à l'instance qui sont alors tenues solidairement de la dette.

has not been required, the joint expert has a right of action against all the parties to the proceeding, who are solidarily liable for the amount due.

234. Pouvoir du tribunal — À tout moment de l'instance, le tribunal peut, s'il l'estime nécessaire pour trancher le litige, ordonner, même d'office, une expertise par une ou plusieurs personnes qualifiées qu'il désigne. Il précise la mission confiée à l'expert, donne les instructions nécessaires à sa réalisation, fixe le délai dans lequel il devra faire rapport et statue sur ses honoraires et leur paiement. Cette décision est notifiée à l'expert sans délai.

234. Power of the court — At any stage of a proceeding, if it considers that expert evidence is necessary in order to decide the dispute, the court, even on its own initiative, may appoint one or more qualified experts to provide such evidence. The court's decision defines the expert's mission, gives the necessary instructions as to how it is to be carried out, sets the time limit within which the expert must submit a report and rules on the expert fee and its payment. The decision is notified to the expert without delay.

SECTION II —
LES DEVOIRS ET POUVOIRS DES EXPERTS

SECTION II —
EXPERTS' DUTIES AND POWERS

235. Devoirs de l'expert — L'expert est tenu de donner son avis sur les points qui lui sont soumis ou, dans le cas d'un huissier, en établissant un constat.

235. Experts' duties — Experts are required to give an opinion on the points submitted to them or, in the case of bailiffs, to make an ascertainment.

Devoirs de l'expert — L'expert est tenu, sur demande, d'informer le tribunal et les parties de ses compétences professionnelles, du déroulement de ses travaux et des instructions qu'il a reçues d'une partie; il est aussi tenu de respecter les délais qui lui sont impartis. Il peut, si cela est nécessaire pour l'accomplissement de sa mission, demander des directives au tribunal; cette demande est notifiée aux parties.

Experts' duties — Experts are required, on request, to provide the court and the parties with details on their professional qualifications, the progress of the work and the instructions received from a party; they are also required to comply with the time limits given to them. They may, if necessary to carry out their mission, request directives from the court; such a request is notified to the parties.

Serment — L'expert agit sous son serment professionnel; autrement, les parties ou le tribunal peuvent exiger qu'il prête serment. Il doit en outre souscrire à la déclaration dont le modèle est établi par le ministre de la Justice relativement à l'exécution de sa mission et joindre cette déclaration à son rapport.

Professional oath — Experts act under their professional oath. If an expert has not sworn a professional oath, the parties or the court may require that the expert be sworn in. In addition, experts must sign a declaration regarding the carrying out of their mission, corresponding to the model established by the Minister of Justice, and attach it to their report.

236. Expert du tribunal — L'expert commis par le tribunal agit sous l'autorité de celui-ci pour recueillir la preuve dont il a besoin pour accomplir sa mission. Il peut ainsi procéder à l'examen de tout document ou de tout bien, effectuer la visite de tout lieu et, avec l'autorisa-

236. Court-appointed expert — Court-appointed experts act under the court's authority to gather the evidence required to carry out their mission. They may examine any document or thing, visit any premises and, with the authorization of the court, take testimony under oath.

tion du tribunal, recueillir des témoignages sous serment dont il assure la conservation et dont il certifie l'origine et l'intégrité.

Préavis — Il est tenu de donner aux parties un préavis d'au moins cinq jours de la date et du lieu où il commencera ses opérations.

237. Remplacement ou désaveu — L'expert qui n'a pas les compétences requises ou qui manque gravement à ses devoirs dans l'accomplissement de sa mission peut, notamment lors d'une conférence de gestion, à l'initiative du tribunal ou sur demande de l'une ou l'autre des parties, être remplacé ou désavoué.

SECTION III —
LE RAPPORT D'EXPERTISE

238. Contenu — Le rapport de tout expert doit être bref mais suffisamment détaillé et motivé pour que le tribunal soit lui-même en mesure d'apprécier les faits qu'il expose et le raisonnement qui en justifie les conclusions; il y est fait mention de la méthode d'analyse retenue.

Témoignage — Si l'expert recueille des témoignages en cours d'expertise, ils sont joints au rapport et ils font partie de la preuve.

Conclusions de l'expert — Les conclusions de l'expert ne lient pas le tribunal non plus que les parties, à moins que celles-ci ne déclarent les accepter.

239. Dépôt au greffe — L'expert, s'il est commun aux parties ou commis par le tribunal, remet le rapport de ses opérations et de ses conclusions aux parties et en dépose un exemplaire au greffe avant l'expiration du délai qui lui est imparti.

Communication du rapport — L'expert d'une partie remet son rapport à celle-ci, laquelle doit, si elle entend s'en prévaloir, le communiquer aux autres parties et le verser au dossier du tribunal dans les délais prescrits pour la communication de la preuve.

240. Précisions — Après le dépôt du rapport et avant l'instruction, l'expert commis par le tribunal ou l'expert commun doit, à la demande du tribunal ou des parties, fournir des précisions sur certains aspects du rapport et rencontrer les par-

They must preserve such testimony and certify its origin and integrity.

Advance notice — Experts are required to give the parties at least five days' notice of when and where their operations are to begin.

237. Replacement or disavowal — An expert who does not have the required qualifications or who is seriously remiss in carrying out their mission may be replaced or disavowed, including at a case management conference, on the court's initiative or on a party's request.

SECTION III —
EXPERT REPORT

238. Content — An expert report must be brief but provide sufficient details to enable the court to make its own assessment of the facts set out in the report and of the reasoning that led to the conclusions drawn by the expert. It must mention the analytical methodology used.

Testimony — Any testimony taken by the expert is attached to the report and forms part of the evidence.

Expert's conclusions — The expert's conclusions are not binding on the court or on the parties, unless the parties declare that they accept them.

239. Filing with the court office — A joint or court-appointed expert submits an operations report, with conclusions, to the parties and files a copy with the court office before the expiry of the time limit given.

Disclosure of the report — An expert appointed by one party submits the report to the party, which, if it intends to use the report, must disclose it to the other parties and file it in the court record within the prescribed time limits for disclosure of evidence.

240. Clarifications — After the report has been filed but before the trial begins, the joint or court-appointed expert must, if the court so requires or on the parties' request, provide clarifications on certain aspects of the report and meet

ties afin de discuter de ses opinions en vue de l'instruction.

Réunion d'experts — Si des rapports d'expertise sont contradictoires, les parties peuvent réunir leurs experts afin de concilier leurs opinions, de déterminer les points qui les opposent et, le cas échéant, de faire un rapport additionnel sur ces points. Le tribunal peut, à tout moment de l'instance, même d'office, ordonner une telle réunion et le dépôt d'un rapport additionnel dans le délai qu'il fixe.

241. Demande de rejet — Une partie peut, avant l'instruction, demander le rejet du rapport pour cause d'irrégularité, d'erreur grave ou de partialité, auquel cas cette demande est notifiée aux autres parties dans les 10 jours de la connaissance du motif de rejet du rapport.

Pouvoirs du tribunal — Le tribunal, s'il considère la demande bien fondée, ordonne la correction du rapport ou encore son retrait, auquel cas il peut permettre une autre expertise. Il peut également, dans la mesure qu'il indique, réduire le montant des honoraires dus à l'expert ou ordonner le remboursement de ce qui lui a été payé.

SECTION IV —
LES RÈGLES PARTICULIÈRES À
L'EXAMEN PHYSIQUE, MENTAL OU
PSYCHOSOCIAL

242. Examen physique — L'examen physique ou mental d'une partie ou d'une personne concernée par une demande relative à l'intégrité, l'état ou la capacité, ou celui de la personne qui a subi le préjudice qui donne lieu au litige ne peut être exigé que si la considération de son état est nécessaire pour statuer. Même en ce cas, cet examen doit être justifié eu égard à la nature, à la complexité et à la finalité de la demande en justice.

Examen psychosocial — L'examen psychosocial ne peut être demandé que dans les affaires qui mettent en question l'intégrité, l'état ou la capacité des personnes et que s'il est nécessaire pour statuer. Il ne peut l'être en matière familiale que si la personne soumise à l'expertise y consent ou si le tribunal l'ordonne dans le cas où les

the parties to discuss the expert's opinions ahead of the trial.

Experts' meeting — If conflicting expert reports are filed, the parties may call the experts to a meeting so that they may reconcile their opinions, identify the points on which they differ and, if necessary, prepare an additional report on those points. At any stage of the proceeding, the court, even on its own initiative, may order the experts to meet and file an additional report within a specified time.

241. Application for the dismissal — Before the trial begins, a party may apply for the dismissal of an expert report on the grounds of irregularity, substantial error or bias, in which case the application must be notified to the other parties within 10 days after the party becomes aware of the grounds for dismissing the report.

Powers of the court — If the court considers the application well-founded, it orders that the report be corrected or that it be withdrawn. In the latter case, the court may allow another expert to be appointed. It may also, to the extent it specifies, reduce the amount of the fee payable to the expert or order that the expert repay any amount already received.

SECTION IV —
SPECIAL RULES APPLICABLE TO
PHYSICAL, MENTAL OR PSYCHOSOCIAL
EXAMINATION

242. Physical or mental examination — A party, the person who is the subject of an application or application relating to personal integrity, status or capacity, or the person who suffered the injury having given rise to the dispute cannot be required to undergo a physical or mental examination unless their physical or mental condition must be considered in order to rule on the matter. Even in such a case, the examination must be warranted given the nature, complexity and purpose of the judicial application.

Psychosocial examination — A psychosocial examination may be only requested in cases where personal integrity, status or capacity is at issue and if such an examination is necessary in order to rule on the matter. In fam-

parents sont divisés sur l'opportunité qu'eux-mêmes ou leur enfant y soient soumis.

ily matters, a psychosocial examination cannot be conducted unless the person concerned consents to it or, in cases where the parents differ on the advisability of themselves or their child being subjected to such an examination, the court orders it.

243. Préavis — La partie qui exige un examen physique ou mental ou demande un examen psychosocial doit notifier à la personne concernée et aux avocats des autres parties un préavis d'au moins 10 jours du lieu, du jour et de l'heure où la personne doit se présenter. Elle indique à la personne concernée le nom de l'expert chargé d'effectuer l'examen et lui verse à l'avance l'indemnité et les allocations auxquelles elle aurait droit comme témoin, à moins qu'elle ne soit indemnisée par une autre voie.

243. Advance notice — A party that requires a physical or mental examination or requests a psychosocial examination must notify at least 10 days' notice of the place, date and time of the examination to the person concerned and the other parties' lawyers. The party must give the person the name of the expert responsible for conducting the examination and pay to the person in advance the indemnities and allowances payable to a witness, unless the person is otherwise compensated.

Assistance d'un expert — Il est loisible à la personne concernée de retenir, à ses frais, les services d'un expert de son choix pour assister à l'examen.

Attendance of an expert — The person, at their own expense, may be accompanied during the examination by the expert of their choice.

244. Examen — Le tribunal peut, sur demande, empêcher la tenue de l'examen ou en modifier les conditions, malgré l'entente des parties, s'il l'estime approprié pour assurer le droit à l'intégrité et le respect de la personne concernée.

244. Examination — The court can, on an application, stop an examination from taking place or change the conditions of an examination, despite an agreement between the parties, if it considers it appropriate in order to protect the person's right to personal integrity and respect.

Pouvoirs du tribunal — Il peut aussi, sur demande, s'il considère cela nécessaire pour décider de l'affaire, ordonner à cette personne de se soumettre à un autre examen par l'expert qu'il désigne, au lieu, au jour et à l'heure qu'il indique à l'ordonnance et dans les conditions qu'il y précise. Cet examen est, le cas échéant, aux frais de la partie qui le demande.

Powers of the court — If it considers it necessary in order to decide the matter, the court, on an application, may order the person to undergo another examination by a courtappointed expert. The place, date, time and conditions of the examination are specified in the order. The examination is conducted at the expense of the party that applied for it.

245. Dossier médical — Le tribunal peut, si cela est nécessaire pour établir l'état physique ou mental d'une partie, de la personne concernée par la demande ou de celle qui a subi le préjudice donnant lieu au litige, ordonner à l'établissement de santé et de services sociaux qui détient le dossier de la personne examinée ou dont le décès a donné lieu à une demande fondée sur la responsabilité civile, de communiquer le dossier à une partie et de lui laisser prendre copie des renseignements pertinents à la preuve.

245. Prison's record — If necessary in order to determine the physical or mental condition of a party or of the person who is the subject of the application or who suffered the injury having given rise to the dispute, the court may order the health and social services institution holding the record of the person who is to undergo an examination or whose death has given rise to an application based on civil liability to disclose that record to a party and allow the party to make a copy of the information that is relevant as evidence.

Chapitre III
La communication et la production des pièces et des autres éléments de preuve
SECTION I
DISPOSITIONS GÉNÉRALES

246. Protocole de l'instance — Les modalités et le délai de communication des pièces et des autres éléments de preuve entre les parties doivent être indiqués dans le protocole de l'instance en conformité avec les règles du présent chapitre, à moins qu'ils n'aient été autrement fixés par le tribunal.

Demande d'une partie — Si le protocole ne prévoit ni modalités ni délai ou lorsqu'aucun protocole n'est requis, une partie peut, sans formalités, dès qu'elle est informée qu'une autre partie entend invoquer une pièce ou un autre élément de preuve, demander d'en obtenir copie ou d'y avoir autrement accès. Si sa demande n'est pas satisfaite dans les 10 jours, le tribunal peut rendre les ordonnances appropriées.

SECTION II
LES DÉLAIS DE COMMUNICATION ET DE PRODUCTION

247. Avis — Les pièces au soutien de la demande en justice sont indiquées au défendeur dans l'avis d'assignation; celles au soutien d'un acte de procédure le sont dans celui-ci ou dans un avis qui y est joint.

Avis non requis — Aucun avis n'est requis si une copie des pièces a été remise aux autres parties au moment de la notification de la demande ou de l'acte.

248. Communication — La partie qui entend invoquer à l'instruction un élément de preuve en sa possession le communique aux autres parties au plus tard avec la déclaration qui accompagne la demande d'inscription. Elle en est dispensée s'il s'agit d'une pièce au soutien d'un acte de procédure ou si le protocole de l'instance en dispose autrement. Dans les autres cas, la communication est faite dans les 30 jours qui suivent l'ordonnance d'inscription ou la fixation de la date de l'instruction, à moins que le tribunal n'ait fixé un autre délai.

Omission — La partie qui omet de communi-

Chapter III
Disclosure and Filing of Exhibits and Other Evidence
SECTION I
GENERAL PROVISIONS

246. Case protocol — Unless otherwise determined by the court, the procedure and the time limit for the disclosure of exhibits and other evidence between the parties must be set out in the case protocol in compliance with the rules of this chapter.

Application for disclosure — If the case protocol sets out no such procedure or time limit or if no case protocol is required, a party, on being informed that another party intends to use an exhibit or other evidence, may, without formality, request a copy of, or some other form of access to, the exhibit or other evidence. If the request is not complied with within 10 days, the court issues such orders as are appropriate.

SECTION II
TIME LIMITS FOR DISCLOSURE AND FILING

247. Summons or notice — The exhibits in support of a judicial application must be listed in the summons to the defendant; those in support of a pleading must be listed in the pleading or in a notice attached to it.

Notice not required — No notice is required if copies of the exhibits are delivered to the other parties when the application or the pleading is notified to them.

248. Disclosure — A party in possession of evidence it intends to use at trial must send it to the other parties not later than with the declaration accompanying the request for setting down for trial. The party is dispensed from doing so if the evidence is an exhibit in support of a pleading or if the case protocol provides otherwise. In any other case, the evidence must be sent to other parties within 30 days after the order to set down for trial is issued or the date of the trial is set, unless the court determines another time limit.

Omission — A party that has failed to so dis-

quer ses éléments de preuve ne peut les produire lors de l'instruction si ce n'est qu'avec l'autorisation du tribunal.

close evidence cannot produce it at trial except with the authorization of the court.

249. Accès — La partie qui ne peut remettre à la partie qui le demande copie d'une pièce ou d'un autre élément de preuve, en raison de leur nature ou des circonstances, est tenue d'y donner accès par un autre moyen.

249. Access — A party that is unable, because of the circumstances or the nature of an exhibit or other evidence, to deliver a copy to a party that requested one is required to provide some other form of access to the exhibit or other evidence.

Décision du tribunal — En cas de désaccord entre elles, les parties peuvent soumettre à la décision du juge les modalités et le délai de communication de ces pièces et éléments de preuve.

Court's decision — If the parties cannot agree, they may ask the judge to determine the procedure and the time limit for such disclosure.

250. Délai — À moins que les pièces et les autres éléments de preuve n'aient déjà été produits au greffe du tribunal en vue de la conférence préparatoire à l'instruction, les parties les produisent, au moins 15 jours avant la date fixée pour l'instruction; ce délai est d'au moins trois jours à l'avance si la date de l'instruction est fixée à moins de 15 jours. Cependant, dans tous les cas, le tribunal peut demander que les pièces et les autres éléments de preuve lui soient remis dans le délai qu'il indique.

250. Time limit — Unless they have already been filed with the court office for the purposes of the pre-trial conference, exhibits and other evidence must be filed by the parties at least 15 days before the scheduled trial date, or at least three days before that date if the trial is to be held within 15 days. However, in all instances, the court may require that exhibits and other evidence be delivered to it within the time it specifies.

Jugement par défaut — Lorsqu'il y a traitement de l'affaire inscrite par suite du défaut du défendeur, les pièces et les autres éléments de preuve sont produits avec la demande d'inscription pour jugement.

Default judgment — When a case proceeds following the defendant's default, exhibits and other evidence must be filed with the court office with the request for setting down for judgment.

SECTION III —
LE DOCUMENT OU L'ÉLÉMENT DE
PREUVE EN POSSESSION D'UNE PARTIE
OU D'UN TIERS

SECTION III —
DOCUMENT OR REAL EVIDENCE IN
POSSESSION OF PARTY OR THIRD
PERSON

251. Obligation d'une partie — La partie en possession d'un élément matériel de preuve est tenue, sur demande, de le présenter aux autres parties ou de le soumettre à une expertise dans les conditions convenues avec celles-ci; elle est aussi tenue de préserver l'élément matériel de preuve ou, le cas échéant, une représentation adéquate de celui-ci qui permette d'en constater l'état jusqu'à la fin de l'instruction.

251. Party's obligation — A party in possession of real evidence is required, on request, to present it to the other parties or, subject to the conditions agreed with them, to submit it to an expert; the party is also required to preserve, until the end of the trial, the real evidence or, if applicable, a suitable representation that shows its current state.

Obligation d'un tiers — Le tiers qui détient un document se rapportant au litige ou est en possession d'un élément matériel de preuve est tenu, si le tribunal l'ordonne, d'en donner communication, de le présenter aux parties, de le soumettre à une expertise ou de le préserver.

Third person's obligation — A third person holding a document relating to a dispute or in possession of real evidence is required, if so ordered by the court, to disclose it, present it to the parties, submit it to an expert or preserve it.

SECTION IV —
LES DEMANDES EN COURS D'INSTANCE

252. Communication — Les pièces et les autres éléments de preuve invoqués par une partie au soutien d'une demande faite en cours d'instance sont communiqués à l'autre partie dans les plus brefs délais ou, s'agissant d'un élément matériel de preuve, rendu disponible dès que possible avant l'audience. À défaut, les pièces et les autres éléments de preuve ne peuvent être produits si ce n'est qu'avec l'autorisation du tribunal.

Chapitre IV —
La constitution préalable de la preuve
SECTION I —
LES DEMANDES PRÉALABLES À UNE INSTANCE

253. Modalités — La personne qui prévoit qu'elle sera partie à un litige peut, si elle a des raisons de craindre qu'une preuve dont elle aura besoin ne se perde ou ne devienne plus difficile à présenter, interroger les témoins dont elle craint l'absence, le décès ou la défaillance; elle peut aussi faire examiner une chose ou un bien dont l'état peut influer sur le sort du litige. Elle y procède avec l'accord de l'intéressé qui sera éventuellement le demandeur ou le défendeur ou avec l'autorisation du tribunal.

Examen d'un immeuble — Celui qui exécute sur un immeuble des travaux susceptibles d'endommager un immeuble voisin peut demander l'examen de cet immeuble sans avoir à justifier d'un litige éventuel.

254. Contenu — La demande au tribunal contient, outre l'énoncé des motifs de crainte de la personne qui la fait, les nom et coordonnées des intéressés et des témoins à entendre, les faits qui font croire à l'éventualité d'un litige et la nature de celui-ci, ceux sur lesquels porteront les interrogatoires, la désignation et la situation de la chose ou du bien à examiner; elle indique de plus le but de l'examen et le nom et les coordonnées de la personne qui en serait chargée.

Présentation au tribunal — Cette demande est présentée au tribunal devant lequel pourrait

SECTION IV —
APPLICATIONS IN COURSE OF PROCEEDING

252. Disclosure — The exhibits and other evidence used by a party in support of an application in the course of a proceeding must be disclosed to the other party as soon as possible or, in the case of real evidence, made available to the other party as soon as possible before the hearing. Otherwise, the exhibits and other evidence cannot be produced except with the authorization of the court.

Chapter IV —
Pre-trial Discovery
SECTION I —
APPLICATIONS PRIOR TO PROCEEDING

253. Procedure — A person who expects to become a party to a dispute and has reason to apprehend that some necessary evidence might be lost or become difficult to produce may examine witnesses whom the person fears may be absent, may die or may become incapacitated, or have a thing or property whose state may affect the outcome of the dispute inspected. The person must obtain the consent of the prospective plaintiff or defendant or the authorization of the court.

Inspection of an immovable — A person who carries out work on an immovable that might damage a neighbouring immovable may apply for an inspection of the neighbouring immovable without being required to show that a dispute is likely.

254. Content of the application — The application to the court must, in addition to stating the reasons for the applicant's apprehension, include the names and contact information of all interested persons and of the witnesses to be heard, the facts that suggest that a dispute may arise and a description of the nature of the potential dispute, the facts to which the examinations will bear, the description and situation of the thing or property to be inspected, the purpose of the inspection, and the name and contact information of the person who is to make the inspection.

être porté le litige éventuel comme s'il s'agissait d'une demande en cours d'instance.

Notification — La demande est notifiée aux intéressés ainsi que, le cas échéant, au tiers détenteur de la chose ou du bien à examiner au moins cinq jours avant la date fixée pour sa présentation.

255. Modalités de l'examen — S'il est fait droit à la demande, les parties conviennent de la date et du lieu où les témoins seront entendus ou la chose ou le bien examiné; en ce cas, elles précisent les modalités de l'examen si celles-ci ne sont pas déjà fixées par la décision.

Frais — Les frais de la constitution de preuve sont à la charge de celui qui la requiert. Cependant, si la preuve est par la suite utilisée dans une instance, le coût des dépositions et des expertises autorisées fait partie des frais de justice.

256. Conservation — Les dépositions et les rapports d'expertise sont conservés par chacune des parties en vue de leur utilisation par l'une ou l'autre dans l'instance en prévision de laquelle la preuve a été constituée. Si une instance naît, la preuve ainsi constituée n'empêche pas de citer les témoins ou les experts à comparaître pour être interrogés à nouveau et ne préjudicie à aucun moyen qu'une partie voudrait ultérieurement faire valoir contre l'admission définitive de la preuve ainsi recueillie.

SECTION II —
LES DEMANDES PRÉALABLES À
L'INSTRUCTION

257. Modalités — Une partie à une instance peut, avant l'instruction, avec l'autorisation du tribunal, interroger un témoin dont elle craint l'absence, le décès ou la défaillance ou faire examiner, par une personne de son choix, une chose ou un bien susceptible de se perdre et dont l'état peut influer sur le sort du litige.

Autorisation du tribunal — Si le tribunal l'autorise, les parties conviennent de la date et du lieu où les témoins seront entendus ou la chose ou le bien examiné; en ce cas, elles préci-

Presentation before the court — The application is presented before the court before which the potential dispute could be brought, as if it were an application in the course of a proceeding.

Notification — The application must be notified, at least five days before its scheduled presentation date, to the interested persons and to any third person holding the thing or property to be inspected.

255. Procedure — If the application is granted, the parties agree on where and when the witnesses will be heard or the thing or property inspected; how the thing or property will be inspected is determined by the parties unless already determined by the decision.

Costs — The discovery costs are borne by the applicant. However, if the evidence is subsequently used in a proceeding, the cost of the authorized depositions and expert reports forms part of the legal costs.

256. Preservation — The depositions and expert reports are kept by each of the parties for use by any of them in the proceeding in anticipation of which the discovery was conducted. If a proceeding is commenced, the evidence gathered during discovery does not prevent the witnesses or experts from being called to be examined anew, nor does it adversely affect any grounds of objection that a party may later wish to raise against the actual admissibility of the evidence so gathered.

SECTION II —
PRE-TRIAL APPLICATIONS

257. Procedure — Before the trial begins, a party to the proceeding, with the authorization of the court, may examine witnesses whom the party fears may be absent, may die or may become incapacitated, or have a thing or property which may be lost and whose state may affect the outcome of the dispute inspected by a person of the party's choice.

Authorization of the court — If the court grants its authorization, the parties agree on where and when the witnesses will be heard or

sent les modalités de l'examen si celles-ci ne sont pas déjà fixées par la décision. Les frais de la constitution de preuve font partie des frais de justice si cette preuve est versée au dossier du tribunal.

Effets — Ni les dépositions ni les rapports d'expertise n'empêchent de citer les témoins ou les experts à comparaître pour être interrogés à nouveau; ils ne préjudicient à aucun moyen qu'une partie voudrait ultérieurement faire valoir contre l'admission définitive de la preuve ainsi recueillie.

the thing or property inspected; in the latter case, how the thing or property is to be inspected is determined by the parties unless already determined by the decision. The discovery costs form part of the legal costs if the evidence is filed in the court record.

Effects — The depositions and expert reports do not prevent the witnesses or experts from being called to be examined anew, nor do they adversely affect any grounds of objection that a party may later wish to raise against the actual admissibility of the evidence so gathered.

Chapitre V ▬
La contestation d'un élément de preuve
SECTION I ▬
LA CONTESTATION D'UN ACTE AUTHENTIQUE

Chapter V ▬
Contestation of Evidence
SECTION I ▬
CONTESTATION OF AUTHENTIC ACT

258. Déclaration de faux — Une partie peut, en cours d'instance, demander que soit déclaré faux un acte authentique dont elle-même ou une autre partie entend se servir à l'instruction ou qui est déjà produit au dossier.

Modalités — Cette demande peut être faite avant jugement; mais une fois l'enquête close, elle ne peut être reçue que si la partie justifie ne pas avoir acquis plus tôt connaissance du faux.

258. Allegation of forgery — In the course of a proceeding, a party may ask that an authentic act intended to be used at trial by that party or another party or already filed in the record be declared a forgery.

Procedure — Such an application may be made at any time before judgment, but after evidence is closed, it may be granted only if it is shown that the party had no earlier knowledge of the forgery.

259. Avis — La partie qui entend soulever le faux notifie au préalable un avis aux autres parties leur demandant de déclarer si elles entendent ou non se servir de l'acte contesté.

Demande au tribunal — Si les autres parties ne répondent pas dans les 10 jours ou si elles déclarent ne pas vouloir se servir de l'acte, celui-ci ne peut être produit lors de l'instruction ou, s'il a déjà été produit au dossier, il en est retiré. Si les autres parties indiquent leur intention de se servir de l'acte, la partie qui soulève le faux présente sa demande au tribunal pour qu'il en décide.

Déclaration — Les motifs à l'appui de l'allégation de faux sont énoncés dans une déclaration sous serment notifiée à toutes les parties et à l'officier public qui détient l'original de l'acte.

259. Notice — Before raising the allegation of forgery, the party must notify a notice to the other parties, asking them to declare whether or not they intend to use the contested act.

Application before the court — If the other parties do not respond within 10 days or if they declare that they do not intend to use the act, it cannot be produced at trial and, if already filed, is removed from the record. If the other parties declare that they intend to use the act, the party raising the allegation of forgery presents its application before the court for a ruling.

Affidavit — The grounds in support of the allegation of forgery must be set out in an affidavit notified to all the parties and to the public officer who is in possession of the original of the act.

260. Pouvoirs du tribunal — Lorsque l'original de l'acte argué de faux n'est pas déjà produit au dossier, le tribunal peut, sur demande, ordonner à celui qui en a la garde de déposer cet original au greffe dans le délai qu'il fixe; il peut plutôt ordonner le dépôt d'une copie authentique de l'acte si le gardien ne peut se départir de l'original. Toutefois, même en ce dernier cas et si le tribunal l'estime essentiel, il peut ordonner le dépôt de l'original.

Jugement — Le jugement qui statue sur l'allégation de faux décide en même temps, s'il y a lieu, sur la remise de l'original à qui de droit.

260. Powers of the court — If the original of the act alleged to be a forgery has not already been filed in the record, the court, on request, may order the person who has custody of the original to file it with the court office within a specified time. If the custodian cannot surrender the original, the court may instead order that an authentic copy of the original be filed; the court may nevertheless order the filing of the original if it judges it essential.

Judgment — The judgment ruling on the allegation of forgery also determines, if necessary, to whom the original is to be delivered.

SECTION II —
LA CONTESTATION D'UN PROCÈS-VERBAL

SECTION II —
CONTESTATION OF CERTIFICATE

261. Application — Une partie peut demander que soit déclaré faux ou inexact le procès-verbal d'un huissier, d'un autre officier de justice ou encore celui de toute personne autorisée à faire un rapport de notification.

Correction des erreurs — Toutefois, le tribunal peut plutôt autoriser la correction des erreurs que contient le document; les parties peuvent en tout temps, avant qu'une décision ne soit rendue, donner leur accord à l'officier pour qu'il effectue la correction.

261. Certificate — A party may ask that a certificate issued by a bailiff or other court officer, or any person authorized to make a return of notification, be declared false or inaccurate.

Correction of errors — However, the court may authorize the correction of errors in the certificate. The parties may, at any time before a decision is rendered, give the court officer their consent to a correction.

SECTION III —
LA CONTESTATION D'AUTRES DOCUMENTS

SECTION III —
CONTESTATION OF OTHER DOCUMENT

262. Document contesté — Une partie peut, au plus tard avant l'inscription pour instruction et jugement, demander qu'une pièce ou un autre document ne puisse être reçu en preuve si les formalités requises pour établir sa validité n'ont pas été accomplies. Elle le peut également si elle le dénie ou ne reconnaît pas son origine ou si elle conteste l'intégrité de l'information qu'il porte.

Modalités — La partie qui entend contester l'origine ou l'intégrité d'un document précise, dans une déclaration sous serment, les faits et les motifs qui fondent sa prétention et la rendent probable.

262. Contestation of origin or integrity — If the formalities required to establish the validity of an exhibit or other document were not observed, a party may, not later than at the time of setting down for trial and judgment, ask that the exhibit or document not be admitted in evidence. The party may also do so if it disowns the exhibit or document, does not recognize its origin or contests the integrity of the information it contains.

Procedure — A party that intends to contest the origin or integrity of a document must specify, in an affidavit, the facts and grounds that support the party's claim and make it probable.

263. Pouvoirs du tribunal — Si le document contesté est un acte semi-authentique et qu'une copie seulement a été produite au dossier, la partie qui entend en faire usage est tenue d'en prouver le caractère semi-authentique. Le tribunal peut enjoindre au dépositaire de l'original de le produire au greffe contre remise, aux frais de celui qui conteste, d'une copie certifiée conforme; si le dépositaire ne peut se départir de l'acte, le tribunal peut ordonner d'en produire une copie certifiée dans le délai imparti.

263. Semi-authentic act — If the contested document is a semi-authentic act and only a copy has been filed in the record, the party that intends to use the document is required to prove its semi-authentic character. The court may direct the person who has custody of the original to deliver it to the court office, which must in return provide a certified copy, at the contesting party's expense. If the custodian cannot surrender the original, the court may order that a certified copy be filed with the court office within a specified time.

Chapitre VI
La reconnaissance de l'authenticité d'un élément de preuve

Chapter VI
Admission of Authenticity of Evidence

264. Mise en demeure — Une partie peut mettre une autre partie en demeure de reconnaître l'origine d'un document ou l'intégrité de l'information qu'il porte.

264. Formal notice — A party may give another party a formal notice to admit the origin of a document or the integrity of the information it contains.

Représentation — La mise en demeure doit être notifiée au moins 30 jours avant l'instruction; elle est accompagnée d'une représentation adéquate du document ou de l'élément de preuve s'il n'a pas déjà été communiqué ou, en l'absence de telle représentation, d'une indication permettant d'y avoir accès.

Representation of the document — The formal notice must be notified at least 30 days before the trial. If the document or other evidence has not already been disclosed, a suitable representation of it or, in the absence of such a representation, particulars on how to access it must be attached.

Déclaration sous serment — La partie mise en demeure admet ou nie l'origine ou l'intégrité de l'élément de preuve dans une déclaration sous serment dans laquelle elle précise ses motifs; elle notifie cette déclaration à l'autre partie dans un délai de 10 jours.

Affidavit — The party having been given the formal notice admits or denies the origin or integrity of the evidence in an affidavit giving reasons, and notifies the affidavit to the other party within 10 days.

Silence — Le silence de la partie en demeure vaut reconnaissance de l'origine et de l'intégrité de l'élément de preuve, mais non de la véracité de son contenu.

Silence — Failure to respond to the formal notice is deemed an admission of the origin and integrity of the evidence, but not of the truth of its contents.

TITRE IV
L'INSTRUCTION

TITLE IV
TRIAL

| Chapitre I ▬ | Chapter I ▬ |
| La marche de l'instruction | Conduct of Trial |

265. Déroulement — L'instruction comprend la phase de l'enquête consacrée à l'administration de la preuve, suivie de celle des débats où les parties font leur plaidoirie.

Preuve — Lors de l'enquête, la partie sur laquelle repose la charge de la preuve procède la première à l'interrogatoire de ses témoins; l'autre partie présente ensuite sa preuve, après quoi la première peut présenter une contre-preuve. Le tribunal peut autoriser l'interrogatoire d'autres témoins.

Réplique — L'enquête close, la partie sur laquelle reposait la charge de la preuve présente ses arguments la première, suivie de l'autre partie. La première peut répliquer et, si cette réplique soulève quelque point de droit nouveau, l'autre partie peut y répondre. Nulle autre plaidoirie ne peut avoir lieu sans la permission du tribunal.

Ajournement — Le tribunal peut, dans les conditions qu'il détermine, ajourner une instruction si les circonstances l'exigent. Il fixe alors immédiatement une autre date ou demande au greffier de reporter l'affaire au rôle pour qu'une autre date soit fixée.

266. Preuve déclarée close — Si, au jour de l'instruction, une partie ne présente pas de témoins ou ne justifie pas de l'absence de ceux qu'elle aurait voulu faire entendre, sa preuve est déclarée close.

Ajournement — Cependant, si la partie justifie de sa diligence et établit que le témoin absent est nécessaire et que son absence n'est due à aucune manœuvre de sa part, le tribunal peut ajourner l'instruction. L'ajournement peut être évité si l'autre partie consent à ce que la partie expose, sous serment, les faits que le témoin défaillant rapporterait et admette soit la vérité de ces faits, soit que le témoin en déposerait.

267. Observation des lieux — Le tribunal peut, au cours de l'enquête, rendre toutes les ordonnances appropriées lui permettant d'observer les lieux afin de vérifier lui-même les faits litigieux et de procéder aux constatations qu'il estime nécessaires en vue de la solution du litige; il peut

265. Trial — A trial consists of the evidence stage, followed by oral argument, in which parties make their addresses to the court.

Proof — During the evidence stage, the party on which the burden of proof lies examines its witnesses first; the other party then submits its evidence, after which the first party may submit evidence in rebuttal. The court may allow the examination of other witnesses.

Reply — After evidence is closed, the party on which the burden of proof lies presents its arguments first, followed by the other party. The first party may reply and, if the reply raises any new point of law, the other party may answer. No other address to the court may be made without leave of the court.

Adjournment — If the circumstances so require, the court may adjourn a trial subject to the conditions it determines. In such a case, it immediately sets another date or asks the court clerk to set the case down again for trial so that a new date may be set.

266. Evidence declared closed — If, on the day of the trial, a party does not produce witnesses or fails to justify the absence of its witnesses, its evidence is declared closed.

Adjournment — However, if the party proves that it has been diligent and shows that the absent witness is necessary and that the witness's absence is not due to any contrivance on its part, the court may adjourn the trial. The adjournment can be avoided if the other party consents to the party stating under oath the facts the defaulting witness would have related, and either admits the truth of those facts or admits that the witness would have testified to those facts.

267. Inspection of the premises — During the evidence stage, the court may issue any appropriate order allowing it to inspect the premises in order to verify disputed facts and make the observations it considers necessary in order to resolve the dispute; the court may instead ask

plutôt demander à un huissier d'établir un constat de l'état de certains lieux ou biens.

a bailiff to ascertain the state or condition of certain premises or things.

268. Pouvoirs du tribunal — À tout moment avant le jugement, le tribunal peut, dans les conditions qu'il fixe, signaler aux parties les lacunes de la preuve ou de la procédure et les autoriser à les combler.

268. Powers of the court — At any time before judgment, the court may draw the parties' attention to any gap in the proof or procedural defect and permit the parties to remedy it, subject to the conditions it determines.

Chapitre II ▬
L'enquête
SECTION I ▬
LA CONVOCATION DES TÉMOINS

Chapter II ▬
Evidence Satge of Trial
SECTION I ▬
CALLING OF WITNESSES

269. Citation à comparaître — Les témoins sont convoqués à se présenter devant le tribunal par une citation à comparaître délivrée par un juge, par un greffier agissant à la demande d'une partie ou par l'avocat.

269. Subpoena — Witnesses are called to attend at court by a subpoena issued by a judge, a court clerk acting on a party's request or a lawyer.

Délai — Ils le sont au moins 10 jours avant le moment prévu pour leur comparution, à moins qu'il n'y ait urgence et que le juge ou le greffier n'abrège le délai de notification. Cet abrègement du délai ne peut laisser moins de 24 heures entre la notification et la comparution; la décision d'abréger est portée sur la citation à comparaître.

Time limit — They must be called at least 10 days before the time at which they are scheduled to attend at court, unless there are urgent circumstances and the judge or court clerk shortens the notification period. However, the notification period cannot be shortened to less than 24 hours. The decision to shorten the notification period must be recorded on the subpoena.

Garde en établissement — La personne gardée dans un établissement visé par les lois relatives aux services de santé et aux services sociaux ou détenue dans un établissement de détention ou un pénitencier est convoquée à se présenter devant le tribunal pour y rendre témoignage sur ordre d'un juge ou d'un greffier au directeur ou au geôlier, selon le cas.

Confinement in institution — A witness who is confined in an institution governed by health services and social services legislation or held in a detention centre or a penitentiary is called to attend at court to testify by an order addressed to the director or the jailer by a judge or a court clerk.

270. Témoin — Un témoin peut être cité à comparaître pour relater les faits dont il a eu personnellement connaissance ou pour donner son avis à titre d'expert ou, encore, pour produire un document ou un autre élément de preuve.

270. Witnesses — Witnesses may be called to give an account of facts of which they have personal knowledge, to give an opinion as an expert or to produce a document or other evidence.

Limites — Un notaire ou un arpenteur-géomètre ne peut être cité à comparaître uniquement pour déposer une copie authentique d'un acte qu'il a reçu en minute, sauf dans les cas d'allégation de faux. Un huissier ne peut être cité à comparaître pour témoigner de faits ou d'aveux dont il aurait pu avoir connaissance lors de la notification d'un acte de procédure.

Notaries, land surveyors or bailiffs — Notaries and land surveyors cannot be called for the sole purpose of producing an authentic copy of an act executed en minute, unless the document has been alleged to be a forgery. Bailiffs cannot be called to testify about facts or admissions they may have become aware of in the course of notifying a pleading.

271. Contenu — La citation à comparaître mentionne la nature de la demande, le jour et le lieu de la comparution, ainsi que le droit du témoin de requérir une avance sur les indemnités et allocations auxquelles il peut avoir droit.

Modèle — La citation doit être conforme au modèle établi par le ministre de la Justice et contenir notamment l'information sur le rôle, les droits et devoirs du témoin et une indication des conséquences qu'il encourt s'il ne comparaît pas.

271. Content — A subpoena must state the nature of the application, specify where and when the witness is to attend at court and mention that witnesses have the right to request an advance on any indemnities and allowances to which they may be entitled.

Model — The subpoena must be in keeping with the model established by the Minister of Justice and provide information on such matters as the role, rights and duties of witnesses and the consequences incurred by witnesses who fail to attend.

272. Exception — Une personne présente à l'audience peut être requise de témoigner comme si elle avait été citée à comparaître. Elle ne peut refuser de répondre sous le prétexte qu'on ne lui a pas avancé ses frais.

272. Exception — Any person present at a hearing may be required to testify as if under subpoena. A person cannot refuse to answer questions under pretext of not having received an advance for expenses.

SECTION II —
L'INDEMNISATION DES TÉMOINS

SECTION II —
COMPENSATION OF WITNESSES

273. Indemnité — La partie qui convoque un témoin, autre qu'une partie, lui verse à l'avance, en la joignant à la citation à comparaître, la somme nécessaire pour couvrir, pour la première journée de présence devant le tribunal, l'indemnité pour perte de temps et les allocations pour les frais de transport, de repas et d'hébergement prévues par règlement du gouvernement. La partie est dispensée de cette obligation pour les frais qu'elle assume directement ou si le témoin est indemnisé d'une autre manière.

273. Indemnity — A party that calls a witness, other than another party, sends with the subpoena an advance, covering the first day of attendance at court, on the loss of time indemnity and the travel, meal and overnight accommodation allowances prescribed by government regulation. The calling party is dispensed from this obligation for expenses which it covers directly or for which the witness is otherwise compensated.

274. Obligation — La personne citée à comparaître et qui a reçu l'avance prévue est tenue de se présenter sous peine de contrainte.

Défaut de comparaître — Faute pour elle de comparaître, le tribunal peut, s'il estime son témoignage utile, la condamner à payer tout ou partie des frais causés par son défaut et décerner contre elle un mandat d'amener, lequel est exécuté par un huissier.

Mandat — Le mandat autorise la détention sous garde de la personne jusqu'à ce qu'elle rende témoignage ou qu'elle soit libérée aux conditions établies par le tribunal. L'audition du témoin détenu doit débuter sans retard.

274. Obligation — A person who has been called and has received the prescribed advance is required to attend at court under pain of being compelled.

Failure to appear — If the person fails to attend and the court considers that their testimony would be useful, it may order them to pay all or part of the costs caused by the failure to attend and issue an arrest warrant, which is executed by a bailiff.

Warrant — The person may be held in custody under the warrant until they testify or are released subject to conditions determined by the court. Examination of any witness held in custody must begin without delay.

275. Montant dû — Le témoin qui a droit à une indemnité et à des allocations peut poursuivre l'exécution de ce qui lui est dû contre la partie qui l'a convoqué. L'attestation par le greffier de sa présence et du montant qui lui est dû équivaut à un jugement immédiatement exécutoire.

275. Owed amount — A witness entitled to an indemnity and allowances may pursue payment of the amount owed them against the calling party. A certificate of the court clerk attesting to the witness's attendance and to the amount due to them is equivalent to an immediately enforceable judgment.

SECTION III —
L'AUDITION DES TÉMOINS

SECTION III —
HEARING OF WITNESSES

276. Contraignabilité — Toute personne est présumée apte à témoigner et peut être contrainte de le faire. Elle est inapte à témoigner si, en raison de son jeune âge ou de son état physique ou mental, elle n'est pas en état de rapporter des faits dont elle a eu connaissance.

276. Compellability — All persons are presumed competent to testify and may be compelled to do so. However, persons who, because of their young age or physical or mental condition, are unable to relate the facts they have witnessed are not competent to testify.

277. Serment — Avant de rendre témoignage, le témoin décline son nom et son lieu de résidence et déclare sous serment qu'il dira la vérité, toute la vérité et rien que la vérité. Cependant, si la divulgation de son adresse fait craindre pour sa sécurité, le tribunal peut l'en dispenser et rendre les ordonnances appropriées.

277. Oath — Before testifying, witnesses must state their name and place of residence and swear under oath to tell the truth, the whole truth and nothing but the truth. However, if the disclosure of their address gives cause to fear for their safety, the court may dispense them from disclosing it and issue such orders as are appropriate.

Refus — Le refus de prêter serment vaut refus de témoigner; s'il persiste, le refus constitue un outrage au tribunal.

Refusal — A refusal to take the oath constitutes a refusal to testify; if it persists, it constitutes contempt of court.

278. Protection du tribunal — Un témoin a droit à la protection du tribunal contre toute manœuvre d'intimidation lors de son témoignage et contre tout interrogatoire abusif.

278. Protection of the court — Witnesses are entitled to the protection of the court against any intimidation tactics while they are testifying and against any abusive examination.

279. Interrogatoire à l'audience — Dans toute instance contestée, les témoins sont interrogés à l'audience, les autres parties présentes ou dûment appelées.

279. Examination in open court — In any defended proceeding, the witnesses are examined in open court, the other parties being present or having been duly called.

Exclusion — Chaque partie peut demander que les témoins déposent sans prendre connaissance des autres témoignages. Cependant, à moins de circonstances exceptionnelles, une telle demande ne peut viser les témoins experts.

Exclusion — A party may request that witnesses testify without knowledge of the testimony given by other witnesses. However, barring exceptional circumstances, no such request may be made in the case of expert witnesses.

Interrogatoire préalable — Le témoin qui a été interrogé préalablement à l'instruction peut,

Examination on discovery — A witness who has been examined before the trial may be

au moment de l'instruction, être interrogé de nouveau sur demande de l'une ou l'autre des parties.

Interrogatoire à distance — Lorsqu'il y a lieu d'interroger un témoin à distance, le moyen technologique utilisé doit permettre, en direct, de l'identifier, de l'entendre et de le voir. Cependant, le tribunal peut, après avoir pris l'avis des parties, décider d'entendre le témoin sans qu'il soit vu.

280. Déroulement — Le témoin est interrogé par la partie qui l'a convoqué ou par son avocat.

Modalités — Les questions doivent porter sur des faits pertinents au litige seulement. Elles ne doivent pas être posées de manière à suggérer la réponse désirée; cependant, la question sera valable si le témoin cherche manifestement à éluder une question ou à favoriser une autre partie ou si, étant lui-même partie, il a des intérêts opposés à la partie qui l'interroge.

Contre-interrogatoire — Lorsque la partie a terminé l'interrogatoire du témoin qu'elle a convoqué, toute autre partie ayant des intérêts opposés peut le contre-interroger sur tous les faits du litige et établir de toutes les manières les causes permettant de réfuter son témoignage.

Faits nouveaux — Le témoin peut être entendu de nouveau par la partie qui l'a convoqué soit pour être interrogé sur des faits nouveaux révélés par le contre-interrogatoire, soit pour expliquer ses réponses aux questions posées par une autre partie.

Pouvoir du tribunal — Le tribunal peut, sous réserve du respect des règles de preuve, poser au témoin les questions qu'il croit utiles.

281. Crédibilité — La partie qui convoque un témoin peut attaquer la crédibilité de son témoignage si elle prouve par d'autres témoins le contraire de ce qu'il a dit; elle peut aussi le faire, avec la permission du tribunal, si elle prouve que le témoin a fait des déclarations antérieures incompatibles avec son témoignage actuel, pourvu que le témoin ait d'abord été interrogé à cet égard.

282. Non-contraignabilité — Le témoin ne peut être contraint de divulguer une communica-

examined anew during the trial on a party's request.

Examination at a distance — If it is necessary to examine a witness at a distance, the technological means used must allow the witness to be identified, heard and seen live. The court may however decide, after consulting the parties, to hear a witness without the witness being seen.

280. Examiner — Witnesses are examined by the calling party or that party's lawyer.

Procedure — Questions must pertain only to the facts relevant to the dispute. They cannot be put in such a way as to suggest the desired answer; however, a leading question will be allowed if the witness is clearly trying to elude a question or to favour another party or, being a party, is adverse in interest to the examining party.

Cross-examination — When the party has finished examining a witness it has called, any other party adverse in interest may cross-examine the witness on any fact relevant to the dispute and in any manner show cause for rebutting the witness's testimony.

New facts — The witness may be called again by the calling party, either to be examined on new facts revealed on cross-examination or to explain answers to the questions asked by another party.

Power of the court — Subject to the rules of evidence, the court may ask the witness any question it considers useful.

281. Credibility — The party that called a witness may attack the credibility of the witness's testimony by proving the opposite through other witnesses. With leave of the court, the party may also do so by proving that the witness made previous statements which are inconsistent with their present testimony, provided the witness is first questioned about this.

282. Non-compellability — Witnesses cannot be compelled to disclose any communication

tion que son conjoint lui aurait faite au cours de leur vie commune.

that may have been made to them by their spouse during their life together.

283. Non-contraignabilité — Le fonctionnaire de l'État convoqué comme témoin ne peut, en raison de son devoir de discrétion, être contraint de divulguer des renseignements qu'il a obtenus dans l'exercice de ses fonctions dont la divulgation serait contraire à l'intérêt public.

283. Non-compellability — Public servants called as witnesses cannot, given their duty of discretion, be compelled to disclose information obtained in the exercise of their functions if disclosing it would be contrary to the public interest.

Déclaration sous serment — Les motifs d'intérêt public sont exposés dans une déclaration sous serment du ministre ou du sous-ministre dont relève le témoin et sont soumis à l'appréciation du tribunal.

Affidavit — The public interest reasons must be set out, for consideration by the court, in an affidavit by the minister or deputy minister to whom the public servant answers.

284. Secret professionnel — Le témoin ne peut être contraint si son témoignage porte atteinte au secret professionnel, sauf dans la mesure prévue à l'article 9 de la *Charte des droits et libertés de la personne*. Le tribunal assure d'office le respect de ce secret.

284. Professional secrecy — Except to the extent provided for in section 9 of the *Charter of human rights and freedoms*, witnesses cannot be compelled if their testimony would violate professional secrecy. The court, on its own initiative, ensures that professional secrecy is respected.

285. Auto-incrimination — Le témoin ne peut refuser de répondre pour le motif que sa réponse pourrait tendre à l'incriminer ou à l'exposer à une poursuite de quelque nature que ce soit; sa réponse ne pourra servir contre lui, sauf le cas de poursuites pour parjure ou pour témoignages contradictoires.

285. Self-incrimination — Witnesses cannot refuse to answer a question on the grounds that the answer may tend to incriminate them or expose them to a judicial proceeding of any kind; their answers cannot be used against them, except if they are prosecuted for perjury or for the giving of contradictory testimony.

286. Obligation de produire — Le témoin qui a en sa possession un document ou un autre élément de preuve se rapportant au litige est tenu de le produire sur demande.

286. Obligation to produce — A witness who is in possession of a document or other evidence that is relevant to the dispute is required to produce it on request.

Reproduction — La reproduction de ce document par le greffier, certifiée conforme par lui, a la même force probante.

Copy — A copy of the evidence made, and certified as being true to the original, by the court clerk, has the same probative force as the original.

287. Pouvoirs du tribunal — Le tribunal peut ordonner à une partie de lui présenter en salle d'audience ou en tout autre lieu approprié, au moment opportun, un élément matériel de preuve qu'elle a en sa possession et qu'un témoin est appelé à identifier. Si la partie n'obtempère pas, l'élément de preuve est réputé identifié, à moins que le tribunal ne la relève de son défaut avant que le jugement ne soit rendu.

287. Real evidence in possession of the witness — The court may order a party to produce, at the appropriate time, in the courtroom or in any other suitable place, any real evidence in its possession that a witness is called on to identify. If the party does not obey the order, the evidence is deemed identified, unless the court relieves the party from the default before the judgment is rendered.

288. Refus de répondre — Le témoin qui, sans raison valable, refuse de répondre se rend coupable d'outrage au tribunal, de même que celui qui, ayant en sa possession quelque élément de preuve pertinent, refuse de le produire ou de le mettre à la disposition du tribunal.

289. Obligations du témoin — Le témoin ne peut se retirer sans la permission du tribunal; s'il ne peut terminer sa déposition le jour de sa comparution, il est tenu de se présenter de nouveau le jour ouvrable qui suit ou à tel autre moment indiqué par le tribunal.

Défaut — Le témoin qui se retire sans permission ou fait défaut de se présenter à nouveau s'expose aux mêmes sanctions que celui qui omet de comparaître.

SECTION IV —
L'AUDITION DES MINEURS ET DES
MAJEURS INAPTES

290. Témoin accompagné — Lorsque le tribunal entend un mineur ou un majeur inapte, celui-ci peut être accompagné d'une personne apte à l'aider ou à le rassurer.

291. Pouvoirs du juge — Le juge peut interroger le mineur ou le majeur inapte en salle d'audience ou en son cabinet; si l'intérêt d'un majeur inapte le requiert, il peut également, après en avoir avisé les parties, l'interroger là où il réside ou là où il est gardé, ou encore en tout autre lieu approprié. Le juge peut, si les circonstances l'exigent, interroger le mineur ou le majeur inapte hors la présence des parties, après avoir avisé celles-ci.

Modalités — L'interrogatoire par le juge en son cabinet ou dans un autre lieu se tient en présence du greffier et de l'avocat du mineur ou du majeur inapte, le cas échéant. Les avocats des parties assistent à l'interrogatoire; le juge peut cependant décider d'interroger le mineur ou le majeur inapte hors leur présence, auquel cas sa décision doit être motivée.

Enregistrement — La déposition du mineur ou du majeur inapte est enregistrée; elle est transmise aux parties sur demande.

288. Refusal to answer a question — A witness who refuses to answer a question without valid cause is guilty of contempt of court, as is a witness who is in possession of relevant evidence and refuses to produce it or to make it available to the court.

289. Witness's obligation — A witness cannot withdraw without leave of the court. If the deposition cannot be completed on the first day of attendance at court, the witness is required to re-attend on the next working day or at any other time specified by the court.

Withdrawal without leave of the court — A witness who withdraws without leave or fails to re-attend is subject to the same sanctions as a witness who fails to attend.

SECTION IV —
HEARING OF MINOR OR INCAPABLE
PERSON OF FULL AGE

290. Witness accompanied by someone — When the court is to hear a minor or an incapable person of full age, the minor or person may be accompanied by someone capable of providing assistance or reassurance.

291. Examination by the judge — The judge may examine a minor or an incapable person of full age in the courtroom or in chambers. If it is in the interests of an incapable person of full age to do so, the court, after advising the parties, may examine the person where they reside or are confined, or in any other suitable place. If the circumstances so require, the judge, after advising the parties, may examine the minor or person outside their presence.

Procedure — The examination by a judge in chambers, or elsewhere outside the courtroom, is conducted in the presence of the court clerk and, if the minor or person is represented by a lawyer, the person's lawyer. The parties' lawyers attend the examination unless the judge decides to examine the minor or person outside their presence, in which case the judge's decision must give reasons.

Sound recording — The deposition is recorded and sent to the parties on request.

SECTION V —
LE TÉMOIGNAGE PAR DÉCLARATION

SECTION V —
TESTIMONY BY AFFIDAVIT

292. Déclaration du témoin — Une partie peut produire à titre de témoignage, outre une déclaration prévue au livre De la preuve du Code civil, la déclaration écrite de son témoin, y compris un constat d'huissier, pourvu que cette déclaration ne vise à prouver qu'un fait secondaire du litige et qu'elle ait été préalablement notifiée aux autres parties.

292. Written statement — A party may produce as testimony, besides a statement admissible under the Book on Evidence in the Civil Code, the affidavit, including a bailiff's ascertainment, provided the affidavit is only designed to prove a fact that is secondary to the dispute and has been notified to the other parties beforehand.

Présence du témoin — Une autre partie peut, avant la date fixée pour l'instruction, exiger la présence à l'enquête du témoin concerné ou encore obtenir l'autorisation du tribunal de l'interroger hors sa présence.

Witness's presence — Any other party may, before the scheduled trial date, require the witness's presence at the evidence stage of the trial or obtain the authorization of the court to examine the witness outside the presence of the court.

SECTION VI —
LE TÉMOIGNAGE DE L'EXPERT

SECTION VI —
EXPERT TESTIMONY

293. Rapport d'expertise — Le rapport de l'expert tient lieu de son témoignage. Pour être recevable, il doit avoir été communiqué aux parties et versé au dossier dans les délais prescrits pour la communication et la production de la preuve. Autrement, il ne peut être reçu que s'il a été mis à la disposition des parties par un autre moyen en temps opportun pour permettre à celles-ci de réagir et de vérifier si la présence du témoin serait utile. Il peut toutefois être reçu hors ces délais avec la permission du tribunal.

293. Report of an expert — The report of an expert stands in lieu of their testimony. To be admissible, the expert report must have been disclosed to the parties and filed in the record within the time limits for disclosure and filing of evidence. Otherwise, it may be admitted only if it was made available to the parties by another means in a timely manner so that they could react and determine whether the expert's presence might be useful. It may however be admitted outside such time frames with leave of the court.

294. Interrogatoire de l'expert — Chacune des parties peut interroger l'expert qu'elle a nommé, celui qui leur est commun ou celui commis par le tribunal pour obtenir des précisions sur des points qui font l'objet du rapport ou son avis sur des éléments de preuve nouveaux présentés au moment de l'instruction; elles le peuvent également, pour d'autres fins, avec l'autorisation du tribunal. Une partie ayant des intérêts opposés peut, pour sa part, contre-interroger l'expert nommé par une autre partie.

294. Examination of the expert — Each of the parties may examine an expert that it has appointed, a joint expert or a court-appointed expert to obtain clarifications on points covered in the expert report or to obtain the expert's opinion on new evidence introduced during the trial; they may also examine such an expert for other purposes, with the authorization of the court. A party adverse in interest may cross-examine an expert appointed by another party.

Limites — Les parties ne peuvent, cependant, invoquer l'irrégularité, l'erreur grave ou la partialité du rapport, à moins que, malgré leur diligence, elles n'aient pu le constater avant l'instruction.

Limits — The parties cannot, however, raise a ground of irregularity, substantial error or bias against the expert report unless they were unable, despite their diligence, to note the irregularity, substantial error or bias before the trial.

SECTION VII ——
LE TÉMOIGNAGE HORS LA PRÉSENCE DU
TRIBUNAL

SECTION VII ——
TESTIMONY GIVEN OUTSIDE PRESENCE
OF COURT

295. Modalités — L'interrogatoire peut, si le tribunal le permet ou si les parties en conviennent, être tenu hors la présence du tribunal, au lieu et au moment fixés par celui-ci ou convenus par les parties.

295. Examination outside the presence of the court — With leave of the court or if the parties so agree, an examination may be conducted outside the presence of the court at the place and time determined by the court or jointly by the parties.

Enregistrement — La déposition du témoin est entendue, toutes les parties présentes ou dûment appelées; elle est enregistrée et versée au dossier pour valoir comme si elle avait été recueillie devant le tribunal.

Sound recording — The deposition of the witness is heard, all parties being present or having been duly called. It is recorded and filed in the record and has the same force and effect as if it had been given before the court.

296. Maladie ou handicap — Si la maladie ou le handicap d'un témoin l'empêche de se rendre à l'audience, le tribunal peut, même d'office, ordonner l'interrogatoire du témoin à distance par un moyen technologique ou charger un commissaire de recueillir son témoignage. Il peut procéder de même s'il y a lieu d'éviter des déplacements à un témoin qui réside en un lieu éloigné.

296. Illness or disability — If an illness or a disability prevents a witness from attending the hearing, the court, even on its own initiative, may order that the witness be examined at a distance using a technological means, or appoint a commissioner to take the witness's testimony. The court may do likewise in order to avoid unnecessary travel by a witness living in a remote location.

Commissaire — Le tribunal, s'il choisit de charger un commissaire, lui donne les instructions nécessaires pour le guider dans l'exécution de sa charge; de plus, il fixe le délai dans lequel l'interrogatoire et le rapport du commissaire devront être faits ainsi que la somme qui doit lui être avancée pour couvrir ses frais. L'interrogatoire est consigné ou enregistré et attesté par le commissaire; celui-ci est autorisé à prendre copie de tous documents exhibés par le témoin et dont ce dernier ne veut pas se départir. Il est communiqué aux parties et au tribunal avec les pièces produites par le témoin. La partie qui désire être représentée à l'interrogatoire en avise le commissaire en temps utile et désigne son représentant; celui-ci doit être avisé cinq jours à l'avance de la date et du lieu de l'interrogatoire.

Commissioner — If the court chooses to appoint a commissioner, it gives the commissioner the necessary instructions; it also sets the time within which the examination is to be conducted and the commissioner's report is to be filed, and determines the amount to be advanced to the commissioner to cover costs. The examination is taken down in writing or recorded, and certified by the commissioner; the commissioner is authorized to make copies of any documents the witness exhibits but is not willing to surrender. The examination together with the exhibits produced by the witness are disclosed to the parties and to the court. A party that wishes to be represented at the examination must advise the commissioner in sufficient time and designate a representative, who must be given five days' notice of the date and place of the examination.

297. Objections — Les objections soulevées pendant l'interrogatoire d'un témoin entendu hors la présence du tribunal n'empêchent pas la poursuite de l'interrogatoire, le témoin étant tenu de répondre. Cependant, si ces objections portent sur le fait que le témoin ne peut être contraint, sur les droits fondamentaux ou sur une question soulevant un intérêt légitime important, il peut

297. Objections — Objections raised during the examination of a witness outside the presence of the court do not prevent the examination from continuing, the witness being required to answer. However, if such objections pertain to the fact that the witness cannot be compelled, to fundamental rights or to an issue raising a substantial and legitimate interest, the witness may

s'abstenir de répondre. Dans tous ces cas, elles sont soumises au tribunal aussitôt que possible pour qu'il en décide.

refrain from answering. In all such cases, the objections are submitted to a judge as soon as possible for a decision.

SECTION VIII — LES SERVICES D'INTERPRÉTATION

SECTION VIII — INTERPRETATION SERVICES

298. Interprète — Pour faciliter l'interrogatoire d'un témoin, le tribunal peut requérir les services d'un interprète.

298. Interpreter — To facilitate the examination of a witness, the court may retain the services of an interpreter.

Rémunération — La rémunération de l'interprète est assumée par le ministre de la Justice si l'une des parties bénéficie, dans les districts judiciaires d'Abitibi et de Roberval, de la Convention de la Baie James et du Nord québécois visée par la *Loi approuvant la Convention de la Baie James et du Nord québécois* (chapitre C-67) ou, dans le district judiciaire de Mingan, de la Convention du Nord-Est québécois par la *Loi approuvant la Convention du Nord-Est québécois*(chapitre C-67.1).

Remuneration — The interpreter's remuneration is borne by the Minister of Justice if one of the parties is a beneficiary, in the judicial districts of Abitibi and Roberval, under the agreement approved by the *Act approving the Agreement concerning James Bay and Northern Québec* (chapter C-67) or, in the judicial district of Mingan, under the agreement approved by the *Act approving the Northeastern Québec Agreement* (chapter C-67.1).

299. Handicap — Lorsque le témoin est atteint d'un handicap qui le rend incapable d'entendre ou de parler, il est admis à prêter serment et à témoigner par tout moyen qui lui permet de s'exprimer. Si un tel moyen est indisponible, ce témoin peut être aidé d'un interprète dont la rémunération est à la charge du ministre de la Justice.

299. Disability — A witness who is unable to hear or to speak by reason of a disability may take the oath and testify by any means enabling them to express themselves. If such means are unavailable, the witness may be assisted by an interpreter, whose remuneration is borne by the Minister of Justice.

SECTION IX — LA CONSERVATION DU TÉMOIGNAGE

SECTION IX — PRESERVATION OF TESTIMONY

300. Enregistrement — La déposition d'un témoin est enregistrée de manière à permettre la conservation et la reproduction du témoignage.

300. Sound recording — Depositions by witnesses are recorded so that the testimony can be preserved and reproduced.

Mode d'enregistrement — Le ministre de la Justice met à la disposition du tribunal les systèmes d'enregistrement nécessaires; toutefois, si l'interrogatoire se tient ailleurs qu'au tribunal, dans un lieu choisi par les parties, il revient à celles-ci de faire appel à un sténographe officiel ou, au besoin, de convenir d'un mode d'enregistrement approprié qui permette d'assurer l'intégrité de la déposition.

Sound-recording systems — The Minister of Justice provides the court with the necessary recording systems. However, if an examination is conducted elsewhere than at the court, in a place chosen by the parties, it is up to the parties to call on the services of an official stenographer or, if needed, to agree on an appropriate method of recording to ensure the integrity of the deposition.

Transcription — La transcription d'un interrogatoire déposée au tribunal doit être effectuée par un sténographe officiel.

Transcription — Any transcript of an examination that is filed with the court must be made by an official stenographer.

301. Sténographe officiel — Lorsqu'il est fait appel à un sténographe officiel, celui-ci certifie, sous son serment professionnel, la fidélité des notes ou de leur transcription. Il identifie, en tête de chacune des dépositions, le juge qui préside l'instruction et le témoin. Il note les objections et les décisions et assure la conservation de ses notes conformément aux règlements applicables.

Transcription — Dans les affaires qui font l'objet d'un appel, les dépositions sont transcrites si une partie le requiert. Elles le sont aussi si le juge le requiert, auquel cas chacune des parties avance le coût de la transcription des dépositions de ses propres témoins.

301. Official stenographer — When the services of an official stenographer are called on, the stenographer certifies, under their oath of office, the correctness of the stenographic notes or transcript. At the beginning of each deposition, the stenographer enters the name of the judge presiding at the trial and the name of the witness. The stenographer records objections and decisions, and preserves the stenographic notes as set out in the applicable regulations.

Transcription — In cases under appeal, depositions are transcribed if a party requires their transcription. They are also transcribed if the judge so orders, in which case the parties advance the cost of transcribing the depositions of their respective witnesses.

LIVRE III
LA PROCÉDURE NON
CONTENTIEUSE

BOOK III
NON-CONTENTIOUS PROCEEDINGS

TITRE I
DISPOSITIONS GÉNÉRALES

TITLE I
GENERAL PROVISIONS

302. Application — Les demandes sont traitées, en l'absence de litige, suivant la procédure non contentieuse.

Application — Il en est ainsi lorsque la loi exige qu'en raison de la nature de l'acte ou de la qualité du demandeur, que les demandes soient soumises au contrôle des tribunaux pour que ceux-ci approuvent ou autorisent un acte, habilitent une personne à agir, approuvent ou homologuent une décision ou un acte ou constatent un fait ou une situation juridique et en fixent les conséquences ou encore, lorsque la loi exige que soit ainsi traitées d'autres demandes.

302. Absence of dispute — In the absence of a dispute, applications are dealt with according to the procedure for non-contentious proceedings set out in this Book.

Nature of an act or plaintiff's capacity — This is the case when the law requires, because of the nature of an act or the applicant's capacity, that an application be submitted to the courts so that they may approve or authorize an act, give a person authority to act, approve or homologate a decision or an act, or verify a fact or a legal situation and determine its consequences, or whenever the law requires that an application be so dealt with.

303. Demandes non contentieuses — Sont traitées suivant la procédure non contentieuse les demandes qui concernent notamment :

1° l'autorisation de consentir aux soins non requis par l'état de santé d'une personne âgée de moins de 14 ans ou inapte à consentir ou à l'aliénation d'une partie du corps d'un mineur ou d'un majeur inapte;

2° le jugement déclaratif de décès, la vérification des testaments, l'obtention de lettres de vérification et, en matière de succession, la liquidation et le partage;

3° la modification du registre de l'état civil;

4° la tutelle à l'absent ou au mineur, l'émancipation du mineur, ainsi que le régime ou le mandat de protection du majeur;

5° la nomination, la désignation ou le remplacement de toute personne qui doit, selon la loi, être fait par le tribunal, d'office ou à défaut d'entente entre les intéressés, ainsi que les demandes de cette nature en matières de tutelle au mineur, de

303. Non-contentious applications — Applications dealt with according to the procedure for non-contentious proceedings include those relating to

(1) authorization to consent to care that is not required by the state of health of a person under 14 years of age or incapable of giving consent, or authorization to consent to the alienation of a body part of a minor or an incapable person of full age;

(2) a declaratory judgment of death, the probate of a will, letters of verification or, in succession matters, the liquidation or the partition of a succession;

(3) the alteration of the register of civil status;

(4) tutorship to an absentee or to a minor, the emancipation of a minor or the protective supervision of or a protection mandate for a person of full age;

(5) the appointment, designation or replacement of any person that is required by law to be appointed, designated or replaced by the court on its own initiative or in the absence of an agreement between the interested parties, and applica-

régime de protection des majeurs, de succession et d'administration du bien d'autrui;

6° le placement et l'adoption de l'enfant ainsi que l'attribution du nom de l'adopté;

7° la demande conjointe sur projet d'accord qui règle les conséquences de la séparation de corps, du divorce ou de la dissolution de l'union civile des conjoints;

8° l'administration d'un bien indivis, d'une fiducie ou du bien d'autrui;

9° l'acquisition du droit de propriété d'un immeuble par prescription;

10° l'inscription ou la rectification, la réduction ou la radiation d'une inscription sur le registre foncier ou le registre des droits personnels et réels mobiliers;

11° la délivrance d'actes notariés ou le remplacement et la reconstitution d'écrits.

Cas particuliers — Le sont aussi les demandes d'exemptions ou de suspension de l'obligation de verser la pension alimentaire et les arrérages au ministre du Revenu si les parties remplissent les conditions prévues aux articles 3 et 3.1 de la *Loi facilitant le paiement des pensions alimentaires* (chapitre P-2.2).

304. Procédure — La demande non contentieuse, qu'elle soit présentée au tribunal ou à un notaire, suit, pour son déroulement, la procédure prévue au présent livre, sous réserve des règles particulières à certaines matières civiles visées au livre V.

Demande contestée — Cependant, dès qu'une demande est contestée, elle est déférée au tribunal pour être continuée suivant la procédure prévue au livre II. Selon l'état du dossier et le temps écoulé depuis l'introduction de la demande, le tribunal donne alors aux parties les instructions nécessaires pour l'établissement du protocole de l'instance à moins qu'il ne les exempte de celui-ci et détermine les autres conditions pour la poursuite du dossier ou ne fixe immédiatement la date pour la conférence de gestion ou pour l'instruction.

tions of a similar nature relating to tutorship to a minor, the protective supervision of a person of full age, a succession or the administration of the property of others;

(6) the placement and adoption of a child and the assignment of a name to the child;

(7) a draft agreement that settles the consequences of a separation from bed and board, a divorce or the dissolution of a civil union;

(8) the administration of undivided property, of a trust or of the property of others;

(9) the acquisition by prescription of ownership in an immovable;

(10) registration in the land register or the register of personal and movable real rights or the correction, reduction or cancellation of an entry in either register; and

(11) the issue of a notarial deed or the replacement or reconstitution of a writing.

Particular cases — Any application for an exemption from the obligation to pay support and arrears to the Minister of Revenue, or for the suspension of that obligation, if the parties satisfy the conditions of section 3 or 3.1 of the *Act to facilitate the payment of support* (chapter P-2.2), is also dealt with according to that procedure.

304. Procedure — Non-contentious applications, whether presented before a court or a notary, are conducted according to the procedure set out in this Book, subject to the special rules for the conduct of certain civil matters set out in Book V.

Contested application — However, as soon as an application is contested, it is referred to the court to be continued according to the procedure set out in Book II. Depending on the readiness of the case and on how much time has elapsed since the application was brought, the court gives the parties the instructions they need to establish a case protocol, unless the court exempts the parties from doing so and subjects the furtherance of the case to other conditions or immediately schedules a case management conference or the trial.

305. Devoir du tribunal — Dans l'exercice de ses fonctions dans une affaire non contentieuse concernant l'intégrité, l'état ou la capacité d'une personne, le tribunal ou le notaire doit agir dans l'intérêt premier de la personne concernée par la demande, tout en veillant au respect de ses droits et à la sauvegarde de son autonomie.

305. Court's duty — In dealing with a non-contentious case relating to personal integrity, status or capacity, the court or the notary must act in the best interests of the person concerned while protecting the person's rights and safeguarding the person's autonomy.

TITRE II
LES RÈGLES APPLICABLES DEVANT LE TRIBUNAL

TITLE II
RULES APPLICABLE BEFORE COURT

Chapitre I
La demande

Chapter I
Application

306. Avis — La demande est accompagnée d'un avis informant la personne concernée et les intéressés du lieu, de la date et de l'heure de sa présentation devant le tribunal compétent. L'avis contient aussi l'indication des pièces au soutien de la demande et informe les destinataires que ces pièces sont disponibles, sous réserve, le cas échéant, de leur caractère confidentiel.

306. Notice — A non-contentious application is accompanied by a notice informing the person concerned and the interested persons of the place, date and time it is to be presented before the competent court. The notice must also include a list of the exhibits in support of the application, and inform the recipients that they are available, unless they are confidential.

307. Vente d'un bien — La demande visant à obtenir l'autorisation de vendre le bien appartenant à un mineur, à un majeur en tutelle ou en curatelle, à un absent ou au bénéficiaire de l'administration du bien d'autrui énonce les motifs de la demande, décrit le bien et propose un mode de vente telle la vente de gré à gré, par appel d'offres public ou sur invitation ou aux enchères et le nom d'une personne susceptible d'y procéder. Il y est joint une évaluation du bien par un expert et, le cas échéant, l'avis du conseil de tutelle. La demande peut proposer une mise à prix commercialement raisonnable.

307. Sell of property — An application for authorization to sell property belonging to a minor, a person of full age under tutorship or curatorship, an absentee or a person whose property is administered by another must set out the reasons for the application, describe the property and propose a method of sale, such as by agreement, through a call for tenders or by auction, as well as the name of a person who could effect the sale. An appraisal of the property by an expert and, if applicable, the opinion of the tutorship council, must be attached to the application. The application may suggest a commercially reasonable reserve price.

Chapitre II
La présentation

Chapter II
Presentation

308. Date de présentation — La demande est présentée au tribunal à la date indiquée dans l'avis qui l'accompagne à moins que le demandeur et la personne concernée n'aient, avant cette date, convenu d'une autre date avec le greffe.

308. Date of presentation — The application is presented before the court on the date specified in the accompanying notice, unless the applicant and the person concerned, before that date, agreed with the court office on another presentation date.

Délai — La présentation ne peut être fixée à moins de 10 jours ni à plus de deux mois après la notification.

Time limit — The application cannot be presented less than 10 days nor more than two months after it was notified.

309. Devoir du tribunal — Le tribunal s'assure que la demande qui lui est présentée a été signifiée à la personne concernée et notifiée aux intéressés et que les avis, rapports et expertises nécessaires sont au dossier.

Pouvoirs du tribunal — À cet égard, il peut ordonner la notification de la demande à toute personne qu'il estime intéressée, convoquer une assemblée de parents, d'alliés ou d'amis ou solliciter l'avis d'un conseil de tutelle; il peut également exiger les avis, rapports et expertises complémentaires qu'il estime nécessaires et, le cas échéant, ordonner l'évaluation d'un bien par un expert indépendant qu'il désigne, s'il a des raisons de croire que l'évaluation du bien qui accompagne la demande ne correspond pas à sa valeur. Il peut aussi autoriser une personne intéressée à présenter une preuve au soutien du point de vue qu'elle entend faire valoir. Enfin, il peut prendre toute autre mesure de gestion appropriée.

Preuve — La preuve du demandeur, de la personne concernée ou du tiers intéressé peut être faite au moyen d'une déclaration sous serment, par témoignage, par la présentation de documents ou d'un élément matériel. Elle peut porter sur tout fait pertinent, même survenu depuis l'introduction de la demande.

310. Observations — Le tribunal peut inviter les personnes présentes et intéressées à lui faire, sans formalités, des observations susceptibles de l'éclairer dans sa décision.

Contestation — Si ces observations peuvent constituer une contestation réelle du bien-fondé de la demande, le tribunal, après s'être assuré de l'intention de la personne qui les fait de contester la demande, ordonne le renvoi de l'affaire pour qu'elle soit traitée suivant la procédure contentieuse, aux conditions qu'il détermine.

311. Effet — Les personnes invitées à présenter des observations ou à participer à des délibérations ne sont pas considérées comme des témoins.

Indemnité — Cependant, le tribunal peut, s'il l'estime approprié, ordonner au demandeur ou à la personne concernée par la demande de leur verser une indemnité équivalente à celle accor-

309. Court's duty — The court ascertains that the application presented before it has been served on the person concerned and notified to the interested persons, and that the necessary opinions, reports and expert reports have been filed in the record.

Powers of the court — The court may order that the application be notified to any person whom it considers to have an interest, call a meeting of relatives, persons connected by marriage or civil union, and friends, or request the opinion of a tutorship council; it may also require the complementary opinions, reports or expert reports it considers necessary and, if applicable, order an appraisal by an independent expert designated by the court if it has reason to believe the appraisal attached to the application does not reflect the value of the property. The court may also authorize an interested person to produce evidence in support of the view that person intends to assert. The court may take any other appropriate case management measure.

Proof — The applicant, the person concerned or another interested person may make their proof by affidavit, by testimony or by means of documents or real evidence. The evidence so submitted may pertain to any relevant fact, even one that has arisen since the application was instituted.

310. Representations — The court may invite interested persons who are present to make informal representations that might enlighten the court in making its decision.

Contestation — If such representations could constitute an actual contestation of the merits of the application, the court, after verifying that the person who made them intends to contest the application, orders a postponement of the case for it to be dealt with according to the procedure for contentious proceedings, subject to the conditions it determines.

311. Effect — Persons invited to make representations or to participate in deliberations are not considered witnesses.

Compensation — However, the court, if it considers it appropriate, may order the applicant or the person who is the subject of the application to pay them compensation equivalent to that paid to witnesses to cover transportation, meal

dée aux témoins pour compenser leurs frais de transport, de repas et d'hébergement. Aucune indemnité n'est versée aux personnes convoquées à une assemblée de parents, d'alliés ou d'amis.

and accommodation expenses. No compensation is paid to those called to a meeting of relatives, persons connected by marriage or civil union, and friends.

TITRE III —
LES RÈGLES APPLICABLES DEVANT LE NOTAIRE

TITLE III —
RULES APPLICABLE BEFORE NOTARY

Chapitre I —
La compétence du notaire

Chapter I —
Jurisdiction of Notary

312. Application — Peuvent être présentées à un notaire, suivant la procédure prévue au présent titre, les demandes non contentieuses relatives à la tutelle au mineur et au régime de protection des majeurs, y compris les demandes portant sur la nomination ou le remplacement de leur tuteur ou curateur, de même que les demandes relatives au conseil de tutelle et au mandat de protection. Peuvent également lui être présentées les demandes de vérification d'un testament ou d'obtention de lettres de vérification, à l'exception de celles visant un testament que lui ou un membre de son étude notariale a reçu en dépôt.

312. Non-contentious applications — Non-contentious applications relating to tutorship to a minor, to the protective supervision of a person of full age (including applications for the appointment or replacement of a tutor or curator), to a tutorship council or to a protection mandate may be presented before a notary according to the procedure set out in this Title. Applications for the probate of a will or for letters of verification may also be presented before a notary, unless the will concerned was deposited with that notary or a member of the same firm.

Pouvoir du notaire — Le notaire saisi d'une demande peut se prononcer sur toute question accessoire à celle-ci, à l'exception de celles qui requièrent une autorisation particulière du tribunal.

Power of the notary — The notary seized of an application may rule on any ancillary matters, except those that require a special authorization from the court.

Chapitre II —
La demande

Chapter II —
Application

313. Modalités — Le notaire saisi d'une demande doit la faire signifier à la personne concernée par celle-ci et la notifier aux personnes qui peuvent y avoir intérêt en raison de leurs liens étroits avec la personne concernée. Il doit y joindre un avis indiquant la date, l'heure et le lieu où il commencera ses opérations, l'objet de la demande et la nature des droits des intéressés, notamment leur droit de faire les observations qu'ils estiment appropriées ou encore de s'opposer à la demande.

313. Procedure — The notary seized of an application must have it served on the person concerned and must notify it to all persons who may have an interest in it given their close relationship with that person. The notary must attach a notice stating the date, time and place the notary is to begin the notarial operations, the subject matter of the application and the rights of the interested persons, including their right to make representations they consider appropriate or to oppose the application.

Assemblée de parents — Il est tenu de convoquer une assemblée de parents, d'alliés ou d'amis dans les cas prévus par le Code civil notamment si la demande concerne l'ouverture d'une tutelle au mineur ou d'un régime de pro-

Meeting of relatives — The notary is required to call a meeting of relatives, persons connected by marriage or civil union, and friends in the cases provided for in the Civil Code, including when the application relates to the institution of

tection du majeur. Il peut aussi convoquer une réunion si la personne concernée ou une personne qui a reçu notification de la demande le requiert notamment dans le cas de l'homologation d'un mandat de protection; il est tenu d'y inviter la personne concernée et celles qui ont reçu notification de la demande.

Publicité — Le notaire dépose une copie de la demande et de l'avis, et, le cas échéant, de la convocation, au greffe du tribunal afin d'assurer la publicité de la demande et de permettre à toute personne de faire part de ses observations soit au greffier, soit à lui-même. Le greffier qui reçoit des observations ou des oppositions en informe le notaire sans délai.

tutorship for a minor or of protective supervision for a person of full age. The notary may call a conference if the person concerned or a person to whom the application was notified requests one, including when the application relates to the homologation of a protection mandate. The notary is required to invite the person concerned to such a conference and all those to whom the application was notified.

Public notice — The notary files a copy of the application and a copy of the notice with the court office, together with the notice of meeting if a meeting or a conference is to be held, in order to secure public notice and enable any person wishing to do so to make representations to the court clerk or to the notary. The clerk informs the notary without delay of any representation or opposition received.

Chapitre III ▬▬
Les opérations et les conclusions

Chapter III ▬▬
Operations and Conclusions

314. Assemblée de parents — Lorsqu'une assemblée de parents, d'alliés ou d'amis ou une réunion est tenue, le notaire informe le demandeur, la personne concernée et les intéressés présents sur la démarche entreprise et il reçoit d'eux les observations susceptibles de l'éclairer dans l'établissement de ses conclusions. Il examine avec eux les témoignages, les documents et les autres éléments de preuve qui lui sont présentés, lesquels peuvent porter sur tout fait pertinent, même survenu depuis la demande. S'il n'est pas requis de tenir une réunion, il reçoit leurs observations par tout autre moyen et les note au procès-verbal de ses opérations.

314. Meeting of relatives — If a meeting of relatives, persons connected by marriage or civil union, and friends or a conference is held, the notary informs the applicant, the person concerned and the interested persons present of the process undertaken and hears any representations they wish to make to enlighten the notary in determining conclusions. The notary examines with them the testimony, documents and other evidence submitted, which may pertain to any relevant fact, even one that has arisen since the notary was seized of the application. If a meeting or conference is not required to be held, the notary receives their representations by any other means and records them in the minutes of the notarial operations.

315. Évaluation de l'aptitude — Lorsque la demande concerne l'ouverture ou la révision d'un régime de protection ou l'homologation d'un mandat de protection, le notaire est tenu de vérifier l'inaptitude de la personne, mais il ne peut établir aucune conclusion s'il n'a pas en mains les évaluations exigées par le Code civil et la transcription de l'interrogatoire de la personne concernée par la demande. Il fait état de la teneur de l'évaluation et de l'interrogatoire aux personnes réunies et leur fait part des autres pièces pertinentes.

315. Verification of the capacity — If the application relates to the institution or review of protective supervision or the homologation of a protection mandate, the notary is required to verify that the person concerned is incapable, but cannot determine conclusions without having in hand the assessments required by the Civil Code and a transcript of the person's examination. The notary gives an account of the assessments and the examination to all present at the meeting or conference and informs them of any other relevant exhibits.

Document — Si la demande concerne un man-

Document — If the application relates to a pro-

dat de protection devant témoins, un testament olographe ou devant témoins, le notaire constate l'existence du document et vérifie sa validité.

tection mandate given in the presence of witnesses, a holograph will or a will made in the presence of witnesses, the notary notes the existence of the document and determines whether it is valid.

316. Devoir d'information — Le notaire qui constate qu'il est nécessaire qu'un majeur inapte soit représenté par un avocat ou un autre notaire, ou par un tuteur ou curateur ad hoc, ou encore soit assisté par un tiers de confiance doit en informer les intéressés pour que les mesures appropriées soient prises. Il peut continuer à agir si ces derniers ne s'y opposent pas.

316. Duty of information — If the notary considers that an incapable person of full age needs to be represented by a lawyer or another notary or by a tutor or curator ad hoc, or assisted by a trusted third person, the notary must inform the interested persons so that the appropriate measures may be taken. The notary may continue to act if the latter are not opposed to it.

317. Contestation — Lorsque la demande fait l'objet d'observations ou d'oppositions équivalant à une contestation réelle de son bien-fondé, le notaire, après s'être assuré qu'il est de l'intention de la personne qui les exprime de contester la demande, doit se dessaisir de celle-ci et en informer les intéressés.

317. Contestation — If representations or oppositions are received that are equivalent to an actual contestation of the merits of the application, the notary, after verifying that the person from whom they were received intends to contest the application, must withdraw from the matter and inform the interested persons.

Transfert du dossier — Le notaire dresse ensuite sans délai un procès-verbal des opérations qu'il a effectuées et transfère le dossier au tribunal compétent qui en est saisi par le dépôt du procès-verbal. Si la demande porte sur la vérification d'un testament, il joint l'original du testament en sa possession à son procès-verbal.

Transfer to the competent court — In such a case, the notary draws up the minutes of the operations carried out so far and transfers the matter to the competent court, which is seized of it on the filing of the minutes. If the application is for the probate of a will and the notary is in possession of the original of the will, the notary attaches it to the minutes.

Pouvoir du tribunal — Le tribunal peut, s'il le juge opportun, confier au notaire la mission de recueillir la preuve nécessaire pour la poursuite du dossier et fixer le délai dans lequel le notaire devra faire rapport des opérations qu'il a effectuées pour que le tribunal puisse apprécier lui-même les faits.

Power of the court — If it considers it expedient, the court may ask the notary to gather all the evidence necessary for the furtherance of the matter, setting a time limit within which the notary is to report back to the court so that it can make its own assessment of the facts.

Désistement — Si celui qui conteste se désiste de sa demande en justice, le tribunal renvoie le dossier au notaire qui en était saisi pour qu'il poursuive ses opérations.

Discontinuance — If the person contesting discontinues their judicial application, the court refers the matter back to the notary for the continuation of the notarial operations.

318. Procès-verbal — À la fin de ses opérations, le notaire dresse un procès-verbal en minute de ses opérations et de ses conclusions.

318. Minutes — On completing the notarial operations, the notary draws up minutes and conclusions.

Contenu — Ce procès-verbal identifie le demandeur, la personne concernée par la demande et les personnes qui en ont reçu notification, ceux qui, le cas échéant, ont assisté à l'assemblée de parents, d'alliés ou d'amis ou à la réunion et ceux qui lui ont autrement fait part de

Content — The minutes must identify the applicant, the person concerned, the persons to whom the application was notified, those who attended the meeting of relatives, persons connected by marriage or civil union, and friends or the conference, if one was held, and those who

leurs observations. Il fait état des faits sur lesquels la demande se fonde et il relate, de manière circonstanciée, les opérations effectuées et la preuve présentée. Le cas échéant, le procès-verbal fait état des témoignages recueillis et des délibérations du conseil de tutelle ou de l'assemblée de parents, d'alliés ou d'amis.

Dépôt au greffe — Le notaire dépose, avec célérité, le procès-verbal de ses opérations et de ses conclusions au greffe du tribunal de la juridiction compétente avec les pièces justificatives qui soutiennent ses conclusions.

319. Publicité — En matière de vérification de testament ou d'obtention de lettres de vérification, le dépôt du procès-verbal au greffe n'a d'autre objet que d'assurer la publicité de l'acte.

Avis — Le notaire avise les personnes intéressées de ce dépôt.

320. Notification — En matière de tutelle au mineur, de régime ou de mandat de protection du majeur, le notaire notifie son procès-verbal au mineur âgé de 14 ans et plus ou au majeur concerné par la demande; il notifie également le procès-verbal au tuteur ou curateur, au mandataire, au demandeur et au conjoint de la personne concernée, ainsi qu'au curateur public et aux personnes qui ont reçu notification de la demande. Il les avise, en même temps, de leur droit de faire opposition auprès du tribunal dans les 10 jours précédant la date qu'il indique pour le dépôt du procès-verbal au greffe.

Effet — En l'absence d'opposition, la nomination d'un tuteur à un mineur ou la constitution d'un conseil de tutelle à un mineur prend effet dès le dépôt du procès-verbal.

Jugement — Dans les autres matières, le tribunal, saisi par le dépôt du procès-verbal du notaire, peut, en l'absence de contestation, en accueillir les conclusions, les modifier ou les refuser. Le greffier expédie sans délai le jugement aux personnes auxquelles le procès-verbal a été notifié.

made representations otherwise. The minutes must state the facts on which the application is based and provide a detailed account of the operations carried out and the evidence submitted. The minutes must also provide an account of any testimony taken and any deliberations had by the tutorship council or the meeting of relatives, persons connected by marriage or civil union, and friends.

Filing with the office of the court — The notary promptly files the minutes and conclusions with the office of the court of competent jurisdiction, together with the documents supporting the conclusions.

319. Public notice — In matters relating to the probate of a will or the issue of letters of verification, the filing of the minutes with the court office is for the sole purpose of securing public notice.

Notice — The notary advises the interested persons of the filing of the minutes.

320. Notification — In matters relating to tutorship to a minor or the protective supervision of or a protection mandate for a person of full age, the notary notifies the minutes to the minor concerned, if 14 years of age or older, or to the person of full age concerned. The notary also notifies the minutes to the tutor or curator, the mandatary, the applicant, the spouse of the person concerned, the Public Curator and the other persons to whom the application was notified. The notary informs them, on the same occasion, of their right to file their opposition with the court in the 10 days preceding the date specified by the notary for the filing of the minutes with the court office.

Effect — If no opposition is received, the appointment of a tutor to a minor or of a tutorship council becomes effective on the filing of the notary's minutes.

Judgment — In any other matter, the court seized by the filing of the notary's minutes may, if no opposition is received, grant, amend or reject the conclusions set out in the minutes. The court clerk sends the judgment without delay to the persons to whom the minutes were notified.

LIVRE IV ━━
LE JUGEMENT ET LES POURVOIS EN RÉTRACTATION ET EN APPEL

BOOK IV ━━
JUDGMENT, APPLICATION FOR REVOCATION AND APPEAL

TITRE I ━━
LE JUGEMENT

TITLE I ━━
JUDGMENT

Chapitre I ━━
Dispositions générales

Chapter I ━━
General Provisions

321. Modalités — Le jugement qui tranche le litige ou qui statue sur une affaire met fin à la demande; il doit être écrit et motivé, qu'il soit rendu à l'audience ou après délibéré.

321. Procedure — The judgment deciding a dispute or ruling on a case terminates the application; whether given in open court or rendered after a period of advisement, it must be in writing and give reasons.

Effet — Il dessaisit le juge et passe en force de chose jugée dès lors qu'il n'est pas susceptible d'appel ou ne l'est plus.

Effect — The judgment removes the matter from the judge's jurisdiction, and is final if it cannot or can no longer be appealed.

322. Révision — Le jugement qui concerne des aliments ou la garde, l'intégrité ou la capacité d'une personne peut faire l'objet d'une révision dès lors que le demandeur ou tout intéressé est en mesure de présenter des faits nouveaux s'ils sont suffisants pour faire modifier le jugement.

322. Revision — A judgment concerning support or custody or personal integrity or capacity may be reviewed if the plaintiff or applicant or any interested person is able to present new facts sufficient to result in the varying of the judgment.

Révision — Il en est de même pour le jugement rendu dans une affaire non contentieuse, sauf si la décision ainsi rendue a un caractère définitif. La décision qui présente ce caractère, notamment si elle concerne l'état d'une personne ou la propriété d'un bien meuble ou immeuble ou un droit sur tel bien, a l'autorité de la chose jugée.

Non-contentious case — The same applies to a judgment in a non-contentious case unless the decision is conclusive in character. A decision conclusive in character, particularly if it concerns a person's status, the ownership of movable or immovable property or a right in such property, has the authority of *res judicata*.

Chapitre II ━━
Le délibéré

Chapter II ━━
Advisement

323. Réouverture des débats — Le juge qui a pris une affaire en délibéré doit, s'il constate qu'une règle de droit ou un principe n'a pas été discuté au cours de l'instruction et qu'il doit en décider pour trancher le litige, donner aux parties l'occasion de soumettre leurs prétentions selon la procédure qu'il estime la plus appropriée.

323. Reopening of hearing — A judge who, after taking a case under advisement, notes that a rule of law or a principle material to the outcome of the case was not debated during the trial must give the parties an opportunity to make submissions in the manner the judge considers most appropriate.

Pouvoirs du juge — Il peut également ordonner de sa propre initiative la réouverture des dé-

Powers of the judge — Alternatively, the trial may be ordered reopened on the judge's

bats. Sa décision est motivée et précise les conditions de la nouvelle instruction. Le greffier doit communiquer cette décision sans délai au juge en chef et aux avocats des parties.

own initiative. Such a decision must give reasons and state how the reopened trial is to be conducted. The court clerk must send the decision without delay to the chief justice or chief judge and to the parties' lawyers.

324. Délai — En première instance, le jugement au fond doit, pour le bénéfice des parties, être rendu dans un délai de :

324. Time limit — For the benefit of the parties, the judgment on the merits in first instance must be rendered within

1° six mois à compter de la prise en délibéré d'une affaire contentieuse;

(1) six months after the matter is taken under advisement in contentious proceedings;

2° quatre mois à compter de la prise en délibéré en matière de recouvrement de petites créances visées au titre II du livre VI;

(2) four months after the matter is taken under advisement in small claims matters under Title II of Book VI;

3° deux mois à compter de la prise en délibéré en matière de garde d'enfants, d'aliments dus à un enfant ou dans une affaire non contentieuse;

(3) two months after the matter is taken under advisement in child custody or child support matters and non-contentious cases;

4° deux mois à compter de la prise en délibéré s'il s'agit d'un jugement qui décide du caractère abusif d'une demande en justice;

(4) two months after the matter is taken under advisement if the judgment is to determine whether a judicial application is abusive; and

5° un mois à compter du moment où le dossier est complet s'il s'agit d'un jugement rendu par suite du défaut du défendeur de répondre à l'assignation, de se présenter à la conférence de gestion ou de contester au fond.

(5) one month after the case is ready for judgment if a judgment is to be rendered following the defendant's failure to answer the summons, attend the case management conference or defend on the merits.

Délai — Le délai est de deux mois à compter de la prise en délibéré s'il s'agit d'un jugement rendu en cours d'instance mais il est d'un mois à compter du moment où le tribunal est saisi s'il s'agit de décider d'une objection à la preuve soulevée lors d'un interrogatoire préalable portant sur le fait qu'un témoin ne peut être contraint, sur les droits fondamentaux ou encore sur une question mettant en cause un intérêt légitime important.

Time limit — The time limit is two months after the matter is taken under advisement in the case of a judgment in the course of a proceeding, but one month after the court is seized when it is to rule on an objection raised during a pre-trial examination and pertaining to the fact that a witness cannot be compelled, to fundamental rights or to an issue raising a substantial and legitimate interest.

Décès — La mort d'une partie ou de son avocat ne peut avoir pour effet de retarder le jugement d'une affaire en délibéré.

Death — The death of a party or its lawyer cannot operate to delay judgment in a matter taken under advisement.

Non-respect du délai — Si le délai de délibéré n'est pas respecté, le juge en chef peut, d'office ou sur demande d'une partie, prolonger le délai de délibéré ou dessaisir le juge de l'affaire.

Advisement period expiration — If the advisement period has expired, the chief justice or chief judge, on their own initiative or on a party's application, may extend it or remove the judge from the case.

325. Devoir du greffier — Le greffier communique au juge en chef, selon les instructions reçues de ce dernier, une liste des affaires de son

325. Court clerk's duty — The court clerk sends the chief justice or chief judge, according to the instructions given by the latter, a list of all

district, de quelque nature qu'elles soient, qui sont en délibéré depuis au moins cinq mois pour un délibéré de six mois, trois mois pour un délibéré de quatre mois, 45 jours pour un délibéré de deux mois et 20 jours pour un délibéré d'un mois.

cases in the judicial district, whatever their nature, that have been under advisement for five months or more if the time limit for rendering a judgment is six months, three months or more if the time limit is four months, 45 days or more if the time limit is two months and 20 days or more if the time limit is one month.

Chapitre III
Le remplacement du juge

326. Modalités — Si un juge est dessaisi d'une affaire, ou s'il décède, cesse d'exercer ses fonctions ou est empêché d'agir, le juge en chef peut ordonner que les affaires dont ce juge était saisi soient continuées et terminées par un autre juge ou réinscrites pour instruction, selon leur état.

Délai — Le juge qui cesse d'exercer ses fonctions doit, si le juge en chef le lui demande, terminer dans trois mois les affaires qu'il a prises en délibéré. Si le juge cesse d'exercer ses fonctions en raison de sa nomination à un autre tribunal, il doit, si le juge en chef de ce tribunal donne son accord, continuer et terminer les affaires dont il était saisi.

Décision — La décision du juge en chef tient compte des circonstances et de l'intérêt des parties. Le juge en chef exerce lui-même les responsabilités qui lui sont ainsi attribuées, mais, à sa demande, un juge en chef associé ou adjoint peut aussi les exercer.

Contenu — Dans sa décision, le juge en chef statue sur les frais de justice quant aux actes déjà faits et peut prendre toute autre mesure qu'il estime juste et appropriée.

Chapter III
Replacement of Judge

326. Procedure — If a judge is removed from a case, dies, leaves office or is unable to act, the chief justice or chief judge may order that the case or cases pending before the judge be continued and completed by another judge, or be set down for a new trial, depending on the stage reached.

Time limit — On the chief justice's or chief judge's request, a judge who is leaving office must, within three months, complete any cases taken under advisement. A judge who is leaving office because of an appointment to another court must, if the chief justice or chief judge of that other court agrees, continue and complete any cases pending before the judge.

Decision — The chief justice's or chief judge's decision must take the circumstances and the parties' interests into account. The chief justice or chief judge exercises the responsibilities conferred by this article personally, but may also ask a senior associate or associate chief justice or chief judge to exercise them.

Content — In the decision, the chief justice or chief judge rules on the legal costs for any proceedings already had and may take any other measure as is considered fair and appropriate.

327. Pouvoirs du juge — Le juge appelé à continuer une affaire ou à entendre une affaire réinscrite pour instruction peut, avec le consentement des parties, s'en tenir, quant à la preuve, à l'enregistrement de l'instruction ou à la transcription des notes sténographiques. Il peut cependant, en cas d'insuffisance de ces éléments, rappeler un témoin ou requérir des parties une autre preuve.

Frais — Si la transcription des notes sténographiques ou le rappel de témoins est nécessaire, les frais de transcription ou d'audition des té-

327. Powers of the judge — With the parties' consent, the judge assigned to continue a case or to hear a case set down for a new trial may decide to rely solely, as regards evidence, on the recording of the original trial or the transcript of stenographic notes. If that proves insufficient, the judge may recall a witness or require other evidence from the parties.

Costs — If it is necessary to have stenographic notes transcribed or witnesses recalled, the costs involved are borne by the Minister of Justice unless the judge orders otherwise.

moins sont assumés par le ministre de la Justice, à moins que le juge n'en ordonne autrement.

Chapitre IV ━━
Les règles relatives aux jugements

Chapter IV ━━
Rules Applicable to Judgment

328. Effets du jugement — Le jugement qui porte condamnation doit être susceptible d'exécution. Ainsi, la condamnation à des dommages-intérêts en contient la liquidation et la condamnation solidaire contre les auteurs d'un préjudice détermine, pour valoir entre eux seulement, la part de chacun dans la condamnation si la preuve permet de l'établir.

328. Judgment effects — A judgment rendered against a party must be capable of being executed. A judgment awarding damages must liquidate the damages; a judgment finding persons solidarily liable for injury must, if the evidence permits, determine the share of each of those persons in the award as between them only.

329. Dommages-intérêts additionnels — La condamnation à des dommages-intérêts en réparation d'un préjudice corporel qui réserve au demandeur le droit de réclamer des dommages-intérêts additionnels indique ce sur quoi pourra porter la réclamation et le délai dans lequel elle devra être faite.

329. Additional damages — A judgment awarding damages for bodily injury that reserves the plaintiff's right to claim additional damages must specify the subject matter of the potential claim and the time within which the claim must be made.

Appel — Ce jugement est exécutoire malgré appel dans la mesure où l'appel porte sur la réserve du droit de réclamation ou sur le délai imparti pour l'exercer.

Appeal — The judgment is enforceable despite an appeal insofar as the appeal pertains to the reserved right to claim damages or the time within which it is to be exercised.

330. Caducité — Le jugement qui comporte une autorisation d'agir devient caduc s'il n'est pas exécuté dans le délai qui y est fixé ou, si aucun délai n'est prévu par le tribunal ou la loi, dans les six mois.

330. Expiration — A judgment granting an authorization to act expires if not acted upon within the time specified in the judgment or, if no time is determined by the court or by law, within six months.

Caducité — Celui qui autorise des soins, une aliénation d'une partie du corps ou une garde dans un établissement de santé ou de services sociaux le devient s'il n'y est pas donné suite dans les trois mois ou dans tout autre délai fixé par le tribunal.

Expiration — A judgment authorizing care, the alienation of a body part or confinement in a health or social services institution expires if not acted upon within three months or within any other time specified by the court.

331. Vente d'un bien — Le jugement qui, dans une affaire non contentieuse, autorise la vente du bien d'autrui détermine le mode de vente et en précise les conditions; il désigne également la personne qui pourra procéder à la vente et prescrit les modalités de sa rémunéra-

331. Sale of the property of another — A judgment in a non-contentious case authorizing the sale of the property of another must determine the method of sale and the terms of the sale. It must also designate the person who is to effect the sale and determine the particulars of

tion et du rapport de la vente à être déposé au greffe.

Mise à prix — Le tribunal fixe la mise à prix afin d'assurer que la vente s'effectue à un prix commercialement raisonnable.

332. Contenu — Le jugement qui porte sur des droits réels, immobiliers ou mobiliers, doit contenir la description du bien concerné de manière à permettre la publicité des droits sur ce bien, le cas échéant.

Ordonnance de liquidation — La condamnation à la restitution de fruits et de revenus doit, s'il y a lieu, en ordonner la liquidation par un expert auquel la partie condamnée est tenue de remettre toutes les pièces justificatives nécessaires.

333. Acte de désistement — Une partie peut renoncer aux droits qui lui résultent d'un jugement rendu en sa faveur par le dépôt au greffe d'un acte de désistement. L'acte est fait par la partie elle-même ou son mandataire agissant en vertu d'un mandat spécial.

Effet du désistement — Le désistement, s'il est total et accepté par les autres parties, a pour effet de remettre l'instance dans l'état où elle était avant le jugement.

Chapitre V ▬
La minute du jugement

334. Acte authentique — Le jugement daté et signé par celui qui l'a rendu est un acte authentique. Il est déposé au greffe et inscrit sans délai dans les registres, sous la date qu'il porte. Il est conservé dans les archives du tribunal.

Modalités — Le jugement rendu à l'audience, qu'il s'agisse d'un jugement au fond ou rendu en cours d'instance, est constaté par l'inscription de la décision et de ses principaux considérants au procès-verbal attesté par celui qui l'a rendu. Sur demande d'une partie, ce jugement peut aussi être constaté par la transcription de l'enregistrement et par la signature de celui qui l'a rendu. S'il y a transcription, le dispositif du jugement

that person's remuneration, as well as those of the report on the sale to be filed with the court office.

Reserve price — The court sets a reserve price to ensure that the property is sold at a commercially reasonable price.

332. Content — A judgment pertaining to immovable or movable real rights must contain a description of the property concerned so as to permit the publication of the rights in the property, if applicable.

Order to liquidate — A judgment ordering restitution of fruits and revenues must, if necessary, order their liquidation by an expert; the party liable to the restitution is required to deliver all necessary supporting documents to the expert.

333. Renunciation — A party may renounce the rights arising from a judgment in its favour by filing a renunciation with the court office. The renunciation is made by the party itself or by its mandatary acting under a special mandate.

Effect — If total and accepted by the other parties, the renunciation operates to restore the proceeding to its state prior to the judgment.

Chapter V ▬
Formal Judgment

334. Authentic act — A judgment dated and signed by the person who rendered it is an authentic act. It is deposited at the court office and entered without delay in the registers under the date appearing on it. It is kept in the court records.

Procedure — A judgment rendered in open court, whether a judgment on the merits or a judgment in the course of a proceeding, is evidenced by entry of the decision and its main whereas clauses in the minutes, attested by the person who rendered the judgment. On a party's request, the judgment may also be evidenced by the transcript of the recording, signed by the per-

ne peut être modifié, mais le juge peut en corriger la forme.

Divergence — En cas de divergence entre le jugement original et les entrées des registres, le premier prévaut et le juge peut ordonner les corrections nécessaires aux registres, sans formalités.

335. Avis — Dès l'inscription du jugement, autre que celui rendu à l'audience en présence des parties, un avis est notifié à celles-ci et à leur avocat. Le jugement peut être notifié par un moyen technologique aux parties et aux avocats ayant fourni les coordonnées requises.

Copies conformes — Le greffier peut, sur demande et contre paiement des frais, délivrer des copies certifiées conformes du jugement.

336. Notification — Dans une affaire non contentieuse, le jugement qui porte sur une demande en matière d'intégrité, d'état ou de capacité est notifié à la personne concernée et, s'il y a lieu, à son représentant selon les instructions données, le cas échéant, par le tribunal.

Curateur public — Le jugement relatif à une tutelle à l'absent ou à un mineur ou à un régime ou à un mandat de protection est notifié sans délai au curateur public; celui relatif à une demande concernant l'état d'une personne est notifié au directeur de l'état civil.

337. Signature — Le juge en chef, ou tout autre juge qu'il désigne, peut signer la transcription lorsque le jugement a été prononcé à l'audience et que le juge décède, est empêché d'agir ou cesse d'exercer ses fonctions avant qu'elle ne soit signée.

338. Rectification — Le jugement entaché d'une erreur d'écriture ou de calcul ou d'une autre erreur matérielle, y compris une erreur dans la désignation d'un bien, peut être rectifié par celui qui l'a rendu; il en est de même du jugement qui, par suite d'une inadvertance manifeste, accorde plus qu'il n'était demandé ou omet de prononcer sur une partie de la demande.

Modalités — La rectification peut être faite d'office tant que l'exécution n'a pas été com-

son who rendered the judgment. The operative part of the judgment cannot be modified in such a transcript but the judge may correct its form.

Discrepancy — If there is a discrepancy between the original judgment and the entries in the court registers, the former prevails, and the judge may without formality order that the necessary corrections be made in the court registers.

335. Notice — On entry in the court registers of a judgment other than a judgment rendered in open court in the presence of the parties, a notice is notified to the parties and their lawyers. The judgment may be notified by technological means to the parties and lawyers who have provided the necessary contact information.

Certified copies — The court clerk may issue certified copies of a judgment on request and for a fee.

336. Notification — In a non-contentious case, a judgment on an application relating to personal integrity, status or capacity is notified to the person concerned and, if that person has a representative, to the representative according to the instructions of the court, if any are given.

Public curator — A judgment concerning tutorship to an absentee or to a minor, protective supervision or a protection mandate is notified without delay to the Public Curator. A judgment on an application relating to a person's status is notified to the registrar of civil status.

337. Signature — The transcript of a judgment rendered in open court by a judge who has since died, become unable to act or left office may be signed by the chief justice or chief judge or by another judge designated by the latter.

338. Correction — A judgment containing an error in writing or calculation, or any other clerical error, including an error in the description of property, may be corrected by the person who rendered it. The same applies to a judgment which, by obvious inadvertence, grants more than was sought or does not rule on part of the application.

Procedure — The correction may be made on the judge's own initiative as long as execution of

mencée; elle peut l'être à tout moment sur demande d'une partie, sauf si le jugement fait l'objet d'un appel. Si celui qui a rendu le jugement n'est plus en fonction ou est empêché d'agir, le tribunal peut procéder à la rectification.

Délai d'appel — Le délai d'appel ou d'exécution du jugement rectifié ne court que depuis la date de la rectification lorsque celle-ci porte sur le dispositif.

the judgment has not begun, or at any time on a party's request unless the judgment is under appeal. If the person who rendered the judgment has left office or is unable to act, the court may make the correction.

Time limit for appeal — If the correction is to the operative part of the judgment, the time limits for appeal and execution begin to run on the date of the correction.

TITRE II

LES FRAIS DE JUSTICE

TITLE II

LEGAL COSTS

339. Définition — Les frais de justice afférents à une affaire comprennent les frais et droits de greffe, y compris les débours engagés pour la confection matérielle des mémoires et des exposés d'appel, les frais et honoraires liés à la signification ou à la notification des actes de procédure et des documents et les indemnités et allocations dues aux témoins ainsi que, le cas échéant, les frais d'expertise, la rémunération des interprètes et les droits d'inscription sur le registre foncier ou sur le registre des droits personnels et réels mobiliers. Ils peuvent aussi comprendre les frais liés à la prise et à la transcription des témoignages produits au dossier du tribunal, si cela était nécessaire.

Frais d'expertise — Les frais d'expertise incluent ceux qui sont afférents à la rédaction du rapport, à la préparation du témoignage le cas échéant et au temps passé par l'expert pour témoigner ou, dans la mesure utile, pour assister à l'instruction.

339. Definition — The legal costs of a case comprise court costs and fees, including disbursements incurred for the physical preparation of appeal briefs and memorandums, professional fees and expenses for the service or notification of pleadings and documents, witness indemnities and allowances as well as any expert fees, interpreter fees and fees for registration in the land register or the register of personal and movable real rights. They may also include the costs related to taking and transcribing testimony filed in the court record, if that was necessary.

Expert fees — Expert fees include the costs related to the drafting of the report and, if applicable, preparing testimony, and remuneration for the time spent testifying and, to the extent useful, attending the trial.

340. Application — Les frais de justice sont dus à la partie qui a eu gain de cause, à moins que le tribunal n'en décide autrement.

Exception — Cependant, les frais de justice sont à la charge, en matière familiale, de chacune des parties, en matière d'intégrité ou d'état, du demandeur et, en matière de capacité, de la personne concernée par la demande. Dans l'un ou l'autre de ces cas, le tribunal peut en décider autrement.

Représentation d'un mineur — Dans les cas où le tribunal autorise la représentation d'un en-

340. Successful party — Legal costs are owed to the party that was successful, unless the court decides otherwise.

Exception — However, the legal costs are borne by each of the parties in family matters, by the plaintiff or applicant in personal integrity or status matters and by the person concerned in personal capacity matters. In any such cases, the court may decide otherwise.

Representation of a child — When the court authorizes representation of a child or an incapable person of full age by a lawyer, the related

fant ou d'un majeur inapte par un avocat, il se prononce sur les frais de justice relatifs à cette représentation suivant les circonstances.

legal costs are decided by the court according to the circumstances.

Demande conjointe — Les frais afférents aux demandes conjointes sont répartis également entre les parties, à moins qu'elles n'aient convenu du contraire.

Joint applications — The costs related to joint applications are apportioned equally between the parties unless they have agreed otherwise.

341. Pouvoirs du tribunal — Le tribunal peut ordonner à la partie qui a eu gain de cause de payer les frais de justice engagés par une autre partie s'il estime qu'elle n'a pas respecté adéquatement le principe de proportionnalité ou a abusé de la procédure, ou encore, s'il l'estime nécessaire pour éviter un préjudice grave à une partie ou pour permettre une répartition équitable des frais, notamment ceux de l'expertise, de la prise des témoignages ou de leur transcription.

341. Powers of the court — The court may order the successful party to pay the legal costs incurred by another party if it is of the opinion that the successful party did not properly observe the principle of proportionality or committed an abuse of procedure, or that such an order is necessary to prevent serious prejudice to a party or to permit a fair apportionment of the costs, including those incurred for expert fees, the taking of testimony or its transcription.

Pouvoirs du tribunal — Il peut également si cette partie a manqué à ses engagements dans le déroulement de l'instance, notamment en ne respectant pas les délais qui s'imposaient à elle, si elle a indûment tardé à présenter un incident ou un désistement, si elle a inutilement fait comparaître un témoin ou si elle a refusé sans motif valable d'accepter des offres réelles, d'admettre l'origine ou l'intégrité d'un élément de preuve ou de participer à une séance d'information sur la parentalité et la médiation en matière familiale.

Powers of the court — The court may also make such an order if the successful party breached its undertakings with regard to the conduct of the proceeding, such as by failing to meet time limits, if it unduly delayed in presenting an incidental application or filing a notice of discontinuance, if it needlessly required a witness to attend at court or if it refused, without valid cause, to accept tenders, to admit the origin or integrity of evidence or, in a family matter, to participate in a parenting and mediation information session.

Pouvoirs du tribunal — Il le peut aussi si cette partie a tardé à soulever un motif qui a entraîné la correction ou le rejet du rapport d'expertise ou qui a rendu nécessaire une nouvelle expertise.

Powers of the court — As well, the court may make such an order if the successful party delayed in raising grounds that resulted in the expert report being corrected or rejected or a new expert's opinion being necessary.

342. Compensation — Le tribunal peut, après avoir entendu les parties, sanctionner les manquements importants constatés dans le déroulement de l'instance en ordonnant à l'une d'elles, à titre de frais de justice, de verser à une autre partie, selon ce qu'il estime juste et raisonnable, une compensation pour le paiement des honoraires professionnels de son avocat ou, si cette autre partie n'est pas représentée par avocat, une compensation pour le temps consacré à l'affaire et le travail effectué.

342. Compensation — The court, after hearing the parties, may punish substantial breaches noted in the conduct of the proceeding by ordering a party to pay to another party, as legal costs, an amount that it considers fair and reasonable to cover the professional fees of the other party's lawyer or, if the other party is not represented by a lawyer, to compensate the other party for the time spent on the case and the work involved.

343. Intérêts — Les frais de justice portent intérêt au taux légal à compter du jour du jugement

343. Interest — Legal costs bear interest at the legal rate as of the date of the judgment award-

qui les accorde et sont payables à la partie à laquelle ils sont accordés. Si plusieurs parties sont tenues au paiement, elles le sont solidairement.

ing them and are payable to the party to which they are awarded. If legal costs are awarded against two or more parties, they are solidarily liable for paying them.

344. État des frais — La partie qui a droit au paiement de frais de justice les établit suivant les tarifs en vigueur. Elle notifie l'état des frais à la partie qui les doit, laquelle dispose d'un délai de 10 jours pour notifier son opposition.

344. Bill of costs — The party entitled to legal costs prepares a bill of costs based on the tariffs in force and notifies it to the debtor party, which then has 10 days to notify its opposition.

Opposition — S'il y a opposition, l'état des frais est soumis au greffier pour vérification, lequel peut, pour en décider, requérir une preuve par déclaration sous serment ou par témoin que les frais ont été engagés. En appel, la vérification des frais de justice est faite par le greffier de la Cour d'appel.

Opposition — If such opposition is notified, the bill of costs is sent for taxation to the court clerk, who, to determine the costs, may require that it be proved by affidavit or witness testimony that the costs were incurred. In appeal, legal costs are taxed by the appellate clerk.

Révision — Une fois l'état établi, une partie peut en demander l'homologation au greffier. La décision du greffier peut faire l'objet d'une révision dans les 10 jours par le tribunal ou, le cas échéant, par un juge d'appel. L'huissier peut aussi, dans les 10 jours de la connaissance de la décision, en demander la révision pour les frais qui le concernent.

Revision — Once the bill of costs has been drawn up, a party may ask the clerk to homologate it. The clerk's decision may be reviewed within 10 days by the court or, as applicable, by an appellate judge. The bailiff may also, within 10 days after becoming aware of the decision, ask for its review as regards the bailiff costs.

Exécution — La décision sur la vérification ou l'homologation des frais de justice donne lieu à exécution suivant les règles de l'exécution provisoire.

Execution — The decision concerning the taxation or homologation of the legal costs is executed in accordance with the rules of provisional execution.

TITRE III —
LA RÉTRACTATION DU JUGEMENT

TITLE III —
REVOCATION OF JUDGMENT

Chapitre I —
La rétractation à la demande
d'une partie

Chapter I —
Revocation on Application by
Party

345. Application — Le jugement peut, à la demande d'une partie, être rétracté par le tribunal qui l'a rendu si son maintien est susceptible de déconsidérer l'administration de la justice; il en est ainsi si le jugement a été rendu par suite du dol d'une autre partie ou sur des pièces fausses ou si la production de pièces décisives avait été empêchée par force majeure ou par le fait d'une autre partie.

345. Disrepute brought to the administration of justice — A judgment may, on a party's application, be revoked by the court that rendered it if letting the judgment stand would tend to bring the administration of justice into disrepute. The judgment may be revoked, for instance, if fraud was committed by another party, if the judgment was based on false exhibits or if the production of decisive exhibits was prevented by superior force or by the act or omission of another party.

Cas particuliers — Le jugement peut aussi être rétracté dans les cas suivants :

Particular cases — As well, a judgment may be revoked if

1° le jugement a prononcé au-delà des conclusions ou a omis de statuer sur une des conclusions de la demande;

2° aucune défense valable n'a été produite au soutien des droits d'un mineur ou d'un majeur en tutelle ou en curatelle ou d'une personne dont le mandat de protection a été homologué;

3° il a été statué sur la foi d'un consentement invalide ou à la suite d'offres non autorisées et ultérieurement désavouées;

4° il a été découvert après le jugement une preuve qui aurait probablement entraîné un jugement différent, si elle avait pu être connue en temps utile par la partie concernée ou par son avocat alors même que ceux-ci ont agi avec toute la diligence raisonnable.

346. Condamnation par défaut — La partie condamnée par défaut, faute de répondre à l'assignation, de participer à la conférence de gestion ou de contester au fond, peut, si elle a été empêchée de se défendre par fraude, par surprise ou par une autre cause jugée suffisante, s'adresser au tribunal qui a rendu le jugement pour demander que celui-ci soit rétracté et la demande originaire rejetée.

Pourvoi en rétractation — Le pourvoi en rétractation contient non seulement les motifs qui justifient la rétractation, mais aussi les moyens de défense à la demande originaire.

347. Signification — Le pourvoi en rétractation est signifié à toutes les parties à l'instance dans les 30 jours qui suivent le jour où est disparue la cause qui empêchait la partie de produire sa défense ou celui où la partie a acquis connaissance du jugement, de la preuve ou du fait donnant ouverture à la rétractation. S'agissant d'un mineur, ce délai court depuis la notification du jugement faite depuis qu'il a atteint sa majorité.

Délai de présentation — Le pourvoi en rétractation est présenté au tribunal dans les 30 jours qui suivent la signification, comme s'il s'agissait d'une demande en cours d'instance. Il ne peut l'être s'il s'est écoulé plus de six mois depuis le jugement.

Délai de rigueur — Ces délais sont de rigueur.

(1) the judgment adjudicated beyond the conclusions set out in the application or did not rule on one of them;

(2) no valid defence was produced in support of the rights of a minor or of a person of full age under tutorship or curatorship or for whom a protection mandate has been homologated;

(3) a ruling was made on the basis of invalid consent or following an unauthorized tender that was subsequently disavowed; or

(4) evidence was subsequently discovered that would probably have led to a different judgment if the party concerned or its lawyer had become aware of that evidence in sufficient time, although they acted with due diligence.

346. Default judgment — A party against which a default judgment has been rendered following failure to answer the summons, attend the case management conference or defend on the merits but that was prevented from doing so owing to fraud, surprise or any other cause considered sufficient may apply to the court that rendered the judgment for the revocation of the judgment and the dismissal of the original application.

Application for revocation — The application for revocation must contain the reasons justifying the revocation as well as the grounds of defence raised against the application.

347. Service — An application for revocation must be served on all parties to the proceeding within 30 days after the day on which the cause preventing the party from filing a defence ceased to exist, or after the day on which the party became aware of the judgment, evidence or fact that constitutes grounds for the revocation. In the case of a minor, the 30-day period only begins to run as of notification of the judgment after the person reaches full age.

Time limit for presentation — The application for revocation must be presented before the court within 30 days after service, as if it were an application in the course of a proceeding. It cannot be presented if more than six months have elapsed since the judgment.

Strict time limit — These are strict time limits.

348. Effets — Si, lors de la présentation du pourvoi en rétractation, le motif invoqué est jugé suffisant, les parties sont remises en l'état et le tribunal suspend l'exécution du jugement; il poursuit l'instance originaire après avoir convenu d'un nouveau protocole de l'instance avec les parties.

Pouvoir du tribunal — Le tribunal peut, si les circonstances s'y prêtent, se prononcer en même temps sur le pourvoi et sur la demande originaire.

Chapitre II ▬
La rétractation à la demande d'un tiers

349. Droits des tiers — Toute personne dont les intérêts sont touchés par le jugement rendu dans une instance où ni elle ni ses représentants n'ont été appelés peut se pourvoir en rétractation du jugement s'il porte préjudice à ses droits. Le pourvoi est introductif d'instance auprès du tribunal qui a rendu le jugement.

Délai — Sauf les cas relatifs aux droits de la personnalité, à l'état ou à la capacité des personnes, le pourvoi doit être introduit dans les six mois qui suivent la date de la connaissance du jugement. Il doit être signifié aux parties visées par le jugement dont la rétractation est demandée ou, s'il est fait dans le délai d'une année à compter du jugement, à ceux qui les représentaient dans cette affaire.

Chapitre III ▬
L'effet du pourvoi

350. Pourvoi — Le pourvoi en rétractation ne suspend pas l'exécution du jugement. Le tribunal peut cependant ordonner la suspension et cela sans préavis s'il y a urgence.

Rôle du huissier — L'huissier chargé d'exécuter le jugement à qui sont notifiés le pourvoi en rétractation et l'ordre de surseoir arrête immédiatement la procédure d'exécution, sauf les mesures conservatoires.

TITRE IV ▬
L'APPEL

348. Effects — If, when the application for revocation is presented, the reasons given are found to be sufficient, the parties are restored to their former state and the court stays execution of the judgment; it continues the original proceeding after agreeing with the parties on a new case protocol.

Power of the court — If circumstances permit, the court may decide the application for revocation and the original application at the same time.

Chapter II ▬
Revocation on Application by Third Person

349. Third person's rights — Any person whose interests are affected by a judgment rendered in a proceeding in which neither they nor their representatives were called may apply for the revocation of the judgment if it prejudices their rights. The application for revocation commences a proceeding before the court that rendered the judgment.

Time limit — Except if personality rights or personal status or capacity are at issue, the application must be brought within six months after the person becomes aware of the judgment. It must be served on the parties to the judgment whose revocation is sought or, if the application is brought within one year after the judgment, on the persons who represented them in the case.

Chapter III ▬
Effect of Application for Revocation

350. Execution of the judgment or stay order — An application for revocation does not stay execution of the judgment. However, the court may order such a stay and, in urgent circumstances, may do so without prior notice.

Bailiff's role — On notification of the application for revocation and the stay order, the executing bailiff immediately stays the execution proceedings, except for conservatory measures.

TITLE IV ▬
APPEAL

Chapitre I ——
L'introduction de l'instance
d'appel
Section I ——
La formation de l'appel

Chapter I ——
Commencement of Appeal
Proceeding
Section I ——
Initiation of Appeal

351. Droit d'appel — Le droit d'appel appartient à toute partie au jugement de première instance qui y a intérêt, si elle n'y a pas renoncé. Dans une affaire non contentieuse, la voie de l'appel est également ouverte aux tiers auxquels le jugement a été notifié.

351. Right to appeal — The right to appeal belongs to any party to the judgment in first instance having an interest in appealing, unless the party has waived that right. In a non-contentious case, an appeal is also available to third persons to whom the judgment was notified.

352. Déclaration d'appel — La Cour d'appel est saisie et l'appel formé par le dépôt d'une déclaration d'appel au greffe de la cour avec la preuve de sa signification à l'intimé.

352. Notice of appeal — The Court of Appeal is seized and an appeal initiated by filing a notice of appeal with the office of the Court of Appeal, together with proof of service on the respondent.

353. Modalités — La déclaration d'appel contient la désignation des parties, l'indication du tribunal qui a rendu le jugement, la date de celui-ci et la durée de l'instruction en première instance. Elle est accompagnée d'une copie du jugement de première instance.

353. Content — The notice of appeal must designate the parties and specify the court that rendered the judgment in first instance, the judgment date and the duration of the trial. It must be filed together with a copy of the judgment in first instance.

Contenu — La déclaration énonce les moyens de droit ou de fait que l'appelant entend utiliser pour obtenir que le jugement de première instance soit réformé ou infirmé et les conclusions qu'il recherche et, le cas échéant, la valeur de l'objet du litige.

Content — The notice of appeal must state the grounds of law or fact the appellant intends to argue to have the judgment varied or quashed, the conclusions sought by the appellant and, if applicable, the value of the subject matter of the dispute.

Transcription — La partie qui fait appel doit, dans les 45 jours suivant la date du jugement qui fait l'objet de l'appel, joindre à sa déclaration une attestation certifiant qu'aucune transcription d'une déposition n'est nécessaire aux fins du pourvoi ou indiquant qu'elle a donné instruction à un sténographe officiel de procéder à la transcription des dépositions qu'elle entend utiliser.

Transcription — The appellant must, within 45 days after the date of the judgment under appeal, file the notice of appeal together with a certificate certifying that no transcript of depositions is necessary for the appeal or stating that it has given 98 instructions to an official stenographer for the transcription of the depositions it intends to use.

354. Dépôt de la déclaration d'appel — La déclaration d'appel est notifiée au greffe du tribunal de première instance. Le greffier de première instance informe le juge qui a rendu le jugement de cet appel et, sur demande du greffier de la Cour d'appel, il transmet sans délai le dossier de l'affaire à cette cour. Il y joint un inven-

354. Notification of the notice of appeal to the office of the court of first instance — The notice of appeal is notified to the office of the court of first instance. The court clerk informs the judge who rendered the judgment of the appeal and, on the appellate clerk's request, sends the case record without delay to the Court

taire des pièces qui composent le dossier et la liste des entrées faites aux registres.

Délai — Il le fait dans les deux jours de la notification lorsque l'appel porte sur la libération d'une personne ou sur son intégrité.

355. Effet de l'appel — L'appel régulièrement formé suspend l'exécution du jugement, sauf les cas où l'exécution provisoire est ordonnée et ceux où la loi y pourvoit.

Exception — Si l'appel ne vise qu'à faire augmenter ou réduire le montant accordé par le jugement, un juge de la Cour d'appel peut, sur demande, ordonner à la partie condamnée d'exécuter le jugement jusqu'à concurrence du montant non contesté.

356. Écrit supplémentaire — Lorsque l'appelant ne peut, avant l'expiration du délai d'appel, détailler dans sa déclaration tous les moyens qu'il prévoit utiliser, un juge d'appel peut, sur demande et si des motifs sérieux le justifient, autoriser le dépôt d'un écrit supplémentaire dans le délai qu'il détermine.

357. Permission d'appeler — La demande pour permission d'appeler, lorsqu'elle est requise, est jointe à la déclaration d'appel, appuyée du jugement et des pièces et des éléments de preuve nécessaires à l'obtention de la permission. Elle est présentée sans délai et contestée oralement devant un juge d'appel qui en décide. Le greffier transmet sans délai le jugement au greffe de première instance, de même qu'aux parties.

Présomption — Si la permission d'appeler est accordée, la déclaration est réputée faite au jour du jugement qui l'autorise. Si elle est refusée, le jugement doit être motivé sommairement et la Cour d'appel est dessaisie.

Présomption — Si la permission d'appeler n'était pas requise et que l'appel pouvait être formé par le seul dépôt d'une déclaration d'appel, celle-ci est réputée faite à la date où le juge prend acte de son dépôt.

Délai — L'appelant dispose d'un délai de 15

of Appeal, along with an inventory of the exhibits in the record and a list of the relevant entries in the court registers.

Time limit — The court clerk must do so within two days after notification if the appeal concerns a person's release or personal integrity.

355. Effect — A properly initiated appeal stays execution of the judgment, except if provisional execution has been ordered or is provided for by law.

Exception — If the sole object of the appeal is to obtain an increase or a decrease in the amount awarded by the judgment, a judge of the Court of Appeal may, on an application, order the judgment debtor to comply with the judgment up to the uncontested amount.

356. Supplementary statement — If the appellant is not able, before the expiry of the time limit for appeal, to provide in the notice of appeal a detailed statement of all the grounds it plans to argue, an appellate judge, on an application and if serious reasons so warrant, may authorize the filing of a supplementary statement within a specified time.

357. Leave to appeal — If leave to appeal is required, the related application is attached to the notice of appeal together with the judgment and the exhibits and evidence necessary to obtain leave. The application is presented without delay and contested orally before an appellate judge, who decides whether or not to grant leave. The appellate clerk sends the judgment without delay to the office of the court of first instance and to the parties.

Presumption — If leave to appeal is granted, the notice of appeal is deemed to have been filed on the date of the judgment granting leave. If leave to appeal is denied, the judgment must give brief reasons and the matter is removed from the jurisdiction of the Court of Appeal.

Leave to appeal not required — If leave to appeal was not required and the appeal could have been initiated solely by filing a notice of appeal, the notice of appeal is deemed to have been filed on the date the judge takes note of its filing.

jours depuis le jugement qui accueille la demande pour permission d'appeler ou de la date où le juge prend acte du dépôt de la déclaration d'appel pour déposer l'attestation concernant la transcription des dépositions au greffe du tribunal et en notifier l'autre partie.

Time limit — The appellant has 15 days as of the judgment granting leave to appeal or as of the date the judge takes note of the filing of the notice of appeal to file the certificate concerning the transcription of depositions with the court office and to notify it to the other party.

358. Signification — La déclaration d'appel, y compris, le cas échéant, la demande de permission, est signifiée à l'intimé et notifiée à l'avocat qui le représentait en première instance avant l'expiration du délai d'appel. Elle est également notifiée dans ce même délai aux personnes intéressées à l'appel à titre d'intervenant ou de mis en cause.

358. Service — The notice of appeal, including, if applicable, the application for leave to appeal, is served on the respondent and notified to the lawyer who represented the respondent in first instance before the expiry of the time limit for appeal. It is also notified, before the expiry of that time limit, to persons with an interest in the appeal as intervenors or impleaded parties.

Acte de représentation — L'intimé, les intervenants et les mis en cause doivent, dans les 10 jours de la notification, déposer un acte de représentation indiquant le nom et les coordonnées de l'avocat qui les représente ou, dans le cas d'absence de représentation, un acte indiquant ce fait. Cependant, s'il est joint à la déclaration d'appel une demande pour obtenir la permission d'appeler, les intervenants et les mis en cause ne sont tenus de le faire que dans les 10 jours du jugement qui accueille cette demande ou, le cas échéant, de la date à laquelle le juge a pris acte du dépôt de la déclaration.

Representation statement — Within 10 days after notification, the respondent, the intervenors and the impleaded parties must file a representation statement giving the name and contact information of the lawyer representing them or, if they are not represented, a statement indicating as much. If an application for leave to appeal is attached to the notice of appeal, the intervenors and the impleaded parties are only required to file such a statement within 10 days after the judgment granting leave or after the date the judge takes note of the filing of the notice of appeal.

Avocat cessant d'agir — L'avocat qui représentait l'intimé en première instance est tenu, s'il n'agit plus pour l'intimé, de le dénoncer sans délai à l'appelant, à l'intimé et au greffe.

Lawyer no longer acting — The lawyer who represented the respondent in first instance, if no longer acting for the respondent, must so inform the respondent, the appellant and the office of the Court of Appeal without delay.

359. Appel incident — Lorsqu'une déclaration d'appel a déjà été déposée dans une affaire, une autre partie peut former un appel incident par le dépôt au greffe d'une déclaration d'appel incident. L'appel incident subsiste malgré l'abandon ou le rejet de l'appel principal.

359. Incidental appeal — If a notice of appeal has been filed by a party, another party in the case may initiate an incidental appeal by filing a notice of incidental appeal with the office of the Court of Appeal. An incidental appeal is continued despite the withdrawal or dismissal of the principal appeal.

SECTION II —
LES DÉLAIS D'APPEL

SECTION II —
APPEAL TIME LIMITS

360. Délai — La partie qui entend porter un jugement en appel est tenue de déposer sa déclaration d'appel avec, s'il y a lieu, sa demande de permission d'appeler, dans les 30 jours de la date

360. Time limit — A party intending to appeal a judgment is required to file a notice of appeal within 30 days after the date of the notice of judgment or after the date of the judgment if it

de l'avis du jugement ou de la date du jugement si celui-ci a été rendu à l'audience.

Appel incident — Le dépôt et la signification d'un appel incident ont lieu dans les 10 jours de la signification de la déclaration d'appel ou de la date que porte le jugement autorisant l'appel.

361. Exception — Le délai d'appel est de 10 jours si l'appel porte sur un jugement qui met fin à une injonction interlocutoire ou refuse la libération d'une personne; ce même délai s'applique pour porter en appel le jugement qui confirme ou annule une saisie avant jugement.

Exception — Ce délai est toutefois de cinq jours lorsqu'il s'agit de s'opposer à la libération d'une personne ou de faire appel du jugement qui accueille une demande d'autorisation touchant l'intégrité d'une personne, ordonne la garde en vue de soumettre une personne à une évaluation psychiatrique ou à la suite d'une telle évaluation.

362. Décès — Si une partie décède avant l'expiration du délai d'appel sans avoir exercé son droit d'appel, le délai court contre ses ayants cause à compter de la notification du jugement de première instance qui leur est faite.

363. Effets — Les délais d'appel sont de rigueur et emportent déchéance du droit d'appel.

Pouvoirs du tribunal — Néanmoins, la Cour d'appel peut autoriser l'appel s'il ne s'est pas écoulé plus de six mois depuis le jugement et si elle estime que la partie a des chances raisonnables de succès et qu'elle a, en outre, été en fait dans l'impossibilité d'agir plus tôt. Elle peut, même après l'écoulement du délai fixé, autoriser un appel incident si elle l'estime approprié.

Pouvoirs du tribunal — Un juge d'appel peut aussi, sur demande, suspendre les délais d'appel dans le cas où le jugement porté en appel a réservé au demandeur le droit de réclamer des dommages-intérêts additionnels en réparation d'un préjudice corporel. Il le fait si des motifs impérieux commandent de réunir l'appel de ce jugement et celui portant sur la demande de dommages-intérêts additionnels; il détermine alors le temps et les conditions de la suspension.

was rendered at the hearing. If leave to appeal is required, the notice of appeal must be filed together with an application for leave to appeal.

Incidental appeal — A notice of incidental appeal must be filed and served within 10 days after service of the notice of appeal or after the date of the judgment granting leave to appeal.

361. Exception — The time limit for appealing a judgment that lifts an interlocutory injunction or denies a person's release is 10 days; the time limit for appealing a judgment confirming or quashing a seizure before judgment is also 10 days.

Exception — The time limit for opposing a person's release or appealing a judgment granting an application for authorization relating to personal integrity or ordering confinement for or after a psychiatric assessment is five days.

362. Death — If a party dies before the expiry of the time limit for appeal without having exercised their right to appeal, the time runs against the successors as of the time the judgment in first instance is notified to them.

363. Strict time limits — The time limits for appeal are strict time limits, and the right to appeal is forfeited on their expiry.

Powers of the court — Nevertheless, the Court of Appeal may authorize an appeal if not more than six months have elapsed since the judgment and if it considers that the appeal has a reasonable chance of success and that, in addition, it was impossible in fact for the appellant to act earlier. The Court may, even after the time limit has expired, authorize an incidental appeal if it considers it appropriate.

Powers of the court — An appellate judge may, on an application, suspend the time limits for appeal if the judgment has reserved the plaintiff's right to claim additional damages for bodily injury. The judge suspends such time limits if there are compelling reasons for an appeal against the judgment and an appeal concerning the application for additional damages to be heard together; in such a case, the duration and

terms of the suspension are determined by the judge.

SECTION III —
LES CONDITIONS DE L'APPEL OU DE SON REJET

SECTION III —
CONDITIONS IMPOSED ON APPEAL OR DISMISSAL OF APPEAL

364. Cautionnement — La Cour d'appel ou un juge d'appel, d'office ou sur demande de l'intimé, peut, pour un motif qui le justifie, assujettir un appel à un cautionnement afin de garantir le paiement des frais de l'appel et du montant de la condamnation si le jugement est confirmé.

Modalités — La cour ou le juge fixe le montant du cautionnement et le délai à l'intérieur duquel l'appelant est tenu de fournir une caution.

364. Suretyship — The Court of Appeal or an appellate judge, on their own initiative or on an application by the respondent, may, for good cause, subject an appeal to the provision of a suretyship to guarantee payment of the appeal costs and of the judgment amount if the judgment is affirmed.

Amount and time limit — The Court or the judge determines the amount of the suretyship and the time limit within which the appellant is required to furnish the surety.

365. Rejet de l'appel — La Cour d'appel peut, même d'office, rejeter l'appel dans les cas suivants : il n'existe pas de droit d'appel, il y a déchéance de ce droit, l'appel a un caractère abusif ou il est irrégulièrement formé. Elle le peut également à la demande de l'intimé, si la caution n'a pas été fournie dans le délai fixé, s'il y a eu acquiescement au jugement qui fait l'objet de l'appel ou renonciation par une partie aux droits résultant d'un jugement rendu en sa faveur ou si l'appel ne présente aucune chance raisonnable de succès.

Délais — La demande de rejet de l'appel doit être déposée au greffe dans les 20 jours de la signification de la déclaration d'appel et ne peut être présentée dans un délai de moins de 30 jours depuis ce dépôt. Les délais pour la constitution du dossier d'appel sont suspendus jusqu'au jugement sur le rejet d'appel.

Non-respect du délai — L'irrecevabilité de l'appel n'est pas couverte faute de l'opposer dans le délai fixé.

365. Dismissal of appeal — The Court of Appeal, even on its own initiative, may dismiss an appeal if the right to appeal is non-existent or has been forfeited or the appeal is abusive or improperly initiated. It may also, on an application by the respondent, dismiss an appeal if the surety is not furnished within the time limit determined, the judgment under appeal has been acquiesced in or a party in whose favour the judgment was rendered has renounced the rights arising from it, or if the appeal has no reasonable chance of success.

Time limit — The application for the dismissal of an appeal must be filed with the office of the Court within 20 days after service of the notice of appeal, and cannot be presented before 30 days have elapsed since its filing. The time limits for preparing the appeal record are suspended until judgment is rendered on the application for the dismissal of the appeal.

Inadmissibility of appeal — The inadmissibility of an appeal may be urged despite a failure to oppose the appeal within the allotted time.

366. Refus du tribunal — La Cour d'appel peut, sur le vu du dossier, refuser la demande en rejet de l'appel en raison de l'absence de chance raisonnable de succès ou de son caractère abusif.

366. Refusal of the application for the dismissal of appeal — The Court of Appeal may, on the face of the record, deny an application for the dismissal of an appeal that is based on the grounds that the appeal has no reasonable chance of success or is abusive.

Chapitre II
La gestion de l'appel

367. Application — Un juge d'appel peut, en tout temps, d'office ou sur demande, convoquer les parties pour conférer avec elles sur l'opportunité d'adopter des mesures de gestion afin de préciser les questions véritablement en litige et d'établir les moyens propres à simplifier la procédure et à abréger les débats.

Pouvoirs du juge — Il peut notamment, après avoir donné aux parties l'occasion de présenter leurs observations, leur suggérer de participer à une conférence de règlement à l'amiable, préciser ou limiter les actes de procédure et les documents à produire et fixer le délai pour le faire. Il peut également déterminer, malgré les règles autrement applicables, qu'il y a lieu de procéder au moyen d'un mémoire ou d'un exposé ou, au besoin, modifier des délais prévus par le Code; il peut également fixer la date, l'heure et la durée de l'audience et, si les circonstances l'exigent, déférer le dossier à la Cour pour que des mesures appropriées soient prises, y compris le rejet de l'appel.

Modalités — La conférence de gestion a lieu sans formalités ni écrits préalables et elle peut être tenue par tout moyen de communication approprié.

Effet — Les décisions de gestion lient les parties.

368. Pouvoirs du greffier — Dans les matières où le dossier est constitué par exposé, le greffier peut fixer la date et l'heure de l'audience et établir avec les parties un calendrier pour la production des documents.

369. Droits des parties — En tout temps pendant le déroulement de l'appel, une partie peut, sans formalités, demander au juge en chef des directives quant à la poursuite de l'appel.

Chapitre III
Le mémoire et l'exposé d'appel

370. Mémoire — Les prétentions des parties à un appel sont énoncées soit dans le mémoire de

Chapter II
Appeal Management

367. Procedure — An appellate judge may, at any time, on the judge's own initiative or on request, convene the parties to confer with them on the advisability of adopting appeal management measures in order to define the issues really in dispute and determine possible ways of simplifying the proceedings and shortening the debate.

Powers of the judge — After giving the parties the opportunity to make representations, the judge may suggest that they take part in a settlement conference and may determine or limit the pleadings and the documents to be filed, setting the time limit for doing so. As well, the judge may decide, despite the rules otherwise applicable, that it is best to proceed by way of briefs or memorandums or may, if necessary, modify time limits prescribed by this Code. The judge may also set the date, time and duration of the hearing and, if required by the circumstances, refer the matter to the Court so that appropriate measures, including dismissal of the appeal, may be taken.

Procedure — The appeal management conference is held without formality and requires no prior documents. Any appropriate means of communication may be used.

Effect — Appeal management decisions are binding on the parties.

368. Powers of the appellate clerk — In matters where the appeal record is to comprise memorandums, the appellate clerk may set the date and time of the hearing and establish a calendar, with the parties, for the filing of documents.

369. Application for directives — At any time during the appeal proceeding, a party may, without formality, request directives from the chief justice for the subsequent conduct of the appeal.

Chapter III
Appeal Brief and Memorandum

370. Memorandum — The contentions of the parties to an appeal are stated in their respective

chacune d'elles, soit dans leur exposé, lesquels sont régis, quant à leur contenu et à leur confection matérielle, par les règlements de la Cour d'appel.

Support technologique — Outre les extraits pertinents de la preuve joints au mémoire ou à l'exposé et transcrits sur support papier, l'ensemble des dépositions et de la preuve n'est déposé que s'il est disponible sur support technologique.

371. Appel incident — L'intimé qui se pourvoit en appel incident inclut ce qui concerne cet appel dans son mémoire ou dans son exposé sur l'appel principal.

372. Contenu du mémoire — Le mémoire expose, eu égard aux questions en litige, les arguments de chacune des parties et les conclusions recherchées, la liste des sources invoquées et les extraits pertinents des dépositions et des pièces. Il contient en outre, en l'absence d'un énoncé commun des parties, l'exposé des faits et des questions en litige.

Énoncé commun — L'énoncé commun, s'il en est, expose les faits et les questions en litige et identifie les éléments de preuve pertinents à l'appel. L'énoncé est produit au greffe au plus tard dans les 45 jours qui suivent le dépôt de la déclaration d'appel.

373. Dépôt au greffe — Les mémoires sont déposés au greffe et notifiés aux autres parties à l'instance dans les délais fixés par une décision de gestion d'un juge d'appel ou, en l'absence d'une telle décision, dans les trois mois de la déclaration d'appel pour l'appelant et dans les deux mois qui suivent pour l'intimé. Le cas échéant, toute autre partie dépose son mémoire dans les quatre mois qui suivent la notification du mémoire de l'appelant.

Réponse — L'intimé incident peut déposer et notifier un mémoire en réponse à l'appel incident dans les deux mois qui suivent la notification du mémoire de l'appelant incident.

Prolongation de délai — Un juge d'appel peut prolonger un délai si la demande lui en est faite avant qu'il ne soit expiré.

briefs or memorandums, which are governed, as regards their content and physical preparation, by the regulations of the Court of Appeal.

Technological medium — A hard copy transcript of relevant extracts from the evidence must be attached to each brief or memorandum. A full transcript of the depositions and evidence is filed only if available on a technological medium.

371. Incidental appeal — A respondent making an incidental appeal includes all particulars relevant to the incidental appeal in its brief or memorandum on the main appeal.

372. Content — In its brief, each of the parties sets out the arguments raised and the conclusions sought in relation to the issues in dispute, a list of the authorities relied on and relevant excerpts from the depositions and exhibits. In the absence of a joint statement by the parties, it includes the party's statement of the facts and issues in dispute.

Parties' joint statement — The parties' joint statement, if included, sets out the facts and the issues in dispute and identifies the evidence that is relevant to the appeal. It must be filed with the office of the Court of Appeal within 45 days after the notice of appeal is filed.

373. Filing with the office of the court — Briefs must be filed with the office of the Court of Appeal and notified to the other parties to the proceeding within the time limit specified in the appeal management decision made by an appellate judge or, in the absence of such a decision, within three months after the notice of appeal is filed in the appellant's case and within the following two months in the respondent's case. Any other party must file a brief within four months after notification of the appellant's brief.

Reply — A respondent in an incidental appeal may file and notify a brief in reply to the incidental appeal within two months after notification of the incidental appellant's brief.

Time limit extension — An appellate judge may extend a time limit if an application for an extension is made before the time limit expires.

374. Exposé d'appel — L'exposé est produit dans les appels portés à l'encontre d'un jugement rendu en matière d'intégrité, d'état ou de capacité de la personne ou d'*habeas corpus*, en matière familiale, d'enlèvement international d'enfants ou de saisie, ou à l'encontre d'un jugement rendu suivant une procédure non contentieuse ou en cours d'instance. Il l'est également sur décision de gestion d'un juge d'appel.

Contenu — L'exposé présente sommairement les faits, les questions en litige, les prétentions et les conclusions, de même que les principaux arguments.

Dépôt au greffe — Il est déposé au greffe et notifié aux autres parties dans les délais fixés par la décision de gestion du greffier ou d'un juge d'appel.

375. Notes additionnelles — En tout temps avant l'audience, après le dépôt du mémoire ou de l'énoncé commun ou de l'exposé, un juge d'appel peut demander à une partie de produire au dossier des notes additionnelles.

376. Caducité — L'appel devient caduc lorsque l'appelant n'a pas déposé son mémoire ou son exposé avant l'expiration des délais impartis pour ce dépôt. Le greffier délivre un constat de caducité, à moins qu'un juge d'appel ne soit saisi d'une demande de prolongation.

Non-respect des délais — L'intimé ou toute autre partie qui ne respecte pas les délais pour le dépôt de son mémoire ou de son exposé est forclos de le faire; de plus, il ne peut être entendu à l'audience, à moins que la Cour d'appel ne l'autorise.

374. Memorandum — In an appeal against a judgment in a personal integrity, status or capacity, habeas corpus, family, international child abduction or seizure matter, or against a judgment rendered in a non-contentious proceeding or in the course of a proceeding, a memorandum is filed. A memorandum is also filed in other cases if so ordered by an appeal management decision of an appellate judge.

Content — A memorandum concisely states the facts, the issues in dispute as well as the party's contentions, conclusions and main arguments.

Filing with the office of the court — Memorandums are filed with the office of the Court of Appeal and notified to the other parties to the proceeding within the time limits specified in the appeal management decision of the appellate clerk or an appellate judge.

375. Additional notes — At any time before the hearing, after a brief or joint statement or memorandum has been filed, an appellate judge may ask a party to file additional notes in the appeal record.

376. Lapse of appeal — The appeal lapses if the appellant does not file a brief or a memorandum within the time limit for filing. The appellate clerk issues a certificate of lapse of appeal, unless an appellate judge is seized of an application for an extension.

Foreclosure — A respondent or any other party that does not make a timely filing of its brief or memorandum is precluded from filing and cannot be heard at the hearing unless so authorized by the Court of Appeal.

Chapitre IV —
Le déroulement de l'appel
SECTION I —
LES DEMANDES EN COURS D'INSTANCE
ET LES INCIDENTS

Chapter IV —
Conduct of Appeal
SECTION I —
APPLICATIONS IN COURSE OF
PROCEEDING AND INCIDENTAL
APPLICATIONS

377. Modalités — Toute demande en cours d'instance est faite par écrit; elle est accompagnée d'un avis de la date de sa présentation et est notifiée aux autres parties au moins cinq jours avant cette date si elle doit être présentée à la

377. Procedure — Any application in the course of a proceeding must be in writing and be notified to the other parties, together with a notice of the date of presentation, at least five days before that date if the application is to be presen-

Cour d'appel et au moins deux jours avant cette date si elle doit être présentée à un juge d'appel ou au greffier.

378. Demandes incidentes — Les incidents pouvant être soulevés en première instance peuvent l'être en appel, dans la mesure où ils sont applicables.

Compétence — Un juge d'appel a compétence pour décider seul de toutes les demandes incidentes, à l'exclusion de celles touchant le fond.

Exceptions — Toutefois, les demandes pour cesser d'occuper, pour substitution d'avocat, pour joindre ou disjoindre des appels, ou les demandes de gestion d'instance pour fixer ou prolonger des délais ou pour autoriser le dépôt d'un énoncé supplémentaire, sont décidées par un juge seul ou par le greffier. Dans tous les cas, le greffier peut déférer une demande à un juge ou le juge la déférer à une formation de la Cour d'appel, s'ils estiment que l'intérêt de la justice l'exige. Ces demandes sont présentées par lettre et notifiées aux autres parties.

379. Pouvoir du juge — Dans une affaire dont la Cour d'appel est saisie, un juge d'appel peut rendre une ordonnance de sauvegarde ou autoriser la correction, dans le délai et les conditions qu'il détermine, de toute irrégularité dans la procédure d'appel, pourvu que la déclaration d'appel ait été dûment déposée et notifiée.

380. Preuve nouvelle — La Cour d'appel peut autoriser la présentation par une partie d'une preuve nouvelle indispensable après avoir donné l'occasion aux parties de soumettre leurs observations.

Modalités — Elle décide alors des modalités de présentation et peut même renvoyer l'affaire devant le tribunal de première instance pour qu'il y soit fait quelque preuve s'y rapportant.

Section II — La conférence de règlement à l'amiable

381. Pouvoir du juge — À la demande des parties, un juge d'appel peut, en tout temps, pré-

---

ted before the Court or at least two days before that date if it is to be presented before an appellate judge or the appellate clerk.

378. Incidental applications — Incidental applications available in first instance may be presented on appeal, insofar as they are applicable.

Competence — An appellate judge sitting alone is competent to decide incidental applications, except those that relate to the merits of the case.

Exceptions — However, applications to cease representing a party, for a substitution of lawyer or for the consolidation or separation of appeals, or appeal management applications for the setting or extension of time limits or for authorization to file a supplementary statement are decided by an appellate judge sitting alone or the appellate clerk. In all cases, the appellate clerk may refer an application to a judge, or the appellate judge, to a panel of the Court of Appeal, if the clerk or judge considers that the interests of justice so require. Such applications are filed by means of a letter and notified to the other parties.

379. Power of the judge — In any case before the Court of Appeal, an appellate judge may issue a safeguard order or authorize the correction, within the time and subject to the conditions the judge determines, of any irregularity in the appeal proceeding, provided the notice of appeal has been duly filed and notified.

380. New evidence — The Court of Appeal may authorize a party to present indispensable new evidence after giving the parties an opportunity to make representations.

Procedure — The Court decides how the evidence is to be presented, and may even refer the case back to the court of first instance so that further proof may be made.

Section II — Settlement Conference

381. Power of the judge — On the parties' request, an appellate judge may, at any time, pre-

sider une conférence de règlement à l'amiable afin de les aider à trouver une solution aux questions qui font l'objet de l'appel.

side over a settlement conference to assist the parties in resolving the issues under appeal.

Avis — Avis de la conférence est donné au greffier par les parties et sa tenue suspend les délais prévus au présent titre.

Notice — Notice of the settlement conference is given to the appellate clerk by the parties, and the holding of the conference suspends the time limits prescribed by this Title.

382. Modalités — La conférence de règlement à l'amiable se tient à huis clos, en présence des parties et de leurs avocats. Elle a lieu sans frais, sans formalités ni écrits préalables et tout ce qui y est dit, écrit ou fait est confidentiel. Les autres règles qui gouvernent la conférence sont fixées par le juge et les parties.

382. Procedure — A settlement conference is held in camera in the presence of the parties and of their lawyers. It is conducted at no cost to the parties and without formality and requires no prior documents. Anything said, written or done during the conference is confidential. All other rules governing the conference are defined by the judge and the parties.

Homologation — La transaction qui termine une affaire est soumise à la Cour d'appel par le greffier afin d'être homologuée et rendue exécutoire.

Homologation — A transaction terminating the case is submitted to the Court of Appeal by the appellate clerk to be homologated and made enforceable.

SECTION III —
L'INSCRIPTION POUR AUDIENCE

SECTION III —
SETTING DOWN FOR HEARING

383. Modalités — Le greffier inscrit l'affaire pour audience dès qu'elle est prête à être entendue. Il en est ainsi lorsque le dossier de l'appel a été complété par le dépôt de tous les mémoires ou de tous les exposés ou que la Cour d'appel l'ordonne.

383. Procedure — The appellate clerk sets an appeal down for hearing as soon as it is ready to be heard, that is, once the appeal record has been completed by the filing of all the briefs or memorandums, or when the Court of Appeal so orders.

Cas particulier — Si l'appel porte sur la libération d'une personne ou sur son intégrité, l'affaire est inscrite pour être entendue le plus tôt possible après le dépôt de l'exposé de l'appelant.

Particular case — If the appeal concerns a person's release or personal integrity, it is set down to be heard at the earliest opportunity after the appellant's brief is filed.

Non-respect du délai — Si l'intimé n'a pas déposé ni notifié son mémoire ou son exposé dans le délai imparti, l'affaire est néanmoins inscrite par le greffier.

Time limit — If the respondent has not filed nor notified a brief or a memorandum within the allotted time, the appeal is nevertheless set down by the appellate clerk for hearing.

Report de l'audience — Un juge d'appel ou le greffier peut rayer une affaire et reporter l'audience à une date ultérieure.

Postponement of the hearing — An appellate judge or the appellate clerk may strike an appeal from the roll and postpone the hearing to a later date.

384. Pouvoir du juge — La Cour d'appel ou un juge d'appel peut, à la demande des parties, décider que l'appel sera tranché sur le vu du dossier.

384. Decision on the face of the record — The Court of Appeal or an appellate judge, on the parties' request, may decide that the appeal will be decided on the face of the record.

Devoir du greffier — Le greffier informe alors les parties de la date de la mise en délibéré de

Appellate clerk's duty — In such a case, the appellate clerk informs the parties of the date on

l'appel et de l'identité des juges de la formation qui en ont pris la charge. Ceux-ci peuvent, à tout moment du délibéré, s'ils estiment qu'une audience est nécessaire, renvoyer l'affaire au greffier pour qu'elle soit inscrite pour audience.

which the appeal is to be taken under advisement and of the identity of the judges on the panel. At any time during the advisement period, the judges may ask the appellate clerk to set the appeal down for hearing if they consider that a hearing is necessary.

SECTION IV —
L'AUDIENCE

SECTION IV —
HEARING

385. Modalités — Le greffier avise les parties de la date de l'audience et leur indique le temps alloué à chacune d'elles pour sa plaidoirie.

385. Procedure — The appellate clerk informs the parties of the hearing date and specifies the time allotted to each party for oral argument.

386. Cour d'appel — La Cour d'appel entend les parties en formation de trois juges, mais le juge en chef peut augmenter ce nombre dans les cas où il l'estime à propos.

386. Three-judge panel — The Court of Appeal hears the parties in a three-judge panel, but that number may be increased if the chief justice sees fit.

Limite — Aucun juge d'appel ne peut entendre une affaire qu'il a jugée en première instance ou à l'égard de laquelle il a tenu une conférence de règlement à l'amiable.

Limit — The appellate judge who was the trial judge in first instance or who presided over a settlement conference concerning the matter cannot hear the appeal.

Chapitre V —
L'arrêt

Chapter V —
Decision

387. Modalités — L'arrêt de la Cour d'appel est rendu lorsque la majorité des juges qui ont entendu l'appel y concourt. Il peut être prononcé en audience par le juge qui a présidé l'audience d'appel, même en l'absence des autres juges; il peut aussi être déposé au greffe sous la signature d'au moins la majorité des juges qui ont entendu l'appel.

387. Procedure — A decision is rendered by the Court of Appeal when a majority of the judges having heard the appeal concur. The decision may be given in open court by the judge who presided over the appeal hearing, even in the absence of the other judges; alternatively, it may be deposited at the office of the Court under the signature of all or the majority of the judges who heard the appeal.

Avis — Le greffier avise, sans délai, les parties que l'arrêt de la cour a été rendu. Il le transmet au tribunal de première instance qui avait entendu l'affaire et lui retourne le dossier.

Notice — The appellate clerk informs the parties without delay that a decision has been rendered by the Court of Appeal and sends it to the court of first instance along with the record.

Procédure — Les arrêts et les décisions de la Cour d'appel ou de ses juges sont aussi soumis aux règles du jugement prévues au présent livre, compte tenu des adaptations nécessaires.

Procedure — All decisions of the Court of Appeal and its judges are subject to the rules of this Book governing judgments, with the necessary modifications.

388. Impossibilité de décider — L'impossibilité pour l'un des juges de faire connaître son opinion n'empêche pas les autres de rendre un arrêt, s'ils sont en nombre suffisant. Dans le cas

388. Sufficient number of judges — The fact that a judge who heard the appeal cannot make their opinion known does not prevent the other judges, if sufficient in number, from ren-

contraire, le juge en chef peut, si l'intérêt de la justice l'exige, ordonner une nouvelle audience.

Modalités — Le juge qui est empêché d'agir ou qui cesse d'exercer ses fonctions, y compris parce qu'il est nommé à un autre tribunal, peut néanmoins participer à la décision.

389. Contenu — Tout arrêt contient, outre le dispositif, le nom des juges qui ont entendu l'appel, avec mention de celui ou de ceux qui ne partagent pas l'opinion de la majorité.

Arrêt motivé — Il est motivé, à moins qu'il ne renvoie à une ou à des opinions exprimées par les juges.

390. Effets — L'arrêt est exécutoire immédiatement et il porte intérêt à compter de sa date, sauf mention contraire. Il est mis à exécution, tant pour le principal que pour, le cas échéant, les frais de justice, par le tribunal de première instance.

Exception — Cependant, la Cour d'appel ou l'un de ses juges peut, sur demande, ordonner, aux conditions appropriées, d'en suspendre l'exécution, si la partie démontre son intention de présenter une demande d'autorisation d'appel à la Cour suprême du Canada.

dering a decision. Otherwise, the chief justice may order a new hearing if the interests of justice so require.

Application — A judge who is unable to act or has left office, including because of an appointment to another court, may nonetheless participate in the decision.

389. Content — In addition to the operative part, a decision of the Court of Appeal must contain the names of the judges who heard the appeal and mention any judge who does not concur in the opinion of the majority.

Motivated decision — The decision must give reasons, unless it refers to one or more opinions issued by the judges.

390. Effects — A decision of the Court of Appeal is enforceable immediately and bears interest from the date it is rendered, unless it specifies otherwise. Its execution, as regards both the principal and any legal costs, is carried out by the court of first instance.

Exception — However, the Court of Appeal or one of its judges, on an application, may order execution stayed, on appropriate conditions, if the party shows that it intends to bring an application for leave to appeal to the Supreme Court of Canada.

LIVRE V ⎯
LES RÈGLES APPLICABLES À
CERTAINES MATIÈRES CIVILES

BOOK V ⎯
RULES APPLICABLE TO CERTAIN
CIVIL MATTERS

TITRE I ⎯
LES DEMANDES EN MATIÈRE DE DROIT
DES PERSONNES

TITLE I ⎯
APPLICATIONS IN MATTERS GOVERNED
BY LAW OF PERSONS

Chapitre I ⎯
Dispositions générales

Chapter I ⎯
General Provisions

391. Modalités — Le majeur ou le mineur apte à témoigner doit, s'il est concerné par une demande qui porte sur son intégrité, son état ou sa capacité, être entendu personnellement qu'il s'agisse de recueillir ses observations ou son avis ou de l'interroger, avant qu'une décision du tribunal saisi ne soit rendue ou, le cas échéant, qu'un procès-verbal de ses opérations et de ses conclusions ne soit dressé par le notaire saisi de la demande.

391. Procedure — A person of full age or a minor who is competent to testify and who is the subject of an application relating to personal integrity, status or capacity must, before a decision is made by the court seized or minutes of the operations and conclusions are drawn up by the notary, as applicable, be heard in person for the purpose of making representations, giving their opinion or answering questions.

Exception — Il est fait exception à cette règle s'il est impossible d'y procéder ou s'il est manifestement inutile d'exiger les observations, l'avis ou le témoignage du majeur ou du mineur en raison de l'urgence ou de son état de santé ou s'il est démontré au tribunal que cela pourrait être nuisible à la santé ou à la sécurité de la personne concernée ou d'autrui d'exiger son témoignage.

Exception — An exception to this rule applies if it is impossible to hear the person, if it is clearly inexpedient to insist on such representations, opinion or testimony being given because of the urgency of the situation or the person's state of health, or if it is shown to the court that requiring that the person testify could be harmful to the person's health or safety or that of other persons.

392. Rôle du notaire — Le tribunal saisi d'une demande peut déléguer à un juge ou à un greffier du district du lieu où la personne réside ou encore, aux frais des parties, à un notaire exerçant dans ce district, la responsabilité d'entendre le majeur ou le mineur et de consigner ses réponses dans un procès-verbal, qui est communiqué au tribunal saisi ainsi qu'au demandeur.

392. Notary's role — The court seized of an application may delegate the responsibility of hearing the person of full age or the minor, and of drawing up minutes recording their answers, to a judge or a court clerk in the judicial district of the person's residence or, at the parties' expense, to a notary practising in that district. The minutes are sent to the court and to the applicant.

Pouvoirs du notaire — Le notaire saisi d'une demande peut déléguer à un autre notaire la responsabilité d'entendre la personne si le majeur réside dans un lieu éloigné et qu'il y a lieu d'éviter des frais de déplacement trop coûteux. Il peut aussi, s'il ne parle pas suffisamment la langue de la personne concernée, mandater un notaire qui parle cette langue, lequel entend la personne et dresse un procès-verbal en minute de la rencontre en y joignant les réponses qu'il a consignées.

Powers of the notary — In the case of a person of full age living in a remote location, the notary seized of an application may delegate the responsibility of hearing the person to another notary in order to avoid excessive travel expenses. If not sufficiently fluent in the person's language, the notary may also mandate a notary who speaks the language. The latter hears the person, draws up minutes of the meeting and attaches the answers recorded. If it is necessary for

S'il est nécessaire pour le notaire saisi de la demande ou délégué par lui de recourir aux services d'un interprète, ce dernier, en présence du notaire, consigne les réponses, dont il atteste la conformité avec celles données, dans un document que le notaire annexe à son procès-verbal.

Interrogatoire — S'il n'a pas été procédé à l'interrogatoire, il en est fait état et les motifs en sont indiqués soit dans le jugement du tribunal, soit dans le procès-verbal en minute du notaire saisi de la demande.

393. Signification — Le majeur ou le mineur de 14 ans et plus doit recevoir signification de toute demande qui le concerne et touche son intégrité, son état ou sa capacité. Le titulaire de l'autorité parentale et le tuteur du mineur doivent également en recevoir signification.

Avis — Un avis conforme au modèle établi par le ministre de la Justice doit être joint à la demande afin d'informer la personne de ses droits et de ses obligations notamment de son droit d'être représentée. L'huissier qui signifie la demande doit attirer l'attention de la personne sur le contenu de cet avis.

394. Curateur public — Le curateur public doit recevoir notification de toute demande et les pièces au soutien de celle-ci dès lors qu'elle porte sur l'ouverture ou la révision d'une tutelle au mineur, sur son émancipation ou sur un régime de protection d'un majeur ou le remplacement du tuteur ou curateur d'un mineur ou d'un majeur protégé ou du tuteur à l'absent. Il doit aussi recevoir notification de toute demande concernant l'homologation ou la révocation d'un mandat de protection donné par une personne en prévision de son inaptitude et les pièces au soutien de celle-ci. Dans ces cas, la procédure est suspendue jusqu'à ce que la preuve de notification soit reçue au greffe.

Pouvoir — Le curateur public peut, d'office et sans avis, participer à l'instruction de ces demandes.

the notary seized of the application or the other notary to retain the services of an interpreter, the interpreter, in the notary's presence, records the answers, and attests to their faithfulness, in a document that the notary attaches to the minutes.

Examination — If the person has not been examined, that fact is recorded, with reasons, in the judgment rendered by the court or in the minutes drawn up by the notary seized of the application.

393. Service — An application relating to the personal integrity, status or capacity of a person of full age or a minor 14 years of age or older must be served on that person. In the case of a minor, it must also be served on the person having parental authority and the tutor.

Notice — The application must be accompanied by a notice, in keeping with the model established by the Minister of Justice, informing the person of their rights and obligations, including their right to be represented. The bailiff who serves the application must draw the person's attention to the content of the notice.

394. Notification to the Public Curator — All applications relating to the institution or review of tutorship to a minor, the emancipation of a minor or protective supervision for a person of full age, the replacement of the tutor or curator to a minor or to a person of full age under protective supervision or the replacement of the tutor to an absentee and all applications relating to the homologation or revocation of a protection mandate given by a person in anticipation of incapacity must be notified to the Public Curator together with the exhibits in support of the application. The proceeding is stayed until proof of notification is received by the court office.

Public Curator's participation — The Public Curator, on the Public Curator's own initiative and without notice, may take part in the trial of any such application.

Chapitre II ━━
Les demandes en matière
d'intégrité
SECTION I ━━
LES SOINS ET LA GARDE EN
ÉTABLISSEMENT

Chapter II ━━
Applications Relating to Personal
Integrity
SECTION I ━━
CARE AND CONFINEMENT IN
INSTITUTION

395. Autorisation de soins — La demande en vue d'obtenir une autorisation du tribunal pour des soins à être prodigués à un mineur ou à un majeur inapte à donner son consentement ou pour l'aliénation d'une partie de leur corps ne peut être présentée au tribunal moins de cinq jours après sa notification aux intéressés, y compris au titulaire de l'autorité parentale, au tuteur ou au curateur ou encore au mandataire désigné par le majeur alors qu'il était apte à consentir ou, si le majeur n'est pas ainsi représenté, à une personne susceptible de consentir pour lui à des soins. À défaut, la demande et les pièces sont notifiées au curateur public.

395. Authorization for provision of care — An application to obtain authorization from the court for the provision of care to, or the alienation of a body part of, a minor or a person of full age incapable of giving consent cannot be presented before the court less than five days after the application is notified to the interested persons, including the person having parental authority, the tutor or the curator or, in the case of a person of full age, the mandatary designated by the person at the time the person was capable of giving consent or, if not so represented, by a person who could consent to care for the person. If there are no such persons, the application and exhibits are notified to the Public Curator.

396. Garde en établissement — La demande qui concerne la garde d'une personne dans un établissement de santé ou de services sociaux en vue d'une évaluation psychiatrique ou à la suite d'une telle évaluation ne peut être présentée au tribunal moins de deux jours après sa notification soit au titulaire de l'autorité parentale et au tuteur si la personne est mineure, soit au tuteur, curateur ou mandataire du majeur ou, s'il n'est pas représenté, à un membre de sa famille ou à la personne qui en a la garde ou qui démontre un intérêt particulier à son égard. À défaut, la demande et les pièces sont notifiées au curateur public.

396. Confinement in institution — An application concerning a person's confinement in a health or social services institution for or after a psychiatric assessment cannot be presented before the court less than two days after it is notified, in the case of a minor, to the person having parental authority and the tutor and, in the case of a person of full age, to the tutor, curator or mandatary or, if the person is not so represented, to a member of the person's family, to the person in whose custody the person is confined or to a person who shows a special interest in the person. If there are no such persons, the application and exhibits are notified to the Public Curator.

397. Exécution du jugement — Le jugement ordonnant la garde d'une personne, en vue de la soumettre à une évaluation psychiatrique ou à la suite d'une telle évaluation, est exécutoire immédiatement. Un juge de la Cour d'appel peut toutefois suspendre l'exécution de ce jugement.

397. Execution of the judgement — A judgment ordering a person's confinement for or after a psychiatric assessment is enforceable immediately. A judge of the Court of Appeal may, however, suspend execution of the judgment.

Notification — Le greffier transmet, sans délai et sans frais, le jugement et le dossier au Tribunal administratif du Québec. En outre, ce jugement est notifié à toutes les personnes qui ont reçu notification de la demande. Il peut être exécuté par un agent de la paix.

Notification — The court clerk sends the judgment and the record without delay to the Administrative Tribunal of Québec, at no cost to the parties. In addition, the judgment is notified to every person to whom the application was notified. It may be executed by a peace officer.

SECTION II —
L'HABEAS CORPUS

SECTION II —
HABEAS CORPUS

398. Application — Toute personne privée de sa liberté sans qu'une décision du tribunal compétent l'ait ordonné peut s'adresser à la Cour supérieure afin qu'il soit statué sur la légalité de sa détention et que sa libération soit ordonnée si la détention est illégale. Un tiers peut également agir pour elle.

398. Procedure — Any person deprived of liberty without it having been ordered by a decision of the competent court may ask the Superior Court to rule on the lawfulness of the detention and order the person's release if the detention is unlawful. A third person may act on the person's behalf.

Avis d'assignation — L'avis d'assignation enjoint à celui qui exerce la garde de se présenter à la date qui y est indiquée afin d'exposer au tribunal les motifs de la détention.

Summons — The summons directs the detaining authority to appear before the court on the date specified in order to explain the reasons for the detention.

Procureur général — Lorsque la privation de liberté résulte d'une garde dans un établissement visé par les lois relatives aux services de santé et aux services sociaux ou d'une détention dans un établissement de détention ou un pénitencier, la demande est notifiée au procureur général, avec un avis de la date de sa présentation.

Notification to the Attorney General — If the deprivation of liberty is due to confinement in an institution governed by health services and social services legislation or to detention in a correctional facility or a penitentiary, the application must be notified to the Attorney General, together with a notice of the date of presentation.

399. Déclaration sous serment — La demande doit être instruite le jour de sa présentation. La preuve du demandeur peut être faite par déclaration sous serment.

399. Affidavit — The application must be tried on the day it is presented. The plaintiff's proof may be made by affidavit.

Procureur général — Si le tribunal estime que le procureur général a un intérêt suffisant dans la demande, il ordonne que celle-ci lui soit notifiée. Il ajourne alors l'instruction à une date rapprochée ne pouvant pas excéder trois jours.

Notification to the Attorney General — If the court considers that the Attorney General has a sufficient interest, it orders that the application be notified to the Attorney General and adjourns the trial to an early date, which cannot be more than three days later.

400. Libération — Si la demande ne peut être instruite lors de la présentation, le tribunal peut autoriser immédiatement la libération de la personne; cependant, si celle-ci est en détention, il peut établir les conditions pour garantir qu'elle se présentera à l'instruction et obéira aux ordres qui pourraient lui être donnés.

400. Release — If the application cannot be tried on the day it is presented, the court may authorize the person's immediate release; however, if the person is in detention, the court may determine conditions to ensure the person's attendance at the trial and compliance with any orders that may be issued.

401. Signification — L'ordonnance en *habeas corpus* est signifiée en mains propres, à moins que les circonstances ne le permettent pas, auquel cas le tribunal fixe le mode de notification qu'il estime le plus approprié.

401. Service — A *habeas corpus* order is served personally, unless circumstances prevent it, in which case the court determines the method of notification it considers most appropriate.

402. Effet — La décision du tribunal est exécutoire à l'expiration du délai d'appel ou dès que la partie adverse et le procureur général, s'il en est

402. Effect — The court's decision is enforceable on the expiry of the time for appeal or as soon as the adverse party and the Attorney Gen-

cause, manifestent leur intention de ne pas porter l'affaire en appel.

Appel — S'il y a appel, le tribunal ou un juge de la Cour d'appel peut ordonner la libération provisoire de la personne et en fixer les conditions.

eral, if party to the proceeding, indicate that they do not wish to appeal.

Appeal — If there is an appeal, the court or a judge of the Court of Appeal may order the person's provisional release and set the conditions of release.

Chapitre III ▬
Les demandes relatives à l'état et à la capacité des personnes

Chapter III ▬
Applications Relating to Personal Status and Capacity

403. Demande en révision — La demande en révision d'une décision du directeur de l'état civil n'est reçue que si elle est introduite dans les 30 jours qui suivent la notification de la décision au demandeur. Le directeur de l'état civil transmet alors, sans délai, son dossier au greffe du tribunal.

403. Application for review — An application for the review of a decision of the registrar of civil status is admissible only if it is instituted within 30 days after the decision is notified to the plaintiff. The registrar of civil status sends the relevant record to the court office without delay.

404. Régime de protection — Les demandes relatives à un régime de protection du majeur sont notifiées, selon le cas, à son conjoint, à ses père et mère et à ses enfants majeurs. À défaut, elles sont notifiées à au moins deux personnes qui démontrent pour le majeur un intérêt particulier.

404. Protection supervision — An application relating to protective supervision for a person of full age is notified, as applicable, to the person's spouse, father and mother or children of full age. If there are no such persons, it is notified to at least two persons who show a special interest in the person.

Mandat de protection — Les demandes relatives à un mandat de protection sont notifiées aux personnes désignées par le mandant pour agir comme mandataire ou mandataire substitut ou pour recevoir la reddition de compte; elles sont aussi notifiées à au moins deux autres personnes soit de la famille du mandant, soit qui démontrent pour lui un intérêt particulier.

Protective mandate — An application relating to a protection mandate is notified to the person designated by the mandator to act as mandatary or substitute mandatary or to receive a rendering of account. It is also notified to at least two other persons from the mandator's family or who show a special interest in the mandator.

405. Assemblée de parents — Si, relativement à une demande concernant un mineur ou un majeur, il y a lieu de convoquer une assemblée de parents, d'alliés ou d'amis, la convocation est faite par le greffier spécial ou le notaire selon que la demande est présentée au tribunal ou à un notaire.

405. Meeting of relatives — If it is necessary to call a meeting of relatives, persons connected by marriage or civil union or friends in connection with an application concerning a minor or a person of full age, the notice of meeting is drawn up by the special clerk or the notary, depending on whether the application is presented before the court or before a notary.

Avis de convocation — L'avis de convocation est notifié aux parents, alliés ou amis et il les informe de l'objet, du jour et de l'heure de l'assemblée, ainsi que du lieu où ils devront se présenter ou, le cas échéant, du moyen technologique qui sera utilisé pour qu'ils puissent communiquer entre eux. L'assemblée ne peut être

Notice of meeting — The notice of meeting is notified to the relatives, persons connected by marriage or civil union or friends, informing them of the date and time of the meeting and of the place where they must attend or, as applicable, of the technological means to be used to en-

fixée à moins de 10 jours ni à plus de deux mois après la notification.

Modalité — L'assemblée est présidée par le greffier spécial ou le notaire, selon le cas.

406. Curateur public — Le curateur public peut demander l'ouverture d'un régime de protection et proposer une personne qui soit apte à assister ou à représenter le majeur, tel que prévu à l'article 14 de la *Loi sur le curateur public* (chapitre C-81), si, dans les 30 jours qui suivent le dépôt au greffe de sa recommandation en ce sens, le greffier l'avise qu'aucune autre personne ne demande l'ouverture d'un régime.

Chapitre IV ——
Les personnes morales

407. Acte constitutif — Le procureur général ou tout intéressé peut demander au tribunal d'annuler l'acte constitutif d'une personne morale ou de prononcer toute autre sanction prévue par la loi, dans les cas suivants :

1° la constitution de la personne morale n'a pas été faite suivant la loi;

2° la personnalité juridique a été obtenue illégalement, par dol ou accordée dans l'ignorance de quelque fait essentiel;

3° la personne morale, ses fondateurs ou leurs ayants cause, ses administrateurs ou ses dirigeants agissent, de façon répétée, au mépris des lois qui les régissent, ou encore exercent des pouvoirs que la personne morale n'a pas;

4° la personne morale fait ou omet de faire un acte dont la commission ou l'omission équivaut à une renonciation à ses droits.

Acte modificatif — Le procureur général ou tout intéressé peut également demander au tribunal d'annuler tout acte modifiant l'acte constitutif d'une personne morale, ainsi que le certificat qui s'y rattache, le cas échéant, lorsque cet acte modificatif contient des dispositions illégales ou des énonciations mensongères ou erronées.

Autorisation — L'intéressé qui demande l'annulation d'un acte constitutif ou d'un acte le mo-

able them to communicate with each other. The date of the meeting cannot be less than 10 days nor more than two months after notification.

Chairman — The meeting is presided over by the special clerk or the notary, as applicable.

406. Public Curator — The Public Curator may apply for the institution of protective supervision and propose a suitable person to assist or represent the person of full age as provided for in section 14 of the *Public Curator Act* (chapter C-81) if, within 30 days after the Public Curator's recommendation to that effect is filed with the court office, the court clerk informs the Public Curator that no other person is applying for the institution of such supervision.

Chapter IV ——
Legal Persons

407. Constituting act — The Attorney General or any interested person may ask the court to annul a legal person's constituting act or impose any other sanction prescribed by law if

(1) the legal person was not constituted in accordance with the law;

(2) juridical personality was obtained unlawfully or by fraud or was granted in ignorance of some essential fact;

(3) the legal person, its founders or their successors or its directors or officers repeatedly act in contravention of the laws governing them, or exercise powers the legal person does not have; or

(4) the legal person does or omits to do something, which act or omission amounts to a waiver of its rights.

Amending instrument — The Attorney General or any interested person may also ask the court to annul any instrument amending a legal person's constituting act and any related certificate if the amending instrument contains unlawful provisions or false or erroneous statements.

Authorization — To apply for the annulment of letters patent that are either a legal person's constituting act or an instrument amending a le-

difiant doit être expressément autorisé par le procureur général, lorsque ces actes sont des lettres patentes.

408. Jugement — Le jugement qui annule l'acte constitutif d'une personne morale désigne un liquidateur pour procéder à la liquidation des biens suivant les dispositions des lois applicables en l'espèce ou suivant le Code civil. Ce jugement est notifié au registraire des entreprises.

Frais de justice — Les frais de justice liés à l'affaire sont prélevés sur le patrimoine de la personne morale et, en cas d'insuffisance, sur le patrimoine personnel des administrateurs et dirigeants. Cependant, lorsque le jugement déclare une personne morale sans capital-actions illégalement formée, les frais de justice constituent une dette personnelle des personnes qui composent la personne morale.

gal person's constituting act, an interested person must be expressly authorized by the Attorney General.

408. Judgment — A judgment annulling a legal person's constituting act must designate a liquidator to liquidate the property as provided in the applicable legislation or in the Civil Code. The judgment is notified to the enterprise registrar.

Legal costs — The legal costs are paid out of the legal person's patrimony and, if it is insufficient, out of the personal patrimony of its directors and officers. However, when a judgment declares a legal person without share capital to have been unlawfully constituted, the legal costs constitute a personal debt of the persons forming the legal person.

TITRE II —
LES DEMANDES EN MATIÈRE FAMILIALE

TITLE II —
APPLICATIONS IN FAMILY MATTERS

Chapitre I —
Les règles de la demande et de l'instance

Chapter I —
Rules Governing Application and Proceeding

409. Règles applicables — Les demandes fondées sur le livre deuxième du Code civil obéissent, comme celles fondées sur la *Loi sur le divorce* (L.R.C. (1985), ch. 3 (2ᵉ suppl.)), aux règles générales applicables à toute demande en justice, sous réserve des dispositions prévues au présent chapitre.

409. Procedure — Applications under Book Two of the Civil Code as well as applications under the *Divorce Act* (Revised Statutes of Canada, 1985, chapter 3, 2nd Supplement) are governed by the general rules that apply to all judicial application, subject to the provisions of this chapter.

410. Dénonciation — Les demandes en nullité de mariage ou d'union civile, en séparation de corps ou de biens, en divorce ou en dissolution de l'union civile peuvent être dénoncées par l'un des conjoints à l'officier de la publicité foncière; elles le sont lorsqu'un conjoint peut prétendre avoir un droit sur un immeuble en vertu du régime matrimonial ou d'union civile ou que l'immeuble qui sert de résidence familiale est la propriété de l'un des conjoints.

410. Declaration — An application for the annulment of a marriage or a civil union, for separation from bed and board or as to property, for a divorce or for dissolution of a civil union may be declared to the land registrar by either of the spouses. Such a declaration must be made if one of the spouses may claim to have a right in an immovable under the matrimonial or civil union regime or if the immovable serving as the family residence is the property of one of the spouses.

Modalités — Cette dénonciation est faite par la notification à l'officier de la publicité foncière d'un avis que l'officier inscrit sur le registre foncier. Si l'un des conjoints demande la radiation

Procedure — The declaration is made by notifying a notice to the land registrar, which the latter enters in the land register. If one of the spouses asks for the cancellation of the entry in

de l'inscription, le tribunal peut, le cas échéant, l'ordonner à la condition qu'un cautionnement suffisant soit fourni.

the register, the court may order the cancellation subject to a sufficient suretyship being provided.

411. Délai de présentation — La demande introductive d'instance dont les conclusions ne portent que sur une obligation alimentaire, sur la garde des enfants ou sur les mesures provisoires qui y sont liées, ne peut être présentée au tribunal moins de 10 jours après sa signification. La demande est instruite et jugée d'urgence.

411. Presentation time limit — An originating application whose conclusions pertain exclusively to a support obligation, child custody or related provisional measures cannot be presented before the court less than 10 days after it is served. The application is tried and determined by preference.

Exception — Lorsqu'une telle demande est jointe à une demande en nullité de mariage ou d'union civile, en séparation de corps, en divorce ou en dissolution de l'union civile, elle est entendue comme une demande en cours d'instance.

Exception — If an application with such conclusions is joined with a application for the annulment of a marriage or a civil union, for separation from bed and board, for a divorce or for the dissolution of a civil union, it is heard in the same manner as an application in the course of a proceeding.

412. Droits patrimoniaux — Peuvent être jointes à une demande concernant la garde d'un enfant ou l'obligation alimentaire de ses parents envers lui, les demandes entre les parents portant sur les droits patrimoniaux résultant de leur vie commune, s'ils étaient conjoints de fait avant la demande.

412. Patrimonial rights — Applications between parents relating to patrimonial rights arising from their cohabitation may be joined with an application relating to child custody or parental child support obligations if the parents were de facto spouses before the application was instituted.

413. Patrimoine familial — Si la demande comporte une conclusion pour partager le patrimoine familial, chaque partie doit joindre au protocole de l'instance un état de ses biens en indiquant ceux qui sont inclus ou non dans le patrimoine.

413. Family patrimony — If one of the conclusions sought in an application is the partition of family patrimony, each party must attach to the case protocol a statement listing all its property and indicating, for each item, whether it is included in the family patrimony.

Pension alimentaire — Si une partie demande pour elle-même une pension alimentaire, cette demande ne peut être décidée à moins que la partie n'ait déposé au greffe au moins 10 jours avant la présentation de sa demande un état de ses revenus et dépenses et son bilan. La partie défenderesse doit déposer son propre état et bilan au moins cinq jours avant cette présentation, à moins qu'elle n'admette avoir les facultés pour le paiement de la somme demandée; même en ce cas, le tribunal peut demander qu'un état soit produit.

Support — If a party is seeking support for itself, the application cannot be decided unless the party files an income and expense statement and a balance sheet with the court office at least 10 days before the application is to be presented. The defendant must file such a statement and balance sheet at least five days before the presentation date, unless it admits having the resources to pay the amount sought; even when a party admits as much, the court may ask that it produce a statement of property.

414. Déclaration sous serment — Les parties peuvent faire leur preuve au moyen d'une déclaration sous serment. Elles ne peuvent chacune présenter qu'une seule déclaration, quoique le demandeur puisse en produire une seconde, si le défendeur a aussi choisi de procéder par un tel

414. Affidavit — The parties may make their proof by affidavit. Each party files a single affidavit, but the plaintiff may produce a second one if the defendant has also chosen to proceed in this manner. Any further affidavits must be authorized by the court.

moyen. Toute autre déclaration doit être autorisée par le tribunal.

415. Devoir du tribunal — Chaque fois qu'il statue sur une entente en matière familiale, le tribunal s'assure que le consentement de chacune des parties a été donné sans contrainte et que l'entente préserve suffisamment l'intérêt des parties et des enfants et le respect de leurs droits.

Pouvoirs du tribunal — Il peut, à ces fins, convoquer et entendre les parties, même séparément, en présence de leurs avocats ou, le cas échéant, du notaire qui présente la demande conjointe sur projet d'accord.

416. Provision pour frais — Le tribunal peut ordonner à l'une des parties de verser à l'autre partie une provision pour les frais de l'instance si les circonstances le justifient, notamment s'il constate que sans cette aide cette partie risque de se trouver dans une situation économique telle qu'elle ne pourrait faire valoir son point de vue valablement.

415. Court's duty — Whenever it is asked to rule on an agreement in a family matter, the court makes sure that each party has given its consent freely and that the agreement sufficiently protects the interests and rights of the parties and the children.

Powers of the court — For that purpose, the court may convene and hear the parties, together or separately, in the presence of their lawyers or, as applicable, of the notary presenting the joint application on a draft agreement.

416. Provision for costs — The court may order a party to pay a provision for costs to the other party if the circumstances so warrant, as when the court notes that without such assistance the other party's financial situation would likely prevent it from effectively conducting its case.

Chapitre II
La médiation en cours d'instance
SECTION I
LES SÉANCES D'INFORMATION SUR LA PARENTALITÉ ET LA MÉDIATION

Chapter II
Mediation in Course of Proceeding
SECTION I
PARENTING AND MEDIATION INFORMATION SESSION

417. Séance d'information — Dans toute affaire où il existe un différend mettant en jeu l'intérêt des parties et celui des enfants relativement à la garde d'un enfant, aux aliments dus à un conjoint ou à un enfant, au patrimoine familial et aux autres droits patrimoniaux résultant du mariage ou de l'union civile, ou encore au partage des biens des conjoints de fait, l'instruction de l'affaire ne peut avoir lieu à moins que les parties n'aient participé, ensemble ou séparément, à une séance d'information portant sur la parentalité et la médiation.

Exemption — Sont exemptées de participer à la séance d'information les personnes qui ont déposé au greffe une attestation qu'elles ont déjà participé à une telle séance pour un différend antérieur ou qui confirme qu'elles se sont présentées à un service d'aide aux victimes reconnu par le ministre de la Justice en invoquant être victime de violence conjugale. En tous ces cas, le tribunal peut néanmoins, dans l'intérêt de l'en-

417. Information session — Any case in which the interests of the parties and their children are at stake in connection with child custody, spousal or child support, the family patrimony, other patrimonial rights arising from the marriage or civil union or the partition of property between de facto spouses cannot proceed to trial unless the parties have jointly or separately participated in a parenting and mediation information session.

Exemption — Persons who have filed with the court office a certificate attesting that they have already participated in such an information session in connection with a prior dispute or confirming that they have gone to a victim assistance organization recognized by the Minister of Justice for help as a victim of domestic violence are exempted from participating in such a session. In any such case, the court, in the children's interests, may nonetheless order participation in such an information session.

fant, leur ordonner de participer à une telle séance.

418. Contenu — La séance d'information porte sur la parentalité, eu égard notamment aux incidences du conflit sur les enfants et sur les responsabilités parentales des parties ainsi que sur la nature, les objectifs et le déroulement de la médiation et sur le choix du médiateur.

418. Content — The information session deals with parenting issues, such as the effects of conflict on the children, and with the parental responsibilities of parties, and explains the nature and purpose of mediation, the process involved and how the mediator is chosen.

419. Modalités — La séance d'information se déroule en groupe; elle est donnée par deux médiateurs accrédités conformément au règlement pris en application de l'article 619 dont un seul doit être juriste. Cette séance peut être tenue par tout moyen technologique approprié disponible.

419. Procedure — The information session is conducted in a group setting; it is given by two mediators certified in accordance with the regulations under article 619, only one of whom must be a lawyer. The session may be held using any appropriate technological means available.

Séances distinctes — La volonté des parties de participer à des séances distinctes doit être respectée.

Separate sessions — If the parties wish to attend separate sessions, their wish must be respected.

Attestation de participation — Après la séance, une attestation de participation est donnée par le service de médiation familiale.

Participation certificate — After the session, a participation certificate is issued by the Family Mediation Service.

SECTION II —
LE RECOURS À LA MÉDIATION

SECTION II —
MEDIATION

420. Pouvoirs du tribunal — Le tribunal peut, à tout moment, suspendre l'instance ou ajourner l'instruction pour permettre aux parties d'entreprendre ou de poursuivre une médiation auprès d'un médiateur accrédité qu'elles choisissent ou pour demander au service de médiation familiale d'intervenir auprès d'elles.

420. Powers of the court — The court may, at any time, stay the proceeding or adjourn the trial to enable the parties to enter into or continue mediation with a certified mediator of their choice, or to ask the Family Mediation Service to work with the parties.

Prise en considération — Avant de rendre une telle décision, le tribunal prend en considération le fait que les parties ont déjà ou non vu un médiateur accrédité, l'équilibre des forces en présence, l'existence ou non d'une situation de violence familiale ou conjugale et l'intérêt des parties et de leurs enfants.

Factors took in account — Before making such a decision, the court considers such factors as whether the parties have already met with a certified mediator, whether there is an equal balance of power between the parties, whether there have been incidents of family or spousal violence and whether mediation is in the interests of the parties and their children.

Modalités — La médiation obéit aux principes généraux inscrits au présent code et suit le processus qui y est prévu.

Procedure — Mediation is governed by the general principles set out in this Code and conducted in keeping with the process provided for in this Code.

421. Suspension ou ajournement — Le tribunal peut suspendre l'instance ou ajourner l'instruction pour une période d'au plus trois mois. À l'expiration de ce délai ou avant, si la

421. Stay or adjournment — The court may stay the proceeding or adjourn the trial for not more than three months. On or before the expiry of that time, if mediation has not begun or if it

médiation n'est pas entreprise ou s'il y est mis fin, l'instance est poursuivie à moins que, du consentement des parties, le tribunal ne prolonge la suspension ou l'ajournement pour la période qu'il détermine.

Effet — Le juge qui prononce la suspension ou l'ajournement demeure saisi du dossier, à moins que le juge en chef ne l'en dessaisisse.

422. Délai — Le service de médiation familiale désigne, lorsqu'il intervient à la demande du tribunal, un médiateur et fixe la date de la première rencontre, laquelle doit avoir lieu à l'intérieur d'un délai de 20 jours depuis la décision. Le médiateur choisi par les parties est également tenu d'agir dans ce même délai.

423. Rapport du médiateur — Si les parties n'ont pas entrepris le processus de médiation dans le délai imparti ou si, l'ayant entrepris, il y est mis fin avant qu'un règlement du différend n'intervienne, le médiateur en fait état dans un rapport qu'il produit au greffe du tribunal. Il remet également ce rapport au service de médiation familiale et à chacune des parties et, le cas échéant, à leur avocat.

Inscription — Le greffier inscrit la date de production du rapport au registre du tribunal puis informe le juge saisi de l'affaire et lui remet le dossier pour qu'il fixe la date de l'instruction. Cette inscription met fin à la suspension ou à l'ajournement.

424. Honoraires du médiateur — Les honoraires du médiateur qui ne sont pas assumés par le service de médiation familiale sont répartis entre les parties en fonction des revenus de chacune ou selon leur convention, à moins que le tribunal n'ordonne une répartition différente.

Chapitre III ━━
L'expertise par le service d'expertise psychosociale

425. Désignation d'un expert — Dans toute affaire en matière familiale qui met en jeu l'intérêt d'un enfant mineur, le tribunal peut, d'office ou sur demande, ordonner au service d'expertise psychosociale de la Cour supérieure de désigner

has been ended, the proceeding is continued unless the court extends the stay or adjournment, with the parties' consent, for the time it specifies.

Effect — The judge who stays the proceeding or adjourns the trial remains seized of the matter, unless the chief justice decides otherwise.

422. Time limit — When intervening at the court's request, the Family Mediation Service designates a mediator and sets the date of the first meeting, which must be held within 20 days after the decision. A mediator chosen by the parties is required to begin the mediation within the same time.

423. Mediator's report — If the parties do not enter into mediation within the allotted time or if they put an end to mediation before the dispute is resolved, the mediator files a report to that effect with the court office. The mediator also sends the report to the Family Mediation Service, to each of the parties and, if represented, to their lawyers.

Filing in the court register — The court clerk records the report filing date in the court register, then informs the judge seized of the matter and delivers the case record to the latter so that a trial date can be set. The stay or adjournment ends on the recording of that date in the court register.

424. Mediator's fee — Any part of the mediator's fee that is not borne by the Family Mediation Service is apportioned between the parties based on their respective income or according to their agreement, unless the court orders a different apportionment.

Chapter III ━━
Assessment by Psychosocial Assessment Service

425. Order to appoint an expert — In any family law case in which the interests of a minor child are at stake, the court, on its own initiative or on an application, may order the Psychosocial Assessment Service of the Superior Court to ap-

un expert pour l'éclairer sur toute question liée à la garde de l'enfant ou aux autres aspects qui concernent cet enfant.

point an expert to enlighten the court on any custody-related or other issue affecting the child.

Contenu — La décision précise la mission confiée à l'expert et fixe le délai dans lequel le rapport devra être produit au service d'expertise psychosociale, lequel délai ne peut excéder trois mois à compter du moment où l'expert est désigné.

Content — The decision must define the expert's mission and set the time limit within which the expert report is to be filed with the Psychosocial Assessment Service, which must not exceed three months after the expert's appointment.

426. Notification — Le greffier notifie sans délai la décision et les autres documents pertinents au service d'expertise psychosociale. Le service désigne l'expert et fait connaître le nom de celui-ci au juge qui a rendu la décision ou au juge en chef.

426. Notification — The court clerk immediately notifies the decision as well as the other relevant documents to the Psychosocial Assessment Service. The Service appoints an expert and informs the judge who made the decision or the chief justice of the expert's name.

427. Respect du délai — Le service d'expertise psychosociale prend les moyens nécessaires pour s'assurer que l'expert désigné respecte le délai qui lui est imparti pour produire son rapport.

427. Compliance with the time limit — The Psychosocial Assessment Service takes all the necessary measures to ensure that the appointed expert complies with the time limit for submitting the expert report.

Impossibilité d'agir — Cependant, l'expert qui démontre qu'il a été, en fait, dans l'impossibilité d'agir peut, après en avoir informé le service, demander au tribunal de prolonger le délai qui lui est imparti pour produire son rapport. Si un nouveau délai est accordé, le greffier en notifie le service.

Impossibility to submit the report — However, if the expert shows that it was impossible in fact to submit the report within the time limit, the expert may, after informing the Service, ask the court to extend the time limit. If an extension is granted, the court clerk so informs the Service.

428. Remise du rapport — L'expert produit son rapport au service d'expertise psychosociale, lequel le remet au greffier du tribunal. Ce dernier transmet le rapport au juge qui a ordonné l'expertise ou, s'il n'est plus saisi du dossier, au juge en chef ou au juge désigné par lui, ainsi qu'aux parties.

428. Report sent to the judge — The expert files the report with the Psychosocial Assessment Service, which forwards it to the court clerk. The court clerk sends the report to the judge who ordered the assessment or, if that judge is no longer seized of the matter, to the chief justice or the judge designated by the latter, and to the parties.

429. Accès aux dossiers — Le tribunal peut ordonner à un établissement visé par la *Loi sur les services de santé et les services sociaux* (chapitre S-4.2) de donner à l'expert désigné accès aux renseignements contenus dans le dossier d'un usager qui sont nécessaires à la réalisation de l'objet de l'expertise.

429. Order to give access — The court may order an institution governed by the *Act respecting health services and social services* (chapter S-4.2) to give an appointed expert access to any information in a user's record that is necessary for the purposes of the expert's assessment.

Chapitre IV ▬▬
La demande conjointe en séparation de corps, en divorce ou en dissolution d'union civile sur projet d'accord

Chapter IV ▬▬
Joint Application for Separation from Bed And Board, Divorce or Dissolution of Civil Union on Basis of Draft Agreement

430. Projet d'accord — Les conjoints peuvent soumettre conjointement à l'approbation du tribunal, avec leur demande en séparation de corps, en divorce ou en dissolution d'union civile, un projet d'accord qui, daté et signé par eux, porte règlement complet des conséquences de leur demande.

430. Draft agreement — Spouses filing a joint application for separation from bed and board, a divorce or the dissolution of their civil union may, together with the application, submit to the court for approval a draft agreement, dated and signed by them, that provides a complete settlement of the consequences of their application.

Effet — Le projet d'accord s'applique depuis la demande jusqu'au jugement, sous réserve de l'application pendant cette période des mesures provisoires que les conjoints y ont prévues.

Effect — The draft agreement applies from the date of the application to the date of the judgment, subject to any provisional measures that the spouses have set out in it.

Contenu — Le projet d'accord indique, au besoin, la personne chargée de liquider le régime matrimonial ou l'union civile et leurs autres droits patrimoniaux.

Content — The draft agreement must identify, if one is required, the liquidator of the matrimonial or civil union regime and of the spouses' other patrimonial rights.

431. Caducité — La demande conjointe devient caduque si, après une ordonnance d'ajournement, les conjoints omettent de présenter un projet d'accord modifié dans un délai de trois mois ou dans tout autre délai fixé par le tribunal. Elle le devient également si l'un des conjoints se désiste de la demande conjointe et que ni l'un ni l'autre ne modifie la demande et poursuit l'instance dans les trois mois qui suivent.

431. Lapse — The joint application lapses if, following an adjournment order, the spouses fail to present an amended draft agreement within three months or any other time limit set by the court. The joint application also lapses if one of the spouses discontinues it and neither of them amends it and continues the proceeding within the following three months.

Chapitre V ▬▬
Les demandes relatives à l'adoption

Chapter V ▬▬
Applications Relating to Adoption

432. Notification au directeur — Les demandes relatives à l'adoption d'un enfant mineur sont, si elles sont appuyées sur un consentement général, notifiées au directeur de la protection de la jeunesse ayant compétence dans le lieu où réside l'enfant ou, si l'enfant est domicilié hors du Québec, dans le lieu où est domicilié l'adoptant. Le directeur peut intervenir de plein droit à ces demandes.

432. Notification to the director of youth protection — Applications relating to the adoption of a minor child, unless supported by general consent to the child's adoption, are notified to the director of youth protection having jurisdiction in the child's place of residence or, if the child is domiciled outside Québec, in the adopter's place of domicile. The director may intervene as of right as regards such applications.

Avis — Lorsqu'un avis de ces demandes doit être notifié à une partie ou à une personne intéressée, l'avis est donné par le directeur. Cet avis doit assurer l'anonymat des adoptants, du père et de la mère ou du tuteur, les uns par rapport aux autres et exposer l'objet de la demande, les

Notice — If a notice of the applications must be notified to a party or to an interested person, it is notified by the director. The notice must ensure that the adopters remain anonymous to the father and mother or the tutor and vice versa, and must state the subject matter of the application, the

moyens sur lesquels elle est fondée et les conclusions recherchées.

grounds on which the application is based and the conclusions sought.

433. Admission à l'audience — Le tribunal, si la procédure d'adoption est fondée sur un consentement général à l'adoption, admet à ses audiences tout membre de la Commission des droits de la personne et des droits de la jeunesse ou toute autre personne autorisée expressément par elle à y assister. Ces personnes ne peuvent dévoiler ce qui a été communiqué à l'audience ou ce qui s'y est produit, ni être contraintes de le faire.

433. Admission to the hearing — If the adoption process is based on general consent to the child's adoption, the court admits to its hearings any member of the Commission des droits de la personne et des droits de la jeunesse or any other person expressly authorized to attend by the Commission. Such a person cannot disclose, or be compelled to disclose, anything that was said or disclosed or that occurred at a hearing.

434. Demande de restitution — La demande faite par celui qui, ayant donné un consentement à l'adoption et ayant omis de le rétracter dans le délai prescrit, veut obtenir la restitution de l'enfant est signifiée à la personne à qui l'enfant a été remis ou, si le consentement est général, notifiée au directeur de la protection de la jeunesse. Ce dernier donne avis de la demande en restitution au titulaire de l'autorité parentale ou à celui qui l'exerce, au père ou à la mère s'ils ne sont plus titulaires de l'autorité et, le cas échéant, au tuteur.

434. Application for child's return — An application by a person who, having given consent to a child's adoption and having failed to withdraw it within the prescribed time, is seeking to have the child returned to them is served on the person to whom the child was entrusted or, if general consent was given, notified to the director of youth protection. The latter gives notice of the application to the person having or exercising parental authority, to the father or mother if they no longer have parental authority and, if applicable, to the tutor.

Modalités — Dans l'un et l'autre cas, à moins que toutes les parties ne consentent à une autre manière de procéder, le tribunal prend les mesures nécessaires pour que les personnes qui demandent la restitution d'un enfant ne soient pas confrontées avec les adoptants et, si le consentement à l'adoption était général, ne puissent les identifier ni être identifiées par eux.

Procedure — In either case, unless all the parties agree otherwise, the court takes all measures needed to ensure that the persons seeking the child's return never meet the adopters face to face and, if general consent was given to the child's adoption, can never identify them or be identified by them.

435. Signification — La demande en déclaration d'admissibilité à l'adoption est signifiée aux père et mère de l'enfant s'ils sont connus, au tuteur de l'enfant, le cas échéant, et à l'enfant s'il est âgé de 14 ans et plus, ainsi qu'à l'enfant âgé de 10 ans et plus si le juge l'ordonne.

435. Service — An application for a declaration of eligibility for adoption is served on the child's father and mother, if known, on the child's tutor, if the child has one, and on the child if the child is 14 years of age or older; the judge may order that the application be served on the child if the child is 10 years of age or older.

436. Demande de placement — La demande de placement de l'enfant est présentée par l'adoptant et par le directeur de la protection de la jeunesse, à moins que le consentement à l'adoption ne soit spécial, auquel cas elle peut être présentée par le seul adoptant.

436. Application for placement — An application for placement of a child is made by the adopter and the director of youth protection; if special consent was given to the child's adoption, the application may be made by the adopter alone.

Modalités — Elle peut aussi être présentée par le parent de l'enfant ou le conjoint qui a de-

Procedure — An application for placement of a child may also be made by the child's parent or

mandé seul une déclaration d'admissibilité à l'adoption, conformément à l'article 560 du Code civil.

a spouse who, alone, made an application for a declaration of eligibility for adoption in accordance with article 560 of the Civil Code.

437. Avis — Un avis de la demande de placement, indiquant le nom du demandeur et le lieu de son domicile, est notifié à l'enfant âgé de 10 ans et plus. Le directeur de la protection de la jeunesse notifie un avis de la demande au père, à la mère ou au tuteur de l'enfant qui sont domiciliés au Québec et ont consenti à l'adoption dans l'année qui précède la demande.

437. Notice — A notice of the application for placement, stating the applicant's name and place of domicile, is notified to the child concerned if the child is 10 years of age or older. The director of youth protection notifies a notice of the application to the child's father, mother or tutor if they are domiciled in Québec and consented to the adoption in the year preceding the application.

Consentement spécial — Si la procédure d'adoption est fondée sur un consentement spécial ou s'il y a eu déclaration d'admissibilité à l'adoption, l'avis de la demande de placement est notifié par le demandeur.

Special consent — If the adoption process is based on special consent to the child's adoption or if a declaration of eligibility for adoption was granted, the notice of the application for placement is notified by the applicant.

438. Notification — La demande en révocation d'une ordonnance de placement est notifiée au directeur de la protection de la jeunesse qui en donne avis à ceux qui ont reçu notification de la demande de placement.

438. Service — An application for the revocation of a placement order is notified to the director of youth protection, who gives notice of the application to those to whom the application for placement was notified.

Consentement spécial — Dans le cas où le consentement à l'adoption est spécial, la demande en révocation est signifiée à l'adoptant et à l'enfant s'il est âgé de 10 ans et plus.

Special consent — If special consent was given to the child's adoption, the application for revocation is served on the adopter and on the child if the child is 10 years of age or older.

439. Transmission du rapport — Lorsqu'un rapport indiquant que l'enfant ne s'est pas adapté à sa famille adoptive est déposé au tribunal, ce dernier le transmet à l'adoptant et, le cas échéant, au tuteur ou à l'avocat de l'enfant. Il les avise également du délai qui leur est donné pour contester le rapport.

439. Report sent to the adopter — If a report stating that the child has not adapted to the adoptive family is filed with the court, the court sends the report to the adopter and, if applicable, to the child's tutor or lawyer, and informs them of the time within which they may contest the report.

Exception — Dans le cas où l'enfant est âgé de 14 ans et plus, le tribunal peut, s'il le juge opportun, lui transmettre le rapport; il est tenu de le faire s'il entend refuser l'adoption en se fondant sur ce rapport.

Exception — If the child is 14 years of age or older, the court may send the report to the child if it sees fit; it is required to do so if it intends to dismiss the application for adoption on the basis of the report.

440. Présentation — La demande en adoption est présentée par l'adoptant. S'il y a deux adoptants, la demande est faite conjointement.

440. Application for adoption — An application for adoption is made by the adopter. If there are two adopters, the application is made jointly.

441. Signification — Outre la signification à la personne concernée, la demande en adoption d'une personne majeure est, le cas échéant, noti-

441. Service — In addition to being served on the person concerned, an application for the adoption of a person of full age is notified to the

fiée à son époux ou conjoint uni civilement, à ses enfants de 14 ans et plus et à ses ascendants.

person's married or civil union spouse, children 14 years of age or older and ascendants.

442. Demande en reconnaissance — La demande en reconnaissance d'une adoption prononcée hors du Québec doit, pour être recevable, être accompagnée de copies certifiées de la décision d'adoption et de la loi étrangère. Le demandeur peut y joindre des demandes accessoires tel le changement de nom ou de prénom de l'adopté.

442. Application for recognition — To be admissible, an application for recognition of an adoption order made outside Québec must be filed together with certified copies of the adoption order and the foreign legislation. The applicant may attach ancillary applications such as for a change of the adoptee's name or given name.

Chapitre VI ▬
Les demandes relatives aux obligations alimentaires

Chapter VI ▬
Applications Relating to Support Obligations

443. Normes gouvernementales — Le gouvernement établit, par règlement, des normes permettant de fixer la pension alimentaire exigible d'un parent pour son enfant. Ces normes sont établies en fonction notamment de la contribution alimentaire de base à laquelle les deux parents devraient ensemble être tenus à l'égard de l'enfant, des frais de garde, des frais d'études postsecondaires et des frais particuliers relatifs à l'enfant et du temps de garde assumé par les parents à son endroit.

443. Government's standards — The Government, by regulation, establishes standards for determining the child support payable by a parent. The standards are established on the basis of, among other factors, the combined basic child support contribution payable by the parents, childcare expenses, postsecondary education expenses, special expenses for the child and the custodial time of each parent.

Publication — Le ministre de la Justice prescrit et publie à la *Gazette officielle du Québec* la déclaration et le formulaire de fixation des pensions alimentaires que les parties doivent produire; il prescrit et publie également la table permettant de fixer à partir du revenu disponible des parents et du nombre de leurs enfants, la valeur de leur contribution alimentaire de base. Il indique les documents qui doivent être produits avec ces formulaires.

Publication — The Minister of Justice prescribes and publishes in the *Gazette officielle du Québec* the statement form and the support determination form the parties are required to file. The Minister also prescribes and publishes a table determining the combined basic child support contribution payable by the parents on the basis of their disposable income and the number of children they have. The Minister also identifies the documents that must be filed with the forms.

444. Dépôt au greffe — Il n'est statué sur une demande d'obligation alimentaire que si chacune des parties a déposé au greffe sa déclaration contenant les informations prescrites par règlement et, dans le cas de l'obligation alimentaire des parents à l'égard de leur enfant, le formulaire de fixation des pensions alimentaires pour enfants dûment rempli par chacune d'elles, ainsi que les autres documents prescrits.

444. Filing with the court office — No ruling on a support obligation may be made unless the parties have each filed a statement containing the information prescribed by regulation with the court office and, in the case of a parental child support obligation, the support determination form duly completed by each party and the other prescribed documents.

Défaut du défendeur — Si le défendeur ne produit pas ces documents, sa contestation ne peut être entendue et le tribunal peut statuer après avoir entendu le demandeur et fait l'examen des documents que celui-ci a produits.

Defendant's failure to file — If the defendant fails to file those documents, his defence cannot be heard, and the court may make a ruling after hearing, and examining the documents produced by, the plaintiff. Before making a ruling, the court may nevertheless relieve the defendant

Néanmoins, le tribunal peut, avant de statuer, relever le défendeur de son défaut aux conditions qu'il détermine.

Destruction — Les déclarations produites au greffe sont détruites si le tribunal n'accorde aucune pension alimentaire ou si, dans l'année qui suit leur production, aucun jugement n'est rendu.

445. Notification — À moins d'entente entre les parties sur la remise des documents, le parent demandeur notifie la demande de pension alimentaire à l'autre parent, ainsi que les documents prescrits. Après en avoir reçu notification, celui-ci notifie à son tour ses documents au demandeur, au moins cinq jours avant la présentation de la demande.

446. Information incomplète ou contestée — Lorsque l'information contenue dans les documents prescrits est incomplète ou contestée, ou dans tous les cas où il l'estime nécessaire, le tribunal peut y suppléer et, notamment, établir le revenu d'un parent. Il tient alors compte, entre autres, de la valeur des actifs de ce parent et des revenus qu'ils produisent ou qu'ils pourraient produire, selon ce qu'il estime approprié.

447. Aliments — Les aliments dus à l'enfant sont établis sans tenir compte, le cas échéant, des aliments réclamés par l'un des parents pour lui-même.

Jugement — Le jugement qui accorde des aliments à un enfant et à l'un des parents précise distinctement le montant des aliments dus à chacun.

Formulaire — Le formulaire de fixation des pensions alimentaires ayant servi au tribunal pour fixer la pension alimentaire d'un enfant doit être joint au jugement qui l'accorde.

448. Valeur des aliments — Les parents qui conviennent d'aliments d'une valeur différente de celle qui serait exigible en application des règles de fixation des pensions alimentaires pour enfants doivent, dans leur entente et dans le formulaire, énoncer avec précision les motifs de cet écart.

Écart — Si le jugement accorde des aliments qui ne correspondent pas à l'entente des parents

from the default, subject to the conditions it determines.

Destruction — The statements filed with the court office are destroyed if no support is granted by the court or if no judgment is rendered within one year after they are filed.

445. Notification — Unless the parties have made an agreement on the delivery of documents, the applicant parent notifies the application for child support, together with the prescribed documents, to the other parent. After receiving notification of the application, the latter must in turn notify the prescribed documents to the applicant at least five days before the application is to be presented.

446. Incomplete or contested particulars — If the particulars in a prescribed document are incomplete or contested, or in any circumstances it considers it necessary, the court may supplement the information. The court may determine a parent's income by considering, among other things, the value of the parent's assets and the income they generate or could generate, as it considers appropriate.

447. Child support — Child support is determined without consideration of any spousal support claimed by a parent for themselves.

Judgment — A judgment awarding child support and spousal support must clearly specify the amount to be paid in child support and the amount to be paid in spousal support.

Form — The support determination form used by the court to determine the child support payable must be attached to the judgment awarding child support.

448. Child support amount — Parents who agree on a child support amount that differs from the amount that would be payable under the child support determination rules must clearly set out, in their agreement and in the support determination form, the reasons for the difference.

Difference — If the judgment awards child support that does not reflect the parents' agreement or, in the case of a defended application,

ou, en cas de demande contestée, aux données du formulaire que ces derniers ont produit, il énonce avec précision les motifs de cet écart, en se rapportant, le cas échéant, aux rubriques pertinentes du formulaire.

the particulars in the forms filed by the parents, the judgment must clearly state the reasons for the difference, referring, if applicable, to the relevant sections of the form.

449. Programme d'aide sociale — Si une entente intervient dans le cadre d'une demande portant sur une obligation alimentaire, la partie à cette entente qui est prestataire d'un programme d'aide sociale ou de solidarité sociale prévu par la *Loi sur l'aide aux personnes et aux familles* (chapitre A-13.1.1) doit y déclarer ce fait. Elle déclare de même ce fait si elle a reçu des prestations en vertu d'un tel programme au cours de la période visée par l'entente.

449. Social assistance or social solidarity — If an agreement is reached on an application relating to a support obligation and one of the parties is receiving benefits under a social assistance or social solidarity program created under the *Individual and Family Assistance Act* (chapter A-13.1.1), that party must state as much in the agreement. If a party was receiving benefits under such a program during any period covered by the agreement, that fact must also be stated in the agreement.

450. Registre des pensions alimentaires — Dès qu'un jugement accorde une pension alimentaire ou révise un tel jugement, le greffier inscrit au registre des pensions alimentaires l'information pertinente contenue au jugement et dans les déclarations et transmet ces dernières au ministre du Revenu, avec le jugement.

450. Register of support payments — As soon as a judgment awarding support or varying a judgment awarding support is rendered, the court clerk enters the relevant information from the judgment and statements in the register of support payments and sends the statements to the Minister of Revenue with the judgment.

Confidentialité — L'information qui est inscrite sur le registre des pensions alimentaires est confidentielle.

Confidentiality — Information entered in the register of support payments is confidential.

Chapitre VII ——
Les demandes relatives à
l'autorité parentale

Chapter VII ——
Applications Relating to Parental
Authority

451. Demande en déchéance — La demande en déchéance de l'autorité parentale ou en retrait d'un attribut de l'autorité parentale ou de son exercice est signifiée aux titulaires de l'autorité parentale et au tuteur de l'enfant et notifiée au directeur de la protection de la jeunesse ayant compétence dans le lieu où réside l'enfant. Le directeur peut alors intervenir de plein droit relativement à cette demande.

451. Application for deprivation of parental authority — An application for deprivation of parental authority or for withdrawal of an attribute or of the exercise of an attribute of parental authority is served on the persons having parental authority and the child's tutor and notified to the director of youth protection having jurisdiction in the child's place of residence. The director may intervene as of right as regards the application.

Demande en restitution — La demande faite par les père et mère, ou par l'un d'eux, pour que leur soit restituée l'autorité dont ils ont été privés, est signifiée au titulaire de l'autorité parentale ou, le cas échéant, au tuteur et notifiée aux personnes qui ont été parties à la demande en déchéance ou en retrait.

Application for reinstatement — An application by the mother and father, or by either parent, to have their authority restored is served on the person having parental authority or, as applicable, on the tutor and notified to the persons who were party to the application for deprivation or withdrawal.

452. Conseil de tutelle — Le tribunal peut, même d'office, ordonner la constitution d'un conseil de tutelle, pour prendre son avis sur la désignation du titulaire de l'autorité parentale ou sur la nomination d'un tuteur.

452. Tutorship council — The court, even on its own initiative, may order the establishment of a tutorship council so that it may seek its advice on the designation of a person to hold parental authority or on the appointment of a tutor.

Chapitre VIII ━
Le jugement

Chapter VIII ━
Judgment

453. Demandes accessoires — Au moment où le tribunal prononce la nullité du mariage ou de l'union civile, la séparation de corps, le divorce ou la dissolution de l'union civile, il statue sur les demandes accessoires, notamment celles qui concernent la garde, l'entretien et l'éducation des enfants, ainsi que sur les aliments dus au conjoint ou aux enfants. Il statue, au même moment ou ultérieurement, si les circonstances le justifient, sur les questions relatives au patrimoine familial et aux autres droits patrimoniaux résultant du mariage ou de l'union civile.

453. Ancillary applications — When granting the annulment of a marriage or a civil union, separation from bed and board, a divorce or the dissolution of a civil union, the court rules on ancillary applications, such as applications relating to the custody, maintenance or education of the children or to child or spousal support. At the same time or at a later date, if warranted by the circumstances, the court rules on issues relating to family patrimony and other patrimonial rights arising from the marriage or civil union.

454. Demande d'homologation — Le tribunal saisi d'une demande d'homologation d'une entente ou d'un projet d'accord entre les parties peut y apporter des modifications pour tenir compte de l'intérêt des enfants ou de l'un ou l'autre des conjoints. Il peut aussi ajourner sa décision jusqu'à ce que les parties apportent des modifications à l'entente ou au projet d'accord ou refuser l'homologation, auquel cas l'instance se poursuit.

454. Application for homologation — The court seized of an application for the homologation of an agreement or a draft agreement between the parties may amend the agreement or draft agreement on the basis of the interests of the children or one of the spouses. The court may also postpone its decision until the parties have amended the agreement or draft agreement, or deny homologation, in which case the proceeding continues.

455. Acte de l'état civil — Le jugement qui ordonne la confection ou la rectification d'un acte de l'état civil ou la modification du registre de l'état civil énonce les inscriptions qui devront être effectuées au registre. Il s'impose, d'office, au directeur de l'état civil.

455. Act of civil status — A judgment ordering the drawing up or correction of an act of civil status or the alteration of the register of civil status must specify the entries to be made in the register. The judgment is binding on the registrar of civil status.

456. Notification — Le greffier notifie le jugement qui prononce la nullité de mariage ou d'union civile, la séparation de corps ou de biens, le divorce ou la dissolution de l'union civile au directeur de l'état civil, à l'officier de la publicité chargé du registre des droits personnels et réels mobiliers, à la Régie des rentes du Québec, ainsi qu'au dépositaire de la minute du contrat de mariage ou d'union civile et, le cas

456. Notification — The court clerk notifies a judgment granting the annulment of a marriage or a civil union, separation from bed and board or as to property, a divorce or the dissolution of a civil union to the registrar of civil status, the personal and movable real rights registrar, the Régie des rentes du Québec, the depositary of the original of the marriage contract or civil union contract and the depositary of the original

échéant, au dépositaire de la minute de tout contrat qui a modifié le régime matrimonial ou d'union civile.

Minute du contrat — Le dépositaire est tenu de porter à l'attention des personnes qui consultent la minute du contrat ou une copie de celle-ci le fait qu'un jugement pertinent à ce contrat a été rendu. Il doit en outre leur fournir l'information permettant de consulter le jugement, dont la date du jugement, le numéro du dossier, le tribunal qui l'a rendu et le district judiciaire où il l'a été.

457. Districts différents — Le greffier du district où est rendu le jugement accueillant une demande en révision portant sur une obligation alimentaire, sur la garde d'un enfant ou sur une mesure provisoire le transmet au greffier du district où le jugement initial a été rendu lorsque ces districts sont différents.

of any contract modifying the matrimonial or civil union regime.

Original or copy of the contrat — The depositary is required to bring to the attention of persons who refer to the original or a copy of such a contract the fact that a judgment has been rendered in connection with the contract and to give them the information needed to access the judgment, including the judgment date, the court record number, the court that rendered the judgment, and the judicial district in which the judgment was rendered.

457. Differents districts — If a judgment varying support obligations, child custody or provisional measures is rendered in a different judicial district than the one in which the initial judgment was rendered, the court clerk sends the judgment to the court clerk of the district in which the initial judgment was rendered.

Chapitre IX ——
Les règles concernant l'opposition au mariage ou à l'union civile

Chapter IX ——
Opposition to Marriage or Civil Union

458. Notification — L'opposition au mariage ou à l'union civile est notifiée, au moins cinq jours avant la date de présentation de la demande, au célébrant, aux futurs conjoints et, le cas échéant, aux personnes qui doivent donner leur consentement à la célébration du mariage.

Effets — À moins que l'opposition ne soit abusive, le tribunal la reçoit et fixe une date rapprochée pour l'entendre. La réception de l'opposition vaut ordre de surseoir à la célébration du mariage ou de l'union civile. Si l'opposition n'est pas présentée à la date fixée, toute partie peut obtenir du greffier un constat de défaut. Sur notification de ce constat, le célébrant peut procéder à la célébration du mariage ou de l'union.

Dommages-intérêts — Le tribunal qui rejette une opposition peut, sur demande, condamner immédiatement l'opposant à des dommages-intérêts ou fixer la date pour l'audition de la preuve sur les dommages-intérêts.

458. Notification — An opposition to a marriage or civil union must be notified, at least five days before the date the opposition is to be presented, to the officiant, to the intended spouses and, in the case of a marriage, to any person who must consent to its solemnization.

Effects — Unless it is abusive, the court admits the opposition and sets an early hearing date. Admission of the opposition stays the solemnization of the marriage or civil union. If the opposition is not presented on the scheduled date, any party may obtain a default certificate from the court clerk. On receiving notification of the default certificate, the officiant may proceed with the solemnization of the marriage or civil union.

Damages — When dismissing an opposition, the court, on an application, may immediately order the opposer to pay damages or may schedule a date to hear evidence on damages.

TITRE III ——
LES DEMANDES CONCERNANT LES SUCCESSIONS, LES BIENS, LES SÛRETÉS ET LA PREUVE

TITLE III ——
APPLICATIONS RELATING TO SUCCESSIONS, PROPERTY, SECURITY AND EVIDENCE

Chapitre I ▬
La vérification des testaments et les lettres de vérification
SECTION I ▬
LA VÉRIFICATION DES TESTAMENTS

459. Pouvoir du greffier spécial — Lorsqu'il serait peu pratique ou trop onéreux d'appeler tous les successibles connus à la vérification d'un testament, le greffier spécial peut donner dispense de cette obligation et déterminer les personnes que le requérant ou le notaire saisi d'une demande de vérification devront notifier.

460. Original du testament — Si l'original du testament est entre les mains d'un tiers, le greffier spécial peut ordonner à la personne qui le détient ou chez qui il a été déposé de le produire au greffe; il peut aussi ordonner de le remettre au notaire qu'il désigne afin que ce dernier en fasse l'examen.

461. Dépôt au greffe — Le testament vérifié par le tribunal est déposé au greffe. Le greffier délivre à toute personne intéressée qui le requiert des copies certifiées du testament, du jugement qui y fait droit et, s'il y a lieu, de la preuve faite à l'appui de la demande de vérification.

Procès-verbal de vérification — Le testament vérifié par un notaire est annexé au procès-verbal de la vérification et conservé dans son greffe. Le notaire délivre à toute personne intéressée qui le requiert des copies certifiées du testament et du procès-verbal de vérification.

462. Contestation — Un testament vérifié peut, ultérieurement à sa vérification, être contesté par toute personne intéressée qui ne s'est pas opposée à la demande de vérification ou qui, s'y étant opposée, soulève des moyens qu'elle n'était pas alors en mesure de faire valoir.

SECTION II ▬
LES LETTRES DE VÉRIFICATION

463. Application — Toute personne intéressée peut demander des lettres de vérification desti-

Chapter I ▬
Probate of Wills and Letters of Verification
SECTION I ▬
PROBATE OF WILLS

459. Power of the special clerk — When it would prove impractical or too costly to call all the known successors to the probate of a will, the special clerk may grant an exemption from that requirement and determine the persons to be notified by the applicant or the notary seized of the probate application.

460. Original of the well — If the original of the will is in the hands of a third person, the special clerk may order the person to file it with the court office or to deliver it to the notary designated by the special clerk so that the notary may examine it.

461. Filing with the court office — A will probated by the court is deposited at the court office. The court clerk issues to any interested person, on request, certified copies of the will, the judgment probating the will and any evidence produced in support of the probate application.

Minutes of the probate — A will probated by a notary is attached to the minutes of the probate and kept in the notary's records. The notary issues certified copies of the will and minutes of the probate to any interested person on request.

462. Contestation — A will may, subsequent to its probate, be contested by any interested person who did not oppose the probate application or who, having opposed it, raises grounds they were not in a position to raise at the time.

SECTION II ▬
LETTERS OF VERIFICATION

463. Application — Any interested person may apply for letters of verification, for use outside

nées à servir hors du Québec afin de prouver sa qualité d'héritier, de légataire particulier ou de liquidateur de la succession.

Contenu — Les lettres de vérification attestent que la succession est ouverte et identifient la personne qui agit comme liquidateur de la succession. De plus, elles certifient, dans le cas d'une succession *ab intestat*, que les biens sont dévolus aux personnes désignées dans les proportions indiquées. Dans le cas d'une succession testamentaire, elles certifient qu'il a été prouvé que le testament dont la copie est annexée est le seul testament que le défunt ait fait ou qu'il est le dernier; en ce cas, elles certifient que ce testament révoque, en tout ou en partie, les testaments antérieurs.

464. Notification — La demande est notifiée au liquidateur de la succession s'il est connu, ainsi qu'à tous les héritiers ou légataires particuliers connus qui résident au Québec.

465. Demande de révocation — Les lettres de vérification peuvent être révoquées ou rectifiées, à la demande de toute personne intéressée qui ne s'est pas opposée à ce qu'elles soient accordées, ou qui, s'y étant opposée, soulève des moyens qu'elle n'était pas alors en mesure de faire valoir.

466. Copie certifiée — Le greffier ou le notaire délivre à toute personne intéressée qui le requiert des copies certifiées des lettres de vérification. Toutefois, en cas de contestation, aucune copie ne peut être délivrée avant qu'il n'ait été disposé de la demande.

Rectification — Si ces lettres sont rectifiées par le jugement, le greffier en délivre des nouvelles pour remplacer les premières.

Québec, to prove their capacity as heir, legatee by particular title or liquidator of the succession.

Content — The letters of verification certify that the succession has opened and identify the liquidator of the succession. In the case of an intestate succession, the letters of verification also certify that the property of the deceased devolves to the persons named in the proportions specified. In the case of a testamentary succession, the letters of verification certify that it has been proved that the will, a copy of which is attached to the letters of verification, is the only will made by the deceased or the last will made by the deceased; in the latter case, they certify that the will revokes previous wills in whole or in part.

464. Notification — The application for letters of verification is notified to the liquidator of the succession, if known, and to all known heirs and legatees by particular title who are resident in Québec.

465. Application for revocation or correction — Letters of verification may be revoked or corrected on an application by any interested person who did not oppose their issue or who, having opposed it, raises grounds they were not in a position to assert at the time.

466. Certified copies — The court clerk or the notary issues certified copies of letters of verification to any interested person on request. However, if the letters of verification are contested, no copies may be issued until the application has been dealt with.

Rectification — If letters of verification are rectified by a judgment, the court clerk issues new letters of verification to replace the initial ones.

Chapitre II ——
Les demandes relatives à la publicité des droits et à la prescription acquisitive d'un immeuble

Chapter II ——
Applications Relating to Publication of Rights and to Acquisitive Prescription of an Immovable

467. État des droits — Les demandes relatives à l'inscription ou à la rectification, à la réduction ou à la radiation d'une inscription sur le

467. Statement setting out the rights — An application relating to registration in the land register or in the register of personal and mova-

registre foncier ou sur le registre des droits personnels et réels mobiliers sont appuyées d'un état des droits inscrits sur le registre approprié à l'égard du bien, de la nature de l'universalité ou du nom du constituant, certifié par l'officier de la publicité des droits.

468. Modalités — La demande relative à la prescription acquisitive d'un immeuble est appuyée d'un état récent des droits inscrits sur le registre foncier certifié par l'officier de la publicité des droits. La demande est également appuyée d'une copie ou d'un extrait du plan cadastral de l'immeuble ou, si l'immeuble n'est pas immatriculé ou encore s'il s'agit d'une partie de lot, de la description technique de l'immeuble et du plan qui s'y rapporte dressés par un arpenteur-géomètre. Si une construction se trouve sur l'immeuble, un certificat de localisation doit y être joint.

Bornage de l'immeuble — Le tribunal appelé à établir le droit de propriété peut, même d'office, ordonner le bornage de l'immeuble, si l'exactitude du plan est contestée par les propriétaires des immeubles contigus.

Chapitre III —
Le bornage

469. Mise en demeure — La mise en demeure de procéder au bornage contient un énoncé de la demande et de ses causes, sans mention des troubles, dommages et autres réclamations. Elle décrit les immeubles concernés et indique le nom et les coordonnées de l'arpenteur-géomètre suggéré pour les opérations.

Accord des parties — Les propriétaires qui, après la mise en demeure, conviennent du bornage et d'un arpenteur-géomètre, constatent leur accord dans un document qui énonce les causes du bornage, décrit les immeubles et identifie l'arpenteur-géomètre qui y procédera.

Désaccord des parties — En l'absence d'accord, celui qui a mis en demeure peut saisir le tribunal pour qu'il décide du droit au bornage ou désigne un arpenteur-géomètre pour y procéder.

ble real rights, or to the correction, reduction or cancellation of an entry in either register, must be supported by a statement, certified by the registrar, setting out the rights registered in the register in respect of the property, the nature of the universality, or the name of the grantor.

468. Procedure — An application relating to acquisitive prescription of an immovable must be supported by a recent statement, certified by the registrar, setting out the rights registered in the land register. It must also be supported by a copy of or an extract from the cadastral plan or, if the immovable is not immatriculated or is a part of a lot, by a technical description of the immovable and the related plan, both prepared by a land surveyor. If a construction has been erected on the immovable, a location certificate must also be attached.

Boundaries determination — The court that is to determine the right of ownership may, even on its own initiative, order a determination of the boundaries of the immovable if the accuracy of the plan is contested by the owners of the adjoining immovables.

Chapter III —
Boundary Determination

469. Formal notice — A formal notice for the determination of boundaries must set out the demand and the reasons for it, without any reference to disturbances, damage or other claims. It must describe the immovables concerned and include the name and contact information of the land surveyor proposed to perform the operations.

Parties's agreement — If, following the formal notice, the owners agree to a boundary determination and on the choice of a land surveyor, they record their agreement in a document stating the reasons for the boundary determination, describing the immovables concerned and identifying the land surveyor.

Absence of agreement — In the absence of an agreement, the person who gave the formal notice may ask the court to rule on the right to a boundary determination or designate a land surveyor.

470. Rapport de l'arpenteur-géomètre — L'arpenteur-géomètre, choisi par les propriétaires ou désigné par le tribunal, prépare sous son serment professionnel et à titre d'expert un rapport de bornage. Ce rapport fait état de toutes les opérations qui sont nécessaires pour déterminer la limite des immeubles concernés. Il contient le plan des lieux, relate les prétentions respectives des propriétaires concernés et indique la limite entre ces immeubles qui lui paraît la plus adéquate. L'arpenteur-géomètre, après avoir déposé son rapport au greffe s'il a été commis par le tribunal, en notifie une copie aux propriétaires et leur indique les conséquences d'accepter ou non le rapport ou de le contester.

Frais d'expertise — Les frais d'expertise sont partagés également entre les propriétaires.

471. Rapport accepté — Les propriétaires, s'ils acceptent le rapport de bornage, constatent leur accord dans un écrit qu'ils signent devant l'arpenteur-géomètre et lui demandent de procéder à la pose des bornes, de dresser un procès-verbal d'abornement et de procéder à l'inscription du procès-verbal au registre foncier; le rapport peut y être joint. Le bornage est, entre les parties, déclaratif de la ligne séparative des immeubles et du droit de propriété.

472. Rapport refusé — Si l'un des propriétaires refuse le rapport de bornage, il peut, dans le mois qui suit sa notification, demander au tribunal de se prononcer sur le bornage et déterminer la ligne séparative des immeubles. Si aucune demande n'est introduite dans ce délai de rigueur, l'autre propriétaire peut demander au tribunal d'homologuer le rapport.

Jugement — Le tribunal, après examen du rapport, se prononce sur le bornage, détermine la ligne séparative des immeubles et ordonne à l'arpenteur-géomètre de poser les bornes devant témoins, d'établir le procès-verbal d'abornement et de procéder à l'inscription de ce procès-verbal et du jugement au registre foncier; le rapport peut également y être joint. Il rend les mêmes ordonnances s'il accepte d'homologuer le rapport.

Effet — Le jugement est, à l'égard de tous, déclaratif de la ligne séparative des immeubles et du droit de propriété et l'inscription du procès-

470. Land surveyor's report — The land surveyor chosen by the owners or designated by the court draws up a boundary determination report under the surveyor's professional oath and in the surveyor's capacity as an expert. The report must give an account of all the operations necessary to determine the boundaries of the immovables concerned. It must include a plan of the premises, state the respective contentions of the owners concerned and establish the boundaries between the immovables that appear to the surveyor to be the most accurate. The land surveyor, after filing the report with the court office if the land surveyor was designated by the court, notifies a copy of it to the owners and informs them of the consequences of their accepting, not accepting or contesting the report.

Expert fees — The expert fees are apportioned equally among the owners.

471. Acceptance of the report — If the owners accept the boundary determination report, they record their agreement in writing, sign it in the presence of the land surveyor and ask the land surveyor to place boundary markers, to draw up minutes of the boundary marking operations and to register the minutes in the land register; the report may be attached to the minutes. The boundary determination is, between the parties, declaratory as regards the boundary lines of the immovables and ownership rights.

472. Refusal of the report — If one of the owners does not accept the boundary determination report, that owner, within one month after the notification of the report, may ask the court to rule on the boundary determination and determine the boundary lines of the immovables. If no such application is instituted within that strict time limit, the other owner may ask the court to homologate the report.

Judgment — After examining the report, the court rules on the boundary determination, determines the boundary lines of the immovables and orders the land surveyor to place boundary markers in the presence of witnesses, to draw up minutes of the boundary marking operations and to register the minutes and the judgment in the land register; the report may be attached to the minutes. The court issues the same orders if it agrees to homologate the report.

Effect — The judgment is, for all, declaratory

verbal d'abornement fait preuve de l'exécution du jugement.

as regards the boundary lines of the immovables and ownership rights, and the registration of the minutes of the boundary marking operations constitutes proof of the execution of the judgment.

473. Cession des droits — Si, au cours de l'instance, l'un des propriétaires cède ses droits dans l'immeuble soumis au bornage, l'acquéreur peut être contraint de reprendre l'instance.

473. Transfer of rights — If, in the course of the proceeding, an owner transfers their rights in the immovable that is the subject of the boundary determination, the transferee may be compelled to continue the proceeding.

474. Pouvoirs du tribunal — Lorsque le bornage peut affecter des immeubles non contigus à l'immeuble du demandeur, le tribunal peut, même d'office, ordonner l'intervention des propriétaires de ces immeubles. L'arpenteur-géomètre commis par les parties peut aussi demander au tribunal d'ordonner une telle intervention.

474. Powers of the court — If a boundary determination might affect immovables that are not adjoining to the plaintiff's immovable, the court, even on its own initiative, may order the owners of the non-adjoining immovables to intervene in the matter. A land surveyor appointed by the parties may also ask the court to order such intervention.

475. Frais — Les frais de l'abornement et du procès-verbal sont partagés proportionnellement à la ligne bornée de chaque immeuble.

475. Costs — The costs of the boundary marking operations and of the minutes are apportioned according to the length of the boundary line of each immovable, as determined.

Chapitre IV ━━
La copropriété et le partage

Chapter IV ━━
Co-Ownership and Partition

476. Demande en partage — Le tribunal qui accueille la demande en partage d'un bien indivis peut ordonner soit le partage en nature, soit la vente des biens.

476. Application for partition — In granting an application for the partition of undivided property, the court may order either a partition in kind or the sale of the property.

Expert — Le tribunal peut nommer un expert, ou plusieurs s'il y a lieu, pour évaluer les biens, composer les lots et les partager, si les biens peuvent être commodément partagés ou attribués, ou les vendre, selon les modalités fixées par le tribunal. Une fois les opérations exécutées, l'expert prépare un rapport, le produit au greffe et en remet une copie aux indivisaires.

Expert — The court may appoint an expert, or more than one expert if necessary, to assess the value of the property, divide the property into lots and distribute the lots, if the property can conveniently be divided and distributed, or to sell the property in the manner determined by the court. On completion of the operations, the expert prepares a report, files it with the court office and delivers a copy to the co-owners.

Homologation du rapport — L'expert doit faire homologuer son rapport et sa demande d'homologation peut être contestée par tout intéressé. Le tribunal qui homologue le rapport peut, le cas échéant, ordonner au greffier ou à toute autre personne qu'il désigne de procéder au tirage des lots; un procès-verbal de cette opération doit être produit au dossier.

Homologation of the expert report — The expert must have the report homologated; the homologation application may be contested by any interested person. When homologating the report, the court may, if necessary, direct the court clerk or any other person it designates to hold a drawing of the lots; minutes of this operation must be filed in the court record.

477. Notification — La demande relative à la copropriété divise d'un immeuble est notifiée au syndicat des copropriétaires qui avise, dans les cinq jours de la notification, chaque copropriétaire de l'objet de la demande.

477. Notification — An application relating to divided co-ownership of an immovable is notified to the syndicate of co-owners, which must inform all the co-owners of the subject matter of the application within five days after the notification.

Chapitre V ▬
Les coffres-forts

Chapter V ▬
Safety Deposit Boxes

478. Modalités — Une personne peut ouvrir un coffre-fort loué par un tiers dans un établissement financier, à condition d'être autorisée par ce tiers ou, s'il est décédé, par le liquidateur de la succession ou en l'absence de liquidateur par les ayants cause. Elle peut aussi le faire si le tribunal l'autorise.

478. Procedure — A person may open a safety deposit box leased by another person in a financial institution if authorized to do so by that person or, if that person is deceased, by the liquidator of the succession or, in the absence of a liquidator, by the successors. As well, a person may open such a safety deposit box if authorized by the court to do so.

Autorisation du tribunal — Le tribunal n'accorde l'autorisation que s'il estime que toutes les personnes qui pourraient avoir des droits dans les biens s'y trouvant ont été notifiées de la demande ou que des efforts suffisants ont été faits pour qu'elles le soient. Le tribunal peut autoriser l'ouverture selon les modalités qu'il détermine.

Authorization of the court — The court grants its authorization only if it is satisfied that all those who may have rights in the property contained in the safety deposit box have been notified of the application or that sufficient effort has been made to notify them. The court may authorize the opening of the box subject to the conditions it specifies.

Procès-verbal — Lors de l'ouverture, un procès-verbal est dressé par un notaire ou un huissier et mentionne les personnes présentes, le contenu du coffre-fort et les biens qui en sont retirés. En cas de décès du locataire, seul le notaire est autorisé à dresser le procès-verbal.

Minutes — When the safety deposit box is opened, a notary or a bailiff draws up minutes stating the names of the persons present and describing the content of the box and the property removed from the box. If the lessee of the box is deceased, only a notary is authorized to draw up the minutes.

479. Frais — Avant l'ouverture du coffre-fort, le demandeur remet au locateur une somme suffisante pour payer les frais d'ouverture et de remise en état.

479. Cost of opening — Before the safety deposit box is opened, the applicant pays to the lessor an amount sufficient to cover the cost of opening and restoring the box.

Chapitre VI ▬
Les demandes relatives aux sûretés

Chapter VI ▬
Applications Relating to Security

480. État du registre — La demande relative aux sûretés doit être appuyée d'un état récent du registre approprié certifié par l'officier de la publicité des droits.

480. Statement from the relevant register — An application relating to security must be supported by a recent statement from the relevant register, certified by the registrar.

481. Ordonnance en délaissement — Le jugement qui ordonne le délaissement forcé d'un

481. Order to surrender property — A judgment ordering the forced surrender of pro-

bien, outre qu'il fixe le délai dans lequel il doit s'opérer, en détermine la manière et désigne la personne en faveur de qui il a lieu. Le jugement ordonne également qu'à défaut de délaisser le bien dans le délai imparti, le débiteur ou la personne qui possède ou détient le bien soit expulsé ou que le bien lui soit enlevé, selon le cas.

482. Demande en nullité — L'ordonnance en délaissement d'un bien, rendue avant même que ne soit expiré le délai indiqué dans le préavis d'exercice d'un droit hypothécaire, peut, à la demande de celui qui possède ou détient le bien, être annulée par le tribunal si les allégations de la demande originaire qui ont entraîné le prononcé de l'ordonnance sont insuffisantes ou fausses.

Notification — La demande en nullité est notifiée à toutes les parties en l'instance dans les cinq jours de la notification de l'ordonnance.

Effet — Lorsque l'ordonnance est annulée, le créancier est tenu de remettre le bien ou de rembourser le prix de l'aliénation, le cas échéant.

483. Propriétaire inconnu ou incertain — Lorsque l'identité du propriétaire ou de l'un des propriétaires d'un bien hypothéqué est inconnue ou incertaine et que la demande a été notifiée par un avis public, le tribunal peut, si personne ne conteste la demande ou n'exerce les droits du débiteur hypothécaire ou de celui contre qui le droit est exercé, autoriser le créancier à exercer l'un ou l'autre de ses droits hypothécaires.

Chapitre VII ▬
La délivrance d'actes notariés

484. Devoirs du notaire — Les notaires sont tenus, à charge de leurs honoraires et frais, de donner communication ou délivrance des actes ou des extraits d'actes qui font partie de leur greffe ou des greffes dont ils sont cessionnaires ou gardiens, aux parties à l'acte, à leurs héritiers ou à leurs représentants, de même qu'aux personnes qui, en l'absence de testament, auraient eu vocation à recevoir la succession, si elles en font la demande.

Limites — Ils ne sont toutefois pas tenus de donner communication ou délivrance d'un testa-

perty specifies the time within which, the manner in which and the person to whom the property is to be surrendered. The judgment also orders that, on failure to surrender the property within the time specified, the debtor or the possessor or holder of the property be evicted, or the property be taken away from them, as applicable.

482. Application for annulment — An order to surrender property issued before the expiry of the time specified in the prior notice of the exercise of a hypothecary right may be annulled by the court on the application of the possessor or holder of the property if the allegations in the original application that led to the issue of the order are insufficient or false.

Notification — The application for the annulment of the order must be notified to all the parties to the proceeding within five days after notification of the order.

Effect — If the order is annulled, the creditor is required to return the property or pay back the alienation price, as applicable.

483. Unknown or uncertain owner — Where the identity of the owner or of one of the owners of hypothecated property is unknown or uncertain and the application was notified by public notice, the court may authorize the creditor to exercise a hypothecary right if no one contests the application or exercises the rights of the hypothecary debtor or of the person against whom the right is exercised.

Chapter VII ▬
Copies of or Extracts from
Notarial Deeds

484. Notary's duties — Notaries are required, subject to payment of their professional fees and expenses, to give access to or issue copies of or extracts from any deed in their records, or in the records of which they are the assignee or custodian, to the parties to the deed, their heirs or their representatives and, at their request, to persons who, in the absence of a will, would have been called to the succession.

Limits — They are not required, however, to give access to or issue a copy of a will that has been revoked or of a deed that is not required to

ment révoqué ou d'un acte dont la publicité n'est pas requise, sauf sur ordre du tribunal ou sur demande faite par le testateur lui-même ou par une partie à l'acte.

be published, unless ordered by the court or requested by the testator or a party to the deed.

485. Ordonnance du tribunal — En cas de refus ou de silence du notaire, toute personne qui justifie de son droit ou de son intérêt peut requérir une ordonnance du tribunal enjoignant au notaire de donner communication ou délivrance d'un acte ou d'un extrait d'acte.

485. Order of the court — If a notary refuses, or fails to respond, any person who establishes their right or their interest may request a court order directing the notary to give access to or issue a copy of or extract from a deed.

Notification — L'ordonnance fixe le jour et l'heure auxquels l'acte devra être communiqué ou délivré. Elle doit être notifiée au notaire en temps utile, lequel certifie sur l'acte qu'il agit sur ordre du tribunal.

Notification — The order specifies the date and time when access must be given or the copy or extract issued. It must be notified in sufficient time to the notary; the notary certifies on the deed that they are acting on the order of the court.

Chapitre VIII ━━
La reconstitution de certains
documents

Chapter VIII ━━
Reconstitution of Certain
Documents

486. Dépôt d'une copie — Lorsque la minute ou l'original d'un acte authentique ou d'un registre public a été perdu, détruit ou enlevé, celui qui en détient une copie ou un extrait authentique, ou tout intéressé, peut demander au tribunal d'en permettre ou d'en ordonner le dépôt chez l'officier public qu'il désigne, pour tenir lieu d'original.

486. Depositing of a copy — When the minute or the original of an authentic act or of a public register has been lost, destroyed or removed, any person holding an authentic copy of or extract from the act or register, or any interested person, may ask the court to authorize or order that it be deposited with the public officer the court designates to serve as the original.

Frais — Le demandeur paie les frais du dépôt; en outre, il fournit une nouvelle copie à celui qui détenait la copie déposée et l'indemnise de ses débours.

Depositing fee — The applicant pays the depositing fee and provides a new copy to the original holder as well as compensation for the disbursements incurred.

487. Procédure de reconstitution — Lorsqu'un acte authentique ou un registre public ne peut être remplacé, l'officier public qui détenait l'acte ou le registre établit une procédure de reconstitution et en assure l'exécution.

487. Procedure — When an authentic act or a public register cannot be replaced, the public officer who had custody of the act or register establishes and implements a procedure for reconstituting it.

Demande au tribunal — Tout intéressé peut, si l'officier public tarde, demander au tribunal de désigner une personne pour établir une procédure de reconstitution.

Request to the court — If the public officer does not act in a timely manner, any interested person may ask the court to designate a person to establish a reconstitution procedure.

Homologation — Le tribunal homologue le document reconstitué, dès lors qu'il est assuré que la procédure suivie était adéquate et qu'elle permet une reconstitution valable.

Homologation — The court homologates the reconstituted document on being satisfied that the procedure followed was suitable and provides a valid reconstitution.

488. Effet — Le document reconstitué et homologué tient lieu de l'original; il est déposé auprès de l'officier public qui le détenait ou auprès de son cessionnaire.

Contestation — L'homologation n'empêche pas un intéressé de contester le contenu du document ou de demander que des corrections ou des ajouts y soient apportés.

488. Effect — The homologated reconstituted document serves as the original; it is deposited with the public officer who had custody of the original or with that officer's transferee.

Contestation — Homologation does not prevent an interested person from contesting the content of the document or asking for corrections or additions.

TITRE IV ▬
LES DEMANDES INTÉRESSANT LE DROIT INTERNATIONAL PRIVÉ

TITLE IV ▬
APPLICATIONS INVOLVING PRIVATE INTERNATIONAL LAW

Chapitre I ▬
Dispositions générales

Chapter I ▬
General Provisions

489. Modalités — Toute personne que la loi applicable à sa capacité autorise à ester en justice peut exercer cette faculté devant les tribunaux du Québec. Si, selon cette loi, elle doit être représentée, assistée ou autorisée, elle doit, devant les tribunaux du Québec, l'être de la manière fixée par cette loi ou par le droit québécois.

Loi étrangère — Celle qui, en vertu de la loi d'un État étranger, a le pouvoir d'ester en justice en une certaine qualité peut exercer cette faculté devant les tribunaux du Québec.

Groupement de personnes — Le groupement de personnes autorisé par sa loi constitutive à ester en justice peut également exercer cette faculté devant les tribunaux du Québec.

489. Procedure — Any person having the legal capacity to sue or be sued may do so before the courts of Québec. If, under the law governing such capacity, the person must be represented, assisted or authorized, they must, before the courts of Québec, be represented, assisted or authorized in the manner specified by that law or by Québec law.

Foreign law — Any person who may sue or be sued in a certain capacity under the law of a foreign State may do so in the same capacity before the courts of Québec.

Group of persons — Any group of persons authorized by its constituting Act to sue or be sued may do so before the courts of Québec.

490. Délai — Lorsqu'un tribunal du Québec est saisi d'un litige qui comporte un élément d'extranéité, le délai dont le défendeur qui n'a ni domicile, ni résidence, ni établissement au Québec bénéficie pour répondre à l'assignation est de 30 jours et celui qu'ont les parties pour déposer le protocole de l'instance est de trois mois depuis la date de la signification de la demande introductive d'instance; ces délais peuvent être réduits si les parties y consentent ou si, dans un cas d'urgence, le juge les abrège.

490. Time limit — Where a Québec court is seized of a dispute that involves a foreign element and the defendant has no domicile, residence or establishment in Québec, the latter has 30 days to answer the summons and the parties have three months from the date on which the originating application is served to file a case protocol; these time limits may be shortened if the parties consent or if, in an urgent situation, the judge so orders.

Chapitre II ▬▬
Les moyens préliminaires et le cautionnement

Chapter II ▬▬
Preliminary Exceptions and Suretyship

491. Compétence internationale — La demande pour que le tribunal québécois décline sa compétence internationale, sursoie à statuer ou rejette la demande pour cause d'absence de compétence internationale est proposée, comme tout moyen préliminaire.

491. International jurisdiction — An application urging a Québec court to decline international jurisdiction, stay its ruling or dismiss an application for lack of international jurisdiction is made in the same way as any preliminary exception.

Règles applicables — Outre les dispositions du Code civil, le tribunal qui décide de sa compétence internationale prend en considération les principes directeurs de la procédure.

Procedure — When ruling on its international jurisdiction, the court considers the guiding principles of procedure in addition to the provisions of the Civil Code.

492. Sûreté — Le défendeur peut, à tout moment de l'instance, requérir que la sûreté des frais de justice dont le tribunal pourrait ordonner le paiement par un demandeur qui ne réside pas au Québec ou, s'agissant d'une personne morale, qui n'y est pas domiciliée, qu'il soit imposé à ce dernier, dans le délai fixé par le tribunal, de fournir un cautionnement, sous peine de rejet de la demande.

492. Suretyship — If a plaintiff is not resident in Québec or, being a legal person, is not domiciled in Québec, the defendant may, at any stage of the proceeding, require that the plaintiff be ordered, under pain of dismissal of the application, to provide a suretyship, within a specified time, as security for the legal costs the court could award against the plaintiff.

Cautionnement — Celui qui, en vertu des règles sur la représentation devant les tribunaux, agit pour autrui peut, lui aussi, être tenu de fournir un cautionnement si lui-même ou l'un de ses mandants ne réside pas au Québec ou, s'agissant d'une personne morale, n'y est pas domiciliée.

Suretyship — A person acting for another person under the rules of representation before the courts may also be required to provide a suretyship if the representative or one of the representative's mandators is not resident in Québec or, being a legal person, is not domiciled in Québec.

Montant du cautionnement — Pour fixer le montant du cautionnement, le tribunal tient compte de la nature, de la complexité et de l'importance de l'affaire, dont les coûts qui s'y rattachent, ainsi que de la situation économique du demandeur et de la valeur de ses biens au Québec; si le demandeur agit pour le compte d'un mandant qui ne réside pas au Québec, il tient compte de la situation économique de ce mandant. Il peut, à la demande d'une partie, augmenter ou réduire le montant du cautionnement si l'évolution du dossier ou la situation de la partie demanderesse le justifie.

Amount of the suretyship — In determining the amount of the suretyship, the court considers the nature, complexity and importance of the case, including the costs involved, as well as the plaintiff's financial situation and the value of the plaintiff's property in Québec; if the plaintiff is acting on behalf of a mandator who is not resident in Québec, the court considers the mandator's financial situation. On a party's request, the court may increase or reduce the amount of suretyship if warranted by developments in the case or by the plaintiff's circumstances.

493. Exception — Aucun cautionnement ne peut être imposé pour garantir le paiement des frais de justice à l'occasion de procédures judiciaires en matière familiale ou dans les situations visées par la *Loi sur les aspects civils de l'enlèvement international et interprovincial d'enfants* (chapitre A-23.01) ou par la *Loi assurant l'ap-*

493. Exception — No suretyship covering legal costs may be ordered in judicial proceedings relating to family matters or in situations that are subject to the *Act respecting the civil aspects of international and interprovincial child abduction* (chapter A-23.01) or the *Act to secure the carrying out of the Entente between France and*

plication de l'entente sur l'entraide judiciaire entre la France et le Québec (chapitre A-20.1).

Québec respecting mutual aid in judicial matters (chapter A-20.1).

Chapitre III —
La notification internationale

Chapter III —
International Notification

494. Modalités — La notification internationale s'effectue, dans les États qui y sont parties, conformément à la Convention relative à la signification et la notification à l'étranger des actes judiciaires et extrajudiciaires en matière civile ou commerciale, faite à La Haye le 15 novembre 1965, dont le texte est reproduit en annexe, laquelle a force de loi au Québec.

494. Convention on the Service made at The Hague — In States party to the Convention on the Service Abroad of Judicial and Extrajudicial Documents in Civil or Commercial Matters, made at The Hague on 15 November 1965, international notification is made in accordance with the Convention, which is reproduced in a schedule to this Code and has force of law in Québec.

Notification — La notification, dans un État qui n'est pas partie à cette convention, s'effectue suivant les modes prévus au livre I ou conformément au droit en vigueur au lieu où elle doit être effectuée. Le tribunal peut, sur demande, si les circonstances l'exigent, autoriser un autre mode de notification.

Notification — In States not party to the Convention, notification is made as provided for in Book I or in accordance with the law in force in the place where the notification is made. The court, on request, may authorize a different method of notification if it is required by the circumstances.

Procès-verbal — Le procès-verbal de la notification est transmis à celui qui l'a requise par les mêmes voies que celles par lesquelles la demande de notification a été acheminée.

Certificate of notification — The certificate of notification is sent to the notifying party through the same channels as those used to send the request for notification.

495. Condamnation par défaut — Lorsqu'une demande introductive d'instance a été transmise dans un État étranger pour y être notifiée conformément à l'un des modes admis par le droit de cet État pour la notification sur son territoire des actes venant de l'étranger et qu'il est démontré que, malgré des efforts raisonnables auprès des autorités compétentes de cet État pour l'obtenir, aucun procès-verbal de notification n'a été reçu dans les six mois de la transmission de la demande, le tribunal peut néanmoins rendre jugement contre le défendeur.

495. Default judgment — If it is established that no certificate of notification was received within six months after an originating application was sent to a foreign State for notification in that State according to a method recognized by the law of that State for the notification of pleadings from abroad, despite reasonable efforts to secure the certificate through the competent authorities of the foreign State, the court may render judgment against the defendant.

Demande de rétractation — La partie ainsi condamnée par défaut, faute de répondre à l'assignation ou de contester au fond, peut, dans l'année de la date du jugement, en demander la rétractation si elle démontre que, sans qu'il n'y ait eu faute de sa part, elle n'a pas eu connaissance de la procédure en temps utile pour se défendre ni pour exercer un recours à l'encontre de la décision et que ses moyens de défense n'apparaissent pas dénués de tout fondement.

Application for revocation — A party against which a default judgment is so rendered following failure to answer the summons or defend on the merits may, within one year after the judgment date, apply for the revocation of the judgment if it can show that, by no fault of its own, it did not become aware of the proceeding in sufficient time to file a defence or to exercise a recourse against the decision, and if the grounds raised in its defence do not appear completely unfounded.

496. Acte étranger — Le ministre de la Justice peut, lorsque demande en est faite au gouvernement par voie diplomatique ou consulaire, requérir un huissier de notifier à une personne au Québec tout acte de procédure émanant d'un État étranger.

Traduction certifiée — Cet acte doit être certifié par un officier de la cour de justice d'où il émane et, s'il n'est pas rédigé ni en français ni en anglais, être accompagné d'une traduction certifiée. Le procès-verbal de notification mentionne, le cas échéant, qu'une traduction a été jointe à l'acte notifié.

Frais — Celui qui requiert la notification en avance les frais ou s'engage à les rembourser, à moins d'une disposition contraire dans un engagement international qui lie le Québec.

496. Foreign pleading — The Minister of Justice, on a request received by the Government through diplomatic or consular channels, may direct a bailiff to notify a pleading from a foreign State to a person in Québec.

Certified translation — The pleading to be notified must be certified by an officer of a court of justice of the place from which it originates. If it is not in French or English, it must be accompanied by a certified translation, and the certificate of notification must state that a translation is attached to the notified pleading.

Costs — The notifying party pays the notification costs in advance or undertakes to reimburse them, unless otherwise provided by an international commitment binding on Québec.

Chapitre IV ——
La convocation des témoins

Chapter IV ——
Calling of Witnesses

497. Comparution à distance — Une personne résidant dans une autre province ou un territoire du Canada peut être citée à comparaître comme témoin. Le témoin comparaît à distance, à moins qu'il ne soit établi, à la satisfaction du tribunal, que sa présence physique est nécessaire ou qu'elle peut être assurée sans inconvénient majeur pour ce témoin. La citation à comparaître est accompagnée de l'avance pour l'indemnisation du témoin.

Ordonnance du tribunal — Toutefois, la convocation ne peut être faite que sur ordonnance expresse du tribunal, inscrite sur la citation à comparaître, laquelle est notifiée conformément à la loi du lieu de résidence de la personne citée à comparaître.

Défaut du témoin — Sauf s'il est présent au Québec au moment de son défaut, le témoin défaillant qui réside hors du Québec ne peut être puni que par le tribunal de son lieu de résidence, sur le vu de l'attestation du défaut délivré par le tribunal saisi.

497. Witness's evidence — A person resident in another province or in a territory of Canada may be called to attend at court as a witness. The witness's testimony is heard at a distance unless it is established to the satisfaction of the court that attendance in person is necessary or possible without any major inconvenience to the witness. An advance on the witness indemnity and allowances must accompany the subpoena.

Order of the court — However, such a witness may only be called on an express order of the court endorsed on the subpoena, which must be notified in accordance with the law of the witness's place of residence.

Defaulting witness — A defaulting witness resident outside Québec, unless the person is in Québec at the time of the default, may only be punished by the court of their residence, on the face of the certificate of default issued by the court seized.

498. Modalités — Le tribunal entérine la citation à comparaître provenant d'une autorité d'une autre province ou d'un territoire du Canada si elle est accompagnée d'une ordonnance expresse inscrite sur la citation à comparaître et de l'avance pour l'indemnisation du témoin.

498. Confirmation of the subpoena — The court confirms a *subpoena* issued by an authority in another province or in a territory of Canada if it is endorsed with an express order and accompanied by an advance on the witness indemnity and allowances.

Chapitre V —
La commission rogatoire
SECTION I —
LA COMMISSION ROGATOIRE ÉMANANT DU QUÉBEC

499. Nomination d'un commissaire — Le tribunal peut, sur demande des parties, nommer un commissaire pour interroger une personne ou recueillir un élément de preuve dans un État étranger s'il est convaincu qu'il n'est pas possible de le faire à l'aide de moyens technologiques.

Commission rogatoire — Si la demande vise une personne qui a son domicile ou réside dans un État étranger, le tribunal peut donner une commission rogatoire soit à toute autorité compétente de cet État, soit aux autorités diplomatiques ou consulaires canadiennes. La décision est, si l'État étranger le requiert, accompagnée d'une traduction faite aux frais de celui qui veut procéder à l'interrogatoire.

Forces armées canadiennes — La commission pour l'interrogatoire d'une personne en service actif dans les Forces armées canadiennes en dehors du Québec est adressée au juge-avocat général pour être exécutée par la personne qu'il désignera.

500. Contenu — La décision qui nomme un commissaire désigne les personnes à interroger et la manière dont elles prêteront serment, donne les instructions nécessaires pour guider le commissaire dans l'exécution de sa mission et fixe le délai dans lequel son rapport devra être fait; elle peut en outre fixer un montant pour couvrir les frais et débonsés du commissaire et en ordonner le dépôt au greffe par la partie qui a demandé la commission.

Exécution — La partie qui a demandé la commission ou, à défaut, celle qui a concouru à l'obtenir, est tenue de la faire transmettre et exécuter avec diligence.

501. Représentation à l'interrogatoire — La partie qui désire être représentée à l'interrogatoire en avise le commissaire en temps utile et lui donne le nom et l'adresse de son représentant; le commissaire est alors tenu de donner à ce dernier un avis d'au moins cinq jours de la date,

Chapter V —
Rogatory Commissions
SECTION I —
ROGATORY COMMISSION ISSUED IN QUÉBEC

499. Appointment of a commissioner — The court may, on the parties' application, appoint a commissioner to examine a witness or to gather evidence in a foreign State if the court is convinced that the witness cannot be examined or the evidence gathered using technological means.

Rogatory commission — If the application concerns a person who is domiciled or resident in a foreign State, the court may issue a rogatory commission either to a competent authority in that State or to Canadian diplomatic or consular authorities. If required by the foreign State, the decision is accompanied by a translation, the cost of which is borne by the party that wishes to conduct the examination.

Canadian Armed Forces — A commission for the examination of a person in active service in the Canadian Armed Forces outside Québec is addressed to the Judge-Advocate General to be executed by a person designated by the latter.

500. Content — A decision appointing a commissioner sets out the names of the persons to be examined and the manner in which they are to be sworn, the instructions needed to guide the commissioner in the execution of the commission, and the time within which the commissioner's report must be filed; it may also determine an amount to cover the commissioner's expenses and disbursements and direct that it be filed with the court office by the party that applied for the commission.

Execution — The party that applied for the commission, or if that party fails to act, the party that joined in obtaining it, is required to see that it is delivered and executed promptly.

501. Representation at the examination — If a party wishes to be represented at the examination, it must advise the commissioner in sufficient time and provide the name and address of its representative; the commissioner is required to give the representative at least five days' no-

de l'heure et du lieu où il procédera à l'exécution de sa mission.

tice of the date, time and place the proceedings in execution of the commission are to take place.

502. Demande de jonction — Une partie peut demander au tribunal de joindre à la commission des interrogatoires et des contre-interrogatoires.

502. Application for junction — A party may ask the court to attach written examinations and written cross-examinations to the commission.

Objections — Néanmoins, qu'il y ait eu ou non des questions formulées à l'avance, le commissaire peut lui-même poser et laisser poser toutes questions pertinentes; il réserve les objections à la preuve, les parties conservant le droit de les faire valoir devant le tribunal.

Objections — Whether or not any questions have been formulated in advance, the commissioner may ask a witness any relevant question and allow any relevant question to be asked. The commissioner reserves any objections to evidence, the parties retaining the right to present them before the court.

503. Rapport de mission — Dans le délai fixé par la décision, le commissaire notifie au greffier le rapport de sa mission auquel sont joints les interrogatoires des témoins consignés ou enregistrés qu'il atteste ainsi que les pièces produites par eux; ces documents sont sous pli cacheté portant indication de son contenu et de l'intitulé de l'affaire.

503. Commission report — Within the time specified in the decision, the commissioner notifies to the court clerk a report on the execution of the commission together with the transcripts or recordings of the witness examinations, attested by the commissioner, and the exhibits produced by the witnesses; the documents must be in a sealed envelope bearing a list of its content and the case name.

Défaut de faire rapport — Le défaut injustifié de faire rapport de la commission ne peut empêcher le tribunal de procéder à l'audience de l'affaire.

Failure to file commission report — An unjustified failure to file a commission report cannot prevent the court from hearing the case.

SECTION II ——
LA COMMISSION ROGATOIRE EN
PROVENANCE D'UN ÉTAT ÉTRANGER

SECTION II ——
ROGATORY COMMISSION ISSUED IN
FOREIGN STATE

504. Modalités — Une partie ou une autorité étrangère peut demander au tribunal l'exécution d'une commission rogatoire. Le tribunal peut nommer un commissaire pour interroger une personne ou recueillir un élément de preuve si la commission n'en a pas désigné.

504. Procedure — A foreign party or authority may apply to the court for execution of a rogatory commission. The court may appoint a commissioner to examine a witness or to gather evidence if no commissioner is designated in the commission.

Règles applicables — Les mêmes règles s'appliquent, compte tenu des adaptations nécessaires, lorsque la demande provient d'une commission d'enquête instituée par le gouverneur général en conseil ou un lieutenant-gouverneur en conseil.

Procedure — The same rules, with the necessary modifications, apply to an application presented by a commission of inquiry established by the Governor General in Council or a Lieutenant Governor in Council.

505. Engagement — La commission rogatoire est exécutée selon les règles prévues au présent code, à moins que l'autorité étrangère n'ait demandé de l'exécuter autrement. Cependant, l'au-

505. Undertaking to guarantee the payment of costs — The rogatory commission is executed in accordance with the rules of this Code, unless the foreign authority has re-

torité étrangère doit fournir un engagement pour garantir le paiement des frais.

Information — La personne qui a demandé l'exécution de la commission informe l'autorité étrangère du lieu, du jour et de l'heure auxquels il y sera procédé.

506. Transmission des documents — Les documents constatant l'exécution de la commission rogatoire ou la décision du tribunal refusant de l'exécuter sont transmis à l'autorité étrangère par les mêmes voies que celles par lesquelles la demande d'exécution de la commission a été transmise.

Chapitre VI ▬
La reconnaissance et l'exécution des décisions et des actes publics étrangers

507. Demande de reconnaissance et d'exécution — La demande de reconnaissance et d'exécution d'une décision rendue hors du Québec est introductive d'instance.

Demande incidente — Elle peut aussi être présentée de manière incidente dans une instance par l'une ou l'autre des parties.

508. Attestation — La partie qui demande la reconnaissance ou l'exécution d'une décision étrangère joint à sa demande, outre la décision, l'attestation d'un officier public étranger compétent affirmant que la décision n'est plus, dans l'État où elle a été rendue, susceptible d'appel ou qu'elle est définitive ou exécutoire.

Jugement par défaut — Si la décision a été rendue par défaut, les documents certifiés permettant d'établir que la demande introductive d'instance a été régulièrement notifiée à la partie défaillante sont joints à la demande.

Traduction certifiée — Les documents dans une autre langue que le français ou l'anglais sont accompagnés d'une traduction certifiée au Québec.

quested a different procedure. The foreign authority must in any event give an undertaking to guarantee the payment of costs.

Information — The party that applied for execution of the commission informs the foreign authority of when and where the proceedings are to take place.

506. Transmission of the documents — The documents attesting to the execution of the rogatory commission, or the court decision refusing to allow its execution, are sent to the foreign authority through the same channels as those used to send the application for execution of the commission.

Chapter VI ▬
Recognition and Enforcement of Foreign Decisions and Foreign Public Documents

507. Originating application — The recognition and enforcement of a decision rendered outside Québec is sought by means of an originating application.

Incidental application — It may also be sought by means of an incidental application in the course of a proceeding by any of the parties.

508. Certificate — A party seeking the recognition or the enforcement of a foreign decision attaches the decision to the application, together with a certificate from a competent foreign public official stating that the decision is no longer appealable in the State in which it was rendered or that it is final or enforceable.

Default judgment — If the decision was rendered by default, certified documents showing that the originating application was properly notified to the defaulting party must also be attached to the application.

Certified translation — Documents in a language other than French or English must be accompanied by a translation certified in Québec.

LIVRE VI ——
LES VOIES PROCÉDURALES
PARTICULIÈRES

BOOK VI ——
SPECIAL PROCEDURAL ROUTES

TITRE I ——
LES MESURES PROVISIONNELLES ET DE
CONTRÔLE

TITLE I ——
PROVISIONAL AND CONTROL MEASURES

Chapitre I ——
L'injonction

Chapter I ——
Injunction

509. Application — L'injonction est une ordonnance de la Cour supérieure enjoignant à une personne ou, dans le cas d'une personne morale, d'une société ou d'une association ou d'un autre groupement sans personnalité juridique, à ses dirigeants ou représentants, de ne pas faire ou de cesser de faire quelque chose ou d'accomplir un acte déterminé.

Signification — Tout jugement qui prononce une injonction est signifié aux parties et aux autres personnes qui y sont identifiées.

510. Modalités — Une partie peut, en cours d'instance, demander une injonction interlocutoire. Elle peut présenter sa demande même avant le dépôt de sa demande introductive d'instance si elle ne peut déposer cette dernière en temps utile. Cette demande est signifiée à l'autre partie avec un avis de sa présentation.

Injonction provisoire — Dans les cas d'urgence, le tribunal peut y faire droit provisoirement, même avant la signification. L'injonction provisoire ne peut en aucun cas, sans le consentement des parties, excéder 10 jours.

511. Conditions — L'injonction interlocutoire peut être accordée si celui qui la demande y avoir droit et si elle est jugée nécessaire pour empêcher qu'un préjudice sérieux ou irréparable ne lui soit causé ou qu'un état de fait ou de droit de nature à rendre le jugement au fond inefficace ne soit créé.

Cautionnement — Le tribunal peut assujettir la délivrance de l'injonction à un cautionnement pour compenser les frais et le préjudice qui peut en résulter.

509. Definition — An injunction is an order of the Superior Court directing a person or, in the case of a legal person, a partnership or an association or another group not endowed with juridical personality, its officers or representatives to refrain from or cease doing something or to perform a specified act.

Service — A judgment granting an injunction is served on the parties and the other persons identified in the judgment.

510. Interlocutory injunction — A party may ask for an interlocutory injunction in the course of a proceeding or even before the filing of the originating application if the latter cannot be filed in a timely manner. An application for an interlocutory injunction is served on the other party with a notice of its presentation.

Provisional injunction — In an urgent case, the court may grant a provisional injunction, even before service. A provisional injunction cannot be granted for a period exceeding 10 days without the parties' consent.

511. Conditions — An interlocutory injunction may be granted if the applicant appears to have a right to it and it is judged necessary to prevent serious or irreparable prejudice to the applicant or to avoid creating a factual or legal situation that would render the judgment on the merits ineffective.

Suretyship — The court may grant an interlocutory injunction subject to a suretyship being provided to cover the costs and any resulting prejudice.

Suspension ou renouvellement — Il peut suspendre ou renouveler une injonction interlocutoire, pour le temps et aux conditions qu'il détermine.

512. Signification — Si l'injonction interlocutoire est accordée, elle est signifiée à l'autre partie et aux autres personnes identifiées.

Effets — Si la demande introductive d'instance n'a pas été signifiée, elle l'est avec l'injonction; si elle n'a pas été déposée, l'injonction est signifiée sans la demande, mais cette dernière est signifiée dans le délai fixé par le tribunal.

513. Limites — Une injonction ne peut en aucun cas être prononcée pour empêcher des procédures judiciaires, ni pour faire obstacle à l'exercice d'une fonction au sein d'une personne morale de droit public ou de droit privé, si ce n'est dans les cas prévus à l'article 329 du Code civil.

514. Appel — L'injonction reste en vigueur malgré l'appel; l'injonction interlocutoire reste en vigueur malgré le jugement au fond qui y met fin si le demandeur se pourvoit en appel.

Suspension — Dans l'un et l'autre cas, un juge de la Cour d'appel peut suspendre l'injonction pour le temps qu'il indique.

515. Outrage — Lorsqu'il punit un outrage pour contravention à une injonction, le tribunal peut également ordonner de détruire ou d'enlever ce qui a été fait à l'encontre de cette injonction.

Suspension or renewal — It may suspend or renew an interlocutory injunction for the time and subject to the conditions it determines.

512. Service — If an interlocutory injunction is granted, it is served on the other party and the other persons identified.

Procedure — If the originating application has not yet been served, it is served with the injunction; if the originating application has not yet been filed, the injunction is served without the originating application, but the latter must be served within the time set by the court.

513. Limits — An injunction cannot be granted to restrain judicial proceedings or the exercise of an office within a legal person established in the public interest or for a private interest, except in the cases described in article 329 of the Civil Code.

514. Appeal — An injunction remains in force despite an appeal; an interlocutory injunction remains in force despite a judgment on the merits dissolving the injunction if the applicant initiates an appeal.

Suspension — In either case, a judge of the Court of Appeal may provisionally stay the injunction for a specified time.

515. Contempt sanction — When imposing a contempt sanction for violation of an injunction, the court may order the destruction or removal of anything realized contrary to the injunction.

Chapitre II ▬▬
Les saisies avant jugement et le séquestre
SECTION I ▬▬
LES SAISIES AVANT JUGEMENT

Chapter II ▬▬
Seizure Before Judgment and Sequestration
SECTION I ▬▬
SEIZURE BEFORE JUDGMENT

516. Application — La saisie avant jugement a pour but de mettre les biens sous la main de la justice pendant l'instance; elle est pratiquée de la même manière et obéit aux mêmes règles que la

516. Purpose and procedure — The purpose of a seizure before judgment is to place property in the hands of justice while a proceeding is pending. A seizure before judgment is carried

saisie après jugement, sauf les règles du présent chapitre.

Modalités — Elle peut être pratiquée avant l'introduction de l'instance ou en cours d'instance; elle peut aussi l'être lorsque l'affaire a été portée en appel, mais en ce cas avec l'autorisation du tribunal de première instance.

Biens saisis — Les biens saisis sont confiés à la garde d'un tiers, à moins que le saisissant n'autorise l'huissier à les laisser sous la garde du saisi.

517. Saisie de plein droit — Le demandeur peut faire saisir avant jugement, de plein droit :

1° le bien meuble qu'il est en droit de revendiquer;

2° le bien meuble sur le prix duquel il est fondé à être colloqué par préférence et dont on use de manière à mettre en péril la réalisation de sa créance prioritaire;

3° le bien meuble qu'une disposition de la loi lui permet de faire saisir pour assurer l'exercice de ses droits sur celui-ci.

Support technologique — L'autorisation du tribunal est cependant nécessaire si la saisie porte sur un support technologique ou sur un document contenu sur un tel support.

518. Autorisation du tribunal — Le demandeur peut, avec l'autorisation du tribunal, faire saisir avant jugement les biens du défendeur, s'il est à craindre que sans cette mesure le recouvrement de sa créance ne soit mis en péril.

519. Biens meubles — Dans une instance en nullité de mariage ou d'union civile, en séparation de corps ou de biens, en divorce ou en dissolution d'une union civile ou en paiement d'une prestation compensatoire, chaque conjoint peut, de plein droit, faire saisir avant jugement les biens meubles qui lui appartiennent, qu'ils soient entre les mains de son conjoint ou d'un tiers; il peut en outre, avec l'autorisation du tribunal, faire saisir les biens de son conjoint pour la part à laquelle il aurait droit en cas de dissolution du

out in the same manner and according to the same rules as a seizure after judgment, subject to the rules of this chapter.

Moment — A seizure before judgment may be carried out before the commencement or in the course of a proceeding or while the case is under appeal, but in the latter case with the authorization of the court of first instance.

Custody of the seized property — A third person is given custody of the seized property, unless the seizor authorizes the bailiff to leave the property in the custody of the person from whom it is seized.

517. Seizure as of right — A plaintiff, as of right, may seize the following before judgment :

(1) movable property the plaintiff has the right to revendicate;

(2) movable property for whose price the plaintiff is entitled to be collocated by preference and which is being used in such a manner as to jeopardize the realization of the plaintiff's prior claim; and

(3) movable property the plaintiff is permitted by law to seize in order to secure the exercise of rights in the property.

Document stored on a technological medium — However, the authorization of the court is necessary to seize a technological medium or a document stored on such a medium.

518. Authorization of the tribunal — With the authorization of the court, the plaintiff may seize the defendant's property before judgment if there is reason to fear that recovery of the claim might be jeopardized without the seizure.

519. Movable property — In a proceeding for the annulment of a marriage or a civil union, for separation from bed and board or as to property, for divorce or for the dissolution of a civil union, or for payment of a compensatory allowance, each spouse, as of right, may seize before judgment movable property belonging to that spouse whether it is in the hands of the other spouse or a third person. With the authorization of the court, each spouse may also seize property belonging to the other spouse for the share the spouse

régime matrimonial ou d'union civile et, en ce cas, le tribunal détermine qui en est le gardien.

would be entitled to on the dissolution of the matrimonial or civil union regime; the court determines who is to be the custodian of the property so seized.

520. Avis d'exécution — La saisie avant jugement se fait au moyen d'un avis d'exécution sur la base des instructions du saisissant appuyées de sa déclaration sous serment dans laquelle il affirme l'existence de la créance et les faits qui donnent ouverture à la saisie; le cas échéant, il y indique ses sources d'information. Si l'autorisation du tribunal est nécessaire, elle doit figurer sur la déclaration du saisissant.

520. Notice of execution — A seizure before judgment is carried out under a notice of execution and according to the seizor's instructions, supported by an affidavit in which the seizor affirms the existence of the claim and the facts justifying the seizure, specifying, if applicable, the source of the information relied on. If the authorization of the court is necessary, it must appear on the seizor's affidavit.

Instructions — Les instructions enjoignent à l'huissier qui en est chargé de saisir tous les biens meubles du défendeur ou les seuls meubles ou immeubles qui y sont spécialement désignés. L'huissier signifie au défendeur l'avis d'exécution et la déclaration du saisissant.

Instructions — The instructions direct the officiating bailiff to seize all the defendant's movable property or only certain specified movables or immovables. The bailiff serves the notice of execution on the defendant along with the seizor's affidavit.

521. Demande introductive d'instance — Lorsqu'une saisie avant jugement est effectuée avant la signification de la demande introductive d'instance, le saisissant produit celle-ci au greffe et la signifie au défendeur dans les cinq jours de la signification de l'avis d'exécution.

521. Before service of the originating application — If a seizure before judgment is carried out before service of the originating application, the seizor files the originating application with the court office and serves it on the defendant within five days after service of the notice of execution.

522. Annulation de la saisie — Dans les cinq jours de la signification de l'avis d'exécution, le défendeur peut demander l'annulation de la saisie en raison de l'insuffisance ou de la fausseté des allégations de la déclaration du saisissant. Si cela s'avère, le tribunal annule la saisie; dans le cas contraire, il la confirme et peut en réviser l'étendue.

522. Application for quashing — Within five days after service of the notice of execution, the defendant may ask that the seizure be quashed on the grounds that the allegations in the seizor's affidavit are insufficient or false. If this proves to be true, the court quashes the seizure; if not, it confirms the seizure and may revise its scope.

523. Garantie — Le défendeur peut éviter l'enlèvement, obtenir mainlevée ou obtenir la remise des biens saisis en fournissant à l'huissier une garantie suffisante. Si l'huissier refuse la garantie, le défendeur peut s'adresser au tribunal qui en décide.

523. Guarantee — The defendant may prevent the removal of property, be released from the seizure or recover seized property by giving a sufficient guarantee to the bailiff. If the bailiff refuses the guarantee offered, the defendant may ask the court for a decision.

Garantie suffisante — Le dépôt d'une somme d'argent, d'une garantie émise par un établissement financier exerçant ses activités au Québec ou d'une police d'assurance garantissant l'exécution des obligations du défendeur constitue une garantie suffisante. Le montant de cette garantie est déterminé par la somme réclamée ou par la valeur des biens saisis.

Sufficient guarantee — The deposit of a sum of money, of a guarantee issued by a financial institution carrying on business in Québec or of an insurance policy guaranteeing the performance of the defendant's obligations constitutes a sufficient guarantee. The amount of the guarantee is determined by the amount claimed or the value of the seized property.

SECTION II — LE SÉQUESTRE

524. Application — Le tribunal peut, même d'office, ordonner le séquestre d'un bien en litige lorsqu'il estime que la conservation des droits des parties sur le bien l'exige. Il désigne alors le séquestre ou convoque les parties au jour qu'il fixe pour procéder au choix du séquestre.

Appel — Lorsque l'affaire a été portée en appel, le tribunal de première instance peut ordonner le séquestre du bien.

525. Modalités — Le séquestre prête serment devant le greffier. Il est mis en possession par un huissier qui dresse le procès-verbal, lequel contient la description des biens et est authentifié par l'huissier et le séquestre.

526. Obligations du séquestre — Le séquestre est soumis à toutes les obligations qui résultent du séquestre conventionnel, à moins que le tribunal n'en décide autrement.

Frais et rémunération — Les frais et la rémunération du séquestre sont vérifiés par le greffier; ils sont dus solidairement par les parties au litige, à moins que le tribunal n'en décide autrement.

Chapitre III — Les autorisations, approbations et homologations

527. Modalités — La demande visant à obtenir une autorisation, une approbation ou une homologation est, lorsqu'il y a litige, présentée au tribunal à la date fixée dans l'avis de présentation qui y est joint, laquelle ne peut être fixée à moins de cinq jours de la notification de la demande.

528. Homologation — L'homologation est l'approbation par un tribunal d'un acte juridique de la nature d'une décision ou d'une entente. Elle confère à l'acte homologué la force exécutoire qui se rattache à un jugement de ce tribunal.

SECTION II — SEQUESTRATION

524. Procedure — The court, even on its own initiative, may order the sequestration of disputed property if it considers it necessary to preserve the parties' rights in the property. When ordering sequestration, the court designates the sequestrator or convenes the parties to appear before it on a specified date to choose the sequestrator.

Appeal — If an appeal has been initiated, the court of first instance may order sequestration of the property.

525. Procedure — The sequestrator takes an oath before the court clerk and is placed in possession of the property by a bailiff. The bailiff draws up minutes describing the property, which are authenticated by the bailiff and the sequestrator.

526. Sequestrator's obligations — The sequestrator is bound by all the obligations of conventional sequestration, unless the court decides otherwise.

Costs and remuneration — The costs and remuneration of the sequestrator are taxed by the court clerk and are owed solidarily by the parties to the dispute, unless the court decides otherwise.

Chapter III — Authorization, Approval and Homologation

527. Procedure — An application for authorization, approval or homologation is, when there is a dispute, presented before the court on the date specified in the attached notice of presentation. The presentation date cannot be less than five days after notification of the application.

528. Homologation — Homologation is approval by a court of a juridical act in the nature of a decision or of an agreement. It gives the homologated act the same force and effect as a judgment of the court.

Rôle du tribunal — Le tribunal chargé d'homologuer un acte ne vérifie que la légalité de cet acte; il ne peut se prononcer sur l'opportunité ou le fond de l'acte, à moins qu'une disposition particulière ne lui attribue cette compétence.

Court's role — The homologating court only examines the legality of the act; it cannot rule on its advisability or merits unless a specific provision empowers it to do so.

Chapitre IV ——
Le pourvoi en contrôle judiciaire
SECTION I ——
LES RÈGLES GÉNÉRALES

Chapter IV ——
Judicial Review
SECTION I ——
GENERAL RULES

529. Conclusions — La Cour supérieure saisie d'un pourvoi en contrôle judiciaire peut, selon l'objet du pourvoi, prononcer l'une ou l'autre des conclusions suivantes :

1° déclarer inapplicable, invalide ou inopérante une disposition d'une loi du Québec ou du Canada, un règlement pris sous leur autorité, un décret gouvernemental ou un arrêté ministériel ou toute autre règle de droit;

2° évoquer, à la demande d'une partie, une affaire pendante devant une juridiction ou réviser ou annuler le jugement rendu par une telle juridiction ou une décision prise par un organisme ou une personne qui relève de la compétence du Parlement du Québec si la juridiction, l'organisme ou la personne a agi sans compétence ou l'a excédée ou si la procédure suivie est entachée de quelque irrégularité grave;

3° enjoindre à une personne qui occupe une fonction au sein d'un organisme public, d'une personne morale, d'une société ou d'une association ou d'un autre groupement sans personnalité juridique d'accomplir un acte auquel la loi l'oblige s'il n'est pas de nature purement privée;

4° destituer de sa fonction une personne qui, sans droit, occupe ou exerce une fonction publique ou une fonction au sein d'un organisme public, d'une personne morale, d'une société ou d'une association ou d'un autre groupement sans personnalité juridique.

Pourvoi ouvert — Ce pourvoi n'est ouvert que si le jugement ou la décision qui en fait l'objet

529. Conclusions — In a judicial review, the Superior Court may, depending on the subject matter,

(1) declare inapplicable, invalid or inoperative a provision of an Act of the Parliament of Québec or the Parliament of Canada, a regulation made under such a law, an order in council, a minister's order or any other rule of law;

(2) evoke, on a party's application, a case pending before a court, or review or quash a judgment rendered by a court or a decision made by a person or body under the authority of the Parliament of Québec, if the court, body or person acted without jurisdiction or in excess of jurisdiction, or if the procedure followed was affected by some serious irregularity;

(3) direct a person holding an office within a public body, a legal person, a partnership or an association or another group not endowed with juridical personality to perform an act which they are by law required to perform, provided the act is not of a purely private nature; or

(4) dismiss a person who, without right, is occupying or exercising a public office or an office within a public body, a legal person, a partnership or an association or another group not endowed with juridical personality.

Availability — Except in the case of lack or excess of jurisdiction, judicial review is available

n'est pas susceptible d'appel ou de contestation, sauf dans le cas où il y a défaut ou excès de compétence.

only if the judgment or the decision cannot be appealed or contested.

Signification — Le pourvoi doit être signifié dans un délai raisonnable à partir de l'acte ou du fait qui lui donne ouverture.

Service — An application for judicial review must be served within a reasonable time after the act or the fact on which it is based.

530. Présentation — La demande de pourvoi en contrôle judiciaire est présentée à la Cour supérieure à la date indiquée dans l'avis de présentation qui y est joint, laquelle ne peut être fixée à moins de 15 jours de la signification de la demande. Elle est instruite par priorité.

530. Presentation — An application for judicial review is presented before the Superior Court on the date specified in the attached notice of presentation, which cannot be less than 15 days after service of the application. The judicial review is conducted by preference.

Effet — La demande n'opère pas sursis des procédures pendantes devant une autre juridiction ou l'exécution d'un jugement rendu ou d'une décision prise par une personne ou un organisme assujetti à ce contrôle à moins que le tribunal n'en décide autrement. S'il y a lieu, le tribunal ordonne que les pièces du dossier qu'il détermine soient transmises sans délai au greffier.

Effect — Unless the court decides otherwise, the application does not stay proceedings pending before another court or the execution of the judgment or decision under review. If necessary, the court orders that the exhibits it specifies be sent without delay to the court clerk.

Jugement — Le jugement qui fait droit à la demande est signifié aux parties s'il ordonne d'accomplir ou de ne pas accomplir un acte.

Judgment — A review judgment that rules in favour of the applicant is served on the parties if it orders that something be done or stopped.

531. Ordonnance de sursis — Un juge d'appel peut, en tout temps après le dépôt d'une déclaration d'appel, ordonner le sursis de toute procédure ou de toute décision dont l'exécution n'est pas suspendue par l'appel.

531. Order to stay of — At any time after a notice of appeal has been filed, an appellate judge may order a stay of any proceeding or of any decision whose execution is not stayed by the appeal.

SECTION II —
LES RÈGLES PARTICULIÈRES DANS LES
CAS D'USURPATION DE FONCTIONS

SECTION II —
SPECIAL RULES APPLICABLE TO
USURPATION OF OFFICE

532. Destitution du défendeur — Le tribunal qui destitue le défendeur de sa fonction peut sur demande attribuer celle-ci à une autre personne qui y a droit si le pourvoi allègue les faits nécessaires pour établir ce droit. Il peut par son jugement condamner le défendeur à des dommages-intérêts punitifs.

532. Defendant's removal — On removing the defendant from office, the court, on an application, may confer the office on another person if facts proving that person's right to the office are set out in the application for judicial review. The review judgment may award punitive damages against the defendant.

533. Fonction vacante — Lorsque le jugement est fondé sur le motif que le défendeur aurait commis un acte criminel, il est exécutoire immédiatement, malgré l'appel. Néanmoins, la fonction n'est réputée vacante qu'à compter du jour où le jugement est passé en force de chose jugée, à moins qu'elle ne le devienne plus tôt

533. Vacant office — If the review judgment is based on the grounds that the defendant may have committed an indictable offence, it is effective immediately despite an appeal. Nevertheless, the office is only deemed vacant as of the day on which the judgment becomes final, unless it is vacated at an earlier time for another

pour une autre cause; le défendeur n'a pas droit, dans l'intervalle, aux bénéfices qui y sont attachés.

reason; in the meantime, the defendant is not entitled to the benefits attached to the office.

Effets — Lorsque la fonction visée est celle de membre du conseil d'une municipalité assujettie au titre I de la *Loi sur les élections et les référendums dans les municipalités* (chapitre E-2.2), les effets de l'exécution provisoire du jugement sont prévus par cette loi.

Effects — If the office concerned is a seat on the council of a municipality that is subject to Title I of the *Act respecting elections and referendums in municipalities* (chapter E-2.2), the effects of provisional execution of the judgment are specified by that Act.

534. Remise des biens — La personne à qui le tribunal attribue la fonction peut l'exercer, après avoir prêté serment et fourni le cautionnement requis. Elle peut exiger du défendeur la remise des biens qui se rattachent à la fonction. En cas de refus du défendeur, le tribunal peut ordonner à un huissier de prendre possession de ces biens et de les remettre à qui de droit.

534. Handing over the property — The person on whom the court confers the office may exercise it after taking the required oath and providing the required suretyship, and may demand that the defendant hand over the property incidental to the office. If the defendant refuses, the court may direct a bailiff to take possession of the property and hand it over to the rightful person.

535. Contestation de l'élection — La contestation de l'élection d'un préfet élu conformément à l'article 210.29.2 de la *Loi sur l'organisation territoriale municipale* (chapitre O-9), d'un maire ou d'un conseiller municipal ne peut être introduite en vertu des dispositions du présent chapitre, si ce n'est pour défaut de qualité.

535. Contestation of the election — The election of a warden in accordance with section 210.29.2 of the *Act respecting municipal territorial organization* (chapter O-9) or of a mayor or a municipal councillor cannot be contested under this chapter, except for lack of qualification.

TITRE II
LE RECOUVREMENT DES PETITES CRÉANCES

TITLE II
RECOVERY OF SMALL CLAIMS

Chapitre I
Dispositions générales

Chapter I
General Provisions

536. Application — La demande en recouvrement d'une créance d'au plus 15 000 $, sans tenir compte des intérêts, ou celle visant la résolution, la résiliation ou l'annulation d'un contrat dont la valeur et, le cas échéant, le montant réclamé n'excèdent pas chacun 15 000 $, est introduite suivant les règles du présent titre si le demandeur agit en son nom et pour son compte personnel ou s'il agit comme administrateur du bien d'autrui, tuteur ou curateur ou en vertu d'un mandat de protection.

536. Procedure — An application for recovery of a claim not exceeding 15 000 $, excluding interest, is instituted under the rules of this Title if the plaintiff is acting in their own name and for their own account or is acting as administrator of the property of others, tutor or curator or under a protection mandate. The same applies to an application seeking the resolution, resiliation or cancellation of a contract provided neither the value of the contract, nor the amount claimed, if any, exceeds 15 000 $.

Personne morale — Une personne morale, une société ou une association ou un autre groupement sans personnalité juridique ne peut agir en demande suivant les règles du présent titre, à moins qu'en tout temps au cours de la période de

Legal person — A legal person, a partnership or an association or another group not endowed with juridical personality cannot act as plaintiff under the rules of this Title unless a maximum of 10 persons bound to it by an employment con-

12 mois ayant précédé la demande, elle ait compté sous sa direction ou son contrôle au plus 10 personnes liées à elle par contrat de travail.

tract were under its direction or control at any time during the 12-month period preceding the application.

537. Exceptions — Le présent titre ne s'applique pas aux demandes résultant du bail d'un logement, portant sur une pension alimentaire ou alléguant une diffamation.

537. Exceptions — This Title does not apply to applications arising from the lease of a dwelling, applications for support or applications alleging defamation.

Exceptions — Il ne s'applique pas non plus aux demandes soumises par une personne, une société ou une association ou un autre groupement sans personnalité juridique qui a acquis à titre onéreux la créance d'autrui.

Exceptions — Nor does it apply to applications brought by a person, a partnership or an association or another group not endowed with juridical personality on the basis of a claim assigned to them in return for payment.

538. Réduction de la créance — Un demandeur peut, volontairement, réduire sa demande à un montant d'au plus 15 000 $, mais il ne peut diviser une créance supérieure à ce montant en plusieurs créances ne l'excédant pas, sous peine de rejet de la demande.

538. Reduction of the claim — A plaintiff may voluntarily reduce the amount claimed to 15 000 $ or less, but cannot divide a claim exceeding that amount into two or more claims not exceeding that amount, under pain of dismissal of the application.

Division de la créance — Toutefois, il n'est pas réputé diviser une créance si celle-ci résulte d'un contrat de crédit dont le paiement s'effectue par versements périodiques ou d'un contrat dont l'exécution des obligations est successive, tel un bail, un contrat de travail, un contrat d'assurance-invalidité ou un autre contrat semblable, et si sa demande n'excède pas 15 000 $.

Division of the claim — However, a plaintiff is not deemed to have divided a claim if it arises from a credit contract providing for repayment by instalments or from a contract involving the sequential performance of obligations, such as a lease, an employment contract, a disability insurance contract or other similar contract, and if the amount claimed in the application does not exceed 15 000 $.

539. Jonction de demandes — Des créanciers peuvent joindre leurs demandes si elles ont le même fondement juridique ou soulèvent les mêmes points de droit et de fait, pourvu que chacune de ces demandes n'excède pas 15 000 $. Le tribunal peut, en tout temps, disjoindre ces demandes.

539. Joint applications — Two or more creditors may join their applications if they have the same juridical basis or raise the same points of law and fact and none of them exceeds 15 000 $. The court may separate the applications at any time.

540. Gestion de l'instance — En tout temps au cours de l'instance, le tribunal peut prendre, même d'office, les mesures de gestion d'instance qu'il juge appropriées et au besoin convoquer une conférence de gestion ou entendre une demande préliminaire et rendre toute ordonnance utile.

540. Case management measures — At any time in the course of the proceeding, the court, even on its own initiative, may take the case management measures it sees fit and, if necessary, convene a case management conference or hear a preliminary application and issue any appropriate order.

Expertise commune — Il peut, s'il le considère nécessaire pour l'appréciation des faits relatifs au litige, imposer une expertise commune et en fixer les conditions et les modalités; il peut aussi demander à un huissier d'établir un constat de l'état de certains lieux ou biens.

Joint expert evidence — If the court considers it necessary in order to assess facts relating to the dispute, it may impose joint expert evidence, specifying the applicable terms; it may also ask a bailiff to ascertain the state or condition of certain premises or things.

Conciliation des parties — Il peut, si les circonstances s'y prêtent, tenter de concilier les parties soit au cours de l'audience soit à l'occasion d'une conférence de règlement à l'amiable. À défaut d'entente, le juge saisi peut, avec le consentement des parties, poursuivre l'instruction de l'affaire.

541. Transfert de la demande — Lorsque le caractère opérant, l'applicabilité constitutionnelle ou la validité d'une disposition d'une loi, d'un règlement, d'un décret gouvernemental ou d'un arrêté ministériel ou de toute autre règle de droit est mis en question devant le tribunal, celui-ci peut ordonner que la demande soit transférée devant le tribunal compétent ou instruite suivant la procédure prévue au livre II.

Chapitre II ━━
La représentation des parties

542. Personnes physiques — Les personnes physiques doivent agir elles-mêmes; elles peuvent cependant donner mandat, à titre gratuit, à leur conjoint, à un parent, à un allié ou à un ami de les représenter. Ce mandat est constaté dans un document identifiant le mandataire, indiquant les motifs pour lesquels la personne est empêchée d'agir et signé par le mandant.

Personnes morales — L'État, les personnes morales, les sociétés ou les associations ou les autres groupements sans personnalité juridique ne peuvent être représentés que par un dirigeant ou un salarié à leur seul service qui n'est pas avocat.

Rôle de l'avocat — L'avocat ne peut, malgré l'article 34 de la *Charte des droits et libertés de la personne*, agir comme mandataire, non plus que l'agent de recouvrement, à moins qu'il ne s'agisse pour eux de recouvrer les honoraires qui sont dus à la société dont ils sont membres. Exceptionnellement, lorsqu'une cause soulève une question complexe sur un point de droit, le tribunal peut, d'office ou à la demande d'une partie, autoriser la représentation des parties par avocat; il doit préalablement obtenir l'accord du juge en chef de la Cour du Québec. Dans ce cas, sauf pour les parties non admissibles à titre de demandeur suivant le présent titre, les honoraires et les frais des avocats sont à la charge du ministre de la Justice; ils ne peuvent cependant excéder

Conciliation of the parties — If circumstances permit, the court may attempt to reconcile the parties during the hearing or at a settlement conference. If no settlement is reached, the judge seized may, with the parties' consent, continue the trial.

541. Order to refer to the competent court — When the operability, constitutionality or validity of a provision of a law, a regulation, an order in council, a minister's order or any other rule of law is challenged before the court, the court may order that the application be referred to the competent court or tried according to the procedure set out in Book II.

Chapter II ━━
Representation of Parties

542. National persons — Natural persons must self-represent; they may, however, give their spouse, a relative, a person connected to them by marriage or civil union or a friend a non-remunerated mandate to represent them. The mandate must be recorded in a document identifying the mandatary and stating the reasons why the mandator is unable to self-represent, and be signed by the mandator.

Legal persons — The State, legal persons, partnerships and associations and other groups not endowed with juridical personality can only be represented by an officer or employee in their sole service who is not a lawyer.

Lawyer's role — Despite section 34 of the *Charter of human rights and freedoms*, lawyers or collection agents cannot act as mandataries except to recover professional fees owed to the partnership to which they belong. By way of exception, if a case raises a complex issue on a point of law, the court, on its own initiative or on a party's request, after obtaining the consent of the chief judge of the Court of Québec, may authorize the parties to be represented by lawyers. In such a case, except for parties who do not qualify as plaintiffs under this Title, the lawyers' professional fees and costs are borne by the Minister of Justice but cannot exceed those set in the tariff of fees established by the Government under the *Act respecting legal aid and the provi-*

ceux que prévoit le tarif d'honoraires établi par le gouvernement en vertu de la *Loi sur l'aide juridique et sur la prestation de certains autres services juridiques* (chapitre A-14).

Consultation — Tant les personnes physiques que les personnes morales peuvent consulter un avocat, notamment afin de préparer la présentation de leur dossier.

sion of certain other legal services (chapter A-14).

Consultation — Both natural persons and legal persons may consult a lawyer, including for the purpose of preparing the presentation of their case.

Chapitre III
La procédure
SECTION I
L'INTRODUCTION DE LA DEMANDE ET SA
CONTESTATION

Chapter III
Procedure
SECTION I
INSTITUTION OF APPLICATION, AND
DEFENCE

543. Rôle du greffier — Les parties peuvent s'informer auprès du greffe sur le déroulement de l'instance et l'exécution du jugement, notamment sur les éléments essentiels de la procédure et sur les règles relatives au lieu d'introduction de la demande, à la communication des pièces, à l'administration de la preuve et sur les frais de justice. Le greffier leur porte assistance, le cas échéant, pour préparer un acte de procédure ou remplir un formulaire mis à leur disposition, mais il ne peut leur donner un avis juridique.

543. Court clerk's role — The parties may inquire with the court office for information on the conduct of the proceeding and the execution of the judgment and, more specifically, on key procedural steps and the rules governing the venue for the application, the disclosure of exhibits, the production of evidence and the legal costs. If necessary, the court clerk assists the parties in preparing pleadings or completing the forms placed at their disposal, but cannot give them legal advice.

544. Contenu de la demande — La demande indique les faits sur lesquels elle est fondée, la nature de la créance, le montant de celle-ci et des intérêts, ainsi que les conclusions recherchées et elle contient la liste des pièces qui la soutiennent. Elle est appuyée d'une déclaration du demandeur, laquelle est réputée faite sous serment, attestant de la véracité des faits allégués et de l'exigibilité de la créance. La demande indique aussi le nom et le domicile ou la résidence du demandeur et, le cas échéant, de son mandataire, ainsi que le nom et le domicile ou la dernière résidence connue du défendeur. Enfin, elle indique l'intérêt ou non du demandeur à participer à une médiation.

544. Content — The application must set out the facts on which it is based, the nature of the claim, the amount of the claim and interest and the conclusions sought, and include a list of the exhibits in support of the application. It must be supported by a statement by the plaintiff, which is deemed to be an affidavit, attesting that the facts alleged are true and that the amount claimed is due. The application must also state the plaintiff's name and domicile or residence and, if applicable, those of the plaintiff's mandatary, as well as the defendant's name and domicile or last known place of residence. In addition, the application must specify whether the plaintiff might consider mediation.

Personne morale — Si le demandeur est une personne morale, une société ou une association ou un autre groupement sans personnalité juridique, la déclaration doit attester qu'en tout temps au cours de la période de 12 mois ayant précédé sa demande, il comptait sous sa direction ou son contrôle au plus dix personnes avec lesquelles il était lié par contrat de travail.

Legal person — If the plaintiff is a legal person, a partnership or an association or another group not endowed with juridical personality, the plaintiff's statement must attest that a maximum of 10 persons bound to it by an employment contract were under its direction or control at any time during the 12-month period preceding the application.

Dépôt au greffe — La demande peut être dé-

Filing with the office of the court — The

posée au greffe du tribunal le plus près du domicile, de la résidence ou de l'établissement du demandeur. Le greffier, le cas échéant, la transmet au greffe du tribunal territorialement compétent désigné par le demandeur.

545. Présentation au greffier — La demande est présentée au greffier qui en examine l'admissibilité. Si elle est admissible, la demande ouvre le dossier du tribunal. Si elle ne l'est pas, le greffier en avise le demandeur et lui indique qu'il peut, dans les 15 jours suivant la notification de cet avis, demander la révision de sa décision au tribunal qui en décide sur le vu du dossier.

Pièces — La demande admissible est déposée au greffe avec les pièces ou une copie de celles-ci. Dans tous les cas, si les originaux des pièces n'accompagnent pas la demande, ils peuvent être produits le jour de l'instruction.

546. Notification — Le greffier notifie la demande au défendeur avec un avis lui indiquant les options qui lui sont offertes ainsi que la liste des pièces.

Avis — L'avis est conforme au modèle établi par le ministre de la Justice; il mentionne qu'à défaut pour le défendeur de faire part au greffier de l'option choisie dans les 20 jours de la notification, jugement pourra être rendu contre lui, sans autre avis ni délai.

547. Options du défendeur — Les options offertes au défendeur sont :
1° de payer au greffe le montant réclamé et les frais assumés par le demandeur ou de les payer directement au demandeur, mais en faisant parvenir au greffe la preuve du paiement ou la quittance obtenue du demandeur ou encore de régler l'affaire avec le demandeur et de transmettre au greffe un document constatant l'entente intervenue;
2° de contester le bien-fondé de la demande et d'en aviser le greffe en précisant les motifs de la contestation, y compris celui de la prescription.

Contestation — En cas de contestation, le défendeur peut aussi se prévaloir de l'une ou l'autre des options suivantes :

application may be filed with the office of the court nearest to the plaintiff's domicile, residence or establishment. If applicable, the court clerk forwards it to the office of the court having territorial jurisdiction designated by the plaintiff.

545. Presentation to the court clerk — The application is presented to the court clerk, who determines whether it is admissible. If the application is admissible, the court record is opened. If the application is not admissible, the court clerk notifies a notice so informing the plaintiff and specifying that the latter may, within 15 days after the notification, ask for a review of the decision by the court, which decides the matter on the face of the record.

Exhibits — If admissible, the application is filed with the court office together with the exhibits or copies of the exhibits. In all instances, if originals of the exhibits are not filed with the application, they may be produced on the day of the trial.

546. Notification — The court clerk notifies the application to the defendant together with a notice setting out the options available to the defendant, and the list of exhibits.

Model — The notice must be in keeping with the model established by the Minister of Justice; it states that if the defendant fails to indicate the option chosen to the court clerk within 20 days after the notification, judgment may be rendered against the defendant without further notice or extension.

547. Defendant's options — The options available to the defendant are the following :
(1) to pay the amount claimed and the costs borne by the plaintiff to the court office or pay them directly to the plaintiff and send the proof of payment or acquittance obtained from the plaintiff to the court office, or to reach a settlement with the plaintiff and send a document recording the settlement agreement to the court office; or
(2) to defend on the merits and so inform the court office, specifying the grounds of defence, which may include prescription.

Contestation — In addition, a defendant who chooses to defend the application may

1° demander que le litige soit soumis à la médiation;

(1) ask that the dispute be referred to mediation;

2° demander, en en précisant les motifs, le rejet de la demande ou le renvoi du dossier dans un autre district judiciaire ou devant un autre tribunal judiciaire ou devant le tribunal administratif compétent, ou encore demander que l'affaire soit instruite devant le même tribunal, mais suivant les règles du livre II;

(2) ask that the application be dismissed, that the case be referred to another judicial district or to the competent court or administrative tribunal, or that the case be tried by the same court but under the rules of Book II, specifying the reasons for the request;

3° demander l'intervention forcée d'un tiers, à titre de codéfendeur ou de mis en cause, pour exercer à son encontre une demande en garantie ou pour permettre une solution complète du litige, auquel cas il informe le greffier du nom et de la dernière adresse connue de cette personne;

(3) ask that a third person be forced to intervene as a co-defendant or an impleaded party, in order to assert a recourse in warranty against that person or allow full resolution of the dispute, in which case the defendant informs the court clerk of the person's name and last known address;

4° faire valoir sa propre réclamation contre le demandeur, si celle-ci résulte de la même source que la demande ou d'une source connexe et si le montant la rendait admissible en vertu du présent titre ou demander la résolution, la résiliation ou l'annulation du contrat qui fonde la demande;

(4) assert the defendant's own claim against the plaintiff, provided it arises from the same source as the application or from a related source and the amount claimed would make it admissible under this Title, or ask for the resolution, resiliation or annulment of the contract on which the application is founded; or

5° faire une offre réelle et en déposer le montant au greffe ou auprès d'une société de fiducie.

(5) make a tender and deposit the amount tendered with the court office or with a trust company.

548. Fermeture du dossier — Si le défendeur a payé le demandeur, le greffier ferme le dossier; si les parties ont convenu de régler l'affaire, le greffier, à la demande de l'une d'elles, homologue l'entente pour valoir jugement.

548. Closure of the record — If the defendant has paid the plaintiff, the court clerk closes the record; if the parties have reached a settlement and one of the parties so requests, the court clerk homologates the settlement agreement as a judgment.

Renvoi du dossier — Si le défendeur demande le renvoi du dossier, le greffier en avise le demandeur et lui indique qu'il peut présenter ses observations par écrit dans les 10 jours de l'avis. À l'expiration de ce délai, le greffier soumet la demande et les observations au tribunal qui en décide sur le vu du dossier. Si celui-ci la considère bien fondée, le greffier renvoie le dossier au greffe du tribunal ayant compétence.

Referral of the case — If the defendant has asked for a referral of the case, the court clerk so informs the plaintiff, specifying that the plaintiff has 10 days after being so informed to make representations in writing. On the expiry of that time, the court clerk submits the request and any representations to the court, which decides the matter on the face of the record. If the court considers the request to be wellfounded, the court clerk sends the record to the office of the court having jurisdiction.

Offre réelle — Si le défendeur a fait une offre réelle, le greffier en avise le demandeur.

Tender — If the defendant has made a tender, the court clerk so informs the plaintiff.

549. Contestation — Si le défendeur conteste le bien-fondé de la demande, il précise les motifs de sa contestation et dépose au greffe les pièces, ou une copie de celles-ci, au soutien de ses pré-

549. Contestation — If the defendant chooses to defend on the merits, the defendant specifies the grounds of defence and files the exhibits or copies of the exhibits in support of the conten-

tentions. Si les originaux des pièces n'accompagnent pas la contestation, ils peuvent être produits le jour de l'instruction.

Notification — Le greffier notifie la contestation au demandeur ainsi que la liste des pièces déposées. En l'absence de motifs de contestation, le greffier ordonne au défendeur de lui faire part de ceux-ci dans un délai de 10 jours et l'avise qu'autrement il sera considéré en défaut, faute de contester.

550. Demande reconventionnelle — Le défendeur, quel que soit le nombre de salariés à son service, peut réclamer du demandeur une créance qui résulte de la même source que la demande ou d'une source connexe pourvu que le montant n'excède pas 15 000 $ ou demander la résolution, la résiliation ou l'annulation du contrat qui fonde la demande. Il dépose au greffe les pièces au soutien de ses prétentions. Si la demande n'est pas admissible à titre de petite créance, le greffier en avise le défendeur et lui indique qu'il peut demander au tribunal de réviser sa décision, s'il en fait la demande dans les 15 jours de la notification de l'avis. Le tribunal décide alors sur le vu du dossier.

551. Tiers intervenant — Si le défendeur fait intervenir une autre personne, il en précise les motifs au greffier et fournit les pièces au soutien de ses prétentions. Le greffier en avise le demandeur; il notifie au tiers intervenant la demande originaire et la contestation et l'avise que sa présence est requise à la demande du défendeur. Il l'informe également, comme s'il était défendeur, des options qui s'offrent à lui et des délais qu'il doit respecter.

552. Défaut de défendeur — Si le défendeur est en défaut, faute de contester, le greffier spécial rend jugement sur le vu de la demande et des pièces au dossier ou, s'il l'estime nécessaire, après avoir entendu la preuve du demandeur.

553. Demande particulière — Le défendeur poursuivi suivant le livre II peut demander que

tions of the defence with the court office. If originals of the exhibits are not filed with the defence, they may be produced on the day of the trial.

Notification — The court clerk notifies the defence to the plaintiff along with a list of the exhibits filed. If no grounds of defence are provided, the court clerk directs the defendant to make such grounds known within 10 days, specifying that failure to do so will result in the defendant being considered in default for failure to defend.

550. Defendant's own claim — The defendant, regardless of the number of employees in the defendant's employ, may assert against the plaintiff the defendant's own claim arising from the same source as the application or from a related source, provided the amount claimed does not exceed 15 000 $, or request the resolution, resiliation or annulment of the contract on which the application is founded. The defendant files the exhibits in support of the contentions of the defence with the court office. If the defendant's own claim is not admissible as a small claim, the court clerk notifies a notice so informing the defendant and specifying that the defendant may, within 15 days after the notification, ask for a review of the decision by the court, which decides the matter on the face of the record.

551. Intervention of a third person — If the defendant is requiring the intervention of a third person, the defendant explains the grounds for the intervention to the court clerk and submits the exhibits in support of the related contentions. The court clerk informs the plaintiff and notifies the application and the defence to the intervenor, specifying that the intervenor's attendance is required on the defendant's request. The court clerk also informs the intervenor, as if the latter were a defendant, of the options available and the applicable time limits.

552. Defendant in default — If the defendant is in default for failure to defend, the special clerk renders judgment on the face of the application and the exhibits filed in the record or, if the special clerk considers it necessary, after hearing the plaintiff's evidence.

553. Particular application — A defendant being sued under Book II may request that the

la cause soit entendue suivant le présent titre s'il pouvait y agir comme demandeur. Il le peut également dans les cas d'une demande résultant d'une créance acquise à titre onéreux par un tiers, s'il a les qualités pour agir comme demandeur sous le présent titre.

Modalités — Il présente cette demande au greffier du tribunal saisi, en tout temps avant l'inscription de l'affaire pour instruction et jugement. Si cette demande est jugée admissible, le greffier notifie sa décision au demandeur, lequel peut, dans les 15 jours qui suivent, en demander la révision au tribunal saisi de sa demande. En l'absence de révision, le greffier transfère le dossier pour que la procédure se continue selon les dispositions du présent titre.

case be heard under this Title provided the defendant would qualify to act as plaintiff under this Title. The same request may be made when the application is based on a claim assigned to a third person in return for payment provided the defendant would qualify to act as plaintiff under this Title.

Procedure — The request is presented to the clerk of the court seized of the matter, at any time before the case is set down for trial and judgment. If the request is found to be admissible, the court clerk notifies the decision to the plaintiff and the latter may, within 15 days after the notification, ask for a review of the decision by the court seized of the application. In the absence of a review, the court clerk transfers the record so that the case may be continued under this Title.

SECTION II —
LA CONVOCATION DES PARTIES ET DES
TÉMOINS

SECTION II —
NOTICE OF HEARING AND CALLING OF
WITNESSES

554. Modalités — Lorsque le dossier est prêt, le greffier, au moins six semaines mais pas plus de trois mois avant la date prévue pour l'audience, notifie la convocation à l'audience au demandeur et aux autres parties qui ont produit leur contestation.

554. Notice of hearing — Once the case is ready, at least six weeks but not more than three months before the scheduled hearing date, the court clerk notifies a notice of the hearing to the plaintiff and to the other parties that have filed a defence.

Contenu — La convocation fait mention que chacune des parties peut, sur demande, consulter les pièces et les documents déposés au greffe par les autres parties et en obtenir une copie; elle informe les parties qu'elles sont tenues de produire tout autre document au moins 21 jours avant la date fixée pour l'audience, mais seulement s'il ne l'a pas encore été. Elle rappelle également que celui qui représente le demandeur doit produire son mandat.

Content — The notice of hearing mentions that a party may, on request, examine the exhibits and the documents filed with the court office by the other parties and obtain copies of them. It also informs the parties that any other document not yet filed must be filed at least 21 days before the scheduled hearing date, and that any person mandated to represent the plaintiff must file the mandate with the court office.

Témoins — La convocation rappelle aussi aux parties qu'elles doivent, à l'audience, être accompagnées de leurs témoins, mais qu'elles peuvent remplacer leur comparution par une déclaration pour valoir témoignage, et qu'elles doivent donc, au moins 21 jours avant la date fixée pour l'audience, indiquer au greffier le nom des témoins dont elles demandent la convocation, la raison de celle-ci et l'objet de leur témoignage et, le cas échéant, fournir les déclarations de ceux qui ne comparaissent pas. La convocation leur rappelle qu'elles peuvent être

Witnesses — The notice of hearing reminds the parties that they must bring their witnesses to the hearing, but that a witness's testifying at court may be replaced by an affidavit. It also informs the parties that they must, at least 21 days before the scheduled hearing date, give the court clerk the names of any witnesses they wish to have called, specifying the reason they are called as witnesses and the subject matter of their testimony, and file the affidavits of any witnesses who will not be attending at court. As well, it warns the parties that, if the judge considers that a witness was needlessly called and required to

tenues de supporter les frais de justice liés à la comparution si le juge estime qu'un témoin a été convoqué et s'est déplacé inutilement.

Notification — Le greffier notifie aux témoins que les parties lui indiquent une citation à comparaître et les informe qu'ils agissent à titre gratuit, sauf décision contraire du tribunal. Si le nombre des témoins lui paraît inutilement élevé, il peut en référer au tribunal pour instructions.

555. Déclaration — Si une partie produit au greffe au moins 21 jours avant la date fixée pour l'audience la déclaration d'une personne, à titre de témoignage de fait ou pour valoir rapport de l'expert, le greffier la notifie à l'autre partie. Cette dernière peut demander au greffier, si elle l'estime nécessaire, la convocation du déclarant.

attend at court, they may be ordered to pay the related legal costs.

Notification — The court clerk notifies a subpoena to the witnesses named by the parties and informs them that they will not be compensated, unless the court decides otherwise. If the number of witnesses appears to be needlessly high, the court clerk may request instructions from the court.

555. Deponent's statement — If, at least 21 days before the scheduled hearing date, a party files with the court office a person's affidavit as factual testimony or as testimony in lieu of an expert report, the court clerk notifies the affidavit to the other party. If it considers it necessary, the other party may request the court clerk to call the affiant to attend at court.

SECTION III —
LA MÉDIATION

SECTION III —
MEDIATION

556. Modalités — À la première occasion, le greffier informe les parties qu'elles peuvent, sans frais additionnels, soumettre leur litige à la médiation. Si les parties y consentent, elles peuvent demander au greffier de les référer au service de médiation. Dans ce cas, la séance de médiation est présidée par un avocat ou un notaire, accrédité par l'ordre professionnel dont il est membre.

Rapport du médiateur — Le médiateur dépose au greffe un rapport faisant état des faits, des positions des parties et des points de droit soulevés.

Entente — Si les parties s'entendent, elles déposent au greffe soit un avis que le dossier a fait l'objet d'un règlement à l'amiable, soit l'entente signée par elles. L'entente entérinée par le greffier spécial ou le tribunal équivaut à jugement.

556. Procedure — The court clerk informs the parties at the earliest opportunity that they may at no additional cost submit their dispute to mediation. If the parties consent to mediation, they may request the court clerk to refer them to the mediation service. In that case, the mediation session is presided over by a lawyer or a notary, certified as a mediator by their professional order.

Mediator's report — The mediator files a report with the court office giving an account of the facts, the parties' positions and the points of law raised.

Settlement — If the parties reach a settlement, they file with the court office either a notice that the case has been settled or the signed settlement agreement. A settlement agreement confirmed by the special clerk or the court is equivalent to a judgment.

SECTION IV —
L'AUDIENCE

SECTION IV —
HEARING

557. Modalités — Dans tous les cas où l'audience est nécessaire, le greffier la fixe, dans la mesure du possible, à une date et à une heure où les parties et leurs témoins pourront être présents.

557. Procedure — In all cases where a hearing is necessary, the court clerk, to the extent possible, sets a date and time for the hearing that will allow the parties and their witnesses to attend.

sents. Le tribunal peut tenir l'audience ailleurs qu'au lieu où la demande a été présentée.

Demande de remise — Le greffier peut remettre une affaire à la demande d'une partie, s'il s'agit d'une première demande et qu'elle lui est présentée au moins un mois avant la date de l'audience; il avise, sans délai, l'autre partie de la demande et entend ses observations. S'il accorde la demande, il statue sur les frais engagés par cette dernière partie; sa décision sur les frais peut être révisée par le tribunal lors de l'audience sur le fond. Toute autre demande de remise doit être soumise au tribunal pour qu'il en décide.

558. Suspension — Le tribunal peut, lorsque la Cour supérieure ou la Cour du Québec est, suivant le livre II , saisie d'une demande ayant le même fondement juridique ou soulevant les mêmes points de droit que la demande dont il est lui-même saisi, suspendre l'audience si une partie le requiert et qu'aucun préjudice sérieux ne peut en résulter pour l'autre partie.

Révision — L'affaire est suspendue jusqu'à ce que le jugement sur l'autre demande soit passé en force de chose jugée; cependant, le tribunal peut réviser cette décision si des circonstances nouvelles le justifient.

559. Absence — Au temps fixé pour l'audience, si l'une des parties ou les parties sont absentes, le tribunal, s'il ne reporte pas l'affaire, peut rendre le jugement suivant la preuve offerte.

560. Déroulement — À l'audience, le tribunal explique sommairement aux parties les règles de preuve qu'il est tenu de suivre et la procédure qui lui paraît appropriée et, s'il y a lieu, soulève les règles de prescription applicables. À l'invitation du tribunal, chacune des parties expose ses prétentions et présente ses témoins. Le tribunal procède lui-même aux interrogatoires; il apporte à chacun une aide équitable et impartiale de façon à faire apparaître le droit et à en assurer la sanction.

Moyen de contestation — Le défendeur ou la personne qui intervient peut faire valoir tout moyen de contestation et proposer, le cas échéant, des modalités de paiement.

Dépôt des documents — Le tribunal peut

The court may hold the hearing elsewhere than where the application was filed.

Postponement — The court clerk may postpone a case on a party's request if it is the first request of the kind and it is made at least one month before the scheduled hearing date. The court clerk informs the other party without delay of the request and hears the other party's representations. If the request is granted, the court clerk rules on the costs incurred by the latter party; the decision on costs may be revised by the court at the hearing on the merits. Any further request for a postponement must be submitted to the court for a decision.

558. Suspension — If the Superior Court or the Court of Québec is seized, pursuant to Book II, of an application that has the same juridical basis or raises the same issues of law as an application that is before the court under this Title, the court may stay the hearing on a party's request, provided this cannot result in serious prejudice to the other party.

Review — The stay is maintained until the judgment on the other application has become final, although the court may revise its stay decision if warranted by new circumstances.

559. Absence — If, at the time set for the hearing, a party or the parties are absent, the court may either postpone the hearing or render a judgment on the basis of the evidence offered.

560. Course — At the hearing, the court instructs the parties summarily as to the applicable rules of evidence and the procedure it considers appropriate, and explains any rules of prescription that are applicable. At the invitation of the court, the parties state their contentions and produce their witnesses. The court itself examines the parties and the witnesses, and provides fair and impartial assistance to each of them so as to bring out the substantive law and ensure that it is carried out.

Grounds of defence — The defendant or an intervenor may raise any grounds of defence and, if appropriate, propose terms of payment.

Filing of documents — The court may accept an expert's testimony in lieu of an expert report;

accepter pour valoir rapport de l'expert son témoignage oral; il peut aussi accepter le dépôt de tout document, même après l'expiration du délai prescrit pour le faire.

Indemnités — À la fin de l'audience, le tribunal indique les témoins auxquels les indemnités sont dues en vertu des tarifs en vigueur.

561. Entente — Si, après conciliation, les parties s'entendent, le greffier dresse un procès-verbal constatant l'entente; celle-ci, signée par les parties et homologuée par le tribunal, équivaut à jugement.

it may also accept the filing of any document, even though the prescribed filing time has expired.

Compensation — At the end of the hearing, the court identifies the witnesses to whom compensation is payable under the tariffs in force.

561. Settlement — If, after conciliation, the parties reach a settlement, the court clerk draws up minutes in which the settlement agreement is recorded. Once signed by the parties and homologated by the court, the settlement agreement is equivalent to a judgment.

SECTION V —
LE JUGEMENT

SECTION V —
JUDGMENT

562. Avis au débiteur — Dès que le jugement est signé, le greffier en notifie une copie à chacune des parties et il y joint un avis au débiteur pour l'informer que, le jugement ayant été rendu contre lui, ses biens, y compris ses revenus et ses placements, pourront être saisis et, s'il y a lieu, vendus sous contrôle de justice, s'il fait défaut de payer la créance due dans les délais prévus par le Code.

Copie conforme — Le greffier peut, sur demande, délivrer une copie certifiée conforme du jugement.

562. Notice to the debtor — As soon as the judgment is signed, the court clerk notifies a copy to each party, together with a notice to the debtor stating that since the judgment has been rendered against that person, failure to settle the outstanding claim within the time limits prescribed by this Code could result in the person's assets, including income and investments, being seized and, if necessary, sold under judicial authority.

Certified true copy — The court clerk may issue a certified true copy of the judgment on request.

563. Effet — Le jugement n'a l'autorité de la chose jugée qu'à l'égard des parties au litige et que pour le montant réclamé; il ne peut être invoqué dans une demande entre les mêmes parties fondée sur la même cause et introduite devant un autre tribunal. Le tribunal doit alors, à la demande d'une partie ou d'office, rejeter toute demande ou toute preuve basée sur ce jugement.

563. Effect — The judgment has the authority of res judicata only with respect to the parties to the dispute and for the amount claimed. It cannot be cited in an application between the same parties for the same cause before a different court. Any application or proof based on the judgment must be dismissed by the court on its own initiative or on a party's request.

564. Appel — Le jugement est sans appel.

Contrôle judiciaire — Ni le jugement ni une instance relative à une petite créance ne peut faire l'objet d'un pourvoi en contrôle judiciaire, à moins qu'il n'y ait eu absence ou excès de compétence.

564. Appeal — The judgment cannot be appealed.

Judicial review — A judgment or proceeding relating to a small claim is not open to judicial review except on the grounds of lack or excess of jurisdiction.

565. Exécution du jugement — Le tribunal peut ordonner qu'un jugement soit exécuté dans un délai autre que ceux prévus au livre VIII et peut, notamment, autoriser le créancier à l'exécuter avant l'expiration de ce délai, si celui-ci établit dans une déclaration sous serment l'un des faits donnant ouverture à une saisie avant jugement.

Paiements échelonnés — Il peut aussi autoriser le débiteur à exécuter le jugement au moyen de paiements échelonnés à être versés au créancier, selon les termes qu'il fixe. Le débiteur est déchu du bénéfice du terme s'il fait défaut d'acquitter un versement à échéance et qu'il n'y remédie pas dans les 10 jours.

Transfert du dossier — Si la valeur du bien faisant l'objet d'une procédure d'exécution est supérieure à 15 000 $, le tribunal peut ordonner le transfert du dossier au tribunal compétent pour une créance de cette valeur afin que la procédure y soit continuée.

566. Avis d'exécution — Le créancier du jugement peut lui-même préparer l'avis d'exécution si la seule mesure prévue est la saisie en mains tierces des revenus du débiteur. L'avis, signé et déposé au greffe du tribunal par le greffier, est ensuite notifié par le créancier au débiteur et au tiers saisi; il enjoint à ce dernier de notifier sa déclaration au créancier et au greffier et de remettre à ce dernier la partie saisissable de ce qu'il doit au débiteur. Le créancier notifie cette déclaration au débiteur.

Administration de la partie saisissable — L'administration de la partie saisissable des revenus du débiteur qui en résulte, y compris la réception de celle-ci et sa distribution, est confiée au greffier.

Demandes incidentes — Si des demandes incidentes relatives à l'exécution du jugement sont présentées, le greffier en informe sans délai les parties et, le cas échéant, l'huissier. Il convoque les parties à la date fixée pour qu'elles soient entendues.

Pouvoir du greffier — Le greffier peut assister le créancier dans l'exécution du jugement.

565. Execution of the judgment — The court may order a different time limit for the execution of a judgment than those prescribed by Book VIII and, for instance, authorize earlier execution of the judgment if the creditor establishes, in an affidavit, a fact that justifies a seizure before judgment.

Instalments — The court may also authorize the debtor to execute the judgment by means of instalments to be paid to the creditor in accordance with terms specified by the court. The debtor loses the benefit of the term on defaulting on an instalment and failing to remedy the default within 10 days.

Order to transfer the record — If the value of the property that is subject to execution proceedings exceeds $15,000, the court may order that the matter be transferred to the court that is competent to deal with claims in that amount, for continuation of the execution procedings.

566. Notice of execution — The judgment creditor may themselves draw up the notice of execution if the only execution measure is seizure of the debtor's income in the hands of a third person. The notice is signed and filed in the court office by the court clerk then notified by the creditor to the debtor and the garnishee. It directs the garnishee to notify a declaration to the creditor and the court clerk and remit to the latter the seizable portion of what the garnishee owes to the debtor. The creditor notifies the declaration to the debtor.

Administration of the seizable portion — The ensuing administration of the seizable portion of the debtor's income, including its receipt and distribution, is entrusted to the court clerk.

Incidental applications — If incidental applications are filed in relation to execution of the judgment, the court clerk informs without delay the parties and, if applicable, the bailiff, and calls the parties to a hearing on a specified date.

Power of the court clerk — The court clerk may assist the creditor in the execution of the judgment.

567. Frais — Les frais d'exécution du jugement qui peuvent être réclamés du débiteur sont ceux prévus dans les tarifs applicables en vertu du présent titre.

568. Pourvoi en rétractation — Le pourvoi en rétractation de jugement expose, dans une déclaration sous serment, les motifs qui y donnent ouverture et la justifient; il est produit au greffe dans les 30 jours de la connaissance du jugement, s'il ne s'est pas écoulé plus de six mois depuis le jugement, ces délais étant de rigueur. Si sur le vu du dossier les motifs paraissent suffisants, le tribunal peut suspendre l'exécution forcée du jugement; le greffier convoque alors les parties pour qu'elles soient entendues sur le pourvoi en rétractation et, le cas échéant, sur le fond du litige.

Chapitre IV ▬
Dispositions diverses

569. Paiement des frais — Le greffier ne peut recevoir les actes de procédure à moins que le paiement des frais prévus au tarif des frais judiciaires applicable ne soit fait. Toutefois, la personne qui démontre qu'elle reçoit des prestations en vertu d'un programme d'aide sociale ou de solidarité sociale prévu par la *Loi sur l'aide aux personnes et aux familles est dispensée du paiement de ces frais.*

Remboursement — Si l'acte de procédure est refusé, la somme déposée au greffe est remboursée.

570. Pouvoirs du gouvernement — Le gouvernement peut, par règlement, établir :

1° le tarif des frais et des droits de greffe exigibles pour le dépôt ou la présentation des demandes et autres actes faits en vertu du présent titre et pour l'exécution des jugements rendus ainsi que le tarif des honoraires des huissiers exigibles du débiteur;

2° le tarif des honoraires payables par le service de médiation à un médiateur accrédité et le nombre maximum de séances pour lesquelles un médiateur peut recevoir des honoraires pour une même demande;

567. Costs — The judgment execution costs that may be claimed from the debtor are set out in the tariffs applicable under this Title.

568. Application for revocation — An application for revocation of the judgment must include an affidavit setting out the grounds on which the application is based and the revocation is sought, and be filed with the court office within 30 days after the party becomes aware of the judgment, but not more than six months after the date of the judgment, these being strict time limits. If, on the face of the record, the grounds appear sufficient, the court may stay forced execution of the judgment; the court clerk then summons the parties so that they may be heard on the application for revocation and, if applicable, on the merits of the dispute.

Chapter IV ▬
Miscellaneous Provisions

569. Payment of filing fee — Pleadings cannot be accepted by the court clerk unless the filing fee prescribed under the applicable tariff of judicial fees is paid. However, a person who provides proof of being a recipient under a social assistance or social solidarity program established under the *Individual and Family Assistance Act* is exempted from paying the filing fee.

Refund — If a pleading is refused, the amount paid to the court office is refunded.

570. Powers of the Government — The Government, by regulation, may establish

(1) a tariff of court costs and fees for the filing or presentation of applications and pleadings under this Title and for the execution of judgments, as well as a tariff of professional fees payable to bailiffs by debtors;

(2) a tariff of professional fees payable to certified mediators by the mediation service, and the maximum number of sessions for which a mediator may be paid fees in relation to the same application; and

3° les règles et les obligations particulières auxquelles doit se conformer un médiateur accrédité dans l'exercice de ses fonctions de même que les sanctions applicables en cas de manquement à ces règles et obligations.

(3) special rules and obligations with which certified mediators must comply in the exercise of their functions, as well as the sanctions applicable for noncompliance.

TITRE III
LES RÈGLES PARTICULIÈRES À L'ACTION COLLECTIVE

TITLE III
SPECIAL RULES FOR CLASS ACTIONS

Chapitre I
Dispositions introductives

Chapter I
Introductory Provisions

571. Application — L'action collective est le moyen de procédure qui permet à une personne d'agir en demande, sans mandat, pour le compte de tous les membres d'un groupe dont elle fait partie et de le représenter.

571. Definition — A class action is a procedural means enabling a person who is a member of a class of persons to sue, without a mandate, on behalf of all the members of the class and to represent the class.

Membre du groupe — Outre une personne physique, une personne morale de droit privé, une société ou une association ou un autre groupement sans personnalité juridique peut être membre du groupe.

Member of the class — In addition to natural persons, legal persons established for a private interest, partnerships and associations or other groups not endowed with juridical personality may be members of the class.

Représentant du groupe — Une personne morale de droit privé, une société ou une association ou un autre groupement sans personnalité juridique peut, même sans être membre d'un groupe, demander à représenter celui-ci si l'administrateur, l'associé ou le membre désigné par cette entité est membre du groupe pour le compte duquel celle-ci entend exercer une action collective et si l'intérêt de la personne ainsi désignée est lié aux objets pour lesquels l'entité a été constituée.

Representative plaintiff — A legal person established for a private interest, a partnership or an association or another group not endowed with juridical personality may, even without being a member of a class, ask to represent the class if the director, partner or member designated by that entity is a member of the class on behalf of which the entity is seeking to institute a class action, and the designee's interest is related to the purposes for which the entity was constituted.

572. Gestion de l'instance — Dès la demande d'autorisation d'exercer l'action collective, le juge en chef désigne un juge pour assurer la gestion particulière de l'instance et entendre toute la procédure relative à cette action collective, à moins qu'il n'en décide autrement. Il peut désigner ce juge même s'il existe une cause de récusation, s'il estime que la situation, dans le contexte de l'affaire, ne porte pas atteinte à l'exigence d'impartialité du juge.

572. Case management — As soon as an application for authorization to institute a class action is filed, the chief justice, unless the chief justice decides otherwise, assigns a judge as special case management judge to manage the proceeding and hear all procedural matters relating to the class action. The chief justice may assign a judge despite there being grounds for the judge's recusation, provided the chief justice considers the situation, in the context of the case, does not undermine the impartiality of the judiciary.

Choix du district — Il peut fixer, en tenant compte de l'intérêt des parties et des membres, le district dans lequel la demande d'autorisation sera entendue ou l'action collective exercée.

District — After considering the interests of the parties and of the class members, the chief justice may determine the district in which the application for authorization is to be heard or the class action instituted.

573. Registre central — Un registre central des actions collectives est tenu auprès de la Cour supérieure, sous l'autorité du juge en chef; sont inscrits à ce registre les demandes d'autorisation et les demandes introductives d'instance, les actes de procédure produits en cours d'instance et les avis aux membres, de même que les autres documents indiqués dans les instructions du juge en chef.

573. Central registry — A central registry of class actions is kept at the Superior Court under the authority of the chief justice. Applications for authorization and originating applications, pleadings filed in the course of a proceeding and notices to class members, as well as any other documents specified in the chief justice's instructions, are registered in the registry.

Chapitre II ▬
L'autorisation d'exercer l'action collective

Chapter II ▬
Authorization to Institute Class Action

574. Autorisation préalable — Une personne ne peut exercer l'action collective qu'avec l'autorisation préalable du tribunal.

574. Prior authorization — Prior authorization of the court is required for a person to institute a class action.

Demande d'autorisation — La demande d'autorisation indique les faits qui y donnent ouverture et la nature de l'action et décrit le groupe pour le compte duquel la personne entend agir. Elle est signifiée, avec un avis d'au moins 30 jours de la date de sa présentation, à celui contre qui elle entend exercer l'action collective.

Application for authorization — The application for authorization must state the facts on which it is based and the nature of the class action, and describe the class on whose behalf the person intends to act. It must be served on the person against whom the person intends to institute the class action, with at least 30 days' notice of the presentation date.

Contestation — La demande d'autorisation ne peut être contestée qu'oralement et le tribunal peut permettre la présentation d'une preuve appropriée.

Contestation — An application for authorization may only be contested orally, and the court may allow relevant evidence to be submitted.

575. Critères — Le tribunal autorise l'exercice de l'action collective et attribue le statut de représentant au membre qu'il désigne s'il est d'avis que :

575. Criteria — The court authorizes the class action and appoints the class member it designates as representative plaintiff if it is of the opinion that

1° les demandes des membres soulèvent des questions de droit ou de fait identiques, similaires ou connexes;

(1) the claims of the members of the class raise identical, similar or related issues of law or fact;

2° les faits allégués paraissent justifier les conclusions recherchées;

(2) the facts alleged appear to justify the conclusions sought;

3° la composition du groupe rend difficile ou peu pratique l'application des règles sur le mandat d'ester en justice pour le compte d'autrui ou sur la jonction d'instance;

(3) the composition of the class makes it difficult or impracticable to apply the rules for mandates to sue on behalf of others or for consolidation of proceedings; and

4° le membre auquel il entend attribuer le statut de représentant est en mesure d'assurer une représentation adéquate des membres.

(4) the class member appointed as representative plaintiff is in a position to properly represent the class members.

576. Jugement d'autorisation — Le jugement d'autorisation décrit le groupe dont les membres seront liés par le jugement et désigne le représentant; il identifie les principales questions qui seront traitées collectivement et les conclusions recherchées qui s'y rattachent. Le cas échéant, il décrit les sous-groupes constitués et détermine le district dans lequel l'action sera introduite.

Avis aux membres — Il ordonne la publication d'un avis aux membres; il peut aussi ordonner au représentant ou à une partie de rendre accessible aux membres de l'information sur l'action notamment par l'ouverture d'un site Internet.

Délai d'exclusion — Le jugement détermine également la date après laquelle un membre ne pourra plus s'exclure du groupe. Le délai d'exclusion ne peut être fixé à moins de 30 jours ni à plus de six mois après la date de l'avis aux membres. Ce délai est de rigueur; néanmoins, un membre peut, avec la permission du tribunal, s'exclure après ce délai s'il démontre qu'il a été, en fait, dans l'impossibilité d'agir plus tôt.

577. Refus du tribunal — Le tribunal ne peut refuser d'autoriser l'exercice d'une action collective en se fondant sur le seul fait que les membres du groupe décrit font partie d'une action collective multiterritoriale déjà introduite à l'extérieur du Québec.

Devoirs du tribunal — Il est tenu, s'il lui est demandé de décliner compétence ou de suspendre une demande d'autorisation d'une action collective ou une telle action, de prendre en considération dans sa décision la protection des droits et des intérêts des résidents du Québec.

Pouvoirs du tribunal — Il peut aussi, si une action collective multiterritoriale est intentée à l'extérieur du Québec, refuser, pour assurer la protection des droits et des intérêts des membres du Québec, le désistement d'une demande d'autorisation ou encore autoriser l'exercice par un autre demandeur ou représentant d'une action collective ayant le même objet et visant le même groupe s'il est convaincu qu'elle assure mieux l'intérêt des membres.

578. Appel — Le jugement qui autorise l'exercice de l'action collective n'est sujet à appel que

576. Judgment of authorization — The judgment authorizing a class action describes the class whose members will be bound by the class action judgment, appoints the representative plaintiff and identifies the main issues to be dealt with collectively and the conclusions sought in relation to those issues. It describes any subclasses created and determines the district in which the class action is to be instituted.

Notice to class members — The judgment orders the publication of a notice to class members; it may also order the representative plaintiff or a party to make information on the class action available to the class members, including by setting up a website.

Time limit for opting out — The judgment also determines the time limit for opting out of the class. The opting-out period cannot be shorter than 30 days or longer than six months after the date of the notice to class members. The time limit for opting out is a strict time limit, although a class member, with leave of the court, may opt out after its expiry on proving that it was impossible in fact for the class member to act sooner.

577. Refusal — The court cannot refuse to authorize a class action on the sole grounds that the class members are part of a multi-jurisdictional class action already under way outside Québec.

Court's duties — If asked to decline jurisdiction, to stay an application for authorization to institute a class action or to stay a class action, the court is required to have regard for the protection of the rights and interests of Québec residents.

Multi-jurisdictional class action instituted outside Québec — If a multi-jurisdictional class action has been instituted outside Québec, the court, in order to protect the rights and interests of class members resident in Québec, may disallow the discontinuance of an application for authorization, or authorize another plaintiff or representative plaintiff to institute a class action involving the same subject matter and the same class if it is convinced that the class members' interests would thus be better served.

578. Appeal — A judgment authorizing a class action may be appealed only with leave of a

sur permission d'un juge de la Cour d'appel. Celui qui refuse l'autorisation est sujet à appel de plein droit par le demandeur ou, avec la permission d'un juge de la Cour d'appel, par un membre du groupe pour le compte duquel la demande d'autorisation a été présentée.

Caractère prioritaire — L'appel est instruit et jugé en priorité.

Chapitre III ——
Les avis

579. Avis aux membres — Lorsque l'action collective est autorisée, un avis est publié ou notifié aux membres, indiquant :

1° la description du groupe et, le cas échéant, des sous-groupes;

2° les principales questions qui seront traitées collectivement et les conclusions recherchées qui s'y rattachent;

3° le nom du représentant, les coordonnées de son avocat et le district dans lequel l'action collective sera exercée;

4° le droit d'un membre de demander à intervenir à l'action collective;

5° le droit d'un membre de s'exclure du groupe, les formalités à suivre et le délai pour s'exclure;

6° le fait qu'un membre qui n'est pas un représentant ou un intervenant ne peut être appelé à payer les frais de justice de l'action collective;

7° tout autre renseignement que le tribunal juge utile dont, entre autres, l'adresse du site Internet pour accéder au registre central des actions collectives.

Mode de publication — Le tribunal détermine la date, la forme et le mode de la publication en tenant compte de la nature de l'action, de la composition du groupe et de la situation géographique de ses membres; le cas échéant, l'avis indique, en les désignant nommément ou en les décrivant, ceux des membres qui seront notifiés individuellement. Il peut, s'il l'estime opportun, autoriser la publication d'un avis abrégé.

judge of the Court of Appeal. A judgment denying authorization may be appealed as of right by the applicant or, with leave of a judge of the Court of Appeal, by a member of the class on whose behalf the application for authorization was filed.

Matter of priority — The appeal is heard and decided by preference.

Chapter III ——
Notices

579. Notice to class members — When a class action is authorized, a notice is published or notified to the class members

(1) describing the class and any subclass;

(2) setting out the principal issues to be dealt with collectively and the conclusions sought in relation to those issues;

(3) stating the representative plaintiff's name, the contact information of the representative plaintiff's lawyer and the district in which the class action is to proceed;

(4) stating that class members have the right to seek intervenor status in the class action;

(5) stating that class members have the right to opt out of the class and specifying the procedure and time limit for doing so;

(6) stating that no class member other than the representative plaintiff or an intervenor may be required to pay legal costs arising from the class action; and

(7) providing any additional information the court considers useful, including the address of the website for the central registry of class actions.

Method of publication — The court determines the date, form and method of publication of the notice, having regard to the nature of the class action, the composition of the class and the geographical location of its members. The notice identifies, by name or a description, any class members who are to receive individual notification. If the court sees fit, it may authorize the publication of an abbreviated notice.

580. Avis d'exclusion — Le membre qui entend s'exclure d'un groupe ou d'un sous-groupe est tenu d'aviser le greffier de sa décision avant l'expiration du délai d'exclusion. Étant exclu, il n'est lié par aucun jugement sur la demande du représentant.

Présomption — Un membre est réputé exclu s'il ne se désiste pas, avant l'expiration du délai d'exclusion, d'une demande introductive d'instance qu'il a prise ayant le même objet que l'action collective.

581. Pouvoir du tribunal — Le tribunal peut, en tout temps au cours de la procédure relative à une action collective, ordonner la publication ou la notification d'un avis aux membres lorsqu'il l'estime nécessaire pour la préservation de leurs droits. L'avis, qui décrit le groupe et indique le nom des parties et les coordonnées de leur avocat de même que le nom du représentant, est donné en termes clairs et concis.

582. Avis de réclamation — Lorsque la *Loi sur les cités et villes* (chapitre C-19), le *Code municipal du Québec* (chapitre C-27.1) ou une charte municipale prévoit l'envoi d'un avis de réclamation comme condition préalable à l'exercice d'une action, l'avis donné par un membre vaut pour tous les membres du groupe; l'insuffisance de l'avis ne peut être opposée au représentant.

580. Opting out notice — A class member who wishes to opt out of the class or a subclass is required to so inform the court clerk before the time limit for doing so has expired. A person who has opted out is not bound by any judgment on the representative plaintiff's application.

Presumption — A class member who does not discontinue an originating application having the same subject matter as the class action before the time for opting out has expired is deemed to have opted out.

581. Power of the court — At any stage of a class action, the court may order a notice to be published or notified to the class members if it considers it necessary for the protection of their rights. The notice, which must describe the class and include the parties' names, their lawyers' contact information and the representative plaintiff's name, must be clear and concise.

582. Notice of claim — In cases where the sending of a notice of claim is required by the *Cities and Towns Act* (chapter C-19), the *Municipal Code of Québec* (chapter C-27.1) or a municipal charter as a prior condition to the institution of an action, a notice of claim given by one class member is valid for all class members, and insufficiency of the notice cannot be urged against the representative plaintiff.

Chapitre IV ▬
Le déroulement de l'action collective

Chapter IV ▬
Conduct of Class Action

583. Demande introductive d'instance — La demande introductive de l'instance est déposée au greffe dans les trois mois de l'autorisation, sous peine que cette dernière soit déclarée caduque.

Déclaration de caducité — Si une demande de déclaration de caducité est présentée, il doit en être donné avis aux membres du groupe, au moins 15 jours avant la date prévue de sa présentation, selon le mode de publication déterminé par le tribunal. Le représentant ou un autre membre qui demande de lui être substitué peut empêcher que la caducité de l'autorisation ne soit prononcée, en produisant au greffe une demande introductive de l'instance.

583. Originating application — The originating application in a class action must be filed with the court office not later than three months after the class action is authorized, under pain of the authorization being declared lapsed.

Declaration of lapse — If an application for a declaration of lapse is filed, notice of the application, using the method of publication determined by the court, must be given to the class members at least 15 days before the date on which the application is to be presented. The representative plaintiff, or another class member asking to be substituted as representative plaintiff, may prevent the authorization from being declared lapsed by filing an originating application with the court office.

584. Moyen préliminaire — Le défendeur ne peut opposer au représentant un moyen préliminaire que s'il est commun à une partie importante des membres et porte sur une question traitée collectivement. Il ne peut non plus demander une scission de l'instance ou introduire une demande reconventionnelle.

585. Autorisation du tribunal — Le représentant doit être autorisé par le tribunal pour modifier un acte de procédure, se désister de la demande ou d'un acte de procédure ou renoncer aux droits résultant d'un jugement. Le tribunal peut imposer les conditions qu'il estime nécessaires pour protéger les droits des membres.

Aveu — L'aveu fait par le représentant lie les membres, sauf si le tribunal considère que cet aveu leur cause un préjudice.

586. Intervention volontaire — Un membre ne peut intervenir volontairement en demande que pour assister le représentant, soutenir sa demande ou appuyer ses prétentions. Le tribunal autorise l'intervention s'il est d'avis qu'elle est utile au groupe. Il peut limiter le droit de l'intervenant de produire un acte de procédure ou de participer à l'instruction.

587. Interrogatoire préalable — Une partie ne peut soumettre un membre, autre que le représentant ou un intervenant, à un interrogatoire préalable ou à un examen médical; elle ne peut non plus interroger un témoin hors la présence du tribunal. Le tribunal peut faire exception à ces règles s'il l'estime utile pour décider des questions de droit ou de fait traitées collectivement.

588. Révision ou annulation — Le tribunal peut, en tout temps, à la demande d'une partie, réviser ou annuler le jugement d'autorisation s'il considère que les conditions relatives aux questions de droit ou de fait ou à la composition du groupe ne sont plus remplies.

Révision du jugement — S'il révise le jugement d'autorisation, il peut permettre au représentant de modifier les conclusions recherchées. De plus, si les circonstances l'exigent, il peut, en

584. Preliminary exception — The defendant cannot urge a preliminary exception against the representative plaintiff unless it concerns a substantial number of the class members and pertains to an issue to be dealt with collectively. Nor may the defendant request a splitting of the proceeding or institute a cross-application.

585. Authorization of the court — The representative plaintiff must have the authorization of the court to amend a pleading, to discontinue the application, to withdraw a pleading or to renounce rights arising from a judgment. The court may impose any conditions it considers necessary to protect the rights of the class members.

Admission — An admission by the representative plaintiff is binding on the class members unless the court considers that the admission causes them prejudice.

586. Voluntary intervention — A class member cannot intervene voluntarily for the plaintiffs except to assist the representative plaintiff or to support the representative plaintiff's application or contentions. The court authorizes an intervention if it is of the opinion that the intervention will be helpful to the class. The court may limit an intervenor's right to file a pleading or participate in the trial.

587. Pre-trial examination — A party cannot subject a class member other than the representative plaintiff or an intervenor to a pre-trial examination or to a medical examination, nor may a party examine a witness outside the presence of the court. The court may make exceptions to these rules if it considers that doing so would be useful for its determination of the issues of law or fact to be dealt with collectively.

588. Revision or annulment of the authorization judgment — The court may at any time, on the application of a party, revise or annul the authorization judgment if it considers that conditions relating to the issues of law or fact or to the composition of the class are no longer satisfied.

Revision — If the court revises the authorization judgment, it may allow the representative plaintiff to amend the conclusions sought. In ad-

tout temps et même d'office, modifier ou scinder le groupe.

Annulation du jugement — Si le tribunal annule le jugement d'autorisation, l'instance se poursuit entre les parties devant le tribunal compétent, suivant la procédure prévue au livre II.

589. Intérêt pour agir — Le représentant est réputé conserver l'intérêt pour agir même si sa créance personnelle est éteinte. Il ne peut renoncer à son statut sans l'autorisation du tribunal, laquelle ne peut être donnée que si le tribunal est en mesure d'attribuer le statut de représentant à un autre membre.

Substitution du représentant — Lorsque le représentant n'est plus en mesure d'assurer la représentation adéquate des membres ou si sa créance personnelle est éteinte, un membre peut demander au tribunal de lui être substitué ou proposer un autre membre.

Nouveau représentant — Le cas échéant, le nouveau représentant reprend l'instance dans l'état où elle se trouve; il peut, avec l'autorisation du tribunal, refuser de ratifier les actes déjà faits si ceux-ci ont causé un préjudice irréparable aux membres. Il ne peut être tenu au paiement des frais de justice et des autres frais pour les actes antérieurs à la substitution qu'il n'a pas ratifiés, à moins que le tribunal n'en ordonne autrement.

590. Offres réelles — La transaction, l'acceptation d'offres réelles ou l'acquiescement ne sont valables que s'ils sont approuvés par le tribunal. Cette approbation ne peut être accordée à moins qu'un avis n'ait été donné aux membres.

Transaction — Dans le cas d'une transaction, l'avis mentionne que celle-ci sera soumise à l'approbation du tribunal à la date et au lieu qui y sont indiqués; il précise la nature de la transaction et le mode d'exécution prévu ainsi que la procédure que suivront les membres pour prouver leur réclamation. L'avis informe aussi les membres qu'ils peuvent faire valoir au tribunal leurs prétentions sur la transaction proposée et sur la disposition du reliquat, le cas échéant. Le

dition, if circumstances so require, the court may, even on its own initiative, modify or divide the class at any time.

Annulment — If the court annuls the authorization judgment, the proceeding continues between the parties before the competent court according to the procedure set out in Book II.

589. Interest to act — The representative plaintiff is deemed to retain sufficient interest to act even if that person's personal claim is extinguished. The representative plaintiff cannot waive the status of representative plaintiff without the authorization of the court, which cannot be given unless the court is able to appoint another class member as representative plaintiff.

Substitution of the representative plaintiff — If the representative plaintiff is no longer in a position to properly represent the class members or if that person's personal claim is extinguished, another class member may ask the court to be substituted as representative plaintiff or propose some other class member for that purpose.

Substitute representative plaintiff — A substitute representative plaintiff continues the proceeding from the stage it has reached; with the authorization of the court, the substitute may refuse to confirm any prior acts if they have caused irreparable prejudice to the class members. The substitute is not liable for legal costs and other expenses in relation to any act prior to the substitution that the substitute has not confirmed, unless the court orders otherwise.

590. Tender — A transaction, acceptance of a tender, or an acquiescence is valid only if approved by the court. Such approval cannot be given unless notice has been given to the class members.

Transaction — In the case of a transaction, the notice must state that the transaction will be submitted to the court for approval on the date and at the place indicated. It must specify the nature of the transaction, the method of execution chosen and the procedure to be followed by class members to prove their claim. The notice must also inform class members that they may assert their contentions before the court regarding the proposed transaction and the distribution of any

jugement qui approuve la transaction détermine, s'il y a lieu, les modalités de son exécution.

remaining balance. The judgment approving the transaction determines, if necessary, the mechanics of its execution.

Chapitre V
Le jugement et les mesures d'exécution
SECTION I
LE JUGEMENT, SES EFFETS ET SA PUBLICITÉ

Chapter V
Judgment and Execution Measures
SECTION I
JUDGMENT, AND ITS EFFECTS AND PUBLICATION

591. Contenu — Le jugement sur l'action collective décrit le groupe qu'il vise et lie les membres qui ne sont pas exclus.

Publication d'un avis — Lorsque le jugement passe en force de chose jugée, le tribunal de première instance ordonne la publication d'un avis qui indique la teneur du jugement et, s'ils sont connus, la notification de cet avis aux membres.

591. Content — The judgment on a class action describes the class to which it applies, and is binding on all class members who have not opted out.

Publication of a notice — Once the judgment has become final, the court of first instance orders the publication of a notice stating the substance of the judgment and notification of the notice to each known class member.

592. Dommages-intérêts — Le jugement qui condamne à des dommages-intérêts ou au remboursement d'une somme d'argent indique si les réclamations des membres sont recouvrées collectivement ou individuellement.

592. Damages — If the judgment awards damages or a monetary reimbursement, it specifies whether members' claims are to be recovered collectively or individually.

593. Indemnité au représentant — Le tribunal peut accorder une indemnité au représentant pour le paiement de ses débours de même qu'un montant pour le paiement des frais de justice et des honoraires de son avocat, le tout payable à même le montant du recouvrement collectif ou avant le paiement des réclamations individuelles.

Devoirs du tribunal — Il s'assure, en tenant compte de l'intérêt des membres du groupe, que les honoraires de l'avocat du représentant sont raisonnables; autrement, il peut les fixer au montant qu'il indique.

Fonds d'aide — Il entend, avant de se prononcer sur les frais de justice et les honoraires, le Fonds d'aide aux actions collectives que celui-ci ait ou non attribué une aide au représentant. Le tribunal prend en compte le fait que le Fonds ait garanti le paiement de tout ou partie des frais de justice ou des honoraires.

593. Indemnity to the representative plaintiff — The court may award the representative plaintiff an indemnity for disbursements and an amount to cover legal costs and the lawyer's professional fee. Both are payable out of the amount recovered collectively or before payment of individual claims.

Fee of the representative plaintiff's lawyer — In the interests of the class members, the court assesses whether the fee charged by the representative plaintiff's lawyer is reasonable; if the fee is not reasonable, the court may determine it.

Class Action Assistance Fund — Regardless of whether the Class Action Assistance Fund provided assistance to the representative plaintiff, the court hears the Fund before ruling on the legal costs and the fee. The court considers whether or not the Fund guaranteed payment of all or any portion of the legal costs or the fee.

594. Demande d'homologation — Lorsqu'une demande d'homologation d'une

594. Application for homologation — When an application for the homologation of a

transaction ou de reconnaissance d'un jugement portant sur une action collective étrangère lui est présentée, le tribunal s'assure, en plus du respect des règles sur la reconnaissance et l'exécution des décisions étrangères prévues par le Code civil, que les avis donnés au Québec dans le cadre de cette action collective ont été suffisants.

Devoirs du tribunal — Le tribunal est tenu de s'assurer également que les modalités d'exercice des droits des résidents du Québec sont équivalentes aux exigences imposées dans les actions collectives prises devant lui et que ces résidents peuvent exercer leurs droits au Québec suivant les règles qui y sont applicables et que, s'il y a lieu à un recouvrement collectif, l'attribution d'un reliquat à un tiers soit décidée par lui quant à la part qui revient aux membres résidents du Québec.

transaction or the recognition of a judgment in a foreign class action is made to the court, the court makes sure that the rules of the Civil Code that apply to the recognition and enforcement of foreign decisions have been complied with and that the notices given in Québec in connection with the class action were sufficient.

Court's duties — As well, the court is required to make sure that the requirements that governed the exercise of the rights of Québec residents are equivalent to those imposed in class actions brought before a Québec court, that Québec residents may exercise their rights in Québec in accordance with the rules applicable in Québec and that, in the case of collective recovery of claims, the remittance of any remaining balance to a third person will be decided by it insofar as the Québec residents' share is concerned.

SECTION II —
LE RECOUVREMENT COLLECTIF

SECTION II —
COLLECTIVE RECOVERY OF CLAIMS

595. Montant total — Le tribunal ordonne le recouvrement collectif des réclamations des membres si la preuve permet d'établir d'une façon suffisamment précise le montant total de ces réclamations. Ce montant est établi sans égard à l'identité de chacun des membres ou au montant exact de la réclamation de chacun.

595. Total claim amount — The court orders collective recovery of the class members' claims if the evidence allows a sufficiently precise determination of the total claim amount. The total claim amount is determined without regard to the identity of individual class members or the exact amount of their respective claims.

Dépôt — Le tribunal peut, après avoir établi ce montant, en ordonner le dépôt intégral ou suivant les modalités qu'il fixe auprès d'un établissement financier exerçant son activité au Québec; les intérêts sur le montant déposé profitent aux membres. Le tribunal peut réduire le montant s'il ordonne l'exécution d'une autre mesure réparatrice ou encore, au lieu d'une ordonnance pécuniaire, ordonner l'exécution d'une mesure réparatrice appropriée.

Deposit — After determining the total claim amount, the court may order that it be deposited in its entirety, or according to the terms it specifies, with a financial institution carrying on business in Québec; the interest on the amount deposited accrues to the class members. The court may reduce the total claim amount if it orders an additional form of reparation, or may order reparation appropriate to the circumstances instead of a monetary award.

Mesures d'exécution — S'il y a lieu à des mesures d'exécution, les instructions à l'huissier sont données par le représentant.

Execution measures — If execution measures prove necessary, instructions are given to the bailiff by the representative plaintiff.

596. Liquidation individuelle — Le jugement qui ordonne le recouvrement collectif prévoit la liquidation individuelle des réclamations des membres ou la distribution d'un montant à chacun d'eux.

596. Individual liquidation — A judgment that orders collective recovery makes provision for individual liquidation of the class members' claims or for distribution of an amount to each class member.

Personne en charge — Le tribunal désigne la personne qui y procédera et lui donne les ins-

Person carrying out the operation — The court designates a person to carry out the opera-

tructions nécessaires pour la guider dans l'exécution de sa charge, notamment quant à la procédure et à la preuve, et il fixe sa rémunération.

Reliquat — S'il y a un reliquat, le tribunal en dispose comme il le fait lorsqu'il attribue un montant à un tiers, en tenant compte notamment de l'intérêt des membres. Si le jugement a été prononcé contre l'État, le reliquat est versé au Fonds Accès Justice.

597. Désignation d'un tiers — Si la liquidation individuelle des réclamations des membres ou la distribution d'un montant à chacun d'eux est impraticable, inappropriée ou trop onéreuse, le tribunal établit le reliquat qui subsiste après la collocation des frais, des honoraires et débours et il ordonne l'attribution du montant au tiers qu'il désigne.

Devoirs du tribunal — Cependant, avant d'attribuer le montant à un tiers, le tribunal entend les observations des parties, du Fonds d'aide aux actions collectives et de toute autre personne dont il estime l'avis utile.

598. Paiement des créances — La liquidation, la distribution ou l'attribution du montant recouvré collectivement se fait après le paiement, dans l'ordre, des créances suivantes :

1° les frais de justice, y compris les frais d'avis et la rémunération de la personne chargée de la liquidation ou de la distribution;

2° les honoraires de l'avocat du représentant dans la mesure fixée par le tribunal;

3° les débours du représentant dans la mesure fixée par le tribunal.

SECTION III —
LE RECOUVREMENT INDIVIDUEL

599. Contenu — Le jugement qui ordonne le recouvrement individuel précise les questions qui restent à déterminer pour décider des réclamations individuelles des membres ainsi que le contenu de l'avis aux membres, notamment pour les informer sur ces questions et sur les renseignements et les documents qu'ils doivent pro-

tion, gives them the necessary instructions, including instructions as to proof and procedure, and determines their remuneration.

Remaining balance — The court disposes of any remaining balance in the same manner as when remitting an amount to a third person, having regard, among other things, to the members' interests. If the judgment is against the State, the remaining balance is paid into the Access to Justice Fund.

597. Designation of a third person — If the individual liquidation of the class members' claims or the distribution of an amount to each class member is impracticable, inappropriate or too costly, the court determines the balance remaining after the collocation of the costs, fee and disbursements and orders that the amount be remitted to a third person it designates.

Representations — However, before remitting the amount to a third person, the court hears the representations of the parties, the Class Action Assistance Fund and any other person whose opinion the court considers useful.

598. Order of payments — The liquidation, distribution or remittance of the amount recovered collectively is effected after payment, in the following order, of

(1) the legal costs, including the cost of notices and the remuneration of the person designated to carry out the liquidation or distribution;

(2) the fee of the representative plaintiff's lawyer, to the extent determined by the court; and

(3) the representative plaintiff's disbursements, to the extent determined by the court.

SECTION III —
INDIVIDUAL RECOVERY OF CLAIMS

599. Content of the judgment — A judgment ordering individual recovery specifies what issues remain to be decided in order to determine individual claims. It sets out the content of the judgment notice to class members, which must include explanations as to those issues and as to the information and documents to be provided in

duire au soutien de leur réclamation individuelle. Le tribunal indique aussi tout autre renseignement à inclure dans l'avis du jugement.

Réclamation — Les membres, dans l'année qui suit la publication de l'avis, produisent leur réclamation au greffe du district dans lequel l'action collective a été entendue ou de tout autre district indiqué par le tribunal.

600. Décision — Le tribunal décide de la réclamation du membre ou ordonne au greffier spécial d'en décider suivant les modalités qu'il établit. Il peut déterminer des modes spéciaux de preuve et de procédure.

601. Moyen préliminaire — Le défendeur peut, lors de l'instruction d'une réclamation individuelle, opposer à un réclamant un moyen préliminaire que le présent titre l'empêchait d'opposer auparavant au représentant.

602. Appel de plein droit — Le jugement qui dispose de l'action collective est sujet à appel de plein droit.

Droits des membres — Si le représentant n'en appelle pas ou si son appel est rejeté en raison d'une irrégularité dans sa formation, un membre peut, dans les deux mois qui suivent la publication de l'avis du jugement ou sa notification, demander à la Cour d'appel la permission d'être substitué au représentant pour en appeler.

Délai de rigueur — Le délai prévu au présent article est de rigueur.

603. Contenu de l'avis — L'appelant demande au tribunal de première instance de déterminer le contenu de l'avis à être donné aux membres.

604. Pouvoirs du tribunal — Si la Cour d'appel accueille l'appel du représentant, même en partie, elle peut ordonner que le dossier de l'affaire soit transmis au tribunal de première ins-

support of an individual claim and any other information determined by the court.

Claim — Within one year after the publication of the notice, class members must file their claim with the office of the court in the district where the class action was heard or in any other district the court specifies.

600. Decision — The court determines the claim of each class member or orders the special clerk to determine it according to the procedure it establishes. The court may determine special methods of proof and procedure for such purpose.

601. Preliminary exception — At the trial of an individual claim, the defendant may urge against a claimant a preliminary exception that this Title did not earlier permit against the representative plaintiff.

602. Appeal as of right — The judgment on a class action may be appealed as of right.

Class member's rights — If the representative plaintiff does not initiate an appeal or if the appeal is dismissed on the grounds that it was not properly initiated, a class member may, within two months after the publication or notification of the judgment notice, apply to the Court of Appeal for permission to be substituted as representative plaintiff in order to appeal the judgment.

Strict time limit — The time limit in this article is a strict time limit.

603. Content of the notice — The appellant asks the court of first instance to determine the content of the notice to be given to class members.

604. Power of the court — If the Court of Appeal grants the representative plaintiff's appeal, even in part, it may order that the record be sent to the court of first instance for collective

tance pour qu'il soit procédé au recouvrement collectif ou pour qu'il soit prononcé sur les réclamations individuelles des membres.

recovery of claims or for determination of individual claims.

LIVRE VII ——
LES MODES PRIVÉS DE
PRÉVENTION ET DE RÈGLEMENT
DES DIFFÉRENDS

BOOK VII ——
PRIVATE DISPUTE PREVENTION
AND RESOLUTION PROCESSES

TITRE I ——
LA MÉDIATION

TITLE I ——
MEDIATION

Chapitre I ——
Les rôles et les devoirs des
parties et du médiateur

Chapter I ——
Roles and Duties of Parties and
Mediator

605. Choix du médiateur — Le médiateur est choisi par les parties d'un commun accord, directement ou par l'entremise d'un tiers.

Rôle du médiateur — Il aide les parties à dialoguer, à clarifier leurs points de vue, à cerner leur différend, à identifier leurs besoins et leurs intérêts, à explorer des solutions et à parvenir, s'il y a lieu, à une entente mutuellement satisfaisante. Les parties peuvent le charger d'élaborer avec elles une proposition pour prévenir ou régler le différend.

Devoirs du médiateur — Le médiateur est tenu de signaler aux parties tout conflit d'intérêts ou toute situation qui pourrait laisser croire à l'existence d'un tel conflit ou mettre en doute son impartialité.

606. Non-contraignabilité — Le médiateur ou un participant à la médiation ne peut être contraint de dévoiler, dans une procédure arbitrale, administrative ou judiciaire liée ou non au différend, ce qui lui a été dit ou ce dont il a eu connaissance lors de la médiation. Il ne peut non plus être tenu de produire un document préparé ou obtenu au cours de ce processus, sauf si la loi en exige la divulgation, si la vie, la sécurité ou l'intégrité d'une personne est en jeu, ou encore pour permettre au médiateur de se défendre contre une accusation de faute professionnelle. Enfin, aucune information ou déclaration donnée ou faite dans le cours du processus ne peut être utilisée en preuve dans une telle procédure.

Accréditation — Pour invoquer le privilège de non-contraignabilité, le médiateur doit être accrédité par un organisme reconnu par le ministre de la Justice; en outre, il doit être assujetti à des

605. Choice of a mediator — A mediator is chosen, directly or through a third person, by mutual agreement of the parties.

Mediator's role — The mediator helps the parties to engage in dialogue, clarify their views, define the issues in dispute, identify their needs and interests, explore solutions and reach, if possible, a mutually satisfactory agreement. The parties may ask the mediator to develop with them a proposal to prevent or resolve the dispute.

Mediator's duties — The mediator is required to draw the parties' attention to any conflict of interest or any situation that may be seen to create a conflict of interest or that may cast doubt on the mediator's impartiality.

606. Non-compellability — The mediator and mediation participants cannot be compelled, in arbitration, administrative or judicial proceedings, whether related or unrelated to the dispute, to disclose anything they hear or learn in the course of the mediation process. Nor can the mediator and mediation participants be compelled to produce a document prepared or obtained in the course of the mediation process, unless the law requires its disclosure, a person's life, safety or personal integrity is at stake or its disclosure is necessary for the mediator to be able to defend against a claim of professional misconduct. No information given or statement made in the course of the mediation process may be admitted in evidence in such proceedings.

Certification — To claim the privilege of non-compellability, the mediator must be certified by a body recognized by the Minister of Justice. In

règles déontologiques et tenu de garantir sa responsabilité civile par une assurance de responsabilité ou au moyen d'une autre sûreté.

addition, the mediator must be subject to rules of professional conduct and be required to take out civil liability insurance or provide some other form of security to cover injury to third persons.

607. Confidentialité des documents — Malgré l'article 9 de la *Loi sur l'accès aux documents des organismes publics et sur la protection des renseignements personnels* (chapitre A-2.1), nul n'a le droit d'obtenir un document contenu dans le dossier de médiation ni le droit de s'opposer à l'utilisation d'un document dans le cours d'une médiation pour le motif qu'il contiendrait des renseignements personnels.

607. Confidentiality of documents — Despite section 9 of the *Act respecting Access to documents held by public bodies and the Protection of personal information* (chapter A-2.1), no one has a right of access to a document contained in the mediation record, or the right to object to the use of a document in the course of a mediation process on the grounds that it may contain personal information.

Chapitre II ━━
Le déroulement de la médiation

Chapter II ━━
Conduct of Mediation

608. Début — La médiation débute, sans formalités, le jour où les parties conviennent d'engager le processus d'un commun accord ou sur l'initiative de l'une d'elles. En ce dernier cas, le défaut de l'autre partie de répondre constitue un refus de participer au processus de médiation.

608. Start — Mediation begins, without formality, on the day on which the parties agree to enter into a mediation process by mutual agreement or at the initiative of one of them. In the latter case, failure by the other party to respond constitutes a refusal to participate in the mediation process.

609. Devoirs du médiateur — Avant d'entreprendre la médiation, le médiateur informe les parties sur son rôle et ses devoirs et précise avec elles les règles applicables à la médiation et la durée du processus.

609. Mediator's duties — Before starting mediation process, the mediator informs the parties of a mediator's role and duties, and determines with them the rules applicable to and the length of the mediation process.

Obligations des parties — Les parties s'engagent à participer à toute réunion à laquelle le médiateur les convie. Elles peuvent, si tous y consentent, même tacitement, se faire accompagner des personnes dont la contribution peut être utile au bon déroulement du processus et au règlement du différend. Elles sont tenues de s'assurer que les personnes autorisées à conclure une entente sont présentes ou qu'elles peuvent être consultées en temps utile pour donner leur accord.

Obligations of parties — The parties must undertake to attend all meetings to which they are invited by the mediator. They may, if all consent, even tacitly, bring persons whose contribution may be useful for the orderly progress of the mediation process and helpful in resolving the dispute. The parties are required to ensure that the persons who have the authority to make a settlement agreement are present or that they can be reached in sufficient time to give their consent.

610. Obligations du médiateur — Le médiateur a l'obligation d'agir équitablement à l'égard des parties. Il veille à ce que chacune d'elles puisse faire valoir son point de vue.

610. Mediator's obligation — The mediator has a duty to treat the parties fairly, and must see that each party has an opportunity to argue its case.

Suspension — Il peut en tout temps, dans l'intérêt des parties ou de l'une d'elles, suspendre la médiation.

Suspension — The mediator may suspend the mediation process at any time, in the interests of the parties or of one of the parties.

611. Communication avec les parties — Le médiateur peut communiquer avec les parties séparément, mais il est alors tenu de les en informer.

611. Communication with each party — The mediator may communicate with each party separately, but in that case is required to inform the parties.

Devoir de confidentialité — Lorsqu'il reçoit d'une partie de l'information d'intérêt pour la médiation, il ne peut la communiquer à l'autre partie, à moins que celle qui a fourni l'information n'y consente.

Duty of confidentiality — No information relevant to the mediation received from a party may be disclosed by the mediator, without that party's consent, to the other party.

612. Effet sur l'instance — Si la médiation a lieu alors qu'une demande en justice est déjà introduite, les parties doivent, lorsque la loi ou le tribunal saisi le permet, accepter de suspendre l'instance jusqu'à la fin de la médiation.

612. Suspension of the proceeding — If the parties enter into mediation while a judicial application is already in progress, they must agree to a stay of the proceeding, provided the law or the court seized permits it, until the end of the mediation process.

Chapitre III
La fin de la médiation

Chapter III
End of Mediation

613. Entente — L'entente contient les engagements des parties et met un terme au différend. Elle ne constitue une transaction que si la matière et les circonstances s'y prêtent et que la volonté des parties à cet égard est manifeste.

613. Settlement agreement — A settlement agreement contains the undertakings of the parties and terminates the dispute. The settlement agreement constitutes a transaction only if the subject matter and the circumstances permit and the parties' wishes in that respect are clear.

Devoir du médiateur — Le médiateur veille à ce que l'entente soit comprise par les parties.

Mediator's duty — The mediator must see that the parties understand the agreement.

614. Droits des parties — Une partie peut, en tout temps, selon sa seule appréciation et sans être tenue de dévoiler ses motifs, se retirer du processus ou y mettre fin.

614. Party's right to withdraw — A party may withdraw from or put an end to the mediation process at any time at its own discretion and without being required to give reasons.

Droits du médiateur — Le médiateur peut également mettre fin à la médiation si, à son avis, les circonstances le justifient, notamment s'il est convaincu que le processus est voué à l'échec ou susceptible de causer un préjudice sérieux à une partie s'il se poursuit.

Mediator's right — The mediator, too, may put an end to the mediation process if, in the mediator's opinion, it is warranted by the circumstances, in particular if the mediator is convinced that the mediation process is doomed to failure or is likely, if continued, to cause serious prejudice to one of the parties.

615. Liquidation des frais — Dès la fin de la médiation, le médiateur rend compte aux parties des sommes reçues et liquide les frais. Ceux-ci sont assumés à parts égales par les parties, à moins qu'une répartition différente n'ait été con-

615. Liquidation expenses — As soon as the mediation process ends, the mediator renders an account to the parties of the sums received and determines the costs, which are borne equally by the parties, unless a different apportionment has

venue ou n'ait été ordonnée par le tribunal si la médiation est intervenue en cours d'instance.

Frais — Ces frais comprennent les honoraires, les frais de déplacement et les autres débours du médiateur de même que les frais liés à des expertises ou à des interventions convenues par les parties. Toutes les autres dépenses engagées par une partie sont à sa charge.

been agreed, or has been ordered by the court if the mediation process took place in the course of a proceeding.

Costs — The costs include the mediator's fee, travel expenses and other disbursements, as well as any costs related to expert evidence or other interventions agreed by the parties. All other expenses incurred by a party are borne by that party.

Chapitre IV ——
Dispositions particulières à la médiation familiale

Chapter IV ——
Special Provisions Applicable to Famile Mediation

616. Médiateur accrédité — La médiation sur un différend en matière familiale qui intervient à titre purement privé ou sans qu'une demande en justice ne soit présentée ne peut être conduite que par un médiateur accrédité conformément aux règlements pris en application de l'article 619. Celui-ci est tenu, si le différend met en jeu l'intérêt d'un enfant, d'informer les parties qu'elles doivent participer à une séance d'information sur la parentalité et la médiation prévue à l'article 417.

616. Certified mediator — Mediation of a family dispute that is entered into on a purely private basis or without a judicial application being brought may only be conducted by a family mediator certified in accordance with the regulations under article 619. If a child's interests are at stake, the mediator is required to inform the parties that they must participate in a parenting and mediation information session as provided in article 417.

617. Séances de médiation — Les séances de médiation ont lieu en présence des deux parties et d'un médiateur ou, si les parties en conviennent, de deux médiateurs. Les séances peuvent aussi, si tous y consentent, avoir lieu en présence d'une seule partie ou de l'enfant ou encore d'autres personnes qui ne sont ni experts ni conseillers, si leur contribution peut être utile au règlement du différend.

617. Mediator sessions — Mediation sessions take place in the presence of both parties and a mediator or, if the parties so agree, two mediators. The sessions may also, if all agree, take place in the presence of a single party, in the presence of the child concerned or in the presence of other persons who are neither experts nor advisers if their contribution may be helpful in resolving the dispute.

Moyen technologique — Le médiateur peut, avec l'accord des parties, recourir à l'utilisation d'un moyen technologique si les circonstances le commandent et que le moyen est approprié et aisément disponible.

Technological means — If required by the circumstances, the mediator may, with the parties' consent, use any appropriate, readily available technological means.

Rapport du médiateur — Au terme de la médiation, le médiateur, après avoir daté et signé son rapport, le dépose auprès du service de médiation familiale et le remet aux parties. Ce rapport fait état de la présence des parties et, le cas échéant, des points sur lesquels il y a eu entente. Il ne contient aucune autre information.

Mediator's report — When the mediation process ends, the mediator files a dated and signed report with the Family Mediation Service, and delivers a copy to the parties. The report records the presence of the parties and the points, if any, on which an agreement was reached. It contains no other information.

618. Devoirs du médiateur — Le médiateur, s'il considère qu'un projet d'entente est susceptible de causer un différend futur ou un préjudice

618. Mediator's duties — If the mediator considers that a proposed settlement agreement is likely to lead to a dispute in the future or cause

à l'une des parties ou aux enfants, est tenu d'inviter les parties à remédier à la situation et, le cas échéant, à prendre conseil auprès d'un tiers. Il peut également mettre fin à la médiation s'il est convaincu que le préjudice anticipé ne peut être corrigé.

prejudice to one of the parties or to the children, the mediator is required to invite the parties to remedy the situation and, if necessary, to seek advice from a third person. If convinced that the possibility of prejudice cannot be eliminated, the mediator may put an end to the mediation process.

619. Accréditation — Le gouvernement désigne les personnes, les organismes ou les associations pouvant accréditer un médiateur en matière familiale et détermine, par règlement, les normes auxquelles ceux-ci doivent se conformer.

619. Certification — The Government designates the persons, bodies or associations that may certify family mediators and, by regulation, determines the standards with which those persons, bodies or associations must comply.

Conditions — Il peut, par règlement, établir les conditions auxquelles un médiateur doit satisfaire pour être accrédité et déterminer les normes auxquelles un médiateur accrédité doit se conformer dans l'exercice de ses fonctions, de même que les sanctions applicables en cas de manquement.

Conditions — The Government, by regulation, may define the conditions mediators must satisfy to be certified and determine the standards with which certified mediators must comply in the exercise of their functions, as well as the sanctions applicable for non-compliance.

Pouvoirs du gouvernement — Il peut également, par règlement, déterminer les services payables par le service de médiation familiale et établir le tarif des honoraires que le service peut payer à un médiateur accrédité, les délais et les modalités de réclamation et de paiement de ces honoraires. Il peut, de même, établir le tarif des honoraires auquel les parties peuvent être tenues pour les services qui excèdent ceux payables par le service de médiation familiale ou lorsque les parties font affaire avec un médiateur désigné par le service ou encore avec plus d'un médiateur.

Powers of Government — The Government, by regulation, may also determine what services are payable by the Family Mediation Service, set the tariff of professional fees the Service may pay certified family mediators and determine the time limit and procedure for claiming such professional fees and the applicable terms of payment. In addition, it may determine the tariff of professional fees the parties may be charged for services not covered by the Family Mediation Service or for services provided by a mediator designated by the Service or by more than one mediator.

Services offerts — Le ministre de la Justice détermine, par arrêté, les conditions de mise en œuvre des moyens technologiques utilisés par le service de médiation familiale ainsi que les autres services que ce dernier peut offrir et les conditions auxquelles il peut le faire.

Provided services — The Minister of Justice, by order, determines the conditions subject to which technological means may be used by the Family Mediation Service, and specifies other services the Service may provide as well as the applicable conditions.

TITRE II
L'ARBITRAGE

TITLE II
ARBITRATION

Chapitre I
Dispositions générales

Chapter I
General Provisions

620. Application — L'arbitrage consiste à confier à un arbitre la mission de trancher un différend conformément aux règles de droit et, s'il y a lieu, de déterminer les dommages-intérêts. L'arbitre peut agir en qualité d'amiable compo-

620. Definition — Arbitration is the submission of a dispute to an arbitrator for a decision in accordance with the rules of law and, if appropriate, for a determination of damages. The arbitrator may act as *amiable compositeur* if the parties

siteur si les parties en ont convenu. Dans tous les cas, il décide conformément aux stipulations du contrat qui lie les parties et tient compte des usages applicables.

Mission de l'arbitre — Il entre aussi dans sa mission, si les parties le lui demandent et que les circonstances s'y prêtent, de tenter de concilier les parties et, avec leur consentement exprès, de poursuivre l'arbitrage si la tentative échoue.

621. Protection — L'arbitre ne peut être poursuivi en justice en raison des actes accomplis dans l'exercice de sa mission, à moins qu'il n'ait agi de mauvaise foi ou n'ait commis une faute lourde ou intentionnelle.

622. Effets — Les questions au sujet desquelles les parties ont conclu une convention d'arbitrage ne peuvent être portées devant un tribunal de l'ordre judiciaire, alors même qu'il serait compétent pour décider de l'objet du différend, à moins que la loi ne le prévoie.

Demande de renvoi — Le tribunal saisi d'un litige portant sur une telle question est tenu, à la demande de l'une des parties, de les renvoyer à l'arbitrage, à moins qu'il ne constate la nullité de la convention. La demande de renvoi doit être soulevée dans les 45 jours de la demande introductive d'instance ou dans les 90 jours lorsque le litige comporte un élément d'extranéité. Néanmoins, la procédure d'arbitrage peut être engagée ou poursuivie et une sentence rendue tant que le tribunal n'a pas statué.

Obligations des parties — Les parties ne peuvent par leur convention déroger aux dispositions du présent titre qui déterminent la compétence du tribunal, ni à celles concernant l'application des principes de contradiction et de proportionnalité, le droit de recevoir notification d'un acte ou l'homologation ou l'annulation de la sentence arbitrale.

623. Mesures provisionnelles — Le tribunal peut, sur demande, accorder avant ou pendant la procédure d'arbitrage, des mesures provisionnelles ou des ordonnances de sauvegarde.

have so agreed. In all instances, the arbitrator decides the dispute in accordance with the stipulations of the contract between the parties and takes into account any applicable usages.

Arbitrator's mission — The arbitrator's mission also includes attempting to reconcile the parties, if they so request and circumstances permit, and continuing the arbitration process, with the parties' express consent, if the conciliation attempt fails.

621. Protection — Arbitrators cannot be prosecuted for an act performed in the course of their arbitration mission, unless they acted in bad faith or committed an intentional or gross fault.

622. Effects — Unless otherwise provided by law, the issues on which the parties have an arbitration agreement cannot be brought before a court even though it would have jurisdiction to decide the subject matter of the dispute.

Application for referral back to arbitration — A court seized of a dispute on such an issue is required, on a party's application, to refer the parties back to arbitration, unless the court finds the arbitration agreement to be null. The application for referral to arbitration must be made within 45 days after the originating application or within 90 days when the dispute involves a foreign element. Arbitration proceedings may be commenced or continued and an award made for so long as the court has not made its ruling.

Obligation of parties — The parties cannot, through their agreement, depart from the provisions of this Title that determine the jurisdiction of the court or from those relating to the application of the adversarial principle or the principle of proportionality, to the right to receive notification of a document or to the homologation or the annulment of an arbitration award.

623. Provisional measures — The court, on an application, may grant provisional measures or safeguard orders before or during arbitration proceedings.

Chapitre II ▬
La nomination des arbitres

Chapter II ▬
Appointment of Arbitrators

624. Choix de l'arbitre — Les parties nomment un arbitre pour trancher leur différend. Elles le font d'un commun accord, à moins qu'elles n'aient demandé à un tiers de le désigner.

Pluralité d'arbitres — Elles peuvent choisir de nommer plus d'un arbitre, auquel cas chaque partie en nomme un et ces arbitres désignent le troisième.

Remplacement d'un arbitre — S'il y a lieu de remplacer un arbitre, le mode de nomination prévu s'applique.

625. Pouvoirs du tribunal — En cas de difficulté à nommer un arbitre, le tribunal peut, à la demande d'une partie, prendre toute mesure nécessaire pour assurer cette nomination.

Pouvoirs du tribunal — Ainsi, il peut nommer un arbitre si une partie requise par l'autre partie d'en nommer un ne le fait pas dans les 30 jours qui suivent. Il peut également le faire si 30 jours après leur nomination les arbitres, s'ils sont plus d'un, ne s'accordent pas sur le choix d'un troisième.

626. Récusation de l'arbitre — L'arbitre peut être récusé s'il existe un motif sérieux de douter de son impartialité ou s'il ne possède pas les qualifications convenues par les parties.

Devoir de l'arbitre — Il est tenu de signaler aux parties tout fait le concernant qui pourrait mettre en cause son impartialité et justifier une récusation.

627. Demande de récusation — Une partie peut demander la récusation d'un arbitre en exposant ses motifs dans un document qu'elle notifie à l'autre partie et à l'arbitre concerné et, le cas échéant, aux autres arbitres, dans les 15 jours de la connaissance soit de la ou de leur nomination, soit de la cause de récusation.

Limite — Elle ne peut la demander à l'égard de

624. Mutual agreement — The parties appoint an arbitrator to decide their dispute. They do so by mutual agreement, unless they ask a third person to make the appointment.

Panel of arbitrators — The parties may choose to appoint a panel of arbitrators, in which case each party appoints one arbitrator, and the two so appointed appoint the third.

Replacement — If an arbitrator must be replaced, the procedure for the appointment of an arbitrator applies.

625. Powers of the court — If the appointment of an arbitrator proves difficult, the court, on a party's request, may take any necessary measure to see to the appointment.

Powers of the court — For example, if a party fails to appoint an arbitrator within 30 days after having been required by another party to do so, the court may make the appointment. As well, the court may appoint an arbitrator if, 30 days after two arbitrators are appointed, they cannot agree on the choice of the third arbitrator.

626. Recusation — An arbitrator may be recused if there is serious reason to question their impartiality or if the arbitrator does not have the qualifications agreed by the parties.

Arbitrator's duty — An arbitrator is required to declare to the parties any fact that could cast doubt on the arbitrator's impartiality and justify a recusation.

627. Application for recusation — A party may ask for an arbitrator's recusation by notifying a document stating its reasons to the other party, to the arbitrator concerned and, if applicable, to the other arbitrators, within 15 days after becoming aware of the appointment or appointments or of the cause for recusation.

Limit — A party may only ask for the recusa-

celui qu'elle a nommé que pour une cause survenue ou découverte après cette nomination.

Obligation de l'arbitre — Le ou les arbitres sont tenus de se prononcer sans délai sur la demande de récusation à moins que l'arbitre concerné ne se retire ou que, l'autre partie appuyant la demande, il doive se retirer.

Demande au tribunal — Si la récusation ne peut être ainsi obtenue, une partie peut, dans les 30 jours après en avoir été avisée, demander au tribunal de se prononcer sur la récusation. L'arbitre concerné et les autres arbitres, s'ils sont plusieurs, peuvent néanmoins poursuivre la procédure arbitrale et rendre la sentence tant que le tribunal n'a pas statué.

628. Demande au tribunal — Une partie peut demander au tribunal de révoquer l'arbitre qui est dans l'impossibilité de remplir sa mission ou qui ne s'acquitte pas de ses fonctions dans un délai raisonnable.

629. Décision du tribunal — Si une difficulté survient dans la mise en œuvre de la procédure prévue à la convention d'arbitrage concernant la récusation ou la révocation de l'arbitre, le tribunal peut, à la demande d'une partie, en décider.

630. Appel — La décision du tribunal sur la nomination, la récusation ou la révocation est sans appel.

Chapitre III ▬
Le déroulement de l'arbitrage

631. Début — La procédure arbitrale débute à la date de la notification d'un avis par une partie à l'autre, indiquant qu'elle soumet un différend à l'arbitrage et en précisant l'objet.

Notification — La notification de cet avis, comme la notification de tout autre document, se fait conformément au présent code.

632. Procédure — L'arbitre procède à l'arbitrage suivant la procédure qu'il détermine; il est cependant tenu de veiller au respect des prin-

tion of an arbitrator it appointed for a cause which arose or was discovered after the appointment was made.

Arbitrator's obligation — The arbitrator or arbitrators are required to rule on the recusation request without delay, unless the arbitrator concerned withdraws or, the other party supporting the request, is compelled to withdraw.

Request to the court — If the recusation cannot be so obtained, a party may, within 30 days after being advised of it, ask the court to rule on the recusation. The arbitrator concerned and, if there are more than one, the other arbitrators, may nonetheless continue the arbitration proceedings and make an award for so long as the court has not made its ruling.

628. Revocation — A party may ask the court to revoke an arbitrator if it is impossible for the arbitrator to carry out their mission or if the arbitrator does not discharge their functions within a reasonable time.

629. Decision — If the procedure provided for in the arbitration agreement for the recusation or revocation of an arbitrator proves difficult to implement, the court may, on a party's request, rule on the matter.

630. Appeal — Decisions of the court on appointment, recusation or revocation cannot be appealed.

Chapter III ▬
Conduct of Arbitration

631. Start — Arbitration proceedings commence on the date of notification of one party to the other of a notice stating that it is submitting a dispute to arbitration and specifying the subject matter of the dispute.

Notification — The notice, like any other document that is required to be notified, is notified in accordance with this Code.

632. Procedure — Arbitrators conduct the arbitration according to the procedure they determine; they are required, however, to see that the

cipes de la contradiction et de la proportionnalité.

adversarial principle and the principle of proportionality are observed.

Pouvoirs — Il a tous les pouvoirs nécessaires à l'exercice de sa compétence, y compris celui de faire prêter serment, de nommer un expert ou de statuer sur sa propre compétence.

Arbitrator's powers — Arbitrators have all the necessary powers to exercise their jurisdiction, including the power to administer oaths, the power to appoint an expert and the power to rule on their own jurisdiction.

Demande au tribunal — Une partie peut, dans les 30 jours après avoir été avisée de la décision de l'arbitre sur sa compétence, demander au tribunal de se prononcer sur la question. La décision du tribunal qui reconnaît la compétence de l'arbitre est sans appel.

Request to the court — If an arbitrator rules on the arbitrator's own jurisdiction, a party, within 30 days after being advised of the decision, may ask the court to rule on the matter. A decision of the court recognizing the jurisdiction of the arbitrator cannot be appealed.

Effet — Tant que le tribunal n'a pas statué, l'arbitre peut poursuivre la procédure arbitrale et rendre sa sentence.

Effects — For so long as the court has not made its ruling, the arbitrator may continue the arbitration proceedings and make an award.

633. Procédure orale — La procédure se déroule oralement, en audience, à moins que les parties ne conviennent qu'elle ait lieu sur le vu du dossier. Dans l'un ou l'autre cas, une partie peut présenter un exposé écrit.

633. Oral proceedings — Arbitration proceedings are conducted orally, at a hearing, unless the parties agree on the matter being decided on the face of the record. In either case, a party may state its case in writing.

Exposé — L'arbitre peut requérir de chacune des parties de lui communiquer, dans un délai imparti, un exposé de ses prétentions et les pièces qu'elle mentionne et, si ce n'est déjà fait, de les communiquer à l'autre partie. Les rapports d'expert et les autres documents sur lesquels l'arbitre peut s'appuyer pour statuer sont également communiqués aux parties.

Statement and exhibits — The arbitrator may require each party to send the arbitrator, within a specified time, a statement of its contentions and any exhibits mentioned, and to send them to the other party, if not already done. Any expert reports and other documents on which the arbitrator may base the arbitration award must also be sent to the parties.

Avis aux parties — L'arbitre avise les parties de la date de l'audience et, le cas échéant, de la date où il procédera à l'inspection de biens ou à la visite des lieux.

Notice to parties — The arbitrator advises the parties of the date of the hearing and, if applicable, of the date on which the arbitrator will inspect the property or visit the premises.

Témoins — Les témoins sont convoqués, entendus et indemnisés selon les règles applicables à l'instruction devant un tribunal.

Witnesses — Witnesses are called, heard and compensated according to the rules applicable to a trial before a court.

634. Assistance du tribunal — L'arbitre, ou une partie avec sa permission, peut demander assistance au tribunal pour l'obtention de preuves, notamment pour contraindre un témoin qui refuse, sans raison valable, de se présenter, de répondre ou de produire un élément matériel de preuve qu'il a en sa possession.

634. Assistance of the court — The arbitrator, or a party with leave of the arbitrator, may request the assistance of the court to obtain evidence, including to compel a witness who refuses, without valid reason, to attend, answer or produce real evidence in their possession.

635. Défaut — Si une partie fait défaut d'exposer ses prétentions, de se présenter à l'audience

635. Party's failure — If a party fails to state its contentions, attend at the hearing or present

ou d'administrer la preuve au soutien de ses prétentions, l'arbitre, après avoir constaté le défaut, peut continuer l'arbitrage.

evidence in support of its contentions, the arbitrator, after recording the default, may continue the arbitration.

Effet — Cependant, si la partie qui fait défaut d'exposer ses prétentions est celle qui a soumis le différend à l'arbitrage, il est mis fin à l'arbitrage, à moins que l'autre partie ne s'y oppose.

Effect — However, if the party that submitted the dispute to arbitration fails to state its contentions, the arbitration is ended unless the other party objects.

636. Décision — La décision prise en cours d'arbitrage doit l'être sur-le-champ ou, si cela ne se peut, dans les plus brefs délais; si elle est écrite, elle doit être signée comme le sera la sentence arbitrale.

636. Decision — Decisions during arbitration proceedings are made immediately or, if they cannot be made immediately, as soon as possible; if they are in writing, they must be signed, as must the arbitration award.

Majorité des voix — Lorsque plusieurs arbitres ont été nommés, la décision est rendue à la majorité des voix. Toutefois, l'un d'entre eux, s'il y est autorisé par les parties ou par tous les autres arbitres, peut trancher les questions de procédure.

Majority of the panel — If more than one arbitrator has been appointed, decisions are made by a majority of the panel. However, an arbitrator may rule alone on a question of procedure if so authorized by the parties or by all the other arbitrators.

637. Frais et honoraires — Les parties sont, sous réserve de leur entente ou d'une décision contraire de l'arbitre, également responsables des honoraires de l'arbitre et des frais qu'il a engagés.

637. Arbitrator's fee and expenses — The parties, subject to their agreement or unless the arbitrator decides otherwise, are equally liable for the arbitrator's professional fee and expenses.

Chapitre IV ▬
Les mesures d'exception

Chapter IV ▬
Exceptional Measures

638. Pouvoirs de l'arbitre — L'arbitre peut, à la demande d'une partie, prendre toute mesure provisionnelle ou propre à sauvegarder les droits des parties pour le temps et aux conditions qu'il détermine et, s'il y a lieu, exiger un cautionnement pour payer les frais et l'indemnisation du préjudice pouvant résulter de cette mesure. Une telle décision s'impose aux parties, mais au besoin, l'une d'elles peut en demander l'homologation au tribunal afin de lui donner la force exécutoire d'un jugement.

638. Arbitrator's powers — The arbitrator may, on a party's request, take any provisional measure or any measure to safeguard the parties' rights for the time and subject to the conditions the arbitrator determines and, if necessary, require that a suretyship be provided to cover costs and the reparation of any prejudice that may result from such a measure. Such a decision is binding on the parties but one of them may, if necessary, ask the court to homologate the decision to give it the same force and effect as a judgment of the court.

639. Ordonnance provisoire — L'arbitre peut, en cas d'urgence, même avant la notification de la demande de mesure provisionnelle ou de sauvegarde à l'autre partie, prononcer une ordonnance provisoire pour une durée qui ne peut en aucun cas excéder 20 jours. Il exige de la par-

639. Provisional order — In an urgent situation, even before a request for a provisional or safeguard measure is notified to the other party, the arbitrator may issue a provisional order for a period which may in no case exceed 20 days. The arbitrator requires the party that requested

tie qui la requiert qu'elle fournisse un cautionnement, sauf s'il l'estime inapproprié ou inutile.

Notification — L'ordonnance provisoire doit être notifiée à l'autre partie dès son prononcé et tous les éléments de preuve y sont joints. Elle s'impose aux parties et n'est pas susceptible d'homologation par le tribunal.

640. Devoirs des parties — Les parties communiquent sans tarder à l'arbitre tout changement important des circonstances sur la base desquelles la mesure provisionnelle ou de sauvegarde ou l'ordonnance provisoire a été demandée ou accordée.

Pouvoirs de l'arbitre — L'arbitre peut modifier, suspendre ou rétracter la mesure provisionnelle ou de sauvegarde ou l'ordonnance provisoire, sur demande des parties. Dans des circonstances exceptionnelles, il peut le faire d'office, mais il doit alors, dans le respect du principe de la contradiction, inviter les parties à lui faire part de leurs observations.

641. Mesure de réparation — La partie qui obtient une mesure provisionnelle ou de sauvegarde ou une ordonnance provisoire peut être tenue de réparer le préjudice causé par la mesure ou l'ordonnance à une partie et de lui rembourser les frais qu'elle a engagés, si l'arbitre décide par la suite que la mesure ou l'ordonnance n'aurait pas dû être prononcée. L'arbitre peut accorder réparation pour le préjudice et les frais à tout moment pendant la procédure.

Chapitre V ——
La sentence arbitrale

642. Modalités — La sentence arbitrale lie les parties. Elle doit être écrite, motivée et signée par le ou les arbitres; elle indique la date et le lieu où elle a été rendue. La sentence est réputée avoir été rendue à cette date et en ce lieu.

Majorité des voix — Si elle est rendue par plusieurs arbitres, elle doit l'être à la majorité des voix; si l'un d'eux refuse ou ne peut signer, les autres en font mention et la sentence a le même effet que si elle avait été signée par tous.

Sentence — La sentence doit être rendue dans les trois mois qui suivent la prise en délibéré

the order to provide a suretyship unless, in the arbitrator's opinion, it is inappropriate or of no use.

Notification — The provisional order must be notified to the other party as soon as it is issued, with all the evidence attached. It is binding on the parties and cannot be homologated by the court.

640. Duties of parties — The parties must disclose to the arbitrator without delay any material change in the circumstances based on which a provisional or safeguard measure or a provisional order was requested or granted.

Arbitrator's powers — The arbitrator may amend, stay or revoke a provisional or safeguard measure or a provisional order on the parties' request. In exceptional circumstances, the arbitrator may do so on the arbitrator's own initiative but must, in compliance with the adversarial principle, invite the parties to make representations.

641. Reparation — If the arbitrator subsequently decides that a provisional or safeguard measure or a provisional order should not have been granted, the party that obtained the measure or order may be required to provide reparation for any prejudice caused to another party by the measure or order and to reimburse the costs incurred by that other party. The arbitrator may award such reparation and costs at any time during the arbitration proceedings.

Chapter V ——
Arbitration Award

642. Procedure — The arbitration award is binding on the parties. It must be made in writing and be signed by the arbitrator or arbitrators, and include reasons. It must state its date and the place where it was made. The award is deemed to have been made on that date and at that place.

Majority of the panel — In arbitration proceedings with more than one arbitrator, the arbitration award must be made by a majority of the panel. If one of the arbitrators refuses or is unable to sign the award, the others record that fact, and the award has the same effect as if it were signed by all of them.

mais les parties peuvent, plus d'une fois, convenir de prolonger ce délai ou, s'il est expiré, en autoriser un nouveau. À défaut d'entente, le tribunal peut faire de même à la demande de l'une des parties ou de l'arbitre. La décision du tribunal est sans appel.

Accord — Si les parties règlent le différend, l'accord est consigné dans une sentence arbitrale.

Notification — La sentence arbitrale est notifiée sans délai à chacune des parties.

643. Erreur — L'arbitre peut d'office rectifier une erreur d'écriture, de calcul ou quelque autre erreur matérielle dans les 30 jours qui suivent la date de la sentence.

Sentence complémentaire — Une partie peut, dans les 30 jours de la réception de la sentence, demander à l'arbitre de rectifier une erreur matérielle ou demander de rendre une sentence complémentaire sur un élément du différend qui a été omis dans la sentence ou avec l'accord de l'autre partie, d'en interpréter un passage précis, auquel cas l'interprétation fait partie intégrante de la sentence.

Décision — La décision de l'arbitre qui rectifie, complète ou interprète la sentence doit être rendue dans les deux mois de la demande; les règles applicables à la sentence s'y appliquent. Si, à l'expiration de ce délai, la décision n'a pas été rendue, une partie peut demander au tribunal de rendre une ordonnance pour sauvegarder les droits des parties. Cette dernière décision est sans appel.

644. Devoirs de l'arbitre — L'arbitre est tenu de respecter la confidentialité du processus et le secret du délibéré, mais il n'y manque pas en exprimant ses conclusions et ses motifs dans la sentence.

Chapitre VI —— L'homologation

645. Homologation — Une partie peut demander au tribunal l'homologation de la sentence arbitrale. Cette sentence acquiert, dès

Time limit — The arbitration award must be made within three months after the matter is taken under advisement, but the parties may, more than once, agree to extend the time limit or, if it is expired, set a new one. In the absence of an agreement, the court may do as much, on a party's or the arbitrator's request. The decision of the court cannot be appealed.

Agreement — If the parties settle the dispute, the agreement is recorded in an arbitration award.

Notification — The arbitration award is notified without delay to each party.

643. Error — The arbitrator, on their own initiative, may correct any error in writing or calculation or any other clerical error in the arbitration award within 30 days after the award date.

Additional award — Within 30 days after receiving the award, a party may ask the arbitrator to correct any clerical error or ask for an additional award on a part of the dispute that was not dealt with in the award or, with the other party's consent, for an interpretation of a specific passage of the award, in which case the interpretation forms an integral part of the award.

Decision — The decision correcting, supplementing or interpreting the arbitration award must be made within two months after it is requested. The rules applicable to the arbitration award apply to such a decision. If the decision is not rendered before the expiry of the prescribed time, a party may ask the court to issue an order to safeguard the parties' rights. The decision of the court cannot be appealed.

644. Arbitrator's duties — The arbitrator is required to preserve the confidentiality of the arbitration process and protect deliberative secrecy but violates neither by stating conclusions and reasons in the award.

Chapter VI —— Homologation

645. Application for homologation — A party may apply to the court for the homologation of an arbitration award. As soon as it is ho-

qu'elle est homologuée, la force exécutoire se rattachant à un jugement du tribunal.

mologated, the award acquires the force and effect of a judgment of the court.

Pouvoirs du tribunal — Le tribunal saisi d'une demande en homologation ne peut examiner le fond du différend. Il peut surseoir à statuer s'il a été demandé à l'arbitre de rectifier, de compléter ou d'interpréter la sentence. Il peut alors ordonner à une partie de fournir un cautionnement, si la partie qui demande l'homologation le requiert.

Powers of the court — The court seized of an application for the homologation of an arbitration award cannot review the merits of the dispute. It may stay its decision if the arbitrator has been asked to correct, supplement or interpret the award. In such a case, if the applicant so requires, the court may order a party to provide a suretyship.

646. Refus — Le tribunal ne peut refuser l'homologation d'une sentence arbitrale ou d'une mesure provisionnelle ou de sauvegarde que si l'un des cas suivants est établi :

646. Refusal — The court cannot refuse to homologate an arbitration award or a provisional or safeguard measure unless it is proved that

1° une partie n'avait pas la capacité pour conclure la convention d'arbitrage;

(1) one of the parties did not have the capacity to enter into the arbitration agreement;

2° la convention d'arbitrage est invalide en vertu de la loi choisie par les parties ou, à défaut d'indication à cet égard, en vertu de la loi du Québec;

(2) the arbitration agreement is invalid under the law chosen by the parties or, failing any indication in that regard, under Québec law;

3° le mode de nomination d'un arbitre ou la procédure arbitrale applicable n'a pas été respecté;

(3) the procedure for the appointment of an arbitrator or the applicable arbitration procedure was not observed;

4° la partie contre laquelle la sentence ou la mesure est invoquée n'a pas été dûment informée de la désignation d'un arbitre ou de la procédure arbitrale, ou il lui a été impossible pour une autre raison de faire valoir ses moyens;

(4) the party against which the award or measure is invoked was not given proper notice of the appointment of an arbitrator or of the arbitration proceedings, or it was for another reason impossible for that party to present its case; or

5° la sentence porte sur un différend qui n'était pas visé dans la convention d'arbitrage ou n'entrait pas dans ses prévisions, ou encore elle contient une conclusion qui en dépasse les termes, auquel cas, si celle-ci peut être dissociée des autres, elle seule n'est pas homologuée.

(5) the award pertains to a dispute not referred to in or covered by the arbitration agreement, or contains a conclusion on matters beyond the scope of the agreement, in which case only the irregular provision is not homologated if it can be dissociated from the rest.

Refus d'office — Le tribunal ne peut refuser d'office l'homologation que s'il constate que l'objet du différend ne peut être réglé par arbitrage au Québec ou que la sentence ou la mesure est contraire à l'ordre public.

Court's refusal on its own — The court cannot refuse to homologate the arbitration award on its own initiative unless it notes that the subject matter of the dispute is not one that may be settled by arbitration in Québec or that the award or measure is contrary to public order.

647. Pouvoir du tribunal — Le tribunal saisi d'une demande d'homologation d'une mesure provisionnelle ou de sauvegarde peut la refuser si la décision de l'arbitre d'exiger un cautionne-

647. Power of the court — The court seized of an application for the homologation of a provisional or safeguard measure may deny the application if the arbitrator's decision to require a

ment n'a pas été respectée ou si la mesure a été rétractée ou suspendue par l'arbitre.

Cautionnement — Le tribunal saisi peut ordonner à la partie qui demande l'homologation de fournir un cautionnement si l'arbitre ne s'est pas déjà prononcé à ce sujet ou lorsqu'une telle décision est nécessaire pour protéger les droits de tiers.

suretyship has not been complied with or the measure has been revoked or stayed by the arbitrator.

Suretyship — The court may order the applicant to provide a suretyship if the arbitrator has not already ruled on that subject or if such a decision is necessary to protect the rights of third persons.

Chapitre VII ━
L'annulation de la sentence arbitrale

Chapter VII ━
Annulment of Arbitation Award

648. Application — La demande d'annulation de la sentence arbitrale est le seul moyen de se pourvoir contre celle-ci et elle obéit aux mêmes règles que celles prévues en matière d'homologation de la sentence arbitrale, avec les adaptations nécessaires.

648. Application for annulment — An arbitration award may only be challenged by way of an application for its annulment. Such an application is subject to the same rules as those governing an application for the homologation of an arbitration award, with the necessary modifications.

Modalités — Qu'elle soit faite dans une demande introductive d'instance ou lors de la contestation d'une demande d'homologation, la demande d'annulation doit être présentée dans un délai de trois mois de la réception de la sentence arbitrale ou de la décision sur une demande de rectification, de complément ou d'interprétation de cette sentence. Ce délai est de rigueur.

Procedure — Whether it constitutes an originating application or is presented to contest an application for homologation, the application for annulment must be presented within three months after receipt of the arbitration award or of the decision on the request for a correction, an additional award or an interpretation. This is a strict time limit.

Suspension de la demande — Le tribunal peut, sur demande, suspendre la demande d'annulation pendant le temps qu'il juge nécessaire pour permettre à l'arbitre de prendre toute mesure susceptible d'éliminer les motifs d'annulation; il peut le faire même si le délai prévu pour rectifier, compléter ou interpréter la sentence est expiré.

Suspension of the application — The court, on request, may stay the application for annulment for the time it considers necessary to allow the arbitrator to take such action as will eliminate the grounds for annulment, even if the time prescribed for correcting, supplementing or interpreting the award has expired.

Chapitre VIII ━
Les dispositions particulières à l'arbitrage commercial international

Chapter VIII ━
Special Provisions Applicable to International Commercial Arbitration

649. Modalités — Lorsqu'un arbitrage met en cause des intérêts de commerce international y compris de commerce interprovincial, le présent titre s'interprète, s'il y a lieu, en tenant compte de la *Loi type sur l'arbitrage commercial international* adoptée le 21 juin 1985 par la Commis-

649. Model Law on International Commercial Arbitration — If international trade interests, including interprovincial trade interests, are involved in arbitration proceedings, consideration may be given, in interpreting this Title, to the Model *Law on International Com-

sion des Nations Unies pour le droit commercial international, de même que ses modifications.

Documents connexes — Il est aussi tenu compte des documents connexes à cette loi type que sont, entre autres :

1° le Rapport de la Commission des Nations Unies pour le droit commercial international sur les travaux de sa dix-huitième session tenue à Vienne du 3 au 21 juin 1985;

2° le Commentaire analytique du projet de texte d'une loi type sur l'arbitrage commercial international figurant au rapport du Secrétaire général présenté à la dix-huitième session de la Commission des Nations Unies pour le droit commercial international.

650. Modalités — L'arbitrage est notamment considéré mettre en cause des intérêts de commerce international si les parties avaient leur établissement dans des États différents au moment de la conclusion de la convention d'arbitrage ou si elles choisissent de tenir l'arbitrage dans un autre État que celui dans lequel elles ont leur établissement. Il l'est aussi si le lieu où doit être exécutée une partie substantielle des obligations issues de la relation commerciale ou le lieu avec lequel l'objet du différend a le lien le plus étroit est dans un autre État, ou encore si les parties ont convenu expressément que l'objet de la convention d'arbitrage a des liens avec plus d'un État.

651. Choix des parties — L'arbitre tranche le différend conformément aux règles de droit choisies par les parties ou, à défaut, conformément à celles qu'il estime appropriées.

Chapitre IX ——
La reconnaissance et l'exécution des sentences arbitrales rendues hors du Québec

652. Effet — La sentence arbitrale rendue hors du Québec, qu'elle ait été ou non confirmée par une autorité compétente, peut être reconnue et déclarée exécutoire comme un jugement du tri-

mercial Arbitration adopted by the United Nations Commission on International Trade Law on 21 June 1985, and its amendments.

Document related to the Model Law — Recourse may also be had to documents related to that Model Law, including

(1) the Report of the United Nations Commission on International Trade Law on its eighteenth session held in Vienna from 3 to 21 June 1985; and

(2) the Analytical Commentary on the draft text of a model law on international commercial arbitration contained in the report of the Secretary-General to the eighteenth session of the United Nations Commission on International Trade Law.

650. International trade interests — International trade interests are considered to be involved in arbitration proceedings if, among other possibilities, the parties to the arbitration agreement have, at the time of the conclusion of that agreement, their places of business in different States or if the place where they choose to conduct the arbitration is outside the State in which they have their places of business. Such interests are also considered to be involved in arbitration proceedings if the place where a substantial part of the obligations of the commercial relationship is to be performed, or the place with which the subject matter of the dispute is most closely connected, is outside the State in which they have their places of business, or if the parties have expressly agreed that the subject matter of the arbitration agreement relates to more than one State.

651. Rules of law — The arbitrator decides the dispute in accordance with the rules of law chosen by the parties or, failing any such designation, in accordance with the rules of law the arbitrator considers appropriate.

Chapter IX ——
Recognition and Enforcement of Arbitration Awards Made Outside Québec

652. Effect — An arbitration award made outside Québec, whether or not confirmed by a competent authority, may be recognized and declared to have the same force and effect as a

bunal si l'objet du différend est susceptible d'être réglé par arbitrage au Québec et si sa reconnaissance et son exécution ne sont pas contraires à l'ordre public. Il en est de même à l'égard d'une mesure provisionnelle ou de sauvegarde.

Demande — La demande doit être accompagnée de la sentence arbitrale ou de la mesure et de la convention d'arbitrage et de la traduction certifiée au Québec de ces documents s'ils sont dans une autre langue que le français ou l'anglais.

Règles applicables — Les règles en la matière s'interprètent en tenant compte, s'il y a lieu, de la Convention pour la reconnaissance et l'exécution des sentences arbitrales étrangères adoptée par la Conférence des Nations Unies sur l'arbitrage commercial international tenue à New York le 10 juin 1958.

653. Pouvoirs du tribunal — Le tribunal saisi d'une demande de reconnaissance et d'exécution d'une sentence arbitrale ou d'une mesure provisionnelle ou de sauvegarde ne peut examiner le fond du différend.

Opposition — Une partie contre qui la sentence ou la mesure est invoquée ne peut s'opposer à sa reconnaissance et à son exécution que si elle établit l'un ou l'autre des cas suivants :

1° une partie n'avait pas la capacité pour conclure la convention d'arbitrage;

2° la convention d'arbitrage est invalide en vertu de la loi choisie par les parties ou, à défaut d'indication à cet égard, en vertu de la loi du lieu où la sentence arbitrale a été rendue ou la mesure décidée;

3° le mode de nomination d'un arbitre ou la procédure arbitrale n'a pas été conforme à la convention des parties ou, à défaut de convention, à la loi du lieu où l'arbitrage s'est tenu;

4° la partie contre laquelle la sentence ou la mesure est invoquée n'a pas été dûment informée de la désignation d'un arbitre ou de la procédure arbitrale, ou il lui a été impossible pour une autre raison de faire valoir ses moyens;

judgment of the court if the subject matter of the dispute is one which could be submitted to arbitration in Québec and if recognition and enforcement of the award are not contrary to public order. The same applies for a provisional or safeguard measure.

Application for recognition and enforcement — The application for recognition and enforcement must be accompanied by the arbitration award or measure concerned and the arbitration agreement and by a translation certified in Québec of those documents if they are drawn up in a language other than French or English.

Applicable rules — Consideration may be given, in interpreting the rules in this matter, to the Convention on the Recognition and Enforcement of Foreign Arbitral Awards adopted by the United Nations Conference on International Commercial Arbitration at New York on 10 June 1958.

653. Powers of the court — The court examining an application for recognition and enforcement of an arbitration award or a provisional or safeguard measure cannot review the merits of the dispute.

Opposition — A party against which an award or a measure is invoked cannot oppose its recognition and enforcement unless the party proves that

(1) one of the parties did not have the capacity to enter into the arbitration agreement;

(2) the arbitration agreement is invalid under the law chosen by the parties or, failing any indication in that regard, under the law of the place where the award was made or the measure decided;

(3) the procedure for the appointment of an arbitrator or the arbitration procedure was not in accordance with the arbitration agreement or, failing such an agreement, with the law of the place where the arbitration proceedings were held;

(4) the party against which the award or the measure is invoked was not given proper notice of the appointment of an arbitrator or of the arbitration proceedings, or it was for another reason impossible for that party to present its case;

5° la sentence porte sur un différend qui n'était pas visé dans la convention d'arbitrage ou n'entrait pas dans ses prévisions, ou elle contient une conclusion qui en dépasse les termes, auquel cas, si celle-ci peut être dissociée des autres, elle seule n'est pas reconnue et déclarée exécutoire;

6° la sentence arbitrale ou la mesure n'est pas encore devenue obligatoire pour les parties ou a été annulée ou suspendue par une autorité compétente du lieu dans lequel, ou d'après la loi duquel, la sentence arbitrale a été rendue ou la mesure décidée.

Refus de la demande — La demande de reconnaissance et d'exécution d'une mesure provisionnelle ou de sauvegarde peut aussi être refusée si la décision de l'arbitre d'exiger un cautionnement n'a pas été respectée, si la mesure a été rétractée ou suspendue par l'arbitre ou si la mesure est incompatible avec les pouvoirs du tribunal, à moins, dans ce dernier cas, qu'il ne décide de la reformuler pour l'adapter à ses propres pouvoirs et procédures sans en modifier le fond.

654. Pouvoirs du tribunal — Le tribunal peut surseoir à statuer sur la reconnaissance et l'exécution d'une sentence arbitrale si une demande d'annulation ou de suspension de cette sentence a déjà été portée devant l'autorité compétente du lieu dans lequel ou d'après la loi duquel elle a été rendue.

Cautionnement — Il peut alors ordonner à l'autre partie de fournir un cautionnement, à la demande de la partie qui requiert la reconnaissance et l'exécution de la sentence.

655. Cautionnement — Le tribunal peut ordonner à la partie qui demande la reconnaissance et l'exécution d'une mesure provisionnelle ou de sauvegarde de fournir un cautionnement si l'arbitre ne s'est pas déjà prononcé à ce sujet ou lorsqu'une telle décision est nécessaire pour protéger les droits de tiers.

(5) the award pertains to a dispute not referred to in or covered by the arbitration agreement, or contains a conclusion on matters beyond the scope of the agreement, in which case only the irregular provision is not recognized and declared enforceable if it can be dissociated from the rest; or

(6) the award or measure has not yet become binding on the parties or has been annulled or stayed by a competent authority of the place where or under whose law the arbitration award was made or the measure decided.

Refusal of the application — The court may also deny an application for recognition and enforcement of a provisional or safeguard measure if the arbitrator's decision to require a suretyship was not complied with, if the measure was revoked or stayed by the arbitrator or if the measure is incompatible with the powers conferred on the court unless, in the latter case, the court decides to reformulate the provisional measure to adapt it to its own powers and procedures without modifying its substance.

654. Powers of the court — The court may stay its decision in respect of the recognition and enforcement of an arbitration award if an application for the annulment or suspension of the award is pending before the competent authority of the place where or under whose law the arbitration award was made.

Suretyship — If the court stays its decision, it may, on the request of the party applying for recognition and enforcement of the award, order the other party to provide a suretyship.

655. Suretyship — The court may order the party applying for recognition and enforcement of a provisional or safeguard measure to provide a suretyship if the arbitrator has not already ruled on that subject or if such a decision is necessary to protect the rights of third persons.

LIVRE VIII —— **L'EXÉCUTION DES JUGEMENTS**	**BOOK VIII** —— **EXECUTION OF JUDGMENTS**

TITRE I —— **LES PRINCIPES ET LES RÈGLES GÉNÉRALES APPLICABLES À L'EXÉCUTION**	**TITLE I** —— **LES PRINCIPES AND GENERAL RULES**

Chapitre I —— **Dispositions générales**	**Chapter I** —— **General Provisions**

656. Exécution volontaire — Un jugement, de même qu'une décision d'un tribunal de l'ordre administratif ou d'un organisme public déposée au greffe ou un acte juridique auquel la loi accorde la force exécutoire du jugement, s'exécute volontairement par le paiement, le délaissement d'un bien ou l'accomplissement de ce qui est ordonné soit avant l'expiration des délais prévus par la loi, soit dans les délais prévus par le jugement ou ceux convenus entre les parties.

656. Voluntary execution — Judgments, including decisions of an administrative tribunal or a public body filed with the court office and juridical acts on which the law confers the force and effect of a judgment, are executed voluntarily by the payment of money, the surrender of property or the performance of what is ordered, either before the expiry of the time limits prescribed by law or within the time limit set out in the judgment or agreed between the parties.

Exécution forcée — L'exécution peut être forcée si le débiteur refuse de s'exécuter volontairement et que le jugement est passé en force de chose jugée; cependant, elle ne peut l'être qu'après 30 jours d'un jugement rendu en vertu du titre II du livre VI ou 10 jours de tout jugement rendu par suite du défaut de répondre à l'assignation, de participer à une conférence de gestion ou de contester au fond.

Forced execution — Execution may be forced if the debtor refuses to comply voluntarily and the judgment has become final. However, in the case of a judgment under Title II of Book VI, execution may be forced only after the expiry of 30 days since it was rendered or, in the case of a default judgment following failure to answer the summons, attend a case management conference or defend on the merits, after the expiry of 10 days since it was rendered.

Exception — Le jugement peut être exécuté même s'il n'est pas passé en force de chose jugée lorsque la loi permet l'exécution provisoire ou qu'un tribunal l'ordonne.

Exception — A judgment that has yet to become final may be executed if provisional execution is permitted by law or ordered by the court.

657. Ordonnance — Le tribunal peut, après le jugement, rendre toute ordonnance propre à faciliter l'exécution, volontaire ou forcée, de la manière la plus conforme aux intérêts des parties et la plus avantageuse pour elles.

657. Order to facilitate execution — After the judgment, the court may issue any order to facilitate execution, whether forced or voluntary, in the manner that is most advantageous for the parties and most consistent with their interests.

658. Rôle du huissier de justice — Les actes nécessaires à l'exécution du jugement sont accomplis par l'huissier de justice qui agit, à titre d'officier de justice, sous l'autorité du tribunal.

658. Bailiff's role — Acts necessary for the purpose of executing a judgment are performed by a court bailiff acting as court officer under the authority of the court.

Pouvoir du huissier — L'huissier peut, dans

Bailiff's power — The bailiff may, in the

le cours de l'exécution, s'adresser au tribunal pour obtenir les instructions dont il a besoin pour agir.

course of executing a judgment, ask the court for any instruction the bailiff needs in order to act.

659. Modalités — Toutes les demandes, contestations ou oppositions en matière d'exécution sont présentées comme s'il s'agissait de demandes en cours d'instance; elles sont instruites et jugées sans délai. Elles sont aussi présentées sans formalités lorsqu'il s'agit d'exécuter un jugement rendu en vertu du titre II du livre VI. Dans ce cas, les règles de représentation applicables en cette matière s'appliquent également en matière d'exécution.

659. Procedure — Any application, contestation or opposition with respect to execution is presented as if it were an application in the course of a proceeding. It is heard and decided without delay. It is presented without formality if the judgment was rendered under Title II of Book VI. In such a case, the rules of representation applicable under that Title also apply with respect to execution.

District — Ces demandes sont présentées dans le district du tribunal qui a rendu le jugement. Cependant, l'huissier qui requiert une autorisation ou présente une autre demande incidente au tribunal ou au greffier peut également le faire dans le district du lieu où il doit procéder à l'exécution.

District — The application, contestation or opposition is presented in the district of the court that rendered the judgment. However, a bailiff applying for an authorization or presenting any other incidental application to the court or to the court clerk may do so in the district of the place where the execution proceedings are to be carried out.

Pluralité de jugements — Si l'exécution concerne plusieurs jugements, les demandes, contestations ou oppositions sont présentées devant le tribunal qui a rendu le jugement qui a donné lieu à l'avis d'exécution initial, mais si ces jugements ont été rendus par des paliers juridictionnels différents, elles le sont devant la Cour du Québec ou, si un jugement de la Cour supérieure est visé par l'exécution, devant cette dernière.

Plurality of judgments — When execution proceedings concern two or more judgments, the application, contestation or opposition is presented before the court that rendered the judgment which gave rise to the initial notice of execution, but if the judgments were rendered at different jurisdictional levels, it is presented before the Court of Québec or, if the execution proceedings concern a judgment of the Superior Court, before the Superior Court.

Chapitre II ——
L'exécution provisoire

Chapter II ——
Provisional Execution

660. Application — L'exécution provisoire a lieu de plein droit, lorsque le jugement :

660. Provisional execution as of right — A judgment is provisionally executed as of right, if it

1° concerne une pension ou une provision alimentaire, détermine les modalités de la garde d'enfants ou prononce en matière d'autorité parentale;

(1) concerns support payments or an alimentary allowance, determines arrangements regarding the custody of children or adjudicates on parental authority;

2° ordonne le retour d'un enfant en vertu de la *Loi sur les aspects civils de l'enlèvement international et interprovincial d'enfants* (chapitre A-23.01);

(2) orders a child's return under the *Act respecting the civil aspects of international and interprovincial child abduction* (chapter A-23.01);

3° nomme, destitue ou remplace le tuteur, le curateur ou un autre administrateur du bien d'autrui, ou encore homologue ou révoque le mandat de protection;

(3) appoints, removes or replaces a tutor, curator or other administrator of the property of others, or homologates or revokes a protection mandate;

4° ordonne des réparations urgentes;

5° ordonne l'expulsion des lieux en l'absence de bail ou si le bail est expiré, résilié ou annulé;

6° ordonne une reddition de compte ou la confection d'un inventaire;

7° ordonne une mesure pour assurer la liquidation d'une succession;

8° se prononce sur la possession d'un bien;

9° se prononce sur la mise sous séquestre d'un bien;

10° se prononce sur un abus de procédure;

11° ordonne une provision pour frais;

12° se prononce sur les frais de justice, mais seulement pour la partie qui n'excède pas 15 000 $.

Suspension — Le juge peut, par décision motivée, suspendre l'exécution provisoire; un juge de la Cour d'appel peut aussi le faire ou lever la suspension ordonnée par le juge de première instance.

661. Appel — Lorsque le fait de porter une affaire en appel risque de causer un préjudice sérieux ou irréparable à une partie, le juge peut, sur demande, ordonner l'exécution provisoire, même partielle; il peut aussi subordonner l'exécution provisoire à la constitution d'une caution.

Pouvoirs de la Cour d'appel — Si l'exécution provisoire n'est pas ordonnée par le jugement lui-même, elle ne peut plus l'être qu'en appel, avec ou sans caution. Un juge de la Cour d'appel peut aussi la suspendre ou la lever lorsqu'elle a été ordonnée, ou encore assujettir la partie qui en a été dispensée par le tribunal de première instance à fournir un cautionnement.

(4) orders urgent repairs;

(5) orders an eviction in the absence of a lease or after the lease has expired or been resiliated or annulled;

(6) orders a rendering of account or an inventory;

(7) orders any measure for the liquidation of a succession;

(8) adjudicates on the possession of property;

(9) adjudicates on the sequestration of property;

(10) adjudicates on an abuse of procedure;

(11) orders a provision for costs; or

(12) rules on legal costs, but only with respect to the portion not exceeding 15 000 $.

Suspension — The judge may order the stay of provisional execution by a decision giving reasons. A judge of the Court of Appeal may also do so, or may lift a stay ordered by the judge of first instance.

661. Appeal — If bringing an appeal is likely to cause serious or irreparable prejudice to one of the parties, the judge may, on an application, order provisional execution, even for part only of the judgment. The judge may also make provisional execution conditional on a surety being furnished.

Court Appeal's powers — If provisional execution is not ordered by the judgment itself, it cannot be ordered subsequently except on appeal, with or without a surety. A judge of the Court of Appeal may also stay or lift provisional execution if it has been ordered, or order that a suretyship be provided by a party that was exempted from doing so by the court of first instance.

Chapitre III ——
L'exécution volontaire
SECTION I ——
LE PAIEMENT

Chapter III ——
Voluntary Execution
SECTION I ——
PAYMENT

§ 1. ——
La règle générale

§ 1. ——
General rule

662. Modalités — L'exécution volontaire d'un jugement qui condamne une partie à payer une somme d'argent s'effectue par le paiement de celle-ci dans les délais et selon les modalités fixés par le jugement ou convenus entre les parties.

662. Modalities — A judgment ordering a party to pay a sum of money is executed voluntarily by payment of the sum within the time limit and in the manner determined by the judgment or agreed between the parties.

§ 2. ——
Le paiement échelonné

§ 2. ——
Payment in instalments

663. Paiement échelonné — Le paiement échelonné est un mode d'exécution par lequel le débiteur s'engage auprès de l'huissier chargé de l'exécution à lui verser régulièrement, au bénéfice du créancier, une somme d'argent en exécution du jugement. Le montant, les modalités et le terme des versements sont fixés dans une entente, laquelle doit être agréée par le créancier.

663. Payment in instalments — Payment in instalments is a manner of execution by which the debtor gives an undertaking to the executing bailiff to make regular payments for the benefit of the creditor in satisfaction of the judgment. The amounts, due dates and other terms of payment are set out in an agreement, which must be approved by the creditor.

Limite — L'échelonnement des paiements ne doit pas excéder une année. Le débiteur peut toujours renoncer au bénéfice du paiement échelonné par l'acquittement du solde de la somme due.

Limit — The instalments cannot be spread over more than one year. The debtor may, at any time, waive the benefit of paying in instalments by discharging the balance.

Entente de paiement — L'entente de paiement échelonné, qu'elle intervienne ou non après le dépôt de l'avis d'exécution, est déposée au greffe, dans le dossier concerné, de même que la renonciation à ce mode de paiement ou l'avis indiquant la perte du bénéfice du terme. Elle prend fin, sans avis, dès qu'un autre créancier demande l'exécution d'un jugement rendu en sa faveur.

Instalment payment agreement — The instalment payment agreement, whether made before or after the filing of the notice of execution, is filed with the court office, in the record concerned, as is any waiver of that method of payment or any notice stating that the debtor has lost the benefit of the term. The agreement ends without notice as soon as another creditor seeks execution of a judgment rendered in their favour.

§ 3. ——
Le dépôt volontaire

§ 3. ——
Voluntary deposit

664. Application — Le dépôt volontaire est un mode d'exécution par lequel le débiteur s'engage au moyen d'une déclaration réputée sous ser-

664. Definition — Voluntary deposit is a manner of execution by which the debtor undertakes by means of a declaration, which is deemed

ment à verser régulièrement au greffe de la Cour du Québec une somme d'argent qui ne peut être moindre que la partie saisissable de ses revenus et à déclarer au greffier tout changement dans sa situation.

Déclaration — La déclaration est inscrite au greffe. Elle contient, outre les coordonnées du débiteur et sa déclaration quant à ses revenus, ses charges familiales et ses créanciers, la détermination du montant payable et les modalités du paiement et indique les pièces justificatives que le débiteur doit fournir.

Modification — Le débiteur doit, dans les 10 jours qui suivent une modification des données contenues dans sa déclaration, en informer le greffe. Il doit en outre, annuellement, actualiser ces données.

665. Effets — Tant que le débiteur respecte son engagement, il jouit du bénéfice d'insaisissabilité; les créanciers ne peuvent ni le saisir ni le poursuivre. La prescription de leurs droits d'action contre lui est suspendue.

Défaut du débiteur — Si le débiteur fait défaut de respecter son engagement, il bénéficie d'un délai de 30 jours calculé depuis la notification d'un avis du greffier lui enjoignant de remédier à la situation. S'il est en défaut, il perd le bénéfice du dépôt volontaire, à moins qu'il ne fasse valoir un motif sérieux, auquel cas le greffier peut lui accorder un délai supplémentaire d'au plus 30 jours.

Renonciation au bénéfice — Le débiteur peut toujours renoncer au bénéfice du dépôt volontaire au moyen d'un avis qu'il notifie au greffier.

Avis — Le greffier avise les créanciers et l'huissier, le cas échéant, lorsque le débiteur perd le bénéfice du dépôt volontaire ou lorsqu'il y renonce.

666. Rôle du greffier — Le greffier, sans frais pour le débiteur, notifie la déclaration de ce dernier aux créanciers qui y sont indiqués et il les invite, pour participer à la distribution, à déposer leur réclamation au greffe et à lui présenter, le cas échéant, leurs observations. Il remet la liste des créanciers déclarés à tout créancier qui la demande. Il notifie également aux créanciers toute

sworn, to make regular payments to the office of the Court of Québec, in an amount which cannot be less than the seizable portion of their income, and to declare any change in their situation to the court clerk.

Declaration — The declaration is registered with the court office. In addition to the debtor's contact information and statement as to income, family responsibilities and creditors, it contains a determination of the amount payable and the terms of payment, and specifies the supporting documents the debtor must provide.

Change in the information — The debtor must inform the court office of any change in the information contained in the debtor's declaration within 10 days after the change occurs. The debtor must also update the information yearly.

665. Effects — A debtor is exempt from seizure so long as the voluntary deposit undertaking is complied with: creditors can neither seize the debtor's property nor sue the debtor. Prescription of their right of action against the debtor is suspended.

Debtor's failure — In the event of failure to comply with the voluntary deposit undertaking, the debtor has 30 days to remedy the situation counting from notification of a notice from the court clerk directing the debtor to do so. If in default, the debtor loses the benefit of voluntary deposit unless there is a serious reason for the default, in which case the court clerk may grant the debtor a maximum additional extension of 30 days.

Waivor of benefit — The debtor may, at any time, waive the benefit of voluntary deposit by means of a notice notified to the court clerk.

Notice — Should the debtor lose or waive the benefit of voluntary deposit, the court clerk informs the creditors and, if applicable, the bailiff.

666. Court clerk's role — The court clerk notifies the debtor's declaration to the creditors named in it, at no cost to the debtor, and invites them, for the purpose of participating in the distribution, to file their claim with the court office and make any representations they may have. The court clerk gives the list of declared creditors to any creditor who requests it. The court

déclaration d'un changement dans la situation du débiteur.

Dépôt de la réclamation — Le créancier est tenu de déposer sa réclamation, réputée faite sous serment, dans les 30 jours qui suivent la notification. La réclamation énonce les causes, la date et le montant de la créance et les pièces justificatives y sont jointes. Elle est réputée, aux fins du calcul des intérêts, avoir été notifiée à la date de la déclaration du débiteur, initiale ou subséquente.

Dépôt tardif — Le créancier qui tarde à notifier sa réclamation ou à produire ses pièces justificatives n'a droit qu'au montant déterminé selon la déclaration du débiteur tant qu'il n'a pas remédié à son retard.

667. Contestation — Un créancier ou tout autre intéressé peut, dans les 15 jours où il en a connaissance, contester la déclaration du débiteur. Cette contestation est notifiée au débiteur, au greffier et à l'huissier, le cas échéant.

668. Distribution des sommes — Le greffier distribue les sommes recueillies selon les dispositions sur la distribution des revenus saisis. Les droits et les frais de greffe sont inclus dans les frais d'exécution.

669. Avis de retenue — Un avis de retenue ou un ordre de paiement transmis conformément à la *Loi facilitant le paiement des pensions alimentaires*, de même qu'une saisie effectuée en vertu de cette loi, demeurent valides même si le débiteur alimentaire se prévaut du dépôt volontaire. Le montant retenu, versé ou saisi est alors soustrait du montant qu'il doit remettre au greffier.

670. Lien contractuel — Si un cocontractant, un employeur ou un autre tiers modifie substantiellement ou rompt le lien contractuel avec le débiteur, il lui incombe, sous peine de dommages-intérêts, de prouver que cette mesure n'a pas été prise pour la raison que le débiteur se prévaut de ce mode d'exécution.

clerk also notifies to the creditors any declaration of a change in the debtor's situation.

Filing of the claim — Creditors are required to file their claim, which is deemed to be a sworn claim, within 30 days after the notification. The claim must set out the nature, date and amount of the debt and be filed with supporting documents. It is deemed, for the purpose of computing interest, to have been notified on the date of the debtor's initial or subsequent declaration.

Belated filing — A creditor who delays in notifying their claim or in filing supporting documents is only entitled, until the delay is remedied, to the amount determined according to the debtor's declaration.

667. Contestation — A creditor or any other interested person may contest the debtor's declaration within 15 days after becoming aware of it. The contestation must be notified to the debtor, the court clerk and the bailiff, if applicable.

668. Sums distribution — The court clerk distributes the sums collected according to the provisions on distributing seized income. The court costs and fees are included in the execution costs.

669. Deduction notice on payment order — A deduction notice or payment order sent in accordance with the *Act to facilitate the payment of support* and a seizure under that Act remain effective even if the support debtor resorts to voluntary deposit. The amount deducted at source, paid or seized under that Act is subtracted from the amount to be deposited with the court clerk.

670. Contractual relationship — If a contracting party, an employer or another third person substantially changes or ends a contractual relationship with the debtor, the onus is on them, under pain of damages, to prove that they did not do so because the debtor resorted to voluntary deposit.

SECTION II —
LE DÉLAISSEMENT

671. Application — L'exécution du jugement qui ordonne de livrer un meuble ou un immeuble se fait par la remise du meuble ou l'abandon de l'immeuble, de manière à ce que la partie qui y a droit puisse s'en saisir ou en prendre possession; cependant, le jugement peut prévoir un autre mode de délaissement.

SECTION III —
LA CONSTITUTION D'UNE CAUTION

672. Modalités — Le jugement qui ordonne de fournir un cautionnement fixe le montant de l'engagement de la caution et le délai pour la présenter.

673. Avis — L'exécution du jugement se fait par le dépôt au greffe d'un avis présentant la caution ou indiquant l'intention de la personne qui est tenue de fournir un cautionnement de donner à la place une autre sûreté suffisante et précisant la nature de cette sûreté.

Obligations de la caution — La caution, dont le nom et les coordonnées sont mentionnés à l'avis, accepte, par son engagement, de justifier sa solvabilité, de fournir des renseignements sur ses garanties et ses biens et d'en fournir les titres.

Contestation — La caution ou l'autre sûreté peut être contestée, si elle n'a pas les qualités requises par la loi ou si la somme ou la garantie engagée est insuffisante.

674. Effets — Lorsque la caution est admise, l'acte de cautionnement est produit au greffe et subsiste malgré la rétractation de jugement ou l'appel.

SECTION IV —
LA REDDITION DE COMPTE

675. Modalités — L'exécution du jugement qui ordonne la reddition de compte s'effectue par la notification, dans le délai fixé par le jugement, du compte et des pièces justificatives à la partie qui l'a demandée. Dès la notification, ce-

SECTION II —
SURRENDER

671. Method — A judgment which orders the handing over of movable or immovable property is executed by the delivery of the movable property or the surrender of the immovable property so that the party entitled to it may take possession of it. However, the judgment may provide for another method of surrender.

SECTION III —
SURETYSHIP

672. Judgment — A judgment requiring a suretyship to be provided sets the amount of the surety's liability and the time within which the surety is to be presented.

673. Notice — The judgment is executed by filing with the court office a notice presenting the surety, or stating the intention of the person required to provide a suretyship to instead provide other sufficient security and specifying the nature of that security.

Surety's obligation — By undertaking to act as surety, the surety, whose name and contact information are stated in the notice, agrees to show solvency, to provide information on guarantees and on property owned, and to produce the related titles.

Contestation — The surety or the other security may be contested for not meeting the requirements prescribed by law or for insufficiency of the amount or guarantee offered.

674. Effects — If the surety is accepted, the suretyship agreement is filed with the court office and subsists despite a revocation of judgment or an appeal.

SECTION IV —
RENDERING OF ACCOUNT

675. Procedure — A judgment ordering a rendering of account is executed by notifying the account and supporting documents, within the time set by the judgment, to the party that required the rendering of account. On such notifi-

lui qui rend compte, de même que son agent, peut être interrogé sur tous les faits relatifs au compte ou être requis de remettre tout document qui y est pertinent.

cation, the accounting party and its agent may be examined on any fact relating to the account, or be required to hand over any relevant document.

676. Reddition de compte — Le compte est établi en suivant les normes comptables généralement reconnues et les règles prévues au Code civil relatives à l'administration du bien d'autrui. Les sommes à recouvrer sont considérées comme des revenus et les frais de préparation et de vérification du compte comme des dépenses. Les frais de justice ne sont pas pris en considération, à moins que le tribunal ne l'ait permis.

676. Account — The account is prepared according to generally accepted accounting standards and the rules of the Civil Code dealing with the administration of property of others. Receivables are considered as income, and the cost of preparing and verifying the account, as expenditure. The legal costs are not taken into consideration, unless the court so allows.

677. Présomption — Le compte est réputé admis si la partie qui l'a demandé ne l'a pas contesté dans les 15 jours de sa notification. Le reliquat, s'il y en a un, est alors dû.

677. Presumption — The account is deemed to have been admitted if the party that required it has not contested it within 15 days after notification. Any remaining balance is then due.

Contestation — La partie peut obtenir jugement pour le reliquat et en poursuivre l'exécution sans préjudice de son droit de contester le reste du compte. Si elle le conteste, elle indique ses moyens et leur justification. Ils sont réputés fondés si, dans les 10 jours de sa notification, celui qui doit rendre compte n'a pas déposé ses propres moyens et leur justification. Après le dépôt des moyens, les parties procèdent à l'instruction.

Contestation — The party may obtain and execute judgment for the remaining balance, without prejudice to its right to contest the remainder of the account. If the party contests it, the party files its grounds and their justification. The grounds are deemed valid if, within 10 days after notification, the party required to account has not filed its grounds and their justification. After the filing of grounds, the parties proceed to trial.

Jugement sur la contestation — Le jugement sur la contestation établit précisément le solde du compte.

Judgment on the contestation — The judgment on the contestation must determine the precise balance of the account.

678. Reddition de compte — À défaut d'exécution volontaire, la partie qui a demandé la reddition de compte peut elle-même établir le compte et inscrire pour jugement. Celui qui doit rendre compte ne peut alors débattre le compte, mais il peut contre-interroger les témoins.

678. Accounting — Failing voluntary execution, the party that required the rendering of account may prepare the account and have it set down for judgment. In that case, the party required to account cannot debate the account but may cross-examine the witnesses.

Chapitre IV —
L'exécution forcée
SECTION I —
LES RÈGLES GÉNÉRALES RELATIVES À L'EXÉCUTION FORCÉE

Chapter IV —
Forced Execution
SECTION I —
GENERAL RULES

679. Application — L'exécution forcée est entreprise par le créancier d'un jugement, lorsque le débiteur ne l'exécute pas volontairement.

679. Procedure — Forced execution is undertaken by the judgment creditor if the debtor does not execute the judgment voluntarily.

680. Instructions — Le créancier qui entend procéder à l'exécution forcée d'un jugement donne ses instructions d'exécution à un huissier.

Contenu — Ces instructions enjoignent à l'huissier de saisir les biens du débiteur, y compris ses revenus, et d'en disposer pour satisfaire la créance; elles peuvent aussi lui enjoindre de mettre le créancier saisissant en possession d'un bien ou d'expulser celui contre qui le jugement a été rendu. Elles doivent contenir l'information utile pour que l'huissier puisse exécuter le jugement.

Modalités — Le créancier transmet à l'huissier, avec les instructions, les sommes nécessaires à l'exécution.

681. Dépôt d'un avis — L'exécution débute par le dépôt au greffe du tribunal d'un avis d'exécution conforme au modèle établi par le ministre de la Justice.

Rôle du huissier — Dès qu'il reçoit des instructions du créancier, l'huissier complète cet avis en identifiant le jugement à exécuter, en indiquant sa date, le nom et les coordonnées du créancier, du débiteur et les siennes, le montant de la créance et, s'il y a lieu, la mention que le jugement a été partiellement exécuté et en précisant la nature des mesures d'exécution à prendre. Si l'exécution vise un immeuble, celui-ci est désigné conformément aux règles du Code civil ainsi que par son adresse.

Signification — L'avis est signifié au débiteur et notifié au créancier.

682. Modalités — Toutes les mesures d'exécution sont prévues dans un seul avis d'exécution. L'avis peut être modifié, pour parfaire l'exécution, si le créancier donne de nouvelles instructions ou si un autre créancier entreprend l'exécution d'un autre jugement contre le même débiteur. Dans ce dernier cas, ce créancier est tenu, à titre de saisissant, de se joindre à la procédure d'exécution déjà entreprise, et ce, dans le district où elle l'a été. Il remet ses propres instructions à l'huissier chargé du dossier.

Dépôt au greffe — L'huissier dépose au greffe, dans chacun des dossiers concernés,

680. Instructions — A creditor who wishes to force execution of a judgment gives execution instructions to a bailiff.

Content — The instructions direct the bailiff to seize the debtor's property, including the debtor's income, and to dispose of it so as to satisfy the claim; they may also direct the bailiff to place the seizing creditor in possession of an item of property or to evict the person against whom the judgment has been rendered. The instructions must contain the information the bailiff needs to execute the judgment.

Money necessary for the execution — The creditor sends to the bailiff, together with the instructions, the money necessary for the execution of the judgment.

681. Filing of a notice — Execution begins by the filing of a notice of execution, in keeping with the model established by the Minister of Justice, with the court office.

Bailiff's role — On receiving the creditor's instructions, the bailiff completes the notice of execution by identifying the judgment to be executed, including its date, by writing in the name and contact information of the creditor, the debtor and the bailiff, and the amount of the claim, indicating, if such is the case, that the judgment has been partially executed, and by describing the execution measures to be taken. If the judgment is to be executed against an immovable, the immovable is described in accordance with the rules of the Civil Code, and its address is given.

Service — The notice is served on the debtor and notified to the creditor.

682. Amended notice — All execution measures are set out in a single notice of execution. The notice may be amended, to complete execution, if the creditor gives new instructions or if another creditor commences execution of another judgment against the same debtor. In the latter case, the new creditor is required, as seizor, to join in the execution proceedings already commenced in the district where they were commenced. The new creditor gives instructions to the executing bailiff.

Filing with the court office — The bailiff files with the court office, in each of the records

l'avis modifié lequel identifie, s'il y a lieu, le créancier qui se joint à l'exécution, indique les données relatives à sa créance et, le cas échéant, les mesures d'exécution supplémentaires estimées opportunes. Il notifie l'avis modifié au débiteur et aux créanciers qui lui ont donné des instructions.

concerned, an amended notice identifying any creditor joining in the execution proceedings, setting out the particulars of that creditor's claim and describing any additional execution measures considered expedient. The bailiff notifies the amended notice to the debtor and to the creditors who gave the bailiff instructions.

SECTION II
LES DROITS ET OBLIGATIONS DES PERSONNES QUI PARTICIPENT AU PROCESSUS D'EXÉCUTION

SECTION II
RIGHTS AND OBLIGATIONS OF PARTICIPANTS IN EXECUTION PROCEEDINGS

§ 1.
Dispositions générales

§ 1.
General provisions

683. Obligations — Dès la notification d'un avis d'exécution, toutes les personnes qui participent au processus d'exécution sont tenues, en plus de respecter l'obligation d'agir selon les exigences de la bonne foi, de collaborer à la bonne exécution du jugement et de s'abstenir de poser tout geste susceptible de nuire à cette exécution.

683. Obligations — On notification of a notice of execution, all participants in the execution proceedings are required, in addition to acting in accordance with the requirements of good faith, to co-operate in the proper execution of the judgment and abstain from doing anything likely to hinder it.

684. Devoirs du débiteur — Dès la signification de l'avis d'exécution, le débiteur est tenu de fournir à l'huissier tous les renseignements nécessaires permettant de l'identifier, incluant sa date de naissance, et de l'informer de sa situation patrimoniale notamment en lui fournissant la liste de tous les créanciers qui sont susceptibles de se joindre à l'exécution dans l'année, ou qui détiennent une hypothèque sur les biens saisis ou ont un droit de revendication sur ces biens.

684. Debtor's obligations — On being served with the notice of execution, the debtor is required to provide the bailiff with all the information needed to identify the debtor, including their date of birth, and information on their patrimonial situation, including a list of all creditors who could join in the execution proceedings in the course of the year, or who hold a hypothec on or have a right to revendicate the seized property.

Pouvoirs du tribunal — Le tribunal peut, à la demande de l'huissier, ordonner à une personne, à un officier ou à un organisme public de fournir à l'huissier les renseignements dont il dispose sur les coordonnées tant résidentielles que professionnelles du débiteur.

Powers of the court — On the bailiff's request, the court may order a person, a public officer or a public body to provide the bailiff with any information they have concerning the debtor's home and work contact information.

Ordonnance exécutoire — L'ordonnance est exécutoire malgré toute disposition incompatible d'une loi même spéciale prévoyant la confidentialité ou la non-divulgation de certains renseignements ou documents, sous réserve d'assurer le respect du secret professionnel.

Enforceable order — The order is enforceable despite any provision to the contrary in a general law or special Act providing for the confidentiality or non-disclosure of certain information or documents, subject to compliance with professional secrecy.

§ 2. — L'huissier

685. Devoirs — L'huissier a un devoir d'impartialité envers toutes les personnes qui participent au processus d'exécution et il a envers elles un devoir général d'information. Il peut accomplir tout acte nécessaire à l'exécution de sa mission.

Devoirs — Particulièrement, l'huissier est tenu d'informer le débiteur et tout tiers saisi du contenu de l'avis d'exécution et de leurs droits et, à leur demande, de leur expliquer la procédure en cours et les règles de calcul de la partie saisissable des revenus. Il est aussi tenu d'exécuter les instructions des créanciers de la manière la plus avantageuse non seulement pour eux, mais pour toutes les parties. L'huissier informe les créanciers inscrits sur la liste fournie par le débiteur du dépôt de l'avis d'exécution et les invite à l'aviser de la nature et du montant de leur créance.

Immunité — À moins qu'il n'ait agi de mauvaise foi ou n'ait commis une faute lourde ou intentionnelle, l'huissier ne peut être poursuivi en justice dans l'exercice des fonctions qui lui sont attribuées en matière d'exécution forcée portant sur l'expulsion ou l'enlèvement d'un bien, sur la saisie des biens du débiteur ou d'un véhicule automobile de promenade, ainsi que sur le mode de réalisation d'une vente sous contrôle de justice en exécution d'un jugement.

686. Utilisation de la force — L'huissier qui a besoin d'employer la force pour pénétrer dans un lieu où il doit procéder à une saisie, à une expulsion ou à l'enlèvement de biens, doit, avant d'entrer, obtenir l'autorisation du greffier spécial du district du lieu où il doit procéder à l'exécution. Cette autorisation lui permet d'accéder à toutes les pièces, à tous les bâtiments et à tous les biens qui s'y trouvent.

Agent de la paix — L'huissier peut, s'il appréhende des difficultés, demander l'assistance d'un agent de la paix.

§ 2. — Bailiffs

685. Duties — Bailiffs have a duty of impartiality toward all participants in execution proceedings, as well as a general duty to provide information to them. Bailiffs may perform any act necessary for the exercise of their mission.

Duties — Specifically, a bailiff is required to inform the debtor and any garnishees of the content of the notice of execution and of their rights, and, on their request, explain the execution proceedings to them and the rules for computing the seizable portion of income. The bailiff is also required to carry out the creditors' instructions in the manner that is most advantageous not only for them but for all the parties. The bailiff informs the creditors named in the list provided by the debtor that a notice of execution has been filed and invites them to inform the bailiff of the nature and amount of their claim.

Immunity — Unless they acted in bad faith or committed an intentional or gross fault, bailiffs cannot be held liable for the exercise of functions that are assigned to them in forced execution matters and relate to an eviction, the removal of property or the seizure of the debtor's property or of a passenger vehicle or to a sale under judicial authority as the method of realization in execution of a judgment.

686. Use of force — If force must be used to enter a place for the purpose of seizing or removing property or evicting a person, the bailiff, before entering, must obtain the authorization of the special clerk of the district where the bailiff must carry out the execution proceedings. This authorization gives the bailiff access to all rooms, buildings and things on the premises.

Assistance of a peace officer — The bailiff, if concerned about possible difficulties, may request the assistance of a peace officer.

687. Biens saisis — L'huissier a, sur les biens saisis, les pouvoirs liés à la simple administration du bien d'autrui.

Sommes saisies — Les sommes qu'il saisit, celles qui lui sont remises dans le cadre d'un paiement échelonné ou celles qui proviennent de la disposition d'un bien sont déposées dans un compte en fidéicommis jusqu'à la distribution.

687. Seized property — The bailiff has, with respect to seized property, the powers of an administrator of the property of others charged with simple administration.

Seized sums — All sums seized by the bailiff, paid to the bailiff under an instalment payment agreement or derived from the disposition of property are deposited in a trust account until distribution.

SECTION III
L'INTERROGATOIRE APRÈS JUGEMENT

SECTION III
POST-JUDGMENT EXAMINATION

688. Modalités — Lorsque le jugement est devenu exécutoire, le créancier du jugement ou l'huissier peut interroger le débiteur sur ses revenus, sur les sommes qui lui sont dues, sur ses obligations et ses dettes, sur tous les biens qu'il possède ou qu'il a possédés depuis la naissance de la créance qui a donné lieu au jugement et sur les biens visés par le jugement. Lors de l'interrogatoire, le débiteur peut également être requis de communiquer un document.

Autorisation du tribunal — Le créancier ou l'huissier peut également interroger toute autre personne en mesure de donner des renseignements sur le patrimoine du débiteur ou sur les droits inscrits au registre foncier et au registre des droits personnels et réels mobiliers. Si la personne ne consent pas à l'interrogatoire, il lui faut, pour y procéder, obtenir l'autorisation du tribunal.

688. Procedure — When a judgment has become enforceable, the judgment creditor or the bailiff may examine the debtor as to their income, obligations and debts, any sums owing to the debtor, any property the debtor owns or has owned since incurring the obligation that is the basis for the judgment, and the property affected by the judgment. During the examination, the debtor may be required to produce a document.

Authorization of the court — The creditor or the bailiff may also examine any other person who is in a position to provide information about the debtor's patrimony or any rights registered in the land register or the register of personal and movable real rights. If the person does not consent to being examined, the creditor or the bailiff must obtain the authorization of the court to conduct the examination.

689. Citation à comparaître — Le créancier ou l'huissier qui entend interroger une personne lui précise la nature de l'interrogatoire et convient avec elle du moment et du lieu de l'interrogatoire. S'ils ne peuvent s'entendre sur ces points, la personne est citée à comparaître devant le tribunal à la date indiquée dans la citation; celle-ci lui est signifiée au moins cinq jours avant cette date.

Déposition — La déposition de la personne interrogée obéit aux règles applicables au témoignage donné à l'instruction; elle est enregistrée, à moins que les parties n'y renoncent.

Difficulté — Toute difficulté qui surgit au cours de l'interrogatoire est soumise aussitôt que possible au tribunal pour décision.

689. Subpoena — The creditor or the bailiff informs the person to be examined of the nature of the examination and agrees with the person on its time and place. If they cannot agree on these points, the person is called to attend at court on the date specified in a subpoena, which must be served at least five days before that date.

Deposition — The person's deposition is governed by the rules applicable to testimony given at trial. It is recorded, unless waived by the parties.

Difficulty — Any difficulty arising during the examination must be submitted to the court as soon as possible for a decision.

SECTION IV —
LES RÈGLES APPLICABLES EN CAS DE
DÉCÈS OU D'INCAPACITÉ

SECTION IV —
RULES APPLICABLE IN EVENT OD
DEATH OR IN CASE OF INCAPACITY

690. Effet — Le décès du débiteur ou du créancier n'interrompt pas l'exécution du jugement.

690. Effect — The death of the debtor or the creditor does not interrupt the execution of the judgment.

Décès avant la saisie — Si le débiteur décède avant la saisie, le jugement ne peut être exécuté sur les biens de la succession que 10 jours après avoir été signifié au liquidateur, sous peine de nullité de la saisie.

Debtor's death before the seizure — If the debtor dies before a seizure is made, the judgment cannot be executed against the property of the succession until 10 days after service of the judgment on the liquidator, under pain of nullity of the seizure.

Exception — Si le créancier décède, le jugement peut être exécuté en son nom, à moins qu'il n'ordonne de fournir au créancier une prestation qui soit purement personnelle.

Exception — If the creditor dies, the judgment may be executed in the creditor's name unless it orders the performance of something that is purely personal to the creditor.

691. Tuteur — Le jugement rendu contre le tuteur d'un mineur ou le tuteur, curateur ou mandataire d'un majeur, en cette qualité, ne peut être exécuté contre le mineur ou le majeur lorsqu'il devient apte à exercer ses droits que 10 jours après lui avoir été signifié.

691. Tutor — A judgment rendered against the tutor of a minor, or the tutor, curator or mandatary of a person of full age, in that capacity, cannot be executed against the minor or the person of full age, once they become capable of exercising their rights, until 10 days after it has been served on them.

Représentant — Celui rendu en faveur du représentant peut être exécuté en son nom, même après la cessation de ses fonctions.

Representative — A judgment rendered in favour of a representative may be executed in the representative's name, even after that person ceases to be a representative.

SECTION V —
LES RÈGLES PARTICULIÈRES DE
L'EXÉCUTION FORCÉE SUR ACTION
RÉELLE

SECTION V —
SPECIAL RULES APPLICABLE TO
FORCED EXECUTION IN REAL ACTIONS

692. Avis d'exécution — Lorsque la partie condamnée à livrer ou à délaisser un bien ne s'exécute pas dans le délai imparti par le jugement ou par une convention subséquente entre les parties, le créancier du jugement ordonnant l'expulsion du débiteur ou l'enlèvement des biens peut être mis en possession par l'avis d'exécution.

692. Notice of execution — If the party ordered to deliver or surrender property fails to do so within the time set by the judgment ordering the eviction of the debtor or the removal of property or by a subsequent agreement between the parties, the judgment creditor may be placed in possession of the property by the notice of execution.

Signification — Cet avis, lorsqu'il vise l'expulsion, est signifié au moins cinq jours avant son exécution. Il ordonne au débiteur de retirer ses meubles dans le délai qu'il indique ou de payer les frais engagés pour ce faire et l'avise

Service — If it involves eviction, the notice must be served at least five days before it is to be executed. It orders the debtor to remove all movable property within a specified time limit or pay the costs incurred for its removal and informs

que s'il fait défaut d'obtempérer, les meubles seront réputés abandonnés.

Expulsion — Aucune expulsion n'a lieu un jour férié ni pendant la période du 24 décembre au 2 janvier.

693. Meubles abandonnés — Lors de l'expulsion, si le débiteur laisse des meubles dans l'immeuble, il est réputé les avoir abandonnés et l'huissier peut les vendre au bénéfice du créancier, les donner à un organisme de bienfaisance s'ils ne sont pas susceptibles d'être vendus ou, s'ils ne peuvent être donnés, en disposer autrement à son gré.

SECTION VI —
LE BÉNÉFICE D'INSAISISSABILITÉ

694. Application — Peuvent être soustraits à la saisie, jusqu'à concurrence d'une valeur marchande de 7 000 $ établie par l'huissier, les meubles du débiteur qui garnissent ou ornent sa résidence principale, servent à l'usage de la famille et sont nécessaires à la vie de celle-ci et, le cas échéant, pour atteindre ce montant, les objets personnels que le débiteur choisit de conserver. Ces meubles sont présumés appartenir au débiteur.

Activité professionnelle — Peuvent être également soustraits à la saisie les instruments de travail nécessaires à l'exercice personnel de l'activité professionnelle du débiteur.

Exception — Cependant, ces biens peuvent, selon le cas applicable, être saisis et vendus pour les sommes dues sur leur prix ou par un créancier détenant une hypothèque sur ceux-ci.

Biens insaisissables — Sont par ailleurs insaisissables entre les mains du débiteur les biens suivants :

1° la nourriture, les combustibles, le linge et les vêtements nécessaires à la vie du débiteur et de sa famille;

2° les biens nécessaires pour pallier un handicap ou soigner la maladie du débiteur ou d'un membre de sa famille;

3° les animaux domestiques de compagnie;

the debtor that if the debtor fails to comply, the movable property will be deemed to have been abandoned.

Eviction — No eviction may be carried out on a holiday or during the period extending from 24 December to 2 January.

693. Movable porperty left on the premises — Any movable property left on the premises on eviction of the debtor is deemed to have been abandoned by the debtor and the bailiff may sell it for the benefit of the creditor, give it away to a charity if it is not likely to be sold or otherwise dispose of it as the bailiff sees fit if it cannot be given away.

SECTION VI —
EXEMPTION FROM SEIZURE

694. Movable property furnishing or adorning the main residence — A debtor's movable property that furnishes or adorns the debtor's main residence, that is for the family's use and is needed for the life of the family, up to a market value of $7,000 as determined by the bailiff, and, if that value has not been attained, the personal objects the debtor chooses to keep may be exempted from seizure. Such movable property is presumed to belong to the debtor.

Work instruments — Work instruments needed for the personal exercise of the debtor's professional activities may also be exempted from seizure.

Exception — Such property may nevertheless be seized and sold for the amounts owed on the sale price, or seized and sold by a creditor holding a hypothec on it, as applicable.

Exemption from seizure — The following are exempt from seizure in the hands of debtors :

(1) the food, fuel, linens and clothing needed for their life and the life of their family;

(2) the things they need or a member of their family needs in order to compensate for a handicap or treat an illness;

(3) household pets;

4° les papiers, portraits et autres documents de famille, les médailles et les autres décorations.

Nullité de la renonciation — La renonciation à ce bénéfice d'insaisissabilité est nulle.

695. Véhicule automobile — Le véhicule automobile de promenade ne peut être saisi s'il est nécessaire au maintien du revenu du travail ou d'une démarche active en vue d'occuper un emploi. Il ne peut l'être non plus s'il est nécessaire pour assurer la subsistance, les soins requis par l'état de santé ou l'éducation du débiteur ou des personnes à sa charge. Néanmoins, l'huissier peut le saisir s'il estime que le débiteur peut assurer ses déplacements essentiels à l'aide du transport en commun ou par l'accès qu'il a à un autre véhicule ou à un véhicule de remplacement de moindre valeur.

Exception — L'insaisissabilité d'un véhicule automobile ne peut être opposée au vendeur pour les sommes dues sur le prix ni à un créancier hypothécaire; elle ne peut non plus être invoquée lors d'une saisie effectuée en exécution d'un jugement assujetti aux règles d'exécution du *Code de procédure pénale*.

696. Biens insaisissables — Sont insaisissables :
1° les vases sacrés et autres objets servant au culte religieux;
2° les livres de compte, titres de créance et autres documents, à l'exception des obligations, billets à ordre ou autres effets payables à ordre ou au porteur, s'ils sont en possession d'un débiteur qui n'exploite pas une entreprise;
3° le remboursement des frais engagés par le débiteur en raison d'une maladie, d'un handicap ou d'un accident;
4° toutes choses déclarées telles par la loi.

Biens insaisissables — Sont aussi insaisissables :

1° les montants forfaitaires et les indemnités, autres que de remplacement de revenu, versés en exécution d'un jugement ou dans le cadre d'un régime public d'indemnisation pour compenser les frais et les pertes liés au décès ou à un préjudice corporel ou moral;

2° les biens donnés ou légués sous condition d'insaisissabilité, lorsque la stipulation est faite dans un acte à titre gratuit et qu'elle est tempo-

(4) family papers and portraits, medals and other decorations.

Nullity of the waiver — Any waiver of the exemption of such property from seizure is null.

695. Motor vehicle — A passenger motor vehicle cannot be seized if the vehicle is necessary in order to maintain work income or an active job search. Nor can it be seized if it is necessary in order to meet the basic needs of the debtor and the debtor's dependants or ensure that they receive the care required by their state of health or can pursue their education. Nevertheless, such a motor vehicle may be seized if the bailiff considers that the debtor can meet essential travel needs by using public transit, another vehicle that is available to the debtor or a replacement vehicle of lesser value.

Exception — A motor vehicle's exemption from seizure is ineffective against the seller as regards the amounts owed on the sale price and against a hypothecary creditor; it is also ineffective against a seizure in execution of a judgment that is subject to the rules of execution set out in the Code of Penal Procedure.

696. Exemption from seizure — The following are exempt from seizure :
(1) consecrated vessels and other things used for religious worship;
(2) books of account, debt securities and other papers if in the possession of a debtor who does not operate an enterprise, except bonds, promissory notes and other instruments payable to order or to bearer;
(3) amounts reimbursed to the debtor for costs relating to an illness, a disability or an accident;
(4) anything declared unseizable by law.

Exemption from seizure — The following are also exempt from seizure :

(1) lump sum amounts and compensation, other than income replacement indemnities, paid in execution of a judgment or under a public compensation plan covering costs and losses resulting from a person's death or from bodily or moral injury;

(2) property declared by the donor or testator to be exempt from seizure, if the stipulation is made in an act by gratuitous title and is tempo-

raire et justifiée par un intérêt sérieux et légitime. Ces biens peuvent cependant être saisis à la demande des créanciers postérieurs à la donation ou à l'ouverture du legs, avec la permission du tribunal et pour la portion qu'il détermine;

3° les cotisations qui sont ou doivent être versées à un régime complémentaire de retraite auquel cotise un employeur pour le compte de ses employés ou dans un autre régime de retraite établi ou régi par la loi;

4° le capital accumulé pour le service d'une rente ou dans un instrument d'épargne-retraite s'il y a eu aliénation du capital ou si celui-ci est sous la maîtrise d'un tiers et obéit aux autres prescriptions de la loi.

Partage du patrimoine familial — Néanmoins, les biens visés au deuxième alinéa peuvent être saisis jusqu'à concurrence de 50 % pour exécuter le partage du patrimoine familial, une créance alimentaire ou une prestation compensatoire. Cette règle prévaut sur toute disposition contraire d'une autre loi.

697. Biens insaisissables — Les œuvres d'art et les autres biens culturels ou historiques provenant de l'extérieur du Québec qui sont exposés publiquement au Québec ou destinés à y être exposés sont insaisissables s'ils sont déclarés tels par décret du gouvernement, pour la période qui y est indiquée. Ce décret entre en vigueur dès sa publication à la *Gazette officielle du Québec*.

Effet — L'insaisissabilité de ces biens n'empêche pas l'exécution de jugements rendus si ces biens ont été, à l'origine, conçus, produits ou réalisés au Québec ou encore pour donner effet à un contrat de service relatif à leur transport, leur entreposage et leur exposition.

698. Revenus du débiteur — Les revenus du débiteur sont saisissables pour la seule portion déterminée selon la formule (A-B) x C.

Formule — La lettre A correspond aux revenus du débiteur, qui sont composés :
1° des prestations en argent, en nature ou en services, consenties en contrepartie des services rendus en vertu de l'exercice d'une charge, d'un contrat de travail, de service, d'entreprise ou de mandat;

rary and justified by a serious and legitimate interest. However, the property may be seized on 178 the request of creditors whose claims are subsequent to the gift or the opening of the legacy, with leave of the court and to the extent it determines;

(3) contributions paid or to be paid into a supplemental pension plan to which an employer contributes on behalf of employees, or into another pension plan established or governed by law;

(4) the capital accumulated for the payment of an annuity or accumulated in a retirement savings instrument if the capital has been alienated or is under the control of a third person and satisfies the other prescriptions of law.

Partition of a family patrimony — Nevertheless, the property described in the second paragraph may be seized up to a limit of 50 % to execute partition of a family patrimony, a support claim or a compensatory allowance. This rule has precedence over any contrary legislative provision.

697. Exemption from seizure — Works of art and other cultural or historical property brought into Québec and placed or intended to be placed on public exhibit in Québec are exempt from seizure if the Government declares them so by order, for the period specified in the order. The order comes into force on its publication in the *Gazette officielle du Québec*.

Effect — Such exemption from seizure does not prevent the execution of a judgment against the property if it was originally designed, produced or created in Québec, or the execution of a judgment enforcing a service contract relating to the transportation, warehousing or exhibition of the property.

698. Debtor's income — The debtor's income is exempt from seizure except the portion determined by the formula (A-B) x C.

Formula — A is the debtor's income, made up of
(1) remuneration in money, kind or services, paid for services rendered in the exercise of an office or under an employment contract, a service contract or a contract of enterprise or mandate;

2° des sommes d'argent qui lui sont versées à titre de prestation de retraite, de rente, d'indemnité de remplacement du revenu et d'aliments accordés en justice, ces sommes étant cependant insaisissables entre les mains de celui qui les verse;

3° des sommes versées à titre de prestation d'aide sociale ou d'allocation de solidarité sociale. Toutefois, demeurent insaisissables entre les mains de celui qui les reçoit, les montants reçus en vertu de la *Loi sur l'aide aux personnes et aux familles* que cette loi déclare comme tels.

Éléments exclus — Ne sont cependant pas inclus dans les revenus du débiteur :

1° les aliments donnés ou légués sous condition d'insaisissabilité, sauf pour la portion déterminée par le tribunal;

2° les aliments accordés en justice lorsqu'ils sont destinés à subvenir aux besoins d'un enfant mineur;

3° les contributions de l'employeur à une caisse de retraite, d'assurance, ou de sécurité sociale;

4° la valeur de la nourriture et du logement fournis ou payés par l'employeur à l'occasion de déplacements effectués au cours de l'exécution des fonctions.

Formule — La lettre B correspond au total des exemptions auxquelles le débiteur a droit pour sa subsistance et celle des personnes à sa charge. Ces exemptions sont établies sur la base du montant octroyé mensuellement à titre d'allocation de solidarité sociale pour une personne seule en vertu de la *Loi sur l'aide aux personnes et aux familles*, lequel montant est annualisé puis calculé sur une base hebdomadaire par le ministre de la Justice et correspond à (indiquer ici le montant ainsi établi). Ces exemptions équivalent à 125 % de ce montant pour le débiteur, soit (*indiquer ici le montant ainsi établi*), à 50 % de ce montant pour la première personne à sa charge, soit (*indiquer ici le montant ainsi établi*) et à 25 % de ce montant pour toute autre personne à sa charge, soit (*indiquer ici le montant ainsi établi*), ces montants étant mis à jour par le ministre au 1ᵉʳ avril de chaque année.

Formule — La lettre C correspond à un taux de saisie de 30 %; cependant, ce taux est de 50 % pour l'exécution du partage du patrimoine familial, pour le paiement d'une dette alimentaire ou d'une prestation compensatoire.

(2) money paid as a retirement benefit, a pension, an income replacement indemnity or judicially awarded support, this money, however, being exempt from seizure in the hands of the payer; and

(3) money paid as a social assistance benefit or a social solidarity allowance, except that sums received under the *Individual and Family Assistance Act* and declared by that Act to be exempt from seizure in the hands of the recipient are so exempt from seizure.

Exclusion — The following are not included in the debtor's income, however :

(1) support declared by the donor or testator to be exempt from seizure, except for the portion determined by the court;

(2) judicially awarded support, if intended to provide for a minor child;

(3) employer contributions to a retirement, insurance or social security fund;

(4) the value of food and lodging provided or paid by the employer for work-related travel.

Formula — B is the total of the exemptions to which the debtor is entitled for basic needs and those of dependants. Those exemptions are determined on the basis of the monthly amount granted as a social solidarity allowance to single persons under the *Individual and Family Assistance Act*, which amount is annualized then calculated on a weekly basis by the Minister of Justice, that is, (*insert the amount so determined*); for the debtor, the exemption is 125 % of the latter amount, that is, (insert the amount so determined), for the first dependant, 50 %, that is, (*insert the amount so determined*), and for any other dependant, 25 %, that is, (*insert the amount so determined*); these figures are updated by the Minister on 1 April each year.

Formula — C is the seizure percentage, that is, 30 %. However, for the execution of partition of a family patrimony or for the payment of a support debt or a compensatory allowance, the percentage is 50 %.

699. Travailleur autonome — Le débiteur qui tire ses revenus de son travail à titre de travailleur autonome ou qui les reçoit d'un employeur ne résidant pas au Québec doit, pour obtenir le bénéfice d'insaisissabilité d'une portion de son revenu, convenir avec l'huissier d'une entente pour échelonner ses paiements sur une période qu'ils déterminent, pouvant excéder le délai d'un an prévu à l'article 663, ou se prévaloir du dépôt volontaire auprès du greffier. Le débiteur profite de ce bénéfice tant qu'il respecte les engagements pris. Il peut, pour établir son revenu, soustraire les dépenses engagées pour le gagner.

699. Self-employed worker — A debtor whose income consists in earnings as a self-employed worker or is received from an employer not resident in Québec must, to benefit from exemption from seizure for a portion of that income, enter into an agreement with the bailiff to pay in instalments over the period of time they determine, which may exceed the one year prescribed in article 663, or make a voluntary deposit undertaking with the court clerk. The debtor benefits from the exemption from seizure so long as all undertakings are complied with. The debtor may, to determine that income, subtract any expenses incurred to earn it.

700. Résidence principale — L'immeuble servant de résidence principale au débiteur peut être saisi pour exécuter une créance alimentaire ou pour exécuter une autre créance d'au moins 20 000 $ excluant, le cas échéant, les frais de justice.

700. Main residence — The immovable serving as the debtor's main residence may be seized to execute a support claim or to execute another claim of 20 000 $ or more, not including legal costs.

Modalités — Il peut également l'être pour l'exécution d'une créance garantie par une priorité ou une hypothèque, et ce, quel que soit le montant mais, s'agissant d'une hypothèque légale résultant d'un jugement, ce montant doit être d'au moins 20 000 $, autrement l'inscription de cette hypothèque ne vaut qu'à titre conservatoire.

Prior claim or hypothec — It may also be seized to execute a claim of any amount secured by a prior claim or a hypothec. In the case of a legal hypothec arising out of a judgment, however, the amount of the claim must be at least 20 000 $; otherwise, the registration of such a hypothec is valid only for conservatory purposes.

701. Révision — Une décision de l'huissier prise en application des règles du bénéfice d'insaisissabilité peut, sur demande, être révisée par le tribunal.

701. Review — A decision made by the bailiff under the exemption from seizure rules may, on an application, be reviewed by the court.

TITRE II
LA SAISIE DES BIENS

TITLE II
SEIZURE OF PROPERTY

Chapitre I
Dispositions générales

Chapter I
General Provisions

702. Moyens d'exécution — Le créancier d'un jugement peut exercer en même temps les différents moyens d'exécution que la loi lui accorde.

702. Means of execution — A judgment creditor may exercise different means of execution at the same time.

Pouvoirs du créancier — Il peut faire saisir les biens meubles du débiteur qui sont en la possession de ce dernier ou ceux que lui-même ou un tiers détient. Il peut aussi faire saisir les immeubles que le débiteur possède.

Creditor's powers — A judgment creditor may seize any of the debtor's movable property that is in the debtor's possession or that is held by the creditor or a third person. The judgment creditor may also seize any immovables possessed by the debtor.

Effet — La saisie a pour effet de mettre sous main de justice les biens appartenant au débiteur.

Effect — The effect of seizure is to place the property belonging to the debtor under judicial control.

703. Modalités — La saisie des biens meubles se pratique par l'huissier sur les lieux où se trouvent les biens. Celle qui a pour objet des revenus ou des sommes d'argent se pratique par la notification de l'avis d'exécution à celui qui les doit, au moyen de la saisie en mains tierces.

703. Procedure — Movable property is seized by the bailiff on the premises where it is located. Income or money is seized in the hands of the third persons who owe it, through notification of the notice of execution to them.

Biens meubles — Les fruits et les autres produits du sol saisis sont considérés comme des meubles même s'ils ne sont pas séparés ou extraits du fonds.

Movable property — Fruits and other products of the soil that are seized are considered movable property even if they are not separated or extracted from the land.

Chapitre II ▬
La saisie-exécution des biens meubles et immeubles

Chapter II ▬
Seizure of Movable and Immovable Property in Execution

704. Saisie des biens meubles — La saisie des biens meubles peut être pratiquée par la signification de l'avis d'exécution au débiteur et au tiers-saisi, entre 7 heures et 21 heures, sauf un jour férié. Elle peut l'être à d'autres heures avec la permission du greffier, obtenue sans formalités et inscrite sur l'avis d'exécution, ou même un jour férié s'il y a détournement, transport ou abandon des biens.

704. Procedure — The seizure of movable property may be effected between 7 a.m. and 9 p.m. on any day except a holiday by serving the notice of execution on the debtor and the garnishee. It may be effected outside those hours with the permission of the court clerk obtained informally and recorded on the notice of execution, and even on a holiday if the property is misappropriated, conveyed or abandoned.

Saisie non terminée — La saisie non terminée à 21 heures peut être poursuivie après ces heures sans formalités, si l'huissier l'estime nécessaire dans l'intérêt des parties; autrement, elle est poursuivie le plus tôt possible dans les jours ouvrables qui suivent, en prenant les mesures de sécurité qui s'imposent.

Not completed seizure — A seizure not completed at 9 p.m. may be continued without formality past that time if the bailiff considers it necessary in the parties' interests; otherwise, it is continued as soon as possible in the following working days, after taking the necessary security measures.

705. Saisie immobilière — La saisie immobilière se pratique par l'inscription sur le registre foncier du procès-verbal de saisie, accompagné de l'avis d'exécution et de la preuve de leur signification au débiteur.

705. Seizure of an immovable — The seizure of an immovable is effected by registering the minutes of seizure, together with the notice of execution and proof of service on the debtor, in the land register.

Inscription — L'officier de la publicité des droits inscrit la saisie dès que le procès-verbal et l'avis lui sont notifiés.

Registration — The registrar registers the seizure on receiving notification of the minutes and notice.

706. Biens meubles attachés — Les meubles qui sont, à demeure, matériellement attachés ou réunis à un immeuble et qui sont ainsi immeubles selon l'article 903 du Code civil ne

706. Attached movables — Movables permanently and physically attached or joined to an immovable that are immovables under article 903 of the Civil Code may only be seized with

peuvent être saisis qu'avec l'immeuble auquel ils s'attachent ou sont réunis; ils peuvent cependant être saisis séparément par un créancier prioritaire ou hypothécaire, ou encore par un autre créancier s'ils n'appartiennent pas au propriétaire de l'immeuble.

the immovable to which they are attached or joined; however, they may be seized separately by a prior or hypothecary creditor, or by another creditor if they do not belong to the owner of the immovable.

707. Procès-verbal — Toute saisie est constatée par un procès-verbal préparé par l'huissier, lequel mentionne si le débiteur était présent ou non lors de la saisie et contient :

707. Minutes — A seizure is recorded in minutes prepared by the bailiff. The minutes must mention whether or not the debtor was present at the time of the seizure, and contain

1° l'énoncé du titre en vertu duquel la saisie est pratiquée;

(1) mention of the title under which the seizure is made;

2° la date de l'avis d'exécution et le nom du créancier saisissant;

(2) the date of the notice of execution and the name of the seizing creditor;

3° la date, l'heure et la nature de la saisie;

(3) the date and time and the nature of the seizure;

4° la description des biens saisis;

(4) a description of the property seized; and

5° le nom du gardien et, le cas échéant, un renvoi à l'autorisation donnée par le tribunal.

(5) the name of the custodian and, if an authorization was granted by the court, a reference to that authorization.

Contenu — Dans le cas d'une saisie mobilière, le procès-verbal contient aussi la liste et la valeur marchande des meubles laissés au débiteur, lorsque la valeur des biens saisis ne suffit pas pour payer la créance du créancier saisissant.

Content — In the case of a seizure of movable property, the minutes must also contain a list and the market value of the movable property left to the debtor if the value of the property seized is insufficient to pay the claim of the seizing creditor.

Notification — Le procès-verbal est notifié au débiteur et au créancier saisissant, ainsi qu'aux créanciers ayant des droits sur les biens saisis et au tiers nommé gardien.

Notification — The minutes are notified to the debtor and the seizing creditor, as well as to all creditors having rights in the seized property and to any third person appointed as custodian.

708. Devoirs de l'huissier — Lorsqu'il procède à la saisie de meubles d'une entreprise, de véhicules routiers, d'autres meubles qui peuvent faire l'objet d'une hypothèque selon le règlement pris en application de l'article 2683 du Code civil ou d'un ensemble de ces meubles, l'huissier vérifie au registre des droits personnels et réels mobiliers si des droits ont été consentis sur de tels biens.

708. Bailiff's duties — When seizing movable property of an enterprise, a road vehicle, other movable property which, according to the regulation under article 2683 of the Civil Code, may be hypothecated or a group of such items of property, the bailiff checks in the register of personal and movable real rights whether rights in the property have been granted.

709. Vente de gré à gré — Le débiteur dispose d'un délai de deux mois à compter de la saisie pour procéder lui-même à la vente de gré à gré d'un immeuble saisi, à moins que ce bien ne

709. Sale by agreement — The debtor has two months from the seizure to sell a seized immovable by agreement unless it is hypothecated. If the debtor waives this right or does not exer-

soit grevé d'une hypothèque. S'il renonce à ce droit ou ne l'exerce pas dans le délai prévu, l'huissier peut procéder à la vente du bien saisi.

Modalités — La vente par le débiteur est subordonnée à l'approbation de l'huissier qui estime si cette vente est faite à un prix commercialement raisonnable. Si tel est le cas, l'huissier notifie un avis de vente au créancier saisissant, aux créanciers ayant des droits sur le bien saisi et au tiers-saisi, lesquels ont 10 jours pour s'opposer à la vente.

Modalités — En l'absence d'opposition, la vente peut être conclue à l'expiration de ce délai et le prix doit alors être consigné entre les mains de l'huissier.

710. Mainlevée de la saisie — À tout moment avant la vente des biens saisis, le débiteur peut obtenir mainlevée de la saisie en payant le montant de la condamnation, incluant les frais d'exécution. Il peut aussi, lorsque la saisie de certains biens lui cause un préjudice et si l'huissier l'autorise, remplacer les biens saisis, à moins qu'ils ne soient grevés d'une hypothèque, par d'autres biens dont la vente permettra l'exécution entière du jugement.

Avis de mainlevée — Si le débiteur a obtenu mainlevée d'une saisie avant la vente des biens, l'huissier l'atteste à la demande de tout intéressé et dépose un avis de mainlevée au greffe du tribunal dans tous les dossiers concernés.

cise it within the prescribed time, the bailiff may sell the seized property.

Approval of the bailiff — A sale by the debtor is subject to the approval of the bailiff, who determines whether the sale price is commercially reasonable. If that is the case, the bailiff notifies a notice of sale to the seizing creditor, all creditors having rights in the seized property and the garnishee, who have 10 days to oppose the sale.

Absence of opposition — If no opposition is filed, the sale may be concluded on the expiry of that time limit. The sale price obtained must be deposited in the hands of the bailiff.

710. Release of seizure — At any time before the sale of seized property, the debtor may obtain release of seizure by paying the judgment amount, including execution costs. If the seizure of certain property causes prejudice to the debtor and if the bailiff authorizes it, the debtor may also replace the seized property, unless it is hypothecated, by property whose sale will allow full satisfaction of the judgment.

Notice of release — If the debtor obtains release of seizure before the sale of the property, the bailiff attests to the release of seizure on the request of any interested person and files a notice of release in each of the records concerned at the court office.

Chapitre III —
La saisie en mains tierces
SECTION I —
LES RÈGLES GÉNÉRALES

Chapter III —
Seizure in tHe Hands of Third Persons
SECTION I —
GENERAL RULES

711. Déclaration du tiers-saisi — L'avis d'exécution signifié au tiers-saisi lui enjoint de déclarer à l'huissier, dans un délai de 10 jours, le montant, la cause et les modalités de toute dette qu'il a ou qu'il pourrait avoir envers le débiteur au moment de sa déclaration. Le tiers-saisi doit aussi fournir avec sa déclaration un état détaillé des biens du débiteur qu'il a en sa possession et indiquer en vertu de quel titre il les détient. Il doit également dénoncer les saisies pratiquées entre ses mains.

711. Garnishee's declaration — The notice of execution served on the garnishee directs that person to declare to the bailiff, within 10 days, the amount, cause and terms of their current or potential indebtedness to the debtor at the time the declaration is made. The garnishee must provide with the declaration a detailed statement of the debtor's property that is in the garnishee's possession, specifying under what title the property is held. The garnishee must also disclose any seizures made in the garnishee's hands.

Contestation — L'huissier dépose la déclara-

Contestation — The bailiff files the

tion du tiers-saisi au greffe et la notifie au créancier saisissant et au débiteur, lesquels peuvent, dans les 10 jours de la déclaration, la contester. Si l'exécution concerne plusieurs jugements ou si plus d'un créancier s'y est joint, l'huissier dépose la déclaration dans chacun des dossiers concernés.

712. Effet — La saisie constitue le tiers-saisi gardien des biens.

Obligations du tiers-saisi — Il est tenu, comme tiers-saisi, de remettre les biens du débiteur qu'il détient à l'huissier si celui-ci les demande ou si un greffier le lui ordonne. Il est aussi tenu de lui fournir, sur demande, tous les documents pertinents relatifs à la dette qu'il a envers le débiteur. De plus, à la demande expresse du créancier saisissant ou de l'huissier, il est tenu de se prêter à un interrogatoire pour compléter sa déclaration comme s'il s'agissait d'un interrogatoire après jugement.

713. Revenus du débiteur — Lorsque la saisie porte sur des revenus du débiteur, le tiers-saisi est tenu de remettre, dans les 10 jours de la signification de l'avis d'exécution, la partie saisissable de ce qu'il doit au débiteur à l'huissier.

Sources de revenus multiples — Lorsque le débiteur a des sources de revenus multiples, l'huissier, après avoir établi la partie saisissable des revenus du débiteur, détermine la part que chacun des tiers-saisis doit retenir et remettre. Lorsque les sources de revenus du débiteur sont difficilement identifiables ou qu'elles ne sont pas récurrentes, l'huissier détermine, sous réserve d'une entente de paiement échelonné, le montant que doit lui verser le débiteur.

Lien contractuel — Si le tiers-saisi modifie substantiellement ou rompt le lien contractuel avec le débiteur, il est tenu de le déclarer sans délai à l'huissier. En cas de litige entre lui et le débiteur, il lui incombe, sous peine de dommages-intérêts, de prouver que cette mesure n'a pas été prise pour cette raison.

Durée — La saisie reste tenante aussi longtemps que le débiteur conserve ses sources de revenus et que n'ont pas été acquittées toutes les réclamations produites par ses créanciers.

garnishee's declaration with the court office and notifies it to the seizing creditor and the debtor, who have 10 days to contest it. If the execution proceedings are for two or more judgments or if two or more creditors are involved in the execution proceedings, the bailiff files the declaration in each of the records concerned.

712. Effect — Seizure makes the garnishee the custodian of the property seized.

Garnishee's obligations — On the bailiff's request or on the court clerk's order, the garnishee is required to deliver the debtor's property that is in the garnishee's possession to the bailiff. The garnishee is also required to give the bailiff, on request, all relevant documents relating to the garnishee's debt toward the debtor. In addition, on the seizing creditor's or bailiff's express request, the garnishee is required to submit to an examination to complete the garnishee's declaration, as if it were a post-judgment examination.

713. Debtor's income — If income of the debtor is seized, the garnishee is required, within 10 days after service of the notice of execution, to remit to the bailiff the seizable portion of what the garnishee owes to the debtor.

Multiple sources of income — If the debtor has multiple sources of income, the bailiff, after determining the seizable portion of the income, determines the portion that each garnishee must withhold and remit to the bailiff. If the debtor's sources of income are not easily identifiable or are non-recurring, the bailiff determines, subject to an instalment payment agreement, the amount the debtor must pay to the bailiff.

Contractual relationship — If the garnishee substantially changes or ends the contractual relationship with the debtor, the garnishee is required to declare as much to the bailiff without delay. If a dispute arises between the garnishee and the debtor, the onus is on the garnishee, under pain of damages, to prove that the contractual relationship was not changed or ended because of the seizure of income.

Length — The seizure remains binding for so long as the debtor's sources of income are maintained and all claims filed by the creditors have not been paid.

714. Juste rémunération — Si le tiers-saisi déclare que le débiteur est à son emploi, sans rémunération ou pour une rémunération manifestement inférieure à la valeur des services rendus, l'huissier ou un créancier peut demander au tribunal d'évaluer ces services et de fixer la juste rémunération. Celle-ci est alors réputée être la rémunération du débiteur depuis la date de la demande jusqu'à ce qu'il soit établi que le montant ainsi fixé doit être modifié. La demande est notifiée au débiteur et au tiers-saisi au moins cinq jours avant sa présentation au tribunal; la décision du tribunal est sans appel.

715. Obligation à terme — Lorsque l'obligation du tiers-saisi est à terme, il doit, à l'échéance, payer à l'huissier ce qu'il doit au débiteur. Si elle est soumise à une condition ou à l'accomplissement par le débiteur de quelque obligation, la saisie est tenante jusqu'à l'avènement de la condition ou l'accomplissement de l'obligation.

716. Congé — Si le tiers-saisi déclare ne rien devoir et qu'on ne peut justifier qu'il en est autrement, il peut, de même que le débiteur, obtenir de l'huissier congé de la saisie, les frais d'exécution étant alors à la charge du créancier saisissant.

717. Défaut — Le tiers-saisi qui est en défaut, faute de déclarer, de retenir ou de déposer une somme d'argent, ou qui fait une déclaration qui s'avère fausse peut être condamné au paiement de la somme due au créancier saisissant comme s'il était lui-même débiteur.

Frais — Néanmoins, le tiers-saisi peut en tout temps, même après jugement, obtenir l'autorisation de déclarer ou de déposer en payant les sommes qu'il aurait dû retenir et déposer depuis la notification de l'avis d'exécution; il est alors tenu des frais occasionnés par son défaut.

718. Prestation compensatoire — Lorsqu'un jugement partageant le patrimoine familial, prévoyant le paiement d'une prestation compensatoire ou octroyant des aliments a pour effet de modifier le montant que doit verser le tiers-saisi alors qu'une saisie est tenante ou son exécution suspendue, l'huissier, dès qu'il en est

714. Fair remuneration — If the garnishee declares that the debtor works for the garnishee without being paid or for remuneration that is clearly less than the value of the services rendered, the bailiff or a creditor may ask the court to assess the value of the services rendered and determine a fair remuneration. The remuneration determined by the court is deemed to be the debtor's remuneration from the date of the application until it is shown that the amount should be changed. The application is notified to the debtor and the garnishee at least five days before it is to be presented before the court; the decision of the court cannot be appealed.

715. Debt payable at a future time — If the garnishee's debt is payable at a future time, the garnishee must, at maturity, pay to the bailiff what the garnishee owes to the debtor. If it is subject to a condition or to the performance of an obligation by the debtor, the seizure is binding until the condition is fulfilled or the obligation performed.

716. Release of seizure — If the garnishee declares not being indebted to the debtor and cannot be proved to be so, the garnishee or the debtor may obtain a release of seizure from the bailiff, with execution costs to be borne by the seizing creditor.

717. Garnishee's failure — If the garnishee is in default for failure to declare, withhold or deposit a sum of money or makes a declaration that proves to be false, the garnishee may be ordered to pay the sum owing to the seizing creditor as if the garnishee were the debtor.

Costs — The garnishee may, however, obtain the authorization to declare or deposit at any time, even after judgment, on payment of the sums the garnishee should have withheld and deposited since notification of the notice of execution. In such a case, the garnishee is required to pay all costs resulting from the default.

718. Compensatory allowance or partition of a family patrimony — If, while a seizure is binding or its execution is stayed, a judgment ordering partition of a family patrimony or awarding support or a compensatory allowance operates to change the amount that the garnishee must pay, the bailiff, on being informed of the

informé, en avise le tiers-saisi, le débiteur et les autres parties.

judgment, so advises the garnishee, the debtor and the other parties.

Section II
LES RÈGLES PARTICULIÈRES EN MATIÈRE D'ALIMENTS

Section II
SPECIAL RULES IN SUPPORT MATTERS

719. Pension alimentaire — Lorsque la saisie de revenus est effectuée en vertu d'un jugement qui accorde une pension alimentaire, elle vaut tant pour le paiement des versements à échoir que des arrérages, indexés le cas échéant; elle demeure tenante jusqu'à ce que mainlevée en soit donnée. Il en est de même si la saisie est effectuée en vertu de la *Loi d'aide à l'exécution des ordonnances et des ententes familiales* (L.R.C. (1985), ch. 4 (2ᵉ suppl.)).

719. Judgment awarding support — If a seizure of income is effected under a judgment awarding support, it applies to payments to become due as well as to arrears, as indexed if applicable; it remains binding until release is given. The same applies if the seizure is effected under the *Family Orders and Agreements Execution Assistance Act* (Revised Statutes of Canada, 1985, chapter 4, 2nd Supplement).

Mainlevée — La mainlevée peut être donnée à l'expiration d'une année après le paiement de tous les arrérages s'il n'y a pas d'autre réclamation au dossier et si l'exécution n'a pas été suspendue; cependant, aucune mainlevée n'est donnée si le ministre du Revenu agit comme réclamant ou saisissant en application de la *Loi facilitant le paiement des pensions alimentaires.*

Release of seizure — Release may be given on the expiry of one year after the payment of all arrears, if there is no other claim in the record and execution has not been stayed; release cannot be given, however, if the Minister of Revenue is acting in the capacity of claimant or seizing creditor under the *Act to facilitate the payment of support.*

720. Suspension — Lorsque le créancier a procédé à l'exécution du jugement qui lui accorde des aliments par une saisie de revenus et qu'il n'y a pas d'autre réclamation au dossier, l'huissier peut, à la demande du débiteur, une fois les arrérages payés, suspendre l'exécution de cette saisie, si le débiteur offre de lui payer directement, à leur échéance, les versements de la pension alimentaire et s'il fournit des garanties satisfaisantes de respecter ses engagements.

720. Suspension — If a judgment awarding support has been executed by the creditor by a seizure of income and there is no other claim in the record, the bailiff, on the debtor's request, may, once the arrears are paid, stay the execution of the seizure provided the debtor undertakes to make the support payments, as they become due, directly to the bailiff and provides sufficient guarantees to secure compliance with that undertaking.

Effets — S'il accède à la demande du débiteur, cette suspension est accordée pour une période d'au moins six mois et d'au plus un an; l'huissier en avise le créancier alimentaire et les autres créanciers de même que le tiers-saisi, lequel cesse alors ses dépôts. Pendant cette période, l'huissier verse au créancier alimentaire, au moins une fois par mois, les sommes qu'il reçoit du débiteur.

Effects — Such a stay may be granted for not less than six months nor more than one year; the bailiff advises the support creditor and the other creditors, as well as the garnishee, who then ceases to make deposits. During that period, the bailiff pays the sums received from the debtor to the support creditor at least monthly.

721. Mainlevée — L'huissier accorde mainlevée de la saisie si elle n'est pas redevenue exécutoire à la fin de la suspension.

721. Release of seizure — The bailiff grants release of seizure if the seizure does not become enforceable again at the end of the stay.

Défaut du débiteur — La saisie redevient exécutoire si le débiteur fait défaut d'effectuer

Debtor's failure — The seizure becomes enforceable again if the debtor fails to make a pay-

un paiement à échéance ou si une réclamation est déposée par un tiers au dossier du débiteur. L'huissier en avise le créancier alimentaire, les autres créanciers et le tiers-saisi qui, dans les 10 jours qui suivent, doit remettre à l'huissier la partie saisissable des revenus du débiteur.

ment when it becomes due, or if a claim is filed in the debtor's record by a third person. The bailiff advises the support creditor, the other creditors as well as the garnishee, who must, within 10 days after being advised, remit the seizable portion of the debtor's income to the bailiff.

Chapitre IV ▬
Les règles particulières à certaines saisies
SECTION I ▬
LA SAISIE SUR LA PERSONNE DU DÉBITEUR

Chapter IV ▬
Special Rules Applicable to Certain Seizures
SECTION I ▬
SEIZURE ON DEBTOR'S PERSON

722. Application — L'huissier qui est convaincu que le débiteur a sur lui des biens de valeur peut être autorisé par le tribunal à procéder à la saisie de biens sur la personne du débiteur et au besoin à solliciter l'assistance d'un agent de la paix. La demande d'autorisation n'a pas à être notifiée au débiteur.

722. Authorization of the court — If the bailiff is convinced that there is property of value on the debtor's person, the bailiff may apply to the court for authorization to seize the property on the debtor's person and to obtain the assistance of a peace officer if necessary. The application need not be notified to the debtor.

Modalités — La saisie ainsi autorisée est précédée d'une demande de l'huissier enjoignant au saisi de lui remettre les biens. En cas de refus, l'huissier peut procéder à une fouille sur le débiteur avec, au besoin, l'assistance d'un agent de la paix. Il procède à la fouille et à la saisie de manière à limiter l'atteinte aux droits et libertés du saisi.

Procedure — Before making the seizure so authorized, the bailiff must ask the debtor to hand over the property. If the debtor refuses, the bailiff may search the debtor, with the assistance of a peace officer if necessary. The search and seizure is carried out in such a manner as to limit violations of personal rights and freedoms.

SECTION II ▬
LA SAISIE DE VALEURS MOBILIÈRES OU DE TITRES INTERMÉDIÉS SUR LES ACTIFS FINANCIERS

SECTION II ▬
SEIZURE OF SECURITIES OR SECURITY ENTITLEMENTS TO FINANCIAL ASSETS

723. Modalités — La saisie de valeurs mobilières représentées par des certificats s'opère par la saisie de ces certificats, pratiquée par la signification de l'avis d'exécution à la personne qui les détient et à l'émetteur ou à son agent des transferts au Québec. Si des certificats qui devaient être émis ne l'ont pas été, la saisie est faite entre les mains de l'émetteur qui est alors tenu de délivrer le certificat au nom du débiteur et de les remettre à l'huissier.

723. Seizure of certificates — Certificated securities are seized by seizing certificates, through service of the notice of execution on the person holding the certificates and on the issuer or the issuer's transfer agent in Québec. If certificates that should have been issued were not issued, the securities are seized in the hands of the issuer, who is then required to issue a certificate in the debtor's name and hand it over to the bailiff.

Signification de l'avis d'exécution — La saisie de valeurs mobilières sans certificat ou de titres intermédiés sur des actifs financiers est pratiquée par la signification de l'avis d'exécution à l'émetteur ou, selon le cas, à l'intermédiaire en valeurs mobilières qui tient le compte de titres du débiteur.

Service of the notice of execution — Uncertificated securities or security entitlements to financial assets are seized by serving the notice of execution on the issuer or on the securities intermediary that maintains the debtor's securities account, as applicable.

724. Signification de l'avis d'exécution — La saisie de valeurs mobilières, avec ou sans certificat, ou de titres intermédiés sur des actifs financiers peut également être pratiquée par la signification de l'avis d'exécution au créancier titulaire d'une sûreté grevant les valeurs ou les titres dans les cas suivants :

1° les certificats constatant l'existence des valeurs mobilières sont en possession du créancier;

2° les valeurs mobilières sans certificat sont inscrites au nom du créancier dans les registres de l'émetteur;

3° les titres intermédiés sur les actifs financiers sont portés au nom du créancier dans un compte de titres tenu par l'intermédiaire en valeurs mobilières pour le débiteur.

725. Effets — La saisie de valeurs mobilières ou de titres intermédiés sur des actifs financiers emporte saisie des intérêts, dividendes, distributions et autres droits afférents aux valeurs ou aux titres.

726. Obligations du débiteur — Dans le cas d'une saisie de valeurs mobilières représentées par des certificats, l'émetteur doit déclarer à l'huissier le nombre de valeurs détenues par le débiteur, la proportion dans laquelle les valeurs sont libérées ainsi que les intérêts, dividendes ou autres distributions déclarés, mais non payés.

SECTION III — LA SAISIE DE SUPPORTS TECHNOLOGIQUES

727. Devoirs de l'huissier — Lors de la saisie d'un support technologique, l'huissier est tenu d'aviser le débiteur ou le tiers-saisi de leur droit de transférer, du support saisi à un autre, les documents dont ils veulent assurer la conservation.

Garde — Si la garde est confiée à un tiers, le débiteur ou le tiers-saisi est tenu, s'il veut exercer ce droit, d'aviser l'huissier de son intention dans les 15 jours de la saisie.

Frais du transfert — Les frais du transfert sont à la charge du débiteur ou du tiers-saisi.

724. Service of the notice of execution — Securities, whether certificated or uncertificated, or security entitlements to financial assets may be seized by serving the notice of execution on a secured creditor if

(1) the certificates representing the securities are in the secured creditor's possession;

(2) the uncertificated securities are registered in the secured creditor's name in the issuer's records; or

(3) the security entitlements to financial assets are held in the secured creditor's name in a securities account maintained for the debtor by a securities intermediary.

725. Effects — The seizure of securities or security entitlements to financial assets entails the seizure of the interest, dividends, distributions and other rights attached.

726. Debtor's obligations — When certificated securities are seized, the issuer must declare to the bailiff the number of securities held by the debtor, the extent to which the securities are paid up and the interest, dividends or other distributions declared but not yet paid.

SECTION III — SEIZURE OF TECHNOLOGICAL MEDIA

727. Bailiff's duties — On seizing a technological medium, the bailiff is required to inform the debtor or the garnishee of their right to transfer any documents they wish to preserve from the seized medium to another medium.

Custody — If custody of the seized medium has been entrusted to a third person, the debtor or the garnishee is required to advise the bailiff, within 15 days after the seizure, of their intention to transfer documents.

Transfer costs — The costs of the transfer are borne by the debtor or the garnishee.

728. Procès-verbal — S'il n'y a pas d'opposition à la saisie ou si l'opposition a été rejetée, l'huissier, avant la vente, détruit tous les documents se trouvant sur le support technologique et en fait état dans un procès-verbal.

Spécialiste — Si l'huissier l'estime nécessaire, il peut se faire assister d'un spécialiste. Il doit, si des documents sont couverts par le secret professionnel du débiteur ou du tiers-saisi, être assisté, lors de la destruction, d'un représentant désigné par l'ordre professionnel du débiteur ou du tiers-saisi.

728. Minutes — If there is no opposition to the seizure or the opposition has been dismissed, the bailiff destroys all documents on the medium before the sale and draws up minutes recording their destruction.

Specialist — If the bailiff considers it necessary, a specialist may be called on to assist with the destruction of the documents. If any of the documents are covered by the professional secrecy imposed on the debtor or the garnishee, the bailiff must be assisted by a representative designated by the professional order of the debtor or the garnishee.

SECTION IV —
LA SAISIE DES BIENS EN COFFRE-FORT

SECTION IV —
SEIZURE OF PROPERTY IN SAFE OR SAFETY DEPOSIT BOX

729. Modalités — La saisie de biens en coffre-fort est pratiquée par l'ouverture du coffre-fort et le procès-verbal qui en est fait par l'huissier. Le procès-verbal mentionne les personnes présentes à l'ouverture, le contenu du coffre-fort et les biens saisis; il est notifié au créancier et au débiteur, ainsi qu'au locateur le cas échéant, à titre de gardien.

Ouverture du coffre-fort — Lorsque l'huissier ne peut obtenir la collaboration du débiteur pour ouvrir le coffre-fort, le tribunal peut, sur demande, autoriser l'ouverture selon les modalités qu'il détermine. Cette demande est notifiée au débiteur ainsi que, le cas échéant, au locateur et aux autres locataires du coffre-fort; la notification interdit au locateur de donner accès au coffre-fort en l'absence de l'huissier.

729. Procedure — Property in a safe or a safety deposit box is seized through the opening of the safe or box and the drawing up of minutes of seizure by the bailiff. The minutes of seizure, which must state the names of the persons present and describe the content of the safe or box and the property seized, are notified to the creditor and the debtor and, if applicable, to the lessor in the lessor's capacity as custodian.

Opening of the safe or safety deposit box — If the bailiff cannot obtain the debtor's co-operation in opening the safe or safety deposit box, the court, on an application, may authorize the opening of the safe or box in the manner it determines. The application is notified to the debtor and, if applicable, to the lessor and any other lessees of the safe or box. As of the notification, the lessor is prohibited from giving access to the safe or box in the bailiff's absence.

SECTION V —
LA SAISIE DE VÉHICULES ROUTIERS IMMATRICULÉS

SECTION V —
SEIZURE OF REGISTERED ROAD VEHICLES

730. Modalités — La saisie d'un véhicule routier immatriculé peut être pratiquée par la notification de l'avis d'exécution à la Société de l'assurance automobile du Québec. L'avis contient le numéro de la plaque d'immatriculation du véhicule saisi, le numéro d'identification, le modèle et l'année de celui-ci.

Effets — À compter de la notification de l'avis, aucun transfert d'immatriculation ne peut être ef-

730. Notification of the notice of execution — A registered road vehicle may be seized through notification of the notice of execution to the Société de l'assurance automobile du Québec. The 187 notice of execution contains the number appearing on the registration plate of the seized vehicle and the identification number, model and year of the vehicle.

Effects — No transfer of registration may be

fectué à moins que la Société ne soit informée par l'huissier qu'une mainlevée a été accordée.

made after notification of the notice of execution unless the Société is informed by the bailiff that a release of seizure has been granted.

Chapitre V —
La garde des biens saisis

Chapter V —
Custody of Seized Property

731. Personne morale — L'huissier confie la garde des biens saisis au débiteur, qui est tenu de l'accepter. Lorsque le débiteur est une personne morale, il confie la garde des biens à ses dirigeants ou à l'un d'entre eux.

731. Legal person — The bailiff gives custody of the seized property to the debtor, who is required to accept it. If the debtor is a legal person, the bailiff gives custody of the property to its officers or to one of its officers.

Gardien — L'huissier peut, avec l'autorisation du tribunal, confier les biens saisis à un gardien autre que le débiteur. La garde ne peut en être confiée à une personne insolvable ou susceptible d'être placée en situation de conflit d'intérêts et les frais de garde doivent être raisonnables compte tenu des circonstances.

Custodian — With the authorization of the court, the bailiff may entrust the seized property to a custodian other than the debtor. Custody of the property cannot be given to an insolvent person or to a person who may be placed in a conflict of interest situation as a result, and the custody costs must be reasonable under the circumstances.

Inhabileté — Le créancier saisissant, son avocat et le conjoint de ceux-ci ainsi que leurs parents ou alliés jusqu'au quatrième degré sont inhabiles à servir comme gardien, sauf dans le cas où l'un d'eux détient déjà le bien et consent à la saisie.

Incapacity — The seizing creditor, the creditor's attorney, their spouses and persons related to them by blood or connected to them by marriage or civil union up to the fourth degree cannot act as custodian, except if they are already in possession of the property and consent to the seizure.

Devoir du gardien — Le gardien du bien saisi est tenu de dénoncer à l'huissier toute situation susceptible d'en emporter la perte.

Custodian's duty — The custodian of seized property is required to disclose to the bailiff any situation which may result in the loss of the property.

732. Nomination d'un séquestre — L'huissier peut, lorsque la saisie porte sur un immeuble, demander au tribunal de nommer un séquestre.

732. Appointment of a sequestrator — If the seizure is against an immovable, the bailiff may ask the court to appoint a sequestrator.

Rôle du séquestre — Le séquestre ainsi nommé répond de son administration à l'huissier; il perçoit, après avoir donné avis aux intéressés, les fruits et les revenus de l'immeuble, lesquels, déduction faite des dépenses, sont immobilisés pour être distribués de la même manière que le prix de vente.

Sequestrator's role — The sequestrator so appointed is answerable to the bailiff for the sequestrator's administration; the sequestrator, after advising the interested persons, collects the fruits and revenues of the immovable, which, after deducting expenses, are immobilized to be distributed in the same manner as the proceeds of the sale.

733. Déplacement des biens — Le gardien des biens saisis peut, avec l'accord de l'huissier, les déplacer. Il est tenu, sur demande de ce dernier, de lui représenter les biens; il a alors droit à une décharge ou à une quittance des biens qu'il remet.

733. Moving of the property — The custodian of seized property may move the property, with the bailiff's consent. The custodian is required to produce the property on the bailiff's request and, on doing so, is entitled to a discharge or receipt for the property delivered.

Obligations du gardien — Si le gardien enlève les biens sans l'accord de l'huissier, fait défaut de les représenter, les détériore ou fait défaut de dénoncer une situation qui entraîne leur perte, il est tenu de réparer le préjudice qui en résulte et il est en outre passible d'outrage au tribunal.

734. Remplacement du gardien — L'huissier peut, à moins qu'il ne s'agisse du débiteur, remplacer le gardien devenu insolvable ou qui demande sa décharge pour toute cause jugée suffisante.

Constat — Avant de les confier au remplaçant, il dresse un constat de l'état des biens.

Custodian's obligations — If the custodian removes the property without the bailiff's consent, fails to produce it, damages it or fails to disclose a situation that results in its loss, the custodian is required to provide reparation for any resulting prejudice and is liable to contempt of court.

734. Replacement of the custodian — The bailiff may replace a custodian, other than the debtor, who has become insolvent or wishes to be discharged, for any cause considered sufficient.

Report — Before entrusting the property to a new custodian, the bailiff draws up a report ascertaining the state or condition of the property.

Chapitre VI ▬
L'opposition à la saisie et à la vente
SECTION I ▬
DISPOSITIONS GÉNÉRALES

Chapter VI ▬
Opposition to Seizure and Sale
SECTION I ▬
GENERAL PROVISIONS

735. Application — Une personne peut s'opposer à la saisie ou à la vente projetée d'un bien et demander l'annulation de la procédure de saisie ou de vente, pour le tout ou pour partie si :

1° les biens saisis sont insaisissables;

2° la dette est éteinte;

3° le prix de vente proposé n'est pas commercialement raisonnable;

4° la procédure est entachée d'une irrégularité d'où résulte un préjudice sérieux, sauf le pouvoir du tribunal d'autoriser l'huissier ou le créancier saisissant à y remédier;

5° un droit de revendication peut être exercé sur le bien saisi ou partie de celui-ci.

Créanciers du débiteur — Les créanciers du débiteur ne peuvent s'opposer qu'à la vente projetée si le prix proposé n'est pas commercialement raisonnable ou si elle est susceptible d'être entachée d'irrégularités graves.

Charge grevant le bien — Le tiers en faveur de qui existe une charge grevant le bien peut également s'opposer à la vente lorsque celle-ci

735. Conditions — A person may oppose the seizure or proposed sale of property and ask for the annulment in whole or in part of the seizure or sale proceedings if

(1) the property is exempt from seizure;

(2) the debt is extinguished;

(3) the proposed sale price is not commercially reasonable;

(4) the proceedings are affected by an irregularity resulting in serious prejudice, subject to the power of the court to authorize the bailiff or the seizing creditor to remedy the irregularity; or

(5) a right may be exercised to revendicate the seized property or any part of it.

Debtor's creditors — The debtor's creditors may oppose the proposed sale only if the proposed sale price is not commercially reasonable or if the sale may be affected by serious irregularities.

Third person — A third person in whose favour an encumbrance exists against the property may also oppose the sale if the property is adver-

est annoncée sans mention de cette charge et qu'elle sera purgée par la vente.

Sûreté — De plus, toute personne dont les intérêts sont lésés par l'imposition de quelque charge annoncée comme grevant le bien saisi peut s'opposer à ce que celui-ci soit vendu sujet à cette charge, à moins qu'une sûreté suffisante ne lui soit donnée que la vente sera faite à un prix qui lui assurera le paiement de sa créance.

736. Signification — L'opposition est signifiée à l'huissier, au débiteur, au créancier saisissant et au tiers-saisi et notifiée aux autres créanciers et aux personnes dont les droits sur le bien sont inscrits au registre foncier ou au registre des droits personnels et réels mobiliers dans les 15 jours de la notification du procès-verbal de la saisie, de l'avis de vente ou de la saisie en mains tierces.

tised without any mention of the encumbrance and the encumbrance will be discharged by the sale.

Security — As well, any person whose interests are adversely affected by reason of the seized property being advertised as being subject to an encumbrance may oppose the property being sold subject to the encumbrance, unless sufficient security is given to guarantee that the property will be sold for a price that will ensure payment of the person's claim.

736. Service — The opposition must, within 15 days after notification of the minutes of seizure, the notice of sale or the seizure in the hands of a third person, be served on the bailiff, the debtor, the seizing creditor and the garnishee, and notified to the other creditors and the persons whose rights in the property are registered in the land register or the register of personal and movable real rights.

SECTION II —
LES EFFETS DE L'OPPOSITION

SECTION II —
EFFECTS OF OPPOSITION

737. Effet — La notification de l'opposition opère sursis de l'exécution.

Réduction du montant — Cependant, si l'opposition ne tend qu'à faire réduire le montant réclamé ou à faire distraire une partie des biens saisis, elle ne suspend pas l'exécution; l'huissier la poursuit pour satisfaire à la partie non contestée de la réclamation ou pour réaliser les biens qui ne font pas l'objet de l'opposition, à moins que le tribunal ne lui ordonne de surseoir.

Opposition tardive — L'opposition tardive, notifiée avant la vente, ne peut arrêter cette dernière, à moins que le tribunal ne l'ordonne si l'opposant démontre une cause suffisante.

737. Suspension of execution — Notification of an opposition stays execution.

Reduction of the amount — If, however, the opposition is made solely to obtain a reduction of the amount claimed or a withdrawal from seizure of part of the seized property, it does not stay execution; the bailiff proceeds with execution to satisfy the uncontested part of the claim or to realize the property against which the opposition is not directed, unless the court orders a stay of all proceedings.

Belated opposition — An opposition made after the prescribed time that is notified before the sale cannot stop the sale, except if the court so orders on the opposer showing sufficient cause.

738. Revenus — Lorsque la saisie porte sur des revenus, l'opposition ne suspend que la distribution des sommes saisies. Néanmoins, si l'exécution concerne un jugement qui accorde des aliments, la distribution des revenus déjà saisis n'est pas suspendue, à moins que, pour des motifs exceptionnels, le tribunal ne l'ordonne.

738. Income — An opposition to a seizure of income stays only the distribution of the sums seized. However, if a judgment awarding support is being executed, the distribution of the income already seized is not stayed unless the court orders it stayed for exceptional reasons.

739. Pluralité de créanciers — Si l'huissier a reçu des instructions d'exécution ou des réclamations de la part de plusieurs créanciers et que l'opposition ne se rapporte qu'aux instructions d'un créancier, l'huissier, dans la mesure du possible et après en avoir avisé l'opposant, poursuit l'exécution pour satisfaire les instructions et les réclamations des autres créanciers.

739. Plurality of creditor — If the bailiff has received execution instructions or claims from two or more creditors, and an opposition relates to the instructions given by one of them only, the bailiff, to the extent possible and after having advised the opposer, continues to execute in order to satisfy the instructions and claims of the other creditors.

740. Opposant débouté — L'opposant qui est débouté de son opposition est tenu, envers les créanciers, le débiteur et le tiers-saisi, des intérêts sur la somme due aux créanciers et des frais de garde des biens pour le temps du sursis.

740. Dismissed opposition — An opposer whose opposition is dismissed is liable toward the creditors, the debtor and the garnishee for the interest on the amount due to the creditors and for the cost of safekeeping the property for the time during which execution was stayed.

741. Effets — L'opposition de celui qui, s'étant déjà opposé, a été débouté n'opère pas sursis de l'exécution, à moins qu'elle ne soit fondée sur des faits survenus depuis la première opposition et, encore, seulement si le tribunal l'ordonne. La demande de sursis, qui peut être faite sans formalités, doit être précédée d'un avis de deux jours au créancier saisissant, à moins de dispense accordée par le tribunal.

741. Effects — An opposition by a person whose earlier opposition was dismissed does not stay execution unless it is based on facts that occurred after the earlier opposition was made and the stay is ordered by the court. The application for stay, which may be made without formality, must be preceded by two days' notice to the seizing creditor, unless the court dispenses with such notice.

TITRE III
LA VENTE SOUS CONTRÔLE DE JUSTICE

TITLE III
SALE UNDER JUDICIAL AUTHORITY

Chapitre I
La charge de la vente

Chapter I
Conduct of Sale

742. Application — La vente sous contrôle de justice a lieu qu'il s'agisse de vendre les biens qui ont été saisis en exécution d'un jugement ou les biens dont le délaissement est fait ou ordonné dans le cours de l'exercice de droits hypothécaires.

742. Application — A sale under judicial authority is conducted to sell property seized to execute a judgment or property that is surrendered or whose surrender is ordered on the exercise of hypothecary rights.

Modalités — Dans le premier cas, la vente est sous la responsabilité de l'huissier et est soumise aux règles du présent titre. Dans le second cas, elle est sous la responsabilité de la personne désignée conformément à l'article 2791 du Code civil et soumise aux règles prévues à ce code et, en faisant les adaptations nécessaires, aux règles du présent titre.

Procedure — In the former case, the sale is under the responsibility of a bailiff and governed by the rules of this Title. In the latter case, the sale is under the responsibility of the person designated under article 2791 of the Civil Code and is governed by the rules of that Code and, with the necessary modifications, by the rules of this Title.

743. Devoir de dénonciation — L'huissier qui a la charge de la vente est responsable de la conduite des opérations. Il est tenu de dénoncer

743. Duty of information — The bailiff in charge of the sale is responsible for the conduct of all related operations. The bailiff is required

sa qualité aux intéressés et, lors de la vente, à l'acquéreur.

Devoir d'information — L'huissier se doit également d'informer de ses démarches le créancier et le débiteur ou toute autre personne intéressée qui lui en fait la demande et de tenir un dossier suffisamment complet de l'affaire pour permettre de rendre compte au tribunal et aux intéressés.

Pouvoir — Il peut, s'il l'estime nécessaire, s'adresser au tribunal pour obtenir toute instruction ou toute ordonnance propre à faciliter l'exécution de sa charge et à assurer la vente la plus avantageuse.

744. Choix de l'huissier — L'huissier a le choix, suivant la nature du bien, de procéder à la vente de gré à gré, par appel d'offres ou aux enchères; il en fixe les conditions.

Modalités — La vente des biens doit se faire dans l'intérêt du débiteur et des créanciers, à un prix commercialement raisonnable et selon le mode de réalisation le plus adéquat dans les circonstances.

745. Pouvoirs de l'huissier — L'huissier peut vendre, sans délai ni formalités, les biens meubles susceptibles de dépérir ou de se déprécier rapidement ou dispendieux à conserver.

746. Pluralité de biens saisis — Lorsque plusieurs biens sont saisis, la vente ne porte que sur ce qui est nécessaire pour le paiement des créances, en principal, intérêts et frais, à moins que le débiteur ne consente par écrit à la vente de tous ses biens saisis. Le débiteur a le droit, sauf quant aux droits conférés par la loi aux créanciers hypothécaires, de prescrire l'ordre dans lequel les biens saisis seront vendus.

Chapitre II
Le mode de réalisation

747. Mise à prix — L'huissier peut fixer une mise à prix pour un bien offert en vente. Il peut, si la nature ou la valeur des biens le justifie, obtenir une évaluation auprès d'un expert.

to inform the interested persons and, at the time of the sale, the purchaser, of the capacity in which the bailiff is acting.

Duty of information — The bailiff is duty-bound to keep the creditor, the debtor and any other interested person who so requests informed of any steps taken, and to keep records that are sufficiently detailed for the rendering of an account to the court and to the interested persons.

Bailiff's power — The bailiff, if they consider it necessary, may ask the court for any instruction or order to facilitate the performance of their duties and ensure the most advantageous sale.

744. Bailiff's option — The bailiff has the option, depending on the nature of the property, of selling by agreement, through a call for tenders or by auction; the bailiff sets the terms of the sale.

Best interests of the debtor and the creditors — The sale must be made in the interests of the debtor and the creditors, at a commercially reasonable price and using the most appropriate method of realization in the circumstances.

745. Bailiff's powers — The bailiff may sell, without delay or formality, movable property that is perishable, likely to depreciate rapidly or expensive to preserve.

746. Plurality of seized items of property — If several items of property have been seized, only those whose sale is necessary to pay the claims, including principal, interest and costs, may be sold, unless the debtor consents in writing to the sale of all the seized property. The debtor has the right, except as regards rights conferred by law to hypothecary creditors, to determine the order in which the seized property is to be sold.

Chapter II
Method of Realization

747. Reserve price — The bailiff may fix a reserve price for property offered for sale. The bailiff may seek an expert appraisal if the nature or value of the property justifies doing so.

748. Publication d'un avis — Que la vente ait lieu de gré à gré, par un appel d'offres ou aux enchères, elle est précédée par la publication d'un avis indiquant la nature du bien, le mode de vente choisi, les modalités, les charges et les conditions de la vente. Cet avis est publié dans le registre des ventes tenu par le ministre de la Justice, de même qu'au registre foncier, s'il y a lieu.

Publicité complémentaire — L'huissier peut aussi, à la demande du débiteur ou d'un créancier, aux frais de celui qui en fait la demande, faire toute publicité complémentaire afin d'obtenir une meilleure réalisation des biens.

Pouvoirs de l'huissier — Le ministre peut, par règlement, établir des normes portant sur la présentation, la forme et le contenu de l'avis, le support et la tenue du registre des ventes, les modalités de consultation, le support et la durée de conservation des avis ainsi que les autres règles nécessaires à la mise en œuvre et au fonctionnement de ce registre, y compris les tarifs applicables.

749. Délai de publication — Le délai de publication de l'avis de vente est de 30 jours avant la date fixée pour la vente du bien.

Notification de l'avis — L'huissier notifie sans délai l'avis au débiteur, aux tiers-saisis, ainsi qu'aux créanciers qui l'ont avisé de leur réclamation ou qui ont publié leur droit sur le bien saisi au registre des droits personnels et réels mobiliers ou au registre foncier et qui ont requis l'inscription de leur adresse à l'égard de ce bien.

Radiation de l'avis — Si la vente n'a pas lieu, l'huissier en fait mention au registre des ventes et, s'il y a lieu, avise l'officier de la publicité foncière pour qu'il procède à la radiation de l'avis.

750. Observations — L'huissier peut prendre en considération les observations que le débiteur, un créancier ou un tiers qui fait valoir un intérêt sur le bien peut lui faire sur le mode de vente choisi et ses modalités ou sur la mise à prix.

Réponse de l'huissier — Celui qui n'est pas satisfait de la réponse de l'huissier peut, dans les 10 jours avant la vente des biens, s'adresser au

748. Publication of a notice — Whether the sale is by agreement, through a call for tenders or by auction, it must be preceded by the publication of a notice setting out the nature of the property, the method of sale used and the charges and terms and conditions 191 of the sale. The notice of sale is published in the sales register kept by the Minister of Justice, as well as in the land register if the property is an immovable.

Complementary publication — In order to achieve a better realization of the property, the bailiff may also, on the request and at the expense of the debtor or a creditor, further publicize the sale.

Standards concerning notices — The Minister may, by regulation, establish standards concerning the presentation, form and content of notices, the storage medium for and the manner of keeping the sales register, consultation procedures, the storage medium and schedule for preserving the notices, as well as any other rules needed to set up and run the register, including the applicable tariffs.

749. Time limit of publication — The notice of sale must be so published at least 30 days before the scheduled sale date.

Notification of the notice — The bailiff notifies the notice without delay to the debtor, the garnishees and any creditors having advised the bailiff of their claim or registered their right in the seized property in the register of personal and movable real rights or the land register and having required the registration of their address in connection with the property.

Cancellation of the notice — If the sale does not take place, the bailiff records as much in the sales register and, if applicable, informs the land registrar so that the notice of sale may be struck from the land register.

750. Representations — The bailiff may take into consideration any representations made by the debtor, a creditor or a third person pursuing an interest in the property on the method of sale chosen, the terms of sale or the reserve price.

Bailiff's response — Within 10 days before the sale of the property, anyone who is not satisfied with the bailiff's response may go before

tribunal. La réalisation de la vente n'est toutefois suspendue que si le tribunal ordonne d'y surseoir.

the court. However, the sale is stayed only if the court orders that it be stayed.

751. Avis de suspension — Lorsque la réalisation de la vente est suspendue, soit qu'une demande est en instance, que le tribunal l'ordonne ou que le débiteur et les créanciers y consentent, l'huissier publie un avis de la suspension au registre des ventes. Lorsque la suspension est levée, l'huissier, si la vente peut avoir lieu dans le délai initialement fixé dans l'avis, publie le fait au registre; dans le cas contraire, l'huissier doit publier un nouvel avis de vente.

751. Notice of stay — If the sale is stayed, either because an application is pending, the court has ordered it or the debtor and the creditors have consented to it, the bailiff publishes a notice of the stay in the sales register. When the stay is lifted, if the sale can take place on the date initially stated in the notice, the bailiff records as much in the sales register. If the sale cannot take place on that date, the bailiff must publish a new notice of sale.

752. Vente — L'huissier qui procède à la vente est réputé représenter le propriétaire du bien pour la conclusion du contrat de vente qu'il peut signer en son nom. L'acquéreur est tenu de verser le prix à l'huissier.

752. Sale — The bailiff conducting the sale is deemed to represent the owner of the property for the conclusion of the contract of sale, which the bailiff has power to sign in the owner's name. The purchaser is required to pay the price to the bailiff.

753. Appel d'offres — L'huissier qui procède à la vente par appel d'offres a le choix d'agir sur invitation ou par un appel public. L'appel contient tous les renseignements nécessaires pour permettre la présentation d'une soumission en temps utile.

753. Call for tenders — In the case of a call for tenders, the bailiff has the option of issuing a public or a limited one. Sufficient information must be included in the call for tenders to allow bidders to tender in sufficient time.

Meilleure offre — L'huissier est tenu d'accepter la meilleure offre, à moins que les conditions dont elle est assortie la rendent moins avantageuse qu'une autre offrant un prix moins élevé ou que le prix offert ne soit pas commercialement raisonnable.

Highest tender — The bailiff is required to accept the highest tender unless the conditions attached to it render it less advantageous than another lower tender, or unless the price tendered is not commercially reasonable.

754. Vente aux enchères — L'huissier qui procède selon le mode de vente aux enchères indique dans l'avis de vente la nature du bien, la mise à prix s'il y a lieu, ainsi que les autres renseignements suffisants pour permettre la présentation d'offres. Il y indique également son nom et ses coordonnées, de même que, le cas échéant, le nom et les coordonnées de l'encanteur qu'il choisit.

754. Sale by auction — In the case of a sale by auction, the bailiff sets out in the notice of sale the nature of the property, the reserve price, if any, and sufficient information to allow bids to be made. Also to be included is the bailiff's name and contact information and those of the auctioneer selected, if any.

Moyen technologique — Dans les cas où les enchères peuvent s'effectuer par l'utilisation des technologies de l'information, l'avis précise le mode et la période de réception des offres et le moment de la clôture.

Technological means — If bids may be entered by way of information technology, the notice must state how and when bids will be received and must specify the closing date.

Fin de la vente — Lors de la vente, l'huissier

End of the sale — At the sale, the bailiff or the auctioneer, as applicable, may, in the interests of the creditors or the debtor, refuse a bid, withdraw the property and put it up for sale

ou, le cas échéant, l'encanteur peut, dans l'intérêt des créanciers ou du débiteur, refuser toute offre, retirer le bien pour le remettre à l'enchère avec ou sans mise à prix ou mettre fin à la vente.

again, with or without a reserve price, or end the sale.

755. Transfert d'actions — L'huissier est soumis aux conditions et aux restrictions qui régissent le transfert des valeurs mobilières ou l'obtention des titres intermédiés sur des actifs financiers prévues à l'acte constitutif de l'émetteur, à ses règlements ou à l'acte régissant le compte de titres tenu par l'intermédiaire en valeurs mobilières; de même, il est soumis aux conditions et restrictions prévues par une convention à laquelle le débiteur est partie. L'huissier peut demander au tribunal une ordonnance afin d'autoriser la vente si ces conditions et restrictions ont pour effet d'en diminuer de façon notable la valeur; le cas échéant, le tribunal fixe les conditions applicables.

755. Transfer of securities or security entitlements — The bailiff is bound by the conditions and restrictions that govern the transfer of securities and the establishment of security entitlements to financial assets and are set out in the issuer's constituting act or by-laws or in the instrument governing the securities account maintained by a securities intermediary. As well, the bailiff is bound by the conditions and restrictions set out in an agreement to which the debtor is party. The bailiff may apply to the court for an order authorizing the sale if such conditions and restrictions significantly reduce the value of the securities or security entitlements; in such a case, the court determines the applicable conditions.

Obligations pour l'acquéreur — Celui qui les acquiert est assujetti aux conditions et restrictions prévues à l'acte constitutif de la personne morale, à ses règlements et aux conventions unanimes des membres. L'acquéreur devra être informé des restrictions liées aux actions qu'il acquiert.

Purchaser's obligations — The purchaser of the securities or security entitlements is subject to the conditions and restrictions set out in the legal person's constituting act and by-laws and any unanimous shareholder agreement. The purchaser must be informed beforehand of any restrictions attached to the securities or security entitlements.

756. Biens non vendus — Si des biens ne peuvent être vendus, l'huissier les remet à leur propriétaire; il peut, si ce dernier les refuse, les donner à un organisme de bienfaisance ou s'ils ne peuvent l'être, en disposer à son gré.

756. Not sold property — If property cannot be sold, the bailiff returns it to its owner. If the owner refuses the property, the bailiff may give it away to a charity or, if it cannot be given away, dispose of it as the bailiff sees fit.

Chapitre III —
La vente et ses effets

Chapter III —
Sale and effects of Sale

757. Publication d'un avis — Dès que la vente est effectuée, l'huissier publie un avis au registre des ventes et y indique le prix et les conditions de la vente. L'avis est également déposé au greffe.

757. Publication of a notice — As soon as the sale is made, the bailiff publishes in the sales register a notice stating the price and the terms of the sale. The notice is also filed with the court office.

758. Ordonnance du tribunal — Si l'acquéreur refuse de passer l'acte de vente, de payer le prix du bien ou d'en prendre possession, l'huissier peut, à l'expiration des 10 jours qui suivent la vente, obtenir du tribunal une ordonnance pour valoir acte de vente, pour forcer la mise en

758. Order of the court — If the purchaser refuses to sign the deed of sale, to pay the sale price, or to take possession of the property, the bailiff, on the expiry of 10 days after the sale, may obtain an order from the court having the same force and effect as a deed of sale or an or-

possession, l'expulsion de l'immeuble ou l'enlèvement du meuble.

759. Effets de la vente — La vente purge tous les droits réels non compris dans ses conditions. Elle ne purge pas :

1° les servitudes;

2° le droit d'emphytéose, les droits nécessaires à l'exercice de la propriété superficiaire et les substitutions non ouvertes, sauf dans le cas où il apparaît au dossier du tribunal qu'il existe une créance antérieure ou préférable;

3° la charge administrative qui grève un immeuble d'habitation à loyer modique.

Baux en cours — Elle ne met pas fin aux baux en cours qui ont été inscrits au registre des droits personnels et réels mobiliers ou au registre foncier.

Effets — De plus, elle ne porte pas atteinte à l'hypothèque légale qui garantit les droits des personnes morales de droit public pour les versements non échus de taxes municipales ou scolaires spéciales et dont le paiement est échelonné sur plusieurs années; ces versements ne deviennent pas exigibles par la vente de l'immeuble et ne sont pas portés à l'état de collocation, mais restent payables suivant les termes de leur imposition.

760. Demande en nullité — La vente peut être annulée à la demande de l'acheteur s'il est exposé à l'éviction en raison de quelque droit réel non purgé par la vente. Elle peut l'être également si le bien est tellement différent de la description donnée dans l'avis de vente ou le procès-verbal de saisie qu'il est à présumer que l'acheteur ne l'eût pas acheté s'il en eût connu la véritable description. Elle peut aussi être annulée à la demande du débiteur ou d'un créancier si le bien est vendu à un prix manifestement déraisonnable compte tenu du marché ou si la vente est entachée d'irrégularités graves qui ne pouvaient, avec toute la diligence raisonnable, être soulevées préalablement à la vente.

Délai — La demande en nullité de la vente est notifiée dans les 20 jours s'il s'agit d'un bien meuble, ou dans les 60 jours s'il s'agit d'un bien immeuble, à compter de la vente. Ces délais sont

der for forced surrender, for eviction from the immovable or for forced removal of the movable property.

759. Sale effects — The sale discharges all real rights not included in the terms of sale. It does not discharge

(1) servitudes;

(2) emphyteusis, the rights needed to exercise superficies, and substitutions not yet open, except when a prior or preferred claim is mentioned in the court record; or

(3) the administrative encumbrance affecting a low-rental housing complex.

Leases in progress — The sale does not terminate leases in progress that are registered in the register of personal and movable real rights or the land register.

Legal hypothec — Nor does the sale affect the legal hypothec securing the rights of legal persons established in the public interest in respect of special municipal or school taxes that are not yet due and the payment of which is spread over a number of years; such taxes do not become due by reason of the sale of the immovable and are not collocated, but remain payable in accordance with the terms of their imposition.

760. Application for annulment — The sale may be annulled on the application of the purchaser if the latter is liable to eviction by reason of some real right not discharged by the sale, or if the property differs so much from the description given in the notice of sale or the minutes of seizure that it is to be presumed that the purchaser would not have bought it had the purchaser been aware of the true description. The sale may also be annulled on the application of the debtor or a creditor if the property is sold for a price that is clearly unreasonable given market conditions or if the sale is affected by serious irregularities that could not, despite reasonable diligence, be raised before the sale.

Time limit — The application for the annulment of a sale must be notified within 20 days after the sale in the case of movable property, or within 60 days after the sale in the case of im-

de rigueur. À l'expiration de ces délais, le greffier peut, sur demande, délivrer un certificat attestant qu'aucune demande en nullité de la vente n'a été déposée.

movable property. These are strict time limits. On the expiry of the time limits, the court clerk may, on request, issue a certificate attesting that no application for the annulment of the sale has been filed.

761. Prix raisonnable — La vente d'un bien est considérée faite à un prix commercialement raisonnable si elle est faite à un prix qui est autant que possible celui de la valeur marchande du bien, au vu des circonstances particulières de la vente.

761. Commercially reasonable price — The sale of property is considered to have been made at a commercially reasonable price if, in light of the specific circumstances of the sale, the sale price corresponds, to the extent possible, to the market value of the property.

Immeuble — S'il s'agit d'un immeuble, ce prix ne peut en aucun cas être inférieur à 50 % de son évaluation portée au rôle de la municipalité, multipliée par le facteur établi pour ce rôle par le ministre chargé des affaires municipales aux termes de la *Loi sur la fiscalité municipale* (chapitre F-2.1), à moins que le tribunal ne soit convaincu que la vente ne peut être faite à un tel prix dans un délai acceptable.

Immoveable — In the case of an immovable, the sale price may in no case be lower than 50 % of its assessed value as entered on the municipal assessment roll, multiplied by the factor determined for that roll by the minister responsible for municipal affairs under the *Act respecting municipal taxation* (chapter F-2.1), unless the court is convinced that the immovable cannot be sold within an acceptable time for such a price.

TITRE IV —
LA DISTRIBUTION DU PRODUIT DE
L'EXÉCUTION

TITLE IV —
DISTRIBUTION OF PROCEEDS OF
EXECUTION

Chapitre I —
Dispositions générales

Chapter I —
General Provisions

762. Distribution — L'huissier qui a procédé à la vente des biens à la suite d'une autorisation judiciaire ou d'une saisie ou qui a effectué une saisie de sommes d'argent est chargé de la distribution du produit de la vente ou des sommes saisies. De même, l'huissier ou, le cas échéant, le greffier qui perçoit périodiquement des revenus du débiteur est responsable de la distribution de ces sommes entre les créanciers.

762. Distribution — A bailiff who sells property following a judicial authorization or a seizure or who seizes sums of money is responsible for distributing the proceeds of the sale or the sums seized to the creditors. A bailiff or a court clerk who periodically collects income of a debtor is responsible for distributing the sums collected to the creditors.

Pouvoirs de l'huissier — L'huissier peut, s'il l'estime nécessaire, requérir les services d'un avocat ou d'un notaire pour l'assister dans la préparation de l'état de collocation ou encore s'adresser au tribunal pour obtenir toute ordonnance propre à faciliter la distribution du produit de la vente ou des sommes saisies.

Bailiff's powers — If the bailiff considers it necessary, the bailiff may retain the services of a lawyer or a notary to assist in preparing the collocation scheme, or ask the court for any order to facilitate the distribution of the proceeds of the sale or the sums seized.

763. Modalités — L'huissier produit le rapport d'exécution au greffe dans les 30 jours de la vente ou de la remise qui lui est faite des sommes d'argent saisies ou encore de la déclaration affirmative du tiers-saisi; il y joint les pièces justificatives, dont les évaluations obtenues au préalable, l'attestation faite par le courtier chargé d'effectuer la vente de valeurs mobilières ou de titres intermédiés cotés et négociés en bourse ou l'état certifié par l'officier de la publicité des droits.

Contenu du rapport — Le rapport indique le nom et les coordonnées du saisi, du créancier saisissant et, s'il y a eu saisie en mains tierces ou vente, du tiers-saisi et de l'acquéreur. Le cas échéant, le rapport fait état de la déclaration du tiers-saisi et de l'absence de contestation de cette déclaration, ainsi que des modalités et des conditions de la vente. Il fait état du procès-verbal de saisie et des publications faites, fait mention des oppositions reçues et précise toute somme obtenue; il fait mention, le cas échéant, des procès-verbaux établis dans le cours de l'exécution. Il contient également, lorsque plusieurs personnes ont droit au produit de la vente ou aux sommes saisies, un état de collocation.

764. Citation à comparaître — L'huissier peut, pour la préparation de son rapport, citer un créancier à comparaître pour être interrogé sur les faits relatifs à une charge inscrite à l'état certifié par l'officier de la publicité des droits ou à une réclamation produite au dossier.

Aveu du créancier — L'aveu du créancier opère contre lui sans autre procédure ni formalité.

765. Notification — Le rapport de l'huissier est notifié au débiteur, aux créanciers qui ont droit à la distribution du produit de la vente ou des sommes saisies, aux créanciers dont les droits sont inscrits au registre foncier ou au registre des droits personnels et réels mobiliers, ainsi que,

763. Procedure — Within 30 days after the sale is made, the sums of money seized are remitted to the bailiff or an affirmative declaration is made by the garnishee, the bailiff files a report with the court office, attaching all supporting documents, including any appraisal obtained beforehand, the confirmation given by the dealer in charge of the sale of securities or security entitlements listed and traded on a stock exchange, or the statement certified by the registrar.

Content — The report states the names and contact information of the debtor and of the seizing creditor as well as those of the garnishee if property has been seized in the hands of a third person and those of the purchaser if a sale has occurred. If applicable, the report records the garnishee's declaration and the fact that it was not contested, and sets out the terms and conditions of the sale. It refers to the minutes of seizure and the publications made, mentions any opposition filed, and specifies all sums obtained; it mentions any minutes drawn up in the course of execution. If two or more persons are entitled to the proceeds of the sale or the sums seized, it must also include a collocation scheme.

764. Subpoena — For the preparation of the report, the bailiff may call a creditor to attend in order to be examined on facts relating to an encumbrance mentioned in the statement certified by the registrar or a claim filed in the record.

Admission by the creditor — An admission by the creditor has full effect against the creditor without any further proceeding or formality.

765. Notification — The bailiff's report is notified to the debtor, to the creditors entitled to the proceeds of the sale or the sums seized, to the creditors whose rights are registered in the land register or the register of personal and movable real rights, and, in the case of an immovable, to

s'agissant d'un immeuble, à la municipalité et à la commission scolaire sur le territoire desquelles est situé l'immeuble.

the municipality and the school board in whose territory the immovable is located.

SECTION II —
L'ÉTAT DE COLLOCATION

SECTION II —
COLLOCATION SCHEME

766. Contenu — L'état de collocation indique le nom et les coordonnées des créanciers, la nature de leur créance, la date du titre et de sa publication, le cas échéant, ainsi que le montant auquel chacun a droit. Il précise quant à chacun d'eux si la réclamation porte sur la totalité du montant à distribuer ou seulement sur le produit de la vente d'un bien en particulier ou d'une partie d'un bien.

766. Content — The collocation scheme states the names and contact information of the creditors, the nature of their claim, the date of the title and of its registration, if applicable, and the amount to which each creditor is entitled. It specifies, for each creditor, whether the claim pertains to the whole amount to be distributed or only to the proceeds of the sale of a particular item of property or of part of an item of property.

Ordre de collocation — L'état dresse l'ordre de collocation suivant le rang des créanciers comme suit :

Order of collocation — The scheme determines the order of collocation according to the rank of the creditors, as follows :

1° les frais d'exécution, dans l'ordre suivant :
- **les frais de préparation du rapport de l'huissier;**
- **les frais de vente, ainsi que ceux de la distribution du produit de la vente et des sommes saisies;**
- **les frais de saisie, y compris les frais d'interrogatoire après jugement et les frais liés au transport et à la garde des biens;**
- **les honoraires et les autres frais d'huissier;**
- **les frais des incidents postérieurs au jugement;**
- **les frais de justice du créancier saisissant, s'il en est;**

(1) execution costs, in the following order :
- **the cost of the bailiff's report;**
- **the cost of the sale and the cost of distributing the proceeds of the sale or the sums seized;**
- **the cost of the seizure, including the cost of any post-judgment examination, and costs relating to the transportation and safekeeping of the property;**
- **the professional fee and other expenses of the bailiff;**
- **the cost of incidental proceedings subsequent to the judgment; and**
- **the legal costs, if any, of the seizing creditor;**

2° les créances prioritaires eu égard aux biens vendus;

(2) prior claims against the property sold;

3° les créances hypothécaires grevant les biens vendus;

(3) hypothecary claims against the property sold;

4° les créances chirographaires.

(4) unsecured claims.

Opposition à la saisie — Lorsqu'une opposition à la saisie a été faite tardivement et qu'elle a été accueillie après la vente, l'huissier inscrit dans l'état de collocation la créance de celui qui a revendiqué le bien ou de celui qui était titulaire d'un droit réel dans le bien, suivant son rang.

Opposition to the seizure — If an opposition to the seizure was made tardily by a person revendicating the property or holding a real right in the property, and the opposition was allowed after the sale, the bailiff enters the person's claim in the collocation scheme, according to the person's rank.

767. Créances indéterminées — Dans le cas de créances indéterminées ou non liquidées, l'huissier doit réserver, sur les deniers disponibles, une somme suffisante pour en acquitter le paiement; cette somme est déposée dans un compte en fidéicommis jusqu'à la détermination ou la liquidation, à moins qu'un juge n'en ordonne autrement.

Créances conditionnelles — Dans le cas de créances conditionnelles, le créancier est colloqué suivant son rang, mais le montant de sa créance est payé aux créanciers subséquents dont les créances sont exigibles, pourvu que ceux-ci fournissent, dans le mois qui suit la notification du rapport d'exécution, une sûreté pour garantir la restitution du montant dû lorsque la condition sera réalisée. S'ils font défaut ou s'il n'y a pas de créanciers subséquents, le montant est versé au saisi, à charge pour lui de fournir une sûreté; à son défaut, le montant est versé aux créanciers sous condition, à charge pour eux de fournir une sûreté de restituer si la condition ne se réalise pas ou devient impossible, en payant les intérêts à l'huissier qui les distribue aux créanciers ou en fait remise au débiteur après avoir satisfait les créanciers.

Créance hypothécaire à terme — Dans le cas d'une créance hypothécaire à terme, celle-ci devient exigible dès la vente de l'immeuble hypothéqué et elle est colloquée en conséquence.

768. Ventilation du montant — Lorsque plusieurs biens ont été vendus à un prix global alors que différentes créances les grevaient séparément ou encore lorsque la réclamation d'un créancier ne porte que sur partie d'un bien, l'huissier fait la ventilation du montant à distribuer s'il est insuffisant et requiert une expertise si l'information au dossier est insuffisante. La ventilation détermine la quote-part attribuable à chaque créancier en établissant la valeur respective des biens ou parties par rapport à la valeur de l'ensemble.

769. Révision de l'état de collocation — L'huissier peut, de sa propre initiative ou à la demande d'un intéressé, réviser l'état de collocation s'il y constate une erreur, auquel cas il est tenu de le notifier à nouveau et de le déposer au greffe.

767. Indeterminate or unliquidated claims — If there are indeterminate or unliquidated claims, the bailiff must reserve a sum sufficient to cover them out of the available moneys; the sum is deposited in a trust account until the claims are determined or liquidated, unless a judge orders otherwise.

Conditional claims — If there are conditional claims, the creditors concerned are collocated according to their rank, but the amount of their claims is paid to subsequent creditors whose claims are payable, provided they give security, within the month following notification of the bailiff's report, for the return of the money when the condition is fulfilled. If the subsequent creditors fail to give security, or if there are no subsequent creditors, the amount is paid to the debtor, on condition of security being given, or, if the debtor fails to give security, to the conditional creditors, on condition of security being given for the return of the money in the event that the condition fails or becomes impossible, and paying interest to the bailiff, who distributes the interest to the creditors or remits it to the debtor after satisfying the creditors.

Hypothecary claim with a term of payment — If there is a hypothecary claim with a term of payment, it becomes due on the sale of the hypothecated immovable, and is collocated accordingly.

768. Apportionment of the amount — If two or more items of property separately charged with different claims are sold for an aggregate price or if a creditor has a claim against part only of an item of property, the bailiff prorates the amount to be distributed if it is insufficient, and obtains an expert opinion if the record does not contain sufficient information. The share to be given to each creditor is calculated by determining the value of each item or part of property in relation to the value of the whole.

769. Revision of the collocation scheme — The bailiff, on their own initiative or on the request of an interested person, may revise the collocation scheme if it contains an error, in which case the bailiff is required to notify the collocation anew and file it with the court office.

770. Contestation — Tout intéressé peut, dans un délai de 10 jours après la notification du rapport d'exécution ou de l'état de collocation révisé, contester l'état et demander au tribunal de déterminer à qui doivent être distribués le produit de la vente et les sommes saisies.

Notification — Sa demande est notifiée à l'huissier et à tous ceux qui ont reçu le rapport. Dès la notification, l'huissier arrête la procédure de distribution soit pour la totalité, soit seulement pour la créance contestée et celles qui lui sont postérieures.

771. Distribution des revenus saisis — En l'absence de contestation ou dès le jugement la rejetant, l'huissier distribue sans délai le produit de la vente et les sommes saisies, comme il est prévu dans son rapport.

Chapitre III ▬
La distribution des revenus saisis

772. Modalités — Lorsqu'il y a lieu de distribuer aux créanciers des revenus saisis ou perçus périodiquement, l'huissier ou, le cas échéant, le greffier le fait au moins trimestriellement, mais, dans le cas d'un créancier alimentaire, au moins mensuellement.

773. Réclamations — Outre le créancier saisissant, tous les créanciers du débiteur peuvent, tant que la saisie reste tenante, participer à la distribution des revenus saisis; ils doivent toutefois avoir notifié à l'huissier ou au greffier et au saisissant et au tiers-saisi leur réclamation énonçant les causes, la date et le montant de la créance et fourni leurs pièces justificatives.

Irrecevabilité de la réclamation — En l'absence de pièces, la réclamation est irrecevable, à moins que le créancier n'établisse, à la satisfaction du tribunal, qu'il lui est impossible de les produire.

774. Intérêts — Toute réclamation porte intérêt à partir du jour de sa notification à l'huissier ou au greffier au moindre du taux légal ou du taux convenu entre les parties; nulle réclamation portant sur la différence entre le taux d'intérêt con-

770. Contestation — Within 10 days after notification of the bailiff's report or the revised collocation scheme, any interested person may contest the scheme and ask the court for a determination of the persons to whom the proceeds of the sale and the sums seized are to be distributed.

Notification — The application is notified to the bailiff and to all those who received the bailiff's report. On such notification, the bailiff stays the distribution proceedings either entirely or only for the contested claim and subsequent claims.

771. Distribution of seized income — If there is no contestation or as soon as a judgment is rendered dismissing the contestation, the bailiff distributes the proceeds of the sale and the sums seized without delay, as provided in the bailiff's report.

Chapter III ▬
Distribution of Seized Income

772. Periodically seized collected income — Periodically seized or collected income must be distributed to the creditors by the bailiff or, as applicable, by the court clerk at least quarterly, but in the case of a support creditor, at least monthly.

773. Claims — While a seizure of income remains binding, not only the seizing creditor but all creditors may participate in the distribution of the income; they must however have notified their claim, setting out the nature, date and amount of the debt, to the bailiff or the court clerk and to the debtor, the seizing creditor and the garnishee, and have provided supporting documents.

Supporting documents — In the absence of supporting documents, the claim is not admissible, unless it is established to the satisfaction of the court that it is impossible for the creditor to produce such documents.

774. Interest — A claim bears interest from the date it was notified to the bailiff or the court clerk, at the lesser of the legal rate and the rate agreed between the parties; no claim relating to the difference between the interest rate agreed

venu entre les parties et le taux légal, pour toute période où celui-ci est applicable, ne peut être acceptée.

775. Contestation — Toute partie intéressée peut, dans les 15 jours où elle a reçu notification, contester la réclamation d'un créancier en notifiant sa contestation à l'huissier ou au greffier, au saisi et au saisissant. L'huissier ou le greffier retient alors les sommes auxquelles il aurait droit jusqu'à la décision sur la contestation.

776. Ordre de collocation — L'huissier ou le greffier procède à la distribution des revenus saisis selon l'ordre de collocation suivant :

1° les frais d'exécution, incluant les frais d'administration du paiement échelonné et de la distribution des revenus saisis, s'il en est;

2° les créances alimentaires, pour la différence entre la partie des revenus saisis en raison de la nature particulière de la créance et la partie des revenus normalement saisissables, en proportion du montant de ces créances;

3° les créances prioritaires;

4° les créances hypothécaires;

5° les créances chirographaires.

Créancier alimentaire — Dans tous les cas, l'huissier ou le greffier verse au créancier alimentaire, sur la partie normalement saisissable des revenus, le montant nécessaire pour que le total des sommes qui sont distribuées à ce créancier soit au moins égal à la moitié des sommes distribuées mensuellement, jusqu'à concurrence des sommes dues pour les aliments.

Réclamation du conjoint — Cependant, la réclamation du conjoint fondée sur son contrat de mariage ou d'union civile ne sera payée que lorsque toutes les autres réclamations auront été acquittées.

Avis de paiement — Lorsque le montant d'une réclamation a été versé dans sa totalité au créancier, l'huissier ou le greffier notifie un avis de paiement au débiteur et au créancier. Si cet avis ne fait pas l'objet d'une contestation par le créancier dans les 15 jours de sa notification, l'huissier ou le greffier peut, sur demande, donner

between the parties and the legal rate, for any period during which the legal rate is applicable, may be accepted.

775. Contestation — Any interested party may, within 15 days after receiving notification of a creditor's claim, contest the claim by notifying the contestation to the bailiff or the court clerk, the debtor and the seizing creditor. The bailiff or the court clerk retains the sums the creditor would have been entitled to until a decision is rendered on the contestation.

776. Order of collocation — The bailiff or the court clerk distributes seized income according to the following order of collocation :

(1) execution costs, including the cost of administering an instalment payment agreement and distributing the seized income, if applicable;

(2) support claims, for the difference between the portion of the income seized by reason of the particular nature of the claim and the portion of income that is ordinarily seizable, in proportion to the amount of the claims;

(3) prior claims;

(4) hypothecary claims; and

(5) unsecured claims.

Support creditor — In all cases, the bailiff or the court clerk pays to a support creditor, out of the portion of income that is ordinarily seizable, the amount required to make the total amount distributed to that creditor equal to at least one-half of the sums distributed every month, up to the amount of support due.

Spouse's claim — However, a spouse's claim based on a marriage or civil union contract cannot be paid until all other claims have been discharged.

Notice of payment — When the full amount of a claim has been paid to the creditor, the bailiff or the court clerk notifies a notice of payment to the debtor and the creditor. If the notice is not contested by the creditor within 15 days after the notification, the bailiff or the court clerk may, on request, give an acquittance by certifying on the debtor's copy of the notice of payment that it has not been contested.

ner quittance en attestant sur l'avis du débiteur qu'il n'y a pas eu contestation.

777. Pouvoirs du ministre — Le ministre de la Justice peut, lorsque la situation l'exige, établir par arrêté les cas ou les circonstances où un greffier peut, à la place d'un huissier, administrer et distribuer les revenus saisis et établir les conditions pour ce faire.

777. Minister of Justice's powers — The Minister of Justice may, when required by the situation, determine by order the cases and circumstances in which a court clerk may, in the bailiff's place, administer and distribute seized income, and determine the applicable conditions.

DISPOSITIONS MODIFICATIVES ET FINALES

AMENDING AND FINAL PROVISIONS

Dispositions modificatives générales

General Amending Provisions

778. Remplacement — Dans les lois et leurs textes d'application, les remplacements suivants sont effectués, en faisant les adaptations nécessaires :

778. In any Act or statutory instrument, the following terminological changes are made, with the necessary modifications :

1° « action collective » remplace « recours collectif » et « action » remplace « recours » lorsque ce mot désigne un recours collectif;

(1) "recours collectif" in the French text, and "recours" in the French text when it means "recours collectif", are replaced by "action collective" and "action", respectively;

2° « avis », « avis d'exécution » ou « ordonnance », suivant les contextes, remplacent « bref », « bref d'exécution », « bref de saisie », « bref de saisie-exécution », « bref de saisie immobilière », « bref de saisie mobilière » et « bref de saisie-exécution mobilière » s'il est nécessaire d'y substituer un terme, autrement le mot ou l'expression est supprimé;

(2) "distress warrant", "writ", "writ of execution", "writ of seizure", "writ of seizure in execution", "writ of seizure in execution of an immovable", "writ of seizure in execution of movable property", "writ of seizure of immovables", "writ of seizure of movable property", "writ of seizure of movable property in execution", and "writ of seizure of property" are replaced by "notice", "notice of execution" or "order", depending on the context, if a substitution is necessary, and if not, they are struck out;

3° « compétence », lorsque cette expression désigne la compétence d'un tribunal de l'ordre judiciaire ou de l'ordre administratif, remplace « juridiction »;

(3) "juridiction" in the French text, when referring to the jurisdiction of a court of justice or an administrative tribunal, is replaced by "compétence";

4° « honoraires » remplace « honoraires extrajudiciaires » et l'expression « honoraires judiciaires » est supprimée;

(4) "extrajudicial costs", "extrajudicial fees", "extra-judicial professional fees", are replaced by "professional fees", and "judicial fees" is struck out;

5° « jour férié » remplace « jour non juridique » et « jour ouvrable » remplace « jour juridique »;

(5) "juridical day" is replaced by "working day" and "non-juridical day" is replaced by "holiday";

6° « mandat de protection » remplace « mandat en prévision de l'inaptitude », « mandat donné en prévision de l'inaptitude », « mandat d'inaptitude » de même que les expressions au même effet;

7° « ordonnance de saisie en mains tierces » remplace « bref de saisie-arrêt »;

8° « ordonnance d'expulsion » remplace « bref de possession » et « bref sur action en éviction »;

9° « ordonnance en *habeas corpus* » remplace « bref en *habeas corpus* »;

10° « poste recommandée » remplace « courrier certifié », « lettre certifiée », « poste certifiée », « courrier recommandé » et « lettre recommandée »;

11° « pourvoi en contrôle judiciaire prévu au *Code de procédure civile* » remplace tout texte où, qu'il y ait ou non référence expresse au *Code de procédure civile*, il est fait mention d'une action ou d'un recours en vertu de l'article 33 du *Code de procédure civile*, d'un recours extraordinaire prévu au ou au sens du *Code de procédure civile* ou d'un recours extraordinaire prévu aux articles 834 à 850 du *Code de procédure civile*;

12° « procès-verbal d'abornement » remplace « procès-verbal de bornage »;

13° « règlement du tribunal », lorsqu'il s'agit d'un tribunal de l'ordre judiciaire ou de l'ordre administratif, remplace « règle de pratique »;

14° « vente sous contrôle de justice » remplace « vente sous l'autorité de la justice » et « vente en justice ».

779.-781. (*Omis.*)

782. Renvoi au nouveau Code — Dans les lois et leurs textes d'application, tout renvoi à

(**6**) "mandate given in the anticipation of the mandator's incapacity" or the equivalent is replaced by "protection mandate";

(**7**) "writ of seizure by garnishment" and "writ of attachment" are replaced by "order to seize property in the hands of a third person";

(**8**) "writ of possession" and "writ in an action of ejectment" are replaced by "eviction order";

(**9**) "writ of *habeas corpus*" is replaced by "*habeas corpus* order";

(**10**) "certified mail", "certified or registered mail", "registered or certified mail", "registered or certified post", "registered letter", "registered or certified letter", "registered mail", "certified or registered letter" and "recommended or certified mail" are replaced by "registered mail";

(**11**) any text, whether or not it contains an express reference to the *Code of Civil Procedure*, that mentions an action or a recourse under article 33 of the *Code of Civil Procedure*, an extraordinary recourse or remedy provided for or within the meaning of the *Code of Civil Procedure* or an extraordinary recourse contemplated, provided or provided for in or provided by articles 834 to 850 of the *Code of Civil Procedure* is replaced by "application for judicial review under the *Code of Civil Procedure*";

(**12**) "minutes of the determination of the boundaries", "minutes of determination of boundaries", "minutes of boundary determination", "minutes of a boundary determination" are replaced by "minutes of the boundary-marking operations";

(**13**) "rules of practice" is replaced by "court regulations" or "tribunal regulations" as appropriate;

(**14**) "sale by judicial authority" and "judicial sale" are replaced by "sale under judicial authority".

779.-781. (*Omitted.*)

782. In any Act or statutory instrument, a reference to a provision of the former Code is re-

une disposition de l'ancien Code est remplacé par un renvoi à la disposition correspondante du nouveau Code.

placed by a reference to the corresponding provision of the new Code.

783. Recueil des lois et des règlements du Québec — Avant de procéder à la mise à jour du *Recueil des lois et des règlements du Québec* afin d'y intégrer les modifications rendues nécessaires par le remplacement de notions antérieures au nouveau *Code de procédure civile*, le ministre de la Justice publie, sur le site Internet de l'Éditeur officiel du Québec, au moins six mois avant la mise à jour prévue, un document de consultation exposant la nature et la portée des opérations de mise à jour qu'il entend effectuer. Il dépose ce document de consultation à l'Assemblée nationale. Enfin, il reçoit les commentaires qui lui sont soumis et publie la note d'information avant la publication de la mise à jour du recueil, tel que prévu à l'article 4 de la *Loi sur le Recueil des lois et des règlements du Québec* (chapitre R-2.2.0.0.2).

783. Before updating the *Compilation of Québec Laws and Regulations* to enter the changes made necessary by the replacement of concepts predating the new *Code of Civil Procedure*, the Minister of Justice publishes, on the website of the Québec Official Publisher, at least six months before the planned update, a consultation document explaining the nature and scope of the updating operations the Minister plans to carry out. The Minister tables the consultation document in the National Assembly. The Minister subsequently receives any comments submitted and publishes an information note prior to the publication of the update of the compilation, as required by section 4 of the *Act respecting the Compilation of Québec Laws and Regulations* (chapter R-2.2.0.0.2).

Dispositions modificatives particulières

Specific Amending Provisions

784.-832. (*Omis.*)

784.-832. (*Omitted.*)

Dispositions finales

Final Provisions

833. Remplacement — Le nouveau *Code de procédure civile* remplace le *Code de procédure civile* (chapitre C-25).

833. The new *Code of Civil Procedure* replaces the former *Code of Civil Procedure* (chapter C-25).

Application — Ce Code est, dès son entrée en vigueur, d'application immédiate. Cependant :

The Code applies as soon as it comes into force. However,

1° en première instance, les demandes introductives d'instance déjà déposées demeurent régies par la loi ancienne en ce qui concerne uniquement l'entente sur le déroulement de l'instance et sa présentation au tribunal et les délais pour y procéder;

(1) in first instance, originating applications that have already been filed continue to be governed by the former Code solely as regards agreements concerning the conduct of the proceeding and the presentation of the application before the court and time limits;

2° les affaires qui deviennent de la compétence d'une autre cour se poursuivent devant le tribunal qui en est déjà saisi et celles qui deviennent de la compétence de la division des petites créances de la Cour du Québec se poursuivent devant la Cour du Québec qui en est déjà saisie;

(2) cases that would be under the jurisdiction of a different court continue before the court already seized of the matter and those that would be under the jurisdiction of the Small Claims Division of the Court of Québec continue before the division of the Court of Québec already seized of the matter;

3° en appel, les délais relatifs à la constitution du dossier d'appel continuent de s'appliquer à l'égard des affaires déjà portées en appel;

4° l'exécution déjà entreprise d'un jugement, d'une décision ou d'un acte juridique ayant valeur exécutoire se poursuit suivant la loi ancienne, sauf s'il s'agit d'une exécution déjà entreprise selon les règles du dépôt volontaire;

5° pour l'application du livre huitième, la publication des avis au registre des ventes est, jusqu'à la publication d'un arrêté du ministre de la Justice à la *Gazette officielle du Québec* indiquant que le registre des ventes est opérationnel, faite comme suit :

    a) l'avis qui précède la vente, prévu à l'article 748, est publié conformément aux règles établies par le nouveau *Code de procédure civile* pour la notification par avis public et notifié aux personnes mentionnées au deuxième alinéa de l'article 749;

    b) l'avis indiquant que la vente n'a pas lieu ou qu'elle est suspendue est notifié aux personnes qui ont été notifiées de l'avis de vente;

    c) l'avis indiquant que la vente a été effectuée, prévu à l'article 757, est déposé au greffe du tribunal où est déposé l'avis d'exécution;

    d) l'avis de vente publié avant la date fixée par l'arrêté ministériel n'a pas à être publié au registre des ventes; les règles prévues aux sous-paragraphes *b* et *c* s'appliquent alors, compte tenu des adaptations nécessaires.

834. Autre disposition transitoire — Le gouvernement peut, par règlement pris avant le 1er janvier 2016, adopter toute autre disposition transitoire ou de concordance ou toute mesure nécessaire pour faciliter l'application du livre huitième du nouveau Code de procédure civile.

835. Assignation — Dans les lois et leurs textes d'application, l'assignation d'une personne par assignation, subpoena, sommation, bref ou par quelque autre moyen équivaut à sa citation à comparaître et un acte de procédure ne peut être invalidé du seul fait qu'il soit identifié sous l'un de ces vocables plutôt que comme une

(3) in appeal, the time limits for preparing the appeal record continue to apply to cases already in appeal;

(4) if already under way, the execution of a judgment, of a decision or of a juridical act that has the same force and effect as a judgment continues in accordance with the former Code, except in the case of execution proceedings already under way in accordance with the rules governing voluntary deposit;

(5) for the purposes of Book VIII, until an order of the Minister of Justice is published in the *Gazette officielle du Québec* indicating that the sales register is operational, the publication of notices in the sales register is to be as follows: :

    (a) the notice preceding the sale, required by article 748, is to be published in accordance with the rules established by the new Code for notification by public notice and to be notified to the persons mentioned in the second paragraph of article 749;

    (b) the notice indicating that the sale will not take place or is suspended, if such is the case, is to be notified to the persons to whom the notice of sale was notified;

    (c) the notice following the sale, required by article 757, is to be filed at the office of the court where the notice of execution is filed;

    (d) a notice of sale published before the date set in the ministerial order is not required to be published in the sales register; the rules prescribed in subparagraphs *b* and *c* apply in such a case, with the necessary modifications.

834. The Government may, by a regulation made before 1 January 2016, adopt any other transitional or consequential provision or any measure that is necessary to facilitate the carrying out of Book VIII of the new *Code of Civil Procedure*.

835. In any Act or statutory instrument, summoning a person by a summons, subpoena or writ or by any other means is equivalent to calling a person to attend at court by a subpoena and a pleading cannot be invalidated for the sole reason that it is identified by any of these other terms rather than as a subpoena or, conversely,

« citation à comparaître » ou, à l'inverse, a été identifié comme une « citation à comparaître » plutôt que comme l'un de ces vocables.

Signification — De même, dans les lois et leurs textes d'application, mais sauf dans les cas où, en vertu de la loi, la signification doit être faite par huissier, la signification d'un acte de procédure équivaut à sa notification et, sous la même réserve, la notification d'un acte de procédure ne peut être invalidée du seul fait qu'elle soit identifiée comme une signification de celui-ci ou, à l'inverse, qu'une signification d'un acte de procédure soit identifiée comme une notification de celui-ci.

836. Entrée en vigueur — La présente loi entrera en vigueur à la date ou aux dates fixées par le gouvernement, à l'exception:

1° de l'article 28, qui entre en vigueur le jour de sa sanction notamment pour établir un projet-pilote de médiation obligatoire pour le recouvrement des petites créances découlant d'un contrat de consommation;

2° du paragraphe 7° du premier alinéa de l'article 303 qui entre en vigueur le 21 février 2017.

as a subpoena rather than by any of these other terms.

In addition, in any Act or statutory instrument, except where the law requires that service be made by bailiff, the service of a pleading is equivalent to its notification and, subject to the same exception, the notification of a pleading cannot be invalidated for the sole reason that it is referred to as service nor can the service of a pleading be invalidated for the sole reason that it is referred to as notification.

836. The provisions of this Act come into force on the date or dates to be set by the Government, except

(1) article 28, which comes into force on the date of assent to this Act, in particular to allow the establishment of a pilot project on mandatory mediation for the recovery of small claims arising out of consumer contracts; and

(2) subparagraph 7 of the first paragraph of article 303, which comes into force on 21 February 2017.

ANNEXE 1

(Article 494)

[1] ——
CONVENTION RELATIVE À LA SIGNIFICATION ET LA NOTIFICATION À L'ÉTRANGER DES ACTES
JUDICIAIRES ET EXTRAJUDICIAIRES EN MATIÈRE CIVILE OU COMMERCIALE

(Conclue le 15 novembre 1965)

Les États signataires de la présente Convention,

Désirant créer les moyens appropriés pour que les actes judiciaires et extrajudiciaires qui doivent être signifiés ou notifiés à l'étranger soient connus de leurs destinataires en temps utile,

Soucieux d'améliorer à cette fin l'entraide judiciaire mutuelle en simplifiant et en accélérant la procédure,

Ont résolu de conclure une Convention à ces effets et sont convenus des dispositions suivantes :

Article premier

La présente Convention est applicable, en matière civile ou commerciale, dans tous les cas où un acte judiciaire ou extrajudiciaire doit être transmis à l'étranger pour y être signifié ou notifié.

La Convention ne s'applique pas lorsque l'adresse du destinataire de l'acte n'est pas connue.

Chapitre I ——
Actes judiciaires

Article 2

Chaque État contractant désigne une Autorité centrale qui assume, conformément aux articles 3 à 6, la charge de recevoir les demandes de signification ou de notification en provenance d'un autre État contractant et d'y donner suite.

L'Autorité centrale est organisée selon les modalités prévues par l'État requis.

Article 3

L'autorité ou l'officier ministériel compétents selon les lois de l'État d'origine adresse à l'Autorité centrale de l'État requis une demande conforme à la formule modèle annexée à la présente Convention, sans qu'il soit besoin de la légalisation des pièces ni d'une autre formalité équivalente.

La demande doit être accompagnée de l'acte judiciaire ou de sa copie, le tout en double exemplaire.

Article 4

Si l'Autorité centrale estime que les dispositions de la Convention n'ont pas été respectées, elle en informe immédiatement le requérant en précisant les griefs articulés à l'encontre de la demande.

Article 5

L'Autorité centrale de l'État requis procède ou fait procéder à la signification ou à la notification de l'acte :

a) soit selon les formes prescrites par la législation de l'État requis pour la signification ou la notification des actes dressés dans ce pays et qui sont destinés aux personnes se trouvant sur son territoire,

b) soit selon la forme particulière demandée par le requérant, pourvu que celle-ci ne soit pas incompatible avec la loi de l'État requis.

Sauf le cas prévu à l'alinéa premier, lettre *b)*, l'acte peut toujours être remis au destinataire qui l'accepte volontairement.

Si l'acte doit être signifié ou notifié conformément à l'alinéa premier, l'Autorité centrale peut demander que l'acte soit rédigé ou traduit dans la langue ou une des langues officielles de son pays.

La partie de la demande conforme à la formule modèle annexée à la présente Convention, qui contient les éléments essentiels de l'acte, est remise au destinataire.

Article 6

L'Autorité centrale de l'État requis ou toute autorité qu'il aura désignée à cette fin établit une attestation conforme à la formule modèle annexée à la présente Convention.

L'attestation relate l'exécution de la demande ; elle indique la forme, le lieu et la date de l'exécution ainsi que la personne à laquelle l'acte a été remis. Le cas échéant, elle précise le fait qui aurait empêché l'exécution.

Le requérant peut demander que l'attestation qui n'est pas établie par l'Autorité centrale ou par une autorité judiciaire soit visée par l'une de ces autorités.

L'attestation est directement adressée au requérant.

Article 7

Les mentions imprimées dans la formule modèle annexée à la présente Convention sont obligatoirement rédigées soit en langue française, soit en langue anglaise. Elles peuvent, en outre, être rédigées dans la langue ou une des langues officielles de l'État d'origine.

Les blancs correspondant à ces mentions sont remplis soit dans la langue de l'État requis, soit en langue française, soit en langue anglaise.

Article 8

Chaque État contractant a la faculté de faire procéder directement, sans contrainte, par les soins de ses agents diplomatiques ou consulaires, aux significations ou notifications d'actes judiciaires aux personnes se trouvant à l'étranger.

Tout État peut déclarer s'opposer à l'usage de cette faculté sur son territoire, sauf si l'acte doit être signifié ou notifié à un ressortissant de l'État d'origine.

Article 9

Chaque État contractant a, de plus, la faculté d'utiliser la voie consulaire pour transmettre, aux fins de signification ou de notification, des actes judiciaires aux autorités d'un autre État contractant que celui-ci a désignées.

Si des circonstances exceptionnelles l'exigent, chaque État contractant a la faculté d'utiliser, aux mêmes fins, la voie diplomatique.

Article 10

La présente Convention ne fait pas obstacle, sauf si l'État de destination déclare s'y opposer :

    a) à la faculté d'adresser directement, par la voie de la poste, des actes judiciaires aux personnes se trouvant à l'étranger,

    b) à la faculté, pour les officiers ministériels, fonctionnaires ou autres personnes compétents de l'État d'origine, de faire procéder à des significations ou notifications d'actes judiciaires directement par les soins des officiers ministériels, fonctionnaires ou autres personnes compétents de l'État de destination,

    c) à la faculté, pour toute personne intéressée à une instance judiciaire, de faire procéder à des significations ou notifications d'actes judiciaires directement par les soins des officiers ministériels, fonctionnaires ou autres personnes compétents de l'État de destination.

Article 11

La présente Convention ne s'oppose pas à ce que des États contractants s'entendent pour admettre, aux fins de signification ou de notification des actes judiciaires, d'autres voies de transmission que celles prévues par les articles qui précèdent et notamment la communication directe entre leurs autorités respectives.

Article 12

Les significations ou notifications d'actes judiciaires en provenance d'un État contractant ne peuvent donner lieu au paiement ou au remboursement de taxes ou de frais pour les services de l'État requis. Le requérant est tenu de payer ou de rembourser les frais occasionnés par :

    a) l'intervention d'un officier ministériel ou d'une personne compétente selon la loi de l'État de destination,

    b) l'emploi d'une forme particulière.

Article 13

L'exécution d'une demande de signification ou de notification conforme aux dispositions de la présente Convention ne peut être refusée que si l'État requis juge que cette exécution est de nature à porter atteinte à sa souveraineté ou à sa sécurité.

L'exécution ne peut être refusée pour le seul motif que la loi de l'État requis revendique la compétence judiciaire exclusive dans l'affaire en cause ou ne connaît pas de voie de droit répondant à l'objet de la demande.

En cas de refus, l'Autorité centrale en informe immédiatement le requérant et indique les motifs.

Article 14

Les difficultés qui s'élèveraient à l'occasion de la transmission, aux fins de signification ou de notification, d'actes judiciaires seront réglées par la voie diplomatique.

Article 15

Lorsqu'un acte introductif d'instance ou un acte équivalent a dû être transmis à l'étranger aux fins de signification ou de notification, selon les dispositions de la présente Convention, et que le défendeur ne comparaît pas, le juge est tenu de surseoir à statuer aussi longtemps qu'il n'est pas établi :

  a) ou bien que l'acte a été signifié ou notifié selon les formes prescrites par la législation de l'État requis pour la signification ou la notification des actes dressés dans ce pays et qui sont destinés aux personnes se trouvant sur son territoire,

  b) ou bien que l'acte a été effectivement remis au défendeur ou à sa demeure selon un autre procédé prévu par la présente Convention,

et que, dans chacune de ces éventualités, soit la signification ou la notification, soit la remise a eu lieu en temps utile pour que le défendeur ait pu se défendre.

Chaque État contractant a la faculté de déclarer que ses juges, nonobstant les dispositions de l'alinéa premier, peuvent statuer si les conditions suivantes sont réunies, bien qu'aucune attestation constatant soit la signification ou la notification, soit la remise, n'ait été reçue :

  a) l'acte a été transmis selon un des modes prévus par la présente Convention,

  b) un délai que le juge appréciera dans chaque cas particulier et qui sera d'au moins six mois, s'est écoulé depuis la date d'envoi de l'acte,

  c) nonobstant toutes diligences utiles auprès des autorités compétentes de l'État requis, aucune attestation n'a pu être obtenue.

Le présent article ne fait pas obstacle à ce qu'en cas d'urgence, le juge ordonne toutes mesures provisoires ou conservatoires.

Article 16

Lorsqu'un acte introductif d'instance ou un acte équivalent a dû être transmis à l'étranger aux fins de signification ou de notification, selon les dispositions de la présente Convention, et qu'une décision a été rendue contre un défendeur qui n'a pas comparu, le juge a la faculté de relever ce défendeur de la forclusion résultant de l'expiration des délais de recours, si les conditions suivantes sont réunies :

  a) le défendeur, sans qu'il y ait eu faute de sa part, n'a pas eu connaissance en temps utile dudit acte pour se défendre et de la décision pour exercer un recours,

  b) les moyens du défendeur n'apparaissent pas dénués de tout fondement.

La demande tendant au relevé de la forclusion est irrecevable si elle n'est pas formée dans un délai raisonnable à partir du moment où le défendeur a eu connaissance de la décision.

Chaque État contractant a la faculté de déclarer que cette demande est irrecevable si elle est formée après l'expiration d'un délai qu'il précisera dans sa déclaration, pourvu que ce délai ne soit pas inférieur à un an à compter du prononcé de la décision.

Le présent article ne s'applique pas aux décisions concernant l'état des personnes.

Article 17

Les actes extrajudiciaires émanant des autorités et officiers ministériels d'un État contractant peuvent être transmis aux fins de signification ou de notification dans un autre État contractant selon les modes et aux conditions prévus par la présente Convention.

Article 18

Tout État contractant peut désigner, outre l'Autorité centrale, d'autres autorités dont il détermine les compétences.

Toutefois, le requérant a toujours le droit de s'adresser directement à l'Autorité centrale.

Les États fédéraux ont la faculté de désigner plusieurs Autorités centrales.

Article 19

La présente Convention ne s'oppose pas à ce que la loi interne d'un État contractant permette d'autres formes de transmission non prévues dans les articles précédents, aux fins de signification ou de notification, sur son territoire, des actes venant de l'étranger.

Article 20

La présente Convention ne s'oppose pas à ce que des États contractants s'entendent pour déroger :

a) à l'article 3, alinéa 2, en ce qui concerne l'exigence du double exemplaire des pièces transmises,
b) à l'article 5, alinéa 3, et à l'article 7, en ce qui concerne l'emploi des langues,
c) à l'article 5, alinéa 4,
d) à l'article 12, alinéa 2.

Article 21

Chaque État contractant notifiera au Ministère des Affaires Etrangères des Pays-Bas soit au moment du dépôt de son instrument de ratification ou d'adhésion, soit ultérieurement :

a) la désignation des autorités prévues aux articles 2 et 18,
b) la désignation de l'autorité compétente pour établir l'attestation prévue à l'article 6,
c) la désignation de l'autorité compétente pour recevoir les actes transmis par la voie consulaire selon l'article 9.

Il notifiera, le cas échéant, dans les mêmes conditions :

a) son opposition à l'usage des voies de transmission prévues aux articles 8 et 10,
b) les déclarations prévues aux articles 15, alinéa 2, et 16, alinéa 3,
c) toute modification des désignations, opposition et déclarations mentionnées ci-dessus.

Article 22

La présente Convention remplacera dans les rapports entre les États qui l'auront ratifiée, les articles 1 à 7 des Conventions relatives à la procédure civile, respectivement signées à La Haye, le 17 juillet 1905 et le premier mars 1954, dans la mesure où lesdits États sont parties à l'une ou à l'autre de ces Conventions.

Article 23

La présente Convention ne porte pas atteinte à l'application de l'article 23 de la Convention relative à la procédure civile, signée à La Haye, le 17 juillet 1905, ni de l'article 24 de celle signée à La Haye, le premier mars 1954.

Ces articles ne sont toutefois applicables que s'il est fait usage de modes de communication identiques à ceux prévus par lesdites Conventions.

Article 24

Les accords additionnels auxdites Conventions de 1905 et de 1954, conclus par les États contractants, sont considérés comme également applicables à la présente Convention à moins que les États intéressés n'en conviennent autrement.

Article 25

Sans préjudice de l'application des articles 22 et 24, la présente Convention ne déroge pas aux Conventions auxquelles les États contractants sont ou seront Parties et qui contiennent des dispositions sur les matières réglées par la présente Convention.

Article 26

La présente Convention est ouverte à la signature des États représentés à la Dixième session de la Conférence de La Haye de droit international privé.

Elle sera ratifiée et les instruments de ratification seront déposés auprès du Ministère des Affaires Etrangères des Pays-Bas.

Article 27

La présente Convention entrera en vigueur le soixantième jour après le dépôt du troisième instrument de ratification prévu par l'article 26, alinéa 2.

La Convention entrera en vigueur, pour chaque État signataire ratifiant postérieurement, le soixantième jour après le dépôt de son instrument de ratification.

Article 28

Tout État non représenté à la Dixième session de la Conférence de La Haye de droit international privé pourra adhérer à la présente Convention après son entrée en vigueur en vertu de l'article 27, alinéa premier. L'instrument d'adhésion sera déposé auprès du Ministère des Affaires Etrangères des Pays-Bas.

La Convention n'entrera en vigueur pour un tel État qu'à défaut d'opposition de la part d'un État ayant ratifié la Convention avant ce dépôt, notifiée au Ministère des Affaires Etrangères des Pays-Bas dans un délai de six mois à partir de la date à laquelle ce Ministère lui aura notifié cette adhésion.

À défaut d'opposition, la Convention entrera en vigueur pour l'État adhérant le premier jour du mois qui suit l'expiration du dernier des délais mentionnés à l'alinéa précédent.

Article 29

Tout État, au moment de la signature, de la ratification ou de l'adhésion, pourra déclarer que la présente Convention s'étendra à l'ensemble des territoires qu'il représente sur le plan international, ou à l'un ou plusieurs d'entre eux. Cette déclaration aura effet au moment de l'entrée en vigueur de la Convention pour ledit État.

Par la suite, toute extension de cette nature sera notifiée au Ministère des Affaires Etrangères des Pays-Bas.

La Convention entrera en vigueur, pour les territoires visés par l'extension, le soixantième jour après la notification mentionnée à l'alinéa précédent.

Article 30

La présente Convention aura une durée de cinq ans à partir de la date de son entrée en vigueur conformément à l'article 27, alinéa premier, même pour les États qui l'auront ratifiée ou y auront adhéré postérieurement.

La Convention sera renouvelée tacitement de cinq en cinq ans, sauf dénonciation.

La dénonciation sera, au moins six mois avant l'expiration du délai de cinq ans, notifiée au Ministère des Affaires Etrangères des Pays-Bas.

Elle pourra se limiter à certains des territoires auxquels s'applique la Convention.

La dénonciation n'aura d'effet qu'à l'égard de l'État qui l'aura notifiée. La Convention restera en vigueur pour les autres États contractants.

Article 31

Le Ministère des Affaires Etrangères des Pays-Bas notifiera aux États visés à l'article 26, ainsi qu'aux États qui auront adhéré conformément aux dispositions de l'article 28 :

    a) les signatures et ratifications visées à l'article 26 ;
    b) la date à laquelle la présente Convention entrera en vigueur conformément aux dispositions de l'article 27, alinéa premier ;
    c) les adhésions visées à l'article 28 et la date à laquelle elles auront effet ;
    d) les extensions visées à l'article 29 et la date à laquelle elles auront effet ;
    e) les désignations, opposition et déclarations mentionnées à l'article 21 ;
    f) les dénonciations visées à l'article 30, alinéa 3.

En foi de quoi, les soussignés, dûment autorisés, ont signé la présente Convention.

Fait à La Haye, le 15 novembre 1965, en français et en anglais, les deux textes faisant également foi, en un seul exemplaire, qui sera déposé dans les archives du Gouvernement des Pays-Bas et dont une copie certifiée conforme sera remise, par la voie diplomatique, à chacun des États représentés à la Dixième session de la Conférence de La Haye de droit international privé.

SCHEDULE 1

(Article 494)

[1] — Convention on the Service Abroad of Judicial and Extrajudicial Documents in Civil Or Commercial Matters

(Concluded 15 novembre 1965)

The States signatory to the present Convention,

Desiring to create appropriate means to ensure that judicial and extrajudicial documents to be served abroad shall be brought to the notice of the addressee in sufficient time,

Desiring to improve the organisation of mutual judicial assistance for that purpose by simplifying and expediting the procedure,

Have resolved to conclude a Convention to this effect and have agreed upon the following provisions :

Article 1

The present Convention shall apply in all cases, in civil or commercial matters, where there is occasion to transmit a judicial or extrajudicial document for service abroad.

This Convention shall not apply where the address of the person to be served with the document is not known.

Chapter I —
Judicial Documents

Article 2

Each Contracting State shall designate a Central Authority which will undertake to receive requests for service coming from other Contracting States and to proceed in conformity with the provisions of Articles 3 to 6.

Each State shall organise the Central Authority in conformity with its own law.

Article 3

The authority or judicial officer competent under the law of the State in which the documents originate shall forward to the Central Authority of the State addressed a request conforming to the model annexed to the present Convention, without any requirement of legalisation or other equivalent formality.

The document to be served or a copy thereof shall be annexed to the request. The request and the document shall both be furnished in duplicate.

Article 4

If the Central Authority considers that the request does not comply with the provisions of the present Convention it shall promptly inform the applicant and specify its objections to the request.

Article 5

The Central Authority of the State addressed shall itself serve the document or shall arrange to have it served by an appropriate agency, either :

    a) by a method prescribed by its internal law for the service of documents in domestic actions upon persons who are within its territory, or

    b) by a particular method requested by the applicant, unless such a method is incompatible with the law of the State addressed.

Subject to sub-paragraph*b)*, of the first paragraph of this Article, the document may always be served by delivery to an addressee who accepts it voluntarily.

If the document is to be served under the first paragraph above, the Central Authority may require the document to be written in, or translated into, the official language or one of the official languages of the State addressed.

That part of the request, in the form attached to the present Convention, which contains a summary of the document to be served, shall be served with the document.

Article 6

The Central Authority of the State addressed or any authority which it may have designated for that purpose, shall complete a certificate in the form of the model annexed to the present Convention.

The certificate shall state that the document has been served and shall include the method, the place and the date of service and the person to whom the document was delivered. If the document has not been served, the certificate shall set out the reasons which have prevented service.

The applicant may require that a certificate not completed by a Central Authority or by a judicial authority shall be countersigned by one of these authorities.

The certificate shall be forwarded directly to the applicant.

Article 7

The standard terms in the model annexed to the present Convention shall in all cases be written either in French or in English. They may also be written in the official language, or in one of the official languages, of the State in which the documents originate.

The corresponding blanks shall be completed either in the language of the State addressed or in French or in English.

Article 8

Each Contracting State shall be free to effect service of judicial documents upon persons abroad, without application of any compulsion, directly through its diplomatic or consular agents.

Any State may declare that it is opposed to such service within its territory, unless the document is to be served upon a national of the State in which the documents originate.

Article 9

Each Contracting State shall be free, in addition, to use consular channels to forward documents, for the purpose of service, to those authorities of another Contracting State which are designated by the latter for this purpose.

Each Contracting State may, if exceptional circumstances so require, use diplomatic channels for the same purpose.

Article 10

Provided the State of destination does not object, the present Convention shall not interfere with :

  a) the freedom to send judicial documents, by postal channels, directly to persons abroad,
  b) the freedom of judicial officers, officials or other competent persons of the State of origin to effect service of judicial documents directly through the judicial officers, officials or other competent persons of the State of destination,
  c) the freedom of any person interested in a judicial proceeding to effect service of judicial documents directly through the judicial officers, officials or other competent persons of the State of destination.

Article 11

The present Convention shall not prevent two or more Contracting States from agreeing to permit, for the purpose of service of judicial documents, channels of transmission other than those provided for in the preceding Articles and, in particular, direct communication between their respective authorities.

Article 12

The service of judicial documents coming from a Contracting State shall not give rise to any payment or reimbursement of taxes or costs for the services rendered by the State addressed. The applicant shall pay or reimburse the costs occasioned by :

  a) the employment of a judicial officer or of a person competent under the law of the State of destination,
  b) the use of a particular method of service.

Article 13

Where a request for service complies with the terms of the present Convention, the State addressed may refuse to comply therewith only if it deems that compliance would infringe its sovereignty or security.

It may not refuse to comply solely on the ground that, under its internal law, it claims exclusive jurisdiction over the subject-matter of the action or that its internal law would not permit the action upon which the application is based.

The Central Authority shall, in case of refusal, promptly inform the applicant and state the reasons for the refusal.

Article 14

Difficulties which may arise in connection with the transmission of judicial documents for service shall be settled through diplomatic channels.

Article 15

Where a writ of summons or an equivalent document had to be transmitted abroad for the purpose of service, under the provisions of the present Convention, and the defendant has not appeared, judgment shall not be given until it is established that :

    a) the document was served by a method prescribed by the internal law of the State addressed for the service of documents in domestic actions upon persons who are within its territory, or

    b) the document was actually delivered to the defendant or to his residence by another method provided for by this Convention,

and that in either of these cases the service or the delivery was effected in sufficient time to enable the defendant to defend.

Each Contracting State shall be free to declare that the judge, notwithstanding the provisions of the first paragraph of this Article, may give judgment even if no certificate of service or delivery has been received, if all the following conditions are fulfilled :

    a) the document was transmitted by one of the methods provided for in this Convention,

    b) a period of time of not less than six months, considered adequate by the judge in the particular case, has elapsed since the date of the transmission of the document,

    c) no certificate of any kind has been received, even though every reasonable effort has been made to obtain it through the competent authorities of the State addressed.

Notwithstanding the provisions of the preceding paragraphs the judge may order, in case of urgency, any provisional or protective measures.

Article 16

When a writ of summons or an equivalent document had to be transmitted abroad for the purpose of service, under the provisions of the present Convention, and a judgment has been entered against a defendant who has not appeared, the judge shall have the power to relieve the defendant from the effects of the expiration of the time for appeal from the judgment if the following conditions are fulfilled :

    a) the defendant, without any fault on his part, did not have knowledge of the document in sufficient time to defend, or knowledge of the judgment in sufficient time to appeal, and

    b) the defendant has disclosed a prima facie defence to the action on the merits.

An application for relief may be filed only within a reasonable time after the defendant has knowledge of the judgment.

Each Contracting State may declare that the application will not be entertained if it is filed after the expiration of a time to be stated in the declaration, but which shall in no case be less than one year following the date of the judgment.

This Article shall not apply to judgments concerning status or capacity of persons.

Chapter II ——
Extrajudicial Documents

Article 17

Extrajudicial documents emanating from authorities and judicial officers of a Contracting State may be transmitted for the purpose of service in another Contracting State by the methods and under the provisions of the present Convention.

Chapter III ——
General Clauses

Article 18

Each Contracting State may designate other authorities in addition to the Central Authority and shall determine the extent of their competence.

The applicant shall, however, in all cases, have the right to address a request directly to the Central Authority.

Federal States shall be free to designate more than one Central Authority.

Article 19

To the extent that the internal law of a Contracting State permits methods of transmission, other than those provided for in the preceding Articles, of documents coming from abroad, for service within its territory, the present Convention shall not affect such provisions.

Article 20

The present Convention shall not prevent an agreement between any two or more Contracting States to dispense with :

a) the necessity for duplicate copies of transmitted documents as required by the second paragraph of Article 3,
b) the language requirements of the third paragraph of Article 5 and Article 7,
c) the provisions of the fourth paragraph of Article 5,
d) the provisions of the second paragraph of Article 12.

Article 21

Each Contracting State shall, at the time of the deposit of its instrument of ratification or accession, or at a later date, inform the Ministry of Foreign Affairs of the Netherlands of the following :

a) the designation of authorities, pursuant to Articles 2 and 18,
b) the designation of the authority competent to complete the certificate pursuant to Article 6,
c) the designation of the authority competent to receive documents transmitted by consular channels, pursuant to Article 9.

Each Contracting State shall similarly inform the Ministry, where appropriate, of :

a) opposition to the use of methods of transmission pursuant to Articles 8 and 10,

b) declarations pursuant to the second paragraph of Article 15 and the third paragraph of Article 16,

c) all modifications of the above designations, oppositions and declarations.

Article 22

Where Parties to the present Convention are also Parties to one or both of the Conventions on civil procedure signed at The Hague on 17th July 1905, and on 1st March 1954, this Convention shall replace as between them Articles 1 to 7 of the earlier Conventions.

Article 23

The present Convention shall not affect the application of Article 23 of the Convention on civil procedure signed at The Hague on 17th July 1905, or of Article 24 of the Convention on civil procedure signed at The Hague on 1st March 1954.

These Articles shall, however, apply only if methods of communication, identical to those provided for in these Conventions, are used.

Article 24

Supplementary agreements between Parties to the Conventions of 1905 and 1954 shall be considered as equally applicable to the present Convention, unless the Parties have otherwise agreed.

Article 25

Without prejudice to the provisions of Articles 22 and 24, the present Convention shall not derogate from Conventions containing provisions on the matters governed by this Convention to which the Contracting States are, or shall become, Parties.

Article 26

The present Convention shall be open for signature by the States represented at the Tenth Session of the Hague Conference on Private International Law.

It shall be ratified, and the instruments of ratification shall be deposited with the Ministry of Foreign Affairs of the Netherlands.

Article 27

The present Convention shall enter into force on the sixtieth day after the deposit of the third instrument of ratification referred to in the second paragraph of Article 26.

The Convention shall enter into force for each signatory State which ratifies subsequently on the sixtieth day after the deposit of its instrument of ratification.

Article 28

Any State not represented at the Tenth Session of the Hague Conference on Private International Law may accede to the present Convention after it has entered into force in accordance with the first paragraph of Article 27. The instrument of accession shall be deposited with the Ministry of Foreign Affairs of the Netherlands.

The Convention shall enter into force for such a State in the absence of any objection from a State, which has ratified the Convention before such deposit, notified to the Ministry of Foreign Affairs of the Netherlands within a period of six months after the date on which the said Ministry has notified it of such accession.

In the absence of any such objection, the Convention shall enter into force for the acceding State on the first day of the month following the expiration of the last of the periods referred to in the preceding paragraph.

Article 29

Any State may, at the time of signature, ratification or accession, declare that the present Convention shall extend to all the territories for the international relations of which it is responsible, or to one or more of them. Such a declaration shall take effect on the date of entry into force of the Convention for the State concerned.

At any time thereafter, such extensions shall be notified to the Ministry of Foreign Affairs of the Netherlands.

The Convention shall enter into force for the territories mentioned in such an extension on the sixtieth day after the notification referred to in the preceding paragraph.

Article 30

The present Convention shall remain in force for five years from the date of its entry into force in accordance with the first paragraph of Article 27, even for States which have ratified it or acceded to it subsequently.

If there has been no denunciation, it shall be renewed tacitly every five years.

Any denunciation shall be notified to the Ministry of Foreign Affairs of the Netherlands at least six months before the end of the five year period.

It may be limited to certain of the territories to which the Convention applies.

The denunciation shall have effect only as regards the State which has notified it. The Convention shall remain in force for the other Contracting States.

Article 31

The Ministry of Foreign Affairs of the Netherlands shall give notice to the States referred to in Article 26, and to the States which have acceded in accordance with Article 28, of the following :

    a) the signatures and ratifications referred to in Article 26;

    b) the date on which the present Convention enters into force in accordance with the first paragraph of Article 27;

    c) the accessions referred to in Article 28 and the dates on which they take effect;

    d) the extensions referred to in Article 29 and the dates on which they take effect ;

    e) the designations, oppositions and declarations referred to in Article 21;

    f) the denunciations referred to in the third paragraph of Article 30.

In witness whereof the undersigned, being duly authorised thereto, have signed the present Convention.

Done at The Hague, on the 15th day of November, 1965, in the English and French languages, both texts being equally authentic, in a single copy which shall be deposited in the archives of the Government of the Netherlands, and of which a certified copy shall be sent, through the diplomatic channel, to each of the States represented at the Tenth Session of the Hague Conference on Private International Law.

INDEX ANALYTIQUE
CODE DE PROCÉDURE CIVILE
(NOUVEAU)

INDEX ANALYTIQUE (CPC NOUVEAU)

H

I

Immeuble, *voir aussi* Bornage
- Adresse, 93 al. 2
- Bornage, 468 al. 2, 469–475
- Certificat de localisation, 468
- Copropriété divise, 477
- Délaissement, 671
- Dénonciation du conjoint, 410
- Désignation, 98 al. 2
- Droit de propriété, 303 al. 1(9), 322 al. 2, 468
- Juridiction compétente, 42(3)
- Plan cadastral, 468
- Prescription acquisitive, 303 al. 1(9), 468
- Saisie, 702 al. 2, 705
- • Garde du bien, 732
- Saisie-exécution, 704–710
- Servant de résidence principale au débiteur
- • Juridiction compétente, 43 al. 3
- • Saisie, 700
- Travaux susceptibles d'endommager un immeuble voisin, 253 al. 2

Immeuble d'habitation à loyer modique
- Vente sous contrôle judiciaire, 759 al. 1(3)

Immunité judiciaire
- État, 81
- Tribunal et juge, 9 al. 3

Impartialité du juge
- Récusation, 201–205

Impôt foncier
- Recouvrement, 36 al. 1

Incapacité
- Irrecevabilité, 168 al. 1(2)

Incident, 184–220, 378, *voir aussi* Demande incidente, Récusation du juge, Reprise d'instance, Tiers — intervention
- Audience du tribunal, 82 al. 2
- Concernant les actes de procédure, 206–212

- Concernant les avocats des parties, 191–195
- Décision, 32
- Exclu de la compétence du greffier, 71 al. 2
- Intervention de tiers à l'instance, 184–190
- Présentation tardive, 341 al. 2
- Protocole de l'instance, 148 al. 2(7)
- Qui met fin à l'instance, 213–220
- Récusation du juge, 201–205
- Reprise d'instance, 196–200

Indemnité
- Examen physique, mental ou psychosocial, 243 al. 1
- Frais de justice, 339 al. 1
- Représentant (action collective), 593
- Témoin, 271, 273–275, 339 al. 1, 497-498, 633 al. 4

Indemnité additionnelle
- Valeur de l'objet du litige en appel, 30 al. 4

Information confidentielle
- Pièces ou documents, 16 al. 1, 108 al. 1

Inhabilité
- De l'avocat, 192-193
- Du juge, 203

Injonction, 509–515
- Appel, 514
- Cour compétente, 33 al. 2, 509
- Demande exclue de la compétence du greffier, 71 al. 3
- Jugement
- • Signification, 139 al. 2(4), 509 al. 2
- Motif prohibé, 513
- Objet, 509 al. 1
- Ordonnance, 49 al. 2, 509
- Outrage au tribunal, 58 al. 1, 515
- • Personne non désignée, 58 al. 2

Injonction interlocutoire
- Appel, 361 al. 1
- Cautionnement, 511 al. 2

L

Liquidateur de la succession *(suite)*
• Signification d'un document, 127 al. 1

Litispendance
• Irrecevabilité, 168 al. 1(1)

Livre de compte
• Insaisissabilité, 696 al. 1(2)

Logement
• Expulsion, 660 al. 1(5)
• Réparations urgentes, 660 al. 1(4)

Loi approuvant la Convention de la Baie James et du Nord québécois **(c. C-67)**, 298 al. 2

Loi approuvant la Convention du Nord-Est québécois **(c. C-67.1)**, 298 al. 2

Loi assurant l'application de l'entente sur l'entraide judiciaire entre la France et le Québec **(c. A-20.1)**, 493

Loi concernant le cadre juridique des technologies de l'information **(c. C-1.1)**, 99 al. 3

Loi d'aide à l'exécution des ordonnances et des ententes familiales **(L.R.C. (1985), ch. 4, 2ᵉ suppl.)**, 719 al. 1

Loi d'interprétation **(c. I-16)**, 82 al. 1

Loi du Québec ou du Canada
• Capacité d'ester en justice, 489
• Mise en question, 76 al. 1, 541
• Pourvoi en contrôle judiciaire, 529 al. 1(1)

Loi étrangère
• Demande en reconnaissance d'une adoption, 442
• Pouvoir d'ester en justice, 489 al. 2

Loi facilitant le paiement des pensions alimentaires **(c. P-2.2)**, 303 al. 2, 669, 719 al. 2

Loi sur l'accès aux documents des organismes publics et sur la protection des renseignements personnels **(c. A-2.1)**, 607

Loi sur l'aide aux personnes et aux familles **(c. A-13.1.1)**, 449, 569

Loi sur l'aide juridique et sur la prestation de certains autres services juridiques **(c. A-14)**, 542 al. 3

Loi sur l'assurance dépôts **(c. A-26)**, 216

Loi sur l'organisation territoriale municipale **(c. O-9)**, 535

Loi sur la fiscalité municipale **(c. F-2.1)**, 761 al. 2

Loi sur le curateur public **(c. C-81)**, 406

Loi sur le divorce **(L.R.C. (1985), c. 3, 2ᵉ suppl.)**, 409

Loi sur le notariat **(c. N-3)**, 86

Loi sur les aspects civils de l'enlèvement international et interprovincial d'enfants **(c. A-23.01)**, 493, 660 al. 1(2)

Loi sur les cités et villes **(c. C-19)**, 582

Loi sur les élections et les référendums dans les municipalités **(c. E-2.2)**, 533 al. 2

Loi sur les huissiers de justice **(c. H-4.1)**, 117 al. 2

Loi sur les services de santé et les services sociaux **(c. S-4.2)**, 429

Loi sur les sociétés de fiducie et les sociétés d'épargne **(c. S-29.01)**, 216

Loi type sur l'arbitrage commercial international, 649

Loyer
• Résiliation du bail, 35 al. 1

M

Mainlevée
• Demande, 710
• Saisie avant jugement, 523
• Saisie en matière d'aliments, 719 al. 2, 721 al. 1

Maire
• Contestation de l'élection, 535

Majeur
• Adoption, 441
• Demande portant sur son intégrité, état ou capacité, 391–394, 405

INDEX
CODE OF CIVIL PROCEDURE (NEW)

INDEX (CPC NEW)

Bailiff *(cont'd)*
- State or conditions of certain premises or things, 540 para. 2
- *Subpoena*, 270 para. 2
- Taxation of legal costs, 344 para. 3
- Using force, 686
- Usurpation of office
- • Taking possession of property, 534

Barreau du Québec
- Pilot project, 28

Bill of costs, *see* Legal costs

Bill of exchange
- Name or initials of the party, 94 para. 2

Bodily injury
- Additional damages
- • Claim, 329
- • Territorial jurisdiction, 47
- • Value of the subject matter of the dispute in appeal, 30 para. 4
- Judgment awarding damages, 329, 696 para. 2

Bond
- Seizure, 696 para. 1(2)

Book of account
- Exemption from seizure, 696 para. 1(2)

Boundaries
- Affecting immovables that are not adjoining, 474
- Agreement, 469, 471
- Court order, 472, 474
- Effect, 471
- Fees, 470 para. 2, 475
- Formal notice, 139 para. 2(3)
- • Content, 469
- Minutes of the boundary marking operations, 471-472
- Of an immovable, 468 para. 2
- Report, 470-471
- • Refusal, 472
- Transfer of rights, 473

Brief
- Appeal record, 370-372
- • Filing, 373

Brief statement
- Case management conference, 154

Building
- Address, 93 para. 2

Building Act **(ch. B-1.1)**, 781

Burden of proof
- Trial, 265

Bus
- Notification of a document, 124 para. 2

Business address
- Stated as domicile, 95

Business establishment
- Notice of visit, 129 para. 1
- Notification of a document, 124, 125 para. 2

C

Call for tenders
- Sale under judicial authority, 744 para. 1, 753

Canadian Charter of Rights and Freedoms, 76 para. 2

Canadian Forces
- Rogatory commission, 499 para. 3

Capacity of a person, *see* Personal capacity

Capacity to act
- Exception to dismiss, 168 para. 1(2)

Carrier
- Notification, 132

Case management, 148-165, *see also* Case protocol
- Abuse of procedure, 53 para. 2
- Means or order, 26 para. 2
- Mission of the court, 9 para. 2
- Parties, 19
- Powers of judges, 69 para. 2

Linen
- Exemption from seizure, 694 para. 4(1)

Liquidator
- Designation, 408 para. 1
- Representation before the court, 87(6)
- Service of a document, 125 para. 3

Liquidator of the succession
- Continuance of proceeding, 198-199
- Domicile, 46 para. 3
- Letters probate, 463
- Party, 97 para. 1
- Safety deposit box, 478

Lis pendens
- Exception to dismiss, 168 para. 1(1)

Location certificate
- Immovable, 468

Low-rental housing complex
- Sale under judicial authority, 759 para. 1(3)

M

Mail
- Notification, 110 para. 1, 118, 130-131

Main residence, *see also* Immovable property
- Movable property exempted from seizure, 694
- Seizure, 700

Manager of a building
- Notice of visit, 129 para. 2

Mandatary
- Forced execution of judgment, 691 para. 1
- Representation before the court, 87(1), 89, 91
- Right to represent, 88
- Special authorization, 217

Mandate
- Representation before the court, 91, 542 para. 1

Mandate given in the anticipation of the mandator's incapacity, *see* Protection mandate

Mandator
- Legal costs, 91 para. 2

Marriage
- Custody of the seized property, 731 para. 3
- Demand for the annulment, 410-411
- • Seizure before judgment, 519
- Judgment, 453, 456
- Opposition, 458
- • Territorial jurisdiction, 45 para. 1
- Solemnization, 458

Marriage contract
- Depositary, 456

Mayor
- Election contested, 535

Means of communication
- Notification, 110 para. 1, 113
- State of emergency, 27

Means of proof, *see also* Proof
- Proportionality (principle), 18 para. 1
- Sworn statement, 105-106

Means of transportation
- Notification of a document, 124 para. 2

Medal
- Exemption from seizure, 694 para. 4(4)

Mediation, 605-619, *see also* Certified mediator, Family mediation, Mediator
- Beginning, 608
- Conduct, 608-612
- Confidentiality, 607
- Dispute prevention and resolution process, 1 para. 2, 6
- End, 613-615
- Expenses, 615
- Meeting, 609 para. 2
- Proposition, 147 para. 1
- Recovery of small claims, 544 para. 1, 547 para. 2(1), 556

O

Respect of the person
- Physical, mental or psychosocial examination, 244 para. 1

Retirement savings instrument
- Capital accumulated
- - Exemption from seizure, 696 para. 2(4)

Return of notification
- Contestation, 261

Review judgment
- Service, 530 para. 3
- Usurpation of office, 532-533

Review of a decision, *see* Application for the review of a decision

Revocation of judgment, 345-350, 495, 568, *see also* Application for revocation of a judgment
- On application by party, 345-348
- - Application, 347
- - Decision, 348
- - Default judgment, 346
- - Reasons, 345
- On application by third person, 349

Right to act before the court, 86

Right to appeal, *see* Appeal

Rights of individual
- Pilot project, 28

Rogatory commission, 499-506, *see also* Commissioner
- Issued in a foreign state, 504-506
- - Appointment of a commissioner, 504 para. 1
- - Documents, 506
- - Rules applicable, 505
- Issued in Québec, 499-503
- - Appointment of a commissioner, 499 para. 1, 500
- - Examination, 501-502
- - Person domiciled or resident in a foreign State, 499 para. 2
- - Person in active service in the Canadian Forces, 499 para. 3
- - Report of the commissioner, 503

Rule of law
- Application, 9 para. 1
- Judicial review, 529 para. 1(1)
- Questioning, 76 para. 1, 541

Rules of practice, *see* Court regulations

Rules of the *Code*
- Failure to observe, 25 para. 2
- Objective, 25 para. 1
- State of emergency, 27

S

Safeguard measure
- Case management measure, 158(5)
- Case protocol, 148 para. 2(1)

Safeguard order
- Arbitration, 623, 638, 647 para. 1
- Case management measure, 158(8)
- During the appeal, 379
- Powers of the court, 49 para. 2

Safety deposit box
- Opening, 478-479
- Seizure, 729

Sale, *see also* Opposition to seizure and sale
- Application for the annulment, 139 para. 2(6)
- Authorization, 307, 331
- Of the seized property, 709, 735-741
- Opposition, 139 para. 2(6), 735-741
- Undivided property, 476

Sale under judicial authority, 742-761, *see also* Collocation scheme
- Annulment, 760
- - Notification of the application, 760 para. 2
- Claim, 773
- - Absence of supporting documents, 773 para. 2
- - Contestation, 775
- - Interest, 774
- Collocation scheme, 759 para. 3, 762 para. 2, 766-771
- Conditions, 744 para. 2, 752-754

Seizure of technological media *(cont'd)*
- Destruction of documents, 728 para. 1
- • Assistance of a specialist, 728 para. 1
- • Covered by the professional secrecy, 728 para. 2
- Intention to transfer the documents, 727 para. 2
- Notice, 727 para. 1

Seizure on debtor's person
- Authorization of the court, 722
- Excluded from the jurisdiction of court clerk, 71 para. 3

Self-employed worker
- Debtor's income
- • Exemption from seizure, 699

Semi-authentic act
- Contestation, 263

Separation as to property
- Demand, 410-411
- • Judgment, 456
- • Seizure before judgment, 519

Separation from bed and board
- Demand, 410-411
- • Judgment, 453, 456
- • Seizure before judgment, 519
- Draft agreement, 303 para. 1(7), 430-431
- Joint demand, 430-431

Separation of proceedings
- Ruling, 32, 210 para. 3

Sequestration, 524-526
- Case in appeal, 524 para. 2
- Court order, 524 para. 1
- Minutes, 525
- Provisional execution of judgment, 660 para. 1(9)

Sequestrator
- Costs and remuneration, 526 para. 2
- Designation, 524 para. 2, 732
- Oath, 525
- Obligations, 526 para. 1

- Representation before the court, 87(5)

Service contract
- Price, 181

Service of a document, 110, 116-129, *see also* Notification
- Addressee without domicile, residence or business establishment in Québec, 128
- Addressee's physical or psychological condition, 123
- Anywhere in Québec, 117 para. 1
- Application
- • For authorization to institute class action, 574 para. 2
- • For judicial review, 529 para. 3
- • For revocation of judgment, 139 para. 2(5), 347, 349
- • In matters governed by law of persons, 393
- • To have the child returned, 434
- At the addressee's elected domicile, 128
- Bailiff signs and stamps, 116 para. 2
- By a person designated by the bailiff, 117 para. 2
- • Proof, 120
- By leaving it at an appropriate place, 116 para. 1
- By leaving it at the addressee's domicile, 116 para. 1, 128
- Certificate, 119-120
- Court authorization, 118
- Eviction, 692
- Fees and expenses, 117 para. 2, 118, 339 para. 1
- *Habeas corpus* order, 401
- Injunction, 509 para. 2
- Intervention statement, 139 para. 2(2), 188
- No bailiff firm, 117 para. 1
- Non-contentious demand, 309 para. 1, 313 para. 1
- Notice
- • Of appeal, 112 para. 2, 358
- • Of execution, 139 para. 2(6), 681 para. 3, 692 para. 2, 704, 705, 723-724

RÈGLES DE PROCÉDURE ET DE PRATIQUE

TABLE DES MATIÈRES

RÈGLES DE PROCÉDURE
ET DE PRATIQUE

TABLE DES MATIÈRES

Règles de la Cour d'appel du Québec en matière civile

(2006) 138 *G.O.* II, 5800 [RLRQ, c. C-25, r. 14]

Code de procédure civile, RLRQ, c. C-25, a. 47

Partie 1 — Définitions

1. Les définitions qui suivent s'appliquent aux présentes règles :

« **Avocat** » Une ou un avocat membre en règle du Barreau du Québec.

« **Cour** » Selon le contexte, la Cour d'appel ou la Cour siégeant en formation de trois juges, à moins que le juge en chef n'augmente ce nombre.

« **Greffe** » Un secrétariat tenu aux sièges de la Cour d'appel à Montréal, édifice Ernest-Cormier, 100, rue Notre-Dame Est, Montréal, (Québec) H2Y 4B6 et à Québec, 300, boulevard Jean-Lesage, Québec, (Québec) G1K 8K6.

« **Greffier** » Une ou un fonctionnaire du ministère de la Justice nommé auprès de la Cour d'appel conformément à la *Loi sur les tribunaux judiciaires* (chapitre T-16).

« **Juge** » Une ou un juge de la Cour d'appel.

« **Mémoire** » Un document constitué d'un exposé et de trois annexes.

« **Requête** » Un acte de procédure destiné à la Cour, à un juge ou au greffier, selon le cas.

« **Sources** » Les textes législatifs, réglementaires, jurisprudentiels et doctrinaux, ainsi que tout extrait de ceux-ci.

« **Voie accélérée** » La voie suivie dans le cas d'un appel en matière familiale, sauf exception, ou dans le cas d'un appel ayant fait l'objet d'une gestion de l'instance.

« **Voie ordinaire** » La voie suivie dans le cas d'un appel avec mémoires, selon les délais prévus au *Code de procédure civile* (chapitre C-25), sans gestion de l'instance.

Partie 2 — Administration de la Cour

2. Heures d'ouverture — Le greffe de la Cour est ouvert les jours juridiques du lundi au vendredi, de 8 h 30 à 16 h 30.

3. Tenue d'un registre — Le greffier tient à jour un registre dans lequel sont consignées, pour chaque cause, les indications suivantes :

a) le nom, l'adresse civique et, le cas échéant, l'adresse électronique des parties, ceux du bureau d'avocats qui les représente de même que le nom de l'avocat en charge du dossier;

b) la date de la réception de l'inscription en appel;

c) la date de la comparution de la partie intimée;

d) la date de la production du mémoire de chaque partie ou des documents en tenant lieu;

e) la date de la production du certificat de mise en état ou celle de la mise en état par le greffier;

f) la date de tout autre acte de procédure et, le cas échéant, celle de la décision intervenue;

g) les renseignements relatifs à l'ajournement d'une requête;

h) la date de la mise en délibéré et celle de l'arrêt.

4. Changement d'adresse — Les parties et leurs avocats doivent aviser le greffier sans délai de tout changement d'adresse.

5. Consultation d'un dossier — Un dossier ne peut être consulté qu'en présence du greffier. Si le dossier ne peut être consulté sur place, le greffier peut en permettre le retrait. Il exige alors une reconnaissance écrite qui est déposée au dossier.

6. Retrait de document — Une partie, ou son avocat, peut, avec l'autorisation du greffier et contre récépissé, retirer un document qu'elle a déposé au dossier.

7. Photocopie — Le greffier remet des photocopies aux frais de la partie qui en fait la demande.

8. Devoirs du greffier d'un autre tribunal — Dans le cas d'un appel interjeté de la décision d'un tribunal autre que la Cour supérieure ou la Cour du Québec, les devoirs qui incombent aux greffiers de ces tribunaux en vertu de la loi et des présentes règles sont remplis, selon le cas, par le greffier ou le secrétaire de ce tribunal.

PARTIE 3 — RÈGLES GÉNÉRALES

9. Format et qualité du papier — Le format du papier est de 21,5 cm sur 28 cm. Il s'agit d'un papier blanc de bonne qualité. Le format du papier peut être de 21,5 cm sur 35,5 cm pour les documents accompagnant la requête ou, dans le cas d'un appel procédant par la voie accélérée, l'exposé.

10. Intitulé des actes de procédure — (1) Dans tout acte de procédure,

l'intitulé comprend, dans l'ordre, les noms de la partie appelante, de la partie intimée et, le cas échéant, des autres parties.

(2) Sous le nom de chaque partie est indiquée sa position en instance d'appel, en lettres majuscules, et en première instance, en lettres minuscules.

(3) L'intitulé demeure identique dans tous les actes de procédure en cours d'instance d'appel.

(4) S'agissant d'un appel en matière de révision judiciaire, l'instance qui a rendu la décision attaquée en révision judiciaire est désignée comme mise en cause.

11. Titre des actes de procédure — Le titre de l'acte de procédure, apparaissant à l'endos et en première page, indique la position en instance d'appel de la partie qui le présente, suivie de la référence précise aux textes législatifs ou réglementaires sur lesquels il s'appuie.

12. Signature — Tout acte de procédure doit être signé par la partie ou son avocat.

13. Amendement — En cas d'amendement à un acte de procédure, les additions ou substitutions doivent être soulignées ou signalées dans la marge au moyen d'un trait vertical, et les suppressions doivent être indiquées au moyen de pointillés entre parenthèses.

14. Désistement, transaction ou faillite — Dès que survient un désistement, une transaction ou une faillite, les parties doivent en aviser le greffier. La partie qui se désiste d'un jugement porté en appel doit en aviser immédiatement le greffier.

15. Attestation sous l'article 495.2 du *Code de procédure civile* (chapitre C-25) — (1) L'attestation prescrite par l'article 495.2 du *Code de procédure civile* revêt la forme prévue par l'annexe I.

(2) La règle énoncée à l'article 495.2 du *Code de procédure civile* trouve également

application, compte tenu des adaptations nécessaires, à l'égard de l'appel incident.

16. Désertion de l'appel — **(1)** Le certificat attestant la désertion d'un appel revêt la forme prescrite à l'annexe II.

(2) Le greffier transmet une copie conforme du certificat aux parties ou à leurs avocats.

(3) Annulation du certificat de désertion par le greffier — Le greffier peut, d'office ou à la demande d'une partie, annuler le certificat de désertion délivré par suite d'une inadvertance manifeste. Il transmet alors aux parties ou à leurs avocats copie du document attestant de l'annulation.

(4) Remise en état de l'appel par la Cour — Lorsque, les circonstances le justifiant, la Cour ordonne la remise en état d'un appel, elle autorise la partie appelante ou appelante incidente à signifier à la partie adverse et à produire au greffe de la Cour son mémoire, ou l'exposé et les documents qui en tiennent lieu, dans un délai qu'elle fixe.

17. Huissier-audiencier — L'ouverture et la clôture des séances de la Cour et de celles tenues par le juge ou le greffier sont déclarées par l'huissier-audiencier, qui assiste à toute la durée de l'audience, à moins d'en être dispensé.

18. Nombre d'avocats — **(1)** À l'audition de l'appel, chaque partie peut faire entendre deux avocats, un seul pouvant répliquer pour la partie appelante.

(2) À l'audition d'une requête, chaque partie ne peut faire entendre qu'un avocat, sauf permission.

19. Tenue vestimentaire — **(1)** À l'audience de la Cour, la tenue suivante est de rigueur :

    a) l'avocat : toge, rabat, col blanc et vêtement foncé;

    b) le stagiaire : toge et vêtement foncé;

    c) le greffier et l'huissier-audiencier : toge et vêtement foncé.

(2) Devant un juge ou le greffier, le port de la toge n'est pas requis. Toutefois, la tenue vestimentaire doit être sobre.

20. Décorum — **(1)** Toutes les personnes présentes à une audience doivent s'assurer que leur téléphone cellulaire, téléavertisseur et autres appareils sonores sont fermés.

(2) La Cour ou le juge peut prendre toutes les mesures requises pour assurer la saine administration de la justice, la sérénité des audiences et le respect des droits des parties et de leurs avocats.

21. Règle d'interprétation — Les règles de la Cour doivent être interprétées de façon à assurer le fonctionnement équitable et simple du processus d'appel de même que l'élimination des dépenses et délais injustifiés. À moins qu'il n'en soit déclaré autrement, ces règles peuvent être assouplies ou mises de côté par la Cour ou le juge lorsque leur respect risquerait de créer une injustice. En l'absence de règles, il peut être statué d'une manière compatible avec les objectifs énoncés précédemment.

PARTIE 4 — LES REQUÊTES

22. Présentation et contenu — **(1)** Les requêtes sont présentées, selon le cas, à la Cour, à un juge ou au greffier. Elles doivent être accompagnées de tout ce qui est nécessaire à leur étude, notamment des actes de procédure, pièces, dépositions, procès-verbaux, jugements ou extraits de ces documents de même que des dispositions réglementaires ou législatives invoquées, à l'exception du Code civil ou du *Code de procédure civile* (chapitre C-25).

(2) Une partie peut demander d'être dispensée de produire sur support papier les documents accompagnant la requête, ou certains de ces documents, lorsque toutes les parties à la requête consentent à ce qu'ils soient produits sur support informatique. La demande est faite par lettre, par télécopieur ou par courriel adressée au greffe, avec copie aux autres parties à l'instance, et tranchée par un juge dans le cas d'une requête à la Cour ou à un juge, ou par le greffier dans le cas d'une requête au greffier.

23. Dispense de présence — L'envoi, par la partie intimée, d'un consentement écrit aux conclusions d'une requête, par lettre, télécopieur ou courriel, avec copie aux parties, dispense les parties et leurs avocats d'être présents lors de sa présentation à moins que la Cour, le juge ou le greffier saisi de la requête n'en décide autrement et n'en avise les parties.

24. Convocation à une autre heure — La Cour, le juge ou le greffier peut dispenser les parties et leurs avocats d'être présents à l'ouverture de l'audience et les convoquer à une autre heure pour l'audition de la requête.

25. Absence — Faute par une partie de comparaître au jour et à l'heure fixé pour la présentation de la requête, la Cour, le juge ou le greffier peut n'entendre que les parties présentes et statuer sans entendre la partie absente, ou encore ajourner l'audience aux conditions indiquées, notamment quant aux dépens.

26. Conférence téléphonique — Lorsque les circonstances s'y prêtent et que les parties y consentent, la Cour, le juge ou le greffier peut entendre la requête par conférence téléphonique.

Requête à la Cour

27. Réservation d'une date de présentation — La partie requérante réserve auprès du greffier la date et l'heure de présentation d'une requête destinée à la Cour.

28. Délai de signification et de production — La requête est ensuite signifiée et produite au greffe, avec les documents joints, en 4 exemplaires, au moins cinq jours juridiques francs avant la date de sa présentation. Dans le cas de la requête en rejet d'appel fondée sur les paragraphes 4.1 ou 5 du premier alinéa de l'article 501 du *Code de procédure civile* (chapitre C-25), avec ou sans conclusion subsidiaire en cautionnement, le délai de signification et de production au greffe est d'au moins 30 jours avant la date de présentation.

29. Avis de présentation — L'avis de présentation mentionne la date, l'heure et la salle où la requête sera ainsi présentée.

30. Ajournement — **(1)** Dès que possible avant la présentation de la requête, la partie requérante avise le greffier par lettre, par télécopieur ou par courriel du consentement des parties à un ajournement ou du fait que, le jour de la présentation, une partie demandera un ajournement.

(2) À défaut de cet avis et à moins d'une circonstance spéciale, la Cour se saisit de la requête et en décide.

(3) Il n'est toutefois pas possible d'ajourner la présentation d'une requête du seul consentement des parties quand il reste moins d'un jour juridique franc avant la date de présentation prévue. Les parties doivent alors obtenir l'autorisation du juge présidant la formation ou, en son absence, d'un autre juge de la formation.

(4) De plus, s'agissant d'une requête en rejet d'appel fondée sur les paragraphes 4.1 ou 5 du premier alinéa de l'article 501 du *Code de procédure civile* (chapitre C-25), il n'est pas possible d'en ajourner la présentation du seul consentement des parties quand il reste moins de 10 jours avant la date de présentation prévue. Les parties doivent alors demander à la Cour par lettre, par télécopieur ou par courriel l'autorisation d'ajourner la présentation de la requête à une date ultérieure, motifs à l'appui.

31. Rejet sans audition et sans frais — La Cour informe les parties le plus rapidement possible des requêtes en rejet d'appel fondées sur les paragraphes

4.1 ou 5 du premier alinéa de l'article 501 du *Code de procédure civile* (chapitre C-25), avec ou sans conclusion subsidiaire en cautionnement, qu'elle juge sans fondement et qui sont, en conséquence, rejetées sans audition et sans frais.

Requête au juge

32. Présentation — La requête est présentée à 9 h 30. Entre le 24 juin et la fête du Travail, elle est présentée l'un des jours déterminés par le juge en chef.

33. Délai de signification et de production — La requête est signifiée et produite au greffe, avec les documents joints, en deux exemplaires, au moins deux jours juridiques francs avant la date de sa présentation.

34. Avis de présentation — L'avis de présentation mentionne la date, l'heure et la salle où la requête sera ainsi présentée.

35. Ajournement — **(1)** Dès que possible avant la présentation de la requête, la partie requérante avise le greffier par lettre, par télécopieur ou par courriel, du consentement des parties à un ajournement ou du fait que, le jour de la présentation, une partie demandera un ajournement.

(2) À défaut de cet avis et à moins d'une circonstance spéciale, le juge se saisit de la requête et en décide.

(3) Il n'est toutefois pas possible d'ajourner la présentation d'une requête du seul consentement des parties quand il reste moins d'un jour juridique franc avant la date de présentation prévue. Les parties doivent alors obtenir l'autorisation du juge chargé d'entendre la requête.

Requête au greffier

36. Présentation — La requête est présentée à 9 h 00. Entre le 24 juin et la fête du Travail, elle est présentée l'un des jours déterminés par le juge en chef.

37. Délai de signification et de production — La requête est signifiée et produite au greffe, avec les documents joints, en deux exemplaires, au moins deux jours juridiques francs avant la date de sa présentation.

38. Avis de présentation — L'avis de présentation mentionne la date, l'heure et la salle où la requête sera ainsi présentée.

39. Ajournement — **(1)** Dès que possible avant la présentation de la requête, la partie requérante avise le greffier par lettre, par télécopieur ou par courriel, du consentement des parties à un ajournement ou du fait que, le jour de sa présentation, une partie demandera un ajournement.

(2) À défaut de cet avis et à moins d'une circonstance spéciale, le greffier se saisit de la requête et en décide.

PARTIE 5 — MÉDIATION JUDICIAIRE

40. Médiation judiciaire — La conférence de règlement à l'amiable prévue à l'article 508.1 du *Code de procédure civile* (chapitre C-25) est désignée sous le nom de médiation judiciaire.

41. Demande conjointe — À toute étape du dossier en appel, une demande conjointe de médiation judiciaire peut être adressée au greffe de la Cour selon le modèle figurant à l'annexe III.

42. Date de la conférence — Sur réception de cette demande, le greffier communique avec les avocats pour fixer une date pour la séance de médiation.

43. Contenu du dossier — Un dossier sommaire comprenant l'inscription en appel, le jugement dont appel et, s'il y a lieu, les procédures et pièces choisies par les parties, est déposé au greffe de la Cour sept jours avant la tenue de la séance de médiation. La transcription des témoignages n'est pas requise.

44. Confidentialité — Tout ce qui est dit ou écrit au cours de la séance de médiation est confidentiel. À cette fin, les parties et leurs avocats s'engagent, par écrit, à garder confidentielle la teneur des échanges. Si la conférence ne permet pas de régler le litige, les juges qui, le cas échéant, entendent l'appel ne sont pas informés de l'existence de la médiation.

PARTIE 6 — GESTION DE L'INSTANCE

Appel d'un jugement interlocutoire

45. Échéancier — En autorisant l'appel d'un jugement interlocutoire, le juge ou la Cour fixe la date d'audition et établit un échéancier pour la production, en quatre exemplaires, des exposés et des documents pertinents.

46. Nombre de pages et temps alloué — Le juge ou la Cour détermine le nombre de pages autorisé pour les exposés de même que le temps alloué aux parties pour les plaidoiries.

47. Caractère et interligne — L'exposé est présenté à au moins un interligne et demi, à l'exception des citations qui doivent être à interligne simple et en retrait. Le caractère à l'ordinateur est de 12 points et il n'y a pas plus de 12 caractères par 2,5 cm.

48. Désertion — Lorsque l'exposé et les documents qui tiennent lieu du mémoire de la partie appelante ne sont pas signifiés et produits dans le délai établi, l'appel est réputé déserté, les dispositions de l'article 503.1 du *Code de procédure civile* (chapitre C-25), compte tenu des adaptations nécessaires, trouvant ici application.

49. Forclusion — Lorsque l'exposé et, le cas échéant, les documents qui tiennent lieu du mémoire de la partie intimée ne sont pas signifiés et produits dans le délai établi, elle est forclose de les produire, les dispositions de l'article 505 du *Code de procédure civile* (chapitre C-25), compte tenu des adaptations nécessaires, trouvant ici application.

Appel d'un jugement final, sur permission

50. Voie ordinaire ou accélérée — En autorisant l'appel d'un jugement final, le juge ou la Cour détermine si l'appel se poursuit selon la voie ordinaire ou par la voie accélérée.

51. Échéancier — Si l'appel se poursuit selon la voie accélérée, le juge ou la Cour établit un échéancier pour la production des mémoires, en sept exemplaires, ou des exposés, en quatre exemplaires.

52. Nombre de pages et temps alloué — Le juge ou la Cour détermine le nombre de pages autorisé pour les exposés de même que le temps alloué aux parties pour les plaidoiries.

53. Caractère et interligne — L'exposé est présenté à au moins un interligne et demi, à l'exception des citations qui doivent être à interligne simple et en retrait. Le caractère à l'ordinateur est de 12 points et il n'y a pas plus de 12 caractères par 2,5 cm.

54. Désertion — Lorsque l'exposé et les documents qui tiennent lieu du mémoire de la partie appelante ne sont pas signifiés et produits dans le délai établi, l'appel est réputé déserté, les dispositions de l'article 503.1 du *Code de procédure civile* (chapitre C-25), compte tenu des adaptations nécessaires, trouvant ici application.

55. Forclusion — Lorsque l'exposé et, le cas échéant, les documents qui tiennent lieu du mémoire de la partie intimée ne sont pas signifiés et produits dans le délai établi, elle est forclose de les produire, les dispositions de l'article 505 du *Code de procédure civile* (chapitre C-25), compte tenu des adaptations nécessaires, trouvant ainsi application.

56. Date d'audition — Sauf s'il y a urgence, le dossier est déféré au maître des rôles pour qu'il déclare le dossier en état et fixe une date d'audition.

Appel en matière familiale

57. Voie accélérée, sauf exception — En matière familiale, les parties doivent déposer, en quatre exemplaires, outre les documents qui forment ordinairement les annexes du mémoire, dans le respect de l'échéancier établi conformément à l'article 507.0.1 du *Code de procédure civile* (chapitre C-25), un exposé limité à un maximum de 10 pages à moins qu'un juge n'ait décidé, après examen de l'inscription en appel, d'un nombre de pages différent.

58. Caractère et interligne — L'exposé est présenté à au moins un interligne et demi, à l'exception des citations qui doivent être à interligne simple et en retrait. Le caractère à l'ordinateur est de 12 points et il n'y a pas plus de 12 caractères par 2,5 cm.

59. Désertion — Lorsque l'exposé et les documents qui tiennent lieu du mémoire de la partie appelante ne sont pas signifiés et produits dans le délai établi conformément à l'article 507.0.1 du *Code de procédure civile* (chapitre C-25), l'appel est réputé déserté, les dispositions de l'article 503.1 du *Code de procédure civile*, compte tenu des adaptations nécessaires, trouvant ici application.

60. Forclusion — Lorsque l'exposé et les documents qui tiennent lieu de mé-

moire de la partie intimée ne sont pas signifiés et produits dans le délai établi conformément à l'article 507.0.1 du *Code de procédure civile* (chapitre C-25), elle est forclose de les produire, les dispositions de l'article 505 du *Code de procédure civile*, compte tenu des adaptations nécessaires, trouvant ici application.

Appel de plein droit

61. Modalités de la gestion — Dans le cas des appels portés de plein droit, la gestion de l'instance se fait selon les dispositions des articles 508.2, 508.3, 508.4 et 508.5 du *Code de procédure civile* (chapitre C-25), dans le respect du principe de proportionnalité énoncé à l'article 4.2 du *Code de procédure civile*.

Support informatique

62. Dans le cadre de cette gestion d'instance, le juge ou la Cour peut permettre que certains documents soient produits sur support informatique plutôt que sur support papier lorsque toutes les parties à l'instance d'appel y consentent. Les parties produisent sur support papier l'exposé, les documents qui forment habituellement l'annexe I du mémoire ainsi que les parties des documents qui en forment habituellement les annexes II et III auxquelles elles réfèrent spécifiquement dans leur exposé. Les textes complets des documents sont alors produits sur cédérom ou un autre support informatique ayant au minimum la capacité de recherche par mot-clé et, lorsque cela est possible, des hyperliens entre l'index et les procédures, pièces et dépositions.

PARTIE 7 — LES MÉMOIRES

63. Contenu du mémoire — Le mémoire est constitué d'un exposé et de trois annexes.

64. L'exposé — L'exposé est divisé en cinq parties :

PARTIE I — LES FAITS

La partie appelante y expose succinctement les faits.

La partie intimée indique sa position à l'égard de l'exposé des faits de la partie appelante et, au besoin, expose les autres faits qu'elle estime pertinents.

PARTIE II — LES QUESTIONS EN LITIGE

La partie appelante expose de manière concise les questions en litige. La partie intimée expose avec concision sa position relativement aux questions posées par la partie appelante et indique les autres questions qu'elle entend débattre, y compris celles que le tribunal de première instance n'a pas retenues ou examinées.

PARTIE III — LES ARGUMENTS

Les parties y développent les arguments reliés aux questions en litige, avec références précises aux annexes.

PARTIE IV — LES CONCLUSIONS

Les parties formulent de façon précise les conclusions recherchées, y compris quant aux dépens.

PARTIE V — LES SOURCES

Les parties donnent, pour la jurisprudence et pour la doctrine, une liste de leurs sources dressée selon l'ordre de l'exposé, avec renvoi aux paragraphes où elles sont mentionnées.

65. Les annexes — **(1) Pour la partie appelante** — Pour la partie appelante. Le mémoire de la partie appelante comporte trois annexes :

Annexe I

Elle comprend le jugement frappé d'appel et, le cas échéant, les notes ou les motifs du jugement conformément à l'article 507, alinéa 2, du *Code de procédure civile* (chapitre C-25). En matière de révision judiciaire ou d'appel d'un jugement de la Cour supérieure ou de la Cour du Québec siégeant en appel, elle comprend également la décision attaquée en révision judiciaire ou portée en appel.

Annexe II

Elle comprend :

1) l'inscription en appel ou, le cas échéant, la permission d'interjeter appel avec la requête l'ayant sollicitée;

2) les actes de procédure de la contestation liée;

3) les dispositions réglementaires ou législatives invoquées, autres que celles du Code civil ou du *Code de procédure civile*.

Annexe III

Elle comprend les seules pièces et dépositions ou les seuls extraits de pièces et de dépositions nécessaires à l'examen de toutes les questions en litige.

(2) Exposé conjoint des faits — Les parties peuvent se mettre d'accord sur un exposé conjoint des faits nécessaires à la solution des questions en litige au lieu d'avoir recours à la transcription des dépositions et aux pièces. Cet exposé est alors inséré au début de l'annexe III.

(3) Pour la partie intimée — La partie intimée ne retient dans les annexes de son mémoire que les éléments nécessaires à l'examen des questions posées, le cas échéant, par son appel incident et qui ne sont pas déjà inclus dans le mémoire de la partie appelante.

66. (1) Mémoire de la partie appelante incidente — S'il y a appel incident, le mémoire de la partie intimée principale comporte deux titres, le premier étant consacré à l'appel principal et le second, à l'appel incident. Le second est en la forme prescrite pour le mémoire de la partie appelante.

(2) Délai de production — Le délai imparti à la partie intimée qui a formé un appel incident est computé à compter de la production au greffe du mémoire de la partie appelante, selon l'article 504.1 du *Code de procédure civile* (chapitre c-25), ou à compter de la désertion de l'appel ou de son rejet sur requête.

(3) Désertion — Lorsque le mémoire de la partie appelante incidente n'est pas signifié et produit dans le délai, l'appel incident est réputé déserté, les dispositions de l'article 503.1 du *Code de procédure civile*, compte tenu des adaptations nécessaires, trouvant ici application.

67. (1) Mémoire de la partie intimée incidente — La partie appelante principale peut, en réponse à l'appel incident, signifier et produire un mémoire en la forme prescrite pour celui de la partie intimée, dans les 30 jours de la réception du mémoire de la partie appelante incidente.

(2) Forclusion — La partie intimée incidente est assujettie à la règle énoncée à l'article 505 du *Code de procédure civile* (chapitre C-25) compte tenu des adaptations nécessaires.

68. Présentation du mémoire — La présentation du mémoire obéit aux règles suivantes :

a) **Couleur de la couverture** — La couleur de la couverture varie selon les parties : jaune pour la partie appelante, vert pour la partie intimée et gris pour les autres parties.

b) **Indications du plat supérieur de la couverture** — Le plat supérieur de la couverture présente les indications suivantes :

    i. le numéro de dossier attribué par le greffier;

    ii. le tribunal qui a rendu le jugement frappé d'appel, le district judiciaire, le nom du juge, la date du jugement ainsi que le numéro du dossier;

    iii. les noms de la partie appelante, de la partie intimée et, le cas échéant, des autres parties, dans cet ordre; sous le nom de chaque partie est indiquée sa position en appel, en lettres majuscules, et en première instance, en lettres minuscules;

    iv. l'identification du mémoire par la position de la partie qui le produit;

    v. le nom de l'avocat.

c) **Table des matières** — Le premier volume du mémoire comporte, au début, une table générale des matières et chaque volume subséquent, une table de son contenu.

d) **Pagination** — La pagination est faite dans le coin supérieur gauche de chaque page quant à l'exposé et en haut de page quant aux annexes.

e) **Nombre de pages** — Sauf avec la permission d'un juge, l'exposé ne peut excéder 30 pages.

f) **Caractère et interligne** — Le texte de l'exposé est présenté à au moins un interligne et demi, à l'exception des citations qui doivent être à interligne simple et en retrait. Le caractère à l'ordinateur est de 12 points et il n'y a pas plus de 12 caractères par 2,5 cm.

g) **Numérotation des paragraphes** — Les paragraphes de l'exposé sont numérotés.

h) **Numérotation des volumes** — S'il y a plusieurs volumes, le numéro de chacun et la séquence des pages contenues dans chaque volume sont indiqués sur le plat supérieur de la couverture et la tranche inférieure des volumes.

69. Les pièces — **(1) Disposition** — Chaque pièce ou extrait de pièce commence sur une page nouvelle, portant en titre la date, dans les cas qui le permettent, la nature et la cote de la pièce. Les pièces sont reproduites, autant que possible, selon l'ordre chronologique plutôt que selon l'ordre de production en première instance.

(2) Clarté — Toute pièce incluse dans les annexes doit être lisible et, au cas contraire, elle doit être accompagnée d'un texte lisible ; les photocopies de photographies ne sont permises que si elles sont claires.

70. Les dépositions — **(1) Disposition** — Les dépositions ou extraits de dépositions commencent sur une page nouvelle, portant en titre le nom du témoin en lettres majuscules, suivi, la première fois seulement et entre parenthèses, de son prénom, de son âge et de sa résidence. Ce titre est complété par diverses mentions, données en abréviation :

a) le nom de la partie qui a fait entendre le témoin ;

b) le fait que le témoignage n'a pas été rendu à l'audience, le cas échéant ;

c) le stade de l'instruction (preuve principale, défense, contre-preuve) ;

d) le stade de l'interrogatoire (interrogatoire, contre-interrogatoire, réinterrogatoire).

(2) Présentation — Les dépositions ou extraits de dépositions peuvent être reproduits dans un format quatre pages en une pourvu que le caractère utilisé soit équivalent à la police Arial 10 et que chaque page comporte un maximum de 25 lignes numérotées dans la marge de gauche.

71. Impression et reliure — Le mémoire est relié de façon que les feuilles de l'exposé et de l'annexe I ne soient imprimées que sur la page de gauche et les feuilles des annexes II et III, sur les deux côtés.

72. Nombre de feuilles — Chaque volume ne comporte pas plus de 225 feuilles.

73. (1) Attestation — À la fin des annexes, la partie ou l'avocat atteste que le mémoire est conforme aux présentes règles et qu'il met gratuitement à la disposition des autres parties l'original ou un exemplaire de toutes les dépositions obtenues sur support papier. La même obligation s'applique, compte tenu des adaptations nécessaires, lorsque les dépositions sont sur support informatique.

(2) Temps d'audience demandé — La partie ou l'avocat indique de plus le temps demandé pour sa plaidoirie.

74. (1) Mémoire refusé — Tout mémoire non conforme au *Code de procédure civile* (chapitre C-25) ou aux présentes règles est refusé par le greffier aussitôt que possible après sa production.

(2) Avis — Le greffier en avise les avocats ou les parties non représentées. (3) Effet du refus. Le mémoire refusé est tenu pour non avenu, à moins qu'il ne soit remédié à l'irrégularité dans le délai fixé par le greffier. (4) Révision de la décision du greffier. La décision du greffier peut être révisée à la suite d'une requête soumise à un juge dans les 15 jours de l'avis.

(3) Effet du refus — Le mémoire refusé est tenu pour non avenu, à moins qu'il ne soit remédié à l'irrégularité dans le délai fixé par le greffier.

(4) Révision de la décision du greffier — La décision du greffier peut être révisée à la suite d'une requête soumise à un juge dans les 15 jours de l'avis.

75. Support informatique — La Cour ou le juge peut permettre que certains documents du mémoire soient produits sur support informatique plutôt que sur support papier lorsque toutes les parties à l'instance d'appel y consentent. Les parties produisent sur support papier l'exposé, les documents qui forment l'annexe I ainsi que les parties des documents qui forment les annexes II et III auxquelles elles réfèrent spécifiquement dans leur exposé. Les textes complets des documents sont alors produits sur cédérom ou un autre support informatique ayant au minimum la capacité de recherche par mot-clé et, lorsque cela est possible, des hyperliens entre l'index et les procédures, pièces et dépositions.

PARTIE 8 — MISE ÉTAT

Avant le 1er janvier 2003

76. Certificat — Pour tous les appels antérieurs au 1er janvier 2003, le certificat de mise en état, dont le modèle figure à l'annexe IV doit être produit au greffe dans les 15 jours de la production des mémoires. Il est signé par les avocats des parties ou par les parties non représentées. Il indique le nom de l'avocat en charge du dossier.

77. Certificat non obtenu — **(1)** Si la partie appelante ne signe pas le certificat, la partie intimée peut demander, par requête, la mise au rôle. La requête est accompagnée du certificat signé par la partie intimée et signifiée à la partie adverse.

(2) Si la partie intimée ne signe pas le certificat ou n'a pas déposé son mémoire dans les délais prescrits, la partie appelante peut, de la même manière, demander la mise au rôle.

78. Requête pour mise au rôle — La requête pour mise au rôle est présentée au greffier. En l'absence de contestation, la présence des parties ou de leurs avocats n'est pas requise et le greffier déclare le dossier en état, le cas échéant. S'il y a contestation, le greffier décide de la requête,

ce qui peut se faire au moyen d'une conférence téléphonique.

À compter du 1er janvier 2003

79. Déclaration par le greffier — À compter du 1er janvier 2003, pour tous les dossiers qui ne font pas l'objet d'une gestion particulière, le greffier déclare le dossier en état quand tous les mémoires sont produits ou, le cas échéant, dès que la partie intimée est forclose de produire le sien. Le greffier avise les parties par un écrit dont le modèle figure à l'annexe V. Il y indique, entre autres, le moment approximatif où l'appel sera entendu.

80. (1) Renonciation à l'audition orale — De consentement, les parties peuvent demander qu'un appel soit décidé sur la foi des mémoires, sans présentation orale.

(2) Avis — Le greffier avise les parties de la date de la mise en délibéré de l'appel et de l'identité des juges qui ont pris charge du dossier.

(3) Convocation — Si la formation chargée du dossier juge qu'une présentation orale est nécessaire, les parties sont informées que le délibéré est radié et l'appel est remis au rôle général.

PARTIE 9 — RÔLE D'AUDIENCE

81. Mise au rôle — Le greffier dresse le rôle d'audience en respectant le plus possible la date de mise en état, sous réserve des priorités prévues par la loi ou accordées par le juge en chef.

82. Cause fixée par préférence — **(1)** La requête pour fixer une cause par préférence doit être accompagnée d'un avis dont la date et l'heure de présentation auront été préalablement fixées par le greffier.

(2) Après signification, la requête doit être produite au greffe au moins deux jours juridiques francs avant sa présentation.

(3) La requête est présentée au juge en chef ou au juge désigné par ce dernier.

83. Temps alloué pour plaider — Pour chaque cause, le greffier indique, sous la direction du juge en chef ou d'un juge désigné par lui, le temps alloué pour la plaidoirie de chacune des parties.

84. Avis d'audition — Au moins 30 jours avant l'ouverture de la session le greffier fait parvenir un exemplaire du rôle aux avocats des parties ou aux parties non représentées. En outre, un exemplaire est affiché au greffe et est disponible sur le site web de la Cour. Ces formalités valent avis de la date fixée pour l'audience.

85. Les sources — **(1)** Il est loisible à toute partie de produire un cahier de sources où les passages pertinents sont identifiés. L'impression recto verso est permise.

(2) Il est possible de produire un cahier de sources ne comprenant que les extraits pertinents en prenant soin toutefois de reproduire les pages qui les précèdent et qui les suivent immédiatement de même que la référence et le sommaire de la décision, le cas échéant.

(3) Le cahier de sources peut également être accompagné d'un cédérom ou autre support informatique comprenant le texte complet des sources.

(4) Les textes utilisés pour constituer le cahier de sources, en version intégrale ou abrégée, doivent être en format Word, lorsque disponible.

(5) Dans le cas des arrêts de la Cour suprême du Canada, le cahier de sources est constitué des arrêts, ou des extraits pertinents, publiés dans le Recueil des arrêts de la Cour suprême du Canada ou dans une base de données informatiques dont la numérotation des paragraphes est conforme à celle du Recueil des arrêts de la Cour suprême du Canada.

86. Délai de production — **(1)** Le cahier de sources doit être signifié à chacune des autres parties et produit au greffe, en quatre exemplaires, au moins 30 jours avant la date fixée pour l'audition de l'appel ou, dans le cas d'une requête, le plus tôt possible avant l'audition.

(2) Si la requête est destinée au juge ou au greffier, il suffit de produire le cahier de sources en un seul exemplaire.

87. Effet du retard — La Cour, le juge ou le greffier peut sanctionner le retard d'une partie à produire son cahier de sources en ordonnant que le coût de sa préparation ne soit pas inclus au mémoire des dépens, advenant que le pourvoi ou la requête soit décidé en sa faveur.

PARTIE 10 — AUDIENCE DE LA COUR

88. (1) Début — L'audience débute à 9 h 30 ou à toute autre heure fixée par la Cour.

(2) Dispense — La Cour peut dispenser les parties et leurs avocats d'être présents à l'ouverture de l'audience et les convoquer à une autre heure pour l'audition de l'appel.

89. Ordre — Les causes sont plaidées dans l'ordre du rôle, à moins qu'il n'en soit décidé autrement.

90. Absence — Faute par une partie de comparaître au jour et à l'heure fixés pour l'audience, la Cour peut n'entendre que les parties présentes et statuer sans entendre la partie absente, ou encore ajourner l'audience aux conditions indiquées, notamment quant aux dépens.

PARTIE 11 — VISIOCONFÉRENCE

91. (1) Requêtes et appels — Les requêtes adressées à la Cour ou au juge et les appels dont la date et l'heure de la présentation orale ont déjà été déterminées peuvent être entendus par visioconférence.

(2) Demande — À cette fin, les parties présentent une demande écrite au greffier à Québec ou à Montréal. En cas d'urgence, cette demande peut être faite par téléphone.

(3) Décision — Après examen du dossier, le juge qui doit présider la séance communique sa décision aux parties.

(4) Démarche — Il appartient aux parties et à leurs avocats de faire les démarches appropriées auprès des sociétés de téléphonie.

(5) Mode de fonctionnement — Les parties peuvent toutes plaider à partir de l'une ou l'autre des salles disponibles dans le territoire ou, encore, l'une ou l'autre d'entre elles peut plaider dans la salle d'audience où se trouve l'appareil récepteur où siège le juge ou la Cour.

(6) Tenue vestimentaire — S'il s'agit d'une audience de la Cour, le port de la toge est requis.

(7) Frais — Le loyer des salles et le coût des communications interurbaines sont à la charge de la partie ou des parties qui ont requis la visioconférence.

PARTIE 12 — DÉPENS

92. Décision sur les dépens — La Cour, en statuant sur les dépens, peut ordonner une réduction des débours et honoraires judiciaires ou rendre toute autre ordonnance dans les cas où les annexes comportent des éléments non nécessaires à l'examen du litige.

93. Taxation des dépens — Le greffier taxe le mémoire des dépens. En règle générale, le loyer des salles et le coût des communications interurbaines nécessaires à la tenue d'une visioconférence, le prix de la transcription ou de la traduction des dépositions selon le tarif, le coût de la reproduction des pièces ainsi que celui de la préparation et de l'impression des mémoires, annexes et cahiers de sources, pour autant qu'ils sont modérés, font partie des dépens.

PARTIE 13 — PROCÉDURES VEXATOIRES ET QUÉRULENCE

94. Procédures vexatoires — Lorsqu'elle est convaincue qu'une partie en appel agit de manière vexatoire, la Cour peut, d'office ou sur requête d'une partie, ordonner le rejet de la procédure ou sa suspension aux conditions qu'elle estime appropriée.

95. Quérulence — **(1)** Lorsqu'une personne fait preuve d'un comportement quérulent, c'est-à-dire qu'elle exerce son droit d'ester en justice de manière excessive ou déraisonnable, la Cour peut, d'office ou sur requête d'une partie, déclarer cette personne plaideur quérulent et ordonner qu'aucune autre procédure ne soit déposée par elle à la Cour sans autorisation préalable du juge en chef ou du juge que le juge en chef désigne à cette fin.

(2) Dans les cas qui le justifient, la Cour peut interdire l'accès à ses locaux.

(3) Une personne ne peut être déclarée plaideur quérulent sans avoir eu l'occasion de faire valoir les raisons pour lesquelles la Cour devrait s'abstenir de la déclarer quérulente.

(4) Dans les cas où la Cour agit d'office, le greffier transmet à la personne visée, par courrier recommandé ou par tout autre moyen approprié, avec copies aux autres parties au litige, un avis l'informant du jour où elle pourra être entendue par la Cour.

(5) Doivent être produits avec la demande d'autorisation de déposer un acte de procédure l'ordonnance d'assujettissement et l'acte de procédure projeté.

(6) Le juge en chef ou le juge que le juge en chef désigne peut déférer la demande à la Cour, auquel cas la personne qui demande l'autorisation doit la faire signifier aux parties visées par l'acte de procédure projeté, au moins 10 jours avant la date de présentation.

(7) L'acte de procédure non autorisé préalablement est réputé inexistant et le greffier, informé de l'ordonnance, doit refuser de le recevoir, exception faite de la demande d'autorisation mentionnée précédemment.

PARTIE 14 —
DISPOSITIONS TRANSITOIRES ET ENTRÉE EN VIGUEUR

96. Dispositions transitoires — Les règles applicables avant le 1ᵉʳ janvier 2007

(date d'entrée en vigueur) continuent de s'appliquer à toutes les instances pour lesquelles l'appel a été formé avant le 1ᵉʳ janvier 2007. Les parties peuvent toutefois convenir de soumettre le pourvoi aux présentes règles.

97. Entrée en vigueur — Les présentes règles entrent en vigueur le 1ᵉʳ janvier 2007.

ANNEXE I
(a. 15)

CANADA
PROVINCE DE QUÉBEC
COUR D'APPEL
GREFFE DE

No _____

Première instance
No

Partie appelante

c.

Partie intimée

_____

Attestation (495.2 *Code de procédure civile*)

Je soussigné(e) _____, atteste sous mon serment (d'office quant à l'avocat) que j'ai donné mandat le _____ à _____ de procéder avec diligence à la transcription ou à la traduction des dépositions ou des extraits de dépositions qui seront inclus à mon mémoire ou atteste sous le même serment qu'aucune déposition n'est nécessaire aux fins du pourvoi.

Signé à , ce

(Attestation) _____

ANNEXE II

(a. 16)

CANADA
PROVINCE DE QUÉBEC
COUR D'APPEL
GREFFE DE

No _____

Première instance
No

Partie appelante

c.

Partie intimée

_____

Certificat d'appel déserté

Je soussigné, greffier de la Cour d'appel ou son adjoint, certifie que j'ai, ce jour, constaté le défaut de la partie appelante de produire son mémoire dans le délai prévu au Code de procédure civile et aux Règles de la Cour d'appel en matière civile et, en conséquence, je dépose le présent certificat au dossier attestant que l'appel est déserté, avec dépens, depuis le   .

Signé à

Ce

_____

Greffier

ANNEXE III — COUR D'APPEL

(a. 41)

PROVINCE DE QUÉBEC
GREFFE DE

N° :_____
Première instance
N° :_____

_____
Partie APPELANTE

    c.

_____
Partie INTIMÉE

Demande conjointe de médiation judiciaire

Nous présentons une demande conjointe de médiation judiciaire afin de trouver une solution définitive à notre litige par la conclusion d'une transaction.

Nous nous engageons à constituer, conjointement, un dossier sommaire qui sera déposé au greffe de la Cour dans les sept jours précédant la médiation. Ce dossier comprendra l'inscription en appel, le jugement dont appel ainsi que les procédures et les pièces que nous jugerons utiles.

Nous comprenons que les délais impartis en appel (titre II du livre III du Code de procédure civile) sont suspendus à compter du dépôt de la demande de médiation.

Nous nous engageons à respecter la confidentialité de tous les échanges se déroulant pendant la procédure de médiation, incluant les conférences téléphoniques, les visioconférences, les rencontres plénières et les rencontres individuelles.

Le _____

_____ | _____
Partie appelante | Partie intimée

(Avocat/e spécialement chargé/e du dossier)
Nom : . . . .
Étude : . . . .
Adresse : . . . .
. . . .
. . . .

(Avocat/e spécialement chargé/e du dossier)
Nom : . . . .
Étude : . . . .
Adresse : . . . .
. . . .
. . . .

Téléphone : . . . .   Téléphone : . . . .
Télécopieur : . . . .   Télécopieur : . . . .

S.V.P. retourner le formulaire auprès du greffe de la Cour d'appel (dûment signé de tous) en indiquant sur l'enveloppe DEMANDE DE MÉDIATION JUDICIAIRE

ANNEXE **IV**

(a. 76)

COUR D'APPEL
Certificat de mise en état
C.A. N°

Partie appelante   Partie intimée

Objet du litige : _____

Montant : _____

Au fond   Interlocutoire

Sont produits :   Motifs du jugement attaqué

Mémoire de la partie appelante

Mémoire de la partie intimée

Mémoire des autres parties

Nous renonçons à la présentation orale du pourvoi et déclarons n'avoir aucune autre argumentation supplémentaire à celle contenue dans nos mémoires respectifs.

OUI   NON

Signé à _____ le_____

PARTIE APPELANTE
Nom et adresse du bureau d'avocat et
nom de l'avocate ou l'avocat spécialement en charge du dossier

_____

_____

Téléphone : _____

PARTIE INTIMÉE
Nom et adresse du bureau d'avocat et
nom de l'avocate ou l'avocat spécialement
en charge du dossier

_____

_____

Téléphone : _____

PARTIE MISE EN CAUSE
Nom et adresse du bureau d'avocat et
nom de l'avocate ou l'avocat spécialement
en charge du dossier

_____

_____

Téléphone : _____

Note au greffe : numéros des dossiers opposant les mêmes parties qui feront partie de la même audition :

No _____   No _____

ANNEXE V
(a. 79)

CANADA
PROVINCE DE
QUÉBEC
DISTRICT DE
NO :

COUR D'APPEL

_____
Partie appelante

c.

_____
Partie intimée

DÉCLARATION DE MISE EN ÉTAT

1. Mémoire partie appelante (____ volumes)
produit le _____

Mémoire partie intimée (___ volumes)
produit le _____

OU

Constat de forclusion délivré le _____

Mémoire mise en cause, intervenant (_____ volumes)
produit le _____

2. Temps requis :

Partie appelante : _____
Partie intimée : _____
Autres : _____
Total : _____

3. Date de l'audition :

Fixée

À être déterminée par le maître des rôles ;
approximativement à la session de _____ 20 ____

_____
(Signature)

Règlement de procédure civile

Table des matières

LES FORMULAIRES

Formulaire I: Bordereau de transmission par télécopieur (règle 6)

Formulaire II: Déclaration de mise au rôle d'audience (règle 15)

Formulaire III: Certificat d'état de cause (règle 15)

Formulaire III A: Déclaration sommaire de dossier complet (règle 75)

Formulaire IV: (*abrogé*)

Formulaire V: (*abrogé*)

Formulaire VI: Avis aux membres (recours collectif) (règle 58*d*)

Formulaire VII: (*abrogé*)

RÈGLEMENT DE PROCÉDURE CIVILE*,

RLRQ, c. C-25, r. 11, tel que modifié par Décision, (1984) 116 *G.O.* II, 2135; Décision, (1985) 117 *G.O.* II, 516; Décision, (1986) 118 *G.O.* II, 836; Décision, (1987) 119 *G.O.* II, 1006; Décision, (1987) 119 *G.O.* II, 3444; Décision, (1988) 120 *G.O.* II, 2512; *Erratum*, (1988) 120 *G.O.* II, 2689; Décision, (1989) 121 *G.O.* II, 2929; Décision, (1990) 122 *G.O.* II, 104; Décision, (1990) 122 *G.O.* II, 3925; Décision, (1991) 123 *G.O.* II, 5599; Décision, (1992) 124 *G.O.* II, 6664; Décision, (1994) 126 *G.O.* II, 6197; Décision, (1995) 127 *G.O.* II, 4190; Décision, (1996) 128 *G.O.* II, 5535; Décision, (1997) 129 *G.O.* II, 1308; Décision, (1998) 130 *G.O.* II, 5894; Décision, (1999) 131 *G.O.* II, 2402; *Erratum*, (1999) 131 *G.O.* II, 2651; Décision, (2000) 132 *G.O.* II, 5372; Avis, (2001) 133 *G.O.* II, 6019; Avis, (2002) 134 *G.O.* II, 5641; Avis, (2003) 135 *G.O.* II, 4002; Avis, (2004) 136 *G.O.* II, 4034; Avis, (2004) 136 *G.O.* II, 5270.

Code de procédure civile, RLRQ, c. C-25, a. 47

Chapitre I —— Dispositions générales

1. Application — Les présentes règles s'appliquent à tous les districts judiciaires du Québec, sous réserve de règles particulières adoptées en vertu de l'article 47 du *Code de procédure civile* (chapitre C-25).

Sauf disposition contraire, les présentes règles s'appliquent également en matière familiale et de faillite.

2. Accès aux registres et dossiers — Toute personne peut avoir accès aux dossiers de la Cour ainsi qu'aux registres du greffier et du shérif, à leur bureau respectif, tous les jours juridiques, du lundi au vendredi, de 8 h 30 à 16 h 30.

Un dossier de la Cour ne peut être consulté qu'en présence du greffier. Si ce dernier est empêché d'y assister, il exige une reconnaissance écrite qui doit demeurer au dossier.

3. Dossier médical et rapport d'expertise — Dans toute demande en justice, le dossier médical et tout rapport d'expertise préparé par un médecin, un psychologue ou un travailleur social, versé au dossier, sont conservés sous enveloppe scellée et personne, sauf les parties et leurs avocats, n'y a accès sans la permission du tribunal ou d'un juge. L'accès à un tel document comporte le droit d'en prendre copie à ses frais.

4. Changement d'adresse — Les parties et leurs avocats doivent aviser le greffier sans délai de tout changement d'adresse.

Chapitre II —— Des actes de procédure et pièces

SECTION I —— DISPOSITIONS GÉNÉRALES

5. Forme et désignation des parties — Les actes de procédure doivent être lisiblement écrits sur un côté d'un bon papier de format 21,25 cm x 28 cm (8,5 po x 11 po) — l'usage du format traditionnel est toléré jusqu'au 1er septembre 2006;

---

*Peut être cité en français: « R.p.c.(C.S.) » ou, en contexte: « R.p.c. » et en anglais: « R.C.P.(S.C.) » ou, en contexte « R.C.P. ».

l'endos doit en indiquer la nature et l'objet, le numéro du dossier et le nom des parties, la partie qui le produit ainsi que le nom, l'adresse, le code postal, le numéro de téléphone et le code informatique de son procureur.

Les conventions à joindre à un jugement sont rédigées sur un côté seulement d'un bon papier de format 21,25 cm x 28 cm (8,5 po x 11 po).

Tout acte de procédure introductif d'instance indique le nom, l'adresse et le code postal des parties.

Tout acte de procédure d'une partie est signé par son procureur. Si une partie n'est pas représentée par procureur, sauf dans les cas prévus à l'article 61 du *Code de procédure civile*, son acte de procédure est signé de sa main.

Dans tout acte de procédure, les parties conservent les mêmes ordre et désignation que dans l'acte introductif d'instance.

Tout acte de procédure relatif à la procédure allégée, ainsi que tout endos portent la mention « procédure allégée » au-dessus de celle « Cour supérieure ».

[(2002) 134 *G.O.* II, 5641, a. 1; (2004) 136 *G.O.* II, 4034, a. 1.1].

6. Signification par télécopieur — Le bordereau de transmission faisant preuve de signification par télécopieur doit être agrafé au verso de l'original du document signifié. Il est de format 21,25 cm x 27,5 cm (8,5 po x 11 po) et, autant que faire se peut, conforme au formulaire I.

7. Amendements — En cas d'amendement à un acte de procédure, les additions ou substitutions doivent être soulignées, ou signalées dans la marge au moyen d'un trait vertical, et les suppressions doivent être indiquées au moyen de pointillés entre parenthèses.

8. Précisions — Lorsque des précisions à un acte de procédure ont été ordonnées, un nouvel acte les incorporant est déposé au dossier dans les délais impartis.

SECTION II — LES REQUÊTES

9. Référence aux dispositions pertinentes — Toute requête en Chambre de pratique et devant le juge indique la référence à l'article du *Code de procédure civile*, des règles de pratique ou de la loi en vertu de laquelle elle est présentée.

10. Dépôt au greffe — Seules sont portées au rôle les requêtes déposées au greffe depuis au moins un jour juridique franc, sauf dispense par le juge en chef pour un district particulier.

11. Requête pour précisions — Chaque paragraphe d'une requête pour précisions porte le même numéro que le paragraphe de l'acte de procédure qu'il vise.

12. Saisie avant jugement et délaissement forcé — La requête en annulation de saisie avant jugement et celle en annulation de l'ordonnance rendue en vertu de l'article 2767 du *Code civil du Québec* fondées sur la fausseté des allégations de l'affidavit, indiquent celles qui sont contestées et donnent les motifs de la contestation.

12.1. Régime de protection — Le greffier, sur réception d'une opposition dans le cadre de l'article 280 du *Code civil du Québec* ou de l'article 863.10 du *Code de procédure civile*, inscrit l'affaire au rôle de la chambre de pratique et envoie à tous les intéressés un avis de sa présentation au moins 10 jours avant la date fixée.

[(2001) 133 *G.O.* II, 6019, a. 1].

Chapitre III — Le greffe

13. Registres et index — Le greffier tient, sous forme de volume, de fiches, de films, d'enregistrement magnétique ou selon qu'autrement décidé par le juge en chef de concert avec l'administration, les registres et index suivants:

a) un index des demandeurs, des défendeurs et des autres parties;

b) un index des élections de domicile;

c) un index des causes prises en délibéré, tant sur les incidents que sur le fond, contenant:

i. le numéro de la cause;

ii. le nom des parties;

iii. le nom du juge;

iv. la date où l'affaire a été prise en délibéré;

d) un plumitif contenant:

i. le numéro de la cause;

ii. les noms des parties;

iii. la nature de la demande, le montant réclamé et la date du dépôt de l'exemplaire;

iv. la nature et la date d'entrée de toutes les pièces de procédure;

v. une note succincte de tous les documents;

vi. une note succincte de tous actes judiciaires et interlocutoires et jugements définitifs rendus et leur date;

vii. la date de chaque séance du tribunal et la date du dépôt du procès-verbal d'audience de cette séance;

viii. la date où le dossier est complet et celle où il est expédié au juge pour le délibéré;

ix. la nature de tout bref d'exécution demandé;

x. la date du bref d'exécution ainsi que la date de son rapport;

xi. les ordonnances rendues depuis l'émission du bref d'exécution ou de saisie-arrêt;

xii. la nature, la date d'entrée des oppositions, réclamations ou contestations et les noms et adresses des procureurs, s'il y a lieu;

xiii. le montant prélevé, s'il en est;

xiv. la date d'affichage des états de collocation, celle de leur homologation et de leur transmission au shérif, ainsi que la date et la note succincte des requêtes faites à ces fins;

e) un registre contenant les originaux des jugements, sauf ceux rédigés et signés sur un procès-verbal d'audience ou sur une requête;

f) un journal des jugements contenus au registre précédent;

g) un registre conforme à l'article 275 du *Code de procédure civile;*

h) un index des demandes d'injonction, des brefs d'habeas corpus et des recours extraordinaires mentionnés au titre VI du livre V du *Code de procédure civile* contenant:

i. le numéro de la cause;

ii. le nom des parties et de leurs avocats;

iii. la date et la nature de la demande;

i) un index des expropriations contenant:

i. le numéro de la cause;

ii. le nom des parties et de leurs avocats;

iii. la date d'introduction de l'instance;

j) un index des recours collectifs contenant:

i. le numéro de la cause;

ii. le nom des parties et de leurs avocats;

iii. la date d'introduction de l'instance;

k) un registre de la juridiction non contentieuse contenant:

i. la désignation des parties;

ii. l'objet de la procédure;

iii. la date du jugement;

iv. une note des procédures après jugement;

l) tous autres registres, index ou fichiers dont la tenue peut être prescrite par la loi ou requise par le juge en chef ou décidée par le greffier.

13.1. Mise à jour du plumitif — Lorsque le dossier est acheminé à la cour ou au juge, un relevé du plumitif à jour y est versé et les relevés précédents sont détruits.

14. Réception des actes de procédure — Le greffier, lorsqu'il reçoit un acte de procédure ou une pièce, le numérote et y inscrit la date et l'heure de réception.

Chapitre IV ━━ Mise en état des dossiers

15. Certificat d'état de cause — Nulle demande en justice introduite par déclaration, contestée au fond, n'est portée au rôle d'audience à moins qu'un certificat d'état de cause selon le formulaire III, délivré par le greffier, ne soit déposé au dossier. Dès le dépôt du certificat, le greffier en donne avis aux parties et à leurs procureurs.

Le greffier délivre le certificat lorsque chaque partie, sauf celle qui ne conteste pas, a fait signifier et produit au dossier une déclaration de mise au rôle d'audience conforme au formulaire II. Cette déclaration doit être accompagnée d'un inventaire des pièces communiquées.

Le défaut par une partie de produire ce formulaire dans les délais prescrits donne ouverture notamment à l'application de l'article 477 du *Code de procédure civile.*

La déclaration de mise au rôle est faite par l'avocat, sous son serment d'office; la déclaration de la partie non représentée par procureur doit être assermentée.

La partie à qui la déclaration de mise au rôle est signifiée a 60 jours pour signifier et produire sa déclaration de mise au rôle; ce délai est réduit à 30 jours dans le cadre de la procédure allégée. À défaut, elle est

forclose de le faire. À l'expiration du délai, le greffier délivre le certificat d'état de cause. La partie forclose ne peut, par la suite, produire sa déclaration sans l'autorisation du tribunal.

[(1999) 131 *G.O.* II, 2402, a. 1].

15.1. Autre déclaration de mise au rôle d'audience — Sauf dispense, nulle requête introductive d'instance, contestée au fond, n'est portée au rôle d'audience à moins qu'une déclaration de mise au rôle d'audience conforme au formulaire II ne soit produite au dossier selon l'échéancier applicable. Cette déclaration doit être accompagnée d'un inventaire des pièces communiquées.

[(2002) 134 *G.O.* II, 5641, a. 3].

15.2. Cote de pièces — La cote d'une pièce communiquée, notamment en vertu des articles 294.1, 402.1 et 403 du *Code de procédure civile*, comporte une lettre unique, propre à chaque partie, suivie d'un numéro dans un ordre consécutif, du début à la fin du dossier.

Les pièces conservent la même cote pour l'ensemble de toutes les demandes, au fond et en cours d'instance.

La cote de la pièce et le numéro de dossier sont inscrits au recto, et à l'endos s'il en est, de chaque pièce. Le numéro de dossier n'est pas répété si plusieurs pièces sont assemblées.

[(2002) 134 *G.O.* II, 5641, a. 2].

16. Dossiers inactifs — Le juge en chef ou le juge qu'il désigne, peut appeler, après avis aux parties ou à leurs avocats, les causes inscrites au sujet desquelles le certificat d'état de cause n'a pas été déposé dans l'année de leur inscription et, sur demande, celles où la partie demanderesse n'a pas produit sa déclaration de mise au rôle dans les 90 jours de l'inscription. Le juge en chef ou le juge par lui désigné peut alors, à sa discrétion, rayer la cause du rôle, la reporter à une date subséquente, déclarer une partie forclose ou adopter toute autre mesure propre à assurer les fins de la justice.

Dans le cadre de la procédure allégée, le délai d'une année est réduit à trois mois et celui de 90 jours est réduit à 30 jours.

17. Pièces ou documents additionnels — Après émission du certificat d'état de cause, nul autre document, extrait de témoignage, rapport ou autre pièce ne sera produit sans la permission du tribunal, laquelle ne sera accordée que s'il le considère nécessaire dans l'intérêt de la justice et aux conditions estimées justes.

18. Rôle provisoire — À la suite de l'émission du certificat d'état de cause, le greffier prépare une liste des causes qui peuvent être appelées durant les semaines à venir et, au moins 15 jours avant la date de la séance mentionnée ci-après, il expédie par la poste à chacun des avocats au dossier, ou aux parties, si elles ne sont pas représentées, un extrait de cette liste concernant leurs causes et les convoque à un appel du rôle provisoire présidé par le juge en chef ou un juge désigné par lui ou, avec son accord, le greffier.

Lors de cette séance, le président décide des moyens propres à simplifier la procédure et à abréger l'audition.

Le président fixe la date d'audience des causes apparaissant sur la liste, après consultation avec les avocats. Toute demande de remise doit être présentée lors de cette séance.

Le greffier dresse le procès-verbal de la séance et note au dossier de chaque cause appelée la présence ou l'absence des avocats ou des parties non représentées.

18.1. Expert commun — En tout état de cause les parties peuvent conjointement demander au tribunal la nomination d'un expert commun.

[(2003) 135 *G.O.* II, 4002, a. 2].

18.2. C.v. et frais d'expert — La partie qui produit un rapport d'expertise doit aussi produire le curriculum vitae de son auteur, son compte d'honoraires à jour et son tarif actuel pour participation à une audience au fond.

[(2003) 135 *G.O.* II, 4002, a. 2].

19. Rencontres d'experts — En tout état de cause, un juge peut, même de sa propre initiative, ordonner aux experts qui ont préparé des rapports contradictoires, de se rencontrer, en présence des parties ou des procureurs qui le souhaitent, afin de concilier leurs opinions ou d'identifier les points qui les opposent. Dans le délai fixé par le juge, ils doivent faire rapport aux parties et déposer au dossier le résultat de leur rencontre.

[(2000) 132 *G.O.* II, 5372, a. 1].

20. Conférence préparatoire — Le juge en chef ou le juge qu'il désigne détermine les causes dans lesquelles s'impose la tenue d'une conférence prépa- ratoire, avant même qu'elles ne soient fixées pour enquête et audition.

Chapitre V ━━ Rôle d'audience

21. Rôle d'audience — Le rôle d'audience est, aussitôt que possible, expédié par le greffier aux juges appelés à instruire les causes apparaissant sur le rôle et, le cas échéant, au juge ayant présidé la séance mentionnée à la règle 18.

Le rôle d'audience indique:

a) le nom du juge;

b) le numéro de la cause;

c) le nom de toutes les parties;

d) le nom des avocats au dossier;

e) la date et l'heure de l'audition;

f) l'endroit et, le cas échéant, la salle d'audience; et

g) tout autre renseignement ordonné par le président de la séance mentionnée à la règle 18.

Un extrait de ce rôle concernant leurs causes est également expédié par le greffier à chacun des avocats aux dossiers ou aux parties non représentées.

22. Causes ajoutées au rôle — Le juge en chef ou le juge désigné ou, sous leur autorité, le greffier ou le maître des rôles peut ajouter au rôle d'audience des causes qu'il considère prêtes à procéder.

23. Causes fixées par préférence — Les requêtes pour fixer une cause par préférence doivent être accompagnées d'un avis dont la date et l'heure de présentation auront été préalablement fixées par le juge désigné par le juge en chef, ou par le greffier ou le maître des rôles sous son autorité.

Après signification, la requête doit être produite au greffe au moins un jour franc avant la présentation.

Le greffier fait parvenir le dossier de la Cour au juge et seul ce juge, sous réserve de l'autorité du juge en chef, a juridiction pour l'entendre et en décider.

24. Avis aux avocats et aux parties — L'expédition aux avocats ou aux parties, par le greffier, de l'extrait du rôle d'audience concernant leurs causes constitue l'avis exigé par l'article 278 du *Code de procédure civile*.

25. Mentions inexactes au certificat d'état de cause — S'il apparaît au juge présidant le procès que le certificat d'état de cause contient des mentions inexactes sans lesquelles la cause n'aurait pas été portée au rôle d'audience, le juge peut rayer la cause du rôle ou l'ajourner ou adopter toute autre mesure propre à assurer les fins de la justice.

26. Dérogations au rôle — Le juge peut décider d'entendre une cause à une autre date ou dans un autre ordre que celui du rôle définitif.

27. Remise — Aucune cause n'est remise du seul fait du consentement ou de l'absence des parties. Elle est rayée de tout rôle.

Toute cause, ayant déjà été remise une fois à la demande de l'une ou l'autre des parties et au sujet de laquelle les parties ne sont pas encore prêtes lorsqu'elle apparaît sur le rôle d'audience, est rayée de tout rôle et ne peut être remise au rôle à moins que, sur requête écrite, le juge en chef ou le juge qu'il désigne n'en ordonne autrement.

28. Requête introductive d'instance — Le juge en chef ou le juge désigné peut porter à l'un des rôles tenus par le greffier en vertu des dispositions de l'article 275 du *Code de procédure civile*, toute requête introductive d'instance inscrite au rôle de la Chambre de pratique et, s'il le juge à propos, l'assujettir à la règle 15, auquel cas les règles 16 et 17 s'appliquent également.

29. Rôle d'urgence — Sont portées au rôle d'urgence les affaires qui doivent être instruites et jugées d'urgence en vertu d'une disposition de la loi ou d'une décision du juge en chef ou du juge désigné par lui à cette fin (article 275 *C.p.c.*), notamment les affaires suivantes:

1. incidents à l'exécution forcée des jugements (article 576 *C.p.c.*);

2. en contestation d'une réclamation produite par un créancier dans une saisie-arrêt (article 646 *C.p.c.*);

3. en contestation d'une réclamation produite dans les cas de dépôts volontaires (article 659 *C.p.c.*);

4. relatives aux demandes de saisie avant jugement (article 740 *C.p.c.*).

Chapitre VI ── Dispositions diverses

30. Extraits de dépositions — Tout extrait de déposition introduit en preuve en vertu des articles 398.1 ou 398.2 du *Code de procédure civile* indique la date et l'endroit de la déposition, le nom et la qualité du déposant et est certifié par la personne autorisée qui en a fait la traduction ou, à défaut, le greffier peut en délivrer une copie certifiée conforme.

30.1. Taxe du témoin — La citation à comparaître doit inclure les coordonnées de la partie qui cite le témoin et préciser que la taxation équivaut à jugement exécutoire, avec référence à l'article 322 du *Code de procédure civile*.

[(2004) 136 *G.O.* II, 4034, a. 1.2].

31. Jurisprudence et doctrine — La partie qui invoque un jugement ou un article de doctrine en indique les pages pertinentes et marque les passages cités.

32. Lois et règlements invoqués — La partie qui invoque des dispositions réglementaires ou législatives autres que celles du *Code civil du Québec*, du *Code de procédure civile* ou de la *Loi sur le divorce*, en fournit un exemplaire au juge.

Chapitre VII ━━ **L'audience**

SECTION I ━━ DÉCORUM

33. Personnes présentes — Toutes les personnes présentes à l'audience se lèvent quand le juge entre dans la salle et demeurent debout jusqu'à ce qu'il ait pris son siège. Quand l'audience est terminée, elles se lèvent de nouveau mais personne ne laisse sa place avant la sortie du juge.

34. Huissier-audiencier — À l'ouverture de la séance, l'huissier-audiencier dit à haute voix: « Silence, Veuillez vous lever. La Cour supérieure, présidée par l'honorable .... est ouverte. »

Dès que le juge a pris son siège, l'huissier-audiencier invite l'assistance à s'asseoir.

35. Tenue à l'audience — Toute personne comparaissant devant le tribunal doit être convenablement vêtue.

Toute personne s'adressant au tribunal doit se lever, sauf permission du juge.

36. Port de la toge — Au tribunal, l'avocat porte soit une toge noire avec veston noir, pantalon foncé et chemise, col et rabat blancs, soit une toge noire fermée devant, à encolure relevée, manches longues et rabat blanc. L'avocate porte toge noire et rabat blanc avec robe noire à manches longues ou jupe ou pantalon foncé et chemisier blanc à manches longues.

Le stagiaire porte soit une toge noire avec complet foncé, chemise blanche et cravate foncée, soit une toge noire fermée devant, à encolure relevée et manches longues. La stagiaire porte toge noire avec jupe ou pantalon foncé et chemisier blanc à manches longues ou vêtements foncés.

Toutefois, le port de la toge n'est pas requis durant les mois de juillet et août ni en Chambre de pratique civile. L'avocat ou le stagiaire porte alors pantalon, veston, chemise et cravate sobres, et l'avocate ou la stagiaire porte jupe ou pantalon avec chemisier et veston, robe ou costume-tailleur sobre.

[(2004) 136 *G.O.* II, 4034, a. 1.3].

37. Tenue des greffiers et huissiers-audienciers — Pendant les séances du tribunal, les greffiers et huissiers-audienciers portent en tout temps, l'une des tenues décrites au second alinéa de la règle 36 pour les stagiaires.

38. Bon ordre des audiences — Est interdit à l'audience tout ce qui porte atteinte au décorum et au bon ordre de la Cour.

Sont également prohibées à l'audience la lecture des journaux, la photographie, la cinématographie, la radio-diffusion et la télévision.

L'enregistrement sonore par les médias des débats et de la décision, le cas échéant, est permis, sauf interdiction du juge. La diffusion sonore d'un tel enregistrement est interdite.

38.1. Prise d'entrevues et usage de caméras — Afin d'assurer la saine administration de la justice, la sérénité des débats judiciaires et le respect des droits des justiciables et des témoins, la prise d'entrevues et l'usage de caméras dans un palais de justice ne sont permis que dans les lieux prévus à cette fin par directives des juges en chef.

[(2004) 136 *G.O.* II, 5270, a. 1].

38.2. Diffusion interdite — La diffusion de l'enregistrement d'une audience est interdite.

[(2004) 136 *G.O.* II, 5270, a. 1].

SECTION II —— PROCÈS-VERBAL

39. Rôle du greffier à l'audience —
Le greffier dresse un procès-verbal d'audience où il note:

a) le nom du juge présidant l'audience;

b) les diverses étapes de la séance;

c) le nom des avocats et des témoins;

d) le nom des greffier et sténographe;

e) les pièces produites;

f) les ordonnances du tribunal et les décisions sans délibéré, excepté celles relatives à la preuve qui sont notées dans les dépositions;

g) les aveux dictés au sténographe ou enregistrés mécaniquement.

h) les aveux à lui dictés, qu'il fait signer par les parties ou leurs avocats;

i) le cas échéant, les motifs énoncés par le tribunal pour lesquels la cause ne procède pas.

39.1. Assermentation des témoins —
Le greffier, debout, s'adresse au témoin: « Faites-vous serment de dire la vérité, toute la vérité, rien que la vérité? Levez la main droite et dites *je le jure.* »

[(2000) 132 *G.O.* II, 5372, a. 2].

40. Le greffier, pendant l'audience, cote les pièces produites, par la lettre et la suite des numéros déjà employés et indique le numéro de la cause sous ses initiales; il marque au nom de l'avocat ou de la partie la jurisprudence et la doctrine déposées.

Il dresse également un inventaire distinct des pièces produites par chacune des parties avec mention de leur nature.

Avant de remettre le dossier au juge qui a pris une cause en délibéré, il y dépose tous les documents produits par chacune des parties, la jurisprudence et la doctrine dans les enveloppes séparées pour chaque partie et qui énumèrent leur contenu.

Chapitre VIII —— Sténographie et enregistrement des débats

41.-42. (*Abrogés*).

[(2003) 135 *G.O.* II, 4002, a. 3].

42.1. (*Remplacé*).

[(2003) 135 *G.O.* II, 4002, a. 3].

43. Le sténographe est tenu d'enregistrer les dépositions, les aveux qui lui sont dictés, les objections à la preuve, les plaidoiries sur les objections s'il en est requis par le juge et les décisions sur celles-ci.

44. Chacune des pages où se trouve reproduite une déposition porte, en ligne de tête, le nom du témoin.

[(2003) 135 *G.O.* II, 4002, a. 4].

44.1. Format lettre — Le texte de la transcription de l'enregistrement ou de la traduction des notes sténographiques d'une déposition peut être présenté sous le format prévu pour les mémoires en Cour d'appel.

Les transcriptions d'enregistrement de dépositions ou les traductions de notes sténographiques peuvent être déposées dans le format « quatre pages en une » avec index alphabétique.

[(2001) 133 *G.O.* II, 6019, a. 2; (2002) 134 *G.O.* II, 5641, a. 4].

45. Les règles de ce chapitre s'appliquent en faisant les adaptations nécessaires à toute personne tenue d'enregistrer ou transcrire les dépositions par tout autre mode autorisé.

45.1. Respect du témoin — Le respect dû au témoin commande que tout interrogatoire hors de cour soit conduit de la même manière qu'en audience du tribunal; s'il y a dérogation au décorum ou au bon ordre, le sténographe peut suspendre la séance pour obtenir sur-le-champ une directive du juge pour sa continuation.

[(2003) 135 *G.O.* II, 4002, a. 5; (2004) 136 *G.O.* II, 4034, a. 1.16].

45.2. Vidéo-conférences — Le tribunal peut autoriser un interrogatoire préalable, un interrogatoire sur affidavit ou l'interrogatoire d'un témoin hors de cour, par vidéo-conférence ou par tout autre mode de communication, si la façon proposée d'y procéder lui paraît fiable et proportionnée aux circonstances de l'affaire et compte tenu des installations accessibles.

[(2004) 136 *G.O.* II, 4034, a. 1.4].

Chapitre IX ━━ Les jugements

46. Remise du dossier pris en délibéré — Avant de remettre le dossier au juge, le greffier s'assure qu'il contient, numérotés au jour le jour suivant la date de leur production, les actes de procédure, les pièces, les interlocutoires et les interrogatoires faits hors Cour, de même que les mémoires exigés par la Cour. Si le dossier est incomplet, il en avertit les procureurs afin qu'ils y pourvoient.

Aucune cause ne sera « en délibéré » et aucun dossier ne sera transmis au juge tant qu'il n'aura pas été ainsi complété, à moins que le juge n'en décide autrement.

47. Plaidoiries incomplètes — À défaut par une partie de compléter la plaidoirie orale ou écrite dans le délai fixé lors de l'instruction, le juge peut expédier ou faire expédier par le greffier aux parties ou à leur avocat un avis de remédier au défaut dans un délai qu'il fixe et prendre la cause en délibéré, dans l'état où elle se trouve, à l'expiration de ce délai.

48. (*Abrogé*).

[(2002) 134 *G.O.* II, 5641, a. 5].

49. Preuve hors cour — Quand la preuve faite hors cour a été versée au dossier, le greffier doit, s'il n'a pas compétence pour rendre jugement et que la Cour ne siège pas dans le district, transmettre le dossier au juge qui a autorisé la preuve hors Cour.

49.1. Jugement à l'audience — Lorsqu'un juge prononce un jugement à l'audience, toute demande de transcription ou de repiquage de l'enregistrement doit lui être adressée.

[(2002) 134 *G.O.* II, 5641, a. 6].

50. Jugement interlocutoire — Le jugement interlocutoire écrit et signé sur une requête soumise au tribunal n'a pas besoin d'être rédigé et signé de nouveau sur une feuille détachée et copie authentique peut en être délivrée par le greffier.

50.1. (*Abrogé*).

[(2003) 135 *G.O.* II, 4002, a. 6].

Chapitre X ━━ Shérif

51. Registre — Le shérif tient à son bureau un registre des brefs de saisie immobilière énonçant les noms des parties et les oppositions, ainsi qu'un registre des avis donnés en vertu des articles 670 et 671 du *Code de procédure civile*.

52. Réception des actes de procédure — Le shérif, lorsqu'il reçoit un acte de procédure ou une pièce, les numérote et en inscrit la date et l'heure de réception.

Chapitre XI ━━ Tarif des commissaires et autres officiers

53. Sous réserve du deuxième alinéa de l'article 47 du *Code de procédure civile*, les commissaires et autres officiers nommés par le tribunal sont rémunérés comme suit:

a) pour prestation du serment: 2 $;

b) pour dépôt du rapport (quand il est requis): 10 $;

c) pour chaque jour de vacation y compris la rédaction du rapport: 30 $.

Cependant, cet honoraire de vacation et de rédaction peut être augmenté par le juge suivant la nature et l'importance de la cause.

Chapitre XII —— Recours collectif

54. (*Abrogé*).

[(2004) 136 *G.O.* II, 4034, a. 1.5].

55. Mentions obligatoires — Tout acte de procédure relatif au recours collectif ainsi que tout endos portent la mention « recours collectif » au-dessus de celle « Cour supérieure ».

56.-57. (*Abrogés*).

[(2004) 136 *G.O.* II, 4034, a. 1.5].

58. Documents accompagnant la requête — La requête est accompagnée des documents suivants, dont copie est signifiée à la partie adverse en même temps que la requête:

a-c) (*paragraphes abrogés*);

d) un projet de l'avis aux membres (article 1006 *C.p.c.*) rédigé selon le formulaire VI;

e-h) (*paragraphes abrogés*);

i) copie de toute autre requête pour autorisation de recours collectif portant en tout ou en partie sur le même objet.

Le défaut par le requérant de se conformer à la présente règle n'entraîne pas le rejet de la requête; toutefois, le juge, à la demande de toute personne intéressée ou de son propre chef, peut reporter la date de présentation de la requête et ordonner au requérant de remédier au défaut.

[(2004) 136 *G.O.* II, 4034, a. 1.6].

59.-62. (*Abrogés*).

[(2004) 136 *G.O.* II, 4034, a. 1.7].

63. Contenu de la transaction — Toute transaction soumise à l'approbation du tribunal contient les renseignements suivants (article 1025 *C.p.c.*):

a-d) (*paragraphes abrogés*);

e) le montant des sommes qui seront remboursées au Fonds si ce dernier

a attribué une aide financière au représentant (article 30 de la *Loi sur le recours collectif* (chapitre R-2.1);

f-g) (*paragraphes abrogés*);

[(2004) 136 *G.O.* II, 4034, a. 1.8].

64. (*Abrogé*).

[(2004) 136 *G.O.* II, 4034, a. 1.9].

65. Approbation de transaction — La requête qui demande l'approbation d'une transaction intervenue hors cour est signifiée au Fonds, avec avis de sa présentation.

[(2004) 136 *G.O.* II, 4034, a. 1.10].

66. (*Abrogé*).

[(2004) 136 *G.O.* II, 4034, a. 1.11].

67. Rapport d'administration — Dans le cas d'un jugement qui ordonne le recouvrement collectif des réclamations avec liquidation individuelle des réclamations des membres, le greffier, après l'expiration du délai accordé aux membres pour produire leur réclamation, produit au tribunal un rapport détaillé de son administration et en donne avis aux parties et au Fonds.

Ce rapport donne la liste des membres qui ont produit leur réclamation, le montant versé à chacun, le montant du reliquat et le montant prélevé pour le Fonds en vertu de l'article 42 de la Loi et du *Règlement sur le pourcentage prélevé par le Fonds d'aide aux recours collectifs.*

68. Reliquat — Si le rapport du greffier prévu à la règle 67 démontre un reliquat, le représentant, dans les 30 jours du dépôt dudit rapport, présente une requête au tribunal afin d'en disposer, avec avis de présentation au greffier et au Fonds.

[(2004) 136 *G.O.* II, 4034, a. 1.12].

69. Dépens — Toute requête ayant pour objet de faire déterminer les dépens, les honoraires du procureur du représentant ou de faire approuver une transaction sur les frais, les dépens ou les honoraires, est signifiée au Fonds, avec avis de sa présentation.

Chapitre XIII ⸺ Nouvelles instances

70. Disposition transitoire — Les dispositions de ce chapitre s'appliquent aux demandes introduites après le 1er janvier 2003; les parties peuvent convenir de les appliquer à une instance antérieure.

[(2001) 133 *G.O.* II, 6019, a. 4; (2003) 135 *G.O.* II, 4002, a. 7].

71. Expertises de la demande — Le demandeur communique ses rapports d'expertise au jour de la présentation de sa demande ou au jour de l'échéance convenue entre les parties ou fixée par le tribunal.

[(2001) 133 *G.O.* II, 6019, a. 4; (2003) 135 *G.O.* II, 4002, a. 7].

72. Moyens préliminaires — Les moyens préliminaires et leurs conclusions sont dénoncés au moins deux jours avant la date fixée pour la présentation de la demande.

[(2001) 133 *G.O.* II, 6019, a. 4; (2003) 135 *G.O.* II, 4002, a. 7].

73. Gestion de toutes les instances — Le greffier inscrit toutes les demandes au rôle d'audience du jour de leur présentation avec mention, le cas échéant, du « défaut de comparution » ou du « dépôt d'une entente ».

[(2001) 133 *G.O.* II, 6019, a. 4; (2003) 135 *G.O.* II, 4002, a. 7].

74. Intervention lors d'un échéancier convenu — Lorsque les parties ont déposé une entente selon l'article 151.1, le tribunal peut les convoquer pour en discuter.

[(2001) 133 *G.O.* II, 6019, a. 4; (2003) 135 *G.O.* II, 4002, a. 7].

75. Voie orale - avec échéancier — *a)* **Motifs de défense** — Si la contestation est orale, les motifs de défense doivent être consignés sommairement à l'entente sur le déroulement de l'instance ou au procès-verbal de la séance de présentation de la demande.

b) **Date d'audience** — Au cas de contestation orale et d'entente sur le déroulement de l'instance, une partie peut, au terme de l'échéancier, convoquer les autres parties au tribunal pour vérification du dossier; s'il est complet, prêt pour une instruction au fond et après détermination de la durée de l'audience au fond, le juge le défère par ordonnance, selon l'article 110.1, pour fixation d'une date d'audience.

Une déclaration sommaire de dossier complet selon la formule suggérée au Formulaire III A doit être jointe à la convocation.

Chaque partie convoquée doit déposer une semblable déclaration au plus tard le jour de la convocation.

[(2001) 133 *G.O.* II, 6019, a. 4; (2003) 135 *G.O.* II, 4002, a. 7; (2004) 136 *G.O.* II, 4034, a. 1.16].

76. Voie orale – sans échéancier — **Audience:** — Si le dossier est complet, prêt pour instruction au fond, le tribunal peut instruire la demande au jour de sa présentation ou après avoir estimé la durée pour le faire, fixer une date d'audience ou la déférer au greffier à cet effet.

[(2001) 133 *G.O.* II, 6019, a. 4; (2003) 135 *G.O.* II, 4002, a. 7; (2004) 136 *G.O.* II, 4034, a. 1.16].

77. Voie écrite — *a)* **Déclaration de dossier complet (DDC)** — La déclaration suivant l'article 274.1, comme celle suivant l'article 274.2, doit inclure en outre un exposé sommaire des questions en litige, l'objet de la déposition de chaque témoin et s'il s'exprimera en français, en anglais ou si on aura besoin d'un interprète, et une confirmation que son dossier est complet, prêt pour instruction au fond.

b) **Attestation de dossier complet (ADC)** — Après 30 jours de l'inscription prévue à l'article 274, le greffier vérifie si le dossier est complet, prêt pour instruction au fond, et le cas échéant, l'atteste sous sa signature en précisant la durée prévue pour l'audience au fond et en avise les parties.

c) **Avis de dossier incomplet** — Si, après vérification, le greffier constate que le dossier est incomplet, il en avise les parties; la partie défaillante a 30 jours pour corriger la situation.

***d)* Défauts d'une partie** — Si une partie fait défaut de produire la déclaration prévue à l'article 274.2 (DDC) ou fait défaut de corriger la situation visée par un avis de dossier incomplet, le greffier le note à l'attestation de dossier complet (ADC).

[(2001) 133 *G.O.* II, 6019, a. 4; (2003) 135 *G.O.* II, 4002, a. 7; (2004) 136 *G.O.* II, 4034, a. 1.16].

77.1. Défaut de déclarer — L'inscription non accompagnée d'une déclaration suivant l'article 274.1 *C.p.c.* est refusée par le greffier ou retournée à la partie qui l'a produite.

La partie qui fait défaut de produire la déclaration exigée par l'article 274.2 *C.p.c.* est présumée ne pas avoir de témoin à faire entendre ni de pièces à communiquer ou à produire et, en conséquence, le défendeur peut demander le rejet de la demande ou le demandeur, procéder *ex parte* suivant le *Code de procédure civile* (art. 9, 192 et 193).

[(2004) 136 *G.O.* II, 4034, a. 1.13].

Chapitre XIV —— La Chambre commerciale

78. Instance commerciale — Constitue une instance commerciale, et est instruite en Chambre commerciale, toute instance où la demande initiale est principalement fondée sur l'une des dispositions suivantes:

(Lois du Canada) —

— la *Loi sur la faillite et l'insolvabilité*, L.R.C. (1985), ch. B-3;

— la *Loi sur les arrangements avec les créanciers des compagnies*, L.R.C. (1985), ch. C-36;

— la *Loi sur les liquidations et les restructurations*, L.R.C. (1985), ch. W-11;

— la *Loi canadienne sur les sociétés par actions*, L.R.C. (1985), ch. C-44;

— la *Loi sur les banques*, L.C. 1991, ch. 46 [L.R.C., ch. B-1.01];

— la *Loi sur la médiation en matière d'endettement agricole*, L.C. 1997, ch. 21;

— la *Loi sur l'arbitrage commercial*, L.R.C. (1985), ch. 17 (2ᵉ suppl.) [L.R.C. ch. C-34.6];

(Lois du Québec) —

— le *Code de procédure civile*, chapitre C-25;

— à l'article 946.1 (homologation d'une sentence arbitrale);

— à l'article 949.1 (reconnaissance et exécution d'une sentence arbitrale rendue hors du Québec);

— la *Loi sur les compagnies*, chapitre C-38;

— la *Loi sur les liquidations des compagnies*, chapitre L-4;

— la *Loi sur les valeurs mobilières*, chapitre V-1;

ainsi que toute autre instance de nature commerciale, sur décision du juge en chef ou du juge désigné par lui, prise d'office ou sur demande.

[(2001) 133 *G.O.* II, 6019, a. 4; (2003) 135 *G.O.* II, 4002, a. 8].

79. Greffe et code de juridiction — La Chambre commerciale possède son propre greffe et un code de juridiction distinct.

[(2003) 135 *G.O.* II, 4002, a. 8].

80. Mentions obligatoires — Tout acte de procédure destiné à la Chambre commerciale doit porter, en face et au dos, sous les mots « Cour supérieure », la mention « Chambre commerciale » et sous celle-ci une référence à la loi qui régit l'instance.

[(2003) 135 *G.O.* II, 4002, a. 8].

81. Multiplicité d'instances — Si, dans un même dossier, il y a plusieurs instances, chaque demande introductive comporte la mention « Nouvelle instance » et les actes de procédure subséquents doivent porter la mention du numéro séquentiel donné à cette demande particulière, « Instance, séquence nᵒ ___ »; ces mentions sont inscrites sous le numéro de dossier.

[(2003) 135 *G.O.* II, 4002, a. 8].

82. Pagination — La partie qui produit un document doit le paginer, s'il ne l'est déjà.

[(2003) 135 *G.O.* II, 4002, a. 8].

83. Dérogation — Si, dans un district, le volume d'instances commerciales est limité, le juge responsable peut les faire traiter au greffe général et les faire instruire en Chambre de pratique civile.

[(2003) 135 *G.O.* II, 4002, a. 8].

Chapitre XV ▬ La quérulence

84. Interdiction sauf autorisation — Si une personne fait preuve d'un comportement quérulent, c'est-à-dire si elle exerce son droit d'ester en justice de manière excessive ou déraisonnable, le tribunal peut lui interdire d'introduire une demande en justice sans autorisation préalable.

[(2003) 135 *G.O.* II, 4002, a. 8].

85. L'ordonnance — L'ordonnance est générale ou limitée à un ou plusieurs districts ou eu égard à une ou plusieurs personnes. Dans un cas extrême elle peut même interdire l'accès à un palais de justice.

[(2003) 135 *G.O.* II, 4002, a. 8].

86. Demande d'autorisation — La demande d'autorisation est adressée au juge en chef ou au juge désigné par lui et déposée au greffe d'où origine l'ordonnance; la demande peut être instruite sur vue des documents, sans audience.

[(2003) 135 *G.O.* II, 4002, a. 8].

87. Pièces — Doivent être produits avec la demande d'autorisation, l'ordonnance d'assujettissement et l'acte de procédure projeté.

[(2003) 135 *G.O.* II, 4002, a. 8].

88. Présentation — Le juge en chef ou le juge désigné par lui peut déférer la demande au tribunal, auquel cas le demandeur doit la faire signifier aux parties visées par l'acte de procédure projeté, avec avis de présentation de 10 jours.

[(2003) 135 *G.O.* II, 4002, a. 8; (2004) 136 *G.O.* II, 4034, a. 1.16].

89. Nullité — L'acte de procédure non autorisé préalablement est réputé inexistant et le greffier, informé de l'ordonnance, doit refuser de le recevoir, exception faite d'une demande d'autorisation ou d'une inscription en appel.

[(2003) 135 *G.O.* II, 4002, a. 8].

90. Registre public — Le greffier transmet copie de l'ordonnance d'assujettissement déposée à son greffe aux greffiers de tous les districts judiciaires et au juge en chef à Montréal pour inscription au registre public des cas de quérulence.

[(2003) 135 *G.O.* II, 4002, a. 8; (2004) 136 *G.O.* II, 4034, a. 1.14].

Formulaire I — Bordereau de transmission par télécopieur
(Règle 6)

Expéditeur

NOM: ....

ADRESSE: ....

TÉLÉPHONE: ....

TÉLÉCOPIEUR: ....

Destinataire

NOM: ....

TÉLÉCOPIEUR: ....

Date: .... Heure: .... de la transmission.

Nombre de pages transmises incluant le présent bordereau: ....

Nature du document: ....

N.B. Si cette télécopie vous est transmise par erreur, veuillez en aviser immédiatement l'expéditeur en téléphonant au numéro ci-dessus. Veuillez de plus lui retourner par courrier la transmission originale reçue sans la reproduire.

[(1996) 128 *G.O.* II, 5535, a. 11; (1998) 130 *G.O.* II, 5894, a. 3].

Formulaire II
(Règle 15)

CANADA
PROVINCE DE QUÉBEC
DISTRICT
N°
COUR SUPÉRIEURE

.... c. ....

Déclaration de mise au rôle d'audience (R.P. 15)

1. DÉCLARANT:

PARTIE NON REPRÉSENTÉE DU DOSSIER	**AVOCAT RESPONSABLE**
Nom:	Nom: ....
Adresse:	Étude: ....
N° tél.:	Adresse: ....
N° télécopieur:	N° tél.: ....
	N° télécopieur: ....

❏ Demande   ❏ Défense
❏ Autre: ....

2. PIÈCES:

   ❏ L'inventaire des pièces communiquées aux autres parties est annexé.

3. ONT ÉTÉ COMMUNIQUÉS À CE JOUR AUX AUTRES PARTIES

   ❏ Les rapports prévus à l'article 294.1 *C.p.c.*

   ❏ L'ensemble ou des extraits d'interrogatoires conformément à l'article 398.1.

   ❏ L'ensemble ou des extraits d'interrogatoires conformément à l'article 398.2.

   ❏ Les rapports médicaux conformément à l'article 399.2.

   ❏ Les rapports d'expertise conformément à l'article 402.1.

   ❏ Les états, rapports et attestations exigibles suivant les règles applicables en matière familiale.

4. INSTRUCTION

Le déclarant:

   ❏ atteste qu'il est prêt à procéder et prévoit, pour sa preuve et plaidoirie, une durée de .... jours, ou de .... heures.

5. Exposé concis de questions de faits et de droit en litige (10 lignes maximum):

....
....
....
....

....

....

....

6. Sauf dans le cas où il y a une raison valable de ne pas les divulguer, veuillez indiquer la liste de vos témoins et l'objet de leur témoignage. Indiquez pour chacun s'il témoignera en français, en anglais ou avec l'aide d'un interprète:

....

....

....

....

....

....

....

7. Admissions suggérées, y compris celles permettant de réduire le nombre de personnes devant témoigner:

....

....

....

....

....

....

....

8. Autorités, jurisprudence et doctrine que vous entendez citer (dressez une liste seulement et utilisez une annexe au besoin):

....

....

....

....

....

....

9. ATTESTATIONS ET SERMENTS

A. — Partie représentée par avocat

Je, soussigné, sous mon serment d'office, atteste

- l'exactitude des faits déclarés aux paragraphes 1, 2, 3 et 4;

- que j'ai expliqué à la partie que je représente son obligation de communiquer toutes les pièces en sa possession qu'elle entend invoquer lors de l'audience et les conséquences de son défaut de s'y conformer, et

- que ces pièces ont été communiquées aux autres parties ou le seront dans le délai prévu à l'article 331.8 du *Code de procédure civile*.

....

(signature de l'avocat)

....

(date)

B. — Partie non représentée:

Je, soussigné, affirme solennellement l'exactitude des faits déclarés aux paragraphes 1, 2, 3 et 4, que toutes les pièces en ma possession, que j'entends invoquer lors de l'audience, ont été communiquées aux autres parties ou le seront dans le délai prévu à l'article 331.8 du *Code de procédure civile* et je reconnais que je ne pourrai pas, sans l'autorisation du tribunal, produire d'autres pièces à l'expiration de ce délai.

....

(signature de la partie)

....

(date)

(Préposé — nom: .... fonction: ....)

Serment prêté devant .... (*nom et fonction, profession ou qualité*) à .... (*municipalité et province*), le .... (*date*)

....

(signature de la personne qui reçoit le serment)
[(1995) 127 *G.O.* II, 4190, a. 25; (1996) 128 *G.O.* II, 5535, a. 10; (1998) 130 *G.O.* II, 5894, a. 3; (1999) 131 *G.O.* II, 2402, a. 2].

Formulaire III

(Règle 15)

Canada

Province de Québec

District

Cour supérieure

N°

Certificat d'état de cause

1. La première déclaration de mise au rôle a été signifiée plus de

     60 jours ❑

     30 jours ❑

avant la délivrance du présent certificat, et a été déposée au dossier avec l'inventaire de pièces.

Sont forcloses de produire leur déclaration, les parties suivantes:

     —

     —

et les autres parties ont produit leur déclaration de mise au rôle d'audience dûment remplie et leur inventaire de pièces.

2. Durée prévue pour l'audition (preuve et plaidoirie):

     Demande .... Autre ....

     Défense .... Total: ....

     Autre ....

3. Rôle:

     Ordinaire ....

     Urgence ....

     Famille ....

     Requêtes assujetties à la règle 15 ....

4. Les déclarations des parties sont annexées au présent certificat.

....

Date de délivrance du certificat

....

Greffier

[(1985) 117 *G.O.* II, 516; (1994) 126 *G.O.* II, 6197, a. 1; (1995) 127 *G.O.* II, 4190, a. 22, 23; (1997) 129 *G.O.* II, 1308, a. 6; (1998) 130 *G.O.* II, 5894, a. 3].

Formulaire IIIA

N° (du dossier, sans plus)

Déclaration sommaire de dossier complet selon l'art. 75, R.p.c. (C.S.)

1. Questions en litige :

_____

_____

_____

2. Interrogatoires hors cour, transcriptions des notes produites ❑.

3. Preuve littérale, pièces communiquées ❑.

4. Preuve par témoins autres que la partie : noms, objet de leur déposition, en français (F), en anglais (E) ou avec interprète (I)

a) F ❑, E ❑, I ❑

_____

_____

_____

b) F ❑, E ❑, I ❑

_____

_____

_____

6. Durée de ma preuve et plaidoirie :_____heures.

7. Difficultés particulières et moyens de simplifier l'audition, d'éviter une déposition :

_____

_____

Je confirme que mon dossier est complet, prêt pour instruction au fond.

Signée le _____

Procureur en demande ❑, en défense ❑, ou autre ❑

[(2003) 135 *G.O.* II, 4002].

Formulaire IV — (*Abrogé*).

[(2001) 133 *G.O* II, 6019, a. 5].

Formulaire V — (*Abrogé*).

[(2004) 136 *G.O* II, 4034, a. 1.15].

Formulaire VI

(Règle 58d)

Canada

Province de Québec

District de

(Recours collectif)

Cour supérieure

N°

A.

Requérant

c.

B.

Intimé

Avis aux membres

1. PRENEZ AVIS que l'exercice d'un recours collectif a été autorisé le .... par jugement de l'honorable juge A.B. de la Cour supérieure, pour le compte des personnes physiques faisant partie du groupe décrit ci-après, savoir:

2. Le Juge en chef a décrété que le recours collectif autorisé par le présent jugement doit être exercé dans le district de ....

3. L'adresse du requérant est comme ci-dessous:

L'adresse de l'intimé est comme ci-dessous:

4. Le statut de représentant pour l'exercice du recours collectif a été attribué à .... (profession, domicile et adresse de résidence).

5. Les principales questions de fait ou de droit qui seront traitées collectivement sont les suivantes:

6. Les conclusions recherchées qui se rattachent à ces questions sont les suivantes:

7. Le recours collectif à être exercé par le représentant pour le compte des membres du groupe consistera en:

(nature du recours)

8. Tout membre faisant partie du groupe, qui ne s'en sera pas exclu de la façon indiquée ci-après, sera lié par tout jugement à intervenir sur le recours collectif.

9. La date après laquelle un membre ne pourra plus s'exclure (sauf permission spéciale) a été fixée au ....

10. Un membre, qui n'a pas déjà formé de demande personnelle, peut s'exclure du groupe en avisant le greffier de la Cour supérieure du district de .... par courrier recommandé ou certifié avant l'expiration du délai d'exclusion.

11. Tout membre du groupe qui a formé une demande dont disposerait le jugement final sur le recours collectif est réputé s'exclure du groupe s'il ne se désiste pas de sa demande avant l'expiration du délai d'exclusion.

12. Un membre du groupe autre qu'un représentant ou un intervenant ne peut être appelé à payer les dépens du recours collectif.

13. Un membre peut faire recevoir par la Cour son intervention si celle-ci est considérée utile au groupe. Un membre intervenant est tenu de se soumettre à un interrogatoire préalable ou à un examen médical (selon le cas) à la demande de l'intimé. Un membre qui n'intervient pas au recours collectif ne peut être soumis à l'interrogatoire préalable ou à un examen médical que si le Tribunal le considère nécessaire.

(Autres renseignements exigés par le Tribunal).

[(1994) 126 *G.O.* II, 6197, a. 1; (1995) 127 *G.O.* II, 4190, a. 22; (1998) 130 *G.O.* II, 5894, a. 3].

Formulaire VII — (*Abrogé*).

[(2004) 136 *G.O* II, 4034, a. 1.15].

RÈGLEMENT DE PROCÉDURE EN MATIÈRE FAMILIALE

Table des matières

LES FORMULAIRES

Formulaire I: Demande en divorce (règles 21, 23)

Formulaire II: Attestation relative à l'enregistrement des naissances (règle 22)

Formulaire III: État des revenus et dépenses, bilan (règles 26 à 30)

Formulaire IV: État du patrimoine familial (règle 31)

Formulaire V: Consentement à l'expertise psychosociale (règle 33)

Formulaire VI: Ordonnance d'expertise psychosociale (règle 36)

Formulaire VII: Ordonnance de communication des dossiers (règle 36)

Formulaire VIII: Jugement de divorce (règle 41)

Formulaire IX: Certificat de divorce (règle 42 e)

Formulaire X: Avis d'audition en confirmation d'une ordonnance conditionnelle (règle 42 i)

RÈGLEMENT DE PROCÉDURE EN MATIÈRE FAMILIALE*,

RLRQ, c. C-25, r. 13, tel que modifié par Décision, (1983) 115 *G.O* II, 186; Décision, (1983) 115 *G.O* II, 2292; Décision, (1985) 117 *G.O* II, 521; Décision, (1986) 118 *G.O* II, 822; Décision, (1987) 119 *G.O* II, 1005; Décision, (1988) 120 *G.O* II, 2513; L.Q. 1988, c. 21, a. 66; Décision, (1989) 121 *G.O* II, 2929; Décision, (1990) 122 *G.O* II, 3926; Décision, (1991) 123 *G.O* II, 5599; Décision, (1992) 124 *G.O* II, 6664; Décision, (1994) 126 *G.O* II, 6199; Décision, (1996) 128 *G.O* II, 5535; Décision, (1997) 129 *G.O* II, 1307; Décision, (1998) 130 *G.O* II, 5905; Décision, (2000) 132 *G.O* II, 5373; Avis, (2001) 133 *G.O* II, 6020; Avis, (2002) 134 *G.O* II, 5642; Avis, (2003) 135 *G.O* II, 4007; Avis, (2004) 136 *G.O* II, 4034.

Code de procédure civile, RLRQ, c. C-25, a. 47

Chapitre I ━ Dispositions générales

1. Application — Les présentes règles de pratique s'appliquent à tous les districts du Québec.

2. Huis clos — Avocats et stagiaires — Les avocats et stagiaires sont admis aux audiences à huis clos.

Chapitre II ━ Protection de la jeunesse appel des décisions ou ordonnances de la cour du Québec

3. Définitions — Dans le présent chapitre, le mot « tribunal » désigne la Cour supérieure du Québec et les mots « Cour du Québec » désignent la Cour du Québec, Chambre de la jeunesse.

[(2000) 132 *G.O* II, 5373, a. 1].

4. Lieu d'introduction de l'appel — Les appels sont entendus par le tribunal, en Chambre de la famille, sauf déféré par le juge à la Chambre criminelle.

5. Avis d'appel — Outre ce qui est prévu à l'article 101 de la *Loi sur la protection de la jeunesse* (chapitre P-34.1), l'avis d'appel décrit l'objet de la plainte, rapporte le dispositif de la décision ou de l'ordonnance dont il y a appel, et mentionne le nom des avocats de chaque partie en première instance.

Le tribunal peut rendre toute ordonnance permise par la loi, bien que non mentionnée dans l'avis d'appel.

L'avis d'appel est signé par l'appelant ou son avocat, et donne l'adresse où toute communication peut lui être soumise.

L'appelant, qui désire invoquer des motifs autres que ceux énoncés dans son avis d'appel, doit déposer auprès du greffier du tribunal, au plus tard dans les 15 jours du dépôt de la transcription complète des procédures, avant l'audition de l'appel, un avis énonçant ces motifs avec précision et concision, avec preuve de signification à l'intimé et à son procureur.

6. Dès le dépôt au greffe de la Cour du Québec de l'avis d'appel prévu à l'article 106 de la *Loi sur la protection de la jeunesse*, le greffier de cette cour en transmet copie au greffe du tribunal.

7. Comparution — Aura comparu pour une partie, devant le tribunal, l'avocat qui,

---

*Peut être cité: « R.p.fam.(C.S.) » ou, en contexte: « R.p.fam. ».

dans les 10 jours du dépôt de l'avis d'appel, a produit un acte de comparution au greffe de ce tribunal.

8. Mise en liberté provisoire — Le tribunal peut accorder une mise en liberté provisoire dès le dépôt de l'avis d'appel.

Demande à cet effet peut être faite verbalement, mais avis écrit d'un jour franc de sa présentation doit être donné au poursuivant et déposé auprès du greffier.

9. Constitution du dossier — **1.** Sur réception de l'avis d'appel, sauf dispense par le tribunal sur la requête de l'appelant, le greffier de la Cour du Québec fait les démarches nécessaires pour obtenir aussitôt que possible la transcription complète des procédures; cette transcription comprend la preuve et les décisions rendues, tant en cours d'instance qu'au moment de la décision finale et de l'ordonnance, le cas échéant.

2. Dès que la transcription est complétée, le greffier de la Cour du Québec transmet l'original des transcriptions au greffe du tribunal avec copies aux parties ou à leurs avocats. Quand il semble impossible d'obtenir la transcription complète, il en prévient le greffier du tribunal et les parties en donnant les raisons.

[(2000) 132 *G.O* II, 5373, a. 2].

10. Inscription au rôle — À l'expiration des délais pour comparaître, le greffier du tribunal inscrit l'appel au rôle de la Chambre de la famille, *pro forma*, à 15 jours, ou au premier jour du plus prochain terme, et il en donne avis aux parties ou à leurs avocats.

Au jour fixé pour l'audition *pro forma*, les parties ou leurs avocats, doivent être présents pour informer le tribunal de la nature de l'affaire et de la durée de l'audition. Le juge fixera alors une date définitive pour l'audition de l'appel, qui procédera à cette date, sans autre avis.

Si une partie est absente ou n'est pas représentée, lors de l'audition *pro forma*, le tribunal peut appliquer la règle 13.

11. Plaidoirie écrite — Toute partie qui désire soumettre une plaidoirie écrite doit la faire signifier et la produire dans les 15 jours du dépôt de la transcription complète des procédures; cette plaidoirie écrite doit, le cas échéant, exposer les faits de la cause avec renvois appropriés à la transcription et énoncer les arguments avec les références aux autorités citées à leur appui.

12. Prise de dépositions — Dans les cas où le tribunal entend une preuve additionnelle, celle-ci doit être prise en sténographie ou sténotypie ou être enregistrée par un système autonome non relié à un système d'enregistrement central.

13. Pouvoirs du tribunal — Le tribunal peut:

a) débouter de son pourvoi l'appelant qui n'est pas prêt à procéder dans la cause qui est appelée;

b) permettre à l'appelant de procéder *ex parte* contre l'intimé qui n'est pas prêt à procéder dans la cause qui est appelée;

c) sur demande, ou *proprio motu*, débouter de son appel celui qui contrevient aux formalités prescrites par la loi ou les règles du tribunal.

14. Demandes et requêtes — Toute demande ou requête est signifiée à la partie adverse ou à son avocat, avec avis de présentation d'au moins 1 jour juridique franc. Le juge peut toutefois modifier ce délai pour raison suffisante.

15. Copies du jugement — Le greffier du tribunal envoie copie du jugement au juge qui a prononcé la décision attaquée et au greffier de la Cour du Québec, en plus des personnes énumérées à l'article 94 de la *Loi sur la protection de la jeunesse*.

16. Dossier — Après l'expiration du délai d'appel à la Cour d'appel, le greffier du tribunal retourne au greffe de la Cour du Québec le dossier original.

17. Disposition générale — Le tribunal peut rendre toute ordonnance conforme aux exigences de la justice.

Chapitre III ——— Divorce, séparation, nullité de mariage et filiation

SECTION I ——— LES ACTES DE PROCÉDURE

§1. ——— *Dispositions d'application générale*

18. Garde et tutelle d'enfant — La partie qui demande la garde ou la tutelle d'un enfant doit alléguer qu'il n'est l'objet ni d'une décision d'un tribunal, ni d'une instance en cours devant un tribunal, ni d'une entente avec le directeur de la protection de la jeunesse ou, le cas échéant, fournir les détails de telle décision, instance ou entente.

[(2000) 132 *G.O* II, 5373, a. 3].

18.1. Priorité — Sont traitées prioritairement à toute autre les conclusions d'une requête portant sur la *Loi sur les aspects civils de l'enlèvement international et interprovincial d'enfants* (chapitre A-23.01).

[(2003) 135 *G.O* II, 4007, a. 6].

19. Ordonnance de sauvegarde — Le tribunal peut, en tout état de cause, prescrire toute mesure susceptible de favoriser la saine administration du dossier et son cheminement à l'audition. Il peut également, en cas d'urgence, prononcer une ordonnance de sauvegarde des droits des parties pour le temps et aux conditions qu'il détermine.

20. Provision pour frais — Le tribunal peut, en tout état de cause, ordonner à une partie de verser à l'autre une provision pour frais.

20.1. Extraits de naissance — La production en preuve des extraits de naissance des enfants n'est pas requise sauf si leur filiation est mise en cause. De même, la production de photocopies des extraits de naissance des parties suffit.

[(2003) 135 *G.O* II, 4007, a. 7].

§2. ——— *La demande en divorce*

21. Contenu — La demande en divorce, accompagnée d'un affidavit et, s'il y a lieu, d'un avis relatif à la contestation, est, en autant que faire se peut, conforme au formulaire I et est signée par la partie demanderesse.

[(2003) 135 *G.O.* II, 4007, a. 2].

22. Attestation des naissances — Dans toute demande en divorce, une attestation des époux préparée selon le formulaire II doit être jointe à l'inscription pour enquête et audition ou, le cas échéant, à la demande, s'il s'agit d'une demande conjointe en divorce.

Une cause ne peut être inscrite ou une demande produite en l'absence d'une telle attestation.

Cette attestation est annexée à la copie du jugement transmise au directeur de l'état civil.

[(2003) 135 *G.O.* II, 4007, a. 2].

23. (*Renuméroté, voir l'article 20.1*).

[(2003) 135 *G.O.* II, 4007, a. 7].

§3. ——— *Les autres demandes introductives*

24. Contenu — Toute demande en nullité de mariage, en séparation de biens ou en séparation de corps doit, dans la mesure du possible, comporter les informations exigées aux paragraphes 1 à 7, 10 et 11 du formulaire I.

25. Demande conjointe — Dans les demandes conjointes, toutes les pièces sont déposées au greffe en même temps que la demande.

26. État sous serment du requérant — Pour être mise au rôle de la chambre de pratique, toute requête visant à l'établissement ou à la modification d'une pension alimentaire personnelle au requérant est accompagnée d'un état sous serment qui reflète sa situation financière personnelle et celle des enfants à sa charge; cet état doit être préparé selon le formulaire III et signifié avec la requête.

[(2002) 134 *G.O.* II, 5642, a. 1].

27. État sous serment de l'intimé — Au moins cinq jours avant la présentation de la requête, l'intimé signifie au requérant et dépose au dossier un état sous serment de sa situation financière selon le formulaire III, à défaut de quoi, le requérant peut, à la discrétion du tribunal, procéder *ex parte*. L'avis de présentation de la requête fait mention de cette exigence.

28. Admission de la capacité de payer — La partie qui admet, dans le formulaire III, sa capacité de payer les sommes demandées par la partie adverse n'a pas à fournir les détails de sa situation financière, à moins que le juge n'en décide autrement.

29. Consentement ou projet d'accord — Le consentement ou projet d'accord des parties ou leurs affidavits pour jugement doivent décrire les ressources et la situation des parties, à moins que celles-ci n'aient complété et produit un état sous serment de leur situation financière selon le formulaire III ou, le cas échéant, selon le Formulaire de fixation des pensions alimentaires pour enfants.

30. Audition au fond — Chaque partie fait signifier à l'autre l'état de sa situation financière conformément au formulaire III au moins dix jours avant la date d'audition au fond, ou au moment fixé par celui qui préside la conférence préparatoire.

31. Renseignements obligatoires — Dans toute demande en séparation de corps, en nullité de mariage ou en divorce, la partie qui inscrit la cause doit communiquer et produire avec sa déclaration de mise au rôle soit une déclaration des parties qu'elles ne sont pas assujetties aux règles du patrimoine familial, soit leur renonciation au partage, soit leur déclaration que le partage n'est pas contesté, soit un état du patrimoine familial selon le formulaire IV.

Si l'autre partie conteste l'état, elle doit elle-même communiquer et produire avec sa déclaration de mise au rôle, un état sous serment du patrimoine familial selon le formulaire IV.

31.1. Renonciation — La partie qui renonce au partage de droits accumulés durant le mariage ou l'union civile au titre d'un régime de retraite ou au partage de gains inscrits au nom d'un conjoint en application de la *Loi sur le régime de rentes du Québec* (chapitre R-9) ou de régime équivalent doit confirmer connaître l'importance de la valeur partageable et la possibilité d'en savoir le montant exact.

[(2004) 136 *G.O.* II, 4034, a. 2.1].

32. Application — Le Service d'expertise psychosociale auprès de la Cour supérieure du Québec n'est disponible que dans les cas impliquant des enfants mineurs.

33. Consentement des parties — Le juge ne rend une ordonnance d'expertise psychosociale que du consentement des parties et après s'être assuré de son opportunité.

Le consentement, rédigé autant que faire se peut selon le formulaire V et signé par les parties et leurs avocats, est déposé au dossier.

34. Acheminement du rapport d'expertise — Dans le cadre d'une ordonnance de sauvegarde, le juge qui ordonne cette expertise mentionne si le rapport doit être acheminé au juge en chef ou au juge désigné par celui-ci, à moins qu'il ne demeure saisi du dossier.

35. Ordonnance rendue à l'audience — L'ordonnance est rendue séance tenante, en présence des parties.

Le greffier transmet tous les documents pertinents au Service d'expertise psychosociale.

36. Contenu de l'ordonnance — L'ordonnance, rédigée autant que faire se peut selon le formulaire VI, indique l'objet spécifique de l'expertise. Les mentions dans l'ordonnance du nom d'un expert, de sa profession, ou de modalités d'exécution constituent autant de recommandations au Service. Le tribunal peut, le cas échéant, prononcer une ordonnance dans le cadre de l'article 19 de la *Loi sur les services de santé et les services sociaux* (chapitre S-4.2) selon le formulaire VII.

[(2002) 134 *G.O.* II, 5642, a. 2].

37. Rapport d'expertise — Le rapport d'expertise fait partie de la preuve et l'expert peut être appelé à témoigner.

38. Transmission du rapport aux parties — Sur réception du rapport, le juge en transmet copie aux parties et le verse au dossier sous enveloppe scellée.

SECTION V ⎯ LES REQUÊTES EN
MODIFICATION

39. Renseignements obligatoires — Toute requête visant à modifier, annuler ou suspendre une mesure accessoire est appuyée d'un affidavit et contient les renseignements suivants:

    a) l'état matrimonial actuel des parties;

b) l'adresse résidentielle des parties et celle de leurs enfants à charge ainsi que leur âge et leur sexe;

c) les modalités existantes pour l'accès auprès des enfants et leur garde;

d) le montant de la pension alimentaire actuelle et le montant réclamé;

e) le montant des arrérages s'il en est;

f) les changements invoqués à l'appui de la demande.

40. Ordonnance antérieure rendue dans un autre dossier — Dans le cas d'une demande de modification d'une ordonnance prononcée dans un autre dossier, les copies des jugements rendus et des actes de procédure sur lesquels jugement a été rendu sont versées au dossier à moins qu'elles n'y apparaissent déjà.

SECTION VI ⎯ LE GREFFIER-
AUDIENCIER

41. Jugement ou ordonnance du tribunal — Le greffier rédige et signe chaque jugement ou ordonnance prononcé par le tribunal ou par un juge sauf si le juge qui prononce le jugement ou l'ordonnance l'a lui-même rédigé et signé.

Le jugement de divorce est rédigé, autant que faire se peut, selon le formulaire VIII et porte la date à laquelle il a été rendu.

[(2002) 134 *G.O.* II, 5642, a. 3; (2003) 135 *G.O.* II, 4007, a. 8].

41.1. Extrait de jugement — Le greffier peut, sur demande, délivrer un extrait d'un jugement limité au dispositif.

Le dépôt au greffe de la minute d'un jugement s'accompagne d'une copie partielle de cette minute comprenant l'en-tête, l'intitulé: « Extrait du jugement » et le dispositif: « Par ces motifs ».

[(2001) 133 *G.O.* II, 5642, a. 1; (2003) 135 *G.O.* II, 4007, a. 8].

SECTION VII — LE GREFFE DES DIVORCES

42. Dans chacun des districts judiciaires du Québec le greffe des divorces est tenu par le greffier. Ses devoirs sont les suivants:

a) classifier séparément les dossiers des affaires de divorce et tenir des registres, index, plumitif et un registre spécial accessible au public où est inscrit sans délai tout jugement de divorce;

b) recevoir et enregistrer les demandes après s'être rendu compte qu'elles sont conformes aux exigences de la *Loi sur le divorce* et des règles de pratique;

c) tenir un registre des actes de procédure indiquant particulièrement;

i. à l'égard de la demande, les nom et adresse des parties et la date de sa production;

ii. à l'égard du jugement de divorce, les nom et adresse des parties, et la date où il a été rendu;

d) remplir les formules requises par les règles de pratique ainsi que par les règlements pris en vertu de la *Loi sur le divorce*;

e) une fois que le divorce a pris effet, délivrer à quiconque un certificat selon le formulaire IX;

f) conformément à l'article 17(11) de la *Loi sur le divorce* transmettre, quand le tribunal a rendu une ordonnance modificative d'une ordonnance alimentaire ou de garde émanant d'un autre tribunal, une copie conforme de cette ordonnance modificative à cet autre tribunal et à tout autre tribunal qui a modifié l'ordonnance originaire;

g) transmettre, en matière d'ordonnance conditionnelle, les documents requis aux articles 18(3) et 18(6) de la loi;

h) faire signifier à la partie demanderesse ou à son procureur l'avis prévu à l'article 18(5) de la loi au moins dix jours avant la date fixée pour recueillir les éléments de preuve supplémentaires;

i) faire signifier aux parties l'avis prévu à l'article 19(2) de la loi, selon le formulaire X, accompagné d'une copie des documents reçus du tribunal qui a rendu l'ordonnance conditionnelle;

j) transmettre, conformément à l'article 19(12) de la loi, copie certifiée conforme de toute ordonnance rendue en vertu de l'article 19(7) de la loi;

k) transmettre au tribunal compétent à la suite d'une ordonnance de renvoi prononcée en vertu de l'article 6 de la loi, une copie conforme du dossier et de l'ordonnance;

l) requérir le personnel nécessaire au bon accomplissement de sa fonction, y compris les adjoints, selon le rythme des affaires inscrites à son greffe dont il aura l'entière et unique responsabilité.

Formulaire I
(Règles 21, 23)

Demande en divorce (art. 813.3 *C.p.c.*)

CANADA
PROVINCE DE QUÉBEC
DISTRICT DE
N°:

COUR SUPÉRIEURE
Chambre de la famille
(Divorces)

PARTIE(S) DEMANDERESSE(S)
et, s'il y a lieu,
....
PARTIE DÉFENDERESSE

Demande en divorce

Il est déclaré que:

État matrimonial et familial

1. L'épouse est née le .... à .... et est âgée de ....
ans. Elle est la fille de .... et de .... tel que l'atteste l'extrait de naissance coté P-1;

2. Le mari est né le .... à .... et est âgé de ....
ans. Il est le fils de .... et de .... tel que l'atteste l'extrait de naissance coté P-2;

3. Le mariage des parties a été célébré le .... (*date*) à .... (*endroit*) tel que l'atteste l'extrait de mariage coté P-3;

4. Au moment du mariage, l'épouse était ....; le mari était .... (*indiquer l'état matrimonial*);

5. Le régime matrimonial alors adopté fut ....; (Produire, sous la cote P-4, copie authentique des documents à l'appui.)

Ce régime n'a pas été modifié.

(S'il y a eu des modifications au régime matrimonial, indiquer lesquelles et produire copies authentiques des documents pertinents.)

6. Les noms, prénoms, âge, sexe et date de naissance des enfants du mariage sont les suivants:

	Nom	Prénoms usuels	Âge	Sexe	Date de naissance
1.					
2.					
3.					
4.					
5.					

L'(es) extrait(s) de naissance(s) de(s) (l')enfant(s) visé(s) par la demande est (sont) coté(s) P-5 (facultatif);

Aucun de ces enfants n'est l'objet ni d'une décision d'un tribunal, ni d'une instance en cours devant un tribunal, ni d'une entente avec un directeur de la protection de la jeunesse. (S'il existe une décision, une instance ou une entente, en donner tous les détails et produire les documents pertinents.)

Résidence

7. L'épouse réside habituellement au .... (no) .... (rue) .... (ville) .... (province) depuis .... (jour) .... (mois) .... (année)

Le mari réside habituellement au .... (no) .... (rue) .... (ville) .... (province) depuis .... (jour) .... (mois) .... (année)

Motifs

8. Il y a échec du mariage pour les motifs suivants:

(Donner ici le détail des motifs prévus par l'article 8(2) de la loi.)

Réconciliation et médiation

9. Avant la signature de la présente demande:

A) L'avocat de la partie demanderesse a discuté des possibilités de réconciliation et a fourni des renseignements sur les services de consultation ou d'orientation. (Au cas contraire, indiquer les motifs.)

B) L'avocat a fourni à la partie demanderesse des renseignements sur les services de médiation susceptibles d'aider à la négociation des points pouvant faire l'objet d'une ordonnance alimentaire ou de garde et a discuté de l'opportunité de négocier ces points.

Mesures de sauvegarde et provisoires (si la demande comporte des conclusions à cet effet), mesures accessoires et autres réclamations

10.

A) Il y a un accord entre les parties sur les mesures accessoires, dont un exemplaire est coté P-6.

ou

B) Il n'y a pas d'accord entre les parties sur toutes les mesures accessoires de sauvegarde provisoires ou accessoires, et

i. les motifs à l'appui des conclusions provisoires recherchées sont: (Réciter les faits) ....

ii. les motifs à l'appui des conclusions accessoires recherchées sont: (Réciter les faits) ....

Autres procédures

11. Il n'y a pas eu d'autres procédures d'intentées à l'égard du mariage des parties; (Dans le cas contraire, donner tous les détails et produire une copie certifiée conforme de tout jugement rendu antérieurement)

12. Il n'y a aucune collusion entre les parties.

13. (Dans le cas où la demande est fondée sur l'alinéa 8(2)*b*). Il n'y a pas eu de pardon ou de connivence à l'égard de l'acte ou du comportement reproché.

PAR CES MOTIFS, plaise au tribunal:

RENDRE les ordonnances de sauvegarde suivantes (s'il y a lieu):

....

RENDRE les ordonnances provisoires suivantes (s'il y a lieu):

....

PRONONCER le divorce des parties;

RENDRE les ordonnances accessoires suivantes (s'il y a lieu):

....

et ACCORDER les autres conclusions suivantes (s'il y a lieu):

....

(ou)

ENTÉRINER l'accord entre les parties et ORDONNER aux parties de s'y conformer.

....................................dépens.

Signé à ...., ce ....

....

....

PARTIE(S) DEMANDERESSE(S)

Déclaration de l'avocat

Je, soussigné(e) avocat(e) de la partie demanderesse (ou des parties demanderesses, selon le cas) atteste que je me suis conformé(e) aux exigences de l'article 9 de la *Loi de 1985 sur le divorce.*

Signé à ...., ce ....

....

Avocat(e) de la (des) PARTIE(S) DEMANDERESSE(S)

(S'il y a lieu)

Avis à la partie défenderesse relativement à la contestation

Insérer ici le texte prescrit publié à la *Gazette officielle*, (2002) 134 *G.O.* II, 8520 (Voir l'annexe II du *Code de procédure civile*).

S'il y a lieu, ajouter un avis de présentation des demandes pour ordonnances de sauvegarde ou pour mesures provisoires.

Certificat du greffier

Je soussigné, greffier pour le district de .... atteste qu'il y a eu réception et inscription au greffe de la demande en divorce, de la déclaration de l'avocat(e) ainsi que (s'il y a lieu) de l'avis à la partie défenderesse relativement à la contestation.

(Endroit et date)

....

Formulaire I   RÈGLES DE PROCÉDURE ET DE PRATIQUE

GREFFIER
[(1986) *G.O* II, 822; (1988), c. 21, a. 66; (1989) 121 *G.O* II, 2929, a. 2; (1991) 123 *G.O* II, 5599, a. 4; (1994) 126 *G.O* II, 6199, a. 31; (1996) 128 *G.O* II, 5535, a. 18, 19, 20; (1998) 130 *G.O* II, 5905, a. 4; (2000) 132 *G.O* II, 5373, a. 4; (2003) 135 *G.O* II, 4007, a. 4; (2004) 136 *G.O* II, 4034, a. 2.2].

Formulaire II
(Règle 22)

CANADA
PROVINCE DE QUÉBEC
DISTRICT DE
N°:

COUR SUPÉRIEURE
Chambre de la famille
(Divorce)

....

PARTIE(S) DEMANDERESSE(S)
et, s'il y a lieu,

....

PARTIE DÉFENDERESSE

Attestation relative a l'enregistrement des naissances

[ ] La naissance d'aucune des parties n'a été enregistrée au Québec. (les paragraphes 1 et 2 ne sont pas complétés; inscrire la date et signer à la page 2)

[ ] La naissance de l'épouse n'a pas été enregistrée au Québec. (seul le paragraphe 2 est complété; inscrire la date et signer à la page 2)

[ ] La naissance de l'époux n'a pas été enregistrée au Québec. (seul le paragraphe 1 est complété; inscrire la date et signer à la page 2)

Je déclare que:

1. L'épouse est née le .... (*date de naissance*) à .... (*lieu de naissance*) et a été baptisée ou enregistrée le .... (*date du baptême ou de l'enregistrement civil*) à .... (*paroisse religieuse et municipalité du baptême ou municipalité de l'enregistrement civil*)

Elle est la fille de .... et de ....;

OU (formule à utiliser si l'acte de naissance origine du directeur de l'état civil)

L'épouse est âgée de .... ans et le numéro d'inscription de son acte de naissance au registre de l'état civil est ....;

2. Le mari est né le .... (*date de naissance*) à .... (*lieu de naissance*) et a été baptisé ou enregistré le .... (*date du baptême ou de l'enregistrement civil*) à .... (*paroisse religieuse et municipalité du baptême ou municipalité de l'enregistre civil*)

Il est le fils de .... et de ....;

OU (formule à utiliser si l'acte de naissance origine du directeur de l'état civil)

L'époux est âgé de .... ans et le numéro d'inscription de son acte de naissance au registre de l'état civil est .... (*endroit et date*);

....

Partie(s)
OU
Procureur de

[(1996) 128 *G.O* II, 5535, a. 24; (1998) 130 *G.O* II, 5905, a. 3].

Formulaire II-A — (*Abrogé*)

[(1998) 130 *G.O* II, 5905, a. 5].

Formulaire III

(Règles 26 à 30)

CANADA
PROVINCE DE QUÉBEC
DISTRICT DE
N°:

COUR SUPÉRIEURE
Chambre de la famille

....

PARTIE DEMANDERESSE
c.

....

PARTIE DÉFENDERESSE

État des revenus et dépenses et bilan

Je, soussigné(e), ... domicilié(e) au .... district de
................................., déclare sous serment:

....

❑ J'admets ma capacité de payer les sommes demandées mais je nie que la partie adverse y ait droit (règle 22).

❑ Je ne reçois que des prestations de sécurité du revenu au montant de ....$ par mois.

....

1. Je suis la partie .... dans la présente cause;

2. Je joins à la présente déclaration assermentée une copie de mes déclarations de revenus fédérale et provinciale ainsi que les avis de cotisation pour l'année ....;

3. Tous les détails de ma situation financière sont correctement dévoilés ci-dessous et sont vrais à ma connaissance personnelle;

Revenus pour l'année courante

Catégorie	Par semaine	Par mois	Par année
Salaire brut			
Commission/Pourboires			
Revenus nets d'entreprise et de travail indépendant (joindre états financiers)			
Assurance-chômage			
Pension alimentaire versée par un tiers			
Prestations de retraite, d'invalidité ou autres			
Intérêts et dividendes			
Loyers nets (Joindre état des revenus et dépenses relatif à l'immeuble)			
Autres (spécifier)			

Catégorie	Par semaine	Par mois	Par année
TOTAL		*a)*	

Total par semaine ....$ x 4,33 = *b)* ....$ par mois

Total par année ....$ ÷ 12 = *c)* ....$ par mois

REVENU MENSUEL TOTAL: (*a + b + c*) = ...$

Dépenses sur une base mensuelle

Pour calculer le montant mensuel exact, multiplier une dépense hebdomadaire par 4,33 et diviser une dépense annuelle par 12.

Catégorie		Par mois
1.	Cotisation au Régime de rentes du Québec et au Régime de pensions du Canada	
2.	Primes d'assurance-chômage	
3.	Cotisations à un régime de retraite	
4.	Primes d'assurance-groupe	
5.	Cotisations syndicales et professionnelles	
6.	Loyer/Hypothèque	
7.	Charges communes (copropriété)	
8.	Taxes municipales, scolaire et d'eau	
9.	Primes d'assurance-habitation	
10.	Assurances-vie, accident, invalidité	
11.	Électricité	
12.	Chauffage	
13.	Téléphone	
14.	Câblodistribution	
15.	Réparation et entretien de la résidence principale	
16.	Services d'entretien domestique	
17.	Achat de meubles, appareils ménagers et literie	
18.	Réparation de meubles et appareils ménagers	
19.	Nourriture et épicerie	
20.	Repas à l'extérieur: — Travail — Loisirs	
21.	Médicaments et articles de toilette	
22.	Couches et lait pour bébé	
23.	Soins dentaires	
24.	Lunettes, verres de contact et leurs produits d'entretien	
25.	Vêtements	
26.	Buanderie et nettoyage	
27.	Coiffure et esthétique	
28.	Taxis et transports publics	

Catégorie	Par mois
29. Véhicule — Paiements/location — Assurances — Permis et immatriculation — Essence — Entretien — Stationnement	
30. Frais scolaires (scolarité, livres, matériel, repas, sorties, frais parascolaires, costume)	
31. Régime enregistré d'épargne-études	
32. Frais de garderie, (garderie, gardien(ne), camp de jour) — aux fins du travail — aux fins de loisirs	
33. Sorties et divertissements	
34. Activités sportives	
35. Équipement: sports, loisirs ou autres	
36. Cours/Leçons	
37. Jouets, cadeaux	
38. Livres, revues, journaux, disques, cassettes	
39. Animaux domestiques	
40. Tabac et boissons alcooliques	
41. Vacances	
42. Camp	
43. Argent de poche des enfants	
44. Épargne/Épargne retraite	
45. Paiement de dettes 1) 2) 3)	
46. Frais d'avocat	
47. Résidence secondaire (joindre détails en annexe)	
48. Autres:	
Dépenses anticipées:	
DÉPENSES MENSUELLES TOTALES	

Sommaire

Revenu mensuel total (voir page 1).......... $

(moins)

Impôts sur ce revenu (avant pension alimentaire)* -.......... $

REVENU NET.......... $

(moins)

Dépenses mensuelles totales -.......... $

SURPLUS/DÉFICIT.......... $

Pension alimentaire et impact fiscal

Renseignements requis de celui qui réclame la pension alimentaire

Contribution nette requise du débiteur alimentaire.......... $

(plus)

Impôts sur la pension alimentaire réclamée et crédits perdus +.......... $

Pension alimentaire brute réclamée.......... $

Renseignements requis de celui à qui la pension alimentaire est réclamée

Pension alimentaire brute offerte.......... $

(moins)

Impôts économisés et crédits retrouvés vu la pension alimentaire offerte -.......... $

Coût net de la pension alimentaire offerte.......... $

*Indiquez la source du calcul:................................

Nom et adresse de l'employeur

....

....

....

....

Actif

Indiquer argent comptant, comptes de banque ou d'autres institutions financières et la valeur marchande des biens par catégories (sans tenir compte des dettes qui y sont rattachées): immeubles, meubles, automobiles, oeuvres d'art, bijoux, actions, obligations, intérêts dans une entreprise, autres placements, régimes de retraite, régimes d'épargne-retraite, créances, etc.

Catégorie	Détails	Valeur

Catégorie	Détails	Valeur
	Total de l'actif	.... $

Passif

Indiquer dans le tableau qui suit les dettes ou engagements financiers de toute nature contractés sous forme de prêt ou d'ouverture de crédit (prêt hypothécaire, prêt personnel, marge de crédit, cartes de crédit, ventes à tempérament, cautionnements, etc.) ou que vous devez payer en application d'une loi (dettes fiscales, cotisations, redevances et autres droits impayés, etc.) ou d'une décision d'un tribunal (dommages et intérêts, pensions alimentaires, trop-perçu d'assurance-chômage ou d'aide sociale, amendes, etc.).

Pour chaque dette, préciser sa valeur, son solde en capital et le nom du créancier.

Dette (préciser: hypothèque, prêts personnels, cartes de crédit, etc.)	Solde	Nom du créancier
1.		
2.		
3.		
4.		
	Total du passif	.... $

Sommaire de l'actif et du passif

Total de l'actif:
(moins)   .... $

Total du passif: -   .... $
VALEUR NETTE: .... $

Serment prêté devant

.... (nom et fonction, profession ou qualité)

à ...., (municipalité et province)

le .... (date)

....
Signature

....
(signature de la personne qui reçoit le serment)

[(1983) 115 *G.O* II, 186; (1986) 118 *G.O* II, 822; (1990) 122 *G.O* II, 3926, a. 6; (1994) 126 *G.O* II, 6199, a. 32; (1996) 128 *G.O* II, 5535, a. 18, 21; (1998) 130 *G.O* II, 5905, a. 3; (2003) 135 *G.O* II, 4007, a. 5].

Formulaire IV

(Identification du dossier)

État du patrimoine familial

A	PARTIE DEMANDERESSE	PARTIE DÉFENDERESSE	
	VALEUR	VALEUR	MOTIFS D'EXCLUSION
BIENS EXCLUS DU PATRIMOINE (Art. 415 C.c.Q.)			

VALEUR DU PATRIMOINE ÉTABLIE AU ____ / ____ / ____   ❏ date de la fin de la vie commune
JJ   MM   AAAA   ❏ date d'introduction d'instance

B	PARTIE DEMANDERESSE			PARTIE DÉFENDERESSE		
VALEUR NETTE DES BIENS	VALEUR	DETTE	NET	VALEUR	DETTE	NET
DU PATRIMOINE DONT LES PARTIES SONT PROPRIÉTAIRES (Art. 415 et 417 C.c.Q.)						
1) Résidence familiale						
2) Résidence(s) secondaire(s)	$	$	$	$	$	$
3) Meubles qui garnissent ou ornent les résidences et qui servent à l'usage du ménage :	$	$	$	$	$	$
• Résidence familiale						
• Résidence(s) secondaire(s)	$	$	$	$	$	$
4) Véhicule(s) automobile(s) utilisé(s) pour les déplacements de la famille (voir liste des résidences et véhicules en annexe)	$	$	$	$	$	$
	$	$	$	$	$	$
TOTAL	$	$	$	$	$	$

DÉDUCTIONS (Art. 418 C.c.Q.)			moins			Moins
a) biens possédés avant mariage	Valeur nette plus value $ + $		= $	Valeur nette plus value $ + $		= $
b) apport durant mariage par succession ou donation	Apport plus value $ + $		= $	Apport plus value $ + $		= $
c) remploi durant le mariage*						
VALEUR PARTAGEABLE			= $			= $

Notes:

* Si nécessaire, donnez les détails en annexe

C	PARTIE DEMANDERESSE			PARTIE DÉFENDERESSE		
VALEUR NETTE DES BIENS	VALEUR	DETTE	NET	VALEUR	DETTE	NET
DU PATRIMOINE DONT LES PARTIES SONT PROPRIÉTAIRES (Art. 415 et 417 C.c.Q.)						

5) Droits accumulés durant le mariage au titre d'un régime de retraite (**Voir Partie D s'il ne donne pas droit à une somme capitalisée)	___ $	___ $	___ $	___ $	___ $	___ $
	___ $	___ $	___ $	___ $	___ $	___ $
6) REER accumulés durant le mariage	___ $	___ $	___ $	___ $	___ $	___ $
TOTAL						

DÉDUCTIONS (Art. 418 C.c.Q.)			moins			Moins
Apport durant mariage	Apport plus value			Apport plus value		
	___ $ + ___ $ =	___ $		___ $ + ___ $ =	___ $	
VALEUR PARTAGEABLE		=	___ $		=	___ $

D Cochez les cases appropriées	PARTIE DEMANDERESSE	PARTIE DÉFENDERESSE
Gains inscrits durant le mariage :		
• Régie des rentes du Québec (R.R.Q.)	❏	❏
• Régime de pension du Canada (R.P.C.)	❏	❏
**Le régime de retraite auquel vous contribuez donne droit, pour votre conjoint, à une rente à l'exclusion d'une somme capitalisée	❏	❏
**Le régime de retraite auquel votre conjoint contribue vous donne droit àune rente à l'exclusion d'une somme capitalisée	❏	❏

Déclaration sous serment

Je déclare que les renseignements donnés concernant les biens dont je suis propriétaire sont exacts et complets et qu'ils le sont, quant aux biens de l'autre partie, au meilleur de ma connaissance.

Et j'ai signé à _____ , le _____

Demand. ❏ ou défend. ❏

Affirmé solennellement devant moi à _____ ce _____

Personne habilitée à recevoir le serment : _____

E JE SUIS D'AVIS QUE LES RÈGLES DU PATRIMOINE FAMILIAL NE SONT PAS APPLICABLES EN L'ESPÈCE POUR LES MOTIFS SUIVANTS : (SPÉCIFIER)

_____

_____

_____

JE REMPLIS TOUTEFOIS LE PRÉSENT ÉTAT AU CAS OÙ LE TRIBUNAL REJETTERAIT MA PRÉTENTION.

F JE DEMANDE UN PAIEMENT COMPENSATOIRE POUR LES RAISONS SUIVANTES (ART. 421 C.C.Q.) :

_____

_____

_____

Formulaire IV RÈGLES DE PROCÉDURE ET DE PRATIQUE

G JE DEMANDE UN PARTAGE INÉGAL POUR LES RAISONS SUIVANTES (ART. 422 C.C.Q.) :

H EXÉCUTION DU PARTAGE (art. 419 et 420 C.c.Q.)

Modalités suggérées	- modalités	(date)	(montant)
1. en numéraire :			
- comptant :	$		
- par versements :	$		
- sûretés (le cas échéant) :			

2. par dation en paiement des biens suivants :

partie demanderesse :   partie défenderesse :

I RÉCUPÉRATION DES DÉDUCTIONS (S'IL Y A LIEU) :

partie demanderesse :   partie défenderesse :

Signé à _____ , le _____

PAR : _____

[(2004) 136 *G.O.* II, 4034, a. 2.4].

Formulaire V

(Règle 33)

Consentement a l'expertise psychosociale

CANADA
PROVINCE DE QUÉBEC
DISTRICT DE
N°:

COUR SUPÉRIEURE
Chambre de la famille

....
PARTIE REQUÉRANTE
c.
....
PARTIE INTIMÉE

Consentement à l'expertise psycho-sociale

Nous, soussignés, consentons, sujet à l'ordonnance du tribunal, à ce qu'une évaluation soit faite par un expert du Service d'expertise psycho-sociale rattaché à la Chambre de la famille de la Cour supérieure concernant notre/nos enfant(s) mineur(s);...

Nous consentons à ce que cette évaluation ne débute qu'après le dépôt du rapport du médiateur conformément aux articles 814.3 et suivants C.p.c.

Nous consentons à collaborer à la tenue d'entrevues avec chacun de nous et notre ou nos enfants si l'expert le juge à propos.

Nous consentons également à ce que l'expert communique avec les personnes ou établissements ci-après mentionnés et obtienne communication des dossiers pertinents, savoir: ....

Nous autorisons l'expert à prendre connaissance de tout le dossier judiciaire, y compris les rapports et dossiers médicaux conservés sous enveloppe scellée (a. 3, R.p.C.s.) et autorisons le greffier à lui en donner accès.

Nous consentons à ce que le rapport de l'expert soit versé en preuve au dossier, sous réserve du droit des parties d'interroger l'expert et de faire toute preuve additionnelle.

Et nous avons signé à ...., le ....

....
PROCUREUR DE LA PARTIE RE-
QUÉRANTE

....
PARTIE REQUÉRANTE

....
PROCUREUR DE LA PARTIE INTI-
MÉE

....
PARTIE INTIMÉE

Intervention

Je consens à l'accès et à la communication des dossiers visés par le consentement de mes parents et à la mise en preuve du rapport de l'expert.

.... ENFANT MINEUR(E) DE 14 ANS OU PLUS

[(1986) 118 *G.O* II, 822; (1996) 128 *G.O* II, 5535, a. 18-19; (1997) 129 *G.O* II, 1307, a. 7; (1998) 130 *G.O* II, 5905, a. 3, a. 6; (2000) 132 *G.O* II, 5373, a. 6].

Formulaire VI

(Règle 36)

Ordonnance d'expertise

CANADA   COUR SUPÉRIEURE
PROVINCE DE QUÉBEC   Chambre de la famille
DISTRICT DE   Le ....
Nº:

....
PARTIE REQUÉRANTE

c.

....
PARTIE INTIMÉE

Ordonnance

Le tribunal saisi d'une requête pour garde d'enfant(s) mineur(s) ou d'accès; Vu la preuve et les représentations relativement

à ....;

(nom(s) de (des) l'enfant(s))

CONSIDÉRANT que, pour être en mesure de décider le litige en meilleure connaissance de cause, il paraît opportun au tribunal d'obtenir une évaluation du Service d'expertise psycho-sociale près de la Chambre de la famille;

VU le consentement écrit des parties à ce qu'une expertise psycho-sociale soit effectuée par un expert du Service d'expertise psycho-sociale;

PAR CES MOTIFS:

ORDONNE au Service d'expertise psycho-sociale de procéder à une expertise psycho-sociale particulièrement en regard de:

....

de faire rapport écrit le ou avant le .... et de l'acheminer:

- au juge en chef ou

- au juge désigné par le juge en chef ou

- au juge soussigné.

Frais à suivre.

....

J.C.S.
[(1986) 118 *G.O* II, 822; (1996) 128 *G.O* II, 5535, a. 19; (1997) 129 *G.O* II, 1307, a. 8; (1998) 130 *G.O* II, 5905, a. 3; (2000) 132 *G.O* II, 5373, a. 6].

Formulaire VII

(Règle 36)

Ordonnance de communication des dossiers (Art. 19 de la *Loi sur les services de santé et les services sociaux*, RLRQ, c. S-4.2)

CANADA	COUR SUPÉRIEURE
PROVINCE DE QUÉBEC	Chambre de la famille
DISTRICT DE	Le ....
Nº:	

....

PARTIE REQUÉRANTE

c.

....

PARTIE INTIMÉE

Ordonnance

Vu l'ordonnance d'expertise psycho-sociale prononcée par le tribunal et considérant que le tribunal estime nécessaire que l'expert obtienne les dossiers pertinents à son expertise et vu le consentement des parties à ce que ces documents soient communiqués à l'expert;

PAR CES MOTIFS:

ORDONNE en vertu de l'article 19 de la *Loi sur les services de santé et les services sociaux* (chapitre S-4.2) au ....

de donner communication de tous les dossiers pertinents à l'expert désigné par le directeur du Service d'expertise psycho-sociale aux fins de la préparation du rapport d'expertise psycho-sociale déjà requis.

....

J.C.S.

[(1986) 118 *G.O* II, 822; (1996) 128 *G.O* II, 5535, a. 18; (1997) 129 *G.O* II, 1307, a. 9; (1998) 130 *G.O* II, 5905, a. 3; (2000) 132 *G.O* II, 5373, a. 6].

Formulaire VIII

(Règle 41)

Jugement de divorce
(Art. 8 *Loi de 1985 sur le divorce*)

CANADA   COUR SUPÉRIEURE
PROVINCE DE QUÉBEC   Chambre de la famille
DISTRICT DE   (Divorces)
Nº: Le ....
                                PRÉSIDENT: L'HONORABLE

                                ....
                                PARTIE(S) DEMANDERESSE(S)
                                -et-, s'il y a lieu,

                                ....
                                PARTIE DÉFENDERESSE

Jugement de divorce

Vu la demande en divorce;

Vu la preuve faite et les pièces versées au dossier;

CONSIDÉRANT que la demande est fondée;

Par ces motifs le Tribunal:

PRONONCE le divorce entre les parties, dont le mariage a été célébré le ...., qui prendra effet le trente et unième jour suivant la date du présent jugement.

ORDONNE .... (mesures accessoires) .... frais.

....

JUGE OU GREFFIER
[(1985) 117 *G.O* II, 521, a. 5; (1986) 118 *G.O* II, 822; (1994) 126 *G.O* II, 6199, a. 31; (1996) 128 *G.O* II]., 5535, a. 18; (1998) 130 *G.O* II, 5905, a. 3; (2000) 132 *G.O* II, 5373, a. 6; (2001) 133 *G.O* II, 6020, a. 2].

Formulaire IX

(Règle 42e)

Certificat de divorce
(Art. 12(7) *Loi sur le divorce*)

CANADA   COUR SUPÉRIEURE
PROVINCE DE QUÉBEC
DISTRICT DE
n°

Certificat de divorce

J'atteste que le mariage de .... et de .... célébré à
...................................., le ...., a été dissous par jugement qui a pris effet le ....

Sceau*

Délivré à .... le ....

....

GREFFIER

* Sur demande.
[(1985) 117 *G.O* II, 521, a. 5; (1986) 118 *G.O* II, 822; (1987) 119 *G.O* II, 1005, a. 3; (1994) 126 *G.O* II, 6199, a. 31; (1996) 128 *G.O* II, 5535, a. 18; (1998) 130 *G.O* II, 5905, a. 3; (2000) 132 *G.O* II, 5373, a. 6; (2004) 136 *G.O* II, 4034, a. 2.3].

Formulaire X

(Règle 42i)

Avis d'audition en confirmation d'une ordonnance conditionnelle (Art. 19(2) de la *Loi de 1985 sur le divorce*)

CANADA

PROVINCE DE QUÉBEC

DISTRICT DE

N°

COUR SUPÉRIEURE

Chambre de la famille

(Divorces)

....

PARTIE(S) DEMANDERESSE(S)

-et-, s'il y a lieu,

....

PARTIE DÉFENDERESSE

Avis d'audition en confirmation d'une ordonnance conditionnelle (Art. 19(2) de la *Loi de 1985 sur le divorce et règle de pratique 29k*)

AVIS VOUS EST DONNÉ qu'une demande en confirmation de l'ordonnance condition-nelle ci-jointe, prononcée par .... (juge) de .... (tribunal) le ...., sera entendue à la salle .... au palais de justice de ...., à .... à 9h30 ou dès que les parties pour-ront être entendues.

PRENEZ DE PLUS AVIS que le tribunal tiendra compte de tout document à l'appui de cette demande expédié par le tribunal qui a rendu l'ordonnance conditionnelle ainsi que de toute preuve présentée par l'une ou l'autre des parties.

PRENEZ DE PLUS AVIS que le tribunal pourra rendre une ordonnance pour confirmer, modifier ou annuler l'ordonnance conditionnelle.

Daté à ...., le ....

....

GREFFIER

[(1986) 118 *G.O* II, 822; (1987) 119 *G.O* II, 1005, a. 4; (1994) 126 *G.O* II, 6199, a. 31; (1996) 128 *G.O* II, 5535, a. 18; (1998) 130 *G.O* II, 5905, a. 3; (2000) 132 *G.O* II, 5373, a. 6].

Règles de pratique de la Cour supérieure du district de Montréal en matière civile et en matière familiale,

RLRQ, c. C-25, r. 15, tel que modifié par Décision, (1985) 117 *G.O.* II, 514; Décision, (1994) 126 *G.O.* II, 6198; Décision, (1996) 128 *G.O.* II, 5534; Décision, (1997) 129 *G.O.* II, 1307; Décision, (2000) 132 *G.O.* II, 5372.

Code de procédure civile, RLRQ, c. C-25, a. 47

Section I — Préliminaires

1. Le *Règlement de procédure civile* (chapitre C-25, r. 11) est, suivant le cas, remplacé, modifié ou complété par les présentes règles qui s'appliquent dans le district de Montréal.

Pour plus de précision, mais sans limiter la généralité du premier alinéa, les règles de pratique 18 et 21 du *Règlement de procédure civile* sont remplacées, dans le district de Montréal, par les présentes règles.

[(1996) 128 *G.O.* II, 5534, a. 2; [(2000) 132 *G.O.* II, 5372, a. 1].

Section II — Rôles d'audience

2. Sous l'autorité du juge en chef, le maître des rôles distribue les causes entre les juges disponibles, suivant la nature de chacune et la durée prévue de l'enquête et l'audition.

Le rôle d'audience ainsi préparé indique le nom du juge, le numéro de la cause, le nom des parties et de leurs avocats, la date et l'heure de l'audition et le numéro de la salle d'audience.

3. Au moins deux mois avant l'ouverture de la session, le maître des rôles fait afficher dans le palais de justice un exemplaire du rôle d'audience et fait parvenir à chacun des avocats aux dossiers ou, à défaut, aux parties, un extrait dudit rôle concernant leurs causes, soit par messager soit par courrier ordinaire de première classe.

L'expédition aux avocats par le greffier d'un extrait dudit rôle concernant leurs causes constitue l'avis aux avocats exigé par l'article 278 du *Code de procédure civile*.

[(1985) 117 *G.O.* II, 514].

4. (*Abrogé*).

[(1985) 117 *G.O.* II, 514].

Section III — Audition des causes

5. Si une cause ne peut être entendue, pour une raison quelconque, dans la salle d'audience où elle est fixée, le maître des rôles, sous l'autorité du juge en chef, la réfère à un juge disponible, selon l'ordre qui assure la meilleure efficacité; s'il n'y a pas de juge disponible à l'une ou l'autre des séances du même jour, le maître des rôles fixe la cause dès que possible sur un rôle subséquent.

6. Une cause commencée doit normalement se continuer jusqu'à ce qu'elle soit terminée sans ajournement à une session ultérieure de la Cour. Si elle ne peut ainsi se terminer, le maître des rôles en fixe la suite dès que possible sur un rôle subséquent.

Section IV — Remises

7. (*Abrogé*).

[(1985) 117 *G.O.* II, 514].

8. Toute demande de remise est formulée dans les 30 jours de la publication du rôle d'audience, par requête écrite présentable devant le juge en chambre; celui-ci dispose de la requête à sa discrétion et peut, s'il accorde la remise, fixer la cause dès que possible sur un rôle subséquent.

[(1985) 117 *G.O.* II, 514].

9. Sous réserve de l'article 288 du *Code de procédure civile*, aucune demande ultérieure de remise n'est prise en considération, à moins de circonstances tout à fait exceptionnelles qui doivent être alléguées par requête écrite présentable devant le juge en chef qui en dispose à sa discrétion.

10. Lorsqu'un avocat est empêché, pour des motifs sérieux, de demander une remise par écrit avant que sa cause ne soit appelée, il peut expédier un message, verbalement ou autrement, au juge en chef ou au juge présidant la session.

[(1985) 117 *G.O.* II, 514].

SECTION V — RÔLE SOMMAIRE

11. (*Abrogé*).

[(1994) 126 *G.O.* II, 6198, a. 1].

12. (*Abrogé*).

[(1997) 129 *G.O.* II, 1307, a. 1].

13. (*Abrogé*).

[(1985) 117 *G.O.* II, 514].

14. Les demandes pour fixer une cause au rôle sommaire peuvent être présentées à l'officier nommé par le juge en chef les lundi et mardi de chaque semaine entre 14 h et 16 h ou en tout autre temps déterminé par le juge en chef.

[(1985) 117 *G.O.* II, 514].

SECTION VI — CHAMBRE DE PRATIQUE

15. Le juge en chef fixe le nombre de divisions de la Chambre de pratique. La distribution des causes s'y fait selon ses directives.

[(1985) 117 *G.O.* II, 514; (1997) 129 *G.O.* II, 1307, a. 2].

16. À moins que le juge en chef n'en décide autrement, avis de présentation de toute procédure est donné pour 9 h 15 dans la salle prévue respectivement pour les matières civile, familiale et pour le greffier spécial.

[(1985) 117 *G.O.* II, 514; (1997) 129 *G.O.* II, 1307, a. 3].

17. (*Abrogé*).

[(1997) 129 *G.O.* II, 1307, a. 4].

18. Toute procédure au sujet de laquelle aucun des procureurs intéressés ne s'est présenté avant la fin de la séance est rayée.

[(1985) 117 *G.O.* II, 514].

19. Toute procédure qui a déjà été ajournée deux fois et au sujet de laquelle les parties ne sont pas encore prêtes, est rayée.

[(1985) 117 *G.O.* II, 514].

SECTION VII — DÉLÉGATION DE POUVOIRS PAR LE JUGE EN CHEF

20. Le juge en chef peut, de temps à autre, désigner un juge pour entendre les demandes faites en vertu des présentes règles et en disposer.

[(1985) 117 *G.O.* II, 514].

SECTION VIII — DISPOSITIONS TRANSITOIRES

21–27. (*Abrogés*).

[(1985) 117 *G.O.* II, 514].

RÈGLEMENT DE PROCÉDURE CIVILE DE LA COUR SUPÉRIEURE (DISTRICT DE QUÉBEC),

(2001) 133 *G.O.* II, 6017 [c. C-25, r. 12], tel que modifié par Avis, (2004) 136 *G.O.* II, 4037; Avis, (2006) 138 *G.O.* II, 3970; Avis, (2008) 140 *G.O.* II, 4643; Avis, (2010) 142 *G.O.* II, 3288.

Code de procédure civile, RLRQ, c. C-25, a. 27

SECTION I — AU GREFFE

Article 1 — Pièce confidentielle

La partie désireuse de voir conserver confidentiel un dossier médical ou un rapport d'expertise préparé par un médecin, un psychologue ou un travailleur social, doit le déposer au greffe sous enveloppe scellée, identifiée comme l'endos d'un acte de procédure, et notée « confidentiel » (a. 3 *R.p.C.s.*).

SECTION II — EN PRATIQUE CIVILE

Article 2 — Preuve hors cours

Le juge qui autorise une preuve hors cour en vertu de l'article 196 C.p.c. demeure saisi du dossier.

Article 3 — Réunion d'actions

3.1. Signification — La requête pour réunion d'actions doit être signifiée à toutes les parties à chacune des actions (a. 270, 271).

3.2. Certificat unifié — Le greffier qui réunit des actions délivre une attestation de dossier complet unifié pour l'ensemble; il peut exiger de chacune des parties une déclaration quant à la durée prévue.

[(2004) 136 *G.O.* II, 4037, a. 3].

Article 4 — La chambre administrative

4.1. Les affaires de pratique civile de longue durée, c'est-à-dire plus de trois heures, sont portées au rôle de la Chambre administrative par le juge siégeant en chambre de pratique civile.

[(2004) 136 *G.O.* II, 4037, a. 4; (2006) 138 *G.O.* II, 3970, a. 2].

4.2. Avant de ce faire, le tribunal s'assure que le dossier est complet et que l'affaire est prête pour instruction, auquel cas il en détermine la durée.

[(2004) 136 *G.O.* II, 4037, a. 5].

4.2.1. Dans le cas d'une requête en révision judiciaire ou en évocation, le juge appelé à fixer la date d'audition, après consultation de l'adjoint du juge en chef, gère l'instance en déterminant avec les parties notamment:

a) les questions en litige;

b) la norme de contrôle applicable;

c) le motif pour lequel la décision devrait être révisée, annulée ou maintenue;

d) la durée de l'audition ainsi que la date du dépôt:

i. des pièces, s'il y a lieu;

ii. ainsi que des autorités.

[(2008) 140 *G.O.* II, 4643, a. 2].

4.2.2. Dans le cas d'une requête en injonction interlocutoire, le juge appelé à fixer la date d'audition, après consultation de l'adjoint du juge en chef, gère l'instance en déterminant avec les parties notamment:

a) les questions en litige;

b) la date du dépôt:

> i. des affidavits nécessaires pour établir les faits;

> ii. des documents que les parties entendent invoquer (754.1 C.p.c.);

c) le nombre et l'identité des témoins, s'il y a lieu (art. 754.2 C.p.c.) ainsi que l'objet de leur témoignage;

d) la date de la tenue et du dépôt des interrogatoires hors Cour;

e) la durée de l'audition.

[(2008) 140 *G.O.* II, 4643, a. 2].

4.3. Si le dossier est incomplet, le tribunal détermine un échéancier pour le compléter et reporte l'affaire sur un rôle d'audience de gestion.

[(2004) 136 *G.O.* II, 4037, a. 5].

4.4. Si la nature ou la complexité de l'affaire le requiert, l'échéancier comprend la production de la Déclaration sommaire de dossier complet (Formulaire III A.r.p.c. (C.S.)).

[(2004) 136 *G.O.* II, 4037, a. 5].

4.5. À l'audience de gestion, le tribunal tient une conférence préparatoire sommaire (a. 279) puis, si l'affaire est prête pour instruction, il en détermine la durée.

[(2004) 136 *G.O.* II, 4037, a. 5].

4.6. Le rôle de la Chambre est tenu par le cabinet du juge en chef où il faut s'adresser pour obtenir une date d'audience lorsque le dossier est complet.

[(2004) 136 *G.O.* II, 4037, a. 5].

SECTION III — LA CHAMBRE DE LA FAMILLE

Article 5 — Directive

La procédure de la Chambre est déterminée par directive du juge en chef; copie peut en être obtenue au greffe.

Article 6 — Date d'audience

6.1. (*Supprimé*).

[(2004) 136 *G.O.* II, 4037, a. 6].

6.2. La partie qui dépose une demande conjointe doit aussitôt s'adresser au greffe pour qu'il en fixe la date d'audience (a. 814.1).

Article 7 — Preuve par déclarations sous serment

Si la preuve est faite par déclarations sous serment, un juge peut en disposer sans audience (a. 38 et a. 25, *Loi sur le divorce*).

SECTION IV — INSTRUCTION AU FOND

Article 8 — Sans délai

Une audition commencée doit être terminée sans délai (a. 288).

Article 9 —

(*Supprimé*).

[(2004) 136 *G.O.* II, 4037, a. 6].

Article 10 — Les causes longues (a. 275, 276)

10.1. Une cause est dite « longue » si la durée d'audition prévue à l'attestation de dossier complet est de plus de cinq jours.

[(2004) 136 *G.O.* II, 4037, a. 7].

10.2. Le juge en chef désigne un juge responsable des causes longues pour l'ensemble des districts.

10.3. Le juge en charge d'un district contresigne l'attestation de dossier complet, après vérification de la durée, et le dossier est acheminé au juge responsable des causes longues.

[(2004) 136 *G.O.* II, 4037, a. 7].

10.4. Après délivrance de l'attestation de dossier complet, copie de toute demande incidente doit être notifiée au juge responsable des causes longues jusqu'à ce que la cause soit assignée à un juge pour instruction: par la suite la notification est faite à ce dernier qui peut se saisir de la demande.

[(2004) 136 *G.O.* II, 4037, a. 7].

SECTION V — DEVANT LE JUGE EN CHEF

Article 11 — Compétence

Doivent être adressées au juge en chef les requêtes pour remise formulées avant l'audience, pour audience par préséance et pour réunion d'actions si l'une d'elles est déjà portée à un rôle d'audience.

11.1. Lorsqu'une cause est déjà fixée pour audition au fond, elle ne peut être remise que sur autorisation du juge en chef associé ou, dans le cas d'une cause de longue durée, du juge responsable des causes de longue durée.

[(2006) 138 *G.O.* II, 3970, a. 3].

Article 12 — Audience

Le juge en chef associé tient audience par conférence téléphonique, de 10 h à midi, le mercredi et, durant les vacances judiciaires, au jour qu'il détermine; en cas d'urgence, audience peut être demandée en tout temps.

La partie qui désire être présente lors de l'audience, ou son avocat, doit en aviser au préalable le cabinet du juge en chef associé et en faire part à l'autre partie.

[(2004) 136 *G.O.* II, 4037, a. 8; (2006) 138 *G.O.* II, 3970, a. 4].

SECTION VI — GESTION D'INSTANCE

Article 13 — Report de la présentation

Si les parties sont absentes au jour indiqué pour la présentation de la demande (requête introductive d'instance), l'affaire est reportée à quinzaine et copie du procès-verbal est expédiée aux avocats.

De même les parties peuvent convenir, une seule fois, d'un report à quinzaine.

[(2004) 136 *G.O.* II, 4037, a. 10].

Article 14 — Échéancier additionnel

La demande de prolongation du délai de 180 jours (art. 110.1) Č.p.c. doit être accompagnée d'un projet de calendrier des échéances étalé sur une période maximum de 90 jours, sauf avec la permission du tribunal.

[(2004) 136 *G.O.* II, 4037, a. 11].

SECTION VII — CONFÉRENCE DE RÈGLEMENT À L'AMIABLE

Article 15 — Demande

L'usage du « Formulaire A, Demande conjointe au juge en chef pour une conférence de règlement à l'amiable » est suggéré.

[(2004) 136 *G.O.* II, 4037, a. 12].

Article 16 — Délai pour la demande

Les demandes de conférence de règlement à l'amiable formulées moins de 30 jours avant la date d'audience au fond ne sont acceptées qu'exceptionnellement.

[(2004) 136 *G.O.* II, 4037, a. 12].

Section VIII — La chambre commerciale

17.1. Constitue une instance commerciale:

a) les demandes fondées sur:

(Lois du Canada) —

— la *Loi sur la faillite et l'insolvabilité*, L.R.C. (1985), ch. B-3;

— la *Loi sur les arrangements avec les créanciers des compagnies*, L.R.C. (1985), ch. C-36;

— la *Loi sur les liquidations et les restructurations*, L.R.C. (1985), ch. W-11;

— la *Loi canadienne sur les sociétés par actions*, L.R.C. (1985), ch. C-44;

— la *Loi sur les banques*, L.C. 1991, ch. 46 [L.R.C. (1985), ch. B-1.01];

— la *Loi sur la médiation en matière d'endettement agricole*, L.C. 1997, ch. 21;

— la *Loi sur l'arbitrage commercial*, L.R.C. (1985), ch. 17 (2e suppl.) [L.R.C. (1985), ch. C-34.6];

(Lois du Québec) —

— le *Code de procédure civile*, chapitre C-25;

— l'article 946.1 (homologation d'une sentence arbitrale);

— l'article 949.1 (reconnaissance et exécution d'une sentence arbitrale rendue hors du Québec);

— la *Loi sur les compagnies*, chapitre C-38;

— la *Loi sur la liquidation des compagnies*, chapitre L-4;

— la *Loi sur les valeurs mobilières*, chapitre V-1.1;

— la *Loi sur l'autorité des marchés financiers*, chapitre A-33.2;

b) toute autre affaire commerciale, par décision du juge en chef associé ou du juge désigné par lui, prononcée d'office ou sur demande.

[(2006) 138 *G.O.* II, 3970, a. 5].

17.2. La Chambre commerciale possède son greffe et son propre code de juridiction (le « 11 »).

[(2006) 138 *G.O.* II, 3970, a. 5].

17.3. Tout acte de procédure dans une instance commerciale, ainsi que tout endos, portent la mention « Chambre commerciale » au-dessous de celle « Cour supérieure ».

[(2006) 138 *G.O.* II, 3970, a. 5].

17.4. Les instances commerciales sont présentables en chambre de pratique civile et elles ont priorité au cours de la deuxième semaine de cour de pratique civile, qui correspond habituellement à la troisième semaine du mois.

[(2006) 138 *G.O.* II, 3970, a. 5].

17.5. Les instances commerciales sont entendues en chambre administrative lorsque la durée prévue est de plus de trois heures.

Les articles 4.1 à 4.6 s'appliquent à la gestion de ces demandes, compte tenu des adaptations nécessaires.

[(2006) 138 *G.O.* II, 3970, a. 5; (2010) 142 *G.O.* II, 3288, a. 2].

17.6. Les instances commerciales peuvent être l'objet d'une gestion particulière d'instance (art. 151.11 C.p.c.).

[(2006) 138 *G.O.* II, 3970, a. 5].

17.7. Toute audition de moins de trois heures est fixée par le greffier spécial ou le registraire.

[(2006) 138 *G.O.* II, 3970, a. 5].

17.8. (*Abrogé*).

[(2010) 142 *G.O.* II, 3288, a. 3].

17.9. La remise d'une audition de plus de trois heures doit être autorisée par le juge en chef associé.

[(2006) 138 *G.O.* II, 3970, a. 5].

17.10. Les instances commerciales urgentes sont entendues par le juge siégeant en son bureau.

[(2010) 142 *G.O.* II, 3288, a. 4].

SECTION IX ━━ UTILISATION D'UN
MOYEN TECHNOLOGIQUE

18.1. Prolongation du délai de 180 jours — Toute demande de prolongation du délai de 180 jours (art. 110.1 C.p.c.) présentée au tribunal, doit préciser les motifs de la prolongation et être accompagnée d'un projet d'entente (amendée s'il y a lieu) sur le déroulement de l'instance, avec mention qu'elle est ou non contestée.

Elle doit être transmise au greffe, avant 16 h au plus tard, le mardi le chaque semaine, pour être entendue le vendredi, entre 9 h et 10 h, en audience de gestion, par conférence téléphonique tenue à l'initiative de la Cour.

[(2008) 140 *G.O.* II, 4643, a. 3].

18.2. Juge de garde ou juge en son bureau — La requête au juge de garde ou au juge en son bureau ne nécessitant pas l'audition de témoins, peut être entendue par conférence téléphonique ou visioconférence, après un préavis de 24 heures.

[(2008) 140 *G.O.* II, 4643, a. 3].

18.3. Requêtes en chambre de pratique — Le tribunal peut autoriser la présentation d'une requête fixée en chambre de pratique civile, familiale, administrative, commerciale ou criminelle, par conférence téléphonique ou visioconférence, lorsque les parties y consentent et après un préavis de 48 heures au juge assigné à la chambre concernée.

[(2008) 140 *G.O.* II, 4643, a. 3].

18.4. Audition de témoins — Sur autorisation du tribunal, les témoins peuvent être entendus par visioconférence lors de l'instruction d'une requête introductive d'instance, après un préavis de sept jours au juge en son bureau.

[(2008) 140 *G.O.* II, 4643, a. 3].

18.5. Visioconférence — Le tribunal peut autoriser un interrogatoire préalable, un interrogatoire sur affidavit ou un interrogatoire d'un témoin hors de Cour, par visioconférence si la façon proposée paraît fiable et proportionnée aux circonstances de l'affaire, compte tenu des installations accessibles, après un préavis de 48 heures au juge en son bureau. (art. 4.1, 4.2 C.p.c. et 2869, 2870, 2874 C.c.Q.)

[(2008) 140 *G.O.* II, 4643, a. 3].

Formulaire A

(Identification du dossier et désignation des parties)

Cour supérieure

Le _____ 2004.

Demande conjointe au juge en chef[1]
pour une conférence de règlement à l'amiable
(art. 151.15 *C.p.c.*)

1. Nous demandons la tenue d'une telle conférence pour nous aider à trouver une solution mutuellement satisfaisante à notre litige.

2. Nous croyons à la possibilité d'une solution négociée et chaque signataire déclare être prêt à faire des concessions raisonnables pour y arriver.

3.[2] Voici en quelques mots[3] l'objet du litige :

_____

_____

_____

4. Chaque partie s'engage à garder confidentiel « tout ce qui est dit ou écrit au cours de la conférence » (art. 151.12).

5. Nous comprenons que « la conférence ne suspend pas le déroulement de l'instance » (art. 151.19).

6. Nous souhaitons la présence de nos procureurs à la conférence (art. 151.17).

_____   _____
          demand.   défend.

Procureur(e) responsable du dossier :	Procureur(e) responsable du dossier :
Nom :	Nom : . . . .
Étude :	Étude : . . . .
Addresse :	Addresse : . . . .
. . . .	. . . .
Téléphone :	Téléphone : . . . .
Télécopieur :	Télécopieur : . . . .

Notes:

1   Faire parvenir la demande au Service des conférences de règlement à l'amiable (C.S.), Palais de justice, 300, boulevard Jean-Lesage, bureau R-327, Québec (Québec) G1K 8K6.

2   *Ou* : 3. Ci-joint copie de la contestation liée *ou* ... des « Règles 15 » *ou* ... des déclarations selon 274.1 et 274.2 *C.p.c.*

3   Maximum 10 lignes.

Règlement de la Cour du Québec

Table des matières

RÈGLES DE PROCÉDURE ET DE PRATIQUE

RÈGLEMENT DE LA COUR DU QUÉBEC,

D. 673-2003 (2003) 135 *G.O.* II 2967 [c. C-25, r. 4].

Code de procédure civile, RLRQ, c. C-25

Code de procédure pénale, RLRQ, c. C-25.1

Loi sur la Régie du logement, RLRQ, c. R-8.1

Loi sur les tribunaux judiciaires, RLRQ, c. T-16

Code criminel, L.R.C. (1985), ch. C-46

Généralités — Les dispositions de ce règlement qui seraient incompatibles avec les modifications apportées au *Code de procédure civile* (chapitre C-25) par la *Loi portant réforme du Code de procédure civile* (L.Q. 2002, c. 7) ne s'appliquent qu'aux demandes introduites avant le 1er janvier 2003.

Chapitre I —— Dispositions applicables à toutes les chambres de la Cour

SECTION I —— GREFFES, REGISTRES ET FICHIERS

1. Les registres, index et fichiers nécessaires à l'application du *Code de procédure civile*, du *Code criminel* (L.R.C., (1985), ch. C-46) et du *Code de procédure pénale* (chapitre C-25.1) et ceux imposés par les lois spéciales doivent être tenus aux greffes conformément aux directives du juge en chef.

Les registres, index et fichiers nécessaires à l'application de la *Loi sur la protection de la jeunesse* (chapitre P-34.1) et des dispositions sur l'adoption contenues au *Code civil du Québec* (L.C. 1991, c. 64) doivent être tenus aux greffes conformément aux directives du juge en chef et de la manière prévue à l'Annexe I.

2. Les greffes de la Cour sont ouverts les jours juridiques du lundi au vendredi de 8 h 30 à 16 h 30 et tout autre jour lorsqu'une cour criminelle siège.

3. Toute personne peut avoir accès aux dossiers, aux registres et aux fichiers de la Cour pendant les heures d'ouverture des greffes.

4. Les règles sur la consultation des dossiers ainsi que sur leur retrait des greffes sont prévues aux dispositions propres à chaque chambre de la Cour contenues au présent règlement.

SECTION II —— ORDRE, TENUE VESTIMENTAIRE ET DÉCORUM À L'AUDIENCE

5. Les audiences de la Cour débutent à 9 h 30 et à 14 h 00, à moins d'indication contraire du juge qui préside l'audience.

6. En chambre civile, dans les causes contestées au fond ainsi qu'à la division des petites créances, en chambre criminelle et pénale pour toutes enquêtes et auditions et en tout temps en chambre de la jeunesse, le juge porte la toge.

Dans ces causes, aucun avocat n'est admis à s'adresser au tribunal sans être revêtu soit d'une toge noire avec veston noir, pantalon foncé et chemise, col et rabat blancs, soit d'une toge noire fermée devant, à encolure relevée, manches longues et rabat blanc.

L'avocate peut porter, au lieu de ce qui précède, toge noire et rabat blanc avec robe noire à manches longues ou jupe ou pantalon foncés et chemisier blanc à manches longues.

7. En chambre civile, dans les causes contestées au fond, en chambre criminelle et pénale pour toutes enquêtes et auditions et en tout temps en chambre de la jeunesse, le stagiaire n'est pas admis à s'adresser au tribunal sans être revêtu soit d'une toge noire avec complet foncé, chemise blanche et cravate foncée, soit d'une toge noire fermée devant, à encolure relevée et manches longues.

La stagiaire peut porter, au lieu de ce qui précède, toge noire avec jupe ou pantalon foncés et chemisier blanc à manches longues ou avec un vêtement foncé.

8. Dans les affaires où le port de la toge n'est pas requis, l'avocat ou le stagiaire porte pantalon, veston, chemise et cravate sobres et l'avocate ou la stagiaire porte jupe ou pantalon avec chemisier et veston ou une robe sobres.

9. Pendant les séances du tribunal, les greffiers, huissiers-audienciers et autres officiers du tribunal portent, en tout temps, l'une des tenues décrites à l'article 7.

10. Les personnes présentes à l'audience se lèvent quand le juge entre dans la salle et demeurent debout jusqu'à ce qu'il ait pris son siège.

11. À l'ouverture de la séance, l'huissier-audiencier ou le greffier dit à haute voix: « Silence. Veuillez vous lever. La Cour du Québec, présidée par l'honorable ... est ouverte. ».

Une fois que le juge a pris son siège, l'huissier-audiencier ou le greffier invite l'assistance à s'asseoir.

Lorsque le juge quitte son siège, l'huissier-audiencier ou le greffier invite l'assistance à se lever de nouveau et personne ne laisse sa place avant la sortie du juge.

12. Est prohibé à l'audience ce qui porte atteinte au décorum et au bon ordre.

Sont notamment prohibés la lecture des journaux, la photographie, la cinématographie, l'enregistrement audio et vidéo, la radiodiffusion, la télédiffusion et l'utilisa-

tion de télé-avertisseurs et téléphones cellulaires en mode de fonctionnement sonore.

Sauf à la chambre de la jeunesse, l'enregistrement audio par les médias des débats et de la décision est permis à moins d'interdiction par le juge; la diffusion d'un tel enregistrement est toutefois interdite.

13. Toute personne qui comparait devant le tribunal doit être convenablement vêtue.

14. Toute personne qui s'adresse au tribunal ou à un témoin doit, sauf permission du juge, se lever et demeurer debout.

15. À l'audience, nul n'est admis à s'entretenir avec quiconque, à s'adresser au greffier ou à consulter un dossier, sauf permission du juge.

16. En chambre criminelle et pénale, sauf permission du juge, l'accusé doit, pendant la durée de l'enquête ou du procès, demeurer au banc des accusés. Il se lève et demeure debout pendant la lecture de l'acte d'accusation et le prononcé du jugement ou de la peine.

SECTION III — SÉCURITÉ DANS LES SALLES D'AUDIENCE

17. À l'audience, la sécurité des personnes présentes et la prise en charge des personnes dont la détention est ordonnée sont assurées par un agent de sécurité ou un constable selon les modalités convenues avec le ministère de la Sécurité publique.

Chapitre II — Dispositions applicables à la chambre civile

SECTION I — CONSULTATION ET RETRAIT D'UN DOSSIER OU D'UNE PIÈCE

18. Un dossier ou une pièce ne peuvent être consultés qu'en présence du greffier ou d'une personne qu'il désigne.

Un dossier ne peut être retiré du greffe qu'à la demande ou avec l'autorisation du juge ou du greffier.

19. Un dossier médical et un rapport d'expertise préparés par un médecin, un psychologue ou un travailleur social, versés dans le dossier, sont conservés sous enveloppe scellée et personne, sauf les parties ou leurs avocats, ne peut y avoir accès sans la permission du tribunal ou d'un juge. L'accès à de tels documents comporte le droit d'en prendre copie à ses frais.

SECTION II — ACTES DE PROCÉDURE ET PIÈCES

20. Tout acte de procédure doit être lisiblement écrit sur un côté seulement d'un papier dont le format est de 21,5 x 35,5 cm; l'endos doit en indiquer la nature, l'objet, le montant en litige, le numéro du dossier, le nom des parties, ainsi que le nom, l'adresse, le code postal, le numéro de téléphone, le numéro du télécopieur et le code informatique de l'avocat de la partie qui le produit.

Dans le cas où une partie se représente elle-même, la mention du code informatique de l'avocat et du numéro de télécopieur n'est pas requise.

21. Tout acte de procédure d'une partie est signé par avocat. Si cette partie n'est pas représentée par avocat, son acte de procédure est signé par elle-même.

22. Dans tout acte de procédure, les parties conservent les mêmes ordre et désignation que dans l'acte introductif d'instance.

23. Dans une instance en cours au 1er janvier 2003, tout acte de procédure relatif à la procédure allégée ainsi que l'endos d'un tel acte portent la mention « PROCÉDURE ALLÉGÉE » au-dessus de celle: « Cour du Québec ».

24. Lorsqu'un inventaire des pièces est déposé, il énumère et identifie les pièces auxquelles il réfère.

Chacune de ces pièces porte un numéro précédé d'une lettre-indice propre à chaque partie.

25. Le numéro du dossier et la cote apparaissent au recto de chaque pièce et à l'endos s'il en est.

26. Le greffier qui reçoit un acte de procédure le numérote, y inscrit la date, l'heure de la réception et l'enregistre au plumitif.

27. Lorsque le dossier est acheminé au tribunal ou au juge, un relevé du plumitif à jour y est versé et les relevés précédents sont détruits.

28. En cas de modification à un acte de procédure, les additions ou substitutions doivent être soulignées, ou signalées dans la marge au moyen d'un trait vertical, et les suppressions doivent être indiquées au moyen de pointillés encadrés de parenthèses.

29. Lorsqu'il a été ordonné d'apporter des précisions à un acte de procédure, un nouvel acte les incorporant est déposé au dossier dans les délais impartis suivant les modalités prévues à l'article 28.

SECTION III — PROCÉDURES DEVANT LA DIVISION DE PRATIQUE ET CELLES PRÉSENTABLES AU JUGE EXERÇANT EN SON BUREAU

30. Tout acte de procédure présenté à la division de pratique ou devant un juge exerçant en son bureau en indique le titre, tant sur l'endos que sur la page frontispice, et la référence à la disposition législative ou réglementaire sur laquelle il s'appuie.

31. Un acte de procédure destiné à la division de pratique doit être déposé au greffe un jour juridique franc avant la date de sa présentation.

L'avis de présentation doit mentionner l'heure à laquelle il sera présenté.

Dans les cas d'urgence, le juge peut abréger ce délai.

32. La requête en annulation de saisie avant jugement et celle en annulation de l'ordonnance rendue en vertu de l'article 2767 du *Code civil du Québec* fondées sur la fausseté des allégations de l'affidavit, indiquent celles qui sont contestées et exposent les motifs de la contestation.

SECTION IV — INSCRIPTION POUR JUGEMENT PAR DÉFAUT

33. L'inscription pour jugement par défaut de comparution ou de contestation indique la nature de la cause et le montant en jeu.

SECTION V — DEMANDES SPÉCIALES

Requête pour fixation par préférence —

34. Toute demande pour fixer une cause par préférence doit être faite par requête écrite et motivée au juge désigné à cette fin.

Cette demande peut être faite pour toute cause en raison de sa complexité, du nombre des témoins ou pour toute autre circonstance extraordinaire.

Requête en récusation —

35. Dans une instance en cours au 1er janvier 2003, la requête visée par l'article 238 du *Code de procédure civile* est présentée au juge coordonnateur ou au juge qu'il désigne.

Demande de remise —

36. Aucune cause fixée pour enquête et audition n'est remise du seul consentement des parties.

37. Toute demande de remise d'une cause fixée pour enquête et audition est présentée par écrit avec les motifs à son soutien, à un juge au moins 8 jours avant la date fixée pour l'audition.

38. Malgré le délai prévu à l'article 37, si les motifs de remise sont connus moins de 8 jours avant la date fixée pour l'enquête et l'audition, le juge coordonnateur, le juge coordonnateur adjoint ou un juge désigné par l'un d'eux peut recevoir une demande verbale de remise et il en décide de manière que les fins de la justice soient les mieux servies.

Cette demande peut également être présentée au juge du fond.

Requête pour enquête et audition d'une cause dans un autre district —

39. Une requête pour enquête et audition d'une cause dans un autre district est présentée au lieu de l'introduction de l'instance et entendue par le juge désigné à cette fin.

District judiciaire de Montréal —

40. Dans le district judiciaire de Montréal, les requêtes prévues dans la présente section sont présentées au juge coordonnateur adjoint ou au juge désigné le jeudi à 14 h 15 en la salle 13.09 du palais de justice de Montréal, sous réserve du pouvoir du juge coordonnateur ou du juge désigné d'en décider autrement.

Ces requêtes doivent être produites au greffe au plus tard la veille de la date fixée pour l'audience.

41. L'inscription doit être accompagnée d'une déclaration contenant les renseignements suivants:

1° le nom et l'adresse des parties et, si elles sont représentées, le nom et l'adresse de leur procureur;

2° l'inventaire des pièces communiquées aux autres parties;

3° la durée anticipée de l'audition;

4° la liste des témoins, sauf raison valable de ne pas divulguer leur nom.

L'inscription et la déclaration doivent être notifiées aux autres parties. Chacune des autres parties doit, dans les 30 jours à compter de l'inscription, produire une déclaration contenant ces mêmes renseignements et la notifier aux autres parties.

42. Après la production de l'inscription, les avocats des parties doivent:

1° aviser immédiatement le greffier de toute procédure qui tend à modifier l'état du dossier;

2° aviser la Cour dès qu'un règlement hors de Cour intervient et déposer au dossier la déclaration le constatant.

SECTION VII — ENVOI DU RÔLE POUR ENQUÊTE ET AUDITION

43. L'expédition aux avocats, par le greffier, de l'extrait du rôle les concernant constitue l'avis aux avocats exigé par l'article 278 du *Code de procédure civile*.

44. Dans une instance en cours au 1er janvier 2003, la réception de l'extrait mentionné à l'article 43 constitue pour les parties une demande expresse, pour l'application du deuxième alinéa de l'article 331.7 du *Code de procédure civile* (tel qu'il se lisait avant le 1er janvier 2003), de produire au greffe les pièces et les interrogatoires préalables dans les 15 jours.

SECTION VIII — ENREGISTREMENT AUDIO OU STÉNOGRAPHIQUE

45. Le greffier est tenu de procéder à l'enregistrement audio des débats et des plaidoiries.

46. Lorsque ses services sont requis, le sténographe est tenu de se rendre dans la salle d'audience à l'heure d'ouverture de la séance et y demeurer tant qu'il n'est pas libéré par le juge.

47. Le sténographe est tenu d'enregistrer les débats en cours d'audience. Il enregistre aussi les plaidoiries sauf s'il en est dispensé par le juge ou par les avocats des parties.

48. Toute personne peut obtenir du greffier, moyennant paiement des frais, une copie de l'enregistrement audio des débats.

SECTION IX — PROCÈS-VERBAL

49. Le greffier dresse un procès-verbal d'audience sur lequel il note:

1° le numéro du dossier;

2° le cas échéant, le numéro d'identification de la bobine d'enregistrement audio;

3° les noms des parties en cause;

4° la présence ou l'absence des parties;

5° les noms des avocats, leur code informatique et la partie qu'ils représentent;

6° le nom du juge présidant l'audience;

7° les noms du greffier et du sténographe s'il y a lieu;

8° la date et l'heure du début et de la fin de la séance et, le cas échéant, les repères de l'enregistrement audio;

9° la nature de la cause et le montant de la réclamation, le cas échéant;

10° les noms, âge et adresse des témoins ainsi que l'indication de la partie qui les fait entendre;

11° la cote et la description de toutes les pièces produites;

12° le dispositif de tout jugement, ordonnance ou mesures rendues séance tenante par le juge;

13° les motifs de toute décision relative à une demande de remise;

14° les diverses étapes de la procédure en indiquant l'heure et, le cas échéant, les repères de l'enregistrement audio.

SECTION X — PLAIDOIRIES ORALES OU ÉCRITES

50. La partie qui invoque un jugement ou un article de doctrine, en fournit un exemplaire au juge et aux parties, en indique les pages pertinentes et marque les passages cités.

51. La partie qui invoque des dispositions réglementaires ou législatives autres que celles du *Code civil* ou du *Code de procédure civile* en fournit un exemplaire au juge et aux parties.

SECTION XI — JUGEMENTS ET DÉLIBÉRÉS

52. Avant de remettre le dossier au juge pour fins de délibéré, le greffier s'assure que celui-ci est complet. Si le dossier est incomplet, il en avertit les avocats afin qu'ils y remédient.

53. Aucune cause n'est en délibéré tant que le dossier n'a pas été ainsi complété, à moins que le juge n'en décide autrement.

54. Lorsque la preuve faite hors de cour en vertu de l'article 196 du *Code de procédure civile* a été versée au dossier, le greffier doit, s'il n'a pas compétence pour rendre jugement et que le tribunal ne siège pas dans le district, transmettre le dossier au juge qui a autorisé la preuve hors de Cour.

55. Le jugement écrit et signé sur un acte de procédure présenté au juge n'a pas besoin d'être rédigé et signé de nouveau sur une feuille détachée et copie authentique peut en être délivrée par le greffier.

56. À défaut par les parties de compléter l'enquête ou le dossier dans le délai fixé par le juge lors de l'instruction d'une cause contestée ou non, le juge peut se dessaisir du dossier ou rendre un jugement suivant le dossier tel que constitué ou toute autre ordonnance qu'il juge appropriée.

SECTION XII — DISPOSITIONS APPLICABLES AUX CAUSES PORTÉES EN APPEL DEVANT LA COUR DU QUÉBEC

57. La présente section s'applique aux causes portées en appel devant la Cour du Québec, sauf aux causes portées en appel des décisions de la Régie du logement.

58. Dans les 60 jours qui suivent le dépôt de la procédure introductive d'appel ou du jugement qui autorise l'appel, le juge coordonnateur, le juge coordonnateur adjoint ou le juge désigné à cette fin communique avec les parties ou les convoque et, après avoir entendu les représentations des parties ou de leurs avocats:

1° décide sur les moyens propres à simplifier la procédure et à abréger l'audition, notamment sur l'opportunité d'admettre quelque fait ou document et de fournir la liste des autorités que les parties entendent soumettre;

2° établit, le cas échéant, les étapes pour la production des mémoires;

3° fixe la date de l'audition.

59. La présente section s'applique aux appels prévus aux articles 91 à 107 de la *Loi sur la Régie du logement* (chapitre R-8.1).

60. Tout acte de procédure, sauf pour ce qui est des procédures prévues au Livre IV du *Code de procédure civile*, relatif à un appel est signifié en la manière prévue aux articles 120 à 146 de ce Code ou par courrier recommandé ou certifié, avec avis de réception ou de livraison, sans qu'il soit nécessaire d'obtenir l'autorisation prévue à l'article 138 de ce Code.

61. La requête pour permission d'appeler doit indiquer les questions que le requérant entend soumettre au tribunal.

62. Le greffier transmet sans délai à la Régie du logement et aux parties le jugement autorisant l'appel. La Régie transmet au greffe de la Cour dans les 15 jours de la réception de ce jugement une copie conforme du dossier en sa possession.

63. La procédure ordinaire en première instance, prévue au Livre II du *Code de procédure civile*, s'applique à l'appel dans la mesure où elle n'est pas incompatible avec la *Loi sur la Régie du logement*.

64. Sous l'autorité du juge coordonnateur ou du juge coordonnateur adjoint, le greffier porte à un rôle spécial les causes inscrites pour enquête et audition.

65. La partie qui désire faire entendre un témoin peut l'assigner au moyen d'une assignation à comparaître émise conformément à l'article 280 du *Code de procédure civile*. La signification est faite aux frais de cette partie.

66. Dès que le jugement est déposé au greffe, le greffier en expédie copie aux parties et à la Régie du logement.

67. Les dispositions prévues aux sections I à XII du présent chapitre s'appliquent à la présente section en y apportant les adaptations requises.

Chapitre III —— Dispositions applicables à la chambre criminelle et pénale

68.-98. (*Omis*).

Chapitre IV —— Dispositions applicables à la chambre de la jeunesse

SECTION I —— EN MATIÈRE DE PROTECTION

§1. —— Consultation et retrait d'un dossier ou d'une pièce

99. Aucun dossier ne peut être retiré du greffe, sauf dans les cas d'appel, d'évocation ou de révision judiciaire, ou à la demande ou avec l'autorisation d'un juge.

100. Après vérification de son droit et de son identité par le greffier, une personne autorisée par la loi peut consulter un dossier ou obtenir copie d'une pièce d'un dossier.

Le greffier consigne alors au dossier le nom de cette personne et y note la pièce dont copie a été remise.

§2. —— Dossiers, actes de procédure et pièces

101. Le greffier ouvre un dossier pour chaque cause introduite ou pour chaque dénonciation déposée devant le tribunal et tous les actes de procédure qui y sont déposés doivent porter le numéro complet du dossier.

Lorsque la situation de plusieurs enfants ou adolescents est jugée suivant une même preuve, une copie de toute pièce, procès-verbal, notes sténographiques et jugement est versée dans chacun des autres dossiers à moins que le tribunal n'en décide autrement.

102. Chaque acte de procédure dans un dossier doit être fixé à ce dernier de façon à ne pouvoir s'en détacher facilement, il en est de même des pièces si elles peuvent y être conservées.

103. Lorsque le dossier est acheminé au tribunal ou au juge, un relevé du plumitif à jour y est versé et les relevés précédents sont détruits.

104. Le nom et la date de naissance de l'enfant ou de l'adolescent doivent être inscrits lisiblement sur chaque dossier.

105. Le récépissé, le certificat de recommandation postale ou tout autre document attestant la transmission d'un avis, d'un subpoena ou d'une copie d'un jugement doit être versé au dossier et être attaché à la pièce de procédure appropriée.

106. Tout acte de procédure doit être lisiblement écrit sur un côté seulement d'un papier dont le format est de 21,5 x 35,5 cm; l'endos doit en indiquer la nature, l'objet, le numéro du dossier, le nom des parties, ainsi que le nom, l'adresse, le code postal, le numéro de téléphone, le numéro du télécopieur et le code informatique de l'avocat de la partie qui le produit.

Dans le cas où une partie se représente elle-même, la mention du code informatique de l'avocat et du numéro de télécopieur n'est pas requise.

107. Tout acte de procédure d'une partie est signé par son avocat. Si cette partie n'est pas représentée par avocat, son acte de procédure est signé par elle-même.

108. Les pièces et écrits produits doivent porter le numéro du dossier, être identifiés d'une lettre indice spécifique à chaque partie, numérotés par une suite continue de chiffres et être accompagnés d'un inventaire.

Ces lettres indices sont les suivantes:

D: pour la Direction de la protection de la jeunesse;

E: pour l'enfant;

M: pour la mère;

P: pour le père;

PM: pour le père et la mère;

I: pour l'intervenant;

C: pour la Commission des droits de la personne et des droits de la jeunesse;

MC: pour le ou la mis(e) en cause;

PG: pour le procureur général;

R: pour le requérant en matière d'adoption.

109. La date de naissance d'un enfant et l'identité de ses parents doivent être prouvées conformément aux prescriptions du *Code civil* au plus tard au début de l'audition au fond d'une déclaration aux fins de protection.

110. Sur réception d'un acte de procédure ou d'une pièce, le greffier le numérote, y inscrit la date de production et le numéro du dossier dans lequel le document est versé.

111. Toute demande accessoire d'une demande principale doit être faite par écrit au moyen d'une requête et, sauf dispense accordée par le tribunal, de façon distincte.

112. Chacune des parties doit, dans une déclaration faite sous serment, attester que l'enfant n'est pas déjà l'objet d'une requête, action ou jugement du tribunal ou d'une autre Cour ni d'une entente entre les parties ou avec le directeur de la protection de la jeunesse et, le cas échéant, fournir une copie de telle requête, action, jugement ou entente.

Il en est de même lorsque les faits allégués font l'objet d'une poursuite en matière criminelle et, le cas échéant, copie de la dénonciation, des engagements et du jugement doivent être fournies.

Si, durant l'instance, l'intérêt ou les droits de l'enfant sont susceptibles d'être affectés par la procédure décrite à l'alinéa précédent, la partie ou son avocat qui en a connaissance doit, sans délai, en informer le tribunal par une déclaration faite sous serment qui sera versée au dossier.

113. Toute partie qui désire produire une analyse, un rapport, une étude ou une expertise qu'elle veut invoquer devant le tribunal doit déposer ce document au dossier au moins 3 jours avant l'audience et en remettre, dans le même délai, une copie à l'avocat de chacune des parties ou à la partie elle-même si elle n'est pas représentée, sauf dispense de cette obligation par le tribunal.

114. Copie de tout avis d'appel et de toute décision rendue en appel d'un jugement du tribunal doit être remise, par le greffier, dès réception, au juge qui a rendu jugement en première instance.

§3. — Rôles et audiences

115. Des rôles distincts concernant l'audition des affaires en matière de protection, d'adoption et de jeunes contrevenants sont dressés par le greffier.

116. Lorsqu'une date de présentation d'une requête doit être fixée, le juge ou le greffier fixe l'audition selon les disponibilités du tribunal.

117. Le tribunal peut, s'il l'estime opportun, ordonner une contestation écrite et fixer le délai dans lequel cette contestation doit être produite ainsi qu'une autre date pour l'audition de la cause.

118. Aucune cause n'est remise du seul fait du consentement des parties ou de leur absence.

Toute demande de remise d'une cause fixée pour enquête et audition est présentée par écrit, avec les motifs à son soutien, au juge coordonnateur ou au juge qu'il désigne au moins 8 jours avant la date fixée pour l'audition. Cette demande doit être précédée d'un avis d'un jour juridique franc transmis à toutes les parties.

Malgré le délai ci-dessus, si les motifs de remise sont connus moins de 8 jours avant la date fixée pour le procès, le juge coordonnateur ou le juge qu'il désigne peut recevoir une demande verbale de remise après avis d'un jour juridique franc à toutes les parties.

Le présent article n'a pas pour effet de limiter le pouvoir du juge saisi du fond d'accorder une remise pour des raisons exceptionnelles.

119. En l'absence du juge, le greffier peut ajourner toute audition, conformément à la loi, pour une période définie qui ne doit pas excéder le prochain terme.

§4. — Enregistrement audio ou sténographique

120. Le greffier est tenu de procéder à l'enregistrement audio des débats.

À défaut d'enregistrement audio, les services d'un sténographe sont requis et ce dernier est tenu d'enregistrer tous les débats en cours d'audience. S'il en est requis par le juge, il enregistre aussi les plaidoiries.

121. Sauf s'il y a appel, l'enregistrement des débats ne peut être repiqué, transcrit ou traduit qu'avec l'autorisation du tribunal qui doit en déterminer les modalités d'accès et de communication.

122. La transcription de l'enregistrement audio ou des notes prises en sténographie doit être conservée en un endroit, distinct du dossier, indiqué par le greffier du tribunal.

§5. —— Procès-verbal

123. Le greffier dresse un procès-verbal d'audience, conformément au formulaire prévu à cette fin sur lequel il note:

1° le numéro du dossier et, le cas échéant, le numéro d'identification de la bobine d'enregistrement;

2° les noms des parties présentes y compris, le cas échéant, celui de l'enfant et, en matière criminelle et pénale, celui de l'adolescent;

3° la date et l'heure du début et de la fin de la séance et, le cas échéant, les repères de l'enregistrement audio;

4° le nom du juge présidant l'audience;

5° les noms des avocats et, s'il y a lieu, leur code informatique ou numéro de casier;

6° les noms du greffier et du sténographe, s'il y a lieu;

7° une référence à la loi sur laquelle porte l'affaire ainsi que la nature de cette affaire ou, en matière criminelle et pénale, une référence à la loi sur laquelle porte l'infraction imputée à l'adolescent;

8° les noms, âge, qualité et adresse des témoins ainsi que le nom de la partie qui les fait entendre;

9° le cas échéant, l'assermentation de l'interprète et ses coordonnées;

10° la description des pièces produites ainsi que la cote assignée à chacune;

11° les admissions et les aveux;

12° les diverses étapes de la séance;

13° la décision d'une partie de ne pas être représentée par avocat;

14° le dispositif de tout jugement, décision, ordonnance ou mesure rendus séance tenante par le juge et les repères de l'enregistrement mécanique de ces décisions le tout à l'exception de celles sur les objec-

tions relatives à la preuve qui sont simplement notées;

15° les motifs de toute décision relative à une demande de remise.

§6. —— Jugements et délibérés

124. Le greffier doit s'assurer que le dossier est complet avant de le remettre au juge, tant à l'audience que pour le délibéré, et notamment qu'il contient, numérotés au jour le jour, suivant la date de leur production, les actes de procédure et les pièces ainsi que les études, mémoires et rapports déposés au soutien des procédures. Si le dossier est incomplet, il doit en aviser les avocats afin qu'ils y remédient, dans le délai qu'il fixe et laisser au dossier une note indiquant que tel avis leur a été donné.

À défaut par une partie de déposer une pièce requise par le juge ou de compléter sa plaidoirie orale ou écrite dans le délai fixé lors de l'audition, le juge prend le dossier en délibéré dans l'état où il se trouve à l'expiration de ce délai.

§7. —— Comparution et retrait d'un avocat

125. La comparution d'un avocat qui désire représenter une partie peut être faite séance tenante, mais doit être confirmée par le dépôt d'une comparution écrite au dossier de la Cour.

L'avocat qui désire consulter un dossier, sans qu'une comparution écrite n'ait été déposée, doit présenter une autorisation écrite de la personne visée à l'article 96 de la *Loi sur la protection de la jeunesse* pour avoir accès au dossier.

L'avocat qui a comparu pour une partie ne peut se retirer du dossier, à moins d'en obtenir l'autorisation du tribunal.

§8. —— Destruction des dossiers

126. L'accès à un dossier dont la destruction est prévue par la *Loi sur la protection* *de la jeunesse* est interdit à compter du jour où l'enfant atteint l'âge de 18 ans, sauf si les délais d'appel ne sont pas expirés.

127. Lorsque la destruction d'un dossier est prévue par la *Loi sur la protection de la jeunesse*, l'inscription à l'index alphabétique, le plumitif, de même que l'enregistrement audio des notes prises en sténographie ainsi que toute transcription de cet enregistrement ou de ces notes se rapportant à ce dossier doivent être détruites en même temps que ce dossier.

128. Les dossiers visés à l'article 96 de la *Loi sur la protection de la jeunesse* doivent, dans les trois mois de la date où l'accès en a été interdit, être transportés par deux personnes désignées à cette fin par un écrit du greffier dans un lieu approprié pour y être incinérés ou déchiquetés.

129. Les dossiers sont incinérés ou déchiquetés, en présence de ces deux personnes et du greffier qui dresse alors un procès-verbal.

130. Le procès-verbal de destruction des dossiers doit mentionner: les numéros ou séries de numéros des dossiers détruits, de même que la date, le lieu et le moyen utilisé pour ce faire.

§9. — Changement de district

131. La partie qui dépose une demande suivant les prescriptions du deuxième alinéa de l'article 95.1 de la *Loi sur la protection de la jeunesse* dans un district autre que celui où l'ordonnance précédente a été rendue, doit annexer à cette demande une copie certifiée des pièces pertinentes du dossier concerné incluant une copie des jugements, des rapports psychosociaux et d'experts déposés lors des audiences tenues préalablement .

§10. — Absence ou incapacité d'un juge

132. En cas d'absence ou d'empêchement d'agir d'un juge dans un district et dans la mesure où l'audition de témoins n'est pas requise, le juge coordonnateur de ce district peut désigner un juge pour décider de toute demande en matière d'urgence, de mesures provisoires, de demandes préliminaires ou accessoires à une instance et ce, par tout mode de communication que ce juge est en mesure d'accepter.

SECTION II — EN MATIÈRE D'ADOPTION

§1. — Consultation et retrait d'un dossier ou d'une pièce

133. Aucun dossier ne peut être retiré du greffe, sauf dans les cas d'appel, d'évocation ou de révision judiciaire, ou à la demande ou avec l'autorisation d'un juge.

§2. — Dossiers, actes de procédure et pièces

134. Les articles 101 à 114 , à l'exception de l'article 104, régissent également les matières d'adoption, compte tenu des adaptations nécessaires.

135. Les requêtes pour fins de placement, en révocation de placement et les demandes d'adoption relatives à un même enfant ainsi que les actes de procédure y afférents sont conservés dans un même dossier.

Toute autre demande et acte de procédure y afférents sont conservés dans des dossiers distincts.

136. Les prénom et nom projetés de l'enfant doivent être inscrits sur chaque dossier ainsi que les prénom et le nom d'origine, entre parenthèses, s'ils sont différents.

En matière d'approbation de projet d'adoption, les nom et prénom des requérants sont inscrits sur le dossier.

137. Conformément aux directives du juge en chef émises en vertu de l'article 331.9 du *Code de procédure civile*, les pièces sont conservées au dossier au-delà du délai d'une année. Lorsqu'une partie désire retirer une pièce qu'elle a produite, le greffier la lui remet et en conserve une copie certifiée au dossier.

138. Le greffier transmet au directeur de la protection de la jeunesse ayant compétence dans le lieu où réside l'enfant ou, si l'enfant n'a pas de résidence au Québec, à celui qui le dernier avait charge de l'enfant, un avis de tout jugement d'admissibilité à l'adoption, de placement et d'adoption rendu au sujet d'un enfant en rappelant son nom primaire et le nom proposé pour ce dernier.

139. Sauf si le tribunal autorise les parties à recevoir copie du jugement à être rendu, le greffier transmet aux parties un certificat attestant de tout jugement déclarant un enfant judiciairement admissible à l'adoption ainsi que, le cas échéant, de toute ordonnance de placement ou de tout jugement d'adoption.

§3. —— *Rôles et audiences*

140. Les articles 115 à 119 régissent également les matières d'adoption dans la mesure où ils sont applicables.

141. Les demandes introduites par voie de déclaration sont portées à un rôle général par le greffier pour enquête et audition au fond suivant leur date d'inscription et il en donne avis par poste certifiée aux parties ou à leur avocat.

142. L'inscription pour enquête et audition doit indiquer la nature de la cause et le temps requis pour la preuve et l'audition.

143. Les demandes introduites par voie de requête sont inscrites par le greffier sur un rôle distinct et entendues selon les disponibilités du tribunal lors d'une séance consacrée à l'adoption.

144. Les demandes en matière d'adoption doivent être présentées au tribunal par la partie elle-même ou par son avocat.

145. Dans le cas où le consentement à l'adoption est général, le tribunal procède à l'audition de la demande de placement présentée par le directeur de la protection de la jeunesse à la date fixée pour sa présentation, à moins que les adoptants n'aient informé le requérant de leur désir d'être entendus, auquel cas le tribunal reporte l'audition à une date ultérieure et l'avocat en avise les adoptants.

§4. —— *Enregistrement audio ou sténographique*

146. Les articles 120 à 122 s'appliquent, compte tenu des adaptations nécessaires à la présente section.

§5. —— *Jugements et délibérés*

147. L'article 124 s'applique, compte tenu des adaptations nécessaires à la présente section.

Chapitre V —— Dispositions finales

148. Le présent règlement remplace:

1° les *Règles de pratique de la Cour du Québec* (R.R.Q., 1981, c. C-25, r. 4);

2° les *Règles de pratique de la Cour du Québec applicables à l'appel des décisions de la Régie du logement* (R.R.Q., 1981, c. C-25, r. 5);

3° les *Règles de pratique de la Cour du Québec (chambre criminelle et pénale)* (R.R.Q. 1981, c. T-16, r. 6);

4° les *Règles de pratique et de procédure de la Cour du Québec (chambre de la jeunesse) en matière civile et en matière d'adoption* (D. 1257-83, (1983) 115 *G.O.* II, 2782 [c. T-16, r. 8.1]);

5° les *Règles de pratique de la Cour du Québec (chambre de la jeunesse) en matière criminelle et pénale* (chapitre T-16, r. 8).

149. (*Omis*).

ANNEXE I

(a. 1)

INDEX, PLUMITIFS ET REGISTRES

Les index, plumitifs et registres visés au deuxième alinéa de l'article 1 doivent comporter les renseignements suivants et contenir les documents suivants:

  1° Pour la chambre jeunesse, en matière civile:

    — En matière de protection:

      1° un index alphabétique contenant:

        a) le numéro du dossier;

        b) les nom et prénom de l'enfant et des autres parties;

        c) la date de naissance et le sexe de l'enfant.

      2° un plumitif contenant:

        a) le numéro de dossier et la date de son ouverture;

        b) les nom et prénom de l'enfant et des autres parties;

        c) la date de naissance et le sexe de l'enfant;

        d) l'adresse de la résidence ou du domicile de l'enfant et des autres parties;

        e) les nom, prénom et adresse des avocats des parties;

        f) une référence à l'article pertinent de la loi et la nature de l'affaire;

        g) la nature et la date de production de chacun des actes de procédure au dossier;

        h) la date de chaque séance du tribunal;

        i) la date où le dossier est complété et celle où il est expédié au juge pour le délibéré;

        j) la date et une note de chaque jugement;

        k) la date de production de l'avis d'appel;

        l) le numéro du dossier de la Cour siégeant en appel ou dans le cadre d'un recours extraordinaire et la date où le dossier a été transmis au greffe de cette Cour;

        m) la date où le dossier a été retourné au greffe du tribunal.

      3° un registre de consultation des dossiers relatifs à la *Loi sur la protection de la jeunesse* indiquant pour chaque consultation:

        a) le numéro du dossier et la date de sa consultation;

        b) les nom, prénom et qualité de la personne qui consulte le dossier;

        c) la signature de la personne qui consulte le dossier;

        d) les nom et prénom de la personne en présence de qui la consultation est faite.

Les renseignements prévus aux sous paragraphes 1° et 2° doivent être notés sur la couverture du dossier consulté.

4° un registre des jugements contenant l'original de tout jugement, placé dans l'ordre numérique des dossiers, une copie certifiée étant versée au dossier; les personnes consultant ce registre étant tenues aux règles de confidentialité prévues par la loi.

— En matière d'adoption:

1° un index alphabétique sous le nom d'origine et un autre constitué sous les prénom et nom projetés de la personne faisant l'objet d'une procédure et contenant:

    a) le numéro du dossier ou des dossiers;

    b) les prénom et le nom projetés de la personne, le cas échéant;

    c) les prénom et nom d'origine de la personne, s'ils sont différents de ceux projetés;

    d) le sexe et la date de naissance de la personne;

2° un plumitif contenant:

    a) le numéro de dossier et sa date d'ouverture;

    b) les prénom et nom d'origine, le sexe, la date de naissance, l'adresse de la résidence ou du domicile de la personne;

    c) les prénom et nom projetés de la personne, s'ils sont différents de ceux d'origine; dans le cas d'une personne mineure, la désignation du directeur de la protection de la jeunesse et,

    d) s'ils sont connus, les prénom et nom de ses parents, de son tuteur, gardien ou conjoint;

    e) les nom, prénom et adresse des parents;

    f) les nom, prénom et adresse des avocats des parties;

    g) une référence à l'article pertinent de la loi et la nature de l'affaire;

    h) la nature et la date de production de chacun des actes de procédure au dossier;

    i) la date de chaque séance du tribunal;

    j) la date ou le dossier est complet et celle où il est expédié au juge pour le délibéré;

    k) la date et une note de chaque jugement;

    l) la date de production de l'avis d'une procédure d'appel au greffe du tribunal, le numéro du dossier de la cour siégeant en appel lorsque disponible, la date où le dossier a été transmis au greffe de la cour siégeant en appel;

    m) la date où le dossier a été retourné au greffe du tribunal;

    n) la date à laquelle une partie a repris possession de l'original d'une pièce qu'elle a déposée au dossier.

3° un registre des jugements contenant:

    — l'original de tout jugement rendu en matière d'adoption, placé dans l'ordre numérique des dossiers, une copie certifiée étant versée au dossier.

2° Pour la chambre jeunesse, en matière criminelle et pénale:

1° un index alphabétique contenant:

a) le numéro du dossier;

b) les nom, prénom, sexe et date de naissance de l'adolescent;

c) les nom, prénom de ses parents, de son tuteur, gardien ou conjoint s'il y a lieu.

2° un plumitif contenant:

a) le numéro du dossier et la date de son ouverture;

b) les nom et prénom de l'adolescent;

c) la date de naissance et le sexe de l'adolescent;

d) les nom et prénom de l'avocat de l'adolescent;

e) les nom, prénom de ses parents, de son tuteur, gardien ou conjoint s'il y a lieu;

f) l'adresse de la résidence ou du domicile du défendeur et celle de ses parents, tuteur, gardien ou conjoint si elle est différente;

g) le nom du plaignant ou du dénonciateur, le cas échéant;

h) une référence à l'article de loi référant à l'infraction imputée à l'adolescent;

i) la date et l'étape de chaque audition du tribunal;

j) la date du jugement et de la décision le cas échéant;

k) la date de production de l'avis d'appel;

l) le numéro de dossier de la Cour siégeant en appel ou dans le cadre d'un recours extraordinaire et la date où le dossier a été transmis au greffe de cette Cour;

m) la date où le dossier a été retourné au greffe du tribunal.

RÈGLES DE PROCÉDURE ET DE PRATIQUE DU TRIBUNAL DES DROITS DE LA PERSONNE,

(2007) 139 *G.O.* II, 2772 [RLRQ, c. C-12, r. 4].

Charte des droits et libertés de la personne, RLRQ, c. C-12, a. 110

Chapitre 1 ─── Dispositions générales

1. Les règles de procédure et de pratique sont édictées en vertu de l'article 110 de la *Charte des droits et libertés de la personne* (chapitre C-12). Elles visent à simplifier, à faciliter et à accélérer le déroulement des demandes dont le Tribunal est saisi. Elles s'interprètent et s'appliquent de manière à assurer une gestion efficace de l'instance et un traitement rapide des dossiers. Elles complètent les règles de procédure et de preuve prévues à la Charte, auxquelles il convient de se référer.

Sous réserve d'une disposition de la Charte ou des présentes Règles, le *Code de procédure civile* (chapitre C-25) s'applique aux instances introduites devant le Tribunal, en y apportant les adaptations requises.

2. Les présentes Règles sont destinées à énoncer le droit et en assurer la sanction.

Sur décision motivée, le président ou le juge peut déroger aux présentes Règles lorsque l'intérêt de la justice le requiert.

3. Dans les présentes Règles, à moins que le contexte ne s'y oppose, les termes suivants désignent :

« Charte »: la *Charte des droits et liber tés de la personne* (chapitre C-12);

« Commission »: la Commission des droits de la personne et des droits de la jeunesse;

« greffe de la Cour du Québec »: le greffe de la Cour du Québec où la demande est introduite;

« greffe du Tribunal »: le greffe du Tribunal des droits de la personne;

« greffier de la Cour du Québec »: un fonctionnaire du ministère de la Justice oeuvrant dans un greffe et nommé à cette fin conformément à la loi, ainsi que toute autre personne nommée pour remplir cette charge auprès du tribunal auquel la disposition est applicable;

« greffier du Tribunal »: le greffier adjoint de la Cour du Québec nommé par arrêté du ministre de la Justice afin d'exercer pour le Tribunal, en plus de ses autres fonctions, les attributions du greffier de la Cour du Québec;

« juge »: un juge de la Cour du Québec désigné membre du Tribunal;

« partie »: la Commission, la victime, le groupe de victimes, le plaignant devant la Commission, tout intéressé à qui la demande est signifiée et la personne à qui un programme d'accès à l'égalité a été imposé ou pourrait l'être;

« président »: le juge nommé par le gouvernement à titre de président du Tribunal;

« Tribunal »: le Tribunal des droits de la personne.

Chapitre II —— Les greffes et les greffiers du tribunal et de la Cour du Québec

SECTION 1 —— LE GREFFE ET LE GREFFIER DU TRIBUNAL

4. Le greffe du Tribunal est ouvert tous les jours juridiques du lundi au vendredi de 8 h 30 à 16 h 30.

5. Le greffier du Tribunal dresse le rôle selon les directives du président.

6. Le greffier du Tribunal vérifie si les dossiers sont complets et, à défaut, demande aux parties de les compléter.

SECTION 2 —— LE GREFFE ET LE GREFFIER DE LA COUR DU QUÉBEC

7. Le greffier de la Cour du Québec et le personnel de la Cour du Québec du district dans lequel une demande est produite ou dans lequel siège le Tribunal, l'une de ses divisions ou l'un de ses membres, fournissent à ces derniers les services qu'ils fournissent habituellement à la Cour du Québec.

Les huissiers sont d'office huissiers du Tribunal et peuvent lui faire rapport, sous leur serment d'office, des significations faites par eux.

8. Les registres, dossiers, index et fichiers nécessaires à la mise à exécution de la Charte sont tenus au greffe de la Cour du Québec, conformément aux directives du président.

9. Le greffier de la Cour du Québec reçoit et enregistre les actes de procédure et les pièces conformes, à leur face même, aux exigences de la loi, des présentes Règles et des directives du président.

10. Le greffier de la Cour du Québec tient notamment un plumitif contenant :

1° le numéro de chaque dossier;

2° le nom des parties;

3° la nature de la demande;

4° une description ainsi que la date de réception de chaque acte de procédure, pièce ou document produit au greffe de la Cour du Québec;

5° la date et la nature de toute décision incidente;

6° la date de l'audience;

7° la date de la prise en délibéré;

8° l'indication de la façon dont le dossier a été définitivement fermé, la date de sa fermeture et de l'expédition d'une copie certifiée de la décision à la Cour supérieure, le cas échéant;

9° la date de production d'une requête pour permission d'en appeler et une fois l'appel autorisé, le numéro de dossier en appel;

10° la date de la transcription et de l'expédition du dossier au greffe de la Cour d'appel;

11° la date de retour du dossier du greffe de la Cour d'appel;

12° la date et le dispositif du jugement de la Cour d'appel.

11. Le greffier de la Cour du Québec informe immédiatement le greffier du Tribunal de toute procédure produite et la lui fait aussitôt parvenir, par messager ou par tout autre moyen de transmission faisant appel aux technologies de l'information.

12. Le greffier-audiencier dresse un procès-verbal de l'audience où il note et cote toutes les pièces produites et consigne toutes les décisions du Tribunal. Il écrit les admissions qui lui sont dictées et note celles qui sont faites pour les fins de l'enregistrement de l'audience.

13. Le greffier de la Cour du Québec taxe les témoins à la demande du Tribunal, des parties ou des témoins eux-mêmes.

14. Le greffier de la Cour du Québec taxe les mémoires de frais.

15. Toute personne peut avoir accès aux dossiers, aux registres et aux fichiers du Tribunal au greffe de la Cour du Québec pendant les heures d'ouverture des greffes.

Un dossier ou une pièce ne peut être consulté qu'en présence du greffier de la Cour du Québec ou d'une personne qu'il désigne. Autrement, une reconnaissance écrite est exigée, laquelle demeure au dossier.

Chapitre III ─── L'instance

SECTION 1 ─── LES ACTES DE PROCÉDURE ET LES PIÈCES

16. La demande introductive d'instance, les autres actes de procédure et les pièces sont produits au greffe de la Cour du Québec.

17. Une demande introductive d'instance doit comprendre les nom, prénom, domicile de la Commission ou du plaignant, selon le cas, et des autres parties. Elle énonce la date du dépôt de la plainte auprès de la Commission, l'acte reproché, les motifs invoqués et les conclusions recherchées.

18. Lorsque la Commission a avisé un plaignant de sa décision de ne pas saisir le Tribunal à son bénéfice, il dispose d'un délai de 90 jours, à compter de la réception de cette notification, pour introduire une demande au Tribunal. Il doit alors joindre à sa demande une copie de la notification reçue et indiquer la date à laquelle il en a reçu copie.

À cet effet, le greffier de la Cour du Québec s'assure que la demande produite par le plaignant est accompagnée de la notification reçue de la Commission.

Le défaut par le plaignant de se conformer à cette exigence peut entraîner le rejet de sa demande, si dans les 30 jours suivant sa production il n'a pas remédié à ce défaut.

19. Lorsque la Commission cesse d'agir en faveur d'un plaignant après avoir saisi le Tribunal d'une demande à son bénéfice, ce dernier est substitué de plein droit à la Commission par la notification de sa décision de cesser d'agir au plaignant, au greffier du Tribunal et au greffier de la Cour du Québec.

20. Dans les 15 jours de la production d'une demande, à l'exception d'une demande préliminaire, incidente ou faite en vertu des articles 81 et 82 de la Charte, la Commission ou le plaignant, selon le cas, doit produire au greffe de la Cour du Québec un mémoire exposant ses prétentions dont :

1° les faits et les pièces qu'il entend invoquer;

2° les questions de droit en litige;

3° les conclusions recherchées;

4° la liste des expertises à produire;

5° la législation, la jurisprudence et la doctrine sur lesquelles il entend s'appuyer;

6° le nombre de témoins et le temps prévu d'audience.

21. Le président ou le juge peut convoquer la Commission ou le plaignant, selon le cas, qui fait défaut de produire son mémoire dans ce délai afin qu'il explique les motifs pour lesquels sa demande ne devrait pas être rejetée. Avis de cette convocation est donné aux parties.

22. Les autres parties peuvent également, dans un délai de 30 jours de la signification du mémoire de la Commission ou du plaignant, le cas échéant, produire un mémoire. Celui-ci doit alors comporter les éléments prévus à l'article 20.

23. Les délais prévus aux articles 20 et 22 ne peuvent être prolongés que pour un motif sérieux et seulement si le président ou le juge estime que l'intérêt de la justice le requiert.

24. À moins d'une disposition expresse contraire, une demande en cours d'instance est faite par requête appuyée d'un affidavit attestant la véracité des faits allégués dont la preuve n'est pas déjà au dossier. Cette requête peut être contestée oralement.

Une demande en cours d'audience peut être faite oralement.

25. L'objet d'une requête doit être énoncé sous forme de conclusions.

26. Tout acte de procédure doit être lisiblement écrit sur un côté seulement d'un papier de format 21,25 sur 28 cm (8,5 po sur 11 po); l'endos doit en indiquer la nature, l'objet, le montant en litige, selon le cas, le numéro du dossier, le nom des parties, ainsi que le nom, l'adresse, le code postal, le numéro de téléphone et le numéro du télécopieur de l'avocat de la partie qui le produit ou de la partie elle-même lorsque non représentée et enfin, le code informatique de l'avocat de la partie qui le produit.

Les parties et leurs avocats, selon le cas, avisent sans délai le greffier du Tribunal, le greffier de la Cour du Québec et les autres parties de toute modification aux renseignements les concernant.

27. Tout acte de procédure d'une partie est signé par son avocat. Si une partie n'est pas représentée par avocat, son acte de procédure est signé par elle-même ou par le représentant dûment autorisé d'une personne morale.

28. Les allégations contenues dans un acte de procédure doivent faire l'objet de para-

graphes distincts et numérotés consécutivement.

29. Dans un acte de procédure, les renvois à une loi ou à un règlement doivent être faits en donnant le titre et la référence et en indiquant la disposition à laquelle on se réfère.

30. Les écrits invoqués au soutien d'un acte de procédure doivent être produits au greffe de la Cour du Québec avec un inventaire, au plus tard 15 jours avant la date fixée pour l'audience.

La partie qui fait défaut de se conformer à cette formalité peut, sur demande, être privée du droit de se prévaloir de cet écrit.

31. Chaque inventaire des pièces énumère les pièces qui l'accompagnent, porte le numéro de la demande, le nom des parties et indique la date, la nature et le numéro de chaque pièce.

32. Le numéro de chaque pièce est précédé d'une lettre-indice spéciale à chaque partie.

33. Le numéro du dossier et la cote apparaissent au recto de chaque pièce et à l'endos s'il en est.

34. Le greffier de la Cour du Québec qui reçoit un acte de procédure le numérote et y inscrit la date et l'heure de la réception.

35. Lorsque le dossier est acheminé au Tribunal ou au juge, un relevé du plumitif à jour y est versé.

36. La partie qui invoque dans un acte de procédure une pièce ou un document qui se trouve en possession d'une autre partie peut demander au président ou au juge d'ordonner que cette pièce ou ce document soit produit à l'audience.

37. La production de tout acte de procédure et de toute pièce doit être faite en cinq exemplaires, soit un original et quatre copies ainsi qu'un nombre additionnel de copies correspondant au nombre de parties.

38. La partie qui invoque un jugement ou un article de doctrine en indique les pages et les paragraphes pertinents et marque les passages cités au moyen d'un trait vertical en marge.

39. La partie qui invoque des dispositions réglementaires ou législatives autres que celles de la Charte, du *Code civil du Québec* (L.Q. 1991, c. 64) et du *Code de procédure civile* (chapitre C-25), en fournit le nombre de copies prévu à l'article 37.

40. En cas de modification à un acte de procédure, les additions ou substitutions doivent être soulignées ou signalées dans la marge au moyen d'un trait vertical et les suppressions doivent être indiquées au moyen de pointillés encadrés de parenthèses.

41. Lorsque des précisions à un acte de procédure ont été ordonnées, un nouvel acte les incorporant est déposé au dossier dans le délai imparti.

SECTION 2 ⸺ LES SIGNIFICATIONS
ET LES NOTIFICATIONS

42. Les significations et les notifications sont faites conformément aux règles du *Code de procédure civile* (chapitre C-25). Les autorisations requises par ce code peuvent être obtenues du juge ou du greffier du Tribunal.

43. Le greffier du Tribunal procède, sous réserve des dispositions prévues à la Charte ou aux présentes Règles, à la signification ou à la notification aux parties des mémoires produits.

44. Sous réserve des dispositions prévues à la Charte ou aux présentes Règles, les actes de procédure, les avis et les autres documents peuvent être notifiés aux parties ou au greffier du Tribunal, le cas échéant, par tout moyen de transmission faisant appel aux technologies de l'information.

La preuve de la notification doit être déposée au dossier.

SECTION 3 ⸺ LES
INTERROGATOIRES PRÉALABLES ET LES
EXPERTS

45. Le président ou le juge peut autoriser un interrogatoire préalable, un interrogatoire sur affidavit ou l'interrogatoire d'un témoin hors de cour par tout moyen de communication faisant appel aux technologies de l'information, dans la mesure où la façon proposée d'y procéder est fiable et proportionnée aux circonstances de l'affaire et compte tenu des installations accessibles.

46. Lorsque les parties ou leurs avocats désirent utiliser un rapport d'expert, ils doivent le produire au greffe de la Cour du Québec avec avis et copie signifiés aux autres parties au moins 60 jours avant la date fixée pour l'audience.

Sauf avec la permission du président ou du juge, nul témoin expert n'est entendu à moins que son rapport écrit ne soit produit conformément à ce qui précède.

47. En tout état de cause, les parties peuvent demander au président ou au juge la nomination d'un expert commun.

48. En tout état de cause, le président ou le juge peut, même de sa propre initiative, ordonner aux experts qui ont préparé des rapports contradictoires de se rencontrer, en présence des parties et des avocats qui le souhaitent, afin de concilier leurs opinions ou d'identifier les points qui les opposent. Dans le délai fixé, ils doivent faire rapport aux parties et déposer au dossier le résultat de leur rencontre.

49. Dans toute instance, le dossier médical et tout rapport d'expertise préparé par un médecin, un psychologue ou un travailleur social, versés au dossier, sont conservés sous enveloppe scellée et personne, sauf les parties ou leurs avocats, n'y ont accès sans la permission du président ou du juge. L'accès à de tels documents comporte le droit d'en prendre copie à ses frais.

SECTION 4 — L'ASSIGNATION DES TÉMOINS

50. La partie qui désire produire un témoin peut l'assigner au moyen d'une citation à comparaître délivrée par un juge de la Cour du Québec, un greffier de la Cour du Québec ou un avocat du district où la cause doit être entendue ou de tout autre district et signifiée au moins 10 jours francs avant la comparution.

Toutefois, en cas d'urgence, le juge ou le greffier de la Cour du Québec peut, par ordonnance spéciale inscrite sur la citation à comparaître, réduire le délai de signification, mais celle-ci ne peut être faite moins de 24 heures avant le moment de la comparution.

SECTION 5 — LE DÉROULEMENT DE L'INSTANCE

§5.1 — La gestion de l'instance

51. Le Tribunal veille au bon déroulement de l'instance et intervient pour en assurer la saine gestion. Il voit notamment à ce que les actes de procédure et les délais d'instance soient proportionnés, compte tenu de la nature et de la complexité du litige, et à ce que la demande soit entendue avec célérité.

52. Lorsqu'une instance le requiert en raison de sa nature ou de sa complexité, le président peut, d'office ou sur demande, exiger une gestion particulière de l'instance. Dans ce cas, le président ou le juge qu'il désigne voit au bon déroulement de l'instance.

§5.2 — La conférence préparatoire

53. Le président identifie les demandes dans lesquelles s'impose la tenue d'une conférence préparatoire. À cet effet, le président ou le juge qu'il désigne voit au bon déroulement de la conférence.

54. Le juge désigné pour présider la conférence peut, du consentement des avocats ou des parties, tenir cette conférence par tout moyen de communication faisant appel aux technologies de l'information.

55. Lorsque le président ou le juge désigné est le même que celui qui préside l'audience au fond, il peut être assisté de deux assesseurs.

56. La conférence préparatoire a notamment pour objet :

1º de définir les questions à débattre lors de l'audience;

2º d'évaluer l'opportunité d'amender les procédures dans le but de les clarifier et de les préciser;

3º de favoriser l'échange entre les parties, de documents devant être produits à l'audience;

4º de planifier le déroulement de la procédure et de la preuve lors de l'audience;

5º d'examiner la possibilité d'admettre certains faits ou d'accepter leur preuve par affidavit;

6º d'examiner toute autre question pouvant simplifier et accélérer le déroulement de l'audience;

7º d'examiner les possibilités de règlement hors cour.

57. Lorsque les parties et leurs avocats, le cas échéant, sont convoqués à une conférence préparatoire, ils doivent, d'avance, transmettre au greffe du Tribunal et aux autres parties un exposé comprenant :

1° un résumé des faits admis ou à prouver;

2° les questions de droit en litige contenant un renvoi aux dispositions pertinentes de la législation applicable, ainsi qu'un renvoi aux principales autorités qu'ils entendent citer.

58. Le président ou le juge désigné fait consigner au procès-verbal de la conférence préparatoire les points sur lesquels les parties s'entendent et les directives qu'il émet. Une copie du procès-verbal est transmise aux parties et à leurs avocats, le cas échéant. Le procès-verbal est versé au dossier et tient lieu des faits admis.

§5.3 — La conférence de règlement à l'amiable

59. À toute étape de l'instance, le président ou le juge qu'il désigne peut, à la demande des parties, présider une conférence de règlement à l'amiable. Dans leur demande, elles exposent sommairement les questions en litige.

Le président ou le juge désigné peut également, de sa propre initiative, recommander aux parties la tenue d'une telle conférence. Si elles y consentent, le président ou le juge désigné voit au bon déroulement de la conférence.

§5.4 — La péremption d'instance

60. S'il s'est écoulé plus de six mois depuis le dernier acte de procédure utile dans une instance, le président ou le juge qu'il désigne peut aviser les parties de son intention de considérer l'instance comme périmée et de fermer le dossier dans un délai de 60 jours.

La Commission ou le plaignant, le cas échéant, peut empêcher la péremption de l'instance en expédiant un avis à cet effet au greffe du Tribunal et au greffe de la Cour du Québec, avec copie aux autres parties. L'avis doit préciser les motifs pour lesquels l'instance ne devrait pas être considérée comme périmée.

Le président ou le juge désigné prend en considération les motifs énoncés à l'encontre de la péremption et rend la décision qu'il estime appropriée dans les circonstances. Copie de la décision est notifiée aux parties par le greffier du Tribunal.

Chapitre IV — L'audience

SECTION 1 — LA FIXATION ET L'AVIS DE LA DATE D'AUDIENCE

61. À l'expiration du délai prévu à l'article 22 des présentes Règles, le président ou le juge qu'il désigne détermine la date de l'audience, après consultation des parties.

62. Avis de la date d'audience est notifié par le greffier du Tribunal aux parties et à leurs avocats, le cas échéant, dans le délai et aux conditions prévus à l'article 120 de la Charte.

63. Une demande préliminaire ou incidente, ou une demande introduite en vertu de l'article 81 ou 82 de la Charte, est entendue à une date fixée par le président ou par le juge saisi de la demande.

SECTION 2 — LA REMISE DE L'AUDIENCE

64. Toute demande de remise d'une cause fixée pour audience est présentée par requête, énonçant les motifs à son soutien, au président ou au juge, au moins 10 jours avant la date fixée pour l'audience.

Malgré le délai ci-dessus, si les motifs de remise sont connus moins de 10 jours avant la date fixée pour l'audience, le président ou le juge peut recevoir une demande de remise et il en décide de manière à ce que les fins de la justice soient les mieux servies.

65. Une demande de remise n'est accordée que pour un motif sérieux. Le consentement des parties n'est pas en soi un motif suffisant pour accorder une remise.

SECTION 3 — L'ORDRE, LA TENUE VESTIMENTAIRE ET LE DÉCORUM

66. Les audiences du Tribunal sont publiques où qu'elles soient tenues mais le président ou le juge peut, d'office ou sur demande et dans l'intérêt de la morale ou de l'ordre public, ordonner le huis clos, interdire ou restreindre la divulgation, la publication ou la diffusion d'un renseignement ou d'un document qu'il indique.

67. Les audiences du Tribunal débutent à 9 h 30, à moins d'une indication contraire à l'avis d'audition ou du juge qui préside l'audience.

68. Toutes les personnes présentes à l'audience se lèvent quand le ou les membres entrent dans la salle; elles demeurent debout jusqu'à ce que l'huissier-audiencier invite l'assistance à s'asseoir.

Quand l'audience est terminée, elles se lèvent de nouveau et personne ne laisse sa place avant la sortie des membres.

69. À l'ouverture de la séance, l'huissier-audiencier dit à haute voix :

> « Silence ! Le Tribunal des droits de la personne présidé par l'honorable ....et assisté des assesseurs ..... est maintenant ouvert. »

70. Pour l'audition d'une demande au fond, les membres du Tribunal portent la toge noire, pantalon, robe ou jupe foncés, chemise et rabat blancs.

71. Dans les affaires contestées au fond, aucun avocat n'est admis à s'adresser au Tribunal sans être revêtu d'une toge noire, complet foncé, chemise et rabat blancs.

L'avocate porte toge noire et rabat blanc avec robe, tailleur ou pantalon foncés. La même règle s'applique à tout stagiaire à l'exception du port du rabat blanc.

72. Dans les affaires où le port de la toge n'est pas requis, l'avocat ou le stagiaire porte pantalon, veston, chemise et cravate sobres, et l'avocate ou la stagiaire porte jupe ou pantalon avec chemisier et veston, robe ou costume-tailleur sobres.

73. Pendant les séances du Tribunal, les greffiers-audienciers, huissiers-audienciers et autres officiers du Tribunal portent, en tout temps, la tenue décrite à l'article 71.

74. Toute personne comparaissant devant le Tribunal doit être convenablement vêtue.

75. Tout officier du Tribunal qui exerce à l'audience quelque fonction y assiste à la place qui lui est assignée et ce, depuis l'ouverture jusqu'à l'ajournement.

76. Est interdit à l'audience tout ce qui porte atteinte au décorum et au bon ordre du Tribunal.

Sont notamment prohibées à l'audience la lecture des journaux, la photographie, la cinématographie, la radiodiffusion et la télédiffusion.

L'enregistrement sonore par les médias des débats et de la décision est permis sauf interdiction du juge. La diffusion d'un tel enregistrement est toutefois interdite.

77. À l'audience, la sécurité des personnes présentes est assurée conformément au *Règlement de la Cour du Québec* (chapitre C-25, r. 4).

SECTION 4 — LA PRISE ET LA CONSERVATION DES TÉMOIGNAGES

78. Les dépositions et les plaidoiries sont prises en sténographie ou enregistrées de toute autre manière autorisée par le gouvernement.

79. Le greffier de la Cour du Québec assure le classement, la garde et la conservation des dépositions et des plaidoiries prises en sténographie ou enregistrées de toute autre manière autorisée par le gouvernement.

Chapitre V —— Le délibéré

80. Avant de remettre le dossier au juge pour fins de délibéré, le greffier du Tribunal s'assure que celui-ci est complet. Si le dossier est incomplet, il en avertit les parties afin qu'elles y pourvoient.

81. Aucune cause n'est en délibéré tant que le dossier n'a pas été ainsi complété, à moins que le juge n'en décide autrement.

82. Le jugement écrit et signé sur un acte de procédure présenté au juge n'a pas besoin d'être rédigé et signé de nouveau sur une feuille détachée et copie authentique peut en être délivrée par le greffier de la Cour du Québec.

83. Le juge peut suspendre le délibéré pour ordonner une preuve additionnelle lorsque celle-ci est utile aux fins de sa décision. Il en avise alors sans délai les parties.

Le délibéré peut aussi être suspendu à la demande d'une partie pour toute raison jugée valable.

84. À défaut par les parties de compléter l'enquête ou le dossier dans le délai fixé par le juge lors de l'audience d'une cause contestée ou non, le juge peut se dessaisir du dossier ou rendre un jugement sur le dossier tel que constitué ou toute autre ordonnance qu'il juge appropriée.

85. Dans la première semaine de chaque mois, le greffier du Tribunal doit informer le président des demandes prises en délibéré depuis plus de cinq mois. Sur décision de celui-ci et avec le consentement des parties, la demande peut être déférée à un autre juge qui, quant à la preuve, pourra s'en tenir à la transcription des témoignages ou entendre à nouveau la demande.

Chapitre VI —— Le règlement hors cour

86. Lorsqu'un règlement hors cour intervient, les parties doivent aussitôt en informer le greffier du Tribunal et le greffier de la Cour du Québec et déposer une déclaration à cette fin, avant l'audience au fond, signée par elles ou leurs avocats, le cas échéant.

87. Lorsqu'il est impossible d'obtenir la signature d'une partie, le Tribunal peut, sur requête, déclarer le dossier clos.

Chapitre VII —— La quérulence

88. Si une personne fait preuve d'un comportement quérulent, c'est-à-dire si elle exerce son droit d'ester en justice de manière excessive ou déraisonnable, le Tribunal peut lui interdire d'introduire une demande en justice sans autorisation préalable.

L'acte de procédure non autorisé préalablement est alors réputé inexistant.

89. L'ordonnance d'interdiction est générale ou limitée à un ou plusieurs districts ou eu égard à une ou plusieurs personnes.

Chapitre VIII —— Les dispositions finales et transitoires

90. Pour l'application de l'article 60, le délai prévu commence à courir six mois à partir de l'entrée en vigueur des présentes Règles.

91. Les présentes Règles remplacent les *Règles de procédure et de pratique du Tribunal des droits de la personne* adoptées le 16 mars 2001.

92. (*Omis*).

RÈGLEMENT SUR LA PROCÉDURE DEVANT LA RÉGIE DU LOGEMENT,

(1992) 124 *G.O.* II, 6935 [c. R-8.1, r. 5], tel que modifié par Décision, 94-04-29, (1994) 126 *G.O.* II, 2717; Décision, 94-11-24, (1994) 126 *G.O.* II, 6637; Décision, 95-02-24, (1995) 127 *G.O.* II, 1319; Décision, 95-10-19, (1995) 127 *G.O.* II, 4652; Décision, 98-04-24, (1998) 130 *G.O.* II, 2497; Décision, 98-10-23, (1998) 130 *G.O.* II, 6124.

Loi sur la Régie du logement, RLRQ, c. R-8.1, a. 85

SECTION I — DISPOSITIONS GÉNÉRALES

1. Le présent règlement vise à établir les règles de procédure applicables lors de l'exercice d'un recours devant la Régie du logement, de façon à en simplifier, à en faciliter et à en accélérer le déroulement, dans le respect des principes de justice fondamentale et de l'égalité des parties.

2. L'inobservation d'une règle de procédure ne peut affecter le sort d'une demande ou d'une requête s'il y a été remédié alors qu'il était possible de le faire.

À moins que le régisseur ne fixe d'autres modalités, il peut être remédié devant lui, à l'audience, à tout vice de forme, retard ou irrégularité de procédure.

SECTION II — PROCÉDURE DEVANT LA RÉGIE

§1. — La demande

3. Toute demande ou requête doit être faite par écrit et être signée par la partie qui la produit.

Elle doit contenir les renseignements suivants :

1° les nom et adresse de la partie qui la produit, ceux de la partie contre qui elle est dirigée de même que leurs prénoms s'il s'agit de personnes physiques;

2° l'adresse du logement concerné;

3° un exposé sommaire des motifs à son appui;

4° les conclusions recherchées.

4. La date de production d'une demande ou d'une requête est celle à laquelle elle est reçue à tout bureau de la Régie.

5. Le bureau de la Régie qui reçoit une demande ou une requête concernant un logement ou un terrain situé à l'extérieur du territoire qu'il dessert doit transmettre cette demande ou cette requête au bureau qui a compétence à cet égard.

6. Plusieurs conclusions peuvent être recherchées dans une même demande pourvu qu'elles ne soient ni incompatibles ni contradictoires.

7. La signification d'une demande ou d'une requête se fait dans un délai raisonnable, une fois qu'elle est produite à la Régie, par poste recommandée ou certifiée ou par huissier. Elle peut aussi être faite par tout autre mode permettant de prouver sa réception. Preuve de la signification devra être faite au régisseur.

Le régisseur peut, sur requête même verbale, autoriser un autre mode de signification notamment par avis public. Il peut encore, sur le vu du procès-verbal d'un huissier qui a tenté sans succès de signifier une demande ou une requête, autoriser cette personne à la signifier en la manière qu'il détermine.

Lorsqu'un huissier a tenté de signifier une procédure et qu'il a consigné ce fait à son procès-verbal, il peut, sans autorisation, procéder à la signification en laissant sur place copie de la procédure à l'intention du destinataire.

[Décision, 98-04-24, a. 1].

8. Après avoir reçu une demande de fixation de loyer, de contestation du réajustement de loyer ou une demande pour statuer sur une modification du bail, la Régie fait parvenir au locateur 2 exemplaires du formulaire qu'il doit remplir en y indiquant tous les renseignements nécessaires à la fixation du loyer, notamment les revenus ainsi que les dépenses d'exploitation et d'immobilisation de l'immeuble.

Le présent article ne s'applique pas à une demande de révision du loyer d'un logement à loyer modique au sens de l'article 1984 du *Code civil* (L.Q. 1991, c. 64).

[Décision, 94-04-29, a. 1; Décision, 98-04-24, a. 2].

9. Le locateur doit retourner au bureau de la Régie un exemplaire du formulaire dûment rempli dans les 20 jours de la mise à la poste de ce formulaire par la Régie.

Les pièces justificatives et les factures doivent être produites lors de l'audience à moins que le locateur ne les ait déjà déposées au bureau de la Régie.

§2. — La représentation par mandataire

10. Sauf s'il est son conjoint ou un avocat, le mandataire qui représente une partie, que ce soit pour la production d'une demande ou d'une requête ou à l'audience, doit fournir à la Régie le mandat écrit qu'il détient en même temps que la demande ou la requête ou à l'audience, selon l'objet du mandat.

À défaut, le mandat peut être produit subséquemment, même en révision, si preuve est faite au régisseur qu'un mandat existait au moment où le mandataire a agi.

11. Si une partie est représentée par un avocat, ce dernier doit produire à la Régie une comparution mentionnant son nom, le nom de son étude, son adresse, son numéro de téléphone, la date de la comparution, le nom de la partie qu'il représente de même que le numéro de la demande et l'adresse du logement.

Dès lors, toute communication écrite émanant de la Régie, autre que le formulaire de renseignements nécessaires à la fixation du loyer, lui est transmise.

12. L'avocat qui cesse de représenter une partie doit produire à la Régie un écrit en ce sens précisant la date de la fin de son mandat.

13. La partie qui désire révoquer le mandat qu'elle a donné doit produire à la Régie un écrit indiquant qu'elle ne désire plus être représentée par ce mandataire.

Cette déclaration peut aussi être faite verbalement à l'audience.

§3. — L'entente

14. Lorsque les parties concluent une entente, la Régie ferme le dossier sur production d'une copie de cette entente signée par les parties à moins que le demandeur ne requière par écrit la suspension du dossier. La demande ne sera alors mise au rôle que si une partie le réclame par écrit.

Lorsqu'une entente est produite ou conclue à l'audience, elle doit être signée par les parties et le régisseur peut l'entériner pour valoir comme décision.

§4. — La conférence préparatoire

15. Avant de procéder à l'audience, la Régie peut convoquer les parties à une conférence préparatoire devant un régisseur afin de planifier le déroulement de la procédure et de la preuve lors de l'audience et d'examiner toute autre question pouvant en simplifier, en faciliter et en accélérer le déroulement.

Les ententes et les décisions prises à cette conférence sont notées dans un procès-verbal signé par les parties et le régisseur qui a présidé la conférence préparatoire.

§5. — L'avis d'audition

16. La Régie transmet aux parties un avis indiquant le lieu, la date et l'heure de l'audience ainsi que la nature de la demande ou de la requête.

L'attestation d'expédition de l'avis fait preuve, en l'absence de preuve contraire, de sa réception par le destinataire.
[Décision, 98-10-23, a. 1].

17. Si la demande ou la requête a fait l'objet d'une autorisation de signification par avis public, la Régie affiche l'avis d'audition au bureau desservant le territoire où est situé le logement ou le terrain, dans un endroit visible et accessible au public.

§6. — Les procédures incidentes

L'amendement

18. Une partie peut, en tout temps avant l'audience, amender sa demande ou sa requête soit pour en modifier, en rectifier ou en compléter les énonciations ou conclusions, soit pour invoquer des faits survenus en cours d'instance, soit pour faire valoir un droit échu depuis la production de la demande ou de la requête et lié à celui exercé par la demande ou la requête originaire.

La partie qui produit l'amendement doit en signifier copie à l'autre partie.

19. Lorsque, par amendement, une partie est ajoutée, une copie de la demande ou de la requête originaire doit également lui être signifiée; la demande ou la requête, à son égard, n'est censée avoir été produite qu'à la date de cette signification.

20. Le régisseur peut, lors de l'audience et en présence de la partie adverse, autoriser un amendement sur simple demande verbale notée au procès-verbal.

21. Aucun amendement n'est admis s'il est inutile ou contraire aux intérêts de la justice ou s'il en résulte une demande ou une requête entièrement nouvelle sans rapport avec la demande ou la requête originaire.

Le désistement

22. Une partie peut, en tout temps avant la décision, se désister de sa demande ou de sa requête par déclaration écrite.

La Régie avise l'autre partie de ce désistement sauf s'il est fait à l'audience en présence de l'autre partie.

La reprise d'instance et l'intervention

23. La personne qui a un intérêt légal pour intervenir dans une demande ou une requête à laquelle elle n'est pas partie ou pour reprendre l'instance peut le faire en produisant à la Régie une requête en reprise d'instance ou en intervention. Cette requête doit être signifiée à toutes les parties avant l'audience.

Le régisseur peut, lors de l'audience, autoriser une intervention ou une reprise d'instance sur simple requête verbale notée au procès-verbal. Il peut alors imposer les conditions qu'il estime nécessaires à la protection des droits des parties.

La récusation

24. La partie qui entend faire valoir une cause de récusation contre un régisseur saisi d'une demande ou d'une requête doit le déclarer par écrit. Le régisseur doit alors faire savoir s'il accepte ou non de se récuser et noter sa décision au procès-verbal. En cas de refus, il doit ajourner l'audience.

25. Si le régisseur refuse de se récuser, la partie peut, dans les trois jours du refus, produire une requête en récusation laquelle doit être entendue par un régisseur autre que celui dont on demande la récusation.

La requête en récusation suspend l'audience jusqu'à ce que les parties aient été avisées de la décision sur cette requête.

26. Si la requête en récusation est accueillie, le régisseur récusé doit s'abstenir d'assister à l'audience.

Si aucune requête en récusation n'est produite dans le délai ou si la requête est rejetée, la Régie reconvoque les parties à une audience devant le régisseur originairement saisi de la demande ou de la requête. Celui-ci ne peut refuser de siéger.

27. Si plus d'un régisseur entendent une demande, la requête en récusation contre l'un d'eux suspend l'audience, à moins que, dans les cas où il le juge à propos, le président de la Régie n'assigne d'office un autre régisseur.

La remise

28. La partie qui désire obtenir la remise de l'audience à une date postérieure à celle déterminée dans l'avis d'audition doit produire à la Régie le consentement écrit de l'autre partie

29. À l'audience, le régisseur peut, d'office ou sur demande écrite ou verbale d'une partie, remettre ou ajourner l'audience à une date ultérieure.

Toute décision relative à une demande de remise est consignée au procès-verbal.

SECTION III — L'AUDIENCE

§1. — La cause rayée

30. Lorsqu'aucune des parties ne se présente à l'audience, la cause est rayée ou remise.

Lorsque seul le défendeur est présent, le régisseur peut rayer la cause, la remettre ou rejeter la demande ou la requête.

31. Une cause peut également être rayée si, à l'audience, la partie qui a produit la demande ou la requête déclare n'avoir pu la signifier faute d'avoir pu trouver l'autre partie.

32. Lorsqu'une cause est rayée, elle ne peut être remise au rôle que si une partie le requiert par écrit. Si la remise au rôle n'est pas réclamée dans l'année suivant la date à laquelle la cause a été rayée, une des parties peut, par requête, demander la péremption de l'instance.

§2. — Le déroulement

33. Les audiences sont publiques; toutefois le régisseur peut d'office ou à la demande d'une partie ordonner le huis clos s'il l'estime nécessaire dans l'intérêt de la justice.

34. Ceux qui assistent aux audiences doivent s'y comporter avec respect, garder le silence et s'abstenir de manifester leur approbation ou leur désapprobation, sous peine d'expulsion.

35. La partie qui requiert la présence d'un témoin fait signifier par huissier, à ses frais, au moins 3 jours avant la date de l'audience, un ordre de comparaître comme témoin délivré par la Régie.

En cas d'urgence, un régisseur peut réduire ce délai.

Une personne peut, de la même façon, être assignée à produire des documents.

36. Les témoins prêtent serment.

Le régisseur peut d'office ou à la demande d'une partie ordonner que les témoins déposent hors la présence les uns des autres.

36.1. Sauf si l'autre partie consent à sa production, lorsqu'une partie entend demander au Tribunal l'autorisation de produire une déclaration pour tenir lieu de témoignage, elle doit, dans les meilleurs délais avant l'audience, aviser l'autre partie ou lui communiquer le document. Toutefois, si les circonstances le justifient, un régisseur peut, sur demande verbale, décider autrement des modalités et, s'il y a lieu, décider du délai de la communication.

Toute autre pièce, notamment un écrit ou un élément matériel de preuve, est produite à l'audience sans autre formalité.

[Décision, 95-02-24, a. 1].

37. Aucun document ne peut être produit après l'audience, sauf autorisation préalable du régisseur.

À moins que le régisseur n'en décide autrement, la partie qui produit un tel document doit en transmettre copie à l'autre partie.

38. En dehors de l'audience, une partie ou son témoin ne peut s'adresser au régisseur sans la présence de l'autre partie.

39. Le régisseur qui a pris une cause en délibéré peut, d'office ou sur requête d'une partie, permettre la réouverture de l'audience pour les fins et aux conditions qu'il détermine.

La Régie transmet alors aux parties un avis d'audition.

§2.1. — L'enregistrement des audiences

39.1. La Régie peut procéder à l'enregistrement des audiences par tout moyen approprié.

Si le régisseur ne procède pas à un tel enregistrement, il doit en indiquer les motifs au procès-verbal.

[Décision, 95-10-19, a. 1].

39.2. Toute autre forme d'enregistrement sonore ou visuel est interdite, sauf sur autorisation du régisseur et aux conditions qu'il détermine.

La diffusion sonore de tout enregistrement des audiences dans un lieu public ou à des fins de diffusion publique est interdite.

[Décision, 95-10-19, a. 1].

39.3. Toute personne peut, sur paiement des frais, obtenir la transcription de l'enregistrement fait par la Régie. La demande doit être faite par écrit dans les 12 mois de la date de l'audience.

Toute transcription doit être effectuée par un sténographe dont la compétence a été établie selon les règles prévues à la *Loi sur les sténographes* (chapitre S-33).

La reproduction d'une telle transcription est interdite.

[Décision, 98-10-23, a. 2].

39.4. La Régie détruit l'original de l'enregistrement à l'expiration du délai de 12 mois prévu ci-dessus, à moins que le président ou le vice-président qu'il désigne n'en décide autrement.

[Décision, 95-10-19, a. 1; Décision, 98-10-23, a. 3].

§3. — Visite des lieux et expertise

40. Le régisseur qui décide de visiter les lieux, informe les parties du moment où il s'y rendra pour leur permettre d'être présentes.

41. Le régisseur qui ordonne une expertise ou une inspection des lieux, doit ajourner l'audience jusqu'à la production du rapport de l'expert ou de l'inspecteur.

La Régie fait parvenir copie de ce rapport aux parties et les reconvoque en audience pour les entendre sur le rapport.

SECTION III.1 — LA DÉCISION

41.1. La décision doit être rendue dans les 3 mois de sa prise en délibéré. Toutefois le président ou le vice-président qu'il désigne peut prolonger ce délai.

Lorsque le régisseur saisi d'une affaire fait défaut de rendre sa décision dans le délai indiqué ci-dessus, le président ou le vice-président désigné peut dessaisir ce régisseur de cette affaire et ordonner qu'elle soit confiée à un autre régisseur ou qu'elle soit remise au rôle.

[Décision, 95-02-24, a. 2].

41.2. La Régie transmet aux parties une copie de la décision par courrier ou par tout autre moyen approprié.

L'attestation d'expédition fait foi de cette transmission jusqu'à preuve du contraire.
[Décision, 95-02-24, a. 2].

SECTION IV — PROCÉDURES PARTICULIÈRES

§1. — Le dépôt de loyer

42. Le dépôt de loyer se fait à tout bureau de la Régie, en argent comptant, par chèque visé, ordre de paiement visé tiré sur une caisse d'épargne et de crédit, traite bancaire ou mandat-poste à l'ordre de la Régie du logement en fidéicommis.

Il doit être accompagné d'une copie de la décision l'autorisant.

43. Le loyer déposé à la Régie peut être retiré du consentement écrit des parties.

La demande de retrait qui fait suite à une décision autorisant la récupération du loyer par une partie doit être accompagnée d'un certificat de non-appel, s'il y a lieu.

§2. — La rétractation

44. La demande de rétractation d'une décision doit contenir non seulement les motifs qui la justifient mais, si elle est produite par le défendeur à la demande originaire, elle doit également contenir les moyens sommaires de défense à la demande originaire.

45. Le régisseur qui entend une demande de rétractation d'une décision peut, s'il l'accorde, tenir aussitôt l'audience sur la demande originaire ou reporter l'audience sur cette demande à une date ultérieure.

46. Une demande de rétractation d'une décision doit être entendue par un régisseur autre que celui qui a rendu la décision dont on demande la rétractation.

Toutefois, lorsque la demande a pour seul motif le fait qu'une partie a été empêchée de se présenter lors de l'audience, le régisseur qui a rendu la décision dont on demande la rétractation peut entendre cette demande.

§3. — La révision

47. Le régisseur qui a entendu une demande relative à la fixation du loyer ne peut réviser sa décision.
[Décision, 95-02-24, a. 3].

SECTION V — DEMANDES RELATIVES À LA CONSERVATION DES LOGEMENTS

§1. — Démolition d'un logement

48. Si un locataire demande à la Régie de se prononcer sur l'opportunité de démolir, le locateur doit, dans les 10 jours de la signification de la demande, produire à la Régie une liste des noms et adresses des locataires qui on reçu un avis d'éviction ainsi que la date de la fin de leurs baux.

La cause ne peut être mise au rôle à moins que le locateur n'ait fourni cette liste.

49. La Régie transmet un avis d'audition de même qu'une copie de la décision à chacun des locataires dont le nom apparaît sur la liste.

50. Le locataire qui a demandé à la Régie de se prononcer sur l'opportunité de démolir peut se désister avec l'autorisation du régisseur et aux conditions que celui-ci estime nécessaires pour la protection des droits des autres locataires et, le cas échéant, de la personne qui désire conserver à un logement son caractère locatif.

51. Si la personne qui désire conserver à un logement son caractère locatif produit au dossier, avant l'envoi de l'avis d'audition aux parties, un écrit indiquant ses nom et adresse, la Régie lui fait parvenir une copie de l'avis d'audition.

52. À l'audience, à moins que le régisseur n'en décide autrement, il entend, dans l'ordre, le locateur, les locataires et, selon le cas, les personnes ayant fait des représentations écrites.

§2. — Aliénation d'un immeuble situé dans un ensemble immobilier

53. La personne qui demande à la Régie l'autorisation d'aliéner un immeuble situé dans un ensemble immobilier doit produire à la Régie, avec sa demande, une liste des noms et adresses des locataires de l'ensemble immobilier et, le cas échéant, de l'acquéreur éventuel ou du propriétaire.

54. Le demandeur doit faire signifier une copie de la demande à chacun des locataires de l'ensemble immobilier.

La demande en aliénation d'un immeuble faisant partie d'un ensemble immobilier doit également être signifiée, le cas échéant, au propriétaire ou à l'acquéreur éventuel.

55. La Régie fait parvenir un avis d'audition au propriétaire, à chacun des locataires de l'ensemble immobilier et, le cas échéant, à l'acquéreur éventuel.

§3. — Conversion d'un immeuble locatif en copropriété divise

56. Le propriétaire qui désire convertir un immeuble locatif en copropriété divise doit produire à la Régie avec sa demande d'autorisation, la liste des noms et adresses des locataires de l'immeuble.

À l'audience, il doit produire une liste à jour des locataires de l'immeuble.

57. Les articles 54 et 55 s'appliquent, compte tenu des adaptations nécessaires à la demande en conversion d'un immeuble locatif en copropriété divise.

§4. — Intervention de la Régie

58. La Régie fait signifier par huissier un ordre de comparaître à une personne contre qui elle entend rendre une ordonnance lui enjoignant de se conformer à une décision de la Régie relative à la conservation des logements ou de cesser ou de ne pas entreprendre d'opérations contrevenant à la *Loi sur la Régie du logement* (chapitre R-8.1) en cette matière et, le cas échéant, de remettre les lieux en état.

Cet ordre doit indiquer le lieu, la date et l'heure de l'audience et ordonner à la personne de comparaître devant la Régie pour y être entendue sur les faits donnant lieu à l'intervention.

59. La Régie doit faire signifier par huissier à la personne visée l'ordonnance rendue.

SECTION VI — LES DOSSIERS

60. (*Abrogé*).

[Décision, 94-11-24, a. 1].

61. Sauf autorisation du régisseur, lorsqu'une demande est prise en délibéré, aucune pièce ne peut être retirée du dossier tant que la décision ne sera pas rendue ou qu'un désistement ou une entente fermant le dossier ne sera produit.

62. Seule la partie qui a produit une pièce peut la retirer en signant un reçu déposé au dossier.

SECTION VII — DISPOSITIONS FINALES

63. Le présent règlement remplace le *Règlement sur la procédure devant la Régie du logement*.

64. (*Omis*).

ANNEXES I - VI

(Abrogées).

[Décision, 98-04-24, a. 3].

Tarifs

TABLE DES MATIÈRES

Tarif des frais judiciaires en matière civile et des droits de greffe,

D. 256-95, (1995) 127 *G.O.* II, 1234 [RLRQ, c. T-16, r. 9], tel que modifié par Avis, (1996) 128 *G.O.* I, 356; Avis, (1997) 129 *G.O.* I, 348; Avis, (1998) 130 *G.O.* I, 426; Avis, (1999) 131 *G.O.* I, 496; Avis, (2000) 132 *G.O.* I, 392; Avis, (2001) 133 *G.O.* I, 1092; Avis, (2002) 134 *G.O.* I, 564; D. 916-2002, (2002) 134 *G.O.* II, 5959; D. 1509-2002, (2002) 134 *G.O.* II, 8721; Avis, (2003) 135 *G.O.* I, 544; D. 1273-2003, (2003) 135 *G.O.* I, 5340; Avis, (2004) 136 *G.O.* I, 368; Avis, (2005) 137 *G.O.* I, 573; Avis, (2006) 138 *G.O.* I, 412; Avis, (2007) 139 *G.O.* I, 358; Avis, (2008) 140 *G.O.* I, 518; Avis, (2009) 141 *G.O.* I, 449; Avis, (2010) 142 *G.O.* I, 369; Avis, (2012) 144 *G.O.* I, 234; Avis, (2013) 145 *G.O.* I, 271; D. 1161-2012, (2012) 144 *G.O.* II, 5424; Avis, (2013) 145 *G.O.* II, 271; Avis, (2014) 146 *G.O.* I, 168; D. 147-2014, (2014) 146 *G.O.* II, 865.

Code de procédure civile, RLRQ, c. C-25, a. 659.10

Loi sur les tribunaux judiciaires, RLRQ, c. T-16, a. 224

1. Aux fins du présent tarif, les demandes sont classées comme suit:

1° classe I: les demandes dans lesquelles la valeur du droit en litige est de 0,01 $ à 999,99 $ inclusivement;

2° classe II: les demandes dans lesquelles la valeur du droit en litige est de 1 000 $ à 9 999,99 $ inclusivement;

3° classe III: les demandes dans lesquelles la valeur du droit en litige est de 10 000 $ à 99 999,99 $ inclusivement;

4° classe IV: les demandes dans lesquelles la valeur du droit en litige est de 100 000 $ à 999 999,99 $ inclusivement;

5° classe V: les demandes dans lesquelles la valeur du droit en litige est de 1 000 000 $ et plus;

6° classe VI: les demandes en séparation de corps, en divorce ou en dissolution d'union civile.

2. Les demandes dans lesquelles la valeur du droit en litige est indéterminée font partie de la classe II.

Toutefois, les demandes en délaissement forcé et les recours régis par les articles 834.1 à 846 du *Code de procédure civile* (chapitre C-25) font partie de la classe III. Il en est de même des injonctions, qu'elles soient ou non assorties d'autres conclusions.

3. La valeur du principal droit réclamé détermine la classe de demande.

4. Le présent tarif groupe les actes de procédure en trois étapes et les frais qui sont exigibles pour ces actes de procédure sont les suivants:

1° Étape I: Les actes de procédure introductifs d'instance et assimilés:

a) pour une demande introductive d'instance régie par le Livre II du *Code de procédure civile*, à l'exception des demandes prévues à l'article 6, ou pour la délivrance du premier bref ainsi que pour une opposition ou une intervention, l'une des sommes établies au tableau qui suit, déterminée selon la classe de demande et selon qu'elle est exigible d'une personne physique ou d'une personne morale:

Classe de demande	Personne physique	Personne morale
Classe I	62,75 $	73,25 $
Classe II	123 $	143 $

Classe de demande	Personne physique	Personne morale
Classe III	229 $	280 $
Classe IV	370 $	440 $
Classe V	732 $	874 $
Classe VI	176 $	N/A

Classe de demande	Personne physique	Personne morale
Classe I	54,25 $	62,75 $
Classe II	96,75 $	118 $
Classe III	178 $	210 $
Classe IV	278 $	329 $
Classe V	549 $	661 $
Classe VI	131 $	N/A

b) pour une demande reconventionnelle, la somme de 105 $ ou, si elle est exigible d'une personne morale, la somme de 131 $, quelle que soit la classe de demande;

c) pour tout acte de procédure introductif d'instance ou tout acte de procédure en matières non contentieuses non mentionné au présent tarif, la somme de 54,25 $ ou, si elle est exigible d'une personne morale, la somme de 62,75 $, quelle que soit la classe de demande.

2° Étape II: La comparution et tout acte de procédure assimilé:

pour la production d'un acte de comparution ou de tout acte de procédure de même nature ainsi que pour une rétractation de jugement ou une tierce opposition, l'une des sommes établies au tableau qui suit, déterminée selon la classe de demande et selon qu'elle est exigible d'une personne physique ou d'une personne morale:

Classe de demande	Personne physique	Personne morale
Classe I	34 $	48,75 $
Classe II	62,75 $	73,25 $
Classe III	121 $	143 $
Classe IV	186 $	223 $
Classe V	370 $	440 $
Classe VI	96,75 $	N/A

3° Étape III: L'exécution:

l'une des sommes établies au tableau qui suit, déterminée selon la classe de demande et selon qu'elle est exigible d'une personne physique ou d'une personne morale:

La valeur du droit que l'opposition visée au sous-paragraphe *a* du paragraphe 1° du premier alinéa est destinée à protéger en détermine la classe si cette valeur est établie dans l'opposition ou dans l'affidavit souscrit à l'appui de celle-ci; sinon, le montant établi par le jugement détermine la classe de cette procédure.

Dans les cas visés au paragraphe 3° du premier alinéa, la classe est déterminée selon la valeur de l'obligation dont l'exécution forcée est demandée.

Sauf en ce qui concerne l'acte de comparution et tout acte de procédure de même nature, auxquels cas les frais sont exigibles de toute partie qui produit un premier de l'un de ces actes, les frais ne sont exigibles que pour la production du premier acte de procédure compris dans une étape visée au présent article. Aucun frais n'est toutefois exigible de la partie demanderesse pour la production d'un acte de comparution ou acte de procédure de même nature.

Malgré le sous-paragraphe *a* du paragraphe 1° du premier alinéa, il n'y a pas de frais exigibles pour la demande pour faire subir un examen psychiatrique à une personne qui le refuse ou pour qu'une personne soit gardée contre son gré par un établissement visé dans les services relatives aux services de santé et aux services sociaux.

5. (*Abrogé*).

6. Des frais de 129 $ sont exigibles pour toute demande de révision de mesures accessoires ordonnées par un jugement qui prononce la séparation de corps, le divorce, la dissolution de l'union civile ou la nullité du mariage ou de l'union civile ainsi que pour toute demande introductive d'instance relative à la garde d'enfants ou à des obligations alimentaires ou pour toute demande en révision d'un jugement portant sur la garde d'enfants ou des obligations alimentaires.

7. Des frais de 35,00 $ ou, s'il s'agit d'une personne morale, de 52,00 $ sont exigibles pour la taxe des dépens par le greffier, sur présentation d'un mémoire de frais par la partie qui y a droit.

8. En matière immobilière, les frais suivants sont exigibles:

1° pour l'exécution des devoirs du shérif, de la réception du dossier à la vente, la somme de 157 $ ou, si elle est exigible d'une personne morale, la somme de 184 $, quelle que soit la classe de demande;

2° pour l'exécution des devoirs du greffier, de la réception du dossier jusqu'au jugement d'homologation inclusivement, l'une des sommes établies au tableau qui suit, déterminée selon la classe de demande et selon qu'elle est exigible d'une personne physique ou d'une personne morale:

Classe de demande	Personne physique	Personne morale
Classe I	157 $	184 $
Classe II	222 $	268 $
Classe III	287 $	346 $
Classe IV	460 $	547 $
Classe V	907 $	1 090 $
Classe VI	266 $	N/A

3° au cas de contestation de l'état de collocation, d'une des sommes établies au tableau qui suit, déterminée selon la classe de demande et selon qu'elle est exigible d'une personne physique ou d'une personne morale:

Classe de demande	Personne physique	Personne morale
Classe I	34 $	48,75 $
Classe II	62,75 $	73,25 $
Classe III	123 $	143 $
Classe IV	186 $	223 $
Classe V	370 $	440 $

Classe de demande	Personne physique	Personne morale
Classe VI	96,75 $	N/A

Le paiement des frais prévus au paragraphe 2° du premier alinéa permet à chaque personne intéressée d'obtenir une copie du jugement d'homologation.

Dans le cas visé au paragraphe 2° du premier alinéa, la classe de demande est déterminée selon le prix de vente.

Dans le cas visé au paragraphe 3° du premier alinéa, la classe de demande est déterminée selon la somme réclamée par le contestant.

9. Le paragraphe 3° du premier alinéa de l'article 8 et le quatrième alinéa de cet article s'appliquent, compte tenu des adaptations nécessaires, à la contestation de l'état de collocation en matière mobilière.

10. Pour tout jugement de distribution, il est perçu un droit de 3% de l'ensemble des sommes prélevées ou consignées.

11. Pour une réclamation sur saisie-arrêt ou sur dépôt volontaire conformément aux articles 652 à 659 du *Code de procédure civile*, les frais sont de 34,00 $ ou, si la réclamation est présentée par une personne morale, de 48,75 $ et sont les seuls exigibles jusqu'à satisfaction complète de cette réclamation.

12. Les articles 4, 7, 8, 9, 11, 19 et 20, selon le cas ne s'appliquent pas aux procédures prises par le percepteur d'une pension alimentaire ou d'une somme recouvrable en vertu du *Code de procédure pénale* (chapitre C-25.1) ni aux procédures prises par le greffier en qualité de saisissant à la suite d'un jugement ordonnant un recouvrement collectif ou rendu sous l'autorité du Livre VIII du *Code de procédure civile*.

13. Lorsqu'une somme d'argent est déposée, les frais suivants sont exigibles:

1° si la somme est de 10 000 $ ou moins, 3,8 % de cette somme;

2° si la somme est supérieure à 10 000 $, 3,8 % de la première tranche de 10 000 $ et 0,3 % de l'excédent.

Le présent article s'applique également lorsque l'objet du dépôt est une valeur mobilière plutôt qu'une somme d'argent et dans ce cas, les frais sont calculés à partir de la valeur déclarée par le déposant dans l'acte de procédure ou autre document dans lequel il énonce déposer cette valeur.

Le présent article s'applique également lorsqu'une personne fournit un cautionnement. Dans ce cas, les frais sont calculés sur le montant du cautionnement qui doit être fourni.

Toutefois, le présent article ne s'applique pas aux sommes déposées à la suite d'une saisie-arrêt, d'un dépôt volontaire ni aux sommes visées à l'article 10.

14. En matière de tutelle au mineur, les frais exigibles sont les suivants:

1° pour la présentation d'une requête demandant la convocation par le greffier d'une assemblée de parents, d'alliés ou d'amis en vue de constituer un conseil de tutelle ou pour la présentation d'une requête en homologation du procès-verbal d'une telle assemblée lorsqu'elle a été présidée par un notaire: 105 $;

2° pour la présentation de toute autre requête: 105 $.

15. En matière de régimes de protection des majeurs, les frais exigibles sont les suivants:

1° pour la présentation d'une requête en ouverture ou en révision d'un régime de protection: 206 $;

2° pour la présentation d'une requête demandant uniquement la convocation par le greffier d'une assemblée de parents, d'alliés ou d'amis en vue de constituer un conseil de tutelle ou pour la présentation d'une requête demandant uniquement l'homologation du procès-verbal d'une telle assemblée lorsqu'elle a été présidée par un notaire: 105 $;

3° pour la présentation de toute autre requête: 105 $.

16. En matière de mandat en prévision de l'inaptitude, les frais exigibles sont les suivants:

1° pour la présentation d'une requête en homologation ou en révocation de mandat: 118 $;

2° pour la présentation de toute autre requête: 105 $.

17. Des frais de 105 $ ou, s'il s'agit d'une personne morale, de 118 $ sont exigibles pour la présentation d'une requête en vérification de testament ou pour l'obtention de lettres de vérification.

18. Des frais de 72,25 $ sont exigibles du débiteur d'une pension alimentaire accordée par jugement pour chaque demande de suspension d'exécution d'une saisie-arrêt de traitements, salaires ou gages qu'il présente au greffier, conformément à l'article 659.5 du *Code de procédure civile*.

19. Les frais exigibles à l'occasion d'un appel à la Cour d'appel sont les suivants:

1° pour la production ou le dépôt de l'inscription ou de tout acte de procédure assimilé au greffe de la Cour d'appel ou du tribunal de première instance, selon le cas, l'examen et la préparation du dossier ainsi que sa transmission à la Cour d'appel, l'une des sommes suivantes:

a) dans le cas d'un jugement final, la somme de 321 $ ou, si elle est exigible d'une personne morale, la somme de 388 $;

b) dans le cas d'un jugement interlocutoire, la somme de 229 $ ou, si elle est exigible d'une personne morale, la somme de 280 $.

2° pour la comparution à la Cour d'appel, la somme de 157 $ ou, si elle est exigible d'une personne morale, la somme de 184 $.

20. Les frais exigibles pour un appel à la Cour supérieure ou à la Cour du Québec, lorsque l'une ou l'autre de ces cours exerce une juridiction d'appel, sont les suivants:

1° pour la production ou le dépôt d'une inscription ou d'une procédure lui étant assimilée au greffe de la cour compétente pour entendre l'appel ou du tribunal de première instance, selon le cas, la somme de 54,25 $ ou, si elle est exigible d'une personne morale, la somme 62,75 $;

2° pour la contestation de l'inscription en appel ou d'une procédure lui étant assimilée, la somme de 34,00 $ ou, si elle est exigible d'une personne morale, la somme de 48,75 $.

21. Les frais prévus aux articles 19 et 20 sont les seuls exigibles jusqu'à la taxation du mémoire de frais exclusivement.

22. Le paiement des sommes prévues aux articles 1 à 21 peut être effectué dans un autre district que celui dans lequel l'action ou la requête a été intentée ou présentée ou doit être intentée ou présentée.

23. Les droits de greffe suivants sont exigibles:

1° pour l'enregistrement, la production ou le dépôt d'un document lorsque cette démarche est requise par une loi ou un règlement et que ceux-ci ne fixent pas le droit payable pour cette démarche, la somme de 54,25 $;

2° pour une copie de tout document non visé au paragraphe 3°, la somme de 3,15 $ la page;

3° pour toute copie, extrait ou annexe d'un acte notarié déposé au greffe de la Cour supérieure conformément à la *Loi sur le notariat* (chapitre N-2), la somme de 20,20 $ et, s'il y a lieu, de 4,20 $ la page pour la sixième page et les suivantes.

Le paragraphe 1° du premier alinéa ne s'applique pas lorsque l'enregistrement, la production ou le dépôt d'un document est requis aux fins d'exécution par la *Loi sur le divorce* (L.R.C. (1985), ch. 3 (2ᵉ suppl.)), la *Loi sur l'exécution réciproque d'ordonnances alimentaires* (chapitre E-19) ou la *Loi sur la Régie du logement* (chapitre R-8.1). Il ne s'applique pas non plus lorsque l'enregistrement, la production ou le dépôt d'un avis de rajustement est requis pour l'application de la *Loi favorisant l'accès à la justice en matière familiale* (chapitre A-2.02).

Le paragraphe 2° du premier alinéa ne s'applique pas à la première copie du jugement demandée par chacune des parties.

Il ne s'applique pas non plus aux copies de jugements comportant une ordonnance alimentaire.

[D. 147-2014, a. 1].

24. Le droit exigible pour la célébration du mariage civil ou de l'union civile est de 266 $, auquel est ajouté un droit de 88,25 $, lorsque le mariage ou l'union civile est célébré à l'extérieur du palais de justice.

Ce droit est payable avant la publication du mariage par voie d'affiches ou au moment où la dispense de publication est accordée.

25. Le présent tarif s'applique à l'État et à ses organismes.

26.-28. (*Abrogés*).

29.-30. (*Omis*).

RÈGLEMENT CONCERNANT LE TARIF DES FRAIS JUDICIAIRES EN MATIÈRE CIVILE ET DES DROITS DE GREFFE APPLICABLES DEVANT LES COURS MUNICIPALES,

D. 178-97, (1997) 129 *G.O.* II, 1132 [RLRQ, c. C-72.01, r.2], tel que modifié par Avis, (1997) 129 *G.O.* I, 349; Avis, (1998) 130 *G.O.* I, 425; Avis, (1999) 131 *G.O.* I, 495; Avis, (2000) 132 *G.O.* I, 394; Avis, (2001) 133 *G.O.* I, 1093; Avis, (2002) 134 *G.O.* I, 566; D. 648-2003 (2003) 135 *G.O.* II, 2891.

Loi sur les cours municipales, RLRQ, c. C-72.01, a. 77 et 118, par. 8

Loi sur les tribunaux judiciaires, RLRQ, c. T-16, a. 224

1. Le *Tarif des frais judiciaires en matière civile et des droits de greffe* (D. 256-95, (1995) 127 *G.O.* II, 1234 [c. T-16, r. 9]) s'applique à toute cour municipale pour les matières civiles sur lesquelles elle a compétence.

2. Les frais et droits établis par le présent règlement s'appliquent aux actes de procédure et aux documents produits et délivrés à compter du 10 juillet 2003.

3. Le présent règlement remplace le *Tarif des frais judiciaires en matière civile et des droits de greffe applicables devant les cours municipales autres que les cours municipales des villes de Laval, de Montréal et de Québec* (D. 178-97, (1997) 129 *G.O.* II, 1132 [c. C-72.01, r.1]).

4. (*Omis*).

TARIF DES FRAIS JUDICIAIRES APPLICABLES AU RECOUVREMENT DES PETITES CRÉANCES,

D.1015-2002, (2002) 134 *G.O.* II, 8724 [RLRQ, c. C-25, r. 16], tel que modifié par Avis, (2002) 134 *G.O.* II, 8724; Avis, (2003) 135 *G.O.* II, 544; D. 210-2004, (2004) 136 *G.O.* II, 1559; Avis, (2004) 136 *G.O.* II, 368; Avis, (2005) 137 *G.O.* I, 573; Avis, (2006) 138 *G.O.* I, 411; Avis, (2007) 139 *G.O.* I, 357; Avis, (2008) 140 *G.O.* I, 518; Avis, (2009) 141 *G.O.* I, 449; Avis, (2010) 142 *G.O.* I, 368; Avis, (2012) 144 *G.O.* I, 233; D. 1162-2012, (2012) 144 *G.O.* II, 5424; Avis, (2013) 145 *G.O.* I, 270; Avis, (2014) 146 *G.O.* I, 166.

Code de procédure civile, RLRQ, c. C-25, a. 997, par. *a*; 2002, c. 7, a. 148

1. Le présent tarif établit le montant des frais judiciaires visés à l'article 996 du *Code de procédure civile* (chapitre C-25).

2. Le montant des frais judiciaires qu'un créancier d'une petite créance doit transmettre ou déposer avec sa procédure introductive d'instance est établi au tableau qui suit, déterminé en fonction du montant de la créance et selon que ces frais sont exigibles d'une personne physique ou d'une personne morale.

Frais pour la procédure introductive	Personne physique	Personne morale
0,01 à 999,99 $	74,25 $	125 $
1 000 $ à 2 999,99 $	106 $	157 $
3 000 $ à 4 999,99 $	137 $	187 $
5 000 $ à 7 000 $	169 $	220 $

Frais pour la contestation	Personne physique	Personne morale
0,01 à 999,99 $	62,75 $	112 $
1 000 $ à 2 999,99 $	94,50 $	144 $
3 000 $ à 4 999,99 $	125 $	175 $
5 000 $ à 7 000 $	157 $	206 $

4. Le montant des frais judiciaires qu'un débiteur d'une petite créance doit transmettre ou déposer avec sa demande reconventionnelle est établi au tableau qui suit, déterminé en fonction du montant de la créance et selon que ces frais sont exigibles d'une personne physique ou d'une personne morale.

Demande reconventionnelle	Personne physique	Personne morale
0,01 à 999,99 $	62,75 $	74,25 $
1 000 $ à 2 999,99 $	68 $	81,75 $
3 000 $ à 4 999,99 $	74,25 $	88,25 $
5 000 $ à 7 000 $	81,75 $	94,50 $

3. Le montant des frais judiciaires qu'un débiteur d'une petite créance doit transmettre ou déposer avec sa contestation est établi au tableau qui suit, déterminé en fonction du montant de la créance et selon que ces frais sont exigibles d'une personne physique ou d'une personne morale.

5. Le montant des frais judiciaires qu'une partie doit transmettre ou déposer avec sa demande de rétractation de jugement est établi au tableau qui suit, déterminé en fonction du montant de la créance et selon que ces frais sont exigibles d'une personne physique ou d'une personne morale.

Rétractation de jugement	Personne physique	Personne morale
0,01 à 999,99 $	62,75 $	74,25 $
1 000 $ à 2 999,99 $	68 $	81,75 $
3 000 $ à 4 999,99 $	74,25 $	88,25 $
5 000 $ à 7 000 $	81,75 $	94,50 $

6. Le montant des frais judiciaires que le débiteur du jugement doit payer comme frais d'exécution, en sus des frais d'huissier, est établi au tableau qui suit, déterminé en fonction du montant de la créance et selon que ces frais sont exigibles d'une personne physique ou d'une personne morale.

Délivrance du bref d'exécution par le greffier	Personne physique	Personne morale
0,01 à 999,99 $	62,75 $	94,50 $
1 000 $ à 2 999,99 $	88,25 $	119 $
3 000 $ à 4 999,99 $	112 $	144 $
5 000 $ à 7 000 $	137 $	157 $

Ces frais ne sont exigibles que pour la délivrance du premier bref d'exécution.

[D. 210-2004, a. 1].

7. Le montant des frais judiciaires qu'une partie doit payer comme frais d'opposition à une saisie est établi au tableau qui suit, déterminé en fonction de la valeur du droit que l'opposition est destinée à protéger, laquelle est établie dans l'avis d'opposition, à défaut de quoi, la valeur de cette procédure est déterminée par le montant établi au jugement. De plus, ces frais varient selon qu'ils sont exigibles d'une personne physique ou d'une personne morale.

Opposition	Personne physique	Personne morale
0,01 à 999,99 $	68 $	74,25 $
1 000 $ à 2 999,99 $	74,25 $	81,75 $
3 000 $ à 4 999,99 $	81,75 $	88,25 $
5 000 $ à 7 000 $	94,50 $	94,50 $

8.-9. (*Abrogés*).

10. Le présent tarif s'applique au gouvernement, à ses ministères et à ses organismes.

11. Le présent tarif remplace le *Tarif des frais judiciaires applicables au recouvrement des petites créances* édicté par le décret numéro 1015-93 du 14 juillet 1993.

12. Le présent tarif entre en vigueur le 1er janvier 2003.

TARIF DES FRAIS EXIGIBLES PAR LA RÉGIE DU LOGEMENT,

D. 519-97, (1997) 129 *G.O.* II, 2391 [RLRQ, c. R-8.1, r. 6], tel que modifié par Avis, (1997) 129 *G.O.* I, 1427; Avis, (1998) 130 *G.O.* I, 1073; L.Q. 1998, c. 36; Avis, (1999) 131 *G.O.* I, 1121; Avis, (2000) 132 *G.O.* I, 869; Avis, (2001) 133 *G.O.* I, 1076; Avis, (2002) 134 *G.O.* I, 935; Avis, (2003) 135 *G.O.* I, 925; Avis, (2004) 136 *G.O.* I, 899; Avis, (2005) 137 *G.O.* I, 807; Avis, (2006) 138 *G.O.* I, 946; Avis, (2007) 139 *G.O.* I, 829; Avis, (2008) 140 *G.O.* I, 785; Avis, (2009) 141 *G.O.* I, 861; Avis, (2010) 142 *G.O.* I, 1033; D. 516-2011, (2011) 143 *G.O.* II, 2075; Avis, (2011) 143 *G.O.* I, 962; Avis, (2012) 144 *G.O.* I, 1080; Avis, (2013) 145 *G.O.* I, 1123.

Loi sur la Régie du logement, RLRQ, c. R-8.1, art. 108, 1er al., par. 4°

SECTION I — FRAIS EXIGIBLES PAR LA RÉGIE DU LOGEMENT

1. Pour la production des actes de procédure ci-dessous, les frais exigibles sont établis comme suit:

1° 71 $ pour une demande autre que celles visées aux paragraphes 2° et 3°;

2° pour une demande afin de statuer sur une modification du bail, en fixation, en révision ou en réduction de loyer, en contestation du réajustement ou du rétablissement du loyer et en révision d'une décision du tribunal ou pour une demande comportant une diminution de loyer:

si le loyer est de 350 $ ou moins: 43 $;

si le loyer excède 350 $ mais ne dépasse pas 600 $: 54 $;

si le loyer excède 600 $: 71 $;

3° 174 $ pour une demande d'autorisation de convertir un immeuble en copropriété divise auxquels s'ajoutent 174 $ par logement à compter du 2e logement;

4° 35 $ pour la remise au rôle d'une cause rayée ou pour une requête en réouverture d'audience.

2. À compter de 1997, les frais visés à l'article 1 sont majorés au 1er novembre de chaque année selon le taux de variation de l'indice général des prix à la consommation pour le Canada, tel qu'établi par Statistiques Canada en vertu de la *Loi sur la statistique* (L.R.C. (1985), ch. S-19), calculé en considérant la moyenne des indices des 12 mois précédents.

Les montants, ainsi ajustés, sont diminués au dollar le plus près s'ils comprennent une fraction de dollar inférieure à 0,50 $; ils sont augmentés au dollar le plus près s'ils comprennent une fraction de dollar égale ou supérieure à 0,50 $.

La Régie du logement informe le public sur le résultat de l'indexation annuelle faite en vertu du présent article par la voie de la *Gazette officielle du Québec* et, si elle le juge approprié, par tout autre moyen.

3. Les frais visés à l'article 1 sont payables lors de la production de l'acte de procédure, en argent, par chèque certifié, mandat postal ou au moyen d'un autre effet de paiement offrant les mêmes garanties, à l'ordre du ministre des Finances.

4. La personne qui fait la preuve qu'elle reçoit des prestations en vertu d'un programme d'aide financière de dernier recours prévu à la *Loi sur l'aide aux personnes et aux familles* (chapitre A-13.1.1) n'a pas à verser ces frais.

5. La Régie rembourse les frais versés pour sa production lorsque est accueillie:

1° une demande de rectification d'une décision;

2° une demande de rétraction d'une décision faite en vertu du deuxième alinéa de l'article 89 de la *Loi sur la Régie du logement* (chapitre R-8.1).

6. Des frais de 3,8 % sont exigibles et perçus par la Régie lors du dépôt, à même les loyers déposés à son greffe.

SECTION II — FRAIS POUR LA SIGNIFICATION DE CERTAINS ACTES DE PROCÉDURE

7. Peuvent être adjugés en vertu de l'article 79.1 de la *Loi sur la Régie du logement* (chapitre R-8.1) les frais engagés par le demandeur pour la signification d'un acte de procédure à chaque partie jusqu'à concurrence:

1° du tarif fixé par le *Règlement sur les droits postaux de services spéciaux*

(C.R.C., ch. 1296), pour la signification par courrier recommandé;

2° des honoraires prévus par le *Tarif d'honoraires et des frais de transport des huissiers* (chapitre H-4.1, r. 14), y excluant les frais de transport, pour la signification par huissier;

3° de 7 $, pour tout autre mode de signification.

Lorsqu'une nouvelle signification s'avère nécessaire, peuvent également être adjugés en sus de ceux prévus au premier alinéa, les frais engagés jusqu'à concurrence des frais prévus par le *Tarif d'honoraires et des frais de transport des huissiers*, y incluant les frais de transport.

Lorsqu'un mode spécial de signification est autorisé par la Régie, peuvent être adjugés en sus de ceux prévus au premier alinéa, les frais engagés jusqu'à concurrence de 100 $.

[D-516-2011, a. 1].

8.-9. (*Omis*).

TARIF D'HONORAIRES ET DES FRAIS DE TRANSPORT DES HUISSIERS,

RLRQ, c. H-4.1, r. 14, tel que modifié par D. 572-82, 733 (supp.); D. 1895-82, (1982) 114 *G.O.* II, 3456; D. 372-84, (1984) 116 *G.O.* II, 1225; *Erratum,* (1984) 116 *G.O.* II, 1373; D. 2102-84, (1984) 116 *G.O.* II, 4653; D. 819-87, (1987) 119 *G.O.* II, 3339; D. 110-90, (1990) 122 *G.O.* II, 584; D. 1414-91, (1991) 123 *G.O.* II, 5818; D. 915-99, (1999) 131 *G.O.* II, 3980; D. 46-2000, (2000) 132 *G.O.* II, 850; D. 693-2003 (2003) 135 *G.O.* II, 3161; D. 937-2004, (2004) 136 *G.O.* II, 4457; D. 15-2010, (2010) 142 *G.O.* II, 606.

Loi sur les huissiers de justice, RLRQ, c. H-4.1, a. 32

SECTION I — CLASSES DE PROCÉDURES

1. Le tarif d'honoraires des huissiers est déterminé à l'annexe 1 et comprend les classes de procédures suivantes:

a) classe 1:

i. une procédure qui relève de la compétence de la Cour du Québec ou d'une cour municipale, une procédure prise en vertu du *Code de procédure pénale* (chapitre C-25.1) ou du *Code criminel* (L.R.C. (1985), ch. C-46), lorsqu'aucun montant n'est en jeu ou que le montant en jeu n'excède pas 500 $;

ii. une procédure qui émane d'une personne ou d'un organisme qui a des pouvoirs judiciaires, quasi judiciaires ou administratifs.

b) classe 2:

i. une procédure qui relève de la compétence de la Cour du Québec ou d'une cour municipale, une procédure prise en vertu du *Code de procédure pénale* ou du *Code criminel*, et qui n'est pas comprise dans la classe 1;

ii. une procédure qui relève de la Cour supérieure, de la Cour d'appel, de la Cour suprême ou de la Cour fédérale ainsi que d'un tribunal d'une autre province ou d'un autre pays.

[D. 819-87, a. 1; D. 1414-91, a. 1].

SECTION II — RÈGLES GÉNÉRALES

2. Outre ses honoraires, l'huissier ne peut réclamer que les déboursés réels taxables qui sont justifiés et payés à des tiers dans l'exercice de ses fonctions, notamment les frais réclamés par un établissement financier exerçant son activité au Québec, lorsque l'huissier est en mesure d'accepter un paiement effectué au moyen d'un chèque certifié, d'une carte de crédit ou d'un virement de fonds.

[D. 915-99, a. 1].

2.1. Les honoraires et les frais de transport auxquels a droit un huissier ne peuvent être réclamés pour un montant supérieur à celui calculé sur la base de la distance réellement parcourue jusqu'à concurrence de la distance, en calculant l'aller seulement, séparant le lieu de signification ou le lieu d'exécution du bureau de l'huissier le plus près de ce lieu.

Toutefois, lorsque la distance réellement parcourue excède 15 km, en calculant l'aller seulement, alors qu'un bureau d'huissier est situé à moins de 15 km du lieu de signification ou du lieu d'exécution, les honoraires et les frais de transport doivent être réclamés pour un montant équivalent à 15 km.

Malgré le premier alinéa, lorsque la distance réellement parcourue par l'huissier, en calculant l'aller seulement, ne dépasse pas 15 km, les honoraires et les frais de transport doivent être réclamés pour la distance réellement parcourue.

[D. 110-90, a. 1; D. 915-99, a. 2].

3. Dans les cas prévus par les articles 1 à 7 de l'annexe 1, les honoraires de signification comprennent ceux de la rédaction du procès-verbal.

4. Les honoraires de transport auxquels un huissier a droit en vertu du présent Tarif comprennent les honoraires et les frais prévus aux paragraphes *a* et *b* de l'article 20 de l'annexe 1.

[D. 1895-82, a. 2; D. 2102-84, a. 1].

5. Le tarif horaire auquel l'huissier a droit est celui prévu à l'article 23 de l'annexe 1.

Toutefois, l'huissier n'a pas droit au tarif horaire lors de ses déplacements.

[D. 1414-91, a. 2].

6. L'huissier a droit à des honoraires à tarif et demi lorsque, conformément à la loi, il doit effectuer une signification un jour non juridique, ou encore après 22 h ou avant 7 h un jour juridique.

L'huissier a droit à des honoraires à tarif et demi lorsque, conformément à la loi, il doit effectuer une exécution un jour non juridique, ou encore après 20 h ou avant 7 h un jour juridique.

Si une exécution est commencée avant 20 h et doit se poursuivre après cette heure, l'huissier a droit aux honoraires prévus pour le tarif horaire, à temps et demi, pour le temps dépassant la vingtième heure.

[D. 1414-91, a. 3; D. 915-99, a. 3].

Section III — Règles particulières

7. Les honoraires pour la signification d'un préavis d'exercice d'un droit hypothécaire, de la cession de loyer, de l'acte notarié, de l'avis de 30 jours dans le cas du dépôt volontaire, de la mise en demeure ou d'un avis, acte ou document qui n'est pas expressément prévu par le présent tarif, sont ceux fixés à l'article 7 de l'annexe 1.

[D. 915-99, a. 4].

7.1 Pour la signification d'un acte judiciaire en provenance d'un État étranger, en application de la Convention relative à la signification et la notification à l'étranger des actes judiciaires et extrajudiciaires en matière civile ou commerciale, conclue à La Haye le 15 novembre 1965 et entrée en vigueur le 1er mai 1989, un huissier a droit uniquement à des honoraires de 50 $.

[D. 110-90, a. 2; D. 915-99, a. 5; D. 46-2000, a. 1].

7.2 Pour la prise d'un constat, l'huissier a droit aux honoraires prévus à l'article 15.1 de l'annexe 1 et à ceux prévus pour le transport.

[D. 1414-91, a. 4].

7.3 Pour la rédaction de l'exemplaire d'un procès-verbal de signification destiné à l'officier de la publicité des droits, pour inscription au registre foncier, l'huissier a droit à l'honoraire prévu au paragraphe *c* de l'article 8 de l'annexe 1.

[D. 915-99, a. 6].

8. L'exécution d'un jugement ou d'une ordonnance pour l'accomplissement de quelqu'acte physique en vue de déplacer une personne déterminée comprend notamment:

    a) l'exécution d'un mandat d'amener;

    b) l'exécution d'un mandat d'incarcération;

    c) l'exécution d'une ordonnance ou d'un jugement en matière de garde en établissement et d'évaluation psychiatrique;

d) le bref d'*habeas corpus* enjoignant l'huissier d'aller chercher une personne;

e) l'exécution d'un jugement enjoignant l'expulsion d'une personne d'un endroit donné notamment dans le cas d'une séparation ou d'un divorce.

[D. 915-99, a. 7].

9. Pour l'exécution d'un mandat prévu par l'article 8, qu'il y ait paiement ou déplacement du prévenu, l'huissier a droit aux honoraires prévus pour:

a) la signification;

b) l'exécution;

c) (*paragraphe supprimé*);

d) le transport;

e) s'il y a lieu, l'ouverture des portes ou l'obtention d'un mandat d'entrée dans une maison d'habitation.

[D. 1414-91, a. 5; D. 915-99, a. 8].

10. Pour l'exécution d'un bref de saisie mobilière, l'huissier a droit aux honoraires prévus pour:

a) lorsqu'il reçoit paiement:

i. la signification;

ii. une seule demande de paiement;

iii. (*paragraphe supprimé*);

iv. le transport;

b) lorsqu'il exécute le bref de saisie:

i. la signification;

ii. la saisie;

iii. (*paragraphe supprimé*);

iv. le transport;

v. s'il y a lieu, l'obtention de l'officier de la publicité des droits d'un état certifié des droits consentis par le débiteur et inscrits sur le registre des droits personnels et réels mobiliers;

c) lorsqu'il ne reçoit pas paiement ou lorsqu'il n'exécute pas le bref de

saisie parce qu'il n'y a pas de biens saisissables:

i. la signification;

ii. le rapport de carence de biens saisissables;

iii. (*paragraphe supprimé*);

iv. le transport.

Aux honoraires prévus par l'un ou l'autre des paragraphes *a*, *b* ou *c* s'ajoutent, s'il y a lieu, les honoraires prévus pour la réception d'un cautionnement, l'enlèvement des effets saisis, l'ouverture des portes avec ou sans enlèvement des effets saisis, la mise sous verrou ou sous garnison avec ou sans l'ouverture des portes.

[D. 1414-91, a. 6; D. 915-99, a. 9].

11. Pour l'exécution d'un bref de saisie mobilière ou immobilière avant jugement ou l'exécution d'un bref de saisie immobilière après jugement prévu par l'article 660 du *Code de procédure civile* (chapitre C-25), l'article 10 s'applique compte tenu des adaptations nécessaires.

11.1. Pour l'exécution d'un bref de saisie mobilière après jugement, lorsque le bien saisi est un véhicule automobile immatriculé au nom du défendeur, l'huissier a droit:

a) s'il y a immobilisation du véhicule, aux honoraires prévus au sous-paragraphe *a* du paragraphe 4 de l'article 11 de l'annexe 1 qui comprennent la pose et l'enlèvement de l'appareil, l'exécution, la signification, le transport et le tarif horaire de l'huissier;

b) si, au moins 24 heures après l'immobilisation du véhicule, celui-ci est remorqué, aux honoraires prévus au sous-paragraphe *a* du paragraphe 5 de l'article 11 de l'annexe 1 qui comprennent la pose et l'enlèvement de l'appareil, l'exécution, les significations dont celles au service de police le plus près de l'endroit où l'immobilisation a eu lieu, le transport, le tarif horaire de l'huissier et le constat;

c) s'il y a remorquage immédiat du véhicule, aux honoraires prévus au sous-paragraphe *a* du paragraphe 6 de l'article 11 de l'annexe 1 qui comprennent la pose et l'enlèvement de l'appareil, l'exécution, les significations dont celles au service de police le plus près de l'endroit où l'immobilisation a eu lieu, le transport, le tarif horaire de l'huissier et le constat.

[D. 372-84, a. 1; D. 1414-91, a. 7].

11.2. Pour chaque avis public de vente prévu par l'article 594 du *Code de procédure civile* (chapitre C-25), l'huissier a droit aux honoraires prévus à l'article 16 de l'annexe 1.

[D. 372-84, a. 1; D. 2102-84, a. 2; D. 1414-91, a. 7].

12. 1) Pour chaque avis de vente subséquent à celui compris dans le procès-verbal de saisie exécution ou l'avis de vente prévu par l'article 588 ou par l'article 592.3 du *Code de procédure civile* (chapitre C-25), l'huissier a droit aux honoraires prévus pour:

a) la rédaction;

b) la signification au débiteur;

c) la signification au gardien s'il est autre que le débiteur;

d) la signification aux titulaires des droits publiés au registre des droits personnels et réels mobiliers de la copie certifiée du procès-verbal de saisie et de l'avis de vente s'il constate que des droits ont été consentis par le débiteur sur des biens saisis;

e) le transport.

2) Pour l'avis au premier saisissant prévu par le troisième alinéa de l'article 587 du *Code de procédure civile*, l'huissier a droit aux honoraires prévus pour:

a) la rédaction;

b) la signification au premier saisissant;

c) la signification à l'huissier instrumentant;

d) le transport.

3) Pour l'avis prévu par l'article 617 du *Code de procédure civile* ou l'attestation

prévue par l'article 623 du *Code de procédure civile*, l'huissier a droit aux honoraires prévus pour:

a) la rédaction;

b) la signification;

c) le transport.

4) Pour le préavis prévu à l'article 565 du *Code de procédure civile*, l'huissier a droit aux honoraires prévus pour:

a) la rédaction;

b) la signification;

c) le transport.

[D. 1414-91, a. 8; D. 15-2010, a. 1].

13. 1) Si l'huissier procède à une vente en justice dans le cas d'une saisie mobilière, il a droit aux honoraires prévus pour:

a) la vente;

b) (*paragraphe supprimé*);

c) le transport;

d) s'il y a lieu, l'ouverture des portes;

e) le certificat de vente, si le bien vendu était grevé d'une hypothèque.

2) Si l'huissier procède à une vente en justice dans le cas d'une saisie immobilière, il a droit aux honoraires prévus pour:

a) la vente;

b) le transport.

[D. 1414-91, a. 9; D. 915-99, a. 10].

14. 1) Si l'huissier s'est rendu sur les lieux de la vente et qu'il ne procède pas à une vente en justice dans le cas d'une saisie mobilière aux lieu, jour et heure fixés à l'avis de vente, il a droit aux honoraires prévus pour:

a) la demande de paiement ou le procès-verbal de démarches ou d'absence;

b) le transport;

c) s'il y a lieu, l'ouverture des portes.

2) Si l'huissier s'est rendu sur les lieux de la vente et qu'il ne procède pas à une vente en justice dans le cas d'une saisie immobilière aux lieu, jour et heure fixés à l'avis public, il a droit aux honoraires prévus pour:

    a) la demande de paiement ou le procès-verbal de démarches;

    b) le transport.

[D. 1414-91, a. 10].

15. Pour une vente aux enchères prévue par une loi, l'huissier a droit aux honoraires prévus par le paragraphe *a* de l'article 17 de l'annexe 1 pour la classe 2.

[D. 1414-91, a. 11].

15.1. Lorsque conformément à la loi l'huissier doit dresser un état de collocation et procéder à la distribution du produit de la vente, il a droit aux honoraires prévus à l'article 19.1 de l'annexe 1.

[D. 915-99, a. 11].

16. Si plusieurs procédures ou autres documents concernant des dossiers différents ayant des demandeurs différents sont signifiés ou exécutés lors d'un même déplacement à l'égard d'une même personne, l'huissier a droit aux honoraires prévus par le présent tarif pour chaque procédure ou document.

[D. 819-87, a. 2].

16.1. Sauf pour les honoraires de transport qui ne peuvent être chargés que pour une seule procédure, dossier ou document, l'huissier a droit aux honoraires prévus au présent tarif pour chaque procédure, dossier ou document, si plusieurs procédures ou autres documents, concernant les dossiers différents ayant le même demandeur, sont rédigés, signifiés ou exécutés, lors d'un même déplacement, à l'égard d'une même personne.

Lorsque l'exécution dont l'huissier est chargé concerne une saisie et qu'il constate qu'aucun bien n'est saisissable, il n'a toutefois droit aux honoraires prévus à l'article 6 et au paragraphe 3 de l'article 11 de l'annexe 1 que pour un maximum de deux dossiers et aux honoraires de transport que pour un seul dossier.

[D. 819-87, a. 2; D. 1414-91, a. 12].

16.2. Sauf les honoraires de transport qui ne peuvent être chargés que pour un seul dossier, l'huissier a droit aux honoraires prévus au paragraphe *b* de l'article 8 de l'annexe 1 pour la rédaction d'un procès-verbal d'absence ou de démarches, pour chaque dossier différent jusqu'à un maximum de deux, ayant le même demandeur, lors d'un même déplacement, à l'égard d'une même personne.

Pour les fins de l'application du premier alinéa, l'huissier ne peut réclamer les honoraires prévus à l'article 23 de l'annexe 1.

[D. 1414-91, a. 12].

17. Si plusieurs procédures ou autres documents, concernant le même dossier, sont signifiés ou exécutés, lors d'un même déplacement, à l'égard de personnes différentes, l'huissier a droit aux honoraires de transport calculés suivant le plus court chemin pour atteindre chaque lieu de signification ou d'exécution.

[D. 819-87, a. 2].

18. Si plusieurs procédures ou autres documents concernant le même dossier sont signifiés ou exécutés lors d'un même déplacement à l'égard d'une même personne, l'huissier a droit aux honoraires prévus pour le transport pour une seule procédure ou document.

[D. 819-87, a. 2].

19. 1) Dans le cas où l'élection de domicile est permise, l'huissier n'a pas droit aux honoraires prévus pour le transport pour une signification à un avocat en sa qualité de procureur.

2) Dans les autres cas, l'huissier a droit aux honoraires prévus pour le transport pour l'excédent du rayon de 5 km.

20. Si la signification ou l'exécution exige plusieurs déplacements, les lieux, jours et heures de chaque déplacement doivent apparaître au procès-verbal de l'huissier.

21. Pour certifier la copie d'un procès-verbal de saisie et d'un avis de vente ou d'un état de collocation, en matière de saisie mobilière, lorsqu'exigé par la loi, l'huissier a droit à l'honoraire prévu à l'article 19.2 de l'annexe 1.

[D. 915-99, a. 12].

22. Pour attester de l'authenticité de la copie du fac-similé d'un document transmis par télécopieur aux fins prévues à l'article 82.1 du *Code de procédure civile* (chapitre C-25), l'huissier a droit aux honoraires prévus à l'article 24 de l'annexe 1.

[D. 15-2010, a. 2].

ANNEXE 1 —— TARIF D'HONORAIRES DES HUISSIERS

(*a. 1, 3, 4, 5, 7, 7.2, 7.3, 11.1, 11.2, 15, 15.1, 16.1, 16.2, 21 et 22*)

Chapitre I —— Signification

Section I — Signification de procédures

	Classe 1	Classe 2
1. La signification d'une procédure introductive d'instance qui, timbrée au greffe du tribunal compétent ou portant le sceau du tribunal, ouvre le dossier, qu'il commence par un bref, une requête, un mémoire conjoint ou autre écrit introductif d'instance.	8 $	21 $
2. La signification d'un *subpoena*, d'un avis d'audition, d'un avis de convocation ou d'une sommation à un juré.	8 $	8 $
3. La signification d'une requête ou d'un jugement en tutelle ou en curatelle, d'une ordonnance de convocation, d'une requête ou d'un jugement en rectification des registres de l'état civil ou d'une procédure relative à une autre matière non contentieuse.		8 $
4. (*Abrogé*).		
5. La signification d'une procédure à un avocat en sa qualité de procureur.	8 $	8 $
6. La signification d'une procédure qui se rattache au dossier ouvert par la procédure introductive d'instance et qui n'est pas expressément prévue par le présent tarif.	8 $	8 $

Section II — Signification d'avis, actes ou documents

	Classe 1	Classe 2
7. La signification d'un avis, d'un acte ou d'un document qui n'est pas expressément prévu par le présent tarif.	8 $	8 $

Chapitre II —— Procès-verbal

	Classe 1	Classe 2
8. La rédaction:		
a) en matière de signification, d'un procès-verbal d'absence, de démarches ou d'obtention d'un mode spécial de signification;	6 $	6 $
b) en matière d'exécution, d'un procès-verbal d'absence, de démarches ou d'obtention d'un mode spécial d'exécution;	12 $	12 $
c) de l'exemplaire d'un procès-verbal de signification destiné à l'officier de la publicité des droits pour inscription au registre foncier.	6 $	6 $
9. La rédaction:		

	Classe 1	Classe 2
a) d'un affidavit requis pour appuyer un procès-verbal;	6 $	6 $
b) d'un rapport suite à la réception d'une opposition ou d'un avis de surseoir en vertu d'une loi ou d'une ordonnance de la cour.	6 $	6 $

Chapitre III — Exécution

Section I — EXÉCUTION SUR LA PERSONNE

	Classe 1	Classe 2
10. L'exécution d'un jugement ou d'une ordonnance pour l'accomplissement de quelqu'acte physique en vue de déplacer une personne déterminée.	46 $	72 $
10.1. L'obtention d'un mandat d'entrée dans une maison d'habitation.	12 $	12 $

Section II — Exécution sur les biens
§1. — Saisie

		Classe 1	Classe 2
11.	1) La demande de paiement:		
	a) non suivie de saisie mobilière ou de vente mobilière;	36 $	53 $
	b) non suivie de saisie immobilière ou de vente immobilière.	23 $	40 $
	2) La saisie ou le récolement.	46 $	72 $
	3) Le rapport de carence de biens saisissables comprenant la demande de paiement.	36 $	53 $
	4) Les opérations relatives à l'installation et à l'enlèvement d'un appareil servant à immobiliser un véhicule automobile:		
	a) pour l'exécution d'un premier bref;	146 $	146 $
	b) pour tout bref supplémentaire:		
	i. l'exécution;	46 $	46 $
	ii. la signification.	8 $	8 $
	5) Les opérations relatives à l'immobilisation et, au moins 24 heures après cette opération, au remorquage d'un véhicule automobile:		
	a) pour l'exécution d'un premier bref;	212 $	212 $
	b) pour tout bref supplémentaire:		
	i. l'exécution;	46 $	46 $
	ii. la signification.	8 $	8 $
	6) Les opérations relatives au remorquage immédiat d'un véhicule automobile:		
	a) pour l'exécution d'un premier bref;	173 $	173 $

	b) pour tout bref supplémentaire:		
	i. l'exécution;	46 $	46 $
	ii. la signification.	8 $	8 $
12.	1) L'enlèvement des effets saisis.	10 $	20 $
	2) L'ouverture des portes avec ou sans enlèvement des effets saisis.	10 $	20 $
	3) La mise sous verrou ou sous garnison avec ou sans l'ouverture des portes.	10 $	20 $
	4) L'obtention de l'officier de la publicité des droits d'un état certifié des droits consentis par le débiteur et inscrits au registre des droits personnels et réels mobiliers.	29 $	29 $
13.	1) La réception d'un cautionnement lors de la saisie et le dépôt à la cour.	10 $	20 $
	2) La demande denomination d'un nouveau gardien prévu par le deuxième alinéa de l'article 587 du *Code de procédure civile* (chapitre C-25).	10 $	20 $
14. La rédaction:			
	a) de chaque avis de vente subséquent à celui compris dans le procès-verbal de saisie d'exécution ou de l'avis de vente prévu par l'article 588 ou par l'article 592.3 du *Code de procédure civile* (chapitre C-25);	7 $	9 $
	b) d'un avis au premier saisissant prévu par le troisième alinéa de l'article 587 du *Code de procédure civile*;	7 $	9 $
	c) d'un avis prévu par l'article 617 du *Code de procédure civile* ou d'une attestation prévue par l'article 623 du *Code de procédure civile*.	7 $	9 $
	d) d'un préavis prévu par l'article 565 du *Code de procédure civile*.	7 $	9 $
	§2. — Bref de possession et séquestre		
15.	1) L'exécution d'un bref de possession.	67 $	67 $
	2) L'exécution d'une mise en séquestre mobilière ou immobilière.	67 $	67 $
	§3. — Constat		
15.1. Pour la prise d'un constat.		79 $	79 $

Chapitre IV — Vente

	Classe 1	Classe 2
16. La rédaction d'avis publics à être publiés dans les journaux ou à être affichés suivant la loi, comprenant le dépôt au shérif mais n'incluant pas le transport.	10 $	10 $
17. La vente en justice:		
a) mobilière comprenant la demande de paiement;	46 $	79 $

b) immobilière comprenant la demande de paiement.	86 $	86 $
17.1. Le certificat de vente, lorsque le bien vendu était grevé d'une hypothèque.	23 $	23 $
18. La vacation à la Société de l'assurance automobile du Québec pour l'émission d'un nouveau certificat d'immatriculation incluant le transport lorsque la distance entre le lieu de la vente et la Société est de moins de 8 km.	18 $	18 $

Chapitre V — Divers

	Classe 1	Classe 2
19. Les offres réelles comprenant la signification.		60 $
19.1. Dresser un état de collocation.	46 $	46 $
Procéder à la distribution du montant de la vente.	23 $	23 $
19.2. Certifier la copie d'un procès-verbal de saisie et d'un avis de vente ou d'un état de collocation.	3 $	3 $
20. *a*) Les honoraires de transport par kilomètre parcouru.	0,63 $/km	0,63 $/km
b) Les frais de transport sont équivalents au double du montant prévu par kilomètre à titre d'indemnité applicable pour l'utilisation d'une automobile personnelle en vertu de la *Directive concernant les frais de déplacement des personnes engagées à honoraires par des organismes publics* (C.T. 212379, 13-03-26).		
21. Le témoin de l'huissier lorsque prévu par la loi.	14 $/heure	14 $/heure
22. (*Abrogé*).		
23. 1) Dans les cas prévus par les chapitres III et IV, l'huissier a droit aux honoraires prévus pour le tarif horaire à partir de la deuxième heure et chaque fraction d'heure supplémentaire est calculée en proportion de l'heure entière.	58 $/heure	58 $/heure
2) Dans les cas prévus par le chapitre I, si les délais de prescription, la distance ou les circonstances l'exigent, l'huissier a droit aux honoraires prévus pour le tarif horaire à partir de la seconde demi-heure d'attente mais en ne réclamant pas plus d'une heure et demie et chaque fraction d'heure est calculée en proportion de l'heure entière.	58 $/heure	58 $/heure
24. Attester de l'authenticité de la copie du fac-similé d'un document transmis par télécopieur.	10 $	10 $

[D. 572-82, A. 1; D. 1895-82, A. 3; D. 372-84, A. 2; *Erratum*, (1984) 116 *G.O.* II, 1373; D. 819-87, a. 3; D. 110-90, a. 3; D. 1414-91, a. 13-34; D. 915-99, a. 13-38; D. 693-2003, a. 1; D. 937-2004, a. 1; D. 15-2010, a. 3, 4].

TARIF DES HONORAIRES JUDICIAIRES DES AVOCATS,

RLRQ, c. B-1, r. 22, tel que modifié par L.Q. 1988, c. 21, a. 66.

Loi sur le Barreau, RLRQ, c. B-1, a. 125

Code des professions, RLRQ, c. C-26, a. 95

SECTION I — CLASSES D'ACTIONS

1. La classe d'action est déterminée suivant la demande dont la somme ou la valeur en litige se situe entre:

classe I-A:	0,00 $ à 300 $ exclusivement
classe I-B:	300 $ à 500 $ exclusivement
classe I-C:	500 $ à 1 000 $ exclusivement
classe II-A:	1 000 $ à 3 000 $ exclusivement
classe II-B:	3 000 $ à 10 000 $ exclusivement
classe III-A:	10 000 $ à 25 000 $ exclusivement
classe III-B:	25 000$ à 50 000 $ exclusivement
classe IV:	50 000 $ et plus.

SECTION II — REGLES GÉNÉRALES

2. Le mot « demande » « cause » ou « action » signifie une instance, qu'elle commence par un bref, une requête, un mémoire conjoint, ou tout autre écrit introductif d'instance.

3. Le mot « enquête » signifie l'interrogatoire d'une partie ou d'un témoin ainsi que la présentation au tribunal de tout document portant admission de faits, suivie d'une plaidoirie.

4. Le mot « contestation » comprend toute opposition à une demande d'une autre partie.

5. Pour les procédures ou les actions que le tarif ne prévoit pas spécifiquement, les honoraires sont fixés d'après le tarif de procédures ou d'actions analogues. Une telle procédure ou action dont la somme ou la valeur en litige est indéterminable ou inexistante tombe sous la classe II-A.

6. Les frais dans les actions en revendication de biens mobiliers sont taxés contre le demandeur suivant la valeur des biens revendiqués et contre le défendeur suivant la valeur des biens pour lesquels jugement est rendu.

7. Les actions hypothécaires sont considérées comme des actions purement personnelles.

8. Dans une action où le créancier exerce un droit pour devenir propriétaire irrévocable d'un immeuble, la classe de l'action est déterminée suivant le solde dû sur la créance.

9. Dans une action en reddition de comptes, les frais sont taxés contre le demandeur suivant le montant qu'il réclame et contre le défendeur suivant le montant dont il est tenu de rendre compte.

10. À moins de dispositions contraires de la loi, toute action en annulation de contrat ou de testament est classée selon la valeur du contrat ou de la succession; si une somme d'argent est en plus réclamée, le montant total détermine la classe de l'action.

11. Dans les actions en réclamation de deniers, les frais sont taxés contre le demandeur suivant le montant qu'il réclame, et contre le défendeur suivant la classe de l'action à laquelle correspond le montant du jugement définitif.

12. Le coût des pièces littérales, des copies de plans, des actes ou des autres documents, ainsi que le coût des expertises produites sont inclus dans le mémoire de frais, à moins que le juge n'en ordonne autrement.

13. Lorsque plusieurs défendeurs produisent des contestations distinctes, l'avocat du demandeur reçoit pour chaque contestation additionnelle la moitié de l'honoraire prévu à l'article 24 ou à l'article 25 du tarif selon l'état des procédures. Pour les fins de cet article, l'intervenant, le mis-en-cause et le défendeur en garantie, s'ils concluent au rejet de l'action principale, sont considérés comme un défendeur produisant une contestation distincte.

14. Si plusieurs demandes incidentes peuvent être formulées dans une même procédure, un seul honoraire est exigible malgré la multiplicité des procédures.

15. La Cour peut, sur demande ou d'office, accorder un honoraire spécial, en plus

de tous autres honoraires, dans une cause importante.

16. En matière de jugement déclaratoire et d'adjudication sur un point de droit, l'intérêt en jeu, s'il peut être évalué en argent, détermine la classe de l'action; dans les autres cas, les honoraires sont ceux prévus pour la classe II-B.

17. Dans un cas de révision de taxation d'un mémoire de frais, les frais sont basés sur la classe d'action correspondant au montant des frais en litige.

18. Sous réserve de l'article 477 du *Code de procédure civile* (chapitre C-25), et à l'exclusion des frais d'exécution, dans toutes les actions de la classe I-A, les frais taxés contre la partie qui succombe ne peuvent être supérieurs au montant de la condamnation.

19. Il n'y a pas d'honoraire distinct dans le cas d'une demande reconventionnelle mais la classe d'action est déterminée par celui des montants accordés qui est le plus élevé.

20. Lorsque des lois ou règlements réfèrent à l'ancien tarif, on doit procéder suivant le présent tarif.

Section III — Première Instance

	I			II		III		IV
				1–3	3–10	10–25	25–50	50
	A	B	C	A	B	A	B	
	$	$	$	$	$	$	$	$
21. 1) Pour tout avis ou mise en demeure précédant la procédure introductive d'instance et requis par loi	5	10	15	25	25	25	25	25
2) Pour tout avis ou mise en demeure précédant la procédure introductive d'instance et non requis par la loi, un seul honoraire est exigible	5	10	15	20	20	20	20	20
22. Pour toute action réglée après la procédure introductive d'instance et avant la signification d'une défense ou d'une contestation au fond:								
a) au procureur du demandeur	30	60	75	125	150	200	275	350
b) au procureur du défendeur	20	25	30	75	125	175	250	325
23. Sur jugement au fond, par défaut ou *ex parte* au procureur du demandeur:								
a) sans enquête	35	70	90	140	175	250	325	400
b) avec enquête	40	80	100	175	225	300	375	450
au procureur du défendeur:								
c) s'il n'assiste pas à l'enquête ou s'il n'y a pas d'enquête	20	25	30	50	80	100	135	175
d) s'il y a enquête et qu'il y assiste	30	60	75	100	150	200	275	350
24. Pour une action réglée après la signification d'une défense ou d'une contestation au fond, ou pour une demande rejetée sur requête fondée sur l'article 165 du *Code de procédure civile*	40	80	100	250	350	450	550	650
25. Pour jugement au mérite de la cause dans une action contestée	75	125	200	350	500	700	800	1 000
26.1) Sur tout incident contesté	10	15	20	50	50	50	50	50
2) Si l'incident a pour effet de mettre fin au litige, l'honoraire applicable est le suivant	35	70	90	140	175	250	325	400
27.Pour interrogatoire d'une partie, avant ou après production d'une défense à l'exclusion d'un interrogatoire lors d'une mesure incidente ou du procès	10	15	20	30	30	30	30	30
28. Lorsque le juge demande ou autorise de plaider par écrit, un honoraire additionnel de	10	20	30	50	50	100	100	100
29. 1) Pour l'enregistrement du jugement ou de tout acte tendant à la conservation de droits réels	5	10	15	25	25	25	25	25
2) Pour la préparation et l'enregistrement d'un privilège ou d'un avis selon l'article 1040a) du Code civil	10	20	30	75	75	75	75	75
3) Préparation et mainlevée de l'enregistrement d'un privilège	5	10	15	25	25	25	25	25

	I			II	III	IV
				1–3	3–10	10–25	25–50	50
	A	B	C	A	B	A	B	
	$	$	$	$	$	$	$	$
4) Production de réclamation dans le cas de dépôt volontaire et réclamation sur saisie-arrêt	5	10	15	25	25	25	25	25
30. 1) Pour la délivrance de tout bref d'exécution, quel qu'en soit la nature ou le nombre, un seul honoraire suivant la classe du montant réclamé	5	10	15	25	25	25	25	25
2) L'interrogatoire suivant l'article 543 du *Code de procédure civile*	5	10	10	15	15	15	15	15
31. Pour tout jugement par défaut contre un tiers-saisi ou sur sa déclaration ...	5	10	15	25	25	25	25	25
32. Pour toute saisie avant jugement, un honoraire additionnel suivant la classe de l'action principale	10	15	20	40	40	40	40	40
33. 1) Si une cause dure plus d'une journée, pour chaque demi-journée additionnelle	25	35	40	50	50	50	50	50
2) En cas de refus de procéder du tribunal énoncé en présence des parties, le jour même fixé pour l'audition	10	15	20	50	50	50	50	50

34. Pour toute conférence préparatoire tenue selon l'article 279 du *Code de procédure civile*, et avant le jour fixé pour enquête et audition, les honoraires sont ceux prévus à l'article 27.

35. L'injonction demandée sans autres conclusions que celles de l'article 751 du *Code de procédure civile*, est considérée comme une action de la classe II-B. Si d'autres conclusions sont recherchées, les honoraires sont ceux de la classe prévue pour telles conclusions, sans cependant être inférieurs à ceux prévus à la classe II-B. Les honoraires se calculent de la façon suivante: lorsque le jugement sur la requête en injonction interlocutoire termine la cause ou que le jugement sur la requête en injonction permanente n'est pas précédé d'un jugement sur une requête en injonction interlocutoire, l'avocat a droit aux honoraires taxables sur un jugement au mérite de la cause. Dans le cas où le jugement sur la requête en injonction permanente intervient après un jugement sur une requête en injonction interlocutoire, l'avocat a droit aux honoraires taxables sur un jugement au mérite majoré de la moitié.

36. En matière de bornage, de possessoire et de pétitoire, de séquestre, d'action déclaratoire ou négatoire de servitude, les honoraires sont ceux prévus pour la classe II-B.

37. En matière de partage et licitation en justice, la classe d'action suit la valeur de l'objet en litige.

38. En matière de procédures relatives aux corporations, de recours extraordinaires et d'*habeas corpus* prévus aux titres V, VI et VII du livre V du *Code de procédure civile*, les honoraires sont ceux prévus pour la classe II-B.

39. En matière non contentieuse, l'honoraire est celui du paragraphe 1 de l'article 29, classe II, à l'exception de la vente volontaire de biens des incapables et de biens inventoriés prévue aux chapitres VII et XI du livre VI du *Code de procédure civile* dont la classe est déterminée par la valeur des biens.

40. En matière d'évaluation foncière, y compris la cassation ou la contestation d'un rôle, les honoraires tant devant le Bureau de révision d'évaluation foncière qu'en appel devant la Cour du Québec sont ceux prévus pour la classe II-A du tarif en première instance; l'article 42 ne s'y applique pas et le coût des expertises n'est pas inclus dans le mémoire de frais.

[L.Q. 1988, c. 21, a. 66].

41. En matière d'expropriation, la classe d'action est déterminée par le montant de l'indemnité.

Un honoraire additionnel de 1 % du premier 100 000 $ ou moins d'indemnité s'ajoute aux honoraires judiciaires lorsque, sur requête accompagnée d'un affidavit de l'avocat, il est établi à la satisfaction du Tribunal de l'expropriation, ou de son président ou vice-président siégeant en vertu de la juridiction à lui conférée par l'article 10 de la *Loi sur l'expropriation* (chapitre E-24), que les services de l'avocat lors de la préparation de la cause ou lors de l'enquête et audition, ou au cours des négociations qui ont conduit à une transaction, le justifient.

La contestation du droit à l'expropriation est une instance en soi. Les honoraires applicables sont ceux prévus à la classe II-B.

Pour toute procédure faite en vertu de la *Loi sur l'expropriation* devant un Tribunal autre que celui de l'expropriation, les honoraires applicables sont ceux prévus à la classe II-B, au paragraphe 1 de l'article 26.

Pour toute procédure non contestée relative au paiement des deniers alloués, les honoraires sont ceux prévus au paragraphe 2 de l'article 29.

42. Dans le cas d'une demande dont la somme ou la valeur en litige est supérieure à 100 000 $, un honoraire additionnel de 1 % sur l'excédent de 100 000 $, est taxable.

43. Le présent tarif s'applique à toute instance commencée après le 14 juillet 1976; il ne s'applique pas à une nouvelle procédure dans une instance commencée avant cette date.

SECTION IV — TARIF PARTICULIER AUX AFFAIRES MATRIMONIALES

§1. — Procédures principales

44. Action en séparation de corps ou requête en divorce réglée après signification; au procureur de la partie demanderesse . . . . 150 $

45. Action en séparation de corps ou requête en divorce réglée après comparution; au procureur de la partie défenderesse . . . . 100 $

46. Sur jugement *ex parte* ou par défaut; au procureur de la partie demanderesse . . . . 225 $

47. Sur jugement *ex parte* ou par défaut; au procureur de la partie défenderesse qui assiste à l'enquête . . . . 150 $

48. Sur jugement par défaut ou *ex parte*; au procureur de la partie défenderesse qui n'assiste pas à l'enquête . . . . . 100 $

49. Sur jugement au fond rendu contradictoirement avec ou sans demande reconventionnelle de la part de la partie défenderesse; à chaque procureur . . . . . 300 $

§2. — Mesures provisoires et incidents

50. 1) Sur jugement relatif aux mesures provisoires, après entente ou transaction, mais sans enquête, à chaque procureur, un seul honoraire . . . . 75 $

2) Sur jugement, après enquête, sur toute requête pour mesures provisoires, à chaque procureur, un seul honoraire . . . . 100 $

51. 1) Sur tout incident contesté non visé à l'article 50 . . . . 50 $

2) Pour interrogatoire d'une partie, avant ou après production d'une défense, à l'exclusion d'un interrogatoire lors d'une mesure incidente ou du procès . . . . . 30 $

3) Lorsque le juge demande ou autorise de plaider par écrit . . . . 50 $

4) Si une cause dure plus d'une journée, pour chaque demi-journée additionnelle . . . . 50 $

5) En cas de refus de procéder du tribunal lors de l'audition au fonds, énoncé en présence des parties le jour même fixé pour l'audition . . . . 50 $

§3. — Exécution du jugement

52. 1) Sur interrogatoire suivant l'article 543 du *Code de procédure civile* . . . . 15 $

2) Sur réquisition de tout bref de saisie avant jugement . . . . 25 $

3) Sur réquisition de tout bref de saisie *de bonis, de terris,* après jugement ou les deux à la fois . . . . 25 $

4) Sur réquisition de toute saisie-arrêt après jugement . . . . 25 $

5) Sur jugement sur saisie-arrêt après jugement . . . . 50 $

6) Un seul des deux honoraires prévus aux paragraphes 4 et 5 peut être réclamé.

7) Pour l'enregistrement du jugement . . . . 25 $

§4. — Requêtes postérieures au jugement final

53. 1) Nomination de praticien . . . 10 $

2) Pour homologation d'un rapport de praticien . . . . 10 $

3) Inscription suivant rapport homologué . . . . 10 $

4) Sur tout jugement relatif à une requête pour modification de pension, changement de garde d'enfants, droit de visite ou de sortie réglé sans enquête, à chaque procureur, un seul honoraire . . . . 75 $

5) Sur jugement après enquête quant à toutes les mesures décrites au paragraphe 4, à chaque procureur, un seul honoraire . . . . 100 $

§5. — Requête suivant l'article 827 du Code de procédure civile

54. Sur tout jugement sans enquête, relatif à une requête présentée en vertu de l'article 827 du *Code de procédure civile*, à chaque procureur . . . . 75 $

55. Sur tout jugement rendu contradictoirement après enquête et relatif à une requête présentée en vertu de l'article 827 du *Code de procédure civile*, à chaque procureur . . . . 100 $

SECTION V — TARIF JUDICIAIRE DES CAUSES CIVILES EN APPEL COUR D'APPEL

	I			II 1–3	III 3–10	III 10–25	III 25–50	IV 50
	A $	B $	C $	A $	B $	A $	B $	$
56. Les déboursés encourus pour la confection du dossier conjoint et des mémoires sont taxables contre la partie défaillante sur production de pièces justificatives.								
57. Les articles 36, 37 et 38 du tarif en première instance s'appliquent à la Cour d'appel.								
58. Après production de l'inscription: Pour toute cause terminée ou appel abandonné	100	100	100	100	250	300	400	500
59. Après production du mémoire de l'appelant: Pour toute cause terminée ou appel abandonné:								
a) à l'appelant	250	250	250	300	450	550	700	850
b) à l'intimé	125	125	125	150	300	350	450	550
60. Après production du mémoire de l'intimé et avant audition: Pour toute cause terminée ou appel abandonné	300	300	300	350	500	600	750	900
61. Pour jugement sur le mérite de la cause	450	450	450	500	750	850	1 000	1 200
62. Sur requête pour permission d'appeler, requête pour rejet d'appel et tout autre incident contesté	100	100	100	100	100	100	100	100

63. Sur appel de tout jugement interlocutoire à l'exclusion de l'injonction, des recours extraordinaires et de l'*habeas corpus,* l'honoraire applicable est la demie de l'honoraire prévu pour un jugement final, selon la classe d'action déterminée par le montant en litige.

64. L'injonction demandée sans autres conclusions que celles de l'article 751 du *Code de procédure civile,* est considérée comme une action de la classe II-B. Si d'autres conclusions sont recherchées, les honoraires sont ceux de la classe prévue pour telles conclusions, sans cependant être inférieurs à ceux prévus à la classe II-B. Les honoraires se calculent de la façon suivante: Lorsque le jugement de la Cour d'appel sur la requête en injonction interlocutoire termine la cause ou que le jugement de la Cour d'appel sur l'action en injonction permanente n'est pas précédé d'un jugement de la Cour d'appel sur une requête en injonction interlocutoire, l'avocat a droit aux honoraires taxables sur jugement au fond de la Cour d'appel. Dans le cas où le juge-ment de la Cour d'appel sur l'action en injonction intervient après un jugement de la Cour d'appel sur une requête en injonction interlocutoire, le montant de l'honoraire pour le jugement au fond est égal à la demie de l'honoraire de la classe qui s'y applique.

65. En matière de recours extraordinaires et d'*habeas corpus* prévus aux titres VI et VII du livre V du *Code de procédure civile*: En appel sur émission du bref, les honoraires sont ceux prévus à la classe II-B. Il en est de même pour le jugement au fond, qui n'a pas été précédé d'un appel sur émission. Toutefois, lorsque le jugement au fond en appel a été précédé d'un jugement en appel sur émission, le montant de l'honoraire pour le jugement au fond est égal à la demie de l'honoraire de la classe II-B.

	I			II		III		IV
				1–3	3–10	10–25	25–50	50
	A	B	C	A	B	A	B	
	$	$	$	$	$	$	$	$
66. Pour production d'un mémoire additionnel à la demande du tribunal	100	100	100	150	150	150	150	150
67. Pour chaque voyage de tout autre district à Montréal ou à Québec, fait spécialement pour l'audition, l'avocat a droit à une indemnité équivalente à l'indemnité payable à un juge en vertu de la loi.								
68. Si l'audition d'une cause dure plus d'une journée, pour chaque demi-journée additionnelle	100	100	100	100	100	100	100	

69. Le présent tarif s'applique à tout appel interjeté après le 14 juillet 1976; il ne s'applique pas à une nouvelle procédure dans un appel commencé avant cette date.

SECTION VI — TARIF PARTICULIER AUX AFFAIRES MATRIMONIALES EN APPEL

70. Les déboursés encourus pour la confection du dossier conjoint et les mémoires sont taxables contre la partie défaillante sur production de pièces justificatives.

71. Après production de l'inscription:

Pour toute cause terminée ou appel abandonné . . . . 150 $

72. Après production du mémoire de l'appelant:

Pour toute cause terminée ou appel abandonné:

    a) à l'appelant . . . . 350 $

    b) à l'intimé . . . . 200 $

73. Après production du mémoire de l'intimé et avant audition:

Pour toute cause terminée ou appel abandonné . . . . 450 $

74. Pour jugement sur le mérite de la cause . . . . 600 $

75. Sur requête pour permission d'appeler, requête pour rejet d'appel et tout autre incident contesté . . . . 100 $

76. Sur appel de tout jugement interlocutoire, l'honoraire applicable est la demie de l'honoraire prévu pour un jugement final.

77. Pour production d'un mémoire additionnel à la demande du tribunal . . . . 150 $

78. Pour chaque voyage de tout autre district à Montréal ou à Québec, fait spécialement pour l'audition, l'avocat a droit à une indemnité équivalente à l'indemnité payable à un juge en vertu de la loi.

79. Si l'audition d'une cause au mérite dure plus d'une journée, pour chaque demi-journée additionnelle . . . . 100 $

80. Le présent tarif s'applique à tout appel interjeté après le 14 juillet 1976; il ne s'applique pas à une nouvelle procédure dans un appel commencé avant cette date.

Ce Règlement sera abrogé lors de l'entrée en vigueur de l'article 832 du chapitre 1 des lois de 2014.

TARIF DES HONORAIRES EXIGIBLES DU DÉBITEUR POUR L'EXÉCUTION PAR LES HUISSIERS ET LES AVOCATS D'UN JUGEMENT AUX PETITES CRÉANCES,

D. 228-2003, (2003) 135 *G.O.* II, 1456 [c. C-25, r. 17].

Code de procédure civile, RLRQ, c. C-25, a. 997, par. *a*; 2002, c. 7 a. 148 et 172

1. (*Abrogé*).

[2004, c. 17, a. 2].

2. Les honoraires des huissiers et des avocats assumés par le créancier pour l'exécution d'un jugement rendu suivant les dispositions du livre VIII de ce code ou d'une décision de la Régie du logement relative à une demande ayant pour seul objet le recouvrement d'une créance visée dans l'article 73 de la *Loi sur la Régie du logement* (chapitre R-8.1) peuvent être réclamés du débiteur, en vertu de l'article 993 du *Code de procédure civile*, pour un montant qui équivaut à 25 % du montant du jugement à exécuter jusqu'à concurrence de 100 $.

3. (*Omis*).

RÈGLEMENTS ÉDICTÉS EN VERTU DU CODE DE PROCÉDURE CIVILE

TABLE DES MATIÈRES

Règlement sur la déclaration des parties relative aux demandes d'obligation alimentaire,

D. 1524-95, (1995) 127 *G.O.* II, 4954 [RLRQ, c. C-25, r. 5], tel que modifié par D. 212-97, (1997) 129 *G.O.* II, 1186.

Code de procédure civile, RLRQ, c. C-25, a. 827.5

1. La déclaration assermentée requise de chacune des parties à l'article 827.5 du *Code de procédure civile* (chapitre C-25) est celle prévue à l'annexe I, laquelle doit contenir quant à chacune d'elles les informations qui y sont contenues.

2. (*Omis*).

ANNEXE I
(a. 1)

CANADA
Province de Québec
District de

Déclaration assermentée en vertu de l'article 827.5 du Code de procédure civile

N° dossier:

(Veuillez remplir en caractères d'imprimerie)

IDENTITÉ: Partie demanderesse ( ) Partie défenderesse ( )

1. Nom(s):

Prénom(s):

2. Nom de famille à la naissance:

3. Sexe: M ( ) F ( )

4. Langue: Français ( ) Anglais ( )

5.

Adresse de résidence:

Code postal: Province: Pays:

Téléphone à la résidence: (   ) Au travail: (   )

Adresse postale (si différente):

Code postal: Province: Pays:

6. Date de naissance (AAAA/MM/JJ):   N° d'assurance sociale:

Informations sur l'emploi et les revenus

7. Travailleur salarié ( ) Travailleur autonome ( )

Nom et adresse de l'employeur:

Code postal: Province: Pays:

Rémunération:

Langue de communication: Français ( ) Anglais ( )

8. La partie déclarante est sans emploi: ( )

9. La partie déclarante reçoit des prestations de sécurité du revenu ( )

N° du dossier (CP 12):

10. Autres revenus:

(Indiquer la source et le montant de chacun)

Autres informations

11. Le nom, à sa naissance, de la mère de la partie déclarante:

12. Autre(s) nom(s) utilisé(s) par la partie déclarante:

13. Indiquer la nature et la date de la demande à laquelle cette déclaration est jointe:

14. Si cette déclaration accompagne une demande en révision de l'obligation alimentaire, indiquer la date du jugement qui accorde cette pension (AAAA/MM/JJ) et le N° du dossier, si différent:

Informations concernant l'autre partie
(*si elles sont connues*)

15. Adresse de résidence:

16. Téléphone à la résidence: Au travail:

17. Date de naissance: N° d'assurance sociale:

Déclaration sous serment

Je déclare que les renseignements donnés sont exacts et complets, et je signe:

à: .... le .... ième jour de ....

....

Partie déclarante

Déclaration faite sous serment devant moi à .... le ....ième jour de

....

....

Personne habilitée à recevoir le serment

[D. 212-97, a. 1].

Informations concernant l'autre partie
(si elle est concernée)

15. Autres résidences :

16. Téléphone au travail :

Déclaration sous serment

Je déclare que les renseignements donnés ci-dessus et ci-joints sont exacts.

Indications

Remarque : Faites bien attention avant tout de signer le document ci-bas.

RÈGLEMENT SUR LA FIXATION DES PENSIONS ALIMENTAIRES POUR ENFANTS,

D. 484-97, (1997) 129 *G.O.* II, 2117 [RLRQ, c. C-25, r. 6], tel que modifié par *Erratum*, (1997) *G.O.* II, 2605; D. 777-97, (1997) 129 *G.O.* II, 3648; *Avis d'indexation*, (1997) 129 *G.O.* I, 1689; *Avis d'indexation*, (1998) 130 *G.O.* I, 1396; *Avis d'indexation*, (1999) 131 *G.O.* I, 1310; *Erratum*, (2000) 132 *G.O.* I, 77; *Avis d'indexation*, (2000) 132 *G.O.* I, 1266; *Avis d'indexation*, (2001) 133 *G.O.* I, 1416; *Avis d'indexation*, (2002) 134 *G.O.* I, 1485; D. 1312-2003, (2003) 135 *G.O.* II, 5396; D. 1138-2004, (2004) 136 *G.O.* II, 5264; D. 1192-2005, (2005) 137 *G.O.* II, 6945; D. 1139-2006, (2006) 138 *G.O.* II, 5635A; D. 1102-2007, (2007) 139 *G.O.* II, 5380A; D. 1135-2008, (2008) 140 *G.O.* II, 6435A; D. 1291-2009, (2009) 141 *G.O.* II, 5917; D. 1095-2010, (2010) 142 *G.O.* II, 5488A; D. 1323-2011, (2011) 143 *G.O.* II, 5609B; D. 1061-2012, (2012) 144 *G.O.* II, 5106; D. 1279-2013, (2013) 145 *G.O.* II, 5534; 2013, c. 28; D.148-2014, (2014), 146 *G.O.* II, 866.

Code de procédure civile, RLRQ, c. C-25, a. 825.8

1. Les présentes règles, y compris le formulaire et la table auxquels elles renvoient, s'appliquent à toute demande relative à l'obligation alimentaire des parents à l'égard de leur enfant mineur.

Elles s'appliquent également à la demande présentée par un parent relativement à un enfant majeur qui, notamment parce qu'il poursuit des études à temps plein, n'est pas en mesure d'assurer sa propre subsistance.

[D. 1138-2004, a. 1].

2. Le tribunal peut fixer la pension alimentaire payable pour un enfant majeur à une valeur différente de celle qui serait exigible en application des présentes règles, s'il l'estime approprié compte tenu de l'ensemble des circonstances dans lesquelles l'enfant se trouve, notamment son âge, son état de santé, son niveau de scolarité ou la nature de ses études, son état civil et son lieu de résidence, de même que son degré d'autonomie et, s'il y a lieu, le temps nécessaire pour lui permettre d'acquérir une autonomie suffisante.

3. La pension alimentaire exigible d'un parent pour son enfant est établie, sur une base annuelle, en tenant compte de la contribution alimentaire de base à laquelle les parents devraient ensemble être tenus à l'égard de l'enfant, des frais de garde, des frais d'études post-secondaires et des frais particuliers relatifs à celui-ci, du revenu disponible de ce parent par rapport à celui des deux parents et du temps de garde qu'il assume à l'endroit de l'enfant, conformément aux règles qui suivent et selon le formulaire prévu à l'annexe I.

La contribution alimentaire de base des deux parents est établie en fonction de leur revenu disponible et du nombre de leurs enfants, selon la table prévue à l'annexe II.

4. Lorsqu'un parent assume plus de 60 % du temps de garde à l'égard d'un enfant, il est alors considéré en avoir la garde exclusive aux fins des présentes règles.

Lorsque la garde de tous les enfants est assumée exclusivement par l'un des parents, la pension alimentaire exigible du parent non gardien est calculée suivant la section 1 de la partie 5 du formulaire; cependant, si le parent non gardien bénéficie d'un droit de visite et de sortie prolongé, c'est-à-dire s'il assume entre 20 % et 40 % du temps de garde à l'égard des enfants, la pension alimentaire exigible de ce parent est calculée suivant la section 1.1 de cette partie du formulaire.

5. La garde des parents est aussi considérée exclusive si chacun d'eux assume la garde exclusive d'au moins un des enfants. Dans ce cas, la pension alimentaire exigible d'un parent est calculée suivant la section 2 de la partie 5 du formulaire.

6. Lorsque chacun des parents assume au moins 40 % du temps de garde à l'égard d'un enfant, la garde de celui-ci est considérée partagée entre les parents aux fins des présentes règles.

Lorsque la garde de tous les enfants est partagée entre les parents, la pension alimentaire exigible d'un parent est calculée suivant la section 3 de la partie 5 du formulaire.

7. Dans les situations qui impliquent à la fois une garde exclusive et une garde partagée des enfants, c'est-à-dire lorsqu'au moins un des parents assume la garde exclusive d'au moins un enfant et que les parents assument une garde partagée à l'égard d'au moins un autre enfant, la pension alimentaire exigible d'un parent est calculée suivant la section 4 de la partie 5 du formulaire.

Il en va de même dans les situations qui impliquent, à l'égard des enfants, à la fois:

— une garde exclusive et une garde exclusive doublée d'un droit de visite et de sortie prolongé, c'est-à-dire lorsqu'au moins un parent assume la garde exclusive d'au moins deux enfants et que l'autre parent bénéficie par ailleurs, à l'égard d'au moins un de ces enfants, d'un droit de visite et de sortie prolongé;

— une garde partagée et une garde exclusive doublée d'un droit de visite et de sortie prolongé, c'est-à-dire lorsque les parents assument une garde partagée à l'égard d'au moins un enfant, et qu'au moins un parent assume la garde exclusive d'un ou plusieurs autres enfants alors que l'autre parent bénéficie par ailleurs, à l'égard d'au moins un de ces autres enfants, d'un droit de visite et de sortie prolongé;

— une garde partagée, une garde exclusive et une garde exclusive doublée d'un droit de visite et de sortie prolongé, c'est-à-dire lorsque les parents assument une garde partagée à l'égard d'au moins un enfant, qu'au moins un parent assume la garde exclusive d'un ou plusieurs autres enfants et que l'autre parent bénéficie par ailleurs, à l'égard d'au moins un de ces autres enfants, d'un droit de visite et de sortie prolongé.

[D. 1312-2003, a. 1].

8. Sauf si le tribunal en décide autrement eu égard, entre autres, aux actifs du parent, la pension alimentaire exigible d'un parent à l'égard de son enfant ne peut excéder la moitié de son revenu disponible. La partie 6 du formulaire dispose du calcul de la pension alimentaire exigible en application de cette règle.

9. Pour l'application des présentes règles, y compris le formulaire et la table qui s'y rapportent, on entend par:

1° « frais » : — les frais de garde, outre les frais annuels de garde requis pour répondre aux besoins de l'enfant, ceux que le parent gardien doit engager notamment pour occuper un emploi ou recevoir une formation, ou en raison de son état de santé;

— les frais d'études postsecondaires, soit les frais annuels engagés pour permettre à un enfant de poursuivre des études postsecondaires, y compris notamment, outre les frais de scolarité et les frais liés au matériel pédagogique requis, les frais de transport ou de logement engagés à cette fin;

— les frais particuliers, soit les frais annuels autres que les frais de garde et les frais d'études postsecondaires, tels les frais médicaux, les frais relatifs à des études primaires ou secondaires ou à tout autre programme éducatif et les frais relatifs à des activités parascolaires, lorsque ces frais sont liés aux besoins que dicte, à l'égard de l'enfant, la situation particulière dans laquelle il se trouve.

Les frais de garde, les frais d'études postsecondaires et les frais particuliers sont réduits, le cas échéant, de tout avantage, subvention, déduction ou crédit d'impôt y afférent, y compris de tout montant reçu par l'enfant dans le cadre des programmes d'aide financière aux études accordé par le ministre de l'Éducation, du Loisir et du Sport ainsi que du montant annuel reçu à titre de prestation versée en vertu de l'article 4 de la *Loi sur la prestation universelle pour la garde d'enfants* (L.C. 2006, ch. 4), édictée par l'article 168 de la *Loi d'exécution du budget de 2006* (L.C. 2006, ch. 4), diminué, le cas échéant, de la charge fiscale qui s'y rattache. Le montant de chacun de ces frais ainsi réduits est réputé être égal à zéro lorsque ce montant est négatif;

2° « **revenu annuel** » : — les revenus de toute provenance, incluant notamment les traitements, salaires et autres rémunérations, les pensions alimentaires versées par un tiers et reçues à titre personnel, les prestations d'assurance-emploi, d'assurance parentale et autres prestations accordées en vertu d'une loi au titre d'un régime de retraite ou d'un régime d'indemnisation, le montant imposable des dividendes, les intérêts et autres revenus de placement, les revenus nets de location et les revenus nets tirés de l'exploitation d'une entreprise ou d'un travail autonome; toutefois, ne sont pas considérés comme revenus les transferts gouvernementaux reliés à la famille, les prestations d'aide financière de dernier recours et les montants reçus dans le cadre des programmes d'aide financière aux études accordés par le ministre de l'Éducation, du Loisir et du Sport.

Les revenus non imposables sont convertis en équivalent imposable.

Les revenus considérés sont ceux de l'année courante, à moins que les circonstances ne rendent contre-indiquée l'utilisation de cette période de référence, auquel cas les revenus sont ceux qui sont prévisibles pour les 12 mois qui suivent la présentation de la demande.

Lorsqu'un parent fait défaut, suivant l'article 5 de la *Loi favorisant l'accès à la justice en matière familiale* (chapitre A-2.02), de fournir au Service administratif de rajustement des pensions alimentaires pour enfants (SARPA) les renseignements ou les documents permettant d'établir son re-

venu annuel, ce revenu est alors celui établi, en application de cet article, conformément aux règles prescrites par règlement du gouvernement;

3° « **revenu disponible** » : — le revenu annuel, déduction faite des montants prévus à la partie 3 du formulaire au titre de la déduction de base et des déductions pour les cotisations syndicales et les cotisations professionnelles;

4° « **temps de garde** » : — tout le temps pendant lequel un parent assume la garde de l'enfant ou exerce à son égard un droit de visite et de sortie, que l'enfant soit ou non confié à un tiers pendant ce temps.

[D. 1312-2003, a. 2; D. 1192-2005, a. 1; 2013, c. 28, a. 204; D. 148-2014, a. 1]

10. Le pourcentage figurant dans la table prévue à l'annexe II pour la partie du revenu disponible des parents qui excède 200 000 $ n'y est donné qu'à titre indicatif; par conséquent, le tribunal peut, s'il l'estime approprié, fixer pour cette partie du revenu disponible un montant différent de celui qui serait obtenu selon ce pourcentage.

11. Pour l'application de la table prévue à l'annexe II aux situations impliquant plus de six enfants, la contribution alimentaire parentale de base est établie en multipliant la différence entre les montants prévus pour cinq et six enfants par le nombre d'enfants additionnels et en ajoutant le produit ainsi obtenu au montant prévu pour le cas de six enfants.

12. (*Abrogé*).

[D. 1312-2003, a. 3].

13. (*Omis*).

ANNEXE I — FORMULAIRE DE FIXATION DES PENSIONS ALIMENTAIRES POUR ENFANTS
(a. 3)

CANADA
Province de Québec
District de _____

N° du dossier _____

FORMULAIRE DE FIXATION DES
PENSIONS ALIMENTAIRES POUR ENFANTS

FORMULAIRE :
du père ❑
de la mère ❑
produit conjointement ❑
établi par le juge ❑

préparé le ____ ____ ____
Année Mois Jour

Remplir en caractères d'imprimerie

Les parents peuvent remplir ensemble le formulaire et doivent fournir les documents requis. À défaut, le parent qui le remplit est tenu de fournir les informations et les documents qui le concernent. Il peut également indiquer les informations qu'il connaît concernant l'autre parent.

NE PAS AGRAFER LES DOCUMENTS FOURNIS AU PRÉSENT FORMULAIRE

Partie 1 — Identification

100 Nom_____ Prénom(s)_____
(Identification du père)

101 Nom_____ Prénom(s)_____
(Identification de la mère)

Indiquer la date de naissance de chacun des enfants communs aux parents concernés par la demande

102 ____ ____ ____ 104 ____ ____ ____ 106 ____ ____ ____
    Année Mois Jour   Année Mois Jour   Année Mois Jour

103 ____ ____ ____ 105 ____ ____ ____ 107 ____ ____ ____
    Année Mois Jour   Année Mois Jour   Année Mois Jour

Partie 2 — État des revenus des parents

Indiquer les revenus pour l'année courante ou, s'il y a lieu, les revenus prévisibles pour les 12 prochains mois. Vous devez fournir une copie de la déclaration fiscale provinciale produite conformément à la *Loi sur les impôts* (chapitre I-3) et l'avis de cotisation provincial transmis par le ministre du Revenu pour la dernière année fiscale _____ ou, si cette déclaration n'a pas été produite ou, cet avis n'a pas été transmis, fournir une copie de la déclaration de revenus fédérale produite conformément à la *Loi de l'impôt sur le revenu* (L.R.C. 1985, c. 1 (5ᵉ suppl.)) et l'avis de cotisation fédéral transmis par le ministre du Revenu national pour la dernière année fiscale _____. Vous devez également fournir les documents demandés et, le cas échéant, tout autre document servant à établir le revenu.

		PÈRE	MÈRE
200	Salaire brut		
	(fournir les trois derniers relevés de paye)	____	____
201	Commissions / Pourboires	____	____
202	Revenus nets d'entreprise ou de travail autonome		
	(revenus bruts moins les dépenses reliées à l'entreprise ou au travail autonome)	____	____

		PÈRE	MÈRE
	(fournir des états financiers)		
203	Prestations d'assurance-emploi et d'assurance parentale		
204	Pension alimentaire versée par un tiers et reçue à titre personnel		
205	Prestations de retraite, d'invalidité ou autres		
206	Intérêts et dividendes et autres revenus de placements		
	(indiquer le montant imposable des dividendes qui figure à la déclaration fiscale provinciale ou, le cas échéant, à la déclaration de revenus fédérale)		
207	Loyers nets		
	(revenus bruts de location moins les dépenses reliées à la location d'immeuble)		
	(fournir un état des revenus et dépenses relatif à l'immeuble)		
208	Autres revenus		
	(à l'exception des transferts gouvernementaux reliés à la famille, des prestations d'aide financière de dernier recours et des montants reçus dans le cadre des programmes d'aide financière aux études accordés par le ministère de l'Éducation, du Loisir et du Sport) (préciser : _____)		
209	TOTAL		
	(additionner les lignes 200 à 208)		

Partie 3 — Calcul du revenu disponible des parents aux fins du calcul de la contribution

		PÈRE	MÈRE
300	Revenu annuel		
	(ligne 209)		
301	Déduction de base *(Voir table)*		
302	Déduction pour les cotisations syndicales		
303	Déduction pour les cotisations professionnelles		
304	Total des déductions		
	(additionner les lignes 301 à 303)		
305	Revenu disponible de chaque parent		
	(ligne 300 — ligne 304) Inscrire 0 si négatif		
306	Revenu disponible des deux parents		
	(additionner les montants de la ligne 305)		
307	Facteur (%) de répartition des revenus		
	Revenu disponible du père (ligne 305 + ligne 306 × 100)	%	
	Revenu disponible de la mère (ligne 305 + ligne 306 × 100)		%

Partie 4 — Calcul de la contribution alimentaire annuelle des parents

Note 1 : Cette contribution couvre la totalité des besoins des enfants sauf les frais prévus à la ligne 406.

400	Nombre d'enfants communs aux parents concernés par la demande		
401	Contribution alimentaire parentale de base selon le revenu disponible des deux parents (ligne 306) et selon le nombre d'enfants (ligne 400) *(Voir note 1)*		
	(Voir table à l'annexe II)		
402	Contribution alimentaire parentale de base de chacun des parents (ligne 401 x ligne 307)		

		PÈRE	MÈRE
403	Frais de garde nets	+	
404	Frais d'études postsecondaires nets	+	
405	Frais particuliers nets	+	
	(préciser : _____)		

		PÈRE	**MÈRE**	

406   Total des frais *(Voir note 2)*
(additionner les lignes 403 à 405)   _____ + _____   _____

407   Contribution de chacun des parents aux frais
(ligne 406 × ligne 307)   _____   _____

Partie 5 — Calcul de la pension alimentaire annuelle selon le temps de garde

(Ne remplir que la section correspondant à votre situation.)

Note 2 : La pension alimentaire à payer calculée conformément à la présente partie présume que le total des frais (ligne 406) est payé par le parent qui reçoit la pension. Dans le cas contraire, effectuer les ajustements requis à la ligne 512.1, 518.1, 526.1, 534.1 ou 564.1, selon votre situation et en donner les motifs.

Note 3 : La pension alimentaire établie à la ligne 533 ou 559 présume que la contribution alimentaire parentale de base sera assumée par chacun des parents en proportion du facteur de répartition de la garde. Dans le cas contraire, effectuer les ajustements requis à la ligne 534.1 ou 564.1, selon votre situation et en donner les motifs.

Section 1 Garde exclusive   **PÈRE**   **MÈRE**

(Remplir cette section si le parent non gardien assume un droit de visite et de sortie de 20 % et moins.)

510   Identifier le parent non gardien (« X »)   _____   _____

511   Contribution alimentaire annuelle des deux parents
(ligne 401 + ligne 406)   _____

512   Pension alimentaire annuelle à payer par le parent non gardien *(Voir note 2)*
(ligne 511 x ligne 307)   _____

512.1   Pension alimentaire annuelle à payer ajustée
Motif : _____   _____

Section 1.1 Ajustement pour droit de visite et de sortie prolongé

(Remplir cette section si le parent non gardien assume un droit de visite et de sortie se situant entre 20 % et 40 % du temps de garde)

513   Identifier le parent non gardien (« X »)   _____   _____

514   Contribution alimentaire annuelle des deux parents
(ligne 401 + ligne 406)   _____

515   Pourcentage du temps de garde pour l'exercice du droit de visite et de sortie prolongé
(nombre de jours _____ + 365 × 100)   _____ %

516   Compensation pour droit de visite et de sortie prolongé
(pourcentage de la ligne 515 _____ - 20 % =
_____ % × ligne 401)   _____

517   Contribution alimentaire annuelle ajustée des deux parents
(ligne 514 - ligne 516)   _____

518   Pension alimentaire annuelle à payer par le parent non gardien *(Voir note 2)*
(ligne 517 x ligne 307)   _____

518.1   Pension alimentaire annuelle à payer ajustée
Motif : _____   _____

Section 2 Garde exclusive attribuée à chacun des parents

(Remplir cette section si chacun des parents assume la garde exclusive d'au moins un des enfants)

520   Indiquer le nombre d'enfants sous la garde du père   _____

521   Indiquer le nombre d'enfants sous la garde de la mère   _____

522   Contribution alimentaire parentale de base de chacun des parents
(ligne 402)   _____   _____

523   Coût moyen par enfant
(ligne 401 + ligne 400)   _____

Section 2 Garde exclusive attribuée à chacun des parents

524   Coût de la garde pour chaque parent
(père : ligne 523 × ligne 520)

(mère : ligne 523 x ligne 521) _____

525   Pension alimentaire annuelle de base
(ligne 522 - ligne 524) Inscrire 0 si négatif _____

526   Pension alimentaire annuelle à payer *(Voir note 2)*
(ligne 525 + ligne 407) Inscrire 0 si ligne 525 égale 0 _____ _____

526.1   Pension alimentaire annuelle à payer ajustée
Motif : _____ _____

Section 3 Garde partagée   **PÈRE**   **MÈRE**
(Remplir cette section si chacun des parents assume au moins 40 % du temps de garde à l'égard
de tous les enfants)

530   Facteur (%) de répartition de la garde
(père : nombre de jours de garde _____ ÷ 365 x 100)   %

(mère : nombre de jours de garde _____ ÷ 365 x 100)   %

531   Contribution alimentaire parentale de base de chacun des parents
(ligne 402) _____ _____

532   Coût de la garde pour chaque parent
(ligne 401 × ligne 530) _____ _____

533   Pension alimentaire annuelle de base *(Voir note 3)*
(ligne 531 - ligne 532) Inscrire 0 si négatif _____ _____

534   Pension alimentaire annuelle à payer *(Voir note 2)*
(ligne 533 + ligne 407) Inscrire 0 si ligne 533 égale 0 _____ _____

534.1   Pension alimentaire annuelle à payer ajustée
Motif : _____ _____

Section 4 Garde exclusive et/ou garde avec droit de visite et de sortie prolongé et/ou garde partagée simultanées
(Remplir cette section si plus d'un type de garde s'applique : garde exclusive et/ou la garde d'un enfant avec un droit
de visite et de sortie entre 20 % et 40 % et/ou la garde partagée.)

       PÈRE   **MÈRE**

540   **Coût moyen par enfant**
(ligne 401 ÷ ligne 400) _____

541   **Nombre d'enfants concernés par la garde exclusive**

542   Coût de la garde des enfants concernés par la garde exclusive
(ligne 540 × ligne 541) _____ _____

543   Contribution alimentaire de base du parent gardien
(ligne 542 x ligne 307) _____ _____

544   Écart entre le coût de la garde et la contribution alimentaire de base du parent gardien
(ligne 542 - ligne 543) _____ _____

545   Pension alimentaire annuelle de base pour les enfants en garde exclusive
(père : ligne 544 de la mère - ligne 544 du père) Inscrire 0 si le résultat est négatif _____

(mère : ligne 544 du père - ligne 544 de la mère) Inscrire 0 si le résultat est négatif _____

546   **Nombre d'enfants concernés par la garde avec droit de visite et de sortie prolongé**
_____ _____

547   Coût de la garde des enfants concernés par la garde prolongée
(ligne 540 x ligne 546) _____ _____

548(p)   Pourcentage du temps de garde pour l'exercice du droit de visite et de sortie prolongé
(père)
(nombre de jours de garde _____ ÷ 365 × 100)   %

548(m)   Pourcentage du temps de garde pour l'exercice du droit de visite et de sortie prolongé
(mère)
(nombre de jours de garde _____ ÷ 365 × 100)   %

549(p)   Compensation pour droit de visite et de sortie prolongé du père

		PÈRE	MÈRE
	(pourcentage de la ligne 548(p) _____ - 20 % = _____ % X ligne 547 (mère)		_____
549(m)	Compensation pour droit de visite et de sortie prolongé de la mère		
	(pourcentage de la ligne 548(m) _____ - 20 % = _____ % X ligne 547 (père)		
550	Coût de la garde des enfants concernés par la garde prolongée ajustée (ligne 547 - ligne 549)	_____	_____
551	Contribution alimentaire annuelle de base du parent gardien (ligne 550 x ligne 307)	_____	_____
552	Écart entre le coût de la garde et la contribution alimentaire de base (ligne 550 - ligne 551)	_____	_____
553	Pension alimentaire annuelle à payer pour la garde avec droit de visite et de sortie prolongé (père : ligne 552 de la mère - ligne 552 du père) Inscrire 0 si le résultat est négatif (mère : ligne 552 du père - ligne 552 de la mère) Inscrire 0 si le résultat est négatif	_____	_____
554	**Nombre d'enfants concernés par la garde partagée**	_____	
555	Coût de la garde des enfants concernés par la garde partagée (ligne 540 x ligne 554)	_____	
556	Facteur (%) de répartition de la garde partagée (père : nombre de jours de garde _____ + 365 × 100) (mère : nombre de jours de garde _____ + 365 × 100)	%	%
557	Contribution alimentaire parentale de base de chacun des parents pour les enfants en garde partagée (ligne 555 × ligne 307)	_____	_____
558	Coût de la garde partagée pour chaque parent (ligne 555 × ligne 556)	_____	_____
559	Pension alimentaire annuelle de base pour les enfants en garde partagée *(Voir note 3)* (ligne 557 - ligne 558) Inscrire 0 si négatif	_____	_____

Sommaire de la section 4 :

		PÈRE	MÈRE
560	Pension alimentaire annuelle de base pour les enfants en garde exclusive (ligne 545)	_____	_____
561	Pension alimentaire annuelle à payer pour la garde avec droit de visite et de sortie prolongé (ligne 553)	_____	_____
562	Pension alimentaire annuelle de base pour les enfants en garde partagée (ligne 559)	_____	_____
563	Pension alimentaire annuelle de base totale *(Voir note 3)* (père : (lignes 560 + 561 + 562 du père) - (lignes 560 + 561 + 562 de la mère)) Inscrire 0 si négatif (mère : (lignes 560 + 561 + 562 de la mère) - (lignes 560 + 561 + 562 du père)) Inscrire 0 si négatif	_____	_____
564	Pension alimentaire à payer *(Voir note 2)* (ligne 563 + ligne 407) Inscrire 0 si ligne 563 égale 0	_____	
564.1	Pension alimentaire annuelle à payer ajustée Motif : _____	_____	

Partie 6 — Capacité de payer du débiteur

600	Revenu disponible du parent devant payer la pension alimentaire (ligne 305)	_____
601	Multipliez la ligne 600 par 50 %	_____
602	Pension alimentaire annuelle à payer selon les calculs d'une des sections de la partie 5	_____
603	Pension alimentaire annuelle à payer	

(inscrire le montant le moins élevé des lignes 601 et 602) _____

Partie 7 — Entente entre les parents soumise à la vérification du tribunal

(Remplir cette partie si les parents conviennent, conformément à l'article 587.3 du Code civil, d'un montant de pension alimentaire à payer différent du montant calculé selon l'une des sections de la partie 5 ou la partie 6 du présent formulaire)

700	Pension alimentaire annuelle à payer	_____
701	Pension alimentaire annuelle à payer selon l'entente convenue entre les parents	_____
702	Indiquer l'écart entre les deux montants (ligne 701 _____ - ligne 700 _____)	_____
703	Énoncer avec précision les motifs de cet écart :	

_____

_____

_____

_____

_____

Partie 8 — Fréquence des versements de la pension alimentaire

800   Indiquer la fréquence des versements ainsi que le montant de la pension alimentaire à payer *(Voir note 4)* :

❏ Mensuelle (+ 12) _____ $	❏ 2 fois par mois (+ 24) _____ $	
❏ Aux 2 semaines (+ 26) _____ $	❏ Hebdomadaire (+ 52) _____ $	
❏ Autres (préciser : _____)	_____ $	

Cette fréquence est :

❏ offerte   ❏ demandée   ❏ convenue   ❏ décidée par le tribunal

801   *Date du 1ᵉʳ versement :*   _____   _____   _____

                                   Année   Mois   Jour

Note 4 : Si le versement de la pension se fait par l'intermédiaire du ministre du Revenu conformément à la *Loi facilitant le paiement des pensions alimentaires*, la fréquence des versements de la pension pourra être ajustée selon les modalités prévues par cette loi.

Partie 9 — État de l'actif et du passif de chaque parent

ACTIF : Indiquer l'argent comptant, les sommes en dépôt dans des comptes de banque ou d'autres institutions financières et la valeur marchande des biens par catégorie (sans tenir compte des dettes qui y sont rattachées) : immeubles, meubles, automobiles, oeuvres d'art, bijoux, actions, obligations, intérêts dans une entreprise, autres placements, régimes de retraite, régimes d'épargne-retraite, créances, etc.

PASSIF : Indiquer les dettes ou engagements financiers de toute nature contractés sous forme de prêt ou d'ouverture de crédit (prêt hypothécaire, prêt personnel, marge de crédit, cartes de crédit, ventes à tempérament, cautionnements, etc.) ou que vous devez payer en application d'une loi (dettes fiscales, cotisations, redevances et autres droits impayés, etc.) ou d'une décision d'un tribunal (dommages-intérêts, pensions alimentaires, trop perçu d'assurance-emploi ou de sécurité du revenu, amendes, etc.)

ACTIF DU PÈRE	VALEUR	PASSIF DU PÈRE	VALEUR
_____	_____	_____	_____
_____	_____	_____	_____

ACTIF DU PÈRE	VALEUR	PASSIF DU PÈRE	VALEUR
Autres (fournir les détails)		Autres (fournir les détails)	
TOTAL		TOTAL	
		SOMMAIRE (actif-passif)	

ACTIF DE LA MÈRE	VALEUR	PASSIF DE LA MÈRE	VALEUR
Autres (fournir les détails)		Autres (fournir les détails)	
TOTAL		TOTAL	
		SOMMAIRE (actif-passif)	

Partie 10 — Déclaration sous serment

Je déclare que les renseignements donnés ci-dessus sont exacts et complets, en ce qui me concerne, et je signe :

à

le   ième jour de

Signature du père

Déclaration faite sous serment devant moi

à

le   ième jour de

Signature de la personne habilitée à recevoir le serment

Je déclare que les renseignements donnés ci-dessus sont exacts et complets, en ce qui me concerne, et je signe :

à

le   ième jour de

Signature de la mère

Déclaration faite sous serment devant moi

à

le   ième jour de

Signature de la personne habilitée à recevoir le serment

[2013, c. 28, a. 204; D. 148-2014, a. 2].

ANNEXE II
(a. 3)
TABLE DE FIXATION DE LA CONTRIBUTION ALIMENTAIRE PARENTALE DE BASE
(Applicable à compter du 1ᵉʳ janvier 2014)

Revenu disponible des parents ($)		Contribution alimentaire annuelle de base ($) Nombre d'enfants					
		1 enfant	2 enfants	3 enfants	4 enfants	5 enfants	6 enfants[1]
1 -	1 000	500	500	500	500	500	500
1 001 -	2 000	1 000	1 000	1 000	1 000	1 000	1 000
2 001 -	3 000	1 500	1 500	1 500	1 500	1 500	1 500
3 001 -	4 000	2 000	2 000	2 000	2 000	2 000	2 000
4 001 -	5 000	2 500	2 500	2 500	2 500	2 500	2 500
5 001 -	6 000	2 760	3 000	3 000	3 000	3 000	3 000
6 001 -	7 000	2 820	3 500	3 500	3 500	3 500	3 500
7 001 -	8 000	2 880	4 000	4 000	4 000	4 000	4 000
8 001 -	9 000	2 940	4 500	4 500	4 500	4 500	4 500
9 001 -	10 000	3 000	4 690	5 000	5 000	5 000	5 000
10 001 -	12 000	3 150	4 890	5 790	6 000	6 000	6 000
12 001 -	14 000	3 300	5 130	6 080	7 000	7 000	7 000
14 001 -	16 000	3 480	5 370	6 430	7 470	8 000	8 000
16 001 -	18 000	3 670	5 660	6 810	7 950	9 000	9 000
18 001 -	20 000	3 880	5 970	7 220	8 490	9 730	10 000
20 001 -	22 000	4 160	6 390	7 760	9 120	10 480	11 000
22 001 -	24 000	4 420	6 790	8 270	9 720	11 210	12 000
24 001 -	26 000	4 660	7 170	8 750	10 330	11 920	13 000
26 001 -	28 000	4 880	7 460	9 200	10 900	12 630	14 000
28 001 -	30 000	5 100	7 760	9 570	11 410	13 240	15 000
30 001 -	32 000	5 280	8 010	9 960	11 920	13 840	15 790
32 001 -	34 000	5 440	8 230	10 310	12 330	14 380	16 440
34 001 -	36 000	5 630	8 460	10 620	12 770	14 920	17 080
36 001 -	38 000	5 770	8 700	10 870	13 060	15 250	17 430
38 001 -	40 000	5 950	8 900	11 130	13 360	15 600	17 820
40 001 -	42 000	6 130	9 130	11 440	13 720	16 010	18 300
42 001 -	44 000	6 340	9 410	11 750	14 080	16 420	18 740
44 001 -	46 000	6 540	9 660	12 060	14 470	16 870	19 280
46 001 -	48 000	6 730	9 960	12 420	14 910	17 390	19 870
48 001 -	50 000	6 930	10 200	12 770	15 340	17 900	20 470
50 001 -	52 000	7 130	10 460	13 120	15 790	18 430	21 100
52 001 -	54 000	7 330	10 750	13 470	16 200	18 930	21 670
54 001 -	56 000	7 510	11 000	13 820	16 670	19 490	22 310
56 001 -	58 000	7 710	11 270	14 170	17 060	19 980	22 870
58 001 -	60 000	7 910	11 510	14 500	17 490	20 490	23 460
60 001 -	62 000	8 100	11 780	14 830	17 900	20 970	24 010
62 001 -	64 000	8 270	12 020	15 190	18 330	21 490	24 650
64 001 -	66 000	8 460	12 280	15 530	18 760	21 980	25 210
66 001 -	68 000	8 660	12 500	15 820	19 150	22 460	25 790
68 001 -	70 000	8 800	12 730	16 140	19 570	22 990	26 400

Revenu disponible des parents ($)		Contribution alimentaire annuelle de base ($) Nombre d'enfants					
		1 enfant	2 enfants	3 enfants	4 enfants	5 enfants	6 enfants[1]
70 001 -	72 000	8 960	12 970	16 460	19 940	23 450	26 930
72 001 -	74 000	9 120	13 190	16 770	20 350	23 950	27 520
74 001 -	76 000	9 310	13 390	17 060	20 740	24 430	28 100
76 001 -	78 000	9 420	13 540	17 280	21 030	24 750	28 490
78 001 -	80 000	9 540	13 720	17 510	21 300	25 090	28 890
80 001 -	82 000	9 650	13 860	17 700	21 560	25 400	29 260
82 001 -	84 000	9 760	14 010	17 930	21 830	25 740	29 650
84 001 -	86 000	9 930	14 170	18 140	22 080	26 050	30 000
86 001 -	88 000	10 010	14 290	18 300	22 320	26 330	30 340
88 001 -	90 000	10 080	14 410	18 450	22 500	26 540	30 590
90 001 -	92 000	10 170	14 520	18 640	22 730	26 850	30 940
92 001 -	94 000	10 260	14 640	18 780	22 910	27 040	31 170
94 001 -	96 000	10 360	14 750	18 940	23 120	27 310	31 480
96 001 -	98 000	10 420	14 850	19 060	23 300	27 520	31 760
98 001 -	100 000	10 510	14 950	19 210	23 440	27 710	31 970
100 001 -	102 000	10 590	15 040	19 350	23 640	27 950	32 240
102 001 -	104 000	10 660	15 130	19 490	23 790	28 160	32 480
104 001 -	106 000	10 730	15 240	19 610	23 990	28 370	32 730
106 001 -	108 000	10 800	15 340	19 770	24 160	28 600	32 990
108 001 -	110 000	10 870	15 430	19 920	24 340	28 810	33 230
110 001 -	112 000	10 960	15 530	20 050	24 490	29 030	33 490
112 001 -	114 000	11 040	15 610	20 200	24 680	29 270	33 740
114 001 -	116 000	11 120	15 720	20 340	24 860	29 470	33 990
116 001 -	118 000	11 200	15 820	20 480	25 020	29 700	34 260
118 001 -	120 000	11 280	15 910	20 630	25 230	29 920	34 500
120 001 -	122 000	11 350	16 010	20 760	25 390	30 130	34 750
122 001 -	124 000	11 400	16 100	20 880	25 550	30 330	34 960
124 001 -	126 000	11 470	16 180	21 000	25 680	30 530	35 190
126 001 -	128 000	11 540	16 240	21 120	25 830	30 690	35 410
128 001 -	130 000	11 590	16 330	21 230	25 950	30 850	35 600
130 001 -	132 000	11 660	16 410	21 360	26 090	31 040	35 790
132 001 -	134 000	11 710	16 470	21 450	26 250	31 220	36 000
134 001 -	136 000	11 770	16 550	21 560	26 380	31 380	36 200
136 001 -	138 000	11 840	16 610	21 690	26 500	31 570	36 400
138 001 -	140 000	11 890	16 700	21 790	26 660	31 740	36 610

Revenu disponible des parents ($)	Contribution alimentaire annuelle de base ($) Nombre d'enfants					
	1 enfant	2 enfants	3 enfants	4 enfants	5 enfants	6 enfants[1]
140 001 - 142 000	11 960	16 760	21 900	26 790	31 920	36 810
142 001 - 144 000	12 030	16 870	22 040	26 960	32 130	37 050
144 001 - 146 000	12 100	16 950	22 170	27 100	32 350	37 290
146 001 - 148 000	12 180	17 040	22 320	27 310	32 540	37 530
148 001 - 150 000	12 250	17 140	22 440	27 450	32 760	37 770
150 001 - 152 000	12 320	17 240	22 570	27 610	32 950	38 000
152 001 - 154 000	12 390	17 320	22 700	27 780	33 170	38 220
154 001 - 156 000	12 470	17 420	22 860	27 950	33 390	38 480
156 001 - 158 000	12 530	17 520	22 980	28 110	33 580	38 730
158 001 - 160 000	12 610	17 600	23 100	28 270	33 800	38 970
160 001 - 162 000	12 670	17 680	23 250	28 450	34 000	39 200
162 001 - 164 000	12 760	17 770	23 380	28 620	34 200	39 420
164 001 - 166 000	12 820	17 880	23 520	28 770	34 410	39 680
166 001 - 168 000	12 880	17 980	23 650	28 940	34 640	39 920
168 001 - 170 000	12 960	18 060	23 770	29 110	34 830	40 150
170 001 - 172 000	13 040	18 150	23 920	29 280	35 050	40 400
172 001 - 174 000	13 120	18 250	24 050	29 440	35 240	40 620
174 001 - 176 000	13 190	18 330	24 190	29 610	35 470	40 890
176 001 - 178 000	13 260	18 440	24 310	29 780	35 670	41 120
178 001 - 180 000	13 330	18 540	24 480	29 950	35 880	41 360
180 001 - 182 000	13 420	18 620	24 600	30 100	36 100	41 610
182 001 - 184 000	13 480	18 720	24 730	30 270	36 300	41 830
184 001 - 186 000	13 540	18 810	24 870	30 440	36 500	42 090
186 001 - 188 000	13 630	18 890	25 010	30 620	36 720	42 330
188 001 - 190 000	13 690	18 980	25 140	30 770	36 930	42 570
190 001 - 192 000	13 770	19 080	25 270	30 960	37 140	42 810
192 001 - 194 000	13 840	19 190	25 410	31 120	37 350	43 060
194 001 - 196 000	13 920	19 270	25 570	31 280	37 570	43 300
196 001 - 198 000	13 980	19 370	25 700	31 450	37 760	43 540
198 001 - 200 000	14 060	19 470	25 830	31 620	37 990	43 780
Revenu disponible supérieur à 200 000 $ [2]	14 060 plus 3,5 % de l'excédent	19 470 plus 4,5 % de l'excédent	25 830 plus 6,5 % de l'excédent	31 620 plus 8,0 % de l'excédent	37 990 plus 10,0 % de l'excédent	43 780 plus 11,5 % de l'excédent

(1) Pour les situations impliquant 7 enfants et plus, la contribution alimentaire parentale de base est établie en multipliant la différence entre les montants prévus pour 5 et 6 enfants par le nombre d'enfants additionnels et en ajoutant le produit ainsi obtenu au montant prévu pour le cas de six enfants (a.11).

(2) Pour la partie du revenu supérieure à 200 000 $, le pourcentage indiqué n'y est donné qu'à titre indicatif. Le tribunal peut, s'il l'estime approprié, fixer pour cette partie du revenu disponible un montant différent de celui qui serait obtenu selon ce pourcentage (a.10).

Montant de la déduction de base aux fins du calcul du revenu disponible (ligne 301 du formulaire de fixation des pensions alimentaires pour enfants) applicable à compter du 1er janvier 2014 : 10 200 $

RÈGLEMENT SUR LES INDEMNITÉS ET LES ALLOCATIONS PAYABLES AUX TÉMOINS ASSIGNÉS DEVANT LES COURS DE JUSTICE,

RLRQ, c. C-25, r. 7, tel que modifié par L.Q. 1988, c. 21, a. 66; D. 60-96, (1996) 128 *G.O.* II, 1172; *Erratum*, (1996) 128 *G.O.* II, 1481; D. 1289-97, (1997) 129 *G.O.* II, 6558; D. 379-2002, (2002) 129 *G.O.* II, 2616.

Loi sur le paiement de certains témoins, RLRQ, c. P-2.1, a. 2

Code de procédure civile, RLRQ, c. C-25, a. 321

1. Définitions: — Dans le présent règlement, on entend par:

« témoin » toute personne assignée à comparaître devant une cour ayant compétence en matière civile, pénale ou criminelle, y compris devant la Chambre de la jeunesse de la Cour du Québec, pour y rendre témoignage conformément à la loi;

« témoin assigné par le poursuivant » toute personne assignée par le poursuivant en matière criminelle, en matière pénale fédérale ou dans les matières pénales régies par les lois du Québec.

[D. 1289-97, a. 1].

2. Indemnité pour perte de temps: — **1)** L'indemnité payable à un témoin est établie à 90 $ par journée d'absence nécessaire de son domicile. Cette indemnité est toutefois réduite à 45 $ lorsque la durée de l'absence nécessaire du domicile ne dépasse pas 5 heures.

2) Un témoin reconnu et déclaré expert par le tribunal a droit à une indemnité de 180 $ par journée d'absence nécessaire de son domicile. Cette indemnité est toutefois réduite à 90 $ lorsque la durée de l'absence du domicile ne dépasse pas 5 heures.

Sur demande expresse d'un témoin expert, et pour des raisons exceptionnelles, le poursuivant dans le cas d'un témoin qu'il a assigné dans le cadre d'une poursuite criminelle ou pénale, et le tribunal dans les autres cas, peuvent augmenter l'indemnité de ce témoin. Une telle augmentation n'est pas taxable contre la partie adverse.

3) Cette indemnité n'est pas versée aux témoins qui, en vertu de lois, décrets, contrats, ententes ou conventions collectives, ne subissent pas de perte de gain, comme conséquence de leur assignation comme témoins.

Cette indemnité n'est pas versée aux témoins pour une journée d'absence nécessaire de leur domicile tombant un jour non juridique, sauf si cette absence entraîne une perte de gain.

Cette indemnité n'est pas versée aux personnes ci-après désignées lorsqu'elles sont appelées, par l'exercice de leur fonction, à rendre témoignage dans une cause:

> *a)* les membres de la Sûreté du Québec;
>
> *b)* les membres de la Gendarmerie royale du Canada;
>
> *c)* les membres d'un corps de police municipal;
>
> *d)* les constables spéciaux à l'emploi des compagnies de chemins de fer ou autres compagnies;
>
> *e)* tout autre constable spécial ou agent de la paix recevant un salaire à ce titre.

[D. 60-96, a. 2; D. 1289-97, a. 2; D. 379-2002, a. 1].

3. Les allocations pour les repas, le coucher et le transport sont celles accordées aux membres du personnel nommés suivant la *Loi sur la fonction publique* (chapitre F-3.1.1) et prévues à la *Directive sur les frais remboursables lors d'un déplace-*

ment et autres frais inhérents (C.T. 194603, 2005-08-30).

[D. 379-2002, a. 2].

4.-5. (*Remplacés*).

[D. 379-2002, a. 2].

6. Le témoin qui doit comparaître plusieurs jours dans une cause et dont le domicile est éloigné de l'endroit où il doit rendre témoignage, est libre de voyager ou non.

Cependant, les indemnités et allocations à verser dans un tel cas, doivent toujours être calculées comme si le témoin avait pris l'option la moins coûteuse.

[D. 1289-97, a. 3].

7. (*Abrogé*).

[D. 1289-97, a. 4].

8. Les personnes suivantes appelées comme témoins ne doivent pas être taxées:

a) les officiers de justice et les officiers publics ayant leur bureau dans l'immeuble où siège le tribunal;

b) les adjoints de ces officiers, ainsi que les employés sous leur contrôle;

c) les membres du personnel de la prison située au chef-lieu;

d) toute personne détenue en prison ou sous garde;

e) toute personne, même celle assignée comme témoin, obligée de comparaître à la même date comme accusée.

[D. 1289-97, a. 5].

9. Le ministère de la Justice paie, dans la mesure prévue par le présent règlement, les indemnités et les allocations des témoins que le poursuivant assigne:

a) lors d'une pré-enquête ou d'une enquête préliminaire conduite sur l'instance du Procureur général du Québec ou lors de l'audition d'une poursuite criminelle ou pénale fédérale prise par le Procureur général du Québec;

b) lors de l'audition d'une poursuite prise sous l'autorité du *Code de procédure pénale* (chapitre C-25.1) par le Procureur général du Québec.

[1988, c. 21, a. 66; D. 1289-97, a. 6].

10. Le membre de la Sûreté du Québec ou d'un corps de police municipal qui, dans l'exercice de ses fonctions, comparaît comme témoin doit être taxé conformément au présent règlement, mais le montant de la taxe ne doit pas lui être payé par l'officier de justice compétent.

Dans le cas de perception de cette taxe par le greffier, celui-ci en remet le montant, dans le cas d'un membre de la Sûreté du Québec, au ministre des Finances ou, dans le cas d'un membre d'un corps de police municipal, à la municipalité, à la communauté métropolitaine ou à la régie intermunicipale concernée.

[D. 60-96, a. 3; *Erratum*, (1996) 128 *G.O.* II, 1481; D. 1289-97, a. 7].

11. La partie condamnée à payer les frais n'est pas tenue de payer d'autres frais de témoins que ceux taxés en vertu du présent règlement.

12. Conformément au paragraphe 2 de l'article 840 du *Code criminel* (L.R.C. (1985), ch. C-46), les honoraires et allocations mentionnés aux paragraphes 25 et 26 de l'annexe de la Partie XXVII de ce code ne sont pas prélevés et admis au Québec dans les procédures devant les cours des poursuites sommaires et devant les juges de paix en vertu de cette partie du *Code criminel*. Les indemnités et allocations prévues par le présent règlement sont prélevées et admises en lieu et place de ces honoraires et allocations.

[D. 1289-97, a. 8].

13. Les officiers de justice, ayant autorité pour taxer les témoins, doivent se conformer aux directives que le ministre de la Justice juge à propos de leur donner, en vue d'uniformiser l'application du présent règlement.

RÈGLEMENT SUR LA MÉDIATION FAMILIALE,

D. 1686-93, (1993) 125 *G.O.* II, 8648 [c. C-25, r. 9], tel que modifié par L.Q. 1994, c. 40; D. 459-96, (1996) 128 *G.O.* II, 2680; L.Q. 1997, c. 42; D. 499-98, (1998) 130 *G.O.* II, 2036; D. 905-99, (1999) 131 *G.O.* II, 3979; D. 1117-2000, (2000) 132 *G.O.* II, 6422; D. 1032-2012, (2012) 144 *G.O.* II, 5017.

Code de procédure civile, RLRQ, c. C-25, art. 827.3 et 827.4

SECTION I — CONDITIONS D'OBTENTION DE L'ACCRÉDITATION

1. Pour obtenir l'accréditation le demandeur doit:

1° être membre du Barreau du Québec, de la Chambre des notaires du Québec, de l'Ordre professionnel des conseillers et conseillères d'orientation du Québec, de l'Ordre des psychologues du Québec, de l'Ordre professionnel des travailleurs sociaux et des thérapeutes conjugaux et familiaux du Québec ou de l'Ordre professionnel des psychoéducateurs et psychoéducatrices du Québec ou être un employé d'un établissement qui exploite un Centre de protection de l'enfance et de la jeunesse au sens de la *Loi sur les services de santé et les services sociaux* (chapitre S-4.2) et, dans ce dernier cas, satisfaire aux conditions nécessaires pour être admissible à l'un des ordres professionnels ci-dessus mentionnés;

2° avoir suivi, dans les cinq ans précédant la demande, un cours de formation de base de 60 heures en médiation familiale;

3° avoir trois ans d'expérience dans l'exercice de l'un ou l'autre des domaines de compétence visés au paragraphe 1°;

4° s'engager à compléter, dans les deux ans de l'accréditation, 10 mandats de médiation familiale sous la supervision d'un médiateur accrédité qui a complété 40 mandats de médiation familiale et à suivre dans ce délai une formation complémentaire de 45 heures en médiation familiale.

Cette formation doit être suivie après l'accréditation du médiateur.

[L.Q. 1994, c. 40, art. 457; D. 459-96, art. 1; D. 499-98, art. 1; D. 905-99, art. 1; D. 1117-2000, art. 1; D. 1032-2012, art. 1].

2. Pour l'application de l'article 1, la formation de base porte sur chacun des sujets suivants reliés à la séparation, au divorce ou à la nullité du mariage et est répartie de la façon suivante:

1° au moins 15 heures sur les aspects économiques, légaux et fiscaux (notamment la fixation des pensions alimentaires pour enfants et le partage du patrimoine familial et des autres droits patrimoniaux résultant du mariage ou de l'union civile ou le règlement des intérêts communs que des conjoints de fait peuvent avoir dans certains biens). Toutefois un médiateur dont la formation universitaire est juridique, n'est tenu qu'à un minimum de six heures de cours sur ces aspects;

2° au moins 15 heures sur les aspects psychologiques et psychosociaux, dont trois heures de sensibilisation aux conditions de vie des personnes après la rupture. Toutefois un médiateur dont la formation universitaire est de nature psychologique ou psychosociale n'est tenu qu'à un minimun de six heures de cours sur ces aspects;

3° au moins 24 heures sur le processus de médiation (notamment la déontologie) et sur la négociation (notamment les obstacles à la négociation et l'équilibre des forces en présence);

4° au moins six heures de sensibilisation à la problématique de la violence intra-familiale, particulièrement la violence conjugale.

La formation complémentaire comporte un approfondissement des mêmes sujets que la formation de base et est répartie de la façon suivante:

1° 15 heures sur le processus de médiation et sur la négociation;

2° 30 heures sur les sujets complémentaires à la formation universitaire du demandeur; dans le cas d'un médiateur dont la formation est de nature psychologique ou psychosociale, ces heures porteront sur les aspects économiques, légaux et fiscaux et dans le cas d'un médiateur dont la formation est de nature juridique, ces heures porteront sur les aspects psychologiques et psychosociaux.

[D. 1117-2000, art. 1].

3. Parmi les 10 mandats de médiation exigés au paragraphe 4° de l'article 1, cinq mandats doivent se terminer par une entente portant sur tous les objets pour lesquels le médiateur a reçu un mandat; de plus, ces mandats doivent avoir donné l'occasion au médiateur de traiter au moins deux fois chacun des quatre objets suivants: la garde des enfants, l'accès aux enfants, les aliments dus au conjoint ou aux enfants et le partage du patrimoine familial et des autres droits patrimoniaux résultant du mariage ou de l'union civile ou, s'il s'agit de conjoints non mariés ni unis civilement, du règlement des intérêts communs qu'ils peuvent avoir dans certains biens.

Aux fins de l'engagement visé à ce paragraphe, la supervision doit s'exercer de la façon suivante:

1° pour deux mandats de médiation globale (quatre objets, dont au moins un partage du patrimoine familial et des autres droits patrimoniaux résultant du mariage ou de l'union civile), il doit y avoir au moins quatre séances de supervision en cours de mandat;

2° pour trois autres mandats de médiation, il doit y avoir au moins trois séances de supervision en cours de mandat;

3° pour les autres mandats de médiation, une séance de supervision doit avoir lieu au moins une fois en cours de mandat.

Un médiateur ne peut effectuer un mandat de médiation sans le faire superviser conformément au présent article, jusqu'à ce qu'il ait satisfait aux exigences de son engagement.

[D. 905-99, art. 2; D. 1117-2000, art. 2].

4. La demande d'accréditation est faite à l'ordre professionnel dont est membre le demandeur ou, s'il est employé d'un établissement qui exploite un Centre de protection de l'enfance et de la jeunesse pour exercer la tâche de médiateur, au conseil d'administration de ce centre.

Elle indique le nom du médiateur qui effectuera la supervision du premier mandat de médiation, est accompagnée de frais de 65 $ pour son étude ainsi que des pièces justificatives exigées et est appuyée d'un affidavit.

[L.Q. 1994, c. 40, art. 457; D. 1117-2000, art. 3].

4.1 L'accréditeur prolonge le délai de deux ans dont dispose le médiateur pour satisfaire aux exigences de son engagement, si le médiateur en fait la demande et démontre qu'il n'a pu remplir cet engagement pour des motifs liés, entre autres, à la maladie, à un accident, à une grossesse, à un congé parental, à une absence du Québec ou à une réorientation de carrière. La demande est accompagnée de frais de 65 $ pour son étude ainsi que des pièces justifiant le motif invoqué et est appuyée d'un affidavit. Cette prolongation est accordée pour la période du délai de deux ans pendant laquelle le médiateur a démontré qu'il n'a pu remplir son engagement. Toutefois les périodes de prolongation ne peuvent excéder deux ans.

Qu'un médiateur se soit prévalu ou non du premier alinéa, l'accréditeur prolonge également ce délai de deux ans, pour une période d'un an, si le médiateur lui en fait la demande pour la première fois, au moins trois mois avant l'expiration du délai, et allègue qu'il n'a pu effectuer les mandats de médiation requis.

Dans ce dernier cas, le médiateur accompagne sa demande:

1° des frais de 65 $ pour son étude;

2° d'un affidavit du superviseur pour les mandats supervisés, s'il en est;

3° des attestations à l'effet que les cours de formation complémentaire ont été complétés.

Lors de la demande de prolongation prévue aux deuxième et troisième alinéas, le médiateur peut remplacer son engagement à compléter 10 mandats de médiation familiale par un engagement à n'exécuter que cinq mandats de médiation et à suivre 21 heures de cours de formation pratique comprenant notamment des mises en situation et des jeux de rôle sur des cas fictifs. Dans ce cas, ces mandats doivent satisfaire aux exigences prévues à l'article 3, sauf au paragraphe 3° du deuxième alinéa.

[D. 1117-2000, art. 4].

SECTION II — RÈGLES ET OBLIGATIONS AUXQUELLES DOIT SE CONFORMER UNE PERSONNE, UN ORGANISME OU UNE ASSOCIATION QUI AGIT COMME ACCRÉDITEUR

5. L'accréditeur doit organiser des cours de formation destinés aux médiateurs. Toutefois il n'est pas tenu de les dispenser lui-même.

Il doit également organiser pour les médiateurs des services permettant l'accès à la supervision.

[D. 1117-2000, art. 5].

6. L'accréditeur doit, relativement aux médiateurs qu'il a accrédités, dont il a prolongé l'engagement ou qui ont complété leur engagement, informer sans délai le ministre de la Justice de leurs nom, adresses, numéros de téléphone et, selon le cas, numéro de membre de l'ordre professionnel ou numéro d'employé de l'établissement qui exploite le Centre de protection de l'enfance et de la jeunesse.

Il avise en outre sans délai le ministre de la Justice de toute suspension, révocation ou annulation de l'accréditation d'un médiateur.

[L.Q. 1994, c. 40, art. 457; D. 1117-2000, art. 6].

7. L'accréditeur doit, selon le cas, suspendre ou révoquer l'accréditation lorsqu'un médiateur accrédité:

1° a fait l'objet, suivant le *Code des professions* (chapitre C-26), d'une radiation temporaire ou permanente du tableau, d'une révocation de permis ou d'une suspension d'exercer les activités de médiation;

2° a fait l'objet d'une suspension totale, d'une suspension d'exercer les activités de médiation ou d'un congédiement par l'établissement qui exploite un Centre de protection de l'enfance et de la jeunesse en application des conventions collectives en vigueur;

3° n'a pas démontré qu'il a respecté l'engagement pris conformément au paragraphe 4° de l'article 1 et, le cas échéant, à l'article 4.1, en fournissant à l'accréditeur une attestation de cours et un affidavit de son superviseur.

L'accréditeur suspend l'accréditation lorsque la sanction est temporaire et il révoque l'accréditation lorsqu'elle est permanente.

[D. 1117-2000, art. 7].

8. (*Abrogé*).

[D. 1117-2000, art. 8].

9. L'accréditeur doit annuler l'accréditation d'un médiateur dès qu'il est informé qu'il cesse d'exercer les activités de médiation, d'être employé par un établissement qui exploite un Centre de protection de l'enfance et de la jeunesse ou qu'il démissionne de son ordre professionnel.

L'annulation a effet à compter de la date où l'accréditeur est informé de cette cessation ou de cette démission.

[L.Q. 1994, c. 40, art. 457; D. 1117-2000, art. 9].

9.1 À la suite d'une annulation l'accréditeur, à la demande d'un médiateur, lui accorde à nouveau une accréditation dans les cas et aux conditions qui suivent:

1° si le médiateur avait complété son engagement et que son accréditation avait été annulée depuis moins de cinq ans, son accréditation lui est à nouveau accordée; il doit accompagner sa demande de frais de 65 $ pour son étude;

2° si le médiateur avait complété son engagement et que son accréditation avait été annulée depuis plus de cinq ans, il doit s'engager à nouveau à compléter la formation complémentaire dans un délai d'un an et accompagner sa demande de frais de 65 $ pour son étude;

3° si le médiateur n'avait pas complété son engagement, il doit satisfaire aux conditions prévues à l'article 4.1, compte tenu des adaptations nécessaires, pourvu qu'il ne se soit pas écoulé plus de deux ans depuis l'annulation, sinon il doit faire une nouvelle demande d'accréditation.

[D. 1117-2000, art. 10].

SECTION III — TARIF D'HONORAIRES[*]

10. Les honoraires payables par le Service de médiation familiale, pour les services dispensés par un ou deux médiateurs en application des articles 814.3 à 814.14 et du troisième alinéa de l'article 815.2.1 du *Code de procédure civile* (chapitre C-25), lorsque l'intérêt des parties et celui de leurs enfants sont en jeu, sont établis au taux horaire suivant:

1° 110 $ pour une séance d'information sur la médiation autre qu'une séance de groupe;

2° 110 $ pour une séance de médiation;

3° 110 $ pour tout travail effectué hors séance dans le cadre d'une médiation comme, par exemple, pour la rédaction hors séance du résumé des ententes.

Ces honoraires sont par ailleurs établis à 225 $ par médiateur pour une séance d'information de groupe sur la médiation d'une durée de plus ou moins deux heures et demie.

[D. 1032-2012, art. 2].

10.1. Le Service assume le paiement des honoraires prévus au premier alinéa de l'article 10 qu'à concurrence d'un nombre de séances impliquant les mêmes parties d'une durée totale de deux heures et demie, incluant, le cas échéant, le temps consacré au travail effectué hors séance dans le cadre d'une médiation.

Cette durée est de deux heures et demie lorsque les services du médiateur sont dispensés à des parties qui ont déjà bénéficié du paiement par le Service d'un nombre de séances d'une durée totale de cinq heures, incluant, le cas échéant, le temps consacré au travail effectué hors séance dans le cadre d'une médiation, ou encore à des parties qui ont obtenu un jugement en séparation de corps, à moins que la médiation n'ait été ordonnée par le tribunal en application de l'article 815.2.1 du *Code de procédure civile*. Cette durée est également de deux heures et demie lorsque les services du médiateur sont dispensés à des parties en vue de modifier une entente ou faire réviser un jugement rendu sur la demande principale.

[D. 1032-2012, art. 2].

10.2. Lorsque l'intérêt des parties et celui de leurs enfants sont en jeu, les honoraires payables par le Service sont établis à 50 $, lorsque le rapport du médiateur fait état de ce qui suit:

1° de l'absence des parties ou de l'une d'elles à la séance d'information sur la médiation autre qu'une séance de groupe. Ces honoraires ne sont payables qu'une seule fois pour des séances impliquant les mêmes parties;

2° qu'il n'y a eu aucune séance de médiation dans les situations visées à l'article 815.2.1 du *Code de procédure civile*.

Ces honoraires sont par ailleurs établis à 10 $ lorsque le rapport du médiateur fait état de la déclaration d'une partie qu'elle ne peut participer à une séance d'informa-

[*]Les médiations en cours avant l'entrée en vigueur des articles 10 à 12 de même que celles entreprises dans un délai de trois mois suivant une séance d'information sur la médiation autre que de groupe à laquelle les parties ont assisté avant leur entrée en vigueur, le 1er décembre 2012, demeurent régies par les dispositions des articles 20 à 22 du chapitre 42 des lois de 1997.

tion pour un motif sérieux. Ces honoraires ne sont payables que pour une déclaration par partie.

[D. 1032-2012, art. 2].

10.3. Lorsque l'intérêt des parties et celui de leurs enfants sont en jeu, les honoraires payables par les parties sont établis au taux horaire suivant:

1° 110 $ pour toute séance de médiation de même que pour tout travail effectué hors séance dans le cadre d'une médiation dont le paiement des honoraires n'est pas assumé par le Service en application de l'article 10.1;

2° 110 $ pour chacune des séances à laquelle les parties requièrent les services d'un médiateur additionnel de même que pour le travail qu'il effectue également, le cas échéant, hors séance dans le cadre d'une médiation.

Lorsqu'une demande ne met en jeu que l'intérêt des parties, les honoraires payables par celles-ci sont établis au taux horaire de 110 $ pour une séance de médiation donnée par un médiateur désigné par le Service en application de l'article 815.2.1 du *Code de procédure civile* de même que pour le travail qu'il effectue, le cas échéant, hors séance dans le cadre d'une médiation. Ces honoraires sont par ailleurs établis à 50 $ lorsque le rapport du médiateur fait état qu'il n'y a eu aucune séance de médiation dans les situations visées à l'article 815.2.1 du *Code de procédure civile*.

[D. 1032-2012, art. 2].

11. (*Abrogé*).

[D. 1032-2012, art. 3].

12. Pour les fins de l'application du présent tarif, lorsque le *Code de procédure civile* prévoit que le médiateur doit produire au Service son rapport de médiation, il doit le faire sans tarder, accompagné d'une facture, signée par ses clients, attestant du nombre et de la nature des services qu'ils ont reçus le cas échéant. Le Service paie les honoraires au médiateur sur production de ces documents.

[D. 1032-2012, art. 4].

13. (*Omis*).

RÈGLEMENT SUR LA PRISE DES DÉPOSITIONS DES TÉMOINS EN MATIÈRE CIVILE,

D. 962-2001, (2001) *G.O.* II, 6162 [c. C-25, r. 10].

Code de procédure civile, RLRQ, c. C-25, art. 324

1. Les dépositions des témoins devant les tribunaux en matière civile peuvent être prises en sténotypie, en sténographie, au moyen d'un appareil connu sous le nom de « sténomasque » ou d'un appareil d'enregistrement du son uniquement ou du son et de l'image.

La prise des dépositions au tribunal au moyen d'un appareil d'enregistrement du son uniquement ou du son et de l'image est effectuée par le personnel du tribunal ou par toute personne désignée par le greffier ou le greffier adjoint. La prise des dépositions à tout autre endroit qu'au tribunal, au moyen d'un tel appareil, est effectuée par un sténographe.

L'enregistrement doit permettre l'écoute et le cas échéant le visionnement, la transcription, la conservation et la délivrance de copies conformes des dépositions.

2. Le présent règlement remplace le *Règlement sur l'utilisation d'appareils d'enregistrement du son pour l'enregistrement des dépositions des témoins* (chapitre C-25, r. 10).

3. (*Omis*).

RÈGLEMENT SUR LA MÉDIATION DES DEMANDES RELATIVES À DES PETITES CRÉANCES,

D. 972-2003 (2003) 135 *G.O.* II, 4405 [RLRQ, c. C-25, r. 8], tel que modifié par Avis, (2004) 136 *G.O.* I, 367; Avis, (2005) 137 *G.O.* I, 573; Avis, (2006) 138 *G.O.* I, 411; Avis, (2007) 139 *G.O.* I, 357; Avis, (2008) 140 *G.O.* I, 519; Avis, (2009) 141 *G.O.* I, 451; Avis, (2010) 142 *G.O.* I, 370; Avis, (2011) 143 *G.O.* I, 735; Avis, (2012) 144 *G.O.* I, 707; Avis, (2013) 145 *G.O.* I, 417; Avis, (2014) 146 *G.O.* I, 321.

Code de procédure civile, RLRQ, c. C-25

SECTION I — CONDITIONS D'OBTENTION DE L'ACCRÉDITATION

1. L'avocat ou le notaire qui souhaite agir comme médiateur dans des demandes relatives à des petites créances doit obtenir de l'ordre professionnel dont il est membre l'attestation de son accréditation à titre de médiateur.

Pour être accrédité à ce titre, l'avocat ou le notaire doit avoir suivi une formation en médiation d'une durée d'au moins 16 heures dispensée sous la responsabilité de son ordre professionnel qui porte sur les matières suivantes:

1° les modes de résolution alternative des conflits;

2° la négociation raisonnée;

3° le processus de médiation;

4° comment aider les parties à conclure une entente;

5° comment rédiger les projets d'entente.

2. Les avocats et les notaires accrédités le 16 octobre 2003 par leur ordre professionnel sont réputés avoir reçu la formation prévue à l'article 1.

3. Le médiateur accrédité demande à son ordre professionnel de communiquer sans délai au ministre de la Justice les renseignements suivants:

1° son nom;

2° l'adresse de son domicile professionnel et, le cas échéant, l'identification de l'arrondissement où se trouve son domicile professionnel;

3° le nom du district judiciaire où il exerce sa profession;

4° ses numéros de téléphone et, le cas échéant, son numéro de télécopieur;

5° son adresse électronique, le cas échéant;

6° son numéro de membre;

7° la date de son accréditation.

SECTION II — DEVOIRS ET OBLIGATIONS DU MÉDIATEUR

4. Le mandat de médiation est confié à titre personnel à un médiateur et ce dernier ne peut, en aucun cas, le transférer à un autre médiateur.

En cas d'empêchement, le médiateur en informe le greffier qui désigne alors un autre médiateur.

5. Le médiateur doit tenir la séance de médiation dans les 30 jours qui suivent la date où le mandat lui a été confié par le greffier.

Il communique avec les parties afin de convenir de la date et de l'heure de la tenue de la séance.

La séance de médiation se tient dans le lieu fixé par le médiateur.

6. Le médiateur doit agir en tout temps de façon impartiale dans l'exercice de ses fonctions. Il doit dénoncer au greffier ou, le cas échéant, aux parties toute cause de récusation.

7. En cas d'absence de l'une ou des deux parties à la séance de médiation, le médiateur doit attendre au minimum 30 minutes après l'heure qui avait été fixée pour le début de la séance avant de l'annuler.

Dans ce cas, le médiateur dépose au greffe un constat suivant lequel la séance de médiation n'a pu être tenue pour ce motif et les parties sont forcloses de demander la tenue d'une nouvelle séance de médiation.

8. Lors de la séance de médiation, le médiateur procède à l'analyse de la demande et des documents à son appui. Il s'informe des prétentions et des arguments des parties, leur fournit toute information utile, suscite chez les parties des options de règlement en regard de leur situation et leur en suggère au besoin. Il crée un climat favorable au règlement à l'amiable du conflit.

9. Si la médiation met fin au litige, le médiateur transmet au greffier un document attestant la tenue de la séance de médiation, signé par les parties, et informe ces dernières de leur obligation de déposer au greffe soit une copie de l'entente, soit l'avis prévu au troisième alinéa de l'article 973 du *Code de procédure civile* (chapitre C-25).

Si la médiation ne met pas fin au litige, le médiateur dépose au greffe de la Cour du Québec le rapport prévu au deuxième alinéa de l'article 973 de ce Code.

10. Si le médiateur ne se conforme pas aux dispositions du présent règlement, le greffier peut mettre fin à son mandat. Avant de ce faire, le greffier notifie par écrit au médiateur le préavis prescrit par l'article 5 de la *Loi sur la justice administrative* (chapitre J-3) et il lui accorde un délai d'au moins 10 jours pour présenter ses observations.

S'il met fin au mandat, le greffier avise alors les parties et le médiateur et il désigne un autre médiateur.

11. Dès que le greffier est avisé par l'ordre professionnel ayant accrédité un médiateur que celui-ci a fait l'objet, suivant le *Code des professions* (chapitre C-26), d'une radiation temporaire ou permanente du tableau, d'une révocation de permis ou d'une limitation ou de la suspension d'exercer des activités professionnelles, il en prend note et, si un mandat avait été confié à ce médiateur, il en informe les parties et désigne un autre médiateur.

12. Le médiateur qui cesse d'exercer ses fonctions de médiateur ou d'exercer sa profession demande à son ordre professionnel d'en informer sans délai le ministre de la Justice.

SECTION III — TARIF D'HONORAIRES

13. Les honoraires payables à un médiateur pour exécuter un mandat de médiation sont de 139 $ par séance si la médiation met fin au litige et de 115 $ par séance si la médiation ne met pas fin au litige. Pour un même dossier, le médiateur ne peut recevoir d'honoraires que pour une séance et il ne peut réclamer aucune autre rémunération des parties.

14. Lorsqu'un constat est déposé au greffe en vertu de l'article 7, le médiateur reçoit 61 $ à titre d'honoraires et il ne peut réclamer aucune autre rémunération des parties.

15. Les frais de déplacement, de recherche, de communication et tous autres frais, coûts ou dépenses quels qu'ils soient sont à la charge du médiateur. Il ne peut ni directement ni indirectement en réclamer le paiement ou le remboursement des parties.

16. Les honoraires prévus au présent règlement sont indexés au 1er avril de chaque année selon le taux d'augmentation de l'indice général des prix à la consommation pour le Canada, déterminé par Statistique Canada pour la période de douze mois se terminant le 31 décembre de l'année précédant l'indexation.

Ces honoraires, ainsi indexés, sont diminués au dollar le plus près s'ils comprennent une fraction de dollar inférieure à 0,50 $; ils sont augmentés au dollar le plus près s'ils comprennent une fraction de dollar égale ou supérieure à 0,50 $.

Le ministre de la Justice informe le public du résultat de l'indexation faite en vertu du présent article dans la Partie 1 de la *Gazette officielle du Québec* et, s'il le juge approprié, par tout autre moyen.

17. (*Omis*).

LOIS ET RÈGLEMENTS CONNEXES

TABLE DES MATIÈRES

TABLE DES MATIÈRES

• Canada

LOI SUR L'AIDE JURIDIQUE ET SUR LA PRESTATION DE CERTAINS AUTRES SERVICES JURIDIQUES

RLRQ, c. A-14

Chapitre I ━━
Champ d'application et définitions

0.1. La présente loi institue au chapitre II un régime d'aide juridique et prévoit au chapitre III des dispositions relatives à la prestation de certains autres services juridiques.

À cette fin, elle prévoit en outre, au chapitre II, la constitution et le fonctionnement des organismes appelés à rendre des services juridiques en vertu de la présente loi et, au chapitre IV, des dispositions communes à la mise en oeuvre des chapitres II et III.

[2010, c. 12, a. 2].

1. Dans la présente loi et les règlements, à moins que le contexte n'indique un sens différent, les expressions et mots suivants signifient:

a)-c) (supprimés);

d) « Commission »: la Commission des services juridiques constituée par l'article 11;

e) « centre régional d'aide juridique » ou « centre régional »: un centre régional institué en vertu de la présente loi et habilité par la Commission à fournir l'aide juridique;

f) « centre d'aide juridique » ou « centre »: un centre régional d'aide juridique ou un centre local visé au paragraphe *c* de l'article 32;

g) « bureau d'aide juridique » ou « bureau »: un bureau d'aide juridique formé par un centre régional d'aide juridique en vertu du paragraphe *a* de l'article 32;

h) « directeur général »: le directeur général d'un centre régional d'aide juridique;

i) (supprimé).
[1972, c. 14, a. 1; 1996, c. 23, a. 2; 2010, c. 12, a. 4].

Chapitre II ━━
Régime d'aide juridique

SECTION I ━━ DÉFINITIONS

1.0.1. Aux fins du présent chapitre, à moins que le contexte n'indique un sens différent, les mots suivants signifient:

1° « bénéficiaire » : une personne qui reçoit l'aide juridique;

2° « personne » : une personne physique ainsi qu'un groupe de personnes ou une personne morale sans but lucratif dont les membres sont des personnes physiques financièrement admissibles à l'aide juridique.
[2010, c. 12, a. 5].

1.1. Sont des conjoints:

1° les personnes liées par un mariage ou une union civile qui cohabitent;

2° les personnes, de sexe différent ou de même sexe, vivant maritalement qui sont les père et mère d'un même enfant;

3° les personnes majeures, de sexe différent ou de même sexe, qui vivent maritalement et qui, à un moment donné, ont cohabité pendant une période d'au moins un an.
[1996, c. 23, a. 3; 1999, c. 14, a. 5; 2002, c. 6, a. 80].

1.2. Une famille est formée:

1° du père ou de la mère ou, dans les cas prévus par règlement, d'une autre personne qui y est désignée, ainsi que des enfants mineurs avec qui ils cohabitent et qui ne sont ni mariés ni père ou mère d'un enfant et des enfants majeurs qui fréquentent, au sens du règlement, un établissement d'enseignement et qui ne sont ni le conjoint d'une personne, ni père ou mère d'un enfant;

2° des conjoints avec tout enfant visé au paragraphe 1°;

3° des conjoints sans enfant.

Toutefois, une personne continue de faire partie d'une famille, en devient membre ou cesse d'en faire partie dans les circonstances prévues par règlement.

[1996, c. 23, a. 3; 2002, c. 6, a. 81].

2. (*Abrogé*).

[1996, c. 23, a. 4].

3. Aux fins du présent chapitre, le mot « tribunal » comprend tout organisme qui exerce une compétence judiciaire ou quasi judiciaire.

[1972, c. 14, a. 3; 2010, c. 12, a. 6].

SECTION I.1 — OBJET ET PRINCIPES

3.1. Le régime d'aide juridique institué par le présent chapitre a pour objet de permettre aux personnes admissibles de bénéficier, dans la mesure prévue par la présente loi et les règlements, de services juridiques.

[1996, c. 23, a. 5; 2010, c. 12, a. 7; 2012, c. 20, a. 29].

3.2. Les principes suivants guident la gestion et la prestation des services d'aide juridique:

1° l'importance qu'il y a d'assurer aux personnes admissibles les services juridiques dont elles ont besoin;

2° la nécessité d'assurer une gestion efficace de ces services et des ressources qui y sont affectées;

3° l'importance, aux fins définies au paragraphe 2°, d'assurer la coordination des activités de la Commission et des centres d'aide juridique en favorisant, entre eux et parmi les personnes qui y œuvrent, la concertation et la collaboration en vue d'assurer une utilisation rationnelle des ressources;

4° l'importance de favoriser, par la concertation, une application cohérente de la loi et des règlements entre les régions.

[1996, c. 23, a. 5; 2010, c. 12, a. 8; 2012, c. 20, a. 30].

SECTION II — ATTRIBUTION ET EFFET DE L'AIDE JURIDIQUE

4. L'aide juridique est accordée à une personne financièrement admissible suivant les dispositions de la sous-section 1 de la présente section pour les services juridiques prévus à la sous-section 2 de la présente section, au deuxième alinéa de l'article 32.1 ainsi qu'aux règlements.

Elle est également accordée à une personne non financièrement admissible pour les services juridiques prévus au paragraphe 1.1° de l'article 4.7.

[1972, c. 14, a. 4; 1982, c. 36, a. 2; 1996, c. 23, a. 6; 2012, c. 20, a. 31].

§1. — Admissibilité financière

4.1. Est financièrement admissible à l'aide juridique gratuite toute personne qui démontre que ses revenus, ses liquidités et ses autres actifs, tels que déterminés par les règlements et, selon ce que prévoient les règlements, ceux de sa famille n'excèdent pas les niveau et valeur d'admissibilité financière gratuite déterminés par règlement.

Est réputée financièrement admissible à l'aide juridique gratuite toute personne qui reçoit une prestation, autre qu'une prestation spéciale, en vertu d'un programme d'aide financière de dernier recours prévu à la *Loi sur l'aide aux personnes et aux familles* (chapitre A-13.1.1) ou qui est membre d'une famille qui reçoit une telle prestation.

[1996, c. 23, a. 6; 1998, c. 36, a. 164; 2005, c. 15, a. 139].

4.2. Est financièrement admissible à l'aide juridique, moyennant le versement par le bénéficiaire d'une contribution, toute personne qui, suivant l'article 4.1, n'est pas financièrement admissible à l'aide juridique gratuite mais dont les revenus, tels que déterminés par les règlements et, selon ce que prévoient les règlements, ceux de sa famille n'excèdent pas le niveau d'admissibilité financière déterminé par règlement.

[1996, c. 23, a. 6].

4.3. Le comité administratif de la Commission peut, sur recommandation du directeur général du centre régional, déclarer financièrement admissible à l'aide juridique, moyennant le versement par le bénéficiaire d'une contribution, une personne qui, suivant les articles 4.1 et 4.2, n'est financièrement admissible à aucune aide juridique, s'il considère que des circonstances exceptionnelles le justifient et que le fait de ne pas la déclarer financièrement admissible entraînerait pour cette personne un tort irréparable.

La décision du comité administratif de la Commission ne peut faire l'objet d'aucune révision par le comité formé en vertu du paragraphe *k* de l'article 22.

[1996, c. 23, a. 6].

§2. — Services juridiques pour lesquels l'aide juridique est accordée

4.4. L'aide juridique est accordée, dans la mesure déterminée par les dispositions de la présente sous-section et des règlements, pour les affaires dont un tribunal est ou sera saisi; elle peut être accordée en tout état de cause, en première instance ou en appel; elle s'étend, dans la même mesure, aux actes d'exécution.

Elle est également accordée pour les services juridiques prévus à l'article 4.10 ainsi qu'au deuxième alinéa de l'article 32.1 et, exceptionnellement, pour ceux prévus à l'article 4.13.

[1996, c. 23, a. 6].

En matière criminelle ou pénale

4.5. En matière criminelle ou pénale, l'aide juridique est accordée, en première instance, dans l'un ou l'autre des cas suivants:

1° pour assurer la défense d'une personne qui fait face, devant un tribunal, à une poursuite pour un acte criminel prévu dans une loi du Parlement du Canada;

2° pour assurer la défense d'un adolescent qui fait face, devant un tribunal, à une poursuite à laquelle s'applique la *Loi sur le système de justice pénale pour adolescents* (L.C. 2002, ch. 1);

3° pour assurer soit la défense d'une personne, autre qu'un adolescent, qui fait face, devant un tribunal, à une poursuite pour une infraction à une loi du Parlement du Canada punissable sur déclaration de culpabilité par procédure sommaire, soit la défense d'une personne, qu'il s'agisse d'un adulte ou d'une personne âgée de moins de 18 ans, qui fait face, devant un tribunal, à une poursuite intentée en vertu du *Code de procédure pénale* (chapitre C-25.1) lorsque dans l'un ou l'autre cas, il est probable, si l'accusé était reconnu coupable, qu'il en résulterait pour ce dernier soit une peine d'emprisonnement ou de mise sous garde, soit la perte de ses moyens de subsistance ou encore lorsqu'il est dans l'intérêt de la justice que l'aide juridique soit accordée à cet accusé, compte tenu des circonstances exceptionnelles de l'affaire, notamment sa gravité ou sa complexité;

4° pour assurer la défense d'une personne qui fait face, devant un tribunal, à une demande d'emprisonnement en vertu de l'article 346 du *Code de procédure pénale* ou à une demande d'incarcération en vertu de l'article 734.7 du *Code criminel* (L.R.C. (1985), ch. C-46);

5° pour assurer la défense d'une personne qui fait face, devant un tribunal, à une procédure intentée en vertu de la *Loi sur l'extradition* (L.C. 1999, ch. 18).

[1996, c. 23, a. 6; 2010, c. 10, a. 9].

4.6. En matière criminelle ou pénale, l'aide juridique est accordée en appel ou pour l'exercice d'un recours extraordinaire:

1° s'il s'agit d'un appel logé ou d'un recours extraordinaire exercé par le poursuivant dans une affaire visée à l'article 4.5;

2° s'il s'agit d'un appel logé ou d'un recours extraordinaire exercé par l'accusé dans une affaire visée à l'article 4.5 lorsque l'appel ou le recours extraordinaire est raisonnablement fondé.

[1996, c. 23, a. 6].

En matière autre que criminelle ou pénale

4.7. En matière autre que criminelle ou pénale, l'aide juridique est accordée pour toute affaire dont un tribunal est ou sera saisi, dans l'un ou l'autre des cas suivants:

1° lorsqu'il s'agit d'une affaire en matière familiale à laquelle s'applique le titre IV du livre V du *Code de procédure civile* (chapitre C-25), sous réserve du paragraphe 1.1°;

1.1° lorsqu'il s'agit de fournir à des parties les services professionnels d'un avocat pour l'obtention d'un jugement relatif à une entente présentée dans une demande conjointe en révision de jugement et portant règlement complet en matière de garde d'enfants ou encore en matière de pensions alimentaires pour enfants seulement ou de pensions alimentaires pour enfants et pour conjoint ou ex-conjoint;

2° lorsqu'il s'agit d'une affaire relative à la survie de l'obligation alimentaire, fondée sur le chapitre cinquième du titre troisième du livre troisième du *Code civil du Québec*;

3° lorsqu'il s'agit d'une affaire relative à une tutelle au mineur, à un régime de protection du majeur ou à un mandat donné par une personne en prévision de son inaptitude ou encore d'une affaire fondée sur l'article 865.2 du *Code de procédure civile*;

4° lorsqu'il s'agit d'une instance qui vise à obtenir, par voie judiciaire, le changement

de nom d'une personne mineure ou la révision par le tribunal de la décision du directeur de l'état civil relative à l'attribution ou au changement de nom d'une personne mineure si la demande au tribunal assurerait la sécurité physique ou psychologique de cette personne;

5° lorsqu'il s'agit d'une affaire à laquelle s'applique la *Loi sur les aspects civils de l'enlèvement international et interprovincial d'enfants* (chapitre A-23.01);

6° lorsqu'il s'agit d'une affaire pour laquelle le tribunal exerce ses attributions en vertu de la *Loi sur la protection de la jeunesse* (chapitre P-34.1);

7° lorsqu'il s'agit d'un recours formé devant un tribunal contre une décision administrative d'un ministère ou d'un organisme gouvernemental prise dans le cadre d'un programme de prestations ou d'indemnités désigné par règlement;

8° lorsqu'il s'agit de toute autre affaire, si la personne à qui l'aide juridique serait accordée subit ou subira vraisemblablement une atteinte grave à sa liberté, notamment une mesure de garde ou de détention;

9° lorsqu'il s'agit de toute autre affaire, si cette affaire met en cause ou mettra vraisemblablement en cause soit la sécurité physique ou psychologique d'une personne, soit ses moyens de subsistance, soit ses besoins essentiels et ceux de sa famille.

[1996, c. 23, a. 6; 2012, c. 20, a. 32].

4.8. Aucune aide juridique n'est accordée:

1° pour toute affaire en matière de diffamation ou de libelle, en demande seulement;

2° pour toute affaire relative à une élection, à une consultation populaire ou à un référendum;

3° pour une requête fondée sur le chapitre II du titre VI du livre V du *Code de procédure civile*;

4° pour une action en dommages pour rupture injustifiée de promesse de mariage ou d'union civile, en demande seulement;

5° pour une action en dommages pour aliénation d'affection, en demande seulement.

[1996, c. 23, a. 6; 2002, c. 6, a. 81].

Autres dispositions

4.9. L'aide juridique est accordée pour assurer la défense d'une personne qui fait face, devant un tribunal, à une accusation d'outrage au tribunal lorsqu'il est probable, si cette personne était condamnée pour cet outrage, qu'il en résulterait pour elle soit une peine d'emprisonnement ou de mise sous garde, soit la perte de ses moyens de subsistance ou lorsqu'il est dans l'intérêt de la justice que l'aide juridique soit accordée à cette personne, compte tenu des circonstances exceptionnelles de l'affaire, notamment sa gravité ou sa complexité.

[1996, c. 23, a. 6].

4.10. Malgré les dispositions de la présente sous-section, l'aide juridique est accordée:

1° lorsqu'il est nécessaire qu'un avocat assiste:

a) une personne mineure aux fins d'une entente portant sur l'application de mesures volontaires en vertu de la *Loi sur la protection de la jeunesse*;

b) un adolescent dans le cadre d'un programme de mesures de rechange ou de l'examen d'une décision en vertu de la *Loi sur le système de justice pénale pour adolescents* (L.C. 2002, ch. 1);

2° à une personne en vue de lui permettre d'être assistée devant une autorité qui, exerçant une fonction administrative dans le cadre d'un programme de prestations ou d'indemnités désigné par règlement et administré par un ministère ou un organisme gouvernemental, est chargée, au sein de ce ministère ou de cet organisme, d'effectuer, par voie hiérarchique, la révision d'une décision administrative concernant cette personne;

3° à une personne pour la rédaction d'un document relevant normalement des fonctions d'un notaire ou d'un avocat si ce service s'avère nécessaire, compte tenu de la difficulté qu'éprouve cette personne à préserver ou faire valoir ses droits et des conséquences néfastes qui, en l'absence de ce service, en résulteraient pour son bien-être physique ou psychologique ou celui de sa famille.

[1996, c. 23, a. 6; 2010, c. 12, a. 10].

4.11. En toute matière autre que criminelle ou pénale, l'aide juridique peut être refusée ou retirée, selon le cas, en tout état de cause, lorsque, en considérant l'ensemble des circonstances et en envisageant la question du point de vue du rapport habituel entre un avocat et son client, l'affaire ou le recours n'apparaît pas fondé, compte tenu notamment de l'un ou l'autre des facteurs suivants:

1° la personne qui demande l'aide ne peut établir la vraisemblance d'un droit;

2° cette affaire ou ce recours a manifestement très peu de chance de succès;

3° les coûts que cette affaire ou ce recours entraînerait seraient déraisonnables par rapport aux gains ou aux pertes qui pourraient en résulter pour le requérant ou, selon le cas, le bénéficiaire, à moins qu'il ne mette en cause soit ses moyens de subsistance, soit ses besoins essentiels et ceux de sa famille;

4° le jugement ou la décision ne serait probablement pas susceptible d'exécution;

5° la personne qui demande l'aide ou qui en bénéficie refuse, sans motif valable, une proposition raisonnable de règlement de l'affaire.

L'aide juridique est également refusée ou retirée lorsque les services pour lesquels cette aide est demandée peuvent être obtenus autrement, notamment par l'intermédiaire d'un autre service gouvernemental ou d'un organisme ou encore au moyen d'un contrat d'assurance ou par l'entremise d'un syndicat ou d'une association dont le requérant ou, selon le cas, le bénéficiaire est membre, à moins qu'il ne s'agisse d'une association à but non lucratif dont l'objectif est d'assurer la promotion et la défense des droits sociaux.

[1996, c. 23, a. 6].

4.11.1. L'aide juridique accordée pour les services juridiques prévus au paragraphe 1.1° de l'article 4.7 peut être retirée lorsqu'il est constaté par l'avocat qu'il n'est plus possible pour les parties de s'entendre.

Le cas échéant, l'avocat qui n'est pas à l'emploi d'un centre ou de la commission a droit au paiement des honoraires établis par application de l'article 83.21 et les parties ont droit au remboursement du montant déterminé par règlement lorsque le retrait leur est notifié.

[2012, c. 20, a. 33].

4.12. Aucune aide juridique n'est accordée pour toute défense relative à une infraction aux lois et aux règlements concernant le stationnement.

[1996, c. 23, a. 6].

4.13. Le comité administratif de la Commission peut, sur recommandation du directeur général du centre régional, accorder l'aide juridique à une personne qui ne peut, suivant les autres dispositions de la présente sous-section et des règlements, bénéficier de cette aide, s'il considère que des circonstances exceptionnelles le justifient et que le fait de lui refuser cette aide entraînerait pour cette personne un tort irréparable. Toutefois, le comité administratif de la Commission ne peut accorder l'aide juridique aux termes du présent article à l'égard des services pour lesquels aucune aide juridique ne peut être accordée suivant les articles 4.8 ou 4.12 ou suivant les règlements.

Les dispositions du premier alinéa peuvent notamment s'appliquer, aux conditions qui y sont fixées, en vue de permettre à celui qui demande l'aide juridique d'établir ses droits dans le cadre d'une procédure menant à une décision administrative.

La décision du comité administratif de la Commission ne peut faire l'objet d'une révision par le comité formé en vertu du paragraphe k de l'article 22.

[1996, c. 23, a. 6].

§3. — Effet de l'aide juridique quant au paiement des honoraires, frais et dépens

5. Sous réserve de la contribution qu'elle peut être appelée à verser conformément aux règlements, la personne admissible suivant le premier alinéa de l'article 4 à qui l'aide juridique est accordée est dispensée du paiement :

> *a)* des honoraires judiciaires et extrajudiciaires d'un avocat et des honoraires d'un notaire, ainsi que de leurs déboursés, pour des services professionnels rendus au bénéficiaire en vertu de la présente loi par l'avocat ou le notaire qui lui est assigné;

> *b)* nonobstant toute loi à ce contraire, des déboursés de cour, y compris ceux exigibles par le gouvernement du Québec, et de tous droits qu'un officier de la publicité des droits perçoit;

> *c)* des honoraires et déboursés de tout huissier ou de tout sténographe qui exerce ses fonctions pour le compte de ce bénéficiaire; et

> *d)* des honoraires et des frais des experts qui, avec l'autorisation préalable du directeur général, agissent pour le bénéficiaire.

Toutefois, dans les cas prévus par les règlements, les coûts de l'aide juridique obtenue sont recouvrés conformément aux dispositions de la section VI.1.

[1972, c. 14, a. 5; 1982, c. 36, a. 3; 1991, c. 20, a. 1; 1996, c. 23, a. 8; 2010, c. 12, a. 11; 2012, c. 20, a. 34].

5.1. La personne admissible suivant le deuxième alinéa de l'article 4 à qui l'aide juridique est accordée n'est tenue au paiement que des honoraires d'un avocat pour les services juridiques prévus au paragraphe 1.1° de l'article 4.7 et des frais judiciaires exigibles en vertu du tarif applicable en matière civile, et ce, uniquement dans la proportion et selon les modalités prévues par règlement.

Les honoraires visés au premier alinéa sont ceux établis par application de l'article 83.21.

[2012, c. 20, a. 35].

6. Sous réserve des règlements, les honoraires et les déboursés d'un avocat ou d'un notaire qui n'est pas à l'emploi d'un centre ou de la Commission et dont l'un ou l'autre a retenu les services pour le compte d'un bénéficiaire ainsi que les honoraires et les déboursés d'un sténographe ou d'un huissier qui exerce ses fonctions pour le compte d'un bénéficiaire sont payés par le centre ou la Commission qui accorde l'aide juridique à ce bénéficiaire, conformément aux tarifs établis par les règlements.

[1972, c. 14, a. 6; 1996, c. 23, a. 9; 2010, c. 12, a. 12].

7. (*Abrogé*).

[1996, c. 23, a. 10].

8. Le bénéficiaire qui succombe n'est pas exempt de la condamnation aux dépens en faveur de la partie adverse ni de leur paiement.

En cas de condamnation aux dépens prononcés contre l'adversaire d'un bénéficiaire, qui n'est pas lui-même un bénéficiaire, les dépens sont taxés comme s'il n'y avait pas eu aide juridique.

[1972, c. 14, a. 8].

9. Les frais taxés à l'occasion de jugements interlocutoires rendus dans une cause où l'une des parties bénéficie de l'aide juridique ne sont exigibles qu'en même temps que ceux adjugés par le jugement final.

[1972, c. 14, a. 9].

10. (*Abrogé*).

[1996, c. 23, a. 11].

SECTION III — COMMISSION DES SERVICES JURIDIQUES

11. Un organisme est constitué sous le nom de « Commission des services juridiques ».

[1972, c. 14, a. 11; 1977, c. 5, a. 14].

12. La Commission se compose de 12 membres choisis parmi les groupes de personnes qui, en raison de leurs activités, sont susceptibles de contribuer d'une façon particulière à l'étude et à la solution des problèmes juridiques des milieux défavorisés et qui sont nommés par le gouvernement après consultation de ces groupes. Le gouvernement nomme, parmi ces membres, un président et un vice-président.

La Commission comprend également le sous-ministre de la Justice ou son délégué et le sous-ministre de l'Emploi et de la Solidarité ou son délégué qui sont membres de la Commission à titre consultatif et n'ont pas droit de vote.

[1972, c. 14, a. 12; 1972, c. 15, a. 1; 1982, c. 53, a. 20; 1992, c. 44, a. 81; 1994, c. 12, a. 67; 1997, c. 63, a. 128].

13. Le président, qui doit être un avocat ou un juge, et le vice-président, qui doit être un avocat, sont nommés pour une période qui ne peut excéder dix ans et qui, une fois déterminée, ne peut être réduite.

Les autres membres de la Commission autres que ceux visés au dernier alinéa de l'article 12, sont nommés pour trois ans. Trois des premiers membres nommés par le gouvernement sont nommés pour un an, trois pour deux ans et les deux autres pour trois ans.

Un membre qui fait défaut d'assister à quatre séances consécutives et qui ne donne pas au président de la Commission des motifs valables de son absence, cesse d'être membre.

[1972, c. 14, a. 13; 1972, c. 15, a. 2].

14. Chacun des membres de la Commission, y compris le président et le vice-président, demeure en fonction après l'expira-

tion de son mandat jusqu'à ce qu'il ait été
remplacé ou nommé de nouveau.

[1972, c. 14, a. 14].

15. Toute vacance survenant au cours de la
durée du mandat d'un membre de la Commission autre que le président et le vice-
président est comblée pour la durée non
écoulée du mandat de ce membre.

[1972, c. 14, a. 15].

16. Le gouvernement fixe les indemnités
et les allocations de présence auxquelles
les membres de la Commission ont droit
ainsi que le traitement du président et du
vice-président. Ce traitement, une fois
fixé, ne peut être réduit.

[1972, c. 14, a. 16].

17. Le président et le vice-président doivent exercer leurs fonctions pour la Commission, à temps plein.

[1972, c. 14, a. 17].

18. Le président est responsable de l'administration et de la direction de la
Commission.

Au cas d'absence ou d'empêchement
d'agir du président, il est remplacé par le
vice-président.

[1972, c. 14, a. 18; 1996, c. 23, a. 12].

19. La Commission est une personne morale.

[1972, c. 14, a. 19; 1996, c. 23, a. 13].

20. Le quorum de la Commission est fixé à
sept membres, dont le président ou le vice-
président.

[1972, c. 14, a. 20].

21. La Commission a son siège à l'endroit
déterminé par le gouvernement; elle peut
toutefois le transporter sur le territoire
d'une autre municipalité avec l'approbation du gouvernement; un tel changement
entre en vigueur sur publication d'un avis
à cet effet dans la *Gazette officielle du
Québec*.

La Commission peut tenir ses séances à
tout endroit du Québec.

[1972, c. 14, a. 21; 1996, c. 2, a. 26; 1996, c. 23,
a. 14].

SECTION IV — FONCTIONS ET
DEVOIRS DE LA COMMISSION

§1. — Dispositions générales

22. La Commission doit:

a) veiller à ce que l'aide juridique
soit fournie, dans la mesure établie
par le présent chapitre et les règlements, aux personnes admissibles;

b) former et développer des centres
régionaux d'aide juridique et les habiliter à fournir l'aide juridique;

c) veiller au financement des centres
régionaux d'aide juridique et des
centres locaux d'aide juridique
qu'elle habilite à fournir l'aide juridique en vertu du paragraphe *c* de
l'article 32;

d) veiller à ce que les activités des
centres d'aide juridique soient conformes à la présente loi et aux
règlements;

d.1) favoriser, par la concertation,
une application cohérente du présent
chapitre et des règlements par les
centres d'aide juridique;

e) faire enquête sur l'administration
financière de tout centre d'aide juridique qui présente une situation financière déficitaire ou dont l'administration ou les services sont
déficients ou qui semble poursuivre
des activités qui ne sont pas conformes à la présente loi ou aux
règlements;

f) promouvoir le développement de
programmes d'information destinés
à renseigner les personnes admissibles sur leurs droits et leurs
obligations;

f.1) s'assurer qu'un service de consultation téléphonique soit disponible à tout moment en matière criminelle ou pénale pour toute personne,
qu'elle soit ou non financièrement

admissible à l'aide juridique, afin de lui permettre d'avoir recours, à titre gratuit, à l'assistance d'un avocat au moment de son arrestation ou de sa détention;

g) favoriser la poursuite d'études et d'enquêtes et l'établissement de statistiques de manière à planifier l'évolution du système d'aide juridique;

h) collaborer avec les établissements universitaires et les facultés de droit, le Barreau du Québec et la Chambre des notaires du Québec, en vue du développement de programmes de recherches et d'assistance technique relatifs à l'aide juridique et en vue de l'établissement de centres d'aide juridique au Québec;

i) sous réserve des pouvoirs des ordres professionnels à cet égard, prendre les mesures nécessaires afin d'assurer l'intégrité des relations entre les avocats ou les notaires à l'emploi des centres et leurs clients et collaborer à cette fin avec le Barreau du Québec ou, selon le cas, avec la Chambre des notaires;

j) dispenser des services juridiques à la place d'un centre d'aide juridique qui a cessé de remplir ses fonctions ou qui n'est plus habilitée à les exercer;

k) former un comité chargé d'effectuer les révisions prévues aux articles 74 et 75;

l) établir et maintenir ou aider à l'établissement ou au maintien d'une caisse de retraite ou d'un régime de rente de retraite en faveur de ses employés et de ceux des centres ou de leurs parents et personnes à charge et effectuer à leur acquit ou, s'il y a lieu, faire effectuer à leur acquit par les centres, le paiement de primes, le tout sous réserve des dispositions de la *Loi sur les régimes complémentaires de retraite* (chapitre R-15.1);

m) (*paragraphe supprimé*);

n) établir un comité administratif formé d'au moins trois membres, dont le président de la Commission,

qui le préside, le vice-président et tout autre membre de la Commission nommé annuellement par les membres de la Commission réunis en assemblée générale qui en déterminent les fonctions, pouvoirs et devoirs.

[1972. c. 14, a. 22; 1989, c. 38, a. 319; 1994, c. 40, a. 457; 1996, c. 23, a. 15, 52, 53, 54; 2010, c. 12, a. 13; 2012, c. 20, a. 36].

22.1. La Commission publie périodiquement, notamment en vue de favoriser l'application cohérente du présent chapitre et des règlements, un bulletin contenant des informations générales ou particulières relativement à l'application de ce chapitre et de ces règlements. Ce bulletin peut également comporter un recueil des décisions prises dans le cadre du présent chapitre.

La Commission diffuse ce bulletin parmi ses membres, les membres des conseils d'administration des centres d'aide juridique ainsi que parmi ses employés et ceux des centres. Elle en assure également l'accès dans la mesure qu'elle détermine.

[1996, c. 23, a. 16; 2010, c. 12, a. 14].

23. La Commission nomme et rémunère, conformément aux normes et barèmes établis par règlement, les employés nécessaires à l'exercice de ses fonctions.

[1972, c. 14, a. 23].

23.1. L'article 24 de la *Loi sur la fonction publique* (chapitre F-3.1.1) s'applique, compte tenu des adaptations nécessaires, à l'égard d'un avocat ou d'un notaire employé à temps plein par la Commission.

[2010, c. 12, a. 15].

23.2. Nul acte, document ou écrit n'engage la Commission, ni ne peut lui être attribué s'il n'est signé par le président, le secrétaire ou par un employé de la Commission mais seulement dans la mesure déterminée par règlement du conseil d'administration.

Toutefois, la signature d'un avocat ou d'un notaire à l'emploi de la Commission engage celle-ci dans tous les cas où il s'agit de l'exercice de ses fonctions de professionnel pour un bénéficiaire.

[2010, c. 12, a. 15].

§2. — Administration provisoire

24. La Commission peut assumer provisoirement les fonctions d'un centre d'aide juridique:

> *a)* si, après enquête, la Commission constate que ce centre présente une situation financière déficitaire, notamment en ayant encouru des dépenses qui n'étaient pas prévues à son budget ou qui ont été occasionnées par les activités qui n'étaient pas prévues par la présente loi, un règlement ou toute convention intervenue avec la Commission;

> *a.*1) si, après enquête, la Commission constate qu'un centre a pris au cours d'un exercice financier des engagements supérieurs au montant autorisé par la Commission pour cet exercice financier;

> *b)* si un centre a manqué gravement aux obligations qui lui sont imposées par la présente loi, par tout règlement ou par une convention intervenue avec la Commission, notamment en refusant ou négligeant de fournir l'aide juridique qu'il était habilité à fournir et en mesure de fournir ou en poursuivant d'autres activités que celles visées par la présente loi;

> *c)* s'il y a eu malversation, abus de confiance ou autre inconduite d'un ou de plusieurs membres du conseil d'administration.

[1972, c. 14, a. 24; 1996, c. 23, a. 17, 54].

25. La Commission assume l'administration provisoire d'un centre à compter de la date où elle donne un avis à cet effet à ce centre.

Aussitôt que possible après qu'elle a assumé l'administration provisoire, mais au plus trente jours après la réception de l'avis visé au premier alinéa, la Commission doit donner au centre l'occasion de faire valoir son point de vue.

[1972, c. 14, a. 25; 1996, c. 23, a. 54].

26. La Commission assume l'administration provisoire d'un centre tant que le centre n'a pas remédié à toute situation prévue à l'article 24 ou jusqu'à ce que le centre ait accepté de mettre en œuvre les mesures établies par la Commission pour corriger une telle situation dans le délai que la Commission prescrit.

[1972, c. 14, a. 26; 1996, c. 23, a. 54].

27. Lorsque la Commission assume l'administration provisoire d'un centre, les pouvoirs du conseil d'administration de ce centre sont suspendus et la Commission exerce par l'intermédiaire d'un administrateur qu'elle nomme, les pouvoirs de ce conseil d'administration ainsi que tous ceux du centre.

[1972, c. 14, a. 27; 1996, c. 23, a. 54].

28. La Commission peut charger une personne qu'elle désigne, de faire enquête sur quelque matière se rapportant à l'administration ou au fonctionnement d'un centre.

La personne ainsi désignée est investie, pour les fins de l'enquête, des pouvoirs et immunités d'un commissaire nommé en vertu de la *Loi sur les commissions d'enquête* (chapitre C-37), sauf du pouvoir d'imposer une peine d'emprisonnement.

[1972, c. 14, a. 28; 1992, c. 61, a. 45; 1996, c. 23, a. 54].

SECTION V — CENTRES D'AIDE JURIDIQUE

§1. — Formation et pouvoirs

29. Les services d'aide juridique sont fournis dans le territoire du Québec par l'intermédiaire de centres régionaux d'aide juridique que la Commission institue pour chacune des régions qu'elle détermine en tenant compte des divisions administratives et des districts judiciaires existants.

[1972, c. 14, a. 29; 1996, c. 23, a. 52].

30. Le nom de tout centre régional doit comprendre l'expression « centre communautaire juridique » et indiquer la région pour laquelle ce centre est institué.

[1972, c. 14, a. 30; 1996, c. 23, a. 52].

31. Tout centre régional est une personne morale et il peut, dans le cadre du mandat qui lui est donné par la Commission et des normes établies par les règlements, exercer tous les pouvoirs d'une telle personne morale en outre des pouvoirs spéciaux que lui confère la présente loi.

[1972, c. 14, a. 31; 1996, c. 23, a. 18].

32. Un centre régional a pour fonction principale de fournir l'aide juridique de la manière prévue par le présent chapitre et, à cette fin, dans le cadre des règlements et de toute entente conclue avec la Commission:

a) d'établir, dans les limites de ses ressources, des bureaux d'aide juridique dans la région qu'elle dessert, suivant les besoins de la population;

b) d'engager les avocats et les notaires à temps plein et les autres employés nécessaires ainsi que de retenir les services d'étudiants en droit;

c) de recommander à la Commission l'accréditation de centres locaux d'aide juridique pour fournir l'aide juridique dans le territoire ou pour les fins que la Commission détermine, lorsqu'il apparaît que cette solution est de nature à satisfaire les besoins de la population et qu'un centre local est en mesure de rendre des services juridiques valables;

d) de susciter l'institution d'un comité consultatif d'un maximum de douze membres, ou de reconnaître un tel comité, pour représenter les personnes financièrement admissibles à l'aide juridique auprès d'un bureau ou d'un centre local d'aide juridique afin de faire des représentations relatives à l'application du présent chapitre, donner son avis au directeur du bureau ou du centre local sur les besoins des personnes financièrement admissibles à l'aide juridique et, lorsque nécessaire, faire des recommandations audit centre régional.

[1972, c. 14, a. 32; 1996, c. 23, a. 19, 52, 53; 2010, c. 12, a. 16].

32.1. Il entre dans les fonctions de tout centre d'aide juridique de développer et d'appliquer, en collaboration avec la Commission, des programmes d'information destinés à renseigner les personnes admissibles à l'aide juridique sur leurs droits et leurs obligations.

Des consultations d'ordre juridique peuvent être dispensées, dans les matières autres que celles visées au paragraphe f.1 de l'article 22, aux personnes financièrement admissibles à l'aide juridique qui en font la demande.

[1996, c. 23, a. 20; 2012, c. 20, a. 37].

32.2. (*Abrogé*).

[2010, c. 10, a. 17].

33. Lorsque la Commission accrédite un centre local d'aide juridique, le centre régional qui a compétence dans la région voit à ce que les activités d'un tel centre local s'intègrent dans l'ensemble des services juridiques offerts dans la région et veille à ce qu'il se conforme à la présente loi et aux règlements.

[1972, c. 14, a. 33; 1996, c. 23, a. 52, 53].

34. Un centre d'aide juridique ne peut se livrer à une activité partisane en faveur d'un candidat ou d'un parti politique.

[1972, c. 14, a. 34; 1996, c. 23, a. 54].

§2. — Conseil d'administration

35. Les pouvoirs d'un centre régional sont exercés par un conseil d'administration formé de douze membres nommés pour trois ans par la Commission. De plus, le directeur général y siège dès sa nomination avec voix consultative seulement.

Au moins un tiers des membres du conseil d'administration doivent être choisis parmi les membres du Barreau du Québec ou de la Chambre des notaires du Québec ou parmi les professeurs de droit des établissements universitaires et au moins un autre tiers des membres doivent être choisis parmi les personnes qui résident dans la région que dessert le centre régional.

Quatre des premiers membres sont nommés pour un an, quatre pour deux ans, et quatre pour trois ans.

[1972, c. 14, a. 35; 1996, c. 23, a. 52].

36. Les membres du conseil d'administration d'un centre régional ne reçoivent aucun traitement à ce titre; ils peuvent être indemnisés, conformément aux règlements, de ce qu'il leur en coûte pour assister aux assemblées.

[1972, c. 14, a. 36; 1996, c. 23, a. 52].

37. Les membres du conseil d'administration d'un centre régional restent en fonction, nonobstant l'expiration de leur mandat, jusqu'à ce qu'ils soient nommés de nouveau ou remplacés.

[1972, c. 14, a. 37; 1996, c. 23, a. 52].

38. Toute vacance parmi les membres du conseil d'administration d'un centre régional est comblée pour la durée non écoulée du mandat de ce membre.

[1972, c. 14, a. 38; 1996, c. 23, a. 52].

39. Les membres du conseil d'administration d'un centre régional réunis en assemblée générale élisent, parmi eux, chaque année, le président et le vice-président du centre régional.

Au cas d'égalité des voix à une assemblée des membres du conseil d'administration, le président a un vote prépondérant.

[1972, c. 14, a. 39; 1996, c. 23, a. 52].

§3. — Comité administratif

40. Le conseil d'administration de tout centre régional doit, par règlement, établir un comité administratif et déterminer les fonctions, pouvoirs et devoirs de ce comité.

Le comité administratif est formé du président du conseil d'administration, qui le préside, du directeur général et de trois membres du conseil d'administration nommés annuellement par les membres de ce conseil réunis en assemblée générale.

[1972, c. 14, a. 40; 1996, c. 23, a. 52].

41. Les membres du comité administratif peuvent recevoir une allocation de présence déterminée par les règlements.

[1972, c. 14, a. 41].

42. Les membres du comité administratif demeurent en fonction, nonobstant l'expiration de leur mandat, jusqu'à ce qu'ils soient nommés de nouveau ou remplacés, pourvu que, sauf dans le cas du directeur général, ils demeurent membres du conseil d'administration.

[1972, c. 14, a. 42].

43. Toute vacance parmi les membres du comité administratif est comblée en suivant le mode de nomination prescrit pour la nomination du membre à remplacer, mais seulement pour la durée non écoulée du mandat de ce dernier.

[1972, c. 14, a. 43].

§4. — Directeur général et employés

44. Le directeur général, le secrétaire ainsi que les autres employés d'un centre régional sont nommés par le conseil d'administration; toutefois, la nomination du directeur général doit être ratifiée par la Commission. Les avocats et les notaires dont le centre régional veut retenir les services à temps plein sont nommés par le conseil d'administration sur recommandation du directeur général; les employés visés au présent article sont rémunérés suivant les normes et barèmes établis à cette fin par les règlements.

[1972, c. 14, a. 44; 1996, c. 23, a. 52].

45. L'article 24 de la *Loi sur la fonction publique* (chapitre F-3.1.1) s'applique, compte tenu des adaptations nécessaires, à l'égard d'un avocat ou d'un notaire employé à plein temps par un centre d'aide juridique.

[1972, c. 14, a. 45; 1979, c. 56, a. 310; 1983, c. 55, a. 161; 1996, c. 23, a. 21, 54].

46. Le directeur général, qui doit être un avocat, doit exercer ses fonctions pour le centre régional à temps plein.

[1972, c. 14, a. 46; 1996, c. 23, a. 52].

47. Le directeur général, en plus des fonctions qui lui sont spécialement attribuées par la présente loi, a la direction générale des affaires du centre régional et la direction et la surveillance du personnel; il administre l'octroi de l'aide juridique et assure la mise à exécution des résolutions du conseil d'administration et du comité administratif.

[1972, c. 14, a. 47; 1996, c. 23, a. 52].

§5. — Divers

48. Les procès-verbaux des séances approuvés par un centre régional sont authentiques; il en est de même des copies ou extraits certifiés par le président ou le secrétaire.

[1972, c. 14, a. 48; 1996, c. 23, a. 52].

49. Nul acte, document ou écrit n'engage un centre régional, ni ne peut lui être attribué s'il n'est signé par le président, le directeur général, le secrétaire ou par un employé du centre mais uniquement, dans le cas de ce dernier, dans la mesure déterminée par règlement du conseil d'administration.

Toutefois, la signature d'un avocat ou d'un notaire à l'emploi du centre régional engage ce centre régional dans tous les cas où il s'agit de l'exercice de ses fonctions de professionnel pour un bénéficiaire.

[1972, c. 14, a. 49; 1996, c. 23, a. 52, 54].

SECTION V.1 — SERVICES PROFESSIONNELS

50. Dans le cadre des règlements adoptés en vertu du présent chapitre et des règlements du centre régional, le directeur général délivre, au nom de ce centre, les attestations d'admissibilité à l'aide juridique.

Le conseil d'administration peut toutefois, dans la limite qu'il indique par résolution, déléguer ce pouvoir au directeur d'un bureau d'aide juridique ou, à défaut, à un membre du personnel du centre que la résolution désigne ainsi qu'au directeur d'un centre local d'aide juridique, qui doivent être des avocats. Dans ce cas, les dispositions de la présente section et des sections VI à VI.2 relatives au directeur général s'appliquent, compte tenu des adaptations

nécessaires, aux personnes à qui ce pouvoir a été délégué.

[1972, c. 14, a. 50; 1996, c. 23, a. 22, 52, 54; 2010, c. 12, a. 19].

51. Le directeur général doit fournir à un bénéficiaire les services professionnels d'un avocat ou d'un notaire à l'emploi du centre régional.

[1972, c. 14, a. 51; 1996, c. 23, a. 52].

52. Le directeur général doit confier un mandat à un avocat ou notaire qui n'est pas à l'emploi du centre, lorsqu'un bénéficiaire fait le choix particulier de cet avocat ou de ce notaire et que celui-ci accepte de fournir ses services professionnels au bénéficiaire conformément aux règlements. Dans un tel cas, cet avocat ou ce notaire doit remplir personnellement ce mandat dans ses aspects essentiels.

[1972, c. 14, a. 52; 1996, c. 23, a. 23, 54].

52.1. Malgré les dispositions des articles 51 et 52, le gouvernement peut, par règlement, prévoir les services juridiques qui, compte tenu des impératifs d'une bonne administration des fonds publics d'aide juridique, sont dispensés, selon ce qu'indique le règlement, de façon permanente ou temporaire, exclusivement soit par des avocats ou des notaires à l'emploi d'un centre d'aide juridique, soit par des avocats ou des notaires qui ne sont pas à l'emploi d'un tel centre.

Tout règlement d'exclusivité peut également porter sur des secteurs d'activités dans lesquels les services juridiques sont dispensés.

Le règlement d'exclusivité indique les services juridiques ou les secteurs d'activités qui en font l'objet. Il peut prévoir que son application est restreinte au territoire qu'il désigne. S'il pourvoit à l'exclusivité temporaire, ce règlement fixe la période pendant laquelle il s'applique.

Un règlement d'exclusivité n'a pas pour effet d'écarter l'application des articles 53 à 55.

[1996, c. 23, a. 24].

53. Dans le cas où un centre régional n'a pas le personnel suffisant pour fournir à un bénéficiaire l'aide juridique par l'intermédiaire d'un avocat ou d'un notaire à son emploi à temps plein, le directeur général peut confier un mandat à un autre avocat ou notaire.

[1972, c. 14, a. 53; 1996, c. 23, a. 52].

54. Dans le cas où la nature de la question, du litige, de la cause ou de la poursuite nécessite une compétence particulière que le centre n'est pas en mesure d'assumer par l'entremise d'un avocat à son emploi, le directeur général assigne au bénéficiaire un autre avocat.

[1972, c. 14, a. 54; 1996, c. 23, a. 54].

55. Dans le cas où une personne qui demande l'aide juridique est partie à un litige ou à une cause impliquant, en défense ou en demande, un bénéficiaire pour lequel un avocat permanent du centre agit comme procureur, le directeur général réfère la personne à un autre centre ou confie un mandat à un avocat qui n'est pas à l'emploi d'un centre, selon la méthode qui s'avère la plus pratique.

[1972, c. 14, a. 55; 1996, c. 23, a. 54].

56. Le directeur général doit dresser une liste des avocats et des notaires qui ne sont pas à l'emploi du centre et qui acceptent que leurs services professionnels soient retenus pour des bénéficiaires.

[1972, c. 14, a. 56; 1996, c. 23, a. 54].

57. Sous réserve de l'article 52, le directeur général doit répartir équitablement entre chacun des avocats ou, selon le cas, des notaires visés à l'article 56, les mandats qui leur sont confiés, en tenant compte de la nature des questions ou litiges et du nombre de mandats confiés à chacun d'eux.

[1972, c. 14, a. 57].

58. Dans le cas où le directeur général fournit à un bénéficiaire les services professionnels d'un avocat ou d'un notaire qui n'est pas à l'emploi du centre régional, il fixe alors, dans le cadre des règlements, les conditions du mandat qu'il accorde à cet avocat ou ce notaire.

[1972, c. 14, a. 58; 1996, c. 23, a. 52].

59. Un avocat employé à temps plein par un centre ou par la Commission doit se consacrer exclusivement à l'exercice de ses fonctions pour ce centre ou, le cas échéant, pour la Commission, sauf dans des cas exceptionnels avec l'approbation du centre ou, le cas échéant, de la Commission et conformément aux règlements.

[1972, c. 14, a. 59; 1996, c. 23, a. 54; 2010, c. 12, a. 20].

60. Un avocat ou un notaire qui n'est pas à l'emploi d'un centre d'aide ou de la Commission et qui rend des services juridiques à un bénéficiaire dans le cadre de la présente loi ne peut, à l'égard de ces services, recevoir que les honoraires et déboursés prévus par la présente loi et les règlements.

Quiconque a versé une somme d'argent ou procuré quelque autre avantage non prévu par la présente loi a droit de les recouvrer.

[1972, c. 14, a. 60; 1982, c. 36, a. 4; 1996, c. 23, a. 25; 2010, c. 12, a. 21].

61. Nonobstant toute loi ou tout règlement à ce contraire, un avocat ou un notaire à l'emploi d'un centre ou de la Commission doit remettre au centre ou, le cas échéant, à la Commission les montants des honoraires et des déboursés qu'il perçoit par suite d'un jugement ou d'une transaction

De plus, sous réserve de son traitement et des autres bénéfices que lui accorde, en vertu de la présente loi, le centre ou la Commission qui l'emploie, il est interdit à un tel avocat ou notaire d'accepter, pour exécuter ses fonctions, une somme d'argent ou un bénéfice quelconque.

[1972, c. 14, a. 61; 1996, c. 23, a. 26, 54; 2010, c. 12, a. 22].

61.1. Dans le cas d'une cause pénale ou criminelle, longue et complexe notamment en raison de la durée prévue du procès, du nombre d'accusés, du nombre et de la nature des accusations, de la nature de la preuve, de la durée prévue pour l'audition des requêtes préliminaires annoncées ou anticipées, ainsi qu'il est mentionné dans le procès verbal de la conférence préparatoire ou indiqué au dossier du tribunal, ou encore en raison de la durée de l'enquête qui a conduit au dépôt des accusations, seule la Commission décide si le bénéficiaire peut recevoir les services professionnels d'un avocat conformément aux articles 83.3 à 83.7 et 83.9 à 83.12 et quelle est, le cas échéant, la tarification applicable aux honoraires accordés à l'avocat.

Les dispositions des articles 56 et 57 ne s'appliquent pas dans le cadre du présent article.

[2010, c. 12, a. 23].

Section VI —— Demandes d'aide juridique

62. Une personne doit, pour que l'aide juridique lui soit accordée, en faire la demande.

Chacune des parties à une entente doit, pour que l'aide juridique soit accordée pour les services juridiques prévus au paragraphe 1.1° de l'article 4.7, en faire la demande.

La demande doit être présentée en la manière établie par règlement.

La personne financièrement admissible à l'aide juridique moyennant le versement d'une contribution est tenue d'acquitter, pour l'étude de sa demande, les frais au montant fixé par règlement, à moins que l'aide juridique ne lui soit accordée pour les services juridiques prévus au paragraphe 1.1° de l'article 4.7.

[1972, c. 14, a. 62; 1982, c. 36, a. 5; 1988, c. 51, a. 97; 1996, c. 23, a. 27; 1998, c. 36, a. 165; 2005, c. 15, a. 140; 2012, c. 20, a. 38].

63. Sous réserve des dispositions des articles 4.3 et 4.13 et du deuxième alinéa de l'article 50, seul le directeur général a compétence pour décider de l'attribution de l'aide juridique.

Dans le cas où le requérant est une personne qui exerce ou entend exercer le recours collectif, le directeur général délivre une attestation d'admissibilité à cette personne si elle-même ou une partie importante des membres du groupe qu'elle représente ou entend représenter sont admissibles à recevoir l'aide juridique.

[1972, c. 14, a. 63; 1978, c. 8, a. 52; 1982, c. 36, a. 6; 1996, c. 23, a. 28].

64. Le requérant doit, conformément aux règlements, exposer sa situation financière et, selon le cas, celle de sa famille, à moins qu'il soit admissible suivant le deuxième alinéa de l'article 4 et qu'il déclare, de la manière prévue par règlement, ne pas être financièrement admissible.

Le requérant doit également établir les faits sur lesquels se fonde sa demande conformément aux règlements.

Il doit fournir ou veiller à ce que soient fournis tous les renseignements et documents déterminés par règlement et qui sont nécessaires à l'établissement et à la vérification de son admissibilité à l'aide juridique et à l'établissement, s'il en est, de la contribution exigible.

Le directeur général ou un membre de son personnel qu'il désigne à cette fin peut, dans le cadre d'une vérification, exiger de toute personne tout renseignement ou document relatif à l'admissibilité financière à l'aide juridique d'un requérant, examiner ces documents et en tirer copie. Toute personne à qui une telle demande est faite est tenue de s'y conformer.

[1972, c. 14, a. 64; 1996, c. 23, a. 29; 2012, c. 20, a. 39].

65. Le directeur général à qui une demande est faite doit, dans le plus bref délai possible, procéder à l'étude de cas du requérant, afin de statuer sur son admissibilité à l'aide juridique.

[1972, c. 14, a. 65].

66. Le directeur général délivre une attestation d'admissibilité à chaque personne à laquelle l'aide juridique est accordée.

Toutefois, il délivre une seule attestation pour les parties à une entente auxquelles l'aide juridique est accordée pour les services juridiques prévus au paragraphe 1.1° de l'article 4.7.

La forme et le contenu de l'attestation sont déterminés par règlement.

L'attestation doit être remise par le bénéficiaire, sans délai, à son avocat ou à son notaire, qui la dépose au dossier de la cour ou, selon le cas, au bureau de la publicité des droits.

L'attestation n'est valide que pour la période, le litige, la poursuite ou le service juridique que le directeur général détermine.

Chaque recours devant une instance, y compris en appel, doit faire l'objet d'une nouvelle demande d'aide juridique.

Lorsqu'un bénéficiaire a été déclaré financièrement admissible moyennant le versement d'une contribution, la délivrance ultérieure, dans la même affaire, d'une ou plusieurs attestations d'admissibilité à ce même bénéficiaire n'entraîne pas pour ce bénéficiaire l'obligation de verser de nouveau une contribution.

[1972, c. 14, a. 66; 1996, c. 23, a. 30; 2012, c. 20, a. 40].

67. En cas d'urgence, le directeur général peut, avant l'étude approfondie du dossier d'un requérant, délivrer une attestation conditionnelle d'admissibilité pour la prestation des actes conservatoires nécessaires à la préservation des droits du requérant, notamment pour la comparution dans une poursuite criminelle ou pénale. Le directeur général peut délivrer par la suite, si le requérant est admissible, une attestation définitive avec effet rétroactif.

Lorsque le directeur général ne délivre pas au requérant une attestation définitive avec effet rétroactif:

1° l'avocat ou le notaire du requérant doit, s'il n'est pas à l'emploi du centre d'aide ou de la Commission, recouvrer du requérant ses honoraires et déboursés afférents aux actes conservatoires accomplis;

2° le requérant est tenu, lorsque les actes conservatoires ont été accomplis par un avocat ou un notaire à l'emploi du centre d'aide ou de la Commission, de rembourser, conformément aux dispositions de la section VI.1, les coûts de l'aide juridique obtenue.

[1972, c. 14, a. 67; 1996, c. 23, a. 31; 2010, c. 12, a. 24].

68. Un requérant ou bénéficiaire de l'aide juridique doit, sans délai, aviser le centre auquel il a fait une demande ou qui lui a émis une attestation, de tout changement dans sa situation ou dans celle de sa famille qui affecte son admissibilité à l'aide juridique.

[1972, c. 14, a. 68; 1996, c. 23, a. 32, 54].

69. Le directeur général doit refuser l'émission d'une attestation d'admissibilité à une personne autrement admissible dans le cas où, à cause du fondement de son droit et du montant en litige, un avocat qui n'est pas à l'emploi d'un centre accepte d'agir comme procureur et de faire, conformément au paragraphe 3 de l'article 126 de la *Loi sur le Barreau* (chapitre B-1), une entente expresse relative aux honoraires extrajudiciaires.

Toutefois, si ce requérant ne parvient pas à percevoir un montant équivalant à celui qui aurait été versé à son avocat si le requérant avait bénéficié de l'aide juridique, et si le directeur général estime que les circonstances l'indiquent, l'aide juridique peut lui être accordée, déduction faite du montant perçu, le cas échéant, avec effet rétroactif à compter de la date de la demande refusée en vertu du premier alinéa.

Lorsque l'aide est ainsi accordée parce que le jugement ne peut être exécuté, le centre est subrogé dans les droits du requérant contre la partie adverse pour le montant de l'aide accordée. La créance du centre est acquittée de préférence à celle du requérant.

[1972, c. 14, a. 69; 1982, c. 36, a. 7; 1996, c. 23, a. 33, 54].

70. L'aide juridique peut être refusée ou retirée, selon le cas, à toute personne qui, sans raison suffisante:

a) refuse ou néglige de fournir les renseignements ou documents requis pour l'étude de sa demande;

*a.*1) fournit volontairement un renseignement que le directeur général a des motifs raisonnables de croire faux ou inexact;

b) néglige de se conformer à l'article 68;

c) refuse ou néglige d'exercer les droits et recours judiciaires qui lui appartiennent;

d) refuse ou néglige d'accorder à l'avocat ou au notaire qui lui rend des services professionnels, la collaboration normale et habituelle entre un avocat ou un notaire et son client.

L'aide juridique peut également être refusée ou retirée lorsque le requérant, le bénéficiaire ou un autre membre de la famille a disposé d'un bien ou de liquidités sans juste considération de manière à rendre le requérant ou le bénéficiaire financièrement admissible à l'aide juridique ou à éluder le versement d'une contribution.

L'aide juridique peut en outre être suspendue ou retirée lorsque le bénéficiaire fait défaut de verser, en tout ou en partie, la contribution exigible, s'il en est.

Le retrait ou la suspension de l'aide peut intervenir en tout état de cause. Sous réserve des règlements, le centre verse à l'avocat ou au notaire qui n'est pas à l'emploi du centre les honoraires et déboursés auxquels il a droit pour les services qu'il a rendus avant que le retrait ou la suspension ne lui soit notifié.

[1972, c. 14, a. 70; 1996, c. 23, a. 34].

71. Lorsque le bénéficiaire cesse d'être financièrement admissible, l'aide juridique peut être maintenue pour les services faisant l'objet de l'attestation qui lui avait été délivrée.

[1972, c. 14, a. 71; 1996, c. 23, a. 35].

72. (*Abrogé*).

[1996, c. 23, a. 36].

73. Le directeur général doit aviser par écrit le requérant du refus, de la suspension ou du retrait de l'aide juridique. Cet avis doit contenir les motifs de la décision et le directeur général doit en transmettre, le cas échéant, une copie à l'avocat ou au notaire responsable du dossier qui doit en informer le greffier du tribunal ou l'officier de la publicité des droits. La décision du directeur général comporte, lorsqu'il s'agit d'un refus ou d'un retrait de l'aide juridique, la mention du droit du requérant ou, selon le cas, du bénéficiaire d'en demander la révision et du délai dans lequel cette demande doit être présentée.

[1972, c. 14, a. 73; 1996, c. 23, a. 37].

SECTION VI.1 — RECOUVREMENT DES COÛTS DE L'AIDE JURIDIQUE

73.1. Une personne doit, dans les cas prévus par les règlements et dans la mesure

qui y est établie, rembourser au centre d'aide juridique, sur demande, les coûts de l'aide juridique obtenue.

[1996, c. 23, a. 38].

73.2. Le recouvrement des coûts de l'aide juridique se prescrit par trois ans à compter du moment où, suivant les règlements, leur remboursement devient exigible. S'il y a eu mauvaise foi, il se prescrit par trois ans à compter de la date à laquelle le directeur général a eu connaissance du fait que ces coûts sont recouvrables, mais au plus tard dix ans après la date à laquelle le remboursement aurait été autrement exigible.

[1996, c. 23, a. 38].

73.3. Le directeur général met en demeure le débiteur par un avis qui énonce le montant et les motifs d'exigibilité de la dette et le droit du débiteur de demander une révision de cette décision.

Cette mise en demeure interrompt la prescription.

[1996, c. 23, a. 38].

73.4. Le débiteur doit rembourser la dette dans le délai prévu par règlement, à moins que le directeur général n'accepte que tout ou partie de la dette soit remboursée en plusieurs versements.

La dette devient exigible en totalité lorsque le débiteur fait défaut de se conformer à une entente prise avec le directeur général.

[1996, c. 23, a. 38].

73.5. Lorsque le débiteur fait défaut de rembourser tout ou partie de la dette, le directeur général ou un membre de son personnel qu'il désigne à cette fin peut, à l'expiration du délai pour demander une révision ou, s'il y a révision, à compter de la date de la décision du comité de révision confirmant en tout ou en partie la décision du directeur général, délivrer un certificat attestant le montant et l'exigibilité de la dette. Ce certificat fait preuve, en l'absence de toute preuve contraire, de l'exigibilité de la dette et du montant dû.

[1996, c. 23, a. 38].

73.6. Le débiteur est tenu au paiement d'intérêts, dans les cas et suivant les modalités déterminés par règlement, au taux qui y est fixé.

[1996, c. 23, a. 38].

SECTION VI.2 — RÉVISION

74. Une personne à qui l'aide juridique est refusée ou retirée ou de qui le remboursement des coûts de l'aide juridique est exigé ou qui conteste le montant de la contribution exigible peut, dans les trente jours de la décision du directeur général, faire une demande de révision au comité formé en vertu du paragraphe *k* de l'article 22. La demande est décidée par trois membres dont au moins un est avocat. Cette demande délie l'avocat de la personne qui demande la révision et le directeur général de leur secret professionnel à l'égard du comité chargé d'effectuer la révision et de son délégué.

Lorsque la décision concerne le refus ou le retrait de l'aide juridique, le directeur général doit, en cas d'urgence, délivrer une attestation conditionnelle d'admissibilité pour la prestation des actes conservatoires nécessaires à la préservation des droits de la personne qui demande la révision. Lorsqu'une telle attestation est délivrée, la révision doit être effectuée en priorité.

Lorsque le comité chargé d'effectuer la révision décide que la personne qui a demandé la révision n'est pas admissible à l'aide juridique:

1° l'avocat ou le notaire de la personne qui a demandé la révision doit, s'il n'est pas à l'emploi du centre d'aide ou de la Commission, recouvrer de cette personne ses honoraires et débours afférents aux actes conservatoires accomplis;

2° la personne qui a demandé la révision est tenue, lorsque les actes conservatoires ont été accomplis par un avocat ou un notaire à l'emploi du centre d'aide ou de la Commission, de rembourser, conformément aux dispositions de la section VI.1, les coûts de l'aide juridique obtenue.

[1972, c. 14, a. 74; 1996, c. 23, a. 39; 2010, c. 12, a. 25].

75. Toute partie intéressée dans un litige ou une cause peut contester l'admissibilité financière d'une personne à l'aide juridique en faisant une demande à cette fin au directeur général; la décision du directeur général peut faire l'objet, dans les quinze jours de la date à laquelle elle a été rendue, d'une demande de révision auprès du comité de révision.

[1972, c. 14, a. 75; 1996, c. 23, a. 40; 1997, c. 43, a. 25].

76. Sous réserve de l'article 75, la demande écrite de révision ou en contestation doit contenir un exposé sommaire des motifs invoqués et être adressée par courrier recommandé ou certifié au président de la Commission.

Le cas échéant, une copie de la demande doit être transmise à l'avocat ou au notaire qui a été chargé de rendre les services professionnels au bénéficiaire.

[1972, c. 14, a. 76; 1975, c. 83, a. 84].

77. Le comité de révision doit, avant de prendre sa décision, donner au requérant ou bénéficiaire, ainsi que, le cas échéant, à la personne qui conteste l'admissibilité financière à l'aide juridique, l'occasion de présenter ses observations.

[72, c. 14, a. 77; 1996, c. 23, a. 41; 1997, c. 43, a. 26].

78. Le comité de révision avise sans délai les personnes visées et le centre de sa décision et des raisons qui la motivent.

[1972, c. 14, a. 78; 1996, c. 23, a. 54; 1997, c. 43, a. 27].

79. La décision visée à l'article 78 est finale et n'est pas sujette à appel.

[1972, c. 14, a. 79].

SECTION VII — RÈGLEMENTS

80. Peuvent être adoptés des règlements pour les fins du présent chapitre, à moins que le contexte n'indique un sens différent, notamment pour:

　　a) déterminer, aux fins de l'admissibilité financière, dans quel cas une personne, autre que le père ou la mère, forme, avec les enfants, une famille et désigner cette personne, prévoir dans quels cas ou quelles circonstances et, le cas échéant, à quelles conditions une personne continue de faire partie d'une famille, en devient membre ou cesse d'en faire partie et définir, pour l'application de l'article 1.2, ce que constitue la fréquentation d'un établissement d'enseignement;

a.1) déterminer la période pour laquelle les revenus, les liquidités et les autres actifs sont considérés aux fins de l'admissibilité financière à l'aide juridique et prévoir les conditions dans lesquelles a lieu cette détermination;

a.2) déterminer, aux fins de l'admissibilité financière à l'aide juridique, dans quels cas et, s'il y a lieu, à quelles conditions et dans quelle mesure:

1° sont considérés les revenus, les liquidités et les autres actifs du requérant et de sa famille;

2° sont considérés les revenus, les liquidités et les autres actifs du requérant et de son conjoint;

3° sont considérés les revenus, les liquidités et les autres actifs du requérant, de son conjoint et d'un enfant;

4° ne sont considérés que les revenus, les liquidités et les autres actifs d'un enfant mineur;

5° ne sont pas considérés les revenus, les liquidités et les autres actifs du conjoint du requérant;

a.3) déterminer ce qui constitue les revenus, les liquidités et les autres actifs aux fins de l'admissibilité financière à l'aide juridique et, à cette fin, déterminer les revenus, les liquidités et les autres actifs qui doivent être considérés ou exclus, indiquer les montants qui peuvent être déduits des revenus, prévoir les méthodes de calcul pour établir les revenus ou la valeur des biens et déterminer ce que comprennent les liquidités;

a.4) fixer le niveau maximal des revenus ainsi que la valeur maximale des liquidités et des autres actifs en deçà desquels une personne est financièrement admissible à l'aide juridique gratuite en vertu de l'article 4.1;

a.5) fixer le niveau maximal des revenus en deçà duquel une personne est financièrement admissible à l'aide juridique moyennant le versement d'une contribution en vertu de l'article 4.2 et, à cette fin, prévoir dans quelle mesure les liquidités sont réputées constituer des revenus et dans quelle mesure et suivant quelle proportion, exprimée en pourcentage, la valeur des actifs autres que les liquidités est réputée constituer des revenus, déterminer la contribution exigible et fixer le montant maximal que cette contribution peut atteindre;

a.6) déterminer la contribution exigible d'une personne déclarée financièrement admissible à l'aide juridique en vertu de l'article 4.3 et fixer le montant maximal que cette contribution peut atteindre;

a.7) déterminer, aux fins de la contribution prévue au paragraphe *a*.5 ou *a*.6, ce que comprennent les coûts de l'aide juridique, fixer à quel moment le versement de la contribution est exigible du bénéficiaire et déterminer les normes qui régissent le versement de la contribution et, à cette fin, prévoir les délais et les modalités du versement, établir dans quels cas le bénéficiaire est tenu au paiement d'intérêts et en fixer le taux;

a.8) adapter, pour les personnes qui résident dans une région éloignée, les règles d'admissibilité financière à l'aide juridique gratuite ou moyennant le versement d'une contribution et, à cette fin, fixer la période minimale de résidence dans cette région et déterminer ce qu'est une région éloignée;

a.9) déterminer ce que comprennent les coûts de l'aide juridique pour les services prévus au paragraphe 1.1° de l'article 4.7, fixer à quel moment le paiement de ces coûts est exigible d'une personne admissible à l'aide juridique suivant le deuxième alinéa de l'article 4 à qui l'aide juridique est accordée, établir dans quels cas cette personne est tenue au paiement d'intérêts et en fixer le taux et déterminer toutes autres modalités relatives au paiement de ces coûts;

b) déterminer les programmes de prestations ou d'indemnités dans le cadre desquels l'aide juridique est accordée, dans la mesure prévue au paragraphe 7° de l'article 4.7 et au paragraphe 2° de l'article 4.10 ou désigner les dispositions législatives établissant ces programmes;

b.1) déterminer, outre ceux qui sont déjà accordés en vertu du présent chapitre, les services juridiques pour lesquels l'aide juridique est accordée et prévoir, s'il y a lieu, à quelles conditions cette aide est accordée et déterminer, outre ceux pour lesquels aucune aide n'est accordée, les services juridiques qui ne peuvent faire l'objet de l'aide juridique et prévoir, s'il y a lieu, dans quels cas et à quelles conditions ces services ne peuvent faire l'objet de cette aide;

b.2) définir les termes et expressions utilisés dans la présente loi ou en préciser la portée;

c) fixer les conditions que doit remplir un centre d'aide juridique et les renseignements qu'elle doit fournir pour être habilitée par la Commission aux fins de la présente loi;

d) déterminer les conditions de toute entente entre la Commission et les centres d'aide juridique aux fins de la présente loi;

e) déterminer la forme et le contenu de toute attestation d'admissibilité délivrée en vertu du présent chapitre;

f) déterminer, après consultation du Barreau du Québec ou, selon le cas, de la Chambre des notaires du Québec, les services juridiques, autres que ceux qui sont du ressort exclusif de l'avocat ou du notaire, qu'un stagiaire ou un étudiant en droit à l'emploi d'un centre d'aide juridique est autorisé à rendre ainsi que les secteurs d'activités dans lesquels ces services juridiques peuvent ainsi être rendus et les conditions suivant lesquelles ces services sont rendus;

g) pour l'application de la présente loi, déterminer les livres, comptes et statistiques qu'un centre d'aide juridique doit tenir ainsi que la nature et la forme des rapports qu'il doit fournir, la nature des renseignements qu'ils doivent contenir et l'époque à laquelle ils doivent être produits;

h) déterminer la forme et le contenu d'une demande d'aide juridique ainsi que d'une déclaration faite en vertu du premier alinéa de l'article 64 de même que la teneur des engagements que le requérant doit prendre;

h.1) déterminer les documents et les renseignements que doit fournir une personne qui demande l'aide juridique et désigner les catégories de personnes qui sont dispensées de l'obligation de fournir certains documents ou certains renseignements;

h.2) définir ce qu'est un requérant à l'aide juridique et désigner les personnes ou les organismes qui ne peuvent présenter une demande d'aide juridique au nom d'autrui;

h.3) déterminer les documents et les renseignements relatifs à une demande d'aide juridique qui peuvent faire l'objet d'une vérification, auprès de qui cette vérification peut être effectuée et prévoir les autorisations qui peuvent être exigées à cet égard;

i) pour l'application de la présente loi, établir les normes et critères suivant lesquels sont établies les indemnités payables aux membres du conseil d'administration d'un centre régional et les allocations de présence payables aux membres du comité administratif;

j) pour l'application de la présente loi, fixer la date de la fin de son exercice financier et de celui des centres d'aide juridique ainsi que la date du dépôt de leurs prévisions budgétaires;

k) pour l'application de la présente loi, édicter des règles nécessaires à sa régie interne et à la conduite de ses affaires, notamment en ce qui concerne le fonctionnement du comité chargé d'effectuer les révisions prévues à la section VI.2;

l) prendre, s'il y a lieu, les dispositions nécessaires à l'application des dispositions d'une entente prévue à l'article 94, notamment en vue de prévoir l'attribution de l'aide juridique selon ce qui est prévu à l'entente;

m) pour l'application de la présente loi, déterminer les normes et critères relatifs au contrôle que doit exercer un centre régional sur les dépenses d'un centre local d'aide juridique;

n) déterminer l'endroit où une personne qui désire obtenir l'aide juridique doit adresser sa demande et établir des règles à cet égard;

o) (*paragraphe supprimé*);

p) déterminer les cas où, malgré les dispositions du présent chapitre, les honoraires et les déboursés des avocats et des notaires qui ne sont pas à l'emploi d'un centre ou de la Commission et dont les services sont retenus pour le compte d'un bénéficiaire, sont payés par le centre ou par la Commission;

q) déterminer, pour l'application du deuxième alinéa de l'article 63, les critères et les normes selon lesquels le directeur général établit qu'une partie importante d'un groupe est admissible à l'aide juridique;

r) fixer le montant des frais qu'un centre local ou qu'un bureau doit exiger conformément à l'article 62, établir, quant à ces frais, des modalités de paiement et déterminer dans quels cas ils pourront être remboursés;

s) prévoir, aux fins du recouvrement des coûts de l'aide juridique, dans quels cas et dans quelle mesure une personne est tenue de rembourser ces coûts, déterminer ce que comprennent ces coûts, fixer la manière selon laquelle le montant exigible est établi, déterminer tout ou partie des sommes que le débiteur n'est pas tenu de rembourser et les cas dans lesquels le recouvrement n'a pas lieu, fixer à quel moment le remboursement des coûts est exigible, prévoir le délai et les modalités de ce remboursement et déterminer dans quels cas le débiteur est tenu au paiement d'intérêts et en fixer le taux;

s.1) déterminer le montant et les modalités du remboursement auquel les parties ont droit dans le cas d'un retrait de l'aide juridique en application de l'article 4.11.1;

t) pourvoir à l'exclusivité de services prévue à l'article 52.1;

u) déterminer les modalités et la forme de la reddition de comptes qu'un avocat ou un notaire doit, en vertu de la présente loi, accomplir auprès de la Commission à propos des honoraires et des déboursés relatifs aux services juridiques qu'il a rendus, les délais dans lesquels cette reddition de comptes doit être accomplie et les cas d'exception pour lesquels une telle reddition de comptes n'est pas requise;

v) déterminer les règles applicables au paiement des honoraires et déboursés par la Commission, incluant la date à compter de laquelle court la prescription d'une créance relative à un relevé d'honoraires et de déboursés payable par un centre ou par la Commission en vertu de la présente loi.

Les dispositions des règlements pris en vertu des paragraphes *a* à *a*.8 du premier alinéa peuvent varier selon qu'il s'agit d'une personne seule ou d'une famille, selon la composition de la famille, selon la situation du requérant ou d'un membre de sa famille, selon le nombre d'enfants ou selon qu'il s'agit d'une personne physique, d'un groupe de personnes ou d'une personne morale ou, dans le cas du paragraphe *a*.2, selon le service juridique dispensé ou, dans le cas du paragraphe *a*.4, selon le type d'actifs ou selon que le requérant ou son conjoint est propriétaire ou non de la résidence ou, dans le cas du paragraphe *h*.1, selon que le requérant est une personne physique, un groupe de personnes ou une personne morale. La méthode de calcul pour établir les revenus ou la valeur des biens visés au paragraphe *a*.3 du premier alinéa peut varier selon les types de revenus et les actifs considérés. Les dispositions du règlement prises en vertu du paragraphe *a*.5 ou *a*.6 du premier alinéa et relatives à l'établissement de la contribution peuvent prévoir que cette dernière peut varier selon qu'il s'agit d'une personne seule ou d'une famille et selon le niveau de revenus du bénéficiaire ou selon qu'il s'agit d'une personne physique, d'un groupe de personnes ou d'une personne morale. Les normes relatives au versement par le bénéficiaire de la contribution prévue au paragraphe *a*.7 peuvent varier selon que les services ont été rendus par un avocat ou un notaire à l'emploi d'un centre d'aide ou de la Commission ou par un avocat ou un notaire qui n'est pas à l'emploi d'un centre ou de la Commission. Les dispositions du règlement prises en vertu du paragraphe *f* du premier alinéa peuvent varier selon les services juridiques rendus ou les secteurs d'activités dans lesquels ces services sont rendus ou selon que les services sont rendus par un stagiaire ou un étudiant en droit. La manière permettant d'établir le montant exigible d'une personne tenue de rembourser les coûts de l'aide juridique, en vertu du paragraphe *s* du premier alinéa, peut varier selon les cas qu'indique le règlement. Les dispositions d'un règlement prévu au paragraphe *t* du premier alinéa peuvent varier selon les services juridiques dispensés ou les secteurs d'activités dans lesquels ces services sont dispensés ou selon le territoire où elles s'appliquent et leur durée d'application

Le gouvernement prend les règlements visés aux paragraphes *a* à *a*.9, *b* à *b*.2, *h* à *h*.3, *l*, *q* à *v* du premier alinéa.

Tout autre règlement pris dans le cadre du présent chapitre est pris par la Commission et est soumis à l'approbation du gouvernement qui peut l'approuver avec ou sans modification.

Après son approbation, un règlement pris par la Commission pour l'application du paragraphe *k* du premier alinéa est publié à la *Gazette officielle du Québec*. Il entre en vigueur à compter de cette publication ou à toute date ultérieure qui y est indiquée.

[1972, c. 14, a. 80; 1978, c. 8, a. 53; 1982, c. 36, a. 9; 1982, c. 17, a. 35; 1996, c. 23, a. 42, 52, 53, 54; 2000, c. 8, a. 101; 2010, c. 12, a. 27; 2012, c. 20, a. 41].

80.1.-81 (*Abrogés*).

[2010, c. 12, a. 28].

SECTION VIII — DISPOSITIONS PÉNALES (ABROGÉE)

82.-82.1 (*Abrogés*).

[2010, c. 10, a. 29].

83. (*Abrogé*).

[1992, c. 61, a. 47].

Chapitre III — Prestation de certains services juridiques autres que l'aide juridique

83.1. Outre les fonctions et les devoirs qui lui sont attribués par le chapitre II, la Commission des services juridiques doit veiller à ce que des services juridiques soient fournis aux personnes accusées dans un procès pénal ou criminel dont le droit aux services d'un avocat rémunéré par l'État, afin d'assurer leur droit constitutionnel à un procès équitable, a été reconnu par une ordonnance judiciaire.

Elle doit également veiller à ce que de tels services soient offerts lorsqu'une ordonnance judiciaire portant sur la désignation d'un avocat a été rendue aux termes d'une disposition du *Code criminel* (L.R.C. (1985), ch. C-46), notamment en vertu des articles 486.3 et 672.24, des paragraphes 8 à 8.2 de l'article 672.5 et des articles 684 et 694.1 de ce code.

[2010, c. 12, a. 30].

83.2. Les principes énoncés à l'article 3.2 s'appliquent, compte tenu des adaptations nécessaires, à la gestion et à la prestation des services juridiques rendus dans le cadre du présent chapitre, sans égard à l'admissibilité financière des personnes qui y sont visées.

Les articles 60 et 61 s'appliquent à l'égard d'un service rendu par un avocat en vertu du présent chapitre, compte tenu des adaptations nécessaires.

[2010, c. 12, a. 30].

83.3. La Commission, en concertation avec les centres régionaux, prend les mesures nécessaires pour assurer une application cohérente du présent chapitre.

[2010, c. 12, a. 30].

83.4. Dès qu'un directeur général est informé de faits prévus à l'un des articles 61.1 et 83.1, il doit en aviser, sans délai, la Commission. Dans le cas prévu à l'article 61.1, l'avis du directeur général peut comporter une recommandation, laquelle ne lie pas la Commission.

La Commission informe le directeur général de tout fait semblable dont elle a connaissance.

[2010, c. 12, a. 30],

83.5. Le directeur général du lieu où doit se dérouler ou, le cas échéant, se poursuit la procédure ou le procès exerce les fonctions qui sont attribuées au directeur général en vertu du chapitre II.

[2010, c. 12, a. 30].

83.6. Le directeur général doit confier la prestation des services juridiques à un avocat qui n'est pas à l'emploi d'un centre régional, lorsqu'une personne visée à l'un des articles 61.1 et 83.1 fait le choix particulier de cet avocat et que celui-ci accepte de fournir ses services professionnels à cette personne selon les honoraires indiqués, le cas échéant, par la Commission en vertu du premier alinéa de l'article 83.12.

À défaut, le directeur général doit fournir les services professionnels d'un avocat du centre régional.

Le présent article ne s'applique pas lorsqu'une ordonnance a été rendue aux termes de l'article 486.3 du *Code criminel* (L.R.C. (1985), ch. C-46).

[2010, c. 12, a. 30].

83.7. Sous réserve de l'article 83.8, lorsqu'une personne visée à l'un des articles 61.1 et 83.1 n'a pas fait de choix particulier conformément aux articles 52 ou 83.6 ou que son avocat n'accepte pas de fournir ses services professionnels conformément aux règlements et que le directeur général est dans l'impossibilité de fournir les services professionnels d'un avocat à l'emploi du centre régional, ce directeur fait appel à la Commission qui doit procurer à cette personne les services professionnels d'un avocat selon l'un des trois modes suivants:

1° un avocat qui n'est pas à l'emploi d'un centre régional ou de la Commission et qui accepte de fournir ses services professionnels selon les honoraires indiqués, le cas échéant, par la Commission en vertu du premier alinéa de l'article 83.12;

2° un avocat qui est à l'emploi de la Commission;

3° un avocat qui est à l'emploi d'un centre régional avec lequel le centre régional a conclu une entente de prêt de services conformément à l'article 83.11.

Dans la mesure du possible, la sélection des avocats se fait selon le libre choix du bénéficiaire.

Malgré le premier alinéa, la Commission peut exceptionnellement conclure un contrat de services professionnels avec un avocat, qui n'est pas à l'emploi d'un centre régional ou de la Commission, lorsque l'expertise particulière de cet avocat est requise pour permettre à la Commission de s'acquitter de son obligation prévue au premier alinéa de l'article 83.1 ou si la conclusion de ce contrat permet d'assurer une gestion efficace des services et des ressources.

[2010, c. 12, a. 30].

83.8. Pour l'application d'une ordonnance rendue aux termes de l'article 486.3 du *Code criminel* (L.R.C. (1985), ch. C-46), la sélection de l'avocat doit être faite, dans la mesure du possible, selon la règle de l'alternance entre, d'une part, un avocat visé au paragraphe 1° du premier alinéa de l'article 83.7 et, d'autre part, un avocat visé au deuxième alinéa de l'article 83.6 ou au paragraphe 2° ou 3° du premier alinéa de l'article 83.7.

[2010, c. 12, a. 30].

83.9. Tout avocat qui rend des services professionnels dans le cadre du présent chapitre doit, sous réserve des règlements, les accomplir personnellement, dans leurs aspects essentiels.

[2010, c. 12, a. 30].

83.10. La Commission dresse et tient à jour, pour tout le territoire du Québec, une liste des avocats visés au paragraphe 1° du premier alinéa de l'article 83.7 et en transmet une copie à chaque centre régional.

La Commission met cette liste à la disposition du public.

[2010, c. 12, a. 30].

83.11. Le directeur général du centre régional du lieu où doit se dérouler ou, le cas échéant, se poursuit la procédure ou le procès peut conclure avec le directeur général d'un autre centre régional une entente prévoyant un prêt de services d'un membre du personnel de leur centre respectif.

La Commission est partie à cette entente.

L'entente peut également prévoir un prêt de services d'un membre du personnel de la Commission ou l'affectation à un centre régional d'un avocat lié à la Commission par un contrat de services professionnels.

[2010, c. 12, a. 30].

83.12. Dans les cas prévus au premier alinéa de l'article 83.6 et au paragraphe 1° du premier alinéa de l'article 83.7, la Commission indique, en application du tarif applicable en vertu de l'article 83.21, les honoraires applicables à l'avocat d'une personne visée à l'article 61.1 ou au premier alinéa de l'article 83.1.

La Commission établit, par règlement, les critères qu'elle doit notamment considérer pour prendre la décision visée au premier alinéa, compte tenu des circonstances de l'affaire. Ce règlement est soumis à l'approbation du gouvernement qui peut l'approuver avec ou sans modification.

La Commission doit aviser sans délai le directeur général de sa décision.

La décision de la Commission ne peut faire l'objet d'aucune révision par le comité formé en vertu du paragraphe *k* de l'article 22.

[2010, c. 12, a. 30].

83.13. La personne visée au premier alinéa de l'article 83.1 est tenue de verser le montant de la contribution qu'elle s'est engagée à verser. Elle est également tenue de fournir toute garantie qu'elle s'est engagée à fournir.

Ces garanties sont établies en faveur de la Commission.

[2010, c. 12, a. 30].

83.14. La personne visée au premier alinéa de l'article 83.1 doit verser la contribution à son avocat s'il n'est pas à l'emploi d'un centre régional ou de la Commission.

L'avocat visé au premier alinéa de l'article 83.6 ou au paragraphe 1° du premier alinéa de l'article 83.7 doit, selon les honoraires que la Commission a indiqués en vertu du premier alinéa de l'article 83.12, utiliser la totalité de la contribution que la personne visée au premier alinéa de l'article 83.1 s'est engagée à verser avant de réclamer à la Commission d'autres honoraires.

[2010, c. 12, a. 30].

83.15. La personne visée au premier alinéa de l'article 83.1 doit verser la contribution à la Commission dans le cas où son avocat est à l'emploi d'un centre ou de la Commission.

[2010, c. 12, a. 30].

83.16. La personne visée au premier alinéa de l'article 83.1 qui n'aurait pas dû bénéficier, en raison notamment de sa fausse déclaration, de la prestation de certains services juridiques dans le cadre du présent chapitre, est tenue de rembourser à la Commission les coûts des services juridiques qui lui ont été ainsi rendus.

Pour l'application du premier alinéa, les services rendus, lorsqu'ils le sont par un avocat visé à l'un des paragraphes 2° ou 3° du premier alinéa ou du troisième alinéa de l'article 83.7, sont réputés avoir été rémunérés en vertu du premier alinéa de l'article 83.12, selon les honoraires indiqués par la Commission.

[2010, c. 12, a. 30].

83.17. Le gouvernement peut par règlement déterminer ce que comprennent les coûts d'un service juridique visé aux fins de l'article 83.16.

[2010, c. 12, a. 30].

83.18. La Commission peut, par règlement:

1° déterminer les cas où les honoraires et les déboursés des avocats, qui ne sont pas à l'emploi d'un centre ou de la Commission et dont les services sont retenus à la suite d'une ordonnance visée à l'article 83.1, sont payés par un centre ou par la Commission;

2° déterminer la forme et le contenu du document confirmant le droit à la prestation de services juridiques dans le cadre du présent chapitre;

3° déterminer l'endroit où une personne qui désire obtenir des services juridiques doit adresser sa demande et établir des règles à cet égard;

4° déterminer la manière dont la liste prévue à l'article 83.10 est dressée et tenue à jour, ainsi que les renseignements qu'elle doit contenir.

Les règlements de la Commission sont soumis à l'approbation du gouvernement qui peut les approuver avec ou sans modification.

[2010, c. 12, a. 30].

Chapitre IV
Dispositions communes

SECTION I — DISPOSITIONS GÉNÉRALES

83.19. Sous réserve des dispositions d'une convention collective, la Commission des services juridiques détermine, par règlement, les normes et barèmes de rémunération de son personnel et de celui des centres régionaux conformément aux conditions définies par le gouvernement.

[2010, c. 12, a. 30].

83.20. Pour l'application de la *Loi sur l'équité salariale* (chapitre E-12.001), la Commission et les centres régionaux sont réputés ne constituer qu'une seule entreprise et la Commission est considérée l'employeur des salariés des centres régionaux.

Malgré l'article 11 de la *Loi sur l'équité salariale*, il ne peut y avoir qu'un seul programme d'équité salariale pour l'ensemble des salariés de la Commission et des centres régionaux.

[2010, c. 12, a. 30].

83.21. Le ministre peut, avec l'approbation du Conseil du trésor, conclure avec les organismes habilités à représenter les notaires, les avocats, les huissiers ou les sténographes, toute entente concernant les tarifs des honoraires applicables aux fins de la présente loi ainsi qu'une procédure de règlement des différends et les matières qui peuvent en faire l'objet. L'entente a force de loi, prend effet le jour de sa publication à la *Gazette officielle du Québec* et cesse d'avoir effet à la date qui y est fixée.

À défaut d'entente selon le premier alinéa, le ministre peut, avec l'approbation du Conseil du trésor, édicter un règlement concernant les sujets pouvant faire l'objet d'une entente et y fixer la date où il cesse d'avoir effet.

Un tarif établi suivant les dispositions du présent article peut fixer, dans la mesure qui y est prévue, des honoraires forfaitaires pour l'ensemble des services juridiques fournis dans le cadre d'un même mandat. Il peut prévoir le niveau maximal des honoraires pouvant être versés en vertu de la présente loi à un même professionnel au cours d'une période que le tarif indique et au-delà duquel les honoraires versés à ce professionnel sont réduits, pour chaque mandat, dans la proportion que le tarif indique. Les dispositions du tarif relatives au niveau maximal des honoraires pouvant être versés à un même professionnel peuvent varier selon la catégorie de professionnels à laquelle elles s'appliquent. Le tarif peut également indiquer qui peut déterminer les honoraires applicables à un service non tarifé ou, dans certains cas, le dépassement des honoraires applicables et prévoir, le cas échéant, à quelles conditions un tel pouvoir peut être exercé.

Le tarif peut déterminer les indemnités de déplacements et autres déboursés admissibles ou indiquer qui peut les déterminer ou encore, référer au règlement ou à la directive qui s'applique.

Une entente ou un règlement demeure en vigueur après la date fixée pour sa cessation d'effet jusqu'à son remplacement, soit par une nouvelle entente, soit par un nouveau règlement.

Une nouvelle entente ou un nouveau règlement peut rétroagir à une date qui ne peut être antérieure à la date où le texte remplacé devait cesser d'avoir effet. Lorsqu'une modification intervient en cours d'effet d'un texte, celle-ci peut rétroagir à une date qui ne peut être antérieure à la date de prise d'effet initiale du texte.

[2010, c. 12, a. 30].

83.22. La Commission peut convenir avec toute association d'experts des honoraires et des frais auxquels ont droit les experts qui acceptent d'agir à ce titre dans le cadre de la présente loi. Une telle convention s'applique sur tout le territoire du Québec.

À défaut de convention avec une association, tout centre régional ou tout regroupement de centres régionaux peut conclure une convention avec ne association d'experts ou avec les personnes qui acceptent d'agir comme experts. Une telle convention s'applique sur tout le territoire du Québec ou dans les régions que la convention indique.

Sauf en cas d'impossibilité d'agir des experts visés par une convention, lorsqu'une convention a été conclue, un centre ne peut en aucun cas verser, pour toute expertise, des honoraires et frais supérieurs à ceux prévus dans la convention.

En l'absence d'une convention ou en cas d'impossibilité d'agir des experts visés par une convention, le directeur général fixe le montant des honoraires et des frais payables à l'expert.

[2010, c. 12, a. 30].

SECTION II — DISPOSITIONS PÉNALES

83.23. Commet une infraction et est passible d'une amende d'au moins 800 $ et d'au plus 10 000 $, s'il s'agit d'une personne physique, et d'une amende d'au moins 2 500 $ et d'au plus 62 000 $, s'il s'agit d'une personne morale, toute personne qui fait une déclaration qu'elle sait fausse ou trompeuse ou transmet un document sachant que celui-ci contient un renseignement trompeur ou faux, en vue:

1° de se rendre ou de demeurer admissible à l'aide juridique prévue par le chapitre II;

2° de rendre un membre de sa famille admissible ou de le faire demeurer admissible à cette aide;

3° d'aider une autre personne à obtenir cette aide à laquelle elle n'a pas droit.

[2010, c. 12, a. 30].

83.24. Tout avocat ou notaire qui, contrairement à l'article 60 ou au deuxième alinéa de l'article 61, reçoit une somme d'argent ou quelque autre avantage non prévu par la présente loi commet une infraction et est passible d'une amende d'au moins 2 000 $ et d'au plus 32 000 $.

[2010, c. 12, a. 30].

83.25. Tout avocat ou notaire visé au premier alinéa de l'article 61 qui fait défaut de remettre au centre ou, le cas échéant, à la Commission qui l'emploie les honoraires et déboursés qu'il perçoit à la suite d'un jugement ou d'une transaction commet une infraction et est passible d'une amende d'au moins 2 000 \$ et d'au plus 32 000 \$.

[2010, c. 12, a. 30].

83.26. Toute personne qui refuse ou néglige de fournir les renseignements et les documents exigés par l'article 64 commet une infraction et est passible d'une amende d'au moins 500 \$ et d'au plus 5 000 \$ s'il s'agit d'une personne physique et d'une amende d'au moins 1 500 \$ et d'au plus 30 000 \$ s'il s'agit d'une personne morale.

[2010, c. 12, a. 30].

SECTION III — DISPOSITIONS DIVERSES

84. La Commission doit transmettre ses prévisions budgétaires au ministre de la Justice, pour l'exercice financier subséquent, au plus tard le premier novembre de chaque année.

[1972, c. 14, a. 84; 1996, c. 23, a. 45].

85. La Commission et les centres d'aide juridique ne peuvent faire de dépenses ou assumer des obligations dont les montants dépassent, dans un exercice financier, les sommes dont ils disposent pour cet exercice.

La Commission ne peut, au cours d'un exercice financier, prendre des engagements, autres qu'un emprunt, supérieurs au montant autorisé à cette fin par le ministre de la Justice pour cet exercice. Les centres d'aide juridique ne peuvent non plus, au cours d'un exercice financier, prendre des engagements supérieurs au montant autorisé à cette fin par la Commission pour cet exercice.

Le présent article n'a pas pour effet d'empêcher la Commission ou un centre de s'engager pour plus d'un exercice financier lorsqu'il s'agit du bail d'un bien meuble ou immeuble, d'une convention collective ou de la rémunération et des conditions de travail des employés qui ne sont pas régis par une telle convention. Il n'a pas non plus pour effet d'empêcher la Commission de contracter un emprunt

dont le terme de remboursement excède un exercice financier.

[1972, c. 14, a. 85; 1979, c. 32, a. 13; 1996, c. 23, a. 46].

85.1. La Commission ne peut contracter un emprunt, par billet ou autre titre, qu'avec l'autorisation du gouvernement, au taux d'intérêt et aux autres conditions que ce dernier détermine.

[1996, c. 23, a. 46].

86. Chaque centre d'aide juridique doit, chaque année, à la date fixée par règlement, transmettre à la Commission un rapport financier vérifié par un comptable public et comprenant son bilan, son compte de revenus et dépenses, l'état des obligations assumées ou des engagements contractés, notamment en vertu de l'article 52, un estimé du coût de ses engagements ainsi qu'un état détaillé de l'utilisation de l'aide financière que la Commission lui a accordée. Il doit transmettre une copie de ce rapport au ministre de la Justice.

[1972, c. 14, a. 86; 1979, c. 32, a. 14; 1996, c. 23, a. 47, 54].

87. La Commission doit, chaque année, dans les quatre mois qui suivent la clôture de son exercice financier, transmettre au ministre de la Justice un rapport financier vérifié par un comptable public et comprenant son bilan, son compte de revenus et dépenses, l'état des obligations assumées ou des engagements contractés, notamment en vertu de l'article 52, un estimé du coût de ses engagements ainsi qu'un état détaillé de l'utilisation de la subvention que le gouvernement lui a accordée et de tout revenu dont elle dispose, y compris les sommes perçues par les centres d'aide juridique.

Sur demande, la Commission doit également transmettre au ministre tout renseignement ou tout document se rapportant à l'administration de la présente loi que le ministre requiert.

[1972, c. 14, a. 87; 1979, c. 32, a. 14; 1996, c. 23, a. 48].

87.1. Un centre ne peut assumer le financement d'un recours collectif, si ce n'est qu'il peut permettre qu'un avocat à son emploi soit le procureur du représentant.

[1978, c. 8, a. 54; 1996, c. 23, a. 54].

87.2. La Commission assume le coût des déboursés de cour exigibles par le gouvernement du Québec et des droits qu'un officier de la publicité des droits aurait autrement perçus, et dont les bénéficiaires sont dispensés du paiement en application du paragraphe b du premier alinéa de l'article 5, à l'exception des honoraires visés à l'article 8.3 de la *Loi favorisant la réforme du cadastre québécois* (chapitre R-3.1). À la fin de chaque exercice financier, elle verse les déboursés et les droits dont elle assume le paiement au fonds consolidé du revenu. La partie de ces déboursés et de ces droits relative au coût des biens et services que finance le fonds des registres du ministère de la Justice ou le Fonds d'information sur le territoire du ministère des Ressources naturelles et de la Faune est portée au crédit de l'un ou l'autre de ces fonds, selon le cas.

[1993, c. 28, a. 1; 1996, c. 23, a. 49; 2000, c. 42, a. 99; 2003, c. 8, a. 6; 2011, c. 16, a. 42; 2011, c. 18, a. 101; 2013, c. 16, a. 43].

88. Sous réserve de l'article 89, tout centre régional ayant compétence sur la totalité ou une partie de l'île de Montréal, et que la Commission désigne à cette fin, succède, à compter de la date que la Commission détermine, au Bureau d'assistance judiciaire du Barreau de Montréal et il en acquiert les droits et en assume les obligations à la date indiquée.

[1972, c. 14, a. 88; 1996, c. 23, a. 52].

89. Les employés permanents de tout organisme d'assistance judiciaire établi en vertu de la *Loi sur le Barreau* et les employés d'une section du Barreau chargés exclusivement de s'occuper de l'assistance judiciaire, qui sont en fonction le 5 septembre 1972, ont droit, en priorité, de devenir des employés de la Commission ou d'un centre d'aide juridique, suivant que le détermine la Commission.

Les avantages que la Commission ou les centres accorderont à ces employés ne doivent pas être moindres que ceux dont ils bénéficiaient le 21 mars 1972.

[1972, c. 14, a. 89; 1996, c. 23, a. 54].

90. La Commission peut provisoirement fournir directement les services d'aide juridique dans une région jusqu'à ce qu'un centre régional ait été constitué et soit en mesure de fournir lui-même ces services.

Dans le cas visé au présent article, la Commission exerce les pouvoirs dévolus à un centre régional, elle en assume les fonctions et en remplit les devoirs.

À cette fin, la Commission nomme un avocat qui exerce les fonctions dévolues par la présente loi au directeur général d'un centre régional.

[1972, c. 15, a. 3; 1996, c. 23, a. 52].

91. Toutes communications faites par un requérant ou un bénéficiaire à l'un des membres de la Commission ou à un centre, au directeur général ou à l'un quelconque de leurs préposés, a le même caractère confidentiel qu'une communication entre client et avocat, et toutes ces personnes qui reçoivent telles communications sont tenues au secret professionnel.

[1972, c. 14, a. 90; 1996, c. 23, a. 54].

92. La Commission, un centre ou un bureau d'aide juridique peut se prévaloir des dispositions de l'article 88 du *Code des professions* (chapitre C-26). À cette fin, ils sont assimilés à une personne recourant aux services d'un membre d'un ordre professionnel.

[1972, c. 14, a. 93; 1996, c. 23, a. 50].

93. Le ministre de la Justice doit, dans les six mois qui suivent la fin de chaque exercice financier, déposer à l'Assemblée nationale un rapport des activités de la Commission pour cet exercice financier.

[1972, c. 14, a. 95].

94. Le ministre de la Justice peut, conformément à la loi, conclure des ententes relatives à l'aide juridique avec tout autre gouvernement ou l'un de ses ministères ou organismes ou avec toute autre autorité qui, à l'extérieur du Québec, est responsable de l'attribution de l'aide juridique.

Le ministre peut également, conformément à la loi, conclure avec le gouvernement du Canada ou l'un de ses ministères ou organismes, des ententes relatives au paiement par le Canada au Québec de la partie des dépenses nécessaires à l'application de la présente loi qui est déterminée par ces ententes.

[1972, c. 14, a. 97; 1996, c. 23, a. 51].

95. Le ministre de la Justice est chargé de l'application de la présente loi.

[1972, c. 14, a. 99].

96. (*Cet article a cessé d'avoir effet le 17 avril 1987*).

[1982, c. 21, a. 1; R.-U., 1982, c. 11, ann. B, ptie I, a. 33].

Les dispositions mentionnées comme non en vigueur (trame grise) entreront en vigueur à la date fixée par le gouvernement (2012, c. 20, a. 57).

L'article 4.6 sera modifié lors de l'entrée en vigueur de l'article 813 du chapitre 1 des lois de 2014.

RÈGLEMENT SUR L'AIDE JURIDIQUE,

D. 1073-96, (1996) 128 *G.O.* II, 5307 [RLRQ, c. A-14, r. 2], tel que modifié par D. 1454-97, (1997) 129 *G.O.* II, 7081; L.Q. 1997, c. 90; L.Q. 1998, c. 36; L.Q. 1999, c. 89; L.Q. 2001, c. 60, a. 165; D. 1277-2005, (2006) 138 *G.O.* II, 227; Avis, (2006) 138 *G.O.* I, 1302; Avis, (2007) 139 *G.O.* I, 1121; Avis, (2009) 141 *G.O.* I, 7; Avis, (2009) 141 *G.O.* I, 1172; L.Q. 2010, c. 12; Avis, (2010) 142 *G.O.* I, 1461; Avis, (2011) 143 *G.O.* I, 1397; D. 438-2012, (2012), 144 *G.O.* II, 2380; Avis, (2012) 144 *G.O.* I, 719; Avis, (2012) 144 *G.O.* I, 1434; Avis, (2013) 145 *G.O.* I, 652; 2013, c. 28; D. 866-2013, (2013), 145 *G.O.* II, 3601; D. 1280-2013, (2013) 145 *G.O.* II, 5539.

Loi sur l'aide juridique et sur la prestation de certains autres services juridiques, RLRQ, c. A-14, a. 80, 1ᵉʳ al., par. *a*, *a*.1 à *a*.8, *b* à *b*.2, *h* à *h*.3, *l*, *q* et *s* et 3ᵉ al.; 1996, c. 23, a. 42

SECTION I — INTERPRÉTATION

0.1. Le présent règlement s'applique aux personnes admissibles à l'aide juridique dans le cadre du chapitre II de la *Loi sur l'aide juridique et sur la prestation de certains autres services juridiques* (chapitre A-14).

[L.Q. 2010, c. 32, a. 32].

1. Dans le présent règlement, les coûts de l'aide juridique comprennent tous les honoraires, débours et frais visés à l'article 5 de la *Loi sur l'aide juridique et sur la prestation de certains autres services juridiques* (chapitre A-14) ou, lorsque l'aide juridique est obtenue pour les services juridiques prévus au paragraphe 1.1° de l'article 4.7 de cette loi, les honoraires et les frais visés à l'article 5.1 de cette loi dans la proportion prévue à l'article 29.2; les honoraires sont, dans tous les cas, établis conformément aux tarifs applicables en vertu de l'article 83.21 de cette loi et, dans le cas d'un bénéficiaire visé à l'article 61.1 de cette loi, selon les indications de la Commission des services juridiques données en vertu du premier alinéa de l'article 83.12 de cette loi; les débours incluent les déboursés de cour et les droits exigibles pour les services rendus par les officiers de la publicité des droits; les coûts de l'aide juridique comprennent également des frais administratifs établis à 50 $ sauf lorsque l'aide juridique est obtenue pour les services juridiques prévus au paragraphe 1.1° de l'article 4.7 de cette loi.

En cas de condamnation aux dépens prononcée contre la partie adverse, les dépens taxés contre cette partie et recouvrés de celle-ci sont déduits des coûts de l'aide juridique.

[D. 1454-97, a. 1; L.Q. 2010, c. 32, a. 33, 34; D. 866-2013, a. 1].

2. Pour l'application de l'article 1.2 de la *Loi sur l'aide juridique et sur la prestation de certains autres services juridiques* (chapitre A-14), la personne, autre que le père ou la mère, qui peut former une famille avec des enfants est celle qui en a la garde en vertu d'un jugement du tribunal, sauf s'il s'agit d'une famille d'accueil au sens de la *Loi sur les services de santé et les services sociaux* (chapitre S-4.2) ou de la *Loi sur les services de santé et les services sociaux pour les autochtones cris* (chapitre S-5).

3. Pour l'application de l'article 1.2 de la *Loi sur l'aide juridique et sur la prestation de certains autres services juridiques* (chapitre A-14), un enfant majeur fréquente un établissement d'enseignement, s'il poursuit à temps plein, dans un tel établissement, un programme d'études secondaires, collégiales ou universitaires reconnu par le ministre de l'Éducation, du Loisir et du Sport ou par le ministre de l'Enseignement supérieur, de la Recherche, de la Science et de la Technologie.

« Temps plein » signifie:

1° à l'ordre d'enseignement secondaire: le fait d'être inscrit à temps complet dans une école de niveau secondaire;

2° à l'ordre d'enseignement collégial: le fait de suivre, pour un trimestre, au moins 4 cours ou 180 périodes;

3° à l'ordre d'enseignement universitaire: le fait de suivre, pour un trimestre, des cours donnant droit à 12 unités ou crédits.

Est réputé poursuivre à temps plein un programme d'études reconnu par le ministre de l'Éducation, du Loisir et du Sport ou par le ministre de l'Enseignement supérieur, de la Recherche, de la Science et de la Technologie, l'enfant majeur qui fréquente un établissement d'enseignement visé au premier alinéa, qui est atteint d'une déficience fonctionnelle majeure au sens du règlement édicté en vertu de l'article 10 de la *Loi sur l'aide financière aux études* (chapitre A-13.3) et qui, pour ce motif, poursuit un tel programme à temps partiel.

[L.Q. 1997, c. 90, a. 14; L.Q. 2010, c. 12, a. 34; L.Q. 2013, c. 28, a. 205].

4. L'enfant majeur qui a cessé de fréquenter un établissement d'enseignement à temps plein avant l'obtention d'un diplôme universitaire de premier cycle est considéré continuer de faire partie de la famille durant les trois années qui suivent la date à laquelle il a cessé de fréquenter à temps plein un tel établissement, à moins qu'il ne soit visé par l'une ou l'autre des situations prévues à l'article 5.

5. Pour l'application de l'article 1.2 de la *Loi sur l'aide juridique et sur la prestation de certains autres services juridiques* (chapitre A-14), est considéré cesser de faire partie de la famille et être adulte l'enfant, mineur ou majeur, qui est dans l'une ou l'autre des situations suivantes:

1° il ne fréquente plus un établissement d'enseignement à temps plein, il occupe un emploi et il ne dépend pas de sa famille pour sa subsistance;

2° il est titulaire d'un diplôme universitaire de premier cycle et fréquente un établissement d'enseignement;

3° pendant au moins deux ans, sans compter toute période durant laquelle il fréquente à temps plein un établissement d'enseignement, il a subvenu à ses besoins et il n'a pas résidé avec sa famille;

4° pendant au moins deux ans, il a occupé un emploi rémunéré à temps plein ou reçu, pour un tel emploi, des prestations en vertu de la *Loi sur l'assurance-emploi* (L.C. 1996, ch. 23);

5° il est marié ou l'a été;

6° il vit ou a vécu maritalement avec une autre personne et il cohabite ou a cohabité, à un moment donné, avec celle-ci pendant une période d'au moins un an;

7° il est père ou mère d'un enfant ou l'a été;

8° elle est enceinte depuis au moins 20 semaines;

9° son père, sa mère ou la personne désignée à l'article 2 est introuvable ou ceux-ci refusent de subvenir à ses besoins.

[L.Q. 2010, c. 12, a. 34].

SECTION II — DÉTERMINATION DES REVENUS ET DES ACTIFS AUX FINS DE L'ADMISSIBILITÉ FINANCIÈRE À L'AIDE JURIDIQUE

6. L'admissibilité financière à l'aide juridique est établie en considérant les revenus de l'année d'imposition qui précède celle de la date de la demande d'aide juridique. Toutefois, elle est établie en considérant les revenus estimés de l'année d'imposition au cours de laquelle la demande d'aide est présentée lorsque ces revenus sont de nature à affecter l'admissibilité financière du requérant ou à influer sur le montant de la contribution exigible de lui.

L'admissibilité financière est établie en considérant également la valeur des actifs, incluant les biens et les liquidités, possédés à la date de la demande.

[D. 1454-97, a. 2].

6.1. Sont considérés, aux fins de l'admissibilité financière, les revenus et les actifs du requérant et ceux de son conjoint.

Toutefois, lorsque la prestation des services juridiques est requise par un enfant ou pour son bénéfice, sont considérés:

1° les revenus et les liquidités de l'enfant;

2° les revenus et la valeur des actifs, incluant les biens et les liquidités, du père ou de la mère qui a la garde de l'enfant ou, selon le cas, ceux de la personne visée à l'article 2.

[D. 1454-97, a. 2].

7. Par exception à l'article 6.1, l'admissibilité financière d'une personne est établie:

1° en ne prenant pas en considération les revenus et les actifs du conjoint du requérant lorsque, dans une affaire ou un recours, ils ont des intérêts opposés;

2° en ne prenant en considération que les revenus et la valeur des liquidités de la personne mineure lorsque l'aide juridique est requise par cette personne ou pour son bénéfice:

a) dans le cadre de la *Loi sur la protection de la jeunesse* (chapitre P-34.1) ou de la *Loi sur le système de justice pénale pour les adolescents* (L.C., 2002, ch. 1);

b) dans le cadre de toute autre affaire ou recours, si les intérêts de la personne mineure sont opposés à ceux de son père, de sa mère ou, selon le cas, à ceux de la personne visée à l'article 2.

[D. 1454-97, a. 3].

8. Sont considérés, pour établir l'admissibilité financière, les revenus, les gains et les avantages de toute source, à l'exclusion:

1° des prestations fiscales pour enfants reçues en vertu de la *Loi de l'impôt sur le revenu* (L.R.C. (1985), ch. 1 (5ᵉ suppl.)) et des montants reçus en vertu de la *Loi sur les allocations spéciales pour enfants* (L.C. 1992, ch. 48, ann.);

2° des sommes reçues à titre de Soutien aux enfants;

3° des sommes, en capital et intérêts, reçues à titre de crédit d'impôt pour solidarité, de crédit d'impôt pour la taxe sur les produits et services et de crédit d'impôt pour les personnes qui prennent charge de leurs parents âgés;

4° du crédit d'impôt remboursable relatif à la prime du travail accordé par l'Agence du revenu du Québec;

5° des sommes reçues conformément aux programmes édictés en vertu de la *Loi sur la Société d'habitation du Québec* (chapitre S-8).

Les bourses reçues à titre d'étudiant sont incluses dans les revenus.

[L.Q. 1997, c. 57, a. 68; L.Q. 1998, c. 36, a. 209].

9. S'il s'agit d'un revenu d'entreprise, l'admissibilité financière est établie à partir du revenu net au sens de la *Loi sur les impôts* (chapitre I-3), déterminé selon la méthode de la comptabilité d'exercice, conformément aux principes comptables généralement reconnus.

Dans le calcul du revenu net d'entreprise, l'amortissement de biens servant à l'entreprise est exclu et un remboursement de capital n'est pas considéré comme une dépense d'exploitation.

[D. 1454-97, a. 4].

10. S'il s'agit d'un revenu provenant d'un immeuble, les dépenses admissibles aux fins de la *Loi sur les impôts* (chapitre I-3), sauf l'amortissement, sont déduites de ce revenu.

11. S'il s'agit d'un gain de capital, les pertes en capital admissibles aux fins de la *Loi sur les impôts* (chapitre I-3) et afférentes à ce gain sont déduites de celui-ci.

12. Sont déduits des revenus:

1° le montant des frais de scolarité qui serait déductible en vertu de la *Loi sur les impôts* (chapitre I-3);

2° le montant des frais de garde versés jusqu'à concurrence du montant admissible au crédit d'impôt pour ces frais en vertu de la *Loi sur les impôts*;

3° les pensions alimentaires versées;

4° les dépenses assumées pour pallier une déficience physique ou mentale grave.

13. Sont considérés, pour établir l'admissibilité financière, tous les actifs, y compris les biens et les liquidités, à l'exclusion:

1° de toute automobile principalement utilisée à des fins personnelles;

2° des meubles qui garnissent la résidence principale, servent à l'usage du ménage et sont nécessaires à la vie de celui-ci;

3° des instruments de travail nécessaires à l'exercice personnel d'une activité professionnelle;

4° de la valeur des crédits de rente accumulés dans tout régime de retraite ou de rente ou dans tout fonds de retraite, ainsi que les sommes accumulées, avec les intérêts, dans un autre instrument d'épargne-retraite lorsque, en vertu du régime, de l'instrument d'épargne ou de la loi, les crédits de rente accumulés dans le régime ou les sommes accumulées ne peuvent être retournés au participant avant l'âge de la retraite;

5° du capital provenant des prêts et bourses reçus à titre d'étudiant.

14. La valeur des crédits de rente ou des sommes visées au paragraphe 4° de l'article 13 est incluse dans les actifs autres que les liquidités lorsque ces sommes ou ces crédits peuvent, sur demande du participant, lui être retournés en vertu du régime, de l'instrument de retraite ou de la loi.

15. La valeur d'un bien est égale à sa valeur marchande.

Toutefois, la valeur de tout immeuble inscrit au rôle d'évaluation d'une municipalité est égale à la valeur qui y est indiquée, multipliée par le facteur comparatif du rôle, conformément aux dispositions de la *Loi sur la fiscalité municipale* (chapitre F-2.1).

Les dettes sont déduites de la valeur globale des biens.

16. Les liquidités comprennent ce qui est possédé en espèces ou sous une forme qui en est l'équivalent ainsi que la valeur des actifs qui peuvent être convertis en espèces à court terme, tels:

1° les fonds dont une institution financière est dépositaire pour une personne ou ceux qu'elle détient à son bénéfice si cette personne peut en disposer librement;

2° les valeurs mobilières possédées, si elles ont cours régulier sur le marché;

3° les créances dont le remboursement immédiat peut être obtenu;

4° tout actif négociable à vue.

Elles comprennent également la totalité de tout dépôt à terme.

Toutefois, sont compris dans les actifs autres que les liquidités:

1° le capital d'une indemnité versée à la suite d'une expropriation de biens immeubles ou d'un sinistre en compensation de la perte de biens immeubles s'il est utilisé dans les deux ans de sa réception pour le remplacement de ces biens en vue de la relocalisation permanente d'une personne;

2° le capital provenant de la vente d'une résidence s'il est utilisé pour en acheter ou en faire construire une nouvelle dans les six mois de la vente;

3° le capital provenant du partage du patrimoine familial s'il est utilisé dans l'année de sa réception pour le remplacement des biens concernés.

17. Les revenus et les actifs établis conformément aux dispositions de la présente section constituent les revenus et les actifs aux fins de l'admissibilité financière à l'aide juridique.

18. Outre la personne réputée financièrement admissible à l'aide juridique gratuite en vertu du deuxième alinéa de l'article 4.1 de la *Loi sur l'aide juridique et sur la prestation de certains autres services juridiques* (chapitre A-14), est financièrement admissible à l'aide juridique gratuite le requérant qui remplit les trois conditions suivantes:

1° ses revenus annuels, au sens de l'article 17, et ceux des autres personnes dont les revenus sont considérés en vertu du présent règlement n'excèdent pas, parmi les niveaux qui suivent, celui qui correspond à la catégorie qui lui est applicable :

Catégorie de requérants	Niveau annuel maximal
S'il s'agit d'une personne seule	16 306 $
S'il s'agit d'un requérant dont la famille est formée:	
• d'un adulte et d'un enfant	19 948 $
• d'un adulte et de deux enfants ou plus	21 296 $
• de conjoints sans enfant	22 691 $
• de conjoints avec un enfant	25 389 $
• de conjoints avec deux enfants ou plus	26 737 $

2° la valeur de ses actifs, au sens de l'article 17, et de ceux des autres personnes dont les actifs sont considérés en vertu du présent règlement, à l'exception de leurs liquidités, n'excède pas:

    a) 47 500 $ si le requérant ou son conjoint n'est pas propriétaire de la résidence;

    b) 90 000 $ si le requérant ou son conjoint est propriétaire de la résidence;

3° ses liquidités et celles des autres personnes dont les liquidités sont considérées en vertu du présent règlement n'excèdent pas:

    a) 2 500 $, s'il s'agit d'une personne seule;

b) 5 000 $, s'il s'agit d'une famille.

[D. 1454-97, a. 5; D. 1277-2005, a. 1, 4, 7, 10; L.Q. 2010, c. 12, a. 34; D. 1280-2013, a. 1].

19. Le requérant qui ne remplit pas l'une ou l'autre des trois conditions prévues à l'article 18 peut, dans la mesure prévue à l'article 20, être déclaré financièrement admissible à l'aide juridique moyennant le versement d'une contribution.

Aux fins de la détermination de cette admissibilité financière:

1° lorsque le requérant ne remplit pas l'une des conditions prévues aux paragraphes 2° et 3° de l'article 18;

    a) la valeur des actifs, autres que les liquidités, qu'il possède et que les autres personnes dont les actifs sont considérés en vertu du présent règlement possèdent et qui excède, selon la catégorie applicable au requérant, les valeurs prévues au paragraphe 2° de l'article 18, est réputée, dans une proportion de 10 % de l'excédent de cette valeur, constituer des revenus qui s'ajoutent aux autres revenus considérés aux fins de l'admissibilité en application de l'article 20;

    b) ses liquidités et celles des autres personnes dont les liquidités sont considérées en vertu du présent règlement et qui excèdent, selon la catégorie applicable au requérant, les valeurs prévues au paragraphe 3° de l'article 18, sont réputées constituer des revenus qui s'ajoutent aux autres revenus considérés aux fins de l'admissibilité en application de l'article 20;

2° lorsque le requérant remplit la condition prévue au paragraphe 1° de l'article 18, mais non celles prévues au paragraphe 2° ou 3° du même article, les revenus considérés aux fins de l'admissibilité en application de l'article 20 sont réputés égaux à la somme du niveau annuel maximal, selon la catégorie applicable au requérant, fixé au paragraphe 1° de l'article 18 et des revenus réputés s'ajouter aux termes du paragraphe 1° du deuxième alinéa du présent article.

[D. 1454-97, a. 6].

20. Est financièrement admissible à l'aide juridique, moyennant le versement d'une contribution, le requérant qui n'est pas financièrement admissible à l'aide juridique gratuite, suivant l'article 18, mais dont les revenus annuels au sens de l'article 17 et ceux des autres personnes dont les revenus sont considérés en vertu du présent règlement, y compris leurs revenus réputés suivant l'article 19, n'excèdent pas, parmi les niveaux qui suivent, celui qui correspond à la catégorie qui est applicable au requérant :

Catégorie de requérants	Niveau annuel maximal
S'il s'agit d'une personne seule	26 309 $
S'il s'agit d'un requérant dont la famille est formée :	
• d'un adulte et d'un enfant	32 185 $
• d'un adulte et de deux enfants ou plus	34 360 $
• de conjoints sans enfant	36 616 $
• de conjoints avec un enfant	40 965 $
• de conjoints avec deux enfants ou plus	43 141 $

[D. 1454-97, a. 7; D. 1277-2005, a. 2, 5, 8, 11; D. 1280-2013, a. 2].

21. Sous réserve des dispositions de l'article 23, le requérant financièrement admissible à l'aide juridique en vertu de l'article 20 est tenu de verser la contribution établie au tableau qui suit et correspondant, d'une part à la catégorie de requérant qui lui est applicable et, d'autre part aux revenus considérés aux fins de l'admissibilité en application de l'article 20 :

Catégorie de requérants	Revenus	Niveau de contribution
Personne seule		
	de 16 307 $ à 17 556 $	100 $
	de 17 557 $ à 18 806 $	200 $
	de 18 807 $ à 20 057 $	300 $
	de 20 058 $ à 21 307 $	400 $
	de 21 308 $ à 22 557 $	500 $
	de 22 558 $ à 23 807 $	600 $
	de 23 808 $ à 25 058 $	700 $
	de 25 059 $ à 26 309 $	800 $
Famille formée d'un adulte et d'un enfant		
	de 19 949 $ à 21 478 $	100 $
	de 21 479 $ à 23 007 $	200 $
	de 23 008 $ à 24 537 $	300 $
	de 24 538 $ à 26 066 $	400 $
	de 26 067 $ à 27 596 $	500 $
	de 27 597 $ à 29 125 $	600 $
	de 29 126 $ à 30 655 $	700 $
	de 30 656 $ à 32 185 $	800 $
Famille formée d'un adulte et de deux enfants ou plus		
	de 21 297 $ à 22 929 $	100 $
	de 22 930 $ à 24 526 $	200 $
	de 24 563 $ à 26 195 $	300 $
	de 26 196 $ à 27 828 $	400 $
	de 27 829 $ à 29 460 $	500 $
	de 29 461 $ à 31 093 $	600 $
	de 31 094 $ à 32 726 $	700 $
	de 32 727 $ à 34 360 $	800 $
Famille formée de conjoints sans enfant		
	de 22 692 $ à 24 432 $	100 $
	de 24 433 $ à 26 172 $	200 $
	de 26 173 $ à 27 913 $	300 $
	de 27 914 $ à 29 653 $	400 $
	de 29 654 $ à 31 394 $	500 $
	de 31 395 $ à 33 134 $	600 $
	de 33 135 $ à 34 875 $	700 $
	de 34 876 $ à 36 616 $	800 $
Famille formée de conjoints avec un enfant		
	de 25 390 $ à 27 335 $	100 $
	de 27 336 $ à 29 282 $	200 $
	de 29 283 $ à 31 229 $	300 $
	de 31 230 $ à 33 176 $	400 $
	de 33 177 $ à 35 123 $	500 $
	de 35 124 $ à 37 070 $	600 $
	de 37 071 $ à 39 017 $	700 $
	de 39 018 $ à 40 965 $	800 $
Famille formée de conjoints avec deux enfants ou plus		
	de 26 738 $ à 28 787 $	100 $
	de 28 788 $ à 30 837 $	200 $
	de 30 838 $ à 32 888 $	300 $
	de 32 889 $ à 34 938 $	400 $
	de 34 939 $ à 36 989 $	500 $
	de 36 990 $ à 39 039 $	600 $
	de 39 040 $ à 41 090 $	700 $
	de 41 091 $ à 43 141 $	800 $

[D. 1454-97, a. 8; D. 1277-2005, a. 3, 6, 9, 12; D. 1280-2013, a. 3].

21.0.1. (*Abrogé*).

[D. 1280-2013, a. 4].

21.0.2. Lorsque le taux général du salaire minimum visé par l'article 3 du *Règlement sur les normes du travail* (chapitre N-1.1, r.3) est haussé, les niveaux annuels maximaux de revenus prévus au paragraphe 1° de l'article 18 et à l'article 20 ainsi que les revenus prévus à l'article 21 sont augmentés du pourcentage correspondant à celui de la hausse du taux général du salaire minimum.

Cette augmentation a effet le trentième jour qui suit celui de la hausse effective du taux général du salaire minimum.

Les montants ainsi augmentés sont arrondis au dollar supérieur le plus près.

Le ministre de la Justice informe le public du résultat de l'augmentation en publiant à la *Gazette officielle du Québec* un avis présentant, sous forme de tableau, les seuils d'admissibilité financière ainsi augmentés et indiquant leur date de prise d'effet. Il peut également, s'il le juge approprié, diffuser cette information par tout autre moyen.

[D. 1280-2013, a. 5].

21.1. Est financièrement admissible à l'aide juridique gratuite le requérant qui est un groupe de personnes ou une personne morale sans but lucratif si les revenus annuels de ce groupe ou de cette personne morale, au sens de l'article 9, n'excèdent pas le niveau établi à l'article 18 pour une personne seule, si la valeur de ses actifs, incluant ses biens et ses liquidités, n'excède pas 90 000 $ et si au moins 50 % de ses membres sont financièrement admissibles à l'aide juridique gratuite.

[D. 1454-97, a. 9].

21.2. Est financièrement admissible à l'aide juridique, moyennant le versement d'une contribution le groupe de personnes ou la personne morale sans but lucratif qui n'est pas financièrement admissible à l'aide juridique gratuite suivant l'article 21.1 si les deux conditions suivantes sont remplies:

1° le groupe ou la personne morale remplit les conditions d'admissibilité à l'aide juridique gratuite suivant l'article 21.1 ou les conditions d'admissibilité à l'aide juridique moyennant le versement d'une contribution qui sont applicables à une personne seule suivant l'article 20;

2° au moins 50 % de ses membres sont financièrement admissibles à l'aide juridique gratuite ou moyennant le versement d'une contribution.

[D. 1454-97, a. 9].

21.3. Pour l'application du second alinéa de l'article 63 de la *Loi sur l'aide juridique et sur la prestation de certains autres services juridiques* (chapitre A-14), le requérant qui exerce ou entend exercer un recours collectif est financièrement admissible à l'aide juridique gratuite si les trois conditions suivantes sont remplies:

1° le requérant, s'il s'agit d'une personne physique, est financièrement admissible à l'aide juridique gratuite ou, s'il s'agit d'une personne morale, d'une coopérative ou d'une association visée à l'article 1048 du *Code de procédure civile* (chapitre C-25), ses revenus annuels, au sens de l'article 9, n'excèdent pas le niveau établi à l'article 18 pour une personne seule et la valeur de ses actifs, incluant ses biens et ses liquidités, n'excède pas 90 000 $;

2° au moins 50 % des membres du groupe que le requérant représente ou entend représenter se sont fait connaître;

3° au moins 50 % des membres du groupe qui se sont fait connaître sont financièrement admissibles à l'aide juridique gratuite.

[D. 1454-97, a. 9; L.Q. 2010, c. 12, a. 34].

21.4. Est financièrement admissible à l'aide juridique, moyennant le versement d'une contribution, le requérant qui exerce ou entend exercer un recours collectif et qui ne satisfait pas aux conditions d'admissibilité à l'aide juridique gratuite si les trois conditions suivantes sont remplies:

1º le requérant, s'il s'agit d'une personne physique, est financièrement admissible à l'aide juridique gratuite ou moyennant le versement d'une contribution ou, s'il s'agit d'une personne morale, d'une coopérative ou d'une association visée à l'article 1048 du *Code de procédure civile* (chapitre c. C-25), il remplit les conditions d'admissibilité à l'aide juridique gratuite applicables à cette catégorie de requérants suivant le paragraphe 1º de l'article 21.3 ou les conditions d'admissibilité à l'aide juridique moyennant le versement d'une contribution qui sont applicables à une personne seule suivant l'article 20;

2º au moins 50 % des membres du groupe que le requérant représente ou entend représenter se sont fait connaître;

3º au moins 50 % des membres du groupe qui se sont fait connaître sont financièrement admissibles à l'aide juridique gratuite ou moyennant le versement d'une contribution.

[D. 1454-97, a. 9].

21.5. L'admissibilité financière des membres d'un groupe ou d'une personne morale sans but lucratif et celle des membres d'un groupe pour lequel un recours collectif est exercé est établie en tenant compte de la situation financière des membres de leurs familles dont les revenus et les actifs sont considérés en vertu du présent règlement.

[D. 1454-97, a. 9].

21.6. Sous réserve des dispositions de l'article 23, la contribution exigible, s'il en est, d'un groupe de personnes ou d'une personne morale sans but lucratif ou d'une personne qui exerce ou entend exercer un recours collectif est de 800 $.

[D. 1454-97, a. 9].

22. Sous réserve des dispositions de l'article 23, la contribution exigible d'un requérant financièrement admissible à l'aide juridique en vertu de l'article 4.3 de la *Loi sur l'aide juridique et sur la prestation de certains autres services juridiques* (chapitre c. A-14) est de 800 $.

[D. 1454-97, a. 10; L.Q. 2010, c. 12, a. 34].

23. Toute contribution exigible ne peut en aucun cas excéder le montant correspondant aux coûts de l'aide juridique pour les services juridiques faisant l'objet de l'attestation d'admissibilité.

[D. 1454-97, a. 11].

24. Lorsque le requérant réside dans une région éloignée:

1º le niveau annuel maximal des revenus, en deçà duquel une personne est financièrement admissible à l'aide juridique gratuite ou moyennant le versement d'une contribution, tels qu'établis au paragraphe 1º de l'article 18 ou à l'article 20, est majoré de 20 %;

2º chacun des montants apparaissant sous la colonne « Revenus » du tableau de l'article 21 est majoré de 20 %.

Est résident d'une région éloignée le requérant qui, au moment de la présentation de la demande d'aide juridique, réside ou, dans le cas d'une personne morale, a son siège, depuis une période d'au moins 6 mois consécutifs, dans l'une des localités de Mistissini, d'Oujé-Bougoumou ou de Waswanipi ou dans une localité située, soit dans toute partie du territoire du Québec s'étendant au nord du 51ᵉ degré de latitude, soit dans le territoire de la Côte-Nord s'étendant à l'est de Havre-Saint-Pierre jusqu'à la limite est du Québec, y compris l'Île d'Anticosti.

[D. 1454-97, a. 12].

25. Les montants des revenus, des liquidités et des autres actifs considérés aux fins de l'admissibilité financière à l'aide juridique gratuite ou moyennant le versement d'une contribution et les montants des revenus considérés aux fins de l'établissement de la contribution sont diminués au dollar le plus près, s'ils comprennent une fraction de dollar inférieure à 0,50 $; ils sont augmentés au dollar le plus près s'ils comprennent une fraction de dollar égale ou supérieure à 0,50 $.

SECTION IV — VERSEMENT DE LA CONTRIBUTION

26. Le requérant qui satisfait aux conditions d'admissibilité à l'aide juridique moyennant le versement d'une contribution doit, pour recevoir l'attestation d'admissibilité, verser au centre local ou au bureau d'aide juridique où cette dernière a été demandée la somme de 50 $ à titre de frais administratifs, sauf si l'attestation est délivrée pour les services juridiques prévus au paragraphe 1.1° de l'article 4.7 de la *Loi sur l'aide juridique et sur la prestation de certains autres services juridiques* (chapitre A-14).

[D. 866-2013, a. 2].

27. Le bénéficiaire est tenu de payer la contribution qui lui est exigible au centre local ou au bureau d'aide juridique qui a délivré l'attestation d'admissibilité ou, lorsque celle-ci est délivrée pour les services juridiques prévus au paragraphe 1.1° de l'article 4.7 de la *Loi sur l'aide juridique et sur la prestation de certains autres services juridiques* (chapitre A-14), au centre local ou au bureau d'aide juridique où l'attestation a été demandée.

[D. 1454-97, a. 13; D. 866-2013, a. 3].

28. (*Abrogé*).

[D. 1454-97, a. 14].

29. Le bénéficiaire doit, au plus tard dans les 15 jours suivant la date de la délivrance de l'attestation d'admissibilité, verser au centre d'aide juridique une somme égale aux coûts réels prévisibles de l'aide juridique pour les services juridiques faisant l'objet de l'attestation d'admissibilité, jusqu'à concurrence du montant de la contribution maximale qui est exigible de lui.

Toutefois, le directeur général peut, dans ce délai, convenir avec le débiteur que cette somme sera payée sous forme de versements. Cette convention ne peut intervenir que si la prestation des services juridiques ne peut souffrir d'aucun retard et que le débiteur ne dispose, sauf pour assurer sa subsistance et ses besoins essentiels ainsi que ceux de sa famille, d'aucune liquidité pour acquitter en un seul versement la contribution exigible mais a la capacité financière de la payer sous forme de versements réguliers.

La convention fixe les modalités suivant lesquelles la contribution sera remboursée ainsi que la période totale d'étalement des versements. Cette période ne peut excéder 6 mois à compter de la date à laquelle la convention est intervenue.

[D. 1454-97, a. 15].

29.1. Lorsqu'un bénéficiaire fait défaut de verser, en tout ou en partie, la contribution exigible, le directeur général doit, sans délai, lui en donner avis et l'informer que ce défaut peut, conformément au troisième alinéa de l'article 70 de la *Loi sur l'aide juridique et sur la prestation de certains autres services juridiques* (chapitre A-14), entraîner la suspension ou le retrait de l'aide juridique accordée. Copie de cet avis et, le cas échéant, de tout avis de suspension ou de retrait de l'aide, ainsi que de toute mise en demeure doit être transmise à l'avocat ou au notaire responsable du dossier du bénéficiaire.

[D. 1454-97, a. 15; L.Q. 2010, c. 12, a. 34].

SECTION IV.1 — VERSEMENT DES COÛTS DE L'AIDE JURIDIQUE POUR LES SERVICES JURIDIQUES PRÉVUS AU PARAGRAPHE 1.1° DE L'ARTICLE 4.7 DE LA LOI SUR L'AIDE JURIDIQUE ET SUR LA PRESTATION DE CERTAINS AUTRES SERVICES JURIDIQUES

29.2. Le requérant qui, suivant le deuxième alinéa de l'article 4 de la *Loi sur l'aide juridique et sur la prestation de certains autres services juridiques* (chapitre A-14), satisfait aux conditions d'admissibilité à l'aide juridique doit, pour recevoir l'attestation d'admissibilité, verser au centre local ou au bureau d'aide juridique où l'attestation a été demandée la moitié des honoraires et des frais visés à l'article 5.1 de cette loi; lorsque plus d'un requérant représentent la partie créancière ou débitrice à l'entente, la moitié de ces honoraires et de ces frais est par ailleurs assumée à parts égales entre ces requérants.

[D. 866-2013, a. 4].

SECTION V — DEMANDE D'AIDE JURIDIQUE ET ATTESTATION D'ADMISSIBILITÉ

30. Celui qui requiert les services juridiques doit en faire lui-même la demande, à moins qu'il ne soit empêché de le faire, auquel cas la demande d'aide juridique peut être présentée, en son nom ou pour son bénéfice, par son tuteur, son curateur, un mandataire dans l'exécution du mandat donné en prévision de l'inaptitude du mandant, un parent ou un ami.

Si la demande d'aide juridique a pour objet d'obtenir pour un tiers l'ouverture ou la révision d'un régime de protection, l'homologation ou la révocation du mandat donné par cette personne en prévision de son inaptitude ou encore la garde de celle-ci contre son gré en établissement de santé ou de services sociaux ou son examen psychiatrique, celui qui présente cette demande, à l'égard de ce tiers, est réputé financièrement admissible lorsque ce tiers est lui-même financièrement admissible à l'aide juridique.

[D. 1454-97, a. 17].

31. Sauf s'il est admissible suivant le deuxième alinéa de l'article 4 de la *Loi sur l'aide juridique et sur la prestation de certains autres services juridiques* (chapitre A-14) et qu'il déclare ne pas être financièrement admissible suivant l'article 64 de cette loi, le requérant doit, de la manière prévue aux articles 34 à 34.2, exposer sa situation financière et celle des autres membres de la famille dont les revenus, les liquidités et les autres actifs doivent être considérés en vertu du présent règlement.

À cette fin, le requérant doit:

1º donner son nom, le lieu de sa résidence et ceux des membres de sa famille;

2º indiquer son numéro d'assurance sociale;

3º indiquer, s'il reçoit des prestations en vertu d'un programme d'aide financière de dernier recours, son numéro de dossier;

4º indiquer sa date de naissance et celle des membres de sa famille;

5º donner le nom et l'adresse de son employeur et de ceux des membres de sa famille dont les revenus, les liquidités et les autres actifs doivent être considérés en vertu du présent règlement;

6º établir ses revenus, ses actifs, ses dettes et ceux des membres de sa famille dont la situation financière est considérée en vertu du présent règlement.

Lorsque la fréquentation d'un établissement d'enseignement ou l'obtention d'un diplôme universitaire est prise en considération aux fins de l'admissibilité financière, celui qui déclare ce fait doit en fournir la preuve.

Le requérant doit également décrire les faits sur lesquels se fonde la demande d'aide juridique.

[D. 1454-97, a. 18; D. 866-2013, a. 5].

32. Lorsque le requérant est un groupe de personnes ou une personne morale sans but lucratif, il doit, de la manière prévue aux articles 34 à 34.2, faire un exposé de l'état financier du groupe ou de la personne morale sans but lucratif et d'au moins 50 % de ses membres qui sont financièrement admissibles à l'aide juridique. La personne qui présente la demande du groupe ou de la personne morale doit:

1º fournir son acte constitutif s'il s'agit d'une personne morale ou, dans le cas d'un groupe, indiquer qu'il poursuit un but non lucratif et décrire les objectifs du groupe ou de la personne morale et le territoire desservi ou à desservir;

2º donner le nombre des membres et identifier le système de comptabilité utilisé;

3º établir les revenus, les actifs, les dettes du groupe ou de la personne morale et ceux d'au moins 50 % de ses membres qui sont financièrement admissibles à l'aide juridique;

4º décrire les faits qui justifient la demande d'aide juridique.

[D. 1454-97, a. 19].

32.1. Lorsque le requérant exerce ou entend exercer un recours collectif, il doit, de la manière prévue aux articles 34 à 34.2, exposer sa situation financière et celle d'au moins 50 % des membres qui, parmi le groupe qu'il représente ou entend représenter, se sont fait connaître et qui sont financièrement admissibles à l'aide juridique.

À cette fin, le requérant doit:

1° donner le nombre de membres qui se sont fait connaître et le nombre approximatif de membres susceptibles d'être représentés;

2° établir:

a) ses revenus, ses actifs, ses dettes et ceux des membres de sa famille dont la situation financière est considérée en vertu du présent règlement;

b) les revenus, les actifs et les dettes d'au moins 50 % des membres du groupe qu'il représente ou entend représenter, qui se sont fait connaître et qui sont financièrement admissibles à l'aide juridique;

3° décrire les faits qui justifient la demande d'aide juridique.

[D. 1454-97, a. 19].

33. La demande doit comporter un engagement du requérant à:

1° informer sans délai le directeur général qui délivre l'attestation d'admissibilité à l'aide juridique de tout changement dans sa situation ou dans celle des autres personnes dont la situation financière est considérée et qui affecte son admissibilité à l'aide juridique;

2° informer sans délai le directeur général qui délivre l'attestation d'admissibilité à l'aide juridique de tout bien ou de tout droit de nature pécuniaire qu'il obtiendra après avoir bénéficié à cette fin de services rendus par un avocat ou un notaire;

2.1° informer sans délai le directeur général qui délivre l'attestation d'admissibilité à l'aide juridique de tout changement relatif à son lieu de résidence;

2.2° si l'aide juridique lui est accordée dans le cadre d'une revendication du statut de réfugié, informer sans délai le directeur

général qui lui délivre l'attestation d'admissibilité de la date à laquelle il est convoqué à l'audience devant la Section de la protection des réfugiés de la Commission de l'immigration et du statut de réfugié du Canada instituée en vertu de la *Loi sur l'immigration et la protection des réfugiés* (L.C. 2001, ch. 27).

3° rembourser, s'il y a lieu, les coûts de l'aide juridique conformément à la *Loi sur l'aide juridique et sur la prestation de certains autres services juridiques* (chapitre A-14) et au présent règlement;

4° verser, s'il y a lieu, la contribution exigible en application de la section IV.

Toutefois, lorsque le requérant est admissible suivant le deuxième alinéa de l'article 4 de la *Loi sur l'aide juridique et sur la prestation de certains autres services juridiques* (chapitre A-14) et qu'il déclare ne pas être financièrement admissible suivant l'article 64 de cette loi, la demande doit comporter uniquement l'engagement du requérant visé au paragraphe 2.1 du premier alinéa.

[D. 1454-97, a. 20; L.Q. 2010, c. 12, a. 34; D. 866-2013, a. 6].

34. Les revenus du requérant et des autres personnes dont la situation financière est considérée en vertu du présent règlement, sont établis, pour l'année d'imposition qui précède la date de la demande d'aide juridique, au moyen de la déclaration fiscale, pour cette année, des personnes concernées et de l'avis de cotisation s'y rapportant. À défaut de produire ces documents, le requérant doit fournir un état de ces revenus.

Lorsque l'admissibilité est établie en considérant les revenus estimés pour l'année d'imposition au cours de laquelle la demande d'aide est présentée, ces revenus sont établis par la production d'un état des revenus du requérant et de ceux des autres personnes dont la situation financière est considérée.

[D. 1454-97, a. 21].

34.1. Le requérant doit, dans la mesure prévue par le présent règlement, produire avec sa demande un état des actifs, incluant les biens et les liquidités, qu'il possède à la date de la demande ainsi qu'un état de ses dettes.

Le requérant doit également produire un état des actifs, incluant les biens et les liquidités, possédés à la date de la demande d'aide juridique par les autres personnes dont la situation financière est considérée, ainsi qu'un état de leurs dettes.

[D. 1454-97, a. 21].

34.2. Le requérant doit fournir les documents à l'appui de ses revenus, de ses actifs et de ses dettes et joindre à sa demande son autorisation écrite à ce que le centre d'aide juridique vérifie ces données auprès des autorités fiscales concernées, d'une institution financière, d'un organisme, d'un établissement d'enseignement, d'un ministère ou d'un employeur.

Le requérant doit également fournir les documents à l'appui des revenus, des actifs et des dettes des autres personnes dont la situation financière est considérée. À défaut, ces autres personnes doivent joindre à la demande leur autorisation écrite à ce que le centre d'aide juridique vérifie ces données auprès des autorités fiscales concernées, d'une institution financière, d'un organisme, d'un établissement d'enseignement, d'un ministère ou d'un employeur.

[D. 1454-97, a. 21].

35. Lorsque le centre d'aide lui en fait la demande, le requérant ou, selon le cas, le bénéficiaire doit en outre produire ou veiller à ce que soit produit tout autre document nécessaire à l'établissement ou à un nouvel examen de son admissibilité à l'aide juridique.

[D. 1454-97, a. 21].

36. La demande doit comporter une déclaration, dûment signée par le requérant, indiquant que les renseignements et les documents qu'il fournit sont exacts.

Lorsque les autres personnes dont la situation financière est considérée ne peuvent fournir les documents à l'appui de leurs revenus, de leurs actifs et de leurs dettes, celles-ci doivent joindre à la demande une déclaration, dûment signée par elles, indiquant que les renseignements qu'elles fournissent sont exacts.

[D. 1454-97, a. 22].

36.1. Le requérant admissible suivant le deuxième alinéa de l'article 4 de la *Loi sur l'aide juridique et sur la prestation de certains autres services juridiques* (chapitre A-14) doit, pour être dispensé de l'obligation d'exposer, lors de sa demande, sa situation financière et celle de sa famille, produire une déclaration à cet effet dûment signée par laquelle il renonce à faire évaluer son admissibilité financière.

[D. 866-2013, a. 7].

37. Toute personne qui reçoit des prestations, autres qu'une prestation spéciale, en vertu d'un programme d'aide financière de dernier recours prévu au titre IV du *Règlement sur l'aide aux personnes et aux familles* (chapitre A-13, r. 1) ou qui est membre d'une famille qui reçoit de telles prestations est dispensée de l'obligation d'exposer, lors de sa demande, sa situation financière et celle de sa famille. Elle doit toutefois en fournir la preuve.

37.1. La période pour laquelle une attestation d'admissibilité est délivrée en vertu de l'article 66 de la *Loi sur l'aide juridique et sur la prestation de certains autres services juridiques* (chapitre A-14) débute à la date de la demande d'aide juridique.

Pour l'application du premier alinéa, une demande d'aide juridique est censée être faite à la première des dates suivantes:

— celle où la demande, dûment remplie et signée, est reçue par le centre local ou le bureau d'aide juridique;

— celle où un rendez-vous est pris, soit par le requérant, soit par l'avocat ou le notaire qui agit pour lui, avec le centre local ou le bureau d'aide juridique pour compléter la demande.

Toutefois, lorsque l'attestation est délivrée pour les services juridiques prévus au paragraphe 1.1° de l'article 4.7 de la *Loi sur l'aide juridique et sur la prestation de certains autres services juridiques* (chapitre A-14), la période pour laquelle l'attestation est délivrée débute à la date où les demandes d'aide juridique de toutes les parties à l'entente sont reçues par un centre local ou un bureau d'aide juridique et où les montants qu'elles sont tenues de verser en vertu de l'article 29.2 ou les contributions qui leur sont exigibles sont payés en entier, sous réserve, dans ce dernier cas, d'une convention intervenue, suivant le deuxième alinéa de l'article 29, entre le directeur général et le requérant qui satisfait aux conditions d'admissibilité à l'aide juridique moyennant le versement d'une contribution.

[D. 1454-97, a. 23; L.Q. 2010, c. 12, a. 34; D. 866-2013, a. 8].

SECTION V.1 — SUSPENSION ET RETRAIT DE L'AIDE JURIDIQUE ET CESSATION DE L'ADMISSIBILITÉ FINANCIÈRE

37.2. La suspension ou le retrait de l'aide juridique entraîne la cessation des services juridiques faisant l'objet de l'attestation d'admissibilité, à compter de la réception, par le bénéficiaire et par l'avocat ou le notaire responsable du dossier, d'un avis les informant, selon le cas, de la suspension ou du retrait.

Malgré la suspension ou le retrait, l'avocat ou le notaire responsable du dossier rend les services juridiques qui sont requis pour la prestation des actes conservatoires nécessaires à la préservation des droits de la personne à qui l'aide est suspendue ou retirée.

[D. 1454-97, a. 24].

37.3. Sous réserve de l'article 71 de la *Loi sur l'aide juridique et sur la prestation de certains autres services juridiques* (chapitre A-14), la cessation de l'admissibilité financière du bénéficiaire met fin de plein droit à l'aide juridique.

Les dispositions de l'article 37.2 s'appliquent, compte tenu des adaptations nécessaires, lorsque le bénéficiaire cesse d'être financièrement admissible.

[D. 1454-97, a. 24; L.Q. 2010, c. 12, a. 34].

SECTION V.2 — REMBOURSEMENT DES COÛTS DE L'AIDE JURIDIQUE

37.3.1. Lorsque le retrait de l'aide juridique est notifié aux parties suivant l'article 4.11.1 de la *Loi sur l'aide juridique et sur la prestation de certains autres services*

juridiques (chapitre A-14), chacune d'entre elles a droit au remboursement soit de la contribution qui lui est exigible, soit du montant qu'elle est tenue de verser en vertu de l'article 29.2, déduction faite de la moitié des honoraires de l'avocat établis par application de l'article 83.21 de cette loi et, si l'aide juridique est retirée après le dépôt au greffe de l'entente entre les parties, déduction faite de la moitié des frais judiciaires exigibles en vertu du tarif applicable en matière civile.

[D. 866-2013, a. 9].

SECTION VI — RECOUVREMENT DES COÛTS DE L'AIDE JURIDIQUE

37.4. Lorsqu'il y a recouvrement des coûts de l'aide juridique, ces coûts comprennent, outre ce qui est prévu à l'article 1, les coûts de la mise en demeure prévue à l'article 73.3 de la *Loi sur l'aide juridique et sur la prestation de certains autres services juridiques* (chapitre A-14) et assumés par le centre d'aide juridique.

[D. 1454-97, a. 25; L.Q. 2010, c. 12, a. 34].

38. Celui à qui des services juridiques ont été rendus, par un avocat ou un notaire à l'emploi d'un centre d'aide juridique, dans le cadre d'une attestation conditionnelle d'admissibilité délivrée en vertu de l'article 67 ou de l'article 74 de la *Loi sur l'aide juridique et sur la prestation de certains autres services juridiques* (chapitre A-14), est tenu de rembourser à ce centre, sur demande, les coûts de l'aide juridique obtenue si, après étude de sa demande, le directeur général ou le comité de révision, selon le cas, décide qu'il n'est pas admissible à l'aide juridique.

Celui qui, conformément à l'article 68 de cette loi, avise le centre qui lui a délivré l'attestation, d'un changement dans sa situation ou dans celle de sa famille qui a pour effet de le rendre financièrement inadmissible à toute aide juridique, que ce soit à titre gratuit ou moyennant le versement d'une contribution, n'est tenu de rembourser les coûts de l'aide juridique qu'à l'égard des services juridiques obtenus après qu'il a cessé d'être financièrement admissible à l'aide juridique.

Est tenu de rembourser au centre d'aide juridique, sur demande, les coûts de l'aide juridique :

1º celui qui, en raison des services juridiques obtenus dans le cadre de cette loi obtient un bien ou un droit de nature pécuniaire qui le rend financièrement inadmissible à toute aide juridique, à titre gratuit ou moyennant le versement d'une contribution;

2º celui à qui l'aide juridique est retirée dans les cas prévus à l'article 70 de cette loi;

3º (*paragraphe abrogé*).

Pour l'application du deuxième alinéa et du paragraphe 1º du troisième alinéa, le directeur général procède de nouveau à l'examen de l'admissibilité financière du bénéficiaire pour l'année d'imposition au cours de laquelle celui-ci cesse d'être financièrement admissible à toute aide juridique.

Il est également procédé de nouveau à l'examen de l'admissibilité financière du bénéficiaire dans les 15 jours de la réception par ce dernier d'un avis de convocation à l'audience devant la Section de la protection des réfugiés de la Commission de l'immigration et du statut de réfugié du Canada.

[D. 1454-97, a. 26; L.Q. 2010, c. 12, a. 34; D. 866-2013, a. 10].

38.1. Les dispositions de la section V s'appliquent, compte tenu des adaptations nécessaires, lorsque, conformément aux quatrième et cinquième alinéas de l'article 38, il est procédé à un nouvel examen de l'admissibilité financière du bénéficiaire.

[D. 1454-97, a. 27].

39. Lorsque l'admissibilité financière d'une personne mineure a été établie en ne prenant en considération que ses revenus et ses liquidités, les père et mère de cette personne ou, selon le cas, la personne visée à l'article 2 doivent, lorsque la prestation des services juridiques a été complétée, rembourser au centre d'aide juridique, sur demande, l'ensemble des coûts de l'aide juridique obtenue par la personne mineure, sans excéder la contribution qui

serait exigible d'eux suivant la section III. Lorsque ce remboursement incombe aux père et mère, ils sont tenus conjointement à ce remboursement.

Toutefois, ce remboursement n'est pas exigible dans l'un ou l'autre des cas suivants:

1º les personnes tenues à ce remboursement sont elles-mêmes financièrement admissibles à l'aide juridique gratuite;

2º l'aide juridique a été accordée, dans le cadre de la *Loi sur la protection de la jeunesse* (chapitre P-34) ou de la *Loi sur le système de justice pénale pour adolescents* (L.C. 2002, ch. 1), en vue d'assurer la représentation d'une personne mineure ou de lui permettre d'être assistée.

[D. 1454-97, a. 28].

40. Toute dette qui doit être remboursée conformément aux dispositions de la *Loi sur l'aide juridique et sur la prestation de certains autres services juridiques* (chapitre A-14) et de la présente section est recouvrée, déduction faite de toute somme déjà versée au centre d'aide juridique dans la même affaire.

[D. 1454-97, a. 29; L.Q. 2010, c. 12, a. 34].

41. Le remboursement des coûts est exigible:

1º dans les cas visés au premier alinéa de l'article 38, à compter de la date de la décision du directeur général ou, s'il y a révision, à compter de la date de la décision du comité de révision suivant laquelle la personne à qui une attestation conditionnelle a été délivrée n'est pas admissible à l'aide juridique;

2º dans les cas visés au deuxième alinéa et au paragraphe 1º du troisième alinéa de l'article 38, à compter de la date à laquelle le bénéficiaire cesse d'être financièrement admissible à toute aide juridique;

3º dans les cas visés au paragraphe 2º du troisième alinéa de l'article 38, à compter de la date à laquelle le directeur général retire l'aide juridique ou à compter de la date de la décision du comité de révision confirmant la décision du directeur général;

4° (*paragraphe abrogé*).

[D. 1454-97, a. 30].

42. Le débiteur doit rembourser la dette dans les 30 jours suivant la date de la mise en demeure faite conformément à l'article 73.3 de la *Loi sur l'aide juridique et sur la prestation de certains autres services juridiques* (chapitre A-14) ou, s'il y a révision sur le remboursement, dans les 30 jours suivant la date de la décision du comité de révision confirmant en tout ou en partie la décision du directeur général relative au remboursement, à moins que le directeur général n'accepte, conformément au premier alinéa de l'article 73.4 de cette loi, que la dette soit remboursée en plusieurs versements.

[L.Q. 2010, c. 12, a. 34].

43. Toute somme recouvrable porte intérêt, au taux fixé par règlement édicté en vertu du premier alinéa de l'article 28 de la *Loi sur l'administration fiscale* (chapitre A-6.002), à compter du trente et unième jour suivant la date de la mise en demeure faite conformément à l'article 73.3 de la *Loi sur l'aide juridique et sur la prestation de certains autres services juridiques* (chapitre A-14) ou, s'il y a révision sur le remboursement, à compter du trente et unième jour suivant la date de la décision du comité de révision confirmant en tout ou en partie la décision du directeur général relative au remboursement.

[L.Q. 2010, c. 12, a. 34; L.Q. 2010, c. 31, a. 175].

SECTION VII — SERVICES JURIDIQUES POUR LESQUELS L'AIDE JURIDIQUE EST ACCORDÉE

43.1. Outre les services juridiques pour lesquels l'aide juridique est accordée en vertu de l'article 4.5 de la *Loi sur l'aide juridique et sur la prestation de certains autres services juridiques* (chapitre A-14), cette aide est accordée, en première instance, dans l'un ou l'autre des cas suivants:

1° pour assurer la défense d'une personne qui, faisant l'objet d'une ordonnance de sursis en vertu de l'article 742.1 du *Code criminel* (L.R.C., 1985, ch. C-46), comparaît devant le tribunal en vertu de l'article 742.6 de ce code pour un manquement à une condition de cette ordonnance;

2° pour assurer la défense d'une personne qui, dans l'un ou l'autre des cas suivants, fait face, devant un tribunal, à une poursuite pour une infraction visée au paragraphe 3° de l'article 4.5 de la *Loi sur l'aide juridique et sur la prestation de certains autres services juridiques*:

a) cette personne est en détention au moment de sa comparution, sauf si cette détention résulte de son omission d'avoir été présente au tribunal pour y comparaître;

b) cette personne fait face à une poursuite pour agression sexuelle ou à une poursuite pour une infraction qui constitue un mauvais traitement de son conjoint ou de ses enfants;

c) cette personne sera mise en présence, devant le tribunal, d'un enfant âgé de moins de 14 ans.

L'article 4.6 de la *Loi sur l'aide juridique et sur la prestation de certains autres services juridiques* s'applique, compte tenu des adaptations nécessaires, aux appels logés et aux recours extraordinaires exercés dans une affaire visée au présent article.

[D. 1454-97, a. 31; L.Q. 2010, c. 12, a. 34].

44. L'aide juridique est accordée, dans la mesure prévue au paragraphe 7° de l'article 4.7 et au paragraphe 2° de l'article 4.10 de la *Loi sur l'aide juridique et sur la prestation de certains autres services juridiques* (chapitre A-14), pour obtenir la révision d'une décision ou exercer un recours devant un tribunal, si cette révision ou ce recours se rapporte soit à une demande de prestation, d'indemnité ou d'exonération d'un paiement, soit au recouvrement d'une prestation ou d'une indemnité et si cette demande de révision ou ce recours est exercé dans le cadre des programmes établis aux termes des lois suivantes:

Lois du Québec

1° La *Loi sur les accidents du travail* (chapitre A-3);

2° La *Loi sur les accidents du travail et les maladies professionnelles* (chapitre A-3.001);

3° La *Loi sur l'aide aux personnes et aux familles* (chapitre A-13.1.1);

4° La *Loi sur l'assurance automobile* (chapitre A-25);

5° La *Loi sur l'assurance maladie* (chapitre A-29), pour les coûts des services assumés par la Régie de l'assurance maladie et relatifs aux prothèses, aux appareils orthopédiques, aux aides à la locomotion, aux fournitures médicales et aux autres équipements qui suppléent une déficience physique;

6° La *Loi visant à favoriser le civisme* (chapitre C-20);

7° La *Loi assurant l'exercice des droits des personnes handicapées en vue de leur intégration scolaire, professionnelle et sociale* (chapitre E-20.1);

8° La *Loi sur l'indemnisation des victimes d'actes criminels* (chapitre I-6);

9° La *Loi sur l'indemnisation des victimes d'amiantose et de silicose dans les mines et les carrières* (chapitre I-7);

10° *(paragraphe abrogé).*

11° La *Loi sur le régime de rentes du Québec* (chapitre R-9);

12° La *Loi sur la santé et la sécurité du travail* (chapitre S-2.1);

12.1° La *Loi sur la santé publique* (chapitre S-2.2);

13° *(paragraphe abrogé implicitement; voir le paragraphe 3)*;

14° La *Loi sur l'Office de la sécurité du revenu des chasseurs et piégeurs cris* (L.Q. 2002, c. O-2.1);

15° La *Loi sur les services de garde à l'enfance* (chapitre S-4.1.1);

16° La *Loi sur les services de santé et les services sociaux* (chapitre S-4.2);

17° La *Loi sur les services de santé et les services sociaux pour les autochtones cris* (chapitre S-5).

Lois fédérales

1° La *Loi sur le régime de pensions du Canada* (L.R.C. (1985), ch. C-8);

2° La *Loi sur la sécurité de la vieillesse* (L.R.C. (1985), ch. O-9);

3° La *Loi sur l'assurance-emploi* (L.C. 1996, ch. 23).

[D. 1454-97, a. 32; L.Q. 1997, c. 58, a. 177; L.Q. 1998, c. 36, a. 209; L.Q. 1999, c. 89, a. 53; L.Q. 2001, c. 60, a. 165; L.Q. 2002, c. 81, a. 22; L.Q. 2010, c. 12, a. 34].

45. L'aide juridique est accordée à une personne en vue de lui permettre d'être assistée dans le cadre d'un examen relatif à une libération conditionnelle tenu par la Commission nationale des libérations conditionnelles ou la Commission québécoise des libérations conditionnelles, par un membre d'une de ces commissions ou par une personne désignée à cette fin aux termes de l'une ou l'autre de ces lois.

45.1. Les services de consultation d'ordre juridique pour lesquels l'aide juridique peut être accordée en vertu de l'article 4.4 et du deuxième alinéa de l'article 32.1 de la *Loi sur l'aide juridique et sur la prestation de certains autres services juridiques* (chapitre A-14) sont dispensés soit par des avocats ou des notaires à l'emploi d'un centre d'aide juridique, soit par des avocats ou des notaires exerçant en cabinet privé.

[D. 1454-97, a. 33; L.Q. 2010, c. 12, a. 34].

SECTION VIII — DISPOSITIONS FINALES

47. (*Abrogé*).

[D. 1073-96, a. 48].

46. (*Omis*).

48. (*Omis*).

RÈGLEMENT D'APPLICATION DE CERTAINES DISPOSITIONS DU CHAPITRE III DE LA LOI SUR L'AIDE JURIDIQUE ET SUR LA PRESTATION DE CERTAINS AUTRES SERVICES JURIDIQUES,

D. 701-2010, (2010) 142 *G.O.* II, 3609A [c. A-14, r. 3].

Loi sur l'aide juridique et sur la prestation de certains autres services juridiques, RLRQ, c. A-14, a. 83.17

1. Les coûts d'un service juridique visé aux fins de l'article 83.16 de la *Loi sur l'aide juridique et sur la prestation de certains autres services juridiques* (chapitre A-14) comprennent :

a) les honoraires d'un avocat;

b) les honoraires de tout huissier ou tout sténographe qui exerce ses fonctions pour le compte de la personne à qui le service juridique a été rendu;

c) les honoraires et les frais de tout expert qui, avec l'autorisation préalable du directeur général, agit pour la personne à qui le service juridique a été rendu;

d) les autres débours.

2. (*Omis*).

RÈGLEMENT D'APPLICATION DE LA LOI SUR L'AIDE JURIDIQUE ET SUR LA PRESTATION DE CERTAINS AUTRES SERVICES JURIDIQUES,

RLRQ, c. A-14, r. 4, tel que modifié par D. 2416-82, (1982) 114 *G.O.* II, 4137; D. 2873-82, (1982) 114 *G.O.* II, 4851; D. 941-83, (1983) 115 *G.O.* II, 2343; D. 942-83, (1983) 115 *G.O.* II, 2345; D. 1721-86, (1986) 118 *G.O.* II, 4610; D. 41-94, (1994) 126 *G.O.* II, 801; D. 1211-96, (1996) 128 *G.O.* II, 5594; L.Q. 1996, c. 23, art. 54; D. 1453-97, (1997) 129 *G.O.* II, 7077; D. 702-2010, (2010) 142 *G.O.* II, 3609A; D. 957-2013, (2013) 145 *G.O.* II, 4231.

Loi sur l'aide juridique et sur la prestation de certains autres services juridiques, RLRQ, c. A-14, a. 80

SECTION I — DISPOSITIONS PRÉLIMINAIRES

1. Dans le présent règlement, à moins que le contexte n'indique un sens différent, les mots suivants désignent :

1° service : un service d'aide juridique visé à la section III ou, selon le cas, un service visé à la section IV;

2° centre ou **centre d'aide juridique** : un centre régional d'aide juridique ou un centre local visé au paragraphe *c* de l'article 32 de la *Loi sur l'aide juridique et sur la prestation de certains autres services juridiques* (chapitre A-14).

[D. 1211-96, a. 1; D. 702-2010, a. 2].

1.1. (*Abrogé*).

[D. 702-2010, a. 3].

SECTION II — ORGANISATION ET ADMINISTRATION

§1 — Commission

2. Siège — Le siège de la Commission des services juridiques est situé dans les limites du territoire de la ville de Montréal.

[D. 1211-96, a. 2].

3. Assemblées des membres — Les membres de la Commission tiennent au moins 6 assemblées générales par année.

4. Assemblée générale annuelle — Lors d'une assemblée générale annuelle que la Commission doit tenir au mois de juin de chaque année, la Commission :

a) reçoit du comité administratif le rapport annuel des activités de la Commission et des centres;

b) reçoit de chaque centre le rapport financier annuel prévu à l'article 86 de la Loi;

c) établit le comité administratif conformément au paragraphe *n* de l'article 22 de la Loi;

d) nomme pour les fins de l'exercice financier en cours un vérificateur membre de l'Ordre des comptables professionnels agréés du Québec qui n'est pas membre ou employé de la Commission ou d'un centre; et

e) établit les objectifs de la Commission pour les 12 mois suivants.

[L.Q. 1996, c. 23, a. 54].

5. Convocation — L'avis de convocation d'une assemblée générale est transmis à chaque membre par le secrétaire de la

Commission au moins 5 jours avant la date fixée pour l'assemblée.

[D. 1453-97, a. 3].

6. Assemblée spéciale — Une assemblée spéciale peut être convoquée à la demande du président ou de 3 membres de la Commission. Dans ce cas, l'avis de convocation doit être transmis à chaque membre par le secrétaire de la Commission au moins 24 heures avant la date fixée pour l'assemblée.

[D. 1453-97, a. 4].

6.1. Avis de convocation — L'avis de convocation à une assemblée des membres peut être expédié par courrier ordinaire, par télécopie, par courrier électronique ou par tout autre moyen de communication, à la dernière adresse connue du membre ou, au choix de ce dernier, à son lieu de travail.

[D. 1453-97, a. 5].

7. Contenu de l'avis — L'avis de convocation indique le lieu, la date et l'heure de l'assemblée. Dans le cas d'une assemblée spéciale, l'avis indique de plus l'objet de l'assemblée.

8. Absence d'un membre — Un membre qui n'assiste pas à une assemblée est en défaut s'il ne donne pas les motifs de son absence au président.

[D. 1211-96, a. 3].

9. La Commission peut convoquer les directeurs généraux, directeurs, avocats et notaires à l'emploi de tout centre d'aide juridique aux fins de discuter de problèmes communs à toutes les régions et d'y assurer des pratiques uniformes.

[L.Q. 1996, c. 23, a. 54; D. 1453-97, a. 6].

10.   Comité   administratif — 1° **Nombre de membres :** Le comité administratif est composé de 5 membres, y compris le président et le vice-président.

2° **Quorum :** Le quorum du comité administratif est fixé à trois membres, dont le président ou le vice-président.

3° Les articles 5 à 7 s'appliquent, compte tenu des adaptations nécessaires, aux assemblées du comité administratif.

[D. 1453-97, a. 7].

11. Fonctions du comité administratif — Outre les fonctions qui lui sont attribuées par la Loi, le comité administratif :

a) exécute les décisions de la Commission;

b) exerce les fonctions, pouvoirs et devoirs que lui délègue la Commission;

c) prépare les prévisions budgétaires, le rapport financier annuel et les soumet à la Commission;

d) administre les deniers ou valeurs reçus par la Commission;

e) peut recommander à la Commission une enquête en vertu de l'article 28 de la Loi et la nomination d'un administrateur s'il y a lieu, selon l'article 27 de la Loi; et

f) fait rapport de ses activités à la Commission lors des assemblées.

[D. 1211-96, a. 4].

12.   Nomination — La   Commission nomme un secrétaire et un trésorier sur recommandation du comité administratif.

13.   Fonction   du   secrétaire — Le secrétaire :

a) agit comme secrétaire aux assemblées de la Commission et du comité administratif;

b) rédige les procès-verbaux et conserve les archives de la Commission; et

c) exécute toute tâche, accomplit tout travail qui lui est confié par la Commission, le comité administratif ou le président.

14.   Fonctions   du   trésorier — Le trésorier :

a) rend compte à la Commission, au comité administratif et au président, à leur demande, de la conduite de toutes les activités comptables et financières de la Commission et des centres;

b) a la garde de tous livres, documents et dossiers pertinents à sa charge;

c) dépose tous les deniers ou autres valeurs de la Commission dans une institution financière choisie par le comité administratif;

d) prépare les documents requis pour les paiements de la Commission;

e) fait rapport au comité administratif de toute irrégularité ou erreur dans les affaires financières des centres et y joint des recommandations;

f) présente à la Commission un rapport des activités comptables de l'exercice financier écoulé;

g) soumet ses livres et documents au vérificateur des comptes nommé par la Commission; et

h) exécute toute tâche, accomplit tout travail que lui confie la Commission, le comité administratif ou le président.
[L.Q. 1996, c. 23, a. 54].

15. Comptes de banque et garde des valeurs — Des comptes de banque au nom de la Commission peuvent être ouverts à n'importe quelle banque, caisse populaire, société de fiducie constituées au Canada ou ailleurs et tous les chèques, lettres de change, billets et actes d'hypothèques doivent être faits, rédigés, signés, acceptés, endossés ou exécutés par les personnes qui peuvent être désignées par résolution du comité administratif.
[D. 1211-96, a. 5].

16. Effets de commerce et signature de chèques — Tous les chèques, traites, billets et autres effets négociables sont signés, tirés, acceptés ou endossés par la ou les personnes désignées, de temps à autre, par résolution du comité administratif.

17. (*Abrogé*).
[D. 1211-96, a. 6].

§2 — Centre régional

18. (*Abrogé*).
[D. 1453-97, a. 8].

19. Pour qu'un centre régional soit habilité à poursuivre ses activités, le conseil d'administration doit remplir les obligations prévues aux articles 20 à 30.
[L.Q. 1996, c. 26, a. 52].

20. Conseil d'administration — Le conseil d'administration doit tenir au moins 3 assemblées générales par année.
[D. 1211-96, a. 8].

21. Cessation de mandat — Un membre d'un centre régional qui fait défaut d'assister à 3 séances consécutives du conseil d'administration et qui ne donne pas au président du centre des motifs valables de son absence, cesse d'être membre.
[L.Q. 1996, c. 23, a. 52, 54].

22. Assemblée générale annuelle — Le conseil d'administration doit tenir une assemblée générale annuelle au plus tard le 15 mai de chaque année, au cours de laquelle il doit :

a) recevoir les rapports annuels des activités financières et celles relatives aux services rendus par le centre de même que le rapport du vérificateur;

b) nommer un vérificateur membre de l'Ordre des comptables professionnels agréés du Québec pour les fins de l'exercice financier en cours et qui n'est pas membre ou employé de la Commission ou d'un centre;

c) élire le président et le vice-président;

d) nommer les membres qui, en plus du président, du vice-président et du directeur général, doivent faire partie du comité administratif en vertu de l'article 40 de la Loi;

e) établir ses objectifs pour les 12 mois suivants.
[D. 1211-96, a. 9; L.Q. 1996, c. 23, a. 54; D. 702-2010, a. 4].

23. Les assemblées doivent être tenues après l'avis de convocation déterminé par le conseil d'administration.

24. Assemblées spéciales — Des assemblées spéciales ne doivent être convoquées qu'à la demande du président ou d'au moins trois membres du conseil après l'avis déterminé par le conseil d'administration.

25. Quorum — Le quorum d'une assemblée est de cinq membres dont le président ou le vice-président.

26. Quorum du comité administratif — Le président ou le vice-président et deux membres du conseil autres que le directeur général forment le quorum d'une assemblée du comité administratif.

Le directeur général n'a pas droit de vote.

26.1. Dispositions applicables — Les articles 5 à 7 s'appliquent, compte tenu des adaptations nécessaires, aux assemblées du conseil d'administration et du comité administratif du centre régional.

[D. 1453-97, a. 9].

27. Absence ou empêchement d'agir du président — Le vice-président remplace le président en cas d'absence ou d'empêchement d'agir de ce dernier.

[D. 1211-96, a. 10].

28. Le président doit informer par écrit la Commission sans délai dès qu'il est avisé ou a connaissance qu'un membre ne peut plus, ou exprime le désir de ne plus faire partie du conseil d'administration.

29. Les membres du conseil d'administration sauf le directeur général, ne doivent pas être des employés salariés ni de la Commission ni d'un centre.

[L.Q. 1996, c. 23, a. 54].

30. Les membres du conseil doivent s'abstenir de toute intervention dans l'exercice du mandat professionnel de l'avocat ou du notaire qui fournit des services dans le cadre de la Loi.

[D. 702-2010, a. 5].

31. Secrétaire du centre régional — Le secrétaire :

a) a la garde des archives du centre régional; et

b) exerce toute fonction, accomplit tout travail que lui confie le conseil d'administration ou le directeur général.

[L.Q. 1996, c. 23, a. 52].

32. Administration d'un bureau d'aide juridique — Le centre régional, sur recommandation du directeur général, peut confier à un avocat l'administration d'un bureau.

[D. 1211-96, a. 11; L.Q. 1996, c. 23, a. 52; D. 1453-97, a. 10].

33. Prévisions budgétaires — Le centre régional soumet chaque année ses prévisions budgétaires pour le prochain exercice financier à la Commission dans les 15 jours d'une demande de la Commission à cet effet.

[L.Q. 1996, c. 23, a. 52; D. 1453-97, a. 11].

34. (*Abrogé*).

[D. 41-94, a. 1].

35. Rapport annuel — Le centre régional soumet avant le 15 mai de chaque année à la Commission un rapport financier annuel dûment vérifié au 31 mars de même qu'un rapport de ses activités relatives aux services rendus durant l'exercice financier écoulé.

[D. 1211-96, a. 12; L.Q. 1996, c. 23, a. 52; D. 702-2010, a. 6].

36. Inspection — Pour s'acquitter des fonctions prévues à l'article 33 de la Loi, le centre régional peut examiner les livres et autres documents financiers d'un centre local.

[L.Q. 1996, c. 23, a. 52, 53].

37. (*Abrogé*).

[D. 1453-97, a. 12].

38. Pouvoir d'emprunt — Un centre régional n'a aucun pouvoir d'emprunt.

[L.Q. 1996, c. 23, a. 52].

§3 — Centre local

39. Contenu de la demande d'accréditation — La demande d'accréditation d'un centre local est présentée au centre régional. Elle doit être signée par les personnes qui la présentent et doit inclure les renseignements suivants :

a) les objets que se propose de poursuivre le centre local;

b) l'adresse du siège du centre;

c) une copie de la charte et des règlements en vigueur du centre;

d) le nom, l'adresse et l'occupation des personnes qui présentent la demande du centre;

e) une liste des personnes ou organismes appuyant la demande;

f) s'il y a lieu, un bilan détaillé et un état des revenus et dépenses de l'exercice financier précédent.

[D. 1211-96, a. 13; L.Q. 1996, c. 23, a. 52, 53, 54].

40. Condition d'accréditation — Pour être accréditée, le centre doit :

a) être constituée en vertu de la partie III de la *Loi sur les compagnies* (chapitre C-38);

b) adopter un règlement prévoyant la tenue d'au moins 6 assemblées générales par an dont une au moins à chaque période de 3 mois;

c) constituer un conseil d'administration dont l'avocat directeur du centre fait partie avec voix consultative seulement et établir un quorum de 50 % plus un des membres du conseil d'administration; et

d) constituer un comité administratif composé au moins du président, de l'avocat directeur et d'un autre membre du conseil d'administration.

[D. 1211-96, a. 14; L.Q. 1996, c. 23, a. 54].

41. Demande d'accréditation — Toute demande d'accréditation reçue par le centre régional est transmise à la Commission. Le centre régional y joint ses recommandations.

[L.Q. 1996, c. 23, a. 52].

42. Certificat d'accréditation — Le certificat d'accréditation détermine le champ d'activité du centre local pour lequel l'accréditation est accordée.

[L.Q. 1996, c. 23, a. 53].

43. Refus — Le refus d'accréditation doit être motivé.

44. Modification — Le centre doit déposer pour approbation auprès du centre régional et de la Commission des copies de toute modification apportée à sa charte et à ses règlements après son accréditation.

[L.Q. 1996, c. 23, a. 52, 54].

45. Collaboration — Le centre doit collaborer à l'intégration de ses activités dans l'ensemble des services juridiques offerts dans la région par le centre régional.

[L.Q. 1996, c. 23, a. 52, 54].

46. Les membres du conseil doivent s'abstenir de toute intervention dans l'exercice du mandat professionnel de l'avocat ou du notaire chargé d'un cas d'aide juridique.

47. Un membre d'un centre régional ne peut siéger au conseil d'administration d'un centre local ou vice-versa.

[L.Q. 1996, c. 23, a. 52, 53].

47.1. Dispositions applicables — Les articles 5 à 7 s'appliquent, compte tenu des adaptations nécessaires, aux assemblées du conseil d'administration et du comité administratif du centre local.

[D. 1453-97, a. 13].

48. Prévisions budgétaires — Le centre local soumet chaque année ses prévisions budgétaires pour le prochain exercice financier au centre régional dans les 10 jours d'une demande du centre régional à cet effet.

[L.Q. 1996, c. 23, a. 52, 53; D. 1453-97, a. 14].

49. (*Abrogé*).

[D. 41-94, a. 1].

50. Rapport annuel — Le centre local soumet avant le 30 avril au centre régional un rapport financier annuel dûment vérifié au 31 mars de même qu'un rapport de ses activités d'aide juridique durant l'exercice financier écoulé.

[D. 1211-96, a. 15; L.Q. 1996, c. 23, a. 52, 53].

§4. — Dispositions diverses

51. Statistiques — Les centres doivent relever des statistiques et les transmettre à la Commission aux fins de permettre à celle-ci de connaître les services passés ou en cours et de lui permettre de planifier l'offre de services.

Ces statistiques doivent être transmises sur les formules dont des copies apparaissent aux annexes B, C et D.

[L.Q. 1996, c. 23, a. 54; D. 702-2010, a. 7].

51.1. Lorsqu'une demande lui en est faite par le président de la Commission, chaque centre d'aide juridique doit transmettre à la Commission tout renseignement ou document se rapportant à l'administration de la Loi que le président requiert.

[D. 1211-96, a. 16].

51.2. Les documents nécessaires à l'accomplissement des fonctions et devoirs de la Commission et des centres d'aide juridique, y compris les livres, registres, rapports, rapports financiers, prévisions budgétaires, comptes et statistiques qui, suivant la Loi et le présent règlement, doivent être transmis à la Commission par les centres régionaux ou aux centres régionaux par les centres locaux peuvent être établis sous forme électronique. Ils doivent alors être transmis sous cette forme.

[D. 702-2010, a. 8].

52. Inspection — Pour être habilitée à poursuivre ses activités, un centre doit permettre en tout temps à la Commission de faire l'examen de ses livres et autres documents financiers.

[L.Q. 1996, c. 23, a. 54].

53. Comptes — Chaque centre et chaque bureau d'aide juridique maintient, par l'intermédiaire du directeur général ou de la personne à qui les pouvoirs du directeur général ont été délégués conformément au deuxième alinéa de l'article 50 de la Loi, selon le cas, un compte en fidéicommis pour toute somme d'argent qu'il perçoit du bénéficiaire pour un tiers ou d'un tiers pour le bénéficiaire. L'administration et la remise de ces sommes est assujettie aux dispositions du *Règlement sur la comptabilité et les normes d'exercice profesionnel des avocats* (chapitre B-1, r. 5) ou du *Règlement sur la comptabilité en fidéicommis des notaires* (chapitre N-53, r. 5).

Chaque centre maintient également, par l'intermédiaire du directeur général, un compte auprès d'une institution financière dans lequel il verse les contributions perçues des bénéficiaires admis à l'aide juridique moyennant le versement d'une contribution, à l'exception des frais administratifs visés à l'article 26 du *Règlement sur l'aide juridique* (chapitre A-14, r. 2). Les sommes versées dans ce compte ne peuvent en être retirées qu'au fur et à mesure que les services juridiques sont dispensés au bénéficiaire.

[D. 1211-96, a. 17; L.Q. 1996, c. 23, a. 54; D. 1453-97, a. 15].

54. Enquête — Lorsque la Commission approuve une enquête en vertu de l'article 28 de la Loi, elle désigne un enquêteur qui doit être soumis aux lois régissant les ordres professionnels depuis au moins 5 ans. Lorsque l'enquête porte sur le travail professionnel d'un directeur général ou d'une personne à qui les pouvoirs du directeur général ont été délégués conformément au deuxième alinéa de l'article 50 de la Loi, l'enquêteur doit être un avocat.

[L.Q. 1994, c. 40, a. 457; D. 1211-96, a. 18].

55. Décision — La Commission, après étude du rapport de l'enquêteur, communique sa décision au président et au secrétaire du centre.

[L.Q. 1996, c. 23, a. 54].

56. Exercice financier — L'exercice financier de la Commission et des centres se termine le 31 mars de chaque année.

[L.Q. 1996, c. 23, a. 54].

SECTION III — FONCTIONNEMENT DE L'AIDE JURIDIQUE

§0.1. — *Exercice du libre-choix*

56.1. Libre-choix — Les règles d'admissibilité à l'aide juridique et de délivrance des attestations d'admissibilité à cette aide prévues par la Loi et ses règlements doivent être appliquées sans distinction à l'égard de tout requérant, qu'il choisisse soit un avocat ou un notaire qui exerce sa profession en cabinet privé, soit un avocat ou un notaire à l'emploi d'un centre.

[D. 1453-97, a. 16].

§1. — *Confection de la liste des avocats et notaires disponibles*

57. Liste des avocats et notaires disponibles — Le directeur général établit et maintient à jour une liste des avocats et notaires ayant leurs études dans la région, qui acceptent, par écrit, d'accorder leurs services professionnels aux bénéficiaires de l'aide juridique.

58-59. *(Abrogés).*

[D. 1453-97, a. 17].

60. Limite de son engagement — Lorsqu'il accepte d'offrir ses services aux bénéficiaires d'aide juridique, un avocat ou notaire peut indiquer des limites à la nature des services qu'il est prêt à fournir.

[D. 1453-97, a. 18].

61. Retrait — Un avocat ou un notaire peut en tout temps demander par un écrit adressé au directeur général le retrait de son nom de la liste mentionnée à l'article 57. Le directeur général doit agréer cette demande.

[D. 1453-97, a. 19].

62. L'avocat ou le notaire dont le nom n'est pas inscrit ou a été retiré de la liste prévue à l'article 57 peut demander que son nom y soit inscrit. Le directeur général doit agréer cette demande. Toute demande verbale doit être confirmée par écrit.

[D. 1453-97, a. 20].

63. Registre des demandes — Le directeur général tient un registre indiquant notamment le nom des personnes qui demandent l'aide juridique, la date à laquelle la demande est reçue ainsi que la nature de la demande et la façon dont il en a été disposé.

[D. 1453-97, a. 21; D. 702-2010, a. 9].

64. Registre des mandats — Le directeur général tient un registre indiquant notamment la nature des mandats confiés aux avocats ou notaires qui ne sont pas à l'emploi d'un centre d'aide juridique, la date à laquelle le mandat a été confié ainsi que la façon dont il en a été disposé et la date à laquelle le mandat a été terminé.

[D. 1453-97, a. 21].

65. Demande de rapport — Le directeur général peut demander et obtenir des rapports des avocats et des notaires qui ne sont pas à l'emploi d'un centre sur les dossiers d'aide juridique qui leur ont été confiés.

[D. 1453-97, a. 22].

§2. — *Demandes d'aide juridique*

66-68. *(Abrogés).*

[D. 941-83, a. 11].

69. Lieu de demande par exception — La demande d'aide juridique doit être faite au centre local accrédité en vertu de la Loi ou au bureau d'aide juridique le plus proche du lieu de la résidence du requérant. Elle peut également être faite auprès de tout centre ou bureau d'aide juridique lorsque le requérant justifie pourquoi il ne s'est pas adressé au centre local ou au bureau le plus proche du lieu de sa résidence. L'attestation peut alors être donnée par le bureau ou le centre local où elle a été demandée ou par un autre bureau ou un autre centre local selon qu'au jugement du directeur général il est plus avantageux pour le requérant.

[L.Q. 1996, c. 23, a. 53, 54; D. 957-2013, a. 1].

69.1. Demandes relatives à la jeunesse — Dans les districts judiciaires de Montréal et de Québec, les centres d'aide juridique concernés doivent, dans les matières relevant de la compétence de la Cour du Québec, chambre de la jeunesse, procéder à l'étude des demandes d'aide juridique s'y rapportant et statuer en ces matières sur l'admissibilité des requérants sur les lieux mêmes où cette chambre tient ses séances, pendant les heures d'ouverture du greffe dans le district de Montréal et de 9 h à 15 h dans le district de Québec, à moins que le requérant choisisse de présenter sa demande soit au centre local ou au bureau d'aide juridique le plus proche du lieu de sa résidence, soit à tout autre centre ou bureau conformément à l'article 69.

Dans les autres districts judiciaires, les centres d'aide juridique qui, le 1er avril 1997, dispensent, dans les matières relevant de la compétence de la Cour du Québec, chambre de la jeunesse, des services d'admissibilité à l'aide juridique sur les lieux mêmes où cette chambre tient ses séances doivent maintenir ces services.

[D. 1453-97, a. 23; D. 957-2013, a. 2].

70. *(Abrogé)*.

[D. 2873-82, a. 1; D. 941-83, a. 11; D. 1211-96, a. 19].

71. *(Abrogé)*.

[D. 941-83, a. 11].

72. Attestation d'admissibilité — Le directeur général signe l'attestation d'admissibilité à l'aide juridique et la délivre en duplicata. Elle porte l'information suivante :

a) le nom du centre ou du bureau qui l'émet;

b) le nom et l'adresse du ou des bénéficiaires;

b.1) le fait que le bénéficiaire est admis à l'aide juridique gratuite ou moyennant le versement d'une contribution et, dans ce dernier cas, le montant maximal de la contribution exigible, déduction faite des frais administratifs versés par le bénéficiaire conformément au *Règlement sur l'aide juridique* (chapitre A-14, r. 2) et le droit de celui-ci de demander une révision quant au montant de la contribution, à moins que l'attestation ne soit délivrée pour les services juridiques prévus au paragraphe 1.1° de l'article 4.7 de la Loi, auquel cas seuls les honoraires et les frais visés à l'article 5.1 de la Loi y sont indiqués;

c) la date de l'acceptation de la demande;

d) le nom de l'avocat ou du notaire à qui le cas est confié;

e) la période pour laquelle elle est émise;

f) la nature du cas pour lequel l'aide est accordée; et

g) le caractère d'urgence, et conditionnel s'il y a lieu, de l'attestation.

Lorsque l'aide juridique est accordée moyennant le versement d'une contribution et que l'attestation d'admissibilité indique ce fait, l'attestation indique également qu'en cas de défaut par le bénéficiaire de payer la contribution exigible, l'aide pourra être suspendue ou retirée et que le remboursement des coûts de l'aide juridique pourra être exigé du bénéficiaire.

[D. 1211-96, a. 20; L.Q. 1996, c. 23, a. 54; D. 1453-97, a. 24; D. 957-2013, a. 3].

73. Refus — Un avis de refus, de suspension ou de retrait de l'aide juridique est motivé. S'il s'agit d'un refus ou d'un retrait, l'avis comporte la mention du droit du requérant, ou, selon le cas, du bénéficiaire de demander la révision de la décision et du délai dans lequel cette demande doit être présentée.

[D. 1211-96, a. 21].

74. Le refus, la suspension ou le retrait de l'aide juridique prend effet à compter de la réception par le requérant, ou selon le cas par le bénéficiaire, de l'avis motivé à cet effet. Le directeur général ou la Commission en avise également, s'il y a lieu, l'avocat ou le notaire du bénéficiaire, le greffier du tribunal ou l'officier de la publicité des droits.

[D. 1211-96, a. 22; D. 702-2010, a. 10].

75. *(Abrogé).*

[D. 942-83, a. 5].

76. Choix de l'avocat ou du notaire — Le bénéficiaire peut faire le choix d'un avocat ou notaire qui n'est pas à l'emploi d'un centre parmi ceux qui ont accepté d'être inscrits sur la liste mentionnée à l'article 57. Lorsque le bénéficiaire fait le choix particulier d'un tel avocat ou d'un tel notaire, le directeur général confie à cet avocat ou à ce notaire un mandat décrivant la nature du cas.

[L.Q. 1996, c. 23, a. 54; D. 1453-97, a. 25].

77. Avis et rapport — L'avocat ou le notaire qui n'est pas à l'emploi d'un centre ou de la Commission doit aviser par écrit le directeur général quand il refuse un mandat. Il doit donner cet avis dans les 15 jours de la date de la réception du mandat. Le directeur général avise alors le bénéficiaire qu'il peut faire le choix d'un autre avocat ou notaire.

[D. 1721-86, a. 1; D. 1211-96, a. 23; D. 1453-97, a. 26; D. 702-2010, a. 11].

78. *(Remplacé).*

[D. 1453-97, a. 26].

79. *(Abrogé).*

[D. 1721-86, a. 2].

80. *(Abrogé).*

[D. 942-83, a. 5].

81. Substitution de l'avocat ou du notaire — Sous réserve de l'article 81.1, le bénéficiaire ayant déjà obtenu les services d'un avocat ou notaire qui n'a pas encore complété le mandat confié, peut

obtenir du directeur général les services d'un autre avocat ou notaire s'il en donne des motifs raisonnables. L'avocat ou le notaire, s'il n'est pas à l'emploi d'un centre, doit alors transmettre, conformément au *Règlement sur la reddition de comptes concernant les services rendus par certains avocats et par certains notaires* (chapitre A-14, r. 8), son relevé d'honoraires, dès qu'il est informé par écrit que le bénéficiaire a requis un remplacement d'avocat ou de notaire.

Le centre doit également informer l'avocat ou le notaire du nom de l'avocat ou du notaire qui le remplace.

[D. 1453-97, a. 27; D. 702-2010, a. 12].

81.1. Remplacement de l'avocat ou du notaire — Un avocat ou un notaire qui exerce sa profession en cabinet privé peut, en tout temps, remplacer, dans le cadre d'un même mandat, un autre avocat ou notaire du même cabinet à qui ce mandat a été confié. Ce remplacement s'opère au moyen d'un avis signé par le bénéficiaire et transmis, par voie postale ou par voie de télécommunication, au directeur général qui a confié le mandat. Cet avis indique les services juridiques pour lesquels le remplacement a lieu, de même que la période pendant laquelle il s'applique. Le directeur général est lié par cet avis.

[D. 1453-97, a. 28].

81.2. L'avocat ou le notaire qui, en cours d'exécution d'un mandat, cesse de représenter un bénéficiaire doit aviser par écrit ce bénéficiaire et le directeur général qui lui a confié le mandat.

[D. 702-2010, a. 13].

81.3. La Commission paie pour et à l'acquit du centre d'aide juridique concerné les honoraires et les débours d'un avocat ou d'un notaire qui n'est pas à l'emploi de ce centre et dont celui-ci a retenu les services pour le compte d'un bénéficiaire, après réception du relevé prévu à l'article 2 du *Règlement sur la reddition de comptes concernant les services rendus par certains avocats et par certains notaires* (chapitre A-14, r. 8) et selon les modalités prévues à ce règlement, ainsi que les honoraires et les débours d'un sténographe ou d'un huissier qui exerce ses fonctions pour le compte d'un bénéficiaire.

[D. 702-2010, a. 13].

82. *(Abrogé).*

[D. 941-83, a. 11].

§3. — Comité de révision

83-87. *(Abrogés).*

[D. 1211-96, a. 24].

88. Procès-verbaux — Le comité chargé d'effectuer les révisions prévues aux articles 74 et 75 de la Loi tient des procès-verbaux de ses réunions.

[D. 1211-96, a. 25; D. 1453-97, a. 29].

89. *(Abrogé).*

[D. 1211-96, a. 26].

90. Le comité transmet sans délai copie de ses décisions au président de la Commission.

[D. 1211-96, a. 27].

91. *(Abrogé).*

[D. 1211-96, a. 28].

92. Dès qu'il délivre une attestation conditionnelle d'admissibilité dans le cadre d'une demande de révision, le directeur général en transmet copie au comité de révision.

[D. 1211-96, a. 29].

SECTION IV — PRESTATION DE CERTAINS AUTRES SERVICES JURIDIQUES

§1. — Liste des avocats et autres documents

93. Pour l'application de la présente section et du chapitre III de la Loi, seuls les services d'un avocat sont considérés.

[D. 702-2010, a. 14].

94. La Commission établit et maintient à jour, pour tout le territoire du Québec, une liste des avocats visés au paragraphe 1° du premier alinéa de l'article 83.7 de la Loi qui acceptent par écrit d'accorder leurs services professionnels aux personnes visées à l'un des articles 61.1 et 83.1 de la Loi.

Cette liste comporte notamment les renseignements suivants :

1° la section du Barreau dont fait partie l'avocat;

2° l'adresse de son domicile professionnel;

3° l'année de son inscription au Tableau de l'Ordre des avocats;

4° tout district judiciaire où il exerce sa pratique.

[D. 702-2010, a. 14].

95. Un avocat peut en tout temps demander par un écrit adressé à la Commission, le retrait de son nom de la liste mentionnée à l'article 94. La Commission doit agréer cette demande.

[D. 702-2010, a. 14].

96. L'avocat dont le nom n'est pas inscrit ou a été retiré de la liste prévue à l'article 94 peut demander que son nom y soit inscrit. La Commission doit agréer cette demande. Toute demande verbale doit être confirmée par écrit.

[D. 702-2010, a. 14].

97. La Commission tient un registre indiquant notamment le nom des personnes qui bénéficient de services en vertu du chapitre III de la Loi, la date de l'ordonnance ou la date de la décision de la Commission, le cas échéant, la façon dont la demande a été disposée et la date à laquelle elle a été reçue ainsi que la nature des services.

[D. 702-2010, a. 14].

98. La Commission tient un registre indiquant notamment la nature des mandats confiés aux avocats, la date à laquelle le mandat a été confié ainsi que la façon dont il en a été disposé et la date à laquelle le mandat a été terminé.

[D. 702-2010, a. 14].

§2. — Demande de services juridiques

99. La demande de services juridiques peut être faite auprès de tout centre régional lorsque le requérant justifie pourquoi il ne s'est pas adressé au centre régional le plus proche du lieu de sa résidence.

[D. 702-2010, a. 14].

100. Est assimilée, le cas échéant, à une demande de service et constitue une description de la nature des services visés :

1° la décision de la Commission de permettre au bénéficiaire de recevoir les services professionnels d'un avocat conformément au chapitre III de la Loi;

2° l'ordonnance judiciaire qui reconnaît à une personne le droit aux services d'un avocat rémunéré par l'État, afin d'assurer son droit constitutionnel à un procès équitable, en matière pénale ou criminelle;

3° l'ordonnance judiciaire portant sur la désignation d'un avocat aux termes d'une disposition du *Code criminel* (L.R.C. (1985), ch. C-46).

[D. 702-2010, a. 14].

101. Lorsque le requérant fait le choix particulier d'un avocat qui n'est pas à l'emploi d'un centre régional d'aide juridique ou de la Commission, le directeur général confie à cet avocat un mandat décrivant la nature des services visés, le tarif applicable et s'il y a lieu la contribution qui doit lui être versée par la personne qui bénéficie des services.

Lorsque la Commission procure à une personne les services professionnels d'un avocat qui n'est pas à l'emploi d'un centre régional ou de la Commission, la Commission confie à cet avocat un mandat contenant les mêmes renseignements que le premier alinéa, le tarif applicable et s'il y a lieu la contribution qui doit lui être versée par la personne qui bénéficie des services.

[D. 702-2010, a. 14].

102. Le document qui confirme le droit à une personne à la prestation de services juridiques dans le cadre du chapitre III de la Loi est délivré en duplicata et porte les informations suivantes :

1° le nom et l'adresse de la personne visée par le document;

2° le cas échéant, le nom du centre ou du bureau d'aide juridique qui a émis une attestation d'amissibilité au chapitre II de la Loi pour les mêmes services juridiques ainsi que le numéro de cette attestation;

3° une description de la nature des services visés;

4° le numéro du dossier judiciaire;

5° s'il y a une contribution à verser soit en vertu du chapitre II de la Loi ou à la suite d'une ordonnance judiciaire, le montant de celle-ci et, s'il y a lieu, les modalités de versement;

6° s'il y a des garanties, la description des biens qui sont visés;

7° la date de l'acceptation de la demande aux services;

8° le tarif applicable.

[D. 702-2010, a. 14].

103. Sous réserve de l'article 104, la personne ayant déjà obtenu les services d'un avocat qui n'a pas encore complété le mandat confié, peut obtenir du directeur général les services d'un autre avocat si elle en donne des motifs raisonnables. L'avocat, s'il n'est pas à l'emploi d'un centre ou de la Commission, doit transmettre conformément au deuxième alinéa de l'article 10 du *Règlement sur la reddition de comptes concernant les services rendus par certains avocats et par certains notaires* (chapitre A-14, r. 8) un relevé d'honoraires et de débours, dès qu'il est informé par écrit que le dossier a été confié à un autre avocat.

[D. 702-2010, a. 14].

104. Un avocat qui n'est pas à l'emploi d'un centre régional ou de la Commission peut, en tout temps, remplacer, dans le cadre d'un même mandat, un autre avocat du même cabinet à qui ce mandat a été confié. Ce remplacement s'opère au moyen d'un avis signé par la personne qui reçoit les services et transmis au directeur général ou, le cas échéant, à la Commission, qui lui a confié le mandat. Cet avis indique les services juridiques pour lesquels le remplacement a lieu, de même que la période pendant laquelle il s'applique. Le directeur général et la Commission sont liés par cet avis.

[D. 702-2010, a. 14].

105. L'avocat qui, en cours d'exécution d'un mandat, cesse de représenter une personne visée à l'un des articles 61.1 et 83.1 de la Loi doit aviser par écrit cette personne et le directeur général ou, le cas échéant, la Commission, qui lui a confié le mandat.

[D. 702-2010, a. 14].

106. La Commission paie les honoraires et les débours d'un avocat, qui n'est pas à l'emploi d'un centre régional ou de la Commission et qui représente une personne visée à l'article 83.1 de la Loi ou une personne visée à l'article 61.1 de la Loi, aux services duquel s'appliquent les honoraires prévus à la section II du chapitre II de la partie I du *Règlement concernant le tarif des honoraires et les débours des avocats dans le cadre de la prestation de certains services juridiques et sur la procédure de règlement des différends* (chapitre A-14, r. 9), après réception du relevé prévu à l'article 2 du *Règlement sur la reddition de comptes concernant les services rendus par certains avocats et par certains notaires* (chapitre A-14, r. 8) et selon les modalités prévues à ce règlement.

[D. 702-2010, a. 14].

107. Pour l'application du premier alinéa de l'article 83.12 de la Loi, la Commission considère notamment les critères suivants :

1° le nombre d'accusés impliqués dans un procès;

2° le nombre d'accusations portées;

3° la nature des infractions;

4° l'ampleur et la complexité de la preuve;

5° la complexité des règles de droit applicables;

6° la durée anticipée du procès;

7° l'intérêt du public.

[D. 702-2010, a. 14].

ANNEXE A
(art. 1)

(Supprimé).

[D. 1453-97, a. 30].

ANNEXE B

(art. 51)

CENTRE COMMUNAUTAIRE JURIDIQUE de:
BUREAU DE:

LISTE DES DOSSIERS EN CIRCULATION

AU: _____

NUMÉRO DE SÉQUENCE	NUMÉRO DE DOSSIER

GROUPER LES DOSSIERS DE LA FAÇON SUIVANTE: 1- DOSSIERS DES AVOCATS DU RÉSEAU
2- DOSSIERS DES AVOCATS PRIVÉS
3- DOSSIERS DES NOTAIRES PRIVÉS

ANNEXE C

(art. 51)

ANNEXE C
(a. 51)

COÛT PAR NATURE DU DOSSIER FERMÉ

CENTRE COMMUNAUTAIRE JURIDIQUE DE _____

RÉGION _____   BUREAU _____

| NATURE DU DOSSIER | AVOCATS DU RÉSEAU | | | |
| | NOMBRE DE DOSSIERS FERMÉS | | TEMPS CONSACRÉ | |
	TRIMESTRE	CUMULATIF	TRIMESTRE	CUMULATIF

ANNEXE D

(art. 51)

ACTIVITÉS PAR AVOCAT PAR NATURE DES DOSSIERS

A.C. 1798-73, (1973) 105 G.O.II, 2313
A.C. 3664-75, (1975) 107 G.O.II, 4747
A.C. 4689-75, (1975) 107 G.O.II, 5583
A.C. 980-76, (1976) 108 G.O.II, 2517

A.C. 1097-78, (1978) 110 G.O.II, 2205
A.C. 132-79, (1979) 111 G.O.II, 445
A.C. 204-79, (1979) 111 G.O.II, 499
D. 1366-80, (1980) 112 G.O.II, 2779 et 3361
D. 3570-81, (1981) 113 G.O.II, 5555

RÈGLEMENT RATIFIANT L'ENTENTE ENTRE LE MINISTRE DE LA JUSTICE ET LA CHAMBRE DES NOTAIRES DU QUÉBEC INTERVENUE LE 11 OCTOBRE 2003 SUR LES CONDITIONS D'EXERCICE, LE MODE DE RÈGLEMENT DES DIFFÉRENDS ET LE TARIF DES HONORAIRES DES NOTAIRES POUR LES SERVICES RENDUS DANS LE CADRE DE LA LOI SUR L'AIDE JURIDIQUE ET SUR LA PRESTATION DE CERTAINS AUTRES SERVICES JURIDIQUES,

D. 319-2004, (2004) 136 *G.O.* II, 1701 [c. A-14, r. 5].

Loi sur l'aide juridique et sur la prestation de certains autres services juridiques, RLRQ, c. A-14, a. 81

1. Est ratifiée l'entente ci-annexée, intervenue le 11 octobre 2003 entre le ministre de la Justice et la Chambre des notaires du Québec sur les conditions d'exercice, le mode de règlement des différends et le tarif des honoraires des notaires applicable aux fins de la *Loi sur l'aide juridique et sur la prestation de certains autres services juridiques* (chapitre A-14), qui remplace l'entente intervenue le 15 avril 1977.

2. (*Omis*).

ANNEXE ─
ENTENTE ENTRE LE MINISTRE DE LA JUSTICE ET LA CHAMBRE DES NOTAIRES DU QUÉBEC

ATTENDU QUE l'article 81 de la *Loi sur l'aide juridique et sur la prestation de certains autres services juridiques* (chapitre A-14) prévoit que :

« **81.** Le ministre négocie avec les organismes habilités à représenter les notaires, les avocats, les huissiers ou les sténo-graphes, les tarifs des honoraires applicables aux fins de la présente loi ainsi qu'une procédure de règlement des différends et les matières qui peuvent en être l'objet.

Malgré toute loi générale ou spéciale, le gouvernement peut adopter des règlements pour ratifier une entente visée au premier alinéa ou, à défaut d'une telle entente, pour établir de tels tarifs aux fins de la présente loi. Ces règlements peuvent en outre prévoir quelle personne peut déterminer les honoraires applicables à un service non tarifé. Ils peuvent de plus prévoir une procédure de règlement des différends et les matières qui peuvent en être l'objet.

Un tarif établi suivant les dispositions du présent article peut fixer, dans la mesure qui y est prévue, des honoraires forfaitaires pour l'ensemble des services juridiques fournis dans le cadre d'un même mandat. Il peut également prévoir le niveau maximal des honoraires pouvant être versés en vertu de la présente loi à un même professionnel au cours d'une période que le tarif indique et au-delà duquel les honoraires versés à ce professionnel sont réduits, pour chaque mandat, dans la proportion que le tarif indique. Les dispositions du tarif relatives au niveau maximal des honoraires pouvant être versés à un même professionnel peuvent varier selon la catégorie de professionnels à laquelle elles s'appliquent.

La Commission et les centres sont liés par tout règlement visé au deuxième alinéa. »;

ATTENDU QU'une entente est intervenue pour remplacer le *Tarif d'honoraires des notaires aux fins de la Loi sur l'aide juridique* (D. 2254-78);

LES PARTIES DECLARENT ET CONVIENNENT QUE le texte ci-annexé constitue l'entente sur les conditions d'exercice, le mode de règlement des différends et le tarif des honoraires des notaires dans le cadre du régime d'aide juridique.

EN FOI DE QUOI les parties ont signé à Québec ce 11ᵉ jour d'octobre 2003.

DENIS MARSOLAIS, Président de la Chambre des notaires du Québec

MARC BELLEMARE, Ministre de la Justice

ENTENTE INTERVENUE ENTRE LE MINISTRE DE LA JUSTICE ET LA CHAMBRE DES NOTAIRES DU QUÉBEC SUR LES CONDITIONS D'EXERCICE, LE MODE DE RÈGLEMENT DES DIFFÉRENDS ET LE TARIF DES HONORAIRES DES NOTAIRES POUR LES SERVICES RENDUS DANS LE CADRE DE LA LOI SUR L'AIDE JURIDIQUE ET SUR LA PRESTATION DE CERTAINS AUTRES SERVICES JURIDIQUES

Chapitre I ⸺ Objet et champ d'application de l'entente

1. La présente entente a pour objet la détermination des conditions d'exercice, du mode de règlement des différends et des honoraires applicables aux services professionnels rendus par les notaires dans le cadre du régime d'aide juridique.

2. Elle régit tout notaire qui accepte de rendre, conformément à la *Loi sur l'aide juridique et sur la prestation de certains autres services juridiques* (chapitre A-14), des services professionnels à un bénéficiaire, à l'exception du notaire qui est à l'emploi d'un centre d'aide juridique.

Chapitre II ⸺ Conditions d'exercice

SECTION I ⸺ LE LIBRE CHOIX DU NOTAIRE

3. Une personne financièrement admissible à l'aide juridique peut consulter un notaire exerçant en cabinet privé avant de soumettre une demande d'aide en vertu de l'article 62 de la *Loi sur l'aide juridique et sur la prestation de certains autres services juridiques* (chapitre A-14).

4. Une demande d'aide juridique peut être soumise par le notaire lui-même pour le compte d'une personne en faveur de laquelle une attestation conditionnelle d'admissibilité peut être émise en vertu de la loi. En pareil cas, la demande est verbale.

5. Un organisme d'aide juridique doit, selon les critères établis par la loi, répartir équitablement entre les notaires les mandats pour lesquels les bénéficiaires désirent bénéficier de services juridiques dispensés par un notaire inscrit au régime d'aide juridique, sans avoir fait de choix particulier.

6. Lors d'une substitution de notaire à laquelle s'applique l'article 81 du *Règlement d'application de la Loi sur l'aide juridique et sur la prestation de certains autres services juridiques* (c. A-14, r. 1), le centre d'aide juridique doit aviser, par écrit, le notaire au dossier que le bénéficiaire a requis une substitution de notaire et l'informer du nom du nouveau notaire.

Le premier alinéa s'applique également lorsque l'un des notaires concernés est à l'emploi d'un organisme d'aide juridique.

7. Le notaire qui rend un service juridique à une personne qui, pour ce service, devient bénéficiaire de l'aide juridique, conserve son mandat sous réserve des dispositions de la loi.

En pareil cas, l'organisme d'aide juridique qui décerne l'attestation d'admissibilité doit en aviser le notaire et requérir son acceptation de continuer le mandat aux conditions établies par la *Loi sur l'aide juridique et sur la prestation de certains autres services juridiques* (chapitre A-14) et les règlements pris en application de cette loi.

SECTION II — LES LIBERTÉS PROFESSIONNELLES

8. Le régime d'aide juridique doit respecter les libertés professionnelles du notaire; tout particulièrement, le régime reconnaît l'autonomie professionnelle du notaire et sauvegarde le caractère personnel et privilégié de sa relation avec le bénéficiaire.

9. Le notaire conserve, dans le cadre du régime d'aide juridique, son autonomie professionnelle. Il est de son ressort de décider des services qu'il doit rendre, dans le cadre du mandat d'aide juridique, en recherchant le meilleur intérêt du bénéficiaire.

Le notaire se conforme au mandat qu'il reçoit d'un organisme d'aide juridique pour le compte du bénéficiaire; les conditions de ce mandat ont pour objet l'identification du service d'aide juridique que requiert le bénéficiaire.

10. L'organisme d'aide juridique s'abstient d'intervenir dans l'exercice du mandat du notaire; il peut toutefois s'assurer de son exécution.

11. Le notaire peut refuser un mandat d'aide juridique.

12. Le notaire peut selon les normes d'exercice reconnues, mettre fin à tout mandat; en pareil cas, il en avise par écrit l'organisme d'aide juridique et le bénéficiaire.

13. Le notaire rend compte au bénéficiaire de l'exercice de son mandat et fait rapport, auprès de l'organisme d'aide juridique dont il a reçu le mandat, des services professionnels qu'il a rendus.

Dans ses communications avec la Commission des services juridiques ou un organisme d'aide juridique, le notaire doit respecter le secret professionnel

SECTION III — HONORAIRES APPLICABLES ET MODALITÉS DE FACTURATION ET DE PAIEMENT

14. Tout service juridique, rendu conformément aux dispositions de la *Loi sur l'aide juridique et sur la prestation de certains autres services juridiques* (chapitre A-14) et de la présente entente par le notaire ou, dans la mesure prévue à l'article 52 de cette loi, par un stagiaire agissant sous sa supervision, est rémunéré selon le tarif qui apparaît à l'annexe I.

Un service professionnel relatif à l'exercice d'un droit découlant d'une loi ou d'un règlement pour lequel la présente entente ne prévoit pas les honoraires payables ou le paiement d'une considération spéciale, fait l'objet d'une rémunération. En pareil cas, l'organisme d'aide juridique apprécie le relevé d'honoraires du notaire et fixe le montant de la rémunération. Cette décision peut faire l'objet d'un différend qui peut être réglé selon le mode de règlement prévu à la Section IV.

15. Le notaire fait parvenir son relevé d'honoraires et de débours à l'organisme d'aide juridique qui lui a confié le mandat dans les trois ans qui suivent la fin de son mandat. Ce délai est de rigueur. Le paiement est effectué dans les 30 jours de sa réception.

Dans les cas déterminés par règlement, le relevé d'honoraires est transmis à la Commission des services juridiques et acquitté par elle dans le même délai.

Lorsqu'il y a eu remplacement de notaire en vertu de l'article 81.1 du *Règlement d'application de la Loi sur l'aide juridique et sur la prestation de certains autres services juridiques* (c. A-14, r. 1), le relevé d'honoraires est transmis par le notaire à qui le mandat a été confié et le paiement des honoraires et débours est effectué comme s'il n'y avait pas eu remplacement.

16. Tout montant dû et non acquitté sur un relevé d'honoraires, complété conformément à la Loi et à la présente entente, porte intérêt, 30 jours après sa réception par l'organisme d'aide juridique ou, le cas échéant, par la Commission.

Cet intérêt est calculé sur une base annuelle et est égal au taux d'escompte de la Banque du Canada en vigueur les 1er avril et 1er octobre de chaque année, augmenté de 1,5 %. Le taux ainsi fixé a cours durant les six mois suivants.

17. Un relevé d'honoraires est complet lorsqu'il identifie les services rendus selon la nomenclature et les termes de l'annexe ou le mandat convenu, le cas échéant.

18. Les débours comprennent notamment les frais de signification par huissier ou par courrier recommandé ou certifié.

19. Le notaire ne reçoit aucune indemnité de déplacement, ni remboursement de ses frais de stationnement pour un parcours à l'intérieur d'un rayon de 25 km de son étude.

Le notaire a droit à l'indemnité maximale pour frais de transport fixée par le Conseil du trésor dans sa Directive sur les frais remboursables lors d'un déplacement et autres frais inhérents, pour l'utilisation d'un véhicule personnel :

1° Selon la distance effectivement parcourue, s'il s'agit d'un déplacement excédant un rayon de 25 km de son étude et effectué dans les limites de la circonscription foncière où se situe cette étude;

2° Selon la distance effectivement parcourue, jusqu'à concurrence de 200 km, s'il s'agit d'un déplacement excédant un rayon de 25 km de son étude et effectué hors des limites de la circonscription foncière où se situe cette étude;

3° Selon la distance effectivement parcourue par le notaire s'il s'agit d'un déplacement effectué, avec l'autorisation du directeur-général du centre d'aide juridique, hors des limites de la circonscription foncière où se situe son étude, lorsque la nature ou la complexité de l'affaire exige que le mandat soit confié à ce notaire.

Le notaire qui, suivant les dispositions du présent article, a droit à une indemnité a également droit au remboursement des frais de stationnement qu'il a supportés.

L'indemnité de déplacement et les frais de stationnement ne peuvent toutefois excéder les frais réels de transport que le notaire a effectivement supportés.

20. Le notaire qui représente un bénéficiaire auquel l'aide juridique est suspendue ou retirée ou un bénéficiaire qui cesse d'être admissible à cette aide, est rémunéré selon les dispositions de la présente entente pour les services rendus avant la réception d'un avis de l'organisme d'aide juridique, transmis par voie postale ou par voie de télécommunication, l'informant de la cessation des services juridiques et des motifs de la décision.

Le premier alinéa s'applique également lorsque le bénéficiaire renonce, en cours de mandat, à l'aide juridique.

21. Un organisme d'aide juridique qui refuse d'acquitter un relevé d'honoraires doit, dans les 30 jours de sa réception, en aviser par écrit le notaire en indiquant les motifs de son refus.

Le premier alinéa s'applique également à la Commission dans les cas où elle assume le paiement des honoraires.

22. Un refus de paiement d'honoraires doit porter sur la non-conformité des honoraires réclamés en vertu des dispositions de la loi et de la présente entente.

SECTION IV — MODE DE RÈGLEMENT DES DIFFÉRENDS

23. Un différend s'entend de toute mésentente concernant l'interprétation ou l'application de la présente entente, y compris toute mésentente sur un relevé d'honoraires.

24. Un différend est soumis par un notaire au moyen d'un avis adressé au centre régional ou, selon le cas, à la Commission. L'avis doit contenir un exposé sommaire des faits et du correctif requis.

Un différend concernant une contestation d'honoraires doit être soumis dans les six mois de la réception d'un avis de refus de paiement ou de réclamation en remboursement.

25. Sur réception d'un avis de différend, le centre régional ou la Commission, selon le cas, donne par écrit sa réponse.

Si la réponse ne satisfait pas le notaire, ou si aucune réponse ne lui est transmise dans les 30 jours de la soumission de l'avis de différend, le notaire peut soumettre le différend à l'arbitrage par l'envoi d'une lettre adressée au juge en chef de la Cour du Québec, dans les six mois de la réception de la réponse obtenue ou de l'expiration du délai de 30 jours de la soumission de l'avis de différend, selon le cas. Une copie de cette lettre est expédiée par le notaire au centre régional ou à la Commission, selon le cas.

26. Tout différend soumis à l'arbitrage en vertu de la présente entente, est décidé par un arbitre désigné par le juge en chef, ou le cas échéant, le juge en chef associé de la Cour du Québec parmi les juges de cette Cour.

27. L'arbitre a compétence, à l'exclusion de tout tribunal, pour décider d'un différend au sens de la présente entente. Il peut maintenir, modifier ou rescinder la déci-

sion qui fait l'objet d'un différend et selon les termes de sa sentence, ordonner un paiement ou un remboursement, fixer une compensation, rétablir un droit, ou rendre toute autre ordonnance qu'il juge équitable dans les circonstances. Toutefois, l'arbitre ne peut modifier les dispositions de la présente entente.

La décision de l'arbitre est finale et lie les parties.

28. En tout temps, l'arbitre peut rendre une décision intérimaire.

29. Les frais relatifs à la prise de débats devant l'arbitre sont assumés, s'il en est, par le centre régional ou la Commission, selon le cas.

30. L'arbitre transmet sa décision au centre régional, à la Commission, au notaire et à la Chambre des notaires.

SECTION V — PORTÉE ET DURÉE DE L'ENTENTE

31. La présente entente entre en vigueur le 29 avril 2004.

Elle s'applique aux mandats délivrés à compter du 1er avril 2002.

L'entente prend fin le 31 mars 2005. Malgré son expiration, elle continuera de s'appliquer jusqu'à son remplacement.

ANNEXE I

(art. 14)

Chapitre I — Règles générales d'application

T1. Les services mentionnés aux présentes sont l'objet d'un forfait. Les honoraires fixés englobent tout ce qui est nécessaire à l'exécution du mandat reçu. Aucune autre rémunération ne peut être versée à un notaire par un centre ou par la Commission, selon le cas, à moins que le présent tarif n'en dispose autrement.

T2. Pour chaque copie ou extrait d'actes et de pièces annexées fournis par le notaire, à la demande d'un tiers dans le cadre de l'aide juridique, à l'exception des copies ou extraits déjà autrement compris dans la rémunération en vertu de la présente entente . . . . 40 $

Ces honoraires comprennent notamment la rémunération pour la signature et l'expédition de la copie.

T3. Pour le remboursement de ses frais de photocopie, de télécopie, de messagerie et timbre-poste, le notaire reçoit un montant fixe de 10 $.

Chapitre II — Actes relatifs à un bien meuble ou immeuble

T4. Pour la préparation et la réception de tout acte de nature mobilière ou immobilière . . . . 225 $ par acte

Ces honoraires comprennent outre les honoraires de l'acte lui-même, les honoraires pour tout ce qui est nécessaire pour parfaire l'exécution du mandat reçu. Ils comprennent notamment les honoraires pour la comparution, la préparation de l'avis d'adresse, la vérification et l'ajustement de taxes, les transports d'assurances, les vacations, les pièces annexées et le certificat qu'elles comportent, l'assumation d'une obligation antérieure, les copies nécessaires, ainsi que les honoraires pour l'inclusion dans l'acte des clauses usuelles de garantie pour le paiement du solde de prix de vente ou accomplissement des obligations d'une ou des parties.

T5. Pour toute convention d'indivision relative à tout acte de nature mobilière ou immobilière . . . . 225 $ par acte

T6. Examen des titres complet . . . . . .
. . . . 225 $ par acte

L'examen des titres complet comprend ce qui est requis à cet égard par les usages et les règles de l'art. Les honoraires relatifs à l'examen des titres complet ne peuvent être facturés qu'une seule fois par transaction, que celle-ci implique un seul acte ou plusieurs.

Si le notaire ne fait qu'un examen sommaire des titres ou n'effectue qu'une recherche à vue au bureau de la publicité des droits . . . . 80 $

Chapitre III — Actes de servitude

T7. Pour la préparation et la réception de tout acte de servitude . . . . 225 $

Ces honoraires comprennent notamment les honoraires pour la désignation du fonds servant, du fonds dominant et de l'assiette de la servitude, les interventions nécessaires, la mention des titres de créances ainsi que deux copies.

Chapitre IV — Quittances et mainlevées

T8. Pour toute quittance, mainlevée d'hypothèque et autres actes emportant radiation : . . . . 150 $

Ces honoraires comprennent notamment toute vérification des montants ou des comptes, toute vacation au bureau de la publicité des droits ainsi que deux copies.

Chapitre V — Contrats de mariage, d'union civile et de conjoints de fait

T9. Pour tout contrat de mariage ou d'union civile . . . . 175 $

Les honoraires comprennent notamment la préparation et la rédaction du contrat (incluant les donations entre vifs ou à cause de mort). Deux ou trois copies, la préparation de l'avis d'inscription au registre des droits personnels et réels mobiliers en trois exemplaires, la signature et l'envoi de cet avis, ainsi que la réception de l'avis et son annexion à la minute du contrat.

T10. Pour tout contrat de conjoints de fait . . . . 275 $

Chapitre VI — Testaments

T11. Pour la préparation et la réception :

a) tout testament ...... 125 $

b) tout testament entre conjoints .... 240 $

Ces honoraires comprennent notamment une copie au testateur mais ne comprennent pas les déboursés d'inscription au Registre des dispositions testamentaires et des mandats.

Chapitre VII — Procurations, mandats et consentements

T12. Pour toute procuration, autorisation, concours et consentement par acte séparé, ainsi que pour leur révocation .... 100 $

T13. Pour toute préparation d'un mandat donné en cas d'inaptitude ..... 135 $

Ces honoraires comprennent notamment les envois, correspondance et autres vacations, ainsi que les copies nécessaires.

Chapitre VIII — Inventaire

T14. Pour tout inventaire (article 1326 du *Code civil du Québec* (L.Q. 1991, c. 64)) dans le cas d'une curatelle .... 225 $

Chapitre IX — Règlement d'une succession

T15. Règlement d'une succession :

1. Pour la rédaction de l'état de l'actif et du passif de la succession (établissement de la dévolution) ... . 225 $

2. Pour la renonciation à la succession .... 225 $

3. Pour la déclaration de transmission :

• Immobilière ...... 340 $

• Mobilière .... 225 $

4. Ensemble des services pour la désignation du liquidateur .... 225 $

Ces honoraires comprennent la désignation, l'avis de désignation et la publication de cet avis.

5. Pour l'avis de clôture de la succession .... 90 $

6. Demande de recherche testamentaire .... 45 $

Ces honoraires comprennent la production d'un certificat de recherche à l'un des registres des testaments.

ENTENTE ENTRE LE MINISTRE DE LA JUSTICE ET LE BARREAU DU QUÉBEC CONCERNANT LE TARIF DES HONORAIRES DES AVOCATS DANS LE CADRE DES SERVICES JURIDIQUES PRÉVUS AU PARAGRAPHE 1.1° DE L'ARTICLE 4.7 DE LA LOI CERTAINS AUTRES SERVICES JURIDIQUES (CHAPITRE A-14) ET CONCERNANT LA PROCÉDURE DE RÈGLEMENT DES DIFFÉRENDS

Avis (2013) 145 *G.O.* II, 4063 [RLRQ, c. A-14, r. 5.01].

Loi sur l'aide juridique et sur la prestation de certains autres services juridiques, RLRQ, c. A-14, a. 83.21

DISPOSITIONS PRÉLIMINAIRES

1. La présente entente établie la tarif des honoraires des avocats de la pratique privée à qui un mandat d'aide juridique est confié pour les services juridiques prévus au paragraphe 1.1° de l'article 4.7 de la *Loi sur l'aide juridique et sur la prestation de certains autres services juridiques* (chapitre A-14).

L'entente prévoit des honoraires forfaitaires pour l'ensemble des services juridiques rendus; aucuns autres honoraires, indemnités de déplacements ou autres déboursés ne sont admissibles.

L'entente prévoit également les règles concernant le règlement des différends.

Chapitre I — Tarif des honoraires

2. Pour l'ensemble des services rendus jusqu'à l'obtention d'un jugement relatif à une entente entre les parties présentée dans une demande conjointe en révision de jugements, l'avocat a droit à des honoraires forfaitaires de 400 $.

Lorsque l'aide juridique est retirée en vertu de l'article 4.11.1 de la Loi ou que les bénéficiaires y renoncent avant le dépôt au greffe d'une entente entre les parties, l'avocat a droit, pour l'ensemble des services qu'il a rendus,, à des honoraires forfaitaires de 100 $.

Lorsque l'aide juridique est retirée en vertu de l'article 4.11.1 de la Loi ou que les bénéficiaires y renoncent après le dépôt au greffe d'une entente entre les parties, l'avocat a droit, pour l'ensemble des services qu'il a rendus, à des honoraires forfaitaires de 200 $.

3. Sous réserve des dispositions de l'article 81.1 du *Règlement d'application de la Loi sur l'aide juridique est sur la prestation de certains autres services juridiques* (chapitre A-14, r. 4), lorsque plus d'un avocat ont rendu des services, chaque avocat a droit à la partie du forfait correspondant aux services qu'il a rendus jusqu'à concurence d'un montant maximum de 400 $ pouvant être versé à l'ensemble des avocats.

Chapitre II — Procédure de règlement des différends

4. La procédure de règlement des différends prévus à la partie III de l'Entente entre le ministre de la Justice et le Barreau du Québec concernant le tarif des honoraires et les débours des avocats dans le cadre du régime d'aide juridique et concernant la procédure de règlement des différends, s'applique avec les adaptations nécessaires.

Chapitre III — Disposition finale

5. La présente entente prend fin le 30 septembre 2017.

ENTENTE ENTRE LE MINISTRE DE LA JUSTICE ET LE BARREAU DU QUÉBEC CONCERNANT LE TARIF DES HONORAIRES ET LES DÉBOURS DES AVOCATS DANS LE CADRE DU RÉGIME D'AIDE JURIDIQUE ET CONCERNANT LA PROCÉDURE DE RÈGLEMENT DES DIFFÉRENDS,

Avis (2013) 145 *G.O.* II, 1109 [RLRQ, c. A-14, r. 5.1].

Loi sur l'aide juridique, RLRQ, c. A-14, a. 83.21

DISPOSITION PRÉLIMINAIRE

1. La présente entente établit le tarif des honoraires des avocats de la pratique privée à qui un mandat d'aide juridique est confié, sauf pour les services rendus en matières criminelle et pénale.

Cette entente prévoit également les règles concernant les débours et le règlement des différends.

PARTIE I — TARIF DES HONORAIRES

Chapitre I —— Règles générales

2. Une journée peut compter un maximum de trois périodes de travail, soit une en matinée, une en après-midi et une en soirée. La matinée se termine à 13 h et la soirée commence à 18 h.

Sont des périodes de travail, une période de participation à une conférence ou une période d'audition.

3. Sous réserve de disposition contraire, les honoraires forfaitaires comprennent jusqu'à deux périodes de travail dans une même journée, soit une en matinée et une en après-midi.

Toutefois si, lorsqu'une fois commencée, l'audition, la conférence ou la séance de conciliation ou de médiation ne peut se terminer avant 18 h la même journée, l'avocat a droit pour la soirée de même que pour chaque période de travail additionnelle à des honoraires de:

1° en première instance: 275 $;

2° en appel: 285 $.

4. Lorsque des honoraires forfaitaires sont prévus pour des services et que plus d'un avocat ont rendu des services, chaque avocat, s'il exerce en cabinet privé, a droit à la partie du forfait correspondant aux services qu'il a rendus, sous réserve des dispositions de l'article 81.1 du *Règlement d'application de la Loi sur l'aide juridique et sur la prestation de certains autres services juridiques*.

5. Lorsque l'aide juridique d'un bénéficiaire est suspendue ou retirée ou qu'un bénéficiaire cesse d'y être admissible ou y renonce, l'avocat est rémunéré pour les services rendus jusqu'à la réception de l'avis prévu à l'article 74 du *Règlement d'application de la Loi sur l'aide juridique et sur la prestation de certains autres services juridiques* et pour les services juridiques rendus subséquemment pour la prestation des actes conservatoires nécessaires à la préservation des droits du bénéficiaire ou requis par le tribunal.

6. La Commission des services juridiques détermine les honoraires applicables aux services non tarifés en considérant, le cas échéant, les honoraires que prévoit la présente entente pour des services analogues.

7. Lorsque le mandat comporte un caractère exceptionnel en raison des circonstances de son accomplissement ou de la complexité de l'affaire, l'avocat peut soumettre une demande de considération spéciale afin que la Commission détermine le dépassement des honoraires.

8. Lorsque l'avocat doit, à la demande du directeur général, justifier par écrit sa demande visant à obtenir un mandat d'aide juridique, des honoraires de 75 $ sont payables s'il lui est accordé.

9. Les honoraires pour l'ensemble des services rendus dans le cadre d'un mandat de consultation sont de 65 $. Cependant, lorsque le mandat de l'avocat est de rédiger une mise en demeure, une lettre ou un avis, les honoraires sont de 90 $.

10. Les honoraires suivants s'appliquent aux services rendus par l'avocat:

1° en cas de refus ou d'impossibilité de procéder du tribunal énoncé en présence des parties le jour même fixé pour l'audition: 100 $;

2° pour toute mise en demeure de constituer un nouvel avocat: 75 $;

3° lorsqu'il doit soumettre ou présenter un avis de substitution de procureur ou de retrait de mandat, ou une déclaration ou une requête pour cesser d'occuper: 60 $.

11. Lorsque l'avocat plaide par écrit, à la demande ou sur autorisation du tribunal, des honoraires de 160 $ sont payables.

12. Pour toute participation de l'avocat à une conférence de règlement à l'amiable, à une conférence de gestion particulière de l'instance ou à une conférence préparatoire à l'instruction prévue à l'article 279 du

Code de procédure civile (chapitre C-25), les honoraires sont de 275 $ par période.

Chapitre II —— Tarif en matière civile

Section I —— Règles générales

13. Pour l'application de ce chapitre, à moins que le contexte n'indique un sens différent, un règlement est considéré être intervenu quand il y a désistement d'une demande ou lorsqu'une transaction intervient ou qu'il y a acquiescement complet à une demande. Sont également considérés réglés, les dossiers qui prennent fin à la suite d'une procédure de faillite.

14. Pour toute demande d'intervention dans le cadre de l'article 210 du *Code de procédure civile* (chapitre C-25), les honoraires sont de 300 $ en l'absence de contestation et de 350 $ s'il y a contestation.

15. Lorsque plusieurs défendeurs produisent des contestations distinctes, l'avocat du demandeur reçoit pour chaque contestation additionnelle la moitié des honoraires prévus à l'article 39 ou à l'article 44, selon l'état des procédures.

Pour l'application de cette disposition, l'intervenant, le mis en cause et le défendeur en garantie sont considérés comme un défendeur produisant une contestation distincte s'ils concluent au rejet de l'action principale.

16. Si plusieurs demandes incidentes peuvent être formulées dans une même procédure, les honoraires ne sont exigibles qu'une seule fois malgré la multiplicité des procédures.

17. L'avocat doit conclure aux frais dans la demande.

18. Dans le cas où l'avocat d'un bénéficiaire a droit à des dépens contre la partie adverse qui n'est pas bénéficiaire, celui-ci peut exécuter son mémoire de frais contre la partie adverse ou réclamer paiement à l'organisme d'aide juridique qui lui a confié le mandat.

19. Le fait d'exécuter son mémoire de frais contre la partie adverse équivaut, pour l'avocat, à donner quittance à l'organisme d'aide juridique qui lui a confié le mandat. Si l'avocat choisit de réclamer paiement à l'organisme d'aide juridique, il subroge ce dernier dans ses droits jusqu'à concurrence du montant de son mémoire de frais dûment taxé.

SECTION II —— CLASSES D'ACTIONS

20. Les actions sont classées selon la somme ou la valeur en litige:

Classe I: Moins de 3 000 $;

Classe II: De 3 000 $ à 9 999,99 $;

Classe III: De 10 000 $ à 24 999,99 $;

Classe IV: De 25 000 $ à 49 999,99 $;

Classe V: 50 000 $ ou plus.

21. Le tarif prévu pour la classe II est applicable aux actions, aux procédures et aux matières suivantes:

1° action déclaratoire ou négatrice de servitude;

2° adoption;

3° bornage, possessoire et pétitoire;

4° procédure ou action régie par le *Code de procédure civile* (chapitre C-25), mais non prévue au tarif si la somme ou valeur en litige est indéterminable ou inexistante;

5° procédures relatives aux personnes morales prévues au *Code de procédure civile*;

6° recours extraordinaires prévus au *Code de procédure civile*;

7° séquestre.

22. En matière de décision sur un point de droit et de jugement déclaratoire, l'intérêt en jeu, s'il peut être évalué en argent, détermine la classe de l'action; dans les autres cas, le tarif applicable est celui prévu pour les actions de la classe II.

23. L'injonction demandée sans autre conclusion que celle de l'article 751 du *Code de procédure civile* (chapitre C-25) est considérée comme une action de la classe III en première instance et de la classe II en appel.

Si d'autres conclusions sont recherchées, le tarif est celui de la classe prévue pour de telles conclusions, sans cependant être inférieur à celui prévu au premier alinéa.

24. Pour les procédures relatives à la filiation, au désaveu et à la déchéance de l'autorité parentale, le tarif prévu pour les actions de la classe III est applicable.

25. Pour la procédure de vente du bien d'autrui, prévue au chapitre X du livre sixième du *Code de procédure civile* (chapitre C-25), la classe d'action est déterminée par la valeur des biens.

26. En matière d'expropriation, la classe d'action est déterminée par le montant de l'indemnité.

La contestation du droit à l'expropriation est une instance en soi et le tarif prévu pour les actions de la classe II est applicable.

27. Les actions hypothécaires sont considérées comme des actions purement personnelles et la classe d'action est déterminée par le solde de l'obligation.

28. En matière de partage et licitation en justice, la classe d'action est déterminée par la valeur de l'objet en litige.

29. Dans une action où le créancier exerce un droit de devenir propriétaire irrévocable d'un immeuble, la classe d'action est déterminée par la valeur de l'immeuble.

30. À moins de dispositions contraires de la loi, toute action en annulation de contrat ou de testament est classée selon la valeur du contrat ou de la succession. Si une somme d'argent est réclamée en plus, la classe d'action est déterminée par la valeur totale de la demande.

31. Dans un cas de révision de taxation d'un mémoire de frais, la classe d'action est déterminée par les sommes en litige.

32. Lorsqu'une demande reconventionnelle est présentée, l'avocat reçoit un seul montant d'honoraires et la classe d'action est déterminée par celui des montants accordés qui est le plus élevé.

SECTION III — TARIF POUR LES PROCÉDURES EN PREMIÈRE INSTANCE ET POUR LES PROCÉDURES NON CONTENTIEUSES

33. Pour toute demande relative à la modification du registre de l'état civil, les honoraires sont de 115 $.

Pour les autres procédures en matière non contentieuse, les honoraires sont de 100 $, à l'exception de la procédure de vente du bien d'autrui, pour laquelle la classe est déterminée conformément à l'article 25.

34. Pour tout avis ou mise en demeure précédant la signification de la procédure introductive d'instance:

1° requis par la loi: 75 $;

2° non requis par la loi: 50 $.

Les honoraires prévus au paragraphe 2° ne sont exigibles qu'une seule fois par mandat.

35. Pour toute saisie avant jugement: 100 $.

36. Lorsqu'un règlement intervient avant la signification de la procédure introductive d'instance ou après la signification de la procédure introductive d'instance, mais avant la signification d'une défense ou d'une contestation, les honoraires sont les suivants:

1° à l'avocat qui représente le demandeur:

    Classe I: 170 $;

    Classe II: 205 $;

    Classe III: 275 $;

    Classe IV: 375 $;

    Classe V: 475 $.

2° à l'avocat qui représente le défendeur:

    Classe I: 105 $;

    Classe II: 170 $;

    Classe III: 240 $;

    Classe IV: 375 $;

    Classe V: 440 $.

37. Lorsqu'un jugement au fond, par défaut de comparaître ou de plaider est rendu, les honoraires sont les suivants:

1° à l'avocat qui représente le demandeur:

    (a) s'il n'y a pas d'enquête:

        Classe I: 190 $;

        Classe II: 240 $;

        Classe III: 340 $;

        Classe IV: 440 $;

        Classe V: 540 $.

    (b) s'il y a enquête:

        Classe I: 240 $;

        Classe II: 310 $;

        Classe III: 400 $;

        Classe IV: 510 $;

        Classe V: 610 $.

2° à l'avocat qui représente le défendeur:

    (a) s'il n'y a pas d'enquête ou s'il n'y assiste pas:

        Classe I: 70 $;

        Classe II: 110 $;

        Classe III: 140 $;

        Classe IV: 180 $;

Classe V: 240 $.

(b) lorsqu'il assiste à l'enquête:

Classe I: 140 $;

Classe II: 205 $;

Classe III: 275 $;

Classe IV: 375 $;

Classe V: 475 $.

38. Pour l'interrogatoire préalable d'une partie, avant ou après production d'une défense, à l'exclusion d'un interrogatoire lors d'une mesure incidente ou du procès: 100 $.

39. Lorsqu'un règlement intervient après la signification d'une défense ou d'une contestation au fond ou lorsqu'une demande est rejetée sur requête en irrecevabilité, les honoraires sont les suivants:

Classe I: 340 $;

Classe II: 475 $;

Classe III: 610 $;

Classe IV: 750 $;

Classe V: 880 $.

40. Pour l'ensemble des services rendus en matière d'incident de l'instance:

1° s'il y a contestation: 100 $;

2° si l'incident a pour effet de mettre fin au litige, le tarif est le suivant:

Classe I: 190 $;

Classe II: 240 $;

Classe III: 340 $;

Classe IV: 440 $;

Classe V: 540 $.

41. Pour l'inscription au registre approprié d'un jugement ou d'un acte tendant à la conservation de droits réels: 50 $.

42. Pour la préparation et l'inscription au registre foncier d'une priorité, d'une hypothèque légale ou d'une mise en demeure, tel que prescrit à l'article 1743 du *Code civil du Québec* (L.Q. 1991, c. 64): 100 $.

43. Pour la préparation et la présentation d'une réquisition de radiation d'un droit inscrit: 50 $.

44. Lorsqu'un jugement au fond est rendu dans une action contestée, les honoraires sont les suivants:

Classe I: 475 $;

Classe II: 680 $;

Classe III: 950 $;

Classe IV: 1 085 $;

Classe V: 1 360 $.

Ces honoraires sont également applicables à un jugement rendu sur une requête en injonction interlocutoire qui termine l'action ou à un jugement rendu sur une requête en injonction permanente qui n'a pas été précédée d'un jugement sur une requête interlocutoire.

45. Les honoraires prévus à l'article 44 sont augmentés de 50 % lorsqu'un jugement sur une requête en injonction permanente est rendu à la suite d'un jugement en injonction interlocutoire.

46. Lorsque le bénéficiaire, agissant en demande ou en défense, a gain de cause dans une action contestée où le montant réclamé ou alloué est supérieur à 100 000 $, les honoraires additionnels suivants sont payables à son avocat:

1° 1 % de l'excédent de 100 000 $, jusqu'à concurrence d'une condamnation ou d'un montant réclamé de 1 000 000 $;

2° lorsque le montant du jugement excède 1 000 000 $, 1/10 de 1 % de l'excédent de 1 000 000 $ s'ajoute au montant prévu au paragraphe 1°.

Les honoraires additionnels ne sont dus à l'avocat qu'une fois, sans égard au nombre de demandeurs ou de défendeurs.

47. Dans un cas visé à l'article 46, l'avocat du bénéficiaire n'a droit qu'au 1/3 des honoraires additionnels prévus à cet article lorsqu'un règlement intervient avant la production d'une défense et qu'aux 2/3 de ces honoraires lorsque le règlement intervient après la production d'une défense.

48. Pour la production de toute déclaration de dépôt volontaire et pour toute réclamation sur saisie des traitements, salaires ou gages, ou sur dépôt volontaire: 50 $.

49. Pour les services rendus pour obtenir la délivrance de tout bref d'exécution, quel qu'en soit la nature: 50 $.

50. Pour l'interrogatoire du débiteur après jugement: 75 $.

51. Pour tout jugement par défaut contre un tiers saisi ou sur sa déclaration: 50 $.

52. Pour la taxation d'un mémoire de frais:

1° 50 $ si non contestée;

2° 115 $ si contestée.

53. En matière d'adoption, la demande en déclaration d'admissibilité à l'adoption, la demande de placement de l'enfant et la demande d'adoption constituent des instances distinctes. Toute autre demande constitue un incident et est rémunérée comme tel.

Lorsque l'avocat présente des demandes distinctes pour plusieurs enfants d'une même famille et que le fondement des diverses demandes est le même, les honoraires payables pour chaque demande additionnelle sont fixés à 100 $.

54. En matière d'expropriation, les honoraires sont:

1° pour toute procédure faite en vertu de la *Loi sur l'expropriation* (chapitre E-24) devant un tribunal autre que le Tribunal administratif du Québec, section des affaires immobilières: 100 $;

2° pour toute procédure non contestée relative au paiement des deniers alloués: 100 $.

Des honoraires additionnels de 1 % de l'indemnité s'ajoutent à ceux prévus au premier alinéa lorsqu' il est établi à la satisfaction du Tribunal administratif du Québec, sur requête accompagnée d'un affidavit de l'avocat, que les services rendus par ce dernier lors de la préparation de la cause ou lors de l'enquête et audition, ou au cours des négociations qui ont conduit à une transaction, le justifient.

55. Lorsqu'un avocat représente un mineur à la suite d'une ordonnance rendue en application de l'article 394.1 du *Code de procédure civile* (chapitre C-25), les honoraires sont de 300 $ en l'absence de contestation et de 350 $ s'il y a contestation.

Ces honoraires sont applicables pour tout jugement qui statue sur les droits et privilèges du mineur et qui a nécessité l'intervention ou la présence de l'avocat.

Par exception, dans le cas d'un jugement qui prolonge l'application des mesures ordonnées par le jugement précédent ou qui le reconduit, les honoraires sont de 85 $, pour un maximum de deux jugements dans une même affaire.

56. Pour l'application de l'article 55, dans le cas où l'avocat représente plusieurs mineurs dans une même affaire, les honoraires prévus pour la représentation d'un mineur sont augmentés du pourcentage suivant lorsqu'il représente:

1° deux mineurs: 50 %;

2° trois mineurs ou plus: 100 %.

57. En matière de garde en établissement et évaluation psychiatrique:

1° 85 $ lorsqu'il y a désistement;

2° 190 $ lorsqu'un jugement au fond est rendu.

SECTION IV — TARIF POUR LES PROCÉDURES EN APPEL

58. Pour la demande pour permission d'appeler, la demande pour rejet d'appel ou tout autre incident contesté, les honoraires sont de 190 $.

59. Pour les services rendus en appel de tout jugement interlocutoire, à l'exclusion de l'injonction, des recours extraordinaires et de l'habeas corpus, les honoraires applicables sont la moitié des honoraires prévus pour le jugement au fond, selon la classe d'action déterminée par le montant en litige.

60. Après l'inscription en appel pour toute action réglée, appel abandonné, rejeté ou déserté, les honoraires sont les suivants:

Classe I: 190 $;

Classe II: 525 $;

Classe III: 560 $;

Classe IV: 750 $;

Classe V: 950 $.

61. Pour la demande de prolongation de délai de production du mémoire:

1° 100 $ si non contestée;

2° 170 $ si contestée.

62. Pour la production d'un mémoire additionnel à la demande du tribunal: 280 $.

63. Lorsque l'action est réglée, l'appel abandonné ou déserté, après production du mémoire de l'appelant, les honoraires sont les suivants:

1° à l'avocat représentant l'appelant:

Classe I: 560 $;

Classe II: 850 $;

Classe III: 1 050 $;

Classe IV: 1 320 $;

Classe V: 1 600 $.

2° à l'avocat représentant l'intimé:

Classe I: 280 $;

Classe II: 560 $;

Classe III: 660 $;

Classe IV: 850 $;

Classe V: 1 050 $.

64. Lorsque l'action est réglée, l'appel abandonné ou déserté après la production du mémoire de l'intimé et avant l'audition, les honoraires sont les suivants:

Classe I: 660 $;

Classe II: 950 $;

Classe III: 1 120 $;

Classe IV: 1 400 $;

Classe V: 1 700 $.

65. Lorsqu'un jugement de la Cour d'appel sur une action en injonction permanente est rendu à la suite d'un jugement de cette cour sur une action en injonction interlocutoire, les honoraires sont les suivants:

Classe I: 475 $;

Classe II: 700 $;

Classe III: 800 $;

Classe IV: 950 $;

Classe V: 1 120 $.

66. Lorsqu'un jugement au fond est rendu, les honoraires sont les suivants:

Classe I: 950 $;

Classe II: 1 400 $;

Classe III: 1 600 $;

Classe IV: 1 900 $;

Classe V: 2 240 $.

Ces honoraires sont également applicables à un jugement de la Cour d'appel rendu sur une requête en injonction interlocutoire qui termine la cause ou à un jugement de cette cour sur une action en injonction permanente qui n'a pas été précédée d'un jugement sur une requête interlocutoire qu'elle aurait rendu.

67. Lors d'un appel à la Cour suprême, les honoraires sont les suivants:

1° pour la préparation de l'ensemble des procédures préliminaires à l'appel, y compris la rédaction et le dépôt de l'avis d'appel ou de la demande pour permission d'en appeler: 3 000 $;

2° pour la préparation du mémoire: 3 000 $;

3° pour l'audition de l'appel: 4 000 $.

Chapitre III —— Tarif particulier pour certaines procédures en matière familiale

68. Le tarif en matière civile prévu au chapitre II s'applique aux procédures visées au présent chapitre, sous réserve des dispositions particulières qui y sont prévues.

SECTION I —— DEMANDES FONDÉES SUR LA LOI SUR LE DIVORCE (L.R.C. (1985), CH. 3 (2E SUPPL.)) OU SUR LES TITRES PREMIER ET PREMIER.1 DU LIVRE DEUXIÈME DU CODE CIVIL

69. Pour toute saisie avant jugement: 75 $.

70. L'avocat qui produit une preuve par affidavit sans assister à l'enquête a droit aux honoraires prévus aux sous-sections 1 à 4.

§1. —— Demandes introductives d'instance

71. Lorsqu'il y a réconciliation, abandon ou désistement des procédures, les honoraires sont les suivants:

1° après le dépôt ou la production à la cour de l'acte introductif d'instance, à l'avocat représentant la partie demanderesse: 220 $;

2° après la comparution et avant la signification d'une contestation, à l'avocat représentant la partie défenderesse: 220 $;

3° dans une action par accord, à l'avocat représentant les deux parties: 380 $.

72. Lorsqu'il y a réconciliation, abandon ou désistement des procédures après la signification d'une contestation et avant jugement au fond, les honoraires sont les suivants, à l'avocat représentant:

1° la partie demanderesse: 430 $;

2° la partie défenderesse: 325 $.

73. Lorsqu'un jugement par défaut de comparaître ou de plaider est rendu, les honoraires sont les suivants, à l'avocat représentant:

1° la partie demanderesse: 550 $;

2° la partie défenderesse: 380 $.

74. Lorsqu'un jugement entérine un accord présenté dans une demande conjointe, à l'avocat représentant les deux parties: 850 $.

75. Lorsqu'un jugement au fond est rendu dans une action contestée: 850 $.

§2. — Ordonnances de sauvegarde et mesures provisoires

76. Pour le premier jugement relatif aux mesures applicables pendant l'instance, qu'il s'agisse d'une ordonnance de sauvegarde ou d'un jugement sur mesures provisoires, les honoraires sont les suivants:

1° après entente ou transaction: 275 $;

2° après enquête: 325 $.

77. Pour tout jugement rendu relativement aux mesures applicables pendant l'instance qui modifie les mesures ordonnées ou prolongées par le jugement précédent:

1° après entente ou transaction: 275 $;

2° après enquête: 325 $.

Lorsque le greffier spécial refuse d'entériner une entente ou une transaction et qu'il réfère les parties au juge, les honoraires sont de 325 $.

78. Pour tout jugement rendu relativement aux mesures applicables pendant l'instance qui prolonge l'application des mesures ordonnées par le jugement précédent ou qui le reconduit, l'avocat a droit aux honoraires suivants pour un maximum de deux jugements dans une même affaire: 85 $.

79. Si pour une même mesure provisoire ou pour une même ordonnance de sauvegarde une requête distincte est présentée par chaque partie, un seul montant d'honoraires est payable malgré le nombre de requêtes.

80. Les honoraires de l'avocat à qui un mandat est confié pour représenter une partie demanderesse dans une instance en séparation de corps ou en divorce sont réduits de moitié lorsqu'il a déjà représenté cette partie dans une instance similaire au cours de l'année précédente.

§3. — Exécution de jugement

81. Pour toute saisie après jugement de meubles et d'immeubles: 75 $.

82. Dans le cadre d'une saisie-arrêt, un seul de ces honoraires peut être réclamé:

1° pour la réquisition de tout bref après jugement: 75 $;

2° pour le jugement sur saisie arrêt après jugement: 100 $.

83. Pour l'inscription du jugement au bureau de la publicité des droits: 50 $.

§4. — Demandes postérieures au jugement au fond

84. Les honoraires applicables pour la nomination d'un praticien, pour l'homologation du rapport d'un praticien ou pour l'inscription suivant un rapport homologué sont de 50 $.

85. Pour tout jugement:

1° relatif à une requête pour changement de pension alimentaire, de droits de garde d'enfants, de droits de visite ou de sortie, s'il y a enquête: 425 $;

2° relatif à une requête pour modification des mesures prévues au paragraphe 1°, s'il n'y a pas d'enquête: 325 $.

Cette disposition s'applique sous réserve des dispositions de l'article 76.

86. Pour la rédaction et l'inscription au registre foncier de la déclaration de résidence familiale: 100 $.

SECTION II — AUTRES PROCÉDURES EN MATIÈRE FAMILIALE

87. Pour tout jugement qui ordonne des mesures pour valoir pendant l'instance:

1° après entente ou transaction: 300 $;

2° après enquête: 400 $.

88. Pour le jugement qui dispose de l'action au fond, l'avocat a droit aux honoraires suivants, une seule fois dans une même affaire:

1° sans enquête: 400 $;

2° après enquête: 500 $.

89. Pour tout jugement rendu qui prolonge l'application pendant l'instance des mesures ordonnées par le jugement précédent ou qui le reconduit sans le modifier, l'avocat a droit aux honoraires suivants pour un maximum de deux jugements dans une même affaire: 85 $.

SECTION III — PROCÉDURES EN APPEL EN MATIÈRE FAMILIALE

90. Pour la demande pour permission d'appeler, la demande pour rejet d'appel ou tout autre incident contesté: 270 $.

91. Pour l'appel de tout jugement interlocutoire: 657,50 $.

92. Lorsqu'une action est réglée, l'appel abandonné ou réputé déserté après l'inscription en appel: 270 $.

93. Pour la production d'un mémoire additionnel à la demande du tribunal: 270 $.

94. Après la production du mémoire de l'appelant pour toute action réglée, appel abandonné ou réputé déserté, les honoraires sont les suivants, à l'avocat représentant:

1° l'appelant: 620 $;

2° l'intimé: 350 $.

95. Lorsqu'une action est réglée, l'appel abandonné ou réputé déserté après la production du mémoire de l'intimé et avant l'audition: 800 $.

96. Lorsqu'un jugement au fond est rendu: 1 315 $.

Chapitre IV — Tarif en matières diverses

SECTION I — RÈGLES GÉNÉRALES

97. Lorsqu'un avocat représente deux bénéficiaires ou plus, groupés juridiquement ou de fait et parties à un litige basé sur une cause d'action de même nature, instruit devant un même tribunal ou une même autorité administrative et à peu près au même moment, les honoraires de l'avocat sont limités à ceux pour les services rendus à un bénéficiaire.

98. Dans le cadre d'un appel à la Cour du Québec, les honoraires sont basés sur ceux prévus pour la classe II du tarif en matière civile en première instance.

99. Dans le cadre d'un appel à la Cour supérieure, les honoraires sont basés sur ceux prévus pour la classe III du tarif en matière civile en première instance.

100. Dans le cadre d'un appel à la Cour d'appel, les honoraires sont basés sur ceux prévus pour la classe II du tarif en matière civile des procédures en appel.

SECTION II — PROCÉDURES EN MATIÈRE DE PROTECTION DE LA JEUNESSE

101. Pour la présence de l'avocat lors d'une intervention auprès du Directeur de la protection de la jeunesse, y compris celle visant à conclure une entente portant sur les mesures volontaires antérieures à l'intervention judiciaire: 100 $.

102. Pour toute participation à une procédure de conciliation ou de médiation, les honoraires sont de:

1° 410 $ lorsque la procédure met fin au litige;

2° 275 $ par période lorsque la procédure ne met pas fin au litige.

103. Lorsque le tribunal entend ensemble la cause de plusieurs enfants visés par les procédures du Directeur de la protection de la jeunesse, l'avocat qui représente plus d'un enfant issu d'un même parent ou qui représente une partie a droit à la rémunération prévue pour la représentation d'une personne, augmentée du pourcentage suivant lorsqu'il y a:

1° deux enfants: 50 %;

2° trois enfants ou plus: 100 %.

Cette disposition est également applicable à l'avocat d'une personne intéressée ou qui intervient.

104. Les honoraires suivants sont applicables lorsque la présence de l'avocat est requise:

1° pour une remise: 25 $;

2° pour le prononcé d'un jugement: 50 $.

105. Pour l'ensemble des services relatifs à une requête pour intervention prévue à l'article 81 de la *Loi sur la protection de la jeunesse* (chapitre P-34.1), les honoraires sont de 140 $ si le jugement est rendu en l'absence de contestation et de 300 $ s'il y a contestation.

106. Pour l'ensemble des services relatifs à une requête pour mesures ou hébergement provisoires ou relatifs à une requête en prolongation de l'application des mesures de protection immédiate prévues aux articles 47, 76.1 et 79 de la *Loi sur la protection de la jeunesse* (chapitre P-34.1), les honoraires sont les suivants:

1° lorsqu'il y a désistement: 80 $;

2° lorsqu'une décision finale est rendue: 140 $.

107. Pour l'ensemble des services rendus, y compris dans le cadre de mesures sur une demande en déclaration de compromission en vertu de l'article 74.1 de la *Loi sur la protection de la jeunesse* (chapitre P-34.1) ou une demande de révision ou de prolongation d'une décision ou d'une ordonnance en vertu de l'article 95 de la même loi, les honoraires sont les suivants:

1° lorsqu'il y a désistement: 175 $;

2° lorsque la décision finale est rendue de consentement et sans que des témoins ne soient entendus: 205 $;

3° lorsqu'une décision finale est rendue: 410 $.

SECTION III — PROCÉDURES EN MATIÈRE DE LOGEMENT

108. Cette section s'applique uniquement aux procédures en matière de logement prises en application de la *Loi sur la Régie du logement* (chapitre R-8.1).

109. Pour toute participation à une procédure de conciliation, les honoraires sont de:

1° 450 $ lorsque la procédure met fin au litige;

2° 275 $ par période lorsque la procédure ne met pas fin au litige.

110. Pour une demande incidente: 80 $.

111. Pour l'ensemble des autres services rendus:

1° lorsqu'il y a désistement, conclusion d'une entente ou lorsque la décision est rendue en l'absence de contestation: 225 $;

2° lorsqu'une décision finale est rendue après contestation: 450 $.

112. Pour une demande visant l'exécution provisoire d'une décision de la Régie du logement: 120 $.

113. Pour une demande en rétractation d'une décision de la Régie: 160 $.

114. Pour l'ensemble des services relatifs à une demande de révision en vertu de l'article 90 de la *Loi sur la Régie du logement* (chapitre R-8.1):

1° lorsqu'il y a désistement ou conclusion d'une entente: 160 $;

2° lorsqu'une décision finale est rendue: 300 $.

115. Pour l'ensemble des services relatifs à une demande pour permission d'en appeler à la Cour du Québec en vertu de l'article 91 de la *Loi sur la Régie du logement* (chapitre R-8.1):

1° lorsqu'il y a conclusion d'une entente avant l'audition: 160 $;

2° lorsqu'un jugement est rendu: 215 $.

116. Pour une demande de suspension d'exécution d'une décision de la Régie: 120 $.

SECTION IV — PROCÉDURES
RELATIVES À UNE DÉCISION
ADMINISTRATIVE

117. Cette section s'applique aux services pour lesquels l'aide juridique est accordée en application de l'article 44 du *Règlement sur l'aide juridique* et aux procédures en matière d'évaluation foncière.

118. Pour l'ensemble des services relatifs à une demande de révision de la décision d'un agent administratif, jusqu'à la décision finale, les honoraires sont de 235 $, sauf le cas d'une décision rendue en application de la *Loi sur les accidents du travail et les maladies professionnelles* (cha-

pitre A-3.001) où les honoraires sont de 270 $.

119. Pour l'ensemble des services relatifs à un recours exercé devant un tribunal administratif de dernière instance, lorsqu'il y a désistement ou conclusion d'une entente avant enquête et audition, les honoraires sont les suivants:

1° à la suite d'une procédure de conciliation: 500 $;

2° en l'absence d'une procédure de conciliation: 270 $.

120. Pour l'ensemble des services relatifs à un recours exercé devant un tribunal administratif de dernière instance lorsqu'il y a enquête et audition, les honoraires sont les suivants:

1° à la suite d'une procédure de conciliation: 500 $, plus 275 $ par période d'audition à compter de la première période;

2° en l'absence d'une procédure de conciliation: 500 $.

121. Pour l'ensemble des services relatifs à une demande pour permission d'en appeler à la Cour du Québec:

1° lorsqu'il y a conclusion d'une entente avant l'audition, les honoraires sont de 165 $;

2° lorsqu'un jugement est rendu: 220 $.

SECTION V — PROCÉDURES EN
MATIÈRE DE FAILLITE

122. Pour l'ensemble des services relatifs à une demande de libération jusqu'au jugement au fond, les honoraires sont les suivants:

1° en l'absence de contestation: 110 $;

2° lorsqu'il y a contestation: 325 $.

123. Pour une demande incidente: 60 $.

124. Pour l'ensemble des services relatifs à la contestation d'une demande d'ordonnance de paiement au syndic d'une partie du traitement, jusqu'au jugement au fond: 110 $.

125. Pour l'ensemble des services relatifs à une demande pour soustraire un bien du patrimoine attribué aux créanciers: 110 $.

SECTION VI — PROCÉDURES EN MATIÈRE D'ASILE ET D'IMMIGRATION

§1. — Ministère de la Citoyenneté et de l'Immigration Canada et Agence des services frontaliers du Canada

126. Pour la rencontre avec le demandeur et la préparation du formulaire de demande d'asile: 100 $.

127. Pour l'ensemble des services rendus lors de l'entrevue relative à la recevabilité de la demande d'asile avec un agent responsable: 200 $.

128. Pour la préparation du formulaire de demande de résidence permanente pour des considérations d'ordre humanitaire ou pour des cas d'intérêt public: 200 $.

Pour la production de soumissions écrites additionnelles: 200 $.

§2. — Commission de l'immigration et du statut de réfugié

129. Pour la préparation du formulaire de renseignements personnels, les honoraires sont de 200 $ pour le demandeur d'asile et de 75 $ pour chacun des autres membres de la famille dans le même dossier.

130. Pour l'ensemble des services rendus, jusqu'à la décision finale: 330 $.

131. Pour les services rendus devant la section de l'immigration lors d'une audition relative à la détention: 200 $.

132. Pour l'ensemble des services rendus devant la section d'appel de l'immigration, les honoraires sont:

1° lorsqu'il y a désistement: 285 $;

2° lorsqu'il y a décision finale: 550 $.

133. Pour toute participation à une procédure de conciliation ou de médiation, les honoraires sont:

1° ceux de l'article 129 ou ceux de l'article 131, selon le cas, lorsque la procédure met fin au litige;

2° de 275 $ par période, lorsque la procédure ne met pas fin au litige.

§3. — Cour fédérale

134. Pour la préparation d'une demande d'autorisation d'exercer un recours en contrôle judiciaire: 500 $.

135. Pour la préparation de l'audition au fond: 585 $.

136. Pour une demande de sursis: 400 $.

137. Pour tout autre incident contesté: 120 $.

138. Pour l'audition au fond, par période: 275 $.

§4. — Cour d'appel fédérale

139. Pour l'ensemble des services rendus lorsqu'il y a audition de l'appel: 1 130 $.

S'il n'y a pas d'audition après la production d'un avis d'appel, les honoraires sont de 425 $.

SECTION VII — PROCÉDURES EN MATIÈRE DE LIBÉRATION CONDITIONNELLE

§1. — Commission québécoise des libérations conditionnelles

140. Pour l'ensemble des services relatifs à une demande d'examen d'une libération conditionnelle, à une demande de révision d'une condition ou à une demande de nouvel examen (post suspension), jusqu'à la décision finale:

1° rendue à la suite d'une audience ordinaire (régulière):

    (a) pour la préparation: 125 $;

    (b) pour l'audience, par période: 275 $.

2° rendue à la suite d'une audience sur dossier: 225 $.

141. Pour l'ensemble des services rendus lors d'une révision: 415 $.

142. Pour une demande de révision judiciaire de la décision de la Commission québécoise des libérations conditionnelles, les honoraires sont basés sur ceux de la classe II prévus au tarif en matière civile en première instance.

§2. — Commission nationale des libérations conditionnelles

143. Pour l'ensemble des services relatifs à une demande d'examen d'une libération conditionnelle ou à une demande de révision d'une condition, jusqu'à la décision finale:

1° rendue à la suite d'une audience ordinaire (régulière):

    (a) pour la préparation: 375 $;

    (b) pour l'audience, par période: 275 $.

2° rendue à la suite d'une audience sur dossier: 475 $.

144. Pour l'ensemble des services relatifs à une demande de nouvel examen (post suspension), jusqu'à la décision finale:

1° rendue à la suite d'une audience ordinaire (régulière):

    (a) pour la préparation: 125 $;

    (b) pour l'audience, par période: 275 $.

2° rendue à la suite d'une audience sur dossier: 225 $.

145. Pour l'ajournement:

1° lorsque la Commission nationale des libérations conditionnelles n'a pas commencé à entendre la cause: 30 $.

2° lorsque la Commission a commencé à entendre la cause: 275 $ par période d'audition.

146. Pour l'ensemble des services rendus lors d'un appel: 865 $.

147. Pour les services relatifs à une demande de contrôle judiciaire à la Cour fédérale d'une décision de la Commission nationale des libérations conditionnelles ou du Service correctionnel du Canada, y compris son tribunal disciplinaire:

1° pour la préparation: 1 000 $;

2° pour toute présence requise devant le tribunal, y compris pour la présentation du dossier, par période: 275 $;

3° pour tout interrogatoire ou contre-interrogatoire d'un déclarant: 150 $.

148. Pour l'ensemble des services relatifs à la présentation d'une demande de révision judiciaire concernant la réduction du délai préalable à la libération conditionnelle, présentée en application de l'article 745.6(1) du *Code criminel* (L.R.C. (1985), ch. C-46): 250 $.

Pour l'ensemble des services relatifs à une procédure en application de l'article 745.61 du *Code criminel*: 550 $.

Les honoraires sont de 400 $ par période d'audition additionnelle, le cas échéant.

SECTION VIII — PROCÉDURES EN DROIT CARCÉRAL

149. Pour l'audience tenue en matière disciplinaire:

1° pour la préparation: 130 $;

2° pour l'audition: 120 $.

Cependant, lorsque l'avocat représente un bénéficiaire relativement à des infractions qui présentent un lien de connexité, les honoraires pour les services rendus lors des auditions, dans chaque dossier, sont réduits de moitié à compter du deuxième dossier si les auditions ont lieu pendant la même période et devant la même autorité administrative.

150. Les règles portant sur l'ajournement prévues à l'article 145 s'appliquent compte tenu des adaptations nécessaires.

151. Pour une contestation de transfert d'un détenu: 200 $.

SECTION IX — PROCÉDURES AUTRES

152. Pour l'audition devant le comité de révision de la Commission des services juridiques, si l'avocat obtient gain de cause: 110 $.

153. Pour une demande administrative de changement de nom: 110 $.

PARTIE II — DÉBOURS

154. Les débours comprennent les indemnités de déplacement et les frais autorisés par le directeur général, notamment les frais d'expertise et les autres frais afférents aux instances et aux procédures incidentes au mandat.

Sont traités comme des frais d'expertise, les services d'un avocat conseil. Il en est de même pour les frais relatifs aux services d'assistance professionnelle d'un avocat durant l'audition prévue à l'article 148, lesquels sont limités à 175 $ par période d'audition.

155. Pour chaque mandat qui lui est confié, l'avocat reçoit 11 $ à titre de remboursement de ses frais de photocopie, de télécopie, de messagerie et de timbre-poste.

156. À la fin de son mandat, l'avocat qui termine un dossier reçoit 25 $ à titre de remboursement de frais administratifs généraux, sauf pour les mandats de consultation et de mise en demeure et ceux qui se terminent par une consultation.

Cette disposition est applicable uniquement pour les mandats confiés depuis le 1er avril 2012 et le montant est augmenté à 50 $ pour les mandats confiés à compter du 1er avril 2014.

157. L'avocat a droit à une indemnité de déplacement uniquement lorsque sa destination se trouve dans un rayon de plus de 25 km de son étude.

Lors d'un déplacement dans son véhicule automobile personnel, l'avocat a droit à l'indemnité de kilométrage prévue à l'article 8 de la *Directive sur les frais remboursables lors d'un déplacement et autres frais inhérents* (CT. 202754) telle qu'établie en application de la *Loi sur l'administration publique* (chapitre A-6.01), sous réserve des règles particulières qui suivent:

1° selon la distance effectivement parcourue, s'il s'agit d'un déplacement effectué dans les limites du district judiciaire où se situe son étude;

2° selon la distance effectivement parcourue, jusqu'à concurrence de 200 km, s'il s'agit d'un déplacement effectué hors des limites du district judiciaire où se situe son étude;

3° selon la distance effectivement parcourue s'il s'agit d'un déplacement à la Cour suprême du Canada, à la Cour d'appel du Québec, à la Cour fédérale ou à tout tribunal ou organisme, exerçant sa compétence hors des limites du district judiciaire où se situe l'étude de l'avocat. L'avocat dont l'étude est située dans un autre district judiciaire que celui où est localisé le centre d'aide qui a délivré le mandat reçoit, à son choix, l'indemnité fixée au paragraphe 2° ou une indemnité établie selon la distance entre le lieu où le mandat a été confié et celui où siège le tribunal concerné;

4° selon la distance effectivement parcourue s'il s'agit d'un déplacement effectué, avec l'autorisation du directeur général du centre d'aide juridique, hors des limites du district judiciaire où se situe son étude, lorsque la nature ou la complexité de l'affaire exige que le mandat soit confié à cet avocat.

L'avocat qui a droit à une indemnité de kilométrage a également droit au remboursement des frais de stationnement qu'il a supportés.

158. Sous réserve des articles 155 et 156, les débours ne peuvent excéder les frais réels que l'avocat a effectivement supportés et ils sont payés sur la production de pièces justificatives.

PARTIE III — PROCÉDURE DE RÈGLEMENT DES DIFFÉRENDS

Chapitre I ⸻ Soumission d'un différend et conciliation

159. Un différend s'entend de toute mésentente concernant l'interprétation ou l'application de la présente entente, notamment sur une demande d'honoraires pour un service non tarifé ou sur une demande de considération spéciale, et de toute mésentente sur un relevé d'honoraires ou de débours soumis en application du *Règlement sur la reddition de comptes concernant les services rendus par certains avocats et par certains notaires.*

Un différend doit être soumis dans un délai de six mois de la réception de l'avis prévu à l'article 8 de ce règlement.

160. Un différend est soumis par l'avocat au moyen d'un avis adressé au centre régional ou à la Commission, le cas échéant. L'avis doit contenir un exposé sommaire des faits et du correctif demandé.

161. Le centre régional ou la Commission, le cas échéant, répond par écrit à l'avis de différend qu'elle reçoit.

162. Avant de soumettre un différend, l'avocat peut recourir à la conciliation par un avis écrit au directeur général du centre régional, à la Commission ainsi qu'à la section du Barreau du Québec à laquelle il appartient.

163. Le recours à la conciliation interrompt le délai de prescription de six mois.

164. Dans les 15 jours de la réception de l'avis prévu à l'article 162, le directeur général du centre régional et le bâtonnier de la section désignent chacun un avocat.

165. Dans les 30 jours de leur désignation, les avocats ainsi nommés et l'avocat qui a demandé la conciliation se rencontrent et s'efforcent d'en arriver à une entente.

Chapitre II ⸻ Arbitrage

166. L'avocat qui a soumis un différend peut, s'il ne reçoit aucune réponse dans les 30 jours de l'envoi de l'avis ou s'il n'est pas satisfait de la réponse reçue, soumettre le différend à l'arbitrage.

Le recours à l'arbitrage se prescrit par six mois.

La demande d'arbitrage est faite par une lettre adressée au juge en chef de la Cour du Québec, laquelle est également transmise au centre régional, à la Commission et au Barreau du Québec.

Le juge en chef désigne l'un des juges de cette cour pour agir en qualité d'arbitre.

167. Le Barreau du Québec peut, sur avis à la Commission d'au moins 30 jours, soit intervenir, soit prendre fait et cause pour l'avocat qui soumet un différend à l'arbitrage.

168. Les frais de sténographie ou de reproduction d'un enregistrement des débats sont assumés, s'il en est, par le centre régional ou par la Commission, selon le cas.

169. L'arbitre a compétence, à l'exclusion de tout tribunal, pour décider d'un différend au sens de la présente entente. Il peut maintenir, modifier ou annuler la décision qui fait l'objet d'un différend et selon les termes de sa sentence, ordonner un paiement ou fixer une compensation, rétablir un droit ou rendre toute ordonnance qu'il juge équitable dans les circonstances.

La sentence est finale et lie les parties.

170. L'arbitre peut rendre une sentence provisoire en tout temps.

171. Il transmet toute sentence aux parties et au Barreau du Québec.

PARTIE 4 — DISPOSITIONS DIVERSES, TRANSITOIRES ET FINALES

172. La présente entente remplace le *Règlement ratifiant l'entente entre le ministre de la Justice et le Barreau du Québec intervenue le 4 avril 2008 sur les conditions d'exercice, la procédure de règlement des différends et le tarif des honoraires des avocats dans le cadre du régime d'aide juridique*, sauf en ce qu'il

s'applique en matières criminelle et pénale.

Cette entente prend effet le 27 mars 2013 et s'applique aux services rendus dans le cadre des mandats d'aide juridique confiés depuis le 1er avril 2010.

Cependant, cette entente n'a pas pour effet de réduire les honoraires déjà payés avant sa publication.

173. Par exception au deuxième alinéa de l'article 172, les tarifs prévus aux articles 55, 56, 67 et 149 s'appliquent aux services rendus dans des mandats confiés à compter de la date de prise d'effet de la présente entente. Pour les services visés à ces articles et rendus dans des mandats confiés entre le 1er avril 2010 et cette date, le *Règlement ratifiant l'entente entre le ministre de la Justice et le Barreau du Québec intervenue le 4 avril 2008 sur les conditions d'exercice, la procédure de règlement des différends et le tarif des honoraires des avocats dans le cadre du régime d'aide juridique* continue d'avoir effet malgré son remplacement.

Ce règlement continue également d'avoir effet pour les mandats confiés entre le 1er avril 2007 et le 1er avril 2010 et pour les mandats confiés entre le 1er janvier 2008 et le 1er avril 2010 pour lesquels les honoraires sont prévus aux articles T201.1 et T201.2 de ce règlement.

174. Le niveau maximal des honoraires pouvant être versés à un avocat qui rend des services dans le cadre du régime d'aide juridique est fixé à 140 000 $ pour les mandats qui lui sont confiés pendant les périodes du 1er avril au 31 mars des années visées par la présente entente. Au-delà de ce montant, les honoraires versés à cet avocat sont réduits de 35 % pour chaque mandat.

175. La présente entente prend fin le 30 septembre 2017; elle continue de s'appliquer jusqu'à son remplacement.

RÈGLEMENT SUR LA REDDITION DE COMPTES CONCERNANT LES SERVICES RENDUS PAR CERTAINS AVOCATS ET PAR CERTAINS NOTAIRES,

D. 700-2010, (2010) 142 *G.O.* II, 3607A [c. A-14, r. 8].

Loi sur l'aide juridique et sur la prestation de certains autres services juridiques, RLRQ, c. A-14, a. 80; L.Q. 2010, c. 12, a. 35

1. Le présent règlement s'applique à l'avocat ou au notaire qui n'est pas à l'emploi d'un centre régional d'aide juridique ou de la Commission des services juridiques et qui représente une personne dans le cadre de la *Loi sur l'aide juridique et sur la prestation de certains autres services juridiques* (chapitre A-14), à l'exception de l'avocat qui a conclu un contrat de services avec la Commission.

2. L'avocat ou le notaire doit rendre compte à la Commission en faisant parvenir un relevé d'honoraires et de débours relatifs aux services qu'il a rendus.

3. Le relevé d'honoraires et de débours peut servir de facturation.

Les honoraires et les débours peuvent faire l'objet d'un relevé distinct.

Un relevé comporte une description des démarches accomplies par l'avocat ou le notaire et de leurs résultats ainsi que les honoraires ou les débours qu'il entend réclamer en indiquant notamment les services rendus selon la nomenclature du tarif établi en vertu de l'article 83.21 de la Loi.

Ce relevé se fait sur le formulaire fourni par le bureau d'aide juridique ou par la Commission.

4. Sous réserve du deuxième alinéa, lorsqu'un avocat ou un notaire rend des services dans le cadre du chapitre II de la Loi, il doit soumettre son relevé d'honoraires lorsque son mandat est complété.

Un relevé provisoire peut être soumis pour les services professionnels rendus:

1° dans une cause en état au 30 juin d'une année donnée;

2° depuis plus de 12 mois;

3° en matière d'immigration, pour la préparation des formulaires de renseignements personnels pour le requérant ou pour chacun des autres membres de la famille dans le même dossier;

4° dans le cadre d'un procès de longue durée en matière d'actes criminels relevant de la juridiction exclusive de la Cour supérieure de juridiction criminelle, en vertu de l'article 469 du *Code criminel* (L.R.C. (1985), ch. C-46), qui ont été rendus au cours des 30 jours précédant l'envoi du relevé.

5. Lorsqu'un avocat rend des services en vertu du chapitre III de la Loi, il peut transmettre à la Commission son relevé d'honoraires et de débours à tous les mois.

Malgré le premier alinéa, l'avocat à qui une contribution est versée selon le premier alinéa de l'article 83.14 de la Loi, transmet un relevé d'honoraires à la Commission à tous les mois durant la période au cours de laquelle cette contribution est due.

6. L'avocat ou le notaire soumet son relevé d'honoraires dans les trois ans qui suivent la fin de son mandat. Lorsque le mandat se termine par un jugement, la prescription court à compter du trentième jour qui suit la date du jugement.

Une demande de dépassement d'honoraires doit être soumise avec le relevé d'honoraires ou, au plus tard, dans les six mois suivants.

7. La Commission effectue le paiement des honoraires et des débours à l'avocat ou au notaire dans les 30 jours de la réception du relevé.

8. La Commission peut refuser le paiement d'honoraires ou de débours lorsqu'elle juge que le relevé est non-conforme ou que son contenu n'est pas justifié.

Elle doit envoyer à cet effet un avis motivé à l'avocat ou au notaire.

9. Tout montant dû et non acquitté découlant d'un relevé d'honoraires et de débours complété conformément au présent règlement porte un intérêt annuel après 30 jours de sa réception.

Le taux de cet intérêt est égal au taux d'escompte de la Banque du Canada en vigueur les 1er avril et 1er octobre de chaque année, augmenté de 1,5 %. Le taux ainsi fixé a cours durant les six mois suivants.

10. Lorsqu'il y a un remplacement d'avocat ou de notaire en vertu des articles 81.1 et 104 du *Règlement d'application de la Loi sur l'aide juridique et sur la prestation de certains autres services juridiques* (chapitre A-14, r. 4), l'avocat ou le notaire à qui le mandat a été confié transmet le relevé d'honoraires à la Commission et le paiement des honoraires et des débours est effectué comme s'il n'y avait pas eu de remplacement.

Dans tout autre cas de remplacement, l'avocat ou le notaire transmet un relevé d'honoraires et des débours dès qu'il est informé par écrit que le dossier a été confié à un autre avocat ou à un autre notaire.

DISPOSITIONS TRANSITOIRES ET FINALES

11. Tout avocat à qui un mandat d'aide juridique a été confié avant l'entrée en vigueur de la *Loi encadrant l'obligation faite à l'État de financer certains services juridiques* (L.Q. 2010, c. 12) et pour lequel la Commission a décidé de rendre applicable le chapitre III de la Loi doit, dans les 30 jours de la décision de la Commission rendue en vertu de l'article 61.1 de la Loi, faire parvenir à la Commission un relevé d'honoraires et de débours pour les services qu'il a rendus dans le cadre du chapitre II de la Loi.

12. *(Omis).*

LOI SUR LES COURS MUNICIPALES,

RLRQ, c. C-72.01

Chapitre I — Champ d'application

1. La présente loi s'applique à toutes les municipalités locales et à toutes les municipalités régionales de comté.

Elle a pour objectif, par l'établissement de cours municipales, d'assurer une justice de proximité sur tout le territoire québécois et de favoriser ainsi l'accès à la justice pour les citoyens.

[1989, c. 52, a. 1; 2002, c. 21, a. 1].

2. Pour les fins de la présente loi, une municipalité régionale de comté n'est jamais censée, à moins d'une disposition contraire, être une municipalité locale régie par le *Code municipal du Québec* (chapitre C-27.1).

[1989, c. 52, a. 2].

Chapitre II — Établissement d'une cour municipale

SECTION I — COUR MUNICIPALE LOCALE

3. Le conseil d'une municipalité locale peut adopter un règlement portant sur l'établissement d'une cour municipale locale pour desservir exclusivement le territoire de la municipalité.

[1989, c. 52, a. 3].

4. Le règlement doit indiquer notamment l'adresse du lieu où la cour siègera ainsi que celle de son greffe.

[1989, c. 52, a. 4].

SECTION II — COUR MUNICIPALE COMMUNE

5. La présente section s'applique à l'établissement d'une cour municipale pour desservir en commun le territoire de plusieurs municipalités.

[1989, c. 52, a. 5].

6. Une cour municipale commune peut être établie:

1° par des municipalités locales, pourvu que leurs territoires soient situés dans celui d'une même municipalité régionale de comté ou, selon le cas, dans celui d'une même communauté urbaine;

2° par des municipalités locales qui désirent étendre la compétence territoriale d'une cour municipale locale existante, pourvu que la condition régissant leurs territoires prévue au paragraphe 1° soit respectée;

3° par une municipalité régionale de comté bénéficiant d'une délégation de pouvoir de municipalités locales, pourvu que la condition régissant les territoires de celles-ci et prévue au paragraphe 1° soit respectée;

4° par des municipalités régionales de comté visées au paragraphe 3°, pourvu que leurs territoires soient limitrophes.

[1989, c. 52, a. 6; 1990, c. 85, a. 122].

7. Le conseil d'une municipalité locale peut adopter un règlement pour autoriser la conclusion, avec une autre municipalité locale, d'une entente portant sur l'établissement d'une cour municipale commune.

[1989, c. 52, a. 7].

8. Le conseil d'une municipalité locale ayant établi sa cour municipale locale et celui d'une autre municipalité locale n'ayant pas établi une telle cour ou qui entend procéder soit à l'abolition de la cour municipale qu'elle a établie soit au retrait de son territoire de la compétence d'une telle cour peuvent adopter chacun un règlement pour autoriser la conclusion d'une entente portant sur l'établissement d'une cour municipale commune par l'extension de la compétence territoriale de la cour municipale locale existante.

Le premier alinéa s'applique également à une municipalité régionale de comté qui, pour les fins de sa compétence, désire soumettre son territoire à la compétence d'une cour municipale locale existante pourvu que son territoire comprenne celui de la municipalité qui a établi la cour.

[1989, c. 52, a. 8; 1993, c. 62, a. 1].

9. Les conseils d'au moins deux municipalités locales et celui d'une municipalité régionale de comté peuvent adopter chacun un règlement pour autoriser la conclusion d'une entente portant sur la délégation à cette dernière de la compétence pour établir une cour municipale commune et sur l'établissement proprement dit de la cour.

Lorsqu'une seule des municipalités locales qui adoptent un tel règlement a établi une cour municipale locale pour desservir son territoire, l'entente peut prévoir que cette cour devient la cour municipale commune, suivant les conditions qui y sont prévues.

Lorsque des municipalités locales qui adoptent un tel règlement ont établi une cour municipale commune qui n'exerce sa compétence sur le territoire d'aucune autre municipalité, l'entente peut prévoir le transfert de l'administration de cette cour municipale commune à la municipalité régionale de comté, suivant les conditions prévues à l'entente.

Dans les cas prévus aux deuxième et troisième alinéas, le greffier et, le cas échéant, le greffier adjoint et le greffier suppléant nommés au chef-lieu de la cour municipale établie antérieurement à l'entente deviennent, sans autre formalité, respectivement greffier, greffier adjoint et greffier suppléant au chef-lieu de la cour municipale commune dont l'administration relève de la municipalité régionale de comté.

[1989, c. 52, a. 9; 1993, c. 62, a. 2].

10. Les conseils d'au moins deux municipalités régionales de comté qui n'ont pas établi de cour municipale mais qui bénéficient chacune d'une délégation de compétence effectuée en vertu de l'article 9, peuvent adopter chacun un règlement pour autoriser la conclusion d'une entente portant sur l'établissement d'une cour municipale commune, pourvu que les ententes portant sur la délégation de la compétence le permettent expressément.

Toutefois, le conseil d'une municipalité régionale de comté peut adopter un tel règlement sans que cette municipalité ne bénéficie d'une délégation de compétence lorsque le territoire de cette municipalité relève, en totalité ou en partie, de la compétence d'au plus une municipalité locale.

[1989, c. 52, a. 10; 1996, c. 2, a. 610].

11. Lorsqu'une municipalité régionale de comté bénéficie d'une délégation de compétence effectuée en vertu de l'article 9, elle peut, pour les fins de sa compétence, soumettre son territoire à la compétence de la cour municipale qui est établie.

[1989, c. 52, a. 11; 1993, c. 62, a. 3].

11.1. Une municipalité locale peut conclure toute entente prévue par la présente loi avec une municipalité régionale de comté dont le territoire est limitrophe à celui de la municipalité régionale de comté au conseil de laquelle siège son maire lorsqu'elle ne peut, compte tenu des circonstances:

1° établir une cour municipale locale;

2° conclure une entente d'établissement d'une cour municipale commune avec une municipalité locale dont le territoire est situé dans celui de la même municipalité régionale de comté ou de la même communauté urbaine ou avec la municipalité régionale de comté;

3° adhérer à une entente existante.

Une telle entente peut également être conclue avec une municipalité locale dont le territoire est compris dans celui, limitrophe au territoire de la municipalité régionale de comté au conseil de laquelle siège le maire de la municipalité locale visée au premier alinéa, d'une autre municipalité régionale de comté ou d'une communauté urbaine.

La municipalité concernée peut également adhérer à une entente existante.

Les dispositions du présent article s'appliquent également à une municipalité régionale de comté qui, pour les fins de sa compétence, désire soit conclure une entente avec une municipalité régionale de comté dont le territoire est limitrophe au sien ou avec une municipalité locale de cette municipalité régionale de comté, soit adhérer à une entente existante.

Les dispositions du présent article ne s'appliquent que si les autres prescriptions prévues par la présente loi sont respectées.

[1993, c. 62, a. 4; 1996, c. 2, a. 611; 1998, c. 30, a. 1].

12. L'entente portant sur l'établissement d'une cour municipale commune doit contenir:

1° la description détaillée de son objet;

2° le territoire dans lequel sera situé le chef-lieu de la cour, l'adresse de celui-ci et l'adresse du greffe de la cour;

3° l'adresse du lieu où siègera la cour pour les affaires relatives à une ou plusieurs municipalités, le cas échéant;

4° les modalités de répartition des contributions financières entre les municipalités, parties à l'entente;

5° les époques où les conditions financières peuvent être révisées;

6° les conditions auxquelles sera assujettie une municipalité qui se retire de l'entente;

7° (*supprimé*);

8° le partage de l'actif et du passif découlant de l'application de l'entente lorsque la cour est abolie.

[1989, c. 52, a. 12; 1996, c. 2, a. 612; 1998, c. 30, a. 2].

13. La contribution financière de chaque municipalité doit comprendre:

1° les dépenses pour des immobilisations à caractères intermunicipal antérieures ou postérieures à l'entente;

2° le coût d'exploitation ou d'opération de ce qui fait l'objet de l'entente.

[1989, c. 52, a. 13].

14. L'entente peut prévoir, pour les fins de son application, la formation d'un comité intermunicipal consultatif formé de personnes nommées parmi les membres des conseils des municipalités qui sont parties à l'entente.

[1989, c. 52, a. 14].

15. Les parties à une entente peuvent prévoir dans celle-ci que toute autre municipalité pourra adhérer à l'entente.

Dans un tel cas, l'entente doit prévoir les conditions de l'adhésion ou le mécanisme permettant de les déterminer.

Une municipalité peut adhérer à une telle entente, par règlement de son conseil, aux conditions prévues par l'entente ou déterminées en vertu de celle-ci.

[1989, c. 52, a. 15].

16. La municipalité régionale de comté à laquelle une municipalité locale délègue sa compétence possède tous les pouvoirs nécessaires à l'application de l'entente, y compris celui de faire des travaux sur le territoire de l'autre municipalité partie à l'entente et d'y acquérir et posséder des biens.

[1989, c. 52, a. 16].

17. Lorsqu'un désaccord sur l'entente survient entre des municipalités, l'une d'elles peut demander au ministre de la Justice de désigner un conciliateur pour les aider à trouver un accord; avis de la demande doit être donné à l'autre partie.

Le ministre désigne alors un conciliateur et fixe le délai à l'expiration duquel le rapport de conciliation devra lui être transmis.

[1989, c. 52, a. 17].

18. Lorsque le conciliateur n'a pu amener les municipalités à un accord, la Commission municipale du Québec, instituée en vertu de la *Loi sur la Commission munici-pale* (chapitre C-35), peut, à la demande de l'une d'entre elles, dont avis est donné à l'autre partie, rendre la décision qu'elle estime juste, après avoir entendu les muni-cipalités intéressées et avoir pris connais-sance du rapport du conciliateur que lui re-met le ministre de la Justice.

Les dispositions du *Code de procédure ci-vile* (chapitre C-25) relatives à l'homolo-gation d'une sentence arbitrale s'appli-quent, compte tenu des adaptations nécessaires, à la décision de la Commission.

[1989, c. 52, a. 18].

SECTION II.1 — DEMANDES RELATIVES AUX COURS MUNICIPALES À L'OCCASION D'UN REGROUPEMENT OU D'UNE ANNEXION DE TERRITOIRES MUNICIPAUX

18.1. Le ministre des Affaires munici-pales, des Régions et de l'Occupation du territoire donne avis au ministre de la Jus-tice de toute demande commune de regroupement de territoires municipaux ou de tout règlement d'annexion qu'il reçoit.
[1993, c. 62, a. 5; 1999, c. 43, a. 13; 2000, c. 54, a. 29; 2003, c. 19, a. 250; 2003, c. 14, a. 158].

18.2. Devient, sans autre formalité, la cour municipale de la municipalité issue du re-groupement de territoires municipaux, à compter de l'entrée en vigueur du décret pris en application de l'article 108 de la *Loi sur l'organisation territoriale munici-pale* (chapitre O-9):

1º la cour municipale locale qui, au mo-ment de la demande commune de regroupe-ment de territoires municipaux fondée sur l'article 85 de cette loi, a compétence sur le territoire d'une seule des municipa-lités parties à la demande commune de regroupement;

2º la cour municipale commune qui, au moment de la demande commune de re-groupement de territoires municipaux fon-dée sur l'article 85 de cette loi, a compé-tence sur le territoire d'au moins deux des municipalités parties à la demande com-mune de regroupement, pourvu que cette cour municipale n'ait pas compétence sur

le territoire d'une municipalité qui n'est pas partie à la demande commune de regroupement.

3º la cour municipale commune qui, au moment de la demande commune de re-groupement de territoires municipaux fon-dée sur l'article 85 de cette loi, a compé-tence sur le territoire des municipalités parties à la demande commune de regrou-pement, pourvu que le seul changement que ce regroupement occasionne dans l'entente relative à la cour municipale con-siste dans le remplacement du nom des municipalités par celui de la nouvelle mu-nicipalité issue du regroupement.

Le présent article s'applique pourvu qu'une seule cour municipale, locale ou commune suivant le cas, ait été établie au moment de la demande commune de re-groupement de territoires municipaux.

Le ministre de la Justice en informe le pu-blic par voie de la *Gazette officielle du Québec* ou par tout autre moyen qu'il croit approprié.

[1993, c. 62, a. 5; 1998, c. 30, a. 3].

18.3. Dans tout autre cas que ceux visés à l'article 18.2 où une ou des cours muni-pales ont compétence sur le territoire d'une ou plusieurs municipalités parties à une demande commune de regroupement de territoires municipaux fondée sur l'arti-cle 85 de la *Loi sur l'organisation territo-riale municipale* (chapitre O-9), cette de-mande doit comporter, suivant les prescriptions de la présente loi, des dispo-sitions relatives à ces cours municipales.

Lorsque, suivant la demande, une cour municipale, établie par l'une des munici-palités parties à cette demande, aura com-pétence sur le territoire de la municipalité résultant du regroupement, la demande doit être accompagnée, notamment, d'une entente prévoyant l'extension de la compé-tence de cette cour municipale sur le terri-toire de la municipalité issue du regroupement.

Le greffier ou le secrétaire-trésorier de la municipalité demanderesse ayant la popu-lation la plus élevée, au moment où il transmet au ministre des Affaires munici-pales, des Régions et de l'Occupation du territoire la demande commune de regrou-pement des territoires municipaux, la fait également parvenir au ministre de la Justice, accompagnée, le cas échéant, de tout règlement ou de toute entente requis par la présente loi.

Tout décret relatif à la cour municipale ne peut être pris ni entrer en vigueur avant le décret pris en application de l'article 108 de la *Loi sur l'organisation territoriale municipale* (chapitre O-9).

[1993, c. 62, a. 5; 1999, c. 43, a. 13; 2000, c. 54, a. 30; 2003, c. 19, a. 250; 2003, c. 14, a. 159].

18.4. (*Abrogé*).

[2003, c. 14, a. 160].

SECTION III — APPROBATION ET ENTRÉE EN VIGUEUR DES RÈGLEMENTS ET DES ENTENTES

19. Tout règlement adopté en vertu du présent chapitre est soumis à l'approbation du gouvernement.

Celui adopté par le conseil d'une municipalité locale doit l'être par le vote affirmatif de la majorité de ses membres.

[1989, c. 52, a. 19; 1996, c. 2, a. 613; 1998, c. 31, a. 82].

20. Lorsque le règlement porte sur la conclusion d'une entente, seule celle-ci est soumise à l'approbation du gouvernement.

[1989, c. 52, a. 20].

21. Une copie certifiée conforme du règlement et, s'il y a lieu, de l'entente est transmise au ministre de la Justice; la municipalité en avise le ministre des Affaires municipales, des Régions et de l'Occupation du territoire.

Lorsque le règlement porte sur l'adhésion de la municipalité à une entente déjà conclue, une copie certifiée conforme du règlement doit également être transmise par la municipalité à chacune des municipalités qui est partie à l'entente.

[1989, c. 52, a. 21; 1999, c. 43, a. 13; 2003, c. 19, a. 250].

22. Le ministre de la Justice peut exiger du conseil de la municipalité tous les documents et renseignements qu'il juge néces-saires pour s'assurer de l'opportunité du règlement ou, selon le cas, de l'entente. Les fonctionnaires ou employés de la municipalité sont tenus de les lui fournir.

[1989, c. 52, a. 22].

23. Sur la recommandation du ministre de la Justice qui consulte le ministre des Affaires municipales, des Régions et de l'Occupation du territoire, le gouvernement peut approuver le règlement ou, selon le cas, l'entente. Le ministre de la Justice donne avis de cette approbation au juge en chef.

Le règlement ou, selon le cas, l'entente entre en vigueur le quinzième jour qui suit la date de la publication du décret du gouvernement à la *Gazette officielle du Québec* ou à une date ultérieure qu'indique le décret.

[1989, c. 52, a. 23; 1998, c. 30, a. 4; 1999, c. 43, a. 13; 2002, c. 21, a. 2; 2003, c. 19, a. 250].

24. Une modification à un règlement ou à une entente est soumise aux formalités prévues au présent chapitre.

Toutefois, lorsque la modification ne vise qu'à changer l'adresse du lieu où siège la cour municipale ou à établir tout autre lieu où elle peut siéger, elle peut être effectuée par résolution de la municipalité approuvée par le ministre de la Justice; une telle résolution, lorsqu'elle vise l'adresse du lieu où siège une cour municipale commune, doit être adoptée par chacune des municipalités qui est partie à l'entente d'établissement de la cour, auquel cas il n'est pas nécessaire de modifier spécifiquement l'entente.

[1989, c. 52, a. 24; 2002, c. 21, a. 3].

Chapitre III — Organisation de la cour municipale

SECTION I — COMPOSITION ET COMPÉTENCE

24.1. Les cours municipales et les juges qui les composent relèvent de l'autorité du juge en chef adjoint de la Cour du Québec responsable des cours municipales. Il exerce, sous l'autorité du juge en chef de la Cour du Québec, les fonctions de juge en chef prévues par la présente loi à l'égard des juges municipaux et des cours municipales, en outre de celles qui lui sont attribuées par la *Loi sur les tribunaux judiciaires* (chapitre T-16).

[2002, c. 21, a. 4].

25. Chaque cour municipale est composée d'au moins un juge. Le gouvernement peut nommer plusieurs juges à une même cour si cela est nécessaire pour assurer le bon fonctionnement de la cour.

Lorsque la cour est composée de plusieurs juges, le gouvernement désigne parmi eux le juge responsable de la cour.

Toutefois, dans les cours où les juges exercent leurs fonctions à temps plein et de façon exclusive, le gouvernement nomme parmi eux un juge-président lorsqu'il considère que le volume d'activité judiciaire le justifie.

Le gouvernement peut également, lorsque les circonstances le justifient, nommer parmi les juges de la cour un juge-président adjoint pour assister le juge-président dans l'exercice de ses fonctions.

[1989, c. 52, a. 25; 2002, c. 21, a. 5].

25.1. Sous l'autorité du juge en chef, le juge-président et le juge responsable ont pour fonction de coordonner et de répartir le travail des juges affectés à la cour, de distribuer les causes et de voir à la fixation des séances de la cour. Les juges doivent, à cet égard, se soumettre à leurs ordres et directives.

Le juge-président exerce de plus les fonctions que le juge en chef lui détermine.

[2002, c. 21, a. 6].

25.2. Le mandat du juge-président est de sept ans et celui du juge responsable est de trois ans. Il ne peut être renouvelé consécutivement.

Le mandat d'un juge responsable prend fin lors de la nomination d'un juge-président à la cour où il exerce ses fonctions.

Le juge-président et le juge responsable demeurent en fonction malgré l'expiration de leur mandat jusqu'à ce qu'ils soient remplacés.

En cas d'absence ou d'empêchement du juge-président, il peut être remplacé par le juge-président adjoint ou, à défaut, par un autre juge municipal nommé par le gouvernement, parmi les juges affectés à la même cour, pour exercer les fonctions de juge-président jusqu'à ce que celui-ci reprenne l'exercice de ses fonctions ou qu'il soit remplacé.

[2002, c. 21, a. 6].

25.3. En cas d'absence ou d'empêchement du juge responsable, il peut être remplacé par un autre juge municipal nommé par le gouvernement, parmi les juges affectés à la même cour, pour exercer les fonctions de juge responsable jusqu'à ce que celui-ci reprenne l'exercice de ses fonctions ou qu'il soit remplacé.

[2002, c. 21, a. 6].

25.4. Le juge-président adjoint conseille et assiste le juge-président. Il exerce également les fonctions que le juge en chef détermine.

[2002, c. 21, a. 6].

25.5. Le mandat du juge-président adjoint est d'au plus trois ans. Il peut être renouvelé.

Le juge-président adjoint demeure en fonction malgré l'expiration de son mandat jusqu'à ce qu'il soit remplacé ou nommé de nouveau.

[2002, c. 21, a. 6].

25.6. Le juge en chef désigne parmi les juges des cours municipales, avec l'approbation du gouvernement, un juge responsable des activités de perfectionnement des juges des cours municipales pour un mandat n'excédant pas trois ans. Ce mandat peut être renouvelé.

Les fonctions que le juge responsable des activités de perfectionnement exerce sont déterminées par le juge en chef.

[2012, c. 4, a. 13].

25.7. Le juge responsable des activités de perfectionnement demeure en fonction malgré l'expiration de son mandat jusqu'à ce qu'il soit remplacé ou désigné de nouveau.

En cas d'absence ou d'empêchement du juge responsable des activités de perfectionnement, le juge en chef peut désigner un juge pour exercer les fonctions du juge responsable jusqu'à ce que celui-ci reprenne l'exercice de ses fonctions ou soit remplacé.

[2012, c. 4, a. 13].

26. Le chef-lieu d'une cour municipale est situé dans le territoire de la municipalité qui a établi la cour; lorsque la cour est commune, son chef-lieu est situé dans le territoire indiqué dans l'entente d'établissement ou, le cas échéant, dans la modification apportée à l'entente.

[1989, c. 52, a. 26].

27. Une cour municipale est une cour de première instance ayant compétence dans les matières qui lui sont dévolues par la loi; elle est une cour d'archives.

[1989, c. 52, a. 27].

28. En matière civile, la cour a notamment compétence relativement à:

1° tout recours intenté en vertu d'un règlement, d'une résolution ou d'une ordonnance de la municipalité pour le recouvrement d'une somme d'argent due à la municipalité à raison notamment de taxe, licence, tarif, taxe de l'eau, droit, compensation ou permis;

2° tout recours intenté en recouvrement de taxe scolaire que la municipalité perçoit au nom d'une commission scolaire;

3° tout recours de moins de 30 000 $ intenté par la municipalité à titre de locateur de biens meubles ou immeubles, autre qu'un immeuble destiné à l'habitation, situés sur son territoire, ou tout recours de même nature intenté contre la municipalité par le locataire de ces biens.

[1989, c. 52, a. 28; 1995, c. 2, a. 11].

29. En matière pénale, la cour a notamment compétence relativement aux poursuites pénales pour la sanction de quelque infraction à une disposition:

1° de la charte, d'un règlement, d'une résolution ou d'une ordonnance de la municipalité;

2° d'une loi régissant la municipalité.

Lorsqu'il rend jugement, le juge peut en outre ordonner toute mesure utile pour la mise à effet d'un règlement, d'une résolution ou d'une ordonnance de la municipalité, à l'exception d'une mesure visant la démolition d'un immeuble.

[1989, c. 52, a. 29].

30. Dès qu'un règlement ou, selon le cas, qu'une entente portant sur l'établissement de la cour municipale entre en vigueur et qu'un juge est nommé, nul juge de la Cour du Québec, sous réserve du deuxième alinéa, ou nul juge de paix, sous réserve des pouvoirs pouvant être exercés par les juges de paix nommés auprès de la cour municipale, ne peut, comme tel, connaître des infractions aux dispositions de la charte de la municipalité, d'un règlement, d'une résolution ou d'une ordonnance de la municipalité, à moins que le juge municipal ne renvoie la cause devant un tel juge.

La cour peut exercer toute compétence en matière pénale que lui reconnaît la loi également à l'égard d'une personne âgée de moins de 18 ans, si celle-ci n'est pas dans la situation décrite à l'article 88 du *Code de procédure pénale* (chapitre C-25.1). Le juge municipal renvoie en outre la cause devant un juge de la Cour du Québec lorsque l'intérêt de cette personne le justifie ou lorsqu'elle en fait la demande.

[1989, c. 52, a. 30; 1995, c. 42, a. 1; 2004, c. 12, a. 21].

31. Lorsque la cour a compétence sur des territoires situés dans différents districts judiciaires, ces territoires sont réputés, malgré la *Loi sur la division territoriale* (chapitre D-11), être situés dans le même district que celui où est situé le chef-lieu de la cour.

Le premier alinéa s'applique également au juge, au greffier et au greffier adjoint d'une cour lorsqu'ils agissent en la qualité de juge de paix.

[1989, c. 52, a. 31].

SECTION II — JUGE MUNICIPAL

§1. — Nomination, destitution et cessation des fonctions

32. Le gouvernement nomme, par commission sous le grand sceau, le juge municipal pour chacune des cours qu'il désigne.
[1989, c. 52, a. 32].

33. Le juge municipal est nommé parmi les avocats ayant exercé leur profession pendant au moins dix ans.

Peuvent être considérées les années au cours desquelles une personne a acquis une expérience juridique pertinente après l'obtention d'un diplôme d'admission au Barreau du Québec ou d'un certificat d'aptitude à exercer la profession d'avocat au Québec.
[1989, c. 52, a. 33].

34. Le juge est préalablement choisi suivant la procédure de sélection des personnes aptes à être nommées juges établie par règlement du gouvernement. Ce règlement peut notamment:

1° déterminer la manière dont une personne peut se porter candidate à la fonction de juge;

2° autoriser le ministre de la Justice à former un comité de sélection pour évaluer l'aptitude des candidats à la fonction de juge et pour lui fournir un avis sur eux;

3° fixer la composition et le mode de nomination des membres du comité;

4° déterminer les critères de sélection dont le comité tient compte;

5° déterminer les renseignements que le comité peut requérir d'un candidat et les consultations qu'il peut faire.
[1989, c. 52, a. 34].

35. Les membres du comité de sélection ne sont pas rémunérés, sauf dans les cas, aux conditions et dans la mesure que peut déterminer le gouvernement. Ils ont cependant droit au remboursement des dépenses faites dans l'exercice de leurs fonctions, aux conditions et dans la mesure que détermine le gouvernement.
[1989, c. 52, a. 35].

36. Avant d'entrer en fonction, le juge prête le serment qui suit: « Je déclare sous serment de remplir fidèlement, impartialement et honnêtement, au meilleur de ma capacité et de mes connaissances, tous les devoirs de juge d'une cour municipale et d'en exercer de même tous les pouvoirs ».

Le serment est prêté devant le juge en chef ou un juge de la Cour du Québec; l'écrit constatant le serment est transmis au ministre de la Justice.
[1989, c. 52, a. 36; 1998, c. 30, a. 5; 1999, c. 40, a. 93; 2002, c. 21, a. 7].

36.1.-36.5 (*Abrogés*).
[2002, c. 21, a. 8].

37. Malgré toute disposition contraire, l'acceptation de la charge et l'exercice de la fonction ne rendent pas le juge inhabile à exercer sa profession d'avocat devant une cour de justice, mais ils le rendent inhabile à exercer sa profession devant toute cour municipale et devant la Cour du Québec.
[1989, c. 52, a. 37; 2002, c. 21, a. 9].

37.1. (*Abrogé*).
[2002, c. 21, a. 10].

38. Le juge municipal est nommé durant bonne conduite. Les règles prévues par la *Loi sur les tribunaux judiciaires* (chapitre T-16) et relatives à la destitution d'un juge s'appliquent aux juges municipaux.
[1989, c. 52, a. 38].

39. Un juge cesse d'exercer ses fonctions lorsqu'il atteint l'âge de 70 ans ou lorsque la cour à laquelle il est nommé est abolie.
[1989, c. 52, a. 39].

39.1. Malgré l'article 39, le juge dont la cour municipale est abolie et qui n'est pas déjà nommé à une autre cour municipale conserve son statut de juge municipal à la seule fin d'exercer ses compétences à la cour à laquelle il a été désigné, avant l'abolition, à titre de juge par intérim suivant les articles 41 ou 42 ou à titre de juge suppléant suivant l'article 46 ou encore aux fins de recevoir une affectation provisoire auprès d'une cour municipale conformément à l'article 46.1. À défaut d'une telle désignation, le juge en chef, en tenant compte des impératifs d'une bonne administration de la justice et d'une gestion efficace des fonds publics qui y sont affectés, le désigne en priorité juge par intérim ou suppléant auprès d'une cour municipale ou l'y affecte provisoirement en priorité. Le juge en chef ne peut révoquer une désignation à titre de juge suppléant tant que ce juge n'est pas nommé à une autre cour municipale.

[1998, c. 30, a. 8; 2002, c. 21, a. 11].

39.2. Le juge dont la cour est abolie et qui n'est pas déjà nommé à une autre cour peut, à la suite de la publication d'un avis de poste à combler à une cour municipale et dans le délai qui y est prévu, soumettre sa candidature, auquel cas le comité de sélection formé suivant l'article 34 est tenu, sans autre formalité, de le reconnaître apte à être nommé juge municipal. Cette reconnaissance d'aptitude a effet jusqu'à ce que le juge concerné soit nommé à une autre cour municipale.

[1998, c. 30, a. 8].

39.3. Le gouvernement considère en priorité la candidature de tout juge reconnu apte suivant l'article 39.2 pour tout poste de juge municipal qu'il envisage de combler suivant l'article 32 et pour lequel ce juge a manifesté, dans le délai prévu dans l'avis de poste à combler, son intérêt.

[1998, c. 30, a. 8].

§2. — Affectation

40. Le juge est affecté à la cour indiquée dans son acte de nomination ainsi qu'à la cour où il est désigné en vertu de l'article 41 ou de l'article 42.

[1989, c. 52, a. 40].

41. Lors de l'établissement d'une cour, le juge en chef peut, si les circonstances l'exigent, désigner un juge d'une autre cour pour présider les séances de la nouvelle cour jusqu'à la nomination par le gouvernement d'un juge pour celle-ci.

Un avis de cette désignation est publié à la *Gazette officielle du Québec*.

[1989, c. 52, a. 41; 1998, c. 30, a. 9].

42. Lorsqu'un juge décède, démissionne, devient incapable ou cesse autrement d'exercer ses fonctions, la municipalité est tenue d'en aviser le ministre de la Justice et le juge en chef dans les meilleurs délais. Ce dernier peut, si les circonstances l'exigent, désigner un juge d'une autre cour municipale pour le remplacer jusqu'à la nomination par le gouvernement d'un juge pour cette cour.

Un avis de cette désignation est publié à la *Gazette officielle du Québec*.

[1989, c. 52, a. 42; 1998, c. 30, a. 10].

42.1. Le juge en chef procède à la désignation d'un juge par intérim suivant les articles 41 ou 42 en tenant compte des impératifs d'une bonne administration de la justice et d'une gestion efficace des fonds publics qui y sont affectés.

[1998, c. 30, a. 11].

§3. — Compétence et déontologie

43. Le juge a la compétence de la cour où il est affecté.

[1989, c. 52, a. 43].

44. Le juge est d'office juge de paix dans le district où est situé le territoire relevant de la compétence de la cour, pour l'application des lois du Parlement du Canada qui lui confèrent compétence.

[1989, c. 52, a. 44].

45. Le juge est tenu, outre les règles de conduite et les devoirs imposés par le code de déontologie adopté en vertu de l'article 261 de la *Loi sur les tribunaux judiciaires* (chapitre T-16), de respecter les règles suivantes:

1° il ne peut, même indirectement, être partie à un contrat avec une municipalité sur le territoire de laquelle la cour municipale a compétence, sauf, compte tenu des adaptations nécessaires, les cas prévus à l'article 305 de la *Loi sur les élections et les référendums dans les municipalités* (chapitre E-2.2), ni conseiller une personne qui négocie un tel contrat;

2° il ne peut, même indirectement, accepter de représenter une municipalité, un membre du conseil municipal, un employé qui n'est pas un salarié au sens du *Code du travail* (chapitre C-27) ou un policier d'une municipalité sur le territoire de laquelle la cour municipale a compétence ou, encore, accepter d'agir contre eux;

3° il ne peut entendre une cause lorsqu'un avocat avec lequel il exerce sa profession est partie à un contrat prévu au paragraphe 1° ou a accepté soit de représenter une municipalité ou une personne visée au paragraphe 2°, soit d'agir contre eux;

4° il ne peut entendre une cause portant sur une question pareille à celle dont il s'agit dans une autre cause où il représente l'une des parties;

5° il doit, quant à toute cause dont il est saisi, déclarer par écrit versé au dossier, non seulement les causes valables de récusation qu'il connaît en sa personne et prévues à l'article 234 du *Code de procédure civile* (chapitre C-25), mais également celles qui lui sont indirectes et qui sont liées soit au fait qu'il représente une partie, soit aux activités d'une personne avec laquelle il exerce sa profession.

[1989, c. 52, a. 45].

45.1. Tout juge exerçant ses fonctions dans une cour municipale à laquelle un juge-président a été nommé doit les exercer de façon exclusive.

Le deuxième alinéa de l'article 129 de la *Loi sur les tribunaux judiciaires* s'applique à l'exercice de ces fonctions.

[2002, c. 21, a. 14].

§4. — Juge suppléant et juge affecté provisoirement

46. Le juge en chef désigne un juge suppléant pour chacune des cours municipales qui n'est pas placée sous l'autorité d'un juge-président. Les juges suppléants sont désignés parmi les juges des autres cours municipales qui ne sont pas tenus à l'exercice exclusif de leurs fonctions. Le juge suppléant agit lorsque le juge affecté à la cour se récuse, est absent ou est empêché d'agir. Si ce juge suppléant se récuse, est absent ou est empêché d'agir, le juge en chef désigne alors un autre juge suppléant.

Le juge en chef procède à la désignation d'un juge suppléant en tenant compte des impératifs d'une bonne administration de la justice et d'une gestion efficace des fonds publics qui y sont affectés.

[1989, c. 52, a. 46; 1998, c. 30, a. 12; 2002, c. 21, a. 16].

46.1. Pour assurer la bonne expédition des affaires d'une cour municipale placée sous l'autorité d'un juge-président et sur la recommandation de ce dernier, le juge en chef peut, en cas de besoin ponctuel et pour la période qu'il détermine, affecter provisoirement un juge municipal auprès de cette cour. Ce juge possède les pouvoirs du juge de la cour à laquelle il est affecté.

Le juge en chef procède à l'affectation provisoire d'un juge en tenant compte des impératifs d'une bonne administration de la justice et d'une gestion efficace des fonds publics qui y sont affectés.

Malgré l'article 45.1, un juge qui, avant son affectation provisoire, n'exerçait pas ses fonctions à titre exclusif ne devient pas, pendant cette affectation, soumis à l'exercice exclusif de ses fonctions.

La rémunération et les avantages sociaux du juge affecté provisoirement sont à la charge de la municipalité responsable de l'administration de la cour municipale dans laquelle ce juge est ainsi affecté.

[2002, c. 21, a. 17].

47. (*Remplacé*).

[1998, c. 30, a. 12].

48. Le juge suppléant a les droits, pouvoirs et privilèges du juge qu'il remplace et en exerce les fonctions à compter de sa désignation et jusqu'à ce que celle-ci soit révoquée par le juge en chef.

Un exemplaire de la désignation et, le cas échéant, de sa révocation doit être déposé au greffe de la cour et être transmis au ministre.

[1989, c. 52, a. 48; 1998, c. 30, a. 13].

<h4 style="text-align:center">§5. — Rémunération et avantages sociaux</h4>

49. Le gouvernement établit, par décret, les barèmes de la rémunération qui doit être versée à un juge ainsi qu'à un juge suppléant, selon qu'ils exercent leurs fonctions à temps complet ou à temps partiel. Il peut, de même, établir leurs avantages sociaux.

Toutefois, dans le cas d'une cour municipale placée sous l'autorité d'un juge-président, le gouvernement, par décret, fixe le traitement des juges qui y sont nommés et détermine le régime de retraite qui leur est applicable ainsi que leurs avantages sociaux.

Le gouvernement fixe de la même manière la rémunération additionnelle attachée à la fonction de juge-président, de juge-président adjoint, de juge responsable d'une cour municipale et de juge responsable des activités de perfectionnement des juges des cours municipales.

[1989, c. 52, a. 49; 1997, c. 84, a. 7; 2002, c. 21, a. 18; 2005, c. 41, a. 19; 2012, c. 4, a. 14].

49.1.-49.2. (*Abrogés*).

[2002, c. 21, a. 19].

49.3. (*Abrogé*).

[2002, c. 21, a. 19].

50. Le gouvernement ne peut prendre un décret conformément à l'article 49, 49.1 ou 49.2 qu'après que les prescriptions de la Partie VI.4 de la *Loi sur les tribunaux judiciaires* (chapitre T-16) aient été observées.

[1989, c. 52, a. 50; 1997, c. 84, a. 8; 1998, c. 30, a. 15].

51. Un décret pris en application de l'article 49 entre en vigueur à la date de sa publication à la *Gazette officielle du Québec* ou à toute date antérieure ou ultérieure qui y est fixée.

[1989, c. 52, a. 51; 1998, c. 30, a. 16; 1999, c. 62, a. 7; 2002, c. 21, a. 20].

<h4 style="text-align:center">Chapitre IV —
Fonctionnement de la cour</h4>

<h5 style="text-align:center">SECTION I — SÉANCES DE LA COUR</h5>

52. Les séances de la cour sont présidées par un juge seul, même si la cour est composée de plus d'un juge.

[1989, c. 52, a. 52].

53. La cour peut siéger tous les jours juridiques de l'année et aussi souvent que cela est nécessaire.

Elle doit toutefois siéger, dans une proportion d'au moins une séance sur deux, après 18 heures.

S'il s'agit d'une cour placée sous l'autorité d'un juge-président, le juge en chef peut, à la demande du juge-président et s'il considère que les circonstances le justifient, autoriser, aux conditions et suivant les modalités qu'il fixe, la cour à siéger après 18 heures ou le samedi dans une proportion moindre que celle fixée au deuxième alinéa. Toutefois, cette proportion ne peut être inférieure à une séance sur trois. Le juge en chef peut révoquer cette autorisation. L'autorisation ou, le cas échéant, sa révocation doit être affichée au greffe de la cour et être transmise au ministre.

[1989, c. 52, a. 53; 2002, c. 21, a. 21].

54. Sous l'autorité du juge en chef, la cour peut fixer, à sa discrétion, le temps auquel doit se faire l'instruction et doit être rendu le jugement dans toute cause relevant de sa compétence.

[1989, c. 52, a. 54; 2002, c. 21, a. 22].

55. La cour siège à son chef-lieu. Lorsqu'elle est une cour municipale commune, elle peut également, pour les affaires relatives au territoire d'une ou de plus d'une municipalité autre que celle sur le territoire de laquelle est situé son chef-lieu, siéger sur le territoire d'une de ces municipalités. Dans un tel cas, les munici-palités doivent convenir, dans l'entente re-lative à la cour, d'un lieu où la cour sera tenue de siéger pour les affaires relatives à leurs territoires respectifs.

Lorsque l'étendue du territoire de la muni-cipalité où la cour a son chef-lieu le justi-fie, la cour municipale peut siéger, en outre, à tout autre endroit de ce territoire qui est indiqué dans le règlement ou dans l'entente d'établissement approuvé par le gouvernement.

[1989, c. 52, a. 55; 1996, c. 2, a. 614; 1998, c. 30, a. 17; 2002, c. 21, a. 23].

56. La cour siège au lieu indiqué soit dans le règlement ou dans l'entente d'établisse-ment approuvé par le gouvernement, soit, le cas échéant, dans une modification ap-portée au règlement ou à l'entente.

Toutefois, lorsque la cour est dans l'im-possibilité en raison de force majeure de siéger à ce lieu, le ministre de la Justice désigne, par arrêté, le nouveau lieu où elle devra siéger jusqu'à ce que l'impossibilité cesse ou, selon le premier événement, jusqu'à ce qu'une modification au règle-ment ou à l'entente soit approuvée par le gouvernement.

[1989, c. 52, a. 56].

SECTION I.1 — POLITIQUES GÉNÉRALES ET RÈGLES DE PRATIQUE

56.1. Les juges municipaux, de concert avec le juge en chef, peuvent adopter leurs politiques générales, lesquelles doivent être compatibles avec les dispositions de la présente loi et tenir compte de la spécifi-cité des cours municipales.

[1998, c. 30, a. 18; 2002, c. 21, a. 24].

56.2. La majorité des juges municipaux peuvent, soit à une assemblée convoquée à cette fin par le juge en chef, soit par tout autre mode permettant à celui-ci de les consulter, adopter, de concert avec le juge en chef, des règles de pratique communes à toutes les cours municipales, dans les matières nécessaires à l'exercice de leur compétence.

De même, la majorité des juges de la Cour municipale de la Ville de Montréal, de concert avec le juge en chef, peuvent, soit à une assemblée convoquée à cette fin par ce dernier, soit par tout autre mode per-mettant à celui-ci de les consulter, complé-ter ces règles par des règles particulières applicables seulement devant leur cour.

Ces règles doivent être compatibles avec les dispositions de la présente loi et avec celles du *Code de procédure civile* (chapi-tre C-25) et du *Code de procédure pénale* (chapitre C-25.1).

Ces règles sont soumises à l'approbation du gouvernement. Les dispositions de la *Loi sur les règlements* (chapitre R-18.1), à l'exception de la section V, s'appliquent à ces règles.

Elles doivent être affichées au greffe de chacune des cours municipales.

[1998, c. 30, a. 18; 2002, c. 21, a. 25].

SECTION II — PERSONNEL DE LA COUR

57. Le conseil de la municipalité responsa-ble de l'administration du chef-lieu de la cour nomme, par résolution, le greffier de la cour et fixe son traitement. Il peut, de la même manière, nommer un greffier adjoint.

[1989, c. 52, a. 57].

58. Le greffier et, le cas échéant, le gref-fier adjoint sont des officiers de la cour; ils exercent leurs fonctions judiciaires sous la supervision du juge.

Le greffier peut désigner, parmi les membres du personnel affecté au greffe de la cour, ceux qui peuvent exercer, à sa place et à celle du greffier adjoint, certains actes, pourvu que ceux-ci ne demandent pas l'exercice d'un pouvoir juridictionnel ou discrétionnaire.

[1989, c. 52, a. 58; 2002, c. 21, a. 26].

59. Le greffier et, le cas échéant, le gref-fier adjoint ne peuvent ni représenter la municipalité devant une cour de justice, ni représenter une autre personne devant la cour municipale.

Ils ne peuvent en outre exercer les fonctions que le gouvernement peut déclarer par règlement incompatibles avec celles de greffier ou de greffier adjoint d'une cour municipale.

[1989, c. 52, a. 59].

60. Avant d'entrer en fonction, le greffier et, le cas échéant, le greffier adjoint prêtent le serment qui suit: « Je déclare sous serment de remplir fidèlement et honnêtement, au meilleur de ma capacité et de mes connaissances, tous les devoirs et toutes les fonctions de greffier (*ou* greffier adjoint) d'une cour municipale ».

Le serment est prêté devant une personne autorisée à recevoir la prestation du serment en vertu de la Partie IV de la *Loi sur les tribunaux judiciaires* (chapitre T-16); l'écrit constatant le serment est conservé au greffe de la cour.

[1989, c. 52, a. 60; 1999, c. 40, a. 93].

61. Les articles 71 à 73.1 de la *Loi sur les cités et villes* (chapitre C-19) ou 267.0.1 à 267.0.6 du *Code municipal du Québec* (chapitre C-27.1), selon le cas, s'appliquent, compte tenu des adaptations nécessaires, à l'égard du greffier ou du greffier adjoint de la cour qui, depuis au moins six mois, occupe son poste ou a occupé un poste de même nature que ceux visés à l'article 71 de cette loi ou 267.0.1 de ce code, selon le cas, au sein de la municipalité qui est responsable de l'administration du chef-lieu de la cour.

[1989, c. 52, a. 61; 2000, c. 54, a. 32].

62. Le greffier a notamment pour fonctions:

1° de recevoir les serments;

2° de lancer les assignations de témoins;

3° d'autoriser les modes spéciaux de signification;

4° d'assister le juge lors des audiences;

5° de vérifier et d'approuver les frais judiciaires, y compris les comptes de huissier;

6° d'assurer la garde des archives.

[1989, c. 52, a. 62; 1999, c. 40, a. 93].

63. Le greffier peut, lorsqu'il n'y a pas de juge présent ou capable d'agir, enregistrer la comparution ou le défaut des défendeurs, des parties ou des témoins assignés et ajourner la séance à toute date ultérieure. Lorsqu'il exerce ces fonctions en matière criminelle, il est alors réputé juge de paix.

[1989, c. 52, a. 63].

64. Le greffier doit transmettre au juge en chef et au ministre de la Justice, au moins une fois par année, un rapport des activités de la cour. Le rapport contient notamment, sur une base mensuelle, les renseignements suivants:

1° le nombre de jours où des séances ont été tenues et le nombre d'heures qui y a été consacré en moyenne;

2° le nombre de causes entendues et leur nature;

3° les endroits, les dates et les heures d'audition;

4° le nombre de causes prises en délibéré et le délai entre l'instruction et le jugement;

5° le nombre de jugements rendus.

[1989, c. 52, a. 64; 1998, c. 30, a. 19].

65. Le greffier adjoint est, dans l'exercice de ses fonctions, revêtu de tous les pouvoirs conférés par la présente loi au greffier de la cour et est soumis aux mêmes obligations que celui-ci.

[1989, c. 52, a. 65].

66. Le conseil de la municipalité responsable de l'administration du chef-lieu de la cour ou le directeur général, si le conseil lui en délègue le pouvoir, peut nommer un greffier suppléant pour assister le juge, lors des audiences, lorsque le greffier et le greffier adjoint sont absents ou empêchés d'agir.

Les articles 57 à 60 et 62 s'appliquent, compte tenu des adaptations nécessaires, à ce greffier.

[1989, c. 52, a. 66; 1998, c. 30, a. 20; 2002, c. 21, a. 27].

67. (*Abrogé*).

[2004, c. 12, a. 22].

68. Le conseil de la municipalité responsable de l'administration du chef-lieu de la cour peut nommer, parmi les membres de l'Ordre professionnel des huissiers de justice du Québec, autant d'huissiers de la cour qu'il le juge à propos.

L'huissier nommé à une cour doit exercer ses fonctions exclusivement à cette cour.

[1989, c. 52, a. 68; 1995, c. 41, a. 23].

69. La municipalité sur le territoire de laquelle siège la cour est tenue à la demande du juge de lui fournir les services d'une personne pour agir comme huissier-audiencier; celui-ci est alors un officier de la cour et doit, s'il en est requis par le juge, agir comme constable sans nomination spéciale à cette fin.

La municipalité est également tenue de fournir au juge les services de secrétariat nécessaires à l'exercice de ses fonctions.

[1989, c. 52, a. 69; 1996, c. 2, a. 615; 2005, c. 41, a. 20].

SECTION III — ORGANISATION MATÉRIELLE

70. La municipalité qui établit une cour municipale locale ou qui convient d'une entente pour l'établissement d'une cour municipale commune doit fournir à la cour un local et des biens meubles nécessaires à la tenue des séances de la cour sur son territoire.

[1989, c. 52, a. 70].

71. La municipalité doit également fournir un local et des biens meubles à l'usage du juge ainsi que des locaux et des biens meubles pouvant servir de salles d'entrevues pour les parties.

Ces locaux doivent être situés à proximité de la salle d'audience.

[1989, c. 52, a. 71].

72. La municipalité sur le territoire de laquelle est situé le chef-lieu de la cour doit également fournir un local et des biens meubles nécessaires à l'établissement et au maintien du greffe de la cour ainsi qu'à la tenue et à la conservation des archives de la cour.

Le greffe doit être distinct de celui de la municipalité et situé dans un endroit accessible; les locaux du greffe doivent être situés à proximité de ceux du chef-lieu de la cour.

[1989, c. 52, a. 72].

73. Les locaux et biens meubles visés à la présente section doivent être conformes aux normes que peut déterminer le gouvernement par règlement.

[1989, c. 52, a. 73].

Chapitre V — Procédure applicable

SECTION I — DISPOSITIONS GÉNÉRALES

74. Sous réserve des autres dispositions du présent chapitre et de celles d'une loi particulière, la procédure applicable dans tout recours intenté devant la cour municipale est édictée au *Code de procédure civile* (chapitre C-25), sauf en matière de poursuite pénale.

[1989, c. 52, a. 74; 1990, c. 4, a. 978].

75. Le greffier tient à jour un registre des procédures dans chaque cause portée devant la cour; il y inscrit le nom du demandeur et celui du défendeur, la nature du recours ou de la poursuite, la date et le dispositif du jugement.

[1989, c. 52, a. 75].

76. Chaque fois que la signature du greffier de la cour est requise, il signe le document dont il s'agit ou bien y appose sa signature au moyen d'un appareil mécanique.

[1989, c. 52, a. 76].

77. Le gouvernement peut, par règlement, fixer le tarif des frais dans toutes les causes relevant de la compétence de la cour et qui ne sont pas régies par le *Code de procédure pénale* (chapitre C-25.1).

[1989, c. 52, a. 77; 1990, c. 4, a. 979].

SECTION II — PROCÉDURE CIVILE

78. Une assignation, un ordre ou un bref émis par la cour et régi par le *Code de procédure civile* (chapitre C-25), porte la signature du juge ou celle du greffier de la cour.

[1989, c. 52, a. 78].

79. En cas de décès, de démission, d'incapacité ou de tout autre cas de cessation de fonction d'un juge, le juge qui est désigné ou nommé en remplacement est compétent pour entendre les causes dont le premier juge était déjà saisi.

Ce juge signe la minute des jugements que le premier juge a rendus à l'audience et qu'il n'a pu signer pour le même motif, pourvu qu'il soit satisfait que le texte du jugement est conforme au jugement rendu. Toutefois, lorsque la cour est composée de plusieurs juges, le juge-président ou, selon le cas, le juge responsable de la cour peut, dans les mêmes circonstances et aux mêmes conditions, également signer la minute de ces jugements.

Cependant, le juge qui cesse d'exercer ses fonctions en raison de sa nomination à un autre tribunal peut néanmoins, avec l'accord des juges en chef des tribunaux concernés, continuer et terminer toute cause dont il était alors saisi. À défaut, il est procédé conformément aux deux premiers alinéas.

Aux fins du présent article, on entend par tribunal une cour municipale, la Cour du Québec, la Cour supérieure ou la Cour d'appel.

[1989, c. 52, a. 79; 2002, c. 21, a. 28; 2005, c. 26,
a. 3].

80. Dans tout recours où l'objet en litige est une taxe, une licence, un tarif, une taxe de l'eau, un droit, une compensation ou un permis excédant la somme de 7 000 $, ou dans lequel il s'agit de l'interprétation d'un contrat auquel la municipalité est partie et représentant une valeur excédant la somme de 7 000 $, il y a appel de la décision finale du juge à la Cour d'appel.

[1989, c. 52, a. 80; 2002, c. 7, a. 169].

81. Sous réserve des dispositions de l'article 80, le jugement portant sur une créance qui n'excède pas le montant fixé au paragraphe *a* du premier alinéa de l'article 953 du *Code de procédure civile* (chapitre C-25) est final et sans appel.

[1989, c. 52, a. 81; 1992, c. 63, a. 18].

82. Lorsque par jugement rendu dans un recours quelconque devant une cour municipale un droit futur est affecté, le défendeur peut évoquer le recours et requérir qu'il soit porté à la Cour supérieure du même district pour audition et jugement.

[1989, c. 52, a. 82].

SECTION III — PROCÉDURE PÉNALE

83. Une poursuite pénale peut être intentée par la municipalité sur le territoire de laquelle l'infraction a été commise.

[1989, c. 52, a. 83; 1992, c. 61, a. 653].

84. Lorsqu'une municipalité intente une poursuite pénale devant une cour municipale, l'amende imposée pour sanctionner une infraction à une disposition d'une loi ou de la charte régissant la municipalité sur le territoire de laquelle l'infraction a été commise, d'un règlement, d'une résolution ou d'une ordonnance de celle-ci appartient à la municipalité qui intente la poursuite pénale et fait partie de son fonds général.

Les frais relatifs à une poursuite intentée devant une cour municipale appartiennent à la municipalité dont dépend cette cour, sauf la partie des frais remis par le percepteur à un autre poursuivant en vertu de l'article 345.2 du *Code de procédure pénale* (chapitre C-25.1) et sauf les frais remis au défendeur ou imposés à cette municipalité en vertu de l'article 223 de ce code.

Toutefois, une municipalité peut conclure une entente avec une autre municipalité ou un autre poursuivant visé au paragraphe 1° ou 2° de l'article 9 du *Code de procédure pénale* relativement à la propriété des amendes et des frais qui lui appartiennent en vertu des premier et deuxième alinéas.

Seul le conseil de la municipalité à qui appartiennent l'amende et les frais a le droit de les remettre en tout ou en partie. La remise est faite en vertu d'une résolution adoptée par le vote affirmatif de la majorité des membres du conseil, sur demande qui lui est présentée par la personne tenue de payer l'amende et, le cas échéant, les frais. Le conseil peut toutefois, dans son règlement intérieur, déléguer au comité exécutif de la municipalité la responsabilité de procéder à la remise de l'amende et des frais.

[1989, c. 52, a. 84; 1990, c. 4, a. 980; 1992, c. 61, a. 654; 2002, c. 21, a. 29; 2003, c. 5, a. 26].

Chapitre VI —— Financement, administration et contrôle

Section I —— Financement et administration

85. Les dépenses d'établissement et de maintien d'une cour municipale locale et de son greffe ainsi que la rémunération, les conditions de travail et les avantages sociaux du juge et du personnel de la cour sont à la charge de la municipalité qui l'établit.

[1989, c. 52, a. 85].

86. Les dépenses d'établissement et de maintien d'une cour municipale commune et de son greffe ainsi que la rémunération, les conditions de travail et les avantages sociaux du juge et du personnel de la cour sont à la charge de toutes les municipalités parties à l'entente d'établissement de la cour.

[1989, c. 52, a. 86].

86.0.1. Malgré les articles 85 et 86, la rémunération additionnelle et les dépenses

occasionnées par le remboursement des dépenses de fonction du juge responsable des activités de perfectionnement des juges des cours municipales sont à la charge du gouvernement.

[2002, c. 32, a. 2; 2012, c. 4, a. 15].

86.1. (*Abrogé*).

[2002, c. 21, a. 30].

87. L'administration de la cour relève, sous réserve de l'article 88, de la municipalité sur le territoire de laquelle elle siège; il lui appartient de voir notamment au bon entretien des biens fournis pour la tenue des séances de la cour et pour la tenue de son greffe ainsi que d'en assurer l'accessibilité, tel que le requiert l'administration de la justice.

[1989, c. 52, a. 87].

88. La municipalité sur le territoire de laquelle est situé le chef-lieu d'une cour municipale commune est responsable de l'administration de ce chef-lieu. Dans le cas d'une délégation de pouvoirs en faveur d'une municipalité régionale de comté, la responsabilité de l'administration du chef-lieu de la cour relève de cette municipalité.

[1989, c. 52, a. 88].

88.1. La municipalité responsable de l'administration d'une cour municipale peut, par résolution et après consultation du juge de cette cour, du juge responsable ou du juge-président, selon le cas, rendre applicables dans tout immeuble ou partie d'immeuble dans lequel siège cette cour municipale les dispositions de la partie VII.1 de la *Loi sur les tribunaux judiciaires* (chapitre T-16). La municipalité ou son délégué exerce alors, compte tenu des adaptations nécessaires, les pouvoirs que cette partie attribue au ministre de la Justice et au ministre de la Sécurité publique.

Les dépenses découlant de l'application des contrôles de sécurité sont à la charge de la municipalité qui a établi la cour ou, selon le cas, des municipalités parties à l'entente d'établissement de la cour.

[2009, c. 44, a. 2].

89. Toute personne y compris le juge peut formuler une plainte auprès du ministre de la Justice sur le financement ou l'administration d'une cour; la plainte doit être écrite et motivée.

Sur réception de la plainte, le ministre en avise le juge en chef et le ministre des Affaires municipales, des Régions et de l'Occupation du territoire.

[1989, c. 52, a. 89; 1998, c. 30, a. 22; 1999, c. 43, a. 13; 2003, c. 19, a. 250].

90. Le ministre de la Justice peut aviser la municipalité contre qui la plainte a été formulée de remédier à la situation dénoncée dans un délai raisonnable qu'il détermine après avoir consulté la municipalité.

La municipalité qui remédie à la situation dans le délai fixé en fait rapport au ministre qui en transmet une copie au plaignant et au juge en chef.

[1989, c. 52, a. 90; 1998, c. 30, a. 23].

91. Lorsque la municipalité fait défaut de remédier à la situation dans le délai imparti ou lorsque la plainte formulée le justifie, le ministre de la Justice en avise le juge en chef et le ministre des Affaires municipales, des Régions et de l'Occupation du territoire et demande au Conseil de la magistrature, institué en vertu de la *Loi sur les tribunaux judiciaires* (chapitre T-16), de faire enquête.

[1989, c. 52, a. 91; 1998, c. 30, a. 24; 1999, c. 43, a. 13; 2003, c. 19, a. 250].

92. La plainte est adressée par écrit au secrétaire du conseil et relate le défaut reproché et les autres circonstances pertinentes.

[1989, c. 52, a. 92].

93. Le conseil examine la plainte; il peut, à cette fin, requérir de toute personne les informations qu'il estime nécessaires.

[1989, c. 52, a. 93].

94. Le conseil peut désigner l'un de ses membres pour mener l'enquête sur la plainte et les articles 271 à 274, 277 et 278 de la *Loi sur les tribunaux judiciaires* (chapitre T-16) s'appliquent, compte tenu des adaptations nécessaires, à cette enquête.

[1989, c. 52, a. 94].

95. Lorsque, pendant l'enquête, le conseil est d'avis que le défaut reproché à la municipalité visée cause un préjudice grave à l'administration de la justice, il en avise le ministre de la Justice et le juge en chef.

[1989, c. 52, a. 95; 1998, c. 30, a. 25].

96. Le gouvernement peut, dans le cas visé à l'article 95, ordonner par décret la suspension de la compétence de la cour sur tout le territoire qu'elle dessert ou, selon le cas, seulement sur le territoire de la municipalité en défaut. Le ministre de la Justice donne avis de cette suspension au juge en chef

[1989, c. 52, a. 96; 1998, c. 30, a. 26].

97. Après la tenue de son enquête, le conseil fait rapport au ministre de la Justice et lui recommande, le cas échéant, les mesures qui lui apparaissent nécessaires dans le cadre d'une bonne administration de la justice sur le territoire de la municipalité visée.

Le conseil peut ainsi recommander soit une enquête en vertu de la *Loi sur la Commission municipale* (chapitre C-35), soit l'abolition de la cour ou, selon le cas, l'abolition de la compétence de la cour à l'égard du territoire de la municipalité en défaut.

[1989, c. 52, a. 97].

98. Le gouvernement peut, sur la recommandation du ministre de la Justice qui consulte le ministre des Affaires municipales, des Régions et de l'Occupation du territoire:

1° demander une enquête en vertu de la *Loi sur la Commission municipale* (chapitre C-35) et, s'il le juge opportun, assujettir la municipalité au contrôle de la Commission municipale du Québec à compter de la date qu'il détermine;

2° abolir la cour ou, selon le cas, abolir la compétence de la cour à l'égard du territoire de la municipalité en défaut.

[1989, c. 52, a. 98; 1999, c. 43, a. 13; 2002, c. 21, a. 31; 2003, c. 19, a. 250].

Chapitre VII ⸻ Suspension et abolition d'une cour

Section I ⸻ Suspension

99. Préalablement à la suspension visée à l'article 96, le ministre de la Justice donne avis de son intention de recommander au gouvernement de procéder à la suspension de la compétence de la cour sur tout le territoire qu'elle dessert ou, selon le cas, seulement sur le territoire de la municipalité en défaut à l'expiration du délai qu'il fixe, ce délai ne pouvant être moindre qu'un mois.

L'avis est publié à la *Gazette officielle du Québec* et une copie est transmise à la municipalité, au greffier de la cour et au juge visés ainsi qu'au juge en chef.

[1989, c. 52, a. 99; 1998, c. 30, a. 27].

100. Dès réception de l'avis par le greffier de la cour, l'article 30 cesse d'avoir effet et le greffier de la cour doit refuser, à l'égard du territoire mentionné à l'avis, le dépôt et l'inscription de procédures relatives à des causes non encore inscrites à son registre.

[1989, c. 52, a. 100].

101. À l'expiration du délai fixé dans l'avis, le gouvernement procède à la suspension indiquée dans l'avis et celle-ci prend effet le quinzième jour qui suit la date de publication du décret à la *Gazette officielle du Québec*.

[1989, c. 52, a. 101].

102. Le juge de la cour demeure compétent pour entendre les causes inscrites sur l'un des rôles d'audience de la cour avant la prise d'effet du décret suspendant la compétence de la cour; il siège, à cette fin, à l'endroit indiqué dans le décret.

[1989, c. 52, a. 102; 1993, c. 62, a. 7].

103. Dans le mois qui suit la date de prise d'effet du décret, le greffier de la cour est tenu de transférer aux greffes des tribunaux compétents tous les dossiers relatifs aux causes pendantes à l'égard du territoire mentionné au décret et qui n'ont pas été inscrites sur l'un des rôles d'audience de la cour avant la prise d'effet du décret.

Il doit de plus en aviser les parties.

[1989, c. 52, a. 103; 1993, c. 62, a. 8].

104. Le gouvernement peut lever, sur la recommandation du ministre de la Justice, la suspension de la compétence de la cour lorsqu'il décide de ne pas abolir la cour ou, selon le cas, la compétence de la cour. Le décret prend effet le quinzième jour qui suit la date de sa publication à la *Gazette officielle du Québec*. Le ministre de la Justice donne avis de la levée de la suspension au juge en chef.

À compter de la date de prise d'effet du décret, la cour exerce sa compétence comme si celle-ci n'avait jamais été suspendue, sauf à l'égard des causes ayant fait l'objet d'un transfert en vertu de l'article 103; le tribunal saisi de l'une de ces causes est compétent pour la continuer et pour en décider malgré l'article 30.

[1989, c. 52, a. 104; 1998, c. 30, a. 28].

Section II ⸻ Abolition volontaire

105. Le conseil d'une municipalité peut adopter un règlement portant sur l'abolition de la cour ayant compétence sur le territoire de cette municipalité.

[1989, c. 52, a. 105].

106. Une cour municipale commune peut être abolie lorsque le conseil de chacune des municipalités parties à l'entente d'établissement et celui de chacune des municipalités qui y ont adhéré par la suite adoptent un règlement portant sur l'abolition de la cour.

[1989, c. 52, a. 106].

107. Le conseil d'une municipalité, partie à une entente d'établissement d'une cour municipale commune ou qui y a adhéré, peut adopter un règlement portant sur le retrait de son territoire de la compétence de la cour.

[1989, c. 52, a. 107].

108. Tout règlement adopté en vertu de la présente section est soumis à l'approbation du gouvernement.

Celui adopté par le conseil d'une municipalité locale doit l'être par le vote affirmatif de la majorité de ses membres.

[1989, c. 52, a. 108; 1996, c. 2, a. 616; 1998, c. 31, a. 83].

109. Une copie certifiée conforme du règlement est transmise au ministre de la Justice; la municipalité en avise le ministre des Affaires municipales, des Régions et de l'Occupation du territoire.

Une copie certifiée conforme du règlement doit également, le cas échéant, être transmise par la municipalité à chacune des municipalités qui est partie à l'entente.

[1989, c. 52, a. 109; 1999, c. 43, a. 13; 2003, c. 19, a. 250].

110. Le ministre de la Justice peut exiger du conseil de la municipalité tous les documents et renseignements qu'il juge nécessaires pour s'assurer de l'opportunité du règlement. Les fonctionnaires ou employés de la municipalité sont tenus de les lui fournir.

[1989, c. 52, a. 110].

111. Sur la recommandation du ministre de la Justice qui consulte le ministre des Affaires municipales, des Régions et de l'Occupation du territoire, le gouvernement peut approuver un règlement lorsque la municipalité qui le lui soumet démontre à sa satisfaction:

1° que l'abolition de la cour municipale ne va pas à l'encontre de l'intérêt de la justice;

2° que les conditions de retrait prévues à l'entente d'établissement sont respectées;

3° qu'à la suite de l'abolition de la cour, les dispositions de l'entente relatives au partage de l'actif et du passif découlant de son application seront respectées;

4° qu'à la suite du retrait, le territoire d'une municipalité régionale de comté qui, le cas échéant, est partie à l'entente d'établissement ne sera pas l'unique territoire qui demeurera soumis à la compétence de la cour, sauf s'il s'agit d'une municipalité visée au deuxième alinéa de l'article 10.

Le règlement entre en vigueur le quinzième jour qui suit la date de la publication du décret d'approbation à la *Gazette officielle du Québec* ou à une date ultérieure qu'indique le décret.

[1989, c. 52, a. 111; 1993, c. 62, a. 9; 1998, c. 30, a. 29; 1999, c. 43, a. 13; 2002, c. 21, a. 32; 2003, c. 19, a. 250].

SECTION III —— ABOLITION FORCÉE

112. Préalablement à l'abolition visée au paragraphe 2° de l'article 98, le ministre de la Justice donne l'avis de son intention de recommander au gouvernement de procéder à l'abolition de la cour ou, selon le cas, de la compétence de la cour à l'égard du territoire de la municipalité en défaut à l'expiration du délai qu'il fixe, ce délai ne pouvant être moindre qu'un mois.

L'avis est publié à la *Gazette officielle du Québec* et une copie est transmise à la municipalité, au greffier de la cour et au juge visés ainsi qu'au juge en chef.

[1989, c. 52, a. 112; 1998, c. 30, a. 30].

113. Dès réception de l'avis par le greffier de la cour, l'article 30 cesse d'avoir effet et le greffier de la cour doit refuser, à l'égard du territoire mentionné à l'avis, le dépôt et l'inscription de procédures relatives à des causes non encore inscrites à son registre.

[1989, c. 52, a. 113].

114. À l'expiration du délai fixé dans l'avis, le gouvernement procède à l'abolition indiquée dans l'avis et celle-ci prend effet le quinzième jour qui suit la date de publication du décret à la *Gazette officielle du Québec* ou à une date ultérieure qui y est indiquée. Le ministre de la Justice donne avis de cette abolition au juge en chef.

[1989, c. 52, a. 114; 1998, c. 30, a. 31].

115. Le partage de l'actif et du passif découlant de l'application de l'entente lorsque la cour est abolie et prévu dans l'entente d'établissement s'applique en cas d'abolition forcée de la cour. Les conditions de retrait s'appliquent en cas d'abolition forcée de la compétence de la cour à l'égard du territoire d'une municipalité.

[1989, c. 52, a. 115; 1998, c. 30, a. 32].

116.-117. (*Abrogés*).

[1993, c. 62, a. 10].

SECTION IV — EFFETS DE L'ABOLITION

117.1. Le juge de la cour demeure compétent, malgré, le cas échéant, l'article 39, pour entendre et disposer des causes inscrites sur l'un des rôles d'audience de la cour avant la prise d'effet de l'abolition de la cour municipale ou du retrait du territoire d'une municipalité de la compétence d'une cour municipale; il siège à cette fin, à l'endroit indiqué par le décret.

[1993, c. 62, a. 11].

117.2. Dans le mois qui suit la date de prise d'effet du décret d'abolition ou de retrait, le greffier de la cour est tenu de transférer aux greffes des tribunaux compétents tous les dossiers relatifs aux causes pendantes à l'égard du territoire desservi par la cour ou, selon le cas, du territoire retiré de la compétence de la cour et qui n'ont pas été inscrites sur l'un des rôles d'audience de la cour avant la prise d'effet de l'abolition ou du retrait.

Toutefois, lorsqu'une cour municipale est établie à la suite de l'abolition d'une cour municipale ou du retrait du territoire d'une municipalité de la compétence d'une cour municipale, le greffier est tenu de transférer au greffe de la cour municipale ainsi établie, dans le mois qui suit la date de prise d'effet du décret d'établissement de cette cour, les dossiers relatifs aux causes pendantes à l'égard du territoire desservi par la cour abolie ou du territoire retiré de la compétence de la cour et qui n'ont pas été inscrites sur l'un des rôles d'audience de la cour avant la prise d'effet de l'abolition ou du retrait.

Lorsqu'une municipalité, à la suite de l'abolition de sa cour municipale ou du retrait de son territoire de la compétence d'une cour municipale, adhère à une entente relative à une cour municipale existante, les dispositions du deuxième alinéa s'appliquent, compte tenu des adaptations nécessaires.

Le greffier en donne avis aux parties.

[1993, c. 62, a. 11; 1998, c. 30, a. 33].

117.3. L'exécution des jugements rendus conformément aux dispositions du *Code de procédure pénale* (chapitre C-25.1) par le juge de la cour municipale avant la prise d'effet de l'abolition de la cour municipale ou du retrait du territoire d'une municipalité de la compétence d'une cour municipale est faite ou, selon le cas, poursuivie:

1° à compter de la date de prise d'effet du décret d'abolition, par le percepteur désigné pour le district judiciaire qui comprend le territoire de la municipalité, lorsque la cour municipale est abolie;

2° à compter de la date de prise d'effet du décret de retrait, soit par le percepteur désigné pour le district judiciaire qui comprend le territoire de la municipalité, soit par le percepteur désigné pour la cour municipale compétente avant la date de prise d'effet du décret de retrait, lorsque le territoire d'une municipalité est retiré de la compétence de la cour;

3° à compter de la date de prise d'effet du décret d'établissement d'une cour municipale, ou du décret relatif à l'adhésion d'une municipalité à une entente relative à une cour municipale existante, par le percepteur désigné pour cette cour.

Les pouvoirs conférés à un juge en vertu du chapitre XIII de ce code pour l'exécution de ces jugements sont, à compter de la date de prise d'effet du décret, exercés, suivant le cas, par un juge de la juridiction compétente.

[1993, c. 62, a. 11; 1996, c. 2, a. 617; 1998, c. 30, a. 34].

117.4. L'exécution forcée des jugements rendus conformément aux dispositions du *Code de procédure civile* (chapitre C-25) par le juge de la cour municipale avant la prise d'effet du décret d'abolition ou de retrait est faite ou, selon le cas, poursuivie:

1° à compter de la date de prise d'effet du décret d'abolition, devant le tribunal compétent dans le district judiciaire qui comprend le territoire de la municipalité, lorsque la cour municipale est abolie;

2° à compter de la date de prise d'effet du décret de retrait, soit devant le tribunal compétent dans le district judiciaire qui comprend le territoire de la municipalité, soit devant la cour municipale compétente avant la date de prise d'effet du décret de retrait, lorsque le territoire d'une municipalité est retiré de la compétence de la cour;

3° à compter de la date de prise d'effet du décret d'établissement d'une cour municipale, ou du décret relatif à l'adhésion d'une municipalité à une entente relative à une cour municipale existante, devant cette cour.

[1993, c. 62, a. 11; 1996, c. 2, a. 618; 1998, c. 30, a. 35].

117.5. Pendant la période requise pour l'application des dispositions de la présente section:

1° les règlements sur les frais que peut prendre le gouvernement en vertu de l'article 77 ou du *Code de procédure pénale* (chapitre C-25.1) continuent, le cas échéant, de s'appliquer, malgré l'abolition d'une cour municipale ou le retrait du territoire d'une municipalité de la compétence d'une cour municipale;

2° le greffier et, s'il y a lieu, le greffier suppléant continuent d'exercer les fonctions qui leur sont dévolues par la présente loi, malgré, le cas échéant, l'abolition de la cour;

3° les municipalités continuent de défrayer les dépenses de maintien de la cour et de son greffe ainsi que la rémunération, les conditions de travail et les avantages sociaux du juge et du personnel de la cour nécessaire.

[1993, c. 62, a. 11].

Chapitre VIII ⸺ Règlements du gouvernement

118. Le gouvernement peut, par règlement:

1° déterminer la manière dont une personne peut se porter candidate à la fonction de juge;

2° autoriser le ministre de la Justice à former un comité de sélection pour évaluer l'aptitude des candidats à la fonction de juge et pour lui fournir un avis sur eux;

3° fixer la composition et le mode de nomination des membres du comité;

4° déterminer les critères de sélection dont le comité tient compte;

5° déterminer les renseignements que le comité peut requérir d'un candidat et les consultations qu'il peut faire;

6° déterminer les fonctions incompatibles avec celles de greffier ou de greffier adjoint de la cour;

7° déterminer les normes applicables aux locaux et biens meubles que doit fournir une municipalité pour la tenue des séances de la cour, pour l'usage du juge, pour servir de salle d'entrevues, pour l'établissement et le maintien du greffe de la cour ainsi que pour la tenue et la conservation des archives de la cour;

8° fixer le tarif des frais dans toute cause relevant de la compétence de la cour et qui n'est pas régie par le *Code de procédure pénale* (chapitre C-25.1).

[1989, c. 52, a. 118; 1990, c. 4, a. 981].

Chapitre IX ⸺ Dispositions modificatives

Loi sur le bâtiment

119.-148. (*Omis*).

[1989, c. 52, a. 119-148].

149. (*Abrogé*).

[1990, c. 4, a. 982].

150.-204. (*Omis*).

[1989, c. 52, a. 150-204].

Chapitre X ▬ Dispositions transitoires et finales

205. Les cours municipales mentionnées à l'annexe I sont réputées avoir été établies en vertu de la présente loi.

La compétence territoriale de chacune de ces cours est la même que celle qu'elles avaient respectivement le 31 mars 1991.

[1989, c. 52, a. 205].

206. (*Abrogé*).

[1993, c. 62, a. 12].

207. Lorsque l'une des cours mentionnées à l'annexe I a le 31 mars 1991 compétence sur le territoire d'une autre municipalité alors que les municipalités visées ne répondent pas aux critères prévus à l'article 6, elle continue à avoir compétence sur ce territoire.

Le premier alinéa s'applique également aux cours régies par les chartes régissant les villes de Laval, de Montréal et de Québec.

[1989, c. 52, a. 207].

208. Lorsque l'une des cours mentionnées à l'annexe I a le 31 mars 1991 compétence sur le territoire d'une autre municipalité, les municipalités visées sont réputées, pour les fins de la présente loi, avoir conclu une entente d'établissement d'une cour municipale commune dûment approuvée.

[1989, c. 52, a. 208; 1993, c. 62, a. 13].

209. Les juges nommés pour l'une de ces cours et qui exercent leurs fonctions dans cette cour le 31 mars 1991 sont réputés avoir été nommés en vertu de la présente loi.

Ils sont également réputés avoir prêté le serment conformément à l'article 36.

[1989, c. 52, a. 209; 1999, c. 40, a. 93].

210. Les greffiers nommés pour l'une de ces cours et qui exercent leurs fonctions dans cette cour le 31 mars 1991 sont d'office greffiers à cette cour.

[1989, c. 52, a. 210].

211. Les causes intentées devant l'une de ces cours sont poursuivies devant cette cour. Leur ordre sur le rôle, le cas échéant, n'est pas affecté et celles dont l'audition a commencé sont continuées par le juge qui en était saisi.

[1989, c. 52, a. 211].

212. Le tarif des frais relatifs aux causes intentées devant l'une de ces cours et en vigueur le 31 mars 1991 continue de s'appliquer jusqu'à la date de l'entrée en vigueur du premier règlement sur le tarif des frais pris en vertu de l'article 77.

[1989, c. 52, a. 212].

213. L'article 55, le deuxième alinéa de l'article 71 et le deuxième alinéa de l'article 72 n'ont effet à l'égard de ces cours qu'à compter de la date du premier anniversaire de l'entrée en vigueur respective de ces dispositions.

[1989, c. 52, a. 213].

214. Les dispositions de la présente loi prévalent sur toute disposition incompatible d'une loi antérieure édictant ou modifiant la charte d'une cité ou d'une ville, autre que les chartes régissant les villes de Laval, de Montréal et de Québec.

[1989, c. 52, a. 214].

215. La présente loi remplace la *Loi sur les cours municipales* (chapitre C-72).

[1989, c. 52, a. 215].

216. Les articles 1 à 3 et 5 de la *Loi sur certains aspects du statut des juges municipaux* (L.Q. 1988, c. 74) sont remplacés par les articles 25, 32 à 39, 41, 42, 45, 46, 48 à 51, 79, 85 et 86 de la présente loi.

[1989, c. 52, a. 216].

217. Le ministre de la Justice est chargé de l'application de la présente loi.

[1989, c. 52, a. 217].

218. (*Omis*).

[1989, c. 52, a. 218].

L'article 80 sera modifié lors de l'entrée en vigueur de l'article 822 du chapitre 1 des lois de 2014 à la date fixée par le gouvernement.

ANNEXE I — LISTE DES COURS MUNICIPALES VISÉES À L'ARTICLE 205

1. ACTON VALE
2. ALMA
3. ANJOU
4. ASBESTOS
5. AYLMER
6. BARKMERE
7. BEACONSFIELD
8. BEAUHARNOIS
9. BEAUPORT
10. BEAUPRÉ
11. BEDFORD
12. BELOEIL
13. BERTHIERVILLE
14. BLAINVILLE
15. BOISBRIAND
16. BOUCHERVILLE
17. BROMPTONVILLE
18. BROSSARD
19. BUCKINGHAM
20. CANDIAC
21. CAP-DE-LA-MADELEINE
22. CHAMBLY
23. CHARLESBOURG
24. CHARNY
25. CHÂTEAU-RICHER
26. CHÂTEAUGUAY
27. CHIBOUGAMAU
28. CHICOUTIMI
29. COATICOOK
30. CÔTE-SAINT-LUC
31. COWANSVILLE
32. DELSON
33. DEUX-MONTAGNES
34. DOLBEAU
35. DONNACONA

36. DORION
37. DORVAL
38. DRUMMONDVILLE
39. EAST ANGUS
40. FARNHAM
41. GATINEAU
42. GRANBY
43. GRAND-MÈRE
44. GREENFIELD PARK
45. HAMPSTEAD
46. HUDSON
47. HULL
48. IBERVILLE
49. ÎLE PERROT
50. JOLIETTE
51. JONQUIÈRE
52. LA BAIE
53. LACHINE
54. LACHUTE
55. LAC MÉGANTIC
56. LA POCATIÈRE
57. LA PRAIRIE
58. LASALLE
59. L'ASSOMPTION

60. LAUZON
61. LENNOXVILLE

62. LÉVIS
63. LONGUEUIL
64. LORETTEVILLE
65. LOUISEVILLE
66. MAGOG
67. MARIEVILLE
68. MIRABEL
69. MISTASSINI
70. MONTMAGNY
71. MONT-ROYAL
72. MONT SAINT-HILAIRE
73. MONTRÉAL-EST

74. MONTRÉAL-NORD
75. MONTRÉAL-OUEST
76. NICOLET
77. OUTREMONT
78. PIERREFONDS
79. PINCOURT
80. PLESSISVILLE
81. POINTE-CLAIRE
82. REPENTIGNY
83. RIGAUD
84. RIMOUSKI
85. ROBERVAL
86. ROSEMÈRE
87. ROXBORO
88. SAINTE-ADÈLE
89. SAINTE-AGATHE-DES-MONTS
90. SAINTE-ANNE-DE-BELLEVUE
91. SAINT-BRUNO-DE-MONTARVILLE
92. SAINT-CÉSAIRE
93. SAINT-CONSTANT
94. SAINT-EUSTACHE
95. SAINT-FÉLICIEN
96. SAINTE-FOY
97. SAINT-GEORGES
98. SAINT-HYACINTHE
99. SAINT-JEAN-CHRYSOSTOME
100. SAINT-JEAN-SUR-RICHELIEU
101. SAINT-JÉRÔME
102. SAINT-LAMBERT
103. SAINT-LAURENT
104. SAINT-LÉONARD
105. SAINT-LUC
106. SAINTE-MARTHE-SUR-LE-LAC
107. SAINT-PIERRE
108. SAINT-RAYMOND
109. SAINT-RÉMI
110. SAINTE-THÉRÈSE
111. SAINT-TITE
112. SALABERRY-DE-VALLEYFIELD

113. SENNEVILLE
114. SEPT-ÎLES
115. SHAWINIGAN
116. SHAWINIGAN-SUD
117. SHERBROOKE
118. SILLERY
119. SOREL
120. TERREBONNE
121. TRACY
122. TROIS-RIVIÈRES OUEST
123. TROIS-RIVIÈRES
124. VAL-BÉLAIR
125. VAL-D'OR
126. VANIER
127. VERDUN
128. VICTORIAVILLE
129. WATERLOO
130. WESTMOUNT

131. WINDSOR

LOI SUR LES HUISSIERS DE JUSTICE,

RLRQ, c. H-4.1

SECTION I —— DISPOSITION INTERPRÉTATIVE

1. Dans la présente loi ainsi que dans toute loi ou tout règlement à moins que le contexte n'indique un sens différent, le mot « huissier » désigne un « huissier de justice ».

[1995, c. 41, a. 1].

SECTION II —— ORDRE PROFESSIONNEL DES HUISSIERS DE JUSTICE DU QUÉBEC

2. L'ensemble des personnes habilitées à exercer la profession d'huissier au Québec constitue un ordre professionnel désigné sous le nom de « Ordre professionnel des huissiers de justice du Québec » ou « Chambre des huissiers de justice du Québec ».

[1995, c. 41, a. 2].

3. Sous réserve des dispositions de la présente loi, l'Ordre et ses membres sont régis par le *Code des professions* (chapitre C-26).

[1995, c. 41, a. 3].

4. Le siège de l'Ordre est situé sur le territoire de la Ville de Montréal ou à tout autre endroit du Québec déterminé par règlement du Bureau pris en application du paragraphe *f* de l'article 93 du *Code des professions*.

[1995, c. 41, a. 4.; 2000, c. 56, a. 219].

SECTION III —— BUREAU

5. L'Ordre est administré par un Bureau formé de la manière prévue au *Code des professions* (chapitre C-26).

[1995, c. 41, a. 5].

6. En outre des pouvoirs prévus à l'article 94 du *Code des professions* (chapitre C-26), le Bureau peut, par règlement, établir et administrer un fonds de recherche et de développement, alimenté par les versements de l'Ordre, les donations et les legs faits à cette fin et les revenus des comptes généraux tenus en fidéicommis par les huissiers dans l'exercice de leur profession, afin de promouvoir la qualité des services professionnels, la formation professionnelle, la formation permanente, la recherche et l'information reliées à l'exercice de la profession.

[1995, c. 41, a. 6].

7. L'article 95.2 du *Code des professions* (chapitre C-26) s'applique au règlement pris en vertu de l'article 6.

[1995, c. 41, a. 7; 2008, c. 11, a. 184].

SECTION IV —— EXERCICE DE LA PROFESSION

8. Constitue l'exercice de la profession d'huissier tout acte qui a pour objet de signifier les actes de procédure émanant de tout tribunal, de mettre à exécution les décisions de justice ayant force exécutoire et d'exercer toute autre fonction qui est dévolue à l'huissier en vertu de la loi ou par un tribunal.

[1995, c. 41, a. 8].

9. L'huissier peut effectuer des constatations purement matérielles, exclusives de tout avis sur les conséquences de fait ou de droit qui peuvent en résulter; ces constatations n'ont que la valeur de simples renseignements.

[1995, c. 41, a. 9].

10. L'huissier ne peut exercer sa profession sous un nom autre que le sien.

Il est toutefois permis à des huissiers d'exercer leur profession sous un nom commun, lequel peut être celui d'un, de plusieurs ou de tous les associés. Ce nom commun peut aussi comprendre le nom de tout associé qui a cessé d'exercer sa profession pendant une période d'au plus trois ans à compter du moment où il a cessé de l'exercer, pourvu que le nom de cet associé ait fait partie du nom commun depuis un an au moment où il a cessé d'exercer.

[1995, c. 41, a. 10].

11. L'huissier ne peut, relativement à l'exercice de sa profession, se désigner autrement que comme huissier de justice ou huissier.

[1995, c. 41, a. 11].

12. L'huissier doit exercer ses fonctions de façon impartiale. Le fait de donner des renseignements à un justiciable ne constitue pas un acte de partialité

[1995, c. 41, a. 12].

13. Un huissier ne peut réclamer, pour les actes décrits à l'article 8, des honoraires et des frais autres que ceux fixés dans le tarif établi par règlement du gouvernement.

[1995, c. 41, a. 13].

SECTION V — EXERCICE ILLÉGAL DE LA PROFESSION

14. Sous réserve des droits et privilèges accordés par la loi ou par règlement à d'autres personnes, notamment lorsqu'il est prévu que la signification d'un acte de procédure ou l'exécution d'une décision peut être faite par une autre personne ou conformément à un autre mode de signification ou d'exécution, nul ne peut poser l'un des actes décrits à l'article 8, s'il n'est pas huissier.

Les dispositions du premier alinéa ne s'appliquent pas aux actes posés par une personne en conformité avec les dispositions d'un règlement pris en application du paragraphe *h* de l'article 94 du *Code des professions* (chapitre C-26).

[1995, c. 41, a. 14].

15. Nul ne peut agir à titre d'huissier d'une cour municipale s'il n'est pas membre de l'Ordre.

[1995, c. 41, a. 15].

16. Quiconque contrevient à une disposition des articles 14 ou 15 est passible, pour chaque infraction, des peines prévues à l'article 188 du *Code des professions* (chapitre C-26).

[1995, c. 41, a. 16].

SECTION VI — DISPOSITIONS MODIFICATIVES

17.-23. (*Omis*).

[1995, c. 41, a. 17-23].

SECTION VII — DISPOSITIONS TRANSITOIRES ET FINALES

24. Les personnes qui, le 1er octobre 1995, sont titulaires d'un permis d'huissier délivré par le ministre de la Justice en vertu des articles 5 et 6 de la *Loi sur les huissiers de justice* (chapitre H-4), sont inscrites de plein droit au tableau de l'Ordre et le Bureau délivre un permis à chacune d'elles.

Le titulaire d'un permis d'huissier délivré en vertu de l'article 6 de cette loi ne peut exercer ses fonctions d'huissier que dans le seul district judiciaire que le permis délivré par le ministre de la Justice indiquait.

[1995, c. 41, a. 24].

25. La personne qui, le 1er octobre 1995, est titulaire d'un permis de stagiaire délivré par le ministre de la Justice, a droit d'obtenir un permis d'huissier si elle satisfait aux dispositions du paragraphe *f* du premier alinéa de l'article 4 de la *Loi sur les huissiers de justice* (chapitre H-4) ou si elle satisfait aux conditions requises par un règlement pris par l'Ordre en vertu du paragraphe *i* de l'article 94 du *Code des professions* (chapitre C-26).

[1995, c. 41, a. 25].

26. Un membre de l'Ordre qui est titulaire d'un permis, d'un insigne ou d'un autre moyen d'identification délivré par le ministre de la Justice peut continuer d'utiliser de tels moyens, jusqu'à ce qu'ils soient remplacés, à son égard, par un permis, un insigne ou un autre moyen d'identification délivré par l'Ordre.

[1995, c. 41, a. 26].

27. Donne ouverture au permis d'huissier, le diplôme d'études collégiales en techniques juridiques délivré par le ministre de l'Enseignement supérieur, de la Recherche, de la Science et de la Technologie à toute personne inscrite dans ce programme avant la date de l'entrée en vigueur d'un règlement du gouvernement pris en application du premier alinéa de l'article 184 du *Code des professions* (chapitre C-26) ayant pour objet de déterminer une première fois tout diplôme donnant ouverture au permis délivré par l'Ordre.

[1995, c. 41, a. 27; 2013, c. 28, a. 201].

28. Malgré l'article 5 de la présente loi, le premier Bureau est formé du président et des administrateurs élus à la dernière assemblée générale des membres de la Chambre des huissiers de justice du Québec, organisme constitué sous l'autorité de la partie III de la *Loi sur les compagnies* (chapitre C-38), et de trois administrateurs nommés par l'Office des professions du Québec en vertu de l'article 78 du *Code des professions* (chapitre C-26).

Le président et les administrateurs élus demeurent en fonction jusqu'à la première élection des membres du Bureau tenue conformément au *Code des professions*.

[1995, c. 41, a. 28].

29. Les articles 95.2 et 95.3 du *Code des professions* (chapitre C-26) s'appliquent au premier règlement pris par le Bureau de l'Ordre en vertu de l'article 65 de ce code.

[1995, c. 41, a. 29].

30. Malgré l'article 86 du *Code des professions* (chapitre C-26), la première résolution adoptée par le Bureau aux fins de fixer la première cotisation annuelle n'a pas, pour entrer en vigueur, à être approuvée par la majorité des membres de l'Ordre, et elle peut tenir compte des sommes déjà versées par les membres à titre de

membre de la Chambre des huissiers de justice du Québec.

[1995, c. 41, a. 30].

31. Les dispositions du *Règlement d'application de la Loi sur les huissiers* (chapitre H-4, r. 2) et du *Code de déontologie des huissiers* (chapitre H-4, r. 1) pris en application de l'article 25 de la *Loi sur les huissiers de justice* (chapitre H-4) continuent d'avoir effet jusqu'à ce qu'elles soient modifiées, remplacées ou abrogées par un règlement du Bureau de l'ordre conformément au *Code des professions* (chapitre C-26).

[1995, c. 41, a. 31].

32. Les dispositions du *Tarif d'honoraires et des frais de transport des huissiers* (chapitre H-4, r. 3) pris en application du paragraphe *k* du premier alinéa de l'article 25 de la *Loi sur les huissiers de justice* (chapitre H-4) s'appliquent jusqu'à ce qu'elles soient modifiées, remplacées ou abrogées par règlement du gouvernement.

[1995, c. 41, a. 32].

33. L'examen des plaintes reçues avant le 1er octobre 1995, par le Comité de discipline constitué sous l'autorité de l'article 12.1 de la *Loi sur les huissiers de justice* (chapitre H-4), est continué devant ce comité, lequel conserve sa compétence et ses pouvoirs à cette fin.

La décision du comité est exécutoire à compter de la date indiquée et notifiée au Bureau de l'Ordre.

[1995, c. 41, a. 33].

34. Les appels interjetés avant le 1er octobre 1995, en vertu de la section II.2 de la *Loi sur les huissiers de justice* (chapitre H-4), sont continués et décidés suivant les dispositions de cette loi.

[1995, c. 41, a. 34].

35. Les poursuites pénales pour une infraction à la *Loi sur les huissiers de justice* (chapitre H-4), commise avant le 1er octobre 1995, sont continuées et décidées suivant les dispositions de cette loi.

[1995, c. 41, a. 35].

36. L'Ordre succède aux droits et obligations de la Chambre des huissiers de justice du Québec.

Les lettres patentes originaires et les lettres patentes supplémentaires accordées à la Chambre des huissiers de justice du Québec sont annulées.

[1995, c. 41, a. 36].

37.-38. (*Omis*).

[1995, c. 41, a. 37-38].

L'article 13 sera modifié lors de l'entrée en vigueur de l'article 823 du chapitre 1 des lois de 2014 à la date fixée par le gouvernement.

LOI SUR LA JUSTICE ADMINISTRATIVE,

RLRQ, c. J-3

Disposition préliminaire

1. La présente loi a pour objet d'affirmer la spécificité de la justice administrative et d'en assurer la qualité, la célérité et l'accessibilité, de même que d'assurer le respect des droits fondamentaux des administrés.

Elle établit les règles générales de procédure applicables aux décisions individuelles prises à l'égard d'un administré. Ces règles de procédure diffèrent selon que les décisions sont prises dans l'exercice d'une fonction administrative ou d'une fonction juridictionnelle. Elles sont, s'il y a lieu, complétées par des règles particulières établies par la loi ou sous l'autorité de celle-ci.

La présente loi institue également le Tribunal administratif du Québec et le Conseil de la justice administrative.

[1996, c. 54, a. 1].

TITRE I —— RÈGLES GÉNÉRALES APPLICABLES À DES DÉCISIONS INDIVIDUELLES PRISES À L'ÉGARD D'UN ADMINISTRÉ

Chapitre I —— Règles propres aux décisions qui relèvent de l'exercice d'une fonction administrative

2. Les procédures menant à une décision individuelle prise à l'égard d'un administré par l'Administration gouvernementale, en application des normes prescrites par la loi, sont conduites dans le respect du devoir d'agir équitablement.

[1996, c. 54, a. 2].

3. L'Administration gouvernementale est constituée des ministères et organismes gouvernementaux dont le gouvernement ou un ministre nomme la majorité des membres et dont le personnel est nommé suivant la *Loi sur la fonction publique* (chapitre F-3.1.1).

[1996, c. 54, a. 3; 2000, c. 8, a. 242].

4. L'Administration gouvernementale prend les mesures appropriées pour s'assurer:

1° que les procédures sont conduites dans le respect des normes législatives et administratives, ainsi que des autres règles de droit applicables, suivant des règles simples, souples et sans formalisme et avec respect, prudence et célérité, conformément aux normes d'éthique et de discipline qui régissent ses agents, et selon les exigences de la bonne foi;

2° que l'administré a eu l'occasion de fournir les renseignements utiles à la prise de la décision et, le cas échéant, de compléter son dossier;

3° que les décisions sont prises avec diligence, qu'elles sont communiquées à l'administré concerné en termes clairs et concis et que les renseignements pour communiquer avec elle lui sont fournis;

4° que les directives à l'endroit des agents chargés de prendre la décision sont conformes aux principes et obligations prévus au présent chapitre et qu'elles peuvent être consultées par l'administré.

[1996, c. 54, a. 4].

5. L'autorité administrative ne peut prendre une ordonnance de faire ou de ne pas faire ou une décision défavorable portant sur un permis ou une autre autorisation de même nature, sans au préalable:

1° avoir informé l'administré de son intention ainsi que des motifs sur lesquels celle-ci est fondée;

2° avoir informé celui-ci, le cas échéant, de la teneur des plaintes et oppositions qui le concernent;

3° lui avoir donné l'occasion de présenter ses observations et, s'il y a lieu, de produire des documents pour compléter son dossier.

Il est fait exception à ces obligations préalables lorsque l'ordonnance ou la décision est prise dans un contexte d'urgence ou en vue d'éviter qu'un préjudice irréparable ne soit causé aux personnes, à leurs biens ou à l'environnement et que, de plus, la loi autorise l'autorité à réexaminer la situation ou à réviser la décision.

[1996, c. 54, a. 5].

6. L'autorité administrative qui, en matière d'indemnité ou de prestation, s'apprête à prendre une décision défavorable à l'administré, est tenue de s'assurer que celui-ci a eu l'information appropriée pour communiquer avec elle et que son dossier contient les renseignements utiles à la prise de décision. Si elle constate que tel n'est pas le cas ou que le dossier est incomplet, elle retarde sa décision le temps nécessaire pour communiquer avec l'administré et lui donner l'occasion de fournir les renseignements ou les documents pertinents pour compléter son dossier.

Elle doit aussi, lorsqu'elle communique la décision, informer, le cas échéant, l'administré de son droit d'obtenir, dans le délai indiqué, que la décision soit révisée par l'autorité administrative.

[1996, c. 54, a. 6].

7. Lorsqu'une situation est réexaminée ou une décision révisée à la demande de l'administré, l'autorité administrative donne à ce dernier l'occasion de présenter ses observations et, s'il y a lieu, de produire des documents pour compléter son dossier.

[1996, c. 54, a. 7].

8. L'autorité administrative motive les décisions défavorables qu'elle prend et indique, le cas échéant, les recours autres que judiciaires prévus par la loi, ainsi que les délais de recours.

[1996, c. 54, a. 8].

Chapitre II —— Règles propres aux décisions qui relèvent de l'exercice d'une fonction juridictionnelle

9. Les procédures menant à une décision prise par le Tribunal administratif du Québec ou par un autre organisme de l'ordre administratif chargé de trancher des litiges opposant un administré à une autorité administrative ou à une autorité décentralisée sont conduites, de manière à permettre un débat loyal, dans le respect du devoir d'agir de façon impartiale.

[1996, c. 54, a. 9].

10. L'organisme est tenu de donner aux parties l'occasion d'être entendues.

Les audiences sont publiques. Toutefois, le huis clos peut être ordonné, même d'office, lorsque cela est nécessaire pour préserver l'ordre public.

[1996, c. 54, a. 10].

11. L'organisme est maître, dans le cadre de la loi, de la conduite de l'audience. Il doit mener les débats avec souplesse et de façon à faire apparaître le droit et à en assurer la sanction.

Il décide de la recevabilité des éléments et des moyens de preuve et il peut, à cette fin, suivre les règles ordinaires de la preuve en matière civile. Il doit toutefois, même d'office, rejeter tout élément de preuve obtenu dans des conditions qui portent atteinte aux droits et libertés fondamentaux et dont l'utilisation est susceptible de déconsidérer l'administration de la justice. L'utilisation d'une preuve obtenue par la violation du droit au respect du secret professionnel est réputée déconsidérer l'administration de la justice.

[1996, c. 54, a. 11].

12. L'organisme est tenu:

1° de prendre des mesures pour délimiter le débat et, s'il y a lieu, pour favoriser le rapprochement des parties;

2° de donner aux parties l'occasion de prouver les faits au soutien de leurs prétentions et d'en débattre;

3° si nécessaire, d'apporter à chacune des parties, lors de l'audience, un secours équitable et impartial;

4° de permettre à chacune des parties d'être assistée ou représentée par les personnes habilitées par la loi à cet effet.

[1996, c. 54, a. 12].

13. Toute décision rendue par l'organisme doit être communiquée en termes clairs et concis aux parties et aux autres personnes indiquées dans la loi.

La décision terminant une affaire doit être écrite et motivée, même si elle a été portée oralement à la connaissance des parties.

[1996, c. 54, a. 13].

TITRE II —— LE TRIBUNAL ADMINISTRATIF DU QUÉBEC

Chapitre I —— Institution

14. Est institué le « Tribunal administratif du Québec ».

Il a pour fonction, dans les cas prévus par la loi, de statuer sur les recours formés contre une autorité administrative ou une autorité décentralisée.

Sauf disposition contraire de la loi, il exerce sa compétence à l'exclusion de tout autre tribunal ou organisme juridictionnel.

[1996, c. 54, a. 14].

15. Le Tribunal a le pouvoir de décider toute question de droit ou de fait nécessaire à l'exercice de sa compétence.

Lorsqu'il s'agit de la contestation d'une décision, il peut confirmer, modifier ou infirmer la décision contestée et, s'il y a lieu, rendre la décision qui, à son avis, aurait dû être prise en premier lieu.

[1996, c. 54, a. 15].

16. Le siège du Tribunal est situé sur le territoire de la Ville de Québec, à l'endroit déterminé par le gouvernement; un avis de l'adresse du siège est publié à la *Gazette officielle du Québec*.

[1996, c. 54, a. 16; 2000, c. 56, a. 220].

17. Le Tribunal comporte quatre sections:

— la section des affaires sociales;

— la section des affaires immobilières;

— la section du territoire et de l'environnement;

— la section des affaires économiques.

[1996, c. 54, a. 17].

Chapitre II —— Compétence d'attribution des sections

SECTION I —— LA SECTION DES AFFAIRES SOCIALES

18. La section des affaires sociales est chargée de statuer sur des recours portant sur des matières de sécurité ou soutien du revenu, d'aide et d'allocations sociales, de protection des personnes dont l'état mental présente un danger pour elles-mêmes ou pour autrui, de services de santé et de services sociaux, de régime de rentes, d'indemnisation et d'immigration, lesquels sont énumérés à l'annexe I.

[1996, c. 54, a. 18; 1997, c. 75, a. 56; 1998, c. 36, a. 196].

19. En outre, la section des affaires sociales est désignée comme étant une commission d'examen au sens des articles 672.38 et suivants du *Code criminel* (L.R.C. (1985), ch. C-46), chargée de rendre ou de réviser des décisions concernant les accusés qui font l'objet d'un verdict de non-responsabilité criminelle pour cause de troubles mentaux ou qui ont été déclarés inaptes à subir leur procès.

Dans l'exercice de cette fonction, la section des affaires sociales agit suivant les dispositions du *Code criminel*.

Les attributions conférées au président d'une telle commission sont exercées par le vice-président responsable de la section ou par un autre membre de la section que désigne le gouvernement.

[1996, c. 54, a. 19].

20. En matière de sécurité ou soutien du revenu, d'aide et d'allocations sociales, la section des affaires sociales est chargée de statuer sur les recours visés à l'article 1 de l'annexe I, portant notamment sur des décisions relatives à des mesures d'aide financière.

[1996, c. 54, a. 20; 1998, c. 36, a. 197].

21. Ces recours sont instruits et décidés par une formation de deux membres dont un seul est avocat ou notaire.

L'autre membre doit être médecin dans le cas des recours formés:

1° en vertu de l'article 28 de la *Loi sur les prestations familiales* (chapitre P-19.1), contre une décision déterminant, en vertu de l'article 11 de cette loi, si un enfant est atteint d'un handicap au sens du règlement du gouvernement;

2° en vertu de l'article 118 de la *Loi sur l'aide aux personnes et aux familles* (chapitre A-13.1.1) contre une décision portant sur l'évaluation des contraintes temporaires pour le motif prévu au paragraphe 1° du premier alinéa de l'article 53 de cette loi ou sur l'évaluation des contraintes sévères à l'emploi visées à l'article 70 de cette loi;

3° en vertu de l'article 16.4 de la *Loi sur la Société de l'assurance automobile du Québec* (chapitre S-11.011) concernant l'adaptation d'un véhicule routier pour en permettre la conduite ou l'accès à une personne handicapée;

4° en vertu de l'article 1029.8.61.41 de la *Loi sur les impôts* (chapitre I-3), contre une décision déterminant, en vertu de l'article 1029.8.61.19 de cette loi, si un enfant a, selon les règles prévues au règlement édicté en vertu de cet article, une déficience ou un trouble de développement qui le limite de façon importante dans les activités de la vie quotidienne pendant une période prévisible d'au moins un an.

[1996, c. 54, a. 21; 1997, c. 49, a. 10; 1997, c. 57, a. 59; 1998, c. 36, a. 198; 2005, c. 1, a. 305; 2005, c. 15, a. 155].

22. En matière de protection des personnes dont l'état mental présente un danger pour elles-mêmes ou pour autrui, la section des affaires sociales est chargée de statuer sur les recours visés à l'article 2 de l'annexe I, portant sur les décisions prises à l'égard d'une personne sous garde en vertu de la *Loi sur la protection des personnes dont l'état mental présente un danger pour elles-mêmes ou pour autrui* (chapitre P-38.001).

[1996, c. 54, a. 22; 1997, c. 75, a. 57].

22.1. Ces recours sont instruits et décidés par une formation de trois membres composée d'un avocat ou notaire, d'un psychiatre et d'un travailleur social ou psychologue.

[1997, c. 75, a. 57; 2005, c. 17, a. 1].

23. En matière de mesures visant un accusé qui fait l'objet d'un verdict de non-responsabilité criminelle pour cause de troubles mentaux ou qui a été déclaré inapte à subir son procès, la section des affaires sociales est chargée de statuer sur les cas visés à l'article 2.1 de l'annexe I.

[1996, c. 54, a. 23; 1997, c. 75, a. 57].

24. En matière de services de santé et de services sociaux, d'éducation et de sécurité routière, la section des affaires sociales est chargée de statuer sur les recours visés à l'article 3 de l'annexe I, portant notamment, en matière de services de santé et de services sociaux, sur des décisions relatives à l'accès aux documents ou renseignements concernant un bénéficiaire, à l'admissibilité d'une personne à un programme d'assurance-maladie, à l'évacuation et au relogement de certaines personnes, aux permis d'établissements de santé et de services sociaux, de banques d'organes, de laboratoires ou d'autres services et aux certificats de centres de travail adapté, ou concernant un professionnel de la santé ou les membres du conseil d'administration d'un établissement.

[1996, c. 54, a. 24; 2002, c. 22, a. 1; 2004, c. 31, a. 67].

25. Les recours visés aux paragraphes 0.1°, 2°, 2.2°,7°, 10° et 12° de l'article 3 de l'annexe I sont instruits et décidés par une formation de deux membres dont l'un est avocat ou notaire et l'autre médecin.

Les recours visés aux paragraphes 1°, 2.1.1°, 2.1.2°, 2.3°, 3°, 5°, 6°, 8°, 9°, 11°, 12.0.1°, 12.1°, 13° et 14° de l'article 3 de l'annexe I sont instruits et décidés par un membre seul qui est avocat ou notaire.

Les recours visés aux paragraphes 2.1° et 5.1° de l'article 3 de l'annexe I sont instruits et décidés par une formation de deux membres dont l'un est avocat ou notaire et l'autre une personne ayant une bonne connaissance du milieu de l'éducation.

Les recours visés au paragraphe 8.1° de l'article 3 de l'annexe I sont instruits et décidés par un membre seul qui est avocat ou notaire. Toutefois, lorsque le recours porte sur une décision fondée sur l'un ou l'autre des motifs prévus au paragraphe 1° de l'article 67 de la *Loi sur les services préhospitaliers d'urgence* (chapitre S-6.2), il doit être instruit et décidé par une formation de deux membres dont l'un est avocat ou notaire et l'autre médecin.

[1996, c. 54, a. 25; 1997, c. 43, a. 868; 2001, c. 29, a. 18; 2002, c. 22, a. 2; 2002, c. 69, a. 127; 2004, c. 31, a. 68; 2005, c. 32, a. 244; 2009, c. 24, a. 92; 2009, c. 30, a. 49; 2010, c. 34, a. 99].

26. En matière de régime des rentes, la section des affaires sociales est chargée de statuer sur les recours visés à l'article 4 de l'annexe I, portant sur des décisions prises par la Régie des rentes du Québec, notamment quant à une demande de prestation ou au partage de gains.

[1996, c. 54, a. 26; 2012, c. 21, a. 18].

27. Ces recours sont instruits et décidés par un membre seul qui est avocat ou notaire.

Toutefois, les recours formés en vertu de l'article 188 de la *Loi sur le régime de rentes du Québec* (chapitre R-9), contre une décision fondée sur l'état d'invalidité d'une personne, sont instruits et décidés par une formation de deux membres dont l'un est avocat ou notaire et l'autre médecin.

[1996, c. 54, a. 27; 2002, c. 22, a. 3].

28. En matière d'indemnisation, la section des affaires sociales est chargée de statuer sur les recours visés à l'article 5 de l'annexe I, portant notamment sur des décisions relatives au droit à une indemnité ou au montant de celle-ci.

[1996, c. 54, a. 28].

29. Ces recours sont instruits et décidés par une formation de deux membres dont l'un est avocat ou notaire et l'autre médecin.

[1996, c. 54, a. 29].

30. En matière d'immigration, la section des affaires sociales est chargée de statuer sur les recours visés à l'article 6 de l'annexe I, portant sur les décisions prises par le ministre responsable de l'application de la *Loi sur l'immigration au Québec* (chapitre I-0.2) quant à un engagement ou un certificat de sélection ou d'acceptation.

[1996, c. 54, a. 30].

31. Ces recours sont instruits et décidés par un membre seul qui est avocat ou notaire.

[1996, c. 54, a. 31].

SECTION II — LA SECTION DES AFFAIRES IMMOBILIÈRES

32. La section des affaires immobilières est chargée de statuer sur des recours portant notamment sur l'exactitude, la présence ou l'absence d'une inscription au rôle d'évaluation foncière ou au rôle de la valeur locative, les exemptions ou remboursements de taxes foncières ou d'affaires, la fixation des indemnités découlant de l'imposition de réserves pour fins publiques ou de l'expropriation d'immeubles ou de droits réels immobiliers ou de dommages causés par des travaux publics ou sur la valeur ou le prix d'acquisition de certains biens, lesquels sont énumérés à l'annexe II.

[1996, c. 54, a. 32].

33. Ces recours sont instruits et décidés par une formation de deux membres dont l'un est avocat ou notaire et l'autre évaluateur agréé.

Toutefois, les recours formés en vertu de la *Loi sur la fiscalité municipale* (chapitre

F-2.1) et portant sur une unité d'évaluation ou sur un établissement d'entreprise dont la valeur foncière ou locative inscrite au rôle est inférieure à la valeur fixée par règlement du gouvernement, sont instruits et décidés par un membre seul qui est avocat, notaire ou évaluateur agréé.

[1996, c. 54, a. 33; 1999, c. 40, a. 166].

SECTION III — LA SECTION DU TERRITOIRE ET DE L'ENVIRONNEMENT

34. La section du territoire et de l'environnement est chargée de statuer sur des recours portant notamment sur des décisions ou ordonnances prises quant à l'utilisation, au lotissement ou à l'aliénation d'un lot, à son inclusion ou à son exclusion d'une zone agricole, à l'enlèvement du sol arable, à l'émission, au dépôt, au dégagement ou au rejet de contaminants dans l'environnement, à l'exercice d'une activité susceptible de modifier la qualité de l'environnement ou à l'installation de certaines publicités commerciales le long des routes, lesquels sont énumérés à l'annexe III.

[1996, c. 54, a. 34].

35. Ces recours sont instruits et décidés par une formation de deux membres dont un seul est avocat ou notaire.

[1996, c. 54, a. 35].

SECTION IV — LA SECTION DES AFFAIRES ÉCONOMIQUES

36. La section des affaires économiques est chargée de statuer sur des recours portant sur des décisions relatives, notamment, aux permis, certificats, ou autorisations nécessaires à l'exercice d'un métier ou d'une activité professionnelle, économique, industrielle ou commerciale, lesquels sont énumérés à l'annexe IV.

[1996, c. 54, a. 36].

37. Ces recours sont instruits et décidés par une formation de deux membres dont un seul est avocat ou notaire.

[1996, c. 54, a. 37].

Chapitre III — Composition

SECTION I — NOMINATION DES MEMBRES

38. Le Tribunal est composé de membres indépendants et impartiaux nommés durant bonne conduite par le gouvernement qui en détermine le nombre en tenant compte des besoins du Tribunal.

[1996, c. 54, a. 38; 2005, c. 17, a. 2].

39. L'acte de nomination détermine la section à laquelle le membre est affecté.

[1996, c. 54, a. 39].

39.1. Le gouvernement peut déterminer le lieu de résidence d'un membre.

[2005, c. 17, a. 3].

40. À la section des affaires sociales, au moins dix membres doivent être médecins, dont au moins quatre psychiatres, au moins deux doivent être des travailleurs sociaux et au moins deux autres doivent être psychologues.

[1996, c. 54, a. 40; 2005, c. 17, a. 4].

SECTION II — RECRUTEMENT ET SÉLECTION DES MEMBRES

41. Seule peut être membre du Tribunal la personne qui, outre les qualités requises par la loi, possède une expérience pertinente de dix ans à l'exercice des fonctions du Tribunal.

[1996, c. 54, a. 41].

42. Les membres sont choisis parmi les personnes déclarées aptes suivant la procédure de recrutement et de sélection établie par règlement du gouvernement. Un tel règlement peut notamment:

1° déterminer la publicité qui doit être faite pour procéder au recrutement, ainsi que les éléments qu'elle doit contenir;

2° déterminer la procédure à suivre pour se porter candidat;

3° autoriser la formation de comités de sélection chargés d'évaluer l'aptitude des candidats et de fournir un avis sur eux;

4° fixer la composition des comités et le mode de nomination de leurs membres en assurant, le cas échéant, la représentation des milieux intéressés;

5° déterminer les critères de sélection dont le comité tient compte;

6° déterminer les renseignements que le comité peut requérir d'un candidat et les consultations qu'il peut effectuer.

[1996, c. 54, a. 42].

43. Le nom des personnes déclarées aptes est consigné dans un registre au ministère du Conseil exécutif.

[1996, c. 54, a. 43].

44. La déclaration d'aptitude est valide pour une période de 18 mois ou pour toute autre période fixée par règlement du gouvernement.

[1996, c. 54, a. 44].

45. Les membres d'un comité de sélection ne sont pas rémunérés, sauf dans les cas, aux conditions et dans la mesure que peut déterminer le gouvernement.

Ils ont cependant droit au remboursement des dépenses faites dans l'exercice de leurs fonctions, aux conditions et dans la mesure que détermine le gouvernement.

[1996, c. 54, a. 45].

SECTION III — (ABROGÉE)

46.-50. (*Abrogés*).

[2005, c. 17, a. 5].

SECTION IV — FIN DES FONCTIONS ET SUSPENSION

51. La fonction de membre ne peut prendre fin que par l'admission à la retraite ou la démission du membre, ou s'il est destitué ou autrement démis de ses fonctions dans les conditions visées à la présente section.

[1996, c. 54, a. 51; 2005, c. 17, a. 7].

52. Pour démissionner, le membre doit donner au ministre un préavis écrit dans un délai raisonnable et en transmettre copie au président du Tribunal.

[1996, c. 54, a. 52].

53. Le gouvernement peut destituer un membre lorsque le Conseil de la justice administrative le recommande, après enquête tenue à la suite d'une plainte portée en application de l'article 182.

Il peut pareillement suspendre le membre avec ou sans rémunération pour la période que le Conseil recommande.

[1996, c. 54, a. 53].

54. En outre, le gouvernement peut démettre un membre pour l'un des motifs suivants:

1° la perte d'une qualité requise par la loi pour exercer ses fonctions;

2° son incapacité permanente qui, de l'avis du gouvernement, l'empêche de remplir de manière satisfaisante les devoirs de sa charge; l'incapacité permanente est établie par le Conseil de la justice administrative, après enquête faite sur demande du ministre ou du président du Tribunal.

[1996, c. 54, a. 54].

SECTION V — AUTRE DISPOSITION RELATIVE À LA CESSATION DES FONCTIONS

55. Tout membre admis à la retraite ou qui a démissionné peut, avec l'autorisation du président du Tribunal et pour la période que celui-ci détermine, continuer à exercer ses fonctions pour terminer les affaires qu'il a déjà commencé à entendre et sur lesquelles il n'a pas encore statué; il est alors, pendant la période nécessaire, un membre en surnombre.

[1996, c. 54, a. 55; 2005, c. 17, a. 8].

SECTION VI — RÉMUNÉRATION ET AUTRES CONDITIONS DE TRAVAIL

56. Le gouvernement détermine par règlement:

1° le mode, les normes et barèmes de la rémunération des membres ainsi que la façon d'établir le pourcentage annuel de la progression du traitement des membres jusqu'au maximum de l'échelle salariale et de l'ajustement de la rémunération des membres dont le traitement est égal à ce maximum;

2° les conditions et la mesure dans lesquelles les dépenses faites par un membre dans l'exercice de ses fonctions lui sont remboursées.

Il peut pareillement déterminer d'autres conditions de travail pour tous les membres ou pour certains d'entre eux, y compris leurs avantages sociaux autres que le régime de retraite.

Les dispositions réglementaires peuvent varier selon qu'il s'agit d'un membre à temps plein ou à temps partiel ou selon que le membre occupe une charge administrative au sein du Tribunal.

Les règlements entrent en vigueur le quinzième jour qui suit la date de leur publication à la *Gazette officielle du Québec* ou à une date ultérieure qui y est indiquée.

[1996, c. 54, a. 56; 2002, c. 22, a. 5].

57. Le gouvernement fixe, conformément au règlement, la rémunération, les avantages sociaux et les autres conditions de travail des membres.

[1996, c. 54, a. 57].

58. La rémunération d'un membre ne peut être réduite une fois fixée, si ce n'est pour tenir compte de la rente de retraite du secteur public québécois qui lui est versée.

Néanmoins, la cessation d'exercice d'une charge administrative au sein du Tribunal entraîne la suppression de la rémunération additionnelle afférente à cette charge.

[1996, c. 54, a. 58; 2005, c. 17, a. 9].

59. Le régime de retraite des membres à temps plein est déterminé en application de la *Loi sur le régime de retraite du personnel d'encadrement* (chapitre R-12.1) ou de la *Loi sur le régime de retraite des fonctionnaires* (chapitre R-12), selon le cas.

[1996, c. 54, a. 59; 2002, c. 30, a. 160].

60. Le fonctionnaire nommé membre du Tribunal cesse d'être fonctionnaire.

[1996, c. 54, a. 60; 2005, c. 17, a. 10].

SECTION VII — MANDAT ADMINISTRATIF

61. Le gouvernement désigne, parmi les membres du Tribunal qui sont avocats ou notaires, un président et des vice-présidents dont il détermine le nombre.

L'acte de désignation d'un vice-président détermine les sections dont il est responsable.

[1996, c. 54, a. 61].

62. Le président et les vice-présidents doivent exercer leurs fonctions à temps plein.

[1996, c. 54, a. 62].

63. Le ministre désigne le vice-président chargé d'assurer la suppléance du président ou d'un vice-président.

Si ce vice-président est lui-même absent ou empêché, le ministre charge un autre vice-président de la suppléance.

[1996, c. 54, a. 63].

64. Le mandat administratif du président ou d'un vice-président est d'une durée fixe déterminée par l'acte de désignation ou de renouvellement.

[1996, c. 54, a. 64].

65. Le mandat administratif du président ou d'un vice-président ne peut prendre fin avant terme que si le membre renonce à cette charge administrative, si sa fonction de membre prend fin ou s'il est révoqué ou autrement démis de sa charge administrative dans les conditions visées à la présente section.

[1996, c. 54, a. 65; 2005, c. 17, a. 11].

66. Le gouvernement peut révoquer le président ou un vice-président de sa charge administrative lorsque le Conseil de la justice administrative le recommande, après enquête faite sur demande du ministre pour un manquement ne concernant que l'exercice de ses attributions administratives.

[1996, c. 54, a. 66].

67. En outre, le gouvernement peut démettre le président ou un vice-président de sa charge administrative pour perte d'une qualité requise par la loi pour exercer cette charge.

[1996, c. 54, a. 67].

Chapitre IV —— Devoirs et pouvoirs des membres

68. Avant d'entrer en fonction, le membre prête serment en affirmant solennellement ce qui suit: « Je (...) jure que j'exercerai et accomplirai impartialement et honnêtement, au meilleur de ma capacité et de mes connaissances, les pouvoirs et les devoirs de ma charge. ».

Cette obligation est exécutée devant le président du Tribunal. Ce dernier doit prêter serment devant un juge de la Cour du Québec.

L'écrit constatant le serment est transmis au ministre.

[1996, c. 54, a. 68].

69. Un membre ne peut, sous peine de déchéance de sa charge, avoir un intérêt direct ou indirect dans une entreprise susceptible de mettre en conflit son intérêt personnel et les devoirs de sa charge, sauf si un tel intérêt lui échoit par succession ou donation pourvu qu'il y renonce ou en dispose avec diligence.

[1996, c. 54, a. 69].

70. Outre le respect des prescriptions relatives aux conflits d'intérêts ainsi que des règles de conduite et des devoirs imposés par le Code de déontologie pris en application de la présente loi, un membre ne peut poursuivre une activité ou se placer dans une situation incompatibles, au sens de ce code, avec l'exercice de ses fonctions.

[1996, c. 54, a. 70].

71. Les membres à temps plein sont tenus à l'exercice exclusif de leurs fonctions, sauf les exceptions qui suivent.

[1996, c. 54, a. 71].

72. Tout membre peut exécuter tout mandat que lui confie par décret le gouvernement après consultation du président du Tribunal.

[1996, c. 54, a. 72].

73. Tout membre peut, avec le consentement écrit du président du Tribunal, exercer des activités didactiques pour lesquelles il peut être rémunéré.

[1996, c. 54, a. 73].

74. Le Tribunal et ses membres sont investis des pouvoirs et de l'immunité des commissaires nommés en vertu de la *Loi sur les commissions d'enquête* (chapitre C-37), sauf du pouvoir d'ordonner l'emprisonnement.

Ils ont en outre tous les pouvoirs nécessaires à l'exercice de leurs fonctions; ils peuvent notamment rendre toutes ordonnances qu'ils estiment propres à sauvegarder les droits des parties.

Ils ne peuvent être poursuivis en justice en raison d'un acte accompli de bonne foi dans l'exercice de leurs fonctions.

[1996, c. 54, a. 74].

Chapitre V —— Fonctionnement

SECTION I —— DIRECTION ET ADMINISTRATION DU TRIBUNAL

75. Outre les attributions qui peuvent lui être dévolues par ailleurs, le président est chargé de l'administration et de la direction générale du Tribunal.

Il a notamment pour fonctions:

1° de favoriser la participation des membres à l'élaboration d'orientations générales du Tribunal en vue de maintenir un niveau élevé de qualité et de cohérence des décisions;

2° de coordonner et de répartir le travail des membres du Tribunal qui, à cet égard, doivent se soumettre à ses ordres et directives;

3° de veiller au respect de la déontologie;

4° de promouvoir le perfectionnement des membres quant à l'exercice de leurs fonctions;

5° d'évaluer périodiquement les connaissances et habiletés des membres dans l'exercice de leurs fonctions ainsi que leur contribution dans le traitement des dossiers du Tribunal et dans l'atteinte des objectifs visés par la présente loi;

6° de désigner un membre pour coordonner les activités du Tribunal dans une ou plusieurs régions et, lorsque le volume des recours le justifie, déterminer son lieu de résidence dans l'une d'entre elles.

[1996, c. 54, a. 75; 2005, c. 17, a. 12].

76. Le président doit édicter un code de déontologie applicable aux conciliateurs et veiller à son respect.

Ce code entre en vigueur le quinzième jour qui suit la date de sa publication à la *Gazette officielle du Québec* ou à une date ultérieure qui y est indiquée.

[1996, c. 54, a. 76].

77. Pour la bonne expédition des affaires du Tribunal, le président peut, après consultation des vice-présidents responsables des sections concernées, affecter temporairement un membre auprès d'une autre section.

[1996, c. 54, a. 77].

78. À chaque année, le président présente au ministre un plan dans lequel il expose ses objectifs de gestion pour assurer l'accessibilité au Tribunal ainsi que la qualité et la célérité de son processus décisionnel et fait état des résultats obtenus dans l'année antérieure.

Il y indique également, outre ceux qui lui sont demandés par le ministre, les renseignements suivants, compilés par le Tribunal pour chaque section sur une base mensuelle et portant sur:

1° le nombre de jours où des audiences ont été tenues et le nombre d'heures qui y ont été consacrées en moyenne;

2° le nombre de remises accordées;

3° la nature des affaires dans lesquelles une séance de conciliation a été tenue, leur nombre, ainsi que le nombre d'entre elles où un accord est intervenu entre les parties;

4° la nature des affaires entendues, leur nombre, ainsi que les endroits et dates où elles l'ont été;

5° la nature des affaires prises en délibéré, leur nombre, ainsi que le temps consacré aux délibérés;

6° le nombre de décisions rendues;

7° le temps consacré aux instances à partir du dépôt de la requête introductive jusqu'au début de l'instruction ou jusqu'à ce que la décision soit rendue.

[1996, c. 54, a. 78].

79. Le président peut déléguer tout ou partie de ses attributions aux vice-présidents.

[1996, c. 54, a. 79].

80. Les vice-présidents assistent et conseillent le président dans l'exercice de ses fonctions et exercent leurs fonctions administratives sous l'autorité de ce dernier.

[1996, c. 54, a. 80].

81. Outre les attributions qui peuvent lui être dévolues par ailleurs ou déléguées par le président, un vice-président a notamment pour fonctions:

1° de veiller à la distribution des affaires et à la fixation des séances de la section dont il est responsable; à cet égard, les membres sont soumis à ses ordres et directives;

2° de participer à l'affectation temporaire d'un membre auprès d'une autre section.

[1996, c. 54, a. 81].

SECTION II — SÉANCES

82. Le président, le vice-président responsable de la section ou tout membre désigné par l'un d'eux détermine quels membres sont appelés à siéger à l'une ou l'autre des séances.

Le président peut, lorsqu'il l'estime utile en raison de la complexité ou de l'importance d'une affaire, prévoir une formation composée d'un nombre de membres supérieur à celui prévu au chapitre II sans excéder cinq membres.

Il peut aussi, lorsqu'il l'estime utile prévoir une formation d'un seul membre pour entendre et décider des recours qu'il indique et qui, en raison de leur nature et des faits, ne soulèvent pas de difficultés particulières et ne nécessitent pas une double expertise.

Dans tous les cas, un membre seul est appelé à siéger lorsqu'il y a lieu de décider des mesures relatives à la gestion des recours ou des questions qui sont incidentes à ceux-ci.

[1996, c. 54, a. 82; 1997, c. 43, a. 869; 2005, c. 17, a. 13].

83. Les séances sont présidées par le président, le vice-président responsable de la section concernée ou un membre désigné par l'un d'eux parmi les membres.

[1996, c. 54, a. 83].

84. Le Tribunal peut siéger à tout endroit du Québec. Lorsqu'il tient une audience dans une localité où siège un tribunal judiciaire, le greffier de ce tribunal accorde au Tribunal l'usage d'un local destiné aux tribunaux judiciaires, à moins qu'il ne soit occupé par des séances de ces tribunaux.

[1996, c. 54, a. 84].

85. En matière d'évaluation foncière, le Tribunal peut siéger dans le territoire de la municipalité locale dont le rôle est visé lorsque le litige porte sur une unité d'évaluation ou sur un établissement d'entreprise dont la valeur foncière ou locative inscrite au rôle est égale ou inférieure à la valeur fixée par règlement du gouvernement.

Toutefois, le président du Tribunal, en collaboration avec le vice-président responsable de la section des affaires immobilières, peut regrouper les territoires de plusieurs municipalités locales dans un rayon de 100 kilomètres et désigner celui où le Tribunal doit siéger.

Avec le consentement du requérant, le Tribunal peut siéger en dehors du territoire de la municipalité locale ou des limites fixées.

[1996, c. 54, a. 85; 1999, c. 40, a. 166].

SECTION III — PERSONNEL ET RESSOURCES MATÉRIELLES ET FINANCIÈRES

86. Le secrétaire du Tribunal ainsi que les autres membres du personnel du Tribunal sont nommés suivant la *Loi sur la fonction publique* (chapitre F-3.1).

Ils ne peuvent être poursuivis en justice en raison d'un acte accompli de bonne foi dans l'exercice de leurs fonctions.

[1996, c. 54, a. 86; 2000, c. 8, a. 242].

87. Le secrétaire a la garde des dossiers du Tribunal.

[1996, c. 54, a. 87].

88. Les documents émanant du Tribunal sont authentiques lorsqu'ils sont signés ou, s'il s'agit de copies, lorsqu'elles sont certifiées conformes par un membre du Tribunal ou par le secrétaire.

[1996, c. 54, a. 88].

89. Malgré l'article 9 de la *Loi sur l'accès aux documents des organismes publics et sur la protection des renseignements personnels* (chapitre A-2.1), seule une personne autorisée par le Tribunal a droit d'accès, pour cause, à un dossier de la section des affaires sociales contenant des renseignements relatifs à la santé physique ou mentale d'une personne ou contenant des renseignements que le Tribunal estime d'un caractère confidentiel et dont la divulgation serait de nature à porter préjudice à une personne.

Une personne autorisée à prendre connaissance d'un tel dossier est tenue de respecter son caractère confidentiel. Si une copie ou un extrait lui a été remis, elle doit le détruire dès qu'il ne lui est plus utile.

[1996, c. 54, a. 89].

90. Le Tribunal constitue une banque de jurisprudence et s'assure, en collaboration avec la Société québécoise d'information juridique, de l'accessibilité de tout ou partie de l'ensemble des décisions qu'il a rendues.

Il omet le nom des personnes visées par une décision rendue par la section des affaires sociales.

[1996, c. 54, a. 90].

91. Les parties doivent reprendre possession des pièces qu'elles ont produites et des documents qu'elles ont transmis une fois l'instance terminée.

À défaut, ces pièces et documents peuvent être détruits à l'expiration d'un délai de un an après la date de la décision définitive du Tribunal ou de l'acte mettant fin à l'instance, à moins que le président n'en décide autrement.

[1996, c. 54, a. 91].

92. Le gouvernement peut, par règlement, déterminer le tarif des droits, honoraires et autres frais afférents aux recours instruits devant le Tribunal de même que les catégories de personnes qui peuvent en être exemptées.

[1996, c. 54, a. 92].

93. L'exercice financier du Tribunal se termine le 31 mars.

[1996, c. 54, a. 93].

94. Le président du Tribunal soumet chaque année au ministre les prévisions budgétaires du Tribunal pour l'exercice financier suivant, selon la forme, la teneur et à l'époque déterminées par ce dernier. Ces prévisions sont soumises à l'approbation du gouvernement.

Les prévisions budgétaires du Tribunal présentent, relativement au fonds du Tribunal administratif du Québec, les éléments mentionnés aux paragraphes 1° à 5° du deuxième alinéa de l'article 47 de la *Loi sur l'administration financière* (chapitre A-6.001) et, le cas échéant, l'excédent visé par l'article 52 de cette loi.

Malgré le troisième alinéa de l'article 47 de la *Loi sur l'administration financière*, les prévisions budgétaires du Tribunal n'ont pas à être préparées conjointement avec le ministre des Finances et le président du Conseil du trésor.

Les prévisions budgétaires du Tribunal, approuvées par le gouvernement, sont transmises au ministre des Finances, qui intègre les éléments relatifs au fonds du Tribunal au budget des fonds spéciaux.

[1996, c. 54, a. 94; 2011, c. 18, a. 163].

95. Les livres et comptes du Tribunal sont vérifiés chaque année par le Vérificateur général et chaque fois que le décrète le gouvernement.

[1996, c. 54, a. 95].

96. Le Tribunal transmet au ministre, au plus tard le 30 juin de chaque année, un rapport de ses activités pour l'exercice financier précédent.

Le ministre dépose ce rapport devant l'Assemblée nationale dans les 30 jours de sa réception si elle est en session ou, si elle ne l'est pas, dans les 30 jours de l'ouverture de la session suivante.

Ce rapport ne doit nommément désigner aucune personne visée dans les affaires portées devant le Tribunal.

[1996, c. 54, a. 96].

97. Les sommes requises pour l'application du présent titre sont portées au débit du fonds du Tribunal administratif du Québec.

Ce fonds est constitué des sommes suivantes:

1° les sommes virées par le ministre et prélevées sur les crédits alloués annuellement à cette fin par l'Assemblée nationale;

2° les sommes versées par la Commission de la santé et de la sécurité du travail, la Régie des rentes du Québec et la Société de l'assurance automobile du Québec ainsi que les sommes virées par le ministre responsable de l'application de la *Loi sur l'aide aux personnes et aux familles* (chapitre A-13.1.1); le montant et les modalités de versement ou de virement sont déterminés, pour chacun, par le gouvernement;

3° les sommes perçues en application du tarif des droits, honoraires et autres frais afférents aux recours instruits devant le Tribunal.

4° les sommes virées par le ministre des Finances en application du premier alinéa de l'article 54 de la *Loi sur l'administration financière* (chapitre A-6.001).

Malgré l'article 51 de la *Loi sur l'administration financière*, la comptabilité du fonds n'a pas à être distinctement tenue des livres et des comptes du Tribunal.

[1996, c. 54, a. 97; 1998, c. 36, a. 209; 2005, c. 15, a. 156; 2011, c. 18, a. 164].

98. L'article 53, le deuxième alinéa de l'article 54 de même que l'article 56 de la *Loi sur l'administration financière* (chapitre A-6.001) ne s'appliquent pas au fonds du Tribunal.

[1996, c. 54, a. 98; 2011, c. 18, a. 165].

Chapitre VI — Règles de preuve et de procédure

SECTION I — OBJET

99. Le présent chapitre édicte des règles de base qui complètent les règles générales du chapitre II du titre I propres aux décisions qui relèvent de l'exercice d'une fonction juridictionnelle.

[1996, c. 54, a. 99].

SECTION II — DISPOSITIONS GÉNÉRALES

100. Le Tribunal ne peut statuer sur une affaire sans que les parties aient été entendues ou appelées.

Il est dispensé de cette obligation envers une partie pour faire droit à une requête non contestée. Il l'est également lorsque toutes les parties consentent à ce qu'il procède sur dossier, sous réserve de pouvoir les appeler pour les entendre.

En outre, si une partie appelée ne se présente pas au temps fixé pour l'audience sans avoir valablement justifié son absence ou, s'étant présentée, refuse de se faire entendre, le Tribunal peut néanmoins procéder et rendre une décision.

[1996, c. 54, a. 100].

101. Sont parties à l'instance, outre la personne et l'autorité administrative ou l'autorité décentralisée directement intéressées, toute personne ainsi désignée par la loi.

[1996, c. 54, a. 101].

102. Les parties peuvent se faire représenter par une personne de leur choix devant la section des affaires sociales, s'il s'agit d'un recours portant sur l'indemnisation des sauveteurs et des victimes d'actes criminels, d'un recours formé en vertu de l'article 65 de la *Loi sur les accidents du travail* (chapitre A-3) ou d'un recours formé en vertu de l'article 12 de la *Loi sur l'indemnisation des victimes d'amiantose ou de silicose dans les mines et les carrières* (chapitre I-7); néanmoins le professionnel radié, déclaré inhabile à exercer sa profession ou dont le droit d'exercer des activités professionnelles a été limité ou suspendu en application du *Code des professions* (chapitre C-26) ou d'une loi professionnelle ne peut agir comme représentant.

Le ministre de l'Emploi et de la Solidarité sociale ou un organisme qui est son délégataire dans l'application de la *Loi sur l'aide aux personnes et aux familles* (chapitre A-13.1.1) peut se faire représenter par une personne de son choix devant la section des affaires sociales, s'il s'agit d'un recours exercé en vertu de cette loi ou de la présente loi en matière de sécurité ou soutien du revenu, d'aide et d'allocations sociales ou de la présente loi en matière de sécurité ou soutien du revenu, d'aide et d'allocations sociales.

Le requérant peut, devant la section des affaires sociales s'il s'agit d'un recours en matière d'immigration, se faire représenter par un parent ou par un organisme sans but lucratif voué à la défense ou aux intérêts des immigrants, s'il ne peut se présenter lui-même du fait qu'il ne se trouve pas au Québec. Dans ce dernier cas, le mandataire doit fournir au Tribunal un mandat écrit, signé par la personne qu'il représente, indiquant la gratuité du mandat.

[1996, c. 54, a. 102; 1997, c. 63, a. 138, par. 1°; 1998, c. 36, a. 209; 2001, c. 44, a. 27; 2002, c. 22, a. 6; 2005, c. 15, a. 157; 2005, c. 17, a. 14; 2005, c. 15, a. 157].

103. Lorsqu'il est saisi d'un recours formé en vertu de l'article 21 de la *Loi sur la protection des personnes dont l'état mental présente un danger pour elles-mêmes ou pour autrui* (chapitre P-38.001), le Tribunal doit s'assurer que l'occasion a été fournie au requérant de retenir les services d'un avocat.

[1996, c. 54, a. 103; 1997, c. 75, a. 58].

104. Les membres du personnel du Tribunal prêtent assistance à toute personne qui la requiert pour la formulation d'une requête, d'une intervention ou de tout autre acte de procédure adressés au Tribunal.

[1996, c. 54, a. 104].

105. Le Tribunal peut accepter une procédure même si elle est entachée d'un vice de forme ou d'une irrégularité.

[1996, c. 54, a. 105].

106. Le Tribunal peut relever une partie du défaut de respecter un délai prescrit par la loi si cette partie lui démontre qu'elle n'a pu, pour des motifs raisonnables, agir plus tôt et si, à son avis, aucune autre partie n'en subit de préjudice grave.

[1996, c. 54, a. 106; 2005, c. 17, a. 15].

107. Un recours formé devant le Tribunal ne suspend pas l'exécution de la décision contestée, à moins qu'une disposition de la loi ne prévoie le contraire ou que, sur requête instruite et jugée d'urgence, un membre du Tribunal n'en ordonne autrement en raison de l'urgence ou du risque d'un préjudice sérieux et irréparable.

Si la loi prévoit que le recours suspend l'exécution de la décision ou si le Tribunal rend une telle ordonnance, le recours est instruit et jugé d'urgence.

[1996, c. 54, a. 107].

108. En l'absence de dispositions applicables à un cas particulier, le Tribunal peut y suppléer par toute procédure compatible avec la loi ou ses règles de procédure.

[1996, c. 54, a. 108].

109. Le Tribunal peut, par règlement adopté à la majorité de ses membres, édicter des règles de procédure précisant les modalités d'application des règles établies par le présent chapitre ou par les lois particulières en vertu desquelles les recours sont formés.

Ces règles de procédure peuvent différer selon les sections ou, dans le cas de la section des affaires sociales, selon les matières auxquelles elles s'appliquent.

Le règlement est soumis à l'approbation du gouvernement.

[1996, c. 54, a. 109; 2005, c. 17, a. 16].

SECTION III — PROCÉDURE INTRODUCTIVE ET PRÉLIMINAIRE

110. Le recours au Tribunal est formé par requête déposée au secrétariat du Tribunal dans les 30 jours qui suivent la notification au requérant de la décision contestée ou qui suivent les faits qui y donnent ouverture; ce délai est cependant de 60 jours lorsque le recours concerne des matières traitées par la section des affaires sociales. Aucun délai n'est applicable dans le cas d'un recours résultant du défaut de l'autorité administrative de disposer d'une demande de révision dans le délai fixé par la loi.

Cette requête peut également être déposée dans tout greffe de la Cour du Québec, auquel cas le greffier transmet sans délai la requête au secrétaire du Tribunal.

[1996, c. 54, a. 110; 2005, c. 17, a. 17].

111. La requête indique la décision qui fait l'objet du recours ou les faits qui y donnent ouverture, expose sommairement les motifs invoqués au soutien du recours et mentionne les conclusions recherchées.

Elle contient tout autre renseignement exigé par les règles de procédure du Tribunal et indique, le cas échéant, le nom, l'adresse, ainsi que le numéro de téléphone et de télécopieur du représentant du requérant.

[1996, c. 54, a. 111].

112. Les règles relatives aux avis prévus par l'article 95 du *Code de procédure civile* (chapitre C-25) s'appliquent, compte tenu des adaptations nécessaires, à une demande présentée au Tribunal.

[1996, c. 54, a. 112; 2005, c. 34, a. 55].

113. Sur réception de la requête, le secrétaire du Tribunal en transmet copie à la partie contre laquelle le recours est formé et aux personnes indiquées à la loi.

[1996, c. 54, a. 113].

114. L'autorité administrative dont la décision est contestée est tenue, dans les 30 jours de la réception de la copie de la requête, de transmettre au secrétaire du Tribunal et au requérant copie du dossier relatif à l'affaire ainsi que le nom, l'adresse et le numéro de téléphone et de télécopieur de son représentant.

L'organisme municipal responsable de l'évaluation est tenu dans le même délai de transmettre la demande de révision ou la décision de l'évaluateur, la proposition ou la décision de l'évaluateur, les documents qui lui sont remis à l'occasion de cette révision et ceux auxquels sa proposition ou sa décision réfère et, le cas échéant, tout certificat de l'évaluateur émis depuis la date du dépôt de la requête introductive du recours.

L'accès au dossier ainsi transmis demeure régi par la loi applicable à l'autorité administrative qui l'a transmis.

[1996, c. 54, a. 114; 2002, c. 22, a. 7].

114.1. Le défaut par une autorité administrative de transmettre la copie du dossier dans le délai prévu à l'article 114 donne ouverture, sur demande du requérant, à la fixation par le Tribunal d'une indemnité qui lui apparaît juste et raisonnable compte tenu des circonstances de l'affaire et de la durée du retard.

[2005, c. 17, a. 18].

115. Le Tribunal peut, sur requête, rejeter un recours qu'il juge abusif ou dilatoire ou l'assujettir à certaines conditions.

[1996, c. 54, a. 115].

116. Lorsque le Tribunal constate, à l'examen de la requête et de la décision contestée, que l'organe concerné a omis de prendre position sur certaines questions alors que la loi l'obligeait à le faire, il peut, si la date de l'audience n'est pas fixée, suspendre l'instance pour une période qu'il fixe afin que l'autorité administrative ou l'autorité décentralisée puisse agir.

Si, à l'expiration du délai, la contestation est maintenue, le Tribunal l'entend comme s'il s'agissait du recours sur la décision originale.

[1996, c. 54, a. 116].

117. Lorsque, au cours d'une instance devant la section des affaires sociales, il se pose une question concernant le titre III de la *Loi sur le régime de rentes du Québec* (chapitre R-9), le Tribunal doit, sous réserve des exceptions visées à l'article 76 de cette loi, ordonner le renvoi de l'affaire à la Cour du Québec pour qu'elle statue sur la question soulevée. Dans ce cas, le secrétaire du Tribunal en avise sans délai le ministre du Revenu.

Dans les cas où la décision de la cour ne termine pas le litige, l'affaire est renvoyée au Tribunal.

[1996, c. 54, a. 117].

118. Plusieurs affaires dans lesquelles les questions en litige sont en substance les mêmes ou dont les matières pourraient être convenablement réunies, qu'elles soient mues ou non entre les mêmes parties, peuvent être jointes par ordre du président du Tribunal ou du vice-président responsable de la section concernée, dans les conditions qu'il fixe.

L'ordonnance rendue en vertu du premier alinéa peut être révoquée par le Tribunal lorsqu'il entend l'affaire, s'il est d'avis que les fins de la justice seront ainsi mieux servies.

[1996, c. 54, a. 118].

118.1. Une affaire doit être prête à être entendue par le Tribunal dans les 180 jours suivant le dépôt de la requête introductive du recours ou, en matière d'expropriation, du dépôt de l'offre de l'expropriant ou de la réclamation détaillée de l'exproprié.

À l'expiration de ce délai, le Tribunal peut convoquer les parties à une conférence de gestion ou à une séance de conciliation.

[2002, c. 22, a. 8].

119. Doit être instruit et jugé d'urgence:

1° un recours formé en vertu de l'article 68 de la *Loi sur l'assurance-médicaments* (chapitre A-29.01), portant sur le retrait de la reconnaissance par le ministre d'un fabricant ou d'un grossiste en médicaments;

2° un recours formé en vertu de l'article 53.13 de la *Loi sur l'expropriation* (chapitre E-24), portant sur une indemnité provisionnelle;

3° (*supprimé*).

4° un recours formé en vertu de l'article 21 de la *Loi sur la protection des personnes dont l'état mental présente un danger pour elles-mêmes ou pour autrui* (chapitre P-38.001) concernant une personne gardée en établissement de santé ou de services sociaux;

5° un recours formé en vertu de l'article 21.1 de la *Loi sur la protection du terri-*toire et des activités agricoles (chapitre P-41.1), portant sur une ordonnance de la Commission de protection du territoire agricole du Québec;

5.0.1° un recours formé en vertu du premier alinéa de l'article 139 de la *Loi sur la publicité légale des entreprises* (chapitre P-44.1) portant sur l'annulation d'une inscription ou du dépôt au registre des entreprises de l'un des documents mentionnés à l'article 132 de cette loi, la rectification ou la suppression d'une information inexacte qui figure à ce registre, le remplacement ou la modification d'un nom utilisé ou le refus d'immatriculer ou de déposer à ce registre une déclaration ou un document au motif que le nom déclaré n'est pas conforme aux dispositions de l'un des paragraphes 1° à 6° du premier alinéa ou du deuxième alinéa de l'article 17 de cette loi;

5.0.2° un recours formé en vertu du deuxième alinéa de l'article 139 de la *Loi sur la publicité légale des entreprises* portant sur le remplacement, la modification ou l'annulation d'un nom, la radiation d'une immatriculation, le refus d'immatriculer, la révocation de la radiation d'une immatriculation, le refus de déposer au registre des entreprises une déclaration ou un document transféré en application d'une entente conclue conformément à l'un des articles 117 ou 118 de cette loi ou le refus d'inscrire à ce registre un nom utilisé;

5.0.3° un recours formé en vertu de l'article 105.1 de la *Loi sur les services de garde éducatifs à l'enfance* (chapitre S-4.1.1) portant sur une ordonnance interdisant à une personne d'offrir ou de fournir tout service de garde dans des conditions de nature à compromettre la santé ou la sécurité des enfants;

5.1° un recours formé en vertu de l'article 57 de la *Loi sur les services préhospitaliers d'urgence* (chapitre, S-6.2), portant sur la suspension, la révocation, le non-renouvellement ou le refus de cession ou de transport d'un permis d'exploitation de services ambulanciers ou sur le refus de cession ou de transport de la propriété d'actions;

5.2° un recours formé en vertu de l'article 346.0.16 de la *Loi sur les services de santé et les services sociaux* (chapitre S-4.2), portant sur le refus de délivrer une attestation temporaire ou un certificat de conformité ou sur la révocation ou le non-renouvellement, selon le cas, d'une telle attestation ou d'un tel certificat;

6° un recours formé en vertu de l'article 453 de la *Loi sur les services de santé et les services sociaux* (chapitre S-4.2) ou en vertu de l'article 182.1 de la *Loi sur les services de santé et les services sociaux pour les autochtones cris* (chapitre S-5), portant sur la décision d'évacuer et de reloger des personnes hébergées dans une installation où des activités sont exercées sans permis;

7° un recours formé en vertu de l'article 202.6.11 du *Code de la sécurité routière* (chapitre C-24.2) à la suite d'une décision de suspendre un permis ou le droit d'en obtenir une pour une période de 30 ou de 60 jours pour un excès de vitesse ou de 90 jours pour présence d'alcool dans l'organisme.

8° un recours formé en vertu de l'article 209.14 du *Code de la sécurité routière* à la suite d'une décision de refuser la remise en possession d'un véhicule routier.

[1996, c. 54, a. 119; 1996, c. 26, a. 85; 1997, c. 75, a. 59; 2001, c. 29, a. 19; 2001, c. 60, a. 166; 2002, c. 22, a. 9; 2002, c. 69, a. 128; 2005, c. 32, a. 245; 2008, c. 14, a. 116; 2010, c. 34, a. 100; 2010, c. 7, a. 213; 2010, c. 39, a. 22; 2011, c. 27, a. 33].

SECTION III.1 — CONFÉRENCE DE GESTION

119.1. Si les circonstances d'une affaire le justifient, notamment lorsque l'une des parties ne respecte pas un délai prescrit par la loi, le président du Tribunal, le vice-président responsable de la section concernée ou le membre désigné par l'un d'eux peut, d'office ou sur demande de l'une des parties, convier celles-ci à une conférence de gestion pour:

1° convenir avec elles d'une entente sur le déroulement de l'instance précisant leurs engagements et fixant le calendrier des échéances à respecter à l'intérieur du délai prévu;

2° déterminer, à défaut d'entente entre les parties, le calendrier des échéances lequel s'impose aux parties;

3° décider des moyens propres à simplifier ou à accélérer le déroulement de l'instance et à abréger l'audience, notamment préciser les questions en litige ou admettre quelque fait ou document;

4° inviter les parties à participer à une séance de conciliation.

L'entente prévue au paragraphe 1° porte, notamment, sur les modalités et le délai de communication des pièces, des déclarations écrites pour valoir témoignage et des affidavits détaillés ainsi que sur les expertises.

[2002, c. 22, a. 4].

119.2. Un procès-verbal de la conférence est dressé et signé par le membre qui l'a tenue.

[2002, c. 22, a. 10].

119.3. Si une partie fait défaut de participer à une conférence, le Tribunal constate le défaut et rend les décisions qu'il juge appropriées.

[2002, c. 22, a. 10].

119.4. En matière de fiscalité municipale, lorsque le recours porte sur une unité d'évaluation ou sur un lieu d'affaires dont la valeur foncière ou locative inscrite au rôle est égale ou supérieure à celle fixée par règlement du gouvernement, de même qu'en matière d'expropriation, les parties doivent produire un calendrier des échéances.

En matière de fiscalité municipale, ce calendrier doit être produit dans les trois mois suivant l'introduction du recours, alors qu'en matière d'expropriation, il doit l'être dans les trois mois suivant le dépôt de l'offre de l'expropriant ou de la réclamation détaillée de l'exproprié.

En matière de fiscalité municipale, lorsque le recours porte sur une unité d'évaluation ou sur un lieu d'affaires dont la valeur foncière ou locative inscrite au rôle est inférieure à celle fixée par règlement du gouvernement, l'organisme municipal responsable de l'évaluation doit, au plus tard trois mois après le dépôt de la requête introductive du recours, déposer le rapport de l'évaluateur relatif à l'affaire et en avoir transmis copie à l'autre partie. Cette dernière est tenue, le cas échéant, de déposer le rapport de son expertise dans les deux mois qui suivent.

[2002, c. 22, a. 10].

119.5. Le membre peut, si les parties ne respectent pas les échéances fixées, rendre les décisions appropriées, y compris la forclusion. Il peut, sur demande, relever la partie défaillante de son défaut, s'il estime que l'intérêt de la justice le requiert.

[2002, c. 22, a. 10].

SECTION IV — CONCILIATION

119.6. Sur réception par le Tribunal d'une copie d'un dossier en matière d'indemnité ou de prestation, le président du Tribunal, le vice-président responsable de la section concernée ou le membre désigné par l'un d'eux doit, si la matière et les circonstances d'une affaire le permettent, offrir aux parties la tenue d'une séance de conciliation par un membre ou un membre du personnel choisi par le président du Tribunal ou la personne qu'il désigne.

[2005, c. 17, a. 19].

120. S'il le considère utile et si la matière et les circonstances d'une affaire le permettent, le président du Tribunal, le vice-président responsable de la section concernée, le membre désigné par l'un d'eux ou l'un des membres appelés à siéger dans cette affaire peut, avec le consentement des parties, à tout moment avant le délibéré, présider une séance de conciliation ou permettre la tenue d'une telle séance par un membre du personnel choisi par le président du Tribunal ou la personne qu'il désigne.

Dans le cas d'un recours portant sur une décision réclamant des prestations indû-

ment reçues en matière de sécurité du revenu, d'un recours portant sur une décision fondée sur l'état d'invalidité d'une personne en matière de régime de rentes ou d'un recours en matière d'indemnisation en vertu de la *Loi sur l'assurance automobile* (chapitre A-25), le président du Tribunal ou le vice-président responsable de la section concernée peut convoquer les parties à une première séance de conciliation et désigner le conciliateur. Les parties sont tenues d'y participer.

[1996, c. 54, a. 120; 2002, c. 22, a. 11].

121. La conciliation a pour but d'aider les parties à communiquer, à négocier, à identifier leurs intérêts, à évaluer leurs positions et à explorer des solutions mutuellement satisfaisantes.

Elle ne suspend pas le déroulement de l'instance.

[1996, c. 54, a. 121; 2002, c. 22, a. 12].

121.1. Le conciliateur définit, après consultation auprès des parties, les règles applicables et les mesures propres à faciliter le déroulement de la conciliation, de même que le calendrier des rencontres.

La conciliation a lieu à huis clos, sans frais, sans formalités ni écrit préalable.

Elle est tenue en présence des parties et de leurs représentants. Le conciliateur peut, si les parties y consentent, les rencontrer séparément. Peuvent également y participer les personnes dont la présence est considérée utile au règlement du litige par le conciliateur ou les parties.

[2002, c. 22, a. 12].

121.2. Le membre du Tribunal qui préside une séance de conciliation peut, s'il le juge nécessaire, modifier le calendrier des échéances.

Il ne peut cependant, si aucun accord n'intervient, entendre par la suite aucune demande relative au litige.

[2002, c. 22, a. 12].

122. À moins que les parties n'y consentent, rien de ce qui a été dit ou écrit au cours d'une séance de conciliation n'est recevable en preuve devant un tribunal judiciaire ou devant une personne ou un organisme de l'ordre administratif lorsqu'il exerce des fonctions juridictionnelles. Les parties doivent en être informées par le conciliateur.

[1996, c. 54, a. 122; 2002, c. 22, a. 13].

123. Le conciliateur ne peut être contraint de divulguer ce qui lui a été révélé ou ce dont il a eu connaissance dans l'exercice de ses fonctions, ni de produire un document confectionné ou obtenu dans cet exercice devant un tribunal judiciaire ou devant une personne ou un organisme de l'ordre administratif lorsqu'il exerce des fonctions juridictionnelles.

Malgré l'article 9 de la *Loi sur l'accès aux documents des organismes publics et sur la protection des renseignements personnels* (chapitre A-2.1), nul n'a droit d'accès à un document contenu dans le dossier de conciliation.

[1996, c. 54, a. 123].

124. Tout accord est constaté par écrit. Il est signé par le conciliateur et les parties et, le cas échéant, par leurs représentants et lie ces dernières.

L'accord intervenu à la suite d'une séance de conciliation présidée par un membre du Tribunal met fin à l'instance et devient exécutoire comme une décision du Tribunal alors que celui, intervenu à la suite d'une séance de conciliation tenue par un membre du personnel, a les mêmes effets s'il est entériné par le Tribunal.

[1996, c. 54, a. 124; 2002, c. 22, a. 14].

SECTION V — CONFÉRENCE
PRÉPARATOIRE

125. S'il le considère utile et si les circonstances d'une affaire le permettent, le président du Tribunal, le vice-président responsable de la section concernée ou le membre désigné par l'un d'eux peut convoquer les parties à une conférence préparatoire.

[1996, c. 54, a. 125].

126. La conférence préparatoire a pour objet:

1° de définir les questions à débattre lors de l'audience;

2° d'évaluer l'opportunité de clarifier et préciser les prétentions des parties, ainsi que les conclusions recherchées;

3° d'assurer l'échange entre les parties de toute preuve documentaire;

4° de planifier le déroulement de la procédure et de la preuve lors de l'audience;

5° d'examiner la possibilité pour les parties d'admettre certains faits ou d'en faire la preuve par déclaration sous serment;

6° d'examiner toute autre question pouvant simplifier ou accélérer le déroulement de l'audience.

[1996, c. 54, a. 126].

127. Un procès-verbal de la conférence préparatoire est dressé, signé par les parties et le membre qui les a convoquées.

Les ententes et décisions qui y sont rapportées gouvernent pour autant le déroulement de l'instance, à moins que le Tribunal, lorsqu'il entend l'affaire, ne permette d'y déroger pour prévenir une injustice.

[1996, c. 54, a. 127].

SECTION VI — AUDIENCE

128. Dans la mesure du possible, le Tribunal favorise la tenue de l'audience à une date et à une heure où les parties et, s'il y a lieu, leurs témoins peuvent être présents sans inconvénient majeur pour leurs occupations ordinaires.

[1996, c. 54, a. 128; 2002, c. 22, a. 15].

129. Un avis est transmis aux parties dans un délai raisonnable avant l'audience ou dans celui fixé à la loi, mentionnant:

1° l'objet, la date, l'heure et le lieu de l'audience;

2° le droit des parties d'y être assistées ou représentées, et précisant les catégories de personnes habilitées par la loi à le faire devant le Tribunal;

3° le pouvoir du Tribunal de procéder, sans autre avis ni délai, malgré le défaut d'une partie de se présenter au temps et au lieu fixés, s'il n'est pas justifié valablement.

[1996, c. 54, a. 129].

130. Tout journaliste qui démontre sa qualité est admis, sans autre formalité, à une audience à huis clos, à moins que le Tribunal ne juge que sa présence peut causer un préjudice à une personne dont les intérêts peuvent être touchés par l'instance.

Ce journaliste ne peut publier ou diffuser aucune information permettant d'identifier les personnes concernées, à moins d'y être autorisé par la loi ou le Tribunal.

[1996, c. 54, a. 130].

131. Le Tribunal peut, d'office ou sur demande d'une partie, interdire ou restreindre la divulgation, la publication ou la diffusion de renseignements ou de documents qu'il indique, lorsque cela est nécessaire pour préserver l'ordre public ou si le respect de leur caractère confidentiel le requiert pour assurer la bonne administration de la justice.

[1996, c. 54, a. 131].

132. La partie qui désire citer un témoin à comparaître le fait au moyen d'une citation délivrée par un membre ou l'avocat qui la représente et la signifie selon les règles de procédure du Tribunal.

Toute partie peut interroger et contre-interroger les témoins dans la mesure nécessaire pour assurer une procédure équitable.

[1996, c. 54, a. 132; 2002, c. 22, a. 16].

133. Aucun témoin ne peut refuser, sans raison valable, de répondre aux questions qui lui sont légalement posées par le Tribunal ou par les parties.

Toutefois, il ne peut être contraint à répondre dans les cas et aux conditions prévus par les articles 307 et 308 du *Code de procédure civile*.

[1996, c. 54, a. 133].

134. Le Tribunal peut ajourner l'audience, aux conditions qu'il détermine, s'il est d'avis que l'ajournement ne causera pas de retard déraisonnable à l'instance et n'entraînera pas un déni de justice, notamment en vue de favoriser un règlement à l'amiable.

[1996, c. 54, a. 134].

135. En matière d'expropriation, de même qu'en matière de fiscalité municipale lorsque le recours porte sur une unité d'évaluation ou sur un établissement d'entreprise dont la valeur foncière ou locative inscrite au rôle est égale ou supérieure à celle fixée par le gouvernement, les dépositions sont conservées par la prise en sténographie ou par un enregistrement, selon la manière autorisée par le Tribunal, à moins que les parties ne renoncent à leur droit d'en appeler de la décision. Le cas échéant, la renonciation doit être écrite ou consignée au procès-verbal.

Dans le cas des autres recours entendus par la section des affaires immobilières ou de ceux entendus en matière de protection du territoire agricole, les dépositions ne sont conservées que si le requérant le demande par écrit.

[1996, c. 54, a. 135; 1999, c. 40, a. 166].

136. Lorsque, par suite d'un empêchement, un membre ne peut poursuivre une audition, un autre membre désigné par le président du Tribunal ou par le vice-président responsable de la section concernée peut, avec le consentement des parties, poursuivre cette audition et s'en tenir, quant à la preuve testimoniale déjà produite, aux notes et au procès-verbal de l'audience ou, le cas échéant, aux notes sténographiques ou à l'enregistrement de l'audition.

La même règle s'applique pour la poursuite d'une audition après la cessation de fonction d'un membre siégeant à l'audience.

[1996, c. 54, a. 136].

SECTION VII — PREUVE

137. Toute partie peut présenter tout moyen pertinent de droit ou de fait pour la détermination de ses droits et obligations.

[1996, c. 54, a. 137].

138. Le Tribunal peut subordonner la recevabilité de la preuve à des règles de communication préalable.

[1996, c. 54, a. 138].

139. Le Tribunal peut refuser de recevoir toute preuve qui n'est pas pertinente ou qui n'est pas de nature à servir les intérêts de la justice.

[1996, c. 54, a. 139].

140. Outre les faits dont la notoriété rend l'existence raisonnablement incontestable, le Tribunal doit, dans les domaines relevant de sa compétence, prendre connaissance d'office du droit en vigueur au Québec. Sauf dispositions contraires de la loi, doivent cependant être allégués les textes d'application d'une loi qui ne sont pas publiés à la *Gazette officielle du Québec* ou d'une autre manière prévue par la loi.

[1996, c. 54, a. 140].

141. Un membre prend connaissance d'office des faits généralement reconnus, des opinions et des renseignements qui ressortissent à sa spécialisation ou à celle de la section à laquelle il est affecté.

[1996, c. 54, a. 141].

142. Le Tribunal ne peut retenir, dans sa décision, un élément de preuve que si les parties ont été à même d'en commenter ou d'en contredire la substance.

Sauf pour les faits qui doivent être admis d'office en application de l'article 140, le Tribunal ne peut fonder sa décision sur les moyens de droit ou de fait relevés d'office par un membre sans avoir au préalable invité les parties à présenter leurs observations, sauf celles d'entre elles qui ont renoncé à exposer leurs prétentions.

[1996, c. 54, a. 142].

SECTION VIII — RÉCUSATION D'UN MEMBRE

143. Tout membre qui connaît en sa personne une cause valable de récusation est tenu de la déclarer dans un écrit versé au dossier et d'en aviser les parties.

[1996, c. 54, a. 143].

144. Toute partie peut, à tout moment avant la décision et à la condition d'agir avec diligence, demander la récusation d'un membre saisi de l'affaire si elle a des motifs sérieux de croire qu'il existe une cause de récusation.

La demande de récusation est adressée au président du Tribunal. Sauf si le membre se récuse, la demande est décidée par le président, le vice-président responsable de la section concernée ou par un autre membre désigné par l'un d'eux.

[1996, c. 54, a. 144].

SECTION IX — DÉCISION

145. Lorsqu'une affaire est entendue par plus d'un membre, la décision est prise à la majorité des membres qui l'ont entendue. Si l'un d'eux est dissident, les motifs de son désaccord doivent y être consignés.

Lorsque les opinions se partagent également sur une question, celle-ci est déférée au président, au vice-président responsable de la section concernée ou à un membre désigné par l'un d'eux parmi les membres pour qu'il en décide selon la loi.

[1996, c. 54, a. 145].

146. Dans toute affaire, de quelque nature qu'elle soit, la décision doit être rendue dans les trois mois de sa prise en délibéré, à moins que le président du Tribunal, pour des motifs sérieux, n'ait prolongé ce délai.

Lorsqu'un membre saisi d'une affaire ne rend pas sa décision dans le délai de trois mois ou, le cas échéant, dans le délai tel que prolongé, le président peut, d'office ou sur demande d'une des parties, dessaisir ce membre de cette affaire.

Avant de prolonger le délai ou de dessaisir le membre qui n'a pas rendu sa décision dans les délais requis, le président doit tenir compte des circonstances et de l'intérêt des parties.

[1996, c. 54, a. 146].

147. Toute affaire entendue par le membre dessaisi est décidée par les autres membres qui ont siégé à l'audience s'ils sont en nombre suffisant pour constituer le quorum ou, à défaut, entendue de nouveau.

[1996, c. 54, a. 147].

148. Toute affaire entendue par un membre et sur laquelle il n'a pas encore été statué au moment où il cesse d'exercer ses fonctions obéit aux mêmes règles que celles prévues à l'article 147.

[1996, c. 54, a. 148].

149. Le président, un vice-président ou tout membre appelé à entendre une affaire par application du deuxième alinéa de l'article 145, ou des articles 147 ou 148 peut, quant à la preuve testimoniale et du consentement des parties, s'en tenir aux notes et au procès-verbal de l'audience ou, le cas échéant, aux notes sténographiques ou à l'enregistrement de l'audition, sous réserve, dans le cas où il les juge insuffisants, de rappeler un témoin ou de requérir toute autre preuve.

[1996, c. 54, a. 149].

150. Lorsque, en cas d'empêchement ou de cessation de fonction, un membre ne peut signer la minute d'une décision prononcée à l'audience, un autre membre désigné par le président du Tribunal ou par le vice-président responsable de la section concernée peut signer cette minute.

[1996, c. 54, a. 150].

151. Toute ordonnance de huis clos, de non-publication, de non-divulgation ou de non-diffusion prononcée par le Tribunal au cours d'une affaire est expressément mentionnée dans la décision.

[1996, c. 54, a. 151].

152. Une copie de la décision doit être transmise à chacune des parties et aux autres personnes indiquées dans la loi.

[1996, c. 54, a. 152].

153. La décision entachée d'une erreur d'écriture ou de calcul ou de quelque autre erreur matérielle peut être rectifiée, sur dossier et sans autre formalité, par le membre qui l'a rendue.

Si le membre est empêché ou a cessé d'exercer ses fonctions, un autre membre désigné par le président du Tribunal ou par le vice-président responsable de la section concernée peut, sur demande d'une partie, rectifier la décision.

[1996, c. 54, a. 153].

154. Le Tribunal peut, sur demande, réviser ou révoquer toute décision qu'il a rendue:

1° lorsqu'est découvert un fait nouveau qui, s'il avait été connu en temps utile, aurait pu justifier une décision différente;

2° lorsqu'une partie n'a pu, pour des raisons jugées suffisantes, se faire entendre;

3° lorsqu'un vice de fond ou de procédure est de nature à invalider la décision.

Dans le cas visé au paragraphe 3°, la décision ne peut être révisée ou révoquée par les membres qui l'ont rendue.

[1996, c. 54, a. 154].

155. Le recours en révision ou en révocation est formé par requête déposée au secrétariat du Tribunal dans un délai raisonnable à partir de la décision visée ou de la connaissance du fait nouveau susceptible de justifier une décision différente. La requête indique la décision visée et les motifs invoqués à son soutien. Elle contient tout autre renseignement exigé par les règles de procédure du Tribunal et indique, le cas échéant, le nom, l'adresse, ainsi que le numéro de téléphone et de télécopieur du représentant du requérant.

Le secrétaire du Tribunal transmet copie de la requête aux autres parties qui peuvent y répondre, par écrit, dans un délai de 30 jours de sa réception.

Le Tribunal procède sur dossier; il peut cependant, s'il le juge approprié ou si l'une des parties le demande, les entendre.

[1996, c. 54, a. 155].

156. Une décision du Tribunal est exécutoire suivant les conditions et modalités qui y sont indiquées pourvu que les parties en aient reçu copie ou en aient autrement été avisées.

L'exécution forcée d'une telle décision se fait par le dépôt de celle-ci au greffe du tribunal compétent et selon les règles prévues au *Code de procédure civile* (chapitre C-25).

Toutefois, l'exécution d'une décision statuant sur un recours formé selon les dispositions de la *Loi sur l'expropriation* (chapitre E-24) se fait suivant les règles prévues à cette loi.

[1996, c. 54, a. 156].

157. Commet un outrage au tribunal toute personne qui contrevient à une décision ou à une ordonnance exécutoire.

[1996, c. 54, a. 157].

158. Sauf sur une question de compétence, aucun des recours prévus par les articles 33 et 834 à 846 du *Code de procédure civile* (chapitre C-25) ne peut être exercé, ni aucune injonction accordée contre le Tribunal ou un de ses membres agissant en sa qualité officielle.

Tout juge de la Cour d'appel peut, sur requête, annuler par procédure sommaire les jugements, ordonnances ou injonctions prononcés à l'encontre du présent article.

[1996, c. 54, a. 158].

Section X — Appel

159. Les décisions rendues par le Tribunal dans les matières traitées par la section des affaires immobilières, de même que celles rendues en matière de protection du territoire agricole, peuvent, quel que soit le montant en cause, faire l'objet d'un appel à la Cour du Québec, sur permission d'un juge, lorsque la question en jeu en est une qui devrait être soumise à la Cour.

[1996, c. 54, a. 159].

160. La demande pour permission d'appeler doit être faite au greffe de la Cour du Québec du lieu où est situé le bien et elle est présentée par requête accompagnée d'une copie de la décision et des pièces de la contestation, si elles ne sont pas reproduites dans la décision.

Elle doit être faite dans les 30 jours de la décision. Ce délai est de rigueur; il ne peut être prolongé que si la partie démontre qu'elle était dans l'impossibilité d'agir.

[1996, c. 54, a. 160].

161. La requête pour permission d'appeler, accompagnée d'un avis de présentation, doit être signifiée à la partie adverse et produite au greffe de la Cour du Québec. Elle doit préciser les conclusions recherchées et le requérant doit y énoncer sommairement les moyens qu'il prévoit utiliser.

[1996, c. 54, a. 161].

162. La demande pour permission d'appeler ne suspend pas l'exécution. Toutefois, un juge de la Cour du Québec peut, sur requête, suspendre cette exécution si le requérant démontre qu'il lui en résulterait un préjudice grave et qu'il a produit une demande pour permission d'appeler.

[1996, c. 54, a. 162].

163. Si la demande pour permission d'appeler est accordée, le jugement qui autorise l'appel tient lieu de l'inscription en appel. Le greffier de la Cour du Québec transmet sans délai copie de ce jugement au Tribunal, ainsi qu'aux parties et à leur procureur.

De la même manière et dans les mêmes délais, l'intimé peut former un appel ou un appel incident.

Sauf si l'exécution provisoire est ordonnée, l'appel suspend l'exécution de la décision.

[1996, c. 54, a. 163].

164. La Cour du Québec connaît de l'appel selon la preuve faite devant le Tribunal, sans nouvelle enquête. Sa décision est sans appel.

[1996, c. 54, a. 164].

Titre III —— **Le conseil de la justice administrative et la déontologie**

Chapitre I — Institution et organisation

165. Est institué le « Conseil de la justice administrative ».

[1996, c. 54, a. 165].

166. Le Conseil a son siège sur le territoire de la Ville de Québec. Un avis de l'adresse du siège est publié à la *Gazette officielle du Québec*.

[1996, c. 54, a. 166; 2000, c. 56, a. 220].

167. Le Conseil est formé des membres suivants:

1° le président du Tribunal administratif du Québec;

2° un membre du Tribunal administratif du Québec choisi après consultation de l'ensemble de ses membres et qui n'en est pas vice-président;

3° le président de la Commission des lésions professionnelles;

4° un membre de la Commission des lésions professionnelles choisi après consultation de l'ensemble de ses commissaires et qui n'en est pas vice-président;

5° le président de la Commission des relations du travail;

6° un membre de la Commission des relations du travail choisi après consultation de l'ensemble de ses commissaires et qui n'en est pas vice-président;

7° le président de la Régie du logement;

8° un membre de la Régie du logement choisi après consultation de l'ensemble de ses régisseurs et qui n'en est pas vice-président;

9° neuf autres personnes qui ne sont pas membres de l'un de ces organismes, dont deux seulement sont avocats ou notaires et sont choisis après consultation de leur ordre professionnel.

[1996, c. 54, a. 167; 2002, c. 22, a. 17].

168. Les membres visés aux paragraphes 2°, 4°, 6°, 8° et 9° de l'article 167 sont nommés par le gouvernement qui désigne, parmi ceux qui ne sont pas membres de l'un des organismes mentionnés aux paragraphes 1° à 8°, le président du Conseil.

Leur mandat est de trois ans et il ne peut être renouvelé consécutivement qu'une fois.

Ils demeurent en fonction jusqu'à ce qu'ils soient remplacés ou nommés de nouveau.

Tout membre peut, à la fin de son mandat, continuer à exercer ses fonctions pour terminer les affaires qu'il a déjà commencé à entendre et sur lesquelles il n'a pas encore statué.

[1996, c. 54, a. 168; 2002, c. 22, a. 18].

169. Toute vacance survenant en cours de mandat est comblée suivant les règles de composition et pour la durée prévues aux articles 167 et 168.

[1996, c. 54, a. 169].

170. Les membres du Conseil doivent, pour y siéger, avoir prêté serment en affirmant solennellement ce qui suit: « Je (...) jure que je ne révélerai et ne ferai connaître, sans y être autorisé par la loi, quoi que ce soit dont j'aurai eu connaissance dans l'exercice de ma charge et que j'exercerai celle-ci impartialement et honnêtement, au meilleur de ma capacité et de mes connaissances. ».

Cette obligation est exécutée devant le président du Conseil. Ce dernier doit prêter le serment devant un juge de la Cour du Québec.

[1996, c. 54, a. 170].

171. Les membres du Conseil ne sont pas rémunérés, sauf dans les cas, aux conditions et dans la mesure que peut déterminer le gouvernement.

Ils ont cependant droit au remboursement des dépenses faites dans l'exercice de leurs fonctions, aux conditions et dans la mesure que détermine le gouvernement.

[1996, c. 54, a. 171].

171.1. Le président est chargé de l'administration du Conseil. En cas d'absence ou d'empêchement, il est remplacé par le membre que le ministre désigne.

[2002, c. 22, a. 19].

172. Le secrétaire du Tribunal agit comme secrétaire du Conseil.

[1996, c. 54, a. 172].

173. Le Conseil se réunit aussi souvent que nécessaire, à la demande du président, de la majorité des membres ou du ministre.

Il peut tenir ses séances à tout endroit du Québec. Les séances sont publiques, à moins que le Conseil ne prononce le huis clos lorsque cela est nécessaire pour préserver l'ordre public.

[1996, c. 54, a. 173].

174. Les procès-verbaux des séances du Conseil ou de l'un de ses comités, approuvés par leurs membres et signés par le président de la séance ou le secrétaire, sont authentiques.

Il en est de même des documents émanant du Conseil ou faisant partie de ses archives lorsqu'ils sont signés, ainsi que de leurs copies lorsqu'elles sont certifiées conformes par le président du Conseil ou le secrétaire.

[1996, c. 54, a. 174].

175. Le Conseil peut établir des règles pour sa régie interne, former des comités et en déterminer les attributions.

[1996, c. 54, a. 175].

176. Le Conseil fournit au ministre tout rapport ou renseignement qu'il requiert sur ses activités.

[1996, c. 54, a. 176].

Chapitre II —— Fonctions et pouvoirs

177. Outre celles qui lui sont confiées par la loi, le Conseil exerce les fonctions suivantes à l'égard du Tribunal administratif du Québec ou de ses membres:

1° (*supprimé*);

2° édicter un code de déontologie applicable aux membres du Tribunal;

3° recevoir et examiner toute plainte formulée contre un membre en application du chapitre IV;

4° faire enquête, à la demande du ministre ou du président du Tribunal, en vue de déterminer si un membre est atteint d'une incapacité permanente;

5° faire enquête, à la demande du ministre, sur tout manquement invoqué pour révoquer le président ou un vice-président du Tribunal de sa charge administrative dans le cas prévu à l'article 66;

6° (*supprimé*).

Le Conseil peut également faire rapport au ministre sur toute question que ce dernier lui soumet et lui faire des recommandations quant à l'administration de la justice administrative par les organismes de l'Administration dont les présidents sont membres du Conseil.

[1996, c. 54, a. 177; 2002, c. 22, a. 20; 2005, c. 17, a. 21].

178. Le Conseil publie annuellement à la *Gazette officielle du Québec* la liste des ministères et des organismes qui constituent l'Administration gouvernementale au sens de l'article 3, de même que les organismes et autorités décentralisées visés par l'article 9.

[1996, c. 54, a. 178].

179. Le Conseil peut, par règlement, édicter des règles de preuve et de procédure applicables à la conduite de ses enquêtes. Ce règlement est soumis à l'approbation du gouvernement.

[1996, c. 54, a. 179].

Chapitre III —— Déontologie

179.1. Les membres du Tribunal doivent exercer utilement leurs fonctions, maintenir leur compétence et agir avec diligence. Ils doivent éviter de se placer dans une situation qui porte atteinte à cet exercice et

1405

avoir un comportement pleinement compatible avec les exigences d'honneur, de dignité et d'intégrité qui s'attachent à l'exercice des fonctions juridictionnelles.

[2005, c. 17, a. 22].

180. Le Conseil édicte par règlement, après consultation du président, des vice-présidents et des membres du Tribunal, un code de déontologie qui leur est applicable.

Ce code est soumis à l'approbation du gouvernement.

[1996, c. 54, a. 180].

181. Le code de déontologie énonce les règles de conduite et les devoirs des membres envers le public, les parties, leurs témoins et les personnes qui les représentent; il indique, notamment, les comportements dérogatoires à l'honneur, à la dignité ou à l'intégrité des membres. Il peut en outre déterminer les activités ou situations incompatibles avec la charge qu'ils occupent, leurs obligations concernant la révélation de leurs intérêts ainsi que les fonctions qu'ils peuvent exercer à titre gratuit.

Il énonce en outre des règles concernant le maintien des compétences des membres dans l'exercice de leurs fonctions.

Ce code de déontologie peut prévoir des règles particulières pour les membres à temps partiel.

[1996, c. 54, a. 181; 2005, c. 17, a. 23].

Chapitre IV ━━ Plaintes

182. Toute personne peut porter plainte au Conseil contre un membre du Tribunal pour un manquement au code de déontologie, à un devoir imposé par la présente loi ou aux prescriptions relatives aux conflits d'intérêts ou aux fonctions incompatibles.

[1996, c. 54, a. 182].

183. La plainte doit être écrite et exposer sommairement les motifs sur lesquels elle s'appuie.

Elle est transmise au siège du Conseil.

[1996, c. 54, a. 183].

184. Lorsque la plainte est portée par un membre du Conseil, ce membre ne peut participer à l'examen de la plainte.

[1996, c. 54, a. 184].

184.1. Le Conseil transmet une copie de la plainte au membre qui en fait l'objet et peut lui demander des explications.

[2002, c. 22, a. 21].

184.2. Sauf si la plainte est portée par le ministre, le Conseil constitue un comité, formé de sept de ses membres, chargé d'examiner la recevabilité des plaintes.

Trois d'entre eux sont choisis parmi les membres du Conseil visés au paragraphe 9° de l'article 167; les autres le sont parmi les membres représentant chacun des organismes de l'Administration dont le président est membre du Conseil.

[2002, c. 22, a. 21; 2005, c. 17, a. 24].

184.3. Le comité peut requérir de toute personne les renseignements qu'il estime nécessaires et prendre connaissance du dossier pertinent même s'il est confidentiel en vertu de l'article 89.

[2005, c. 17, a. 24].

185. Le comité peut rejeter toute plainte manifestement non fondée.

Il transmet copie de sa décision motivée au plaignant et au Conseil.

[1996, c. 54, a. 185; 2005, c. 17, a. 25].

186. Le Conseil, si la plainte a été considérée recevable ou si elle est portée par le ministre, en transmet copie au membre et, s'il y a lieu, au ministre.

Le Conseil constitue un comité d'enquête, formé de trois membres, chargé de faire enquête sur la plainte et de statuer sur celle-ci au nom du Conseil.

Deux d'entre eux sont choisis parmi les membres du Conseil visés aux paragraphes 3° à 9° de l'article 167, dont l'un au moins n'exerce pas une profession juridique et n'est pas membre de l'un des organismes de l'Administration dont le président est membre du Conseil. Le troisième est le membre du Conseil visé au paragraphe 2° ou choisi à partir d'une liste établie par le président du Tribunal après consultation de l'ensemble de ses membres. En ce dernier cas, si le comité juge la plainte fondée, ce membre participe également aux délibérations du Conseil pour déterminer la sanction.

[1996, c. 54, a. 186; 2002, c. 22, a. 22; 2005, c. 17, a. 26].

187. Le Conseil désigne parmi les membres du comité qui sont avocats ou notaires un président; ce dernier convoque les séances du comité.

[1996, c. 54, a. 187].

188. Aux fins d'une enquête, le comité d'enquête et ses membres sont investis des pouvoirs et de l'immunité des commissaires nommés en vertu de la *Loi sur les commissions d'enquête* (chapitre C-37), sauf du pouvoir d'ordonner l'emprisonnement.

[1996, c. 54, a. 188].

189. Le Conseil, si un motif impérieux le requiert, peut, après consultation du comité d'enquête, suspendre le membre pour la durée de l'enquête.

[1996, c. 54, a. 189].

190. Après avoir donné au membre qui fait l'objet de la plainte, au ministre et au plaignant l'occasion d'être entendus, le comité statue sur la plainte.

S'il estime que la plainte est fondée, il peut recommander soit la réprimande, soit la suspension avec ou sans rémunération pour la durée qu'il détermine, soit la destitution.

Le comité transmet au Conseil son rapport d'enquête et ses conclusions motivées accompagnées, le cas échéant, de ses recommandations quant à la sanction.

[1996, c. 54, a. 190].

191. Le Conseil transmet ensuite copie du rapport d'enquête et des conclusions du comité au membre qui fait l'objet de la plainte, au plaignant et au ministre.

[1996, c. 54, a. 191].

192. Si le comité a jugé que la plainte est fondée, le Conseil, selon la recommandation du comité, soit adresse une réprimande au membre et en avise le ministre et le plaignant, soit transmet au ministre la recommandation de suspension ou de destitution et en avise le membre et le plaignant.

Lorsque la sanction recommandée est la destitution d'un membre, le Conseil peut immédiatement le suspendre pour une période de 30 jours.

[1996, c. 54, a. 192].

Chapitre V —— Incapacité permanente d'un membre et manquement dans l'exercice d'une charge administrative

193. Sur demande du ministre, dont il transmet copie au membre du Tribunal en cause, le Conseil constitue un comité d'enquête chargé, soit:

1° de déterminer, en son nom, si le membre est atteint d'une incapacité permanente qui l'empêche de remplir les devoirs de sa charge;

2° d'examiner le manquement invoqué pour révoquer le président ou un vice-président de sa charge administrative.

Dans un cas portant sur l'incapacité d'un membre, le Conseil agit également sur demande du président du Tribunal.

[1996, c. 54, a. 193].

194. La formation du comité et sa présidence obéissent aux mêmes règles que celles prévues aux deuxième et troisième alinéas de l'article 186 et à l'article 187; le comité et ses membres sont investis des pouvoirs et de l'immunité prévus à l'article 188.

[1996, c. 54, a. 194; 2002, c. 22, a. 23].

195. Le Conseil, si un motif impérieux le requiert, peut, après consultation du comité d'enquête, suspendre le membre, le président ou le vice-président en cause pour la durée de l'enquête.

[1996, c. 54, a. 195].

196. Après avoir donné au membre, au président ou au vice-président en cause et à la personne ayant fait une demande d'enquête l'occasion d'être entendus, le comité transmet ses conclusions motivées au Conseil.

S'il estime qu'il y a eu manquement dans l'exercice d'une charge administrative, le comité peut recommander la révocation de cette charge. Dans ce cas, il transmet au Conseil sa recommandation et son rapport d'enquête.

[1996, c. 54, a. 196].

197. Le Conseil transmet au membre, au président ou au vice-président en cause et à la personne ayant fait une demande d'enquête copie des conclusions du comité.

Le cas échéant, il leur transmet en outre la recommandation et le rapport d'enquête du comité.

[1996, c. 54, a. 197].

198. Les sommes requises pour l'application du présent titre sont prises sur les sommes accordées annuellement par l'Assemblée nationale.

[1996, c. 54, a. 198].

Chapitre VI —— (*Intitulé abrogé* [1997, c. 43, a. 870])

199. Le ministre de la Justice est responsable de l'application de la présente loi.

[1996, c. 54, a. 199].

200. Le ministre doit, au plus tard le 1er avril 2003, faire au gouvernement un rapport sur la mise en œuvre de la présente loi et sur l'opportunité, le cas échéant, de la modifier.

Ce rapport est déposé dans les quinze jours suivants devant l'Assemblée nationale si elle siège ou, si elle ne siège pas, dans les quinze jours de la reprise de ses travaux.

Dans l'année qui suit la date de ce dépôt, la commission compétente de l'Assemblée nationale procède à l'étude du rapport et elle entend à ce sujet les observations des personnes et organismes intéressés.

[1996, c. 54, a. 200].

200.1. Le ministre doit, au plus tard le 1er avril 2006, faire au gouvernement un rapport sur la mise en œuvre du délai de 180 jours prévu à l'article 118.1 de la loi ainsi que sur l'opportunité, le cas échéant, de proposer les modifications qu'il juge utiles.

Le ministre établit les indicateurs lui permettant d'évaluer les résultats de la mise en œuvre de ce délai.

Les deuxième et troisième alinéas de l'article 200 s'appliquent à ce rapport.

[2002, c. 22, a. 24].

201. (*Omis*).

[1996, c. 54, a. 201].

L'article 24 sera modifié lors de l'entrée en vigueur de l'article 10 du chapitre 77 des lois de 1997 à la date fixée par le gouvernement.

L'annexe III sera modifiée lors de l'entrée en vigueur de l'article 31 du chapitre 21 des lois de 2009 à la date fixée par le gouvernement.

L'article 119 et l'article 3 de l'annexe I seront modifiés lors de l'entrée en vigueur des articles 33 et 34 du chapitre 27 des lois de 2011 le 30 novembre 2012.

L'annexe II sera modifiée lors de l'entrée en vigueur de l'article 235 du chapitre 21 des lois de 2011 le 19 octobre 2012.

Les dispositions mentionnées comme non en vigueur (trame grise) entreront en vigueur à la date fixée par le gouvernement (2002, c. 22, a. 42; 2009, c. 45, a. 53).

1. En matière de sécurité ou soutien du revenu, d'aide et d'allocations sociales, la section des affaires sociales connaît des recours suivants:

1° les recours contre les décisions concernant le droit à une allocation, formés en vertu de l'article 20 de la *Loi sur les allocations d'aide aux familles* (chapitre A-17);

1.1° les recours formés en vertu de l'article 40 de la *Loi sur l'assurance parentale* (chapitre A-29.011);

2° les recours formés en vertu de l'article 48 de la *Loi assurant l'exercice des droits des personnes handicapées* (chapitre E-20.1);

2.1° les recours contre les décisions concernant le droit à une prestation, formés en vertu de l'article 28 de la *Loi sur les prestations familiales* (chapitre P-19.1);

3° les recours formés en vertu des articles 112 ou 118 de la *Loi sur l'aide aux personnes et aux familles* (chapitre A-13.1.1) ou de l'article 18 de la *Loi sur l'Office de la sécurité du revenu des chasseurs et piégeurs cris* (chapitre O-2.1);

4° (*supprimé*);

5° les recours contre les décisions concernant l'exonération d'un paiement, formés en vertu de l'article 517 de la *Loi sur les services de santé et les services sociaux* (chapitre S-4.2) et les recours contre les décisions concernant l'exonération d'un paiement ou le paiement d'une allocation de dépenses, formés en vertu de l'article 162 de la *Loi sur les services de santé et les services sociaux pour les autochtones cris* (chapitre S-5);

6° les recours formés en vertu de l'article 16.4 de la *Loi sur la Société de l'assurance automobile du Québec* (chapitre S-11.011);

7° les recours contre les décisions relatives au droit de recevoir un montant au titre d'un paiement de soutien aux enfants en vertu de la section II.11.2 du chapitre III.1 du titre III du livre IX de la partie I de la *Loi sur les impôts* (chapitre I-3) formés en vertu de l'article 1029.8.61.41 de cette loi.

2. En matière de protection des personnes dont l'état mental présente un danger pour elles-mêmes ou pour autrui, la section des affaires sociales connaît des recours formés en vertu de l'article 21 de la *Loi sur la protection des personnes dont l'état mental présente un danger pour elles-mêmes ou pour autrui* (chapitre P-38.001).

2.1. En matière de mesures visant un accusé qui fait l'objet d'un verdict de non-responsabilité criminelle pour cause de troubles mentaux ou qui a été déclaré inapte à subir son procès, la section des affaires sociales connaît des cas soumis à une commission d'examen en vertu des articles 672.38 et suivants du *Code criminel* (L.R.C. (1985), ch. C-46).

3. En matière de services de santé et de services sociaux, d'éducation et de sécurité routière, la section des affaires sociales connaît des recours suivants:

0.1° les recours formés en vertu de l'article 35 de la *Loi sur les activités cliniques et de recherche en matière de procréation assistée* (chapitre A-5.01);

1° les recours formés par les fabricants ou les grossistes en médicaments en vertu de l'article 68 de la *Loi sur l'assurance-médicaments* (chapitre A-29.01);

2° les recours contre les décisions de la Régie de l'assurance maladie du Québec, formés en vertu des articles 18.4 ou 50 de la *Loi sur l'assurance maladie* (chapitre A-29);

2.1° les recours formés en vertu de l'article 83.4 de la *Charte de la langue française* (chapitre C-11);

2.1.1° les recours formés en vertu de l'article 202.6.11 du *Code de la sécurité routière* (chapitre C-24.2);

2.1.2° les recours formés en vertu de l'article 209.14 du *Code de la sécurité routière*;

2.2° les recours formés en vertu du paragraphe 1° de l'article 560 du *Code de la sécurité routière* (chapitre C-24.2);

2.3° les recours formés en vertu de l'article 121.1 de la *Loi sur l'enseignement privé* (chapitre E-9.1);

3° les recours formés en vertu de l'article 20 de la *Loi assurant l'exercice des droits des personnes handicapées en vue de leur intégration scolaire, professionnelle et sociale* (chapitre E-20.1);

4° (*supprimé*);

5° les recours formés en vertu de l'article 44 de la *Loi assurant l'exercice des droits des personnes handicapées en vue de leur intégration scolaire, professionnelle et sociale*;

5.1° les recours formés en vertu de l'article 34.7 de la *Loi sur l'instruction publique* (chapitre I-13.3);

6° les recours contre les décisions relatives aux permis, formés en vertu de l'article 41 de la *Loi sur les laboratoires médicaux, la conservation des organes et des tissus et la disposition des cadavres* (chapitre L-0.2);

7° les recours formés en vertu de l'article 120 de la *Loi sur la santé et la sécurité du travail* (chapitre S-2.1);

8° les recours formés en vertu des articles 104, 105.1 ou 105.2 de la *Loi sur les services de garde éducatifs à l'enfance* (chapitre S-4.1.1);

8.1° les recours formés en vertu des articles 57 ou 73 de la *Loi sur les services préhospitaliers d'urgence* (chapitre S-6.2);

9° les recours formés en vertu de l'article 27 de la *Loi sur les services de santé et les services sociaux* (chapitre S-4.2) ou du septième alinéa de l'article 7 de la *Loi sur les services de santé et les services sociaux pour les autochtones cris* (chapitre S-5);

10° les recours formés par des médecins, des dentistes ou des pharmaciens en vertu de l'article 132 de la *Loi sur les services de santé et les services sociaux pour les autochtones cris*;

11° les recours en contestation ou en annulation d'élection ou de nomination formés en vertu des articles 148, 530.16, 530.67 ou 530.97 de la *Loi sur les services de santé et les services sociaux* ou des articles 48 ou 59 de la *Loi sur les services de santé et les services sociaux pour les autochtones cris*;

12° les recours formés par des médecins ou des dentistes en vertu des articles 205 ou 252 de la *Loi sur les services de santé et les services sociaux*, par des pharmaciens en vertu de l'article 253 de cette loi ou par des sages-femmes en vertu de l'article 259.8 de cette loi;

12.01° les recours formés en vertu de l'article 305.1 de la *Loi sur les services de santé et les services sociaux* (chapitre S-4.2);

12.1° les recours formés par les requérants ou les titulaires d'une attestation temporaire ou d'un certificat de conformité en vertu de l'article 346.0.16 de la *Loi sur les services de santé et les services sociaux*;

13° les recours contre les décisions relatives aux permis, formés en vertu de l'article 450 de la *Loi sur les services de santé et les services sociaux* ou de l'article 148 de la *Loi sur les services de santé et les services sociaux pour les autochtones cris*;

14° les recours formés en vertu de l'article 453 de la *Loi sur les services de santé et les services sociaux* ou de l'article 182.1 de la *Loi sur les services de santé et les services sociaux pour les autochtones cris*.

4. En matière de régime des rentes, la section des affaires sociales connaît des recours suivants:

1° les recours contre les décisions rendues par la Régie des rentes, formés en vertu de l'article 188 de la *Loi sur le régime de rentes du Québec* (chapitre R-9);

2° (*supprimé*).

5. En matière d'indemnisation, la section des affaires sociales connaît des recours suivants:

1° les recours contre les décisions concernant le taux de diminution de capacité de travail, formés en vertu de l'article 65 de la *Loi sur les accidents du travail* (chapitre A-3) pour l'application de la *Loi visant à favoriser le civisme* (chapitre C-20) et de la *Loi sur l'indemnisation des victimes d'actes criminels* (chapitre I-6);

2° les recours contre les décisions concernant le droit à une compensation ou le quantum d'une compensation, formés en vertu de l'article 65 de la *Loi sur les accidents du travail* pour l'application de la *Loi visant à favoriser le civisme* et de la *Loi sur l'indemnisation des victimes d'actes criminels*;

2.1° les recours contre les décisions concernant la recevabilité d'une demande d'un proche d'une victime d'un acte criminel visé à l'article 5.1 de la *Loi sur l'indemnisation des victimes d'actes criminels* pour les services de réadaptation psychothérapeutique, formés en vertu de l'article 65 de la *Loi sur les accidents du travail* pour l'application de la *Loi sur l'indemnisation des victimes d'actes criminels*;

3° les recours formés en vertu de l'article 65 de la *Loi sur les accidents du travail* ou de l'article 12 de la *Loi sur l'indemnisation des victimes d'amiantose ou de silicose dans les mines et les carrières* (chapitre I-7) en application de l'article 579 de la *Loi sur les accidents du travail et les maladies professionnelles* (chapitre A-3.001);

4° les recours formés en vertu de l'article 83.49 de la *Loi sur l'assurance automobile* (chapitre A-25);

5° les recours contre les décisions concernant l'indemnisation des victimes d'immunisation, formés en vertu de l'article 76 de la *Loi sur la santé publique* (chapitre S-2.2);

5.1° les recours contre les décisions concernant l'indemnisation des victimes formés en vertu de l'article 54.7 de la *Loi sur Héma-Québec et sur le Comité de biovigilance* (chapitre H-1.1);

6° les recours contre les décisions concernant le droit du réclamant à une prestation ou le montant de celle-ci, formés en vertu de l'article 138 de la *Loi sur l'aide et l'indemnisation des victimes d'actes criminels* (chapitre A-13.2.1) pour l'application de cette loi et de la *Loi visant à favoriser le civisme*, à l'égard d'une demande en révision logée le (indiquer ici la date de l'entrée en vigueur du chapitre 54 des lois de 1993) ou après cette date.

6. En matière d'immigration, la section des affaires sociales connaît des recours contre les décisions du ministre responsable de l'application de la *Loi sur l'immigration au Québec* (chapitre I-0.2), formés en vertu de l'article 17 de cette loi.

[1996, c. 54, Annexe I; 1997, c. 49, a. 11; 1997, c. 57, a. 60; 1997, c. 43, a. 871; 1997, c. 75, a. 60; 1998, c. 39, a. 195; 1998, c. 36, a. 199; 1999, c. 24, a. 45; 1999, c. 45, a. 5; 1999, c. 89, a. 53; 2001, c. 9, a. 130; 2001, c. 29, a. 20; 2001, c. 60, a. 147, a. 166; 2001, c. 24, a. 107; 2002, c. 22, a. 25; 2002, c. 81, a. 19; 2002, c. 69, a. 129; 2004, c. 20, a. 191; 2004, c. 31, a. 69, 70; 2005, c. 1, a. 306; 2005, c. 17, a. 27; 2005, c. 47, a. 143; 2005, c. 32, a. 246; 2005, c. 16, a. 14; 2005, c. 15, a. 158; 2006, c. 41, a. 7; 2009, c. 24, a. 93; 2009, c. 30, a. 50, a. 58; 2010, c. 39, a. 23; 2009, c. 45, a. 6; 2010, c. 34, a. 101; 2011, c. 27, a. 34].

**ANNEXE II ——— LA SECTION DES
AFFAIRES IMMOBILIÈRES**

La section des affaires immobilières connaît des recours suivants:

1° les recours formés en vertu de l'article 117.7 de la *Loi sur l'aménagement et l'urbanisme* (chapitre A-19.1);

2° les recours formés en vertu de l'article 20 du *Code d'éthique et de déontologie des membres de l'Assemblée nationale* (chapitre C-23.1) pour déterminer le prix ou l'indemnité découlant de l'acquisition d'un immeuble appartenant à un député;

3° (*supprimé*);

3.0.1° (*supprimé*);

3.1° (*supprimé*);

3.2° (*supprimé*);

3.3° les recours formés en vertu de l'article 104 de la *Loi sur la Communauté métropolitaine de Montréal* (chapitre C-37.01);

3.4° les recours formés en vertu de l'article 97 de la *Loi sur la Communauté métropolitaine de Québec* (chapitre C-37.02);

3.5° les recours formés en vertu de l'article 74 de la *Loi sur les compétences municipales* (chapitre C-47.1);

3.6° les recours, formés en vertu de l'article 107 de la *Loi sur les compétences municipales*, pour fixer l'indemnité visant à réparer le préjudice causé lorsqu'une municipalité régionale de comté exerce sa compétence en matière de cours d'eau;

4° les recours formés en vertu de la *Loi sur l'expropriation* (chapitre E-24) pour déterminer le montant des indemnités découlant de l'imposition des réserves pour fins publiques et de l'expropriation d'immeubles ou de droits réels immobiliers;

5° les recours formés en vertu du chapitre X de la *Loi sur la fiscalité municipale* (chapitre F-2.1);

6° (*supprimé*);

7° (*supprimé*);

8° (*supprimé*);

9° les recours formés en vertu de l'article 13 de la *Loi sur le régime des eaux* (chapitre R-13) pour évaluer et fixer les dommages subis;

10° les recours formés en vertu des articles 45, 137 ou 191.29 de la *Loi sur le régime des terres dans les territoires de la Baie James et du Nouveau-Québec* (chapitre R-13.1) pour déterminer l'indemnité découlant d'une expropriation;

11° (*supprimé*);

12° les recours formés en vertu des articles 184 et 192 de l'annexe C de la *Charte de la Ville de Montréal* (chapitre C-11.4);

13° les recours formés en vertu des articles 56 et 86 de l'annexe C de la *Charte de la Ville de Québec* (chapitre C-11.5);

14° les recours formés en vertu de l'article 13 de la *Loi concernant la reconstruction et le réaménagement de territoires affectés par les pluies diluviennes survenues les 19 et 20 juillet 1996 dans la région du Saguenay-Lac-Saint-Jean* (L.Q. 1997, c. 60);

15° les recours formés en vertu de l'article 9 de la *Loi concernant la Ville de Varennes* (L.Q. 1997, c. 106);

16° les recours formés en vertu de l'article 9 de la *Loi concernant la Ville de Saint-Basile-le-Grand* (L.Q. 1999, c. 97);

17° les recours formés en vertu de l'article 9 de la *Loi concernant la Ville de Contrecoeur* (L.Q. 2002, c. 95);

18° les recours formés en vertu de l'article 10 de la *Loi concernant la Ville de Brownsburg-Chatham, la Ville de Lachute et la Municipalité de Wentworth-Nord* (L.Q. 2004, c. 46).

[1996, c. 54, Annexe II; 1997, c. 43, a. 872; 2000, c. 56, a. 164; 2001, c. 68, a. 67; 2002, c. 22, a. 26; 2005, c. 6, a. 222; 2005, c. 17, a. 28; 2006, c. 31, a. 104; 2011, c. 21, a. 235].

La section du territoire et de l'environnement connaît des recours suivants:

0.1° les recours contre les décisions de la Commission de protection du territoire agricole, formés en vertu de l'article 34 de la *Loi sur l'acquisition de terres agricoles par des non-résidents* (chapitre A-4.1);

1° (*supprimé*);

1.1° (*supprimé*);

1.2° les recours contre les décisions ou ordonnances de la Communauté métropolitaine de Montréal ou, en cas de délégation, d'un directeur de service ou d'un fonctionnaire formés en vertu des articles 159.2 ou 159.14 de la *Loi sur la Communauté métropolitaine de Montréal* (chapitre C-37.01);

1.3° les recours contre les décisions ou ordonnances de la Ville de Québec ou, en cas de délégation, du comité exécutif ou d'un directeur de service formés en vertu de l'article 104 de la *Charte de la Ville de Québec* (chapitre C-11.5);

1.4° les recours contre les décisions ou ordonnances de la Ville de Gatineau ou, en cas de délégation, du comité exécutif ou d'un directeur de service formés en vertu de l'article 66 de la *Charte de la Ville de Gatineau* (chapitre C-11.1);

2° les recours contre les décisions ou ordonnances de la Commission de protection du territoire agricole du Québec, formés en vertu de l'article 21.1 de la *Loi sur la protection du territoire et des activités agricoles* (chapitre P-41.1);

2.1° les recours contre les décisions prises par le ministre des Transports, formés en vertu de l'article 10.1 de la *Loi sur la publicité le long des routes* (chapitre P-44);

3° les recours contre les décisions ou ordonnances rendues par le ministre du Développement durable, de l'Environnement et des Parcs, formés en vertu de l'article 9 de la *Loi concernant la délimitation du domaine hydrique de l'État et la protection de milieux humides le long d'une partie de la rivière Richelieu* (L.Q. 2009, c. 31), des articles 24 et 64 de la *Loi sur la conservation du patrimoine naturel* (chapitre C-61.01), des articles 31.100, 96 ou 96.1 de la *Loi sur la qualité de l'environnement* (chapitre Q-2) ou de l'article 68 de la *Loi sur les pesticides* (chapitre P-9.3);

4° les recours contre les décisions du ministre prises en vertu des articles 12, 14, 17, 23 et 25 de la *Loi sur la sécurité des barrages* (chapitre S-3.1.01);

5° (*supprimé*);

6° les recours formés en vertu de l'article 27 de la *Loi sur la voirie* (chapitre V-9).

[1996, c. 54, Annexe III; 1996, c. 26, a. 85; 1997, c. 43, a. 873; 1999, c. 36, a. 158; 2000, c. 9, a. 48; 2000, c. 56, a. 165; 2001, c. 14, a. 24; 2002, c. 22, a. 27; 2002, c. 74, a. 81; 2005, c. 17, a. 29; 2006, c. 3, a. 35; 2009, c. 31, a. 29; 2009, c. 21, a. 31; 2010, c. 30, a. 125; 2011, c. 20, a. 52].

La section des affaires économiques connaît des recours formés en vertu:

1° de l'article 17 de la *Loi sur les agents de voyages* (chapitre A-10);

1.1° de l'article 48 de la *Loi sur l'aquaculture commerciale* (L.Q. 2003, c. 23);

2° de l'article 45 de la *Loi sur les arrangements préalables de services funéraires et de sépulture* (chapitre A-23.001);

3° (*supprimé*);

4° de l'article 366 de la *Loi sur les assurances* (chapitre A-32);

4.0.1° de l'article 17 de la *Loi sur le Bureau d'accréditation des pêcheurs et des aide-pêcheurs du Québec* (chapitre B-7.1);

4.1° (*supprimé*);

5° de l'article 154 de la *Loi sur le cinéma* (chapitre C-18.1);

6° du paragraphe 2° de l'article 560 du *Code de la sécurité routière* (chapitre C-24.2);

7° de l'article 485 de la *Loi sur les sociétés par actions* (chapitre S-31.1);

7.1° de l'article 25.1 de la *Loi sur les coopératives de services financiers* (chapitre C-67.3);

8° de l'article 26 de la *Loi sur le développement des entreprises québécoises dans le domaine du livre* (chapitre D-8.1);

9° de l'article 15 de la *Loi sur les établissements d'hébergement touristique* (chapitre E-15.1);

9.1° (*supprimé*);

10° (*supprimé*);

11° de l'article 26 de la *Loi sur les matériaux de rembourrage et les articles rembourrés* (chapitre M-5);

12° de l'article 22 de la *Loi sur les mesureurs de bois* (chapitre M-12.1);

13° des articles 36.14 et 36.16 de la *Loi sur le ministère de l'Agriculture, des Pêcheries et de l'Alimentation* (chapitre M-14);

13.1° de l'article 191.1 de la *Loi sur la mise en marché des produits agricoles, alimentaires et de la pêche* (chapitre M-35.1);

14° de l'article 21 de la *Loi sur les pêcheries commerciales et la récolte commerciale de végétaux aquatiques* (chapitre P-9.01);

14.1° de l'article 51.1 de la *Loi sur les producteurs agricoles* (chapitre P-28);

15° de l'article 17 de la *Loi sur les produits alimentaires* (chapitre P-29);

15.1° (*supprimé*);

15.2° (*supprimé*);

16° de l'article 339 de la *Loi sur la protection du consommateur* (chapitre P-40.1);

17° de l'article 55.35 de la *Loi sur la protection sanitaire des animaux* (chapitre P-42);

17.1° de l'article 139 de la *Loi sur la publicité légale des entreprises* (chapitre P-44.1);

18° de l'article 35 de la *Loi sur le recours collectif* (chapitre R-2.1);

19° de l'article 36 de la *Loi sur le recouvrement de certaines créances* (chapitre R-2.2);

19.1° de l'article 40.1 de la *Loi sur la Régie des alcools, des courses et des jeux* (chapitre R-6.1);

20° (*supprimé*);

20.1° de l'article 243 de la *Loi sur les régimes complémentaires de retraite* (chapitre R-15.1);

20.2° de l'article 22.3 de la *Loi sur les régimes supplémentaires de rentes* (chapitre R-17);

20.2.1° de l'article 112 de la *Loi sur les régimes volontaires d'épargne-retraite* (chapitre R-17.0.1);

20.3° de l'article 52.13 de la *Loi sur la sécurité civile* (chapitre S-2.3);

21° de l'article 53.1 de la *Loi sur la sécurité dans les sports* (chapitre S-3.1);

22° de l'article 36 de la *Loi sur la Société des alcools du Québec* (chapitre S-13);

22.1° de l'article 5.7 de la *Loi sur les sociétés agricoles et laitières* (chapitre S-23);

22.2° de l'article 18 de la *Loi sur les sociétés d'horticulture* (chapitre S-27);

23° de l'article 251 de la *Loi sur les sociétés de fiducie et les sociétés d'épargne* (chapitre S-29.01);

24° de l'article 22 de la *Loi sur la transformation des produits marins* (chapitre T-11.01);

24.1° de l'article 85 de la *Loi concernant les services de transport par taxi* (chapitre T-11.01);

25° de l'article 51 de la *Loi sur les transports* (chapitre T-12);

26° (*supprimé*);

27° (*supprimé*);

28° de l'article 23.1 de la *Loi favorisant le développement de la formation de la main-d'œuvre* (chapitre D-7.1);

29° de l'article 38 de la *Loi concernant les propriétaires et exploitants de véhicules lourds* (chapitre P-30.3);

30° (*supprimé*);

31° de l'article 37 de la *Loi sur la sécurité privée* (chapitre S-3.5).

[1996, c. 54, Annexe IV; 1997, c. 43, a. 874; 1997, c. 20, a. 16; 1997, c. 64, a. 20; 1998, c. 40, a. 172; 1999, c. 32, a. 32; 1999, c. 50, a. 68; 2000, c. 26, a. 64; 2000, c. 49, a. 28; 2000, c. 53, a. 65; 2000, c. 10, a. 22; 2001, c. 38, a. 98; 2002, c. 22, a. 28; 2003, c. 23, a. 72; 2004, c. 37, a. 82; 2005, c. 17, a. 30; 2005, c. 10, a. 68; 2006, c. 23, a. 125; 2008, c. 18, a. 88; 2009, c. 48, a. 25; 2009, c. 52, a. 594; 2010, c. 7, a. 214; 2013, c. 26, a. 132].

RÈGLES DE PROCÉDURE DU TRIBUNAL ADMINISTRATIF DU QUÉBEC,

D. 1217-99, (1999) 131 *G.O.* II, 5616 [c. J-3, r. 3].

Loi sur la justice administrative, RLRQ, c. J-3, a. 109

1. Les présentes règles s'appliquent à tous les recours formés devant le Tribunal à l'exception de ceux relevant de la section des affaires sociales agissant en qualité de commission d'examen au sens du *Code criminel* (L.R.C. (1985), ch. C-46).

2. Le secrétariat du Tribunal est ouvert au public du lundi au vendredi, les jours juridiques, de 8 h 30 à 16 h 30.

3. Les jours non juridiques sont les suivants:

1° les samedis et les dimanches;

2° les 1er et 2 janvier;

3° le vendredi saint;

4° le lundi de Pâques;

5° le lundi qui précède le 25 mai;

6° le 24 juin;

7° le 1er juillet;

8° le premier lundi de septembre;

9° le deuxième lundi d'octobre;

10° les 24, 25, 26 et 31 décembre;

11° tout autre jour férié fixé par le gouvernement.

4. Lorsque la date fixée pour accomplir un acte tombe un jour non juridique, il peut être valablement fait le premier jour juridique suivant.

5. Dans le calcul des délais, le jour qui marque le point de départ n'est pas compté et, sauf pour les délais en jours francs, celui de l'échéance l'est.

Les jours non juridiques sont comptés mais le délai qui expirerait normalement un tel jour est prolongé jusqu'au premier jour juridique suivant.

6. La requête introductive du recours ainsi que les documents et avis qui doivent être déposés au Tribunal peuvent l'être de l'une ou l'autre des manières suivantes:

1° par leur remise au secrétariat du Tribunal et, dans le cas de la requête introductive du recours, à tout greffe de la Cour du Québec;

2° par la poste, à l'adresse du secrétariat du Tribunal;

3° par télécopieur, au secrétariat du Tribunal;

4° par courrier électronique, à l'adresse du secrétariat du Tribunal, dans la mesure où ce moyen est disponible.

7. La date du dépôt d'un document est celle de sa réception au secrétariat du Tribunal ou au greffe de la Cour du Québec, selon le cas.

8. Lorsque la requête introductive du recours est reçue par courrier électronique, le secrétariat du Tribunal la matérialise sur support papier en y portant la date de sa réception. Une copie en est transmise au demandeur à titre d'accusé de réception de la demande et de confirmation de son contenu, accompagnée d'un avis l'informant qu'en cas d'erreur, il lui appartient de la corriger par écrit dans le délai indiqué.

9. Lorsque des droits, des honoraires ou d'autres frais sont établis pour le dépôt d'un document, celui-ci n'est valablement déposé que sur paiement de tels frais.

Toutefois, dans le cas de la requête introductive d'un recours, le requérant qui n'a acquitté qu'une partie des droits, honoraires ou frais établis a trente jours de la réception de la requête par le Tribunal pour parfaire le paiement.

10. La requête introductive du recours doit être présentée par écrit. Elle peut l'être au moyen du formulaire proposé par le Tribunal.

La requête:

1° indique le nom et l'adresse du requérant, son numéro de téléphone et, le cas échéant, son adresse électronique et le numéro de son télécopieur;

2° indique, si le requérant est représenté, le nom et l'adresse du représentant, son numéro de téléphone et, le cas échéant, son adresse électronique et le numéro de son télécopieur;

3° expose sommairement les motifs invoqués au soutien du recours;

4° mentionne les conclusions recherchées.

La décision contestée ou les documents reliés aux faits qui donnent ouverture au recours doivent être joints à la requête. À défaut, la requête indique:

1° si l'objet du recours est une décision:

    a) le nom de l'autorité qui a pris la décision;

    b) la date de cette décision;

    c) le numéro de dossier attribué par cette autorité.

2° si l'objet du recours n'est pas une décision, les faits qui y donnent ouverture.

La requête est signée par le requérant ou son représentant.

11. Toute autre demande présentée au Tribunal doit l'être par écrit et une copie doit être transmise aux autres parties.

La demande indique le nom des parties, le numéro de dossier du Tribunal, les motifs invoqués à son soutien et les conclusions recherchées.

Si le demandeur n'est pas une des parties, la demande indique son nom, son adresse, son numéro de téléphone et, le cas échéant, son adresse électronique et le numéro de son télécopieur. Si le demandeur est représenté, la demande indique aussi ceux de son représentant.

La demande est signée par le demandeur ou son représentant.

Toutefois, une demande peut être présentée verbalement si le Tribunal l'autorise.

12. Toute autre communication écrite d'une partie avec le Tribunal doit être transmise par celle-ci aux autres parties.

13. Toute partie et tout représentant doit sans délai informer le secrétariat du Tribunal d'un changement d'adresse ou de numéro de téléphone.

14. Lorsqu'un plan général des immeubles à exproprier est déposé au Tribunal en application de l'article 39 de la *Loi sur l'expropriation* (chapitre E-24), un appendice indiquant pour chaque immeuble son numéro de cadastre, la nature du droit exproprié et le nom de son dernier titulaire connu doit y être annexé.

Tout avis d'expropriation relatif à un plan général et produit après dépôt de ce plan doit faire référence au numéro de dossier de ce plan.

15. Les documents pertinents à une contestation en fiscalité municipale dont une copie doit être transmise en application du second alinéa de l'article 114 de la *Loi sur la justice administrative* (chapitre J-3) sont, outre la demande de révision et la proposition ou la décision de l'évaluateur, les documents qui lui sont remis à l'occasion de cette révision et ceux auxquels sa proposition ou sa décision réfère, de même que, le cas échéant, tout certificat de l'évaluateur émis depuis la date du dépôt de la requête introductive du recours.

16. Toute personne qui justifie d'un intérêt suffisant peut, sur autorisation du Tribunal et aux conditions qu'il fixe, intervenir dans une instance, avant que la décision sur le recours soit rendue.

Dans le cas d'un recours formé en application de la *Loi sur la qualité de l'environnement* (chapitre Q-2), la personne qui intervient à l'instance doit déposer au Tribunal un avis à cet effet au moins 30 jours avant la date fixée pour l'audience.

17. Toute partie à un recours peut, sur autorisation du Tribunal et aux conditions qu'il fixe, y appeler un tiers dont la présence est nécessaire pour permettre une solution complète du litige.

Le Tribunal peut, d'office, ordonner la mise en cause de toute personne dont les intérêts peuvent être affectés par sa décision.

18. La partie est valablement appelée à l'audience par un avis expédié à sa dernière adresse indiquée au dossier du Tribunal.

L'avis est également transmis au représentant à sa dernière adresse.

19. La partie qui veut faire remettre l'audience doit présenter une demande au Tribunal dès que sont connus les motifs invoqués à son soutien.

La remise n'est accordée que si elle est fondée sur des motifs sérieux et que les fins de la justice sont ainsi mieux servies. Ainsi, aucune remise n'est accordée du seul consentement des parties.

20. La partie qui révoque son représentant ou qui lui en substitue un nouveau doit, sans délai, en aviser par écrit le Tribunal et les autres parties.

21. La personne qui accepte de représenter une partie après le dépôt de la requête doit, sans délai, en aviser par écrit le Tribunal et les autres parties.

22. La personne qui cesse de représenter une partie doit sans délai en aviser par écrit le Tribunal et les autres parties.

23. Lorsqu'une partie est représentée, les communications du Tribunal, à l'exception de la convocation à l'audience et de la communication de la décision, ne sont adressées qu'au représentant.

24. La partie qui veut qu'un témoin soit cité à comparaître, pour témoigner sur ce qu'il sait, pour produire quelque document ou pour les deux à la fois, complète la citation.

Il lui appartient de faire signifier la citation délivrée par un membre du Tribunal au moins cinq jours francs avant l'audience ou au moins dix jours francs avant ce moment, s'il s'agit d'une citation adressée à un ministre ou à un sous-ministre du gouvernement.

En cas d'urgence, un membre du Tribunal peut réduire le délai de signification de la citation; ce délai ne peut cependant être inférieur à 12 heures. Il en fait état sur la citation.

Une personne incarcérée ne peut être citée à comparaître que sur ordonnance d'un membre du Tribunal enjoignant au directeur ou au gardien, selon le cas, de la conduire devant lui pour y rendre témoignage.

25. La personne qui est entendue en qualité de témoin prête serment de dire la vérité.

Le témoin qui ne comprend pas la nature du serment en est cependant dispensé, sauf à être informé de son obligation de dire la vérité.

26. La partie qui a l'intention de produire en preuve le rapport d'un expert doit, à moins que le Tribunal n'en décide autrement, le déposer en deux exemplaires au secrétariat du Tribunal et en transmettre une copie aux autres parties à la date fixée par le Tribunal ou à défaut d'une telle date, au moins quinze jours avant la date fixée pour l'audience.

27. En matière de protection des personnes dont l'état mental présente un danger pour elles-mêmes ou pour autrui, l'établissement qui détient sous garde une personne doit fournir au Tribunal une copie de l'ordonnance de garde en établissement et de ses renouvellements, le cas échéant, ainsi que des rapports d'examens psychiatriques qui ont servi à son émission, au plus tard 24 heures avant la date fixée pour l'audience.

28. Dans les affaires relevant de la section des affaires immobilières, à moins que le Tribunal n'en décide autrement, nul témoin expert n'est entendu sauf si à la date fixée par le Tribunal ou à défaut, au plus tard 15 jours avant la date de l'audience, la partie qui a l'intention de la faire entendre a déposé au secrétariat du Tribunal son rapport en trois exemplaires, plus autant de copies qu'il y a d'autres parties et en a avisé celles-ci en même temps.

Une telle partie peut en obtenir copie auprès du secrétaire du Tribunal si elle a déjà déposé le rapport de son témoin expert ou déposé une déclaration écrite à l'effet qu'elle n'a pas l'intention de faire entendre de témoin expert.

Toutefois, dans le cas d'un recours formé en vertu du chapitre X de la *Loi sur la fiscalité municipale* (chapitre F-2.1), quand la valeur est inférieure à celle fixée conformément à l'article 33 de la *Loi sur la justice administrative* (chapitre J-3), un témoin expert peut être entendu sans que son rapport n'ait été préalablement déposé.

29. La partie qui a l'intention de produire des documents lors de l'audience doit en faire un nombre suffisant de copies pour le Tribunal et les autres parties.

30. Les personnes qui assistent à l'audience doivent observer une attitude digne et de respect envers la justice. Elles doivent s'abstenir de tout ce qui peut nuire au bon fonctionnement de l'audience.

31. Les débats à l'audience sont conservés par enregistrement sonore, à moins qu'une partie ne les fasse prendre, à ses frais, par un sténographe ou un sténotypiste.

Si une partie les fait transcrire, elle doit en fournir gratuitement une copie au Tribunal.

Les frais afférents à la prise des débats et à leur transcription font partie des dépens, dans les cas où le Tribunal peut en adjuger.

32. Le procès-verbal de l'audience est dressé selon le modèle établi par le Tribunal. Il comprend notamment les mentions suivantes :

1° le lieu, la date et l'heure du début et de la fin de l'audience;

2° les noms des membres du Tribunal;

3° les noms et adresses des parties et, le cas échéant, de leurs représentants et de leurs témoins;

4° le nom et l'adresse du responsable de l'enregistrement des débats;

5° le nom et l'adresse du sténographe et la mention qu'il a prêté serment;

6° le nom et l'adresse de l'interprète et la mention qu'il a prêté serment;

7° l'usage de la téléconférence et le consentement des parties à cet usage;

8° les diverses étapes de l'audience;

9° les pièces produites;

10° les incidents et les objections;

11° la date où un geste ou un acte doit être exécuté;

12° les décisions du Tribunal;

13° la date du début du délibéré.

33. À moins que la loi ne le prévoie autrement, le dépôt d'un désistement ou d'un avis indiquant qu'il n'y a plus de litige met fin à l'instance.

En matière d'expropriation, les parties déposent ensuite au secrétariat du Tribunal un document qui indique qu'une entente est intervenue, la date de celle-ci, ainsi que le montant détaillé de l'indemnité pour les immeubles, les meubles, les emprises, les dommages et les frais d'expertise, ou, au cas d'inexistence d'une entente écrite, s'il y a eu cession du droit exproprié, une copie de l'acte notarié la constatant. Si l'expropriant s'est porté acquéreur de l'immeuble visé par l'expropriation pour non-paiement de taxes, une copie du contrat de vente intervenu avec la municipalité est déposée.

34. Un accord entre les parties en vue de mettre fin au litige, constaté par écrit, peut être soumis au Tribunal afin d'être entériné.

35. La décision du Tribunal est transmise aux parties ainsi qu'à leurs représentants.

36. (*Omis*).

LOI FACILITANT LE PAIEMENT DES PENSIONS ALIMENTAIRES,

RLRQ, c. P-2.2

Chapitre I —— Champ d'application

1. Le paiement d'aliments accordés sous forme de pension à un créancier alimentaire en vertu d'un jugement exécutoire au Québec s'effectue de la manière et selon les modalités prévues par la présente loi.

Il en est de même dans le cas d'une pension alimentaire établie suivant une transaction et une déclaration commune de dissolution d'une union civile reçues devant notaire lorsque cette transaction le prévoit et est notifiée, avec la déclaration, au ministre ou lorsque celui-ci constate, sur demande du créancier et notification des documents, que le débiteur alimentaire est en défaut.

[1995, c. 18, a. 1; 2002, c. 6, a. 146].

2. Le débiteur alimentaire doit verser la pension et les arrérages, s'il en est, au ministre du Revenu au bénéfice du créancier alimentaire.

[1995, c. 18, a. 2].

3. Le tribunal peut exempter un débiteur de l'obligation prévue à l'article 2 dans les cas suivants:

1° si le débiteur alimentaire constitue une fiducie qui garantit le paiement de la pension;

2° si les parties en font conjointement la demande, s'il est convaincu que leur consentement est libre et éclairé et si le débiteur fournit une sûreté suffisante pour garantir le paiement de la pension pendant un mois.

Pour s'assurer du consentement libre et éclairé des parties, le tribunal peut les convoquer et les entendre, même séparément, en présence, le cas échéant, de leurs procureurs.

[1995, c. 18, a. 3; 1997, c. 81, a. 1].

3.1. Le tribunal peut également, si les parties en font conjointement la demande et s'il est convaincu que leur consentement est libre et éclairé, suspendre temporairement l'obligation prévue à l'article 2 et permettre le paiement de la pension directement au créancier alimentaire.

Cette suspension cesse au moment où la pension est perçue conformément à la loi. Toutefois, la durée de cette suspension ne peut excéder quatre mois du prononcé du jugement.

[1997, c. 81, a. 2].

4. Le débiteur exempté en vertu de l'article 3 doit transmettre au ministre un exemplaire de l'acte de fiducie ou lui fournir la sûreté dans les trente jours du prononcé du jugement.

Le débiteur tenu de fournir une sûreté doit la maintenir.

[1995, c. 18, a. 4; 1997, c. 81, a. 3; 2001, c. 55, a. 1].

5. L'exemption accordée par le tribunal cesse d'avoir effet pour la durée de la pension alimentaire:

1° lorsque le ministre constate que le débiteur a fait défaut de constituer la fiducie ou de fournir et maintenir la sûreté;

2° lorsque le ministre constate, sur demande du créancier, que le débiteur a fait défaut de payer un versement de pension alimentaire à l'échéance;

3° si les parties en font conjointement la demande.

Les demandes sont transmises au ministre par courrier recommandé ou certifié. Elles

1423

doivent être accompagnées des renseignements et des documents prévus par règlement.

[1995, c. 18, a. 5; 2001, c. 55, a. 2].

Chapitre II ⸻ Perception des pensions alimentaires

SECTION I ⸻ DISPOSITIONS GÉNÉRALES

6. Dès le prononcé d'un jugement qui accorde une pension alimentaire ou qui révise un tel jugement, le greffier du tribunal notifie au ministre les renseignements suivants:

1° la date d'exigibilité et le montant de la pension;

2° le montant des arrérages de pension, s'il en est;

3° l'indice d'indexation de la pension prévu au jugement, le cas échéant;

4° tout autre renseignement prévu par règlement.

Il lui transmet également les déclarations assermentées prévues à l'article 827.5 du *Code de procédure civile* (chapitre C-25), ainsi qu'une copie du jugement.

[1995, c. 18, a. 6].

7. Une pension alimentaire est perçue au moyen d'une retenue, d'un ordre de paiement ou des deux à la fois.

[1995, c. 18, a. 7].

8. Sur réception des documents mentionnés au deuxième alinéa de l'article 1, d'une demande transmise en vertu de l'article 5 ou des renseignements notifiés par le greffier, le ministre avise le débiteur du mode de perception qui lui est applicable.

Il en est de même lorsque le ministre constate le défaut de constituer la fiducie ou de fournir ou maintenir la sûreté. Il en informe alors le créancier.

[1995, c. 18, a. 8; 2001, c. 55, a. 3; 2002, c. 6, a. 147].

9. Le débiteur peut, dans les dix jours de cet avis, demander au ministre l'application d'un autre mode de perception s'il en satisfait les conditions.

Sous réserve de l'article 3.1, dès que la pension alimentaire est exigible, le débiteur doit la verser au ministre jusqu'à ce que la retenue ou l'ordre de paiement soit effectif.

[1995, c. 18, a. 9; 1997, c. 81, a. 4].

10. Le ministre peut, lorsqu'un versement de pension n'a pas été payé à l'échéance, inscrire au nom du créancier, conformément aux dispositions de l'article 2730 du *Code civil du Québec*, une hypothèque légale sur un bien du débiteur. Il en informe alors le créancier.

[1995, c. 18, a. 10].

SECTION II ⸻ RETENUES

11. Lorsqu'un montant est versé périodiquement au débiteur par une personne, le ministre perçoit la pension alimentaire au moyen d'une retenue qui s'effectue sur les montants et dans l'ordre suivants:

1° les traitements, salaires ou autres rémunérations;

2° les honoraires ou les avances sur une rémunération, sur des honoraires ou sur des profits;

3° les prestations accordées en vertu d'une loi au titre d'un régime de retraite ou d'un régime d'indemnisation;

4° les autres montants prévus par règlement.

Sont assimilées à une personne, la société en nom collectif, en commandite ou en participation, ainsi que l'association.

Lorsque la retenue peut s'effectuer sur des montants ayant le même ordre, elle s'effectue suivant leur importance par ordre décroissant.

[1995, c. 18, a. 11].

12. L'article 11 ne s'applique pas à un montant qui, en vertu de la loi, est insaisissable en totalité.

[1995, c. 18, a. 12].

13. La personne qui verse un montant périodique doit, à la demande du ministre, lui communiquer tout renseignement relatif à ce montant et permettant de déterminer la partie qui peut faire l'objet d'une retenue.

[1995, c. 18, a. 13].

14. Si une personne déclare que le débiteur est à son emploi mais sans rémunération ou si la rémunération déclarée est manifestement inférieure à la valeur des services rendus, le ministre peut évaluer ces services et fixer une juste rémunération, laquelle est présumée être versée périodiquement au débiteur aux fins de la détermination de la somme à retenir. Il en est de même lorsque le ministre a des motifs de croire qu'un débiteur est à l'emploi d'une personne qui déclare que ce n'est pas le cas.

[1995, c. 18, a. 14; 2001, c. 55, a. 4].

15. Le ministre détermine la somme qui peut être retenue en tenant compte des versements de pension alimentaire qui doivent être effectués, jusqu'à concurrence de la partie saisissable pour dette alimentaire telle que déterminée en application du deuxième alinéa de l'article 553 du *Code de procédure civile*. Il peut inclure dans cette somme, dans la proportion qu'il détermine, les arrérages de pension et les frais, s'il en est.

Pour les fins du calcul de cette somme, les montants visés aux paragraphes 2° à 4° du premier alinéa de l'article 11 sont réputés être du salaire.

[1995, c. 18, a. 15].

16. La personne qui verse un montant périodique doit, sur avis du ministre, retenir la somme qu'il détermine et la lui transmettre aux dates et suivant les modalités prévues à l'avis.

Le ministre transmet une copie de l'avis de retenue au débiteur alimentaire.

[1995, c. 18, a. 16].

17. Le débiteur alimentaire doit, en cas d'interruption ou de cessation de la retenue, verser au ministre le montant de la pension.

[1995, c. 18, a. 17].

18. La personne qui retient une somme en vertu de l'article 16 est réputée la détenir en fiducie pour le ministre et elle doit la tenir séparée de ses propres fonds.

En cas de faillite de cette personne ou de liquidation ou cession de ses biens, une somme ainsi retenue constitue un patrimoine d'affectation autonome et distinct qui ne fait pas partie des biens sujets à la faillite, liquidation ou cession, que cette somme ait été ou non, dans les faits, tenue séparée de ses propres fonds.

[1995, c. 18, a. 18].

19. Une retenue est tenante aussi longtemps que le montant périodique qui en fait l'objet est payable au débiteur.

Toutefois, le ministre donne mainlevée de la retenue à la personne qui l'effectue et en avise le débiteur alimentaire lorsque la pension devient payable par ordre de paiement ou lorsque le débiteur est libéré du paiement de la pension et qu'aucuns arrérages ni frais ne sont dus.

[1995, c. 18, a. 19].

20. La personne qui, malgré l'avis de retenue, néglige ou refuse de retenir la somme déterminée par le ministre devient, avec le débiteur alimentaire, solidairement débitrice de cette somme.

Par ailleurs, celle qui néglige ou refuse de remettre au ministre une somme qu'elle a retenue en devient débitrice.

[1995, c. 18, a. 20].

21. La personne qui effectue une retenue doit aviser le ministre lorsque le montant périodique qui en fait l'objet cesse d'être payable au débiteur.

[1995, c. 18, a. 21].

22. La personne qui reçoit un avis de retenue doit dénoncer au ministre l'existence de toute saisie-arrêt tenante à l'égard du débiteur alimentaire.

Dans ce cas, la retenue est suspendue tant que la saisie-arrêt demeure tenante. Le ministre doit produire sa réclamation au dossier de la saisie-arrêt conformément au *Code de procédure civile.*

[1995, c. 18, a. 22].

23. La personne qui retient une somme en vertu de l'article 16 doit dénoncer au ministre toute saisie-arrêt qui lui est signifiée postérieurement à l'avis de retenue. La retenue est alors réputée une saisie-arrêt depuis l'avis de retenue et le ministre doit aviser cette personne de déclarer et de déposer, au greffe du tribunal qui a accordé la pension alimentaire ou, dans le cas d'une pension visée au deuxième alinéa de l'article 1, au greffe du tribunal du domicile du débiteur alimentaire, la partie saisissable de ce qu'elle doit au débiteur, conformément au *Code de procédure civile.*

Le ministre doit également produire l'état de sa créance auprès du greffier du tribunal et en notifier le créancier saisissant, qui doit alors produire sa réclamation au dossier de la pension alimentaire.

[1995, c. 18, a. 23; 2002, c. 6, a. 148].

24. Lorsque le ministre agit comme réclamant ou saisissant, le greffier doit donner mainlevée de la saisie-arrêt dès que les autres créances ont été acquittées et en aviser le ministre, de même que le tiers-saisi. Les dispositions relatives à la retenue à la source s'appliquent dès ce moment, compte tenu des adaptations nécessaires.

[1995, c. 18, a. 24].

25. Pour les fins de la collocation, aucune saisie-arrêt prise en exécution d'une créance chirographaire postérieure au jugement initial accordant une pension alimentaire ou à la notification des documents mentionnés au deuxième alinéa de l'article 1 n'a d'effet à l'égard du montant réclamé par le ministre, sauf s'il s'agit d'une autre créance alimentaire.

[1995, c. 18, a. 25; 2002, c. 6, a. 149].

SECTION III — ORDRES DE PAIEMENT

26. Le ministre perçoit la pension alimentaire au moyen d'un ordre de paiement:

1° en l'absence d'un montant pouvant faire l'objet d'une retenue;

2° pour le reliquat, lorsque la retenue est insuffisante pour acquitter le montant de la pension;

3° sur demande du débiteur qui reçoit un montant périodique, en l'absence d'arrérages.

En ces cas, le débiteur doit fournir une sûreté au ministre et la maintenir, sauf lorsqu'il reçoit des prestations d'assurance-emploi du gouvernement fédéral ou des allocations d'aide à l'emploi versées par Emploi-Québec.

[1995, c. 18, a. 26; 2001, c. 55, a. 5].

27. Le ministre peut également percevoir la pension alimentaire au moyen d'un ordre de paiement lorsque, compte tenu des circonstances, la retenue ne lui assure pas la perception régulière de la pension.

[1995, c. 18, a. 27].

28. Le paragraphe 3° de l'article 26 cesse d'avoir effet pour la durée de la pension alimentaire si un versement de pension n'est pas payé à l'échéance.

[1995, c. 18, a. 28].

29. Le ministre détermine le montant qui doit être payé par le débiteur en tenant compte des versements de pension alimentaire qui doivent être effectués ainsi que, le cas échéant, de toute somme retenue conformément à l'article 16. Il peut inclure dans ce montant, dans la proportion qu'il détermine, les arrérages de pension et les frais, s'il en est.

Le débiteur doit payer au ministre le montant déterminé aux dates et suivant les modalités prévues à l'ordre de paiement.

[1995, c. 18, a. 29].

30. La sûreté exigée du débiteur doit garantir le paiement, pendant un mois, du montant de la pension alimentaire ou, le cas échéant, du reliquat.

Une nouvelle sûreté ou une sûreté additionnelle doit être fournie lorsque ce montant est modifié.

[1995, c. 18, a. 30; 2001, c. 55, a. 6].

31. Le ministre peut convenir avec le débiteur qui lui démontre son incapacité de fournir la sûreté exigée, de modalités assurant la constitution graduelle de celle-ci. Toutefois, un débiteur visé au paragraphe 3° du premier alinéa de l'article 26 ne peut bénéficier de telles modalités.

Par ailleurs, le ministre peut, lorsqu'il a des motifs raisonnables de croire que la situation financière du débiteur s'est améliorée, exiger le versement du reliquat de la sûreté ou convenir de nouvelles modalités.

Il peut à ces fins requérir du débiteur tout document ou renseignement, ainsi que les résultats de toute démarche effectuée auprès d'une institution financière en vue d'obtenir un prêt ou une sûreté.

[1995, c. 18, a. 31].

32. Le débiteur alimentaire qui fait défaut de constituer ou de maintenir la sûreté exigée est réputé ne pas avoir payé un versement de pension à l'échéance.

[1995, c. 18, a. 32].

SECTION IV — REMBOURSEMENT

33. Le créancier alimentaire qui reçoit du ministre un montant auquel il n'a pas droit, doit le lui rembourser.

[1995, c. 18, a. 33].

34. Lorsque le débiteur est libéré du paiement de la pension alimentaire et qu'aucuns arrérages ni frais ne sont dus, le ministre lui remet la sûreté non réalisée ou le reliquat de celle-ci.

Il fait de même lorsque la sûreté n'est plus exigée.

Lorsque l'exemption a été accordée depuis au moins deux ans, le ministre remet de même la sûreté au débiteur qui le demande

si le créancier y consent et qu'aucuns arrérages ni frais ne sont dus.

Des intérêts au taux légal sont remis annuellement au débiteur si la sûreté consiste en une somme d'argent.

[1995, c. 18, a. 34; 2012, c. 20, a. 52].

SECTION V — FRAIS

35. Le gouvernement peut imposer, dans les cas et aux conditions prévus par règlement, le paiement de frais relatifs à la perception d'arrérages de pension dus par le débiteur alimentaire ou d'un montant exigible d'une autre personne en vertu de la présente loi.

Lorsque des arrérages sont dus, les frais ne peuvent être perçus avant que tous ces arrérages n'aient été payés.

Ces frais portent intérêt au taux légal et sont exigibles malgré une annulation de la pension alimentaire.

[1995, c. 18, a. 35].

Chapitre III — Versement au créancier alimentaire

36. Le ministre verse deux fois par mois au créancier alimentaire le montant de la pension et des arrérages qu'il perçoit.

Il peut par ailleurs, dans les cas et aux conditions prévus par règlement, verser au créancier des sommes à titre de pension alimentaire pendant au plus trois mois, jusqu'à concurrence de 1 000 $. Ces sommes sont versées au nom du débiteur et sont recouvrables de celui-ci ou, le cas échéant, de la personne visée au deuxième alinéa de l'article 20.

Le gouvernement peut, par règlement, prévoir une augmentation du montant maximal que le ministre peut verser en vertu du deuxième alinéa ainsi qu'une augmentation de la période maximale durant laquelle ces versements sont autorisés.

[1995, c. 18, a. 36; 2011, c. 6, a. 224].

37. Lorsqu'un versement de pension n'est pas payé à l'échéance et que le débiteur a déposé une sûreté, le ministre la réalise et verse au créancier, sur le produit de celle-ci, le montant de la pension.

[1995, c. 18, a. 37].

Chapitre IV —— Fonds des pensions alimentaires

38. Est constitué au sein de l'Agence du revenu du Québec le Fonds des pensions alimentaires au crédit duquel sont portés:

1° les sommes perçues par le ministre en vertu de la présente loi;

2° les sommes versées au ministre à titre de sûretés;

3° les sommes perçues à même la réalisation des sûretés;

4° (*supprimé*);

5° les avances virées par le ministre des Finances en application du premier alinéa de l'article 54 de la *Loi sur l'administration financière* (chapitre A-6.001);

6° les sommes virées par l'Agence sur celles qui ont été virées au fonds relatif à l'administration fiscale institué en vertu de l'article 56 de la *Loi sur l'Agence du revenu du Québec* (chapitre A-7.003) et celles virées par un ministère ou un organisme budgétaire sur les crédits alloués à cette fin par le Parlement;

7° les intérêts produits par les sommes visées aux paragraphes 1° à 3°.

Les sommes visées au premier alinéa sont remises à l'Agence, en fidéicommis.

[1995, c. 18, a. 38; 2010, c. 31, a. 149; 2011, c. 18, a. 261].

39. Sont portées au débit du Fonds les sommes requises pour:

1° le versement des montants payables par le ministre en vertu de la présente loi;

2° le remboursement des sûretés qui consistent en des sommes d'argent ou du reliquat de celles-ci, ainsi que le paiement des intérêts qu'ils portent.

[1995, c. 18, a. 39; 2011, c. 18, a. 262].

40. (*Abrogé*).

[2011, c. 18, a. 263].

41. L'article 53, le deuxième alinéa de l'article 54, ainsi que les articles 55 et 56 de la *Loi sur l'administration financière* (chapitre A-6.001) ne s'appliquent pas au Fonds.

[1995, c. 18, a. 41; 2011, c. 18, a. 264].

42. (*Abrogé*).

[2010, c. 31, a. 150].

43. La gestion des sommes portées au crédit du Fonds est confiée à l'Agence du revenu du Québec.

[1995, c. 18, a. 43; 2000, c. 15, a. 139; 2010, c. 31, a. 151; 2011, c. 18, a. 265].

44.-45. (*Abrogés*).

[2011, c. 18, a. 266].

Chapitre V —— Recouvrement

46. La personne qui est redevable d'un montant exigible en vertu de la présente loi doit acquitter ce montant dans les dix jours de la réception d'une demande de paiement du ministre.

Toutefois, le ministre peut conclure avec cette personne une entente écrite établissant des modalités de paiement du montant dû. S'il s'agit d'un débiteur alimentaire, le ministre doit en informer le créancier alimentaire.

Avant de conclure une telle entente, le ministre peut requérir de cette personne tout document ou renseignement visant à établir sa situation financière ainsi que les résultats de toute démarche effectuée auprès d'une institution financière en vue d'obtenir un prêt ou une sûreté.

En cas de défaut de respecter les termes de cette entente, celle-ci devient caduque.

[1995, c. 18, a. 46].

47. Pour recouvrer un montant dû, le ministre peut exercer, outre les mesures de recouvrement prévues à la présente loi, tout recours ou se porter partie à toute procédure visant à favoriser l'exécution de l'obligation alimentaire.

Il peut procéder à toute mesure d'exécution forcée prévue au *Code de procédure civile*. En ce cas, il agit en qualité de saisissant pour le créancier alimentaire.

Il peut aussi exercer les pouvoirs accordés au créancier en vertu des articles 543 à 546.1 de ce Code.

[1995, c. 18, a. 47].

48. Le ministre peut par avis écrit exiger d'une personne qui, en vertu d'une obligation existante, est ou sera tenue de faire un paiement à une personne redevable d'un montant exigible en vertu de la présente loi, qu'elle lui verse la totalité ou une partie du montant à payer à son créancier et ce, au moment où ce montant lui devient payable.

Il en est de même à l'égard d'un paiement devant être fait à un créancier détenant une sûreté fournie par la personne redevable d'un montant exigible en vertu de la présente loi ou au cessionnaire d'une créance cédée par celle-ci lorsque ce paiement, si ce n'était de la sûreté ou de la cession de créance, devrait être fait à cette personne.

[1995, c. 18, a. 48; 2001, c. 55, a. 7].

49. Lorsqu'une personne redevable d'un montant exigible en vertu de la présente loi est débitrice d'une institution financière ou doit le devenir, qu'elle a fourni une sûreté à l'égard de sa dette et que l'institution n'a pas encore acquitté sa contrepartie à cette dette, le ministre peut, par avis écrit, exiger que cette institution lui verse la totalité ou une partie de cette contrepartie.

[1995, c. 18, a. 49; 2001, c. 55, a. 8].

50. Le ministre peut par avis écrit exiger d'une personne autre qu'une institution financière qui doit prêter ou avancer un montant à une personne redevable d'un montant exigible en vertu de la présente loi ou payer un montant pour celle-ci, qu'elle lui verse la totalité ou une partie de ce montant.

Le premier alinéa ne s'applique que si la personne redevable d'un montant exigible en vertu de la présente loi est ou sera rétri-

buée par la personne autre qu'une institution financière ou, lorsque cette personne est une personne morale, que si elle a un lien de dépendance avec celle-ci au sens de la *Loi sur les impôts* (chapitre I-3).

[1995, c. 18, a. 50; 2001, c. 55, a. 9].

50.1. Un avis du ministre transmis à une personne en vertu des articles 48, 49 ou 50 demeure valide et tenant jusqu'à ce que mainlevée en soit donnée.

Le ministre donne mainlevée de l'avis lorsque la dette à l'égard de laquelle cet avis a été transmis est entièrement acquittée ou lorsque la personne visée au premier alinéa a satisfait à toutes ses obligations envers son créancier.

[2001, c. 55, a. 10].

51. Toute personne qui néglige ou refuse de se conformer à un avis du ministre prévu aux articles 48 à 50 devient solidairement débitrice avec la personne redevable d'un montant exigible, du montant réclamé à l'avis jusqu'à concurrence du montant de son obligation.

[1995, c. 18, a. 51].

51.0.1. Une demande de paiement transmise en vertu de l'article 46 ou un avis du ministre transmis en vertu de l'un des articles 48, 49 et 50 interrompt la prescription.

[2011, c. 6, a. 225].

51.1. Lorsqu'une personne redevable d'un montant exigible en vertu de la présente loi cède un bien, directement ou indirectement, par fiducie ou autrement, à une personne avec laquelle elle a un lien de dépendance au sens de la *Loi sur les impôts* (chapitre I-3), à une personne qui est âgée de moins de 18 ans, à son conjoint ou à une personne qui, après cette cession, devient son conjoint, le cessionnaire devient solidairement débiteur avec le cédant du moindre des montants suivants:

> a) l'excédent de la juste valeur marchande du bien cédé au moment de la cession sur la juste valeur marchande au même moment de la contrepartie donnée pour le bien;

b) l'ensemble des montants dont le cédant est redevable en vertu de la présente loi et qui sont exigibles au moment de la cession ou qui le deviendront dans l'année qui suit la cession.

Lorsque le bien cédé est une part dans un bien indivis, la juste valeur marchande de la part dans ce bien indivis au moment de la cession est réputée égale à la proportion de la juste valeur marchande du bien indivis à ce moment représentée par le rapport entre cette part et l'ensemble des parts dans ce bien indivis.

[2001, c. 55, a. 11; 2011, c. 6, a. 226].

51.2. Un paiement fait par le cédant n'a d'effet sur la responsabilité du cessionnaire que si ce paiement réduit l'ensemble des montants visés au paragraphe *b* de l'article 51.1 à un montant moindre que celui à l'égard duquel le cessionnaire est solidairement débiteur aux termes de cet article 51.1.

Dans un tel cas, la responsabilité solidaire du cessionnaire est réduite à ce montant moindre.

[2001, c. 55, a. 11].

51.3. Aux fins de l'article 51.1, lorsque le bien est cédé à un conjoint à la suite d'une ordonnance ou d'un jugement d'un tribunal compétent ou à la suite d'une entente écrite de séparation, la juste valeur marchande du bien au moment de la cession est réputée égale à zéro si, à ce moment, le cédant et son conjoint vivent séparés en raison de l'échec de leur mariage.

[2001, c. 55, a. 11].

51.4. Pour l'application des articles 51.1, 51.2 et 51.3, les règles prévues à l'article 2.2.1 de la *Loi sur les impôts* (chapitre I-3) s'appliquent, compte tenu des adaptations nécessaires.

[2001, c. 55, a. 11].

52. Pour recouvrer un montant exigible d'une personne en vertu de la présente loi, le ministre peut acquérir et aliéner tout bien de cette personne, que ce bien soit

mis en vente par suite d'une procédure judiciaire ou autrement.

[1995, c. 18, a. 52].

53. Lorsqu'une personne redevable d'un montant exigible en vertu de la présente loi est aussi créancière ou bénéficiaire d'un montant payable par un organisme public, le ministre peut affecter tout ou partie de ce montant au paiement de la dette de cette personne.

Les articles 31.1.1 à 31.1.7 de la *Loi sur l'administration fiscale* (chapitre A-6.002) s'appliquent à cette affectation, compte tenu des adaptations nécessaires.

Le présent article s'applique malgré l'article 79 de la présente loi et l'article 33 de la *Loi sur l'administration fiscale*.

[1995, c. 18, a. 53; 2005, c. 2, a. 8; 2010, c. 31, a. 175; 2011, c. 6, a. 227].

54. Lorsqu'une personne autre que le débiteur alimentaire est redevable d'un montant exigible en vertu de la présente loi, le ministre peut, à l'expiration du délai prévu à l'article 46, délivrer un certificat attestant l'exigibilité de la dette et le montant dû, ce certificat constituant une preuve de cette exigibilité.

Toutefois, si le ministre a des motifs raisonnables de croire que cette personne tente d'éluder le paiement de ce montant, il peut délivrer ce certificat sans délai.

Sur dépôt du certificat au greffe de la Cour supérieure, accompagné d'une copie d'un document attestant le montant exigible, le certificat devient exécutoire comme s'il s'agissait d'un jugement rendu par ce tribunal et en a tous les effets.

[1995, c. 18, a. 54].

Chapitre VI ⸻ Vérification et enquête

55. La personne autorisée par le ministre à agir comme vérificateur peut, pour assurer le recouvrement d'un montant dû, exiger tout renseignement ou tout document, examiner ces documents et en tirer copie.

[1995, c. 18, a. 55].

56. Le vérificateur ne peut être poursuivi en justice pour des actes accomplis de bonne foi dans l'exercice de ses fonctions.

[1995, c. 18, a. 56].

57. Il est interdit de faire obstacle à un vérificateur dans l'exercice de ses fonctions.

[1995, c. 18, a. 57].

57.1. Pour assurer le recouvrement d'un montant dû, toute personne autorisée par le ministre peut, par une demande qu'il transmet par courrier recommandé ou certifié ou par signification à personne, exiger d'une personne, redevable ou non d'un montant exigible en vertu de la présente loi, la production, dans le délai raisonnable qu'il fixe, par courrier recommandé ou certifié ou par signification à personne, de tout renseignement ou de tout document.

La personne à qui cette demande est faite doit, dans le délai fixé, s'y conformer, qu'elle ait ou non déjà produit un tel renseignement ou un tel document, ou une réponse à une demande semblable faite en vertu de la présente loi.

[2001, c. 55, a. 12].

58. Le ministre ou toute personne qu'il désigne comme enquêteur peut faire enquête sur tout fait et tout renseignement relatifs au recouvrement d'un montant dû. À cette fin, le ministre et l'enquêteur sont investis des pouvoirs et de l'immunité des commissaires nommés en vertu de la *Loi sur les commissions d'enquête* (chapitre C-37), sauf du pouvoir d'ordonner l'emprisonnement.

[1995, c. 18, a. 58].

59. Sur demande, le vérificateur ou l'enquêteur s'identifie et exhibe le certificat signé par le ministre attestant sa qualité.

[1995, c. 18, a. 59].

Chapitre VII —— Recours

60. Un débiteur qui reçoit un avis transmis en vertu de l'article 8 en raison de l'application du paragraphe 1° ou 2° du premier alinéa de l'article 5 peut, dans les vingt jours de la réception de cet avis, contester par requête à la Cour supérieure l'application de la présente loi à son égard.

Cette requête est instruite et jugée d'urgence.

[1995, c. 18, a. 60; 2001, c. 55, a. 13].

61. Une personne qui est présumée verser une rémunération en vertu de l'article 14, un débiteur qui reçoit copie d'un avis de retenue en raison de l'application de l'article 28 ou une personne à qui est transmise une demande de paiement en vertu de l'article 46 peut s'y opposer en notifiant au ministre par courrier recommandé ou certifié, dans les vingt jours de la réception de l'avis ou de la demande, un avis de contestation exposant les motifs de sa contestation et tous les faits pertinents.

[1995, c. 18, a. 61; 2001, c. 55, a. 14].

62. Le ministre doit, dans les 30 jours de la réception d'un avis de contestation, en examiner les motifs et faire connaître sa décision à la personne ayant transmis cet avis.

[1995, c. 18, a. 62].

63. Une personne peut, dans les 30 jours de la décision du ministre rendue en vertu de l'article 62, interjeter appel de cette décision auprès de la Cour supérieure siégeant soit pour le district où elle réside, soit pour le district de Québec ou de Montréal selon celui où elle pourrait en appeler en vertu de l'article 30 du *Code de procédure civile* s'il s'agissait d'un appel auprès de la Cour d'appel.

[1995, c. 18, a. 63].

64. Cet appel s'exerce au moyen d'une requête dont deux exemplaires doivent être déposés au greffe ou y être transmis par courrier recommandé ou certifié.

Le greffier transmet alors un exemplaire au ministre, lequel lui fait parvenir une copie de l'avis de contestation et une copie de la décision faisant l'objet de cet appel.

Cette requête est instruite et jugée d'urgence.

[1995, c. 18, a. 64].

65. Le tribunal peut rejeter la requête ou annuler l'avis ou la demande de paiement, les modifier ou les déférer au ministre pour un nouvel examen et une nouvelle décision.

[1995, c. 18, a. 65].

66. Un recours exercé en vertu du présent chapitre n'empêche pas la perception et le versement de la pension par le ministre ni l'exercice de mesures de recouvrement à l'égard du montant faisant l'objet du recours à moins qu'un juge exerçant en son bureau n'en ordonne autrement.

Le juge ne peut rendre une telle ordonnance que pour des motifs exceptionnels et que s'il est convaincu que le paiement de la pension est assuré jusqu'à ce qu'il soit disposé du recours.

[1995, c. 18, a. 66].

Chapitre VIII —— Dispositions pénales

67. Commet une infraction et est passible d'une amende d'au moins 800 $ et d'au plus 10 000 $ quiconque :

1° omet de retenir ou de transmettre une somme conformément à l'article 16;

2° omet de fournir un renseignement visé à l'un des articles 13 et 21, ou fournit un faux renseignement;

3° contrevient à l'un des articles 57, 57.1 et 75.

[1995, c. 18, a. 67; 2011, c. 6, a. 228].

68.-69. (*Remplacés*).

[2011, c. 6, a. 228].

70. Le tribunal qui déclare une personne coupable d'une infraction prévue à l'article 67 peut rendre toute ordonnance propre à remédier au défaut visé par l'infraction.

Un préavis de la demande d'ordonnance doit être donné par le poursuivant à la personne que l'ordonnance pourrait obliger,

sauf si cette personne est présente devant le tribunal.

[1995, c. 18, a. 70; 2001, c. 55, a. 16; 2011, c. 6, a. 229].

Chapitre IX —— Dispositions réglementaires

71. Le gouvernement peut déterminer, par règlement:

1° les montants pouvant faire l'objet d'une retenue en application du paragraphe 4° du premier alinéa de l'article 11;

2° la nature de la sûreté visée aux articles 3 et 26;

3° les cas et conditions dans lesquels il peut imposer les frais prévus à l'article 35 et en fixer le montant;

4° les cas et conditions dans lesquels le ministre peut verser des sommes à titre de pension alimentaire et l'augmentation du montant maximal et de la période maximale, en application de l'article 36;

5° les renseignements et documents qui doivent être transmis en vertu de l'article 5, 6 ou 99.

[1995, c. 18, a. 71; 2011, c. 6, a. 230].

Chapitre X —— Dispositions diverses

72. La présente loi est d'ordre public.

[1995, c. 18, a. 72].

73. La présente loi lie le gouvernement, ses ministères et les organismes mandataires de l'État.

[1995, c. 18, a. 73; 1999, c. 40, a. 205].

74. Nul ne peut, sous peine de dommages-intérêts, refuser d'employer un débiteur alimentaire en raison de son assujettissement aux dispositions de la présente loi.

[1995, c. 18, a. 74].

75. Tout renseignement obtenu en vertu de la présente loi est confidentiel.

Nul ne peut faire usage d'un tel renseignement à une fin non prévue par la loi, communiquer ou permettre que soit communiqué un tel renseignement à une personne qui n'y a pas légalement droit ou permettre à cette personne de prendre connaissance d'un document contenant un tel renseignement ou d'y avoir accès.

[1995, c. 18, a. 75].

76. Le ministre transmet au ministre de l'Emploi et de la Solidarité sociale les renseignements nécessaires à l'application, à l'égard d'un créancier alimentaire, de la *Loi sur l'aide aux personnes et aux familles* (chapitre A-13.1.1).

Le ministre transmet à la Régie des rentes du Québec les numéros d'assurance sociale d'ex-conjoints qui sont nécessaires au partage des gains admissibles non ajustés prévu à l'article 102.1 de la *Loi sur le régime de rentes du Québec* (chapitre R-9).

Ces renseignements sont transmis conformément à la *Loi sur l'accès aux documents des organismes publics et sur la protection des renseignements personnels* (chapitre A-2.1).

[1995, c. 18, a. 76; 1997, c. 63, a. 128; 1997, c. 86, a. 9; 1998, c. 36, a. 185; 2001, c. 44, a. 30; 2005, c. 15, a. 166].

77. Le ministre du Revenu est chargé de l'application de la présente loi.

[1995, c. 18, a. 77].

78. Les poursuites et les demandes en justice, pénales ou civiles, intentées relativement à l'application ou à l'exécution de la présente loi, le sont, malgré toute disposition inconciliable, par l'Agence du revenu du Québec sous la désignation de « l'Agence du revenu du Québec ».

Toute personne ayant un recours à exercer contre le ministre, l'Agence du revenu du Québec ou l'État relativement à l'application ou à l'exécution de la présente loi, ou par suite de l'application ou de l'exécution de celle-ci, doit le diriger, malgré toute disposition inconciliable, contre l'Agence

du revenu du Québec sous la désignation de « l'Agence du revenu du Québec ».

Les articles 72.4, 77 et 79 de la *Loi sur l'administration fiscale* (chapitre A-6.002) et les deuxième et troisième alinéas de l'article 93 de cette loi s'appliquent à une telle poursuite ou à une telle demande, compte tenu des adaptations nécessaires.

[1995, c. 18, a. 78; 2004, c. 4, a. 45; 2010, c. 31, a. 152; 2011, c. 6, a. 231].

79. Une sûreté fournie au ministre ou une somme qu'il doit verser ou rembourser en vertu de la présente loi est incessible et insaisissable.

[1995, c. 18, a. 79].

Chapitre XI — Dispositions modificatrices et abrogatives

80.-96. (*Omis*).

[1995, c. 18, a. 80-96].

Chapitre XII — Dispositions transitoires et finales

97. Les dispositions de la présente loi s'appliquent aux situations juridiques dans lesquelles le percepteur des pensions alimentaires est chargé, en vertu des articles 659.1 et 659.2 du *Code de procédure civile*, de l'exécution forcée d'un jugement accordant une pension alimentaire sur les biens du débiteur, au fur et à mesure de la prise en charge de la perception de la pension par le ministre du Revenu.

À cet effet, les pouvoirs du percepteur sont transmis au ministre du Revenu qui continue les procédures entreprises conformément aux règles contenues dans la présente loi.

[1995, c. 18, a. 97; D. 547-96, (1996) 128 *G.O.* II, 2867].

98. Pour l'application de l'article 97, le percepteur des pensions alimentaires doit, dans les meilleurs délais, transmettre au ministre du Revenu les renseignements et documents nécessaires à l'exécution de chacun des jugements accordant une pension alimentaire.

Le percepteur doit au préalable inscrire les informations pertinentes au registre des pensions alimentaires.

[1995, c. 18, a. 98; D. 547-96, (1996) 128 *G.O.* II, 2867].

99. Les dispositions de la présente loi s'appliquent à une personne qui est débitrice d'une pension alimentaire avant le 1er décembre 1995, ainsi qu'à son créancier:

1° si le créancier en fait la demande lorsqu'un versement de pension alimentaire n'a pas été payé à l'échéance, auquel cas le débiteur peut exercer le recours prévu à l'article 60;

2° si les parties en font conjointement la demande.

Ces demandes sont adressées au greffier du district où le jugement accordant la pension a été rendu ou à celui de la résidence du créancier. Elles doivent être accompagnées des renseignements et des documents prévus par règlement. Le greffier inscrit les informations pertinentes au registre des pensions alimentaires, notifie les renseignements au ministre du Revenu et lui transmet les documents.

[1995, c. 18, a. 99; D. 547-96, (1996) 128 *G.O.* II, 2867].

100. À moins que le contexte n'indique un sens différent, dans toute autre loi ainsi que dans les règlements, décrets, arrêtés, proclamations, jugements, ordonnances, contrats, ententes, accords ou autres documents, une référence au percepteur des pensions alimentaires est une référence au ministre du Revenu.

[1995, c. 18, a. 100; D. 363-97, (1997) 129 *G.O.* II, 1573].

101. Le ministre du Revenu doit, au plus tard le 1er décembre 2000, faire au gouvernement un rapport sur l'application de la présente loi.

Ce rapport est déposé par le ministre dans les 15 jours suivants devant l'Assemblée nationale ou, si elle ne siège pas, dans les 15 jours de la reprise de ses travaux.

[1995, c. 18, a. 101].

102. (*Omis*).

RÈGLEMENT SUR LA PERCEPTION DES PENSIONS ALIMENTAIRES,

D. 1531-95, (1995) 127 *G.O.* II, 4957 [c. P-2.2, r. 1], tel que modifié par D. 1637-95, (1995) 127 *G.O.* II, 5397; D. 38-98, (1998) 130 *G.O.* II, 571; D. 779-99, (1999) 131 *G.O.* II, 2589; L.Q. 1997, c. 63; L.Q. 1998, c. 36; Avis, (2000) 132 *G.O.* I, 909; Avis, (2001) 133 *G.O.* I, 360; Avis, (2002) 134 *G.O.* II, 361; Avis, (2003) 135 *G.O.* I, 306; Avis, (2004) 136 *G.O.* I, 251; Avis, (2005) 137 *G.O.* I, 246; Avis, (2006) 138 *G.O.* I, 294; Avis, (2007) 139 *G.O.* I, 311; Avis, (2008) 140 *G.O.* I, 249; Avis, (2009) 141 *G.O.* I, 309; Avis, (2011) 143 *G.O.* I, 337; Avis, (2012) 144 *G.O.* I, 477; Avis, (2013) 145 *G.O.* I, 472; Avis, (2014) 146 *G.O.* I, 340.

Loi facilitant le paiement des pensions alimentaires, 1995, c. 18, a. 71

SECTION I — RETENUES

1. Pour l'application de l'article 11 de la *Loi facilitant le paiement des pensions alimentaires* (chapitre P-2.2), les montants suivants peuvent également faire l'objet d'une retenue:

1° les prestations d'assurance-emploi ou d'un régime de prestations supplémentaires de chômage;

2° les prestations d'invalidité versées en vertu d'un contrat d'assurance contre la maladie ou les accidents;

3° les prestations versées en vertu d'un régime privé de retraite;

4° les montants versés en vertu d'un régime de participation aux bénéfices;

5° les allocations de retraite et les indemnités de départ;

6° les redevances d'une rente constituée par contrat, jugement ou testament, y compris celle pratiquée par un assureur.

[D. 779-99, a. 1].

SECTION II — SÛRETÉS

2. Une sûreté exigée en vertu du paragraphe 2 du premier alinéa de l'article 3 ou du deuxième alinéa de l'article 26 de la Loi doit être fournie sous l'une des formes suivantes:

1° une somme d'argent;

2° un contrat de cautionnement émis par une institution financière ayant son siège ou un établissement au Québec;

3° un certificat de dépôt auprès d'une institution financière ayant son siège ou un établissement au Québec;

4° une obligation, un billet ou un autre titre semblable émis ou garanti par l'État, par un autre gouvernement au Canada ou par une personne morale de droit public;

5° l'engagement écrit, consenti par une institution financière ayant son siège ou un établissement au Québec, à payer au ministre, sur demande, le montant de la sûreté;

6° l'engagement écrit d'un avocat ou d'un notaire à payer au ministre, sur demande, le montant de la sûreté qu'il détient en fidéicommis de manière irrévocable.

[D. 779-99, a. 2].

3. Une sûreté visée aux paragraphes 3 et 4 de l'article 2 doit être libre de tout lien ou de toute charge envers un tiers et être rachetable en tout temps.

SECTION III — FRAIS

4. Les frais exigibles en vertu de l'article 35 de la Loi sont les suivants:

1° lorsqu'un montant faisant l'objet d'une demande de paiement en vertu du premier alinéa de l'article 46 de la Loi n'a pas été acquitté dans le délai prévu à cet article, la somme de 100 $;

2° lorsqu'un bref de saisie-exécution est pris pour la première fois à la suite d'une demande de paiement, la somme de 129 $;

3° lorsqu'un effet de commerce remis au ministre est subséquemment refusé en raison d'une provision insuffisante par l'institution financière sur laquelle il est tiré, la somme de 35 $.

5. Les frais prévus aux paragraphes 1 et 2 de l'article 4 sont ajustés au 1er avril de chaque année selon le taux d'augmentation de l'indice général des prix à la consommation au Canada pour la période se terminant le 31 décembre de l'année précédente, tel que déterminé par Statistique Canada en vertu de la *Loi sur la statistique* (L.R.C. (1985), ch. S-19).

Ces frais, ainsi ajustés, sont diminués au dollar le plus près s'ils comprennent une fraction de dollar inférieure à 0,50 $; ils sont augmentés au dollar le plus près s'ils comprennent une fraction de dollar égale ou supérieure à 0,50 $.

L'ajustement des frais a effet à compter du 1er avril.

Le ministre du Revenu informe le public du résultat de l'ajustement annuel au moyen d'un avis publié à la *Gazette officielle du Québec* ou par tout autre moyen qu'il estime approprié.

SECTION IV — AVANCES PAR LE MINISTRE

6. Le ministre verse des sommes à titre de pension alimentaire en application du deuxième alinéa de l'article 36 de la Loi, sauf dans les cas suivants:

1° lorsque le débiteur alimentaire est introuvable ou n'a aucun revenu;

2° lorsqu'une demande de paiement prévue au premier alinéa de l'article 46 de la Loi est transmise au débiteur en raison de son défaut de payer la pension;

3° lorsque le ministre verse le montant de la pension en application de l'article 37 de la Loi;

4° lorsque le créancier alimentaire n'est pas domicilié au Québec;

5° lorsque le créancier est débiteur du ministre en vertu de la Loi;

6° lorsque le ministre de l'Emploi et de la Solidarité sociale est subrogé aux droits du créancier en vertu de l'article 92 de la *Loi sur l'aide aux personnes et aux familles* (chapitre A-13.1.1).

[D. 779-99, a. 3].

6.1 Le montant maximal de l'avance faite au créancier alimentaire en application du deuxième alinéa de l'article 36 de la Loi ne peut excéder 1 500 $.

[D. 38-98, a. 1 et 2; D. 779-99, a. 4].

SECTION V — RENSEIGNEMENTS

7. Pour l'application du paragraphe 2 du premier alinéa de l'article 5 de la Loi, les renseignements qui doivent être transmis au ministre sont les suivants:

1° le numéro du dossier au greffe de la Cour supérieure où le jugement qui accorde une pension a été rendu;

2° le nom à la naissance du créancier alimentaire ainsi que le nom à la naissance du débiteur alimentaire et, lorsqu'il est dif-

LOI SUR LE RECOURS COLLECTIF,

RLRQ, c. R-2.1

1. (*Modification intégrée au c. C-25, a. 34*).

[1978, c. 8, a. 1].

2. (*Modification intégrée au c. C-25, a. 954*).

[1978, c. 8, a. 2].

3. (*Modification intégrée au c. C-25, a. 999-1051*).

[1978, c. 8, a. 3].

4. (*Modification intégrée au c. C-25, livre X*).

[1978, c. 8, a. 4].

TITRE II — L'AIDE AUX RECOURS COLLECTIFS

Chapitre I — Définitions

5. Dans le présent titre, à moins que le contexte n'indique un sens différent, on entend par:

a) « aide »: l'aide accordée en vertu du chapitre III du présent titre;

b) « bénéficiaire »: une personne qui reçoit l'aide;

c) « Fonds »: le Fonds d'aide aux recours collectifs constitué par l'article 6;

d) « représentant »: une personne qui se voit attribuer le statut de représentant pour l'exercice du recours collectif, conformément à l'article 1003 du *Code de procédure civile*;

e) « demandeur »: une personne qui demande l'aide.

[1978, c. 8, a. 5; 1997, c. 43, a. 552].

Chapitre II — Le fonds

6. Un organisme est constitué sous le nom de « Fonds d'aide aux recours collectifs ».

Le Fonds est une personne morale de droit public.

[1978, c. 8, a. 6; 1999, c. 40, a. 242].

7. Le Fonds a pour objet d'assurer le financement des recours collectifs en la manière prévue par le présent titre ainsi que de diffuser des informations relatives à l'exercice de ces recours.

[1978, c. 8, a. 7; 1984, c. 46, a. 31].

8. Le Fonds est administré par trois personnes dont un président, nommées pour au plus trois ans par le gouvernement, après consultation du Barreau du Québec et de la Commission des services juridiques.

Le gouvernement fixe, s'il y a lieu, le traitement, le traitement additionnel ou les honoraires qui peuvent être versés à chacun des administrateurs ainsi que leurs allocations ou indemnités.

[1978, c. 8, a. 8].

9. Un administrateur demeure en fonction à l'expiration de son mandat jusqu'à ce qu'il soit nommé de nouveau ou remplacé.

[1978, c. 8, a. 9].

10. En cas d'absence ou d'empêchement d'un administrateur, le gouvernement peut lui nommer temporairement un remplaçant.

[1978, c. 8, a. 10; 1999, c. 40, a. 242].

11. Le Fonds a son siège social à l'endroit déterminé par le gouvernement; un avis de la situation ou de tout changement du siège social est publié dans la *Gazette officielle du Québec*.

Le Fonds peut tenir ses séances à tout endroit au Québec.

[1978, c. 8, a. 11].

12. Le quorum du Fonds est de deux membres. En cas de partage égal des voix, le président dispose d'une voix supplémentaire.

L'administrateur qui a un intérêt personnel en rapport avec une demande d'aide est tenu de déclarer son intérêt et de s'abstenir de participer à la décision, sous peine de déchéance de sa charge.

Toutefois, si un tel intérêt résulte uniquement du fait que l'administrateur est membre du groupe pour le compte duquel une demande d'aide est adressée au Fonds, l'administrateur participe à la décision, mais il est tenu de déclarer son intérêt.

[1978, c. 8, a. 12].

13. Le secrétaire et les autres fonctionnaires du Fonds sont nommés suivant la *Loi sur la fonction publique* (chapitre F-3.1.1).

[1978, c. 8, a. 13; 1986, c. 61, a. 37; 2000, c. 8, a. 242].

14. Les procès-verbaux des séances du Fonds approuvés par les administrateurs sont authentiques; il en est de même des copies ou extraits certifiés par le président ou le secrétaire.

[1978, c. 8, a. 14].

15. L'exercice financier du Fonds se termine le 31 mars de chaque année.

[1978, c. 8, a. 15].

16. Le Fonds doit, au plus tard le premier septembre de chaque année, transmettre au ministre de la Justice son budget pour l'exercice financier suivant. Ce budget est sans effet tant qu'il n'est pas approuvé par le ministre.

Le gouvernement peut démettre tout administrateur du Fonds qui acquiesce à une dépense non prévue par le budget du Fonds sauf à une dépense qui n'excède pas les revenus du Fonds non prévus au budget.

[1978, c. 8, a. 16].

17. Le Fonds doit transmettre au ministre de la Justice, au plus tard le 30 juin de chaque année, un rapport de ses activités pour l'exercice financier précédent.

Le ministre dépose ce rapport devant l'Assemblée nationale si elle siège ou, si elle ne siège pas, dans les trente jours de l'ouverture de la session suivante ou de la reprise des travaux, selon le cas.

[1978, c. 8, a. 17].

18. Le Fonds doit fournir, en tout temps, au ministre de la Justice tout renseignement ou rapport qu'il requiert sur ses activités.

[1978, c. 8, a. 18].

19. Le vérificateur général doit, à chaque année et, en outre, à chaque fois que le décrète le gouvernement, vérifier les livres et les comptes du Fonds.

[1978, c. 8, a. 19].

Chapitre II —— L'aide

SECTION I —— ATTRIBUTION DE L'AIDE

20. Le représentant ou celui qui entend se faire attribuer ce statut peut demander par écrit l'aide du Fonds.

Cependant, hormis une personne morale régie par la partie III de la *Loi sur les compagnies* (chapitre C-38), une coopérative régie par la *Loi sur les coopératives* (chapitre C-67.2) ou une association de salariés au sens du *Code du travail* (chapitre C-27), une personne morale de droit privé, une société ou une association ou un autre groupement sans personnalité juridique ne peut en aucun cas obtenir l'aide financière du Fonds pour exercer son action.

[1978, c. 8, a. 20; 1997, c. 43, a. 553; 2014, c. 1, a. 828].

21. Le demandeur expose dans sa demande le fondement du droit et les faits essentiels qui en déterminent l'exercice et il décrit le groupe pour le compte duquel il entend exercer ou exerce le recours collectif.

Il déclare aussi son état financier et celui des membres du groupe qui se sont fait connaître; il indique les fins pour lesquelles il entend utiliser l'aide, le montant requis ainsi que les autres revenus ou services dont il peut disposer.

[1978, c. 8, a. 21; 1997, c. 43, a. 554].

22. Le demandeur atteste dans sa demande que les renseignements qu'il fournit sont exacts et autorise le Fonds à en vérifier l'exactitude.

Il fournit les pièces justificatives et les autres renseignements que le Fonds demande.

[1978, c. 8, a. 22; 1997, c. 43, a. 554].

23. Le Fonds étudie la demande du demandeur et il peut, à cette fin, rencontrer le demandeur ou son procureur et lui permettre de présenter ses observa- tions.

Pour déterminer s'il attribue l'aide, le Fonds évalue si sans cette aide le recours collectif peut être exercé ou continué; de plus, si le statut de représentant n'a pas encore été attribué au demandeur, le Fonds apprécie l'apparence du droit qu'il entend faire valoir et les probabilités d'exercice du recours collectif.

Lorsque le représentant ou un membre qui demande à lui être substitué entend porter en appel le jugement qui dispose des questions de droit ou de fait traitées collectivement, le Fonds, pour déterminer s'il attribue l'aide ou y met fin, réévalue si sans cette aide le recours peut être continué et apprécie les probabilités de succès liées à son exercice.

Le Fonds peut différer l'étude d'une partie de la demande, refuser l'aide ou l'attribuer, en tout ou en partie; dans tous les cas, il rend sa décision dans le mois qui suit la réception de la demande.

[1978, c. 8, a. 23; 1991, c. 19, a. 1; 1997, c. 43, a. 555].

24. S'il diffère l'étude d'une partie de la demande ou s'il refuse d'attribuer l'aide, le Fonds avise, par écrit, le requérant de sa décision et il lui indique ses motifs.

[1978, c. 8, a. 24].

25. S'il attribue l'aide, le Fonds convient des conditions avec le demandeur ou son procureur.

L'entente entre le Fonds et le bénéficiaire prévoit notamment:

    a) le montant et l'utilisation de l'aide;

    b) les avances qui peuvent être faites au bénéficiaire;

    c) les modalités de présentation des comptes et des déboursés;

    d) les rapports que le bénéficiaire ou son procureur doit fournir au Fonds;

    e) les cas où l'aide peut être suspendue ou diminuée;

    f) les modalités de remboursement des avances reçues ou de l'aide, le cas échéant;

    g) la subrogation du Fonds dans les droits du bénéficiaire ou de son procureur jusqu'à concurrence des montants qui leur sont versés.

[1978, c. 8, a. 25; 1997, c. 43, a. 556].

26. Un administrateur du Fonds peut accorder au demandeur une aide temporaire qui ne peut excéder le montant fixé par règlement du Fonds, s'il considère qu'une aide immédiate est nécessaire pour éviter que le droit du demandeur ne se perde ou ne puisse être exercé et si le Fonds ne peut, en temps utile, se réunir pour prononcer sur la demande du demandeur. La décision de l'administrateur doit être motivée.

Le demandeur est tenu de rembourser les montants ainsi reçus si le Fonds, ultérieurement, refuse d'attribuer l'aide.

[1978, c. 8, a. 26; 1997, c. 43, a. 556].

SECTION II — DROITS ET OBLIGATIONS DU FONDS ET DU BÉNÉFICIAIRE

27. Le bénéficiaire a droit de faire acquitter par le Fonds les dépenses utiles à la préparation ou à l'exercice du recours collectif en la manière prévue à l'entente visée dans l'article 25.

[1978, c. 8, a. 27].

28. Le bénéficiaire doit informer le Fonds de tout fait qui modifie les renseignements fournis suivant les articles 21 et 22.

Il doit aussi transmettre au Fonds copie du jugement du tribunal qui autorise l'exercice du recours collectif ou qui y met fin, qui ordonne la publication d'un avis ou qui est de nature à modifier l'entente.

[1978, c. 8, a. 28].

29. Le Fonds acquitte pour le bénéficiaire en la manière prévue par l'entente visée dans l'article 25 et jusqu'à concurrence du montant de l'aide:

a) les honoraires du procureur du bénéficiaire;

b) les honoraires et les frais des experts et des avocats-conseils qui agissent pour le bénéficiaire;

c) les dépens et les autres déboursés de cour y compris les frais d'avis, s'ils sont à la charge du bénéficiaire;

d) les autres dépenses utiles à la préparation ou à l'exercice du recours collectif.

[1978, c. 8, a. 29].

30. Le bénéficiaire ou, le cas échéant, son procureur remboursent le Fonds des sommes que celui-ci a acquittées jusqu'à concurrence des sommes qu'ils reçoivent d'un tiers à titre d'honoraires, de dépens ou de frais.

[1978, c. 8, a. 30].

31. Dans les cas où le représentant a bénéficié de l'aide, si le défendeur en faveur de qui le jugement final a été rendu démontre au Fonds l'impossibilité dans laquelle il se trouve d'obtenir paiement intégral des frais judiciaires sur les biens du représentant, le Fonds, après examen de l'état financier du défendeur, peut acquitter ces frais judiciaires au nom du représentant. Le Fonds devient alors subrogé dans les droits du défendeur jusqu'à concurrence du montant versé à ce dernier.

[1978, c. 8, a. 31].

32. Le Fonds dépose au greffe de la Cour supérieure du district dans lequel le recours collectif est exercé, le dispositif de la décision qui attribue l'aide.

Le tribunal doit entendre le Fonds avant de décider du paiement des dépens, déterminer les honoraires du procureur du représentant ou approuver une transaction sur les frais, les dépens ou les honoraires.

[1978, c. 8, a. 32].

33. Le bénéficiaire qui fait défaut d'exercer le recours collectif ou n'est pas autorisé à l'exercer, qui perd son statut de représentant ou y renonce n'a plus droit à l'aide.

Il doit alors aviser le Fonds, lui faire rapport et le rembourser des avances reçues et non encore dépensées.

[1978, c. 8, a. 33].

34. L'aide cesse de plein droit si le bénéficiaire l'utilise à des fins autres que celles convenues; dans ce cas, il rembourse le montant de l'aide reçue et non utilisée pour les fins du recours collectif.

[1978, c. 8, a. 34].

SECTION III — RECOURS DEVANT LE TRIBUNAL ADMINISTRATIF DU QUÉBEC

35. Le demandeur dont la demande d'aide est refusée peut, dans un délai de 30 jours de sa notification, contester la décision du Fonds devant le Tribunal administratif du Québec.

[1978, c. 8, a. 35; 1988, c. 21, a. 66; 1997, c. 43, a. 558].

36. (*Abrogé*).

1997, c. 43, a. 559].

37. Si le Tribunal décide que le demandeur a droit à de l'aide, il ordonne au Fonds de procéder à l'attribution de l'aide après entente avec le demandeur ou son procureur conformément à l'article 25.

[1978, c. 8, a. 37; 1997, c. 43, a. 560].

Chapitre III.1 —— L'aide aux recours exercés en cour fédérale du Canada*

37.1. Le Fonds peut attribuer une aide financière pour l'exercice, devant la Cour fédérale du Canada, d'un recours de la nature d'un recours collectif, pourvu que:

1° le demandeur justifie de motifs sérieux l'introduction du recours devant cette cour plutôt que devant la Cour supérieure;

2° le demandeur et au moins 50 % des membres du groupe résident au Québec;

3° le recours soit exercé dans les matières pour lesquelles la section de première instance de la Cour fédérale exerce une compétence concurrente avec celle de la Cour supérieure.

Le nombre de membres du groupe et la proportion des membres de ce groupe qui résident au Québec peuvent être établis notamment à partir de statistiques existantes ou de données accessibles.

[1999, c. 70, a. 1].

37.2. L'attribution de l'aide est soumise aux autres dispositions de la présente loi, à l'exception de celles des articles 32 et 42.

Toutefois, pour déterminer s'il attribue l'aide, le Fonds doit, dans tous les cas, d'une part évaluer si sans cette aide le recours peut être exercé ou continué et, d'autre part apprécier l'apparence du droit que le demandeur entend faire valoir ainsi que les probabilités d'exercice du recours.

[1999, c. 70, a. 1].

Chapitre IV —— Règlements

38. Le gouvernement peut, par règlement:

a) fixer, pour l'application de l'article 42, le pourcentage que le Fonds prélève sur un reliquat ou sur une réclamation liquidée;

b) déterminer les cas où l'aide peut être accordée à des personnes qui ne résident pas au Québec et établir des critères et des normes à cet égard;

c) déterminer les cas où l'aide peut être attribuée à un résident du Québec qui entend exercer hors du Québec une procédure de la nature du recours collectif.

[1978, c. 8, a. 38].

39. Le Fonds peut, par règlement soumis à l'approbation du gouvernement:

a) déterminer la forme et le contenu des demandes et des rapports à lui être fournis;

b) déterminer le montant qu'un administrateur peut engager suivant l'article 26;

c) fixer le pourcentage de l'aide qui peut être remise à un bénéficiaire à titre d'avance;

d) *(paragraphe abrogé)*;

e) édicter les règles nécessaires à sa régie interne et à la conduite de ses affaires.

[1978, c. 8, a. 39; 1986, c. 61, a. 38].

---

*Les résidants du Québec dont un recours de la nature d'un recours collectif est introduit devant la section de première instance de la Cour fédérale du Canada le 11 novembre 1999, dans une matière pour laquelle cette section exerce une compétence concurrente avec celle de la Cour supérieure, ont droit, s'ils en font la demande, de recevoir une aide financière du Fonds d'aide aux recours collectifs.

Le Fonds d'aide évalue avec diligence l'aide financière requise pour que le recours soit continué. Il peut attribuer l'aide par tranches, compte tenu du déroulement des procédures et des besoins du demandeur.

Les dispositions du titre II de la Loi sur le recours collectif s'appliquent à un bénéficiaire, au sens de cette loi, à qui l'aide est ainsi attribuée, à l'exception du premier, deuxième et quatrième alinéas de l'article 23, des articles 24 et 32, du chapitre III.1 et de l'article 42 (1999, c. 70, a. 2).

40. Un règlement portant sur les sujets visés dans l'article 38 ou dans les paragraphes *a*, *b*, *c* ou *e* de l'article 39 ne peut être adopté que s'il a fait l'objet d'un préavis de 30 jours publié dans la *Gazette officielle du Québec* et reproduisant le texte du règlement proposé.

[1978, c. 8, a. 40].

41. Un règlement adopté suivant les articles 38 et 39 entre en vigueur à la date de sa publication dans la *Gazette officielle du Québec* ou à une date ultérieure qui y est fixée.

[1978, c. 8, a. 41].

Chapitre V —— Dispositions financières

42. S'il y a recouvrement collectif des réclamations, le Fonds prélève un pourcentage fixé par règlement du gouvernement sur le reliquat établi en vertu des articles 1033 ou 1034 du *Code de procédure civile*; dans les autres cas, le Fonds prélève sur chaque réclamation liquidée un pourcentage fixé par règlement du gouvernement.

[1978, c. 8, a. 42].

43. À l'égard de l'aide qu'il attribue, le Fonds peut:

a) dépenser les sommes qui ont été mises à sa disposition à cette fin par le ministre de la Justice et celles qui ont été prélevées conformément à l'article 42;

b) prendre, en outre, annuellement, des engagements financiers autres qu'un emprunt jusqu'à concurrence du montant déterminé par le ministre de la Justice au moment de l'approbation du budget du Fonds.

[1978, c. 8, a. 43; 1982, c. 37, a. 25].

44. En outre des pouvoirs prévus à l'article 43, le Fonds peut, avec l'autorisation préalable du ministre de la Justice, contracter un emprunt à l'égard de l'aide qu'il attribue ou pour assurer son fonctionnement.

[1978, c. 8, a. 44; 1982, c. 37, a. 25].

44.1. Le gouvernement peut, aux conditions qu'il détermine:

a) s'engager à combler les besoins de liquidités du Fonds de manière à lui permettre d'assurer, à échéance, le remboursement du capital et le paiement des intérêts concernant un emprunt contracté par le Fonds;

b) garantir le paiement, en capital et intérêts, de tout emprunt ou autre engagement financier contracté ou pris par le Fonds.

Les sommes requises aux fins du présent article sont prises sur le fonds consolidé du revenu.

[1982, c. 37, a. 25].

45. Les sommes requises pour l'application du présent titre sont prises, pour les années 1978/1979 et 1979/1980, à même le fonds consolidé du revenu et, pour les années subséquentes, à même les deniers accordés annuellement à cette fin par la Législature.

[1978, c. 8, a. 45].

TITRE III —— DISPOSITIONS DIVERSES

46.-54. (*Omis*).

[1978, c. 8, a. 46-54].

55. Le ministre de la Justice est responsable de l'application de la présente loi.

[1978, c. 8, a. 55].

56. (*Omis*).

[1978, c. 8, a. 56].

57. (*Cet article a cessé d'avoir effet le 17 avril 1987*).

[1982, c. 21, a. 1; R.-U., 1982, c. 11, ann. B, ptie I, a. 33].

LOI SUR LE RECOURS COLLECTIF

Le titre de la Loi sera remplacé lors de l'entrée en vigueur de l'article 827 du chapitre 1 des lois de 2014 à la date fixée par le gouvernement.

RÈGLEMENT SUR LA DEMANDE D'AIDE AUX RECOURS COLLECTIFS,

RLRQ, c. R-2.1, r. 1

Loi sur le recours collectif, RLRQ, c. R-2.1, a. 39.

SECTION I — FORME DE LA DEMANDE ET DES RAPPORTS

1. Une demande d'aide doit être:

a) dactylographiée et transmise au Fonds d'aide aux recours collectifs en 4 exemplaires;

b) signée par le demandeur, s'il s'agit d'une personne physique, ou par une personne dûment autorisée à cette fin par la personne morale ou l'association visée à l'article 1048 du *Code de procédure civile* chapitre C-25).

2. Un rapport doit être:

a) dactylographié et transmis au Fonds en un exemplaire;

b) signé par le bénéficiaire ou son procureur.

SECTION II — CONTENU DE LA DEMANDE ET DES RAPPORTS

3. Une demande d'aide doit:

a) si le demandeur est une personne physique, indiquer ses nom, âge, adresse, occupation et, le cas échéant, les nom et adresse de son procureur;

b) si le demandeur est une personne morale visée à l'article 1048 du *Code de procédure civile*, indiquer son nom, son adresse et, le cas échéant, les nom et adresse de son procureur;

c) si le demandeur est une association visée à l'article 1048 du *Code de procédure civile*, indiquer le nom de l'association tel qu'il apparaît sur le certificat de la Commission des relations du travail, son adresse et, le cas échéant, les nom et adresse de son procureur;

d) si le demandeur est une personne morale ou une association visée à l'article 1048 du *Code de procédure civile*:

i. indiquer celui parmi ses membres qui fait partie du groupe pour le compte duquel il entend exercer ou exerce un recours collectif;

ii. démontrer que l'intérêt de ce membre, dans le cadre de l'exercice de ce recours, est relié aux objets pour lesquels la personne morale ou l'association est constituée;

iii. démontrer que ce membre était membre de la personne morale ou de l'association au moment où le droit à faire valoir est né;

e) contenir un exposé du fondement du droit et des faits essentiels sur lesquels le demandeur entend baser le recours collectif et une description du groupe pour le compte duquel il entend exercer ou exerce le recours collectif;

f) indiquer le montant d'aide requis et l'utilisation que le demandeur prévoit en faire;

g) indiquer si le demandeur sollicite une aide temporaire avant que le Fonds ne rende sa décision sur la demande et, le cas échéant, indiquer le montant d'aide temporaire requis et le motifs à l'appui de cette demande;

h) indiquer si le demandeur s'est adressé à la Cour supérieure pour obtenir l'autorisation d'exercer le recours collectif; si telle autorisation n'a pas été demandée, indiquer le district judiciaire dans lequel le demandeur a l'intention de déposer sa requête ainsi que la date à laquelle il entend le faire;

i) indiquer si le demandeur désire rencontrer le Fonds avec ou sans procureur avant que le Fonds ne statue sur sa demande; et

j) autoriser le Fonds à vérifier l'exactitude des renseignements fournis.

4. Un rapport doit:

a) contenir un relevé détaillé des dépenses effectuées par le bénéficiaire;

b) indiquer le montant total des dépenses effectuées par le bénéficiaire au moment de la préparation de chaque rapport ainsi que le solde des sommes versées par le Fonds et non encore utilisées.

SECTION III — DOCUMENTS OU INFORMATIONS QUI DOIVENT ACCOMPAGNER LA DEMANDE

5. Une demande doit être accompagnée en annexe:

a) d'un *affidavit* du demandeur attestant que les renseignements fournis dans la demande sont exacts et être signée par le demandeur, s'il s'agit d'une personne physique, ou par une personne dûment autorisée à cette fin par la personne morale ou l'association visée à l'article 1048 du *Code de procédure civile*;

b) d'une liste indiquant les nom, occupation et adresse des membres du groupe qui se sont fait connaître; s'ils sont inconnus, une estimation de leur nombre;

c) d'une déclaration du demandeur sur son état financier et celui des membres du groupe qui se sont fait connaître; cette déclaration mentionne notamment:

i. le nom et l'adresse de leur employeur, s'ils bénéficient d'un revenu provenant d'un emploi et, s'ils exercent une entreprise, le nom, la nature et l'adresse de cette entreprise;

ii. les autres revenus ou services dont le demandeur peut disposer pour les fins de l'exercice de ce recours;

d) d'une copie de tout contrat ou autre document, s'il en est, sur lequel est fondé le recours personnel du demandeur de même que copie de tout contrat ou document sur lequel sont fondés les recours des autres membres et que le demandeur a en sa possession;

e) le cas échéant, d'une copie de la requête déposée devant la Cour supérieure pour obtenir l'autorisation d'exercer le recours collectif et une copie du jugement de cette même Cour statuant sur cette requête ainsi que toute autre procédure déposée ou jugement rendu en rapport avec ce recours;

f) si le demandeur est une personne morale visée à l'article 1048 du *Code de procédure civile*, une copie des lettres patentes et si le demandeur est une association visée à ce même article, une copie du certificat de la Commission des relations du travail.

SECTION IV — RÉCEPTION DE LA DEMANDE ET RENCONTRE DU DEMANDEUR

6. Une demande est réputée être dûment reçue par le Fonds lorsqu'elle est complétée conformément aux exigences prescrites par la *Loi sur le recours collectif* ainsi que par le présent règlement et parvenue au siège du Fonds.

7. Sur réception d'une demande, le secrétaire expédie par courrier recommandé ou certifié un accusé de réception au demandeur ou à son procureur et, le cas échéant, avise le demandeur ou son procureur de voir à compléter la demande.

8. Lorsque le Fonds juge nécessaire de rencontrer le demandeur ou son procureur, le secrétaire lui expédie par courrier recommandé ou certifié, au moins 5 jours avant la date de la rencontre, un avis de convocation mentionnant la date, l'heure et le lieu de cette rencontre.

9. Le Fonds peut, aux conditions qu'il détermine, reporter ou ajourner à une date fixe ou à la première date disponible la rencontre qui devait avoir lieu avec le demandeur ou son procureur. Lorsque la rencontre est ainsi reportée ou ajournée, le secrétaire fait parvenir un nouvel avis de convocation ou avise le demandeur ou son procureur de la manière prescrite par le Fonds.

10. Le secrétaire note au procès-verbal de la rencontre le nom du demandeur ou de son procureur, les pièces ou documents déposés à cette occasion et, pour la décision, réfère au dossier du Fonds.

11. Le Fonds peut exiger que des dépositions soient faites sous serment.

12. Le Fonds et le demandeur ou son procureur peuvent exiger que des dépositions soient prises en sténographie, sténotypie où à l'aide de tout autre moyen de même nature; toutefois, les frais sont à la charge de la partie qui en fait la demande. Ces dépositions sont versées au dossier pour en faire partie intégrante.

SECTION V — DÉCISIONS DU FONDS

13. Le secrétaire dépose au dossier l'original de la décision rendue par le Fonds et transmet copie certifiée de cette décision au demandeur ou à son procureur par courrier recommandé ou certifié ou par tout autre moyen autorisé par le Fonds.

14. Lorsque le Fonds décide de suspendre ou de diminuer l'aide au bénéficiaire conformément aux termes de l'entente conclue avec celui-ci ou lorsqu'il lui retire l'aide en vertu de l'article 34 de la *Loi sur le recours collectif*, le secrétaire transmet copie certifiée de cette décision au bénéficiaire ou à son procureur par courrier recommandé ou certifié ou par tout autre moyen autorisé par le Fonds. Le secrétaire donne également avis de telle décision au greffier de la Cour supérieure du district dans lequel le recours collectif est exercé.

SECTION VI — MONTANT QU'UN ADMINISTRATEUR PEUT ACCORDER SUIVANT L'ARTICLE 26

15. Le montant maximum qu'un administrateur peut accorder à titre d'aide temporaire suivant l'article 26 de la *Loi sur le recours collectif* est de 1 000 $.

SECTION VII — DISPOSITIONS GÉNÉRALES

16. Un dossier concernant une demande revêt un caractère confidentiel et ne peut être consulté que sur autorisation du Fonds.

17. S'il advient que le jour prescrit pour faire un acte est non juridique, ou qu'un délai expire un tel jour, cet acte peut valablement se faire le jour juridique suivant et ce délai est prolongé jusqu'audit jour.

LOI SUR LES TRIBUNAUX JUDICIAIRES,

RLRQ, c. T-16

1. Les tribunaux du Québec, en matières civiles, criminelles ou mixtes, sont:

— La Cour d'appel;

— La Cour supérieure;

— La Cour du Québec;

— Les Cours municipales.
    [S.R. 1964, c. 20, a. 1; 1965 (1ʳᵉ sess.), c. 17, a. 1; 1966-67, c. 18, a. 1; 1974, c. 11, a. 1; 1977, c. 20, a. 138; 1988, c. 21, a. 1; 1992, c. 61, a. 612].

2. Les compétences de la Cour d'appel, de la Cour supérieure et de la Cour du Québec sont générales et s'étendent à tout le Québec; celle des Cours municipales est restreinte à des localités et celle des juges de paix est prévue par la loi ou par leur acte de nomination.
    [S.R. 1964, c. 20, a. 2; 1965 (1ʳᵉ sess.), c. 17, a. 3; 1974, c. 11, a. 4; 1977, c. 20, a. 138; 1975, c. 7, a. 2; 1988, c. 21, a. 2; 1992, c. 61, a. 613; 1995, c. 42, a. 46].

3. La *Loi sur les employés publics* (chapitre E-6), la *Loi sur la fonction publique* (chapitre F-3.1.1) et le *Code du travail* (chapitre C-27) ne s'appliquent pas aux juges de la Cour du Québec ni aux juges de paix ni aux juges municipaux lorsqu'ils agissent en cette qualité.
    [1965 (1ʳᵉ sess.), c. 17, a. 3; 1965 (1ʳᵉ sess.), c. 14, a. 82; 1965 (1ʳᵉ sess.), c. 15, a. 1; 1977, c. 20, a. 138; 1978, c. 15, a. 140; 1983, c. 55, a. 161; 1988, c. 21, a. 3; 1988, c. 74, a. 7; 1990, c. 44, a. 1; 1992, c. 61, a. 614].

4. Les officiers de justice sont: le shérif, le greffier de la Cour supérieure, le greffier de la Cour du Québec et tout autre officier nécessaire à l'administration de la justice au Québec.

Ces officiers sont nommés par arrêté du ministre de la Justice qui peut leur donner compétence dans plus d'un district.
    [S.R. 1964, c. 20, a. 3; 1965 (1ʳᵉ sess.), c. 17, a. 2; 1983, c. 54, a. 87; 1983, c. 41, a. 209; 1986, c. 86,

a. 35; 1988, c. 21, a. 4; 1992, c. 61, a. 615; 1995, c. 42, a. 47; 1999, c. 40, a. 324].

4.1. Un greffier spécial visé au paragraphe *e* de l'article 4 du *Code de procédure civile* (chapitre C-25) peut se voir attribuer, conformément à ce paragraphe, compétence dans plus d'un district judiciaire, même s'il n'a pas été nommé greffier pour chacun de ces districts.
    [1983, c. 28, a. 65; 1992, c. 57, a. 705; 1995, c. 42, a. 46, 47].

5. Le ministre de la Justice nomme aussi, par arrêté, un greffier des appels à Montréal, un greffier des appels à Québec et autant de greffiers adjoints des appels qu'il le juge nécessaire.
    [S.R. 1964, c. 20, a. 4; 1965 (1ʳᵉ sess.), c. 17, a. 4; 1983, c. 54, a. 88].

5.1. Malgré toute autre disposition législative, le greffier d'un tribunal n'est tenu de fournir, lors d'une audience, afin de remplir les fonctions d'huissier-audiencier, que les huissiers-audienciers dont il dispose.
    [1982, c. 58, a. 79; 1995, c. 42, a. 47].

5.2. Il est interdit à un employeur ou à son agent de congédier, de suspendre ou de déplacer un employé, d'exercer à son endroit des mesures discriminatoires ou des représailles, ou de lui imposer toute autre sanction pour le motif que ce dernier est assigné ou a agi comme témoin.

Toute contravention au premier alinéa, en plus de constituer une infraction à la présente loi, autorise un employé à exercer un recours devant la Commission des relations du travail instituée par le *Code du travail* (chapitre C-27). Les dispositions applicables à un recours relatif à l'exercice par un salarié d'un droit lui résultant de ce code s'appliquent, compte tenu des adaptations nécessaires.

[1984, c. 46, a. 32; 2001, c. 26, a. 170].

5.3. Un juge de la Cour municipale de Montréal, de Laval ou de Québec qui y a exercé la fonction de juge en chef pendant au moins sept ans et qui est nommé juge à une autre de ces cours municipales ou à la Cour du Québec avant le 1ᵉʳ juillet 2002 a droit de recevoir, jusqu'à ce que son traitement de juge, suite à sa nomination, soit égal au montant du traitement et de la rémunération additionnelle qu'il recevait lorsqu'il a cessé d'exercer sa fonction de juge en chef, la différence entre ce dernier montant et son traitement.

[1987, c. 50, a. 1; 1988, c. 21, a. 5; 2002, c. 21, a. 33].

5.3.1. La municipalité responsable de l'administration d'une cour municipale placée sous l'autorité d'un juge-président peut confier l'administration du régime de retraite des juges de sa cour à la Commission administrative des régimes de retraite et d'assurances.

Elle peut également confier l'administration du régime d'avantages sociaux des juges de sa cour à la personne ou l'organisme chargé d'administrer le régime d'avantages sociaux des juges de la Cour du Québec.

L'entente fixe les obligations de la municipalité, des juges, de la Commission ou de toute autre personne.

[2002, c. 21, a. 34].

5.4. (*Abrogé*).

[1990, c. 44, a. 2].

5.5. Les tribunaux, les juges de ces tribunaux et les juges de paix de certains districts judiciaires ont une compétence concurrente, avec ceux d'autres districts judiciaires sur certains territoires conformément à l'annexe I.

La compétence concurrente s'étend aux officiers et au personnel de la Cour.

[1988, c. 21, a. 7; 1995, c. 42, a. 2, 46].

PARTIE I —— DE LA COUR D'APPEL

SECTION I —— DE LA COMPOSITION DE LA COUR

6. La Cour d'appel est composée de 20 juges: un juge en chef appelé le juge en chef du Québec et 19 juges puînés.

Elle comprend en outre au plus 20 juges surnuméraires, régis par la *Loi sur les juges* (L.R.C. (1985), ch. J-1).

[S.R. 1964, c. 20, a. 6; 1969, c. 18, a. 1; 1970, c. 10, a. 1; 1972, c. 11, a. 1; 1974, c. 11, a. 7; 1977, c. 17, a. 1; 1989, c. 45, a. 1; 1991, c. 70, a. 1].

7. Des 20 juges visés dans le premier alinéa de l'article 6, sept doivent résider sur le territoire de la Ville de Québec ou dans son voisinage immédiat, et 13 sur le territoire de la Ville de Montréal ou dans son voisinage immédiat.

La résidence d'un juge visé dans le second alinéa de l'article 6 est celle qu'il avait avant de devenir juge surnuméraire.

Ces 20 juges doivent siéger à tour de rôle sur le territoire de la Ville de Québec et sur celui de la Ville de Montréal; mais le juge en chef peut changer cet ordre temporairement pour un motif jugé valable.

[S.R. 1964, c. 20, a. 7; 1970, c. 10, a. 2; 1972, c. 11, a. 2; 1977, c. 17, a. 2; 1989, c. 45, a. 2; 1991, c. 70, a. 2; 1996, c. 2, a. 973].

8. Nul juge de la Cour d'appel ne peut siéger dans le Conseil exécutif ou l'Assemblée nationale, ou remplir d'autres charges lucratives pour l'État.

[S.R. 1964, c. 20, a. 8; 1968, c. 9, a. 73, 90; 1974, c. 11, a. 8; 1999, c. 40, a. 324].

8.1. Pour l'application de l'article 41 de la *Loi sur les juges* (L.R.C. (1985), ch. J-1), un juge de la Cour d'appel peut, en sa qualité de juge de cette cour et avec l'autorisation du juge en chef, participer à un événement ayant un rapport avec l'administration de la justice.

[1987, c. 92, a. 1].

9. La cour et les juges qui la composent ont une compétence d'appel dans toute l'étendue du Québec, à l'égard de toutes les causes, matières et choses susceptibles d'appel, venant de tous les tribunaux dont, suivant la loi, il y a appel, à moins que cet appel ne soit affecté à la compétence d'un autre tribunal.

Sauf dans les cas prévus par la loi, ces appels sont entendus par trois juges, mais le juge en chef peut augmenter ce nombre lorsqu'il le juge à propos.

[S.R. 1964, c. 20, a. 9; 1988, c. 21, a. 12; 1995, c. 42, a. 3, 46].

10. La compétence accordée à la cour par l'article 9, comme tribunal d'appel, comporte l'attribution de tous les pouvoirs nécessaires pour lui donner effet.

[S.R. 1964, c. 20, a. 10; 1995, c. 42, a. 4].

11. Le juge en chef et, en son absence, le plus ancien juge puîné par ordre de nomination, préside les séances du tribunal.

Lorsque le juge en chef est empêché de remplir ses fonctions, le plus ancien juge puîné peut les remplir jusqu'à ce que le juge en chef en reprenne l'exercice ou soit remplacé.

[S.R. 1964, c. 20, a. 11; 1965 (1ʳᵉ sess.), c. 17, a. 5; 1999, c. 40, a. 324].

11.1. Lorsque le juge en chef informe le ministre de la Justice et le ministre fédéral de la Justice de sa décision d'abandonner son poste de juge en chef, la Cour d'appel est alors réputée composée, jusqu'à ce qu'une vacance se produise, du nombre de juges prévu par l'article 6 et d'un poste additionnel de juge.

[1978, c. 19, a. 51 (*partie*)].

12. Si, en raison d'un congé d'absence accordé, ou à cause de maladie, il devient probable qu'un juge de ce tribunal sera absent pendant un terme entier ou plus, et si le juge en chef ou en l'absence du juge en chef, ou à raison de son incompétence à remplir ses fonctions pour une cause quelconque, le plus ancien juge puîné, habile à remplir ses fonctions, transmet au gouverneur général son opinion que la nomination d'un juge suppléant, pour le temps de cette absence ou de cette maladie, servirait les fins de la justice, tout juge de la Cour supérieure peut être nommé juge suppléant de la Cour d'appel pendant la durée probable de l'absence ou de la maladie du juge titulaire; ce juge suppléant a tous les pouvoirs et exerce tous les devoirs d'un juge ordinaire du tribunal.

Pour assurer la saine gestion des affaires de la Cour d'appel, le juge en chef ou, en son absence, le plus ancien des juges peut demander par écrit au juge en chef de la Cour supérieure de lui désigner un ou plusieurs juges de cette cour pour siéger ponctuellement comme juge à la Cour d'appel. Ce juge exerce tous les pouvoirs et s'acquitte de tous les devoirs d'un juge de la Cour d'appel.

[S.R. 1964, c. 20, a. 12; 1974, c. 11, a. 9; 2014, c. 1, a. 829].

13. À l'expiration du temps pour lequel il est nommé le juge suppléant peut compléter l'audition, assister au délibéré et rendre jugement dans toute cause entendue par lui, en tout ou en partie, avant l'expiration de ce temps, nonobstant le retour ou la présence au tribunal du juge qu'il a remplacé.

[S.R. 1964, c. 20, a. 13].

14. À part de la prononciation des jugements dans les causes et incidents pris en délibéré devant lui en Cour supérieure, avant sa nomination, le juge suppléant ne peut, pendant la durée du temps pour lequel il est nommé, agir comme juge de la Cour supérieure.

Une personne ayant qualité peut être nommée à sa place, pour le temps de la durée des fonctions de juge suppléant à la Cour d'appel, comme juge suppléant de la Cour supérieure.

[S.R. 1964, c. 20, a. 14; 1974, c. 11, a. 10].

SECTION III —— DU GREFFIER DE LA COUR ET DE SON ADJOINT

15. 1. Un officier est nommé pour remplir les fonctions de greffier du tribunal à Montréal, sous le titre de « greffier des appels à Montréal », et un autre pour remplir les fonctions de greffier du tribunal à Québec, sous le titre de « greffier des appels à Québec ».

2. Les greffiers adjoints, à Québec et à Montréal, remplissent les fonctions de greffiers sous la direction du greffier.

Au cas de décès, destitution, suspension ou démission du greffier, le greffier adjoint désigné comme premier greffier adjoint à Québec, et celui désigné de la même manière à Montréal, remplissent, à chacun de ces endroits respectivement, tous les devoirs assignés au greffier jusqu'à ce que le successeur soit nommé.

À défaut du premier greffier adjoint, à Québec ou à Montréal, le ministre de la Justice nomme celui qui doit agir comme tel.

3. Le greffier et les greffiers adjoints des appels peuvent faire prêter le serment dans les matières du ressort du tribunal.

[S.R. 1964, c. 20, a. 15; 1965 (1ᵉ sess.), c. 16, a. 21; 1965 (1ᵉ sess.), c. 17, a. 4; 1974, c. 11, a. 49; 1979, c. 43, a. 7; 1983, c. 54, a. 89; 1999, c. 40, a. 324].

16. Pendant la durée de la charge, le greffier et son adjoint ne peuvent exercer la profession d'avocat au Québec.

[S.R. 1964, c. 20, a. 16; 1974, c. 11, a. 49].

17. (*Abrogé*).

[2000, c. 8, a. 221].

SECTION IV —— DES TERMES ET DU LIEU DES SÉANCES

18. La Cour d'appel tient ses séances à Québec et à Montréal. Elle peut siéger n'importe quel jour juridique de l'année.

Le juge en chef fixe les termes de ces séances au cours de tels mois, à telles dates et pour tels laps de temps qu'il le juge à propos pour la bonne expédition des affaires de la cour.

Au cas de vacance dans la fonction de juge en chef ou de son absence ou empêchement, le doyen des juges de la cour par ordre chronologique de nomination exerce les pouvoirs attribués au juge en chef par le présent article.

[S.R. 1964, c. 20, a. 18; 1974, c. 11, a. 11; 1999, c. 40, a. 324].

19. Un terme de la cour peut être clos quand les affaires devant le tribunal sont épuisées, ou il peut être continué par ajournement jusqu'à l'épuisement des affaires.

[S.R. 1964, c. 20, a. 19].

20. La Cour d'appel peut, cependant, siéger pour rendre des jugements n'importe quel jour juridique de l'année en dehors des termes fixés suivant l'article 18.

[S.R. 1964, c. 20, a. 20; 1974, c. 11, a. 12].

PARTIE II —— DE LA COUR SUPÉRIEURE

SECTION I —— DE LA COMPÉTENCE CIVILE DE LA COUR SUPÉRIEURE

§1. —— De la constitution, de la compétence et des pouvoirs du tribunal et des juges

21. La Cour supérieure, qui est un tribunal d'archives, est composée de 152 juges, dont un juge en chef, un juge en chef associé et un juge en chef adjoint.

Elle est en outre composée d'au plus 111 juges surnuméraires régis par la *Loi sur les juges* (L.R.C. (1985), ch. J-1). La résidence d'un tel juge est celle qu'il avait avant de devenir juge surnuméraire.

[S.R. 1964, c. 20, a. 21; 1966, c. 7, a. 1; 1966-67, c. 18, a. 2; 1968, c. 15, a. 1; 1971, c. 14, a. 1; 1972, c. 11, a. 3; 1973, c. 13, a. 1; 1974, c. 11, a. 13; 1975, c. 10, a. 1; 1976, c. 8, a. 1; 1977, c. 17, a. 3, a. 4; 1979, c. 42, a. 1; 1982, c. 58, a. 80; 1984, c. 26, a. 37; 1984, c. 46, a. 33; 1985, c. 29, a. 29; 1987, c. 50, a. 2; 1988, c. 21, a. 17; 1989, c. 45, a. 3; 2001, c. 8, a. 1; 2009, c. 8, a. 1; 2012, c. 4, a. 1].

22. Le juge en chef est chargé, en matière judiciaire, des politiques générales de la cour.

Toutefois, le juge en chef, le juge en chef associé ou le juge en chef adjoint, dans la division où il a sa résidence, coordonne, répartit et surveille le travail des juges qui, à cet égard, doivent se soumettre à ses ordres ou directives.

Ces alinéas s'appliquent sous réserve des dispositions qui suivent.

[1974, c. 11, a. 13; 1976, c. 8, a. 2].

23. Ces juges exercent leurs fonctions dans les districts judiciaires qui leur sont assignés.

[S.R. 1964, c. 20, a. 22].

24. Lorsque le juge en chef de la Cour supérieure réside sur le territoire de la Ville de Québec, le juge en chef associé remplit ses fonctions dans la division de Montréal formée des districts judiciaires de Beauharnois, Bedford, Drummond, Gatineau, Iberville, Joliette, Labelle, Laval, Longueuil, Mégantic, Montréal, Pontiac, Richelieu, Saint-François, Saint-Hyacinthe et Terrebonne et il doit résider sur le territoire de la ville de Montréal ou dans ses environs.

[S.R. 1964, c. 20, a. 23; 1966-67, c. 85, a. 2; 1973, c. 13, a. 2; 1975, c. 10, a. 2; 1979, c. 15, a. 4; 1985, c. 29, a. 30; 1996, c. 2, a. 974; 2013, c. 29, a. 3].

25. Lorsque le juge en chef de la Cour supérieure réside sur le territoire de la Ville de Montréal, le juge en chef associé remplit ses fonctions dans la division de Québec formée des districts judiciaires d'Abitibi, Alma, Arthabaska, Baie-Comeau, Beauce, Bonaventure, Charlevoix, Chicoutimi, Frontenac, Gaspé, Kamouraska, Mingan, Montmagny, Québec, Rimouski, Roberval, Rouyn-Noranda, Saint-Maurice, Témiscamingue et Trois-Rivières et il doit résider sur le territoire de la Ville de Québec ou dans ses environs.

[S.R. 1964, c. 20, a. 24; 1966, c. 7, a. 2; 1966-67, c. 85, a. 2; 1971, c. 8, a. 5; 1973, c. 13, a. 3; 1975, c. 10, a. 3; 1979, c. 15, a. 4; 1982, c. 58, a. 81; 1985, c. 29, a. 31; 1996, c. 2, a. 975].

26. Le juge en chef associé exerce les pouvoirs du juge en chef sous l'autorité de ce dernier.

Le juge en chef adjoint assiste dans l'exercice de ses fonctions le juge en chef ou le juge en chef associé, suivant le cas, ayant résidence sur le territoire de la Ville de Montréal.

[1973, c. 13, a. 4; 1996, c. 2, a. 976].

27. Le juge en chef adjoint exerce les pouvoirs du juge en chef ou du juge en chef associé, suivant le cas, ayant résidence sur le territoire de la Ville de Montréal, dans la mesure où ce juge en chef ou juge en chef associé le détermine.

L'autorité du juge en chef associé et du juge en chef adjoint est celle du juge en chef; leurs ordres doivent être exécutés de la même manière que ceux du juge en chef et leur signature officielle donne force et autorité à tout document qui est du ressort du juge en chef.

[1973, c. 13, a. 4; 1996, c. 2, a. 977].

28. Lorsque le juge en chef ou, suivant le cas, le juge en chef associé, ayant résidence à Montréal, est empêché d'exercer ses fonctions, le juge en chef adjoint peut remplir ces fonctions jusqu'à ce que le juge en chef ou, suivant le cas, le juge en chef associé, en reprenne l'exercice ou soit remplacé.

[1973, c. 13, a. 4; 1999, c. 40, a. 324].

29. Le juge en chef associé a droit à la préséance immédiatement après le juge en chef.

Le juge en chef adjoint a droit à la préséance immédiatement après le juge en chef associé.

[S.R. 1964, c. 20, a. 25; 1973, c. 13, a. 5].

30. Lorsque le juge en chef, le juge en chef associé ou, suivant le cas, le juge en chef adjoint est empêché de remplir ses fonctions, le plus ancien juge puîné par ordre de nomination avec résidence à Montréal ou à Québec, selon le cas, peut remplir ces fonctions jusqu'à ce que le juge en chef, le juge en chef associé ou, suivant le cas, le juge en chef adjoint en reprenne l'exercice ou soit remplacé.

[1965 (1ᵉ sess.), c. 17, a. 6; 1973, c. 13, a. 6; 1999, c. 40, a. 324].

30.1. Lorsque le juge en chef, le juge en chef associé ou le juge en chef adjoint informe le ministre de la Justice et le ministre fédéral de la justice de sa décision d'abandonner son poste de juge en chef, de juge en chef associé ou de juge en chef adjoint selon le cas, la Cour supérieure est alors réputée composée, jusqu'à ce qu'une vacance se produise, du nombre de juges prévu par l'article 21 et d'un poste additionnel de juge.

[1978, c. 19, a. 51 *(partie)*].

31. Nul juge de la Cour supérieure ne peut occuper un siège dans le Conseil exécutif ou l'Assemblée nationale, ni remplir d'autres emplois ou fonctions lucratives pour l'État tant qu'il exerce sa charge.

[S.R. 1964, c. 20, a. 26; 1968, c. 9, a. 74, 90; 1999, c. 40, a. 324].

31.1. Pour l'application de l'article 41 de la *Loi sur les juges* (L.R.C. (1985), ch. J-1), un juge de la Cour supérieure peut, en sa qualité de juge de cette cour et avec l'autorisation du juge en chef, participer à un événement ayant un rapport avec l'administration de la justice.

[1987, c. 92, a. 2].

32. Les juges de la Cour supérieure sont nommés pour les divers districts du Québec comme suit:

1° Pour le district de Montréal, avec résidence sur le territoire de la Ville de Montréal, ou dans le voisinage immédiat de ce territoire, 96 juges, dont l'un est spécialement chargé du district de Terrebonne, un autre du district de Beauharnois, un autre du district de Richelieu, un autre du district de Saint-Hyacinthe, un autre du district de Pontiac, un autre du district de Gatineau, un autre du district de Labelle, mais qui exerce aussi ses fonctions ordinaires dans le district de Gatineau, un autre du district de Bedford, un autre du district d'Iberville, et un autre du district de Joliette;

Les juges nommés pour le district de Montréal exercent aussi leurs fonctions ordinaires dans les districts de Laval et Longueuil suivant les ordres du juge en chef, du juge en chef associé ou du juge en chef adjoint, selon le cas.

Les juges nommés avec résidence sur le territoire de la Ville de Montréal peuvent aussi résider dans les districts de Laval et Longueuil.

1.1° Pour le district de Longueuil, avec résidence sur le territoire de la Ville de Longueuil ou dans ses environs, un juge;

2° Pour le district de Québec, avec résidence sur le territoire de la Ville de Québec, ou dans le voisinage immédiat de ce territoire, 30 juges, dont l'un est spécialement chargé des districts de Gaspé et de Bonaventure, un autre du district de Beauce, un autre du district de Montmagny, un autre du district d'Arthabaska, un autre du district de Kamouraska, un autre du district de Charlevoix et un autre du district de Roberval;

3° Pour les districts de Mégantic et de Saint-François, avec résidence sur le territoire de la Ville de Sherbrooke, ou dans le voisinage immédiat de ce territoire, trois juges;

4° Pour le district des Trois-Rivières, avec résidence sur le territoire de la Ville de Trois-Rivières ou dans le voisinage immédiat de ce territoire, trois juges;

5° Pour les districts d'Abitibi, de Rouyn-Noranda et de Témiscamingue, avec résidence à Amos ou à Rouyn dans le voisinage immédiat de ces lieux, trois juges;

6° Pour les districts de Saint-François et Bedford, quatre juges, dont deux avec résidence à Sherbrooke et deux avec résidence à Cowansville ou dans leurs environs;

7° Pour les districts de Gatineau, Labelle et Pontiac, avec résidence à Gatineau ou dans le voisinage immédiat de ce lieu, cinq juges;

7.1° Pour le district d'Alma, avec résidence à Alma ou dans son voisinage immédiat, un juge;

8° Pour le district de Chicoutimi, avec résidence à Chicoutimi ou son voisinage immédiat, trois juges;

9° Pour le district de Rimouski, avec résidence au choix du juge, à Rimouski ou à Rivière-du-Loup ou dans le voisinage immédiat de ces lieux, un juge;

10° Pour le district de Saint-Maurice, avec résidence à Shawinigan ou dans le voisinage immédiat, un juge;

11° Pour les districts de Baie-Comeau et de Mingan, avec résidence à Sept-Îles ou dans le voisinage immédiat, un juge.

Ces juges doivent administrer la justice, à tour de rôle, dans chacun des autres districts du Québec, suivant les ordres du juge en chef, du juge en chef associé ou du juge en chef adjoint, selon le cas.

Le gouvernement peut, sur recommandation du ministre de la Justice et avec l'assentiment du juge en chef, autoriser un juge à résider à un endroit autre que celui prévu par le présent article.

[S.R. 1964, c. 20, a. 27; 1966, c. 7, a. 3; 1966-67, c. 18, a. 3; 1966-67, c. 85, a. 2; 1968, c. 15, a. 2; 1970, c. 9, a. 1; 1971, c. 14, a. 2; 1971, c. 8, a. 6; 1971, c. 103, a. 1; 1973, c. 13, a. 7; 1974, c. 11, a. 14; 1974, c. 101, a. 1; 1975, c. 10, a. 4; 1976, c. 8, a. 3; 1977, c. 17, a. 5, a. 6; 1979, c. 15, a. 5; 1982, c. 58, a. 82; 1984, c. 26, a. 38; 1984, c. 46, a. 34; 1985, c. 29, a. 32; 1986, c. 95, a. 332; 1987, c. 50, a. 3; 1988, c. 21, a. 18; 1989, c. 45, a. 4; 1991, c. 70, a. 3; 1996, c. 2, a. 978; 2001, c. 8, a. 2; 2009, c. 8, a. 2; 2012, c. 4, a. 2; 2013, c. 29, a. 4].

33. 1° Les juges à qui sont assignés, respectivement, les districts de Terrebonne, de Beauharnois, de Richelieu, de Saint-Hyacinthe et de Pontiac, exercent leurs fonctions ordinaires dans toute cour où les juges ont compétence, lorsque l'exercice de telles fonctions n'est pas requis dans leurs districts respectifs.

2° Un des juges des districts pour lesquels les appels ont lieu sur le territoire de la Ville de Québec peut être appelé, par l'autorité compétente, à exercer ses fonctions ordinaires dans le district de Québec, lorsque telles fonctions ne sont pas requises dans son district, et la résidence de ce juge est sur le territoire de la Ville de Québec.

[S.R. 1964, c. 20, a. 28; 1966-67, c. 85, a. 2; 1995, c. 42, a. 46; 1996, c. 2, a. 979].

34. Lorsque l'expédition des affaires judiciaires exige, dans un district, les services de plus de juges qu'il n'en est attribué à ce district, le juge en chef requiert un ou plusieurs juges d'exercer temporairement leurs fonctions dans ce district.

[S.R. 1964, c. 20, a. 29].

35. Tous les pouvoirs dont, par une loi quelconque, les juges de la Cour supérieure ou un quorum d'entre eux, étaient revêtus en terme ou en vacances, avant la mise en vigueur des Statuts refondus pour le Bas-Canada, et qui, par ces derniers statuts, sont donnés à tout juge du tribunal, continuent, comme par le passé, à être possédés par tout tel juge, de manière qu'un seul juge puisse constituer un quorum de la cour, et puisse entendre et juger toutes les causes et matières de la compétence du tribunal, et en exercer tous les pouvoirs.

[S.R. 1964, c. 20, a. 32; 1995, c. 42, a. 5].

36. Tout juge peut continuer et terminer un litige commencé ou continué par un autre juge, mais il ne peut infirmer la décision d'un autre juge que dans les cas où il pourrait l'infirmer s'il l'avait lui-même rendue.

Le juge en chef, le juge en chef associé ou, suivant le cas, le juge en chef adjoint peut ordonner qu'un litige en délibéré depuis plus de six mois soit remis au rôle pour être terminé par un autre juge.

Également le juge en chef de la Cour supérieure, le juge en chef associé ou le juge en chef adjoint, suivant le cas, peut et a toujours eu le pouvoir de signer un jugement rendu par un juge depuis décédé, pourvu qu'il soit satisfait que le texte du jugement qui lui est présenté pour être signé est conforme au jugement qui a été rendu.

[S.R. 1964, c. 20, a. 33; 1973, c. 13, a. 8].

37. Dans toutes les causes commencées en vacances par un juge, il est loisible, en cas de sa maladie ou de son absence, à tout autre juge, de siéger à sa place et d'exercer tous les pouvoirs et l'autorité qui auraient appartenu à ce juge s'il avait continué à siéger.

[S.R. 1964, c. 20, a. 34].

38. Deux juges ou plus, exerçant leurs fonctions dans le même district, peuvent, et doivent, chaque fois que la dépêche des affaires le requiert, siéger, en même temps et au même endroit, dans des salles séparées, pendant ou hors des termes, et chacun d'eux a compétence pour entendre et décider les causes et matières qui lui sont soumises, et exerce les mêmes pouvoirs que s'il siégeait seul en cet endroit.

[S.R. 1964, c. 20, a. 35; 1995, c. 42, a. 46].

§2. — Des pouvoirs généraux du tribunal

39. Quant à ce qui concerne les dispositions non abrogées de quelque loi en vigueur au Québec, à l'époque où la loi 12 Victoria, chapitre 38, est devenue entièrement en vigueur, la Cour supérieure continue d'être substituée aux Cours du banc de la reine abolies par la dite loi.

Ces dispositions non abrogées continuent à s'appliquer à la Cour supérieure comme elles s'appliquaient autrefois aux Cours du banc de la reine.

Ce droit de surveillance, de réforme et de contrôle continue d'être conféré et assigné à la Cour supérieure et à ses juges.

[S.R. 1964, c. 20, a. 36].

§3. — Séances de la Cour

40.-43. (*Abrogés*).

[1988, c. 21, a. 20].

44. (*Abrogé*).

[1975, c. 7, a. 6].

45.-50. (*Abrogés*).

[1988, c. 21, a. 20].

51. 1. Le gouvernement peut, par proclamation, ordonner que les termes et séances de la Cour supérieure et des juges de ce tribunal soient aussi tenus dans un endroit du district judiciaire autre que celui où est situé le chef-lieu ou à un endroit d'un autre district judiciaire dans lequel elle exerce une compétence concurrente.

2. La proclamation émise à cette fin doit désigner le territoire, l'endroit et l'immeuble où doivent être tenus les termes et séances de la cour et de ses juges. Tous les jours juridiques y sont jours de terme, sous réserve des dispositions de l'article 12 du *Code de procédure civile*.

3. Le gouvernement peut changer, de la même manière, l'époque de ces termes et de ces séances, ainsi que l'endroit où ils doivent être tenus.

4. Cette proclamation ne peut être émise qu'après que la municipalité sur le territoire de laquelle doivent être tenus les termes et séances de la dite Cour supérieure et des juges de ce tribunal se sera procuré, sur ce territoire, à la satisfaction du gouvernement, un édifice avec pièces convenables pour une salle d'audience et pour le juge ou les juges et les officiers de la cour.

5. À compter de la date de cette proclamation, les causes, dans lesquelles le droit d'action a pris naissance dans le territoire déterminé par cette proclamation ou dans lequel le défendeur réside, peuvent, du consentement des parties, être instruites, entendues et jugées à l'endroit fixé par cette proclamation pour la tenue de ces termes et séances.

6. Tous les pouvoirs et attributions qui appartiennent au juge en chambre et qui peuvent être exercés par lui ou par le greffier peuvent être exercés à l'endroit fixé par proclamation, aussi bien qu'au chef-lieu du district, pour les affaires dont le droit d'action a pris naissance dans le territoire fixé par proclamation.

7. Quand les circonstances le justifient, il est loisible au gouvernement d'accorder l'indemnité qu'il croit raisonnable au greffier obligé de se déplacer pour les fins du présent article.

8. Les frais de voyages du greffier et des autres officiers de la cour, quand leur présence est nécessaire, ainsi que l'indemnité qui peut être accordée au greffier, sont payables à même les montants votés par la Législature pour l'administration de la justice.

9. Le gouvernement peut, par proclamation, révoquer toute proclamation émise en vertu du présent article, et, à compter de la date y mentionnée, les termes et séances de la Cour supérieure et des juges de ce tribunal cessent d'être tenus à l'endroit mentionné dans la proclamation révoquée.

[S.R. 1964, c. 20, a. 46; 1965 (1ʳᵉ sess.), c. 80, a. 1; 1975, c. 7, a. 11; 1995, c. 42, a. 46, 47; 1996, c. 2, a. 980].

52. Les termes et les séances de la Cour supérieure et des juges de ce tribunal sont tenus au chef-lieu des différents districts judiciaires du Québec ou à l'endroit qui peut être fixé par l'autorité compétente. Toutes les actions, poursuites et procédures qui peuvent être intentées dans un district peuvent être commencées au lieu où ces termes sont tenus en ce district.

[S.R. 1964, c. 20, a. 48].

53. Sous réserve des dispositions de l'article 12 du *Code de procédure civile*, tous les jours juridiques sont jours de terme dans tous les districts du Québec.

Le juge en chef et le juge en chef associé ou, suivant le cas, le juge en chef adjoint fixent, pour chaque district compris dans leur division, les séances de la cour selon qu'ils le jugent à propos pour la bonne expédition des affaires.

[S.R. 1964, c. 20, a. 49; 1965 (1ʳᵉ sess.), c. 17, a. 7; 1965 (1ʳᵉ sess.), c. 80, a. 1; 1973, c. 13, a. 11].

§4. — Des shérifs, des greffiers et autres officiers de la Cour supérieure

54. Les shérifs et des greffiers sont non seulement les officiers des juges siégeant dans les districts dans lesquels ils ont compétence mais ils sont encore, généralement, les officiers de la Cour supérieure; ils doivent obéir aux ordres légitimes du tribunal et des juges qui le composent, quel que soit le district dans lequel ces ordres leur sont donnés, pourvu que ces ordres soient exécutoires dans un district dans lequel ils ont compétence.

Aucun shérif ou greffier de la Cour supérieure, tant qu'il est en charge, ni son adjoint, tant qu'il remplit les fonctions de son office, ne peuvent pratiquer comme avocats au Québec.

[S.R. 1964, c. 20, a. 50; 1965 (1ʳᵉ sess.), c. 17, a. 4; 1983, c. 54, a. 90; 1995, c. 42, a. 47].

55. Les greffiers adjoints sont nommés en la manière prescrite par les articles 1 et suivants de la *Loi sur les salaires d'officiers de justice* (chapitre S-2).

[S.R. 1964, c. 20, a. 51; 1965 (1ʳᵉ sess.), c. 17, a. 4; 1995, c. 42, a. 47].

56. Les shérifs adjoints sont nommés en la manière prescrite par les articles 1 et suivants de la *Loi sur les salaires d'officiers de justice* (chapitre S-2).

Les actes et rapports de ces adjoints, faits en leur capacité officielle, sont reçus devant tous les tribunaux du Québec, et sont aussi valides et légaux que les actes et les rapports du shérif lui-même.

[S.R. 1964, c. 20, a. 52; 1965 (1ʳᵉ sess.), c. 17, a. 4].

57. Les shérifs et les greffiers sont obligés de tenir des livres de comptes faisant voir le montant des deniers publics qu'ils ont entre leurs mains, de la manière que le gouvernement l'ordonne, et de déposer ces deniers conformément à la section II de la *Loi sur les dépôts et consignations* (chapitre D-5).

Ces officiers doivent faire les entrées, jour par jour, dans leurs livres de caisse; leurs livres, montants et papiers relatifs à ces deniers publics, sont, en tout temps, durant les heures du bureau, ouverts à l'inspection des personnes que le gouvernement autorise.

Lorsqu'un shérif ou un greffier est destitué, ou qu'il démissionne, il doit, aussitôt qu'il en est requis après sa destitution ou sa démission, payer et remettre à son successeur en office toutes les sommes d'argent et autres choses qui, à cette date, étaient entre ses mains, ou pour lesquelles il était alors responsable en vertu de sa charge.

En cas de décès de l'officier, ses héritiers ou représentants sont soumis aux mêmes devoirs.

Le successeur de l'officier, aussitôt que ces sommes de deniers ou autres choses lui ont été payées ou remises, est obligé d'exécuter tous les jugements et ordres pour la distribution et le paiement de ces sommes ou la remise de ces autres choses, de la même manière que le shérif ou le greffier précédent y aurait été obligé, que ces jugements ou ordres aient été rendus ou donnés avant ou après la mort, la destitution ou la démission de l'officier.

Rien de contenu dans le présent article ne doit diminuer la durée ou l'étendue de la responsabilité d'aucune caution du shérif ou du greffier, en vertu de la loi.

[S.R. 1964, c. 20, a. 53; 1970, c. 17, a. 101; 1995, c. 42, a. 47].

58. Le ministre de la Justice nomme, par arrêté, un shérif adjoint qui réside aux Îles-de-la-Madeleine.

[S.R. 1964, c. 20, a. 54; 1965 (1ʳᵉ sess.), c. 17, a. 4; 1983, c. 54, a. 91].

59. Cet adjoint a la charge du palais de justice, de l'établissement de détention et de toutes les personnes y détenues et sous garde. Il exerce, dans les matières civiles et criminelles, les pouvoirs du shérif se rattachant à ces îles ainsi qu'au reste du district de Gaspé, relativement au transfert des prisonniers de ces îles à tout établissement de détention dans le district, et aux autres matières liées à l'administration de la justice.

[S.R. 1964, c. 20, a. 55; 1965 (1ʳᵉ sess.), c. 17, a. 4; 1969, c. 21, a. 15].

60. (*Abrogé*).

[1988, c. 21, a. 24].

61. (*Abrogé*).

[1975, c. 7, a. 15].

62. (*Abrogé*).

[1988, c. 21, a. 24].

63. (*Abrogé*).

[1985, c. 29, a. 33].

64. (*Abrogé*).

[1988, c. 21, a. 24].

65. (*Abrogé*).

[1975, c. 7, a. 19].

66.-68.9. (*Abrogés*).

[1988, c. 21, a. 24].

SECTION II —— DE LA COMPÉTENCE CRIMINELLE DE LA COUR SUPÉRIEURE

§1. —— Dispositions générales

69. (*Abrogé*).

[1988, c. 21, a. 28].

70. La Cour supérieure, siégeant comme tribunal en matière criminelle en première instance, a compétence dans toute l'étendue du Québec conformément aux règles établies par l'autorité compétente.

Cette cour, siégeant ainsi comme tribunal en matière criminelle, entend aussi les appels permis sous la partie XXVII du *Code criminel* (L.R.C. (1985), ch. C-46).

Aux fins de l'administration de la justice criminelle en première instance, ainsi qu'aux fins des appels permis sous la partie XXVII du *Code criminel*, les juges de la Cour supérieure président cette cour dans les divers districts et ont la compétence que leur confère, en cette qualité, l'autorité compétente. Ils siègent aux fins des appels permis sous la partie XXVII du *Code criminel* lors des termes et séances de la Cour supérieure et des juges de ce tribunal qui sont tenus au chef-lieu des districts judiciaires; ils siègent aussi, à ces fins, à tout autre endroit, dans chaque district, qui est fixé par proclamation du gouvernement.

Les juges de la Cour supérieure sont en outre juges de paix dans toute l'étendue du Québec.

[S.R. 1964, c. 20, a. 61; 1969, c. 19, a. 1; 1974, c. 11, a. 19; 1983, c. 41, a. 210; 1995, c. 42, a. 46].

71. Les termes ou sessions de la Cour supérieure, dans l'exercice de sa compétence criminelle, sont tenus par un ou plusieurs juges; un ou plusieurs d'entre eux forment un quorum et peuvent exercer tous les pouvoirs et toute la compétence du tribunal.

[S.R. 1964, c. 20, a. 62; 1974, c. 11, a. 20; 1995, c. 42, a. 46].

§2. —— Des greffiers de la Cour supérieure en matière criminelle et de leurs adjoints

72. (*Supprimé*).

[1999, c. 40, a. 324].

73. Tout greffier de la Cour supérieure ou tout greffier de la Cour du Québec peut être nommé greffier de la Cour supérieure en matière criminelle.

Le greffier de la Cour supérieure en matière criminelle ne peut, pendant la durée de sa charge, pratiquer comme avocat au Québec.

[S.R. 1964, c. 20, a. 64; 1965 (1ʳᵉ sess.), c. 17, a. 2; 1983, c. 54, a. 93; 1988, c. 21, a. 29; 1992, c. 61, a. 616; 1995, c. 42, a. 47; 1999, c. 40, a. 324].

§3. —— Des termes et du lieu des séances

74. La Cour supérieure, en matière criminelle en première instance, tient, dans chaque district, au moins trois termes par année.

[S.R. 1964, c. 20, a. 65; 1969, c. 19, a. 2; 1974, c. 11, a. 22; 1981, c. 14, a. 45].

75. Le juge en chef, le juge en chef associé ou, suivant le cas, le juge en chef adjoint fixent les dates auxquelles commencent ces termes. Ces dates sont affichées au greffe du district concerné.

[S.R. 1964, c. 20, a. 66; 1981, c. 14, a. 46; 1986, c. 48, a. 3].

76. Les termes n'ont pas de durée fixe, mais sont tenus jusqu'à ce que le tribunal déclare qu'ils sont terminés, ce qu'il ne doit cependant pas faire tant qu'il est d'opinion qu'il reste quelque procès, matière ou procédure qu'il n'est pas opportun d'ajourner au terme suivant.

Le tribunal peut également, s'il le juge à propos, ou si la présence des juges qui le président est requise en un autre lieu ou pour la tenue d'une autre cour, ajourner le terme de jour en jour, ou à tout jour particulier, avant le premier jour du terme suivant.

[S.R. 1964, c. 20, a. 67].

77. (*Abrogé*).

[1981, c. 14, a. 47].

78. Le juge qui préside, dans un district, un terme de la Cour supérieure dans l'exercice de sa compétence en première instance, en matière criminelle, peut, si l'expédition des affaires l'exige, fixer, pour ce district, un terme extraordinaire de la Cour à la date la plus appropriée, compte tenu des circonstances.

Les dispositions de la loi relatives aux termes de la Cour supérieure en matière criminelle sont applicables à ce terme extraordinaire.

[S.R. 1964, c. 20, a. 69; 1972, c. 11, a. 6; 1974, c. 11, a. 24; 1995, c. 42, a. 46].

PARTIE III —— DE LA COUR DU QUÉBEC

SECTION I —— COMPÉTENCE, DIVISIONS RÉGIONALES ET CHAMBRES DE LA COUR

79. La Cour du Québec est une cour de première instance ayant compétence en matière civile, criminelle et pénale ainsi que dans les matières relatives à la jeunesse.

La cour ou ses juges siègent également en matière administrative ou en appel dans les cas prévus par la loi.

[S.R. 1964, c. 20, a. 71; 1978, c. 19, a. 2; 1981, c. 48; 1985, c. 29, a. 35; 1987, c. 92, a. 4; 1988, c. 21, a. 30; 1995, c. 42, a. 46].

80. La Cour du Québec comporte 3 chambres: la chambre civile, la chambre criminelle et pénale et la chambre de la jeunesse.

[S.R. 1964, c. 20, a. 72; 1965 (1ʳᵉ sess.), c. 17, a. 8; 1966-67, c. 85, a. 2; 1968, c. 15, a. 3; 1969, c. 19, a. 4; 1971, c. 14, a. 3; 1972, c. 11, a. 7; 1973, c. 13, a. 12; 1973, c. 39, a. 6; 1974, c. 11, a. 25; 1975, c. 10,

a. 10; 1976, c. 8, a. 4; 1977, c. 17, a. 8; 1978, c. 19, a. 3; 1988, c. 21, a. 30; 1995, c. 42, a. 6; 1997, c. 43, a. 815].

81. En matière civile, la Cour a compétence, dans les limites prévues par la loi, à l'égard des poursuites civiles prises en vertu du *Code de procédure civile* (chapitre C-25) ou de toute autre loi.

Cette compétence est exercée notamment par les juges affectés à la chambre civile.
[1973, c. 13, a. 13; 1973, c. 14, a. 1; 1978, c. 19, a. 1; 1986, c. 95, a. 333; 1988, c. 21, a. 30; 1995, c. 42, a. 46].

81.1.-81.3. (*Remplacés*).
[1988, c. 21, a. 30].

82. En matière criminelle et pénale, la Cour a compétence, dans les limites prévues par la loi, à l'égard des poursuites prises en vertu du *Code criminel* (L.R.C. (1985), chapitre C-46), du *Code de procédure pénale* (chapitre C-25.1) ou de toute autre loi.

Cette compétence est exercée notamment par les juges affectés à la chambre criminelle et pénale.
[S.R. 1964, c. 20, a. 73; 1965 (1ᵉʳ sess.), c. 16, a. 21; 1968, c. 15, a. 4; 1969, c. 18, a. 2; 1969, c. 19, a. 5; 1970, c. 10, a. 4; 1972, c. 11, a. 8; 1979, c. 71, a. 165; 1982, c. 32, a. 123; 1982, c. 18, a. 183; 1988, c. 21, a. 30; 1990, c. 4, a. 881; 1995, c. 42, a. 46].

83. Dans les matières relatives à la jeunesse, la Cour a compétence, dans les limites prévues par la loi:

1° pour exercer les attributions du tribunal pour adolescents conformément à la *Loi sur les jeunes contrevenants* (L.R.C. (1985), ch. Y-1);

2° à l'égard de la protection de la jeunesse conformément à la *Loi sur la protection de la jeunesse* (chapitre P-34.1);

3° à l'égard des poursuites prises en vertu du *Code de procédure pénale* (chapitre C-25.1) lorsque le défendeur est âgé de moins de 18 ans ou était âgé de moins de 18 ans au moment de la commission de l'infraction;

4° à l'égard de l'adoption.

Cette compétence est exercée notamment par les juges affectés à la chambre de la jeunesse et, sauf dans les cas prévus par la loi, elle est exclusive à la Cour.
[S.R. 1964, c. 20, a. 74; 1965 (1ᵉʳ sess.), c. 17, a. 9; 1966-67, c. 18, a. 5; 1969, c. 19, a. 6; 1973, c. 14, a. 2, 3; 1976, c. 8, a. 7; 1978, c. 19, a. 5; 1988, c. 21, a. 30; 1990, c. 4, a. 882; 1995, c. 42, a. 46].

84. La Cour du Québec est une cour d'archives.
[S.R. 1964, c. 20, a. 75; 1969, c. 18, a. 3; 1978, c. 19, a. 6; 1988, c. 21, a. 30].

84.1.-84.12. (*Remplacés*).
[1988, c. 21, a. 30].

SECTION II — LES JUGES

§1. — Composition de la Cour, nomination et destitution des juges

85. La Cour du Québec est composée de 290 juges dont le juge en chef, le juge en chef associé et quatre juges en chef adjoints.
[S.R. 1964, c. 20, a. 76; 1965 (1ᵉʳ sess.), c. 16, a. 21; 1974, c. 11, a. 26; 1988, c. 21, a. 30; 1989, c. 71, a. 1; 1991, c. 18, a. 1; 1995, c. 42, a. 7; 1997, c. 76, a. 1; 2002, c. 21, a. 35; 2012, c. 4, a. 3].

86. Le gouvernement nomme par commission sous le grand sceau les juges durant bonne conduite. L'acte de nomination d'un juge détermine notamment le lieu de sa résidence.
[S.R. 1964, c. 20, a. 77; 1965 (1ᵉʳ sess.), c. 17, a. 2; 1968, c. 9, a. 90; 1969, c. 19, a. 7; 1988, c. 21, a. 30; 1995, c. 42, a. 8].

87. Les juges sont nommés parmi les avocats ayant exercé leur profession pendant au moins 10 ans.

Peuvent être considérées les années au cours desquelles une personne a acquis une expérience juridique pertinente après l'obtention d'un diplôme d'admission au Barreau du Québec ou d'un certificat d'aptitude à exercer la profession d'avocat au Québec.
[S.R. 1964, c. 20, a. 78; 1965 (1ᵉʳ sess.), c. 17, a. 2; 1978, c. 19, a. 7; 1988, c. 21, a. 30].

88. Les juges nommés sont préalablement choisis suivant la procédure de sélection des personnes aptes à être nommées juges établie par règlement du gouvernement. Celui-ci peut notamment:

1° déterminer la manière dont une personne peut se porter candidate à la fonction de juge;

2° autoriser le ministre de la Justice à former un comité de sélection pour évaluer l'aptitude des candidats à la fonction de juge et pour lui fournir un avis sur eux;

3° fixer la composition et le mode de nomination des membres du comité;

4° déterminer les critères de sélection dont le comité tient compte;

5° déterminer les renseignements que le comité peut requérir d'un candidat et les consultations qu'il peut faire.

Les membres du comité ne sont pas rémunérés, sauf dans les cas, aux conditions et dans la mesure que peut déterminer le gouvernement. Ils ont cependant droit au remboursement des dépenses faites dans l'exercice de leurs fonctions, aux conditions et dans la mesure que détermine le gouvernement.

[S.R. 1964, c. 20, a. 79; 1988, c. 21, a. 30].

88.1. (*Abrogé*).

[2002, c. 21, a. 36].

89. Avant d'entrer en fonction, le juge prête, devant le juge en chef, le juge en chef associé ou un juge en chef adjoint, le serment prévu par l'annexe II.

[S.R. 1964, c. 20, a. 80; 1988, c. 21, a. 30; 1995, c. 42, a. 9; 1999, c. 40, a. 324].

90. Le gouvernement nomme par commission sous le grand sceau, parmi les juges de la Cour, le juge en chef ainsi que, après consultation de ce dernier, un juge en chef associé, un juge en chef adjoint pour chacune des chambres de la Cour et un juge en chef adjoint responsable des cours municipales.

Le lieu de résidence du juge en chef et du juge en chef associé est établi sur le territoire de la Ville de Québec ou dans le voisinage immédiat de ce territoire; ils y exercent principalement leurs fonctions.

[S.R. 1964, c. 20, a. 81; 1974, c. 11, a. 27; 1988, c. 21, a. 30; 1995, c. 42, a. 10; 1996, c. 2, a. 981; 2002, c. 21, a. 37].

91. Le mandat du juge en chef, du juge en chef associé et d'un juge en chef adjoint est de 7 ans et il ne peut être renouvelé.

[S.R. 1964, c. 20, a. 82; 1988, c. 21, a. 30; 1995, c. 42, a. 11].

92. Le juge en chef, le juge en chef associé ou un juge en chef adjoint demeure en fonction malgré l'expiration de son mandat jusqu'à ce qu'il soit remplacé.

Ce juge a droit, s'il a exercé pendant au moins sept ans une fonction de juge en chef, de juge en chef associé ou de juge en chef adjoint, à un congé rémunéré consacré à l'étude, à la recherche ou à toute autre activité de nature juridique compatible avec la fonction judiciaire. Ce congé est d'un an dans le cas du juge en chef et du juge en chef associé et de 6 mois dans le cas d'un juge en chef adjoint.

Le deuxième alinéa s'applique également au président du Tribunal des droits de la personne et au président du Tribunal des professions. Dans le cas de ces derniers, le congé est de six mois et s'exerce à l'expiration d'un mandat non renouvelé.

[S.R. 1964, c. 20, a. 83; 1965 (1ʳᵉ sess.), c. 17, a. 4; 1983, c. 54, a. 94; 1988, c. 21, a. 30; 1995, c. 42, a. 12; 1999, c. 62, a. 1; 2012, c. 4, a. 4].

92.1. Le juge qui atteint l'âge de 70 ans cesse d'exercer sa charge.

Toutefois, si le gouvernement l'estime conforme aux intérêts de la justice, il peut, pour la période qu'il fixe, autoriser un juge à continuer d'exercer sa charge après cet âge.

[1990, c. 44, a. 3].

93. À la demande du juge en chef, le gouvernement peut, pour le temps qu'il détermine et s'il l'estime conforme aux intérêts de la justice, autoriser un juge à la retraite à exercer les fonctions judiciaires que le juge en chef lui assigne.

[S.R. 1964, c. 20, a. 84; 1988, c. 21, a. 30].

93.1. Le juge atteint d'une incapacité physique ou mentale permanente qui, de l'avis du gouvernement, l'empêche de remplir de manière satisfaisante les devoirs de sa charge, est relevé de ses fonctions. À moins qu'il ne reprenne ses fonctions en vertu du deuxième alinéa, il est réputé avoir cessé d'exercer sa charge le jour précédant celui où, pour être admissible à recevoir une pension, il satisfait l'une ou l'autre des conditions énoncées aux paragraphes 1º, 2º ou 3º des articles 224.3 et 228 ou à l'article 246.3, selon le régime qui lui est applicable.

Si ce juge recouvre la santé, le gouvernement peut lui permettre de reprendre ses fonctions au tribunal où il exerçait sa charge, même si tous les postes du tribunal où il est ainsi affecté sont alors comblés.

L'incapacité permanente est établie, après enquête, par le Conseil de la magistrature, à la demande du ministre de la Justice. Il en est de même de la fin d'une telle incapacité.

[1990, c. 44, a. 4; 2001, c. 8, a. 3; 2005, c. 41, a. 1].

94. Le gouvernement peut, conformément à la présente sous-section, nommer autant de juges additionnels à la Cour qu'il y a de juges se trouvant dans l'incapacité depuis au moins deux ans d'exercer leurs fonctions par suite de leur invalidité au sens des régimes collectifs d'assurance offerts aux juges.

Le nombre de juges qui ne sont pas ainsi incapables d'exercer leurs fonctions ne doit jamais être supérieur à celui prévu à l'article 85, sauf s'il y a reprise d'exercice par un juge qui était ainsi incapable. Dans ce dernier cas, le nombre de juges qui ne sont pas ainsi incapables d'exercer leurs fonctions doit être réduit dès qu'une vacance se produit parmi eux.

[S.R. 1964, c. 20, a. 85; 1983, c. 54, a. 95; 1988, c. 21, a. 30].

95. Le gouvernement ne peut démettre un juge que sur un rapport de la Cour d'appel fait après enquête, sur requête du ministre de la Justice.

[S.R. 1964, c. 20, a. 86; 1988, c. 21, a. 30].

§2. — Fonctions des juges en chef

96. Le juge en chef est chargé de la direction de la Cour.

Il a notamment pour fonctions:

1º de voir au respect, en matière judiciaire, des politiques générales de la Cour;

2º de coordonner, de répartir et de surveiller le travail des juges et de voir à leur formation complémentaire; ceux-ci doivent se soumettre à ses ordres et directives;

3º de veiller au respect de la déontologie judiciaire.

En collaboration avec les juges coordonnateurs, il a également pour fonctions:

1º de voir à la distribution des causes et à la fixation des séances de la Cour;

2º de déterminer les assignations d'un juge appelé à exercer sa compétence dans une matière qui n'est pas du ressort de la chambre à laquelle il est affecté.

[S.R. 1964, c. 20, a. 87; 1988, c. 21, a. 30; 1995, c. 42, a. 13].

97. Le juge en chef associé assiste et conseille le juge en chef dans l'exercice de ses fonctions et exerce les fonctions du juge en chef sous l'autorité de ce dernier.

Ses ordres sont exécutés de la même manière que ceux du juge en chef. Sa signature sur un document a la même autorité que celle du juge en chef.

[S.R. 1964, c. 20, a. 88; 1988, c. 21, a. 30; 1995, c. 42, a. 14].

98. Les juges en chef adjoints assistent le juge en chef et agissent comme conseillers dans les matières qui sont du ressort de la chambre à laquelle ils sont rattachés.

Le juge en chef détermine les autres fonctions que les juges en chef adjoints exercent.

Le juge en chef adjoint responsable des cours municipales est chargé de la direction des cours municipales. À ce titre, il a notamment pour fonctions, outre celles qui lui sont conférées dans la *Loi sur les cours municipales* (chapitre C-72.01):

1° d'élaborer, en concertation avec les juges municipaux, des politiques générales qui leur sont applicables et de voir au respect de ces politiques;

2° de voir à l'adoption de règles de pratique nécessaires à l'exercice de la compétence des cours municipales et d'en surveiller l'application;

3° de veiller au respect de la déontologie judiciaire;

4° de promouvoir, en collaboration avec le Conseil de la magistrature, le perfectionnement des juges municipaux;

5° d'apporter son soutien aux juges dans leurs démarches en vue d'améliorer le fonctionnement des cours municipales.
[S.R. 1964, c. 20, a. 89; 1978, c. 19, a. 8; 1988, c. 21, a. 30; 1995, c. 42, a. 15; 2002, c. 21, a. 38].

98.1. (*Remplacé*).
[1988, c. 21, a. 30].

99. En cas d'absence ou d'empêchement du juge en chef, le juge en chef associé exerce les fonctions du juge en chef. Il le fait malgré, le cas échéant, l'expiration de son propre mandat, jusqu'à ce que le juge en chef reprenne l'exercice de ses fonctions ou soit remplacé.
[S.R. 1964, c. 20, a. 90; 1978, c. 19, a. 9; 1988, c. 21, a. 30; 1995, c. 42, a. 16; 1999, c. 40, a. 324].

100. En cas d'absence ou d'empêchement du juge en chef associé, le juge en chef désigne un juge en chef adjoint pour exercer les fonctions du juge en chef associé. Le juge en chef adjoint désigné exerce ces fonctions malgré, le cas échéant, l'expiration de son propre mandat, jusqu'à ce que le juge en chef associé reprenne l'exercice de ses fonctions ou soit remplacé.
[S.R. 1964, c. 20, a. 91; 1965 (1ᵉ sess.), c. 17, a. 10; 1966, c. 7, a. 5; 1966-67, c. 18, a. 6; 1969, c. 19, a. 8; 1976, c. 8, a. 7; 1988, c. 21, a. 30; 1995, c. 42, a. 17; 1999, c. 40, a. 324].

101. En cas d'absence ou d'empêchement d'un juge en chef adjoint, le juge en chef désigne, pour exercer les fonctions de juge en chef adjoint, soit un juge de la chambre concernée s'il s'agit d'un juge en chef adjoint rattaché à une chambre, soit un juge de la Cour du Québec s'il s'agit du juge en chef adjoint responsable des cours municipales. Le juge désigné exerce ces fonctions jusqu'à ce que le juge en chef adjoint reprenne l'exercice de ses fonctions ou soit remplacé.
[S.R. 1964, c. 20, a. 92; 1965 (1ᵉ sess.), c. 17, a. 11; 1969, c. 19, a. 9; 1974, c. 11, a. 28, 52; 1988, c. 21, a. 30; 1995, c. 42, a. 18; 1999, c. 40, a. 324; 2002, c. 21, a. 39].

102. (*Abrogé*).
[1995, c. 42, a. 19].

§3. — Juges coordonnateurs

103. Le juge en chef désigne parmi les juges de la Cour, avec l'approbation du gouvernement, dix juges coordonnateurs.

De la même manière, le juge en chef détermine la durée du mandat de chaque juge coordonnateur.
[S.R. 1964, c. 20, a. 94; 1965 (1ᵉ sess.), c. 16, a. 21; 1965 (1ᵉ sess.), c. 17, a. 13; 1974, c. 11, a. 29; 1978, c. 19, a. 10; 1988, c. 21, a. 30; 1995, c. 42, a. 20].

103.1. (*Article renuméroté; voir a. 246.7*).
[1978, c. 19, a. 11; 1988, c. 21, a. 30].

104. Le mandat d'un juge coordonnateur est d'au plus trois ans. Il peut être renouvelé.

Le juge coordonnateur demeure en fonction malgré l'expiration de son mandat jusqu'à ce qu'il soit remplacé ou désigné de nouveau.
[S.R. 1964, c. 20, a. 95; 1988, c. 21, a. 30; 1995, c. 42, a. 21].

105. Les juges coordonnateurs conseillent le juge en chef et l'assistent dans ses fonctions relatives:

1° à la distribution des causes et à la fixation des séances de la Cour;

2° à l'assignation des juges.

Le juge en chef détermine les autres fonctions que les juges coordonnateurs exercent et les districts judiciaires dont ils ont la responsabilité.

[S.R. 1964, c. 20, a. 96; 1988, c. 21, a. 30; 1995, c. 42, a. 22].

105.1. Les juges coordonnateurs transmettent au juge en chef, au moins deux fois par année, un rapport d'activités établi sur une base mensuelle pour chaque chambre et chaque district judiciaire et comprenant notamment les renseignements suivants:

1° le nombre de jours où il a été tenu séance et le nombre d'heures qui y a été consacré en moyenne;

2° le nombre de causes entendues;

3° l'état des délais.

[1995, c. 42, a. 23].

105.2. Le juge en chef peut, lorsque les circonstances l'exigent, désigner parmi les juges de la Cour, avec l'approbation du gouvernement, un maximum de 12 juges coordonnateurs adjoints.

De la même manière, le juge en chef détermine la durée du mandat de chaque juge coordonnateur adjoint.

[1995, c. 42, a. 23; 2012, c. 4, a. 5].

105.3. Le mandat d'un juge coordonnateur adjoint est d'au plus trois ans. Il peut être renouvelé.

Le juge coordonnateur adjoint demeure en fonction malgré l'expiration de son mandat jusqu'à ce qu'il soit remplacé ou désigné de nouveau.

[1995, c. 42, a. 23].

105.4. Le juge en chef détermine les fonctions que les juges coordonnateurs adjoints exercent.

[1995, c. 42, a. 23].

105.5. En cas d'absence ou d'empêchement d'un juge coordonnateur ou d'un juge coordonnateur adjoint, le juge en chef désigne un juge pour exercer les fonctions du juge coordonnateur ou du juge coordonnateur adjoint, selon le cas, jusqu'à ce que celui-ci reprenne l'exercice de ses fonctions ou soit remplacé.

[1995, c. 42, a. 23; 1999, c. 40, a. 324].

§3.1 — Juge responsable du perfectionnement des juges de la Cour

105.6. Le juge en chef désigne parmi les juges de la Cour, avec l'approbation du gouvernement, un juge responsable du perfectionnement des juges de la Cour pour un mandat n'excédant pas trois ans. Ce mandat peut être renouvelé.

Les fonctions que le juge responsable du perfectionnement exerce sont déterminées par le juge en chef.

[2005, c. 41, a. 2].

105.7. Le juge responsable du perfectionnement demeure en fonction malgré l'expiration de son mandat jusqu'à ce qu'il soit remplacé ou désigné de nouveau.

En cas d'absence ou d'empêchement du juge responsable, le juge en chef peut désigner un juge pour exercer ces fonctions jusqu'à ce que le juge responsable reprenne l'exercice de ses fonctions ou soit remplacé.

[2005, c. 41, a. 2].

§4. — Compétence et affectation des juges

106. Chaque juge a compétence sur tout le territoire du Québec et pour l'ensemble de la compétence de la Cour, quelle que soit la chambre à laquelle il est affecté.

À la demande du juge en chef, un juge est tenu d'exercer la compétence de la Cour dans une matière qui n'est pas du ressort de la chambre à laquelle il est affecté.

Malgré le premier alinéa, seuls les juges de la Cour que désigne le juge en chef exercent la compétence conférée à celle-ci pour l'application de dispositions des lois suivantes:

1° la *Loi sur les accidents du travail et les maladies professionnelles* (chapitre A-3.001);

2° la *Loi sur le bâtiment* (chapitre B-1.1);

3° le *Code du travail* (chapitre C-27);

4° la *Loi sur les décrets de convention collective* (chapitre D-2);

5° la *Loi sur l'équité salariale* (chapitre E-12.001);

6° la *Loi sur la fête nationale* (chapitre F-1.1);

7° la *Loi sur la formation et la qualification professionnelles de la main-d'œuvre* (chapitre F-5);

8° la *Loi sur les installations de tuyauterie* (chapitre I-12.1);

9° la *Loi sur les installations électriques* (chapitre I-13.01);

10° la *Loi sur les mécaniciens de machines fixes* (chapitre M-6);

11° la *Loi sur les normes du travail* (chapitre N-1.1);

12° la *Loi sur les relations du travail, la formation professionnelle et la gestion de la main-d'œuvre dans l'industrie de la construction* (chapitre R-20);

13° la *Loi sur la santé et la sécurité du travail* (chapitre S-2.1).

[S.R. 1964, c. 20, a. 97; 1965 (1ʳᵉ sess.), c. 17, a. 14; 1966-67, c. 18, a. 8; 1969, c. 19, a. 11; 1976, c. 8, a. 7; 1980, c. 11, a. 91; 1982, c. 17, a. 76; 1988, c. 21, a. 30; 1995, c. 42, a. 24, a. 46; 2001, c. 26, a. 171].

107. L'affectation d'un juge à une chambre est déterminée par le juge en chef.

[S.R. 1964, c. 20, a. 98; 1965 (1ʳᵉ sess.), c. 17, a. 2; 1977, c. 20, a. 138; 1988, c. 21, a. 30; 1995, c. 42, a. 25].

108. Toute modification à l'acte de nomination d'un juge quant au lieu de sa résidence est décidée par le gouvernement, sur recommandation du juge en chef. Le gouvernement ne peut prendre une telle décision qu'une fois le délai d'appel prévu à l'article 112 expiré ou, s'il y a un tel appel, que si la recommandation du juge en chef est confirmée.

[S.R. 1964, c. 20, a. 100; 1965 (1ʳᵉ sess.), c. 17, a. 16; 1982, c. 17, a. 76; 1987, c. 50, a. 5; 1988, c. 21, a. 30; 1995, c. 42, a. 26].

108.1. (*Article renuméroté; voir a. 246.13*).

[1978, c. 19, a. 12; 1988, c. 21, a. 30].

108.2. (*Article renuméroté; voir a. 246.14*).

[1978, c. 19, a. 12; 1982, c. 17, a. 76; 1988, c. 21, a. 30].

108.3. (*Remplacé*).

[1988, c. 21, a. 30].

109. (*Abrogé*).

[1995, c. 42, a. 27].

110. Une recommandation visée à l'article 108 ne peut être formulée que si le juge visé consent à la modification à son acte de nomination ou que si le juge en chef considère que les circonstances l'exigent; dans ce dernier cas, le juge visé doit avoir eu l'occasion de se faire entendre à ce sujet.

[S.R. 1964, c. 20, a. 102; 1966-67, c. 18, a. 9; 1969, c. 19, a. 12; 1970, c. 10, a. 5; 1971, c. 14, a. 4; 1973, c. 44, a. 2; 1976, c. 8, a. 5; 1977, c. 20, a. 138, 139; 1978, c. 19, a. 14; 1980, c. 11, a. 93; 1987, c. 92, a. 5; 1988, c. 21, a. 30; 1995, c. 42, a. 28].

111. Le juge en chef peut, lorsque l'administration de la justice le requiert et après consultation des juges en chef adjoints concernés, affecter un juge à une autre chambre après que celui-ci ait eu l'occasion de se faire entendre à ce sujet.

[S.R. 1964, c. 20, a. 103; 1965 (1ʳᵉ sess.), c. 16, a. 21; 1965 (1ʳᵉ sess.), c. 17, a. 18; 1978, c. 19, a. 15; 1988, c. 21, a. 30; 1995, c. 42, a. 29].

112. Lorsqu'il fait une recommandation en vertu de l'article 108 ou prend une décision relative à l'affectation permanente d'un juge à une autre chambre en vertu de l'article 111, le juge en chef doit en aviser le juge visé. Celui-ci peut alors, dans les 15 jours, en appeler au Conseil de la magistrature, lequel peut alors confirmer ou annuler la recommandation ou la décision du juge en chef.

[S.R. 1964, c. 20, a. 104; 1974, c. 11, a. 30; 1977, c. 20, a. 138; 1978, c. 19, a. 16; 1986, c. 95, a. 334; 1988, c. 21, a. 30].

113. Le juge doit changer le lieu de sa résidence dans l'année qui suit la modification de son acte de nomination à cet égard.

[S.R. 1964, c. 20, a. 105; 1965 (1ʳᵉ sess.), c. 17, a. 19; 1966-67, c. 18, a. 10; 1968, c. 15, a. 5; 1969, c. 18, a. 4; 1969, c. 19, a. 13; 1973, c. 14, a. 4, 5; 1976, c. 8, a. 7; 1978, c. 19, a. 17; 1988, c. 21, a. 30; 1995, c. 42, a. 30].

114. Le juge en chef doit, à chaque mois, faire rapport au ministre de la Justice de toute décision visée à l'article 107 ou à l'article 111.

[S.R. 1964, c. 20, a. 106; 1966, c. 7, a. 6; 1969, c. 64, a. 45; 1977, c. 20, a. 140; 1982, c. 17, a. 77; 1984, c. 4, a. 82; 1988, c. 21, a. 30; 1995, c. 42, a. 31].

§5. — Traitement, indemnités et avantages sociaux

115. Le gouvernement fixe, par décret, le traitement des juges, ainsi que la rémunération additionnelle attachée à la fonction de juge en chef, de juge en chef associé, de juge en chef adjoint, de juge coordonnateur, de juge coordonnateur adjoint ou de juge responsable du perfectionnement des juges de la Cour.

[S.R. 1964, c. 20, a. 107; 1977, c. 20, a. 138; 1980, c. 11, a. 94; 1988, c. 21, a. 30; 1991, c. 41, a. 28; 1992, c. 39, a. 31; 1995, c. 42, a. 32; 1997, c. 84, a. 1; 2005, c. 41, a. 3].

115.1.-115.2. (*Remplacés*).

[1988, c. 21, a. 30].

116. Le juge qui a exercé la fonction de juge en chef, de juge en chef associé, de juge en chef adjoint, de président du Tribunal des droits de la personne ou de président du Tribunal des professions pendant au moins sept ans a droit de recevoir, jusqu'à ce que son traitement de juge soit égal au montant du traitement et de la rémunération additionnelle qu'il recevait lorsqu'il a cessé d'occuper cette fonction, la différence entre ce dernier montant et son traitement.

Il en est de même s'il est nommé à la Cour municipale de Montréal, de Laval ou de Québec.

[S.R. 1964, c. 20, a. 108; 1965 (1ʳᵉ sess.), c. 17, a. 2, 20; 1977, c. 20, a. 141; 1978, c. 19, a. 19; 1988, c. 21, a. 30; 2012, c. 4, a. 6].

116.1. (*Abrogé*).

[1984, c. 4, a. 83].

117. Le juge nommé pour remplacer un juge en chef adjoint, un juge coordonnateur, un juge coordonnateur adjoint ou le juge responsable du perfectionnement des juges de la Cour, en cas d'absence ou d'empêchement, a droit, pendant qu'il occupe cette fonction, à la rémunération additionnelle qui y est rattachée. Il en est de même pour le juge en chef associé lorsqu'il remplace le juge en chef ou pour le juge en chef adjoint lorsqu'il remplace le juge en chef associé.

[S.R. 1964, c. 20, a. 109; 1977, c. 20, a. 142; 1980, c. 11, a. 95; 1988, c. 21, a. 30; 1995, c. 42, a. 33; 1999, c. 40, a. 324; 2005, c. 41, a. 4].

118. Le juge à la retraite autorisé par le gouvernement à exercer les fonctions judiciaires que le juge en chef lui assigne a droit de recevoir pour chaque journée de travail un traitement égal au traitement annuel d'un juge de cette cour, établi suivant l'article 115, divisé par le nombre de jours ouvrables dans une année.

[S.R. 1964, c. 20, a. 110; 1965 (1ʳᵉ sess.), c. 17, a. 4; 1977, c. 20, a. 138; 1983, c. 54, a. 97; 1988, c. 21, a. 30; 1991, c. 79, a. 1; 2002, c. 32, a. 5].

119. Le juge qui voyage dans l'exercice de ses fonctions a droit, à titre d'allocation de dépenses, à ses frais réels de transport et à une indemnité dont le montant et les modalités de paiement sont déterminés par décret du gouvernement.

[S.R. 1964, c. 20, a. 111; 1965 (1ʳᵉ sess.), c. 17, a. 4; 1977, c. 20, a. 138; 1988, c. 21, a. 30].

120. Le juge qui, en vertu de l'article 113, change le lieu de sa résidence dans le délai prescrit a droit, à titre d'allocation de déménagement et d'emménagement, à une indemnité dont le montant et les modalités de paiement sont établis par décret du gouvernement.

[S.R. 1964, c. 20, a. 112; 1965 (1ᵉʳ sess.), c. 14, a. 81; 1965 (1ᵉʳ sess.), c. 17, a. 4; 1977, c. 20, a. 143; 1978, c. 15, a. 140; 1983, c. 55, a. 161; 1988, c. 21, a. 30; 1995, c. 42, a. 34].

121. Le gouvernement peut, par décret, établir le montant des frais que peuvent engager les juges pour l'accomplissement de leurs fonctions et qui peuvent leur être remboursés sur présentation des pièces justificatives.

Ces montants peuvent varier selon qu'il s'agit d'un juge en chef, du juge en chef associé, du juge en chef adjoint, d'un juge coordonnateur, d'un juge coordonnateur adjoint ou d'un autre juge de la Cour.

Les dépenses qui peuvent être remboursées ne comprennent pas les dépenses faites par un juge à titre privé; elles comprennent les dépenses de fonction approuvées par le juge en chef ou le juge qu'il désigne.

[S.R. 1964, c. 20, a. 113; 1965 (1ᵉʳ sess.), c. 17, a. 4; 1977, c. 20, a. 138; 1983, c. 54, a. 98; 1988, c. 21, a. 30; 1995, c. 42, a. 35; 2001, c. 8, a. 4].

121.1. Le juge en chef ou le juge en chef associé qui, au moment de sa nomination à ce titre, réside ailleurs que sur le territoire de la Ville de Québec ou dans son voisinage immédiat, a droit à une allocation de résidence de fonction, pendant la durée de son mandat. Le montant et les modalités de paiement de l'allocation sont établis par décret du gouvernement.

[1988, c. 21, a. 30 (*remplacé*); 1999, c. 62, a. 2].

122. Le gouvernement peut, par décret, établir les avantages sociaux autres que le régime de retraite dont les juges peuvent bénéficier et fixer la contribution de ces derniers.

Il peut également établir, à l'égard des juges auxquels s'applique le régime de retraite prévu à la Partie V.1 ou à la Partie VI, un régime prévoyant des prestations supplémentaires payables à compter de la date à laquelle des prestations deviennent payables en vertu du régime de retraite. Le gouvernement peut prévoir dans ce régime le paiement de prestations au conjoint et aux enfants du juge. Il peut aussi y prévoir les situations entraînant l'obligation pour le juge de cotiser à ce régime ainsi que les conditions relatives à la détermination et au versement de cette cotisation.

À moins d'une disposition expresse à l'effet contraire, pour les fins du calcul des prestations de ce régime, les années de service prises en considération sont les mêmes que celles prises en considération pour les fins du calcul de la pension payable en vertu du régime de retraite. Les prestations annuelles auxquelles le juge a droit en vertu du régime de prestations supplémentaires ne peuvent, à la date où elles deviennent payables, être supérieures à l'excédent de son traitement annuel le plus élevé au cours de l'exercice de sa charge sur les prestations annuelles payables à la même date en vertu du régime de retraite. Les prestations payables au conjoint et aux enfants du juge doivent également être calculées en tenant compte de ce maximum.

Pour déterminer le traitement annuel le plus élevé, les traitements annuels pris en considération sont ceux fixés par décrets pris en vertu de l'article 115. Toutefois, la rémunération additionnelle attachée à la fonction de juge en chef, de juge en chef associé, de juge en chef adjoint, de président du Tribunal des droits de la personne ou de président du Tribunal des professions n'est comprise dans ces traitements que si ce juge a exercé une telle fonction pendant au moins sept ans. Celle versée à un juge coordonnateur, à un juge coordonnateur adjoint ou à un juge responsable du perfectionnement des juges de la Cour ainsi que toute autre rémunération versée à un juge en congé sans traitement ou à un juge visé aux articles 131 à 134 doivent être exclues de ces traitements.

Les sommes payées en vertu de ce régime sont incessibles et insaisissables. Toutefois, elles ne sont insaisissables qu'à concurrence de 50 % s'il s'agit de l'exécution du partage entre époux du patrimoine familial ou du paiement d'une dette alimentaire ou d'une prestation compensatoire.

[S.R. 1964, c. 20, a. 114; 1977, c. 20, a. 138; 1983, c. 54, a. 99; 1988, c. 21, a. 30; 1990, c. 44, a. 5; 1991, c. 79, a. 2; 1992, c. 67, a. 94; 1995, c. 42, a. 36; 1999, c. 62, a. 3; 2001, c. 8, a. 5; 2005, c. 41, a. 5; 2009, c. 8, a. 3].

122.0.1. Le juge en chef peut, compte tenu des impératifs d'une bonne administration de la justice, accorder à un juge qui en fait la demande un congé sans traitement ou à traitement différé.

Le gouvernement peut, par décret, déterminer les renseignements, modalités et conditions que doit contenir une telle entente.

[1999, c. 62, a. 4; 2001, c. 8, a. 6].

122.1. Les droits accumulés durant le mariage ou l'union civile au titre du régime de prestations supplémentaires établi en vertu du deuxième alinéa de l'article 122 font partie du patrimoine familial institué en vertu du *Code civil du Québec*. À cet effet, le gouvernement peut rendre applicables à ce régime, en tout ou en partie, les règles prévues à la Partie VI.2 de la présente loi ou qu'il a édictées en vertu des dispositions de cette Partie. Il peut également édicter des règles particulières pour l'établissement et l'évaluation de ces prestations supplémentaires.

[1991, c. 79, a. 3; 2002, c. 6, a. 217].

122.2. La Commission administrative des régimes de retraite et d'assurances est chargée de l'administration du régime de prestations supplémentaires établi en vertu du deuxième alinéa de l'article 122.

Si une difficulté survient dans l'application d'une disposition de ce régime, le litige peut être soumis, dans l'année, à un arbitre. À cette fin, l'article 245 s'applique.

[1991, c. 79, a. 3].

122.3. Au moins une fois tous les trois ans, la Commission fait préparer pour le ministre de la Justice, par les actuaires qu'elle désigne, une évaluation actuarielle du régime de prestations supplémentaires établi en vertu du deuxième alinéa de l'article 122.

Le coût de ce régime est, à l'égard des juges de la Cour du Québec, à la charge du gouvernement et, à l'égard des juges des cours municipales auxquels s'applique le régime de retraite prévu à la Partie V.1 ou à la Partie VI, à la charge de leur municipalité respective.

Le gouvernement détermine, par décret, à des intervalles d'au moins trois ans le taux de contribution des municipalités à ce régime, lequel est basé sur le résultat de la dernière évaluation actuarielle du régime. Ce décret peut avoir effet à compter du 1er janvier qui suit la date de la réception de l'évaluation actuarielle par le ministre de la Justice ou de toute date ultérieure qui y est fixée.

Les municipalités doivent verser leur contribution selon les règles et les modalités déterminées par le décret établissant le régime, lesquelles peuvent prévoir les intérêts payables sur les sommes versées après échéance.

[1991, c. 79, a. 3; 2001, c. 8, a. 7; 2005, c. 41, a. 6].

122.4. Le gouvernement ne peut prendre les décrets visés à l'un des articles 115 à 122.2 qu'après que les prescriptions de la Partie VI.4 aient été observées.

[1997, c. 84, a. 2].

123. Un décret adopté en vertu des articles 115 à 122.2 entre en vigueur à la date de sa publication à la *Gazette officielle du Québec* ou à toute date antérieure ou ultérieure qui y est fixée.

[S.R. 1964, c. 20, a. 115; 1977, c. 20, a. 138; 1988, c. 21, a. 30; 1991, c. 79, a. 4; 2005, c. 41, a. 7].

124.-126. (*Abrogés*).

[1997, c. 84, a. 3].

126.1. (*Remplacé*).

[1988, c. 21, a. 30].

127. Les sommes requises pour l'application de la présente sous-section sont prises sur le fonds consolidé du revenu.

Les cotisations des juges et la contribution des municipalités au régime de prestations supplémentaires établi en vertu du deuxième alinéa de l'article 122 sont versées au fonds consolidé du revenu.

[S.R. 1964, c. 20, a. 119; 1965 (1er sess.), c. 17, a. 2; 1988, c. 21, a. 30; 1991, c. 79, a. 5; 2001, c. 8, a. 8].

§6. — Exercice de la fonction judiciaire

128. Les juges sont d'office juges de paix pour tout le Québec; ils possèdent les droits et les pouvoirs de deux juges de paix pour l'application des lois du Parlement du Canada qui requièrent cette compétence.

[S.R. 1964, c. 20, a. 120; 1965 (1ᵉ sess.), c. 17, a. 2; 1988, c. 21, a. 30; 1990, c. 4, a. 883].

129. Sous réserve des dispositions de la présente sous-section, la fonction de juge doit être exercée de façon exclusive.

Elle est notamment incompatible avec la fonction d'administrateur ou de gérant d'une personne morale ou d'un autre groupement ou avec la conduite, même indirecte, d'activités commerciales.

[S.R. 1964, c. 20, a. 121; 1965 (1ᵉ sess.), c. 17, a. 2; 1978, c. 19, a. 25; 1988, c. 21, a. 30].

130. Tout juge peut, après consultation du juge en chef et l'autorisation préalable du ministre de la Justice, remplir des fonctions d'arbitre ou faire partie d'un organisme remplissant ces fonctions. Dans ce cas, le juge n'a droit qu'à son traitement de juge et à l'allocation de dépenses fixés en vertu de la présente loi.

[S.R. 1964, c. 20, a. 122; 1965 (1ᵉ sess.), c. 17, a. 2; 1988, c. 21, a. 30].

131. Tout juge peut, après consultation du juge en chef et du ministre de la Justice, être nommé par le ministre de la Sécurité publique conformément à l'article 7 de la *Loi sur la recherche des causes et des circonstances des décès* (chapitre R-0.2) pour remplir ses fonctions de coroner à temps partiel. Dans ce cas, le juge n'a droit qu'à son traitement de juge et à l'allocation de dépenses fixés en vertu de la présente loi et le serment prêté en vertu de la présente loi vaut pour l'exercice de ses fonctions de coroner à temps partiel.

[S.R. 1964, c. 20, a. 123; 1965 (1ᵉ sess.), c. 17, a. 2, 23; 1966-67, c. 18, a. 12; 1969, c. 19, a. 15; 1973, c. 14, a. 6, 7; 1976, c. 8, a. 7; 1978, c. 19, a. 26; 1988, c. 21, a. 30; 1989, c. 45, a. 5].

132. Tout juge peut exécuter tout mandat que lui confie par décret le gouvernement après consultation du juge en chef. Dans ce cas, il a droit au traitement additionnel ou aux honoraires que peut alors fixer le gouvernement.

[S.R. 1964, c. 20, a. 124; 1965 (1ᵉ sess.), c. 17, a. 24; 1969, c. 19, a. 16; 1970, c. 9, a. 2; 1988, c. 21, a. 30].

133. Tout juge peut exécuter tout mandat que lui confie le gouverneur général en conseil, avec l'autorisation préalable du gouvernement; en ce cas, il a droit au traitement ou aux honoraires que fixe le gouverneur général en conseil, avec le consentement du gouvernement.

[S.R. 1964, c. 20, a. 125; 1965 (1ᵉ sess.), c. 17, a. 2, 25; 1968, c. 15, a. 7; 1969, c. 18, a. 5; 1969, c. 19, a. 17; 1972, c. 55, a. 184; 1972, c. 5, a. 3; 1977, c. 11, a. 132; 1978, c. 19, a. 27; 1980, c. 11, a. 97; 1981, c. 7, a. 552; 1982, c. 62, a. 166; 1988, c. 21, a. 30].

134. Tout juge peut, avec le consentement écrit du juge en chef, exercer des activités pédagogiques pour lesquelles il peut être rémunéré.

[S.R. 1964, c. 20, a. 126; 1965 (1ᵉ sess.), c. 17, a. 2, 26; 1969, c. 19, a. 18; 1975, c. 7, a. 21; 1988, c. 21, a. 30].

134.1. (*Remplacé*).

[1988, c. 21, a. 30].

SECTION III — FONCTIONNEMENT DE LA COUR

§1. — Séances de la Cour

135. Les séances d'une chambre de la Cour sont présidées par un juge seul, sauf dans les cas prévus par la loi.

[S.R. 1964, c. 20, a. 127; 1965 (1ᵉ sess.), c. 17, a. 2; 1988, c. 21, a. 30].

135.1.-135.2. (*Remplacés*).

[1988, c. 21, a. 30].

136. La Cour peut siéger tous les jours juridiques de l'année.

[S.R. 1964, c. 20, a. 128; 1965 (1ᵉ sess.), c. 16, a. 21; 1965 (1ᵉ sess.), c. 17, a. 2, 27; 1986, c. 86, a. 36; 1988, c. 21, a. 30].

137. Le juge en chef, avec la collaboration des juges coordonnateurs, fixe les jours de séance de la Cour pour chaque chambre et dans chaque district judiciaire.

[S.R. 1964, c. 20, a. 129; 1965 (1ʳᵉ sess.), c. 17, a. 2; 1988, c. 21, a. 30; 1995, c. 42, a. 37].

138. La Cour siège au chef-lieu du district judiciaire à l'endroit désigné par arrêté du ministre de la Justice.

Le ministre de la Justice peut, par arrêté, ordonner, pour chaque district judiciaire, que la Cour siège en outre ailleurs qu'au chef-lieu du district, à l'endroit qu'il désigne. Avis de cet ordre est publié à la *Gazette officielle du Québec*.

[S.R. 1964, c. 20, a. 130; 1965 (1ʳᵉ sess.), c. 17, a. 4; 1988, c. 21, a. 30].

§2. — Officiers de la Cour

139. Les greffiers et les greffiers adjoints de la Cour sont choisis parmi les personnes nommées conformément à la *Loi sur la fonction publique* (chapitre F-3.1.1).

[S.R. 1964, c. 20, a. 131; 1965 (1ʳᵉ sess.), c. 17, a. 2; 1974, c. 13, a. 36; 1988, c. 21, a. 30].

140. Le greffier peut désigner, parmi les membres de son personnel, ceux qui peuvent exercer, à sa place ou à celle du greffier adjoint, certains actes, pourvu que ceux-ci ne se demandent pas l'exercice d'un pouvoir juridictionnel ou discrétionnaire.

[S.R. 1964, c. 20, a. 132; 1965 (1ʳᵉ sess.), c. 16, a. 21; 1965 (1ʳᵉ sess.), c. 17, a. 2; 1988, c. 21, a. 30].

141. Le greffier a la garde des archives. Il fait rapport des procédures et des informations qu'il a reçues dans l'exercice de ses fonctions administratives, chaque fois qu'il en est requis par le ministre de la Justice, le juge en chef ou le juge en chef associé.

[S.R. 1964, c. 20, a. 133; 1965 (1ʳᵉ sess.), c. 17, a. 2; 1986, c. 95, a. 336; 1988, c. 21, a. 30; 1995, c. 42, a. 38].

142. Le greffier peut, lorsqu'il n'y a pas de juge présent ou capable d'agir, enregistrer la comparution ou le défaut des défendeurs, des parties ou des témoins assignés et ajourner la séance à un autre jour de la session ou à toute date ultérieure indiquée par le juge. Lorsqu'il exerce ces fonctions en matière criminelle ou pénale, il est alors réputé juge de paix.

[S.R. 1964, c. 20, a. 134; 1965 (1ʳᵉ sess.), c. 16, a. 21; 1965 (1ʳᵉ sess.), c. 17, a. 2; 1978, c. 19, a. 29; 1988, c. 21, a. 30].

143. Les shérifs sont également officiers de la Cour.

[S.R. 1964, c. 20, a. 135; 1965 (1ʳᵉ sess.), c. 16, a. 21; 1965 (1ʳᵉ sess.), c. 17, a. 2; 1978, c. 19, a. 29; 1988, c. 21, a. 30].

144. Les constables en fonction dans le district judiciaire où se tiennent les séances de la Cour sont officiers de celle-ci.

[S.R. 1964, c. 20, a. 136; 1965 (1ʳᵉ sess.), c. 16, a. 21; 1978, c. 19, a. 29; 1988, c. 21, a. 30].

145. Tout huissier-audiencier doit, s'il en est requis par un juge, agir comme constable sans nomination spéciale à cette fin.

[S.R. 1964, c. 20, a. 137; 1965 (1ʳᵉ sess.), c. 17, a. 2; 1988, c. 21, a. 30].

§3. — Règles de pratique

146. La majorité des juges d'une chambre de la Cour, soit à une assemblée convoquée à cette fin par le juge en chef, soit par voie de consultation tenue par courrier certifié ou recommandé à la demande de celui-ci, peuvent adopter, pour un ou plusieurs districts judiciaires, les règles de pratique nécessaires à l'exercice de la compétence de leur chambre.

De même, la majorité des juges d'une chambre nommés soit pour le district de Montréal, soit pour celui de Québec, peuvent, soit à une assemblée convoquée à cette fin par le juge en chef, soit par voie de consultation tenue par courrier certifié ou recommandé à la demande de celui-ci, modifier ou remplacer ces règles par des règles particulières applicables seulement dans leur district respectif.

Cependant, les règlements applicables à la chambre civile de la Cour sont adoptés conformément au Code de procédure civile.

[S.R. 1964, c. 20, a. 138; 1988, c. 21, a. 30; 1995, c. 42, a. 39, 46; 2014, c. 1, a. 830].

147. Les règles de pratique sont soumises à l'approbation du gouvernement et entrent en vigueur le quinzième jour qui suit la date de leur publication à la *Gazette officielle du Québec*.

Elles doivent, aussitôt après cette publication, être transcrites dans un registre tenu à cette fin par les greffiers et avis doit en être affiché au greffe de la Cour dans chacun des districts où elles s'appliquent.

[S.R. 1964, c. 20, a. 139; 1966, c. 7, a. 8; 1965 (1ʳᵉ sess.), c. 17, a. 28; 1983, c. 54, a. 100; 1988, c. 21, a. 30].

148.-157. (*Remplacés*).

[1988, c. 21, a. 30].

PARTIE III.1 ⸺ DES JUGES DE PAIX

SECTION I ⸺ LES JUGES DE PAIX FONCTIONNAIRES

158. Le ministre de la justice nomme, par arrêté, les juges de paix fonctionnaires.

L'arrêté ministériel peut leur conférer compétence sur tout le territoire du Québec ou sur les districts judiciaires ou les territoires qu'il indique.

Ces juges de paix exercent leurs fonctions auprès de la Cour supérieure et de la Cour du Québec d'une part, ou auprès d'une cour municipale, selon ce qu'indique l'arrêté.

[S.R. 1964, c. 20, a. 168; 1992, c. 61, a. 617; 1995, c. 42, a. 46; 2002, c. 32, a. 6; 2004, c. 12, a. 1].

159. Les juges de paix fonctionnaires exercent leurs fonctions à titre amovible.

[S.R. 1964, c. 20, a. 169; 1992, c. 61, a. 617; 2004, c. 12, a. 1].

160. Les juges de paix fonctionnaires n'exercent que les attributions déterminées

à l'annexe IV, selon la catégorie qui leur est attribuée dans leur acte de nomination.

[S.R. 1964, c. 20, a. 170; 1975, c. 7, a. 22; 1992, c. 61, a. 617; 2004, c. 12, a. 1].

SECTION II ⸺ LES JUGES DE PAIX MAGISTRATS

161. Le gouvernement nomme, par commission sous le grand sceau, les juges de paix magistrats. Ils sont nommés durant bonne conduite.

L'acte de nomination détermine notamment le lieu de leur résidence.

Le gouvernement peut, conformément aux articles 108, 110, 112 et 113 et compte tenu des adaptations nécessaires, modifier l'acte de nomination d'un juge de paix magistrat quant à son lieu de résidence.

[S.R. 1964, c. 20, a. 171; 1992, c. 61, a. 617; 1995, c. 42, a. 46; 2004, c. 12, a. 1].

162. Les juges de paix magistrats sont nommés parmi les avocats ayant exercé leur profession pendant au moins 10 ans.

Peuvent être considérées les années au cours desquelles une personne a acquis une expérience juridique pertinente après l'obtention d'un diplôme d'admission au Barreau du Québec ou d'un certificat d'aptitude à exercer la profession d'avocat au Québec.

[S.R. 1964, c. 20, a. 172; 1969, c. 26, a. 115; 1992, c. 61, a. 617; 2001, c. 31, a. 393; 2002, c. 32, a. 7; 2004, c. 12, a. 1].

162.1. (*Remplacé*).

[2004, c. 12, a. 1].

163. Les juges de paix magistrats nommés sont préalablement choisis suivant la procédure de sélection des personnes aptes à être nommées juges de paix magistrats établie par règlement du gouvernement. Ce règlement peut notamment :

1° déterminer la manière dont une personne peut se porter candidate à la fonction de juge de paix magistrat;

2° autoriser le ministre de la Justice à former un comité de sélection pour évaluer l'aptitude des candidats à la fonction de juge de paix magistrat et pour lui donner un avis sur eux;

3° fixer la composition et le mode de nomination des membres du comité;

4° déterminer les critères de sélection dont le comité tient compte;

5° déterminer les renseignements que le comité peut requérir d'un candidat et les consultations qu'il peut faire.
[S.R. 1964, c. 20, a. 173; 1990, c. 4, a. 884; 1992, c. 61, a. 617; 2004, c. 12, a. 1].

164. Les membres d'un comité de sélection ne sont pas rémunérés, sauf dans les cas, aux conditions et dans la mesure que peut déterminer le gouvernement.

Ils ont cependant droit au remboursement des dépenses faites dans l'exercice de leurs fonctions, aux conditions et dans la mesure que détermine le gouvernement.
[S.R. 1964, c. 20, a. 174; 1990, c. 4, a. 885; 1992, c. 61, a. 617; 1996, c. 2, a. 982; 1999, c. 40, a. 324; 2004, c. 12, a. 1].

165. Le juge de paix magistrat qui atteint l'âge de 70 ans cesse d'exercer sa charge.
[1992, c. 61, a. 617; 2004, c. 12, a. 1].

165.1. À la demande du juge en chef de la cour du Québec, le gouvernement peut, pour le temps qu'il détermine et s'il l'estime conforme aux intérêts de la justice, autoriser un juge de paix magistrat à la retraite à exercer les fonctions judiciaires que le juge en chef lui assigne.
[2012, c. 4, a. 7].

166. La charge d'un juge de paix magistrat ne peut prendre fin avant l'âge de 70 ans que par son admission à la retraite ou sa démission ou si, dans les conditions prévues aux articles 167 et 168, il est destitué ou relevé de ses fonctions.
[1992, c. 61, a. 617; 2004, c. 12, a. 1].

167. Le gouvernement ne peut destituer un juge de paix magistrat que sur un rapport de la Cour d'appel fait après enquête, sur requête du ministre de la Justice.
[1992, c. 61, a. 617; 2004, c. 12, a. 1].

168. Le juge de paix magistrat atteint d'une incapacité physique ou mentale permanente qui, de l'avis du gouvernement, l'empêche de remplir de manière satisfaisante les devoirs de sa charge est relevé de ses fonctions. À moins qu'il ne reprenne ses fonctions en vertu du deuxième alinéa, il est réputé avoir cessé d'exercer sa charge le jour précédant celui où il satisfait aux conditions pour être admissible à recevoir sa pension.

Si le juge de paix recouvre la santé, le gouvernement peut lui permettre de reprendre ses fonctions.

L'incapacité permanente est établie, après enquête, par le Conseil de la magistrature, à la demande du ministre de la Justice. Il en est de même de la fin d'une telle incapacité.
[1992, c. 61, a. 617; 2004, c. 12, a. 1].

169. Les juges de paix magistrats exercent leurs fonctions auprès de la Cour du Québec.

Ils sont placés sous l'autorité du juge en chef de cette cour. Celui-ci coordonne, répartit et surveille le travail de ces juges de paix qui, à cet égard, doivent se soumettre à ses ordres et directives.

Le juge en chef a également pour fonction de veiller au respect de la déontologie et de promouvoir, en collaboration avec le Conseil de la magistrature, le perfectionnement des juges de paix magistrats.
[1992, c. 61, a. 617; 2004, c. 12, a. 1].

169.1. Le juge en chef peut, pour l'assister dans ses fonctions de coordination et de répartition du travail des juges de paix magistrats, désigner parmi ceux-ci, avec l'approbation du gouvernement, un juge responsable des juges de paix magistrats.

Le mandat du juge ainsi désigné est d'au plus trois ans et peut être renouvelé.
[2012, c. 4, a. 8].

169.2. Le juge responsable des juges de paix magistrats demeure en fonction malgré l'expiration de son mandat jusqu'à ce qu'il soit remplacé ou désigné de nouveau.

En cas d'absence ou d'empêchement du juge responsable des juges de paix magistrats, le juge en chef peut désigner un juge de paix magistrat pour exercer les fonctions du juge responsable jusqu'à ce que celui-ci reprenne l'exercice de ses fonctions ou soit remplacé.

[2012, c. 4, a. 8].

170. Dans l'exercice des attributions qui lui sont conférées par la présente partie, le juge en chef peut être suppléé, dans la mesure qu'il indique, par le juge de la Cour du Québec qu'il désigne.

[1990, c. 4, a. 888; 2004, c. 12, a. 1].

171. La charge de juge de paix magistrat doit être exercée de façon exclusive.

Elle est notamment incompatible avec la fonction d'administrateur ou de gérant d'une personne morale ou d'un autre groupement ou avec la conduite, même indirecte, d'activités commerciales.

[1990, c. 4, a. 888; 2004, c. 12, a. 1].

172. Les juges de paix magistrats ont compétence sur tout le territoire du Québec, quel que soit le lieu où ils peuvent être assignés à exercer leurs fonctions par le juge en chef.

[1992, c. 61, a. 617; 2004, c. 12, a. 1].

173. Les juges de paix magistrats n'exercent que les attributions qui leur sont conférées par l'annexe V.

[1992, c. 61, a. 617; 2004, c. 12, a. 1].

Alinéa non en vigueur — 174

174. Le service de comparution par voie téléphonique en vertu du *Code criminel* (L.R.C. (1985), ch. C-46) doit être assuré sans interruption les fins de semaine, les jours fériés ainsi que, en semaine, en dehors des heures ouvrables.

Ce service est notamment assuré par les juges de paix magistrats.

[1992, c. 61, a. 617; 2004, c. 12, a. 1].

175. Le gouvernement fixe, par décret, le traitement et les conditions de travail des juges de paix magistrats, y compris leurs

avantages sociaux autres que le régime de retraite ainsi que la rémunération additionnelle attachée à la fonction de juge responsable des juges de paix magistrats. Le décret fixant les avantages sociaux autres que le régime de retraite peut établir la contribution des juges de paix magistrats.

Il détermine également les conditions et la mesure dans lesquelles les dépenses faites par les juges de paix magistrats dans l'exercice de leurs fonctions leur sont remboursées. Ces conditions et cette mesure de remboursement peuvent varier dans le cas du juge responsable des juges de paix magistrats.

Le décret sur les conditions de travail peut prévoir un régime de vacances annuelles et de congés et les conditions de leur attribution.

[1990, c. 4, a. 890; 2004, c. 12, a. 1; 2012, c. 4, a. 9].

176. Le gouvernement ne peut prendre un décret visé à l'article 175 qu'après avoir observé les prescriptions de la partie VI.4.

[1992, c. 61, a. 617; 2004, c. 12, a. 1].

177. Un décret pris en application de l'article 175 entre en vigueur à la date de sa publication à la *Gazette officielle du Québec* ou à toute date antérieure ou ultérieure qui y est fixée.

[1992, c. 61, a. 617; 2004, c. 12, a. 1].

178. Les juges de paix magistrats participent au régime de retraite établi par la *Loi sur le régime de retraite du personnel d'encadrement* (chapitre R-12.1).

Le présent article s'applique sous réserve des dispositions de la partie VI.4.

[1992, c. 61, a. 617; 2004, c. 12, a. 1].

178.1. Le juge désigné pour remplacer un juge responsable des juges de paix magistrats, en cas d'absence ou d'empêchement de celui-ci, a droit, pendant qu'il occupe cette fonction, à la rémunération additionnelle qui y est attachée.

[2012, c. 4, a. 10].

178.2. Le juge de paix magistrat à la retraite autorisé par le gouvernement à exercer les fonctions judiciaires que le juge en chef lui assigne a droit de recevoir pour chaque journée de travail un traitement égal au traitement annuel d'un juge de paix magistrat, établi suivant l'article 175, divisé par le nombre de jours ouvrables dans une année.

[2012, c. 4, a. 10].

179. Les sommes requises pour l'application des articles 175, 178.1 et 178.2 sont prises sur le fonds consolidé du revenu.

[1992, c. 61, a. 617; 2004, c. 12, a. 1; 2012, c. 4, a. 11].

SECTION III — DISPOSITIONS COMMUNES

180. Avant d'entrer en fonction, tout juge de paix prête, devant un juge de la Cour du Québec, le serment prévu à l'annexe II.

[1992, c. 61, a. 617; 2004, c. 12, a. 1].

181. Le gouvernement peut, par règlement, modifier les annexes IV et V pour y modifier les attributions des juges de paix magistrats ou fonctionnaires ou pour y ajouter des attributions ou en retrancher.

Malgré les dispositions des articles 11 et 17 de la *Loi sur les règlements* (chapitre R-18.1), le règlement peut être édicté à l'expiration d'un délai de 15 jours à compter de la publication du projet de règlement à la *Gazette officielle du Québec* et il entre en vigueur à la date de sa publication à la *Gazette officielle du Québec* ou à toute date ultérieure que le règlement indique.

[1992, c. 61, a. 617; 2004, c. 12, a. 1].

182. Le greffier de la Cour du Québec est d'office le greffier des juges de paix qui y exercent leurs fonctions et chacun de ses adjoints est compétent à agir comme tel.

Dans un territoire municipal local desservi par une cour municipale, le greffier de cette cour est également d'office le greffier des juges de paix et chacun de ses adjoints est compétent à agir comme tel.

[1992, c. 61, a. 617; 2004, c. 12, a. 1].

183.-189.1. (*Remplacés*).

[1992, c. 61, a. 617].

190.-192. (*Abrogés*).

[1990, c. 4, a. 891].

193.-201. (*Remplacés*).

[1992, c. 61, a. 617].

202. (*Abrogé*).

[1979, c. 43, a. 8].

203.-213. (*Remplacés*).

[1992, c. 61, a. 617].

PARTIE IV — DES COMMISSAIRES POUR LA PRESTATION DU SERMENT

214. Le ministre de la Justice peut, par commission sous son sceau, nommer autant de personnes qu'il le juge nécessaire, commissaires pour faire prêter le serment dans tout le Québec.

Une personne ainsi nommée peut, si la commission le prévoit, faire prêter le serment en dehors du Québec.

Un commissaire nommé en vertu du présent article porte le titre de « Commissaire à l'assermentation pour le Québec (*ou, suivant le cas*, pour le Québec et pour l'extérieur du Québec) ».

[1965 (1ʳᵉ sess.), c. 17, a. 30; 1969, c. 19, a. 19; 1981, c. 23, a. 53; 2009, c. 8, a. 4].

215. Le ministre de la Justice peut également nommer, par commission sous son sceau, des personnes qu'il juge compétentes et qui résident dans un autre province du Canada, dans un territoire canadien ou dans un autre pays, commissaires pour y faire prêter le serment aux fins d'une procédure dans une cour de cette province ou d'un acte ou document qui doit y être mis à exécution ou y avoir des effets juridiques.

Une personne ainsi nommée peut, si la commission le prévoit, faire également prêter le serment ailleurs qu'à l'endroit où elle réside et à d'autres fins que celles prévues au premier alinéa.

Un commissaire nommé en vertu du présent article porte le titre de « Commissaire à l'assermentation pour le Québec ».

[1965 (1ʳᵉ sess.), c. 17, a. 30; 1981, c. 23, a. 54].

216. Les commissions prévues aux articles 214 et 215 ne sont délivrées que pour le temps et moyennant l'honoraire fixés par règlement du gouvernement publié dans la *Gazette officielle du Québec*.

[1965 (1ᵉ sess.), c. 17, a. 30; 1968, c. 23, a. 8].

217. Le ministre de la Justice tient un registre des commissaires nommés en vertu de chacun des articles 214 et 215.

[1965 (1ᵉ sess.), c. 17, a. 30; 1988, c. 62, a. 1].

218. Les commissaires nommés en vertu de l'article 214 ou 215 peuvent faire prêter le serment dans tous les cas où le serment est requis ou permis par les lois du Québec et, en particulier, ils peuvent faire prêter le serment dans tous les cas où un juge de paix peut le faire.

La déposition reçue sous serment par un de ces commissaires a la même validité que si elle était reçue cour tenante.

Cependant, ces commissaires ne peuvent faire prêter un serment d'office, sauf dans les cas où la loi permet que ce serment soit prêté devant un commissaire de la Cour supérieure ou devant un juge de paix.

[1965 (1ᵉ sess.), c. 17, a. 30; 1999, c. 40, a. 324].

219. Sont autorisés à faire le même serment qu'un commissaire nommé en vertu de l'article 214:

a) le secrétaire général, les secrétaires généraux adjoints et les secrétaires adjoints de l'Assemblée nationale, ainsi que le secrétaire général du Conseil exécutif, sur tout le territoire du Québec;

b) le greffier et le greffier adjoint d'une cour de justice, sur le territoire du district judiciaire où ils sont nommés, ainsi que tout autre membre du personnel désigné par le greffier en vertu de l'article 140 de la présente loi ou du troisième alinéa de l'article 44 du *Code de procédure civile* (chapitre C-25);

c) le maire, les conseillers, le greffier ou secrétaire-trésorier d'une municipalité, sur le territoire de cette municipalité qui comprend, aux fins du présent article, le bureau de la municipalité situé conformé-

ment à la loi à l'extérieur de ce territoire;

d) le curé ou ministre du culte autorisé à célébrer les mariages dans un territoire non organisé, sur ce territoire;

e) les avocats inscrits au tableau de l'Ordre du Barreau, sur tout le territoire du Québec;

f) les notaires inscrits au tableau de l'Ordre des notaires du Québec, sur tout le territoire du Québec et en dehors du Québec lorsque la prestation du serment se rapporte à un acte juridique qui présente un élément de rattachement au Québec;

g) les juges de paix, sur tout le territoire du Québec.

Toute personne détenant un brevet d'officier dans les forces armées du Canada et ayant le rang de major ou un rang équivalent ou supérieur est autorisée à faire prêter, par toute personne enrôlée dans les forces armées du Canada, le même serment qu'un commissaire nommé en vertu de l'article 214.

[1965 (1ᵉ sess.), c. 17, a. 30; 1966-67, c. 18, a. 13; 1988, c. 62, a. 2; 1992, c. 61, a. 618; 1992, c. 57, a. 706; 1995, c. 42, a. 40; 1999, c. 40, a. 324; 2000, c. 44, a. 103; 2009, c. 8, a. 5; 2012, c. 4, a. 12].

220. A la même validité et les mêmes effets qu'une déposition sous serment devant un commissaire nommé en vertu de l'article 215, une déposition sous serment:

a) devant un chef de poste, un délégué ou un délégué général du Québec;

b) devant un notaire public sous ses seing et sceau d'office;

c) devant le maire ou le magistrat en chef d'une cité, d'une ville ou d'un bourg sous le sceau de cette cité, de cette ville ou de ce bourg;

d) devant un juge d'une cour supérieure d'une province du Canada ou d'un autre territoire britannique; ou

e) devant un consul, vice-consul, consul temporaire, proconsul ou agent consulaire du Canada ou de Sa Majesté exerçant ses fonctions en pays étranger.

Il en est de même d'une déposition sous serment d'une personne enrôlée dans les forces armées du Canada par une personne détenant un brevet d'officier dans les forces armées du Canada et ayant le rang de major ou un rang équivalent ou supérieur.

[1965 (1ʳᵉ sess.), c. 17, a. 30; 1966-67, c. 18, a. 14; 1981, c. 14, a. 51; 1999, c. 40, a. 324].

221. Les commissaires nommés en vertu des articles 214 et 215 et les personnes mentionnées aux articles 219 et 220 ne peuvent recevoir la déposition sous serment de leurs père et mère, leurs frères et soeurs, leur conjoint et leurs enfants, ni celle d'une partie qu'ils représentent dans une cause ou dans une procédure non contentieuse, excepté, pour les notaires, les cas où la loi les y autorise.

[1965 (1ʳᵉ sess.), c. 17, a. 30; 1988, c. 62, a. 3; 1999, c. 40, a. 324].

222. Les commissaires nommés en vertu des articles 214 et 215 et les personnes mentionnées aux articles 219 et 220 ne peuvent exiger un honoraire de plus de 5 $ pour recevoir une déposition sous serment.

[1966-67, c. 18, a. 15; 1988, c. 62, a. 4; 1999, c. 40, a. 324].

223. Tout agent de la paix est compétent à faire prêter le serment prouvant la délivrance d'une citation à comparaître en vertu du *Code criminel* (L.R.C. (1985), ch. C-46).

Une telle personne ne peut exiger aucun honoraire pour recevoir cette déposition.

[1972, c. 11, a. 10; 1999, c. 40, a. 324].

PARTIE V —— DE CERTAINS SERVICES JUDICIAIRES

Chapitre I —— Des registres

223.1. Le greffier d'une cour ou d'un juge de paix doit inscrire dans un registre tous les actes de procédure accomplis par un juge ou le juge de paix ou posés devant eux tant en matière criminelle que pénale.

Lorsque le greffier est absent, le juge qui pose un tel acte de procédure doit voir à son inscription dans le registre.

Lorsque l'acte de procédure relève de la compétence de deux juges de paix, il appartient au juge de paix le plus ancien de voir à ce que le greffier inscrive l'acte dans le registre.

[1992, c. 61, a. 619].

223.2. Des registres distincts doivent être tenus en matière criminelle et en matière pénale. Le ministre de la Justice en prescrit la teneur.

[1992, c. 61, a. 619].

223.3. Le greffier d'une cour ou d'un juge de paix ainsi que le poursuivant visé au paragraphe 2° de l'article 9 du *Code de procédure pénale* (chapitre C-25.1) doivent tenir des livres de comptes et faire les rapports requis par la loi et par le ministre de la Justice relativement aux dossiers des poursuites pénales et criminelles.

[1992, c. 61, a. 619].

223.4. Le greffier ou le poursuivant visé au paragraphe 2° de l'article 9 du *Code de procédure pénale* (chapitre C-25.1) doivent, en outre, sur demande d'une personne mandatée par le gouvernement ou par le ministre de la Justice, remettre pour examen et inspection par cette personne, tous registres, livres de comptes, dossiers, pièces justificatives et documents se rapportant à l'administration de son greffe ou des dossiers de la poursuite.

[1992, c. 61, a. 619].

223.5. Le ministre peut, par arrêté:

1° déterminer la manière de tenir les livres de comptes;

2° déterminer la manière dont le greffier ou, en matière pénale, le percepteur, devra rendre compte des amendes;

3° permettre, s'il l'estime plus avantageux, une reddition de comptes avec paiement global à des dates déterminées;

4° assurer la mise à exécution de la présente partie de la loi.

[1992, c. 61, a. 619].

223.6. Le ministre de la Justice est autorisé à fournir les registres qui doivent être tenus par les greffiers ou les poursuivants ainsi que les formules de rapports que ces derniers doivent faire.

[1992, c. 61, a. 619].

Chapitre II ⸺ Des constables et huissiers-audienciers

223.7. Tout juge ou juge de paix peut nommer un ou plusieurs constables, si besoin est, pour exécuter ses ordres; et il peut leur faire prêter le serment requis, qu'il fait transcrire dans le registre où le greffier inscrit les ordres à exécuter.

[1992, c. 61, a. 619].

223.8. Tout huissier-audiencier doit, s'il en est requis, agir comme constable sous les ordres d'un juge ou d'un juge de paix, sans nomination spéciale à cette fin.

[1992, c. 61, a. 619].

Chapitre III ⸺ Des taxes sur les procédures judiciaires

224. Sauf en matière pénale, le gouvernement fixe le tarif des frais judiciaires et des droits de greffe des tribunaux. Il peut, dans un tarif, prévoir des frais et des droits différents selon qu'ils sont exigibles d'une personne physique ou d'une personne morale ou déterminer les personnes, ministères ou organismes qui sont exonérés du paiement des frais ou des droits ou les actes de procédure judiciaire, documents ou services faisant l'objet d'une exonération de paiement.

Lorsqu'un tarif établi conformément au premier alinéa prescrit que les frais judiciaires ou des droits de greffe doivent être versés pour la production ou la délivrance d'un acte de procédure judiciaire ou d'un autre document ou pour la prestation d'un service, cet acte de procédure ou ce document ne peut être produit au tribunal ou à un officier de justice ou délivré par celui-ci et ce service ne peut être rendu à moins que ces frais ou droits ne soient versés.

Mention de la date de production de tout acte de procédure judiciaire ou de tout document et, le cas échéant, de la date du versement de ces frais ou de ces droits et de leur montant doit apparaître sur cet acte de procédure ou ce document.

Le gouvernement peut également établir un tarif pour la prise et la transcription ou la traduction des dépositions prises en sténographie ou enregistrées d'une autre manière qu'il autorise devant un tribunal ou un officier de justice.

[1969, c. 21, a. 27; 1979, c. 37, a. 39; 1991, c. 20, a. 11; 1993, c. 31, a. 1; 1992, c. 61, a. 620].

Chapitre V.1 ⸺ Régime de retraite des juges de la cour du Québec et de certaines cours municipales

Chapitre I ⸺ Domaine d'application

224.1. Le régime de retraite établi par la présente partie s'applique aux juges de la Cour du Québec nommés après le 31 décembre 2000. Il s'applique aussi aux juges de cette cour nommés avant le 1er janvier 2001 et toujours en fonction à cette date, dans la mesure où ils ont opté de participer à ce régime avant le 1er janvier 2002.

Il s'applique également aux juges des cours municipales placées sous l'autorité d'un juge-président, dans la mesure établie par décret pris en application du deuxième alinéa de l'article 49 de la *Loi sur les cours municipales*.

[2001, c. 8, a. 9; 2002, c. 21, a. 40].

Chapitre II ⸺ Cotisations

224.2. Le juge doit verser au présent régime de retraite une cotisation correspondant à 7 % de son traitement annuel. Cette cotisation est réduite à 1 % du traitement annuel du juge lorsque celui-ci a accumulé 21,7 années de service et qu'il continue d'exercer sa charge. Le traitement annuel du juge est celui fixé par décret pris en vertu de l'article 115. Toutefois, la rémunération additionnelle versée à un juge en chef, à un juge en chef associé, à un juge en chef adjoint, à un juge coordonnateur, à un juge coordonnateur adjoint ou à un juge responsable du perfectionnement des juges de la Cour ainsi que toute autre rémunération versée à un juge visé aux articles 131 à 134 doit être exclue de ce traitement.

Lorsque le juge bénéficie d'un congé sans traitement en vertu de l'article 122.0.1, son traitement annuel pour les fins du présent article est celui auquel il aurait eu droit en vertu du décret pris en vertu de l'article 115 s'il avait exercé les fonctions rattachées à sa charge pendant l'année concernée. Le traitement annuel du juge bénéficiant d'une entente de congé à traitement différé visée à l'article 122.0.1 est le traitement qu'il reçoit au cours de chaque année concernée par cette entente.

Le juge doit également verser la cotisation prévue au premier alinéa sur tout montant forfaitaire payé à titre d'augmentation ou de rajustement de traitement d'une année antérieure. Il en est de même à l'égard du juge qui a cessé d'exercer sa charge.

Le juge doit verser les cotisations prévues par le présent article jusqu'au moment où il cesse d'exercer sa charge, sous réserve des règles fiscales applicables.

[2001, c. 8, a. 9; 2002, c. 32, a. 8; 2005, c. 41, a. 8; 2009, c. 8, a. 6].

Chapitre III —— Pension et remboursement

224.3. Le juge qui cesse d'exercer sa charge et qui satisfait à l'une ou l'autre des conditions suivantes a le droit au service de sa pension:

1° il a atteint l'âge de 65 ans;

2° il a accumulé au moins 21,7 années de service;

3° son âge et ses années de service totalisent 80 ou plus;

4° il a atteint l'âge de 55 ans et a accumulé au moins 5 années de service.

[2001, c. 8, a. 9; 2005, c. 41, a. 9].

224.4. Le juge de moins de 65 ans qui cesse d'exercer sa charge alors qu'il compte moins de deux années de service a droit au remboursement des cotisations qu'il a versées, avec les intérêts accumulés, à moins qu'il ne choisisse de transférer ses années et parties d'année de service dans un autre régime de retraite en application d'une entente de transfert conclue en vertu de l'article 246.24.

S'il décède avant d'avoir obtenu ce remboursement, ses cotisations sont remboursées à son conjoint ou, à défaut, à ses héritiers.

[2001, c. 8, a. 9].

224.5. Pour l'application du présent régime de retraite, les cotisations versées, incluant celles pour lesquelles le juge a été exonéré, portent intérêt au taux prévu par règlement, à compter du point milieu de l'année au cours de laquelle elles ont été versées jusqu'au premier jour du mois au cours duquel débute le service d'une prestation ou au cours duquel le remboursement de ces cotisations est effectué.

[2001, c. 8, a. 9].

224.6. Le juge qui cesse d'exercer sa charge alors qu'il compte au moins deux années de service mais sans satisfaire à l'une ou l'autre des conditions énoncées à l'article 224.3 a droit à une pension différée payable à l'âge de 65 ans, calculée conformément aux articles 224.8 et 224.9, à moins qu'il ne choisisse de transférer ses années et parties d'année de service dans un autre régime de retraite en application d'une entente de transfert conclue en vertu de l'article 246.24.

La pension différée confère au conjoint, aux enfants ou aux héritiers du juge, à compter du moment où elle devient payable, les mêmes droits que ceux prévus dans le cas d'un juge qui reçoit une pension.

La pension différée du juge est annulée s'il occupe à nouveau une fonction à laquelle est attachée une pension en vertu du présent régime de retraite et les années ou parties d'année de service qu'il a accumulées s'ajoutent à celles déjà comptées.

[2001, c. 8, a. 9].

Chapitre IV —— Calcul et service de la pension

224.7. Pour l'application du présent régime de retraite, une année ou une partie d'année de service est toute année ou partie d'année:

1° d'exercice de la charge de juge de la Cour du Québec ou de juge de la cour municipale d'une municipalité partie au présent régime ou pendant laquelle le juge bénéficiait d'un congé sans traitement ou à traitement différé en vertu de l'article 122.0.1, dans la mesure où il a versé les cotisations requises par l'article 224.2 et sous réserve des règles fiscales applicables;

2° d'exercice de toute fonction à laquelle était attachée une pension en vertu du présent régime;

3° de service antérieur crédité en application d'une entente de transfert conclue en vertu de l'article 246.24;

4° pour laquelle il reçoit, en remplacement de son traitement, une prestation en vertu d'un régime d'avantages sociaux établi en vertu du premier alinéa de l'article 122 ou, le cas échéant, d'un régime équivalent en vigueur au sein d'une municipalité partie au présent régime de retraite, incluant toute année ou partie d'année au cours de laquelle le juge était, en vertu de l'article 93.1, relevé de ses fonctions.

Le gouvernement fixe, par décret, les conditions à respecter pour qu'une année ou partie d'année pendant laquelle le juge bénéficiait d'un congé sans traitement ou à traitement différé puisse être admissible pour les fins du régime de retraite.

Si le juge a reçu, pour certaines années, le remboursement des cotisations versées, incluant celles pour lesquelles il a été exonéré, et qu'il n'a pas remis ces cotisations comme le lui permettent les articles 224.26, 244.9 et 244.10, ces années ne sont prises en compte qu'aux seules fins de l'admissibilité à la pension.

Une année ou partie d'année de service ne peut être comptée au titre du présent régime si elle est comptée au titre d'un autre régime de retraite.

De plus, un juge n'accumule plus de service et ne peut acquérir aucun droit à un montant additionnel de pension au titre du présent régime après le 30 décembre de l'année au cours de laquelle il atteint l'âge de 69 ans.

[2001, c. 8, a. 9].

224.8. Le montant annuel de la pension du juge est égal au montant obtenu en multipliant le traitement moyen par 1,5 % par année de service crédité. Ce montant ne peut toutefois excéder celui qui est obtenu en multipliant le plafond des prestations déterminées, applicable pour l'année d'admission à la retraite et établi en vertu de la *Loi de l'impôt sur le revenu* (L.R.C. (1985), ch. 1 (5ᵉ suppl.)) par le nombre d'années de service crédité.

Malgré le premier alinéa, le montant annuel de la pension du juge, augmenté des montants auxquels il a droit à titre de prestations supplémentaires accordées en vertu du régime établi en application du deuxième alinéa de l'article 122, ne peut être supérieur à 65 % du traitement moyen.

[2001, c. 8, a. 9].

224.9. Le traitement moyen est celui des trois années de service les mieux rémunérées ou, si le juge a moins de trois années de service, de toutes ses années de service.

Pour déterminer le traitement moyen, les traitements annuels pris en considération sont ceux de toutes les années de service du juge tels que fixés par décret pris en vertu de l'article 115. Toutefois, la rémunération additionnelle attachée à la fonction de juge en chef, de juge en chef associé, de juge en chef adjoint, de président du Tribunal des droits de la personne ou de président du Tribunal des professions n'est comprise dans ces traitements que si ce juge a exercé une telle fonction pendant au moins sept ans. Celle versée à un juge coordonnateur, à un juge coordonnateur adjoint ou à un juge responsable du perfectionnement des juges de la Cour ainsi que toute autre rémunération versée à un juge visé aux articles 131 à 134 doivent être exclues de ces traitements.

Tout montant forfaitaire payé à titre d'augmentation ou de rajustement de traitement d'une année antérieure fait partie du traitement de cette dernière.

Un juge qui a exercé la fonction de juge en chef, de juge en chef associé ou de juge en chef adjoint pendant au moins sept ans est réputé, à la seule fin de l'établissement du montant de sa pension, avoir reçu, pour chacune des années prises en considération, un traitement annuel au moins équivalent à celui d'un juge puîné.

Aux fins du présent article, le traitement afférent à une année de service concernée par une entente de congé sans traitement ou de congé à traitement différé visée à l'article 122.0.1 est celui que le juge aurait reçu s'il n'avait pas bénéficié d'une telle entente.

[2001, c. 8, a. 9; 2004, c. 41, a. 1; 2005, c. 41, a. 10; 2009, c. 8, a. 7].

224.10. La pension du juge qui s'est prévalu du paragraphe 2° de l'article 224.3 est réduite, le cas échéant, pendant sa durée, du montant résultant de l'application de la réduction minimale prévue à la *Loi de l'impôt sur le revenu* (L.R.C. (1985), c. I (5ᵉ suppl.)).

La pension du juge qui s'est prévalu du paragraphe 4° de l'article 224.3 est réduite, pendant sa durée, du montant obtenu en multipliant le montant établi en application du premier alinéa de l'article 224.8 par 0,5 % par mois, calculé pour chaque mois compris entre la date à laquelle le service de la pension débute et la date la plus rapprochée à laquelle le juge aurait autrement eu droit au service de sa pension en vertu de l'article 224.3. Le montant ainsi obtenu ne peut toutefois être inférieur à celui qui aurait été obtenu en vertu du premier alinéa.

[2001, c. 8, a. 9; 2005, c. 41, a. 11].

224.11. La pension servie au juge en vertu du présent régime de retraite est viagère. Son service doit débuter au plus tard à compter du 31 décembre de l'année au cours de laquelle il atteint l'âge de 69 ans.

Cette dernière règle n'est toutefois pas applicable au juge qui continue à exercer sa charge après cette date; dans ce cas, le service de sa pension débute lorsqu'il en fait la demande à la Commission administrative des régimes de retraite et d'assurances.

Le montant annuel de la pension du juge dont le service débute après le 31 décembre de l'année au cours de laquelle il atteint l'âge de 69 ans est le même que celui auquel il aurait eu droit si le service avait débuté à cette date. En outre, en pareil cas, le juge n'a droit à aucun versement rétroactif de pension.

[2001, c. 8, a. 9; 2002, c. 32, a. 9].

Chapitre V —— Prestations de décès

224.12. En cas de décès du juge à la retraite, sa pension continue d'être versée à son conjoint ou, à défaut, à ses héritiers, jusqu'au premier jour du mois suivant le décès.

[2001, c. 8, a. 9].

224.13. À compter du jour où cesse pour cause de décès le paiement de la pension du juge ou dans le cas où un juge décède alors qu'il est en fonction sans qu'une pension ne lui soit payable, une pension viagère égale à 50 % de la pension que recevait le juge ou qu'il aurait reçue, s'il avait eu droit au service de sa pension au moment de son décès, est accordée à son conjoint.

De plus, lorsqu'un juge décède alors qu'il est en fonction sans qu'une pension ne lui soit payable et sans avoir de conjoint ou d'enfant satisfaisant à l'une ou l'autre des conditions énoncées à l'article 224.18, ses héritiers ont droit au remboursement des cotisations versées, avec les intérêts accumulés.

Si le juge n'avait droit, au moment où il a cessé d'exercer sa charge, qu'à une pension différée et qu'il décède avant l'âge de 65 ans, ses cotisations sont remboursées, avec intérêts, à son conjoint ou, à défaut, à ses héritiers. Il en va de même si le juge décède alors qu'il compte moins de deux années de service.

[2001, c. 8, a. 9].

224.14. Pour l'application du présent régime de retraite, le conjoint est la personne qui, au moment du décès du juge:

1° est liée par un mariage ou une union civile au juge;

2° vit maritalement avec le juge, qu'elle soit de sexe différent ou de même sexe, alors que celui-ci n'est pas marié ni uni civilement, depuis au moins trois ans ou, dans les cas suivants, depuis au moins un an:

 a) un enfant est né ou est à naître de leur union;

 b) ils ont conjointement adopté un enfant durant leur période de vie maritale;

 c) l'un d'eux a adopté un enfant de l'autre durant cette période.

[2001, c. 8, a. 9; 2002, c. 6, a. 218].

224.15. Lorsque le juge n'avait pas atteint l'âge de 65 ans le jour de son décès et que son âge et ses années de service ne totalisaient pas alors 80 ou plus, la pension qu'il aurait reçue est, aux fins du calcul de la pension du conjoint, réduite conformément au premier alinéa de l'article 224.10.

[2001, c. 8, a. 9; 2005, c. 41, a. 12].

224.16. Le juge peut, avant de cesser d'exercer sa charge, choisir de réduire sa pension pour permettre à son conjoint de bénéficier d'une pension supérieure à celle prévue à l'article 224.13. Cette réduction peut être, au choix du juge, de 3,5 %, auquel cas le conjoint aura droit à une pension égale à 60 % de la pension ainsi réduite, ou de 5,7 %, auquel cas le conjoint aura droit à une pension égale à 66 ⅔ % de la pension ainsi réduite.

Ce choix est irrévocable dès que le juge cesse d'exercer sa charge, même en l'absence d'un conjoint ayant droit à une pension.

Toutefois, le choix est réputé n'avoir jamais été fait si le juge décède alors qu'il est en fonction sans avoir droit à une pension et sans avoir de conjoint ayant droit à une pension.

[2001, c. 8, a. 9].

224.17. Chaque enfant du juge qui décède en fonction ou à la retraite a droit de recevoir à titre de pension:

1° si une pension est versée au conjoint, 10 % de la pension qui sert de base au calcul de la pension du conjoint;

2° s'il n'y a pas de conjoint ayant droit à une pension, 20 % de la pension qui aurait servi de base au calcul de la pension du conjoint;

3° si le conjoint du juge décède alors qu'il reçoit une pension, 20 % de la pension qui a servi de base au calcul de la pension du conjoint et qui est indexée depuis le décès du juge.

Toutefois, s'il y a plus de quatre enfants, le montant total des pensions payables aux enfants ne peut excéder le montant que représente le pourcentage de 10 % ou de 20 %, selon le cas, multiplié par quatre, lequel est partagé également entre chacun des enfants.

[2001, c. 8, a. 9].

224.18. Pour avoir droit à la pension prévue à l'article 224.17, l'enfant doit être à la charge du juge au moment du décès de ce dernier et satisfaire à l'une ou l'autre des conditions suivantes:

1° être âgé de moins de 18 ans;

2° être âgé entre 18 et 25 ans et fréquenter à temps plein un établissement d'enseignement désigné à l'annexe I de la *Loi sur le régime de retraite des enseignants* (chapitre R-11) ou désigné par règlement en vertu de l'article 47 de cette loi;

3° souffrir d'une invalidité résultant de maladie ou d'accident, nécessitant des soins médicaux et le rendant totalement incapable d'accomplir tout travail.

Toutefois, l'enfant du juge qui, au moment du décès de ce dernier, n'est pas à sa charge ou ne satisfait pas à l'une ou l'autre des conditions prévues aux paragraphes 1°, 2° et 3° du premier alinéa, ou l'enfant qui cesse de satisfaire à ces conditions et qui, avant d'atteindre l'âge de 25 ans, satisfait ou satisfait de nouveau à l'une ou l'autre des conditions prévues aux paragraphes 2° et 3° du premier alinéa et aurait été à la charge du juge si ce dernier n'était pas décédé, a droit de recevoir la pension établie conformément à l'article 224.17.

[2001, c. 8, a. 9].

224.19. La pension de l'enfant mineur est accordée jusqu'à sa majorité.

La pension de l'enfant majeur qui fréquente à temps plein un établissement d'enseignement est accordée jusqu'à l'âge de 25 ans pour la période pendant laquelle il fréquente à temps plein un tel établissement; celle de l'enfant majeur qui souffre d'une invalidité est accordée pour la période de cette invalidité.

[2001, c. 8, a. 9].

224.20. La pension accordée à l'enfant est versée à compter du jour où débute le service de la pension du conjoint ou, s'il n'y a pas de conjoint ayant droit à une pension, à compter du jour où cette pension aurait été payable. Si le conjoint décède, la nouvelle pension accordée à l'enfant est versée à compter du premier jour du mois qui suit celui du décès du conjoint.

La pension accordée à l'enfant en vertu du deuxième alinéa de l'article 224.18 est versée à compter du premier jour du mois suivant la date à laquelle il satisfait de nouveau à l'une ou l'autre des conditions prévues aux paragraphes 2° et 3° du premier alinéa de cet article.

La pension accordée à l'enfant de moins de 18 ans est versée à la personne qui en a la charge.

[2001, c. 8, a. 9].

224.21. La pension accordée au conjoint et aux enfants court jusqu'au premier jour du mois suivant la date à laquelle le bénéficiaire cesse d'y avoir droit.

[2001, c. 8, a. 9].

224.22. Si le total des montants versés à titre de pension à un juge, à son conjoint et à ses enfants, incluant les montants versés à titre de prestations supplémentaires accordées en vertu du régime établi en application du deuxième alinéa de l'article 122, est inférieur à la somme des cotisations versées avec les intérêts accumulés, la différence est remboursée aux héritiers du juge dès que cesse le versement de la pension à la dernière personne qui y avait droit.

Pour les fins du présent article, les cotisations portent intérêt jusqu'à la date à laquelle le premier versement d'une prestation a été effectué.

[2001, c. 8, a. 9].

Chapitre VI —— Dispositions diverses

224.23. Toute pension est, à l'époque prescrite en vertu de l'article 119 de la *Loi sur le régime de rentes du Québec* (chapitre R-9), indexée annuellement du taux de l'augmentation de l'indice des rentes déterminé par cette loi.

Le premier ajustement de toute pension résultant de l'indexation, sauf celui de la pension différée, s'effectue :

1° au prorata du nombre de jours pour lesquels la pension a été versée ou l'aurait été au cours de l'année où le juge a cessé d'exercer sa charge sur le nombre total de jours dans cette année;

2° dans le cas du juge qui continue d'exercer sa charge après le 30 décembre de l'année au cours de laquelle il atteint l'âge de 69 ans, au prorata du nombre de jours pour lesquels la pension a été versée ou l'aurait été au cours de l'année où débute le service de la pension sur le nombre total de jours dans cette année;

3° dans le cas d'une pension accordée au conjoint ou à l'enfant du juge alors que ce dernier était admissible à une pension au moment de son décès, l'aurait été au cours de l'année du décès sur le nombre total de jours dans cette année.

Le premier ajustement résultant de l'indexation de la pension différée s'effectue le 1er janvier qui suit la date où le juge atteint l'âge de 65 ans au prorata du nombre de jours pour lesquels la pension a été versée ou l'aurait été au cours de l'année de son 65e anniversaire de naissance sur le nombre total de jours dans cette année.

[2001, c. 8, a. 9; 2008, c. 4, a. 1; 2009, c. 8, a. 8].

224.24. Pour le remboursement des cotisations versées, sont considérées comme ayant été effectivement versées les cotisations dont le juge a été exonéré pour une période pendant laquelle il a reçu, en remplacement de son traitement, une prestation en vertu d'un régime d'avantages sociaux établi en vertu du premier alinéa de l'article 122 ou, le cas échéant, d'un régime équivalent en vigueur au sein d'une municipalité partie au présent régime de retraite.

[2001, c. 8, a. 9].

224.25. Le juge à la retraite qui est autorisé par le gouvernement à exercer des fonctions judiciaires continue de recevoir sa pension. Il ne peut cependant acquérir aucun droit à un montant supplémentaire de pension.

Le juge à la retraite qui reçoit un traitement pour l'exercice de quelque autre charge sous le gouvernement du Québec ou, dans le cas d'un juge d'une cour municipale, de quelque autre charge au sein de la municipalité, continue de recevoir sa pension. Toutefois, il est déduit de son traitement une somme égale aux montants qu'il reçoit à titre de pension et, le cas échéant, à titre de prestations supplémentaires accordées en vertu du régime établi en application du deuxième alinéa de l'article 122.

[2001, c. 8, a. 9; 2002, c. 32, a. 10].

224.26. Les articles 244.9 et 244.10 s'appliquent au présent régime de retraite. Ces dispositions s'appliquent également dans le cas d'un juge qui a reçu le remboursement des cotisations qu'il a versées ou dont il a été exonéré après le 31 décembre 2000, avec les adaptations nécessaires.

[2001, c. 8, a. 9].

224.27. L'arbitrage prévu à l'article 245 s'applique aux litiges découlant de l'application d'une disposition de la présente partie.

[2001, c. 8, a. 9].

224.28. Toutes les sommes payées ou remboursées en vertu du présent régime de retraite sont incessibles et insaisissables.

Toutefois, elles ne sont insaisissables qu'à concurrence de 50 % s'il s'agit de l'exécution du partage entre époux ou conjoints unis civilement du patrimoine familial ou du paiement d'une dette alimentaire ou d'une prestation compensatoire.

[2001, c. 8, a. 9; 2002, c. 6, a. 219].

224.29. Le gouvernement peut, par règlement, prévoir le taux d'intérêt applicable aux cotisations versées au présent régime de retraite, les règles relatives à la détermination de ce taux ainsi que la façon de calculer l'intérêt sur les cotisations.

[2001, c. 8, a. 9].

PARTIE VI —— RÉGIME DE RETRAITE DE CERTAINS JUGES NOMMÉS AVANT LE 1er JANVIER 2001

Chapitre I —— Application

225. Le régime de retraite établi par la présente partie s'applique aux juges de la Cour du Québec nommés entre le 29 mai 1978 et le 1er janvier 2001, dans la mesure où ils n'ont pas opté de participer au régime de retraite prévu à la partie V.1, ainsi qu'aux juges de la Cour du Québec nommés avant le 30 mai 1978, si ces derniers ont opté pour le régime prévu à la présente partie en application des dispositions législatives accordant un tel droit d'option édictées par le chapitre 19 des lois de 1978 ou par le chapitre 44 des lois de 1990 et qu'ils n'ont pas opté de participer au régime de retraite prévu à la partie V.1.

Il s'applique également aux juges des cours municipales de Laval, de Montréal et de Québec, dans la mesure établie par décret pris en application du deuxième alinéa de l'article 49 de la *Loi sur les cours municipales*.

[1978, c. 19, a. 33; 1988, c. 21, a. 48; 1990, c. 44, a. 7; 1991, c. 79, a. 6; 2001, c. 8, a. 11; 2002, c. 21, a. 41].

Chapitre I.1 ——

226.-226.2. (*Abrogés*).

[1997, c. 7, a. 63].

Chapitre II —— **Pension de retraite**

SECTION I —— ADMISSIBILITÉ À LA RETRAITE AVEC PENSION

227. Le juge qui atteint l'âge de 70 ans est admis à la retraite avec pension. Le juge qui est atteint d'une incapacité physique ou mentale permanente en application de l'article 93.1 et qui était admissible, avant le 1er janvier 1992, à recevoir, en remplacement de son traitement, une prestation en vertu d'un régime d'avantages sociaux établi en application de l'article 122, est admis à la retraite avec pension au plus tard le 31 décembre de l'année au cours de laquelle il atteint l'âge de 71 ans même s'il continue de recevoir cette prestation.

Toutefois, si le gouvernement autorise, en vertu de l'article 92.1, le juge qui atteint l'âge de 70 ans à continuer d'exercer sa charge, ce juge sera admis à la retraite avec pension au moment où il cessera d'exercer sa charge ou au plus tard le 31 décembre de l'année au cours de laquelle il atteint l'âge de 71 ans.

[1978, c. 19, a. 33; 1990, c. 44, a. 9; 1991, c. 79, a. 7; 2001, c. 8, a. 12; 2002, c. 32, a. 11].

228. Est admis à la retraite avec pension, le juge qui cesse d'exercer sa charge et satisfait à l'une ou l'autre des conditions suivantes:

1° avoir atteint l'âge de 65 ans;

2° avoir à son crédit au moins 25 années de service;

3° avoir à son crédit au moins 20 années de service, s'il a opté pour le régime prévu à la présente partie ou, le cas échéant, pour le régime équivalent en vigueur au sein d'une municipalité en application des dispositions législatives accordant un tel droit

d'option et s'il était en fonction le 30 mai 1978;

4° avoir atteint l'âge de 55 ans et avoir à son crédit au moins 5 années de service.

[1978, c. 19, a. 33; 1990, c. 44, a. 9; 1991, c. 79, a. 8; 2005, c. 41, a. 13].

229. Une année ou partie d'année de service est, pour l'application du présent régime, toute année ou partie d'année:

1° d'exercice de la charge de juge de la Cour du Québec ou de la charge de juge de la cour municipale d'une municipalité qui a adhéré au présent régime ou pendant laquelle le juge bénéficiait d'un congé sans traitement ou à traitement différé en vertu de l'article 122.0.1, sous réserve des règles fiscales applicables;

2° d'exercice de toute fonction à laquelle était attachée une pension en vertu du présent régime;

3° de service qu'il a fait compter au titre du présent régime en vertu d'une entente de transfert conclue en vertu de l'article 246.24;

4° d'admissibilité à recevoir, en remplacement de son traitement, une prestation en vertu d'un régime d'avantages sociaux établi en vertu du premier alinéa de l'article 122 ou, le cas échéant, d'un régime équivalent en vigueur au sein de la municipalité qui a adhéré au présent régime.

Le gouvernement fixe, par décret, les conditions à respecter pour qu'une année ou partie d'année pendant laquelle le juge bénéficiait d'un congé sans traitement ou à traitement différé puisse être admissible pour les fins de régime de retraite.

Si le juge a reçu le remboursement des contributions qu'il a versées ou dont il a été exonéré pour les années 1979 à 1989, le service effectué au cours de ces années est compté aux fins de l'admissibilité seulement à la pension, à moins que les sommes qui lui ont été remboursées soient remises conformément aux articles 244.9 ou 244.10.

Une année ou partie d'année de service ne peut être comptée au titre du présent ré-

gime si elle est comptée au titre d'un autre régime de retraite.
[1978, c. 19, a. 33; 1990, c. 44, a. 9; 1991, c. 79, a. 9; 1997, c. 7, a. 36, 63; 2005, c. 41, a. 14].

229.1. Le juge n'accumule plus de service et ne peut acquérir aucun droit à un montant supplémentaire de pension après le 30 décembre de l'année au cours de laquelle il atteint l'âge de 71 ans.
[1991, c. 79, a. 10].

SECTION II — CALCUL ET PAIEMENT DE LA PENSION

230. Le montant annuel de la pension du juge est égal à la somme des montants suivants:

1° le montant obtenu en multipliant le traitement moyen par 2,8 % par année de service antérieure au 1er janvier 1992;

2° le montant obtenu en multipliant le traitement moyen par 1,5 % par année de service postérieure au 31 décembre 1991; ce montant ne peut toutefois excéder celui qui est obtenu en multipliant le plafond des prestations déterminées, applicable pour l'année d'admission à la retraite et établi en vertu de la *Loi de l'impôt sur le revenu* (L.R.C. (1985), ch. 1 (5e suppl.)), par le nombre d'années de service postérieures au 31 décembre 1991.

Pour l'application du premier alinéa, les années de service du juge sont prises en considération jusqu'à concurrence de 35.
[1978, c. 19, a. 33; 1990, c. 44, a. 9; 1991, c. 79, a. 11].

230.1.-230.2. (*Remplacés*).
[1990, c. 44, a. 9].

231. Le traitement moyen est celui des trois années de service les mieux rémunérées ou, si le juge a moins de trois années de service, de toutes ses années de service.

Pour déterminer le traitement moyen, les traitements annuels pris en considération sont ceux de toutes les années de service du juge tels que fixés par décrets pris en vertu de l'article 115 jusqu'à concurrence, dans le cas de l'application du paragraphe

2° du premier alinéa de l'article 230, des traitements annuels nécessaires pour atteindre le plafond des prestations déterminées applicable pour chaque année en vertu de la *Loi de l'impôt sur le revenu* (L.R.C. (1985), ch. 1 (5e suppl.)). Toutefois, la rémunération additionnelle attachée à la fonction de juge en chef, de juge en chef associé, de juge en chef adjoint, de président du Tribunal des droits de la personne ou de président du Tribunal des professions n'est comprise dans ces traitements que si ce juge a exercé une telle fonction pendant au moins sept ans. Celle versée à un juge coordonnateur, à un juge coordonnateur adjoint ou à un juge responsable du perfectionnement des juges de la Cour ainsi que toute autre rémunération versée à un juge visé aux articles 131 à 134 doivent être exclues de ces traitements.

Tout montant forfaitaire payé à titre d'augmentation ou de rajustement de traitement d'une année antérieure fait partie du traitement de cette dernière.

Un juge qui a exercé la fonction de juge en chef, de juge en chef associé ou de juge en chef adjoint pendant au moins sept ans est réputé, à la seule fin de l'établissement du montant de sa pension, avoir reçu, pour chacune des années prises en considération, un traitement annuel au moins équivalent à celui d'un juge puîné.

Aux fins du présent article, le traitement afférent à une année de service concernée par une entente de congé sans traitement ou de congé à traitement différé visée à l'article 122.0.1 est celui que le juge aurait reçu s'il n'avait pas bénéficié d'une telle entente.
[1978, c. 19, a. 33; 1990, c. 5, a. 49; 1990, c. 44, a. 9; 1991, c. 79, a. 12; 1995, c. 42, a. 41; 1997, c. 7, a. 37, 63; 1999, c. 62, a. 5; 2004, c. 41, a. 2; 2005, c. 41, a. 15; 2009, c. 8, a. 9].

232. (*Abrogé*).
[1992, c. 67, a. 95].

232.1. La pension du juge qui s'est prévalu du paragraphe 3° de l'article 228 est réduite, le cas échéant, pendant sa durée, du montant résultant de l'application de la réduction minimale prévue à la *Loi de l'impôt sur le revenu* (L.R.C. (1985), ch. I (5e suppl.)).

La pension du juge admis à la retraite en vertu du paragraphe 4° de l'article 228 est réduite, pendant sa durée, du montant obtenu en multipliant le montant établi en application du premier alinéa de l'article 230 par 0,5 % par mois, calculé pour chaque mois compris entre la date à laquelle le juge est admis à la retraite et la date la plus rapprochée à laquelle le juge aurait autrement été admissible à la retraite en vertu de l'article 228.

[1991, c. 79, a. 14; 1992, c. 67, a. 96; 2005, c. 41, a. 16].

233. La pension est viagère et elle est payable à compter du jour où le juge est admis à la retraite ou au plus tard à compter du 31 décembre de l'année au cours de laquelle il atteint l'âge de 71 ans.

[1978, c. 19, a. 33; 1990, c. 44, a. 9; 1991, c. 79, a. 15].

234. En cas de décès du juge à la retraite, sa pension continue d'être versée à son conjoint ou, à défaut, à ses héritiers jusqu'au premier jour du mois suivant le décès.

[1978, c. 19, a. 33; 1990, c. 5, a. 50; 1990, c. 44, a. 9].

Chapitre III —— Pension au conjoint et aux enfants

235. À compter du jour où cesse pour cause de décès le paiement de la pension du juge ou, dans le cas où une pension ne lui est pas payable, à compter du jour du décès du juge en fonction, une pension viagère égale à 50 % de la pension que recevait le juge ou qu'il aurait reçue, s'il avait été admis à la retraite avec pension au moment de son décès, est accordée à son conjoint.

[1978, c. 19, a. 33; 1990, c. 44, a. 9; 1991, c. 79, a. 16].

236. Pour l'application de la présente partie, le conjoint est la personne qui, au moment du décès du juge:

1° est liée par un mariage ou une union civile au juge;

2° vit maritalement avec le juge, qu'elle soit de sexe différent ou de même sexe, alors que celui-ci n'est pas marié ni uni civilement, depuis au moins trois ans ou, dans les cas suivants, depuis au moins un an:

— un enfant est né ou à naître de leur union;

— ils ont conjointement adopté un enfant durant leur période de vie maritale;

— l'un d'eux a adopté un enfant de l'autre durant cette période.

[1978, c. 19, a. 33; 1983, c. 24, a. 91; 1990, c. 44, a. 10; 1999, c. 14, a. 31; 2002, c. 6, a. 220].

237. Lorsque l'âge et les années de service du juge ne totalisent pas 80 ou plus, la pension qu'il aurait reçue est, aux fins du calcul de la pension du conjoint, réduite conformément au premier alinéa de l'article 232.1.

[1978, c. 19, a. 33; 1987, c. 50, a. 6; 1990, c. 44, a. 11; 1991, c. 79, a. 17; 1992, c. 67, a. 97; 2005, c. 41, a. 17].

238. Le juge peut, avant que sa pension ou sa pension différée ne devienne payable, choisir de la réduire pour permettre à son conjoint de bénéficier d'une pension supérieure à celle prévue à l'article 235. Cette réduction peut être, au choix du juge, de 3,5 %, auquel cas le conjoint aura droit à une pension égale à 60 % de la pension ainsi réduite, ou de 5,7 %, auquel cas le conjoint aura droit à une pension égale à 66 $\frac{2}{3}$ % de la pension ainsi réduite.

Ce choix est irrévocable dès que la pension du juge est payable, même en l'absence d'un conjoint ayant droit à une pension.

Toutefois, le choix est réputé n'avoir jamais été fait si le juge décède alors qu'il est en fonction sans qu'une pension ne lui soit payable et sans avoir de conjoint ayant droit à une pension.

[1978, c. 19, a. 33; 1990, c. 44, a. 11; 1991, c. 79, a. 18].

238.1. (*Remplacé*).

[1990, c. 44, a. 11].

239. Chaque enfant du juge qui décède en fonction ou à la retraite a droit de recevoir à titre de pension:

1° si une pension est versée au conjoint, 10 % de la pension qui sert de base au calcul de la pension du conjoint;

2° s'il n'y a pas de conjoint ayant droit à une pension, 20 % de la pension qui aurait servi de base au calcul de la pension du conjoint;

3° si le conjoint du juge décède alors qu'il reçoit une pension, 20 % de la pension qui a servi de base au calcul de la pension du conjoint et qui est indexée depuis le décès du juge.

Toutefois, s'il y a plus de quatre enfants, le montant total des pensions payables aux enfants ne peut excéder le montant que représente le pourcentage de 10 % ou de 20 %, selon le cas, multiplié par quatre, lequel est partagé également entre chacun des enfants.

[1978, c. 19, a. 33; 1988, c. 21, a. 51; 1990, c. 44, a. 11].

240. Pour avoir droit à la pension prévue à l'article 239, l'enfant doit être à la charge du juge au moment du décès de ce dernier et satisfaire à l'une ou l'autre des conditions suivantes:

1° être âgé de moins de 18 ans;

2° être âgé entre 18 et 25 ans et fréquenter à temps plein un établissement d'enseignement désigné à l'annexe I de la *Loi sur le régime de retraite des enseignants* (chapitre R-11) ou désigné par règlement en vertu de l'article 47 de cette loi;

3° souffrir d'une invalidité résultant de maladie ou d'accident, nécessitant des soins médicaux et le rendant totalement incapable d'accomplir tout travail.

Toutefois, l'enfant du juge qui, au moment du décès de ce dernier, n'est pas à sa charge ou ne satisfait pas à l'une ou l'autre des conditions prévues aux paragraphes 1°, 2° et 3° du premier alinéa, ou l'enfant qui cesse de satisfaire à ces conditions et qui, avant d'atteindre l'âge de 25 ans, satisfait ou satisfait de nouveau à l'une ou l'autre des conditions prévues aux paragraphes 2°

et 3° du premier alinéa et aurait été à la charge du juge si ce dernier n'était pas décédé, a droit de recevoir la pension établie conformément à l'article 239.

[1978, c. 19, a. 33; 1990, c. 44, a. 11; 1992, c. 68, a. 157].

241. La pension de l'enfant mineur est accordée jusqu'à sa majorité.

La pension de l'enfant majeur qui fréquente à temps plein un établissement d'enseignement est accordée jusqu'à l'âge de 25 ans pour la période pendant laquelle il fréquente à temps plein un tel établissement; celle de l'enfant majeur qui souffre d'une invalidité est accordée pour la période de cette invalidité.

[1978, c. 19, a. 33; 1990, c. 44, a. 11; 1992, c. 68, a. 157].

242. La pension accordée à l'enfant est versée à compter du jour où la pension du conjoint est payable ou, s'il n'y a pas de conjoint ayant droit à une pension, à compter du jour où cette pension aurait été payable. Si le conjoint décède, la nouvelle pension accordée à l'enfant est versée à compter du premier jour du mois qui suit celui du décès du conjoint.

La pension accordée à l'enfant en vertu du deuxième alinéa de l'article 240 est versée à compter du premier jour du mois suivant la date à laquelle il satisfait ou satisfait de nouveau à l'une ou l'autre des conditions prévues aux paragraphes 2° et 3° du premier alinéa de cet article.

La pension accordée à l'enfant de moins de 18 ans est versée à la personne qui en a la charge.

[1978, c. 19, a. 33; 1990, c. 44, a. 11].

243. La pension accordée au conjoint et aux enfants court jusqu'au premier jour du mois suivant la date à laquelle le bénéficiaire cesse d'y avoir droit.

[1978, c. 19, a. 33; 1990, c. 44, a. 11].

Chapitre IV —— Pension différée

244. Le juge qui, au moment où il cesse d'exercer sa charge, ne peut être admis à la retraite avec pension en vertu du chapitre II et qui a à son crédit au moins deux années de service aux fins du calcul de la pension, n'a droit qu'à une pension différée payable à 65 ans et calculée conformément aux articles 230 et 231, sauf s'il transfère ses années de service dans un autre régime de retraite en vertu d'une entente de transfert conclue en vertu de l'article 246.24.

Cette pension est viagère et elle confère, à compter du moment où elle devient payable, les mêmes droits au conjoint, aux enfants ou aux héritiers que ceux prévus dans le cas d'un juge qui est admis à la retraite en vertu du chapitre II.

[1978, c. 19, a. 33; 1990, c. 44, a. 11].

244.1. La pension différée est annulée si le juge occupe à nouveau une fonction à laquelle est attachée une pension en vertu du présent régime et les années et parties d'année de service qu'il accumule s'ajoutent à celles déjà comptées.

[1990, c. 44, a. 11].

Chapitre V —— Exercice d'une charge par un juge à la retraite

244.2. (*Abrogé*).

[2001, c. 8, a. 13].

244.3. Le juge à la retraite qui est autorisé par le gouvernement à exercer des fonctions judiciaires continue de recevoir sa pension. Il ne peut cependant acquérir aucun droit à un montant supplémentaire de pension.

Le juge à la retraite qui reçoit un traitement pour l'exercice de quelque autre charge sous le gouvernement du Québec ou, dans le cas d'un juge d'une cour municipale, de quelque autre charge au sein de la municipalité, continue de recevoir sa pension. Toutefois, il est déduit de son traitement une somme égale aux montants qu'il reçoit à titre de pension et, le cas échéant, à titre de prestations supplémentaires accordées en vertu du régime établi en application du deuxième alinéa de l'article 122.

[1990, c. 44, a. 11; 1991, c. 79, a. 20; 1997, c. 7, a. 39, 63; 2002, c. 32, a. 12].

Chapitre VI —— Autres prestations

244.4. Le juge qui, au moment où il cesse d'exercer sa charge, ne peut être admis à la retraite avec pension en vertu du chapitre II et qui a à son crédit moins de deux années de service aux fins du calcul de la pension, n'a droit, le cas échéant, qu'au remboursement des contributions qu'il a versées avant le 1er janvier 1990 et qui ne lui ont pas été autrement remboursées, sauf s'il transfère la durée d'exercice de cette charge dans un autre régime de retraite en vertu d'une entente de transfert conclue en vertu de l'article 246.24.

S'il décède avant d'avoir obtenu ce remboursement, ces contributions sont remboursées à son conjoint ou, à défaut, à ses héritiers.

[1990, c. 44, a. 11; 1997, c. 7, a. 40, 63].

244.5. Si le juge décède alors qu'il est en fonction, sans qu'une pension ne lui soit payable et sans avoir de conjoint ayant droit à une pension, qu'il ait un enfant de moins de 25 ans ou d'enfant de plus de 25 ans souffrant d'une invalidité visée au paragraphe 3° du premier alinéa de l'article 240, ses héritiers ont droit au remboursement des contributions versées pour les années 1979 à 1989 et qui n'ont pas été autrement remboursées.

Si le juge n'avait droit, au moment où il a cessé d'exercer sa charge, qu'à une pension différée et qu'il décède avant l'âge de 65 ans, ces contributions sont remboursées à son conjoint ou, à défaut, à ses héritiers.

[1990, c. 44, a. 11; 1991, c. 79, a. 21; 1997, c. 7, a. 41, 63].

244.6. Si le total des montants versés à titre de pension à un juge, à son conjoint et à ses enfants est inférieur à la somme des contributions versées pour les années 1979 à 1989 et des intérêts courus sur ces contributions, la différence est remboursée aux héritiers dès que cesse le versement de la pension à la dernière personne qui y avait droit.

[1990, c. 44, a. 11; 1997, c. 7, a. 42, 63].

244.7. Pour le remboursement des contributions versées pour les années 1979 à 1989, sont considérées comme ayant été effectivement versées les contributions dont le juge a été exonéré pour une période pendant laquelle il a reçu ou était admissible à recevoir, en remplacement de son traitement, une prestation en vertu d'un régime d'avantages sociaux établi en vertu du premier alinéa de l'article 122 ou, le cas échéant, d'un régime équivalent en vigueur au sein d'une municipalité qui a adhéré au présent régime.

[1990, c. 44, a. 11; 1991, c. 79, a. 22; 1997, c. 7, a. 43, 63].

244.8. Pour l'application du présent chapitre, les contributions sont remboursées avec l'intérêt calculé à compter du point milieu de l'année au cours de laquelle elles ont été versées incluant celles pour lesquelles le juge a été exonéré, jusqu'au premier jour du mois au cours duquel le remboursement est effectué.

Toutefois, aux fins du calcul des intérêts courus sur ces contributions en application de l'article 244.6, l'intérêt est calculé jusqu'à la date à laquelle le premier paiement d'une pension a été effectué.

[1990, c. 44, a. 11].

Chapitre VII —— Dispositions diverses

244.9. Le juge qui a reçu le remboursement des contributions qu'il a versées ou dont il a été exonéré pour les années 1979 à 1989 et qui occupe à nouveau une fonction à laquelle est attachée une pension en vertu du présent régime, peut faire compter, aux fins du calcul de sa pension, le service effectué au cours de ces années, s'il satisfait aux conditions suivantes:

1° donner à la Commission administrative des régimes de retraite et d'assurances un avis écrit à cet effet dans les 12 mois suivant la date du début d'exercice de sa nouvelle fonction;

2° faire remise des sommes qui lui ont été remboursées, calculées avec intérêt depuis la date de ce remboursement.

Le juge peut payer le montant déterminé au premier alinéa soit comptant, soit par versements égaux qui peuvent être échelonnés, avec intérêt, sur une période déterminée après entente entre le juge et la Commission; cette période ne peut toutefois pas excéder dix ans. Toute somme non acquittée dans les 30 jours de la mise à la poste par la Commission d'un avis à cet effet porte également intérêt.

Malgré ce qui précède, les sommes requises pour faire compter ce service aux fins du calcul de la pension doivent être acquittées en totalité au moment de l'admission du juge à la retraite avec pension, à défaut de quoi le juge perd le droit de faire compter ce service à ces fins, et les sommes qu'il aura remises lui seront remboursées avec l'intérêt calculé conformément au premier alinéa de l'article 244.8.

[1990, c. 44, a. 11; 1997, c. 7, a. 44, 63].

244.10. Si le juge visé à l'article 244.9 décède avant l'expiration des 12 mois prévus au paragraphe 1° du premier alinéa de cet article et sans avoir donné son avis à la Commission, son conjoint peut faire compter le service concerné, aux fins du calcul de la pension que le juge aurait reçue, s'il donne à la Commission un avis écrit à cet effet dans les 90 jours du décès du juge et s'il acquitte le montant déterminé conformément à l'article 244.9 en un seul versement dans les 30 jours de la mise à la poste par la Commission d'un avis à cet effet.

Si le juge visé à l'article 244.9 décède avant d'avoir acquitté en totalité les sommes requises pour faire compter le service concerné aux fins du calcul de sa pension, son conjoint doit, pour faire compter ce service à ces fins, acquitter le solde des sommes requises, avec les intérêts accumulés, dans les 90 jours de la mise à la poste par la Commission d'un avis à cet effet, à défaut de quoi les sommes que le juge aura remises seront remboursées au conjoint avec l'intérêt calculé conformément au premier alinéa de l'article 244.8.

Si le juge décède sans avoir de conjoint ayant droit à une pension et avant d'avoir acquitté en totalité les sommes qui lui ont été requises, ou si, le cas échéant, le conjoint décède avant d'avoir acquitté les sommes qui lui ont été requises, les sommes remises sont remboursées aux héritiers avec l'intérêt calculé conformément au premier alinéa de l'article 244.8.

[1990, c. 44, a. 11].

244.11. Toute pension est, à l'époque prescrite en vertu de l'article 119 de la *Loi sur le régime de rentes du Québec* (chapitre R-9), indexée annuellement:

1° pour la partie attribuable à du service antérieur au 1er juillet 1990, du taux de l'augmentation de l'indice des rentes déterminé par cette loi;

2° pour la partie attribuable à du service postérieur au 30 juin 1990 mais antérieur au 1er janvier 2000, de l'excédent de ce taux sur 3 %;

3° pour la partie attribuable à du service postérieur au 31 décembre 1999, suivant la formule établie au paragraphe 2° ou de la moitié du taux de l'augmentation de l'indice des rentes, selon la plus avantageuse de ces formules pour le juge.

Dans le cas où le nombre d'années de service crédité excède 35 années, les paragraphes 1° à 3° du premier alinéa sont appliqués selon l'ordre le plus avantageux pour le juge.

Le premier ajustement de toute pension résultant de l'indexation, sauf celui de la pension différée, s'effectue :

1° au prorata du nombre de jours pour lesquels la pension a été versée ou l'aurait été au cours de l'année où le juge a cessé d'exercer sa charge sur le nombre total de jours dans cette année;

2° dans le cas du juge qui continue d'exercer sa charge après le 30 décembre de l'année au cours de laquelle il atteint l'âge de 71 ans, au prorata du nombre de jours pour lesquels la pension a été versée au cours de l'année où débute le service de la pension sur le nombre total de jours dans cette année;

3° dans le cas d'une pension accordée au conjoint ou à l'enfant du juge alors que ce dernier était admissible à une pension au moment de son décès, au prorata du nombre de jours pour lesquels une pension a été versée ou l'aurait été au cours de l'an-

née du décès sur le nombre total de jours dans cette année.

Le premier ajustement résultant de l'indexation de la pension différée s'effectue le 1er janvier qui suit la date où le juge atteint l'âge de 65 ans au prorata du nombre de jours pour lesquels la pension a été versée ou l'aurait été au cours de l'année de son 65e anniversaire de naissance sur le nombre total de jours dans cette année.

[1990, c. 44, a. 11; 1991, c. 79, a. 23; 1992, c. 67, a. 98; 2002, c. 32, a. 13; 2009, c. 8, a. 10].

244.12. L'intérêt payable en vertu du présent régime est de 6 % composé annuellement.

[1990, c. 44, a. 11].

244.13. Toutes les sommes payées ou remboursées en vertu du présent régime sont incessibles et insaisissables.

Toutefois, elles ne sont insaisissables qu'à concurrence de 50 % s'il s'agit de l'exécution du partage entre époux ou conjoints unis civilement du patrimoine familial ou du paiement d'une dette alimentaire ou d'une prestation compensatoire.

[1990, c. 44, a. 11; 2002, c. 6, a. 221].

Chapitre VIII —— Arbitrage

245. Si une difficulté survient dans l'application d'une disposition de la présente partie, le litige peut être soumis, dans l'année, à un arbitre choisi par la Commission administrative des régimes de retraite et d'assurances et le juge concerné à même une liste établie par le gouvernement. Si les parties ne s'entendent pas sur le choix d'un arbitre, celui-ci est choisi, sur requête de l'une d'entre elles signifiée à l'autre partie, par un juge de la Cour supérieure.

Le deuxième alinéa de l'article 382 et les articles 383 à 392 du *Code de procédure civile* (chapitre C-25) s'appliquent en les adaptant à cet arbitrage.

[1978, c. 19, a. 33; 1983, c. 24, a. 91; 1986, c. 61, a. 46].

246.-246.1. (*Abrogés*).

[1990, c. 44, a. 12].

246.2. Le régime de retraite établi par la présente partie s'applique aux juges de la Cour du Québec auxquels les régimes prévus aux parties V.1 et VI ne s'appliquent pas.

Il s'applique également aux personnes qui, le 1er janvier 1992, reçoivent une pension en vertu du régime de retraite équivalent en vigueur au sein de la Ville de Montréal, de la Ville de Laval ou de la Ville de Québec si la municipalité concernée a adhéré au présent régime en vertu de l'article 31 du chapitre 79 des lois de 1991.

[1988, c. 21, a. 52; 1990, c. 44, a. 14; 1991, c. 79, a. 24; 1996, c. 2, a. 983; 2001, c. 8, a. 15].

246.3. Un juge en chef qui donne sa démission après avoir rempli sa charge de juge durant au moins vingt ans a droit à une pension annuelle de 20 480 $; un juge qui donne sa démission après avoir rempli sa charge de juge durant la même période a droit à une pension annuelle de 17 920 $.

Un juge en chef qui donne sa démission après avoir rempli sa charge de juge durant au moins vingt-cinq ans a droit à une pension annuelle de 23 040 $; un juge qui donne sa démission après avoir rempli sa charge durant la même période a droit à une pension annuelle de 20 480 $.

[S.R. 1964, c. 20, a. 91; 1965 (1er sess.), c. 17, a. 10; 1966, c. 7, a. 5; 1966-67, c. 18, a. 6; 1969, c. 19, a. 8; 1976, c. 8, a. 7; 1988, c. 21, a. 30, 32].

246.4. La pension prévue au premier alinéa de l'article 246.3 est accordée à un juge en chef ou à un juge avant l'expiration de 20 années d'exercice de sa charge, s'il est atteint d'une incapacité permanente visée au premier alinéa de l'article 93.1 et s'il donne sa démission.

La pension prévue au deuxième alinéa de l'article 246.3 est accordée à un juge en chef ou à un juge avant l'expiration de 25 années mais après l'expiration de 20 années d'exercice de sa charge, s'il est atteint d'une incapacité permanente visée au premier alinéa de l'article 93.1 et s'il donne sa démission.

[S.R. 1964, c. 20, a. 92; 1965 (1er sess.), c. 17, a. 11; 1969, c. 19, a. 9; 1974, c. 11, a. 28, 52; 1988, c. 21, a. 30, a. 31, 32; 1990, c. 44, a. 15].

246.5. Lorsqu'un juge en chef ou un juge atteint l'âge de 70 ans, il est admis à la retraite; dans ce cas, il est accordé à ce juge en chef une pension annuelle de 23 040 $ et à ce juge une pension annuelle de 20 480 $.

Toutefois, si le gouvernement l'autorise, en vertu de l'article 92.1, à continuer d'exercer sa charge, ce juge sera admis à la retraite avec pension au moment où il cessera d'exercer sa charge.

[S.R. 1964, c. 20, a. 93; 1965 (1er sess.), c. 17, a. 12; 1966-67, c. 18, a. 7; 1969, c. 19, a. 10; 1976, c. 8, a. 7; 1988, c. 21, a. 30, 32; 1990, c. 44, a. 16].

246.6. Le gouvernement peut, dans tous les cas où un juge en chef ou juge est atteint d'une incapacité permanente visée au premier alinéa de l'article 93.1, mettre tel juge à sa retraite en lui accordant, selon le cas, la pension prévue à l'article 246.3 ou à l'article 246.4.

[S.R. 1964, c. 20, a. 94; 1965 (1er sess.), c. 16, a. 21; 1965 (1er sess.), c. 17, a. 13; 1974, c. 11, a. 29; 1978, c. 19, a. 10; 1988, c. 21, a. 30, 31, 32; 1990, c. 44, a. 17].

246.7. (*Abrogé*).

[1990, c. 44, a. 18].

246.8. Toute mise à la retraite en vertu des articles précédents a les mêmes effets qu'une démission acceptée.

[S.R. 1964, c. 20, a. 95; 1988, c. 21, a. 30].

246.9. Si une personne qui touche une pension en vertu des dispositions de la présente partie vient à recevoir un traitement pour l'exercice de quelque charge sous le gouvernement du Québec ou, dans le cas d'une personne visée au deuxième alinéa de l'article 246.2, de quelque charge au sein d'une municipalité qui a adhéré au présent régime, il est déduit de ce traitement une somme égale au montant de sa pension.

[S.R. 1964, c. 20, a. 96; 1988, c. 21, a. 30, 33; 1991, c. 79, a. 25].

246.10. À compter du jour où cesse pour cause de décès le paiement de la pension du juge en chef ou juge ou à compter du jour du décès d'un tel juge alors qu'il est en fonction, il est accordé au conjoint survivant qui lui était lié par mariage ou union civile une pension viagère annuelle de 10 240 $ s'il s'agit d'un juge en chef, de 8 960 $ s'il s'agit d'un autre juge. Cette pension court jusqu'au premier jour du mois suivant le décès du conjoint.

[S.R. 1964, c. 20, a. 97; 1965 (1ʳᵉ sess.), c. 17, a. 14; 1966-67, c. 18, a. 8; 1969, c. 19, a. 11; 1976, c. 8, a. 7; 1980, c. 11, a. 91; 1982, c. 17, a. 76; 1988, c. 21, a. 30, 32; 1990, c. 44, a. 19; 2002, c. 6, a. 222].

246.11. Une année ou partie d'année qui est comptée aux fins de l'admissibilité à une pension en vertu du présent régime, est toute année ou partie d'année:

1° d'exercice de la charge de juge de la Cour du Québec;

2° d'exercice de toute fonction à laquelle était attachée une pension en vertu du présent régime;

3° qu'il a fait compter au titre du présent régime en vertu d'une entente de transfert conclue en vertu de l'article 246.24;

4° d'admissibilité à recevoir, en remplacement de son traitement, une prestation en vertu d'un régime d'avantages sociaux établi en vertu du premier alinéa de l'article 122.

Une année ou partie d'année ne peut être comptée au titre du présent régime si elle est comptée au titre d'un autre régime de retraite.

[S.R. 1964, c. 20, a. 98; 1965 (1ʳᵉ sess.), c. 17, a. 2; 1977, c. 20, a. 138; 1988, c. 21, a. 30, 34; 1990, c. 44, a. 20; 1991, c. 79, a. 26].

246.12. La pension du juge est viagère et elle est payable à compter du jour où le juge est admis à la retraite.

En cas de décès du juge à la retraite, sa pension continue d'être versée à la personne qui lui était liée par mariage ou union civile ou, à défaut, à ses héritiers

jusqu'au premier jour du mois suivant le décès.

[S.R. 1964, c. 20, a. 100; 1965 (1ʳᵉ sess.), c. 17, a. 16; 1982, c. 17, a. 76; 1987, c. 50, a. 5; 1988, c. 21, a. 30, 31, 35; 1990, c. 44, a. 20; 2002, c. 6, a. 223].

246.13. Pour l'application des articles 246.3 à 246.12, l'expression « juge en chef » comprend un juge en chef associé ou un juge en chef adjoint.

[1978, c. 19, a. 12; 1988, c. 21, a. 30, 31].

246.14. La pension payée, en vertu du présent régime, au juge admis à la retraite avant le 31 mai 1978 ou à son conjoint survivant est, à l'époque prescrite en vertu de l'article 119 de la *Loi sur le régime de rentes du Québec* (chapitre R-9), indexée annuellement du taux de l'augmentation de l'indice des rentes déterminé par cette loi.

[1978, c. 19, a. 12; 1982, c. 17, a. 76; 1988, c. 21, a. 30, 31; 1990, c. 44, a. 21].

246.14.1. Toute autre pension payée en vertu du présent régime n'est pas indexée sauf si les conditions prévues aux articles 25 à 29 de la *Loi modifiant la Loi sur les tribunaux judiciaires concernant les régimes de retraite des juges de la Cour du Québec* (L.Q. 1990, c. 44) pour bénéficier d'une telle indexation ont été satisfaites.

Si ces conditions ont été satisfaites, la pension payée au juge ou à son conjoint survivant est, à compter du 1ᵉʳ juillet 1990, égale au montant déterminé en vertu du présent régime indexé conformément à l'article 246.14 depuis le 1ᵉʳ janvier 1979.

[1990, c. 44, a. 21].

246.14.2. Le juge qui, au moment où il cesse d'exercer sa charge, n'a pas droit à une pension annuelle en vertu du présent régime, n'a droit qu'au remboursement des sommes qu'il a versées pour bénéficier de l'indexation prévue au deuxième alinéa de l'article 246.14.1, sauf s'il transfère ses années dans un autre régime de retraite en vertu d'une entente de transfert conclue en vertu de l'article 246.24. S'il décède avant d'avoir obtenu ce remboursement, ces sommes sont remboursées à la personne qui lui était liée par mariage ou union civile ou, à défaut, à ses héritiers.

Si le juge décède alors qu'il est en fonction et sans avoir d'époux ou de conjoint uni civilement ayant droit à une pension, ses héritiers ont droit au remboursement des sommes versées pour bénéficier de cette indexation.

Si le total des montants versés à titre de pension à un juge et à son époux ou conjoint uni civilement est inférieur au total des sommes versées pour bénéficier de cette indexation et des intérêts courus sur ces sommes, la différence est remboursée aux héritiers dès que cesse le versement de la pension à la dernière personne qui y avait droit.

[1990, c. 44, a. 21; 2002, c. 6, a. 224].

246.14.3. Pour l'application de l'article 246.14.2, les sommes versées pour bénéficier de l'indexation prévue au deuxième alinéa de l'article 246.14.1 sont remboursées avec un intérêt de 6 %, composé annuellement, calculé à compter du point milieu de l'année au cours de laquelle elles ont été versées, jusqu'au premier jour du mois au cours duquel le remboursement est effectué.

Toutefois, aux fins du calcul des intérêts courus sur ces sommes en application du troisième alinéa de l'article 246.14.2, l'intérêt est calculé jusqu'à la date à laquelle le premier paiement d'une pension a été effectué.

[1990, c. 44, a. 21].

246.14.4. Le juge qui a reçu le remboursement des sommes qu'il a versées pour bénéficier de l'indexation prévue au deuxième alinéa de l'article 246.14.1, et qui occupe à nouveau une fonction à laquelle est attachée une pension en vertu du présent régime, peut bénéficier à nouveau de cette indexation s'il satisfait aux conditions suivantes:

1° donner à la Commission administrative des régimes de retraite et d'assurances un avis écrit à cet effet dans les 12 mois suivant la date du début d'exercice de sa nouvelle fonction;

2° faire remise des sommes qui lui ont été remboursées calculées avec un intérêt de 6 %, composé annuellement, depuis la date de ce remboursement.

Dans ce cas, les deuxième et troisième alinéas de l'article 244.9 et l'article 244.10 s'appliquent, compte tenu des adaptations nécessaires.

[1990, c. 44, a. 21].

246.14.5. Toutes les sommes payées ou remboursées en vertu du présent régime sont incessibles et insaisissables.

Toutefois, elles ne sont insaisissables qu'à concurrence de 50 % s'il s'agit de l'exécution du partage entre époux ou conjoints unis civilement du patrimoine familial ou du paiement d'une dette alimentaire ou d'une prestation compensatoire.

[1990, c. 44, a. 21; 2002, c. 6, a. 225].

PARTIE VI.2 —— PARTAGE ET CESSION DE DROITS ENTRE CONJOINTS

246.15. La présente partie est administrée par la Commission administrative des régimes de retraite et d'assurances et toute décision rendue par la Commission en application de la présente partie, sauf les décisions relatives à l'établissement et l'évaluation des droits accumulés au titre des régimes de retraite prévus aux parties V.1, VI et VI.1, peut être contestée par le juge ou l'ancien juge et son conjoint, dans les 90 jours qui suivent la date de la mise à la poste d'une telle décision, en la manière prévue à l'article 245 et compte tenu des adaptations nécessaires.

[1990, c. 5, a. 51; 1990, c. 44, a. 22; 2001, c. 8, a. 16].

246.16. Dès l'introduction d'une demande en séparation de corps, en divorce, en annulation de mariage, en dissolution ou en annulation d'union civile ou en paiement d'une prestation compensatoire, le juge ou l'ancien juge et son conjoint ont droit d'obtenir, sur demande faite à la Commission aux conditions et selon les modalités prévues par règlement, un relevé faisant état de la valeur des droits que ce juge ou cet ancien juge a accumulés au titre des régimes de retraite prévus aux parties V.1, VI et VI.1, de la valeur de ces droits pour la période afférente au mariage ou à l'union civile et de tout autre renseignement déterminé par ce règlement.

Le juge ou l'ancien juge et son conjoint ont également droit d'obtenir, sur demande faite à la Commission aux conditions et selon les modalités prévues par règlement, un tel relevé dans le cadre d'une médiation effectuée préalablement à des procédures en matière familiale ou d'une démarche commune de dissolution de leur union civile devant notaire.

[1990, c. 5, a. 51; 1990, c. 44, a. 22; 1995, c. 70, a. 60; 2001, c. 8, a. 16; 2002, c. 6, a. 226].

246.17. Aux fins de leur partage et de leur cession, les droits accumulés au titre des régimes de retraite prévus aux parties V.1, VI et VI.1 sont établis suivant les règles que fixe le règlement, lesquelles peuvent différer de celles autrement applicables en vertu des parties V.1, VI et VI.1. Ils sont évalués conformément aux règles, hypothèses et méthodes actuarielles déterminées par ce règlement, lesquelles peuvent varier selon la nature des droits établis.

Ces droits sont établis et évalués, selon le cas, à la date de cessation de la vie commune, à la date d'introduction de l'instance ou à la date déterminée dans la transaction notariée qui règle les conséquences de la dissolution de l'union civile.

[1990, c. 5, a. 51; 1990, c. 44, a. 22; 1995, c. 70, a. 61; 2001, c. 8, a. 16; 2002, c. 6, a. 227].

246.18. La Commission procède, sur demande faite aux conditions et selon les modalités prévues par règlement, à l'acquittement des sommes attribuées au conjoint. Ce règlement peut également prévoir les règles, conditions et modalités de l'acquittement de ces sommes de même que, le cas échéant, les intérêts à verser sur celles-ci.

[1990, c. 5, a. 51].

246.19. Toute somme payée au conjoint, les intérêts qu'elle produit ainsi que les prestations constituées avec ces sommes sont incessibles et insaisissables.

[1990, c. 5, a. 51].

246.20. Lorsqu'il y a eu acquittement des sommes attribuées au conjoint du juge ou de l'ancien juge, toute somme payable en vertu des régimes de retraite prévus aux parties V.1, VI et VI.1 à l'égard de la participation de ce juge ou de cet ancien juge est réduite conformément aux règles, hypothèses et méthodes actuarielles prévues par règlement, lesquelles peuvent varier selon la nature du droit dont découle une telle somme.

[1990, c. 5, a. 51; 1990, c. 44, a. 22; 2001, c. 8, a. 16].

246.21. Lorsque la valeur des droits accumulés par le juge ou l'ancien juge au titre des régimes de retraite prévus aux parties V.1, VI et VI.1 a été incluse en tout ou en partie dans la valeur partageable suite à une séparation de corps, le partage du patrimoine familial entraîne, à l'égard du conjoint qui l'a obtenu, l'extinction de tout autre bénéfice, avantage ou remboursement auquel il pourrait prétendre en sa qualité de conjoint, à moins qu'il n'y ait reprise de la vie commune.

[1990, c. 5, a. 51; 1990, c. 44, a. 22; 2001, c. 8, a. 16].

246.22. Le gouvernement peut par règlement:

a) déterminer les conditions et les modalités des demandes requises en vertu de la présente partie;

b) déterminer, aux fins de l'article 246.16, les renseignements que doit contenir le relevé faisant état de la valeur des droits accumulés par le juge ou l'ancien juge;

c) fixer, aux fins de l'article 246.17, les règles applicables à l'établissement des droits accumulés au titre des régimes de retraite prévus aux parties V.1, VI et VI.1, lesquelles peuvent différer de celles autrement applicables en vertu des parties V.1, VI et VI.1; déterminer, aux fins de cet article, les règles, hypothèses et méthodes actuarielles applicables à l'évaluation des droits accumulés, lesquelles peuvent varier selon la nature de ces droits;

d) déterminer, aux fins de l'article 246.18, les règles, conditions et modalités de l'acquittement des sommes attribuées au conjoint et, le cas échéant, les intérêts à verser sur ces sommes;

e) prévoir, aux fins de l'article 246.20, les règles, hypothèses et méthodes actuarielles pour réduire toute somme payable en vertu des régimes de retraite prévus aux parties V.1, VI et VI.1, lesquelles peuvent varier selon la nature du droit dont découle une telle somme.

Un règlement édicté en vertu du présent article peut prendre effet à une date, fixée dans le règlement, qui est antérieure à celle de sa publication à la *Gazette officielle du Québec*.

[1990, c. 5, a. 51; 1990, c. 44, a. 22; 2001, c. 8, a. 16; 2002, c. 32, a. 14].

PARTIE VI.3 ━━ ADMINISTRATION DES RÉGIMES DE RETRAITE

246.22.1. La présente Partie et les Parties V.1, VI, VI.1 et VI.2 s'appliquent sous réserve des dispositions de la Partie VI.4.

[1997, c. 84, a. 4; 2001, c. 8, a. 17].

246.23. Les régimes de retraite prévus aux Parties V.1, VI et VI.1 sont administrés par la Commission administrative des régimes de retraite et d'assurances.

Nul ne peut prétendre avoir un avantage ou un remboursement prévu par ces régimes s'il n'en a pas fait la demande à cette Commission.

[1990, c. 44, a. 23; 2001, c. 8, a. 16].

246.23.1. Un juge peut faire transférer dans son régime de retraite prévu à la partie V.1 ou VI le montant correspondant à la valeur des prestations qu'il a acquises au titre d'un autre régime de retraite avant sa nomination à titre de juge et qui peuvent faire l'objet d'un transfert. Ce transfert donne droit à une pension différée viagère payable à 65 ans qui s'ajoute à celle acquise en vertu des dispositions du régime de retraite auquel le juge participe.

L'administrateur du régime de retraite qui fait l'objet d'un transfert évalue la valeur des prestations acquises faisant l'objet du transfert. La Commission détermine, à la date du transfert, le montant de la pension différée, sur la base de la valeur transférée et selon les méthodes et les hypothèses ac-

tuarielles utilisées dans la plus récente évaluation actuarielle déposée en vertu de l'article 246.26 à l'égard du régime auquel le juge participe.

La demande de transfert doit être présentée dans les 180 jours suivant la date de nomination du juge.

Pour l'application du présent article, est un régime de retraite tout régime de pension agréé au sens de la *Loi sur les impôts* (chapitre I-3).

Les dispositions du présent article ne s'appliquent pas aux régimes visés par une entente de transfert conclue en vertu de l'article 246.24.

[2002, c. 32, a. 15].

246.23.2. La pension différée est indexée annuellement conformément au premier alinéa de l'article 224.23, à compter du 1er janvier qui suit la date à laquelle elle devient payable.

Toutefois, l'article 224.23 s'applique tel qu'il se lisait avant le 6 mai 2008 aux pensions différées acquises avant cette date.

[2002, c. 32, a. 15; 2008, c. 4, a. 2].

246.23.3. Le juge auquel l'article 246.23.1 s'applique peut choisir d'anticiper ou de reporter le paiement de sa pension différée à une date autre que celle de son soixante-cinquième anniversaire. Toutefois, elle ne peut être payable avant la date à laquelle le juge prend sa retraite dans la mesure où il a atteint l'âge de 55 ans ni après le 31 décembre de l'année où il atteint l'âge de 69 ans. Dans le cas où le juge en anticipe le paiement, sa pension différée est réduite pendant sa durée, de 0,5 % par mois, pour chaque mois compris entre la date où elle devient payable et la date de son soixante-cinquième anniversaire. Dans le cas où il en reporte le paiement, la pension différée est augmentée du même pourcentage pour chaque mois compris entre cette dernière date et celle où elle devient payable.

Si le juge décède alors qu'il est retraité et que le total des montants de pension différée qui lui ont été versés en vertu de l'article 246.23.1 est inférieur au montant transféré en application du premier alinéa de cette disposition, avec les intérêts accumulés à la date de la prise de la retraite, la différence est remboursée à ses héritiers. Si le juge décède ou cesse autrement d'exercer sa charge avant le début du service de sa pension, le montant transféré avec les intérêts accumulés est remboursé à ses héritiers ou au juge, selon le cas.

[2002, c. 32, a. 15].

246.23.4. L'arbitrage prévu à l'article 245 s'applique aux litiges découlant de l'application des articles 246.23.1 à 246.23.3 opposant le juge et la Commission.

[2002, c. 32, a. 15].

246.24. La Commission, avec l'autorisation du gouvernement, et la Ville de Montréal, la Ville de Laval ou la Ville de Québec peuvent conclure entre elles une entente de transfert pour faire compter, à l'égard d'un juge auquel s'applique un régime de retraite prévu aux Parties V.1, VI ou VI.1 ou un régime équivalent en vigueur au sein de ces municipalités, tout ou partie des années de service comptées dans le régime de retraite équivalent et qui s'appliquait auparavant à ce juge lorsqu'il était, selon le cas, juge de la Cour du Québec ou juge de la cour d'une de ces municipalités.

Une entente peut avoir effet à toute date antérieure qui y est fixée.

La somme représentant la contribution de l'employeur est, à la demande de la partie à l'entente qui s'engage à la verser, payée en plusieurs versements sur une période n'excédant pas cinq ans.

Les sommes à transférer en application d'une entente comportent un intérêt, composé annuellement, aux taux déterminés pour chaque époque à l'annexe VI de la *Loi sur le régime de retraite des employés du gouvernement et des organismes publics* (chapitre R-10). Elles sont reçues ou payées selon les régimes de retraite concernés.

[1990, c. 44, a. 23; 1996, c. 2, a. 984; 2001, c. 8, a. 16].

246.25. Toute pension versée en vertu des régimes de retraite prévus aux Parties V.1, VI ou VI.1 est payée aux époques et selon les conditions fixées par règlement en vertu de l'article 148 de la *Loi sur le régime de retraite des employés du gouver-*

nement et des organismes publics (chapitre R-10).

[1990, c. 44, a. 23; 2001, c. 8, a. 16].

246.26. Au moins une fois tous les trois ans, la Commission fait préparer pour le ministre de la Justice, par les actuaires qu'elle désigne, une évaluation actuarielle des régimes de retraite prévus aux Parties V.1, VI et VI.1.

À l'égard des juges de la Cour du Québec, le coût de ces régimes est, sous réserve des cotisations versées au régime de retraite prévu à la partie V.1, des contributions versées pour les années 1979 à 1989 au régime de retraite prévu à la Partie VI et des sommes versées pour bénéficier de l'indexation des pensions payables en vertu du régime de retraite prévu à la Partie VI.1, à la charge du gouvernement.

À l'égard des juges des cours municipales auxquels s'applique le régime de retraite prévu à la Partie V.1 ou VI, le coût de ce régime est, sous réserve des cotisations versées par ces juges au régime de retraite prévu à la partie V.1 et des contributions versées par ces juges pour les années 1979 à 1989 au régime de retraite équivalent en vigueur au sein de la municipalité, à la charge de leur municipalité respective.

Lorsqu'un projet de loi présenté à l'Assemblée nationale a pour objet de modifier immédiatement ou ultérieurement l'un ou l'autre de ces régimes, la Commission doit faire préparer un rapport indiquant dans quelle mesure ce projet de loi modifie les estimations de la plus récente évaluation actuarielle.

[1990, c. 44, a. 23; 1991, c. 79, a. 27; 1997, c. 7, a. 45, 63; 2001, c. 8, a. 18].

246.26.1. Le gouvernement détermine, par décret, à des intervalles d'au moins trois ans, le taux de contribution des municipalités au régime de retraite prévu à la partie V.1 ainsi que celui au régime de retraite prévu à la partie VI; ces taux sont basés sur les résultats respectifs de chacun de ces régimes et obtenus lors de la dernière évaluation actuarielle. Ce décret peut avoir effet à compter du 1er janvier qui suit la date de la réception de l'évaluation actuarielle par le ministre de la Justice ou de toute date ultérieure qui y est fixée.

Les municipalités doivent verser leur contribution selon les règles et les modalités que le gouvernement détermine par règlement. Ces règles peuvent prévoir des intérêts payables sur les sommes versées après échéance.

[1991, c. 79, a. 28; 1997, c. 7, a. 46, 63; 2001, c. 8, a. 19; 2005, c. 41, a. 18].

246.27. La Commission obtient du ministre de la Justice et des municipalités qui ont adhéré au régime de retraite prévu à la Partie V.1 ou VI, au plus tard le 1er mars de chaque année, les renseignements relatifs à l'année antérieure qui lui sont nécessaires pour l'exécution de ses fonctions.

[1990, c. 44, a. 23; 1991, c. 79, a. 29; 2001, c. 8, a. 20].

246.28. Toutes les sommes perçues en vertu des régimes de retraite prévus aux Parties V.1, VI et VI.1 sont versées au fonds consolidé du revenu. Toutes les sommes requises pour l'application de ces régimes et pour l'application de la Partie VI.2 sont prises sur ce fonds.

[1990, c. 44, a. 23; 1996, c. 53, a. 52; 2001, c. 8, a. 16; 2006, c. 49, a. 125].

PARTIE VI.4 — DU COMITÉ DE LA RÉMUNÉRATION DES JUGES

246.29. Est institué un comité de la rémunération des juges.

Le comité a pour fonctions d'évaluer à tous les trois ans si le traitement, le régime de retraite et les autres avantages sociaux des juges de la Cour du Québec et des juges de paix magistrats sont adéquats. Il a également pour fonctions d'évaluer à tous les trois ans si le traitement et les autres avantages sociaux des juges des cours municipales auxquelles s'applique la *Loi sur les cours municipales* (chapitre C-72.01) ainsi que, le cas échéant, leur régime de retraite sont adéquats. Le comité en fait rapport au gouvernement et lui transmet ses recommandations à cet égard.

Le comité a en outre pour fonctions d'examiner toute modification que le juge en chef de la Cour du Québec, la Conférence des juges du Québec, la Conférence des juges municipaux du Québec, une association représentative des juges de paix magistrats ou le gouvernement propose d'apporter au régime de retraite des juges de la Cour du Québec, des juges de paix magistrats et des juges des cours municipales placées sous l'autorité d'un juge-président ainsi qu'aux avantages sociaux qui sont reliés soit à ce régime, soit aux régimes collectifs d'assurance de ces juges. Le comité évalue si cette modification est adéquate, en fait rapport au gouvernement et lui transmet ses recommandations à cet égard.

[1997, c. 84, a. 5; 2002, c. 21, a. 42; 2004, c. 12, a. 3].

246.30. Le comité exerce ses fonctions en formation de trois membres.

Une formation exerce les fonctions du comité eu égard aux juges de la Cour du Québec, une autre eu égard aux juges de paix magistrats et une autre eu égard aux juges des cours municipales auxquelles s'applique la *Loi sur les cours municipales*.

Le rapport de chaque formation constitue le rapport du comité.

[1997, c. 84, a. 5; 2002, c. 21, a. 43; 2004, c. 12, a. 4].

246.31. Le comité est formé de cinq membres, nommés par le gouvernement pour un mandat de trois ans.

Le juge en chef de la Cour du Québec, la Conférence des juges du Québec, la Conférence des juges municipaux du Québec, l'association représentative des juges de paix magistrats et le gouvernement désignent, d'un commun accord, les membres du comité, y compris le président, ainsi que les membres qui composent chacune des formations.

À défaut d'accord au plus tard le 15 février 1998 et par la suite à tous les trois ans, les membres sont désignés de la manière suivante:

1° un membre est désigné d'un commun accord par le juge en chef de la Cour du Québec et par la Conférence des juges du Québec;

2° un membre est désigné d'un commun accord par le juge en chef de la Cour du

Québec et par la Conférence des juges municipaux du Québec;

3° un membre est désigné d'un commun accord par le juge en chef de la Cour du Québec et par l'association représentative des juges de paix magistrats;

4° un membre est désigné par le gouvernement;

5° un membre qui agit à titre de président du comité est désigné d'un commun accord par le juge en chef de la Cour du Québec, la Conférence des juges du Québec, la Conférence des juges municipaux du Québec, l'association représentative des juges de paix magistrats et le gouvernement. À défaut d'accord, le gouvernement, après consultation du juge en chef de la Cour du Québec, de la Conférence des juges du Québec, de la Conférence des juges municipaux du Québec et de l'association représentative des juges de paix magistrats, désigne le président du comité.

Lorsque les membres du comité sont désignés conformément au troisième alinéa, la formation qui exerce les fonctions du comité eu égard aux juges de la Cour du Québec est composée des membres désignés conformément aux paragraphes 1°, 4° et 5° de cet alinéa, celle qui exerce les fonctions du comité eu égard aux juges des cours municipales auxquelles s'applique la *Loi sur les cours municipales* (chapitre C-72.01) est composée des membres désignés conformément aux paragraphes 2°, 4° et 5° du même alinéa et celle qui exerce les fonctions du comité eu égard aux juges de paix magistrats est composée des membres désignés conformément aux paragraphes 3°, 4° et 5° du même alinéa.

Les juges, les juges de paix magistrats, les fonctionnaires au sens de la *Loi sur la fonction publique* (chapitre F-3.1.1) et les employés municipaux ne peuvent être membres du comité.

[1997, c. 84, a. 5; 1998, c. 30, a. 37; 2002, c. 21, a. 44; 2004, c. 12, a. 5].

246.32. Le gouvernement procède à la nomination des membres du comité au plus tard le 1er avril 1998 et par la suite à tous les trois ans. Le comité exerce sans délai

les fonctions qui lui sont conférées par la présente partie.

[1997, c. 84, a. 5].

246.33. À l'expiration de leur mandat, les membres demeurent en fonction jusqu'à ce qu'ils soient remplacés ou nommés de nouveau.

[1997, c. 84, a. 5].

246.34. Lorsqu'un membre décède, remet sa démission ou est autrement empêché d'agir, le gouvernement procède, de la façon prévue à l'article 246.31, à la nomination d'un membre pour le remplacer. La durée de son mandat correspond à la partie non écoulée du mandat du membre qu'il remplace.

[1997, c. 84, a. 5].

246.35. Le gouvernement détermine, par décret, les honoraires qui doivent être versés aux membres du comité ainsi que les cas, les conditions et la mesure dans lesquels les dépenses faites par les membres dans l'exercice de leurs fonctions leur sont remboursées.

[1997, c. 84, a. 5].

246.36. Le président du comité assume, dans le cadre des lois, règlements et règles applicables, la gestion des ressources financières du comité.

Dans ce cadre, il peut recourir aux services de soutien et aux services professionnels qu'il estime nécessaires à l'accomplissement des fonctions du comité. À cette fin, il peut notamment conclure toute entente concernant l'assignation temporaire au comité de membres de la fonction publique.

Sous réserve des dispositions du premier alinéa, le comité peut, de sa propre initiative ou à la demande du juge en chef de la Cour du Québec, de la Conférence des juges du Québec, de la Conférence des juges municipaux du Québec, de l'association représentative des juges de paix magistrats ou du gouvernement, confier à des experts le mandat d'examiner toute question qu'il leur soumet.

[1997, c. 84, a. 5; 1998, c. 30, a. 38; 2002, c. 21, a. 45; 2004, c. 12, a. 6].

246.37. Le président du comité exerce, à l'égard des demandes d'imputation d'engagement et des demandes de paiement, les pouvoirs que la *Loi sur l'administration financière* (chapitre A-6) confère à un dirigeant d'organisme.

Les articles 30 et 31 ne s'appliquent pas au comité.

[1997, c. 84, a. 5; 2000, c. 8, a. 222; 2000, c. 15, a. 146].

246.38. L'exercice financier du comité se termine le 31 mars.

[1997, c. 84, a. 5].

246.39. Le président du comité soumet chaque année au ministre de la Justice les prévisions budgétaires du comité pour l'exercice financier suivant.

Le président du comité doit également soumettre au ministre des prévisions budgétaires supplémentaires lorsque, en cours d'exercice, les dépenses du comité excèdent les prévisions.

Le ministre dépose les prévisions budgétaires ou, le cas échéant, les prévisions budgétaires supplémentaires, devant l'Assemblée nationale dans les 10 jours de leur réception ou, si elle ne siège pas, dans les 10 jours de la reprise de ses travaux.

[1997, c. 84, a. 5].

246.40. Les livres et comptes du comité sont vérifiés par le vérificateur général.

[1997, c. 84, a. 5; 2008, c. 23, a. 22].

246.41. Dans le cadre de ses fonctions, le comité reçoit les observations présentées par le juge en chef de la Cour du Québec et par la Conférence des juges du Québec, par la Conférence des juges municipaux du Québec ou par l'association représentative des juges de paix magistrats, selon la formation compétente, par le gouvernement et, selon la formation compétente, par les municipalités responsables de l'administration d'une cour municipale placée sous l'autorité d'un juge-président ou par les organismes représentatifs des municipalités, notamment l'Union des municipalités du Québec et la Fédération québécoise des municipalités locales et régionales (FQM).

Lorsqu'il l'estime pertinent, le comité peut inviter toute personne ou tout organisme à lui présenter ses observations.

S'il le juge à propos, le comité peut décider de recevoir ces observations en séance publique.

[1997, c. 84, a. 5; 1999, c. 90, a. 34; 1998, c. 30, a. 39; 2002, c. 21, a. 46; 2004, c. 12, a. 7].

246.42. Le comité prend en considération les facteurs suivants:

1° les particularités de la fonction de juge;

2° la nécessité d'offrir aux juges une rémunération adéquate;

3° la nécessité d'attirer d'excellents candidats à la fonction de juge;

4° l'indice du coût de la vie;

5° la conjoncture économique du Québec et la situation générale de l'économie québécoise;

6° l'évolution du revenu réel par habitant au Québec;

7° l'état des finances publiques ou des finances publiques municipales, selon la formation compétente;

8° l'état et l'évolution comparés de la rémunération des juges concernés d'une part, et de celle des autres personnes rémunérées sur les fonds publics, d'autre part;

9° la rémunération versée à d'autres juges exerçant une compétence comparable au Canada;

10° tout autre facteur que le comité estime pertinent.

Les dispositions du premier alinéa s'appliquent aux juges de paix magistrats.

La formation compétente eu égard aux juges des cours municipales auxquelles s'applique la *Loi sur les cours municipales* prend également en considération le fait que les juges des cours municipales qui ne sont pas placées sous l'autorité d'un juge-président exercent principalement leurs fonctions à temps partiel.

[1997, c. 84, a. 5; 2002, c. 21, a. 47; 2004, c. 12, a. 8].

246.43. Le comité remet au gouvernement un rapport comportant les recommandations qu'il estime appropriées. Ce rapport est remis dans les six mois de la date à laquelle les membres ont été nommés ou, lorsque le comité exerce ses fonctions conformément au troisième alinéa de l'article 246.29, dans les six mois de la date à laquelle le comité a reçu la proposition de modification.

Le ministre de la Justice dépose ce rapport devant l'Assemblée nationale dans les 10 jours de sa réception ou, si elle ne siège pas, dans les 10 jours de la reprise de ses travaux.

[1997, c. 84, a. 5].

246.44. L'Assemblée nationale peut par résolution motivée approuver, modifier ou rejeter en tout ou en partie les recommandations du comité. Le gouvernement prend avec diligence les mesures requises pour mettre cette résolution en œuvre, conformément à la présente loi ou à la *Loi sur les cours municipales*.

Si l'Assemblée nationale n'adopte pas une résolution, au plus tard le trentième jour de séance suivant le dépôt du rapport du comité, le gouvernement prend avec diligence les mesures requises pour mettre ces recommandations en œuvre, conformément à la présente loi ou à la *Loi sur les cours municipales*.

[1997, c. 84, a. 5].

246.45. Les sommes requises pour l'application de la présente Partie sont prises sur le fonds consolidé du revenu.

[1997, c. 84, a. 5].

PARTIE VII —— LE CONSEIL DE LA MAGISTRATURE, LE PERFECTIONNEMENT DES JUGES ET LA DÉONTOLOGIE JUDICIAIRE

Chapitre I —— Le conseil de la magistrature

SECTION I —— CONSTITUTION

247. Un organisme, ci-après appelé « conseil », est constitué sous le nom de Conseil de la magistrature.

[1978, c. 19, a. 33].

248. Le conseil est formé de 15 membres, soit:

> *a)* du juge en chef de la Cour du Québec qui en est le président;

> *b)* du juge en chef associé de la Cour du Québec;

> *c)* des 4 juges en chef adjoints de la Cour du Québec;

> *d)* d'un juge-président d'une cour municipale;

> *d.1)* d'un juge choisi parmi les personnes exerçant la fonction de président du Tribunal des droits de la personne ou du Tribunal des professions;

> *d.2 (Paragraphe supprimé)*;

> *e)* de 2 juges choisis parmi les juges de la Cour du Québec et nommés sur la recommandation de la Conférence des juges du Québec;

> *f)* d'un juge choisi parmi les juges des cours municipales et nommé sur la recommandation de la Conférence des juges municipaux du Québec;

> *g)* de 2 avocats nommés sur la recommandation du Barreau du Québec;

> *h)* de 2 personnes qui ne sont ni juges ni avocats.

[1978, c. 19, a. 33; 1986, c. 48, a. 4; 1986, c. 61, a. 47; 1987, c. 50, a. 8; 1988, c. 21, a. 53; 1991, c. 70, a. 4; 1995, c. 42, a. 42; 1998, c. 30, a. 40; 2001, c. 26, a. 172; 2002, c. 21, a. 48].

249. Le gouvernement nomme les membres du conseil visés aux paragraphes *d*, *d*.1 et *e* à *h* de l'article 248. Ceux-ci doivent, pour siéger au conseil, prêter le serment contenu à l'annexe III devant le juge en chef ou le juge en chef associé de la Cour du Québec.

Le vice-président du conseil est élu par le conseil parmi ses membres.

Le mandat des membres du conseil nommés en vertu du premier alinéa est d'au plus trois ans; à l'expiration de leur mandat, ces membres restent en fonction jusqu'à ce qu'ils soient remplacés ou nommés de nouveau.

[1978, c. 19, a. 33; 1988, c. 21, a. 54; 1989, c. 45, a. 6; 1995, c. 42, a. 43; 1998, c. 30, a. 41; 1999, c. 40, a. 324].

250. Les membres du conseil qui ne sont pas juges ne sont pas rémunérés, sauf dans les cas, aux conditions et dans la mesure que peut déterminer le gouvernement. Ils ont cependant droit au remboursement des dépenses faites dans l'exercice de leurs fonctions, aux conditions et dans la mesure que détermine le gouvernement.

Quant aux juges, ils ont droit à l'indemnité prévue par l'article 119.

[1978, c. 19, a. 33; 1988, c. 21, a. 55].

251. Le quorum du conseil est de huit membres dont le président ou le vice-président.

[1978, c. 19, a. 33; 1986, c. 48, a. 5].

252. Le conseil se réunit aussi souvent que nécessaire, sur convocation du président.

Il peut siéger à huis clos et tenir ses séances à tout endroit au Québec.

Le conseil a son siège sur le territoire de la Ville de Québec ou sur celui de la Ville de Montréal selon que le décide le gouvernement.

[1978, c. 19, a. 33; 1996, c. 2, a. 985].

253. Le conseil peut faire des règlements pour sa régie interne ou pour établir des comités et déterminer leurs fonctions.

[1978, c. 19, a. 33].

254. Les procès-verbaux des séances du conseil ou de l'un de ses comités sont authentiques s'ils sont approuvés par les membres du conseil ou du comité, selon le cas; il en est de même des documents ou des copies émanant du conseil ou faisant partie de ses archives s'ils sont certifiés conformes par le président ou le secrétaire.

[1978, c. 19, a. 33].

255. Le président nomme le secrétaire du conseil, pour un mandat de cinq ans, parmi les avocats inscrits au Tableau de l'Ordre des avocats depuis au moins 10 ans et membres de la fonction publique. Le gouvernement détermine le traitement du secrétaire, ses avantages sociaux et ses autres conditions de travail.

Dès sa nomination, le secrétaire cesse d'être assujetti à la *Loi sur la fonction publique* (chapitre F-3.1.1); il est, pour la durée de son mandat et dans le but d'accomplir les devoirs de sa fonction, en congé sans solde.

[1978, c. 19, a. 33; 1978, c. 15, a. 140; 1983, c. 55, a. 161; 1989, c. 45, a. 7; 1997, c. 76, a. 2].

255.1. Le secrétaire du conseil y exerce ses fonctions à titre exclusif, sous l'autorité du président.

Il doit, avant d'entrer en fonction, prêter le serment prévu à l'annexe III, devant le juge en chef de la Cour du Québec.

[1989, c. 45, a. 7; 1997, c. 76, a. 2; 1999, c. 40, a. 324].

255.2. À l'expiration de son mandat, le secrétaire demeure en fonction jusqu'à ce qu'il soit remplacé ou nommé de nouveau.

[1989, c. 45, a. 7; 1997, c. 76, a. 2].

255.3. Les membres du personnel du conseil, autres que le secrétaire, sont nommés suivant la *Loi sur la fonction publique*.

[1989, c. 45, a. 7; 1997, c. 76, a. 2; 2000, c. 8, a. 242].

255.4. (*Remplacé*).

[1997, c. 76, a. 2].

SECTION II — LES FONCTIONS DU
CONSEIL

256. Le conseil a pour fonctions:

a) d'organiser, conformément au chapitre II de la présente partie, des programmes de perfectionnement des juges;

b) d'adopter, conformément au chapitre III de la présente partie, un code de déontologie de la magistrature;

c) de recevoir et d'examiner toute plainte formulée contre un juge auquel s'applique le chapitre III de la présente partie;

d) de favoriser l'efficacité et l'uniformisation de la procédure devant les tribunaux;

e) de recevoir les suggestions, recommandations et demandes qui lui sont faites relativement à l'administration de la justice, de les étudier et de faire au ministre de la Justice les recommandations appropriées;

f) de coopérer, suivant la loi, avec tout organisme qui, à l'extérieur du Québec, poursuit des fins similaires; et

g) de connaître des appels visés à l'article 112.

[1978, c. 19, a. 33; 1988, c. 21, a. 56].

Chapitre II — Le perfectionnement des juges

257. Le conseil établit des programmes d'information, de formation et de perfectionnement des juges des cours et des juges de paix magistrats relevant de l'autorité législative du Québec et nommés par le gouvernement.

[1978, c. 19, a. 33; 2004, c. 12, a. 9].

258. Le conseil détermine les besoins, élabore les programmes et en fixe les modalités d'application; il peut, à cette fin, agir en collaboration notamment avec la Conférence des juges du Québec, la conférence des juges municipaux du Québec,

l'association représentative des juges de paix magistrats, le Barreau du Québec, les facultés de droit et le ministère de la Justice.

[1978, c. 19, a. 33; 1987, c. 50, a. 9; 2004, c. 12, a. 10].

259. Le gouvernement détermine les montants au-delà desquels l'approbation du ministre de la Justice est requise pour que le conseil puisse faire une dépense dans l'application du présent chapitre.

[1978, c. 19, a. 33].

Chapitre III — La déontologie judiciaire

SECTION I — DISPOSITION
GÉNÉRALE

260. Le présent chapitre s'applique à un juge nommé en vertu de la présente loi.

Les dispositions du présent chapitre relatives aux juges s'appliquent également aux juges des cours municipales et aux juges de paix magistrats.

[1978, c. 19, a. 33; 1980, c. 11, a. 98; 1995, c. 42, a. 44; 2004, c. 12, a. 11].

SECTION II — LE CODE DE
DÉONTOLOGIE

261. Le conseil adopte, par règlement, un code de déontologie de la magistrature.

Toutefois, il doit au préalable convoquer une assemblée des juges auxquels le code de déontologie s'applique afin de les consulter sur le projet de règlement.

Un règlement adopté en vertu du présent article est publié dans la *Gazette officielle du Québec* au moins trente jours avant d'être soumis à l'approbation du gouvernement. S'il est ainsi approuvé, il entre en vigueur à la date de sa publication dans la *Gazette officielle du Québec* ou à une date ultérieure qui y est fixée.

[1978, c. 19, a. 33].

262. Le code de déontologie détermine les règles de conduite et les devoirs des juges envers le public, les parties à une instance et les avocats et il indique notamment les actes ou les omissions dérogatoires à l'honneur, à la dignité ou à l'intégrité de la magistrature et les fonctions ou les activités qu'un juge peut exercer à titre gratuit malgré l'article 129 ou 171 de la présente loi ou malgré l'article 45.1 de la *Loi sur les cours municipales*.

Il peut être stipulé au code que certaines de ces dispositions ne s'appliquent pas aux juges des cours municipales ou il peut y être déterminé des dispositions particulières pour ces juges. Ainsi, pour l'application du présent chapitre, les règles prévues à l'article 45 de la *Loi sur les cours municipales* (chapitre C-72.01) sont réputées des dispositions particulières du *Code de déontologie* applicables aux juges municipaux. Les dispositions du code de déontologie applicables aux juges municipaux peuvent varier selon qu'elles s'appliquent aux juges exerçant leurs fonctions à temps partiel ou aux juges les exerçant à temps plein et de façon exclusive. Il peut également être stipulé au code des dispositions particulières pour les juges de paix magistrats.

[1978, c. 19, a. 33; 1980, c. 11, a. 99; 1988, c. 21, a. 57; 1988, c. 74, a. 8; 1989, c. 52, a. 138; 1998, c. 30, a. 42; 2002, c. 21, a. 49; 2004, c. 12, a. 12].

SECTION III — L'EXAMEN DES PLAINTES

263. Le conseil reçoit et examine une plainte portée par toute personne contre un juge et lui reprochant un manquement au code de déontologie.

[1978, c. 19, a. 33; 1988, c. 21, a. 58].

264. Une plainte est adressée par écrit au secrétaire du conseil et relate les faits reprochés au juge et les autres circonstances pertinentes.

[1978, c. 19, a. 33].

265. Le conseil examine la plainte; il peut requérir de toute personne les renseignements qu'il estime nécessaires et prendre connaissance du dossier pertinent même si ce dossier est confidentiel en vertu de la *Loi sur la protection de la jeunesse* (chapitre P-34.1).

Si la plainte est portée par un membre du conseil, celui-ci ne peut participer à l'examen de la plainte par le conseil.

[1978, c. 19, a. 33; 1986, c. 48, a. 6; 1988, c. 21, a. 59].

266. Le conseil communique au juge une copie de la plainte; il peut requérir de ce juge des explications.

[1978, c. 19, a. 33].

267. Si le conseil, après l'examen d'une plainte, constate que celle-ci n'est pas fondée ou que son caractère et son importance ne justifient pas une enquête, il en avise le plaignant et le juge et leur indique ses motifs.

[1978, c. 19, a. 33].

268. Le conseil peut, après l'examen d'une plainte, décider de faire enquête. Il est tenu cependant de faire enquête si la plainte est portée par le ministre de la Justice ou si ce dernier lui fait une demande en vertu du troisième alinéa de l'article 93.1 ou du troisième alinéa de l'article 168.

[1978, c. 19, a. 33; 1988, c. 21, a. 60; 1990, c. 44, a. 24; 2004, c. 12, a. 13].

SECTION IV — L'ENQUÊTE

269. Pour mener l'enquête sur une plainte, le conseil établit un comité formé de cinq personnes choisies parmi ses membres et il désigne parmi elles un président.

Le quorum du comité est de trois personnes.

[1978, c. 19, a. 33].

269.1. Malgré le premier alinéa de l'article 269, un comité d'enquête peut être formé de membres du conseil et de personnes qui ont été antérieurement membres du conseil.

Toutefois, ce comité doit comprendre au moins trois membres du conseil, parmi lesquels ce dernier désigne un président, et au plus deux personnes qui ont été antérieurement membres du conseil.

[1991, c. 70, a. 5].

269.2. Une personne qui a été antérieurement membre du conseil et qui est nommée pour faire partie d'un comité doit, avant de commencer à exercer ses fonctions, prêter le serment contenu à l'annexe III devant le juge en chef de la Cour du Québec ou le juge en chef associé de cette cour.

[1991, c. 70, a. 5; 1995, c. 42, a. 45; 1999, c. 40, a. 324].

269.3. Une personne qui cesse d'être membre du conseil peut continuer à faire partie d'un comité d'enquête visé à l'un des articles 269 ou 269.1 afin de terminer une enquête commencée par ce comité.

[1991, c. 70, a. 5].

269.4. Une personne visée à l'un des articles 269.2 ou 269.3 n'a droit, pour la période pendant laquelle elle fait partie d'un comité, qu'à la rémunération et aux indemnités que l'article 250 attribue aux membres du conseil.

[1991, c. 70, a. 5].

269.5. Lorsqu'il forme un comité pour enquêter sur une plainte formulée contre un juge de paix magistrat, le conseil doit désigner, pour faire partie de ce comité, au moins une personne ayant le statut de juge de paix magistrat.

Cette personne doit, avant de commencer à exercer ses fonctions au sein du comité, prêter le serment contenu à l'annexe III devant le juge en chef de la Cour du Québec ou le juge en chef associé de cette cour.

La personne ainsi désignée n'a droit, pour la période pendant laquelle elle fait partie du comité, qu'à l'indemnité que l'article 250 attribue aux juges membres du conseil.

[2004, c. 12, a. 14].

270. Le comité se réunit aussi souvent que nécessaire, sur convocation de son président.

[1978, c. 19, a. 33].

271. Le comité communique au juge une copie de la plainte ou de la demande du ministre de la Justice faite en vertu du troi-

sième alinéa de l'article 93.1 ou du troisième alinéa de l'article 168.

Dans les trente jours qui suivent la communication de la plainte, le comité convoque le juge concerné et le plaignant pour procéder à l'enquête et à l'audition; il avise également le ministre de la Justice, et celui-ci ou son représentant peut intervenir lors de l'enquête ou de l'audition.

[1978, c. 19, a. 33; 1988, c. 21, a. 61; 1990, c. 44, a. 24; 2004, c. 12, a. 15].

272. Le comité entend les parties, leur procureur ainsi que leurs témoins.

Il peut s'enquérir des faits pertinents et convoquer toute personne apte à témoigner sur ces faits.

Les témoins peuvent être interrogés ou contre-interrogés par les parties.

[1978, c. 19, a. 33].

273. Les membres du comité sont investis, aux fins d'une enquête, des pouvoirs et immunités des commissaires nommés en vertu de la *Loi sur les commissions d'enquête* (chapitre C-37), sauf du pouvoir d'imposer une peine d'emprisonnement.

[1978, c. 19, a. 33; 1992, c. 61, a. 621].

273.1. Un avocat qui est juge d'une cour municipale ne peut agir comme procureur pour l'application du présent chapitre.

[1980, c. 11, a. 100].

274. Une partie à l'enquête peut demander la récusation d'un membre du comité pour l'une des causes prévues par les articles 234 et 235 du *Code de procédure civile* (chapitre C-25).

De plus, un membre du comité, s'il connaît en sa personne une cause valable de récusation, est tenue de la déclarer.

[1978, c. 19, a. 33].

275. Le comité peut adopter des règles de procédure ou de pratique pour la conduite d'une enquête.

S'il est nécessaire, le comité ou l'un de ses membres rend, en s'inspirant du *Code de procédure civile* (chapitre C-25), les ordonnances de procédure nécessaires à l'exercice de ses fonctions.

[1978, c. 19, a. 33].

276. Le conseil peut suspendre un juge pendant la durée d'une enquête sur lui.

[1978, c. 19, a. 33].

277. Le comité soumet son rapport d'enquête et ses recommandations au conseil. Il transmet au ministre de la Justice ce rapport; de plus, il lui transmet copie de son dossier d'enquête dans le cas où le conseil fait la recommandation prévue par le paragraphe *b* de l'article 279.

[1978, c. 19, a. 33].

278. Si le rapport d'enquête établit que la plainte n'est pas fondée, le conseil en avise le juge concerné, le ministre de la Justice et le plaignant. Cet avis est motivé.

[1978, c. 19, a. 33].

279. Si le rapport d'enquête établit que la plainte est fondée, le conseil, suivant les recommandations du rapport d'enquête,

a) réprimande le juge; ou

b) recommande au ministre de la Justice et procureur général de présenter une requête à la Cour d'appel conformément à l'article 95 ou à l'article 167.

S'il fait la recommandation prévue par le paragraphe *b*, le conseil suspend le juge pour une période de trente jours.

[1978, c. 19, a. 33; 1980, c. 11, a. 101; 1988, c. 21, a. 62; 1988, c. 74, a. 9; 2004, c. 12, a. 16].

280. Si le ministre de la Justice et procureur général présente, conformément à l'article 95 ou à l'article 167, une requête à la Cour d'appel, le juge est suspendu de sa charge jusqu'au rapport de la cour.

[1978, c. 19, a. 33; 1988, c. 21, a. 63; 2004, c. 12, a. 17].

281. Le conseil peut retenir les services d'un avocat ou d'un autre expert pour assister le comité dans la conduite de son enquête.

[1978, c. 19, a. 33].

Chapitre IV —— Dispositions diverses

282. Les sommes requises pour l'application de la présente partie sont prises à même le fonds consolidé du revenu.

[1978, c. 19, a. 33].

PARTIE VII.1 —— LA SÉCURITÉ DANS LES TRIBUNAUX JUDICIAIRES

282.0.1. Le ministre de la Justice et le ministre de la Sécurité publique sont chargés, dans la mesure de leurs responsabilités respectives, de la sécurité dans les immeubles ou les parties d'immeubles occupés ou utilisés par la Cour d'appel, la Cour supérieure et la Cour du Québec.

[2009, c. 44, a. 1].

282.0.2. Nul ne peut, à l'intérieur d'un immeuble ou d'une partie d'immeuble visé à l'article 282.0.1, être en possession d'une arme à feu au sens du *Code criminel* (L.R.C. (1985), ch. C-46) ou d'un autre objet pouvant servir à porter atteinte à l'intégrité physique d'une personne, à la menacer ou à l'intimider.

Un agent de la paix qui procède aux contrôles de sécurité peut autoriser une personne à être en possession d'un tel objet, autre qu'une arme à feu, s'il a des motifs raisonnables de croire qu'elle ne l'utilisera pas afin de porter atteinte à l'intégrité physique d'une personne, de la menacer ou de l'intimider.

Le premier alinéa ne s'applique pas aux personnes autorisées à porter une arme aux termes d'une loi.

[2009, c. 44, a. 1].

282.0.3. Nul ne peut pénétrer dans un immeuble ou une partie d'immeuble visé à l'article 282.0.1 sans se soumettre aux contrôles de sécurité qui y sont applicables.

[2009, c. 44, a. 1].

282.0.4. Quiconque refuse de se soumettre aux prescriptions de l'article 282.0.3 ne peut être admis dans l'immeuble ou la partie d'immeuble visé par les contrôles de sécurité et, le cas échéant, doit quitter immédiatement les lieux. S'il refuse de quitter les lieux, il peut faire l'objet d'une expulsion.

[2009, c. 44, a. 1].

282.0.5. Les ministres peuvent établir des contrôles de sécurité dans les immeubles ou les parties d'immeubles visés à l'article 282.0.1, afin de vérifier si les personnes qui y pénètrent sont en possession d'un objet prohibé par l'article 282.0.2.

Ces contrôles sont établis après consultation des juges en chef des tribunaux concernés et, si les contrôles les concernent, après consultation du Barreau du Québec, de la Chambre des notaires du Québec et de la Chambre des huissiers de justice du Québec.

[2009, c. 44, a. 1].

282.0.6. Les contrôles de sécurité peuvent être effectués, selon ce qui est indiqué dans les circonstances, notamment au moyen de l'une ou de plusieurs des méthodes suivantes:

1° en exigeant que les personnes franchissent un portique détecteur de métal;

2° en soumettant les porte-documents, sacs à main et effets personnels des personnes à un examen radioscopique ou à un examen visuel;

3° en soumettant les personnes à une fouille personnelle, au moyen d'un détecteur de métal manuel ou par palpation corporelle;

4° en soumettant les personnes à tout autre moyen de contrôle déterminé par règlement conjoint des ministres.

Une fois à l'intérieur d'un immeuble ou d'une partie d'immeuble, les personnes qui y circulent peuvent de nouveau être soumises à des contrôles si l'agent de la paix a des motifs raisonnables de soupçonner qu'il y a danger pour la sécurité des usagers ou du public ou qu'une personne a en sa possession un objet prohibé par l'article 282.0.2.

Il ne peut être procédé à une fouille par palpation corporelle d'une personne que si celui qui entend y procéder a des motifs raisonnables de soupçonner que la personne qui en ferait l'objet a en sa possession un objet prohibé par l'article 282.0.2. Toute fouille par palpation corporelle doit être effectuée par une personne de même sexe que celle faisant l'objet de la fouille, sauf en cas de nécessité.

[2009, c. 44, a. 1].

282.0.7. Les contrôles de sécurité peuvent varier selon l'immeuble ou la partie d'immeuble où ils s'appliquent.

[2009, c. 44, a. 1].

282.0.8. Il est procédé aux contrôles de sécurité par des agent de la paix, lesquels peuvent être assistés par des agents de gardiennage, selon ce que détermine le ministre de la Sécurité publique.

[2009, c. 44, a. 1; 3].

282.0.9. Malgré les dispositions de l'article 282.0.3, les personnes suivantes peuvent, après s'être identifiées et avoir prouvé leur qualité auprès des personnes chargées de l'application des contrôles de sécurité, pénétrer dans l'immeuble ou la partie d'immeuble sans être assujetties à ces contrôles:

1° les membres inscrits au tableau de l'un des ordres professionnels suivants ainsi que leurs stagiaires: le Barreau du Québec, la Chambre des notaires du Québec et la Chambre des huissiers de justice du Québec;

2° les agents de la paix;

3° toute autre personne munie d'une autorisation spéciale, délivrée par le ministre de la Justice ou par le ministre de la Sécurité publique ou leur délégué;

4° les personnes faisant partie des catégories de personnes pouvant se prévaloir des dispositifs permettant l'accès à l'immeuble ou à la partie d'immeuble et déterminés par règlement conjoint des ministres.

Les ministres peuvent, par arrêté conjoint et après consultation des ordres professionnels concernés, écarter les exemptions prévues au premier alinéa, sauf à l'égard des personnes visées au paragraphe 2° de cet alinéa, dans l'immeuble ou la partie d'immeuble que l'arrêté désigne.

[2009, c. 44, a. 1].

282.0.10. Les ministres peuvent conjointement, par règlement, déterminer des dispositifs permettant l'accès à l'immeuble ou à la partie d'immeuble sans être assujetti aux contrôles de sécurité et prescrire leurs conditions d'application et d'utilisation.

Le règlement peut déterminer les catégories de personnes pouvant se prévaloir de ces dispositifs.

Malgré l'article 282.0.3, les personnes utilisant ces dispositifs ne sont pas assujetties aux contrôles.

[2009, c. 44, a. 1].

282.0.11. Les personnes visées à l'article 282.0.9 ne sont pas exemptées des contrôles pouvant être appliqués aux personnes qui circulent à l'intérieur de l'immeuble si l'agent de la paix a des motifs raisonnables de soupçonner qu'il y a danger pour la sécurité des usagers ou du public ou qu'une personne a en sa possession un objet prohibé par l'article 282.0.2.

[2009, c. 44, a. 1].

282.0.12. Un avis doit être affiché bien en vue dans l'immeuble ou la partie d'immeuble en vue d'informer les usagers et le public des prohibitions et des contrôles de sécurité qui peuvent y être appliqués. L'avis informe quiconque ne souhaite pas se soumettre aux contrôles qu'il ne pourra pas être admis dans les lieux et, le cas échéant, qu'il devra les quitter. L'avis indique également que le refus de se soumettre aux contrôles de sécurité ou le fait de quitter les lieux ne libère pas une personne de toute autre obligation de s'y trouver, notamment dans le cadre d'une instance.

[2009, c. 44, a. 1].

282.0.13. Les dispositions de la présente partie n'ont pas pour effet de porter atteinte au droit des juges des tribunaux judiciaires d'avoir un libre accès à l'immeuble ou la partie d'immeuble visé par les contrôles.

[2009, c. 44, a. 1].

PARTIE VIII ━━ **DISPOSITIONS FINALES**

282.1. Le ministre de la Justice est chargé de l'application de la présente loi.

[1988, c. 21, a. 64].

283. (*Cet article a cessé d'avoir effet le 17 avril 1987*).

[1982, c. 21, a. 1; R.-U., 1982, c. 11, ann. B, ptie I, a. 33].

Les articles 146 et 147 seront modifiés lors de l'entrée en vigueur des articles 830 et 831 du chapitre 1 des lois de 2014.

Les dispositions mentionnées comme non en vigueur (trame grise) entreront en vigueur à la date fixée par le gouvernement (2004, c. 12, a. 36).

Nous vous avisons qu'il y a plusieurs dispositions transitoires et finales dans la *Loi modifiant la Loi sur les tribunaux judiciaires et d'autres dispositions législatives eu égard au statut des juges de paix*, L.Q. 2004, c. 12, a. 26-35 ainsi que dans la *Loi modifiant la Loi sur les tribunaux judiciaires et la Loi modifiant la Loi sur les cours municipales, la Loi sur les tribunaux judiciaires et d'autres dispositions législatives*, L.Q. 2008, c. 4, a. 4-15.

ANNEXE I ── COMPÉTENCE CONCURRENTE

(Article 5.5)

DISTRICTS JUDICIAIRES	TERRITOIRE OÙ S'EXERCE LA COMPÉTENCE CONCURRENTE
Abitibi, Pontiac, Rouyn-Noranda et Témiscamingue	Sur les cantons de Marrias, Granet, Fréville, Champredon, Casson, Lajoie, Membré, Entremont, Sagean, Foligny, Aulnay, Hamon, Chalifoux, Sureau, Didace, Chassin, Silly, Dudouyt, Yeo, Villedonné, Rousson, Dieskau, Gonthier et Lorimier.
Abitibi et Rouyn-Noranda	Sur le territoire de la Ville de Rouyn-Noranda.
Arthabaska et Frontenac	Sur le territoire des municipalités de Lyster, Sainte-Julie, Sainte-Sophie, de la ville de Plessisville, des paroisses de Plessisville et de Notre-Dame-de-Lourdes et du village de Laurierville.
Arthabaska et Saint-François	Sur les municipalités des villes d'Asbestos et de Danville, des paroisses de Notre-Dame-de-Lourdes-de-Ham, Saint-Adrien et Saint-Fortunat et des cantons de Ham-Nord et de Shipton.
Arthabaska et Trois-Rivières	Sur le territoire des parties des cantons d'Aston, de Blandford et de Bulstrode.
Bedford et Saint-Hyacinthe	Sur le territoire des municipalités de la ville de Saint-Césaire, du village d'Ange-Gardien, des paroisses de Saint-Ange-Gardien, de Saint-Césaire, de Saint-Paul d'Abbotsford et des cantons de Sainte-Cécile de Milton et de Saint-Valérien de Milton.
Beauce, Mégantic et Frontenac	Sur le territoire du village de La Guadeloupe et de la municipalité de Saint-Évariste-de-Forsyth.
Frontenac et Mégantic	Sur le territoire de la municipalité de paroisse de Courcelles et de la municipalité de Lambton.
Gatineau et Labelle	Sur le territoire des municipalités de Blue Sea, de Bouchette, de Bowman, de Duhamel et de Notre-Dame-du-Laus et sur le territoire de la Municipalité du canton d'Amherst.
Gatineau et Pontiac	District judiciaire de Pontiac.
Gatineau et Terrebonne	Sur le territoire de la Municipalité du canton d'Amherst et sur le territoire de la municipalité de Lac-des-Plages.
Iberville et Beauharnois	Sur le territoire des municipalités des cantons d'Havelock et d'Hemmingford et du village d'Hemmingford.
Iberville et Bedford	Sur le territoire des municipalités de Noyan, Saint-Georges-de-Clarenceville, Venise-en-Québec et du village de Clarenceville.

DISTRICTS JUDICIAIRES	TERRITOIRE OÙ S'EXERCE LA COMPÉTENCE CONCURRENTE
Joliette et Saint-Maurice	Sur les cantons de Boullé et Troyes et au nord de ces cantons sur tout le territoire non divisé en canton.
Kamouraska et Rimouski	Sur les cantons de Biencourt et de Bédard.
Labelle et Pontiac	Sur les cantons de Fréville, Champrodon, Membré, Entremont, Sagean, Foligny, Chalifoux, Sureau, Didace, Chassin, Devine, Yeo, Villedonné, Rousson, Dieskau, Loubias, Aux, Ryan, Beaumouchel, Gaillard, Emard, Cardinal, Harris, Lorrain, Sabaretti, Turquetil, Charbonnel, Champagne, Bourbonnais, Orléanais, Limousin, Picardie, Maine, Isle-de-France, Angoumois, Artois, Béliveau, Aunis, Church, Bretagne, Dorion, Clapham et Alleyn.
Longueuil et Beauharnois	Sur le territoire de la municipalité de la paroisse de Saint-Isidore.
Longueuil et Iberville	Sur le territoire des villes de Chambly, Carignan, La Prairie et Saint-Rémi.
Mégantic et Beauce	Sur le territoire des villages de Saint-Gédéon et de Saint-Ludger, des municipalités des paroisses de Saint-Gédéon et de Saint-Hilaire-de-Dorset, des municipalités des cantons de Gayhurst (partie Sud-Est), Risborough et partie de Marlow et des municipalités de Lac Drolet, Saint-Robert-Bellarmin et Saint-Sébastien.
Mégantic et Saint-François	Sur le territoire de la ville de Scotstown, le village de La Patrie, les municipalités des cantons de Ditton, de Hampden et de Lingwick et de la municipalité de Chartierville.
Québec et Beauce	Sur les municipalités des villages de Saint-Anselme, Saint-Bernard et Saint-Isidore, des paroisses de Saint-Anselme, Saint-Bernard, Sainte-Claire, Saint-Édouard-de-Frampton, Sainte-Hénédine, Saint-Isidore, Saint-Léon-de-Standon, Saint-Malachie, Sainte-Marguerite, Saint-Maxime et Saint-Nazaire-de-Dorchester; de Louis-Joliette et de Taschereau-Fortier.
Québec et Montmagny	Sur les municipalités des villages d'Armagh, Saint-Charles, Saint-Raphaël et Saint-Vallier, des paroisses de la Durantaye, Notre-Dame-Auxiliatrice-de-Buckland, Saint-Cajetan-d'Armagh, Saint-Charles-Boromé, Saint-Damien-de-Buckland, Saint-Étienne-de-Beaumont, Saints-Gervais et Protais, Saint-Lazare, Saint-Michel, Saint-Nérée, Saint-Philémon, Saint-Raphaël et Saint-Vallier; de Honfleur et de Saint-Magloire-de-Bellechasse ainsi que sur un territoire non organisé composé des lots 548 à 572 du cadastre de la paroisse de Saint-Michel.
Québec, Beauce et Montmagny	Sur les municipalités des paroisses de Saint-Camille-de-Lellis et de Sainte-Sabine.

DISTRICTS JUDICIAIRES	TERRITOIRE OÙ S'EXERCE LA COMPÉTENCE CONCURRENTE
Richelieu et Joliette	Sur les municipalités des villes de Berthierville et de Saint-Gabriel, du village de Lavaltrie, des paroisses de la Visitation-de-la-Sainte-Vierge-de-l'Isle-du-Pads, Saint-Antoine-de-Lavaltrie, Saint-Barthélémi, Saint-Cuthbert, Saint-Damien, Saint-Gabriel-de-Brandon, Sainte-Geneviève-de-Berthier, Saint-Ignace-de-Loyola, Saint-Joseph-de-Lanoraie, Saint-Michel-des-Saints, Saint-Norbert, Saint-Viateur et Saint-Zénon; de Lanoraie-d'Autray et de Saint-Charles-de-Mandeville; sur les cantons de De Maisonneuve, Charland et Dupont et sur un territoire non organisé compris entre le prolongement vers le nord-ouest des lignes sud-ouest et nord-est du canton de Dupont et la ligne sud des cantons de Chouart, Radisson et Gosselin.
Rimouski et Gaspé	Sur les villes de Cap-Chat et de Sainte-Anne-des-Monts.
Roberval et Abitibi	Sur le territoire d'Abitibi et sur celui de Mistassini. Le tout, sous réserve du droit d'un bénéficiaire de la Convention de la Baie James et du Nord québécois d'exiger, s'il est partie à un procès, que la demande ou la poursuite intentée contre lui soit entendue dans le district d'Abitibi et non dans celui de Roberval.
Saint-François, Frontenac et Mégantic	Sur le territoire de la municipalité du canton de Stratford.
Saint-Maurice, Abitibi et Roberval	Sur la partie du district judiciaire d'Abitibi située au sud de la limite sud des cantons de Belmont, Lespinay, Bressani, Chambalon, Beaucours et Feuquières, à l'est de la ligne méridienne 75°31'32" et au nord de la limite nord des cantons projetés de Provancher, Achintre, Sulte et de la limite nord du canton Huguenin. Le tout, sous réserve du droit d'un bénéficiaire de la Convention de la Baie James et du Nord québécois d'exiger, s'il est partie à un procès, que la demande ou la poursuite intentée contre lui soit entendue dans le district d'Abitibi et non dans celui de Saint-Maurice ou de Roberval.
Saint-Maurice et Québec	Sur le territoire compris dans les cantons de Biart, Bickerdike, Borgia, Chasseur, Chaumonot, Gendron, Laure, Lavoie, Lescarbot, Michaux, Papin, Perrault, Trudel et Rhodes.
Terrebonne et Joliette	Sur le territoire de la Ville de Terrebonne.
Terrebonne et Labelle	Sur le territoire de la Ville de Mont-Tremblant.

Les termes contenus dans la colonne de droite qui entendent viser un territoire municipal désignent ce territoire malgré le fait qu'ils utilisent le nom de la municipalité ou une désignation qui s'en approche.

[1978, c. 19, a. 33; 1988, c. 21, a. 65; 1991, c. 70, a. 6; 1992, c. 20, a. 1; 1995, c. 42, a. 46; 1996, c. 2, a. 986; 2001, c. 8, a. 21; 2005, c. 27, a. 22; 2009, c. 8, a. 11; 2013, c. 29, a. 5].

ANNEXE II — SERMENT
(Articles 89 et 180)

Je déclare sous serment que je remplirai fidèlement, impartialement et honnêtement, au meilleur de ma capacité et de mes connaissances, tous les devoirs de juge de la Cour du Québec (ou, selon le cas, de juge de paix) et que j'en exercerai de même tous les pouvoirs.

[1988, c. 21, a. 65; 1999, c. 40, a. 324; 2004, c. 12, a. 18].

ANNEXE III — SERMENT DE DISCRÉTION
(Articles 249, 255.1, 269.2 et 269.5)

Je déclare sous serment que je ne révélerai ni ne ferai connaître, sans y être autorisé par la loi, quoi que ce soit dont j'aurai eu connaissance dans l'exercice de mes fonctions.
[1988, c. 21, a. 65; 1989, c. 45, a. 8; 1991, c. 70, a. 7; 1997, c. 76, a. 3; 1999, c. 40, a. 324; 2004, c. 12, a. 19].

ANNEXE IV —— ATTRIBUTIONS DES JUGES DE PAIX FONCTIONNAIRES
(Articles 160 et 181)

1° — À la Cour du Québec et à la Cour supérieure :

Catégorie 1

En vertu des lois du Québec et des lois fédérales :

- recevoir les dénonciations, les promesses et les engagements;
- décerner les sommations;
- lancer les assignations de témoins;
- rendre une ordonnance de libération (article 519(2) du *Code criminel*).

Catégorie 2

En vertu des lois du Québec et des lois fédérales :

- recevoir les dénonciations, les promesses et les engagements;
- décerner les sommations;
- autoriser un mode spécial de signification (article 24 du *Code de procédure pénale*);
- lancer les assignations de témoins;
- procéder à l'ajournement des procédures lorsque les parties y consentent;
- présider, lorsque le poursuivant ne s'objecte pas à la mise en liberté provisoire, la comparution en vue d'ordonner la mise en liberté provisoire sur remise d'une promesse ou d'un engagement aux conditions fixées de consentement des parties;
- rendre, du consentement des parties, les ordonnances en révision des conditions de remise en liberté exigées par un agent de la paix ou un fonctionnaire responsable, tel que prévu aux paragraphes 2.2 et 2.3 de l'article 503 du *Code criminel*;
- viser les mandats d'arrestation et de perquisition;
- recevoir rapport des biens saisis avec ou sans mandat et en ordonner alors la détention ou la remise;
- statuer sur les autres demandes non contestées relatives à la disposition des biens saisis avec ou sans mandat;
- déterminer à qui l'avis prévu au paragraphe 5 de l'article 26 de la *Loi sur le système de justice pénale pour les adolescents* doit être donné;
- déclarer une prescription interrompue (article 15 du *Code de procédure pénale*);
- rendre une ordonnance pour régulariser une signification entachée d'irrégularité (article 29 du *Code de procédure pénale*);
- réduire le délai de signification d'un acte d'assignation sauf lorsque le témoin est un ministre ou un sous-ministre du gouvernement ou un juge (article 41 du *Code de procédure pénale*);
- confirmer les citations à comparaître, les promesses de comparaître et les engagements ou les annuler et, le cas échéant, décerner une sommation (article 508 du *Code criminel*);
- rendre une ordonnance de libération (article 519(2) du *Code criminel*);

- ordonner la détention sous garde d'un prévenu inculpé d'une infraction prévue à l'article 469 et délivrer un mandat de dépôt (article 515(11) du *Code criminel*);
- instruire les poursuites par défaut en vertu de la section II du chapitre VI du *Code de procédure pénale* et rendre jugement à leur égard en vertu de la section I.1 du chapitre VII de ce code et, dans ce cadre:
- exercer les pouvoirs qui y sont conférés à un juge;
- rectifier, dans les cas prévus au paragraphe 1° du premier alinéa de l'article 243 du *Code de procédure pénale*, un jugement qu'il a rendu, pourvu que la correction ne soit pas défavorable au défendeur.

Toutefois, lorsqu'il exerce les attributions conférées par la section II du chapitre VI ou par la section I.1 du chapitre VII du *Code de procédure pénale*, un juge de paix fonctionnaire ne peut :

- rendre une ordonnance pour régulariser une signification entachée d'irrégularité (article 29 du *Code de procédure pénale*);
- rendre une ordonnance pour la disposition de choses saisies (article 222 du *Code de procédure pénale*);
- accueillir ou rejeter une demande de rétractation de jugement (articles 250 et 257 du *Code de procédure pénale*);
- rendre une ordonnance relative à la réduction de frais (article 262 du *Code de procédure pénale*).

2° — Dans les cours municipales :

Catégorie 1

En vertu des lois du Québec et des lois fédérales :

- recevoir les dénonciations, les promesses et les engagements;
- décerner les sommations;
- autoriser un mode spécial de signification (article 24 du *Code de procédure pénale*);
- lancer les assignations de témoins;
- procéder à l'ajournement des procédures lorsque les parties y consentent;
- présider, lorsque le poursuivant ne s'objecte pas à la mise en liberté provisoire, la comparution en vue d'ordonner la mise en liberté provisoire sur remise d'une promesse ou d'un engagement aux conditions fixées de consentement des parties;
- rendre, du consentement des parties, les ordonnances en révision des conditions de remise en liberté exigées par un agent de la paix ou un fonctionnaire responsable, tel que prévu aux paragraphes 2.2 et 2.3 de l'article 503 du *Code criminel*;
- viser les mandats d'arrestation;
- réduire le délai de signification d'un acte d'assignation sauf lorsque le témoin est un ministre ou un sous-ministre du gouvernement ou un juge (article 41 du *Code de procédure pénale*);
- confirmer les citations à comparaître, les promesses de comparaître et les engagements ou les annuler et, le cas échéant, décerner une sommation (article 508 du *Code criminel*).

Catégorie 2

En vertu des lois du Québec et des lois fédérales :

- recevoir les dénonciations, les promesses et les engagements;
- décerner les sommations;
- autoriser un mode spécial de signification (article 24 du *Code de procédure pénale*);
- lancer les assignations de témoins;
- procéder à l'ajournement des procédures lorsque les parties y consentent;
- présider, lorsque le poursuivant ne s'objecte pas à la mise en liberté provisoire, la comparution en vue d'ordonner la mise en liberté provisoire sur remise d'une promesse ou d'un engagement aux conditions fixées de consentement des parties;
- rendre, du consentement des parties, les ordonnances en révision des conditions de remise en liberté exigées par un agent de la paix ou un fonctionnaire responsable, tel que prévu aux paragraphes 2.2 et 2.3 de l'article 503 du *Code criminel*;
- viser les mandats d'arrestation et de perquisition;
- recevoir rapport des biens saisis avec ou sans mandat et en ordonner alors la détention ou la remise;
- statuer sur les autres demandes non contestées relatives à la disposition des biens saisis avec ou sans mandat;
- déclarer une prescription interrompue (article 15 du *Code de procédure pénale*);
- rendre une ordonnance pour régulariser une signification entachée d'irrégularité (article 29 du *Code de procédure pénale*);
- réduire le délai de signification d'un acte d'assignation sauf lorsque le témoin est un ministre ou un sous-ministre du gouvernement ou un juge (article 41 du *Code de procédure pénale*);
- confirmer les citations à comparaître, les promesses de comparaître et les engagements ou les annuler et, le cas échéant, décerner une sommation (article 508 du *Code criminel*);
- instruire les poursuites par défaut en vertu de la section II du chapitre VI du *Code de procédure pénale* et rendre jugement à leur égard en vertu de la section I.1 du chapitre VII de ce code et, dans ce cadre:
- exercer les pouvoirs qui y sont conférés à un juge;
- rectifier, dans les cas prévus au paragraphe 1° du premier alinéa de l'article 243 du *Code de procédure pénale*, un jugement qu'il a rendu, pourvu que la correction ne soit pas défavorable au défendeur.

Toutefois, lorsqu'il exerce les attributions conférées par la section II du chapitre VI ou par la section I.1 du chapitre VII du *Code de procédure pénale*, un juge de paix fonctionnaire ne peut :

- rendre une ordonnance pour régulariser une signification entachée d'irrégularité (article 29 du *Code de procédure pénale*);
- rendre une ordonnance pour la disposition de choses saisies (article 222 du *Code de procédure pénale*);
- accueillir ou rejeter une demande de rétractation de jugement (articles 250 et 257 du *Code de procédure pénale*);
- rendre une ordonnance relative à la réduction de frais (article 262 du *Code de procédure pénale*).

Les juges de paix fonctionnaires, de toutes catégories, exercent également les pouvoirs, non autrement exclus par la présente annexe, qui sont accessoires ou complémentaires à l'exercice des attributions ci-dessus conférées.

[2004, c. 12, a. 20; 2005, c. 27, a. 23].

ANNEXE V —— **ATTRIBUTIONS DES JUGES DE PAIX MAGISTRATS**

(Articles 173 et 181)

1. Compétences principales exercées concurremment avec les juges de la Cour du Québec :

- instruire les poursuites introduites en vertu de la partie XXVII du *Code criminel* relatives aux infractions aux lois fédérales autres que le *Code criminel*, la *Loi réglementant certaines drogues et autres substances* et la *Loi sur les aliments et drogues*;

- autoriser une poursuite conformément à l'article 10 du *Code de procédure pénale* (chapitre C-25.1);

- instruire les poursuites relatives aux infractions aux lois du Québec et aux lois fédérales auxquelles s'applique le *Code de procédure pénale*;

- présider les comparutions et ordonner le renvoi sous garde (articles 503 et 516 du *Code criminel*);

- décerner les mandats d'arrestation;

- décerner les mandats et autres types d'autorisation en matière de perquisition, de fouille, de saisie, d'accès à des lieux et autres moyens d'enquête en vertu du *Code criminel* et des autres lois fédérales et du Québec et qui relèvent de la compétence d'un juge de paix;

- accorder, en vertu des articles 35.2 et 35.3 de la *Loi sur la protection de la jeunesse*, les autorisations de pénétrer, de rechercher et d'amener devant le directeur de la protection de la jeunesse un enfant dont la situation est signalée ou dont la sécurité ou le développement est ou peut être considéré comme compromis;

- statuer sur toute demande contestée relative à la disposition de biens saisis avec ou sans mandat;

- exercer les pouvoirs de deux juges de paix aux seules fins de l'application des articles 487.01 (mandat général autorisant une technique d'enquête qui pourrait constituer une fouille abusive) et 487.05 (mandat pour prélèvement aux fins d'analyse génétique) du *Code criminel* et de l'application de l'article 74 de la *Loi sur les armes à feu* (renvoi de la décision du contrôleur des armes à feu);

- rendre les ordonnances prévues aux paragraphes 3 et 3.1 de l'article 503 du *Code criminel*;

- rendre une ordonnance portant évaluation de l'état mental de l'accusé (articles 672.11 et suivants du *Code criminel*) lorsque les parties y consentent;

- ordonner la détention provisoire dans un lieu autre qu'un lieu de détention pour adolescents suivant le paragraphe 3 de l'article 30 de la *Loi sur le système de justice pénale pour adolescents*;

- décerner un mandat d'amener contre un témoin;

- ordonner la mise en liberté ou la détention d'une personne arrêtée et condamner le témoin aux frais occasionnés par son défaut (articles 51 et 92 du *Code de procédure pénale*);

- ordonner de fournir un cautionnement d'un montant supérieur à celui déterminé par la loi (article 77 du *Code de procédure pénale*);

- réviser l'exigibilité du cautionnement demandé par un agent de la paix (article 80 du *Code de procédure pénale*).

2. Compétences accessoires :

- exercer les pouvoirs, non autrement exclus par la présente annexe, qui sont accessoires ou complémentaires à l'exercice de leurs compétences principales énoncées au point 1.

3. Compétences supplétives :

- exercer les fonctions et compétences conférées aux juges de paix fonctionnaires.

[2004, c. 12, a. 20; D. 321-2008, a. 1].

LOI CONCERNANT LA COUR D'APPEL FÉDÉRALE ET LA COUR FÉDÉRALE

L.R.C. (1985), ch. F-7

TITRE ABRÉGÉ

1. *Loi sur les Cours fédérales.*

[2002, c. 8, a. 14].

DÉFINITIONS

2. (1) Les définitions qui suivent s'appliquent à la présente loi.

« action pour collision » S'entend notamment d'une action pour dommages causés par un ou plusieurs navires à un ou plusieurs autres navires ou à des biens ou personnes à bord d'un ou plusieurs autres navires par suite de l'exécution ou de l'inexécution d'une manoeuvre, ou par suite de l'inobservation du droit, même s'il n'y a pas eu effectivement collision.

« biens » Biens de toute nature, meubles ou immeubles, corporels ou incorporels, notamment les droits et les parts ou actions.

« Couronne » Sa Majesté du chef du Canada.

« droit canadien » S'entend au sens de l'expression « lois du Canada » à l'article 101 de la *Loi constitutionnelle de 1867*.

« droit maritime canadien » Droit — compte tenu des modifications y apportées par la présente loi ou par toute autre loi fédérale — dont l'application relevait de la Cour de l'Échiquier du Canada, en sa qualité de juridiction de l'Amirauté, aux termes de la *Loi sur l'Amirauté*, chapitre A-1 des Statuts revisés du Canada de 1970, ou de toute autre loi, ou qui en aurait relevé si ce tribunal avait eu, en cette qualité, compétence illimitée en matière maritime et d'amirauté.

« greffe » Greffe établi, pour l'application de la présente loi, par l'administrateur en chef du Service administratif des tribunaux judiciaires aux termes de la *Loi sur le Service administratif des tribunaux judiciaires* (L.C. 2002, ch. 8).

« jugement définitif » Jugement ou autre décision qui statue au fond, en tout ou en partie, sur un droit d'une ou plusieurs des parties à une instance.

« navire » Bâtiment ou embarcation conçus, utilisés ou utilisables, exclusivement ou non, pour la navigation, indépendamment de leur mode de propulsion ou de l'absence de propulsion. Y sont assimilés les navires en construction à partir du moment où ils peuvent flotter, les navires échoués ou coulés ainsi que les épaves et toute partie d'un navire qui s'est brisé.

« office fédéral » Conseil, bureau, commission ou autre organisme, ou personne ou groupe de personnes, ayant, exerçant ou censé exercer une compétence ou des pouvoirs prévus par une loi fédérale ou par une ordonnance prise en vertu d'une prérogative royale, à l'exclusion de la Cour canadienne de l'impôt et ses juges, d'un organisme constitué sous le régime d'une loi provinciale ou d'une personne ou d'un groupe de personnes nommées aux termes d'une loi provinciale ou de l'article 96 de la *Loi constitutionnelle de 1867*.

« pratique et procédure » Pratique et procédure, y compris en matière de preuve.

« règles » Dispositions de droit, règles et ordonnances établies en vertu de l'article 46.

« réparation » Toute forme de réparation en justice, notamment par voie de dommages-intérêts, de compensation pécuniaire, d'injonction, de déclaration, de restitution de droit incorporel, de bien meuble ou immeuble.

(2) Il est entendu que sont également exclus de la définition de « office fédéral » le Sénat, la Chambre des communes, tout comité ou membre de l'une ou l'autre chambre, le conseiller sénatorial en éthique et le commissaire aux conflits d'intérêts et à l'éthique à l'égard de l'exercice de sa compétence et de ses attributions visées aux articles 41.1 à 41.5 et 86 de la *Loi sur le Parlement du Canada* (chapitre P-1).

[1990, c. 8, a. 1; 2001, c. 6, a. 115; 2002, c. 8, a. 15; 2004, c. 7, a. 7, 38; 2006, c. 9, a. 5, 38].

LES COURS

3. La Section d'appel, aussi appelée la Cour d'appel ou la Cour d'appel fédérale, est maintenue et dénommée « Cour d'appel fédérale » en français et « Federal Court of Appeal » en anglais. Elle est maintenue à titre de tribunal additionnel de droit, d'equity et d'amirauté du Canada, propre à améliorer l'application du droit canadien, et continue d'être une cour supérieure d'archives ayant compétence en matière civile et pénale.

[1993, c. 34, a. 68; 2002, c. 8, a. 16].

4. La section de la Cour fédérale du Canada, appelée la Section de première instance de la Cour fédérale, est maintenue et dénommée « Cour fédérale » en français et « Federal Court » en anglais. Elle est maintenue à titre de tribunal additionnel de droit, d'equity et d'amirauté du Canada, propre à améliorer l'application du droit canadien, et continue d'être une cour supérieure d'archives ayant compétence en matière civile et pénale.

[2002, c. 8, a. 16].

LES JUGES

5. (1) La Cour d'appel fédérale se compose du juge en chef, appelé juge en chef de la Cour d'appel fédérale, qui en est le président, et de douze autres juges.

(2) La charge de juge de la Cour d'appel fédérale comporte un poste de juge surnuméraire, qui peut être occupé, conformément à la *Loi sur les juges* (chapitre J-1), par un juge de ce tribunal.

(3) La charge de juge en chef de la Cour d'appel fédérale comporte également un poste de simple juge que son titulaire peut décider, conformément à la *Loi sur les juges*, d'occuper.

(4) Les juges de la Cour fédérale sont d'office juges de la Cour d'appel fédérale et ont la même compétence et les mêmes pouvoirs que les juges de la Cour d'appel fédérale.

(5) (*Abrogé*).

(6) (*Abrogé*).

[L.R.C. (1985), ch. 41 (1er suppl.), a. 11; 1992, c. 49, a. 127; 1996, c. 22, a. 1; 2001, c. 41, a. 95, 144; 2002, c. 8, a. 16].

5.1. (1) La Cour fédérale se compose du juge en chef, appelé juge en chef de la Cour fédérale, qui en est le président, et de trente-six autres juges.

(2) La charge de juge de la Cour fédérale comporte un poste de juge surnuméraire, qui peut être occupé, conformément à la *Loi sur les juges* (chapitre J-1), par un juge de ce tribunal.

(3) La charge de juge en chef de la Cour fédérale comporte également un poste de simple juge que son titulaire peut décider, conformément à la *Loi sur les juges*, d'occuper.

(4) Les juges de la Cour d'appel fédérale sont d'office juges de la Cour fédérale et ont la même compétence et les mêmes pouvoirs que les juges de la Cour fédérale.

[2001, c. 41, a. 144; 2002, c. 8, a. 16; 2010, c. 8, a. 41].

5.2. La nomination des juges de la Cour d'appel fédérale et de la Cour fédérale se fait par lettres patentes du gouverneur en conseil revêtues du grand sceau.

[2002, c. 8, a. 16].

5.3. Les juges de la Cour d'appel fédérale et de la Cour fédérale sont choisis parmi :

    a) les juges, actuels ou anciens, d'une cour supérieure, de comté ou de district;

    b) les avocats inscrits pendant ou depuis au moins dix ans au barreau d'une province;

    c) les personnes ayant été membres du barreau d'une province et ayant exercé à temps plein des fonctions de nature judiciaire à l'égard d'un poste occupé en vertu d'une loi fédérale ou provinciale après avoir été inscrites au barreau, et ce pour une durée totale d'au moins dix ans.

[2002, c. 8, a. 16].

5.4. Au moins cinq juges de la Cour d'appel fédérale et dix juges de la Cour fédérale doivent avoir été juges de la Cour d'appel ou de la Cour supérieure du Québec ou membres du barreau de cette province.

[2002, c. 8, a. 16; 2006, c. 11, a. 20].

6. (1) Le rang et la préséance des juges sont déterminés selon l'ordre suivant :

    a) le juge en chef de la Cour d'appel fédérale;

    b) le juge en chef de la Cour fédérale;

    c) les autres juges de la Cour d'appel fédérale, d'après la date de leur nomination à celle-ci ou à la Cour fédérale du Canada;

    d) les autres juges de la Cour fédérale, d'après la date de leur nomination à celle-ci ou à la Cour fédérale du Canada.

(2) En cas d'absence du Canada ou d'empêchement du juge en chef de la Cour d'appel fédérale ou de la Cour fédérale ou de vacance de son poste, l'intérim est assuré, selon le cas, par :

    a) le juge de la Cour d'appel fédérale ou de la Cour fédérale, s'il y a lieu, désigné à cette fin par son juge en chef;

    b) faute de désignation ou si le juge désigné est absent du Canada ou n'est pas en mesure d'exercer ces fonctions ou n'y consent pas, et à la condition qu'il n'ait pas choisi de devenir juge surnuméraire en vertu de l'article 28 de la *Loi sur les juges*, le juge le plus ancien de la juridiction visée qui, d'une part, est au Canada et, d'autre part, est en mesure d'exercer ces fonctions et y consent.

(3) (*Abrogé*).

[2002, c. 8, a. 16; 2006, c. 11, a. 21].

7. (1) Les juges de la Cour d'appel fédérale et de la Cour fédérale doivent résider dans la région de la capitale nationale définie à l'annexe de la *Loi sur la capitale nationale* (chapitre N-4) ou dans une zone périphérique de quarante kilomètres.

(2) Malgré le paragraphe (1), les règles peuvent prévoir l'établissement d'une liste de roulement des juges visant à assurer, dans toute agglomération, la continuité et la disponibilité des services judiciaires en fonction de la charge de travail ou d'autres circonstances.

(3) Les règles adoptées aux termes du paragraphe (2) ne peuvent obliger un juge à demeurer plus d'un mois sans interruption dans une agglomération située en dehors de la région de la capitale nationale, sauf en cas de nécessité pour lui permettre de terminer l'audition d'une affaire.

[2002, c. 8, a. 17].

8. (1) Sous réserve du paragraphe (2), les juges de la Cour d'appel fédérale et de la Cour fédérale occupent leur poste à titre inamovible, sous réserve de révocation par le gouverneur général sur adresse du Sénat et de la Chambre des communes.

(2) La limite d'âge pour l'exercice de la charge de juge de la Cour d'appel fédérale et de la Cour fédérale est de soixante-quinze ans.

(3) Les juges en fonctions le 1er mars 1987 peuvent prendre leur retraite à l'âge de soixante-dix ans.

[L.R.C. (1985), ch. 16 (3e suppl.), a. 7; 2002, c. 8, a. 18].

9. (1) Préalablement à leur entrée en fonctions, les juges de la Cour d'appel fédérale et de la Cour fédérale jurent d'exercer les attributions qui leur sont dévolues, consciencieusement, fidèlement et le mieux possible.

(2) Le juge en chef de la Cour d'appel fédérale prête serment devant le gouverneur général; lui-même ou, s'il est absent ou empêché, l'un de ses collègues reçoit le serment des autres juges de ce tribunal.

(3) Le juge en chef de la Cour fédérale prête serment devant le gouverneur général; lui-même ou, s'il est absent ou empêché, l'un de ses collègues reçoit le serment des autres juges de ce tribunal.

[2002, c. 8, a. 19].

10. (1) Sous réserve du paragraphe (3), le gouverneur en conseil peut autoriser le juge en chef de la Cour d'appel fédérale à demander l'affectation à ce tribunal de juges choisis parmi les juges, actuels ou anciens, d'une cour supérieure, de comté ou de district. Les juges ainsi affectés ont qualité de juges suppléants et sont investis des pouvoirs des juges de la Cour d'appel fédérale.

(1.1) Sous réserve du paragraphe (3), le gouverneur en conseil peut autoriser le juge en chef de la Cour fédérale à demander l'affectation à ce tribunal de juges choisis parmi les juges, actuels ou anciens, d'une cour supérieure, de comté ou de district. Les juges ainsi affectés ont qualité de juges suppléants et sont investis des pouvoirs des juges de la Cour fédérale.

(2) La demande visée aux paragraphes (1) et (1.1) nécessite le consentement du juge en chef du tribunal dont l'intéressé est membre ou du procureur général de sa province.

(3) L'autorisation donnée par le gouverneur en conseil en application des paragraphes (1) et (1.1) peut être générale ou particulière et limiter le nombre de juges suppléants.

(4) Les juges suppléants reçoivent le traitement fixé par la *Loi sur les juges* (chapitre J-1) pour les juges du tribunal auquel ils sont affectés, autres que le juge en chef, diminué des montants qui leur sont par ailleurs payables aux termes de cette loi pendant leur suppléance. Ils ont également droit aux indemnités de déplacement prévues par cette même loi.

[2002, c. 8, a. 19].

10.1. Les juges de la Cour d'appel fédérale se réunissent au moins une fois par an à la date fixée par le juge en chef pour examiner la présente loi, les règles de pratique et l'administration de la justice. Les juges de la Cour fédérale font de même sur convocation du juge en chef de ce tribunal.

[2002, c. 8, a. 19].

AVOCATS ET PROCUREURS

11. (1) Les avocats qui exercent dans une province peuvent agir à titre d'avocats à la Cour d'appel fédérale ou à la Cour fédérale.

(2) Les procureurs auprès d'une cour supérieure provinciale peuvent agir à ce titre à la Cour d'appel fédérale ou à la Cour fédérale.

(3) Quiconque peut exercer à titre d'avocat ou de procureur à la Cour d'appel fédérale ou à la Cour fédérale, selon le cas, en est fonctionnaire judiciaire.

[2002, c. 8, a. 19].

PROTONOTAIRES

12. (1) Le gouverneur en conseil peut nommer protonotaires de la Cour fédérale tous avocats remplissant, à son avis, les conditions voulues pour l'exécution des travaux de celle-ci qui, aux termes des règles, incombent à cette catégorie de personnel.

(2) *(Abrogé).*

(3) Les pouvoirs et fonctions des protonotaires sont fixés par les règles.

(4) Les protonotaires reçoivent le traitement fixé par le gouverneur en conseil.

(5) Pour l'application de la *Loi sur la pension de la fonction publique* (chapitre P-36), les protonotaires sont réputés appartenir à la fonction publique.

(6) Les protonotaires bénéficient de la même immunité de poursuite que les juges de la Cour fédérale.

(7) Les protonotaires sont nommés à titre inamovible, sous réserve de révocation motivée de la part du gouverneur en conseil.

(8) La limite d'âge pour l'exercice de la charge de protonotaire est de soixante-quinze ans, quelle que soit la date de nomination du titulaire.

[2002, c. 8, a. 20; 2006, c. 11, a. 23].

SHÉRIFS ET PRÉVÔTS

13. **(1)** Le gouverneur en conseil peut nommer un shérif de la Cour d'appel fédérale et de la Cour fédérale pour un secteur géographique donné.

(2) À défaut de nomination d'un shérif sous le régime du paragraphe (1) pour un secteur géographique donné, les titulaires, nommés sous le régime de lois provinciales, des charges de shérif et shérifs adjoints pour le comté ou tout ou partie d'une autre circonscription judiciaire de ce même secteur sont de droit respectivement shérif et shérifs adjoints de la Cour d'appel fédérale ou de la Cour fédérale, selon le cas.

(3) Les règles peuvent prévoir la nomination de shérifs adjoints.

(4) Tout shérif ou shérif adjoint de la Cour d'appel fédérale ou de la Cour fédérale en est de droit respectivement prévôt ou prévôt adjoint.

[2002, c. 8, a. 21].

ADMINISTRATEURS JUDICIAIRES

14. **(1)** Les juges en chef de la Cour d'appel fédérale et de la Cour fédérale peuvent nommer, pour leur tribunal respectif, un employé du Service administratif des tribunaux judiciaires à titre d'administrateur judiciaire.

(2) L'administrateur judiciaire de la Cour d'appel fédérale exerce les fonctions non judiciaires que lui délègue le juge en chef de ce tribunal, et ce conformément aux instructions données par celui-ci, notamment :

a) rendre une ordonnance fixant les date, heure et lieu de l'instruction ou de l'audience, ou ajournant l'une ou l'autre;

b) prendre les dispositions nécessaires pour la répartition du travail judiciaire du tribunal;

c) prendre les dispositions nécessaires pour que soient établies, selon les besoins, des formations de juges de ce tribunal.

(3) L'administrateur judiciaire de la Cour fédérale exerce les fonctions non judiciaires que lui délègue le juge en chef de ce tribunal, et ce conformément aux instructions données par celui-ci, notamment :

a) rendre une ordonnance fixant les date, heure et lieu de l'instruction ou de l'audience, ou ajournant l'une ou l'autre;

b) prendre les dispositions nécessaires pour la répartition du travail judiciaire du tribunal.

(4) La nomination faite en vertu du paragraphe (1) est révocable à tout moment; elle est automatiquement révoquée lorsque celui qui l'a faite cesse d'occuper la fonction de juge en chef.

[2002, c. 8, a. 22].

ORGANISATION DES TRAVAUX

COMPÉTENCE DE LA COUR FÉDÉRALE

15. **(1)** Sous réserve des règles, tout juge de la Cour fédérale peut exercer ses fonctions en tout temps et partout au Canada pour les travaux de ce tribunal; il constitue alors la Cour fédérale.

(2) Sous réserve des règles, les dispositions à prendre pour les audiences ou, à quelque autre titre, les travaux de la Cour fédérale, de même que pour l'affectation des juges en conséquence, sont du ressort du juge en chef de celle-ci.

(3) Sur l'ordre de la Cour fédérale, l'instruction de toute affaire devant elle peut se dérouler en plus d'un lieu.

[2002, c. 8, a. 23].

16. **(1)** Sauf disposition contraire de la présente loi ou de toute autre loi fédérale, les appels et demandes d'autorisation d'appel à la Cour d'appel fédérale ainsi que les demandes de contrôle judiciaire ou renvois faits à celle-ci sont entendus par au moins trois juges de cette cour, siégeant ensemble en nombre impair; les autres travaux de la Cour d'appel fédérale sont assignés à un ou plusieurs juges par le juge en chef de celle-ci.

(2) Le juge en chef de la Cour d'appel fédérale répartit en tant que de besoin les appels et autres affaires entre les juges.

(3) Dans la mesure du possible, le juge en chef fixe le lieu des séances de la Cour d'appel fédérale à la convenance des parties.

(4) Un juge ne peut entendre en appel une affaire qu'il a déjà jugée.

(5) Les séances de la Cour d'appel fédérale sont présidées par le juge en chef de celle-ci ou, en son absence, par celui de ses juges présents qui est le plus ancien en poste.

[1990, c. 8, a. 2; 2002, c. 8, a. 23].

17. **(1)** Sauf disposition contraire de la présente loi ou de toute autre loi fédérale, la Cour fédérale a compétence concurrente, en première instance, dans les cas de demande de réparation contre la Couronne.

(2) Elle a notamment compétence concurrente en première instance, sauf disposition contraire, dans les cas de demande motivés par :

    a) la possession par la Couronne de terres, biens ou sommes d'argent appartenant à autrui;

    b) un contrat conclu par ou pour la Couronne;

    c) un trouble de jouissance dont la Couronne se rend coupable;

    d) une demande en dommages-intérêts formée au titre de la *Loi sur la responsabilité civile de l'État et le contentieux administratif* (chapitre C-50).

(3) Elle a compétence exclusive, en première instance, pour les questions suivantes :

    a) le paiement d'une somme dont le montant est à déterminer, aux termes d'une convention écrite à laquelle la Couronne est partie, par la Cour fédérale — ou l'ancienne Cour de l'Échiquier du Canada — ou par la Section de première instance de la Cour fédérale;

    b) toute question de droit, de fait ou mixte à trancher, aux termes d'une convention écrite à laquelle la Couronne est partie, par la Cour fédérale — ou l'ancienne Cour de l'Échiquier du Canada — ou par la Section de première instance de la Cour fédérale.

(4) Elle a compétence concurrente, en première instance, dans les procédures visant à régler les différends mettant en cause la Couronne à propos d'une obligation réelle ou éventuelle pouvant faire l'objet de demandes contradictoires.

(5) Elle a compétence concurrente, en première instance, dans les actions en réparation intentées :

a) au civil par la Couronne ou le procureur général du Canada;

b) contre un fonctionnaire, préposé ou mandataire de la Couronne pour des faits — actes ou omissions — survenus dans le cadre de ses fonctions.

(6) Elle n'a pas compétence dans les cas où une loi fédérale donne compétence à un tribunal constitué ou maintenu sous le régime d'une loi provinciale sans prévoir expressément la compétence de la Cour fédérale.

[1990, c. 8, a. 3; 2002, c. 8, a. 25].

18. (1) Sous réserve de l'article 28, la Cour fédérale a compétence exclusive, en première instance, pour :

a) décerner une injonction, un bref de *certiorari*, de *mandamus*, de prohibition ou de *quo warranto*, ou pour rendre un jugement déclaratoire contre tout office fédéral;

b) connaître de toute demande de réparation de la nature visée par l'alinéa a), et notamment de toute procédure engagée contre le procureur général du Canada afin d'obtenir réparation de la part d'un office fédéral.

(2) Elle a compétence exclusive, en première instance, dans le cas des demandes suivantes visant un membre des Forces canadiennes en poste à l'étranger : bref d'*habeas corpus ad subjiciendum*, de *certiorari*, de prohibition ou de *mandamus*.

(3) Les recours prévus aux paragraphes (1) ou (2) sont exercés par présentation d'une demande de contrôle judiciaire.

[1990, c. 8, a. 4; 2002, c. 8, a. 26].

18.1. (1) Une demande de contrôle judiciaire peut être présentée par le procureur général du Canada ou par quiconque est directement touché par l'objet de la demande.

(2) Les demandes de contrôle judiciaire sont à présenter dans les trente jours qui suivent la première communication, par l'office fédéral, de sa décision ou de son ordonnance au bureau du sous-procureur général du Canada ou à la partie concernée, ou dans le délai supplémentaire qu'un juge de la Cour fédérale peut, avant ou après l'expiration de ces trente jours, fixer ou accorder.

(3) Sur présentation d'une demande de contrôle judiciaire, la Cour fédérale peut :

a) ordonner à l'office fédéral en cause d'accomplir tout acte qu'il a illégalement omis ou refusé d'accomplir ou dont il a retardé l'exécution de manière déraisonnable;

b) déclarer nul ou illégal, ou annuler, ou infirmer et renvoyer pour jugement conformément aux instructions qu'elle estime appropriées, ou prohiber ou encore restreindre toute décision, ordonnance, procédure ou tout autre acte de l'office fédéral.

(4) Les mesures prévues au paragraphe (3) sont prises si la Cour fédérale est convaincue que l'office fédéral, selon le cas :

a) a agi sans compétence, outrepassé celle-ci ou refusé de l'exercer;

b) n'a pas observé un principe de justice naturelle ou d'équité procédurale ou toute autre procédure qu'il était légalement tenu de respecter;

c) a rendu une décision ou une ordonnance entachée d'une erreur de droit, que celle-ci soit manifeste ou non au vu du dossier;

d) a rendu une décision ou une ordonnance fondée sur une conclusion de fait erronée, tirée de façon abusive ou arbitraire ou sans tenir compte des éléments dont il dispose;

e) a agi ou omis d'agir en raison d'une fraude ou de faux témoignages;

f) a agi de toute autre façon contraire à la loi.

(5) La Cour fédérale peut rejeter toute demande de contrôle judiciaire fondée uniquement sur un vice de forme si elle estime qu'en l'occurrence le vice n'entraîne aucun dommage important ni déni de justice et, le cas échéant, valider la décision ou l'ordonnance entachée du vice et donner effet à celle-ci selon les modalités de temps et autres qu'elle estime indiquées.

[1990, c. 8, a. 5; 2002, c. 8, a. 27].

18.2. La Cour fédérale peut, lorsqu'elle est saisie d'une demande de contrôle judiciaire, prendre les mesures provisoires qu'elle estime indiquées avant de rendre sa décision définitive.

[1990, c. 8, a. 5; 2002, c. 8, a. 28].

18.3. (1) Les offices fédéraux peuvent, à tout stade de leurs procédures, renvoyer devant la Cour fédérale pour audition et jugement toute question de droit, de compétence ou de pratique et procédure.

(2) Le procureur général du Canada peut, à tout stade des procédures d'un office fédéral, sauf s'il s'agit d'un tribunal militaire au sens de la *Loi sur la défense nationale* (chapitre N-5), renvoyer devant la Cour fédérale pour audition et jugement toute question portant sur la validité, l'applicabilité ou l'effet, sur le plan constitutionnel, d'une loi fédérale ou de ses textes d'application.

[1990, c. 8, a. 5; 2002, c. 8, a. 28].

18.4. (1) Sous réserve du paragraphe (2), la Cour fédérale statue à bref délai et selon une procédure sommaire sur les demandes et les renvois qui lui sont présentés dans le cadre des articles 18.1 à 18.3.

(2) Elle peut, si elle l'estime indiqué, ordonner qu'une demande de contrôle judiciaire soit instruite comme s'il s'agissait d'une action.

[1990, c. 8, a. 5; 2002, c. 8, a. 28].

18.5. Par dérogation aux articles 18 et 18.1, lorsqu'une loi fédérale prévoit expressément qu'il peut être interjeté appel, devant la Cour fédérale, la Cour d'appel fédérale, la Cour suprême du Canada, la Cour d'appel de la cour martiale, la Cour canadienne de l'impôt, le gouverneur en conseil ou le Conseil du Trésor, d'une décision ou d'une ordonnance d'un office fédéral, rendue à tout stade des procédures, cette décision ou cette ordonnance ne peut, dans la mesure où elle est susceptible d'un tel appel, faire l'objet de contrôle, de restriction, de prohibition, d'évocation, d'annulation ni d'aucune autre intervention, sauf en conformité avec cette loi.

[1990, c. 8, a. 5; 2002, c. 8, a. 28].

19. Lorsqu'une loi d'une province reconnaît sa compétence en l'espèce, — qu'elle y soit désignée sous le nom de Cour fédérale, Cour fédérale du Canada ou Cour de l'Échiquier du Canada — la Cour fédérale est compétente pour juger les cas de litige entre le Canada et cette province ou entre cette province et une ou plusieurs autres provinces ayant adopté une loi semblable.

[2002, c. 8, a. 28].

20. (1) La Cour fédérale a compétence exclusive, en première instance, dans les cas suivants opposant notamment des administrés :

   a) conflit des demandes de brevet d'invention ou d'enregistrement d'un droit d'auteur, d'une marque de commerce, d'un dessin industriel ou d'une topographie au sens de la *Loi sur les topographies de circuits intégrés* (L.C. 1990, ch. 37);

   b) tentative d'invalidation ou d'annulation d'un brevet d'invention, ou d'inscription, de radiation ou de modification dans un registre de droits d'auteur, de marques de commerce, de dessins industriels ou de topographies visées à l'alinéa a).

(2) Elle a compétence concurrente dans tous les autres cas de recours sous le régime d'une loi fédérale ou de toute autre règle de droit non visés par le paragraphe (1) relativement à un brevet d'invention, un droit d'auteur, une marque de commerce, un dessin industriel ou une topographie au sens de la *Loi sur les topographies de circuits intégrés*.

[1990, c. 37, a. 34; 2002, c. 8, a. 29].

21. La Cour fédérale a compétence exclusive en matière d'appels interjetés au titre du paragraphe 14(5) de la *Loi sur la citoyenneté* (chapitre C-29).

[2002, c. 8, a. 30].

22. (1) La Cour fédérale a compétence concurrente, en première instance, dans les cas — opposant notamment des administrés — où une demande de réparation ou un recours est présenté en vertu du droit maritime canadien ou d'une loi fédérale concernant la navigation ou la marine marchande, sauf attribution expresse contraire de cette compétence.

(2) Il demeure entendu que, sans préjudice de la portée générale du paragraphe (1), elle a compétence dans les cas suivants :

a) une demande portant sur les titres de propriété ou la possession, en tout ou en partie, d'un navire ou sur le produit, en tout ou en partie, de la vente d'un navire;

b) un litige entre les copropriétaires d'un navire quant à la possession ou à l'affectation d'un navire ou aux recettes en provenant;

c) une demande relative à un prêt à la grosse ou à une hypothèque, un privilège ou une sûreté maritimes grevant tout ou partie d'un navire ou sa cargaison;

d) une demande d'indemnisation pour décès, dommages corporels ou matériels causés par un navire, notamment par collision;

e) une demande d'indemnisation pour l'avarie ou la perte d'un navire, notamment de sa cargaison ou de son équipement ou de tout bien à son bord ou en cours de transbordement;

f) une demande d'indemnisation, fondée sur une convention relative au transport par navire de marchandises couvertes par un connaissement direct ou devant en faire l'objet, pour la perte ou l'avarie de marchandises en cours de route;

g) une demande d'indemnisation pour décès ou lésions corporelles survenus dans le cadre de l'exploitation d'un navire, notamment par suite d'un vice de construction dans celui-ci ou son équipement ou par la faute ou la négligence des propriétaires ou des affréteurs du navire ou des personnes qui en disposent, ou de son capitaine ou de son équipage,

ou de quiconque engageant la responsabilité d'une de ces personnes par une faute ou négligence commise dans la manoeuvre du navire, le transport et le transbordement de personnes ou de marchandises;

h) une demande d'indemnisation pour la perte ou l'avarie de marchandises transportées à bord d'un navire, notamment dans le cas des bagages ou effets personnels des passagers;

i) une demande fondée sur une convention relative au transport de marchandises à bord d'un navire, à l'usage ou au louage d'un navire, notamment par charte-partie;

j) une demande d'indemnisation pour sauvetage, notamment pour le sauvetage des personnes, de la cargaison, de l'équipement ou des autres biens d'un aéronef, ou au moyen d'un aéronef, assimilé en l'occurrence à un navire;

k) une demande d'indemnisation pour remorquage d'un navire, ou d'un aéronef à flot;

l) une demande d'indemnisation pour pilotage d'un navire, ou d'un aéronef à flot;

m) une demande relative à des marchandises, matériels ou services fournis à un navire pour son fonctionnement ou son entretien, notamment en ce qui concerne l'acconage et le gabarage;

n) une demande fondée sur un contrat de construction, de réparation ou d'équipement d'un navire;

o) une demande formulée par un capitaine, un officier ou un autre membre de l'équipage d'un navire relativement au salaire, à l'argent, aux biens ou à toute autre forme de rémunération ou de prestations découlant de son engagement;

p) une demande d'un capitaine, affréteur, mandataire ou propriétaire de navire relative aux débours faits pour un navire, et d'un expéditeur concernant des avances faites pour un navire;

q) une demande relative à la contribution à l'avarie commune;

r) une demande fondée sur un contrat d'assurance maritime ou y afférente;

s) une demande de remboursement des droits de bassin, de port ou de canaux, notamment des droits perçus pour l'utilisation des installations fournies à cet égard.

(3) Il est entendu que la compétence conférée à la Cour fédérale par le présent article s'étend :

a) à tous les navires, canadiens ou non, quel que soit le lieu de résidence ou le domicile des propriétaires;

b) à tous les aéronefs, canadiens ou non, quel que soit le lieu de résidence ou le domicile des propriétaires, lorsque le droit d'action découle des alinéas (2)j) à l);

c) à toutes les demandes, que les faits y donnant lieu se soient produits en haute mer ou dans les eaux canadiennes ou ailleurs et que ces eaux soient naturellement ou artificiellement navigables, et notamment, dans le cas de sauvetage, aux demandes relatives aux cargaisons ou épaves trouvées sur les rives de ces eaux;

d) à toutes les hypothèques ou tous les privilèges donnés en garantie sur un navire — enregistrés ou non et reconnus en droit ou en equity —, qu'ils relèvent du droit canadien ou du droit étranger.

[1993, c. 34, a. 69; 1996, c. 31, a. 82; 2002, c. 8, a. 31].

23. Sauf attribution spéciale de cette compétence par ailleurs, la Cour fédérale a compétence concurrente, en première instance, dans tous les cas — opposant notamment des administrés — de demande de réparation ou d'autre recours exercé sous le régime d'une loi fédérale ou d'une autre règle de droit en matière :

a) de lettres de change et billets à ordre lorsque la Couronne est partie aux procédures;

b) d'aéronautique;

c) d'ouvrages reliant une province à une autre ou s'étendant au-delà des limites d'une province.

[2002, c. 8, a. 32].

24. (*Abrogé*).

[2002, c. 8, a. 33].

25. La Cour fédérale a compétence, en première instance, dans tous les cas — opposant notamment des administrés — de demande de réparation ou de recours exercé en vertu du droit canadien ne ressortissant pas à un tribunal constitué ou maintenu sous le régime d'une des *Lois constitutionnelles de 1867 à 1982*.

[2002, c. 8, a. 33].

26. La Cour fédérale a compétence, en première instance, pour toute question ressortissant aux termes d'une loi fédérale à la Cour d'appel fédérale, à la Cour fédérale, à la Cour fédérale du Canada ou à la Cour de l'Échiquier du Canada, à l'exception des questions expressément réservées à la Cour d'appel fédérale.

[2002, c. 8, a. 33].

COMPÉTENCE DE LA COUR D'APPEL FÉDÉRALE

27. (1) Il peut être interjeté appel, devant la Cour d'appel fédérale, des décisions suivantes de la Cour fédérale :

a) jugement définitif;

b) jugement sur une question de droit rendu avant l'instruction;

c) jugement interlocutoire;

d) jugement sur un renvoi d'un office fédéral ou du procureur général du Canada.

(1.1) Sauf s'il s'agit d'une décision portant sur un appel visé aux articles 18, 18.29, 18.3 ou 18.3001 de la *Loi sur la Cour canadienne de l'impôt* (chapitre T-2), il peut être interjeté appel, devant la Cour d'appel fédérale, des décisions suivantes de la Cour canadienne de l'impôt :

　　a) jugement définitif;

　　b) jugement sur une question de droit rendu avant l'instruction;

　　c) jugement ou ordonnance interlocutoire.

(1.2) Il peut être interjeté appel, devant la Cour d'appel fédérale, d'un jugement définitif de la Cour canadienne de l'impôt portant sur un appel visé aux articles 18, 18.29, 18.3 ou 18.3001 de la *Loi sur la Cour canadienne de l'impôt.*

(1.3) L'appel ne peut être interjeté aux termes du paragraphe (1.2) que pour l'un des motifs suivants :

　　a) la Cour canadienne de l'impôt a agi sans compétence, outrepassé celle-ci ou refusé de l'exercer;

　　b) elle n'a pas observé un principe de justice naturelle ou d'équité procédurale ou toute autre procédure qu'elle était légalement tenue de respecter;

　　c) elle a rendu une décision ou une ordonnance entachée d'une erreur de droit, que celle-ci soit manifeste ou non au vu du dossier;

　　d) elle a rendu une décision ou une ordonnance fondée sur une conclusion de fait erronée, tirée de façon abusive ou arbitraire ou sans tenir compte des éléments dont elle dispose;

　　e) elle a agi ou omis d'agir en raison d'une fraude ou de faux témoignages;

　　f) elle a agi de toute autre façon contraire à la loi.

(1.4) L'appel interjeté en vertu du paragraphe (1.2) est entendu et tranché immédiatement et selon une procédure sommaire.

(2) L'appel interjeté dans le cadre du présent article est formé par le dépôt d'un avis au greffe de la Cour d'appel fédérale, dans le délai imparti à compter du prononcé du jugement en cause ou dans le délai supplémentaire qu'un juge de la Cour

d'appel fédérale peut, soit avant soit après l'expiration de celui-ci, accorder. Le délai imparti est de :

　　a) dix jours, dans le cas d'un jugement interlocutoire;

　　b) trente jours, compte non tenu de juillet et août, dans le cas des autres jugements.

(3) L'appel est signifié sans délai à toutes les parties directement concernées par une copie certifiée conforme de l'avis. La preuve de la signification doit être déposée au greffe de la Cour d'appel fédérale.

(4) Pour l'application du présent article, est assimilé au jugement définitif le jugement qui statue au fond sur un droit, à l'exception des questions renvoyées à l'arbitrage par le jugement.
[L.R.C. (1985), ch. 51 (4ᵉ suppl.), a. 11; 1990, c. 8, a. 7; 1993, c. 27, a. 214; 2002, c. 8, a. 34].

28. (1) La Cour d'appel fédérale a compétence pour connaître des demandes de contrôle judiciaire visant les offices fédéraux suivants :

　　a) le conseil d'arbitrage constitué par la *Loi sur les produits agricoles au Canada* (L.R.C. (1985) ch. 20 (4ᵉ suppl.));

　　b) la commission de révision constituée par cette loi;

　　a) le Conseil d'arbitrage prorogé par le paragraphe 60(1) de la *Loi sur la salubrité des aliments au Canada*;

　　b) la commission de révision prorogée par le paragraphe 27(1) de la *Loi sur les sanctions administratives pécuniaires en matière d'agriculture et d'agroalimentaire*;

　　b.1) le commissaire aux conflits d'intérêts et à l'éthique nommé en vertu de l'article 81 de la *Loi sur le parlement du Canada* (L.R.C. (1985), ch. P-1);

　　c) le Conseil de la radiodiffusion et des télécommunications canadiennes constitué par la *Loi sur le Conseil de la radiodiffusion et des télé-*

communications canadiennes (L.R.C. (1985), ch. C-22);

d) (*abrogé*);

e) le Tribunal canadien du commerce extérieur constitué par la *Loi sur le Tribunal canadien du commerce extérieur* (L.R.C. (1985), ch. 47 (4e suppl.));

f) l'Office national de l'énergie constitué par la *Loi sur l'Office national de l'énergie* (L.R.C. (1985), ch. N-7);

g) la division d'appel du Tribunal de la sécurité sociale, constitué par l'article 44 de la *Loi sur le ministère de l'Emploi et du Développement social*, sauf dans le cas d'une décision qui est rendue au titre du paragraphe 57(2) ou de l'article 58 de cette loi ou qui vise soit un appel interjeté au titre du paragraphe 53(3) de cette loi, soit un appel concernant une décision relative au délai supplémentaire visée au paragraphe 52(2) de ette loi, à l'article 81 du *Régime de pensions du Canada*, à l'article 27.1 de la *Loi sur la sécurité de la vieillesse* ou à l'article 112 de la *Loi sur l'assurance-emploi*;

g*) le gouverneur en conseil, quand il prend un décret en vertu du paragraphe 54(1) de la *Loi sur l'Office national de l'énergie*;

h) le Conseil canadien des relations industrielles au sens du *Code canadien du travail* (chapitre L-2);

i) la Commission des relations de travail dans la fonction publique constituée par la *Loi sur les relations de travail dans la fonction publique* (L.C. 2003, ch. 22);

j) la Commission du droit d'auteur constituée par la *Loi sur le droit d'auteur* (L.R.C. (1985), ch. C-42);

k) l'Office des transports du Canada constitué par la *Loi sur les transports au Canada* (L.C. 1996, ch. 10);

l) (*abrogé*);

m) (*abrogé*);

n) le Tribunal de la concurrence constitué par la *Loi sur le Tribunal de la concurrence* (L.R.C. (1985), ch. 19 (2e suppl.);

o) les évaluateurs nommés en application de la *Loi sur la Société d'assurance-dépôts du Canada* (L.R.C. (1985), ch. C-3);

p) (*abrogé*);

q) le Tribunal de la protection des fonctionnaires divulgateurs d'actes répréhensibles constitué par la *Loi sur la protection des fonctionnaires divulgateurs d'actes répréhensibles* (L.C. 2005, ch. 46);

r) le Tribunal des revendications particulières constitué par la *Loi sur le Tribunal des revendications particulières* (L.C. 2008, ch. 22).

(2) Les articles 18 à 18.5 s'appliquent, exception faite du paragraphe 18.4(2) et compte tenu des adaptations de circonstance, à la Cour d'appel fédérale comme si elle y était mentionnée lorsqu'elle est saisie en vertu du paragraphe (1) d'une demande de contrôle judiciaire.

(3) La Cour fédérale ne peut être saisie des questions qui relèvent de la Cour d'appel fédérale.

[L.R.C. (1985), ch. 30 (2e suppl.), a. 61; 1990, c. 8, a. 8; 1992, c. 26, a. 17; 1992, c. 33, a. 69; 1992, c. 49, a. 128; 1993, c. 34, a. 70(2); 1996, c. 10, a. 229; 1996, c. 23, a. 187; 1998, c. 26, a. 73; 2002, c. 8, a. 35; 2005, c. 46, a. 56.1; 2006, c. 9, a. 6, 222; 2008, c. 22, a. 46; 2012, c. 19, a. 110, 272, 572; 2013, c. 40, a. 236].

29.-35. (*Abrogés*).

[1990, c. 8, a. 8].

DISPOSITIONS DE FOND

36. (1) Sauf disposition contraire de toute autre loi fédérale, et sous réserve du paragraphe (2), les règles de droit en matière

---

Le législateur par erreur a ajouté un deuxième paragraphe g).

d'intérêt avant jugement qui, dans une province, régissent les rapports entre particuliers s'appliquent à toute instance devant la Cour d'appel fédérale ou la Cour fédérale et dont le fait générateur est survenu dans cette province.

(2) Dans toute instance devant la Cour d'appel fédérale ou la Cour fédérale et dont le fait générateur n'est pas survenu dans une province ou dont les faits générateurs sont survenus dans plusieurs provinces, les intérêts avant jugement sont calculés au taux que la Cour d'appel fédérale ou la Cour fédérale, selon le cas, estime raisonnable dans les circonstances et :

a) s'il s'agit d'une créance d'une somme déterminée, depuis la ou les dates du ou des faits générateurs jusqu'à la date de l'ordonnance de paiement;

b) si la somme n'est pas déterminée, depuis la date à laquelle le créancier a avisé par écrit le débiteur de sa demande jusqu'à la date de l'ordonnance de paiement.

(3) Si l'ordonnance de paiement accorde des dommages-intérêts spéciaux, les intérêts prévus au paragraphe (2) sont calculés sur le solde du montant des dommages-intérêts spéciaux accumulés à la fin de chaque période de six mois postérieure à l'avis écrit mentionné à l'alinéa (2)b) ainsi qu'à la date de cette ordonnance.

(4) Il n'est pas accordé d'intérêts aux termes du paragraphe (2) :

a) sur les dommages-intérêts exemplaires ou punitifs;

b) sur les intérêts accumulés aux termes du présent article;

c) sur les dépens de l'instance;

d) sur la partie du montant de l'ordonnance de paiement que la Cour d'appel fédérale ou la Cour fédérale, selon le cas, précise comme représentant une perte pécuniaire postérieure à la date de cette ordonnance;

e) si l'ordonnance de paiement est rendue de consentement, sauf si le débiteur accepte de les payer;

f) si le droit aux intérêts a sa source ailleurs que dans le présent article.

(5) La Cour d'appel fédérale ou la Cour fédérale, selon le cas, peut, si elle l'estime juste compte tenu de la fluctuation des taux d'intérêt commerciaux, du déroulement des procédures et de tout autre motif valable, refuser l'intérêt ou l'accorder pour une période autre que celle prévue à l'égard du montant total ou partiel sur lequel l'intérêt est calculé en vertu du présent article.

(6) Le présent article s'applique aux sommes accordées par jugement rendu à compter de la date de son entrée en vigueur. Aucun intérêt ne peut être accordé à l'égard d'une période antérieure à cette date.

(7) Le présent article ne s'applique pas aux procédures en matière de droit maritime canadien.

[1990, c. 8, a. 9; 2002, c. 8, a. 36].

37. (1) Sauf disposition contraire de toute autre loi fédérale et sous réserve du paragraphe (2), les règles de droit en matière d'intérêt pour les jugements qui, dans une province, régissent les rapports entre particuliers s'appliquent à toute instance devant la Cour d'appel fédérale ou la Cour fédérale et dont le fait générateur est survenu dans cette province.

(2) Dans le cas où le fait générateur n'est pas survenu dans une province ou dans celui où les faits générateurs sont survenus dans plusieurs provinces, le jugement porte intérêt, à compter de son prononcé, au taux que la Cour d'appel fédérale ou la Cour fédérale, selon le cas, estime raisonnable dans les circonstances.

[1990, c. 8, a. 9; 2002, c. 8, a. 37].

38. (*Abrogé*).

[1990, c. 8, a. 9].

39. (1) Sauf disposition contraire d'une autre loi, les règles de droit en matière de prescription qui, dans une province, régissent les rapports entre particuliers s'appliquent à toute instance devant la Cour d'appel fédérale ou la Cour fédérale dont le fait générateur est survenu dans cette province.

(2) Le délai de prescription est de six ans à compter du fait générateur lorsque celui-ci n'est pas survenu dans une province.

(3) (*Abrogé*).

[1990, c. 8, a. 10; 2002, c. 8, a. 38].

40. (1) La Cour d'appel fédérale ou la Cour fédérale, selon le cas, peut, si elle est convaincue par suite d'une requête qu'une personne a de façon persistante introduit des instances vexatoires devant elle ou y a agi de façon vexatoire au cours d'une instance, lui interdire d'engager d'autres instances devant elle ou de continuer devant elle une instance déjà engagée, sauf avec son autorisation.

(2) La présentation de la requête visée au paragraphe (1) nécessite le consentement du procureur général du Canada, lequel a le droit d'être entendu à cette occasion de même que lors de toute contestation portant sur l'objet de la requête.

(3) Toute personne visée par une ordonnance rendue aux termes du paragraphe (1) peut, par requête au tribunal saisi de l'affaire, demander soit la levée de l'interdiction qui la frappe, soit l'autorisation d'engager ou de continuer une instance devant le tribunal.

(4) Sur présentation de la requête prévue au paragraphe (3), le tribunal saisi de l'affaire peut, s'il est convaincu que l'instance que l'on cherche à engager ou à continuer ne constitue pas un abus de procédure et est fondée sur des motifs valables, autoriser son introduction ou sa continuation.

(5) La décision du tribunal rendue aux termes du paragraphe (4) est définitive et sans appel.

[1990, c. 8, a. 11; 2002, c. 8, a. 39].

41. (*Abrogé*).

[1990, c. 8, a. 11].

42. Le droit maritime canadien en vigueur au 31 mai 1971 continue à s'appliquer, sous réserve des modifications éventuelles par la présente loi ou toute autre loi.

43. (1) Sous réserve du paragraphe (4), la Cour fédérale peut, aux termes de l'article 22, avoir compétence en matière personnelle dans tous les cas.

(2) Sous réserve du paragraphe (3), elle peut, aux termes de l'article 22, avoir compétence en matière réelle dans toute action portant sur un navire, un aéronef ou d'autres biens, ou sur le produit de leur vente consigné au tribunal.

(3) Malgré le paragraphe (2), elle ne peut exercer la compétence en matière réelle prévue à l'article 22, dans le cas des demandes visées aux alinéas 22(2)*e*), *f*), *g*), *h*), *i*), *k*), *m*), *n*), *p*) ou *r*), que si, au moment où l'action est intentée, le véritable propriétaire du navire, de l'aéronef ou des autres biens en cause est le même qu'au moment du fait générateur.

(4) Pour qu'une action personnelle puisse être intentée au Canada relativement à une collision entre navires, il faut :

    a) soit que le défendeur ait une résidence ou un établissement commercial au Canada;

    b) soit que le fait générateur soit survenu dans les eaux canadiennes;

    c) soit que les parties aient convenu de la compétence de la Cour fédérale.

(5) Le paragraphe (4) ne s'applique ni à une demande reconventionnelle ni à une action pour une collision faisant déjà l'objet d'une autre action devant la Cour fédérale.

(6) Le demandeur dans une action pour collision intentée à l'étranger ne peut entamer au Canada, contre le même défendeur, une seconde action fondée sur les mêmes faits, sauf désistement dans la première.

(7) Il ne peut être intenté au Canada d'action réelle portant, selon le cas, sur :

    a) un navire de guerre, un garde-côte ou un bateau de police;

    b) un navire possédé ou exploité par le Canada ou une province, ou sa cargaison, lorsque ce navire est en service commandé pour le compte de l'État;

c) un navire possédé ou exploité par un État souverain étranger — ou sa cargaison — et accomplissant exclusivement une mission non commerciale au moment où a été formulée la demande ou intentée l'action les concernant.

(8) La compétence de la Cour fédérale peut, aux termes de l'article 22, être exercée en matière réelle à l'égard de tout navire qui, au moment où l'action est intentée, appartient au véritable propriétaire du navire en cause dans l'action.

(9) Dans une action pour collision où un navire, aéronef ou autre bien du défendeur est saisi, ou un cautionnement est fourni, et où le défendeur présente une demande reconventionnelle en vertu de laquelle un navire, aéronef ou autre bien du demandeur est saisissable, la Cour fédérale peut, s'il ne peut être procédé à la saisie de ces derniers biens, suspendre l'action principale jusqu'au dépôt d'un cautionnement par le demandeur.

[1990, c. 8, a. 12; 1996, c. 31, a. 83; 2002, c. 8, a. 40].

44. Indépendamment de toute autre forme de réparation qu'elle peut accorder, la Cour d'appel fédérale ou la Cour fédérale peut, dans tous les cas où il paraît juste ou opportun de le faire, décerner un *mandamus*, une injonction ou une ordonnance d'exécution intégrale, ou nommer un séquestre, soit sans condition, soit selon les modalités qu'elle juge équitables.

[2002, c. 8, a. 41].

PROCÉDURE

45. **(1)** Le juge de la Cour d'appel fédérale ou de la Cour fédérale qui a cessé d'occuper sa charge, notamment par suite de démission ou de nomination à un autre poste, peut, dans les huit semaines qui suivent et à la demande du juge en chef du tribunal concerné, rendre son jugement dans toute affaire qu'il a instruite.

(2) À la demande du juge en chef de la Cour d'appel fédérale, le juge de celle-ci qui se trouve dans la situation visée au paragraphe (1) après y avoir instruit une af-

faire conjointement avec d'autres juges peut, dans le délai fixé à ce paragraphe, concourir au prononcé du jugement par le tribunal.

(3) En cas de décès ou d'empêchement d'un juge de la Cour d'appel fédérale — qu'il soit ou non dans la situation visée au paragraphe (2) — y ayant instruit une affaire, les autres juges peuvent rendre le jugement et, à cette fin, sont censés constituer le tribunal.

[2002, c. 8, a. 42].

45.1. **(1)** Est constitué un comité des règles composé des membres suivants :

a) le juge en chef de la Cour d'appel fédérale et le juge en chef de la Cour fédérale;

b) trois juges désignés par le juge en chef de la Cour d'appel fédérale et cinq juges et un protonotaire désignés par le juge en chef de la Cour fédérale;

b.1) l'administrateur en chef du Service administratif des tribunaux judiciaires;

c) cinq avocats membres du barreau d'une province désignés par le procureur général du Canada, après consultation avec le juge en chef de la Cour d'appel fédérale et le juge en chef de la Cour fédérale;

d) le procureur général du Canada ou son représentant.

(2) Les avocats visés à l'alinéa (1)c) sont choisis, autant que faire se peut, de façon à assurer la représentation des diverses régions du pays et des divers champs de spécialisation du droit pour lesquels la Cour d'appel fédérale et la Cour fédérale ont compétence.

(3) Le juge en chef de la Cour d'appel fédérale ou le membre choisi par lui préside le comité.

(4) Le mandat des membres visés aux alinéas (1)b) et c) est d'une durée maximale de trois ans.

(5) Les membres visés aux alinéas (1)c) et d) ont droit aux frais de déplacement et autres entraînés par l'accomplissement, hors de leur lieu habituel de résidence, des fonctions qui leur sont confiées en application de la présente loi; le montant de ces frais ne peut être supérieur aux montants maximaux que les instructions du Conseil du Trésor fixent en semblable matière pour les fonctionnaires du gouvernement du Canada.

[1990, c. 8, a. 13; 2002, c. 8, a. 43; 2006, c. 11, a. 24].

46. (1) Sous réserve de l'approbation du gouverneur en conseil et, en outre, du paragraphe (4), le comité peut, par règles ou ordonnances générales :

a) réglementer la pratique et la procédure à la Cour d'appel fédérale et à la Cour fédérale, et notamment :

(i) prévoir, dans une instance à laquelle la Couronne est partie, l'interrogatoire préalable d'un fonctionnaire d'un ministère ou de tout autre fonctionnaire de la Couronne,

(ii) prévoir la production de documents, la communication de leur teneur ainsi que la fourniture de copies de documents, par la Couronne, dans une instance à laquelle celle-ci est partie,

(iii) prévoir la production de documents par la Couronne dans une instance à laquelle celle-ci n'est pas partie,

(iv) prévoir l'examen médical d'une personne dont la blessure fait l'objet d'une demande d'indemnisation,

(v) régir les dépositions faites devant un juge ou toute autre personne qualifiée — au Canada ou à l'étranger, avant ou pendant l'instruction et, sur commission ou autrement, avant ou après le début de l'instance devant la Cour d'appel fédérale ou la Cour fédérale — , à l'appui d'une demande effective ou éventuelle,

(vi) prévoir le renvoi de toute question de fait pour enquête et rapport devant un juge ou une autre personne agissant en qualité d'arbitre,

(vii) régir la signification de documents au Canada et autoriser et régir la signification de documents à l'étranger,

(viii) régir l'enregistrement des débats lors de l'audience, ainsi que leur transcription,

(ix) régir la nomination d'assesseurs et l'instruction de tout ou partie d'une affaire avec l'aide d'assesseurs,

(x) déterminer la documentation à fournir par la Cour canadienne de l'impôt ou par un office fédéral pour les besoins des appels, demandes ou renvois;

b) prendre les mesures nécessaires à l'application de la présente loi;

c) prendre les mesures nécessaires à l'application de toute loi donnant compétence à la Cour d'appel fédérale ou à la Cour fédérale ou à un juge de celles-ci en ce qui touche les instances devant elles;

d) fixer les droits payables au greffe de la Cour d'appel fédérale et de la Cour fédérale par une partie, relativement aux procédures devant celle-ci, pour versement au Trésor;

e) réglementer les attributions des fonctionnaires judiciaires;

f) fixer la rétribution des shérifs, prévôts ou autres personnes par l'intermédiaire desquelles les moyens de contrainte peuvent être signifiés et réglementer leur obligation, le cas échéant, de rendre compte de cette rétribution à leurs employeurs ou leur droit de la conserver pour eux-mêmes;

g) réglementer les dépens et leur adjudication tant en ce qui concerne la Couronne que les administrés;

h) donner pouvoir aux protonotaires d'exercer une autorité ou une compétence — même d'ordre judiciaire — sous la surveillance de la Cour fédérale;

i) permettre à un juge ou à un protonotaire de modifier une règle ou d'exempter une partie ou une personne de son application dans des circonstances spéciales;

j) par dérogation au paragraphe 28(3), prévoir l'exécution devant la Cour fédérale des ordonnances de la Cour d'appel fédérale;

k) déterminer les gestes — actes ou omissions — qui constituent des cas d'outrage au tribunal, régir la procédure à suivre dans les instances pour outrage au tribunal et fixer les peines à infliger en cas de condamnation pour outrage au tribunal;

l) régir toute autre question ressortissant implicitement, selon la présente loi, aux règles.

(2) Au titre du présent article, le comité peut étendre la portée des règles et ordonnances à des questions, notamment de pratique et de procédure, qui surviennent à l'occasion d'affaires engagées sous le régime d'une loi quelconque mais qui ne sont pas prévues par celle-ci ou toute autre loi et qu'il est jugé nécessaire de régir en vue de l'application de ces lois.

(3) Ces règles et ordonnances peuvent prévoir une procédure uniformément applicable, en tout ou partie, à une ou plusieurs catégories d'affaires, ainsi qu'une nomenclature qui leur soit uniformément applicable.

(4) Lorsqu'il propose la modification ou l'annulation de l'une des règles ou ordonnances visées par le présent article ou l'augmentation du corps de règles et ordonnances générales publié sous le régime de ce même article, le comité :

a) doit donner avis de la proposition en la faisant publier dans la *Gazette du Canada* et, dans cet avis, inviter les intéressés à lui faire parvenir leurs observations écrites à ce sujet dans les soixante jours de la date de la publication;

b) peut, à l'expiration du délai de soixante jours et sous réserve de

l'approbation du gouverneur en conseil, mettre en oeuvre la proposition soit dans sa forme originale soit en la forme modifiée qu'il juge indiquée compte tenu des observations qui lui ont été faites.

(5) Le texte des règles ou ordonnances et des modifications ou annulations y afférentes faites aux termes du présent article est déposé devant chaque chambre du Parlement dans les quinze premiers jours de séance de celle-ci qui suit leur approbation par le gouverneur en conseil.
[1990, c. 8, a. 14; 1992, c. 1, a. 68; 2002, c. 8, a. 44].

47. (*Abrogé*).
[1990, c. 8, a. 15].

48. (1) Pour entamer une procédure contre la Couronne, il faut déposer au greffe de la Cour fédérale l'original et deux copies de l'acte introductif d'instance, qui peut suivre le modèle établi à l'annexe, et acquitter la somme de deux dollars comme droit correspondant.

(2) Les deux formalités prévues au paragraphe (1) peuvent s'effectuer par courrier recommandé expédié à l'adresse suivante : Greffe de la Cour fédérale, Ottawa, Canada.

(3)-(5) (*Abrogés*).
[2002, c. 8, a. 45].

49. Dans toutes les affaires dont elle est saisie, la Cour fédérale ou la Cour d'appel fédérale exerce sa compétence sans jury.
[2002, c. 8, a. 45].

50. (1) La Cour d'appel fédérale et la Cour fédérale ont le pouvoir discrétionnaire de suspendre les procédures dans toute affaire :

a) au motif que la demande est en instance devant un autre tribunal;

b) lorsque, pour quelque autre raison, l'intérêt de la justice l'exige.

(2) Sur demande du procureur général du Canada, la Cour d'appel fédérale ou la Cour fédérale, selon le cas, suspend les

procédures dans toute affaire relative à une demande contre la Couronne s'il apparaît que le demandeur a intenté, devant un autre tribunal, une procédure relative à la même demande contre une personne qui, à la survenance du fait générateur allégué dans la procédure, agissait en l'occurrence de telle façon qu'elle engageait la responsabilité de la Couronne.

(3) Le tribunal qui a ordonné la suspension peut, à son appréciation, ultérieurement la lever.

[2002, c. 8, a. 46].

50.1. (1) Sur requête du procureur général du Canada, la Cour fédérale ordonne la suspension des procédures relatives à toute réclamation contre la Couronne à l'égard de laquelle cette dernière peut présenter une demande reconventionnelle ou procéder à une mise en cause pour lesquelles la Cour n'a pas compétence.

(2) Le demandeur dans l'action principale peut, après le prononcé de la suspension des procédures, reprendre celles-ci devant le tribunal compétent institué par loi provinciale ou sous le régime de celle-ci.

(3) Pour l'application des règles de droit en matière de prescription dans le cadre des procédures reprises conformément au paragraphe (2), est réputée être la date de l'introduction de l'action celle de son introduction devant la Cour fédérale si la reprise survient dans les cent jours qui suivent la suspension.

[1990, c. 8, a. 16; 2002, c. 8, a. 47].

51. Le juge qui motive un jugement rendu par lui ou par le tribunal dont il est membre dépose une copie de l'énoncé des motifs au greffe du tribunal.

[2002, c. 8, a. 48].

JUGEMENTS DE LA COUR D'APPEL FÉDÉRALE

52. La Cour d'appel fédérale peut :

a) arrêter les procédures dans les causes qui ne sont pas de son ressort ou entachées de mauvaise foi;

b) dans le cas d'un appel d'une décision de la Cour fédérale :

(i) soit rejeter l'appel ou rendre le jugement que la Cour fédérale aurait dû rendre et prendre toutes mesures d'exécution ou autres que celle-ci aurait dû prendre,

(ii) soit, à son appréciation, ordonner un nouveau procès, si l'intérêt de la justice paraît l'exiger,

(iii) soit énoncer, dans une déclaration, les conclusions auxquelles la Cour fédérale aurait dû arriver sur les points qu'elle a tranchés et lui renvoyer l'affaire pour poursuite de l'instruction, à la lumière de cette déclaration, sur les points en suspens;

c) dans les autres cas d'appel :

(i) soit rejeter l'appel ou rendre la décision qui aurait dû être rendue,

(ii) soit, à son appréciation, renvoyer l'affaire pour jugement conformément aux instructions qu'elle estime appropriées.

d) (*Abrogé*).

[1990, c. 8, a. 17; 2002, c. 8, a. 50].

PREUVE

53. (1) La déposition d'un témoin peut, par ordonnance de la Cour d'appel fédérale ou de la Cour fédérale, selon le cas, et sous réserve de toute règle ou ordonnance applicable en la matière, être recueillie soit par commission rogatoire, soit lors d'un interrogatoire, soit par affidavit.

(2) Par dérogation à l'article 40 de la *Loi sur la preuve au Canada* (L.R.C. (1985), ch. C-5) mais sous réserve de toute règle applicable en la matière, la Cour d'appel fédérale et la Cour fédérale ont le pouvoir discrétionnaire d'admettre une preuve qui ne serait pas autrement admissible si, selon le droit en vigueur dans une province, elle l'était devant une cour supérieure de cette province.

[2002, c. 8, a. 51].

54. (1) Les personnes habilitées à recevoir des affidavits destinés à servir devant une cour supérieure provinciale peuvent faire prêter serment et recevoir les affidavits, déclarations et affirmations solennelles destinés à servir devant la Cour d'appel fédérale ou la Cour fédérale.

(2) Quand il le juge nécessaire, le gouverneur en conseil peut, par commission, habiliter certaines personnes, au Canada ou à l'étranger, à faire prêter serment et à recevoir des affidavits et des déclarations ou affirmations solennelles lors ou à l'occasion de toute procédure actuelle ou éventuelle devant la Cour d'appel fédérale ou la Cour fédérale.

(3) Les serments, affidavits, déclarations ou affirmations solennelles faits en conformité avec le présent article ont la même valeur que s'ils étaient faits devant la Cour d'appel fédérale ou la Cour fédérale.

(4) Tout commissaire habilité en application du paragraphe (2) porte le titre de commissaire aux serments auprès de la Cour d'appel fédérale et de la Cour fédérale.

[2002, c. 8, a. 51].

MOYENS DE CONTRAINTE

55. (1) Les moyens de contrainte de la Cour d'appel fédérale et de la Cour fédérale sont exécutoires dans tout le Canada et en tout autre lieu où s'applique la législation fédérale.

(2) L'ordonnance de paiement, notamment des dépens, peut être exécutée de la même manière qu'un jugement.

(3) Le défaut de paiement ne peut justifier seul la contrainte par corps.

(4) Le shérif ou le prévôt exécute les moyens de contrainte de la Cour d'appel fédérale ou de la Cour fédérale qui lui sont adressés même s'il doit pour cela agir en dehors de son ressort : il exerce en outre les fonctions qui peuvent lui être attribuées expressément ou implicitement par les règles.

(5) En cas d'absence ou d'empêchement du shérif ou du prévôt, ou de vacance du poste ou de refus d'exécution par le titulaire, le moyen de contrainte est adressé au shérif adjoint ou prévôt adjoint, ou à toute autre personne prévue par les règles ou une ordonnance spécifique de la Cour fédérale. Cette personne a droit, pour son propre compte, aux émoluments prévus par les règles ou l'ordonnance en cause.

(6) En cas d'absence ou d'empêchement du shérif ou du prévôt, ou de vacance du poste ou de refus d'exécution par le titulaire, le moyen de contrainte est adressé au shérif adjoint ou prévôt adjoint, ou à toute autre personne prévue par les règles ou une ordonnance spécifique de la Cour d'appel fédérale. Cette personne a droit, pour son propre compte, aux émoluments prévus par les règles ou l'ordonnance en cause.

[1996, c. 31, a. 84; 2002, c. 8, a. 52].

56. (1) Outre les brefs de saisie-exécution ou autres moyens de contrainte prescrits par les règles pour l'exécution de ses jugements ou ordonnances, la Cour d'appel fédérale ou la Cour fédérale peut délivrer des moyens de contrainte visant la personne ou les biens d'une partie et ayant la même teneur et le même effet que ceux émanant d'une cour supérieure de la province dans laquelle le jugement ou l'ordonnance doivent être exécutés. Si, selon le droit de la province, le moyen de contrainte que doit délivrer la Cour d'appel fédérale ou la Cour fédérale nécessite l'ordonnance d'un juge, un de ses juges peut rendre une telle ordonnance.

(2) La délivrance, par la Cour d'appel fédérale ou la Cour fédérale, d'un bref de saisie-exécution pour dette ne peut donner lieu à incarcération.

(3) Sauf disposition contraire des règles, les brefs de saisie-exécution ou autres moyens de contrainte visant des biens — qu'ils soient prescrits par les règles ou autorisés aux termes du paragraphe (1) — sont, quant aux catégories de biens saisissables et au mode de saisie et de vente, exécutés autant que possible de la manière fixée, pour des moyens de contrainte semblables émanant d'une cour supérieure provinciale, par le droit de la province où sont situés les biens à saisir. Ils ont les mêmes effets que ces derniers, quant aux biens en question et aux droits des adjudicataires.

(4) Sauf disposition contraire des règles, l'instruction et le jugement de toute contestation en matière de saisie effectuée en vertu d'un moyen de contrainte de la Cour d'appel fédérale ou de la Cour fédérale, ou de toute prétention sur le produit des biens saisis, suivent autant que possible la procédure applicable aux revendications semblables concernant des biens saisis en vertu de moyens de contrainte similaires émanant des tribunaux provinciaux.

(5) (*Abrogé*).

[1990, c. 8, a. 18; 2002, c. 8, a. 53].

DISPOSITIONS GÉNÉRALES

57. (1) Les lois fédérales ou provinciales ou leurs textes d'application, dont la validité, l'applicabilité ou l'effet, sur le plan constitutionnel, est en cause devant la Cour d'appel fédérale ou la Cour fédérale ou un office fédéral, sauf s'il s'agit d'un tribunal militaire au sens de la *Loi sur la défense nationale* (L.R.C. (1985), ch. N-5), ne peuvent être déclarés invalides, inapplicables ou sans effet, à moins que le procureur général du Canada et ceux des provinces n'aient été avisés conformément au paragraphe (2).

(2) L'avis est, sauf ordonnance contraire de la Cour d'appel fédérale ou de la Cour fédérale ou de l'office fédéral en cause, signifié au moins dix jours avant la date à laquelle la question constitutionnelle qui en fait l'objet doit être débattue.

(3) Les avis d'appel et de demande de contrôle judiciaire portant sur une question constitutionnelle sont à signifier au procureur général du Canada et à ceux des provinces.

(4) Le procureur général à qui un avis visé aux paragraphes (1) ou (3) est signifié peut présenter une preuve et des observations à la Cour d'appel fédérale ou à la Cour fédérale et à l'office fédéral en cause, à l'égard de la question constitutionnelle en litige.

(5) Le procureur général qui présente des observations est réputé partie à l'instance aux fins d'un appel portant sur la question constitutionnelle.

[1990, c. 8, a. 19; 2002, c. 8, a. 54].

57.1. Les frais occasionnés par les procédures devant la Cour d'appel fédérale ou la Cour fédérale sont payables au receveur général sauf si s'applique à leur égard un arrangement conclu par le ministre de la Justice, aux termes duquel ils doivent être perçus et traités de la même façon que les sommes payées à titre de frais judiciaires dans une affaire relevant d'un tribunal provincial.

[1990, c. 8, a. 19; 2002, c. 8, a. 55].

58. (1) Le ministre de la Justice nomme ou désigne au poste d'arrêtiste une personne qualifiée chargée d'éditer le recueil des décisions de la Cour d'appel fédérale et de la Cour fédérale; il peut aussi nommer un comité de cinq personnes au plus pour conseiller l'arrêtiste.

(2) Ne sont publiés dans le recueil que les décisions ou les extraits de décisions considérés par l'arrêtiste comme présentant suffisamment d'importance ou d'intérêt.

(3) Le recueil est imprimé et distribué, gracieusement ou non, selon les instructions du gouverneur en conseil.

(4) Les décisions publiées dans le recueil le sont dans les deux langues officielles.

[2002, c. 8, a. 56].

59. Les services ou l'assistance qui peuvent, compte tenu des circonstances, être jugés nécessaires, en ce qui concerne la conduite des débats de la Cour d'appel fédérale ou de la Cour fédérale, la sécurité de leurs membres, de leurs locaux et du personnel du Service administratif des tribunaux judiciaires, ou l'exécution de leurs ordonnances et jugements, sont fournis, à la demande du juge en chef de l'un ou l'autre de ces tribunaux, par la Gendarmerie royale du Canada ou tout autre corps

policier que le gouverneur en conseil peut
désigner.

[2002, c. 8, a. 57].

L'article 28 sera modifié lors de l'entrée en vigueur de l'article 439 du chapitre 40 des lois 2013 à la date fixée par le gouvernement.

Les dispositions mentionnées comme non en vigueur (trame grise) entreront en vigueur à la date fixée par le gouvernement (L.C. 2012, ch. 24, a. 86).

ANNEXE
(article 48)

Cour fédérale

entre

A.B.

    Demandeur

et

Sa Majesté la Reine

    Défenderesse

Déclaration

Exposé des faits

(*Exposer convenablement les faits invoqués par le demandeur à l'appui de sa demande.*)

Réparation visée

En conséquence, le demandeur requiert :

    a)

    b)

Fait à ...., le ....

(*Signature*)

Avocat du demandeur

(*ou le demandeur en personne s'il agit lui-même*)

[2002, c. 8, a. 58].

LOI CONCERNANT LA COUR SUPRÊME DU CANADA,

L.R.C. (1985), ch. S-26

TITRE ABRÉGÉ

1. *Loi sur la Cour suprême.*
[S.R.C. (1970), c. S-19, a. 1].

DÉFINITIONS

2. (1) Les définitions qui suivent s'appliquent à la présente loi.

« appel » Toute procédure visant à l'infirmation ou la rectification d'un jugement d'une juridiction inférieure.

« Cour suprême » ou « Cour » La Cour suprême du Canada maintenue aux termes de l'article 3.

« juge » Tout juge de la Cour, y compris le juge en chef.

« jugement » Selon le cas, toute décision d'une juridiction inférieure, ou tout arrêt ou ordonnance de la Cour.

« jugement définitif » Jugement ou toute autre décision qui statue au fond, en tout ou en partie, sur un droit d'une ou plusieurs des parties à une instance.

« juridiction inférieure » Juridiction de première instance ou d'appel ayant rendu la décision dont appel est directement interjeté devant la Cour.

« procédure judiciaire » Action, poursuite, affaire ou autre procédure dans laquelle la juridiction inférieure n'a pas simplement exercé des pouvoirs réglementaires, administratifs ou exécutifs.

« registraire » Le registraire de la Cour suprême.

« témoin » Quiconque, partie ou non à l'instance, doit être interrogé sous le régime de la présente loi.

(2) Pour l'application de la présente loi, l'expression « le plus haut tribunal de dernier ressort dans une province » vise aussi la Cour d'appel du Yukon, celle des Territoires du Nord-Ouest et celle du Nunavut.
[S.R.C. (1970), c. S-19, a. 2; 1993, c. 28, a. 78; 2002, c. 7, a. 237].

LA COUR

3. Tribunal de droit et d'equity du Canada, la Cour suprême du Canada est maintenue sous ce nom à titre de cour générale d'appel pour l'ensemble du pays et de tribunal additionnel propre à améliorer l'application du droit canadien. Elle continue d'être une cour d'archives.
[S.R.C. (1970), c. S-19, a. 3; 1993, c. 34, a. 115].

LES JUGES

4. (1) La Cour se compose du juge en chef, appelé juge en chef du Canada, et de huit juges puînés.

(2) La nomination des juges se fait par lettres patentes du gouverneur en conseil revêtues du grand sceau.
[S.R.C. (1970), c. S-19, a. 4].

5. Les juges sont choisis parmi les juges, actuels ou anciens, d'une cour supérieure provinciale et parmi les avocats inscrits pendant au moins dix ans au barreau d'une province.
[S.R.C. (1970), c. S-19, a. 5].

5.1. Pour l'application de l'article 5, il demeure entendu que les juges peuvent être choisis parmi les personnes qui ont autrefois été inscrites comme avocat pendant au moins 10 ans au barreau d'une province.
[2013, c. 40, a. 471].

6. Au moins trois des juges sont choisis parmi les juges de la Cour d'appel ou de la Cour supérieure de la province de Québec ou parmi les avocats de celle-ci.

[S.R.C. (1970), c. S-19, a. 6; 1974–75–76, c. 19, a. 2].

6.1. Pour l'application de l'article 6, il demeure entendu que les juges peuvent être choisis parmi les personnes qui ont autrefois été inscrites comme avocat pendant au moins 10 ans au barreau de la province de Québec.

[2013, c. 40, a. 472].

7. Les juges ne peuvent remplir d'autres fonctions rétribuées par l'administration fédérale ou par celle d'une province.

[S.R.C. (1970), c. S-19, a. 7].

8. Les juges doivent résider dans la région de la capitale nationale définie à l'annexe de la *Loi sur la capitale nationale* ou dans une zone périphérique de quarante kilomètres.

[S.R.C. (1970), c. S-19, a. 8; 1974–75–76, c. 18, a. 1; 1976–77, c. 25, a. 19].

9. (1) Sous réserve du paragraphe (2), les juges occupent leur poste à titre inamovible, sauf révocation par le gouverneur général sur adresse du Sénat et de la Chambre des communes.

(2) La limite d'âge pour l'exercice de la charge de juge est de soixante-quinze ans.

[S.R.C. (1970), c. S-19, a. 9].

10. Préalablement à leur entrée en fonctions, les juges prêtent serment dans les termes suivants:

> *Je, ..., jure d'exercer fidèlement, consciencieusement et le mieux possible mes attributions de juge en chef* (ou *de juge*) *de la Cour suprême du Canada. Ainsi Dieu me soit en aide.*

[S.R.C. (1970), c. S-19, a. 10].

11. Le juge en chef prête le serment visé à l'article 10 devant le gouverneur général en conseil; lui-même ou, s'il est absent ou empêché, l'un de ses collègues reçoit le serment des juges puînés.

[S.R.C. (1970), c. S-19, a. 11; 1993, c. 34, a. 116].

GREFFE ET PERSONNEL DE LA COUR

12. (1) Le gouverneur en conseil peut, par acte revêtu du grand sceau, nommer registraire et registraire adjoint de la Cour suprême des personnes qualifiées inscrites depuis au moins cinq ans au barreau.

(2) La nomination des autres membres du personnel de la Cour se fait conformément à la *Loi sur l'emploi dans la fonction publique.*

[S.R.C. (1970), c. S-19, a. 12].

13. (1) Le registraire et le registraire adjoint occupent leur poste à titre amovible et touchent le traitement fixé par le gouverneur en conseil.

(2) Le registraire et le registraire adjoint exercent leur charge à temps plein; ils ne reçoivent aucune autre rémunération que le montant prévu par le paragraphe (1).

[S.R.C. (1970), c. S-19, a. 13].

14. Le registraire a son bureau dans la ville d'Ottawa; lui-même et le registraire adjoint doivent résider dans la région de la capitale nationale définie à l'annexe de la *Loi sur la capitale nationale* ou dans une zone périphérique de quarante kilomètres.

[S.R.C. (1970), c. S-19, a. 14; 1974–75–76, c. 18, a. 2; 1976–77, c. 25, a. 20].

15. Sous l'autorité directe du juge en chef, le registraire dirige le personnel de la Cour.

[S.R.C. (1970), c. S-19, a. 15; 1976–77, c. 25, a. 20].

16. Sous l'autorité générale du juge en chef, le registraire est responsable de la gestion de la bibliothèque de la Cour, notamment de l'achat des livres.

[S.R.C. (1970), c. S-19, a. 16; 1976–77, c. 25, a. 20].

17. Le registraire, ou le registraire adjoint, selon les instructions du juge en chef, est chargé du rapport et de la publication des arrêts de la Cour.

[S.R.C. (1970), c. S-19, a. 17; 1976–77, c. 25, a. 20].

18. Le registraire exerce la juridiction d'un juge en chambre selon les pouvoirs qui lui sont conférés par les ordonnances ou règles générales édictées en vertu de la présente loi.

[S.R.C. (1970), c. S-19, a. 18].

19. Le registraire adjoint exerce les attributions que le registraire lui assigne; il en est le suppléant, avec pleins pouvoirs, en cas d'absence ou d'empêchement de celui-ci, ou de vacance de son poste.

[S.R.C. (1970), c. S-19, a. 19].

20. Dans la mesure où elles leur sont applicables, le registraire et le registraire adjoint sont assujettis aux dispositions de la *Loi sur l'emploi dans la fonction publique* et de la *Loi sur la pension de la fonction publique*.

[S.R.C. (1970), c. S-19, a. 20].

21. Le shérif du comté de Carleton, dans la province d'Ontario, fait d'office partie du personnel judiciaire de la Cour et exerce les attributions de shérif auprès de celle-ci.

[S.R.C. (1970), c. S-19, a. 21].

AVOCATS ET PROCUREURS

22. Les avocats qui exercent dans une province peuvent agir à titre d'avocats à la Cour.

[S.R.C. (1970), c. S-19, a. 22].

23. Les procureurs auprès d'une cour supérieure provinciale peuvent agir à ce titre à la Cour.

[S.R.C. (1970), c. S-19, a. 23].

24. Quiconque peut exercer à titre d'avocat ou de procureur à la Cour en est fonctionnaire judiciaire.

[S.R.C. (1970), c. S-19, a. 24].

SESSIONS ET QUORUM

25. Cinq juges constituent le quorum de la Cour.

[S.R.C. (1970), c. S-19, a. 25].

26. (1) La Cour peut rendre son jugement:

    a) soit en audience publique;

    b) soit de la façon suivante: chaque juge ayant instruit l'affaire dépose auprès du registraire le texte de l'exposé de ses motifs, une copie, signée par lui, de l'exposé des motifs d'un autre juge auquel il souscrit ou une attestation écrite de son accord avec ces motifs.

(2) Dans le cas où jugement est rendu en audience publique, la majorité des juges ayant instruit l'affaire doivent être présents.

[S.R.C. (1970), c. S-19, a. 26; L.R.C. (1985), c. 34 (3ᵉ suppl.), a. 1].

27. (1) Dans le cas de l'application de l'alinéa 26(1)*a)*, le juge ayant instruit l'affaire mais absent lors du prononcé du jugement peut signer une copie de l'exposé des motifs auxquels il souscrit ou remettre à un juge qui sera présent à l'audience publique le texte de l'exposé de ses propres motifs. Communication est faite à l'audience de son accord ou de son exposé, l'un ou l'autre étant ensuite consigné par le registraire ou l'arrêtiste de la Cour.

(2) Pour l'application du présent article, lorsque le jugement d'une affaire entendue par lui est rendu après qu'il a démissionné ou cessé d'exercer sa charge en raison de l'article 9, le juge intéressé est assimilé, pour les six mois qui suivent sa cessation de fonction, à un juge absent lors du prononcé du jugement.

(3) Dans le cas de l'application de l'alinéa 26(1)*b)*, le juge qui a instruit l'affaire mais qui n'a pas écrit de motifs peut déposer, auprès du registraire, soit une copie, signée par lui, de l'exposé des motifs auxquels il souscrit, soit une attestation écrite de son accord avec ces motifs.

(4) Dans le cas de l'application de l'alinéa 26(1)*b*), le registraire avise les procureurs inscrits au dossier, ou leurs correspondants, du dépôt visé à cet alinéa.

[S.R.C. (1970), c. S-19, a. 27; L.R.C. (1985), c. 34 (3ᵉ suppl.), a. 2].

28. (1) Un juge ne peut entendre, ni juger, en appel une affaire dont il a déjà connu dans le cadre d'une juridiction inférieure.

(2) Dans tous les cas d'inhabilité à siéger prévus par le présent article, le quorum de la Cour est de quatre juges.

[S.R.C. (1970), c. S-19, a. 28].

29. Le quorum de la Cour peut également être de quatre juges avec l'accord des parties en cause.

[S.R.C. (1970), c. S-19, a. 29].

30. (1) Dans les cas où, par suite de vacance, d'absence ou d'empêchement attribuable à la maladie, aux congés ou à l'exercice d'autres fonctions assignées par loi ou décret, ou encore de l'inhabilité à siéger d'un ou plusieurs juges, le quorum n'est pas atteint pour tenir ou poursuivre les travaux de la Cour, le juge en chef ou, en son absence, le doyen des juges puînés peut demander par écrit que soit détaché, pour assister aux séances de la Cour à titre de juge suppléant et pendant le temps nécessaire:

    a) soit un juge de la Cour d'appel fédérale, de la Cour fédérale ou de la Cour canadienne de l'impôt;

    b) soit, si les juges de la Cour d'appel fédérale, de la Cour fédérale ou de la Cour canadienne de l'impôt sont absents d'Ottawa ou dans l'incapacité de siéger, un juge d'une cour supérieure provinciale désigné par écrit, sur demande formelle à lui adressée, par le juge en chef ou, en son absence, le juge en chef suppléant ou le doyen des juges puînés de ce tribunal provincial.

(2) Lorsque au moins deux des juges pouvant siéger ne remplissent pas les conditions fixées à l'article 6, le juge suppléant choisi pour l'audition d'un appel d'un jugement rendu dans la province de Québec doit être un juge de la Cour d'appel ou un juge de la Cour supérieure de cette province, désigné conformément au paragraphe (1).

(3) Une copie de la demande du juge en chef ou du doyen des juges puînés et, dans le cas d'un juge de tribunal provincial, la lettre de désignation sont déposées au bureau du registraire et constituent une preuve péremptoire de l'habilitation conférée au juge qui y est nommé.

(4) Le juge suppléant ainsi désigné doit en priorité assister aux séances de la Cour pendant le temps où sa présence y est requise; durant cette période, il a les pouvoirs et privilèges d'un juge puîné de la Cour et en remplit les fonctions.

(5) Conformément à la *Loi sur les juges*, le juge suppléant qui assiste aux séances de la Cour ou à toute conférence des juges convoquée pour l'examen de jugements rendus dans des causes qu'il a entendues est remboursé de ses frais de déplacement et reçoit une indemnité journalière pour les frais de séjour entraînés par l'accomplissement de ses fonctions hors de son lieu ordinaire de résidence.

(6) Le juge suppléant qui est absent lors du prononcé du jugement fait connaître son opinion selon les modalités fixées par l'article 27.

[S.R.C. (1970), c. S-19, a. 30; S.R.C. (1970), c. 10 (2ᵉ suppl.), a. 64; 1974–75–76, c. 19, a. 2; 2002, c. 8, a. 175].

31. (1) La Cour peut, dans tout appel en matière maritime où elle le juge à propos, requérir un ou plusieurs assesseurs spécialistes pour l'assister dans tout ou partie de l'affaire.

(2) La rémunération que peuvent recevoir les assesseurs est fixée par la Cour.

[S.R.C. (1970), c. S-19, a. 31].

32. (1) La Cour tient chaque année, dans la ville d'Ottawa, trois sessions consacrées aux appels.

(2) La première session commence le quatrième mardi de janvier, la deuxième, le quatrième mardi d'avril, et la troisième, le premier mardi d'octobre.

(3) Le gouverneur en conseil ou la Cour peut changer les dates mentionnées au paragraphe (2) pour le commencement de chaque session à condition d'en donner un préavis d'au moins quatre semaines dans la *Gazette du Canada.*

(4) Chaque session dure jusqu'à épuisement des affaires soumises à la Cour.

[S.R.C. (1970), c. S-19, a. 32].

33. La Cour peut ajourner une session et reprendre ses travaux à une date fixée à cet effet.

[S.R.C. (1970), c. S-19, a. 33].

34. La Cour peut être convoquée à tout moment par le juge en chef ou, en cas d'absence ou de maladie de celui-ci, par le doyen des juges puînés, selon les modalités prescrites par les règles de la Cour.

[S.R.C. (1970), c. S-19, a. 34].

JURIDICTION D'APPEL

35. La Cour est la juridiction d'appel en matière civile et pénale pour l'ensemble du Canada.

[S.R.C. (1970), c. S-19, a. 35].

35.1. Les décisions rendues par la Cour d'appel fédérale en matière de litige entre le Canada et une province, ou entre deux ou plusieurs provinces, sont susceptibles d'appel devant la Cour.

[1990, c. 8, a. 33].

36. Il peut être interjeté appel devant la Cour d'un avis prononcé par le plus haut tribunal de dernier ressort dans une province sur toute question déférée à ce tribunal par le lieutenant-gouverneur en conseil de la province quand, aux termes de la législation provinciale, l'avis en cause est assimilé à un jugement ayant autorité de chose jugée mais susceptible d'appel au même titre qu'un jugement rendu dans une action.

[S.R.C. (1970), c. S-19, a. 37].

37. Sous réserve des articles 39 et 42, il peut être interjeté appel devant la Cour, avec l'autorisation du plus haut tribunal de dernier ressort dans une province, d'un jugement définitif de ce tribunal lorsque, suivant l'opinion de ce tribunal, la question en jeu dans l'appel en est une qui devrait être soumise à la Cour.

[S.R.C. (1970), c. S-19, a. 38].

37.1. Sous réserve des articles 39 et 42, il peut être interjeté appel devant la Cour, avec l'autorisation de la Cour d'appel fédérale, d'un jugement définitif rendu par cette dernière lorsqu'elle estime que la question en jeu devrait être soumise à la Cour.

[1990, c. 8, a. 34].

38. Sous réserve des articles 39 et 42, il peut être interjeté appel devant la Cour, avec son autorisation et sur une question de droit seulement, d'un jugement définitif prononcé par un tribunal provincial — dont les juges sont nommés par le gouverneur général — ou la Cour fédérale dans une procédure judiciaire et susceptible d'appel devant la Cour d'appel fédérale ou le plus haut tribunal provincial de dernier ressort si le consentement écrit des parties ou de leurs procureurs, certifié par affidavit, est déposé au bureau du registraire et au bureau du greffier ou du protonotaire du tribunal d'où émane l'appel.

[S.R.C. (1970), c. S-19, a. 38; 1990, c. 8, a. 35; 2002, c. 8, a. 183].

39. Il ne peut être interjeté appel devant la Cour, au titre des articles 37, 37.1 ou 38, d'un jugement rendu dans une affaire pénale relativement aux procédures touchant à :

　　a) un bref d'*habeas corpus,* de *certiorari* ou de prohibition découlant d'une accusation au pénal;

　　b) un bref d'*habeas corpus* résultant d'une demande d'extradition fondée sur un traité.

[S.R.C. (1970), c. S-19, a. 39; 1990, c. 8, a. 36].

40. (1) Sous réserve du paragraphe (3), il peut être interjeté appel devant la Cour de tout jugement, définitif ou autre, rendu par la Cour d'appel fédérale ou par le plus haut tribunal de dernier ressort habilité, dans une province, à juger l'affaire en question, ou par l'un des juges de ces juridictions inférieures, que l'autorisation d'en appeler à la Cour ait ou non été refusée par une autre juridiction, lorsque la Cour estime, compte tenu de l'importance de l'affaire pour le public, ou de l'importance des questions de droit ou des questions mixtes de droit et de fait qu'elle comporte, ou de sa nature ou importance à tout égard, qu'elle devrait en être saisie et lorsqu'elle accorde en conséquence l'autorisation d'en appeler.

(2) Les demandes d'autorisation d'appel présentées au titre du présent article sont régies par l'alinéa 58(1)*a*).

(3) Le présent article ne permet pas d'en appeler devant la Cour d'un jugement prononçant un acquittement ou une déclaration de culpabilité ou annulant ou confirmant l'une ou l'autre de ces décisions dans le cas d'un acte criminel ou, sauf s'il s'agit d'une question de droit ou de compétence, d'une infraction autre qu'un acte criminel.

(4) Dans tous les cas où elle accorde une autorisation d'appel, la Cour ou l'un de ses juges peut, malgré les autres dispositions de la présente loi, proroger le délai d'appel.

[S.R.C. (1970), c. S-19, a. 40; L.R.C. (1985), c. 34 (3ᵉ suppl.), a. 3; 1990, c. 8, a. 37].

41. Malgré les autres dispositions de la présente loi, la Cour a la compétence prévue par toute autre loi attributive de compétence.

[S.R.C. (1970), c. S-19, a. 42].

42. (1) Ne sont pas susceptibles d'appel devant la Cour les jugements ou ordonnances rendus dans l'exercice d'un pouvoir judiciaire discrétionnaire, sauf dans les procédures de la nature d'une poursuite ou procédure en equity nées hors du Québec et sauf dans les procédures de *mandamus*.

(2) Le présent article ne s'applique pas aux appels interjetés aux termes de l'article 40.

[S.R.C. (1970), c. S-19, a. 42; 1993, c. 34, a. 117].

43. (1) Malgré toute autre loi fédérale et sous réserve du paragraphe (1.2), la demande d'autorisation d'appel est présentée par écrit à la Cour, qui, selon le cas:

> *a*) l'accueille, s'il ressort des conclusions écrites qu'elle ne justifie pas la tenue d'une audience et, compte tenu de l'importance de l'affaire pour le public, ou de l'importance des questions de droit ou des questions mixtes de droit et de fait qu'elle comporte, ou de sa nature ou de son importance à tout autre égard, qu'elle devrait en être saisie;

> *b*) la rejette, s'il ressort des conclusions écrites qu'elle ne justifie pas la tenue d'une audience et que les questions soulevées ne sont pas visées à l'alinéa *a*);

> *c*) ordonne, dans les autres cas, la tenue d'une audience pour en décider.

(1.1) Malgré le paragraphe (1), la Cour peut renvoyer une affaire en tout ou en partie à la juridiction inférieure ou à celle de première instance et ordonner les mesures qui lui semblent appropriées.

(1.2) Sur demande du requérant, la Cour ordonne la tenue d'une audience pour décider d'une demande d'autorisation d'appel dans le cas où la Cour d'appel a annulé un acquittement à l'égard d'un acte criminel et ordonné un nouveau procès, s'il n'y a pas de droit d'appel sur une question de droit au sujet de laquelle un juge de Cour d'appel est dissident.

(2) Dans le cas où la Cour ordonne la tenue d'une audience, celle-ci doit être tenue dans les trente jours suivant la date de l'ordonnance ou dans le délai supplémentaire fixé par la Cour.

(3) Trois juges constituent le quorum pour l'application du paragraphe (1) même si la Cour tient audience.

(4) Le quorum est porté à cinq juges lorsque la demande d'autorisation d'appel concerne des jugements:

> *a*) annulant la déclaration de culpabilité, dans le cas d'une infraction punissable de mort;

b) rejetant l'appel d'un acquittement rendu dans le cas d'une infraction punissable de mort, y compris d'un acquittement à l'égard d'une infraction principale dans le cadre de laquelle l'accusé a été déclaré coupable d'une infraction incluse dans l'infraction principale,

[S.R.C. (1970), c. S-19, a. 43; L.R.C. (1985), c. 34 (3ᵉ suppl.), a. 4; 1990, c. 8, a. 38; 1994, c. 44, a. 98; 1997, c. 18, a. 138].

JUGEMENTS

44. La Cour peut casser les procédures dans les causes portées devant elle qui ne peuvent faire l'objet d'appel ou quand les procédures sont entachées de mauvaise foi.

[S.R.C. (1970), c. S-19, a. 46].

45. La Cour peut rejeter l'appel ou se substituer à la juridiction inférieure pour le prononcé du jugement et l'engagement des moyens de contrainte ou autres procédures.

[S.R.C. (1970), c. S-19, a. 47].

46. La Cour a le pouvoir discrétionnaire d'ordonner un nouveau procès si les fins de la justice paraissent l'exiger; un nouveau procès est toutefois présumé nécessaire en cas de verdict rendu à l'encontre de la preuve.

[S.R.C. (1970), c. S-19, a. 48].

46.1. La Cour peut renvoyer une affaire en tout ou en partie à la juridiction inférieure ou à celle de première instance et ordonner les mesures qui lui semblent appropriées.

[1994, c. 44, a. 99].

FRAIS

47. La Cour a le pouvoir discrétionnaire d'ordonner le paiement des dépens des juridictions inférieures, y compris du tribunal de première instance, ainsi que des frais d'appel, en tout ou en partie, quelle que soit sa décision finale sur le fond.

[S.R.C. (1970), c. S-19, a. 49].

AMENDEMENTS

48. (1) À tout stade de l'appel porté devant elle, la Cour peut, même en l'absence de demande en ce sens par l'une des parties, procéder aux amendements nécessaires afin de lui permettre de se prononcer sur l'appel ou sur la véritable question ou contestation qui ressort des actes de procédure, de la preuve ou de l'ensemble des débats.

(2) L'amendement visé au paragraphe (1) peut être motivé ou non par la défaillance, l'erreur, l'action, le manquement ou la négligence de la partie qui le demande.

[S.R.C. (1970), c. S-19, a. 50].

49. L'amendement s'effectue aux conditions que la Cour estime justes quant au paiement des frais, aux ajournements ou à tout autre facteur.

[S.R.C. (1970), c. S-19, a. 51].

INTÉRÊT

50. Sauf ordonnance contraire de la Cour, un jugement de la Cour porte intérêt au taux et à compter de la date applicables au jugement rendu dans la même affaire par le tribunal de première instance, ou au taux et à compter de la date qui lui auraient été applicables s'il avait accordé une somme d'argent.

[S.R.C. (1970), c. S-19, a. 52; 1974–75–76, c. 18, a. 7].

CERTIFICAT DE JUGEMENT

51. Les arrêts rendus en appel sont certifiés par le registraire au fonctionnaire compétent du tribunal de première instance, qui porte au dossier toutes les inscriptions utiles; l'affaire peut être alors poursuivie comme si le jugement émanait de ce tribunal.

[S.R.C. (1970), c. S-19, a. 53].

52. La Cour est la juridiction suprême en matière d'appel, tant au civil qu'au pénal; elle exerce, à titre exclusif, sa compétence sur l'ensemble du Canada; ses arrêts sont définitifs et sans appel.

[S.R.C. (1970), c. S-19, a. 54].

Renvois par le gouverneur en conseil

53. (1) Le gouverneur en conseil peut soumettre au jugement de la Cour toute question importante de droit ou de fait touchant:

a) l'interprétation des Lois constitutionnelles;

b) la constitutionnalité ou l'interprétation d'un texte législatif fédéral ou provincial;

c) la compétence d'appel en matière d'enseignement dévolue au gouverneur en conseil par la *Loi constitutionnelle de 1867* ou une autre loi;

d) les pouvoirs du Parlement canadien ou des législatures des provinces, ou de leurs gouvernements respectifs, indépendamment de leur exercice passé, présent ou futur.

(2) Le gouverneur en conseil peut en outre, s'il l'estime indiqué, déférer à la Cour toute question importante de droit ou de fait touchant toute autre matière, que celle-ci soit ou non, selon la Cour, du même ordre que les matières énumérées au paragraphe (1).

(3) Les questions touchant les matières visées aux paragraphes (1) et (2) sont d'office réputées être importantes quand elles sont ainsi déférées à la Cour par le gouverneur en conseil.

(4) La Cour est tenue d'étudier tout renvoi fait aux termes des paragraphes (1) ou (2) et de répondre à chaque question qui lui est ainsi déférée. Elle transmet ensuite au gouverneur en conseil, pour son informa-

tion, un avis certifié et motivé sur chacune des questions, de la même manière que dans le cas d'un jugement rendu sur appel porté devant elle; tout juge dont l'opinion diffère de celle de la majorité transmet pareillement son avis certifié et motivé.

(5) Si la question touche à la validité constitutionnelle d'une loi — ou de l'une quelconque de ses dispositions — adoptée par la législature d'une province, ou si, pour une raison quelconque, le gouvernement d'une province porte un intérêt particulier à cette question, le procureur général de cette province est obligatoirement avisé de la date d'audition afin qu'il puisse être entendu s'il le juge à propos.

(6) La Cour a le pouvoir d'ordonner qu'une personne intéressée ou des représentants d'une catégorie de personnes intéressées soient avisés de l'audition de toute question déférée à la Cour dans le cadre du présent article; ces personnes ont le droit d'être entendues à ce sujet.

(7) La Cour a le pouvoir discrétionnaire de commettre d'office un avocat, en l'absence de toute autre représentation, relativement à un intérêt auquel il est porté atteinte; les frais entraînés peuvent être payés par le ministre des Finances sur les crédits affectés par le Parlement aux frais de justice.

[S.R.C. (1970), c. S-19, a. 55].

Questions déférées par le Sénat ou les Communes

54. La Cour, composée d'au moins deux juges, examine, pour rapport, les projets de loi d'intérêt privé, ou les pétitions visant à leur adoption, présentés au Sénat ou à la Chambre des communes qui lui sont déférés en vertu des règlements de l'une ou l'autre chambre.

[S.R.C. (1970), c. S-19, a. 56].

Certiorari

55. La Cour ou l'un de ses juges peut décerner un bref de *certiorari* en vue de la production des actes de procédure et autres documents déposés devant un tribunal, un juge ou un juge de paix et jugés nécessaires pour une enquête, un appel ou une nouvelle instance devant elle.

[S.R.C. (1970), c. S-19, a. 61].

L'appel

56. La procédure d'appel doit, à défaut de disposition à cet effet dans la présente loi, dans la loi prévoyant le droit d'appel ou dans les règles et ordonnances générales de la Cour, se conformer à toute ordonnance rendue, sur demande d'une partie à l'appel, par le juge en chef ou, en son absence, par le doyen des juges puînés présents.

[S.R.C. (1970), c. S-19, a. 63; S.R.C. (1970), c. 44 (1ᵉʳ suppl.), a. 5].

57. L'appelant peut faire porter son recours sur l'ensemble ou tel élément d'un jugement ou d'une ordonnance; le cas échéant, il doit faire état de l'élément dans son avis d'appel.

[S.R.C. (1970), c. S-19, a. 64].

58. (1) Sous réserve des autres dispositions de la présente loi ou de toute autre loi fédérale, les règles suivantes régissent les délais en matière d'appel:

> *a)* l'avis de la demande d'autorisation d'appel, accompagné de tous les documents utiles, doit être signifié à toutes les parties et déposé auprès du registraire dans les soixante jours suivant la date du jugement porté en appel;

> *b)* l'avis d'appel doit être signifié à toutes les parties et déposé auprès du registraire dans les trente jours suivant la date du jugement porté en appel, s'il s'agit d'un appel de plein droit, et dans les trente jours suivant la date du jugement accordant l'autorisation d'appel, si une demande à cette fin a été présentée.

(2) Le mois de juillet est exclu du calcul des délais prévus par le paragraphe (1).

[L.R.C. (1985), c. S-26, a. 58; L.R.C. (1985), c. 34 (3ᵉ suppl.), a. 5; 1997, c. 18, a. 139].

59. (1) Malgré les autres dispositions de la présente loi ou toute autre loi fédérale, le tribunal dont le jugement est attaqué, la Cour ou un juge de l'une ou l'autre juridiction peut, dans des circonstances déterminées, proroger tout délai fixé par l'article 58, même après son expiration.

(2) La juridiction ou le juge assortit alors la prorogation des conditions, en matière de cautionnement ou autre, qui lui paraissent indiquées dans les circonstances.

(3) Le présent article ne s'applique pas aux appels interjetés au titre de l'article 532 de la *Loi électorale du Canada*.

(4) Malgré les autres dispositions de la présente loi, un juge de la Cour peut, sur demande d'autorisation d'appel avec dispense des frais, recevoir un appel permettant au requérant de signifier un avis en ce sens même quand le délai fixé par l'article 58 est expiré.

[L.R.C. (1985), c. S-26, a. 59; L.R.C. (1985), c. 34 (3ᵉ suppl.), a. 6; 2000, c. 9, a. 572].

60. (1) L'appel est formé dans le délai applicable aux termes de l'article 58 ou 59 par:

> *a)* signification d'un avis à toutes les parties directement concernées;

> *b)* dépôt, auprès du registraire, d'un cautionnement de cinq cents dollars garantissant la poursuite effective de l'appel et le paiement, par l'appelant, des frais et dommages-intérêts éventuellement mis à sa charge par la Cour.

(2) Le cautionnement non déposé en numéraire est soumis à l'approbation du tribunal dont le jugement est attaqué, de la Cour ou d'un juge de l'une ou l'autre juridiction.

(3) L'appelant est tenu d'aviser les parties directement concernées du dépôt du cautionnement dans les sept jours qui suivent celui-ci ou, le cas échéant, l'approbation requise par le paragraphe (2) si celle-ci intervient après le dépôt.

(4) L'avis d'appel ainsi que la preuve de sa signification sont déposés au bureau du registraire de même qu'une copie de l'avis au bureau du greffier ou de tout autre fonctionnaire compétent de la juridiction inférieure, dans les vingt et un jours qui suivent l'expiration du délai applicable aux termes de l'article 58 ou 59.

[S.R.C. (1970), c. S-19, a. 66; S.R.C. (1970), c. 44 (1ᵉʳ suppl.), a. 6].

61. En cas d'allégation d'erreur de droit, la procédure devant la Cour prend automatiquement la forme d'un appel.

[S.R.C. (1970), c. 44 (1ᵉʳ suppl.), a. 6].

62. (1) L'appel se fonde sur le dossier présenté par les parties ou, en cas de désaccord entre elles, établi par la juridiction inférieure ou l'un de ses juges.

(2) Le dossier fait état du jugement contesté et de tous les éléments — notamment actes de procédure, preuves et affidavits — nécessaires à la recevabilité de l'appel par la Cour.

(3) La Cour ou un juge peut, à son appréciation, pour des motifs particuliers et par autorisation spéciale, accepter des éléments de preuve supplémentaires sur une question de fait. Ces éléments sont alors recueillis selon les modalités prévues par la présente loi, soit par déposition, soit par affidavit, soit par interrogatoire, suivant les instructions de la Cour ou du juge.

[L.R.C. (1985), c. S-26, a. 62; 1990, c. 8, a. 39].

63. Dès réception du paiement des droits et frais de transmission voulus, le greffier ou tout autre fonctionnaire compétent de la juridiction inférieure expédie le dossier, le plus tôt possible après que l'avis d'appel lui a été signifié, au registraire. L'affaire suit alors son cours conformément à la procédure devant la Cour.

[S.R.C. (1970), c. S-19, a. 68].

64. Le dépôt d'un cautionnement n'est pas exigible dans le cas d'appels interjetés par la Couronne ou en son nom, de contestations électorales, de causes devant la Cour d'appel fédérale ou la Cour fédérale, d'affaires pénales ou de procédures relatives à un bref d'*habeas corpus*.

[S.R.C. (1985), c. S-26, a. 69; 2002, c. 8, a. 176].

Sursis d'exécution

65. (1) Dès le dépôt du cautionnement et de l'avis d'appel, ainsi que la signification de ce dernier, en conformité avec l'article 60, il est sursis à l'exécution du jugement dans la cause en première instance. Il n'y a toutefois pas sursis:

a) dans le cas où le jugement attaqué ordonne la cession ou livraison de documents ou de biens mobiliers, tant que les objets visés n'ont pas été présentés devant le tribunal ou placés sous la garde du fonctionnaire ou séquestre nommé par celui-ci, ni avant la fourniture d'un cautionnement — approuvé par la juridiction inférieure ou l'un de ses juges et dont le montant est fixé par l'une ou l'autre — garantissant que l'appelant se conformera au jugement de la Cour;

b) dans le cas où le jugement attaqué prescrit la souscription d'un acte translatif de propriété ou de tout autre acte, tant que l'acte n'a pas été souscrit et déposé auprès du fonctionnaire compétent de la juridiction inférieure, dans l'attente du jugement de la Cour;

c) dans le cas où le jugement attaqué prescrit la vente ou la livraison de biens-fonds ou de biens personnels immobiliers, avant la fourniture d'un cautionnement — approuvé par la juridiction inférieure ou l'un de ses juges et dont le montant est fixé par l'une ou l'autre — garantissant d'une part que l'appelant, tant qu'il restera en possession des biens, ne dégradera pas ceux-ci ni ne permettra qu'ils soient dégradés, d'autre part que, si le jugement est confirmé, il paiera la valeur de l'usage et de l'occupation des biens à compter du jour où l'appel est interjeté jusqu'à leur livraison, et qu'en outre, si le jugement prescrit la vente de biens et le paiement du déficit en résultant, il acquittera la différence;

d) dans le cas où le jugement attaqué prescrit le paiement d'une somme soit pour dette soit pour dommages-intérêts ou frais, tant que l'appelant n'a pas fourni un cautionnement — approuvé par la juridiction inférieure ou par un de ses juges — garantissant que l'appelant paiera le montant prescrit par le jugement, si celui-ci est confirmé dans sa totalité, ou la fraction de ce montant pour laquelle il y a confirmation, ainsi que tous les dommages-intérêts adjugés contre lui à l'issue de l'appel.

(2) Lorsque la juridiction inférieure est une cour d'appel, et que les actes, documents ou objets visés par les alinéas du paragraphe (1) ont été confiés à la garde du fonctionnaire compétent du tribunal devant lequel est survenu le fait générateur, la partie qui désire se pourvoir devant la Cour est liée, une fois qu'elle a consenti à cet état de choses dans l'attente de l'arrêt de la Cour, par son consentement, qui vaut observation des conditions posées à cet égard par le présent article.

(3) Dans tous les cas où il peut y avoir sursis sous le régime du présent article moyennant un cautionnement, celui-ci peut être donné au moyen de l'acte par lequel le cautionnement prescrit à l'article 60 est fourni.

(4) La Cour, la juridiction inférieure ou un de leurs juges peut modifier ou annuler le sursis visé au paragraphe (1).

[L.R.C. (1985), c. S-26, a. 68; 1994, c. 44, a. 100].

65.1. (1) La Cour, la juridiction inférieure ou un de leurs juges peut, à la demande de la partie qui a signifié et déposé l'avis de la demande d'autorisation d'appel, ordonner, aux conditions jugées appropriées, le sursis d'exécution du jugement objet de la demande.

(2) La juridiction inférieure ou un de ses juges, convaincu que la partie qui demande le sursis a l'intention de demander l'autorisation d'appel et que le délai entraînerait un déni de justice, peut exercer le pouvoir prévu au paragraphe (1) avant la signification et le dépôt de l'avis de demande d'autorisation d'appel.

(3) La Cour, la juridiction inférieure ou un de leurs juges peut modifier ou annuler le sursis ordonné en vertu du présent article.

[1990, c. 8, a. 40; 1994, c. 44, a. 101].

66. (1) Lorsque le cautionnement a été déposé ou fourni selon les articles 60 et 65, un juge de la juridiction inférieure peut enjoindre au shérif ayant reçu l'ordonnance d'exécution du jugement de surseoir à celle-ci; l'exécution est alors suspendue, qu'un prélèvement ait ou non déjà eu lieu au titre de celle-ci.

(2) Lorsque la juridiction inférieure est une cour d'appel et que l'exécution a déjà été suspendue, le sursis reste en vigueur sans autre formalité jusqu'à ce que la Cour ait tranché l'appel.

(3) Sauf ordre contraire émanant d'un juge de la juridiction inférieure, nulle commission n'est accordée aux dépens de l'appelant par suite d'un jugement attaqué ayant fait l'objet d'une ordonnance d'exécution avant que la décision du juge suspendant l'exécution ait été obtenue.

[S.R.C. (1970), c. S-19, a. 71; S.R.C. (1970), c. 44 (1ᵉʳ suppl.), a. 7].

67. Si, au moment où il reçoit communication écrite de la décision du juge ordonnant le sursis, le shérif a déjà réalisé des biens ou reçu l'argent mais ne l'a pas encore remis à la partie à l'instance de laquelle l'ordonnance d'exécution a été rendue, l'appelant peut exiger du shérif qu'il lui rembourse le montant obtenu au titre de l'exécution, ou toute partie de ce montant qu'il a en mains et ne lui a pas encore versée; à défaut de paiement par le shérif, l'appelant peut recouvrer cette somme par action en recouvrement de sommes reçues ou au moyen d'une décision de la juridiction inférieure.

[S.R.C. (1970), c. S-19, a. 72].

68. Dans le cas où le jugement porté en appel prescrit la livraison de biens périssables, la juridiction inférieure, ou un juge de celle-ci, peut en ordonner la vente, ainsi que la consignation en justice du produit de celle-ci, dans l'attente du jugement de la Cour.

[S.R.C. (1970), c. S-19, a. 73].

Désistement

69. (1) L'appelant peut se désister en donnant au registraire et à l'intimé un avis portant le sceau de la Cour et l'intitulé de la cause, signé par lui ou par son avocat et contenant une déclaration à cet effet.

(2) Après signification de l'avis, l'intimé a immédiatement droit aux frais relatifs ou incidents à la procédure d'appel et peut soit en demander la taxation au tribunal de première instance soit obtenir de celui-ci ou de l'un de ses juges une ordonnance de paiement; il peut en outre engager toute autre action devant cette juridiction comme s'il n'y avait pas eu d'appel.

[S.R.C. (1970), c. S-19, a. 74; S.R.C. (1970), c. 44 (1er suppl.), a. 8].

Cassation du jugement

70. L'intimé peut consentir à la cassation du jugement porté en appel, en donnant à l'appelant un avis portant le sceau de la Cour et l'intitulé de la cause, signé par lui ou par son avocat et déclarant qu'il consent à ce que le jugement soit cassé. La Cour ou l'un de ses juges prononce alors la cassation du jugement de plein droit.

[S.R.C. (1970), c. S-19, a. 75].

Rejet de l'appel pour retard

71. (1) Si l'appelant tarde indûment à poursuivre son appel, ou omet de le présenter, une fois prêt pour l'audition, à la première session subséquente de la Cour, l'intimé peut, après avis donné à l'appelant, demander le rejet de l'appel à la Cour ou à l'un de ses juges siégeant en chambre.

(2) La Cour ou le juge rend alors l'ordonnance qui lui paraît juste.

[S.R.C. (1970), c. S-19, a. 76].

Décès des parties

72. En cas de décès de l'un des appelants pendant que l'appel est devant la Cour, une déclaration de décès peut être produite, et la procédure peut suivre son cours

comme si le survivant était le seul appelant.

[S.R.C. (1970), c. S-19, a. 77].

73. (1) En cas de décès de l'unique appelant ou de tous les appelants, le représentant légal de l'unique appelant, ou de celui qui a survécu le dernier, peut, avec l'autorisation de la Cour ou d'un juge, produire une déclaration constatant le décès de l'appelant et alléguant qu'il en est le représentant légal; la procédure peut alors suivre son cours contre le représentant légal agissant comme appelant.

(2) En l'absence de la déclaration visée au paragraphe (1), l'intimé peut demander la confirmation du jugement, suivant les usages de la Cour, ou engager les autres procédures qui lui sont ouvertes.

[S.R.C. (1970), c. S-19, a. 78].

74. En cas de décès de l'un des intimés, une déclaration de décès peut être produite et la procédure peut alors suivre son cours contre les intimés qui survivent.

[S.R.C. (1970), c. S-19, a. 79].

75. La Cour ou un juge peut, sur une requête en ce sens, écarter toute fausse déclaration de décès concernant l'un des appelants, ou l'appelant unique ou tous les appelants, ou l'un des intimés.

[S.R.C. (1970), c. S-19, a. 80].

76. En cas de décès de l'unique intimé ou de tous les intimés, l'appelant peut poursuivre la procédure en donnant au représentant de la partie décédée un préavis d'un mois de l'appel et de son intention de ne pas se désister, ou, à défaut, en signifiant aux parties intéressées l'avis prescrit par un juge de la Cour.

[S.R.C. (1970), c. S-19, a. 81].

77. Lorsque le jugement rendu par la juridiction connaissant de l'action ou de l'appel est défavorable à un demandeur ou défendeur unique décédé antérieurement, les représentants légaux de celui-ci ont le droit, en produisant une déclaration de décès, d'interjeter ou de poursuivre un appel devant la Cour de la même manière que s'ils étaient l'une des parties à l'origine du procès.

[S.R.C. (1970), c. S-19, a. 82].

78. Lorsque le jugement rendu par la juridiction connaissant de l'action ou de l'appel est favorable à un demandeur ou défendeur unique décédé antérieurement, l'autre partie a droit, en produisant une déclaration de décès, d'interjeter appel devant la Cour contre les représentants légaux de la partie décédée; le délai d'appel ne commence à courir qu'à la nomination de ces derniers.

[S.R.C. (1970), c. S-19, a. 83].

MISE AU RÔLE

79. Sauf ordre contraire du juge en chef, ou de l'un des juges puînés sur ses instructions, les appels inscrits pour audition sont portés au rôle par le registraire dans l'ordre de leur inscription, puis entendus dans l'ordre jugé approprié par ce dernier et tranchés en conséquence.

[L.R.C. (1985), c. S-26, a. 79; 1990, c. 8, a. 41; 1994, c. 44, a. 102].

PREUVE

80. Les personnes habilitées à recevoir des affidavits destinés à servir devant une cour supérieure provinciale peuvent, dans cette province, faire prêter serment et recevoir les affidavits, déclarations et affirmations solennelles destinés à servir devant la Cour.

[S.R.C. (1970), c. S-19, a. 85].

81. (1) Le gouverneur en conseil peut habiliter, par commission, autant de personnes qu'il juge nécessaire, au Canada ou à l'étranger, pour faire prêter serment et recevoir les affidavits, déclarations et affirmations solennelles relatifs à toute procédure en cours ou future devant la Cour.

(2) Les serments, affidavits, déclarations et affirmations solennelles visés au paragraphe (1) ont la même valeur et le même effet que s'ils avaient été souscrits devant la Cour, ou devant un juge ou un fonctionnaire compétent de celle-ci au Canada.

(3) Les commissaires ont le titre de « commissaire aux serments auprès de la Cour suprême du Canada ».

[S.R.C. (1970), c. S-19, a. 86].

82. Les serments, affidavits, déclarations et affirmations solennelles relatifs à toute procédure en cours ou future devant la Cour et souscrits à l'étranger ont la même valeur et le même effet que s'ils avaient été faits devant un commissaire nommé au titre de la présente loi, pourvu qu'ils l'aient été devant l'une des autorités suivantes:

> *a)* un commissaire habilité à recevoir les affidavits destinés à servir devant la Haute Cour de Justice de Sa Majesté en Angleterre;

> *b)* un officier public qui les a authentifiés, signés et revêtus de son cachet officiel;

> *c)* le maire ou premier magistrat d'une municipalité — ville ou autre agglomération — située dans le Commonwealth ou ses dépendances — à l'exclusion du Canada — ou dans tout pays étranger, utilisant pour leur authentification le sceau de cette municipalité;

> *d)* un juge d'une juridiction supérieure du Commonwealth ou de ses dépendances — à l'exclusion du Canada — , utilisant le sceau du tribunal auquel il appartient;

> *e)* un consul ou tout autre agent consulaire de Sa Majesté en poste à l'étranger qui les a authentifiés par son cachet officiel.

[S.R.C. (1970), c. S-19, a. 87].

83. Est admissible en preuve, sans qu'il soit nécessaire de prouver l'authenticité de la signature, du cachet ou de la qualité officielle de son auteur, tout document censé porter — en attestation de tout serment, affidavit, déclaration ou affirmation solennelle reçu par elle — la signature de l'une des personnes suivantes:

> *a)* un commissaire nommé aux termes de la présente loi;

> *b)* une personne habilitée à recevoir des affidavits destinés à servir de-

1555

vant une cour supérieure provinciale;

c) l'une des personnes mentionnées aux alinéas 82*a)* à *e)* agissant dans le cadre de ceux-ci.

[S.R.C. (1970), c. S-19, a. 88].

84. Un vice de forme dans l'intitulé ou dans la présentation formelle d'un affidavit, d'une déclaration ou d'une affirmation solennelle souscrit dans le cadre de la présente loi ou de toute autre loi n'empêche pas son admission en preuve devant la Cour, si le tribunal ou le juge devant qui il est produit estime opportun de l'admettre; le vice de forme ne peut être invoqué pour faire obstacle à une mise en accusation pour parjure, une fois l'affidavit, la déclaration ou l'affirmation solennelle admis en preuve.

[S.R.C. (1970), c. S-19, a. 89].

85. (1) La Cour ou un de ses juges peut accéder à la demande d'une partie à une procédure en cours ou future désireuse d'y faire témoigner une personne, elle-même partie ou non à la procédure et résidant ou non au Canada. À son appréciation, en raison notamment de l'absence, de l'âge ou de l'infirmité de cette personne, ou de l'éloignement de sa résidence du lieu du procès, ou des frais qu'occasionnerait la prise de sa déposition d'une autre manière, la Cour ou un de ses juges peut ordonner que le témoin soit interrogé par écrit ou tout autre moyen, en présence du registraire, d'un commissaire aux serments auprès de la Cour ou de toute autre personne nommément désignée dans l'ordonnance, ou encore faire délivrer, aux fins d'interrogatoire, une commission sous le sceau de la Cour.

(2) Par la même ordonnance ou par une ultérieure, la Cour ou le juge peut donner les instructions qui lui paraissent justifiées quant à la date, au lieu et à la conduite de l'audition, à la comparution des témoins et à la production des pièces, ainsi qu'en toute matière y afférente.

[S.R.C. (1970), c. S-19, a. 90].

86. Les personnes habilitées à entendre un témoin sous le régime de la présente loi ne peuvent le faire qu'après qu'il a prêté le serment ou prononcé l'affirmation solennelle, quand celle-ci est légalement autorisée.

[S.R.C. (1970), c. S-19, a. 91].

87. La Cour ou un de ses juges peut, si elle ou il estime opportun de le faire dans l'intérêt de la justice, ordonner que le témoin soit soumis à un nouvel interrogatoire devant la Cour ou un de ses juges ou devant toute autre personne. Si la partie en faveur de laquelle la preuve est offerte néglige ou refuse d'obtenir cet interrogatoire supplémentaire, la Cour ou le juge a le pouvoir discrétionnaire de ne pas donner suite à la preuve.

[S.R.C. (1970), c. S-19, a. 92].

88. La partie adverse est obligatoirement avisée des date, heure et lieu de l'interrogatoire dans les formes prescrites par l'ordonnance.

[S.R.C. (1970), c. S-19, a. 93].

89. (1) Lorsque copie d'une ordonnance rendue en vue de l'interrogatoire d'un témoin et avis des date, heure et lieu de comparution signé par l'autorité devant y procéder ont été dûment signifiés à l'intéressé au Canada, et que lui a été accordée l'indemnité légale pour ses frais de déplacement et de comparution, le défaut, par refus ou négligence, de comparaître pour témoigner ou répondre à toute question légitime posée lors de son audition, ou de produire tout document qu'il a été sommé de produire, équivaut à un outrage au tribunal et est punissable à ce titre selon la procédure applicable en l'espèce.

(2) Lors de sa comparution, le témoin n'est tenu, pour ce qui est des documents à produire et des réponses à donner, qu'aux obligations imposées dans le cadre d'une instance judiciaire ordinaire.

[S.R.C. (1970), c. S-19, a. 94].

90. Si les parties dans une instance devant la Cour consentent par écrit à ce qu'un témoin soit interrogé, au Canada ou à l'étranger, par écrit ou tout autre moyen, le consentement et les actes de procédure qui s'ensuivent ont le même effet et la même valeur que si une ordonnance avait été rendue.

[S.R.C. (1970), c. S-19, a. 95].

91. (1) Le procès-verbal des interrogatoires tenus au Canada sous le régime de la présente loi est transmis à la Cour.

(2) Les dépositions authentifiées par la signature de l'autorité qui les a recueillies peuvent, sans autre attestation, être admises en preuve, sous réserve de toute objection valable.

[S.R.C. (1970), c. S-19, a. 96].

92. (1) Les interrogatoires tenus à l'étranger sous le régime de la présente loi sont prouvés par un affidavit en certifiant la régularité, notamment le fait qu'ils ont été recueillis sur les lieux et sous serment devant un commissaire aux serments ou une personne assimilée au titre de la présente loi ou de toute autre loi; leur procès-verbal est automatiquement transmis à la Cour.

(2) Les dépositions ainsi consignées et transmises — de même que l'affidavit et l'ordonnance ou la commission — sous pli cacheté et portant la signature et le sceau de l'autorité compétente pour procéder à l'interrogatoire peuvent, sans autre attestation, être admises en preuve, sous réserve de toute objection valable.

[S.R.C. (1970), c. S-19, a. 97].

93. Une partie peut faire état du procès-verbal d'un interrogatoire, nulle opposition à la lecture de la déposition étant admise si elle n'est faite dans le délai et les formes prescrits par une ordonnance générale.

[S.R.C. (1970), c. S-19, a. 98].

DISPOSITIONS GÉNÉRALES

94. (1) Les moyens de contrainte de la Cour sont exécutoires sur l'ensemble du territoire canadien. Ils portent l'attestation du juge en chef ou, en cas de vacance du poste, du doyen des juges puînés de la Cour, et sont adressés aux shérifs des comtés ou autres circonscriptions judiciaires provinciales.

(2) Les shérifs des comtés ou autres circonscriptions sont d'office fonctionnaires de la Cour; à ce titre, ils s'acquittent auprès d'elle de leurs obligations et fonctions normales de shérif.

(3) En cas d'incapacité du shérif, les moyens de contrainte sont adressés à l'un des coroners du comté ou district.

[S.R.C. (1970), c. S-19, a. 99].

95. Les commissaires aux serments auprès de la Cour qui résident au Canada peuvent recevoir des reconnaissances ou engagements de cautionnement et tous autres engagements devant la Cour.

[S.R.C. (1970), c. S-19, a. 100].

96. (1) L'ordonnance de paiement, notamment des dépens, rendue par la Cour peut être exécutée au moyen des brefs de saisie-exécution décernés par celle-ci.

(2) Le défaut de paiement ne peut justifier seul la contrainte par corps pour outrage au tribunal.

[S.R.C. (1970), c. S-19, a. 101, 102].

97. (1) Les juges de la Cour — au nombre d'au moins cinq — peuvent, par règles ou ordonnances générales:

    a) réglementer la procédure à la Cour et les modalités de recours devant elle contre les décisions de juridictions inférieures ou autres et prendre les mesures nécessaires à l'application de la présente loi;

    b) autoriser des demandes d'appel avec dispense des frais, par dérogation aux dispositions de la présente loi ou de toute autre loi qui exigent une forme de cautionnement pour les frais, et accorder à l'intimé le même avantage;

    c) habiliter le registraire à s'acquitter des tâches et travaux précisés dans ces règles et ordonnances et à exercer à leur égard l'autorité et la compétence conférée à un juge de la Cour siégeant en chambre par la loi ou la coutume ou par les usages mêmes de la Cour;

d) fixer les honoraires et les frais qui doivent être taxés et accordés aux fonctionnaires judiciaires et les montants effectivement reçus par eux, ainsi que leurs droits et obligations;

e) réglementer les dépens et leur adjudication tant en ce qui concerne la Couronne que les administrés;

f) régir la conduite des affaires de son ressort en ce qui touche aux renvois à la Cour par le gouverneur en conseil et, en particulier, à l'examen des questions de fait posées par ces renvois.

(2) Au titre du présent article, la Cour peut étendre la portée des règles et ordonnances à toute question, notamment de procédure, non prévue par la présente loi mais qu'il est jugé nécessaire de réglementer en vue de son application.

(3) Les règles compatibles avec les dispositions expresses de la présente loi ont le même effet que ces dispositions.

(4) Copie des règles et ordonnances est déposée devant chaque chambre du Parlement dans les quinze premiers jours de séance de celle-ci suivant leur édiction.
[L.R.C. (1985), c. 26 , a. 97; L.R.C. (1985), c. 34 (3ᵉ suppl.), a. 7].

98. Les dépens alloués à la Couronne ou les montants qui lui sont adjugés à un autre titre sont payables au receveur général; en ce qui concerne les sommes ou les dé-pens que la Couronne a été condamnée à payer, le ministre des Finances effectue leur paiement sur les fonds du Trésor sans affectation précise.

[S.R.C. (1970), c. S-19, a. 104].

99. (1) Dans toute procédure impliquant Sa Majesté, représentée ou non par le procureur général du Canada, les dépens qui lui sont adjugés ne peuvent être refusés ni réduits lors de la taxation au seul motif que l'avocat pour les services duquel les dépens sont justifiés ou réclamés était un fonctionnaire salarié de la Couronne, et à ce titre rémunéré pour les services qu'il fournissait dans l'exercice de ses fonctions, ou bien n'était pas, de par son statut ou pour toute autre raison, admis à prélever les dépens sur la Couronne pour les services ainsi rendus.

(2) Les dépens recouvrés par Sa Majesté ou en son nom dans le cas visé par le paragraphe (1) sont versés au Trésor.

[S.R.C. (1970), c. S-19, a. 105].

100. Les droits payables au greffe sous le régime de la présente loi sont versés au Trésor. Leur perception est réglementée par le registraire.

[S.R.C. (1970), c. S-19, a. 106; S.R.C. (1970), c. 44 (1ᵉʳ suppl.), a. 9].

RÈGLES DE LA COUR SUPRÊME DU CANADA

DORS/2002-156, telles que modifiées par DORS/2006-203; DORS/2011-74; DORS/2013-175; DORS/2014-96.

PARTIE 1 — APPLICATION ET DÉFINITIONS

Application

1. Sauf disposition contraire de la Loi ou de toute autre loi fédérale, les présentes règles s'appliquent à toutes les procédures dont est saisie la Cour.

Définitions

2. Les définitions qui suivent s'appliquent aux présentes règles.

« **affidavit** » Sont assimilées à l'affidavit les affirmations et déclarations solennelles. *(« affidavit »)*

« **commissaire à l'assermentation** » S'entend notamment de toute personne autorisée par les lois ou règles de pratique fédérales ou provinciales, selon le cas, à présider les interrogatoires. *(« commissioner for oaths »)*

« **correspondant** » Avocat qui exerce dans la région de la capitale nationale au sens de la *Loi sur la capitale nationale*. *(« agent »)*

« **demande d'autorisation d'appel** » La demande d'autorisation d'appel prévue à la règle 25 et à l'article 40 de la Loi. *(« application for leave to appeal »)*

« **dernière adresse connue** » L'adresse figurant sur le dernier document déposé, qu'il ait été déposé devant la Cour ou devant la juridiction inférieure, ou, s'il y a lieu, sur le dernier avis de changement signifié et déposé conformément à la règle 17.1. *(« last known address »)*

« **dernière adresse de courriel connue** » L'adresse de courriel figurant sur le dernier document déposé, qu'il ait été déposé devant la Cour ou devant la juridiction inférieure, ou, s'il y a lieu, sur le dernier avis de changement signifié et déposé conformément à la règle 17.1. *(« last known email address »)*

« **dernier numéro de télécopieur connu** » Le numéro de télécopieur figurant sur le dernier document déposé, qu'il ait été déposé devant la Cour ou devant la juridiction inférieure, ou, s'il y a lieu, sur le dernier avis de changement signifié et déposé conformément à la règle 17.1. *(« last known fax number »)*

« **impression** » Tout procédé de reproduction, sauf la reproduction manuscrite. *(« printing »)*

« **jour férié** » S'entend au sens de la *Loi d'interprétation* et vise également le samedi. *(« holiday »)*

« **Loi** » La *Loi sur la Cour suprême*. *(« Act »)*

« **partie** » Personne nommée dans l'intitulé conformément à la règle 22, y compris toute personne qui lui est substituée ou est ajoutée aux procédures conformément à la règle 18; mais si référence est faite à la juridiction inférieure, toute partie devant cette juridiction. *(« party »)*

« **personne** » Sont compris parmi les personnes les corps politiques ou constitués, Sa Majesté la Reine et le procureur général. *(« person »)*

« **procédure** » Appel, demande d'autorisation d'appel, requête ou renvoi devant la

Cour, un juge ou le registraire. *(« proceeding »)*

« procureur » Tout membre du barreau d'une province. *(« counsel »)*

« procureur général » Le procureur général du Canada ou d'une province, ou le ministre de la Justice d'un territoire. *(« attorney general »)*

« sources » Sont compris parmi les sources les textes législatifs, jurisprudentiels et doctrinaux et les traités ainsi que tout extrait de ceux-ci. *(« authorities »)*
[DORS/2011-74, a. 1; DORS/2013-175, a. 1].

Absence de règles

3. (1) En cas de silence des présentes règles, la Cour, un juge ou le registraire peut établir toute règle procédurale non incompatible avec les présentes règles ou la Loi.

(2) Toute partie peut, par requête à un juge ou au registraire, demander des directives à l'égard de la règle procédurale visée au paragraphe (1).

Conditions

4. Les ordonnances et directives de la Cour, du juge ou du registraire prévues par les présentes règles peuvent être assorties des conditions que leur auteur estime indiquées.

Calcul des délais

5. (1) Le calcul des délais prévus par les présentes règles ou par une ordonnance de la Cour, d'un juge ou du registraire est régi par la *Loi d'interprétation*.

(1.1) Lorsqu'un délai de signification ou de dépôt est exprimé en nombre de semaines suivant un jour ou un évènement déterminé :

    a) ce jour ou celui de l'évènement n'entre pas dans le calcul du délai;

b) le dernier jour de la dernière période de sept jours entre dans le calcul du délai.

(2) Les jours fériés n'entrent pas dans le calcul des délais inférieurs à six jours prévus par les présentes règles.

(3) Le mois de juillet n'entre pas dans le calcul des délais prévus par les présentes règles, sauf pour la signification et le dépôt des dossiers, mémoires et recueils de sources relatifs à un appel ou à un appel incident en application des règles 35 à 37 et des requêtes en intervention en application de l'alinéa 56b), y compris toute réponse ou réplique, et pour la signification des avis de question constitutionnelle en application du paragraphe 61(2).

(4) Les jours fériés et le mois de juillet entrent toutefois dans le calcul des délais prévus par une ordonnance de la Cour, d'un juge ou du registraire.
[DORS/2006-203, a. 1; DORS/2011-74, a. 2; DORS/2013-175, a. 2].

5.1 Sauf directive contraire de la Cour, d'un juge ou du registraire et sous réserve de l'article 58 de la Loi, la période commençant le 21 décembre et se terminant le 7 janvier suivant n'entre pas dans le calcul des délais prévus par les présentes règles pour la signification et le dépôt de documents, à l'exception de la signification et du dépôt d'une requête en formulation d'une question constitutionnelle prévue au paragraphe 60(1).
[DORS/2006-203, a. 1; DORS/2011-74, a. 3].

Prorogation ou abrégement

6. (1) La Cour, un juge ou, sauf disposition contraire des présentes règles, le registraire peut, sur requête ou de sa propre initiative, proroger ou abréger tout délai fixé par les présentes règles.

(2) L'affidavit à l'appui de la requête en prorogation ou en abrégement doit exposer les motifs du retard ou de l'urgence, selon le cas.

Ajournement

7. (1) Le Juge en chef ou, en son absence ou à sa demande, un autre juge peut, sur requête ou de sa propre initiative, ajourner l'audition de toute procédure.

(2) L'affidavit à l'appui de la requête en ajournement doit exposer les faits ou les motifs justifiant la requête.

Dispense d'observation des règles

8. (1) La Cour, un juge ou, sauf disposition contraire des présentes règles, le registraire peut, sur requête ou de sa propre initiative, dispenser une partie de l'observation de toute disposition des présentes règles.

(2) La Cour, un juge ou le registraire peut refuser tout document qui n'est pas conforme aux présentes règles ou qui n'a pas été signifié conformément aux présentes règles ou à une ordonnance de la Cour, d'un juge ou du registraire.

(3) Sur ordonnance de la Cour, d'un juge ou du registraire, le document qui n'est pas conforme aux présentes règles peut être exclu des dépens.

PARTIE 2 — ADMINISTRATION DE LA COUR

Heures d'ouverture

9. Sauf directive contraire du registraire, le greffe de la Cour est ouvert tous les jours, sauf les jours fériés, de 8 h à 17 h, heure locale.

[DORS/2013-175, a. 3].

Tenue des registres

10. Le registraire tient tous les registres nécessaires à l'inscription des mesures prises dans l'instance.

[DORS/2011-74, a. 4].

Langues officielles

11. (1) Les communications verbales ou écrites avec la Cour peuvent se faire en français ou en anglais.

(2) Sous réserve du paragraphe (3), le registraire fournit aux parties des services de traduction simultanée dans les deux langues officielles durant l'audition de toute procédure.

(3) Dans le cas d'une requête présentée à un juge ou au registraire, les services visés au paragraphe (2) sont fournis à la demande d'une partie faite au moins deux jours avant l'audition.

PARTIE 3 — POUVOIRS DU REGISTRAIRE

Force obligatoire

12. Sous réserve de la règle 78, l'ordonnance du registraire lie toutes les parties intéressées comme si elle émanait d'un juge.

Renvoi à un juge

13. Le registraire peut renvoyer à un juge toute affaire qui lui est soumise.

PARTIE 4 — RÈGLES GÉNÉRALES

Dénomination des parties

14. Dans le cas d'une demande d'autorisation d'appel, d'un appel visé aux alinéas 33c) ou d) ou d'une requête introductive d'instance, toute partie qui est une personne morale, société de personnes ou association sans personnalité morale dépose auprès du registraire un avis de dénomination sociale conforme au formulaire 14, afin de confirmer sa dénomination sociale dans les deux langues officielles ou d'attester qu'elle n'a pas de dénomination sociale bilingue.

[DORS/2011-74, a. 5(2); DORS/2013-175, a. 4].

Représentation des parties

15. (**1**) Sous réserve de la règle 17, le procureur d'une partie devant la juridiction inférieure est réputé la représenter devant la Cour.

(**2**) Sous réserve du paragraphe (3), une partie peut agir en son propre nom ou être représentée par procureur.

(**3**) Toute personne morale, société de personnes ou association sans personnalité morale est représentée par procureur, sauf dans les cas suivants :

a) elle a été autorisée à se faire représenter par une personne autre qu'un procureur devant l'un des tribunaux d'instance inférieure et elle a choisi de continuer à se faire représenter par cette personne devant la Cour;

b) un juge lui accorde, sur requête, l'autorisation de se faire représenter par une personne autre qu'un procureur, conformément à tout texte législatif fédéral ou provincial applicable.

[DORS/2013-175, a. 5].

Correspondant

16. (**1**) La partie à un appel ou à un renvoi devant la Cour traite avec le registraire par l'intermédiaire d'un correspondant.

(**2**) La partie à toute autre procédure peut choisir de traiter avec le registraire par l'intermédiaire d'un correspondant.

(**3**) Dans toute procédure, un correspondant ne peut représenter plus d'une partie sans le consentement de chacune des parties qu'il représente.

(**4**) Le correspondant qui représente deux parties opposées doit déposer auprès du registraire un avis conforme au formulaire 16.

(**5**) Une partie peut désigner un correspondant permanent en déposant auprès du registraire un avis à cet effet.

[DORS/2013-175, a. 6].

Changement de représentation ou cessation d'occuper du procureur ou du correspondant

17. (**1**) Une partie peut changer de procureur ou de correspondant en indiquant le nom de son nouveau procureur ou correspondant sur l'acte introductif d'instance ou, une fois la procédure introduite, en signifiant aux autres parties et en déposant auprès du registraire un avis de changement dans lequel figurent les nom, adresse et numéro de téléphone et, s'il y a lieu, le numéro de télécopieur et l'adresse de courriel du remplaçant.

(**2**) Une partie représentée par procureur devant la juridiction inférieure peut choisir d'agir en son propre nom en signant l'acte introductif d'instance.

(**3**) Une partie qui n'a pas été représentée par procureur devant la juridiction inférieure peut choisir de l'être en signifiant aux autres parties et en déposant auprès du registraire un avis à cet effet.

(4) Un procureur peut choisir de cesser de représenter une partie devant la Cour :

a) soit en signifiant aux autres parties et en déposant auprès du registraire un avis de cessation d'occuper accompagné du consentement de la partie;

b) soit, faute de consentement, en demandant par requête à un juge ou au registraire une ordonnance l'autorisant à cesser d'occuper pour cette partie et en signifiant à cette partie ainsi qu'aux autres parties la requête et, le cas échéant, l'ordonnance autorisant la cessation d'occuper.

(5) Un correspondant peut cesser de représenter une partie en signifiant un avis de cessation d'occuper à cette dernière ainsi qu'aux autres parties et en le déposant auprès du registraire.

[DORS/2011-74, a. 6(2), (3); DORS/2013-175, a. 7].

Changement de coordonnées

17.1 En cas de changement de ses coordonnées, une partie signifie sans délai aux autres parties un avis de changement de coordonnées et le dépose auprès du registraire.

[DORS/2013-175, a. 8].

Adjonction, substitution et retrait de parties

18. (1) Toute personne peut être ajoutée à une procédure ou substituée à une partie par requête motivée présentée à un juge ou au registraire.

(2) Sous réserve du paragraphe (5), nul ne peut être ajouté à une procédure ou substitué à une partie sans le dépôt de son consentement auprès du registraire.

(3) La requête est aussi signifiée à la partie que l'on veut ajouter ou substituer à une partie.

(4) Sauf ordonnance contraire d'un juge ou du registraire, les documents prévus par les présentes règles doivent être signifiés aux parties ainsi ajoutées ou substituées à une partie, et les délais commencent à courir selon les modalités de l'ordonnance.

(4.1) Toute partie nommée dans l'intitulé peut être retirée à titre de partie sur consentement du demandeur ou de l'appelant ou par requête motivée présentée à un juge ou au registraire.

(5) Dans toute procédure, la Cour ou un juge peut ordonner l'adjonction, la substitution ou le retrait d'une partie si la Cour ou le juge l'estime nécessaire pour permettre à la Cour de trancher les questions en litige.

[DORS/2013-175, a. 10].

Dépôt de documents

19. (1) Le dépôt de tout document auprès du registraire peut se faire :

a) par remise en mains propres;

b) par courrier ou par messagerie;

c) par télécopie ou par courriel, sauf dans le cas des documents qui, aux termes des présentes règles, doivent être reliés.

(2) Le registraire qui reçoit un document à déposer peut, selon le cas :

a) l'accepter ou le rejeter;

b) l'accepter sous réserve que des corrections y soient apportées ou que des conditions préalables soient remplies.

(2.1)-(2.3) (*Remplacés*).

(3) Sauf ordonnance contraire de la Cour, d'un juge ou du registraire, le document déposé par remise en mains propres, par courrier ou par messagerie est réputé déposé à la date du timbre de dépôt de la Cour.

(4) Le document transmis par télécopie ou par courriel comporte une page couverture conforme aux exigences du paragraphe 20(3) ou les renseignements prévus aux alinéas 20(3.1)a), b), d) et e), selon le cas, et est réputé déposé à la date de sa réception à moins qu'il ne soit reçu entre 17 h et minuit, heure locale, ou un jour férié, auxquels cas il est réputé déposé le premier jour — autre qu'un jour férié — suivant sa réception.

(5) Dans les cinq jours ouvrables suivant le dépôt par télécopie ou par courriel d'un document, à l'exception de toute correspondance visée au paragraphe (7), l'original et une copie du document sont déposés par remise en mains propres, par courrier ou par messagerie.

(6) Les documents déposés, à l'exception de toute correspondance visée au paragraphe (7), sont signifiés conformément à la règle 20 à toutes les parties, sauf disposition contraire des présentes règles ou ordonnance contraire de la Cour, d'un juge ou du registraire.

(7) Une copie de toute correspondance entre les parties ou entre une partie et le registraire déposée auprès de celui-ci est envoyée à toutes les autres parties par remise en mains propres, par courrier ou par messagerie à la dernière adresse connue ou, si l'adresse du destinataire aux fins de signification comprend un numéro de télécopieur ou une adresse de courriel, par télécopie au dernier numéro de télécopieur connu ou par courriel à la dernière adresse de courriel connue.

[DORS/2006-203, a. 2; DORS/2011-74, a. 7; DORS/2013-175, a. 11].

Dépôt de documents scellés ou confidentiels

19.1 (1) S'il fait l'objet d'un dépôt, tout document visé par une ordonnance de mise sous scellés ou de confidentialité d'un tribunal d'instance inférieure ou de la Cour ou tout document classé comme confidentiel aux termes de dispositions législatives est remis dans une enveloppe scellée et accompagné d'une lettre explicative et d'une copie de l'ordonnance de mise sous scellés, de l'ordonnance de confidentialité ou des dispositions législatives applicables.

(2) Si les documents ci-après font l'objet de dépôt, ils sont remis dans une enveloppe scellée et accompagnés d'une copie épurée de la version électronique, si celle-ci est exigée par les présentes règles, et de deux copies épurées de la version imprimée :

a) tout document qui contient, soit un document visé par une ordonnance de mise sous scellés ou de confidentialité d'un tribunal d'instance inférieure ou de la Cour, soit un document classé comme confidentiel aux termes de dispositions législatives;

b) tout document qui contient des renseignements qui sont, soit visés par une ordonnance de mise sous scellés ou de confidentialité d'un tribunal d'instance inférieure ou de la Cour, soit classés comme confidentiels aux termes de dispositions législatives;

c) tout document dont une partie demande la mise sous scellés.

(3) Les documents visés aux alinéas (2)b) ou c) sont accompagnés d'une requête demandant au registraire d'en ordonner la mise sous scellés.

[DORS/2011-74, a. 8; DORS/2013-175, a. 13].

Signification des documents

20. (1) La signification de tout document à une partie se fait à son procureur ou à son correspondant à la dernière adresse connue, à la dernière adresse de courriel connue ou au dernier numéro de télécopieur connu de celui-ci ou, si la partie n'est pas représentée par procureur, à la partie elle-même ou à son correspondant, selon l'un des modes suivants :

a) signification à personne effectuée n'importe quel jour autre qu'un jour férié;

b) courrier ordinaire, sauf dans le cas d'un acte introductif d'instance et des documents à l'appui;

c) courrier recommandé ou certifié ou par messagerie;

d) télécopie, sauf dans le cas des documents suivants :

    (i) ceux qui, aux termes des présentes règles, doivent être reliés,

    (ii) ceux qui comptent plus de quarante pages, à moins que la partie à laquelle les documents sont signifiés consente à leur signification par ce mode;

d.1) courriel, sauf dans le cas de documents qui, aux termes des présentes règles, doivent être reliés, à moins que la partie à laquelle les documents sont signifiés consente à leur signification par ce mode;

e) remise d'une copie au procureur ou au correspondant de la partie ou à un employé du cabinet de son procureur ou de son correspondant.

(2) La signification des deux versions — imprimée et électronique — n'est pas requise si le procureur auquel le document est signifié accepte que lui soit signifié l'une ou l'autre de ces versions.

(3) Tout document signifié par télécopie doit comporter une page couverture indiquant :

a) le titre du document transmis;

b) les nom, adresse et numéro de téléphone de l'expéditeur;

c) le nom du destinataire et, le cas échéant, celui de son procureur;

d) la date et l'heure approximative de la transmission;

e) le nombre de pages transmises, y compris la page couverture;

f) le numéro du télécopieur utilisé pour la transmission;

g) les nom et numéro de téléphone de la personne à contacter en cas de difficulté de transmission.

(3.1) Si un document est signifié par courriel, celui-ci comporte les renseignements suivants :

a) le titre du document transmis;

b) les nom, adresse et numéro de téléphone de l'expéditeur;

c) le nom de la partie à laquelle le document est signifié et, s'il y a lieu, celui de son procureur;

d) la date et l'heure approximative de la transmission;

e) une indication du nombre de pièces jointes au courriel ou de l'endroit où la partie à laquelle le document est signifié peut y accéder par voie électronique.

(4) Sous réserve du paragraphe (5), un document est réputé signifié à la date de sa réception ou de la reconnaissance de sa réception, à moins qu'il ne soit reçu entre 17 h et minuit, heure locale, ou un jour férié, auxquels cas il est réputé déposé le premier jour — autre qu'un jour férié — suivant sa réception.

(5) Un document signifié par courrier ordinaire est réputé signifié le cinquième jour ouvrable après sa mise à la poste.

(6) Lorsqu'une tentative de signification par une personne autorisée, conformément aux règles de procédure applicables dans la province ou le territoire de signification, a échoué et est consignée au procès-verbal de signification, la personne autorisée peut signifier le document en laissant une copie du document sur place à l'intention de son destinataire.

(7) La preuve de signification d'une seule version — imprimée ou électronique — suffit.

(8) Sauf ordonnance contraire d'un juge ou du registraire, la preuve de la signification est établie par le dépôt — en conformité avec la règle 19 — , dans les deux jours suivant la signification, de l'un des documents ci-après :

a) dans les cas où la signification a été effectuée par courrier ordinaire, un affidavit conforme au formulaire 20;

b) dans les cas où la signification a été effectuée par courrier recommandé ou certifié ou par messagerie, un affidavit conforme au formulaire 20 portant en annexe le récépissé de la poste, un accusé de réception portant la signature du destinataire ou une copie des résultats de suivi du service de messagerie où figurent les détails concernant la livraison du document;

c) dans les cas où la signification a été effectuée par télécopie, un affidavit conforme au formulaire 20 portant en annexe une copie de la page couverture visée au paragraphe (3) et le bordereau de transmission qui confirme les date et heure de la transmission;

d) dans les cas où la signification a été effectuée par courriel, un affidavit conforme au formulaire 20 portant en annexe une copie du courriel visé au paragraphe (3.1) et une copie de l'accusé de lecture ou de la confirmation par le destinataire de la signification par courriel;

e) le procès-verbal de signification établi par toute personne autorisée, conformément aux règles de procédure applicables dans la province ou le territoire de signification;

f) une reconnaissance de la signification, signée par la partie, son procureur ou son correspondant.

(9) Si des documents qui ne sont pas des documents introductifs d'instance ont été signifiés par courrier recommandé ou certifié, par messagerie, par télécopie ou par courriel, le dépôt d'un affidavit conforme au formulaire 20 n'est pas requis, pourvu que les renseignements devant être joints en annexe en application des alinéas (8)b), c) ou d), selon le cas, soient déposés.

(10) Le registraire peut, sur dépôt d'un affidavit de la partie qui signifie le document, ordonner un mode de signification différent si les circonstances le justifient.
[DORS/2006-203, a. 3; DORS/2011-74, a. 8; DORS/2013-175, a. 14].

Lignes directrices pour la préparation des documents

21. (1) Les documents présentés devant la Cour sont préparés conformément aux *Lignes directrices pour la préparation des documents à déposer à la Cour suprême du Canada (versions imprimée et électronique)*, avec leurs modifications successives.

(2) La version électronique d'un document, lorsqu'elle est exigée par les présentes règles, est conforme à la version imprimée originale, sauf ordonnance ou autorisation contraire de la Cour, d'un juge ou du registraire. En cas de divergence, la version imprimée originale sera considérée comme la version officielle du document.

(2.1)-(4) (*Abrogés*).
[DORS/2006-203, a. 4; DORS/2011-74, a. 8].

Intitulé

22. (1) (*Abrogé*).

(2) L'intitulé de la demande d'autorisation d'appel contient le nom des personnes énumérées ci-après, suivis de leur qualité devant la juridiction inférieure :

a) à titre de demandeur, toute partie qui présente la demande d'autorisation d'appel;

b) à titre d'intimé, toute partie — y compris, au Québec, le mis en cause — visée par une demande d'autorisation d'appel présentée par le demandeur et qui, devant la juridiction inférieure, avait des intérêts opposés à ceux du demandeur;

c) à titre d'intervenant :

(i) tout intervenant à qui la juridiction inférieure a reconnu la pleine qualité de partie et, au Québec, tout mis en cause devant la juridiction inférieure dont le nom ne figure pas déjà dans l'intitulé,

(ii) toute personne qui a obtenu l'autorisation d'intervenir conformément à la règle 59,

(iii) toute commission ou tout tribunal administratif dont la compétence est en cause, que cette commission ou ce tribunal administratif ait ou non participé à l'instance devant la juridiction inférieure.

(3) L'intitulé de l'appel contient le nom des personnes énumérées ci-après, suivis de leur qualité devant la juridiction inférieure :

a) à titre d'appelant, toute partie qui interjette appel;

b) à titre d'intimé, toute partie — y compris, au Québec, le mis en cause — à l'égard de laquelle l'appelant interjette l'appel et qui, devant la juridiction inférieure, avait des intérêts opposés à ceux de l'appelant;

c) à titre d'intervenant :

(i) tout intervenant à qui la juridiction inférieure a reconnu la pleine qualité de partie et, au Québec, tout mis en cause devant la juridiction inférieure dont le nom ne figure pas déjà dans l'intitulé,

(ii) toute personne qui a obtenu l'autorisation d'intervenir conformément à la règle 59,

(iii) tout procureur général qui a déposé un avis d'intervention conformément au paragraphe 61(4),

(iv) toute commission ou tout tribunal administratif dont la compétence est en cause, que cette commission ou ce tribunal administratif ait ou non participé à l'instance devant la juridiction inférieure.

(3.1) L'intitulé d'une requête est conforme à celui de la demande d'autorisation d'appel ou de l'appel, selon le cas, et peut être abrégé de façon à ce que seuls soient nommés le premier demandeur et le premier intimé ou le premier appelant et le premier intimé, selon le cas.

(4) Une requête peut être présentée en application de la règle 18 pour inclure dans l'intitulé comme partie toute autre personne qui agissait comme partie, mis en cause ou intervenant devant la juridiction inférieure et qui doit être partie aux procédures pour donner effet à un jugement de la Cour.

[DORS/2006-203, a. 5; DORS/2011-74, a. 9].

Attestation du procureur

23. (1) Les documents ci-après sont, dans le cas d'une demande d'autorisation d'appel ou d'une requête introductive d'instance, déposés par le procureur du demandeur et par le procureur de l'intimé ou, dans le cas d'un appel visé aux alinéas 33c) ou d), par le procureur de l'appelant :

a) une attestation conforme au formulaire 23A indiquant :

(i) si une ordonnance de mise sous scellés ou de confidentialité rendue par un tribunal d'instance inférieure ou par la Cour est en vigueur dans le dossier et si un document déposé contient des renseignements qui sont soit visés par une ordonnance de mise sous scellés ou de confidentialité, soit classés comme confidentiels aux termes de dispositions législatives,

(ii) s'il existe, aux termes d'une ordonnance ou d'une disposition législative, une obligation de non-publication de la preuve ou du nom ou de l'identité d'une partie ou d'un témoin et si un document déposé contient des renseignements visés par cette obligation,

(iii) s'il existe, aux termes d'une disposition législative, une restriction qui limite l'accès du public à certains renseignements et si un document déposé contient des renseignements visés par cette restriction;

b) une copie de toute ordonnance visée aux sous-alinéas a)(i) et (ii) ou des dispositions législatives applicables visées aux sous-alinéas a)(i) à (iii);

c) dans le cas où il serait contre-indiqué qu'un juge prenne part à la décision de la Cour en raison de sa participation antérieure à l'affaire ou de l'existence d'un lien entre lui et celle-ci, une attestation conforme au formulaire 23B énonçant les questions soulevées.

(2) Les documents prévus au paragraphe (1) sont déposés en même temps que la demande d'autorisation d'appel ou la réponse à celle-ci, que la requête introductive d'instance ou la réponse à celle-ci ou que l'avis d'appel dans le cas d'un appel visé aux alinéas 33c) ou d), selon le cas.

[DORS/2013-175, a. 15].

24. Dans le cas d'un appel, le procureur de l'appelant et celui de l'intimé déposent une attestation conforme au formulaire 24A ou 24B en même temps que le dossier visé aux règles 38 ou 39.

[DORS/2013-175, a. 15].

PARTIE 5 —
AUTORISATION D'APPEL

Demande d'autorisation d'appel

25. (1) La demande d'autorisation d'appel est reliée et comporte, dans l'ordre, les éléments suivants :

a) l'avis de demande d'autorisation d'appel conforme au formulaire 25;

b) depuis le tribunal de première instance ou le tribunal administratif, selon le cas, jusqu'à la juridiction inférieure :

(i) s'il y a lieu, une copie des motifs prononcés pour tous

les jugements tels qu'ils ont été émis par chaque tribunal d'instance inférieure,

(ii) une copie de la version officielle des ordonnances et jugements signés et inscrits,

(iii) une copie de tout projet d'ordonnance, la version définitive étant déposée séparément dès sa signature et son inscription;

c.1) (*Abrogé*);

d) les documents, y compris tout affidavit à l'appui de la demande d'autorisation d'appel, que compte invoquer le demandeur, par ordre chronologique.

e)-g) (*Remplacés*).

(2) Les parties I à V du mémoire comptent au plus vingt pages.

(3) Si les documents visés à l'alinéa (1)d) comportent des transcriptions ou des éléments de preuve, la demande d'autorisation d'appel ne doit comprendre que les extraits pertinents, y compris les pièces.

(4) Si les documents visés à l'alinéa (1)d) figurent au dossier de la juridiction inférieure, le dépôt de six copies de ce dossier auprès du registraire vaut dépôt des documents.

(5) (*Abrogé*).

[DORS/2006-203, a. 7; DORS/2011-74, a. 11; DORS/2013-175, a. 16].

Signification et dépôt

26. (1) Le demandeur dépose auprès du registraire :

a) une copie de la version électronique de chacun de l'avis de demande d'autorisation d'appel visé à l'alinéa 25(1)a), du mémoire visé à l'alinéa 25(1)c) et de toute requête relative à la demande d'autorisation d'appel;

b) l'original et cinq copies de la demande d'autorisation d'appel.

(2) En plus de la signification exigée aux termes de l'alinéa 58(1)a) de la Loi, le demandeur :

a) envoie une copie de la version électronique de chacun de l'avis de demande d'autorisation d'appel, du mémoire et de toute requête relative à la demande d'autorisation d'appel à tout autre demandeur, à tout intimé et à tout intervenant par courriel à leur dernière adresse de courriel connue et dépose auprès du registraire un affidavit attestant le nom et l'adresse de courriel de chaque partie à laquelle les copies ont été envoyées ou une copie des renseignements devant être joints en annexe en application de l'alinéa 20(8)d);

b) envoie une copie de l'avis de demande d'autorisation d'appel à toute partie devant la juridiction inférieure dont le nom ne figure pas dans l'intitulé visé au paragraphe 22(2), par courrier ordinaire, par télécopie ou par courriel, à la dernière adresse connue, au dernier numéro de télécopieur connu ou à la dernière adresse de courriel connue et dépose auprès du registraire un affidavit attestant le nom de chaque partie ainsi que l'adresse, le numéro de télécopieur ou l'adresse de courriel auquel a été envoyée la copie de l'avis.

[DORS/2006-203, a. 8; DORS/2013-175, a. 17].

Réponse

27. **(1)** L'intimé ou l'intervenant peut, dans les trente jours suivant l'ouverture par la Cour d'un dossier à la suite du dépôt de la demande d'autorisation d'appel ou, si un tel dossier est déjà ouvert, dans les trente jours suivant la signification d'une demande d'autorisation d'appel, présenter une réponse à celle-ci :

a) en signifiant une copie de la version imprimée de la réponse aux autres parties;

b) en déposant auprès du registraire l'original et cinq copies de la version imprimée de la réponse;

c) en déposant auprès du registraire une copie de la version électronique de chacun du mémoire visé à l'alinéa (2)a), s'il y a lieu, et de toute réponse à toute requête relative à la demande d'autorisation d'appel;

d) en envoyant aux autres parties une copie de la version électronique de chacun du mémoire visé à l'alinéa (2)a), s'il y a lieu, et de toute réponse à toute requête relative à la demande d'autorisation d'appel par courriel à leur dernière adresse de courriel connue.

(2) À moins d'être signifiée et déposée sous forme de correspondance d'au plus deux pages, la réponse est présentée sous forme reliée et comprend, dans l'ordre :

a) un mémoire conforme aux exigences prévues à l'alinéa 25(1)c), dont les parties I à V comptent au plus vingt pages, dans le cas de l'intimé, et au plus cinq pages, dans celui de l'intervenant;

b) les documents que compte invoquer l'intimé ou l'intervenant, par ordre chronologique, compte tenu des paragraphes 25(3) et (4).

[DORS/2006-203, a. 9; DORS/2011-74, a. 12; DORS/2013-175, a. 18].

Réplique

28. **(1)** Le demandeur peut, dans les dix jours suivant la signification de la réponse de l'intimé ou de l'intervenant à la demande d'autorisation ou dans le délai prévu au paragraphe 30(1) si l'alinéa 30(2)b) s'applique, présenter une réplique :

a) en signifiant une copie de la version imprimée de la réplique aux autres parties;

b) en déposant auprès du registraire l'original et cinq copies de la version imprimée de la réplique;

c) en déposant auprès du registraire une copie de la version électronique de chacun du mémoire visé au paragraphe (2), s'il y a lieu, et de toute réplique à la réponse à toute requête relative à la demande d'autorisation d'appel;

d) en envoyant aux autres parties une copie de la version électronique de chacun du mémoire visé au paragraphe (2), s'il y a lieu, et de toute réplique à la réponse à toute requête relative à la demande d'autorisation d'appel par courriel à leur dernière adresse de courriel connue.

(2) À moins d'être signifiée et déposée sous forme de correspondance d'au plus deux pages, la réplique est présentée sous forme reliée et comprend un mémoire d'au plus cinq pages.

[DORS/2011-74, a. 13; DORS/2013-175, a. 19].

PARTIE 6 —
AUTORISATION D'APPEL
INCIDENT

*Demande d'autorisation
d'appel incident*

29. (1) L'intimé qui cherche à faire infirmer ou rectifier, en tout ou en partie, le dispositif du jugement frappé d'appel peut présenter une demande d'autorisation d'appel incident dans les trente jours suivant la signification de la demande d'autorisation d'appel si l'autorisation d'appel est requise, ou dans les trente jours suivant l'avis d'appel dans tous les autres cas :

a) en signifiant une copie de la version imprimée de la demande d'autorisation d'appel incident aux parties dont le nom figure dans l'intitulé de la demande d'autorisation d'appel incident visé au paragraphe 22(2);

b) en envoyant à ces parties, par courriel à la dernière adresse de courriel connue, une copie de la version électronique de chacun de l'avis de demande d'autorisation d'appel incident visé à l'alinéa (2)a), du mémoire conforme aux exigences prévues à l'alinéa 25(1)c) et de toute requête relative à la demande d'autorisation d'appel incident et en déposant auprès du regis-

traire un affidavit attestant le nom et l'adresse de courriel de chaque partie à laquelle les copies ont été envoyées ou une copie des renseignements devant être joints en annexe en application de l'alinéa 20(8)d);

c) en envoyant une copie de l'avis de demande d'autorisation d'appel incident à toute partie devant la juridiction inférieure dont le nom ne figure pas dans l'intitulé de la demande d'autorisation d'appel incident, par courrier ordinaire, par télécopieur ou par courriel, à la dernière adresse connue, au dernier numéro de télécopieur connu ou à la dernière adresse de courriel connue et en déposant auprès du registraire un affidavit attestant le nom de chaque partie ainsi que l'adresse, le numéro de télécopieur ou l'adresse de courriel auquel a été envoyée la copie de l'avis;

d) en déposant auprès du registraire l'original et cinq copies de la version imprimée de la demande d'autorisation d'appel incident et une copie de la version électronique de chacun de l'avis de la demande d'autorisation d'appel incident, du mémoire et de toute requête relative à la demande d'autorisation d'appel incident.

(2) La demande d'autorisation d'appel incident :

a) est reliée, comporte l'avis de demande d'autorisation d'appel incident conforme au formulaire 29 et est par ailleurs conforme aux exigences prévues à la règle 25, avec les adaptations nécessaires;

b) peut être jointe à la réponse à la demande d'autorisation d'appel.

(3) L'intimé qui cherche à faire confirmer le jugement de la juridiction inférieure pour des motifs différents de ceux invoqués dans ce jugement peut, sans déposer de demande d'appel incident, le faire dans son mémoire d'appel.

(4) Dans le cas prévu au paragraphe (3), l'appelant peut signifier et déposer, conformément au paragraphe 35(4), un mémoire en réponse relié comptant au plus vingt pages.

[DORS/2006-203, a. 10; DORS/2011-74, a. 14; DORS/2013-175, a. 20].

Réponse

30. (1) Le demandeur peut, dans les trente jours suivant la signification de la demande d'autorisation d'appel incident, présenter une réponse à celle-ci :

> a) en signifiant une copie de la version imprimée de la réponse aux autres parties à la demande d'autorisation d'appel incident;

> b) en déposant auprès du registraire l'original et cinq copies de la version imprimée de la réponse;

> c) en déposant auprès du registraire une copie de la version électronique de chacun du mémoire conforme aux exigences prévues à l'alinéa 25(1)c), s'il y lieu, et de toute réponse à toute requête relative à la demande d'autorisation d'appel incident;

> d) en envoyant aux autres parties à la demande d'autorisation d'appel incident une copie de la version électronique de chacun du mémoire, s'il y a lieu, et de toute réponse à toute requête relative à la demande d'autorisation d'appel incident par courriel à leur dernière adresse de courriel connue.

(2) La réponse :

> a) est reliée et est par ailleurs conforme au paragraphe 27(2), avec les adaptations nécessaires;

> b) peut être jointe à la réplique à la réponse à la demande d'autorisation d'appel.

[DORS/2011-74, a. 15; DORS/2013-175, a. 21].

Réplique

31. (1) L'intimé peut, dans les dix jours suivant la signification de la réponse, présenter une réplique :

> a) en signifiant une copie de la version imprimée de la réplique aux autres parties à la demande d'autorisation d'appel incident;

> b) en déposant auprès du registraire l'original et cinq copies de la version imprimée de la réplique;

> c) en déposant auprès du registraire une copie de la version électronique de chacun du mémoire, s'il y lieu, et de toute réplique à la réponse à toute requête relative à la demande d'autorisation d'appel incident;

> d) en envoyant aux autres parties à la demande d'autorisation d'appel incident une copie de la version électronique de chacun du mémoire, s'il y lieu, et de toute réplique à la réponse à toute requête relative à la demande d'autorisation d'appel incident par courriel à leur dernière adresse de courriel connue.

(2) À moins d'être signifiée et déposée sous forme de correspondance d'au plus deux pages, la réplique est présentée sous forme reliée et comprend un mémoire d'au plus cinq pages.

[DORS/2011-74, a. 16; DORS/2013-175, a. 22].

PARTIE 7 — PRÉSENTATION À LA COUR

Présentation des demandes

32. (1) Le registraire soumet à l'examen de la Cour :

> a)   la   demande   d'autorisation d'appel :

> > (i) soit après le dépôt de la réplique ou à l'expiration du dé-

lai de dix jours prévu à la règle 28, selon le cas,

(ii) soit après l'expiration du délai de trente jours prévu à la règle 27 si aucune réponse n'a été déposée;

b) la demande d'autorisation d'appel incident :

(i) soit après le dépôt de la réplique ou à l'expiration du délai de dix jours prévu à la règle 31, selon le cas,

(ii) soit après l'expiration du délai de trente jours prévu à la règle 30 si aucune réponse n'a été déposée.

(2) Aucun document ne peut être déposé après que la demande d'autorisation d'appel ou la demande d'autorisation d'appel incident, selon le cas, a été soumise à l'examen de la Cour, sauf ordonnance contraire du registraire sur requête.

(3) Le registraire porte au rôle toute demande d'autorisation d'appel à l'égard de laquelle la Cour a ordonné la tenue de l'audience visée à l'alinéa 43(1)c) de la Loi.

PARTIE 8 — APPELS ET APPELS INCIDENTS

Avis d'appel

33. L'avis d'appel prévu à l'alinéa 60(1)a) de la Loi remplit les conditions suivantes :

a) il est conforme au formulaire 33;

b) il énonce les dispositions législatives qui autorisent l'appel;

c) dans le cas d'un appel interjeté en vertu des alinéas 691(1)a) ou (2)a) ou b), 692(3)a) ou 693(1)a) du *Code criminel*, il énonce les questions de droit en cause, notamment celles sur lesquelles porte, en tout ou en partie, la dissidence de la juridiction inférieure, et il comporte en annexe une copie du jugement et des motifs de la juridiction inférieure;

d) dans le cas de tout autre appel de plein droit, il comporte en annexe une copie du jugement et des motifs de la juridiction inférieure;

e)-f) (*Abrogés*).
[DORS/2006-203, a. 11; DORS/2011-74, a. 17; DORS/2013-175, a. 23].

Signification et dépôt de l'avis d'appel

34. (1) En plus de la signification exigée aux termes de l'alinéa 58(1)b) de la Loi, l'appelant envoie une copie de l'avis d'appel à toute partie devant la juridiction inférieure dont le nom ne figure pas dans l'intitulé visé au paragraphe 22(3), par courrier ordinaire, par télécopie ou par courriel, à la dernière adresse connue, au dernier numéro de télécopieur connu ou à la dernière adresse de courriel connue.

(2) Il dépose auprès du registraire l'original et une copie de la version imprimée de l'avis d'appel accompagnés d'un affidavit attestant les noms des parties visées au paragraphe (1) ainsi que les adresses ou numéros de télécopieurs auxquels ont été envoyées les copies de l'avis.

(3) Il dépose auprès du registraire une copie de la version électronique de l'avis d'appel.
[DORS/2006-203, a. 12; DORS/2011-74, a. 18; DORS/2013-175, a. 24].

Signification et dépôt des documents de l'appelant

35. (1) Sous réserve du paragraphe (2), dans les douze semaines suivant le dépôt de l'avis d'appel, l'appelant :

a) signifie aux autres appelants et aux intimés :

(i) une copie de la version électronique de son avis d'appel, mémoire, dossier et recueil de sources,

(ii) trois copies de la version imprimée de son mémoire,

(iii) une copie de la version imprimée de son dossier et de son recueil de sources;

b) signifie aux intervenants une copie des versions imprimée et électronique de ses mémoire, dossier et recueil de sources;

c) dépose auprès du registraire :

(i) une copie de la version électronique de son mémoire, dossier et recueil de sources,

(ii) l'original et vingt-trois copies de la version imprimée de son mémoire ainsi que l'original et vingt copies de la version imprimée de tout volume de son dossier renfermant les parties I et II,

(iii) onze copies de tous les autres volumes de la version imprimée du dossier,

(iv) onze copies de la version imprimée de son recueil de sources;

d) dépose auprès du registraire une copie épurée de la version électronique de son mémoire si son mémoire contient, selon le cas :

(i) des renseignements qui sont soit visés par une ordonnance de mise sous scellés ou de confidentialité, soit classés comme confidentiels aux termes de dispositions législatives,

(ii) des renseignements visés par une obligation de non-publication,

(iii) des renseignements auxquels l'accès du public est restreint,

(iv) des données personnelles nominatives ou des renseignements personnels qui, combinés au nom de l'intéressé, peuvent constituer une menace sérieuse pour la sécurité de celui-ci.

(2) Dans le cas où une requête en formulation d'une question constitutionnelle a été déposée, le délai de douze semaines visé au paragraphe (1) commence à courir à la date à laquelle la décision est rendue concernant la requête.

(3) Dans les deux semaines suivant la signification, conformément à l'alinéa 36(2)a), du mémoire de l'intimé comportant un mémoire d'appel incident, l'appelant peut signifier et déposer conformément au sous-alinéa (1)a)(i), à l'alinéa (1)b) et au sous-alinéa (1)c)(i) un mémoire en réponse à l'appel incident.

(4) Dans les deux semaines suivant la signification du mémoire aux termes du paragraphe 29(3), l'appelant peut signifier et déposer un mémoire en réponse conformément au sous-alinéa (1)a)(i), à l'alinéa (1)b) et au sous-alinéa (1)c)(i).
[DORS/2006-203, a. 13; DORS/2011-74, a. 19].

Signification et dépôt des documents de l'intimé

36. (1) Dans les huit semaines suivant la signification du dossier de l'appelant, l'intimé :

a) signifie une copie des versions imprimée et électronique de son dossier aux appelants, aux autres intimés et aux intervenants;

b) dépose auprès du registraire, une copie de la version électronique ainsi que l'original et onze copies de la version imprimée de son dossier.

(2) Dans les huit semaines suivant la signification du mémoire de l'appelant, l'intimé :

a) signifie aux appelants et aux autres intimés :

(i) une copie de la version électronique de son mémoire et de son recueil de sources,

(ii) trois copies de la version imprimée de son mémoire,

(iii) une copie de la version imprimée de son recueil de sources;

b) signifie aux intervenants une copie des versions imprimée et électronique de son mémoire et de son recueil de sources;

c) dépose auprès du registraire :

    (i) une copie de la version électronique de son mémoire et de son recueil de sources,

    (ii) l'original et vingt-trois copies de la version imprimée de son mémoire,

    (iii) onze copies de la version imprimée de son recueil de sources;

d) dépose auprès du registraire une copie épurée de la version électronique de son mémoire si son mémoire contient, selon le cas :

    (i) des renseignements qui sont soit visés par une ordonnance de mise sous scellés ou de confidentialité, soit classés comme confidentiels aux termes de dispositions législatives,

    (ii) des renseignements visés par une obligation de non-publication,

    (iii) des renseignements auxquels l'accès du public est restreint,

    (iv) des données personnelles nominatives ou des renseignements personnels qui, combinés au nom de l'intéressé, peuvent constituer une menace sérieuse pour la sécurité de celui-ci.

[DORS/2006-203, a. 14(1), (3); DORS/2011-74, a. 19].

Signification et dépôt des documents de l'intervenant

37. Soit dans les huit semaines suivant l'ordonnance autorisant l'intervention de l'intervenant visé au sous-alinéa 22(3)c)(ii), soit dans les vingt semaines suivant le dépôt par l'intervenant visé au sous-alinéa 22(3)c)(iii) d'un avis d'intervention conformément au paragraphe 61(4), soit, dans le cas de l'intervenant visé aux sous-alinéas 22(3)c)(i) ou (iv), dans les huit semaines suivant la signification du mémoire de l'appelant, l'intervenant :

a) signifie aux autres parties une copie des versions imprimée et électronique de son mémoire et de son recueil de sources;

b) dépose auprès du registraire :

    (i) une copie de la version électronique de son mémoire et de son recueil de sources,

    (ii) l'original et vingt-trois copies de la version imprimée de son mémoire,

    (iii) onze copies de la version imprimée de son recueil de sources;

c) dépose auprès du registraire une copie épurée de la version électronique de son mémoire si son mémoire contient, selon le cas :

    (i) des renseignements qui sont soit visés par une ordonnance de mise sous scellés ou de confidentialité, soit classés comme confidentiels aux termes de dispositions législatives,

    (ii) des renseignements visés par une obligation de non-publication,

    (iii) des renseignements auxquels l'accès du public est restreint,

    (iv) des données personnelles nominatives ou des renseignements personnels qui, combinés au nom de l'intéressé, peuvent constituer une menace sérieuse pour la sécurité de celui-ci.

[DORS/2006-203, a. 15; DORS/2011-74, a. 19].

Documents d'appel et d'appel incident

Dossier de l'appelant

38. (1) Le dossier de l'appelant est relié et comporte les parties suivantes :

a) partie I : une copie de la version officielle de tous les jugements tels qu'ils ont été rendus dans l'affaire par les tribunaux d'instance inférieure et de leurs motifs, s'il y a lieu, depuis le tribunal de première instance ou le tribunal administratif, selon le cas, jusqu'à la juridiction inférieure et, s'il y a lieu, le texte intégral de l'exposé au jury;

b) partie II : par ordre chronologique, les actes de procédure, ordonnances et inscriptions, y compris toute ordonnance ou tout jugement portant autorisation d'appel et toute ordonnance formulant une question constitutionnelle en vertu du paragraphe 60(1);

c) partie III : la preuve, y compris les transcriptions et les affidavits;

d) partie IV : les pièces, selon l'ordre de leur dépôt en première instance.

e) *(Abrogé)*.

(2) Les parties II à IV du dossier ne comportent que les documents nécessaires à l'examen des questions soumises à la Cour et ces documents sont déposés dans les deux langues officielles, à moins qu'ils ne soient disponibles que dans une seule de ces langues.

(3) Tous les documents inclus dans le dossier sont reproduits intégralement à l'exception des transcriptions.

[DORS/2011-74, a. 19; DORS/2013-175, a. 26].

Dossier de l'intimé

39. (1) Le dossier de l'intimé est relié et comporte les parties suivantes :

a) partie I : par ordre chronologique, les actes de procédure, ordonnances et inscriptions;

b) partie II : la preuve, y compris les transcriptions et les affidavits;

c) partie III : les pièces, selon l'ordre de leur dépôt en première instance.

d) *(Remplacé)*.

(2) Le dossier ne comporte que les documents qui ne sont pas déjà inclus dans celui de l'appelant et qui sont nécessaires à l'examen des questions soumises à la Cour et ces documents sont déposés dans les deux langues officielles, à moins qu'ils ne soient disponibles que dans une seule de ces langues.

(3) Tous les documents inclus dans le dossier sont reproduits intégralement à l'exception des transcriptions.

[DORS/2011-74, a. 19; DORS/2013-175, a. 27].

40. *(Abrogé)*.

[DORS/2011-74, a. 21(1)].

Dispense d'impression du dossier

41. Sur requête, un juge ou le registraire peut dispenser une partie de l'impression de tout document faisant partie du dossier.

Mémoire d'appel

42. (1) *(Abrogé)*.

(2) Le mémoire est relié et comporte les parties suivantes :

a) partie I :

(i) dans le cas de l'appelant : exposé concis de sa position et des faits,

(ii) dans le cas de l'intimé : exposé concis de sa position, notamment sur les faits exposés par l'appelant, et des autres faits qu'il estime pertinents,

(iii) dans le cas de l'intervenant : exposé concis de sa position relativement aux questions visées par son intervention, y compris un exposé concis des faits pertinents quant à ces questions;

b) partie II :

(i) dans le cas de l'appelant : exposé concis des questions en litige,

(ii) dans le cas de l'intimé : exposé concis de sa position relativement aux questions soulevées par l'appelant;

(iii) dans le cas de l'intervenant : exposé concis de sa position relativement aux questions soulevées par l'appelant et visées par son intervention.

c) partie III : exposé des arguments énonçant succinctement les questions de droit ou de fait à débattre, avec renvoi à la page du dossier ainsi qu'à l'onglet, à la page et au paragraphe des sources invoquées;

d) partie IV : arguments, le cas échéant, d'au plus une page à l'appui de l'ordonnance demandée au sujet des dépens;

e) partie V :

(i) dans le cas de l'appelant et de l'intimé : exposé concis des ordonnances demandées,

(ii) dans le cas de l'intervenant : toute demande en vue de présenter une plaidoirie orale lors de l'audition de l'appel, si cette question n'est pas déjà tranchée dans l'ordonnance autorisant l'intervention;

f) partie VI : table alphabétique des sources, avec renvoi aux paragraphes de la partie III où elles sont citées;

g) partie VII : extraits des lois, règlements, règles, ordonnances ou règlements administratifs directement en cause, présentés sous forme de photocopies ou d'imprimés tirés d'une base de données électronique et reproduits dans les deux langues officielles si la loi exige la publication de ces textes dans les deux langues officielles, les textes volumineux étant reliés dans un volume distinct et ceux qui ne sont pas directement en cause étant inclus dans le recueil de sources.

(3) La partie V du mémoire de l'intervenant ne comporte aucun énoncé quant à l'issue de l'appel, sauf ordonnance contraire d'un juge.

(4) Les parties I à V des mémoires d'un appelant et d'un intimé comptent au plus quarante pages, sauf ordonnance contraire d'un juge ou du registraire, sur requête.

(5) Les parties I à V du mémoire du procureur général visé au paragraphe 61(4), comptent au plus vingt pages, sauf ordonnance contraire d'un juge ou du registraire, sur requête.

(6) Les parties I à V du mémoire de l'intervenant autre que le procureur général visé au paragraphe 61(4) comptent au plus dix pages, sauf ordonnance contraire d'un juge ou du registraire, sur requête.

(7) L'appelant joint en annexe à son mémoire une copie de toute ordonnance formulant une question constitutionnelle en vertu du paragraphe 61(1).

[DORS/2006-203, a. 17; DORS/2011-74, a. 21; DORS/2013-175, a. 29].

Mémoire d'appel incident

43. (1) Dans le cas où la Cour a autorisé un appel incident :

a) le mémoire de l'intimé comporte deux grandes sections, chacune divisée en sept parties conformément au paragraphe 42(2); la première section est intitulée, en majuscules, « MÉMOIRE D'APPEL DE L'INTIMÉ » et la seconde, en majuscules, « MÉMOIRE DE L'APPE-LANT À L'APPEL INCIDENT »;

b) le mémoire d'appel incident de l'appelant est divisé en sept parties conformément au paragraphe 42(2) et est intitulé, en majuscules, « MÉMOIRE DE L'INTIMÉ À L'APPEL INCIDENT ».

(2) Les parties I à V de tout mémoire d'appel incident comptent au plus vingt pages, sauf ordonnance contraire d'un juge ou du registraire, sur requête.

(3) (*Abrogé*).

[DORS/2006-203, a. 18].

Recueil de sources

44. (1) (*Abrogé*).

(2) Le recueil de sources est relié et comporte :

a) une copie des sources ci-après que compte invoquer la partie, chacune étant marquée d'un onglet :

(i) pour le recueil de l'intimé, celles qui ne figurent pas dans le recueil de l'appelant,

(ii) pour le recueil de l'intervenant, celles qui ne figurent ni dans le recueil de l'appelant, ni dans celui de l'intimé;

b) les extraits des lois, règlements, règles, ordonnances ou règlements administratifs cités à la partie III du mémoire qui ne figurent pas à la partie VII de celui-ci, présentés sous forme de photocopies ou d'imprimés tirés d'une base de données électronique et reproduits dans les deux langues officielles si la loi exige leur publication dans ces deux langues.

(3) Dans le cas des motifs de jugements de la Cour, le recueil de sources ne comporte que les extraits pertinents du *Recueil des arrêts de la Cour suprême du Canada* ou d'une base de données électroniques s'il s'agit de motifs rendus après 1994 dont la numérotation des paragraphes est con-

forme à celle du *Recueil des arrêts de la Cour suprême du Canada*.

(4) Dans le cas des autres motifs de jugements, le recueil de sources comporte les éléments suivants :

a) les extraits pertinents des motifs disponibles sous forme électronique, y compris les paragraphes précédant et suivant immédiatement l'extrait, le sommaire, le cas échéant, et une référence claire à la base de données sur chacune des pages des extraits;

b) le texte intégral des motifs qui ne sont pas disponibles sous forme électronique.

(5)-(7) (*Abrogés*).

[DORS/2006-203, a. 19; DORS/2011-74, a. 22].

Recueil condensé

45. (1) Chaque partie à l'audition de l'appel fournit aux autres parties une copie d'un recueil condensé relié regroupant chacun des extraits du dossier et du recueil de sources qu'elle invoquera dans sa plaidoirie orale et en dépose quatorze copies auprès du registraire.

(1.1) Le recueil condensé peut comporter un schéma de la plaidoirie orale d'au plus deux pages, qui renvoie au contenu du recueil condensé et ne constitue pas un mémoire supplémentaire.

(2) (*Abrogé*).

[DORS/2006-203, a. 20; DORS/2011-74, a. 23].

PARTIE 9 — RENVOIS

Renvoi devant la Cour

46. (1) Le renvoi devant la Cour par le gouverneur en conseil en vertu de l'article 53 de la Loi est introduit par un avis de renvoi conforme au formulaire 46, accompagné du décret autorisant le renvoi.

(1.1) Une version électronique de l'avis de renvoi et du décret autorisant le renvoi est déposée auprès du registraire.

(2) Lorsque le renvoi vise à obtenir l'avis de la Cour sur une affaire déjà jugée par une cour d'appel, la Cour peut, de sa propre initiative, exiger des éléments de preuve supplémentaires sur toute question qu'elle juge pertinente.

(3) Les éléments de preuve supplémentaires sont recueillis selon les modalités prévues par la Loi et conformément aux directives de la Cour.

(4) Le gouverneur en conseil demande par requête au Juge en chef ou à un autre juge d'enjoindre au registraire d'inscrire le renvoi au rôle et de statuer sur toute question de procédure.

(5) Dans la semaine suivant le dépôt de l'avis de renvoi, le gouverneur en conseil signifie aux procureurs généraux des provinces et aux ministres de la Justice des territoires une copie des versions imprimée et électronique de l'avis de renvoi et du décret visés au paragraphe (1).

(6) Dans les quatre semaines suivant la date à laquelle leur a été signifié l'avis de renvoi, les procureurs généraux des provinces et les ministres de la Justice des territoires qui ont un intérêt spécial dans le renvoi :

    a) signifient un avis d'intervention au gouverneur en conseil ainsi qu'à tout avocat commis d'office en vertu du paragraphe 53(7) de la Loi;

    b) déposent auprès du registraire l'original et deux copies de l'avis d'intervention.

(7) Dans les douze semaines suivant le dépôt de l'avis de renvoi, le gouverneur en conseil :

    a) signifie aux procureurs généraux des provinces et aux ministres de la Justice des territoires qui lui ont signifié un avis d'intervention au titre de l'alinéa (6)a) ainsi qu'à tout avocat commis d'office en vertu du paragraphe 53(7) de la Loi une copie des versions imprimée et électronique de ses mémoire, dossier et recueil de sources;

    b) dépose auprès du registraire :

        (i) la version électronique de ses mémoire, dossier et recueil de sources,

        (ii) l'original et vingt-trois copies de la version imprimée de son mémoire,

        (iii) onze copies de la version imprimée de ses dossier et recueil de sources.

(8) Dans les huit semaines suivant la commission d'office d'un avocat en vertu du paragraphe 53(7) de la Loi ou dans les huit semaines suivant le dépôt du mémoire du gouverneur en conseil, selon celui de ces délais qui expire en dernier, l'avocat commis d'office :

    a) signifie au gouverneur en conseil les versions électronique et imprimée de ses mémoire, dossier et recueil de sources;

    b) dépose auprès du registraire :

        (i) la version électronique de ses mémoire, dossier et recueil de sources,

        (ii) l'original et vingt-trois copies de la version imprimée de son mémoire,

        (iii) onze copies de la version imprimée de ses dossier et recueil de sources.

(9) Dans les vingt semaines suivant le dépôt de leur avis d'intervention en application du paragraphe (6), les procureurs généraux des provinces et les ministres de la Justice des territoires :

    a) signifient au gouverneur en conseil ainsi qu'à tout avocat commis d'office en vertu du paragraphe 53(7) de la Loi une copie de leur mémoire et de leur recueil de sources;

    b) déposent auprès du registraire :

        (i) la version électronique de leur mémoire, dossier et recueil de sources,

        (ii) l'original et vingt-trois copies de la version imprimée de leur mémoire,

(iii) onze copies de la version imprimée de leur dossier et recueil de sources.

(10) Dans les quatre semaines suivant le dépôt du mémoire du gouverneur en conseil, toute personne intéressée à intervenir dans le renvoi peut, par requête présentée à un juge conformément aux règles 47 et 57, demander l'autorisation d'intervenir :

a) en signifiant une copie de la requête au gouverneur en conseil ainsi qu'à tout avocat commis d'office en vertu du paragraphe 53(7) de la Loi;

b) en déposant auprès du registraire l'original et deux copies de la requête.

(11) La requête en autorisation d'intervenir est traitée conformément aux règles 58 et 59 et la signification et le dépôt des documents de l'intervenant se font conformément à la règle 37.

(12) La copie épurée de la version électronique de tout mémoire dans un renvoi est déposée si le mémoire contient, selon le cas :

a) des renseignements qui sont soit visés par une ordonnance de mise sous scellés ou de confidentialité, soit classés comme confidentiels aux termes de dispositions législatives;

b) des renseignements visés par une obligation de non-publication;

c) des renseignements auxquels l'accès du public est restreint;

d) des données personnelles nominatives ou des renseignements personnels qui, combinés au nom de l'intéressé, peuvent constituer une menace sérieuse pour la sécurité de celui-ci.

[DORS/2006-203, a. 21; DORS/2011-74, a. 24].

PARTIE 10 — REQUÊTES : RÈGLES GÉNÉRALES

Requête à un juge ou au registraire

Disposition générale

47. (1) Sauf disposition contraire des présentes règles, toute requête est présentée à un juge ou au registraire et comporte dans l'ordre suivant :

a) un avis de requête conforme au formulaire 47;

b) tout affidavit nécessaire pour attester un fait dont la preuve n'est pas au dossier de la Cour;

c) si le requérant le juge nécessaire, un mémoire conforme aux exigences prévues à l'alinéa 25(1)c), avec les adaptations nécessaires;

d) les documents que compte invoquer le requérant, par ordre chronologique, compte tenu du paragraphe 25(3);

e) sauf dans le cas d'une requête en intervention ou d'une requête en formulation d'une question constitutionnelle, une ébauche de l'ordonnance demandée, notamment quant aux dépens, en version imprimée et en version électronique.

(1.1) (*Abrogé*).

(2) Les parties I à V du mémoire de la requête comptent au plus dix pages.

(3) Sauf ordonnance contraire d'un juge ou du registraire, aucune plaidoirie orale n'est présentée à l'égard de la requête.

[DORS/2006-203, a. 22; DORS/2011-74, a. 25; DORS/2013-175, a. 30].

Signification et dépôt

48. (1) Il incombe au requérant :

a) de signifier aux parties à la requête :

(i) une copie de la version électronique de la requête,

(ii) une copie de la version imprimée de la requête;

b) de signifier une copie de la version électronique de l'avis de requête aux autres parties;

c) de déposer auprès du registraire :

(i) une copie de la version électronique de la requête,

(ii) l'original et une copie de la version imprimée de la requête.

(2) Malgré le paragraphe (1), la requête relative à la demande d'autorisation d'appel ou à la demande d'autorisation d'appel incident peut être signifiée et déposée avec celle-ci conformément à la règle 26 ou 29, selon le cas.

[DORS/2006-203, a. 23; DORS/2013-175, a. 31].

Réponse

49. (1) L'intimé à une requête peut, dans les dix jours suivant la signification de la requête, présenter une réponse à celle-ci :

a) en signifiant aux parties requérantes et aux autres intimés à la requête :

(i) une copie de la version électronique de la réponse,

(ii) une copie de la version imprimée de la réponse;

b) en déposant auprès du registraire :

(i) une copie de la version électronique de la réponse,

(ii) l'original et une copie de la version imprimée de la réponse.

(2) À moins d'être signifiée et déposée sous forme de correspondance d'au plus deux pages, la réponse comporte, dans l'ordre suivant :

a) un mémoire conforme aux exigences prévues à l'alinéa 25(1)c), avec les adaptations nécessaires;

b) les documents que compte invoquer l'intimé, par ordre chronologique, compte tenu du paragraphe 25(3).

(3) Les parties I à V du mémoire comptent au plus dix pages.

(4) Malgré le paragraphe (1), la réponse à une requête signifiée et déposée avec la demande d'autorisation d'appel ou avec la demande d'autorisation d'appel incident peut être signifiée et déposée avec la réponse à la demande d'autorisation d'appel ou à la demande d'autorisation d'appel incident conformément à la règle 27 ou 30, selon le cas, sauf dans le cas d'une requête visant à accélérer la procédure.

[DORS/2006-203, a. 24; DORS/2013-175, a. 32].

Réplique

50. (1) Le requérant peut, dans les cinq jours suivant la signification de la réponse à la requête, présenter une réplique :

a) en signifiant aux parties à la requête :

(i) une copie de la version électronique de la réplique,

(ii) une copie de la version imprimée de la réplique;

b) en déposant auprès du registraire :

(i) une copie de la version électronique de la réplique,

(ii) l'original et une copie de la version imprimée de la réplique.

(2) À moins d'être signifiée et déposée sous forme de correspondance d'au plus deux pages, la réplique comporte un mémoire d'au plus cinq pages.

(3) Malgré le paragraphe (1), si la requête est signifiée et déposée avec la demande d'autorisation d'appel ou la demande d'autorisation d'appel incident, la réplique peut être signifiée et déposée avec la réplique à la réponse à la demande d'autorisation d'appel ou à la réponse à la demande d'autorisation d'appel incident conformément à la règle 28 ou 31, selon le cas.

[DORS/2006-203, a. 25; DORS/2013-175, a. 33].

Présentation à un juge ou au registraire

51. (1) La requête est présentée au juge ou au registraire :

a) soit après le dépôt de la réplique ou à l'expiration du délai de cinq jours prévu à la règle 50, selon le cas;

b) soit après l'expiration du délai de dix jours prévu à la règle 49 si aucune réponse n'a été déposée.

(2) Le juge ou le registraire peut, selon le cas :

a) statuer sur la requête;

b) en ordonner l'audition;

c) la renvoyer devant la Cour;

d) envoyer la requête relative à une demande d'autorisation d'appel ou à une demande d'autorisation d'appel incident aux juges saisis de la demande d'autorisation d'appel ou de la demande d'autorisation d'appel incident.

(3) Malgré le paragraphe (1), toute requête relative à la demande d'autorisation d'appel ou à la demande d'autorisation d'appel incident peut être présentée directement aux juges saisis de la demande d'autorisation d'appel ou de la demande d'autorisation d'appel incident.

[DORS/2013-175, a. 34].

Requête à la Cour

Disposition générale

52. (1) Toute requête dont l'audition par la Cour est prévue par la Loi ou les présentes règles est reliée et comporte dans l'ordre suivant :

a) un avis de requête conforme au formulaire 52;

b) tout affidavit nécessaire pour attester un fait dont la preuve n'est pas au dossier de la Cour;

c) un mémoire conforme aux exigences prévues à l'alinéa 25(1)c), avec les adaptations nécessaires;

d) les documents que compte invoquer le requérant, par ordre chronologique, compte tenu du paragraphe 25(3).

(1.1) (*Abrogé*).

(2) Les parties I à V du mémoire comptent au plus vingt pages.

[DORS/2006-203, a. 26; DORS/2011-74, a. 26; DORS/2013-175, a. 35].

Signification et dépôt

53. Il incombe au requérant :

a) de signifier la requête aux parties à la requête et une copie de l'avis de requête aux autres parties;

b) d'en déposer auprès du registraire l'original et quatorze copies.

[DORS/2006-203, a. 27].

Réponse

54. (1) L'intimé à une requête peut, dans les dix jours suivant la signification de la requête, présenter une réponse à celle-ci :

a) en la signifiant aux parties requérantes et aux autres intimés à la requête;

b) en en déposant auprès du registraire l'original et quatorze copies.

(2) À moins d'être signifiée et déposée sous forme de correspondance d'au plus deux pages, la réponse est présentée sous forme reliée et comprend, dans l'ordre suivant :

    a) un mémoire conforme aux exigences prévues à l'alinéa 25(1)c), avec les adaptations nécessaires;

    b) les documents que compte invoquer l'intimé, par ordre chronologique, compte tenu du paragraphe 25(3).

(3) Les parties I à V du mémoire comptent au plus vingt pages.

(4) Sur réception de la réponse ou à l'expiration du délai de dix jours prévu au paragraphe (1), le registraire envoie à toutes les parties un avis d'audition conforme au formulaire 69, avec les adaptations nécessaires.

    [DORS/2006-203, a. 28; DORS/2011-74, a. 27; DORS/2013-175, a. 36].

PARTIE 11 —
REQUÊTES SPÉCIALES

Requête en intervention

55. Toute personne ayant un intérêt dans une demande d'autorisation d'appel, un appel ou un renvoi peut, par requête à un juge, demander l'autorisation d'intervenir.

56. La requête en intervention est présentée dans les délais suivants :

    a) dans le cas de la demande d'autorisation d'appel, dans les trente jours suivant son dépôt;

    b) dans le cas d'un appel, dans les quatre semaines suivant le dépôt du mémoire de l'appelant;

    c) dans le cas d'un renvoi, dans les quatre semaines suivant le dépôt du mémoire du gouverneur en conseil.

    [DORS/2006-203, a. 29].

57. (1) L'affidavit à l'appui de la requête en intervention doit préciser l'identité de la personne ayant un intérêt dans la procédure et cet intérêt, y compris tout préjudice que subirait cette personne en cas de refus de l'autorisation d'intervenir.

(2) La requête expose ce qui suit :

    a) la position que cette personne compte prendre relativement aux questions visées par son intervention;

    b) ses arguments relativement aux questions visées par son intervention, leur pertinence par rapport à la procédure et les raisons qu'elle a de croire qu'ils seront utiles à la Cour et différents de ceux des autres parties.

    [DORS/2013-175, a. 38].

58. À l'expiration du délai applicable selon la règle 51, le registraire présente au juge toutes les requêtes en intervention présentées dans les délais prévus à la règle 56.

    [DORS/2006-203, a. 30].

59. (1) Dans l'ordonnance octroyant l'autorisation d'intervenir, le juge peut :

    a) prévoir comment seront supportés les dépens supplémentaires de l'appelant ou de l'intimé résultant de l'intervention;

    b) imposer des conditions et octroyer les droits et privilèges qu'il détermine, notamment le droit d'apporter d'autres éléments de preuve ou de compléter autrement le dossier.

(2) Dans l'ordonnance octroyant l'autorisation d'intervenir ou après l'expiration du délai de dépôt et de signification des mémoires de demande d'autorisation d'appel, d'appel ou de renvoi, le juge peut, à sa discrétion, autoriser l'intervenant à présenter une plaidoirie orale à l'audition de la demande d'autorisation d'appel, de l'appel ou du renvoi, selon le cas, et déterminer le temps alloué pour la plaidoirie orale.

(3) Sauf ordonnance contraire d'un juge, l'intervenant n'est pas autorisé à soulever de nouvelles questions.

    [DORS/2006-203, a. 31].

Requête en formulation d'une question constitutionnelle

60. (1) Dans les trente jours suivant l'octroi de l'autorisation d'appel ou le dépôt de l'avis d'appel dans le cas d'un appel de plein droit, l'appelant, l'intimé ou le procureur général qui entend soulever l'une ou l'autre des questions ci-après doit présenter au Juge en chef ou à un autre juge une requête en formulation d'une question constitutionnelle :

a) la validité ou l'applicabilité constitutionnelle d'une loi fédérale ou d'une loi provinciale ou de l'un de leurs règlements;

b) le caractère inopérant d'une loi fédérale ou d'une loi provinciale ou de l'un de leurs règlements;

c) la validité ou l'applicabilité constitutionnelle d'une règle de common law.

(2) Le délai prévu au paragraphe (1) peut, sur requête, être prorogé par un juge.
[DORS/2011-74, a. 28(2)].

61. (1) Dans l'ordonnance formulant une question constitutionnelle, le Juge en chef ou un autre juge peut prévoir comment seront supportés les dépens supplémentaires de l'appelant ou de l'intimé résultant de l'intervention d'un procureur général.

(2) Dans la semaine suivant la réception de l'ordonnance visée au paragraphe (1), le requérant signifie aux procureurs généraux une copie de l'ordonnance et de l'avis de question constitutionnelle conforme au formulaire 61A, avec une copie des motifs du jugement frappé d'appel.

(3) (*Abrogé*).

(4) Dans les quatre semaines suivant la signification de l'avis de question constitutionnelle, le procureur général qui a l'intention de participer à l'appel, avec ou sans plaidoirie orale, signifie à toutes les autres parties et dépose auprès du registraire un avis d'intervention conforme au formulaire 61B sans avoir à obtenir au préalable l'autorisation d'intervenir.

(5) (*Abrogé*).
[DORS/2006-203, a. 32; DORS/2011-74, a. 29].

Requête en sursis d'exécution

62. La partie contre laquelle la Cour ou un autre tribunal a rendu un jugement ou une ordonnance peut demander à la Cour un sursis à l'exécution de ce jugement ou de cette ordonnance ou un autre redressement, et la Cour peut accéder à cette demande aux conditions qu'elle estime indiquées.

Requête en cassation

63. (1) L'intimé peut présenter à la Cour, dans les trente jours suivant l'engagement d'une procédure visée à l'article 44 de la Loi, une requête pour casser la procédure.

(2) Sauf ordonnance contraire de la Cour ou d'un juge, la signification de la requête en cassation emporte suspension de la procédure jusqu'à ce qu'il soit statué sur la requête.

(3) Si elle fait droit à la requête, la Cour peut, à sa discrétion, ordonner à la partie instituant la procédure de payer tout ou partie des dépens de la procédure.

Désignation par la Cour d'un procureur pour agir au nom d'un accusé

63.1 (1) Pour l'application de l'article 694.1 du *Code criminel*, l'accusé, qui est appelant, demandeur ou intimé dans l'instance, dépose auprès du registraire, si le ministère public y consent, une lettre comportant les renseignements suivants :

a) les raisons pour lesquelles il doit recevoir l'assistance d'un procureur;

b) un énoncé portant qu'il n'a pas les moyens requis pour obtenir l'assistance d'un procureur;

c) une confirmation du refus de lui accorder de l'aide juridique au titre d'un programme provincial;

d) le nom du procureur qui est disposé à le représenter.

(2) Le consentement du procureur général qui est appelant, demandeur ou intimé dans l'instance, est déposé avec la lettre.

[DORS/2011-74, a. 31; DORS/2013-175, a. 40].

PARTIE 12 — REJETS ET PROCÉDURES VEXATOIRES

Rejet d'une demande d'autorisation d'appel pour cause de retard

64. (1) Faute par le demandeur, après le dépôt de l'avis de la demande d'authorisation d'appel, de signifier et de déposer les documents exigés par la rèle 25 dans le délai prévu à l'alinéa 58(1)a) de la Loi ou dans le délai prorogé en vertu du paragraphe 59(1) de la Loi :

a) l'intimé peut présenter au registraire une requête en rejet de la demande d'autorisation d'appel au motif de péremption;

b) le registraire peut envoyer un préavis conforme au formulaire 64 au demandeur et une copie du préavis aux autres parties.

(2) Le registraire peut rejeter la demande d'autorisation d'appel au motif de péremption à moins qu'un juge ne proroge, sur requête, le délai de signification et de dépôt des documents.

(3) La requête en prorogation visée au paragraphe (2) est signifiée et déposée dans les vingt jours suivant la signification de la requête en rejet présentée par l'intimé ou la réception du préavis du registraire, selon le cas.

[DORS/2006-203, a. 33].

Rejet d'appel pour cause de retard

65. (1) Faute par l'appelant, après l'octroi de l'autorisation d'appel, de signifier et de déposer l'avis d'appel dans le délai prévu à l'alinéa 58(1)b) de la Loi ou dans le délai prorogé en vertu du paragraphe 59(1) de la Loi, le registraire peut envoyer un préavis conforme au formulaire 65 à l'appelant et une copie du préavis aux autres parties; l'appel peut dès lors être rejeté par un juge au motif de péremption, à moins qu'un juge ne proroge, sur requête, le délai de signification et de dépôt de l'avis d'appel.

(2) Faute par l'appelant, après le dépôt de l'avis d'appel, de signifier et de déposer son dossier et son mémoire dans le délai prévu à la règle 35, l'intimé peut présenter à un juge une requête en rejet de l'appel au motif de péremption ou le registraire peut envoyer un préavis conforme au formulaire 65 à l'appelant et une copie du préavis aux autres parties; l'appel peut dès lors être rejeté par un juge au motif de péremption, à moins qu'un juge ne proroge, sur requête, le délai de signification et de dépôt du dossier et du mémoire de l'appelant.

(3) La requête en prorogation visée aux paragraphes (1) ou (2) est signifiée et déposée dans les vingt jours suivant la signification de la requête en rejet présentée par l'intimé ou la réception du préavis du registraire, selon le cas.

[DORS/2006-203, a. 33].

Procédures vexatoires

66. (1) S'il est convaincu qu'une partie agit de manière vexatoire, un juge peut, sur requête ou sur présentation d'une demande du registraire en vertu de la règle 67, ordonner la suspension de la procédure aux conditions qu'il estime indiquées.

(2) Il peut aussi, sur requête ou sur présentation d'une demande du registraire en vertu de la règle 67, ordonner qu'aucun autre document ne soit déposé par une partie relativement à une procédure, s'il est convaincu que le dépôt d'autres documents par la partie serait vexatoire ou fait dans un but irrégulier.

[DORS/2006-203, a. 33].

67. (1) Après avoir envoyé un préavis conforme au formulaire 67 à la partie visée aux paragraphes 66(1) ou (2) et une copie du préavis aux autres parties, le registraire peut, à l'expiration du délai prévu au paragraphe (2), demander à un juge de rendre une ordonnance en vertu des paragraphes 66(1) ou (2), selon le cas.

(2) Dans les dix jours suivant la réception du préavis du registraire, toute partie peut signifier une réponse aux autres parties et la déposer auprès du registraire.

[DORS/2006-203, a. 33].

PARTIE 13 — DATES ET COMPARUTIONS

Date d'audition : requêtes et demandes d'autorisation d'appel

68. (1) Le Juge en chef ou, en son absence, le doyen des juges présents, fixe la date d'audition des requêtes à la Cour et des demandes d'autorisation d'appel dont l'audition a été ordonnée aux termes de l'alinéa 43(1)c) ou du paragraphe 43(1.2) de la Loi.

(2) La Cour peut entendre les requêtes et les demandes d'autorisation d'appel à des dates différentes de celles prévues au paragraphe 32(3) de la Loi.

Date d'audition : appels

69. (1) Après le dépôt du mémoire de l'intimé ou à l'expiration du délai de huit semaines prévu à la règle 36, le registraire inscrit l'appel pour audition par la Cour.

(2) Sur confirmation de la date d'audition de l'appel par la Cour et au plus tard le premier jour de chaque session prévue à l'article 32 de la Loi, le registraire diffuse la liste des appels à entendre, dans l'ordre

de leur inscription au rôle, et envoie un avis d'audition conforme au formulaire 69 à toutes les parties.

[DORS/2006-203, a. 34].

Comparution : requêtes et demandes d'autorisation d'appel

70. Sauf ordonnance contraire de la Cour ou d'un juge :

    a) le nombre de procureurs admis à plaider à l'audition d'une requête ou d'une demande d'autorisation d'appel est limité à un seul par partie;

    b) le ou les requérants ou demandeurs disposent, au total, de quinze minutes pour la plaidoirie orale et de cinq minutes pour la réplique;

    c) l'intimé ou les intimés disposent, au total, de quinze minutes pour la plaidoirie orale;

    d) (*Abrogé*).

[DORS/2006-203, a. 35].

Comparutions : Appels

71. (1) Sauf ordonnance ou directive contraire de la Cour, d'un juge ou du registraire :

    a) le nombre de procureurs admis à plaider en appel est limité à deux par appelant et par intimé, et à un seul par intervenant;

    b) le nombre de procureurs admis à plaider en réplique est limité à un seul par appelant.

(2) Les intimés et les intervenants n'ont aucun droit de réplique, sauf ordonnance contraire de la Cour ou d'un juge.

(3) L'intimé ou l'intervenant qui omet de signifier et de déposer son mémoire dans le délai prévu aux règles 36 ou 37, ou fixé par une ordonnance de la Cour, d'un juge ou du registraire, selon le cas, n'est pas admis à plaider en appel, sauf ordonance contraire d'un juge sur requête.

(4) Le nom des procureurs qui comparaîtront devant la Cour est communiqué par écrit au registraire au moins deux semaines avant l'audition de l'appel.

(5) Sauf ordonnance ou directive contraire de la Cour, d'un juge ou du registraire :

   a) l'appelant ou les appelants disposent, au total, d'une heure pour la plaidoirie orale et de cinq minutes pour la réplique, celle-ci pouvant toutefois, dans le cas où la plaidoirie orale principale dure moins d'une heure, être prolongée d'un maximum de quinze minutes;

   b) l'intimé ou les intimés disposent, au total, d'une heure pour la plaidoirie orale;

   c) le procureur général visé au paragraphe 61(4) dispose de dix minutes pour la plaidoirie orale.

   d) (*Abrogé*).

(6) Lorsque le juge ou le registraire ordonne que la requête relative à un appel soit entendue par la Cour le jour même de l'audition de l'appel, le temps dont la partie qui a présenté la requête dispose aux termes du paragraphe (5) est réduit en conséquence, sauf ordonnance contraire de la Cour, d'un juge ou du registraire.

(7) Tout procureur comparaissant devant la Cour doit porter la toge.

[DORS/2006-203, a. 36; DORS/2011-74, a. 32].

Défaut de comparution

72. Faute par une partie de comparaître au jour et à l'heure fixés pour l'audience, la Cour peut n'entendre que les parties présentes et statuer sans entendre la partie absente, ou encore ajourner l'audience aux conditions qu'elle estime indiquées, notamment quant aux dépens.

PARTIE 14 — RÉEXAMEN ET NOUVELLE AUDITION

Réexamen de la demande d'autorisation d'appel

73. (1) Aucune demande d'autorisation d'appel ne peut faire l'objet d'un réexamen sauf si des circonstances extrêmement rares le justifient.

(2) Dans les trente jours suivant le jugement concernant la demande d'autorisation d'appel, la requête en réexamen doit être signifiée à toutes les parties et l'original et cinq copies de la requête doivent être déposés auprès du registraire.

(3) La requête en réexamen est reliée et comporte, dans l'ordre suivant :

   a) l'avis de la requête en réexamen conforme au formulaire 47, avec les adaptations nécessaires;

   b) un affidavit exposant les circonstances extrêmement rares qui justifient le réexamen et expliquant pourquoi la question n'a pas été soulevée auparavant;

   c) tout nouveau document que la partie compte invoquer;

   d) un mémoire d'au plus dix pages.

(4) La requête en réexamen comportant un affidavit qui n'expose pas de circonstances extrêmement rares comme l'exige l'alinéa (3)b) ne peut être soumise à la Cour.

(5) L'intimé peut, dans les dix jours suivant l'acceptation de la requête en réexamen aux fins de dépôt, présenter une réponse en signifiant aux autres parties et en déposant auprès du registraire l'original et cinq copies d'un mémoire d'au plus dix pages.

(6) Dans les dix jours suivant la signification de la réponse, le requérant peut présenter une réplique en la signifiant aux autres parties et en déposant auprès du registraire l'original et cinq copies d'un mémoire d'au plus cinq pages.

[DORS/2006-203, a. 37(2); DORS/2011-74, a. 33].

Nouvelle audition de la demande d'autorisation d'appel

74. Aucune demande d'autorisation d'appel ne peut faire l'objet d'une nouvelle audition.

Réexamen et nouvelle audition d'une requête

75. Sous réserve de la règle 78, aucune requête ne peut faire l'objet d'un réexamen ou d'une nouvelle audition.

Requête en nouvelle audition d'appel

76. (1) Toute partie peut, par requête avant jugement ou dans les trente jours suivant le jugement, demander à la Cour de réentendre un appel.

(2) Malgré le délai prévu au paragraphe 54(1), dans les quinze jours suivant la signification de la requête, toute autre partie peut y répondre.

(3) Dans les quinze jours suivant la signification de la réponse à la requête, le requérant peut présenter une réplique en la signifiant aux autres parties et en en déposant auprès du registraire l'original et quatorze copies.

(4) Malgré le paragraphe 54(4), aucune plaidoirie orale ne peut être présentée relativement à la requête, sauf ordonnance contraire de la Cour.

(5) Si la Cour ordonne une nouvelle audition de l'appel, elle peut prendre toute ordonnance qu'elle estime indiquée pour assurer le bon déroulement de l'audience.

PARTIE 15 — ORDONNANCES ET JUGEMENTS

Ordonnance

77. Toute ordonnance est signée par le juge qui l'a rendue ou par le registraire.

Révision des ordonnances du registraire

78. (1) Toute partie visée par une ordonnance du registraire peut, dans les vingt jours suivant le prononcé de celle-ci, en demander la révision à un juge par requête.

(2) L'affidavit à l'appui de la requête en expose les motifs.

Jugement de la Cour

79. Le jugement rendu par la Cour doit être signé par un juge et être revêtu du sceau de la Cour.

Date du jugement

80. Chaque jugement porte la date du jour où il est rendu et prend effet à cette date, sauf ordonnance contraire de la Cour.

Modification du jugement

81. (1) Toute partie peut, dans les trente jours suivant le jugement, demander à un juge par requête ou, avec le consentement de toutes les parties intéressées, au registraire, la modification du jugement dans les cas suivants :

a) le jugement contient une erreur involontaire ou une omission;

b) il n'est pas conforme au jugement prononcé par la Cour en audience publique;

c) il omet par inadvertance ou fortuitement de trancher une question dont la Cour a été saisie.

(2) Le juge saisi de la requête peut la rejeter, procéder à la modification ou ordonner qu'une requête en nouvelle audition soit présentée à la Cour conformément à la règle 76.

[DORS/2011-74, a. 34].

PARTIE 16 — DROITS ET DÉPENS

Droits à verser au registraire

82. (1) Les droits à verser au registraire figurent à l'annexe A.

(2) Toute partie peut, par requête au registraire, demander d'être dispensée d'acquitter les droits prévus à l'annexe A.

Taxation des dépens

83. (1) Sauf ordonnance contraire de la Cour, les dépens des procédures sont taxés entre parties par le registraire conformément au tarif des honoraires et débours établi à l'annexe B.

(2) Dans les six mois suivant l'ordonnance qui tranche définitivement la question des dépens, la partie qui les obtient signifie aux parties tenues de les payer et dépose auprès du registraire un avis de taxation des dépens conforme au formulaire 83A, accompagné d'un mémoire de frais conforme au formulaire 83B.

(3) La partie qui conteste la taxation des dépens ou un poste du mémoire de frais doit, dans les dix jours suivant la signification de l'avis de taxation et du mémoire de frais, signifier à la partie qui demande la taxation des dépens et aux autres parties

condamnées aux dépens une réponse sous forme de lettre et la déposer auprès du registraire.

(4) Toute réplique est faite sous forme de lettre et est signifiée aux parties condamnées aux dépens et déposée auprès du registraire dans les cinq jours suivant la signification de la réponse.

(5) À l'expiration du délai prévu au paragraphe (4) ou si un consentement est déposé, le registraire délivre un certificat de taxation des dépens.

(6) Le certificat de taxation des dépens est définitif et exécutoire quant aux postes non contestés.

(7) Lorsque, en vertu d'une ordonnance de la Cour, d'un juge ou du registraire, la partie qui a droit à des dépens est également tenue d'en payer à une autre partie, le registraire peut taxer les dépens en conséquence.

(8) Aux fins de taxation des dépens, le registraire peut ordonner la production des livres, documents et pièces qu'il estime nécessaires.

[DORS/2006-203, a. 38].

Contestation de la taxation des dépens

84. (1) Dans les quinze jours suivant la réception du certificat de taxation des dépens, toute partie peut contester la taxation des dépens au motif que le mémoire de frais contient une erreur d'écriture ou de calcul, en signifiant aux autres parties et en déposant auprès du registraire une contestation faisant état des erreurs alléguées et des corrections demandées.

(2) Dans les quinze jours suivant la réception du certificat de taxation des dépens, toute partie qui conteste la taxation des dépens pour un motif autre que celui prévu au paragraphe (1) peut présenter à un juge une requête en révision de la taxation des dépens et le juge peut rendre l'ordonnance qu'il estime indiquée relativement au poste contesté.

(3) La contestation de la taxation des dépens est tranchée selon la preuve déposée auprès du registraire et aucune preuve supplémentaire à l'appui de la requête n'est recevable, sauf ordonnance contraire d'un juge ou du registraire, selon le cas.

(4) Les dépens de la révision visée au paragraphe (2) sont laissés à l'appréciation du juge.

Dépens relatifs au désistement ou au rejet d'une procédure

85. Sauf dans le cas d'une procédure intentée en vertu du *Code criminel*, l'intimé a droit :

> a) en cas de désistement d'une procédure ou de rejet au motif de péremption, à la taxation de ses dépens par le registraire sans autre ordonnance, sauf ordonnance contraire de la Cour ou d'un juge;

> b) en cas de rejet d'une requête en prorogation de délai présentée conformément au paragraphe 51(3), à la taxation par le registraire, sans autre ordonnance, de ses dépens sur la demande d'autorisation d'appel, sauf ordonnance contraire de la Cour ou d'un juge.

[DORS/2006-203, a. 39].

PARTIE 17 — CAUTIONNEMENT

Restitution par la Cour

86. (1) Les sommes déposées à titre de cautionnement en application de l'alinéa 60(1)b) de la Loi peuvent être restituées sur présentation d'une requête au registraire ou par envoi d'une lettre à celui-ci dans laquelle toutes les parties intéressées consentent à la restitution.

(2) Le registraire peut prévoir la restitution de toute somme à la partie qui a consigné le cautionnement ou à son procureur ou correspondant.

(3) Lorsqu'une des autres parties, son procureur et correspondant sont introuvables, avis de la requête en restitution peut être donné par affichage au greffe d'une copie de la requête, celle-ci étant renvoyée à un juge par le registraire au moins vingt-huit jours suivant l'affichage.

[DORS/2006-203, a. 40].

Cautionnement et intérêt

87. Les sommes déposées à titre de cautionnement portent intérêt conformément à la *Loi sur la gestion des finances publiques*.

Dispense de cautionnement

88. (1) Toute partie peut, par requête à un juge ou au registraire, demander d'être dispensée de fournir le cautionnement prévu à l'alinéa 60(1)b) de la Loi.

(2) L'affidavit à l'appui de la requête indique que la valeur de l'actif net de la partie, à l'exclusion de sa résidence familiale et de l'objet de la procédure, ne dépasse pas 5 000 $ et qu'elle est incapable de fournir un cautionnement.

PARTIE 18 — DISPOSITIONS DIVERSES

Affidavits

89. (1) Les faits dont la preuve n'est pas au dossier de la Cour doivent être attestés par affidavit.

(2) L'affidavit présenté dans le cadre d'une procédure se limite à l'énoncé des faits dont le déposant a connaissance. Toutefois, la Cour, un juge ou le registraire peut admettre une déclaration fondée sur des renseignements ou une opinion pourvu que le déposant y indique la source des renseignements ou les motifs à l'appui de son opinion.

(3) Le dossier de la juridiction inférieure et celui du tribunal de première instance qui sont déposés auprès du registraire font partie du dossier de la Cour.

Interrogatoire sur affidavit

90. (1) Toute partie peut, avec l'autorisation d'un juge ou du registraire obtenue par requête, contre-interroger l'auteur d'un affidavit déposé auprès du registraire pour le compte d'une autre partie en signifiant à celle-ci un avis requérant la production du déposant et de documents pour le contre-interrogatoire devant le commissaire à l'assermentation que désigne le juge ou le registraire.

(2) L'avis est signifié dans le délai que le juge ou le registraire fixe.

(3) Le contre-interrogatoire visé au paragraphe (1) doit avoir lieu avant l'audition de la procédure, sauf ordonnance contraire d'un juge ou du registraire.

(4) La transcription d'un contre-interrogatoire peut être déposée auprès du registraire dans les dix jours suivant le contre-interrogatoire.

(5) Le juge ou le registraire peut, de sa propre initiative, ordonner la production de tout document lors du contre-interrogatoire.

(6) Dans le cas où le déposant n'est pas produit pour le contre-interrogatoire, son affidavit est rejeté sauf ordonnance contraire d'un juge ou du registraire.

Serments et témoins

91. (1) Le registraire ou tout membre de son personnel agréé à titre de commissaire

à l'assermentation peut faire prêter serment.

(2) Le registraire peut interroger des témoins dans toute procédure.

Nomination d'un amicus curiae

92. Dans le cas d'un appel, la Cour ou un juge peut nommer un *amicus curiae*.

Changements ayant une incidence sur le dossier

92.1 Les procureurs ou leurs correspondants avisent la Cour par écrit de tout changement ayant une incidence sur le dossier dans toute requête, toute demande d'autorisation d'appel ou tout appel. Au besoin, une partie peut, par requête, demander l'autorisation de présenter de nouveaux éléments de preuve pour porter le changement à la connaissance de la Cour.

[DORS/2006-203, a. 41].

Avis de désistement

93. (1) Sous réserve du paragraphe (2), une partie peut se désister de toute procédure en signifiant aux autres parties et en déposant auprès du registraire un avis de désistement.

(2) L'appelant qui se désiste d'un appel au titre de l'article 69 de la Loi signifie aussi une copie de l'avis de désistement au greffier de la juridiction inférieure.

Avis à la communauté juridique

94. Le registraire peut fournir les avis qu'il estime nécessaires à la communauté juridique pour expliquer ou préciser les présentes règles ou les usages devant la Cour.

[DORS/2011-74, a. 36].

Avis spécial de convocation de la Cour

95. Le registraire publie l'avis de convocation de la Cour prévu à l'article 34 de la Loi selon le formulaire 95.

PARTIE 19

96.-98. (*Abrogés*).

[DORS/2013-175, a. 41].

Formulaire 14 — Avis de dénomination sociale — Règle 14

(Intitulé (règle 22) — Utiliser le formulaire 1, Lignes directrices pour la préparation des documents à déposer à la Cour suprême du Canada (versions imprimée et électronique))

SACHEZ que (*nom*), *(une personne morale, société de personnes ou association sans personnalité morale)*, confirme sa dénomination sociale dans les deux langues officielles :

(*dénomination de la partie dans les deux langues officielles*)

OU

SACHEZ que (*nom*), *(une personne morale, société de personnes ou association sans personnalité morale)*, atteste qu'elle n'a pas de dénomination sociale bilingue.

Fait à (*localité et province ou territoire*), le .... 20............

SIGNATURE (*procureur ou partie qui dépose l'avis ou correspondant*)

.... Procureur ou partie qui dépose l'avis

(*Nom, adresse et numéro de téléphone et, s'il y a lieu, numéro de télécopieur et adresse de courriel du procureur (ou de la partie non représentée)*)

.... Correspondant

(*Nom, adresse et numéro de téléphone et, s'il y a lieu, numéro de télécopieur et adresse de courriel du correspondant*)

ORIGINAL : REGISTRAIRE

COPIES : (*Nom, adresse et numéro de téléphone et, s'il y a lieu, numéro de télécopieur et adresse de courriel des autres parties*)

[DORS/2011-74, a. 37; DORS/2013-175, a. 42].

Formulaire 16 — Avis du correspondant qui représente deux parties opposées — Règle 16

(Intitulé (règle 22) — Utiliser le formulaire 1, Lignes directrices pour la préparation des documents à déposer à la Cour suprême du Canada (versions imprimée et électronique))

SACHEZ que je soussigné(e) (*nom*), correspondant de (*nom des parties*), ai avisé les parties que je représente deux parties opposées devant la Cour et que ces parties y consentent.

Fait à (*localité et province ou territoire*) le .... 20............

Correspondant :

.... (*Signature*)

ORIGINAL : REGISTRAIRE

COPIES : (*Nom, adresse et numéro de téléphone et, le cas échéant, numéro de télécopieur et adresse de courriel de chacune des parties*)

[DORS/2011-74, a. 38; DORS/2013-175, a. 46a)].

Formulaire 20 — Affidavit de signification — Règle 20

(Intitulé (règle 22) — Utiliser le formulaire 1, Lignes directrices pour la préparation des documents à déposer à la Cour suprême du

Canada (versions imprimée et électronique))

Je soussigné(e) (*nom du déposant*), (*occupation du déposant*), de (*localité et province ou territoire*), DÉCLARE SOUS SERMENT :

QUE, le (*date*) (*mois*) (*année*), j'ai signifié à (*nom de la/des personne(s) ayant reçu signification*) une copie certifiée conforme du/de la/des (*indiquer le(s) document(s)*) par l'un des moyens suivants :

a) signification à personne;

b) courrier ordinaire;

c) courrier recommandé ou certifié ou messagerie (*joindre en annexe le récépissé de la poste, un accusé de réception portant la signature du destinataire ou une copie des résultats de suivi du service de messagerie où figurent les détails concernant la livraison du document*);

d) télécopie (*joindre en annexe une copie de la page couverture visée au paragraphe 20(3) et le bordereau de transmission qui confirme les date et heure de la transmission*);

e) courriel (*joindre en annexe une copie du courriel visé au paragraphe 20(3.1) et une copie de l'accusé de lecture ou de la confirmation par le destinataire de la signification par courriel*);

f) remise d'une copie au procureur ou au correspondant de la partie ou à un employé du cabinet de son procureur ou de son correspondant.

Assermenté devant moi à (*localité et province ou territoire*), le .... 20..........

..................................., Commissaire à l'assermentation

.... (*Signature du déposant*)

[DORS/2011-74, a. 39; DORS/2013-175, a. 43].

Formulaire 22

(*Abrogé*).

[DORS/2011-74, a. 40].

Formulaire 23

(*Abrogé*).

[DORS/2011-74, a. 40].

Formulaire 23A — Attestation (demandeur, intimé ou appelant) — Règle 23

(Intitulé (règle 22) — Utiliser le formulaire 1, Lignes directrices pour la préparation des documents à déposer à la Cour suprême du Canada (versions imprimée et électronique))

Je soussigné(e), (*nom*), (*procureur ou correspondant*) de (*nom du demandeur, de l'intimé ou de l'appelant*), certifie que :

a) (*Indiquer si une ordonnance de mise sous scellés ou de confidentialité rendue par un tribunal d'instance inférieure ou par la Cour est en vigueur dans le dossier et si un document déposé contient des renseignements qui sont soit visés par une ordonnance de mise sous scellés ou de confidentialité, soit classés comme confidentiels aux termes de dispositions législatives*);

b) (*Indiquer s'il existe, aux termes d'une ordonnance ou d'une disposition législative, une obligation de non-publication de la preuve ou du nom ou de l'identité d'une partie ou d'un témoin et si un document déposé contient des renseignements visés par cette obligation*);

c) (*Indiquer s'il existe, aux termes d'une disposition législative, une restriction qui limite l'accès du public à certains renseignements et si un document déposé contient des renseignements visés par cette restriction*).

Fait à (*localité et province ou territoire*), le .... 20............

(*Procureur ou correspondant*) de (*nom du demandeur, de l'intimé ou de l'appelant*), ...

(Signature)

ORIGINAL : REGISTRAIRE

COPIES : (*Nom, adresse et numéro de téléphone et, s'il y a lieu, numéro de télécopieur et adresse de courriel des autres parties*)

(*Inclure une copie de l'ordonnance ou de la disposition législative applicable.*)
[DORS/2013-175, a. 43].

Formulaire 23B — Attestation (demandeur, intimé ou appelant) — Règle 23

(Intitulé (règle 22) — Utiliser le formulaire 1, Lignes directrices pour la préparation des documents à déposer à la Cour suprême du Canada (versions imprimée et électronique))

Je soussigné(e), (*nom*), (*procureur ou correspondant*) de (*nom du demandeur, de l'intimé ou de l'appelant*), certifie que (*dans le cas où il serait contre-indiqué qu'un juge prenne part à la décision de la Cour en raison de sa participation antérieure à l'affaire ou de l'existence d'un lien entre lui et celle-ci, énoncer les questions soulevées*).

Fait à (*localité et province ou territoire*), le .... 20..........

(*Procureur ou correspondant*) de (*nom du demandeur, de l'intimé ou de l'appelant*),

....

(Signature)

ORIGINAL : REGISTRAIRE

COPIES : (*Nom, adresse et numéro de téléphone et, s'il y a lieu, numéro de télécopieur et adresse de courriel des autres parties*)
[DORS/2013-175, a. 43].

Formulaire 24A — Attestation (appelant) — Règle 24

(Intitulé (règle 22) — Utiliser le formulaire 1, Lignes directrices

pour la préparation des documents à déposer à la Cour suprême du Canada (versions imprimée et électronique))

Je soussigné(e), (*nom*), (*procureur ou correspondant*) de l'appelant, certifie que le dossier de l'appelant fait état du jugement contesté et des seuls actes de procédure, preuves, affidavits et autres documents nécessaires pour saisir la Cour de la question en litige, et que tous les motifs des jugements et ordonnances s'y trouvent.

Je certifie, en outre, que j'ai examiné attentivement le dossier et que je suis convaincu(e) qu'il s'agit d'une reproduction fidèle et exacte des originaux et que la correction d'épreuves a été faite.

Fait à (*localité et province ou territoire*), le .... 20..........

(*Procureur ou correspondant*) de l'appelant,

....

(Signature)
[DORS/2013-175, a. 43].

Formulaire 24B — Attestation (intimé) — Règle 24

(Intitulé (règle 22) — Utiliser le formulaire 1, Lignes directrices pour la préparation des documents à déposer à la Cour suprême du Canada (versions imprimée et électronique))

Je soussigné(e), (*nom*), (*procureur ou correspondant*) de l'intimé, certifie que le dossier de l'intimé fait état des seuls actes de procédure, preuves, affidavits et autres documents nécessaires pour saisir la Cour de la question en litige.

Je certifie, en outre, que j'ai examiné attentivement le dossier et que je suis convaincu(e) qu'il s'agit d'une reproduction fidèle et exacte des originaux et que la correction d'épreuves a été faite.

Fait à (*localité et province ou territoire*), le .... 20..........

(*Procureur ou correspondant*) de l'appelant,

....

(*Signature*)

[DORS/2013-175, a. 43].

Formulaire 25 — Avis de demande d'autorisation d'appel — Règle 25

(Intitulé (règle 22) — Utiliser le formulaire 1, Lignes directrices pour la préparation des documents à déposer à la Cour suprême du Canada (versions imprimée et électronique))

SACHEZ que (*nom*) demande l'autorisation de se pourvoir en appel devant la Cour contre le jugement de (*nom de la juridiction inférieure et numéro de dossier de cette juridiction*) prononcé le ...., en vertu de (*indiquer la disposition de la Loi ou des présentes règles sur laquelle la demande d'autorisation d'appel est fondée*), pour obtenir (*indiquer la nature de l'ordonnance ou du redressement demandé*) ou toute autre ordonnance que la Cour estime indiquée.

SACHEZ DE PLUS que la demande d'autorisation d'appel est fondée sur les moyens suivants : (*indiquer de façon concise, par paragraphe numéroté, chacun des moyens sur lesquels la demande est fondée*).

Fait à (*localité et province ou territoire*), le .... 20...........

SIGNATURE (*procureur ou partie ou correspondant*)

....

Demandeur

(*Nom, adresse et numéro de téléphone et, s'il y a lieu, numéro de télécopieur et adresse de courriel du procureur (ou de la partie non représentée)*)

....

Correspondant (*le cas échéant*)

(*Nom, adresse et numéro de téléphone et, s'il y a lieu, numéro de télécopieur et adresse de courriel du correspondant*)

ORIGINAL : REGISTRAIRE

COPIES : (*Nom, adresse et numéro de téléphone et, s'il y a lieu, numéro de télécopieur et adresse de courriel des parties ainsi que des autres parties et des intervenants devant la juridiction inférieure*)

AVIS À L'INTIMÉ OU À L'INTERVENANT : *L'intimé ou l'intervenant peut signifier et déposer un mémoire en réponse à la demande d'autorisation d'appel dans les trente jours suivant l'ouverture par la Cour d'un dossier à la suite du dépôt de la demande ou, si un tel dossier est déjà ouvert, dans les trente jours suivant la signification de la demande. Si aucune réponse n'est déposée dans ce délai, le registraire soumettra la demande d'autorisation d'appel à l'examen de la Cour conformément à l'article 43 de la Loi sur la Cour suprême.*

(*L'avis de demande d'autorisation d'appel est déposé en même temps que le formulaire 23A et, s'il y a lieu, le formulaire 23B.*)

[DORS/2013-175, a. 43].

Formulaire 25A — Avis de demande d'autorisation d'appel — Règle 25

(*Abrogé*).

[DORS/2013-175, a. 43].

Formulaire 25B — Attestation (du procureur ou correspondant du demandeur ou de l'appelant) — Règle 25

(*Abrogé*).

[DORS/2013-175, a. 43].

Formulaire 25C — Attestation (du procureur ou correspondant du demandeur ou de l'appelant) — Règle 25

(*Abrogé*).

[DORS/2013-175, a. 43].

Formulaire 29 — Avis de demande d'autorisation d'appel incident — Règle 29

(Intitulé (règle 22) — Utiliser le formulaire 1, Lignes directrices pour la préparation des documents à déposer à la Cour suprême du Canada (versions imprimée et électronique))

SACHEZ que (*nom*) demande l'autorisation de se pourvoir en appel incident devant la Cour contre le jugement de (*nom de la juridiction inférieure et numéro de dossier de cette juridiction*) prononcé le .... 20.........., en vertu de (*indiquer la disposition de la loi ou des présentes règles sur laquelle la demande d'autorisation d'appel incident est fondée*), pour obtenir (*indiquer la nature de l'ordonnance ou du redressement demandé*) ou toute autre ordonnance que la Cour estime indiquée.

SACHEZ DE PLUS que la demande d'autorisation d'appel incident est fondée sur les moyens suivants : (*indiquer de façon concise, par paragraphe numéroté, chacun des moyens sur lesquels la demande est fondée*).

Fait à (*localité et province ou territoire*) le .... 20..........

SIGNATURE (*procureur ou partie ou correspondant*)

.... Intimé

(*Nom, adresse et numéro de téléphone et, le cas échéant, numéro de télécopieur et adresse électronique du procureur (ou de la partie non représentée)*)

.... Correspondant (*le cas échéant*)

(*Nom, adresse et numéro de téléphone et, le cas échéant, numéro de télécopieur et adresse de courriel du correspondant*)

ORIGINAL : REGISTRAIRE

COPIES : (*Nom, adresse et numéro de téléphone et, le cas échéant, numéro de télécopieur et adresse de courriel des parties ainsi que ceux des autres parties et des intervenants devant la juridiction inférieure*)

AVIS AU DEMANDEUR : *Le demandeur peut signifier et déposer un mémoire en réponse à la demande d'autorisation d'appel incident dans les trente jours suivant la signification de celle-ci.*

[DORS/2006-203, a. 44; DORS/2011-74, a. 44; DORS/2013-175, a. 46b)].

Formulaire 33 — Avis d'appel — Règle 33

(Intitulé (règle 22) — Utiliser le formulaire 1, Lignes directrices pour la préparation des documents à déposer à la Cour suprême du Canada (versions imprimée et électronique))

SACHEZ que (*nom de l'appelant*), donnant suite à l'autorisation d'appel accordée le .... 20.........., interjette appel à la Cour suprême du Canada du jugement de (*nom de la juridiction inférieure*) prononcé le .... 20..........

OU

SACHEZ que (*nom*) interjette appel de plein droit à la Cour suprême du Canada du jugement de (*nom de la juridiction inférieure*) prononcé le .... 20.........., en vertu de (*disposition(s) autorisant l'appel*).

(*Dans le cas d'un appel interjeté en vertu des alinéas 691(1)a) ou (2)a) ou b), 692(3)a) ou 693(1)a) du Code criminel, indiquer ce qui suit :*)

SACHEZ DE PLUS que l'appel soulève les questions de droit suivantes :

ET/OU

SACHEZ DE PLUS que la dissidence de la juridiction inférieure porte, en tout ou en partie, sur les questions de droit suivantes (*selon les motifs énoncés dans le jugement en vertu de l'article 677 du Code criminel*) :

Fait à (*localité et province ou territoire*), le .... 20..........

SIGNATURE (*procureur ou partie ou correspondant*)

.... Appelant

(*Nom, adresse et numéro de téléphone et, s'il y a lieu, numéro de télécopieur et adresse de courriel du procureur (ou de la partie non représentée)*)

.... Correspondant

(*Nom, adresse et numéro de téléphone et, s'il y a lieu, numéro de télécopieur et adresse de courriel du correspondant*)

ORIGINAL : REGISTRAIRE

COPIES : (*Nom, adresse et numéro de téléphone et, le cas échéant, numéro de télécopieur et adresse de courriel des parties ainsi que ceux des autres parties et des intervenants devant la juridiction inférieure*)

(*Dans le cas d'un appel de plein droit, annexer une copie du jugement et des motifs du jugement de la juridiction inférieure et une copie de l'attestation conforme au formulaire 23A et, le cas échéant, une copie de l'attestation conforme au formulaire 23B.*)

[DORS/2006-203, a. 45; DORS/2011-74, a. 45; DORS/2013-175, a. 44].

Formulaire 38

(*Abrogé*).

[DORS/2013-175, a. 44].

Formulaire 39

(*Abrogé*).

[DORS/2013-175, a. 44].

Formulaire 46 — Avis de renvoi — Règle 46

(Intitulé (règle 22) — Utiliser le formulaire 1, Lignes directrices

pour la préparation des documents à déposer à la Cour suprême du Canada (versions imprimée et électronique))

SACHEZ que le présent renvoi est déposé conformément à (*indiquer la disposition de la loi ou des présentes règles sur laquelle le renvoi est fondé*).

Fait à (*localité et province ou territoire*) le .... 20...........

SIGNATURE (*procureur ou correspondant*)

.... Procureur

(*Nom, adresse et numéro de téléphone et, le cas échéant, numéro de télécopieur et adresse de courriel du procureur*)

.... Correspondant

(*Nom, adresse et numéro de téléphone et, le cas échéant, numéro de télécopieur et adresse de courriel du correspondant*)

(*Annexer le décret.*)

[DORS/2011-74, a. 48; DORS/2013-175, a. 46c)].

Formulaire 47 — Avis de requête à un juge ou au registraire — Règle 47

(Intitulé (règle 22); l'intitulé peut être abrégé conformément au paragraphe 22(3.1) — Utiliser le formulaire 1, Lignes directrices pour la préparation des documents à déposer à la Cour suprême du Canada (versions imprimée et électronique))

SACHEZ que (*nom*) s'adresse à (*un juge ou au registraire, selon le cas*), en vertu de (*indiquer la disposition de la Loi ou des présentes règles sur laquelle la requête est fondée*), pour obtenir (*indiquer la nature de l'ordonnance ou du redressement demandé*) ou toute autre ordonnance que (*le juge ou le registraire*) estime indiquée.

SACHEZ DE PLUS que la requête est fondée sur les moyens suivants : (*indiquer de façon concise, par paragraphe numéroté, chacun des moyens sur lesquels la requête est fondée*).

Fait à (*localité et province ou territoire*) le
.... 20..........

SIGNATURE (*procureur ou partie ou correspondant*)

.... Requérant

(*Nom, adresse et numéro de téléphone et, s'il y a lieu, numéro de télécopieur et adresse de courriel du procureur (ou de la partie non représentée)*)

.... Correspondant

(*Nom, adresse et numéro de téléphone et, s'il y a lieu, numéro de télécopieur et adresse de courriel du correspondant*)

ORIGINAL : REGISTRAIRE

COPIES : (*Nom, adresse et numéro de téléphone et, le cas échéant, numéro de télécopieur et adresse de courriel des autres parties*)

AVIS À L'INTIMÉ À LA REQUÊTE :
L'intimé à la requête peut signifier et déposer une réponse à la requête dans les dix jours suivant la signification de celle-ci. Si aucune réponse n'est déposée dans ce délai, la requête sera soumise pour décision à un juge ou au registraire, selon le cas.

Si la requête est signifiée et déposée avec la demande d'autorisation d'appel, l'intimé peut déposer et signifier la réponse à la requête avec la réponse à la demande d'autorisation d'appel.

(*Dans le cas d'une requête introductive d'instance, annexer une copie du jugement et des motifs du jugement de la juridiction inférieure et une copie de l'attestation conforme au formulaire 23A et, le cas échéant, une copie de l'attestation conforme au formulaire 23B.*)

[DORS/2006-203, a. 47; DORS/2011-74, a. 49; DORS/2013-175, a. 45].

Formulaire 52 — Avis de requête à la Cour — Règle 52

(Intitulé (règle 22); l'intitulé peut être abrégé conformément au paragraphe 22(3.1) — Utiliser le formulaire 1, Lignes directrices pour la préparation des documents à déposer à la Cour suprême du Canada (versions imprimée et électronique))

SACHEZ que (*nom*) s'adresse à la Cour en vertu de (*indiquer la disposition de la Loi ou des présentes règles sur laquelle la requête est fondée*) pour obtenir (*indiquer la nature de l'ordonnance ou du redressement demandé*) ou toute autre ordonnance que la Cour estime indiquée.

SACHEZ DE PLUS que la requête est fondée sur les moyens suivants : (*indiquer de façon concise, par paragraphe numéroté, chacun des moyens sur lesquels la requête est fondée*).

Fait à (*localité et province ou territoire*) le
.... 20..........

SIGNATURE (*procureur ou partie ou correspondant*)

.... Requérant

(*Nom, adresse et numéro de téléphone et, s'il y a lieu, numéro de télécopieur et adresse de courriel du procureur (ou de la partie non représentée)*)

.... Correspondant

(*Nom, adresse et numéro de téléphone et, s'il y a lieu, numéro de télécopieur et adresse de courriel du correspondant*)

ORIGINAL : REGISTRAIRE

COPIES : (*Nom, adresse et numéro de téléphone et, le cas échéant, numéro de télécopieur et adresse de courriel des autres parties*)

AVIS À L'INTIMÉ À LA REQUÊTE :
L'intimé à la requête peut signifier et déposer une réponse à la requête dans les dix jours suivant la signification de celle-ci.

(*La requête doit être présentée sous forme reliée — voir le formulaire 1, Lignes directrices pour la préparation des documents à déposer à la Cour suprême du Canada (versions imprimée et électronique). Dans le cas d'une requête introductive d'instance, annexer une copie du jugement et des motifs du jugement de la juridiction inférieure et une copie de l'attestation conforme au formulaire 23A et, le cas échéant, une copie de l'attestation conforme au formulaire 23B.*)

[DORS/2006-203, a. 47; DORS/2011-74, a. 50; DORS/2013-175, a. 45].

Formulaire 61A — Avis de question constitutionnelle — Règle 61

(Intitulé (règle 22) — Utiliser le formulaire 1, Lignes directrices pour la préparation des documents à déposer à la Cour suprême du Canada (versions imprimée et électronique))

SACHEZ que, par suite de l'ordonnance du Juge en chef (*ou d'un autre juge*) rendue le .... 20.........., la (les) question(s) constitutionnelle(s) soulevée(s) dans l'appel du jugement de (*nom de la juridiction inférieure*) prononcé le .... 20.......... est (sont) annexée(s) ci-après.

SACHEZ DE PLUS que tout avis d'intervention établi selon le formulaire 61B doit être signifié à toutes les autres parties et déposé auprès du registraire de la Cour suprême du Canada dans les quatre semaines suivant la signification du présent avis.

Fait à (*localité et province ou territoire*) le .... 20..........

SIGNATURE (*procureur ou partie ou correspondant*)

.... Requérant

(*Nom, adresse et numéro de téléphone et, le cas échéant, numéro de télécopieur et adresse de courriel du procureur (ou de la partie non représentée)*)

.... Correspondant

(*Nom, adresse et numéro de téléphone et, le cas échéant, numéro de télécopieur et adresse de courriel du correspondant*)

ORIGINAL : REGISTRAIRE

COPIES : (*Nom, adresse et numéro de téléphone et, le cas échéant, numéro de télécopieur et adresse de courriel des procureurs généraux*)

(*Annexer une copie de l'ordonnance formulant la (les) question(s) constitutionnelle(s) et des motifs du jugement dont appel.*)

[DORS/2006-203, a. 47; DORS/2011-74, a. 51; DORS/2013-175, a. 46d)].

Formulaire 61B — Avis d'intervention relative à une question constitutionnelle — Règle 61

(Intitulé (règle 22) — Utiliser le formulaire 1, Lignes directrices pour la préparation des documents à déposer à la Cour suprême du Canada (versions imprimée et électronique))

Donnant suite à l'ordonnance du Juge en chef (*ou d'un autre juge*) en date du ...., dans laquelle figure la (les) question(s) constitutionnelle(s) formulée(s) dans le présent appel, (*le procureur général* .... *ou le ministre de la Justice du gouvernement*) .... a l'intention d'intervenir et de déposer un mémoire et (*ne pas*) plaider :

Fait à (*localité et province ou territoire*) le .... 20..........

SIGNATURE (*procureur du procureur général ou correspondant*)

.... Procureur du procureur général

(*Nom, adresse et numéro de téléphone et, le cas échéant, numéro de télécopieur et adresse de courriel du procureur*)

.... Correspondant

(*Nom, adresse et numéro de téléphone et, le cas échéant, numéro de télécopieur et adresse de courriel du correspondant*)

ORIGINAL : REGISTRAIRE

COPIES : (*Nom, adresse et numéro de téléphone et, le cas échéant, numéro de télécopieur et adresse de courriel des autres parties*)

[DORS/2011-74, a. 52; DORS/2013-175, a. 46e)].

Formulaire 64 — Préavis de rejet de la demande d'autorisation d'appel pour cause de retard — Cour suprême du Canada — Règle 64

(Intitulé (règle 22) — Utiliser le formulaire 1, Lignes directrices pour la préparation des documents à déposer à la Cour suprême du Canada (versions imprimée et électronique))

SACHEZ que (*nom*) n'a pas signifié ni déposé les documents exigés par la règle 25 des *Règles de la Cour suprême du Canada* pour la demande d'autorisation dans le délai prévu à l'alinéa 58(1)a) de la *Loi sur la Cour suprême* ou prorogé en vertu du paragraphe 59(1) de cette loi.

SACHEZ DE PLUS que le registraire peut rejeter la demande d'autorisation d'appel au motif de péremption à moins qu'un juge ne proroge, sur requête, le délai de signification et de dépôt des documents. Le demandeur doit signifier et déposer une requête en prorogation de délai dans les vingt jours suivant la réception du présent préavis.

Fait à (*localité et province ou territoire*), le .... 20...........

.... Registraire

ORIGINAL : DEMANDEUR (*Nom, adresse et numéro de téléphone et, le cas échéant, numéro de télécopieur et adresse de courriel*)

COPIES : (*Nom, adresse et numéro de téléphone et, le cas échéant, numéro de télécopieur et adresse de courriel des autres parties*)

[DORS/2006-203, a. 48; DORS/2011-74, a. 53;
DORS/2013-175, a. 46f)].

Formulaire 65 — Préavis de rejet de l'appel pour cause de retard — Cour suprême du Canada — Règle 65

(Intitulé (règle 22) — Utiliser le formulaire 1, Lignes directrices pour la préparation des documents à déposer à Cour suprême du Canada (versions imprimée et électronique))

SACHEZ que (*nom*) n'a pas signifié ni déposé d'avis d'appel dans le délai prévu à l'alinéa 58(1)b) de la *Loi sur la Cour su-*

prême ou dans le délai prorogé aux termes du paragraphe 59(1) de cette loi.

SACHEZ DE PLUS qu'un juge peut rejeter l'appel au motif de péremption à moins qu'un juge ne proroge, sur requête, le délai de signification et de dépôt de l'avis d'appel. L'appelant doit signifier et déposer sa requête en prorogation de délai dans les vingt jours suivant la signification du présent préavis.

OU

SACHEZ que (*nom*) n'a pas signifié ni déposé son dossier et son mémoire dans le délai prévu à la règle 35 des *Règles de la Cour suprême du Canada*.

SACHEZ DE PLUS qu'un juge peut rejeter l'appel au motif de péremption à moins qu'un juge ne proroge, sur requête, le délai de signification et de dépôt du dossier et du mémoire. L'appelant doit signifier et déposer sa requête en prorogation de délai dans les vingt jours suivant la réception du présent préavis.

Fait à (*localité et province ou territoire*), le .... 20...........

.... Registraire

ORIGINAL : APPELANT (*Nom, adresse et numéro de téléphone et, le cas échéant, numéro de télécopieur et adresse de courriel*)

COPIES : (*Nom, adresse et numéro de téléphone et, le cas échéant, numéro de télécopieur et adresse de courriel des autres parties*)

[DORS/2006-203, a. 48; DORS/2011-74, a. 54;
DORS/2013-175, a. 46g)].

Formulaire 67 — Préavis (procédure vexatoire) — Cour suprême du Canada — Règle 67

(Intitulé (règle 22) — Utiliser le formulaire 1, Lignes directrices pour la préparation des documents à déposer à la Cour suprême du Canada (versions imprimée et électronique))

SACHEZ que, conformément au paragraphe 67(1) des *Règles de la Cour suprême du Canada*, le registraire peut demander à un juge d'ordonner la suspension de la procédure, et ce dernier pourra le faire s'il est convaincu que (*nom*) agit de façon vexatoire.

OU

SACHEZ que, conformément au paragraphe 67(1) des *Règles de la Cour suprême du Canada*, le registraire peut demander à un juge d'ordonner qu'aucun autre document ne soit déposé relativement à une procédure, et ce dernier pourra le faire s'il est convaincu que le dépôt d'autres documents serait vexatoire ou fait dans un but irrégulier.

Fait à (*localité et province ou territoire*), le .... 20...........

.... Registraire

ORIGINAL : PARTIE VISÉE (*Nom, adresse et numéro de téléphone et, le cas échéant, numéro de télécopieur et adresse de courriel*)

COPIES : (*Nom, adresse et numéro de téléphone et, le cas échéant, numéro de télécopieur et adresse de courriel des autres parties*).

REMARQUE : *Les parties peuvent signifier et déposer une réponse au présent préavis dans les dix jours suivant la réception de celui-ci.*

[DORS/2006-203, a. 48; DORS/2011-74, a. 55; DORS/2013-175, a. 46h)].

Formulaire 69 — Avis d'audition — Cour suprême du Canada — Règle 69

(Intitulé (règle 22) — Utiliser le formulaire 1, Lignes directrices pour la préparation des documents à déposer à la Cour suprême du Canada (versions imprimée et électronique))

SACHEZ que le présent appel a été inscrit pour audition le (*date d'audition*) à (heure de l'audition).

Fait à (*localité et province ou territoire*), le .... 20...........

.... Registraire

COPIES : (*Nom, adresse et numéro de téléphone et, le cas échéant, numéro de télécopieur et adresse de courriel de chacune des parties*)

[DORS/2011-74, a. 56; DORS/2013-175, a. 46i)].

Formulaire 83A — Avis de taxation des dépens — Règle 83

(Intitulé (règle 22) — Utiliser le formulaire 1, Lignes directrices pour la préparation des documents à déposer à la Cour suprême du Canada (versions imprimée et électronique))

SACHEZ que (*nom*) s'adresse au registraire pour demander la taxation des dépens conformément au mémoire de frais ci-joint à l'égard de (*nom des parties*).

Fait à (*localité et province ou territoire*), le .... 20...........

SIGNATURE (*procureur ou partie qui demande la taxation ou correspondant*)

.... Procureur ou partie non représentée qui demande la taxation

(*Nom, adresse et numéro de téléphone et, le cas échéant, numéro de télécopieur et adresse de courriel du procureur (ou de la partie non représentée)*)

.... Correspondant

(*Nom, adresse et numéro de téléphone et, le cas échéant, numéro de télécopieur et adresse de courriel du correspondant*)

ORIGINAL : REGISTRAIRE

COPIES : (Nom, adresse et numéro de téléphone et, le cas échéant, numéro de télécopieur et adresse de courriel des parties condamnées aux dépens)

REMARQUE : La partie qui conteste la taxation des dépens ou un poste du mémoire de frais doit signifier et déposer une réponse sous forme de lettre dans les dix jours suivant la signification du présent avis de taxation.

[DORS/2011-74, a. 57; DORS/2013-175, a. 46j)].

Formulaire 83B — Mémoire de frais — Règle 83

(Intitulé (règle 22) — Utiliser le formulaire 1, Lignes directrices pour la préparation des documents à déposer à la Cour suprême du Canada (versions imprimée et électronique))

Poste	Droits (*voir l'annexe B, partie 1)*	Débours et taxes applicables (*voir l'annexe B, partie 2)*
1. *(Indiquer chaque poste applicable du tarif établi à l'annexe B)*	$	$
TOTAL PARTIEL	$	$
TOTAL	$	$

(*À remplir par le registraire.*)

Dépens taxés et adjugés pour la somme de ....$

.... Registraire

Le .... 20..........

(*Annexer les reçus pour les débours de plus de 50 $.*)

[DORS/2006-203, a. 49; DORS/2011-74, a. 58].

Formulaire 95 — Cour suprême du Canada — Session spéciale — Règle 95

La Cour suprême du Canada tiendra une session spéciale dans la ville d'Ottawa le .... 20.........., pour l'audition des causes et l'expédition des autres affaires qui peuvent être portées devant elle (*ou pour l'audition d'appels en matière d'élection, ou en matière criminelle ou d'habeas corpus, ou pour rendre jugement seulement, selon le cas*).

Par ordre du Juge en chef ou du juge ....

Le registraire, ...

Fait le .... 20..........

ANNEXE A — TARIF DES DROITS À VERSER AU REGISTRAIRE DE LA COUR SUPRÊME DU CANADA

(règle 82)

1.	Dépôt des documents suivants :	
	a) avis de demande d'autorisation d'appel, avis d'appel de plein droit ou avis de référence	75 $
	(Aucun droit n'est exigible pour un avis de demande d'autorisation d'appel incident.)	
	b) avis de requête	75 $
	c) avis de taxation	75 $
2.	Photocopies ou impression, la page :	
	a) par un employé de la Cour	1 $
	(Aucun supplément pour envoi par courrier ordinaire, par transmission par télécopie ou par autre transmission électronique.)	
	b) libre-service	0,50 $
3.	Documents électroniques ou copies de documents électroniques, le document	10 $
3.1	Enregistrement audio et vidéo	35 $
4.	Certificat de la copie d'un document	20 $
5.	Certificat du registraire attestant l'état de la procédure ou l'absence de procédure dans une instance	20 $
6.	Réception d'affidavit	50 $*
7.	Copie des motifs de jugement	15 $
8.	*Recueil des arrêts de la Cour suprême du Canada* :	
	a) cahier individuel	40 $*
	b) abonnement annuel	350 $*
	Dans des circonstances particulières, le registraire peut, à sa discrétion, exempter toute personne du paiement de ces droits.	

Notes:

*   Ajouter les taxes (TPS/TVH) applicables.
    [DORS/2006-203, a. 50 (ann.); DORS/2011-74, a. 59–62; DORS/2013-175, a. 47; DORS/2014-96, a. 1].

ANNEXE B — TARIF DES HONORAIRES ET DÉBOURS TAXABLES ENTRE PARTIES DEVANT LA COUR SUPRÊME DU CANADA

(règle 83)

Partie 1 — Honoraires du procureur

1.   Demande d'autorisation d'appel :

a) rédaction d'une demande d'autorisation d'appel ou d'une demande d'autorisation d'appel incident, ou d'une réponse à l'une de celles-ci :

(i) sur dossier présenté par écrit		800 $
(ii) lorsqu'une audience est tenue		1 000 $
b) si aucune réponse n'est déposée, étude d'une demande d'autorisation d'appel ou d'une demande d'autorisation d'appel incident, à la discrétion du registraire, jusqu'à		300 $
c) rédaction du premier exemplaire de la demande d'autorisation d'appel, de la demande d'autorisation d'appel incident, de la réponse ou de la réplique, la page		1,35 $

2. Requête :

a) rédaction d'une requête ou d'une réponse à une requête :

    (i) sur dossier présenté par écrit . . . . 300 $

    (ii) lorsqu'une audience est tenue . . . . 800 $

b) si aucune réponse n'est déposée, étude d'une requête, à la discrétion du registraire, jusqu'à . . . . 200 $

c) rédaction du premier exemplaire de la requête, de la réponse ou de la réplique, la page . . . . 1,35 $

3. Appel :

a) avis d'appel . . . . 50 $

b) rédaction du mémoire . . . . 650 $

c) rédaction du premier exemplaire du mémoire, du dossier, du recueil de sources et du recueil condensé, la page . . . . 1,35 $

c.1) préparation de la version électronique du mémoire, du dossier ou du recueil de sources, la page . . . . 0,30 $

d) audition de l'appel, préparation et comparution à l'audience :

    (i) du procureur principal . . . . 2 100 $

    (ii) d'un procureur adjoint . . . . 700 $

e) désistement ou péremption d'un appel . . . . 500 $

4. Divers :

a) honoraires du correspondant dûment inscrit :

    (i) sur la demande d'autorisation d'appel . . . . 200 $

    (ii) sur l'appel . . . . 500 $

b) contre-interrogatoire d'un déposant en vertu de la règle 90, à la discrétion du registraire, jusqu'à . . . . 150 $

Les honoraires peuvent faire l'objet d'une majoration ou réduction, dans des circonstances exceptionnelles, à la discrétion du registraire.

Partie 2 — Débours

À la discrétion du registraire, les débours ci-après sont taxés :

1. Droits versés au registraire au titre de l'annexe A.

2. Somme raisonnable pour la reproduction de documents qui doivent être déposés à la Cour, selon le reçu détaillé du fournisseur de services. Ces débours ne doivent pas inclure les honoraires du procureur pour la préparation de la version imprimée ou électronique de tout document visé à la partie 1. Les documents reproduits à l'interne ou qui ne font pas l'objet d'un reçu détaillé seront taxés à 0,25 $ la page.

3. Sous réserve de l'article 4, sommes raisonnables engagées pour la comparution dans le cadre d'une instance devant la Cour d'au plus deux procureurs, y compris leurs frais de déplacement, d'hébergement (maximum de deux nuitées pour une journée d'audience et une nuitée additionnelle pour chaque journée d'audience additionnelle), de repas et leurs frais accessoires (par exemple, stationnements, taxis

et appels téléphoniques). Ces dépenses doivent être attestées par des pièces justificatives.

4. Les sommes engagées pour l'utilisation d'un véhicule particulier au cours d'un déplacement pour comparution devant la Cour. Ces sommes sont calculées selon les taux par kilomètre fixés à l'appendice B de la *Directive sur les voyages* du Conseil national mixte; les reçus ne sont pas exigés pour ces dépenses.

5. Tous les autres débours raisonnables engagés, à l'exception des débours engagés pour la recherche juridique sur support informatique. Les reçus sont exigés pour les débours de plus de 50 $.

6. Les taxes sur les services, les taxes de vente et les taxes d'utilisation ou de consommation payées ou à payer sur les débours prévus aux articles 2, 3 et 5, sauf si ces taxes ont fait l'objet d'un remboursement ou sont remboursables.

[DORS/2006-203, a. 50 (ann.); DORS/2011-74, a. 63; DORS/2013-175, a. 48–50].

Disposition transitoire

— DORS/2006-203, a. 51 :

51. Les *Règles de la Cour suprême du Canada*, dans leur version antérieure à l'entrée en vigueur des présentes règles, continuent de s'appliquer à toutes les instances pour lesquelles l'avis d'appel a été déposé avant la date de cette entrée en vigueur.

LOI CONCERNANT LE DIVORCE ET LES MESURES ACCESSOIRES,

L.R.C. (1985), ch. 3 (2e suppl.) [L.R.C., ch. D-3.4]

TITRE ABRÉGÉ

1. *Loi sur le divorce.*
[L.R.C. (1985), ch. 3 (2e suppl.), a. 1].

DÉFINITIONS

2. (1) Les définitions qui suivent s'appliquent à la présente loi.

« **accès** » Comporte le droit de visite.

« **action en divorce** » Action exercée devant un tribunal par l'un des époux ou conjointement par eux en vue d'obtenir un divorce assorti ou non d'une ordonnance alimentaire au profit d'un enfant, d'une ordonnance alimentaire au profit d'un époux ou d'une ordonnance de garde.

« **action en mesures accessoires** » Action exercée devant un tribunal par l'un des ex-époux ou conjointement par eux en vue d'obtenir une ordonnance alimentaire au profit d'un enfant, une ordonnance alimentaire au profit d'un époux ou une ordonnance de garde.

« **action en modification** » Action exercée devant un tribunal par l'un des ex-époux ou conjointement par eux en vue d'obtenir une ordonnance modificative.

« **cour d'appel** » Tribunal compétent pour connaître des appels formés contre les décisions d'un autre tribunal.

« **enfant à charge** » Enfant des deux époux ou ex-époux qui, à l'époque considérée, se trouve dans une des situations suivantes:

a) il n'est pas majeur et est à leur charge;

b) il est majeur et est à leur charge, sans pouvoir, pour cause notamment de maladie ou d'invalidité, cesser d'être à leur charge ou subvenir à ses propres besoins.

« **époux** » L'une des deux personnes unies par les liens du mariage.

« **garde** » Sont assimilés à la garde le soin, l'éducation et tout autre élément qui s'y rattache.

« **lignes directrices applicables** » S'entend:

a) dans le cas où les époux ou les ex-époux résident habituellement, à la date à laquelle la demande d'ordonnance alimentaire au profit d'un enfant ou la demande modificative de celle-ci est présentée ou à la date à laquelle le nouveau montant de l'ordonnance alimentaire au profit d'un enfant doit être fixée sous le régime de l'article 25.1, dans la même province — qui est désignée par un décret pris en vertu du paragraphe (5) —, des textes législatifs de celle-ci précisés dans le décret;*

b) dans les autres cas, des lignes directrices fédérales sur les pensions alimentaires pour enfants.

« **lignes directrices fédérales sur les pensions alimentaires pour enfants** » Les lignes directrices établies en vertu de l'article 26.1.

---

*Pour le Québec, voir DORS/97-237.

« **majeur** » Est majeur l'enfant qui a atteint l'âge de la majorité selon le droit de la province où il réside habituellement ou, s'il réside habituellement à l'étranger, dix-huit ans.

« **ordonnance alimentaire** » Ordonnance alimentaire au profit d'un enfant ou ordonnance alimentaire au profit d'un époux.

« **ordonnance alimentaire au profit d'un enfant** » Ordonnance rendue en vertu du paragraphe 15.1(1).

« **ordonnance alimentaire au profit d'un époux** » Ordonnance rendue en vertu du paragraphe 15.2(1).

« **ordonnance de garde** » Ordonnance rendue en vertu du paragraphe 16(1).

« **ordonnance modificative** » Ordonnance rendue en vertu du paragraphe 17(1).

« **service provincial des aliments pour enfants** » Administration, organisme ou service désignés dans un accord conclu avec une province en vertu de l'article 25.1.

« **tribunal** » Dans le cas d'une province, l'un des tribunaux suivants:

a) la Cour supérieure de justice de l'Ontario;

*a.*1) la section de première instance de la Cour suprême de l'Île-du-Prince-Édouard ou de Terre-Neuve;

b) la Cour supérieure du Québec;

c) la Cour suprême de la Nouvelle-Écosse et de la Colombie-Britannique;

d) la Cour du Banc de la Reine du Nouveau-Brunswick, du Manitoba, de la Saskatchewan ou de l'Alberta;

e) la Cour suprême du Yukon, la Cour suprême des Territoires du Nord-Ouest ou la Cour de justice du Nunavut.

Est compris dans cette définition tout autre tribunal d'une province dont les juges sont nommés par le gouverneur général et qui est désigné par le lieutenant-gouverneur en conseil de cette province comme tribunal pour l'application de la présente loi.

(2) Est considéré comme enfant à charge au sens du paragraphe (1) l'enfant des deux époux ou ex-époux:

a) pour lequel ils tiennent lieu de parents;

b) dont l'un est le père ou la mère et pour lequel l'autre en tient lieu.

(3) L'emploi de « demande » pour désigner une action engagée devant un tribunal n'a pas pour effet de limiter l'action à cette désignation, ni à la forme et aux modalités que celle-ci implique, l'action pouvant recevoir la désignation, la forme et les modalités prévues par les règles de pratique et de procédure applicables à ce tribunal.

(4) L'emploi de « acte de procédure » et « affidavit », à l'article 21.1, n'a pas pour effet de limiter la désignation ni la forme de ces documents lorsqu'ils sont déposés auprès du tribunal, ceux-ci pouvant recevoir la désignation et la forme prévues par les règles de pratique et de procédure applicables à ce tribunal.

(5) Le gouverneur en conseil peut, par décret, désigner une province pour l'application de la définition de « lignes directrices applicables » au paragraphe (1) si la province a établi, relativement aux aliments pour enfants, des lignes directrices complètes qui traitent des questions visées à l'article 26.1. Le décret mentionne les textes législatifs qui constituent les lignes directrices de la province.[*]

(6) Les lignes directrices de la province comprennent leurs modifications éventuelles.

[L.R.C. (1985), c. 3 (2ᵉ suppl.), a. 2; L.R.C. (1985), c. 27 (2ᵉ suppl.), a. 10; 1990, c. 18, a. 1; 1992, c. 51, a. 46; 1997, c. 1, a. 1; 1998, c. 30, a. 13; 1999, c. 3, a. 61; 2002, c. 7, a. 158; 2005, c. 33, a. 8].

---

[*]Pour le Québec, voir DORS/97-237.

3. (1) Dans le cas d'une action en divorce, a compétence pour instruire l'affaire et en décider le tribunal de la province où l'un des époux a résidé habituellement pendant au moins l'année précédant l'introduction de l'instance.

(2) Lorsque des actions en divorce entre les mêmes époux sont en cours devant deux tribunaux qui auraient par ailleurs compétence en vertu du paragraphe (1), que les instances ont été introduites à des dates différentes et que l'action engagée la première n'est pas abandonnée dans les trente jours suivant la date d'introduction de l'instance, le tribunal saisi en premier a compétence exclusive pour instruire l'affaire et en décider, la seconde action étant considérée comme abandonnée.

(3) Lorsque des actions en divorce entre les mêmes époux sont en cours devant deux tribunaux qui auraient par ailleurs compétence en vertu du paragraphe (1), que les instances ont été introduites à la même date et qu'aucune des actions n'est abandonnée dans les trente jours suivant la date d'introduction de l'instance, la Cour fédérale a compétence exclusive pour instruire ces affaires et en décider, les actions étant renvoyées à cette section sur son ordre.

[L.R.C. (1985), c. 3 (2ᵉ suppl.), a. 3; 2002, c. 8, a. 183].

4. (1) Dans le cas d'une action en mesures accessoires, a compétence pour instruire l'affaire et en décider:

> *a)* soit le tribunal de la province où l'un des ex-époux réside habituellement à la date de l'introduction de l'instance;

> *b)* soit celui dont la compétence est reconnue par les deux ex-époux.

(2) Lorsque des actions en mesures accessoires entre les mêmes ex-époux concernant le même point sont en cours devant deux tribunaux qui auraient par ailleurs compétence en vertu du paragraphe (1), que les instances ont été introduites à des dates différentes et que l'action engagée la première n'est pas abandonnée dans les

trente jours suivant la date d'introduction de l'instance, le tribunal saisi en premier a compétence exclusive pour instruire l'affaire et en décider, la seconde action étant considérée comme abandonnée.

(3) Lorsque des actions en mesures accessoires entre les mêmes ex-époux concernant le même point sont en cours devant deux tribunaux qui auraient par ailleurs compétence en vertu du paragraphe (1), que les instances ont été introduites à la même date et qu'aucune des actions n'est abandonnée dans les trente jours suivant la date d'introduction de l'instance, la Cour fédérale a compétence exclusive pour instruire ces affaires et en décider, les actions étant renvoyées à cette section sur son ordre.

[L.R.C. (1985), c. 3 (2ᵉ suppl.), a. 4; 1993, c. 8, a. 1; 2002, c. 8, a. 183].

5. (1) Dans le cas d'une action en modification, a compétence pour instruire l'affaire et en décider:

> *a)* soit le tribunal de la province où l'un des ex-époux réside habituellement à la date d'introduction de l'instance;

> *b)* soit celui dont la compétence est reconnue par les deux ex-époux.

(2) Lorsque des actions en modification entre les mêmes ex-époux concernant le même point sont en cours devant deux tribunaux qui auraient par ailleurs compétence en vertu du paragraphe (1), que les instances ont été introduites à des dates différentes et que l'action engagée la première n'est pas abandonnée dans les trente jours suivant la date d'introduction de l'instance, le tribunal saisi en premier a compétence exclusive pour instruire l'affaire et en décider, la seconde action étant considérée comme abandonnée.

(3) Lorsque des actions en modification entre les mêmes ex-époux concernant le même point sont en cours devant deux tribunaux qui auraient par ailleurs compétence en vertu du paragraphe (1), que les instances ont été introduites à la même date et qu'aucune des actions n'est abandonnée dans les trente jours suivant la date d'introduction de l'instance, la Cour fédérale a compétence exclusive pour instruire ces affaires et en décider, les actions étant renvoyées à cette section sur son ordre.

[L.R.C. (1985), c. 3 (2ᵉ suppl.), a. 5; 2002, c. 8, a. 183].

6. (1) Le tribunal d'une province saisi de la demande d'ordonnance visée à l'article 16 dans le cadre d'une action en divorce peut, sur demande d'un époux ou d'office, renvoyer l'affaire au tribunal d'une autre province dans le cas où la demande est contestée et où l'enfant à charge concerné par l'ordonnance a ses principales attaches dans cette province.

(2) Le tribunal d'une province saisi de la demande d'ordonnance visée à l'article 16 dans le cadre d'une action en mesures accessoires peut, sur demande d'un ex-époux ou d'office, renvoyer l'affaire au tribunal d'une autre province dans le cas où la demande est contestée et où l'enfant à charge concerné par l'ordonnance a ses principales attaches dans cette province.

(3) Le tribunal d'une province saisi d'une demande d'ordonnance modificative concernant une ordonnance de garde peut, sur demande d'un ex-époux ou d'office, renvoyer l'affaire au tribunal d'une autre province dans le cas où la demande est contestée et où l'enfant à charge concerné par l'ordonnance modificative a ses principales attaches dans cette province.

(4) Par dérogation aux articles 3 à 5, le tribunal à qui une action est renvoyée en application du présent article a compétence exclusive pour instruire l'affaire et en décider.

[L.R.C. (1985), c. 3 (2ᵉ suppl.), a. 6].

7. La compétence attribuée à un tribunal par la présente loi pour accorder un divorce n'est exercée que par un juge de ce tribunal, sans jury.

[L.R.C. (1985), c. 3 (2ᵉ suppl.), a. 7].

DIVORCE

8. (1) Le tribunal compétent peut, sur demande de l'un des époux ou des deux, lui ou leur accorder le divorce pour cause d'échec du mariage.

(2) L'échec du mariage n'est établi que dans les cas suivants:

   a) les époux ont vécu séparément pendant au moins un an avant le prononcé de la décision sur l'action en divorce et vivaient séparément à la date d'introduction de l'instance;

   b) depuis la célébration du mariage, l'époux contre qui le divorce est demandé a:

      (i) soit commis l'adultère,

      (ii) soit traité l'autre époux avec une cruauté physique ou mentale qui rend intolérable le maintien de la cohabitation.

(3) Pour l'application de l'alinéa (2)*a)*:

   a) les époux sont réputés avoir vécu séparément pendant toute période de vie séparée au cours de laquelle l'un d'eux avait effectivement l'intention de vivre ainsi;

   b) il n'y a pas interruption ni cessation d'une période de vie séparée dans les cas suivants:

      (i) du seul fait que l'un des époux est devenu incapable soit d'avoir ou de concevoir l'intention de prolonger la séparation, soit de la prolonger de son plein gré, si le tribunal estime qu'il y aurait eu probablement prolongation sans cette incapacité,

      (ii) du seul fait qu'il y a eu reprise de la cohabitation par les époux principalement dans un but de réconciliation pendant une ou plusieurs périodes totalisant au plus quatre-vingt-dix jours.

[L.R.C. (1985), c. 3 (2ᵉ suppl.), a. 8].

9. (1) Il incombe à l'avocat qui accepte de représenter un époux dans une action en divorce, sauf contre-indication manifeste due aux circonstances de l'espèce:

   a) d'attirer l'attention de son client sur les dispositions de la présente loi qui ont pour objet la réalisation de la réconciliation des époux;

b) de discuter avec son client des possibilités de réconciliation et de le renseigner sur les services de consultation ou d'orientation matrimoniales qu'il connaît et qui sont susceptibles d'aider les époux à se réconcilier.

(2) Il incombe également à l'avocat de discuter avec son client de l'opportunité de négocier les points qui peuvent faire l'objet d'une ordonnance alimentaire ou d'une ordonnance de garde et de le renseigner sur les services de médiation qu'il connaît et qui sont susceptibles d'aider les époux dans cette négociation.

(3) Tout acte introductif d'instance, dans une action en divorce, présenté par un avocat à un tribunal doit comporter une déclaration de celui-ci attestant qu'il s'est conformé au présent article.

[L.R.C. (1985), c. 3 (2ᵉ suppl.), a. 9].

10. (1) Sauf contre-indication manifeste due aux circonstances de l'espèce, il incombe au tribunal saisi d'une action en divorce, avant de procéder aux débats sur la cause, de s'assurer qu'il n'y a pas de possibilités de réconciliation.

(2) Le tribunal, dans le cas où à une étape quelconque de l'instance, les circonstances de l'espèce, les éléments de preuve de l'affaire ou l'attitude des époux ou de l'un d'eux lui permettent de percevoir des possibilités de réconciliation, est tenu:

a) d'une part, de suspendre l'instance pour donner aux époux l'occasion de se réconcilier;

b) d'autre part, de désigner, soit d'office, soit avec le consentement des époux, pour les aider à se réconcilier:

(i) un spécialiste en consultation ou orientation matrimoniales,

(ii) toute autre personne qualifiée en l'occurrence.

(3) À l'expiration d'un délai de quatorze jours suivant la date de suspension de l'instance, le tribunal procède à la reprise de celle-ci sur demande des époux ou de l'un d'eux.

(4) Les personnes désignées par le tribunal, conformément au présent article, pour aider les époux à se réconcilier ne sont pas aptes ni contraignables à déposer en justice sur les faits reconnus devant elles ou les communications qui leur ont été faites à ce titre.

(5) Rien de ce qui a été dit, reconnu ou communiqué au cours d'une tentative de réconciliation des époux n'est admissible en preuve dans aucune action en justice.

[L.R.C. (1985), c. 3 (2ᵉ suppl.), a. 10].

11. (1) Dans une action en divorce, il incombe au tribunal:

a) de s'assurer qu'il n'y a pas eu de collusion relativement à la demande et de rejeter celle-ci dans le cas où il constate qu'il y a eu collusion lors de sa présentation;

b) de s'assurer de la conclusion d'arrangements raisonnables pour les aliments des enfants à charge eu égard aux lignes directrices applicables et, en l'absence de tels arrangements, de surseoir au prononcé du divorce jusqu'à leur conclusion;

c) de s'assurer, dans le cas où la demande est fondée sur l'alinéa 8(2)*b*), qu'il n'y a pas eu de pardon ou de connivence de la part de l'époux demandeur et de rejeter la demande en cas de pardon ou de connivence de sa part à l'égard de l'acte ou du comportement reprochés, sauf s'il estime que prononcer le divorce servirait mieux l'intérêt public.

(2) L'acte ou le comportement qui ont fait l'objet d'un pardon ne peuvent être invoqués à nouveau comme éléments constitutifs d'un cas visé à l'alinéa 8(2)*b*).

(3) Pour l'application du présent article, le maintien ou la reprise de la cohabitation, principalement dans un but de réconciliation, pendant une ou plusieurs périodes totalisant au plus quatre-vingt-dix jours, ne sont pas considérés comme impliquant un pardon.

(4) Au présent article, « collusion » s'entend d'une entente ou d'un complot auxquels le demandeur est partie, directement ou indirectement, en vue de déjouer l'administration de la justice, ainsi que de tout accord, entente ou autre arrangement visant à fabriquer ou à supprimer des éléments de preuve ou à tromper le tribunal, à l'exclusion de toute entente prévoyant la séparation de fait des parties, l'aide financière, le partage des biens ou la garde des enfants à charge.

[L.R.C. (1985), c. 3 (2ᵉ suppl.), a. 11; 1997, c. 1, a. 1.1].

12. (1) Sous réserve des autres dispositions du présent article, le divorce prend effet le trente et unième jour suivant la date où le jugement qui l'accorde est prononcé.

(2) Le tribunal peut, lors du prononcé du jugement de divorce ou ultérieurement, ordonner que le divorce prenne effet dans le délai inférieur qu'il estime indiqué, si les conditions suivantes sont réunies:

a) à son avis, le délai devrait être réduit en raison de circonstances particulières;

b) les époux conviennent de ne pas interjeter appel du jugement ou il y a eu abandon d'appel.

(3) Un divorce en instance d'appel à la fin du délai mentionné au paragraphe (1), sauf s'il est annulé en appel, prend effet à l'expiration du délai fixé par la loi pour interjeter appel de l'arrêt rendu sur l'appel ou tout appel ultérieur, s'il n'y a pas eu appel dans ce délai.

(4) Pour l'application du paragraphe (3), le délai d'appel de l'arrêt rendu sur un appel comprend toute prolongation fixée en conformité avec la loi soit dans ce délai soit, après son expiration, sur demande présentée avant celle-ci.

(5) Par dérogation à toute autre loi, le délai d'appel fixé par la loi de l'arrêt visé au paragraphe (3) ne peut être prolongé après son expiration, sauf sur demande présentée avant celle-ci.

(6) Le divorce qui a fait l'objet d'un appel devant la Cour suprême du Canada prend effet, sauf s'il est annulé en appel, à la date où l'arrêt de ce tribunal est prononcé.

(7) Après la prise d'effet du divorce, en conformité avec le présent article, le juge ou le fonctionnaire du tribunal qui a prononcé le jugement de divorce ou la cour d'appel qui a rendu l'arrêt définitif à cet égard doit, sur demande, délivrer à quiconque un certificat attestant que le divorce prononcé en application de la présente loi a dissous le mariage des personnes visées à la date indiquée.

(8) Le certificat visé au paragraphe (7) ou une copie certifiée conforme fait foi de son contenu sans qu'il soit nécessaire de prouver l'authenticité de la signature qui y est apposée ou la qualité officielle du signataire.

[L.R.C. (1985), c. 3 (2ᵉ suppl.), a. 12

13. À sa prise d'effet, le divorce accordé en application de la présente loi est valide dans tout le Canada.

[L.R.C. (1985), c. 3 (2ᵉ suppl.), a. 13].

14. À sa prise d'effet, le divorce accordé en application de la présente loi dissout le mariage des époux.

[L.R.C. (1985), c. 3 (2ᵉ suppl.), a. 14].

MESURES ACCESSOIRES

Définition

15. Aux articles 15.1 à 16, « époux » s'entend au sens du paragraphe 2(1) et, en outre, d'un ex-époux.

[L.R.C. (1985), c. 3 (2ᵉ suppl.), a. 15; 1997, c. 1, a. 2].

Ordonnances alimentaires au profit d'un enfant

15.1 (1) Sur demande des époux ou de l'un d'eux, le tribunal compétent peut rendre une ordonnance enjoignant à un époux de verser une prestation pour les aliments des enfants à charge ou de l'un d'eux.

(2) Sur demande des époux ou de l'un d'eux, le tribunal peut rendre une ordonnance provisoire enjoignant à un époux de verser, dans l'attente d'une décision sur la demande visée au paragraphe (1), une prestation pour les aliments des enfants à charge ou de l'un d'eux.

(3) Le tribunal qui rend une ordonnance ou une ordonnance provisoire la rend conformément aux lignes directrices applicables.

(4) La durée de validité de l'ordonnance ou de l'ordonnance provisoire rendue par le tribunal au titre du présent article peut être déterminée ou indéterminée ou dépendre d'un événement précis; elle peut être assujettie aux modalités ou aux restrictions que le tribunal estime justes et appropriées.

(5) Par dérogation au paragraphe (3), le tribunal peut fixer un montant différent de celui qui serait déterminé conformément aux lignes directrices applicables s'il est convaincu, à la fois:

a) que des dispositions spéciales d'un jugement, d'une ordonnance ou d'une entente écrite relatif aux obligations financières des époux ou au partage ou au transfert de leurs biens accordent directement ou indirectement un avantage à un enfant pour qui les aliments sont demandés, ou que des dispositions spéciales ont été prises pour lui accorder autrement un avantage;

b) que le montant déterminé conformément aux lignes directrices applicables serait inéquitable eu égard à ces dispositions.

(6) S'il fixe, au titre du paragraphe (5), un montant qui est différent de celui qui serait déterminé conformément aux lignes directrices applicables, le tribunal enregistre les motifs de sa décision.

(7) Par dérogation au paragraphe (3), le tribunal peut, avec le consentement des époux, fixer un montant qui est différent de celui qui serait déterminé conformément aux lignes directrices applicables s'il est convaincu que des arrangements raisonnables ont été conclus pour les aliments de l'enfant visé par l'ordonnance.

(8) Pour l'application du paragraphe (7), le tribunal tient compte des lignes directrices applicables pour déterminer si les arrangements sont raisonnables. Toutefois, les arrangements ne sont pas déraisonnables du seul fait que le montant sur lequel les conjoints s'entendent est différent de celui qui serait déterminé conformément aux lignes directrices applicables.

[1997, c. 1, a. 2].

Ordonnances alimentaires au profit d'un époux

15.2 (1) Sur demande des époux ou de l'un d'eux, le tribunal compétent peut rendre une ordonnance enjoignant à un époux de garantir ou de verser, ou de garantir et de verser, la prestation, sous forme de capital, de pension ou des deux, qu'il estime raisonnable pour les aliments de l'autre époux.

(2) Sur demande des époux ou de l'un d'eux, le tribunal peut rendre une ordonnance provisoire enjoignant à un époux de garantir ou de verser, ou de garantir et de verser, dans l'attente d'une décision sur la demande visée au paragraphe (1), la prestation, sous forme de capital, de pension ou des deux, qu'il estime raisonnable pour les aliments de l'autre époux.

(3) La durée de validité de l'ordonnance ou de l'ordonnance provisoire rendue par le tribunal au titre du présent article peut être déterminée ou indéterminée ou dépendre d'un événement précis; elle peut être assujettie aux modalités ou aux restrictions que le tribunal estime justes et appropriées.

(4) En rendant une ordonnance ou une ordonnance provisoire au titre du présent article, le tribunal tient compte des ressources, des besoins et, d'une façon générale, de la situation de chaque époux, y compris:

a) la durée de la cohabitation des époux;

b) les fonctions qu'ils ont remplies au cours de celle-ci;

c) toute ordonnance, toute entente ou tout arrangement alimentaire au profit de l'un ou l'autre des époux.

(5) En rendant une ordonnance ou une ordonnance provisoire au titre du présent article, le tribunal ne tient pas compte des fautes commises par l'un ou l'autre des époux relativement au mariage.

(6) L'ordonnance ou l'ordonnance provisoire rendue pour les aliments d'un époux au titre du présent article vise:

> *a)* à prendre en compte les avantages ou les inconvénients économiques qui découlent, pour les époux, du mariage ou de son échec;

> *b)* à répartir entre eux les conséquences économiques qui découlent du soin de tout enfant à charge, en sus de toute obligation alimentaire relative à tout enfant à charge;

> *c)* à remédier à toute difficulté économique que l'échec du mariage leur cause;

> *d)* à favoriser, dans la mesure du possible, l'indépendance économique de chacun d'eux dans un délai raisonnable.

[1997, c. 1, a. 2].

Priorité

15.3 (1) Dans le cas où une demande d'ordonnance alimentaire au profit d'un enfant et une demande d'ordonnance alimentaire au profit d'un époux lui sont présentées, le tribunal donne la priorité aux aliments de l'enfant.

(2) Si, en raison du fait qu'il a donné la priorité aux aliments de l'enfant, il ne peut rendre une ordonnance alimentaire au profit d'un époux ou fixe un montant moindre pour les aliments de celui-ci, le tribunal enregistre les motifs de sa décision.

(3) Dans le cadre d'une demande d'ordonnance alimentaire au profit d'un époux ou d'une ordonnance modificative de celle-ci, la réduction ou la suppression des aliments d'un enfant constitue un changement dans la situation des ex-époux si, en raison du fait qu'il a donné la priorité aux aliments de l'enfant, le tribunal n'a pu rendre une ordonnance alimentaire au profit de l'époux ou a fixé un montant moindre pour les aliments de celui-ci.

[1997, c. 1, a. 2].

Ordonnances relatives à la garde des enfants

16. (1) Le tribunal compétent peut, sur demande des époux ou de l'un d'eux ou de toute autre personne, rendre une ordonnance relative soit à la garde des enfants à charge ou de l'un d'eux, soit à l'accès auprès de ces enfants, soit aux deux.

(2) Le tribunal peut, sur demande des époux ou de l'un d'eux ou de toute autre personne, rendre une ordonnance provisoire relative soit à la garde des enfants à charge ou de l'un d'eux, soit à l'accès auprès de ces enfants, soit aux deux, dans l'attente d'une décision sur la demande visée au paragraphe (1).

(3) Pour présenter une demande au titre des paragraphes (1) et (2), une personne autre qu'un époux doit obtenir l'autorisation du tribunal.

(4) L'ordonnance rendue par le tribunal conformément au présent article peut prévoir la garde par une ou plusieurs personnes des enfants à charge ou de l'un d'eux ou l'accès auprès de ces enfants.

(5) Sauf ordonnance contraire du tribunal, l'époux qui obtient un droit d'accès peut demander et se faire donner des renseignements relatifs à la santé, à l'éducation et au bien-être de l'enfant.

(6) La durée de validité de l'ordonnance rendue par le tribunal conformément au présent article peut être déterminée ou indéterminée ou dépendre d'un événement précis; l'ordonnance peut être assujettie aux modalités ou restrictions que le tribunal estime justes et appropriées.

(7) Sans préjudice de la portée générale du paragraphe (6), le tribunal peut inclure dans l'ordonnance qu'il rend au titre du présent article une disposition obligeant la personne qui a la garde d'un enfant à charge et qui a l'intention de changer le lieu de résidence de celui-ci d'informer au moins trente jours à l'avance, ou dans le délai antérieur au changement que lui impartit le tribunal, toute personne qui a un droit d'accès à cet enfant du moment et du lieu du changement.

(8) En rendant une ordonnance conformément au présent article, le tribunal ne tient compte que de l'intérêt de l'enfant à charge, défini en fonction de ses ressources, de ses besoins et, d'une façon générale, de sa situation.

(9) En rendant une ordonnance conformément au présent article, le tribunal ne tient pas compte de la conduite antérieure d'une personne, sauf si cette conduite est liée à l'aptitude de la personne à agir à titre de père ou de mère.

(10) En rendant une ordonnance conformément au présent article, le tribunal applique le principe selon lequel l'enfant à charge doit avoir avec chaque époux le plus de contact compatible avec son propre intérêt et, à cette fin, tient compte du fait que la personne pour qui la garde est demandée est disposée ou non à faciliter ce contact.

[L.R.C. (1985), c. 3 (2ᵉ suppl.), a. 16].

Modification, annulation ou suspension des ordonnances

17. (1) Le tribunal compétent peut rendre une ordonnance qui modifie, suspend ou annule, rétroactivement ou pour l'avenir:

> *a)* une ordonnance alimentaire ou telle de ses dispositions, sur demande des ex-époux ou de l'un d'eux;

> *b)* une ordonnance de garde ou telle de ses dispositions, sur demande des ex-époux ou de l'un d'eux ou de toute autre personne.

(2) Pour présenter une demande au titre de l'alinéa (1)*b)*, une personne autre qu'un ex-époux doit obtenir l'autorisation du tribunal.

(3) Le tribunal peut assortir une ordonnance modificative des mesures qu'aurait pu comporter, sous le régime de la présente loi, l'ordonnance dont la modification a été demandée.

(4) Avant de rendre une ordonnance modificative de l'ordonnance alimentaire au profit d'un enfant, le tribunal s'assure qu'il est survenu un changement de situation, selon les lignes directrices applicables, depuis que cette ordonnance ou la dernière ordonnance modificative de celle-ci a été rendue.

(4.1) Avant de rendre une ordonnance modificative de l'ordonnance alimentaire au profit d'un époux, le tribunal s'assure qu'il est survenu un changement dans les ressources, les besoins ou, d'une façon générale, la situation de l'un ou l'autre des ex-époux depuis que cette ordonnance ou la dernière ordonnance modificative de celle-ci a été rendue et tient compte du changement en rendant l'ordonnance modificative.

(5) Avant de rendre une ordonnance modificative de l'ordonnance de garde, le tribunal doit s'assurer qu'il est survenu un changement dans les ressources, les besoins ou, d'une façon générale, dans la situation de l'enfant à charge depuis le prononcé de l'ordonnance de garde ou de la dernière ordonnance modificative de celle-ci et, le cas échéant, ne tient compte que de l'intérêt de l'enfant, défini en fonction de ce changement, en rendant l'ordonnance modificative.

(5.1) Pour les besoins du paragraphe (5), la maladie en phase terminale ou l'état critique d'un ex-époux constitue un changement dans la situation de l'enfant à charge; le tribunal rend alors une ordonnance modificative relative à l'accès auprès de l'enfant qui est dans l'intérêt de celui-ci.

(6) En rendant une ordonnance modificative, le tribunal ne tient pas compte d'une conduite qui n'aurait pu être prise en considération lors du prononcé de l'ordonnance dont la modification a été demandée.

(6.1) Le tribunal qui rend une ordonnance modificative d'une ordonnance alimentaire au profit d'un enfant la rend conformément aux lignes directrices applicables.

(6.2) En rendant une ordonnance modificative d'une ordonnance alimentaire au profit d'un enfant, le tribunal peut, par dérogation au paragraphe (6.1), fixer un montant différent de celui qui serait déterminé conformément aux lignes directrices applicables s'il est convaincu, à la fois:

a) que des dispositions spéciales d'un jugement, d'une ordonnance ou d'une entente écrite relatifs aux obligations financières des époux ou au partage ou au transfert de leurs biens accordent directement ou indirectement un avantage à un enfant pour qui les aliments sont demandés, ou que des dispositions spéciales ont été prises pour lui accorder autrement un avantage;

b) que le montant déterminé conformément aux lignes directrices applicables serait inéquitable eu égard à ces dispositions.

(6.3) S'il fixe, au titre du paragraphe (6.2), un montant qui est différent de celui qui serait déterminé conformément aux lignes directrices applicables, le tribunal enregistre les motifs de sa décision.

(6.4) Par dérogation au paragraphe (6.1), le tribunal peut, avec le consentement des époux, fixer un montant qui est différent de celui qui serait déterminé conformément aux lignes directrices applicables s'il est convaincu que des arrangements raisonnables ont été conclus pour les aliments de l'enfant visé par l'ordonnance.

(6.5) Pour l'application du paragraphe (6.4), le tribunal tient compte des lignes directrices applicables pour déterminer si les arrangements sont raisonnables. Toutefois, les arrangements ne sont pas déraisonnables du seul fait que le montant sur lequel les conjoints s'entendent est différent de celui qui serait déterminé conformément aux lignes directrices applicables.

(7) L'ordonnance modificative de l'ordonnance alimentaire au profit d'un époux vise:

a) à prendre en compte les avantages ou inconvénients économiques qui découlent pour les ex-époux du mariage ou de son échec;

b) à répartir entre eux les conséquences économiques qui découlent du soin de tout enfant à charge, en sus de toute obligation alimentaire relative à tout enfant à charge;

c) à remédier à toute difficulté économique que l'échec du mariage leur cause;

d) à favoriser, dans la mesure du possible, l'indépendance économique de chacun d'eux dans un délai raisonnable.

(8) (*Paragraphe abrogé*).

(9) En rendant une ordonnance modificative d'une ordonnance de garde, le tribunal applique le principe selon lequel l'enfant à charge doit avoir avec chaque ex-époux le plus de contact compatible avec son propre intérêt et, si l'ordonnance modificative doit accorder la garde à une personne qui ne l'a pas actuellement, le tribunal tient compte du fait que cette personne est disposée ou non à faciliter ce contact.

(10) Par dérogation au paragraphe (1), le tribunal ne peut modifier l'ordonnance alimentaire au profit d'un époux dont la durée de validité est déterminée ou dépend d'un événement précis, sur demande présentée après l'échéance de son terme ou après la survenance de cet événement, en vue de la reprise de la fourniture des aliments, que s'il est convaincu des faits suivants:

a) l'ordonnance modificative s'impose pour remédier à une difficulté économique causée par un changement visé au paragraphe (4.1) et lié au mariage;

b) la nouvelle situation, si elle avait existé à l'époque où l'ordonnance alimentaire au profit d'un époux ou la dernière ordonnance modificative de celle-ci a été rendue, aurait vraisemblablement donné lieu à une ordonnance différente.

(11) Le tribunal qui rend une ordonnance modificative d'une ordonnance alimentaire ou de garde rendue par un autre tribunal envoie à celui-ci une copie, certifiée conforme par un de ses juges ou fonctionnaires, de l'ordonnance modificative.

[L.R.C. (1985), c. 3 (2ᵉ suppl.), a. 17; 1997, c. 1, a. 5; 2007, c. 14, a. 1].

17.1 Si les ex-époux résident habituellement dans des provinces différentes, le tribunal compétent peut, conformément à celles de ses règles de pratique et de procédure qui sont applicables en l'occurrence, rendre, en vertu du paragraphe 17(1), une ordonnance fondée sur les prétentions de chacun des ex-époux exposées soit devant le tribunal, soit par affidavit, soit par tout moyen de télécommunication, lorsqu'ils s'entendent pour procéder ainsi.

[1993, c. 8, a. 2].

Ordonnances conditionnelles

18. (1) Les définitions qui suivent s'appliquent au présent article ainsi qu'à l'article 19.

« procureur général » Selon la province, l'une des personnes suivantes:

a) le membre du Conseil exécutif du Yukon désigné par le commissaire du Yukon;

b) le membre du Conseil exécutif des Territoires du Nord-Ouest désigné par le commissaire de ces territoires;

b.1) le membre du Conseil exécutif du Nunavut désigné par le commissaire du territoire;

c) le procureur général de toute autre province.

La présente définition s'applique également à toute personne que le membre du conseil ou le procureur général autorise par écrit à le représenter dans l'exercice des fonctions prévues par le présent article ou l'article 19.

« ordonnance conditionnelle » Ordonnance rendue en vertu du paragraphe (2).

(2) Par dérogation à l'alinéa 5(1)*a*) ou au paragraphe 17(1), lorsqu'une demande est présentée devant le tribunal d'une province en vue d'une ordonnance modificative d'une ordonnance alimentaire, le tribunal rend par défaut, avec ou sans préavis au défendeur, une ordonnance modificative conditionnelle, qui n'est exécutoire que sur confirmation dans le cadre de la procédure prévue à l'article 19 et que selon les modalités de l'ordonnance de con-

firmation. Cette ordonnance conditionnelle est rendue dans les cas suivants:

a) le défendeur réside habituellement dans une autre province et ne reconnaît pas la compétence du tribunal, ou encore les parties ne s'entendent pas pour procéder selon l'article 17.1;

b) dans les circonstances de l'espèce, le tribunal estime que les questions en cause peuvent être convenablement réglées en procédant conformément au présent article et à l'article 19.

(3) Le tribunal d'une province qui rend une ordonnance conditionnelle envoie les documents suivants au procureur général de la province:

a) trois copies de l'ordonnance, certifiées conformes par un juge ou un fonctionnaire du tribunal;

b) un document certifié conforme ou attesté sous serment qui comporte l'énoncé ou un résumé des éléments de preuve soumis au tribunal;

c) une déclaration qui donne tout renseignement dont il dispose au sujet de l'identité du défendeur, de ses revenus, de ses biens ainsi que du lieu où il se trouve.

(4) Sur réception de ces documents, le procureur général les transmet au procureur général de la province où le défendeur réside habituellement.

(5) Le tribunal qui a rendu l'ordonnance conditionnelle est tenu, après notification au demandeur, de recueillir des éléments de preuve supplémentaires lorsque le tribunal saisi de la procédure prévue à l'article 19 lui renvoie l'affaire à cette fin.

(6) Après avoir recueilli ces éléments de preuve, le tribunal transmet au tribunal qui lui a renvoyé l'affaire un document certifié conforme ou attesté sous serment qui comporte l'énoncé ou un résumé de ces éléments assorti des recommandations qu'il juge indiquées.

[L.R.C. (1985), c. 3 (2ᵉ suppl.), a. 18; 1993, c. 8, a. 3; 1993, c. 28, a. 78 (Ann. III, a. 43); 2002, c. 7, a. 159; 2014, c. 2, a. 33].

19. (1) Sur réception des documents transmis conformément au paragraphe 18(4), le procureur général de la province où le défendeur réside habituellement les transmet à un tribunal de cette province.

(2) Sous réserve du paragraphe (3), sur réception des documents visés au paragraphe (1), le tribunal en signifie au défendeur une copie et un avis l'informant qu'il va être procédé à l'instruction de l'affaire concernant la confirmation de l'ordonnance conditionnelle et procède à l'instruction, en l'absence du demandeur, en tenant compte du document certifié conforme ou attesté sous serment où sont énoncés ou résumés les éléments de preuve présentés devant le tribunal qui a rendu l'ordonnance conditionnelle.

(3) Lorsque le défendeur, selon toute apparence, est à l'extérieur de la province et qu'il est peu probable qu'il y revienne, le tribunal qui reçoit les documents visés au paragraphe (1) les renvoie au procureur général de cette province en y joignant les renseignements dont il dispose au sujet du lieu et des circonstances où le défendeur se trouve.

(4) Sur réception de ces documents ou renseignements, le procureur général les transmet au procureur général de la province du tribunal qui a rendu l'ordonnance conditionnelle.

(5) Dans le cadre de la procédure prévue au présent article, le défendeur peut soulever tout point qui aurait pu l'être devant le tribunal qui a rendu l'ordonnance conditionnelle.

(6) Lorsque le défendeur démontre au tribunal que le renvoi de l'affaire au tribunal qui a rendu l'ordonnance conditionnelle s'impose pour faire recueillir tout élément supplémentaire de preuve ou à toute autre fin, le tribunal peut renvoyer l'affaire en conséquence et suspendre la procédure à cette fin.

(7) À l'issue de la pocédure prévue au présent article, le tribunal rend, sous réserve du paragraphe (7.1), une ordonnance:

a) soit pour confirmer l'ordonnance conditionnelle sans la modifier;

b) soit pour la confirmer en la modifiant;

c) soit pour refuser de la confirmer.

(7.1) Le tribunal qui rend, au titre du paragraphe (7), une ordonnance relative à une ordonnance alimentaire au profit d'un enfant la rend conformément aux lignes directrices applicables.

(8) Avant de rendre une ordonnance qui confirme l'ordonnance conditionnelle en la modifiant ou qui refuse de la confirmer, le tribunal décide s'il renvoie l'affaire devant le tribunal qui a rendu l'ordonnance conditionnelle pour qu'il recueille des éléments de preuve supplémentaires.

(9) Le tribunal qui renvoie une affaire relative à une ordonnance alimentaire au profit d'un enfant peut, avant de rendre l'ordonnance prévue au paragraphe (7), rendre, conformément aux lignes directrices applicables, une ordonnance provisoire enjoignant à un époux de verser une prestation pour les aliments des enfants à charge ou de l'un d'eux.

(9.1) Le tribunal qui renvoie une affaire relative à une ordonnance alimentaire au profit d'un époux peut, avant de rendre l'ordonnance prévue au paragraphe (7), rendre une ordonnance provisoire enjoignant à un époux de garantir ou de verser, ou de garantir et de verser, la prestation, sous forme de capital, de pension ou des deux, qu'il estime raisonnable pour les aliments de l'autre époux.

(10) La durée de validité de l'ordonnance rendue par le tribunal au titre des paragraphes (9) ou (9.1) peut être déterminée ou indéterminée ou dépendre d'un événement précis; l'ordonnance peut être assujettie aux modalités ou aux restrictions que le tribunal estime justes et appropriées.

(11) Les paragraphes 17(4), (4.1) et (6) à (7) s'appliquent, avec les adaptations nécessaires, à une ordonnance rendue au titre des paragraphes (9) ou (9.1) comme s'il s'agissait d'une ordonnance modificative prévue à ces paragraphes.

(12) En rendant l'ordonnance visée au paragraphe (7), le tribunal d'une province:

a) transmet au procureur général de cette province, au tribunal qui a rendu l'ordonnance conditionnelle ainsi qu'au tribunal qui a rendu l'ordonnance alimentaire, dans le cas où ce dernier n'est pas le même que celui qui a rendu l'ordonnance conditionnelle qui s'y rattache, une copie certifiée conforme de l'ordonnance par un juge ou un fonctionnaire du tribunal;

b) ouvre un dossier sur l'ordonnance dans le cas où celle-ci confirme l'ordonnance conditionnelle avec ou sans modification;

c) fait parvenir ses motifs par écrit au tribunal qui a rendu l'ordonnance conditionnelle ainsi qu'au procureur général de cette province, dans le cas où il rend une ordonnance qui confirme l'ordonnance conditionnelle avec modification ou qui refuse de la confirmer.

[L.R.C. (1985), c. 3 (2ᵉ suppl.), a. 19; 1993, c. 8, a. 4; 1997, c. 1, a. 7].

20. (1) Au présent article, « tribunal », dans le cas d'une province, s'entend au sens du paragraphe 2(1). Est compris dans cette définition tout autre tribunal qui a compétence dans la province sur désignation du lieutenant-gouverneur en conseil pour l'application du présent article.

(2) Sous réserve du paragraphe 18(2), une ordonnance rendue au titre des articles 15.1 à 17 ou des paragraphes 19(7), (9) ou (9.1) est valide dans tout le Canada.

(3) Cette ordonnance peut être:

a) soit enregistrée auprès de tout tribunal d'une province et exécutée comme toute autre ordonnance de ce tribunal;

b) soit exécutée dans une province de toute autre façon prévue par ses lois, notamment en matière d'exécution réciproque entre celle-ci et une autorité étrangère.

(4) Par dérogation au paragraphe (3), le tribunal ne peut modifier l'ordonnance vi-sée au paragraphe (2) que conformément à la présente loi.

[L.R.C. (1985), c. 3 (2ᵉ suppl.), a. 20; 1997, c. 1, a. 8].

20.1 (1) La créance alimentaire octroyée par une ordonnance peut être cédée:

a) à un ministre fédéral désigné par le gouverneur en conseil;

b) à un ministre d'une province ou à une administration qui est située dans celle-ci, désigné par le lieutenant-gouverneur en conseil de la province;

c) à un député de l'Assemblée législative du Yukon ou à une administration située dans ce territoire, désigné par le commissaire du Yukon;

d) à un député de l'Assemblée législative des Territoires du Nord-Ouest ou à une administration qui est située dans ces territoires, désigné par le commissaire de ces territoires;

e) à un membre de l'Assemblée législative du Nunavut ou à une administration qui est située dans ce territoire, désigné par le commissaire de ce territoire.

(2) Le ministre, le membre ou l'administration à qui la créance alimentaire octroyée par une ordonnance a été cédée a droit aux montants dus au titre de l'ordonnance et a le droit, dans le cadre des procédures relatives à la modification, l'annulation, la suspension ou l'exécution de l'ordonnance, d'en être avisé ou d'y participer au même titre que la personne qui aurait autrement eu droit à ces montants.

[1997, c. 1, a. 9; 1993, c. 28, a. 78 (ann. III, a. 43.1); 1998, c. 15, a. 23; 2002, c. 7, a. 160; 2014, c. 2, a. 34].

APPELS

21. (1) Sous réserve des paragraphes (2) et (3), les jugements ou ordonnances rendus par un tribunal en application de la présente loi, qu'ils soient définitifs ou provisoires, sont susceptibles d'appel devant une cour d'appel.

(2) Il ne peut être fait appel d'un jugement qui accorde le divorce à compter du jour où celui-ci prend effet.

(3) Il ne peut être fait appel d'une ordonnance rendue en vertu de la présente loi plus de trente jours après le jour où elle a été rendue.

(4) Une cour d'appel ou un de ses juges peuvent, pour des motifs particuliers, et même après son expiration, proroger par ordonnance le délai fixé par le paragraphe (3).

(5) La cour d'appel saisie peut:

    a) rejeter l'appel;

    b) en faisant droit à l'appel:

        (i) soit rendre le jugement ou l'ordonnance qui auraient dû être rendus, y compris toute ordonnance, différente ou nouvelle, qu'elle estime juste,

        (ii) soit ordonner la tenue d'un nouveau procès lorsqu'elle l'estime nécessaire pour réparer un dommage important ou remédier à une erreur judiciaire.

(6) Sauf disposition contraire de la présente loi ou de ses règles ou règlements, l'appel prévu au présent article est formé et instruit, et il en est décidé, selon la procédure habituelle applicable aux appels interjetés devant la cour d'appel contre les décisions du tribunal qui a rendu l'ordonnance ou le jugement frappés d'appel.

    [L.R.C. (1985), c. 3 (2ᵉ suppl.), a. 21].

21.1 (1) Au présent article, **« époux »** s'entend au sens du paragraphe 2(1) et, en outre, d'un ex-époux.

(2) Dans le cas d'une action engagée sous le régime de la présente loi, un époux (appelé « signataire » au présent article) peut signifier à l'autre époux et déposer auprès du tribunal un affidavit donnant les renseignements suivants:

    a) l'indication du fait que l'autre époux est l'époux du signataire;

    b) la date et le lieu de la célébration du mariage, ainsi que la qualité officielle du célébrant;

    c) la nature de tout obstacle, dont la suppression dépend de l'autre époux, au remariage du signataire au sein de sa religion;

    d) l'indication du fait que le signataire a supprimé, ou a signifié son intention de supprimer, tout obstacle, dont la suppression dépend de lui, au remariage de l'autre époux au sein de sa religion, ainsi que la date et les circonstances de la suppression ou de la signification;

    e) l'indication du fait que le signataire a demandé, par écrit, à l'autre époux de supprimer tout obstacle à son remariage au sein de sa religion lorsque cette suppression dépend de ce dernier;

    f) la date de la demande visée à l'alinéa *e*);

    g) l'indication du fait que, malgré la demande visée à l'alinéa *e*), l'autre époux n'a pas supprimé l'obstacle.

(3) Le tribunal peut, aux conditions qu'il estime indiquées, rejeter tout affidavit, demande ou autre acte de procédure déposé par un époux dans le cas suivant:

    a) cet époux a eu signification de l'affidavit visé au paragraphe (2) mais n'a pas signifié à son tour au signataire, ni n'a déposé auprès du tribunal, dans les quinze jours suivant le dépôt de cet affidavit ou dans le délai supérieur accordé par le tribunal, un affidavit indiquant que tout obstacle visé à l'alinéa (2)*e*) a été supprimé;

    b) il n'a pas réussi à convaincre le tribunal, selon les modalités complémentaires éventuellement fixées par celui-ci, que tout obstacle a effectivement été supprimé.

(4) Sans préjudice de la portée générale de la faculté d'appréciation que lui confère le paragraphe (3), le tribunal peut refuser d'exercer les pouvoirs octroyés par ce paragraphe dans le cas suivant:

> *a)* l'époux qui a eu signification de l'affidavit visé au paragraphe (2) a signifié à son tour au signataire et déposé auprès du tribunal, dans les quinze jours suivant le dépôt de cet affidavit ou dans le délai supérieur accordé par le tribunal, un affidavit faisant état de motifs sérieux, fondés sur la religion ou la conscience, pour refuser de supprimer tout obstacle visé à l'alinéa (2)*e)*;

> *b)* il a convaincu le tribunal, selon les modalités complémentaires éventuellement fixées par celui-ci, du fait que ces motifs sont valables.

(5) Pour être valide, un affidavit déposé par un époux auprès du tribunal doit porter la date de sa signification à l'autre époux.

(6) Le présent article ne s'applique pas aux cas où la suppression des obstacles au remariage religieux relève d'une autorité religieuse.

[1990, c. 18, a. 2].

DISPOSITIONS GÉNÉRALES

22. (1) Un divorce prononcé à compter de l'entrée en vigueur de la présente loi, conformément à la loi d'un pays étranger ou d'une de ses subdivisions, par un tribunal ou une autre autorité compétente est reconnu aux fins de déterminer l'état matrimonial au Canada d'une personne donnée, à condition que l'un des ex-époux ait résidé habituellement dans ce pays ou cette subdivision pendant au moins l'année précédant l'introduction de l'instance.

(2) Un divorce prononcé après le 1er juillet 1968, conformément à la loi d'un pays étranger ou d'une de ses subdivisions, par un tribunal ou une autre autorité compétente et dont la compétence se rattache au domicile de l'épouse, en ce pays ou cette subdivision, déterminé comme si elle était célibataire, et, si elle est mineure, comme si elle avait atteint l'âge de la majorité, est reconnu aux fins de déterminer l'état matrimonial au Canada d'une personne donnée.

(3) Le présent article n'a pas pour effet de porter atteinte aux autres règles de droit relatives à la reconnaissance des divorces dont le prononcé ne découle pas de l'application de la présente loi.

[L.R.C. (1985), c. 3 (2e suppl.), a. 22].

23. (1) Sous réserve des autres dispositions de la présente loi ou de toute autre loi fédérale, le droit de la preuve de la province où est exercée une action sous le régime de la présente loi s'applique à cette action, y compris en matière de signification.

(2) Pour l'application du présent article, dans l'éventualité visée au paragraphe 3(3) ou 5(3), l'action renvoyée à la Cour fédérale est réputée introduite dans la province où les époux ou ex-époux ont ou ont eu leurs principales attaches, selon l'avis de la Cour fédérale mentionné dans l'ordre.

[L.R.C. (1985), c. 3 (2e suppl.), a. 23; 2002, c. 8, a. 183].

24. Un document présenté dans le cadre d'une action prévue par la présente loi et censé certifié conforme ou attesté sous serment par un juge ou un fonctionnaire du tribunal fait foi, sauf preuve contraire, de la nomination, de la signature ou de la compétence de ce juge ou fonctionnaire, ou de la personne qui a reçu le serment dans le cas d'un document censé attesté sous serment.

[L.R.C. (1985), c. 3 (2e suppl.), a. 24].

25. (1) Au présent article, « **autorité compétente** » s'entend, dans le cas du tribunal ou de la cour d'appel d'une province, des organismes, personnes ou groupes de personnes habituellement compétents, sous le régime juridique de la province, pour établir les règles de pratique et de procédure de ce tribunal.

(2) Sous réserve du paragraphe (3), l'autorité compétente peut établir les règles applicables aux actions ou procédures engagées aux termes de la présente loi devant le tribunal ou la cour d'appel d'une province, notamment en ce qui concerne:

> *a)* la pratique et la procédure devant ce tribunal, y compris la mise en cause de tiers;

b) l'instruction et le règlement des actions visées par la présente loi sans qu'il soit nécessaire aux parties de présenter leurs éléments de preuve et leur argumentation verbalement;

*b.*1) la possibilité de procéder selon l'article 17.1;

c) les séances du tribunal;

d) la taxation des frais et l'octroi des dépens;

e) les attributions des fonctionnaires du tribunal;

f) le renvoi d'actions prévu dans la présente loi entre ce tribunal et un autre;

g) toute autre mesure jugée opportune aux fins de la justice et pour l'application de la présente loi.

(3) Le pouvoir d'établir des règles pour un tribunal ou une cour d'appel conféré par le paragraphe (2) à une autorité compétente s'exerce selon les mêmes modalités et conditions que le pouvoir conféré à cet égard par les lois provinciales.

(4) Les règles établies en vertu du présent article par une autorité compétente qui n'est ni un organisme judiciaire ni un organisme quasi judiciaire sont réputées ne pas être des textes réglementaires au sens et pour l'application de la *Loi sur les textes réglementaires*.
[L.R.C. (1985), c. 3 (2ᵉ suppl.), a. 25; 1993, c. 8, a. 5].

25.1 (1) Le ministre de la Justice peut, avec l'approbation du gouverneur en conseil, conclure au nom du gouvernement fédéral un accord avec une province autorisant le service provincial des aliments pour enfants désigné dans celui-ci:

a) à aider le tribunal à fixer le montant des aliments pour un enfant;

b) à fixer, à intervalles réguliers, un nouveau montant pour les ordonnances alimentaires au profit d'un enfant en conformité avec les lignes directrices applicables et à la lumière des renseignements à jour sur le revenu.

(2) Sous réserve du paragraphe (5), le nouveau montant de l'ordonnance alimentaire au profit d'un enfant fixé sous le régime du présent article est réputé, à toutes fins utiles, être le montant payable au titre de l'ordonnance.

(3) Le nouveau montant fixé sous le régime du présent article est payable par l'ex-époux visé par l'ordonnance alimentaire au profit d'un enfant trente et un jours après celui où les ex-époux en ont été avisés selon les modalités prévues dans l'accord autorisant la fixation du nouveau montant.

(4) Dans les trente jours suivant celui où ils ont été avisés du nouveau montant, selon les modalités prévues dans l'accord en autorisant la fixation, les ex-époux, ou l'un deux, peuvent demander au tribunal compétent de rendre une ordonnance au titre du paragraphe 17(1).

(5) Dans le cas où une demande est présentée au titre du paragraphe (4), l'application du paragraphe (3) est suspendue dans l'attente d'une décision du tribunal compétent sur la demande, et l'ordonnance alimentaire au profit d'un enfant continue d'avoir effet.

(6) Dans le cas où la demande présentée au titre du paragraphe (4) est retirée avant qu'une décision soit rendue à son égard, le montant payable par l'ex-époux visé par l'ordonnance alimentaire au profit d'un enfant est le nouveau montant fixé sous le régime du présent article et ce à compter du jour où ce montant aurait été payable si la demande n'avait pas été présentée.
[1997, c. 1, a. 10; 1999, c. 31, a. 74].

26. (1) Le gouverneur en conseil peut, par règlement, prendre les mesures nécessaires à l'application de la présente loi, notamment:

a) en ce qui concerne la création et la mise en œuvre d'un bureau d'enregistrement des actions en divorce au Canada;

b) en vue d'assurer l'uniformité des règles établies en vertu de l'article 25.

(2) Les règlements pris en vertu du paragraphe (1) en vue d'assurer l'uniformité des règles l'emportent sur celles-ci.

[L.R.C. (1985), c. 3 (2ᵉ suppl.), a. 26].

26.1 (1) Le gouverneur en conseil peut établir des lignes directrices à l'égard des ordonnances pour les aliments des enfants, notamment pour:

a) régir le mode de détermination du montant des ordonnances pour les aliments des enfants;

b) régir les cas où le tribunal peut exercer son pouvoir discrétionnaire lorsqu'il rend des ordonnances pour les aliments des enfants;

c) autoriser le tribunal à exiger que le montant de l'ordonnance pour les aliments d'un enfant soit payable sous forme de capital ou de pension, ou des deux;

d) autoriser le tribunal à exiger que le montant de l'ordonnance pour les aliments d'un enfant soit versé ou garanti, ou versé et garanti, selon les modalités prévues par l'ordonnance;

e) régir les changements de situation au titre desquels les ordonnances modificatives des ordonnances alimentaires au profit d'un enfant peuvent être rendues;

f) régir la détermination du revenu pour l'application des lignes directrices;

g) autoriser le tribunal à attribuer un revenu pour l'application des lignes directrices;

h) régir la communication de renseignements sur le revenu et prévoir les sanctions afférentes à la non-communication de tels renseignements.

(2) Les lignes directrices doivent être fondées sur le principe que l'obligation financière de subvenir aux besoins des enfants à charge est commune aux époux et qu'elle est répartie entre eux selon leurs ressources respectives permettant de remplir cette obligation.

(3) Pour l'application du paragraphe (1), ordonnance pour les aliments d'un enfant s'entend:

a) de l'ordonnance ou de l'ordonnance provisoire rendue au titre de l'article 15.1;

b) de l'ordonnance modificative de l'ordonnance alimentaire au profit d'un enfant;

c) de l'ordonnance ou de l'ordonnance provisoire rendue au titre de l'article 19.

[1997, c. 1, a. 11].

27. (1) Le gouverneur en conseil peut, par décret, autoriser le ministre de la Justice à établir les droits à payer par le bénéficiaire d'un service fourni en vertu de la présente loi ou de ses règlements.

(2) Le ministre de la Justice peut, avec l'approbation du gouverneur en conseil, conclure un accord avec le gouvernement d'une province concernant la perception et le paiement des droits visés au paragraphe (1).

[L.R.C. (1985), c. 3 (2ᵉ suppl.), a. 27].

28. Le ministre de la Justice procède à l'examen détaillé, d'une part, de l'application des lignes directrices fédérales sur les pensions alimentaires pour enfants et, d'autre part, de la détermination des aliments pour enfants. Il dépose son rapport devant chaque chambre du Parlement dans les cinq ans suivant l'entrée en vigueur du présent article.

[L.R.C. (1985), c. 3 (2ᵉ suppl.), a. 228; 1997, c. 1, a. 12].

29.-31. *(Remplacés)*.

[L.R.C. (1985), c. 3 (2ᵉ suppl.), a. 29-31; 1997, c. 1, a. 12].

DISPOSITIONS TRANSITOIRES

32. Toute action peut être engagée sous le régime de la présente loi, même si les faits ou les circonstances qui lui ont donné lieu ou qui déterminent la compétence en l'espèce sont en tout ou partie antérieurs à la date d'entrée en vigueur de cette loi.

[L.R.C. (1985), c. 3 (2ᵉ suppl.), a. 32].

Loi sur le divorce, S.R. 1970, ch. D-8

33. Les actions engagées sous le régime de la *Loi sur le divorce*, chapitre D-8 des Statuts revisés du Canada de 1970, avant la date d'entrée en vigueur de la présente loi et sur lesquelles il n'a pas été définitivement statué avant cette date sont instruites, et il en est décidé, conformément à la loi précitée, en son état avant la même date, comme si elle n'avait pas été abrogée.

[L.R.C. (1985), c. 3 (2ᵉ suppl.), a. 33].

34. (1) Sous réserve du paragraphe (1.1), toute ordonnance rendue en vertu du paragraphe 11(1) de la *Loi sur le divorce*, chapitre D-8 des Statuts revisés du Canada de 1970, y compris une ordonnance rendue en vertu de l'article 33 de la présente loi, ainsi que toute ordonnance de même effet rendue accessoirement à un jugement de divorce prononcé au Canada avant le 2 juillet 1968 ou prononcé le 2 juillet 1968 ou après cette date conformément au paragraphe 22(2) de la loi précitée, peut être modifiée, suspendue, annulée ou exécutée conformément aux articles 17 à 20, à l'exclusion du paragraphe 17(10), de la présente loi comme:

a) s'il s'agissait d'une ordonnance alimentaire ou de garde, selon le cas;

b) si, aux paragraphes 17(4), (4.1) et (5), les mots « ou de la dernière ordonnance rendue en vertu du paragraphe 11(2) de la *Loi sur le divorce*, chapitre D-8 des Statuts revisés du Canada de 1970, aux fins de modifier cette ordonnance » étaient insérés avant les mots « ou de la dernière ordonnance modificative de celle-ci ».

(1.1) Dans le cas où une demande est présentée au titre du paragraphe 17(1), en vue de modifier l'ordonnance visée au paragraphe (1) qui prévoit un seul montant pour les aliments d'un ou de plusieurs enfants et d'un ex-époux, le tribunal annule l'ordonnance et applique les règles applicables à la demande relative à l'ordonnance alimentaire au profit d'un enfant et à la demande relative à l'ordonnance alimentaire au profit d'un époux.

(2) Toute ordonnance rendue en vertu de l'article 10 de la *Loi sur le divorce*, chapitre D-8 des Statuts revisés du Canada de 1970, y compris une ordonnance rendue en vertu de l'article 33 de la présente loi, peut être exécutée en conformité avec l'article 20 de la présente loi comme s'il s'agissait d'une ordonnance rendue en vertu des paragraphes 15.1(1) ou 15.2(1) ou de l'article 16, selon le cas.

(3) Les créances octroyées par toute ordonnance rendue conformément aux articles 10 ou 11 de la *Loi sur le divorce*, chapitre D-8 des Statuts revisés du Canada de 1970, pour l'entretien d'un époux ou d'un enfant du mariage, y compris une ordonnance rendue en vertu de l'article 33 de la présente loi, ainsi que toute ordonnance de même effet rendue accessoirement à un jugement de divorce prononcé au Canada avant le 2 juillet 1968 ou prononcé le 2 juillet 1968 ou après cette date conformément au paragraphe 22(2) de la loi précitée, peuvent être cédées à un ministre, un membre ou une administration désigné suivant les termes de l'article 20.1.

[L.R.C. (1985), c. 3 (2ᵉ suppl.), a. 34; 1997, c. 1, a. 14].

35. Les règles et règlements d'application de la *Loi sur le divorce*, chapitre D-8 des Statuts revisés du Canada de 1970, ainsi que les autres lois ou leurs règles, leurs règlements ou tout autre texte d'application, portant sur l'une ou l'autre des questions visées au paragraphe 25(2) et en application au Canada ou dans une province avant la date d'entrée en vigueur de la présente loi, demeurent, dans la mesure de leur compatibilité avec la présente loi, en vigueur comme s'ils avaient été édictés aux termes de celle-ci jusqu'à ce qu'ils soient modifiés ou abrogés dans le cadre de la présente loi ou qu'ils deviennent inapplicables du fait de leur incompatibilité avec de nouvelles dispositions.

[L.R.C. (1985), c. 3 (2ᵉ suppl.), a. 35].

Loi sur le divorce, L.R. ch. 3 (2ᵉ suppl.)

35.1 (1) Sous réserve du paragraphe (2), l'ordonnance alimentaire rendue au titre de la présente loi avant l'entrée en vigueur du présent article peut être modifiée, suspendue, annulée ou exécutée conformément aux articles 17 à 20 comme s'il s'agissait d'une ordonnance alimentaire au profit d'un enfant ou d'une ordonnance alimentaire au profit d'un époux, selon le cas.

(2) Dans le cas où une demande est présentée au titre du paragraphe 17(1), en vue de modifier une ordonnance alimentaire rendue au titre de la présente loi avant l'entrée en vigueur du présent article qui prévoit un seul montant pour les aliments d'un ou de plusieurs enfants et d'un ex-époux, le tribunal annule l'ordonnance et applique les règles applicables à la demande relative à l'ordonnance alimentaire au profit d'un enfant et à la demande relative à l'ordonnance alimentaire au profit d'un époux.

(3) Les créances octroyées par toute ordonnance alimentaire rendue au titre de la présente loi avant l'entrée en vigueur du présent article peuvent être cédées à un ministre, un membre ou une administration désigné suivant les termes de l'article 20.1.

[1997, c. 1, a. 15].

ENTRÉE EN VIGUEUR

36. (*Omis*).

[L.R.C. (1985), c. 3 (2ᵉ suppl.), a. 36].

DÉCRET DÉSIGNANT LA PROVINCE DE QUÉBEC POUR L'APPLICATION DE LA DÉFINITION DE « LIGNES DIRECTRICES APPLICABLES » AU PARAGRAPHE 2(1) DE LA LOI SUR LE DIVORCE,

DORS/97-237, (1997) 131 *Gaz. Can.* II, 1415

DÉSIGNATION

1. La province de Québec est désignée pour l'application de la définition de « lignes directrices applicables » au paragraphe 2(1) de la *Loi sur le divorce*.

LIGNES DIRECTRICES

2. Aux fins du paragraphe 2(5) de la *Loi sur le divorce*, les textes législatifs suivants constituent les lignes directrices complètes de la province de Québec:

> *a*) la *Loi modifiant le Code civil du Québec et le Code de procédure civile relativement à la fixation des pensions alimentaires pour enfants*, L.Q. 1996, c. 68;

b) le *Règlement sur la fixation des pensions alimentaires pour enfants*, édicté par le décret 484-97 du 9 avril 1997;

c) le Titre Troisième du Livre Deuxième du *Code civil du Québec*, L.Q. 1991, c. 64;

d) le Chapitre VI.1 du Titre IV du Livre V du *Code de procédure civile*, RLRQ, c. C-25.

ENTRÉE EN VIGUEUR

3. Le présent décret entre en vigueur le 1er mai 1997.

LIGNES DIRECTRICES FÉDÉRALES SUR LES PENSIONS ALIMENTAIRES POUR ENFANTS,

DORS/97-175, (1997) 131 *Gaz. Can.* II, 1031, tel que modifié par DORS/97-563, (1997) 131 *Gaz. Can.* II, 3594; DORS/99-136, (1999) 133 *Gazette du Canada* II, 942; DORS/2000-337, (2000) 134 *Gaz. Can.* II, 2172; DORS/2000-390, (2000) 134 *Gaz. Can.* II, 2371; DORS/2001-292, (2001) 135 *Gaz. Can.* II, 1790; DORS/2005-400, (2005) 139 *Gaz. Can.* II, 3006; DORS/2007-59, (2007) 141 *Gaz. Can.*, II, 328; DORS/2009-181, (2009) 143 *Gaz. Can.*, II, 1089; DORS/2011-267, (2011) 145 *Gaz. Can.*, II, 2517.

OBJECTIFS

1. Les présentes lignes directrices visent à:

a) établir des normes équitables en matière de soutien alimentaire des enfants afin de leur permettre de continuer de bénéficier des ressources financières des époux après leur séparation;

b) réduire les conflits et les tensions entre époux en rendant le calcul du montant des ordonnances alimentaires plus objectif;

c) améliorer l'efficacité du processus judiciaire en guidant les tribunaux et les époux dans la détermination du montant de telles ordonnances et en favorisant le règlement des affaires;

d) assurer un traitement uniforme des époux et enfants qui se trouvent dans des situations semblables les unes aux autres.

DÉFINITIONS ET INTERPRÉTATION

2. (1) Les définitions qui suivent s'appliquent aux présentes lignes directrices.

« cessionnaire de la créance alimentaire » Le ministre, le membre ou l'administration à qui la créance alimentaire octroyée par une ordonnance alimentaire a été cédée en vertu du paragraphe 20.1(1) de la Loi.

« enfant » Enfant à charge.

« époux » S'entend au sens du paragraphe 2(1) de la Loi et, en outre, d'un ex-époux.

« Loi » La *Loi sur le divorce.*

« ordonnance alimentaire » Ordonnance alimentaire au profit d'un enfant.

« prestation universelle pour la garde d'enfants » Prestation versée en vertu de l'article 4 de la *Loi sur la prestation universelle pour la garde d'enfants* (L.C. 2006, ch. 4).

« revenu » Revenu annuel déterminé conformément aux articles 15 à 20.

« table » L'une des tables fédérales de pensions alimentaires pour enfants figurant à l'annexe I.

(2) Les autres termes utilisés dans les articles 15 à 21 s'entendent au sens de la *Loi de l'impôt sur le revenu.*

(3) La détermination de tout montant aux fins des présentes lignes directrices se fait selon les renseignements les plus à jour.

(4) Outre les ordonnances alimentaires, les présentes lignes directrices s'appliquent, avec les adaptations nécessaires:

a) aux ordonnances provisoires visées aux paragraphes 15.1(2) et 19(9) de la Loi;

b) aux ordonnances modificatives d'une ordonnance alimentaire;

c) aux ordonnances visées au paragraphe 19(7) de la Loi;

d) aux nouveaux montants d'ordonnance alimentaire fixés sous le régime de l'alinéa 25.1(1)*b*) de la Loi.

(5) Il est entendu que les dispositions des présentes lignes directrices qui confèrent au tribunal un pouvoir discrétionnaire ne s'appliquent pas aux nouveaux montants fixés par le service provincial des aliments pour enfants sous le régime de l'alinéa 25.1(1)*b*) de la Loi.

[DORS/2007-59, a. 1].

MONTANT DE L'ORDONNANCE ALIMENTAIRE

3. (1) Sauf disposition contraire des présentes lignes directrices, le montant de l'ordonnance alimentaire à l'égard d'enfants mineurs est égal à la somme des montants suivants:

a) le montant prévu dans la table applicable, selon le nombre d'enfants mineurs visés par l'ordonnance et le revenu de l'époux faisant l'objet de la demande;

b) le cas échéant, le montant déterminé en application de l'article 7.

(2) Sauf disposition contraire des présentes lignes directrices, le montant de l'ordonnance alimentaire à l'égard d'un enfant majeur visé par l'ordonnance est:

a) le montant déterminé en application des présentes lignes directrices comme si l'enfant était mineur;

b) si le tribunal est d'avis que cette approche n'est pas indiquée, tout montant qu'il juge indiqué compte tenu des ressources, des besoins et, d'une façon générale, de la situation de l'enfant, ainsi que de la capacité financière de chaque époux de contribuer au soutien alimentaire de l'enfant.

(3) La table applicable est:

a) si l'époux faisant l'objet de la demande d'ordonnance alimentaire réside au Canada:

(i) la table de la province où il réside habituellement à la date à laquelle la demande d'or-

donnance ou la demande de modification de celle-ci est présentée ou à la date à laquelle le nouveau montant de l'ordonnance doit être fixé sous le régime de l'article 25.1 de la Loi,

(ii) lorsque le tribunal est convaincu que la province de résidence habituelle de l'époux a changé depuis cette date, la table de la province où il réside habituellement au moment de la détermination du montant de l'ordonnance,

(iii) lorsque le tribunal est convaincu que, dans un proche avenir après la détermination du montant de l'ordonnance, l'époux résidera habituellement dans une province donnée autre que celle où il réside habituellement au moment de cette détermination, la table de cette province donnée;

b) s'il réside à l'extérieur du Canada ou si le lieu de sa résidence est inconnu, la table de la province où réside habituellement l'autre époux à la date à laquelle la demande d'ordonnance alimentaire ou la demande de modification de celle-ci est présentée ou à la date à laquelle le nouveau montant de l'ordonnance doit être fixé sous le régime de l'article 25.1 de la Loi.

[DORS/97-563, a. 1].

4. Lorsque le revenu de l'époux faisant l'objet de la demande d'ordonnance alimentaire est supérieur à 150 000 $, le montant de l'ordonnance est le suivant:

a) le montant déterminé en application de l'article 3;

b) si le tribunal est d'avis que ce montant n'est pas indiqué:

(i) pour les premiers 150 000 $, le montant prévu dans la table applicable, selon le nombre d'enfants mineurs visés par l'ordonnance,

(ii) pour l'excédent, tout montant que le tribunal juge indiqué compte tenu des ressources, des besoins et, d'une façon générale, de la situation des enfants en cause, ainsi que de la capacité financière de chaque époux de contribuer à leur soutien alimentaire,

(iii) le cas échéant, le montant déterminé en application de l'article 7.

5. Si l'époux faisant l'objet de la demande d'ordonnance alimentaire tient lieu de père ou de mère à l'égard d'un enfant, le montant de l'ordonnance pour cet époux est le montant que le tribunal juge indiqué compte tenu des présentes lignes directrices et de toute autre obligation légale qu'a un autre père ou mère pour le soutien alimentaire de l'enfant.

6. En rendant l'ordonnance alimentaire, le tribunal peut enjoindre à l'un des époux de contracter ou de maintenir une assurance médicale ou dentaire au profit de l'enfant, si une telle assurance est disponible par l'entremise de l'employeur de l'époux ou autrement à un taux raisonnable.

7. (1) Le tribunal peut, sur demande de l'un des époux, prévoir dans l'ordonnance alimentaire une somme, qui peut être estimative, pour couvrir tout ou partie des frais ci-après, compte tenu de leur nécessité par rapport à l'intérêt de l'enfant et de leur caractère raisonnable par rapport aux ressources des époux et de l'enfant et aux habitudes de dépenses de la famille avant la séparation:

a) les frais de garde de l'enfant engagés pour permettre au parent en ayant la garde d'occuper un emploi, ou de poursuivre des études ou de recevoir de la formation en vue d'un emploi, ou engagés en raison d'une maladie ou d'une invalidité du parent;

b) la portion des primes d'assurance médicale et dentaire attribuable à l'enfant;

c) les frais relatifs aux soins de santé dépassant d'au moins 100 $ par année la somme que la compagnie d'assurance rembourse, notamment les traitements orthodontiques, les consultations professionnelles d'un psychologue, travailleur social, psychiatre ou toute autre personne, la physiothérapie, l'ergothérapie, l'orthophonie, les médicaments délivrés sur ordonnance, les prothèses auditives, les lunettes et les lentilles cornéennes;

d) les frais extraordinaires relatifs aux études primaires ou secondaires ou à tout autre programme éducatif qui répond aux besoins particuliers de l'enfant;

e) les frais relatifs aux études postsecondaires;

f) les frais extraordinaires relatifs aux activités parascolaires.

(1.1) Pour l'application des alinéas (1)*d)* et *f)*, « frais extraordinaires » s'entend:

a) des frais qui excèdent ceux que l'époux demandant une somme pour frais extraordinaires peut raisonnablement assumer, compte tenu de son revenu et de la somme qu'il recevrait en vertu de la table applicable ou, si le tribunal statue que cette somme ne convient pas, de la somme que le tribunal juge indiquée;

b) si l'alinéa *a)* ne s'applique pas, des frais que le tribunal considère comme extraordinaires, compte tenu:

(i) de leur montant par rapport au revenu de l'époux demandant une somme pour ces frais, y compris celle qu'il recevrait en vertu de la table applicable ou, si le tribunal statue que cette somme ne convient pas, de la somme que le tribunal juge indiquée,

(ii) de la nature et du nombre de programmes éducatifs et des activités parascolaires,

(iii) des besoins particuliers et des talents de l'enfant,

(iv) du coût global des programmes et des activités,

(v) des autres facteurs similaires que le tribunal estime pertinents.

(2) La détermination du montant des dépenses aux termes du paragraphe (1) procède du principe qu'elles sont partagées en proportion du revenu de chaque époux, déduction faite de la contribution fournie par l'enfant, le cas échéant.

(3) Sous réserve du paragraphe (4), lorsqu'il calcule le montant des dépenses visées au paragraphe (1), le tribunal tient compte de tout avantage ou subvention, ou déduction ou crédit d'impôt, relatifs aux dépenses, ou de l'admissibilité à ceux-ci.

(4) Le tribunal ne tient pas compte des prestations universelles pour la garde d'enfants, ou de l'admissibilité à celles-ci, dans le calcul du montant des dépenses visées au paragraphe (1).

[DORS/2000-337, a. 1; DORS/2000-390, a. 1; DORS/2005-400, a. 1; DORS/2007-59, a. 2].

8. Si les deux époux ont chacun la garde d'un ou de plusieurs enfants, le montant de l'ordonnance alimentaire est égal à la différence entre les montants que les époux auraient à payer si chacun d'eux faisait l'objet d'une demande d'ordonnance alimentaire.

9. Si un époux exerce son droit d'accès auprès d'un enfant, ou en a la garde physique, pendant au moins 40 % du temps au cours d'une année, le montant de l'ordonnance alimentaire est déterminé compte tenu:

a) des montants figurant dans les tables applicables à l'égard de chaque époux;

b) des coûts plus élevés associés à la garde partagée;

c) des ressources, des besoins et, d'une façon générale, de la situation de chaque époux et de tout enfant pour lequel une pension alimentaire est demandée.

10. (1) Le tribunal peut, sur demande de l'un des époux, fixer comme montant de l'ordonnance alimentaire un montant différent de celui qui serait déterminé en application des articles 3 à 5, 8 et 9, s'il conclut que, sans cette mesure, l'époux qui fait cette demande ou tout enfant visé par celle-ci éprouverait des difficultés excessives.

(2) Des difficultés excessives peuvent résulter, notamment:

a) des dettes anormalement élevées qui sont raisonnablement contractées par un époux pour soutenir les époux et les enfants avant la séparation ou pour gagner un revenu;

b) des frais anormalement élevés liés à l'exercice par un époux du droit d'accès auprès des enfants;

c) des obligations légales d'un époux découlant d'un jugement, d'une ordonnance ou d'une entente de séparation écrite pour le soutien alimentaire de toute personne;

d) des obligations légales d'un époux pour le soutien alimentaire d'un enfant, autre qu'un enfant à charge, qui:

(i) n'est pas majeur,

(ii) est majeur, sans pouvoir, pour cause notamment de maladie ou d'invalidité, subvenir à ses propres besoins;

e) des obligations légales d'un époux pour le soutien alimentaire de toute personne qui ne peut subvenir à ses propres besoins pour cause de maladie ou d'invalidité.

(3) Même s'il conclut à l'existence de difficultés excessives, le tribunal doit rejeter la demande faite en application du paragraphe (1) s'il est d'avis que le ménage de l'époux qui les invoque aurait, par suite de la détermination du montant de l'ordonnance alimentaire en application des articles 3 à 5, 8 et 9, un niveau de vie plus élevé que celui du ménage de l'autre époux.

(4) Afin de comparer les niveaux de vie des ménages visés au paragraphe (3), le tribunal peut utiliser la méthode prévue à l'annexe II.

(5) S'il rajuste le montant de l'ordonnance alimentaire en vertu du paragraphe (1), le tribunal peut, dans l'ordonnance, prévoir une période raisonnable pour permettre à l'époux de satisfaire les obligations qui causent des difficultés excessives et fixer le montant de celle-ci à l'expiration de cette période.

(6) Le tribunal doit enregistrer les motifs de sa décision de rajuster le montant de l'ordonnance alimentaire en vertu du présent article.

ÉLÉMENTS DE L'ORDONNANCE ALIMENTAIRE

11. Le tribunal peut exiger dans l'ordonnance alimentaire que le montant de celle-ci soit payable sous forme de capital ou de pension, ou des deux.

12. Le tribunal peut exiger dans l'ordonnance alimentaire que le montant de celle-ci soit versé ou garanti, ou versé et garanti, selon les modalités prévues par l'ordonnance.

13. L'ordonnance alimentaire doit contenir les renseignements suivants:

a) les nom et date de naissance des enfants visés par elle;

b) le revenu de tout époux qui a servi à la détermination du montant de l'ordonnance;

c) le montant déterminé selon l'alinéa 3(1)*a)* à l'égard des enfants visés par l'ordonnance;

d) le montant déterminé selon l'alinéa 3(2)*b)* à l'égard de tout enfant majeur;

e) le détail des dépenses visées au paragraphe 7(1), le nom de l'enfant auquel elles se rapportent et leur montant ou, si celui-ci ne peut être déterminé, la proportion à payer;

f) la date à laquelle le capital ou le premier paiement de la pension est payable et le jour du mois — ou de toute autre période — où les paiements subséquents doivent être faits.

MODIFICATION DE L'ORDONNANCE ALIMENTAIRE

14. Pour l'application du paragraphe 17(4) de la Loi, l'un ou l'autre des changements ci-après constitue un changement de situation au titre duquel une ordonnance alimentaire modificative peut être rendue:

a) dans le cas d'une ordonnance alimentaire dont tout ou partie du montant a été déterminé selon la table applicable, tout changement qui amènerait une modification de l'ordonnance ou de telle de ses dispositions;

b) dans le cas d'une ordonnance alimentaire dont le montant n'a pas été déterminé selon une table, tout changement dans les ressources, les besoins ou, d'une façon générale, dans la situation de l'un ou l'autre des époux ou de tout enfant ayant droit à une pension alimentaire;

c) dans le cas d'une ordonnance rendue avant le 1er mai 1997, l'entrée en vigueur de l'article 15.1 de la Loi, édicté par l'article 2 du chapitre 1 des Lois du Canada (1997).
[DORS/97-563, a. 2; DORS/2000-337, a. 2].

REVENU

15. (1) Sous réserve du paragraphe (2), le revenu annuel de l'époux est déterminé par le tribunal conformément aux articles 16 à 20.

(2) Si les époux s'entendent, par écrit, sur le revenu annuel de l'un d'eux, le tribunal peut, s'il juge que ce montant est raisonnable compte tenu des renseignements fournis en application de l'article 21, considérer ce montant comme le revenu de l'époux pour l'application des présentes lignes directrices.

16. Sous réserve des articles 17 à 20, le revenu annuel de l'époux est déterminé au moyen des sources de revenu figurant sous la rubrique « Revenu total » dans la formule T1 Générale établie par l'Agence du revenu du Canada, et est rajusté conformément à l'annexe III.

[DORS/2000-337, a. 3; DORS/2007-59, a. 4].

17. (1) S'il est d'avis que la détermination du revenu annuel de l'époux en application de l'article 16 ne correspond pas à la détermination la plus équitable, le tribunal peut, compte tenu du revenu de l'époux pour les trois dernières années, déterminer une somme équitable et raisonnable en fonction de toute tendance ou fluctuation du revenu au cours de cette période ou de toute somme non récurrente reçue au cours de celle-ci.

(2) Si l'époux a subi une perte en capital ou une perte au titre de placements d'entreprise non récurrentes, le tribunal peut, s'il est d'avis que la détermination du revenu annuel de l'époux en application de l'article 16 ne correspond pas à la détermination la plus équitable, rajuster le montant de la perte, y compris les dépenses y afférentes et les frais financiers et frais d'intérêt, de la façon qu'il juge indiquée, au lieu de le faire en application des articles 6 ou 7 de l'annexe III.

[DORS/2000-337, a. 4].

18. (1) Si l'époux est un actionnaire, administrateur ou dirigeant d'une société, le tribunal peut, s'il est d'avis que son revenu annuel déterminé conformément à l'article 16 ne correspond pas fidèlement aux sommes disponibles pour payer une pension alimentaire pour enfants, tenir compte des situations visées à l'article 17 et inclure dans le revenu annuel:

a) soit tout ou partie du montant de profit avant impôt de la société, et de toutes autres sociétés avec lesquelles elle est liée, pour la dernière année d'imposition;

b) soit un montant correspondant à la valeur des services qu'il fournit à la société, jusqu'à concurrence du montant de profit avant impôt de celle-ci.

(2) Aux fins de la détermination du profit avant impôt d'une société en application du paragraphe (1), les montants qu'elle paie, au titre notamment des salaires, rémunérations, frais de gestion ou avantages, aux personnes avec lesquelles elle a un lien de dépendance, ou au nom de celles-ci, sont ajoutés au profit avant impôt de la société, à moins que l'époux n'établisse qu'ils sont raisonnables dans les circonstances.

19. (1) Le tribunal peut attribuer à l'époux le montant de revenu qu'il juge indiqué, notamment dans les cas suivants:

a) l'époux a choisi de ne pas travailler ou d'être sous-employé, sauf s'il a fait un tel choix lorsque l'exigent les besoins d'un enfant à charge ou de tout autre enfant mineur ou des circonstances raisonnables liées à sa santé ou la poursuite d'études par lui;

b) il est exempté de l'impôt fédéral ou provincial;

c) il vit dans un pays où les taux d'imposition effectifs sont considérablement inférieurs à ceux en vigueur au Canada;

d) des revenus semblent avoir été détournés, ce qui aurait pour effet d'influer sur le montant de l'ordonnance alimentaire à déterminer en application des présentes lignes directrices;

e) les biens de l'époux ne sont pas raisonnablement utilisés pour gagner un revenu;

f) il n'a pas fourni les renseignements sur le revenu qu'il est légalement tenu de fournir;

g) il déduit de façon déraisonnable des dépenses de son revenu;

h) il tire une portion considérable de son revenu de dividendes, de gains en capital ou d'autres sources qui sont imposés à un taux moindre que le revenu d'emploi ou d'entreprise ou qui sont exonérés d'impôt;

i) il reçoit ou recevra un revenu ou d'autres avantages à titre de bénéficiaire d'une fiducie.

(2) Pour l'application de l'alinéa (1)*g*), une déduction n'est pas nécessairement considérée comme raisonnable du seul fait qu'elle est permise en vertu de la *Loi de l'impôt sur le revenu*.

[DORS/2000-337, a. 5].

20. (1) Le revenu annuel de l'époux qui ne réside pas au Canada est déterminé comme s'il y résidait.

(2) Toutefois, si l'époux réside dans un pays où les taux d'imposition effectifs sont substantiellement supérieurs à ceux applicables dans la province où l'autre époux réside habituellement, son revenu annuel est celui que le tribunal juge indiqué compte tenu de ces taux.

[DORS/2005-400, a. 2].

RENSEIGNEMENTS SUR LE REVENU

21. (1) L'époux qui présente une demande d'ordonnance alimentaire et dont les renseignements sur le revenu sont nécessaires pour en déterminer le montant doit joindre à sa demande:

a) une copie de ses déclarations de revenus personnelles, pour les trois dernières années d'imposition;

b) une copie de ses avis de cotisation et de nouvelle cotisation, pour les trois dernières années d'imposition;

c) s'il est un employé, le relevé de paye le plus récent faisant état des gains cumulatifs pour l'année en cours, y compris les payes de surtemps ou, si un tel relevé n'est pas fourni par l'employeur, une lettre de celui-ci précisant ces renseignements et le salaire ou la rémunération annuels de l'employé;

d) s'il est un travailleur indépendant, pour les trois dernières années d'imposition:

(i) les états financiers de son entreprise ou de sa pratique professionnelle, sauf s'il s'agit d'une société de personnes,

(ii) un relevé de la répartition des montants payés, au titre notamment des salaires, rémunérations, frais de gestion ou avantages, à des particuliers ou sociétés avec qui il a un lien de dépendance, ou au nom de ceux-ci;

e) s'il est membre d'une société de personnes, une attestation du revenu qu'il en a tiré, des prélèvements qu'il en a faits et des fonds qu'il y a investis, pour les trois dernières années d'imposition de la société;

f) s'il contrôle une société, pour les trois dernières années d'imposition de celle-ci:

(i) les états financiers de celle-ci et de ses filiales,

(ii) un relevé de la répartition des montants payés, au titre notamment des salaires, rémunérations, frais de gestion ou avantages, à des particuliers ou sociétés avec qui la société ou toute société liée a un lien de dépendance, ou au nom de ceux-ci;

g) s'il est bénéficiaire d'une fiducie, une copie de l'acte constitutif de celle-ci et de ses trois derniers états financiers;

h) en plus de tout renseignement à joindre à sa demande aux termes des alinéas *c*) à *g*), s'il a reçu un revenu au titre de l'assurance-emploi, de l'assistance sociale, d'une pension, d'indemnités d'accident du travail, de prestations d'invalidité ou un revenu de toute autre source, le dernier relevé indiquant la somme totale versée durant l'année en cours à l'égard de la source applicable ou, si un tel relevé n'est pas fourni, une lettre de l'autorité en cause indiquant cette somme.

(2) L'époux qui se fait signifier une demande d'ordonnance alimentaire et dont les renseignements sur le revenu sont nécessaires pour en déterminer le montant doit fournir au tribunal ainsi qu'à l'autre époux ou au cessionnaire de la créance alimentaire, selon le cas, les documents visés au paragraphe (1) dans les 30 jours suivant la date de la signification, s'il réside au Canada ou aux États-Unis, ou dans les 60 jours suivant cette date, s'il réside ailleurs, ou encore dans tout autre délai fixé par le tribunal.

(3) Si, dans le cadre d'une procédure relative à une demande d'ordonnance alimentaire, un époux demande un montant pour des dépenses visées au paragraphe 7(1) ou invoque des difficultés excessives, l'époux qui aurait droit au montant de l'ordonnance alimentaire doit fournir au tribunal et à l'autre époux les documents visés au paragraphe (1) dans les 30 jours suivant la date de la demande du montant pour dépenses ou de l'allégation des difficultés excessives, s'il réside au Canada ou aux États-Unis, ou dans les 60 jours suivant cette date, s'il réside ailleurs, ou encore dans tout autre délai fixé par le tribunal.

(4) Si, dans le cadre d'une procédure relative à une demande d'ordonnance alimentaire, il est établi que le revenu de l'époux faisant l'objet de la demande est supérieur à 150 000 $, l'autre époux doit fournir à celui-ci et au tribunal les documents visés au paragraphe (1) dans les 30 jours suivant l'établissement du montant de ce revenu, s'il réside au Canada ou aux États-Unis, ou dans les 60 jours suivant cette date, s'il réside ailleurs, ou encore dans tout autre délai fixé par le tribunal.

(5) Le présent article n'a pas pour effet d'empêcher les autorités compétentes, au sens de l'article 25 de la Loi, d'établir des règles concernant la communication de renseignements sur le revenu qui sont considérés comme nécessaires pour la détermination du montant d'une ordonnance alimentaire.

[DORS/2000-337, a. 6].

22. (1) Si l'époux ne se conforme pas à l'article 21, l'autre époux peut demander:

> *a)* que la cause concernant la demande d'ordonnance alimentaire soit inscrite au rôle pour instruction ou qu'un jugement soit rendu;

> *b)* que soit rendue une ordonnance enjoignant à l'époux en défaut de fournir les documents requis au tribunal ainsi qu'à l'autre époux ou au

cessionnaire de la créance alimentaire, selon le cas.

(2) S'il rend une ordonnance en vertu des alinéas (1) *a)* ou *b)*, le tribunal peut adjuger les dépens à l'autre époux, jusqu'à concurrence d'un montant couvrant tous les frais relatifs à la procédure.

23. Lorsque le tribunal procède à l'instruction par suite d'une demande faite en vertu de l'alinéa 22(1)*a)*, il peut tirer une conclusion défavorable à l'époux en défaut et lui attribuer le montant de revenu qu'il juge indiqué.

24. Si l'époux ne se conforme pas à l'ordonnance rendue par suite d'une demande faite en vertu de l'alinéa 22(1)*b)*, le tribunal peut:

> *a)* rejeter tout acte de procédure de l'époux en défaut;

> *b)* rendre contre celui-ci une ordonnance d'outrage au tribunal;

> *c)* procéder à l'instruction, au cours de laquelle il peut tirer une conclusion défavorable à celui-ci et lui attribuer le montant de revenu qu'il juge indiqué;

> *d)* adjuger les dépens à l'autre époux, jusqu'à concurrence d'un montant couvrant tous les frais relatifs à la procédure.

25. (1) Le débiteur alimentaire doit, sur demande écrite de l'autre époux ou du cessionnaire de la créance alimentaire, au plus une fois par année après le prononcé de l'ordonnance et tant que l'enfant est un enfant au sens des présentes lignes directrices, lui fournir:

> *a)* les documents visés au paragraphe 21(1) pour les trois dernières années d'imposition, sauf celles pour lesquelles ils ont déjà été fournis;

> *b)* le cas échéant, par écrit, des renseignements à jour sur l'état des dépenses qui sont prévues dans l'ordonnance en vertu du paragraphe 7(1);

c) le cas échéant, par écrit, des renseignements à jour sur les circonstances sur lesquelles s'est fondé le tribunal pour établir l'existence de difficultés excessives.

(2) Si le tribunal détermine que l'époux faisant l'objet de la demande d'ordonnance alimentaire n'a rien à payer au titre de l'ordonnance alimentaire étant donné que son revenu est inférieur au seuil prévu pour l'application des tables, cet époux doit, sur demande écrite de l'autre époux, au plus une fois par année après la détermination et tant que l'enfant est un enfant au sens des présentes lignes directrices, lui fournir les documents visés au paragraphe 21(1) pour les trois dernières années d'imposition, sauf celles pour lesquelles ils ont déjà été fournis.

(3) Si les renseignements sur le revenu de l'époux en faveur duquel a été rendue l'ordonnance alimentaire servent à en déterminer le montant, cet époux doit, sur demande écrite du débiteur alimentaire, au plus une fois par année après le prononcé de l'ordonnance et tant que l'enfant est un enfant au sens des présentes lignes directrices, lui fournir les documents et renseignements visés au paragraphe (1).

(4) L'époux qui fait une demande en application de l'un des paragraphes (1) à (3) — ou le cessionnaire qui le fait en son nom — et dont les renseignements sur le revenu servent à déterminer le montant de l'ordonnance alimentaire doit joindre à sa demande les documents et renseignements visés au paragraphe (1).

(5) L'époux qui reçoit une demande en application de l'un des paragraphes (1) à (3) doit fournir les documents requis dans les 30 jours suivant la date de réception de la demande, s'il réside au Canada ou aux États-Unis, ou dans les 60 jours suivant cette date, s'il réside ailleurs.

(6) L'époux est présumé avoir reçu la demande 10 jours après son envoi.

(7) Si l'époux ne se conforme pas à l'un des paragraphes (1) à (3), le tribunal peut, sur demande de l'autre époux ou du cessionnaire de la créance alimentaire:

    a) considérer le défaut comme un outrage au tribunal et adjuger les dépens au demandeur, jusqu'à concurrence d'un montant couvrant tous les frais relatifs à la procédure;

    b) rendre une ordonnance enjoignant à l'époux en défaut de fournir les documents requis au tribunal ainsi qu'à l'autre époux ou au cessionnaire de la créance alimentaire, selon le cas.

(8) Toute disposition dans un jugement, ordonnance ou entente visant à restreindre l'obligation d'un époux de fournir des documents conformément au présent article est inexécutoire.

26. Tout époux ou le cessionnaire de la créance alimentaire peut mandater le service provincial des aliments pour enfants aux fins de l'obtention des renseignements visés aux paragraphes 25(1) à (3) et de la demande prévue au paragraphe 25(7).

ENTRÉE EN VIGUEUR

27. Les présentes lignes directrices entrent en vigueur le 1er mai 1997.

ANNEXE I —— TABLES FÉDÉRALES DE PENSIONSALIMENTAIRES POUR ENFANTS

(paragraphe 2(1))

Notes:

1. Les tables fédérales de pensions alimentaires pour enfants fixent, pour chaque province, le paiement mensuel de la pension alimentaire, selon le revenu de l'époux tenu de verser celle-ci (le « débiteuralimentaire ») et le nombre d'enfants en cause. Reportez-vous aux présentes lignes directrices pour savoir si des mesures spéciales s'appliquent.

2. Les tables prévoient les revenus annuels minimal et maximal du débiteur alimentaire sur lesquels se fonde la détermination du montant de la pension alimentaire selon le nombre d'enfants. Pour les débiteurs alimentaires dont le revenu dépasse 150 000 \$, reportez-vous à l'article 4 des présentes lignes directrices pour déterminer le montant de la pension alimentaire.

3. Le revenu est indiqué par tranche de 1 000 \$. Le paiement mensuel correspond à la somme du montant de base applicable et du produit de la multiplication de la partie de revenu excédant le montant inférieur de la tranche de revenu applicable par le pourcentage indiqué..

Exemple:

Province: Colombie-Britannique

Nombre d'enfants: 2

Revenu annuel du débiteur alimentaire: 33 760 \$

Montant de base: 510 \$

Pourcentage: 1,48 %

Montant inférieur de la tranche de revenu: 33 000 \$

Le paiement mensuel de la pension alimentaire est ainsi calculé:

510 \$ + [1,48 % × (33 760 \$ -33 000 \$)]

510 \$ + [1,48/100 × 760 \$]

510 \$ + [0,0148 × 760 \$]

510 \$ + 11,25 \$ = 521,25 \$

4. Il y a des tables distinctes pour chaque province. Les montants varient d'une province à l'autre en raison des différents taux d'imposition de chaque province. Les tables figurent dans l'ordre suivant:

a) Ontario

b) Québec

c) Nouvelle-Écosse

d) Nouveau-Brunswick

e) Manitoba

f) Colombie-Britannique

g) Île-du-Prince-Édouard

h) Saskatchewan

i) Alberta

j) Terre-Neuve-et-Labrador

k) Yukon

l) Territoires du Nord-Ouest

m) Nunavut

5. *Les montants figurant dans les tables reposent sur des études économiques sur ce qu'il en coûte pour élever des enfants dans des familles à divers niveaux de revenu au Canada. Ils ont été calculés compte tenu du fait que les pensions alimentaires reçues ne sont plus imposables et que celles payées ne sont plus déductibles. Ils ont été calculés selon une formule mathématique et produits au moyen d'un programme informatique*

6. *La formule permet d'établir des montants de pensions alimentaires qui tiennent compte de la dépense moyenne que représente un enfant pour un époux avec un nombre d'enfants et un revenu donnés. Le calcul se fonde sur le revenu du débiteur alimentaire. Elle tient compte du crédit d'impôt non remboursable au titre du montant personnel de base pour reconnaître les dépenses personnelles. Elle tient également compte d'autres taxes et crédits fédéraux et provinciaux sur le revenu. Les prestations fiscales fédérales pour enfants et le crédit pour la taxe sur les produits et services sont exclus du calcul. Pour les revenus annuels moins élevés, la formule permet d'établir le montant sans perdre de vue l'incidence combinée des impôts et des paiements de la pension alimentaire pour enfants sur le revenu disponible limité dont dispose le débiteur alimentaire.*

Federal Child Support Tables / Tables fédérales de pensions alimentaires pour enfants

Province: Ontario — No. of Children / d'enfants

Income/Revenu From/De	Income/Revenu To/À	Monthly Award/Paiement mensuel Basic Amount/Montant de base	Plus (%)	Of Income Over/Du revenu dépassant
0	10819	0		
10820	10999	0	1.90	10820
11000	11999	21	1.90	11000
12000	12999	40	1.90	12000
13000	13999	59	1.90	13000
14000	14999	78	1.88	14000
15000	15999	97	1.88	15000
16000	16999	116	1.88	16000
17000	17999	135	0.66	17000
18000	18999	142	0.88	18000
19000	19999	151	0.88	19000
20000	20999	160	0.92	20000
21000	21999	168	0.80	21000
22000	22999	176	0.80	22000
23000	23999	184	0.82	23000
24000	24999	192	0.82	24000
25000	25999	200	0.82	25000
26000	26999	210	1.02	26000
27000	27999	219	0.86	27000
28000	28999	228	0.90	28000
29000	29999	237	0.92	29000
30000	30999	245	0.84	30000
31000	31999	257	1.18	31000
32000	32999	269	1.18	32000
33000	33999	281	1.12	33000
34000	34999	293	1.08	34000
35000	35999	303	1.16	35000
36000	36999	315	1.02	36000
37000	37999	325	1.08	37000
38000	38999	336	1.16	38000
39000	39999	348	1.18	39000
40000	40999	360	0.96	40000
41000	41999	370	0.90	41000
42000	42999	379	0.92	42000
43000	43999	388	0.94	43000
44000	44999	397	0.94	44000
45000	45999	406	0.94	45000
46000	46999	415	0.94	46000
47000	47999	424	0.74	47000
48000	48999	433	0.78	48000
49000	49999	441	0.94	49000
50000	50999	450	0.98	50000
51000	51999	460	0.92	51000
52000	52999	469	0.96	52000
53000	53999	479	0.92	53000
54000	54999	488	1.00	54000
55000	55999	498	0.94	55000
56000	56999	508	0.98	56000
57000	57999	517	0.98	57000
58000	58999	527	0.94	58000
59000	59999	536	0.98	59000
60000	60999	546	0.92	60000
61000	61999	555	0.96	61000
62000	62999	565	0.90	62000
63000	63999	574	0.96	63000
64000	64999	584	1.00	64000
65000	65999	594	0.94	65000
66000	66999	603	0.98	66000
67000	67999	613	0.82	67000
68000	68999	621	0.86	68000
69000	69999	630	0.90	69000
70000	70999	639	0.82	70000
71000	71999	647	0.96	71000
72000	72999	657	0.74	72000
73000	73999	664	0.92	73000
74000	74999	673	0.92	74000
75000	75999	682	0.88	75000
76000	76999	691	0.88	76000
77000	77999	700	0.88	77000
78000	78999	708	0.78	78000
79000	79999	717	0.72	79000
80000	80999	724	0.72	80000
81000	81999	731	0.72	81000
82000	82999	738	0.72	82000
83000	83999	745	0.78	83000
84000	84999	754	0.80	84000
85000	85999	762	0.82	85000
86000	86999	770	0.82	86000
87000	87999	777	0.74	87000
88000	88999	785	0.76	88000
89000	89999	793	0.78	89000
90000	90999	801	0.78	90000
91000	91999	809	0.82	91000
92000	92999	817	0.82	92000
93000	93999	825	0.74	93000
94000	94999	832	0.76	94000
95000	95999	840	0.76	95000
96000	96999	848	0.78	96000
97000	97999	856	0.82	97000
98000	98999	864	0.82	98000
99000	99999	872	0.74	99000
100000	100999	880	0.76	100000
101000	101999	887	0.78	101000
102000	102999	895	0.78	102000
103000	103999	903	0.80	103000
104000	104999	911	0.80	104000
105000	105999	919	0.82	105000
106000	106999	927	0.82	106000
107000	107999	935	0.74	107000
108000	108999	942	0.76	108000
109000	109999	950	0.78	109000
110000	110999	958	0.78	110000
111000	111999	966	0.80	111000
112000	112999	974	0.80	112000
113000	113999	982	0.82	113000
114000	114999	990	0.84	114000
115000	115999	998	0.74	115000
116000	116999	1005	0.76	116000
117000	117999	1013	0.78	117000
118000	118999	1021	0.80	118000
119000	119999	1029	0.80	119000
120000	120999	1037	0.82	120000
121000	121999	1045	0.84	121000
122000	122999	1053	0.74	122000
123000	123999	1060	0.76	123000
124000	124999	1068	0.78	124000
125000	125999	1076	0.78	125000
126000	126999	1084	0.80	126000
127000	127999	1092	0.72	127000
128000	128999	1099	0.78	128000
129000	129999	1107	0.72	129000
130000	130999	1114	0.78	130000
131000	131999	1122	0.72	131000
132000	132999	1129	0.74	132000
133000	133999	1136	0.78	133000
134000	134999	1144	0.70	134000
135000	135999	1151	0.76	135000
136000	136999	1159	0.72	136000
137000	137999	1166	0.78	137000
138000	138999	1174	0.72	138000
139000	139999	1181	0.78	139000
140000	140999	1189	0.74	140000
141000	141999	1196	0.70	141000
142000	142999	1203	0.76	142000
143000	143999	1211	0.80	143000
144000	144999	1218	0.72	144000
145000	145999	1226	0.78	145000
146000	146999	1233	0.74	146000
147000	147999	1241	0.78	147000
148000	148999	1248	0.76	148000
149000	149999	1256	0.74	149000
150000	or greater/ou plus	1263	0.74	150000

Federal Child Support Tables / Tables fédérales de pensions alimentaires pour enfants

Province: Ontario — No. of Children/Nbre d'enfants: Two/Deux

Income/Revenu From/De	To/À	Basic Amount/Montant de base	Plus (%)	Of Income Over/Du revenu dépassant
0	10819	0	—	—
10820	10999	0	4.80	10820
11000	11999	50	4.40	11000
12000	12999	94	3.64	12000
13000	13999	130	3.50	13000
14000	14999	165	3.04	14000
15000	15999	195	3.00	15000
16000	16999	225	3.12	16000
17000	17999	256	2.06	17000
18000	18999	277	1.42	18000
19000	19999	291	1.46	19000
20000	20999	306	1.36	20000
21000	21999	320	1.32	21000
22000	22999	333	1.28	22000
23000	23999	346	1.36	23000
24000	24999	359	1.34	24000
25000	25999	373	1.06	25000
26000	26999	386	1.14	26000
27000	27999	397	1.14	27000
28000	28999	408	1.48	28000
29000	29999	423	1.50	29000
30000	30999	438	1.48	30000
31000	31999	452	1.48	31000
32000	32999	467	1.40	32000
33000	33999	481	1.34	33000
34000	34999	495	1.38	34000
35000	35999	508	1.22	35000
36000	36999	522	1.20	36000
37000	37999	534	1.20	37000
38000	38999	546	1.68	38000
39000	39999	563	1.74	39000
40000	40999	579	1.68	40000
41000	41999	597	1.62	41000
42000	42999	614	1.68	42000
43000	43999	630	1.72	43000
44000	44999	647	1.64	44000
45000	45999	664	1.66	45000
46000	46999	680	1.78	46000
47000	47999	697	1.34	47000
48000	48999	715	1.50	48000
49000	49999	728	1.52	49000
50000	50999	743	1.54	50000
51000	51999	758	1.44	51000
52000	52999	773	1.46	52000
53000	53999	787	1.48	53000
54000	54999	802	1.48	54000
55000	55999	817	1.50	55000
56000	56999	832	1.50	56000
57000	57999	847	1.50	57000
58000	58999	862	1.52	58000
59000	59999	877	1.54	59000
60000	60999	892	1.44	60000
61000	61999	906	1.48	61000
62000	62999	921	1.48	62000
63000	63999	936	1.48	63000
64000	64999	951	1.50	64000
65000	65999	966	1.50	65000
66000	66999	981	1.52	66000
67000	67999	996	1.44	67000
68000	68999	1010	1.34	68000
69000	69999	1023	1.44	69000
70000	70999	1037	1.36	70000
71000	71999	1051	1.48	71000
72000	72999	1066	1.14	72000
73000	73999	1077	1.40	73000
74000	74999	1091	1.36	74000
75000	75999	1105	1.36	75000
76000	76999	1119	1.36	76000
77000	77999	1133	1.38	77000
78000	78999	1147	1.24	78000
79000	79999	1160	1.22	79000
80000	80999	1172	1.24	80000
81000	81999	1184	1.24	81000
82000	82999	1196	1.24	82000
83000	83999	1208	1.22	83000
84000	84999	1220	1.18	84000
85000	85999	1232	1.26	85000
86000	86999	1245	1.24	86000
87000	87999	1257	1.20	87000
88000	88999	1269	1.22	88000
89000	89999	1281	1.20	89000
90000	90999	1293	1.18	90000
91000	91999	1306	1.26	91000
92000	92999	1318	1.20	92000
93000	93999	1330	1.20	93000
94000	94999	1342	1.24	94000
95000	95999	1355	1.20	95000
96000	96999	1367	1.20	96000
97000	97999	1379	1.20	97000
98000	98999	1391	1.28	98000
99000	99999	1404	1.22	99000
100000	100999	1416	1.24	100000
101000	101999	1428	1.22	101000
102000	102999	1440	1.22	102000
103000	103999	1452	1.26	103000
104000	104999	1465	1.18	104000
105000	105999	1477	1.26	105000
106000	106999	1489	1.18	106000
107000	107999	1501	1.26	107000
108000	108999	1514	1.24	108000
109000	109999	1526	1.22	109000
110000	110999	1538	1.20	110000
111000	111999	1550	1.18	111000
112000	112999	1562	1.26	112000
113000	113999	1575	1.24	113000
114000	114999	1587	1.24	114000
115000	115999	1599	1.26	115000
116000	116999	1611	1.18	116000
117000	117999	1624	1.24	117000
118000	118999	1636	1.26	118000
119000	119999	1648	1.20	119000
120000	120999	1660	1.18	120000
121000	121999	1672	1.22	121000
122000	122999	1685	1.18	122000
123000	123999	1697	1.22	123000
124000	124999	1709	1.18	124000
125000	125999	1721	1.26	125000
126000	126999	1734	1.12	126000
127000	127999	1746	1.12	127000
128000	128999	1757	1.18	128000
129000	129999	1769	1.22	129000
130000	130999	1781	1.10	130000
131000	131999	1792	1.16	131000
132000	132999	1804	1.10	132000
133000	133999	1815	1.16	133000
134000	134999	1827	1.16	134000
135000	135999	1838	1.14	135000
136000	136999	1850	1.14	136000
137000	137999	1862	1.12	137000
138000	138999	1873	1.16	138000
139000	139999	1885	1.12	139000
140000	140999	1896	1.18	140000
141000	141999	1908	1.16	141000
142000	142999	1920	1.20	142000
143000	143999	1931	1.14	143000
144000	144999	1943	1.18	144000
145000	145999	1954	1.18	145000
146000	146999	1966	1.22	146000
147000	147999	1977	1.20	147000
148000	148999	1989	1.14	148000
149000	149999	2001	1.14	149000
150000	or greater/ou plus	2012	1.18	150000

Federal Child Support Tables / Tables fédérales de pensions alimentaires pour enfants

Province: Ontario — No. of Children/N^bre d'enfants: Three/Trois

Income/Revenu ($) From/De	To/À	Basic Amount/Montant de base	Plus (%)	Of Income Over/Du revenu dépassant
0	10819	0		
10820	10999	0	5.20	10820
11000	11999	54	4.72	11000
12000	12999	101	3.92	12000
13000	13999	140	3.70	13000
14000	14999	177	3.26	14000
15000	15999	210	3.20	15000
16000	16999	242	3.38	16000
17000	17999	276	4.08	17000
18000	18999	317	4.30	18000
19000	19999	360	4.40	19000
20000	20999	404	3.74	20000
21000	21999	441	1.80	21000
22000	22999	459	1.74	22000
23000	23999	476	1.70	23000
24000	24999	493	1.76	24000
25000	25999	511	1.54	25000
26000	26999	529	1.54	26000
27000	27999	545	1.58	27000
28000	28999	560	1.52	28000
29000	29999	576	1.96	29000
30000	30999	591	1.90	30000
31000	31999	611	1.90	31000
32000	32999	630	1.86	32000
33000	33999	649	1.80	33000
34000	34999	667	1.80	34000
35000	35999	685	1.80	35000
36000	36999	703	1.60	36000
37000	37999	719	1.46	37000
38000	38999	734	1.54	38000
39000	39999	749	1.54	39000
40000	40999	764	1.66	40000
41000	41999	781	1.56	41000
42000	42999	797	2.04	42000
43000	43999	817	2.02	43000
44000	44999	837	2.08	44000
45000	45999	858	2.02	45000
46000	46999	878	2.14	46000
47000	47999	899	2.14	47000
48000	48999	920	1.78	48000
49000	49999	938	2.18	49000
50000	50999	959	2.20	50000
51000	51999	981	2.14	51000
52000	52999	1003	2.14	52000
53000	53999	1024	2.18	53000
54000	54999	1046	2.20	54000
55000	55999	1068	2.14	55000
56000	56999	1089	2.18	56000
57000	57999	1111	1.92	57000
58000	58999	1130	1.92	58000
59000	59999	1149	1.90	59000
60000	60999	1168	1.88	60000
61000	61999	1187	1.86	61000
62000	62999	1206	1.86	62000
63000	63999	1225	1.96	63000
64000	64999	1245	1.94	64000
65000	65999	1264	1.92	65000
66000	66999	1283	1.92	66000
67000	67999	1302	1.80	67000
68000	68999	1320	1.80	68000
69000	69999	1338	1.78	69000
70000	70999	1356	1.86	70000
71000	71999	1374	1.86	71000
72000	72999	1393	1.40	72000
73000	73999	1407	1.86	73000
74000	74999	1426	1.80	74000
75000	75999	1444	1.80	75000
76000	76999	1462	1.80	76000
77000	77999	1480	1.80	77000
78000	78999	1498	1.60	78000
79000	79999	1514	1.56	79000
80000	80999	1530	1.60	80000
81000	81999	1546	1.52	81000
82000	82999	1562	1.52	82000
83000	83999	1577	1.56	83000
84000	84999	1593	1.58	84000
85000	85999	1609	1.54	85000
86000	86999	1625	1.54	86000
87000	87999	1640	1.60	87000
88000	88999	1656	1.60	88000
89000	89999	1672	1.52	89000
90000	90999	1687	1.60	90000
91000	91999	1703	1.58	91000
92000	92999	1719	1.62	92000
93000	93999	1735	1.54	93000
94000	94999	1750	1.60	94000
95000	95999	1766	1.60	95000
96000	96999	1782	1.52	96000
97000	97999	1797	1.58	97000
98000	98999	1813	1.60	98000
99000	99999	1829	1.54	99000
100000	100999	1845	1.56	100000
101000	101999	1860	1.60	101000
102000	102999	1876	1.60	102000
103000	103999	1892	1.62	103000
104000	104999	1908	1.54	104000
105000	105999	1923	1.58	105000
106000	106999	1939	1.60	106000
107000	107999	1955	1.54	107000
108000	108999	1970	1.56	108000
109000	109999	1986	1.58	109000
110000	110999	2002	1.62	110000
111000	111999	2018	1.58	111000
112000	112999	2033	1.58	112000
113000	113999	2049	1.60	113000
114000	114999	2065	1.52	114000
115000	115999	2080	1.58	115000
116000	116999	2096	1.58	116000
117000	117999	2112	1.62	117000
118000	118999	2128	1.54	118000
119000	119999	2143	1.56	119000
120000	120999	2159	1.56	120000
121000	121999	2175	1.52	121000
122000	122999	2190	1.56	122000
123000	123999	2206	1.60	123000
124000	124999	2222	1.54	124000
125000	125999	2238	1.54	125000
126000	126999	2253	1.56	126000
127000	127999	2269	1.50	127000
128000	128999	2284	1.58	128000
129000	129999	2299	1.52	129000
130000	130999	2314	1.52	130000
131000	131999	2329	1.56	131000
132000	132999	2344	1.44	132000
133000	133999	2358	1.46	133000
134000	134999	2373	1.48	134000
135000	135999	2388	1.48	135000
136000	136999	2403	1.48	136000
137000	137999	2418	1.50	137000
138000	138999	2433	1.52	138000
139000	139999	2448	1.50	139000
140000	140999	2463	1.54	140000
141000	141999	2478	1.44	141000
142000	142999	2492	1.48	142000
143000	143999	2507	1.48	143000
144000	144999	2522	1.50	144000
145000	145999	2537	1.48	145000
146000	146999	2552	1.50	146000
147000	147999	2567	1.52	147000
148000	148999	2582	1.52	148000
149000	149999	2597	1.44	149000
150000	or greater/ou plus	2611		150000

Federal Child Support Tables/ Tables fédérales de pensions alimentaires pour enfants

Province: Ontario
No. of Children/N^bre d'enfants: Four/Quatre

Income/Revenu ($) From/De	To/À	Basic Amount/ Montant de base	Plus (%)	Of Income Over/ Du revenu dépassant
0	10819	0		
10820	11999	0	5.58	10820
12000	12999	58	5.02	11000
13000	13999	108	4.20	12000
14000	14999	150	4.00	13000
15000	15999	190	3.50	14000
16000	16999	225	3.40	15000
17000	17999	259	3.66	16000
18000	18999	296	4.42	17000
19000	19999	340	4.62	18000
20000	20999	386	4.64	19000
21000	21999	432	4.16	20000
22000	22999	474	4.20	21000
23000	23999	516	4.14	22000
24000	24999	557	4.16	23000
25000	25999	599	2.50	24000
26000	26999	624	2.20	25000
27000	27999	646	1.96	26000
28000	28999	666	2.02	27000
29000	29999	686	1.94	28000
30000	30999	705	1.98	29000
31000	31999	725	1.96	30000
32000	32999	745	2.00	31000
33000	33999	765	2.14	32000
34000	34999	786	2.16	33000
35000	35999	808	2.14	34000
36000	36999	830	1.96	35000
37000	37999	851	1.80	36000
38000	38999	871	1.80	37000
39000	39999	889	1.92	38000
40000	40999	907	2.04	39000
41000	41999	926	2.08	40000
42000	42999	947	1.90	41000
43000	43999	966	1.84	42000
44000	44999	984	1.88	43000
45000	45999	1003	1.88	44000
46000	46999	1022	1.88	45000
47000	47999	1041	2.26	46000
48000	48999	1064	2.44	47000
49000	49999	1088	1.98	48000
50000	50999	1108	2.48	49000
51000	51999	1133	2.48	50000
52000	52999	1158	2.50	51000
53000	53999	1183	2.50	52000
54000	54999	1208	2.52	53000
55000	55999	1233	2.52	54000
56000	56999	1258	2.54	55000
57000	57999	1283	2.44	56000
		1308		57000

Income/Revenu ($) From/De	To/À	Basic Amount/ Montant de base	Plus (%)	Of Income Over/ Du revenu dépassant
58000	58999	1332	2.46	58000
59000	59999	1357	2.46	59000
60000	60999	1382	2.48	60000
61000	61999	1407	2.48	61000
62000	62999	1432	2.50	62000
63000	63999	1457	2.50	63000
64000	64999	1482	2.52	64000
65000	65999	1507	2.52	65000
66000	66999	1550	2.30	66000
67000	67999	1553	2.32	67000
68000	68999	1574	2.14	68000
69000	69999	1596	2.18	69000
70000	70999	1617	2.22	70000
71000	71999	1639	1.74	71000
72000	72999	1661	2.22	72000
73000	73999	1678	2.12	73000
74000	74999	1700	2.08	74000
75000	75999	1721	2.16	75000
76000	76999	1742	2.14	76000
77000	77999	1764	1.92	77000
78000	78999	1785	1.86	78000
79000	79999	1804	1.88	79000
80000	80999	1823	1.88	80000
81000	81999	1842	1.82	81000
82000	82999	1861	1.82	82000
83000	83999	1880	1.80	83000
84000	84999	1898	1.86	84000
85000	85999	1917	1.90	85000
86000	86999	1935	1.84	86000
87000	87999	1954	1.88	87000
88000	88999	1973	1.82	88000
89000	89999	1991	1.86	89000
90000	90999	2010	1.82	90000
91000	91999	2028	1.84	91000
92000	92999	2047	1.90	92000
93000	93999	2066	1.84	93000
94000	94999	2084	1.84	94000
95000	95999	2103	1.82	95000
96000	96999	2121	1.86	96000
97000	97999	2140	1.86	97000
98000	98999	2158	1.84	98000
99000	99999	2177	1.90	99000
100000	100999	2196	1.84	100000
101000	101999	2214	1.88	101000
102000	102999	2233	1.82	102000
103000	103999	2251	1.86	103000
104000	104999	2270	1.90	104000
105000	105999	2288		105000
106000	106999	2307		106000

Income/Revenu ($) From/De	To/À	Basic Amount/ Montant de base	Plus (%)	Of Income Over/ Du revenu dépassant
107000	107999	2326	1.84	107000
108000	108999	2344	1.88	108000
109000	109999	2363	1.82	109000
110000	110999	2381	1.86	110000
111000	111999	2400	1.90	111000
112000	112999	2419	1.84	112000
113000	113999	2437	1.90	113000
114000	114999	2456	1.84	114000
115000	115999	2474	1.88	115000
116000	116999	2493	1.82	116000
117000	117999	2511	1.86	117000
118000	118999	2530	1.90	118000
119000	119999	2549	1.84	119000
120000	120999	2567	1.88	120000
121000	121999	2586	1.82	121000
122000	122999	2604	1.88	122000
123000	123999	2623	1.82	123000
124000	124999	2641	1.86	124000
125000	125999	2660	1.90	125000
126000	126999	2679	1.84	126000
127000	127999	2697	1.78	127000
128000	128999	2715	1.72	128000
129000	129999	2732	1.78	129000
130000	130999	2750	1.80	130000
131000	131999	2768	1.72	131000
132000	132999	2785	1.76	132000
133000	133999	2803	1.72	133000
134000	134999	2820	1.76	134000
135000	135999	2838	1.80	135000
136000	136999	2856	1.74	136000
137000	137999	2873	1.78	137000
138000	138999	2891	1.72	138000
139000	139999	2908	1.76	139000
140000	140999	2926	1.72	140000
141000	141999	2943	1.76	141000
142000	142999	2961	1.80	142000
143000	143999	2979	1.74	143000
144000	144999	2996	1.78	144000
145000	145999	3014	1.72	145000
146000	146999	3031	1.76	146000
147000	147999	3049	1.80	147000
148000	148999	3067	1.74	148000
149000	149999	3084	1.78	149000
150000	or greater/ ou plus	3102	1.78	150000

Federal Child Support Tables / Tables fédérales de pensions alimentaires pour enfants

Province: *Ontario* — No. of Children/N^bre d'enfants: Five/Cinq (5)

Income/Revenu From/De	To/À	Basic Amount/Montant de base	Plus (%)	Of Income Over/Du revenu dépassant
0	10819	0	5.58	10820
11000	11999	58	5.02	11000
12000	12999	108	4.20	12000
13000	13999	150	4.00	13000
14000	14999	192	3.50	14000
15000	15999	225	3.66	15000
16000	16999	259	4.42	16000
17000	17999	296	4.64	17000
18000	18999	340	4.62	18000
19000	19999	386	4.20	19000
20000	20999	432	4.16	20000
21000	21999	474	4.20	21000
22000	22999	516	4.14	22000
23000	23999	557	4.16	23000
24000	24999	599	4.20	24000
25000	25999	641	4.54	25000
26000	26999	686	4.60	26000
27000	27999	732	4.70	27000
28000	28999	779	3.44	28000
29000	29999	813	2.36	29000
30000	30999	837	2.32	30000
31000	31999	860	2.30	31000
32000	32999	883	2.26	32000
33000	33999	906	2.14	33000
34000	34999	927	2.30	34000
35000	35999	950	2.48	35000
36000	36999	975	2.20	36000
37000	37999	997	2.06	37000
38000	38999	1018	2.14	38000
39000	39999	1039	2.14	39000
40000	40999	1061	2.40	40000
41000	41999	1085	2.10	41000
42000	42999	1106	2.16	42000
43000	43999	1128	2.20	43000
44000	44999	1150	2.22	44000
45000	45999	1172	2.22	45000
46000	46999	1194	2.22	46000
47000	47999	1216	2.32	47000
48000	48999	1239	2.32	48000
49000	49999	1257	2.60	49000
50000	50999	1280	2.74	50000
51000	51999	1306	2.78	51000
52000	52999	1333	2.72	52000
53000	53999	1361	2.76	53000
54000	54999	1388	2.80	54000
55000	55999	1416	2.74	55000
56000	56999	1444	2.78	56000
57000	57999	1471	2.78	57000

Income/Revenu From/De	To/À	Basic Amount/Montant de base	Plus (%)	Of Income Over/Du revenu dépassant
58000	58999	1499	2.80	58000
59000	59999	1527	2.74	59000
60000	60999	1554	2.78	60000
61000	61999	1582	2.72	61000
62000	62999	1609	2.76	62000
63000	63999	1637	2.80	63000
64000	64999	1665	2.74	64000
65000	65999	1692	2.78	65000
66000	66999	1720	2.72	66000
67000	67999	1747	2.66	67000
68000	68999	1774	2.60	68000
69000	69999	1800	2.66	69000
70000	70999	1827	2.60	70000
71000	71999	1853	2.76	71000
72000	72999	1881	2.22	72000
73000	73999	1903	2.54	73000
74000	74999	1928	2.42	74000
75000	75999	1952	2.40	75000
76000	76999	1976	2.40	76000
77000	77999	2000	2.42	77000
78000	78999	2024	2.22	78000
79000	79999	2046	2.20	79000
80000	80999	2068	2.14	80000
81000	81999	2089	2.20	81000
82000	82999	2111	2.12	82000
83000	83999	2132	2.12	83000
84000	84999	2153	2.14	84000
85000	85999	2174	2.14	85000
86000	86999	2195	2.06	86000
87000	87999	2216	2.06	87000
88000	88999	2237	2.04	88000
89000	89999	2257	2.06	89000
90000	90999	2278	2.06	90000
91000	91999	2299	2.06	91000
92000	92999	2320	2.08	92000
93000	93999	2341	2.08	93000
94000	94999	2363	2.08	94000
95000	95999	2383	2.08	95000
96000	96999	2404	2.08	96000
97000	97999	2425	2.08	97000
98000	98999	2445	2.10	98000
99000	99999	2467	2.10	99000
100000	100999	2488	2.10	100000
101000	101999	2509	2.10	101000
102000	102999	2530	2.10	102000
103000	103999	2551	2.12	103000
104000	104999	2572	2.12	104000
105000	105999	2593	2.12	105000
106000	106999	2614	2.12	106000

Income/Revenu From/De	To/À	Basic Amount/Montant de base	Plus (%)	Of Income Over/Du revenu dépassant
107000	107999	2635	2.12	107000
108000	108999	2656	2.14	108000
109000	109999	2677	2.14	109000
110000	110999	2698	2.14	110000
111000	111999	2719	2.04	111000
112000	112999	2740	2.06	112000
113000	113999	2760	2.06	113000
114000	114999	2781	2.06	114000
115000	115999	2802	2.06	115000
116000	116999	2823	2.06	116000
117000	117999	2844	2.08	117000
118000	118999	2865	2.08	118000
119000	119999	2886	2.08	119000
120000	120999	2907	2.08	120000
121000	121999	2928	2.08	121000
122000	122999	2949	2.10	122000
123000	123999	2970	2.10	123000
124000	124999	2991	2.10	124000
125000	125999	3012	2.00	125000
126000	126999	3033	2.02	126000
127000	127999	3054	2.02	127000
128000	128999	3074	2.00	128000
129000	129999	3094	1.94	129000
130000	130999	3113	1.96	130000
131000	131999	3133	1.96	131000
132000	132999	3153	1.98	132000
133000	133999	3173	1.98	133000
134000	134999	3193	2.00	134000
135000	135999	3213	2.02	135000
136000	136999	3233	2.02	136000
137000	137999	3252	1.94	137000
138000	138999	3272	1.96	138000
139000	139999	3292	1.98	139000
140000	140999	3312	1.98	140000
141000	141999	3332	2.00	141000
142000	142999	3352	2.02	142000
143000	143999	3372	2.04	143000
144000	144999	3391	1.94	144000
145000	145999	3411	1.96	145000
146000	146999	3431	1.98	146000
147000	147999	3451	2.00	147000
148000	148999	3471	2.02	148000
149000	149999	3491	2.02	149000
150000	or greater/ou plus	3510	1.94	150000

Federal Child Support Tables/ Tables fédérales de pensions alimentaires pour enfants

Province: Ontario — No. of Children/N^bre d'enfants: Six or more/Six ou plus

Income/Revenu From/De	To/À	Basic Amount/ Montant de base	Plus (%)	Of Income Over/ Du revenu dépassant
0	10819	0	5.58	10820
10820	11999	0	5.02	11000
12000	12999	58	4.20	12000
13000	13999	108	4.20	13000
14000	14999	150	3.50	14000
15000	15999	190	3.40	15000
16000	16999	225	3.66	16000
17000	17999	259	3.42	17000
18000	18999	296	4.42	18000
19000	19999	340	4.64	19000
20000	20999	386	4.62	20000
21000	21999	432	4.16	21000
22000	22999	474	4.30	22000
23000	23999	516	4.14	23000
24000	24999	557	4.20	24000
25000	25999	599	4.54	25000
26000	26999	641	4.50	26000
27000	27999	686	4.70	27000
28000	28999	732	4.64	28000
29000	29999	779	4.68	29000
30000	30999	825	4.62	30000
31000	31999	872	4.60	31000
32000	32999	918	4.70	32000
33000	33999	965	4.38	33000
34000	34999	1009	2.42	34000
35000	35999	1033	2.40	35000
36000	36999	1057	2.46	36000
37000	37999	1082	2.24	37000
38000	38999	1104	2.34	38000
39000	39999	1127	2.26	39000
40000	40999	1150	2.46	40000
41000	41999	1175	2.68	41000
42000	42999	1202	2.44	42000
43000	43999	1226	2.34	43000
44000	44999	1249	2.46	44000
45000	45999	1274	2.42	45000
46000	46999	1298	2.48	46000
47000	47999	1321	2.42	47000
48000	48999	1347	2.58	48000
49000	49999	1373	2.02	49000
50000	50999	1395	2.62	50000
51000	51999	1419	2.62	51000
52000	52999	1445	2.62	52000
53000	53999	1471	2.62	53000
54000	54999	1497	2.72	54000
55000	55999	1523	2.72	55000
56000	56999	1550	3.00	56000
57000	57999	1580	3.00	57000
		1610	3.02	

Income/Revenu From/De	To/À	Basic Amount/ Montant de base	Plus (%)	Of Income Over/ Du revenu dépassant
58000	58999	1640	3.02	58000
59000	59999	1670	3.02	59000
60000	60999	1700	3.04	60000
61000	61999	1730	2.94	61000
62000	62999	1759	2.96	62000
63000	63999	1789	2.96	63000
64000	64999	1819	2.98	64000
65000	65999	1849	2.98	65000
66000	66999	1879	3.00	66000
67000	67999	1909	2.92	67000
68000	68999	1938	2.84	68000
69000	69999	1966	2.86	69000
70000	70999	1995	2.88	70000
71000	71999	2024	2.90	71000
72000	72999	2053	2.36	72000
73000	73999	2077	2.90	73000
74000	74999	2106	2.94	74000
75000	75999	2136	2.92	75000
76000	76999	2165	2.92	76000
77000	77999	2194	2.70	77000
78000	78999	2223	2.50	78000
79000	79999	2250	2.38	79000
80000	80999	2274	2.40	80000
81000	81999	2298	2.30	81000
82000	82999	2322	2.32	82000
83000	83999	2345	2.32	83000
84000	84999	2368	2.32	84000
85000	85999	2391	2.32	85000
86000	86999	2414	2.32	86000
87000	87999	2437	2.32	87000
88000	88999	2460	2.32	88000
89000	89999	2483	2.32	89000
90000	90999	2506	2.32	90000
91000	91999	2529	2.34	91000
92000	92999	2552	2.34	92000
93000	93999	2575	2.34	93000
94000	94999	2598	2.34	94000
95000	95999	2621	2.34	95000
96000	96999	2644	2.34	96000
97000	97999	2667	2.34	97000
98000	98999	2690	2.24	98000
99000	99999	2713	2.26	99000
100000	100999	2735	2.26	100000
101000	101999	2758	2.26	101000
102000	102999	2781	2.26	102000
103000	103999	2804	2.26	103000
104000	104999	2827	2.26	104000
105000	105999	2850	2.26	105000
106000	106999	2873	2.26	106000

Income/Revenu From/De	To/À	Basic Amount/ Montant de base	Plus (%)	Of Income Over/ Du revenu dépassant
107000	107999	2896	2.28	107000
108000	108999	2919	2.28	108000
109000	109999	2942	2.28	109000
110000	110999	2965	2.28	110000
111000	111999	2988	2.28	111000
112000	112999	3011	2.28	112000
113000	113999	3034	2.28	113000
114000	114999	3057	2.28	114000
115000	115999	3080	2.30	115000
116000	116999	3103	2.30	116000
117000	117999	3126	2.30	117000
118000	118999	3149	2.30	118000
119000	119999	3172	2.30	119000
120000	120999	3195	2.30	120000
121000	121999	3218	2.30	121000
122000	122999	3241	2.32	122000
123000	123999	3264	2.32	123000
124000	124999	3287	2.32	124000
125000	125999	3310	2.32	125000
126000	126999	3333	2.22	126000
127000	127999	3356	2.14	127000
128000	128999	3378	2.20	128000
129000	129999	3399	2.20	129000
130000	130999	3421	2.22	130000
131000	131999	3443	2.22	131000
132000	132999	3465	2.16	132000
133000	133999	3486	2.16	133000
134000	134999	3508	2.20	134000
135000	135999	3530	2.22	135000
136000	136999	3552	2.22	136000
137000	137999	3573	2.16	137000
138000	138999	3595	2.18	138000
139000	139999	3617	2.22	139000
140000	140999	3639	2.14	140000
141000	141999	3660	2.16	141000
142000	142999	3682	2.18	142000
143000	143999	3704	2.20	143000
144000	144999	3726	2.14	144000
145000	145999	3747	2.18	145000
146000	146999	3769	2.18	146000
147000	147999	3791	2.20	147000
148000	148999	3813	2.14	148000
149000	149999	3834	2.16	149000
150000	or greater/ ou plus	3856		150000

Federal Child Support Tables/ Tables fédérales de pensions alimentaires pour enfants

Province: *Québec/Québec* No. of Children/N° d'enfants: One/Un

Income/Revenu From/De	To/À	Monthly Award/Paiement mensuel Basic Amount/Montant de base	Plus (%)	Of Income Over/Du revenu dépassant
0	10819	0		
10820	10999	14	1.58	10820
11000	11999	30	1.62	11000
12000	12999	46	1.54	12000
13000	13999	61	1.58	13000
14000	14999	77	1.60	14000
15000	15999	93	1.54	15000
16000	16999	108	1.56	16000
17000	17999	124	1.60	17000
18000	18999	140	1.52	18000
19000	19999	155	1.55	19000
20000	20999	171	1.58	20000
21000	21999	187	1.56	21000
22000	22999	202	1.52	22000
23000	23999	218	1.56	23000
24000	24999	233	1.48	24000
25000	25999	238	0.57	25000
26000	26999	246	0.80	26000
27000	27999	255	0.94	27000
28000	28999	264	0.92	28000
29000	29999	273	0.90	29000
30000	30999	282	0.88	30000
31000	31999	291	0.86	31000
32000	32999	300	0.86	32000
33000	33999	309	0.86	33000
34000	34999	317	0.82	34000
35000	35999	325	0.82	35000
36000	36999	333	0.82	36000
37000	37999	341	0.80	37000
38000	38999	349	0.80	38000
39000	39999	357	0.80	39000
40000	40999	365	0.80	40000
41000	41999	374	0.90	41000
42000	42999	381	0.74	42000
43000	43999	389	0.76	43000
44000	44999	397	0.78	44000
45000	45999	405	0.78	45000
46000	46999	413	0.80	46000
47000	47999	421	0.80	47000
48000	48999	429	0.86	48000
49000	49999	438	0.86	49000
50000	50999	447	0.90	50000
51000	51999	455	0.84	51000
52000	52999	464	0.88	52000
53000	53999	472	0.84	53000
54000	54999	481	0.88	54000
55000	55999	489	0.82	55000
56000	56999	498	0.86	56000
57000	57999	506	0.86	57000

Income/Revenu From/De	To/À	Monthly Award/Paiement mensuel Basic Amount/Montant de base	Plus (%)	Of Income Over/Du revenu dépassant
58000	58999	515	0.90	58000
59000	59999	524	0.84	59000
60000	60999	532	0.88	60000
61000	61999	541	0.82	61000
62000	62999	549	0.88	62000
63000	63999	558	0.82	63000
64000	64999	566	0.86	64000
65000	65999	575	0.80	65000
66000	66999	583	0.86	66000
67000	67999	592	0.84	67000
68000	68999	601	0.80	68000
69000	69999	609	0.88	69000
70000	70999	618	0.82	70000
71000	71999	626	0.88	71000
72000	72999	635	0.82	72000
73000	73999	643	0.90	73000
74000	74999	652	0.84	74000
75000	75999	661	0.90	75000
76000	76999	669	0.84	76000
77000	77999	678	0.80	77000
78000	78999	686	0.84	78000
79000	79999	694	0.76	79000
80000	80999	702	0.76	80000
81000	81999	710	0.76	81000
82000	82999	718	0.76	82000
83000	83999	726	0.72	83000
84000	84999	733	0.76	84000
85000	85999	741	0.70	85000
86000	86999	748	0.76	86000
87000	87999	756	0.80	87000
88000	88999	764	0.74	88000
89000	89999	771	0.80	89000
90000	90999	779	0.74	90000
91000	91999	786	0.72	91000
92000	92999	794	0.78	92000
93000	93999	801	0.78	93000
94000	94999	809	0.72	94000
95000	95999	816	0.72	95000
96000	96999	824	0.72	96000
97000	97999	831	0.76	97000
98000	98999	839	0.70	98000
99000	99999	846	0.76	99000
100000	100999	854	0.76	100000
101000	101999	862	0.74	101000
102000	102999	869	0.78	102000
103000	103999	877	0.74	103000
104000	104999	884	0.78	104000
105000	105999	892	0.78	105000
106000	106999	899		106000

Income/Revenu From/De	To/À	Monthly Award/Paiement mensuel Basic Amount/Montant de base	Plus (%)	Of Income Over/Du revenu dépassant
107000	107999	907	0.72	107000
108000	108999	914	0.76	108000
109000	109999	922	0.72	109000
110000	110999	929	0.76	110000
111000	111999	937	0.80	111000
112000	112999	945	0.74	112000
113000	113999	952	0.80	113000
114000	114999	960	0.74	114000
115000	115999	967	0.78	115000
116000	116999	975	0.74	116000
117000	117999	982	0.78	117000
118000	118999	990	0.72	118000
119000	119999	997	0.78	119000
120000	120999	1005	0.72	120000
121000	121999	1012	0.76	121000
122000	122999	1020	0.70	122000
123000	123999	1027	0.76	123000
124000	124999	1035	0.80	124000
125000	125999	1043	0.74	125000
126000	126999	1050	0.80	126000
127000	127999	1058	0.74	127000
128000	128999	1065	0.72	128000
129000	129999	1072	0.70	129000
130000	130999	1079	0.68	130000
131000	131999	1086	0.76	131000
132000	132999	1094	0.74	132000
133000	133999	1101	0.72	133000
134000	134999	1108	0.70	134000
135000	135999	1115	0.68	135000
136000	136999	1122	0.76	136000
137000	137999	1130	0.74	137000
138000	138999	1137	0.72	138000
139000	139999	1144	0.70	139000
140000	140999	1151	0.68	140000
141000	141999	1158	0.76	141000
142000	142999	1166	0.74	142000
143000	143999	1173	0.72	143000
144000	144999	1180	0.72	144000
145000	145999	1187	0.76	145000
146000	146999	1194	0.68	146000
147000	147999	1201	0.76	147000
148000	148999	1209	0.74	148000
149000	149999	1216	0.72	149000
150000	or greater/ou plus	1223	0.72	150000

Federal Child Support Tables / Tables fédérales de pensions alimentaires pour enfants

Province: Quebec/Québec, No. of Children/N^bre d'enfants: Two/Deux

Income/Revenu ($) From/De	To/À	Monthly Award/Paiement mensuel ($) Basic Amount/Montant de base	Plus (%)	Of Income Over/Du revenu dépassant
0	10819	0		
10820	10999	60	4.64	10820
11000	11999	106	3.58	11000
12000	12999	142	2.98	12000
13000	13999	172	2.92	13000
14000	14999	201	2.76	14000
15000	15999	229	2.50	15000
16000	16999	254	2.36	16000
17000	17999	278	2.48	17000
18000	18999	303	3.10	18000
19000	19999	334	1.72	19000
20000	20999	351	1.06	20000
21000	21999	362	1.10	21000
22000	22999	373	1.02	22000
23000	23999	383	1.06	23000
24000	24999	394	1.10	24000
25000	25999	405	1.04	25000
26000	26999	415	1.18	26000
27000	27999	427	1.24	27000
28000	28999	439	1.42	28000
29000	29999	453	1.40	29000
30000	30999	467	1.38	30000
31000	31999	481	1.38	31000
32000	32999	495	1.26	32000
33000	33999	508	1.26	33000
34000	34999	521	1.20	34000
35000	35999	533	1.26	35000
36000	36999	546	1.26	36000
37000	37999	558	1.26	37000
38000	38999	571	1.24	38000
39000	39999	584	1.24	39000
40000	40999	596	1.18	40000
41000	41999	609	1.20	41000
42000	42999	621	1.18	42000
43000	43999	633	1.26	43000
44000	44999	646	1.22	44000
45000	45999	658	1.28	45000
46000	46999	671	1.24	46000
47000	47999	683	1.30	47000
48000	48999	696	1.30	48000
49000	49999	709	1.36	49000
50000	50999	723	1.34	50000
51000	51999	736	1.34	51000
52000	52999	749	1.36	52000
53000	53999	763	1.34	53000
54000	54999	776	1.38	54000
55000	55999	789	1.34	55000
56000	56999	803	1.34	56000
57000	57999	816	1.30	57000
58000	58999	829	1.38	58000
59000	59999	843	1.34	59000
60000	60999	856	1.32	60000
61000	61999	869	1.36	61000
62000	62999	882	1.32	62000
63000	63999	896	1.28	63000
64000	64999	909	1.36	64000
65000	65999	922	1.32	65000
66000	66999	936	1.32	66000
67000	67999	949	1.30	67000
68000	68999	962	1.36	68000
69000	69999	976	1.34	69000
70000	70999	989	1.30	70000
71000	71999	1002	1.36	71000
72000	72999	1016	1.34	72000
73000	73999	1029	1.30	73000
74000	74999	1042	1.38	74000
75000	75999	1056	1.34	75000
76000	76999	1069	1.32	76000
77000	77999	1082	1.38	77000
78000	78999	1096	1.24	78000
79000	79999	1108	1.28	79000
80000	80999	1121	1.24	80000
81000	81999	1133	1.28	81000
82000	82999	1145	1.16	82000
83000	83999	1157	1.18	83000
84000	84999	1169	1.22	84000
85000	85999	1181	1.16	85000
86000	86999	1192	1.24	86000
87000	87999	1204	1.22	87000
88000	88999	1216	1.20	88000
89000	89999	1228	1.24	89000
90000	90999	1239	1.18	90000
91000	91999	1251	1.20	91000
92000	92999	1263	1.16	92000
93000	93999	1274	1.22	93000
94000	94999	1286	1.20	94000
95000	95999	1298	1.18	95000
96000	96999	1310	1.14	96000
97000	97999	1321	1.16	97000
98000	98999	1333	1.22	98000
99000	99999	1345	1.14	99000
100000	100999	1357	1.18	100000
101000	101999	1368	1.18	101000
102000	102999	1380	1.16	102000
103000	103999	1392	1.12	103000
104000	104999	1403	1.18	104000
105000	105999	1415	1.20	105000
106000	106999	1427	1.20	106000
107000	107999	1439	1.14	107000
108000	108999	1450	1.16	108000
109000	109999	1462	1.18	109000
110000	110999	1474	1.12	110000
111000	111999	1486	1.14	111000
112000	112999	1497	1.16	112000
113000	113999	1509	1.20	113000
114000	114999	1521	1.22	114000
115000	115999	1533	1.14	115000
116000	116999	1544	1.18	116000
117000	117999	1556	1.20	117000
118000	118999	1568	1.14	118000
119000	119999	1579	1.18	119000
120000	120999	1591	1.18	120000
121000	121999	1603	1.22	121000
122000	122999	1615	1.14	122000
123000	123999	1626	1.16	123000
124000	124999	1638	1.20	124000
125000	125999	1650	1.22	125000
126000	126999	1662	1.14	126000
127000	127999	1673	1.08	127000
128000	128999	1684	1.16	128000
129000	129999	1696	1.16	129000
130000	130999	1707	1.12	130000
131000	131999	1718	1.10	131000
132000	132999	1729	1.08	132000
133000	133999	1740	1.14	133000
134000	134999	1752	1.14	134000
135000	135999	1763	1.12	135000
136000	136999	1774	1.10	136000
137000	137999	1785	1.08	137000
138000	138999	1796	1.16	138000
139000	139999	1808	1.14	139000
140000	140999	1819	1.12	140000
141000	141999	1830	1.12	141000
142000	142999	1841	1.08	142000
143000	143999	1852	1.16	143000
144000	144999	1863	1.14	144000
145000	145999	1875	1.12	145000
146000	146999	1886	1.12	146000
147000	147999	1897	1.08	147000
148000	148999	1908	1.16	148000
149000	149999	1919	1.16	149000
150000	or greater/ou plus	1931		150000

Federal Child Support Tables / Tables fédérales de pensions alimentaires pour enfants

Province: Quebec/Québec — No. of Children/N° d'enfants: Three/Trois

Income/Revenu		Monthly Award/Paiement mensuel		
From/De	To/À	Basic Amount/Montant de base	Plus (%)	Of Income Over/Du revenu dépassant
0	10819	0		
10820	10999	64	4.98	10820
11000	11999	114	3.86	11000
12000	12999	153	3.53	12000
13000	13999	185	3.20	13000
14000	14999	217	3.02	14000
15000	15999	247	2.72	15000
16000	16999	274	2.50	16000
17000	17999	299	2.56	17000
18000	18999	325	3.36	18000
19000	19999	360	3.84	19000
20000	20999	398	3.80	20000
21000	21999	436	3.36	21000
22000	22999	475	3.30	22000
23000	23999	508	1.56	23000
24000	24999	524	1.54	24000
25000	25999	539	1.54	25000
26000	26999	554	1.54	26000
27000	27999	569	1.56	27000
28000	28999	584	1.54	28000
29000	29999	600	1.54	29000
30000	30999	615	1.88	30000
31000	31999	634	1.88	31000
32000	32999	651	1.58	32000
33000	33999	668	1.60	33000
34000	34999	684	1.66	34000
35000	35999	700	1.58	35000
36000	36999	716	1.58	36000
37000	37999	732	1.56	37000
38000	38999	749	1.66	38000
39000	39999	765	1.64	39000
40000	40999	781	1.64	40000
41000	41999	798	1.74	41000
42000	42999	813	1.52	42000
43000	43999	829	1.56	43000
44000	44999	845	1.62	44000
45000	45999	861	1.62	45000
46000	46999	877	1.64	46000
47000	47999	892	1.54	47000
48000	48999	909	1.66	48000
49000	49999	926	1.66	49000
50000	50999	944	1.66	50000
51000	51999	961	1.74	51000
52000	52999	978	1.74	52000
53000	53999	995	1.72	53000
54000	54999	1012	1.70	54000
55000	55999	1029	1.70	55000
56000	56999	1046	1.68	56000
57000	57999	1063	1.76	57000
58000	58999	1081	1.74	58000
59000	59999	1098	1.72	59000
60000	60999	1115	1.70	60000
61000	61999	1132	1.70	61000
62000	62999	1149	1.68	62000
63000	63999	1166	1.70	63000
64000	64999	1183	1.76	64000
65000	65999	1200	1.76	65000
66000	66999	1218	1.74	66000
67000	67999	1235	1.74	67000
68000	68999	1252	1.72	68000
69000	69999	1269	1.72	69000
70000	70999	1286	1.70	70000
71000	71999	1303	1.68	71000
72000	72999	1320	1.68	72000
73000	73999	1337	1.70	73000
74000	74999	1354	1.72	74000
75000	75999	1372	1.74	75000
76000	76999	1389	1.72	76000
77000	77999	1406	1.60	77000
78000	78999	1423	1.58	78000
79000	79999	1439	1.58	79000
80000	80999	1455	1.58	80000
81000	81999	1471	1.48	81000
82000	82999	1487	1.48	82000
83000	83999	1502	1.46	83000
84000	84999	1517	1.48	84000
85000	85999	1532	1.46	85000
86000	86999	1547	1.56	86000
87000	87999	1563	1.52	87000
88000	88999	1578	1.52	88000
89000	89999	1593	1.52	89000
90000	90999	1608	1.52	90000
91000	91999	1623	1.50	91000
92000	92999	1638	1.50	92000
93000	93999	1653	1.48	93000
94000	94999	1668	1.48	94000
95000	95999	1683	1.48	95000
96000	96999	1698	1.46	96000
97000	97999	1713	1.54	97000
98000	98999	1728	1.56	98000
99000	99999	1744	1.54	99000
100000	100999	1759	1.52	100000
101000	101999	1774	1.52	101000
102000	102999	1789	1.50	102000
103000	103999	1804	1.50	103000
104000	104999	1819	1.50	104000
105000	105999	1834	1.50	105000
106000	106999	1849	1.50	106000
107000	107999	1864	1.48	107000
108000	108999	1879	1.48	108000
109000	109999	1894	1.46	109000
110000	110999	1909	1.46	110000
111000	111999	1924	1.46	111000
112000	112999	1940	1.54	112000
113000	113999	1955	1.54	113000
114000	114999	1970	1.52	114000
115000	115999	1985	1.52	115000
116000	116999	2000	1.52	116000
117000	117999	2015	1.50	117000
118000	118999	2030	1.50	118000
119000	119999	2045	1.48	119000
120000	120999	2060	1.48	120000
121000	121999	2075	1.48	121000
122000	122999	2090	1.46	122000
123000	123999	2105	1.56	123000
124000	124999	2121	1.54	124000
125000	125999	2136	1.54	125000
126000	126999	2151	1.54	126000
127000	127999	2166	1.42	127000
128000	128999	2180	1.48	128000
129000	129999	2195	1.48	129000
130000	130999	2210	1.46	130000
131000	131999	2223	1.40	131000
132000	132999	2238	1.46	132000
133000	133999	2252	1.44	133000
134000	134999	2266	1.40	134000
135000	135999	2281	1.44	135000
136000	136999	2295	1.42	136000
137000	137999	2310	1.48	137000
138000	138999	2324	1.44	138000
139000	139999	2338	1.46	139000
140000	140999	2353	1.44	140000
141000	141999	2367	1.42	141000
142000	142999	2382	1.44	142000
143000	143999	2396	1.44	143000
144000	144999	2410	1.46	144000
145000	145999	2425	1.42	145000
146000	146999	2439	1.46	146000
147000	147999	2453	1.42	147000
148000	148999	2468	1.48	148000
149000	149999	2482	1.48	149000
150000 or greater/ou plus		2497	1.48	150000

Federal Child Support Tables/Tables fédérales de pensions alimentaires pour enfants

Province: Quebec/Québec — No. of Children/Nbre d'enfants: Four/Quatre

Income/Revenu From/De	To/À	Basic Amount/Montant de base	Plus (%)	Of Income Over/Du revenu dépassant
0	10819	0		
10820	10999	69	5.42	10820
11000	11999	123	4.14	11000
12000	12999	164	3.40	12000
13000	13999	198	3.38	13000
14000	14999	232	3.16	14000
15000	15999	264	2.86	15000
16000	16999	293	2.76	16000
17000	17999	321	2.92	17000
18000	18999	350	3.52	18000
19000	19999	385	4.08	19000
20000	20999	426	4.16	20000
21000	21999	468	4.14	21000
22000	22999	509	4.12	22000
23000	23999	550	4.08	23000
24000	24999	591	4.16	24000
25000	25999	633	3.44	25000
26000	26999	667	1.90	26000
27000	27999	686	1.88	27000
28000	28999	705	1.90	28000
29000	29999	724	1.84	29000
30000	30999	742	1.86	30000
31000	31999	761	1.80	31000
32000	32999	779	1.98	32000
33000	33999	799	1.92	33000
34000	34999	818	1.92	34000
35000	35999	837	1.92	35000
36000	36999	856	1.92	36000
37000	37999	875	1.92	37000
38000	38999	894	2.02	38000
39000	39999	913	1.80	39000
40000	40999	932	1.86	40000
41000	41999	952	1.92	41000
42000	42999	970	1.84	42000
43000	43999	989	1.86	43000
44000	44999	1008	1.88	44000
45000	45999	1026	1.88	45000
46000	46999	1045	2.00	46000
47000	47999	1064	2.00	47000
48000	48999	1084	1.98	48000
49000	49999	1104	2.06	49000
50000	50999	1124	2.04	50000
51000	51999	1145	2.02	51000
52000	52999	1165	2.08	52000
53000	53999	1185	1.78	53000
54000	54999	1205	2.08	54000
55000	55999	1225	2.04	55000
56000	56999	1246	2.02	56000
57000	57999	1266	2.00	57000
58000	58999	1286	1.98	58000
59000	59999	1306	2.06	59000
60000	60999	1327	2.04	60000
61000	61999	1347	1.98	61000
62000	62999	1367	2.06	62000
63000	63999	1387	2.04	63000
64000	64999	1408	2.04	64000
65000	65999	1428	2.00	65000
66000	66999	1448	2.06	66000
67000	67999	1468	2.04	67000
68000	68999	1489	2.02	68000
69000	69999	1509	2.00	69000
70000	70999	1529	1.98	70000
71000	71999	1549	2.06	71000
72000	72999	1569	2.06	72000
73000	73999	1590	2.02	73000
74000	74999	1610	2.00	74000
75000	75999	1630	1.98	75000
76000	76999	1650	2.06	76000
77000	77999	1671	2.04	77000
78000	78999	1691	1.92	78000
79000	79999	1710	1.90	79000
80000	80999	1729	1.92	80000
81000	81999	1748	1.82	81000
82000	82999	1767	1.82	82000
83000	83999	1785	1.74	83000
84000	84999	1802	1.76	84000
85000	85999	1820	1.78	85000
86000	86999	1838	1.80	86000
87000	87999	1856	1.82	87000
88000	88999	1874	1.74	88000
89000	89999	1891	1.76	89000
90000	90999	1909	1.78	90000
91000	91999	1927	1.78	91000
92000	92999	1945	1.82	92000
93000	93999	1963	1.80	93000
94000	94999	1981	1.74	94000
95000	95999	1998	1.76	95000
96000	96999	2016	1.78	96000
97000	97999	2034	1.80	97000
98000	98999	2052	1.82	98000
99000	99999	2070	1.84	99000
100000	100999	2088	1.74	100000
101000	101999	2105	1.76	101000
102000	102999	2123	1.78	102000
103000	103999	2141	1.80	103000
104000	104999	2159	1.82	104000
105000	105999	2177	1.74	105000
106000	106999	2194	1.76	106000
107000	107999	2212	1.78	107000
108000	108999	2230	1.78	108000
109000	109999	2248	1.80	109000
110000	110999	2266	1.82	110000
111000	111999	2284	1.74	111000
112000	112999	2301	1.76	112000
113000	113999	2319	1.78	113000
114000	114999	2337	1.80	114000
115000	115999	2355	1.84	115000
116000	116999	2373	1.74	116000
117000	117999	2391	1.76	117000
118000	118999	2408	1.78	118000
119000	119999	2426	1.80	119000
120000	120999	2444	1.82	120000
121000	121999	2462	1.74	121000
122000	122999	2480	1.76	122000
123000	123999	2497	1.78	123000
124000	124999	2515	1.78	124000
125000	125999	2533	1.80	125000
126000	126999	2551	1.72	126000
127000	127999	2569	1.72	127000
128000	128999	2586	1.72	128000
129000	129999	2603	1.72	129000
130000	130999	2620	1.72	130000
131000	131999	2637	1.72	131000
132000	132999	2654	1.72	132000
133000	133999	2671	1.72	133000
134000	134999	2688	1.72	134000
135000	135999	2705	1.72	135000
136000	136999	2722	1.72	136000
137000	137999	2739	1.72	137000
138000	138999	2756	1.72	138000
139000	139999	2773	1.72	139000
140000	140999	2790	1.72	140000
141000	141999	2807	1.72	141000
142000	142999	2824	1.72	142000
143000	143999	2841	1.72	143000
144000	144999	2858	1.72	144000
145000	145999	2875	1.72	145000
146000	146999	2892	1.72	146000
147000	147999	2909	1.72	147000
148000	148999	2926	1.72	148000
149000	149999	2943	1.72	149000
150000	or greater/ou plus	2960	1.72	150000

Federal Child Support Tables / Tables fédérales de pensions alimentaires pour enfants

Province: Quebec/Québec — No. of Children/N° d'enfants: Five/Cinq

Income/Revenu ($) From/De	To/À	Monthly Award/Paiement mensuel ($) Basic Amount/Montant de base	Plus (%)	Of Income Over/Du revenu dépassant
0	10819	0	5.42	0
10820	10999	69	4.14	10820
11000	11999	123	3.40	11000
12000	12999	164	3.38	12000
13000	13999	198	3.16	13000
14000	14999	232	2.86	14000
15000	15999	264	2.76	15000
16000	16999	293	3.32	16000
17000	17999	321	3.52	17000
18000	18999	350	4.08	18000
19000	19999	385	4.08	19000
20000	20999	426	4.16	20000
21000	21999	468	4.14	21000
22000	22999	509	4.12	22000
23000	23999	550	4.08	23000
24000	24999	591	4.16	24000
25000	25999	633	4.14	25000
26000	26999	674	4.12	26000
27000	27999	715	4.10	27000
28000	28999	756	4.08	28000
29000	29999	797	4.16	29000
30000	30999	839	3.24	30000
31000	31999	871	2.14	31000
32000	32999	892	1.94	32000
33000	33999	911	1.88	33000
34000	34999	930	2.10	34000
35000	35999	951	2.14	35000
36000	36999	972	2.10	36000
37000	37999	993	2.16	37000
38000	38999	1015	2.10	38000
39000	39999	1036	2.16	39000
40000	40999	1058	2.22	40000
41000	41999	1080	2.06	41000
42000	42999	1101	2.08	42000
43000	43999	1122	2.10	43000
44000	44999	1143	2.08	44000
45000	45999	1164	2.14	45000
46000	46999	1186	2.14	46000
47000	47999	1207	2.22	47000
48000	48999	1229	2.26	48000
49000	49999	1252	2.28	49000
50000	50999	1275	2.30	50000
51000	51999	1298	2.32	51000
52000	52999	1321	2.24	52000
53000	53999	1343	2.26	53000
54000	54999	1366	2.28	54000
55000	55999	1389	2.28	55000
56000	56999	1412	2.30	56000
57000	57999	1435	2.32	57000
58000	58999	1458	2.24	58000
59000	59999	1480	2.26	59000
60000	60999	1503	2.28	60000
61000	61999	1526	2.30	61000
62000	62999	1549	2.30	62000
63000	63999	1572	2.32	63000
64000	64999	1595	2.24	64000
65000	65999	1617	2.26	65000
66000	66999	1640	2.28	66000
67000	67999	1663	2.30	67000
68000	68999	1686	2.32	68000
69000	69999	1709	2.34	69000
70000	70999	1732	2.24	70000
71000	71999	1754	2.26	71000
72000	72999	1777	2.28	72000
73000	73999	1800	2.30	73000
74000	74999	1823	2.32	74000
75000	75999	1846	2.24	75000
76000	76999	1868	2.26	76000
77000	77999	1891	2.28	77000
78000	78999	1914	2.18	78000
79000	79999	1936	2.12	79000
80000	80999	1957	2.10	80000
81000	81999	1978	2.16	81000
82000	82999	2000	2.04	82000
83000	83999	2020	2.02	83000
84000	84999	2040	2.02	84000
85000	85999	2060	2.00	85000
86000	86999	2080	1.98	86000
87000	87999	2100	2.00	87000
88000	88999	2120	1.96	88000
89000	89999	2140	1.88	89000
90000	90999	2161	2.04	90000
91000	91999	2181	2.04	91000
92000	92999	2201	2.02	92000
93000	93999	2221	2.02	93000
94000	94999	2241	2.00	94000
95000	95999	2261	2.00	95000
96000	96999	2281	1.98	96000
97000	97999	2301	2.06	97000
98000	98999	2321	2.06	98000
99000	99999	2342	2.04	99000
100000	100999	2362	2.02	100000
101000	101999	2382	2.02	101000
102000	102999	2402	2.02	102000
103000	103999	2422	2.00	103000
104000	104999	2442	2.00	104000
105000	105999	2462	2.00	105000
106000	106999	2482	1.98	106000
107000	107999	2502	1.96	107000
108000	108999	2522	2.06	108000
109000	109999	2543	2.04	109000
110000	110999	2563	2.02	110000
111000	111999	2583	2.02	111000
112000	112999	2603	2.00	112000
113000	113999	2623	2.00	113000
114000	114999	2643	1.98	114000
115000	115999	2663	1.96	115000
116000	116999	2683	1.96	116000
117000	117999	2703	2.06	117000
118000	118999	2724	2.04	118000
119000	119999	2744	2.04	119000
120000	120999	2764	2.02	120000
121000	121999	2784	2.02	121000
122000	122999	2804	2.00	122000
123000	123999	2824	2.00	123000
124000	124999	2844	1.98	124000
125000	125999	2864	1.96	125000
126000	126999	2884	2.06	126000
127000	127999	2905	1.94	127000
128000	128999	2924	1.92	128000
129000	129999	2943	1.92	129000
130000	130999	2962	1.90	130000
131000	131999	2981	1.88	131000
132000	132999	3000	1.96	132000
133000	133999	3020	1.94	133000
134000	134999	3039	1.94	134000
135000	135999	3058	1.90	135000
136000	136999	3077	1.92	136000
137000	137999	3096	1.96	137000
138000	138999	3115	1.94	138000
139000	139999	3134	1.92	139000
140000	140999	3154	1.92	140000
141000	141999	3173	1.90	141000
142000	142999	3192	1.88	142000
143000	143999	3211	1.94	143000
144000	144999	3231	1.94	144000
145000	145999	3250	1.92	145000
146000	146999	3269	1.90	146000
147000	147999	3288	1.88	147000
148000	148999	3307	1.88	148000
149000	149999	3326	1.96	149000
150000	or greater/ou plus	3346	1.96	150000

Federal Child Support Tables / Tables fédérales de pensions alimentaires pour enfants

No. of Children/Nᵇʳᵉ d'enfants: Six or more / Six ou plus — Province: Quebec/Québec

Income/Revenu ($) From/De	To/À	Basic Amount/Montant de base	Plus (%)	Of Income Over/Du revenu dépassant
0	10819	0	—	—
10820	10999	69	5.42	10820
11000	11999	123	4.14	11000
12000	12999	164	3.40	12000
13000	13999	198	3.38	13000
14000	14999	232	3.16	14000
15000	15999	264	2.86	15000
16000	16999	293	2.76	16000
17000	17999	321	2.92	17000
18000	18999	350	3.52	18000
19000	19999	385	4.08	19000
20000	20999	426	4.16	20000
21000	21999	468	4.12	21000
22000	22999	509	4.08	22000
23000	23999	550	4.16	23000
24000	24999	591	4.14	24000
25000	25999	633	4.14	25000
26000	26999	674	4.08	26000
27000	27999	715	4.16	27000
28000	28999	756	4.14	28000
29000	29999	797	4.02	29000
30000	30999	839	3.78	30000
31000	31999	880	3.62	31000
32000	32999	922	3.58	32000
33000	33999	958	2.76	33000
34000	34999	994	3.60	34000
35000	35999	1030	3.58	35000
36000	36999	1066	2.76	36000
37000	37999	1094	2.32	37000
38000	38999	1117	2.36	38000
39000	39999	1141	2.30	39000
40000	40999	1164	2.48	40000
41000	41999	1189	2.28	41000
42000	42999	1212	2.32	42000
43000	43999	1235	2.30	43000
44000	44999	1258	2.28	44000
45000	45999	1281	2.36	45000
46000	46999	1304	2.42	46000
47000	47999	1328	2.46	47000
48000	48999	1352	2.46	48000
49000	49999	1377	2.46	49000
50000	50999	1402	2.46	50000
51000	51999	1427	2.56	51000
52000	52999	1452	2.54	52000
53000	53999	1478	2.54	53000
54000	54999	1503	2.54	54000
55000	55999	1528	2.54	55000
56000	56999	1553	2.54	56000
57000	57999	1578	2.54	57000
58000	58999	1603	2.54	58000
59000	59999	1628	2.54	59000
60000	60999	1653	2.54	60000
61000	61999	1678	2.54	61000
62000	62999	1703	2.52	62000
63000	63999	1728	2.52	63000
64000	64999	1753	2.52	64000
65000	65999	1778	2.52	65000
66000	66999	1803	2.52	66000
67000	67999	1828	2.52	67000
68000	68999	1853	2.52	68000
69000	69999	1878	2.52	69000
70000	70999	1903	2.50	70000
71000	71999	1928	2.50	71000
72000	72999	1953	2.50	72000
73000	73999	1978	2.50	73000
74000	74999	2003	2.50	74000
75000	75999	2028	2.50	75000
76000	76999	2053	2.50	76000
77000	77999	2078	2.50	77000
78000	78999	2103	2.40	78000
79000	79999	2127	2.32	79000
80000	80999	2150	2.36	80000
81000	81999	2173	2.22	81000
82000	82999	2197	2.22	82000
83000	83999	2219	2.22	83000
84000	84999	2241	2.22	84000
85000	85999	2263	2.20	85000
86000	86999	2285	2.20	86000
87000	87999	2307	2.20	87000
88000	88999	2329	2.20	88000
89000	89999	2351	2.18	89000
90000	90999	2373	2.18	90000
91000	91999	2395	2.18	91000
92000	92999	2417	2.18	92000
93000	93999	2439	2.16	93000
94000	94999	2461	2.16	94000
95000	95999	2483	2.16	95000
96000	96999	2505	2.16	96000
97000	97999	2527	2.26	97000
98000	98999	2549	2.24	98000
99000	99999	2571	2.24	99000
100000	100999	2594	2.24	100000
101000	101999	2616	2.24	101000
102000	102999	2638	2.22	102000
103000	103999	2660	2.24	103000
104000	104999	2682	2.24	104000
105000	105999	2704	2.24	105000
106000	106999	2726	2.22	106000
107000	107999	2748	2.22	107000
108000	108999	2770	2.22	108000
109000	109999	2792	2.20	109000
110000	110999	2814	2.20	110000
111000	111999	2836	2.20	111000
112000	112999	2858	2.20	112000
113000	113999	2880	2.20	113000
114000	114999	2902	2.18	114000
115000	115999	2924	2.18	115000
116000	116999	2946	2.18	116000
117000	117999	2968	2.18	117000
118000	118999	2990	2.16	118000
119000	119999	3012	2.16	119000
120000	120999	3034	2.16	120000
121000	121999	3056	2.16	121000
122000	122999	3078	2.26	122000
123000	123999	3101	2.24	123000
124000	124999	3123	2.24	124000
125000	125999	3145	2.24	125000
126000	126999	3167	2.24	126000
127000	127999	3189	2.14	127000
128000	128999	3210	2.12	128000
129000	129999	3231	2.12	129000
130000	130999	3252	2.12	130000
131000	131999	3273	2.12	131000
132000	132999	3294	2.12	132000
133000	133999	3315	2.12	133000
134000	134999	3336	2.12	134000
135000	135999	3357	2.12	135000
136000	136999	3378	2.12	136000
137000	137999	3399	2.10	137000
138000	138999	3420	2.10	138000
139000	139999	3441	2.10	139000
140000	140999	3462	2.10	140000
141000	141999	3483	2.10	141000
142000	142999	3504	2.10	142000
143000	143999	3525	2.10	143000
144000	144999	3546	2.10	144000
145000	145999	3567	2.08	145000
146000	146999	3588	2.08	146000
147000	147999	3609	2.08	147000
148000	148999	3630	2.08	148000
149000	149999	3651	2.08	149000
150000	or greater/ou plus	3672		150000

Federal Child Support Tables / Tables fédérales de pensions alimentaires pour enfants

Province: Nova Scotia/Nouvelle-Écosse — No. of Children/N^bre d'enfants: One/Un

Income/Revenu ($) From/De	To/À	Monthly Award/Paiement mensuel ($) Basic Amount/Montant de base	Plus (%)	Of Income Over/Du revenu dépassant
0	10819	0	—	—
10820	10999	1	1.36	10820
11000	11999	15	1.38	11000
12000	12999	29	1.42	12000
13000	13999	43	1.34	13000
14000	14999	56	1.36	14000
15000	15999	70	1.40	15000
16000	16999	84	1.42	16000
17000	17999	98	1.34	17000
18000	18999	111	1.36	18000
19000	19999	125	1.40	19000
20000	20999	139	1.12	20000
21000	21999	150	1.24	21000
22000	22999	163	1.24	22000
23000	23999	174	1.24	23000
24000	24999	186	1.14	24000
25000	25999	197	1.16	25000
26000	26999	211	1.00	26000
27000	27999	223	1.02	27000
28000	28999	233	0.92	28000
29000	29999	243	0.88	29000
30000	30999	252	0.90	30000
31000	31999	261	0.84	31000
32000	32999	270	0.82	32000
33000	33999	278	0.80	33000
34000	34999	286	0.88	34000
35000	35999	294	0.84	35000
36000	36999	302	0.82	36000
37000	37999	311	0.88	37000
38000	38999	319	0.84	38000
39000	39999	327	0.82	39000
40000	40999	336	0.88	40000
41000	41999	345	0.84	41000
42000	42999	353	0.82	42000
43000	43999	361	0.84	43000
44000	44999	369	0.84	44000
45000	45999	377	0.82	45000
46000	46999	385	0.80	46000
47000	47999	394	0.86	47000
48000	48999	402	0.84	48000
49000	49999	411	0.88	49000
50000	50999	420	0.90	50000
51000	51999	428	0.82	51000
52000	52999	437	0.86	52000
53000	53999	446	0.88	53000
54000	54999	455	0.90	54000
55000	55999	463	0.82	55000
56000	56999	472	0.88	56000
57000	57999	481	0.90	57000
58000	58999	490	0.92	58000
59000	59999	499	0.90	59000
60000	60999	507	0.84	60000
61000	61999	516	0.88	61000
62000	62999	524	0.88	62000
63000	63999	533	0.84	63000
64000	64999	541	0.84	64000
65000	65999	550	0.88	65000
66000	66999	558	0.88	66000
67000	67999	567	0.84	67000
68000	68999	575	0.88	68000
69000	69999	584	0.82	69000
70000	70999	592	0.88	70000
71000	71999	601	0.82	71000
72000	72999	609	0.88	72000
73000	73999	618	0.82	73000
74000	74999	626	0.86	74000
75000	75999	635	0.82	75000
76000	76999	643	0.86	76000
77000	77999	652	0.80	77000
78000	78999	660	0.86	78000
79000	79999	669	0.80	79000
80000	80999	677	0.86	80000
81000	81999	686	0.80	81000
82000	82999	694	0.80	82000
83000	83999	702	0.76	83000
84000	84999	710	0.76	84000
85000	85999	718	0.78	85000
86000	86999	726	0.78	86000
87000	87999	734	0.78	87000
88000	88999	742	0.78	88000
89000	89999	750	0.78	89000
90000	90999	758	0.78	90000
91000	91999	766	0.78	91000
92000	92999	774	0.80	92000
93000	93999	782	0.80	93000
94000	94999	790	0.80	94000
95000	95999	798	0.82	95000
96000	96999	806	0.74	96000
97000	97999	813	0.76	97000
98000	98999	821	0.78	98000
99000	99999	829	0.78	99000
100000	100999	837	0.80	100000
101000	101999	845	0.82	101000
102000	102999	853	0.84	102000
103000	103999	861	0.76	103000
104000	104999	868	0.76	104000
105000	105999	876	0.78	105000
106000	106999	884	0.80	106000
107000	107999	892	0.80	107000
108000	108999	900	0.82	108000
109000	109999	908	0.74	109000
110000	110999	915	0.76	110000
111000	111999	923	0.76	111000
112000	112999	931	0.78	112000
113000	113999	939	0.80	113000
114000	114999	947	0.82	114000
115000	115999	955	0.80	115000
116000	116999	963	0.74	116000
117000	117999	970	0.76	117000
118000	118999	978	0.78	118000
119000	119999	986	0.80	119000
120000	120999	994	0.82	120000
121000	121999	1002	0.74	121000
122000	122999	1010	0.76	122000
123000	123999	1017	0.76	123000
124000	124999	1025	0.78	124000
125000	125999	1033	0.78	125000
126000	126999	1041	0.80	126000
127000	127999	1049	0.72	127000
128000	128999	1056	0.78	128000
129000	129999	1064	0.78	129000
130000	130999	1071	0.78	130000
131000	131999	1079	0.78	131000
132000	132999	1086	0.70	132000
133000	133999	1093	0.70	133000
134000	134999	1101	0.72	134000
135000	135999	1108	0.78	135000
136000	136999	1116	0.72	136000
137000	137999	1123	0.78	137000
138000	138999	1131	0.70	138000
139000	139999	1138	0.76	139000
140000	140999	1145	0.76	140000
141000	141999	1153	0.72	141000
142000	142999	1160	0.72	142000
143000	143999	1168	0.70	143000
144000	144999	1175	0.78	144000
145000	145999	1183	0.74	145000
146000	146999	1190	0.70	146000
147000	147999	1197	0.70	147000
148000	148999	1205	0.72	148000
149000	149999	1212	0.76	149000
150000 or greater/ou plus		1220	0.76	150000

Federal Child Support Tables / Tables fédérales de pensions alimentaires pour enfants

Province: *Nova Scotia/Nouvelle-Écosse* — No. of Children/N° d'enfants: Two/Deux

Income/Revenu ($) From/De	To/À	Basic Amount/Montant de base	Plus (%)	Of Income Over/Du revenu dépassant
0	10819	0		
10820	10999	1	4.76	10820
11000	11999	49	4.36	11000
12000	12999	93	3.30	12000
13000	13999	126	3.18	13000
14000	14999	158	3.12	14000
15000	15999	189	2.72	15000
16000	16999	216	2.96	16000
17000	17999	246	1.90	17000
18000	18999	265	1.10	18000
19000	19999	276	1.04	19000
20000	20999	286	1.08	20000
21000	21999	297	1.54	21000
22000	22999	312	1.72	22000
23000	23999	329	1.70	23000
24000	24999	346	1.68	24000
25000	25999	363	1.66	25000
26000	26999	380	1.30	26000
27000	27999	393	1.44	27000
28000	28999	407	1.64	28000
29000	29999	423	1.66	29000
30000	30999	440	1.42	30000
31000	31999	454	1.32	31000
32000	32999	467	1.28	32000
33000	33999	480	1.28	33000
34000	34999	493	1.26	34000
35000	35999	505	1.30	35000
36000	36999	518	1.30	36000
37000	37999	531	1.30	37000
38000	38999	544	1.32	38000
39000	39999	557	1.42	39000
40000	40999	570	1.22	40000
41000	41999	584	1.26	41000
42000	42999	596	1.32	42000
43000	43999	609	1.24	43000
44000	44999	622	1.26	44000
45000	45999	634	1.28	45000
46000	46999	647	1.28	46000
47000	47999	660	1.30	47000
48000	48999	673	1.36	48000
49000	49999	687	1.40	49000
50000	50999	701	1.32	50000
51000	51999	714	1.36	51000
52000	52999	728	1.40	52000
53000	53999	742	1.34	53000
54000	54999	755	1.38	54000
55000	55999	769	1.32	55000
56000	56999	782	1.36	56000
57000	57999	796	1.40	57000

Income/Revenu ($) From/De	To/À	Basic Amount/Montant de base	Plus (%)	Of Income Over/Du revenu dépassant
58000	58999	810	1.34	58000
59000	59999	823	1.36	59000
60000	60999	837	1.32	60000
61000	61999	850	1.28	61000
62000	62999	863	1.36	62000
63000	63999	876	1.34	63000
64000	64999	890	1.34	64000
65000	65999	903	1.32	65000
66000	66999	916	1.36	66000
67000	67999	929	1.34	67000
68000	68999	943	1.34	68000
69000	69999	956	1.32	69000
70000	70999	969	1.28	70000
71000	71999	982	1.36	71000
72000	72999	996	1.34	72000
73000	73999	1009	1.32	73000
74000	74999	1022	1.32	74000
75000	75999	1035	1.36	75000
76000	76999	1049	1.32	76000
77000	77999	1062	1.32	77000
78000	78999	1075	1.32	78000
79000	79999	1088	1.36	79000
80000	80999	1102	1.34	80000
81000	81999	1115	1.32	81000
82000	82999	1128	1.24	82000
83000	83999	1140	1.22	83000
84000	84999	1153	1.28	84000
85000	85999	1165	1.24	85000
86000	86999	1178	1.20	86000
87000	87999	1190	1.26	87000
88000	88999	1202	1.28	88000
89000	89999	1215	1.24	89000
90000	90999	1227	1.28	90000
91000	91999	1240	1.24	91000
92000	92999	1252	1.20	92000
93000	93999	1264	1.26	93000
94000	94999	1277	1.24	94000
95000	95999	1289	1.20	95000
96000	96999	1301	1.22	96000
97000	97999	1313	1.24	97000
98000	98999	1325	1.26	98000
99000	99999	1338	1.24	99000
100000	100999	1350	1.20	100000
101000	101999	1362	1.22	101000
102000	102999	1374	1.20	102000
103000	103999	1386	1.26	103000
104000	104999	1399	1.24	104000
105000	105999	1411	1.22	105000
106000	106999	1423	1.20	106000

Income/Revenu ($) From/De	To/À	Basic Amount/Montant de base	Plus (%)	Of Income Over/Du revenu dépassant
107000	107999	1435	1.18	107000
108000	108999	1447	1.26	108000
109000	109999	1460	1.24	109000
110000	110999	1472	1.20	110000
111000	111999	1484	1.20	111000
112000	112999	1496	1.18	112000
113000	113999	1508	1.26	113000
114000	114999	1521	1.24	114000
115000	115999	1533	1.24	115000
116000	116999	1545	1.22	116000
117000	117999	1557	1.18	117000
118000	118999	1570	1.26	118000
119000	119999	1582	1.26	119000
120000	120999	1594	1.24	120000
121000	121999	1606	1.24	121000
122000	122999	1618	1.20	122000
123000	123999	1631	1.18	123000
124000	124999	1643	1.26	124000
125000	125999	1655	1.22	125000
126000	126999	1667	1.20	126000
127000	127999	1679	1.18	127000
128000	128999	1691	1.16	128000
129000	129999	1703	1.20	129000
130000	130999	1714	1.20	130000
131000	131999	1726	1.14	131000
132000	132999	1738	1.20	132000
133000	133999	1749	1.14	133000
134000	134999	1760	1.14	134000
135000	135999	1772	1.12	135000
136000	136999	1783	1.18	136000
137000	137999	1795	1.12	137000
138000	138999	1807	1.12	138000
139000	139999	1818	1.16	139000
140000	140999	1830	1.20	140000
141000	141999	1841	1.18	141000
142000	142999	1853	1.18	142000
143000	143999	1864	1.16	143000
144000	144999	1876	1.12	144000
145000	145999	1887	1.12	145000
146000	146999	1899	1.16	146000
147000	147999	1911	1.14	147000
148000	148999	1922	1.18	148000
149000	149999	1934	1.14	149000
150000	or greater/ou plus	1945	1.14	150000

Federal Child Support Tables / Tables fédérales de pensions alimentaires pour enfants

Province: Nova Scotia/Nouvelle-Écosse — No. of Children/N° d'enfants: Three/Trois

Income/Revenu ($) From/De	To/À	Basic Amount/Montant de base ($)	Plus (%)	Of Income Over/Du revenu dépassant
0	10819	0		
10820	10999	2	5.14	10820
11000	11999	53	4.68	11000
12000	12999	100	3.58	12000
13000	13999	136	3.40	13000
14000	14999	170	3.32	14000
15000	15999	203	2.96	15000
16000	16999	233	3.18	16000
17000	17999	265	3.90	17000
18000	18999	304	3.84	18000
19000	19999	342	3.88	19000
20000	20999	381	3.64	20000
21000	21999	417	1.80	21000
22000	22999	435	1.82	22000
23000	23999	453	2.16	23000
24000	24999	475	2.12	24000
25000	25999	496	2.06	25000
26000	26999	517	1.68	26000
27000	27999	534	1.76	27000
28000	28999	552	1.74	28000
29000	29999	569	1.72	29000
30000	30999	586	1.84	30000
31000	31999	604	1.86	31000
32000	32999	623	1.78	32000
33000	33999	641	1.70	33000
34000	34999	658	1.72	34000
35000	35999	674	1.70	35000
36000	36999	691	1.68	36000
37000	37999	707	1.70	37000
38000	38999	724	1.64	38000
39000	39999	741	1.76	39000
40000	40999	757	1.58	40000
41000	41999	775	1.58	41000
42000	42999	791	1.66	42000
43000	43999	807	1.68	43000
44000	44999	824	1.62	44000
45000	45999	840	1.68	45000
46000	46999	857	1.76	46000
47000	47999	873	1.80	47000
48000	48999	890	1.76	48000
49000	49999	908	1.74	49000
50000	50999	926	1.80	50000
51000	51999	943	1.80	51000
52000	52999	961	1.74	52000
53000	53999	978	1.80	53000
54000	54999	996	1.74	54000
55000	55999	1013	1.80	55000
56000	56999	1031	1.74	56000
57000	57999	1048	1.78	57000
58000	58999	1066	1.74	58000
59000	59999	1083	1.68	59000
60000	60999	1100	1.68	60000
61000	61999	1117	1.68	61000
62000	62999	1134	1.66	62000
63000	63999	1151	1.66	63000
64000	64999	1168	1.66	64000
65000	65999	1185	1.76	65000
66000	66999	1202	1.76	66000
67000	67999	1220	1.74	67000
68000	68999	1237	1.74	68000
69000	69999	1254	1.74	69000
70000	70999	1271	1.74	70000
71000	71999	1288	1.74	71000
72000	72999	1305	1.72	72000
73000	73999	1322	1.72	73000
74000	74999	1339	1.72	74000
75000	75999	1356	1.72	75000
76000	76999	1373	1.72	76000
77000	77999	1390	1.72	77000
78000	78999	1407	1.70	78000
79000	79999	1424	1.70	79000
80000	80999	1441	1.70	80000
81000	81999	1458	1.60	81000
82000	82999	1475	1.60	82000
83000	83999	1491	1.62	83000
84000	84999	1507	1.62	84000
85000	85999	1523	1.64	85000
86000	86999	1539	1.64	86000
87000	87999	1555	1.54	87000
88000	88999	1571	1.56	88000
89000	89999	1586	1.56	89000
90000	90999	1602	1.56	90000
91000	91999	1618	1.58	91000
92000	92999	1634	1.58	92000
93000	93999	1650	1.62	93000
94000	94999	1666	1.54	94000
95000	95999	1682	1.62	95000
96000	96999	1697	1.60	96000
97000	97999	1713	1.60	97000
98000	98999	1729	1.54	98000
99000	99999	1744	1.36	99000
100000	100999	1760	1.52	100000
101000	101999	1776	1.52	101000
102000	102999	1791	1.56	102000
103000	103999	1807	1.58	103000
104000	104999	1823	1.62	104000
105000	105999	1839	1.54	105000
106000	106999	1854	1.58	106000
107000	107999	1870	1.60	107000
108000	108999	1886	1.54	108000
109000	109999	1901	1.56	109000
110000	110999	1917	1.60	110000
111000	111999	1933	1.54	111000
112000	112999	1948	1.56	112000
113000	113999	1964	1.60	113000
114000	114999	1980	1.52	114000
115000	115999	1995	1.56	115000
116000	116999	2011	1.58	116000
117000	117999	2027	1.62	117000
118000	118999	2043	1.54	118000
119000	119999	2058	1.58	119000
120000	120999	2074	1.60	120000
121000	121999	2090	1.54	121000
122000	122999	2105	1.56	122000
123000	123999	2121	1.60	123000
124000	124999	2137	1.52	124000
125000	125999	2152	1.56	125000
126000	126999	2168	1.58	126000
127000	127999	2184	1.52	127000
128000	128999	2199	1.54	128000
129000	129999	2214	1.46	129000
130000	130999	2228	1.48	130000
131000	131999	2243	1.48	131000
132000	132999	2258	1.48	132000
133000	133999	2273	1.50	133000
134000	134999	2288	1.52	134000
135000	135999	2303	1.52	135000
136000	136999	2318	1.44	136000
137000	137999	2332	1.48	137000
138000	138999	2347	1.48	138000
139000	139999	2362	1.50	139000
140000	140999	2377	1.48	140000
141000	141999	2392	1.52	141000
142000	142999	2407	1.44	142000
143000	143999	2422	1.46	143000
144000	144999	2436	1.46	144000
145000	145999	2451	1.48	145000
146000	146999	2466	1.50	146000
147000	147999	2481	1.52	147000
148000	148999	2496	1.52	148000
149000	149999	2511	1.52	149000
150000	or greater/ou plus	2526		150000

Federal Child Support Tables / Tables fédérales de pensions alimentaires pour enfants

Province: Nova Scotia/Nouvelle-Écosse
No. of Children/Nbre d'enfants: Four/Quatre

Income/Revenu ($) From/De	To/À	Basic Amount/Montant de base ($)	Plus (%)	Of Income Over/Du revenu dépassant ($)
0	10819	0		
10820	10999	2	5.54	10820
11000	11999	57	5.00	11000
12000	12999	107	5.88	12000
13000	13999	146	3.64	13000
14000	14999	182	3.60	14000
15000	15999	218	3.22	15000
16000	16999	250	3.42	16000
17000	17999	284	4.12	17000
18000	18999	325	4.18	18000
19000	19999	367	4.14	19000
20000	20999	408	4.12	20000
21000	21999	449	4.48	21000
22000	22999	494	4.44	22000
23000	23999	538	4.20	23000
24000	24999	580	2.48	24000
25000	25999	605	2.40	25000
26000	26999	629	2.08	26000
27000	27999	650	2.06	27000
28000	28999	671	2.16	28000
29000	29999	693	1.82	29000
30000	30999	713	1.80	30000
31000	31999	731	1.98	31000
32000	32999	749	1.98	32000
33000	33999	769	1.96	33000
34000	34999	789	2.06	34000
35000	35999	810	2.12	35000
36000	36999	831	2.04	36000
37000	37999	851	1.96	37000
38000	38999	871	1.98	38000
39000	39999	891	2.02	39000
40000	40999	911	2.14	40000
41000	41999	932	1.92	41000
42000	42999	951	1.92	42000
43000	43999	970	1.98	43000
44000	44999	980	1.98	44000
45000	45999	1009	1.94	45000
46000	46999	1028	1.98	46000
47000	47999	1048	2.04	47000
48000	48999	1068	2.10	48000
49000	49999	1089	2.02	49000
50000	50999	1109	2.06	50000
51000	51999	1130	2.08	51000
52000	52999	1151	2.12	52000
53000	53999	1172	1.82	53000
54000	54999	1192	2.08	54000
55000	55999	1213	2.10	55000
56000	56999	1234	2.04	56000
57000	57999	1254	2.06	57000
58000	58999	1275	2.10	58000
59000	59999	1296	2.02	59000
60000	60999	1316	2.00	60000
61000	61999	1336	1.98	61000
62000	62999	1356	1.96	62000
63000	63999	1376	2.06	63000
64000	64999	1396	2.04	64000
65000	65999	1417	2.02	65000
66000	66999	1437	2.04	66000
67000	67999	1457	2.02	67000
68000	68999	1477	2.00	68000
69000	69999	1497	1.98	69000
70000	70999	1517	1.98	70000
71000	71999	1537	2.06	71000
72000	72999	1558	2.04	72000
73000	73999	1578	2.02	73000
74000	74999	1598	2.02	74000
75000	75999	1618	2.00	75000
76000	76999	1638	1.98	76000
77000	77999	1658	1.96	77000
78000	78999	1678	2.06	78000
79000	79999	1698	2.04	79000
80000	80999	1719	2.02	80000
81000	81999	1739	1.92	81000
82000	82999	1759	1.84	82000
83000	83999	1778	1.85	83000
84000	84999	1796	1.88	84000
85000	85999	1815	1.88	85000
86000	86999	1834	1.88	86000
87000	87999	1853	1.90	87000
88000	88999	1872	1.84	88000
89000	89999	1891	1.84	89000
90000	90999	1909	1.86	90000
91000	91999	1928	1.88	91000
92000	92999	1947	1.82	92000
93000	93999	1966	1.82	93000
94000	94999	1984	1.86	94000
95000	95999	2003	1.90	95000
96000	96999	2022	1.84	96000
97000	97999	2040	1.90	97000
98000	98999	2059	1.84	98000
99000	99999	2077	1.88	99000
100000	100999	2096	1.82	100000
101000	101999	2114	1.88	101000
102000	102999	2133	1.82	102000
103000	103999	2151	1.86	103000
104000	104999	2170	1.80	104000
105000	105999	2188	1.86	105000
106000	106999	2207	1.90	106000
107000	107999	2226	1.84	107000
108000	108999	2244	1.88	108000
109000	109999	2263	1.84	109000
110000	110999	2281	1.88	110000
111000	111999	2300	1.82	111000
112000	112999	2318	1.88	112000
113000	113999	2337	1.82	113000
114000	114999	2355	1.86	114000
115000	115999	2374	1.8	115000
116000	116999	2392	1.86	116000
117000	117999	2411	1.90	117000
118000	118999	2430	1.84	118000
119000	119999	2448	1.88	119000
120000	120999	2467	1.84	120000
121000	121999	2485	1.88	121000
122000	122999	2504	1.82	122000
123000	123999	2522	1.86	123000
124000	124999	2541	1.82	124000
125000	125999	2559	1.86	125000
126000	126999	2578	1.90	126000
127000	127999	2597	1.74	127000
128000	128999	2615	1.72	128000
129000	129999	2632	1.74	129000
130000	130999	2649	1.72	130000
131000	131999	2667	1.72	131000
132000	132999	2684	1.70	132000
133000	133999	2702	1.70	133000
134000	134999	2719	1.76	134000
135000	135999	2737	1.80	135000
136000	136999	2755	1.74	136000
137000	137999	2772	1.78	137000
138000	138999	2790	1.72	138000
139000	139999	2807	1.78	139000
140000	140999	2825	1.78	140000
141000	141999	2843	1.80	141000
142000	142999	2860	1.74	142000
143000	143999	2878	1.78	143000
144000	144999	2895	1.74	144000
145000	145999	2913	1.78	145000
146000	146999	2930	1.72	146000
147000	147999	2948	1.76	147000
148000	148999	2965	1.70	148000
149000	149999	2983	1.70	149000
150000	or greater/ou plus	3000		150000

Federal Child Support Tables / Tables fédérales de pensions alimentaires pour enfants

| Income/Revenu ($) | | Monthly Award/Paiement mensuel ($) | | |
From/De	To/À	Basic Amount/Montant de base	Plus (%)	Of Income Over/Du revenu dépassant
0	10819	0		
10820	10999	2	5.54	10820
11000	11999	57	5.00	11000
12000	12999	107	3.88	12000
13000	13999	146	3.64	13000
14000	14999	182	3.60	14000
15000	15999	218	3.22	15000
16000	16999	250	3.42	16000
17000	17999	284	4.12	17000
18000	18999	325	4.18	18000
19000	19999	367	4.14	19000
20000	20999	408	4.12	20000
21000	21999	449	4.48	21000
22000	22999	494	4.44	22000
23000	23999	538	4.50	23000
24000	24999	583	4.44	24000
25000	25999	627	4.40	25000
26000	26999	671	4.46	26000
27000	27999	716	4.42	27000
28000	28999	760	3.56	28000
29000	29999	796	2.34	29000
30000	30999	819	2.12	30000
31000	31999	840	2.10	31000
32000	32999	861	1.92	32000
33000	33999	881	1.90	33000
34000	34999	900	2.10	34000
35000	35999	921	2.38	35000
36000	36999	945	2.34	36000
37000	37999	968	2.32	37000
38000	38999	991	2.30	38000
39000	39999	1015	2.38	39000
40000	40999	1038	2.30	40000
41000	41999	1062	2.34	41000
42000	42999	1084	2.12	42000
43000	43999	1105	2.18	43000
44000	44999	1127	2.20	44000
45000	45999	1149	2.20	45000
46000	46999	1171	2.28	46000
47000	47999	1193	2.30	47000
48000	48999	1216	2.30	48000
49000	49999	1239	2.32	49000
50000	50999	1263	2.36	50000
51000	51999	1286	2.32	51000
52000	52999	1309	2.36	52000
53000	53999	1333	2.28	53000
54000	54999	1356	2.28	54000
55000	55999	1379	2.32	55000
56000	56999	1403	2.32	56000
57000	57999	1426	2.38	57000

| Income/Revenu ($) | | Monthly Award/Paiement mensuel ($) | | |
From/De	To/À	Basic Amount/Montant de base	Plus (%)	Of Income Over/Du revenu dépassant
58000	58999	1450	2.34	58000
59000	59999	1473	2.32	59000
60000	60999	1496	2.22	60000
61000	61999	1518	2.26	61000
62000	62999	1541	2.28	62000
63000	63999	1564	2.32	63000
64000	64999	1587	2.24	64000
65000	65999	1609	2.28	65000
66000	66999	1632	2.30	66000
67000	67999	1655	2.22	67000
68000	68999	1677	2.26	68000
69000	69999	1700	2.28	69000
70000	70999	1723	2.32	70000
71000	71999	1746	2.24	71000
72000	72999	1768	2.28	72000
73000	73999	1791	2.30	73000
74000	74999	1814	2.26	74000
75000	75999	1836	2.28	75000
76000	76999	1859	2.32	76000
77000	77999	1882	2.24	77000
78000	78999	1905	2.28	78000
79000	79999	1927	2.30	79000
80000	80999	1950	2.28	80000
81000	81999	1973	2.32	81000
82000	82999	1995	2.24	82000
83000	83999	2017	2.28	83000
84000	84999	2038	2.30	84000
85000	85999	2061	2.18	85000
86000	86999	2080	2.22	86000
87000	87999	2102	2.16	87000
88000	88999	2123	2.12	88000
89000	89999	2144	2.12	89000
90000	90999	2165	2.16	90000
91000	91999	2186	2.18	91000
92000	92999	2208	2.14	92000
93000	93999	2229	2.10	93000
94000	94999	2250	2.12	94000
95000	95999	2271	2.12	95000
96000	96999	2292	2.14	96000
97000	97999	2313	2.14	97000
98000	98999	2334	2.04	98000
99000	99999	2355	2.06	99000
100000	100999	2375	2.08	100000
101000	101999	2396	2.08	101000
102000	102999	2417	2.08	102000
103000	103999	2438	2.08	103000
104000	104999	2459	2.10	104000
105000	105999	2480	2.10	105000
106000	106999	2501		106000

Province: Nova Scotia/Nouvelle-Écosse   No. of Children/N° d'enfants: Five/Cinq

| Income/Revenu ($) | | Monthly Award/Paiement mensuel ($) | | |
From/De	To/À	Basic Amount/Montant de base	Plus (%)	Of Income Over/Du revenu dépassant
107000	107999	2522	2.10	107000
108000	108999	2543	2.12	108000
109000	109999	2564	2.12	109000
110000	110999	2585	2.14	110000
111000	111999	2606	2.14	111000
112000	112999	2627	2.04	112000
113000	113999	2647	2.06	113000
114000	114999	2668	2.06	114000
115000	115999	2689	2.06	115000
116000	116999	2710	2.08	116000
117000	117999	2731	2.08	117000
118000	118999	2752	2.08	118000
119000	119999	2773	2.10	119000
120000	120999	2794	2.10	120000
121000	121999	2815	2.12	121000
122000	122999	2836	2.12	122000
123000	123999	2857	2.12	123000
124000	124999	2878	2.14	124000
125000	125999	2899	2.14	125000
126000	126999	2920	2.04	126000
127000	127999	2940	1.98	127000
128000	128999	2960	1.98	128000
129000	129999	2980	2.00	129000
130000	130999	3000	2.00	130000
131000	131999	3020	2.02	131000
132000	132999	3040	1.94	132000
133000	133999	3059	1.96	133000
134000	134999	3079	1.96	134000
135000	135999	3099	2.02	135000
136000	136999	3119	1.96	136000
137000	137999	3139	1.98	137000
138000	138999	3158	1.98	138000
139000	139999	3178	2.00	139000
140000	140999	3198	2.02	140000
141000	141999	3218	1.94	141000
142000	142999	3238	1.96	142000
143000	143999	3257	1.96	143000
144000	144999	3277	1.98	144000
145000	145999	3297	2.00	145000
146000	146999	3317	2.02	146000
147000	147999	3337	1.94	147000
148000	148999	3357	1.96	148000
149000	149999	3376	1.96	149000
150000	or greater/ou plus	3396		150000

Federal Child Support Tables/Tables fédérales de pensions alimentaires pour enfants

Province: *Nova Scotia/Nouvelle-Écosse*
No. of Children/N° d'enfants: Six or more/Six ou plus

Income/Revenu ($) From/De	To/À	Basic Amount/Montant de base ($)	Plus (%)	Of Income Over/Du revenu dépassant	Income/Revenu ($) From/De	To/À	Basic Amount/Montant de base ($)	Plus (%)	Of Income Over/Du revenu dépassant	Income/Revenu ($) From/De	To/À	Basic Amount/Montant de base ($)	Plus (%)	Of Income Over/Du revenu dépassant
0	10819	0			58000	58999	1597	2.58	58000	107000	107999	2773	2.34	107000
10820	10999	0	5.54	10820	59000	59999	1623	2.52	59000	108000	108999	2796	2.34	108000
11000	11999	2	5.00	11000	60000	60999	1648	2.54	60000	109000	109999	2819	2.34	109000
12000	12999	57	3.88	12000	61000	61999	1673	2.44	61000	110000	110999	2842	2.26	110000
13000	13999	107	3.64	13000	62000	62999	1698	2.46	62000	111000	111999	2864	2.24	111000
14000	14999	146	3.60	14000	63000	63999	1722	2.46	63000	112000	112999	2887	2.26	112000
15000	15999	182	3.22	15000	64000	64999	1747	2.48	64000	113000	113999	2910	2.26	113000
16000	16999	218	3.42	16000	65000	65999	1772	2.48	65000	114000	114999	2933	2.28	114000
17000	17999	250	4.12	17000	66000	66999	1797	2.50	66000	115000	115999	2956	2.28	115000
18000	18999	284	4.18	18000	67000	67999	1822	2.50	67000	116000	116999	2979	2.28	116000
19000	19999	325	4.14	19000	68000	68999	1847	2.52	68000	117000	117999	3002	2.30	117000
20000	20999	367	4.12	20000	69000	69999	1872	2.52	69000	118000	118999	3025	2.30	118000
21000	21999	408	4.14	21000	70000	70999	1897	2.54	70000	119000	119999	3048	2.30	119000
22000	22999	449	4.48	22000	71000	71999	1922	2.44	71000	120000	120999	3071	2.32	120000
23000	23999	494	4.50	23000	72000	72999	1947	2.46	72000	121000	121999	3094	2.32	121000
24000	24999	538	4.44	24000	73000	73999	1971	2.46	73000	122000	122999	3117	2.32	122000
25000	25999	583	4.40	25000	74000	74999	1996	2.48	74000	123000	123999	3140	2.32	123000
26000	26999	627	4.46	26000	75000	75999	2021	2.48	75000	124000	124999	3163	2.34	124000
27000	27999	671	4.42	27000	76000	76999	2046	2.50	76000	125000	125999	3186	2.24	125000
28000	28999	716	4.46	28000	77000	77999	2071	2.50	77000	126000	126999	3209	2.24	126000
29000	29999	760	4.32	29000	78000	78999	2096	2.52	78000	127000	127999	3231	2.18	127000
30000	30999	805	3.94	30000	79000	79999	2121	2.52	79000	128000	128999	3253	2.18	128000
31000	31999	848	3.94	31000	80000	80999	2146	2.54	80000	129000	129999	3275	2.14	129000
32000	32999	887	3.72	32000	81000	81999	2171	2.54	81000	130000	130999	3297	2.14	130000
33000	33999	926	3.60	33000	82000	82999	2196	2.34	82000	131000	131999	3318	2.16	131000
34000	34999	963	3.72	34000	83000	83999	2219	2.36	83000	132000	132999	3340	2.20	132000
35000	35999	999	2.22	35000	84000	84999	2242	2.30	84000	133000	133999	3362	2.22	133000
36000	36999	1021	2.22	36000	85000	85999	2265	2.36	85000	134000	134999	3383	2.22	134000
37000	37999	1043	2.56	37000	86000	86999	2289	2.32	86000	135000	135999	3405	2.18	135000
38000	38999	1066	2.52	38000	87000	87999	2312	2.32	87000	136000	136999	3427	2.20	136000
39000	39999	1092	2.58	39000	88000	88999	2335	2.28	88000	137000	137999	3449	2.14	137000
40000	40999	1117	2.72	40000	89000	89999	2358	2.30	89000	138000	138999	3470	2.14	138000
41000	41999	1143	2.50	41000	90000	90999	2382	2.30	90000	139000	139999	3492	2.18	139000
42000	42999	1170	2.48	42000	91000	91999	2405	2.32	91000	140000	140999	3514	2.22	140000
43000	43999	1195	2.42	43000	92000	92999	2428	2.38	92000	141000	141999	3536	2.14	141000
44000	44999	1219	2.42	44000	93000	93999	2452	2.24	93000	142000	142999	3557	2.18	142000
45000	45999	1244	2.42	45000	94000	94999	2474	2.30	94000	143000	143999	3579	2.14	143000
46000	46999	1268	2.42	46000	95000	95999	2497	2.26	95000	144000	144999	3601	2.12	144000
47000	47999	1292	2.50	47000	96000	96999	2520	2.26	96000	145000	145999	3622	2.16	145000
48000	48999	1316	2.58	48000	97000	97999	2543	2.28	97000	146000	146999	3644	2.18	146000
49000	49999	1341	2.52	49000	98000	98999	2566	2.28	98000	147000	147999	3666	2.16	147000
50000	50999	1367	2.58	50000	99000	99999	2589	2.30	99000	148000	148999	3688	2.14	148000
51000	51999	1392	2.60	51000	100000	100999	2612	2.30	100000	149000	149999	3709	2.16	149000
52000	52999	1418	2.58	52000	101000	101999	2635	2.32	101000	150000	or greater/ou plus	3731		150000
53000	53999	1444	2.52	53000	102000	102999	2658	2.30	102000					
54000	54999	1469	2.56	54000	103000	103999	2681	2.32	103000					
55000	55999	1495	2.60	55000	104000	104999	2704	2.32	104000					
56000	56999	1520	2.54	56000	105000	105999	2727	2.32	105000					
57000	57999	1546	2.54	57000	106000	106999	2750	2.32	106000					

Federal Child Support Tables / Tables fédérales de pensions alimentaires pour enfants

Income/Revenu ($)		Monthly Award/Paiement mensuel ($)		
From/De	To/À	Basic Amount/Montant de base	Plus (%)	Of Income Over/Du revenu dépassant
0	10819	0		
10820	10999	0	4.04	10820
11000	11999	8	4.04	11000
12000	12999	48	3.32	12000
13000	13999	80	2.06	13000
14000	14999	113	0.18	14000
15000	15999	134	0.24	15000
16000	16999	136	0.32	16000
17000	17999	139	0.56	17000
18000	18999	141	0.50	18000
19000	19999	144	0.54	19000
20000	20999	150	0.56	20000
21000	21999	156	0.60	21000
22000	22999	161	0.52	22000
23000	23999	167	0.56	23000
24000	24999	173	0.78	24000
25000	25999	178	0.94	25000
26000	26999	184	0.94	26000
27000	27999	192	0.90	27000
28000	28999	202	0.96	28000
29000	29999	211	0.92	29000
30000	30999	220	0.98	30000
31000	31999	230	0.94	31000
32000	32999	239	0.94	32000
33000	33999	249	1.02	33000
34000	34999	258	1.02	34000
35000	35999	268	1.00	35000
36000	36999	278	0.98	36000
37000	37999	288	1.02	37000
38000	38999	298	0.94	38000
39000	39999	308	0.94	39000
40000	40999	318	1.00	40000
41000	41999	327	1.00	41000
42000	42999	338	0.94	42000
43000	43999	347	1.00	43000
44000	44999	357	0.92	44000
45000	45999	366	0.96	45000
46000	46999	376	0.96	46000
47000	47999	385	1.00	47000
48000	48999	395	0.98	48000
49000	49999	405	0.98	49000
50000	50999	415	0.96	50000
51000	51999	425	0.94	51000
52000	52999	435	0.92	52000
53000	53999	445	0.92	53000
54000	54999	454	0.94	54000
55000	55999	463	0.92	55000
56000	56999	472	0.92	56000
57000	57999	481	0.90	57000
		490	0.90	

Province: New Brunswick/Nouveau-Brunswick — No. of Children/N° d'enfants: One/Un

Income/Revenu ($)		Monthly Award/Paiement mensuel ($)		
From/De	To/À	Basic Amount/Montant de base	Plus (%)	Of Income Over/Du revenu dépassant
58000	58999	499	0.88	58000
59000	59999	508	0.88	59000
60000	60999	517	0.96	60000
61000	61999	526	0.94	61000
62000	62999	535	0.94	62000
63000	63999	545	0.92	63000
64000	64999	554	0.92	64000
65000	65999	563	0.90	65000
66000	66999	572	0.90	66000
67000	67999	581	0.90	67000
68000	68999	590	0.88	68000
69000	69999	599	0.88	69000
70000	70999	608	0.96	70000
71000	71999	617	0.94	71000
72000	72999	626	0.94	72000
73000	73999	636	0.94	73000
74000	74999	645	0.94	74000
75000	75999	654	0.94	75000
76000	76999	663	0.86	76000
77000	77999	672	0.86	77000
78000	78999	680	0.86	78000
79000	79999	689	0.86	79000
80000	80999	698	0.86	80000
81000	81999	707	0.86	81000
82000	82999	716	0.86	82000
83000	83999	725	0.88	83000
84000	84999	733	0.88	84000
85000	85999	742	0.88	85000
86000	86999	750	0.84	86000
87000	87999	759	0.86	87000
88000	88999	767	0.86	88000
89000	89999	775	0.80	89000
90000	90999	784	0.86	90000
91000	91999	792	0.88	91000
92000	92999	801	0.88	92000
93000	93999	809	0.84	93000
94000	94999	818	0.84	94000
95000	95999	826	0.80	95000
96000	96999	834	0.82	96000
97000	97999	843	0.86	97000
98000	98999	851	0.82	98000
99000	99999	860	0.86	99000
100000	100999	868	0.84	100000
101000	101999	877	0.80	101000
102000	102999	885	0.86	102000
103000	103999	893	0.82	103000
104000	104999	902	0.86	104000
105000	105999	910	0.82	105000
106000	106999	919		106000

Income/Revenu ($)		Monthly Award/Paiement mensuel ($)		
From/De	To/À	Basic Amount/Montant de base	Plus (%)	Of Income Over/Du revenu dépassant
107000	107999	927	0.88	107000
108000	108999	936	0.84	108000
109000	109999	944	0.80	109000
110000	110999	952	0.86	110000
111000	111999	961	0.82	111000
112000	112999	969	0.86	112000
113000	113999	978	0.82	113000
114000	114999	986	0.88	114000
115000	115999	995	0.84	115000
116000	116999	1003	0.80	116000
117000	117999	1011	0.86	117000
118000	118999	1020	0.80	118000
119000	119999	1028	0.86	119000
120000	120999	1037	0.82	120000
121000	121999	1045	0.82	121000
122000	122999	1053	0.78	122000
123000	123999	1061	0.86	123000
124000	124999	1070	0.82	124000
125000	125999	1078	0.80	125000
126000	126999	1086	0.86	126000
127000	127999	1095	0.74	127000
128000	128999	1102	0.76	128000
129000	129999	1110	0.76	129000
130000	130999	1118	0.78	130000
131000	131999	1126	0.80	131000
132000	132999	1134	0.80	132000
133000	133999	1142	0.82	133000
134000	134999	1150	0.82	134000
135000	135999	1158	0.74	135000
136000	136999	1165	0.76	136000
137000	137999	1173	0.76	137000
138000	138999	1181	0.76	138000
139000	139999	1189	0.80	139000
140000	140999	1197	0.80	140000
141000	141999	1205	0.82	141000
142000	142999	1213	0.82	142000
143000	143999	1221	0.82	143000
144000	144999	1228	0.76	144000
145000	145999	1236	0.78	145000
146000	146999	1244	0.80	146000
147000	147999	1252	0.80	147000
148000	148999	1260	0.82	148000
149000	149999	1268	0.82	149000
150000	or greater/ou plus	1276		150000

Federal Child Support Tables/
Tables fédérales de pensions alimentaires pour enfants

Province: New Brunswick/Nouveau-Brunswick
No. of Children/N^{bre} d'enfants: Two/Deux

Income/Revenu ($) From/De	To/À	Basic Amount/Montant de base	Plus (%)	Of Income Over/Du revenu dépassant
0	10819	0		
10820	10999	0	4.30	10820
11000	11999	43	4.30	11000
12000	12999	86	3.66	12000
13000	13999	123	3.60	13000
14000	14999	159	3.52	14000
15000	15999	194	3.06	15000
16000	16999	225	3.04	16000
17000	17999	255	2.30	17000
18000	18999	278	1.18	18000
19000	19999	290	1.14	19000
20000	20999	301	1.10	20000
21000	21999	312	1.18	21000
22000	22999	324	1.14	22000
23000	23999	335	1.12	23000
24000	24999	346	1.18	24000
25000	25999	358	1.14	25000
26000	26999	369	1.04	26000
27000	27999	379	1.12	27000
28000	28999	390	1.46	28000
29000	29999	405	1.50	29000
30000	30999	420	1.44	30000
31000	31999	434	1.48	31000
32000	32999	449	1.48	32000
33000	33999	463	1.48	33000
34000	34999	478	1.46	34000
35000	35999	493	1.46	35000
36000	36999	508	1.46	36000
37000	37999	523	1.44	37000
38000	38999	538	1.40	38000
39000	39999	552	1.40	39000
40000	40999	566	1.42	40000
41000	41999	582	1.42	41000
42000	42999	596	1.40	42000
43000	43999	610	1.42	43000
44000	44999	624	1.48	44000
45000	45999	638	1.48	45000
46000	46999	653	1.44	46000
47000	47999	667	1.52	47000
48000	48999	682	1.52	48000
49000	49999	697	1.52	49000
50000	50999	712	1.52	50000
51000	51999	727	1.40	51000
52000	52999	741	1.38	52000
53000	53999	755	1.36	53000
54000	54999	769	1.46	54000
55000	55999	784	1.44	55000
56000	56999	798	1.40	56000
57000	57999	812	1.42	57000
58000	58999	826	1.40	58000
59000	59999	840	1.38	59000
60000	60999	854	1.46	60000
61000	61999	869	1.44	61000
62000	62999	883	1.42	62000
63000	63999	897	1.42	63000
64000	64999	911	1.40	64000
65000	65999	925	1.38	65000
66000	66999	939	1.38	66000
67000	67999	953	1.46	67000
68000	68999	968	1.44	68000
69000	69999	982	1.42	69000
70000	70999	996	1.40	70000
71000	71999	1010	1.40	71000
72000	72999	1024	1.38	72000
73000	73999	1038	1.36	73000
74000	74999	1052	1.38	74000
75000	75999	1066	1.38	75000
76000	76999	1080	1.38	76000
77000	77999	1094	1.38	77000
78000	78999	1108	1.38	78000
79000	79999	1122	1.38	79000
80000	80999	1136	1.38	80000
81000	81999	1150	1.30	81000
82000	82999	1164	1.28	82000
83000	83999	1177	1.26	83000
84000	84999	1190	1.26	84000
85000	85999	1203	1.36	85000
86000	86999	1217	1.34	86000
87000	87999	1230	1.32	87000
88000	88999	1243	1.34	88000
89000	89999	1256	1.32	89000
90000	90999	1269	1.30	90000
91000	91999	1282	1.28	91000
92000	92999	1295	1.28	92000
93000	93999	1308	1.26	93000
94000	94999	1321	1.34	94000
95000	95999	1335	1.32	95000
96000	96999	1348	1.32	96000
97000	97999	1361	1.30	97000
98000	98999	1374	1.30	98000
99000	99999	1387	1.30	99000
100000	100999	1400	1.28	100000
101000	101999	1413	1.26	101000
102000	102999	1426	1.36	102000
103000	103999	1439	1.34	103000
104000	104999	1453	1.34	104000
105000	105999	1466	1.32	105000
106000	106999	1479	1.32	106000
107000	107999	1492	1.30	107000
108000	108999	1505	1.30	108000
109000	109999	1518	1.28	109000
110000	110999	1531	1.36	110000
111000	111999	1544	1.34	111000
112000	112999	1558	1.34	112000
113000	113999	1571	1.32	113000
114000	114999	1584	1.32	114000
115000	115999	1597	1.32	115000
116000	116999	1610	1.30	116000
117000	117999	1623	1.30	117000
118000	118999	1636	1.28	118000
119000	119999	1649	1.28	119000
120000	120999	1662	1.30	120000
121000	121999	1675	1.30	121000
122000	122999	1688	1.32	122000
123000	123999	1701	1.32	123000
124000	124999	1714	1.34	124000
125000	125999	1727	1.24	125000
126000	126999	1739	1.26	126000
127000	127999	1752	1.26	127000
128000	128999	1765	1.26	128000
129000	129999	1777	1.22	129000
130000	130999	1789	1.18	130000
131000	131999	1801	1.26	131000
132000	132999	1814	1.26	132000
133000	133999	1826	1.18	133000
134000	134999	1838	1.26	134000
135000	135999	1850	1.26	135000
136000	136999	1863	1.24	136000
137000	137999	1875	1.22	137000
138000	138999	1887	1.18	138000
139000	139999	1899	1.26	139000
140000	140999	1912	1.24	140000
141000	141999	1924	1.22	141000
142000	142999	1936	1.26	142000
143000	143999	1948	1.18	143000
144000	144999	1961	1.24	144000
145000	145999	1973	1.24	145000
146000	146999	1985	1.24	146000
147000	147999	1997	1.26	147000
148000	148999	2010	1.24	148000
149000	149999	2022	1.22	149000
150000	or greater/ou plus	2034	1.22	150000

Federal Child Support Tables/Tables fédérales de pensions alimentaires pour enfants

Province: New Brunswick/Nouveau-Brunswick — No. of Children/N° d'enfants: Three/Trois

Income/Revenu (From/De)	Income/Revenu (To/À)	Basic Amount/Montant de base	Plus (%)	Of Income Over/Du revenu dépassant
0	10819	0		
10820	10999	0	4.60	10820
11000	11999	46	4.68	11000
12000	12999	93	3.88	12000
13000	13999	132	3.86	13000
14000	14999	171	3.80	14000
15000	15999	209	3.28	15000
16000	16999	242	3.30	16000
17000	17999	275	3.94	17000
18000	18999	314	3.98	18000
19000	19999	354	3.94	19000
20000	20999	393	4.00	20000
21000	21999	433	1.64	21000
22000	22999	449	1.62	22000
23000	23999	465	1.54	23000
24000	24999	480	1.56	24000
25000	25999	496	1.58	25000
26000	26999	512	1.52	26000
27000	27999	527	1.52	27000
28000	28999	542	1.54	28000
29000	29999	557	1.54	29000
30000	30999	572	1.86	30000
31000	31999	590	1.86	31000
32000	32999	609	1.78	32000
33000	33999	627	1.86	33000
34000	34999	645	1.96	34000
35000	35999	666	1.94	35000
36000	36999	685	1.84	36000
37000	37999	703	1.78	37000
38000	38999	721	1.84	38000
39000	39999	740	1.92	39000
40000	40999	758	1.78	40000
41000	41999	777	1.72	41000
42000	42999	795	1.76	42000
43000	43999	812	1.76	43000
44000	44999	830	1.76	44000
45000	45999	848	1.76	45000
46000	46999	866	1.76	46000
47000	47999	884	1.86	47000
48000	48999	903	1.88	48000
49000	49999	922	1.88	49000
50000	50999	941	1.88	50000
51000	51999	960	1.78	51000
52000	52999	978	1.86	52000
53000	53999	997	1.84	53000
54000	54999	1015	1.82	54000
55000	55999	1033	1.80	55000
56000	56999	1051	1.78	56000
57000	57999	1069	1.86	57000
58000	58999	1088	1.84	58000
59000	59999	1106	1.82	59000
60000	60999	1124	1.80	60000
61000	61999	1142	1.78	61000
62000	62999	1160	1.86	62000
63000	63999	1179	1.84	63000
64000	64999	1197	1.82	64000
65000	65999	1215	1.80	65000
66000	66999	1233	1.78	66000
67000	67999	1251	1.86	67000
68000	68999	1270	1.84	68000
69000	69999	1288	1.82	69000
70000	70999	1306	1.80	70000
71000	71999	1324	1.78	71000
72000	72999	1342	1.84	72000
73000	73999	1361	1.74	73000
74000	74999	1378	1.76	74000
75000	75999	1396	1.76	75000
76000	76999	1414	1.76	76000
77000	77999	1432	1.76	77000
78000	78999	1450	1.76	78000
79000	79999	1468	1.76	79000
80000	80999	1486	1.76	80000
81000	81999	1504	1.78	81000
82000	82999	1522	1.70	82000
83000	83999	1539	1.70	83000
84000	84999	1556	1.70	84000
85000	85999	1573	1.72	85000
86000	86999	1590	1.74	86000
87000	87999	1607	1.62	87000
88000	88999	1623	1.64	88000
89000	89999	1640	1.68	89000
90000	90999	1657	1.70	90000
91000	91999	1674	1.70	91000
92000	92999	1691	1.72	92000
93000	93999	1708	1.74	93000
94000	94999	1725	1.64	94000
95000	95999	1741	1.66	95000
96000	96999	1758	1.68	96000
97000	97999	1775	1.68	97000
98000	98999	1792	1.70	98000
99000	99999	1809	1.72	99000
100000	100999	1826	1.72	100000
101000	101999	1843	1.64	101000
102000	102999	1859	1.66	102000
103000	103999	1876	1.68	103000
104000	104999	1893	1.68	104000
105000	105999	1910	1.70	105000
106000	106999	1927	1.72	106000
107000	107999	1944	1.72	107000
108000	108999	1961	1.64	108000
109000	109999	1977	1.66	109000
110000	110999	1994	1.66	110000
111000	111999	2011	1.68	111000
112000	112999	2028	1.70	112000
113000	113999	2045	1.70	113000
114000	114999	2062	1.72	114000
115000	115999	2079	1.64	115000
116000	116999	2095	1.66	116000
117000	117999	2112	1.66	117000
118000	118999	2129	1.68	118000
119000	119999	2146	1.60	119000
120000	120999	2162	1.66	120000
121000	121999	2179	1.70	121000
122000	122999	2196	1.64	122000
123000	123999	2212	1.68	123000
124000	124999	2229	1.62	124000
125000	125999	2245	1.66	125000
126000	126999	2262	1.70	126000
127000	127999	2279	1.54	127000
128000	128999	2294	1.56	128000
129000	129999	2310	1.60	129000
130000	130999	2326	1.62	130000
131000	131999	2343	1.54	131000
132000	132999	2357	1.56	132000
133000	133999	2373	1.60	133000
134000	134999	2389	1.62	134000
135000	135999	2405	1.56	135000
136000	136999	2420	1.56	136000
137000	137999	2436	1.60	137000
138000	138999	2452	1.62	138000
139000	139999	2468	1.54	139000
140000	140999	2483	1.54	140000
141000	141999	2499	1.60	141000
142000	142999	2515	1.62	142000
143000	143999	2531	1.54	143000
144000	144999	2546	1.56	144000
145000	145999	2562	1.62	145000
146000	146999	2578	1.54	146000
147000	147999	2594	1.56	147000
148000	148999	2609	1.56	148000
149000	149999	2625	1.6	149000
150000	or greater/ou plus	2641		150000

Federal Child Support Tables/Tables fédérales de pensions alimentaires pour enfants

Province: New Brunswick/Nouveau-Brunswick — No. of Children/N° d'enfants: Two/Deux

Income/Revenu ($) From/De	To/À	Monthly Award/Paiement mensuel ($) Basic Amount/Montant de base	Plus (%)	Of Income Over/Du revenu dépassant
0	10819	0		
10820	10999	0	4.30	10820
11000	11999	43	4.30	11000
12000	12999	86	3.66	12000
13000	13999	123	3.60	13000
14000	14999	159	3.52	14000
15000	15999	194	3.06	15000
16000	16999	225	3.04	16000
17000	17999	255	2.30	17000
18000	18999	278	1.18	18000
19000	19999	290	1.14	19000
20000	20999	301	1.10	20000
21000	21999	312	1.18	21000
22000	22999	324	1.14	22000
23000	23999	335	1.12	23000
24000	24999	346	1.18	24000
25000	25999	358	1.14	25000
26000	26999	369	1.04	26000
27000	27999	379	1.12	27000
28000	28999	390	1.46	28000
29000	29999	405	1.50	29000
30000	30999	420	1.44	30000
31000	31999	434	1.48	31000
32000	32999	449	1.40	32000
33000	33999	463	1.48	33000
34000	34999	478	1.46	34000
35000	35999	493	1.48	35000
36000	36999	508	1.48	36000
37000	37999	523	1.48	37000
38000	38999	538	1.40	38000
39000	39999	552	1.56	39000
40000	40999	568	1.50	40000
41000	41999	582	1.42	41000
42000	42999	596	1.42	42000
43000	43999	610	1.40	43000
44000	44999	624	1.48	44000
45000	45999	638	1.48	45000
46000	46999	653	1.44	46000
47000	47999	667	1.52	47000
48000	48999	682	1.52	48000
49000	49999	697	1.52	49000
50000	50999	712	1.52	50000
51000	51999	727	1.40	51000
52000	52999	741	1.36	52000
53000	53999	755	1.46	53000
54000	54999	769	1.44	54000
55000	55999	784	1.44	55000
56000	56999	798	1.40	56000
57000	57999	812	1.42	57000
58000	58999	826	1.40	58000
59000	59999	840	1.38	59000
60000	60999	854	1.46	60000
61000	61999	869	1.44	61000
62000	62999	883	1.44	62000
63000	63999	897	1.42	63000
64000	64999	911	1.40	64000
65000	65999	925	1.38	65000
66000	66999	939	1.38	66000
67000	67999	953	1.46	67000
68000	68999	968	1.44	68000
69000	69999	982	1.42	69000
70000	70999	996	1.40	70000
71000	71999	1010	1.40	71000
72000	72999	1024	1.38	72000
73000	73999	1038	1.36	73000
74000	74999	1052	1.36	74000
75000	75999	1066	1.34	75000
76000	76999	1080	1.38	76000
77000	77999	1094	1.38	77000
78000	78999	1108	1.38	78000
79000	79999	1122	1.36	79000
80000	80999	1136	1.40	80000
81000	81999	1150	1.38	81000
82000	82999	1164	1.30	82000
83000	83999	1177	1.28	83000
84000	84999	1190	1.36	84000
85000	85999	1203	1.28	85000
86000	86999	1217	1.26	86000
87000	87999	1230	1.34	87000
88000	88999	1243	1.32	88000
89000	89999	1256	1.32	89000
90000	90999	1269	1.30	90000
91000	91999	1282	1.30	91000
92000	92999	1295	1.28	92000
93000	93999	1308	1.26	93000
94000	94999	1321	1.36	94000
95000	95999	1335	1.34	95000
96000	96999	1348	1.32	96000
97000	97999	1361	1.32	97000
98000	98999	1374	1.30	98000
99000	99999	1387	1.30	99000
100000	100999	1400	1.28	100000
101000	101999	1413	1.28	101000
102000	102999	1426	1.26	102000
103000	103999	1439	1.36	103000
104000	104999	1453	1.34	104000
105000	105999	1456	1.32	105000
106000	106999	1479	1.32	106000
107000	107999	1492	1.30	107000
108000	108999	1505	1.30	108000
109000	109999	1518	1.28	109000
110000	110999	1531	1.28	110000
111000	111999	1544	1.36	111000
112000	112999	1558	1.34	112000
113000	113999	1571	1.32	113000
114000	114999	1584	1.34	114000
115000	115999	1597	1.24	115000
116000	116999	1610	1.30	116000
117000	117999	1623	1.30	117000
118000	118999	1636	1.28	118000
119000	119999	1649	1.28	119000
120000	120999	1662	1.30	120000
121000	121999	1675	1.30	121000
122000	122999	1688	1.32	122000
123000	123999	1701	1.32	123000
124000	124999	1714	1.34	124000
125000	125999	1727	1.24	125000
126000	126999	1739	1.24	126000
127000	127999	1752	1.26	127000
128000	128999	1765	1.26	128000
129000	129999	1777	1.18	129000
130000	130999	1789	1.26	130000
131000	131999	1801	1.26	131000
132000	132999	1814	1.26	132000
133000	133999	1826	1.22	133000
134000	134999	1838	1.18	134000
135000	135999	1850	1.26	135000
136000	136999	1863	1.24	136000
137000	137999	1875	1.18	137000
138000	138999	1887	1.26	138000
139000	139999	1899	1.26	139000
140000	140999	1912	1.22	140000
141000	141999	1924	1.22	141000
142000	142999	1936	1.18	142000
143000	143999	1948	1.24	143000
144000	144999	1961	1.24	144000
145000	145999	1973	1.18	145000
146000	146999	1985	1.18	146000
147000	147999	1997	1.24	147000
148000	148999	2010	1.24	148000
149000	149999	2022	1.22	149000
150000	or greater/ou plus	2034	1.22	150000

Federal Child Support Tables/ Tables fédérales de pensions alimentaires pour enfants — **Province: New Brunswick/Nouveau-Brunswick — No. of Children/N° d'enfants: Three/Trois**

Income/Revenu From/De	To/À	Basic Amount/ Montant de base	Plus (%)	Of Income Over/ Du revenu dépassant	Income From/De	To/À	Basic Amount	Plus (%)	Of Income Over	Income From/De	To/À	Basic Amount	Plus (%)	Of Income Over
0	10819	0			58000	58999	1088	1.84	58000	107000	107999	1944	1.72	107000
10820	10999	0	4.60	10820	59000	59999	1106	1.82	59000	108000	108999	1961	1.64	108000
11000	11999	46	4.68	11000	60000	60999	1124	1.80	60000	109000	109999	1977	1.66	109000
12000	12999	93	3.88	12000	61000	61999	1142	1.78	61000	110000	110999	1994	1.66	110000
13000	13999	132	3.86	13000	62000	62999	1160	1.86	62000	111000	111999	2011	1.68	111000
14000	14999	171	3.80	14000	63000	63999	1179	1.84	63000	112000	112999	2028	1.70	112000
15000	15999	209	3.28	15000	64000	64999	1197	1.82	64000	113000	113999	2045	1.70	113000
16000	16999	242	3.30	16000	65000	65999	1215	1.80	65000	114000	114999	2062	1.72	114000
17000	17999	275	3.94	17000	66000	66999	1233	1.78	66000	115000	115999	2079	1.64	115000
18000	18999	314	3.98	18000	67000	67999	1251	1.86	67000	116000	116999	2095	1.66	116000
19000	19999	354	3.94	19000	68000	68999	1270	1.84	68000	117000	117999	2112	1.66	117000
20000	20999	393	4.00	20000	69000	69999	1288	1.82	69000	118000	118999	2129	1.68	118000
21000	21999	433	1.64	21000	70000	70999	1306	1.80	70000	119000	119999	2146	1.60	119000
22000	22999	449	1.64	22000	71000	71999	1324	1.78	71000	120000	120999	2162	1.66	120000
23000	23999	465	1.62	23000	72000	72999	1342	1.86	72000	121000	121999	2179	1.70	121000
24000	24999	480	1.54	24000	73000	73999	1361	1.74	73000	122000	122999	2196	1.64	122000
25000	25999	496	1.56	25000	74000	74999	1378	1.76	74000	123000	123999	2212	1.68	123000
26000	26999	512	1.58	26000	75000	75999	1396	1.76	75000	124000	124999	2229	1.62	124000
27000	27999	527	1.52	27000	76000	76999	1414	1.76	76000	125000	125999	2245	1.66	125000
28000	28999	542	1.52	28000	77000	77999	1432	1.76	77000	126000	126999	2262	1.66	126000
29000	29999	557	1.54	29000	78000	78999	1450	1.76	78000	127000	127999	2279	1.70	127000
30000	30999	572	1.54	30000	79000	79999	1468	1.76	79000	128000	128999	2294	1.54	128000
31000	31999	590	1.86	31000	80000	80999	1486	1.76	80000	129000	129999	2310	1.56	129000
32000	32999	609	1.86	32000	81000	81999	1504	1.78	81000	130000	130999	2326	1.64	130000
33000	33999	627	1.78	33000	82000	82999	1522	1.68	82000	131000	131999	2342	1.54	131000
34000	34999	646	1.96	34000	83000	83999	1539	1.70	83000	132000	132999	2357	1.56	132000
35000	35999	666	1.94	35000	84000	84999	1556	1.70	84000	133000	133999	2373	1.60	133000
36000	36999	685	1.84	36000	85000	85999	1573	1.72	85000	134000	134999	2389	1.62	134000
37000	37999	703	1.78	37000	86000	86999	1590	1.74	86000	135000	135999	2405	1.54	135000
38000	38999	721	1.86	38000	87000	87999	1607	1.74	87000	136000	136999	2420	1.56	136000
39000	39999	740	1.84	39000	88000	88999	1623	1.64	88000	137000	137999	2436	1.60	137000
40000	40999	758	1.92	40000	89000	89999	1640	1.68	89000	138000	138999	2452	1.62	138000
41000	41999	777	1.84	41000	90000	90999	1657	1.68	90000	139000	139999	2468	1.54	139000
42000	42999	795	1.78	42000	91000	91999	1674	1.70	91000	140000	140999	2483	1.56	140000
43000	43999	812	1.72	43000	92000	92999	1691	1.72	92000	141000	141999	2499	1.60	141000
44000	44999	830	1.76	44000	93000	93999	1708	1.74	93000	142000	142999	2515	1.54	142000
45000	45999	848	1.76	45000	94000	94999	1725	1.64	94000	143000	143999	2531	1.56	143000
46000	46999	866	1.76	46000	95000	95999	1741	1.66	95000	144000	144999	2546	1.60	144000
47000	47999	884	1.86	47000	96000	96999	1758	1.68	96000	145000	145999	2562	1.62	145000
48000	48999	903	1.88	48000	97000	97999	1775	1.70	97000	146000	146999	2578	1.54	146000
49000	49999	922	1.88	49000	98000	98999	1792	1.72	98000	147000	147999	2594	1.56	147000
50000	50999	941	1.88	50000	99000	99999	1809	1.70	99000	148000	148999	2609	1.54	148000
51000	51999	960	1.78	51000	100000	100999	1826	1.64	100000	149000	149999	2625	1.60	149000
52000	52999	978	1.78	52000	101000	101999	1843	1.66	101000	150000	or greater/ou plus	2641	1.6	150000
53000	53999	997	1.86	53000	102000	102999	1859	1.66	102000					
54000	54999	1015	1.84	54000	103000	103999	1876	1.68	103000					
55000	55999	1033	1.82	55000	104000	104999	1893	1.70	104000					
56000	56999	1051	1.80	56000	105000	105999	1910	1.70	105000					
57000	57999	1069	1.78	57000	106000	106999	1927	1.72	106000					

Federal Child Support Tables / Tables fédérales de pensions alimentaires pour enfants

Province: New Brunswick/Nouveau-Brunswick — No. of Children/N^bre d'enfants: **Four/Quatre**

Income/Revenu ($) From/De	To/À	Monthly Award/Paiement mensuel ($) Basic Amount/Montant de base	Plus (%)	Of Income Over/Du revenu dépassant
0	10819	0		0
10820	10999	0	5.00	10820
11000	11999	50	5.04	11000
12000	12999	100	4.22	12000
13000	13999	142	4.12	13000
14000	14999	183	4.08	14000
15000	15999	224	3.48	15000
16000	16999	259	3.48	16000
17000	17999	294	4.28	17000
18000	18999	337	4.24	18000
19000	19999	379	4.22	19000
20000	20999	421	4.18	20000
21000	21999	463	4.26	21000
22000	22999	506	4.24	22000
23000	23999	548	4.20	23000
24000	24999	590	1.98	24000
25000	25999	610	1.92	25000
26000	26999	629	1.90	26000
27000	27999	648	1.84	27000
28000	28999	666	1.90	28000
29000	29999	685	1.90	29000
30000	30999	704	1.82	30000
31000	31999	722	1.86	31000
32000	32999	741	2.10	32000
33000	33999	762	2.22	33000
34000	34999	784	2.18	34000
35000	35999	806	2.26	35000
36000	36999	829	2.12	36000
37000	37999	850	2.16	37000
38000	38999	872	2.12	38000
39000	39999	893	2.26	39000
40000	40999	914	2.10	40000
41000	41999	937	2.10	41000
42000	42999	958	2.04	42000
43000	43999	978	2.08	43000
44000	44999	999	2.08	44000
45000	45999	1020	2.08	45000
46000	46999	1041	2.08	46000
47000	47999	1062	2.18	47000
48000	48999	1084	2.26	48000
49000	49999	1107	2.24	49000
50000	50999	1129	2.20	50000
51000	51999	1151	2.14	51000
52000	52999	1173	2.14	52000
53000	53999	1194	2.18	53000
54000	54999	1216	2.14	54000
55000	55999	1237	2.18	55000
56000	56999	1259	2.14	56000
57000	57999	1280	2.18	57000
58000	58999	1302	2.14	58000
59000	59999	1323	2.18	59000
60000	60999	1345	2.18	60000
61000	61999	1366	2.14	61000
62000	62999	1388	2.14	62000
63000	63999	1409	2.14	63000
64000	64999	1431	2.14	64000
65000	65999	1452	2.18	65000
66000	66999	1474	2.14	66000
67000	67999	1495	2.18	67000
68000	68999	1517	2.18	68000
69000	69999	1538	2.14	69000
70000	70999	1560	2.14	70000
71000	71999	1581	2.08	71000
72000	72999	1603	2.16	72000
73000	73999	1624	2.16	73000
74000	74999	1645	2.12	74000
75000	75999	1667	2.12	75000
76000	76999	1688	2.10	76000
77000	77999	1709	2.16	77000
78000	78999	1730	2.16	78000
79000	79999	1752	2.12	79000
80000	80999	1773	2.12	80000
81000	81999	1794	2.10	81000
82000	82999	1815	1.98	82000
83000	83999	1835	2.00	83000
84000	84999	1855	2.00	84000
85000	85999	1875	2.00	85000
86000	86999	1895	2.02	86000
87000	87999	1915	2.02	87000
88000	88999	1935	2.00	88000
89000	89999	1955	2.02	89000
90000	90999	1975	2.04	90000
91000	91999	1995	1.94	91000
92000	92999	2015	1.96	92000
93000	93999	2034	1.96	93000
94000	94999	2054	1.98	94000
95000	95999	2074	1.98	95000
96000	96999	2094	2.00	96000
97000	97999	2114	1.98	97000
98000	98999	2134	2.00	98000
99000	99999	2154	2.00	99000
100000	100999	2174	2.02	100000
101000	101999	2194	2.02	101000
102000	102999	2214	2.02	102000
103000	103999	2234	2.04	103000
104000	104999	2254	1.94	104000
105000	105999	2274	1.96	105000
106000	106999	2293	1.96	106000
107000	107999	2313	1.96	107000
108000	108999	2333	1.96	108000
109000	109999	2353	1.98	109000
110000	110999	2373	1.98	110000
111000	111999	2393	2.00	111000
112000	112999	2413	2.00	112000
113000	113999	2433	2.02	113000
114000	114999	2453	2.02	114000
115000	115999	2473	2.02	115000
116000	116999	2493	2.04	116000
117000	117999	2513	1.94	117000
118000	118999	2533	1.96	118000
119000	119999	2552	2.00	119000
120000	120999	2572	1.94	120000
121000	121999	2592	1.98	121000
122000	122999	2611	1.98	122000
123000	123999	2631	1.92	123000
124000	124999	2650	1.96	124000
125000	125999	2670	2.00	125000
126000	126999	2690	1.94	126000
127000	127999	2709	1.88	127000
128000	128999	2728	1.82	128000
129000	129999	2746	1.86	129000
130000	130999	2765	1.90	130000
131000	131999	2784	1.88	131000
132000	132999	2802	1.88	132000
133000	133999	2821	1.82	133000
134000	134999	2839	1.86	134000
135000	135999	2858	1.90	135000
136000	136999	2877	1.84	136000
137000	137999	2895	1.88	137000
138000	138999	2914	1.82	138000
139000	139999	2932	1.86	139000
140000	140999	2951	1.82	140000
141000	141999	2970	1.82	141000
142000	142999	2988	1.86	142000
143000	143999	3007	1.90	143000
144000	144999	3026	1.84	144000
145000	145999	3044	1.82	145000
146000	146999	3063	1.86	146000
147000	147999	3081	1.90	147000
148000	148999	3100	1.84	148000
149000	149999	3119	1.84	149000
150000 or greater/ou plus		3137		150000

Federal Child Support Tables / Tables fédérales de pensions alimentaires pour enfants

Province: New Brunswick/Nouveau-Brunswick — No. of Children/Nº d'enfants: Five/Cinq

Income/Revenu ($) From/De	To/À	Basic Amount/Montant de base	Plus (%)	Of Income Over/Du revenu dépassant
0	10819	0		
10820	10999	0	5.00	10820
11000	11999	9	5.04	11000
12000	12999	50	4.22	12000
13000	13999	100	4.12	13000
14000	14999	142	4.08	14000
15000	15999	183	3.48	15000
16000	16999	224	3.48	16000
17000	17999	259	3.48	17000
18000	18999	294	4.28	18000
19000	19999	337	4.22	19000
20000	20999	379	4.18	20000
21000	21999	421	4.24	21000
22000	22999	463	4.26	22000
23000	23999	506	4.24	23000
24000	24999	548	4.20	24000
25000	25999	590	4.28	25000
26000	26999	633	4.24	26000
27000	27999	675	4.22	27000
28000	28999	717	4.20	28000
29000	29999	759	3.26	29000
30000	30999	792	3.18	30000
31000	31999	814	2.20	31000
32000	32999	836	2.22	32000
33000	33999	858	2.14	33000
34000	34999	879	2.14	34000
35000	35999	900	2.36	35000
36000	36999	924	2.52	36000
37000	37999	949	2.40	37000
38000	38999	973	2.38	38000
39000	39999	997	2.40	39000
40000	40999	1021	2.42	40000
41000	41999	1045	2.52	41000
42000	42999	1070	2.28	42000
43000	43999	1093	2.26	43000
44000	44999	1116	2.30	44000
45000	45999	1140	2.36	45000
46000	46999	1163	2.40	46000
47000	47999	1187	2.44	47000
48000	48999	1211	2.48	48000
49000	49999	1235	2.48	49000
50000	50999	1260	2.48	50000
51000	51999	1285	2.38	51000
52000	52999	1310	2.38	52000
53000	53999	1334	2.44	53000
54000	54999	1359	2.40	54000
55000	55999	1383	2.40	55000
56000	56999	1407	2.38	56000
57000	57999	1431	2.46	57000
		1455	2.42	
58000	58999	1480	2.40	58000
59000	59999	1504	2.48	59000
60000	60999	1529	2.44	60000
61000	61999	1553	2.42	61000
62000	62999	1577	2.40	62000
63000	63999	1601	2.48	63000
64000	64999	1626	2.44	64000
65000	65999	1650	2.42	65000
66000	66999	1674	2.4	66000
67000	67999	1698	2.45	67000
68000	68999	1723	2.44	68000
69000	69999	1747	2.42	69000
70000	70999	1771	2.40	70000
71000	71999	1795	2.46	71000
72000	72999	1820	2.44	72000
73000	73999	1844	2.42	73000
74000	74999	1868	2.42	74000
75000	75999	1892	2.42	75000
76000	76999	1916	2.42	76000
77000	77999	1940	2.44	77000
78000	78999	1964	2.44	78000
79000	79999	1988	2.44	79000
80000	80999	2012	2.42	80000
81000	81999	2036	2.34	81000
82000	82999	2059	2.26	82000
83000	83999	2082	2.20	83000
84000	84999	2104	2.26	84000
85000	85999	2127	2.20	85000
86000	86999	2149	2.22	86000
87000	87999	2172	2.22	87000
88000	88999	2194	2.26	88000
89000	89999	2217	2.22	89000
90000	90999	2239	2.28	90000
91000	91999	2262	2.22	91000
92000	92999	2284	2.28	92000
93000	93999	2307	2.22	93000
94000	94999	2329	2.24	94000
95000	95999	2352	2.24	95000
96000	96999	2374	2.28	96000
97000	97999	2397	2.22	97000
98000	98999	2419	2.28	98000
99000	99999	2442	2.24	99000
100000	100999	2464	2.30	100000
101000	101999	2487	2.24	101000
102000	102999	2509	2.30	102000
103000	103999	2532	2.24	103000
104000	104999	2554	2.26	104000
105000	105999	2576	2.20	105000
106000	106999	2599	2.26	106000
107000	107999	2621	2.26	107000
108000	108999	2644	2.20	108000
109000	109999	2666	2.26	109000
110000	110999	2689	2.20	110000
111000	111999	2711	2.22	111000
112000	112999	2734	2.22	112000
113000	113999	2756	2.26	113000
114000	114999	2779	2.22	114000
115000	115999	2801	2.26	115000
116000	116999	2824	2.28	116000
117000	117999	2846	2.22	117000
118000	118999	2869	2.20	118000
119000	119999	2891	2.18	119000
120000	120999	2913	2.18	120000
121000	121999	2935	2.16	121000
122000	122999	2957	2.26	122000
123000	123999	2979	2.24	123000
124000	124999	3002	2.24	124000
125000	125999	3024	2.22	125000
126000	126999	3046	2.22	126000
127000	127999	3068	2.10	127000
128000	128999	3089	2.10	128000
129000	129999	3110	2.10	129000
130000	130999	3131	2.10	130000
131000	131999	3152	2.10	131000
132000	132999	3173	2.10	132000
133000	133999	3194	2.10	133000
134000	134999	3215	2.10	134000
135000	135999	3236	2.10	135000
136000	136999	3257	2.10	136000
137000	137999	3278	2.10	137000
138000	138999	3299	2.10	138000
139000	139999	3320	2.10	139000
140000	140999	3341	2.10	140000
141000	141999	3362	2.10	141000
142000	142999	3383	2.10	142000
143000	143999	3404	2.10	143000
144000	144999	3425	2.10	144000
145000	145999	3446	2.10	145000
146000	146999	3467	2.10	146000
147000	147999	3488	2.10	147000
148000	148999	3509	2.10	148000
149000	149999	3530	2.10	149000
150000	or greater/ou plus	3551		150000

Federal Child Support Tables/ Tables fédérales de pensions alimentaires pour enfants

Province: New Brunswick/Nouveau-Brunswick — No. of Children/N° d'enfants: Six or more/Six ou plus

Income/Revenu ($) From/De	To/À	Basic Amount/ Montant de base	Plus (%)	Of Income Over/ Du revenu dépassant
0	10819	0		
10820	10999	0	5.00	10820
11000	11999	50	5.04	11000
12000	12999	100	4.22	12000
13000	13999	142	4.12	13000
14000	14999	183	4.08	14000
15000	15999	224	3.48	15000
16000	16999	259	4.28	16000
17000	17999	294	4.28	17000
18000	18999	337	4.24	18000
19000	19999	379	4.22	19000
20000	20999	421	4.18	20000
21000	21999	463	4.26	21000
22000	22999	506	4.24	22000
23000	23999	548	4.20	23000
24000	24999	590	4.28	24000
25000	25999	633	4.24	25000
26000	26999	675	4.20	26000
27000	27999	717	4.24	27000
28000	28999	759	4.30	28000
29000	29999	802	4.24	29000
30000	30999	844	4.24	30000
31000	31999	886	4.18	31000
32000	32999	928	4.060	32000
33000	33999	969	3.48	33000
34000	34999	1004	2.46	34000
35000	35999	1028	2.44	35000
36000	36999	1053	2.60	36000
37000	37999	1077	2.60	37000
38000	38999	1103	2.60	38000
39000	39999	1129	2.78	39000
40000	40999	1155	2.50	40000
41000	41999	1183	2.48	41000
42000	42999	1208	2.48	42000
43000	43999	1233	2.56	43000
44000	44999	1259	2.60	44000
45000	45999	1285	2.56	45000
46000	46999	1310	2.54	46000
47000	47999	1336	2.70	47000
48000	48999	1363	2.70	48000
49000	49999	1390	2.76	49000
50000	50999	1417	2.62	50000
51000	51999	1445	2.66	51000
52000	52999	1471	2.70	52000
53000	53999	1498	2.50	53000
54000	54999	1525	2.68	54000
55000	55999	1551	2.62	55000
56000	56999	1578	2.68	56000
57000	57999	1604	2.68	57000

Income/Revenu ($) From/De	To/À	Basic Amount/ Montant de base	Plus (%)	Of Income Over/ Du revenu dépassant
58000	58999	1631	2.62	58000
59000	59999	1657	2.66	59000
60000	60999	1684	2.70	60000
61000	61999	1711	2.68	61000
62000	62999	1737	2.64	62000
63000	63999	1764	2.62	63000
64000	64999	1790	2.66	64000
65000	65999	1817	2.70	65000
66000	66999	1844	2.64	66000
67000	67999	1870	2.68	67000
68000	68999	1897	2.62	68000
69000	69999	1923	2.66	69000
70000	70999	1950	2.70	70000
71000	71999	1977	2.64	71000
72000	72999	2003	2.68	72000
73000	73999	2030	2.60	73000
74000	74999	2056	2.68	74000
75000	75999	2082	2.64	75000
76000	76999	2109	2.62	76000
77000	77999	2135	2.66	77000
78000	78999	2161	2.60	78000
79000	79999	2187	2.64	79000
80000	80999	2214	2.66	80000
81000	81999	2240	2.64	81000
82000	82999	2266	2.50	82000
83000	83999	2291	2.46	83000
84000	84999	2315	2.50	84000
85000	85999	2340	2.44	85000
86000	86999	2365	2.48	86000
87000	87999	2389	2.52	87000
88000	88999	2414	2.48	88000
89000	89999	2439	2.48	89000
90000	90999	2463	2.46	90000
91000	91999	2488	2.42	91000
92000	92999	2512	2.46	92000
93000	93999	2537	2.42	93000
94000	94999	2562	2.46	94000
95000	95999	2586	2.50	95000
96000	96999	2611	2.44	96000
97000	97999	2636	2.44	97000
98000	98999	2660	2.50	98000
99000	99999	2685	2.44	99000
100000	100999	2710	2.48	100000
101000	101999	2734	2.50	101000
102000	102999	2759	2.42	102000
103000	103999	2784	2.48	103000
104000	104999	2808	2.50	104000
105000	105999	2833	2.42	105000
106000	106999	2857	2.46	106000

Income/Revenu ($) From/De	To/À	Basic Amount/ Montant de base	Plus (%)	Of Income Over/ Du revenu dépassant
107000	107999	2882	2.48	107000
108000	108999	2907	2.42	108000
109000	109999	2931	2.46	109000
110000	110999	2956	2.50	110000
111000	111999	2981	2.44	111000
112000	112999	3005	2.46	112000
113000	113999	3030	2.50	113000
114000	114999	3055	2.44	114000
115000	115999	3079	2.48	115000
116000	116999	3104	2.50	116000
117000	117999	3129	2.44	117000
118000	118999	3153	2.48	118000
119000	119999	3178	2.42	119000
120000	120999	3202	2.48	120000
121000	121999	3226	2.40	121000
122000	122999	3250	2.46	122000
123000	123999	3275	2.44	123000
124000	124999	3299	2.42	124000
125000	125999	3323	2.40	125000
126000	126999	3347	2.38	126000
127000	127999	3371	2.36	127000
128000	128999	3395	2.34	128000
129000	129999	3418	2.34	129000
130000	130999	3441	2.34	130000
131000	131999	3464	2.34	131000
132000	132999	3487	2.34	132000
133000	133999	3510	2.34	133000
134000	134999	3533	2.34	134000
135000	135999	3556	2.34	135000
136000	136999	3579	2.34	136000
137000	137999	3602	2.34	137000
138000	138999	3625	2.32	138000
139000	139999	3648	2.32	139000
140000	140999	3671	2.32	140000
141000	141999	3694	2.32	141000
142000	142999	3717	2.32	142000
143000	143999	3740	2.32	143000
144000	144999	3763	2.32	144000
145000	145999	3786	2.32	145000
146000	146999	3809	2.32	146000
147000	147999	3832	2.32	147000
148000	148999	3855	2.30	148000
149000	149999	3878	2.32	149000
150000	or greater/ ou plus	3901	2.30	150000

Federal Child Support Tables / Tables fédérales de pensions alimentaires pour enfants

Province: Manitoba — No. of Children/Nbre d'enfants: One/Un

Income/Revenu ($) From/De	To/À	Basic Amount/Montant de base	Plus (%)	Of Income Over/Du revenu dépassant
0	10819	0		
10820	10999	0	3.70	10820
11000	11999	37	3.38	11000
12000	12999	71	2.76	12000
13000	13999	99	0.50	13000
14000	14999	105	0.60	14000
15000	15999	110	0.20	15000
16000	16999	112	0.06	16000
17000	17999	113	0.06	17000
18000	18999	114	0.06	18000
19000	19999	115	0.66	19000
20000	20999	122	1.00	20000
21000	21999	132	1.00	21000
22000	22999	142	0.98	22000
23000	23999	152	1.06	23000
24000	24999	163	1.08	24000
25000	25999	174	1.22	25000
26000	26999	186	1.06	26000
27000	27999	197	1.04	27000
28000	28999	207	1.08	28000
29000	29999	217	1.04	29000
30000	30999	228	1.02	30000
31000	31999	238	1.00	31000
32000	32999	248	0.94	32000
33000	33999	257	0.98	33000
34000	34999	267	0.98	34000
35000	35999	276	0.94	35000
36000	36999	286	0.92	36000
37000	37999	295	0.98	37000
38000	38999	304	0.94	38000
39000	39999	314	0.94	39000
40000	40999	323	0.88	40000
41000	41999	332	0.90	41000
42000	42999	341	0.90	42000
43000	43999	350	0.84	43000
44000	44999	358	0.86	44000
45000	45999	367	0.86	45000
46000	46999	376	0.88	46000
47000	47999	385	0.92	47000
48000	48999	394	0.92	48000
49000	49999	403	0.92	49000
50000	50999	412	0.90	50000
51000	51999	421	0.90	51000
52000	52999	430	0.88	52000
53000	53999	439	0.90	53000
54000	54999	448	0.88	54000
55000	55999	457	0.88	55000
56000	56999	466	0.88	56000
57000	57999	475	0.88	57000

Income/Revenu ($) From/De	To/À	Basic Amount/Montant de base	Plus (%)	Of Income Over/Du revenu dépassant
58000	58999	484	0.86	58000
59000	59999	493	0.96	59000
60000	60999	502	0.94	60000
61000	61999	511	0.94	61000
62000	62999	521	0.94	62000
63000	63999	530	0.92	63000
64000	64999	539	0.92	64000
65000	65999	548	0.92	65000
66000	66999	557	0.86	66000
67000	67999	566	0.86	67000
68000	68999	574	0.82	68000
69000	69999	583	0.82	69000
70000	70999	591	0.88	70000
71000	71999	600	0.84	71000
72000	72999	608	0.80	72000
73000	73999	616	0.86	73000
74000	74999	625	0.82	74000
75000	75999	633	0.82	75000
76000	76999	642	0.84	76000
77000	77999	650	0.80	77000
78000	78999	658	0.86	78000
79000	79999	667	0.80	79000
80000	80999	675	0.86	80000
81000	81999	684	0.80	81000
82000	82999	692	0.82	82000
83000	83999	700	0.78	83000
84000	84999	708	0.80	84000
85000	85999	716	0.82	85000
86000	86999	724	0.76	86000
87000	87999	731	0.80	87000
88000	88999	739	0.76	88000
89000	89999	747	0.80	89000
90000	90999	755	0.80	90000
91000	91999	763	0.76	91000
92000	92999	771	0.78	92000
93000	93999	779	0.76	93000
94000	94999	786	0.76	94000
95000	95999	794	0.78	95000
96000	96999	802	0.80	96000
97000	97999	810	0.80	97000
98000	98999	818	0.82	98000
99000	99999	826	0.84	99000
100000	100999	834	0.76	100000
101000	101999	842	0.74	101000
102000	102999	849	0.78	102000
103000	103999	857	0.76	103000
104000	104999	865	0.80	104000
105000	105999	873	0.82	105000
106000	106999	881	0.82	106000

Income/Revenu ($) From/De	To/À	Basic Amount/Montant de base	Plus (%)	Of Income Over/Du revenu dépassant
107000	107999	889	0.84	107000
108000	108999	897	0.74	108000
109000	109999	904	0.76	109000
110000	110999	912	0.78	110000
111000	111999	920	0.78	111000
112000	112999	928	0.80	112000
113000	113999	936	0.82	113000
114000	114999	944	0.84	114000
115000	115999	952	0.76	115000
116000	116999	959	0.78	116000
117000	117999	967	0.80	117000
118000	118999	975	0.78	118000
119000	119999	983	0.80	119000
120000	120999	991	0.82	120000
121000	121999	999	0.82	121000
122000	122999	1007	0.74	122000
123000	123999	1014	0.76	123000
124000	124999	1022	0.76	124000
125000	125999	1030	0.78	125000
126000	126999	1038	0.80	126000
127000	127999	1046	0.72	127000
128000	128999	1053	0.76	128000
129000	129999	1061	0.72	129000
130000	130999	1068	0.72	130000
131000	131999	1076	0.74	131000
132000	132999	1083	0.78	132000
133000	133999	1091	0.74	133000
134000	134999	1098	0.72	134000
135000	135999	1105	0.72	135000
136000	136999	1113	0.72	136000
137000	137999	1120	0.76	137000
138000	138999	1128	0.78	138000
139000	139999	1135	0.78	139000
140000	140999	1143	0.74	140000
141000	141999	1150	0.78	141000
142000	142999	1158	0.74	142000
143000	143999	1165	0.70	143000
144000	144999	1172	0.76	144000
145000	145999	1180	0.72	145000
146000	146999	1187	0.76	146000
147000	147999	1195	0.72	147000
148000	148999	1202	0.72	148000
149000	149999	1210	0.74	149000
150000	or greater/ou plus	1217	0.74	150000

Federal Child Support Tables/
Tables fédérales de pensions alimentaires pour enfants

Province: **Manitoba**
No. of Children/N^{bre} d'enfants: **Two/Deux**

Income/Revenu ($)		Monthly Award/Paiement mensuel ($)		
From/De	To/À	Basic Amount/Montant de base	Plus (%)	Of Income Over/Du revenu dépassant
0	10819	0		
10820	10999	0	4.00	10820
11000	11999	40	3.66	11000
12000	12999	77	2.96	12000
13000	13999	107	2.98	13000
14000	14999	137	2.84	14000
15000	15999	166	2.84	15000
16000	16999	194	3.00	16000
17000	17999	224	1.68	17000
18000	18999	241	1.12	18000
19000	19999	252	1.18	19000
20000	20999	264	1.20	20000
21000	21999	276	1.20	21000
22000	22999	288	1.42	22000
23000	23999	302	1.62	23000
24000	24999	318	1.54	24000
25000	25999	333	1.56	25000
26000	26999	349	1.14	26000
27000	27999	360	1.30	27000
28000	28999	373	1.54	28000
29000	29999	388	1.60	29000
30000	30999	404	1.54	30000
31000	31999	419	1.48	31000
32000	32999	434	1.46	32000
33000	33999	449	1.42	33000
34000	34999	463	1.40	34000
35000	35999	477	1.40	35000
36000	36999	491	1.40	36000
37000	37999	505	1.38	37000
38000	38999	519	1.38	38000
39000	39999	533	1.38	39000
40000	40999	547	1.46	40000
41000	41999	562	1.36	41000
42000	42999	576	1.38	42000
43000	43999	589	1.30	43000
44000	44999	603	1.32	44000
45000	45999	616	1.36	45000
46000	46999	630	1.40	46000
47000	47999	644	1.44	47000
48000	48999	658	1.42	48000
49000	49999	672	1.48	49000
50000	50999	687	1.44	50000
51000	51999	701	1.40	51000
52000	52999	715	1.46	52000
53000	53999	730	1.42	53000
54000	54999	744	1.48	54000
55000	55999	759	1.40	55000
56000	56999	773	1.44	56000
57000	57999	787	1.46	57000
58000	58999	802	1.42	58000
59000	59999	816	1.48	59000
60000	60999	831	1.44	60000
61000	61999	845	1.40	61000
62000	62999	859	1.46	62000
63000	63999	874	1.42	63000
64000	64999	888	1.48	64000
65000	65999	903	1.44	65000
66000	66999	917	1.40	66000
67000	67999	931	1.36	67000
68000	68999	945	1.32	68000
69000	69999	958	1.38	69000
70000	70999	972	1.30	70000
71000	71999	985	1.36	71000
72000	72999	998	1.32	72000
73000	73999	1012	1.38	73000
74000	74999	1025	1.34	74000
75000	75999	1039	1.34	75000
76000	76999	1052	1.30	76000
77000	77999	1065	1.26	77000
78000	78999	1078	1.28	78000
79000	79999	1091	1.24	79000
80000	80999	1104	1.30	80000
81000	81999	1118	1.26	81000
82000	82999	1131	1.22	82000
83000	83999	1143	1.28	83000
84000	84999	1155	1.24	84000
85000	85999	1167	1.22	85000
86000	86999	1180	1.24	86000
87000	87999	1192	1.22	87000
88000	88999	1204	1.20	88000
89000	89999	1216	1.18	89000
90000	90999	1228	1.26	90000
91000	91999	1241	1.24	91000
92000	92999	1253	1.18	92000
93000	93999	1265	1.26	93000
94000	94999	1277	1.24	94000
95000	95999	1290	1.22	95000
96000	96999	1302	1.20	96000
97000	97999	1314	1.18	97000
98000	98999	1326	1.24	98000
99000	99999	1338	1.26	99000
100000	100999	1351	1.22	100000
101000	101999	1363	1.20	101000
102000	102999	1375	1.18	102000
103000	103999	1387	1.24	103000
104000	104999	1400	1.22	104000
105000	105999	1412	1.20	105000
106000	106999	1424	1.20	106000
107000	107999	1436	1.26	107000
108000	108999	1449	1.24	108000
109000	109999	1461	1.22	109000
110000	110999	1473	1.20	110000
111000	111999	1485	1.18	111000
112000	112999	1497	1.26	112000
113000	113999	1510	1.24	113000
114000	114999	1522	1.22	114000
115000	115999	1534	1.18	115000
116000	116999	1546	1.26	116000
117000	117999	1559	1.24	117000
118000	118999	1571	1.22	118000
119000	119999	1583	1.28	119000
120000	120999	1595	1.28	120000
121000	121999	1608	1.22	121000
122000	122999	1620	1.26	122000
123000	123999	1632	1.24	123000
124000	124999	1644	1.18	124000
125000	125999	1656	1.26	125000
126000	126999	1669	1.24	126000
127000	127999	1681	1.12	127000
128000	128999	1692	1.16	128000
129000	129999	1704	1.20	129000
130000	130999	1716	1.14	130000
131000	131999	1727	1.16	131000
132000	132999	1739	1.16	132000
133000	133999	1750	1.20	133000
134000	134999	1762	1.14	134000
135000	135999	1774	1.18	135000
136000	136999	1785	1.18	136000
137000	137999	1797	1.12	137000
138000	138999	1808	1.18	138000
139000	139999	1820	1.12	139000
140000	140999	1831	1.16	140000
141000	141999	1843	1.20	141000
142000	142999	1855	1.18	142000
143000	143999	1866	1.12	143000
144000	144999	1878	1.16	144000
145000	145999	1889	1.16	145000
146000	146999	1901	1.18	146000
147000	147999	1912	1.14	147000
148000	148999	1924	1.20	148000
149000	149999	1936	1.14	149000
150000	or greater/ou plus	1947	1.14	150000

Federal Child Support Tables/ Tables fédérales de pensions alimentaires pour enfants

Province: *Manitoba* — No. of Children/N^bre d'enfants: **Three/Trois**

Income/Revenu ($) From/De	To/À	Monthly Award/Paiement mensuel ($) Basic Amount/Montant de base	Plus (%)	Of Income Over/Du revenu dépassant
0	10819	0		
10820	10999	0	4.40	10820
11000	11999	4	3.94	11000
12000	12999	83	3.26	12000
13000	13999	115	3.14	13000
14000	14999	147	3.08	14000
15000	15999	178	3.06	15000
16000	16999	209	3.22	16000
17000	17999	241	3.96	17000
18000	18999	281	3.94	18000
19000	19999	320	3.92	19000
20000	20999	359	3.56	20000
21000	21999	395	1.62	21000
22000	22999	411	1.68	22000
23000	23999	428	1.72	23000
24000	24999	445	1.72	24000
25000	25999	462	1.62	25000
26000	26999	481	1.54	26000
27000	27999	497	1.54	27000
28000	28999	513	1.54	28000
29000	29999	528	1.66	29000
30000	30999	545	1.94	30000
31000	31999	564	1.98	31000
32000	32999	584	1.84	32000
33000	33999	602	1.82	33000
34000	34999	620	1.82	34000
35000	35999	638	1.74	35000
36000	36999	656	1.72	36000
37000	37999	673	1.76	37000
38000	38999	691	1.78	38000
39000	39999	709	1.80	39000
40000	40999	727	1.90	40000
41000	41999	746	1.70	41000
42000	42999	763	1.76	42000
43000	43999	781	1.74	43000
44000	44999	798	1.78	44000
45000	45999	816	1.74	45000
46000	46999	833	1.70	46000
47000	47999	850	1.86	47000
48000	48999	869	1.80	48000
49000	49999	887	1.80	49000
50000	50999	905	1.86	50000
51000	51999	924	1.88	51000
52000	52999	942	1.84	52000
53000	53999	961	1.80	53000
54000	54999	979	1.86	54000
55000	55999	997	1.82	55000
56000	56999	1016	1.88	56000
57000	57999	1034	1.88	57000
58000	58999	1053	1.84	58000
59000	59999	1071	1.80	59000
60000	60999	1089	1.85	60000
61000	61999	1108	1.82	61000
62000	62999	1126	1.88	62000
63000	63999	1145	1.84	63000
64000	64999	1163	1.80	64000
65000	65999	1182	1.86	65000
66000	66999	1200	1.82	66000
67000	67999	1218	1.68	67000
68000	68999	1235	1.68	68000
69000	69999	1252	1.66	69000
70000	70999	1269	1.76	70000
71000	71999	1287	1.74	71000
72000	72999	1304	1.72	72000
73000	73999	1321	1.72	73000
74000	74999	1338	1.72	74000
75000	75999	1355	1.70	75000
76000	76999	1372	1.70	76000
77000	77999	1389	1.68	77000
78000	78999	1406	1.68	78000
79000	79999	1423	1.66	79000
80000	80999	1440	1.76	80000
81000	81999	1458	1.74	81000
82000	82999	1475	1.64	82000
83000	83999	1491	1.64	83000
84000	84999	1507	1.64	84000
85000	85999	1523	1.64	85000
86000	86999	1539	1.64	86000
87000	87999	1555	1.64	87000
88000	88999	1571	1.64	88000
89000	89999	1587	1.64	89000
90000	90999	1603	1.64	90000
91000	91999	1619	1.64	91000
92000	92999	1635	1.64	92000
93000	93999	1651	1.64	93000
94000	94999	1667	1.64	94000
95000	95999	1683	1.64	95000
96000	96999	1699	1.64	96000
97000	97999	1715	1.64	97000
98000	98999	1731	1.54	98000
99000	99999	1747	1.54	99000
100000	100999	1762	1.56	100000
101000	101999	1778	1.56	101000
102000	102999	1794	1.56	102000
103000	103999	1810	1.56	103000
104000	104999	1826	1.56	104000
105000	105999	1842	1.56	105000
106000	106999	1858	1.56	106000
107000	107999	1874	1.56	107000
108000	108999	1890	1.58	108000
109000	109999	1906	1.62	109000
110000	110999	1922	1.54	110000
111000	111999	1937	1.56	111000
112000	112999	1953	1.60	112000
113000	113999	1969	1.62	113000
114000	114999	1985	1.54	114000
115000	115999	2000	1.58	115000
116000	116999	2016	1.60	116000
117000	117999	2032	1.54	117000
118000	118999	2047	1.56	118000
119000	119999	2063	1.58	119000
120000	120999	2079	1.62	120000
121000	121999	2095	1.54	121000
122000	122999	2110	1.58	122000
123000	123999	2126	1.60	123000
124000	124999	2142	1.56	124000
125000	125999	2157	1.56	125000
126000	126999	2173	1.58	126000
127000	127999	2189	1.52	127000
128000	128999	2204	1.54	128000
129000	129999	2219	1.54	129000
130000	130999	2234	1.44	130000
131000	131999	2248	1.46	131000
132000	132999	2263	1.46	132000
133000	133999	2278	1.48	133000
134000	134999	2293	1.50	134000
135000	135999	2308	1.50	135000
136000	136999	2323	1.50	136000
137000	137999	2338	1.52	137000
138000	138999	2353	1.54	138000
139000	139999	2368	1.44	139000
140000	140999	2382	1.46	140000
141000	141999	2397	1.46	141000
142000	142999	2412	1.48	142000
143000	143999	2427	1.48	143000
144000	144999	2442	1.50	144000
145000	145999	2457	1.50	145000
146000	146999	2472	1.52	146000
147000	147999	2487	1.52	147000
148000	148999	2502	1.44	148000
149000	149999	2516	1.46	149000
150000	or greater/ou plus	2531	1.46	150000

Federal Child Support Tables/Tables fédérales de pensions alimentaires pour enfants

Province: *Manitoba*
No. of Children/N^bre d'enfants: **Four/Quatre**

Income/Revenu From/De	To/À	Basic Amount/Montant de base	Plus (%)	Of Income Over/Du revenu dépassant
0	10819	0	4.70	10820
10820	11999	0	4.24	11000
12000	12999	47	3.48	12000
13000	13999	89	3.42	13000
14000	14999	124	3.34	14000
15000	15999	158	3.28	15000
16000	16999	191	3.52	16000
17000	17999	224	4.24	17000
18000	18999	259	4.24	18000
19000	19999	301	4.24	19000
20000	20999	343	4.30	20000
21000	21999	385	4.22	21000
22000	22999	428	4.26	22000
23000	23999	470	4.00	23000
24000	24999	513	2.10	24000
25000	25999	553	2.02	25000
26000	26999	574	1.72	26000
27000	27999	594	1.72	27000
28000	28999	611	1.98	28000
29000	29999	628	1.02	29000
30000	30999	648	1.94	30000
31000	31999	668	1.88	31000
32000	32999	687	2.08	32000
33000	33999	706	2.08	33000
34000	34999	727	2.08	34000
35000	35999	748	2.10	35000
36000	36999	769	2.10	36000
37000	37999	790	2.10	37000
38000	38999	811	2.12	38000
39000	39999	832	2.10	39000
40000	40999	853	2.12	40000
41000	41999	874	2.20	41000
42000	42999	896	2.06	42000
43000	43999	917	2.04	43000
44000	44999	938	2.04	44000
45000	45999	958	2.08	45000
46000	46999	978	2.10	46000
47000	47999	999	2.14	47000
48000	48999	1020	2.12	48000
49000	49999	1041	2.12	49000
50000	50999	1063	2.18	50000
51000	51999	1084	2.20	51000
52000	52999	1106	2.20	52000
53000	53999	1128	2.16	53000
54000	54999	1149	2.16	54000
55000	55999	1171	2.20	55000
56000	56999	1193	2.16	56000
57000	57999	1214	2.16	57000
58000	58999	1258	2.12	58000
59000	59999	1279	2.16	59000
60000	60999	1301	2.20	60000
61000	61999	1323	2.12	61000
62000	62999	1344	2.16	62000
63000	63999	1366	2.20	63000
64000	64999	1388	2.12	64000
65000	65999	1409	2.16	65000
66000	66999	1431	2.20	66000
67000	67999	1453	2.02	67000
68000	68999	1473	2.02	68000
69000	69999	1493	2.00	69000
70000	70999	1513	1.98	70000
71000	71999	1533	1.98	71000
72000	72999	1553	2.06	72000
73000	73999	1574	2.04	73000
74000	74999	1594	2.04	74000
75000	75999	1614	2.02	75000
76000	76999	1634	2.00	76000
77000	77999	1654	1.98	77000
78000	78999	1674	1.98	78000
79000	79999	1694	2.06	79000
80000	80999	1715	2.04	80000
81000	81999	1735	1.92	81000
82000	82999	1755	1.92	82000
83000	83999	1774	1.84	83000
84000	84999	1792	1.86	84000
85000	85999	1811	1.88	85000
86000	86999	1830	1.86	86000
87000	87999	1849	1.92	87000
88000	88999	1868	1.84	88000
89000	89999	1887	1.84	89000
90000	90999	1905	1.88	90000
91000	91999	1924	1.90	91000
92000	92999	1943	1.90	92000
93000	93999	1962	1.92	93000
94000	94999	1981	1.84	94000
95000	95999	1999	1.86	95000
96000	96999	2018	1.86	96000
97000	97999	2037	1.88	97000
98000	98999	2056	1.90	98000
99000	99999	2075	1.94	99000
100000	100999	2094	1.84	100000
101000	101999	2113	1.86	101000
102000	102999	2131	1.88	102000
103000	103999	2150	1.90	103000
104000	104999	2169	1.90	104000
105000	105999	2188	1.92	105000
106000	106999	2207	1.84	106000
107000	107999	2225	1.86	107000
108000	108999	2244	1.88	108000
109000	109999	2263	1.90	109000
110000	110999	2282	1.92	110000
111000	111999	2301	1.92	111000
112000	112999	2320	1.84	112000
113000	113999	2338	1.86	113000
114000	114999	2357	1.88	114000
115000	115999	2376	1.88	115000
116000	116999	2395	1.90	116000
117000	117999	2414	1.92	117000
118000	118999	2432	1.84	118000
119000	119999	2451	1.86	119000
120000	120999	2470	1.88	120000
121000	121999	2489	1.90	121000
122000	122999	2508	1.92	122000
123000	123999	2527	1.84	123000
124000	124999	2545	1.86	124000
125000	125999	2564	1.88	125000
126000	126999	2583	1.88	126000
127000	127999	2602	1.80	127000
128000	128999	2620	1.82	128000
129000	129999	2639	1.84	129000
130000	130999	2655	1.76	130000
131000	131999	2673	1.76	131000
132000	132999	2691	1.78	132000
133000	133999	2709	1.78	133000
134000	134999	2727	1.80	134000
135000	135999	2745	1.82	135000
136000	136999	2763	1.84	136000
137000	137999	2780	1.74	137000
138000	138999	2798	1.76	138000
139000	139999	2816	1.74	139000
140000	140999	2833	1.72	140000
141000	141999	2851	1.78	141000
142000	142999	2868	1.76	142000
143000	143999	2886	1.80	143000
144000	144999	2904	1.74	144000
145000	145999	2921	1.78	145000
146000	146999	2939	1.72	146000
147000	147999	2956	1.76	147000
148000	148999	2974	1.80	148000
149000	149999	2992	1.74	149000
150000	or greater/ou plus	3009	1.74	150000

Federal Child Support Tables / Tables fédérales de pensions alimentaires pour enfants

Province: *Manitoba* — No. of Children / N^{bre} d'enfants: *Five/Cinq*

Income From/De ($)	Income To/À ($)	Basic Amount/Montant de base ($)	Plus (%)	Of Income Over/Du revenu dépassant ($)
0	10819	0		
10820	10999	0	4.70	10820
11000	11999	47	4.24	11000
12000	12999	89	3.48	12000
13000	13999	124	3.42	13000
14000	14999	158	3.34	14000
15000	15999	191	3.32	15000
16000	16999	224	3.52	16000
17000	17999	259	4.24	17000
18000	18999	301	4.24	18000
19000	19999	343	4.34	19000
20000	20999	385	4.30	20000
21000	21999	428	4.22	21000
22000	22999	470	4.26	22000
23000	23999	513	4.30	23000
24000	24999	556	4.34	24000
25000	25999	600	4.30	25000
26000	26999	643	4.30	26000
27000	27999	686	4.28	27000
28000	28999	729	2.16	28000
29000	29999	751	2.08	29000
30000	30999	772	2.14	30000
31000	31999	793	2.20	31000
32000	32999	815	2.08	32000
33000	33999	836	2.08	33000
34000	34999	857	2.24	34000
35000	35999	879	2.34	35000
36000	36999	902	2.34	36000
37000	37999	926	2.38	37000
38000	38999	949	2.32	38000
39000	39999	973	2.56	39000
40000	40999	996	2.24	40000
41000	41999	1022	2.26	41000
42000	42999	1044	2.28	42000
43000	43999	1067	2.38	43000
44000	44999	1090	2.34	44000
45000	45999	1114	2.32	45000
46000	46999	1137	2.40	46000
47000	47999	1160	2.46	47000
48000	48999	1184	2.50	48000
49000	49999	1209	2.44	49000
50000	50999	1234	2.46	50000
51000	51999	1258	2.42	51000
52000	52999	1282	2.42	52000
53000	53999	1307	2.38	53000
54000	54999	1331	2.46	54000
55000	55999	1355	2.48	55000
56000	56999	1380	2.42	56000
57000	57999	1404	2.48	57000
58000	58999	1429	2.44	58000
59000	59999	1453	2.40	59000
60000	60999	1477	2.42	60000
61000	61999	1502	2.48	61000
62000	62999	1526	2.44	62000
63000	63999	1551	2.40	63000
64000	64999	1575	2.40	64000
65000	65999	1599	2.42	65000
66000	66999	1624	2.42	66000
67000	67999	1648	2.32	67000
68000	68999	1671	2.32	68000
69000	69999	1694	2.28	69000
70000	70999	1716	2.32	70000
71000	71999	1739	2.32	71000
72000	72999	1762	2.24	72000
73000	73999	1784	2.28	73000
74000	74999	1807	2.28	74000
75000	75999	1830	2.28	75000
76000	76999	1852	2.28	76000
77000	77999	1875	2.32	77000
78000	78999	1898	2.24	78000
79000	79999	1920	2.28	79000
80000	80999	1943	2.24	80000
81000	81999	1966	2.24	81000
82000	82999	1988	2.08	82000
83000	83999	2009	2.16	83000
84000	84999	2031	2.12	84000
85000	85999	2052	2.10	85000
86000	86999	2073	2.10	86000
87000	87999	2094	2.08	87000
88000	88999	2115	2.08	88000
89000	89999	2136	2.16	89000
90000	90999	2158	2.14	90000
91000	91999	2179	2.12	91000
92000	92999	2200	2.08	92000
93000	93999	2221	2.08	93000
94000	94999	2242	2.16	94000
95000	95999	2264	2.14	95000
96000	96999	2285	2.12	96000
97000	97999	2306	2.12	97000
98000	98999	2327	2.08	98000
99000	99999	2348	2.16	99000
100000	100999	2370	2.14	100000
101000	101999	2391	2.12	101000
102000	102999	2412	2.10	102000
103000	103999	2433	2.08	103000
104000	104999	2454	2.06	104000
105000	105999	2475	2.14	105000
106000	106999	2497	2.12	106000
107000	107999	2518	2.12	107000
108000	108999	2539	2.10	108000
109000	109999	2560	2.08	109000
110000	110999	2581	2.16	110000
111000	111999	2603	2.14	111000
112000	112999	2624	2.12	112000
113000	113999	2645	2.10	113000
114000	114999	2666	2.08	114000
115000	115999	2687	2.16	115000
116000	116999	2709	2.14	116000
117000	117999	2730	2.12	117000
118000	118999	2751	2.10	118000
119000	119999	2772	2.08	119000
120000	120999	2793	2.16	120000
121000	121999	2815	2.14	121000
122000	122999	2836	2.12	122000
123000	123999	2857	2.12	123000
124000	124999	2878	2.08	124000
125000	125999	2899	2.16	125000
126000	126999	2920	2.04	126000
127000	127999	2942	2.02	127000
128000	128999	2962	2.02	128000
129000	129999	2982	2.02	129000
130000	130999	3002	2.00	130000
131000	131999	3022	2.00	131000
132000	132999	3042	1.98	132000
133000	133999	3062	1.98	133000
134000	134999	3082	1.98	134000
135000	135999	3102	1.96	135000
136000	136999	3122	1.96	136000
137000	137999	3142	1.96	137000
138000	138999	3162	2.04	138000
139000	139999	3183	2.02	139000
140000	140999	3203	2.02	140000
141000	141999	3223	2.02	141000
142000	142999	3243	2.02	142000
143000	143999	3263	2.00	143000
144000	144999	3283	2.00	144000
145000	145999	3303	1.98	145000
146000	146999	3323	1.98	146000
147000	147999	3343	1.98	147000
148000	148999	3363	1.96	148000
149000	149999	3383	1.96	149000
150000	or greater/ou plus	3403		150000

Federal Child Support Tables / Tables fédérales de pensions alimentaires pour enfants

No. of Children/N^bre d'enfants: **Six or more/Six ou plus** — Province: *Manitoba*

Income From/De ($)	Income To/À ($)	Basic Amount/Montant de base ($)	Plus (%)	Of Income Over/Du revenu dépassant ($)
0	10819	0	4.70	18020
10820	10999	8	4.24	11000
11000	11999	47	3.48	12000
12000	12999	89	3.42	13000
13000	13999	124	3.34	14000
14000	14999	158	3.28	15000
15000	15999	191	3.52	16000
16000	16999	224	3.52	17000
17000	17999	259	4.24	18000
18000	18999	301	4.24	19000
19000	19999	343	4.24	20000
20000	20999	385	4.30	21000
21000	21999	428	4.22	22000
22000	22999	470	4.26	23000
23000	23999	513	4.30	24000
24000	24999	556	4.36	25000
25000	25999	600	4.34	26000
26000	26999	643	4.30	27000
27000	27999	686	4.28	28000
28000	28999	729	4.36	29000
29000	29999	773	4.32	30000
30000	30999	816	4.30	31000
31000	31999	859	4.30	32000
32000	32999	901	2.96	33000
33000	33999	931	2.30	34000
34000	34999	954	2.30	35000
35000	35999	976	2.26	36000
36000	36999	999	2.38	37000
37000	37999	1023	2.52	38000
38000	38999	1048	2.56	39000
39000	39999	1074	2.58	40000
40000	40999	1100	2.70	41000
41000	41999	1127	2.46	42000
42000	42999	1152	2.46	43000
43000	43999	1177	2.58	44000
44000	44999	1203	2.54	45000
45000	45999	1228	2.50	46000
46000	46999	1253	2.56	47000
47000	47999	1279	2.62	48000
48000	48999	1305	2.66	49000
49000	49999	1332	2.68	50000
50000	50999	1359	2.68	51000
51000	51999	1386	2.68	52000
52000	52999	1413	2.72	53000
53000	53999	1440	2.64	54000
54000	54999	1467	2.64	55000
55000	55999	1493	2.68	56000
56000	56999	1520	2.70	57000
57000	57999	1547	2.64	58000
58000	58999	1573	2.66	58000
59000	59999	1600	2.70	59000
60000	60999	1627	2.62	60000
61000	61999	1653	2.66	61000
62000	62999	1680	2.68	62000
63000	63999	1707	2.72	63000
64000	64999	1734	2.64	64000
65000	65999	1760	2.68	65000
66000	66999	1787	2.70	66000
67000	67999	1814	2.44	67000
68000	68999	1838	2.46	68000
69000	69999	1863	2.48	69000
70000	70999	1888	2.50	70000
71000	71999	1913	2.52	71000
72000	72999	1938	2.44	72000
73000	73999	1962	2.46	73000
74000	74999	1987	2.48	74000
75000	75999	2012	2.50	75000
76000	76999	2037	2.52	76000
77000	77999	2062	2.52	77000
78000	78999	2087	2.44	78000
79000	79999	2111	2.46	79000
80000	80999	2136	2.48	80000
81000	81999	2161	2.50	81000
82000	82999	2186	2.52	82000
83000	83999	2211	2.44	83000
84000	84999	2232	2.30	84000
85000	85999	2255	2.28	85000
86000	86999	2278	2.34	86000
87000	87999	2302	2.30	87000
88000	88999	2325	2.30	88000
89000	89999	2348	2.30	89000
90000	90999	2371	2.28	90000
91000	91999	2394	2.36	91000
92000	92999	2418	2.34	92000
93000	93999	2441	2.30	93000
94000	94999	2464	2.28	94000
95000	95999	2487	2.30	95000
96000	96999	2510	2.34	96000
97000	97999	2534	2.30	97000
98000	98999	2557	2.30	98000
99000	99999	2580	2.30	99000
100000	100999	2603	2.28	100000
101000	101999	2626	2.36	101000
102000	102999	2650	2.34	102000
103000	103999	2673	2.30	103000
104000	104999	2696	2.34	104000
105000	105999	2719	2.30	105000
106000	106999	2742	2.28	106000
107000	107999	2765	2.36	107000
108000	108999	2789	2.34	108000
109000	109999	2812	2.32	109000
110000	110999	2835	2.30	110000
111000	111999	2858	2.30	111000
112000	112999	2881	2.28	112000
113000	113999	2904	2.36	113000
114000	114999	2928	2.34	114000
115000	115999	2951	2.32	115000
116000	116999	2974	2.30	116000
117000	117999	2997	2.30	117000
118000	118999	3020	2.56	118000
119000	119999	3044	2.32	119000
120000	120999	3067	2.30	120000
121000	121999	3090	2.34	121000
122000	122999	3113	2.34	122000
123000	123999	3136	2.32	123000
124000	124999	3160	2.30	124000
125000	125999	3183	2.20	125000
126000	126999	3206	2.20	126000
127000	127999	3229	2.20	127000
128000	128999	3251	2.20	128000
129000	129999	3273	2.20	129000
130000	130999	3295	2.20	130000
131000	131999	3317	2.22	131000
132000	132999	3339	2.22	132000
133000	133999	3361	2.22	133000
134000	134999	3383	2.22	134000
135000	135999	3405	2.22	135000
136000	136999	3427	2.22	136000
137000	137999	3449	2.22	137000
138000	138999	3471	2.22	138000
139000	139999	3493	2.22	139000
140000	140999	3515	2.22	140000
141000	141999	3537	2.24	141000
142000	142999	3559	2.24	142000
143000	143999	3581	2.24	143000
144000	144999	3603	2.24	144000
145000	145999	3625	2.24	145000
146000	146999	3646	2.24	146000
147000	147999	3668	2.16	147000
148000	148999	3690	2.16	148000
149000	149999	3712	2.16	149000
150000	or greater/ou plus	3734	2.16	150000

Federal Child Support Tables/ Tables fédérales de pensions alimentaires pour enfants

Province: British Columbia/Colombie-Britannique — No. of Children/N° d'enfant: One/Un

Income From/De	Income To/À	Basic Amount/Montant de base	Plus (%)	Of Income Over/Du revenu dépassant
10820	10999	0	1.86	10820
11000	11999	5	1.82	11000
12000	12999	24	1.80	12000
13000	13999	42	1.88	13000
14000	14999	60	1.84	14000
15000	15999	79	1.82	15000
16000	16999	97	1.80	16000
17000	17999	115	1.82	17000
18000	18999	133	1.86	18000
19000	19999	152	1.44	19000
20000	20999	166	0.84	20000
21000	21999	174	0.82	21000
22000	22999	182	0.84	22000
23000	23999	190	0.84	23000
24000	24999	198	0.74	24000
25000	25999	206	1.36	25000
26000	26999	213	1.22	26000
27000	27999	227	0.98	27000
28000	28999	239	1.00	28000
29000	29999	249	1.00	29000
30000	30999	259	0.96	30000
31000	31999	269	0.96	31000
32000	32999	279	0.92	32000
33000	33999	289	0.96	33000
34000	34999	299	0.90	34000
35000	35999	308	0.96	35000
36000	36999	318	0.92	36000
37000	37999	327	0.98	37000
38000	38999	337	0.94	38000
39000	39999	346	0.92	39000
40000	40999	355	0.96	40000
41000	41999	364	0.94	41000
42000	42999	374	0.86	42000
43000	43999	383	0.86	43000
44000	44999	392	0.94	44000
45000	45999	402	0.92	45000
46000	46999	411	0.90	46000
47000	47999	420	0.98	47000
48000	48999	429	1.00	48000
49000	49999	439	0.94	49000
50000	50999	449	0.96	50000
51000	51999	458	0.98	51000
52000	52999	468	1.00	52000
53000	53999	478	0.98	53000
54000	54999	488	0.96	54000
55000	55999	497	1.00	55000
56000	56999	507	0.98	56000
57000	57999	517	1.02	57000
58000	58999	537	0.94	58000
59000	59999	546	0.96	59000
60000	60999	556	1.00	60000
61000	61999	566	1.02	61000
62000	62999	576	0.94	62000
63000	63999	585	0.96	63000
64000	64999	595	1.02	64000
65000	65999	605	1.02	65000
66000	66999	615	0.94	66000
67000	67999	624	0.96	67000
68000	68999	634	0.98	68000
69000	69999	644	0.96	69000
70000	70999	653	0.92	70000
71000	71999	663	0.98	71000
72000	72999	673	0.94	72000
73000	73999	683	0.92	73000
74000	74999	692	0.94	74000
75000	75999	701	0.90	75000
76000	76999	711	0.90	76000
77000	77999	720	0.96	77000
78000	78999	729	0.98	78000
79000	79999	739	0.94	79000
80000	80999	748	0.90	80000
81000	81999	758	0.84	81000
82000	82999	767	0.88	82000
83000	83999	776	0.84	83000
84000	84999	784	0.90	84000
85000	85999	793	0.88	85000
86000	86999	801	0.82	86000
87000	87999	810	0.86	87000
88000	88999	818	0.90	88000
89000	89999	827	0.84	89000
90000	90999	836	0.90	90000
91000	91999	844	0.88	91000
92000	92999	853	0.82	92000
93000	93999	861	0.90	93000
94000	94999	870	0.90	94000
95000	95999	878	0.84	95000
96000	96999	887	0.90	96000
97000	97999	896	0.84	97000
98000	98999	904	0.84	98000
99000	99999	913	0.86	99000
100000	100999	921	0.78	100000
101000	101999	929	0.80	101000
102000	102999	938	0.80	102000
103000	103999	946	0.86	103000
104000	104999	954	0.84	104000
105000	105999	962	0.86	105000
106000	106699	971	0.84	106000
107000	107999	979	0.82	107000
108000	108999	987	0.78	108000
109000	109999	995	0.86	109000
110000	110999	1004	0.84	110000
111000	111999	1012	0.82	111000
112000	112999	1020	0.80	112000
113000	113999	1028	0.88	113000
114000	114999	1037	0.84	114000
115000	115999	1045	0.82	115000
116000	116999	1053	0.80	116000
117000	117999	1061	0.78	117000
118000	118999	1069	0.86	118000
119000	119999	1078	0.82	119000
120000	120999	1086	0.80	120000
121000	121999	1094	0.78	121000
122000	122999	1102	0.86	122000
123000	123999	1111	0.82	123000
124000	124999	1119	0.82	124000
125000	125999	1127	0.78	125000
126000	126999	1135	0.86	126000
127000	127999	1144	0.74	127000
128000	128999	1151	0.76	128000
129000	129999	1159	0.78	129000
130000	130999	1167	0.80	130000
131000	131999	1175	0.76	131000
132000	132999	1183	0.78	132000
133000	133999	1191	0.82	133000
134000	134999	1198	0.84	134000
135000	135999	1206	0.80	135000
136000	136999	1214	0.82	136000
137000	137999	1222	0.80	137000
138000	138999	1230	0.82	138000
139000	139999	1237	0.76	139000
140000	140999	1245	0.78	140000
141000	141999	1253	0.80	141000
142000	142999	1261	0.82	142000
143000	143999	1269	0.82	143000
144000	144999	1277	0.74	144000
145000	145999	1284	0.76	145000
146000	146999	1292	0.78	146000
147000	147999	1300	0.80	147000
148000	148999	1308	0.82	148000
149000	149999	1316	0.74	149000
150000	or greater/ou plus	1323	0.74	150000

Federal Child Support Tables/
Tables fédérales de pensions alimentaires pour enfants

Province: British Columbia/Colombie-Britannique
No. of Children/N^{bre} d'enfants: Two/Deux

Income/Revenu ($)		Monthly Award/Paiement mensuel ($)		
From/De	To/À	Basic Amount/Montant de base	Plus (%)	Of Income Over/Du revenu dépassant
0	10819	0		
10820	10999	16	5.48	10820
11000	11999	71	4.74	11000
12000	12999	118	3.56	12000
13000	13999	154	3.54	13000
14000	14999	189	3.44	14000
15000	15999	223	3.40	15000
16000	16999	257	2.94	16000
17000	17999	286	0.88	17000
18000	18999	295	1.36	18000
19000	19999	309	1.36	19000
20000	20999	323	1.36	20000
21000	21999	337	1.32	21000
22000	22999	350	1.38	22000
23000	23999	364	1.32	23000
24000	24999	377	1.38	24000
25000	25999	391	1.62	25000
26000	26999	407	1.24	26000
27000	27999	420	1.22	27000
28000	28999	432	1.58	28000
29000	29999	448	1.52	29000
30000	30999	463	1.56	30000
31000	31999	479	1.56	31000
32000	32999	495	1.48	32000
33000	33999	510	1.48	33000
34000	34999	525	1.42	34000
35000	35999	539	1.40	35000
36000	36999	554	1.46	36000
37000	37999	568	1.46	37000
38000	38999	583	1.42	38000
39000	39999	597	1.52	39000
40000	40999	612	1.36	40000
41000	41999	627	1.36	41000
42000	42999	641	1.46	42000
43000	43999	655	1.44	43000
44000	44999	670	1.40	44000
45000	45999	684	1.40	45000
46000	46999	698	1.46	46000
47000	47999	713	1.54	47000
48000	48999	728	1.54	48000
49000	49999	743	1.52	49000
50000	50999	758	1.50	50000
51000	51999	773	1.48	51000
52000	52999	788	1.54	52000
53000	53999	804	1.34	53000
54000	54999	819	1.52	54000
55000	55999	834	1.50	55000
56000	56999	849	1.48	56000
57000	57999	864	1.56	57000

Income/Revenu ($)		Monthly Award/Paiement mensuel ($)		
From/De	To/À	Basic Amount/Montant de base	Plus (%)	Of Income Over/Du revenu dépassant
58000	58999	880	1.54	58000
59000	59999	895	1.52	59000
60000	60999	910	1.48	60000
61000	61999	925	1.46	61000
62000	62999	940	1.54	62000
63000	63999	955	1.56	63000
64000	64999	971	1.54	64000
65000	65999	986	1.50	65000
66000	66999	1001	1.50	66000
67000	67999	1016	1.48	67000
68000	68999	1031	1.56	68000
69000	69999	1047	1.54	69000
70000	70999	1062	1.52	70000
71000	71999	1077	1.50	71000
72000	72999	1092	1.50	72000
73000	73999	1107	1.44	73000
74000	74999	1121	1.48	74000
75000	75999	1136	1.42	75000
76000	76999	1150	1.46	76000
77000	77999	1165	1.50	77000
78000	78999	1180	1.44	78000
79000	79999	1194	1.48	79000
80000	80999	1209	1.44	80000
81000	81999	1223	1.48	81000
82000	82999	1238	1.32	82000
83000	83999	1251	1.38	83000
84000	84999	1265	1.34	84000
85000	85999	1278	1.30	85000
86000	86999	1291	1.38	86000
87000	87999	1305	1.34	87000
88000	88999	1318	1.30	88000
89000	89999	1331	1.38	89000
90000	90999	1345	1.34	90000
91000	91999	1358	1.30	91000
92000	92999	1371	1.38	92000
93000	93999	1385	1.30	93000
94000	94999	1398	1.34	94000
95000	95999	1411	1.38	95000
96000	96999	1425	1.30	96000
97000	97999	1438	1.38	97000
98000	98999	1451	1.38	98000
99000	99999	1465	1.30	99000
100000	100999	1478	1.30	100000
101000	101999	1491	1.24	101000
102000	102999	1504	1.26	102000
103000	103999	1516	1.28	103000
104000	104999	1529	1.28	104000
105000	105999	1542	1.32	105000
106000	106999	1555		106000

Income/Revenu ($)		Monthly Award/Paiement mensuel ($)		
From/De	To/À	Basic Amount/Montant de base	Plus (%)	Of Income Over/Du revenu dépassant
107000	107999	1568	1.24	107000
108000	108999	1580	1.28	108000
109000	109999	1593	1.28	109000
110000	110999	1606	1.30	110000
111000	111999	1619	1.32	111000
112000	112999	1632	1.24	112000
113000	113999	1644	1.28	113000
114000	114999	1657	1.28	114000
115000	115999	1670	1.30	115000
116000	116999	1683	1.30	116000
117000	117999	1696	1.32	117000
118000	118999	1709	1.24	118000
119000	119999	1721	1.26	119000
120000	120999	1734	1.28	120000
121000	121999	1747	1.30	121000
122000	122999	1760	1.24	122000
123000	123999	1773	1.26	123000
124000	124999	1785	1.28	124000
125000	125999	1798	1.30	125000
126000	126999	1811	1.24	126000
127000	127999	1824	1.22	127000
128000	128999	1836	1.30	128000
129000	129999	1848	1.18	129000
130000	130999	1860	1.24	130000
131000	131999	1873	1.24	131000
132000	132999	1885	1.24	132000
133000	133999	1897	1.20	133000
134000	134999	1909	1.20	134000
135000	135999	1921	1.18	135000
136000	136999	1933	1.16	136000
137000	137999	1945	1.26	137000
138000	138999	1958	1.24	138000
139000	139999	1970	1.22	139000
140000	140999	1982	1.22	140000
141000	141999	1994	1.18	141000
142000	142999	2006	1.16	142000
143000	143999	2018	1.24	143000
144000	144999	2031	1.24	144000
145000	145999	2043	1.20	145000
146000	146999	2055	1.20	146000
147000	147999	2067	1.18	147000
148000	148999	2079	1.18	148000
149000	149999	2091	1.26	149000
150000 or greater/ou plus		2104		150000

Federal Child Support Tables/ Tables fédérales de pensions alimentaires pour enfants

Province: *British Columbia/Colombie-Britannique*
No. of Children/Nº d'enfants: Three/Trois

Income/Revenu From/De	To/À	Basic Amount/ Montant de base	Plus (%)	Of Income Over/ Du revenu dépassant	Income/Revenu From/De	To/À	Basic Amount/ Montant de base	Plus (%)	Of Income Over/ Du revenu dépassant	Income/Revenu From/De	To/À	Basic Amount/ Montant de base	Plus (%)	Of Income Over/ Du revenu dépassant
0	10819	0			58000	58999	1154	1.90	58000	107000	107999	2039	1.64	107000
10820	10999	17	5.86	10820	59000	59999	1173	1.96	59000	108000	108999	2055	1.70	108000
11000	11999	76	5.08	11000	60000	60999	1193	2.00	60000	109000	109999	2072	1.64	109000
12000	12999	127	3.86	12000	61000	61999	1213	1.94	61000	110000	110999	2088	1.60	110000
13000	13999	166	3.74	13000	62000	62999	1232	1.94	62000	111000	111999	2104	1.56	111000
14000	14999	203	3.70	14000	63000	63999	1252	1.98	63000	112000	112999	2121	1.66	112000
15000	15999	240	3.60	15000	64000	64999	1271	1.94	64000	113000	113999	2137	1.66	113000
16000	16999	276	3.66	16000	65000	65999	1291	1.94	65000	114000	114999	2154	1.66	114000
17000	17999	313	3.62	17000	66000	66999	1310	1.98	66000	115000	115999	2170	1.66	115000
18000	18999	349	4.18	18000	67000	67999	1330	1.92	67000	116000	116999	2187	1.62	116000
19000	19999	391	4.20	19000	68000	68999	1349	1.98	68000	117000	117999	2203	1.66	117000
20000	20999	433	2.84	20000	69000	69999	1369	1.92	69000	118000	118999	2220	1.62	118000
21000	21999	461	1.82	21000	70000	70999	1388	1.98	70000	119000	119999	2236	1.68	119000
22000	22999	479	1.82	22000	71000	71999	1408	1.88	71000	120000	120999	2253	1.68	120000
23000	23999	497	1.82	23000	72000	72999	1427	1.92	72000	121000	121999	2269	1.64	121000
24000	24999	515	1.84	24000	73000	73999	1446	1.84	73000	122000	122999	2286	1.64	122000
25000	25999	533	2.04	25000	74000	74999	1465	1.86	74000	123000	123999	2302	1.68	123000
26000	26999	553	1.82	26000	75000	75999	1483	1.88	75000	124000	124999	2319	1.64	124000
27000	27999	571	1.54	27000	76000	76999	1502	1.88	76000	125000	125999	2335	1.70	125000
28000	28999	585	1.56	28000	77000	77999	1521	1.92	77000	126000	126999	2352	1.64	126000
29000	29999	602	1.66	29000	78000	78999	1540	1.84	78000	127000	127999	2368	1.60	127000
30000	30999	619	2.04	30000	79000	79999	1558	1.86	79000	128000	128999	2384	1.56	128000
31000	31999	640	1.94	31000	80000	80999	1577	1.88	80000	129000	129999	2399	1.54	129000
32000	32999	660	1.90	32000	81000	81999	1596	1.92	81000	130000	130999	2415	1.56	130000
33000	33999	679	1.90	33000	82000	82999	1615	1.74	82000	131000	131999	2431	1.54	131000
34000	34999	698	1.84	34000	83000	83999	1632	1.70	83000	132000	132999	2446	1.62	132000
35000	35999	717	1.86	35000	84000	84999	1649	1.70	84000	133000	133999	2462	1.58	133000
36000	36999	735	1.90	36000	85000	85999	1666	1.68	85000	134000	134999	2478	1.58	134000
37000	37999	754	1.88	37000	86000	86999	1683	1.66	86000	135000	135999	2493	1.58	135000
38000	38999	773	1.88	38000	87000	87999	1700	1.74	87000	136000	136999	2509	1.52	136000
39000	39999	791	2.02	39000	88000	88999	1718	1.70	88000	137000	137999	2524	1.56	137000
40000	40999	810	1.88	40000	89000	89999	1735	1.74	89000	138000	138999	2540	1.60	138000
41000	41999	830	1.84	41000	90000	90999	1752	1.72	90000	139000	139999	2556	1.52	139000
42000	42999	848	1.84	42000	91000	91999	1769	1.72	91000	140000	140999	2571	1.56	140000
43000	43999	866	1.82	43000	92000	92999	1786	1.68	92000	141000	141999	2587	1.60	141000
44000	44999	884	1.90	44000	93000	93999	1803	1.76	93000	142000	142999	2603	1.54	142000
45000	45999	903	1.84	45000	94000	94999	1820	1.66	94000	143000	143999	2618	1.60	143000
46000	46999	921	1.80	46000	95000	95999	1838	1.72	95000	144000	144999	2634	1.58	144000
47000	47999	939	1.94	47000	96000	96999	1855	1.72	96000	145000	145999	2650	1.60	145000
48000	48999	959	1.98	48000	97000	97999	1872	1.70	97000	146000	146999	2665	1.58	146000
49000	49999	978	1.98	49000	98000	98999	1889	1.70	98000	147000	147999	2681	1.52	147000
50000	50999	998	1.92	50000	99000	99999	1906	1.68	99000	148000	148999	2696	1.56	148000
51000	51999	1017	1.98	51000	100000	100999	1923	1.62	100000	149000	149999	2712	1.58	149000
52000	52999	1037	1.92	52000	101000	101999	1940	1.68	101000	150000	or greater/ou plus	2728	1.58	150000
53000	53999	1056	1.96	53000	102000	102999	1956	1.62	102000					
54000	54999	1076	1.92	54000	103000	103999	1973	1.68	103000					
55000	55999	1095	1.96	55000	104000	104999	1989	1.68	104000					
56000	56999	1115	1.92	56000	105000	105999	2006	1.64	105000					
57000	57999	1134	1.96	57000	106000	106999	2022	1.68	106000					

Federal Child Support Tables / Tables fédérales de pensions alimentaires pour enfants

Province: British Columbia/Colombie-Britannique
No. of Children/N^os d'enfants: Four/Quatre

Income/Revenu ($) From/De	To/À	Basic Amount/ Montant de base	Plus (%)	Of Income Over/ Du revenu dépassant
0	10819	0		
10820	10999	19	6.34	10820
11000	11999	82	5.54	11000
12000	12999	137	4.04	12000
13000	13999	177	4.06	13000
14000	14999	218	3.94	14000
15000	15999	257	3.88	15000
16000	16999	296	3.88	16000
17000	17999	335	3.88	17000
18000	18999	374	4.50	18000
19000	19999	419	4.50	19000
20000	20999	464	4.34	20000
21000	21999	507	4.30	21000
22000	22999	550	4.36	22000
23000	23999	594	3.34	23000
24000	24999	627	3.34	24000
25000	25999	649	2.34	25000
26000	26999	672	2.18	26000
27000	27999	694	2.02	27000
28000	28999	714	2.04	28000
29000	29999	734	2.10	29000
30000	30999	754	2.10	30000
31000	31999	775	2.00	31000
32000	32999	795	2.18	32000
33000	33999	817	2.18	33000
34000	34999	839	2.26	34000
35000	35999	862	2.24	35000
36000	36999	884	2.24	36000
37000	37999	906	2.24	37000
38000	38999	928	2.24	38000
39000	39999	950	2.32	39000
40000	40999	972	2.32	40000
41000	41999	995	2.18	41000
42000	42999	1017	2.14	42000
43000	43999	1038	2.22	43000
44000	44999	1060	2.14	44000
45000	45999	1081	2.16	45000
46000	46999	1103	2.20	46000
47000	47999	1125	2.34	47000
48000	48999	1148	2.32	48000
49000	49999	1171	2.32	49000
50000	50999	1194	2.30	50000
51000	51999	1217	2.30	51000
52000	52999	1240	2.30	52000
53000	53999	1263	2.30	53000
54000	54999	1286	2.28	54000
55000	55999	1309	2.28	55000
56000	56999	1332	2.26	56000
57000	57999	1355	2.26	57000
58000	58999	1378	2.36	58000
59000	59999	1402	2.34	59000
60000	60999	1425	2.34	60000
61000	61999	1448	2.32	61000
62000	62999	1471	2.32	62000
63000	63999	1494	2.32	63000
64000	64999	1517	2.30	64000
65000	65999	1540	2.30	65000
66000	66999	1563	2.30	66000
67000	67999	1586	2.28	67000
68000	68999	1609	2.30	68000
69000	69999	1632	2.26	69000
70000	70999	1655	2.26	70000
71000	71999	1678	2.26	71000
72000	72999	1701	2.16	72000
73000	73999	1723	2.26	73000
74000	74999	1746	2.24	74000
75000	75999	1768	2.22	75000
76000	76999	1790	2.20	76000
77000	77999	1812	2.18	77000
78000	78999	1834	2.26	78000
79000	79999	1856	2.24	79000
80000	80999	1879	2.22	80000
81000	81999	1901	2.22	81000
82000	82999	1923	2.02	82000
83000	83999	1943	2.06	83000
84000	84999	1964	2.02	84000
85000	85999	1984	2.02	85000
86000	86999	2004	2.00	86000
87000	87999	2024	2.04	87000
88000	88999	2045	2.02	88000
89000	89999	2065	1.98	89000
90000	90999	2085	2.06	90000
91000	91999	2105	2.04	91000
92000	92999	2126	2.04	92000
93000	93999	2146	2.02	93000
94000	94999	2166	1.98	94000
95000	95999	2186	2.06	95000
96000	96999	2207	2.04	96000
97000	97999	2227	2.00	97000
98000	98999	2247	1.98	98000
99000	99999	2267	2.06	99000
100000	100999	2288	1.94	100000
101000	101999	2307	2.04	101000
102000	102999	2327	1.94	102000
103000	103999	2346	2.00	103000
104000	104999	2366	1.94	104000
105000	105999	2385	1.90	105000
106000	106999	2404	1.96	106000
107000	107999	2424	1.90	107000
108000	108999	2443	1.96	108000
109000	109999	2463	1.92	109000
110000	110999	2482	1.96	110000
111000	111999	2502	1.92	111000
112000	112999	2521	1.98	112000
113000	113999	2541	1.92	113000
114000	114999	2560	1.98	114000
115000	115999	2580	1.94	115000
116000	116999	2599	1.98	116000
117000	117999	2619	1.94	117000
118000	118999	2638	2.00	118000
119000	119999	2658	1.94	119000
120000	120999	2677	1.90	120000
121000	121999	2696	1.96	121000
122000	122999	2716	1.90	122000
123000	123999	2735	1.96	123000
124000	124999	2755	1.92	124000
125000	125999	2774	1.96	125000
126000	126999	2794	1.92	126000
127000	127999	2813	1.88	127000
128000	128999	2832	1.82	128000
129000	129999	2850	1.88	129000
130000	130999	2869	1.82	130000
131000	131999	2887	1.82	131000
132000	132999	2906	1.82	132000
133000	133999	2924	1.88	133000
134000	134999	2943	1.84	134000
135000	135999	2961	1.88	135000
136000	136999	2980	1.88	136000
137000	137999	2998	1.84	137000
138000	138999	3017	1.84	138000
139000	139999	3035	1.90	139000
140000	140999	3054	1.84	140000
141000	141999	3073	1.90	141000
142000	142999	3091	1.84	142000
143000	143999	3109	1.90	143000
144000	144999	3128	1.80	144000
145000	145999	3146	1.86	145000
146000	146999	3164	1.86	146000
147000	147999	3183	1.80	147000
148000	148999	3201	1.86	148000
149000	149999	3220	1.80	149000
150000	or greater/ou plus	3238	1.80	150000

Federal Child Support Tables / Tables fédérales de pensions alimentaires pour enfants

| Income/Revenu ($) | | Monthly Award/Paiement mensuel ($) | | |
From/De	To/À	Basic Amount/Montant de base	Plus (%)	Of Income Over/Du revenu dépassant
0	10819	0		
10820	10999	19	6.34	10820
11000	11999	82	5.54	11000
12000	12999	137	4.04	12000
13000	13999	177	3.94	13000
14000	14999	218	4.06	14000
15000	15999	257	3.88	15000
16000	16999	296	3.88	16000
17000	17999	335	3.88	17000
18000	18999	374	4.50	18000
19000	19999	419	4.34	19000
20000	20999	464	4.30	20000
21000	21999	507	4.30	21000
22000	22999	550	4.36	22000
23000	23999	594	4.30	23000
24000	24999	637	4.36	24000
25000	25999	680	4.48	25000
26000	26999	724	4.42	26000
27000	27999	769	2.96	27000
28000	28999	813	2.40	28000
29000	29999	843	2.44	29000
30000	30999	867	2.32	30000
31000	31999	891	2.30	31000
32000	32999	914	2.20	32000
33000	33999	937	2.32	33000
34000	34999	959	2.46	34000
35000	35999	982	2.46	35000
36000	36999	1007	2.48	36000
37000	37999	1032	2.50	37000
38000	38999	1057	2.52	38000
39000	39999	1082	2.62	39000
40000	40999	1107	2.38	40000
41000	41999	1133	2.38	41000
42000	42999	1157	2.48	42000
43000	43999	1181	2.42	43000
44000	44999	1206	2.48	44000
45000	45999	1230	2.42	45000
46000	46999	1255	2.56	46000
47000	47999	1279	2.58	47000
48000	48999	1305	2.58	48000
49000	49999	1331	2.58	49000
50000	50999	1357	2.58	50000
51000	51999	1383	2.56	51000
52000	52999	1409	2.56	52000
53000	53999	1435	2.56	53000
54000	54999	1461	2.56	54000
55000	55999	1487	2.65	55000
56000	56999	1513	2.64	56000
57000	57999	1540	2.64	57000
58000	58999	1566	2.64	58000
59000	59999	1592	2.64	59000
60000	60999	1618	2.64	60000
61000	61999	1644	2.62	61000
62000	62999	1670	2.62	62000
63000	63999	1696	2.62	63000
64000	64999	1722	2.62	64000
65000	65999	1748	2.62	65000
66000	66999	1774	2.60	66000
67000	67999	1800	2.60	67000
68000	68999	1826	2.60	68000
69000	69999	1852	2.60	69000
70000	70999	1878	2.60	70000
71000	71999	1904	2.52	71000
72000	72999	1930	2.52	72000
73000	73999	1955	2.52	73000
74000	74999	1980	2.52	74000
75000	75999	2005	2.52	75000
76000	76999	2030	2.52	76000
77000	77999	2055	2.52	77000
78000	78999	2080	2.52	78000
79000	79999	2105	2.52	79000
80000	80999	2130	2.52	80000
81000	81999	2155	2.32	81000
82000	82999	2180	2.32	82000
83000	83999	2203	2.34	83000
84000	84999	2226	2.24	84000
85000	85999	2249	2.26	85000
86000	86999	2271	2.28	86000
87000	87999	2294	2.28	87000
88000	88999	2317	2.30	88000
89000	89999	2340	2.30	89000
90000	90999	2363	2.32	90000
91000	91999	2386	2.34	91000
92000	92999	2409	2.24	92000
93000	93999	2431	2.26	93000
94000	94999	2454	2.30	94000
95000	95999	2477	2.30	95000
96000	96999	2500	2.32	96000
97000	97999	2523	2.34	97000
98000	98999	2546	2.24	98000
99000	99999	2569	2.24	99000
100000	100999	2591	2.16	100000
101000	101999	2613	2.16	101000
102000	102999	2635	2.18	102000
103000	103999	2657	2.18	103000
104000	104999	2679	2.18	104000
105000	105999	2701	2.18	105000
106000	106999	2723	2.18	106000

Province: British Columbia/Colombie-Britannique — No. of Children/N^bre d'enfants: Five/Cinq

| Income/Revenu ($) | | Monthly Award/Paiement mensuel ($) | | |
From/De	To/À	Basic Amount/Montant de base	Plus (%)	Of Income Over/Du revenu dépassant
107000	107999	2745	2.20	107000
108000	108999	2767	2.20	108000
109000	109999	2789	2.20	109000
110000	110999	2811	2.20	110000
111000	111999	2833	2.22	111000
112000	112999	2855	2.22	112000
113000	113999	2877	2.22	113000
114000	114999	2899	2.22	114000
115000	115999	2921	2.22	115000
116000	116999	2943	2.22	116000
117000	117999	2965	2.22	117000
118000	118999	2987	2.22	118000
119000	119999	3009	2.24	119000
120000	120999	3031	2.24	120000
121000	121999	3053	2.24	121000
122000	122999	3075	2.14	122000
123000	123999	3096	2.16	123000
124000	124999	3118	2.16	124000
125000	125999	3140	2.16	125000
126000	126999	3162	2.16	126000
127000	127999	3184	2.06	127000
128000	128999	3205	2.08	128000
129000	129999	3226	2.10	129000
130000	130999	3247	2.10	130000
131000	131999	3268	2.12	131000
132000	132999	3289	2.04	132000
133000	133999	3309	2.06	133000
134000	134999	3330	2.06	134000
135000	135999	3351	2.08	135000
136000	136999	3372	2.10	136000
137000	137999	3393	2.10	137000
138000	138999	3414	2.12	138000
139000	139999	3435	2.04	139000
140000	140999	3455	2.06	140000
141000	141999	3476	2.08	141000
142000	142999	3497	2.08	142000
143000	143999	3518	2.10	143000
144000	144999	3539	2.12	144000
145000	145999	3560	2.14	145000
146000	146999	3581	2.04	146000
147000	147999	3601	2.06	147000
148000	148999	3622	2.08	148000
149000	149999	3643	2.10	149000
150000	or greater/ou plus	3664		150000

Federal Child Support Tables/ Tables fédérales de pensions alimentaires pour enfants

Province: British Columbia/Colombie-Britannique — No. of Children/No d'enfants: Six or more/Six ou plus

Income/Revenu		Monthly Award/Paiement mensuel			Income/Revenu		Monthly Award/Paiement mensuel			Income/Revenu		Monthly Award/Paiement mensuel		
From/De	To/À	Basic Amount/Montant de base	Plus (%)	Of Income Over/Du revenu dépassant	From/De	To/À	Basic Amount/Montant de base	Plus (%)	Of Income Over/Du revenu dépassant	From/De	To/À	Basic Amount/Montant de base	Plus (%)	Of Income Over/Du revenu dépassant
0	10819	0	6.34		58000	58999	1724	2.82	58000	107000	107999	3017	2.42	107000
10820	10999	19	6.54	10820	59000	59999	1752	2.86	59000	108000	108999	3041	2.42	108000
11000	11999	82	4.04	11000	60000	60999	1781	2.80	60000	109000	109999	3065	2.40	109000
12000	12999	137	4.06	12000	61000	61999	1809	2.86	61000	110000	110999	3089	2.40	110000
13000	13999	177	3.94	13000	62000	62999	1838	2.90	62000	111000	111999	3113	2.38	111000
14000	14999	218	3.88	14000	63000	63999	1867	2.84	63000	112000	112999	3137	2.38	112000
15000	15999	257	3.88	15000	64000	64999	1895	2.84	64000	113000	113999	3161	2.38	113000
16000	16999	296	3.88	16000	65000	65999	1924	2.88	65000	114000	114999	3185	2.36	114000
17000	17999	335	3.88	17000	66000	66999	1952	2.88	66000	115000	115999	3209	2.46	115000
18000	18999	374	4.50	18000	67000	67999	1981	2.82	67000	116000	116999	3233	2.44	116000
19000	19999	419	4.34	19000	68000	68999	2009	2.88	68000	117000	117999	3258	2.44	117000
20000	20999	464	4.34	20000	69000	69999	2038	2.82	69000	118000	118999	3282	2.42	118000
21000	21999	507	4.30	21000	70000	70999	2066	2.86	70000	119000	119999	3306	2.42	119000
22000	22999	550	4.36	22000	71000	71999	2095	2.82	71000	120000	120999	3330	2.42	120000
23000	23999	594	4.34	23000	72000	72999	2123	2.78	72000	121000	121999	3354	2.40	121000
24000	24999	637	4.30	24000	73000	73999	2151	2.74	73000	122000	122999	3378	2.40	122000
25000	25999	680	4.36	25000	74000	74999	2178	2.70	74000	123000	123999	3402	2.40	123000
26000	26999	724	4.48	26000	75000	75999	2205	2.76	75000	124000	124999	3426	2.38	124000
27000	27999	769	4.42	27000	76000	76999	2233	2.72	76000	125000	125999	3450	2.38	125000
28000	28999	813	4.46	28000	77000	77999	2260	2.78	77000	126000	126999	3474	2.38	126000
29000	29999	858	4.60	29000	78000	78999	2288	2.74	78000	127000	127999	3498	2.26	127000
30000	30999	904	4.64	30000	79000	79999	2315	2.70	79000	128000	128999	3521	2.26	128000
31000	31999	950	4.52	31000	80000	80999	2342	2.76	80000	129000	129999	3544	2.30	129000
32000	32999	995	4.38	32000	81000	81999	2370	2.72	81000	130000	130999	3567	2.32	130000
33000	33999	1039	2.64	33000	82000	82999	2397	2.50	82000	131000	131999	3590	2.32	131000
34000	34999	1065	2.48	34000	83000	83999	2422	2.46	83000	132000	132999	3613	2.24	132000
35000	35999	1090	2.42	35000	84000	84999	2447	2.56	84000	133000	133999	3635	2.26	133000
36000	36999	1114	2.48	36000	85000	85999	2473	2.54	85000	134000	134999	3658	2.26	134000
37000	37999	1139	2.68	37000	86000	86999	2498	2.54	86000	135000	135999	3681	2.28	135000
38000	38999	1166	2.76	38000	87000	87999	2523	2.54	87000	136000	136999	3704	2.28	136000
39000	39999	1194	2.74	39000	88000	88999	2548	2.54	88000	137000	137999	3727	2.32	137000
40000	40999	1221	2.92	40000	89000	89999	2573	2.52	89000	138000	138999	3750	2.32	138000
41000	41999	1250	2.62	41000	90000	90999	2598	2.52	90000	139000	139999	3773	2.24	139000
42000	42999	1276	2.68	42000	91000	91999	2623	2.52	91000	140000	140999	3795	2.26	140000
43000	43999	1303	2.64	43000	92000	92999	2648	2.50	92000	141000	141999	3818	2.26	141000
44000	44999	1329	2.66	44000	93000	93999	2673	2.50	93000	142000	142999	3841	2.28	142000
45000	45999	1356	2.66	45000	94000	94999	2698	2.50	94000	143000	143999	3864	2.30	143000
46000	46999	1383	2.78	46000	95000	95999	2723	2.48	95000	144000	144999	3887	2.32	144000
47000	47999	1410	2.86	47000	96000	96999	2748	2.48	96000	145000	145999	3910	2.32	145000
48000	48999	1438	2.86	48000	97000	97999	2773	2.48	97000	146000	146999	3933	2.24	146000
49000	49999	1467	2.90	49000	98000	98999	2798	2.48	98000	147000	147999	3955	2.26	147000
50000	50999	1496	2.84	50000	99000	99999	2823	2.38	99000	148000	148999	3978	2.26	148000
51000	51999	1524	2.90	51000	100000	100999	2848	2.38	100000	149000	149999	4001	2.28	149000
52000	52999	1553	2.84	52000	101000	101999	2872	2.36	101000	150000	or greater/ou plus	4024	2.28	150000
53000	53999	1581	2.88	53000	102000	102999	2896	2.44	102000					
54000	54999	1610	2.82	54000	103000	103999	2921	2.44	103000					
55000	55999	1638	2.82	55000	104000	104999	2945	2.42	104000					
56000	56999	1667	2.86	56000	105000	105999	2969	2.44	105000					
57000	57999	1695	2.86	57000	106000	106999	2993	2.42	106000					

Federal Child Support Table/ Tables fédérales de pensions alimentaires pour enfants

Income/Revenu ($) From/De	To/À	Basic Amount/ Montant de base	Plus (%)	Of Income Over/ Du revenu dépassant
0	10819	0		
10820	10999	0	3.90	10820
11000	11999	39	3.52	11000
12000	12999	74	2.86	12000
13000	13999	103	0.76	13000
14000	14999	111	0.28	14000
15000	15999	114	0.32	15000
16000	16999	117	0.24	16000
17000	17999	120	0.26	17000
18000	18999	122	0.26	18000
19000	19999	125	1.20	19000
20000	20999	137	1.18	20000
21000	21999	149	1.22	21000
22000	22999	161	1.14	22000
23000	23999	173	1.16	23000
24000	24999	184	1.16	24000
25000	25999	196	0.96	25000
26000	26999	208	0.98	26000
27000	27999	218	1.02	27000
28000	28999	228	0.94	28000
29000	29999	238	0.96	29000
30000	30999	247	0.98	30000
31000	31999	257	0.92	31000
32000	32999	267	0.84	32000
33000	33999	276	0.88	33000
34000	34999	284	0.88	34000
35000	35999	293	0.88	35000
36000	36999	301	0.84	36000
37000	37999	310	0.84	37000
38000	38999	318	0.88	38000
39000	39999	327	0.88	39000
40000	40999	335	0.78	40000
41000	41999	344	0.82	41000
42000	42999	352	0.80	42000
43000	43999	361	0.82	43000
44000	44999	369	0.80	44000
45000	45999	377	0.82	45000
46000	46999	386	0.88	46000
47000	47999	394	0.90	47000
48000	48999	403	0.90	48000
49000	49999	412	0.90	49000
50000	50999	421	0.92	50000
51000	51999	430	0.94	51000
52000	52999	439	0.84	52000
53000	53999	448	0.84	53000
54000	54999	457	0.86	54000
55000	55999	465	0.86	55000
56000	56999	474	0.86	56000
57000	57999	483	0.86	57000
58000	58999	492	0.88	58000
59000	59999	501	0.90	59000
60000	60999	510	0.90	60000
61000	61999	519	0.90	61000
62000	62999	528	0.92	62000
63000	63999	537	0.82	63000
64000	64999	546	0.88	64000
65000	65999	554	0.82	65000
66000	66999	563	0.88	66000
67000	67999	571	0.82	67000
68000	68999	580	0.82	68000
69000	69999	588	0.86	69000
70000	70999	597	0.82	70000
71000	71999	605	0.86	71000
72000	72999	614	0.82	72000
73000	73999	622	0.86	73000
74000	74999	631	0.82	74000
75000	75999	639	0.86	75000
76000	76999	648	0.82	76000
77000	77999	656	0.86	77000
78000	78999	665	0.80	78000
79000	79999	673	0.86	79000
80000	80999	682	0.80	80000
81000	81999	690	0.86	81000
82000	82999	699	0.80	82000
83000	83999	707	0.82	83000
84000	84999	715	0.82	84000
85000	85999	723	0.82	85000
86000	86999	731	0.82	86000
87000	87999	739	0.82	87000
88000	88999	747	0.84	88000
89000	89999	755	0.84	89000
90000	90999	763	0.84	90000
91000	91999	771	0.74	91000
92000	92999	778	0.76	92000
93000	93999	786	0.74	93000
94000	94999	794	0.76	94000
95000	95999	802	0.76	95000
96000	96999	810	0.76	96000
97000	97999	818	0.78	97000
98000	98999	826	0.78	98000
99000	99999	834	0.70	99000
100000	100999	842	0.70	100000
101000	101999	849	0.68	101000
102000	102999	856	0.76	102000
103000	103999	864	0.74	103000
104000	104999	871	0.80	104000
105000	105999	879	0.74	105000
106000	106999	886	0.76	106000

Province: Prince Edward Island/ Île-du-Prince-Édouard   No. of Children/Nbre d'enfants: One/Un

Income/Revenu ($) From/De	To/À	Basic Amount/ Montant de base	Plus (%)	Of Income Over/ Du revenu dépassant
107000	107999	894	0.78	107000
108000	108999	902	0.82	108000
109000	109999	910	0.74	109000
110000	110999	917	0.78	110000
111000	111999	925	0.80	111000
112000	112999	933	0.72	112000
113000	113999	940	0.76	113000
114000	114999	948	0.78	114000
115000	115999	956	0.80	115000
116000	116999	964	0.74	116000
117000	117999	971	0.76	117000
118000	118999	979	0.78	118000
119000	119999	987	0.82	119000
120000	120999	995	0.78	120000
121000	121999	1002	0.80	121000
122000	122999	1010	0.80	122000
123000	123999	1018	0.72	123000
124000	124999	1025	0.76	124000
125000	125999	1033	0.80	125000
126000	126999	1041	0.74	126000
127000	127999	1049	0.74	127000
128000	128999	1056	0.70	128000
129000	129999	1064	0.78	129000
130000	130999	1071	0.74	130000
131000	131999	1078	0.72	131000
132000	132999	1085	0.78	132000
133000	133999	1093	0.72	133000
134000	134999	1100	0.72	134000
135000	135999	1107	0.68	135000
136000	136999	1114	0.76	136000
137000	137999	1122	0.72	137000
138000	138999	1129	0.76	138000
139000	139999	1136	0.72	139000
140000	140999	1144	0.74	140000
141000	141999	1151	0.70	141000
142000	142999	1158	0.78	142000
143000	143999	1166	0.70	143000
144000	144999	1173	0.74	144000
145000	145999	1180	0.78	145000
146000	146999	1188	0.74	146000
147000	147999	1195	0.72	147000
148000	148999	1202	0.76	148000
149000	149999	1209	0.76	149000
150000	or greater/ou plus	1217	0.76	150000

Federal Child Support Tables / Tables fédérales de pensions alimentaires pour enfants

Province: Prince Edward Island/Île-du-Prince-Édouard — No. of Children/Nbre d'enfants: Two/Deux

Income/Revenu ($) From/De	To/À	Basic Amount/Montant de base	Monthly Award/Paiement mensuel Plus (%)	Of Income Over/Du revenu dépassant
0	10819	0		
10820	10999	0	4.20	10820
11000	11999	42	3.90	11000
12000	12999	81	3.14	12000
13000	13999	112	3.10	13000
14000	14999	143	3.10	14000
15000	15999	174	2.74	15000
16000	16999	201	2.92	16000
17000	17999	230	2.32	17000
18000	18999	253	1.04	18000
19000	19999	263	1.04	19000
20000	20999	273	1.66	20000
21000	21999	290	1.66	21000
22000	22999	307	1.66	22000
23000	23999	324	1.66	23000
24000	24999	341	1.66	24000
25000	25999	358	1.66	25000
26000	26999	375	1.22	26000
27000	27999	401	1.38	27000
28000	28999	418	1.72	28000
29000	29999	433	1.54	29000
30000	30999	448	1.52	30000
31000	31999	463	1.40	31000
32000	32999	477	1.34	32000
33000	33999	490	1.32	33000
34000	34999	503	1.30	34000
35000	35999	516	1.34	35000
36000	36999	530	1.32	36000
37000	37999	543	1.34	37000
38000	38999	556	1.30	38000
39000	39999	569	1.30	39000
40000	40999	583	1.28	40000
41000	41999	596	1.28	41000
42000	42999	609	1.30	42000
43000	43999	622	1.28	43000
44000	44999	635	1.28	44000
45000	45999	648	1.30	45000
46000	46999	661	1.40	46000
47000	47999	675	1.42	47000
48000	48999	689	1.42	48000
49000	49999	703	1.34	49000
50000	50999	717	1.36	50000
51000	51999	730	1.38	51000
52000	52999	744	1.38	52000
53000	53999	758	1.40	53000
54000	54999	772	1.42	54000
55000	55999	786	1.42	55000
56000	56999	800		56000
57000	57999			57000

Income/Revenu ($) From/De	To/À	Basic Amount/Montant de base	Monthly Award/Paiement mensuel Plus (%)	Of Income Over/Du revenu dépassant
58000	58999	814	1.34	58000
59000	59999	827	1.36	59000
60000	60999	841	1.36	60000
61000	61999	855	1.38	61000
62000	62999	869	1.40	62000
63000	63999	883	1.40	63000
64000	64999	897	1.32	64000
65000	65999	910	1.30	65000
66000	66999	923	1.38	66000
67000	67999	937	1.32	67000
68000	68999	950	1.34	68000
69000	69999	963	1.30	69000
70000	70999	977	1.30	70000
71000	71999	990	1.32	71000
72000	72999	1003	1.30	72000
73000	73999	1016	1.28	73000
74000	74999	1029	1.30	74000
75000	75999	1042	1.36	75000
76000	76999	1056	1.32	76000
77000	77999	1069	1.30	77000
78000	78999	1082	1.36	78000
79000	79999	1095	1.24	79000
80000	80999	1109	1.32	80000
81000	81999	1122	1.36	81000
82000	82999	1135	1.34	82000
83000	83999	1148	1.34	83000
84000	84999	1160	1.32	84000
85000	85999	1172	1.30	85000
86000	86999	1185	1.30	86000
87000	87999	1197	1.28	87000
88000	88999	1209	1.28	88000
89000	89999	1222	1.28	89000
90000	90999	1234	1.30	90000
91000	91999	1247	1.26	91000
92000	92999	1259	1.20	92000
93000	93999	1271	1.22	93000
94000	94999	1284	1.24	94000
95000	95999	1296	1.26	95000
96000	96999	1308	1.22	96000
97000	97999	1321	1.22	97000
98000	98999	1333	1.16	98000
99000	99999	1346	1.16	99000
100000	100999	1358	1.12	100000
101000	101999	1369	1.16	101000
102000	102999	1381	1.16	102000
103000	103999	1392	1.16	103000
104000	104999	1404	1.18	104000
105000	105999	1416	1.18	105000
106000	106999	1428	1.18	106000

Income/Revenu ($) From/De	To/À	Basic Amount/Montant de base	Monthly Award/Paiement mensuel Plus (%)	Of Income Over/Du revenu dépassant
107000	107999	1440	1.18	107000
108000	108999	1452	1.18	108000
109000	109999	1464	1.18	109000
110000	110999	1476	1.18	110000
111000	111999	1488	1.18	111000
112000	112999	1500	1.18	112000
113000	113999	1512	1.16	113000
114000	114999	1524	1.16	114000
115000	115999	1536	1.16	115000
116000	116999	1548	1.16	116000
117000	117999	1560	1.16	117000
118000	118999	1572	1.16	118000
119000	119999	1584	1.16	119000
120000	120999	1596	1.16	120000
121000	121999	1608	1.16	121000
122000	122999	1620	1.16	122000
123000	123999	1632	1.26	123000
124000	124999	1644	1.24	124000
125000	125999	1657	1.24	125000
126000	126999	1669	1.24	126000
127000	127999	1681	1.14	127000
128000	128999	1692	1.10	128000
129000	129999	1703	1.18	129000
130000	130999	1715	1.14	130000
131000	131999	1726	1.14	131000
132000	132999	1737	1.10	132000
133000	133999	1749	1.16	133000
134000	134999	1760	1.12	134000
135000	135999	1772	1.18	135000
136000	136999	1783	1.14	136000
137000	137999	1794	1.12	137000
138000	138999	1806	1.14	138000
139000	139999	1817	1.10	139000
140000	140999	1828	1.16	140000
141000	141999	1840	1.10	141000
142000	142999	1851	1.08	142000
143000	143999	1862	1.16	143000
144000	144999	1874	1.12	144000
145000	145999	1885	1.18	145000
146000	146999	1897	1.14	146000
147000	147999	1908	1.10	147000
148000	148999	1919	1.16	148000
149000	149999	1931	1.12	149000
150000	or greater/ou plus	1942	1.12	150000

Federal Child Support Tables/Tables fédérales de pensions alimentaires pour enfants

Province: Prince Edward Island/Île-du-Prince-Édouard — No. of Children/N° d'enfants: Three/Trois

Income/Revenu ($) From/De	To/À	Monthly Award Basic Amount/Montant de base	Plus (%)	Of Income Over/Du revenu dépassant	Income/Revenu ($) From/De	To/À	Basic Amount/Montant de base	Plus (%)	Of Income Over/Du revenu dépassant	Income/Revenu ($) From/De	To/À	Basic Amount/Montant de base	Plus (%)	Of Income Over/Du revenu dépassant
0	10819	0			58000	58999	1071	1.82	58000	107000	107999	1877	1.50	107000
10820	10999	0	4.50	10820	59000	59999	1089	1.74	59000	108000	108999	1892	1.56	108000
11000	11999	45	4.18	11000	60000	60999	1106	1.76	60000	109000	109999	1908	1.50	109000
12000	12999	87	3.42	12000	61000	61999	1124	1.78	61000	110000	110999	1923	1.56	110000
13000	13999	121	3.34	13000	62000	62999	1142	1.80	62000	111000	111999	1939	1.52	111000
14000	14999	154	3.30	14000	63000	63999	1160	1.74	63000	112000	112999	1954	1.58	112000
15000	15999	187	2.90	15000	64000	64999	1178	1.74	64000	113000	113999	1970	1.52	113000
16000	16999	216	3.08	16000	65000	65999	1195	1.72	65000	114000	114999	1985	1.58	114000
17000	17999	247	3.76	17000	66000	66999	1212	1.72	66000	115000	115999	2001	1.54	115000
18000	18999	285	3.86	18000	67000	67999	1229	1.72	67000	116000	116999	2016	1.60	116000
19000	19999	324	3.84	19000	68000	68999	1246	1.72	68000	117000	117999	2032	1.54	117000
20000	20999	362	4.04	20000	69000	69999	1263	1.72	69000	118000	118999	2047	1.50	118000
21000	21999	402	2.26	21000	70000	70999	1280	1.72	70000	119000	119999	2062	1.56	119000
22000	22999	425	2.14	22000	71000	71999	1297	1.72	71000	120000	120999	2078	1.50	120000
23000	23999	446	2.12	23000	72000	72999	1314	1.70	72000	121000	121999	2093	1.56	121000
24000	24999	467	2.10	24000	73000	73999	1331	1.70	73000	122000	122999	2109	1.52	122000
25000	25999	488	1.74	25000	74000	74999	1348	1.70	74000	123000	123999	2124	1.58	123000
26000	26999	509	1.74	26000	75000	75999	1365	1.70	75000	124000	124999	2140	1.52	124000
27000	27999	526	1.74	27000	76000	76999	1382	1.70	76000	125000	125999	2155	1.58	125000
28000	28999	543	1.74	28000	77000	77999	1399	1.70	77000	126000	126999	2171	1.54	126000
29000	29999	560	2.14	29000	78000	78999	1416	1.70	78000	127000	127999	2186	1.50	127000
30000	30999	577	1.84	30000	79000	79999	1433	1.70	79000	128000	128999	2201	1.42	128000
31000	31999	598	2.12	31000	80000	80999	1450	1.68	80000	129000	129999	2215	1.46	129000
32000	32999	619	2.14	32000	81000	81999	1467	1.68	81000	130000	130999	2230	1.50	130000
33000	33999	637	1.84	33000	82000	82999	1484	1.58	82000	131000	131999	2245	1.48	131000
34000	34999	654	1.66	34000	83000	83999	1500	1.60	83000	132000	132999	2259	1.48	132000
35000	35999	671	1.66	35000	84000	84999	1516	1.60	84000	133000	133999	2274	1.42	133000
36000	36999	688	1.66	36000	85000	85999	1532	1.60	85000	134000	134999	2288	1.46	134000
37000	37999	705	1.66	37000	86000	86999	1548	1.62	86000	135000	135999	2303	1.50	135000
38000	38999	722	1.66	38000	87000	87999	1564	1.62	87000	136000	136999	2318	1.44	136000
39000	39999	739	1.76	39000	88000	88999	1580	1.64	88000	137000	137999	2332	1.48	137000
40000	40999	757	1.76	40000	89000	89999	1596	1.54	89000	138000	138999	2347	1.52	138000
41000	41999	775	1.62	41000	90000	90999	1611	1.56	90000	139000	139999	2362	1.44	139000
42000	42999	791	1.68	42000	91000	91999	1627	1.56	91000	140000	140999	2376	1.48	140000
43000	43999	808	1.64	43000	92000	92999	1643	1.58	92000	141000	141999	2391	1.42	141000
44000	44999	824	1.66	44000	93000	93999	1659	1.58	93000	142000	142999	2405	1.46	142000
45000	45999	841	1.68	45000	94000	94999	1675	1.60	94000	143000	143999	2420	1.50	143000
46000	46999	858	1.70	46000	95000	95999	1691	1.60	95000	144000	144999	2435	1.44	144000
47000	47999	875	1.72	47000	96000	96999	1707	1.62	96000	145000	145999	2449	1.48	145000
48000	48999	892	1.76	48000	97000	97999	1723	1.62	97000	146000	146999	2464	1.42	146000
49000	49999	910	1.78	49000	98000	98999	1739	1.52	98000	147000	147999	2478	1.46	147000
50000	50999	928	1.80	50000	99000	99999	1755	1.52	99000	148000	148999	2493	1.50	148000
51000	51999	946	1.82	51000	100000	100999	1770	1.46	100000	149000	149999	2508	1.42	149000
52000	52999	964	1.82	52000	101000	101999	1785	1.46	101000	150000	or greater/ou plus	2522	1.42	150000
53000	53999	982	1.74	53000	102000	102999	1800	1.46	102000					
54000	54999	999	1.76	54000	103000	103999	1815	1.56	103000					
55000	55999	1017	1.78	55000	104000	104999	1831	1.58	104000					
56000	56999	1035	1.80	56000	105000	105999	1846	1.58	105000					
57000	57999	1053	1.82	57000	106000	106999	1862	1.54	106000					

Federal Child Support Tables / Tables fédérales de pensions alimentaires pour enfants

Province: Prince Edward Island/Île-du-Prince-Édouard — No. of Children/Nb d'enfants: Four/Quatre

Income/Revenu ($) From/De	To/À	Basic Amount/Montant de base ($)	Plus (%)	Of Income Over/Du revenu dépassant
0	10819	0		
11000	11999	48	4.80	10820
12000	12999	93	4.46	11000
13000	13999	129	3.60	12000
14000	14999	165	3.58	13000
15000	15999	200	3.50	14000
16000	16999	232	3.18	15000
17000	17999	265	3.34	16000
18000	18999	306	4.08	17000
19000	19999	347	4.12	18000
20000	20999	387	4.04	19000
21000	21999	431	4.36	20000
22000	22999	475	4.38	21000
23000	23999	519	4.40	22000
24000	24999	563	4.40	23000
25000	25999	594	3.12	24000
26000	26999	618	2.40	25000
27000	27999	639	2.10	26000
28000	28999	660	2.12	27000
29000	29999	680	2.04	28000
30000	30999	701	2.06	29000
31000	31999	722	2.08	30000
32000	32999	743	2.10	31000
33000	33999	764	2.14	32000
34000	34999	785	2.16	33000
35000	35999	807	2.14	34000
36000	36999	828	2.14	35000
37000	37999	849	2.10	36000
38000	38999	869	1.96	37000
39000	39999	890	2.04	38000
40000	40999	910	2.12	39000
41000	41999	931	2.10	40000
42000	42999	951	1.98	41000
43000	43999	970	1.92	42000
44000	44999	990	1.98	43000
45000	45999	1010	2.02	44000
46000	46999	1030	1.94	45000
47000	47999	1049	2.04	46000
48000	48999	1070	2.08	47000
49000	49999	1091	2.06	48000
50000	50999	1112	2.16	49000
51000	51999	1134	2.14	50000
52000	52999	1155	2.14	51000
53000	53999	1176	2.14	52000
54000	54999	1197	2.12	53000
55000	55999	1218	2.12	54000
56000	56999	1239	2.10	55000
57000	57999	1260	2.10	56000
58000	58999	1281	2.10	58000
59000	59999	1302	2.08	59000
60000	60999	1323	2.08	60000
61000	61999	1344	2.08	61000
62000	62999	1365	2.06	62000
63000	63999	1386	2.06	63000
64000	64999	1407	2.04	64000
65000	65999	1428	2.04	65000
66000	66999	1448	2.02	66000
67000	67999	1468	2.02	67000
68000	68999	1488	2.00	68000
69000	69999	1508	2.00	69000
70000	70999	1528	1.98	70000
71000	71999	1548	1.96	71000
72000	72999	1569	2.04	72000
73000	73999	1589	2.02	73000
74000	74999	1609	2.02	74000
75000	75999	1629	2.00	75000
76000	76999	1649	2.00	76000
77000	77999	1669	1.98	77000
78000	78999	1689	1.96	78000
79000	79999	1709	2.04	79000
80000	80999	1729	2.02	80000
81000	81999	1750	1.84	81000
82000	82999	1770	1.86	82000
83000	83999	1788	1.88	83000
84000	84999	1807	1.88	84000
85000	85999	1826	1.90	85000
86000	86999	1845	1.92	86000
87000	87999	1864	1.94	87000
88000	88999	1883	1.84	88000
89000	89999	1901	1.86	89000
90000	90999	1920	1.88	90000
91000	91999	1939	1.90	91000
92000	92999	1958	1.92	92000
93000	93999	1977	1.84	93000
94000	94999	1995	1.86	94000
95000	95999	2014	1.90	95000
96000	96999	2033	1.84	96000
97000	97999	2052	1.86	97000
98000	98999	2071	1.80	98000
99000	99999	2089	1.80	99000
100000	100999	2108	1.82	100000
101000	101999	2126	1.84	101000
102000	102999	2144	1.84	102000
103000	103999	2162	1.80	103000
104000	104999	2180	1.80	104000
105000	105999	2198	1.80	105000
106000	106999	2216	1.78	106000
107000	107999	2234	1.86	107000
108000	108999	2253	1.84	108000
109000	109999	2271	1.80	109000
110000	110999	2289	1.78	110000
111000	111999	2307	1.86	111000
112000	112999	2326	1.82	112000
113000	113999	2344	1.80	113000
114000	114999	2362	1.88	114000
115000	115999	2381	1.82	115000
116000	116999	2399	1.86	116000
117000	117999	2417	1.80	117000
118000	118999	2435	1.86	118000
119000	119999	2454	1.84	119000
120000	120999	2472	1.82	120000
121000	121999	2490	1.78	121000
122000	122999	2508	1.86	122000
123000	123999	2527	1.84	123000
124000	124999	2545	1.82	124000
125000	125999	2563	1.78	125000
126000	126999	2581	1.86	126000
127000	127999	2600	1.74	127000
128000	128999	2617	1.70	128000
129000	129999	2634	1.70	129000
130000	130999	2652	1.72	130000
131000	131999	2669	1.74	131000
132000	132999	2686	1.70	132000
133000	133999	2703	1.70	133000
134000	134999	2721	1.72	134000
135000	135999	2738	1.70	135000
136000	136999	2755	1.68	136000
137000	137999	2772	1.76	137000
138000	138999	2790	1.70	138000
139000	139999	2807	1.72	139000
140000	140999	2824	1.76	140000
141000	141999	2842	1.74	141000
142000	142999	2859	1.72	142000
143000	143999	2877	1.68	143000
144000	144999	2895	1.76	144000
145000	145999	2911	1.74	145000
146000	146999	2928	1.70	146000
147000	147999	2945	1.78	147000
148000	148999	2963	1.74	148000
149000	149999	2980	1.72	149000
150000	or greater/ou plus	2997	1.72	150000

Federal Child Support Tables/Tables fédérales de pensions alimentaires pour enfants

Income/Revenu ($)		Monthly Award/Paiement mensuel ($)		
From/De	To/À	Basic Amount/Montant de base	Plus (%)	Of Income Over/Du revenu dépassant
0	10819	0		
10820	10999	0	4.80	10820
11000	11999	48	4.46	11000
12000	12999	93	3.60	12000
13000	13999	129	3.58	13000
14000	14999	165	3.50	14000
15000	15999	200	3.18	15000
16000	16999	232	3.34	16000
17000	17999	265	4.12	17000
18000	18999	306	4.18	18000
19000	19999	347	4.04	19000
20000	20999	387	4.36	20000
21000	21999	431	4.38	21000
22000	22999	475	4.40	22000
23000	23999	519	4.40	23000
24000	24999	563	4.42	24000
25000	25999	607	4.44	25000
26000	26999	651	4.34	26000
27000	27999	694	4.34	27000
28000	28999	738	4.28	28000
29000	29999	781	2.40	29000
30000	30999	805	2.40	30000
31000	31999	829	2.40	31000
32000	32999	853	2.12	32000
33000	33999	874	2.08	33000
34000	34999	895	2.22	34000
35000	35999	917	2.40	35000
36000	36999	941	2.42	36000
37000	37999	965	2.42	37000
38000	38999	989	2.34	38000
39000	39999	1012	2.40	39000
40000	40999	1036	2.58	40000
41000	41999	1062	2.22	41000
42000	42999	1084	2.24	42000
43000	43999	1106	2.24	43000
44000	44999	1128	2.22	44000
45000	45999	1150	2.28	45000
46000	46999	1173	2.24	46000
47000	47999	1195	2.40	47000
48000	48999	1219	2.34	48000
49000	49999	1242	2.36	49000
50000	50999	1266	2.38	50000
51000	51999	1290	2.42	51000
52000	52999	1314	2.36	52000
53000	53999	1337	2.38	53000
54000	54999	1361	2.40	54000
55000	55999	1385	2.42	55000
56000	56999	1409	2.34	56000
57000	57999	1433		57000

Province: Prince Edward Island/Île-du-Prince-Édouard — No. of Children/N° d'enfants: Five/Cinq

Income/Revenu ($)		Monthly Award/Paiement mensuel ($)		
From/De	To/À	Basic Amount/Montant de base	Plus (%)	Of Income Over/Du revenu dépassant
58000	58999	1456	2.36	58000
59000	59999	1480	2.38	59000
60000	60999	1504	2.42	60000
61000	61999	1528	2.34	61000
62000	62999	1551	2.38	62000
63000	63999	1575	2.30	63000
64000	64999	1599	2.30	64000
65000	65999	1622	2.24	65000
66000	66999	1644	2.26	66000
67000	67999	1667	2.30	67000
68000	68999	1690	2.22	68000
69000	69999	1712	2.26	69000
70000	70999	1735	2.28	70000
71000	71999	1758	2.24	71000
72000	72999	1781	2.32	72000
73000	73999	1803	2.26	73000
74000	74999	1826	2.30	74000
75000	75999	1849	2.22	75000
76000	76999	1871	2.26	76000
77000	77999	1894	2.28	77000
78000	78999	1917	2.32	78000
79000	79999	1940	2.24	79000
80000	80999	1962	2.28	80000
81000	81999	1985	2.30	81000
82000	82999	2008	2.14	82000
83000	83999	2029	2.12	83000
84000	84999	2050	2.10	84000
85000	85999	2071	2.08	85000
86000	86999	2092	2.16	86000
87000	87999	2114	2.14	87000
88000	88999	2135	2.10	88000
89000	89999	2156	2.16	89000
90000	90999	2177	2.14	90000
91000	91999	2199	2.12	91000
92000	92999	2220	2.10	92000
93000	93999	2241	2.08	93000
94000	94999	2262	2.14	94000
95000	95999	2283	2.14	95000
96000	96999	2305	2.10	96000
97000	97999	2326	2.10	97000
98000	98999	2347	2.08	98000
99000	99999	2368	2.06	99000
100000	100999	2389	2.04	100000
101000	101999	2410	2.02	101000
102000	102999	2430	2.00	102000
103000	103999	2450	2.08	103000
104000	104999	2470	2.10	104000
105000	105999	2491	2.04	105000
106000	106999	2512		106000
107000	107999	2532	2.08	107000
108000	108999	2553	2.02	108000
109000	109999	2573	2.06	109000
110000	110999	2594	2.10	110000
111000	111999	2615	2.04	111000
112000	112999	2635	2.08	112000
113000	113999	2656	2.10	113000
114000	114999	2677	2.04	114000
115000	115999	2697	2.08	115000
116000	116999	2718	2.02	116000
117000	117999	2738	2.06	117000
118000	118999	2759	2.10	118000
119000	119999	2780	2.04	119000
120000	120999	2800	2.08	120000
121000	121999	2821	2.02	121000
122000	122999	2841	2.06	122000
123000	123999	2862	2.10	123000
124000	124999	2883	2.04	124000
125000	125999	2903	2.08	125000
126000	126999	2924	2.08	126000
127000	127999	2944	1.96	127000
128000	128999	2964	1.92	128000
129000	129999	2983	1.96	129000
130000	130999	3003	1.96	130000
131000	131999	3022	1.96	131000
132000	132999	3042	1.92	132000
133000	133999	3061	1.96	133000
134000	134999	3081	1.92	134000
135000	135999	3100	1.96	135000
136000	136999	3120	1.92	136000
137000	137999	3139	1.98	137000
138000	138999	3159	1.92	138000
139000	139999	3178	1.98	139000
140000	140999	3198	1.92	140000
141000	141999	3217	1.98	141000
142000	142999	3237	1.92	142000
143000	143999	3256	1.98	143000
144000	144999	3276	1.98	144000
145000	145999	3295	1.92	145000
146000	146999	3315	1.98	146000
147000	147999	3334	1.92	147000
148000	148999	3354	1.98	148000
149000	149999	3373	1.98	149000
150000	or greater/ou plus	3393		150000

Federal Child Support Tables/ Tables fédérales de pensions alimentaires pour enfants

Province: *Prince Edward Island/Île-du-Prince-Édouard* — No. of Children/N° d'enfants: Six or more/Six ou plus

Income/Revenu ($) From/De	To/À	Basic Amount/ Montant de base	Plus (%)	Of Income Over/ Du revenu dépassant
0	10819	0	4.80	10820
10820	10999	48	4.46	11000
11000	11999	93	3.60	12000
12000	12999	129	3.58	13000
13000	13999	165	3.50	14000
14000	14999	200	3.18	15000
15000	15999	232	3.34	16000
16000	16999	265	4.08	17000
17000	17999	306	4.12	18000
18000	18999	347	4.04	19000
19000	19999	387	4.36	20000
20000	20999	431	4.38	21000
21000	21999	475	4.40	22000
22000	22999	519	4.40	23000
23000	23999	563	4.42	24000
24000	24999	607	4.44	25000
25000	25999	651	4.34	26000
26000	26999	694	4.36	27000
27000	27999	738	4.38	28000
28000	28999	782	4.40	29000
29000	29999	826	4.40	30000
30000	30999	870	4.42	31000
31000	31999	914	3.94	32000
32000	32999	953	3.78	33000
33000	33999	991	2.46	34000
34000	34999	1016	2.36	35000
35000	35999	1040	2.36	36000
36000	36999	1062	2.58	37000
37000	37999	1088	2.58	38000
38000	38999	1114	2.60	39000
39000	39999	1140	2.78	40000
40000	40999	1168	2.52	41000
41000	41999	1193	2.50	42000
42000	42999	1218	2.60	43000
43000	43999	1244	2.54	44000
44000	44999	1269	2.48	45000
45000	45999	1294	2.42	46000
46000	46999	1318	2.60	47000
47000	47999	1344	2.60	48000
48000	48999	1370	2.58	49000
49000	49999	1396	2.58	50000
50000	50999	1422	2.58	51000
51000	51999	1448	2.58	52000
52000	52999	1474	2.56	53000
53000	53999	1500	2.56	54000
54000	54999	1526	2.66	55000
55000	55999	1553	2.64	56000
56000	56999	1579	2.64	57000
57000	57999	—	—	—
58000	58999	1605	2.64	58000
59000	59999	1631	2.62	59000
60000	60999	1657	2.62	60000
61000	61999	1683	2.60	61000
62000	62999	1709	2.60	62000
63000	63999	1735	2.50	63000
64000	64999	1761	2.50	64000
65000	65999	1786	2.52	65000
66000	66999	1811	2.52	66000
67000	67999	1836	2.54	67000
68000	68999	1861	2.44	68000
69000	69999	1885	2.46	69000
70000	70999	1910	2.46	70000
71000	71999	1935	2.48	71000
72000	72999	1960	2.48	72000
73000	73999	1985	2.50	73000
74000	74999	2010	2.52	74000
75000	75999	2035	2.52	75000
76000	76999	2060	2.54	76000
77000	77999	2085	2.44	77000
78000	78999	2109	2.46	78000
79000	79999	2134	2.46	79000
80000	80999	2159	2.48	80000
81000	81999	2184	2.50	81000
82000	82999	2209	2.32	82000
83000	83999	2233	2.32	83000
84000	84999	2255	2.36	84000
85000	85999	2279	2.34	85000
86000	86999	2302	2.30	86000
87000	87999	2325	2.36	87000
88000	88999	2348	2.36	88000
89000	89999	2372	2.30	89000
90000	90999	2395	2.30	90000
91000	91999	2418	2.38	91000
92000	92999	2442	2.32	92000
93000	93999	2465	2.32	93000
94000	94999	2488	2.30	94000
95000	95999	2511	2.36	95000
96000	96999	2535	2.34	96000
97000	97999	2558	2.28	97000
98000	98999	2581	2.28	98000
99000	99999	2604	2.26	99000
100000	100999	2627	2.26	100000
101000	101999	2650	2.20	101000
102000	102999	2672	2.28	102000
103000	103999	2694	2.20	103000
104000	104999	2717	2.24	104000
105000	105999	2739	2.28	105000
106000	106999	2762	2.22	106000
107000	107999	2784	2.26	107000
108000	108999	2807	2.22	108000
109000	109999	2829	2.26	109000
110000	110999	2852	2.30	110000
111000	111999	2875	2.24	111000
112000	112999	2897	2.28	112000
113000	113999	2920	2.22	113000
114000	114999	2942	2.26	114000
115000	115999	2965	2.30	115000
116000	116999	2988	2.24	116000
117000	117999	3010	2.28	117000
118000	118999	3033	2.22	118000
119000	119999	3055	2.26	119000
120000	120999	3078	2.30	120000
121000	121999	3101	2.30	121000
122000	122999	3123	2.36	122000
123000	123999	3146	2.24	123000
124000	124999	3168	2.28	124000
125000	125999	3191	2.22	125000
126000	126999	3213	2.26	126000
127000	127999	3236	2.10	127000
128000	128999	3257	2.12	128000
129000	129999	3279	2.12	129000
130000	130999	3300	2.08	130000
131000	131999	3321	2.12	131000
132000	132999	3343	2.12	132000
133000	133999	3364	2.18	133000
134000	134999	3386	2.14	134000
135000	135999	3407	2.16	135000
136000	136999	3428	2.14	136000
137000	137999	3450	2.14	137000
138000	138999	3471	2.10	138000
139000	139999	3492	2.16	139000
140000	140999	3514	2.10	140000
141000	141999	3535	2.08	141000
142000	142999	3557	2.14	142000
143000	143999	3578	2.12	143000
144000	144999	3599	2.18	144000
145000	145999	3621	2.14	145000
146000	146999	3642	2.10	146000
147000	147999	3663	2.16	147000
148000	148999	3685	2.12	148000
149000	149999 or greater/ou plus	3706	2.10	149000
150000		3727		150000 or greater/ou plus

Federal Child Support Tables / Tables fédérales de pensions alimentaires pour enfants

Province: Saskatchewan — No. of Children/Nbre d'enfant: One/Un

Income/Revenu ($) From/De	To/À	Basic Amount/Montant de base ($)	Plus (%)	Of Income Over/Du revenu dépassant ($)
0	10819	0		
10820	10999	4	1.92	10820
11000	11999	23	1.92	11000
12000	12999	42	1.92	12000
13000	13999	61	1.90	13000
14000	14999	80	1.90	14000
15000	15999	99	1.90	15000
16000	16999	118	1.90	16000
17000	17999	137	0.60	17000
18000	18999	143	0.66	18000
19000	19999	150	0.62	19000
20000	20999	156	0.68	20000
21000	21999	163	0.64	21000
22000	22999	169	0.60	22000
23000	23999	175	0.68	23000
24000	24999	182	0.64	24000
25000	25999	188	0.80	25000
26000	26999	196	0.56	26000
27000	27999	202	0.56	27000
28000	28999	208	0.76	28000
29000	29999	216	0.96	29000
30000	30999	226	0.92	30000
31000	31999	235	0.88	31000
32000	32999	244	0.86	32000
33000	33999	253	0.86	33000
34000	34999	262	0.90	34000
35000	35999	271	0.84	35000
36000	36999	279	0.88	36000
37000	37999	288	0.83	37000
38000	38999	296	0.86	38000
39000	39999	305	0.92	39000
40000	40999	314	0.80	40000
41000	41999	323	0.86	41000
42000	42999	331	0.88	42000
43000	43999	340	0.82	43000
44000	44999	348	0.88	44000
45000	45999	357	0.82	45000
46000	46999	365	0.92	46000
47000	47999	374	0.88	47000
48000	48999	383	0.94	48000
49000	49999	392	0.92	49000
50000	50999	401	0.92	50000
51000	51999	410	0.92	51000
52000	52999	419	0.88	52000
53000	53999	428	0.92	53000
54000	54999	437	0.92	54000
55000	55999	446	0.92	55000
56000	56999	455	0.92	56000
57000	57999	464	0.90	57000
58000	58999	473	0.90	58000
59000	59999	482	0.90	59000
60000	60999	491	0.90	60000
61000	61999	500	0.90	61000
62000	62999	509	0.90	62000
63000	63999	518	0.88	63000
64000	64999	527	0.88	64000
65000	65999	536	0.88	65000
66000	66999	545	0.88	66000
67000	67999	554	0.88	67000
68000	68999	563	0.88	68000
69000	69999	572	0.88	69000
70000	70999	581	0.86	70000
71000	71999	590	0.86	71000
72000	72999	599	0.86	72000
73000	73999	608	0.86	73000
74000	74999	617	0.86	74000
75000	75999	626	0.86	75000
76000	76999	635	0.86	76000
77000	77999	644	0.96	77000
78000	78999	654	0.94	78000
79000	79999	663	0.94	79000
80000	80999	672	0.94	80000
81000	81999	681	0.94	81000
82000	82999	690	0.84	82000
83000	83999	698	0.90	83000
84000	84999	707	0.84	84000
85000	85999	715	0.80	85000
86000	86999	723	0.86	86000
87000	87999	732	0.80	87000
88000	88999	740	0.86	88000
89000	89999	749	0.82	89000
90000	90999	757	0.86	90000
91000	91999	766	0.82	91000
92000	92999	774	0.88	92000
93000	93999	783	0.82	93000
94000	94999	791	0.88	94000
95000	95999	800	0.84	95000
96000	96999	808	0.88	96000
97000	97999	817	0.84	97000
98000	98999	825	0.88	98000
99000	99999	834	0.84	99000
100000	100999	842	0.84	100000
101000	101999	851	0.84	101000
102000	102999	859	0.88	102000
103000	103999	868	0.80	103000
104000	104999	876	0.84	104000
105000	105999	884	0.86	105000
106000	106999	893	0.80	106000
107000	107999	901	0.86	107000
108000	108999	910	0.82	108000
109000	109999	918	0.86	109000
110000	110999	927	0.82	110000
111000	111999	935	0.88	111000
112000	112999	944	0.82	112000
113000	113999	952	0.88	113000
114000	114999	961	0.84	114000
115000	115999	969	0.78	115000
116000	116999	977	0.86	116000
117000	117999	986	0.84	117000
118000	118999	994	0.82	118000
119000	119999	1002	0.80	119000
120000	120999	1010	0.78	120000
121000	121999	1018	0.86	121000
122000	122999	1027	0.84	122000
123000	123999	1035	0.82	123000
124000	124999	1043	0.80	124000
125000	125999	1051	0.78	125000
126000	126999	1059	0.86	126000
127000	127999	1068	0.74	127000
128000	128999	1075	0.76	128000
129000	129999	1083	0.78	129000
130000	130999	1091	0.80	130000
131000	131999	1099	0.74	131000
132000	132999	1106	0.76	132000
133000	133999	1114	0.78	133000
134000	134999	1122	0.80	134000
135000	135999	1130	0.82	135000
136000	136999	1138	0.74	136000
137000	137999	1145	0.76	137000
138000	138999	1153	0.80	138000
139000	139999	1161	0.74	139000
140000	140999	1169	0.76	140000
141000	141999	1176	0.78	141000
142000	142999	1184	0.80	142000
143000	143999	1192	0.82	143000
144000	144999	1200	0.74	144000
145000	145999	1208	0.74	145000
146000	146999	1215	0.76	146000
147000	147999	1223	0.78	147000
148000	148999	1231	0.80	148000
149000	149999	1239	0.74	149000
150000	or greater/ou plus	1246	0.74	150000

Federal Child Support Tables / Tables fédérales de pensions alimentaires pour enfants

Province: Saskatchewan
No. of Children/N° d'enfants: Two/Deux

Income/Revenu From/De	To/À	Basic Amount/Montant de base	Plus (%)	Of Income Over/Du revenu dépassant
0	10819	7	—	—
10820	10999	7	4.80	10820
11000	11999	55	4.40	11000
12000	12999	99	3.64	12000
13000	13999	135	3.60	13000
14000	14999	171	3.02	14000
15000	15999	201	2.56	15000
16000	16999	231	3.12	16000
17000	17999	262	1.72	17000
18000	18999	279	1.22	18000
19000	19999	291	1.22	19000
20000	20999	303	1.20	20000
21000	21999	315	1.20	21000
22000	22999	327	1.20	22000
23000	23999	339	1.20	23000
24000	24999	351	1.18	24000
25000	25999	363	1.18	25000
26000	26999	375	0.74	26000
27000	27999	382	0.90	27000
28000	28999	391	1.22	28000
29000	29999	403	1.14	29000
30000	30999	414	1.10	30000
31000	31999	425	1.18	31000
32000	32999	437	1.04	32000
33000	33999	447	1.08	33000
34000	34999	458	1.36	34000
35000	35999	472	1.32	35000
36000	36999	485	1.38	36000
37000	37999	499	1.34	37000
38000	38999	512	1.30	38000
39000	39999	525	1.42	39000
40000	40999	539	1.28	40000
41000	41999	553	1.28	41000
42000	42999	566	1.28	42000
43000	43999	579	1.36	43000
44000	44999	593	1.34	44000
45000	45999	606	1.30	45000
46000	46999	619	1.38	46000
47000	47999	632	1.40	47000
48000	48999	646	1.38	48000
49000	49999	660	1.38	49000
50000	50999	674	1.40	50000
51000	51999	688	1.38	51000
52000	52999	702	1.38	52000
53000	53999	716	1.38	53000
54000	54999	730	1.36	54000
55000	55999	744	1.36	55000
56000	56999	758	1.36	56000
57000	57999	772	1.46	57000
58000	58999	787	1.44	58000
59000	59999	801	1.44	59000
60000	60999	815	1.44	60000
61000	61999	829	1.44	61000
62000	62999	843	1.44	62000
63000	63999	857	1.42	63000
64000	64999	871	1.42	64000
65000	65999	885	1.42	65000
66000	66999	899	1.42	66000
67000	67999	913	1.40	67000
68000	68999	927	1.40	68000
69000	69999	941	1.40	69000
70000	70999	955	1.40	70000
71000	71999	969	1.40	71000
72000	72999	983	1.38	72000
73000	73999	997	1.38	73000
74000	74999	1011	1.38	74000
75000	75999	1025	1.38	75000
76000	76999	1039	1.36	76000
77000	77999	1053	1.36	77000
78000	78999	1067	1.36	78000
79000	79999	1081	1.36	79000
80000	80999	1095	1.46	80000
81000	81999	1110	1.44	81000
82000	82999	1124	1.30	82000
83000	83999	1137	1.34	83000
84000	84999	1150	1.32	84000
85000	85999	1163	1.30	85000
86000	86999	1176	1.28	86000
87000	87999	1189	1.36	87000
88000	88999	1203	1.34	88000
89000	89999	1216	1.32	89000
90000	90999	1229	1.30	90000
91000	91999	1242	1.30	91000
92000	92999	1255	1.26	92000
93000	93999	1268	1.36	93000
94000	94999	1282	1.34	94000
95000	95999	1295	1.32	95000
96000	96999	1308	1.30	96000
97000	97999	1321	1.28	97000
98000	98999	1334	1.36	98000
99000	99999	1348	1.34	99000
100000	100999	1361	1.32	100000
101000	101999	1374	1.30	101000
102000	102999	1387	1.30	102000
103000	103999	1400	1.28	103000
104000	104999	1413	1.34	104000
105000	105999	1427	1.34	105000
106000	106999	1440	1.32	106000
107000	107999	1453	1.30	107000
108000	108999	1466	1.28	108000
109000	109999	1479	1.36	109000
110000	110999	1493	1.34	110000
111000	111999	1506	1.32	111000
112000	112999	1519	1.32	112000
113000	113999	1532	1.30	113000
114000	114999	1545	1.28	114000
115000	115999	1558	1.26	115000
116000	116999	1571	1.26	116000
117000	117999	1584	1.30	117000
118000	118999	1597	1.32	118000
119000	119999	1610	1.28	119000
120000	120999	1622	1.28	120000
121000	121999	1635	1.30	121000
122000	122999	1648	1.32	122000
123000	123999	1661	1.24	123000
124000	124999	1673	1.28	124000
125000	125999	1686	1.32	125000
126000	126999	1699	1.32	126000
127000	127999	1712	1.24	127000
128000	128999	1724	1.24	128000
129000	129999	1736	1.22	129000
130000	130999	1748	1.22	130000
131000	131999	1760	1.20	131000
132000	132999	1772	1.20	132000
133000	133999	1784	1.18	133000
134000	134999	1796	1.16	134000
135000	135999	1808	1.16	135000
136000	136999	1820	1.16	136000
137000	137999	1832	1.26	137000
138000	138999	1845	1.24	138000
139000	139999	1857	1.24	139000
140000	140999	1869	1.22	140000
141000	141999	1881	1.22	141000
142000	142999	1893	1.20	142000
143000	143999	1905	1.20	143000
144000	144999	1917	1.18	144000
145000	145999	1929	1.18	145000
146000	146999	1941	1.26	146000
147000	147999	1953	1.16	147000
148000	148999	1966	1.26	148000
149000	149999	1978	1.24	149000
150000	or greater/ou plus	1990	1.24	150000

Federal Child Support Tables / Tables fédérales de pensions alimentaires pour enfants

Province: Saskatchewan — No. of Children/N^{bre} d'enfants: Three/Trois

Income/Revenu ($) From/De	To/À	Monthly Award/Paiement mensuel ($) Basic Amount/Montant de base	Plus (%)	Of Income Over/Du revenu dépassant	Income/Revenu ($) From/De	To/À	Monthly Award/Paiement mensuel ($) Basic Amount/Montant de base	Plus (%)	Of Income Over/Du revenu dépassant	Income/Revenu ($) From/De	To/À	Monthly Award/Paiement mensuel ($) Basic Amount/Montant de base	Plus (%)	Of Income Over/Du revenu dépassant
0	10819	0	—	—	58000	58999	1037	1.76	58000	107000	107999	1894	1.68	107000
10820	10999	59	5.16	10820	59000	59999	1055	1.76	59000	108000	108999	1911	1.68	108000
11000	11999	106	3.68	11000	60000	60999	1073	1.86	60000	109000	109999	1928	1.68	109000
12000	12999	145	3.90	12000	61000	61999	1092	1.84	61000	110000	110999	1945	1.70	110000
13000	13999	184	3.86	13000	62000	62999	1110	1.84	62000	111000	111999	1962	1.70	111000
14000	14999	217	3.30	14000	63000	63999	1128	1.84	63000	112000	112999	1979	1.70	112000
15000	15999	248	3.10	15000	64000	64999	1146	1.82	64000	113000	113999	1996	1.70	113000
16000	16999	282	4.00	16000	65000	65999	1164	1.82	65000	114000	114999	2013	1.72	114000
17000	17999	322	4.06	17000	66000	66999	1182	1.82	66000	115000	115999	2030	1.62	115000
18000	18999	363	4.04	18000	67000	67999	1200	1.80	67000	116000	116999	2046	1.62	116000
19000	19999	403	3.42	19000	68000	68999	1218	1.80	68000	117000	117999	2063	1.62	117000
20000	20999	437	1.70	20000	69000	69999	1236	1.80	69000	118000	118999	2079	1.64	118000
21000	21999	454	1.64	21000	70000	70999	1254	1.80	70000	119000	119999	2096	1.60	119000
22000	22999	470	1.68	22000	71000	71999	1272	1.80	71000	120000	120999	2112	1.66	120000
23000	23999	487	1.62	23000	72000	72999	1290	1.78	72000	121000	121999	2128	1.64	121000
24000	24999	503	1.56	24000	73000	73999	1308	1.78	73000	122000	122999	2145	1.64	122000
25000	25999	519	1.26	25000	74000	74999	1326	1.78	74000	123000	123999	2161	1.60	123000
26000	26999	532	1.22	26000	75000	75999	1344	1.76	75000	124000	124999	2177	1.66	124000
27000	27999	544	1.22	27000	76000	76999	1362	1.76	76000	125000	125999	2194	1.62	125000
28000	28999	557	1.22	28000	77000	77999	1380	1.76	77000	126000	126999	2210	1.68	126000
29000	29999	569	1.62	29000	78000	78999	1398	1.86	78000	127000	127999	2227	1.54	127000
30000	30999	585	1.52	30000	79000	79999	1415	1.84	79000	128000	128999	2242	1.58	128000
31000	31999	600	1.46	31000	80000	80999	1433	1.84	80000	129000	129999	2258	1.52	129000
32000	32999	615	1.46	32000	81000	81999	1451	1.84	81000	130000	130999	2273	1.56	130000
33000	33999	630	1.42	33000	82000	82999	1471	1.74	82000	131000	131999	2289	1.56	131000
34000	34999	644	1.48	34000	83000	83999	1488	1.64	83000	132000	132999	2304	1.56	132000
35000	35999	659	1.44	35000	84000	84999	1505	1.66	84000	133000	133999	2320	1.56	133000
36000	36999	673	1.40	36000	85000	85999	1521	1.66	85000	134000	134999	2336	1.60	134000
37000	37999	687	1.46	37000	86000	86999	1538	1.66	86000	135000	135999	2351	1.60	135000
38000	38999	702	1.54	38000	87000	87999	1555	1.66	87000	136000	136999	2367	1.54	136000
39000	39999	719	1.72	39000	88000	88999	1572	1.68	88000	137000	137999	2382	1.58	137000
40000	40999	738	1.50	40000	89000	89999	1589	1.68	89000	138000	138999	2398	1.52	138000
41000	41999	754	1.68	41000	90000	90999	1606	1.68	90000	139000	139999	2413	1.56	139000
42000	42999	771	1.54	42000	91000	91999	1623	1.70	91000	140000	140999	2429	1.56	140000
43000	43999	788	1.68	43000	92000	92999	1640	1.70	92000	141000	141999	2444	1.60	141000
44000	44999	805	1.72	44000	93000	93999	1657	1.70	93000	142000	142999	2460	1.60	142000
45000	45999	822	1.72	45000	94000	94999	1674	1.70	94000	143000	143999	2476	1.54	143000
46000	46999	839	1.72	46000	95000	95999	1691	1.72	95000	144000	144999	2491	1.58	144000
47000	47999	857	1.80	47000	96000	96999	1708	1.72	96000	145000	145999	2507	1.52	145000
48000	48999	875	1.82	48000	97000	97999	1725	1.72	97000	146000	146999	2522	1.56	146000
49000	49999	893	1.82	49000	98000	98999	1742	1.74	98000	147000	147999	2538	1.52	147000
50000	50999	911	1.80	50000	99000	99999	1759	1.74	99000	148000	148999	2553	1.56	148000
51000	51999	929	1.80	51000	100000	100999	1776	1.64	100000	149000	149999	2569	1.52	149000
52000	52999	947	1.80	52000	101000	101999	1793	1.66	101000	150000 or greater/ou plus		2584	1.52	150000
53000	53999	965	1.78	53000	102000	102999	1810	1.66	102000					
54000	54999	983	1.78	54000	103000	103999	1826	1.66	103000					
55000	55999	1001	1.76	55000	104000	104999	1843	1.66	104000					
56000	56999	1019	1.76	56000	105000	105999	1860	1.66	105000					
57000	57999			57000	106000	106999	1877	1.66	106000					

Federal Child Support Tables / Tables fédérales de pensions alimentaires pour enfants

Province: *Saskatchewan* — No. of Children/N^bre d'enfants: *Four/Quatre*

Income/Revenu ($) From/De	To/À	Monthly Award/Paiement mensuel ($) Basic Amount/Montant de base	Plus (%)	Of Income Over/Du revenu dépassant
0	10819	0		
10820	10999	8	5.50	10820
11000	11999	63	5.06	11000
12000	12999	114	4.24	12000
13000	13999	156	4.14	13000
14000	14999	197	3.48	14000
15000	15999	232	3.36	15000
16000	16999	266	3.58	16000
17000	17999	302	4.28	17000
18000	18999	345	4.26	18000
19000	19999	388	4.36	19000
20000	20999	432	4.34	20000
21000	21999	475	4.32	21000
22000	22999	518	3.68	22000
23000	23999	561	4.30	23000
24000	24999	598	3.68	24000
25000	25999	618	2.02	25000
26000	26999	638	2.00	26000
27000	27999	654	1.62	27000
28000	28999	671	1.66	28000
29000	29999	687	1.60	29000
30000	30999	703	1.56	30000
31000	31999	719	1.56	31000
32000	32999	735	1.58	32000
33000	33999	753	1.78	33000
34000	34999	771	1.80	34000
35000	35999	789	1.82	35000
36000	36999	806	1.74	36000
37000	37999	824	1.78	37000
38000	38999	842	1.80	38000
39000	39999	860	1.82	39000
40000	40999	878	1.84	40000
41000	41999	897	1.94	41000
42000	42999	913	1.64	42000
43000	43999	930	1.68	43000
44000	44999	948	1.82	44000
45000	45999	968	2.02	45000
46000	46999	988	2.02	46000
47000	47999	1008	2.08	47000
48000	48999	1029	2.08	48000
49000	49999	1051	2.18	49000
50000	50999	1072	2.10	50000
51000	51999	1093	2.10	51000
52000	52999	1115	2.18	52000
53000	53999	1136	2.14	53000
54000	54999	1157	2.10	54000
55000	55999	1179	2.14	55000
56000	56999	1200	2.14	56000
57000	57999	1221	2.18	57000
58000	58999	1243	2.14	58000
59000	59999	1264	2.18	59000
60000	60999	1285	2.14	60000
61000	61999	1307	2.10	61000
62000	62999	1328	2.14	62000
63000	63999	1349	2.16	63000
64000	64999	1371	2.10	64000
65000	65999	1392	2.10	65000
66000	66999	1413	2.14	66000
67000	67999	1435	2.10	67000
68000	68999	1456	2.10	68000
69000	69999	1477	2.16	69000
70000	70999	1499	2.14	70000
71000	71999	1520	2.10	71000
72000	72999	1541	2.16	72000
73000	73999	1563	2.14	73000
74000	74999	1584	2.14	74000
75000	75999	1605	2.16	75000
76000	76999	1627	2.12	76000
77000	77999	1648	2.16	77000
78000	78999	1669	2.10	78000
79000	79999	1691	2.10	79000
80000	80999	1712	2.10	80000
81000	81999	1733	2.16	81000
82000	82999	1755	2.04	82000
83000	83999	1775	2.04	83000
84000	84999	1795	2.02	84000
85000	85999	1815	2.02	85000
86000	86999	1835	2.02	86000
87000	87999	1855	2.02	87000
88000	88999	1875	2.02	88000
89000	89999	1895	2.02	89000
90000	90999	1915	2.00	90000
91000	91999	1935	2.00	91000
92000	92999	1955	2.00	92000
93000	93999	1975	2.00	93000
94000	94999	1995	2.00	94000
95000	95999	2015	2.00	95000
96000	96999	2035	2.00	96000
97000	97999	2055	2.00	97000
98000	98999	2075	1.98	98000
99000	99999	2095	1.98	99000
100000	100999	2115	1.98	100000
101000	101999	2135	1.98	101000
102000	102999	2155	1.98	102000
103000	103999	2175	1.98	103000
104000	104999	2195	1.98	104000
105000	105999	2215	1.98	105000
106000	106999	2235	1.98	106000
107000	107999	2255	1.96	107000
108000	108999	2275	1.96	108000
109000	109999	2295	1.96	109000
110000	110999	2315	1.96	110000
111000	111999	2335	1.96	111000
112000	112999	2355	1.96	112000
113000	113999	2375	2.06	113000
114000	114999	2395	1.94	114000
115000	115999	2416	1.90	115000
116000	116999	2435	1.96	116000
117000	117999	2454	1.92	117000
118000	118999	2474	1.98	118000
119000	119999	2493	1.94	119000
120000	120999	2513	1.90	120000
121000	121999	2532	1.98	121000
122000	122999	2551	1.94	122000
123000	123999	2571	1.90	123000
124000	124999	2590	1.96	124000
125000	125999	2609	1.92	125000
126000	126999	2629	1.88	126000
127000	127999	2648	1.84	127000
128000	128999	2667	1.88	128000
129000	129999	2685	1.88	129000
130000	130999	2703	1.84	130000
131000	131999	2722	1.80	131000
132000	132999	2740	1.86	132000
133000	133999	2758	1.86	133000
134000	134999	2777	1.82	134000
135000	135999	2795	1.88	135000
136000	136999	2814	1.80	136000
137000	137999	2832	1.86	137000
138000	138999	2850	1.86	138000
139000	139999	2869	1.88	139000
140000	140999	2887	1.84	140000
141000	141999	2906	1.82	141000
142000	142999	2924	1.88	142000
143000	143999	2942	1.84	143000
144000	144999	2961	1.80	144000
145000	145999	2979	1.86	145000
146000	146999	2997	1.82	146000
147000	147999	3016	1.88	147000
148000	148999	3034	1.88	148000
149000	149999	3053	1.84	149000
150000	or greater/ou plus	3071	1.84	150000

Federal Child Support Tables / Tables fédérales de pensions alimentaires pour enfants

Province: *Saskatchewan* — No. of Children/N^bre d'enfants: *Five/Cinq*

Income/Revenu ($) From/De	To/À	Basic Amount/Montant de base	Plus (%)	Of Income Over/Du revenu dépassant
0	10819	0	5.50	10820
10820	10999	8	5.06	11000
11000	11999	63	4.34	12000
12000	12999	114	4.14	13000
13000	13999	156	3.48	14000
14000	14999	197	3.36	15000
15000	15999	232	3.58	16000
16000	16999	266	4.28	17000
17000	17999	302	4.25	18000
18000	18999	345	4.36	19000
19000	19999	388	4.34	20000
20000	20999	432	4.30	21000
21000	21999	475	4.32	22000
22000	22999	518	4.28	23000
23000	23999	561	4.36	24000
24000	24999	604	4.34	25000
25000	25999	647	4.22	26000
26000	26999	691	4.34	27000
27000	27999	734	4.22	28000
28000	28999	776	1.96	29000
29000	29999	796	1.96	30000
30000	30999	816	1.92	31000
31000	31999	835	1.90	32000
32000	32999	854	1.78	33000
33000	33999	872	1.78	34000
34000	34999	890	1.94	35000
35000	35999	909	2.02	36000
36000	36999	929	2.06	37000
37000	37999	950	2.10	38000
38000	38999	971	2.04	39000
39000	39999	991	2.08	40000
40000	40999	1012	2.20	41000
41000	41999	1034	1.90	42000
42000	42999	1053	1.96	43000
43000	43999	1073	2.03	44000
44000	44999	1093	1.94	45000
45000	45999	1112	1.96	46000
46000	46999	1132	1.98	47000
47000	47999	1152	2.10	48000
48000	48999	1173	2.40	49000
49000	49999	1197	2.40	50000
50000	50999	1221	2.40	51000
51000	51999	1245	2.38	52000
52000	52999	1269	2.38	53000
53000	53999	1293	2.36	54000
54000	54999	1317	2.36	55000
55000	55999	1341	2.46	56000
56000	56999	1365	2.44	57000
57000	57999	1390	2.44	58000
58000	58999	1414	2.44	58000
59000	59999	1438	2.42	59000
60000	60999	1462	2.42	60000
61000	61999	1486	2.42	61000
62000	62999	1510	2.40	62000
63000	63999	1534	2.40	63000
64000	64999	1558	2.40	64000
65000	65999	1582	2.38	65000
66000	66999	1606	2.38	66000
67000	67999	1630	2.36	67000
68000	68999	1654	2.36	68000
69000	69999	1678	2.46	69000
70000	70999	1703	2.44	70000
71000	71999	1727	2.44	71000
72000	72999	1751	2.42	72000
73000	73999	1775	2.42	73000
74000	74999	1799	2.40	74000
75000	75999	1823	2.40	75000
76000	76999	1847	2.40	76000
77000	77999	1871	2.38	77000
78000	78999	1895	2.38	78000
79000	79999	1919	2.38	79000
80000	80999	1943	2.36	80000
81000	81999	1967	2.26	81000
82000	82999	1991	2.30	82000
83000	83999	2014	2.24	83000
84000	84999	2037	2.24	84000
85000	85999	2059	2.22	85000
86000	86999	2082	2.22	86000
87000	87999	2104	2.26	87000
88000	88999	2127	2.30	88000
89000	89999	2150	2.24	89000
90000	90999	2172	2.28	90000
91000	91999	2195	2.24	91000
92000	92999	2217	2.24	92000
93000	93999	2240	2.22	93000
94000	94999	2262	2.26	94000
95000	95999	2285	2.30	95000
96000	96999	2308	2.24	96000
97000	97999	2330	2.28	97000
98000	98999	2353	2.22	98000
99000	99999	2375	2.26	99000
100000	100999	2398	2.30	100000
101000	101999	2421	2.24	101000
102000	102999	2443	2.28	102000
103000	103999	2466	2.22	103000
104000	104999	2488	2.30	104000
105000	105999	2511	2.30	105000
106000	106999	2534	2.24	106000
107000	107999	2556	2.28	107000
108000	108999	2579	2.22	108000
109000	109999	2601	2.26	109000
110000	110999	2624	2.30	110000
111000	111999	2647	2.24	111000
112000	112999	2669	2.28	112000
113000	113999	2692	2.22	113000
114000	114999	2714	2.26	114000
115000	115999	2737	2.20	115000
116000	116999	2759	2.22	116000
117000	117999	2781	2.22	117000
118000	118999	2803	2.24	118000
119000	119999	2825	2.14	119000
120000	120999	2846	2.16	120000
121000	121999	2868	2.18	121000
122000	122999	2890	2.20	122000
123000	123999	2912	2.20	123000
124000	124999	2934	2.22	124000
125000	125999	2956	2.14	125000
126000	126999	2977	2.16	126000
127000	127999	2999	2.16	127000
128000	128999	3020	2.10	128000
129000	129999	3041	2.12	129000
130000	130999	3062	2.04	130000
131000	131999	3083	2.06	131000
132000	132999	3103	2.10	132000
133000	133999	3124	2.12	133000
134000	134999	3145	2.04	134000
135000	135999	3165	2.08	135000
136000	136999	3186	2.10	136000
137000	137999	3207	2.12	137000
138000	138999	3228	2.04	138000
139000	139999	3248	2.08	139000
140000	140999	3269	2.08	140000
141000	141999	3290	2.02	141000
142000	142999	3310	2.06	142000
143000	143999	3331	2.08	143000
144000	144999	3352	2.10	144000
145000	145999	3373	2.04	145000
146000	146999	3393	2.06	146000
147000	147999	3414	2.08	147000
148000	148999	3435	2.10	148000
149000	149999	3455	2.04	149000
150000	or greater/ou plus	3476	2.04	150000

Federal Child Support Tables /
Tables fédérales de pensions alimentaires pour enfants

Province: *Saskatchewan*
No. of Children/N^bre d'enfants: *Six or more/Six ou plus*

Income/Revenus ($) From/De	To/À	Basic Amount/Montant de base	Plus (%)	Of Income Over/Du revenu dépassant
0	10819	0		
10820	10999	0	5.50	10820
11000	11999	8	5.06	11000
12000	12999	63	4.24	12000
13000	13999	114	4.14	13000
14000	14999	156	3.48	14000
15000	15999	197	3.36	15000
16000	16999	232	3.58	16000
17000	17999	266	3.58	17000
18000	18999	302	4.28	18000
19000	19999	345	4.26	19000
20000	20999	388	4.36	20000
21000	21999	432	4.34	21000
22000	22999	475	4.32	22000
23000	23999	518	4.30	23000
24000	24999	561	4.28	24000
25000	25999	604	4.36	25000
26000	26999	647	4.34	26000
27000	27999	691	4.32	27000
28000	28999	734	4.30	28000
29000	29999	777	4.20	29000
30000	30999	820	4.18	30000
31000	31999	862	4.20	31000
32000	32999	904	3.00	32000
33000	33999	946	3.00	33000
34000	34999	976	2.04	34000
35000	35999	996	2.04	35000
36000	36999	1016	2.12	36000
37000	37999	1036	2.34	37000
38000	38999	1057	2.34	38000
39000	39999	1080	2.32	39000
40000	40999	1103	2.42	40000
41000	41999	1126	2.16	41000
42000	42999	1150	2.18	42000
43000	43999	1172	2.22	43000
44000	44999	1194	2.20	44000
45000	45999	1216	2.28	45000
46000	46999	1238	2.28	46000
47000	47999	1261	2.32	47000
48000	48999	1283	2.40	48000
49000	49999	1306	2.34	49000
50000	50999	1330	2.36	50000
51000	51999	1353	2.40	51000
52000	52999	1377	2.54	52000
53000	53999	1401	2.62	53000
54000	54999	1426	2.66	54000
55000	55999	1453	2.68	55000
56000	56999	1479	2.64	56000
57000	57999	1506	2.60	57000
		1532		

Income/Revenus ($) From/De	To/À	Basic Amount/Montant de base	Plus (%)	Of Income Over/Du revenu dépassant
58000	58999	1558	2.66	58000
59000	59999	1585	2.62	59000
60000	60999	1611	2.68	60000
61000	61999	1638	2.64	61000
62000	62999	1664	2.60	62000
63000	63999	1690	2.66	63000
64000	64999	1717	2.62	64000
65000	65999	1743	2.66	65000
66000	66999	1769	2.66	66000
67000	67999	1796	2.62	67000
68000	68999	1822	2.68	68000
69000	69999	1849	2.64	69000
70000	70999	1875	2.60	70000
71000	71999	1901	2.66	71000
72000	72999	1928	2.62	72000
73000	73999	1954	2.68	73000
74000	74999	1981	2.64	74000
75000	75999	2007	2.60	75000
76000	76999	2033	2.66	76000
77000	77999	2060	2.62	77000
78000	78999	2086	2.68	78000
79000	79999	2113	2.64	79000
80000	80999	2139	2.60	80000
81000	81999	2165	2.64	81000
82000	82999	2192	2.44	82000
83000	83999	2216	2.46	83000
84000	84999	2241	2.48	84000
85000	85999	2266	2.50	85000
86000	86999	2291	2.44	86000
87000	87999	2315	2.46	87000
88000	88999	2340	2.48	88000
89000	89999	2365	2.52	89000
90000	90999	2390	2.44	90000
91000	91999	2415	2.44	91000
92000	92999	2439	2.48	92000
93000	93999	2464	2.52	93000
94000	94999	2489	2.44	94000
95000	95999	2514	2.52	95000
96000	96999	2538	2.48	96000
97000	97999	2563	2.52	97000
98000	98999	2588	2.44	98000
99000	99999	2613	2.44	99000
100000	100999	2637	2.50	100000
101000	101999	2662	2.46	101000
102000	102999	2687	2.50	102000
103000	103999	2712	2.46	103000
104000	104999	2736	2.48	104000
105000	105999	2761	2.46	105000
106000	106999	2786	2.50	106000

Income/Revenus ($) From/De	To/À	Basic Amount/Montant de base	Plus (%)	Of Income Over/Du revenu dépassant
107000	107999	2811	2.52	107000
108000	108999	2836	2.44	108000
109000	109999	2860	2.48	109000
110000	110999	2885	2.50	110000
111000	111999	2910	2.52	111000
112000	112999	2935	2.44	112000
113000	113999	2959	2.46	113000
114000	114999	2984	2.48	114000
115000	115999	3009	2.42	115000
116000	116999	3033	2.42	116000
117000	117999	3057	2.40	117000
118000	118999	3081	2.40	118000
119000	119999	3105	2.40	119000
120000	120999	3129	2.42	120000
121000	121999	3153	2.42	121000
122000	122999	3177	2.42	122000
123000	123999	3201	2.44	123000
124000	124999	3225	2.44	124000
125000	125999	3249	2.44	125000
126000	126999	3273	2.24	126000
127000	127999	3297	2.24	127000
128000	128999	3319	2.28	128000
129000	129999	3342	2.30	129000
130000	130999	3365	2.22	130000
131000	131999	3387	2.28	131000
132000	132999	3410	2.28	132000
133000	133999	3433	2.24	133000
134000	134999	3456	2.24	134000
135000	135999	3478	2.26	135000
136000	136999	3501	2.28	136000
137000	137999	3524	2.30	137000
138000	138999	3547	2.24	138000
139000	139999	3569	2.26	139000
140000	140999	3592	2.26	140000
141000	141999	3615	2.32	141000
142000	142999	3638	2.24	142000
143000	143999	3660	2.26	143000
144000	144999	3683	2.30	144000
145000	145999	3706	2.24	145000
146000	146999	3729	2.28	146000
147000	147999	3751	2.26	147000
148000	148999	3774	2.30	148000
149000	149999	3797	2.22	149000
150000	or greater/ou plus	3819		150000

Federal Child Support Tables/
Tables fédérales de pensions alimentaires pour enfants

Province: *Alberta*
No. of Children/N^bre d'enfants: One/Un

Income/Revenu ($) From/De	To/À	Basic Amount/ Montant de base ($)	Plus (%)	Of Income Over/ Du revenu dépassant
0	10819			
10820	10999	0	4.70	10820
11000	11999	47	4.08	11000
12000	12999	88	3.32	12000
13000	13999	121	1.56	13000
14000	14999	137	0.38	14000
15000	15999	141	0.40	15000
16000	16999	145	1.32	16000
17000	17999	158	0.44	17000
18000	18999	162	0.68	18000
19000	19999	169	0.70	19000
20000	20999	176	0.72	20000
21000	21999	183	0.64	21000
22000	22999	189	0.66	22000
23000	23999	196	0.68	23000
24000	24999	203	0.70	24000
25000	25999	210	0.64	25000
26000	26999	216	0.66	26000
27000	27999	222	0.70	27000
28000	28999	229	0.64	28000
29000	29999	235	0.60	29000
30000	30999	241	0.66	30000
31000	31999	248	0.66	31000
32000	32999	254	0.66	32000
33000	33999	261	0.54	33000
34000	34999	266	0.58	34000
35000	35999	272	0.60	35000
36000	36999	278	0.88	36000
37000	37999	287	0.86	37000
38000	38999	296	0.86	38000
39000	39999	305	0.86	39000
40000	40999	314	0.96	40000
41000	41999	324	0.92	41000
42000	42999	333	0.84	42000
43000	43999	342	0.86	43000
44000	44999	350	0.86	44000
45000	45999	359	0.86	45000
46000	46999	368	0.85	46000
47000	47999	377	0.98	47000
48000	48999	387	0.94	48000
49000	49999	396	0.90	49000
50000	50999	405	0.95	50000
51000	51999	415	0.90	51000
52000	52999	424	0.94	52000
53000	53999	434	0.92	53000
54000	54999	443	0.98	54000
55000	55999	453	0.98	55000
56000	56999	462	0.94	56000
57000	57999	472	0.94	57000
58000	58999	481	0.90	58000
59000	59999	490	0.96	59000
60000	60999	500	0.96	60000
61000	61999	509	0.96	61000
62000	62999	519	0.92	62000
63000	63999	528	0.98	63000
64000	64999	538	0.92	64000
65000	65999	547	0.98	65000
66000	66999	557	0.94	66000
67000	67999	566	0.96	67000
68000	68999	575	0.90	68000
69000	69999	585	0.96	69000
70000	70999	594	0.92	70000
71000	71999	604	0.92	71000
72000	72999	613	0.98	72000
73000	73999	623	0.92	73000
74000	74999	632	0.98	74000
75000	75999	642	0.94	75000
76000	76999	651	0.90	76000
77000	77999	660	0.96	77000
78000	78999	670	0.92	78000
79000	79999	679	0.96	79000
80000	80999	689	0.94	80000
81000	81999	698	0.98	81000
82000	82999	708	0.90	82000
83000	83999	717	0.96	83000
84000	84999	725	0.88	84000
85000	85999	734	0.88	85000
86000	86999	743	0.88	86000
87000	87999	752	0.90	87000
88000	88999	761	0.84	88000
89000	89999	770	0.90	89000
90000	90999	779	0.84	90000
91000	91999	788	0.86	91000
92000	92999	797	0.86	92000
93000	93999	805	0.86	93000
94000	94999	814	0.88	94000
95000	95999	823	0.82	95000
96000	96999	831	0.88	96000
97000	97999	841	0.90	97000
98000	98999	850	0.92	98000
99000	99999	859	0.84	99000
100000	100999	868	0.84	100000
101000	101999	877	0.86	101000
102000	102999	885	0.86	102000
103000	103999	894	0.88	103000
104000	104999	903	0.86	104000
105000	105999	912	0.88	105000
106000	106999	921	0.90	106000
107000	107999	930	0.90	107000
108000	108999	939	0.92	108000
109000	109999	948	0.94	109000
110000	110999	957	0.84	110000
111000	111999	965	0.86	111000
112000	112999	974	0.86	112000
113000	113999	983	0.88	113000
114000	114999	992	0.90	114000
115000	115999	1001	0.90	115000
116000	116999	1010	0.92	116000
117000	117999	1019	0.94	117000
118000	118999	1028	0.84	118000
119000	119999	1037	0.86	119000
120000	120999	1045	0.86	120000
121000	121999	1054	0.88	121000
122000	122999	1063	0.88	122000
123000	123999	1072	0.90	123000
124000	124999	1081	0.90	124000
125000	125999	1090	0.92	125000
126000	126999	1099	0.84	126000
127000	127999	1108	0.84	127000
128000	128999	1116	0.88	128000
129000	129999	1125	0.84	129000
130000	130999	1133	0.88	130000
131000	131999	1142	0.84	131000
132000	132999	1151	0.84	132000
133000	133999	1159	0.80	133000
134000	134999	1167	0.86	134000
135000	135999	1175	0.80	135000
136000	136999	1184	0.80	136000
137000	137999	1192	0.82	137000
138000	138999	1201	0.86	138000
139000	139999	1209	0.82	139000
140000	140999	1218	0.82	140000
141000	141999	1226	0.82	141000
142000	142999	1235	0.82	142000
143000	143999	1243	0.88	143000
144000	144999	1252	0.82	144000
145000	145999	1260	0.88	145000
146000	146999	1269	0.84	146000
147000	147999	1277	0.84	147000
148000	148999	1286	0.84	148000
149000	149999	1294	0.90	149000
150000	or greater/ou plus	1303	0.90	150000

Federal Child Support Tables / Tables fédérales de pensions alimentaires pour enfants

Province: Alberta — No. of Children/N^{bre} d'enfants: Two/Deux

Income/Revenu ($)		Monthly Award/Paiement mensuel ($)		
From/De	To/À	Basic Amount/Montant de base	Plus (%)	Of Income Over/Du revenu dépassant
0	10819	0		
10820	10999	0	5.10	10820
11000	11999	51	4.38	11000
12000	12999	95	3.68	12000
13000	13999	132	3.64	13000
14000	14999	168	3.54	14000
15000	15999	203	3.50	15000
16000	16999	238	3.52	16000
17000	17999	273	2.44	17000
18000	18999	297	1.20	18000
19000	19999	309	1.26	19000
20000	20999	322	1.30	20000
21000	21999	335	1.24	21000
22000	22999	347	1.24	22000
23000	23999	360	1.28	23000
24000	24999	372	1.28	24000
25000	25999	385	0.92	25000
26000	26999	394	0.82	26000
27000	27999	402	0.92	27000
28000	28999	411	1.20	28000
29000	29999	423	1.28	29000
30000	30999	436	1.22	30000
31000	31999	448	1.22	31000
32000	32999	460	1.20	32000
33000	33999	472	1.14	33000
34000	34999	483	1.12	34000
35000	35999	494	1.36	35000
36000	36999	505	1.46	36000
37000	37999	519	1.44	37000
38000	38999	534	1.44	38000
39000	39999	548	1.34	39000
40000	40999	562	1.34	40000
41000	41999	577	1.38	41000
42000	42999	590	1.42	42000
43000	43999	604	1.42	43000
44000	44999	618	1.34	44000
45000	45999	632	1.34	45000
46000	46999	646	1.46	46000
47000	47999	659	1.46	47000
48000	48999	674	1.46	48000
49000	49999	689	1.46	49000
50000	50999	703	1.50	50000
51000	51999	718	1.44	51000
52000	52999	733	1.46	52000
53000	53999	747	1.50	53000
54000	54999	762	1.42	54000
55000	55999	777	1.46	55000
56000	56999	791	1.48	56000
57000	57999	806	1.50	57000

Income/Revenu ($)		Monthly Award/Paiement mensuel ($)		
From/De	To/À	Basic Amount/Montant de base	Plus (%)	Of Income Over/Du revenu dépassant
58000	58999	821	1.52	58000
59000	59999	836	1.44	59000
60000	60999	850	1.48	60000
61000	61999	865	1.50	61000
62000	62999	880	1.48	62000
63000	63999	894	1.48	63000
64000	64999	909	1.50	64000
65000	65999	924	1.44	65000
66000	66999	938	1.50	66000
67000	67999	953	1.44	67000
68000	68999	968	1.46	68000
69000	69999	982	1.50	69000
70000	70999	997	1.42	70000
71000	71999	1012	1.46	71000
72000	72999	1027	1.52	72000
73000	73999	1041	1.44	73000
74000	74999	1056	1.48	74000
75000	75999	1071	1.48	75000
76000	76999	1085	1.50	76000
77000	77999	1100	1.44	77000
78000	78999	1115	1.48	78000
79000	79999	1129	1.50	79000
80000	80999	1144	1.44	80000
81000	81999	1159	1.46	81000
82000	82999	1173	1.42	82000
83000	83999	1187	1.36	83000
84000	84999	1201	1.40	84000
85000	85999	1215	1.44	85000
86000	86999	1229	1.42	86000
87000	87999	1243	1.34	87000
88000	88999	1256	1.36	88000
89000	89999	1270	1.38	89000
90000	90999	1284	1.40	90000
91000	91999	1298	1.42	91000
92000	92999	1312	1.36	92000
93000	93999	1325	1.40	93000
94000	94999	1339	1.40	94000
95000	95999	1353	1.42	95000
96000	96999	1367	1.40	96000
97000	97999	1381	1.36	97000
98000	98999	1395	1.38	98000
99000	99999	1408	1.40	99000
100000	100999	1422	1.42	100000
101000	101999	1436	1.36	101000
102000	102999	1450	1.36	102000
103000	103999	1464	1.40	103000
104000	104999	1478	1.42	104000
105000	105999	1491	1.34	105000
106000	106999	1505	1.38	106000

Income/Revenu ($)		Monthly Award/Paiement mensuel ($)		
From/De	To/À	Basic Amount/Montant de base	Plus (%)	Of Income Over/Du revenu dépassant
107000	107999	1519	1.40	107000
108000	108999	1533	1.40	108000
109000	109999	1547	1.42	109000
110000	110999	1561	1.42	110000
111000	111999	1574	1.36	111000
112000	112999	1588	1.34	112000
113000	113999	1602	1.38	113000
114000	114999	1616	1.40	114000
115000	115999	1630	1.42	115000
116000	116999	1644	1.44	116000
117000	117999	1657	1.34	117000
118000	118999	1671	1.38	118000
119000	119999	1685	1.36	119000
120000	120999	1699	1.40	120000
121000	121999	1713	1.42	121000
122000	122999	1726	1.34	122000
123000	123999	1740	1.36	123000
124000	124999	1754	1.36	124000
125000	125999	1768	1.38	125000
126000	126999	1782	1.42	126000
127000	127999	1796	1.40	127000
128000	128999	1809	1.30	128000
129000	129999	1822	1.30	129000
130000	130999	1835	1.32	130000
131000	131999	1848	1.36	131000
132000	132999	1862	1.36	132000
133000	133999	1875	1.32	133000
134000	134999	1888	1.32	134000
135000	135999	1901	1.32	135000
136000	136999	1914	1.28	136000
137000	137999	1927	1.30	137000
138000	138999	1941	1.30	138000
139000	139999	1954	1.32	139000
140000	140999	1967	1.32	140000
141000	141999	1980	1.30	141000
142000	142999	1993	1.26	142000
143000	143999	2006	1.36	143000
144000	144999	2019	1.36	144000
145000	145999	2033	1.32	145000
146000	146999	2046	1.30	146000
147000	147999	2059	1.28	147000
148000	148999	2072	1.36	148000
149000	149999	2086	1.34	149000
150000	or greater/ou plus	2099	1.34	150000

Federal Child Support Tables / Tables fédérales de pensions alimentaires pour enfants

Province: Alberta — No. of Children/N^bre d'enfants: Three/Trois

Income/Revenu ($) From/De	To/À	Basic Amount/ Montant de base	Plus (%)	Of Income Over/ Du revenu dépassant
0	10819	0	5.50	10820
11000	11999	0	4.80	11000
12000	12999	55	3.94	12000
13000	13999	103	3.82	13000
14000	14999	142	3.86	14000
15000	15999	180	3.74	15000
16000	16999	219	3.78	16000
17000	17999	256	3.84	17000
18000	18999	294	3.84	18000
19000	19999	332	4.12	19000
20000	20999	373	4.04	20000
21000	21999	413	4.06	21000
22000	22999	454	1.88	22000
23000	23999	473	1.68	23000
24000	24999	490	1.76	24000
25000	25999	508	1.74	25000
26000	26999	525	1.44	26000
27000	27999	539	1.34	27000
28000	28999	552	1.34	28000
29000	29999	565	1.34	29000
30000	30999	578	1.34	30000
31000	31999	591	1.72	31000
32000	32999	608	1.64	32000
33000	33999	624	1.64	33000
34000	34999	640	1.56	34000
35000	35999	656	1.56	35000
36000	36999	671	1.50	36000
37000	37999	687	1.78	37000
38000	38999	705	1.78	38000
39000	39999	723	1.78	39000
40000	40999	741	1.96	40000
41000	41999	759	1.72	41000
42000	42999	779	1.78	42000
43000	43999	796	1.82	43000
44000	44999	814	1.74	44000
45000	45999	832	1.76	45000
46000	46999	849	1.88	46000
47000	47999	867	1.88	47000
48000	48999	885	1.92	48000
49000	49999	904	1.94	49000
50000	50999	923	1.84	50000
51000	51999	942	1.86	51000
52000	52999	960	1.86	52000
53000	53999	979	1.88	53000
54000	54999	998	1.88	54000
55000	55999	1017	1.90	55000
56000	56999	1036	1.90	56000
57000	57999	1055	1.92	57000
		1074		

Income/Revenu ($) From/De	To/À	Basic Amount/ Montant de base	Plus (%)	Of Income Over/ Du revenu dépassant
58000	58999	1093	1.94	58000
59000	59999	1112	1.84	59000
60000	60999	1130	1.86	60000
61000	61999	1149	1.86	61000
62000	62999	1168	1.88	62000
63000	63999	1187	1.88	63000
64000	64999	1206	1.90	64000
65000	65999	1225	1.90	65000
66000	66999	1244	1.92	66000
67000	67999	1263	1.94	67000
68000	68999	1282	1.84	68000
69000	69999	1300	1.86	69000
70000	70999	1319	1.86	70000
71000	71999	1338	1.88	71000
72000	72999	1357	1.88	72000
73000	73999	1376	1.90	73000
74000	74999	1395	1.90	74000
75000	75999	1414	1.92	75000
76000	76999	1433	1.94	76000
77000	77999	1452	1.84	77000
78000	78999	1470	1.86	78000
79000	79999	1489	1.86	79000
80000	80999	1508	1.88	80000
81000	81999	1527	1.88	81000
82000	82999	1546	1.80	82000
83000	83999	1564	1.74	83000
84000	84999	1582	1.76	84000
85000	85999	1599	1.82	85000
86000	86999	1617	1.82	86000
87000	87999	1635	1.74	87000
88000	88999	1653	1.76	88000
89000	89999	1670	1.80	89000
90000	90999	1688	1.78	90000
91000	91999	1706	1.76	91000
92000	92999	1724	1.84	92000
93000	93999	1742	1.82	93000
94000	94999	1759	1.74	94000
95000	95999	1777	1.76	95000
96000	96999	1795	1.80	96000
97000	97999	1813	1.82	97000
98000	98999	1830	1.76	98000
99000	99999	1848	1.78	99000
100000	100999	1866	1.80	100000
101000	101999	1884	1.82	101000
102000	102999	1902	1.76	102000
103000	103999	1919	1.80	103000
104000	104999	1937	1.82	104000
105000	105999	1955	1.74	105000
106000	106999	1973		106000

Income/Revenu ($) From/De	To/À	Basic Amount/ Montant de base	Plus (%)	Of Income Over/ Du revenu dépassant
107000	107999	1990	1.76	107000
108000	108999	2008	1.78	108000
109000	109999	2026	1.80	109000
110000	110999	2044	1.82	110000
111000	111999	2062	1.74	111000
112000	112999	2079	1.76	112000
113000	113999	2097	1.80	113000
114000	114999	2115	1.82	114000
115000	115999	2133	1.74	115000
116000	116999	2150	1.76	116000
117000	117999	2168	1.78	117000
118000	118999	2186	1.80	118000
119000	119999	2204	1.82	119000
120000	120999	2222	1.74	120000
121000	121999	2239	1.76	121000
122000	122999	2257	1.80	122000
123000	123999	2275	1.82	123000
124000	124999	2293	1.74	124000
125000	125999	2310	1.76	125000
126000	126999	2328	1.78	126000
127000	127999	2346	1.70	127000
128000	128999	2363	1.70	128000
129000	129999	2380	1.72	129000
130000	130999	2397	1.72	130000
131000	131999	2414	1.72	131000
132000	132999	2431	1.72	132000
133000	133999	2448	1.74	133000
134000	134999	2465	1.74	134000
135000	135999	2482	1.64	135000
136000	136999	2498	1.66	136000
137000	137999	2515	1.66	137000
138000	138999	2532	1.66	138000
139000	139999	2549	1.66	139000
140000	140999	2566	1.68	140000
141000	141999	2583	1.68	141000
142000	142999	2600	1.68	142000
143000	143999	2617	1.64	143000
144000	144999	2634	1.70	144000
145000	145999	2651	1.70	145000
146000	146999	2668	1.70	146000
147000	147999	2685	1.70	147000
148000	148999	2702	1.72	148000
149000	149999	2719	1.72	149000
150000	or greater/ ou plus	2736	1.72	150000

Federal Child Support Tables / Tables fédérales de pensions alimentaires pour enfants

Province: *Alberta*
No. of Children/N^{bre} d'enfants: **Four/Quatre**

Income/Revenu ($) From/De	To/À	Monthly Award/Paiement mensuel ($) Basic Amount/Montant de base	Plus (%)	Of Income Over/Du revenu dépassant
0	10819	0		
10820	10999	0	5.90	10820
11000	11999	11	5.10	11000
12000	12999	59	4.22	12000
13000	13999	110	4.12	13000
14000	14999	152	4.06	14000
15000	15999	193	3.98	15000
16000	16999	234	4.06	16000
17000	17999	274	4.04	17000
18000	18999	315	4.36	18000
19000	19999	355	4.38	19000
20000	20999	399	4.38	20000
21000	21999	443	4.40	21000
22000	22999	487	4.34	22000
23000	23999	530	4.36	23000
24000	24999	574	4.38	24000
25000	25999	618	2.10	25000
26000	26999	639	1.78	26000
27000	27999	657	1.68	27000
28000	28999	674	1.68	28000
29000	29999	691	1.66	29000
30000	30999	708	1.76	30000
31000	31999	726	1.74	31000
32000	32999	743	1.74	32000
33000	33999	760	1.94	33000
34000	34999	780	1.94	34000
35000	35999	798	1.94	35000
36000	36999	817	1.94	36000
37000	37999	836	2.12	37000
38000	38999	857	2.18	38000
39000	39999	879	2.12	39000
40000	40999	900	2.12	40000
41000	41999	921	2.26	41000
42000	42999	944	2.08	42000
43000	43999	965	2.02	43000
44000	44999	985	2.06	44000
45000	45999	1006	2.16	45000
46000	46999	1028	2.14	46000
47000	47999	1049	2.14	47000
48000	48999	1070	2.22	48000
49000	49999	1092	2.22	49000
50000	50999	1114	2.28	50000
51000	51999	1137	2.24	51000
52000	52999	1159	2.22	52000
53000	53999	1181	2.18	53000
54000	54999	1203	2.26	54000
55000	55999	1226	2.22	55000
56000	56999	1248	2.18	56000
57000	57999	1270	2.26	57000
58000	58999	1315	2.18	58000
59000	59999	1337	2.26	59000
60000	60999	1360	2.22	60000
61000	61999	1382	2.26	61000
62000	62999	1404	2.26	62000
63000	63999	1427	2.22	63000
64000	64999	1449	2.20	64000
65000	65999	1471	2.26	65000
66000	66999	1494	2.20	66000
67000	67999	1516	2.20	67000
68000	68999	1538	2.24	68000
69000	69999	1561	2.20	69000
70000	70999	1583	2.24	70000
71000	71999	1605	2.24	71000
72000	72999	1628	2.20	72000
73000	73999	1650	2.24	73000
74000	74999	1672	2.28	74000
75000	75999	1695	2.24	75000
76000	76999	1717	2.28	76000
77000	77999	1739	2.24	77000
78000	78999	1763	2.22	78000
79000	79999	1784	2.24	79000
80000	80999	1806	2.28	80000
81000	81999	1829	2.24	81000
82000	82999	1851	2.12	82000
83000	83999	1872	2.12	83000
84000	84999	1893	2.12	84000
85000	85999	1914	2.12	85000
86000	86999	1935	2.12	86000
87000	87999	1956	2.12	87000
88000	88999	1977	2.12	88000
89000	89999	1998	2.10	89000
90000	90999	2019	2.12	90000
91000	91999	2040	2.10	91000
92000	92999	2061	2.10	92000
93000	93999	2082	2.10	93000
94000	94999	2103	2.10	94000
95000	95999	2124	2.10	95000
96000	96999	2145	2.10	96000
97000	97999	2166	2.10	97000
98000	98999	2187	2.10	98000
99000	99999	2208	2.10	99000
100000	100999	2229	2.10	100000
101000	101999	2250	2.10	101000
102000	102999	2271	2.10	102000
103000	103999	2292	2.10	103000
104000	104999	2313	2.10	104000
105000	105999	2334	2.10	105000
106000	106999	2355	2.10	106000
107000	107999	2376	2.10	107000
108000	108999	2397	2.10	108000
109000	109999	2418	2.10	109000
110000	110999	2439	2.10	110000
111000	111999	2460	2.08	111000
112000	112999	2481	2.08	112000
113000	113999	2502	2.08	113000
114000	114999	2523	2.08	114000
115000	115999	2544	2.08	115000
116000	116999	2565	2.08	116000
117000	117999	2586	2.08	117000
118000	118999	2607	2.08	118000
119000	119999	2628	2.08	119000
120000	120999	2649	2.08	120000
121000	121999	2670	2.08	121000
122000	122999	2691	2.08	122000
123000	123999	2712	2.08	123000
124000	124999	2733	2.08	124000
125000	125999	2754	2.08	125000
126000	126999	2775	2.08	126000
127000	127999	2796	1.98	127000
128000	128999	2816	1.98	128000
129000	129999	2836	1.96	129000
130000	130999	2856	1.96	130000
131000	131999	2876	1.96	131000
132000	132999	2896	1.96	132000
133000	133999	2916	1.96	133000
134000	134999	2936	1.96	134000
135000	135999	2956	2.06	135000
136000	136999	2977	2.04	136000
137000	137999	2997	2.04	137000
138000	138999	3017	2.04	138000
139000	139999	3037	2.04	139000
140000	140999	3057	2.04	140000
141000	141999	3077	2.04	141000
142000	142999	3097	2.04	142000
143000	143999	3117	2.02	143000
144000	144999	3137	2.02	144000
145000	145999	3157	2.02	145000
146000	146999	3177	2.02	146000
147000	147999	3197	2.02	147000
148000	148999	3217	2.02	148000
149000	149999	3237	2.02	149000
150000	or greater/ou plus	3257	2.02	150000

Federal Child Support Tables/Tables fédérales de pensions alimentaires pour enfants

Province: *Alberta* — No. of Children/N° d'enfants: *Five/Cinq*

Income/Revenu ($)		Monthly Award/Paiement mensuel ($)		
From/De	To/À	Basic Amount/Montant de base	Plus (%)	Of Income Over/Du revenu dépassant
0	10819	0		
11000	11999	0	5.90	10820
12000	12999	59	5.10	11000
13000	13999	110	4.22	12000
14000	14999	152	4.12	13000
15000	15999	193	4.06	14000
16000	16999	234	3.98	15000
17000	17999	274	4.06	16000
18000	18999	315	4.04	17000
19000	19999	355	4.36	18000
20000	20999	399	4.38	19000
21000	21999	443	4.40	20000
22000	22999	487	4.34	21000
23000	23999	530	4.36	22000
24000	24999	574	4.38	23000
25000	25999	618	4.40	24000
26000	26999	662	4.40	25000
27000	27999	705	4.34	26000
28000	28999	749	4.36	27000
29000	29999	793	4.38	28000
30000	30999	817	2.42	29000
31000	31999	838	2.06	30000
32000	32999	859	2.10	31000
33000	33999	879	2.04	32000
34000	34999	898	1.90	33000
35000	35999	917	1.86	34000
36000	36999	938	2.08	35000
37000	37999	960	2.24	36000
38000	38999	984	2.42	37000
39000	39999	1008	2.40	38000
40000	40999	1032	2.40	39000
41000	41999	1056	2.58	40000
42000	42999	1082	2.32	41000
43000	43999	1105	2.34	42000
44000	44999	1129	2.34	43000
45000	45999	1152	2.40	44000
46000	46999	1176	2.42	45000
47000	47999	1200	2.54	46000
48000	48999	1224	2.40	47000
49000	49999	1249	2.52	48000
50000	50999	1274	2.52	49000
51000	51999	1299	2.50	50000
52000	52999	1324	2.48	51000
53000	53999	1349	2.56	52000
54000	54999	1375	2.54	53000
55000	55999	1400	2.52	54000
56000	56999	1425	2.52	55000
57000	57999	1450	2.50	56000
		1475	2.48	57000

Income/Revenu ($)		Monthly Award/Paiement mensuel ($)		
From/De	To/À	Basic Amount/Montant de base	Plus (%)	Of Income Over/Du revenu dépassant
58000	58999	1500	2.56	58000
59000	59999	1526	2.34	59000
60000	60999	1551	2.52	60000
61000	61999	1576	2.50	61000
62000	62999	1601	2.48	62000
63000	63999	1626	2.56	63000
64000	64999	1652	2.54	64000
65000	65999	1677	2.52	65000
66000	66999	1702	2.50	66000
67000	67999	1727	2.48	67000
68000	68999	1752	2.46	68000
69000	69999	1777	2.56	69000
70000	70999	1803	2.54	70000
71000	71999	1828	2.50	71000
72000	72999	1853	2.48	72000
73000	73999	1878	2.56	73000
74000	74999	1903	2.56	74000
75000	75999	1929	2.52	75000
76000	76999	1954	2.50	76000
77000	77999	1979	2.48	77000
78000	78999	2004	2.56	78000
79000	79999	2029	2.56	79000
80000	80999	2055	2.52	80000
81000	81999	2080	2.50	81000
82000	82999	2105	2.42	82000
83000	83999	2129	2.34	83000
84000	84999	2152	2.34	84000
85000	85999	2176	2.40	85000
86000	86999	2200	2.36	86000
87000	87999	2223	2.40	87000
88000	88999	2247	2.40	88000
89000	89999	2271	2.36	89000
90000	90999	2294	2.36	90000
91000	91999	2318	2.38	91000
92000	92999	2342	2.42	92000
93000	93999	2366	2.34	93000
94000	94999	2389	2.40	94000
95000	95999	2413	2.40	95000
96000	96999	2437	2.34	96000
97000	97999	2460	2.40	97000
98000	98999	2484	2.42	98000
99000	99999	2508	2.40	99000
100000	100999	2532	2.34	100000
101000	101999	2555	2.38	101000
102000	102999	2579	2.40	102000
103000	103999	2603	2.34	103000
104000	104999	2626	2.36	104000
105000	105999	2650	2.40	105000
106000	106999	2674	2.32	106000

Income/Revenu ($)		Monthly Award/Paiement mensuel ($)		
From/De	To/À	Basic Amount/Montant de base	Plus (%)	Of Income Over/Du revenu dépassant
107000	107999	2697	2.36	107000
108000	108999	2721	2.38	108000
109000	109999	2745	2.42	109000
110000	110999	2769	2.34	110000
111000	111999	2792	2.38	111000
112000	112999	2816	2.40	112000
113000	113999	2840	2.34	113000
114000	114999	2863	2.36	114000
115000	115999	2887	2.40	115000
116000	116999	2911	2.36	116000
117000	117999	2934	2.36	117000
118000	118999	2958	2.38	118000
119000	119999	2982	2.34	119000
120000	120999	3006	2.38	120000
121000	121999	3029	2.38	121000
122000	122999	3053	2.40	122000
123000	123999	3077	2.34	123000
124000	124999	3100	2.36	124000
125000	125999	3124	2.36	125000
126000	126999	3148	2.42	126000
127000	127999	3172	2.42	127000
128000	128999	3194	2.28	128000
129000	129999	3217	2.28	129000
130000	130999	3239	2.22	130000
131000	131999	3262	2.26	131000
132000	132999	3284	2.30	132000
133000	133999	3307	2.28	133000
134000	134999	3330	2.28	134000
135000	135999	3352	2.22	135000
136000	136999	3375	2.26	136000
137000	137999	3397	2.30	137000
138000	138999	3420	2.28	138000
139000	139999	3443	2.28	139000
140000	140999	3465	2.22	140000
141000	141999	3488	2.26	141000
142000	142999	3510	2.30	142000
143000	143999	3533	2.28	143000
144000	144999	3555	2.28	144000
145000	145999	3578	2.22	145000
146000	146999	3601	2.22	146000
147000	147999	3623	2.26	147000
148000	148999	3646	2.30	148000
149000	149999	3668	2.24	149000
150000	or greater/ou plus	3691	2.24	150000

Federal Child Support Tables / Tables fédérales de pensions alimentaires pour enfants

Province: *Alberta* — No. of Children/N° d'enfants: **Six or more/Six ou plus**

Income/Revenu From/De	To/À	Monthly Award/Paiement mensuel Basic Amount/Montant de base	Plus (%)	Of Income Over/Du revenu dépassant
0	10819	0		
10820	10999	0	5.90	10820
11000	11999	59	5.10	11000
12000	12999	110	4.22	12000
13000	13999	152	4.06	13000
14000	14999	193	3.98	14000
15000	15999	234	4.06	15000
16000	16999	274	4.04	16000
17000	17999	315	4.36	17000
18000	18999	355	4.38	18000
19000	19999	399	4.40	19000
20000	20999	443	4.40	20000
21000	21999	487	4.34	21000
22000	22999	530	4.35	22000
23000	23999	574	4.38	23000
24000	24999	618	4.40	24000
25000	25999	662	4.34	25000
26000	26999	705	4.36	26000
27000	27999	749	4.38	27000
28000	28999	793	4.42	28000
29000	29999	837	4.34	29000
30000	30999	880	4.36	30000
31000	31999	924	4.38	31000
32000	32999	968	3.42	32000
33000	33999	1002	2.18	33000
34000	34999	1024	2.14	34000
35000	35999	1045	2.20	35000
36000	36999	1067	2.42	36000
37000	37999	1091	2.60	37000
38000	38999	1117	2.66	38000
39000	39999	1144	2.62	39000
40000	40999	1170	2.78	40000
41000	41999	1198	2.56	41000
42000	42999	1224	2.60	42000
43000	43999	1250	2.64	43000
44000	44999	1276	2.62	44000
45000	45999	1302	2.62	45000
46000	46999	1328	2.70	46000
47000	47999	1354	2.72	47000
48000	48999	1381	2.78	48000
49000	49999	1409	2.72	49000
50000	50999	1436	2.76	50000
51000	51999	1464	2.80	51000
52000	52999	1492	2.78	52000
53000	53999	1519	2.72	53000
54000	54999	1547	2.76	54000
55000	55999	1574	2.80	55000
56000	56999	1602	2.74	56000
57000	57999	1630	2.74	57000
58000	58999	1657	2.78	58000
59000	59999	1685	2.82	59000
60000	60999	1713	2.74	60000
61000	61999	1740	2.78	61000
62000	62999	1768	2.72	62000
63000	63999	1795	2.76	63000
64000	64999	1823	2.80	64000
65000	65999	1851	2.74	65000
66000	66999	1878	2.72	66000
67000	67999	1906	2.72	67000
68000	68999	1933	2.76	68000
69000	69999	1961	2.80	69000
70000	70999	1989	2.74	70000
71000	71999	2016	2.78	71000
72000	72999	2044	2.72	72000
73000	73999	2071	2.76	73000
74000	74999	2099	2.80	74000
75000	75999	2127	2.74	75000
76000	76999	2154	2.78	76000
77000	77999	2182	2.72	77000
78000	78999	2209	2.76	78000
79000	79999	2237	2.80	79000
80000	80999	2265	2.74	80000
81000	81999	2292	2.78	81000
82000	82999	2320	2.62	82000
83000	83999	2346	2.62	83000
84000	84999	2372	2.62	84000
85000	85999	2398	2.64	85000
86000	86999	2424	2.64	86000
87000	87999	2450	2.64	87000
88000	88999	2476	2.64	88000
89000	89999	2502	2.64	89000
90000	90999	2528	2.64	90000
91000	91999	2554	2.64	91000
92000	92999	2580	2.64	92000
93000	93999	2606	2.64	93000
94000	94999	2632	2.64	94000
95000	95999	2658	2.64	95000
96000	96999	2684	2.64	96000
97000	97999	2710	2.54	97000
98000	98999	2736	2.54	98000
99000	99999	2761	2.56	99000
100000	100999	2787	2.56	100000
101000	101999	2813	2.56	101000
102000	102999	2839	2.56	102000
103000	103999	2865	2.56	103000
104000	104999	2891	2.56	104000
105000	105999	2917	2.56	105000
106000	106999	2943	2.56	106000
107000	107999	2969	2.56	107000
108000	108999	2995	2.56	108000
109000	109999	3021	2.56	109000
110000	110999	3047	2.58	110000
111000	111999	3073	2.58	111000
112000	112999	3099	2.58	112000
113000	113999	3125	2.58	113000
114000	114999	3151	2.58	114000
115000	115999	3177	2.58	115000
116000	116999	3203	2.58	116000
117000	117999	3229	2.58	117000
118000	118999	3255	2.58	118000
119000	119999	3281	2.58	119000
120000	120999	3307	2.58	120000
121000	121999	3333	2.60	121000
122000	122999	3359	2.60	122000
123000	123999	3385	2.60	123000
124000	124999	3411	2.60	124000
125000	125999	3437	2.60	125000
126000	126999	3463	2.60	126000
127000	127999	3489	2.50	127000
128000	128999	3514	2.52	128000
129000	129999	3539	2.44	129000
130000	130999	3563	2.46	130000
131000	131999	3588	2.50	131000
132000	132999	3613	2.52	132000
133000	133999	3638	2.44	133000
134000	134999	3662	2.46	134000
135000	135999	3687	2.48	135000
136000	136999	3712	2.50	136000
137000	137999	3737	2.44	137000
138000	138999	3761	2.46	138000
139000	139999	3786	2.48	139000
140000	140999	3811	2.46	140000
141000	141999	3836	2.52	141000
142000	142999	3861	2.44	142000
143000	143999	3885	2.48	143000
144000	144999	3910	2.50	144000
145000	145999	3935	2.52	145000
146000	146999	3960	2.44	146000
147000	147999	3984	2.46	147000
148000	148999	4009	2.50	148000
149000	149999	4034	2.52	149000
150000	or greater/ou plus	4059	2.52	150000

Federal Child Support Tables / Tables fédérales de pensions alimentaires pour enfants

Province: Newfoundland and Labrador/Terre-Neuve-et-Labrador — No. of Children/Nᵇʳᵉ d'enfants: One/Un

Income/Revenu ($) From/De	To/À	Basic Amount/ Montant de base	Plus (%)	Of Income Over/ Du revenu dépassant
0	10819	0		
10820	10999	0	4.20	10820
11000	11999	42	4.04	11000
12000	12999	82	3.32	12000
13000	13999	115	1.76	13000
14000	14999	133	0.14	14000
15000	15999	134	0.10	15000
16000	16999	135	0.18	16000
17000	17999	137	0.14	17000
18000	18999	138	0.12	18000
19000	19999	139	0.18	19000
20000	20999	141	0.78	20000
21000	21999	149	0.78	21000
22000	22999	157	0.80	22000
23000	23999	165	0.82	23000
24000	24999	173	0.82	24000
25000	25999	181	0.94	25000
26000	26999	190	0.86	26000
27000	27999	199	0.86	27000
28000	28999	215	1.56	28000
29000	29999	231	1.60	29000
30000	30999	246	1.54	30000
31000	31999	262	1.58	31000
32000	32999	277	1.52	32000
33000	33999	286	0.88	33000
34000	34999	295	0.92	34000
35000	35999	304	0.84	35000
36000	36999	312	0.88	36000
37000	37999	321	0.82	37000
38000	38999	329	0.86	38000
39000	39999	338	0.90	39000
40000	40999	347	0.92	40000
41000	41999	356	0.80	41000
42000	42999	364	0.80	42000
43000	43999	373	0.82	43000
44000	44999	381	0.88	44000
45000	45999	390	0.88	45000
46000	46999	399	0.82	46000
47000	47999	407	0.86	47000
48000	48999	416	0.92	48000
49000	49999	425	0.92	49000
50000	50999	434	0.90	50000
51000	51999	443	0.88	51000
52000	52999	452	0.88	52000
53000	53999	461	0.88	53000
54000	54999	470	0.86	54000
55000	55999	479	0.96	55000
56000	56999	488	0.96	56000
57000	57999	498	0.94	57000

Income/Revenu ($) From/De	To/À	Basic Amount/ Montant de base	Plus (%)	Of Income Over/ Du revenu dépassant
58000	58999	507	0.94	58000
59000	59999	516	0.94	59000
60000	60999	525	0.92	60000
61000	61999	534	0.92	61000
62000	62999	543	0.92	62000
63000	63999	552	0.92	63000
64000	64999	561	0.84	64000
65000	65999	570	0.84	65000
66000	66999	578	0.86	66000
67000	67999	587	0.88	67000
68000	68999	596	0.90	68000
69000	69999	605	0.92	69000
70000	70999	614	0.94	70000
71000	71999	623	0.84	71000
72000	72999	631	0.86	72000
73000	73999	640	0.88	73000
74000	74999	649	0.90	74000
75000	75999	658	0.92	75000
76000	76999	667	0.94	76000
77000	77999	676	0.84	77000
78000	78999	684	0.86	78000
79000	79999	693	0.88	79000
80000	80999	702	0.90	80000
81000	81999	711	0.92	81000
82000	82999	720	0.80	82000
83000	83999	728	0.80	83000
84000	84999	736	0.78	84000
85000	85999	744	0.86	85000
86000	86999	753	0.82	86000
87000	87999	761	0.86	87000
88000	88999	769	0.84	88000
89000	89999	778	0.84	89000
90000	90999	786	0.82	90000
91000	91999	794	0.78	91000
92000	92999	802	0.85	92000
93000	93999	811	0.82	93000
94000	94999	819	0.80	94000
95000	95999	827	0.88	95000
96000	96999	836	0.84	96000
97000	97999	844	0.82	97000
98000	98999	852	0.78	98000
99000	99999	860	0.84	99000
100000	100999	869	0.80	100000
101000	101999	877	0.86	101000
102000	102999	885	0.86	102000
103000	103999	893	0.78	103000
104000	104999	902	0.82	104000
105000	105999	910	0.80	105000
106000	106999	918	0.86	106000

Income/Revenu ($) From/De	To/À	Basic Amount/ Montant de base	Plus (%)	Of Income Over/ Du revenu dépassant
107000	107999	927	0.84	107000
108000	108999	935	0.82	108000
109000	109999	943	0.78	109000
110000	110999	951	0.86	110000
111000	111999	960	0.82	111000
112000	112999	968	0.80	112000
113000	113999	976	0.88	113000
114000	114999	985	0.84	114000
115000	115999	993	0.82	115000
116000	116999	1001	0.78	116000
117000	117999	1009	0.86	117000
118000	118999	1018	0.84	118000
119000	119999	1026	0.80	119000
120000	120999	1034	0.78	120000
121000	121999	1042	0.86	121000
122000	122999	1051	0.82	122000
123000	123999	1059	0.80	123000
124000	124999	1067	0.86	124000
125000	125999	1076	0.84	125000
126000	126999	1084	0.82	126000
127000	127999	1092	0.78	127000
128000	128999	1100	0.80	128000
129000	129999	1108	0.82	129000
130000	130999	1116	0.82	130000
131000	131999	1124	0.74	131000
132000	132999	1131	0.76	132000
133000	133999	1139	0.78	133000
134000	134999	1147	0.80	134000
135000	135999	1155	0.80	135000
136000	136999	1163	0.82	136000
137000	137999	1171	0.84	137000
138000	138999	1179	0.74	138000
139000	139999	1187	0.76	139000
140000	140999	1194	0.78	140000
141000	141999	1202	0.82	141000
142000	142999	1210	0.80	142000
143000	143999	1218	0.82	143000
144000	144999	1226	0.84	144000
145000	145999	1234	0.74	145000
146000	146999	1242	0.76	146000
147000	147999	1249	0.78	147000
148000	148999	1257	0.78	148000
149000	149999	1265	0.78	149000
150000	or greater/ou plus	1273		150000

Federal Child Support Tables/
Tables fédérales de pensions alimentaires pour enfants

Province: *Newfoundland and Labrador/Terre-Neuve-et-Labrador*
No. of Children/Nbre d'enfants: Two/Deux

Income/Revenu ($)		Monthly Award/Paiement mensuel ($)		
From/De	To/À	Basic Amount/Montant de base	Plus (%)	Of Income Over/Du revenu dépassant
0	10819	0	4.50	0
10820	10999	0	4.38	10820
11000	11999	45	3.64	11000
12000	12999	89	3.60	12000
13000	13999	125	3.50	13000
14000	14999	161	3.36	14000
15000	15999	196	2.48	15000
16000	16999	229	1.74	16000
17000	17999	254	0.52	17000
18000	18999	271	0.88	18000
19000	19999	276	1.36	19000
20000	20999	285	1.40	20000
21000	21999	299	1.40	21000
22000	22999	313	1.36	22000
23000	23999	326	1.36	23000
24000	24999	340	1.40	24000
25000	25999	354	1.32	25000
26000	26999	367	1.02	26000
27000	27999	377	1.78	27000
28000	28999	395	2.04	28000
29000	29999	415	2.08	29000
30000	30999	436	2.04	30000
31000	31999	456	1.98	31000
32000	32999	476	1.40	32000
33000	33999	490	1.38	33000
34000	34999	504	1.34	34000
35000	35999	517	1.38	35000
36000	36999	531	1.34	36000
37000	37999	544	1.30	37000
38000	38999	557	1.32	38000
39000	39999	571	1.32	39000
40000	40999	584	1.46	40000
41000	41999	599	1.32	41000
42000	42999	612	1.32	42000
43000	43999	625	1.30	43000
44000	44999	638	1.30	44000
45000	45999	651	1.36	45000
46000	46999	665	1.34	46000
47000	47999	678	1.40	47000
48000	48999	692	1.42	48000
49000	49999	706	1.40	49000
50000	50999	720	1.40	50000
51000	51999	734	1.38	51000
52000	52999	748	1.36	52000
53000	53999	762	1.46	53000
54000	54999	777	1.44	54000
55000	55999	791	1.44	55000
56000	56999	805	1.42	56000
57000	57999	819	1.40	57000
58000	58999	833	1.40	58000
59000	59999	847	1.38	59000
60000	60999	861	1.38	60000
61000	61999	875	1.46	61000
62000	62999	890	1.34	62000
63000	63999	903	1.36	63000
64000	64999	917	1.38	64000
65000	65999	931	1.40	65000
66000	66999	945	1.34	66000
67000	67999	958	1.36	67000
68000	68999	972	1.38	68000
69000	69999	986	1.40	69000
70000	70999	1000	1.36	70000
71000	71999	1013	1.36	71000
72000	72999	1027	1.38	72000
73000	73999	1041	1.42	73000
74000	74999	1055	1.40	74000
75000	75999	1068	1.34	75000
76000	76999	1082	1.36	76000
77000	77999	1096	1.42	77000
78000	78999	1110	1.34	78000
79000	79999	1123	1.40	79000
80000	80999	1137	1.40	80000
81000	81999	1151	1.34	81000
82000	82999	1165	1.26	82000
83000	83999	1177	1.30	83000
84000	84999	1190	1.26	84000
85000	85999	1203	1.28	85000
86000	86999	1216	1.26	86000
87000	87999	1229	1.34	87000
88000	88999	1242	1.32	88000
89000	89999	1255	1.32	89000
90000	90999	1268	1.26	90000
91000	91999	1280	1.28	91000
92000	92999	1293	1.26	92000
93000	93999	1306	1.32	93000
94000	94999	1319	1.32	94000
95000	95999	1332	1.34	95000
96000	96999	1345	1.26	96000
97000	97999	1358	1.26	97000
98000	98999	1371	1.34	98000
99000	99999	1383	1.28	99000
100000	100999	1396	1.30	100000
101000	101999	1409	1.30	101000
102000	102999	1422	1.30	102000
103000	103999	1435	1.32	103000
104000	104999	1448	1.32	104000
105000	105999	1461	1.34	105000
106000	106999	1474	1.40	106000
107000	107999	1486	1.26	107000
108000	108999	1499	1.28	108000
109000	109999	1512	1.28	109000
110000	110999	1525	1.30	110000
111000	111999	1538	1.30	111000
112000	112999	1551	1.32	112000
113000	113999	1564	1.34	113000
114000	114999	1577	1.26	114000
115000	115999	1589	1.28	115000
116000	116999	1602	1.28	116000
117000	117999	1615	1.30	117000
118000	118999	1628	1.30	118000
119000	119999	1641	1.30	119000
120000	120999	1654	1.32	120000
121000	121999	1667	1.34	121000
122000	122999	1680	1.24	122000
123000	123999	1692	1.26	123000
124000	124999	1705	1.28	124000
125000	125999	1718	1.30	125000
126000	126999	1731	1.30	126000
127000	127999	1744	1.18	127000
128000	128999	1756	1.26	128000
129000	129999	1768	1.26	129000
130000	130999	1781	1.24	130000
131000	131999	1793	1.26	131000
132000	132999	1805	1.26	132000
133000	133999	1817	1.24	133000
134000	134999	1830	1.26	134000
135000	135999	1842	1.24	135000
136000	136999	1854	1.24	136000
137000	137999	1866	1.18	137000
138000	138999	1878	1.26	138000
139000	139999	1891	1.24	139000
140000	140999	1903	1.24	140000
141000	141999	1915	1.18	141000
142000	142999	1927	1.26	142000
143000	143999	1940	1.24	143000
144000	144999	1952	1.22	144000
145000	145999	1964	1.22	145000
146000	146999	1976	1.24	146000
147000	147999	1989	1.24	147000
148000	148999	2001	1.22	148000
149000	149999	2013	1.20	149000
150000	or greater/ou plus	2025		150000

Federal Child Support Tables/ Tables fédérales de pensions alimentaires pour enfants

Province: Newfoundland and Labrador/Terre-Neuve-et-Labrador No. of Children/N^{me} d'enfants: Three/Trois

Income/Revenu ($) From/De	To/À	Monthly Award/Paiement mensuel Basic Amount/Montant de base	Plus (%)	Of Income Over/Du revenu dépassant
0	10819	0		
10820	10999	0	4.90	10820
11000	11999	49	4.64	11000
12000	12999	95	3.96	12000
13000	13999	135	3.82	13000
14000	14999	173	3.86	14000
15000	15999	212	3.54	15000
16000	16999	247	2.62	16000
17000	17999	273	3.28	17000
18000	18999	306	3.32	18000
19000	19999	339	3.74	19000
20000	20999	376	4.22	20000
21000	21999	418	1.92	21000
22000	22999	437	1.84	22000
23000	23999	455	1.80	23000
24000	24999	474	1.78	24000
25000	25999	492	1.78	25000
26000	26999	510	1.50	26000
27000	27999	525	2.06	27000
28000	28999	546	2.10	28000
29000	29999	567	2.04	29000
30000	30999	587	2.46	30000
31000	31999	612	2.32	31000
32000	32999	635	1.88	32000
33000	33999	654	1.72	33000
34000	34999	671	1.74	34000
35000	35999	688	1.70	35000
36000	36999	705	1.76	36000
37000	37999	723	1.72	37000
38000	38999	740	1.72	38000
39000	39999	757	1.78	39000
40000	40999	775	1.84	40000
41000	41999	793	1.70	41000
42000	42999	810	1.62	42000
43000	43999	826	1.66	43000
44000	44999	843	1.76	44000
45000	45999	861	1.74	45000
46000	46999	878	1.74	46000
47000	47999	895	1.82	47000
48000	48999	913	1.84	48000
49000	49999	931	1.82	49000
50000	50999	949	1.80	50000
51000	51999	967	1.80	51000
52000	52999	985	1.78	52000
53000	53999	1003	1.78	53000
54000	54999	1021	1.86	54000
55000	55999	1040	1.84	55000
56000	56999	1058	1.82	56000
57000	57999	1076	1.80	57000
58000	58999	1094	1.78	58000
59000	59999	1112	1.86	59000
60000	60999	1131	1.84	60000
61000	61999	1149	1.82	61000
62000	62999	1167	1.82	62000
63000	63999	1185	1.72	63000
64000	64999	1202	1.76	64000
65000	65999	1220	1.80	65000
66000	66999	1238	1.72	66000
67000	67999	1255	1.68	67000
68000	68999	1273	1.80	68000
69000	69999	1291	1.72	69000
70000	70999	1308	1.76	70000
71000	71999	1326	1.80	71000
72000	72999	1344	1.72	72000
73000	73999	1361	1.72	73000
74000	74999	1379	1.76	74000
75000	75999	1397	1.72	75000
76000	76999	1414	1.80	76000
77000	77999	1432	1.76	77000
78000	78999	1450	1.72	78000
79000	79999	1467	1.76	79000
80000	80999	1485	1.80	80000
81000	81999	1503	1.72	81000
82000	82999	1520	1.72	82000
83000	83999	1537	1.76	83000
84000	84999	1553	1.80	84000
85000	85999	1570	1.72	85000
86000	86999	1587	1.64	86000
87000	87999	1603	1.68	87000
88000	88999	1620	1.62	88000
89000	89999	1636	1.62	89000
90000	90999	1653	1.63	90000
91000	91999	1669	1.66	91000
92000	92999	1686	1.66	92000
93000	93999	1702	1.66	93000
94000	94999	1719	1.70	94000
95000	95999	1736	1.64	95000
96000	96999	1752	1.68	96000
97000	97999	1769	1.62	97000
98000	98999	1785	1.68	98000
99000	99999	1802	1.62	99000
100000	100999	1818	1.66	100000
101000	101999	1835	1.60	101000
102000	102999	1851	1.66	102000
103000	103999	1868	1.70	103000
104000	104999	1885	1.54	104000
105000	105999	1901	1.68	105000
106000	106999	1918	1.62	106000
107000	107999	1934	1.68	107000
108000	108999	1951	1.62	108000
109000	109999	1967	1.66	109000
110000	110999	1984	1.60	110000
111000	111999	2000	1.66	111000
112000	112999	2017	1.70	112000
113000	113999	2034	1.64	113000
114000	114999	2050	1.68	114000
115000	115999	2067	1.62	115000
116000	116999	2083	1.68	116000
117000	117999	2100	1.62	117000
118000	118999	2116	1.72	118000
119000	119999	2133	1.60	119000
120000	120999	2149	1.66	120000
121000	121999	2166	1.70	121000
122000	122999	2183	1.64	122000
123000	123999	2199	1.68	123000
124000	124999	2216	1.62	124000
125000	125999	2232	1.68	125000
126000	126999	2249	1.62	126000
127000	127999	2265	1.56	127000
128000	128999	2281	1.58	128000
129000	129999	2297	1.62	129000
130000	130999	2313	1.54	130000
131000	131999	2328	1.58	131000
132000	132999	2344	1.60	132000
133000	133999	2360	1.52	133000
134000	134999	2375	1.56	134000
135000	135999	2391	1.58	135000
136000	136999	2407	1.62	136000
137000	137999	2423	1.54	137000
138000	138999	2438	1.56	138000
139000	139999	2454	1.60	139000
140000	140999	2470	1.52	140000
141000	141999	2485	1.58	141000
142000	142999	2501	1.58	142000
143000	143999	2517	1.58	143000
144000	144999	2533	1.54	144000
145000	145999	2548	1.58	145000
146000	146999	2564	1.58	146000
147000	147999	2580	1.62	147000
148000	148999	2596	1.54	148000
149000	149999	2611	1.58	149000
150000	or greater/ou plus	2627	1.58	150000

Federal Child Support Tables / Tables fédérales de pensions alimentaires pour enfants

Province: *Newfoundland and Labrador/Terre-Neuve-et-Labrador* — No. of Children/N^{bre} d'enfants: **Four/Quatre**

Income/Revenu ($) From/De	To/À	Basic Amount/Montant de base	Plus (%)	Of Income Over/Du revenu dépassant
0	10819	0	5.20	10820
10820	10999	0	5.00	11000
11000	11999	52	4.18	12000
12000	12999	102	4.16	13000
13000	13999	144	4.12	14000
14000	14999	186	3.72	15000
15000	15999	227	2.86	16000
16000	16999	264	3.54	17000
17000	17999	293	3.52	18000
18000	18999	328	3.52	19000
19000	19999	363	4.02	20000
20000	20999	403	4.54	21000
21000	21999	448	4.54	22000
22000	22999	493	4.52	23000
23000	23999	538	4.52	24000
24000	24999	583	2.32	25000
25000	25999	606	2.14	26000
26000	26999	627	1.98	27000
27000	27999	647	2.44	28000
28000	28999	671	2.42	29000
29000	29999	695	2.40	30000
30000	30999	719	2.38	31000
31000	31999	743	2.26	32000
32000	32999	766	2.06	33000
33000	33999	787	2.06	34000
34000	34999	807	2.06	35000
35000	35999	828	2.08	36000
36000	36999	848	2.02	37000
37000	37999	869	2.04	38000
38000	38999	889	2.08	39000
39000	39999	910	2.04	40000
40000	40999	930	2.20	41000
41000	41999	952	2.00	42000
42000	42999	972	1.92	43000
43000	43999	991	2.06	44000
44000	44999	1012	2.04	45000
45000	45999	1032	2.02	46000
46000	46999	1052	2.08	47000
47000	47999	1072	2.08	48000
48000	48999	1093	2.16	49000
49000	49999	1115	2.12	50000
50000	50999	1136	2.12	51000
51000	51999	1158	2.18	52000
52000	52999	1179	2.18	53000
53000	53999	1201	2.14	54000
54000	54999	1222	2.20	55000
55000	55999	1244	2.10	56000
56000	56999	1265	2.14	57000
57000	57999	1286	2.16	58000
58000	58999	1308	2.12	59000
59000	59999	1329	2.16	60000
60000	60999	1351	2.12	61000
61000	61999	1372	2.18	62000
62000	62999	1394	2.12	63000
63000	63999	1415	2.10	64000
64000	64999	1436	2.12	65000
65000	65999	1457	2.14	66000
66000	66999	1478	2.04	67000
67000	67999	1498	2.06	68000
68000	68999	1519	2.08	69000
69000	69999	1540	2.08	70000
70000	70999	1561	2.10	71000
71000	71999	1582	2.10	72000
72000	72999	1603	2.14	73000
73000	73999	1624	2.14	74000
74000	74999	1645	2.04	75000
75000	75999	1665	2.06	76000
76000	76999	1686	2.06	77000
77000	77999	1707	2.08	78000
78000	78999	1728	2.10	79000
79000	79999	1749	2.10	80000
80000	80999	1770	2.12	81000
81000	81999	1791	1.94	82000
82000	82999	1812	1.98	83000
83000	83999	1831	1.98	84000
84000	84999	1851	1.94	85000
85000	85999	1870	1.92	86000
86000	86999	1890	1.96	87000
87000	87999	1909	1.90	88000
88000	88999	1929	1.96	89000
89000	89999	1948	2.00	90000
90000	90999	1968	1.94	91000
91000	91999	1988	1.92	92000
92000	92999	2007	1.92	93000
93000	93999	2027	1.96	94000
94000	94999	2046	1.92	95000
95000	95999	2066	1.92	96000
96000	96999	2085	2.00	97000
97000	97999	2105	1.94	98000
98000	98999	2125	1.92	99000
99000	99999	2144	1.98	100000
100000	100999	2164	1.92	101000
101000	101999	2183	1.96	102000
102000	102999	2203	1.92	103000
103000	103999	2222	1.96	104000
104000	104999	2242	1.94	105000
105000	105999	2262	1.98	106000
106000	106999	2281	1.98	107000
107000	107999	2301	1.94	107000
108000	108999	2320	1.98	108000
109000	109999	2340	1.92	109000
110000	110999	2359	1.96	110000
111000	111999	2379	2.00	111000
112000	112999	2399	1.94	112000
113000	113999	2418	2.00	113000
114000	114999	2438	1.94	114000
115000	115999	2457	1.98	115000
116000	116999	2477	1.92	116000
117000	117999	2496	1.96	117000
118000	118999	2516	1.90	118000
119000	119999	2535	1.96	119000
120000	120999	2555	2.00	120000
121000	121999	2575	1.94	121000
122000	122999	2594	1.98	122000
123000	123999	2614	1.92	123000
124000	124999	2633	1.98	124000
125000	125999	2653	1.92	125000
126000	126999	2672	1.96	126000
127000	127999	2692	1.90	127000
128000	128999	2711	1.84	128000
129000	129999	2729	1.88	129000
130000	130999	2748	1.82	130000
131000	131999	2766	1.86	131000
132000	132999	2785	1.80	132000
133000	133999	2803	1.86	133000
134000	134999	2822	1.90	134000
135000	135999	2841	1.84	135000
136000	136999	2859	1.88	136000
137000	137999	2878	1.82	137000
138000	138999	2896	1.86	138000
139000	139999	2915	1.90	139000
140000	140999	2934	1.84	140000
141000	141999	2952	1.88	141000
142000	142999	2971	1.82	142000
143000	143999	2989	1.86	143000
144000	144999	3008	1.82	144000
145000	145999	3026	1.86	145000
146000	146999	3045	1.90	146000
147000	147999	3064	1.84	147000
148000	148999	3082	1.88	148000
149000	149999	3101	1.82	149000
150000	or greater/ou plus	3119	1.82	150000

Federal Child Support Tables / Tables fédérales de pensions alimentaires pour enfants

Income/Revenu ($) From/De	To/À	Basic Amount/ Montant de base	Plus (%)	Of Income Over/ Du revenu dépassant	Income/Revenu ($) From/De	To/À	Basic Amount/ Montant de base	Plus (%)	Of Income Over/ Du revenu dépassant
0	10819	0	—	—	58000	58999	1486	2.40	58000
10820	10999	0	5.20	10820	59000	59999	1510	2.38	59000
11000	11999	52	5.00	11000	60000	60999	1534	2.46	60000
12000	12999	102	4.18	12000	61000	61999	1559	2.44	61000
13000	13999	144	4.16	13000	62000	62999	1583	2.42	62000
14000	14999	186	4.12	14000	63000	63999	1607	2.38	63000
15000	15999	227	3.72	15000	64000	64999	1630	2.32	64000
16000	16999	264	2.86	16000	65000	65999	1654	2.36	65000
17000	17999	293	3.54	17000	66000	66999	1677	2.36	66000
18000	18999	328	3.52	18000	67000	67999	1701	2.30	67000
19000	19999	363	4.02	19000	68000	68999	1724	2.40	68000
20000	20999	403	4.54	20000	69000	69999	1748	2.34	69000
21000	21999	448	4.54	21000	70000	70999	1772	2.38	70000
22000	22999	493	4.52	22000	71000	71999	1795	2.34	71000
23000	23999	538	4.52	23000	72000	72999	1819	2.38	72000
24000	24999	583	4.50	24000	73000	73999	1842	2.32	73000
25000	25999	628	4.50	25000	74000	74999	1866	2.38	74000
26000	26999	673	4.48	26000	75000	75999	1889	2.30	75000
27000	27999	718	3.88	27000	76000	76999	1913	2.36	76000
28000	28999	763	2.70	28000	77000	77999	1936	2.40	77000
29000	29999	802	2.68	29000	78000	78999	1960	2.34	78000
30000	30999	829	2.58	30000	79000	79999	1984	2.34	79000
31000	31999	856	2.56	31000	80000	80999	2007	2.38	80000
32000	32999	882	2.00	32000	81000	81999	2031	2.18	81000
33000	33999	903	2.12	33000	82000	82999	2054	2.18	82000
34000	34999	923	2.12	34000	83000	83999	2076	2.16	83000
35000	35999	944	2.26	35000	84000	84999	2098	2.16	84000
36000	36999	967	2.26	36000	85000	85999	2120	2.24	85000
37000	37999	990	2.36	37000	86000	86999	2142	2.24	86000
38000	38999	1014	2.34	38000	87000	87999	2165	2.24	87000
39000	39999	1037	2.34	39000	88000	88999	2187	2.22	88000
40000	40999	1060	2.42	40000	89000	89999	2209	2.22	89000
41000	41999	1084	2.26	41000	90000	90999	2231	2.20	90000
42000	42999	1107	2.24	42000	91000	91999	2253	2.20	91000
43000	43999	1129	2.30	43000	92000	92999	2275	2.26	92000
44000	44999	1152	2.24	44000	93000	93999	2297	2.20	93000
45000	45999	1174	2.26	45000	94000	94999	2319	2.18	94000
46000	46999	1197	2.28	46000	95000	95999	2341	2.18	95000
47000	47999	1220	2.40	47000	96000	96999	2363	2.18	96000
48000	48999	1244	2.40	48000	97000	97999	2385	2.26	97000
49000	49999	1268	2.38	49000	98000	98999	2407	2.24	98000
50000	50999	1292	2.46	50000	99000	99999	2429	2.24	99000
51000	51999	1317	2.44	51000	100000	100999	2452	2.04	100000
52000	52999	1341	2.42	52000	101000	101999	2474	2.04	101000
53000	53999	1365	2.42	53000	102000	102999	2496	2.04	102000
54000	54999	1389	2.38	54000	103000	103999	2518	2.04	103000
55000	55999	1413	2.46	55000	104000	104999	2540	2.22	104000
56000	56999	1438	2.44	56000	105000	105999	2562	2.22	105000
57000	57999	1462	2.42	57000	106000	106999	2584	2.20	106000

Province: Newfoundland and Labrador/Terre-Neuve-et-Labrador — No. of Children/Nº d'enfants: Five/Cinq

Income/Revenu ($) From/De	To/À	Basic Amount/ Montant de base	Plus (%)	Of Income Over/ Du revenu dépassant
107000	107999	2606	2.20	107000
108000	108999	2628	2.18	108000
109000	109999	2650	2.18	109000
110000	110999	2672	2.18	110000
111000	111999	2694	2.16	111000
112000	112999	2716	2.26	112000
113000	113999	2738	2.24	113000
114000	114999	2761	2.24	114000
115000	115999	2783	2.24	115000
116000	116999	2805	2.22	116000
117000	117999	2827	2.22	117000
118000	118999	2849	2.22	118000
119000	119999	2871	2.20	119000
120000	120999	2893	2.20	120000
121000	121999	2915	2.18	121000
122000	122999	2937	2.18	122000
123000	123999	2959	2.18	123000
124000	124999	2981	2.18	124000
125000	125999	3003	2.16	125000
126000	126999	3025	2.26	126000
127000	127999	3048	2.04	127000
128000	128999	3068	2.06	128000
129000	129999	3089	2.06	129000
130000	130999	3110	2.06	130000
131000	131999	3131	2.06	131000
132000	132999	3152	2.06	132000
133000	133999	3173	2.08	133000
134000	134999	3194	2.08	134000
135000	135999	3215	2.08	135000
136000	136999	3236	2.08	136000
137000	137999	3257	2.08	137000
138000	138999	3278	2.10	138000
139000	139999	3299	2.10	139000
140000	140999	3320	2.10	140000
141000	141999	3341	2.10	141000
142000	142999	3362	2.10	142000
143000	143999	3383	2.10	143000
144000	144999	3404	2.12	144000
145000	145999	3425	2.12	145000
146000	146999	3446	2.12	146000
147000	147999	3467	2.12	147000
148000	148999	3488	2.12	148000
149000	149999	3509	2.12	149000
150000	or greater/ ou plus	3530	2.12	150000

Federal Child Support Tables/Tables fédérales de pensions alimentaires pour enfants

Province: Newfoundland and Labrador/Terre-Neuve-et-Labrador; No. of Children/Nbre d'enfants: Six or more/Six ou plus

Income/Revenu ($)		Monthly Award/Paiement mensuel ($)		
From/De	To/À	Basic Amount/Montant de base	Plus (%)	Of Income Over/Du revenu dépassant
0	10819	0		
10820	10999	0	5.20	10820
11000	11999	52	5.00	11000
12000	12999	102	4.18	12000
13000	13999	144	4.16	13000
14000	14999	186	4.12	14000
15000	15999	227	3.72	15000
16000	16999	264	2.86	16000
17000	17999	293	3.54	17000
18000	18999	328	3.52	18000
19000	19999	363	4.02	19000
20000	20999	403	4.54	20000
21000	21999	448	4.54	21000
22000	22999	493	4.52	22000
23000	23999	538	4.52	23000
24000	24999	583	4.50	24000
25000	25999	628	4.50	25000
26000	26999	673	4.48	26000
27000	27999	718	4.48	27000
28000	28999	763	4.48	28000
29000	29999	808	4.46	29000
30000	30999	853	4.46	30000
31000	31999	898	4.26	31000
32000	32999	941	4.06	32000
33000	33999	982	3.84	33000
34000	34999	1020	2.76	34000
35000	35999	1048	2.18	35000
36000	36999	1070	2.36	36000
37000	37999	1094	2.54	37000
38000	38999	1119	2.52	38000
39000	39999	1144	2.50	39000
40000	40999	1169	2.66	40000
41000	41999	1196	2.46	41000
42000	42999	1221	2.42	42000
43000	43999	1245	2.46	43000
44000	44999	1270	2.48	44000
45000	45999	1295	2.48	45000
46000	46999	1320	2.48	46000
47000	47999	1345	2.58	47000
48000	48999	1371	2.66	48000
49000	49999	1398	2.62	49000
50000	50999	1424	2.60	50000
51000	51999	1451	2.66	51000
52000	52999	1477	2.70	52000
53000	53999	1504	2.64	53000
54000	54999	1531	2.64	54000
55000	55999	1557	2.70	55000
56000	56999	1584	2.64	56000
57000	57999	1610	2.68	57000

Income/Revenu ($)		Monthly Award/Paiement mensuel ($)		
From/De	To/À	Basic Amount/Montant de base	Plus (%)	Of Income Over/Du revenu dépassant
58000	58999	1637	2.64	58000
59000	59999	1663	2.68	59000
60000	60999	1690	2.62	60000
61000	61999	1716	2.68	61000
62000	62999	1743	2.62	62000
63000	63999	1769	2.62	63000
64000	64999	1795	2.54	64000
65000	65999	1821	2.56	65000
66000	66999	1846	2.58	66000
67000	67999	1872	2.60	67000
68000	68999	1898	2.60	68000
69000	69999	1924	2.62	69000
70000	70999	1950	2.54	70000
71000	71999	1976	2.54	71000
72000	72999	2001	2.58	72000
73000	73999	2027	2.60	73000
74000	74999	2053	2.62	74000
75000	75999	2079	2.54	75000
76000	76999	2105	2.54	76000
77000	77999	2130	2.58	77000
78000	78999	2156	2.60	78000
79000	79999	2182	2.60	79000
80000	80999	2208	2.52	80000
81000	81999	2234	2.46	81000
82000	82999	2259	2.44	82000
83000	83999	2284	2.42	83000
84000	84999	2308	2.40	84000
85000	85999	2332	2.38	85000
86000	86999	2356	2.46	86000
87000	87999	2380	2.44	87000
88000	88999	2405	2.42	88000
89000	89999	2429	2.40	89000
90000	90999	2453	2.38	90000
91000	91999	2477	2.46	91000
92000	92999	2501	2.44	92000
93000	93999	2526	2.42	93000
94000	94999	2550	2.42	94000
95000	95999	2574	2.40	95000
96000	96999	2598	2.38	96000
97000	97999	2622	2.46	97000
98000	98999	2647	2.44	98000
99000	99999	2671	2.42	99000
100000	100999	2695	2.40	100000
101000	101999	2719	2.38	101000
102000	102999	2743	2.46	102000
103000	103999	2768	2.44	103000
104000	104999	2792	2.42	104000
105000	105999	2816	2.40	105000
106000	106999	2840	2.38	106000

Income/Revenu ($)		Monthly Award/Paiement mensuel ($)		
From/De	To/À	Basic Amount/Montant de base	Plus (%)	Of Income Over/Du revenu dépassant
107000	107999	2864	2.46	107000
108000	108999	2889	2.44	108000
109000	109999	2913	2.42	109000
110000	110999	2937	2.40	110000
111000	111999	2961	2.38	111000
112000	112999	2985	2.46	112000
113000	113999	3010	2.44	113000
114000	114999	3034	2.42	114000
115000	115999	3058	2.40	115000
116000	116999	3082	2.38	116000
117000	117999	3106	2.46	117000
118000	118999	3131	2.44	118000
119000	119999	3155	2.40	119000
120000	120999	3179	2.40	120000
121000	121999	3203	2.38	121000
122000	122999	3227	2.46	122000
123000	123999	3252	2.44	123000
124000	124999	3276	2.42	124000
125000	125999	3300	2.40	125000
126000	126999	3324	2.38	126000
127000	127999	3348	2.26	127000
128000	128999	3371	2.26	128000
129000	129999	3394	2.26	129000
130000	130999	3417	2.28	130000
131000	131999	3440	2.28	131000
132000	132999	3463	2.28	132000
133000	133999	3486	2.28	133000
134000	134999	3509	2.28	134000
135000	135999	3532	2.28	135000
136000	136999	3555	2.28	136000
137000	137999	3578	2.28	137000
138000	138999	3601	2.28	138000
139000	139999	3624	2.30	139000
140000	140999	3647	2.30	140000
141000	141999	3670	2.30	141000
142000	142999	3693	2.30	142000
143000	143999	3716	2.30	143000
144000	144999	3739	2.30	144000
145000	145999	3762	2.30	145000
146000	146999	3785	2.30	146000
147000	147999	3808	2.30	147000
148000	148999	3831	2.32	148000
149000	149999	3854	2.32	149000
150000	or greater/ou plus	3877	2.32	150000

Federal Child Support Tables/ Tables fédérales de pensions alimentaires pour enfants

Province: Yukon — No. of Children/Nᵇʳᵉ d'enfants: One/Un

| Income/Revenu ($) | | Monthly Award/Paiement mensuel ($) | | |
From/De	To/À	Basic Amount/Montant de base	Plus (%)	Of Income Over/Du revenu dépassant
0	10819	0		
10820	11999	0	4.00	10820
12000	12999	40	4.04	12000
13000	13999	80	3.32	13000
14000	14999	113	2.32	14000
15000	15999	136	0.10	15000
16000	16999	137	0.26	16000
17000	17999	140	0.40	17000
18000	18999	144	0.68	18000
19000	19999	151	0.70	19000
20000	20999	158	0.64	20000
21000	21999	164	0.66	21000
22000	22999	171	0.70	22000
23000	23999	178	0.72	23000
24000	24999	185	0.64	24000
25000	25999	191	0.68	25000
26000	26999	198	1.10	26000
27000	27999	209	0.96	27000
28000	28999	219	1.06	28000
29000	29999	230	1.04	29000
30000	30999	240	1.04	30000
31000	31999	250	1.02	31000
32000	32999	260	1.02	32000
33000	33999	270	1.00	33000
34000	34999	280	0.94	34000
35000	35999	289	0.90	35000
36000	36999	298	0.94	36000
37000	37999	308	0.96	37000
38000	38999	317	0.92	38000
39000	39999	327	0.92	39000
40000	40999	336	0.92	40000
41000	41999	346	0.98	41000
42000	42999	356	0.98	42000
43000	43999	364	0.84	43000
44000	44999	373	0.86	44000
45000	45999	382	0.88	45000
46000	46999	391	0.90	46000
47000	47999	400	0.90	47000
48000	48999	409	0.90	48000
49000	49999	418	0.92	49000
50000	50999	428	0.98	50000
51000	51999	437	0.98	51000
52000	52999	447	0.92	52000
53000	53999	456	0.98	53000
54000	54999	466	0.98	54000
55000	55999	475	0.94	55000
56000	56999	485	0.98	56000
57000	57999	494	0.94	57000
58000	58999	513	0.98	58000
59000	59999	523	0.94	59000
60000	60999	532	0.98	60000
61000	61999	542	0.94	61000
62000	62999	551	0.98	62000
63000	63999	561	1.00	63000
64000	64999	570	0.94	64000
65000	65999	580	1.00	65000
66000	66999	589	0.94	66000
67000	67999	599	1.00	67000
68000	68999	608	0.94	68000
69000	69999	618	0.94	69000
70000	70999	627	1.00	70000
71000	71999	637	0.94	71000
72000	72999	646	0.90	72000
73000	73999	655	0.96	73000
74000	74999	665	0.90	74000
75000	75999	674	0.96	75000
76000	76999	684	0.90	76000
77000	77999	693	0.96	77000
78000	78999	703	0.90	78000
79000	79999	712	0.96	79000
80000	80999	722	0.92	80000
81000	81999	731	0.96	81000
82000	82999	741	0.84	82000
83000	83999	750	0.84	83000
84000	84999	758	0.80	84000
85000	85999	766	0.86	85000
86000	86999	775	0.82	86000
87000	87999	783	0.88	87000
88000	88999	792	0.84	88000
89000	89999	800	0.84	89000
90000	90999	809	0.84	90000
91000	91999	817	0.90	91000
92000	92999	826	0.84	92000
93000	93999	834	0.88	93000
94000	94999	843	0.88	94000
95000	95999	851	0.90	95000
96000	96999	860	0.90	96000
97000	97999	869	0.84	97000
98000	98999	877	0.88	98000
99000	99999	886	0.82	99000
100000	100999	894	0.88	100000
101000	101999	903	0.90	101000
102000	102999	912	0.84	102000
103000	103999	920	0.88	103000
104000	104999	929	0.82	104000
105000	105999	937	0.86	105000
106000	106999	946	0.90	106000
107000	107999	955	0.84	107000
108000	108999	963	0.88	108000
109000	109999	972	0.92	109000
110000	110999	981	0.84	110000
111000	111999	989	0.88	111000
112000	112999	998	0.82	112000
113000	113999	1006	0.86	113000
114000	114999	1015	0.90	114000
115000	115999	1024	0.84	115000
116000	116999	1032	0.88	116000
117000	117999	1041	0.82	117000
118000	118999	1049	0.86	118000
119000	119999	1058	0.90	119000
120000	120999	1067	0.84	120000
121000	121999	1075	0.88	121000
122000	122999	1084	0.82	122000
123000	123999	1092	0.86	123000
124000	124999	1101	0.90	124000
125000	125999	1110	0.84	125000
126000	126999	1118	0.88	126000
127000	127999	1127	0.82	127000
128000	128999	1135	0.82	128000
129000	129999	1143	0.82	129000
130000	130999	1151	0.82	130000
131000	131999	1159	0.82	131000
132000	132999	1167	0.82	132000
133000	133999	1175	0.82	133000
134000	134999	1183	0.82	134000
135000	135999	1191	0.82	135000
136000	136999	1199	0.82	136000
137000	137999	1207	0.82	137000
138000	138999	1215	0.82	138000
139000	139999	1223	0.82	139000
140000	140999	1231	0.82	140000
141000	141999	1239	0.82	141000
142000	142999	1247	0.82	142000
143000	143999	1255	0.82	143000
144000	144999	1263	0.82	144000
145000	145999	1271	0.82	145000
146000	146999	1279	0.82	146000
147000	147999	1287	0.82	147000
148000	148999	1295	0.82	148000
149000	149999	1303	0.82	149000
150000	or greater/ou plus	1311	0.82	150000

Federal Child Support Tables / Tables fédérales de pensions alimentaires pour enfants

Province: Yukon — No. of Children/N^{bre} d'enfants: Two/Deux

Income/Revenu ($) From/De	To/À	Basic Amount/ Montant de base	Plus (%)	Of Income Over/ Du revenu dépassant
0	10819	0		
10820	10999	0	4.30	10820
11000	11999	43	4.30	11000
12000	12999	86	3.56	12000
13000	13999	122	3.48	13000
14000	14999	157	3.46	14000
15000	15999	192	3.38	15000
16000	16999	226	3.46	16000
17000	17999	261	2.36	17000
18000	18999	285	1.26	18000
19000	19999	298	1.22	19000
20000	20999	310	1.26	20000
21000	21999	323	1.22	21000
22000	22999	335	1.28	22000
23000	23999	348	1.24	23000
24000	24999	360	1.20	24000
25000	25999	372	1.36	25000
26000	26999	386	0.92	26000
27000	27999	395	1.08	27000
28000	28999	406	1.56	28000
29000	29999	422	1.58	29000
30000	30999	438	1.62	30000
31000	31999	454	1.54	31000
32000	32999	469	1.46	32000
33000	33999	484	1.50	33000
34000	34999	499	1.44	34000
35000	35999	514	1.50	35000
36000	36999	528	1.44	36000
37000	37999	543	1.50	37000
38000	38999	558	1.44	38000
39000	39999	572	1.48	39000
40000	40999	587	1.60	40000
41000	41999	603	1.34	41000
42000	42999	616	1.38	42000
43000	43999	630	1.42	43000
44000	44999	644	1.44	44000
45000	45999	658	1.34	45000
46000	46999	671	1.44	46000
47000	47999	685	1.50	47000
48000	48999	700	1.52	48000
49000	49999	715	1.44	49000
50000	50999	730	1.50	50000
51000	51999	744	1.46	51000
52000	52999	759	1.52	52000
53000	53999	774	1.44	53000
54000	54999	789	1.30	54000
55000	55999	803	1.46	55000
56000	56999	818	1.48	56000
57000	57999	833	1.52	57000
58000	58999	848	1.44	58000
59000	59999	862	1.48	59000
60000	60999	877	1.50	60000
61000	61999	892	1.44	61000
62000	62999	907	1.46	62000
63000	63999	921	1.46	63000
64000	64999	936	1.50	64000
65000	65999	951	1.42	65000
66000	66999	966	1.46	66000
67000	67999	980	1.48	67000
68000	68999	995	1.48	68000
69000	69999	1010	1.50	69000
70000	70999	1025	1.52	70000
71000	71999	1040	1.44	71000
72000	72999	1054	1.48	72000
73000	73999	1069	1.52	73000
74000	74999	1084	1.44	74000
75000	75999	1099	1.46	75000
76000	76999	1113	1.50	76000
77000	77999	1128	1.48	77000
78000	78999	1143	1.48	78000
79000	79999	1158	1.46	79000
80000	80999	1172	1.48	80000
81000	81999	1187	1.48	81000
82000	82999	1202	1.52	82000
83000	83999	1215	1.34	83000
84000	84999	1229	1.34	84000
85000	85999	1242	1.36	85000
86000	86999	1255	1.28	86000
87000	87999	1268	1.32	87000
88000	88999	1282	1.30	88000
89000	89999	1295	1.28	89000
90000	90999	1308	1.30	90000
91000	91999	1321	1.28	91000
92000	92999	1334	1.36	92000
93000	93999	1348	1.30	93000
94000	94999	1361	1.34	94000
95000	95999	1375	1.30	95000
96000	96999	1388	1.36	96000
97000	97999	1401	1.34	97000
98000	98999	1415	1.34	98000
99000	99999	1428	1.36	99000
100000	100999	1441	1.34	100000
101000	101999	1455	1.38	101000
102000	102999	1468	1.38	102000
103000	103999	1482	1.30	103000
104000	104999	1495	1.30	104000
105000	105999	1508	1.36	105000
106000	106999	1522	1.32	106000
107000	107999	1535	1.38	107000
108000	108999	1549	1.34	108000
109000	109999	1562	1.36	109000
110000	110999	1575	1.36	110000
111000	111999	1589	1.32	111000
112000	112999	1602	1.38	112000
113000	113999	1616	1.34	113000
114000	114999	1629	1.30	114000
115000	115999	1642	1.36	115000
116000	116999	1656	1.32	116000
117000	117999	1669	1.38	117000
118000	118999	1683	1.34	118000
119000	119999	1696	1.30	119000
120000	120999	1709	1.36	120000
121000	121999	1723	1.36	121000
122000	122999	1736	1.38	122000
123000	123999	1750	1.34	123000
124000	124999	1763	1.30	124000
125000	125999	1776	1.38	125000
126000	126999	1790	1.34	126000
127000	127999	1803	1.30	127000
128000	128999	1816	1.24	128000
129000	129999	1828	1.24	129000
130000	130999	1840	1.26	130000
131000	131999	1853	1.20	131000
132000	132999	1865	1.24	132000
133000	133999	1878	1.20	133000
134000	134999	1890	1.24	134000
135000	135999	1903	1.20	135000
136000	136999	1915	1.24	136000
137000	137999	1928	1.20	137000
138000	138999	1940	1.20	138000
139000	139999	1952	1.26	139000
140000	140999	1965	1.20	140000
141000	141999	1977	1.26	141000
142000	142999	1990	1.24	142000
143000	143999	2002	1.28	143000
144000	144999	2015	1.24	144000
145000	145999	2027	1.28	145000
146000	146999	2040	1.20	146000
147000	147999	2052	1.20	147000
148000	148999	2064	1.26	148000
149000	149999	2077	1.22	149000
150000	or greater/ ou plus	2089	1.22	150000

Federal Child Support Tables/
Tables fédérales de pensions alimentaires pour enfants

Province: Yukon
No. of Children/N^bre d'enfants: Three/Trois

Income/Revenu ($) From/De	To/À	Basic Amount/ Montant de base	Plus (%)	Of Income Over/ Du revenu dépassant
0	10819	0		
10820	10999	0	4.60	10820
11000	11999	0	4.68	11000
12000	12999	46	3.88	12000
13000	13999	93	3.84	13000
14000	14999	132	3.70	14000
15000	15999	170	3.72	15000
16000	16999	207	3.72	16000
17000	17999	244	4.06	17000
18000	18999	281	4.08	18000
19000	19999	322	4.02	19000
20000	20999	363	4.06	20000
21000	21999	403	4.06	21000
22000	22999	444	1.70	22000
23000	23999	461	1.70	23000
24000	24999	478	1.70	24000
25000	25999	495	1.80	25000
26000	26999	512	1.48	26000
27000	27999	530	1.48	27000
28000	28999	545	1.44	28000
29000	29999	559	1.44	29000
30000	30999	574	2.06	30000
31000	31999	588	2.04	31000
32000	32999	609	1.92	32000
33000	33999	629	1.88	33000
34000	34999	648	1.90	34000
35000	35999	667	1.92	35000
36000	36999	686	1.84	36000
37000	37999	703	1.86	37000
38000	38999	722	1.86	38000
39000	39999	742	1.88	39000
40000	40999	761	2.00	40000
41000	41999	780	1.80	41000
42000	42999	800	1.80	42000
43000	43999	818	1.74	43000
44000	44999	835	1.78	44000
45000	45999	853	1.80	45000
46000	46999	871	1.82	46000
47000	47999	889	1.82	47000
48000	48999	907	1.84	48000
49000	49999	925	1.86	49000
50000	50999	944	1.86	50000
51000	51999	963	1.86	51000
52000	52999	982	1.86	52000
53000	53999	1001	1.86	53000
54000	54999	1020	1.86	54000
55000	55999	1039	1.86	55000
56000	56999	1058	1.88	56000
57000	57999	1077	1.88	57000
		1096	1.88	
58000	58999	1115	1.88	58000
59000	59999	1134	1.88	59000
60000	60999	1153	1.88	60000
61000	61999	1172	1.88	61000
62000	62999	1191	1.88	62000
63000	63999	1210	1.88	63000
64000	64999	1229	1.90	64000
65000	65999	1248	1.90	65000
66000	66999	1267	1.90	66000
67000	67999	1286	1.90	67000
68000	68999	1305	1.90	68000
69000	69999	1324	1.90	69000
70000	70999	1343	1.90	70000
71000	71999	1362	1.90	71000
72000	72999	1381	1.90	72000
73000	73999	1400	1.92	73000
74000	74999	1419	1.92	74000
75000	75999	1438	1.92	75000
76000	76999	1457	1.92	76000
77000	77999	1476	1.92	77000
78000	78999	1495	1.92	78000
79000	79999	1514	1.92	79000
80000	80999	1533	1.92	80000
81000	81999	1552	1.92	81000
82000	82999	1571	1.74	82000
83000	83999	1588	1.70	83000
84000	84999	1605	1.68	84000
85000	85999	1622	1.68	85000
86000	86999	1639	1.68	86000
87000	87999	1656	1.66	87000
88000	88999	1673	1.70	88000
89000	89999	1690	1.76	89000
90000	90999	1708	1.74	90000
91000	91999	1725	1.74	91000
92000	92999	1742	1.72	92000
93000	93999	1759	1.72	93000
94000	94999	1776	1.70	94000
95000	95999	1793	1.72	95000
96000	96999	1810	1.68	96000
97000	97999	1827	1.76	97000
98000	98999	1845	1.72	98000
99000	99999	1862	1.70	99000
100000	100999	1879	1.70	100000
101000	101999	1896	1.76	101000
102000	102999	1914	1.68	102000
103000	103999	1931	1.72	103000
104000	104999	1948	1.72	104000
105000	105999	1965	1.70	105000
106000	106999	1982	1.76	106000
107000	107999	2000	1.74	107000
108000	108999	2017	1.72	108000
109000	109999	2034	1.68	109000
110000	110999	2051	1.76	110000
111000	111999	2069	1.74	111000
112000	112999	2086	1.72	112000
113000	113999	2103	1.70	113000
114000	114999	2120	1.68	114000
115000	115999	2137	1.76	115000
116000	116999	2155	1.74	116000
117000	117999	2172	1.72	117000
118000	118999	2189	1.70	118000
119000	119999	2206	1.76	119000
120000	120999	2224	1.72	120000
121000	121999	2241	1.70	121000
122000	122999	2258	1.74	122000
123000	123999	2275	1.68	123000
124000	124999	2292	1.74	124000
125000	125999	2310	1.74	125000
126000	126999	2327	1.72	126000
127000	127999	2344	1.60	127000
128000	128999	2360	1.60	128000
129000	129999	2376	1.60	129000
130000	130999	2392	1.60	130000
131000	131999	2408	1.60	131000
132000	132999	2424	1.60	132000
133000	133999	2440	1.60	133000
134000	134999	2456	1.60	134000
135000	135999	2472	1.60	135000
136000	136999	2488	1.60	136000
137000	137999	2504	1.60	137000
138000	138999	2520	1.60	138000
139000	139999	2536	1.60	139000
140000	140999	2552	1.60	140000
141000	141999	2568	1.60	141000
142000	142999	2584	1.60	142000
143000	143999	2600	1.60	143000
144000	144999	2616	1.60	144000
145000	145999	2632	1.60	145000
146000	146999	2648	1.60	146000
147000	147999	2664	1.60	147000
148000	148999	2680	1.60	148000
149000	149999	2696	1.60	149000
150000	or greater/ ou plus	2712	1.60	150000

Federal Child Support Tables/
Tables fédérales de pensions alimentaires pour enfants

Province: Yukon
No. of Children/N^bre d'enfants: Four/Quatre

Income/Revenu		Monthly Award/Paiement mensuel		
From/De	To/À	Basic Amount/Montant de base	Plus (%)	Of Income Over/Du revenu dépassant
0	10819	0		
10820	10999	0	5.00	10820
11000	11999	50	5.04	11000
12000	12999	100	4.12	12000
13000	13999	141	4.10	13000
14000	14999	182	4.04	14000
15000	15999	222	3.92	15000
16000	16999	261	4.08	16000
17000	17999	302	4.34	17000
18000	18999	345	4.34	18000
19000	19999	389	4.32	19000
20000	20999	432	4.36	20000
21000	21999	476	4.30	21000
22000	22999	519	4.36	22000
23000	23999	563	4.30	23000
24000	24999	606	2.04	24000
25000	25999	626	2.18	25000
26000	26999	648	1.92	26000
27000	27999	667	1.84	27000
28000	28999	686	1.92	28000
29000	29999	704	1.88	29000
30000	30999	723	1.90	30000
31000	31999	742	1.84	31000
32000	32999	760	2.16	32000
33000	33999	782	2.18	33000
34000	34999	804	2.26	34000
35000	35999	827	2.22	35000
36000	36999	849	2.18	36000
37000	37999	871	2.22	37000
38000	38999	893	2.26	38000
39000	39999	916	2.24	39000
40000	40999	938	2.40	40000
41000	41999	962	2.06	41000
42000	42999	982	2.08	42000
43000	43999	1003	2.08	43000
44000	44999	1024	2.14	44000
45000	45999	1045	2.22	45000
46000	46999	1067	2.22	46000
47000	47999	1088	2.22	47000
48000	48999	1110	2.28	48000
49000	49999	1132	2.20	49000
50000	50999	1155	2.24	50000
51000	51999	1177	2.20	51000
52000	52999	1200	2.22	52000
53000	53999	1222	2.26	53000
54000	54999	1244	2.22	54000
55000	55999	1267	2.26	55000
56000	56999	1289	2.22	56000
57000	57999	1312	2.28	57000
58000	58999	1334	2.28	58000
59000	59999	1357	2.24	59000
60000	60999	1379	2.24	60000
61000	61999	1401	2.26	61000
62000	62999	1424	2.22	62000
63000	63999	1446	2.22	63000
64000	64999	1469	2.28	64000
65000	65999	1491	2.24	65000
66000	66999	1514	2.20	66000
67000	67999	1536	2.30	67000
68000	68999	1558	2.26	68000
69000	69999	1581	2.22	69000
70000	70999	1603	2.26	70000
71000	71999	1626	2.22	71000
72000	72999	1648	2.28	72000
73000	73999	1671	2.24	73000
74000	74999	1693	2.30	74000
75000	75999	1715	2.26	75000
76000	76999	1738	2.22	76000
77000	77999	1760	2.26	77000
78000	78999	1783	2.22	78000
79000	79999	1805	2.28	79000
80000	80999	1828	2.24	80000
81000	81999	1850	2.28	81000
82000	82999	1872	2.06	82000
83000	83999	1893	2.02	83000
84000	84999	1913	1.98	84000
85000	85999	1933	2.06	85000
86000	86999	1954	2.04	86000
87000	87999	1974	2.02	87000
88000	88999	1994	1.98	88000
89000	89999	2014	2.06	89000
90000	90999	2034	2.04	90000
91000	91999	2055	2.02	91000
92000	92999	2075	1.98	92000
93000	93999	2095	2.06	93000
94000	94999	2115	2.04	94000
95000	95999	2135	2.02	95000
96000	96999	2156	2.08	96000
97000	97999	2176	2.08	97000
98000	98999	2197	2.02	98000
99000	99999	2217	2.08	99000
100000	100999	2237	2.02	100000
101000	101999	2258	2.00	101000
102000	102999	2278	2.04	102000
103000	103999	2298	2.08	103000
104000	104999	2319	2.00	104000
105000	105999	2339	2.06	105000
106000	106999	2359	2.06	106000
107000	107999	2380	2.04	107000
108000	108999	2400	2.06	108000
109000	109999	2420	2.06	109000
110000	110999	2441	2.02	110000
111000	111999	2461	2.02	111000
112000	112999	2481	2.06	112000
113000	113999	2502	2.02	113000
114000	114999	2522	1.98	114000
115000	115999	2542	2.06	115000
116000	116999	2563	2.02	116000
117000	117999	2583	2.08	117000
118000	118999	2604	2.04	118000
119000	119999	2624	2.02	119000
120000	120999	2644	2.08	120000
121000	121999	2665	2.04	121000
122000	122999	2685	2.00	122000
123000	123999	2705	2.08	123000
124000	124999	2726	2.00	124000
125000	125999	2746	2.06	125000
126000	126999	2766	2.06	126000
127000	127999	2787	2.00	127000
128000	128999	2806	1.94	128000
129000	129999	2825	1.94	129000
130000	130999	2843	1.86	130000
131000	131999	2862	1.86	131000
132000	132999	2881	1.88	132000
133000	133999	2900	1.88	133000
134000	134999	2919	1.90	134000
135000	135999	2938	1.90	135000
136000	136999	2957	1.92	136000
137000	137999	2976	1.92	137000
138000	138999	2995	1.94	138000
139000	139999	3014	1.94	139000
140000	140999	3033	1.84	140000
141000	141999	3051	1.86	141000
142000	142999	3070	1.86	142000
143000	143999	3089	1.88	143000
144000	144999	3108	1.88	144000
145000	145999	3127	1.90	145000
146000	146999	3146	1.90	146000
147000	147999	3165	1.92	147000
148000	148999	3184	1.92	148000
149000	149999	3203	1.92	149000
150000	or greater/ou plus	3222		150000

Federal Child Support Tables / Tables fédérales de pensions alimentaires pour enfants

Province: Yukon — No. of Children / Nbre d'enfants: Five/Cinq

Income/Revenu ($) From/De	To/À	Basic Amount/ Montant de base	Plus (%)	Of Income Over/ Du revenu dépassant
0	10819	0		
10820	10999	0	5.00	10820
11000	11999	50	4.12	11000
12000	12999	100	4.10	12000
13000	13999	141	4.04	13000
14000	14999	182	3.92	14000
15000	15999	222	4.08	15000
16000	16999	261	4.08	16000
17000	17999	302	4.34	17000
18000	18999	345	4.38	18000
19000	19999	389	4.32	19000
20000	20999	432	4.36	20000
21000	21999	476	4.30	21000
22000	22999	519	4.36	22000
23000	23999	563	4.40	23000
24000	24999	607	4.34	24000
25000	25999	650	4.58	25000
26000	26999	696	4.52	26000
27000	27999	741	4.58	27000
28000	28999	787	2.64	28000
29000	29999	813	2.18	29000
30000	30999	835	2.26	30000
31000	31999	858	2.24	31000
32000	32999	880	2.12	32000
33000	33999	901	2.02	33000
34000	34999	921	2.28	34000
35000	35999	944	2.48	35000
36000	36999	969	2.48	36000
37000	37999	994	2.48	37000
38000	38999	1019	2.46	38000
39000	39999	1044	2.56	39000
40000	40999	1070	2.64	40000
41000	41999	1096	2.36	41000
42000	42999	1120	2.32	42000
43000	43999	1143	2.38	43000
44000	44999	1167	2.40	44000
45000	45999	1191	2.42	45000
46000	46999	1215	2.44	46000
47000	47999	1239	2.54	47000
48000	48999	1265	2.52	48000
49000	49999	1289	2.48	49000
50000	50999	1314	2.56	50000
51000	51999	1339	2.52	51000
52000	52999	1365	2.52	52000
53000	53999	1390	2.56	53000
54000	54999	1415	2.56	54000
55000	55999	1441	2.50	55000
56000	56999	1466	2.56	56000
57000	57999	1491	2.56	57000
58000	58999	1517	2.54	58000
59000	59999	1542	2.50	59000
60000	60999	1567	2.58	60000
61000	61999	1593	2.52	61000
62000	62999	1618	2.48	62000
63000	63999	1643	2.52	63000
64000	64999	1668	2.56	64000
65000	65999	1694	2.50	65000
66000	66999	1719	2.56	66000
67000	67999	1744	2.56	67000
68000	68999	1770	2.54	68000
69000	69999	1795	2.50	69000
70000	70999	1820	2.58	70000
71000	71999	1846	2.54	71000
72000	72999	1871	2.52	72000
73000	73999	1896	2.48	73000
74000	74999	1921	2.56	74000
75000	75999	1947	2.52	75000
76000	76999	1972	2.50	76000
77000	77999	1997	2.56	77000
78000	78999	2023	2.54	78000
79000	79999	2048	2.50	79000
80000	80999	2073	2.58	80000
81000	81999	2099	2.54	81000
82000	82999	2124	2.32	82000
83000	83999	2147	2.30	83000
84000	84999	2170	2.30	84000
85000	85999	2193	2.30	85000
86000	86999	2216	2.12	86000
87000	87999	2238	2.26	87000
88000	88999	2261	2.28	88000
89000	89999	2284	2.34	89000
90000	90999	2307	2.30	90000
91000	91999	2330	2.34	91000
92000	92999	2353	2.24	92000
93000	93999	2375	2.26	93000
94000	94999	2398	2.30	94000
95000	95999	2421	2.30	95000
96000	96999	2444	2.32	96000
97000	97999	2467	2.34	97000
98000	98999	2490	2.30	98000
99000	99999	2513	2.34	99000
100000	100999	2536	2.34	100000
101000	101999	2559	2.34	101000
102000	102999	2582	2.30	102000
103000	103999	2605	2.34	103000
104000	104999	2627	2.26	104000
105000	105999	2650	2.26	105000
106000	106999	2673	2.26	106000
107000	107999	2696	2.26	107000
108000	108999	2719	2.26	108000
109000	109999	2742	2.28	109000
110000	110999	2765	2.28	110000
111000	111999	2788	2.28	111000
112000	112999	2811	2.28	112000
113000	113999	2834	2.30	113000
114000	114999	2857	2.30	114000
115000	115999	2880	2.30	115000
116000	116999	2903	2.30	116000
117000	117999	2926	2.30	117000
118000	118999	2949	2.32	118000
119000	119999	2972	2.32	119000
120000	120999	2995	2.32	120000
121000	121999	3018	2.32	121000
122000	122999	3041	2.32	122000
123000	123999	3064	2.34	123000
124000	124999	3087	2.34	124000
125000	125999	3110	2.34	125000
126000	126999	3133	2.14	126000
127000	127999	3155	2.14	127000
128000	128999	3177	2.18	128000
129000	129999	3198	2.14	129000
130000	130999	3220	2.18	130000
131000	131999	3241	2.18	131000
132000	132999	3262	2.14	132000
133000	133999	3284	2.14	133000
134000	134999	3305	2.12	134000
135000	135999	3326	2.14	135000
136000	136999	3348	2.14	136000
137000	137999	3369	2.14	137000
138000	138999	3390	2.18	138000
139000	139999	3412	2.14	139000
140000	140999	3433	2.12	140000
141000	141999	3454	2.12	141000
142000	142999	3476	2.14	142000
143000	143999	3497	2.14	143000
144000	144999	3518	2.14	144000
145000	145999	3540	2.14	145000
146000	146999	3561	2.18	146000
147000	147999	3582	2.18	147000
148000	148999	3604	2.14	148000
149000	149999	3625	2.12	149000
150000	or greater/ou plus	3646		150000

Federal Child Support Tables / Tables fédérales de pensions alimentaires pour enfants

Province: *Yukon*

No. of Children/N^bre d'enfants: Six or more/Six ou plus

Income/Revenu ($) From/De	To/À	Basic Amount/Montant de base	Plus (%)	Of Income Over/Du revenu dépassant
0	10819	0		
10820	10999	0	5.00	10820
11000	11999	50	5.04	11000
12000	12999	100	4.12	12000
13000	13999	141	4.10	13000
14000	14999	182	4.04	14000
15000	15999	222	3.92	15000
16000	16999	261	4.08	16000
17000	17999	302	4.34	17000
18000	18999	345	4.38	18000
19000	19999	389	4.32	19000
20000	20999	432	4.36	20000
21000	21999	476	4.30	21000
22000	22999	519	4.36	22000
23000	23999	563	4.40	23000
24000	24999	607	4.34	24000
25000	25999	650	4.52	25000
26000	26999	696	4.52	26000
27000	27999	741	4.58	27000
28000	28999	787	4.58	28000
29000	29999	832	4.58	29000
30000	30999	878	4.54	30000
31000	31999	923	4.58	31000
32000	32999	969	4.58	32000
33000	33999	1014	3.64	33000
34000	34999	1028	2.34	34000
35000	35999	1051	2.32	35000
36000	36999	1074	2.30	36000
37000	37999	1098	2.40	37000
38000	38999	1126	2.76	38000
39000	39999	1153	2.70	39000
40000	40999	1181	2.76	40000
41000	41999	1210	2.90	41000
42000	42999	1236	2.56	42000
43000	43999	1262	2.60	43000
44000	44999	1288	2.64	44000
45000	45999	1314	2.62	45000
46000	46999	1340	2.60	46000
47000	47999	1366	2.78	47000
48000	48999	1394	2.74	48000
49000	49999	1421	2.80	49000
50000	50999	1449	2.76	50000
51000	51999	1477	2.82	51000
52000	52999	1505	2.74	52000
53000	53999	1532	2.80	53000
54000	54999	1560	2.80	54000
55000	55999	1588	2.82	55000
56000	56999	1616	2.74	56000
57000	57999	1663	2.78	57000

Income/Revenu ($) From/De	To/À	Basic Amount/Montant de base	Plus (%)	Of Income Over/Du revenu dépassant
58000	58999	1671	2.80	58000
59000	59999	1699	2.72	59000
60000	60999	1726	2.76	60000
61000	61999	1754	2.78	61000
62000	62999	1782	2.80	62000
63000	63999	1810	2.74	63000
64000	64999	1837	2.76	64000
65000	65999	1865	2.78	65000
66000	66999	1893	2.82	66000
67000	67999	1921	2.74	67000
68000	68999	1948	2.76	68000
69000	69999	1976	2.80	69000
70000	70999	2004	2.80	70000
71000	71999	2032	2.74	71000
72000	72999	2059	2.80	72000
73000	73999	2087	2.82	73000
74000	74999	2115	2.80	74000
75000	75999	2143	2.74	75000
76000	76999	2170	2.80	76000
77000	77999	2198	2.72	77000
78000	78999	2226	2.76	78000
79000	79999	2253	2.78	79000
80000	80999	2281	2.78	80000
81000	81999	2309	2.80	81000
82000	82999	2337	2.54	82000
83000	83999	2362	2.50	83000
84000	84999	2387	2.48	84000
85000	85999	2412	2.48	85000
86000	86999	2437	2.48	86000
87000	87999	2462	2.46	87000
88000	88999	2487	2.48	88000
89000	89999	2512	2.46	89000
90000	90999	2537	2.50	90000
91000	91999	2562	2.46	91000
92000	92999	2587	2.56	92000
93000	93999	2613	2.54	93000
94000	94999	2638	2.54	94000
95000	95999	2663	2.54	95000
96000	96999	2688	2.52	96000
97000	97999	2713	2.50	97000
98000	98999	2738	2.52	98000
99000	99999	2763	2.50	99000
100000	100999	2788	2.48	100000
101000	101999	2813	2.56	101000
102000	102999	2838	2.54	102000
103000	103999	2864	2.52	103000
104000	104999	2889	2.50	104000
105000	105999	2914	2.52	105000
106000	106999	2939	2.48	106000

Income/Revenu ($) From/De	To/À	Basic Amount/Montant de base	Plus (%)	Of Income Over/Du revenu dépassant
107000	107999	2964	2.48	107000
108000	108999	2989	2.56	108000
109000	109999	3015	2.54	109000
110000	110999	3040	2.52	110000
111000	111999	3065	2.50	111000
112000	112999	3090	2.48	112000
113000	113999	3115	2.48	113000
114000	114999	3140	2.56	114000
115000	115999	3166	2.52	115000
116000	116999	3191	2.52	116000
117000	117999	3216	2.50	117000
118000	118999	3241	2.48	118000
119000	119999	3266	2.48	119000
120000	120999	3291	2.56	120000
121000	121999	3317	2.52	121000
122000	122999	3342	2.50	122000
123000	123999	3367	2.48	123000
124000	124999	3392	2.48	124000
125000	125999	3417	2.56	125000
126000	126999	3442	2.34	126000
127000	127999	3468	2.36	127000
128000	128999	3491	2.30	128000
129000	129999	3514	2.36	129000
130000	130999	3538	2.32	130000
131000	131999	3561	2.32	131000
132000	132999	3585	2.34	132000
133000	133999	3608	2.34	133000
134000	134999	3631	2.34	134000
135000	135999	3655	2.36	135000
136000	136999	3678	2.36	136000
137000	137999	3702	2.34	137000
138000	138999	3725	2.38	138000
139000	139999	3748	2.38	139000
140000	140999	3772	2.34	140000
141000	141999	3795	2.30	141000
142000	142999	3818	2.36	142000
143000	143999	3842	2.36	143000
144000	144999	3865	2.34	144000
145000	145999	3889	2.34	145000
146000	146999	3912	2.34	146000
147000	147999	3935	2.36	147000
148000	148999	3959	2.32	148000
149000	149999	3982	2.38	149000
150000	or greater/ou plus	4006	2.38	150000

Federal Child Support Tables/ Tables fédérales de pensions alimentaires pour enfants

Province: Northwest Territories/Territoires du Nord-Ouest, No. of Children/N° d'enfant: One/Un

Income/Revenu From/De	To/À	Basic Amount/ Montant de base	Plus (%)	Of Income Over/ Du revenu dépassant
0	10819	0		
10820	10999	6	2.00	10820
11000	11999	26	2.02	11000
12000	12999	46	2.02	12000
13000	13999	66	1.94	13000
14000	14999	86	1.96	14000
15000	15999	105	1.88	15000
16000	16999	125	1.90	16000
17000	17999	144	0.90	17000
18000	18999	153	0.92	18000
19000	19999	162	0.94	19000
20000	20999	171	0.92	20000
21000	21999	180	0.84	21000
22000	22999	188	0.86	22000
23000	23999	197	0.88	23000
24000	24999	206	0.88	24000
25000	25999	215	1.10	25000
26000	26999	226	0.82	26000
27000	27999	234	0.98	27000
28000	28999	244	1.06	28000
29000	29999	255	1.00	29000
30000	30999	265	1.06	30000
31000	31999	276	1.02	31000
32000	32999	286	0.98	32000
33000	33999	296	0.98	33000
34000	34999	306	1.00	34000
35000	35999	316	0.94	35000
36000	36999	325	0.96	36000
37000	37999	335	0.98	37000
38000	38999	345	0.94	38000
39000	39999	354	0.92	39000
40000	40999	363	0.98	40000
41000	41999	373	0.98	41000
42000	42999	382	0.86	42000
43000	43999	391	0.96	43000
44000	44999	401	0.94	44000
45000	45999	410	0.90	45000
46000	46999	419	0.88	46000
47000	47999	428	0.96	47000
48000	48999	438	0.98	48000
49000	49999	448	0.92	49000
50000	50999	457	0.92	50000
51000	51999	467	1.00	51000
52000	52999	477	0.98	52000
53000	53999	487	1.00	53000
54000	54999	497	0.94	54000
55000	55999	507	0.94	55000
56000	56999	516	0.96	56000
57000	57999	526	0.98	57000
58000	58999	536	1.00	58000
59000	59999	546	0.92	59000
60000	60999	555	0.96	60000
61000	61999	565	0.98	61000
62000	62999	575	1.00	62000
63000	63999	585	1.02	63000
64000	64999	595	0.94	64000
65000	65999	604	0.96	65000
66000	66999	614	0.98	66000
67000	67999	624	0.92	67000
68000	68999	633	0.96	68000
69000	69999	643	1.00	69000
70000	70999	653	0.92	70000
71000	71999	662	0.96	71000
72000	72999	672	0.94	72000
73000	73999	682	0.90	73000
74000	74999	691	0.98	74000
75000	75999	701	0.94	75000
76000	76999	710	0.94	76000
77000	77999	719	0.92	77000
78000	78999	728	0.90	78000
79000	79999	737	1.00	79000
80000	80999	746	0.88	80000
81000	81999	755	0.86	81000
82000	82999	773	0.90	82000
83000	83999	782	0.84	83000
84000	84999	790	0.88	84000
85000	85999	799	0.82	85000
86000	86999	807	0.86	86000
87000	87999	816	0.90	87000
88000	88999	825	0.84	88000
89000	89999	833	0.82	89000
90000	90999	842	0.88	90000
91000	91999	850	0.82	91000
92000	92999	859	0.82	92000
93000	93999	867	0.86	93000
94000	94999	876	0.90	94000
95000	95999	885	0.84	95000
96000	96999	893	0.88	96000
97000	97999	902	0.82	97000
98000	98999	910	0.86	98000
99000	99999	919	0.84	99000
100000	100999	928	0.86	100000
101000	101999	936	0.88	101000
102000	102999	945	0.82	102000
103000	103999	953	0.82	103000
104000	104999	962	0.82	104000
105000	105999	970	0.86	105000
106000	106999			106000
107000	107999	979	0.90	
108000	108999	988	0.84	
109000	109999	996	0.88	
110000	110999	1005	0.82	
111000	111999	1013	0.86	
112000	112999	1022	0.90	
113000	113999	1031	0.84	
114000	114999	1039	0.88	
115000	115999	1048	0.82	
116000	116999	1056	0.88	
117000	117999	1065	0.82	
118000	118999	1073	0.86	
119000	119999	1082	0.90	
120000	120999	1091	0.84	
121000	121999	1099	0.78	
122000	122999	1107	0.86	
123000	123999	1116	0.82	
124000	124999	1124	0.78	
125000	125999	1132	0.86	
126000	126999	1141	0.82	
127000	127999	1149	0.80	
128000	128999	1157	0.80	
129000	129999	1165	0.80	
130000	130999	1173	0.82	
131000	131999	1181	0.82	
132000	132999	1189	0.84	
133000	133999	1197	0.74	
134000	134999	1204	0.76	
135000	135999	1212	0.76	
136000	136999	1220	0.78	
137000	137999	1228	0.78	
138000	138999	1236	0.78	
139000	139999	1244	0.80	
140000	140999	1252	0.80	
141000	141999	1260	0.82	
142000	142999	1268	0.84	
143000	143999	1276	0.74	
144000	144999	1284	0.76	
145000	145999	1291	0.76	
146000	146999	1299	0.78	
147000	147999	1307	0.78	
148000	148999	1315	0.78	
149000	149999	1323	0.78	
150000	or greater/ou plus	1331		

Federal Child Support Tables/ Tables fédérales de pensions alimentaires pour enfants

Province: *Northwest Territories/Territoires du Nord-Ouest*
No. of Children/N° d'enfants: Two/Deux

Income/Revenu ($)		Monthly Award/Paiement mensuel ($)		
From/De	To/À	Basic Amount/Montant de base	Plus (%)	Of Income Over/Du revenu dépassant
0	10819			
10820	10999	0	4.82	10820
11000	11999	14	4.30	11000
12000	12999	62	3.66	12000
13000	13999	105	3.42	13000
14000	14999	142	3.28	14000
15000	15999	176	3.22	15000
16000	16999	209	3.38	16000
17000	17999	241	1.46	17000
18000	18999	275	1.48	18000
19000	19999	290	1.50	19000
20000	20999	305	1.52	20000
21000	21999	320	1.44	21000
22000	22999	335	1.46	22000
23000	23999	349	1.46	23000
24000	24999	364	1.48	24000
25000	25999	379	1.40	25000
26000	26999	394	0.98	26000
27000	27999	408	1.25	27000
28000	28999	418	1.66	28000
29000	29999	431	1.62	29000
30000	30999	464	1.60	30000
31000	31999	480	1.58	31000
32000	32999	496	1.52	32000
33000	33999	512	1.50	33000
34000	34999	527	1.48	34000
35000	35999	542	1.48	35000
36000	36999	557	1.48	36000
37000	37999	572	1.50	37000
38000	38999	587	1.44	38000
39000	39999	602	1.58	39000
40000	40999	616	1.44	40000
41000	41999	632	1.42	41000
42000	42999	646	1.42	42000
43000	43999	660	1.48	43000
44000	44999	674	1.44	44000
45000	45999	689	1.50	45000
46000	46999	703	1.54	46000
47000	47999	718	1.54	47000
48000	48999	733	1.52	48000
49000	49999	748	1.50	49000
50000	50999	763	1.48	50000
51000	51999	778	1.48	51000
52000	52999	793	1.56	52000
53000	53999	809	1.54	53000
54000	54999	824	1.52	54000
55000	55999	839	1.50	55000
56000	56999	854	1.48	56000
57000	57999	869	1.56	57000
58000	58999	885	1.54	58000
59000	59999	900	1.50	59000
60000	60999	915	1.48	60000
61000	61999	930	1.56	61000
62000	62999	946	1.54	62000
63000	63999	961	1.52	63000
64000	64999	976	1.50	64000
65000	65999	991	1.48	65000
66000	66999	1006	1.46	66000
67000	67999	1021	1.46	67000
68000	68999	1036	1.46	68000
69000	69999	1051	1.46	69000
70000	70999	1066	1.46	70000
71000	71999	1081	1.46	71000
72000	72999	1096	1.46	72000
73000	73999	1111	1.46	73000
74000	74999	1126	1.44	74000
75000	75999	1141	1.44	75000
76000	76999	1155	1.40	76000
77000	77999	1169	1.38	77000
78000	78999	1183	1.46	78000
79000	79999	1198	1.44	79000
80000	80999	1212	1.42	80000
81000	81999	1226	1.40	81000
82000	82999	1240	1.38	82000
83000	83999	1254	1.32	83000
84000	84999	1267	1.32	84000
85000	85999	1280	1.34	85000
86000	86999	1294	1.34	86000
87000	87999	1307	1.30	87000
88000	88999	1320	1.38	88000
89000	89999	1334	1.38	89000
90000	90999	1347	1.30	90000
91000	91999	1360	1.34	91000
92000	92999	1374	1.36	92000
93000	93999	1387	1.32	93000
94000	94999	1400	1.36	94000
95000	95999	1414	1.36	95000
96000	96999	1427	1.32	96000
97000	97999	1440	1.38	97000
98000	98999	1454	1.38	98000
99000	99999	1467	1.34	99000
100000	100999	1481	1.32	100000
101000	101999	1494	1.38	101000
102000	102999	1507	1.34	102000
103000	103999	1521	1.52	103000
104000	104999	1534	1.34	104000
105000	105999	1547	1.38	105000
106000	106999	1561	1.34	106000
107000	107999	1574	1.30	107000
108000	108999	1587	1.36	108000
109000	109999	1601	1.34	109000
110000	110999	1614	1.30	110000
111000	111999	1627	1.36	111000
112000	112999	1641	1.32	112000
113000	113999	1654	1.30	113000
114000	114999	1667	1.32	114000
115000	115999	1681	1.30	115000
116000	116999	1694	1.36	116000
117000	117999	1707	1.32	117000
118000	118999	1721	1.32	118000
119000	119999	1734	1.38	119000
120000	120999	1748	1.34	120000
121000	121999	1761	1.32	121000
122000	122999	1774	1.32	122000
123000	123999	1787	1.34	123000
124000	124999	1800	1.34	124000
125000	125999	1813	1.24	125000
126000	126999	1826	1.26	126000
127000	127999	1838	1.26	127000
128000	128999	1851	1.24	128000
129000	129999	1863	1.18	129000
130000	130999	1875	1.26	130000
131000	131999	1888	1.22	131000
132000	132999	1900	1.22	132000
133000	133999	1912	1.26	133000
134000	134999	1925	1.26	134000
135000	135999	1937	1.24	135000
136000	136999	1949	1.20	136000
137000	137999	1962	1.28	137000
138000	138999	1974	1.24	138000
139000	139999	1986	1.18	139000
140000	140999	1998	1.26	140000
141000	141999	2011	1.22	141000
142000	142999	2023	1.20	142000
143000	143999	2035	1.26	143000
144000	144999	2048	1.24	144000
145000	145999	2060	1.20	145000
146000	146999	2072	1.28	146000
147000	147999	2085	1.24	147000
148000	148999	2097	1.22	148000
149000	149999 or greater/ou plus	2109	1.18	149000
150000		2121	1.34	150000

Federal Child Support Tables / Tables fédérales de pensions alimentaires pour enfants

Province: Northwest Territories/Territoires du Nord-Ouest — No. of Children/N° d'enfants: Three/Trois

| Income/Revenu ($) | | Monthly Award/Paiement mensuel ($) | | |
From/De	To/À	Basic Amount/Montant de base	Plus (%)	Of Income Over/Du revenu dépassant
10820	10999	0	5.20	10820
11000	11999	15	4.72	11000
12000	12999	67	3.94	12000
13000	13999	114	3.72	13000
14000	14999	153	3.72	14000
15000	15999	190	3.52	15000
16000	16999	225	3.52	16000
17000	17999	260	3.72	17000
18000	18999	297	4.42	18000
19000	19999	341	4.34	19000
20000	20999	384	4.36	20000
21000	21999	428	3.08	21000
22000	22999	459	1.92	22000
23000	23999	478	2.00	23000
24000	24999	498	1.94	24000
25000	25999	518	1.88	25000
26000	26999	537	1.58	26000
27000	27999	556	1.64	27000
28000	28999	572	1.66	28000
29000	29999	588	1.76	29000
30000	30999	605	2.04	30000
31000	31999	623	1.98	31000
32000	32999	643	1.98	32000
33000	33999	664	1.98	33000
34000	34999	684	1.92	34000
35000	35999	704	1.98	35000
36000	36999	723	1.88	36000
37000	37999	743	1.90	37000
38000	38999	762	1.90	38000
39000	39999	781	1.84	39000
40000	40999	800	1.86	40000
41000	41999	818	1.86	41000
42000	42999	838	1.84	42000
43000	43999	857	1.84	43000
44000	44999	875	1.88	44000
45000	45999	893	1.88	45000
46000	46999	912	1.92	46000
47000	47999	930	1.98	47000
48000	48999	949	1.92	48000
49000	49999	968	1.98	49000
50000	50999	988	1.92	50000
51000	51999	1007	1.96	51000
52000	52999	1027	1.96	52000
53000	53999	1046	1.90	53000
54000	54999	1066	1.76	54000
55000	55999	1083	2.00	55000
56000	56999	1105	1.94	56000
57000	57999	1125	1.98	57000
58000	58999	1164	1.92	58000
59000	59999	1183	1.98	59000
60000	60999	1203	1.92	60000
61000	61999	1222	1.96	61000
62000	62999	1242	1.90	62000
63000	63999	1261	1.96	63000
64000	64999	1281	2.00	64000
65000	65999	1301	1.94	65000
66000	66999	1320	1.88	66000
67000	67999	1339	1.96	67000
68000	68999	1359	1.92	68000
69000	69999	1378	1.90	69000
70000	70999	1397	1.98	70000
71000	71999	1417	1.94	71000
72000	72999	1436	1.92	72000
73000	73999	1455	1.90	73000
74000	74999	1474	1.86	74000
75000	75999	1493	1.82	75000
76000	76999	1511	1.78	76000
77000	77999	1529	1.86	77000
78000	78999	1548	1.84	78000
79000	79999	1566	1.80	79000
80000	80999	1584	1.88	80000
81000	81999	1603	1.84	81000
82000	82999	1621	1.72	82000
83000	83999	1638	1.70	83000
84000	84999	1655	1.68	84000
85000	85999	1672	1.70	85000
86000	86999	1689	1.74	86000
87000	87999	1707	1.72	87000
88000	88999	1724	1.70	88000
89000	89999	1741	1.70	89000
90000	90999	1758	1.72	90000
91000	91999	1775	1.70	91000
92000	92999	1792	1.76	92000
93000	93999	1810	1.74	93000
94000	94999	1827	1.72	94000
95000	95999	1844	1.70	95000
96000	96999	1861	1.70	96000
97000	97999	1878	1.68	97000
98000	98999	1895	1.76	98000
99000	99999	1913	1.74	99000
100000	100999	1930	1.72	100000
101000	101999	1947	1.70	101000
102000	102999	1964	1.70	102000
103000	103999	1981	1.68	103000
104000	104999	1998	1.76	104000
105000	105999	2016	1.74	105000
106000	106999	2033	1.72	106000
107000	107999	2050	1.70	107000
108000	108999	2067	1.70	108000
109000	109999	2084	1.68	109000
110000	110999	2101	1.76	110000
111000	111999	2119	1.74	111000
112000	112999	2136	1.72	112000
113000	113999	2153	1.70	113000
114000	114999	2170	1.70	114000
115000	115999	2187	1.68	115000
116000	116999	2204	1.76	116000
117000	117999	2222	1.74	117000
118000	118999	2239	1.72	118000
119000	119999	2256	1.70	119000
120000	120999	2273	1.70	120000
121000	121999	2290	1.70	121000
122000	122999	2307	1.62	122000
123000	123999	2323	1.66	123000
124000	124999	2340	1.62	124000
125000	125999	2357	1.66	125000
126000	126999	2373	1.62	126000
127000	127999	2390	1.62	127000
128000	128999	2406	1.62	128000
129000	129999	2422	1.56	129000
130000	130999	2437	1.56	130000
131000	131999	2453	1.58	131000
132000	132999	2469	1.58	132000
133000	133999	2485	1.60	133000
134000	134999	2501	1.54	134000
135000	135999	2517	1.56	135000
136000	136999	2532	1.58	136000
137000	137999	2548	1.58	137000
138000	138999	2564	1.60	138000
139000	139999	2580	1.54	139000
140000	140999	2596	1.56	140000
141000	141999	2611	1.56	141000
142000	142999	2627	1.58	142000
143000	143999	2643	1.58	143000
144000	144999	2659	1.62	144000
145000	145999	2675	1.54	145000
146000	146999	2691	1.56	146000
147000	147999	2706	1.58	147000
148000	148999	2722	1.58	148000
149000	149999	2738	1.60	149000
150000	or greater/ou plus	2754		150000

Federal Child Support Tables/ Tables fédérales de pensions alimentaires pour enfants

Province: Northwest Territories/Territoires du Nord-Ouest — No. of Children/Nᵇʳᵉ d'enfants: Four/Quatre

Income/Revenu ($) From/De	To/À	Monthly Award/Paiement mensuel ($) Basic Amount/Montant de base	Plus (%)	Of Income Over/Du revenu dépassant
10820	10999	0	5.50	10820
11000	11999	16	5.06	11000
12000	12999	71	4.24	12000
13000	13999	122	3.94	13000
14000	14999	164	3.76	14000
15000	15999	203	3.72	15000
16000	16999	241	3.96	16000
17000	17999	278	4.70	17000
18000	18999	318	4.70	18000
19000	19999	365	4.72	19000
20000	20999	412	4.70	20000
21000	21999	459	4.72	21000
22000	22999	506	4.74	22000
23000	23999	553	4.74	23000
24000	24999	600	3.14	24000
25000	25999	631	2.32	25000
26000	26999	654	2.26	26000
27000	27999	677	1.98	27000
28000	28999	697	2.10	28000
29000	29999	718	2.10	29000
30000	30999	739	2.10	30000
31000	31999	760	2.08	31000
32000	32999	781	2.08	32000
33000	33999	802	2.26	33000
34000	34999	825	2.26	34000
35000	35999	848	2.26	35000
36000	36999	871	2.26	36000
37000	37999	894	2.24	37000
38000	38999	917	2.24	38000
39000	39999	940	2.24	39000
40000	40999	962	2.30	40000
41000	41999	984	2.16	41000
42000	42999	1007	2.30	42000
43000	43999	1029	2.10	43000
44000	44999	1050	2.16	44000
45000	45999	1072	2.18	45000
46000	46999	1094	2.18	46000
47000	47999	1116	2.20	47000
48000	48999	1138	2.30	48000
49000	49999	1161	2.32	49000
50000	50999	1184	2.30	50000
51000	51999	1207	2.30	51000
52000	52999	1230	2.28	52000
53000	53999	1253	2.26	53000
54000	54999	1276	2.36	54000
55000	55999	1300	2.34	55000
56000	56999	1323	2.34	56000
57000	57999	1346	2.32	57000
		1369	2.32	

Income/Revenu ($) From/De	To/À	Monthly Award/Paiement mensuel ($) Basic Amount/Montant de base	Plus (%)	Of Income Over/Du revenu dépassant
58000	58999	1392	2.30	58000
59000	59999	1415	2.30	59000
60000	60999	1438	2.28	60000
61000	61999	1461	2.26	61000
62000	62999	1484	2.36	62000
63000	63999	1508	2.34	63000
64000	64999	1531	2.32	64000
65000	65999	1554	2.32	65000
66000	66999	1577	2.24	66000
67000	67999	1600	2.24	67000
68000	68999	1622	2.26	68000
69000	69999	1645	2.28	69000
70000	70999	1668	2.30	70000
71000	71999	1691	2.32	71000
72000	72999	1714	2.24	72000
73000	73999	1736	2.18	73000
74000	74999	1759	2.20	74000
75000	75999	1781	2.14	75000
76000	76999	1803	2.16	76000
77000	77999	1824	2.18	77000
78000	78999	1846	2.12	78000
79000	79999	1867	2.14	79000
80000	80999	1889	2.10	80000
81000	81999	1911	2.14	81000
82000	82999	1932	1.98	82000
83000	83999	1952	2.06	83000
84000	84999	1973	2.04	84000
85000	85999	1993	2.08	85000
86000	86999	2013	2.04	86000
87000	87999	2034	2.08	87000
88000	88999	2054	2.02	88000
89000	89999	2074	1.98	89000
90000	90999	2094	2.06	90000
91000	91999	2115	2.02	91000
92000	92999	2135	2.08	92000
93000	93999	2155	2.04	93000
94000	94999	2176	2.02	94000
95000	95999	2196	1.98	95000
96000	96999	2216	2.06	96000
97000	97999	2236	2.00	97000
98000	98999	2257	2.02	98000
99000	99999	2277	2.06	99000
100000	100999	2297	2.06	100000
101000	101999	2318	2.04	101000
102000	102999	2338	2.04	102000
103000	103999	2358	1.98	103000
104000	104999	2378	2.06	104000
105000	105999	2399	2.02	105000
106000	106999	2419	2.00	106000

Income/Revenu ($) From/De	To/À	Monthly Award/Paiement mensuel ($) Basic Amount/Montant de base	Plus (%)	Of Income Over/Du revenu dépassant
107000	107999	2439	2.06	107000
108000	108999	2460	2.04	108000
109000	109999	2480	2.02	109000
110000	110999	2500	1.98	110000
111000	111999	2520	2.06	111000
112000	112999	2541	2.02	112000
113000	113999	2561	2.00	113000
114000	114999	2581	2.04	114000
115000	115999	2602	2.00	115000
116000	116999	2622	1.98	116000
117000	117999	2642	2.06	117000
118000	118999	2662	2.00	118000
119000	119999	2683	2.00	119000
120000	120999	2703	1.98	120000
121000	121999	2723	2.02	121000
122000	122999	2743	1.98	122000
123000	123999	2763	1.98	123000
124000	124999	2782	2.02	124000
125000	125999	2802	2.00	125000
126000	126999	2822	1.88	126000
127000	127999	2841	1.98	127000
128000	128999	2860	1.84	128000
129000	129999	2879	1.84	129000
130000	130999	2897	1.86	130000
131000	131999	2916	1.90	131000
132000	132999	2935	1.82	132000
133000	133999	2953	1.86	133000
134000	134999	2972	1.88	134000
135000	135999	2991	1.92	135000
136000	136999	3010	1.84	136000
137000	137999	3028	1.88	137000
138000	138999	3047	1.88	138000
139000	139999	3066	1.90	139000
140000	140999	3084	1.86	140000
141000	141999	3103	1.90	141000
142000	142999	3122	1.82	142000
143000	143999	3140	1.86	143000
144000	144999	3159	1.90	144000
145000	145999	3178	1.82	145000
146000	146999	3196	1.86	146000
147000	147999	3215	1.88	147000
148000	148999	3234	1.92	148000
149000	149999	3253	1.84	149000
150000	or greater/ou plus	3271	1.84	150000

Federal Child Support Tables / Tables fédérales de pensions alimentaires pour enfants

Province: Northwest Territories/Territoires du Nord-Ouest — No. of Children/N^bre d'enfants: Five/Cinq

Income/Revenu ($) From/De	To/À	Monthly Award/Paiement mensuel ($) Basic Amount/Montant de base	Plus (%)	Of Income Over/Du revenu dépassant
0	10819	0	5.50	10820
11000	11999	16	5.06	11000
12000	12999	71	4.24	12000
13000	13999	122	3.94	13000
14000	14999	164	3.76	14000
15000	15999	203	3.72	15000
16000	16999	241	3.96	16000
17000	17999	278	4.70	17000
18000	18999	318	4.70	18000
19000	19999	365	4.70	19000
20000	20999	412	4.72	20000
21000	21999	459	4.72	21000
22000	22999	506	4.74	22000
23000	23999	553	4.74	23000
24000	24999	600	4.64	24000
25000	25999	646	4.66	25000
26000	26999	693	4.68	26000
27000	27999	740	3.88	27000
28000	28999	787	2.40	28000
29000	29999	826	2.40	29000
30000	30999	850	2.46	30000
31000	31999	875	2.50	31000
32000	32999	900	2.44	32000
33000	33999	924	2.38	33000
34000	34999	948	2.24	34000
35000	35999	970	2.24	35000
36000	36999	995	2.62	36000
37000	37999	1021	2.52	37000
38000	38999	1047	2.52	38000
39000	39999	1072	2.53	39000
40000	40999	1097	2.52	40000
41000	41999	1122	2.62	41000
42000	42999	1148	2.46	42000
43000	43999	1173	2.44	43000
44000	44999	1197	2.42	44000
45000	45999	1221	2.48	45000
46000	46999	1246	2.52	46000
47000	47999	1271	2.54	47000
48000	48999	1296	2.66	48000
49000	49999	1321	2.64	49000
50000	50999	1348	2.62	50000
51000	51999	1374	2.62	51000
52000	52999	1400	2.62	52000
53000	53999	1426	2.60	53000
54000	54999	1453	2.60	54000
55000	55999	1478	2.60	55000
56000	56999	1504	2.60	56000
57000	57999	1530	2.58	57000
58000	58999	1582	2.58	58000
59000	59999	1608	2.58	59000
60000	60999	1634	2.56	60000
61000	61999	1660	2.64	61000
62000	62999	1687	2.64	62000
63000	63999	1713	2.64	63000
64000	64999	1739	2.62	64000
65000	65999	1765	2.62	65000
66000	66999	1791	2.54	66000
67000	67999	1817	2.58	67000
68000	68999	1842	2.60	68000
69000	69999	1868	2.60	69000
70000	70999	1894	2.56	70000
71000	71999	1919	2.52	71000
72000	72999	1945	2.60	72000
73000	73999	1971	2.46	73000
74000	74999	1996	2.46	74000
75000	75999	2021	2.42	75000
76000	76999	2045	2.48	76000
77000	77999	2070	2.48	77000
78000	78999	2094	2.48	78000
79000	79999	2119	2.44	79000
80000	80999	2143	2.40	80000
81000	81999	2167	2.48	81000
82000	82999	2192	2.24	82000
83000	83999	2214	2.26	83000
84000	84999	2237	2.26	84000
85000	85999	2260	2.28	85000
86000	86999	2283	2.28	86000
87000	87999	2306	2.30	87000
88000	88999	2329	2.30	88000
89000	89999	2352	2.32	89000
90000	90999	2375	2.32	90000
91000	91999	2398	2.24	91000
92000	92999	2420	2.26	92000
93000	93999	2443	2.26	93000
94000	94999	2466	2.28	94000
95000	95999	2489	2.28	95000
96000	96999	2512	2.30	96000
97000	97999	2535	2.32	97000
98000	98999	2558	2.32	98000
99000	99999	2581	2.24	99000
100000	100999	2604	2.26	100000
101000	101999	2626	2.26	101000
102000	102999	2649	2.28	102000
103000	103999	2672	2.28	103000
104000	104999	2695	2.30	104000
105000	105999	2718	2.30	105000
106000	106999	2741	2.30	106000
107000	107999	2764	2.32	107000
108000	108999	2787	2.32	108000
109000	109999	2810	2.24	109000
110000	110999	2832	2.26	110000
111000	111999	2855	2.26	111000
112000	112999	2878	2.28	112000
113000	113999	2901	2.28	113000
114000	114999	2924	2.30	114000
115000	115999	2947	2.32	115000
116000	116999	2970	2.32	116000
117000	117999	2993	2.24	117000
118000	118999	3016	2.26	118000
119000	119999	3038	2.26	119000
120000	120999	3061	2.20	120000
121000	121999	3084	2.18	121000
122000	122999	3106	2.26	122000
123000	123999	3128	2.26	123000
124000	124999	3151	2.24	124000
125000	125999	3173	2.22	125000
126000	126999	3195	2.20	126000
127000	127999	3217	2.08	127000
128000	128999	3238	2.06	128000
129000	129999	3259	2.16	129000
130000	130999	3281	2.16	130000
131000	131999	3302	2.14	131000
132000	132999	3323	2.14	132000
133000	133999	3344	2.12	133000
134000	134999	3365	2.12	134000
135000	135999	3386	2.10	135000
136000	136999	3407	2.10	136000
137000	137999	3428	2.08	137000
138000	138999	3449	2.08	138000
139000	139999	3470	2.06	139000
140000	140999	3492	2.14	140000
141000	141999	3513	2.14	141000
142000	142999	3534	2.14	142000
143000	143999	3555	2.12	143000
144000	144999	3576	2.12	144000
145000	145999	3597	2.10	145000
146000	146999	3618	2.10	146000
147000	147999	3639	2.08	147000
148000	148999	3660	2.08	148000
149000	149999	3681	2.06	149000
150000	or greater/ou plus	3702	2.06	150000

Federal Child Support Tables / Tables fédérales de pensions alimentaires pour enfants

Province: *Northwest Territories/Territoires du Nord-Ouest*
No. of Children/N^bre d'enfants: **Six or more/Six ou plus**

Income/Revenu ($) From/De	To/À	Basic Amount/ Montant de base	Plus (%)	Of Income Over/ Du revenu dépassant
0	10819	0	5.50	10820
10820	10999	16	5.06	11000
11000	11999	71	4.24	12000
12000	12999	122	3.94	13000
13000	13999	164	3.76	14000
14000	14999	203	3.96	15000
15000	15999	241	3.72	16000
16000	16999	278	3.96	17000
17000	17999	318	4.70	18000
18000	18999	365	4.70	19000
19000	19999	412	4.72	20000
20000	20999	459	4.72	21000
21000	21999	506	4.74	22000
22000	22999	553	4.74	23000
23000	23999	600	4.64	24000
24000	24999	646	4.66	25000
25000	25999	693	4.68	26000
26000	26999	740	4.68	27000
27000	27999	787	4.68	28000
28000	28999	834	4.70	29000
29000	29999	881	4.70	30000
30000	30999	928	4.72	31000
31000	31999	975	4.70	32000
32000	32999	1022	3.22	33000
33000	33999	1054	2.54	34000
34000	34999	1079	2.56	35000
35000	35999	1104	2.62	36000
36000	36999	1130	2.62	37000
37000	37999	1156	2.78	38000
38000	38999	1184	2.74	39000
39000	39999	1211	2.80	40000
40000	40999	1239	2.94	41000
41000	41999	1268	2.64	42000
42000	42999	1294	2.68	43000
43000	43999	1321	2.72	44000
44000	44999	1348	2.72	45000
45000	45999	1375	2.70	46000
46000	46999	1402	2.80	47000
47000	47999	1429	2.84	48000
48000	48999	1457	2.90	49000
49000	49999	1486	2.84	50000
50000	50999	1515	2.88	51000
51000	51999	1543	2.88	52000
52000	52999	1572	2.82	53000
53000	53999	1600	2.88	54000
54000	54999	1629	2.86	55000
55000	55999	1657	2.90	56000
56000	56999	1686	2.84	57000
57000	57999	1715	2.84	57000

Income/Revenu ($) From/De	To/À	Basic Amount/ Montant de base	Plus (%)	Of Income Over/ Du revenu dépassant
58000	58999	1743	2.88	58000
59000	59999	1772	2.82	59000
60000	60999	1800	2.86	60000
61000	61999	1829	2.90	61000
62000	62999	1858	2.84	62000
63000	63999	1886	2.90	63000
64000	64999	1915	2.84	64000
65000	65999	1943	2.88	65000
66000	66999	1971	2.82	66000
67000	67999	2000	2.80	67000
68000	68999	2028	2.78	68000
69000	69999	2056	2.86	69000
70000	70999	2085	2.86	70000
71000	71999	2113	2.82	71000
72000	72999	2141	2.82	72000
73000	73999	2169	2.80	73000
74000	74999	2197	2.68	74000
75000	75999	2224	2.68	75000
76000	76999	2251	2.70	76000
77000	77999	2278	2.64	77000
78000	78999	2304	2.66	78000
79000	79999	2331	2.70	79000
80000	80999	2358	2.72	80000
81000	81999	2385	2.64	81000
82000	82999	2411	2.64	82000
83000	83999	2436	2.48	83000
84000	84999	2461	2.48	84000
85000	85999	2486	2.46	85000
86000	86999	2512	2.56	86000
87000	87999	2537	2.54	87000
88000	88999	2562	2.54	88000
89000	89999	2587	2.54	89000
90000	90999	2612	2.52	90000
91000	91999	2637	2.52	91000
92000	92999	2662	2.50	92000
93000	93999	2687	2.50	93000
94000	94999	2712	2.48	94000
95000	95999	2737	2.46	95000
96000	96999	2762	2.56	96000
97000	97999	2788	2.54	97000
98000	98999	2813	2.54	98000
99000	99999	2838	2.54	99000
100000	100999	2863	2.52	100000
101000	101999	2888	2.52	101000
102000	102999	2913	2.50	102000
103000	103999	2938	2.50	103000
104000	104999	2963	2.48	104000
105000	105999	2988	2.48	105000
106000	106999	3013	2.46	106000

Income/Revenu ($) From/De	To/À	Basic Amount/ Montant de base	Plus (%)	Of Income Over/ Du revenu dépassant
107000	107999	3038	2.46	107000
108000	108999	3063	2.56	108000
109000	109999	3089	2.54	109000
110000	110999	3114	2.54	110000
111000	111999	3139	2.52	111000
112000	112999	3164	2.52	112000
113000	113999	3189	2.50	113000
114000	114999	3214	2.50	114000
115000	115999	3239	2.48	115000
116000	116999	3264	2.48	116000
117000	117999	3289	2.46	117000
118000	118999	3314	2.56	118000
119000	119999	3339	2.54	119000
120000	120999	3365	2.44	120000
121000	121999	3389	2.46	121000
122000	122999	3414	2.38	122000
123000	123999	3438	2.42	123000
124000	124999	3462	2.42	124000
125000	125999	3487	2.38	125000
126000	126999	3511	2.36	126000
127000	127999	3535	2.34	127000
128000	128999	3559	2.34	128000
129000	129999	3582	2.32	129000
130000	130999	3605	2.32	130000
131000	131999	3628	2.32	131000
132000	132999	3651	2.32	132000
133000	133999	3674	2.28	133000
134000	134999	3697	2.28	134000
135000	135999	3720	2.36	135000
136000	136999	3744	2.36	136000
137000	137999	3767	2.34	137000
138000	138999	3790	2.34	138000
139000	139999	3813	2.32	139000
140000	140999	3836	2.30	140000
141000	141999	3859	2.30	141000
142000	142999	3882	2.30	142000
143000	143999	3905	2.28	143000
144000	144999	3929	2.36	144000
145000	145999	3952	2.34	145000
146000	146999	3975	2.32	146000
147000	147999	3998	2.30	147000
148000	148999	4021	2.30	148000
149000	149999	4044	2.28	149000
150000	or greater/ ou plus	4067	2.28	150000

Federal Child Support Tables/Tables fédérales de pensions alimentaires pour enfants

No. of Children/N° d'enfants: One/Un — Province: Nunavut

Income/Revenu From/De	To/À	Basic Amount/Montant de base	Monthly Award/Paiement mensuel Plus (%)	Of Income Over/Du revenu dépassant
0	10819	0	2.00	0
10820	10999	0	5.10	10820
11000	11999	20	4.40	11000
12000	12999	71	4.24	12000
13000	13999	115	1.52	13000
14000	14999	157	0.38	14000
15000	15999	172	0.32	15000
16000	16999	176	0.38	16000
17000	17999	179	0.48	17000
18000	18999	183	0.42	18000
19000	19999	188	0.26	19000
20000	20999	192	0.26	20000
21000	21999	195	0.30	21000
22000	22999	198	0.24	22000
23000	23999	201	0.78	23000
24000	24999	203	0.78	24000
25000	25999	206	1.12	25000
26000	26999	214	1.16	26000
27000	27999	225	1.20	27000
28000	28999	237	1.14	28000
29000	29999	249	1.18	29000
30000	30999	260	1.12	30000
31000	31999	272	1.16	31000
32000	32999	283	1.16	32000
33000	33999	295	1.14	33000
34000	34999	306	1.14	34000
35000	35999	317	1.30	35000
36000	36999	330	1.30	36000
37000	37999	343	1.32	37000
38000	38999	356	1.24	38000
39000	39999	369	1.24	39000
40000	40999	381	1.10	40000
41000	41999	392	0.90	41000
42000	42999	401	0.96	42000
43000	43999	411	0.92	43000
44000	44999	420	0.98	44000
45000	45999	430	0.92	45000
46000	46999	439	0.96	46000
47000	47999	449	1.00	47000
48000	48999	459	0.98	48000
49000	49999	469	0.96	49000
50000	50999	479	0.98	50000
51000	51999	489	1.06	51000
52000	52999	500	1.04	52000
53000	53999	510	1.02	53000
54000	54999	520	1.02	54000
55000	55999	530	1.00	55000
56000	56999	540	0.98	56000
57000	57999	550	0.96	57000

Income/Revenu From/De	To/À	Basic Amount/Montant de base	Monthly Award/Paiement mensuel Plus (%)	Of Income Over/Du revenu dépassant
58000	58999	560	1.06	58000
59000	59999	571	1.04	59000
60000	60999	581	0.92	60000
61000	61999	590	0.90	61000
62000	62999	599	0.88	62000
63000	63999	608	0.94	63000
64000	64999	617	0.96	64000
65000	65999	627	0.92	65000
66000	66999	636	0.92	66000
67000	67999	645	0.90	67000
68000	68999	654	0.88	68000
69000	69999	663	0.96	69000
70000	70999	672	0.94	70000
71000	71999	682	0.92	71000
72000	72999	691	0.94	72000
73000	73999	700	1.00	73000
74000	74999	710	1.00	74000
75000	75999	720	1.02	75000
76000	76999	730	0.94	76000
77000	77999	740	0.94	77000
78000	78999	749	0.96	78000
79000	79999	759	0.94	79000
80000	80999	769	0.92	80000
81000	81999	778	0.92	81000
82000	82999	788	0.92	82000
83000	83999	797	0.92	83000
84000	84999	806	0.92	84000
85000	85999	815	0.92	85000
86000	86999	824	0.92	86000
87000	87999	833	0.92	87000
88000	88999	842	0.90	88000
89000	89999	851	0.90	89000
90000	90999	860	0.90	90000
91000	91999	869	0.90	91000
92000	92999	878	0.90	92000
93000	93999	887	0.90	93000
94000	94999	896	0.90	94000
95000	95999	905	0.88	95000
96000	96999	914	0.88	96000
97000	97999	923	0.88	97000
98000	98999	932	0.88	98000
99000	99999	941	0.88	99000
100000	100999	950	0.88	100000
101000	101999	959	0.88	101000
102000	102999	968	0.88	102000
103000	103999	977	0.86	103000
104000	104999	986	0.86	104000
105000	105999	995	0.86	105000
106000	106999	1004	0.86	106000

Income/Revenu From/De	To/À	Basic Amount/Montant de base	Monthly Award/Paiement mensuel Plus (%)	Of Income Over/Du revenu dépassant
107000	107999	1013	0.86	107000
108000	108999	1022	0.86	108000
109000	109999	1031	0.96	109000
110000	110999	1041	0.94	110000
111000	111999	1050	0.94	111000
112000	112999	1059	0.94	112000
113000	113999	1068	0.94	113000
114000	114999	1077	0.94	114000
115000	115999	1086	0.94	115000
116000	116999	1095	0.94	116000
117000	117999	1104	0.92	117000
118000	118999	1113	0.92	118000
119000	119999	1122	0.92	119000
120000	120999	1131	0.92	120000
121000	121999	1140	0.92	121000
122000	122999	1149	0.92	122000
123000	123999	1158	0.92	123000
124000	124999	1167	0.90	124000
125000	125999	1176	0.90	125000
126000	126999	1185	0.90	126000
127000	127999	1194	0.80	127000
128000	128999	1202	0.88	128000
129000	129999	1211	0.84	129000
130000	130999	1219	0.82	130000
131000	131999	1227	0.80	131000
132000	132999	1235	0.84	132000
133000	133999	1244	0.84	133000
134000	134999	1252	0.82	134000
135000	135999	1260	0.80	135000
136000	136999	1268	0.86	136000
137000	137999	1277	0.84	137000
138000	138999	1285	0.82	138000
139000	139999	1293	0.78	139000
140000	140999	1301	0.86	140000
141000	141999	1310	0.80	141000
142000	142999	1318	0.80	142000
143000	143999	1326	0.78	143000
144000	144999	1334	0.86	144000
145000	145999	1343	0.82	145000
146000	146999	1351	0.82	146000
147000	147999	1359	0.88	147000
148000	148999	1368	0.84	148000
149000	149999	1376	0.82	149000
150000	or greater/ou plus	1384	0.82	150000

Federal Child Support Tables/Tables fédérales de pensions alimentaires pour enfants

Province: *Nunavut* — No. of Children/N^bre d'enfants: **Two/Deux**

Income/Revenu ($) From/De	To/À	Monthly Award/Paiement mensuel ($) Basic Amount/Montant de base	Plus (%)	Of Income Over/Du revenu dépassant
0	10819	0		
10820	10999	0	2.20	10820
11000	11999	22	5.54	11000
12000	12999	77	4.70	12000
13000	13999	124	4.60	13000
14000	14999	170	4.52	14000
15000	15999	215	4.48	15000
16000	16999	260	4.50	16000
17000	17999	305	1.82	17000
18000	18999	323	1.14	18000
19000	19999	334	1.12	19000
20000	20999	345	0.98	20000
21000	21999	355	0.94	21000
22000	22999	364	0.92	22000
23000	23999	373	0.90	23000
24000	24999	382	0.88	24000
25000	25999	391	1.16	25000
26000	26999	403	1.24	26000
27000	27999	415	1.46	27000
28000	28999	430	1.74	28000
29000	29999	447	1.72	29000
30000	30999	464	1.72	30000
31000	31999	481	1.70	31000
32000	32999	498	1.68	32000
33000	33999	515	1.62	33000
34000	34999	531	1.86	34000
35000	35999	547	1.84	35000
36000	36999	566	1.84	36000
37000	37999	584	1.82	37000
38000	38999	602	1.80	38000
39000	39999	620	1.64	39000
40000	40999	638	1.48	40000
41000	41999	654	1.42	41000
42000	42999	669	1.46	42000
43000	43999	683	1.48	43000
44000	44999	698	1.48	44000
45000	45999	713	1.50	45000
46000	46999	728	1.60	46000
47000	47999	743	1.54	47000
48000	48999	759	1.56	48000
49000	49999	774	1.58	49000
50000	50999	790	1.62	50000
51000	51999	806	1.62	51000
52000	52999	822	1.56	52000
53000	53999	837	1.58	53000
54000	54999	853	1.60	54000
55000	55999	869	1.62	55000
56000	56999	885	1.54	56000
57000	57999	901		

Income/Revenu ($) From/De	To/À	Monthly Award/Paiement mensuel ($) Basic Amount/Montant de base	Plus (%)	Of Income Over/Du revenu dépassant
58000	58999	916	1.58	58000
59000	59999	932	1.60	59000
60000	60999	948	1.52	60000
61000	61999	963	1.44	61000
62000	62999	977	1.48	62000
63000	63999	992	1.42	63000
64000	64999	1007	1.46	64000
65000	65999	1021	1.48	65000
66000	66999	1036	1.52	66000
67000	67999	1051	1.44	67000
68000	68999	1066	1.48	68000
69000	69999	1080	1.50	69000
70000	70999	1095	1.42	70000
71000	71999	1110	1.46	71000
72000	72999	1124	1.56	72000
73000	73999	1135	1.50	73000
74000	74999	1155	1.50	74000
75000	75999	1170	1.50	75000
76000	76999	1185	1.56	76000
77000	77999	1201	1.52	77000
78000	78999	1216	1.50	78000
79000	79999	1231	1.50	79000
80000	80999	1246	1.50	80000
81000	81999	1261	1.52	81000
82000	82999	1276	1.42	82000
83000	83999	1290	1.42	83000
84000	84999	1304	1.42	84000
85000	85999	1318	1.42	85000
86000	86999	1332	1.40	86000
87000	87999	1346	1.40	87000
88000	88999	1360	1.40	88000
89000	89999	1374	1.40	89000
90000	90999	1388	1.38	90000
91000	91999	1402	1.38	91000
92000	92999	1416	1.38	92000
93000	93999	1430	1.38	93000
94000	94999	1444	1.36	94000
95000	95999	1458	1.36	95000
96000	96999	1472	1.36	96000
97000	97999	1486	1.36	97000
98000	98999	1500	1.46	98000
99000	99999	1514	1.44	99000
100000	100999	1528	1.44	100000
101000	101999	1543	1.44	101000
102000	102999	1557	1.44	102000
103000	103999	1571	1.42	103000
104000	104999	1585	1.42	104000
105000	105999	1599	1.42	105000
106000	106999	1613		

Income/Revenu ($) From/De	To/À	Monthly Award/Paiement mensuel ($) Basic Amount/Montant de base	Plus (%)	Of Income Over/Du revenu dépassant
107000	107999	1627	1.42	107000
108000	108999	1641	1.42	108000
109000	109999	1655	1.42	109000
110000	110999	1669	1.40	110000
111000	111999	1683	1.40	111000
112000	112999	1697	1.40	112000
113000	113999	1711	1.40	113000
114000	114999	1725	1.40	114000
115000	115999	1739	1.40	115000
116000	116999	1753	1.38	116000
117000	117999	1767	1.38	117000
118000	118999	1781	1.38	118000
119000	119999	1795	1.36	119000
120000	120999	1809	1.36	120000
121000	121999	1823	1.36	121000
122000	122999	1837	1.36	122000
123000	123999	1851	1.44	123000
124000	124999	1866	1.44	124000
125000	125999	1880	1.44	125000
126000	126999	1894	1.44	126000
127000	127999	1908	1.34	127000
128000	128999	1921	1.24	128000
129000	129999	1933	1.26	129000
130000	130999	1946	1.28	130000
131000	131999	1959	1.28	131000
132000	132999	1972	1.30	132000
133000	133999	1985	1.32	133000
134000	134999	1998	1.24	134000
135000	135999	2011	1.26	135000
136000	136999	2023	1.28	136000
137000	137999	2036	1.28	137000
138000	138999	2049	1.30	138000
139000	139999	2062	1.30	139000
140000	140999	2075	1.32	140000
141000	141999	2088	1.34	141000
142000	142999	2101	1.24	142000
143000	143999	2113	1.26	143000
144000	144999	2126	1.28	144000
145000	145999	2139	1.30	145000
146000	146999	2152	1.32	146000
147000	147999	2165	1.26	147000
148000	148999	2178	1.24	148000
149000	149999	2190	1.26	149000
150000	or greater/ou plus	2203		

Federal Child Support Tables / Tables fédérales de pensions alimentaires pour enfants

No. of Children/Nᵒˢ d'enfants: Three/Trois — Province: Nunavut

Income/Revenu ($) From/De	To/À	Basic Amount/ Montant de base	Plus (%)	Of Income Over/ Du revenu dépassant
0	10819	0		
10820	10999	0	2.30	10820
11000	11999	23	5.98	11000
12000	12999	83	5.10	12000
13000	13999	134	4.94	13000
14000	14999	185	4.90	14000
15000	15999	232	4.82	15000
16000	16999	280	4.80	16000
17000	17999	328	4.68	17000
18000	18999	375	4.56	18000
19000	19999	421	4.54	19000
20000	20999	466	1.62	20000
21000	21999	482	1.40	21000
22000	22999	496	1.46	22000
23000	23999	511	1.42	23000
24000	24999	525	1.48	24000
25000	25999	540	1.62	25000
26000	26999	556	1.80	26000
27000	27999	574	1.74	27000
28000	28999	591	1.78	28000
29000	29999	609	1.80	29000
30000	30999	627	2.12	30000
31000	31999	648	2.16	31000
32000	32999	670	2.10	32000
33000	33999	691	2.04	33000
34000	34999	711	2.12	34000
35000	35999	732	2.24	35000
36000	36999	754	2.20	36000
37000	37999	776	2.26	37000
38000	38999	799	2.22	38000
39000	39999	821	2.18	39000
40000	40999	843	2.12	40000
41000	41999	864	1.90	41000
42000	42999	883	1.92	42000
43000	43999	902	1.94	43000
44000	44999	921	1.94	44000
45000	45999	940	1.92	45000
46000	46999	959	1.90	46000
47000	47999	978	1.98	47000
48000	48999	998	1.98	48000
49000	49999	1018	2.06	49000
50000	50999	1039	2.02	50000
51000	51999	1059	2.02	51000
52000	52999	1079	2.08	52000
53000	53999	1100	2.04	53000
54000	54999	1120	2.02	54000
55000	55999	1140	1.98	55000
56000	56999	1160	2.06	56000
57000	57999	1181	2.04	57000
58000	58999	1201	2.00	58000
59000	59999	1221	1.98	59000
60000	60999	1241	1.96	60000
61000	61999	1261	1.94	61000
62000	62999	1280	1.92	62000
63000	63999	1299	1.90	63000
64000	64999	1318	1.88	64000
65000	65999	1337	1.86	65000
66000	66999	1356	1.96	66000
67000	67999	1376	1.94	67000
68000	68999	1395	1.92	68000
69000	69999	1414	1.90	69000
70000	70999	1433	1.88	70000
71000	71999	1452	1.86	71000
72000	72999	1471	1.96	72000
73000	73999	1491	2.02	73000
74000	74999	1511	1.94	74000
75000	75999	1530	1.98	75000
76000	76999	1550	2.00	76000
77000	77999	1570	1.94	77000
78000	78999	1589	1.96	78000
79000	79999	1609	1.94	79000
80000	80999	1628	1.92	80000
81000	81999	1647	1.90	81000
82000	82999	1666	1.78	82000
83000	83999	1684	1.78	83000
84000	84999	1702	1.78	84000
85000	85999	1720	1.78	85000
86000	86999	1738	1.76	86000
87000	87999	1756	1.76	87000
88000	88999	1774	1.86	88000
89000	89999	1792	1.84	89000
90000	90999	1811	1.84	90000
91000	91999	1829	1.84	91000
92000	92999	1847	1.82	92000
93000	93999	1865	1.82	93000
94000	94999	1883	1.82	94000
95000	95999	1901	1.82	95000
96000	96999	1919	1.80	96000
97000	97999	1937	1.80	97000
98000	98999	1955	1.80	98000
99000	99999	1973	1.80	99000
100000	100999	1991	1.78	100000
101000	101999	2009	1.78	101000
102000	102999	2027	1.78	102000
103000	103999	2045	1.78	103000
104000	104999	2063	1.76	104000
105000	105999	2081	1.76	105000
106000	106999	2099	1.76	106000
107000	107999	2117	1.86	107000
108000	108999	2136	1.84	108000
109000	109999	2154	1.84	109000
110000	110999	2172	1.82	110000
111000	111999	2190	1.82	111000
112000	112999	2208	1.82	112000
113000	113999	2226	1.82	113000
114000	114999	2244	1.80	114000
115000	115999	2262	1.80	115000
116000	116999	2280	1.80	116000
117000	117999	2298	1.78	117000
118000	118999	2316	1.78	118000
119000	119999	2334	1.78	119000
120000	120999	2352	1.78	120000
121000	121999	2370	1.76	121000
122000	122999	2388	1.76	122000
123000	123999	2406	1.76	123000
124000	124999	2424	1.76	124000
125000	125999	2442	1.86	125000
126000	126999	2461	1.84	126000
127000	127999	2479	1.64	127000
128000	128999	2495	1.68	128000
129000	129999	2512	1.64	129000
130000	130999	2528	1.68	130000
131000	131999	2545	1.62	131000
132000	132999	2561	1.68	132000
133000	133999	2578	1.64	133000
134000	134999	2594	1.66	134000
135000	135999	2611	1.62	135000
136000	136999	2627	1.66	136000
137000	137999	2644	1.60	137000
138000	138999	2660	1.66	138000
139000	139999	2677	1.70	139000
140000	140999	2694	1.70	140000
141000	141999	2710	1.64	141000
142000	142999	2727	1.70	142000
143000	143999	2743	1.64	143000
144000	144999	2760	1.62	144000
145000	145999	2776	1.68	145000
146000	146999	2793	1.64	146000
147000	147999	2809	1.68	147000
148000	148999	2826	1.62	148000
149000	149999	2842	1.68	149000
150000	or greater/ ou plus	2859	1.68	150000

Federal Child Support Tables / Tables fédérales de pensions alimentaires pour enfants

Province: *Nunavut* — No. of Children/N^{bre} d'enfants: **Four/Quatre**

Income/Revenu From/De	To/À	Monthly Award Basic Amount/Montant de base	Plus (%)	Of Income Over/Du revenu dépassant	Income/Revenu From/De	To/À	Monthly Award Basic Amount/Montant de base	Plus (%)	Of Income Over/Du revenu dépassant	Income/Revenu From/De	To/À	Monthly Award Basic Amount/Montant de base	Plus (%)	Of Income Over/Du revenu dépassant
0	10819	0			58000	58999	1434	2.42	58000	107000	107999	2519	2.10	107000
10820	10999	0	2.50	10820	59000	59999	1458	2.32	59000	108000	108999	2540	2.16	108000
11000	11999	25	6.42	11000	60000	60999	1482	2.32	60000	109000	109999	2562	2.14	109000
12000	12999	89	6.42	12000	61000	61999	1505	2.24	61000	110000	110999	2583	2.10	110000
13000	13999	143	5.28	13000	62000	62999	1527	2.26	62000	111000	111999	2604	2.14	111000
14000	14999	196	5.20	14000	63000	63999	1550	2.28	63000	112000	112999	2626	2.10	112000
15000	15999	248	5.16	15000	64000	64999	1573	2.36	64000	113000	113999	2647	2.16	113000
16000	16999	300	5.20	16000	65000	65999	1596	2.32	65000	114000	114999	2668	2.14	114000
17000	17999	352	5.04	17000	66000	66999	1619	2.24	66000	115000	115999	2690	2.16	115000
18000	18999	402	4.88	18000	67000	67999	1641	2.26	67000	116000	116999	2711	2.14	116000
19000	19999	451	4.84	19000	68000	68999	1664	2.28	68000	117000	117999	2732	2.16	117000
20000	20999	499	4.58	20000	69000	69999	1687	2.30	69000	118000	118999	2754	2.12	118000
21000	21999	545	4.56	21000	70000	70999	1710	2.32	70000	119000	119999	2775	2.10	119000
22000	22999	591	3.26	22000	71000	71999	1733	2.24	71000	120000	120999	2796	2.16	120000
23000	23999	624	1.84	23000	72000	72999	1755	2.26	72000	121000	121999	2818	2.12	121000
24000	24999	642	1.88	24000	73000	73999	1778	2.34	73000	122000	122999	2839	2.10	122000
25000	25999	661	2.00	25000	74000	74999	1802	2.30	74000	123000	123999	2860	2.16	123000
26000	26999	681	2.20	26000	75000	75999	1825	2.30	75000	124000	124999	2882	2.12	124000
27000	27999	703	2.16	27000	76000	76999	1848	2.38	76000	125000	125999	2903	2.10	125000
28000	28999	725	2.14	28000	77000	77999	1872	2.34	77000	126000	126999	2924	1.92	126000
29000	29999	746	2.18	29000	78000	78999	1895	2.34	78000	127000	127999	2946	1.96	127000
30000	30999	768	2.14	30000	79000	79999	1918	2.24	79000	128000	128999	2965	1.96	128000
31000	31999	790	2.14	31000	80000	80999	1940	2.28	80000	129000	129999	2985	1.92	129000
32000	32999	811	2.38	32000	81000	81999	1963	2.30	81000	130000	130999	3004	1.96	130000
33000	33999	835	2.34	33000	82000	82999	1986	2.12	82000	131000	131999	3024	1.90	131000
34000	34999	858	2.38	34000	83000	83999	2007	2.12	83000	132000	132999	3043	1.96	132000
35000	35999	882	2.56	35000	84000	84999	2028	2.14	84000	133000	133999	3063	2.00	133000
36000	36999	908	2.58	36000	85000	85999	2050	2.12	85000	134000	134999	3083	1.94	134000
37000	37999	934	2.58	37000	86000	86999	2071	2.18	86000	135000	135999	3102	2.00	135000
38000	38999	960	2.60	38000	87000	87999	2092	2.14	87000	136000	136999	3122	1.94	136000
39000	39999	986	2.52	39000	88000	88999	2114	2.12	88000	137000	137999	3141	1.98	137000
40000	40999	1011	2.52	40000	89000	89999	2135	2.14	89000	138000	138999	3161	1.96	138000
41000	41999	1036	2.24	41000	90000	90999	2156	2.18	90000	139000	139999	3180	1.94	139000
42000	42999	1058	2.22	42000	91000	91999	2178	2.10	91000	140000	140999	3199	1.92	140000
43000	43999	1080	2.30	43000	92000	92999	2199	2.14	92000	141000	141999	3219	1.98	141000
44000	44999	1103	2.24	44000	93000	93999	2220	2.18	93000	142000	142999	3239	1.92	142000
45000	45999	1125	2.28	45000	94000	94999	2242	2.10	94000	143000	143999	3258	1.96	143000
46000	46999	1148	2.22	46000	95000	95999	2263	2.14	95000	144000	144999	3278	1.96	144000
47000	47999	1170	2.36	47000	96000	96999	2284	2.18	96000	145000	145999	3297	1.96	145000
48000	48999	1194	2.38	48000	97000	97999	2306	2.10	97000	146000	146999	3317	1.90	146000
49000	49999	1218	2.38	49000	98000	98999	2327	2.10	98000	147000	147999	3336	1.96	147000
50000	50999	1242	2.40	50000	99000	99999	2348	2.14	99000	148000	148999	3356	2.00	148000
51000	51999	1266	2.40	51000	100000	100999	2370	2.10	100000	149000	149999	3376	1.94	149000
52000	52999	1290	2.40	52000	101000	101999	2391	2.12	101000	150000 or greater/ou plus		3395		
53000	53999	1314	2.40	53000	102000	102999	2412	2.18	102000					
54000	54999	1338	2.40	54000	103000	103999	2434	2.10	103000					
55000	55999	1362	2.40	55000	104000	104999	2455	2.14	104000					
56000	56999	1386	2.40	56000	105000	105999	2476	2.16	105000					
57000	57999	1410	2.42	57000	106000	106999	2498	2.14	106000					

Federal Child Support Tables / Tables fédérales de pensions alimentaires pour enfants

Province: Nunavut — No. of Children/Nbre d'enfants: Five/Cinq

Income/Revenu ($) From/De	To/À	Basic Amount/Montant de base ($)	Plus (%)	Of Income Over/Du revenu dépassant ($)
0	10819	0		
10820	10999	0	2.50	10820
11000	11999	25	6.42	11000
12000	12999	89	5.42	12000
13000	13999	143	5.28	13000
14000	14999	196	5.20	14000
15000	15999	248	5.16	15000
16000	16999	300	5.20	16000
17000	17999	352	5.20	17000
18000	18999	402	5.04	18000
19000	19999	451	4.88	19000
20000	20999	499	4.84	20000
21000	21999	545	4.58	21000
22000	22999	591	4.56	22000
23000	23999	637	4.56	23000
24000	24999	683	4.56	24000
25000	25999	729	4.56	25000
26000	26999	775	4.56	26000
27000	27999	811	3.56	27000
28000	28999	836	2.52	28000
29000	29999	861	2.52	29000
30000	30999	886	2.52	30000
31000	31999	911	2.54	31000
32000	32999	935	2.54	32000
33000	33999	959	2.44	33000
34000	34999	982	2.56	34000
35000	35999	1008	2.26	35000
36000	36999	1037	2.90	36000
37000	37999	1066	2.92	37000
38000	38999	1094	2.84	38000
39000	39999	1123	2.88	39000
40000	40999	1151	2.80	40000
41000	41999	1179	2.82	41000
42000	42999	1204	2.54	42000
43000	43999	1229	2.52	43000
44000	44999	1254	2.52	44000
45000	45999	1280	2.58	45000
46000	46999	1305	2.58	46000
47000	47999	1331	2.72	47000
48000	48999	1358	2.74	48000
49000	49999	1385	2.74	49000
50000	50999	1412	2.74	50000
51000	51999	1439	2.74	51000
52000	52999	1466	2.72	52000
53000	53999	1493	2.72	53000
54000	54999	1520	2.72	54000
55000	55999	1547	2.72	55000
56000	56999	1574	2.72	56000
57000	57999	1601	2.72	57000
58000	58999	1628	2.70	58000
59000	59999	1655	2.70	59000
60000	60999	1682	2.60	60000
61000	61999	1708	2.62	61000
62000	62999	1734	2.54	62000
63000	63999	1759	2.56	63000
64000	64999	1785	2.58	64000
65000	65999	1811	2.58	65000
66000	66999	1837	2.60	66000
67000	67999	1863	2.62	67000
68000	68999	1889	2.62	68000
69000	69999	1914	2.56	69000
70000	70999	1940	2.56	70000
71000	71999	1966	2.58	71000
72000	72999	1992	2.60	72000
73000	73999	2018	2.60	73000
74000	74999	2044	2.68	74000
75000	75999	2071	2.64	75000
76000	76999	2097	2.62	76000
77000	77999	2123	2.58	77000
78000	78999	2149	2.58	78000
79000	79999	2175	2.56	79000
80000	80999	2201	2.54	80000
81000	81999	2226	2.60	81000
82000	82999	2252	2.54	82000
83000	83999	2276	2.42	83000
84000	84999	2300	2.42	84000
85000	85999	2324	2.42	85000
86000	86999	2348	2.40	86000
87000	87999	2372	2.40	87000
88000	88999	2396	2.40	88000
89000	89999	2420	2.38	89000
90000	90999	2444	2.38	90000
91000	91999	2468	2.44	91000
92000	92999	2492	2.36	92000
93000	93999	2517	2.46	93000
94000	94999	2541	2.44	94000
95000	95999	2565	2.44	95000
96000	96999	2589	2.42	96000
97000	97999	2613	2.42	97000
98000	98999	2637	2.40	98000
99000	99999	2661	2.40	99000
100000	100999	2685	2.38	100000
101000	101999	2709	2.38	101000
102000	102999	2733	2.38	102000
103000	103999	2757	2.36	103000
104000	104999	2781	2.36	104000
105000	105999	2805	2.46	105000
106000	106999	2829		106000
107000	107999	2854	2.44	107000
108000	108999	2878	2.44	108000
109000	109999	2902	2.42	109000
110000	110999	2926	2.42	110000
111000	111999	2950	2.40	111000
112000	112999	2974	2.40	112000
113000	113999	2998	2.40	113000
114000	114999	3022	2.38	114000
115000	115999	3046	2.38	115000
116000	116999	3070	2.38	116000
117000	117999	3094	2.36	117000
118000	118999	3118	2.46	118000
119000	119999	3142	2.44	119000
120000	120999	3167	2.44	120000
121000	121999	3191	2.42	121000
122000	122999	3215	2.42	122000
123000	123999	3239	2.42	123000
124000	124999	3263	2.42	124000
125000	125999	3287	2.40	125000
126000	126999	3311	2.20	126000
127000	127999	3335	2.18	127000
128000	128999	3357	2.18	128000
129000	129999	3379	2.18	129000
130000	130999	3401	2.18	130000
131000	131999	3423	2.18	131000
132000	132999	3445	2.18	132000
133000	133999	3467	2.16	133000
134000	134999	3489	2.16	134000
135000	135999	3511	2.16	135000
136000	136999	3533	2.16	136000
137000	137999	3555	2.26	137000
138000	138999	3577	2.24	138000
139000	139999	3600	2.24	139000
140000	140999	3622	2.24	140000
141000	141999	3644	2.24	141000
142000	142999	3666	2.24	142000
143000	143999	3688	2.22	143000
144000	144999	3710	2.22	144000
145000	145999	3732	2.22	145000
146000	146999	3754	2.22	146000
147000	147999	3776	2.22	147000
148000	148999	3798	2.22	148000
149000	149999	3820	2.22	149000
150000	or greater/ou plus	3842		150000

Federal Child Support Tables / Tables fédérales de pensions alimentaires pour enfants

Province: *Nunavut* — No. of Children/N.bre d'enfants: Six or more/Six ou plus

| Income/Revenu ($) | | Monthly Award/Paiement mensuel ($) | | |
From/De	To/À	Basic Amount/Montant de base	Plus (%)	Of Income Over/Du revenu dépassant
0	10819	0	2.50	0
10820	10999	25	6.42	10820
11000	11999	89	5.42	11000
12000	12999	143	5.28	12000
13000	13999	196	5.20	13000
14000	14999	248	5.16	14000
15000	15999	300	5.20	15000
16000	16999	352	5.04	16000
17000	17999	402	4.88	17000
18000	18999	451	4.84	18000
19000	19999	499	4.58	19000
20000	20999	545	4.56	20000
21000	21999	591	4.56	21000
22000	22999	637	4.56	22000
23000	23999	683	4.56	23000
24000	24999	729	4.56	24000
25000	25999	775	4.56	25000
26000	26999	821	4.56	26000
27000	27999	867	4.56	27000
28000	28999	913	4.56	28000
29000	29999	959	4.56	29000
30000	30999	1005	4.56	30000
31000	31999	1041	2.62	31000
32000	32999	1067	2.58	32000
33000	33999	1093	2.60	33000
34000	34999	1119	2.84	34000
35000	35999	1148	2.94	35000
36000	36999	1177	3.14	36000
37000	37999	1208	3.12	37000
38000	38999	1239	3.00	38000
39000	39999	1269	3.08	39000
40000	40999	1300	2.74	40000
41000	41999	1327	2.78	41000
42000	42999	1355	2.74	42000
43000	43999	1382	2.76	43000
44000	44999	1410	2.76	44000
45000	45999	1438	2.76	45000
46000	46999	1466	2.96	46000
47000	47999	1496	2.92	47000
48000	48999	1525	3.00	48000
49000	49999	1555	3.00	49000
50000	50999	1585	2.94	50000
51000	51999	1614	2.96	51000
52000	52999	1644	3.00	52000
53000	53999	1674	2.98	53000
54000	54999	1703	3.02	54000
55000	55999	1733	2.98	55000
56000	56999	1763	2.94	56000

| Income/Revenu ($) | | Monthly Award/Paiement mensuel ($) | | |
From/De	To/À	Basic Amount/Montant de base	Plus (%)	Of Income Over/Du revenu dépassant
58000	58999	1792	2.98	58000
59000	59999	1822	2.92	59000
60000	60999	1851	2.86	60000
61000	61999	1880	2.82	61000
62000	62999	1908	2.88	62000
63000	63999	1937	2.84	63000
64000	64999	1965	2.84	64000
65000	65999	1993	2.82	65000
66000	66999	2022	2.80	66000
67000	67999	2050	2.88	67000
68000	68999	2079	2.84	68000
69000	69999	2107	2.80	69000
70000	70999	2135	2.86	70000
71000	71999	2164	2.82	71000
72000	72999	2192	2.88	72000
73000	73999	2221	2.94	73000
74000	74999	2250	2.84	74000
75000	75999	2278	2.86	75000
76000	76999	2307	2.88	76000
77000	77999	2336	2.90	77000
78000	78999	2365	2.82	78000
79000	79999	2393	2.80	79000
80000	80999	2421	2.80	80000
81000	81999	2449	2.82	81000
82000	82999	2477	2.60	82000
83000	83999	2506	2.60	83000
84000	84999	2530	2.62	84000
85000	85999	2556	2.60	85000
86000	86999	2582	2.66	86000
87000	87999	2609	2.62	87000
88000	88999	2635	2.66	88000
89000	89999	2662	2.64	89000
90000	90999	2688	2.60	90000
91000	91999	2714	2.66	91000
92000	92999	2741	2.62	92000
93000	93999	2767	2.68	93000
94000	94999	2794	2.64	94000
95000	95999	2820	2.60	95000
96000	96999	2846	2.66	96000
97000	97999	2873	2.62	97000
98000	98999	2899	2.64	98000
99000	99999	2926	2.60	99000
100000	100999	2952	2.66	100000
101000	101999	2978	2.62	101000
102000	102999	3005	2.62	102000
103000	103999	3031	2.60	103000
104000	104999	3057	2.60	104000
105000	105999	3084	2.66	105000
106000	106999	3110	2.68	106000

| Income/Revenu ($) | | Monthly Award/Paiement mensuel ($) | | |
From/De	To/À	Basic Amount/Montant de base	Plus (%)	Of Income Over/Du revenu dépassant
107000	107999	3137	2.64	107000
108000	108999	3163	2.60	108000
109000	109999	3189	2.66	109000
110000	110999	3216	2.62	110000
111000	111999	3242	2.68	111000
112000	112999	3269	2.64	112000
113000	113999	3295	2.60	113000
114000	114999	3321	2.66	114000
115000	115999	3348	2.62	115000
116000	116999	3374	2.68	116000
117000	117999	3401	2.64	117000
118000	118999	3427	2.60	118000
119000	119999	3453	2.66	119000
120000	120999	3480	2.62	120000
121000	121999	3506	2.60	121000
122000	122999	3532	2.66	122000
123000	123999	3559	2.68	123000
124000	124999	3585	2.64	124000
125000	125999	3612	2.60	125000
126000	126999	3638	2.60	126000
127000	127999	3664	2.46	127000
128000	128999	3689	2.44	128000
129000	129999	3713	2.42	129000
130000	130999	3737	2.40	130000
131000	131999	3761	2.40	131000
132000	132999	3785	2.42	132000
133000	133999	3809	2.38	133000
134000	134999	3834	2.46	134000
135000	135999	3858	2.44	135000
136000	136999	3882	2.42	136000
137000	137999	3906	2.40	137000
138000	138999	3930	2.38	138000
139000	139999	3954	2.46	139000
140000	140999	3979	2.44	140000
141000	141999	4003	2.44	141000
142000	142999	4027	2.42	142000
143000	143999	4051	2.40	143000
144000	144999	4075	2.38	144000
145000	145999	4099	2.38	145000
146000	146999	4123	2.44	146000
147000	147999	4148	2.46	147000
148000	148999	4172	2.42	148000
149000	149999	4196	2.40	149000
150000	150000 or greater/ou plus	4220	2.40	150000

[DORS/97-563, a. 4-9; DORS/99-136, a. 1-2; DORS/2005-400, a. 3-5; DORS/2011-267, a. 1, 2].

(paragraphe 10(4))

1. Les définitions qui suivent s'appliquent à laprésente annexe.

« enfant » Enfant à charge ou enfant qui:

a) n'est pas majeur;

b) est majeur, sans pouvoir, pour cause notamment de maladie ou d'invalidité, subvenir à ses propres besoins.

« ménage » S'entend d'un époux et, le cas échéant, des personnes suivantes qui résident avec lui:

a) toute personne qui a une obligation légale de soutien alimentaire à l'égard de l'époux ou à l'égard de qui celui-ci a une telle obligation;

b) toute personne qui partage les dépenses courantes avec l'époux ou de qui celui-ci tire par ailleurs un avantage économique du fait de vivre avec elle, si le tribunal est d'avis qu'il est raisonnable de la considérer comme faisant partie du ménage;

c) tout enfant à l'égard de qui l'époux ou la personne visée aux alinéas *a)* ou *b)* a une obligation légale de soutien alimentaire.

« revenu imposable » Revenu annuel imposable déterminé selon le calcul prévu dans la formule T1 Générale établie par l'Agence du revenu du Canada.

[DORS/97-563, a. 10; DORS/2000-337, a. 7; DORS/2007-59, a. 4].

2. La méthode de comparaison des niveaux de vie des ménages est la suivante:

Étape 1

Établir, pour chaque ménage, le revenu annuel de toutes les personnes du ménage selon la formule suivante:

$$A - B - C$$

où:

A   représente le revenu de la personne, déterminé conformément aux articles 15 à 20 des présentes lignes directrices;

B   les impôts fédéral et provincial à payer sur le revenu imposable de la personne;

C   les retenues à la source de la personne pour les cotisations payées au titre de la *Loi sur l'assurance-emploi* (L.C. 1996, ch. 23) et les cotisations au Régime de pensions du Canada ou au Régime de rentes du Québec.

Le tribunal peut, si les renseignements sur le revenu ne lui sont pas fournis, attribuer à la personne le montant de revenu qu'il juge indiqué.

Étape 2

Rajuster le revenu annuel de chaque personne du ménage par:

a) déduction des montants suivants, calculés sur une base annuelle:

(i) le montant sur lequel se fonde le tribunal pour établir l'existence de difficultés excessives, sauf tout montant attribuable au soutien alimentaire d'une personne du ménage qui n'est pas engagé pour cause de maladie grave ou d'invalidité de ce membre,

(ii) le montant de l'ordonnance alimentaire qui serait payable par la personne, s'il n'y avait pas de demande pour difficultés excessives, à l'égard de l'enfant visé par l'ordonnance:

(A) selon la table applicable,

(B) selon ce que le tribunal juge indiqué, s'il est d'avis que le montant de la table applicable n'est pas indiqué,

(iii) le montant de soutien alimentaire qui est payé par la personne envertu d'un jugement, d'une ordonnance ou d'une entente de séparation écrite, à l'exception des montants suivants:

(A) le montant déjà déduit en application du sous-alinéa (i),

(B) le montant payé par la personne à l'égard de l'enfant visé par l'ordonnance mentionnée au sous-alinéa (ii);

b) addition des montants suivants, calculés sur une base annuelle:

(i) le montant de l'ordonnance alimentaire auquel la personne aurait droit, s'il n'y avait pas de demande pour difficultés excessives, à l'égard de l'enfant visé par l'ordonnance:

(A) selon la table applicable,

(B) selon ce que le tribunal juge indiqué, s'il est d'avis que le montant de la table applicable n'est pas indiqué,

(ii) le montant reçu par la personne à titre de pension alimentaire pourtout enfant et qui découle d'un jugement, d'une ordonnance ou d'une entente deséparation écrite.

Étape 3

Déterminer le revenu de chaque ménage par addition des revenus annuels rajustés de toutes les personnes du ménage.

Étape 4

Déterminer, pour chaque ménage, la mesure de faible revenu selon le tableau suivant:

(Tableau de mesures de faible revenu)

Taille du ménage	Mesures de faible revenu
Une personne	
1 adulte	10 382 $
Deux personnes	
2 adultes	14 535 $
1 adulte et 1 enfant	14 535
Trois personnes	
3 adultes	18 688 $
2 adultes et 1 enfant	17 649
1 adulte et 2 enfants	17 649
Quatre personnes	
4 adultes	22 840 $
3 adultes et 1 enfant	21 802
2 adultes et 2 enfants	20 764
1 adulte et 3 enfants	20 764
Cinq personnes	
5 adultes	26 993 $
4 adultes et 1 enfant	25 955
3 adultes et 2 enfants	24 917
2 adultes et 3 enfants	23 879
1 adulte et 4 enfants	23 879
Six personnes	
6 adultes	31 145 $
5 adultes et 1 enfant	30 108
4 adultes et 2 enfants	29 070
3 adultes et 3 enfants	28 031
2 adultes et 4 enfants	26 993

(Tableau de mesures de faible revenu)

Taille du ménage	Mesures de faible revenu
1 adulte et 5 enfants	26 993
Sept personnes	
7 adultes	34 261 $
6 adultes et 1 enfant	33 222
5 adultes et 2 enfants	32 184
4 adultes et 3 enfants	31 146
3 adultes et 4 enfants	30 108
2 adultes et 5 enfants	29 070
1 adulte et 6 enfants	29 070
Huit personnes	
8 adultes	38 413 $
7 adultes et 1 enfant	37 375
6 adultes et 2 enfants	36 337
5 adultes et 3 enfants	35 299
4 adultes et 4 enfants	34 261

(Tableau de mesures de faible revenu)

Taille du ménage	Mesures de faible revenu
3 adultes et 5 enfants	33 222
2 adultes et 6 enfants	32 184
1 adulte et 7 enfants	32 184

Étape 5

Calculer, pour chaque ménage, le ratio de revenu du ménage en divisant le revenu du ménage déterminé à l'étape 3 par la mesure de faible revenu déterminée à l'étape 4.

Étape 6

Comparer les ratios de revenu des ménages, le ménage ayant le ratio le plus élevé étant le ménage ayant le niveau de vie le plus élevé.

[DORS/97-563, a. 10-11; DORS/2000-337, a. 7; DORS/2005-400, a. 6].

(article 16)

1. Dans le cas où l'époux est un employé, déduire les dépenses d'emploi payées par lui qui sont visées aux dispositions suivantes de la *Loi de l'impôt sur le revenu*:

a) *(abrogé)*;

b) l'alinéa 8(1)*d)* concernant la cotisation à une caisse d'enseignants;

c) l'alinéa 8(1)*e)* concernant les dépenses de certains employés d'une compagnie de chemin de fer;

d) l'alinéa 8(1)*f)* concernant les dépenses devendeurs;

e) l'alinéa 8(1)*g)* concernant les dépenses des employés des entreprises de transport;

f) l'alinéa 8(1)*h)* concernant les frais de déplacement;

*f.*1) l'alinéa 8(1)*h.*1) concernant les frais afférents à un véhicule à moteur;

g) l'alinéa 8(1)*i)* concernant les cotisations et autres dépenses liées à l'exercice des fonctions;

h) l'alinéa 8(1)*j)* concernant les frais afférents à un véhicule à moteur ou à un aéronef;

i) l'alinéa 8(1)*l.*1) concernant les cotisations au *Régime de pensions du Canada* et la prime prévue par la *Loi sur l'assurance-emploi* payées à l'égard d'un autre employé qui agit à titre d'adjoint ou de remplaçant de l'époux;

j) l'alinéa 8(1)*n)* concernant le remboursement de la rémunération;

k) l'alinéa 8(1)*o)* concernant les montants différés perdus;

l) l'alinéa 8(1)*p)* concernant les instruments de musique propriété d'employés;

m) l'alinéa 8(1)*q)* concernant les dépenses d'artistes afférentes à un emploi.

[DORS/97-563, a. 12; DORS/2000-337, a. 8].

2. Déduire tout montant de pension alimentaire pour enfants reçu qui est inclus dans le revenu total selon la formule T1 Générale établie par l'Agence du revenu du Canada.

[DORS/ 97-563, a. 13; DORS/2000-337, a. 9; DORS/2007-59, a. 4].

3. Afin de déterminer le revenu pour l'application des tables, déduire les sommes suivantes:

a) la pension alimentaire pour époux reçue de l'autre époux;

b) toute prestation universelle pour la garde d'enfants qui est incluse dans le revenu total de l'époux selon la formule T1 Générale établie par l'Agence du revenu du Canada.

[DORS/2007-59, a. 3].

3.1. Afin de déterminer le revenu pour l'application de l'article 7 des présentes lignes directrices, déduire la pension alimentaire pour époux payée à l'autre époux et faire, s'il y a lieu, le rajustement ci-après applicable à l'égard des prestations universelles pour la garde d'enfants:

a) déduire celles qui sont incluses dans le revenu total de l'époux selon la formule T1 Générale établie par l'Agence du revenu du Canada et qui ont été versées pour un enfant qui n'est pas visé par la demande de dépenses spéciales ou extraordinaires en cause;

b) ajouter celles reçues par l'époux qui ne sont pas incluses dans son revenu total selon la formule T1 Générale établie par l'Agence du revenu du Canada et qui ont été versées pour l'enfant qui est visé par la demande de dépenses spéciales ou extraordinaires en cause.

[DORS/2007-59, a. 3].

4. Déduire tout montant des prestations d'assistance sociale qui n'est pas attribuable à l'époux.

[DORS/2000-337, a. 10].

5. Remplacer le montant imposable des dividendes de sociétés canadiennes imposables reçus par l'époux par le montant réel de dividendes reçus.

6. Remplacer les gains en capital imposables réalisés par l'époux pour l'année en cause par l'excédent de ses gains en capital réels sur ses pertes en capital réelles de la même année.

7. Déduire le montant réel de pertes de placements d'entreprise subies par l'époux au cours de l'année.

8. Déduire le montant des frais financiers et frais d'intérêt payés par l'époux qui seraient déductibles en vertu de la *Loi de l'impôt sur le revenu*.

9. Dans le cas d'un époux qui est un travailleur indépendant et dont le revenu net est déterminé par déduction des montants payés, notamment au titre des salaires, rémunérations, frais de gestion ou avantages, à des personnes ayant un lien de dépendance avec lui, ou au nom de celles-ci, ajouter ces montants, à moins que l'époux n'établisse qu'ils étaient nécessaires pour gagner ce revenu et qu'ils sont raisonnables dans les circonstances.

10. Dans le cas d'un époux qui est un travailleur indépendant et qui déclare dans son revenu à ce titre un montant additionnel gagné auparavant, selon les articles 34.1 et 34.2 de la *Loi de l'impôt sur le revenu*, déduire ce montant additionnel, net de toute provision.

[DORS/2000-337, a. 11].

11. Ajouter la déduction pour l'allocation du coût en capital d'un bien immeuble de l'époux.

12. Déduire, si l'époux tire un revenu d'une société de personnes ou d'une entreprise à propriétaire unique, tout montant inclus dans le revenu qui, à juste titre, est nécessaire à la capitalisation de la société ou de l'entreprise.

[DORS/97-563, a. 14].

13. (1) Si, au cours d'une année, l'époux a acquis des actions dans le cadre d'un régime d'options d'achat d'actions d'une société privée sous contrôle canadien ou d'une société cotée en bourse assujettie au même traitement fiscal à l'égard d'options d'achat d'actions qu'une telle société privée, ajouter au revenu de l'année le montant de l'avantage découlant de l'exercice de l'option, lequel est égal à l'excédent éventuel de la valeur des actions au moment de leur acquisition sur le total de la somme payée par l'époux à la société pour ces actions et de la somme payée par l'époux pour l'option.

(2) Si l'époux a vendu les actions au cours d'une année, déduire du revenu de cette année le montant de l'avantage calculé en application du paragraphe (1).

[DORS/97-563, a. 12-14; DORS/2000-337, a. 8-12; DORS/2001-292, a. 1].

14. Dans le cas où l'époux est réputé avoir reçu un montant de pension fractionné au titre de l'alinéa 60.03(2)*b*) de la *Loi de l'impôt sur le revenu*, déduire ce montant de son revenu total, déterminé selon la formule T1 Générale établie par l'Agence du revenu du Canada.

[DORS/2009-181, a. 1].